WÖRTERBUCH

SPANISCH-DEUTSCH DEUTSCH-SPANISCH

ORBIS VERLAG

Herausgegeben vom Lexikon-Institut Bertelsmann

Unter Mitarbeit von: Sabine Dähn-Sigel, Katja Dienemann, Martina Hemrich, Petra Krügel, Marta Paredes-García

Warenzeichen, Gebrauchs- und Geschmacksmuster sowie Patente sind in diesem Werk wie in allgemeinen Nachschlagewerken üblich, nicht als solche gekennzeichnet. Es wird empfohlen, vor Benutzung von bestimmten Zeichen für Waren oder von besonders gestalteten Arbeitsgerätschaften bzw. Gebrauchsgegenständen sowie von Erfindungen beim Deutschen Patentamt in München anzufragen, ob ein Schutz besteht.

Sonderausgabe 1995 Orbis Verlag für Publizistik GmbH, München

Gesamtherstellung Graphische Großbetriebe Pößneck
Printed in Germany
ISBN 3-572-00784-4

Hinweise für das Nachschlagen

Im Hinblick auf den umfangreichen Wortschatz einer Sprache kann ein Wörterbuch dieser Größenordnung lediglich einen Ausschnitt anbieten. Dieses Wörterbuch bietet jedoch nicht nur eine Wortliste mit deren Übersetzungen, sondern auch eine Vielzahl an Informationen zu unregelmäßigen Formen, zur Konstruktion eines Satzes und zur Bedeutung eines Wortes (viele typische Wortverbindungen).

Darüber hinaus ist das Buch nicht nur Wörterbuch, sondern es ist durch den Anhang in hohem Maße auch anwendungsbezogen. Dies ist einerseits durch das „Kurz-Reisewörterbuch“ und die „Musterbriefe“ gewährleistet, die die wichtigsten Anwendungs-Situationen berücksichtigen, andererseits durch die „Abbildungen“, die optisch auf ein gesuchtes Wort schließen lassen. Eine Kurz-Grammatik führt in den korrekten Umgang mit der Sprache ein.

Der Wörterbuchteil allein enthält rund 200000 Informationseinheiten zu unterschiedlichsten Phänomenen. Die nachfolgenden Angaben helfen Ihnen, sich alle diese Informationen zu erschließen.

1. Die Ordnung der Stichwörter

Die Wörter sind rein alphabetisch angeordnet. Im deutsch-spanischen Teil sind die deutschen Umlaute wie die nichtumgelauteten behandelt; das 'ß' wird wie 'ss' behandelt. Sind Wortteile in Klammern, so können diese wahlweise verwendet werden: z.B. wäss[e]rig = wässerig oder wässrig.

Eigennamen und Abkürzungen finden Sie ebenfalls in der entsprechenden alphabetischen Reihe.

Ableitungen und zusammengesetzte Wörter sind, wenn dies alphabetisch möglich war, unter dem Hauptstichwort zusammengefaßt.

Homographe sind mit einem Exponenten gekennzeichnet.

Die Stichwörter sind fett ausgezeichnet. Kurzformen von diesen Stichwörtern sind in runden Klammern, kursiv und mit Tilde z.B. Bahn → (*Eisen~*).

2. Die Struktur des Eintrags

Die notwendigen Informationen, die eine umfangreiche Auskunft über Formen zur Deklination/Konjugation, zur Satzkonstruktion, zur Bedeutung eines Stichwortes usw. geben, sind von Stichworteinheit zu Stichworteinheit unterschiedlich. Trotzdem finden Sie eine durchgehende Systematik beim Aufbau eines Stichwortartikels:

Da ist einmal das Stichwort mit seinen Varianten (z.B. unterschiedliche Schreibmöglichkeiten), dann folgen die Angaben zur Morphologie (z.B. Angaben zur Konjugation, die grammatikalische Einordnung), dann die Angaben zur Bedeutung (z.B. typische Subjekte, Objekte), dann die Übersetzung[en] und schließlich Ergänzungen zur Satzkonstruktion (d.h. Angaben zum unterschiedlichen Kasus, zur Rektion); nachfolgend ein Beispiel zur Grob-Struktur:

- Stichwort
- Angaben zur Grammatik
- Angaben zur Bedeutung (typisches Objekt etc.)
- Übertragung
- Ergänzungen zur Satzkonstruktion

Abdruck [1] *m* ‹-s, -e› [1] ↑ *das Abdrucken* (*von Buch*) impresión *f;* ↑ *Veröffentlichung* publicación *f* [2] ↑ *Kopie* copia *f*

Abdruck [2] *m* ‹-s, Abdrücke› (*Stempel-*) imprenta *f;* (*Finger-*) huella *f;* (*Gips-*) molde *m*

abdrucken *vt* → *Artikel* publicar

abdrücken I. *vt* [1] ↑ *schießen* → *Revolver* disparar [2] → *Blutgefäß* comprimir [3] *FAM* ↑ *umar*

falta *f* [1] ↑ *error* Fehler *m* [2] ↑ *escasez* Mangel *m* (*de* an *dat*), Fehlen *n* (*de* von); ◇ **hacer** ~ fehlen; nötig sein; ◇ **echar en** ~ nötig haben [3] (*ausencia*) Abwesenheit *f* [4] SPORT Foul *n* [5] JUR Verfehlung *f;* **faltar** *vi* [1] (*no estar*) fehlen; ◇ **me faltó al respeto** ich hatte keinen Respekt; ◇

2.1 Angaben zur Form u. Syntax

Je nach Wortart sind dem Stichwort unterschiedliche grammatische Informationen beigegeben.

Die Informationen lassen sich dabei in zwei größere Einheiten unterteilen. Auf der einen Seite ist dies die grammatische Kategorisierung, d.h. die Zuordnung zu einer Wortklasse, auf der anderen Seite sind dies unregelmäßige Formen zur Deklination und zur Konjugation, zur Steigerung bei den Adjektiven usw.
Beispiel: Die Zuordnung zu einer grammatikalischen Kategorie erfolgt mit römischen Ziffern.

> **familia** *f* Familie *f;* **familiar** I. *adj* [1] (*de familia*) Familien- [2] ↑ *conocido* vertraut, bekannt [3] ▷*lenguaje, trato* Umgangs-; ◇ **lenguaje** ~ Umgangssprache *f* II. *m* ↑ *pariente* Familienangehörige(r) *fm,* Verwandte(r) *fm;* **familiaridad** *f*

Ferner finden sich z.B. Ergänzungen, die auf die Satzkonstruktion abzielen:

> **falta** *f* [1] ↑ *error* Fehler *m* [2] ↑ *escasez* Mangel *m* (*de* an *dat*), Fehlen *n* (*de* von); ◇ **hacer** ~ fehlen; nötig sein; ◇ **echar en** ~ nötig haben [3] (*ausencia*) Abwesenheit *f* [4] SPORT Foul *n* [5] JUR Verfehlung *f;* **faltar** *vi* [1] (*no estar*) fehlen; ◇ **me faltó al respeto** ich hatte keinen Respekt; ◇

Unregelmäßig konjugierte Verben sind mit einem Verweis (z.B. <3.3>) auf die Konjugationstabellen versehen.

2.2 Angaben zur Bedeutung und Übersetzung

Das Wort, das Sie in der Fremdsprache nicht verstehen oder das Sie in die Fremdsprache übersetzen möchten, steht nicht für sich allein; es ist stets eingebunden in sein Sprachsystem und in den jeweiligen Kontext. Sehen wir uns hierzu folgenden Beispielsatz an:

Er drehte	ihn/es	ab.

Dieser Satz wird erst durch seinen Kontext klar. Vergleichen Sie hierzu folgende Sätze:

Er drehte	den Film/das Video	ab.	Synonyme hierzu:	- zu Ende drehen
	den Hahn			- zudrehen
	das Wasser			- zudrehen
	die Schraube			- herunterdrehen
	usw.			

Die Bedeutung des Wortes 'abdrehen' ist, wie das Beispiel u. die Synonyme zeigen, von dem Wort abhängig, das als typisches Objekt zum Tätigkeitswort hinzutritt und mit diesem eine enge Bedeutungsbeziehung eingeht.

Beim Übersetzungsprozeß muß gerade auf diese Kollokatoren bzw. Wortverbindungen geachtet werden. Je nach Kollokator muß das gesuchte Wort unterschiedlich übersetzt werden.

Dieses Wörterbuch ist reich an solchen Kollokatoren und wird Ihnen nicht nur beim Verstehen des fremdsprachlichen Wortes eine nützliche Hilfe sein, sondern gerade bei der Bildung u. Konstruktion eines fremdsprachlichen Textes, da Sie z.B. typische Objekte oder typische Subjekte erkennen und diese direkt in Ihre Satzkonstruktion übernehmen können.

Der Schlüssel zur richtigen Übersetzung ist also vielfach der Kollokator, der zu einem Wort hinzutreten kann. Dieser bestimmt den Bedeutungsgehalt eines Stichworts mit, der in einem Synonym zusammengefaßt werden kann (vgl. abdrehen).

Größere Bedeutungseinheiten sind mit arabischen Ziffern zusammengefaßt.

Um die Wichtigkeit der Bedeutungsdifferenzierung hervorzuheben, wurden die einzelnen Bedeutungsdifferenzierungen auch vom Schriftbild her gekennzeichnet. Kollokatoren (typische Wortverbindungen), die zu einem Substantiv, Adjektiv, Adverb treten, werden mit '▷ ' gekennzeichnet. Typische Kollokatoren zu einem Verb werden mit Pfeilen gekennzeichnet: typisches Subjekt mit '← ', typisches Objekt mit '→ '. Synonyme werden mit einem Pfeil nach oben ↑ gekennzeichnet. Handelt es sich nicht um diese Elemente, so steht die Bedeutungsdifferenzierung in runden Klammern und ist von der Schriftart her 'kursiv'.

abdrehen I. *vt* [1] ↑ *zudrehen* → *Wasserhahn, Gas* cerrar [2] ↑ *herunterdrehen* → *Schraube* destornillar [3] ↑ *zu Ende drehen* → *Film* finalizar **II.** *vi* ↑ *Richtung ändern* ← *Wind* cambiar de dirección; ← *Flugzeug* cambiar de rumbo; ◇ **nach links** ~ desviarse a la izquierda

Weitere Angaben, die wie ein Zeiger den Rahmen einer Bedeutung wiedergeben, sind rhetorische und stilistische Angaben zur Verwendung, sowie regionale Angaben und Angaben zum Gebrauch in einem Sachbereich.

Synonyme Übersetzungen sind mit einem Komma abgetrennt und sind untereinander austauschbar. Nicht austauschbare Übersetzungen eines Stichworts sind mit einem Semikolon abgetrennt.

Nach der Übersetzung folgen die Angaben zur regionalen Verwendungsweise oder aber Angaben zur Satzkonstruktion (d.h. Kasusangaben, präpositionale Anschlüsse).

2.3 Anwendungssätze und Wendungen

Anwendungssätze und Wendungen sind vor allem auch dann ausgewählt worden, um komplexe Einträge z.B. 'idea' etc. verständlicher zu machen. Diese sind, wenn möglich, den jeweiligen Bedeutungseinheiten zugeordnet.

idea *f* [1] (*abstracción de algo concreto*) Idee *f*, Grundgedanke *m;* ◇ **hacerse a la ~ de algo** sich mit dem Gedanken an etw *akk* vertraut machen [2] (*impulso*) [gedanklicher] Anstoß [3] ↑ *intención, propósito* Vorhaben *n*, Absicht *f;* ◇ **tener ~ de ir al cine** vorhaben, ins Kino zu gehen [4] ↑ *conocimiento* Kenntnis *f;* (*saber*) ◇ **tener ~ de algo** etwas wissen; ◇ **no tener (ni) ~** keine Ahnung haben *f* [5] (*pl*) ↑ *manera de pensar* Vorstellung *f;* ◇ **hacerse una ~ de algo** sich *dat* von etw ein Bild machen [6] ↑ *opinión* Ansicht *f*, Meinung *f;* ◇ **tener buena/mala ~ de alguien** viel/wenig von jd-n halten
ideal I. *adj* [1] ↑ *imaginario* theoretisch, eingebil-

3. Abkürzungen u. Symbole

3.1 Symbole

Tilde ersetzt das Stichwort		~	
Synonym		↑	
Kollokatoren	zu Substantiv/Adjektiv/Adverb	▷	
	typische Subjekte	←	
	typische Objekte	→	
	Wendungen	◊	
Römische Ziffern (Grammatische Kategorien)		I, II,	etc.
Arabische Ziffern (größere Bedeutungseinheiten)		[1] [2]	etc.

3.2 Verwendete Abkürzungen

ADMIN	Verwaltung	administración
AERO	Luftfahrt	aeronáutica
AGR	Landwirtschaft	agricultura
ANAT	Anatomie	anatomía
ARCHIT	Architektur	arquitectura
ASTR	Astrologie	astrología
ASTRON	Astronomie	astronomía
AUTO	Automobil/Verkehr	automóbil
BAHN/TREN	Bahn	tren
BIOL	Biologie	biología
CHEM/QUIM	Chemie	química
COMM/COM	Handel	comercio
ELECTR/ELEC	Elektrotechnik	electrónica
FAUNA	Tierreich	fauna
FILM/CINE	Film, Kino	película, cine
FIN	Finanzen	finanzas
FLORA	Pflanzenreich	flora
FOTO	Fotografie	fotografía
GASTR[ON]	Gastronomie	gastronomía
GEO	Geographie	geografía
GEOL	Geologie	geología
GRAM	Grammatik/Linguistik	gramática/lingüística
HIST	Geschichte	historia
JURA/JUR	Rechtsordnung	derecho
KARTEN/NAIPES	Kartenspiel	naipes
KUNST/ARTE	Kunst	arte
MATH/MATE	Mathematik	matemáticas
MED	Medizin	medicina
MEDIA	Fernsehen, Radio	medios de comunicación
METEO	Meteorologie	metereología
MIN	Bergbau	mina
MIL	Militär	militar
MUS	Musik	música

MYTH/MITO	Mythologie	mitología
NAUT	Seefahrt	navegación
PC/INFORM	Computer	informática
PHARM/FARMA	Pharmazie	farmacia
PHIL/FILO	Philosophie	filosofía
PHYS/FIS	Physik	física
POL	Politik	política
PSYCH/PSI	Psychologie	(p)sicología
REL	Religion	religión
SCH/COLE	Schule	colegio
SPORT	Sport	deporte
THEAT/TEATRO	Theater	teatro
TECH/TECNI	Technik	técnica
TELEC	Fernmeldewesen	telecomunicaciones
TYP/TIP	Buchdruck	tipografía
UNI	Universität	universidad

Abk./abr.	Abkürzung	abreviación
adj	Adjektiv	adjetivo
adv	Adverb	adverbio
akk/ac	Akkusativ	acusativo
allg./general	allgemein	general
attr.	attributiv	atributo
auch/también	auch	también
bes./esp.	besonders	especial
CH/CH	Schweiz	Suiza
cj	Konjunktion	conjunción
dat	Dativ	dativo
etc.	et cetera	etcétera
etw/algo	etwas	algo
f	feminin	femenino
FAM!	derb	grosero
FAM	umgangssprachlich	familiar
FIG	übertragen	figurativo
ggs./contr.	Gegensatz	contrario
gen	Genitiv	genitivo
gerund/gerundio	Partizip Präsens	gerundio
Hilfsverb/aux.	Hilfsverb	verbo auxiliar
impf	Imperfekt	imperfecto
inf	Infinitiv	infinitivo
interj	Interjektion	interjección
interrog	interrogativ	interrogativo
inv	unveränderlich	invariable
IRON	ironisch	irónico
jd/alguien	jemand	alguien
jd-m/a alguien	jemandem	a alguien
jd-n/a alguien	jemanden	a alguien
jd-s/de alguien	jemandes	de alguien

kompar./compar.	Komparativ	comparativo
LIT	gehoben	literario
m	maskulin	masculino
meist/en general	meistens	en general
n	Neutrum	neutro
nom	Nominativ	nominativo
o	oder	o
ÖST/AUSTRI	Österreich	Austria
pp	Partizip Perfekt	participio pasado
pass./pasiv.	Passiv	pasiva
PEJ/PEY	abwertend	peyorativo
pers.	persönlich	personal
pl	Plural	plural
präd./predic.	prädikativ	predicativo
präp/prep	Präposition	preposición
präs/pres	Präsens	presente
pron	Pronomen	pronombre
poss./poses.	besitzanzeigend	posesivo
refl	reflexiv	reflexivo
rel	Relativ-	relativo
s./ver	siehe	ver
sg	Singular	singular
subj.	Subjunktiv	subjuntivo
superl.	Superlativ	superlativo
vi	intransitives Verb	verbo intransitivo
vr/vr(se)	reflexives Verb	verbo reflexivo
vt	transitives Verb	verbo transitivo
vti	transitives oder intransitives Verb	verbo transitivo o intransitivo
vtr	transitives oder reflexives Verb	verbo transitivo o reflexivo
u./y	und	y
unpers/impers	unpersönlich	impersonal
unreg/irr	unregelmäßig	irregular
v	Verb	verbo
VULG	vulgär	vulgar
zahl/numeral	Numerale	número

Die Aussprache im Spanischen

1. Vokale

a	etwa wie im Deutschen [a] matar
e	offenes e wie in sägen [ɛ] mover
	halboffenes e wie in Leben [e] pelota
i	etwa wie im Deutschen [i] vino
o	offenes o wie in Knolle [ɔ] ojo
	halboffenes o wie in Mond [o] oficio
u	wie im Deutschen; [u] burro

nach q und in gue, gui
wird u nicht ausgesprochen:

quiero	[kɪeːrɔ]
guerra	[gɛrra], es sei denn, es wird mit Umlaut geschrieben: lingüística [liŋgu'istika]

2. Diphthonge

ai, ay	wie in Mai; i wird schwächer [aɪ] fraile, hay
au	wie in laufen; u wird schwächer [aʊ] automático
ei, ey	zwei getrennte Laute [eɪ] bebéis, buey
eu	zwei getrennte Laute [eʊ] Europa
oi, oy	wie in Mäuse [ɔɪ] boine, hoy

3. Konsonanten

b	am Wortanfang wie sehr weiches deutsches b [b] bar, beber innerhalb einer Wortgruppe etwa wie deutsches w [ð] el bar, escribo
c	vor a, o, u [k] cama, coche vor e, i [θ] cebolla, cine
ch	[tʃ] chulo
d	am Wortanfang und nach l, r [d] dama, maldicho sonst wie stimmhaftes engl. th [ð] verdad
g	vor a, o, u [g] garganta, gorra vor e, i wie in ch in Dach [x] legión
h	wird nicht gesprochen hacer
j	wie ch in Dach [x] jota
ll l und j	verschmelzen zu einem Laut [ð] cebolla
ñ	wie nj in Spanien [ð] daño, mañana
p	unbehauchtes p [p] padre
q	in Verbindung qu wie k [k] querer, aquel
r	im Wortanlaut und nach l, n, s [rr] río, honroso, als doppelt gerolltes r alrededor sonst als einfaches Zungen-r [r] cara, señora
rr	doppelt gerolltes r [rr] perro, zurrir
s	wird scharf ausgesprochen wie in Messer [s]
t	unbehauchtes t [t] tomar
v	siehe b [b, ð] vaso
w	siehe b
x	zwischen Vokalen wie gs [gs] éxito, examen vor Konsonant ks in der Hoch- sprache, s in der Umgangssprache [s] extremo
z	wie das stimmlose engl. th [θ] cazar, voz

Betonung: Wörter, die auf -s oder -n enden, haben die Betonung auf der vorletzten Silbe, Bsp.: quitamanchas; enden sie auf einen anderen Konsonanten, ist die letzte Silbe betont, Bsp.: comedor. Bei Abweichungen von diesen Regeln wird die Betonung durch einen Akut angezeigt, Bsp.: discusión.

WÖRTERBUCH

SPANISCH - DEUTSCH

A

A, a *f* A, a *n*

a *prep* [1] (*lugar*) an *dat,* bei; ◇ ~ **la derecha/izquierda** rechts/links; ◇ ~**l lado de** neben; ◇ ~ **la puerta** an der Tür *f;* ◇ **estar ~ la mesa** zu Tisch sein [2] (*dirección*) nach, zu; ◇ ~ **la derecha/izquierda** nach rechts/links; ◇ **ir ~ Madrid** nach Madrid gehen; ◇ **llegar ~ Madrid** in Madrid ankommen; ◇ **subir ~ un vehículo** in ein Fahrzeug einsteigen; ◇ **caer al mar** ins Meer fallen; ◇ **¡~ comer!** kommt essen! [3] (*distancia*) ◇ **está ~ 9 km de aquí** es ist 9 km entfernt [4] (*modo*) ◇ **despedirse ~ la francesa** sich auf französisch empfehlen; ◇ **ir ~ caballo** reiten; ◇ **caminar ~ oscuras** im Dunkeln gehen; ◇ ~**l salir, cierra** schließ die Tür beim hinausgehen [5] (*instrumento*) mit; ◇ **hecho ~ mano** handgemacht; ◇ **escribir ~ lápiz** mit Bleistift schreiben [6] (*precio*) zu, für; ◇ **¿~ cuánto cuesta el kilo?** auf wieviel kommt das Kilo? [7] (*tiempo*) ◇ **¿~ qué hora? - ~ las 5** um wieviel Uhr? - Um fünf; ◇ ~ **eso de las diez** so gegen zehn; ◇ ~ **los veinte años** mit zwanzig Jahren; ◇ ~ **mediodía** mittags; ◇ ~ **la noche** nachts; ◇ ~ **la mañana siguiente** am nächsten Morgen; ◇ ~ **4 de julio** am 4. Juli; ◇ ~ **los pocos días** in ein paar Tagen [8] ◇ **empezar ~ leer** zu lesen anfangen; ◇ **¿ ~ qué viene eso?** was soll das bedeuten?; ◇ ~ **ver** laß mal sehen!; ◇ ~ **causa de** wegen *gen;* ◇ **por miedo ~** aus Angst vor *dat*

abad(-esa) *m/f* REL Abt *m,* Äbtissin *f*

abadejo *m* [1] (*pescado*) Kabeljau *m* [2] (*ave*) Zaunkönig

abadía *f* Abtei *f*

abajo *adv* [1] (*lugar*) unten; ◇ **el piso de ~** das untere Stockwerk; ◇ **como veremos más ~** wie wir weiter unten sehen werden; ◇ **los de ~** die unteren Gesellschaftsschichten [2] (*dirección*) herunter; ◇ **mirar de arriba ~ a alguien** jd-n von oben bis unten mustern; ◇ **echar ~** einreißen; ◇ **hacia ~** nach unten; ◇ **¡~ la República!** nieder mit der Republik!

abalanzar ⟨3.10⟩ **I.** *vt* ↑ *equilibrar* ausgleichen **II.** *vr(se)* sich stürzen (*sobre/contra algo o alguien, a algo* auf *akk*)

abalorio *m* [1] (*adorno*) Modeschmuck *m* [2] ↑ *cuenta de vidrio/madera etc.* Perle *f*

abanderado *m* [1] MIL Fahnenträger *m,* Fähnrich *m* [2] *FIG* Kämpfer *m*

abandonado *adj* verlassen; ◇ ~ **a su suerte** seinem Schicksal überlassen; ◇ **tengo ~s a mis padres** [*o* **mi trabajo**] ich vernachlässige meine Eltern [*o.* meine Arbeit]; **abandonar I.** *vt* [1] ↑ *dejar* verlassen [2] ↑ *desatender* vernachlässigen [3] → *hábito* aufgeben **II.** *vr(se)* [1] ↑ *dejarse llevar* sich gehenlassen [2] ↑ *ceder* nachgeben (*a dat*) [3] ↑ *confiarse a alguien* sich jd-m anvertrauen; **abandono** *m* [1] Verzicht *m* (*de* auf *akk*) [2] (*de un hábito*) Aufgeben *n* (*de gen*) [3] (*del hogar*) Verlassen *n* (*de gen*)

abanicar ⟨3.7⟩ **I.** *vr(se)* sich *dat* zufächeln **II.** *vt* zufächeln *dat;* **abanico** *m* Fächer *m*

abaratamiento *m* (*de los costes*) Verbilligung *f,* Herabsetzen *n;* **abaratar I.** *vt* → *costes* verbilligen, heruntersetzen **II.** *vi, vr(se)* ← *precios* billiger werden

abarca *f* Holzschuh *m*

abarcar ⟨3.7⟩ *vt* [1] (*con los brazos*) umfassen [2] ↑ *incluir* enthalten [3] *FIG* umfassen; ◇ **quien mucho abarca poco aprieta** wer viel beginnt, zu nichts es bringt

abarrancar ⟨3.7⟩ *vi:* ◇ **el coche está abarrancado** das Auto ist steckengeblieben

abarrotado *adj* (*de gente*) überfüllt; *FAM* gerammelt voll; **abarrotar I.** *vt FAM* ↑ *llenar* vollstopfen **II.** *vr(se)* (*de gente*) sich füllen (*de* mit)

abastecedor(a) *m/f* COM Lieferant(in *f*) *m;* **abastecer** ⟨3.4⟩ *vt* → *tienda* beliefern; → *personas* versorgen (*de* mit); **abastecimiento** *m* Beliefern *n;* Versorgung *f*

abasto *m* [1] ↑ *provisión* Versorgung *f* (*de/a* von *gen*) [2] (*pl, artículos comestibles*) Vorrat *m;* ◇ **plaza [de ~s]** Markt *m* [3] ◇ **no dar ~ a/para [hacer] algo** alle Hände voll zu tun haben mit

abatible *adj* Klapp-; ◇ **silla** *f* ~ Klappstuhl *m*

abatido *adj* ▷*persona* niedergeschlagen, mutlos; **abatimiento** *m* (*físico o moral*) Niedergeschlagenheit *f;* **abatir I.** *vt* [1] → *muro* niederreißen; → *árbol* fällen [2] → *ave* abschießen [3] *FIG* ↑ *desanimar* entmutigen **II.** *vr(se)* [1] ← *persona* mutlos werden [2] ← *ave* sich stürzen (*sobre* auf *akk*)

abdicación *f* [1] ↑ *renuncia* Abdankung *f* [2] (*de derechos*) Verzicht *m* (*de* auf *akk*); **abdicar** ⟨3.7⟩ **I.** *vt* → *cargo* aufgeben **II.** *vi* ← *rey* abdanken; ◇ ~ **de la corona** auf die Krone verzichten; ◇ ~ **en [favor de] alguien** zu jds Gunsten abdanken

abdomen *m* ANAT Unterleib *m*

abecé *m,* **abecedario** *m* Alphabet *n*

abedul *m* FLORA Birke *f*

abeja *f* Biene *f;* **abejón** *m* Drohne *f;* **abejorro** *m* Hummel *f*

aberración *f* [1] ↑ *anomalía* Abweichung *f,* Anomalie *f* [2] ↑ *disparate* Unsinn *m*

abertura *f* [1] Öffnung *f* [2] Aufgeschlossenheit *f* (*de* für) [3] (GEO *de la tierra*) Spalte *f*

abeto *m* FLORA Tanne *f*

abierto I. *pp de* **abrir**; **II.** *adj* offen, geöffnet; ◇ **una herida -a** eine offene Wunde *f;* ◇ **una persona -a** eine aufgeschlossene Person *f;* ◇ **se quedó con la boca -a** er machte große Augen; ◇ **nos recibieron con los brazos -s** sie empfingen uns mit offenen Armen

abigarrado *adj* [1] (*de colores*) bunt [2] (*FIG de diversos elementos*) bunt gemischt

abismarse *vr:* ◇ **- en** *FIG* [1] ↑ *estar absorbido por algo* sich hingeben *dat* [2] (*en una lectura*) versunken sein in *akk;* **abismo** *m* Abgrund *m*

abjurar I. *vt* → *idea* widerrufen **II.** *vi* (*de creencias*) abschwören (*de dat*)

ablandar I. *vt* [1] aufweichen [2] → *sustancia* weich machen [3] → *legumbres* einweichen [4] → *a alguien* beschwichtigen [5] ↑ *suavizar* besänftigen **II.** *vr(se)* [1] weich werden [2] ← *frío, viento* nachlassen **III.** *vi* ← *nieve* schmelzen

ablativo *m* GRAM Ablativ *m*

ablución *f* REL Waschung *f*

abnegación *f* ↑ *renuncia* Selbstaufopferung *f;* Entsagung *f;* **abnegar** ⟨3.11⟩ *vr(se)* sich aufopfern (*por* für)

abobado *adj* ↑ *tonto* dumm

abocado *adj* ▷*vino* süffig; ◇ **estar - al malogro** zum Scheitern verurteilt sein; **abocar** ⟨3.7⟩ *vt* ↑ *aproximarse el fin* näherbringen

abochornar I. *vt* [1] ← *calor* erhitzen [2] ← *vergüenza* beschämen **II.** *vr(se)* ↑ *avergonzarse* sich schämen (*por/de* für); **abochornado** *adj* ↑ *avergonzado* beschämt

abofetear *vt* ohrfeigen

abogacía *f* Anwaltschaft *f;* **abogado(/a)** *m/f* [1] Rechtsanwalt *m*, -anwältin *f* [2] *FIG* ↑ *intercedario* Fürsprecher(in *f*) *m;* **abogar** ⟨3.11⟩ *vi* ↑ *defender*: ◇ **- en favor de, - a favor de** eintreten für; ◇ **- por** plädieren für

abolengo *m* Abstammung *f*, Herkunft *f*

abolición *f* (*de ley*) Abschaffung *f;* **abolir** *vt* → *ley* abschaffen

abolsarse *vr* sich ausbeulen

abolladura *f* (*del coche*) Beule *f*, Delle *f;* **abollar** *vt* → *una superficie* verbeulen

abombado *adj* konvex; **abombar** *vt* ausbeulen

abominable *adj* ↑ *horrible* furchtbar; **abominación** *f* Abscheu *f*

abonado(/a) I. *adj* [1] ▷*persona* abonniert; ◇ **el recibo del gas fue - inmediatamente** die Gasrechnung wurde sofort bezahlt; ◇ **estar - a algo** etw beziehen, etw abonniert haben [2] ▷*tierra* gedüngt **II.** *m/f* Abonnent(in *f*) *m;* **abonar I.** *vt* [1] ↑ *pagar* bezahlen [2] → *tierra* düngen [3] ↑ *acreditar* gutschreiben, vergüten [4] ↑ *garantizar* verbürgen **II.** *vr(se):* ◇ **-se a un periódico** eine Zeitung abonnieren; **abono** *m* [1] ↑ *subscripción* Abonnement *n* [2] ↑ *pase* Netzkarte *f* [3] ↑ *fertilizante* Dünger *m* [4] Bürgschaft *f*

abordaje *m* Entern *n;* ◇ **¡al -!** entern!; **abordar** *vt* [1] → *barco* entern [2] *FIG* → *a alguien* ansprechen [3] *FIG* → *asunto* eine Frage anschneiden

aborigen *m/f* Ureinwohner(in *f*) *m*

aborrecer ⟨3.4⟩ *vt* hassen, verabscheuen; **aborrecible** *adj* abscheulich, widerlich

aborregarse *vr(se) FAM* sich mitschleifen lassen, mittrotten

abortar I. *vi* [1] (*de forma natural*) eine Fehlgeburt haben [2] (*intencionadamente*) abtreiben **II.** *vt* → *revolución* zum Scheitern bringen; **abortista** *m/f* Abtreibungsbefürworter(in *f*) *m;* **abortivo I.** *adj* ▷*método* Abtreibungs- **II.** *m* FARMA Abtreibungsmittel *n;* **aborto** *m* [1] (*natural*) Fehlgeburt *f* [2] (*intencionado*) Abtreibung *f* [3] (*FAM persona o cosa repugnante*) Mißgeburt *f* [4] *FIG* Scheitern *n*

abotagarse ⟨3.11⟩ *vr* anschwellen

abotonar *vt* → *abrigo* zuknöpfen

abovedado *adj* gewölbt; **abovedar** *vt* ARQUIT [1] ↑ *cubrir con una bóveda* überwölben [2] ↑ *dar forma de bóveda* wölben

abrasador *adj* [1] ▷*sol* sengend [2] ▷*pasión* glühend [3] *FIG* vernichtend; **abrasar I.** *vt* verbrennen **II.** *vi* [1] ← *sol, fuego* stechen, sengen [2] ← *café* kochend heiß sein; ◇ **la comida abrasa** das Essen ist zu heiß **III.** *vr(se)* verbrennen; ◇ **- de impaciencia** vor Ungeduld vergehen

abrazar ⟨3.10⟩ *vt* [1] → *a un amigo* umarmen [2] *FIG* umfassen, beinhalten [3] → *creencia* annehmen; **abrazo** *m* Umarmung *f*

abrebotellas *m* Flaschenöffner *m*

abrecartas *m* Brieföffner *m*

abrelatas *m* Dosenöffner *m*

abrevadero *m* Tränke *f*

abreviación *f* Abkürzung *f;* **abreviar** ⟨3.15⟩ *vt* [1] abkürzen; → *texto* kürzen; → *explicación* verkürzen [2] ↑ *apresurar* beschleunigen; **abreviatura** *f* Abkürzung *f*

abridor *m* Flaschenöffner *m*

abrigar ⟨3.11⟩ *vt* [1] (*del frío, viento*) warm halten; ◇ **- del frío** vor Kälte schützen [2] ↑ *proteger* schützen [3] → *una esperanza* hegen; ◇ **- una sospecha** einen Verdacht hegen; **abrigo** *m* [1] (*prenda*) Mantel *m* [2] (*lugar*) Schutz *m*

abril *m* April *m*

abrillantador *m* (*utensilio*) Diamanten-, Steinschleifgerät *n;* **abrillantar** *vt* [1] polieren [2] → *piedras preciosas* schleifen [3] *FIG* verschönern

abrir ⟨abierto⟩ **I.** *vt* [1] öffnen, aufmachen; *FIG* ◇ **- el apetito** den Appetit anregen; ◇ **- las puertas de su casa** gastfreundlich sein; ◇ **- en canal** von oben nach unter aufschneiden; ◇ **en un - y cerrar de ojos** augenblicklich [2] → *negocio* eröffnen; ◇ **- una cuenta en el banco** ein Konto eröffnen [3] → *reunión* eröffnen [4] → *túnel* bauen **II.** *vi* öffnen **III.** *vr(se)* [1] ← *tierra, flores* sich öffnen [2] ← *herida* aufgehen [3] ↑ *clarear* sich aufklaren [4] ← *persona* sich aussprechen [5] *FAM* ↑ *irse* weggehen; ◇ **-se camino** weiterkommen; ◇ **-se paso** sich *dat* einen Weg durch die Menge bahnen

abrochar *vt* → *abrigo* zuknöpfen

abrogar ⟨3.11⟩ *vt* → *ley* aufheben

abrojo *m* [1] FLORA Distel *f* [2] ◇ **-s** *pl* ↑ *zarzas* Dornbusch *m*

abrumado *adj:* ◇ **- de trabajo** mit Arbeit überhäuft; **abrumador** *adj* [1] ▷*problema* drückend [2] ▷*mayoría* überwältigend; **abrumar I.** *vt* bedrücken; ◇ **- con atenciones** mit Aufmerksamkeiten überhäufen **II.** *vr(se)* dunstig werden

abrupto *adj* [1] ▷*montaña* steil [2] ▷*carácter* heftig

absceso *m* MED Abszeß *m*

absentismo *m* Fehlen *n;* ◇ **- laboral** Fernbleiben *n* vom Arbeitsplatz

ábside *m* ARQUIT Apsis *f*

absolución *f* [1] REL Absolution *f* [2] JUR Freispruch *m*

absolutamente *adv* absolut, völlig

absolutismo *m* Absolutismus *m*

absoluto *adj* absolut, unbedingt, völlig; ◇ **mayoría -a** absolute Mehrheit *f;* ◇ **reposo -** absolute Ruhe *f;* ◇ **no sé nada en -** ich weiß nichts davon; ◇ **en -** überhaupt nicht

absolver ⟨3.2⟩ *vt* [1] REL lossprechen [2] JUR freisprechen (*de* von)

absorbente I. *adj* [1] QUIM ▷*material* saugfähig, absorbierend [2] *FIG* ▷*tema* fesselnd **II.** *m* saugfähiges Material *n;* **absorber** *vt* [1] aufsaugen, absorbieren [2] *FIG* fesseln [3] ← *trabajo* völlig in Anspruch nehmen; **absorción** *f* [1] Absorption *f* [2] *FIG* Aufnahme *f*, Integration *f*

absorto *adj FIG* ↑ *admirado* gebannt; ◇ **- en** versunken in *akk*

abstemio *adj* abstinent; **abstención** *f* [1] ↑ *abstinencia* Enthaltung *f* [2] POL Stimmenthaltung *f;* **abstenerse** ⟨1.4⟩ *vr* [1] ↑ *privarse* sich enthalten (*de gen*) [2] POL sich der Stimme *f* enthalten; **abstinencia** *f* Enthaltsamkeit *f*, Abstinenz *f*

abstracción *f* Abstraktion *f;* **abstracto** *adj* abstrakt; ◇ **en -** abstrakt gesehen; **abstraer** ⟨4.12⟩ **I.** *vt* abstrahieren **II.** *vi:* ◇ **- en cavilaciones** in Grübelei versunken **III.** *vr(se)* sich vertiefen, sich versenken (*en* in *akk*)

abstraído *adj* [1] gedankenverloren [2] ↑ *ausente* geistesabwesend

abstruso *adj* schwer verständlich, verworren

absuelto I. *pp de* **absolver**; **II.** *adj* frei

absurdo I. *adj* widersinnig, absurd **II.** *m* ↑ *barbaridad* Unsinn *m; FAM* Quatsch *m*

abubilla *f* FAUNA Wiedehopf *m*

abuchear *vt* → *concierto* ausbuhen, auspfeifen; **abucheo** *m* Ausbuhen *n*, Auspfeifen *n*

abuelo(/a) *m/f* Großvater *m*, -mutter *f;* ◇ **-s** *m/pl* Großeltern *pl*

abulense *adj* aus Avila

abulia *f* ↑ *desgana* Willensschwäche *f;* **abúlico** *adj* willensschwach

abultado *adj* [1] ↑ *hinchado* füllig, dick [2] ↑ *convexo* gewölbt; **abultamiento** *m* [1] (*de equipaje*) Sperrigkeit *f* [2] ↑ *hinchazón* Schwellung *f* [3] *FIG* Übertreibung *f;* **abultar** *vt* [1] ↑ *ocupar* sperrig sein; ◇ **este paquete abulta demasiado** dieses Paket ist zu sperrig [2] *FIG* ↑ *exagerar* aufbauschen, übertreiben; ◇ **abultaron la importancia del accidente** sie haben den Unfall aufgebauscht

abundancia *f* Überfluß *m;* ◇ **en -** in Hülle und Fülle; **abundante** *adj* reichlich; **abundar** *vi* reichlich vorhanden sein

aburguesado *adj PEY* spießig, bürgerlich; **aburguesarse** ⟨3.6⟩ *vr* bürgerlich, spießig werden

aburrido *adj* [1] ▷*estar* gelangweilt [2] ▷*ser* langweilig; **aburrimiento** *m* Langeweile *f;* ◇ **¡qué -!** wie langweilig!; **aburrir I.** *vt* langweilen **II.** *vr(se)* sich langweilen (*de/por* mit); *FAM* ◇ **-se como una ostra** sich zu Tode langweilen

abusar *vi* [1] ↑ *usar excesivamente* mißbrauchen; ◇ **- del tabaco** zuviel rauchen [2] ◇ **- de una mujer** eine Frau mißbrauchen; **abusivo** *adj* ▷*precios* unangemessen, überhöht, überteuert; **abuso** *m* [1] ↑ *exceso* Mißbrauch *m;* ◇ **- de autoridad** Amtsmißbrauch *m* [2] (*de menores*) Mißbrauch *m;* **abusón**, **(-ona)** *m/f* Schmarotzer(in *f*) *m*

abyección *f* [1] ↑ *bajeza* Verworfenheit *f* [2] ↑ *abatimiento* Übermüdung *f;* **abyecto** *adj* ↑ *bajo, vil* verkommen, gemein

acá *adv* [1] (*lugar*) hier [2] (*dirección*) hierher [3] (*tiempo*) ◇ **desde enero -** seit Januar; ◇ **- y allá** hier und dort; ◇ **de - para allá** hin und her

acabado I. *adj* [1] fertig, beendet [2] ↑ *agotado* aufgebraucht [3] ↑ *malparado* ausgelaugt, müde; *FAM* fix und fertig **II.** *m* Verarbeitung *f;* ↑ *último* *retoque* letzter Schliff; **acabar** I. *vt* [1] ↑ *finalizar* beenden [2] ↑ *completar* vervollständigen [3] → *producto* aufbrauchen II. *vi:* ◇ ~ **con** Schluß machen mit; ◇ ~ **de hacer algo** soeben etw getan haben; ◇ ~ **de una vez** endlich aufhören; ◇ **no acaba de gustarme** es gefällt mir einfach nicht; ◇ ~ **en un desastre** in einem Fiasko enden; ◇ ~ **por hacer algo** schließlich etw tun; ◇ **vas a ~ con mi paciencia** du stellst meine Geduld auf die Probe; ◇ **voy a ~ desesperado** das bringt mich zur Verzweiflung; ◇ **¡se acabó!** jetzt ist aber Schluß!; ◇ **¡acabáramos!** (*por fin*) na endlich! III. *vr(se)* [1] ← *sequía* zu Ende gehen [2] ↑ *morirse* sterben

academia *f* [1] Akademie *f* [2] COLE Privatschule *f;* **académico(/a)** I. *adj* akademisch II. *m/f* ↑ *miembro* Akademiker(in *f*) *m*

acaecer ⟨3.5⟩ *vi* ↑ *suceder* sich ereignen, geschehen, passieren

acalambrarse ⟨3.6⟩ *vr* sich verkrampfen

acaloramiento *m* [1] Erhitzen *n* [2] *FIG* Hitzigkeit *f* [3] *FIG* ↑ *excitación* Aufregung *f;* **acalorar** I. *vt* [1] erhitzen [2] *FIG* ↑ *excitar* aufregen II. *vr(se)* [1] ↑ *ponerse rojo* sich erhitzen [2] *FIG* ↑ *perder la calma* sich ereifern (*con/por* an *dat*)

acallar *vt* [1] → *ruidos* zum Schweigen bringen [2] → *a alguien* beruhigen, beschwichtigen

acampanado *adj* glockenförmig; **acampar** *vi* zelten, campen

acanalado *adj* [1] (*con estrías*) gerillt [2] ▷*forma* gewellt; **acanalar** *vt* [1] mit Rillen versehen [2] ↑ *dar forma* wellen

acantilado I. *adj* ▷*costa* steil, abschüssig II. *m* GEO Steilküste *f*

acaparamiento *m* Horten *n,* Hamsterkauf *m*

acantonar *vt* MIL einquartieren

acaparador(a) I. *adj* (*que acumula*) habgierig II. *m/f* (*persona*) Hamsterer *m,* Hamsterin *f;* **acaparar** *vt* ↑ *acumular* horten, hamstern

acaramelar I. *vt* (*con azúcar*) süßen II. *vr(se)* [1] (*con una persona*) herumturteln [2] *FAM* zuckersüß tun

acariciar ⟨3.15⟩ *vt* streicheln; ◇ ~ **la idea de marcharse a América** mit dem Gedanken spielen, nach Amerika auszuwandern

acarrear *vt* [1] ↑ *transportar* transportieren, befördern [2] ↑ *arrastrar* schleppen [3] → *desgracias* verursachen, nach sich ziehen; **acarreo** *m* [1] ↑ *transporte* Transport *m* [2] (*acción*) Abschleppen *n*

acartonarse ⟨3.6⟩ *vr* [1] ← *material* wie Pappe werden [2] *FIG* verschrumpeln

acaso I. *adv* vielleicht II. *m* ↑ *casualidad* Zufall *m;* ◇ **por si** ~ falls etwa; ◇ **si** ~ falls

acatamiento *m* [1] ↑ *obediencia* Befolgung *f* [2] ↑ *sometimiento* Ergebenheit *f* [3] ↑ *respeto* Respekt *m* (*a* vor); **acatar** *vt* [1] ↑ *respetar* ehren [2] ↑ *obedecer* befolgen

acatarrarse *vr* sich erkälten

acaudalado *adj* ↑ *adinerado* reich, wohlhabend; **acaudalar** *vt* → *dinero, bienes* erwerben; *PEY* horten

acaudillar *vt* ↑ *capitanear* befehligen, anführen

acceder *vi* [1] ↑ *permitir* zulassen, erlauben [2] ↑ *aceptar* ◇ ~ **a una cosa** einer Sache *f* zustimmen; **accesible** *adj* [1] ↑ *alcanzable* zugänglich (*a dat*) [2] ↑ *asequible* erschwinglich [3] *FIG* ▷*persona* zugänglich, aufgeschlossen (*a dat*);

acceso *m* [1] ↑ *entrada* Zugang *m* [2] ↑ *ingreso* Zutritt *m* [3] (*camino*) Zufahrt *f* [4] *FIG* ◇ ~ **de ira** Wutausbruch *m* [5] MED Anfall *m* [6] ◇ **tener ~ al gobierno** Zugang zur Regierung haben

accesorio I. *adj* [1] ▷*elemento* zugehörig [2] ↑ *complementario* sekundär, nebensächlich II. *m* [1] Zubehör *n;* ◇ ~ **de un coche** Autoersatzteil *n* [2] (*de moda*) Accessoire *n* [3] ↑ *utensilio* ◇ **~s de cocina** Küchengeräte *pl*

accidentado I. *adj* [1] (*de un accidente*) verunglückt [2] ▷*terreno* uneben, hügelig [3] ▷*viaje* abwechslungsreich II. *m/f* Verunglückte(r) *fm;* **accidental** *adj* [1] (*no esencial*) unwesentlich [2] ▷*encuentro* zufällig [3] (*provisional*) gelegentlich; ◇ **trabajo** ~ Gelegenheitsarbeit *f;* **accidentar** *vi, vr(se)* einen Unfall haben, verunglücken; **accidente** *m* [1] Unfall *m;* ◇ ~ **de carretera** Verkehrsunfall *m* [2] Mißgeschick, nt [3] GEO ◇ ~ **geográfico** Vielgestaltigkeit *f*

acción *f* [1] (*suceso*) Handlung *f;* (*hecho noble*) Tat *f* [2] (*gesto, ademán*) Gebärde *f,* Geste *f* [3] MIL Gefecht *n;* ◇ **poner en** ~ in Gang setzen [4] COM Aktie *f*

accionar I. *vt* → *mecanismo* betätigen II. *vi* gestikulieren

accionista *m/f* COM Aktionär(in *f*) *m*

acebo *m* FLORA Stechpalme *f*

acebuche *m* FLORA wilder Ölbaum *m*

acecinar I. *vt* GASTRON einsalzen und räuchern II. *vr(se)* ↑ *envejecer* abmagern

acechar *vt* ↑ *vigilar* auflauern *dat;* **acecho** *m* Auflauern *n;* ◇ **estar al** ~ auf der Lauer liegen

aceitar *vt* GASTRON ölen

aceite *m* Öl *n;* (*lubrificante*) Schmiermittel *n;* AUTO ◇ ~ **multigrado** Mehrbereichsöl *n;* ◇ ~ **de oliva** Olivenöl *n; FIG* ◇ **es una balsa de** ~ es ist ganz ruhig; **aceitera** *f* Ölkännchen *n;* **aceitoso** *adj* ölig

aceituna *f* Olive *f;* **aceitunado** *adj* oliv[-farben]; **aceitunero(/a)** *m/f* Olivenpflücker(in *f*) *m*, Olivenhändler(in *f*) *m*

aceleración *f* Beschleunigung *f;* **acelerador** *m* AUTO Gaspedal *n;* **acelerar I.** *vt* ↑ *aumentar velocidad* vorantreiben, beschleunigen **II.** *vr(se)* ↑ *darse prisa* sich beeilen

acelga *f* GASTRON Mangold *m*

acento *m* [1] Betonung *f* [2] ▷*vocálico* Akzent *m;* **acentuación** *f* Betonung *f;* **acentuar** ‹3.19› *vt* [1] betonen [2] ↑ *destacar* hervorheben, betonen

acepción *f* ↑ *significado* Bedeutung *f;* ◇ **esta palabra tiene diferentes ~es** dieses Wort hat verschiedene Bedeutungen; ◇ **sin ~ de personas** ohne Ansehen *n* der Person

aceptable *adj* ↑ *pasable* akzeptabel, annehmbar; **aceptación** *f* [1] ↑ *admisión* Annahme *f* [2] ↑ *aprobación* Anerkennung *f* [3] (COM *de un producto*) Aufnahme *f;* **aceptar I.** *vt* [1] ↑ *recibir* annehmen [2] ↑ *admitir* anerkennen [3] → *tarea* auf sich nehmen **II.** *vi* ↑ *comprometerse*: ◇ **~ hacer una cosa** sich bereit erklären, etw zu tun

acequia *f* Bewässerungskanal *m*

acera *f* (*para peatones*) Gehsteig *m; FAM* ◇ **ser de la ~ de enfrente** vom anderen Ufer sein

acerbo *adj* [1] ↑ *amargo* herb, bitter [2] *FIG* grausam

acerca *adv:* ◇ **~ de** hinsichtlich *gen*, bezüglich *gen*

acercamiento *m* ↑ *aproximación* Annäherung *f;* **acercar** ‹3.7› **I.** *vt* ↑ *aproximar* näherbringen; → *un objeto* heranbringen **II.** *vr(se)* näher herankommen (*a algo, a alguien* an *akk*), sich nähern (*a dat*)

acerico *m* Nadelkissen *n*

acero *m* [1] ↑ *hierro* Stahl *m;* ◇ **~ fundido** Gußstahl *m;* ◇ **~ inoxidable** rostfreier Stahl [2] ↑ *espada* Schwert *n* [3] *FIG* ↑ *ánimo* Mut *m*

acérrimo *adj* [1] ▷*partidario* standhaft, loyal [2] ↑ *obstinado* hartnäckig, erbittert

acertado *adj* [1] ↑ *verdadero* richtig [2] ↑ *conveniente* treffend; **acertante** *m/f* Gewinner(in *f*) *m;* **acertar** ‹3.1› **I.** *vt* [1] ↑ *hallar* finden; ◇ **~ a salir del laberinto** den richtigen Weg einschlagen [2] ↑ *pronosticar correctamente* treffen, voraussagen; ◇ **~ con algo** etw treffen [3] ↑ *adivinar* erraten; ◇ **~ a la primera** auf Anhieb erraten **II.** *vi* ↑ *elegir bien* den Nagel auf den Kopf treffen; ◇ **~ en la elección** die richtige Wahl treffen

acertijo *m* Rätsel *n*

acervo *m* [1] ↑ *montón* Haufen *m* [2] ◇ **~ cultural** Kulturgut *n*

acético *adj* aus Essig; QUIM ◇ **ácido ~** Essigsäure *f*

acetona *f* QUIM Azeton *n*

aciago *adj* ↑ *desgraciado* unheilvoll; ◇ **día ~** Unglückstag *m*

acicalado *adj* [1] (*límpio y cuidado en exceso*) peinlich sauber [2] *PEY* ▷*persona* herausgeputzt; **acicalar** *vi, vr(se) PEY* ↑ *adornar mucho* sich herausputzen

acicate *m* [1] ↑ *espuela* Sporn *m* [2] *FIG* ↑ *estímulo* Anreiz *m*, Ansporn *m*

acidez *f* [1] Säure *f* [2] (*de estómago*) Sodbrennen *n;* **ácido I.** *adj* sauer **II.** *m* Säure *f;* ◇ **~ salicílico** Aspirin *n*

acierto *m* [1] ↑ *tino, tiento* Treffer *m*, Treffsicherheit *f* [2] *FIG* Erfolg *m* [3] (*en lotería*) Treffer *m* [4] ↑ *habilidad* Geschicklichkeit *f*

aclamación *f* ↑ *ovación* Zuruf *m;* ↑ *aplauso* Beifall *m*, Anerkennung *f;* ◇ **elegir por ~** durch Akklamation *f* wählen; **aclamar** *vt* applaudieren *dat*

aclaración *f* [1] ↑ *nota* Aufklärung *f*, Aufhellung *f* [2] ↑ *explicación* Erläuterung *f;* **aclarar I.** *vt* [1] → *algo confuso* aufklären; ↑ *explicar* erläutern [2] → *voz* räuspern [3] → *tono* aufhellen [4] → *agua, ideas* klären [5] → *colada* spülen **II.** *vi* METEO aufklaren **III.** *vr(se):* ◇ **¡vamos a ~nos¡** sagen wir es ganz klar!

aclimatación *f* Akklimatisierung *f;* **aclimatar I.** *vt* akklimatisieren **II.** *vr(se)* sich eingewöhnen (*a* in *dat*)

acné *f* MED Akne *f*

acobardar I. *vt* **I.** ↑ *intimidar* einschüchtern **II.** *vr(se)* ↑ *coger miedo* verzagen, den Mut verlieren

acodar *vi, vr(se)* ↑ *apoyar el codo* sich [auf-] stützen (*en* auf *akk*)

acogedor *adj* [1] ↑ *cómodo* bequem, gemütlich [2] ↑ *hospitalario* gastfreundlich

acoger ‹3.20› **I.** *vt* [1] ↑ *recibir* aufnehmen, empfangen [2] ↑ *amparar* aufnehmen, schützen **II.** *vr(se)* [1] ↑ *aceptar el amparo* Schutz suchen (*a* bei) [2] ↑ *utilizar algo como pretexto* sich berufen (*a/bajo/en* auf), sich flüchten (*en* in *akk*); **acogida** *f* ↑ *aceptación* Aufnahme *f;* ↑ *recibimiento* Empfang *m*

acojonamiento *m* (*FAM! miedo*) Schiß *m;* **acojonante** *adj FAM!* ↑ *increíble* geil; **acojonar** *vi, vr(se) FAM!* ↑ *atemorizar* Schiß *m* kriegen, Schiß haben

acolchado *m* ↑ *tapizado* Polster *n;* **acolchar** *vt* polstern

acólito *m* [1] Ministrant *m* [2] ↑ *monaguillo* Meßdiener *m* [3] *FIG* ↑ *partidario* Gefolgsmann *m*

acometer *vt* [1] ↑ *atacar* angreifen [2] ← *sueño* befallen; **acometida** *f* Angriff *m*

acomodadizo *adj* ↑ *conformista* anpassungsfähig

acomodado *adj* [1] ↑ *oportuno* geeignet [2] ↑ *adinerado* wohlhabend [3] ↑ *moderado* angemessen

acomodador(a) *m/f* Platzanweiser(in *f*) *m;* **acomodar** I. *vt* [1] ↑ *poner en un sitio* aufräumen [2] ↑ *alojar* unterbringen II. *vi* ↑ *convenir* passen III. *vr(se)* [1] ↑ *conformarse* sich fügen (*a* in *akk*), sich anpassen (*a*,˜ *a*/*con*/*en* an *akk*) [2] (*en un sofá*) es sich *dat* bequem machen; **acomodo** *m* ↑ *empleo* Stellung *f*

acompañamiento *m* [1] (*compañía*) Begleitung *f* [2] MUS Begleitung *f;* **acompañante** I. *m/f* Begleiter(in *f*) *m* II. *adj* Begleit-, begleitend; **acompañar** *vt* [1] ↑ *estar*/*ir con* begleiten [2] ↑ *agregar* beilegen

acompasado *adj* [1] ↑ *rítmico* rhythmisch, nach dem Takt [2] ↑ *lento* gemessen; **acompasar** *vt* [1] ↑ *medir al compás* justieren [2] *FIG* ↑ *ajustar* einstellen (*a* auf *akk*)

acomplejar I. *vt:* ◇ ~ **a alguien** bei jd-m einen Komplex *m* verursachen II. *vr(se)* Komplexe haben

acondicionado *adj* beschaffen; ◇ **aire** ~ Klimaanlage *f;* ◇ **mal** ~ in schlechtem Zustand; **acondicionador** *m* (*de pelo*) Pflegespülung *f;* **acondicionar** *vt* [1] ↑ *adaptar* einrichten [2] ↑ *climatizar* klimatisieren

acongojar *vt* ↑ *entristecer* betrüben

aconsejable *adj* empfehlenswert; **aconsejar** I. *vt* [1] [be-]raten; ◇ ~ **a alguien sobre algo** jd-n in einer Sache beraten [2] ↑ *recomendar* empfehlen II. *vr(se)* ↑ *asesorarse* sich Rat holen (*con*/*de* bei)

acontecer ‹3.5› *vi* sich ereignen, vorkommen; **acontecimiento** *m* Ereignis *n*

acopio *m* ↑ *provisión* Vorrat *m*, Menge *f*

acoplamiento *m* TECNI Kupplung *f;* **acoplar** I. *vt* [1] ↑ *adaptar* anpassen [2] TECNI ↑ *soldar* [zusammen-]kuppeln II. *vr FIG*: ◇ **~se a** sich einer Sache *dat* fügen

acorazado I. *adj* gepanzert II. *m* MIL Panzerkreuzer *m;* **acorazar** ‹3.10› I. *vt* ↑ *revestir* überziehen II. *vr(se) FIG* ↑ *protegerse* sich schützen, sich wappnen (*contra* gegen)

acordar ‹3.2› I. *vt* [1] ↑ *pactar* vereinbaren [2] ↑ *decidir* beschließen II. *vr(se)* sich erinnern (*de* an *akk*)

acorde I. *adj* [1] übereinstimmend (*con* mit) [2] MUS harmonisch II. *m* MUS Akkord *m*

acordeón *m* MUS Akkordeon *n*

acordonar *vt* [1] ↑ *rodear* umstellen [2] → *zona* absperren

acorralar *vt* [1] → *ganado* einpferchen [2] → *personas* ankreisen, umzingeln [3] (*FIG en una discusión*) in die Enge treiben

acortar *vt* → *longitud, tiempo, cantidad* verkürzen; → *distancia* abkürzen

acosar *vt* [1] ↑ *perseguir* verfolgen, hetzen [2] *FIG* belästigen, bedrängen; ◇ ~ **a alguien con preguntas** jd-m mit Fragen belästigen/zusetzen; **acoso** *m* ↑ *persecución* Hetzjagd *f*

acostar ‹3.2› I. *vt* → *a alguien* ins Bett bringen; ↑ *tumbar* hinlegen II. *vr(se)* [1] sich schlafen legen, ins Bett gehen [2] ◇ ~ **con alguien** mit jd-m schlafen

acostumbrar I. *vt* [1] ◇ ~ a gewöhnen an *akk* [2] ◇ ~ **a hacer algo** gewöhnlich etw tun II. *vr(se):* ◇ **~se a** sich gewöhnen an *akk*

acotación *f* ↑ *observación* Randbemerkung *f;* **acotar** *vt* [1] ↑ *marcar límites* abgrenzen [2] → *árbol* kappen [3] → *oferta* annehmen [4] *FIG* ◇ ~ **un texto** einen Text mit Randbemerkungen versehen

ácrata I. *adj* anarchistisch II. *m/f* ↑ *anarquista* Anarchist(in *f*) *m*

acre I. *adj* [1] ▷*sabor* herb, scharf [2] *FIG* ▷*crítica* scharf, beißend II. *m* AGR Morgen *m*

acrecentamiento *m* ↑ *aumento* Zuwachs *m* (*de* an *dat*); **acrecentar** ‹3.1› *vt* vermehren, steigern

acreditado *adj* angesehen, geschätzt; **acreditar** I. *vt* [1] ↑ *confirmar* bestätigen [2] sich verbürgen für *akk* [3] ↑ *afamar* berühmt machen [4] COM ↑ *abonar en cuenta* gutschreiben II. *vr(se)*: sich *dat* Ansehen verschaffen

acreedor(a) I. *adj* [1] JUR anspruchsberechtigt [2] ↑ *merecedor* würdig (*a gen*) II. *m/f* (*persona a quien se debe dinero*) Gläubiger(in *f*) *m*

acribillar *vt* [1] ↑ *agujerear* durchlöchern; ◇ ~ **a balazos** mit Schüssen durchlöchern [2] *FIG* ↑ *molestar* belästigen; ◇ ~ **a preguntas** mit Fragen löchern

acrobacia *f* Akrobatik *f;* **acróbata** *m/f* Akrobat(in *f*) *m*

acta *f* [1] Protokoll *n*, Bericht *m;* ◇ **levantar** ~ das Protokoll aufnehmen [2] Akte *f;* (*certificación*) Urkunde *f;* ◇ ~ **de defunción** Todenschein *m*

actitud *f* [1] (*postura*) Haltung *f* [2] (*de ánimo*) Einstellung *f*

activar *vt* [1] (*hacer que algo se realice*) aktivieren [2] ↑ *acelerar* beschleunigen

actividad *f* [1] (*eficiencia*) Aktivität *f*, Lebhaftigkeit *f* [2] ↑ *tarea* Betätigung *f*, Aktivität *f;* ◇ **campo** *m* **de** ~ Betätigungsfeld *n;* **activo** I. *adj* [1] ↑ *enérgico* aktiv [2] ↑ *vivo* lebhaft [3] ◇ **estar en** ~ im Dienst sein II. *m* COM Aktiva *pl*, Vermögen *n*

acto *m* [1] ↑ *ceremonia* Akt *m*, Feier *f;* ◇ ~ **oficial** Staatsakt *m* [2] (*hecho por el hombre*) Tat *f*, Handlung *f* [3] TEATRO Akt *m* [4] ◇ **hacer algo en el ~** etwas unverzüglich machen; ◇ **~ seguido** unverzüglich darauf

actor *m* CINE, TEATRO Schauspieler *m;* **actriz** *f* Schauspielerin *f*

actuación *f* [1] (*acción*) Handlungsweise *f* [2] (*comportamiento*) Verhalten *n* [3] CINE, TEATRO Auftreten *n*

actual *adj* [1] ↑ *presente* gegenwärtig [2] ▷ *noticias* aktuell; **actualidad** *f* [1] (*de tiempo*) Gegenwart *f;* ◇ **de gran ~** sehr aktuell; ◇ **en la ~** heutzutage [2] (*de noticias*) Aktualität *f;* **actualizar** ‹3.10› *vt* aktualisieren

actuar *vi* [1] ↑ *obrar* handeln [2] CINE, TEATRO auftreten [3] ↑ *producir efectos* wirken [4] ↑ *cumplir una función* tätig sein; ◇ **~ como intérprete** als Dolmetscher(in) arbeiten; ◇ **~ de coordinador** als Koordinator arbeiten

acuarela *f* ARTE Aquarell *n*

acuario *m* [1] Aquarium *n* [2] ◇ A~ ASTR Wassermann *m*

acuartelar I. *vt* MIL kasernieren II. *vr(se)* ↑ *alojarse en un lugar* sich einquartieren

acuático *adj* [1] im Wasser lebend [2] SPORT ◇ esquí ~ Wasserski *m*

acuciante *adj* ▷ *problema* dringend, brennend; **acuciar** *vt* [1] ↑ *dar prisa* anspornen [2] ↑ *angustiar* bedrängen

acuchillar *vt* erstechen, niederstechen

acudir *vi* [1] ↑ *ir, llegar* herbeieilen [2] ↑ *asistir* teilnehmen (*a* an *dat*); ◇ **~ a la cita** zu einem Treffen gehen; ◇ **~ al médico** einen Arzt aufsuchen; ◇ **~ a los amigos** sich an Freunde wenden

acueducto *m* ARQUIT Aquädukt *m*

acuerdo *m* [1] ↑ *conformidad* Übereinkunft *f,* Einigung *f;* ◇ **de común ~** in gegenseitigem Einvernehmen; ◇ **llegar a un ~ con alguien** mit jd-m zu einer Übereinkunft kommen; ◇ **ponerse de ~ con alguien** sich mit jd-m einigen [2] ↑ *resolución* Beschluß *m;* ◇ **¡de ~!** einverstanden!; ◇ **de ~ con** gemäß

acumulación *f* Anhäufung *f* (*de* von); **acumular** *vt* anhäufen, ansammeln; **acumulativo** *adj* sich anhäufend

acunar *vt* → *bebé* wiegen

acuñar *vt* [1] → *moneda* prägen [2] *FIG* → *frase* prägen

acuoso *adj* wässerig

acupuntor(a) *m/f* Akupunkteur(in *f*) *m*

acupuntura *f* MED Akupunktur *f*

acurrucarse *vr* sich zusammenkauern

acusación *f* [1] Beschuldigung *f* [2] JUR Anklage *f;* **acusar** I. *vt* beschuldigen; JUR Anklage erheben; ◇ **~ recibo** den Empfang bestätigen II. *vr(se):* ◇ **~se de un robo** sich des Diebstahls bezichtigen

acusativo *m* GRAM Akkusativ *m*

acusica *m/f* **acusón(-ona)** *m/f FAM* Petze *f*

acústica *f* Akustik *f;* **acústico** *adj* akustisch

achacar *vt* ↑ *atribuir* zuschieben, zuschreiben; ◇ **~ la culpa a alg** jd-m die Schuld zuschieben; **achacoso** *adj* ▷ *persona* kränklich

achaparrado *adj* ↑ *rechoncho, bajo* untersetzt

achaque *m* Gebrechen *n;* ◇ **~s de la edad** Altersbeschwerden *pl*

achicar I. *vt* [1] → *tamaño* verringern, verkleinern [2] ↑ *acobardar* demütigen, einschüchtern [3] NAUT leerpumpen II. *vr(se)* sich einschüchtern lassen

achicharrar I. *vt* [1] (*freír, tostar demasiado*) anbrennen lassen, rösten [2] *FIG* belästigen II. *vr(se)* ↑ *quemarse* sich verbrennen

achicoria *f* FLORA Zichorie *f*

achuchar *vt FAM* [1] ↑ *estrujar* plattdrücken [2] ↑ *incitar* reizen, ärgern; **achuchón** *m FAM* [1] ↑ *abrazo* feste Umarmung *f* [2] ↑ *empujón* Stoß *m*

adagio *m* MUS Adagio *n*

adalid *m* Anführer *m*

adaptabilidad *f* Anpassungsfähigkeit *f;* **adaptable** *adj* ▷ *persona, objeto* anpassungsfähig; **adaptación** *f* [1] Anpassung *f* [2] (*de una novela*) Bearbeitung *f;* **adaptador** *m* ELECTR Adapter *m,* Zwischenstecker *m;* **adaptar** I. *vt* [1] ↑ *ajustar* anpassen [2] → *texto* bearbeiten, adaptieren II. *vr(se)* sich anpassen (*a* an *akk*)

adecentar *vt* ordnen, herrichten

adecuado *adj* [1] ↑ *idóneo* angebracht; ↑ *ajustado* angemessen (*a dat*) [2] ↑ *apto* geeignet (*a*/*para* für); **adecuar** ‹3.19› *vt* anpassen

adefesio *m FAM* [1] (*traje*) lustiger Aufzug [2] (*persona*) Vogelscheuche *f* [3] (*disparate*) Blödsinn *m*

adelantado *adj* [1] ↑ *precoz* frühreif [2] ▷ *trabajo* fortgeschritten [3] ◇ **ir ~** (*reloj*) vorgehen; ◇ **pagar por ~** vorausbezahlen

adelantamiento *m* AUTO Überholen *n;* **adelantar** I. *vt* [1] ↑ *avanzar* vorrücken [2] ↑ *pasar delante* vorgehen [3] AUTO überholen [4] → *reloj* vorstellen [5] → *viaje* vorwegnehmen [6] → *pago* vorauszahlen II. *vi* [1] ← *reloj* vorgehen [2] ↑ *acortar camino* vorangehen III. *vr(se)* [1] vorrücken, fortschreiten [2] ◇ **~ a alguien** jd-m zuvorkommen

adelante I. *adv* [1] (*dirección*) vorwärts; (*lugar*) vorn [2] (*tiempo futuro*) ◇ **de hoy en ~** von heute an; ◇ **más ~** später; (*más allá*) weiter vorn II. *interj:* ◇ **¡~!** [1] (*entrada*) herein! [2] (*para seguir*) weiter!, weiter so!; ◇ **salir ~, ir ~** vorwärtskommen

adelanto *m* [1] ↑ *avance* Fortschritt *m* [2] (*de dinero*) Vorschuß *m* [3] ◇ **el tren llega con 5 minutos de** ~ der Zug kommt 5 Minuten früher an
adelfa *f* FLORA Oleander *m*
adelgazar *vi* abnehmen, dünner werden
ademán *m* [1] (*movimiento*) Geste *f*, Gebärde *f*; ◇ **en** ~ **de** bereit zu [2] (*pl*) ◇ **ademanes** ↑ *modales* Manieren *pl*
además *adv* außerdem; ◇ ~ **de** außer, neben *dat*
adentrarse ⟨3.6⟩ *vr* (*en la selva*) eindringen in *akk*
adentro *adv* [1] (*dirección*) hinein, nach innen; (*posición*) drinnen; ◇ **mar** ~ seewärts [2] ◇ **los** ~**s** *m/pl* das Innerste; ◇ **lo guardé para mis** ~**s** das habe ich für mich selbst aufgehoben
adepto(/a) *m/f* Anhänger(in *f*) *m*
aderezar ⟨3.10⟩ **I.** *vt* [1] ↑ *condimentar* zubereiten; ◇ ~ **la ensalada** den Salat anmachen [2] ↑ *adornar* herrichten; **aderezo** *m* [1] ↑ *adorno* Schmuck *m* [2] (*condimento*) Zubereitung *f*
adeudar **I.** *vt* → *dinero* schulden **II.** *vr(se)* sich verschulden
adherente *adj* ▷*cinta* haftend; **adherirse** ⟨3.1⟩ *vr* [1] ↑ *pegarse* sich anschließen [2] (*a un partido*) beitreten *dat*
adhesión *f* [1] ↑ *aceptación* Zustimmung *f* [2] ↑ *unión* Beitritt *m*
adición *f* [1] Zusatz *m* [2] MATE Addition *f*
adicional *adj* ▷*número* zusätzlich; **adicionar** *vt* [1] hinzufügen [2] MATE addieren
adicto(/a) **I.** *adj* [1] ↑ *dedicado* ergeben, zugetan [2] ↑ *fiel* treu **II.** *m/f* [1] Anhänger(in *f*) *m* [2] (*a la droga*) Drogensüchtige(r) *fm*; ◇ ~ **a la bebida** dem Alkohol verfallen
adiestramiento *m* [1] (*de persona*) Schulung *f* [2] (*de animales*) Dressur *f*; **adiestrar** **I.** *vt* [1] → *animal* dressieren [2] → *persona* lehren **II.** *vr(se)* [1] ↑ *aprender* sich ausbilden [2] ↑ *ejercitarse* sich üben (*en* in *dat*)
adinerado *adj* vermögend
adiós **I.** *interj* [1] (*para despedirse*) auf Wiedersehen [2] (*para saludar*) hallo **II.** *m* : ◇ **es la hora del** ~ es ist die Stunde des Abschiednehmens
aditamento *m* ↑ *complemento* Beilage *f*; ↑ *añadido* Zusatz *m*
aditivo *m* Zusatz *m*
adivinación *f* [1] (*del futuro*) Wahrsagen *n* [2] (*de un acertijo*) Erraten *n*; **adivinador(a)** *m/f* Wahrsager(in *f*) *m*
adivinanza *f* Rätsel *n*; **adivinar** *vt* [1] → *acertijo* erraten [2] → *futuro* voraussagen; **adivino(/a)** *m/f* Wahrsager(in *f*) *m*
adjetivo *m* GRAM Adjektiv *n*
adjudicación *f* Zuschlag *m*, Zuteilung *f*; **adjudicar** ⟨3.7⟩ **I.** *vt* → *premio* zuteilen, zuerkennen **II.** *vr(se)*: ◇ ~**se algo** → *victoria, éxito* etw für sich beanspruchen
adjuntar *vt* beilegen, beifügen; **adjunto(/a)** **I.** *adj* beigefügt, beiliegend **II.** *m/f* UNI Assistent (in *f*) *m* **III.** *m* Beifügung *f*; (*en carta*) Anlage *f*
administración *f* Verwaltung *f*; **administrador(a)** *m/f* Verwalter(in *f*) *m*; **administrar** **I.** *vt* [1] → *bienes* verwalten [2] → *medicamentos* verabreichen **II.** *vr(se)* → *dinero* gut zurechtkommen; **administrativo(/a)** **I.** *adj* Verwaltungs- **II.** *m/f* Verwaltungsangestellte(r) *m/f*
admirable *adj* bewundernswert
admiración *f* [1] ↑ *estima* Bewunderung *f* [2] ↑ *sorpresa* Verwunderung *f*, Überraschung *f* [3] GRAM Ausrufezeichen *n*; **admirador(a)** *m/f* ↑ *seguidor* Bewunderer *m*, Bewunderin *f*; *FAM* Fan *m*; **admirar** **I.** *vt* ↑ *estimar* bewundern; ↑ *sorprender* verwundern, überraschen **II.** *vr(se)* sich wundern (*de* über *akk*)
admisible *adj* ▷*respuesta* zulässig
admisión *f* [1] ↑ *entrada* Zutritt *m*, Eintritt *m*; ◇ **reservado el derecho de** ~ man behält sich vor, Hausverbot auszusprechen [2] UNI Zulassung *f* (*a* zu)
admitir *vt* [1] ↑ *dar entrada* zulassen (*a* zu); ↑ *aceptar* aufnehmen (*a alguien* jd-n) [2] ↑ *permitir* gestatten (*a alguien* jd-m) [3] ↑ *reconocer* zugeben [4] ↑ *caber* fassen; ◇ **la sala admite 100 personas** der Raum faßt 100 Leute
admonición *f* ↑ *advertencia* Ermahnung *f*
adobar *vt* GASTRON ↑ *condimentar* würzen; **adobe** *m* GASTRON Lehmziegel *m*
adocenado *adj* ↑ *mediocre* gewöhnlich, mittelmäßig; **adocenarse** ⟨3.6⟩ *vr* mittelmäßig werden
adoctrinar *vt* ↑ *instruir* anweisen, belehren
adolecer ⟨3.4⟩ *vi* erkranken (*de* an *dat*)
adolescencia *f* Pubertät *f*; **adolescente** *m/f* Jugendliche(r) *m/f*
adonde *adv* wohin; **adónde** *adv* (*interrogativo*) wohin?; **adondequiera** *adv* irgendwohin
adopción *f* Adoption *f*; **adoptar** *vt* [1] → *hijo* adoptieren; ◇ ~ **por/como hijo** an Kindesstatt annehmen [2] → *medidas, soluciones* übernehmen [3] → *creencia* annehmen; **adoptivo** *adj* [1] ▷*hijo* Adoptiv- [2] ◇ **país** ~ Wahlheimat *f*
adoquín *m* Pflasterstein *m*
adorable *adj* bezaubernd, anbetungswürdig; **adoración** *f* Anbetung *f*; **adorar** *vt* [1] REL anbeten [2] ↑ *amar profundamente* innig lieben
adormecer ⟨3.5⟩ **I.** *vt* [1] zum Schlafen bringen [2] *FIG* → *dolor* beruhigen **II.** *vr(se)* einschlafen

adormilarse ‹3.6› *vr* einschlummern
adornar I. *vt* [1] → *algo* verzieren [2] → *a alguien* schmücken; **adorno** *m* [1] (*cosa*) Verzierung *f* [2] (*para personas*) Schmuck *m*
adosado *adj:* ◇ **chalet** ~ Reihenhaus *n;* **adosar** *vt* anlehnen
adquirir ‹3.1› *vt* [1] ↑ *comprar* anschaffen [2] *FIG* ↑ *lograr* erwerben; ↑ *conseguir* erlangen; **adquisición** *f* Kauf *m,* Erwerb *m;* **adquisitivo** *adj:* ◇ **poder** ~ Kaufkraft *f*
adrede *adv* absichtlich
adscribir ‹3.21› *vt* ↑ *atribuir* zuschreiben
aduana *f* Zoll *m;* **aduanero(/a)** I. *adj* Zoll- II. *m/f* Zollbeamte(r) *m,* -beamtin *f*
aducir ‹3.4› *vt* ↑ *alegar* anführen; → *prueba* erbringen
adueñarse *vr* Besitz ergreifen (*de* von)
adulación *f* Schmeichelei *f;* **adulador** *adj* schmeichelhaft, schmeichlerisch; **adular** *vt* schmeicheln *dat*
adulterar I. *vt* → *sustancias* verfälschen
adulterio *m* Ehebruch *m;* **adúltero** *m/f* Ehebrecher(in *f*) *m*
adulto(/a) I. *adj* erwachsen II. *m/f* Erwachsene(r) *fm*
adusto *adj* ▷*paisaje* mürrisch
advenedizo(/a) I. *adj* fremd, zugereist II. *m/f* ↑ *intruso, PEY* Emporkömmling *m,* Eindringling *m*
advenimiento *m* [1] ↑ *venida* Ankunft *f* [2] (*al trono*) Thronbesteigung *f*
adverbio *m* GRAM Adverb *n*
adversario(/a) *m/f* Gegner(in *f*) *m*
adversidad *f* Unglück *n,* Mißgeschick *n*
adverso *adj* [1] ↑ *hostil* feindlich, widrig [2] ↑ *opuesto* entgegengesetzt
advertencia *f* [1] (*aviso*) Warnung *f* (*de* vor *dat*) [2] (*consejo*) Hinweis *m* (*sobre* auf *akk*); **advertir** ‹3.1› I. *vt* [1] ↑ *llamar la atención* aufmerksam machen (*algo* auf *akk*) [2] ↑ *prevenir* warnen (*de* vor *akk*) [3] (*darse cuenta*) bemerken II. *vi* aufmerksam werden (*de* auf *akk*)
Adviento *m* Advent *m*
adyacente *adj* angrenzend
aéreo *adj* Luft-
aeródromo *m* SPORT Flugplatz *m*
aeromodelismo *m* Modellflugzeugbau *m;* SPORT Modellfliegen *n*
aeronáutica *f* Luftfahrt *f;* **aeronavegación** *f* Luftfahrt *f*
aeropuerto *m* Flughafen *m*
aerosol *m* Spray *m o n*
aeronave *f* AERO Luftschiff *n;* **aeroplano** *m* AERO Flugzeug *n;* **aerospacial** *adj* [Luft- und] Raumfahrt-
afabilidad *f* Freundlichkeit *f;* **afable** *adj* freundlich
afamado *adj* berühmt; **afamar** *vt* berühmt machen
afán *m* [1] ↑ *deseo* Gier *f* (*de* nach) [2] ↑ *esfuerzo* Streben *n* (*por* nach), Eifer *m*
afanar I. *vt FAM* ↑ *robar* klauen II. *vr(se)* sich abplagen; ◇ **-se por/en** sich abmühen um; **afanoso** *adj* [1] ↑ *trabajoso* mühsam, anstrengend [2] ↑ *trabajador* fleißig, arbeitsam
afear *vt* ↑ *desfavorecer* verunstalten, entstellen
afección *f* MED ↑ *dolencia* Leiden *n*
afectado *adj* [1] ↑ *aquejado* betroffen [2] ↑ *amanerado* affektiert, gekünstelt; **afectar** *vt* [1] ↑ *alterar* beeinträchtigen [2] ↑ *impresionar* angehen, betreffen [3] ↑ *fingir* vortäuschen
afectivo *adj* ▷*persona* empfindsam, zartfühlend
afecto I. *adj* zugeneigt (*a* dat) II. *m* ↑ *cariño* Zuneigung *f;* ◇ **tener** ~ **a alguien** jd-n gern haben, für jd-n Zuneigung empfinden
afectuoso *adj* zärtlich, liebevoll
afeitar *vt* rasieren; ◇ **-se** sich rasieren
afelpado *adj* ▷*tejido* filzartig
afeminado *adj PEY* verweichlicht; **afeminarse** ‹3.6› *vr PEY* verweichlichen
aferrar I. *vt* → *objeto, idea* festhalten II. *vr(se)* sich festhalten (*a* an *dat*); ◇ **-se en algo** sich in etw *akk* verrennen
Afganistán *m* Afghanistan *n*
afianzamiento *m* [1] ↑ *consolidación* Abstützung *f,* Sicherung *f* [2] ↑ *seguridad* Sicherheit *f;* **afianzar** ‹3.10› I. *vt* [1] ↑ *asegurar* befestigen, sichern [2] *FIG* ↑ *apoyar* unterstützen [3] COM bürgen für II. *vr(se)* ↑ *mejorar* sicherer werden, sich stabilisieren (*en* in)
afición *f* [1] (*persona*) Zuneigung *f* (*a* für) [2] Hang *m* (*a* zu) [3] (*cosa*) Begeisterung *f* (*a* für) [4] ↑ *pasatiempo* Hobby *n;* ◇ **por** ~ als Hobby [5] ◇ **la** ~ ↑ *partidarios* die Anhängerschaft, die Fans; **aficionado(/a)** *m* [1] Fan *m* [2] (*se dedica a algo que no es su oficio*) Amateur *m;* ◇ **actor** ~ Laiendarsteller *m* [3] ↑ *entusiasta* Liebhaber(in *f*) *m;* ◇ **es muy** ~ **a leer** er liest leidenschaftlich gern; **aficionar** I. *vt:* ◇ ~ **a alguien a algo** jd-n für etw gewinnen [*o.* begeistern] II. *vr:* ◇ **-se a algo** sich für etw begeistern; ◇ **-se a la buena vida** es sich gutgehen lassen
afijo *m* GRAM Affix *n*
afilado *adj* [1] ▷*aguja* spitz [2] ▷*cuchillo* scharf; **afilar** *vt* [1] → *lápiz* spitzen [2] → *cuchillo* schleifen
afiliado(/a) *m* Mitglied *n*
afiliar I. *vt* ↑ *inscribir* aufnehmen (*a* in *akk*) II. *vr(se)* beitreten (*a dat*)

afín *adj* verwandt (*a* mit)

afinar I. *vt* [1] ↑ *precisar* präzisieren; ◇ ~ **puntería** möglichst genau zielen [2] MUS stimmen II. *vi* richtig singen/spielen

afincado *adj* ↑ *residente* wohnhaft, ansässig; **afincarse** ⟨3.6⟩ *vr* sich niederlassen (*en* in *dat*)

afinidad *f* [1] ↑ *semejanza* Ähnlichkeit *f* [2] ↑ *parentesco* Verwandtschaft *f*

afirmación *f* [1] (*contrario de negación*) Bejahung *f* [2] ↑ *ratificación* Bestätigung *f* [3] ↑ *opinión* Behauptung *f;* **afirmar** I. *vt* [1] bejahen [2] ↑ *asegurar* bestätigen [3] (*dar por verdadero*) behaupten II. *vr(se)* sich festigen, Halt finden; **afirmativo** *adj* bejahend

aflicción *f* Betrübnis *f,* Kummer *m;* **afligir** ⟨3.8⟩ I. *vt* ↑ *causar pena* betrüben II. *vr(se)* ↑ *apenarse* sich grämen (*con/por* um)

aflojar I. *vt* [1] ↑ *desapretar* lockern [2] → *paso* verlangsamen II. *vi* [1] ↑ *poner menos interés* abflauen [2] ← *viento* nachlassen, sich verringern

aflorar *vi* auftauchen, zutage treten

afluencia *f* [1] ↑ *abundancia* Überfluß *m,* Wohlstand *m* [2] (*acción de afluir*) Überfließen *n;* **afluente** I. *adj* einmündend II. *m* Nebenfluß *m;* **afluir** ⟨3.9⟩ *vi* [1] ← *gente* strömen (*a* in *akk*) [2] ← *río* einmünden (*a* in *akk*)

afonía *f* Stimmlosigkeit *f,* Heiserkeit *f;* **afónico** *adj* [1] ↑ *ronco* heiser [2] ↑ *sin voz* ohne Stimme

aforismo *m* Aphorismus *m*

afortunadamente *adv* glücklicherweise; **afortunado** *adj* glücklich; ◇ ~ **en el juego, desgraciado en amores** Glück im Spiel, Pech in der Liebe

afrancesado *adj* französisch gesinnt

afrenta *f* [1] ↑ *ofensa* Beleidigung *f,* Affront *m* [2] ↑ *vergüenza* Schande *f;* **afrentar** I. *vt* ↑ *ofender* beleidigen, beschimpfen II. *vr:* ◇ ~**se de una cosa** sich einer Sache *gen* schämen; **afrentoso** *adj* schändlich

África *f* Afrika *n;* **africano(/a)** I. *adj* afrikanisch II. *m/f* Afrikaner(in *f*) *m*

afrodisíaco I. *adj* aphrodisisch II. *m* Aphrodisiakum *n*

afrontar *vt* ↑ *enfrentarse* trotzen, die Stirn bieten *dat*

afuera *adv* [1] (*lugar*) draußen [2] (*dirección*) raus, hinaus

afueras *f/pl* Umgebung *f,* Stadtrand *m*

agachar I. *vt* → *cabeza* beugen II. *vr(se)* sich ducken

agalla *f* [1] FAUNA Kieme *f* [2] *FIG* ◇ **tener** ~**s** *pl* Mut *m* haben

agarradero *m* ↑ *mango* Henkel *m;* **agarrado** *adj FIG* geizig; **agarrar** I. *vt* [1] (*con la mano*) greifen, ergreifen [2] *FIG* ◇ ~ **una oportunidad** eine Gelegenheit ergreifen [3] → *gripe* bekommen II. *vi* ← *planta* Wurzeln schlagen III. *vr(se)* [1] ↑ *pelearse* sich die Haare *pl* raufen [2] ↑ *apoyarse* sich festhalten (*de/por/a* an *dat*); **agarrón** *m* Ziehen *n,* Zug *m*

agarrotar I. *vt* [1] ↑ *atar* fest zusammenbinden [2] → *persona* knebeln, erdrosseln II. *vr(se)* [1] MED steif werden [2] TECNI sich festfressen

agasajar *vt* [1] ↑ *obsequiar* bewirten [2] ↑ *halagar* ◇ ~ **a alguien** jd-n feiern; **agasajo** *m* Bewirtung *f,* festlicher Empfang *m*

agazaparse ⟨3.6⟩ *vr* ↑ *encogerse* sich ducken, sich verstecken

agencia *f* [1] (*de viajes*) Agentur *f* [2] ↑ *sucursal* Vertretung *f;* **agenciar** I. *vt* [1] ↑ *tramitar* betreiben [2] ↑ *conseguir* beschaffen II. *vr(se)* zurechtkommen; ◇ **agenciárselas** sich zu helfen wissen

agenda *f* [1] (*cuaderno*) Notizbuch *n* [2] (*de actividades*) Terminkalender *m*

agente *m/f* [1] Agent(in *f*) *m* [2] (~ *de bolsa,* ~ *de seguros*) Vertreter(in *f*) *m;* ◇ ~ **de viajes** Reisevermittler(in *f*) *m* [3] QUIM Mittel *n;* ◇ ~ **nocivo** Schadstoff *m* [4] (~ *de aduanas*) Zollbeamte(r) (-beamtin *f*) *m*

agigantar *vt* übertreiben

ágil *adj* behend, flink; **agilidad** *f* Flinkheit *f,* Beweglichkeit *f;* **agilizar** ⟨3.10⟩ *vt* beschleunigen

agitación *f* [1] (*movimiento*) heftige Bewegung *f* [2] ↑ *excitación* Aufregung *f* [3] (*del mar*) Sturm *m* [4] POL Unruhe *f,* Hetze *f;* **agitador(a)** I. *adj* [1] aufregend [2] ▷*agente* hetzerisch II. *m/f* Agitator(in *f*) *m;* **agitar** I. *vt* [1] → *situación* aufwühlen, aufhetzen [2] → *líquido* schütteln [3] → *ánimo* aufregen II. *vr(se)* sich aufregen (*por* über *akk*)

aglomeración *f* Anhäufung *f;* ◇ ~ **urbana** Ballungsgebiet *n;* **aglomerado** *m* (*madera barata*) Preßspanplatte *f;* **aglomerar** I. *vt* [1] ↑ *amontonar* anhäufen [2] ↑ *juntar* zusammenbinden II. *vr(se)* sich zusammendrängen

aglutinar *vt* [1] → *cosas* zusammenkleben [2] *FIG* → *intenciones* zusammenbringen

agnóstico(/a) I. *adj* agnostisch II. *m/f* Agnostiker(in *f*) *m*

agobiar *vt, vr(se)* ↑ *causar preocupación* überlasten (*por/con* mit); ◇ ~**se con trabajo** mit Arbeit eingedeckt sein; **agobio** *m* Überlastung *f*

agolpar I. *vt* anhäufen II. *vr(se)* [1] ↑ *juntarse* sich häufen, zusammenlaufen [2] *FIG* ← *situaciones* sich häufen

agonía *f* [1] (*de muerte*) Todeskampf *m* [2] ↑ *angustia* [Todes-]Angst *f*, Qual *f*; **agonizante** *adj* sterbend; **agonizar** ⟨3.10⟩ *vi* [1] ← *persona* im Sterben liegen; ◇ **estar agonizando** im Sterben liegen [2] ← *cosa* zu Ende gehen, erlöschen
agosto *m* August *m*; ◇ **hacer su** ~ seine Schäfchen ins Trockene bringen
agotado *adj* [1] ▷*persona* erschöpft, erledigt [2] ↑ *terminado* erledigt, fertig [3] ▷*entrada* ausverkauft [4] ▷*libro* vergriffen; **agotar I.** *vt* [1] ↑ *gastar* aufbrauchen [2] ← *trabajo* ermüden, erschöpfen [3] ↑ *extraer un líquido* entleeren **II.** *vr(se)* [1] ↑ *acabarse* ausgehen [2] ↑ *fatigarse* ermüden
agraciar *vt* [1] (*aumentar hermosura*) verschönern [2] (*con un premio*) auszeichnen (*con* mit); ◇ **fue agraciado con el segundo premio** er gewann den zweiten Preis
agradable *adj* angenehm, nett; **agradar** *vi* zusagen, gefallen
agradecer ⟨3.5⟩ *vt* danken *dat*; **agradecimiento** *m* Dank *m*; Dankbarkeit *f*
agrado *m* [1] Anmut *f* [2] (↑ *gusto*) Belieben *n*
agrandar *vt, vr(se)* vergrößern, erweitern
agrario *adj* landwirtschaftlich, Agrar-
agravar *vt, vr(se)* [1] ↑ *empeorar* erschweren [2] ↑ *aumentar* erhöhen [3] ← *enfermedad* verschlimmern
agraviar I. *vt* ↑ *ofender* beleidigen **II.** *vr(se)* sich beleidigt fühlen (*por* durch); **agravio** *m* Beleidigung *f*
agredir *vt* angreifen
agregado(/a) *m/f* [1] UNI außerordentlicher Professor, außerordentliche Professorin [2] ↑ *cosa añadida* Zusatz *m* [3] POL Attaché *m*; **agregar** *vt* [1] → *cosa* hinzufügen (*a dat*) [2] → *persona* versammeln [3] zuteilen (*a dat*)
agresión *f* Angriff *m*; **agresividad** *f* Aggressivität *f*, Angriffslust *f*; **agresivo** *adj* aggressiv; **agresor(a) I.** *adj* angreifend **II.** *m/f* Angreifer(in *f*) *m*
agreste *adj* [1] ↑ *campestre* ländlich [2] ▷*paisaje* unwirtlich, wild [3] *FIG* ▷*persona* ungehobelt
agriar I. *vt* sauer machen **II.** *vr(se)* sauer werden
agricultor(a) *m/f* Landwirt(in *f*) *m*, Bauer *m*, Bäuerin *f*; **agricultura** *f* Landwirtschaft *f*
agridulce *adj* ▷*salsa* süßsauer
agrietarse ⟨3.6⟩ *vr* [1] ← *pared* aufspringen [2] ← *piel* rissig werden [3] ← *tierra* Risse bekommen
agrio I. *adj* [1] (*limón*) sauer [2] ▷*carácter* unleidlich, unsympathisch **II.** *m/pl* ↑ *fruta* Zitrusfrüchte *f/pl*
agronomía *f* Agrarwissenschaft *f*
agrupación *f* Gruppierung *f*; ↑ *sociedad* Zusammenschluß *m*; **agrupar** *vt* [1] → *personas* gruppieren [2] → *cosas* zusammenstellen
agua [el] *f* [1] Wasser *n*; ◇ ~ **bendita/potable** Weih-/Trinkwasser *n*; ◇ ~ **corriente** fließendes Wasser; ◇ ~ **dulce** Süßwasser *n*; ◇ ~ **salada** Salzwasser *n*; ◇ ~ **de colonia** Kölnisch Wasser *n*; ◇ **tan claro como el** ~ sonnenklar [2] ↑ *lluvia* Regen *m* [3] ◇ **~s** *pl* Gewässer *n*; ◇ **~s jurisdiccionales** Hoheitsgewässer *n*
aguacate *m* [1] (*fruto*) Avokado *f* [2] FLORA Avokadobaum *m*
aguacero *m* METEOR Regenguß *m*
aguada *f* ARTE Gouachemalerei *f*, Wasserfarbe *f*
aguafiestas *m/f* Spielverderber(in *f*) *m*
aguafuerte *f* Radierung *f*
aguanieve *f* METEOR Schneeregen *m*
aguantable *adj* erträglich; **aguantar I.** *vt* [1] ↑ *sostener* halten [2] → *cosas desagradables* aushalten, ertragen [3] ↑ *durar* halten **II.** *vr(se)* [1] ↑ *contentarse* sich zufriedengeben (*con* mit) [2] ↑ *dominarse* sich beherrschen [3] ↑ *perseverar* durchhalten; **aguante** *m* Geduld *f*, Ausdauer *f*
aguar *vt* [1] → *vino* verwässern [2] ↑ *estropear* zunichte machen, verderben; ◇ ~ **la fiesta a alguien** jemandem das Spiel verderben
aguardar *vt* [1] ↑ *esperar* erwarten [2] ↑ *dar tiempo* abwarten
aguardiente *m* Schnaps *m*, Branntwein *m*
aguarrás *m* Terpentin *n*
agudeza *f FIG* Scharfsinn *m*, Schlagfertigkeit *f*; **agudizar** ⟨3.10⟩ *vt, vr(se)* ↑ *empeorar* (sich) zuspitzen; **agudo** *adj* [1] ▷*persona, chiste* witzig, schlagfertig [2] ▷*dolor* intensiv [3] MED ▷*enfermedad* akut [4] ▷*filo* spitz [5] MATE ◇ **ángulo** ~ spitzer Winkel [6] MUS ▷*sonido* hoch [7] ▷*voz* schrill, laut [8] GRAM ▷*acento* akut
agüero *m* ↑ *presagio* Omen *n*; ◇ **ser pájaro de mal** ~ ein Unglücksrabe *m* sein
aguerrido *adj* ↑ *experimentado* kriegserfahren
aguijar *vt* [1] → *a los bueyes* treiben [2] ↑ *estimular* anspornen, anstacheln; **aguijón** *m* [1] ↑ *punta* Sporn *m* [2] (*de insectos*) Stachel *m* [3] ↑ *estímulo* Ansporn *m*, Anreiz *m*; **aguijonear** *vt ver* **aguijar**
águila [el] *f* [1] Adler *m* [2] (*FIG persona*) Fuchs *m*, Schlaukopf *m*; **aguileño** *adj* [1] ▷*nariz* wie ein Adler, Adler- [2] ▷*rostro* scharfgeschnitten
aguinaldo *m Trinkgeld zu Weihnachten*
aguja *f* [1] Nadel *f*; ◇ **buscar una** ~ **en un pajar** eine Stecknadel im Heuhaufen suchen [2] (*del reloj*) Zeiger *m* [3] GASTRON ◇ **carne** *f* **de** ~ Nackenfleisch *n* [4] ARQUIT Turmspitze *f*; **agu-**

jerear *vt* durchlöchern, durchbohren; **agujero** *m* Loch *n*

agujetas *f/pl* Muskelkater *m*

aguzar ⟨3.10⟩ *vt FIG* → *entendimiento* schärfen

ahí *adv* (*lugar*) dort, da; ◇ **por** ~ (*lugar indeterminado*) ungefähr dort; ◇ **de** ~ **que** *subj* so daß

ahijado(/a) *m/f* Patenkind *n*

ahínco *m* [1] ↑ *esfuerzo* Eifer *m;* ◇ **poner** ~ **en algo** sich um etw bemühen [2] *FIG* Betonung *f*

ahíto I. *adj:* ◇ **estoy** ~ [1] ich bin ganz satt [2] *FIG* ↑ *estar harto* ich habe es satt **II.** *m* ↑ *indigestión* Magenverstimmung *f*

ahogar ⟨3.11⟩ **I.** *vt* [1] → *personas* ertränken [2] ↑ *asfixiar* erdrosseln, ersticken [3] → *fuego* auslöschen [4] → *rebelión* unterdrücken **II.** *vr(se)* ertrinken; ◇ **~se en un vaso de agua** über jeden Strohhalm stolpern; **ahogo** *m* [1] Ersticken *n* [2] ↑ *angustia* Beklemmung *f* [3] *FIG* Notlage *f,* finanzieller Engpaß *m*

ahondar I. *vt* [1] ↑ *profundizar* vertiefen [2] *FIG* ergründen **II.** *vi:* ◇ ~ **en** [1] eindringen in *akk* [2] (*FIG tema*) etw *akk* studieren, untersuchen

ahora I. *adv* [1] (*momento*) jetzt; ◇ ~ **voy** ich komme jetzt; ◇ ~ **mismo** genau jetzt; (*inmediatamente*) sofort; ◇ **por** ~ vorläufig; ◇ **¡hasta ~¡** bis gleich¡ [2] (*hace poco tiempo*) soeben [3] sofort; ◇ **lo hago** ~ ich mache es sofort **II.** *cj* nun; ◇ ~ **bien** also; ◇ ~ **que** (*pero*) aber

ahorcado(/a) *m/f* Gehenkter *m,* Gehenkte *f;* **ahorcar** ⟨3.7⟩ **I.** *vt* hängen (*en/de* an *dat*) **II.** *vr(se)* sich erhängen

ahorrar *vt* [1] → *dinero* sparen [2] → *esfuerzos* ersparen [3] → *molestias* ersparen (*a alguien* jd-m); **ahorrativo** *adj* ▷*persona* sparsam; **ahorro** *m* [1] Sparen *n;* ◇ **caja de ~s** Sparkasse *f* [2] (*pl*) Ersparnisse *pl*

ahuecar ⟨3.7⟩ **I.** *vt* → *colchón* aushöhlen; *FAM* ◇ ~ **el ala** die Kurve kratzen [*o.* sich aus dem Staub machen] **II.** *vr(se)* ↑ *envanecerse* sich aufblasen

ahumar I. *vt* → *jamón* räuchern **II.** *vi* rauchen **III.** *vr(se)* sich mit Rauch füllen

ahuyentar *vt* [1] → *algo, a alguien* verjagen [2] *FIG* verscheuchen, vertreiben

airado *adj* ärgerlich; **airar I.** *vt* ↑ *irritar* verärgern **II.** *vr(se)* zornig werden; **aire** *m* [1] Luft *f;* ◇ ~ **acondicionado** Klimaanlage *f;* ◇ **corriente de** ~ Luftzug *m;* ◇ **al** ~ **libre** im Freien [2] (*viento*) Wind *m;* ◇ **hace** ~ es ist windig [3] (*apariencia general*) Aussehen *n* [4] (*vanidad*) Getue *n;* ◇ **tener** ~ **de suficiencia** auf dem hohen Roß sitzen; ◇ **darse ~s de grandeza** angeben, großtun, protzen [5] MUS Tempo *n;* **airear I.** *vt* [1] → *habitación* lüften [2] *FIG* → *secretos* lüften, verraten **II.** *vr(se)* frische Luft schöpfen; **airoso** *adj* [1] windig, zugig [2] *FIG* ▷*persona* graziös, anmutig; ◇ **salir** ~ **de** sehr gut abschneiden bei

aislado *adj* isoliert, abgesondert (*de* von); **aislante** *adj* isolierend; ◇ **cinta** ~ Isolierband *n;* **aislar** *vt, vr(se)* [1] isolieren, absondern (*de* von); ◇ **~se de sus amigos** sich von den Freunden absondern [2] ELECTR isolieren

ajar I. *vt* ↑ *marchitar* verwelken lassen **II.** *vr(se)* ← *flor* verblühen, verwelken

ajedrez *m* Schach *n*

ajenjo *m* [1] FLORA Wermut *m* [2] (*bebida alcohólica*) Absinth *m*

ajeno *adj* [1] ▷*casa* anderen gehörend, fremd; ◇ **lo** ~ fremdes Eigentum *n* [2] ▷*comportamiento* unpassend; ◇ ~ **de hacer algo** weit davon entfernt sein, etw zu tun [3] ↑ *extraño* fremd [4] ↑ *desconocedor* unbekannt

ajetrearse ⟨3.6⟩ *vr* [1] sich abmühen, hart arbeiten [2] ↑ *fatigarse* ermüden; **ajetreo** *m* Betrieb *m,* reges Treiben; ◇ **un continuo** ~ ein ständiges Kommen und Gehen

ají *m* roter Pfeffer

ajo *m* [1] Knoblauch *m* [2] *FAM* ◇ **estar en el** ~ seine Hand im Spiel haben

ajuar *m* [1] (*muebles, ropa*) Hausrat *m* [2] (*de novia*) Aussteuer *f*

ajustado *adj* [1] ▷*precio* angemessen; ◇ **una conferencia ajustada al tema** eine zum Thema passende Konferenz [2] ▷*pantalón* eng anliegend [3] ▷*tornillo*) fest angezogen [4] ▷*presupuesto* knapp; **ajustar I.** *vt* [1] ↑ *encajar* einpassen, einfügen (*a* in *akk*) [2] → *sábana* anpassen (*a dat*) [3] → *reloj* gleich stellen [4] → *motor* einstellen [5] → *condiciones* vereinbaren [6] → *precio, fecha* festlegen [7] ↑ *apretar* anziehen [8] → *cuenta* abrechnen; ◇ ~ **cuentas con alguien** mit jd-m abrechnen/ mit jd-m ein Hühnchen rupfen **II.** *vr(se)* [1] ↑ *caber* passen, sich einfügen (*a* in *akk*); ◇ **su declaración no se ajusta a la verdad** seine Erklärung entspricht nicht der Wahrheit [2] *FIG* ← *acuerdo* sich einigen [3] *FIG* ↑ *adaptarse* sich anpassen (*a* an *akk*); ◇ **~se a las reglas del juego** sich an die Regeln halten; **ajuste** *m* [1] Anpassung *f* [2] ↑ *acuerdo* Übereinkunft *f,* Vereinbarung *f* [3] *FIG* ◇ ~ **de cuentas** Abrechnung *f*

ajusticiado(/a) *m/f* Hingerichtete(r); **ajusticiar** *vt* hinrichten

al *prep* **a** + **el** *ver* **a**

ala [el] *f* [1] (*de ave*) Flügel *m;* SPORT ◇ ~ **delta** Drachenfliegen *n; FAM* ◇ **ahuecar el** ~ sich aus dem Staub machen; ◇ **cortar las ~s a alguien** jd-m die Flügel stutzen [2] (*de sombrero*) Hutkrempe *f* [3] ARQUIT Flügel *m* [4] (*FIG pl*) ↑ *aspiraciones* Ambitionen *pl*

alabanza *f* Lobrede *f;* **alabar** I. *vt* ↑ *elogiar* loben II. *vr(se)* sich rühmen (*de*/ *por gen*)

alabastro *m* Alabaster *m*

alacena *f* Küchenschrank *m*

alacrán *m* FAUNA Skorpion *m*

alambicar *vt* destillieren; **alambique** *m* Destillierkolben *m*

alambrada *f* Schutzgitter *n;* **alambrado** *m* Drahtgeflecht *n;* ↑ *alambrada* Drahtgitter *n;* **alambrar** *vt* mit Draht umzäunen; **alambre** *m* Draht *m;* ◇ ~ **de púas** Stacheldraht *m;* **alambrista** *m/f* Seiltänzer(in *f*) *m*

alameda *f* Allee *f*

álamo *m* FLORA Pappel *f*

alarde *m* Prahlerei *f;* ◇ **hacer ~ de** protzen mit; **alardear** *vi* protzen, angeben (*de* mit)

alargar ⟨3.11⟩ I. *vt* [1] → *cable, situación* verlängern [2] → *brazo* ausstrecken [3] → *cuerda* dehnen [4] ↑ *acercar* heranbringen II. *vr(se)* [1] ← *día, cuerda* länger werden [2] *FIG* ← *discurso* sich in die Länge ziehen

alarido *m* Geschrei *n;* ◇ **dar ~s** schreien

alarma *f* Alarm *m;* (*aparato*) Alarmanlage *f;* **alarmante** *adj* alarmierend; **alarmar** *vt, vr(se)* beunruhigen, alarmieren

alazán *adj* (*caballo*) Fuchs *m*

alba *f* Morgendämmerung *f*

albacea *m/f* Testamentsvollstrecker(in *f*) *m*

Albania *f* Albanien *n*

albañal *m* Abwasserkanal *m*

albañil *m* Maurer(in *f*) *m*

albaricoque *m* Aprikose *f*

albedrío *m* Ermessen *n;* ◇ **libre ~** freier Wille

alberca *f* Wasserbehälter *m*

albergar ⟨3.11⟩ I. *vt* [1] beherbergen [2] *FIG* → *deseo* hegen; **albergue** *m* Unterkunft *f;* ◇ ~ **juvenil** Jugendherberge *f*

albóndiga *f* GASTRON Fleischkloß *m*

albor *m* [1] ↑ *blancura* Weiß *f* [2] ↑ *alba* Morgendämmerung *f* [3] *FIG* ◇ **~es** *pl* Beginn *m*

alborada *f* ↑ *alba* Tagesanbruch *m;* **alborear** *vi* dämmern

albornoz *m* Bademantel *m*

alborotar I. *vt* [1] ↑ *desordenar* stören [2] ↑ *agitar* aufhetzen II. *vi* randalieren III. *vr(se)* [1] sich aufregen [2] ← *mar* stürmisch werden; **alboroto** *m* [1] ↑ *ruido* Lärm *m* [2] ↑ *tumulto* Aufruhr *m*

alborozar I. *vt* ↑ *causar alegría* Freude machen (*a alguien* jd-m) II. *vr(se)* sich freuen; **alborozo** *m* Fröhlichkeit *f,* Freude *f*

albricias *fpl* : ◇ ¡-! [1] (*expresión de júbilo*) gute Nachricht! [2] (*felicitación*) herzlichen Glückwunsch!

albufera *f* (~ *de Valencia*) Lagune *f,* Schwemmgebiet *n*

álbum *m* Album *n*

alcachofa *f* [1] GASTRON Artischocke *f* [2] (*en la ducha*) Duschkopf *m*

alcahuete(/a) *m/f* Kuppler(in *f*) *m*

alcalde(-sa) *m/f* Bürgermeister(in *f*) *m;* **alcaldía** *f* [1] (*cargo*) Bürgermeisteramt *n* [2] (*lugar*) Rathaus *n*

alcance *m* [1] ↑ *distancia* Reichweite *f;* ◇ **al ~ de la vista** in Sichtweite; ◇ **fuera del ~** außer Reichweite; ◇ **dar ~ a alguien** jd-n ergreifen [2] *FIG* ↑ *trascendencia* Tragweite *f* [3] (*pl*) (*talento*) [geistige] Fähigkeiten *f-pl;* ◇ **de pocos ~s** [geistig] beschränkt

alcanfor *m* Mottenpulver *m*

alcantarilla *f* [1] ↑ *canal subterráneo* Abwasserkanal *m* [2] (*en la calle*) Rinnstein *m*

alcanzar I. *vt* [1] → *tren, autobús* erreichen, erwischen; ◇ ~ **la cima** den Gipfel stürmen [2] → *a alguien* einholen [3] ↑ *coger* [hin-]reichen [4] ← *bala* treffen [5] ↑ *llegar a igualarse* einholen [6] → *deseo, cargo* erfüllen; ◇ **no alcanzo a hacer este trabajo** ich schaffe diese Arbeit nicht [7] ↑ *entender* verstehen, begreifen II. *vi* [1] ← *tarta* [aus-]reichen [2] ← *dinero* ausreichen

alcázar *m* ↑ *recinto fortificado* Festung *f;* ↑ *palacio* Schloß *n*

alce *m* FAUNA Elch *m*

alcoba *f* Schlafzimmer *n*

alcohol *m* Alkohol *m;* **alcoholemia** *f* Alkoholgehalt im Blut *m;* ◇ **grado de ~** Promille *pl;* ◇ **prueba de ~** Alkoholtest *m;* **alcohólico(/a)** I. *adj* alkoholisch II. *m/f* Alkoholiker(in *f*) *m;* **alcoholímetro** *m* Promillemesser *m,* Prüfröhrchen *n;* **alcoholismo** *m* Alkoholismus *m*

alcornoque *m* [1] FLORA Korkeiche *f* [2] (*FIG persona*) Trottel *m*

alcoyano *adj:* ◇ **tener más moral que el Alcoyano** blind optimistisch sein

aldaba *f* Türklopfer *m*

aldea *f* Dorf *n;* **aldeano(/a)** I. *adj* dörflich II. *m/f* Dorfbewohner(in *f*) *m*

aleación *f* Legierung *f*

aleatorio *adj* zufällig, ungewiß

aleccionar *vt* ↑ *enseñar* lehren; ↑ *instruir* trainieren, unterweisen (*en*/*para* in *dat*)

alegación *f* [1] JUR Beweisführung *f* [2] Zitat *n;* **alegar** ⟨3.11⟩ I. *vt* → *disculpa* anführen, zitieren II. *vi* JUR plädieren (*por* für); **alegato** *m* JUR Plädoyer *n* (*por* für)

alegoría *f* Allegorie *f*

alegrar I. *vt* [1] (*causar alegría*) erfreuen [2] → *fiesta* beleben, aufheitern II. *vr(se)* [1] sich freuen (*de*/*por*/*con* über *akk*) [2] (*FAM con alcohol*) sich einen antrinken; **alegre** *adj* [1] fröhlich, lustig [2] (*FAM con alcohol*) angeheitert, beschwipst [3] ▷*cara* freudig [4] ▷*color* lebendig [5] ▷*habitación* freundlich, hell [6] ↑ *licencioso* frei, locker; ◇ **mujer de vida** ~ Prostituierte *f*; **alegría** *f* (*sentimiento*) Freude *f* (*manifestación*) Heiterkeit *f*, Fröhlichkeit *f*

alejamiento *m* [1] Entfernen *n*, Beseitigung *f* [2] *FIG* ↑ *separación* Entfremdung *f*; **alejar I.** *vt* [1] ↑ *separar* entfernen, wegbringen [2] *FIG* ausräumen, beseitigen **II.** *vr(se)* [1] sich entfernen (*de* von) [2] *FIG* sich entfremden (*de* von)

alelar *vt* ↑ *atontar* benommen machen

aleluya I. *m* [1] (*canto*) Halleluja *n*; ◇ ¡~¡ Halleluja! [2] (*Pascuas*) Osterzeit *f* **II.** *f* Osterbildchen *n*

alemán(-ana) I. *adj* deutsch **II.** *m/f* Deutsche(r) *m/f* **III.** *m* (*lengua*) Deutsch *n*; **Alemania** *f* Deutschland *n*

alentador *adj* ermutigend; **alentar** ⟨3.1⟩ **I.** *vt* ↑ *animar* ermutigen, anregen (*a* zu) **II.** *vi* (*FIG tener cierto sentimiento*) stark empfinden **III.** *vr(se)* Mut fassen

alergia *f* Allergie *f*; **alérgico(/a)** *m/f* Allergiker(in *f*) *m*

alero *m* [1] (*de tejado*) Vordach *n* [2] AUTO Kotflügel *m*

alerón *m* AERO Querruder *n*

alerta *m* Alarm *m*; ◇ ¡~¡ Vorsicht!

alertar *vt* warnen

aleta *f* [1] (*de pez*) Flosse *f* [2] AUTO Kotflügel *m* [3] (*de nariz*) Nasenflügel *m*

aletargar ⟨3.11⟩ **I.** *vt* betäuben, lethargisch machen **II.** *vr(se)* [1] ↑ *dormirse* einschlafen [2] lethargisch werden

aletazo *m* Flügelschlag *m*; **aletear** *vi* flattern; **aleteo** *m* Flattern *n*

alevosía *f* Hinterlist *f*, Heimtücke *f*

alfabetizar ⟨3.10⟩ *vt* [1] ↑ *ordenar* alphabetisch ordnen [2] (*enseñar*) lesen und schreiben beibringen (*a alguien* jd-m); **alfabeto** *m* Alphabet *n*

alfalfa *f* Kleie *f*

alfarería *f* [1] (*arte, actividad*) Töpferei *f* [2] (*tienda*) Töpferladen *m* [3] (*taller*) Töpferwerkstatt *f*; **alfarero(/a)** *m/f* Töpfer(in *f*) *m*

alférez *m* MIL Leutnant *m*

alfil *m* (*de ajedrez*) Läufer *m*

alfiler *m* [1] Stecknadel *f*; ◇ **no cabe un** ~ es ist gestopft voll [2] ↑ *broche* Brosche *f*

alfombra *f* Teppich *m*; **alfombrar** *vt* mit Teppichboden auslegen; **alfombrilla** *f* [1] (*para la entrada*) Läufer *m* [2] MED Masern *pl*

alforja *f* Satteltasche *f*

alga *f* FLORA Alge *f*

algarabía *f FAM* Durcheinander *n*, Wirrwarr *n*

algarroba *f* FLORA Johannisbrotbaum *m*

algazara *f* ↑ *griterío* Geschrei *n*; (*FIG de alegría*) Freudengeschrei *n*

álgebra *f* MATE Algebra *f*

álgido *adj*: ◇ **el punto** ~ der entscheidende Moment *m*

algo I. *pron* (*cosa*) etwas; (*cantidad*) etwas, ein bißchen; ◇ **vamos a tomar** ~ gehen wir etwas trinken; ◇ ~ **es** ~ [*o* **más vale** ~ **que nada**] besser als nichts **II.** *adv* [1] ein bißchen; ◇ ~ **así como** so ungefähr wie … [2] (*IRON mucho*) nicht wenig

algodón *m* [1] Baumwolle *f*; *FIG* ◇ **criado entre -es** er ist verhätschelt worden [2] (*planta*) Baumwollstaude *f* [3] (*de comer*) Zuckerwatte *f*; **algodonero I.** *adj* Baumwoll- **II.** *m/f* Baumwollpflanzer(in *f*) *m* **III.** *m* Baumwollstaude *f*

algoritmo *m* MATE Algorithmus *m*

alguacil *m* Amtsdiener(in *f*) *m*

alguien *pron* jemand; ◇ **creerse** ~ sich etwas auf sich einbilden; ◇ **ser** ~ jemand [wichtiges] sein

algún *adj* ((*delante de nombres masculinos*)): ◇ ~ **día** eines Tages, irgendwann; **alguno(/a) I.** *adj* irgendein(e); ◇ **sin interés** ~ ohne das geringste Interesse **II.** *pron*: ◇ ~ **que otro** (*pocos*) der eine oder andere; ◇ **-s dicen que** einige [Leute] sagen, daß

alhaja *f* [1] (*adorno*) Schmuckstück *n* [2] ↑ *joya* Juwel *m* [3] *FIG* Schatz *m*

alhelí *m* FLORA Levkoje *f*

aliado *adj* ▷*país* verbündet; **alianza** *f* [1] (POL *pacto*) Bündnis *n*, Allianz *f*; ◇ **la A~ Atlántica** die NATO [2] (*de boda*) Ehering *m*; **aliar** *vt, vr(se)* verbünden (*a/con* mit)

alias *adv* alias

alicantino *adj* aus Alicante

alicates *m/pl* (*tenacillas*) Flachzange *f*

aliciente *m* [1] ↑ *estímulo* Lockmittel *n* [2] *FIG* ↑ *atractivo* Anziehungskraft *f*

alienación *f* [1] (JUR *de propiedad*) Übertragung *f* [2] MED ◇ ~ **mental** Geisteskrankheit *f*; **alienar I.** *vt* [1] ↑ *vender* veräußern [2] JUR übertragen [3] ↑ *desequilibriar* aus dem Gleichgewicht bringen **II.** *vr(se)* [1] ↑ *enajenarse* sich entfremden [2] ↑ *desequilibriarse* aus dem Gleichgewicht geraten

aliento *m* [1] ↑ *aire* Atem *m*; ◇ **sin** ~ atemlos, außer Atem [2] ↑ *respiración* Atmung [3] *FIG* ↑ *ánimo* Mut *m*

aligerar I. *vt* [1] → *peso* erleichtern [2] → *paso* beschleunigen **II.** *vr(se)* [1] (*de una preocupación*) sich befreien (*de* von) [2] (*de ropa*) sich ausziehen

alijo *m* (*de droga*) Schmuggelware *f*

alimaña *f PEY* [kleines] Raubtier *n*

alimentación *f* [1] (*comida*) Ernährung *f* [2] (*acción*) Versorgung *f;* **alimentar** I. *vt* [1] ↑ *mantener* versorgen (*con* mit) [2] ↑ *nutrir* ernähren II. *vr(se)* sich ernähren (*con/de* von); **alimenticio** *adj* Nähr-; ◇ **productos -s** Nahrungsmittel *pl;* **alimento** *m* Nahrung *f*

alineado *adj* [1] aufgereiht, in einer Reihe [2] POL ◇ **país no -** blockfreies Land; **alinear** I. *vt* [1] aufreihen [2] SPORT aufstellen II. *vr(se)* SPORT aufgestellt sein, mitspielen

aliñar *vt* GASTRON würzen; ◇ **- la ensalada** den Salat anmachen; **aliño** *m* [1] ↑ *condimentos* Verzierung *f* [2] GASTRON Würze *f*

alisar *vt* [1] glätten [2] ↑ *pulir* polieren

alisios *m/pl* ↑ *clase de vientos* Passatwinde *m/pl*

alistamiento *m* MIL Anwerbung *f;* **alistar** I. *vt* [1] anwerben [2] (*en lista*) einschreiben II. *vr(se)* MIL anmustern, sich einschreiben

aliviar I. *vt* [1] → *carga* leichter machen [2] ↑ *disminuir* entlasten, erleichtern [3] → *dolor* lindern II. *vr* sich erholen; **alivio** *m* Erleichterung *f*, Linderung *f*

aljibe *m* Wassertank *m*

alma [**el**] *f* [1] Seele *f;* ◇ **como - que lleva el diablo** als ob der Teufel hinter ihm her wäre [2] (*que da la vida*) Geist *m* [3] ↑ *vida* Leben *n* [4] ↑ *interés* Einsatz *m; FIG* ◇ **caérsele a alguien el - a los pies** mutlos werden [5] ↑ *persona* [gute] Seele [6] *lo principal de algo, FIG* Herz *n;* ◇ **él es el - de la fiesta** er ist die Stimmungskanone; ◇ **agradecer algo en el -** von Herzen dankbar für etwas sein; ◇ **no tener -** kein Mitleid haben

almacén *m* [1] ↑ *depósito* Lager *n* [2] ↑ *tienda* Laden *m* [3] ◇ **grandes almacenes** *pl* Kaufhaus *n;* **almacenaje** *m* Lagerung *f;* **almacenar** *vt* lagern, speichern; **almacenista** *m/f* Lagerist(in *f*) *m*

almadreña *f* Holzschuh *m*

almanaque *m* Almanach *m*

almeja *f* Muschel *f*

almena *f* Mauerzinne *f*

almendra *f* Mandel *f;* **almendro** *m* FLORA Mandelbaum *m*

almíbar *m* Sirup *m;* **almibarado** *adj* [1] ▷*postre* sehr süß [2] *FIG* ▷*persona* zuckersüß

almidón *m* Stärkemehl *n;* **almidonar** *vt* → *ropa* stärken

almirantazgo *m* MIL Admiralität *f;* **almirante** *m* MIL Admiral *m*

almohada *f* Kopfkissen *n; FIG* ◇ **consultar con la -** eine Sache überschlafen; **almohadilla** *f* kleines Kissen; **almohadón** *m* Sofakissen *n*

almorranas *f/pl* MED Hämorrhoiden *pl*

almorzar ⟨3.10⟩ I. *vt* speisen II. *vi* zu Mittag essen; **almuerzo** *m* Mittagessen *n*

alocado *adj* verrückt

alocución *f* Ansprache *f*

alojamiento *m* Unterkunft *f;* **alojar** I. *vt* unterbringen, einquartieren II. *vr(se)* [1] absteigen (*en* in *dat*) [2] (*colocarse*) ◇ **la bala se alojó en el brazo** die Kugel traf den Arm

alondra *f* FAUNA Lerche *f*

alpaca *f* Alpakka *n*

alpargata *f* Leinenschuh *m*

Alpes *mpl* : ◇ **los -** die Alpen *pl;* **alpinismo** *m* SPORT Bergsteigen *n;* **alpinista** *m/f* Bergsteiger(in *f*) *m*

alpiste *m* Vogelfutter *n*

alquilar *vt* [1] verleihen [2] → *piso* mieten [3] (*a alguien*) vermieten; ◇ **se alquilan apartamentos** Appartements zu vermieten; **alquiler** *m* [1] (*de piso*) Miete *f;* ◇ **coche de -** Mietwagen *m* [2] (*de terreno*) Pacht *f*

alquimia *f* Alchimie *f;* **alquimista** *m/f* Alchimist *m*

alquitrán *m* Teer *m*

alrededor I. *adv* [1] ringsherum [2] ◇ **- de** so ungefähr II. *m/pl* : ◇ **-es** Umgebung *f*

alta *f* [1] Entlassungsschein *m;* ◇ **dar de - a alguien** jd-n gesund schreiben [2] ↑ *inscripción* Anmeldung *f;* ◇ **darse de - en** sich anmelden bei

altanería *f* Hochmut *m;* **altanero** *adj* hochmütig

altar *m* REL Altar *m*

altavoz *m* Lautsprecher *m*

alterable *adj* veränderlich; **alteración** *f* [1] ↑ *cambio* Veränderung *f* [2] ↑ *trastorno* Störung *f;* **alterar** *vt, vr(se)* [1] → *orden* verändern [2] ↑ *empeorar* verschlechtern [3] ↑ *perturbar* stören, behindern [4] ↑ *alterar* ärgern, aufregen

altercado *m* [1] ↑ *disputa* Auseinandersetzung *f* [2] ↑ *riña* Streit *m*

alternar I. *vt* (*por turnos*) abwechseln II. *vi* [1] sich abwechseln [2] ↑ *suceder* folgen auf *akk* [3] ↑ *tener relación* verkehren (*con* mit); **alternativo(/a)** I. *adj* [1] *también* POL alternativ [2] ↑ *alterno* abwechselnd II. *f* [1] ↑ *posibilidad* Alternative *f* [2] ↑ *elección* Auswahl *f* [3] TAUR ◇ **dar la -** als Matador zulassen

alterne *m* [1] (*relación entre personas*) Umgang *m* [2] *FAM* Aufreißen *n;* ◇ **bar de -** Animierschuppen *m;* ◇ **chica de -** Animierdame *f*

alteza *f* [1] (*tratamiento*) Hoheit *f* [2] *FIG* Höhe *f*

altibajo *m* : ◇ **-s** [1] (GEO *del terreno*) Hügelland *n* [2] (*de la salud*) Auf und Ab *n*

altiplanicie *f* GEO Hochebene *f*

altisonante *adj FIG* hochtrabend

altitud *f* [1] ↑ *altura* Höhe *f* [2] GEO Meereshöhe *f*

altivez *f* Hochmut *m;* **altivo** *adj* hochmütig

alto I. *adj* [1] ▷*vaso* hoch; ◇ **-a traición** Hochverrat, m; ◇ **en -a mar** auf hoher See; ◇ **a altas horas de la madrugada** frühmorgens; ◇ **pasar por -** übersehen [2] (*estatura*) groß; ◇ **mide tres metros de -** es ist drei Meter hoch [3] *FIG* ▷*persona* bedeutend [4] ▷*precio* hoch; ◇ **celebrar algo por todo lo -** etwas ganz groß feiern [5] ▷*sonido* laut; ◇ **en voz -a** laut [6] *FIG* ▷*ideal* nobel II. *m* [1] ↑ *parada* Halt *m;* MIL ◇ **- el fuego** Feuerpause *f*, Waffenruhe *f;* ◇ **dar de -a** entlassen [2] MUS Alt *m* [3] GEO Hügel *m* III. *adv* [1] ▷*lugar* hoch [2] ▷*voz* laut IV. *interj* halt; **altura** *f* [1] Höhe *f;* ◇ **a estas -s del año** zu dieser Jahreszeit; ◇ **estar a la - de las circunstancias** den Umständen gewachsen sein [2] (*estatura*) Größe *f;* ◇ **tiene 1,92 de -** er ist 1,92 groß [3] (*espacio*) Weltraum *m* [4] GEO Meereshöhe *f* [5] *FIG* ↑ *grandeza* Erhabenheit *f*

alubia *f* GASTRON Bohne *f*

alucinación *f* Halluzination *f;* **alucinante** *adj FAM* klasse, super, toll; *FAM!* geil; **alucinar** I. *vt* [1] ↑ *confundir* blenden, täuschen [2] ↑ *cautivar* faszinieren II. *vi* [1] Halluzinationen haben [2] *FAM* ausflippen; **alucine** *m* starkes Stück; *FAM* Hammer *m;* ◇ **¡qué -!** geile Sache! **alucinógeno** *adj* [1] MED halluzinogen [2] ↑ *droga* bewußtseinsverändernd

alud *m* Lawine *f*

aludir *vi* [1] ↑ *referirse* ◇ **- a** sich beziehen auf *akk* [2] ↑ *hablar casualmente* anspielen (*a* auf *akk*); ◇ **darse por aludido** sich angesprochen fühlen

alumbrado *m* Beleuchtung *f*

alumbramiento *m* MED Entbindung *f*, Geburt *f*

alumbrar I. *vt* beleuchten II. *vi* MED entbinden

aluminio *m* Aluminium *n*

alumnado *m* COLE Schülerschaft *f;* **alumno(/a)** *m/f* Schüler(in *f*) *m*

alunizaje *m* Mondlandung *f;* **alunizar** ‹3.10› *vi* auf dem Mond landen

alusión *f* Andeutung *f*, Anspielung *f* (*a* auf *akk*); **alusivo** *adj* anspielend (*a* auf *akk*)

aluvión *m* [1] ↑ *inundación* Überschwemmung *f* [2] *FIG* Schwall *m*, Flut *f*

alvéolo *m* ANAT Zahndamm *m*

alza *f* [1] Erhöhung *f* [2] COM Steigerung *f;* ◇ **estar en -** steigend; **alzamiento** *m* ↑ *rebelión* Aufstand *m;* **alzar** ‹3.10› I. *vt* [1] ↑ *levantar* erheben [2] (*del suelo*) anheben [3] → *bandera* hissen [4] TEATRO heben [5] COM erhöhen [6] → *muro* hochziehen II. *vr(se)* [1] ↑ *ponerse de pie* aufstehen [2] ↑ *sublevarse* rebellieren, sich erheben [3] ← *montaña* herausragen

allá *adv* [1] (*lugar*) da, dort; ◇ **¡- tú!** das ist deine Sache!; ◇ **el más -** das Jenseits; ◇ **- por la India** da in Indien; ◇ **más - del río** auf der anderen Seite des Flusses; ◇ **este vino no es muy -** der Wein dort ist nicht sehr gut; ◇ **- abajo lo encontrarás** dort unten findest du es [2] (*por ahí*) dorthin; ◇ **vete más -** geh ein Stück weiter weg; ◇ **hacia -** dorthin [3] (*tiempo*) damals

allanamiento *m* JUR: ◇ **- de morada** Hausfriedensbruch *m;* **allanar** *vt* [1] → *terreno* ebnen, planieren, ausgleichen [2] *FIG* → *problemas* überwinden [3] ↑ *entrar en casa ajena* Hausfriedensbruch begehen

allegado(/a) I. *adj* nahe, nahestehend II. *m/f* Angehörige(r) *fm;* **allegar** ‹3.11› I. *vt* → *recursos, medios* zusammentragen, sammeln II. *vr(se)* [1] sich nähern (*a dat*) [2] *FIG* sich annähern (*a dat*)

allí *adv* dort; ◇ **- mismo** genau dort; ◇ **por -** dort lang; ◇ **de -** von dort

ama [**el**] *f* [1] Hausherrin *f;* ◇ **- de casa** Hausfrau *f* [2] (*propietaria*) Eigentümerin *f* [3] ↑ *criada* Wirtschafterin *f;* ◇ **- de llaves** Haushälterin *f;* ◇ **- de cría** Amme *f*

amabilidad *f* Liebenswürdigkeit *f;* ↑ *cortesía* Entgegenkommen *n;* **amable** *adj* liebenswürdig, nett

amado(/a) *m/f* Geliebte(r) *fm*

amadrinar *vt* Patin sein bei

amaestrar *vt* → *animales* dressieren

amagar ‹3.11› *vt, vi* [1] ↑ *amenazar* drohen, bevorstehen [2] ↑ *empezar a manifestarse* sich ankündigen; **amago** *m* [1] (*gesto*) Drohgebärde *f* [2] ↑ *señal* Anzeichen *n*

amainar I. *vt* [1] NAUT → *velas* streichen [2] *FIG* ↑ *calmar* besänftigen, beschwichtigen II. *vi* [1] ← *viento* nachlassen, schwächer werden [2] *FIG* ← *violencia* sich legen

amalgama *f* Amalgam *n*

amamantar *vt* [1] → *bebé* stillen [2] → *cría* säugen

amanecer ‹3.5› I. *vi* Tag werden; ◇ **la ciudad amaneció blanca** bei Tagesanbruch lag die Stadt unter einer weißen Hülle II. *m* [1] Tagesanbruch *m* [2] ↑ *inicio* Beginn *m*, Aufbruch *m*

amanerado *adj* ▷*persona* geziert, affektiert

amansar *vt* [1] → *animales* zähmen [2] → *personas* besänftigen

amante I. *adj* liebevoll II. *m/f* Geliebte(r) *fm*, Liebhaber(in *f*) *m;* ◇ **- de la música** Musikliebhaber(in *f*) *m*

amañar *vt* [1] → *asunto* geschickt regeln [2] → *combate* verfälschen

amapola *f* FLORA Mohn *m*
amar *vt* lieben
amargado *adj* verbittert; **amargar** ‹3.11› **I.** *vt* [1] → *sabor* bitter machen [2] *FIG* → *a alguien* Sorge bereiten *dat* **II.** *vr(se)* [1] ← *sabor* bitter werden [2] ← *persona* verbittert werden; ◇ **-se la vida** sich *dat* das Leben schwer machen; **amargo** *adj* bitter; **amargura** *f* [1] Bitterkeit *f* [2] *FIG* ↑ *disgusto* Kummer *m*, Sorge *f*
amariconado *adj* (*FAM! afeminado*) effeminiert; *FAM* schwul; **amariconarse** ‹3.6› *vr* (*FAM! afeminarse*) schwul werden
amarillento *adj* gelblich; **amarillo** *adj* gelb
amariposado *adj* ↑ *afeminado* affeminiert
amarra *f* NAUT Ankertau *n;* **amarradero** *m* NAUT Anlegeplatz *m;* **amarrar** *vt* [1] ↑ *sujetar* fesseln, festbinden [2] NAUT → *embarcación* vertäuen
amartillar *vt* → *arma de fuego ver* **martillar**
amasar *vt* [1] → *pan* kneten [2] *FIG* → *fortuna* anhäufen
amasijo *m* [1] Knetmasse *f;* (*pasta*) Paste *f* [2] *FIG* Mischmasch *m*
amateur *m/f* Amateur(in *f*) *m*
amatista *f* MIN Amethyst *m*
amazona *f* Amazone *f;* **Amazonas** *m* : ◇ **el** ~ der Amazonas
ámbar *m* Bernstein *m*
ambición *f* Ehrgeiz *m*, Ambition *f;* **ambicionar** *vt* anstreben, erstreben; **ambicioso** *adj* ehrgeizig
ambiental *adj* Umwelt-; ◇ **contaminación** ~ Umweltverschmutzung *f;* **ambientar I.** *vt* Atmosphäre geben *dat* **II.** *vr(se)* sich zurechtfinden, sich eingewöhnen; **ambiente** *m* [1] (*contorno físico*) Umgebung *f;* ◇ **medio** ~ Umwelt *f;* ◇ **destrucción del medio** ~ Umweltzerstörung *f;* ◇ **protección del medio** ~ Umweltschutz *m;* ◇ **cambio de** ~ Tapetenwechsel *m* [2] (*circunstancias*) Umstände *pl* [3] Milieu *n* [4] *FIG* Atmosphäre *f*, Stimmung *f*
ambigüedad *f* Zweideutigkeit *f;* **ambiguo** *adj* zweideutig
ámbito *m* [1] ↑ *contorno* Umkreis *m* [2] ↑ *campo* Bereich *m* [3] *FIG* Rahmen *m*
ambos(/-as) *adj, pron* (*pl*) beide
ambulancia *f* Krankenwagen *m*, Ambulanz *f;* **ambulante** *adj* wandernd, umherziehend; ◇ **vendedor** ~ Hausierer *m;* ◇ **exposición** ~ Wanderausstellung *f;* **ambulatorio** *m* Ambulanz *f*
amedrentar I. *vt* ↑ *dar miedo* einschüchtern **II.** *vr(se)* Angst bekommen, den Mut verlieren
amén *interj* amen; ◇ **decir a todo** ~ zu allem Ja und Amen sagen; ◇ ~ **de** außer *dat*
amenaza *f* Drohung *f;* **amenazar** ‹3.10› *vt, vi* drohen *dat*
amenguar ‹3.12› *vt* ↑ *disminuir* vermindern
ameno *adj* ▷*persona* unterhaltsam
América *f* Amerika *n;* ◇ ~ **del Norte/del Sur** Nord-/Südamerika *n;* ◇ ~ **Central/Latina** Mittel-/Lateinamerika *n;* **americano(/a) I.** *adj* amerikanisch **II.** *m/f* Amerikaner(in *f*) *m* **III.** *f* Jackett *n*
amerizar ‹3.10› *vi* AERO wassern
ametralladora *f* Maschinengewehr *n;* **ametrallar** *vt* unter MG-Beschuß nehmen
amigable *adj* freundlich, freundschaftlich
amígdala *f* ANAT Mandel *f;* **amigdalitis** *f* MED Mandelentzündung *f*
amigo(/a) I. *adj* freundschaftlich **II.** *m/f* [1] Freund(in *f*) *m* [2] ↑ *aficionado* Liebhaber(in *f*) *m;* **amiguismo** *m* Vetternwirtschaft *f*
amilanar I. *vt* ↑ *causar miedo* einschüchtern **II.** *vr(se)* Angst kriegen
aminorar *vt, vr(se)* ↑ *disminuir* vermindern; ↑ *reducir* verringern
amistad *f* [1] Freundschaft *f;* ◇ **hacer/trabar** ~ **con** Freundschaft schließen mit [2] ◇ **-es** *pl* Bekanntenkreis *m;* ◇ **romper las -es con** sich verkrachen mit; **amistoso** *adj* freundschaftlich
amnesia *f* MED Amnesie *f*
amnistía *f* Amnestie *f*
amo *m* (*dueño*) Eigentümer *m;* ◇ **hacerse el** ~ die Führung übernehmen
amodorrarse *vr FAM* schläfrig werden
amolar ‹3.2› *vt* [1] ↑ *afilar con una muela* schleifen [2] *FIG* ↑ *molestar* auf die Nerven gehen *dat*
amoldar I. *vt* [1] formen, modellieren [2] ↑ *ajustar a un molde* anpassen (*a* an *akk*) **II.** *vr(se)* sich anpassen (*an akk*)
amonestación *f* [1] Verwarnung *f* [2] ◇ **amonestaciones** *pl* [Heirats-]Aufgebot *n;* **amonestar** *vt* ↑ *regañar* verwarnen, ermahnen
amoníaco *m* MED Ammoniak *m*
amontillado *m* Sherry nach Montilla-Art *m*
amontonamiento *m* Anhäufung *f;* **amontonar I.** *vt* ↑ *apilar* sammeln, anhäufen **II.** *vr(se)* [1] ↑ *acumularse* sich häufen [2] ← *personas* zusammenlaufen
amor *m* [1] Liebe *f;* ◇ **hacer el** ~ **con alguien** mit jd-m schlafen [2] (*amado*) Liebling *m;* **amoral** *adj* unmoralisch
amoratado *adj* dunkelviolett; **amoratarse** ‹3.6› *vr* sich violett färben
amordazar ‹3.10› *vt* [1] → *a alguien* knebeln [2] *FIG* zum Schweigen bringen
amorfo *adj* amorph, formlos
amorío *m FAM* Techtelmechtel *n;* **amoroso** *adj* liebevoll; ↑ *tierno* zärtlich

amortajar *vt* → *muerto* einkleiden, einhüllen

amortiguación *f* [1] (*de sonido*) Dämpfen *n*, Eindämmen *n* [2] MED Ohnmacht *f*; **amortiguador** *m* AUTO Stoßdämpfer *m*; **amortiguar** ⟨3.12⟩ *vt* dämpfen, abschwächen; **amortizable** *adj* FIN ▷*deudas* tilgbar; **amortización** *f* FIN Tilgung *f*; **amortizar** ⟨3.10⟩ *vt* [1] → *deuda* tilgen [2] COM ← *compra* sich lohnen [3] → *gastos* decken

amotinado(a) *m/f* Meuterer *m*, Meuterin *f*; **amotinar I.** *vt* aufwiegeln **II.** *vr(se)* meutern

amparar I. *vt* ↑ *proteger* beschützen (*de/contra* vor *dat*) **II.** *vr(se)* [1] ↑ *cobijarse* Schutz suchen (*de/contra* vor *dat*) [2] ↑ *defenderse* sich verteidigen (*de* gegen); **amparo** *m* Schutz *m*; ◇ **al - de la policía** unter Polizeischutz

ampliable *adj* erweiterungsfähig; **ampliación** *f* Vergrößerung *f*, Erweiterung *f*; **ampliar** ⟨3.13⟩ *vt* [1] → *local* vergrößern, erweitern [2] → *fotografía* vergrößern; **amplificación** *f* Erweiterung *f*; **amplificador** *m* TECNI, MUS Verstärker *m*; **amplificar** ⟨3.7⟩ *vt* → *sonido* verstärken; **amplio** *adj* [1] ▷*piso* weit, geräumig [2] ▷*ropa* weit, bequem [3] *FIG* ▷*tema* umfassend, ausführlich; **amplitud** *f* [1] Weite *f*, Ausdehnung *f* [2] *FIG* Umfang *m*, Ausführlichkeit *m*

ampolla *f* [1] (*de la piel*) [Haut-]Blase *f* [2] (*de cristal*) Ampulle *f*

ampuloso *adj* ▷*lenguaje, estilo* hochtrabend

amputación *f* MED Amputation *f*; **amputar** *vt* [1] amputieren [2] *FIG* kürzen

amueblar *vt* möblieren

amuleto *m* Amulett *n*

amurallar *vt* → *ciudad* mit Mauern umgeben

anabolizante *m* MED Anabolikum *n*

anaconda *f* FAUNA Anakonda *f*

anacoreta *m/f* Einsiedler(in *f*) *m*

anacrónico *adj* widersprüchlich, anachronistisch; **anacronismo** *m* Anachronismus *m*

ánade *m* FAUNA Ente *f*

anales *m/pl* Annalen *pl*

analfabetismo *m* Analphabetismus *m*; **analfabeto(a)** *m/f* Analphabet(in *f*) *m*

analgésico *m* MED Analgetikum *n*, Schmerzmittel *n*

análisis *m* [1] Untersuchung *f*; ◇ **- médico** ärztliche Untersuchung [2] (*de una situación*) Analyse *f*, Untersuchung *f*; **analista** *m/f* INFORM: ◇ **- de sistemas** Systemanalytiker(in *f*) *m*; **analítico** *adj* ▷*método* analytisch

analizar ⟨3.10⟩ *vt* analysieren; **analogía** *f* Analogie *f*; **análogo** *adj* entsprechend (*a dat*), analog (*a* zu)

anaquel *m* [Regal-]Brett *n*; (*en armario*) Schrankbrett *n*

anaranjado *adj* ▷*color* orange

anarquía *f* Anarchie *f*; **anárquico** *adj* anarchistisch, anarchisch; **anarquismo** *m* Anarchismus *m*; **anarquista** *m/f* Anarchist(in *f*) *m*

anatomía *f* Anatomie *f*

anca *f* (*de rana*) Hinterbacken *f/pl*

ancestral *adj* altertümlich, Ahnen-

anciano I. *adj* alt, [hoch-]betagt **II.** *m/f* Greis(in *f*) *m*

ancla *f* NAUT Anker *m*; ◇ **echar -s** Anker werfen; ◇ **levar -s** die Anker lichten; **anclar** *vi* vor Anker gehen

ancho I. *adj* [1] breit, weit; ◇ **- de hombros** breitschultrig [2] ▷*ropa* weit; ◇ **estar/venir -** (*holgado*) weitgeschnitten sein [3] *FIG* ↑ *desahogado* unbelastet; ◇ **sentirse -** sich frei fühlen; ◇ **estoy a mis -as** ich fühle mich richtig wohl; ◇ **a lo -** nach Belieben **II.** *m* ↑ *anchura* Breite *f*

anchoa *f* GASTRON Sardelle *f*

anchura *f* [1] (*medida*) Breite *f* [2] (*dimensión*) Weite *f*

andadura *f* Gangart *f*

Andalucía *f* Andalusien *n*; **andaluz(/a)** *m/f* Andalusier(in *f*) *m*

andamio *m* Baugerüst *n*

andanza *f* [1] Zufall *m* [2] (*acción*) Wagnis *n* [3] (*pl, viaje*) Rundreise *f*; **andar** *irr* **I.** *vt* → *camino* [be-]gehen, wandern **II.** *vi* [1] ↑ *ir* gehen; ◇ **¡anda!** na komm schon!; (*sorpresa*) na so was! [2] ↑ *funcionar* gehen, funktionieren [3] ↑ *revolver* wühlen, kramen (*en* in *dat*) [4] (*obrar*) sich beschäftigen (*con* mit) [5] ↑ *estar* sein; ◇ **anda por los treinta** er ist so um die Dreißig; ◇ **anda buscando empleo** sie ist auf Arbeitssuche; ◇ **- feliz** glücklich sein **III.** *vr(se)* ↑ *usar* verwenden, benutzen (*con/en akk*) **IV.** *m* Gangart *f*, Gang *m*; **andarín** *adj* wanderlustig

andén *m* [1] (*de tren*) Bahnsteig *m* [2] *AM* Gehsteig *m*

Andes *m/pl* : ◇ **los -!** die Anden *pl*

Andorra *f* Andorra *n*

andrajo *m* Lumpen *m*; **andrajoso** *adj* zerlumpt

andurriales *m/pl* abgelegene Gegend

anécdota *f* Anekdote *f*

anegar ⟨3.11⟩ *vt* [1] ↑ *cubrir* überschwemmen, überfluten [2] ↑ *ahogar* ertränken

anemia *f* MED Blutarmut *f*, Anämie *f*; **anémico** *adj* blutarm, anämisch

anestesia *f* MED Narkose *f*; **anestesiar** *vt* betäuben, in Narkose versetzen; **anestésico** *m* MED Betäubungsmittel *n*; **anestesista** *m/f* Narkosearzt *m*, Narkoseärztin *f*

anexionar *vt* → *país* annektieren
anexo I. *adj* beiliegend, hinzugefügt II. *m* Beilage *f;* (*en escrito*) Anlage *f*
anfetamina *f* MED Amphetamin *n*
anfibio I. *adj* amphibisch II. *m* Amphibie *f*
anfiteatro *m* [1] Amphitheater *n* [2] TEATRO erster Rang
anfitrión(-ona) *m/f* Gastgeber(in *f*) *m*
ánfora *f* Amphore *f*
ángel *m* [1] Engel *m* [2] ◇ **tener ~** Charme haben; **angelical** *adj*, **angélico** *adj* engelhaft
angina *f* MED Halsentzündung *f;* ◇ **~ de pecho** Angina *f* pectoris
anglicano *adj* anglikanisch; **anglicismo** *m* Anglizismus *m;* **angloamericano** *adj* angloamerikanisch
angosto *adj* eng; **angostura** *f* [1] Enge *f* [2] GEO Engstelle *f* [3] NAUT Meerenge *f*
anguila *f* FAUNA Aal *m;* **angula** *f* GASTRON Jungaal *m*
ángulo *m* [1] Winkel *m* [2] ↑ *esquina* Ecke *f* [3] MATE Winkel *m* [4] *FIG* ↑ *punto de vista* Blickwinkel *m*
anguloso *adj* [1] wink[e]lig [2] ▷*facciones* kantig
angustia *f* [1] Angst *f* [2] ↑ *tristeza* Beklemmung *f* [3] ↑ *inquietud* Kummer *m;* **angustiar** *vt, vr(se)* ängstigen, quälen; **angustioso** *adj* [1] ängstlich [2] ↑ *doloroso* beängstigend, quälend
anhelante *adj* [1] keuchend [2] ↑ *deseoso* sehnsüchtig; **anhelar** I. *vt* ↑ *desear* ersehnen II. *vi* ↑ *suspirar* keuchen; **anhelo** *m* Sehnsucht *f*
anidar *vi* [1] ← *pájaros* nisten [2] *FIG* ← *sentimiento* wohnen
anilla *f* [1] (*para colgar cortinas*) Vorhangring *m* [2] ↑ *aro* Ring *m* [3] *pl*, SPORT Ringe *pl*
anillo *m* Ring *m; FIG* ◇ **venir algo como ~ al dedo** wie angegossen sitzen
ánima *f* [1] Seele *f* [2] REL ◇ **las ~s** *pl* das Abendgeläut
animación *f* [1] Belebung *f* [2] ↑ *actividad* Lebhaftigkeit *f* [3] Treiben *m;* **animado** *adj* ▷*persona* munter; ▷*fiesta* lebhaft; **animador(/a)** *m/f* [1] (*en televisión*) Alleinunterhalter(in *f*) *m* [2] (*en vacaciones*) Animateur(in *f*) *m*
animal I. *adj* [1] tierisch [2] (*parte no racional*) tierhaft II. *m* [1] Tier *n* [2] *FAM* (*persona bruta*) Idiot *m*
animar I. *vt* [1] → *fiesta* beleben [2] ↑ *dar ánimo* aufmuntern, ermutigen [3] → *afán* animieren, anregen II. *vr(se)* [1] Mut schöpfen [2] Lust kriegen (*a* zu) [3] ↑ *decidirse* sich entschließen (*a* zu); **anímico** *adj* mental, geistig; **ánimo** I. *m* [1] ↑ *espíritu* Gemüt *n;* ◇ **estado de ~** *m* Gemütszustand *m;* ◇ **estar/tener en el ~ de hacer una cosa** im Sinn haben, etw zu tun [2] ↑ *valor* Mut *m* II. *interj:* ◇ **¡~!** auf, los; **animosidad** *f* Abneigung *f*, Feindseligkeit *f;* **animoso** *adj* [1] ↑ *valiente* mutig [2] ↑ *decidido* lebhaft
aniñado *adj* [1] (*infantil*) kindlich [2] *PEY* kindisch
aniquilar I. *vt* zerstören, vernichten II. *vr(se)* zunichte werden
anís *m* Anis *m*
aniversario *m* Jahrestag *m*
ano *m* ANAT After *m*
anoche *adv* gestern abend; ◇ **antes de ~** vorgestern abend; **anochecer** ‹3.5› I. *vi* ↑ *oscurecer* Nacht werden II. *m* (*tiempo*) Einbruch *m* der Dunkelheit
anomalía *f* Anomalie *f;* **anómalo** *adj* ↑ *anormal* sonderbar, abnorm
anonadado *adj* ↑ *sorprendido* überwältigend, vernichtend; **anonadar** *vt* [1] ↑ *impresionar* überwältigen [2] ↑ *destruir* vernichten, demütigen
anónimo I. *adj* anonym II. *m* [1] anonymer Brief [2] COM ◇ **sociedad ~a** Aktiengesellschaft *f*
anorak *m* Anorak *m*
anorexia *f* MED Magersucht *f*
anormal *adj* anormal, regelwidrig; **anormalidad** *f* [1] Regelwidrigkeit *f*, Abnormität *f* [2] MED krankhaftes Verhalten
anotación *f* Notiz *f;* **anotar** *vt* notieren
anovulatorio *m* MED Ovulationshemmer *m*
anquilosarse *vr* [1] MED steif werden [2] *FIG* ↑ *detenerse* zum Stillstand kommen
ansia *f* ↑ *anhelo* Sehnsucht *f;* **ansiar** *vt* sich *dat* sehnlichst wünschen; **ansiedad** *f* [1] ↑ *angustia* Unruhe *f*, Beklemmung *f* [2] ↑ *agitación* Begierde *f;* **ansioso** *adj* begierig
antagónico *adj* feindlich; ↑ *opuesto* entgegengesetzt; **antagonista** *m/f* [1] ↑ *adversario* Widersacher(in *f*) *m* [2] ↑ *contrario* Gegenspieler(in *f*) *m*
antaño *adv* ehemals
Antártida *f:* ◇ **la ~** die Antarktis
ante I. *prep* [1] (*delante de*) vor *dat;* ◇ **~ todo** vor allem [2] (*en comparación con*) im Vergleich mit II. *m* ↑ *piel curtida* Veloursleder *n*
anteanoche *adv* vorgestern abend
anteayer *adv* vorgestern
antebrazo *m* ANAT Unterarm *m*
antecedente I. *adj* vorig, vorhergehend II. *m* [1] (*circunstancia anterior*) Vorgeschichte *f;* ◇ **estar en ~s** im Bilde sein; ◇ **poner en ~s** in Kenntnis setzen, informieren [2] GRAM Beziehungswort *n* [3] ◇ **~s** *pl* Vorleben *n* [4] JUR ◇ **~s**

penales Vorstrafen *f/pl;* **anteceder** *vt* vorangehen *dat;* **antecesor(/a)** *m/f* [1] ↑ *predecesor* Vorgänger(in *f*) *m* [2] (*pl*) ↑ *antepasados* Vorfahren *m/pl*
antedicho *adj* obengenannt
antediluviano *adj* von gestern, vorsintflutlich
antelación *f* : ◇ **con** ~ im voraus
antemano *m* : ◇ **de** ~ im voraus
antena *f* [1] Antenne *f;* ◇ ~ **parabólica** Parabolantenne *f* [*o.* Parabolschüssel *f*] [2] FAUNA Fühler *m*
anteojo *m* [1] ↑ *catalejo* Fernglas *n* [2] (*pl*) Brille *f*
antepasados *m/pl* Vorfahren *pl*
antepecho *m* [1] (*de ventana*) Fensterbrett *n* [2] ↑ *barandilla* Brüstung *f*
antepenúltimo *adj* vorvorletzt
anteponer ‹4.8› **I.** *vt* [1] voranstellen [2] ↑ *valorar más* vorziehen (*a dat*) **II.** *vr(se):* ◇ **~se a una cosa/alguien** sich vor etw/jd-n stellen; **antepuesto** *adj* vorhergehend, vorangegangen
anterior *adj* vorhergehend, früher (*a* als); **anterioridad** *f* : ◇ **con** ~ früher
antes I. *adv* [1] (*tiempo*) vorhin, vorher; ◇ **dos años** ~ zwei Jahre zuvor [2] (*primero*) zuerst [3] (*anterior*) eher; ◇ **cuanto** ~ [*o* **lo** ~ **posible**] so bald wie möglich [4] (*antiguamente*) vormals; ◇ **de** ~ (*anterior*) früher [5] (*más bien*) lieber; ◇ ~ **soltero que mal casado** lieber allein als schlecht verheiratet [6] (*por el contrario*) vielmehr, im Gegenteil **II.** *prep:* ◇ ~ **de** bevor; ◇ ~ **de nada** zuallererst **III.** *cj:* ◇ ~ **de que** *subj* ehe, bevor
antesala *f* Vorzimmer *n*
antiabortista *m/f* Abtreibungsgegner(in *f*) *m*
antiarrugas *adj* [1] ◇ **producto ~s** *m* Wäschestärke *f* [2] (*crema*) Faltencreme *f*
antiatómico *adj:* ◇ **refugio** ~ Atomschutzbunker *m,* Fallout-Shelter *m*
antibiótico *m* MED Antibiotikum *n*
anticaspa *m* Anti-Schuppen-Shampoo *n*
anticiclón *m* METEO Hoch[-druckgebiet] *n*
anticipación *f* Vorwegnahme *f;* ◇ **con** ~ im voraus; ◇ **con 35 minutos de** ~ 35 Minuten zu früh; **anticipado I.** *adj* ↑ *prematuro* voreilig **II.** *adv:* ◇ **por** ~ im voraus; **anticipar I.** *vt* [1] ↑ *adelantar* vorwegnehmen, zuvorkommen *dat* [2] → *pago* vorstrecken, vorauszahlen **II.** *vr(se)* [1] vorwegnehmen (*a dat*) [2] ↑ *tomar la delantera* die Führung übernehmen (*a* vor *dat*); **anticipo** *m* Vorschuß *m,* Vorauszahlung *f*
anticlerical *adj* antiklerikal
anticonceptivo *m* Verhütungsmittel *n*
anticongelante *m* Frostschutzmittel *n*
anticonstitucional *adj* verfassungswidrig
anticristo *m* Antichrist *m*
anticuado *adj* veraltet; **anticuario(a)** *m/f* Antiquitätenhändler(in *f*) *m*
anticuerpo *m* MED: ◇ **~s** Antikörper *m/pl*
antidepresivo *m* MED Antidepressivum *n*
antidisturbios *adj:* ◇ **policía** ~ *f* ≈Bereitschaftspolizei *f*
antidoping *adj inv* SPORT Doping-; (*test* ~) Dopingkontroll-
antídoto *m* Gegengift *n*
antidroga *adj inv* Drogenbekämpfungs-; ◇ **brigada** ~ *f* Rauschgiftdezernat *n* [*o.* Drogenfahndung *f*]
antiestético *adj* unästhetisch, häßlich
antifaz *m* Maske *f*
antigualla *f* Plunder *m,* alter Krempel
antiguamente *adv* früher; ↑ *hace mucho tiempo* vor langer Zeit; **antigüedad** *f* [1] (*época*) Altertum *n* [2] (*cargo*) Dienstalter *n* [3] (*pl*) Antiquitäten *pl;* **antiguo** *adj* [1] alt, langjährig [2] (*lo que fue*) ehemalig; ◇ **a la ~a** wie früher, nach alter Weise
antihéroe *m* Antiheld *n*
antílope *m* FAUNA Antilope *f*
antillano(a) *m/f* Antillenbewohner(in *f*) *m;* **Antillas** *fpl* : ◇ **las** ~ die Antillen *pl*
antimafia *adj inv* Antimafia-
antimilitarismo *m* Antimilitarismus *m*
antincendio *adj* Feuerschutz-, Feuerlösch-
antinflamatorio *m* MED entzündungshemmendes Mittel
antiniebla *adj inv* [1] AUTO ◇ **faro** ~ Nebelscheinwerfer *m* [2] ◇ **piloto** ~ Nebelschlußleuchte *f*
antinuclear *adj* von Kernkraftgegnern; ◇ **activista** ~ Kernkraftgegner(in *f*) *m*
antiparras *f/pl FAM* ↑ *gafas* Brille *f*
antipatía *f* [1] Antipathie *f* (*hacía* gegen) [2] ↑ *manía* Abneigung *f* (*a* gegen); **antipático** *adj* unsympathisch
antípoda *m* [1] Bewohner(in) des entgegengesetzten Erdteils *m/f* [2] (*pl*) ↑ *actitudes opuestas* Widersprüchlichkeiten *f/pl*
antiquísimo *adj* sehr alt
antirrobo *adj:* ◇ **dispositivo** ~ Diebstahlsicherung *f*
antiterrorismo *m* Terrorismusbekämpfung *f*
antítesis *f* ‹inv› [1] Antithese *f* [2] ↑ *opuesto* Gegensatz *m*
antojadizo *adj* launenhaft; **antojarse** *vr* [1] ↑ *encapricharse* versessen sein (*algo* auf etw *akk*) [2] ↑ *pensar* ◇ **se me antoja que mañana lloverá** ich glaube fast, daß es morgen regnet; **antojo** *m* [1] (*deseo caprichoso*) Laune *f* [2] (*pl, de embarazada*) Gelüste *pl* [3] (*de la piel*) Muttermal *n*

antología *f* Anthologie *f*
antónimo *m* Antonym *n*
antonomasia *:* ◇ **por** ~ schlechthin
antorcha *f* Fackel *f*
antro *m* [1] ↑ *cueva* Grotte *f* [2] *FAM* (*local*) Spelunke *f*
antropófago(/a) *m/f* Menschenfresser(in *f*) *m;* **antropología** *f* Anthropologie *f*
anual *adj* jährlich; **anualidad** *f* Jahreseinkommen *n;* **anuario** *m* Jahrbuch *n*
anudar *vt* [1] ↑ *hacer nudos* verknoten [2] ↑ *juntar* verbinden [3] *FIG* anknüpfen (*a* an *akk*)
anulación *f* [1] ↑ *supresión* Streichung *f,* Aufhebung *f* [2] JUR Nichtigkeitserklärung *f;* ↑ *invalidación* Annullierung *f;* **anular I.** *vt* [1] ↑ *suprimir* aufheben [2] ↑ *invalidar* für nichtig erklären [3] *FIG* → *personalidad* aufgeben **II.** *m* (*dedo*) Ringfinger *m*
anunciación *f* Ankündigung *f;* **anunciar** *vt* [1] ↑ *notificar* ankündigen [2] ↑ *comunicar* bekanntmachen [3] ↑ *presagiar* voraussehen [4] → *publicidad* inserieren; **anuncio** *m* [1] (*en periódico*) Annonce *f* [2] (*contenido*) Bekanntmachung *f* [3] ↑ *pronóstico* Vorhersage *f* [4] ↑ *pancarta* Werbeplakat *n*
anverso *m* Vorderseite *f*
anzuelo *m* [1] Angelhaken *m* [2] *FIG* Köder *m;* ◇ **caer en el** ~ auf etw/jd-n hereinfallen
añadidura *f* Zusatz *m;* ◇ **por** ~ außerdem; **añadir** *vt* [1] ↑ *aumentar* hinzufügen (*a* zu) [2] ↑ *alargar* anhängen (*a* an *akk*)
añejo *adj* veraltet
añicos *m/pl :* ◇ **hacer(se)** ~ in tausend Stücke zerbrechen
añil *m* [1] (*colorante*) Indigofarbe *f* [2] (*color*) Indigo *n*
año *m* Jahr *n;* ◇ ~ **bisiesto/escolar** Schalt-/Schuljahr *n;* ◇ **los ~s veinte** die zwanziger Jahre; *FAM* ◇ **del ~ de Maricastaña** von Anno Tobak; ◇ **tener 25 ~s cumplidos** 25 Jahre alt sein; ◇ **entrado en ~s** bejahrt; ◇ **¡Feliz A~ Nuevo!** ein gutes neues Jahr!; **añojo** *m* ↑ *becerro de un año* Jährling *m*
añoranza *f* ↑ *nostalgia* Heimweh *n;* ↑ *anhelo* Sehnsucht *f* (*de* nach); **añorar** *vt* vermissen, herbeisehnen
aorta *f* MED Aorta *f*
apabullar *vt* erdrücken
apacentar ‹3.14› *vt* [1] ↑ *vigilar el ganado* weiden lassen, füttern [2] *FIG* nähren, befriedigen; **apacible** *adj* [1] ▷*persona* mild, sanft [2] ▷*tiempo* mild
apaciguar ‹3.12› *vt, vr(se)* [1] → *personas, tiempo* beruhigen [2] → *dolor* lindern
apache *m/f* Apache *m*
apadrinar *vt* [1] ↑ *proteger* fördern, unterstützen [2] (*padrino*) Pate sein bei
apagado *adj* [1] (*poco brillante*) stumpf [2] ▷*color* blaß [3] ▷*sonido* gedämpft [4] ▷*volcán* erloschen [5] ▷*voz* dumpf [6] ▷*persona* apathisch; **apagar** ‹3.11› **I.** *vt* [1] → *fuego* [aus-]löschen [2] → *luz, radio* ausmachen [3] → *sed* stillen **II.** *vr(se)* ausgehen, erlöschen; **apagón** *m* ELEC Stromausfall *m*
apalabrar *vt* [mündlich] vereinbaren
apalancado *adj FAM* ↑ *sin ganas* lustlos, schlapp
apalear *vt* → *a alguien* schlagen
apañado *adj* ↑ *hábil* praktisch, geschickt; **apañar I.** *vt* [1] ↑ *recoger* nehmen, packen [2] ↑ *apropiarse de algo* wegnehmen [3] ↑ *arreglar* zurechtmachen, herrichten; ◇ **estar apañado** hereingefallen sein **II.** *vr(se) FAM* zurechtkommen; ◇ **tendrás que ~telas con mil pesetas** du mußt mit tausend Peseten auskommen; **apaño** *m* Flicken *m*
aparador *m* [1] (*mueble*) Buffet *n* [2] (*escaparate*) Anrichte *f*
aparato *m* [1] Apparat *m;* ◇ ~ **electrodoméstico** Haushaltsgerät *n* [2] (*de radio*) Radio *n o m* [3] ↑ *avión* Flugzeug *n* [4] ANAT ◇ ~ **circulatorio** Kreislauf *m* [5] *FIG* ↑ *ostentación* Pomp *m;* **aparatoso** *adj* [1] ↑ *exagerado* prunkvoll, pompös [2] *PEY* protzig
aparcamiento *m* [1] Parkplatz *m* [2] (*maniobra*) Parken *n;* **aparcar** ‹3.7› *vti* [1] → *coche* parken [2] *FIG* ↑ *dejar de lado* hintanstellen
aparear I. *vt* → *dos cosas* paarweise ordnen **II.** *vr(se)* ← *animales* sich paaren
aparecer ‹3.5› **I.** *vi* [1] ← *persona, publicación* erscheinen [2] ← *algo perdido* auftauchen, zum Vorschein kommen **II.** *vr(se)* ← *fantasma* erscheinen
aparejado *adj* passend; ◇ **llevar** ~ mit sich bringen; **aparejar** *vt* [1] ↑ *preparar* herrichten, vorbereiten [2] → *montura* satteln [3] NAUT auftakeln
aparejo *m* [1] ↑ *preparación* Vorbereitung *f* [2] ↑ *montura* Sattelzeug *n* [3] NAUT Takelage *f* [4] (*pl*) Werkzeug *n*
aparentar *vt* [1] ↑ *fingir* vorgeben, simulieren [2] ◇ **no aparenta ser muy inteligente** er scheint nicht besonders gescheit zu sein; **aparente** *adj* [1] scheinbar [2] ↑ *evidente* augenscheinlich [3] ↑ *conveniente* passend
aparición *f* [1] Erscheinung *f* [2] (*de una publicación*) Erscheinen *n;* **apariencia** *f* Aussehen *n;* ◇ **cubrir/guardar las ~s** den Schein wahren

apartado I. *adj* abgelegen; ↑ *lejano* entfernt II. *m* [1] (*lugar*) Nebenzimmer *n* [2] ◇ ~ **[de correos]** Postfach *n* [3] (*de un libro*) Absatz *m;* **apartamento** *m* Appartement *n*, Apartment *n;* **apartar** I. *vt* [1] ↑ *separar* trennen [2] ↑ *alejar* entfernen [3] ↑ *retirar* wegräumen, aussortieren II. *vr(se)* [1] sich trennen [2] ↑ *irse* weggehen, sich entfernen (*de* von)

aparte I. *adv* [1] ↑ *en sitio retirado* abseits, beiseite; ◇ ~ **de** abgesehen von [2] ↑ *además* außerdem II. *adj* [1] ▷*conversación* privat [2] ↑ *adicional* zusätzlich III. *m* ↑ *párrafo* Absatz *m*

apasionado *adj* leidenschaftlich; ◇ ~ **de/por** eingenommen für; **apasionante** *adj* aufregend, ergreifend; **apasionar** I. *vt* begeistern (*por/de* für) II. *vr(se)* sich begeistern (*por/de* für)

apatía *f* Teilnahmslosigkeit *f*, Apathie *f;* **apático** *adj* teilnahmslos, apathisch

apdo. *m abr. de* **apartado [de correos]** Postfach *n*

apeadero *m* TREN Haltestelle *f*, Station *f;* **apearse** *vr* [1] absteigen; ↑ *bajarse* aussteigen [2] *FAM* ◇ **~se del burro** einen Irrtum einsehen

apechugar ⟨3.11⟩ *vi FAM* [1] ↑ *sufrir las consecuencias* sich abfinden (*con* mit) [2] ↑ *tener aguante* aushalten, erdulden (*con akk*)

apedrear *vt* [1] mit Steinen bewerfen [2] ↑ *matar* steinigen

apegarse ⟨3.11⟩ *vr* Zuneigung fassen (*a* zu); **apego** *m* Zuneigung *f;* ◇ **tener ~ a/por** Zuneigung hegen für

apelación *f* JUR Berufung *f;* **apelante** *m/f* JUR Berufungskläger(in *f*) *m;* **apelar** *vi* [1] JUR Berufung einlegen (*contra* gegen) [2] (*a alguien*) Hilfe suchen bei [3] (*a la violencia*) zurückgreifen auf *akk*

apelativo *m* Rufname *m*

apelmazar ⟨3.10⟩ *vt, vr(se)* zusammenklumpen

apelotonarse ⟨3.6⟩ *vr FAM* ← *gente* sich [zusammen-]drängen

apellidar I. *vt* nennen II. *vr(se)* heißen; **apellido** *m* Familienname *m*

apenar I. *vt* bekümmern, traurig machen II. *vr(se)* traurig werden

apenas I. *adv* kaum II. *cj* sobald

apéndice *m* [1] ↑ *prolongación* Anhang *m*, Zusatz *m* [2] MED Blinddarm *m;* **apendicitis** *f* MED Blinddarmentzündung *f*

apercibir I. *vt* [1] ↑ *preparar* vorbereiten [2] ↑ *avisar* warnen II. *vr(se)* ↑ *darse cuenta* bemerken (*de akk*)

aperitivo *m* Aperitif *m*

apertura *f* [1] Öffnung *f* [2] *FIG* ↑ *inauguración* Eröffnung *f* [3] POL Öffnung *f*

apesadumbrar I. *vt* tief bekümmern II. *vr(se)* sich grämen

apestar I. *vt* verpesten II. *vi* stinken

apetecer ⟨3.5⟩ *vt* ↑ *desear* wünschen, begehren; ◇ **¡qué te apetece hacer esta tarde?** wozu hast du heute nachmittag Lust?; **apetecible** *adj* wünschenswert, begehrenswert; **apetencia** *f* Verlangen *n* (*de* nach)

apetito *m* [1] Appetit *m;* ◇ **tener ~ de algo** Appetit auf etw *akk* haben [2] *FIG* Verlangen *n* (*de* nach); **apetitoso** *adj* appetitlich

apiadarse *vr* Mitleid haben (*de* mit)

ápice *m* [1] Spitze *f* [2] (*FIG de problema*) Kern *m* [3] *FIG* ◇ **no ceder un ~** keinen Millimeter nachgeben

apicultor(/a) *m/f* Imker(in *f*) *m*

apilar *vt, vr(se)* (sich) anhäufen

apiñar *vt, vr(se) FAM* (sich) zusammendrängen

apio *m* FLORA Sellerie *f*

apisonadora *f* Walze *f*

aplacar ⟨3.7⟩ I. *vt* ↑ *aliviar* besänftigen II. *vr(se)* [1] sich beruhigen [2] ← *tormenta* nachlassen, sich legen

aplanar I. *vt* [1] → *suelo* einebnen, glätten [2] *FIG* bestürzen [3] *FIG* ↑ *abatir* entmutigen II. *vr(se) FAM* ↑ *abandonarse* sich gehenlassen, lethargisch werden

aplastante *adj* ▷*calor, éxito* erdrückend; **aplastar** *vt* [1] plattdrücken [2] *FIG* ↑ *vencer* erledigen; *FAM* fertigmachen [3] → *sublevación* zerschlagen, niederschmettern

aplaudir *vi* [1] applaudieren, Beifall klatschen [2] → *una decisión* begrüßen, gutheißen; **aplauso** *m* [1] Beifall *m*, Applaus *m* [2] *FIG* ↑ *aprobación* Zustimmung *f*

aplazamiento *m* Aufschub *m*, Vertagung *f;* **aplazar** ⟨3.10⟩ *vt* aufschieben, vertagen

aplicación *f* [1] Anwendung *f*, Gebrauch *m* [2] ↑ *esmero* Fleiß *m;* **aplicado** *adj* fleißig; **aplicar** ⟨3.7⟩ I. *vt* [1] → *crema* auftragen [2] ↑ *utilizar* anwenden II. *vr(se)* ↑ *esforzarse* sich einsetzen

aplomo *m* Selbstsicherheit *f*

apocado *adj* [1] ↑ *tímido* schüchtern [2] ↑ *humilde* verzagt, feige; **apocamiento** *m* Verzagtheit *f;* ↑ *timidez* Schüchternheit *f;* **apocar** ⟨3.7⟩ I. *vt* [1] ↑ *disminuir* verkleinern [2] *FIG* einschüchtern II. *vr(se)* [1] verzagen [2] ↑ *humillarse* sich erniedrigen

apodar *vt* einen Spitznamen geben *dat*

apoderado(/a) *m/f* Bevollmächtigte(r) *fm*, Repräsentant(in *f*) *m;* **apoderar** I. *vt* bevollmächtigen II. *vr(se)* sich bemächtigen (*de gen*)

apodo *m* Spitzname *m*

apogeo *m FIG* Höhepunkt *m*
apolillado *adj* von Motten zerfressen
apología *f* [1] ↑ *alabanza* Lobrede *f* (*de* auf *akk*) [2] ↑ *defensa* Verteidigungsrede *f*
apoltronarse ‹3.6› *vr FAM* faulenzen
apoplejía *f* MED Schlaganfall *m*
aporrear *vt* [1] → *persona* verprügeln [2] → *puerta* hämmern gegen
aportar *vt* [1] ↑ *proporcionar* besorgen [2] (*económicamente*) beitragen, beisteuern (*a* zu)
aposentar ‹3.2› *vt* beherbergen; **aposento** *m* Zimmer *n*, Unterkunft *f*
apostar ‹3.2› *vt* [1] → *apuesta* wetten (*a/por* auf *akk*) [2] ↑ *situar* aufstellen
apostilla *f* Randbemerkung *f*, Erläuterung *f*
apóstol *m* Apostel *m*
apóstrofe *m* Anrede *f*
apóstrofo *m* Apostroph *m*
apostura *f* Eleganz *f*, schickes Aussehen
apoteosis *f* [1] ↑ *exaltación* Verherrlichung *f* [2] *FIG* ↑ *final espectacular* Höhepunkt *m*, Klimax *f*
apoyar I. *vt* [1] ↑ *poner* stützen, aufstützen (*en/sobre* auf *akk*) [2] *FIG* ↑ *ayudar* unterstützen **II.** *vr(se)* [1] sich stützen (*en/sobre* auf *akk*) [2] *FIG* ← *argumento* beruhen, basieren auf *dat* [3] (*FIG en alguien*) sich verlassen (*en* auf *akk*); **apoyo** *m* [1] Stütze *f* [2] ↑ *ayuda* Unterstützung *f*; ◇ **en ~ de** als Hilfestellung *f* für
apreciable *adj* [1] ▷*sonido* wahrnehmbar [2] *FIG* ↑ *de importancia* beträchtlich, bedeutend; **apreciación** *f* [1] ↑ *valoración* Schätzung *f* [2] *FIG* Hochachtung *f*, Wertschätzung *f*; **apreciar** *vt* [1] → *sonidos* wahrnehmen [2] *FIG* zu schätzen wissen; **aprecio** *m* [1] Einschätzung *f* [2] *FIG* Wertschätzung *f*
aprehender *vt* [1] ↑ *capturar* festnehmen [2] (*FIG con la inteligencia, sentidos*) erkennen, wahrnehmen; **aprehensión** *f* [1] Festnahme *f* [2] *FIG* Erkennen *n*
apremiante *adj* eilig, dringend
apremiar I. *vt* [1] ↑ *insistir* drängen [2] ↑ *urgir* bedrängen [3] ↑ *obligar* zwingen; ◇ **~ a alguien a hacer algo** jd-n zu etw zwingen **II.** *vi* ↑ *dar prisa* dringend sein
apremio *m* Druck *m*, Dringlichkeit *f*
aprender *vt* lernen
aprendiz(/a) ‹ices› *m/f* Auszubildende(r) *m/f*, Lehrling *m*; **aprendizaje** *m* Lehre *f*
aprensión *f* [1] ↑ *preocupación* Besorgnis *f* [2] ↑ *temor* Angst *f*, Befürchtung *f*; **aprensivo** *adj* ängstlich, besorgt
apresar *vt* [1] → *persona* verhaften [2] → *animal* ergreifen
apresurado *adj* eilig, hastig; **apresuramiento** *m* Eile *f*, Hast *f*; **apresurar I.** *vt* [1] ↑ *acelerar* beschleunigen [2] ↑ *apremiar* drängen, antreiben **II.** *vr(se)* sich beeilen
apretado *adj* [1] knapp, eng, dicht gedrängt; ◇ **estar ~ de dinero** knapp bei Kasse sein [2] ↑ *difícil* schwierig [3] (*tacaño*) geizig; **apretar** ‹3.1› **I.** *vt* [1] drücken; ◇ **~ el paso** sich beeilen; ◇ **~se el cinturón** den Gürtel enger schnallen [2] *FIG* ↑ *presionar* unter Druck setzen **II.** *vi* ← *calor* stärker werden; **apretón** *m* [1] (*de manos*) [Hände-]druck *m* [2] (*gente*) Gedränge *n*
apretujar I. *vt FAM* ↑ *apretar* drängeln **II.** *vr(se)* (*en un local*) sich drängen; **apretura** *f* [1] Enge *f* [2] (*de gente*) Gedränge *n* [3] ↑ *apuros* Notlage *f* [4] (*de dinero*) Mangel *m* (*de* an *dat*); **aprieto** *m* Notlage *f*, Bedrängnis *f*; ◇ **poner a alguien en un ~** jd-n in Bedrängnis bringen
aprisa *adv* schnell
aprisionar *vt* [1] ins Gefängnis stecken, verhaften [2] *FIG* ↑ *sujetar* festketten
aprobación *f* [1] Zustimmung *f* [2] ↑ *permiso* Genehmigung *f*; **aprobar** ‹3.2› *vt* [1] ↑ *aceptar* zustimmen *dat* [2] → *examen* bestehen
apropiación *f* Aneignung *f*; **apropiado** *adj* angemessen, geeignet; **apropiar I.** *vt* ↑ *adaptar* anpassen (*a* an *akk*) **II.** *vr(se)* sich aneignen (*de*) *akk*
aprovechado *adj* [1] ↑ *aplicado* fleißig [2] (*con dinero*) sparsam, geizig [3] *PEY* berechnend, skrupellos; **aprovechamiento** *m* [1] Nutzen *m*, Nutzung *f* [2] ↑ *progreso* Fortschritt *m*; **aprovechar I.** *vt* [1] nutzen, ausnutzen, gebrauchen [2] AGR erschließen **II.** *vi* [1] ↑ *ser útil* nützen; ◇ **¡que aproveche!** guten Appetit! [2] ↑ *adelantar* vorankommen **III.** *vr:* ◇ **~se de** etw ausnutzen
aprovisionamiento *m* Versorgung *f*
aproximación *f* Annäherung *f*; **aproximado** *adj* ungefähr, annähernd; **aproximar I.** *vt* näher bringen **II.** *vr(se)* sich nähern (*a dat*)
aptitud *f* [1] Eignung *f*, Befähigung *f* (*para* für) [2] ↑ *talento* Begabung *f*; **apto** *adj* [1] fähig [2] ↑ *adaptado* geeignet, brauchbar; ◇ **~ para menores** jugendfrei
apuesta *f* [1] (*de apostar*) Wette *f* [2] (*el dinero apostado*) Einsatz *m*
apuesto *adj* stattlich, elegant
apuntador(/a) *m/f* TEATRO Souffleur *m*, Souffleuse *f*
apuntalar *vt* [1] abstützen, stützen [2] *FIG* → *tesis* untermauern
apuntar I. *vt* [1] ↑ *señalar* ausrichten (*a* auf *akk*) [2] → *el arma* richten (*hacia* auf *akk*) [3] ↑ *anotar* notieren, aufschreiben [4] *FIG* ↑ *hacer referencia*

hinweisen auf [5] ↑ *indicar* mit dem Finger zeigen (*a* auf *akk*) [6] (*en una lista*) aufführen [7] ↑ *insinuar* andeuten [8] TEATRO soufflieren *dat* **II.** *vi* ← *el alba* zum Vorschein kommen **III.** *vr(se)* [1] (*en una lista*) sich einschreiben (*a* in *akk*) [2] ↑ *tomar parte* sich einverstanden erklären; ◇ **¡me apunto!** ich bin dabei!; **apunte** *m* [1] Notiz *f* [2] (*de dibujo*) Skizze *f* [3] (*pl, de clase*) Aufzeichnungen *f/pl*

apuñalar *vt* erstechen

apurado *adj* [1] ↑ *necesitado* mittellos, arm [2] (*en dificultades*) schwierig, heikel [3] ↑ *apresurado* eilig [4] ↑ *exacto* pünktlich; präzise; **apurar I.** *vt* [1] ↑ *agotar* leeren, aufbrauchen [2] ↑ *atosigar* unter Druck setzen; *FAM* nerven [3] ↑ *angustiar* quälen [4] (*en situación embarazosa*) in Verlegenheit bringen **II.** *vi* drängen **III.** *vr(se)* [1] ↑ *preocuparse* sich Sorgen machen (*por* über *akk*) [2] ↑ *darse prisa* sich beeilen; **apuro** *m* [1] ↑ *aflicción* Kummer *m* [2] ↑ *aprieto* Notlage *f;* ◇ **~s económicos** Geldschwierigkeiten; *FAM* ◇ **sacar a alguien de ~s** jd-m aus der Patsche helfen

aquejar *vt* ↑ *estar afectado* quälen

aquel(-la) ‹aquellos, as› *artículo* jener, jene, jenes; (*pl*) jene; **aquello** *pron* jenes, das dort

aquelarre *m* [1] (*de brujas*) Hexensabbat *m* [2] *FIG* ↑ *jaleo* Spektakel *n*

aquí I. *adv* [1] (*lugar*) hier; ◇ **~ arriba** hier oben; ◇ **~ mismo** gerade hier; ◇ **~ y allá** hier und dort; ◇ **~ yace** hier ruht [2] (*tiempo*) jetzt; ◇ **de ~ a siete días** heute in einer Woche, heute in acht Tagen **II.** *cj:* ◇ **de ~ que** daher, und so ...

aquietar *vt* beruhigen, besänftigen

Aquisgrán *m* Aachen *n*

ara *m* Altar *m;* ◇ **en ~s de** (*en honor de*) zu Ehren von

árabe I. *adj* arabisch **II.** *m/f* Araber(in *f*) *m* **III.** *m* (*lengua*) Arabisch *n;* **Arabia** *f* : ◇ **~ Saudita** Saudi-Arabien *n*

arado *m* AGR Pflug *m*

Aragón *m* Aragonien *n;* **aragonés(-esa) I.** *adj* aragonisch **II.** *m/f* Aragonier(in *f*) *m*

arancel *m* Tarif *m;* ◇ **~ de aduanas** Zoll[-tarif] *m*

araña *f* [1] FAUNA Spinne *f* [2] (*lámpara*) Kronleuchter *m*

arañar *vti* kratzen; **arañazo** *m* Kratzer *m*

arar *vt* pflügen

arbitraje *m* Schiedsspruch *m;* **arbitrar** *vt* [1] ↑ *decidir* schlichten [2] SPORT Schiedsrichter sein bei

arbitrariedad *f* [1] Willkür *f* [2] ↑ *injusticia* Skandal *m;* **arbitrario** *adj* willkürlich

árbitro *m* SPORT Schiedsrichter(in *f*) *m*

árbol *m* FLORA Baum *m;* ◇ **~ de Navidad** Weihnachtsbaum *m;* ◇ **~ genealógico** Stammbaum *m;* **arbolado I.** *adj* mit Bäumen [bewachsen] **II.** *m* [1] Baumallee *f* [2] (*conjunto de árboles*) Waldland *n;* **arboleda** *f* [1] Wäldchen *n* [2] Baumallee *f;* **arbusto** *m* Busch *m,* Strauch *m*

arca *f* [1] ↑ *arcón* Truhe *f;* (*caja*) Kiste *f;* ◇ **~ de Noé** Arche Noah *f* [2] (*pl, el Tesoro Público*) Staatskasse *f*

arcada *f* [1] Arkade *f* [2] (*de un puente*) Brückenbogen *m* [3] *pl,* MED ↑ *náuseas* Würgen *n*

arcaico *adj* veraltet, archaisch

arce *m* FLORA Ahorn *m*

arcén *m* (*de la carretera*) Standspur *f*

arcilla *f* Ton[-erde] *m*

arco *m* [1] Bogen *m;* ◇ **~ iris** Regenbogen *m* [2] ◇ **el ~ y las flechas** Pfeil und Bogen

arcón *m* (*arca grande*) Kasten *m*

archiduque(sa) *m/f* Erzherzog(in *f*) *m*

archipiélago *m* Archipel *m*

archivar *vt* archivieren; **archivo** *m* [1] (*lugar*) Archiv *n* [2] (*documentos*) Akten *f/pl*

arder I. *vt* verbrennen **II.** *vi* brennen; ◇ **estar que arde** [1] (*muy caliente*) sehr heiß sein [2] (*muy enfadado*) schäumen vor Wut [3] (*FIG reunión*) Hexenkessel *m*

ardid *m* List *f,* Trick *m;* **ardiente** *adj* [1] brennend [2] ↑ *apasionado* feurig

ardilla *f* FAUNA Eichhörnchen *n*

ardor *m* [1] ↑ *calor* Hitze *f* [2] ↑ *quemazón* Glut *f* [3] *FIG* ↑ *entusiasmo* Eifer *m* [4] MED ◇ **~ de estómago** Sodbrennen *n;* **ardoroso** *adj* [1] glühend [2] ↑ *amante* feurig

arduo *adj* ▷*trabajo* anstrengend, mühselig

área *f* [1] (*extensión*) Fläche *f;* ◇ **~ de descanso** Rastplatz *m;* ◇ **~ nudista** FKK-Gelände *n;* AUTO ◇ **~ de servicio** Raststätte *f* [2] (*unidad de superficie*) Ar *n* [3] *FIG* ↑ *tema* Thema *n,* Bereich *m* [4] SPORT ◇ **~ de castigo** Strafraum *m*

arena *f* [1] Sand *m* [2] (*de una lucha*) Arena *f;* ◇ **una de cal y otra de ~** mit Zuckerbrot und Peitsche; **arenal** *m* [1] Sandfläche *f* [2] ↑ *arena movediza* Treibsand *m;* **arenisca** *f* Buntsandstein *m;* **arenoso** *adj* sandig

arenque *m* (*pescado*) Hering *m*

argamasa *f* Mörtel *m*

Argel *m* Algier *n;* **Argelia** *f* Algerien *n;* **argelino(a) I.** *adj* algerisch **II.** *m/f* Algerier(in *f*) *m*

Argentina *f* Argentinien *n;* **argentino(a) I.** *adj* [1] argentinisch [2] ↑ *de plata* silbern **II.** *m/f* Argentinier(in *f*) *m*

argolla *f* Metallring *m*

argot *m* Slang *m*

argucia *f* [1] Arglist *f* [2] ↑ *sutileza* Spitzfindigkeit *f*

argüir ⟨3.22⟩ **I.** *vt* [1] ↑ *deducir* folgern [2] ↑ *demonstrar* beweisen [3] → *opinión* vorbringen **II.** *vi* ↑ *discutir* argumentieren, streiten; **argumentación** *f* Argumentation *f*; **argumentar I.** *vt* ↑ *argüir* folgern, schließen **II.** *vi* argumentieren; **argumento** *m* [1] ↑ *razonamiento* Argument *n* [2] (*de una novela*) Inhaltsangabe *f*, Handlung *f*

aria *f* MUS Arie *f*

aridez *f* Dürre *f*, Trockenheit *f*; **árido** *adj* [1] ▷*paisaje* trocken [2] ▷*tierra* unfruchtbar, steril [3] (*FIG tema*) langweilig

Aries *m* ⟨inv⟩ ASTR Widder *m*

ario *adj* arisch

arisco *adj* [1] ▷*animal* unbändig [2] ↑ *insociable* ungesellig, barsch

aristocracia *f* Aristokratie *f*; **aristócrata** *m/f* Aristokrat(in *f*) *m*

aritmética *f* Arithmetik *f*

arlequín *m* Harlekin *m*

arma *f* Waffe *f*; ◇ **~ blanca** [1] Messer *n* [2] Stichwaffe *f*; ◇ **~ de fuego** Feuerwaffe *f*; ◇ **~s nucleares** Atomwaffen *pl*; ◇ **de ~s tomar** zu allem entschlossen; **armada** *f* MIL Kriegsflotte *f*

armadillo *m* FAUNA Gürteltier *n*

armado *adj* bewaffnet; **armadura** *f* Rüstung *f*; **armamento** *m* [1] (*armas y municiones*) Bewaffnung *f* [2] NAUT Ausrüstung *f*; **armar I.** *vt* [1] bewaffnen [2] → *tienda de campaña* aufstellen [3] *FIG* → *intriga* anstiften, aushecken; *FAM* ◇ **~ un lío** einen Streit anfangen; ◇ **¡buena la has armado¡** da hast du ja was angerichtet! **II.** *vr(se)* [1] ↑ *facilitar armas* sich bewaffnen [2] ← *alboroto* entstehen [3] (*de paciencia*) sich rüsten, sich wappnen (*de* mit)

armario *m* Schrank *m*

armatoste *m* sperriges Möbel

armazón *f/m* [1] (*de construcción*) Baugerüst *n* [2] (*de muebles*) Gestell *n* [3] ARQUIT Rohbau *m*

armería *f* [1] (*museo*) Waffenmuseum *n* [2] (*tienda*) Waffenhandlung *f*

armiño *m* [1] FAUNA Hermelin *n* [2] (*piel*) Hermelin[-pelz] *m*

armisticio *m* Waffenstillstand *m*

armonía *f* Harmonie *f*

armónica *f* Mundharmonika *f*; **armónico I.** *adj* harmonisch **II.** *f* MUS Harmonika *f*; **armonioso** *adj* harmonisch; **armonizar** ⟨3.10⟩ *vi* ← *colores* harmonieren (*con* mit)

arnés *m* [1] (*armas*) Harnisch *m* [2] (*pl, de caballería*) Pferdegeschirr *n*

árnica *f* Arnika *f*

aro *m* [1] ↑ *anillo* Ring *m*; *FAM* ◇ **pasar por el ~** klein beigeben, nachgeben [2] ↑ *juguete* Reif *m* [3] ↑ *pendiente* Ohrring *m*

aroma *m* Aroma *n*; **aromático** *adj* aromatisch; **aromatizar** ⟨3.10⟩ *vt* aromatisieren

arpa *f* MUS Harfe *f*

arpegio *m* MUS Arpeggio *n*

arpía *f* [1] (*monstruo*) Harpyie *f* [2] *FIG* boshaftes Weib

arpista *m/f* Harfenspieler(in *f*) *m*

arpón *m* Harpune *f*

arquear I. *vt* biegen **II.** *vr(se)* sich krümmen; **arqueo** *m* Wölbung *f*

arqueología *f* Archeologie *f*; **arqueólogo(a)** *m/f* Archeologe *m*, Archeologin *f*

arquero *m* Bogenschütze *m*

arquetipo *m* Urbild *n*, Archetyp *m*

arquitecto(a) *m/f* Architekt(in *f*) *m*; **arquitectura** *f* Architektur *f*

arrabal *m* Vorort *m*

arraigado *adj* [1] ▷*costumbre* verwurzelt, bodenständig [2] *FIG* etabliert; **arraigar** ⟨3.11⟩ **I.** *vt FIG* → *una costumbre, vicio* etablieren, verstärken **II.** *vi* FLORA Wurzeln schlagen **III.** *vr(se)* [1] Wurzeln schlagen [2] *FIG* ↑ *fijar residencia* seßhaft werden, sich etablieren

arrancada *f* AUTO Blitzstart *m*; **arrancar** ⟨3.7⟩ **I.** *vt* [1] (*del suelo, de la pared*) ausreißen [2] ↑ *separar* entreißen [3] *FIG* herausholen [4] → *motor* starten **II.** *vi* [1] ↑ *iniciar* anlaufen, starten [2] *FIG* anfangen; **arranque** *m* [1] (*acción*) Ausreißen *n* [2] (*de raíz*) Entwurzeln *n* [3] (*de vehículo*) Start *m* [4] (*FIG de ira*) Anfall *m*

arras *f/pl* Anzahlung *f*

arrasar *vt* [1] ↑ *nivelar* einebnen [2] ↑ *derribar* dem Erdboden gleichmachen

arrastrado *adj* [1] armselig, elend [2] (*sin amor propio*) unterwürfig; **arrastrar I.** *vt* [1] (*por el suelo*) schleppen, schleifen; ◇ **llevar algo arrastrando** etw hinter sich *dat* herschleifen [2] ← *agua, viento* fortreißen [3] *FAM* ↑ *obligar* schleppen **II.** *vr(se)* [1] ← *animales* kriechen [2] ↑ *humillarse* sich erniedrigen; **arrastre** *m* Fortschleppen *n*, Fortschleifen *n*; ◇ **estar para el ~** erledigt sein

arrear I. *vt FAM* → *golpe* antreiben **II.** *vi* schnell laufen; ◇ **¡arrea!** [1] los!, schnell! [2] (*expresión de sorpresa*) unglaublich!

arrebatado *adj* [1] ↑ *precipitado* ungestüm, hastig [2] ↑ *violento* gereizt, jähzornig; **arrebatar I.** *vt* [1] → *hijo* entreißen [2] → *victoria* rauben [3] *FIG* faszinieren **II.** *vr(se)* außer sich geraten; **arrebato** *m* [1] (*de pasión*) Anwandlung *f* [2] (*de cólera*) Jähzorn *m* [3] (*de éxtasis*) Verzückung *f*

arreciar *vi* ← *lluvia* stärker werden
arrecife *m* (*de corales*) Riff *n*
arreglado *adj* [1] ▷*habitación* ordentlich [2] ▷*problema* geregelt; **arreglar I.** *vt* [1] ↑ *poner orden* aufräumen, in Ordnung bringen [2] ↑ *reparar* reparieren [3] ↑ *solucionar* regeln **II.** *vr(se)* [1] ↑ *vestirse* sich herrichten [2] *FAM* ◇ **arreglárselas** ↑ *apañarse* zurechtkommen; **arreglo** *m* [1] (*acción*) Regelung *f* [2] ↑ *acuerdo* Übereinkunft *f;* ◇ **con - a** gemäß
arremangar ⟨3.11⟩ **I.** *vt* hochkrempeln, hochrollen **II.** *vr(se) FIG* sich aufraffen (*a* zu)
arremeter *vt* angreifen, anfallen; ◇ **- con/contra** herfallen über *akk*
arrendador(/a) *m/f* Vermieter(in *f*) *m;* **arrendamiento** *m* [1] ↑ *alquiler* Vermietung *f* [2] ↑ *precio* Miete *f;* **arrendar** ⟨*irr wie pensar*⟩ *vt* [1] ↑ *alquilar* vermieten [2] ↑ *tomar en alquiler* mieten; **arrendatario(a)** *m/f* Mieter(in *f*) *m*
arreo *m* [1] Schmuck *m,* Verzierung *f* [2] (*pl, de caballería*) Pferdegeschirr *n*
arrepentido *adj* reumütig; **arrepentimiento** *m* Reue *f;* **arrepentirse** ⟨3.1⟩ *3.1:* ◇ **- de algo** etw bereuen
arrestar *vt* verhaften, festnehmen; **arresto** *m* [1] Verhaftung *f,* Festnahme *f* [2] MIL Arrest *m* [3] *pl, FIG* ↑ *determinación* Entschlossenheit *m*
arriar ⟨3.13⟩ *vt* → *bandera* einholen
arriba *adv* [1] (*lugar*) oben, darauf; ◇ **el piso de -** das Obergeschoß; ◇ **mirar a alguien de - abajo** von oben bis unten mustern; ◇ **- del todo** ganz oben; ◇ **- mencionado** oben erwähnt [2] (*dirección*) nach oben; ◇ **¡manos -!** Hände hoch!
arribar *vi* [1] NAUT einlaufen [2] ↑ *llegar* ankommen; **arribista** *m/f* Emporkömmling *m;* **arribo** *m* [1] NAUT Einlaufen *n* [2] ↑ *llegada* Ankunft *f*
arriendo *m ver* **arrendamiento**
arriero(/a) *m/f* Maultiertreiber(in *f*) *m*
arriesgado *adj* [1] ↑ *peligroso* riskant, gefährlich [2] ↑ *valiente* tollkühn; **arriesgar** ⟨3.11⟩ **I.** *vt* [1] riskieren [2] ↑ *poner en peligro* aufs Spiel setzen, gefährden **II.** *vr(se)* sich gefährden
arrimar I. *vt* [1] ↑ *apartar* wegräumen [2] ↑ *acercar* heranbringen (*a* an *akk*); ◇ **- el hombro** beistehen, helfen **II.** *vr(se)* [1] ↑ *acercarse* sich nähern (*a dat*) [2] ↑ *apoyarse* sich anlehnen (*a* an *akk*) [3] *FIG* ↑ *cobijarse* Zuflucht suchen (*a* bei); **arrimo** *m* Schutz *m*
arrinconado *adj* [1] abgelegen, verlassen [2] ↑ *abandonado* vergessen; **arrinconar** *vt* [1] beiseite legen [2] *FIG* vernachlässigen, übersehen [3] ↑ *acorralar* in die Enge treiben
arrodillarse *vr* [sich] niederknien
arrogancia *f* Arroganz *f,* Überheblichkeit *f;* **arrogante** *adj* arrogant, überheblich
arrojado *adj* ↑ *valiente* mutig; **arrojar I.** *vt* [1] → *piedras* werfen, schleudern [2] ↑ *expulsar* verbreiten [3] COM → *ganancia* abwerfen **II.** *vr(se)* sich stürzen; ◇ **-se sobre alguien** sich auf jd-n stürzen; **arrojo** *m* ↑ *valentía* Verwegenheit *f*
arrollador *adj* überwältigend; **arrollar** *vt* [1] aufwickeln, aufrollen [2] AUTO ↑ *atropellar* überfahren
arropar I. *vt* bedecken, bekleiden **II.** *vr(se)* sich einhüllen
arroyo *m* Bach *m*
arroz *m* Reis *m;* ◇ **- con leche** Milchreis; ◇ **- natural** Vollkornreis; **arrozal** *m* Reisfeld *n*
arruga *f* Falte *f;* **arrugar** ⟨3.11⟩ **I.** *vt* → *cosas* falten; ◇ **- la frente** die Stirn *f* runzeln **II.** *vr(se)* [1] faltig werden [2] ← *vestido* knittern
arruinar I. *vt* [1] → *economía, salud* ruinieren [2] ↑ *destruir* zerstören **II.** *vr(se)* sich zugrunde richten
arrullar *vt* [1] ↑ *adormecer* in den Schlaf wiegen [2] *FIG* einlullen [3] ← *aves* gurren [4] ← *enamorados* Zärtlichkeiten zuflüstern *dat*
arrumaco *m FAM* ↑ *palabras, caricias falsas* Schmeichelei *f*
arsenal *m* [1] NAUT Schiffsdock *n* [2] MIL Arsenal *n*
arsénico *m* MED Arsen *n*
arte *m* [1] Kunst *f* [2] ↑ *habilidad* Geschick *n* [3] ↑ *truco* Trick *m;* ◇ **con malas -s** mit miesen Tricks [4] (*fpl*) Künste *pl*
artefacto *m* Apparat *m,* Maschine *f*
arteria *f* [1] ANAT Arterie *f* [2] (*calle*) Hauptverkehrsader *f*
artesanal *adj* handwerklich, Handwerks-
artesanía *f* [1] Handwerk *n,* Kunsthandwerk *n* [2] (*artículos*) kunstgewerbliche Gegenstände *pl;* **artesano(/a)** *m/f* Handwerker(in *f*) *m,* Kunsthandwerker(in *f*) *m*
ártico *adj* arktisch; **Ártico** *m* die Arktis
articulación *f* [1] (*de sonidos*) Artikulation *f* [2] ↑ *estructuración* Gliederung *f* [3] ANAT Gelenk *n;* **articulado** *adj* [1] gegliedert [2] GRAM artikuliert; **articular** *vt* [1] ↑ *pronunciar* artikulieren, aussprechen [2] ↑ *estructurar* aufgliedern
artículo *m* [1] ↑ *ley* ↑ *de periódico* Artikel *m* [2] GRAM Artikel *m* [3] (*de venta*) Ware *f;* ◇ **-s de consumo** Konsumgüter *n/pl;* ◇ **-s de lujo** Luxusgüter *n/pl;* ◇ **-s de primera necesidad** Grundbedarfsartikel *m/pl*
artífice *m/f* [1] Künstler(in *f*) *m* [2] *FIG* ↑ *autor* Urheber(in *f*) *m*
artificial *adj* künstlich; **artificio** *m* [1] ↑ *dispositivo* Kunstfertigkeit *f* [2] ↑ *disimulo* Kunstgriff *m; FAM* Kniff *m;* **artificioso** *adj* [1] ↑ *poco natural* kustvoll [2] ↑ *astuto* schlau, listig

artilugio *m* ① ↑ *mecanismo simple* Apparat *m* ② ↑ *trampa* Spielerei *f*, Gag *m*

artillería *f* MIL Artillerie *f*

artimaña *f* ① ↑ *trampa* Falle *f* ② ↑ *engaño* Kniff *m*, Betrug *m*

artista *m/f* (*pintor*) Künstler(in *f*) *m;* **artístico** *adj* künstlerisch

artritis *f* MED Arthritis *f*

arzobispo *m* Erzbischof *m*

as *m* As *n;* ◇ **ser un** ~ ein As sein

asa *f* Griff *m*, Henkel *m*

asado *m* GASTRON Braten *m;* **asador** *m* GASTRON Bratspieß *m*

asalariado(/a) *m/f* Lohn-/Gehaltsempfänger(in *f*) *m*

asaltador(a) *m/f* , **asaltante** *m/f* Angreifer(in *f*) *m;* (*de bancos*) Bankräuber(in *f*) *m;* **asaltar** *vt* ① überfallen ② *FIG* → *duda, temor* befallen; **asalto** *m* ① Überfall *m*, Angriff *m* ② SPORT Runde *f*

asamblea *f* ① ↑ *reunión* Versammlung *f* ② POL ↑ *corporación* Kongreß *m*

asar *vt* braten; ◇ ~ **a fuego lento** bei kleiner Hitze braten

ascendencia *f* Vorfahren *pl;* **ascender** ⟨3.1⟩ **I.** *vt* ① besteigen ② *FIG* befördern **II.** *vi* ① (*a una colina*) hinaufsteigen ② (*a capitán*) befördert werden (*a* zu); **ascendiente** *m* ↑ *antecesor* Vorfahr *m*

ascensión *f* ① Beförderung *f* (*a* zu) ② ↑ *subida* Aufstieg *m;* REL ◇ **la A~** Christi Himmelfahrt *f;* **ascenso** *m* ① ↑ *subida* Steigung *f* ② (*en el trabajo*) Beförderung *f* (*a* zu); **ascensor** *m* Fahrstuhl *m*

ascético *adj* asketisch, enthaltsam

asco *m* ① (*sensación*) Ekel *m;* ◇ **me da** ~ es ekelt mich an; ◇ **¡qué ~¡** wie eklig! ② (*cosa*) ekelerregender Gegenstand; ◇ **estar hecho un** ~ schmutzig sein; ◇ **ser un** ~ ekelhaft sein

ascua *f* Glut *f; FIG* ◇ **estar en ~s** wie auf Kohlen sitzen

aseado *adj* ① ↑ *límpio* sauber ② ↑ *arreglado* ordentlich; **asear** *vt, vr(se)* saubermachen, waschen

asediar *vt* ① ↑ *rodear* belagern ② *FIG* ↑ *importunar* bestürmen; ◇ ~ **a preguntas** mit Fragen bestürmen; **asedio** *m* ① Belagerung *f* ② *FIG* Verfolgung *f*

asegurado *adj* versichert; ◇ ~ **a todo riesgo** Vollkasko versichert; **asegurador(a) I.** *adj* Versicherungs- **II.** *f* Versicherung[sunternehmen *n*] *f;* **asegurar I.** *vt* ① ↑ *sujetar* befestigen, sichern ② ↑ *prometer* zusichern ③ ↑ *confirmar* bestätigen ④ ↑ *contratar un seguro* versichern **II.** *vr:* ◇ **~se de una cosa** sich einer Sache *gen* versichern

asemejarse *vr* sich ähnlich sehen; ◇ ~ **a alguien** jd-m ähnlich sehen

asentaderas *f/pl FAM* ↑ *nalgas* Hintern *m;* **asentado** *adj* ① ↑ *juicioso* vernünftig ② ↑ *situado* ruhig, gesetzt, etabliert; **asentar** ⟨3.1⟩ **I.** *vt* ① → *a alguien* hinsetzen ② → *cosa* aufstellen ③ → *ciudad* gründen ④ → *una bofetada* versetzen ⑤ *FIG* ↑ *dar por seguro* festsetzen; etablieren **II.** *vi* ← *pintura* haften, festsitzen **III.** *vr(se)* ① ↑ *instalarse* sich etablieren ② ↑ *estar situado* sich befinden

asentir ⟨3.1⟩ *vi* zustimmen *dat*

aseo *m* ① ↑ *limpieza* Sauberkeit *f;* ◇ ~ **personal** Körperpflege *f* ② ↑ *baño* Badezimmer *n;* ↑ *lavabo* Toilette *f*

asequible *adj* erreichbar

aserradero *m* Sägewerk *n;* **aserrar** ⟨3.1⟩ *vt* sägen; **aserrín** *m* Sägemehl *n*

asesinar *vt* ermorden; **asesinato** *m* Mord *m;* **asesino(/a)** *m/f* Mörder(in *f*) *m*

asesor(a) *m/f* ① JUR Beisitzer(in *f*) *m* ② Berater(in *f*) *m;* ◇ ~ **fiscal** Steuerberater; ◇ ~ **de gestión** [*o* **de empresa**] Unternehmensberater; **asesoramiento** *m* Beratung *f;* **asesorar I.** *vt* ↑ *aconsejar* beraten **II.** *vr(se)* sich Rat holen (*con* bei); **asesoría** *f* ↑ *oficina del asesor* Kanzlei *f*

asestar *vt* ① → *golpe* versetzen ② → *tiro* abgeben

aseverar *vt* ↑ *afirmar* behaupten, bekräftigen

asexual *adj* ↑ *sin sexo* geschlechtslos

asfalto *m* Asphalt *m*

asfixia *f* Ersticken *n;* **asfixiar** *vt, vr(se)* erstikken

así *adv* ① ↑ *de esta manera* so, auf diese Art; ◇ ~ **que** also; ◇ — so lala, mittelmäßig; ◇ ~ **y todo** immerhin; (*no obstante*) trotzdem; ◇ **¿ no es ~?** nicht wahr?; ◇ **¡~ te estrelles¡** hoffentlich fährst du gegen den nächsten Baum! ② ↑ *aunque* auch wenn

Asia *f* Asien *n;* **asiático(/a) I.** *adj* asiatisch **II.** *m/f* Asiat(in *f*) *m*

asidero *m* Griff *m*

asiduidad *f* (*en trabajo*) Gewissenhaftigkeit *f*, Regelmäßigkeit *f;* **asiduo(/a) I.** *adj* ① ↑ *continuo* gewissenhaft, fleißig ② ↑ *frecuente* häufig **II.** *m/f* Stammgast *m*

asiento *m* ① Sitzgelegenheit *f;* ◇ **tomar** ~ Platz nehmen ② (*de avión*) Sitz *m;* ◇ ~ **delantero/trasero** Vorder-/Rücksitz

asignación *f* ① ↑ *atribución* Anweisung *f*, Aufgabe *f* ② FIN ↑ *salario* Gehalt *n;* **asignar** *vt* ① → *misión* erteilen, zuweisen ② → *paga* zukommen lassen, geben ③ → *persona* zuteilen

asignatura *f* COLE Fach *n*

asilado(/a) *m/f* Asylant(in *f*) *m;* **asilar** *vt* POL Asyl gewähren *dat;* **asilo** *m* [1] POL Asyl *n* [2] Heim *n;* ◇ ~ **de ancianos** Seniorenheim

asimilación *f* Assimilation *f*, Annäherung *f*, Angleichung *f;* **asimilar I.** *vt* [1] ↑ *equiparar* assimilieren, angleichen [2] ↑ *incorporar* integrieren [3] ↑ *entender* aufnehmen, begreifen **II.** *vr(se)* [1] sich angleichen [2] *FIG* ↑ *incorporarse* sich integrieren

asimismo *adv* ↑ *también* auch; ↑ *igualmente* ebenfalls

asir *irr vt* [1] packen, [er-]greifen [2] *FIG* → *oportunidad* ergreifen

asistencia *f* [1] ↑ *afluencia* Anwesenheit *f* (*a* bei) [2] (*de personas*) Anwesende *pl* [3] ↑ *apoyo* Unterstützung *f* [4] ▷~ *sanitaria* Hilfe *f*, Pflege *f*

asistenta *f* (*para las faenas de casa*) Zugehfrau *f*

asistir I. *vt* [1] ↑ *cuidar* unterstützen, helfen *dat* [2] ↑ *acompañar en acto público* begleiten **II.** *vi* [1] ↑ *acudir* anwesend sein (*a* bei) [2] ↑ *tomar parte* teilnehmen (*a* an *dat*)

asma *f* Asthma *n*

asno *m* [1] Esel *m* [2] ↑ *tonto, FAM* Esel *m*

asociación *f* [1] ↑ *grupo* Vereinigung *f* [2] (*de ideas*) Assoziation *f*

asociado(/a) I. *adj* assoziiert, vereinigt **II.** *m/f* COM Teilhaber(in *f*) *m;* **asociar I.** *vt* [1] ↑ *unir* verbinden [2] → *ideas* assoziieren **II.** *vr(se)* sich zusammenschließen

asolar *vt* [1] ↑ *destruir totalmente* verwüsten [2] ↑ *quemar* ausdörren

asomar I. *vt* zeigen, hinausstrecken; ◇ ~ **la cabeza por la ventana** sich zum Fenster hinaus lehnen **II.** *vi* zum Vorschein kommen **III.** *vr(se)* sich hinauslehnen

asombrar I. *vt* [1] ↑ *impresionar* erstaunen [2] ↑ *asustar* erschrecken **II.** *vr(se)* sich wundern (*de* über *akk*); **asombro** *m* Erstaunen *n*, Schreck *m;* **asombroso** *adj* [1] erstaunlich [2] erschreckend

asomo *m* [1] Anschein *m;* ◇ **ni por** ~ auf keinen Fall [2] ↑ *señal* Anzeichen *n;* ↑ *indicio* Andeutung *f*

aspa *f* [1] (*forma*) Kreuz *n* [2] (*de molino*) Flügel *m*

aspaviento *m* ↑ *demostración exagerada* Getue *n;* ◇ **¡no hagas tantos ~s¡** mach doch nicht so ein Getue!

aspecto *m* [1] ▷*exterior* Aussehen *n* [2] *FIG* Aspekt *m*, Gesichtspunkt *m*

aspereza *f* [1] Rauhheit *f* [2] (*de carácter*) Härte *f* [3] (*de terreno*) Unebenheit *f;* **áspero(/a)** *adj* [1] ▷*terreno, caracter* rauh, uneben [2] *FIG* barsch, schroff

aspiración *f* [1] (*de respiración*) Einatmen *n* [2] (*pl*) ↑ *deseos* Ambitionen *pl;* **aspirador** *m* Staubsauger *m;* **aspirante** *m/f* (*a un puesto*) Bewerber(in *f*) *m* (*a* für); **aspirar I.** *vt* einatmen **II.** *vi:* ◇ ~ a streben nach

aspirina *f* Kopfschmerztablette *f*, Aspirin ® *n*

asquear I. *vt* anekeln **II.** *vi* angewidert sein **III.** *vr(se):* ◇ **~se de** sich angewidert fühlen von;

asqueroso *adj* ekelhaft, widerlich

asta *f* [1] (*de lanza, flecha*) Schaft *m* [2] (*de bandera*) Fahnenmast *m;* ◇ **a media** ~ auf Halbmast [3] (*pl, de toro*) Horn *n*

astilla *f* Splitter *m; FAM* ◇ **hacer algo ~s** etw kurz und klein schlagen

astillero *m* Schiffswerft *f*

astracán *m* Astrachanfell *n*

astringente *m* MED zusammenziehendes Mittel, Adstringens *n*

astro *m* Stern *m;* **astrología** *f* Astrologie *f;* **astrólogo(/a)** *m/f* Astrologe *m*, Astrologin *f*

astronauta *m/f* Astronaut(in *f*) *m;* **astronomía** *f* Astronomie *f;* **astrónomo(/a)** *m/f* Astronom(in *f*) *m*

astucia *f* [1] Gerissenheit *f*, Schlauheit *f* [2] ↑ *engaño* List *f*

Asturias *f* Asturien *n*

astuto *adj* schlau, gerissen, listig

asueto *m* Freizeit *f*

asumir *vt* [1] → *responsabilidad* übernehmen [2] ↑ *dar por supuesto* voraussetzen, annehmen

asunción *f* Übernahme *f;* REL ◇ **A~** Mariä Himmelfahrt

asunto *m* [1] ↑ *cuestión* Angelegenheit *f*, Sache *f* [2] ↑ *tema* Thema *n* [3] ↑ *negocio* Geschäft *n*

asustadizo *adj* schreckhaft; **asustar I.** *vt* erschrecken **II.** *vr(se)* sich fürchten (*de* vor *dat*)

atacante *m/f* (*persona*) Angreifer(in *f*) *m;* **atacar** *vt* [1] angreifen [2] ↑ *corroer* zerfressen

atadura *f* [1] ↑ *vínculo* Band *n* [2] *FIG* Bindung *f*

atajar *vt* [1] ↑ *tomar un atajo* abkürzen [2] *FIG* → *a alguien* das Wort abschneiden, ins Wort fallen *dat;* **atajo** *m* [1] ↑ *camino* Abkürzung *f* [2] (*PEY* ~ *de gandules*) Haufen *m* [3] (~ *de mentiras*) Reihe *f*

atañer ⟨3.17⟩ *vi* ↑ *concernir* betreffen, angehen

ataque *f* [1] MIL Angriff *m* [2] MED Anfall *m;* ◇ ~ **de corazón** Herzanfall; ◇ ~ **de nervios** Nervenzusammenbruch *m*

atar I. *vt* [1] binden; → *los cordones* schnüren [2] *FIG* binden (*a* an *dat*); ◇ ~ **la lengua** jd-n zum Schweigen bringen; ◇ ~ **cabos** Rückschlüsse ziehen; ◇ **estoy atado de pies y manos** mir sind die Hände gebunden **II.** *vr(se)* [1] sich binden (*a* an *akk*) [2] → *cinturón de seguridad* sich anschnallen [3] *FIG* verlegen werden

atardecer ⟨3.5⟩ **I.** *vi* dunkel werden **II.** *m* Abenddämmerung *f;* ◇ **al** ~ in der Dämmerung

atareado *adj* vielbeschäftigt; ◇ **está ~a con el estudio** sie muß viel fürs Studium tun; **atarear I.** *vt* eine Arbeit [auf-]geben *dat* **II.** *vr(se)* viel arbeiten

atascamiento *m ver* **atasco**; **atascar** ⟨3.7⟩ **I.** *vt* [1] zustopfen; → *cañería* verstopfen [2] → *reloj* hemmen **II.** *vr(se)* [1] sich verstopfen [2] ↑ *detenerse* steckenbleiben [3] (*FIG ante una dificultad*) sich festfahren; **atasco** *m* [1] Verstopfung *f,* Hindernis *n* [2] AUTO Stau *m*

ataúd *m* Sarg *m*

ataviar ⟨3.13⟩ **I.** *vt* schmücken, dekorieren **II.** *vr(se)* sich feinmachen; **atavío** *m/sing/pl* ↑ *vestidos y adornos* Kleidung *f,* Schmuck *m*

atemorizar ⟨3.10⟩ **I.** *vt* erschrecken **II.** *vr(se)* sich erschrecken (*de/por* vor *dat*)

Atenas *f* Athen *n*

atención I. *f* [1] Aufmerksamkeit *f;* ◇ **llamar la ~** auffallen; ◇ **dar un toque de ~ a alguien** jd-n ermahnen *akk* [2] (*pl*) ↑ *cortesía* Aufmerksamkeiten *f/pl* **II.** *interj* Vorsicht!; **atender** ⟨3.1⟩ **I.** *vt* [1] → *al enfermo* pflegen [2] → *al cliente* bedienen [3] → *petición* berücksichtigen **II.** *vi* [1] ◇ **~ a** achtgeben auf *akk* [2] ◇ **~ por** heißen

atenerse ⟨3.1⟩ *vr:* ◇ **~ a** sich halten an *akk*

atentado Anschlag *m,* Attentat *n;* ◇ **~ terrorista** Terroranschlag *m*

atentamente *adv* (*en carta*) hochachtungsvoll

atentar *vi:* ◇ **~ a** [*o* **~ contra**] einen Anschlag verüben auf *akk*

atento *adj* aufmerksam

atenuación *f* Abschwächung *f,* Milderung *f;* **atenuante** *adj* mildernd; JUR ◇ **circunstancias ~s** mildernde Umstände; **atenuar** *vt* [1] ↑ *suavizar* mildern [2] ↑ *disminuir* verringern

ateo(/a) I. *adj* atheistisch **II.** *m/f* Atheist(in *f*) *m*

aterrador *adj* schrecklich, bestürzend

aterciopelado *adj* ▷ *voz,tela* samtig

aterido *adj* (*de frío*) starr

aterrar I. *vt* ↑ *asustar* erschrecken, bestürzen **II.** *vr(se)* [1] sich erschrecken (*de* vor *dat*) [2] ↑ *consternarse* bestürzt sein (*de* über *akk*)

aterrizaje *m* AERO Landung *f;* **aterrizar** ⟨3.10⟩ *vi* AERO landen

aterrorizar ⟨3.10⟩ *vt* terrorisieren

atesorar *vt* ansammeln, anhäufen

atestado I. *adj* ↑ *lleno* überfüllt **II.** *m* (*del accidente*) Protokoll *n*

atestar ⟨3.1⟩ *vt* [1] füllen, anfüllen [2] ↑ *certificar* bescheinigen, attestieren [3] JUR bezeugen

atestiguar *vt* [1] (*como testigo*) bezeugen [2] ↑ *demostrar* beweisen

atiborrar *vt, vr(se)* (*de dulces*) vollstopfen (*de* mit)

ático *m* Dachgeschoß *n*

atildarse *vr* sich herausputzen

atinado *adj* [1] ↑ *juicioso* vernünftig, weise [2] ↑ *oportuno* angebracht, korrekt; **atinar** *vi* ↑ *encontrar* [auf-]finden (*con akk*); *FIG* ◇ **~ al blanco** ins Schwarze treffen

atípico *adj* ↑ *raro* untypisch, ungewöhnlich

atisbar *vt* [1] (*con disimulo*) belauern [2] → *un barco* erspähen

atizar ⟨3.10⟩ *vt* [1] → *lumbre, fuego* schüren [2] *FAM* ◇ **~ un golpe** einen Schlag versetzen

atlántico I. *adj* atlantisch **II.** *m :* ◇ **el [Océano] A~** der Atlantik

atlas *m* Atlas *m*

atleta *m/f* Athlet(in *f*) *m;* **atlético** *adj* athletisch; **atletismo** *m* Athletik *f*

atmósfera *f* Atmosphäre *f*

atolondramiento *m* [1] Verwirrung *f* [2] *FIG* Unbesonnenheit *f*

atolladero *m* [1] (*lugar*) Schlammloch *n* [2] (*FIG FAM de salida difícil*) Klemme *f,* Patsche *f;* ◇ **estar en un ~** in der Klemme sitzen; ◇ **sacar a alguien de un ~** jd-m aus der Patsche helfen; **atollar** *vi, vr(se)* [1] steckenbleiben, sich festfahren [2] *FIG* in Schwierigkeiten geraten

atómico *adj* atomar, Atom-; **átomo** *m* Atom *n*

atónito *adj* erstaunt

atontado *adj* [1] verdutzt [2] ↑ *corto* dumm; **atontar I.** *vt* betäuben, benommen machen **II.** *vr(se)* verwirrt werden; **atontolinar** *vt FAM* ↑ *atontar* benommen machen

atormentar *vt, vr(se)* [1] ↑ *torturar* foltern [2] ↑ *disgustar* quälen

atornillar *vt* festschrauben

atosigar ⟨3.11⟩ *vt* [1] vergiften [2] *FIG* ↑ *abrumar* unter Druck setzen

atracar ⟨3.7⟩ **I.** *vt* [1] NAUT festmachen [2] ↑ *robar* überfallen **II.** *vr(se)* (*de comida*) sich überessen (*de* an *dat*)

atracción *f* [1] Anziehungskraft *f* [2] (*de personas*) Anziehung *f,* Reiz *f* [3] (*digno de ver*) Sehenswürdigkeit *f,* Attraktion *f;* ◇ **parque de atracciones** *m* Vergnügungspark *m*

atraco *m* Überfall *m*

atracón *m FAM*: ◇ **darse un ~** sich überessen

atractivo I. *adj* anziehend, attraktiv **II.** *m* ↑ *cualidad* Reiz *m,* Charme *m;* **atraer** ⟨4.1⟩ *vt* [1] ← *imán* anziehen [2] ← *persona* anziehen, Reiz ausüben auf *akk*

atragantarse *vr* [1] ↑ *atascarse* steckenbleiben [2] *FIG* ↑ *desagradar* nicht leiden können
atrancar ⟨3.7⟩ *vt* [1] ↑ *cerrar* verriegeln [2] ↑ *atascar* verstopfen
atrapar *vt* [1] einfangen [2] *FAM* erwischen, fangen
atrás *adv* [1] (*dirección*) rückwärts; ◇ **ir hacia** ~ zurückgehen; *FIG* ◇ **echarse** ~ sein Wort zurücknehmen [2] (*lugar*) hinten; ◇ **estar** ~ weiter hinten sein [3] (*tiempo*) vorher, früher; **atrasado** *adj* [1] ▷*pago* überfällig [2] ▷*país* rückständig, unterentwickelt; ◇ ~ **mental** geistig zurückgeblieben [3] ▷*moda* altmodisch [4] ◇ **ir** ~ (*reloj*) nachgehen; **atrasar** I. *vt* [1] → *reloj* zurückstellen [2] → *fecha* verschieben [3] → *salida del tren* verzögern II. *vi* ← *reloj* nachgehen III. *vr(se)* [1] zurückbleiben [2] ↑ *llegar tarde* sich verspäten; **atraso** *m* [1] Rückstand *m* [2] (*de país*) Rückständigkeit *f* [3] (*de tiempo*) Verspätung *f* [4] (*pl*) ↑ *dinero no pagado* Rückstände *pl*
atravesado *adj* [1] ↑ *cruzado* gekreuzt; ▷*mirada* schielend [2] ↑ *oblicuo* schief; ◇ **tener a alguien** ~ jd-n nicht ausstehen können [3] ↑ *persona con mala intención* heimtückisch; **atravesar** ⟨3.1⟩ I. *vt* [1] ↑ *cruzar* überqueren, durchfahren [2] → *pared* durchbohren [3] *FIG* → *dificultades* durchmachen, durchstehen II. *vr(se)* ↑ *tener antipatía* auf die Nerven gehen *dat*
atrayente *adj* anziehend, attraktiv
atreverse ⟨2⟩ *vr* [1] (*sin miedo*) ◇ ~ **a hacer una cosa** es wagen, etw zu tun [2] ◇ ~ **a/con alguien** es mit jd-m aufnehmen; **atrevido** *adj* [1] verwegen [2] ↑ *descarado* unverschämt, frech; **atrevimiento** *m* [1] Verwegenheit *f* [2] ↑ *descaro* Unverschämtheit *f*, Frechheit *f*
atribuir ⟨3.9⟩ I. *vt* [1] zuschreiben (*a dat*) [2] → *funciones* übertragen (*a dat*) II. *vr(se)* ↑ *apropiarse* sich anmaßen
atributo *m* [1] ↑ *señal* Kennzeichen *n*, Symbol *n* [2] GRAM Attribut *n* [3] ↑ *cualidad* Eigenschaft *f*
atrincherarse *vr FIG* ↑ *defenderse* sich verschanzen (*tras* hinter *dat*)
atrocidad *f* [1] ↑ *crueldad* Scheußlichkeit *f*, Greueltat *f* [2] (*pl*) ↑ *disparates* dummes Zeug
atrofiar *vi* ↑ *paralizar* schwinden, verkümmern
atronar *vt* [1] taub machen, betäuben [durch Lärm] [2] *FIG* ↑ *aturdir* verblüffen, vor den Kopf stoßen
atropellar I. *vt* [1] (*con un vehículo*) umrennen, überfahren [2] ↑ *abrirse paso* umrennen, wegschubsen; *FIG* ◇ ~ **a alguien** jd-n überfahren [3] *FIG* → *sentimientos* verletzen II. *vr(se)* (*al hablar*) sich überstürzen; **atropello** *m* [1] Zusammenstoß *m* [2] (*FIG contra los derechos ajenos*) Beleidigung *f* [3] ↑ *atrocidad* Gewalttätigkeit *f*
atroz *adj* [1] ↑ *grave* riesig, ungeheuerlich [2] ↑ *cruel* greulich, abscheulich
atuendo *m* ↑ *ropa y adornos* Kleidung *f*
atún *m* Thunfisch *m*
aturdido *adj* (*por un golpe*) verblüfft, sprachlos; **aturdir** ⟨3⟩ *vt* [1] ↑ *atontar* betäuben [2] *FIG* verblüffen
audacia *f* [1] ↑ *osadía* Verwegenheit *f* [2] ↑ *descaro* Unverfrorenheit *f*
audaz *adj* ↑ *atrevido* verwegen, dreist
audible *adj* hörbar
audición *f* [1] Hören *n* [2] MUS ↑ *concierto* Konzert *n*
audiencia *f* [1] ↑ *rey, jefe de gobierno* Audienz *f* [2] ↑ *público* Publikum *n* [3] JUR ↑ *tribunal* Gerichtshof *m*
audífono *m* MED Hörgerät *n*, Hörhilfe *f*
audiovisual *adj* audiovisuell
auditor(a) *m* [1] (*en los tribunales militares*) Auditor(in *f*) *m* [2] ↑ *inspector de cuentas* Rechnungsprüfer(in *f*) *m*; **auditorio** *m* [1] ↑ *asistentes* Zuhörer *m/pl* [2] ↑ *sala* Auditorium *n*
auge *m* [1] COM Aufschwung *m* [2] ↑ *punto culminante* Höhepunkt *m*
augurar *vt* voraussagen, prophezeien; **augurio** *m* Vorzeichen *n*, Omen *n*
aula *f* Klassenzimmer *n*
aullar ⟨irr aúllo⟩ *vi* ← *lobo* heulen; **aullido** *m* Geheul *n*
aumentar I. *vt* [1] ↑ *incrementar* vermehren [2] → *productividad* steigern [3] → *precios* erhöhen [4] (*óptico*) vergrößern II. *vi*, *vr(se)* [1] anwachsen [2] ← *precios* steigen; **aumento** *m* [1] Vermehrung *f* [2] (*de salario*) Erhöhung *f*, Steigerung *f* [3] (*óptico*) Vergrößerung *f*
aun *adv* ↑ *hasta, inclusive* sogar; ◇ ~ **cuando** obwohl, auch wenn
aún *adv* noch, immer noch; ◇ ~ **no** noch nicht
aunar *vt*, *vr(se)* → *esfuerzos* vereinigen
aunque *cj* obgleich, obwohl, wenn auch
aura *f* [1] Lufthauch *m* [2] *FIG* ↑ *halo* Popularität *f*, Aura *f*
aureola *f* Heiligenschein *m*
auricular *m* [1] (*de teléfono*) Hörer *m* [2] (*pl*) Kopfhörer *m*
aurora *f* ↑ *amanecer* Morgenröte *f*
auscultar *vt* MED abhorchen
ausencia *f* [1] Abwesenheit *f* [2] ↑ *carencia* Mangel *m* (*de* an *dat*)
ausentarse *vr* ↑ *marcharse* weggehen (*de* von); **ausente** *adj* abwesend

auspicio *m* [1] ↑ *protección* Schutz *m* [2] ↑ *presagio* Omen *n* [3] (*pl*) Vorzeichen *pl*
austeridad *f* [1] Strenge *f* [2] Entbehrung *f;* **austero** *adj* streng
austral *adj* südlich
Australia *f* Australien *n;* **australiano(/a)** I. *adj* australisch II. *m/f* Australier(in *f*) *m*
Austria *f* Österreich *n;* **austríaco(/a)** I. *adj* österreichisch II. *m/f* Österreicher(in *f*) *m*
auténtico *adj* authentisch, echt; **autentificar** *vt* → *documento* beglaubigen
autismo *m* MED Autismus *m;* **autista** *adj* autistisch
auto *m* [1] ↑ *coche* Auto *n* [2] JUR Verfügung *f;* ↑ *orden* richterlicher Befehl [3] *pl,* JUR Gerichtsverhandlung *f;* ↑ *acta* Prozeßakten *pl*
autobiografía *f* Autobiografie *f*
autobús *m* Bus *m;* **autocar** *m* Reisebus *m;* **autocaravana** *f* Wohnmobil *n,* Campingbus *m*
autócrata *m/f* Autokrat(in *f*) *m*
autóctono *adj* eingeboren
autodefensa *f* Selbstverteidigung *f*
autodestrucción *f* Selbstzerstörung *f*
autodeterminación *f* Selbstbestimmung *f*
autodidacta *m/f* Autodidakt(in *f*) *m*
autoescuela *f* Fahrschule *f*
autogestión *f* Selbstverwaltung *f*
autógrafo *m* Autogramm *n*
autómata *m* [1] Automat *m* [2] *FIG* willenloses Werkzeug; **automático** *adj* automatisch
automóvil *m* Wagen *m,* Auto *n;* **automovilístico** *adj* das Auto betreffend; ◇ **club** ~ Automobilklub *m*
autonomía *f* [1] *FIG* Unabhängigkeit *f,* Autonomie *f* [2] (*de gobierno*) Selbstverwaltung *f;* **autónomo** *adj* unabhängig, selbständig
autopista *f* Autobahn *f;* ◇ ~ **de peaje** gebührenpflichtige Autobahn
autopsia *f* MED Autopsie *f*
autor(a) *m/f* Autor(in *f*) *m,* Urheber(in *f*) *m*
autoridad *f* [1] Autorität *f* [2] ↑ *poder* Machtbefugnis *f* [3] ↑ *administración* Behörde *f;* **autoritario** *adj* autoritär
autorización *f* [1] Genehmigung *f* [2] JUR Vollmacht *f;* **autorizado** *adj* [1] befugt, ermächtigt [2] (*con prestigio*) angesehen; **autorizar** ‹3.10› *vt* [1] genehmigen, erlauben [2] JUR ↑ *dar poder* bevollmächtigen
autorretrato *m* Selbstbildnis *n*
autoservicio *m* Selbstbedienung *f*
autostop *m FAM* Trampen *n;* ◇ **hacer** ~ trampen, per Anhalter fahren; **autostopista** *m/f* Anhalter(in *f*) *m,* Tramper(in *f*) *m*
autovía *f* (*de dos carriles*) Schnellstraße *f*
autosuficiencia *f* Selbstgenügsamkeit *f*
auxiliar I. *vt* helfen, beistehen *dat* II. *m/f* Assistent(in *f*) *m;* **auxilio** *m* Hilfe *f;* ◇ **primeros** ~**s** Erste Hilfe
Av. *abr. de* **avenida** Str.
aval *m* [1] ↑ *documento* Garantieschein *m* [2] ◇ ~ **bancario** Bankbürgschaft *f;* ◇ ~ **de letra** Wechselbürgschaft *f*
avalancha *f también FIG* Lawine *f*
avalar *vt* [1] garantieren, bürgen für; ◇ ~ **una letra** Wechselbürgschaft leisten [2] *FIG* ↑ *respaldar* Rückendeckung geben *dat*
avance *m* [1] ↑ *adelanto* Fortschritt *m* [2] ↑ *anticipo* Vorschuß *m* [3] ↑ *pronóstico* Vorhersage *f;* ◇ ~ **informativo** Nachrichten im überblick; **avanzar** ‹3.10› I. *vt* [1] ↑ *adelantar* vorwärtsbringen, fördern [2] → *dinero* vorstrecken II. *vi* [1] vorankommen, weiterkommen [2] *FIG* Fortschritte machen
avaricia *f* Geiz *m;* **avaricioso** *adj,* **avariento** *adj* geizig; **avaro(/a)** I. *adj* geizig II. *m/f* Geizhals *m*
avasallador *adj* überwältigend; **avasallar** *vt* unterwerfen
Avda. *f abr. de* **Avenida** Str.
ave *f* Vogel *m;* ◇ ~ **de rapiña** Raubvogel *m*
avellana *f* Haselnuß *f;* **avellano** *m* Haselnußbaum *m*
avemaría *f* REL Avemaria *n*
avena *f* Hafer *m*
avenencia *f* Abmachung *f,* Übereinkunft *f*
avenida *f* [1] ↑ *paseo* breite Straße, Allee *f* [2] ↑ *riada* Hochwasser *n*
avenir ‹4.13› I. *vt* einigen, abmachen II. *vr(se)* [1] ↑ *entenderse* sich gut vertragen [2] ↑ *conformarse* sich abfinden (*con* mit)
aventajado *adj* [1] vorzüglich [2] ▷ *estudiante* begabt, tüchtig; **aventajar** I. *vt* ↑ *superar* übertreffen, schlagen II. *vr(se)* die Führung übernehmen
aventura *f* [1] Abenteuer *n;* ◇ ~ **amorosa** Liebesabenteuer [2] ↑ *peligro* Wagnis *n;* **aventurar** *vt, vr(se)* [1] (*arriesgar*) riskieren, aufs Spiel setzen [2] → *idea* vorschlagen; **aventurero** *adj* abenteuerlustig
avergonzar ‹3.10› I. *vt* beschämen II. *vr(se)* sich schämen (*de/por* wegen/für)
avería *f* [1] (*de motor*) Panne *f* [2] ↑ *deterioro* Schaden *m;* ↑ *desperfecto* Beschädigung *f* [3] NAUT Havarie *f*
averiguación *f* ↑ *investigación* Ermittlung *f,* Nachforschung *f;* **averiguar** *vt* ↑ *indagar* untersuchen, Ermittlungen anstellen über *akk*
aversión *f* Abneigung *f,* Aversion *f*
avestruz *m* FAUNA Strauß *m*

aviación *f* [1] Luftfahrt *f* [2] MIL Luftwaffe *f;* **aviador(a)** *m/f* Flieger(in *f*) *m*

avicultor(a) *m/f* Geflügelzüchter(in *f*) *m;* **avicultura** *f* Geflügelzucht *f*

avidez *f* Gier *f*, Begierde *f;* **ávido** *adj* gierig

avieso *adj* [1] ↑ *torcido* schief, krumm [2] *FIG* ↑ *perverso* pervers, gemein, link

avinagrado *adj* [1] sauer [2] *FIG* mürrisch; **avinagrarse** *vr* sauer werden

avío *m* [1] Ausrüstung *f* [2] (*pl*) Geräte *n/pl*, Sachen *f/pl*

avión *m* Flugzeug *n;* **avioneta** *f* Sportflugzeug *n*

avisar *vt* [1] ↑ *comunicar* benachrichtigen, Bescheid sagen *dat* [2] ↑ *prevenir* warnen (*de* vor *dat*) [3] ↑ *advertir* aufmerksam machen (*sobre* auf *akk*) [4] → *al médico* verständigen, benachrichtigen; **aviso** *m* [1] ↑ *noticia* Nachricht *f* [2] ↑ *advertencia* Mahnung *f* [3] Warnung *f;* ◇ **estar sobre ~** auf der Hut sein; ◇ **poner sobre ~ a alguien** jd-n warnen

avispa *f* Wespe *f;* **avispado** *adj* aufgeweckt, schlau; **avispar** *vt* [1] ↑ *espabilar* anstacheln, antreiben [2] *FIG* ◇ **~ a alguien** jd-m Beine machen; **avispero** *m* Wespennest *n;* **avispón** *m* Hornisse *f*

avistar *vt* erblicken

avituallar *vt* mit Proviant versorgen

avivar *vt* [1] ↑ *intensificar* anregen, beleben [2] → *color, sentidos* verstärken

axila *f* ANAT Achselhöhle *f*

axioma *m* Axiom *n*

ay *interj* [1] (*dolor*) au, autsch; ◇ **¡~ del que me toque!** wehe dem, der mir was tut! [2] (*susto*) ah, oh; ◇ **¡~ de mí!** ach, ich Arme(r)!

ayer *adv* gestern; ◇ **antes de ~** vorgestern

ayo(/a) *m/f* Erzieher(in *f*) *m*

ayuda *f* [1] Hilfe *f* [2] ↑ *apoyo* Unterstützung *f* [3] *FIG* ↑ *cooperación* Beistand *m* [4] MED Einlauf *m;* **ayudante** *m/f* [1] Helfer(in *f*) *m* [2] COLE Hilfslehrer(in *f*) *m;* **ayudar** *vt* [1] helfen, beistehen *dat* [2] ↑ *socorrer* unterstützen

ayunar *vi* fasten; **ayunas** *fpl* : ◇ **estar en ~** [1] (*no haber comido*) nüchtern sein [2] (*FIG no tener ni idea*) keine Ahnung haben; **ayuno** *m* Fasten *n*

ayuntamiento *m* [1] ↑ *municipio* Stadtrat *m* [2] (*edificio*) Rathaus *n*

azabache *m* Gagat *m*, schwarzer Bernstein *m*

azada *f* Hacke *f*

azafata *f* Stewardeß *f*

azafrán *m* Safran *m*

azahar *m* Orangenblüte *f*

azar *m* ↑ *casualidad* Zufall *m;* ◇ **al ~** aufs Geratewohl; ◇ **por ~** durch Zufall, zufällig; **azaroso** *adj* ▷ *vida* riskant, gefährlich

azogue *m* Quecksilber *n*

azor *m* FAUNA Jagdfalke *m*

azoramiento *m* [1] ↑ *sobresalto* Schrecken *m*, Schock *m* [2] ↑ *aturdimiento* Verwirrung *f*, Nervosität *f;* **azorar I.** *vt* [1] ↑ *sobresaltar, turbar* ängstigen, erschrecken [2] ↑ *aturdir* nervös machen, verwirren **II.** *vr(se)* in Verwirrung geraten

Azores *fpl* : ◇ **las [Islas] ~** die Azoren *pl*

azotaina *f FAM* ↑ *azotes* Tracht *f* Prügel; **azotar** *vt* [1] peitschen [2] ↑ *golpear* verprügeln [3] *FIG* bestrafen; **azote** *m* [1] (*en el trasero*) Klaps *m* [2] ↑ *latigazo* Peitschenschlag *m* [3] (*FIG plaga, sequía*) Geißel *f*, Plage *f*

azotea *f* Terrassendach *n; FAM* ◇ **estar/andar mal de la ~** einen Dachschaden haben, spinnen

azteca *m/f* Azteke *m*, Aztekin *f*

azúcar *m* Zucker *m;* **azucarado** *adj* gesüßt, gezuckert; **azucarar** *vt* süßen, zuckern; **azucarero I.** *adj* Zucker- **II.** *m* Zuckerdose *f;* **azucarillo** *m* Würfelzucker *m*

azucena *f* FLORA Lilie *f*

azufre *m* Schwefel *m*

azul *adj* blau; **azulado** *adj* bläulich

azulejo *m* Kachel *f*

azuzar ⟨3.10⟩ *vt* [1] → *perro* antreiben, hetzen [2] *FIG* reizen, aufhetzen

B

B, b *f* B, b *n*

baba *f* [1] (*de persona*) Spucke *f*, Speichel *m* [2] (*de animales*) Geifer *m;* **babear** *vi* [1] ← *niños* sabbern [2] ← *animales* geifern

babel *m o f* [1] (*lugar*) Babel *n* [2] *FIG* ↑ *desorden* Chaos *n*

babero *m* Lätzchen *n*

Babia *f FIG*: ◇ **estar en Babia** geistesabwesend sein

babor *m* NAUT Backbord *n*

babosa *f* FAUNA Nacktschnecke *f;* **babosear** *vt* vollsabbern; **baboso** *adj* [1] (*que echa baba*) schleimig, geifernd [2] ↑ *tonto* dumm

babucha *f* Pantoffel *m*, Hausschuh *m*

baca *f* AUTO Dachgepäckträger *m*

bacalao *m* (*pescado*) Kabeljau *m; FIG* ◇ **cortar el ~** den Ton angeben

bacanal *f* Gelage *n*, Orgie *f*

bacteria *f* Bakterie *f*

báculo *m* [1] ↑ *bastón* Stock *m*, Stab *m* [2] *FIG* Stütze *f*

bache *m* [1] ↑ *hoyo* Schlagloch *n* [2] (*de aire*) Luftloch *n* [3] *FIG* Rückschlag *m*

bachillerato *m* COLE ↑ *enseñanza media* Abitur *n*

badana *f FAM*: ◇ **zurrar la** ~ jd-m das Fell gerben

bafle *m* Lautsprecherbox *f*

bagaje *m* [Reise-]Gepäck *n*

bagatela *f* Kleinigkeit *f*, Bagatelle *f*

Bahamas *fpl* : ◇ **las [Islas]** ~ die Bahamas *pl*, die Bahamainseln *pl*

bahía *f* Bucht *f*

bailador(a) *m/f* Tänzer(in *f*) *m*, Flamencotänzer(in *f*) *m*; **bailar** *vt, vi* tanzen; ◇ ~ **al son que tocan** sein Fähnchen nach dem Wind richten; *FAM* ◇ **¡qué me quiten lo bailado¡** das kann mir keiner [weg]nehmen; **bailarín(-ina)** *m/f* [Ballett-]Tänzer(in *f*) *m*; **baile** *m* [1] Tanz *m* [2] ↑ *fiesta* Ball *m*

baja *f* [1] ↑ *descenso* Sinken *n* [2] ↑ *vacant* Entlassung *f*, freie Stelle; ◇ **dar(se) de** ~ sich abmelden [3] METEO Tief *n* [4] MIL ◇ ~**s** Verluste *m/pl*; **bajada** *f* Gefälle *n*, Abstieg *m*; **bajamar** *f* Ebbe *f*; ◇ **hay** ~ es ist Ebbe; **bajar I.** *vt* [1] ↑ *descender* herunterholen [2] → *escalera* hinuntergehen [3] → *el volumen* senken, veringern **II.** *vi* [1] ↑ *descender* hinabsteigen [2] ↑ *apearse* aussteigen [3] ↑ *disminuir* sinken, fallen, sich verringern [4] MED ← *hinchazón* abschwellen **III.** *vr(se)* (*de un vehículo*) aussteigen (*de* aus *dat*); **bajeza** *f* Gemeinheit *f*; ↑ *acción humillante* Niederträchtigkeit *f*; **bajío** *m* Sandbank *f*; **bajo I.** *adj* [1] (*poca altura*) niedrig, tief[liegend]; ◇ **planta** ~**a** Erdgeschoß *n*; *FIG* ◇ ~**s fondos** Unterwelt *f*; ◇ **hacer algo por lo** ~ etw heimlich tun [2] ▷*persona* klein; ◇ ~ **de estatura** von kleiner Statur *f* [3] ▷*sonido* leise; ◇ **decir algo en voz** ~**a** etw leise sagen [4] *PEY* ↑ *humilde* gemein, gewöhnlich, niedrig; ◇ **gente** ~**a** gemeines Volk [5] ↑ *infame* niederträchtig, gemein [6] ▷*precio* niedrig; ◇ **en temporada** ~**a** in der Nebensaison; ◇ ~ **en rendimiento** (*máquina*) leistungsschwach [7] ▷*oro* unedel **II.** *adv* [1] ◇ **hablar** ~ leise sprechen [2] ◇ **volar** ~ tief fliegen **III.** *prep* [1] (*sometido a*) unter; ◇ ~ **la dominación de** unter der Herrschaft von [2] (*desde*) von ... aus; ◇ ~ **mi punto de vista** aus meiner Sicht **IV.** *m* [1] (*m/pl*) ↑ *planta baja* Erdgeschoß *n* [2] MUS Baß *m*; **bajón** *m* ↑ *disminución* Rückgang *m*, Sinken *n*; ◇ **dar un** ~ abfallen, sinken

bajorrelieve *m* Basrelief *n*

bala *f* [1] MIL Kugel *f*; ◇ **como una bala** blitzschnell [2] ↑ *fardo* Ballen *m*

balada *f* MUS Ballade *f*

baladí ⟨-íes⟩ *adj inv* trivial

balance *m* [1] Balance *f* [2] ↑ *movimiento* Schwanken *n* [3] COM Bilanz *f*; ◇ **hacer el** ~ die Bilanz aufstellen [4] (*FIG de una situación*) Unentschiedenheit *f*; **balancear I.** *vt* [1] abwägen [2] ↑ *igualar* ins Gleichgewicht bringen **II.** *vr(se)* [1] ↑ *mecerse* [hin und her] schwingen, pendeln [2] *FIG* schwanken, unentschieden sein; **balanceo** *m* Schwingen *n*, Pendeln *n*; **balanza** *f* [1] (*para pesar*) Waage *f* [2] COM ◇ ~ **commercial** Handelsbilanz *f*; ◇ ~ **de pagos** Zahlungsbilanz *f*

balar *vi* [1] ← *oveja, cordero* blöken [2] ← *cabra* meckern

balazo *m* [1] ↑ *disparo* Schuß *m* [2] MED (*herida*) Schußwunde *f*

balbucear *vt* stammeln; **balbuceo** *m* Stammeln *n*

balcón *m* Balkon *m*

baldaquín *m* , **baldaquino** *m* Baldachin *m*

baldar *vt* zum Krüppel machen, lähmen

balde I. *m* Eimer *m* **II.** *adv* [1] ◇ **en** ~ umsonst, vergeblich; ◇ **estar de** ~ überflüssig sein [2] ◇ **de** ~ umsonst, unentgeltlich, gratis

baldío I. *adj* [1] ↑ *estéril* unbebaut, brach [2] ↑ *vano* vergeblich, nutzlos **II.** *m* Brachland *n*

baldosa *f* Fliese *f*; **baldosín** *m* ↑ *azulejo* [kleine] Fliese *f*

baliza *f* [1] NAUT/AER Boje *f* [2] AUTO Bake *f*

balneario I. *adj* Bade- **II.** *m* Bad *n*, Kurort *m*, Heilbad *n*

balompié *m* SPORT ↑ *fútbol* Fußball *m*; **balón** *m* Ball *m*; **baloncesto** *m* SPORT Basketball *m*; **balonmano** *m* SPORT Handball *m*; **balonvolea** *m* SPORT Volleyball *m*

balsa *f* [1] ↑ *terreno con agua* Sumpf *m*; ◇ **como una** ~ **de aceite** still wie ein Grab [2] ↑ *depósito de agua* Staubecken *n* [3] ↑ *plataforma de maderos* Floß *n*

bálsamo *m también FIG* Balsam *m*

báltico *adj* ▷*mar y países* baltisch

baluarte *m* [1] Bastion *f* [2] *FIG* Bollwerk *n*

ballena *f* FAUNA Wal[fisch] *m*

ballesta *f* [1] ↑ *arco* Armbrust *f* [2] (*de vehículo*) Federung *f*, [Blatt-]Feder *f*

ballet *m* Ballett *n*

bambolear *vi, vr(se)* schwingen, schwanken; **bamboleo** *m* Schwingen *n*, Schwanken *n*

bambú *m* Bambus *m*

banal *adj* banal, alltäglich

banca *f* FIN Bankwesen *n*, Bankwelt *f*; **bancario** *adj* Bank-; **bancarrota** *f* Bankrott *m*; **banco** *m* [1] ↑ *asiento* Bank *f*; NAUT ◇ ~ **de arena** Sandbank; MED ◇ ~ **de sangre** Blutbank; ◇ ~ **de**

datos Datenbank [2] COM, FIN [Handels-]Bank; ◇ ~ **de crédito** Kreditbank *f* [3] (*de carpintero*) Hobelbank *f* [4] ◇ ~ **de peces** Fischschwarm *m*

banda *f* [1] ↑ *cinta* Band *n;* ◇ ~ **sonora** Tonstreifen; ◇ ~ **magnética** Magnetband *n* [2] ↑ *pandilla* Bande *f;* (~ *de animales*) Schar, Herde *f* [3] MUS Musikkapelle *f* [4] (*de billar*) Bande *f;* **bandada** *f* ↑ *manada* Schar *f;* (*de aves*) Schwarm *m*

bandeja *f* Tablett *n*

bandera *f* [1] (*para señalizar*) Fahne *f* [2] (*de un país*) Flagge *f* [3] (*de taxi*) ◇ **bajada de** ~ *f* Grundpreis *m;* **banderilla** *f* TAUR Banderilla *f;* **banderola** *f* (*para señalizar*) Wimpel *m*

bandidaje *m* Banditentum *n;* **bandido(/a)** *m/f* [1] Bandit(in *f*) *m,* Räuber(in *f*) *m* [2] (*persona pilla*) Gauner(in *f*) *m*

bando *m* [1] ↑ *partido* Partei *f* [2] ↑ *edicto* Bekanntmachung *f*

bandolero(/a) *m/f* Bandit(in *f*) *m,* Räuber(in *f*) *m*

banquero(/a) *m/f* Bankier *m*

banqueta *f* Hocker *m,* Schemel *m*

banquete *m* [1] (*muchas personas*) Bankett *n* [2] ↑ *comida espléndida* Festessen *n*

banquillo *m* Anklagebank *f*

bañador *m* [1] (*traje de baño*) Badeanzug *m* [2] (*de hombre*) Badehose *f;* **bañar I.** *vt* [1] → *a alguien* baden [2] ↑ *sumergir* eintauchen (*de* in *akk*) [3] ↑ *recubrir* umspülen (*de* mit) **II.** *vr(se)* [1] ↑ *nadar* baden, schwimmen [2] (*en la bañera*) ein Bad nehmen, baden; **bañera** *f* Badewanne *f;* **bañista** *m/f* Badende(r) *m/f;* **baño** *m* [1] (*acción*) Bad *n;* ◇ **tomar un** ~ (*en la bañera*) ein Bad nehmen; (*en el mar*) schwimmen gehen [2] ↑ *lavabo* Toilette *f;* (*cuarto de* ~) Badezimmer *n* [3] ↑ *recipiente* Badewanne *f* [4] ↑ *capa* Anstrich *m* [5] GASTRON ◇ **al** ~ **[de] María** im Wasserbad

baquetazo *m* Stockschlag *m; FAM* ◇ **darse un** ~ sich stoßen

bar *m* Bar *f,* Café *n*

barahúnda *f* Radau *m,* Tumult *m*

baraja *f* NAIPES Spielkarte *f; FIG* ◇ **jugar con dos ~s** ein doppeltes Spiel spielen; **barajar** *vt* [1] ↑ *mezclar* mischen [2] *FIG* verwirren, durcheinanderbringen

baranda *f* ↑ *barandilla* Geländer *n;* **barandilla** *f* [1] ↑ *balaustrada* Geländer *n* [2] ↑ *pasamanos* Handlauf *m*

baratija *f* Lappalie *f,* Kleinigkeit *f;* **baratillo** *m* [1] (*puesto*) Trödelladen *m,* Secondhandladen *m* [2] (*conjunto*) Gebrauchtwaren *pl,* Secondhand-Waren *pl;* **barato I.** *adj* billig **II.** *m* (*venta de objetos*) Ausverkauf *m*

baraúnda, barahúnda *f* Radau *m,* Tumult *m*

barba *f* [1] ↑ *barbilla* Kinn *n* [2] (*pelo*) Bart *m;* ◇ **la comida nos salió a 1375 por** ~ das Essen hat uns 1375 pro Nase gekostet

barbacoa *f* [1] ↑ *parrilla* Barbecue *n* [2] ↑ *alimento* Grillfleisch *n*

barbado *adj* bärtig

barbaridad *f* [1] (*hecho*) Barbarei *f* [2] ↑ *atrocidad* Grausamkeit *f* [3] ↑ *equivocación* Unsinn *m;* ◇ **¡qué ~¡** unglaublich! [4] ↑ *gran cantidad* Unmenge *f;* **barbarie** *f* Barbarei *f,* Roheit *f;* **barbarismo** *m* GRAM Sprachwidrigkeit *f;* **bárbaro I.** *adj* [1] HIST barbarisch, Barbaren- [2] ↑ *sanguinario* grausam, barbarisch [3] ↑ *salvaje* wild, roh **II.** *adv* toll, unglaublich; *FAM* ◇ **lo pasamos** ~ wir hatten eine tolle Zeit; *FAM* ◇ **¡qué ~!** unglaublich!, enorm!

barbecho *m* AGR Brachland *n*

barbero *m* [1] (*que afeita*) Barbier *m* [2] (*que corta el pelo*) Herrenfriseur *m*

barbilampiño *adj* ▷*chico* milchbärtig

barbilla *f* Kinn *n;* ◇ ~ **doble** Doppelkinn *n*

barbitúrico *m* QUIM Barbiturat *n*

barbo *m* (FAUNA *pescado*) Barbe *f*

barbot[e]ar, barbullar *vt, vi* in den Bart brummeln

barbudo *adj* bärtig

barca *f* [1] (*para pasear*) [kleines] Boot [2] ◇ ~ **de pasaje** Fähre *f* [3] ◇ ~ **para pescar** Fischerboot *n;* **barcaza** *f* (NAUT *de carga y descarga*) Barkasse *f;* ◇ ~ **de desembarco** Landungsboot *n*

barcelonés(esa) *adj* aus Barcelona

barco *m* NAUT Schiff *n;* ◇ ~ **de pasajeros** Passagierschiff *n;* ◇ ~ **de vela** Segelschiff *n*

barítono *m* MUS Bariton *m*

barman *m* Barkeeper *m*

barniz *m* [1] (*sustancia*) Lack *m,* Glasur *f* [2] *FIG* Schein *m;* ↑ *cualidad superficial* oberflächliche Kenntnis; **barnizar** *vt* lackieren

barómetro *m* Barometer *n o m*

barón(-onesa) *m/f* Baron(in *f*) *m*

barquero(/a) *m/f* Bootsführer(in *f*) *m*

barquillo *m* Waffel *f*

barra *f* [1] Stange *f,* Stab *m;* ◇ ~ **de labios** Lippenstift *m;* ◇ ~ **de pan** Stangenbrot *n* [2] ↑ *palanca* Hebel *m* [3] ↑ *bloque* Barren, m; ◇ ~ **de oro** Goldbarren *m* [4] ↑ *mostador* Theke *f* [5] SPORT ◇ ~ **de equilibrio** Schwebebalken *m;* ◇ **~s paralelas** Barren *m*

barrabás *m* [1] (*persona mala*) schlechter Mensch *m* [2] (*niño*) unartiges Kind

barrabasada *f* [1] ↑ *disparate* Dummheit *f* [2] ↑ *travesura* böser Streich

barraca *f* Baracke *f*

barranco *m* 1 ↑ *despeñadero* Steilhang *m* 2 (*cauce hecho por la lluvia*) Schlucht *f* 3 *FIG* Schwierigkeit *f*, Hindernis *n*
barrenar *vt* ↑ *perforar* [durch-]bohren
barrendero(/a) *m/f* Straßenkehrer(in *f*) *m*
barreno *m* Sprengloch *n*
barreño *m* ↑ *recipiente grande (para fregar, lavar)* Spülbecken *n*
barrer *vt* 1 → *suelo* kehren, fegen 2 ↑ *arrastrar* schleifen, schleppen
barrera *f* 1 ↑ *valla* Schranke *f; también FIG* Barriere *f* 2 ↑ *obstáculo* Hindernis *n* 3 *pl*, TREN Schranken *pl*
barriada *f* Stadtviertel *n*
barricada *f* Barrikade *f*
barriga *f* 1 ANAT ↑ *vientre* Bauch *m*; ◇ **rascarse/tocarse la ~** faulenzen; ◇ **echar ~** [Fett] ansetzen 2 (*de una vasija*) Wölbung *f*; **barrigón (-ona)** *adj*, **barrigudo(/a)** *adj* dickbäuchig
barril *m* Faß *n*
barrio *m* 1 (*en la ciudad*) Stadtviertel *n*; ◇ **~ chino** Amüsierviertel *n* 2 (*a las afueras*) Vorort *m*; *FAM* ◇ **irse al otro ~** sterben; *FAM* ◇ **mandar al otro ~** umbringen
barrizal *m* Morast *m*, Schlamm *m*; **barro** *m* 1 ↑ *fango* Schlamm *m* 2 ↑ *arcilla* Töpfererde *f*; ◇ **vasija de ~** *f* Steinguttopf *m*
barroco I. *adj* ▷*arte* barock II. *m* (*movimiento*) Barock[stil] *m*; (*etapa*) Barock *m*, Barockzeit *f*
barroso *adj* lehmig
barrote *m* Gitterstab *m*
barruntar *vt* 1 ↑ *presentir* ahnen 2 ↑ *sospechar* vermuten; **barrunto** *m* 1 ↑ *indicio* Ahnung *f* 2 Vermutung *f*
bartola *adv*: ◇ **echarse/tumbarse a la ~** sich auf die faule Haut legen
bártulos *m/pl* Kram *m*; *FAM* ◇ **liar los ~** seine Siebensachen packen
barullo *m* 1 ↑ *ruido* Lärm *m*, Krach *m* 2 ↑ *confusión* Durcheinander *n*; ◇ **a ~** haufenweise
basamento *m* ARQUIT Sockel *m*; **basar** I. *vt* 1 ↑ *apoyar* stützen (*sobre* auf *akk*) 2 *FIG* ↑ *fundamentar* gründen II. *vr(se) FIG*: ◇ **~se en** 1 beruhen auf *dat* 2 bauen auf, sich verlassen auf *akk*
basca *f* Übelkeit *f*
báscula *f* [große] Waage, Hebelwaage *f*
base *f* 1 Basis *f*, Grundlage *f*; ◇ **~ militar** Militärbasis *f*; ◇ **a ~ de** auf Grund von; ◇ **a ~ de bien** sehr gut 2 QUIM Base *f*; **básico** *adj* 1 grundlegend, Grund- 2 QUIM basisch
basílica *f* Basilika *f*
basilisco *m* Basilisk *m*; *FAM* ◇ **hecho un ~/como un ~** rasend vor Wut; *FAM* stinksauer
basket-ball, basquet *m* SPORT ↑ *baloncesto* Basketball *m*
bastante I. *adj* ↑ *suficiente* genügend; ↑ *ni mucho ni poco* ausreichend; ◇ **no es lo ~ inteligente para estudiar** er ist nicht gescheit genug um zu studieren II. *adv* ↑ *suficientemente* genug; **bastar** *vi* genügen, ausreichen; ◇ **¡basta!** genug!, jetzt langt's!
bastardilla *f* TIP Kursivschrift *f*
bastardo(/a) I. *adj* 1 ▷*hijo* unehelich 2 ↑ *infame* gemein, schändlich II. *m/f* Bastard *m*
bastidor *m* 1 (*de pintura*) Rahmen *m* 2 (AUTO *de vehículo*) Rahmen *m* 3 TEATRO Kulisse *f*
basto *adj* grob, ungehobelt
bastos *m/pl* NAIPES ≈Kreuz *n*; ◇ **pintar ~** 1 (*en el juego*) Kreuz ist Trumpf 2 ↑ *ir las cosas mal* sehr schlecht aussehen
bastón *m* 1 (*para andar*) Spazierstock *m* 2 (*de mando*) Stab *m*
basura *f* Abfall *m*, Müll *m*; **basurero** *m* 1 (*persona*) Müllmann *m* 2 (*lugar*) Müllhaufen *m*
bata *f* 1 (*en casa*) Morgenrock *m* 2 (*en el laboratorio*) [Arbeits-]Kittel *m*
batacazo *m FAM* schwerer Schlag
batalla *f* 1 (MIL *combate*) Schlacht *f* 2 *FIG* ◇ **de ~** für den täglichen Gebrauch; **batallar** *vi* 1 kämpfen 2 *FIG* ↑ *esforzarse* kämpfen (*por* um); **batallón** *m* MIL Bataillon *n*
bate *m* SPORT Schlagholz *n*; **bateador** *m* SPORT Schlagmann *m*
batería *f* 1 ELEC, MIL Batterie *f* 2 MUS Schlagzeug *n* 3 (*persona que toca*) Schlagzeuger(in *f*) *m* 4 ◇ **~ de cocina** Küchengeschirr *n* 5 ◇ **aparcar en ~** nebeneinander parken
batida *f* (*de la policía*) Razzia *f*
batido I. *adj también FIG* ↑ *andado* ausgetreten, gangbar II. *m* (*bebida*) Mischung *f*; ◇ **~ de leche, chocolate, fresa...** Milchmixgetränk *n*, Milchshake *n*; **batidora** *f* Mixer *m*, Rührgerät *n*;
batir I. *vt* 1 → *huevos, nata* schlagen; ◇ **~ las alas** mit den Flügeln schlagen; ◇ **~ palmas** Beifall klatschen, applaudieren 2 → *edificio* abreißen II. *vr(se)* kämpfen, sich schlagen; ◇ **~se en retirada** zurückgezogen
Batuecas *FAM*: ◇ **estar en las ~** zerstreut sein
batuta *f* MUS Taktstock *m*; ◇ **llevar la ~** den Ton angeben
baúl *m* Schrankkoffer *m*
bautismo *m* REL Taufe *f*; **bautizar** ⟨3.10⟩ *vt* 1 REL taufen 2 *FIG* ↑ *poner nombre* benennen; **bautizo** *m* REL Taufe *f*
bávaro *adj* bayrisch; **Baviera** *f* Bayern *n*
baya *f* Beere *f*

bayeta *f* Putzlumpen *m*
bayo *m* (*caballo*) Falbe *m*
bayoneta *f* MIL Bajonett *n*
baza *f* NAIPES Stich *m;* ◇ **meter** ~ sich einmischen
bazar *m* Bazar *m,* Basar *m*
bazofia *f* schlechtes Essen
beato(/a) I. *adj* [1] ↑ *bienaventurado* glücklich [2] ↑ *devoto* fromm II. *m/f* [1] (*persona*) Selige(r) *m/f* [2] *PEY* Betbruder *m,* Betschwester *f*
bebé *m* Baby *n*
bebedero *m* (*de animales*) Tränke *f;* **bebedizo** *m* Zaubertrank *m;* **bebedor(a)** *m/f* Trinker(in *f*) *m;* **beber** *vt, vi* trinken; ◇ ~ **a/por algo** auf etw *akk* trinken; **bebible** *adj* trinkbar; **bebida** *f* Getränk *n;* ◇ **darse/entregarse a la** ~ sich dem Trinken hingeben
beca *f* Stipendium *n*
becerro(/a) *m/f* Kalb *n*
bedel *m* (*de universidad*) Pförtner *m*
beduino(/a) I. *adj* (*árabe nómada*) beduinisch II. *m/f* (*persona*) Beduine *m*
befo *adj* [1] dicklippig [2] ↑ *zambo* x-beinig
begonia *f* FLORA Begonie *f*
beige I. *adj* ▷*color* beige II. *m* Beige *n*
béisbol *m* SPORT Baseball *m*
belcebú *m* Luzifer *m*
belén *m* [1] (*de Navidad*) Weihnachtskrippe *f* [2] *FIG* ↑ *confusión* Verwirrung *f,* Chaos *n*
belfo *ver* **befo**
belga I. *adj inv* belgisch II. *m/f* Belgier(in *f*) *m;* **Bélgica** *f* Belgien *n*
bélico *adj* kriegerisch, Kriegs-; **belicoso** *adj* [1] kriegerisch [2] ↑ *pendenciero* streitsüchtig, aggressiv; **beligerante** *adj* kriegführend
bellaco(/a) I. *adj* ↑ *pícaro* gemein, verschlagen II. *m IRO* Schuft *m,* Schurke *m;* **bellaquería** *f* Gemeinheit *f,* Gaunerei *f*
belleza *f* Schönheit *f;* **bello** *adj* schön; ◇ **las Bellas Artes** die schönen Künste
bellota *f* FLORA Eichel *f*
bemol *m* MUS Erniedrigungszeichen *n; FAM* ◇ **tener ~es** [äußerst] schwierig sein
bendecir ⟨4.3⟩ *vt* segnen; **bendición** *f* Segen *m;* **bendito(/a)** I. *adj* [1] ▷*agua* ~ gesegnet [2] *FIG* ▷*persona* naiv, gutgläubig II. *m/f* [gutmütiger] Trottel
benedictino(/a) I. *adj* Benediktiner- II. *m* Benediktiner *m*
benefactor *adj* Wohltäter(in *f*) *m*
beneficencia *f* [1] (*actividad*) Wohltätigkeit, f [2] (*asistencia*) Fürsorge *f;* **beneficiar** I. *vt* [1] → *a alguien* guttun, nützen *dat* [2] → *tierra* bebauen, kultivieren II. *vr(se)* profitieren (*de* von), Nutzen ziehen (*de* aus *dat*); **beneficiario(/a)** *m/f* [1] ↑ *receptor* Nutznießer(in *f*) *m* [2] JUR Begünstigte(r) *fm;* **beneficio** *m* [1] ↑ *mejora* Nutzen *m,* Vorteil *m;* ◇ **a ~ de** (*en favor de*) zugunsten von [2] COM Profit *m,* Verdienst *m* [3] ↑ *donativo* Spende *f;* **beneficioso** *adj* ↑ *provechoso* vorteilhaft, einträglich; **benéfico** *adj* wohltätig, Wohltätigkeits-
Benelux *m* Beneluxländer *pl*
beneplácito *m* [1] ↑ *conformidad* Genehmigung *f* [2] ↑ *aprobación* Einwilligung *f;* ◇ **dar su ~** seine Einwilligung geben
benevolencia *f* Wohlwollen *n*
benévolo *adj* ↑ *bondadoso* wohlwollend
bengala *f* bengalisches Feuer
benignidad *f* [1] ↑ *bondad* Milde *f,* Großzügigkeit *f* [2] METEO Milde *f* [3] MED Gutartigkeit *f;* **benigno** *adj* [1] ▷*persona, ideas* gütig, großzügig [2] ▷*enfermedad* gutartig [3] ▷*clima* mild
benjamín *m* [1] *FAM* ↑ *hijo menor* Benjamin *m* [2] (*de champán*) Piccolo *m*
beodo *adj* betrunken
berberecho *m* Herzmuschel *f*
berenjena *f* FLORA Aubergine *f;* **berenjenal** *m* Auberginenfeld *n; FAM* ◇ **armar un ~/meterse en ~es** sich in die Nesseln setzen
Berlín *m* Berlin *n;* **berlinés(-esa)** I. *adj* aus Berlin II. *m/f* Berliner(in *f*) *m*
bermejo *adj* ▷*color* [hoch-]rot
bermudas *m/pl* Bermudashorts *pl*
Bermudas *f/pl* : ◇ **las [Islas] ~** die Bermudas *pl,* die Bermudainseln *pl*
Berna *m* Bern *n*
berrear *vi* [1] ← *becerro* blöken [2] ← *niño* plärren, heulen [3] MUS grölen; **berrido** *m* [1] (*sonido*) Blöken *n* [2] *FIG* Plärren *n,* Grölen *n;* **berrinche** *m FAM* Wutanfall *m,* Jähzorn *m*
berro *m* FLORA Kresse *f*
berza *f* [1] (*col*) Kohl *m* [2] (*variedad de col*) Kraut *n; FAM* ◇ **ser un ~s** ein Dummkopf sein
besamel *f* GASTRON Bechamelsoße *f*
besar I. *vt* [1] → *algo /a alguien* küssen II. *vr(se)* sich küssen; **beso** *m* Kuß *m;* ◇ **comerse a alguien a ~s** jd-n abküssen
bestia *f* [1] (*animal*) Lasttier *n* [2] (*FAM persona*) brutaler Kerl, Rüpel *m;* **bestial** *adj* [1] bestialisch [2] ↑ *salvaje* brutal [3] *FAM* ↑ *genial* wahnsinnig, toll [4] *FAM* ↑ *muy grande* riesengroß; **bestialidad** *f* [1] Bestialität *f* [2] ↑ *brutalidad* Gemeinheit *f* [3] *FAM* ↑ *cantidad* Unmenge *f;* ◇ **una ~ de dinero** ein Haufen *m* Geld
besugo *m* [1] FAUNA Seebrasse *f* [2] (*FAM persona*) Dummkopf *m*
besuquear I. *vt FAM* → *algo/ a alguien* abküs-

sen **II.** *vr(se)* sich abküssen, sich abknutschen; **besuqueo** *m* Geknutsche *n*
betún *m* (*para zapatos*) Schuhcreme *f; FAM* ◇ **quedar a la altura del ~** sich schrecklich blamiert haben
biberón *m* Flasche *f [für Säuglinge]*
Biblia *f* Bibel *f;* **bíblico** *adj* biblisch
bibliografía *f* Bibliographie *f;* **biblioteca** *f* [1] (*conjunto, local*) Bibliothek *f* [2] (*mueble*) Bücherschrank *m;* **bibliotecario(/a)** *m/f* Bibliothekar(in *f*) *m*
bicarbonato *m* Bikarbonat *n*
bicicleta *f* Fahrrad *n*
bicho *m PEJ* [1] (*animal pequeño*) kleines Tier [2] (*animal doméstico*) Vieh *n* [3] (*persona*) komischer Kauz [4] TAUR Stier *m*
bici *f* ↑ *bicicleta* Fahrrad *n*
bidé *m* Bidet *n*
bidón *m* (*de gasolina*) Kanister *m*
bien I. *adv* [1] gut, schön; ◇ **el pantalón te está ~** die Hose steht dir gut; ◇ **estoy ~** (*de salud/buena economía*) es geht mir gut; (*a gusto*) es gefällt mir hier; ◇ **está ~** (*ser suficiente*) es reicht; (*aprobación*) in Ordnung; ◇ **tomar a ~** gut ankommen; ◇ **¡[muy] ~!** sehr gut! [2] ↑ *correctamente* richtig; ◇ **te está ~ por tonto** das geschieht dir ganz recht [3] ▷*vivir* bequem, gut **II.** *m* [1] ↑ *cosa buena* Wohl *n*, Nutzen *m* [2] ↑ *bienestar* Wohlergehen *n* [3] ◇ **el ~** das Gute; ◇ **persona de ~** ehrenhafte Person; ◇ **de ~** aus gutem Hause [4] (*pl*) Güter *n/pl;* ◇ **~es [materiales]** *pl* Vermögen *n*, Besitz *m;* ◇ **~es de consumo** Konsumgüter *pl;* ◇ **~es inmuebles** [*o* **raíces**] Immobilien *pl;* ◇ **~es muebles** persönliches Eigentum **III.** *cj* [1] ◇ **no ~** *indicativ* kaum; ◇ **no ~ salió, empezó a llover** kaum hatte sie das Haus verlassen, fing es an zu regnen [2] ◇ **~ que** obschon, obgleich
bienal *adj* zweijährlich
bienandanza *f* ↑ *suceso afortunado* Glückssträhne *f*
bienaventurado *adj* [1] ↑ *dichoso* glücklich [2] REL selig [3] *FIG* ↑ *persona buena* einfältig, naiv; **bienaventuranza** *f* REL Seligkeit *f*
bienestar *m* [1] ↑ *estado placentero* Wohlbefinden *n* [2] ↑ *desahogo económico* Wohlstand *m*
bienhechor(a) I. *adj* wohltätig **II.** *m/f* ↑ *benefactor* Wohltäter(in *f*) *m*
bienvenido(/a) I. *adj* willkommen; ◇ **bienvenido a España** willkommen in Spanien **II.** *f* Willkommen *n;* ◇ **dar la ~ a alguien** jd-n willkommen heißen
biftec, **bisté** *m* Steak *n*
bifurcación *f* [1] ↑ *división* Gabelung *f* [2] ↑ *desvío* Abzweigung *f*
bigamia *f* Bigamie *f*, Doppelehe *f;* **bígamo(/a) I.** *adj* in Doppelehe lebend **II.** *m/f* Bigamist(in *f*) *m*
bigote *m* Schnurrbart *m;* **bigotudo** *adj* schnurrbärtig, schnauzbärtig
bilbaíno *adj* aus Bilbao
bilingüe *adj* zweisprachig
billar *m* [1] (*juego*) Billard[spiel] *n* [2] (*lugar*) Billardzimmer *n*
billete *m* [1] (*de tren*) Fahrkarte *f*, Fahrschein *m;* ◇ **~ de lotería** Los *n;* ◇ **~ simple/de ida y vuelta** einfache Fahrkarte/Rückfahrkarte [2] (*de cine*) Eintrittskarte *f* [3] (*de dinero*) Banknote *f*, Geldschein *m;* **billetero(/a)** *m/f* Brieftasche *f*
billón *m* MATE Billion *f*
bimensual *adj* vierzehntägig; **bimotor I.** *adj* zweimotorig **II.** *m* AERO zweimotoriges Flugzeug; **binario** *adj* binär
bingo *m* [1] (*juego*) Bingo *n* [2] (*lugar*) Bingosaal *m*
biodegradable *adj* biologisch abbaubar
biodinámico *adj* biodynamisch
biografía *f* Biographie *f;* **biógrafo(/a)** *m/f* Biograph(in *f*) *m*
biología *f* Biologie *f;* **biológico** *adj* biologisch; **biólogo(/a)** *m/f* Biologe *m*, Biologin *f*
biombo *m* spanische Wand, Wandschirm *m*
biopsia *f* MED Biopsie *f*
biorritmo *m* Biorhythmus *m*
biosfera *f* Biosphäre *f*
biotecnología *f* Biotechnik *f*
bipartidista *adj* POL Zweiparteien-
biplano *m* AERO Doppeldecker *m*
biquini *f* Bikini *m*
birlar *vt FAM* ↑ *robar* klauen
birria *f FAM* [1] (*persona*) Vogelscheuche *f* [2] (*disparate*) Quatsch *m*, Mist *m* [3] (*cosa inútil*) Plunder *m*
bis I. *adv* [1] noch einmal [2] MUS da capo **II.** *adj* MUS, TEATRO: ◇ **¡~!** Zugabe!
bisabuelo(/a) *m/f* Urgroßvater *m*, Urgroßmutter *f*
bisagra *f* Scharnier *n*, Türangel *f*
bisbisar, **bisbisear** *vt* wispern, tuscheln
bisexual *adj* bisexuell
bisiesto *adj:* ◇ **año ~** Schaltjahr *n*
bisnieto(/a) *m/f* Urenkel(in *f*) *m*
bisonte *m* FAUNA Bison *m*
bisté, **bistec** *m* GASTRON Beefsteak *n*
bisturí *m* ⟨íes⟩ MED Skalpell *n*
bisutería *f* Modeschmuck *m*
bitter, **bíter** *m* Tonic-wasser *n*
bizarro *adj* [1] ↑ *valiente* mutig, tapfer [2] ↑ *espléndido* großzügig

bizco *adj* schielend; *FIG* ◇ **quedarse** - sprachlos sein
bizcocho *m* GASTRON [1] (*galleta*) Biskuit *n* [2] (*pasta esponjosa*) Rührteig *m*
bizquear *vi* schielen
blanco I. *adj* [1] weiß [2] blank; ◇ **en** - unbeschrieben; ◇ **cheque en** - Blankoscheck *m;* ◇ **pasar una noche en** - eine schlaflose Nacht verbringen; ◇ **tener la mente en** - nicht kapieren II. *m* [1] (*color*) Weiß *n;* ◇ **dar en el** - ins Schwarze treffen; *FAM* ◇ **estar sin -a** pleite sein, blank sein [2] MUS halbe Note [3] (*tiro al* -) Ziel *n* [4] ↑ *espacio* Lücke *f* III. *m/f* (*raza*) Weiße(r) *m/f;* **blancura** *f* Weiße *f*
blandengue *adj* weich, schwach
blandir *vt* → *espada* schwingen
blando *adj* [1] ↑ *suave* weich, sanft, mild; ◇ - **al tacto** fühlbar weich; ◇ - **con los alumnos** nachgiebig; ◇ - **de corazón** weichherzig [2] ↑ *tierno* zart, zärtlich [3] *FIG* ↑ *débil* willenlos [4] ↑ *cobarde* feige; **blandura** *f* [1] Weichheit *f* [2] *FIG* Sanftheit *f*
blanquear I. *vt* [1] weißen [2] → *pared* tünchen, kalken [3] → *ropa* bleichen II. *vi* erbleichen, weiß werden; **blanquecino** *adj* weißlich
blasfemar *vi* fluchen; ◇ - **de algo** über etw *akk* lästern; **blasfemia** *f* Blasphemie *f;* **blasfemo(/a)** I. *adj* ▷*cosa* blasphemisch, gotteslästerlich II. Gotteslästerer *m*
blasón *m* [1] Wappen *n* [2] *FIG* ↑ *honor* Ruhm *m,* Ehre *f*
bledo *m FAM*: ◇ **[no] me importa un** - das ist mir schnuppe
blindado *adj* ▷*puerta* Panzer-, gepanzert; **blindaje** *m* Panzerung *f;* **blindar** *vt* panzern
bloc ‹s›, *m* (- *de notas*) [Notiz-]Block *m;* **bloque** *m* [1] (*grupo*) Block *m* [2] (*fragmento*) Brocken *m,* Block *m;* ◇ **en** - en bloc [3] (*de viviendas*) Häuserblock *m* [4] (*de países*) Block *m,* Gruppe *f*
bloquear *vt* [1] ↑ *asediar* blockieren [2] ↑ *cortar comunicaciones* abblocken [3] ↑ *cerrar el paso* absperren [4] ↑ *poner obstáculos* blockieren [5] FIN → *cuenta* sperren; **bloqueo** *m* [1] Sperre *f* [2] MIL Blockade *f* [3] COM Embargo *n*
blues *m* (*baile*) Blues *m*
blusa *f* Bluse *f*
boa *f* FAUNA Boa *f*
boato *m* ↑ *ostentación* Prunk *m,* Pomp *m*
bobada, bobería *f* Albernheit *f,* Dummheit *f;* **bobalicón(-ona)** I. *adj* dumm, blöd II. *m/f* Volltrottel *m*
bobina *f* Spule *f;* **bobinar** *vt* [auf-]spulen
bobo(/a) I. *adj* [1] ↑ *tonto* dumm, albern [2] ↑ *ingenuo* naiv II. *m/f* Hanswurst *m;* ◇ **hacer el** - einen Narren aus sich machen
boca *f* [1] ANAT Mund *m;* ◇ - **abajo** bäuchlings, auf dem Bauch; ◇ - **arriba** rücklings, auf dem Rücken; MED ◇ - *m* **a** - Mund-zu-Mund Beatmung; ◇ **a** - **jarro** aus unmittelbarer Nähe; ◇ **como** - **de lobo** stockdunkel; ◇ **hacer** - den Appetit anregen; ◇ **se me hace la** - **agua** das Wasser läuft mir im Munde zusammen; *FIG* ◇ **andar de** - **en** - von Mund zu Mund gehen, weitererzählt werden; ◇ **meterse en la** - **del lobo** sich in die Höhle des Löwen begeben; ◇ **venir a pedir de** - wie gerufen kommen [2] ↑ *entrada* Eingang *m,* Einfahrt *f;* ◇ - **de metro** U-Bahn-Eingang *m* [3] ↑ *abertura* Öffnung *f* [4] ◇ **-s** ↑ *desembocadura* Mündung *f* [5] ◇ **-s** (*personas o animales a los que mantener*) Mäuler *n/pl*
bocacalle *f* [1] (*entrada*) Straßeneinmündung *f* [2] (*secundaria*) Nebenstraße *f*
bocadillo *m* [1] belegtes Brötchen [2] (*a media mañana*) Imbiß *m*
bocado *m* [1] (*de alimento*) Bissen *m;* ◇ **no probar** - keinen Bissen essen [2] (*porción*) Happen *m* [3] (*mordisco*) Biß *m* [4] (*del caballo*) Zaum *m,* Gebiß *n*
bocanada *f* [1] (*de humo*) Zug *m* [2] (*de aire*) Windstoß *m; FIG* ◇ **a -s** stoßweise
bocata *m FAM* belegtes Brötchen
bocazas *f* : ◇ **ser un** - ein Schwätzer *m* sein
boceto *m* [1] ↑ *proyecto* Skizze *f* [2] ↑ *esquema* Entwurf *m*
bocina *f* [1] AUTO Hupe *f* [2] MUS Trompete *f* [3] (*para sordos*) Hörrohr *n;* **bocinazo** *m* : ◇ **dar/pegar un** - laut hupen
bochorno *m* [1] ↑ *calor* Schwüle *f* [2] *FIG* ↑ *vergüenza* Scham *f;* **bochornoso** *adj* [1] ↑ *caluroso* schwül, drückend [2] *FIG* ↑ *vergonzoso* peinlich, beschämend
boda *f* Hochzeit *f;* ◇ **-s de plata** silberne Hochzeit; ◇ **-s de oro** goldene Hochzeit
bodega *f* [1] (*de vino*) Weinkeller *m* [2] (*donde se fabrica y vende vino*) Weinhandlung *f* [3] ↑ *depósito* Lagerraum *m* [4] NAUT [Boots-]Schuppen *m*
bodegón *m* [1] ↑ *bodega* billiges Gasthaus, Kneipe *f* [2] ARTE Stilleben *n*
bodrio *m* [1] (*mala comida*) schlechtes Essen [2] (*mala calidad*) Plunder *m; FAM* Mist *m*
bofe *m* , **bofes** *m/pl* ANAT Lunge *f*
bofetada *f* Ohrfeige *f;* **bofetón** *m* kräftige Ohrfeige
boga *f* NAUT Rudern *n; FIG* ◇ **estar en** - in Mode sein
bogar *vi* ↑ *remar* rudern
bogotano *adj* aus Bogota
bohardilla *f ver* **buhardilla**

bohemio(/a) I. *adj* [1] böhmisch [2] bohemienhaft II. *m/f* [1] Böhme *m*, Böhmin *f* [2] Bohemien *m*
boicot *m* Boykott *m;* **boicotear** *vt* boykottieren; **boicoteo** *m* Boykott *m*
boina *f* Baskenmütze *f*
bola *f* [1] (*pequeña*) Kugel *f;* (*de billar*) Billardkugel *f* [2] ↑ *esfera* Ball *m;* (*de nieve*) Schneeball *m;* GEO ◇ ~ **del mundo** Erdball *m* [3] *FIG* ↑ *mentira* Lüge *f*
bolchevique *m/f* Bolschewist(in *f*) *m*
bolera *f* Kegelbahn *f*
boletín *m* [1] (*publicación*) Bulletin *n;* ◇ ~ **de noticias** Nachrichten[sendung] *f;* ◇ ~ **de prensa** Presseverlautbarung *f* [2] Bericht *m;* ◇ ~ **escolar** Zeugnis *n;* ◇ ~ **del Estado** Staatsbericht *m*
boleto *m* [1] (*de autobús*) Fahrkarte *f* [2] (*de entrada*) Eintrittskarte *f* [3] (*de quinielas*) Tippschein *m*
boliche *m* [1] (*bola*) kleine Bocciakugel [2] (*juego*) Kegeln *n*, Bowling *n* [3] (*lugar*) Kegelbahn *f*
bólido *m* Rennwagen *m*
bolígrafo, boli *m* Kugelschreiber *m*
bolívar *m* *Münzeinheit aus Venezuela*
Bolivia *f* Bolivien *n;* **boliviano(/a)** I. *adj* bolivianisch II. *m/f* Bolivianer(in *f*) *m*
bolo *m* [1] (*para jugar*) Kegel *m* [2] ◇ **~s** (*juego*) Kegeln *n*, Kegelspiel *n*
bolsa *f* [1] (*de plástico, papel*) Beutel *m*, Tüte *f;* ◇ ~ **de plástico** Plastiktüte; ◇ ~ **de aseo** Kulturbeutel *m;* ◇ ~ **de agua caliente** Wärmflasche *f* [2] *FAM* ◇ **aflojar la** ~ Geld herausrücken [3] COM Börse *f;* ◇ **B~ de Comercio** Handelsbörse *f;* ◇ **jugar a la** ~ [an der Börse] spekulieren [4] ANAT Höhle *f*, Sack *m* [5] AERO ◇ ~ **de aire** Luftloch *n*
bolsillo *m* (*de vestido*) Tasche *f;* ◇ **tener/meterse a alguien en el** ~ jd-n in die Tasche stecken; ◇ **de** ~ Taschen-; ◇ **libro de** ~ Taschenbuch
bolsista *m/f* FIN Börsenspekulant(in *f*) *m*
bolso *m* Handtasche *f*
bollería *f* Bäckerei *f;* **bollo** *m* [1] ↑ *panecillo* Brötchen *n; FIG* ◇ **no está el horno para ~s** das ist nicht der richtige Moment [2] ↑ *abultamiento* Ballen *m*, Klumpen *m* [3] ↑ *abolladura* Beule *f;* ↑ *hinchazón* Schwellung *f*
bomba I. *f* [1] ↑ *proyectil* Bombe *f;* ◇ ~ **atómica** Atombombe; ◇ ~ **lacrimógena** Tränengasbombe; ◇ ~ **de mano** Granate *f;* ◇ ~ **de neutrones** Neutronenbombe; *FIG* ◇ **a prueba de** ~ bombensicher [2] TECNI Pumpe *f* [3] *FIG* ↑ *noticia sensacional* Bombe *f*, Sensation *f;* ◇ **caer como una** ~ wie eine Bombe einschlagen II. *adv FAM*: ◇ **pasarlo** ~ sich großartig amüsieren
bombacho *m* Pumphose *f*
bombardear *vt* bombardieren; **bombardeo** *m* Bombardierung *f*, Bombenangriff *m;* **bombardero** *m* MIL Bomber *m*
bombazo *m* [1] ↑ *explosión* Bombenexplosion *f* [2] (*FIG hecho sensacional*) Bombe *f*
bombear I. *vt* → *líquido* pumpen II. *vr(se) FIG* sich aufspielen
bombero *m* Feuerwehrmann *m*
bombilla *f* ELEC Glühbirne *f*
bombín *m* (*sombrero*) Melone *f*
bombo *m* [1] MUS große Trommel, Pauke *f* [2] (*en lotería*) Trommel *f;* ◇ **dar mucho** ~ jd-n in den Himmel loben
bombón *m* [1] [Schokolade-]Bonbon *n* [2] Praline *f*
bombona *f* Gasflasche *f*
bonachón(-ona) *adj* gutmütig, gutgläubig
bonaerense *adj* aus Buenos Aires
bonancible *adj* (▷*carácter, tiempo*) mild; **bonanza** *f* [1] (*tiempo*) günstige Witterung [2] (*en el mar*) Windstille *f*
bondad *f* Güte *f;* ◇ **tenga la ~ de callarse** seien Sie bitte so freundlich und hören auf zu reden
bondadoso *adj* ↑ *amable* gütig, gutherzig
bonito *adj* [1] ↑ *bello* hübsch, schön; *FAM* ◇ **por su cara ~a** wegen seiner schönen Augen [2] ↑ *considerable* beträchtlich
bono *m* [1] ↑ *papeleta* Gutschein *m* [2] COM Bon *m*
boom *m* (COM *incemento, avance*) Boom *m;* ◇ **el ~ económico** wirtschaftlicher Aufschwung
boquear *vi* [1] den Mund öffnen [2] (*agonizar*) zu Ende gehen
boquerón *m* (*anchoa (en conserva)*) An[s]chovis *f;* (*(fresco)*) Sardelle *f*
boquete *m* ↑ *abertura* enge Öffnung; ↑ *agujero* Loch *n*
boquiabierto *adj* [1] mit offenem Mund [2] *FIG* sprachlos
boquilla *f* [1] (*para fumar*) Zigarettenspitze *f* [2] MUS Mundstück *n;* ◇ **confesión de** ~ Lippenbekenntnis *n*
borbotar, borboll[e]ar *vi* [1] sprudeln [2] ← *agua* brodeln, überkochen; **borbotón** *m* Sprudeln *n; FIG* ◇ **a borbotones** hervorsprudelnd
borda *f* (NAUT *borde del costado de un barco*) Reling *f;* ◇ **motor fuera** ~ Außenbordmotor *m; FIG* ◇ **echar/tirar por la** ~ über Bord werfen; verstreichen lassen
bordado *m* Stickerei *f;* **bordar** *vt* [1] besticken [2] *FIG* ↑ *hacer algo perfecto* perfekt ausführen/machen
borde I. *m* [1] (*de un vaso*) Rand *m; FIG* ◇ **estar**

al ~ **de la locura** am Rande des Wahnsinns sein [2] ↑ *orilla* Ufer *n* **II.** *adj FAM*: ◇ **ser** ~ unausstehlich sein; **bordear** *vt* [1] ↑ *andar por el borde* begrenzen [2] ↑ *rodear* umfahren, umsegeln

bordillo *m* Bordstein *m*, Randstein *m*

bordo *m* NAUT: ◇ **a** ~ **[de]** an Bord

borra *f* [1] (*de la lana*) Füllwolle *f* [2] ↑ *pelusa* Flusen *pl* [3] *FIG* wertloses Zeug

borrachera *f* Rausch *m;* **borracho(/a) I.** *adj* ↑ *bebido* betrunken; ◇ **estar** ~ einen Rausch haben; ◇ ~ **como una cuba** sternhagelvoll sein **II.** *m/f* Betrunkene(r) *m/f;* ◇ **ser** ~ ein Trunkenbold sein

borrador *m* [1] (*primer escrito*) Entwurf *m* [2] (*cuaderno*) Schmierheft [3] COLE Radiergummi *m;* (*para pizarra*) Tafelschwamm *m*

borrajas *FIG*: ◇ **quedar algo en agua de** ~ zu nichts führen

borrajear *vt, vi* kritzeln

borrar I. *vt* [1] ↑ *hacer desaparecer* [aus-]löschen [2] (*de una lista*) streichen [3] (*con borrador*) [aus-]radieren [4] *FIG* ↑ *eliminar* auslöschen, eliminieren **II.** *vr(se)* [1] ↑ *olvidarse* vergessen [2] ↑ *darse de baja* sich abmelden

borrasca *f* METEO Sturm *m*, Bö *f;* **borrascoso** *adj* [1] ▷*tiempo* stürmisch [2] *FIG* leidenschaftlich, stürmisch

borrego(/a) *m/f* [1] ↑ *cordero* einjähriges Schaf [2] (*FAM persona*) Schafskopf, m, Dummkopf, m

borrico(/a) *m/f* [1] Esel(in *f*) *m* [2] (*FAM persona*) Esel *m*

borrón *m* [1] ↑ *mancha* Fleck *m*, Klecks *m;* ◇ ~ **y cuenta nueva** Strich drunter, Schwamm drüber [2] (*en un cuadro*) Skizze *f* [3] *FIG* Schandfleck *m*

borroso *adj* [1] ↑ *impreciso* trübe [2] ▷*dibujo* verschwommen, undeutlich [3] ▷*escritura* unleserlich

bosque *m* Wald *m*

bosquejar *vt* skizzieren, entwerfen; **bosquejo** *m* Skizze *f*, Entwurf *m*

bostezar ⟨3.10⟩ *vi* gähnen; ◇ ~ **de aburrimiento** sich zu Tode langweilen; **bostezo** *m* Gähnen *n*

bota *f* [1] (*para vino*) Lederflasche *f* [2] (*calzado*) Stiefel *m; FIG* ◇ **ponerse las** ~**s** nach Herzenslust essen, trinken

botadura *f* NAUT Stapellauf *m*

botánica *f* Botanik *f;* **botánico(/a) I.** *adj* botanisch **II.** *m/f* Botaniker(in *f*) *m*

botar I. *vt* [1] ↑ *expulsar* schleudern, wegstoßen [2] → *pelota* werfen [3] (*FIG en trabajo*) feuern, entlassen [4] NAUT ◇ ~ **un barco al agua** ein Schiff vom Stapel laufen lassen **II.** *vi* [1] ↑ *saltar* springen [2] ← *pelota* zurückprallen

botarate *m/f* Spinner(in *f*) *m*

bote *m* [1] ↑ *salto* Sprung *m;* ◇ **de** ~ **en** ~ [gestopft] voll; ◇ **dar** ~**s de alegría** einen Freudensprung vollführen; *FAM* ◇ **darse el** ~ abhauen [2] ↑ *recipiente* Dose *f;* ◇ **tener a alguien en el** ~ jdum den kleinen Finger wickeln; *FAM* ◇ **chupar del** ~ sein Schäfchen ins Trockene bringen [3] ↑ *barca* Boot *n;* ◇ ~ **salvavidas** Rettungsboot *n*

botella *f* Flasche *f*

botica *f* Apotheke *f;* **boticario(/a)** *m/f* Apotheker(in *f*) *m*

botijo *m/f* Krug *m [aus Steingut]*

botín *m* [1] ↑ *calzado* Stiefelette *f* [2] MIL [Kriegs-]Beute *f*

botiquín *m* [1] Verbandskasten *m* [2] (*portátil*) Reiseapotheke *f*

botón *m* [1] (*de vestido*) Knopf *m* [2] (*pieza que se oprime*) [Druck]Knopf *m* [3] FLORA Knospe *f* [4] ◇ ~ **de muestra** Probeexemplar *n*

botones *m* Laufbursche *m*

boutique *f* Boutique *f*

bóveda *f* ARQUIT Gewölbe *n*, Wölbung *f*

boxeador(a) *m/f* Boxer(in *f*) *m;* **boxear** *vi* boxen; **boxeo** *m* Boxkampf *m*

boya *f* Boje *f*

boyante *adj* [1] (NAUT *que flota*) schwimmend [2] *FIG* ◇ **ir/andar** ~ Oberwasser haben [*o.* eine Glückssträhne haben]

bozal *m* [1] (*de perro*) Maulkorb *m* [2] (*de caballo*) Halfter *n*

bozo *m* Bartflaum *m*

bracear *vi* [1] ↑ *mover los brazos* mit den Armen fuchteln [2] (SPORT *nadar*) im Kraulstil schwimmen, kraulen; **bracero** *m* [1] ↑ *peón* Landarbeiter(in *f*) *m* [2] ↑ *jornalero* Tagelöhner *m*

braga *f sing/pl* Schlüpfer *m*

bragazas *m/sing FAM* Pantoffelheld *m*

bragueta *f* Hosenschlitz *m*

braille *m* Blindenschrift *f*, Brailleschrift *f*

bramar *vi* [1] ← *animal* brüllen [2] ← *viento* heulen; **bramido** *m* [1] (*de animal, persona*) Gebrüll *n* [2] (*de viento*) Heulen *n*

brasa *f* Kohlenglut *f*, glühende Kohlen *pl;* GASTRON ◇ **carne a la** ~ Grillfleisch *n;* **brasero** *m* Kohlenbecken *n*

Brasil *m* : ◇ **el** ~ Brasilien *n;* **brasileño(/a) I.** *adj* brasilianisch **II.** *m/f* Brasilianer(in *f*) *m*

bravata *f* Prahlerei *f*, Angeberei *f;* **braveza** *f* [1] ↑ *valentía* Mut *m*, Tapferkeit *f* [2] (*de animales*) Wildheit *f;* **bravío** *adj* [1] ▷*animal* wild, ungebändigt [2] *FIG* ▷*persona* ungeschliffen, ungehobelt; **bravo I.** *adj* [1] ↑ *valiente* mutig [2] ↑ *excelente* großartig, exzellent [3] ▷*mar* stürmisch [4]

↑ *salvaje* wild, ungezähmt; ◇ **toro** ~ Kampfstier *m* **II.** *interj:* ◇ ¡~! bravo!; **bravucón(-ona) I.** *adj* ↑ *fanfarrón* prahlerisch **II.** *m/f* Aufschneider(in *f*) *m*, Maulheld(in *f*) *m;* **bravuconada** *f* Prahlerei *f;* **bravura** *f* [1] ↑ *fiereza* Wildheit *f* [2] ↑ *valentía* Mut *m*

braza *f* (NAUT *medida*) Faden *m;* SPORT ◇ **nadar a** ~ brustschwimmen

brazada *f* Schwimmstoß *m*

brazalete *m* Armband *n*

brazo *m* [1] ANAT Arm *m;* ◇ **a** ~ **partido** Mann gegen Mann; *FIG* mit Gewalt; ◇ **no dar el brazo a torcer** nicht nachgeben; ◇ **cruzarse de ~s** nichts tun; ◇ **ir del** ~ Arm in Arm gehen [*o.* untergehakt] [2] (*de un sillón*) Lehne *f* [3] (*de un candelabro*) Armleuchter *m* [4] (TECNI *mecanismo*) Waagebalken *m*

brea *f* [1] (*sustancia*) Teer *m* [2] (*para barcos*) Pech *n*

brebaje *m PEY* Brühe *f*

brecha *f* [1] ↑ *abertura* Lücke *f*, Öffnung *f* [2] (*en la pared*) Mauerdurchbruch *m* [3] *FIG* Bresche *f;* ◇ **estar en la** ~ immer zur Verteidigung einer Sache bereit sein; ◇ **abrirse** ~ eine Bresche legen

bregar ⟨3.11⟩ *vi* [1] ↑ *reñir* streiten [2] ↑ *luchar con obstáculos* kämpfen (*con* mit/gegen)

breva *f* [1] (FLORA *de la higuera*) Frühfeige *f* [2] (*FAM ganga*) Glück *n;* ◇ **no te caerá esa** ~ das könnte dir so passen

breve *adj* kurz; ◇ **en** ~ in Kürze; **brevedad** *f* Kürze *f*

brezal *m* Heide *f;* **brezo** *m* FLORA Heidekraut *n*

bribón(-ona) I. *adj* schurkisch, gaunerhaft **II.** *m/f* [1] (*que estafa*) Gauner(in *f*) *m*, Schurke *m* [2] (*FAM a niños*) Strolch *m*

bricolaje *m* [1] (*reparación casera*) Heimwerken *n* [2] (*trabajos manuales*) Basteln *n*

brida *f* Zaum *m*, Zügel *m*

bridge *m* NAIPES Bridge *n*

brigada *f* [1] MIL Brigade *f* [2] (*grado militar*) ≈Feldwebel *m* [3] (~ *criminal*) Brigade *f;* ◇ ~ **criminal** Kriminalpolizei *f;* ◇ ~ **de limpieza** Putzkolonne *f*

brillante I. *adj* [1] ▷*pelo* leuchtend, glänzend [2] ▷*persona* brilliant, hervorragend **II.** *m* ↑ *diamante* Brillant *m*

brillantina *f* Pomade *f*, Haaröl *n;* **brillar** *vi* [1] ← *diamante* strahlen, glänzen [2] *FIG* ↑ *destacar* hervorheben; **brillo** *m* [1] Glanz *m*, Schimmer *m;* ◇ **dar/sacar** ~ **a algo** etw polieren [2] *FIG* Ruhm *m*, Glanz *m*

brincar ⟨3.7⟩ *vi* hüpfen, springen; ◇ ~ **de alegría** Freudensprünge vollführen; *FIG* ◇ **está que brinca** er geht vor Wut in die Luft; **brinco** *m* Sprung *m*, Satz *m*

brindar I. *vi* [1] einen Toast ausbringen (*a, por* auf *akk*) [2] anstoßen (*con* mit) **II.** *vt* (↑ *ofrecer*) anbieten, darbieten; ◇ **te brindo mi amistad** ich biete dir meine Freundschaft an **III.** *vr(se):* ◇ **~se a hacer una cosa** sich bereit erklären, etw zu tun;

brindis *m* [1] Trinkspruch *m* [2] TAUR *[Zeremonie der] Widmung des Stiers*

brío *m* ↑ *decisión* Schwung *m;* **brioso** *adj* schwungvoll

brisa *f* Brise *f*

brisca *f* NAIPES *spanisches Kartenspiel*

británico(/a) I. *adj* britisch **II.** *m/f* Brite *m*, Britin *f*

brizna *f* Faser *f*, Splitter *m*

bróculi *m* GASTRON Brokkoli *pl*

brocha *f* Malerpinsel *m; IRON* ◇ **pintor de** ~ **gorda** Wandmaler *m*

broche *m* Brosche *f*

broma *f* [1] ↑ *jolgorio* Unfug *m;* ◇ **estar de** ~ zum Scherzen aufgelegt sein [2] ↑ *chiste* Witz *m;* ◇ **en** ~ zum Spaß [3] ↑ *burla* Scherz *m;* **bromear** *vi* scherzen, spaßen; **bromista I.** *adj* lustig **II.** *m/f* Spaßvogel *m*, Witzbold *m*

bronca *f* Streit *m*, Zänkerei *f;* ◇ **armarse una** ~ einen Streit anzetteln; ◇ **echar una** ~ **a alguien** jd-n fertigmachen

bronce *m* Bronze *f;* **bronceado I.** *adj* [1] bronzefarben [2] (*del sol*) braungebrannt, sonnengebräunt **II.** *m* [Sonnen-]Bräune *f*

bronceador I. *adj* Bräunungs- **II.** *m* Bräunungsmittel *n;* **broncearse** *vr* sich bräunen

bronco *adj* [1] ▷*sonido, voz* rauh [2] ▷*carácter* schroff

bronquitis *f* MED Bronchitis *f*

brotar I. *vt FIG* hervorbringen **II.** *vi* [1] ← *planta* aufgehen, [hervor-]keimen [2] ← *agua* [hervor-]quellen [3] MED sich zeigen [4] *FIG* zum Vorschein kommen; **brote** *m* [1] FLORA Sproß *m*, Knospe *f* [2] MED *también FIG* Ausbruch *m*

bruces *adv:* ◇ **caer de** ~ auf die Nase fallen; ◇ **darse de** ~ **con alguien** mit jd-m zusammenstoßen

brujería *f* Hexerei *f;* **brujo(/a)** *m/f* [1] Zauberer *m*, Hexenmeister *m*, Zauberin *f*, Hexe *f* [2] (*PEY mujer de mal carácter*) Hexe *f*

brújula *f* Kompaß *m*

bruma *f* Dunst *m*, Nebel *m;* **brumoso** *adj* dunstig, neblig

bruñido *m* Politur *f;* **bruñir** ⟨3.16⟩ *vt* polieren

brusco *adj* [1] ▷*movimiento* plötzlich, jäh [2] ▷*persona, carácter* kurz angebunden, schroff;

brusquedad *f* (*de persona*) Schroffheit *f*

brutal *adj* [1] brutal, roh [2] (*FAM extraordinario*) toll, klasse; **brutalidad** *f* Brutalität *f;* **bruto** *adj* [1] ↑ *idiota* dumm [2] (*con mucha fuerza*) roh, brutal [3] ▷*peso* brutto [4] ▷*diamante* Roh-; ◇ **en ~** Roh-, nicht bearbeitet

bucal *adj* MED: ◇ **por vía ~** oral

bucear I. *vi* [1] (*en el mar*) tauchen [2] *FIG* ↑ *investigar* Nachforschungen anstellen (*en* über), akk; **buceo** *m* [1] Tauchen *n* [2] *FIG* Nachforschung *f*

bucle *m* [1] ↑ *rizo* Locke *f* [2] (*FAM de cuerda, cinta*) Welle *f*

buche *m* [1] (*de aves*) Kropf *m* [2] (*FAM de persona*) ◇ **llenar el ~** sich den Magen vollschlagen

budismo *m* Buddhismus *m*

buen *adj* (*bueno*): ◇ **un buen jefe** ein guter Chef; **buenamente** *adv* leicht, bequem; **buenaventura** *f* [1] ↑ *adivinación* Wahrsagerei *f* [2] ↑ *suerte* Glück *n;* **bueno** ‹buen› **I.** *adj* [1] ▷*calidad* gut; ◇ **buen vino** guter Wein; ◇ **estar de ~as** gutgelaunt sein; ◇ **librarse de una ~a** mit einem blauen Auge davonkommen; ◇ **¡~a la has hecho!** das hast du fein hingekriegt! [2] ▷*persona* gutmütig; nett, brav; ◇ **más ~ que el pan** (*alguien que es muy ~*) herzensgut [3] ▷*tiempo* schön, gut [4] ▷*decisión* richtig, passend; ◇ **dar algo por ~** etw für gut befinden [5] MED ▷*salud* gesund, wohl; ◇ **estar ~** gesund sein **II.** *interj* gut, in Ordnung; ◇ **~, ¿y qué?** na, und?; ◇ **¡~s días!** guten Morgen!, guten Tag!; ◇ **¡buenas tardes!** guten Tag!; ◇ **¡buenas noches!** guten Abend! [*o.* gute Nacht!]

buey *m* FAUNA Ochse *m*

búfalo *m* FAUNA Büffel *m*

bufanda *f* Schal *m,* Halstuch *n*

bufar *vi* [1] ← *búfalo* blasen [2] *FIG* ← *persona* schnauben

bufete *m* [1] (*escritorio*) Schreibtisch *m* [2] (*de abogado*) Anwaltskanzlei *f*

bufido *m también FIG* Schnauben *n*

bufón(-ona) I. *adj* lustig **II.** *m/f* Spaßmacher(in *f*) *m,* Narr *m,* Närrin *f;* **bufonada** *f* Posse *f,* Clownerie *f*

buhardilla *f* [1] (*vivienda*) Dachwohnung *f* [2] ↑ *desván* Dachboden *m* [3] (*ventana*) Dachluke *f*

búho *m* FAUNA Uhu *m*

buhonero *m* Hausierer(in *f*) *m*

buitre *m* [1] FAUNA Geier *m* [2] *FAM* ↑ *hombre ambicioso* Ellbogentyp *m*

bujía *f* AUTO Zündkerze *f*

bula *f* ▷*papal* [päpstliche] Bulle

bulbo *m* FLORA [Blumen-]Zwiebel *f*

bulevar *m* Boulevard *m*

Bulgaria *f* Bulgarien *n;* **búlgaro** *adj* bulgarisch

bulto *m* [1] ↑ *paquete* Gepäckstück *n* [2] ↑ *volumen* Umfang *m;* ◇ **a ~** ungefähr [3] ↑ *abombamiento* Wölbung *f* [4] ↑ *masa imprecisa* Masse *f;* ◇ **de ~** Schein- [5] MED Beule *f,* Schwellung *f*

bulla *f* [1] ↑ *ruido* Lärm *m,* Krach *m;* ◇ **armar ~** Krach schlagen [2] ↑ *aglomeración* Gedränge *n;* **bullicio** *m* [1] ↑ *griterío* Getöse *n* [2] (*de gente*) Tumult *m;* **bullir** *vi* [1] ↑ *hervir* sieden, kochen [2] *FIG* ↑ *agitarse* wimmeln

bumerang *m* Bumerang *m*

buñuelo *m* GASTRON Spritzkuchen *m*

B.U.P. *m acrónimo de* COLE **Bachillerato Unificado Polivalente,** gymnasiale Oberstufe

buque *m* Schiff *n*

burbuja *f* [Wasser-]Blase *f*

burbujear *vi* sprudeln

burdel *m* Bordell *n*

burdo *adj* plump, grob

bureo *m* [1] Vergnügen *n* [2] ↑ *juerga* Zechtour *f*

burgués(-esa) *adj* bürgerlich, Bürger-; **burguesía** *f* Bürgertum *n;* (*clase*) Bourgeoisie *f;* ◇ **pequeña ~** Kleinbürgertum

burla *f* [1] ↑ *mofa* Spott *m;* ◇ **hacer ~ a alguien** sich über jd-n lustig machen [2] ↑ *chanza* Scherz *m;* **burladero** *m* TAUR *Schutzwand für die Stierkämpfer;* **burlador(a) I.** *adj* spöttisch **II.** *m/f* Spötter(in *f*) *m;* **burlar I.** *vt* [1] ↑ *hacer mofa* verspotten [2] ↑ *engañar* täuschen, an der Nase herumführen **II.** *vr(se)* [1] ↑ *mofarse* Witze machen [2] ↑ *reírse* sich lustig machen (*de* über *akk*); **burlesco** *adj* komisch, burlesk; **burlón** *adj* spöttisch

buró *m* Sekretär *m,* Kommode *f*

burocracia *f* Bürokratie *f;* **burócrata** *m/f* Bürokrat(in *f*) *m*

burrada *f* [1] (*FAM mucho*) Haufen *m* [2] ↑ *tontería* ◇ **decir/soltar una ~** Unsinn *m* erzählen; **burro(/a) I.** *adj* [1] ↑ *ignorante, tonto* dumm [2] ↑ *poco amable y testarudo* stur **II.** *m/f* [1] *también FIG* Esel *m,* Eselin *f; FIG* ◇ **apearse del ~** sich einen Irrtum eingestehen [2] *FIG FAM* ↑ *persona trabajadora* Arbeitstier *n*

bursátil *adj* Börsen-

busca *f* Suche *f;* ◇ **en ~ de** auf der Suche nach; **buscapleitos** *m/f* Unruhestifter(in *f*) *m;* **buscar** *vt, vi* suchen; ◇ **se busca apartamento** Appartement *n* gesucht; **buscón(-ona) I.** *adj* diebisch **II.** *m/f* Dieb(in *f*) *m* **III.** *f* Hure *f;* **búsqueda** *f* Suche *f* (*de* nach)

busto *m* Büste *f*

butaca *f* [1] Lehnsessel *m* [2] (*de cine, de teatro*) Parkettplatz *m;* ◇ **~ de patio** Erdgeschoß *n*

butano *m* Butan *n*
butifarra *f* (*embutido*) Bratwurst *f*
buzo *m* [1] (*persona*) Taucher(in *f*) *m* [2] (*traje*) [Arbeits]Anzug *m*
buzón *m* (~ *de correos*) Briefkasten *m*

C

C, c *f* C, c *n*
C°. *abr. de* **centígrado** °C
C/. *abr. de* **calle** Str.
cabal *adj* [1] ↑ *exacto* richtig, genau [2] ↑ *apropiado* vernünftig, angemessen; ◇ **no estar en sus ~es** nicht ganz bei Trost sein
cabalgadura *f* [1] ↑ *montura* Reittier *n* [2] ↑ *animal de carga* Lasttier *n;* **cabalgar** ‹3.11› *vt, vi* reiten
cabalgata *f* ↑ *desfile de carrozas* Kavalkade *f*, Reitertrupp *m*
cabalmente *adv* genau; völlig, vollständig
caballa *f* GASTRON Makrele *f*
caballeresco *adj FIG* ritterlich, kavalierhaft
caballería *f* [1] (*animal*) Reittier *n* [2] MIL Kavallerie *f;* **caballeriza** *m/f* Pferdestall *m;* **caballerizo** *m* Pferdepfleger(in *f*) *m*
caballero *m* [1] (*que cabalga*) Reiter *m* [2] ↑ *orden de caballería* [Ordens-]Ritter *m;* ◇ **~ andante** fahrender Ritter [3] *FIG* ↑ *noble* Kavalier *m* [4] ▷*cortés* Gentleman *m*, Herr *m;* ◇ **zapatos de ~** Herrenschuhe *m/pl;* **caballerosidad** *f* Ritterlichkeit *f*
caballete *m* [1] (*de cuadro*) Staffelei *f* [2] ARQUIT Dachfirst *m*
caballo *m* [1] FAUNA Pferd *n; FAM* ◇ **sed de ~** Riesendurst *m;* ◇ **montar a ~** aufsitzen [2] (*de ajedrez*) Springer *m* [3] NAIPES Dame *f*
cabaña *f* Hütte *f*
cabaré *m* , **cabaret** *m m* Nachtclub *m*, Kabarett *n*
cabecear *vi* [1] ↑ *mover la cabeza* nicken [2] ↑ *negar* schütteln [3] SPORT köpfen [4] ↑ *dormir* einnicken
cabecera *f* [1] (*de la cama*) Kopfende *n* [2] POL Bezirkshauptstadt *f* [3] (TIP *de libro*) Kopfzeile *f*, Titelvignette *f*
cabecilla *m/f* Anführer(in *f*) *m*
cabellera *f* [1] Kopfhaar *n* [2] ↑ *tupé* Haarteil *n*, Toupet *n;* **cabello** *m* Haar *n;* GASTRON ◇ **~ de ángel** Kürbismarmelade *f;* **cabelludo** *adj* [lang]haarig; ◇ **cuero ~** Kopfhaut *f*
caber *irr vi* [1] ↑ *entrar* hineinpassen, passen (*en* in *akk*); *FIG* ◇ **no ~ un alfiler** gestopft voll sein [2] (*ser posible*) ◇ **no cabe duda de que** es besteht kein Zweifel, daß
cabestrillo *m* MED Armbinde *f*
cabestro *m* [1] Halfter *n* [2] FAUNA Leitbulle *m*
cabeza *f* [1] ANAT *FIG* Kopf *m*, Haupt *n;* ◇ **el ~ de familia** Familienoberhaupt *n;* ◇ **~ dura** Dickkopf *m;* ◇ **por ~** pro Kopf; ◇ **de pies a ~** von Kopf bis Fuß; *FAM* ◇ **~ de chorlito** Schussel; ◇ **ir de ~** mit Arbeit eingedeckt sein; ◇ **estar a la ~** am Ruder sein; *FAM* ◇ **estar tocado de la ~** spinnen; ◇ **tirarse al agua de ~** sich kopfüber ins Wasser stürzen; ◇ **no tener algo ni pies ni ~** weder Hand noch Fuß haben [2] *FIG* ↑ *intelecto* Verstand *m* [3] (*de ganado*) Stück *n* Vieh [4] (*de alfiler*) Spitze *f;*
cabezada *f* Kopfstoß *m;* ◇ **dar ~s** einnicken;
cabezazo *m* SPORT Kopfball *m;* **cabezón** *adj*, **cabezota** stur, starrköpfig; **cabezudo(/a)** I. *adj* [1] *FIG* dickköpfig [2] *mit großer Kopfmaske* II. *m/f* [1] *FIG* Dickkopf *m* [2] (*en fiestas*) *Person mit Kopfmaske*
cabida *f* Fassungsvermögen *n*, Rauminhalt *m*
cabildo *m* [1] REL Domkapitel *n* [2] POL Gemeinderat *m*
cabina *f* [1] Kabine *f;* ◇ **~ telefónica** Telefonzelle *f* [2] AUTO Führerhaus *n;* AERO Cockpit *n*
cabizbajo *adj* [1] mit hängendem Kopf [2] (*FIG de tristeza*) niedergeschlagen
cable *m* Kabel *n;* ◇ **echar un ~** helfen
cabo *m* [1] ↑ *extremo* Ende *n;* ◇ **de ~ a rabo** von Anfang bis Ende; ◇ **atar ~s** 2 und 2 zusammenzählen; ◇ **llevar a ~** durchführen; ◇ **al ~ de** nach; ◇ **al fin y al ~** schließlich und endlich [2] MIL Gefreite(r) *fm* [3] NAUT Leine *f* [4] GEO Kap *n*
cabra *f* FAUNA Ziege *f; FAM* ◇ **estar como una ~** verrückt sein
cabrearse *vr FAM!* eine Stinkwut bekommen; **cabreo** *m FAM!* Stinkwut *f*
cabrero(/a) *m/f* Ziegenhirt(in *f*) *m*
cabrío *adj* Ziegen-; ◇ **macho ~** Ziegenbock *m*
cabriola *f* Luftsprung *m*
cabrito *m* [1] (*cría*) Zicklein *n* [2] (*FAM! cabrón*) Bastard *m;* **cabrón(-ona)** I. *m* [1] FAUNA Ziegenbock *m* II. *m/f FAM!* Scheißkerl *m;* **cabronada** *f FAM!* böser Streich, Gemeinheit *f*
cacahuete *m* Erdnuß *f*
cacao *m* [1] (*semilla*) Kakaobohne *f* [2] (*planta*) Kakaobaum *m* [3] (*polvo*) Kakao *m* [4] *FAM* ↑ *jaleo* Chaos *n*
cacarear *vi* ← *gallo* gackern
cacatúa *f* [1] FAUNA Kakadu *m* [2] *FIG* (*mujer fea*) Vogelscheuche *f*

cacería *f* Jagd *f*
cacerola *f* Kasserolle *f*
cacique *m* [1] (*jefe*) Häuptling *m* [2] Chef *m* [3] POL Despot *m;* **caciquismo** *m FIG* Cliquenwirtschaft *f,* Klüngel *n*
caco *m/f* Dieb(in *f*) *m*
cacofonía *m* Mißklang *m*
cactus *m* FLORA Kaktus *m*
cachalote *m* FAUNA Pottwal *m*
cacharrazo *m* Stoß *m*
cacharro *m* [1] ↑ *recipiente* Topf *m* [2] (*PEY coche*) alte Karre
cachava *f* Stock *m*
cachear *vt* durchsuchen, filzen
cachemir *m* Kaschmir *m*
cacheo *m* Durchsuchung *f,* Filzen *n*
cachete *m* Ohrfeige *f*
cachimba *f* Pfeife *f*
cachiporra *f* Keule *f*
cachivache *m FAM* Krimskrams *m*
cacho *m* kleines Stück
cachondearse *vr FAM* sich lustig machen (*de algo/alguien* über etw/jd-n); **cachondeo** *m FAM* Spaß *m;* **cachondo(/a)** I. *adj* (*FAM! sexual*): ◇ **estar** ~ geil, scharf sein; ◇ **ser** ~ sexy sein II. *m/f* ↑ *divertido* Spaßvogel *m*
cachorro *m* (*de perro*) Welpe *m*
cada ‹inv› *adj* jeder, jede, jedes; ◇ ~ **día** jeden Tag, täglich; ◇ ~ **media hora** jede halbe Stunde; ◇ ~ **tres meses** alle drei Monate; ◇ **uno de ~ diez** jeder zehnte; ◇ ~ **dos por tres** zwei von drei Mal; ◇ ~ **vez más** immer mehr
cadalso *m* Schafott *n*
cadáver *m* Leiche *f,* Leichnam *m*
cadena *f* [1] (*piezas enlazadas*) Kette *f* [2] (*de cines*) Serie *f,* Kette *f;* ◇ **trabajo** *m* **en** ~ Fließbandarbeit *f;* ◇ **en** ~ in Reih und Glied [3] (*de TV, de radio*) Kanal *m,* Programm *n* [4] (*pl, de condenado*) Ketten *f/pl;* ◇ ~ **perpetua** lebenslänglich [5] *pl,* AUTO Schneeketten *pl*
cadencia *f* MUS [1] (*de la duración de sonidos*) Kadenz *f* [2] (*pl, compases*) Takt *m*
cadera *f* ANAT Hüfte *f*
cadete *m* Kadett *m*
caducar ‹3.7› *vi* [1] ← *pasaporte* verfallen [2] ↑ *chochear* senil werden, abbauen; **caducidad** *f también FIG* Verfall *m;* **caduco** *adj* [1] ▷*hoja* verfallen, hinfällig [2] ↑ *anticuado* altersschwach [3] ▷*edificio* baufällig
caer ‹4.1› *vi, vr(se)* [1] (*moverse hacia abajo*) fallen, herunterfallen; ◇ **Pascua cae el 5 de abril** Ostern fällt auf den 5. April; ◇ ~ **en la cuenta** auf den Trichter kommen; ◇ **estar al** ~ gerade ankommen; ◇ ~ **bien/mal** sympathisch/unsympathisch sein; ◇ ~ **gordo** mißfallen [2] ← *gobierno* stürzen [3] ← *día, noche* anbrechen [4] ↑ *fracasar* scheitern [5] ← *vestido* fallen
café I. *m* [1] (*bebida*) Kaffee *m;* ◇ ~ **americano** große Tasse schwarzen Kaffees; ◇ ~ **con leche** Milchkaffee *m* [2] (*establecimiento*) Café *n* [3] FLORA Kaffeebaum *m* II. *adj* ▷*color* kaffeebraun; **cafetal** *m* Kaffeeplantage *f;* **cafetera** *f* Kaffeekanne *f;* **cafetería** *f* Cafeteria *f;* **cafetero** I. *adj* Kaffee- II. ↑ *amante del café* Kaffeetrinker(in *f*) *m*
cagado I. *adj* ↑ *cobarde* feige; ◇ **estar** ~ **de miedo** die Hosen voll haben II. *VULG* Scheiße *f;* **cagalera** *f* [1] *VULG* ↑ *diarrea* Scheißerei *f* [2] *VULG* Schiß *m;* **cagar** ‹3.11› I. *vi, vr(se) FAM* ↑ *hacer de vientre* scheißen, kacken; ◇ **¡me cago en diez!** verdammte Scheiße! II. *vt FAM* [1] ↑ *estropear* kaputtmachen, verderben [2] ↑ *engañar* bescheißen; **cagueta** *m FAM* Angsthase *m*
caída *f* [1] (*acción*) Fallen *n;* ◇ ~ **de pelo** Haarausfall *m* [2] (*salto de agua*) Wasserfall *m* [3] (*de una tela*) Fall *m* [4] (*de gobierno*) Sturz *m;* **caído(/a)** I. *m* ↑ *muerto en combate* Gefallene(r) *fm* II. *adj* [1] ↑ *flojo* schlaff, schwach [2] *FIG* gefallen
caimán *m* FAUNA Kaiman *m*
caja *f* [1] Kiste *f;* (*de cartón*) Schachtel *f* [2] COM Kasse *f;* (*de pagos*) Zahlstelle *f;* (~ *fuerte*) Safe *m;* ◇ ~ **registradora** Registrierkasse *f;* ◇ ~ **de ahorros** Sparkasse *f;* ◇ ~ **de música** Spieldose *f;* ◇ **hacer mucha** ~ großen Gewinn machen; **cajero(/a)** *m/f* Kassierer(in *f*) *m;* ◇ ~ **automático** Geldautomat *m*
cajetilla *f* (*de cigarrillos*) Schachtel *f*
cajón *m* [1] (*de mueble*) Schublade *f* [2] (*caja*) Kiste *f;* ◇ **ser (algo) de** ~ [1] (*evidente*) selbstverständlich sein [2] (*común*) üblich sein
cal *f* Kalk *m;* ◇ **a ~ y canto** felsenfest; ◇ **dar una de ~ y otra de arena** mit Zuckerbrot und Peitsche
cala *f* [1] ↑ *ensenada* kleine Felsbucht [2] NAUT Kielraum *m*
calabacín *m* GASTRON Zucchino *m*
calabaza *f* GASTRON Kürbis *m;* ◇ **dar ~s** [1] (*rechazar*) einen Korb geben [2] (*suspender*) durchfallen lassen
calabozo *m* Kerker *m*
calado *adj* ↑ *mojado* durchnäßt; ◇ **estar ~ hasta los huesos** klatschnaß sein
calamar *m* GASTRON Tintenfisch *m*
calambre *m* [1] MED Muskelkrampf *m* [2] ELEC Schlag *m*
calamidad *f* Unheil *n;* ◇ **ser una** ~ zu nichts zu gebrauchen sein
calandria *f* FAUNA Heidelerche *f*

calaña *f* Art *f*, Beschaffenheit *f*; ◇ **esa gentuza es de mala ~** das ist ein übles Pack
calar I. *vt* [1] ← *líquido* durchnässen [2] ↑ *atravesar* eindringen in *akk* [3] *FIG* → *personas* durchschauen [4] AUTO → *motor* abwürgen **II.** *vr(se)* [1] ↑ *mojarse* naß werden [2] *FIG* → *en la cabeza* aufsetzen, überstülpen; ◇ **~se la boina** sich *dat* die Baskenmütze aufsetzen
calavera I. *f* Totenschädel *m* **II.** *m* ↑ *vicioso* Halunke *m*
calcañal *m* Ferse *f*
calcar ⟨3.7⟩ *vt* [1] *(con una transparencia)* abpausen, durchzeichnen [2] *FIG* nachahmen, imitieren
calceta *f* Kniestrumpf *m*; **calcetín** *m* Socke *f*
calcinar *vt* zu Asche verbrennen
calcio *m* Kalzium *n*
calco *m* [1] ↑ *copia de calcar* Durchzeichnung *f*, Pause *f* [2] *FIG* ↑ *imitación* Imitation *f*; *PEY* Abklatsch *m*; **calcomanía** *f* Abziehbild *n*
calculable *adj* kalkulierbar; **calculador** *m* Egoist *m*; **calculadora** *f* Rechenmaschine *f*; ◇ **~ de bolsillo** Taschenrechner *m*; **calcular** *vt* [1] MATE rechnen [2] *FIG* ↑ *suponer* annehmen; **cálculo** *m* [1] *(de operación matemática)* Rechnung *f* [2] *(de creer)* Berechnung *f*, Kalkulation *f* [3] MED Nieren-, Blasen-, Gallenstein *m*
caldear *vt* [1] ↑ *calentar* erhitzen, erwärmen [2] *FIG* → *los ánimos* erhitzen; **caldera** *f* Kessel *m*; *(de calefacción)* Heizkessel *m*
calderilla *f* Kleingeld *n*
caldero *m* [1] *(para cocinar)* kleiner Kessel [2] ↑ *cubo* Eimer *m*
caldo *m* [1] GASTRON Brühe *f*; *(consomé)* Bouillon *f* [2] ↑ *vino* Wein *m aus bestimmter Region*; **caldoso** *adj* mit viel Brühe
calé *m* ↑ *gitano* Zigeuner *m*
calefacción *f* Heizung *f*; **calefactor** *m* *(de aire caliente)* Heißluft *f*
calendario *m* Kalender *m*
calentador *m* [1] Heizgerät *n* [2] *(de agua)* Boiler *m*; **calentar** ⟨3.1⟩ **I.** *vt* [1] erwärmen, erhitzen; *FAM* ◇ **~ la cabeza** auf die Nerven gehen [2] *FIG* beleben [3] *FAM!* ↑ *excitar* erregen [4] ↑ *pegar* verprügeln **II.** *vr(se)* [1] sich erhitzen [2] *FIG* ↑ *enfadarse* sich ereifern, sich aufregen (*por* über *akk*); **calentura** *f* [1] MED Fieber *n* [2] *(pústula)* Pustel *f*; **calenturiento** *adj también FIG* fiebernd, fiebrig; ◇ **tener una imaginación ~a** eine überschäumende Phantasie haben
calibrar *vt* eichen; **calibre** *m* [1] *(de cañón)* Kaliber *n*; *(grosor)* Durchmesser *m* [2] *FIG* Kaliber *n*, Format *n*
calidad *f* [1] *(cualidad)* Qualität *f* [2] *FIG* ↑ *prestigio* Rang, m, Stellung, f; ◇ **en ~ de representante** als Repräsentant
cálido *adj* [1] ▷ *clima* warm, heiß [2] ↑ *afectuoso* warm, herzlich; **caliente** *adj* ↑ *con calor* heiß; ◇ **en ~** in der Hitze des Gefechts
calificación *f* [1] Qualifikation *f* [2] COLE Note *f*; **calificado** *adj* kompetent, qualifiziert; **calificar** ⟨6⟩ *vt* [1] ↑ *atribuir cualidades* qualifizieren, beurteilen; ◇ **~ de tonto a alguien** jd-n als Dummkopf einstufen [2] GRAM qualifizieren [3] COLE benoten, beurteilen
caligrafía *f* Kalligraphie *f*
cáliz *m* REL Kelch *m*
calma *f* [1] ↑ *tranquilidad* Stille *f*, Ruhe *f* [2] *(paz)* Gelassenheit *f*; ◇ **¡calma!** immer mit der Ruhe! [3] *PEY* ↑ *lentitud* Trägheit *f*; **calmante** *m* FARMA Beruhigungsmittel *n*; **calmar I.** *vt* beruhigen **II.** *vi* [1] ← *tormenta* abflauen, nachlassen [2] *FIG* ruhig werden; **calmoso** *adj* [1] ↑ *tranquilo* ruhig, still [2] ↑ *perezoso* träge, faul
caló *m* *(lenguaje)* Zigeunersprache *f*
calor *m* [1] *también FIG* Hitze *f*; *(agradable)* Wärme *f*; ◇ **entrar en ~** warm werden [2] *FIG* ↑ *entusiasmo* Eifer *m*
caloría *f* Kalorie *f*
calorífero *adj* wärmeerzeugend
calumnia *f* Verleumdung *f*; **calumniador(a)** *m/f* Verleumder(in *f*) *m*; **calumniar** *vt* verleumden; **calumnioso** *adj* verleumderisch
caluroso *adj* [1] heiß [2] *FIG* herzlich
calva *f* Glatze *f*
calvario *m* [1] Kreuzweg *m* [2] *FIG* Leid *n*; **calvicie** *f* Kahlheit *f*; **calvo** *adj* kahlköpfig; ◇ **ni tanto ni tan ~** übertreib nicht
calza *f* AUTO Keil *m*
calzada *f* Fahrbahn *f*
calzado I. *adj* beschuht **II.** *m* Schuhwerk *n*; **calzador** *m* Schuhlöffel *m*; **calzar** ⟨8⟩ *vt/vr(se)* [1] *(con zapatos)* Schuhe anziehen; ◇ **¿qué [número] calzas?** welche Schuhgröße hast du? [2] → *mueble, coche* verkeilen, sichern
calzón *m* , **calzones** *m/pl* Hose *f*; **calzonazos** *m/sg FAM* Pantoffelheld *m*; **calzoncillos** *m/pl* Unterhose *f*
callado *adj* schweigsam, still; ◇ **es más ~ que un muerto** er schweigt wie ein Grab, schweigsam wie ein Grab; **callandito**, **callando** *adv* still, schweigsam; ◇ **a la chita callando** heimlich; ◇ **matarlas callando** verschwiegen sein; **callar I.** *vt* verschweigen **II.** *vi, vr(se)* schweigen, still sein
calle *f* [1] Straße *f*; ◇ **~ de un solo sentido** Einbahnstraße *f*; *FAM* ◇ **hacer la ~** auf den Strich gehen; ◇ **ir a la ~** hinausgehen; ◇ **doblar la ~**

abbiegen; ◇ **llevarse algo/alguien de** ~ etw/jd-n mit links erledigen; ◇ **poner a alguien de patitas en la** ~ jd-n vor die Tür setzen; ◇ ~ **arriba/abajo** die Straße hinauf/hinunter [2] SPORT Bahn *f;* **calleja** *f* Gäßchen *n;* **callejear** *vi* durch die Straßen bummeln; **callejero** *m* Straßenverzeichnis *n;* **callejón** *m* Gasse *f;* ◇ ~ **sin salida** Sackgasse *f;* **callejuela** *f* enge Gasse

callista *m/f* Fußpfleger(in *f*) *m;* **callo** *m* [1] (*de pie*) Hühnerauge *n* [2] (*FAM persona*) Vogelscheuche *f* [3] *pl*, GASTRON ◇ ~s Kutteln *pl*

cama *f* Bett *n;* ◇ ~ **de matrimonio** Doppelbett *n;* ◇ **estar en** ~**/ guardar** ~ das Bett hüten

camada *f* (*de perros*) Wurf *m*

camafeo *m* Kamee *f*

camaleón *m* FAUNA *también FIG* Chamäleon *n*

cámara *f* [1] (*de fotos*) Fotoapparat *m;* (*de cine*) Filmkamera *f;* (*de video*) Videokamera; (*persona*) Kameramann *m*, Kamerafrau *f* [2] ↑ *aposento* Kammer *f;* ◇ ~ **de gas** Gaskammer *f;* ◇ **C~ de Comercio** Handelskammer *f*

camarada *m/f* [1] (*de estudios*) Kamerad(in *f*) *m;* (*del colegio*) Schulfreund(in *f*) *m* [2] POL Genosse *m*, Genossin *f;* **camaradería** *f* Kameradschaft *f*

camarera *f* [1] (*en local*) Kellnerin *f* [2] (*en hotel*) Zimmermädchen *n;* **camarero** *m* Kellner *m*

camarilla *f* [1] (*grupo*) Clique *f* [2] POL Lobby *f*

camarón *m* GASTRON Garnele *f*

camarote *m* NAUT Kajüte *f*

camastro *m* (*cama pobre*) Pritsche *f*

cambiable *adj* austauschbar; **cambiante** *adj* wechselhaft; **cambiar I.** *vt* [1] → *cosas, ideas, saludos* [aus-]tauschen [2] → *actitud* [ver-]ändern [3] → *dinero* wechseln **II.** *vi* [1] ↑ *variar* wechseln [2] (AUTO *de marcha*) schalten **III.** *vr(se)* [1] sich [ver-]ändern; *FIG* ◇ **~se de chaqueta** seine Meinung ändern [2] → *prenda* sich umziehen; ◇ **~se de vestido** das Kleid wechseln [3] (*de domicilio*) umziehen; **cambiazo** *m* betrügerischer Tausch; ◇ **dar el** ~ beim Tausch betrügen; **cambio** *m* [1] (*acción, resultado*) [Ver-]Änderung *f* [2] ↑ *intercambio* Wechsel *m; FIG* ◇ **a las primeras de** ~ auf den ersten Blick; ◇ **en** ~ hingegen; ◇ **a** ~ **de** für, gegen [3] (*de dinero*) Wechselgeld *n;* ↑ *moneda menuda* Kleingeld *n* [4] COM ↑ *cotización* Kurs *m;* (*de moneda extranjera*) Wechselkurs *m;* (*letrero*) Geldwechsel *m* [5] (*de coche, bicicleta*) Gang *m;* **cambista** *m/f* Geldwechsler(in *f*) *m*

camelar *vt* [1] (*al sexo opuesto*) den Hof machen *dat* [2] ↑ *adular* schöntun, schmeicheln *dat*

camelia *f* FLORA Kamelie *f;* **camelo** *m* [1] ↑ *galanteo* Süßholzraspeln *n* [2] (*algo bueno sólo en aparencia*) Täuschung *f;* ◇ **dar el** ~ **a alguien** jd-n hereinlegen

camello *m* [1] FAUNA Kamel *n* [2] *FAM* Drogenhändler(in *f*) *m*

camerino *m* TEATRO Künstlergarderobe *f*

camilla *f* [1] (*de herido*) Bahre *f* [2] (*mesa*) runder Tisch

caminante *m/f* Fußgänger(in *f*) *m;* **caminar I.** *vt* → *distancia* zurücklegen **II.** *vi* ↑ *andar* gehen, wandern; **caminata** *f* Wanderung *f;* **camino** *m* [1] Weg *m;* (*recorrido*) Strecke *f;* ASTR ◇ **C~ de Santiago** Milchstraße *f;* ◇ ~ **de** auf dem Weg nach; ◇ **ponerse en** ~ sich auf den Weg machen [2] *FIG* Weg *m;* ◇ **ir por buen** ~ auf dem richtigen Weg sein; ◇ **ir por su** ~ seiner Wege gehen

camión *m* Last[kraft]wagen *m;* **camionero(/a)** *m/f* Lkw-Fahrer(in *f*) *m;* **camioneta** *f* Lieferwagen *m*

camisa *f* Hemd *n;* ◇ ~ **de fuerza** Zwangsjacke *f;* ◇ **cambiar de** ~ sein Fähnchen nach dem Wind hängen; ◇ **meterse en** ~ **de once varas** sich in fremde Angelegenheiten mischen; ◇ **quedarse sin** ~ pleite gehen; **camisería** *f* Hemdenladen *m;* **camiseta** *f* T-Shirt *n;* (~ *interior*) Unterhemd *n;* **camisón** *m* Nachthemd *n*

camorra *f FAM* Streit *m*, Rauferei *f;* **camorrista** *m/f* Raufbold *m*, Streithammel *m*

campamento *m* [Zelt-]Lager *n*

campana *f* Glocke *f;* ◇ **echar las ~s al vuelo** etw an die große Glocke hängen; **campanada** *f* [1] Glockenschlag *m* [2] *FIG* Skandal *m;* **campanario** *m* Glockenturm *m;* **campanilla** *f* [1] ↑ *campana* Glöckchen *n* [2] ANAT Gaumenzäpfchen *n*

campante *adj PEY* ↑ *contento de sí* selbstzufrieden

campaña *f* [1] (*actividad*) Kampagne *f*, Feldzug *m;* ◇ ~ **electoral** Wahlkampf; ◇ **emprender una** ~ einen Feldzug starten [2] MIL Feldzug *m*

campar *vi* [1] zelten, campen; MIL lagern [2] *FIG* ↑ *sobresalir* sich hervortun

campechano *adj* leutselig, umgänglich

campeón(-ona) *m/f* Meister(in *f*) *m*, Champion *m;* **campeonato** *m* SPORT Meisterschaft *f;* ◇ **le dieron una paliza de** ~ sie verabreichten ihm eine Mords Tracht Prügel

campesino(/a) I. *adj* Land- **II.** *m/f* [1] Landbewohner(in *f*) *m* [2] ↑ *agricultor* Bauer *m*, Bäuerin *f*

campestre *adj* ländlich, Land-

camping <s> *m* [1] (*terreno*) Zelten *n;* (*actividad*) Camping *n;* ◇ **ir de** ~ zelten, campen [2] (*lugar*) Campingplatz *m*

campiña *f* Ackerland *n*
campista *m/f* Camper(in *f*) *m*
campo *m* [1] (*superficie*) Land *n*, Feld *n*; ◇ **- de batalla** Schlachtfeld *n*; ◇ **- de concentración** Konzentrationslager *n*; ◇ **- de fútbol/golf/tenis** Fußball-/Golf-/Tennisplatz *m*; ◇ **tener - libre** freie Bahn haben [2] AGR, ELEC, INFORM Gebiet *n*
camposanto *m* Friedhof *m*
camuflaje *m también FIG* Tarnung *f*
camuflar *vt* tarnen
cana *f* weißes Haar; *FAM* ◇ **echar una - al aire** einen Seitensprung machen
Canadá *m* Kanada *n*; **canadiense I.** *adj* kanadisch **II.** *m/f* Kanadier(in *f*) *m* **III.** *f* Kanadier *m Jacke mit Fellkragen*
canal *m* Kanal *m*; ◇ **el C~ de Panamá** der Panamakanal; ◇ **el C~ de la Mancha** der Englische Kanal
canal *f* (*de tejado*) Dachrinne *f*
canalizar ‹3.10› *vt* [1] kanalisieren [2] *FIG* lenken
canalón *m* Dachrinne *f*
canalla *m/f* Schurke *m*, Kanaille *f*; **canallada** *f* Gemeinheit *f*, böser Streich
canapé *m* [1] ↑ *diván* Sofa *n* [2] GASTRON Appetithappen *m*
canario(/a) I. *adj* kanarisch **II.** *m/f Einwohner(in) der Kanarischen Inseln* **III.** *m* Kanarienvogel *m*
canasta *f* Korb *m*
canasto *m* [großer] Korb
cancelación *f* Tilgung *f*, Streichung *f*; **cancelar** *vt* [1] → *deuda* tilgen, streichen [2] → *cuenta bancaria* kündigen, aufheben
cáncer *m* [1] MED Krebs *m* [2] ◇ C~ ASTR Krebs *m*; **cancerígeno** *adj* MED krebserregend, karzinogen; **canceroso** *adj* MED Krebs-, krebsartig
canciller *m* Kanzler(in *f*) *m*
canción *f* Lied *n*; **cancionero** *m* Liederbuch *n*
cancha *f* ↑ *pista* Sportplatz *m*, Tennisplatz *m*
candado *m* Vorhängeschloß *n*
candela *f* Kerze *f*; ◇ **dar -** verprügeln
candelabro *m* Kerzenleuchter *m*
candelero *m* (*para una vela*) Kerzenhalter *m*; ◇ **estar en el -** in gehobener Position sein
candente *adj* [1] rotglühend [2] *FIG* ↑ *de actualidad* hochaktuell
candidato(/a) *m/f* Kandidat(in *f*) *m*, Bewerber(in *f*) *m*; **candidatura** *f* [1] (*acción de presentarse*) Kandidatur *f* (*para* für) [2] (*lista de candidatos*) Kandidatenliste *f*
candidez *f* ↑ *inocencia* Unschuld *f*, Naivität *f*;
cándido *adj* ↑ *ingenuo* unschuldig, naiv, harmlos
candil *m* Öllampe *f*
candileja *f* [1] ↑ *lámpara de aceite* Öllampe *f* [2] *pl*, TEATRO Rampenlicht *n*
candor *m* ↑ *inocencia* Unschuld *f*, Aufrichtigkeit *f*
canela *f* Zimt *m*
canelón *m* GASTRON: ◇ **~es** Cannelloni *pl*
cangrejo *m* GASTRON Flußkrebs *m*; *FIG* ◇ **avanzar como los ~s** rückwärtsgehen
canguro I. *m* FAUNA Känguruh *n* **II.** *m/f FAM* Babysitter(in *f*) *m*
caníbal *m/f* Menschenfresser(in *f*) *m*
canica *f* Murmel *f*; ◇ **las ~s** Murmelspiel *n*
canijo *adj* kränklich
canino I. *adj* Hunde- **II.** *m* Eckzahn *m*
canjear vt auswechseln, eintauschen
cano *adj* grauhaarig
canoa *f* Kanu *n*
canon *m* [1] ↑ *precepto* Regel *f*, Vorschrift *f* [2] ↑ *modelo ideal* Kanon *m*
canónigo *m* REL Domherr *m*; **canonizar** ‹3.10› *vt* REL heiligsprechen
canoso *adj* grauhaarig, weißhaarig
cansado *adj* [1] ↑ *agotado* müde, erschöpft [2] ↑ *aburrido* langweilig; **cansancio** *m* [1] Müdigkeit *f* [2] ↑ *aburrimiento* Langeweile *f*;
cansar *vt* [1] → *trabajo* ermüden, anstrengen [2] ↑ *aburrir* langweilen [3] ↑ *disgustar* nerven;
cansino *adj* (*lento*) langsam
cantábrico *m* : ◇ **el C~** Golf *m* von Biskaya;
cántabro(/a) I. *adj* kantabrisch, nordspanisch **II.** *m/f* Kantabrier(in *f*) *m*
cantante I. *adj* singend; ◇ **llevar la voz -** den Ton angeben **II.** *m/f* Sänger(in *f*) *m*; **cantaor(a)** *m/f* (*de flamenco*) Flamencosänger(in *f*) *m*; **cantar I.** *vt* singen **II.** *vi* [1] singen; ◇ **-le a uno las cuarenta** jd-m den Kopf waschen; ◇ **ser algo coser y -** kinderleicht sein [2] ← *gallo* krähen; ◇ **en menos que canta un gallo** im Handumdrehen [3] ↑ *confesar* auspacken; *FAM* singen [4] (*en el juego*) quietschen, kreischen **III.** *m* [1] (*acción*) Singen *n* [2] ↑ *canción* Lied *n* [3] ↑ *poema* Gedicht *n*
cántaro *m* Henkelkrug *m*; ◇ **llueve a ~s** es gießt in Strömen
cantautor(a) *m/f* Liedermacher(in *f*) *m*
cante *m* Gesang *m*; ◇ **- jondo/hondo** *eine Art des Flamencosingens*
cantera *f* [1] (*de mármol*) Steinbruch *m* [2] SPORT Nachwuchs *m*
cantidad I. *f* [1] ↑ *porción* Anzahl *f*, Menge *f*; ◇ **en -** in großer Anzahl [2] ↑ *importe* Summe *f*,

Betrag *m* II. *adv FAM* ↑ *muchísimo* ziemlich viel; ◇ **esa moto corre ~** das Motorrad rast nicht schlecht
cantimplora *f* Feldflasche *f*
cantina *f* Kantine *f*
cantinela *f FIG*: ◇ **¡siempre la misma ~!** immer die gleiche Leier!
canto *m* [1] (*actividad*) Gesang *m;* (*melodía*) Lied *n;* (*de gallo*) Krähen *n* [2] (*de un plato*) Ecke *f;* (*de un libro*) Kante *f;* ◇ **~ del cuchillo** Messerrücken *m* [3] ↑ *piedra* Stein *m;* ◇ **~s rodados** Geröll *n;* ◇ **la puerta se cerró a cal y ~** die Tür schloß felsenfest; *FAM* ◇ **venga, dinero al ~** los, Geld her!; ◇ **de canto** seitlich; **cantor(a)** *m/f* Sänger(in *f*) *m;* **canturrear, canturriar** *vi* vor sich hin singen
canuto *m* [1] (*tubo*) Rohr *m,* Tube *f* [2] (*FAM porro*) Joint *m;* ◇ **fumarse un ~** kiffen
caña *f* [1] (FLORA *tallo*) Stengel *m;* ◇ **~ de azúcar** Zuckerrohr *n;* ◇ **~ de pescar** Angel *f; FAM* ◇ **darle/arrearle ~** antreiben [2] (*de cerveza*) kleines Bier
cañada *f* [1] (*entre dos alturas*) Schlucht *f,* Hohlweg *m,* Engpaß *m* [2] (*de ganado*) Weideweg *f*
cañería *f* Rohrleitung *f*
caño *m* [1] (*tubo*) Rohr *n;* (*de agua*) Wasserrohr *n* [2] (MUS *de órgano*) Orgelpfeife *f*
cañón *m* [1] ↑ *tubo* Rohr *n* [2] MIL Kanone *f;* (*de fusil*) Lauf *m;* ◇ **~ de agua** Wasserwerfer *m;* ◇ **estar al pie del ~** auf seiner Überzeugung beharren [3] (*entre montañas*) Schlucht *f;* **cañonazo** *m* Kanonenschuß *m*
caoba *f* Mahagoni *n*
caos *f* Chaos *n;* **caótico** *adj* chaotisch
cap. *abr. de* **capítulo** Kap.
capa *f* [1] (*prenda*) Umhang *m;* ◇ **estar de ~ caída** auf dem absteigenden Ast sein [2] (*de nieve*) Dekke *f,* Schicht *f;* (*de barniz*) Anstrich *m;* ◇ **~ social** Gesellschaftsschicht *f* [3] GEO Schicht *f;* ◇ **~ de ozono** Ozonschicht *f* [4] *FIG* Maske *f,* Vorwand *m* [5] TAUR großes Tuch *n* der Toreros
capacidad *f* [1] (*espacio*) Umfang *m,* Raum *m* [2] (*medida*) Kapazität *f,* Fassungsvermögen *n* [3] ↑ *inteligencia* Fähigkeit *f;* ◇ **tener ~ para hacer algo** Talent zu etw haben; **capacitación** *f* Fortbildung *f,* Training *n;* **capacitar** *vt* ausbilden; ◇ **~ a alguien para hacer algo** jd-m für etw qualifizieren
capar *vt* kastrieren
caparazón *m también FIG* Panzer *m*
capataz *m/f* Vorarbeiter(in *f*) *m*
capaz *adj* fähig, begabt
capear *vt* [1] TAUR den Stier mit der "capa" reizen [2] *FIG* ↑ *esquivar* ausweichen *dat*
capellán *m* REL Kaplan *m*
caperucita *f*: ◇ **C~ Roja** Rotkäppchen *n;* **caperuza** *f* Kapuze *f*
capicúa *adj* MATE: ◇ **número ~** symmetrische Zahl
capilla *f* REL Kapelle *f*
capirote *m* [1] (*en Semana Santa*) spitze Mütze [2] *FAM* ◇ **tonto de ~** Volltrottel *m*
capital I. *adj* hauptsächlich, wesentlich; JUR ◇ **pena ~** Todesstrafe *f* II. *m* COM Kapital *n* III. *f* Hauptstadt *f*
capitalismo *m* Kapitalismus *m;* **capitalista** I. *adj* kapitalistisch II. *m/f* Kapitalist(in *f*) *m;* **capitalizar** ⟨3.10⟩ *vt* kapitalisieren
capitán *m* Kapitän *m;* **capitanear** *vt* [1] → *tropa* befehligen [2] ↑ *guiar, dirigir* anführen
capitel *m* ARQUIT Kapitell *n*
capitolio *m* Kapitol *n*
capitulación *f* [1] ↑ *rendición* Kapitulation *f* [2] ↑ *pacto* Vertrag *m;* **capitular** *vi* kapitulieren
capítulo *m* Kapitel *n; FIG* ◇ **eso es un ~ aparte** das ist ein anderes Kapitel
capó *m* AUTO Motorhaube *f*
capón *m* [1] ↑ *golpe con los nudillos en la cabeza* Kopfnuß *f* [2] FAUNA ↑ *pollo castrado* Kapaun *m*
capota *f* [1] AUTO Verdeck *n* [2] (*de niño*) Mützchen *n*
capote *m* TAUR Stierkämpfermantel *m;* ◇ **echar un ~ a alguien** jd-m Hilfe [*o.* Beistand] leisten
Capricornio *m* ASTR Steinbock *m*
capricho *m* ↑ *deseo* Laune *f;* ◇ **darse un ~** einer Laune nachgeben; **caprichoso** *adj* launisch, launenhaft
cápsula *f* Kapsel *f,* Hülse *f*
captación *f* [1] Anwerbung *f* [2] JUR Erschleichung *f;* **captar** *vt* [1] → *persona* für sich gewinnen [2] ↑ *atraer* faszinieren [3] ↑ *comprender* begreifen, erfassen
captura *f* Fang *m;* (*de un criminal*) Festnahme *f;* **capturar** *vt* fangen; (*policial*) festnehmen
capucha *f* Kapuze *f*
capullo *m* [1] (*de seda*) Kokon *m* [2] (*de flor*) Knospe *f* [3] ANAT ↑ *prepucio* Vorhaut *f*
caqui *adj* (*color*) kaki
cara *f* [1] ANAT Gesicht *n;* ◇ **~ a la pared** mit dem Gesicht zu; ◇ **~ a ~** von Angesicht zu Angesicht; ◇ **¿~ o cruz?** Kopf oder Zahl?; ◇ **echar en ~** vorwerfen; ◇ **dar la ~** die Konsequenzen tragen [2] ↑ *expresión* Miene *f* [3] ↑ *aspecto* Aussehen *n;* ◇ **tener buena ~** gut aussehen; ◇ **tener mala ~** schlecht/krank aussehen [4] ↑ *ánimo* Mut *m;* ◇ **tener mucha ~** [*o* **ser un ~**] [*o* **ser un ~dura**] unverschämt sein [5] ↑ *lado* Seite *f*

carabina *f* Karabiner *m*
caracol *m* [1] FAUNA Schnecke *f;* (*concha*) Schneckenhaus *n* [2] (*de pelo*) Haarlocke *f;* **caracola** *f* (*de mar*) Muschel *f;* **caracolear** *vi* ← *caballo* tänzeln
carácter *m* ‹caracteres› [1] (*de persona*) Charakter *m,* Wesen *n;* ◇ **tener buen/mal** ~ e-n guten/schlechten Charakter haben [2] (*de cosa*) Merkmal *n,* Kennzeichen *n;* ◇ **visita de** ~ **privado** privater Besuch; **característico I.** *adj* charakteristisch, typisch (*de* für) **II.** *f* Eigenschaft *f,* Charakteristikum *n;* **caracterización** *f* Charakterisierung *f;* **caracterizar** ‹3.10› *vt* [1] charakterisieren; ◇ ~**se por algo** sich durch etw auszeichnen [2] TEATRO überzeugend darstellen
caradura *m FAM* unverschämter Mensch
carajo *interj VULG* verdammt!; ◇ **irse al** ~ vor die Hunde gehen
caramba *interj FAM* [1] (*enfado*) verdammt noch mal [2] (*sorpresa*) na so was
carámbano *m* Eiszapfen *m*
carambola *f* Karambolage *f;* ◇ **por** ~ [1] (*por casualidad*) zufällig [2] (*de rebote*) indirekt
caramelo *m* Bonbon *m;* (*azúcar fundido*) Karamel *m*
carantoña *f* Zärtlichkeiten *f/pl*
caraqueño(/a) I. *adj* aus Caracas **II.** *m/f* Einwohner (in *f*) *m* von Caracas
caravana *f* [1] Karawane *f;* ◇ **en** ~ ↑ *en fila india* im Gänsemarsch [2] (*de vehículos*) Autoschlange *f* [3] (*coche-vivienda*) Wohnwagen *m* [4] (*grupo*) Exkursion *f*
caray *interj* (*asombro*) Wahnsinn!
carbón *m* Kohle *f;* ◇ **papel** ~ *m* Kohlepapier *n;* ◇ **negro como el** ~ kohlrabenschwarz; **carbonera** *f* [1] MIN Kohlenmine *f* [2] Kohlenkeller *m;* **carbonero(/a)** *m/f* Kohlenhändler(in *f*) *m;* **carbonilla** *f* Kohlenstaub *m*
carbonizar ‹3.10› *vt* [1] QUIM karbonisieren [2] ↑ *quemar* zu Asche verbrennen
carbono *m* QUIM Kohlenstoff *m*
carburador *m* AUTO Vergaser *m*
carburante *m* AUTO Treibstoff *m*
carburo *m* QUIM Karbid *n*
carca *m/f FAM* ↑ *retrógrado* Spießer(in *f*) *m,* Reaktionär(in *f*) *m,* "Schwarze(r)" *fm*
carcajada *f* schallendes Gelächter; ◇ **reír a** ~**s** lauthals lachen
carcamal *m/f PEJ* alter Knacker; *FAM* Opa *m,* Oma *f*
cárcel *f* Gefängnis *n;* **carcelero(/a) I.** *adj* Gefängnis- **II.** *m/f* Gefängniswärter(in *f*) *m*
carcinoma *m* MED Karzinom *n,* Krebsgeschwulst *f*
carcomer *vt* [1] → *materiales* zerfressen [2] *FIG* → *salud* angreifen; **carcomido** *adj* [1] wurmstichig [2] *FIG* morsch, zerrüttet
cardar *vt* → *pelo* aufrauhen
cardenal *m* [1] REL Kardinal *m* [2] ↑ *morado* blauer Fleck; **cárdeno** *adj* dunkelviolett
cardíaco *adj* Herz-
cardinal *adj* hauptsächlich; ◇ **los puntos** ~**es** die Himmelsrichtungen; ◇ **los números** ~**es** Grundzahlen *f/pl*
cardiografía *f* MED Kardiogramm *n;* **cardiólogo(/a)** *m/f* Kardiologe *m,* Kardiologin *f;* **cardiopatía** *f* (MED *enfermedad del corazón*) Herzkrankheit *f*
cardo *m* [1] Distel *f* [2] *FAM* ↑ *persona arisca* bissiger Mensch
carear *vt* → *varias personas* gegenüberstellen
carecer ‹3.5› *vi:* ◇ ~ **de** Mangel haben an *dat;* **carencia** *f* Mangel *m* (*de* an *dat*)
carestía *f* [1] ↑ *escasez* Mangel *m* (*de* an *dat*) [2] COM ↑ *precio desmesurado* Teuerung *f;* ◇ ~ **de la vida** hohe Lebenshaltungskosten *pl*
careta *f* Maske *f;* ◇ **quitarse la** ~ sich demaskieren
carga *f* [1] Last *f;* ◇ ~ **familiar** Unterhaltspflicht *f;* ◇ ~ **fiscal** Steuerlast *f* [2] (*de barco*) Fracht *f,* Ladung *f* [3] MIL [Spreng-]Ladung *f;* ◇ **¡a la carga!** an die Geschütze!; **cargado** *adj* [1] beladen; ◇ ~ **de regalos** mit Geschenken beladen [2] ▷*arma* geladen [3] ELEC [auf]geladen [4] ▷*bebida* stark [5] (METEO *tiempo*) schwül [6] ↑ *aire, ambiente* drückend [7] *FAM* ↑ *suspendido* durchgerasselt; **cargamento** *m* (*mercancías*) Ladung *f;* **cargante** *adj* (*plomo*) lästig, nervig; **cargar** ‹3.11› **I.** *vt* [1] laden (*a*/*en* auf *akk*) [2] → *barco* beladen (*de* mit); FIN ◇ ~ **en cuenta** belasten; *FAM* ◇ ~ **las tintas** übertreiben [3] INFORM, ELEC [auf-]laden [4] → *a alguien* überhäufen, belasten (*con* mit) [5] ↑ *acusar* beschuldigen (*con gen*) [6] ↑ *resultar insoportable* nerven, belästigen **II.** *vi* [1] laden [2] ↑ *arrojarse* sich anlehnen (*sobre* an *akk*) **III.** *vr(se)* [1] ↑ *llenarse* sich füllen (*de* mit) [2] → *algo* kaputtmachen [3] *FAM* ↑ *matar* umlegen; ◇ ~**se de deudas** sich verschulden; *FAM* ◇ ~**se a alguien** jd-n durchrasseln lassen; **cargo** *m* [1] *también FIG* Last *f,* Bürde *f;* ◇ **hacerse** ~ **de las deudas** die Schulden übernehmen; ◇ **hacerse** ~ **de la situación** die Lage überblicken; ◇ **tener algo a su** ~ die Verantwortung für etw haben; ◇ **a** ~ **de** zu Lasten von [2] (*en empresa privada*) Posten *m;* (*en empresa pública*) Amt *n* [3] COM Rechnung *f,* Schuld *f* [4] *pl,* JUR Anklage *f*
carguero *m* NAUT Lastschiff *n*

caribe *adj* karibisch; **Caribe** *m* : ◇ **el ~** die Karibik
caricatura *f* Karikatur *f;* **caricaturizar** ⟨3.10⟩ *vt* karikieren
caricia *f* [1] Streicheln *n*, Liebkosung *f* [2] *FIG* Zärtlichkeit *f*
caridad *f* Wohltätigkeit *f*
caries *f* MED Karies *f*
cariño I. *m* [1] Liebe *f;* ↑ *afecto* Zuneigung *f* (*a* zu) [2] (*muestra de*) Liebkosung *f* II. *interj* Liebling *m;* **cariñoso** *adj* zärtlich, liebevoll
carisma *m* Charisma *n*, Ausstrahlung *f*
caritativo *adj* karitativ, wohltätig
cariz *m* (*de una situación*) Lage *f*
carmesí *adj* karminrot
carmín I. *adj* karminrot II. *m* [1] (*sustancia*) Karmin *n* [2] ↑ *lápiz de labios* Lippenstift *m*
carnada *f* Köder *m* aus Fleisch
carnal *adj* [1] fleischlich; ◇ **deseos ~es** sinnliches Verlangen *n* [2] ◇ **primo ~** leiblicher Cousin
carnaval *m* Karneval *m*
carne *f* Fleisch *n;* ◇ **de ~ y hueso** aus Fleisch und Blut; ◇ **ser uña y ~** Blutsbrüder sein; ◇ **echar ~s** zunehmen; ◇ **ponérsele a uno la ~ de gallina** eine Gänsehaut kriegen
carnero *m* GASTRON Hammel *m*
carnet, carné *m* ◇ **~ de conducir** Führerschein *m;* ◇ **~ de identidad** Personalausweis *m*
carnicería *f* [1] Metzgerei *f* [2] *FIG* Blutbad *n*, Gemetzel *n;* **carnicero(/a)** I. *adj* fleischfressend II. *m/f* Metzger(in *f*) *m*
carnívoro *adj* fleischfressend
carnoso *adj* fleischig
caro I. *adj* lieb, teuer II. *adv* kostspielig, teuer; ◇ **costar/salir ~** teuer sein
carota *m/f FAM* ↑ *cara dura* unverschämte Person
carpa *f* [1] (*pez*) Karpfen *m* [2] (*de circo*) Zirkuszelt, nt
carpeta *f* Aktenmappe *f*
carpintería *f* [1] (*oficio*) Tischlerhandwerk *n* [2] (*taller*) Tischlerei *f*, Schreinerei *f;* **carpintero (/a)** *m/f* Zimmermann *m*, Schreiner(in *f*) *m*, Tischler(in *f*) *m*
carraca *f FAM* [1] (*coche*) Klapperkiste *f* [2] (*persona*) Tattergreis *m*
carraspear *vi* sich räuspern
carrera *f* [1] (*de corredores*) Wettlauf *m;* (*de automóviles*) Rennen *n;* ◇ **~ armamentista** Rüstungswettlauf *m* [2] ↑ *trayecto* zurückgelegte Wegstrecke [3] ↑ *profesión* Karriere *f;* ◇ **hacer ~** Karriere machen [4] UNI Studium *n;* ◇ **hacer una ~** studieren
carrerilla *f* : ◇ **de ~** auswendig
carreta *f* Karren *m*
carrete *m* [1] (*de hilo*) Spule *f; FAM* ◇ **esta mujer tiene ~ para rato** diese Frau redet in einer Tour [2] (*de película*) Rolle *f* [3] ELEC Spule *f*
carretera *f* Landstraße *f*
carretilla *f* Schubkarre *f*
carril *m* [1] TREN Schiene *f* [2] (*de autopista*) Fahrbahn *f* [3] (*de ruedas*) Radspur *f*
carrillo *m* ANAT Backe *f*, Wange *f;* ◇ **comer a dos ~s** fressen
carro *m* [1] (*para transportar*) Karren *m;* MIL ◇ **~ de combate** Panzer *m* [2] (*de máquina de escribir*) Wagen *m* [3] *AM* ↑ *coche* Auto *n; FAM* ◇ **¡para el ~!** reiß dich zusammen!
carrocería *f* AUTO Karosserie *f*
carroza *f* [1] ↑ *coche adornado* Karosse *f* [2] *FAM* ◇ **ser un ~** ein alter Opa [*o.* eine alte Oma] sein
carrusel *m* Karussell *n*
carta *f* [1] Brief *m;* ◇ **~ certificada** Einschreiben *n* [2] GASTRON Speisekarte *f* [3] NAIPES [Spiel-] Karte *f; FIG* ◇ **poner las ~s sobre la mesa** die Karten auf den Tisch legen; ◇ **tomar ~s en el asunto** in eine Sache eingreifen; ◇ **echar las ~s a alguien** jd-m die Karten legen; **cartearse** *vr* sich schreiben
cartel *m* ↑ *anuncio* Poster *n*, Plakat *n*
cártel *m* COM Kartell *n*
cartelera *f* Kulturanzeiger *m*
cárter *m* AUTO Ölwanne *f*
cartera *m* [1] (*de bolsillo*) Brieftasche *f;* (*con documentos*) Aktentasche *f;* (*del colegio*) [Schul-]Mappe *f* [2] COM Auftragsbuch *n* [3] POL Portefeuille *n;* **carterista** *m/f* (*ladrón de carteras*) Taschendieb(in *f*) *m*
cartero(/a) *m/f* Briefträger(in *f*) *m*
cartilla *f* (*para aprender a leer*) Fibel *f;* ◇ **~ de la Seguridad Social** Sozialversicherungskarte *f;* ◇ **~ de ahorros** Sparbuch *n*
cartomancia *f* Wahrsagen *n* mit Karten
cartón *m* [1] Pappe *f*, Karton *m* [2] ARTE Kartoon *m;* ◇ **los ~es de Goya** Goyas Skizzen *f/pl* [3] (*de tabaco*) Stange *f*
cartucho *m* Patrone *f*
cartulina *f* Feinpappe *f*
casa *f* [1] Haus *n;* (*edificio*) Gebäude *n;* ◇ **~ consistorial** Rathaus *n;* ◇ **~ de húespedes** Pension *f;* ◇ **~ de socorro** Unfallstation *f;* ◇ **~ de citas** Bordell *n;* ◇ **echar la ~ por la ventana** das Geld zum Fenster hinauswerfen [2] ↑ *vivienda* Wohnung, f [3] COM Firma *f;* ◇ **~ editorial** Verlag *m*
casaca *f* Uniformrock *m*
casado(/a) I. *adj* verheiratet II. *m/f* Verheiratete(r) *m/f;* **casamiento** *m* Heirat *f*, Hochzeit *f;*

casar I. *vt* [1] → *personas* verheiraten, trauen [2] → *colores* kombinieren II. *vi* ↑ *varias cosas se corresponden* passen (*con* zu), harmonisieren (*con* mit) III. *vr(se)* heiraten

cascabel *m* Glöckchen *n;* FAUNA ◇ **serpiente** *f* **de ~** Klapperschlange *f*

cascada *f* Wasserfall *m*

cascanueces *m* Nußknacker *m;* **cascar** ‹3.7› I. *vt* [1] ↑ *romper* zerbrechen, knacken [2] ↑ *golpear* schlagen, verprügeln II. *vi* [1] *FAM* ↑ *hablar mucho* quasseln, schwatzen [2] *FAM* ↑ *morir* abkratzen III. *vr(se) FAM* ← *plan* hinfällig werden, sich zerschlagen

cáscara *f* (*de huevo, frutos*) Schale *f;* **cascarón** *m* (*del polluelo*) Eierschale *f*

cascarrabias *m/f* jähzornige Person, Hitzkopf *m*

casco *m* [1] (*de bombero*) Helm *m; FAM* ◇ **romperse/calentarse los ~s** sich den Kopf zerbrechen; *FAM* ◇ **ligero de ~s** leichtsinnig [2] NAUT Rumpf *m* [3] (*de algo roto*) Splitter *m* [4] (*de caballo*) Huf *m* [5] *pl, FAM* Kopfhörer *m* [6] ◇ **el ~ urbano** Stadtmitte *f*

caserío *m* [1] (*conjunto*) Bauernhof *n* [2] (*casa*) Landhaus *n*

casero(/a) I. *adj* [1] Haus-, hausgemacht; ◇ **comida casera** Hausmannskost *f* [2] ▷*familia* häuslich II. *m/f* ↑ *propietario* Hausherr(in *f*) *m*

caseta *f* [1] ↑ *barraca* Hütte *f,* Bude *f* [2] (*en la playa*) Umkleidekabine *f* [3] (*de feria*) [Schausteller-]Bude *f*

casi *adv* fast, beinahe

casilla *f* [1] (*de ajedrez etc.*) Feld *n; FAM* ◇ **sacar a alguien de sus ~s** jd-m schrecklich auf die Nerven gehen; *FAM* ◇ **salirse de sus ~s** außer sich geraten [2] *AM* Schließfach *n*

casino *m* Kasino *n*

caso *m* [1] Fall *m,* Ereignis *n;* ◇ **en ~ de** für den Fall, daß; ◇ **el ~ es que** die Sache ist die, daß; ◇ **hacer ~ omiso de algo** sich über etw *akk* hinwegsetzen; ◇ **hacer ~** beachten; ◇ **venir al ~** zur Sache gehören [2] GRAM Kasus *m*

caspa *f* Schuppen *pl*

casquillo *m* Patronenhülse *f*

cassette, **casete** *f* [1] (*cinta*) Kassette *f* [2] (*aparato*) Kassettenrecorder *m*

casta *f* [1] (*social*) Kaste *f* [2] ↑ *linaje* Abstammung *f*

castaña *f* [1] Kastanie *f* [2] *FAM* ↑ *golpe* Schlag *m* [3] *FAM* ↑ *borrachera* Sauftour *f;* **castaño** I. *adj* kastanienbraun II. *m* Kastanienbaum *m*

castañuela *f* Kastagnette *f;* ◇ **estar como unas ~s** aufgekratzt sein

castellano(/a) I. *adj* kastilisch II. *m/f* Kastilier(in *f*) *m* III. *m* (*idioma*) Spanisch *n*

castidad *f* Keuschheit *f*

castigar ‹3.11› *vt* [1] bestrafen [2] ↑ *maltratar* kränken; **castigo** *m* Strafe *f,* Bestrafung *f*

Castilla *f* Kastilien *n*

castillo *m* Schloß *n;* (*con muros*) Burg *f;* ◇ **hacer ~s en el aire** Luftschlösser bauen

castizo *adj* [1] ↑ *originario* reinrassig [2] (*del lenguaje*) rein, echt

casto *adj* keusch

castor *m* FAUNA Biber *m*

castración *f* Kastration *f;* **castrar** *vt* kastrieren

casual *adj* zufällig; **casualidad** *f* Zufälligkeit *f;* ◇ **darse la ~ de que** vorkommen, daß **por ~** zufällig

cataclismo *m* Katastrophe *f*

catalán(-ana) I. *adj* katalanisch II. *m/f* Katalane *m,* Katalanin *f* III. *m* (*idioma*) Katalanisch *n*

catalejo *m* Fernglas *n*

catalizador *m* FIS, AUTO Katalysator *m*

catalogar ‹3.11› *vt* katalogisieren, einordnen; ◇ **~ a alguien de** jd-n einstufen als; **catálogo** *m* Katalog *m;* ◇ **en ~** lieferbar

Cataluña *f* Katalonien *n*

cataplasma *f* MED

catar *vt* [1] probieren [2] ↑ *mirar* anschauen [3] *FIG* ↑ *examinar* untersuchen

catarata *f* [1] GEO Wasserfall *m* [2] MED grauer Star

catarro *m* MED Katarrh *m;* ↑ *resfriado* Erkältung *f*

catástrofe *f* Katastrophe *f;* ◇ **~ ecológica** Umweltkatastrophe; **catastrófico** *adj* (*desastroso*) katastrophal

catear *vt FAM* → *examen* durchfallen

catecismo *m* REL Katechismus *m*

cátedra *f* UNI Lehrstuhl *m*

catedral *f* Kathedrale *f*

catedrático(/a) *m/f* UNI Professor(in *f*) *m*

categoría *f* [1] ↑ *jerarquía* Kategorie *f* [2] (*social*) Klasse *f;* ◇ **tener mucha ~** viel können; **categórico** *adj* kategorisch

catequesis *f* REL Religionsunterricht *m;* **catequista** *m/f* Religionslehrer(in *f*) *m*

cateto *m* [1] *FAM* ↑ *persona ignorante* Dummkopf *m* [2] MATE Kathete *f*

catolicismo *m* Katholizismus *m;* **católico(/a)** I. *adj* katholisch II. *m/f* Katholik(in *f*) *m*

catorce *numeral* vierzehn

catre *m* (*de prisión*) Pritsche *f*

cauce *m* (*del agua*) Flußbett *n; FIG* ◇ **volver las aguas a su ~** eine Sache in Ordnung bringen

caución *f* Kaution *f,* Bürgschaft *f*

caucho *m* Kautschuk *m*

caudal *m* [1] (*de agua*) Wassermenge *f* [2] (*de dinero*) Vermögen *n*, Besitz *m* [3] ↑ *abundancia* Fülle *f*; **caudaloso** *adj* ▷*río* wasserreich
caudillo *m* Führer(in *f*) *m*, Anführer(in *f*) *m*
causa *f* [1] ↑ *motivo* Grund *m*; ◇ **a ~ de** wegen; ◇ **hablar sin ~** grundlos reden [2] ↑ *ideal* Ursache *f* [3] JUR Prozeß *m*; **causante** I. *adj* verursachend II. *m/f* Verursacher(in *f*) *m*; **causar** *vt* verursachen, hervorrufen
cáustico *adj* [1] ätzend [2] *FIG* bissig
cautela *f* Vorsicht *f*; **cauteloso** *adj* vorsichtig
cauterizar ‹3.10› *vt* MED kauterisieren, wegätzen
cautivador *adj FIG* fesselnd, packend; **cautivar** *vt* [1] →*preso* gefangennehmen [2] *FIG* ↑ *seducir* fesseln, packen; **cautiverio** *m*, **cautividad** *f* Gefangenschaft *f*; **cautivo(/a)** I. *adj* gefangen II. *m/f* Gefangene(r) *fm*
cauto *adj* vorsichtig, behutsam
cava I. *f* (*lugar*) Weinkellerei *f* II. *m* (*vino al estilo del champán*) Sekt *m*
cavar *vt, vi* graben
caverna *f* Höhle *f*, Grotte *f*
cavidad *f* [1] Hohlraum *m*, Aushöhlung *f* [2] MED Höhle *f*
cavilar *vt* grübeln über *akk*
cayado *m* Hirtenstab *m*
caza I. *f* [1] (*acción*) Jagd *f*; ◇ **andar a la ~ de algo** auf die Suche nach etw gehen; ◇ **dar ~ a alguien** jd-m nachstellen [2] ↑ *presa* Jagdbeute *f* II. *m* AERO Jagdflugzeug *n*; **cazador(a)** I. *m/f* Jäger(in *f*) *m* II. *f* (*prenda*) Lederjacke *f*; **cazar** ‹3.10› *vt* [1] → *animales* jagen [2] ↑ *seguir* verfolgen [3] *FAM* ↑ *dar alcance* erwischen, schnappen
cazo *m* [1] Kochtopf *m* [2] (*para servir*) Schöpflöffel *m*
cazuela *f* [1] ↑ *vasija* Kasserole *f* [2] GASTRON ↑ *guiso* [Schmor-]Braten *m*
cazurro *adj* ↑ *testarudo* ungesellig
C.E. *f abr. de* **Comunidad Europea** EG *f*
cebada *f* Gerste *f*
cebar I. *vt* [1] ↑ *alimentar* mästen, füttern [2] *FIG* → *pasión* nähren II. *vr(se)*: ◇ **~se en alguien** an jd-m seine Wut auslassen
cebo *m* [1] (*para animales*) Futter *n*; (*para peces*) Köder *m* [2] *FIG* ↑ *cosa atractiva* Anreiz *m*, Köder *m*
cebolla *f* Zwiebel *f*
cebra *f* FAUNA Zebra *n*
cecear *vi* lispeln; **ceceo** *m* Lispeln *n*
cecina *f* (*carne seca*) Dörrfleisch *n*
cedazo *m* Sieb *n*
ceder I. *vt* abgeben, abtreten; AUTO ◇ **~ el paso** Vorfahrt geben II. *vi* [1] ↑ *transigir* nachgeben (*a dat*) [2] ↑ *disminuir* nachlassen, sich verringern [3] ↑ *aflojar* ausleiern [4] ↑ *romperse* zusammenbrechen
cedro *m* Zeder *f*
cédula *f* ↑ *documento* Urkunde *f*, Dokument *n*; ◇ **~ hipotecaria** Hypothekenbrief *m*
C.E.E. *f abr. de* **Comunidad Económica Europea** EG *f*, Europäische Gemeinschaft
cegar ‹3.11› I. *vt* [1] *también FIG* blenden, blind machen [2] ↑ *tapar* zuschütten II. *vi* erblinden, blind werden III. *vr(se)* [1] *FIG* blind sein (*por* für) [2] ↑ *obstruirse* verstopfen; **cegato(/a)** I. *adj también FIG* kurzsichtig II. *m/f* Kurzsichtige(r) *fm*
ceguer *f* Blindheit *f*
ceja *f* Augenbraue *f*; ◇ **meterse/tener una cosa entre ~ y ~** sich etw in den Kopf setzen
cejar *vi* [1] ↑ *desistir* zurückweichen [2] *FIG* nachgeben
cejijunto *adj* mit buschigen Augenbrauen
celada *f* ↑ *engaño* Falle *f*
celador(a) *m/f* [1] (*de edificio*) Wache *f*, Aufseher(in *f*) *m* [2] (*de cárcel*) Wärter(in *f*) *m*; **celar** *vt* ↑ *vigilar* bewachen
celda *f* Zelle *f*
celebración *f* Feier *f*; **celebrar** I. *vt* [1] ↑ *festejar* feiern [2] ↑ *alabar* loben, rühmen [3] → *conferencia* abhalten II. *vi* sich freuen III. *vr(se)* stattfinden
célebre *adj* berühmt; **celebridad** *f* [1] Ruhm *m* [2] (*persona*) Berühmtheit *f*
celeste *adj* [1] himmlisch [2] (*color*) himmelblau; **celestial** *adj* himmlisch
celestina *f* Kupplerin *f*
celibato *m* Zölibat *n o m*
célibe *adj* ledig
celo *m* [1] ↑ *cuidado* Eifer *m* [2] (*de animales*) Brunst *f* [3] ◇ **~s** *pl* Eifersucht *f* (*de* auf *akk*)
celofán ® *m* Cellophan *n*
celoso *adj* [1] ▷*trabajo* eifrig [2] (*de amor*) eifersüchtig (*de* auf *akk*)
celta I. *adj* keltisch II. *m/f* Kelte *m*, Keltin *f*
célula *f* BIO, POL Zelle *f*
celulitis *f* MED Zellulitis *f*
celuloide *m* Zelluloid *n*
cementar *vt* zementieren
cementerio *m* Friedhof *m*
cemento *m* Zement *m*; (*en la construcción*) Beton *m*; ◇ **~ armado** verstärkter Beton
cena *f* Abendessen *n*
cenagal *m también FIG* Sumpf *m*, Moor *n*; **cenagoso** *adj* sumpfig, schlammig
cenar *vt, vi* zu Abend essen

cencerro *m* (*de las reses*) Kuhglocke *f; FAM* ◇ **estar como un** ~ verrückt sein
cenicero *m* Aschenbecher *m*
Cenicienta *f* Aschenbrödel *n*, Aschenputtel *n*
cenit *m* Zenit *m*
ceniza *f* Asche *f*
cenizo *m* Unglücksrabe *m*
censar *vt, vi* eine Volkszählung machen; **censo** *m* [1] (*de población*) Volkszählung *f* [2] (*de ciudadanos al voto*) Wahlzensus *m*
censor(a) *m/f* Zensor(in *f*) *m;* **censura** *f* [1] ↑ *corrección* Zensur *f* [2] ↑ *crítica* Kritik *f;* **censurar** *vt* [1] → *artículo* zensieren [2] ↑ *criticar* kritisieren [3] ↑ *condenar* mißbilligen
centella *f* Blitz *m*
centellar, **centellear** *vi* ← *metal* glänzen; ← *astros* funkeln; **centelleo** *m* Funkeln *n*, Blitzen *n*
centenar *m* Hundert *n;* **centenario I.** *adj* hundertjährig **II.** *m* ↑ *celebración* Hundertjahrfeier *f*
centeno *m* GASTRON Roggen *m*
centésimo *adj* hundertste(r, s)
centígrado *adj* Celsius
centímetro *m* Zentimeter *n o m*
céntimo I. *adj* hundertste(r, s) **II.** *m* (*moneda*) Centimo *m (Hundertstel einer Peseta);* ◇ **no tener un** ~ keinen Pfennig haben
centinela *f* Wach[t]posten *m*
centollo *m* GASTRON Seespinne *f*
central I. *adj* zentral **II.** *f* [1] Hauptgeschäftsstelle *f*, Zentrale *f;* ◇ ~ **de correos** Hauptpostamt *n* [2] TEL Zentrale *f*, Vermittlung *f* [3] TECNI Kraftwerk *n;* ◇ ~ **nuclear,** ~ **atómica** Atomkraftwerk *n*, Kernkraftwerk *n*
centralización *f* Zentralisierung *f;* **centralizar** ‹3.11› *vt* zentralisieren
centrar I. *vt* [1] ↑ *colocar* zentrieren [2] ↑ *aunar esfuerzos* konzentrieren (*en* auf *akk*) [3] ↑ *atraer el interés* lenken (*en* auf *akk*) **II.** *vr(se)* sich konzentrieren (*en* auf *akk*); **céntrico** *adj* Zentral-
centrifugar ‹3.11› *vt* schleudern
centro *m* [1] (*en geometría*) Zentrum *n;* (*punto principal*) Mitte *f;* ◇ ~ **comercial** Einkaufszentrum *n;* ◇ ~ **turístico** Touristenzentrum *n;* ◇ ~ **docente** Schulzentrum *n;* ◇ ~ **de recogida de datos** Datenzentrum *n* [2] *FIG* ↑ *foco* Brennpunkt *m*, Mittelpunkt *m;* **centroamericano(/a) I.** *adj* mittelamerikanisch **II.** *m/f* Mittelamerikaner(in *f*) *m;* **centroeuropeo** *adj* Mitteleuropa *n*
centuria *f* Jahrhundert *n*
ceñido *adj* ▷*pantalón* eng anliegend; **ceñir** ‹3.16› **I.** *vt* [1] ↑ *rodear* einfassen [2] ↑ *ajustar* enger schnallen **II.** *vr(se) FIG* sich kurz fassen
ceño *m* Stirnrunzeln *n;* ◇ **fruncir el** ~ eine finstere Miene machen
cepa *f* (*de vid*) Rebstock *m; FIG* ◇ **de buena** ~ hochwertig
cepillar I. *vt* [1] → *traje* ausbürsten [2] → *pelo* bürsten [3] → *madera* hobeln **II.** *vr(se) FAM* [1] ↑ *malgastar* verschwenden [2] ↑ *robar* mitgehen lassen [3] ↑ *matar* kaltmachen, abmurksen; **cepillo** *m* [1] Bürste *f* [2] TECNI Hobel *m*
cepo *m* [1] (*para cazar*) Falle *f* [2] AUTO Parkkralle *f*
ceporro *adj* ↑ *torpe* blöd, dumm
cera *f* Wachs *n*
cerámico(/a) I. *adj* keramisch, Keramik- **II.** *f* [1] Keramik *f* [2] Töpferkunst *f*
cerbatana *f* Blasrohr *n*
cerca I. *f* Umzäunung *f;* ↑ *tapia* Zaun *m* **II.** *adv* nahe, in der Nähe; ◇ ~ **de** [1] in der Nähe von, bei [2] (*casi*) ungefähr; **cercanía** *f* [1] Nähe *f* [2] (*pl*) ◇ ~**s** Umgebung *f;* **cercano** *adj* nahe, in der Nähe [gelegen]
cercar ‹3.7› *vt* [1] (*con una cerca*) umzäunen [2] ↑ *rodear* einkreisen [3] MIL belagern
cerciorar I. *vt* ↑ *confirmar* versichern **II.** *vr(se)* ↑ *asegurarse* sich überzeugen (*de* von)
cerco *m* [1] Umzäunung *f* [2] ARQUIT Rahmen *m* [3] MIL Belagerung *f*
cerdada *f FAM* Schweinerei *f;* **cerdo** *m* FAUNA *también FIG* Schwein *n*
cereal *m* Getreide *n*
cerebro *m* [1] Gehirn *n* [2] (*juicio*) Verstand *m*
ceremonia *f* Zeremonie *f;* **ceremonial I.** *adj* feierlich **II.** *m* Zeremoniell *n;* **ceremonioso** *adj* [1] förmlich [2] ↑ *correcto* formell, steif
cereza *f* Kirsche *f;* **cerezo** *m* FLORA Kirschbaum *m*
cerilla *f* Streichholz *n*
cerner ‹3.1› **I.** *vt también FIG* sieben **II.** *vr(se)* [1] (*en el aire*) schweben [2] *FIG* ← *amenaza* drohen, bevorstehen
cero *m* Null *f;* ◇ **ser alguien un** ~ **a la izquierda** eine Null/Niete sein; ◇ **partir de** ~ bei Null anfangen
cerrado *adj* [1] geschlossen, zu; (*con llave*) abgeschlossen [2] ▷*cielo* bewölkt [3] ▷*curva* scharf [4] ▷*oscuridad* geheimnisvoll [5] ▷*carácter* verschlossen; **cerradura** *f* Schloß *n;* **cerrajería** *f* [1] (*oficio*) Schlosserhandwerk *n* [2] (*tienda*) Schlosserei *f;* **cerrajero(/a)** *m/f* Schlosser(in *f*) *m;* **cerrar** ‹3.1› **I.** *vt* [1] schließen; (*con cerradura*) verschließen [2] → *paso, conducto* [ver]sperren [3] → *pacto, trato* abschließen [4] *FIG* ↑ *cesar* abschließen **II.** *vi* [1] sich schließen, zugehen; ← *noche* hereinbrechen **III.** *vr(se)* [1] ← *cielo* sich bewölken [2] (*en actitud intransigente*) beharren (*en* auf *akk*); ◇ ~**se en hacer algo** sich auf etw versteifen

cerro *m* Hügel *m;* ◇ **irse por los ~s de Úbeda** vom Thema abweichen
cerrojo *m* Riegel *m*
certamen *m* Wettbewerb *m*
certero *adj* [1] ▷*tiro* treffend [2] ↑ *acertado* genau, richtig; **certeza**, **certidumbre** *f* Gewißheit *f*
certificado *m* [1] (*título*) Bestätigung *f*, Attest *n* [2] (*envío*) Einschreiben *n;* **certificar** ⟨3.7⟩ *vt* [1] ↑ *garantizar* bescheinigen, attestieren [2] (*por correo*) als Einschreiben aufgeben
cervecería *f* [1] (*fábrica*) Brauerei *f* [2] (*lugar*) Bierstube *f;* **cervecero(/a)** I. *adj* Bier- II. *m/f* Brauer(in *f*) *m;* **cerveza** *f* Bier *n*
cesación *f* ↑ *cese* Stillstand *m;* (*de fuego*) Einstellen *n;* **cesante** *adj* arbeitslos, entlassen; **cesar** I. *vt* [1] beenden [2] *FAM* → *obrero* feuern II. *vi* aufhören, enden; ◇ **sin ~** unaufhörlich
cesarea *f* MED Kaiserschnitt *m*
cese *m* [1] (*de empleo*) Entlassung *f* [2] (*de negocio*) Aufgabe *f*
cesio *m* Cäsium *n*
césped *m* Rasen *m*
cesta *f* Korb *m;* ◇ **~ de la compra** Einkaufskorb *m;* **cestería** *f* [1] (*oficio*) Korbflechterei *f* [2] (*lugar*) Korbwarenladen *m;* **cesto** *m* [großer] Korb
cetro *m* [1] ↑ *vara* Zepter *n* [2] *FIG* ↑ *supremacía* Macht *f*
ch..., **CH...** *nach Buchstabe C*
Cía. *abr. de* **compañía** Ges.
cianuro *m* Zyanid *n*
cibernética *f* Kybernetik *f*
cicatriz *f* Narbe *f;* **cicatrizar** ⟨3.10⟩ *vt* (*curar*) heilen
cíclico *adj* (*de ciclo*) zyklisch
ciclismo *m* Radrennsport *m;* **ciclista** I. *adj* Rad- II. *m/f* Radfahrer(in *f*) *m*
ciclo *m* [1] (*de hechos*) Zyklus *m* [2] (*de tiempo*) Kreislauf *m*
ciclocross *m* ⟨inv⟩ SPORT Fahrrad-Geländerennen *n*
ciclomotor *m* Mofa *n*
ciclón *m* Wirbelsturm *m*
cicloturismo *m* Radsport *m*
ciego(/a) I. *adj* blind II. *m/f* Blinde(r) *fm;* ◇ **comprar a ciegas** die Katze im Sack kaufen; ◇ **dar palos de ~** im Dunkeln tappen
cielo I. *m* Himmel *m* II. *interj:* ◇ **¡~!** Himmel!; ◇ **¡~s!** ach du lieber Himmel!; ◇ **como llovido/caído del ~** aus heiterem Himmel; ◇ **írsele a uno el santo al ~** etw völlig vergessen haben
ciempiés *m* ⟨inv⟩ FAUNA Tausendfüß[l]er *m*
cien *numeral ver* **ciento**
ciénaga *f* Sumpf *m*
ciencia *f* Wissenschaft *f;* ◇ **~ ficción** Science-fiction *f;* ◇ **~s naturales** Naturwissenschaften *f/pl*
cieno *m* Schlamm *m*
científico(/a) I. *adj* wissenschaftlich II. *m/f* Wissenschaftler(in *f*) *m*
ciento *numeral*, **cien** *numeral* hundert; ◇ **el 82 por ~** 82 Prozent; ◇ **dar cien vueltas a uno** jd-m meilenweit überlegen sein
cierne *m FIG*: ◇ **en ~s** angehend
cierre *m* [1] ↑ *candado* Schloß *n*, Verschluß *m;* ◇ **~ de rosca** Schraubverschluß *m* [2] (*acción*) Abschließen *n*
cierto *adj* [1] ↑ *seguro* sicher, gewiß; ◇ **un ~ autor** ein gewisser; ◇ **por ~** bestimmt [2] ↑ *verdadero* genau, richtig; ◇ **sí, es ~** ja, es ist wahr
ciervo *m* FAUNA Hirsch *m*
cierzo *m* Nordwind *m*
cifra *f* [1] (*cada número*) Ziffer *f*, Zahl *f* [2] ↑ *suma* Summe *f*, Anzahl *f* [3] ↑ *clave* Kode *m;* **cifrar** *vt* [1] (*en clave*) chiffrieren, kodieren [2] *FIG* ↑ *reducir* kürzen
cigala *f* GASTRON Kronenhummer *m*
cigarra *f* FAUNA Zikade *f*
cigarrera *f* Zigarrenkiste *f;* **cigarillo** *m* Zigarette *f;* **cigarro** *m* (*puro*) Zigarre *f;* (*cigarillo*) Zigarette *f*
cigüeña *f* FAUNA Storch *m*
cigüeñal *m* AUTO Kurbelwelle *f*
cilindrada *f* AUTO Hubraum *m*
cilíndrico *adj* zylindrisch
cilindro *m* [1] MATE Zylinder *m* [2] TECNI Walze *f*
cima *f* [1] (*de montaña*) Gipfel *m;* (*de árbol*) Wipfel *m*, Spitze *f* [2] *FIG* Höhepunkt *m* [3] *FIG* ↑ *conclusión* Fertigstellung *f*
cimbrar, **cimbrear** I. *vt* schaukeln, schwingen II. *vr(se)* sich wiegen
cimentar ⟨3.1⟩ *vt* [1] → *edificio* die Grundmauern legen für [2] *FIG* → *paz, relaciones* den Grundstein legen zu; **cimiento** *m también FIG* Fundament *n*
cinc *m* Zink *n*
cincel *m* Meißel *m;* **cincelar** *vt* meißeln
cinco *numeral* fünf
cincuenta *numeral* fünfzig
cine *m* Kino *n;* ◇ **de ~** filmreif; **cineasta** *m/f* (*actor*) Filmschauspieler(in *f*) *m;* (*director*) Filmemacher(in *f*) *m;* **cine-club** ⟨s *o* es⟩ *m* Filmklub *m;* **cinéfilo(/a)** *m/f* Kinofan *m*, Cineast(in *f*) *m;* **cinematográfico** *adj* Film-, Kino-
cínico(/a) I. *adj* zynisch II. *m/f* Zyniker(in *f*) *m;* **cinismo** *m* Zynismus *m*

cinta *f* [1] (*de pelo*) Band *n;* ◇ ~ **aislante** Isolierband *n;* ◇ **cassette** Tonband *n;* ◇ ~ **métrica** Bandmaß *n* [2] ↑ *tira* Streifen *m;* ◇ ~ **adhesiva** Klebeband *n* [3] ↑ *film* Film *m;* ◇ ~ **de vídeo** Videokassette *f*

cinto *m* Gürtel *m*

cintura *f* Taille *f;* ◇ **meter a alguien en** ~ jd-n zur Vernunft bringen

cinturón *m* Gurt *m,* Gürtel *m;* ◇ ~ **de seguridad** Sicherheitsgurt *m;* ◇ **apretarse el** ~ den Gürtel enger schnallen

ciprés ⟨cipreses⟩ *m* FLORA Zypresse *f*

circense *adj* Zirkus-; **circo** *m* Zirkus *m*

circuito *m* [1] (*límite*) Umfang *m* [2] ↑ *recorrido* Strecke *f;* ◇ ~ **de carreras** Rennstrecke *f;* ◇ ~ **turístico** Rundfahrt *f* [3] ELEC Stromkreis *m,* Schaltkreis *m*

circulación *f* [1] Kreislauf *m* [2] AUTO Verkehr *m;* ◇ ~ **circular** Kreisverkehr *m*

circular [1] I. *adj* kreisförmig II. *f* Rundschreiben *n*

circular [2] I. *vt* → *información* in Umlauf bringen II. *vi* [1] MED, FIN zirkulieren [2] AUTO fahren; ◇ ~ **por la derecha** auf der rechten Seite fahren

círculo *m* Kreis *m;* ◇ ~ **de amistades** Freundeskreis *m;* ◇ **en ~s bien informados** in gutinformierten Kreisen

circuncidar *vt* REL beschneiden; **circuncisión** *f* Beschneidung *f*

circunciso *adj* beschnitten

circundar *vt* ↑ *cercar* umgeben, umringen

circunferencia *f* Umfang *m,* Umkreis *m*

circunlocución *f* **circunloquio** *m* Umschreibung *f*

circunscribir ⟨irr circunscrito⟩ I. *vt* [1] ↑ *reducir* eingrenzen [2] MATE umschreiben II. *vr(se)* sich beschränken (*a* auf *akk*); **circunscripción** *f* [1] *FIG* Eingrenzung *f* [2] ↑ *zona* Bezirk *m*

circunspección *f* Umsicht *f;* (*actitud*) Vorsicht *f;* **circunspecto** *adj* umsichtig, vorsichtig

circunstancia *f* Umstand *m;* JUR ◇ **~s agravantes** erschwerende Umstände; **circunstancial** *adj* ↑ *ocasional* den Umständen entsprechend

circunvalación *f* : ◇ **carretera de** ~ *f* Umgehungsstraße *f;* **circunvalar** *vt* ↑ *rodear* umgehen

cirio *m* [1] [Wachs-]Kerze *f* [2] Streit *m; FAM* ◇ **armar un** ~ einen Streit vom Zaun brechen

ciruela *f* Pflaume *f;* **ciruelo** *m* FLORA Pflaumenbaum *m*

cirugía *f* Chirurgie *f;* ◇ ~ **estética/plástica** Schönheitschirurgie *f;* **cirujano(/a)** *m/f* Chirurg(in *f*) *m*

cisco *f* Streit *m; FAM* ◇ **hacerse** ~ zerbrechen; *FAM* ◇ **estar hecho un** ~ fix und fertig sein

cisne *m* FAUNA Schwan *m*

cisterna *f* Zisterne *f,* Wasserbehälter *m;* ◇ **camión** ~ *m* Tankwagen *m*

cita *f* [1] ↑ *nota* Zitat *n* [2] (*con alguien*) Verabredung *f;* (*formal*) Termin *m*

citación *f* : ◇ ~ **judicial** Vorladung *f;* **citar** I. *vt* [1] → *texto* zitieren [2] bestellen; JUR vorladen II. *vr(se)* sich verabreden

cítrico *adj* Zitronen-; **cítricos** *m/pl* Zitrusfrüchte *pl*

ciudad *f* Stadt *f;* ◇ ~ **satélite** Trabantenstadt *f,* Satellitenstadt *f;* **ciudadano(/a)** I. *adj* [1] städtisch [2] POL staatsbürgerlich II. *m/f* [1] Städter(in *f*) *m* [2] [Staats-]Bürger(in *f*) *m;* **ciudadela** *f* Zitadelle *f*

cívico *adj* bürgerlich; **civil** I. *adj* [1] POL, REL, MIL zivil; ◇ **casarse por lo** ~ sich standesamtlich trauen lassen [2] *FIG* ▷*comportamiento* höflich, zuvorkommend II. *m/f FAM* Polizist(in *f*) *m*

civilización *f* Zivilisation *f;* **civilizar** ⟨3.10⟩ *vt* [1] zivilisieren [2] ↑ *formar* bilden, erziehen

civismo *m* vorbildliches staatsbürgerliches Verhalten

cizaña *f* ↑ *enemistad* Zwietracht *f;* ◇ **meter/sembrar** ~ Zwietracht säen

clamar I. *vt* schreien nach II. *vi* ↑ *quejarse* flehen (*por* um); **clamor** *m* ↑ *griterío* Geschrei *n;* (*de queja*) Flehen *n;* **clamoroso** *adj* spektakulär, gewaltig

clandestino *adj* heimlich; POL im Untergrund arbeitend

claqué *m* Step[tanz] *m*

clara *f* (*del huevo*) Eiweiß *n*

claraboya *f* NAUT Oberlicht *n*

clarear I. *vi* [1] ↑ *amanecer* Tag werden; ◇ **al ~ el día** bei Tagesanbruch [2] ↑ *disiparse una bruma* aufklaren II. *vr(se)* durchsichtig sein

clarete *m* (*vino*) Rosé *m*

claridad *f* [1] (*de luz*) Helle *f* [2] (*FIG de estilo*) Klarheit *f*

clarificar ⟨3.7⟩ *vt* [1] ↑ *iluminar* aufhellen [2] *FIG* → *situación* erläutern, erklären

clarín *m* Signalhorn *n*

clarinete *m* MUS Klarinette *f*

clarividencia *f* Hellsehen *n;* **clarividente** *m/f* Hellseher(in *f*) *m*

claro I. *adj* [1] ▷*cielo, voz* klar, rein [2] ↑ *iluminado* leuchtend [3] ▷*color* hell; ◇ **rojo** ~ hellrot [4] *FAM* ↑ *lógico* klar, logisch; ↑ *sin rodeos* direkt; ◇ **a las claras** unverblümt [*o.* ohne Umschweife] [5] ↑ *poco espeso* dünn II. *adv* deutlich, klar III. *interj* natürlich, klar; ◇ **¡~ que sí!** na

klar! **IV.** *m* [1] (*de un dibujo*) Helle *f* [2] Licht *n;* ◇ **poner en ~** klarstellen [3] (*del bosque*) Lichtung *f;* **claroscuro** *m* Helldunkel *n*
clase *f* [1] (COLE *de alumnos*) Klasse *f;* POL Schicht *f;* ◇ **~ alta/media/obrera** Ober-/Mittel-/Arbeiterschicht *f* [2] ↑ *tipo* Art *f,* Sorte *f* [3] ↑ *actividad docente* Unterricht *m;* UNI Vorlesung *f* [4] ↑ *categoría* Rang *m;* AERO ◇ **~ turística** Touristenklasse *f;* **clasicismo** *m* Klassizismus *m*
clásico *adj* [1] klassizistisch [2] *FIG* klassisch
clasificación *f* [1] (*ación*) Einteilung *f,* Klassifizierung *f* [2] SPORT ↑ *resultado* Tabellenstand *m;* **clasificar** ⟨3.7⟩ *vt* einteilen, klassifizieren
clasista I. *adj* (POL *de clases*) Klassen- **II.** *m/f* klassenbewußter Mensch; *PEJ* Snob *m*
claudicar ⟨3.7⟩ *vi FIG* nachgeben, weich werden
claustro *m* ARQUIT Kreuzgang *m*
claustrofobia *f* Klaustrophobie *f*
cláusula *f* Klausel *f*
clausura *f* (*de ceremonia*) Schließen *f,* Schluß *m;* **clausurar** *vt* schließen
clavar *vt* [1] ↑ *sujetar* befestigen, [an]nageln; (*introducir con clavos*) einschlagen; → *cuchillo,* hineinstechen (*en* in *akk*) [2] *FIG* → *mirada* heften (*en* auf *akk*) [3] *FAM* ↑ *abusar* ausnehmen
clave *f* Schlüssel *m;* MUS Notenschlüssel *m;* ◇ **dar con/en la ~** die Lüsung finden
clavel *m* FLORA Nelke *f*
clavícula *f* ANAT Schlüsselbein *n*
clavija *f* [1] Bolzen *m;* Zapfen *m,* Stift *m* [2] (ELEC) Stecker *m; FAM* ◇ **apretar la ~s a uno** jd-m die Daumenschrauben anlegen
clavo *m* [1] ↑ *pieza metálica* Nagel *m; FIG* ◇ **dar en el ~** den Nagel auf den Kopf treffen; ◇ **ser como un ~** pünktlich sein [2] FLORA Gewürznelke *f* [3] (MED *de pie*) Hühnerauge *n*
claxon *m* AUTO Hupe *f*
clemencia *f* Milde *f,* Gnade *f;* **clemente** *adj* mild, gnädig
cleptómano(/a) *m/f* Kleptomane *m,* Kleptomanin *f*
clerical *adj* geistlich, klerikal; **clérigo** *m* Geistliche(r) *fm;* **clero** *m* Klerus *m*
cliente *m/f* Kunde *m,* Kundin *f;* JUR Klient(in *f*) *m;* **clientela** *f* Kundschaft *f*
clima *m* Klima *n;* **climatizado** *adj* [1] klimatisiert; ▷*local, vehículo* mit Klimaanlage [2] ▷*piscina* beheizt; **climatizar** ⟨3.10⟩ *vt* klimatisieren; **climatología** *f* Klimatologie *f*
clínica *f* Klinik *f*
clip *m* Büroklammer *f*
cloaca *f* Kloake *f*
clorhídrico *adj:* ◇ **ácido ~** Salzsäure *f*
cloroformo *m* Chloroform *n*
club ⟨s *o* es⟩ *m* Klub *m*
C.N.T. *f abr. de* **Confederación Nacional del Trabajo** *anarchistisch orientierter Gewerkschaftsverband*
coacción *f* Zwang *m;* JUR Nötigung *f;* **coaccionar** *vt* (*forzar*) zwingen
coagular *vt* zum Gerinnen bringen
coalición *f* Koalition *f*
coartada *f* JUR Alibi *n;* **coartar** *vt* einschränken
coba *f:* ◇ **dar ~** schmeicheln
cobarde I. *adj* feige **II.** *m/f* Feigling *m;* **cobardía** *f* Feigheit *f*
cobayo(/a) *m/f* FAUNA Meerschweinchen *n*
cobertizo *m* Vordach *n*
cobertura *f* [1] Decke *f* [2] FIN Deckung *f*
cobijar *vt* [1] ↑ *cubrir* bedecken [2] ↑ *refugiar* Unterschlupf bieten [3] ↑ *proteger* beschützen; **cobijo** Unterschlupf *m*
cobra *f* FAUNA Kobra *f*
cobrador(a) *m/f* [1] (*de impuestos*) Kassierer(in *f*) *m* [2] (*de tren, autobús*) Schaffner(in *f*) *m;* **cobrar I.** *vt* [1] → *cosa perdida* wiederbekommen; → *paliza* bekommen, beziehen; → *importancia* bekommen [2] → *cheque, lotería* einlösen; → *recibo* beziehen; (*de un trabajo*) verdienen; ◇ **¿cuánto cobra al mes?** wieviel verdient er im Monat? [3] → *precio* verlangen; → *deuda* eintreiben; ◇ **cóbrese al entregar** Zahlung bei Empfang *f* **II.** *vr(se)* MED sich erholen
cobre *m* Kupfer *n;* **cobrizo** *adj* ▷*color* kupferfarbig
cobro *m* [1] (*de deuda*) Einziehung *f,* Inkasso *n* [2] ↑ *pago* Zahlung *f*
cocaína, coca *f* Kokain *n*
cocción *f* [Ab-]Kochen *n*
cocear *vi* ← *caballo* ausschlagen
cocer *irr* **I.** *vt, vi* [1] (*en agua*) kochen; (*en horno*) backen [2] TECNI → *cerámica* brennen **II.** *vr(se)* (*tramarse algo*) lange leiden
cocido *m* GASTRON *spanischer Eintopf*
cociente *m* MATE Quotient *m*
cocina *f* [1] (*lugar*) Küche *f;* ◇ **~ funcional** Einbauküche [2] (*aparato*) Herd *m* [3] (*arte*) Kochkunst *f;* **cocinar I.** *vt* zubereiten, kochen **II.** *vi* kochen; **cocinero(/a)** *m/f* Koch *m,* Köchin *f*
coco *m* [1] (*árbol*) Kokospalme *f;* (*fruto*) Kokosnuß *f* [2] *FAM* Kopf *m,* Birne *f;* ◇ **tiene ~** er hat Köpfchen; ◇ **comerse el ~** sich den Kopf zerbrechen [3] ↑ *fantasma* schwarzer Mann, Popanz *m*
cocodrilo *m* FAUNA Krokodil *n*
cocotero *m* FLORA Kokospalme *f*

cóctel *m* [1] ↑ *combinado* Cocktail *m;* ◇ ~ **molotov** Molotowcocktail [2] ↑ *reunión* Cocktailparty *f;* **coctelera** *f* Mixbecher *m*
cochambre *f FAM* Dreck *m,* Sauerei *f;* **cochambroso** *adj* dreckig; *FIG* ↑ *vil* gemein
cochazo *m* (*FAM coche*) Kutsche *f;* **coche** *m* [1] Auto *n,* Wagen *m;* ◇ ~ **de alquiler** Mietwagen *m;* ◇ ~ **fúnebre** Leichenwagen *m;* ◇ ~ **de turismo** Pkw *m* [2] (*vagón*) Waggon *m* [3] ↑ *carruaje* Kutsche *f* [4] (*para niños*) Kinderwagen *m;* **coche-bomba** ⟨coches-bomba⟩ *m* Autobombe *f;* **coche-cama** ⟨coches-cama⟩ *m* TREN Schlafwagen *m;* **cochera** *f* Garage *f;* **coche-restaurante** ⟨coches-restaurante⟩ *m* TREN Speisewagen *m*
cochero(/a) *m/f* Kutscher(in *f*) *m*
cochinada *f FAM* [1] ↑ *porquería* Schweinerei *f* [2] (*acción*) Gemeinheit *f*
cochinillo *m* GASTRON Spanferkel *n*
cochino(/a) **I.** *adj* dreckig, schmutzig **II.** *m/f también FIG* Schwein *n*
codazo *m* (*con el codo*) Stoß *m*
codearse *vr:* ◇ ~ **con** Umgang haben mit
códice *m* Kodex *m,* alte Handschrift
codicia *f* [1] Geldgier *f* [2] *FIG* Begierde *f;* **codiciar** *vt* begehren; **codicioso** *adj* [1] geldgierig [2] *FIG* begierig
codificar ⟨3.7⟩ *vt* → *leyes, mensaje* kodieren, verschlüsseln; **código** *m* [1] (*de reglas*) Kodex *m,* Regeln *pl;* ◇ ~ **de barras** Strichkode *m* [2] Gesetzbuch *n;* ◇ ~ **civil** Bürgerliches Gesetzbuch
codillo *m* TECNI, ANAT Knie *n*
codirigir ⟨3.8⟩ *vt* gemeinsam leiten; TEATRO gemeinsam Regie führen bei
codo *m* ANAT Ellbogen *m;* ◇ **empinar el** ~ einen heben; *FAM* ◇ **hablar por los ~s** schwätzen
codorniz *f* FAUNA Wachtel *f*
coeducación *f* COLE Koedukation *f*
coeficiente *m* MATE Koeffizient *m;* ◇ ~ **intelectual** Intelligenzquotient *m*
coeditar *vt* → *libro* gemeinsam herausgeben
coerción *f* JUR Zwang *m*
coetáneo *adj* zeitgenössisch
coexistencia *f* Koexistenz *f;* **coexistir** *vi* koexistieren
cofrade *m/f* Mitglied *n* einer Bruderschaft; **cofradía** *f* Bruderschaft *f*
cofre *m* Truhe *f*
coger ⟨3.20⟩ **I.** *vt* [1] ergreifen, nehmen; (*del suelo*) aufheben [2] → *frutos, cosecha* pflücken [3] ↑ *robar* wegnehmen [4] → *gripe* bekommen [5] → *ladrón* fassen, ergreifen [6] ↑ *atropellar* überfahren [7] ↑ *entender* erfassen, verstehen **II.** *vi* Platz haben, passen **III.** *vr(se)* ↑ *pillarse* sich *dat* etw einklemmen; **cogida** *f* TAUR Verwundung *f*
cogorza *m FAM* Rausch *m*
cogote *m* Nacken *m*
cohabitar *vi* zusammenleben
cohechar *vt* bestechen; **cohecho** *m* Bestechung *f*
coherencia *f* Zusammenhang *m;* **coherente** *adj* zusammenhängend; FIS kohärent; **cohesión** *f* Zusammenhalt *m;* FIS Kohäsion *f*
cohete *m* Rakete *f;* ◇ **salir como un** ~ blitzschnell weggehen
cohibición *f* [1] Einschränkung *f;* ↑ *obstáculo* Behinderung *f* [2] *FIG* Einschüchterung *f;* **cohibir** *vt* [1] einschränken; ↑ *obstaculizar* behindern, hemmen [2] *FIG* einschüchtern
coincidencia *f* Koinzidenz *f,* Übereinstimmung *f;* **coincidir** *vi* [1] ↑ *estar de acuerdo* übereinstimmen [2] (*en un lugar*) zusammentreffen
coito *m* Koitus *m,* Beischlaf *m*
cojear *vi* [1] ← *persona* hinken [2] ← *mueble* wackeln; **cojera** *f* Hinken *n*
cojín *m* Kissen *n*
cojinete *m* TECNI Lager *n;* ◇ ~ **de bolas** Kugellager
cojo(/a) **I.** *adj* [1] ▷*persona* lahm [2] ▷*mueble* wackelig **II.** *m/f* Lahme(r) *fm*
cojón **I.** *m* ↑ *testículo* Hoden *m; VULG* Sack *m; pl, VULG* Eier *pl* **II.** *interj FAM!:* ◇ **¡~es!** [1] leck mich am Arsch! [2] (*sorpresa*) Wahnsinn!; **cojonudo** *adj FAM!* toll, geil
col *f* GASTRON Kohl *m;* ◇ ~ **de Bruselas** Rosenkohl *m*
cola *f* [1] (*de animal*) Schwanz *m;* (*de vestido*) Schleppe *f;* (*de cometa*) Schweif *m;* (*de personas*) Schlange *f;* ◇ **hacer** ~ Schlange stehen; ◇ **a la** ~ am Ende [2] (*para pegar*) Leim *m*
colaboración *f* Zusammenarbeit *f;* ◇ **en** ~ **con** unter Mitwirkung von; **colaborador(a)** *m/f* Mitarbeiter(in *f*) *m;* **colaborar** *vi* zusammenarbeiten (*con* mit)
colado(/a) **I.** *adj FAM* ↑ *enamorado* verknallt **II.** *f* ↑ *ropa* Wäsche *f*
colador *f* Sieb
colapsar *vr(se), vi* ↑ *paralizar* zusammenbrechen; **colapso** *m* Kollaps *m;* ◇ ~ **cardiaco** Herzinfarkt *m*
colar ⟨3.2⟩ **I.** *vt* [1] → *líquido* sieben [2] → *ropa* bleichen **II.** *vi* ↑ *ser creído algo falso* durchsikkern; ◇ **éso no cuela** das glaube ich nicht **III.** *vr(se)* [1] (*en una cola, autobús*) sich vordrängeln [2] ↑ *cometer un error* sich blamieren [3] *FAM* ↑ *enamorarse* sich verknallen

colcha *f* Bettdecke *f*
colchón *m* Matratze *f;* **colchoneta** *f* Matte *f*
cole *m FAM* Penne *f*
colear *vi* mit dem Schwanz wedeln
colección *f* Sammlung *f;* **coleccionar** *vt* sammeln; **coleccionista** *m/f* Sammler(in *f*) *m*
colecta *f* REL Kollekte *f*, Geldsammlung *f;* **colectar** *vt* ↑ *recaudar* sammeln
colectividad *f* Gemeinschaft *f;* **colectivo** *adj* gemeinsam, kollektiv
colector *m* [1] ELEC Sammler *m* [2] (*de alcantarilla*) Abwasserkanal *m*
colega *m/f* [1] [Arbeits-]Kollege *m*, [Arbeits-]Kollegin *f* [2] *FAM* Kumpel *m*
colegio *m* [1] (*escuela*) [Privat-]Schule *f;* ◇ **C~ Mayor** Studentenwohnheim *n* [2] ↑ *asociación* Berufsverband *m*, Gremium *n*
cólera I. *f* (*enfado*) Zorn *m* II. *m* MED Cholera *f*
colérico *adj* [1] zornig, wütend [2] ↑ *irascible* jähzornig
coleta *f* Haarzopf *m*
coletazo *m* Schlag *m* mit dem Schwanz
coletilla *f* Schlußwort *n*
colgador *m* Kleiderbügel *m*
colgadura *f* Wandbehang *m*
colgante I. *adj* hängend II. *m* Anhänger *m;* **colgar** *3.2* I. *vt* aufhängen II. *vi* hängen
cólico *m* MED Kolik *f*
coliflor *f* Blumenkohl *m*
colilla *f* Zigarettenkippe *f*
colina *f* Hügel *m*
colindante *adj* angrenzend, benachbart; **colindar** *vi* nebeneinander liegen
colirio *m* FARMA Augentropfen *pl*
colisión *f* [1] ↑ *choque* Zusammenstoß *m* [2] *FIG* Kollision *f;* **colisionar** *vi* ↑ *chocar* zusammenstoßen, kollidieren
colmado(/a) *adj* voll; **colmar** *vt* [1] → *algo* [an-]füllen (*de* mit) [2] → *a alguien* überhäufen (*de* mit)
colmena *f también FIG* Bienenkorb *m;* **colmenar** *m* Bienenstand *m*
colmillo *m* ↑ *diente* Eckzahn *m;* (*de elefante*) Stoßzahn *m;* (*de perro*) Reißzahn *m*
colmo *m* [1] Übermaß *n* [2] *FIG* ↑ *grado máximo* Gipfel *m;* ◇ **¡es el ~!** das ist doch der Gipfel!
colocación *f* [1] ↑ *orden* Aufstellung *f*, Anordnung *f* [2] ↑ *empleo* Stellung *f* [3] FIN Geldanlage *f;* **colocado** *adj FAM* high; **colocar** ‹3.7› *vt* [1] setzen, stellen, legen [2] ↑ *dar empleo* anstellen [3] FIN → *dinero* anlegen
colofón *m FIG* Schlußakkord *m*
Colombia *f* Kolumbien *n;* **colombiano(/a)** I. *adj* kolumbianisch II. *m/f* Kolumbianer(in *f*) *m*
colon *m* ANAT Dickdarm *m*
colonia *f* [1] HIST Kolonie *f* [2] (*de casas*) Siedlung *f* [3] ◇ **C~** Köln *n;* ◇ **agua de ~** Kölnisch Wasser *n*
colonización *f* Kolonisierung *f;* **colonizador(a)** I. *adj* kolonial II. *m/f* Siedler(in *f*) *m;* **colonizar** ‹3.10› *vt* kolonisieren; **colono(/a)** *m/f* Siedler(in *f*) *m*
coloquial *adj* ▷*lenguaje* umgangssprachlich
coloquio *m* [1] ↑ *debate* Gespräch *n* [2] ↑ *conferencia* Kolloquium *n*
color *m* Farbe *f*
colorado *adj* rot; ◇ **ponerse ~** rot werden
colorante I. *adj* färbend II. *m* Farbstoff *m;* **colorar** *vt* färben
colorear I. *vt* färben II. *vi* rot werden
colorete *m* (*de maquillaje*) Rouge *n*
colorido *m* (*de colores*) Farbe *f*, Färbung *f*
colosal *adj* kolossal, riesig
columna *f* [1] ARQUIT Säule *f;* ANAT ◇ **~ vertebral** Wirbelsäule [2] (*de un artículo*) Kolumne *f*
columpiar *vt, vr(se)* schaukeln; **columpio** *m* Schaukel *f*
collar *m* (*de adorno*) Halskette *f;* (*de perro*) Halsband *n*
coma I. *f* Komma *n* II. *m* MED Koma *n*
comadre *f* (*madrina*) [Tauf-]Patin *f;* **comadrear** *vi FAM* klatschen, tratschen
comadreja *f* FAUNA Wiesel *n*
comanche *m* (*indio*) Komanche *m*, Komanchin *f*
comandancia *f* Kommandantur *f;* **comandante** *m* Kommandant(in *f*) *m;* **comandar** *vt* befehlen
comando *m* Kommando *n*
comarca *f* Landstrich *m*, Gegend *f;* **comarcal** *adj* Lokal-, Regional-
comba *f* [1] Biegung *f* [2] (*juego*) Seilspringen *n*
combar *vt* krümmen, biegen
combate *m* Kampf *m; FIG* ◇ **fuera de ~** außer Gefecht; **combatiente** *m/f* Kämpfer(in *f*) *m;* **combatir** *vt* bekämpfen
combinación *f* [1] Zusammenstellung *f*, Kombination *f;* ◇ **~ de una caja fuerte** Safekombination [2] QUIM Verbindung *f* [3] (*prenda*) Unterrock *m;* **combinado** *m* Cocktail *m;* **combinar** I. *vt* → *colores* zusammenstellen, kombinieren II. *vr(se)* QUIM sich verbinden
combustible *m* Brennstoff *m;* AUTO Kraftstoff *m;* **combustión** *f* TECNI Verbrennung *f*
comedia *f* Komödie *f;* TEATRO Schauspiel *n; FIG* ◇ **hacer ~** schauspielern; **comediante** *m/f* Schauspieler(in *f*) *m*

comedido *adj* zurückhaltend
comedirse ⟨4.13⟩ *vr* sich zurückhalten
comedor(a) **I.** *m/f* (*FAM persona*) Vielfraß *m* **II.** *m* (*habitación*) Eßzimmer *n;* (*en restaurante*) Speisesaal *m;* ◇ ~ **universitario** Mensa *f*
comentar *vt* [1] kommentieren [2] *FAM* besprechen; **comentario** *m* [1] Kommentar *m;* ◇ ~**s** *pl* Bemerkungen *pl* [2] (*literario*) Rezension *f;* **comentarista** *m/f* Kommentator(in *f*) *m*
comenzar ⟨3.10⟩ *vt, vi* anfangen, beginnen; ◇ ~ **a llover** anfangen zu regnen
comer **I.** *vt* [1] essen; ← *animal* fressen [2] (*damas, ajedrez*) wegnehmen, schlagen [3] → *material* wegnehmen [4] *FIG* → *envidia* verzehren **II.** *vi* essen; ↑ *almorzar* zu Mittag essen **III.** *vr(se)* [1] aufessen [2] → *palabras* verschlukken
comercial *adj* geschäftlich, Geschäfts-; ↑ *relativo al negocio* kommerziell; **comercializar** ⟨3.10⟩ *vt* kommerzialisieren; **comerciante** *m/f* Händler(in *f*) *m,* Geschäftsmann *m,* -frau *f;* **comerciar** *vi* handeln, Handel treiben (*con/en* mit); **comercio** *m* [1] (*acción*) Handel *m* [2] (*tienda*) Laden *m,* Geschäft *n*
comestible **I.** *adj* eßbar **II.** *m/pl* Lebensmittel *pl*
cometa **I.** *m* ASTR Komet *m* **II.** *f* Drachen *m*
cometer *vt* begehen; **cometido** *m* ↑ *encargo* Auftrag *m;* ↑ *deber* Aufgabe *f*
comezón *f* [1] Jucken *n* [2] *FIG* Lust *f* (*por* auf *akk*)
comic ⟨s⟩ *m* Cartoon *m o n*
cómico(/a) **I.** *adj* komisch **II.** *m/f* [1] ↑ *artista* Schauspieler(in *f*) *m* [2] ↑ *payaso* Komiker(in *f*) *m*
comida *f* [1] ↑ *alimento* Nahrung *f,* Essen *n* [2] (*almuerzo*) Mahlzeit *f;* (*de mediodía*) Mittagessen *n*
comienzo *m* Anfang *m,* Beginn *m;* ◇ **a ~s de una cosa** zu Beginn einer Sache *gen*
comilón *adj* gefräßig; **comilona** *f FAM* Schlemmerei *f*
comillas *f/pl* TIP Anführungszeichen *n*
comino *m* [1] (*condimento*) Kümmel *m* [2] ↑ *cosa insignificante, FAM* Bagatelle *f;* ◇ **eso no me importa ni un** ~ das ist mit völlig egal
comisario(/a) *m/f* [1] Beauftragte(r) *fm* [2] (*de policía*) Kommissar(in *f*) *m*
comisión *f* [1] ↑ *delegación* Kommission *f;* POL Ausschuß *m* [2] COM Provision *f*
comité *m* Ausschuß *m,* Komitee *n*
comitiva *f* Gefolge *n*
como **I.** *adv* [1] wie; ◇ ~ **sea** wie auch immer [2] als; ◇ **trabaja ~ profesor** er arbeitet als Lehrer [3] (*más o menos*) ungefähr **II.** *cj* [1] (*ya que*) da, weil [2] (*comparación*) wie; ◇ **tal ~** [so] wie [3] (*condición*) wenn; ◇ ~ **si** als ob; ◇ **tanto ... ~ ...** sowohl ... als auch ...; ◇ **hazlo ~ quieras** mach es wie du willst; ◇ ~ **no lo hagas te arrepentirás** wenn du es nicht machst, wird es dir leid tun
cómo **I.** *adv* wie?, warum? **II.** *interj* wie?, wie bitte?; ◇ **¡~ no!** natürlich!
cómoda *f* (*mueble*) Kommode *f;* **comodidad** *f* Bequemlichkeit *f;* (*pl*) Komfort *m;* **comodín** *m* [1] NAIPES Joker *m* [2] *FIG* Ausrede *f;* **cómodo** *adj* bequem; ↑ *práctico* praktisch
compacto *adj* kompakt
compadecer ⟨3.5⟩ **I.** *vt* bemitleiden **II.** *vr:* ◇ ~**se de** Mitleid haben mit
compadre *m* [1] ↑ *padrino* [Tauf-]Pate *m* [2] ↑ *compañero* Freund *m*
compaginar *vt* ↑ *combinar* aufeinander abstimmen
compañerismo *m* Kameradschaft *f;* **compañero(/a)** *m/f* Kollege *m,* Kollegin *f m;* COLE ◇ ~ **de clase** Klassenkamerad *m;* **compañía** *f* [1] (*de acompañar*) Begleitung *f;* ◇ **en ~ de** (*junto con*) in Gesellschaft von [2] (*de actores*) Truppe *f* [3] (MIL *de soldados*) Kompanie *f* [4] COM Gesellschaft *f*
comparable *adj* vergleichbar (*a/con* mit); **comparación** *f* Vergleich *m;* ◇ **en ~ con** im Vergleich zu; **comparar** *vt* vergleichen (*a/con* mit); **comparativo** *adj* vergleichend
comparecer ⟨3.5⟩ *vi* JUR vor Gericht erscheinen
comparsa **I.** *f* (*de máscaras*) Umzug *m,* Prozession *f* **II.** *m/f* TEATRO Statist(in *f*) *m*
compartim[i]ento *m* [1] Teilung *f,* Aufteilung *f* [2] NAUTO, TREN Abteil *n*
compartir *vt* [1] einteilen; ◇ ~ **con** teilen mit [2] ↑ *distribuir* verteilen
compás *m* [1] MUS Takt *m;* ◇ **ir al** ~ (*al mismo ritmo*) im Gleichschritt gehen [2] MATE Zirkel *m* [3] NAUT Kompaß *m*
compasión *f* Mitleid *n;* **compasivo** *adj* mitfühlend
compatibilidad *f* [1] Vereinbarkeit *f* (*con* mit) [2] MED Verträglichkeit *f;* **compatible** *adj* [1] vereinbar (*con* mit) [2] MED verträglich
compatriota *m/f* Landsmann *m,* -männin *f*
compeler *vt* zwingen, nötigen; ◇ ~ **a alguien a hacer algo** jd-n zu etw zwingen
compendiar *vt* zusammenfassen; ↑ *reducir* kürzen; **compendio** *m* Zusammenfassung *f,* Kompendium *n*
compenetrarse *vr* ↑ *identificarse* ineinander aufgehen
compensación *f* [1] ↑ *equivalencia* Ausgleich

m [2] ↑ *indemnización* Entschädigung *f*, Abfindung *f* (*con*/*de* für); **compensar** *vt* [1] ↑ *equilibrar* ausgleichen [2] ↑ *indemnizar* entschädigen (*con*/*de* für)

competencia *f* [1] ↑ *autoridad* Zuständigkeit *f* [2] ↑ *capacidad* Fähigkeit *f*, Kompetenz *f* [3] ↑ *disputa* Wettbewerb *m*, Konkurrenz *f*; **competente** *adj* fähig, kompetent

competición *f* Wettbewerb *m*; **competidor(a)** *m*/*f* Konkurrent(in *f*) *m*; **competir** ‹4.13› *vi* [1] ↑ *rivalizar* gegeneinander antreten [2] COM konkurrieren (*con* mit); **competitivo** *adj* [1] ▷*persona* ehrgeizig [2] COM konkurrenzfähig

compilar *vt* zusammenstellen

compinche *m*/*f* *FAM* Kumpan *m*

complacencia *f* [1] ↑ *placer* Vergnügen *n* [2] ↑ *buena voluntad* Bereitwilligkeit *f*; **complacer** ‹3.5› **I.** *vt* ↑ *satisfacer* gefällig sein **II.** *vr*: ◇ **-se en** seine Freude haben an *dat*; **complaciente** *adj* zuvorkommend, bereitwillig

complejo I. *adj* [1] ↑ *complicado* kompliziert [2] ↑ *compuesto* komplex **II.** *m también* MED Komplex *m*; ◇ **- deportivo** Sportanlage *f*; ◇ **- de inferioridad** Minderwertigkeitskomplex

complementar *vt* ergänzen; **complementario** *adj* ergänzend; **complemento** *m* [1] ↑ *suplemento* Ergänzung *f* [2] GRAM Objekt *n*

completar *vt* vervollständigen, ergänzen; **completo** *adj* [1] vollständig, komplett [2] ▷*lugar* voll; TEATRO ausverkauft

complicación *f también* MED ↑ *dificultad* Komplikation *f*; ↑ *confusión* Verwicklung *f*; **complicado** *adj* kompliziert, schwierig; **complicar** ‹3.7› *vt* [1] ↑ *dificultar* komplizieren; ◇ **-se la vida** sich das Leben schwer machen [2] ↑ *involucrar* hineinziehen (*en* in *akk*)

cómplice *m*/*f* Komplize *m*, Komplizin *f*

compló, **complot** ‹s› *m* Komplott *n*, Verschwörung *f*

componente *m* Bestandteil *m*, Komponente *f*; **componer** ‹4.8› **I.** *vt* [1] ↑ *formar* zusammenstellen [2] MUS komponieren [3] → *poesía* dichten [4] → *algo roto* reparieren [5] → *novia* schmücken **II.** *vr(se)* ↑ *arreglarse* sich zurechtmachen; ◇ **-se de** bestehen aus; ◇ **componérselas** sich zu helfen wissen

comportamiento *m* Verhalten *n*; **comportarse** *vr* sich verhalten; ◇ **saber -** sich zu benehmen wissen

composición *f* [1] Zusammensetzung *f* [3] MUS Komposition *f* [3] ↑ *obra literaria* Dichtung *f*; **compositor(a)** *m*/*f* Komponist(in *f*) *m*

compostura *f* [1] Zusammensetzung *f* [2] ↑ *arreglo* Ausbesserung *f* [3] ↑ *comportamiento* Beherrschung *f*; ◇ **perder la -** die Beherrschung verlieren

compota *f* GASTRON Kompott *n*

compra *f* Kauf *m*; ◇ **-s** *pl* Einkäufe *pl*; ◇ **ir de -s** Besorgungen *pl* machen; **comprador(a)** *m*/*f* Käufer(in *f*) *m*; **comprar** *vt* kaufen, einkaufen; **compraventa** *f* [1] (*de mercancía*) Handeln *n* [2] JUR ↑ *contrato* Kaufvertrag *m*

comprender *vt* [1] ↑ *entender* verstehen, begreifen [2] ↑ *contener* einschließen; **comprensible** *adj* unverständlich, unbegreiflich (*para dat*); **comprensión** *f* [1] Verstehen *n*, Begreifen *n* [2] ↑ *consideración* Verständnis *n* (*para* für); **comprensivo** *adj* verständnisvoll

compresa *f* [1] (*de mujer*) Binde *f* [2] MED Kompresse *f*

compresión *f* Zusammenpressen *n*, Kompression *f*

compresor *m* Kompressor *m*

comprimido *m* [1] ↑ *pastilla* Tablette *f* [2] ◇ **aire -** *f* Pressluft *f*

comprimir ‹4.14› *vt* zusammenpressen

comprobación *f* [1] Überprüfung *f* [2] ↑ *prueba* Nachweis *m*; **comprobador** *m* : ◇ **- de tensión** Spannungsprüfer *m*; **comprobante** *m* ↑ *recibo* Beleg *m*; **comprobar** ‹3.2› *vt* [1] ↑ *asegurarse* feststellen [2] ↑ *verificar* bestätigen [3] TECNI überprüfen, kontrollieren

comprometedor *adj* kompromittierend; **comprometer I.** *vt* [1] kompromittieren [2] ↑ *obligar* verpflichten **II.** *vr(se)* [1] ↑ *obligarse* sich verpflichten (*a* zu) [2] ↑ *tomar parte* sich beteiligen (*en* an *dat*); **comprometido** *adj* [1] peinlich, heikel [2] ◇ **estar - para** zu etw verpflichtet sein

compromiso *m* [1] ↑ *deber* Verpflichtung *f* (*a* zu); ◇ **sin -** unverbindlich [2] ↑ *pacto* Vereinbarung *f*, Kompromiß *m* [3] ↑ *aprieto* Verlegenheit *f*; ◇ **poner en un -** jd-n in Verlegenheit bringen

compuesto I. *adj* [1] FLORA, GRAM, MATE zusammengesetzt; ◇ **- de** zusammengesetzt aus [2] ↑ *arreglado, aseado* ordentlich **II.** *m* QUIM Verbindung *f*

compulsar *vt* JUR ↑ *comprobar una copia* beglaubigen; **compulsión** *f* Zwang *m*

compungido *adj* ↑ *triste* zerknirscht

computador *ver* **ordenador**

cómputo *m* ↑ *calculo* Berechnung *f*

comulgar ‹7› *vi* [1] REL die heilige Kommunion empfangen [2] *FIG* ↑ *compartir ideas* einverstanden sein, übereinstimmen (*con* mit)

común *adj* [1] ↑ *general* gemeinsam (*a dat*); ◇ **sentido -** *m* gesunder Menschenverstand [2] (*usual*) alltäglich [3] (*vulgar*) gewöhnlich

comuna *f* [1] (*grupo que vive junto*) Wohngemeinschaft *f* [2] *AM* Gemeinde *f;* **comunal** *adj* (*de todos*) kommunal
comunicación *f* [1] ↑ *relación* Kommunikation *f;* ◇ **estar en** ~ in Verbindung sein [2] ↑ *escrito* Mitteilung *f;* **comunicado** *m* [1] ↑ *escrito* Leserbrief *m* [2] POL Kommuniqué *n;* **comunicar** ‹3.7› **I.** *vt, vi* [1] mitteilen [2] (*por teléfono*) verbinden; ◇ **está comunicando** es ist besetzt **II.** *vr(se)* in Verbindung stehen; **comunicativo** *adj* (*de contenido*) mitteilsam; (*de palabras*) gesprächig
comunidad *f* Gemeinschaft *f*
comunión *f* [1] REL Kommunion *f;* (*protestante*) Abendmahl *n* [2] *FIG* Übereinstimmung *f*
comunismo *m* Kommunismus *m;* **comunista** *m/f* Kommunist(in *f*) *m*
comunitario *adj* Gemeinschafts-; POL EG-
con *prep* [1] mit; ◇ ~ **que** also, somit; ◇ ~ **tal que** vorausgesetzt, daß …; ◇ **¡~ lo que me gusta el chocolate!** wo mir doch Schokolade so schmeckt!; ◇ ~ **decir la verdad …** um die Wahrheit zu sagen … [2] (*aunque*) trotz, obwohl; ◇ ~ **tener tanto dinero no ha logrado nada** trotz seines vielen Geldes hat er nichts erreicht
concatenar *vt* ↑ *unir* verketten
cóncavo *adj* konkav
concebir ‹4.13› **I.** *vt* [1] → *plan, proyecto* fassen [2] ↑ *imaginar* sich vorstellen; ◇ **nadie puede ~ una cosa así** so etwas ist unvorstellbar **II.** *vi* ← *mujer* schwanger werden
conceder *vt* ↑ *dar* zugestehen *dat*
concejal(a) *m/f* (*de ayuntamiento*) Stadtrat *m,* -rätin *f,* Gemeinderat *m,* -rätin *f;* **concejo** *m* Stadtrat *m,* Gemeinderat *m*
concentración *f* [1] Konzentration *f* [2] (*reunión*) Massenkundgebung *f;* **concentrado** *adj también FIG* konzentriert; **concentrar I.** *vt* konzentrieren **II.** *vr(se)* sich konzentrieren (*a* auf *akk*)
concepción *f* [1] Auffassung *f;* ↑ *plan* Konzeption *f* [2] BIO Empfängnis *f;* **concepto** *m* [1] Begriff *m* [2] ↑ *noción* Vorstellung *f,* Konzept *n;* ◇ **por/bajo ningún** ~ unter keinen Umständen
conceptuar *vt* → *juicio* bilden, formen
concerniente *adj* ↑ *relativo* betreffend; ◇ **en lo ~ a** im Hinblick auf *akk;* **concernir** *vi* ↑ *pertenecer* betreffen; ◇ **es cuestión que a ti no te concierne** dich betrifft diese Frage nicht
concertar ‹3.1› **I.** *vt* [1] → *acuerdo* vereinbaren [2] ↑ *armonizar* aufeinander abstimmen **II.** *vi* übereinstimmen, harmonisieren
concertina *f* MUS Konzertina *f*
concertista *m/f* MUS Solist(in *f*) *m*
concesión *f* ↑ *privilegio* Bewilligung *f;* ↑ *permiso* Konzession *f*
conciencia *f* Gewissen *n;* ◇ ~ **de clase** Klassenbewußtsein *n;* ◇ **remorder la ~ a alguien** schlechtes Gewissen haben; **concienciar** *vt* bewußt machen; **concienzudo** *adj* ↑ *cuidadoso* gewissenhaft
concierto *m* [1] ↑ *acuerdo* Übereinstimmung *f* [2] MUS Konzert *n*
conciliación *f* Versöhnung *f;* **conciliar** *vt* versöhnen
concilio *m* Konzil *n*
conciso *adj* knapp, kurz
concluir ‹3.9› **I.** *vt* [1] beenden, [ab-]schließen [2] ↑ *deducir* folgern **II.** *vi* enden; **conclusión** *f* [1] ↑ *final* Abschluß *m,* Ende *n* [2] ↑ *deducción* Schlußfolgerung *f;* ◇ **en** ~ schließlich
concordancia *f* Übereinstimmung *f;* **concordar** ‹3.2› **I.** *vt* in Einklang bringen (*con* mit) **II.** *vi* übereinstimmen (*con* mit)
concordia *f* Eintracht *f,* Harmonie *f*
concretar I. *vt* konkretisieren **II.** *vr(se)* sich beschränken (*a* auf *akk*); **concreto** *adj* konkret; ◇ **en** ~ kurzgefaßt; ◇ **un libro** ~ ein bestimmtes Buch
concurrencia *f* Publikum *n,* Menschenmenge *f;* **concurrido** *adj* ▷*lugar, acto* überlaufen, voll; **concurrir** *vi* [1] ↑ *unirse* zusammenkommen; ↑ *asistir* sich versammeln [2] ↑ *tomar parte* teilnehmen (*a* an *dat*)
concursante *m/f* Teilnehmer(in *f*) *m;* **concursar I.** *vt* teilnehmen an **II.** *vi* JUR Konkurs anmelden; **concurso** *m* [1] (*competición*) Wettbewerb *m* [2] JUR Konkurs *m*
concha *f* [1] Muschel *f* [2] (*material*) Schildpatt *n*
condado *m* ↑ *territorio* Grafschaft *f*
conde(-esa) *m/f* Graf *m,* Gräfin *f*
condecoración *f* Auszeichnung *f;* **condecorar** *vt* auszeichnen
condena *f* [1] ↑ *sentencia* Verurteilung *f* [2] ↑ *pena* Strafe *f;* **condenar I.** *vt* verurteilen (*a* zu) **II.** *vr(se)* verdammt werden
condensar *vt* [1] kondensieren [2] *FIG* ↑ *reducir* zusammenfassen
condesa *f ver* **conde**
condescender ‹3.1› *vi* nachgeben *dat*
condición *f* [1] (*naturaleza*) Zustand *m,* Beschaffenheit *f;* ◇ **la ~ humana** der menschliche Charakter [2] ↑ *requisito* Bedingung *f;* **condicionado** *adj* [1] ↑ *determinado* konditioniert [2] ↑ *supeditado* bedingt (*por* durch); **condicional I.** *adj* bedingt **II.** *m* GRAM Konditional *m;* **condicionar** *vt* konditionieren, bedingen
condimentar *vt* würzen; **condimento** *m* Würze *f,* Gewürz *n*

condolencia *f* ↑ *pésame* Beileid *n*, Anteilnahme *f*; **condolerse** ‹3.22› *vr* Mitleid haben (*de* mit)
condón *m* Kondom *n*
conducir *3.4* **I.** *vt* [1] ↑ *dirigir* führen, leiten [2] → *vehículos* fahren **II.** *vi* fahren **III.** *vr(se)* sich benehmen
conducta *f* Verhalten *n*; ↑ *comportamiento* Benehmen *n*
conducto *m* [1] Rohr *n*, Leitung *f* [2] *FIG* (*forma de ser transmitido*) Vermittlung *f*; ◇ **por ~ de** durch Vermittlung von
conductor(a) **I.** *adj* leitend **II.** *m* ELEC Leiter *m* **III.** *m/f* (*de vehículo*) Fahrer(in *f*) *m*
conectar **I.** *vt* ELEC einschalten **II.** *vi* verbinden
conejillo *m* FAUNA: ◇ **~ de Indias** Meerschweinchen *n*; **conejo** *m* Kaninchen *n*
conexión *f* [1] TECNI Verbindung *f* [2] *FIG* Zusammenhang *m*
confección *f* Anfertigung *f*; (*de ropa*) Konfektion *f*; **confeccionar** *vt* anfertigen
confederación *f* Bündnis *n*, Bund *m*
conferencia *f* [1] Konferenz *f*; ◇ **~ de prensa** Pressekonferenz [2] (*disertación*) Vortrag *m* [3] TELEC Telefongespräch *n*; **conferenciante** *m/f* Redner(in *f*) *m*
conferir ‹3.1› *vt* verleihen
confesar ‹3.1› *vt* gestehen; REL beichten; **confesión** *f* [1] Geständnis *n*; REL Beichte *f* [2] REL Glaubensbekenntnis *n*; **confesionalidad** *f* REL Konfession *f*; **confesionario** *m* REL Beichtstuhl *m*
confesor *m* REL Beichtvater *m*
confiado *adj* [1] ↑ *ingenuo* vertrauensselig [2] (*de sí mismo*) selbstbewußt; **confianza** *f* [1] Vertrauen *n* (*en* zu/in *akk*); (*seguridad, confidencia*) Zutrauen *n* (*en* zu); ◇ **ser de ~** vertrauenswürdig sein [2] (*pl, PEY excesiva familiaridad*) Vertraulichkeiten *f-pl*
confiar ‹3.13› **I.** *vt* anvertrauen **II.** *vi* [1] trauen (*en dat*) [2] ↑ *creer* vertrauen (*en dat*) **III.** *vr(se)* sich anvertrauen (*a dat*)
confidencia *f* vertrauliche Mitteilung; **confidencial** *adj* vertraulich, geheim; **confidente** *m/f* [1] Vertrauensperson *f* [2] ↑ *soplón* Spitzel *m*
configurar *vt* bilden, gestalten
confín *m* [1] Grenze *f* [2] (*lugar lejano*) abgeschiedener Ort; **confinar** **I.** *vt* [1] ↑ *desterrar* verbannen (*a* nach) [2] ↑ *encerrar* einsperren (*a/en* in *dat*) **II.** *vi también FIG*: ◇ **~ con** grenzen an *akk*
confirmación *f* [1] (*del vuelo*) Bestätigung *f* [2] REL Konfirmation *f*, Firmung *f*; **confirmar** *vt* [1] ↑ *asegurar* bestätigen [2] REL firmen, konfirmieren
confiscar ‹3.7› *vt* konfiszieren
confitería *f* [1] Süßwaren *pl* [2] (*tienda*) Süßwarengeschäft *n*; **confitura** *f* Konfitüre *f*
conflictividad *f* Konfliktsituation *f*, Spannungen *f/pl*; **conflictivo** *adj* [1] ▷*situación* konfliktgeladen, gespannt [2] ▷*cosa* kontrovers; **conflicto** *m* [1] *también* MIL Konflikt *m*, Auseinandersetzung *f* [2] *FIG* Schwierigkeit *f*
confluir ‹3.9› *vi* [1] ← *ríos* zusammenfließen [2] ← *personas* sich versammeln
conformar **I.** *vt* [1] formen, gestalten [2] ↑ *ajustar* anpassen (*a* an *akk*) [3] *FIG* in Übereinstimmung bringen (*con* mit) **II.** *vi* übereinstimmen (*con* mit) **III.** *vr(se)* [1] sich einverstanden erklären (*con* mit) [2] ↑ *avenirse* sich abfinden (*con* mit)
conforme **I.** *adj* ↑ *acorde* übereinstimmend; (*de acuerdo*) einverstanden **II.** *interj* einverstanden, in Ordnung **III.** *m* Einverständnis *n*; ◇ **dar el ~** sein Einverständnis geben **IV.** *prep*: ◇ **~ a** gemäß, entsprechend; ◇ **~ a lo dicho** entsprechend dem bereits Gesagten **V.** *cj* sobald, sowie; ◇ **~ iban llegando nos saludaban** sowie sie herankamen, grüßten sie; **conformidad** *f* [1] Übereinstimmung *f*, Entsprechung *f* (*entre* zwischen *dat*) [2] ↑ *consentimiento* Zustimmung *f* [3] ↑ *resignación* Resignation *f*, Sichfügen *n* (*en* in *akk*); **conformista** *m/f* Konformist(in *f*) *m*
confortable *adj* bequem, gemütlich; **confortar** *vt* trösten
confrontación *f* [1] (*de libros*) Vergleich *m* [2] (*de opiniones*) Gegenüberstellung *f*; **confrontar** *vt* [1] ↑ *comparar* vergleichen [2] → *dos personas* gegenüberstellen
confundir(se) *vt/vr(se)* [1] ↑ *mezclar* [ver-]mischen [2] ↑ *equivocar* verwechseln [3] (*con atenciones, alabanzas*) aus dem Konzept bringen; **confusión** *f* [1] ↑ *desorden* Durcheinander *n* [2] ↑ *turbación* Verwirrung *f*; **confuso** *adj* konfus, wirr; ▷*persona* verwirrt
congelado *adj* tiefgekühlt; ◇ **alimentos ~s** Tiefkühlkost *f*; **congelador** *m* Gefrierschrank *m*; **congelar** *vt*, *vr(se)* einfrieren
congeniar *vi* ↑ *llevarse bien* sich vertragen (*con* mit)
congestión *f* [1] MED Blutstau *m* [2] (*de vehículos*) Verkehrsstau *m*
conglomeración *f* Zusammenballung *f*
congoja *f* Kummer *m*
congratular *vt* gratulieren *dat*
congregación *f* Versammlung *f*; **congregar** ‹3.11› *vt* → *gente* versammeln; **congresista** *m/f* Kongreßteilnehmer(in *f*) *m*; **congreso** *m* Kongreß *m*
conjetura *f* Vermutung *f*; **conjeturar** *vt* vermuten, annehmen

conjugación *f* [1] *FIG* Vereinigung *f* [2] GRAM Konjugation *f;* **conjugar** ‹3.11› *vt* [1] verbinden, vereinigen [2] GRAM konjugieren
conjunción *f* [1] Verbindung *f* [2] GRAM Konjunktion *f*
conjuntivitis *f* MED Bindehautentzündung *f*
conjunto I. *adj* verbunden, vereinigt **II.** *m* [1] Gesamtheit *f*, Komplex *m;* ◇ **en ~** im ganzen [2] MUS Gruppe *f*, Band *f*
conjurar I. *vt* → *espíritus* beschwören **II.** *vi* ↑ *conspirar* sich verschwören; **conjuro** *m* Beschwörung *f*
conmemoración *f* Gedenkfeier *f;* **conmemorar** *vt* gedenken *gen*
conmigo *pron* mit mir, bei mir; ◇ **ven ~** komm mit mir
conmiseración *f* Mitleid *n*
conmoción *f* [1] Erdstoß *m* [2] *FIG* Aufruhr *m* [3] MED ◇ **~ cerebral** Gehirnerschütterung *f;* **conmocionar** *vt también FIG* erschüttern
conmovedor *adj* erschütternd, bewegend; **conmover** ‹3.22› *vt* erschüttern
conmutador *m* ELEC Schalter *m*
connotación *f* Konnotation *f*
conocedor(a) I. *adj* fachkundig **II.** *m/f* Experte *m*, Expertin *f;* **conocer** ‹3.5› **I.** *vt* [1] kennen [2] (*por primera vez*) kennenlernen [3] ↑ *saber, comprender* wissen, kennen **II.** *vr(se)* [1] sich kennen [2] (*por primera vez*) sich kennenlernen; **conocido(/a) I.** *adj* bekannt **II.** *m/f* Bekannte(r) *fm*
conocimiento *m* [1] Kenntnis *f* [2] MED Bewußtsein *n;* ◇ **perder el ~** bewußtlos werden [3] (*pl*) ◇ **~s** ↑ *saber* Kenntnisse *pl*, Wissen *n*
conque *cj* nun, also
conquista *f* Eroberung *f;* **conquistador(a) I.** *adj* Eroberungs- **II.** *m/f* Eroberer *m*, Eroberin *f;* **conquistar** *vt* erobern
consagrar *vt* [1] REL weihen [2] *FIG* widmen; ◇ **se ha consagrado a su familia** er widmet sich völlig seiner Familie
consciente *adj* bewußt; ◇ **ser ~ de una cosa** sich einer Sache *gen* bewußt sein
consecución *f* Erreichen *n*
consecuencia *f* Konsequenz *f;* **consecuente** *adj* konsequent
consecutivo *adj* aufeinanderfolgend
conseguir ‹3.24› *vt* → *fin* erreichen
consejero(/a) *m/f* Ratgeber(in *f*) *m;* **consejo** *m* [1] ↑ *advertencia* Rat *m*, Ratschlag *m* [2] POL ↑ *reunión* Rat *m*
consenso *m* Zustimmung *f*, Konsens *m;* **consensuar** *vt* sich einigen auf *akk*
consentido *adj* ↑ *mimado* verwöhnt; **consentimiento** *m* Einwilligung *f;* **consentir** ‹3.1› **I.** *vt* [1] ↑ *autorizar* genehmigen [2] ↑ *mimar* verwöhnen **II.** *vi* einwilligen (*en* in *akk*)
conserje *m* Hausmeister(in *f*) *m*
conserva *f* (*acción*) Konservierung *f;* ↑ *enlatado* Konserve *f;* **conservación** *f* Erhaltung *f;* (*de alimentos*) Konservierung *f;* **conservador(a) I.** *adj* [1] erhaltend [2] (*de ideas, ideología*) konservativ **II.** *m/f* [1] Aufseher(in *f*) *m* [2] POL Konservative(r) *fm;* **conservante I.** *adj* konservierend, Konservierungs- **II.** *m* Konservierungsmittel *n;* **conservar I.** *vt* [1] erhalten; → *alimentos* konservieren [2] (*con cuidado*) pflegen **II.** *vr(se)* sich [jung] halten
conservatorio *m* MUS Konservatorium *n*
considerable *adj* ▷*extensión* ansehnlich, beträchtlich; **consideración** *f* [1] ↑ *respeto* Berücksichtigung *f;* ◇ **ser de ~** von Bedeutung sein [2] ↑ *atención* Rücksicht *f* [3] ↑ *meditación* Überlegung *f* [4] ↑ *sentimiento* Hochachtung *f;* **considerado** *adj* [1] ↑ *respetuoso* rücksichtsvoll [2] ↑ *estimado* angesehen; **considerar** *vt* [1] berücksichtigen [2] ↑ *meditar* sich *dat* überlegen [3] ↑ *estimar* schätzen, respektieren
consigna *f* [1] (*de partido político*) Weisung *f* [2] (*de aeropuerto*) Gepäckaufbewahrung *f* [3] MIL Parole *f*
consigo *pron* mit sich, bei sich; ◇ **siempre está hablando ~ mismo** er führt immer Selbstgespräche
consiguiente *adj* entsprechend *dat;* ◇ **por ~** also, folglich
consistencia *f* [1] ↑ *resistencia* Festigkeit *f*, Konsistenz *f* [2] (*FIG de una ideología*) Folgerichtigkeit *f;* **consistente** *adj* [1] fest; ▷*masa* dickflüssig [2] ◇ **~ en** bestehend aus *dat*
consistir *vi:* ◇ **~ en** [1] (*fundamentarse en*) beruhen auf *dat* [2] (*componerse de*) bestehen aus *dat*
consola *f* Konsole *f*
consolación *f* Trost *m;* **consolar** ‹3.2› *vt, vr(se)* trösten
consolidar *vt* befestigen, sichern
consomé *m* GASTRON Bouillon *f*, Fleischbrühe *f*
consonancia *f* (*armonía*) Einklang *m*, Übereinstimmung *f;* ◇ **en ~ con** im Einklang mit
consonante I. *adj* MUS konsonant **II.** *f* GRAM Konsonant *m*
consorcio *m* COM Konzern *m;* **consorte** *m/f* Ehegatte *m*
conspiración *f* Verschwörung *f;* **conspirador(a)** *m/f* Verschwörer(in *f*) *m;* **conspirar** *vi* sich verschwören
constancia *f* ↑ *firmeza* Ausdauer *f*, Beständigkeit *f;* **constante** *adj* konstant, andauernd

constar *vi* [1] ↑ *estar registrado* aufgeführt sein [2] ↑ *componerse* bestehen aus; ◇ **el edificio consta de tres plantas** das Gebäude besteht aus drei Etagen
constatar *vt* ↑ *comprobar* feststellen
constelación *f también FIG* Konstellation *f*
consternación *f* Bestürzung *f;* **consternar** *vt* ↑ *turbar* schockieren, bestürzen
constipado I. *adj* erkältet; ◇ **estar** ~ erkältet sein II. *m* Erkältung *f*
constitución *f* [1] ↑ *configuración* Zusammensetzung *f* [2] (POL *del estado*) Verfassung *f*
constitucional *adj* verfassungsmäßig; **constituir** ⟨3.9⟩ *vt* [1] ↑ *componer* bilden [2] ↑ *establecer* gründen, errichten [3] ↑ *ser* darstellen, sein; ◇ **esto constituye un delito** das ist ein Delikt; **constitutivo** *adj* wesentlich, Haupt-; **constituyente** *adj* POL verfassungsgebend
constreñir ⟨4.13⟩ *vt* [1] ↑ *forzar* zwingen [2] → *libertad* einschränken
construcción *f* [1] Konstruktion *f* [2] ↑ *obra* Bau *m;* ◇ **en** ~ im Bau [3] ↑ *edificio* Gebäude *n;* **constructivo** *adj FIG* konstruktiv; **constructor(a)** *m/f* Erbauer(in *f*) *m;* **construir** ⟨3.9⟩ *vt* bauen, konstruieren
consuelo *m* Trost *m*
cónsul *m/f* Konsul(in *f*) *m;* **consulado** *m* Konsulat *n*
consulta *f* [1] ↑ *consejo* Beratung *f* [2] MED Sprechstunde *f* [3] (*lugar*) Sprechzimmer *n;* **consultar** *vt* [1] ↑ *aconsejarse* um Rat fragen [2] → *diccionario* nachschlagen in *dat;* **consultorio** *m* [1] (*oficina*) Beratungsstelle *f* [2] (*de periódico*) Problemseite *f* [3] MED Arztpraxis *f*
consumar *vt* [1] zu Ende führen [2] → *crimen* begehen
consumición *f* (*en bar*) Getränk *n;* **consumidor(a)** *m/f* Verbraucher(in *f*) *m;* **consumir** I. *vt* (*gastar*) verbrauchen II. *vr(se)* zu Ende gehen, aufgebraucht werden; ◇ **me consumo de envidia y de celos** ich vergehe vor Neid und Eifersucht; **consumismo** *m* [1] (*de persona*) Konsumsucht *f* [2] (*sociedad*) Konsumgesellschaft *f;* **consumo** *m* Konsum *m,* Verbrauch *m*
contabilidad *f* [1] Rechnungswesen *n* [2] (*oficio*) Buchhaltung *f*
contabilizar ⟨3.10⟩ *vt* → *puntos* verbuchen; **contable** *m/f* Buchhalter(in *f*) *m*
contactar *vt* sich wenden an *akk;* **contacto** *m también* ELEC Kontakt *m*
contado I. *adj* gezählt II. *m* : ◇ **al** ~ bar; **contador** *m* Zähler *m*
contagiar I. *vt* → *enfermedad* anstecken II. *vr(se)* sich anstecken; **contagio** *m* Ansteckung *f;* **contagioso** *adj* ansteckend
contaminación *f* Verseuchung *f;* (*del aire*) Verschmutzung *f;* ◇ ~ **atmosférica** Luftverschmutzung *f;* **contaminar** *vt* verschmutzen, verseuchen
contar ⟨3.2⟩ I. *vt* [1] → *cosas, personas* zählen [2] → *historia, suceso* erzählen II. *vi* [1] zählen, gelten [2] rechnen; ◇ ~ **con** rechnen mit
contemplación *f* Betrachtung *f,* Kontemplation *f;* **contemplar** *vt* betrachten; **contemplativo** *adj* ▷*vida* beschaulich
contemporáneo *adj* gegenwärtig, zeitgenössisch
contender ⟨3.1⟩ *vi* ↑ *luchar* kämpfen (*sobre* um); **contendiente** *m/f* Kämpfer(in *f*) *m,* Gegner(in *f*) *m*
contenedor *m* Container *m;* ◇ ~ **de basura** Müllcontainer *m;* ◇ ~ **de vidrios** [Alt-]Glascontainer *m*
contener ⟨3.1⟩ I. *vt* [1] enthalten [2] → *risa, nervios* zurückhalten II. *vr(se)* sich zurückhalten; **contenido** I. *adj* [1] enthaltsam [2] ▷*grito* unterdrückt II. *m* Inhalt *m*
contentar I. *vt* zufriedenstellen II. *vr(se)* sich begnügen (*con* mit); **contento** I. *adj* zufrieden; ◇ **darse por** ~ sich zufriedengeben II. *m* Zufriedenheit *f*
contestación *f* (*palabras*) Antwort *f;* (*acción*) Beantwortung *f;* **contestador** *m* : ◇ ~ **automático** Anrufbeantworter *m;* **contestar** *vt* [1] erwidern [2] → *pregunta* beantworten; **contestatario** *adj* ▷*persona* kritisch eingestellt; POL gesellschaftskritisch
contexto *m* Zusammenhang *m,* Kontext *m*
contigo *pron* mit dir, bei dir; ◇ **estoy** ~ **y no contra ti** ich bin für dich, nicht gegen dich
contiguo *adj* ↑ *junto* neben; (*límite*) angrenzend; ◇ **en un cuarto** ~ in einem Nebenzimmer
continental *adj* kontinental; **continente** I. *adj* enthaltsam II. *m* GEO Kontinent *m*
contingencia *f* Möglichkeit *f,* Zufälligkeit *f;* **contingente** I. *adj* [1] zufällig [2] ↑ *posible* möglich II. *m* Anteil *m;* MIL Kontingent *n*
continuación *f* Verlängerung *f,* Fortsetzung *f;* ◇ **a** ~ dann, darauf; **continuar** I. *vt* fortsetzen, weiterführen II. *vi* weitermachen; ◇ **continuará** Fortsetzung folgt; **continuidad** *f* Stetigkeit *f,* Kontinuität *f;* **continuo** *adj* ununterbrochen, dauernd
contonearse *vr* (*al andar*) sich wiegen
contorno *m* [1] ↑ *perfil* Umriß *m,* Kontur *f* [2] (*pl*) Umgebung *f*
contorsión *f* Verrenkung *f;* **contorsionarse** *vr* sich verrenken; **contorsionista** *m/f* (*de circo*) Schlangenmensch *m*

contra I. *prep* gegen; ◇ **votar en ~ de** gegen etw stimmen II. *m* : ◇ **los pros y los ~s** das Für und Wider III. *f* ↑ *dificultad* Widrigkeit *f;* ◇ **llevar la ~** widersprechen *dat*

contraatacar *vi* einen Gegenangriff führen; **contraataque** *m* Gegenangriff *m*

contrabajo *m* MUS Kontrabaß *m*

contrabandista *m/f* Schmuggler(in *f*) *m;* **contrabando** *m* [1] (*acción*) Schmuggel *m* [2] (*mercancías*) Schmuggelware *f*

contracción *f* [1] ANAT Kontraktion *f* [2] ↑ *espasmo* Schrumpfung *f* [3] MED Zuckung *f*

contracepción *f* Empfängnisverhütung *f*

contracorriente *f* Gegenströmung *f; FIG* ◇ **ir a ~** gegen den Strom schwimmen

contradecir ⟨4.3⟩ *vt* widersprechen *dat;* **contradicción** *f* Widerspruch *m;* **contradictorio** *adj* widersprüchlich

contraer ⟨4.12⟩ I. *vt* [1] ↑ *encoger* verkürzen [2] → *matrimonio* schließen [3] → *deudas* machen [4] → *enfermedad* sich *dat* zuziehen [5] → *compromisos, obligaciones* eingehen II. *vr(se)* sich zusammenziehen

contrafuerte *m* ARQUIT Strebepfeiler *m*

contraindicación *f* MED Gegenanzeige *f,* Kontraindikation *f*

contralto I. *m* ▷*voz* Alt *m* II. *m/f* (*persona*) Altist(in *f*) *m*

contraluz : ◇ **a ~** bei Gegenlicht *n*

contramaestre *m* (*en la fábrica*) Vorarbeiter(in *f*) *m*

contrapelo *adj:* ◇ **a ~** gegen den Strich

contrapesar *vt* [1] aufwiegen [2] *FIG* ausgleichen; **contrapeso** *m también FIG* Gegengewicht *n*

contraponer ⟨4.8⟩ *vt* ▷*oponer* gegenüberstellen, vergleichen

contraportada *f* Umschlag *m*

contraproducente *adj* kontraproduktiv

contrapunto *m* [1] MUS Kontrapunkt *m* [2] *FIG* Kontrast *m*

contrariar *vt* [1] ▷*oponerse* sich entgegenstellen *dat;* → *plan* durchkreuzen [2] ↑ *molestar* verärgern; **contrariedad** *f* [1] (*suceso imprevisto*) Hindernis *n* [2] ↑ *disgusto* Ärger *m*

contrario(/a) I. *adj* [1] entgegengesetzt; ◇ **de lo ~** andernfalls; ◇ **llevar la ~a** widersprechen [2] ↑ *enemigo* feindlich II. *m/f* Feind(in *f*) *m* III. *m* SPORT Gegner(in *f*) *m*

contrarreloj *f* SPORT Zeitfahren *n; FAM* ◇ **ir a ~** unter Zeitdruck stehen

contrarrestar *vt* entgegenwirken *dat*

contraseña *f* (*palabra, frase*) Losungswort *n*

contrastar *vi* (*diferencias*) sich unterscheiden, kontrastieren; **contraste** *m* Kontrast *m*

contratación *f* COM Vertragsabschluß *m;* **contratar** *vt* [1] ← *pactar, acordar* vertraglich abmachen [2] ← *trabajadores* einstellen

contratiempo *m* Zwischenfall *m,* Mißgeschick *n*

contratista *m/f* Auftragnehmer(in *f*) *m;* ◇ **~ de obras** Bauunternehmer(in *f*) *m*

contrato *m* Vertrag *m*

contravenir *vi* verstoßen (*a* gegen)

contraventana *f* Fensterladen *m*

contribución *f* [1] ↑ *impuesto* Abgabe *f,* Steuer *f* [2] ↑ *aportación* Beitrag *m;* **contribuir** ⟨3.9⟩ I. *vt* [1] beitragen (*a* zu) [2] mitwirken (*a* bei) II. *vi* [1] beisteuern [2] COM ← *impuestos* Steuern zahlen; **contribuyente** *m/f* Steuerzahler(in *f*) *m*

contrincante *m/f* SPORT ↑ *oponente* Mitspieler(in *f*) *m*

control *m* [1] ↑ *dominio* Kontrolle *f,* Überwachung *f;* ◇ **~ radar** Radarfalle f, Radarkontrolle *f* [2] ↑ *comprobación* Überprüfung *f;* **controlable** *adj* kontollierbar; **controlador(a)** *m/f* AERO: ◇ **~ de vuelo** Fluglotse *m;* **controlar** *vt* kontrollieren, überprüfen

controversia *f* Kontroverse *f*

contundente *adj* [1] ↑ *golpe* schlagend [2] ↑ *teoría, explicación* überzeugend

contusión *f* MED ↑ *lesión, golpe* Quetschung *f*

convalecencia *f* Genesung *f;* **convalecer** *vi* genesen; **convaleciente** I. *adj* genesend II. *m/f* Genesende(r) *fm*

convalidar *vt* ← *estudios, asignaturar* anerkennen

convencer *vt* [1] überzeugen [2] ↑ *persuadir* überreden; **convencimiento** *m* [1] Überzeugung *f* [2] ↑ *persuasión* Überredung *f*

convención *f* ↑ *asamblea* Abkommen *n,* Konvention *f*

convencional *adj* herkömmlich, konventionell

convenido *adj* vereinbart

conveniencia *f* ↑ *ventaja* Nutzen *m,* Vorteil *m*

conveniente *adj* [1] ↑ *oportuno* erforderlich, ratsam [2] ↑ *beneficioso* nützlich, vorteilhaft

convenio *m* Abkommen *n,* Vereinbarung *f;* **convenir** I. *vi* [1] ↑ *pactar* übereinstimmen (*con* mit) [2] ↑ *ser adecuado* angebracht sein II. *vt* vereinbaren, abmachen

convento *m* Kloster *n*

converger *vi,* **convergir** *vi* konvergieren, zusammenlaufen

conversación *f* Unterhaltung *f,* Gespräch *n;* **conversar** *vi* sich unterhalten

conversión *f* [1] Umwandlung *f* [2] REL Bekehrung *f*

convertir *vt, vr(se)* [1] ↑ *transformar* umwandeln (*en* in *akk*) [2] REL bekehren

convexo *adj* konvex
convicción *f* Überzeugung *f*
convicto *adj* JUR überführt
convidado(/a) *m/f* Gast *m;* **convidar** *vt* einladen
convincente *adj* überzeugend
convite *m* [1] Einladung *f* [2] ↑ *fiesta* Bankett *n*
convivencia *f* Zusammenleben *n;* **convivir** *vi* zusammenleben (*con* mit)
convocar *vt* einberufen, aufrufen zu *dat;* **convocatoria** *f* Einberufung *f*
convulsión *f* [1] Krampf *m* [2] *FIG* Aufruhr *m;* **convulsivo** *adj* krampfartig
conyugal *adj* ehelich, Ehe-; **conyuge** *m/f* Ehepartner(in *f*) *m*
coña *f VULG* [1] ↑ *broma* Scherz *m* [2] ↑ *cosa molesta* lästige Sache
coñac *m* Kognak *m*
coñazo *m FAM* ↑ *cosa aburrida* lästige Sache/ Person; ◇ **dar el ~ a alguien** jd-m auf den Geist/ Wecker gehen
coño I. *m* (*VULG de la mujer*) weibliches Geschlechtsorgan; *VULG* Möse *f* II. *interj* [1] (*sorpresa*) Wahnsinn! [2] (*indignación*) Scheiße!, verdammt!; ◇ **¿qué ~ estás haciendo?** was zum Teufel machst du denn da?
cooperación *f* Zusammenarbeit *f;* **cooperar** *vi* zusammenarbeiten, kooperieren (*con* mit); **cooperativa** *f* Genossenschaft *f;* **cooperativo** *adj* kooperativ
coordinación *f* Koordination *f;* **coordinador(a)** *m/f* Koordinator(in *f*) *m;* **coordinar** *vt* koordinieren
copa *f* [1] (*de jeréz*) [Stiel-]Glas *n;* ◇ **tener una ~ de más** einen in der Krone haben [2] (*de trofeo*) Pokal *m* [3] (*de sombrero*) Kopf *m* [4] (*de árbol*) [Baum-]Krone *f* [5] (NAIPES *pl*) ≈Herz *n*
copia *f* [1] Kopie *f* [2] FOTO Abzug *m;* **copiar** *vt* [1] kopieren [2] COLE abschreiben
copiloto *m* [1] AUTO Beifahrer(in *f*) *m* [2] AERO Kopilot(in *f*) *m*
copión(-ona) *m/f FAM* Nachmacher(in *f*) *m*
copioso *adj* reichlich
copla *f* [1] Strophe *f* [2] ↑ *canción* Volkslied *n*
copo *m* (*de nieve*) Flocke *f*
copresidir *vt* gemeinsam vorsitzen *dat*
coproducción *f* Koproduktion *f*
coqueto *adj* kokett; **coquetear** *vi* flirten
coraje *m* [1] ↑ *valor* Courage *f* [2] ↑ *rabia* Zorn *m*
coral I. *adj* Chor- II. *m* Koralle *f* III. *f* ↑ *coro* Chor *m*
coraza *f* [1] ↑ *armadura* Panzer *m* [2] *FIG* Schutz *m*
corazón *m* Herz *n;* ◇ **de ~** herzlich; **corazonada** *f* Ahnung *f;* ↑ *presentimiento* Vorgefühl *n*
corbata *f* Krawatte *f*
corcovado *adj* bucklig
corchete *m* [1] Häkchen *n* [2] TIP eckige Klammer
corcho *m* Kork *m*
córcholis *interj:* ◇ **¡~!** du meine Güte!
cordel *m* Schnur *f*, Kordel *f*
cordero *m* Lamm *n*
cordial *adj* herzlich; **cordialidad** *f* Herzlichkeit *f*
cordillera *f* Gebirgskette *f*
cordobés(-esa) *adj* aus Cordoba
cordón *m* [1] ↑ *cuerda* Schnur *f;* ANAT ◇ **~ umbilical** Nabelschnur *f;* ◇ **~ policial** Kordon *m* [2] (*de teléfono*) Kabel *n* [3] (*de zapatos*) Schnürsenkel *m*
cordura *f* ↑ *juicio, sensatez* Besonnenheit *f*, Umsicht *f*
corear *vt* ↑ *repetir a coro* im Chor wiederholen
Corea *f* Korea *n*
coreografía *f* (*de baile*) Choreographie *f;* **coreógrafo(/a)** *m/f* Choreograph(in *f*) *m*
cornada *f* TAUR Verletzung *f* durch Hornstoß; **cornamenta** *f* (*de toro*) Hörner *n/pl*
corneta *f* Kornett *n*, Horn *n*
cornisa *f* (ARQUIT *de edificio*) Kranzgesims *n*
cornudo *m FAM* gehörnter Ehemann
coro *m* Chor *m;* ◇ **a ~** im Chor, einstimmig
corona *f* Krone *f;* (*de flores*) Blumenkranz *m;* **coronación** *f* Krönung *f;* **coronar** *vt* [1] krönen [2] *FIG* krönen, vollenden
coronel *m* Oberst *m*
coronilla *f* Haarwirbel *m; FAM* ◇ **estar hasta la ~ de** die Nase voll haben von
corpiño *m* (*prenda*) Büstenhalter *m*
corporación *f* Körperschaft *f*
corporal *adj* körperlich
corpulencia *f* Korpulenz *f*, Beleibtheit *f;* **corpulento** *adj* korpulent, beleibt
corral *m* Hof *m;* (*de gallina*) Hühnerstall *m*
correa *f* Riemen *m;* ↑ *cinturón* Gürtel *m*
corrección *f* [1] Berichtigung *f* [2] ↑ *cortesía* Anstand *m* [3] ↑ *censura* Zurechtweisung *f* [4] TIP Korrektur *f;* **correccional** *m* Besserungsanstalt *f;* **correcto** *adj* [1] *educación* tadellos, korrekt [2] ▷*respuesta* richtig, korrekt
corredor(a) I. *m/f* (SPORT *en una carrera*) Wettläufer(in *f*) *m;* (*de coche*) Rennfahrer(in *f*) *m;* ◇ **~ de bolsa** Börsenmakler(in *f*) *m* II. *m* ↑ *pasillo* Korridor *m*, Flur *m*
corregir ⟨3.8⟩ I. *vt* [1] → *errores* berichtigen, korrigieren [2] ↑ *reprender, advertir* zurechtwei-

sen [3] *FIG* → *hábito* bessern **II.** *vr(se)* sich bessern

correlación *f* ↑ *analogía* Wechselbeziehung *f*, Korrelation *f*

correo *m* [1] Post *f*; ◇ ~ **aéreo** Luftpost *f* [2] (*pl*) Postamt *n*

correr I. *vt* [1] ↑ *recorrer* bereisen, durcheilen [2] → *armario* [ver-]rücken, schieben; → *cortina* zuziehen; → *cerrojo* vorschieben [3] → *suerte, desgracia* erleiden; → *riesgo* eingehen [4] (*a caballo*) ausreiten **II.** *vi* [1] ↑ *andar deprisa* laufen, rennen; ◇ **a todo** ~ mit Höchstgeschwindigkeit [2] ← *río* fließen [3] ← *tiempo, horas* verrinnen [4] ← *noticia* im Umlauf sein **III.** *vr(se)* [1] *FAM* beiseite rücken; ◇ **~se una juerga** einen draufmachen [2] *VULG* ↑ *tener un orgasmo* einen Orgasmus haben

correspondencia *f* [1] Korrespondenz *f*, Briefverkehr *m* [2] (TREN *de metro*) Anschluß *m*; **corresponder I.** *vi* [1] (*por carta*) korrespondieren (*con* mit) [2] entsprechen (*a, con dat*) [3] ↑ *pertenecer* gehören (*a* zu) [4] (*de incumbencia*) zukommen (*a alguien* jd-m); ◇ **me corresponde pagar a mí** ich bin dran mit zahlen [5] → *favores, atenciones* erwidern (*a algo* etw) **II.** *vr(se)* [1] (*afecto, cariño*) sich mögen, sich gern haben [2] ← *dos habitaciones* miteinander verbunden sein [3] ← *colores etc.* zusammenpassen; ◇ **estas dos cajas no se corresponden** die zwei Kisten gehören nicht zusammen; **correspondiente** *adj* [1] entsprechend *dat* [2] ↑ *oportuno* passend, gelegen *dat*

corresponsal *m/f* Korrespondent(in *f*) *m*

corretear *vi* herumlaufen

corrido(/a) I. *adj* (*desplazado*) verschoben **II.** *f* [1] Lauf *m* [2] (TAUR *de toros*) Stierkampf *m*

corriente I. *adj* [1] ▷*agua* fließend; ◇ **agua** ~ *m* fließend Wasser *n* [2] ▷*tiempo* laufend, aktuell; ◇ **el año** ~ das laufende Jahr; ◇ **estar al** ~ auf dem laufenden sein; ◇ **ponerse al** ~ sich erkundigen [3] ↑ *frecuente* gewöhnlich, normal **II.** *f* [1] (*de río, mar*) Strömung *f* [2] ELEC Strom *m* [3] (*de aire*) Luftzug *m* [4] (*FIG del pensamiento, arte*) Strömung *f*, Richtung *f*; ◇ **llevar la ~ a alguien** um des lieben Friedens willen

corrillo *m* Gruppe *f*

corro *m* Kreis *m*, Gruppe *f* [von Leuten]

corroborar *vt* bekräftigen, bestätigen

corroer *vt* [1] (*por ácido, agua*) ätzen [2] *FIG* ← *celos, envidia* zerfressen

corromper I. *vt* [1] → *personas* verderben; → *alimentos* verderben lassen [2] JUR verführen **II.** *vr(se)* schlecht werden, verfaulen

corrosión *f* Korrosion *f*; **corrosivo** *adj* ätzend

corrupción *f* [1] (*de cosas*) Zersetzung *f* [2] (*de personas*) Verfall *m* [3] *FIG* Korruption *f*; **corrupto** *adj* [1] ↑ *corrompido* verdorben [2] ▷*personas* korrupt

corsé *m* Korsett *n*

cortacésped *m* Rasenmäher *m*

cortacircuitos *m/sg* ELEC Sicherung *f*

cortado I. *adj* [1] (*con cuchillo*) abgeschnitten [2] *FIG* ▷*estilo* knapp [3] ↑ *apto* geeignet (*para* für) [4] ▷*leche* sauer [5] *FIG* ↑ *turbado* schüchtern, verlegen **II.** *m* kleiner Kaffee mit Milch; **cortante** *adj* [1] ▷*cuchillo* scharf [2] ▷*viento, aire* schneidend [3] ▷*persona* bissig, zynisch; **cortar** ⟨3.2⟩ **I.** *vt* [1] schneiden, abschneiden; → *película* schneiden [2] → *el agua* abdrehen, sperren [3] → *paso* sperren, abschneiden [4] → *árbol* absägen [5] → *hierba* mähen **II.** *vi* [1] schneiden [2] NAIPES abheben **III.** *vr(se)* [1] ↑ *desconcertarse* verlegen werden [2] ← *salsa, leche, nata* gerinnen; ◇ **~se el pelo** sich die Haare schneiden lassen *dat*;

cortauñas *m/sing* Nagelschere *f*; **corte** *m* [1] (*de herida, pelo*) Schnitt *m*, Einschnitt *m*; ◇ ~ **de corriente** Stromausfall *m* [2] ↑ *filo* Schneide *f* [3] ↑ *pieza* Stück *n* [4] *FAM* ↑ *chasco* Streich *m* [5] *FAM* ↑ *respuesta fuera de tono* schnippische Antwort; *FAM* ◇ **dar un** ~ abblitzen lassen, eine Abfuhr erteilen; ◇ **las C~s** das spanische Parlament; **cortedad** *f* Kürze *f*, Knappheit *f*; *también FIG* ◇ ~ **de vista** Kurzsichtigkeit *f*

cortejar *vt* den Hof machen *dat*; **cortejo** *m* Zug *m*; (*del rey*) Gefolge *n*; ◇ ~ **fúnebre** Leichenzug *m*

cortés *adj* höflich; **cortesía** *f* Höflichkeit *f*

corteza *f* [1] (*de árbol*) Rinde *f* [2] (*de pan, queso*) Kruste *f* [3] (*de frutos*) Schale *f*

cortina *f* [Über-]Gardine *f*, Vorhang *m*

corto I. *adj* [1] ↑ *breve* kurz, knapp; ◇ ~ **de vista** kurzsichtig; ◇ **estar** ~ **de fondos** knapp bei Kasse sein; ◇ **quedarse** ~ zu kurz kommen [2] ↑ *tonto* beschränkt [3] ↑ *tímido* schüchtern **II.** *m* [1] (*de película*) Kurzfilm *m* [2] (*de café*) ↑ *cortado* Kaffee *m* mit ganz wenig Milch

cortometraje *m* (*de película*) Kurzfilm *m*

corvo *adj* krumm, gebogen

cosa *f* [1] Ding *n*, Sache *f*; ◇ **es ~ de un año** es dauert etwa ein Jahr; ◇ **como si tal** ~ einfach so [2] ↑ *suceso* Angelegenheit *f*; ◇ **eso es ~ mía** das ist meine Sache

coscorrón *m* Schlag *m* auf den Kopf

cosecha *f* Ernte *f*; **cosechar** *vt* ernten

coser *vt* nähen; ◇ **es cosa de ~ y cantar** es ist kinderleicht

cosmético I. *adj* kosmetisch **II.** *m* Kosmetik *f*

cosmopolita I. *adj* ↑ *de mundo* kosmopolitisch **II.** *m/f* Kosmopolit *m*, Weltbürger(in *f*) *m*

coso *m* TAUR ↑ *plaza de toros* Stierkampfarena *f*

cosquillas *f/pl* : ◇ **hacer** - kitzeln; ◇ **tener** - kitzelig sein; **cosquillear** *vt* kitzeln; **cosquilleo** *m* Kitzeln *n;* **cosquilloso** *adj* [1] kitzlig [2] *FIG* leicht reizbar

costa *f* [1] GEO Küste *f* [2] ◇ **-s** *pl* Kosten *pl;* ◇ **a - de** auf Kosten von; ◇ **a toda** - um jeden Preis

costado *m* Seite *f;* ◇ **por los cuatro -s** durch und durch, völlig

costal *m* Sack *m*

costar ⟨3.2⟩ *vi también FIG* kosten; ◇ **no me cuesta mucho aprender español** Spanisch fällt mir leicht

Costa Rica *f* Costa Rica *n;* **costarriqueño(/a)** I. *adj* aus Costa Rica II. *m/f* Einwohner(in) Costa Ricas

coste *m* Kosten *pl;* **costear** *vt* ↑ *pagar* bezahlen

costilla *f* [1] ANAT Rippe *f* [2] GASTRON Rippchen *n*

costo *m* [1] Kosten *pl* [2] *FAM* Haschisch *n*, Shit *m*

costoso *adj* kostspielig, teuer

costra *f* [1] Kruste *f* [2] MED Schorf *m*

costumbre *f* Brauch *m*, Sitte *f;* ◇ **de** - gewöhnlich, normalerweise

costura *f* Nähen *n;* **costurera** *f* Näherin *f*, Schneiderin *f;* **costurero** *m* Nähkasten *m*

cotarro *m FAM* Clique *f;* ◇ **dirigir el** - der Boss sein

cotejar *vt* vergleichen; **cotejo** *m* Vergleich *m*

cotidiano *adj* täglich

cotilla *f FAM* Klatschmaul *n*, Klatschbase *f;* **cotillear** *vi FAM* klatschen; **cotilleo** *m FAM* Klatscherei *f*

cotillón *m* (*de fin de año*) Silvesterfeier *f*

cotización *f* COM Kurs *m;* **cotizar** ⟨3.10⟩ I. *vt* FIN notieren II. *vr(se)* FIN: ◇ **-se a** notiert werden mit

coto *m* ↑ *terreno cerrado* eingezäuntes Grundstück; ◇ **- de caza** Jagdrevier *n*

cotorra *f* [1] FAUNA ↑ *papagayo* Papagei *m* [2] *FAM* ↑ *muy hablador* Klatschmaul *n*, Schwätzer(in *f*) *m*

C.O.U. *m abr. de* COLE **Curso de Orientación Universitaria,** ≈Abitursjahr *n*, 13. Klasse *f*

coyote *m* Kojote *m*

coyuntura *f* [1] ANAT Gelenk *n* [2] ↑ *ocasión* Gelegenheit *f* [3] COM Konjunktur *f*

coz *f* (*de caballo*) Ausschlagen *n*

cráneo *m* ANAT Schädel *m*

cráter *m* Krater *m*

creación *f* [1] Erschaffung *f*, Schöpfung *f* [2] (*de moda*) Kreation *f;* **creador(a)** I. *adj* kreativ, schöpferisch II. *m/f* Schöpfer(in *f*) *m;* **crear** *vt* [er-]schaffen, kreieren; → *institución, empresa* gründen

creatividad *f* Kreativität *f;* **creativo** *adj* kreativ

crecer ⟨3.5⟩ *vi* (*de tamaño, estatura*) → *sentimientos* wachsen, zunehmen; **crecido(/a)** I. *adj* [1] ausgewachsen [2] *FIG* ansehnlich II. *f* (*del río*) Hochwasser *n;* **creciente** I. *adj* steigend; ▷*cantidad* zunehmend II. *f* Flut *f;* ◇ **luna** - zunehmender Mond; **crecimiento** *m* [1] Wachsen *n* [2] COM ↑ *incremento* Zuwachs *m*

credenciales *f/pl* Beglaubigungsschreiben *n*

crédito *m* [1] Kredit *m* [2] ↑ *reputación profesional* Glaubwürdigkeit *f;* ◇ **dar - a alguien** jd-m Glauben schenken

credo *m* Kredo *n*, Glaubensbekenntnis *n*

crédulo *adj* leichtgläubig, naiv

creencia *f* REL Glaube *m;* **creer** I. *vt, vi* [1] glauben; ◇ **creo en tu palabra** ich glaube dir [2] ↑ *juzgar, imaginar* denken, meinen; ◇ **¡ya lo creo!** das will ich meinen! [3] halten für; ◇ **le creo sincero** ich halte ihn für ehrlich II. *vr(se):* ◇ **-se una cosa** sich *dat* etw einbilden; **creíble** *adj* glaubhaft, glaubwürdig

crema *f* [1] (*nata*) Sahne *f* [2] (*de zapatos*) Creme *f*

cremallera *f* Reißverschluß *m*

cremoso *adj* cremig

crepúsculo *m* [Abend-]Dämmerung *f*

crespón *m* Trauerflor *m*

cresta *f* [1] (*de gallina, de ola*) Kamm *m* [2] *FIG* Hochmut *m*

creta *f* Kreide *f*

cretino(/a) I. *adj* ↑ *necio, estúpido* schwachsinnig II. *m/f* Kretin *m*

creyente I. *adj* gläubig II. *m/f* Gläubige(r) *fm*

cría *f* [1] (*de animales*) Zucht *f* [2] (*cachorro*) Jungtier *n;* **criadero** *m* [1] (*de animales, plantas*) Zucht *f* [2] (*lugar*) Brutstätte *f*

criadilla *f* GASTRON: ◇ **- de tierra** Trüffel *f*

criado(/a) I. *adj* erzogen; ◇ **mal/bien** - gut/schlecht erzogen II. *m* Diener *m* III. *f* Dienstmädchen *n*

criador(a) *m/f* Züchter(in *f*) *m;* **crianza** *f* [1] (*de animales*) [Auf-]Zucht *f* [2] (*de niños*) Erziehung *f;* **criar** *vt* [1] ↑ *alimentar* säugen, stillen [2] ↑ *educar* aufziehen [3] → *animales* züchten [4] *FIG* ↑ *producir* verursachen

criatura *f* [1] Kreatur *f* [2] ↑ *bebé* Baby *n*, Kleinkind *n*

criba *f* Sieb *n;* **cribar** *vt* sieben

crimen *m* Verbrechen *n;* **criminal** I. *adj* verbrecherisch, kriminell **II.** *m/f* Verbrecher(in *f*) *m*; **criminalidad** *f* Kriminalität *f*, Strafbarkeit *f*

crin *f*, **crines** *f/pl* Mähne *f*

crío(/a) *m/f* [1] Säugling *m* [2] *PEJ* Grünschnabel *m*

crisis *f* Krise *f*; MED ◇ ~ **nerviosa** Nervenzusammenbruch *m*

crispar *vt* [1] → *músculos* verkrampfen [2] ↑ *irritar* nerven, reizen

cristal *m* [1] Glas *n* [2] GEO Kristall *m*; **cristalería** *f* [1] (*establecimiento*) Glaswarengeschäft *n* [2] (*objetos*) Glasgegenstände *pl*; **cristalino I.** *adj* [1] kristallähnlich [2] *FIG* glasklar **II.** *m* (ANAT *del ojo*) Linse *f*; **cristalizar** ⟨3.10⟩ *vi* kristallisieren

cristiandad *f* Christenheit *f*; **cristianismo** *m* Christentum *n*; **cristiano(/a) I.** *adj* christlich **II.** *m/f* Christ(in *f*) *m*; **Cristo** *m* [1] ↑ *dios* Christus *m* [2] ↑ *crucifijo* Kruzifix *n*

criterio *m* [1] Kriterium *n*, Maßstab *m* [2] ↑ *opinión* Meinung *f* [3] ↑ *punto de vista* Standpunkt *m*

crítica *f* Kritik *f*; ◇ ~ **teatral** Theaterkritik; **criticar** ⟨3.7⟩ *vt* kritisieren; **criticable** *adj* kritisierbar; **crítico(/a) I.** *adj* kritisch **II.** *m/f* Kritiker(in *f*) *m*; **criticón(-ona)** *m/f* (*persona*) Nörgler(in *f*) *m*

cromo *m* [1] QUIM Chrom *n* [2] ↑ *estampa* Sammelbild *n*

crónica *f* Chronik *f*

crónico(/a) *adj* chronisch

cronista *m/f* Chronist(in *f*) *m*

cronología *f* chronologische Reihenfolge

cronómetro *m* (*reloj*) Stoppuhr *f*

croqueta *f* GASTRON Krokette *f*

cross *m* SPORT Cross *n*, Geländerennen *n*

cruce *m* [1] Übergang *m*; (*de carreteras*) [Straßen-]Kreuzung *f* [2] (BIO *de animales, frutos*) Kreuzung *f* [3] *FIG* ↑ *interferencia* Überschneidung *f*

crucero *m* [1] (NAUT *barco*) Kreuzer *m* [2] ↑ *viaje de placer por mar* Kreuzfahrt *f*

crucial *adj* ↑ *momento importante* entscheidend

crucificar ⟨3.7⟩ *vt* kreuzigen; **crucifijo** *m* Kruzifix *n*

crucigrama *m* Kreuzworträtsel *n*

crudo *adj* [1] roh, ungekocht [2] ▷*materiales* unbearbeitet; ◇ **petróleo** ~ Rohöl *n* [3] ↑ *inmaduro* unreif [4] ↑ *cruel, violento* grausam, unfreundlich [5] ▷*tiempo* rauh

cruel *adj* grausam; **crueldad** *f* Grausamkeit *f*

crujido *m* Knarren *n*, Knirschen *n*; **crujiente** *adj* knarrend, knirschend; **crujir** *vi* [1] ← *madera* knarren [2] ← *nieve* knirschen [3] ← *estómago* knurren

cruz *f* [1] Kreuz *n* [2] *FIG* ↑ *sufrimiento* Leid *n* [3] (*de monedas*) Schriftseite *f*; ◇ **cara o** ~ Kopf oder Zahl

cruzada *f* Kreuzzug *m*

cruzado(/a) I. *adj* gekreuzt **II.** *m* Kreuzritter *m*; **cruzar** ⟨3.10⟩ *vt, vr(se)* [1] *también* BIO kreuzen; ◇ **~se de brazos** untätig herumsitzen [2] → *la calle* überqueren, kreuzen

cuaderno *m* Heft *n*

cuadra *f* Pferdestall *m*

cuadrado I. *adj* quadratisch **II.** *m* MATE Quadrat *n*; *FAM* ◇ **tener la cabeza ~a** einen Dickschädel haben

cuadrar I. *vt* [1] viereckig machen [2] MATE ins Quadrat erheben **II.** *vi*: ◇ ~ **con** [1] übereinstimmen mit [2] (*agradar, convenir*) passen *dat* **III.** *vr(se)* MIL strammstehen

cuadrilla *f* Gruppe *f*, Team *n*; ◇ **en** ~ zusammen

cuadro *m* [1] ↑ *pintura* Bild *n*, Gemälde *n* [2] TEATRO Szene *f* [3] ↑ *aspecto* Aussehen *n* [4] (*de ventana*) Rahmen *m* [5] MATE Quadrat *n*

cuádruplo, **cuádruple** *adj* vierfach

cuajada *f* GASTRON Quark *m*; **cuajar I.** *vt* [1] eindicken, verdicken [2] ↑ *cubrir* bedecken (*de* mit) **II.** *vi* [1] ← *nieve* liegenbleiben [2] *FIG* ← *plan, proyecto* sich festigen **III.** *vr(se)* ← *leche* gerinnen, sauer werden

cual *pron* (*relativo*) der, die, das; welche(r, s); ◇ **cada** ~ jede(r, s); ◇ **por lo** ~ weshalb; ◇ ~ **la madre, tal la hija** wie die Mutter so die Tochter

cuál *pron* (*interrogativo*) welcher?, welche?, welches?

cualesquier(a) *pl de* **cualquier(a)**

cualidad *f* Eigenschaft *f*, Qualität *f*

cualificar ⟨3.7⟩ *vt* qualifizieren, einschätzen

cualquier(a) I. *adj* irgendein(e) **II.** *pron* [1] irgend jemand, irgendeine(r); ◇ **en** ~ **parte** irgendwo [2] ↑ *quienquiera* wer auch immer; ◇ ~ **que sea** was auch immer [es ist]; wer auch immer [es ist]

cuando I. *adv* wann **II.** *cj* [1] (*temporal*) wenn, als; ◇ **yo,** ~ **niño** [ich] als Kind; ◇ **de** ~ **en** ~ von Zeit zu Zeit [2] (*condicional*) wenn, falls; ◇ **incluso** ~ **no sea así** selbst wenn das nicht der Fall ist; ◇ ~ **más** höchstens; ◇ ~ **menos** wenigstens; ◇ [**aún**] ~ (*adversativa*) selbst wenn

cuándo *adv* (*interrogativo*) wann; ◇ **¿desde ~?** seit wann?; ◇ **ya me dirás el cómo y el** ~ du wirst mir schon genaueres sagen

cuantía *f* [1] ↑ *cantidad* Menge *f*, Summe *f* [2] *FIG* Bedeutung *f*

cuantificar ⟨3.7⟩ *vt* zahlenmäßig erfassen, in Zahlen ausdrücken

cuantioso *adj* [1] ↑ *en gran cantidad* zahlreich, üppig [2] *FIG* ↑ *importante* beträchtlich

cuanto I. *pron* alles, was ...; ◇ **compra todo ~ ve** sie kauft alles was sie sieht **II.** *adv:* ◇ **en ~ político** er als Politiker; ◇ **~ más tenemos, más queremos** je mehr man hat, desto mehr will man; ◇ **en ~** sowie, sobald; ◇ **en ~ a** bezüglich *gen;* ◇ **~ antes** möglichst bald [*o.* schnell] **III.** *adj:* ◇ **unas ~as personas** ein paar Leute

cuánto I. *adj* [1] (*exclamación*) soviel(e); ◇ **¡cuántos coches!** so viele Autos!; ◇ **¡~ me alegro!** wie sehr ich mich freue! [2] (*interrogativo, en singular*) wieviel; (*en plural*) wie viele; ◇ **¿~s años tienes?** wie alt bist du? **II.** *pron, adv* (*interrogativo, en singular*) wieviel; (*en plural*) wie viele; ◇ **¿~ cuesta?** wieviel kostet es?; ◇ **¿a ~ están las manzanas?** wieviel kosten die Äpfel?; ◇ **¿~ hay de aquí a Santander?** wie weit ist es von hier bis Santander?; ◇ **¿~ me quieres?** wie sehr liebst du mich?; ◇ **¿a ~s estamos hoy?** den wievielten haben wir heute?

cuarenta *numeral* vierzig; ◇ **cantar las ~ a alguien** jd-m den Kopf waschen

cuarentena *m* Quarantäne *f*

cuaresma *f* REL Fastenzeit *f*

cuartearse *vr(se)* Risse bekommen

cuartel *m* MIL Kaserne *f*, Quartier *n;* ◇ **~ general** Hauptquartier *n*

cuarteto *m también* MUS, LIT Quartett *n*

cuarto I. *adj* vierte(r, s) **II.** *m* [1] *también* MATE Viertel *n;* ◇ **un ~ de hora** Viertelstunde *f;* ◇ **son las 5 menos ~** es ist ein Viertel vor fünf [2] ↑ *habitación* Zimmer *n;* ◇ **~ de baño** Badezimmer *n* [3] *sing o pl, FAM* ↑ *dinero* Moneten *pl*

cuatro *numeral* vier

cuba *f* [Holz-]Faß *n*, Kübel *m; FAM* ◇ **estar como una ~** besoffen sein

Cuba *f* Kuba *n;* **cubano(/a) I.** *adj* kubanisch **II.** *m/f* Kubaner(in *f*) *m*

cubata *m* (*bebida*) Longdrink *m*

cubertería *f FAM* Besteck *n*

cúbico *adj* [1] Kubik- [2] (*figura*) kubisch

cubierta *f* [1] Abdeckung *f*, Plane *f* [2] AUTO Motorhaube *f;* ◇ **~ de coche** Verdeck *n* [3] (*de libro*) Umschlag *m* [4] NAUT Deck *n*

cubierto(/a) I. *adj* [1] bedeckt; ▷*cielo* bewölkt [2] FIN ▷*cheque* gedeckt **II.** *m* [1] [Schutz-]Dach *n;* ◇ **a ~ de** sicher vor [2] ↑ *tenedor, cuchara, cuchillo* Besteck *n*

cubilete *m* Würfelbecher *m;* **cubo** *m* [1] (*de agua*) Eimer *m;* ◇ **~ de basura** Mülleimer *m* [2] MATE ↑ *figura* Würfel *m* [3] (AUTO *de coche*) Nabe *f*

cubrir *irr cubierto* **I.** *vt* [1] ↑ *tapar* bedecken, zudecken (*de/con* mit) [2] → *una distancia* zurücklegen [3] (*FIG en periodismo*) berichten über *akk* [4] ↑ *proteger* schützen, Deckung geben *dat* **II.** *vr(se)* [1] (*de nubes*) sich bedecken [2] (*de prenda*) sich *dat* den Hut aufsetzen [3] MIL in Deckung gehen; ◇ **~se contra un peligro** sich vor einer Gefahr schützen

cucaracha *f* FAUNA Küchenschabe *f*

cuclillas *adv:* ◇ **en ~** hockend

cuco *adj* [1] ↑ *bonito* hübsch, niedlich [2] ↑ *astuto* pfiffig

cucú *m* Kuckuck *m;* ◇ **reloj** *m* **de ~** Kuckucksuhr *f*

cucurucho *m* [1] (*de papel*) [Papier-]Tüte *f* [2] REL ↑ *sombrero* Büßermütze *f*

cuchara *f* [Eß-]Löffel *m;* ◇ **~ de palo** Kochlöffel *m;* **cucharada** *f:* ◇ **una ~ de aceite** ein Löffel *m* [voll] Öl; ◇ **a ~s** löffelweise; **cucharilla** *f* kleiner Löffel; ◇ **~ de café** Kaffeelöffel *m;* **cucharón** *m* Suppenkelle *f*

cuchichear *vi* flüstern, tuscheln

cuchilla *f* Schneide *f;* (*de afeitar*) Rasierklinge *f;* ◇ **~ de carnicero** Fleischermesser *n*

cuchillada *f* Hieb *m*, Stich *m;* **cuchillo** *m* Messer *n*

cuchipanda *f FAM* ↑ *juerga* Gelage *n*, Fete *f*

cuchitril *m FAM* ↑ *habitación desordenada* Saustall *m*

cuelgo *vb ver* **colgar**

cuello *m* [1] Hals *m; FIG* ◇ **estoy con el agua al ~** mir steht das Wasser bis zum Hals [2] (*de prenda*) Kragen *m*

cuenca *f* ↑ *territorio* Tal *n;* GEO Becken *n;* ◇ **~ del ojo** Augenhöhle *f*

cuenco *m* [1] ↑ *vasija* Napf *m* [2] Höhlung *f*

cuenta *f* [1] MATE ↑ *suma* Rechnung *f;* ◇ **a fin de ~s** schließlich; ◇ **caer en la ~ de algo** etw plötzlich bemerken; ◇ **darse ~ de** bemerken, merken; ◇ **tener en ~** berücksichtigen [2] (COM *en restaurante*) Rechnung *f* [3] FIN Konto *n;* ◇ **~ corriente/de ahorros** Giro-/Sparkonto *n;* ◇ **vivir a ~ de** jd-m auf der Tasche liegen; ◇ **por la ~ que me trae** zu meinem Vorteil [4] ↑ *asunto* Angelegenheit *f;* ◇ **el colegio de los niños es ~ mía** die Schule der Kinder ist meine Angelegenheit [5] (*de collar*) Perle *f*

cuentista *m/f* Erzähler *m; FAM* Schwätzer *m*, Angeber *m;* **cuento I.** *vb ver* **contar II.** *m* Geschichte *f;* ◇ **venir a ~** zur rechten Zeit/gelegen kommen; ◇ **vivir del ~** leben, ohne zu arbeiten

cuerda *f* [1] Seil *n* [2] (*de reloj*) Feder *f;* ◇ **dar ~ a un reloj** eine Uhr aufziehen

cuerdo(/a) *adj* normal, geistig gesund; ↑ *sensato, razonable* klug, vernünftig

cuerno *m* Horn *n; FAM* ◇ **poner los ~s a alguien** jd-m Hörner aufsetzen
cuero *m* Leder *n,* Haut *f;* ◇ **en ~s** nackt; ◇ **~ cabelludo** behaarte Kopfhaut
cuerpo *m* [1] Körper *m,* Leib *m* [2] Körperschaft *m;* ◇ **~ diplomático** diplomatisches Corps [3] QUIM, FIS Element *n*
cuervo *m* (*ave*) Rabe *m;* ◇ **cría ~s y te sacarán los ojos** Undank ist der Welt Lohn
cuesta *f* Abhang *m;* (*en el camino*) Steigung *f;* ◇ **~ arriba/abajo** bergauf/bergab; ◇ **a ~s** auf dem Rücken
cuestión *f* [1] Frage *f;* ◇ **la ~ es que te diviertas** Hauptsache du vergnügst dich [2] ↑ *problema* Problem *n,* Angelegenheit *f;* ◇ **es ~ de 5 días** es wird fünf Tage dauern; **cuestionario** *m* Fragebogen *m*
cuesto *vb ver* **costar**
cueva *f* [1] Höhle *f* [2] ↑ *sótano* Keller *m*
cuezo *vb ver* **cocer**
cuidado **I.** *m* [1] Sorgfalt *f* [2] ↑ *atención* Vorsicht *f* [3] ↑ *temor* Sorge *f,* Fürsorge *f;* ◇ **estar al ~ de** von jd-m versorgt werden **II.** *interj:* ◇ **¡~!** Vorsicht!; **cuidadoso** *adj* sorgfältig; ↑ *precavido* vorsichtig; **cuidar** **I.** *vt* ↑ *ocuparse de* pflegen, versorgen **II.** *vi* ↑ *poner atención* achtgeben (*de* auf *akk*), sich kümmern (*de* um) **III.** *vr(se):* ◇ **~se de hacer algo** sich hüten, etw zu tun
culata *f* (*de rifle*) Gewehrkolben *m; FIG* ◇ **el tiro sale por la ~** der Schuß geht nach hinten los
culebra *f* FAUNA Schlange *f;* **culebrear** *vi* im Zickzack gehen/fahren
culinario *adj* kulinarisch, Koch-
culminación *f* Höhepunkt *m;* **culminante** *adj* überragend, Haupt-; **culminar** **I.** *vt* ↑ *acabar satisfactoriamente* erfolgreich zu Ende führen **II.** *vi* gipfeln (*con, en* in *dat*)
culo *m FAM* Hintern *m; VULG* Arsch *m; VULG* ◇ **¡vete a tomar por el ~!** leck mich am Arsch!
culpa *f* Schuld *f;* JUR Verschulden *n;* ◇ **echar la ~ a alguien** jd-m Schuld zuweisen; **culpabilidad** *f* Schuldigkeit *f;* JUR Strafbarkeit *f;* **culpabilizar** ⟨3.10⟩ *vt* die Schuld zuschieben [*o.* geben]; **culpable** **I.** *adj* schuldig (*de gen*), schuld (*de* an *dat*) **II.** *m/f* Schuldige(r) *fm;* **culpar** *vt* anklagen (*de/por* wegen), beschuldigen (*de/por gen*)
cultivador(a) *m/f* [Pflanz-]Bauer *m,* [Pflanz-]Bäuerin *f;* **cultivar** *vt* [1] bebauen; → *cereales* anbauen [2] *FIG* → *amistad, trato* pflegen [3] *FIG* → *artes, ciencias* ausüben; **cultivo** *m* Anbau *m;* BIO [Bakterien-]Kultur *f*
culto **I.** *adj* [1] ↑ *cultivado* bebaut [2] ↑ *educado* ▷*lenguaje* gebildet, kultiviert **II.** *m* REL *FIG* Kult *m;* ↑ *veneración* Verehrung *f;* **cultura** *f* [1] Kultur *f,* Bildung *f* [2] ↑ *cultivo* Anbau *m,* Zucht *f;* **cultural** *adj* Kultur-
culturismo *m* Bodybuilding *n*
culturizar ⟨3.10⟩ *vt:* ◇ **~ a alguien** ↑ *civilizar* jd-m Kultur nahebringen
cumbre *m* Gipfel *m*
cumpleaños *m* Geburtstag *m*
cumplido **I.** *adj* [1] vollkommen, vollendet [2] ↑ *amable* höflich **II.** *m* [1] ↑ *elogio* Kompliment *n* [2] (*acción*) Höflichkeit *f*
cumplimentar *vt* [1] ↑ *felicitar* beglückwünschen (*por* zu) [2] → *orden, mandato* ausführen, vollstrecken
cumplimiento *m* [1] (*de un deber*) Erfüllung *f;* (*de mandato*) Ausführung *f* [2] Höflichkeit *f;* ◇ **por ~** der Form halber; **cumplir** **I.** *vt* [1] → *mandato* ausführen; → *deber, promesa* erfüllen; ◇ **por ~** aus Höflichkeit [2] → *condena* verbüßen [3] → *años* beenden; ◇ **hoy cumple 5 años** er wird heute fünf Jahre alt **II.** *vi* [1] ← *pasaporte* verfallen, ablaufen [2] ◇ **~ con** ← *deberes* erfüllen **III.** *vr(se)* ← *plazo* ablaufen; ← *deseo* in Erfüllung gehen
cuna *f* Wiege *f*
cundir *vi* [1] ↑ *extender* ausbreiten [2] ↑ *dar rendimiento* ergiebig sein, ausgeben; ◇ **esta semana el trabajo no me ha cundido** diese Woche fiel mir die Arbeit nicht leicht
cuneta *f* (*de carretera*) Straßengraben *m*
cuñado(/a) *m/f* Schwager *m,* Schwägerin *f*
cuota *f* ↑ *cantidad* Quote *f*
cupé *m* AUTO Zweisitzer *m,* Coupé *n*
cupón *m* (*de lotería*) Lottoschein *m*
cura **I.** *f* [1] ↑ *curación* Heilung *f,* Heilmittel *n;* ◇ **sin tener cura** unheilbar [2] (*de baños*) Kur *f* **II.** *m* Priester *m;* **curación** *f* Heilung *f,* Genesung *f;* **curandero(/a)** *m/f* [1] Heilpraktiker(in *f*) *m* [2] *PEJ* Quacksalber *m;* **curar** **I.** *vt* [1] → *enfermo* behandeln, kurieren [2] → *carne, pescado* einsalzen, räuchern [3] → *pieles* gerben **II.** *vi, vr(se)* ← *enfermo* gesund werden, genesen; ← *herida* verheilen
curiosear **I.** *vt* neugierig betrachten **II.** *vi* [herum-]schnüffeln, neugierig sein; ◇ **~ por los escaparates** einen Schaufensterbummel machen; **curiosidad** *f* [1] Neugier *f* [2] ↑ *objeto* Merkwürdigkeit *f,* kuriose Sache [3] ↑ *cuidado* Sorgfalt *f;* **curioso(/a)** **I.** *adj* [1] neugierig [2] ↑ *poco corriente* seltsam, kurios **II.** *m/f* Neugierige(r) *fm*
currar *vi FAM* ↑ *trabajar* schuften
cursar *vt* → *estudios* lernen, studieren
cursi *adj FAM* ▷*persona* albern; ▷*cosa* kitschig; **cursilada** *f* Kitsch *m;* **cursilería** *f* Kitsch *m*

cursillo *m* ↑ *curso breve* [kurzer] Lehrgang
cursivo(/a) I. *adj* kursiv II. *f* TIP Kursivschrift *f*
curso *m* [1] [Fluß-]Lauf *m;* ↑ *transcurso* Verlauf *m;* ◇ en ~ laufend; in Bearbeitung [2] Lehrgang *m*, Kurs *m;* ◇ **~ intensivo** Intensivkurs *m*
curtido I. *adj* [1] ▷*piel, cuero* gegerbt [2] *FIG* ▷*persona* erfahren, bewandert (*en* in *dat*) II. *m* ↑ *cuero curtido* Gerben *n*, gegerbte Haut
cursor *m* INFORM Cursor *m*
curtir *vt* [1] → *piel, cuero* gerben [2] *FIG* → *personas* abhärten
curva *f* Kurve *f;* **curvar** *vt* ↑ *dar forma curva* krümmen; **curvo(/a)** *adj* [1] kurvenreich, kurvig [2] ↑ *torcido* krumm
cúspide *f* [1] (*de montaña*) Gipfel *m* [2] *FIG* Spitze *f;* ◇ **en la ~ de la gloria** auf der Höhe des Ruhms
custodia *f* [1] Obhut *f;* ◇ **bajo la ~ de** unter Aufsicht von [2] ↑ *protección* Wache *f;* **custodiar** *vt* [1] ↑ *guardar* aufbewahren, verwahren [2] ↑ *proteger* bewachen, aufpassen auf *akk;* **custodio** *m* Wächter(in *f*) *m*
cutis *m* [Gesichts-]Haut *f*
cuyo(/a) *pron* dessen, deren

CH

chabacanería *f* ↑ *vulgaridad* Geschmacklosigkeit *f;* **chabacano** *adj* ↑ *ordinario, vulgar* derb, geschmacklos, gemein
chabola *f* ↑ *choza* Hütte *f*, Elendsquartier *n*
chacal *m* Schakal *m*
chacha *f PEJ* Hausangestellte *f*
cháchara *f FAM* ↑ *palique* Geschwätz *n;* ◇ **estar/andar de ~** schwätzen
chafar *vt* [1] zerknittern, zerquetschen [2] *FIG* ↑ *desmoralizar* demoralisieren [3] *FIG* → *planes, proyectos* vereiteln
chal *m* Schal *m*
chalado *adj* ↑ *chiflado* verrückt, verdreht; *FAM* ◇ **está ~ por su profesora** er ist in seine Lehrerin verknallt
chalé, chalet *m* Bungalow *m*
chaleco *m* Weste *f;* ◇ **~ salvavidas** Schwimmweste *f*
chalupa *f* NAUT Schaluppe *f*
champán, champaña *m* Champagner *m*, Sekt *m*
champiñón *m* Champignon *m*
champú *m* Shampoo *n*
chamuscar ⟨3.7⟩ *vt* [1] → *comida* anbrennen lassen [2] → *pelo* [ver]sengen
chancleta *f* Latschen *m*, Pantoffel *m*
chanchullo *m FAM* ↑ *trampa* Schwindel *m*
chándal *m* Jogginganzug *m*
chantaje *m* Erpressung *f;* **chantajista** *m/f* Erpresser(in *f*) *m*
chapa *f* [1] (*de metal*) [Metall-]Platte *f* [2] (*de madera*) Funier *n* [3] (*de botella*) Verschluß *m;* **chapado** I. *adj* ↑ *cubierto de chapa* beschlagen, funiert; ◇ **es un hombre ~ a la antigua** er ist ein altmodischer Mensch II. *m* Funier *n*, Beschlag *m;* ◇ **reloj ~ en oro** eine mit Gold beschlagene Uhr
chaparrón *m* METEO Regenguß *m*
chapotear *vi* plätschern
chapucero(/a) I. *adj* ↑ *trabajo mal hecho* stümperhaft II. *m/f* Stümper(in *f*) *m*, Pfuscher(in *f*) *m*
chapurrear *vt:* ◇ **chapurrea el inglés** sie spricht schlecht Englisch
chapuza *f* ↑ *trabajo mal hecho* Pfusch *m*
chapuzón *m* ↑ *zambullida* [kurzes] Untertauchen
chaqueta *f* Jacke *f; FAM* ◇ **cambiar de ~** sein Fähnlein nach dem Wind hängen; **chaquetero** *adj* (*FAM de ideología, partido*) Opportunist *m;* **chaquetón** *m* Blouson *m*
charca *f* Tümpel *m;* **charco** *m* Pfütze *f*
charcutería *f* Metzgerei *f;* **charcutero(/a)** *m/f* Metzger(in *f*) *m*
charla *f* [1] (*acción*) Unterhaltung *f; FAM* Schwatz *m* [2] ↑ *coloquio* Kolloquium *n;* **charlar** *vi* schwatzen, plaudern; **charlatán(-ana)** *m/f* [1] Scharlatan *m* [2] Schwätzer(in *f*) *m* [3] Schwindler(in *f*) *m;* **charlatanería** *f* [1] (*de charlar*) Geschwätzigkeit *f* [2] (*de charlatán*) Scharlatanerie *f*, Quacksalberei *f*
charol *m* [1] Lack *m;* ◇ **zapatos de ~** Lackschuhe; ◇ **darse ~** angeben, aufspielen [2] Glanzschuhcreme *f*
chárter *m* AERO [1] Charterflug *m* [2] Charterflugzeug *n*
chasco *m* [1] (*engaño*) Streich *m* [2] ↑ *decepción* Enttäuschung *f*
chasquear *vt* [1] → *látigo* knallen mit [2] → *lengua* schnalzen mit; **chasquido** *m* [1] (*de látigo*) Knallen *n* [2] (*de lengua*) Schnalzen *n*
chatarra *f* [1] (*de poco valor*) ◇ **Alteisen** nt, Schrott *m* [2] (*de hierro*) [Erz-]Schlacke *f*
chato I. *adj* ▷*nariz* platt II. *m* (*de vino*) niedriges, breites Weinglas; ◇ **tomarse unos ~s** Wein trinken gehen III. *interj* Schätzchen *n*
chaval *m FAM* Junge *m*, Typ *m;* **chavala** *f FAM* Mädchen *n*, Jugendliche *f*

checo(/a) I. *adj* tschechisch II. *m/f* Tscheche *m*, Tschechin *f;* **checoslovaco(/a)** I. *adj* HIST tschechoslowakisch II. *m/f* HIST Tschechoslowake *m*, Tschechoslowakin *f;* **Checoslovaquia** *f* HIST Tschechoslowakei *f*

chepa *f FAM* ↑ *joroba* Buckel *m;* **cheposo** *adj FAM* bucklig

cheque *m* FIN Scheck *m;* ◇ **- en blanco** Blankoscheck *m*

chequeo *m* [1] MED Untersuchung *f;* ◇ **- oncológico** Krebsvorsorge[untersuchung] *f* [2] AUTO Inspektion *f*

chicle *m* Kaugummi *m*

chico(a) I. *adj* ↑ *pequeño* klein II. *m/f* [1] ↑ *niño* Kind *n* [2] ↑ *muchacho* Junge *m*, Mädchen *n*

chicha *f FAM* Fleisch *n:* ◇ **tener poca -** nur Haut und Knochen sein

chichón *m FAM* Beule *f*

chiflado(a) I. *adj FAM* [1] ↑ *loco* verdreht [2] ↑ *enamorado* verknallt (*por* in *akk*) II. *m/f FAM* Freak *m;* **chifladura** *f FAM* ↑ *locura* Verrücktheit *f*, Marotte *f;* **chiflar** I. *vt* [1] pfeifen, zischen; → *actor* auspfeifen, auszischen [2] *FAM* ↑ *gustar* begeistern, faszinieren; ◇ **me chifla este coche** dieses Auto finde ich klasse II. *vi* pfeifen III. *vr(se)* [1] ◇ **-se por** verrückt sein nach [2] ◇ **chiflarse de alguien** sich über jd-n lustig machen

chile *m* (*especia*) Chili *m*, Cayennepfeffer *m*

Chile *m* Chile *n;* **chileno(/a)** I. *adj* chilenisch II. *m/f* Chilene *m*, Chilenin *f*

chillar *vi* [1] ← *persona, animal* brüllen, kreischen, heulen [2] ← *frenos, puertas* quietschen; **chillido** *m* [1] (*de persona*) Kreischen *n*, gellender Schrei; (*de animal*) Heulen *n* [2] (*de frenos*) Quietschen *n;* **chillón(-ona)** I. *adj* [1] ▷*sonido, persona* kreischend, schreiend, schrill; ◇ **no me seas tan -** widersprich mir nicht [*o.* sei nicht so frech] [2] ▷*color* grell II. *m FAM* Schreihals *m*

chimenea *f* [1] (*de tejado*) Schornstein *m;* ◇ **fumar como una -** wie ein Schlot rauchen [2] (*de casa*) Kamin *m*

chimpancé *m* FAUNA Schimpanse *m*

china *f* ↑ *piedra pequeña* [Kiesel-]Stein *m; FAM* ◇ **tocarle a uno la -** Pech haben

China *f* China *n*

chinche I. *f* [1] ↑ *insecto* Wanze *f;* ◇ **morir/caer como -s** wie Fliegen sterben [2] (*FIG de espionaje*) Wanze *f*, Abhörmikrophon *n* [3] Reißnagel *m* II. *m/f FAM* Nervensäge *f* III. *adj FAM* [1] aufdringlich [2] anspruchsvoll

chincheta *f* ↑ *clavito* [Reiß-]Zwecke *f*

chinchilla *f* [1] (*animal*) Chinchilla *f* [2] (*piel*) Chinchillapelz *m*

chino(/a) I. *adj* chinesisch; ◇ **esto me parece chino** das kommt mir spanisch vor II. *m/f* Chinese *m*, Chinesin *f* III. *m* (*lengua*) Chinesisch *n*

Chipre *f* Zypern *n*

chiquillada *f* ↑ *travesura* Kinderei *f*

chiquito(a) I. *adj FAM* winzig II. *m/f FAM* [kleines] Kind

chirimbolo *m FAM* ↑ *cosa desconocida* Ding *n*, Dingsbums *n;* ◇ **tiene la mesa llena de -s** sein Tisch ist sehr unordentlich

chiripa *f FAM:* ◇ **de/por -** durch Zufall

chirona *f FAM* ↑ *cárcel* Knast *m*

chirriar *vi* [1] ← *puerta* quietschen [2] ← *pájaros* kreischen, tschilpen; **chirrido** *m* [1] (*de puerta*) Gequietsche *n* [2] (*de pájaros*) Gekreische *n*

chis *interj* pst, scht

chisme *m* [1] *FAM* ↑ *chirimbolo* Ding *n*, Dingsbums *n; PEY* Plunder *m;* ◇ **coger sus -s y largarse** seine Siebensachen packen [2] Klatsch *m*, Gerede *n*

chismorrear *vi* ↑ *contar chismes* klatschen, tratschen; **chismoso(/a)** I. *adj* tratschsüchtig II. *m/f* Klatschmaul *n*, Tratsche *f*

chispa *f* [1] ELEC ↑ *descarga* Entladung *f*, Funke[n] *m;* ◇ **echar -s** sehr wütend sein [2] (*FIG porción pequeña*) Funke[n] *m; FAM* ◇ **ni -** gar nichts [3] (*de agua*) Spritzer *m* [4] *FIG* ↑ *agudeza* Geistesblitz *m* [5] ↑ *ingenio* Gewitztheit *f*, Verstand *m;* **chispazo** *m* [1] ELEC ↑ *descarga* Entladung *f*, Funke[n] *m* [2] *FIG* Funke[n] *m*, Geist *m;* **chispeante** *adj* [funken-]sprühend, funkelnd; **chispear** *vi* [1] funkeln, aufblitzen [2] ← *lluvia* tröpfeln, nieseln; **chisporrotear** *vi* [1] ← *fuego* Funken sprühen [2] ← *aceite* spritzen [3] ← *madera* knistern [4] ← *motos* knattern

chiste *m* Witz *m*, Pointe *f;* **chistoso** *adj* witzig, spaßig

chita *adv FAM:* ◇ **a la - callando** still und heimlich

chivar I. *vt* ↑ *fastidiar* ärgern, necken II. *vr(se) FAM* ↑ *delatar* verpfeifen, verpetzen; ◇ **siempre se está chivando a la madre** sie petzt immer alles gleich der Mutter; **chivatazo** *m FAM* Petzerei *f;* **chivato(a)** *m/f FAM* ↑ *delator* Petze *f*

chivo(/a) *m/f* FAUNA Geißlein *n*, Kitz *n*

chocante *adj* [1] ▷*cosa* aufsehenserregend, sonderbar [2] ▷*persona* anstößig, empörend; **chocar** ⟨3.7⟩ I. *vi* [1] (*con golpe*) zusammenstoßen; ◇ **- las manos** die Hand geben [2] *FIG* ↑ *reñir* streiten, Anstoß erregen [3] *FIG* ↑ *sorprender* Erstaunen bewirken II. *vt* ↑ *brindar* anstoßen; ◇ **¡choca esos cinco!** schlag ein!

chocolate *m* [1] Schokolade *f;* ◇ **- en polvo** Schokoladenpulver *n*, Kakao *m* [2] *FAM* Haschisch *n*

chochear *vi* [1] ← *anciano* senil werden, faseln [2] *FAM* ↑ *disparatar* spinnen, verdreht sein; **chocho** *adj* [1] ↑ *viejo* vergreist [2] ↑ *loco* närrisch, schwachköpfig

chófer *m* Chauffeur *m*, Kraftfahrer *m*

chollo *m FAM* Gelegenheitskauf

chopo *m* FLORA [1] Schwarzpappel *f* [2] *FAM* Knarre *f*, Gewehr *n*

choque *m* [1] ↑ *colisión* [Zusammen-]Stoß *m* [2] *FIG* ↑ *conflicto* Streit *m*, Kampf *m* [3] MED Schock *m*

chorizar ⟨3.10⟩ *vt FAM!* ↑ *robar* klauen

chorizo *m* [1] rote Paprikawurst [2] *FAM* Dieb *m*, Betrüger *m*

chorlito *m* (*ave*) Goldkiebitz *m*; ◇ **tener (una) cabeza de** ~ ein Wirrkopf sein

chorra *f FAM*: ◇ **tener** ~ ↑ *buena suerte* Glück haben

chorrada *f* [1] *FAM* (*dicho estúpido*) Geschwätz *n* [2] (*propina*) Zugabe *f*

chorrear I. *vi* [1] ← *agua* triefen, spritzen [2] *FIG* tröpfelnd eintreffen **II.** *vt* verspritzen; **chorro** *m* [1] (*de agua*) Strahl *m*, Guß *m* [2] *FIG* ↑ *abundancia* Schwall *m*, Strom *m*; ◇ **como los ~s del oro** wie geleckt

choto(a) *m/f* ↑ *cría de cabra* Zicklein *n*; ↑ *cría de vaca* Kalb *n*; ◇ **estar como una ~a** *FAM* ↑ *loco* verrückt sein

choza *f* [Stroh-]Hütte *f*

chubasco *m* METEO ↑ *chaparrón* Regenguß *m*, Sprühregen *m*; **chubasquero** *m* (*prenda*) Regenmantel *m*; NAUT Ölzeug *n*; *FAM* Friesennerz *m*

chuchería *f* [1] ↑ *cosa de poca importancia* [Krims-]Kram *m* [2] (*dulces*) Süßigkeit *f*

chucho *m PEY* [Straßen-]Köter *m*

chulear I. *vt* ↑ *burlar* bespötteln **II.** *vi* ↑ *presumir* angeben; **chulería** *f* Angeberei *f*

chuleta I. *f* [1] GASTRON Kotelett *n* [2] (*de examen*) Spickzettel *m* **II.** *m FAM* ↑ *presumido* Angeber(in *f*) *m*

chulo(/a) I. *adj* [1] *persona, PEJ* Gauner *m*, Spitzbub *m* [2] (*FAM cosa*) spitze, toll **II.** *m* [1] ↑ *bravucón* Angeber(in *f*) *m* [2] (*de prostituta*) Zuhälter *m*

chunga *f FAM*: ◇ **estar de** ~ *de broma* Spaß treiben; ◇ **tomarse una cosa a** ~ etwas für einen Witz halten

chupado *adj* [1] ▷*persona* hager, dünn [2] ▷*cosa* leicht, einfach

chupar I. *vt* [1] → *líquido* saugen [2] → *caramelo* lutschen, lecken [3] → *cigarro* ziehen [4] ↑ *absorber* Flüssigkeit aufnehmen, aufsaugen [5] *FIG* → *dinero* ausbeuten **II.** *vr(se)* abmagern; ◇ **~se el dedo** *FIG* auf den Kopf gefallen sein; ◇ **~se los dedos** sich die Finger danach lecken; **chupete** *m* Schnuller *m*

churrería *f* Churrosladen *m*; **churro** *m* [1] GASTRON *typisches, in Öl gebackenes Spritzgebäck* [2] *FAM* ↑ *cosa mal hecha* Murks; ◇ **mandar a alguien a freír ~s** *FAM* jd-n zum Teufel schikken

chusma *f PEJ* Masse *f*, Mob *m*, Gesindel *n*

chutar I. *vt* → *pelota* schießen, kicken **II.** *vr(se)* *FAM* ↑ *drogarse* fixen

D

D, d *f* D, d *n*

D. *abr. de* **Don**

Da. *abr. de* **Doña**

dádiva *f* ↑ *donativo* Gabe *f*; ↑ *obsequio* Geschenk *n*

dado I. *pp de* **dar** ◇ ~ **que** gesetzt den Fall, daß **II.** *m* Würfel *m*

dador(a) *m/f* Geber(in *f*) *m*, Spender(in *f*) *m*

dalia *f* FLORA Dahlie *f*

dálmata *m* (*raza de perros*) Dalmatiner *m*

daltonismo *m* MED Farbenblindheit *f*

dama *f* [1] Dame *f* [2] ◇ **~s** *pl* Damespiel *n*

damasco *m* [1] Damast *m* [2] *AM* Aprikose *f*

damnificar ⟨3.7⟩ *vt* beschädigen; → *persona* schädigen; *FIG* → *interés* verletzen

danés(-esa) I. *adj* dänisch **II.** *m/f* Däne *m*, Dänin *f*

Danubio *m* (*río*) Donau *f*

danza *f* ↑ *baile* Tanz *m*; ◇ ~ **del vientre** Bauchtanz *m*; ◇ **andar/meterse en** ~ in eine Sache verwickelt sein

danzar ⟨3.10⟩ *vt, vi* tanzen

dañar ⟨1⟩ **I.** *vt* → *objeto* beschädigen; → *persona* verletzen, Schaden zufügen *dat* **II.** *vr(se)* beschädigt werden; MED sich verletzen; **dañino** *adj* schädlich; ◇ **animal** ~ Schädling *m*; **daño** *m* [1] ▷*material* Schaden *m*; (*a persona*) Verletzung *f*; ◇ **hacer ~ a alguien** jd-n verletzen; ◇ **hacerse** ~ sich wehtun [2] JUR ◇ **~s y perjuicios** Schadensersatz *m*

dar ⟨4.2⟩ **I.** *vt* [1] geben; ◇ ~ **de comer/beber** zu essen/trinken geben *dat*; ◇ ~ **los buenos días** guten Tag sagen *dat*; ◇ ~ **un paseo** einen Spaziergang machen; ◇ ~ **lugar a** Anlaß geben zu; ◇ ~ **pena a alguien** jd-m leidtun; ◇ ~ **problemas** Probleme bereiten; *FAM* ◇ **hoy no doy ni una**

heut' geht mir alles schief [2] COM → *intereses* abwerfen; AGR → *cosecha* bringen [3] TEATRO, CINE → *película* zeigen [4] → *hora* schlagen; ◇ **el reloj dio las 5** die Uhr hat 5 geschlagen [5] ◇ **me da igual** [*o* **lo mismo me da**] das ist mir egal [6] *FAM* ◇ **¡dale!** gib's ihm!, zeig's ihm! **II.** *vi* [1] ◇ **~ a** gehen auf *akk;* ◇ **~ a luz** gebären [2] ◇ **~ con** → *persona* treffen; → *idea* finden; ◇ **no doy con la fecha** mir fällt das Datum nicht ein [3] ◇ **~ en** treffen; ◇ **~ en el blanco** ins Schwarze treffen [4] ◇ **~ por perdido** verloren geben; ◇ **~ por entendido algo** etw als bekannt voraussetzen [5] ◇ **~ de sí** nachgeben, sich dehnen **III.** *vr(se)* [1] ↑ *existir* vorkommen [2] AGR ↑ *producirse* hervorbringen, produzieren [3] ◇ **~se un susto** sich erschrekken; ◇ **~se prisa** sich beeilen [4] ◇ **~se a la droga** dem Rauschgift verfallen; ◇ **~se al estudio** sich dem Studium widmen [5] ◇ **~se contra algo** gegen etw stoßen [6] ◇ **~se por vencido** sich geschlagen geben [7] ◇ **se me dan bien los idiomas** Sprachen fallen mir leicht [8] ◇ **dárselas de** sich aufspielen als

dardo *m* Speer *m*

dársena *f* Dock *n*

datar I. *vt* datieren **II.** *vi:* ◇ **~ de** herrühren von

dátil *m* Dattel *f*

dativo *m* GRAM Dativ *m*

dato *m* [1] Angabe *f*, Beleg *m* [2] ◇ **~s** *pl* INFORM Daten *pl*

de *prep* von [1] (*posesión*) ◇ **es el coche ~ mi madre** das ist das Auto meiner Mutter [2] (*comparativo, superlativo*) ◇ **más/menos ~** mehr/weniger als; ◇ **es el mejor deportista del colegio** er ist der beste Sportler [in] der Schule [3] (*procedencia*) ◇ **soy ~ Santander** ich stamme aus Santander; ◇ **vengo ~ Würzburg** ich komme aus Würzburg; ◇ **iremos ~ Alemania a Austria** wir reisen von Deutschland nach Österreich [4] (*material*) ◇ **la casa es ~ madera** das Haus ist aus Holz [5] (*profesión*) ◇ **trabaja ~ intérprete** sie arbeitet als Dolmetscherin [6] (*creador*) ◇ **es una obra ~ Cervantes** das ist ein Werk von Cervantes [7] (*cualidad*) ◇ **hombre ~ buen carácter** ein Mensch von gutem Charakter [8] (*cantidad*) ◇ **una ~ dos, o te quedas o de vas** eins von beiden, entweder du bleibst oder du gehst [9] (*modo*) ◇ **estoy vestido ~ azul** ich bin blau angezogen; ◇ **estar de pie** stehen; ◇ **comer de prisa** hastig essen

deambular *vi* herumschlendern

debajo I. *adv* unten, unterhalb; ◇ **por ~** unten, unterhalb **II.** *prep:* ◇ **~ de** (*lugar*) unter *dat*, unterhalb *gen;* (*movimiento*) unter *akk;* ◇ **por ~ de** unter *dat*

debate *m* Diskussion *f;* POL Debatte *f*

debatir *vt* [1] besprechen [2] ↑ *disputar* streiten über *akk;* POL debattieren

deber I. *vt* [1] schulden, schuldig sein *dat;* ◇ **me debes 15 marcos** du schuldest mir 15 Mark [2] *FIG* verdanken *dat;* ◇ **eso lo debes a él** das verdankst du ihm **II.** *vi* [1] sollen, müssen; ◇ **debes venir lo antes posible** du mußt so bald wie möglich kommen [2] ◇ **~ de** müssen, wahrscheinlich sein; ◇ **debe de tener fiebre** sie muß Fieber haben; ◇ **deberías de ganar más** du müßtest eigentlich mehr verdienen **III.** *vr:* ◇ **~se a** zurückzuführen sein auf *akk* **IV.** *m* [1] ↑ *obligación* Verpflichtung *f* [2] FIN [Geld]Schuld *f* [3] ◇ **~es** *pl* [Schul-]Aufgaben *pl*

debido *adj* gebührend, angemessen *dat;* ◇ **~ a** wegen

débil *adj* schwach; **debilidad** *f* Schwäche *f*, Kraftlosigkeit *f;* **debilitar I.** *vt* schwächen **II.** *vr(se)* schwach werden

debú *m* TEATRO Debüt *n*

debutante *m/f* TEATRO Debütant(in *f*) *m;* **debutar** *vi* zum ersten Mal auftreten, debütieren

década *f* Dekade *f*

decadencia *f* Verfall *m*, Dekadenz *f;* **decadente** *adj* dekadent

decaer ⟨4.1⟩ *vi* ← *negocio* herunterkommen, verfallen; ← *fuerza* nachlassen; **decaimiento** *m* ↑ *debilidad* Verfall *m*, Schwäche *f*

decano(/a) *m/f* Dekan(in *f*) *m*

decapitar *vt* köpfen

decena *f:* ◇ **una ~** [etwa] zehn

decencia *f* Anstand *m;* **decente** *adj* [1] (*moral*) anständig [2] ▷*cosa* ordentlich [3] ▷*cantidad* ausreichend, anständig; ◇ **medio ~** halbwegs anständig

decepción *f* Enttäuschung *f;* **decepcionante** *adj* enttäuschend; **decepcionar** *vt* enttäuschen

decidido *adj* ▷*persona* entschlossen, energisch; ◇ **estar ~ a** entschlossen sein zu; **decidir I.** *vt* ↑ *acordar* entscheiden, beschließen **II.** *vi:* ◇ **~ de/en** entscheiden über *akk* **III.** *vr:* ◇ **~se a** sich entschließen zu

décima *f:* ◇ **tener ~s** leichtes Fieber haben

décimo(/a) I. *adj* zehnte(r, s) **II.** *m* Zehntel *n;* (*de lotería*) Zehntellos *n*

decir ⟨4.3⟩ **I.** *vt, vi* ↑ *expresar* sagen; → *cuento* erzählen; ◇ **es ~** das heißt; ◇ **por no ~** um nicht zu sagen; ◇ **¿qué quiere ~ esto?** was soll das heißen?; ◇ **me lo dijo él mismo** das hat er mir selbst erzählt; ◇ **¡diga!** (*teléfono*) Hallo? **II.** *vr(se)* [1] ↑ *llamarse* heißen; ◇ **¿cómo se dice en alemán?** wie heißt das auf Deutsch? [2] ◇ **se dice que** man sagt, daß **III.** *m* Redensart *f;* ◇ **es un** ~ das sagt man so, das ist eine Redensart

decisión *f* [1] ↑ *determinación* Entscheidung *f;* POL Beschluß *m* [2] (*actitud*) Entschlossenheit *f,* Entschiedenheit *f;* **decisivo** *adj* entscheidend

declamar *vt* vortragen; → *versos* rezitieren

declaración *f* Äußerung *f,* Aussage *f;* FIN ◇ ~ **de renta** Einkommensteuererklärung; **declarar I.** *vt* erklären, aussagen; (*en aduana*) deklarieren **II.** *vi* JUR aussagen **III.** *vr(se)* [1] ↑ *decir* seine Meinung sagen; ◇ **~se por alguien** für jd-n Partei ergreifen [2] ← *guerra* ausbrechen

declinable *adj* deklinierbar; **declinación** *f* [1] Verfall *m* [2] GRAM Deklination *f;* **declinar I.** *vt* [1] ↑ *rechazar* abweisen, ablehnen [2] GRAM deklinieren **II.** *vi* [1] ↑ *decaer* verfallen; ← *día* sich neigen [2] ← *terreno* abfallen

declive *m* (*del terreno*) Abhang *m*

decolorante *m* (*para el pelo*) Bleichmittel *n*

decomisar *vr* ↑ *incautar* beschlagnahmen

decoración *f* Dekoration *f*

decorado *m* TEATRO Bühnenbild *n;* **decorador(a)** *m/f* Dekorateur(in *f*) *m;* TEATRO Bühnenbildner(in *f*) *m;* **decorar** *vt* [aus]schmücken, dekorieren; **decorativo** *adj* dekorativ

decoro *m* [1] (*cualidad*) Respekt *m* [2] (*actitud*) Anstand *m,* Anständigkeit *f;* **decoroso** *adj* ↑ *decente* anständig; ↑ *respetable* ehrbar

decrecer ⟨3.5⟩ *vi* ↑ *disminuir* abnehmen; **decreciente** *adj* abnehmend

decrépito *adj* ⊳*persona* hinfällig, altersschwach; ⊳*casa* verfallen, baufällig

decretar *vt* anordnen, verordnen; **decreto** *m* Verfügung *f,* Erlaß *m*

dedal *m* Fingerhut *m*

dedicación *f* Widmung *f;* **dedicar** ⟨3.7⟩ **I.** *vt* widmen (*a dat*) **II.** *vr:* ◇ **~se a una cosa** sich einer Sache widmen; **dedicatoria** *f* Widmung *f*

dedo *m* Finger *m;* (*del pie*) Zeh *m;* ◇ ~ **pulgar/gordo** Daumen *m;* ◇ ~ **índice** Zeigefinger *m;* ◇ ~ **corazón** Mittelfinger *m;* ◇ ~ **anular** Ringfinger *m;* ◇ ~ **meñique** kleiner Finger; ◇ ~ **gordo** großer Zeh

deducción *f* [1] Folgerung *f* [2] COM Abzug *m*

deducible *adj* ableitbar (*de* von); **deducir** ⟨3.25⟩ *vt* [1] ↑ *derivarse* folgern, ableiten (*de* von) [2] COM ↑ *restar* abziehen

defecto *m* Fehler *m,* Defekt *m;* ↑ *falta* Mangel *m;* **defectuoso** *adj* fehlerhaft

defender ⟨4.17⟩ *vt* verteidigen (*contra* gegen), schützen (*de* vor *dat*); **defensa** *f* Verteidigung *f,* Schutz *m;* **defensiva** *f:* ◇ **a la** ~ in der Defensive; **defensivo** *adj* verteidigend, defensiv; **defensor(a) I.** *adj* verteidigend **II.** *m/f* JUR Verteidiger(in *f*) *m;* ↑ *protector* Verfechter(in *f*) *m*

deferencia *f* ↑ *respeto* Achtung *f,* Respekt *m* (*hacia* gegenüber *dat*)

deficiencia *f* Fehlerhaftigkeit *f;* ↑ *falta* Mangel *m;* **deficiente I.** *adj* ⊳*cosa* fehlerhaft, mangelhaft; ⊳*persona* geistig zurückgeblieben **II.** *m/f* : ◇ ~ **mental** Geistesgestörte(r) *m/f*

déficit ⟨s⟩ *m* COM, FIN Defizit *n; FIG* Knappheit *f;* **deficitario** *adj* defizitär, Defizit-

definición *f* Definition *f;* **definir** *vt* definieren, bestimmen; ↑ *explicar* erklären

definitivo *adj* endgültig, definitiv; ◇ **en ~a** schließlich, letzten Endes

defoliar *vt* entlauben

deforestación *f* (*de árboles*) Abholzung *f*

deformación *f* ↑ *desfiguración* Entstellung *f;* ↑ *anomalía* Verzerrung *f;* **deformar I.** *vt* verformen, verzerren **II.** *vr(se)* sich verformen; **deforme** *adj* ↑ *desfigurado* unförmig; ↑ *desproporcionado* entstellt; **deformidad** *f* ↑ *anormalidad* Mißbildung *f,* Verunstaltung *f*

defraudar *vt* [1] ↑ *decepcionar* enttäuschen [2] FIN ◇ ~ **impuestos** Steuern hinterziehen

defunción *f* ↑ *muerte* Ableben *n,* Hinscheiden *n*

degeneración *f* Degeneration *f;* **degenerado** *adj* ↑ *perverso* degeneriert, entartet; **degenerar** *vi* degenerieren, entarten

degollar ⟨3.2⟩ *vt* → *animal* die Kehle durchschneiden *dat;* (*matar*) abschlachten, massakrieren; → *persona* enthaupten

degradación *f* ↑ *destitución* Degradierung *f,* Erniedrigung *f;* **degradante** *adj* ↑ *humillante* erniedrigend, demütigend; **degradar I.** *vt* [1] MIL degradieren [2] ↑ *humillar* demütigen **II.** *vr(se)* sich erniedrigen

degustación *f* (*de vinos*) Kosten *n,* Probieren *n;* **degustar** *vt* kosten, probieren

deidad *f* Gottheit *f*

dejación *f* Abtretung *f*

dejadez *f* ↑ *negligencia* Nachlässigkeit *f,* Schlamperei *f;* **dejado** *adj* nachlässig, schlampig; **dejar I.** *vt* [1] lassen; ↑ *omitir* weglassen; ↑ *abandonar* verlassen; JUR → *herencia* hinterlassen; COM ◇ ~ **ganancias** Gewinn abwerfen; ◇ ~ **caer** fallenlassen; ◇ ~ **que desear** zu wünschen übrig lassen [2] ↑ *permitir* zulassen; ◇ ~ **a alguien hacer algo** jd-n etw tun lassen **II.** *vi:* ◇ ~ **de** [1] aufhören zu; ◇ ~ **de fumar** zu rauchen aufhören [2] versäumen zu; ◇ **no dejes de comprar pan** vergiß nicht, Brot zu kaufen

deje *m* GRAM Akzent *m,* Tonfall *m*

del *prep* **de** + **el** *ver* **de**

delantal *m* Schürze *f*

delante I. *adv* ↑ *parte anterior* vorne; ↑ *enfrente* gegenüber; ↑ *adelante* voraus **II.** *prep:* ◇ ~ **de** vor *dat,* in Gegenwart von

delantera *f* [1] (*de coche*) Vorderteil *n* [2] SPORT Stürmerreihe *f* [3] *FIG* Vorteil *m;* ◇ **llevar la ~ a alguien** einen Vorsprung vor jd-m haben

delantero(/a) I. *adj* Vorder- II. *m* (SPORT *jugador*) Stürmer *m*

delatar *vt* anzeigen, denunzieren; **delator(a)** *m/f* Denunziant(in *f*) *m*

delegación *f* Delegation *f*, Abordnung *f;* **delegado(/a)** *m/f* Abgeordnete(r) *fm;* (*de clase*) Sprecher(in *f*) *m;* COM Repräsentant(in *f*) *m;* **delegar** ⟨3.11⟩ *vt* übertragen (*en dat*)

deleitable *adj* köstlich, wunderbar; **deleitar** I. *vt* ↑ *gozar* erfreuen, bezaubern II. *vr:* ◇ **~se con** [*o* **en**] sich erfreuen an *dat;* **deleite** *m* Vergnügen *n*

deletrear *vt* buchstabieren; **deletreo** *m* Buchstabieren *n*

delfín *m* FAUNA Delphin *m*

delgadez *f* Schlankheit *f;* **delgado** *adj* dünn; ▷*persona* dünn, schlank

deliberación *f* [1] ↑ *consideración* Überlegung *f* [2] ↑ *resolución* Erörterung *f;* **deliberadamente** *adv* ↑ *adrede* absichtlich; **deliberar** *vt* [1] ↑ *reflexionar* erörtern, diskutieren [2] ↑ *decidir* entscheiden

delicadeza *f* [1] Zartheit *f*, Zerbrechlichkeit *f* [2] ↑ *atención* Zartgefühl *n;* **delicado** *adj* [1] zart, fein; ↑ *sensible* empfindlich; (*de salud*) kränklich; ▷*momento* heikel, delikat [2] *FIG* ↑ *difícil* schwierig; ↑ *sensible* überempfindlich, eigen, wählerisch

delicia *f* (*placer intenso*) Köstlichkeit *f*, Wonne *f;* **delicioso** *adj* ↑ *agradable* angenehm; ↑ *sabroso* köstlich

delimitar *vt también FIG* → *barreras* begrenzen, abgrenzen

delincuencia *f* Kriminalität *f;* **delincuente** *m/f* Straftäter(in *f*) *m;* ↑ *criminal* Kriminelle(r) *m/f*

delineante *m/f* technische(r) Zeichner(in *f*) *m;* **delinear** *vt* → *proyecto* entwerfen, umreißen

delinquir ⟨3.23⟩ *vi* eine Straftat begehen

delirante *adj* im Delirium; **delirar** *vi* [1] (*de fiebre*) phantasieren; *FIG* wirres Zeug reden [2] (*gustar mucho*) schwärmen (*por* von/für); **delirio** *m* [1] MED Delirium *n* [2] ↑ *locura* Spinnerei *f*

delito *m* Straftat *f*, Delikt *n*

demagogia *f* Demagogie *f;* **demagogo(/a)** *m/f* Demagoge *m*, Demagogin *f*

demanda *f* [1] ↑ *solicitud* Forderung *f* (*de* nach), Bitte *f* (*de* um); ◇ **en ~ de ayuda** auf die Bitte um Hilfe [2] COM Nachfrage *f* (*de* nach) [3] JUR Klage *f*

demandado(/a) *m/f* JUR Beklagte(r) *fm;* **demandante** *m/f* JUR Kläger(in *f*) *m*

demandar *vt* [1] ↑ *solicitar* erbitten, fordern [2] JUR verklagen

demarcación *f* Abgrenzung *f;* **demarcar** ⟨3.7⟩ *vt* abgrenzen

demás I. *adj inv:* ◇ **las ~ palabras** die übrigen Wörter; ◇ **por lo ~** im übrigen; ◇ **estar ~** überflüssig sein II. *pron:* ◇ **los/las ~** die anderen, die übrigen; ◇ **lo ~ no importa** alles weitere ist unwichtig III. *adv* außerdem

demasía *f* ↑ *abundancia* Übermaß *n;* ◇ **en ~** zuviel, übermäßig

demasiado I. *adj* zuviel; ◇ **~s** zuviele; ◇ **¡es ~!** das ist die Höhe! II. *adv* zu sehr; ◇ **iba ~ deprisa** er fuhr zu schnell

demencia *f* Wahnsinn *m*, Irrsinn *m;* **demente** I. *adj* wahnsinnig II. *m/f* Wahnsinnige(r) *fm*

democracia *f* Demokratie *f;* **demócrata** *m/f* Demokrat(in *f*) *m;* **democrático** *adj* demokratisch; **democratización** *f* Demokratisierung *f;* **democratizar** ⟨3.10⟩ *vt* demokratisieren

demografía *f* Demographie *f*

demoledor *adj* zerstörend; ▷*argumento* vernichtend; **demoler** ⟨3.22⟩ *vt* [1] → *edificio* abreißen [2] *FIG* zunichte machen; **demolición** *f* Abbruch *m*

demonio *m también FIG* Teufel *m; FAM* ◇ **¡vete al~!** zum Teufel mit dir!; *FAM* ◇ **¿cómo ~s?** wie zum Teufel?; *FAM* ◇ **saber a ~s** bestialisch schmecken

demora *f* Verzögerung *f;* (*de tren*) Verspätung *f;* ◇ **sin ~** unverzüglich; **demorar** I. *vt* ↑ *retrasar* verschieben II. *vr(se)* sich aufhalten lassen

demostrable *adj* nachweislich; **demostración** *f* [1] Demonstration *f*, Vorführung *f;* COM ◇ **~ comercial** Werbeveranstaltung *f* [2] (MATE *con pruebas*) Beweis *m;* **demostrar** ⟨3.2⟩ *vt* [1] → *hecho* beweisen [2] → *sentimiento* bekunden, zeigen; **demostrativo** *adj* demonstrativ

denegar ⟨3.11⟩ *vt* ablehnen; JUR abweisen

denigrante *adj* beleidigend, erniedrigend; **denigrar** *vt* [1] ↑ *humillar* beleidigen [2] ↑ *difamar* diffamieren

denominación *f* Benennung *f*, Bezeichnung *f*

denotación *f* GRAM, PHIL ↑ *significado* Denotation *f*, Begriffsumfang *m;* **denotar** *vt* [1] ↑ *significar* bedeuten [2] ↑ *indicar* [an-]zeigen; ↑ *mostrar* hindeuten auf *akk*

densidad *f* Dichte *f;* **denso** *adj* ▷*volumen* dicht; ↑ *espeso* dick; *FIG* ▷*libro* unklar

dentadura *f* Gebiß *n;* ◇ **~ postiza** künstliche Zähne *pl*, Gebiß *n*

dentera *f* [1] Schauder *m;* ◇ **dar dentera** durch Mark und Bein gehen [2] *FIG* ↑ *envidia* Neid *m*

dentífrico *m* : ◇ **pasta -a** Zahnpasta *f*
dentista *m/f* Zahnarzt *m*, -ärztin *f*
dentro I. *adv* darin; ◇ **mirar por** - [von] innen ansehen II. *prep* (*lugar*): ◇ - **de** in *dat*, innerhalb *gen*; (*dirección*) in *akk*; ◇ - **de dos días** in zwei Tagen; ◇ - **de poco** bald; ◇ - **de la casa** im Haus drinnen
denuncia *f* Anzeige *f*; **denunciar** *vt* [1] anzeigen, melden (*a dat*); JUR ↑ *acusar* verklagen [2] ↑ *ser indicio* verraten, ein Anzeichen sein
departamento *m* (*de institución*) Abteilung *f*; TREN Abteil *n*
dependencia *f* [1] Abhängigkeit *f* (*de* von) [2] COM ↑ *sección* Zweigstelle *f*
depender *vi*: ◇ - **de** [1] abhängen von [2] ↑ *contar con* sich verlassen auf *akk*
dependiente(/a) *m/f* Verkäufer *m*, Verkäuferin *f*
dependiente *adj* abhängig (*de* von)
depilarse *vr* sich enthaaren; **depilatorio** *m* Enthaarungsmittel *n*
deplorable *adj* bedauerlich; **deplorar** *vt* bedauern
deponer ‹4.8› *vt* [1] (*de un cargo*) hinlegen, absetzen; → *las armas* niederlegen [2] → *ministro* entlassen
deportación *f* Deportation *f*; **deportar** *vt* deportieren
deporte *m* Sport *m*; **deportista** I. *adj* Sport- II. *m/f* Sportler(in *f*) *m*; **deportividad** *f* Sportlichkeit *f*; **deportivo** *adj* ⊳*persona* sportlich; ⊳*coche* sportlich, schnittig
depositar I. *vt* [1] ↑ *poner* hinstellen, hinlegen; → *maleta* deponieren; → *dinero* einzahlen, hinterlegen [2] *FIG* → *confianza* anvertrauen (*en dat*) II. *vr(se)* ← *posos* sich setzen; **depositario(/a)** *m/f* Verwahrer(in *f*) *m*; **depósito** *m* [1] (*de dinero*) Hinterlegung *f*; (*de armas*) Lager *n*; (*de agua*) Tank *m* [2] ↑ *sedimento* Ablagerung *f*
depravado *adj* ↑ *vicioso* verkommen, verworfen; **depravar** I. *vt* verderben II. *vr(se)* verkommen
depreciación *f* (*de la peseta*) [Geld-]Entwertung *f*; **depreciar** I. *vt* entwerten, abwerten II. *vr(se)* an Wert verlieren
depredación *f* Raubüberfall *m*
depresión *f* [1] MED Depression *f* [2] ECON Rezession *f* [3] (*de temperatura*) Sinken *n* [4] (GEO *de terreno*) Senkung *f*; **depresivo** *adj* ⊳*persona* depressiv, niedergeschlagen; ⊳*situación* bedrückend
deprimente *adj* ⊳*espectáculo* deprimierend; **deprimido** *adj* deprimiert; **deprimir** I. *vt* deprimieren II. *vr(se)* deprimiert werden
deprisa *adv* eilig, schnell
depuración *f* (*del agua*) Reinigung *f*; POL Säuberung *f*; **depurar** *vt* läutern, reinigen; POL säubern
derecha *f* [1] ⊳*lado* rechte Seite; ⊳*mano* rechte Hand; ◇ **torcer a la** - [nach] rechts abbiegen [2] POL Rechte *f*
derecho I. *adj* [1] ⊳*lado, mano* rechte(r, s) [2] ↑ *recto* gerade, aufrecht II. *adv* [1] ↑ *directamente* gerade, geradeaus [2] ↑ *vertical* aufrecht, gerade III. *m* [1] ⊳*lado* rechte Seite [2] (*a vivir*) [Vor-]Recht *n* (*de* auf *akk*); ◇ **tener - a** Anspruch [*o.* ein Recht] haben auf; ◇ **¡no hay -!** das ist gemein!, das ist eine Frechheit! [3] JUR Recht *n*; (UNI *estudio*) Rechtswissenschaft *f*; ◇ - **internacional** Völkerrecht *n* [4] ◇ **-s** *m/pl* (*de aduana*) [Zoll-]Gebühr *f*; ◇ - **de inscripción** Anmeldegebühr *f*
deriva *f* NAUT: ◇ **ir a la** - abtreiben
derivación *f también* GRAM Ableitung *f*; **derivado** *adj* abgeleitet (*de* von); **derivar** I. *vt* [1] GRAM ↑ *deducir* ableiten (*de* von) [2] → *río* umleiten, umlenken II. *vr(se)* sich ableiten (*de* von); GRAM abstammen (*de* von)
dermatología *f* Dermatologie *f*; **dermatólogo(/a)** *m/f* Hautarzt *m*, -ärztin *f*
derogar ‹3.11› *vt* → *ley* abschaffen, aufheben
derramamiento *m* (*de sangre*) Vergießen *n*;
derramar I. *vt* [1] → *líquido* verschütten; ◇ - **lágrimas** Tränen vergießen [2] *FIG* verschwenden II. *vr(se)* sich ergießen; **derrame** *m* (MED *de sangre*) [innere] Blutung; ◇ - **cerebral** Hirnblutung *f*
derrapar *vi* AUTO ← *coche* ins Schleudern kommen
derretido *adj* geschmolzen; **derretir** ‹4.15› I. *vt* schmelzen II. *vr(se)* [1] ← *nieve* schmelzen [2] (*FIG de amor*) sich verzehren (*por alguien* nach jd-m)
derribar *vt* [1] → *edificio* einreißen, abreißen [2] → *persona* zu Boden werfen [3] → *gobierno* stürzen [4] *FIG* → *sentimiento* unterdrücken
derrocar ‹3.4› *vt* → *ministro* stürzen
derrochador(a) *m/f* ↑ *gastador* Verschwender (in *f*) *m*; **derrochar** *vt* verschwenden; **derroche** *m* Verschwendung *f*
derrota *f* [1] Weg *m*, Route *f*; NAUT Kurs *m* [2] *también FIG* Niederlage *f*; **derrotar** *vt* [1] (*en combate*) besiegen [2] → *salud* ruinieren
derrotero *m* NAUT Fahrtrichtung *f*; *también FIG* Kurs *m*
derrotista I. *adj* defätistisch II. *m/f* Defätist(in *f*) *m*
derruir *vt* → *construcción* abreißen

derrumbamiento *m* [1] Einsturz *m;* ◇ ~ **de piedras** Steinschlag *m* [2] *FIG* Kollaps *m,* Zusammenbruch *m;* **derrumbar I.** *vt* herabstoßen; → *edificio* abreißen **II.** *vr(se)* [1] ↑ *caer* herabstürzen [2] ← *muro* einstürzen [3] *FIG* ← *esperanza* in sich zusammenfallen
desabotonar *vt, vr(se)* aufknöpfen
desabrido *adj* [1] ▷*fruta* geschmacklos, fade [2] ▷*tiempo* ungemütlich [3] ▷*persona* mürrisch, barsch
desabrochar I. *vt* → *botones* aufknöpfen; → *corchetes* aufmachen **II.** *vr(se)* [1] → *ropa* seine Kleidung aufknöpfen [2] *FIG* sein Herz ausschütten (*en dat*)
desacatar *vt* → *persona* respektlos behandeln; JUR → *ley* mißachten, verstoßen gegen; **desacato** *m* ↑ *desobediencia* Respektlosigkeit *f;* JUR Mißachtung *f*
desacertado *adj* falsch; ↑ *inoportuno* unangebracht; **desacierto** *m* Irrtum *m*
desaconsejado *adj* unbesonnen, unklug; **desaconsejar** *vt:* ◇ ~ **algo a alguien** jd-m von etw abraten
desacordar ⟨3.2⟩ *vt* MUS verstimmen; **desacorde** *adj* unharmonisch
desacreditar *vt* ↑ *desprestigiar* in Mißkredit bringen; ↑ *denigrar* schlechtmachen
desactivar *vt* → *bomba* entschärfen
desacuerdo *m* Meinungsverschiedenheit *f,* Unstimmigkeit *f;* ◇ **estar en** ~ **con** nicht passen zu
desafiante *adj* herausfordernd; **desafiar** ⟨3.13⟩ *vt* [1] herausfordern; ◇ ~ **a alguien a hacer una cosa** jd-n herausfordern, etw zu tun [2] ↑ *hacer frente* trotzen *dat*
desafinado *adj:* ◇ **estar** ~ verstimmt sein; **desafinar** *vi, vr(se)* MUS sich verstimmen
desafío *m* Herausforderung *f*
desafortunado *adj* unglücklich
desagradable *adj* [1] ↑ *molesto* unangenehm, unerfreulich [2] (*con los demás*) grob, unverschämt; **desagradar** *vt* ↑ *disgustar* mißfallen *dat*
desagradecido *adj* undankbar
desagrado *m* ↑ *disgusto* Widerwille *m;* ↑ *descontento* Unzufriedenheit *f;* ◇ **hacer algo con** ~ etw widerwillig tun
desagraviar *vt* [1] ↑ *disculparse* sich entschuldigen bei [2] ↑ *recompensar* wiedergutmachen, entschädigen; **desagravio** *m* Wiedergutmachung *f;* ↑ *compensación* Entschädigung *f* (*de* für)
desagüe *m* Abwasserrohr *n*
desaguisado I. *adj* unrecht, illegal **II.** *m* Schandtat *f*
desahogado *adj* [1] ▷*lugar, prenda* behaglich, bequem; ▷*casa* geräumig [2] (*económicamente*) finanziell abgesichert, wohlhabend; **desahogar I.** *vt* ↑ *descargar* auslassen (*en* an *dat*) **II.** *vr(se)* ↑ *aliviar* sich aussprechen; ◇ **~se con alguien** jd-m sein Herz ausschütten; **desahogo** *m* ↑ *alivio* Erleichterung *f;* (*económico*) Sicherheit *f*
desahuciar *vt* [1] → *enfermo* aufgeben [2] (JUR *de vivienda*) zur Räumung zwingen; **desahucio** *m* (JUR *de vivienda*) Zwangsräumung *f*
desairado *adj* unansehnlich, schwerfällig; **desairar** *vt* [1] ↑ *despreciar* herabsetzen, geringschätzig behandeln [2] ↑ *desatender* mißachten, vernächlässigen
desaire *m* ↑ *desprecio* Kränkung *f;* ↑ *desdén* Geringschätzung *f*
desajustar I. *vt* durcheinanderbringen **II.** *vr(se)* in Unordnung geraten; **desajuste** *m* [1] Unordnung *f;* TECNI Panne *f* [2] ↑ *desequilibrio* Ungleichgewicht *n*
desalentador *adj* entmutigend; **desalentar** ⟨3.1⟩ **I.** *vt* entmutigen **II.** *vr(se)* mutlos werden; **desaliento** *m* Mutlosigkeit *f*
desaliñado *adj* ▷*persona* verwahrlost, schlampig; **desaliño** *m* ↑ *de aseo y vestir* Schlampigkeit *f*
desalmado *adj* herzlos; (*bárbaro*) grausam
desalojamiento *m* [1] Vertreibung *f* [2] (*de lugar*) Räumung *f,* Evakuierung *f;* **desalojar** *vt* [1] ↑ *echar* hinauswerfen (*de* aus *dat*) [2] ↑ *marcharse* verlassen; → *sitio* evakuieren
desamarrar *vt* losbinden; → *barco* losmachen
desamor *m* Lieblosigkeit *f,* Gleichgültigkeit *f*
desamparado *adj* [1] ▷*persona* hilflos, schutzlos [2] ▷*lugar* ungeschützt [3] ↑ *solitario* verlassen, einsam; **desamparar** *vt* [1] → *persona* verlassen [2] JUR → *caso* aufgeben
desandar ⟨3.26⟩ *vt:* ◇ ~ **lo andado** den Weg zurückgehen
desangrarse *vr* bluten, Blut verlieren
desanimado *adj* [1] ▷*persona* niedergeschlagen [2] ▷*local* langweilig; **desanimar I.** *vt* entmutigen **II.** *vr(se)* ↑ *desalentarse* den Mut verlieren
desánimo *m* ↑ *falta de ánimo* Mutlosigkeit *f*
desapacible *adj* ↑ *desagradable* unangenehm; ▷*persona* mürrisch, unfreundlich; ▷*sonido* scharf, laut
desaparecer ⟨3.5⟩ *vi* verschwinden; **desaparición** *f* Verschwinden *n*
desapego *m* [1] Desinteresse *n;* (*de interés*) Gleichgültigkeit *f* (*a alguien* jd-m gegenüber) [2] (*de afecto*) Gefühlskälte *f,* Distanz *f* (*a* zu)
desapercibido *adj* ↑ *inadvertido* unvorbereitet; ◇ **coger** ~ überraschen
desaplicación *f* (*en el estudio*) Nachlässigkeit

f; **desaplicado** *adj* faul, träge; ↑ *descuidado* nachlässig, schlampig
desapolillar *vt FIG* ↑ *renovarse* auffrischen
desaprensión *f* ↑ *despreocupación* Rücksichtslosigkeit *f*
desaprensivo *adj* rücksichtslos
desaprobación *f* ↑ *denegación* Mißbilligung *f;* ↑ *condenación* Verurteilung *f*
desaprobar ‹3.2› *vt* → *proyecto* mißbilligen; → *conducta* verurteilen
desaprovechado *adj* [1] ▷*cosa* ungenutzt, unproduktiv [2] (*en estudios*) zurückgeblieben; **desaprovechar** *vt* → *oportunidad* nicht nutzen, versäumen
desarmado *adj* [1] (*sin armas*) unbewaffnet [2] (*en piezas*) zerlegt [3] (*FIG sin respuesta*) entwaffnet, besänftigt; **desarmar** *vt* [1] entwaffnen [2] (*en piezas*) abbauen, abmontieren [3] *FIG* entwaffnen, besänftigen; **desarme** *m* Abrüstung *f*
desarraigado *adj* ▷*persona* entwurzelt, haltlos; **desarraigar** ‹3.11› *vt* [1] → *planta* mit den Wurzeln ausreißen; *FIG* → *persona* aus der gewohnten Umgebung reißen [2] *FIG* ausmerzen; **desarraigo** *m* (*de persona*) Entwurzelung *f*
desarrapado *adj* (*de vestimenta*) schäbig gekleidet
desarreglado *adj* (*de aspecto*) schlampig, liederlich; **desarreglar** *vt* ↑ *desordenar* in Unordnung bringen; **desarreglo** *m* Unordnung *f*
desarrollar I. *vt* → *teoría* entwickeln; → *trabajo* ausführen II. *vr(se)* sich abspielen, sich entwikkeln; **desarrollo** *m* Entwicklung *f*
desarroparse *vr* ↑ *destaparse* sich aufdecken
desarticular *vt* [1] ↑ *desmontar* zerlegen, auseinandernehmen; *FIG* ◇ ~ **un grupo terrorista** eine Terroristengruppe auseinandernehmen [2] → *hueso* ausrenken
desaseado *adj* ↑ *sucio* unsauber; ▷*persona* ungepflegt
desasir ‹3.27› I. *vt* loslassen II. *vr(se):* ◇ **-se de** loskommen von
desasistir *vt* ↑ *dejar sin ayuda* im Stich lassen
desasosegar ‹3.1› *vt* beunruhigen; **desasosiego** *m* Unruhe *f*
desastrado *adj* schlampig, liederlich; **desastre** *m* [1] ↑ *calamidad* Unglück *n,* Katastrophe *f;* ◇ ~ **ecológico** Umweltkatastrophe *f* [2] (*FAM persona*) Tolpatsch *m,* Pechvogel *m;* **desastroso** *adj* schrecklich, katastrophal
desatado *adj FIG* ▷*pasión* wild, zügellos, ungebunden; **desatar** I. *vt* [1] → *cuerda* losbinden; ↑ *desanudar* aufknoten, lösen; → *pieza* abmachen [2] *FIG* → *pasión* freien Lauf lassen *dat* II. *vr(se)* [1] ← *cuerda* sich lösen; ← *zapatos* aufgehen [2] *FIG* ← *temporal* losgehen, ausbrechen [3] *FIG* ← *persona* sich vergessen
desatascar *vt* [1] → *coche* aus dem Schlamm ziehen [2] → *tubería* freimachen, reinigen
desatención *f* [1] (*de concentración*) Unaufmerksamkeit *f* [2] (*de respeto*) Unhöflichkeit *f;* **desatender** ‹3.1› *vt* [1] (*no atender*) nicht beachten, ignorieren [2] ↑ *echar a un lado* vernachlässigen [3] → *persona* kränken, beleidigen; **desatento** *adj* [1] (*de atención*) unaufmerksam [2] (*de cortesía*) unhöflich
desatinado *adj* unsinnig, blödsinnig; **desatinar** *vi* [1] ↑ *cometer tonterías* Unsinn machen; ↑ *disparatar* Unsinn reden [2] ↑ *errar* die Fassung verlieren; **desatino** *m* [1] (*cualidad*) Dummheit *f* [2] ↑ *disparate* Unsinn *m* [3] ↑ *error* Fehlgriff *m*
desatornillar *vt* abschrauben, losschrauben
desautorizado *adj* unbefugt; **desautorizar** ‹3.10› *vt* [1] → *funcionario* die Zuständigkeit absprechen *dat* [2] ↑ *desaprobar* nicht gutheißen [3] → *declaraciones* nicht bewilligen
desavenencia *f* ↑ *disconformidad* Uneinigkeit *f;* ↑ *discordia* Unstimmigkeit *f*
desayunar I. *vi* frühstücken II. *vt* zum Frühstück haben; **desayuno** *m* Frühstück *n*
desazón *f* [1] (*sentimiento*) Unbehagen *n* [2] MED ↑ *malestar* Unwohlsein *n*
desbancar *vt* (*FIG en el trabajo*) verdrängen, ausstechen
desbandada *f* : ◇ **a la** ~ Hals über Kopf; **desbandarse** *vr* auseinanderlaufen, sich zerstreuen
desbarajuste *m* Durcheinander *n,* Wirrwarr *m*
desbaratar *vt* → *planes* vereiteln, zerstören
desbarrar *vi* ↑ *disparatar* Unsinn reden
desbocado *adj* [1] ▷*caballo* scheu geworden [2] *FIG* ▷*lenguaje* vulgär; **desbocarse** *vr* [1] ← *caballo* scheuen, durchgehen [2] ← *personas* fluchen
desbordamiento *m* [1] (*de río*) Überfließen *n,* Überquellen *n* [2] (*FIG de sentimientos*) Ausbruch *m;* **desbordante** *adj* ▷*éxito* überwältigend; **desbordar** I. *vi* ↑ *rebosar* übersteigen, übertreffen II. *vr(se)* ← *río* über die Ufer treten; ← *líquido* überlaufen; ◇ **-se de alegría** vor Freude außer sich sein
descabalgar ‹3.11› *vi* [vom Pferd] absteigen, absitzen
descabellado *adj* ↑ *disparatado* verworren; ↑ *absurdo* unsinnig; ▷*persona* durchgedreht, verrückt; **descabellar** *vt* → *toro* den Gnadenstoß versetzen *dat*
descabezar ‹3.10› *vt* → *persona* köpfen, enthaupten; → *árbol* kappen

descafeinado I. *adj* koffeinfrei II. *m* koffeinfreier Kaffee
descalabrar *vt* ↑ *maltratar* übel zurichten, [auf den Kopf] schlagen; **descalabro** *m* [1] ↑ *desgracia* Unglück *n*, Mißgeschick *n* [2] ↑ *daño* Beschädigung *f*
descalificación *f* SPORT Disqualifizierung *f*
descalificar ⟨3.7⟩ *vt* SPORT disqualifizieren
descalzar ⟨3.10⟩ *vt* ausziehen *dat;* **descalzo** *adj* barfuß
descambiar *vt* → *algo comprado* umtauschen
descaminado *adj* ↑ *equivocado* verirrt; *FIG* ◇ **andar** ~ auf dem Holzweg sein; **descaminar** I. *vt también FIG* irreführen II. *vr(se)* vom Weg abkommen; *FIG* auf Abwege geraten
descamisado *adj* (*sin camisa*) ohne Hemd; *FIG* armselig, bettelarm
descampado I. *adj* (*terreno*) weiträumig, offen, unbebaut II. *m* ↑ *terreno sin viviendas* freies Gelände
descansado *adj* [1] ▷*persona* ausgeruht [2] ▷*vacaciones* erholsam; **descansar** I. *vi* [1] (*del trabajo*) ausruhen (*de* von); ↑ *dormirse* sich hinlegen [2] *FIG* ↑ *sostenerse en* sich stützen (*en* auf *akk*); ↑ *contar con* sich verlassen (*en* auf *akk*) II. *vt* (*poner*) stützen (*en, sobre* auf *akk*)
descansillo *m* (*de la escalera*) Treppenabsatz *m*
descanso *m* [1] ↑ *tranquilidad* Ausruhen *n*, Erholung *f*, Ruhepause *f* [2] ↑ *alivio* Erleichterung *f* [3] TEATRO ↑ *intermedio* Pause *f;* SPORT Halbzeit *f* [4] TECNI Stütze *f;* ◇ ~ **de cabeza** Kopfstütze *f*
descapotable I. *adj* AUTO mit abnehmbarem Verdeck II. *m* AUTO Kabriolett *n*
descarado *adj* frech, unverschämt; **descararse** *vr* frech werden
descarga *f* [1] (NAUT *de barcos*) Löschen *n* [2] (*de arma*) Abfeuern *n* [3] ELEC Entladung *f;* **descargar** ⟨3.11⟩ I. *vt* [1] → *barco* entladen [2] → *arma* entladen [3] ↑ *disparar* feuern, schießen [4] *FIG* → *preocupación* abwälzen (*en* auf *akk*) II. *vr(se)* [1] ↑ *desahogarse* sein Herz ausschütten [2] ← *batería* abfeuern
descarnado *adj* abgemagert
descaro *m* ↑ *desvergüenza* Schamlosigkeit *f;* ↑ *osadía* Frechheit *f*
descarriar I. *vt* auf die schiefe Bahn bringen II. *vr(se)* sich verirren, sich verlaufen; *FIG* auf die schiefe Bahn geraten; **descarrilamiento** *m* (*de tren*) Entgleisung *f;* **descarrilar** *vi* → *tren* entgleisten
descartado *adj* beseitigt; **descartar** I. *vt* [1] ↑ *dejar aparte* beiseite lassen [2] ↑ *desechar* verwerfen II. *vr(se)* [1] NAIPES ablegen [2] ◇ ~**se de** sich ausschließen von
descascarar *vt* → *nueces* knacken, schälen
descendencia *f* [1] ↑ *origen* Abstammung *f* [2] ↑ *hijos* Nachkommenschaft *f;* **descender** ⟨3.1⟩ I. *vt* [1] → *montaña* ↑ *bajar* heruntergehen [2] (*bajar*) herunterlassen II. *vi* [1] (*del avión*) aussteigen [2] ← *temperatura* [ab-]sinken [3] *FIG* ↑ *disminuir* nachlassen, abnehmen; ◇ ~ **en importancia** an Bedeutung verlieren [4] ◇ ~ **de** abstammen von; **descendiente** *m* Nachkomme *m;* **descenso** *m* [1] (*de montaña*) Heruntergehen *n; también FIG* Abstieg *m* [2] (*de temperaturas*) Fallen *n*, Sinken *n*
descentrado *adj* ↑ *desconcentrado* exzentrisch
descifrable *adj* entzifferbar, lesbar; **descifrar** *vt* → *escrito* entziffern; → *clave* entschlüsseln
desclavar *vt* Nägel entfernen von
descocado *adj FAM* ↑ *descarado* frech, unverschämt
descodificar ⟨3.7⟩ *vt* dekodieren
descojonante *adj VULG* ↑ *muy divertido* affengeil; **descojonarse** *vr* (*VULG de risa*) sich vor Lachen in die Hose machen
descolgar ⟨3.2⟩ I. *vt* [1] ↑ *bajar* herabnehmen [2] → *teléfono* abnehmen II. *vr(se)* [1] ↑ *bajar* herabsteigen (*de* von) [2] *FAM* ◇ ~**se con una noticia** mit einer Neuigkeit herausplatzen
descolocar ⟨3.7⟩ *vt* ↑ *desordenar* verlegen, durcheinanderbringen
descolonizar ⟨3.10⟩ *vt* entkolonisieren, in die Unabhängigkeit entlassen
descolorar *vt*, **descolorir** *vt* verfärben; **descolorido** *adj* ↑ *sin color* farblos, blaß
descomedirse *vr* ↑ *descararse* frech sein (*con* zu)
descompaginar *vt* durcheinanderbringen
descompasado *adj* übermäßig, unverhältnismäßig
descompensación *f* ↑ *desequilibrio* Ungleichgewicht *n*
descomponer ⟨4.8⟩ I. *vt* [1] ↑ *desordenar* in Unordnung bringen [2] (*en partes*) zerlegen; QUIM zersetzen [3] *FIG* ↑ *trastornar* entzweien II. *vr(se)* [1] ↑ *pudrirse* verfaulen, sich zersetzen [2] ↑ *enfadarse* aus der Fassung geraten; **descomposición** *f* [1] Zerfall *m*, Zersetzung *f* [2] MED ◇ ~ **de vientre** Durchfall *m*, Diarrhöe *f*
descompostura *f* [1] TECNI Panne *f* [2] (*del vestir*) Schlampigkeit *f* [3] (*actitud*) Unhöflichkeit *f;* **descompuesto** *adj* [1] ↑ *roto* kaputt, entzwei [2] ↑ *desordenado* unordentlich [3] (*de vientre*) verstimmt [4] *FIG* ▷*carácter* verstört, aus der Fassung

descomunal *adj* ↑ *enorme* kolossal, enorm, außerordentlich
desconcertado *adj* verwirrt, verwundert; **desconcertar** ⟨3.1⟩ **I.** *vt* ↑ *turbar* verblüffen **II.** *vr(se)* aus der Fassung geraten
desconcierto *m* [1] ↑ *desorden* Unordnung *f* [2] ↑ *confusión* Verwirrung *f*, Ziellosigkeit *f*
desconectar *vt* ausschalten
desconfiado *adj* mißtrauisch (*de* gegenüber *dat*)
desconfianza *f* Mißtrauen *n;* **desconfiar** *vi* mißtrauen (*de dat*); ◇ - **de alguien/algo** kein Vertrauen haben in *akk*
descongelar *vt* → *frigorífico* auftauen
descongestionar *vt* → *tráfico* entlasten (*de* von)
desconocer ⟨3.5⟩ *vt* [1] → *alguien/algo* nicht kennen [2] → *respuesta* nicht wissen [3] ↑ *no reconocer* nicht wiedererkennen [4] ↑ *fingir no conocer* ignorieren; **desconocido** *adj* [1] ↑ *irreconocible* unkenntlich [2] ↑ *ajeno* unbekannt (*de/para dat*); **desconocimiento** *m* [1] Unkenntnis *f* [2] ↑ *ingratitud* Undankbarkeit *f*
desconsideración *f* ↑ *falta de respeto* Rücksichtslosigkeit *f;* **desconsiderado** *adj* rücksichtslos
desconsolar ⟨3.2⟩ **I.** *vt* betrüben **II.** *vr(se)* untröstlich sein; **desconsuelo** *m* ↑ *tristeza* Betrübnis *f*, Untröstlichkeit *f*
descontado *adj:* ◇ **¡por -!** natürlich!; ◇ **dar una cosa por -o** etw als gegeben voraussetzen; **descontar** ⟨3.2⟩ *vt* (*del sueldo*) abziehen
descontento I. *adj* unzufrieden **II.** *m* Unzufriedenheit *f*
descorazonar *vt* entmutigen
desconvocar ⟨3.7⟩ *vt* → *huelga* abbrechen, abblasen
descorchar *vt* entkorken
descorrer *vt* → *cortina* aufziehen
descortés *adj* unhöflich; **descortesía** *f* ↑ *desconsideración* Unhöflichkeit *f*
descoser I. *vt* auftrennen **II.** *vr(se)* ← *costura* aufgehen; **descosido I.** *adj* [1] ▷*vestido* aufgetrennt [2] ↑ *desordenado* schlampig [3] ▷*persona* schwatzhaft; *FAM* ◇ **hablar como un** - wie ein Wasserfall reden **II.** *m* ↑ *roto* aufgetrennte Naht
descoyuntar *vt* ausrenken, verrenken
descrédito *m* Mißkredit *m*, Verruf *m;* ◇ **caer en** - in Verruf geraten
descreído *adj* ungläubig
descremar *vt* → *leche* entrahmen
describir ⟨irr descrito⟩ *vt* beschreiben; **descripción** *f* Beschreibung *f*
descuartizar ⟨3.10⟩ *vt* → *cadaver* vierteilen, zerteilen
descubierto I. *pp de* **descubrir**; **II.** *adj* [1] ▷*cabeza* unbedeckt [2] ▷*coche, terreno* offen; ◇ **al** - im Freien; ◇ **poner al** - ans Licht bringen, offen darlegen **III.** *m* FIN ↑ *déficit* Defizit *n;* ◇ **girar en** - [Konto] überziehen
descubridor(a) *m/f* Entdecker(in *f*) *m;* **descubrimiento** *m* Entdeckung *f;* **descubrir I.** *vt* [1] ↑ *encontrar* → *continente* entdecken, finden; → *delito* aufdecken [2] → *monumento* enthüllen [3] ↑ *averiguar* enthüllen; → *culpable* entlarven **II.** *vr(se)* [1] ↑ *mostrarse* sich zeigen; ◇ **-se con/a alguien** jd-m sein Herz ausschütten [2] ↑ *quitarse el sombrero* den Hut abnehmen
descuento *m* Rabatt *m*, Abzug *m*
descuidado *adj* [1] ↑ *sin cuidado* unvorsichtig, leichtsinnig [2] ↑ *dejado* ungepflegt, vernachlässigt [3] ↑ *sin preocupación* unbesorgt; **descuidar I.** *vt* [1] → *tarea* vernachlässigen [2] → *consejo* nicht beachten **II.** *vi, vr(se)* [1] ↑ *distraerse* unvorsichtig sein [2] (*en el vestir*) sein Äußeres vernachlässigen [3] (*sin preocupaciones*) unbesorgt sein; ◇ **¡descuide!** machen Sie sich keine Sorgen!; **descuido** *m* [1] ↑ *falta de cuidado* Nachlässigkeit *f;* ↑ *olvido* Versäumnis *n* [2] ↑ *error* Versehen *n;* ◇ **por** - versehentlich
desde I. *prep* [1] (*lugar*) von, ab; ◇ - **Madrid hasta Salamanca** von Madrid nach Salamanca; ◇ - **lejos** von weit her, von weitem [2] (*tiempo*) von, seit; ◇ - **ahora en adelante** von jetzt an; ◇ - **hace un año** seit einem Jahr; ◇ **¿- cuándo vives aquí?** seit wann lebst du schon hier? **II.** *cj:* ◇ - **que** seit, seitdem; ◇ - **que trabaja …** seit sie arbeitet …
desdecirse ⟨4.3⟩ *vr:* ◇ - **de algo** etw zurücknehmen
desdén *m* Verachtung *f*
desdentado *adj* ↑ *sin dientes* zahnlos
desdeñable *adj* verachtenswert, verächtlich; **desdeñar** *vt* verachten; **desdeñoso** *adj* ▷*persona* verächtlich, spöttisch
desdicha *f* Unglück *n;* **desdichado** *adj* unglücklich
desdoblar *vt* [1] → *plástico* ausbreiten; → *alambre* geradebiegen [2] *FIG* entfalten
desdramatizar ⟨3.10⟩ *vt* entschärfen, entdramatisieren
deseable *adj* wünschenswert; **desear** *vt* wünschen, wollen; ◇ **te deseo mucha suerte** ich wünsche dir viel Glück; ◇ **dejar algo mucho que** - zu wünschen übrig lassen
desecar ⟨3.7⟩ *vt, vr(se)* trocknen, austrocknen
desechable *adj* ▷*servilletas* Wegwerf-, Einmal-; ◇ **platos** *m-pl* **-s** Einmalgeschirr *n;* **desechar** *vt* [1] → *basura* wegwerfen [2] → *plan* verwerfen; **desechos** *m/pl* Abfall *m*

desembalar *vt* auspacken
desembarazado *adj* [1] ▷*camino* frei, unbehindert (*de* von) [2] *FIG* ungezwungen, frei; **desembarazar** ⟨3.10⟩ **I.** *vt* räumen, freimachen (*de* von) **II.** *vr:* ◇ **~se de algo/alguien** etw/jd-n loswerden
desembarcadero *m* (NAUT *del puerto*) Landungsbrücke *f;* **desembarcar** ⟨3.7⟩ **I.** *vt* → *personas* ausschiffen; → *mercancías* ausladen **II.** *vi* NAUTO, AERO von Bord gehen
desembocadura *f* (*de río*) Mündung *f;* (*de calle*) Straßenmündung *f;* **desembocar** ⟨3.7⟩ *vi* [1] einmünden (*en* in *akk*) [2] *FIG* hinauslaufen (*en* auf *akk*)
desembolsar *vt* ↑ *pagar* bezahlen, ausgeben; **desembolso** *m* [1] Zahlung *f* [2] ◇ **~s** *pl* Ausgaben *pl*
desembragar ⟨3.11⟩ *vi* AUTO auskuppeln
desembuchar *vt FAM* ausplaudern
desemejante *adj* verschieden (*de* von); **desemejanza** *f* Verschiedenheit *f*
desempacar ⟨3.7⟩ *vt* → *mercancías* auspacken
desempaquetar *vt* → *cajas* auswickeln, auspacken
desempatar *vi* SPORT ein Entscheidungsspiel spielen; **desempate** *m* SPORT Entscheidung *f;* ◇ **partido de ~** *m* Entscheidungsspiel *n*
desempeñar *vt* [1] → *trabajo* ausführen, erledigen; → *cargo* ausüben; ◇ **~ un papel importante** eine Rolle spielen [2] → *lo empeñado* auslösen; **desempeño** *m* [1] (*de una joya*) Einlösen *n* [2] (*de un cargo*) Ausübung *f;* (*de un trabajo*) Ausführung *f*
desempleado(/a) *m/f* Arbeitslose(r) *m/f;* **desempleo** *m* Arbeitslosigkeit *f*
desempolvar *vt* abstauben
desencadenar **I.** *vt* [1] (*de cadenas*) losketten [2] *también FIG* ↑ *estallar* entfesseln **II.** *vr(se)* ← *tormenta* losbrechen; ← *guerra* ausbrechen
desencajado *adj* ▷*rostro* verzerrt; ▷*ojos* wild; **desencajar** *vt* [1] → *hueso* verrenken; → *rostro* verzerren [2] → *persona* aus der Fassung bringen
desencantar *vt* ↑ *decepcionar* enttäuschen, desillusionieren; **desencanto** *m* Ernüchterung *f*, Enttäuschung *f*
desenchufar *vt* den Stecker herausziehen von
desenfadado *adj* ▷*persona* ungezwungen; ▷*cosa, lenguaje* leicht, ungezwungen; **desenfado** *m* Ungezwungenheit *f*
desenfocado *adj* FOTO unscharf eingestellt
desenfrenado *adj* [1] ↑ *loco* wild, rasend [2] ▷*pasión* hemmungslos, zügellos; **desenfreno** *m* (*de costumbres*) Zügellosigkeit *f;* (*de sentimientos*) Hemmungslosigkeit *f*
desenganchar **I.** *vt* ↑ *soltar* aushaken, losmachen **II.** *vr(se)* (*FAM de drogas*) von der Spritze loskommen, clean werden
desengañado *adj* ↑ *desilusionado* ernüchtert, desillusioniert; **desengañar** **I.** *vt* enttäuschen **II.** *vr(se)* enttäuscht werden; **desengaño** *m* Enttäuschung *f*
desenlace *m* [1] ↑ *solución* Lösung *f* [2] ↑ *final* Ende *n;* ◇ **~ feliz** Happy-end *n*
desenmarañar *vt* [1] → *ovillo* entwirren [2] *FIG* → *asunto* lösen
desenmascarar *vt* [1] ↑ *quitar* die Maske abnehmen von [2] *FIG* → *intenciones* demaskieren, enthüllen
desenredar **I.** *vt* entwirren **II.** *vr(se)* sich befreien (*de* von)
desenrollar *vt* → *rollo de papel* aufrollen, entwickeln
desenroscar ⟨3.7⟩ *vt* → *tornillo* abschrauben, aufschrauben
desentenderse ⟨3.1⟩ *vr:* ◇ **~ de algo** [1] (*fingir no saber de*) so tun, als ob man nichts wüßte von etw [2] (*desocuparse*) von etw/jd-m nichts wissen wollen
desenterrar ⟨3.1⟩ *vt* [1] → *cadaver* ausgraben; → *tesoro* heben [2] *FIG* → *tema* aufstöbern, ans Licht holen
desentonar *vi* [1] ← *colores* nicht passen (*con* zu); *FAM* sich beißen [2] MUS falsch klingen
desentrañar *vt FIG* → *misterio* ergründen; ◇ **~ el significado de una palabra** hinter die Bedeutung eines Wortes kommen
desentrenado *adj* untrainiert, aus der Übung
desentumecer ⟨3.5⟩ *vt* → *músculo* strecken, lockern; SPORT [auf-]lockern
desenvoltura *f* (*al moverse*) Unbefangenheit *f;* (*al hablar*) Ungezwungenheit *f;* **desenvolver** ⟨3.22⟩ **I.** *vt* → *regalo* auspacken **II.** *vr(se)* gut zurechtkommen; **desenvuelto** *adj* ↑ *natural* unbefangen, natürlich
deseo *m* Wunsch *m* (*de* nach); **deseoso** *adj:* ◇ **estar ~ de** bedacht sein auf *akk*
desequilibrado *adj* ▷*persona* unausgeglichen; MED labil; **desequilibrio** *m* [1] (*de movimiento*) gestörtes Gleichgewicht; (*de fuerzas*) Ungleichgewicht *n* [2] MED Labilität *f*
deserción *f* (*de la mili*) Desertion *f;* **desertar** *vi* ← *soldado* desertieren
desértico *adj* wüstenartig, Wüsten-
desertor(a) *m/f* Deserteur(in *f*) *m*
desesperación *f* [1] Verzweiflung *f* [2] ↑ *rabia* Wut *f*, Zorn *m;* **desesperado(/a)** **I.** *adj* verzweifelt, hoffnungslos **II.** *m/f* : ◇ **como un ~** wie ein Verrückter; **desesperanza** *f* Hoffnungslo-

sigkeit *f;* **desesperar** I. *vt* ↑ *perder la esperanza* zur Verzweiflung bringen II. *vi:* ◇ ~ **de** verzweifeln an *dat* III. *vr(se)* verzweifeln

desestimar *vt* [1] ↑ *menospreciar* verachten [2] ↑ *rechazar* ablehnen, zurückweisen

desfachatez *f* Unverschämtheit *f*

desfalco *m* (*de dinero*) Unterschlagung *f*

desfallecer ⟨3.5⟩ *vi* [1] ↑ *debilitarse* schwach werden; ← *voz* leiser werden [2] ↑ *desmayarse* ohnmächtig werden

desfasado *adj* ▷*moda* überholt, antiquiert

desfavorable *adj* ungünstig

desfigurar *vt* → *cara* entstellen, unkenntlich machen; → *cuerpo* verunstalten

desfiladero *m* ↑ *paso entre montañas* Hohlweg *m*

desfilar *vi* vorbeimaschieren, vorüberziehen; **desfile** *m* Parade *f*

desgajar I. *vt* → *naranja* abreißen (*de* von) II. *vr(se)* [1] ← *ramo* abbrechen [2] ← *persona* sich losreißen (*de* von)

desgana *f* (*de interés*) Lustlosigkeit *f;* (*de apetito*) Appetitlosigkeit *f*

desgarrar *vt* zerreißen; **desgarro** *m* ▷*muscular* Riß *m;* (*de tela*) [Stoff-]Fetzen *m*

desgastar I. *vt* (*por el uso*) abnutzen, verschleißen; → *fuerzas* verschleißen, zermürben II. *vr(se)* [1] sich abnutzen [2] ← *persona* sich verausgaben

desgracia *f* [1] Unglück *n;* ◇ **por** ~ leider; ◇ **caer en** ~ in Ungnade fallen [2] ↑ *accidente* Unfall *m;* ◇ **~s personales** Todesfälle *pl;* **desgraciado** *adj* [1] ▷*día* unglücklich [2] ▷*persona* armselig; **desgraciar** *vt* ↑ *romper* zerstören

desgravación *f:* ◇ ~ **fiscal** Steuerermäßigung *f;* **desgravar** *vt* von Steuern befreien, Steuererleichterung gewähren *dat*

desgreñado *adj* mit zerzausten Haaren

desguace *m* [1] (*de coche*) Verschrotten *n;* (*de barco*) Abwracken *n* [2] (*lugar*) Schrottplatz *m*

deshabitado *adj* ▷*lugar* unbewohnt; **deshabitar** *vt* → *pueblo* verlassen, ausziehen aus *dat*

deshacer ⟨4.4⟩ I. *vt* [1] → *motor* auseinandernehmen; → *maleta* auspacken [2] → *edificio* abreißen [3] → *azucar* [auf-]lösen (*en* in *dat*) [4] ↑ *arruinar* beschädigen, zerstören [5] → *contrato* rückgängig machen; → *plan* zunichte machen [6] → *enemigo* in die Flucht schlagen II. *vr(se)* [1] auseinanderfallen, sich lösen; (*en agua*) sich auflösen; ← *hielo* schmelzen [2] ◇ **~se de algo/alguien** sich freimachen von etw/jd-m; (COM *de mercancías*) Waren *f-pl* abstoßen [3] ◇ **~se en alabanzas** voll des Lobes sein; *FAM* Lobreden schwingen [4] ◇ **~se por hacer algo** sich die größte Mühe zu etw geben; **deshecho** *adj* [1] ▷*persona* abgezehrt; *FAM* ◇ **estar** ~ fix und fertig sein [2] ▷*cosa* kaputt

deshelar ⟨3.1⟩ *vt* auftauen

desheredar *vt* enterben

deshidratación *f* Flüssigkeitsverlust *m*

deshielo *m* [Auf-]Tauen *n*

deshilar *vt* auszupfen

deshilvanado *adj* ↑ *sin coherencia* zusammenhanglos

deshinchar *vt ver* **desinflar**

deshollinador(a) *m/f* Kaminkehrer(in *f*) *m*

deshonesto *adj* unanständig

deshonra *f* Schande *f;* **deshonrar** *vt* entehren

deshora *f:* ◇ **a** ~ ungelegen

deshumanizar ⟨3.10⟩ *vt* entmenschlichen

desierto I. *adj* [1] ▷*vivienda* unbewohnt, leer; ▷*zona* leergefegt [2] ▷*premio* unvergeben II. *m* Wüste *f*

designar *vt* ↑ *nombrar* ernennen; ↑ *destinar* bestimmen

designio *m* Absicht *f,* Vorhaben *n*

desigual *adj* ▷*terreno* uneben; ▷*cantidad* ungleich

desilusión *f* Enttäuschung *f;* **desilusionar** I. *vt* enttäuschen II. *vr(se)* enttäuscht werden

desinfección *f* Desinfektion *f;* **desinfectante** *m* Desinfektionsmittel *n;* **desinfectar** *vt* desinfizieren

desinflar *vt* → *globo* die Luft herauslassen aus *dat*

desintegración *f* Zerfall *m*

desinterés *m* Interesselosigkeit *f,* Desinteresse *n;* **desinteresado** *adj* ↑ *generoso* uneigennützig, selbstlos; **desinteresarse** *vr:* ◇ ~ **por** das Interesse verlieren an *dat*

desistir ⟨3⟩ *vi* ↑ *abandonar* Abstand nehmen (*de* von)

desleal *adj* untreu; **deslealtad** *f* Untreue *f*

deslenguado *adj* unverschämt

desligar ⟨3.11⟩ I. *vt* [1] → *ataduras* losbinden (*de* von) [2] ↑ *separar* trennen (*de* von) [3] *FIG* entbinden, befreien (*de* von) II. *vr(se)* (*de un compromiso*) sich befreien (*de* von)

desliz *m* ↑ *falta* Fehltritt *m; FAM* Ausrutscher *m*

deslizamiento *m* (*sobre hielo*) Ausgleiten *n,* Ausrutschen *n;* **deslizar** ⟨3.10⟩ I. *vt* [1] gleiten lassen (*por* über *akk*) [2] (*FIG en una conversación*) einflechten II. *vi* rutschen, gleiten III. *vr(se)* ausrutschen (*en* auf *dat*), gleiten (*por* über *akk*)

deslucido *adj* [1] schäbig; ↑ *sin brillo* glanzlos [2] ↑ *sin vida* reizlos; **deslucir** ⟨deslucir⟩ *vt* den Glanz nehmen *dat,* beeinträchtigen

deslumbrar *vt* blenden

desmadrarse *vr FAM* durchdrehen, über die Stränge schlagen; **desmadre** *m* [1] *FAM* ↑ *fiesta* tolle Fete [2] *(acción)* Exzeß *m*

desmandarse *vr* [1] ↑ *desobedecer* ungehorsam sein [2] ↑ *excederse* zu weit gehen, aus der Rolle fallen

desmantelar *vt* → *máquina* demontieren; MIL → *ciudad* schleifen; ↑ *casa* ausräumen

desmayado *adj* bewußtlos; **desmayar** I. *vi* den Mut verlieren II. *vr(se)* ohnmächtig werden; **desmayo** *m* [1] *(del conocimiento)* Ohnmacht *f* [2] *(del ánimo)* Mutlosigkeit *f*

desmedido *adj* übermäßig; **desmedirse** ⟨4.15⟩ *vr* zu weit gehen

desmejorar *vi* verschlechtern

desmembrar ⟨3.1⟩ *vt* → *institución* zerstückeln

desmentir ⟨3.1⟩ *vt* → *noticia* in Abrede stellen, widersprechen *dat*

desmenuzar ⟨3.10⟩ *vt* [1] → *pastel* zerlegen [2] *FIG* → *tema* ganz genau untersuchen

desmerecer ⟨3.5⟩ I. *vt* → *premio* nicht verdienen II. *vi* sich verschlechtern

desmesurado *adj* übermäßig, maßlos

desmitificar ⟨3.7⟩ *vt* entmystifizieren

desmontable *adj* ▷*juguete* zerlegbar; **desmontar** I. *vt* → *piezas* zerlegen II. *vi* *(del caballo)* absitzen

desmoralizar ⟨3.10⟩ *vt* demoralisieren

desmoronar I. *vt* verfallen lassen, zerstören II. *vr(se)* ← *construcción* einstürzen, verfallen; *FIG* ← *ideología* verfallen; ← *sentimiento* vergehen

desnatado *adj* ▷*leche* entrahmt

desnivel *m* *(del terreno)* Gefälle *n;* Höhenunterschied *m*

desnucarse *vr* sich das Genick brechen

desnudar I. *vt* *(de ropa)* ausziehen, entkleiden; *FIG* entblößen II. *vr(se)* sich ausziehen; **desnudismo** *m* FKK *n,* Nudismus *m;* **desnudo(/a)** I. *adj* nackt; ◇ ~ **de** ohne II. *m/f* Nackte(r) *m/f*

desnutrición *f* *(anemia)* Unterernährung *f*

desobedecer ⟨3.5⟩ *vt* nicht gehorchen *dat;* **desobediencia** *f* Ungehorsam *m;* **desobediente** *adj* ungehorsam

desocupación *f* [1] *(de ocupación)* Freizeit *f* [2] (ECON *de trabajo*) Arbeitslosigkeit *f;* **desocupado** *adj* [1] ↑ *ocioso* frei, Freizeit- [2] ↑ *desempleado* arbeitslos [3] ▷*asiento* unbewohnt, leer; **desocupar** *vt* räumen, frei machen

desodorante *m* Deo[dorant] *n;* ◇ ~ **de bola** Deoroller *m;* ◇ **spray** ~ *m* Deospray *m o n*

desoír ⟨4.6⟩ *vt* → *consejo* überhören, nicht hören auf *akk*

desolación *f* Trostlosigkeit *f;* **desolado** *adj* [1] ▷*lugar* trostlos [2] *FIG* ▷*persona* untröstlich, betrübt; **desolar** *vt* verwüsten

desorbitado *adj* ▷*precio* unverschämt, astronomisch

desorden *m* [1] Unordnung *f,* Durcheinander *n* [2] ◇ ~es Unruhen *pl,* Ausschreitungen *pl;* **desordenar** *vt* durcheinanderbringen

desorganizar ⟨3.10⟩ *vt* zerrütten

desorientar I. *vt* ↑ *confundir* irreführen; ↑ *turbar* verwirren II. *vr(se)* sich verirren, sich verlaufen

despabilado *adj* ↑ *despejado* hellwach; ↑ *listo, vivo* aufgeweckt; **despabilar** I. *vt* [1] → *entendimiento* schärfen [2] *(del sueño)* aufwecken II. *vr(se)* aufwachen, wach werden; *FIG* in Schwung kommen

despacio *adv* langsam

despachar *vt* [1] → *asunto* ausführen, erledigen; → *tema* abhandeln [2] → *comercio* bedienen [3] → *billete* ausstellen [4] → *mercancías* senden (*a* an *akk*) [5] *FAM* ↑ *echar* feuern [6] *FAM* ↑ *matar* umbringen

despacho *m* [1] *(de comercio)* Amtszimmer *n;* *(de trabajo)* Büro *n* [2] ↑ *horas al público* Publikumsverkehr *m* [3] ↑ *comunicado oficial* Mitteilung *f*

despampanante *adj* ↑ *llamativo, FAM* toll, klasse, spitze

desparpajo *m* *(al andar)* Wendigkeit *f;* *(al hablar)* Redegewandtheit *f*

desparramar *vt* [1] *(en una superficie)* [ver-]streuen (*por* über *akk*) [2] → *líquido* verschütten

despavorido *adj* entsetzt, erschreckt

despectivo *adj* *(con desprecio)* verächtlich; GRAM pejorativ, abwertend

despecho *m* Erbitterung *f;* ◇ **por** ~ zum/aus Trotz; ◇ **a** ~ **de** trotz

despedazar ⟨3.10⟩ *vt* zerfetzen, zerstückeln

despedida *f* Abschied *m;* *(de trabajo)* Entlassung *f;* **despedir** ⟨4.15⟩ I. *vt* [1] *(adiós)* verabschieden [2] → *empleado* entlassen; *FAM* feuern [3] ↑ *lanzar* werfen, schleudern [4] ↑ *producir* abgeben, von sich geben; → *olor* ausströmen II. *vr:* ◇ ~**se de** sich verabschieden von

despegar ⟨3.11⟩ I. *vt* ablösen, loslösen (*de* von) II. *vi* AERO abheben III. *vr(se)* sich ablösen (*de* von); **despego** *m* Gleichgültigkeit *f* (*a* gegenüber *dat*); **despegue** *m* AERO Start *m,* Abheben *n*

despeinado *adj* ungekämmt; **despeinarse** *vr* sich *dat* die Haare zerzausen

despejado *adj* [1] ▷*persona* aufgeweckt, munter [2] ▷*tiempo* wolkenlos [3] ▷*lugar* frei; **despejar** I. *vt* [1] → *pista* klären, räumen; → *lugar* freimachen [2] → *misterio* [auf-]klären [3] MATE → *incógnita* bestimmen **II.** *vr(se)* [1] ← *misterio* sich aufklären; METEO ← *tiempo* aufklaren [2] ← *persona* munter werden, aufleben

despensa *f* Speisekammer *f*, Vorratsraum *m*

despeñadero *m* [1] GEO Abgrund *m* [2] *FIG* ↑ *riesgo* waghalsiges Unternehmen

despenalizar ‹3.10› *vt* JUR entkriminalisieren; → *aborto* für straffrei erklären, freigeben

desperdiciar *vt* ↑ *desaprovechar* → *dinero, tiempo* verschwenden; → *oportunidad* nicht wahrnehmen, versäumen; **desperdicio** *m* [1] ↑ *sobrante* Verschwendung *f* [2] ◇ **-s** *pl* ↑ *basura* Abfall *m*; TECNI Abfallprodukte *n-pl*

desperdigarse ‹3.11› *vr* → *rebaño* auseinanderlaufen, sich verstreuen

desperezarse ‹3.10› *vr* sich strecken

desperfecto *m* [1] ↑ *daño* leichte Beschädigung [2] ↑ *falta* Fehler *m*

despersonalizar ‹3.10› *vt* jd-s Persönlichkeit rauben/verändern; PSICO depersonalisieren

despertador *m* Wecker *m*; **despertar** ‹3.1› **I.** *vt* → *persona, vocación* wecken; *FIG* → *sospecha, sentimientos* wecken; → *memorias* wachrufen; → *apetito* anregen **II.** *vi, vr(se)* aufwachen, wach werden; ◇ **-se a la realidad** auf den Boden der Tatsachen zurückkehren **III.** *m* Erwachen *n*

despiadado *adj* ↑ *cruel* unbarmherzig, grausam

despido *m* [1] (*del trabajo*) Entlassung *f*; (*voluntario*) Kündigung *f* [2] (*adiós*) Abschied *m*

despierto *adj* wach; *FIG* ↑ *alerta* aufgeweckt

despilfarro *m* ↑ *malgasto* Verschwendung *f*, Vergeudung *f*

despistar **I.** *vt* [1] → *perseguidor* von der Spur abbringen [2] *FIG* ↑ *desorientar* irreführen, verwirren [3] ↑ *distraer* ablenken **II.** *vr(se)* [1] (*dirección*) vom Weg abkommen, sich verirren; *FIG* durcheinanderkommen [2] ↑ *distraerse* sich ablenken lassen; **despiste** *m* [1] (*de concentración*) Unaufmerksamkeit *f* [2] ↑ *falta* Versehen *n*

desplazamiento *m* (*de lugar*) Verlegung *f*, Verschiebung *f*; **desplazar** ‹3.10› **I.** *vt* [1] ↑ *mover* entfernen, verschieben [2] (*del cargo*) transportieren, befördern [3] FIS verdrängen **II.** *vr(se)* ← *cosa* sich bewegen; ← *persona* fahren, verreisen; (*de piso*) ausziehen

desplegar ‹3.1› *vt* [1] → *bandera* entfalten, ausbreiten [2] *FIG* → *astucia* entfalten, an den Tag legen

desplomarse *vr* ← *edificio* einfallen, einstürzen; ← *persona* zusammenbrechen

desplumar *vt* [1] → *ave* rupfen [2] *FAM* → *a alguien* ausnehmen, schröpfen

despoblar ‹3.2› *vt* (*de gente*) entvölkern

despojar **I.** *vt* → *casa* ausplündern; ◇ **- de algo** einer Sache *gen* berauben **II.** *vr:* ◇ **-se de** etw *akk* ausziehen; (*FIG de prejuicios*) etw ablegen; **despojo** *m* [1] (*acto*) Plünderung *f* [2] (*botín*) Beute *f* [3] ◇ **-s** *pl* Überbleibsel *pl*; ◇ **-s mortales** sterbliche Überreste *pl*

déspota *m/f* Despot(in *f*) *m*

despreciable *adj* [1] ▷*cosa* wertlos [2] ▷*persona* verachtenswert; **despreciar** *vt* [1] ↑ *menospreciar* verachten [2] ↑ *rechazar* verschmähen; **desprecio** *m* Verachtung *f*

desprender **I.** *vt* [1] ↑ *soltar* trennen, losmachen (*de* von) [2] → *olor* verströmen **II.** *vr(se)* [1] ↑ *liberarse* sich lösen (*de* von) [2] *FIG* ◇ **-se de** etw loswerden, sich etw abgewöhnen; ◇ **se desprende que** daraus ergibt sich, daß; **desprendido** *adj* ↑ *generoso* großzügig; **desprendimiento** *m* [1] Sichlösen *n*; (*de tierra*) Erdrutsch *m* [2] *FIG* ↑ *generosidad* Großzügigkeit *f*

despreocupado *adj* [1] ↑ *sin problemas* unbekümmert; ↑ *tranquilo* sorglos [2] *PEY* ↑ *desinteresado* nachlässig; **despreocuparse** *vr* sich *dat* keine Sorgen machen; ◇ **- de** sich nicht kümmern um

desprestigiar **I.** *vt* ↑ *desacreditar* in Mißkredit bringen, herabsetzen **II.** *vr(se)* sich in Mißkredit bringen; **desprestigio** *m* Prestigeverlust *m*

desprevenido *adj* unvorbereitet; ◇ **coger -** überrumpeln

desproporción *f* Mißverhältnis *n*; **desproporcionado** *adj* ▷*cosa* unverhältnismäßig; ▷*cuerpo* schlecht proportioniert

desprovisto *adj:* ◇ **- de** ohne

después **I.** *adv* [1] nachher, später; ◇ **unos días -** einige Tage später; ◇ **te lo diré -** ich sage es dir nachher [2] (*a continuación*) danach; ◇ **- fuimos a la piscina** danach gingen wir ins Schwimmbad **II.** *prep:* ◇ **- de** [1] (*tiempo*) nach; ◇ **- de todo** letzten Endes, schließlich; ◇ **- de saludarnos** nachdem er uns begrüßt hatte [2] (*orden*) nach; ◇ **uno - del otro** einer nach dem anderen

despuntar *vt* ↑ *amanecer* anbrechen

desquiciar *vi* ↑ *enloquecer* um den Verstand bringen

desquitarse *vr* [1] (*en el juego*) zurückgewinnen [2] ↑ *vengarse* sich revanchieren (*de* für); **desquite** *m* ↑ *venganza* Rache *f*, Vergeltung *f*

destacamento *m* MIL Sonderkommando *n*; **destacar** ‹3.7› **I.** *vt* [1] hervorheben, unterstreichen [2] MIL abkommandieren **II.** *vi, vr(se)* [1] sich abheben (*en* von) [2] ← *persona* sich auszeichnen (*por* durch)

destajo *m:* ◇ **trabajar a -** [im] Akkord arbeiten

destapar I. *vt* [1] → *caja* den Deckel abnehmen von; (*botella*) öffnen [2] *FIG* → *asunto* aufdecken II. *vr(se)* [1] ↑ *quitarse ropa* sich ausziehen [2] *FIG* sein wahres Gesicht zeigen

destartalado *adj* [1] ↑ *desarreglado* unordentlich [2] (*en ruinas*) baufällig [3] ▷*coche* klapprig

destello *m* (*de estrella*) Funkeln *n;* (*de luz*) Blinken *n*

destemplado *adj* [1] ▷*tiempo* unfreundlich; ▷*persona* verstimmt [2] TECNI ▷*acero* enthärtet

desteñir ⟨3.16⟩ I. *vt* entfärben II. *vi, vr(se)* verblassen, die Farbe verlieren; ◇ **esta blusa no destiñe** diese Bluse ist farbecht

desterrar ⟨3.1⟩ *vt* [1] verbannen [2] *FIG* → *pena* verscheuchen

destiempo *adv:* ◇ **a** ~ unpassend, im falschen Moment

destierro *m* Verbannung *f*

destilación *f* Destillation *f;* **destilar** *vt* destillieren; **destilería** *f* Brennerei *f*

destinar I. *vt* [1] → *cosa* zuweisen, bestimmen (*a/para* für) [2] → *persona* versetzen; MIL stationieren [3] → *dinero* abzweigen (*a* für) II. *vr:* ◇ **-se a** bestimmt sein für; **destinatario(/a)** *m/f* Empfänger(in *f*) *m,* Adressat(in *f*) *m;* **destino** *m* [1] ↑ *suerte* Schicksal *n,* Los *n* [2] ↑ *fin de trayecto* Reiseziel *n* [3] ↑ *cargo* Bestimmung *f* [4] ↑ *puesto* Berufung *f* (*a* zu)

destitución *f* (*de trabajo*) Amtsenthebung *f,* Absetzung *f;* **destituir** ⟨3.9⟩ *vt* absetzen

destornillador *m* Schraubenzieher *m;* **destornillar** *vt* abschrauben, losschrauben

destreza *f* ↑ *agilidad* Geschicklichkeit *f;* (*manual*) Fingerfertigkeit *f*

destronar *vt* [1] → *rey* absetzen [2] *FIG* zu Fall bringen

destrozar ⟨3.10⟩ *vt* [1] ↑ *romper* zerbrechen; → *tela* zerreißen; ↑ *destruir* zerstören [2] (*FIG moralmente*) fertigmachen, ruinieren; → *corazón* brechen; **destrozo** *m* [1] ↑ *destrucción* Zerstörung *f,* Vernichtung *f* [2] ◇ **-s** *pl* (*ruina*) Trümmer *pl;* (*daños*) Schaden *m*

destrucción *f* Zerstörung *f;* **destructivo** *adj* zerstörend, destruktiv; **destruir** ⟨3.9⟩ *vt* zerstören

desunión *f* [1] ↑ *separación* Trennung *f* [2] ↑ *desavenencia* Uneinigkeit *f;* **desunir** ⟨3⟩ *vt* [1] ↑ *separar* trennen [2] ↑ *enemistarse* entzweien

desusado *adj* ungebräuchlich; **desuso** *m* caer en ~, außer Gebrauch kommen

desvalido *adj* (*de protección*) schutzlos; POL unterprivilegiert

desvalijar *vt* ↑ *robar* ausplündern, berauben

desvalorizar ⟨3.10⟩ *vt* → *la moneda* abwerten

desván *m* [Dach-]Boden *m,* Speicher *m*

desvanecer ⟨3.5⟩ I. *vt* [1] → *objeto, substancia* auflösen [2] → *duda* ausräumen; → *recuerdo* verwischen II. *vr(se)* [1] verschwinden, sich auflösen [2] MED ohnmächtig werden; **desvanecimiento** *m* [1] (*de objetos, recuerdos*) Verschwinden *n* [2] (*de colores*) Verblassen *n* [3] MED ↑ *desmayo* Ohnmacht *f* [4] *FIG* Eitelkeit *f*

desvariar ⟨3.13⟩ *vi* phantasieren, fiebern; **desvarío** *m* Fieberphantasien *pl*

desvelar I. *vt* wach halten, nicht schlafen lassen II. *vr(se)* [1] (*sin dormir*) wachbleiben, nicht schlafen können [2] *FIG* ◇ **-se por** besorgt sein um, bedacht sein auf *akk;* **desvelo** *m* [1] ↑ *insomnio* Schlaflosigkeit *f* [2] *FIG* Fürsorge *f*

desventaja *f* Nachteil *m*

desventura *f* Unglück *n*

desvergonzado *adj* unverschämt; ↑ *descarado* frech; **desvergüenza** *f* ↑ *insolencia* Schamlosigkeit *f;* ↑ *descaro* Frechheit *f,* Unverschämtheit *f*

desvestirse *vr* ↑ *desnudarse* sich ausziehen

desviación *f* [1] (*de la normalidad*) Abweichung *f* (*de* von) [2] (AUTO *de carretera*) Umleitung *f;* **desviar** ⟨3.13⟩ I. *vt* [1] (AUTO *de carretera*) umleiten [2] (*FIG de proyecto*) ablenken, abbringen (*de* von) [3] ◇ ~ **la conversación** das Thema wechseln II. *vr(se)* (*de carretera*) vom Weg abkommen; (*de rumbo*) abgetrieben werden; ← *persona* abkommen, abweichen (*de* von); **desvío** *m* [1] (*de carretera*) Abzweigung *f* [2] *FIG* Abweichung *f* [3] ↑ *aversión* Abneigung *f* (*a* gegen)

desvirgar ⟨3.8⟩ *vt* entjungfern

desvirtuar ⟨3.19⟩ *vt* [1] → *valor* beeinträchtigen [2] → *argumento* entkräften, widerlegen

desvivirse *vr* [1] ◇ ~ **por un trabajo** sich für eine Arbeit aufreiben [2] ◇ ~ **por alguien** alles für jd-n tun; vor Sehnsucht nach jd-m vergehen

detallar *vt* ausführlich beschreiben, einzeln auflisten; **detalle** *m* [1] Detail *n;* ◇ **al** ~ im Detail [2] (*de amabilidad*) Aufmerksamkeit *f;* **detallista** *m/f* Einzelhändler(in *f*) *m*

detectar *vt* (*por radar*) entdecken

detective *m/f* (*de crimen*) Detektiv(in *f*) *m*

detener ⟨irr detengo⟩ I. *vt* [1] → *vehículo* anhalten, stoppen; ↑ *retrasar* aufhalten, verzögern [2] (JUR *en prisión*) festnehmen, verhaften II. *vr(se)* stehenbleiben, sich aufhalten; ◇ **se detuvieron hablando** sie blieben stehen und unterhielten sich eine Weile; **detenido(/a)** I. *adj* [1] ▷*prisionero* festgenommen, verhaftet [2] (*al detalle*) ausführlich, eingehend [3] *FIG* ↑ *tímido* zurückhaltend, schüchtern II. *m/f* Inhaftierte(r) *fm,* Häftling *m*

detergente *m* Waschmittel *n*
deteriorar I. *vt* beschädigen II. *vr(se)* schlechter werden; **deterioro** *m* Beschädigung *f*
determinación *f* [1] ↑ *valor* Entschlossenheit *f* [2] ↑ *resolución* Entschluß *m;* ◇ **tomar una** ~ einen Entschluß fassen; **determinar** I. *vt* [1] bestimmen; → *límites* festlegen; → *cantidad* festsetzen [2] *FIG* ↑ *provocar* zur Folge haben II. *vr(se)* sich entschließen (*a* zu)
detestable *adj* ▷*cosa* abscheulich; ▷*persona* unausstehlich, widerlich; **detestar** *vt* → *cosa, persona* verabscheuen
detonación *f* (*de explosivo*) Detonation *f;* **detonar** *vi* detonieren
detrás I. *adv* [1] (*lugar*) hinten, auf der Rückseite; ◇ **por** ~ von hinten [2] (*orden*) ◇ **primero llegaron los ganadores y** ~ **los perdedores** als erste kamen die Sieger und dahinter die Verlierer II. *prep:* ◇ ~ **de** [1] (*lugar*) hinter *dat;* ◇ ~ **de la casa está el jardín** hinter dem Haus befindet sich der Garten; *FIG* ◇ **por** ~ **de uno** hinter jd-s Rücken [2] (*parte posterior*) hinter *akk,*
detrimento *m* Schaden *m,* Nachteil *m;* ◇ **en** ~ **de** zum Schaden von, auf Kosten *gen*
deuda *f* [1] *también FIG* ↑ *deber* Schuld *f;* ◇ **estar en** ~ **con alguien** (*dinero*) jd-m etw schulden; (*FIG favor*) in jd-s Schuld stehen [2] (*cantidad*) Schulden *pl;* **deudor(a)** I. *adj* FIN: ◇ **saldo** ~ Sollsaldo *m* II. *m/f* Schuldner(in *f*) *m*
devaluación *f* Abwertung *f;* **devaluar** *vt* abwerten
devaneo *m* ↑ *amorío* Flirt *m,* kurze Liebesaffäre
devastar *vt* verwüsten
devoción *f* [1] REL Frömmigkeit *f* [2] ↑ *dedicación* Verehrung *f,* Zuneigung *f* (*a* zu)
devolución *f* Rückgabe *f;* (*de envío*) Rücksendung *f;* (COM *de dinero*) Rückerstattung *f;* **devolver** ⟨3.2⟩ *vt* zurückgeben *dat;* → *envío* zurückschicken (*a* an *akk*)
devorar *vt* verschlingen
devoto(/a) I. *adj* andächtig, Andachts- II. *m/f* Andächtige(r) *fm*
día *m* Tag *m;* ◇ **¡buenos días!** guten Tag!, guten Morgen!; ◇ ~ **a** ~ Tag für Tag; ◇ **al** ~ **siguiente** am nächsten Tag; ◇ **hoy en** ~ heutzutage; ◇ **de** ~ am Tag, tagsüber; ◇ **un buen** ~ [*o* **un** ~ **de estos**] dieser Tage; ◇ **el otro** ~ kürzlich, neulich; ◇ **estar al** ~ auf dem laufenden sein; ◇ **poner al** ~ auf den neuesten Stand bringen; ◇ **vivir al** ~ von der Hand in den Mund leben; ◇ **¿qué** ~ **es?** der wievielte ist heute?
diabetes *f* MED Diabetes *m,* Zuckerkrankheit *f;* **diabético(/a)** I. *adj* zuckerkrank II. *m/f* Diabetiker(in *f*) *m,* Zuckerkranke(r) *fm*
diablo *m* Teufel *m;* ◇ **mandar algo al** ~ jd-n zum Teufel schicken; **diablura** *f* Streich *m;* **diabólico** *adj* teuflisch
diadema *f* (*de pelo*) Diadem *n*
diafragma *m* [1] ANAT Zwerchfell *n* [2] (*anticonceptivo*) Pessar *n,* Diaphragma *n* [3] FOTO Blende *f*
diagnosis *f* ⟨inv⟩ **diagnóstico** *m* Diagnose *f;* **diagnosticar** ⟨3.7⟩ *vt* → *enfermedad* diagnostizieren
diagonal *adj* diagonal
diagrama *m* Diagramm *n*
dialecto *m* Dialekt *m*
diálisis *f* MED Dialyse *f*
dialogar ⟨3.11⟩ *vi* ↑ *conversar* sich unterhalten; **diálogo** *m* Dialog *m*
diamante *m* Diamant *m*
diámetro *m* Durchmesser *m*
diana *f* (*de tiro*) [Voll-]Treffer *m;* ◇ **hacer** ~ ins Schwarze treffen
diapositiva *f* FOTO Dia *n*
diario I. *adj* täglich II. *m* [1] [Tages-]Zeitung *f* [2] ◇ **a** ~ täglich; ◇ **de** ~ Alltags-
diarrea *f* MED Durchfall *m*
dibujante *m/f* Zeichner(in *f*) *m;* (*de modas*) Designer(in *f*) *m;* **dibujar** *vt* zeichnen; **dibujo** *m* Zeichnung *f;* ◇ **~s animados** Zeichentrickfilm *m*
diccionario *m* Wörterbuch *n*
diciembre *m* Dezember *m*
dictado *m* Diktat *n*
dictador(a) *m/f* Diktator *m;* **dictadura** *f* Diktatur *f*
dictamen *m* [1] ↑ *parecer* Meinung *f;* ↑ *juicio* Urteil *n* [2] ↑ *informe* Gutachten *n;* ◇ ~ **facultativo** medizinisches Gutachten; **dictaminar** *vi* ein Gutachten abgeben (*sobre* über *akk*)
dictar *vt* [1] → *texto* diktieren [2] → *ley* erlassen
dicha *f* Glück *n;* ◇ **por** ~ zum Glück
dicho(/a) I. *pp de* **decir** ◇ ~ **y hecho** gesagt, getan; ◇ ~ **de paso** nebenbei bemerkt/gesagt II. *adj* genannt; ◇ **en ~s libros** in den genannten Büchern III. *m* Ausdruck *m;* ◇ **es un** ~ das sagt man so
dichoso *adj* [1] ↑ *feliz* glücklich [2] (*FAM de fastidio*) verflixt, Mist-
didáctico *adj* ▷*juguete* didaktisch
diente *m* [1] ANAT, TECNI Zahn *m;* ◇ ~ **incisivo** Schneidezahn *m;* ◇ ~ **molar** Backenzahn *m;* ◇ ~ **de leche** Milchzahn *m;* ◇ **hablar entre ~s** murmeln; *FIG* ◇ **decir algo de ~s afuera** ein Lippenbekenntnis ablegen [2] FLORA ◇ ~ **de ajo** Knoblauchzehe *f*
diéresis *f* GRAM Trema *n*

diesel *m* (*gasoil*) Diesel[öl] *n;* ◇ **motor** *m* ~ Dieselmotor *m*

diestra *f* ↑ *mano derecha* rechte Hand

dieta *f* [1] Diät *f* [2] ◇ ~s Diäten *pl*

diez *numeral* zehn

difamar *vt* ↑ *desacreditar* diffamieren, verleumden

diferencia *f* [1] Unterschied *m;* ◇ **a ~ de** im Unterschied zu [2] MATE Differenz *f* [3] ↑ *desacuerdo* Meinungsverschiedenheit *f;* **diferenciar I.** *vt* unterscheiden (*de* von) **II.** *vi* sich nicht einig sein (*de* mit, *en* über *akk*) **III.** *vr(se)* sich unterscheiden (*de* von); ◇ **se diferencian en su carácter** sie unterscheiden sich durch ihren Charakter; **diferente** *adj* unterschiedlich

diferir *vi* ↑ *ser diferente* verschieden sein (*de* von)

difícil *adj* [1] ▷*tarea* schwierig, schwer; (*de carácter*) schwierig [2] ↑ *improbable* unwahrscheinlich; ◇ **es ~ que venga** er wird wahrscheinlich nicht kommen; **dificultad** *f* Schwierigkeit *f;* ◇ **la ~ es que ...** das Problem ist, daß ...; **dificultar** *vt* ↑ *entorpecer* behindern; ↑ *complicar* erschweren

difuminar *vt* → *colores* verwischen

difundir I. *vt* verbreiten **II.** *vr(se)* sich ausbreiten; ← *noticia* bekannt werden

difunto(/a) I. *adj* verstorben, tot **II.** *m/f* Verstorbene(r) *fm*

difuso *adj* ▷*luz* verschwommen, diffus

digerir ⟨3.1⟩ *vt* [1] → *alimentos* verdauen [2] *FIG* [innerlich] verarbeiten; ◇ **no ~ a alguien** jd-n nicht ausstehen können

digestión *f* (*de alimentos*) Verdauung *f*

digital *adj* Digital-, digital

dignarse *vr:* ◇ **~se a [+ infinitiv]** sich herablassen zu

dignidad *f* Würde *f;* **digno** *adj* würdig

digo *vb ver* **decir**

dilatación *f* (*aumento*) Erweiterung *f,* Ausweitung *f,* Verlängerung *f;* **dilatado** *adj* aufgebläht; MED ▷*corazón* erweitert; **dilatar** *vt* [1] → *volumen* dehnen; MED erweitern [2] → *tiempo* ausdehnen, hinausziehen

dilema *m* Dilemma *n*

diligencia *f* [1] (*actividad*) Fleiß *m,* Sorgfalt *f* [2] ◇ ~s *pl* Maßnahmen *pl;* JUR Ermittlungen *pl;* **diligente** *adj* fleißig, sorgfältig

dilucidar *vt* ↑ *poner en claro* erläutern, erklären

diluir ⟨3.9⟩ *vt* [1] → *color* verdünnen; *FIG* verwässern [2] (*en líquido*) auflösen

diluviar *vi* ↑ *llover* in Strömen gießen; **diluvio** *m* [1] ↑ *lluvia* Wolkenbruch *m* [2] *FIG FAM* ↑ *abundancia* Flut *f;* ◇ **el D~** die Sintflut

dimensión *f* [1] ↑ *volumen* Dimension *f* [2] ◇ ~es Ausmaß *n*

diminutivo *m* GRAM Verkleinerungsform *f*

diminuto *adj* winzig

dimisión *f* (*de un cargo*) Rücktritt *m;* **dimitir** *vi* zurücktreten

Dinamarca *f* Dänemark *n*

dinámico *adj* dynamisch

dinamita *f* Dynamit *n*

dínamo *m* Dynamo *m*

dinastía *f* Dynastie *f*

dineral *m FAM* sehr viel Geld *n,* Heidengeld *n;* **dinero** *m* Geld *n;* ◇ **~ en efectivo** Bargeld *n;* ◇ **~ suelto** Kleingeld *n*

dioptría *f* Dioptrie *f*

dios *m* Gott *m; FAM* ◇ **¡vaya por ~!** also ich muß schon sagen!; **diosa** *f* Göttin *f*

dioxina *f* Dioxin *n*

diploma *m* Diplom *n*

diplomacia *f* [1] Diplomatie *f* [2] *FIG* Takt *m;* **diplomático(/a) I.** *adj* diplomatisch **II.** *m/f* Diplomat(in *f*) *m*

diptongo *m* GRAM Diphthong *m*

diputación *f* POL: ◇ **~ provincial** ≈ Kreistag *m;* **diputado(/a)** *m/f* POL Abgeordnete(r) *m/f*

dique *m* (*de agua*) Damm *m,* Deich *m*

dirección *f* [1] Richtung *f; FIG* Trend *m;* AUTO ◇ **~ prohibida** Einfahrt verboten; ◇ **calle de ~ única** Einbahnstraße *f* [2] ↑ *señas* Adresse *f* [3] Leitung *f,* Führung *f;* (COM *de empresa*) [Geschäfts-]Leitung *f* [4] ↑ *puesto* Direktion *f* [5] AUTO Lenkung *f*

directo *adj* [1] direkt, unmittelbar; TREN ◇ **tren ~** direkter Zug; ◇ **en ~** direkt [*o.* live] übertragen [2] (*dirección*) gerade

director(a) I. *adj* leitend **II.** *m/f* Direktor(in *f*) *m;* ◇ **~ de cine** Regisseur *m;* MUS ◇ **~a de orquesta** Dirigentin *f*

dirigir ⟨3.8⟩ **I.** *vt* [1] COM, MIL *etc.* leiten; → *personas* lenken [2] MUS → *orquesta* dirigieren [3] TEATRO, MEDIA → *obra de teatro* Regie führen bei [4] → *la vista* richten (*a* auf *akk*); → *pregunta* richten (*a* an *akk*); → *esfuerzos* richten, lenken (*a/hacia* auf *akk*) [5] AUTO steuern **II.** *vr:* ◇ **~se a** [1] zugehen/zufahren auf *akk* [2] ↑ *hablar* sich wenden an *akk* [3] ◇ **~se por** sich richten nach

discernir ⟨3.1⟩ *vt* unterscheiden

disciplina *f* Disziplin *f;* **disciplinar** *vt* disziplinieren

discípulo(/a) *m/f* Schüler(in *f*) *m*

disco *m* [1] ↑ *placa* Scheibe *f;* TECNI ◇ **~ de freno** Scheibenbremse *f* [2] (*de música*) Schallplatte *f;* ◇ **~ compacto** CD *f,* Compact Disc *f;* ◇ ~

de larga duración (LP) Langspielplatte *f* [3] INFORM Platte *f;* INFORM ◇ ~ **duro** Festplatte *f* [4] SPORT Diskus *m* [5] ↑ *semáforo* [Verkehrs-]Schild *n*

discordia *f* Uneinigkeit *f*

discoteca *f* Disko[thek] *f*

discreción *f* Diskretion *f;* ↑ *reserva* Zurückhaltung *f;* ◇ **a** ~ nach Belieben; **discrecional** *adj* beliebig

discrepancia *f* Unterschied *m,* Diskrepanz *f;* ↑ *disconformidad* Unstimmigkeit *f;* **discrepar** *vi* [1] ← *cosas* abweichen (*de* von) [2] ← *personas* anderer Meinung sein (*de* als)

discreto *adj* [1] ↑ *diplomático* diskret, verschwiegen [2] ↑ *prudente* besonnen, diplomatisch [3] ↑ *reservado* reserviert, zurückhaltend [4] ↑ *juicioso* klug, geistreich [5] ↑ *moderado*

discriminación *f* Diskriminierung *f;* **discriminar** *vt* diskriminieren

disculpa *f* [1] ↑ *justificación* Ausrede *f* [2] ↑ *perdón* Entschuldigung *f;* **disculpar I.** *vt* entschuldigen; ↑ *perdonar* verzeihen *dat* **II.** *vr(se)* sich entschuldigen (*por* für)

discurrir *vi* [1] ↑ *pensar* nachdenken (*en* über *akk*); ↑ *hablar* sprechen (*sobre* über *akk*) [2] ← *río* umherstreifen [3] ← *tiempo* verstreichen

discurso *m* [1] (*oración*) Rede *f* [2] (*del tiempo*) Zeitspanne *f*

discusión *f* [1] ↑ *debate* Diskussion *f* [2] ↑ *disputa* Streit *m;* **discutir I.** *vt* [1] → *asunto* diskutieren [2] ↑ *pelear* streiten über *akk* [3] ↑ *contradecir* widersprechen *dat* **II.** *vi* [1] diskutieren [2] ↑ *disputar* streiten

disecar *vt* → *animales* sezieren, zerlegen

diseminar *vt* [1] ausstreuen [2] → *idea, noticia* verbreiten

disentir *vi* ↑ *estar en desacuerdo* anderer Meinung sein (*de* als)

diseñador(a) *m/f* Designer(in *f*) *m;* **diseñar** *vt* entwerfen; **diseño** *m* Entwurf *m;* ↑ *dibujo* Zeichnung *f,* Skizze *f*

disertación *f* [1] ↑ *conferencia* Vortrag *m* [2] ↑ *escrito* Abhandlung *f;* **disertar** *vi* einen Vortrag halten (*sobre* über *akk*)

disfraz *m* (*de Carnaval*) Verkleidung *f;* **disfrazar** ‹3.10› **I.** *vt* verkleiden **II.** *vr(se):* ◇ **~se de** sich verkleiden als

disfrutar I. *vt* genießen **II.** *vi* [1] sich vergnügen [2] ◇ ~ **de/con algo** etw genießen; ◇ ~ **de buena salud** sich guter Gesundheit erfreuen

disfunción *f* Funktionsstörung *f*

disgustar I. *vt* [1] ↑ *desagradar* nicht gefallen *dat,* mißfallen *dat* [2] (*de enfado*) verärgern **II.** *vr(se)* sich ärgern (*con/de* über *akk*); ◇ **~se por algo** die Nase von etw vollbekommen; **disgusto** *m* [1] ↑ *pena* Kummer *m* [2] ↑ *enfado* Ärger *m,* Verdruß *m* [3] ↑ *pelea* Streit *m* [4] ↑ *desagrado* Widerwille *m;* ◇ **a** ~ widerwillig

disidente *m/f* Dissident(in *f*) *m*

disimulado(/a) *m/f* Person, die sich verstellt; ◇ **hacerse el** ~ sich dumm stellen; **disimular I.** *vt* [1] ↑ *ocultar* verbergen; *FIG* verheimlichen [2] ↑ *tolerar* hinwegsehen über *akk* **II.** *vi* sich verstellen, sich *dat* nichts anmerken lassen; **disimulo** *m* [1] (*de sentimientos*) Verstellung *f,* Heuchelei *f* [2] ↑ *tolerancia* Nachsicht *f*

disipar I. *vt* [1] *FIG* → *duda* zerstreuen [2] ↑ *malgastar* verschwenden **II.** *vr(se)* ← *niebla* sich auflösen; *FIG* ← *duda* sich zerstreuen

diskette *m* INFORM Diskette *f*

dislexia *f* Legasthenie *f*

dislocación *f* MED Verrenkung *f;* **dislocar** ‹3.7› *vt* MED ausrenken

disminución *f* Verringerung *f;* (COM *de precio*) Herabsetzung *f;* **disminuido(/a)** *m/f* Behinderte(r) *fm;* ◇ ~ **físico** Körperbehinderte(r) *m/f;* ◇ ~ **mental** geistig Behinderte(r) *m/f;* **disminuir** ‹3.9› *vt* ↑ *reducir* vermindern; → *extensión* verringern; → *cantidad* herabsetzen; → *duración* verkürzen

disoluto *adj* zügellos, ausschweifend

disolvente *m* (*substancia*) Lösemittel *n;* **disolver** ‹3.2› **I.** *vt* auflösen **II.** *vr(se)* sich auflösen

dispar *adj* ↑ *desigual* ungleich, verschieden

disparar I. *vt* abfeuern; → *tiro* abgeben (*a* auf *akk*) **II.** *vi* schießen (*a* auf *akk*)

disparatado *adj* unsinnig, absurd; **disparate** *m* Blödsinn *m; FAM* Quatsch *m;* ↑ *tontería* Dummheit *f*

disparo *m* Schuß *m*

dispensar *vt* [1] ↑ *repartir* austeilen, spenden; → *honor* gewähren, zukommen lassen *dat* [2] ◇ ~ **de** (*librar*) entbinden von, befreien von; (*perdonar*) verzeihen, entschuldigen; ◇ **¡dispénseme Vd!** entschuldigen Sie bitte!

dispersar I. *vt* zerstreuen **II.** *vr(se)* sich zerstreuen

disponer ‹4.8› **I.** *vt* [1] ↑ *colocar* [an-]ordnen [2] ↑ *ordenar* vorbereiten [3] ↑ *mandar* verfügen, anordnen; MED verordnen **II.** *vi:* ◇ ~ **de** verfügen über *akk* **III.** *vr(se):* ◇ **~se a hacer algo** sich anschicken, etw zu tun; **disponible** *adj* verfügbar; **disposición** *f* [1] ↑ *orden* Anordnung *f,* Verfügung *f* [2] (*de ánimo*) Stimmung *f* [3] ↑ *talento* Talent *n* (*para* zu) [4] ↑ *colocación* Anordnung *f* [5] ◇ **estar a** ~ **de alguien** jd-m zur Verfügung stehen

dispositivo *m* ↑ *mecanismo* Vorrichtung *f,* Mechanismus *m;* ◇ ~ **de seguridad** Sicherheitsvorrichtung *f*

dispuesto *adj* [1] ↑ *preparado* fertig, vorbereitet [2] ↑ *hábil* bereit, geneigt (*a* zu); ◇ **estar ~ a hacer algo** geneigt sein, etw zu tun

disputar I. *vt* [1] ↑ *discutir* bestreiten [2] → *partido* kämpfen um **II.** *vi* streiten, zanken

disquete *m* INFORM Diskette *f*

distancia *f* [1] ↑ *alejamiento* Entfernung *f* [2] ↑ *diferencia* Unterschied *m;* ◇ **guardar las ~s** Distanz wahren; **distanciar I.** *vt* entfernen **II.** *vr(se)* [1] sich entfernen (*de* von) [2] sich entfremden; ◇ **~se de alguien** sich jd-m entfremden; **distante** *adj* entfernt

distinción *f* [1] Unterscheidung *f;* ◇ **a ~ de** im Unterschied zu [2] ↑ *premio* Auszeichnung *f* [3] ↑ *elegancia* Vornehmheit *f;* **distinguir** ⟨3.24⟩ **I.** *vt* [1] unterscheiden (*de* von, *entre* zwischen) [2] ↑ *ver* wahrnehmen, unterscheiden [3] ↑ *honrar* auszeichnen **II.** *vr(se)* sich unterscheiden (*de* von)

distinto *adj* [1] unterschiedlich; ◇ **ser ~ de** anders sein als [2]

distorsión *f* [1] MED Verzerrung *f* [2] (*FIG de la verdad*) Verfälschung *f*

distracción *f* [1] ↑ *entretenimiento* Ablenkung *f* [2] ↑ *pasatiempo* Hobby *n* [3] ↑ *descuido* Geistesabwesenheit *f;* **distraer** ⟨4.12⟩ **I.** *vt* [1] (*atención*) ablenken (*de* von), zerstreuen [2] ↑ *recrear* unterhalten **II.** *vr(se)* [1] ↑ *entretenerse* sich unterhalten, sich amüsieren [2] (*concentración*) sich ablenken lassen; **distraído I.** *adj* [1] ↑ *despistado* zerstreut, abwesend [2] ↑ *divertido* unterhaltend, amüsant **II.** *m* : ◇ **hacerse el ~** den Unbeteiligten spielen

distribuidor(a) *m/f* [1] COM Vertreter(in *f*) *m* [2] ELEC Verteiler *m;* **distribuir** ⟨3.9⟩ *vt* austeilen, verteilen; COM → *producto* vertreiben

distrito *m* [1] (*de territorio*) Bezirk *m,* Distrikt *m* [2] (*de barrio*) [Stadt-]Viertel *n*

disturbio *m* Störung *f*

disuadir *vt:* ◇ **~ a alguien de algo** jd-n von etw abbringen; **disuasión** *f* (*de opinión*) Abraten *n;* MIL Abschreckung *f*

disuelto *pp de* **disolver**

divagar ⟨3.11⟩ *vi* [1] (*de un tema*) abschweifen [2] *FAM* dummes Zeug reden

diván *m* Diwan *m*

divergencia *f* Divergenz *f*

diversidad *f* [1] ↑ *diferencia* Verschiedenheit *f,* Verschiedenartigkeit *f* [2] ↑ *cantidad* Vielfalt *f*

diversificar ⟨3.7⟩ *vt* abwechslungsreich gestalten

diversión *f* Ablenkung *f,* Zerstreuung *f*

diverso *adj* verschieden (*de* von); ◇ **~s** Verschiedenes; **divertido** *adj* lustig, amüsant; **divertir** ⟨3.1⟩ **I.** *vt* ← *pasatiempo, chiste* amüsieren, unterhalten **II.** *vr(se)* sich gut unterhalten, sich amüsieren

dividir *vt* [1] (*en partes*) [zer-]teilen [2] ↑ *separar* trennen [3] MATE dividieren

divinizar ⟨3.10⟩ *vt* vergöttern

divino *adj* göttlich; *FAM* himmlisch

divisa *f* [1] (FIN *moneda*) Devise *f* [2] ↑ *señal* Kennzeichen *n*

división *f* [1] Teilung *f* [2] MATE Division *f* [3] (*de partido*) Spaltung *f* [4] MIL Division *f*

divorciado(/a) *m/f* Geschiedene(r) *m/f;* **divorciar I.** *vt* scheiden **II.** *vr(se)* sich scheiden lassen (*de* von); **divorcio** *m* Scheidung *f*

divulgar ⟨3.11⟩ *vt* → *noticia* verbreiten, bekanntmachen

do *m* MUS C *n*

dobladillo *m* (*de vestido*) [Kleider-]Saum *m*

doblar I. *vt* [1] ↑ *aumentar* verdoppeln [2] → *papel* falten [3] → *barra* biegen [4] → *voces* synchronisieren [5] → *esquina* biegen um **II.** *vi* abbiegen **III.** *vr(se)* sich beugen; ◇ **~se de dolor** sich vor Schmerzen krümmen

doble I. *adj* doppelt, Doppel-; ◇ **con ~ sentido** zweideutig **II.** *m* Doppelte(s) *n* **III.** *m/f* [1] TEATRO Double *n;* CINE Stuntman *m* [2] ◇ **~s** *m/pl* SPORT Doppel *n*

doblegar ⟨3.11⟩ **I.** *vt* [1] biegen, krümmen [2] *FIG* → *la voluntad* nachgiebig machen **II.** *vr(se)* nachgeben

doce *numeral* zwölf; **docena** *f* Dutzend *n;* ◇ **una ~ de huevos** ein Dutzend Eier

dócil *adj* gehorsam

doctor(a) *m/f* MED Arzt *m,* Ärztin *f;* UNI Doktor *m*

doctorado *m* Doktorprüfung *f,* Promotion *f*

doctrina *f* Doktrin *f,* Lehre *f*

documentación *f* [1] Dokumentation *f* [2] (*personal*) Unterlagen *pl;* (*del coche*) Papiere *pl;* **documental** *m* ↑ *película didáctica* Dokumentarfilm *m;* **documentar** *vt* dokumentieren

documento *m* Dokument *n*

dogma *m* Dogma *n*

dólar *m* Dollar *m*

dolencia *f* ↑ *enfermedad* Krankheit *f;* **doler** ⟨3.2⟩ *vi* [1] ← *cuerpo* weh tun, schmerzen; ◇ **me duele la cabeza** ich habe Kopfschmerzen [2] *FIG* leid tun *dat;* **dolor** *m* [1] Schmerz *m* [2] *FIG* Leid *n;* **dolorido** *adj* [1] (*físico*) schmerzhaft [2] (*moral*) traurig; **doloroso** *adj* [1] (*físico*) schmerzhaft [2] (*moral*) schmerzlich

doma *f* (*de potro*) Zureiten *n,* Zähmung *f;* **domador(a)** *m/f* (*de leones*) Dompteur *m,* Dompteuse *f;* **domar** *vt* → *animal* zähmen; → *persona* beherrschen; **domesticable** *adj* zähmbar

domicilio *m* Wohnort *m,* Wohnsitz *m;* ◇ **- particular** Privatwohnung *f*

dominante *adj* dominant, vorherrschend; ▷*persona* herrschsüchtig; **dominar I.** *vt* beherrschen **II.** *vi* [vor-]herrschen **III.** *vr(se)* sich beherrschen

domingo *m* Sonntag *m*

dominio *m* [1] ↑ *poder* Herrschaft *f* (*de* über *akk*); *FIG* Beherrschung *f;* ◇ **ser algo del - público** allgemein bekannt sein [2] ◇ **-s** Gebiet *n*

don *m* [1] ↑ *habilidad* Gabe *f;* ◇ **tener - de gentes** gut mit Leuten umgehen können [2] (*ante nombre de pila*) ◇ **- Ricardo** Herr Ricardo

donación *m* (*de dinero*) Schenkung *f*

donaire *m* Charme *m,* Anmut *f*

donante *m/f* Spender(in *f*) *m;* ◇ **- de sangre** Blutspender(in *f*) *m;* **donar** *vt* ↑ *dar* schenken, spenden; **donativo** *m* (*a los pobres*) Spende *f*

doncella *f* [1] ↑ *criada* Hausmädchen *n* [2] ↑ *chica* Mädchen *n*

donde I. *adv* wo; ◇ **por -** wodurch; ◇ **en -** wo **II.** *prep:* ◇ **este es el lugar - he nacido** das ist der Ort, wo [*o.* an dem] ich geboren wurde

dónde *adv* (*interrogativo*) wo?; ◇ **¿a - vas?** wohin gehst du?; ◇ **¿de - vienes?** woher kommst du?; ◇ **¿sabe usted por - se va a la Plaza Mayor?** wissen Sie, wie man zur Plaza Mayor kommt?

dondequiera I. *adv* überall **II.** *cj* wo auch immer; ◇ **- que voy siempre me lo paso bien** egal wo, ich lasse es mir überall gutgehen

doña *f* (*ante nombre de pila*) Frau; ◇ **- Inés** Frau Inés

dopar *vt* SPORT dopen; **doping** *m* SPORT Doping *n*

dorado *adj* golden, Gold-; TECNI vergoldet

dormir *3.2* **I.** *vi* schlafen **II.** *vr(se)* einschlafen

dormitar *vi* vor sich hindösen

dormitorio *m* Schlafzimmer *n*

dos *numeral* zwei

dosificar ⟨3.7⟩ *vt* MED *FIG* → *medicamento* dosieren; **dosis** *f* ⟨inv⟩ Dosis *f*

dotado *adj* begabt, talentiert; ◇ **- de** ausgestattet mit; **dotar** *vt* [1] ausstatten, ausrüsten (*con/de* mit) [2] *FIG* versehen (*con/de* mit)

dote *f* [1] Aussteuer *f,* Mitgift *f* [2] *FIG* ◇ **-s** *pl* Talent *n* (*de* zu), Begabung *f* (*de* für)

doy *vb ver* **dar**

dragón *m* Drache *m*

dramatizar ⟨3.10⟩ *vt* ↑ *exagerar* übertreiben, dramatisieren

dramaturgo(/a) *m/f* Dramaturg(in *f*) *m*

droga *f* ↑ *alcohol, tabaco* Droge *f;* ↑ *estupefaciente* Rauschgift *n;* **drogadicción** *f* Drogenabhängigkeit *f;* **drogadicto(/a)** *m/f* Drogenabhängige(r) *fm,* Rauschgiftsüchtige(r) *fm*

droguería *f* Drogerie *f*

ducha *f* Dusche *f;* **ducharse** *vr* [sich] duschen

duda *f* Zweifel *m;* ◇ **poner algo en -** etw in Zweifel ziehen; **dudar** *vt* bezweifeln; **dudoso** *adj* ▷*cosa* fragwürdig; ▷*persona* zweifelhaft, verdächtig

duelo *m* Duell *n*

duende *m* Kobold *m*

dueño(/a) *m/f* [1] ↑ *amo* Eigentümer(in *f*) *m,* Besitzer(in *f*) *m* [2] ↑ *empresario* Arbeitgeber(in *f*) *m;* ◇ **ser - de sí mismo** sein eigener Herr sein

duermo *vb ver* **dormir**

dulce I. *adj* süß **II.** *adv* sanft **III.** *m* Nascherei *f;* ◇ **-s** Süßigkeiten *pl;* **dulzura** *f* [1] (*sabor*) Süße *f* [2] ↑ *ternura* Zärtlichkeit *f*

duna *f* (*de arena*) [Sand-]Düne *f*

dúo *m* MUS Duo *n*

dúplex *m* Maisonette-Wohnung *f*

duplicar ⟨3.7⟩ **I.** *vt* verdoppeln **II.** *vr* sich verdoppeln

duque(-esa) *m/f* Herzog(in *f*) *m*

duración *f* Dauer *f;* ◇ **- media de la vida** durchschnittliche Lebenserwartung; **duradero** *adj* dauerhaft

durante *prep* während *gen*

durar *vi* dauern; ↑ *resistir* durchhalten

dureza *f* [1] Härte *f* [2] ↑ *callosidad* Hartherzigkeit *f*

durmiente *m/f* Schlafende(r) *m/f*

duro I. *adj* [1] ▷*piedra* hart [2] ▷*carácter, clima* rauh **II.** *adv* kräftig **III.** *m* (*moneda*) Fünfpesetenstück *n*

E

E, e *f* E, e *n*

e *cj* (*delante de i/hi*) und; ◇ **Pablo - Ignacio** Pablo und Ignacio; ◇ **geografía - historia** Geographie und Geschichte

E *abr. de* **este** O

ebanista *m/f* Möbeltischler(in *f*) *m;* **ébano** *m* FLORA Ebenholzbaum *m;* (*madera*) Ebenholz *n*

ebrio *adj* betrunken; *FIG* ◇ **- de alegria** außer sich vor Freude

ebullición *f* Sieden *n,* Kochen *n;* ◇ **punto de -** Siedepunkt *m*

eclesiástico *adj* Kirchen-, kirchlich
eclipse *m* Verfinsterung *f;* (*de sol*) Sonnenfinsternis *f*
eco *m* Echo *n; FIG* ◇ **tener** ~ Anklang *m* finden
ecografía *f* MED Ultraschallaufnahme *f*
ecología *f* Ökologie *f;* **ecológico** *adj* ökologisch; **ecologista I.** *adj* ökologisch, Umwelt-; ◇ **partido** *m* ~ Umweltpartei *f* **II.** *m/f* Ökologe *m,* Ökologin *f;* (*del medio ambiente*) Umweltschützer(in *f*) *m*
economato *m* Konsumverein *m,* Kooperative *f*
economía *f* [1] (*sistema*) Wirtschaft *f* [2] ↑ *ahorro* Sparsamkeit *f;* **económico** *adj* [1] ↑ *barato* preiswert, günstig [2] ▷*persona* sparsam; *PEJ* geizig [3] COM, FIN ▷*situación* wirtschaftlich; **economista** *m/f* Volkswirtschaftler(in *f*) *m,* Ökonom(in *f*) *m;* **economizar** ⟨3.10⟩ *vt, vi* → *gastos* [ein-]sparen
ecosistema *m* Ökosystem *n*
ecuación *f* MATE Gleichung *f*
ecuador *m* Äquator *m*
Ecuador *m* : ◇ **el** ~ Ecuador *n*
ecualizador *m* TECNI Equalizer *m*
ecuánime *adj* [1] ↑ *imparcial* unparteiisch [2] ↑ *equilibrado* gleichmütig, ausgeglichen
ecuatorial *adj* Äquatorial-; **ecuatoriano(/a) I.** *adj* ecuadorianisch **II.** *m/f* Ecuadorianer(in *f*) *m*
ecuestre *adj* Reiter-
echar I. *vt* [1] werfen, schleudern; ◇ ~ **mano a** greifen zu; ◇ ~ **una siesta** ein Schläfchen halten; ◇ ~ **un trago** einen heben; ◇ ~ **abajo** abreißen; ◇ ~ **de menos** vermissen [2] (*del restaurante*) hinauswerfen (*de* aus *dat*); (*del trabajo*) entlassen, feuern [3] → *humo* ausstoßen [4] → *dientes* bekommen; → *barba* wachsen lassen; → *flores* treiben lassen [5] GASTRON → *sal, azúcar* hinzufügen [6] (*vino, comida*) servieren; → *líquido* [ein-]gießen [7] → *película* geben, zeigen [8] → *cuentas* aufstellen [9] NAIPES auslegen [10] *FIG* ↑ *calcular* schätzen **II.** *vi:* ◇ ~ **por un camino** einen Weg einschlagen; ◇ ~ **a correr** anfangen zu rennen **III.** *vr(se)* [1] (*en la cama*) sich hinlegen [2] (*hacia delante*) sich [hin-]werfen [3] ◇ ~**se algo** sich *dat* etw anschaffen; ◇ ~**se un amigo** sich *dat* einen Freund zulegen
edad *f* Alter *n;* ◇ **la E~ Media** das Mittelalter; ◇ **de mediana/avanzada** ~ mittleren/fortgeschrittenen Alters; ◇ **¿qué** ~ **tiene usted?** wie alt sind Sie?; ◇ **tengo treinta años de** ~ ich bin dreißig; ◇ **menor de** ~ minderjährig; ◇ **mayor de** ~ volljährig
edición *f* [1] Verlagswesen *n;* (*de un libro*) Edition *f* [2] ↑ *ejemplar* Ausgabe *f;* ◇ ~ **de bolsillo** Taschenbuchausgabe *f*
edicto *m* Verordnung *f;* JUR Edikt *n*
edificar ⟨3.7⟩ *vt* → *casa* bauen, errichten; **edificio** *m también FIG* Gebäude *n*
editar *vt* herausgeben; **editor(a)** *m/f* Herausgeber(in *f*) *m,* Verleger(in *f*) *m;* ◇ **casa** ~**a** Verlag *m;* **editorial I.** *adj* Verlags-; ◇ **casa** *f* ~ Verlagshaus *n* **II.** *f* Verlag *m* **III.** *m* Leitartikel *m*
edredón *m* Eiderdaune *f,* Federbett *n*
educación *f* [1] (*de familia*) Erziehung *f* [2] (*de cultura*) Bildung *f* [3] (*de modales*) [gutes] Benehmen; **educador(a)** *m/f* Erzieher(in *f*) *m;* **educar** ⟨3.7⟩ *vt* ausbilden; → *voz* schulen, trainieren; **educativo** *adj* pädagogisch, Erziehungs-
edulcorante *m* Süßstoff *m*
EE.UU. *m/pl abr. de* **Estados Unidos** USA *pl*
efectivamente *adv* wirklich, tatsächlich; ◇ ¡~! so ist es!; **efectivo** *adj* [1] effektiv, wirkungsvoll; ◇ **hacer** ~ **un cheque** einen Scheck einlösen; ◇ **pagar en** ~ bar zahlen [2] ↑ *verdadero* wirklich, tatsächlich; **efecto** *m* [1] Wirkung *f,* Effekt *m* [2] ↑ *fin* Zweck *m;* ◇ **a** ~**s de** im Hinblick auf *akk* [3] ↑ *impresión* Eindruck *m;* ◇ **causar buen/mal** ~ einen guten/schlechten Eindruck machen [4] ◇ ~**s** *pl* Waren *pl;* ◇ **en** ~ tatsächlich
efectuar ⟨3.19⟩ *vt* ausführen
efervescente *adj* aufbrausend
eficacia *f* [1] (*de persona*) Leistungsfähigkeit *f* [2] (*de cosa*) Wirksamkeit *f,* Effiziens *f;* **eficaz** *adj* [1] ▷*persona* leistungsfähig [2] ▷*cosa* wirksam, effizient; **eficiente** *adj* wirksam; ▷*person* tüchtig
E.G.B. *f abr. de* COLE **Enseñanza General Básica,** Grund- und Hauptschule *f*
efusivo *adj* überschwenglich, herzlich
egipcio(/a) I. *adj* ägyptisch **II.** *m/f* Ägypter(in *f*) *m;* **Egipto** *m* Ägypten *n*
egoísmo *m* Egoismus *m;* **egoísta I.** *adj* egoistisch, selbstsüchtig **II.** *m/f* Egoist(in *f*) *m*
Eire *m* Irland *n*
ej. *abr. de* **ejemplo** Beispiel *n*
eje *m* [1] (MATE, GEO, AUTO *de coche*) Achse *f* [2] (TECNI *de máquina*) Welle *f;* POL ◇ **los países del E~** die Achsenmächte *pl*
ejecución *f* [1] (*de planes*) Ausführung *f;* (*de tarea*) Erledigung *f;* (*de edificio*) Bauart *f* [2] TEATRO ↑ *actuación* Aufführung *f* [3] (*muerte*) Hinrichtung *f*
ejecutar *vt* [1] ausführen, erledigen [2] TEATRO spielen, aufführen [3] ↑ *matar* hinrichten
ejecutivo(/a) I. *m/f* leitende(r) Angestellte(r) *fm* **II.** *adj* ausübend; ◇ **el poder** ~ die Exekutive
ejemplar I. *adj* beispielhaft, vorbildlich **II.** *m* [1] Modell *n; también* FAUNA Exemplar *n;* ◇ ~ **de**

regalo Freiexemplar *n* [2] (*de periódico*) Ausgabe *f*, Heft *n;* **ejemplo** *m* Beispiel *n;* ◇ **por** ~ zum Beispiel; ◇ **dar** ~ **a alguien** jd-m ein Beispiel geben

ejercer ⟨3.29⟩ **I.** *vt* [1] → *actividad* betreiben [2] → *influencia, profesión* ausüben **II.** *vi* ↑ *practicar* tätig sein (*de* als); (*de médico*) praktizieren

ejercicio *m* [1] Übung *f*, Training *n* [2] (*de profesión*) Ausübung *f* [3] COM Geschäftsjahr *n*

ejército *m* Armee *f*, Heer *n*

el *artículo* der, die, das

él *pron* er; ◇ **de** ~ ihm; ◇ **a** ~ ihn/ihm; ◇ **para** ~ für ihn

elaborar *vt* [1] → *materia prima* bearbeiten [2] → *idea* ausarbeiten

elasticidad *f* Elastizität *f;* **elástico I.** *adj* elastisch; *FIG* ↑ *flexible* flexibel **II.** *m* Gummiband *n*

elección *f* [1] Auswahl *f* [2] POL ◇ ~**es** Wahl *f;* **electorado** *m* POL Wählerschaft *f;* **electoral** *adj* Wahl-; **electoralismo** *m* POL Wahlstrategie *f*, Wahltaktik *f*

electricidad *f* Elektrizität *f;* **electricista** *m/f* Elektriker(in *f*) *m;* **eléctrico** *adj* elektrisch, Elektro-; **electrizar** ⟨3.10⟩ *vt también FIG* elektrisieren

electro- *pref* Elektro-

electrocardiograma *m* Elektrokardiogramm *n*

electrocutar *vt* auf dem elektrischen Stuhl hinrichten

electrodo *m* Elektrode *f*

electrodoméstico *m* elektrisches Haushaltsgerät *n*

electroimán *m* Elektromagnet *m*

electromagnético *adj* elektromagnetisch

electromotor *m* Elektromotor *m*

electrónico(/a) I. *adj* elektronisch **II.** *f* Elektronik *f*

electrotecnia *f* Elektrotechnik *f;* **electrotécnico(/a)** *m/f* Elektrotechniker(in *f*) *m*

elefante *m* Elefant *m*

elegancia *f* ↑ *distinción* Eleganz *f;* ↑ *gusto* guter Geschmack; ↑ *estilo* Stil *m;* **elegante** *adj* elegant; (*de buen gusto*) geschmackvoll

elegía *f* Elegie *f*, Klagelied *n*

elegir ⟨3.8⟩ *vt* [1] → *cosas* auswählen, aussuchen [2] POL → *personas* wählen

elemental *adj* [1] ↑ *evidente* selbstverständlich [2] ↑ *básico* grundlegend, elementar

elemento *m* [1] *también* QUIM, ELEC Element *n;* ↑ *componente* Bestandteil *m* [2] (*tormenta*) ◇ ~**s** *pl* Elemente *pl*, Naturgewalten *pl;* ◇ **los cuatro** ~**s** die vier Elemente; *FIG* ◇ **estar alguien en su** ~ in seinem Element sein

elepé *m FAM* LP *f*, Langspielplatte *f*

elevación *f* [1] (*efecto*) Anhebung *f;* (*de lengua, estilo*) Gehobenheit *f* [2] GEO ↑ *desnivel* Anhöhe *f*, Erhebung *f;* **elevar I.** *vt* [1] ↑ *colocar* [empor-] heben, anheben [2] ↑ *construir* errichten; → *monumento* aufstellen [3] ↑ *promover* befördern [4] *FIG* ◇ ~ **una noticia a alguien** jd-m eine Nachricht zukommen lassen **II.** *vr(se)* [1] ← *montaña* sich erheben [2] *FIG* ← *posición social* aufsteigen [3] ◇ ~**se a** sich belaufen auf *akk*

eliminación *f* Beseitigung *f*, Ausmerzung *f;* **eliminar** *vt* [1] beseitigen, ausmerzen [2] MATE eliminieren [3] *FAM* ↑ *matar* beseitigen; **eliminatoria** *f* SPORT Vorrunde *f*, Ausscheidungskampf *m;* **eliminatorio** *adj* Ausscheidungs-

élite *f* Elite *f;* **elitista** *adj* Elite-

elocuencia *f* Wortgewandtheit *f;* **elocuente** *adj* wortgewandt, beredt

elogiar *vt* loben, preisen; **elogio** *m* Lob *n*

eludir *vt* [1] → *tarea, ley* umgehen [2] ↑ *negarse* ausweichen *dat* [3] → *peligro* vermeiden

ella *pron* sie; ◇ ~**s** *pl* sie *pl;* ◇ **de** ~ ihr; ◇ **a** ~ sie/ihr

ello *pron* es

ellos *pron pl* sie *pl;* ◇ **de** ~ / **a** ~ ihnen

emanar *vi:* ◇ ~ **de** herrühren/kommen von; ↑ *proceder* seinen Ursprung haben in *dat*

emancipación *f* Emanzipation *f*, Befreiung *f;* **emancipar I.** *vt* befreien **II.** *vr(se)* sich unabhängig machen, sich emanzipieren (*de* von)

embadurnar *vt* verschmieren, beschmieren (*de* mit)

embajada *f* [1] Botschaft *f*, [Botschafts-]Gebäude *n* [2] ↑ *mensaje* Nachricht *f*, Botschaft *f;* **embajador(a)** *m/f* Botschafter(in *f*) *m*

embalar I. *vt* einpacken **II.** *vr(se)* [1] → *motor* auf Touren kommen [2] *FAM* sich ereifern, loslegen

embalse *m* (*de agua*) Stausee *m*

embarazada I. *adj* schwanger **II.** *f* Schwangere *f;* **embarazar** ⟨3.10⟩ *vt* [1] ↑ *estorbar* behindern, erschweren [2] ↑ *incomodar* verlegen machen [3] → *mujer* schwängern; **embarazo** *m* [1] (*de mujer*) Schwangerschaft *f* [2] ↑ *estorbo* Hemmung *f*, Hindernis *n;* **embarazoso** *adj* ▷*situación* peinlich, unangenehm

embarcación *f* (*barco*) Schiff *n;* ↑ *barca, bote* Boot *n;* ◇ ~ **de vela** Segelboot; **embarcadero** *m* NAUT Landungsbrücke *f;* **embarcar** ⟨3.7⟩ **I.** *vt* [1] → *pasajeros* einschiffen [2] → *mercancía* verladen [3] *FIG* → *negocio* hineinziehen (*en* in *akk*) **II.** *vr(se)* sich einschiffen, an Bord gehen; ← *marinero* anheuern (*en* bei)

embargar ⟨3.11⟩ *vt* JUR beschlagnahmen, pfänden; **embargo** *m* Pfändung *f;* ◇ **sin** ~ trotzdem

embarque *m* Verschiffung *f*, Verladung *f*; ◇ **tarjeta de** ~ Bordkarte *f*
embaucador(a) *m/f* Betrüger(in *f*) *m*, Hochstapler(in *f*) *m*; **embaucar** *vt* ↑ *engañar* betrügen
embeber I. *vt* ← *esponja* aufsaugen, absorbieren **II.** *vi* ← *tela* einlaufen, eingehen **III.** *vr(se)*: ◇ **~se con un libro** sich in ein Buch vertiefen
embellecer ⟨3.5⟩ *vt* verschönern, schöner machen
embestida *f* Angriff *m*, Überfall *m*; **embestir** ⟨4.15⟩ *vt* angreifen, überfallen
emblema *m* Emblem *n*
embobado *adj* verblüfft, erstaunt
embocadura *f* [1] (*acción*) Einmünden *n* [2] ↑ *entrada de un canal* Mündung *f*
émbolo *m* AUTO Kolben *m*
embolsar *vt* einstecken
emborrachado *adj* betrunken; **emborrachar I.** *vt* betrunken machen **II.** *vr(se)* sich betrinken
emboscada *f* ↑ *trampa* Falle *f*; ◇ **tender una ~ a alguien** jd-m eine Falle stellen
embotar I. *vt* → *personas, facultades* abstumpfen **II.** *vr(se)* stumpf werden; ← *persona* stumpfsinnig werden
embotellamiento *m* AUTO [Verkehrs-]Stau *m*
embotellar *vt* [in Flaschen] abfüllen
embozar ⟨3.10⟩ **I.** *vt* vermummen, verhüllen **II.** *vr(se)* sich einhüllen (*con/en* in *akk*)
embragar ⟨3.11⟩ *vi* AUTO kuppeln; **embrague** *m* AUTO: ◇ **[pedal** *m* **de]** ~ Kupplung *f*
embravecer ⟨3.5⟩ **I.** *vt* reizen, wütend machen **II.** *vr(se)* [1] ← *animal, persona* wütend werden [2] ← *mar* stürmisch werden
embriagado *adj* betrunken; **embriagar** ⟨3.11⟩ **I.** *vt* [1] ← *alcohol* betrunken machen [2] *FIG* ← *sentimientos* begeistern, berauschen **II.** *vr(se)* sich betrinken; **embriaguez** *f* Betrunkenheit *f*
embrión *m* ↑ *feto* Embryo *m*
embrollar I. *vt* [1] → *situación* verwickeln, komplizieren [2] → *persona* verwickeln (*en* in *akk*) **II.** *vr(se)* [1] sich verwickeln (*en* in *akk*) [2] ↑ *confundirse* konfus werden, in Verwirrung geraten; **embrollo** *m* [1] *FAM* ↑ *confusión* Wirrwarr *m*, Durcheinander *n* [2] ↑ *aprieto* Klemme *f*, Patsche *f* [3] ↑ *mentira* Betrug *m*, Schwindel *m*
embrujar *vt* verhexen
embrutecer ⟨3.5⟩ **I.** *vt* [1] verrohen lassen, verkommen lassen [2] ↑ *atontar* abstumpfen, verdummen **II.** *vr(se)* [1] verrohen, verkommen [2] ↑ *atontarse* abstumpfen
embudo *m* Trichter *m*; ◇ **ley** *f* **del** ~ Willkür *f*
embuste *m* Schwindel *m*, Betrug *m*, Lüge *f*; **embustero(/a) I.** *adj* verlogen **II.** *m/f* Lügner(in *f*) *m*
embutido *m* GASTRON Wurst *f*
embutir *vt* füllen, vollstopfen
emergencia *f* [1] Auftauchen *n* [2] Notfall *m*
emerger ⟨3.20⟩ *vi* auftauchen, erscheinen
emigración *f* [1] (*de personas*) Auswanderung *f*, Emigration *f* [2] (*de pájaros*) Wanderung *f*, Zug *m*; **emigrante I.** *adj* eingewandert **II.** *m/f* Einwanderer *m*, Einwanderin *f*; **emigrar** *vi* [1] ← *personas* auswandern [2] ← *pájaros* ziehen
eminencia *f* [1] GEO Anhöhe *f* [2] (*persona*) führende Persönlichkeit; REL Eminenz *f*; **eminente** *adj* hervorragend, herausragend
emisario(/a) *m/f* Bote *m*, Botin *f*
emisión *f* [1] MEDIA, Sendung *f*; ↑ *programa* Programm *n*; ◇ ~ **deportiva** Sportsendung *f* [2] COM, FIN Emission *f*, Ausgabe *f*; **emisora** *f* MEDIA, [1] Sender *m* [2] (*estación*) Sendestation *f*; **emitir** *vt* [1] MEDIA senden [2] → *gas* ausströmen lassen [3] → *billetes, títulos* ausgeben [4] *FIG* → *dictamen* äußern, von sich geben
emoción *f* [1] Gefühl *n*, Emotion *f* [2] Aufregung *f*; (*de película*) Spannung *f*; ◇ **¡qué ~!** wie aufregend!; **emocionante** *adj* [1] rührend [2] ▷*libro* aufregend, spannend; **emocionar** *vt* [1] ↑ *agitar* erregen, aufregen [2] ↑ *conmover* bewegen, rühren
empacharse *vr* (*de pasteles*) sich überessen (*de* an); **empacho** *m* MED Magenverstimmung *f*
empalagar ⟨3.11⟩ *vi* [1] ↑ *dar asco* anwidern [2] *FIG* ↑ *aburrir* an Reiz verlieren; **empalagoso** *adj* widerlich süß; ▷*persona* lästig
empalmar I. *vt también FIG* verbinden, zusammenfügen **II.** *vi* ← *tren* Anschluß haben (*con* an *akk*); **empalme** *m* [1] Kombination *f*; TECNI Verbindung *f*, Zusammenfügung *f*; TREN Anschluß *m* (*con* an *akk*) [2] (AUTO *de tráfico*) Knotenpunkt *m*
empanada *f* GASTRON Pastete *f*
empanadilla *f* GASTRON [kleine] Pastete
empanar *vt* panieren
empantanarse *vr* [1] versumpfen [2] *FIG* sich festfahren, nicht weiterkommen
empañar I. *vt* → *bebé* wickeln **II.** *vr(se)* ← *cristales* beschlagen
empapar I. *vt* [1] → *toalla* [ein-]tauchen (*en/de* in *akk*) [2] ↑ *absorber* aufsaugen, absorbieren **II.** *vr(se)*: ◇ **~se de** sich vollsaugen mit
empapelar *vt* tapezieren
empaquetar *vt* einpacken, verpacken
emparejar I. *vt* ↑ *formar parejas* zu Paaren ordnen **II.** *vi* [1] ← *resultados* gleich sein (*con* mit) [2] ← *trabajo* aufholen (*con akk*)
emparentado *adj* (*de familia*) verschwägert (*con* mit)

empastar *vt* [1] (*de crema*) einschmieren [2] MED → *muela* füllen, plombieren; **empaste** *m* (*de muelas*) [Zahn-]Plombe *f*
empatar *vi* unentschieden enden; **empate** *m* SPORT Unentschieden *n; FIG* Patt *n*
empedernido *adj* ▷*bebedor* eingefleischt, überzeugt
empedrado I. *adj* gepflastert II. *m* [Straßen-]pflaster *n;* **empedrar** ⟨3.1⟩ *vt* pflastern
empeñado *adj* ▷*persona* verschuldet; ▷*cosa* verpfändet; ◇ **está ~ en comprarlo** sie ist fest entschlossen, es zu kaufen; **empeñar** I. *vt* [1] → *cosa* versetzen, verpfänden [2] → *persona* verpflichten (*en* zu) II. *vr(se)* (*de deudas*) sich verschulden; ◇ **~se en algo** auf etw *dat* bestehen
empeño *m* [1] ↑ *afán* Entschlossenheit *f*, Beharrlichkeit *f* [2] (*cosa*) Pfand *n*
empeorar I. *vt* verschlechtern, verschlimmern II. *vi* sich verschlechtern, schlechter werden
empequeñecer ⟨3.5⟩ *vt* [1] → *tamaño* verkleinern [2] → *importancia* herabsetzen, schmälern
emperador *m* Kaiser *m*
emperatriz *f* Kaiserin *f*
emperrarse *vr FAM* ↑ *encapricharse* stur sein; ◇ **~ con/en algo** sich *dat* etw in den Kopf gesetzt haben
empezar ⟨3.1⟩ *vt, vi* anfangen, beginnen; ◇ **~ a leer** anfangen zu lesen
empinar I. *vt* aufrichten, emporheben; *FAM* ◇ **~ el codo** saufen II. *vr(se)* ↑ *ponerse de puntillas* auf Zehenspitzen stehen
empírico *adj* empirisch
emplazamiento *m* [1] JUR Vorladung *f* [2] ↑ *sitio* Standort *m*, Lage *f;* **emplazar** ⟨3.10⟩ *vt* [1] → *monumento* aufstellen, plazieren; MIL stationieren [2] JUR vorladen
empleado(/a) *m/f* Angestellte(r) *m/f;* **emplear** *vt* [1] → *alguien* anstellen, beschäftigen [2] ↑ *usar* anwenden, verwenden [3] FIN ↑ *dinero* anlegen; **empleo** *m* [1] ↑ *ocupación* Beschäftigung *f;* ↑ *trabajo* Anstellung *f* [2] ↑ *uso* Anwendung *f*, Gebrauch *m;* (*de tiempo*) Aufwand *m* [3] FIN Geldanlage *f*
empobrecer ⟨3.5⟩ I. *vt* verarmen lassen II. *vr(se)* verarmen; **empobrecimiento** *m* Verarmung *f*
empollar *vt FAM* ↑ *estudiar* büffeln, pauken; **empollón(-ona)** *m/f FAM* Streber(in *f*) *m*
empotrado *adj:* ◇ **armario ~** Einbauschrank *m*
emprender *vt* beginnen, anfangen; → *trabajo* unternehmen
empresa *f* Unternehmen *n;* COM Gesellschaft *f;* ◇ **~ funeraria** Bestattungsinstitut *n;* **empresario(/a)** *m/f* COM Unternehmer(in *f*) *m;* TEATRO Manager(in *f*) *m*
empujar *vt* schieben, stoßen, drücken; **empuje** *m :* ◇ **es un chico de ~** er ist ein energischer junger Mann; **empujón** *m* Stoß *m*, Schub *m;* ◇ **a empujones** stoßweise
empuñar *vt* → *arma* ergreifen
emular *vt* [1] ↑ *imitar* nacheifern *dat* [2] ↑ *competir* rivalisieren mit
en *prep* [1] (*tiempo*) in, an; ◇ **~ aquel día** an diesem Tag; ◇ **en 1961** 1961; ◇ **viene ~ diez minutos** sie kommt in zehn Minuten; ◇ **terminé este trabajo en 2 semanas** diese Arbeit habe ich in zwei Wochen geschafft; ◇ **~ aquella ocasión** bei dieser Gelegenheit [2] (*posición*) in, an, auf, bei *dat;* (*movimiento*) in, an, auf *akk;* ◇ **la comida está ~ la mesa** das Essen steht auf dem Tisch; ◇ **pongo la comida ~ la mesa** ich stelle das Essen auf den Tisch; ◇ **nos conocimos ~ París** wir haben uns in Paris kennengelernt; ◇ **estamos ~ casa** wir sind zu Hause; ◇ **pienso ~ ella** ich denke an sie [3] (*medio*) ◇ **dímelo ~ español** sag es auf Spanisch; ◇ **viajar ~ avión/coche/barco** mit dem Flugzeug/Auto/Schiff reisen; ◇ **~ favor de** zugunsten von; ◇ **~ fin** nun, nun denn; ◇ **~ particular** im besonderen; ◇ **~ serio** im Ernst; ◇ **~ vano** vergeblich; ◇ **de vez ~ cuando** ab und zu
enajenación *f*, **enajenamiento** *m* [1] JUR Veräußerung *f* [2] ↑ *distracción* Geistesabwesenheit *f;* ↑ *éxtasis* Extase *f;* MED ◇ **~ mental** geistige Umnachtung; **enajenar** *vt* [1] JUR veräußern [2] ↑ *volver loco* um den Verstand bringen [3] → *persona* entfremden
enamorado *adj* verliebt; **enamorar** I. *vt* Liebe erwecken in *dat* II. *vr(se):* ◇ **~se [de]** sich verlieben [in *akk*]
enano(/a) I. *adj* winzig II. *m/f* Zwerg(in *f*) *m; FAM* ◇ **disfrutar como un ~** sich tierisch amüsieren
enardecer ⟨3.5⟩ I. *vt* ↑ *entusiasmar* begeistern (*por* für) II. *vr(se)* ↑ *entusiasmarse* sich begeistern (*por* für)
encabezamiento *m* (*de carta*) Briefkopf *m;* **encabezar** ⟨3.10⟩ *vt* [1] → *grupo* anführen [2] → *libro* betiteln; → *carta* mit einem Briefkopf versehen
encadenar *vt* [1] anketten [2] *FIG* fesseln, faszinieren
encajar I. *vt* [1] ↑ *ajustar* einfügen, einpassen (*en* in *akk*) [2] SPORT ein Tor schießen [3] *FAM* andrehen, aufdrängen; → *golpe* versetzen, verpassen *dat* II. *vi* [1] [ineinander-]passen [2] *FIG* → *datos* zusammenpassen, passen zu III. *vr(se)* sich hineinzwängen (*en* in *akk*); **encaje** *m* [1] ↑ *ajuste* Anpassung *f*, Einfügung *f* [2] (*pl*) ↑ *adorno* Spitzen *f*

encajonar *vt* [1] in Kisten verpacken [2] *FIG* einengen
encallar *vi* ← *nave* stranden, auflaufen
encaminar I. *vt* [1] (*mostrar*) den Weg zeigen *dat* [2] → *energías* [aus-]richten, lenken (*a* auf *akk*) II. *vr(se)*: ◇ **-se a** sich auf den Weg machen nach
encandilado *adj* ↑ *deslumbrado* geblendet; *FIG* ↑ *enamorado* blind vor Liebe; **encandilar** *vt* [1] blenden [2] *FIG* bezaubern, verwirren
encantado *adj* [1] ↑ *satisfecho* zufrieden (*de* mit/über *akk*) [2] ↑ *embrujado* verzaubert; **encantador(a)** I. *adj* charmant, bezaubernd, liebenswürdig II. *m/f* Zauberer *m*, Zauberin *f*; ◇ **- de serpientes** Schlangenbeschwörer *m*; **encantar** *vt* [1] ↑ *embrujar* verzaubern [2] *FIG* bezaubern, begeistern; **encanto** *m* [1] ↑ *magia* Zauber *m* [2] ↑ *atractivo* Charme *m*
encapricharse *vr*: ◇ **- con/en algo** auf etw *akk* versessen sein
encarar I. *vt* → *dificultad* konfrontiert werden mit II. *vr(se)*: ◇ **-se con alguien** jd-m gegenübertreten, sich mit jd-m anlegen
encarcelar *vt* ins Gefängnis sperren
encarecer ⟨3.5⟩ *vt* [1] COM → *precio* verteuern [2] *FIG* ↑ *insistir* dringen (*a* auf *akk*), bestehen (*a* auf *akk*); **encarecimiento** *m* [1] COM Verteuerung *f*, Preissteigerung *f* [2] *FIG* Betonung *f*; ◇ **con -** mit Nachdruck
encargado(/a) I. *adj* beauftragt II. *m/f* Beauftragte(r) *m/f*; **encargar** ⟨3.11⟩ I. *vt* [1] ↑ *pedir* bestellen [2] ↑ *recomendar* dringend empfehlen [3] ↑ *confiar* anvertrauen; ◇ **- algo a alguien** jd-n mit etw beauftragen II. *vr(se)*: ◇ **-se de algo** etw übernehmen, sich um etw kümmern; **encargo** *m* [1] COM ↑ *pedido* Bestellung *f* [2] ↑ *misión* Auftrag *m*; *FIG* ◇ **como hecho de -** wie gerufen
encariñarse *vr*: ◇ **- con alguien** jd-n liebgewinnen
encarnación *f* [1] Verkörperung *f* [2] REL Inkarnation *f*
encarnizado *adj* ▷*herida* entzündet; ▷*ojos* blutunterlaufen; *FIG* ▷*batalla* erbittert
encarrilar *vt* [1] → *tren* auf die Gleise stellen [2] → *asunto* richtigstellen [3] *FIG* → *persona* auf den richtigen Weg bringen
encasillar *vt* ↑ *clasificar* klassifizieren, einteilen
encausar *vt* JUR verklagen
encauzar ⟨3.10⟩ *vt* [1] → *río* eindämmen, kanalisieren [2] *FIG* lenken, kanalisieren
encendedor *m* Feuerzeug *n*; **encender** ⟨3.1⟩ I. *vt* [1] → *fuego* anzünden, anstecken [2] → *luz, tele* anmachen, einschalten [3] *FIG* → *pasión* entfachen, wecken; → *persona* provozieren II. *vr(se)* in Brand geraten; (*de cólera*) zornig werden; ← *rostro* erröten, rot werden; **encendido** I. *adj* brennend; ▷*rostro* glühend, hochrot II. *m* AUTO Zündung *f*
encerar *vt* → *suelo* [ein-]wachsen
encerrar ⟨3.1⟩ *vt, vr(se)* [1] (*en habitación*) einsperren, einschließen [2] ↑ *incluir* enthalten, beinhalten
encerrona *f* ↑ *trampa* Falle *f*, Zwickmühle *f*
encestar *vi* SPORT einen Punkt erzielen *beim Basketball*
encía *f* Zahnfleisch *n*
encierro *m* Einsperren *n*, Einschließen *n*; *FIG* Zurückgezogenheit *f*
encima I. *adv* [1] ↑ *sobre* oben, obenauf; ◇ **¿llevas dinero -?** hast du Geld dabei?; ◇ **leer un libro por -** ein Buch überfliegen/flüchtig lesen; ◇ **muy por -** sehr oberflächlich [2] ↑ *además* darüberhinaus, obendrein; ◇ **y - no pagó la cuenta** und dann zahlte er nicht einmal die Rechnung II. *prep*: ◇ **- de** [1] ↑ *en* (*posición*) auf *dat*; (*dirección*) auf *akk* [2] ↑ *sobre* (*posición*) über *dat*; (*dirección*) über *akk*; ◇ **está por - de sus posibilidades** das geht über seine Möglichkeiten; ◇ **por - de** über [3] ↑ *además de* außer
encina *f* FLORA Steineiche *f*
encinta *adj* schwanger
enclavado *adj*: ◇ **estar -** ↑ *situado* liegen, gelegen sein
encoger ⟨3.20⟩ I. *vt* zusammenziehen, einziehen II. *vi* ← *tejido* eingehen, einlaufen III. *vr(se)* sich zusammenziehen; ◇ **-se de hombros** die Achseln zucken
encolar *vt* ankleben
encolerizar ⟨3.10⟩ I. *vt* ärgern, reizen II. *vr(se)* aufbrausen
encomendar ⟨3.1⟩ I. *vt*: ◇ **- algo a alguien** jd-n mit etw beauftragen II. *vr(se)*: ◇ **-se a alguien** sich jd-m anvertrauen; **encomienda** *f* Auftrag *m*
encontrado *adj* ↑ *opuesto* entgegengesetzt
encontrar ⟨3.2⟩ I. *vt* finden II. *vr(se)* [1] → *personas* sich treffen; ◇ **-se con alguien** sich mit jd-m treffen [2] ↑ *estar* (*en un lugar*) sich befinden; ↑ *sentirse* ◇ **-se bien/mal de salud** bei guter/schlechter Gesundheit sein
encorvar *vt, vr(se)* krümmen, biegen
encrespar I. *vt* [1] → *pelo, agua* kräuseln [2] *FIG* ↑ *irritar* ärgern II. *vr(se)* [1] ← *mar* schäumen [2] *FIG* ärgerlich werden, aufbrausen
encrucijada *f* Kreuzung *f*; *FIG* Scheideweg *m*
encuadernación *f* [1] (*de libros*) Binden *n*,

Einbinden *n* [2] ↑ *cubierta* Einband *m* [3] (*taller*) Buchbinderei *f;* **encuadernador(a)** *m/f* Buchbinder(in *f*) *m;* **encuadernar** *vt* → *libro* [ein-] binden

encubridor(a) *m/f* (*de un delito*) Helfershelfer(in *f*) *m;* **encubrir** ⟨3.30⟩ *vt* ↑ *ocultar* verheimlichen, verbergen; ↑ *ayudar* begünstigen; → *delito* decken

encuentro *m de personas,* SPORT, POL, MIL Treffen *n,* Begegnung *f;* ◇ **ir/salir al ~ de alguien** jd-m entgegengehen

encuesta *f* Umfrage *f;* **encuestador(a)** *m/f* Meinungsforscher(in *f*) *m*

encumbrado *adj* ▷*persona* hochgestellt; **encumbrar I.** *vt* → *clase social* befördern, erheben **II.** *vr(se)* ← *edificio* sich erheben; (*en clase social*) aufsteigen

encharcado *adj* sumpfig

enchufado(/a) *m/f* (*FAM en un empleo*) Arschkriecher(in *f*) *m;* **enchufar I.** *vt* [1] ELEC → *clavija de enchufe* einstecken [2] TECNI ineinanderstecken **II.** *vr(se) FAM:* ◇ **~se un puesto** sich *dat* [durch Beziehungen] einen Job verschaffen; **enchufe** *m* [1] ELEC Stecker *m;* ↑ *toma* Steckdose *f* [2] *FAM* ↑ *recomendación* Beziehungen *pl;* **enchufismo** *m FAM* Vetternwirtschaft *f,* Cliquenwirtschaft *f*

endémico *adj* [1] MED endemisch, heimisch [2] *FIG* ↑ *habitual* typisch

endemoniado *adj* [vom Teufel] besessen; ↑ *mala persona* teuflisch; (*calidad*) pervers

enderezar ⟨3.10⟩ **I.** *vt* [1] → *cuadro* gerade richten; → *estatua* aufrichten [2] *FIG* → *negocio* führen, managen [3] *FIG* → *defectos* berichtigen, korrigieren **II.** *vr(se) también FIG* ↑ *ponerse recto* aufstehen, sich aufrichten

endeudarse *vr* sich verschulden

endiablado *adj ver* **endemoniado**

endomingarse ⟨3.11⟩ *vr* sich feinmachen, sich herausputzen

endosar *vt* [1] FIN → *documento* indossieren [2] *FAM* → *tarea* aufhalsen *dat*

endulzar ⟨3.10⟩ *vt* süßen; *FIG* versüßen

endurecer ⟨3.5⟩ **I.** *vt* → *material* härten; → *persona* abhärten **II.** *vr(se)* sich abhärten; **endurecido** *adj* verhärtet; *persona* widerstandsfähig, abgehärtet; **endurecimiento** *m* Verhärtung *f*

enemigo(/a) I. *adj* feindlich **II.** *m/f* Feind(in *f*) *m;* **enemistad** *f* Feindschaft *f;* **enemistar I.** *vt* verfeinden **II.** *vr(se)* sich verfeinden mit

energía *f* [1] ↑ *fuerza* Kraft *f,* Energie *f* [2] TECNI, ELEC, FIS Energie *f;* ◇ **~ nuclear, ~ atómica** Atomkraft *f,* Kernkraft *f;* **enérgico** *adj* energisch

enero *m* Januar *m*

enfadar I. *vt* ärgern **II.** *vr(se)* sich ärgern (*de* über *akk*); **enfado** *m* Ärger *m;* **enfadoso** *adj* ärgerlich

énfasis *m* Nachdruck *m,* Betonung *f;* **enfático** *adj* nachdrücklich

enfatizar ⟨3.10⟩ *vt* betonen, hervorheben

enfermar I. *vt* krank machen **II.** *vi* krank werden, erkranken; **enfermedad** *f* Krankheit *f;* **enfermería** *f* Krankenstation *f;* **enfermero(/a)** *m/f* Krankenpfleger *m,* Krankenschwester *f;* **enfermizo** *adj* kränklich; **enfermo(/a) I.** *adj* krank **II.** *m/f* Kranke(r) *m/f;* (*en el hospital*) Patient(in *f*) *m*

enflaquecer ⟨3.5⟩ **I.** *vt* schwächen **II.** *vr(se)* abmagern

enfocar ⟨3.7⟩ *vt* [1] FOTO [scharf] einstellen [2] *FIG* → *cuestión* untersuchen, betrachten; ◇ **~ un asunto** an eine Sache herangehen; **enfoque** *m* [1] FOTO Einstellung *f* [2] *FIG* Problemstellung *f*

enfrascarse ⟨3.7⟩ *vr* (*FIG en la lectura*) sich vertiefen (*en* in *akk*)

enfrentamiento *m* Gegenüberstellung *f,* Konfrontation *f;* **enfrentar I.** *vt* → *peligro* gegenübertreten *dat;* → *enemigo* gegenüberstellen, konfrontieren (*con* mit) **II.** *vr* [1] ← *personas* einander gegenübertreten; ◇ **~se con un problema** sich einem Problem stellen [2] SPORT sich begegnen, aufeinandertreffen

enfrente *adv* gegenüber; ◇ **~ de** gegenüber; ◇ **vivimos ~ de ellos** wir wohnen ihnen gegenüber

enfriamiento *m* [1] [Ab-]Kühlung *f* [2] MED Erkältung *f;* **enfriar** ⟨3.13⟩ **I.** *vt* kühlen; → *algo caliente* abkühlen **II.** *vr* [1] ← *temperatura* sich abkühlen, kalt werden; *FIG* ← *sentimiento* sich abkühlen, erkalten [2] MED sich erkälten

enfurecer ⟨3.5⟩ **I.** *vt* wütend machen **II.** *vr(se)* wütend werden

engalanar I. *vt* [1] (*con adornos*) schmücken, verzieren (*de* mit) [2] → *lugar* herausputzen **II.** *vr(se)* sich herausputzen

enganchar I. *vt* [1] (*con gancho*) einhaken, einhängen [2] → *vagones* koppeln [3] → *animal* einspannen **II.** *vr(se)* [1] hängenbleiben (*en* in, an *dat*) [2] MIL sich rekrutieren lassen [3] *FAM* ◇ **~se a la droga** drogenabhängig werden; **enganche** *m* [1] Haken *m* [2] TECNI Kupplung *f* [3] MIL Rekrutierung *f*

engañar I. *vt* [1] täuschen [2] ↑ *estafar* betrügen, anschwindeln [3] ↑ *ser infiel* betrügen **II.** *vr(se)* sich *dat* etwas vormachen; **engaño** *m* [1] Täuschung *f* [2] ↑ *mentira* Lüge *f,* Schwindelei *f* [3] ↑ *fraude* Betrug *m,* Trick *m* [4] (*a sí mismo*)

Selbstbetrug *m,* Selbsttäuschung *f;* **engañoso** *adj* ▷*persona* betrügerisch; ▷*historia* erlogen; ▷*mirada* falsch, unehrlich

engarzar ⟨3.10⟩ *vt* → *perlas* aufreihen

engatusar *vt* (*FAM con halagos*) beschwatzen, einwickeln

engendrar *vt* [1] BIO erzeugen, hervorbringen [2] ↑ *ocasionar* verursachen; **engendro** *m* [1] BIO Fötus *m;* (*PEY criatura*) Mißgeburt *f* [2] *FIG* ↑ *persona fea* Ausgeburt *f*

englobar *vt* ↑ *incluir* umfassen

engomar *vt* gummieren

engordar I. *vt* dick machen II. *vi* dick werden, zunehmen

engorro *m FAM* ↑ *molestia* Ärgernis *n*

engranaje *m* TECNI Getriebe *n;* **engranar** *vi* ineinandergreifen

engrandecer ⟨3.5⟩ *vt* verherrlichen

engrasar *vt* [1] TECNI einfetten; ↑ *untar* schmieren [2] (*ensuciar*) beschmieren

engreído *adj* eitel, eingebildet; **engreírse** ⟨4.18⟩ *vr* angeben, prahlen

engrosar ⟨3.2⟩ I. *vt* ↑ *aumentar* vergrößern; → *personas, dinero* vermehren II. *vi* anschwellen; ← *cantidad* dicker werden, zunehmen

engullir *vt FAM* ↑ *tragar* verschlingen

enhebrar *vt* einfädeln

enhorabuena *f* Glückwunsch *m;* ◇ **dar la ~ a alguien** jd-n beglückwünschen

enigma *m* Rätsel *n;* **enigmático** *adj* rätselhaft

enjabonar *vt* [1] einseifen [2] *FAM* ↑ *dar coba* schmeicheln *dat*

enjambre *m también FIG* Schwarm *m*

enjaular *vt* [1] → *animal* in einen Käfig sperren [2] (*FAM en la cárcel*) einsperren

enjuagar ⟨3.11⟩ *vt* → *boca* [aus-]spülen

enjuiciar *vt* [1] JUR strafrechtlich verfolgen; ↑ *sentenciar* verurteilen [2] ↑ *juzgar* beurteilen

enjuto *adj* mager, dürr

enlace *m* [1] ↑ *vinculación* Verbindung *f,* Verknüpfung *f;* ◇ **~ de organización** Verbindungsmann *m,* Verbindungsfrau *f* [2] (TREN, TEL *de trenes*) Anschluß *m,* Verbindung *f* [3] ↑ *matrimonio* Heirat *f;* **enlazar** ⟨3.10⟩ I. *vt* [1] → *cuerdas* zusammenbinden, verknüpfen [2] *FIG* → *asunto* verbinden II. *vi* TREN Anschluß haben (*con* an *akk*)

enlodar *vt* **enlodazar** ⟨3.10⟩ *vt* mit Schlamm beschmutzen

enloquecer ⟨3.5⟩ I. *vt* verrückt machen II. *vi, vr(se)* verrückt werden

enlutar I. *vt* verdunkeln II. *vr(se)* Trauerkleidung tragen

enmarañar I. *vt* [1] → *pelo* verfilzen [2] *FIG* → *asunto* verwirren, durcheinanderbringen II. *vr(se)* sich verheddern

enmarcar ⟨3.7⟩ *vt* → *pintura* rahmen

enmascarar I. *vt* [1] → *rostro* maskieren [2] *FIG* tarnen II. *vr(se)* sich maskieren

enmendar ⟨3.1⟩ I. *vt* [1] [ver-]bessern [2] → *ley* ändern; JUR → *juicio* aufheben [3] → *error, falta* wiedergutmachen II. *vr(se)* sich bessern; **enmienda** *f* [1] ↑ *mejora* [Ver-]Besserung *f* [2] (*de ley*) Änderung *f;* (JUR *de juicio*) Aufhebung *f* [3] (*de un error*) Wiedergutmachung *f*

enmohecerse ⟨3.5⟩ *vr* rosten

enmoquetar *vt* mit Teppichboden auslegen

enmudecer ⟨3.5⟩ *vt* zum Schweigen bringen

ennegrecer ⟨3.5⟩ I. *vt* schwärzen II. *vr* schwarz werden

ennoblecer ⟨3.5⟩ *vt* [1] → *persona* adeln [2] *FIG* veredeln, verschönern

enojadizo *adj* reizbar, leicht aufbrausend; **enojar** I. *vt* verärgern II. *vr(se)* sich ärgern (*de* über *akk*), böse sein (*con* auf *akk*); ◇ **¡no te enojes!** [1] (*preocuparse*) mach dir keine Sorgen! [2] (*enfadarse*) sei nicht böse!; **enojo** *m* Ärger *m;* ↑ *ira* Zorn *m;* **enojoso** *adj* ärgerlich

enorgullecerse ⟨3.5⟩ *vr* stolz werden; ◇ **~ de** stolz sein auf *akk*

enorme *adj* enorm, gewaltig; ↑ *descomunal* ungeheuerlich, abscheulich; **enormidad** *f* Unermeßlichkeit *f;* ↑ *barbaridad* Ungeheuerlichkeit *f*

enraizar ⟨3.10⟩ *vi también FIG* Wurzeln schlagen

enrarecido *adj* ▷*aire* schlecht; ▷*relación* angespannt,

enredadera *f* Schlingpflanze *f,* Kletterpflanze *f;* **enredar** I. *vt* [1] → *cables* verwirren, verwickeln; *FIG* → *asunto* verwickeln, komplizieren; ◇ **~ a alguien en un asunto** jd-n in eine Sache hineinziehen [2] → *dos personas* auseinanderbringen, entzweien [3] → *trampa* aufstellen II. *vi* ← *niños* Unfug treiben, Quatsch machen (*con* mit); **enredo** *m* [1] ↑ *asunto* Verwicklung *f,* Verwirrung *f;* ◇ **~ amoroso** Techtelmechtel *n* [2] ↑ *travesura* Streich *m* [3] (*de cables*) Knoten *m* [4] (*pl*) Intrigen *f-pl*

enrevesado *adj* ▷*problema* verzwickt, kompliziert

enriquecer ⟨3.5⟩ I. *vt* [1] reich machen [2] *FIG* ▷*culturalmente* bereichern II. *vr(se)* sich bereichern

enrojecer ⟨3.5⟩ I. *vt* rot färben II. *vi, vr(se)* erröten, rot werden

enrollar I. *vt* aufwickeln, aufrollen II. *vr(se)* [1] *FAM* ↑ *hablar* quasseln [2] *FAM* ↑ *dedicarse* sich abgeben (*en* mit) [3] (*FAM con alguien*) sich einlassen (*con* mit)

enroscar ⟨3.7⟩ *vt* [fest-]schrauben
ensalada *f* Salat *m;* **ensaladilla** *f* : ◇ **- rusa** russischer Salat
ensalzar ⟨3.10⟩ *vt* ↑ *elogiar* preisen, loben; ↑ *glorificar* verherrlichen
ensambladura *f* **ensamblaje** *m* TECNI Verzapfung *f;* **ensamblar** *vt* zusammenfügen, verzapfen
ensanchar I. *vt* → *carretera* erweitern; → *ropa* vergrößern II. *vr(se)* sich ausdehnen; **ensanche** *m* [1] Ausbau *m,* Erweiterung *f* [2] ↑ *terreno en las afueras* Außenbezirk *m,* Stadtrand *m*
ensangrentar ⟨3.1⟩ *vt* mit Blut beflecken
ensañar I. *vt* wütend machen II. *vr(se):* ◇ **-se en alguien** seine Wut an jd-m auslassen
ensartar *vt* → *collar* aufreihen, aufziehen
ensayar *vt* [1] ↑ *probar* versuchen, ausprobieren [2] TEATRO, MUS proben, üben; **ensayista** *m/f* Essayist(in *f*) *m;* **ensayo** *m* [1] ↑ *escrito* Essay *n* [2] ↑ *intento* Versuch *m* [3] QUIM Versuch *m,* Experiment *n* [4] TEATRO, MUS Probe *f*
enseguida *adv* ↑ *inmediatamente* sofort, unverzüglich
ensenada *f* [kleine] Bucht
enseñanza *f* [1] ↑ *instrucción* Unterrichtswesen *n;* ◇ **- primaria** Grundschulunterricht *m;* ◇ **- media** Realschule *f;* ◇ **- superior** Hochschulwesen *n* [2] ↑ *advertencia* Lehre *f,* Doktrin *f;* **enseñar** *vt* [1] → *comportamiento* unterrichten, lehren; ◇ **- a alguien a hacer algo** jd-m etw beibringen [2] → *conocimientos* erziehen, schulen [3] ↑ *indicar* zeigen, vorführen
enseres *m/pl* Sachen *pl,* Gerätschaften *pl*
ensimismarse *vr* in Gedanken versunken sein
ensordecedor *adj* ohrenbetäubend; **ensordecer** ⟨3.5⟩ I. *vt* taub machen II. *vi* taub werden
ensortijar I. *vt* → *pelo* kräuseln II. *vi, vr(se)* sich kräuseln
ensuciar I. *vt* beschmutzen, schmutzig machen II. *vr(se)* sich schmutzig machen; ◇ **-se con barro** sich mit Lehm beschmutzen
ensueño *m* ↑ *fantasía* Traum *m; FIG* ↑ *ilusión* Illusion *f;* ◇ **un jardín de -** ein traumhafter Garten
entablado *m* (*suelo*) Täfelung *f;* **entablar** *vt* [1] (*con tablas*) täfeln [2] → *conversación* beginnen, in Gang bringen
entallar *vt* [1] → *madera* schnitzen; → *mármol* meißeln; → *bronce* gravieren, einprägen [2] → *blusa* auf Taille arbeiten
entender ⟨4.17⟩ I. *vt* [1] ↑ *comprender* verstehen, begreifen; ◇ **dar a - una cosa a alguien** jd-m etw zu verstehen geben [2] ↑ *saber* können, wissen II. *vi* ↑ *pensar* meinen, glauben; ◇ **- de** etwas verstehen von III. *vr(se)* [1] ← *personas* sich verstehen (*con* mit) [2] ↑ *ponerse de acuerdo* sich verständigen [3] *FAM* ↑ *tener una relación* ein Verhältnis haben IV. *m* ↑ *juicio* Meinung *f,* Verständnis *n;* ◇ **a mi -** meiner Meinung nach; **entendido** I. *adj* [1] erfahren, klug; ◇ **- en** beschlagen [*o.* bewandert] in; ◇ **¿entendido?** verstanden? [2] ↑ *de acuerdo* vereinbart, abgemacht II. *m/f* Experte *m,* Expertin *f;* ↑ *docto* Gelehrte(r) *fm;* **entendimiento** *m* [1] ↑ *razón* Verstand *m;* ↑ *inteligencia* Auffassungsgabe *f* [2] ↑ *juicio* Urteilsvermögen *n*
enterado *adj* erfahren, gewandt; ◇ **estar - de** auf dem laufenden sein über *akk;* ◇ **no darse por -** sich dumm stellen
enteramente *adv* ganz, vollständig
enterarse *vr(se):* ◇ **-se de algo** etw erfahren
entereza *f* [1] Gesamtheit *f* [2] *FIG* ↑ *integridad* Integrität *f;* ↑ *firmeza* [Charakter-]Stärke *f*
enternecer ⟨3.5⟩ I. *vt* → *sentimientos* weich machen, rühren II. *vr(se)* weich werden
entero I. *adj* [1] ↑ *completo* ganz, völlig [2] *FIG* ↑ *íntegro* aufrichtig, integer; ↑ *fuerte* charakterfest II. *m* [1] MATE ganze Zahl [2] COM, FIN ↑ *punto* Punkt *m;* ◇ **por -** vollständig
enterrador *m* Totengräber(in *f*) *m;* **enterrar** ⟨3.1⟩ *vt* [1] → *muerto* begraben [2] *FIG* vergessen, begraben
entibiar *vt* abkühlen
entidad *f* [1] Wesen *n* [2] COM, FIN ↑ *institución* Firma *f;* ↑ *asociación* Gesellschaft *f;* ◇ **- bancaria** Bankgesellschaft *f* [3] POL Körperschaft *f*
entierro *m* [1] (*acción*) Begraben *n* [2] ↑ *funeral* Begräbnis *n,* Beerdigung *f*
entonación *f* [1] GRAM Tonfall *m* [2] MUS Intonation *f*
entonado *adj* [1] MUS gestimmt [2] *FIG persona* eingebildet, arrogant; **entonar** I. *vt* [1] → *melodía* anstimmen [2] → *colores* abtönen [3] MED kräftigen II. *vi FIG* harmonieren (*con* mit) III. *vr(se) FAM* ↑ *farolear* großspurig tun
entonces *adv* [1] (*tiempo*) dann, damals; ◇ **desde -** seitdem, seit damals; ◇ **en aquel -** damals, zu jener Zeit [2] ↑ *en ese caso* dann; ◇ **[pues] - …** ja dann …
entornar *vt* [1] → *puerta* anlehnen [2] → *ojos* halb öffnen, blinzeln mit
entorno *m* ↑ *ambiente* Milieu *n;* ◇ **el - cultural** die Kulturszene
entorpecer ⟨3.5⟩ *vt* [1] → *percepción* trüben [2] → *trabajo* verzögern; → *tráfico* verlangsamen; *FIG* → *asunto* erschweren; **entorpecimiento** *m* [1] (*de persona*) Benommenheit *f* [2] (*de traba-*

jo) Verzögerung *f;* (*de tráfico*) Verlangsamen *n;* (*FIG de proyecto*) Hindernis *n*

entrada *f* [1] (*acción*) Eintreten *n* (*de* in *akk*) [2] (*lugar*) Eingang *m* (*de* zu), Zulassung *f* (*de* zu); ◇ ~ **gratis** Eintritt frei [3] ↑ *billete* Eintrittskarte *f* [4] TEATRO Besucherzahl *f* [5] GASTRON Vorspeise *f* [6] ◇ **~s** *pl* Geheimratsecken *pl* [7] COM Anzahlung *f;* ◇ **~as y salidas** Ein- und Ausgänge *pl*

entrado(/a) *adj* [1] ◇ ~ **en años** bejahrt [2] ◇ ~ **el invierno** mitten im Winter

entrante I. *adj* kommend, nächste(r, s); ◇ **el año** ~ nächstes Jahr **II.** *m* [1] Einlaß *m* [2] GASTRON ↑ *entremeses* Vorspeise *f*

entraña *f* [1] (*sing/pl,* ANAT *órgano*) Eingeweide *pl* [2] *FIG* ↑ *interior* Zentrum *n*, das Innerste [3] *FIG* ↑ *esencial* Kern *m*

entrañable *adj* innig, herzlich

entrar I. *vt* hineinbringen; → *persona* hineinbegleiten **II.** *vi* [1] (*en casa*) eintreten, hineingehen (*en* in *akk*); (*en un grupo*) zugelassen werden; (*en una profesión*) aufnehmen, beginnen; (*en un club*) beitreten *dat;* ◇ ~ **en razón** zur Vernunft kommen; *FIG* ◇ ~ **dentro de sí** in sich gehen; ◇ ~ **diciendo** einleitend sagen; ◇ **la llave no entra en la cerradura** der Schlüssel paßt nicht; ◇ **el servicio no entra en el precio** die Bedienung ist nicht im Preis enthalten [2] *FIG* → *época* beginnen, eintreten; ◇ **el año que entra** nächstes Jahr; ◇ ~ **en relaciones con alguien** mit jd-m in Beziehung treten [3] ↑ *comprender* verstehen; ◇ **no me entra en la cabeza** es geht mir nicht in den Kopf [4] INFORM eingeben

entre *prep* (*lugar*) zwischen *dat;* (*dirección*) zwischen *akk;* ◇ ~ **semana** die Woche über; ◇ ~ **tú y yo** unter uns [gesagt]; ◇ **estamos ~ personas civilizadas** wir befinden uns unter zivilisierten Leuten

entreabrir ⟨3.21⟩ *vt* halb öffnen

entrecejo *m* : ◇ **fruncir el ~** die Stirn runzeln

entrecortado *adj* ▷*voz* abgehackt

entredicho *m* JUR Verbot *n;* ◇ **poner algo en ~** etw in Frage stellen, anzweifeln

entrega *f* [1] (*acción*) Übergabe *f* [2] (*de cosas*) Lieferung *f* [3] ↑ *dedicación* Engagement *n* [4] ◇ **novela** *f* **por ~** Fortsetzungsroman *m;* **entregar** ⟨3.11⟩ **I.** *vt* ↑ *dar* [über-]geben, aushändigen; COM liefern; ↑ *ceder* abtreten, überlassen **II.** *vr(se)* [1] (*al enemigo*) sich ergeben, kapitulieren; ◇ **~se a la policia** sich der Polizei stellen [2] ↑ *consagrarse* sich widmen (*a dat*); ◇ **~se al vicio** sich dem Laster hingeben

entrelazar ⟨3.10⟩ *vt* verflechten

entremedias *adv* ↑ *entre tanto* inzwischen

entremés *m* [1] GASTRON Vorspeise *f* [2] TEATRO Zwischenspiel *n*

entremezclar *vt* vermischen, untermischen

entrenador(a) *m/f* Trainer(in *f*) *m;* **entrenamiento** *m* Training *n;* **entrenarse** *vr* trainieren, sich üben (*en* in *dat*)

entreoír ⟨4.6⟩ *vt* undeutlich hören

entresacar ⟨3.7⟩ *vt* heraussuchen

entresuelo *m* ↑ *entre planta baja y primer piso* Zwischenstock *m*

entretanto I. *adv* unterdessen, inzwischen **II.** *m* Zwischenzeit *f*

entretejer *vt* einweben, einflechten

entretener ⟨1.4⟩ **I.** *vt* [1] ↑ *retrasar* verzögern, aufhalten; → *deudores* hinhalten [2] ↑ *divertir* unterhalten; ↑ *distraer* zerstreuen **II.** *vr(se)* [1] ↑ *tardar* sich aufhalten, Zeit verlieren (*con* mit) [2] ↑ *divertirse* sich die Zeit vertreiben (*con* mit); **entretenimiento** *m* [1] ↑ *diversión* Unterhaltung *f;* ↑ *pasatiempo* Zeitvertreib *m* [2] TECNI Wartung *f*

entrever ⟨4.14⟩ *vt* [1] undeutlich sehen [2] *FIG* ↑ *sospechar* befürchten, vermuten

entreverar *vt* untermischen, untermengen

entrevista *f* (*de trabajo*) Vorstellungsgespräch, nt; (*periodística*) Interview *n;* **entrevistar I.** *vt* interviewen **II.** *vr(se):* ◇ **~se con alguien** jd-n treffen

entristecer ⟨3.5⟩ **I.** *vt* traurig machen **II.** *vr(se)* traurig werden

entrometerse *vr* sich einmischen (*en* in *akk*); **entrometido** *adj* aufdringlich, indiskret

entroncar ⟨3.7⟩ *vi* verwandt sein (*con* mit)

entubar *vt* MED → *aire* künstlich beatmen; → *alimentos* künstlich ernähren

entuerto *m* Unrecht *n*, Ungerechtigkeit *f*

entumecer ⟨3.5⟩ **I.** *vt* taub machen, betäuben **II.** *vr(se)* (*de frío*) erstarren, klamm werden; ← *pie* einschlafen; **entumecido** *adj* erstarrt

enturbiar I. *vt* [1] → *agua* aufwühlen [2] *FIG* → *asunto* verschleiern; → *persona* durcheinanderbringen **II.** *vr(se)* [1] ← *agua* sich trüben [2] *FIG* unklar werden; ← *persona* durcheinander werden

entusiasmar I. *vt* begeistern; ↑ *encantar* entzücken **II.** *vr(se):* ◇ **~se con/por** sich begeistern für; **entusiasmo** *m* Begeisterung *f*, Enthusiasmus, m; ↑ *fervor* großer Eifer; **entusiasta I.** *adj* begeistert, enthusiastisch **II.** *m/f* begeisterte(r) Anhänger(in *f*) *m* (*de gen*)

enumerar *vt* aufzählen

enunciado *m* [1] Äußerung, f; GRAM Artikulation *f* [2] ↑ *exposición* Darlegung *f*, Darstellung *f;* **enunciar** *vt* äußern, darlegen

envalentonar I. *vt* ermutigen (*a* zu) II. *vr(se)* mutig werden

envanecer ‹3.5› I. *vt* stolz machen II. *vr(se)* stolz werden (*de/con* auf *akk*)

envasar *vt* [in Behälter] verpacken; (*en botellas*) [in Flaschen] abfüllen; (*en latas*) eindosen; **envase** *m* [1] (*acción*) Verpacken *n;* (*de líquido*) Abfüllung *f* [2] ↑ *recipiente* Behälter *m,* Gefäß *n;* ↑ *lata* Dose *f;* ↑ *botella* Flasche *f;* ↑ *envoltorio* Verpackung *f*

envejecer ‹3.5› I. *vt* alt machen II. *vi, vr(se)* altern, alt werden

envenenar *vt* vergiften

envergadura *f* [1] (*de aves, aviones*) Spannweite *f* [2] (*FIG de negocio, asunto*) Tragweite *f*

envés *m* Rückseite *f*

enviado(/a) *m/f* ↑ *reportero en el extranjero* Auslandskorrespondent(in *f*) *m;* **enviar** *vt* senden, schicken

envidia *f* Neid *m;* **envidiable** *adj* beneidenswert; **envidiar** *vt* beneiden; ◇ **~ algo a alguien** jd-n um etw beneiden; **envidioso(/a)** *m/f* neidische Person

envilecer ‹3.5› I. *vt* herabwürdigen II. *vr(se)* sich erniedrigen

envío *m* [1] (*acción*) Versendung *f;* (*en barco*) Verschiffen *n;* FIN Überweisung *f* [2] ↑ *mercancía* Versand *m*

enviudar *vi* Witwe(r) werden

envoltorio *m* (*de papel*) Bündel *n;* **envolver** ‹3.2› *vt* einwickeln, verpacken (*en* in *akk*)

épico I. *adj* episch II. *f* Epik *f*

epidemia *f* Epidemie *f,* Seuche *f;* **epidémico** *adj* epidemisch; **epidemiología** *f* Epidemiologie *f*

epifanía *f* Dreikönigsfest *n*

epilepsia *f* Epilepsie *f*

epílogo *m* Epilog *m*

episodio *m* Episode *f*

epístola *f* Epistel *f;* ↑ *carta* Brief *m*

epitafio *m* Grabinschrift *f*

época *f* [1] ↑ *periodo* Periode *f,* Phase *f* [2] HIST Epoche *f,* Zeitalter *n;* ◇ **que hace ~** epochemachend

equidad *f* Gerechtigkeit *f,* Fairness *f*

equilibrado *adj* ▷*persona* ausgeglichen; **equilibrar** *vt* ins Gleichgewicht bringen; *FIG* ausgleichen; **equilibrio** *m* Gleichgewicht *n;* ◇ **perder el ~** das Gleichgewicht verlieren; **equilibrista** *m/f* Seiltänzer(in *f*) *m*

equipaje *m* Gepäck *n;* ◇ **hacer el ~** die Koffer *m-pl* packen; **equipar** *vt* ausrüsten, ausstatten

equipararse *vr:* ◇ **~ con** gleichstehen mit

equipo *m* [1] (*cosas*) Ausrüstung *f,* Ausstattung *f;* ◇ **~ estéreo** Stereoanlage *f* [2] (*personas*) Gruppe *f;* SPORT Team *n,* Mannschaft *f;* ◇ **~ de noche** Nachtschicht *f*

equis *f* (*letra*) X *n; FAM* ◇ **tengo que hacer ~ cosas** ich habe eine Menge zu erledigen

equitación *f* [1] (*acto*) Reiten *n* [2] SPORT Reitsport *m*

equitativo *adj* gerecht

equivalente I. *adj* gleichwertig (*a dat*) II. *m* Gegenwert *m,* Äquivalent *n;* **equivaler** ‹4.19› *vi* gleichwertig sein (*a dat*)

equivocación *f* Irrtum *m,* Mißverständnis *n;* ◇ **por ~** irrtümlicherweise; **equivocar** ‹3.7› I. *vt* verwechseln; ◇ **~ una cosa con otra** eins mit dem anderen verwechseln II. *vr(se)* sich irren, sich täuschen; ◇ **~se de casa** sich in der Adresse irren; **equívoco** I. *adj* [1] ↑ *sospechoso* verdächtig [2] ↑ *ambiguo* zweideutig II. *m* Doppeldeutigkeit *f*

era *f* Ära *f,* Zeitalter *n*

erario *m* Staatskasse *f*

erección *f* Aufrichten *n; FIG* Gründung *f;* ANAT Erektion *f*

erguir *3.24* I. *vt* → *cabeza* aufrichten; → *cuerpo* gerade richten II. *vr(se)* sich aufrichten, gerade sitzen

erigir ‹3.8› I. *vt* [1] errichten, bauen; → *estatua* aufstellen [2] *FIG* → *empresa* gründen [3] → *a alguien* ernennen (*en* zu) II. *vr(se):* ◇ **~se en** sich aufspielen als

erizado *adj* (*con púas*) borstig, stachelig; ▷*pelo* gesträubt; **erizar** ‹3.10› I. *vt* sträuben II. *vr(se)* ← *pelos* sich sträuben

erizo *m* FAUNA Igel *m;* ◇ **~ de mar** Seeigel *m*

ermita *f* ↑ *capilla* Einsiedelei *f;* **ermitaño(/a)** *m/f* Eremit(in *f*) *m,* Einsiedler(in *f*) *m*

erosión *f* (GEO *del terreno*) Erosion *f*

erótico *adj* erotisch; **erotismo** *m* Erotik *f*

erradicar ‹3.7› *vt FIG* auslöschen, ausrotten

errado *adj* falsch, unrichtig

errante *adj* umherschweifend, Wander-

errar *irr* I. *vi, vr(se)* sich irren, sich täuschen; ◇ **~se es humano** Irren ist menschlich II. *vt:* ◇ **~ el camino** sich verlaufen; ◇ **~ el tiro** das Ziel verfehlen

errata *f* (*de impreso*) Druckfehler *m*

erróneo *adj* irrig, Fehl-; ↑ *falso* falsch, unwahr;

error *m* Fehler *m;* JUR ◇ **~ judicial** Justizirrtum *m;* ◇ **por ~** irrtümlich

eructar *vi* aufstoßen, rülpsen

erudición *f* Gelehrsamkeit *f,* Belesenheit *f;* **erudito** *adj* gelehrt, belesen

erupción *f* [1] GEO ▷*volcánica* Ausbruch *m* [2] MED Ausschlag *m*

esa ‹s› *artículo ver* **ese**

ésa ‹s› *pron ver* **ése**
esbelto *adj* dünn, schlank; ↑ *elegante* elegant
esbozo *m* ↑ *dibujo* Skizze *f*, Entwurf *m*
escabeche *m* GASTRON Marinade *f;* ◇ **en ~** mariniert
escabroso *adj* [1] ▷*terreno* rauh, uneben [2] *FIG tema, asunto* schwierig, heikel [3] ▷*película* anstößig
escabullirse *vr* sich heimlich davonmachen, verduften
escala *f* [1] Treppe *f*, Leiter *f* [2] MATE, GEO *etc.* Skala *f;* (*de valores*) Maßstab *m;* MUS Tonleiter *f;* ◇ **~ de colores** Farbskala *f* [3] NAUT Anlaufhafen, m; AERO Zwischenlandung *f;* ◇ **hacer ~ en** zwischenlanden in *dat*
escalada *f* [1] SPORT Bergsteigen *n* [2] MIL, POL Eskalation *f*, Ausweitung *f;* **escalafón** *m* (*de niveles*) Beförderungsliste *f;* **escalar I.** *vt* [1] → *montaña* besteigen; → *casa* einbrechen in *akk* [2] *FIG* befördern **II.** *vi* [1] (*FIG de clase social*) aufsteigen [2] POL, MIL eskalieren
escalera *f* [1] (*de edificio*) Treppe *f;* (*de mano*) Leiter *f;* ◇ **~ de incendios** Feuertreppe *f;* ◇ **~ mecánica** Rolltreppe *f* [2] NAIPES Reihe *f*
escalinata *f* Freitreppe *f*
escalofriante *adj* schaurig, entsetzlich, haarsträubend; **escalofrío** *m* (*de frío*) Schüttelfrost *m; FIG* Schauder *m*
escalón *m* [1] (*de escalera*) Stufe *f;* (*de escalera de mano*) Sprosse *f* [2] *FIG* Dienstgrad *m*
escalope *m* GASTRON Schnitzel *n*
escama *f* [1] (*de pez*) Schuppe *f* [2] *FIG* Groll *m*, Mißtrauen *n*
escamado *adj* ↑ *receloso* mißtrauisch
escamotar *vt* **escamotear** *vt* [1] ↑ *hacer desaparecer* wegzaubern, verschwinden lassen [2] *FAM* ↑ *robar* stibitzen, klauen
escampar *vb impers:* ◇ **escampa** ← *tiempo* es hört auf zu regnen ← *cielo* es klart auf
escandalizar ‹3.10› **I.** *vt* Anstoß erregen bei **II.** *vr(se)* Anstoß nehmen (*de/por* an *dat*); **escándalo** *m* [1] (*inmoral*) Skandal *m* [2] ↑ *griterío* Aufruhr *m*, Tumult *m;* **escandaloso** *adj* [1] ▷*conducta* skandalös, unerhört [2] ▷*ruido* sehr laut
Escandinavia *f* Skandinavien *n;* **escandinavo(/a) I.** *adj* skandinavisch **II.** *m/f* Skandinavier(in *f*) *m*
escáner *m* MED Scanner *m*
escaño *m* POL Sitz *m im Parlament*
escapar I. *vi* [1] (*del peligro*) entkommen (*de dat*) [2] ← *prisionero* fliehen; ◇ **~ a alguien** vor jd-m fliehen; ◇ **~ de la cárcel** aus dem Gefängnis fliehen [3] ← *oportunidad* entgehen *dat* **II.** *vr(se)* [1] ← *persona* entfliehen; ◇ **~se de casa** sich [heimlich] davonmachen; ◇ **~se de morir** gerade noch mit dem Leben davonkommen [2] ← *líquido* auslaufen; ← *gas* entweichen; *FIG* ← *insulto* herausrutschen [3] entgehen; ◇ **se me escapa** das ist mir entfallen
escaparate *m* Schaufenster *n*
escape *m* (*de gas*) Entweichen *n;* AUTO ◇ **tubo** *m* **de ~** Auspuff *m;* ◇ **no tener ~** ausweglos sein
escarabajo *m* Käfer *m*
escaramuza *f* [1] MIL Scharmützel *n* [2] *FIG* ↑ *riña* Geplänkel *n*
escarbar *vt* [1] → *tierra* scharren [2] *FIG* herumschnüffeln in *dat*
escarcha *f* Rauhreif *m*
escarlata *adj inv* scharlachrot
escarlatina *f* MED Scharlach *m*
escarmentar ‹3.1› **I.** *vt FIG* eine Lektion erteilen *dat* **II.** *vi* aus Erfahrung lernen; **escarmiento** *m* [1] ↑ *lección* Lehre *f;* ◇ **que esto te sirva de ~** laß dir das eine Lehre sein [2] ↑ *castigo* Strafe *f*
escarnecer ‹3.5› *vt* verspotten; **escarnio** *m* , **escarnecimiento** *m* ↑ *burla* Spott *m*, Hohn *m*
escarpado *adj* ▷*montaña* steil; ▷*terreno* hügelig; ▷*pendiente* abschüssig
escasear I. *vt* verknappen **II.** *vi* selten werden; **escasez** *f* [1] ↑ *falta* Mangel *m* (*de* an *dat*) [2] ↑ *necesidad* Not *f*, Armut *f;* **escaso** *adj* [1] ▷*cantidad* gering, wenig, spärlich; ◇ **tiene 2 años ~s** sie ist knapp 2 Jahre alt [2] ↑ *raro* selten [3] ↑ *tacaño* geizig
escatimar *vt* schmälern
escayola *f* (*vendaje*) Gips[verband] *m;* **escayolar** *vt* eingipsen
escena *f* [1] THEA Bühne *f* [2] (*acto*) Szene *f;* ◇ **poner en ~ una obra** ein Werk inszenieren; *FIG* ◇ **hacer una ~** eine Szene machen *dat;* **escenario** *m* [1] TEATRO Bühne *f* [2] (*FIG lugar*) Ort *m* [des Geschehens]
escepticismo *m* Skepsis *f;* **escéptico(/a) I.** *adj* skeptisch **II.** *m/f* Skeptiker(in *f*) *m*
esclarecer ‹3.5› *vt FIG* → *crimen* aufklären; → *misterio* lüften
esclavitud *f* Sklaverei *f;* **esclavizar** ‹3.10› *vt* versklaven; **esclavo(/a)** *m/f* Sklave *m*, Sklavin *f*
escoba *f* Besen *m*
escocer ‹3.2› *vi* brennen, jucken
escocés(-esa) I. *adj* schottisch **II.** *m/f* Schotte *m*, Schottin *f;* **Escocia** *f* Schottland *n*
escoger ‹3.20› *vt* aussuchen, auswählen (*entre* aus *dat*); **escogido** *adj* ausgewählt, ausgesucht; ↑ *selecto* erlesen

escolar I. *adj* Schul- II. *m/f* Schüler(in *f*) *m;* **escolarizar** ⟨3.10⟩ *vt* [1] → *niño* einschulen [2] → *pueblo* mit Schulen versorgen

escolta *f* Eskorte *f;* **escoltar** *vt* begleiten; MIL eskortieren

escombros *m/pl* (*de ruina*) [Bau-]Schutt *m,* Trümmer *pl*

esconder I. *vt* [1] ↑ *ocultar* verstecken, verbergen (*de* vor *dat*) [2] ↑ *disimular* verschweigen II. *vr(se)* sich verstecken (*de* vor *dat*); **escondite** *m* [1] (*lugar*) Versteck *n* [2] (*juego*) Versteckspiel *n;* **escondrijo** *m* Versteck *n*

escopeta *f* Flinte *f*

escoplo *m* Meißel *m*

escoria *f* [1] ↑ *desecho* Schlacke *f* [2] *FIG* Abschaum *m*

Escorpio *m* ASTR Skorpion *m;* **escorpión** *m* FAUNA Skorpion *m*

escote *m* [1] (*de vestido*) Ausschnitt *m* [2] FIN Anteil *m; FAM* ◇ **pagar a** ~ seinen Kostenanteil übernehmen

escotillón *m* Falltür *f*

escozor *m* [Haut-]Brennen *n,* Jucken *n*

escribiente *m/f* Schreiber(in *f*) *m;* **escribir** *3.21 vt, vi* [1] schreiben; ◇ ~ **a máquina** Maschine schreiben, tippen [2] ↑ *deletrear* buchstabieren; ◇ **¿cómo se escribe?** wie schreibt man das?; **escrito** I. *pp de* **escribir**; II. *m* [1] (*carta*) Schreiben *n;* ↑ *texto* Dokument *n;* JUR Unterlagen *pl;* ◇ **por** ~ schriftlich [2] ↑ *obra* Werk *n;* **escritor(a)** *m/f* Schriftsteller(in *f*) *m;* **escritorio** *m* Schreibtisch *m;* **escritura** *f* [1] (*acción*) Schreiben *n* [2] (JUR *documento*) Urkunde *f,* Schriftstück *n*

escrúpulo *m* Bedenken *pl,* Skrupel *m;* ◇ **sin** ~ skrupellos; **escrupuloso** *adj* ↑ *delicado* [peinlich] genau, gewissenhaft; *PEY* ↑ *meticuloso* pedantisch

escrutar *vt* → *votos* [aus-]zählen; **escrutinio** *m* [1] ↑ *averiguación* genaue Untersuchung [2] (*de votos*) Stimmenauszählung *f*

escuadra *f* [1] MIL Geschwader *n* [2] NAUT Flotte *f* [3] (*de dibujo*) Zeichendreieck *n;* ◇ **a** ~**s** rechtwinklig

escuadrilla *f* AERO Staffel *f;* **escuadrón** *m* MIL Schwadron *f;* AERO Geschwader *n*

escuálido *adj* ↑ *delgado* abgemagert

escuchar I. *vt* [an-]hören II. *vi* [zu-]hören *dat*

escudo *m* Schild *m*

escudriñar *vt* ↑ *examinar* mustern, prüfen

escuela *f* Schule *f;* ◇ ~ **profesional** Berufsschule *f*

escueto *adj* einfach, schlicht; ↑ *sin rodeos* schmucklos

esculpir *vt* → *piedra* meißeln, [be-]hauen; → *madera* schnitzen; → *incripción* [ein-]gravieren; **escultor(a)** *m/f* Bildhauer(in *f*) *m;* **escultura** *f* Skulptur *f;* (*arte*) Bildhauerkunst *f*

escupidera *f* Spucknapf *m;* **escupir** *vt, vi* [aus-]spucken; **escupitajo** *m FAM* Spucke *f*

escurreplatos *m* ⟨inv⟩ Geschirrständer *m*

escurridizo *adj* ▷*lugar* glatt, rutschig; *FIG* ▷*persona* schlüpfrig; **escurridor** *m* (*de verduras*) [Gemüse-]Sieb *n;* **escurrir** I. *vt* [1] → *ropa* auswringen [2] → *esponja* ausdrücken [3] → *verduras* abtropfen lassen II. *vi* ← *líquido* ablaufen III. *vr(se)* [1] (*de las manos*) entgleiten [2] (*en una multitud*) sich wegschleichen, entwischen

ese(esa) ⟨esos, esas⟩ *artículo* (*sing*) dieser, diese, dieses; (*pl*) diese

ése(ésa) ⟨ésos, ésas⟩ *pron* (*sing*) der da, die da, das da; (*pl*) diese; ◇ **¡ni por ésas!** keineswegs

esencia *f* [1] (*de perfume*) Essenz *f;* (*FIG de problema*) Kern *m;* ◇ **quinta** ~ Quintessenz *f* [2] ↑ *ser* Wesen *n,* Sein *n;* **esencial** *adj* wesentlich, Haupt-

esfera *f* [1] Sphäre *f* [2] (*de reloj*) Zifferblatt *n* [3] ▷*social* Kreis *m,* Schicht *f;* **esférico** *adj* kugelförmig, Kugel-, rund

esforzado *adj* mutig, tapfer; **esforzarse** ⟨3.2⟩ *vr* sich anstrengen; ◇ ~ **en/por hacer una cosa** sich bemühen, etw zu tun; **esfuerzo** *m* Anstrengung *f,* Mühe *f*

esfumarse *vr* ← *persona* verschwinden; *FIG* ← *esperanza* sich auflösen

esgrima *f* SPORT Fechten *n*

esguince *m* MED Verstauchung *f*

eslabón *m también FIG* Bindeglied *n,* Verbindung *f*

esmaltar *vt* emaillieren; → *uñas* lackieren; **esmalte** *m* Emaille *f;* ◇ ~ **de uñas** Nagellack *m*

esmerado *adj* ▷*trabajo* sorgfältig, gewissenhaft; ▷*persona* gepflegt

esmeralda *f* Smaragd *m*

esmerarse *vr* sich sehr anstrengen, sein Bestes geben; ◇ ~ **en hacer una cosa** sich *dat* bei einer Sache große Mühe geben; **esmero** *m* ↑ *cuidado* Gewissenhaftigkeit *f,* Sorgfalt *f*

esnifar *vt FAM* schnüffeln

esnob I. *adj* snobistisch II. *m/f* Snob *m;* **esnobismo** *m* Snobismus *m*

esotérico *adj* ↑ *oculto* esoterisch

eso *pron* das, dies; ◇ **a** ~ **de las ocho** so gegen acht; ◇ ~ **es lo que pienso** genau das denke ich; ◇ **por** ~ deswegen

esos *artículo ver* **ese**

ésos *pron ver* **ése**

espabilar I. *vt* ↑ *reanimar* aufmuntern, beleben;

◇ **el trabajo lo ha espabilado mucho** die Arbeit hat ihn richtig in Schwung gebracht **II.** *vr(se)* wachwerden, munter werden

espacial *adj* Raum-

espaciar I. *vt* ↑ *separar* auseinanderziehen; (*de tiempo*) in die Länge ziehen **II.** *vr(se) FIG* seltener werden; **espacio** *m* [1] (*extensión*) Raum *m;* GEO ◇ **el** - der Weltraum; ◇ - **aéreo** Luftraum *m;* ◇ **dejar un** - **cada tres palabras** nach jedem dritten Wort einen Abstand *m* lassen [2] (*de tiempo*) Zeitraum *m,* Dauer *f;* ◇ **en el** - **de tres años** innerhalb von drei Jahren [3] MUS Pause *f;* MEDIA ◇ - **publicitario** Werbespot *m;* **espacioso** *adj* [1] ▷*casa* weit, geräumig [2] ▷*gesto* ausladend

espada *f* [1] (*arma*) Schwert *n;* ◇ **estar entre la** - **y la pared** in einer Zwickmühle sein [2] ◇ **-s** *pl* NAIPES ≈Pik *n*

espaguetis *m/pl* Spaghetti *pl*

espalda *f* [1] Rücken *m;* ◇ **volver la** - **a alguien** jd-m die kalte Schulter zeigen [2] ◇ **de -s** Rücken *m,* Rückseite *f; FAM* ◇ **caerse de -s** ganz platt sein; ◇ **guardar las -s de alguien** jd-m Rückendeckung geben

espantadizo *adj* ängstlich, schreckhaft

espantajo *m* , **espantapájaros** *m/pl* Vogelscheuche *f;* **espantar I.** *vt* [1] ↑ *asustar* erschrecken, Angst einjagen *dat* [2] ↑ *apartar* verjagen, verscheuchen **II.** *vr(se)* erschrecken, Angst bekommen (*de* vor *dat*); **espanto** *m* ↑ *susto* Schrecken *m;* (*miedo*) Furcht *f;* ◇ **precios de** - furchtbar hohe Preise; **espantoso** *adj* [1] ↑ *horrible* entsetzlich, schrecklich; ↑ *desagradable* widerlich, schockierend [2] ↑ *grande* ungeheuer, außerordentlich

España *f* Spanien *n;* **español(a) I.** *adj* spanisch **II.** *m/f* Spanier(in *f*) *m* **III.** *m* (*idioma*) Spanisch *n*

esparadrapo *m* [Heft-]pflaster *n*

esparcimiento *m* ↑ *recreo* Vergnügen *n,* Zerstreuung *f;* **esparcir** ‹3.18› **I.** *vt* [1] ↑ *extender* ausstreuen, ausbreiten; → *noticia* verbreiten [2] *FIG* ↑ *divertir* unterhalten, amüsieren **II.** *vr(se)* sich zerstreuen; ↑ *distraerse* sich vergnügen

espárrago *m* Spargel *m*

espasmo *m* MED Krampf *m*

especia *f* Gewürz *n*

especial *adj* besondere(r, s); ↑ *adecuado* spezielle(r, s); **especialidad** *f* [1] ↑ *particular* Besonderheit *f* [2] (*de profesión*) Fachgebiet *n* [3] GASTRON Spezialität *f;* **especialista** *m/f* Fachmann *m,* -frau *f,* Spezialist(in *f*) *m;* **especializarse** ‹3.10› *vr* sich spezialisieren (*en* auf *akk*); **especialmente** *adv* besonders

especie *f* [1] BIO Art *f;* ◇ **la** - **animal** die Gattung Tier [2] ↑ *clase* Sorte *f,* Art *f;* ◇ **una** - **de piano** so etwas wie ein Klavier; ◇ **en** -[s] in Naturalien

especificar ‹3.7› *vt* spezifizieren; **específico** *adj* spezifisch

espécimen ‹especímenes› *m* Exemplar *n*

espectacular *adj* ▷*espectáculo* spektakulär; ↑ *impresionante* beeindruckend; **espectáculo** *m* [1] ↑ *acto público* Darbietung *f;* TEATRO Vorstellung *f* [2] ↑ *escándalo* Spektakel *n;* ◇ **dar un** - eine Szene machen; **espectador(a)** *m/f* Zuschauer(in *f*) *m*

espectro *m* [1] ↑ *figura* Geist *m,* Gespenst *n* [2] TECNI Spektrum *n;* ◇ - **solar** Sonnenspektrum *n*

especulación *f* COM Spekulation *f;* **especular I.** *vt* ↑ *meditar* nachdenken über *akk* **II.** *vi* COM spekulieren; **especulativo** *adj* spekulativ

espejismo *m* [1] (*en desierto*) Fata Morgana *f,* Luftspiegelung *f* [2] *FIG* Illusion *f,* [Selbst-]Täuschung *f*

espejo *m* [1] Spiegel *m;* ◇ - **retrovisor** Rückspiegel *m* [2] *FIG* ↑ *reflejo* Abbild *n*

espeluznante *adj* haarsträubend, grauenhaft

espera *f* [1] Warten *n,* Hoffnung *f;* ◇ **a la** [*o* **en**] - **de** in Erwartung *gen* [2] JUR ↑ *plazo* Frist *f* [3] ↑ *paciencia* Geduld *f*

esperanza *f* ↑ *confianza* Hoffnung *f,* Erwartung *f*

esperanzar ‹3.10› *vt* Hoffnungen machen *dat*

esperar *vt, vi* [1] erwarten, warten auf *akk* [2] ↑ *confiar* hoffen auf *akk* [3] *FIG* erwarten

esperma *m* Samen *m,* Sperma *n;* **espermicida** *m* MED Spermizid *n*

esperpento *m* [1] *FIG* ↑ *persona ridícula* Vogelscheuche *f* [2] ↑ *disparates* Unsinn *m*

espesar I. *vt* eindicken **II.** *vr(se)* dick werden, fest werden; **espeso** *adj* ▷*líquido* dick-, zähflüssig; ▷*planta* dicht; ▷*muro* dick; **espesor** *m* Dicke *f*

espetar *vt FIG*: ◇ - **algo a alguien** jd-m etw an den Kopf werfen

espía *m/f* Spion(in *f*) *m;* **espiar** ‹3.13› *vt* [1] ausspionieren [2] ↑ *acechar* spähen nach, Ausschau halten nach

espiga *f* (*de trigo*) Ähre *f*

espina *f* [1] Dorn *m,* Stachel *m;* (*de pez*) Gräte *f; FIG* ◇ **mala** - Boshaftigkeit *f* [2] ANAT ◇ - **dorsal** Rückgrat *n* [3] ↑ *astilla* Splitter *m* [4] *FIG* ↑ *duda* Zweifel *m*

espinaca *f* Spinat *m*

espinazo *m* ANAT Rückgrat *n,* Wirbelsäule *f*

espinilla *f* ↑ *grano* Pickel *m*
espino *m* [1] FLORA Weißdorn *m* [2] ◇ **alambre de** ~ Stacheldraht *m;* **espinoso** *adj* ▷*rosa* stachelig; *FIG* ▷*problema* heikel, schwierig
espionaje *m* Spionage *f*
espiral I. *adj* spiralförmig, Spiral- **II.** *f* Spirale *f*
espirar *vi* ausatmen
espiritismo *m* Spiritismus *m;* **espiritista I.** *adj* spiritistisch **II.** *m/f* Spiritist(in *f*) *m;* **espíritu** *m* Geist *m;* **espiritual** *adj* geistig
espita *f* [1] (*de barril*) Zapfhahn *m* [2] *FAM* Säufer(in *f*) *m*
espléndido *adj* [1] ↑ *maravilloso* wundervoll, prächtig [2] ↑ *generoso* großzügig, freigiebig; **esplendor** *m* Glanz *m,* Pracht *f*
espóiler *m* AUTO [Front-]Spoiler *m;* ◇ ~ **trasero** Heckspoiler *m*
espolear *vt* → *caballo* die Sporen geben *dat; FIG* anspornen
espolvorear *vt* (*de polvo*) bestäuben; (*de azúcar*) bestreuen
esponja *f* Schwamm *m;* **esponjarse** *vr* [1] ← *pastel* aufgehen [2] *FIG* sich aufblasen; **esponjoso** *adj* [1] ▷*material* schwammig [2] ▷*pastel* locker
espónsor *m/f* Sponsor(in *f*) *m*
espontaneidad *f* Spontaneität *f;* **espontáneo** *adj* spontan
esporádico *adj* ↑ *ocasional* sporadisch, gelegentlich
esposa *f* [1] (*cónyuge*) Gemahlin *f,* Gattin *f* [2] ◇ **-s** *pl* Handschellen *pl;* **esposar** *vt* Handschellen anlegen *dat;* **esposo** *m* Gemahl *m,* Gatte *m*
espuela *f* Sporn *m; FIG* Ansporn *m*
espuma *f* Schaum *m;* ◇ ~ **de afeitar** Rasierschaum *m; FIG* ◇ **crecer como la** ~ prächtig gedeihen; **espumoso** *adj* schaumig; ◇ **vino** ~ Schaumwein *m*
esquela *f:* ◇ ~ **de defunción** Todesanzeige *f*
esqueleto *m* Skelett *n*
esquema *m* (*de una conferencia*) Schema *n,* Diagramm *n;* ◇ ~ **gráfico** Schaubild *n;* **esquemático** *adj* schematisch
esquí ‹í[e]s› *m* [1] (*patín*) Ski *m,* Schi *m* [2] (*deporte*) Skifahren *n;* **esquiador(a)** *m/f* Skifahrer(in *f*) *m;* **esquiar** ‹3.13› *vi* Ski fahren, Ski laufen
esquilar *vt* scheren
esquimal I. *adj* Eskimo- **II.** *m/f* Eskimo *m*
esquina *f* Ecke *f*
esquirol *m* Streikbrecher(in *f*) *m*
esquivar *vt* ↑ *evitar* vermeiden, ausweichen *dat;* **esquivo** *adj* schroff, spröde
esquizofrenia *f* MED Schizophrenie *f*

esta *artículo ver* **este**
ésta *pron ver* **éste**
estabilidad *f* Stabilität *f;* **estable** *adj* [1] ↑ *firme* stabil, fest; ↑ *constante* beständig [2] ↑ *habitual* regelmäßig
establecer ‹3.5› **I.** *vt* [1] → *negocio* gründen [2] → *residencia* aufnehmen [3] → *precios* bestimmen, festsetzen [4] COM → *negocio* eröffnen **II.** *vr(se)* [1] (*residencia*) sich niederlassen [2] (COM *negocio*) sich selbständig machen; **establecimiento** *m* [1] Aufstellung *f;* (*de reglas*) Festsetzung *f* [2] COM Unternehmen *n,* Niederlassung *f*
establo *m* (*de animales*) Stall *m*
estaca *f* [1] (*para clavar*) Pflock *m,* Pfahl *m* [2] ↑ *bastón* Knüppel *m*
estacada *f* (*de estacas*) Gatter *n,* Lattenzaun *m; FIG* ◇ **dejar a alguien en la** ~ jd-n hängenlassen
estación *f* [1] (*de tren*) Bahnhof *m;* ◇ ~ **de autobuses** Busbahnhof *m* [2] (*del año*) Jahreszeit *f* [3] (*de radio*) Station *f;* ◇ ~ **meteorológica** Wetterstation *f;* ◇ ~ **de servicio** Tankstelle *f*
estacionamiento *m* AUTO [1] (*acción*) Parken *n* [2] (*lugar*) Parkplatz *m;* **estacionar I.** *vt* AUTO parken **II.** *vr(se) FIG* ↑ *estancarse* stokken, stehenbleiben; **estacionario** *adj* stillstehend; MED gleichbleibend; COM stockend
estadio *m* [1] *también FIG* ↑ *periodo* Stadium *n* [2] SPORT Stadion *n*
estadista *m/f* POL Staatsmann *m,* Politiker(in *f*) *m;* **estadístico(/a) I.** *adj* statistisch **II.** *f* Statistik *f*
estado *m* [1] (*fase*) Lage *f,* Zustand *m;* ◇ ~ **civil** Familienstand *m;* ◇ ~ **de ánimo** Geisteszustand *m;* ◇ **estar en** ~ schwanger sein [2] POL ↑ *nación* Staat *m* [3] ↑ *jerarquía* Status *m;* ◇ **E-s Unidos** Vereinigte Staaten *pl*
estafa *f* Betrug *m;* **estafador(a)** *m/f* Betrüger(in *f*) *m;* **estafar** *vt* betrügen
estafeta *f:* ◇ ~ **de correos** Postamt *n*
estallar *vi* [1] (*con explosión*) knallen, zerplatzen, bersten [2] *FIG* → *revolución* ausbrechen; ◇ ~ **en llanto** in Tränen ausbrechen; **estallido** *m* [1] (*sonido*) Knall *m* [2] ↑ *explosión* Explosion *f*
estamento *m* ↑ *sector social* [Gesellschafts-]Schicht *f,* Klasse *f*
estampa *f* [1] ↑ *figura* Bild *n* [2] TIP [Farb-]Druck *m;* ◇ **dar a la** ~ in Druck geben [3] *FIG* ↑ *impresión* Eindruck *m;* **estampado** *adj* ↑ *con dibujos* bedruckt; **estampar** *vt* [1] ↑ *reproducir* drucken [2] → *huella* abdrücken; → *sello* stempeln; *FIG* einprägen *dat* [3] *FAM* → *bofetada* versetzen; → *beso* aufdrücken

estampida *f* [1] FAUNA panikartige Flucht [2] ↑ *estampido* Knall *m;* **estampido** *m* Knall *m*
estampilla *f* Stempel *m*
estancar ⟨3.7⟩ **I.** *vt* [1] → *aguas* stauen [2] *FIG* ↑ *detener* aufhalten, hemmen **II.** *vr(se)* [1] ← *agua* sich stauen [2] *FIG* ← *progreso* stocken, stagnieren
estancia *f* [1] (*tiempo*) Aufenthalt *m* [2] ↑ *habitación* Zimmer *n*
estanco I. *adj* wasserdicht **II.** *m* Tabakladen *m*
estandarizar ⟨3.10⟩ *vt* standardisieren, vereinheitlichen
estandarte *m* Fahne *f,* Standarte *f*
estanque *m* Wasserbecken *n;* (*con patos*) Teich *m*
estanquero(/a) *m/f* Tabakhändler(in *f*) *m*
estante *m* Regal[brett] *n;* **estantería** *f* Regal *n,* Bücherbord *n*
estaño *m* Zinn *n*
estar ⟨1.2⟩ *irr vi* [1] (*lugar*) sich befinden, sein; ◇ **el jefe no está** der Chef ist nicht da; ◇ **~ de vacaciones** im Urlaub sein; ◇ **~ de viaje** auf Reisen/verreist sein; ◇ **la moto está en la calle** das Motorrad steht auf der Straße [2] (*disposición*) ◇ **~ de buen/mal humor** gute/schlechte Laune haben; ◇ **¿cómo está Vd.?** wie geht es Ihnen?; ◇ **estoy bien** es geht mir gut; ◇ **está triste** sie ist traurig; ◇ **estamos que no podemos más** wir sind am Ende; ◇ **~ sin dinero** kein Geld [dabei-]haben [3] (*acción, estar + gerundio*) ◇ **~ ahogándose** am Ertrinken sein; ◇ **estoy escribiendo una carta** ich schreibe gerade einen Brief [4] (*estar + participio*) ◇ **el trabajo está terminado** die Arbeit ist fertig; ◇ **el texto está escrito a máquina** der Text ist mit der Maschine geschrieben [5] (*prenda*) ◇ **el vestido te está bien** das Kleid paßt dir gut; ◇ **esta chaqueta me está pequeña** die Jacke ist mir zu klein [6] (*fecha, tiempo*) ◇ **estamos a 15 de junio** heute ist der 15. Juni; ◇ **estamos en primavera** es ist Frühling [7] ◇ **~ a** (*precio*) ◇ **las manzanas están a 65 pesetas el kilo** die Äpfel kosten 65 Peseten das Kilo [8] ◇ **~ de** (*profesión*) sein, tätig sein; ◇ **~ de camarero en un bar** als Barkellner arbeiten [9] ◇ **~ demás** (*sobrar*) übrig sein; (*superfluo*) überflüssig sein [10] ◇ **~ en algo** bei der Sache sein [11] ◇ **el secreto está en que** das Geheimnis besteht darin, daß ... [12] ◇ **~ para** [12.1] kurz davor stehen zu + infinitivo; ◇ **está para volverse loco** das ist zum Verrücktwerden [12.2] (*disposición*) Lust haben zu, aufgelegt sein zu; ◇ **no estoy para bromas** ich bin nicht zum Scherzen aufgelegt [13] ◇ **¡estoy por dejarlo todo!** ich schmeiße gleich alles hin [14] ◇ **esto está todavía por hacer** das muß noch erledigt werden [15] *FAM* ◇ **¿estamos?** einverstanden?
estas *artículo ver* **este**
éstas *pron ver* **éste**
estatal *adj* staatlich, Staats-
estático *adj* statisch
estatua *f* Statue *f,* Standbild *n*
estatura *f* Wuchs *m,* Statur *f;* ◇ **esta chica tiene una buena ~** das Mädchen hat eine gute Figur
estatuto *m* [1] JUR ↑ *norma* Statut *n* [2] ◇ **~s** *pl* Satzung *f*
este *m* Osten *m*
este(esta) ⟨estos, estas⟩ *artículo* (*sing*) dieser, diese, dieses; (*pl*) diese
éste(ésta) ⟨éstos, éstas⟩ *pron* (*sing*) dieser, diese, dieses; (*pl*) diese
estela *f* [1] (NAUT *de navegación*) Kielwasser *n;* (*de avión*) Schweif *m* [2] *FIG* Folge *f,* Schweif *m*
estenografía *f* Stenographie *f,* Kurzschrift *f*
estepa *f* GEO Steppe *f;* **estepario** *adj* Steppen-; ◇ **lobo** *m* **~** Steppenwolf *m*
estera *f* [Fuß-]Matte *f*
estéreo- *pref* Stereo-
estereofónico *adj* stereo[phon]
estereotipo *m* Stereotyp *n*
estéril *adj* [1] ▷*arból* unfruchtbar; MED steril, keimfrei [2] *FIG* ▷*trabajo* unergiebig; **esterilizar** ⟨3.10⟩ *vt* sterilisieren
esterlina *adj:* ◇ **libra ~** Pfund *n* Sterling
esteta *m/f* Ästhet(in *f*) *m*
estética *f* [1] (*ciencia*) Ästhetik *f* [2] (*aspecto*) ästhetischer Anblick; **esteticienne** *f* Kosmetikerin *f;* **esteticista** *m/f* Kosmetiker(in *f*) *m;* **estético** *adj* ästhetisch
estibador(a) *m/f* ↑ *cargador de barcos* Stauer *m*
estiércol *m* Mist *m,* Dung *m*
estigma *m* Stigma *n*
estilarse *vr* Mode sein, üblich sein
estilo *m* Stil *m;* ◇ **al ~ antiguo** auf die alte Art und Weise; ◇ **algo por el ~** so etwas Ähnliches
estima *f* Schätzung *f;* ↑ *consideración* Achtung *f;* **estimación** *f* [1] Schätzung *f;* ↑ *valor* Bewertung *f* [2] ↑ *consideración* Ansehen *n;* **estimar** *vt* [1] ↑ *valorar* einschätzen, bewerten [2] ↑ *considerar* schätzen, respektieren [3] ↑ *opinar* meinen, glauben
estimulante I. *adj* anregend **II.** *m* Anregungsmittel *n; FIG* Anreiz *m;* **estimular** *vt* [1] ← *café* stimulieren, anregen; ◇ **~ al estudio** zum Studium anspornen [2] (*sexo*) erregen [3] *FIG* ↑ *alentar* ermutigen; **estímulo** *m* [1] Reiz *m,* Anregung *f* [2] *FIG* Anreiz *m,* Ermutigung *f*

estío *m* Sommer *m*

estipulación *f* [1] ↑ *acuerdo* mündliche Absprache [2] JUR Klausel *f;* **estipular** *vt* abmachen, vereinbaren

estirado *adj* [1] ▷*persona* hochnäsig, arrogant [2] ↑ *justo* knapp, eng; **estirar I.** *vt* [1] → *cable* dehnen, strecken; → *músculo* strecken; → *falda* glattziehen [2] (*FIG dinero, suma*) strecken; → *discurso* ausdehnen **II.** *vr(se)* sich strecken; **estirón** *m* Ruck *m;* ↑ *crecimiento* Schub *m; FAM* ◇ **dar/pegar un** ~ sehr schnell wachsen

estirpe *f* ↑ *origen* Herkunft *f*

estival *adj* Sommer-

esto *pron* dies, das; ◇ ~ **de la boda** die Geschichte mit der Hochzeit

estofa *f FIG* Art *f,* Sorte *f*

estofado I. *adj* GASTRON gedünstet **II.** *m* GASTRON Schmorfleisch *n;* **estofar** *vt* GASTRON schmoren, dünsten

estoico *adj* stoisch; *FIG* gelassen

estómago *m* Magen *m; FIG* ◇ **tener** ~ ein dickes Fell haben

estorbar I. *vt* [1] ↑ *dificultar* behindern, hemmen [2] *FIG* ↑ *molestar* stören **II.** *vi* stören, hinderlich sein; **estorbo** *m* [1] ↑ *dificultad* Hindernis *n* [2] ↑ *molestia* Störung *f*

estornudar *vi* niesen; **estornudo** *m* Niesen *n*

estos *artículo ver* **este**

éstos *pron ver* **éste**

estrafalario *adj* [1] ▷*ropa* ausgefallen, extravagant [2] ▷*comportamiento* lässig, salopp

estragar ⟨3.11⟩ *vt* verheeren, verwüsten; **estrago** *m* Verwüstung *f;* ◇ **hacer ~s** Unheil anrichten

estragón *m* GASTRON Estragon *m*

estrangulación *f* Erwürgen *n,* Erdrosselung *f;* **estrangulador(a)** *m/f* Würger(in *f*) *m;* **estrangular** *vt* [1] → *persona* erwürgen, erdrosseln [2] MED abklemmen

estraperlo *m* Schwarzhandel *m*

estratagema *f* MIL Kriegslist *f; FIG* List *f;* **estratega** *m/f* (*persona*) Stratege *m,* Strategin *f;* **estrategia** *f* Strategie *f;* **estratégico(/a)** *adj* strategisch

estratificar ⟨3.7⟩ *vt* schichten; **estrato** *m* GEO, METEO Schicht *f,* Lage *f*

estrechar I. *vt* [1] → *paso* verengen; → *vestido* enger machen [2] (*con los brazos*) umarmen; (*con las manos*) drücken [3] *FIG* → *relación* bedrängen **II.** *vr(se) FAM* näher zusammenrücken; **estrechez** *f* [1] Enge *f;* (*de ropa*) Straffheit *f* [2] *FIG* Knappheit *f;* ↑ *apuro* Geldmangel *m;* ◇ **~ces** *pl* Geldschwierigkeiten *pl;* **estrecho I.** *adj* ▷*camino* eng, schmal; ▷*ropa* eng; ▷*amistad* eng, vertraut; *FAM* ◇ **ser/hacerse el** ~ sich verschämt geben **II.** *m* GEO Meerenge *f*

estregar ⟨3.1⟩ *vt* reiben

estrella *f* [1] (*astro*) Stern *m;* FAUNA ◇ ~ **de mar** Seestern *m* [2] *FIG* ↑ *destino* Schicksal *n;* ◇ **tener buena/mala** ~ unter einem guten/schlechten Stern stehen [3] (*de cine*) Star *m;* **estrellar I.** *vt FAM* ↑ *lanzar* zerschlagen, zerschmettern **II.** *vr(se)* [1] ↑ *chocar* zerschellen, aufschlagen (*contra* auf *dat*) [2] *FIG* ↑ *fracasar* scheitern

estremecedor *adj* erschütternd, niederschmetternd; **estremecer** ⟨3.5⟩ **I.** *vt también FIG* erschüttern **II.** *vr(se)* schaudern (*de* vor *dat*); **estremecimiento** *m* [1] ↑ *temblor* Erschütterung *f,* Beben *n* [2] ↑ *conmoción* Zittern *n*

estrenar I. *vt* [1] → *prenda* zum erstenmal anziehen [2] TEATRO, MEDIA uraufführen **II.** *vr(se):* ◇ **~se con un empleo** eine Stelle antreten; **estreno** *m* TEATRO, MEDIA Erstaufführung *f;* Premiere *f;* ◇ **estos zapatos son de** ~ diese Schuhe habe ich zum erstenmal an

estreñimiento *m* (MED) Verstopfung *f;* **estreñir** ⟨3.31⟩ *vt* verstopfen

estrépito *m* [1] ↑ *ruido* Lärm *m* [2] *FIG* Aufsehen *n;* **estrepitoso** *adj* [1] lärmend [2] *FIG* ↑ *ostensible* aufsehenerregend

estrés *m* Streß *m;* **estresante** *adj* stressig; **estresar** *vt* stressen

estría *f* Streifen *m,* Furche *f*

estribar *vi:* ◇ ~ **en** beruhen auf *dat,* sich stützen auf *akk*

estribillo *m* (*de canción*) Refrain *m*

estribo *m* [1] (*de caballo*) Steigbügel *m* [2] (*de coche*) Trittbrett *n; FIG* ◇ **perder los ~s** die Beherrschung verlieren

estribor *m* NAUT Steuerbord *n*

estricnina *f* Strychnin *n*

estricto *adj* ▷*persona* streng, genau; ▷*norma* streng, strikt

estridencia *f* Schrillheit *f;* **estridente** *adj* ▷*voz* schrill; ▷*color* grell

estropajo *m* [1] Wischlappen *m,* Scheuerlappen *m* [2] (*FAM cosa, persona*) hoffnungsloser Fall

estropear *vt* ↑ *romper* zerstören; → *aparato* beschädigen; → *proyecto* ruinieren; → *aspecto físico* entstellen, verstümmeln; **estropicio** *m FAM* ↑ *destrozo* Zerstören *n;* (*de cristal*) Zerbrechen *n;* (*de tela*) Zerreißen *n*

estructura *f* [1] Bau *m,* Gliederung *f* [2] *FIG* Struktur *f;* ◇ **cambio** *m* **de ~s** Strukturwandel *m;* **estructuración** *f* Strukturierung *f*

estruendo *m* ↑ *ruido* Getöse *n,* Lärm *m*

estrujar *vt* [1] ↑ *apretar* [zer-]drücken; → *naranja* auspressen [2] *FAM* → *persona* ausnehmen

estuario *m* Flußmündung *f*
estuche *m* (*del colegio*) Federmäppchen *n;* (*de prismáticos*) Futteral *n;* (*de joyas*) Etui *n*
estudiante *m/f* Student(in *f*) *m;* **estudiantil** *adj* studentisch, Studenten-; **estudiantina** *f* Studentenkapelle *f;* **estudiar** *vt* [1] (*colegio*) lernen; (*universidad*) studieren [2] ↑ *investigar* untersuchen, erforschen; **estudio** *m* [1] ↑ *carrera* Studium *n* [2] ↑ *observación* Untersuchung *f;* ↑ *ensayo* Studie *f* [3] (*de pintor*) Atelier *n;* MEDIA, Studio *n* [4] ◇ **-s** *pl* Studium *n;* (*conocimientos*) Gelehrsamkeit *f;* ◇ **tener -s** ↑ *carrera universitaria* studiert haben; **estudioso** *adj* fleißig, eifrig
estufa *f* Ofen *m*
estupefaciente *m* (*cocaína*) Rauschgift *n*
estupefacto *adj* sprachlos, erstaunt
estupendo *adj* großartig, fabelhaft; *FAM* toll, stark, prima
estupidez *f* [1] (*acto*) Dummheit *f;* ◇ **cometer una -** eine Dummheit machen [2] (*palabras*) Blödsinn *m;* **estúpido(/a)** **I.** *adj* dumm **II.** *m/f* Dummkopf *m*
estupor *m* [1] MED Benommenheit *f* [2] *FAM* ↑ *asombro* Erstaunen *n*
etapa *f* [1] ↑ *trayecto* Abschnitt *m,* Etappe *f;* (*temporal*) Zeitabschnitt *m* [2] *FIG* Phase *f,* Stufe *f;* ◇ **por -s** etappenweise
etc. *abr. de* **etcétera** usw.
eternidad *f* Ewigkeit *f;* **eterno** *adj* ewig
ético(/a) **I.** *adj* ethisch, sittlich **II.** *f* Ethik *f*
etíope **I.** *adj* äthiopisch **II.** *m/f* Äthiopier(in *f*) *m;* **Etiopía** *f* Äthiopien *n*
etiqueta *f* [1] (*de producto*) Etikett *n* [2] ↑ *normas* Etikette *f*
eucalipto *m* Eukalyptus *m*
Eucaristía *f* Eucharistie *f*
eufemismo *m* Euphemismus *m*
euforia *f* Euphorie *f*
eunuco *m* Eunuch *m*
eurocheque *m* Euroscheck *m*
Europa *f* Europa *n;* **europeo(/a)** **I.** *adj* europäisch, Europa- **II.** *m/f* Europäer(in *f*) *m*
Euskadi *f* Baskenland *n;* **eusquera** **I.** *adj* baskisch, Basken- **II.** *m* (*lengua*) Baskisch *n*
eutanasia *f* Euthanasie *f,* Sterbehilfe *f*
evacuación *f* Evakuierung *f,* Räumung *f*
evacuar *vt* evakuieren, räumen
evadir **I.** *vt* vermeiden, aus dem Weg gehen *dat* **II.** *vr(se)* entfliehen
evaluar ⟨3.19⟩ *vt* bewerten, schätzen
evangélico *adj* evangelisch; **evangelio** *m* Evangelium *n*
evaporación *f* Verdunstung *f,* Verdampfen *n;* **evaporar** **I.** *vt* verdunsten lassen **II.** *vr(se)* [1] verdunsten, verdampfen [2] *FAM* verduften
evasión *f* [1] ↑ *fuga* Flucht *f;* FIN ◇ **- de capitales** Kapitalflucht *f* [2] *FIG* ↑ *rodeo* Ausflucht *f;* **evasivo** *adj* ausweichend
evento *m* Ereignis *n,* Begebenheit *f;* **eventual** *adj* [1] ↑ *posible* möglich, eventuell [2] ▷*trabajo* Gelegenheits-
evidencia *f* Offensichtlichkeit *f; FIG* ◇ **ponerse en -** sich blamieren; **evidenciar** *vt* [auf-]zeigen, demonstrieren, klarmachen; **evidente** *adj* offenbar, augenscheinlich
evitable *adj* vermeidbar; **evitar** *vt* [1] ↑ *rehuir* vermeiden, umgehen; → *peligro* ersparen *dat;* ◇ **para -se trabajo** um sich *dat* unnötige Arbeit zu [er-]sparen [2] → *a alguien* ausweichen *dat*
evocar ⟨3.7⟩ *vt* [1] → *espíritus* heraufbeschwören [2] → *recuerdos* wecken
evolución *f* [1] ↑ *progreso* Entwicklung *f,* Verlauf *m;* MED Fortschritt *m* [2] BIO Evolution *f;* **evolucionar** *vi* sich [weiter-]entwickeln
ex *adj* Ex-; ◇ **el - director** der Ex-Direktor
exacerbar *vt* [1] ↑ *agravar* verschlimmern [2] ↑ *irritar* verärgern
exactitud *f* (*de medición*) Präzision *f;* (*de reproducción*) Genauigkeit *f,* Richtigkeit *f;* **exacto** *adj* ▷*calculo* genau, exakt, präzise; ↑ *puntual* pünktlich; ◇ **¡-!** richtig!, genau!
exageración *f* Übertreibung *f;* **exagerado** *adj* übertrieben; **exagerar** *vt, vi* übertreiben
exaltado *adj* überspannt; (*políticamente*) radikal; **exaltar** **I.** *vt* [1] ↑ *colocar alto* erhöhen [2] *FIG* ↑ *alabar* verherrlichen, in den Himmel loben **II.** *vr(se)* über etw *akk* in Begeisterung geraten
examen *m* [1] Examen *n,* Prüfung *f;* COLE ◇ **- de Estado** Abitur *n* [2] ↑ *inspección* Erforschung *f;* ◇ **- médico** Untersuchung *f;* **examinar** **I.** *vt* [1] ↑ *observar* untersuchen; JUR ↑ *inspeccionar* einsehen [2] (*para nota*) prüfen **II.** *vr(se)* eine Prüfung ablegen (*en* in *dat*)
exasperación *f* Verzweiflung *f;* **exasperar** **I.** *vt* ↑ *irritar* zur Verzweiflung bringen **II.** *vr(se)* außer sich geraten
Exca. *f abr. de* **Excelencia** Exzellenz
excedente **I.** *adj* überzählig **II.** *m* Überschuß *m,* Mehrbetrag *m;* **exceder** **I.** *vt* übersteigen, überschreiten; ↑ *sobrepasar* übertreffen **II.** *vr(se)* [1] sich übertreffen [2] *PEY* zu weit gehen
excelencia *f* Vorzüglichkeit *f;* ◇ **E-** Exzellenz *f*
excelente *adj* ausgezeichnet, vortrefflich
excelso *adj* ausgezeichnet, erlesen
excentricidad *f* Überspanntheit *f,* exzentrischer Charakter; **excéntrico(/a)** **I.** *adj* exzentrisch, überspannt **II.** *m/f* Exzentriker(in *f*) *m*

excepción *f* Ausnahme *f;* ◇ **con - de** mit Ausnahme von; **excepcional** *adj* außerordentlich; **excepcionalmente** *adv* ausnahmsweise
excepto *adv* außer, ausgenommen; **exceptuar** ⟨3.19⟩ *vt* ausnehmen, ausschließen (*de* von)
excesivo *adj* ▷*tamaño* übermäßig, übertrieben; ▷*precio* überhöht; **exceso** *m* [1] Übermaß *n;* COM, FIN Überschuß *m* [2] *FIG* Ausschreitung *f*
excitación *f* [1] Aufregung *f;* ▷*sexual* Erregung *f* [2] ↑ *estimulo* Anreiz *m;* **excitado** *adj* aufgeregt; (*sexualmente*) erregt; **excitante** *adj* anregend, erregend; **excitar I.** *vt* [1] ↑ *incitar* antreiben, anstiften; → *odio* schüren [2] → *nerviosismo* erregen **II.** *vr(se)* sich aufregen
exclamación *f* Ausruf *m;* GRAM ◇ **signo de -** Ausrufezeichen *n;* **exclamar** *vi* ausrufen
excluir ⟨3.9⟩ *vt* ausschließen (*de* von/aus *dat*); **exclusión** *f* Ausschluß *m* (*de* von/aus *dat*); ↑ *supresión* Zurückweisung *f;* **exclusiva** *f* [1] COM Alleinvertretung *f* (*de* für) [2] (*de reportaje*) Exklusivrecht *n;* **exclusivo** *adj* ausschließlich, Exklusiv-; ▷*modelo* einzige(r, s)
excomulgar ⟨3.11⟩ *vt* REL exkommunizieren; **excomunión** *f* Exkommunizierung *f*
excremento *m* (*de la digestión*) Ausscheidung *f;* ◇ **-s** *pl* Exkremente *pl*
excursión *f* Ausflug *m;* **excursionista** *m/f* Tourist(in *f*) *m,* Wanderer *m,* Wanderin *f*
excusa *f* [1] ↑ *pretexto* Ausrede *f,* Vorwand *m* [2] ↑ *disculpa* Entschuldigung *f,* Rechtfertigung *f;* **excusado I.** *adj* [1] ↑ *inútil* unnötig, überflüssig [2] ▷*entrada* privat, reserviert **II.** *m* Toilette *f;* **excusar I.** *vt* entschuldigen **II.** *vr(se)* sich entschuldigen
exención *f* Befreiung *f* (*de* von); **exento** *adj* frei, freigestellt; ◇ **- de servicio militar** vom Wehrdienst befreit; ◇ **- de impuestos** steuerfrei
exhalación *f* [1] ↑ *suspiro* Ausatmen *n* [2] ASTR ↑ *estrella fugaz* Sternschnuppe *f;* ◇ **pasó como una -** wie der Blitz; **exhalar** *vt, vi* [1] ↑ *suspirar* ausatmen [2] → *gas* ausströmen lassen
exhaustivo *adj* ↑ *completo* erschöpfend, ausreichend, umfassend; **exhausto** *adj* erschöpft
exhibición *f* Ausstellung *f,* Schau *f;* **exhibicionista** *m* (*persona*) Exhibitionist *m;* **exhibir** *vt* ausstellen, zur Schau stellen, zeigen
exhortación *f* Ermahnung *f;* **exhortar** *vt:* ◇ **- a** ermahnen zu
exigencia *f* Forderung *f,* Anspruch *m;* **exigente** *adj* anspruchsvoll; **exigir** ⟨3.8⟩ *vt* [er-]fordern, verlangen (*a* von); ◇ **exije mucho** sie ist sehr anspruchsvoll, sie stellt hohe Anforderungen
exiliado *m/f* Verbannte(r) *m/f;* **exilio** *m* Exil *n*
existencia *f* [1] Dasein *n,* Existenz *f* [2] COM ◇ **-s** *pl* Bestände *pl;* ◇ **en -** vorrätig; **existir** *vi* [1] ← *vida* dasein, existieren [2] COM ↑ *haber* vorhanden/vorrätig sein
éxito *m* ↑ *buen fin* [gutes] Resultat; ↑ *victoria* Erfolg *m;* ◇ **- de venta** Verkaufsschlager *m*
exorbitante *adj* ▷*cantidad* maßlos, unverschämt; ▷*precio, FIG* astronomisch
exorcismo *m* Exorzismus *m;* **exorcista** *m* Exorzist(in *f*) *m;* **exorcizar** ⟨3.10⟩ *vt* [Teufel] austreiben
exótico *adj* ▷*extranjero* fremd[artig]; *FAM* ↑ *extraño* exotisch, auffällig
expandir *vt* ausdehnen; COM → *negocio* erweitern; *FIG* → *noticia* verbreiten; → *discurso* in die Länge ziehen; **expansión** *f* Verbreitung *f,* Ausdehnung *f;* COM Expansion *f*
expatriarse ⟨3.13⟩ *vr* auswandern
expectación *f* [1] (*actitud*) Erwartung *f,* Befürchtung *f* [2] ↑ *curiosidad* Neugier *f,* Wißbegierde *f;* **expectativa** *f* ↑ *posibilidad* Erwartung *f;* ↑ *esperanza* Hoffnung *f;* ◇ **estar a la -** abwarten
expedición *f* [1] ↑ *viaje* Expedition *f,* Forschungsreise *f* [2] (*personas*) Expedition[sgruppe] *f*
expediente *m* [1] (*documentos*) Akten *pl* [2] (JUR *causa*) Verfahren *n* [3] *FAM* ◇ **cubrir el -** nur das Nötigste tun
expedir ⟨4.15⟩ *vt* [1] → *asunto* erledigen, ausführen [2] → *paquete* versenden, verschicken [3] → *certificado* ausstellen
expender *vt* COM ↑ *vender* vertreiben, verkaufen
expensas *f/pl* [Un-]Kosten *pl;* ◇ **a - de alguien** auf Kosten von
experiencia *f* [1] Erfahrung *f* [2] ↑ *prueba* Versuch *m,* Experiment *n* (*en* mit); **experimentado** *adj* ▷*persona* erfahren; **experimentar** *vt* [1] BIO, TECNI *etc.* experimentieren mit; → *algo* ausprobieren, testen (*en* an *dat*) [2] (*de la vida*) erleben; → *cambio* durchleben, erleiden; → *sentimientos* empfinden, fühlen; **experimento** *m* Versuch *m,* Experiment *n*
experto(/a) I. *adj* sachkundig, erfahren (*en* in *dat*) **II.** *m/f* Experte *m,* Expertin *f*
expiar ⟨3.13⟩ *vt* (*por los errores*) sühnen
expirar *vi* [1] ← *vida* enden; ↑ *morir* sterben [2] ← *plazo* ablaufen, enden
explayar I. *vt* ausdehnen, ausbreiten **II.** *vr(se):* ◇ **-se con alguien** [1] (*confiar*) sich mit jd-m aussprechen [2] (*FAM divertirse*) mit jd-m einen Ausflug machen

explicación *f* Erklärung *f* (*de* für); **explicar** ⟨3.7⟩ **I.** *vt* erklären, darlegen; → *lección* [ab-]halten **II.** *vr(se)* etwas erklären können; ◇ **¿me explico?** habe ich mich klar ausgedrückt?

explícito *adj* ausdrücklich, explizit

exploración *f* [1] (*del terreno*) Erforschung *f* [2] MED Untersuchung *f;* **explorador(a)** *m/f* Forscher(in *f*) *m;* ◇ **los E~es** die Pfadfinder *pl;* **explorar** *vt* [1] → *territorio* erforschen [2] MED untersuchen

explosión *f* Explosion *f;* **explosionar I.** *vt* zünden **II.** *vi* explodieren; **explosivo** *adj* explosiv, Spreng-

explotación *f* [1] (*de personas*) Ausbeutung *f* [2] (*de productos*) Nutzung *f;* ◇ ~ **petrolífera** Erdölförderung *f;* **explotador(a)** *m/f* Betreiber(in *f*) *m;* **explotar I.** *vt* [1] *PEY* → *personas* ausbeuten, ausnutzen [2] → *fábrica* betreiben; AGR bewirtschaften; MIN → *mina* nutzen **II.** *vi* explodieren

exponer ⟨4.8⟩ **I.** *vt* [1] → *tema* darlegen, darstellen [2] ← *pintor* ausstellen [3] → *perro* aussetzen [4] ↑ *poner en peligro* riskieren, aufs Spiel setzen **II.** *vr(se)*: ◇ **~se a un peligro** sich einer Gefahr aussetzen

exportación *f* [1] (*acción*) Export *m* [2] (*productos*) Exportartikel *pl;* **exportar** *vt, vi* exportieren

exposición *f* [1] (*de cuadros*) Ausstellung *f;* COM Messe *f;* ◇ ~ **universal** Weltausstellung *f* [2] (*de tema*) Darstellung *f,* Darlegung *f* [3] FOTO Belichtung *f*

exprés *m* TREN: ◇ **tren** *m* ~ Schnellzug *m;* ◇ **café** *m* ~ Espresso *m*

expresar *vt* [verbal] ausdrücken; **expresión** *f* Ausdruck *m;* **expresivo** *adj* ↑ *elocuente* ausdrucksvoll; **expreso I.** *adj* ↑ *claramente dicho* ausdrücklich, deutlich **II.** *m* ▹ *tren* Schnellzug *m*

exprimidor *m* [Frucht-]Presse *f;* **exprimir** *vt* [1] → *naranja* auspressen; → *ropa* auswringen [2] *FIG* → *persona* ausnutzen

expropiar *vt* JUR enteignen

expuesto *adj* [1] ▹ *lugar* exponiert, gefährdet; ↑ *arriesgado* gefährlich [2] ▹ *cuadro* ausgestellt

expulsar *vt* [1] ↑ *echar* vertreiben [2] → *humo* ausstoßen; **expulsión** *f* Ausstoßen *n;* (*de refugido*) Ausweisung *f*

expurgar ⟨3.11⟩ *vt* reinigen

exquisito *adj* köstlich, exquisit

expurgar ⟨3.11⟩ *vt* reinigen

exquisito *adj* [1] ▹ *calidad* erlesen, ausgezeichnet [2] ▹ *comida* köstlich

extasiarse *vr* in Extase geraten (*ante* über *akk*); **éxtasis** *m* ⟨inv⟩ Verzückung *f,* Ekstase *f*

extender ⟨4.17⟩ **I.** *vt* [1] ↑ *ampliar* ausdehnen, erweitern; → *mermelada* verstreichen; *FIG* → *noticia* verbreiten [2] → *brazos* ausstrecken; → *mantel* ausbreiten [3] → *cheque* ausstellen **II.** *vr(se)* [1] (*en espacio*) sich ausdehnen; ↑ *ropa* sich ausweiten; ↑ *territorio* sich erstrecken (*sobre* über *akk*); (*en el suelo*) sich ausstrecken [2] (*en tiempo*) dauern (*de* ... *a* von ... bis) [3] ← *noticia* sich ausbreiten; ← *guerra* eskalieren [4] *FIG* ← *explicación* umfassen; **extendido** *adj* [1] ▹ *tela* ausgedehnt; ▹ *brazos* ausgebreitet; ▹ *mano* ausgestreckt [2] ▹ *costumbre* weit verbreitet; ↑ *conocido* allgemein bekannt; **extensión** *f* [1] (*de lugar*) Ausdehnung *f* [2] (*de tiempo*) Dauer *f,* Verlängerung *f;* COM ◇ ~ **de plazo** Zahlungsaufschub *m* [3] (*FIG de significado*) Umfang *m;* **extenso** *adj* [1] ▹ *terreno* weit, ausgedehnt [2] *FIG* ▹ *información* umfangreich

extenuarse ⟨3.19⟩ *vt* ↑ *agotarse* erschöpfen

exterior I. *adj* [1] (*de fuera*) Außen-; ◇ **comercio** ~ Außenhandel *m* [2] ▹ *aspecto* äußerlich **II.** *m* [1] Äußere(s) *n;* ◇ **salir al** ~ nach außen [2] ▹ *aspecto* Aussehen *n;* ◇ **el** ~ **de la casa** die Außenansicht des Hauses; **exteriorizar** ⟨3.10⟩ *vt* → *sentimiento* äußern

exterminar *vt* vernichten; **exterminio** *m* Vernichtung *f*

externo *adj* (*fuera*) extern, äußerlich; ◇ **de uso** ~ zur äußerlichen Anwendung

extinción *f* (*del fuego*) Auslöschen *n;* JUR Erlöschen *n;* **extinguir** ⟨3.3⟩ **I.** *vt* [1] ↑ *apagar* [aus-]löschen [2] *FIG* ↑ *acabar* ausrotten [3] FIN → *deudas* tilgen **II.** *vr(se)* [1] ↑ *apagarse* ausgehen [2] ↑ *morirse* aussterben [3] COM, FIN erlöschen; **extintor** *m* Feuerlöscher *m*

extirpar *vt* [1] MED entfernen [2] *FIG* → *vicio* ausrotten

extorsión *f* [1] ↑ *daño* Erpressung *f* [2] ↑ *molestia* Unannehmlichkeit *f;* **extorsionar** *vt* ↑ *molestar* belästigen, Unannehmlichkeiten bereiten *dat*

extra I. *adj inv* Sonder-, Extra- **II.** *m* (*de dinero*) Sonderzahlung *f;* ◇ **gastos** *m/pl* **~s** Sonderkosten *pl* **III.** *m/f* TEATRO ↑ *actor secundario* Statist(in *f*) *m*

extracción *f* [1] Herausziehen *n* [2] MIN Förderung *f*

extracto *m* [1] ↑ *resumen* Auszug *m* (*de* aus *dat*) [2] FIN ◇ ~ **de cuenta** Kontoauszug *m* [3] QUIM ↑ *concentrado* Extrakt *m*

extractor *m* (*de humos*) Abzug *m*

extradición *f* (POL *de refugiado*) Auslieferung *f;* **extraditar** *vt* POL ausliefern

extraer ⟨4.12⟩ *vt* → *muela* [heraus-]ziehen; QUIM extrahieren; MATE → *raíz* ziehen; MIN fördern

extralimitarse *vr FIG* ↑ *excederse* zu weit gehen

extranjero(/a) I. *adj* ausländisch, fremd II. *m/f* Ausländer(in *f*) *m* III. *m* Ausland *n;* ◇ **estoy en el -** im Ausland; ◇ **me voy al -** ich gehe ins Ausland

extrañar I. *vt* [1] ↑ *echar de menos* vermissen [2] ↑ *asombrar* erstaunen; ◇ **eso me estraña** das finde ich komisch II. *vr(se):* ◇ **-se de algo/alguien** sich über etw/jd-n wundern; **extrañeza** *f* [1] ↑ *sorpresa* Verwunderung *f,* Erstaunen *n* [2] ↑ *irregularidad* Seltsamkeit *f,* Auffälligkeit *f;* **extraño** *adj* [1] ↑ *ajeno* fremd [2] ↑ *chocante* seltsam, komisch; ◇ **no es - que haga tonterías** es ist kein Wunder, daß er nur Quatsch macht

extraoficial *adj* inoffiziell

extraordinario I. *adj* außergewöhnlich, Sonder-; ◇ **horas -as** Überstunden *pl* II. *m* ▷*publicación* Extrablatt *n*

extraterrestre *m/f* Außerirdische(r) *fm*

extravagancia *f* Extravaganz *f;* **extravagante** *adj* ▷*persona, cosa* extravagant

extraviado *adj* ▷*niño, animal* verirrt, vermißt; **extraviar** ‹3.13› I. *vt* [1] → *persona* irreführen, vom Weg abbringen [2] → *cosa* verlegen II. *vr(se)* sich verlaufen, sich verirren; **extravío** *m* [1] ↑ *equivocación* Irrweg *m; FIG* Abweichung *f* (*de* von) [2] (*de cosa*) Verlegen *n*

extremado *adj* [1] ▷*temperatura* extrem [2] (*de calidad*) äußerst; **extremar** I. *vt* verschärfen II. *vr(se)* sein Äußerstes tun

extremaunción *f* REL letzte Ölung

extremeño(/a) I. *adj* aus Estremadura II. *m/f* Einwohner(in *f*) *m* Estremaduras

extremidad *f* : ◇ **-es** *pl* Gliedmaßen *pl*

extremista I. *adj* POL extremistisch, radikal II. *m/f* POL Extremist(in *f*) *m,* Radikale(r) *fm;* **extremo(/a)** I. *adj* [1] ↑ *exagerado* äußerste(r, s), extrem [2] ↑ *último* letzte(r, s) II. *m* [1] ↑ *final* Ende *n* [2] *FIG* Extrem *n;* ◇ **en último -** als letzter Ausweg; ◇ **la extrema derecha/izquierda** Rechts-/Linksextremisten *pl*

extrínseco *adj* äußerlich

extrovertido *adj* extrovertiert

exuberancia *f* Üppigkeit *f;* **exuberante** *adj* üppig, wuchernd

eyaculación *f* MED Ejakulation *f;* **eyacular** *vt, vi* ejakulieren

F

F, f *f* F, f *n*

fábrica *f* Fabrik *f;* ◇ **precio** *m* **-** Preis *m* ab Fabrik; **fabricación** *f* Herstellung *f;* **fabricante** *m/f* Fabrikant(in *f*) *m,* Hersteller(in *f*) *m;* **fabricar** ‹3.7› *vt* ↑ *elaborar* erzeugen, herstellen

fábula *f* [1] (*con moraleja*) Fabel *f* [2] (*narración*) Erzählung *f;* ↑ *cuento* Märchen *n* [3] (*FAM habladuría*) Gerücht *n;* **fabuloso** *adj* ↑ *fantástico* phantastisch; *FIG* ▷*calidad* fabelhaft, phantastisch

facción *f* [1] (POL *de gente*) Fraktion *f* [2] ◇ **facciones** *pl* **[de la cara]** Gesichtszüge *pl*

faceta *f FIG* ↑ *aspecto* Aspekt *m;* ◇ **este problema tiene muchas -s** dieses Problem ist sehr vielschichtig

fácil *adj* [1] ▷*vida* einfach, leicht [2] ↑ *posible* möglich [3] ▷*mujer* leichtfertig; **facilidad** *f* [1] ↑ *aptitud* Fähigkeit *f,* Fertigkeit *f* [2] (*para los idiomas*) Leichtigkeit *f;* ◇ **-es de pago** Zahlungserleichterungen *pl;* ◇ **dar -es** Entgegenkommen *n* zeigen [3] (*de palabra*) Gewandtheit *f;* **facilitar** *vt* [1] ↑ *simplificar* erleichtern [2] ↑ *posibilitar* ermöglichen [3] ↑ *suministrar* beschaffen, besorgen; **fácilmente** *adv* leicht

facsímil *m* [1] (*de escrito*) Telefax *n;* ◇ **edición** *f* **-** Faksimileausgabe *f* [2] (*de dibujo*) Nachbildung *f*

factible *adj* möglich, machbar

factor *m* [1] ↑ *elemento* Faktor *m* [2] *FIG* ◇ **el - decisivo** das entscheidende Moment [3] MATE Faktor *m*

factoría *f* [1] COM Niederlassung *f* [2] *AM* ↑ *fábrica* Fabrik *f*

factura *f* [1] COM ↑ *cuenta* Rechnung *f* [2] (*acción*) Herstellung *f* [3] ↑ *forma* Herstellung *f;* **facturación** *f* [1] COM Berechnung *f* [2] AERO Check-in *m,* Abfertigung *f;* TREN Gepäckaufgabe *f;* **facturar** *vt* [1] → *maleta* aufgeben [2] (COM *en la cuenta*) in Rechnung stellen

facultad *f* [1] ↑ *capacidad* Fähigkeit *f;* ◇ **-es intelectuales** intellektuelle Fähigkeiten [2] ↑ *poder* Befugnis *f* [3] UNI Fakultät *f*

facha [1] *f FAM* ↑ *aspecto* Aussehen *n;* ◇ **estar hecho una -** unmöglich aussehen

facha [2] *m/f FAM* Faschist(in *f*) *m*

fachada *f* [1] ARQUIT Fassade *f* [2] (*FIG aspecto exterior*) Fassade *f*

faena *f* ↑ *tarea* Arbeit *f,* Aufgabe *f;* ◇ **las -s de la casa** Hausarbeit *f; FAM* ◇ **hacer una mala - a alguien** jd-m übel mitspielen

fagot *m* MUS Fagott *n*
faisán *m* Fasan *m*
faja *f* [1] Binde *f;* (*a la cintura*) Schärpe *f* [2] ↑ *corsé* Stützkorsett *n*
fajo *m* ↑ *haz* Bündel *n;* ◇ **un ~ de billetes** ein Bündel *n* Geldscheine
falange *f* [1] ANAT Fingerglied *n* [2] POL ◇ **F~ Española de las JONS** Falange *f;* **falangista I.** *adj* der Falange zugehörig **II.** *m/f* Falangemitglied *n*
falda *f* Rock *m; PEY* ◇ **asunto** *m* **de ~s** Weibersache *f*
fálico *adj* phallisch; **falo** *m* Phallus *m*
falsear *vt* [1] → *la realidad* verfälschen [2] → *moneda* fälschen; **falsedad** *f* [1] ↑ *engaño* Falschheit *f,* Verlogenheit *f* [2] (*acción*) Fälschung *f*
falsificación *f* [1] (*acción*) [Ver-]Fälschung *f* [2] (*cosa*) Fälschung *f;* **falsificar** ⟨3.7⟩ *vt* [ver-]fälschen; **falso** *adj* falsch; ▷*dinero, diamante* gefälscht, Falsch-
falta *f* [1] ↑ *error* Fehler *m* [2] ↑ *escasez* Mangel *m* (*de* an *dat*), Fehlen *n* (*de* von); ◇ **hacer ~** fehlen; nötig sein; ◇ **echar en ~** nötig haben [3] (*ausencia*) Abwesenheit *f* [4] SPORT Foul *n* [5] JUR Verfehlung *f;* **faltar** *vi* [1] (*no estar*) fehlen; ◇ **me faltó al respeto** ich hatte keinen Respekt; ◇ **faltan cuatro semanas para las vacaciones** noch zwei Wochen bis zu den Ferien; ◇ **¡lo que nos faltaba!** das fehlte gerade noch!; ◇ **¡no faltaría más!** aber selbstverständlich! [2] ← *cantidad inferior* abwesend sein, nicht dasein [3] ↑ *necesitar* brauchen, benötigen; ◇ **aún falta por comprar la leche** wir müssen noch Milch kaufen [4] ↑ *acabarse* knapp sein; **falto** *adj* ↑ *necesitado* arm, bedürftig; ◇ **~ de cariño** liebesbedürftig
falla *f* [1] Defekt *m* [2] GEO Bruch *m* [3] ◇ **las F~s** (*fiestas en Valencia*) St. Josephs Fest *n* in Valencia
fallar I. *vt* JUR → *sentencia* fällen **II.** *vi* mißlingen
fallecer ⟨3.5⟩ *vi* sterben; **fallecimiento** *m* Tod *m,* Verscheiden *n*
fallido *adj* (*sin éxito*) gescheitert, mißlungen; ◇ **intento** *m* **~** Fehlschlag *m;* **fallo** *m* [1] JUR Urteil *n* [2] ↑ *falta* Fehler *m*
fama *f* [1] Gerücht *n* [2] ↑ *prestigio* Ansehen *n,* Reputation *f*
familia *f* Familie *f;* **familiar I.** *adj* [1] (*de familia*) Familien- [2] ↑ *conocido* vertraut, bekannt [3] ▷*lenguaje, trato* Umgangs-; ◇ **lenguaje ~** Umgangssprache *f* **II.** *m* ↑ *pariente* Familienangehörige(r) *fm,* Verwandte(r) *fm;* **familiaridad** *f* Vertrautheit *f;* **familiarizarse** ⟨3.10⟩ *vr:* ◇ **~ con** sich vertraut machen mit
famoso *adj* [1] ▷*persona* berühmt [2] großartig, famos
fanático(/a) I. *adj* fanatisch **II.** *m/f* Fanatiker(in *f*) *m;* **fanatismo** *m* Fanatismus *m*
fanfarrón(-ona) I. *adj* angeberisch **II.** *m/f* Angeber(in *f*) *m*
fango *m* Schlamm *m;* **fangoso** *adj* schlammig
fantasear *vt* (*soñar despierto*) phantasieren; **fantasía** *f* [1] (*facultad*) Phantasie *f,* Einbildungskraft *f;* ◇ **novela** *f* **de ~** phantastischer Roman *m;* ◇ **pendientes** *m/pl* **de ~** Modeschmuck *m; FAM* ◇ **¡déjate ya de ~as!** laß die Phantastereien! [2] ↑ *ilusión* Einbildung *f;* **fantasioso** *adj* ▷*idea, persona* hochnäsig, eingebildet
fantasma *m* [1] (*aparición*) Gespenst *n* [2] (*FAM persona*) Angeber(in *f*) *m*
fantástico *adj* phantastisch
fantoche *m* [1] (*muñeco*) Marionette *f* [2] (*FAM aspecto físico*) Hampelmann m [3] *FAM* ↑ *fanfarrón* Angeber(in *f*) *m,* Aufschneider(in *f*) *m*
faraón *m* Pharao *m*
fardar *vi FAM*: ◇ **~ de una cosa** ↑ *presumir* sich *dat* etw einbilden auf etw; ◇ **siempre farda de su dinero** immer gibt sie mit ihrem Geld an; ◇ **este coche farda mucho** das ist ein Angeberauto
farmacéutico(/a) I. *adj* pharmazeutisch **II.** *m/f* [1] (*de farmacia*) Apotheker(in *f*) *m* [2] (*de estudio*) Pharmazeut(in *f*) *m;* **farmacia** *f* [1] Apotheke *f* [2] (*estudio*) Pharmazie *f*
faro *m* [1] (*de navegación*) Leuchtturm *m* [2] (*de coche*) Scheinwerfer *m;* **farol** *m* Laterne *f,* Leuchte *f; FAM* ◇ **¡~!** (*dicho, hecho*) abgemacht; *FAM* ◇ **tirarse un ~** aufschneiden, angeben; **farola** *f* (*de la calle*) Straßenlaterne *f*
farsa *f* [1] TEATRO Schwank *m,* Komödie *f* [2] (*FIG trampa*) Betrug *m,* Farce *f;* **farsante** *m/f* Heuchler(in *f*) *m,* Schwindler(in *f*) *m*
fascinación *f* Faszination *f;* **fascinante** *adj* faszinierend; **fascinar** *vt* bezaubern, faszinieren
fascismo *m* Faschismus *m;* **fascista I.** *adj* faschistisch **II.** *m/f* Faschist(in *f*) *m*
fase *f* Phase *f*
fastidiar *vt* [1] ↑ *molestar* belästigen [2] ↑ *aburrir* anöden, langweilen [3] *FAM* ↑ *romper* kaputtmachen; **fastidio** *m* [1] ↑ *enfado* Ärger *m* [2] ↑ *asco* Ekel *m;* **fastidioso** *adj* [1] ↑ *molesto* ärgerlich [2] ↑ *inoportuno* ungelegen, lästig [3] ↑ *aburrido* langweilig
fatal I. *adj* [1] verhängnisvoll [2] ↑ *inevitable* un-

abwendbar [3] ▷*accidente* tödlich [4] (*FAM de mal gusto*) schrecklich, furchtbar **II.** *adv FAM* fürchterlich; **fatalidad** *f* [1] Verhängnis *n* [2] ↑ *desgracia* Pech *n*

fatiga *f* [1] ↑ *esfuerzo* Mühe *f* [2] ↑ *cansancio* Müdigkeit *f;* **fatigar** ⟨3.11⟩ **I.** *vt* [1] ↑ *cansar* ermüden [2] ↑ *molestar* belästigen **II.** *vr(se)* ermüden, müde werden; **fatigoso** *adj* ▷*trabajo* ermüdend

fauces *f/pl* Schlund *m*

fauna *f* Fauna *f*

favor *m* [1] (*ayuda*) Gefallen *m;* ◇ **por ~** bitte; ◇ **¿puedo pasar, por ~?** kann ich mal bitte vorbei?; ◇ **haga el ~ de esperar fuera** wären Sie so freundlich und würden draußen warten [2] (*honra, gracia*) Gunst *f;* ◇ **a/en ~ de** zugunsten von

favorable *adj* [1] ▷*viento, trabajo* günstig [2] ↑ *propicio* vorteilhaft [3] ▷*impresión, actitud* vielversprechend; **favorecer** ⟨3.5⟩ *vt* [1] ↑ *ayudar* begünstigen, fördern [2] ← *prendas* gut stehen *dat;* **favorito(/a) I.** *adj* bevorzugt, Lieblings- **II.** *m/f* Favorit(in *f*) *m,* Publikumsliebling *m*

fax *m abr. de* **telefax** Fax *n*

faz *f* ↑ *rostro* Antlitz *n;* GEO ◇ **la ~ de la tierra** die Erdoberfläche

fe *f* [1] REL Glaube *m* [2] ↑ *confianza* Vertrauen *n* (*en* in/auf *akk*); ◇ **persona de buena ~** redliche Person; ◇ **de mala ~** böswillig [3] JUR ↑ *documento* Urkunde *f;* ◇ **dar ~ de** beglaubigen; ◇ **~ de erratas** Druckfehlerverzeichnis *n*

fealdad *f* Häßlichkeit *f*

febrero *m* Februar *m*

fecundación *f* Befruchtung *f;* **fecundar** *vt* [1] BIO befruchten [2] → *tierras* fruchtbar machen; **fecundo(/a)** *adj* [1] ▷*mujer, tierra* fruchtbar [2] ▷*mente, fantasía* produktiv [3] ↑ *abundante* reich, üppig

fecha *f* Datum *n;* ◇ **~ de caducidad** Haltbarkeitsdatum *n;* ◇ **hasta la ~** bis heute; ◇ **aquellas ~s fueron trágicas** das waren tragische Zeiten; **fechar** *vt* → *escrito, pintura* datieren

federación *f* [1] ↑ *asociación* Verband *m* [2] POL Föderation *f;* **federal** *adj* Bundes-; **federalismo** *m* Föderalismus *m*

felicidad *f* Glück *n;* ◇ **¡~es!** herzlichen Glückwunsch!; **felicitación** *f* [1] Glückwunsch *m;* ↑ *enhorabuena* Gratulation *f* [2] (*tarjeta*) Glückwunschkarte *f;* **felicitar** *vt* beglückwünschen, gratulieren *dat*

feligrés(-esa) *m/f* Gemeindemitglied *n*

feliz *adj* glücklich

felpudo *m* Fußmatte *f*

femenino I. *adj* weiblich **II.** *m* Femininum *n;* **feminismo** *m* Feminismus *m;* **feminista I.** *adj* feministisch **II.** *m/f* Feminist(in *f*) *m*

fénix *m* Phönix *m*

fenomenal *adj FAM* [1] ↑ *asombroso* phänomenal, außerordentlich [2] (*de calidad*) prima; **fenómeno I.** *m* [1] Phänomen *n* [2] (*de la naturaleza*) Erscheinung *f* [3] (*FIG persona*) Genie *n* **II.** *adv FAM* ↑ *muy bien* toll

feo *adj* [1] häßlich; ◇ **la cosa se está ponienda ~a** die Sache wird langsam unangenehm [2] (*acción*) gemein, schändlich

féretro *m* Sarg *m*

feria *f* [1] ↑ *mercado* Jahrmarkt *m* [2] ◇ **~s** *pl* (*con atracciones*) Messe *f;* ◇ **la ~ del libro** Buchmesse

fermentación *f* Gärung *f;* **fermentar** *vi* gären

ferocidad *f* [1] Wildheit *f* [2] ↑ *violencia* Grausamkeit *f;* **feroz** *adj* [1] ▷*animal* wild [2] *FIG* ▷*persona* grausam

férreo *adj* [1] (*de hierro*) eisern, Eisen- [2] *FIG* ▷*voluntad* hart, eisern; ◇ **la vía ~a** das harte Leben; **ferretería** *f* Eisenwarenhandlung *f;* **ferrocarril** *m* Eisenbahn *f;* **ferroviario(/a) I.** *adj* (*de tren*) Eisenbahn- **II.** *m/f* (*persona*) Eisenbahner(in *f*) *m*

fértil *adj* ▷*campo, mujer* fruchtbar; **fertilidad** *f* [1] Fruchtbarkeit *f* [2] ↑ *abundancia* Ergiebigkeit *f;* **fertilizante** *m* (*producto*) Dünger *m;* **fertilizar** ⟨3.10⟩ *vt* fruchtbar machen

fervor *m FIG* Hingabe *f* (*a* an *akk*); **fervoroso** *adj* glühend, leidenschaftlich

festejar *vt* [1] ↑ *celebrar* feiern [2] (*con obsequios*) festlich bewirten; **festejo** *m* [1] ↑ *celebración* Unterhaltung *f* [2] ◇ **~s** *pl* ↑ *celebración pública* Fest *n*

festín *m* [1] ↑ *celebración* Fest *n* [2] (*comida*) Bankett *n*

festividad *f* Festlichkeit *f;* **festivo** *adj* [1] (*de fiesta*) festlich, Fest- [2] (*de broma*) lustig, komisch; ◇ **un día ~** ein unterhaltsamer Tag

fetiche *m* (*objeto*) Fetisch *m,* Tick *m*

fétido *adj* stinkend

feto *m* [1] ↑ *embrión* Fötus *m* [2] (*PEY persona*) Mißgeburt *f*

fiable *adj* vertrauenswürdig

fiador(a) *m/f* [1] (*persona*) Bürge *m,* Bürgin *f*

fiambre *m* [1] (*conserva*) Aufschnitt *m* [2] *FIG FAM* ↑ *cadáver* Leiche *f*

fianza *f* [1] (*de piso*) Kaution *f* [2] JUR Bürgschaft *f*

fiar ⟨3.13⟩ **I.** *vt* [1] ↑ *garantizar* verbürgen [2] (*vender*) auf Kredit verkaufen **II.** *vi* bürgen (*por* für) **III.** *vr(se)* [1] ↑ *confiar* sich verlassen (*de* auf *akk*); ◇ **yo me fío de los amigos** ich verlasse mich auf meine Freunde ② vertrauen (*de dat*); ◇ **alguien/algo de** ~ Vertrauensperson/-sache

fiasco *m* Fiasko *n*

fibra *f* Faser *f*

ficción *f* Fiktion *f;* **ficticio** *adj* ① ↑ *inventado* erdacht, fiktiv ② ↑ *fingido* erfunden, Schein-

ficha *f* ① (*de máquina automática*) Spielmarke *f;* (*de dominó*) [Spiel]Stein ② (*de datos*) Karteikarte *f;* ◇ ~ **perforada** Lochkarte *f*

fichaje *m* SPORT Verpflichtung *f;* **fichar** I. *vt* ① ↑ *anotar* aufnehmen, registrieren; ◇ **estar fichado por la policía** polizeilich erfaßt sein ② SPORT verpflichten, unter Vertrag nehmen; ◇ **estar fichado** unter Vertrag stehen II. *vi* (*en el trabajo*) stempeln

fichero *m* Karteikasten *m*

fidedigno *adj* glaubwürdig

fidelidad *f* Treue *f;* ◇ **alta** ~ Hi-Fi-Anlage *f*

fideo *m* Fadennudel *f*

fiebre *f* Fieber *n;* ◇ ~ **del heno** Heuschnupfen *m;* ◇ **tener** ~ Fieber haben

fiel I. *adj* ① treu ② (*semejante*) genau, getreu II. *m* (*persona*) Gläubige(r) *fm*

fieltro *m* Filz *m*

fiereza *f* Wildheit *f;* **fiero(/a)** I. *adj* ① ↑ *salvaje* wild ② *FIG* ↑ *cruel* grausam II. *f* ① (*animal*) Raubtier *n* ② (*FIG persona cruel*) Bestie *f;* ◇ **ponerse hecho una ~a** fuchsteufelswild werden

fiesta *f* Fest *n*, Feier *f;* ◇ **días** *m/pl* **de** ~ Feiertage *pl;* ◇ **no estar alguien para ~s** schlecht aufgelegt sein

figura *f* ① Figur *f* ② (*forma*) Form *f* ③ ↑ *dibujo* Abbildung *f* ④ (*FIG persona importante*) Gestalt *f;* **figurar** I. *vt* bilden, gestalten II. *vi* (*en una lista*) aufgeführt sein III. *vr(se):* ◇ **~se algo** sich *dat* etw vorstellen

fijar I. *vt* ① ↑ *sujetar* befestigen, festmachen ② → *precio* festsetzen ③ → *fecha* festlegen ④ → *mirada, atención* richten (*en, sobre* auf *akk*) II. *vr(se):* ◇ **~se en** achtgeben auf *akk;* **fijo** *adj* ① ▷*estaca* fest, befestigt; ◇ **residencia ~a** fester Wohnsitz; ◇ **el cuadro está ~ a la pared** das Bild ist an der Wand befestigt; ◇ **de** ~ sicher ② ▷*mirada* unverwandt, fest

fila *f* (*de cosas, persona*) Reihe *f;* ◇ **en** ~ **india** im Gänsemarsch; ◇ **ponerse en** ~ sich in einer Reihe aufstellen

filántropo(/a) *m/f* Menschenfreund(in *f*) *m*

filatelia *f* Philatelie *f*

filete *m* Filet *n*

filial I. *adj* Kindes-, kindlich; ◇ **amor** *m* ~ Liebe *f* der Kinder zu den Eltern II. *f* COM Tochterfirma *f*

Filipinas *f/pl* : ◇ **las** ~ die Philippinen *pl;* **filipino(/a)** I. *adj* philippinisch II. *m/f* Filipino *m*, Filipina *f*

film *m* Kinofilm *m;* **filmar** *vt* filmen; **filmografía** *f* Filmographie *f*

filo *m* ↑ *borde* Schneide *f;* ◇ **al** ~ **de medianoche** um Mitternacht; ◇ **ser un arma de dos ~s** zweischneidig sein

filón *m* ① MIN Erzader *f* ② (*FIG negocio*) Goldmine *f*

filosofía *f* Philosophie *f;* **filósofo(/a)** *m/f* Philosoph(in *f*) *m*

filtración *f* (*de agua*) Filtration *f;* **filtrar** I. *vt* filtern II. *vi* durchsickern, durchdringen III. *vr(se)* ① ← *líquido* durchdringen (*por* durch) ② *FIG* ← *noticia* durchsickern, bekannt werden; **filtro** *m* Filter *m*

fin *m* ① ↑ *final* Ende *n*, Schluß *m;* ◇ ~ **de semana** Wochenende *n;* ◇ **a ~es de mes** am Monatsende; ◇ **dar** ~ beenden; ◇ **al** ~ **y al cabo** letzten Endes; ◇ **por** ~ schließlich; ◇ **en** ~ endlich; ◇ **sin** ~ unzählig(e) ② ↑ *objetivo* Zweck *m* ③ ↑ *intención* Absicht *f;* ◇ **a** ~ **de/de que** um zu; **final** I. *adj* Schluß- II. *m* Schluß *m*, Ende *n;* ◇ **al** ~ **de la tarde** am späten Nachmittag III. *f* SPORT Finale *n*, Endrunde *f;* **finalidad** *f* ① ↑ *objeto* Zweck *m* ② ↑ *intención* Absicht *f;* **finalista** *m/f* SPORT Endrundenteilnehmer(in *f*) *m;* **finalizar** ‹3.10› I. *vt* beenden, abschließen II. *vi, vr(se)* zu Ende gehen

financiación *f* Finanzierung *f;* **financiar** *vt* finanzieren; **financiero** I. *adj* finanziell, Finanz- II. *m* (*experto*) Finanzier *m* III. *f* (*compañía*) Finanzunternehmen *n;* **finanzas** *f/pl* (*de banca*) Finanzen *f/pl*

finca *f* ① Grundstück *n* ② (*de tierra*) Landgut *n*

fingir ‹3.8› I. *vt* ↑ *aparentar* vorgeben, vortäuschen II. *vr(se):* ◇ **~se enfermo** sich krank stellen

finlandés(-esa) I. *adj* finnisch II. *m/f* Finne *m*, Finnin *f;* **Finlandia** *f* Finnland *n*

fino I. *adj* ① (*de grosor*) dünn, zierlich ② ↑ *delicado* fein, zart ③ (*de calidad*) fein, erlesen ④ ↑ *elegante* elegant ⑤ ↑ *educado* höflich ⑥ ▷*olfato, oído* fein II. *m* (*vino de jerez*) Sherry *m;* **finolis** *m/f PEY* affektierte Person *f; FAM* feiner Pinkel *m*

firma *f* ① ↑ *rúbrica* Unterschrift *f* ② ↑ *empresa* Firma *f;* **firmar** *vt* unterschreiben

firme I. *adj* ① ↑ *seguro, fijo* fest, standhaft; ↑ *estable* stabil ② ↑ *invariable* beständig; ◇ **de** ~ beständig, tüchtig ③ *FIG* entschlossen II. *m* Straßenbelag *m;* **firmemente** *adv* fest, standhaft; **firmeza** *f* ① ↑ *estabilidad* Standhaftigkeit *f* ② ↑ *tesón* Beharrlichkeit *f*

fiscal I. *adj* Steuer- II. *m/f* Staatsanwalt *m*, -anwältin *f;* **fiscalía** *f* [1] (*oficina*) Staatsanwaltschaft *f* [2] (JUR *cargo*) Anklage *f*

fisgar ⟨3.11⟩ *vt* herumschnüffeln in *dat;* **fisgón(-ona)** I. *adj* [herum-]schnüffelnd II. *m/f* (*persona*) Schnüffler(in *f*) *m*

físico(/a) I. *adj* physisch II. *m/f* Physiker(in *f*) *m* III. *f* Physik *f*

fisión *f* Kernspaltung *f*

fisonomía *f* ↑ *aspecto, rasgos* Physiognomie *f*

fisura *f* [1] MED ↑ *fractura* Fissur *f* [2] ↑ *grieta* Spalt *m*

flácido *adj* (*blando*) welk, schlaff; ◇ **carnes** *f/pl* **-as** schlaffes Fleisch *n* [von Mensch]

flaco *adj* ↑ *delgado* dürr, mager

flagrante *adj:* ◇ **en ~** auf frischer Tat

flamante *adj* [1] (*vistoso*) glänzend [2] ↑ *nuevo* [funkel-]nagelneu

flamenco(/a) I. *adj* (*de Flandes*) flämisch II. *m* (*cante y baile*) Flamenco *m*

flan *m* Karamelpudding *m; FAM* ◇ **estar nervioso como un ~** vor Nervosität weiche Knie haben

flaquear *vi* ← *fuerza, ánimo* nachlassen; **flaqueza** *f* [1] (*de cuerpo*) Magerkeit *f* [2] (*FIG de fuerza*) Schwäche *f*

flash ⟨s *o* es⟩ *m* FOTO Blitz *m;* ◇ **~ informativo** Kurznachricht *f*

flauta *f* Flöte *f;* **flautista** *m* Flötist(in *f*) *m*

fleco *m* Franse *f*

flecha *f* Pfeil *m;* **flechazo** *m* *FIG* ↑ *enamoramiento* Liebe *f* auf den ersten Blick

flema *f* [1] ↑ *calma* Trägheit *f* [2] ↑ *mucosidad* Schleim *m;* **flemático** *adj* ↑ *tranquilo* träge, phlegmatisch

flequillo *m* (*de pelo*) Pony *m*

fletar *vt* → *avión* chartern

flexibilidad *f* Biegsamkeit *f*, Flexibilität *f;* **flexible** *adj* biegsam, flexibel

flexo *m* Tischlampe *f*

flipar I. *vi FAM* ↑ *gustar mucho* ausflippen II. *vr(se) FAM* ↑ *drogarse* high werden; **flipado** *adj FAM* high; **flipante** *adj FAM* flippig, ausgeflippt

flirtear, *vi* flirten (*con* mit); **flirteo** *m* Flirt *m*

flojear *vi* [1] (*disminuir en intensidad*) schwächer werden, nachlassen [2] (*en calidad, rendimiento*) nachlassen; **flojo** *adj* [1] (*no tenso*) locker [2] (*de fuerza, carácter*) träge, kraftlos [3] ↑ *débil* schwach, flau

flor *f* Blume *f;* ◇ **la ~ y nata** (*lo mejor de algo*) die crème de la crème; ◇ **a ~ de pie** an der Oberfläche; ◇ **en la ~ de la vida** in den besten Jahren; *FAM* ◇ **echar -es** (*decir piropos*) Süßholz raspeln; **florecer** ⟨3.5⟩ *vi* blühen; **floreciente** *adj* [1] ▷*flor* in Blüte [2] *FIG* aufstrebend; **florero** *m* Blumenvase *f;* **florido** *adj* ▷*campo* blumig, blühend; **floripondio** *m PEY* ↑ *adorno* Schmuck *m*, Gehänge *n;* **florista** *m/f* (*persona*) Florist(in *f*) *m;* **floristería** *f* (*tienda*) Blumengeschäft *n*

flota *f* Flotte *f*

flotador *m* (*objeto hinchable*) Schwimmer *m;* (*de niño*) Schwimmreifen *m;* **flotante** *adj* [1] (*que flota*) schwimmend [2] (*no firme*) lose, locker; **flotar** *vi* [1] (*en un líquido*) schwimmen [2] (*en el aire*) schweben; (*bandera*) wehen [3] *FIG* ← *sensación, impresión* schweben; **flote** *m* : ◇ **poner a ~** [1] (*en agua*) wieder flottmachen [2] *FIG* wieder auf die Beine stellen

fluctuar ⟨3.19⟩ *vi* [1] ← *precios* fluktuieren [2] ↑ *dudar* schwanken

fluidez *f* Fließen *n;* **fluido** I. *adj* flüssig; ◇ **habla un inglés ~** er spricht fließend Englisch II. *m* Flüssigkeit *f;* **fluir** ⟨3.9⟩ *vi* [1] ← *río* fließen [2] *FIG* ← *ideas, palabras* fließen, strömen; **flujo** *m* [1] Fließen *n*, Fluß *m;* ◇ **~ y reflujo** Ebbe und Flut [2] MED Ausfluß *m;* ◇ **~ de sangre** Blutverlust *m*

fluorescente I. *adj* fluoreszierend II. *m* Leuchtstoffröhre *f*

foca *f* Seehund *m*, Robbe *f*

foco *m* [1] QUIM Brennpunkt *m* [2] (*lámpara*) Scheinwerfer *m* [3] (*FIG de interés*) Brennpunkt *m*

fofo *adj* ↑ *blando* weich, schwammig; ◇ **carne** *f* **-a** schwabbliges Fleisch

fogata *f* Lagerfeuer *n*

fogón *m* (*de cocina*) Herd *m*

fogoso *adj* feurig

fogueo *m* : ◇ **munición** *f* **de ~** Platzpatrone *f*

folio *m* [1] Foliant *m* [2] ↑ *hoja de papel* Blatt *n* Papier

follaje *m* Laubwerk *n*

follar *vt, vi VULG* ↑ *hacer el amor* ficken

folletín *m* Seifenoper *f;* **folleto** *m* Broschüre *f;* Faltblatt *n*

follón *m* (*FAM* ↑ *alboroto*) Durcheinander *n*, Wirbel *m; FAM* ◇ **ha tenido muchos -es en la empresa** er hatte in der Firma viel um die Ohren

fomentar *vt* fördern, begünstigen; **fomento** *m* Förderung *f*

fonda *f* (*hostelería*) Gasthaus *n;* ↑ *pensión* Pension *f*

fondear *vt* [1] NAUT loten [2] *FIG* genau untersuchen; **fondo** *m* [1] (*del vaso*) Boden *m; FIG* ◇ **los bajos ~** die Unterwelt [2] (*del mar*) Grund *m;* ◇ **a ~** gründlich; ◇ **en el ~** im Grunde genommen, eigentlich [3] (*del armario*) hinterer Teil [4] (*en un *cuadro*) Hintergrund *m* [5] ◇ **-s** *pl* Geldmittel *pl;* ◇ **los - públicos** öffentliche Mittel *pl* [6] COM ◇ -s *pl* Kapitalvermögen *n*

fonética *f* Phonetik *f*

fontanería *f* Klempnerei *f;* **fontanero(/a)** *m* Installateur(in *f*) *m,* Klempner(in *f*) *m*

footing *m* SPORT Jogging *n*

forastero(/a) I. *adj* fremd, auswärtig II. *m/f* Fremde(r) *fm*

forcejear *vi* sich anstrengen

forjar I. *vt* schmieden; *FIG* ◇ **- planes** Pläne schmieden II. *vr(se)* ↑ *imaginarse* sich ausdenken

forma *f* [1] ↑ *contorno* Form *f* [2] ↑ *figura* Gestalt *f* [3] ↑ *manera* Art *f,* Weise *f;* ◇ **de - que** so daß [4] SPORT Form *f;* SPORT ◇ **estar en -** in Form sein [5] *FIG* ◇ **-s** ↑ *modales* Umgangsformen *pl;* **formación** *f* [1] Aufbau *m,* Gestaltung *f* [2] (GEOL *de rocas*) Formation *f* [3] *FIG* ↑ *educación* Ausbildung *f* [4] (*de soldados*) Training *n*

formal *adj* [1] ▷*cosa* formal [2] ▷*persona* förmlich, formell; **formalidad** *f* [1] (*de persona*) Förmlichkeit *f* [2] ↑ *trámite* Formalität *f;* **formalizar** ⟨3.10⟩ *vt* formell machen; ◇ **- un trato** einen Vertrag abschließen

formar I. *vt* [1] ↑ *modelar* formen, gestalten [2] → *grupo* bilden [3] *FIG* ↑ *instruir* ausbilden II. *vr(se)* sich bilden, entstehen; **formato** *m* Format *n*

formica ® *f* Resopal ® *n*

formidable *adj* [1] ↑ *monstruoso* schrecklich [2] *FAM* ↑ *extraordinario* toll, klasse, super

fórmula *f* [1] MATE, QUIM Formel *f* [2] *FIG* ↑ *expresión* Formulierung *f* [3] (*FIG manera*) [Umgangs-]Form, f

formular *vt* → *queja, petición* formulieren, äußern; **formulario** *m* Formular *n*

fornicar *vi* REL Unzucht treiben

fornido *adj* kräftig, stämmig

foro *m* [1] Forum *n* [2] JUR Gerichtssaal *m*

forrar I. *vt* [1] → *prendas* füttern [2] → *libro* einbinden II. *vr(se) FAM* ↑ *hacerse rico* ein Vermögen verdienen; **forro** *m* [1] (*de prenda*) Futter *n;* (*de cojines*) Bezug *m* [2] (*de libro*) Umschlag *m,* Einband *m; FAM* ◇ **no conocer algo ni por el -** keinen blassen Schimmer haben

fortalecer ⟨3.5⟩ *vt* verstärken; **fortaleza** *f* [1] Kraft *f,* Stärke *f* [2] (*lugar*) Festung *f*

fortuito *adj* zufällig

fortuna *f* [1] ↑ *destino* Schicksal *n;* ◇ **por -** Gott sei Dank [2] ↑ *suerte* Glück *n;* ◇ **probar -** sein Glück versuchen [3] (*dinero*) Vermögen *n*

forúnculo *m* MED Furunkel *m o n*

forzar 3.2 *vt* [1] → *puerta* aufbrechen [2] ↑ *obligar* zwingen [3] ↑ *violar* vergewaltigen; **forzoso** *adj* zwingend, notwendig; **forzudo** I. *adj* sehr stark II. *PEY* Kraftprotz *m*

fosa *f* [1] ↑ *hoyo* Graben *m;* ◇ **las -s nasales** die Nasenhöhlen *f/pl* [2] ↑ *tumba* Grab *n*

fosfato *m* Phosphat *n*

fosforescencia *f* Phosphoreszenz *f;* **fosforescente** *adj* phosphoreszierend

fósforo *m* [1] ↑ *cerilla* Streichholz *n* [2] QUIM Phosphor *m*

foso *m* [1] Graben *m* [2] (*de castillo*) Wallgraben *m*

foto *f* Foto *n;* **fotocopia** *f* Fotokopie *f;* **fotocopiadora** *f* [Foto-]Kopierer *m,* [Foto-]Kopiergerät *n;* **fotocopiar** *vt* fotokopieren; **fotogénico** *adj* ▷*persona* fotogen; **fotografía** *f* Fotografie *f;* **fotografiar** ⟨3.13⟩ *vt* fotografieren; **fotógrafo(/a)** *m/f* Fotograf(in *f*) *m;* **fotomatón** *m* Fotoautomat *m*

fotonovela *f* Fotoroman *m*

F.P. *f abr. de* **Formación Profesional** COLE Berufsschule *f*

fracasado(/a) I. *adj* mißlungen, gescheitert II. *m/f* (*persona*) Versager(in *f*) *m;* **fracasar** *vi* [1] (*no acabar*) scheitern [2] *FIG* ↑ *fallar* fehlschlagen, mißlingen; **fracaso** *m* Scheitern *n,* Fehlschlag *m,* Mißerfolg *m; FAM* Flop *m*

fracción *f* [1] Brechen *n,* Bruch *m* [2] MATE Bruch *m* [3] POL Fraktion *f;* **fraccionar** *vt* zerteilen, zerlegen; **fractura** *f también* MED Bruch *m;* **fracturarse** *vr* [zer-]brechen

fragancia *f* Duft *m*

frágil *adj* [1] ▷*mercancía* zerbrechlich [2] ▷*persona* schwach, gebrechlich; **fragilidad** *f* [1] (*cosa*) Zerbrechlichkeit *f* [2] (*persona*) Gebrechlichkeit *f*

fragmento *m* [1] ↑ *parte* Bruchstück *n* [2] (*de algo roto*) Scherbe *f* [3] (*de texto*) Fragment *n*

fragor *m* (*de batalla*) Getöse *n,* Krachen *n*

fragua *f* Schmiede *f;* **fraguar** ⟨3.12⟩ *vt* [1] → *metal* schmieden [2] *FIG* → *plan* aushecken, schmieden

fraile *m* Mönch *m*

frambuesa *f* Himbeere *f*

francés(-esa) I. *adj* französisch; ◇ **despedirse a la -a** sich auf französisch empfehlen; ◇ **tortilla -a** Omelette *n* nature II. *m/f* Franzose *m,* Französin *f* III. *m* (*lengua*) Französisch *n;* **Francia** *f* Frankreich *n*

franco I. *adj* ↑ *sincero* ehrlich, aufrichtig; ◇ **puerto** *m* **-** Freihafen *m* II. *m* Franc *m*

francotirador(a) *m/f* Freischärler(in *f*) *m*

franela *f* Flanell *m*

franja *f* (*banda de bandera*) [Stoff-]Streifen *m*
franquear *vt* [1] ↑ *abrir* freimachen, öffnen [2] ↑ *pasar* übersteigen, überqueren [3] → *carta, paquete* frankieren; **franqueo** *m* [1] (*acción*) Frankieren *n* [2] (*importe*) Porto *n*
franqueza *f* ↑ *sinceridad* Ehrlichkeit *f*, Offenheit *f*
frasco *m* Flasche *f*
frase *f* Satz *m;* ◇ ~ **hecha** Redewendung *f*
fraternal *adj* brüderlich
fraude *m* JUR Betrug *m;* **fraudulento** *adj* betrügerisch
frecuencia *f* [1] (*repetición*) Häufigkeit *f;* ◇ **con** ~ häufig, oft [2] FIS Frequenz *f;* **frecuentar** *vt* [1] ↑ *repetir* wiederholen [2] ↑ *asistir a un lugar* [häufig] besuchen; **frecuente** *adj* [1] ↑ *repetido* häufig [2] ↑ *corriente* geläufig, weit verbreitet
fregadero *m* Spülbecken *n;* **fregar** ‹3.1› *vt* [1] → *suelo* scheuern [2] → *platos* abwaschen, spülen; **fregona** *f* [1] (*utensilio*) Wischmop *m* [2] *FAM* Putzteufel *m*
freír ‹4.18› *vt* (*guisar*) braten; *FAM* ◇ ~ **a preguntas a alguien** jd-n [mit Fragen] löchern
frenado *m* Bremsen *n;* **frenar** *vt* bremsen; ◇ ~ **en seco** unerwartet bremsen; **frenazo** *m* plötzliches Bremsen *n*
frenesí *m* (*pasión*) Raserei *f*, Wahnsinn *m*
frenético *adj* rasend, frenetisch
freno *m* [1] AUTO Bremse *f; FIG* ◇ **poner** ~ **a algo** einer Sache *dat* ein Ende setzen [2] (*de caballo*) Zaum *m*
frente I. *m* [1] ↑ *delantera* Vorderseite *f* [2] MIL Front *f;* ◇ **ponerse al** ~ **de algo** sich an die Spitze stellen II. *f* Stirn *f;* ◇ **en** ~ **de** gegenüber; ◇ **de** ~ von vorn; ◇ ~ **a** ~ von Angesicht zu Angesicht, nt; ◇ **hacer** ~ **a alguien** jd-m die Stirn bieten
fresa *f* Erdbeere *f*
fresco(/a) I. *adj* [1] ▷*brisa* kühl, frisch [2] ▷*productos, ropa* frisch, neu [3] ▷*noticia* neu, aktuell [4] *FIG* ↑ *tranquilo* gelassen; *FAM* ◇ **quedarse tan** ~ cool bleiben [5] *FAM* ↑ *descarado* unverschämt, kaltblütig II. *m* [1] (*vientecillo*) Frische *f;* ◇ **tomar el** ~ frische Luft schnappen [2] ARTE Fresko *n* III. *m/f* (*FAM persona*) Frechdachs *m;* **frescor** *m* Kühle *f;* **frescura** *f* [1] ↑ *insolencia* Unverschämtheit *f* [2] ↑ *tranquilidad* Kaltblütigkeit *f*
frialdad *f* [1] (*de temperatura*) Kälte *f* [2] (*FIG de interés*) Gleichgültigkeit *f*
fricción *f* [1] Reibung *f;* (*acto*) Reiben *n* [2] (*FIG entre personas*) Reibereien *pl* [3] MED Massage *f*
frigidez *f* Frigidität *f*
frigorífico *m* Kühlschrank *m*
fríjol *m* Stangenbohne *f*
frío I. *adj* kalt; ◇ **eso me deja** ~ [1] (*dejar impasible*) das läßt mich kalt [2] (*dejar admirado*) das erstaunt mich; ◇ **quedarse** ~ [1] (*indiferente*) gleichgültig sein [2] (*asombrado*) sprachlos sein II. *m* Kälte *f;* ◇ **hace** ~ es ist kalt; ◇ **coger** ~ sich erkälten; **friolero** *adj* ▷*persona* verfroren
frito I. *pp de* **freír**; II. *adj* gebraten; ◇ **patatas** *f/pl* **-as** Pommes frites *pl; FAM* ◇ **este profesor me tiene** ~ dieser Lehrer nervt mich
frivolidad *f* Leichtfertigkeit *f*, Frivolität *f;* **frívolo** *adj* ▷*persona, cosa* leichtfertig, frivol
frontera *f* Grenze *f;* **fronterizo** *adj* Grenz-; ◇ **país** *m* ~ Grenzland *n*
frontón *m* [1] (SPORT *pared*) Spielplatz *m* für Pelotaspiel [2] ARQUIT Giebel *m*
frotar I. *vt* reiben, frottieren II. *vr(se):* ◇ **-se las manos** sich *dat* die Hände reiben
fructífero *adj* [1] ▷*árbol* fruchttragend [2] *FIG* ▷*esfuerzo* fruchtbar
fruncir ‹3.18› *vt* [1] → *frente, ceño* runzeln; ◇ ~ **el ceño** die Stirn runzeln [2] → *falda* kräuseln
frustración *f* Frustration *f*, Enttäuschung *f;* **frustrar** I. *vt* [1] → *plan* zum Scheitern bringen, vereiteln [2] → *esperanzas, deseos* enttäuschen II. *vr(se)* [1] ← *plan* scheitern [2] ← *persona* frustiert sein; **frustre** *f FAM* Frust *m*
fruta *f* Frucht *f;* ◇ ~ **del tiempo** frisches Obst; **frutería** *f* Obstgeschäft *n;* **frutero(/a)** I. *m* Obstschale *f* II. *m/f* (*vendedor*) Obsthändler(in *f*) *m;* **fruto** *m* [1] (*producto*) Frucht *f;* ◇ **-s secos** Trockenfrüchte *f/pl* [2] Ertrag *m* [3] *FIG* ↑ *consecuencia* Ergebnis *n*, Resultat *n*
fuego *m* Feuer *n;* ◇ **-s artificiales** Feuerwerk n ◇ **a** ~ **lento** auf kleiner Flamme; MIL ◇ **romper el** ~ das Feuer eröffnen; ◇ **¿tienes ~?** hast du Feuer?
fuente *f* [1] ↑ *manantial* Quelle *f* [2] (*artificial*) Springbrunnen *m* [3] (*recipiente*) Servierplatte *f* [4] *FIG* ↑ *origen* Ursprung *m*
fuera I. *adv* [1] außerhalb; ◇ **de** ~ von auswärts [2] (*FAM fuera de casa*) außer Haus; (*de viaje*) unterwegs; (*de vacaciones*) auf Urlaub II. *prep:* ◇ ~ **de** [1] außerhalb, außer [2] *FIG* ausgenommen; ◇ ~ **de sí** außer sich
fueraborda *m* NAUT Außenborder *m*, Boot *n* mit Außenbordmotor
fuerte I. *adj* [1] ▷*persona, cosa* stark, kräftig; ◇ **estar** ~ **en matemáticas** in Mathematik stark sein; ◇ **hacerse** ~ sich stark machen [2] ▷*golpe* hart [3] ▷*vino, queso* würzig [4] ▷*sonido* laut [5] ▷*carácter* stark [6] ▷*empresa* solide [7] ▷*palabras* hart, stark II. *m* [1] *FIG* Stärke *f* [2]

(MIL *lugar fortificado*) Festung *f* **III.** *adv* ausgiebig; ◇ **llovía** ~ es regnete heftig; **fuerza** *f* (*del viento*) Kraft *f*, Stärke *f*; ◇ ~ **de voluntad** Willensstärke *f*; MIL ◇ ~**s armadas** Streitkräfte *pl*; ◇ ~ **de la gravedad** Schwerkraft *f*; ◇ **cobrar** ~**s** zu Kräften kommen; *FAM* ◇ **írsele a alguien la** ~ **por la boca** ein Großmaul *n* sein [2] TECNI Kraft *f* [3] ↑ *violencia* Gewalt *f*; ◇ **hacer** ~ Gewalt anwenden; ◇ **por** ~ notgedrungen; ◇ **a la** ~ gewaltsam, mit Gewalt [4] *FIG* ↑ *intensidad* Macht *f*; ◇ **a** ~ **de** durch [viel]; **fuerzo** *vb ver* **forzar**

fuga *f* [1] (*de preso*) Flucht *f* [2] (*de gas*) undichte Stelle *f*; **fugarse** ‹3.11› *vr* fliehen, flüchten

fugaz *adj* flüchtig

fugitivo(/a) **I.** *adj* [1] fliehend [2] *FIG* flüchtig **II.** *m/f* Flüchtling *m*

fulano **I.** *m* : ◇ ~ **y mengano** Herr Soundso *m* **II.** *f FAM* ↑ *prostituta* Nutte *f*

fulgor *m* Schimmer *m*, Glanz *m*

fulminar *vt* [1] ↑ *destruir* blitzen, niederschmettern [2] (*FIG expresar odio*) wettern, schimpfen; ◇ **me fulminó con su mirada** er schaute mich haßerfüllt an

fumador(a) *m/f* Raucher(in *f*) *m*; ◇ **no** ~ Nichtraucher; **fumar** *vt, vi* rauchen; ◇ ~ **en pipa** Pfeife rauchen

fumigar *vt, vi* ↑ *desinfectar* ausräuchern

funámbulo(/a) *m/f* Seiltänzer(in *f*) *m*

función *f* [1] Funktion *f* [2] ↑ *servicio* Aufgabe *f*, Amt *n*; ◇ **entrar en funciones** ein Amt antreten [3] (*espectáculo*) Vorstellung *f*; **funcional** *adj* ▷*estilo* funktionell; **funcionamiento** *m* Funktionieren *n*, Arbeitsweise *f*; **funcionar** *vi* [1] ← *aparato* funktionieren, gehen [2] ← *persona* fungieren (*como* als)

funcionario(/a) *m/f* Beamte(r) *m*, Beamtin *f*; ◇ ~ **público** [Staats-]Beamte(r) *m*, -beamtin *f*

funda *f* Hülle *f*; (*de gafas*) Etui *n*; (*de almohada*) Bezug *m*

fundación *f* [1] Gründung *f* [2] ▷*benéfica, cultural* Stiftung *f*; **fundador(a)** *m/f* Gründer(in *f*) *m*, Stifter(in *f*) *m*

fundamental *adj* wesentlich, fundamental

fundamentar *vt* [1] ↑ *cimentar* untermauern [2] *FIG* ↑ *basar* gründen (*en* auf); **fundamento** *m* [1] ↑ *cimiento* Fundament *n* [2] ◇ ~**s** *pl* (*conocimientos básicos*) [Wissens-]Grundlage *f*; **fundar** **I.** *vt* [1] [be-]gründen [2] → *teoría* stützen, basieren (*en* auf *akk*) **II.** *vr(se)*: ◇ ~**se en** beruhen auf *dat*

fundición *f* [1] (*acción*) Schmelzung *f* [2] (*lugar*) Gießerei *f*; **fundir** *vt* [1] ↑ *derretir* schmelzen [2] *FIG* → *empresas* fusionieren, zusammenschließen

fúnebre *adj* [1] Trauer-; ◇ **pompas** *m/pl* ~**s** Bestattungsunternehmen *n* [2] ↑ *triste* traurig; **funeral** *m* Trauergottesdienst *m*; **funeraria** *f* Bestattungsinstitut *n*; **funesto** *adj* ↑ *desgraciado* verhängnisvoll

funicular *m* Drahtseilbahn *f*

furcia *PEY* ↑ *prostituta* Nutte *f*

furgón *m* [1] (*coche*) Transporter *m*, Lastwagen *m* [2] TREN [Güter-]Wagen *m*, Waggon *m*; ◇ ~ **de equipajes** Gepäckwagen *m*; **furgoneta** *f* Lieferwagen *m*; ◇ ~ **para camping** Campingbus *m*, Wohnmobil *n*

furia *f* [1] ↑ *enfado* Wut *f* [2] *FIG* ↑ *fuerza* Raserei *f*; ◇ **estar hecho una** ~ fuchsteufelswild sein [3] *FAM* ↑ *vigor* Temperament *n*; **furioso** *adj* [1] ↑ *enfadado* wütend [2] *FIG* ▷*sentimientos* heftig, gewaltig

furor *m* Wut *f*

furtivo *adj* verstohlen, heimlich

furúnculo *m* MED Furunkel *m*

fuselaje *m* (*del avión*) Rumpf *m*

fusible *m* ELEC Sicherung *f*

fusil *m* Gewehr *n*; **fusilamiento** *m* Erschießung *f*; **fusilar** *vt* erschießen

fusión *f* [1] Schmelzen *n* [2] ↑ *unión* Verschmelzung *f* [3] (*de empresas*) Fusion *f*

fútbol *m* Fußball *m*; **futbolero(/a)** *m/f FAM* Fußballfan *m*; **futbolín** *m* Tischfußball *m*; **futbolista** *m/f* Fußballspieler(in *f*) *m*

futuro **I.** *adj* zukünftig **II.** *m* Zukunft *f*; GRAM Futur *n*; **futurología** *f* Zukunftsforschung *f*, Futurologie *f*; **futurólogo(/a)** *m/f* Futurologe *m*, Futurologin *f*

G

G, g *f* G, g *n*

gabacho(/a) **I.** *adj* [1] GEO aus den Pyrenäen [2] *PEY FAM* französisch **II.** *m/f* [1] [Pyrenäen-]Dorfbewohner(in *f*) *m* [2] *PEY* Franzmann *m* [3] *mit Gallizismen versetztes Spanisch*

gabán *m* Überzieher *m*, Mantel *m*

gabardina *f* Trenchcoat *m*, Regenmantel *m*

gabinete *m* [1] ↑ *escritorio* Schreibzimmer *n* [2] (*de abogado*) Kanzlei *f*; (*de ministros*) Kabinett *n*

gaceta *f* [1] (*publicación*) Zeitung *f* [2] (*de tipo político*) Staatsanzeiger *m*; **gacetilla** *f* (*sección*) Vermischte(s) *n*, Kurznachrichten *pl*

gacho *adj* schlaff; *FAM* ◇ **ir con las orejas** ~**as** die Ohren hängen lassen

gafas *f/pl* Brille *f;* ◇ ~ **de sol** Sonnenbrille *f*
gafe *m FAM*: ◇ **ser un** ~ ein Pechvogel sein
gaita *f* [1] MUS Schalmei *f;* ◇ ~ **gallega** Dudelsack *m* [2] *FAM* ↑ *engorro* Unannehmlichkeit *f* [3] (*FAM persona*) Schwächling *m*
gajes *m-pl* Nebeneinnahmen *f/pl; IRON* ◇ **los ~ del oficio** die Freuden *f/pl* des Berufs
gajo *m* [abgebrochener] Ast, Zweig *m;* (*de naranja*) Schnitz *m;* FLORA Lappen *m*
gala *f* **I.** (*sg/pl*) [1] Prunk *m;* ◇ **hacer ~ de algo** etwas zur Schau stellen, mit etwas angeben [2] (*vestido*) Abendkleidung *f;* ◇ **estar de ~** seine Sonntagskleider anhaben **II.** (*pl, joyas y traje*) Festschmuck *m,* Festkleidung *f;* ◇ **uniforme de ~** Paradeuniform *f;* TEATRO ◇ **función de ~** Galavorstellung *f*
galán *m* ↑ *hombre atractivo* gutaussehender junger Mann, Galan *m;* TEATRO jugendlicher Liebhaber; **galante** *adj* galant, höflich, aufmerksam; **galantear** *vt, vi* den Hof machen *dat,* schmeicheln *dat; FIG* ◇ ~ **a alguien** sich sehr um jd-n bemühen; **galanteo** *m* Flirten *n,* Schmeicheln *n;* **galantería** *f* [1] ↑ *cortesía* Höflichkeit *f,* Aufmerksamkeit *f* [2] ↑ *generosidad* Großzügigkeit *f,* Freigiebigkeit *f* [3] ↑ *piropo* Kompliment *n*
galardón *m* Belohnung *f,* Auszeichnung *f,* Preis *m*
galaxia *f* Galaxis *f*
galera *f* [1] (*embarcación*) Galeere *f* [2] *FIG* Frauengefängnis *n*
galería *f* [1] (*pasillo*) [überdachter] Gang, spanische Glasveranda [2] (*de pinturas*) Galerie *f* [3] *FIG* Öffentlichkeit *f,* Zuschauer *pl;* TEATRO, SPORT, POL ◇ **buscar el aplauso de la ~** für die Galerie spielen [4] MIN, MIL Stollen *m*
galés(-esa) **I.** *adj* walisisch **II.** *m/f* Waliser(in *f*) *m*
galgo(/a) *m/f* Windhund *m,* -hündin *f; FAM* ◇ **¡échale un ~!** das schaffst du nie!, das kannst du abschreiben!
Galicia *f* Galicien *n;* **galicismo** *m* Gallizismus *m*
galimatías *m* [1] (*lenguaje*) Kauderwelsch *n,* Unsinn *m* [2] ↑ *confusión* Unordnung *f,* Tohuwabohu *n*
galón *m* [1] (*prenda*) Borte *f;* MIL Hosen-/Ärmelstreifen *m,* Tresse *f* [2] (*medida inglesa*) Gallone *f*
galopar *vi* [1] galoppieren [2] *FIG* schnell arbeiten, hudeln; **galope** *m* Galopp *m;* ◇ **ir a ~** galoppieren; *FIG* es sehr eilig haben; ◇ **a ~ tendido** in gestrecktem Galopp; *FIG* in aller Eile, schleunigst
galvanizar ⟨3.10⟩ *vt* [1] FIS, TECNI, MED galvanisieren [2] → *metal* verzinken [3] → *cuerpo* elektrisieren, Stromschläge versetzen *dat*
gallardía *f* [1] ↑ *nobleza* Edelmut *m,* Würde *f* [2] ↑ *gracia, garbo* Eleganz *f* [3] ↑ *valentía* Mut *m*
gallego(/a) **I.** *adj* galicisch **II.** *m/f* [1] Galicier(in *f*) *m* [2] *AM PEY* Einwanderer aus Spanien *m,* Einwanderin *f* **III.** *m* [1] (*lengua*) Galicisch *n* [2] METEO *CASTIL* Nordwestwind *m*
galleta *f* [1] (*pasta*) Gebäck *n,* Keks *m* [2] *FAM* ↑ *bofetada* Ohrfeige *f*
gallina **I.** *f* Huhn *f,* Henne *f;* ◇ **carne** *f* **de ~** Gänsehaut *f;* ◇ **sentirse como ~ en corral ajeno** sich unbehaglich [*o.* fehl am Platz] fühlen; ◇ **matar la ~ de los huevos de oro** das Huhn, das goldene Eier legt, schlachten; ◇ **jugar a la ~ ciega** Blindekuh spielen **II.** *m FAM* Memme *f,* Feigling *m;* **gallinero** *m* [1] (*corral*) Hühnerstall *m; FIG PEY* Judenschule *f* [2] (*criador*) Hühnerzüchter(in *f*) *m* [3] TEATRO oberste Ränge; **gallo** *m* Hahn *m; FAM* ◇ **en menos que canta un ~** sehr schnell; ◇ **otro ~ te cantara, si …** es sähe anders aus, wenn …
gama *f* [1] MUS Tonleiter *f* [2] (*también FIG de colores*) Skala *f,* Palette *f*
gamba *f* Garnele *f*
gamberro(/a) *m/f* Halbstarke(r) *fm*
gamuza *f* [1] FAUNA Gemse *f* [2] (*paño de limpieza*) [Reinigungs-]Ledertuch *n*
gana *f* [1] ↑ *deseo* Lust; ◇ **hacer uno lo que le da la ~** tun, wozu man Lust hat; ◇ **tener ~s de** Lust haben zu; *FAM* ◇ **no me da la ~** ich habe keinen Bock [2] ↑ *ansia* Verlangen *n;* ◇ **me entran ~s de cantar** ich bekomme Lust zu singen *f* [3] ↑ *voluntad* Wille *m;* ◇ **de buena ~** gerne, willig; ◇ **de mala ~** ungern, widerwillig
ganadería *f* [1] (*cría*) Viehzucht *f* [2] (*actividad*) Viehhandel *m;* **ganado** *m* Vieh *n;* ◇ ~ **bravo** Kampfstiere *m/pl*
ganador(a) **I.** *adj* siegreich, gewinnend **II.** *m/f* Sieger(in *f*) *m,* Gewinner(in *f*) *m;* **ganancia** *f* [1] (*producto*) Gewinn *m,* Ertrag *m;* ◇ **margen** *m* **de ~** Gewinnspanne *f* [2] ◇ **~s** *pl* ↑ *ingresos* Einkünfte *pl* [3] ↑ *beneficios* Profit *m;* ◇ **sacar fabulosas ~s** große Summen verdienen; **ganar** **I.** *vt* [1] → *concurso* gewinnen; → *premio* erringen [2] ↑ *obtener* bekommen, erhalten [3] *FIG* ↑ *convencer* gewinnen, überzeugen (*para* für); ◇ **le ha ganado para su causa** sie hat ihn für ihre Sache gewonnen [4] → *sueldo* verdienen; ◇ **lo ganado por lo gastado** wie gewonnen so zerronnen **II.** *vi* [1] SPORT gewinnen; ◇ ~ **al póker** beim Poker gewinnen [2] ↑ *ser superior* überlegen sein (*en, a* an, in *dat*) [3] *FIG* ↑ *mejorar de aspecto* gewinnen (*de, en, con* an, durch, bei *akk*)

III. *vr(se)* [1] → *la voluntad* Anerkennung gewinnen; ◇ **se gana al jefe con su simpatía** er gewinnt die Anerkennung des Chefs durch seine sympathische Art [2] ↑ *merecer* sich verdienen; ◇ **se ha ganado un aplauso** er hat einen Applaus verdient; ◇ **~se la vida** seinen Lebensunterhalt verdienen

gancho *m* [1] (*metal torcido*) Haken *m;* TECNI Schließ-, Greifhaken *m;* (*de mujeres*) ◇ **tener ~** attraktiv sein [*o.* jd-n einwickeln können] [2] (*con pluma*) Federstrich *m*

gandul(a) I. *adj* faul II. *m/f* Faulenzer(in *f*) *m*

ganga *f* (*compra*) Schnäppchen *n,* Gelegenheitskauf *m*

ganglio *m* MED Ganglion *n,* Nervenknoten *m*

gangoso *adj* näselnd

gangrena *f* [1] MED Brand *m* [2] (BIO *árboles*) Fäulnis *f* [3] *FIG* [Krebs-]Geschwür *f*

gansada *f FAM* Albernheit *f,* Dummheit *f;* **ganso(/a)** *m/f* [1] Ganter *m,* Gans *f;* ◇ **~ cebado** Mastgans *f* [2] *FAM* Dummkopf *m;* ◇ **hacer el ~** den Clown spielen

ganzúa *f* [1] (*garfio*) Nachschlüssel *m,* Dietrich *m* [2] (*FIG persona*) Einbrecher(in *f*) *m*

gañán *m* [1] (*mozo de labranza*) [Bauern-]Knecht *m* [2] *FIG* Kraftmensch *m*

garabato *m* (*letra*) Gekritzel *n; FIG PEY* Unterschrift *f;* ◇ **echar el ~** seinen Wilhelm druntersetzen

garaje *m* [1] (*lugar*) Garage *f* [2] (*empresa*) Autowerkstatt *f*

garante I. *adj* verantwortlich II. *m/f* [1] Gewährsmann *m* [2] ↑ *fiador* Bürge *m,* Bürgin *f;* **garantía** *f* [1] Garantie *f,* Sicherheit *f;* (*fianza*) Bürgschaft *f* [2] (*caución*) Kaution *f;* **garantizar** ⟨3.10⟩ *vt* [1] ↑ *asegurar* versichern [2] (*dar garantía*) bürgen für [3] (*avalar*) gewährleisten [4] → *reloj* Garantie *f* geben auf

garbanzo *m* Kichererbse *f*

garbo *m* [1] (*de cuerpo*) Anmut *f,* Eleganz *f* [2] (*de espíritu*) Schlagfertigkeit *f,* Gewandheit *f,* Großzügigkeit *f;* **garboso** *adj* elegant, gewandt, großzügig

gardenia *f* FLORA Gardenie *f*

garete *m* : ◇ **irse al ~** [1] NAUT vor dem Wind treiben [2] *FIG* vom Weg abkommen; ← *plan* mißlingen

garfio *m* (*gancho*) [Stemm]Haken *m*

garganta *f* [1] ANAT Kehle *f,* Gurgel *f;* ◇ **me duele la ~** mir tut der Hals weh; ◇ **tener un nudo en la ~** einen Kloß im Hals haben [2] GEO Schlucht *f;* **gargantilla** *f* (*collar corto*) [kurze] Halskette

gárgara *f* Gurgeln *n; FAM* ◇ **mandar a alguien a hacer ~s** jd-n auf den Mond schicken

garito *m* [1] ↑ *casa de juego* Spielhölle [2] ↑ *ganancias del juego* [Spiel-]Gewinn *m*

garra *f* [1] (*de animal*) Kralle *f* [2] (*FIG, PEY de personas*) Hand *f,* Pfote *f,* Klaue *f;* ◇ **caer en las ~s de alguien** in jd-s Klauen fallen

garrafa *f* Karaffe *f*

garrafal *adj* ↑ *enorme* enorm, überaus groß

garrapata *f* [1] (*parásito*) Zecke *f* [2] *FIG, PEY* Mähre *f*

garrido *adj* fesch, schick

garrote *m* [1] ↑ *palo* Knüppel *m,* Stock *m* [2] *FIG* ↑ *paliza* Prügel *f* [3] (*de ejecución*) Daumenschraube *f,* Garrotte *f*

garrulería *f* Geschwätz *n; FAM* Gelaber *n*

garza *f* FAUNA Reiher *m*

gas *m* [1] Gas *n;* ◇ **~ mostaza** Senfgas; ◇ **~-Oil** Dieseltreibstoff; ◇ **con/sin ~** mit/ohne Kohlensäure [2] (*de la digestión*) ◇ **~es intestinales** Blähungen *f/pl*

gasa *f* [1] (*tela*) Gaze *f* [2] (*venda*) Mull

gaseoso(/a) I. *adj* gashaltig, gasförmig II. *f* Limonade *f*

gasóleo *m* Diesel[-öl] *n;* **gasolina** *f* Benzin *n;* **gasolinera** *f* Tankstelle *f;* **gasómetro** *m* (*contador*) Gasuhr *f,* Gaszähler *m*

gastado *adj* [1] ↑ *usado* aufgebraucht [2] ▷*ropa* abgenutzt, abgewetzt [3] ▷*chiste* abgedroschen [4] ▷*persona* verbraucht; **gastador(a)** I. *adj* verschwenderisch II. *m/f* ↑ *derrochador* Verschwender(in *f*) *m;* **gastar** I. *vt* [1] → *dinero* ausgeben, verschwenden [2] → *ropa* abnutzen, verschleißen [3] → *luz* verbrauchen [4] *FIG* → *energías* aufwenden; ◇ **~ bromas** Scherze machen II. *vr(se)* sich abnutzen; **gasto** *m* [1] (*cantidad gastada*) Ausgabe *f;* ◇ **cubrir ~s** Ausgaben decken; ◇ **~s públicos** öffentliche Ausgaben [2] ↑ *consumo* Verbrauch *m*

gatas *f/pl* : ◇ **andar a ~s** auf allen Vieren laufen;

gatear *vi* [1] ← *niño* krabbeln [2] ← *trepar* klettern, hochklettern

gatillo *m* MIL [Gewehr-]Abzug *m;* ◇ **apretar el ~** abdrücken

gato(/a) I. *m/f* Katze *f;* (*macho*) Kater *m; FAM* ◇ **dar ~ por liebre** übers Ohr hauen; *FAM* ◇ **aquí hay ~ encerrado** hier ist etwas faul II. *m* AUTO Wagenheber *m;* **gatuno** *adj* Katzen-

gaucho *m* Gaucho *m*

gavilán *m* FAUNA Sperber *m*

gavilla *f* (*de mieses*) Garbe *f*

gaviota *f* FAUNA Möwe *f*

gay ⟨inv⟩ *adj* homosexuell, schwul

gazapo *m* [1] (*conejo*) Jungkaninchen *n* [2] *FAM* ↑ *error* Irrtum *m,* Fehler *m*

gazpacho *m kalte spanische Tomatensuppe*

gel *m* Gel *n;* **gelatina** *f* Gelatine *f*
gema *f* [1] FLORA Knospe *f* [2] *(piedra preciosa)* Edelstein *m*
gemelo(/a) I. *adj* Zwillings- II. *m/f* Zwillingsbruder *m*, -schwester *f;* ◇ **-s** *pl* Zwillinge *pl* III. *m/pl* [1] *(de los puños)* Manschettenknöpfe *m/pl* [2] *(de teatro)* Opernglas *n*
gemido *m* [1] *(de personas)* Klagen *n*, Stöhnen *n* [2] *(de animales)* Heulen *n; (de perros)* Jaulen *n*
Géminis *m* ASTR Zwillinge *pl*
gemir ‹4.15› *vi* [1] ← *viento* heulen, brausen [2] ↑ *gimotear* wimmern, stöhnen [3] ← *animal* heulen, jaulen
gen[e] *m* BIO Gen *n*
genealogía *f* Genealogie *f*
generación *f* Generation *f; FIG* ◇ **la - de 68** 68iger Generation *f*
generador I. *adj* erzeugend, fördernd II. TECNI Generator *m*
general I. *adj* [1] ↑ *global* allgemein, generell; ◇ **por lo -, en -** im allgemeinen [2] ↑ *corriente* gewöhnlich, allbekannt II. *m* MIL General *m;* **generalidad** *f* [1] ↑ *mayoría* Allgemeinheit *f* [2] ↑ *vaguedad* Allgemeine(s) *n;* **generalización** *f* Verallgemeinerung *f;* **generalizar** ‹3.10› I. *vt* [1] verallgemeinern [2] ↑ *propagar* verbreiten II. *vr(se)* Allgemeingut *n* werden; **generalmente** *adv* im allgemeinen
generar *vt* FIS erzeugen, hervorbringen, bewirken
genérico *adj* allgemein, Gattungs-; **género** *m* [1] *LIT*, BIO *también FIG* Gattung *f;* ◇ **- humano** Menschengeschlecht *n* [2] ↑ *tipo* Art *f;* ↑ *manera* Weise *f* [3] COM ↑ *mercancía* Ware *f* [4] ↑ *tela* Gewebe *n* [5] GRAM Genus *m*
generosidad *f* Großzügigkeit *f;* **generoso** *adj* großzügig
genial *adj* [1] ↑ *con talento* hochbegabt, genial [2] *FAM, FIG* ▷*persona* geistvoll, witzig; ▷*cosa* großartig; **genio** *m* [1] ↑ *talante* Charakter *m*, Gemütsart *f*, Laune *f;* ◇ **corto de -** schüchtern, zurückhaltend; ◇ **tener - vivo** aufbrausend sein; ◇ **tener mal -** jähzornig [2] ↑ *sabio* Genie *n* [3] ↑ *espíritu* [Schutz]Geist *m*
genital I. *adj* Zeugungs-, Geschlechts- II. : ◇ **-es** *m/pl* ANAT Geschlechtsteile *n/pl*, Genitalien *n/pl*
gente *f* [1] ↑ *personas* Leute *pl*, Menschen *m/pl;* ◇ **- de cuidado** Bösewicht *m* [2] *(nombre colectivo)* [Volks-]Menge *f*, Volk *n;* ◇ **- (de) bien** bessere Gesellschaft; ◇ **- de la calle** Otto Normalverbraucher [3] *FAM* ↑ *familia* Angehörigen *pl;* ◇ **conocer a su -** seine Pappenheimer kennen; **gentil** *adj* ↑ *atento* umgänglich, liebenswürdig; **gentileza** *f* [1] ↑ *gracia* Eleganz *f* [2] ↑ *delicadeza* Liebenswürdigkeit *f*, Höflichkeit *f;* **gentío** *m* [1] ↑ *muchedumbre* Menschenmenge *f* [2] *FIG, FAM* Rummel *m;* **gentuza** *f PEY* Abschaum *m*
genuflexión *f* Kniefall *m*
genuino *adj* echt, unverfälscht
geografía *f* Geographie *f*
geología *f* Geologie *f*
geometría *f* Geometrie *f*
geranio *m* FLORA Geranie *f*
gerencia *f* [1] *(persona)* Geschäftsleitung *f* [2] *(gestión)* Leitung *f*, Verwaltung *f* [3] *(despacho)* Sekretariat *n*, Verwaltung[sräume] *f;* **gerente** *m/f* Geschäftsführer(in *f*) *m*, Direktor(in *f*) *m*, Verwalter(in *f*) *m*
germánico *adj* [1] germanisch [2] *(de Alemania)* deutsch; **germanista** *m/f* Germanist(in *f*) *m;* **germano(/a)** I. *adj* germanisch II. *m/f* Germane *m*, Germanin *f; FIG* Deutsche(r) *fm*
germen *m* [1] BIO, MED Samen *m*, Keim *m; (primer tallo)* Sprosse *f* [2] *FIG* ↑ *origen* Ursprung *m;* **germinar** *vi* [1] ← *planta* keimen, sprossen [2] *FIG* ← *ideas* aufgehen [3] *FIG* ← *situación* entstehen, werden
gestación *f* [1] *(del embarazo)* Tragzeit *f*, Schwangerschaft *f* [2] *(FIG de proyecto)* Entstehung *f*, Werden *n*
gesticulación *f* Mienenspiel *n*, Gestikulieren *n*, Gestik *f;* **gesticular** *vi* gestulieren
gestión *f* [1] *(de asunto)* Betreibung *f*, Bearbeitung *f* [2] COM Geschäftsführung *f;* **gestionar** *vt* [1] → *empresa* führen, leiten [2] ↑ *negociar* verhandeln
gesto *m* [1] *(de la cara)* Miene *f*, [Gesichts-]Ausdruck *f* [2] *(movimiento)* Geste *f*, Gebärde *f*
gestoría *f Agentur [zur Erledigung von Behördengängen]*
Gibraltar *m* Gibraltar *n*
gigante I. *adj también FIG* gigantisch, enorm II. *m/f* Riese *m*, Riesin *m;* **gigantesco** *adj* [riesen-]groß
gilipollas *m/f* ‹inv› *VUG* Schwachkopf *m*, Idiot *m*
gimnasia *f* Gymnastik *f;* Bodybuilding *n;* **gimnasio** *m* Turnhalle *f;* Bodybuildingcenter *m;* **gimnasta** *m/f* Turner(in *f*) *m*
gimotear *vi* wimmern
ginebra *f* Gin *m*
ginecólogo(/a) *m/f* Gynäkologe *m*, Gynäkologin *f*, Frauenarzt *m*, Frauenärztin *f*
gira *f viaje* Rundreise *f*, Ausflug *m*; TEATRO Tournee *f*
girar I. *vt* [1] → *cabeza* bewegen, umdrehen [2]

COM → *dinero* überweisen; ◇ ~ **una letra** einen Wechsel austellen (*contra, en cargo de* auf *akk*) **II.** *vi* [1] *FIG* ← *conversación* sich drehen (*alrededor de* um *akk*) [2] ↑ *doblar* [ab-]biegen; ◇ ~ **a la derecha/a la izquierda** nach rechts/links fahren

girasol *m* FLORA Sonnenblume *f*

giratorio *adj* kreisend, Dreh-; ◇ **puerta** *f* ~**a** Drehtür *f;* **giro** *m* [1] (*movimiento*) Drehung *f,* Wendung *f; también FIG* POL ◇ ~ **a la derecha** Rechtsruck *m* [2] COM Wechsel *m,* Überweisung *f,* Umsatz *m;* ◇ ~ **bancario** Banküberweisung *f;* ◇ ~ **postal** Postanweisung *f* [3] GRAM Redewendung *f*

gitano(/a) **I.** *adj* zigeunerhaft, Zigeuner- **II.** *m/f* Zigeuner(in *f*) *m*

glacial *adj* [1] ↑ *helado, también FIG* eiskalt, eisig; ◇ **dar recibimiento** *m* ~ **a alguien** jd-n kühl empfangen [2] (*de hielo*) Gletscher-; ◇ **período** *m* ~ Eiszeit *f*

glándula *f* ANAT Drüse *f*

global *adj* global, weltumspannend

globo *m* [1] (*de hinchar*) Luftballon *m* [2] ▷*aerostático* [Fessel-]Ballon *m* [3] ◇ ~ **terraqueo/del mundo** Erdkugel *f* [4] MED Augapfel *m*

gloria *f* [1] ↑ *fama* Ruf *m,* Ruhm *m;* ↑ *honra* Ehre *f;* ◇ **pasar a la** ~ einen Namen erlangen [2] REL Herrlichkeit *f,* Seligkeit *f,* Himmel *m; FIG FAM* ↑ *placer* Wonne *f; FIG* ◇ **estar en la** ~ im [siebten] Himmel sein [3] *Castil* Ofen *m*

glorieta *f* [1] (*de jardín*) Gartenlaube *f,* Gartenhaus *n* [2] ↑ *plazoleta* [angelegter] Platz

glorificar ⟨3.7⟩ *vt* ↑ *alabar* glorifizieren, verherrlichen, rühmen

glorioso *adj* [1] REL glorreich [2] ▷*hecho, persona* herrlich, rühmlich

glosa *f* [1] ↑ *nota* Vermerk *m,* Erläuterung *f,* Glosse *f* [2] MUS freie Variation; **glosario** *m* Glossar *n*

glotón(-ona) **I.** *adj* gefräßig **II.** *m/f* [1] FAUNA Vielfraß *n* [2] (*FIG persona*) Vielfraß *m,* Gierschlund *m;* **glotonería** *f* Gefräßigkeit *f,* Freßsucht *f*

gobernación *f* Regieren *n,* Statthalterschaft *f;* HIST ◇ **ministerio de** ~ Innenministerium *n;* **gobernador(a)** **I.** *adj* regierend **II.** *m/f* Gouverneur(in *f*) *m,* Statthalter(in *f*) *m,* Regierungskommissar *m;* **gobernante** **I.** *adj* regierend **II.** *m/f* Herrscher(in *f*) *m;* ◇ **los** ~**s** die Regierenden **III.** *f FAM, PEY* Bordellwirtin *f,* Puffmutter *f;* **gobernar** ⟨3.1⟩ *vt* [1] → *país* regieren [2] → *nave* steuern [3] *FAM* ↑ *manejar* beeinflussen, herumkommandieren; **gobierno** *m* [1] POL Regierung *f,* Regierungsform *f* [2] ↑ *mando* Leitung *f,* Verwaltung *f* [3] NAUT Manövrierfähigkeit *f*

goce *m* [1] Genuß *m,* Lust *f* [2] JUR Nutznießung *f*

gol *m* SPORT Tor *n; también FIG* ◇ **marcar** ~ **en propia meta** ein Eigentor schießen; **golear** *vt* SPORT [viele] Tore schießen

golf *m* SPORT Golf *n*

golfa *f FAM, PEY* Dirne *f,* Nutte *f*

golfo *m* [1] GEO Golf *m;* ◇ **guerra** *f* **del** ~ Golfkrieg *m;* ◇ ~ **Pérsico** Persischer Golf [2] (*PEY, FAM persona*) Strolch *m,* Tunichtgut *m*

golondrina *f* FAUNA Schwalbe *f*

golosina *f* Süßwaren *pl;* **goloso** *adj* naschhaft

golpe *m* [1] (*con el puño*) Schlag *m,* Hieb *m;* ◇ ~ **de estado** Staatsstreich *m,* Putsch *m;* ◇ **a** ~**s** ruckweise, stoßweise; ◇ **a primer** ~ **de vista** sofort [*o.* auf den ersten Blick]; ◇ **caer de** ~ plötzlich; ◇ **de un** ~ auf einen Schlag; SPORT ◇ ~ **bajo** Tiefschlag *m; FAM* ◇ **no dar [ni]** ~ keinen Schlag tun [2] *FIG* ↑ *desgracia* [Schicksals-]Schlag *m* [3] ↑ *sorpresa* Überraschung *f; FAM* ◇ **dar el** ~ Aufsehen erregen; **golpear** **I.** *vt* schlagen, prügeln **II.** *vi* hämmern, klopfen, nageln;

golpista *m/f* Putschist(in *f*) *m*

goma *f* [1] (*sustancia*) Gummi *n,* Kautschuk *m* [2] *FIG FAM* ↑ *preservativo* Gummi *n* [3] ▷*elástica* Gummiband *n;* ◇ ~ **de borrar** Radiergummi *m;* ◇ ~ **de pegar** Klebstoff *m*

góndola *f* Gondel *f;* **gondolero** *m* Gondoliere *m/f*

gordo(/a) **I.** *adj* [1] ↑ *obeso* dick; *FAM* ◇ **esta persona me cae** ~**a** ich kann diese Person nicht leiden [2] ↑ *importante* schwerwiegend, bedeutsam; ◇ **armar la** ~**a** großen Ärger machen **II.** *m* Hauptgewinn *m;* ◇ **el premio** ~ Hauptgewinn; *FAM* ◇ **no tener ni** ~**a** keinen Heller haben;

gordura *f* Fettleibigkeit *f;* ↑ *grasa* Fett *n*

gorgojo *m* FAUNA Kornkäfer *m*

gorila *m* FAUNA *también FIG* Gorilla *m*

gorjear *vi* [1] ← *pájaros* zwitschern [2] ← *niño* lallen; **gorjeo** *m* [1] (*de pájaros*) Trillern *n* [2] (*de niños*) Lallen *n* [3] *acción, FAM* Gelalle *n,* Geschwätz *n*

gorra *f* [Schild-]Mütze *f;* ▷*militar* Dienstmütze *f; FAM* ◇ **de** ~ umsonst

gorrear *vi* schmarotzen, nassauern

gorrión *m* FAUNA Spatz *m*

gorro *m* [Kinder-]Mütze *f;* (*de mujer*) Hut *m;* MIL Schiffchen *n,* Feldmütze *f; FAM* ◇ **estar hasta el** ~ die Nase voll haben

gorrón(-ona) *m/f FAM* Schmarotzer(in *f*) *m;* **gorronear** *vi* schmarotzen; *FAM* schnorren

gota *f* [1] Tropfen *m;* ◇ **caer unas/cuatro** ~**s** nieseln, tröpfeln; ◇ ~ **a** ~ langsam; ◇ ~ **a** ~ **se llena la bota** steter Tropfen höhlt den Stein [2] *FIG*

↑ *pequeña cantidad* bißchen; ◇ **ni** ~ überhaupt nichts [2] MED Gicht *f;* **gotear** *vi* ↑ *chorrear* tropfen, wasserdurchläßig sein; **gotera** *f* [1] (*grieta*) undichte Stelle [2] (*mancha*) [Wasser-] Fleck *m* [3] AGR [Baum-]Fäulnis *f*

gótico *adj* gotisch

gozada *f FAM* ↑ *satisfacción* Wonne *f,* Vergnügen *n;* ◇ **es una** ~ es ist herrlich; **gozar** ⟨3.10⟩ *vi* ↑ *disfrutar* genießen (*de* akk)

gozne *m* ↑ *quicio* Scharnier *n,* [Tür-]Angel *f*

gozo *m* [1] ↑ *alegría* Freude *f,* Vergnügen *n* [2] ↑ *júbilo* Jubel *f;* **gozoso** *adj* freudig, vergnügt

grabación *f* [1] (*copia*) Aufnahme *f,* Kopie *f* [2] (*acción*) Aufnehmen *n*

grabado *m* [1] Gravur *f,* [Kupfer-, Stahl-, Holz-] Stich *m* [2] (*en un libro*) Illustration *f;* **grabador(a)** *m/f* (*persona*) Graveur(in *f*) *m*

grabadora *f* (*máquina*) Aufnahmegerät *n*

grabar *vt* [1] → *dibujo* [ein-]gravieren, stechen [2] → *música* aufnehmen [3] *FIG* ↑ *inculcar* einprägen, festhalten; ◇ ~ **en la mente** [sich] einprägen

gracia *f* [1] ↑ *garbo* Anmut *f,* Begabung *f* [2] (*broma*) Witz *m;* ◇ **tener** ~ **algo** witzig sein; *FAM* ◇ **no me hace** ~ das finde ich gar nicht witzig [3] ↑ *perdón* Gnade *f;* JUR Begnadigung *f;* ◇ **derecho de** ~ Begnadigungsrecht; ◇ **por la** ~ **de Dios** von Gottes Gnaden [4] ↑ *agrado* Gunst *f;* ◇ **caer en** ~ **a alguien** jd-m gefallen; *IRON* ◇ **¡vaya una** ~**!** das fehlte gerade noch! [5] ↑ *agradecimiento* Dank *m;* ◇ **dar** [**las**] ~**s** danken; ◇ **¡**~**s!** danke!; ◇ **¡muchas** ~**s!** vielen Dank!; ◇ **¡**~**s a Dios!** Gott sei Dank; ◇ ~**s a** dank *dat o gen;* **gracioso I.** *adj* [1] ▷*aspecto* witzig, drollig [2] ▷*actor* lustig **II.** *m* TEATRO lustige Rolle, Gracioso *m*

grada *f* : ◇ ~**s** *pl* Sitzplätze/Ränge *m/pl;* **gradación** *f* [1] (*escalones*) Stufenreihe *f* [2] *FIG* Abstufung *f*

graderío *m* ↑ *gradas* Freitreppe *f*

grado *m* [1] Grad *m;* FIS ↑ *temperatura* ◇ **12** ~**s bajo cero** 12 Grad unter null [2] *FIG* ↑ *intensidad* Maß *n,* Grad *m;* ◇ **en tal grado** so [sehr] [3] MIL *también FIG* Rang *m,* Rangstufe; ◇ ~ **de general** Generalsrang; ◇ ~ **académico** akademischer Rang

graduación *f* [1] (*del alcohol*) Alkoholgehalt *m* [2] (*de la vista*) Regulierung [3] COLE Abschluß *m* [4] MIL Rangstufe; **graduado(/a)** *m/f* (*con título universitario*) Graduierte(r) *fm;* **gradual** *adj* allmählich, graduell; **graduar** ⟨3.19⟩ **I.** *vt* [1] ↑ *regular* einstellen, eichen [2] ↑ *medir* messen [3] ↑ *escalonar* abstufen **II.** *vr(se)* seinen Abschluß machen

gráfico(/a) I. *adj* graphisch **II.** *m o f* Graphik *f,* Diagramm *n;* **grafista** *m/f* Graphiker(in *f*) *m*

grajo *m* [1] FAUNA Saatkrähe *f* [2] *FAM* Schwätzer *m*

gramática *f* Grammatik *f*

gramo *m* Gramm *n*

gran *adj ver* **grande**

grana *f* [1] FLORA Samenkorn *n* [2] (*color*) Scharlachrot *n*

granada *f* [1] FLORA Granatapfel *m* [2] MIL Granate *f*

granadino(/a) I. *adj* aus Granada **II.** *m/f* Einwohner(in *f*) *m* Granadas **III.** *f* [1] (*bebida*) Grenadine *f* [2] (*canto*) Lied *n* aus Granada

granate *m* Granat *m*

Gran Bretaña *f* Großbritannien *n*

grande ⟨gran⟩ **I.** *adj* [1] (*tamaño*) groß [2] (*altura*) hochgewachsen, lang [3] (*edad*) erwachsen [4] (*FIG de cualidades*) großartig, wichtig; ◇ **pasarlo en** ~ sehr gut leben; *FAM* ◇ **celebrar algo a lo** ~ groß feiern **II.** *m/f* HIST, POL Grande *m/f;* **grandeza** *f* Größe *f,* Wichtigkeit *f;* **grandioso** *adj* prächtig, herrlich

granel *adv:* ◇ **a** ~ [1] COM lose, unverpackt [2] (*en abundancia*) haufenweise

granero *m también FIG* Kornspeicher *m;* ◇ **el** ~ **de Europa** die Kornkammer Europas

granito *m* [1] (*roca*) Granit *m* [2] (*grano pequeño*) Körnchen *n*

granizado *m* Eisgetränk *n*

granizar ⟨3.10⟩ *vi* hageln; **granizo** *m* Hagel *m*

granja *f* Gutshof *m,* Bauernhof (mit Tierzucht) *m*

granjear I. *vt* [1] ↑ *adquirir* erwerben, verdienen [2] ↑ *ganar* gewinnen [3] NAUT Fahrt *m* machen **II.** *vr(se):* ◇ ~**se amistades** Sympathien gewinnen; **granjero(/a)** *m/f* Bauer *m,* Bäurin *f*

grano *m* [1] Korn *n;* ↑ *semilla* Samenkorn *n;* (*de café*) Bohne; *FIG* ◇ **ir al** ~ zur Sache kommen *f* [2] *FIG* ↑ *parte pequeña* Fetzchen *n,* Körnchen *n;* ◇ **ni un** ~ kein bißchen [3] MED Pickel *m* [4] *pl,* AGR Getreide *n*

granuja *f FAM* ↑ *pícaro* Halunke *m,* Lump *m*

grapa *f* Heftklammer *f;* **grapadora** *f* Heftmaschine *f,* Tacker *m;* **grapar** *vt* zusammenheften

grasa *f* [1] (GASTRON *general*) Fett *n* [2] ↑ *suciedad* Schmutz *m* [3] AUTO Schmiermittel *f;* **grasiento** *adj* schmierig, fettig; (*de aceite*) ölig

gratificación *f* [1] ↑ *prima* Zusatzvergütung *f,* Sondervergütung *f;* ◇ ~ **anual** Jahresprämie *f* [2] ↑ *recompensa* Belohnung *f;* **gratificar** ⟨3.7⟩ *vt* belohnen, vergüten

gratinar *vt* GASTRON überbacken, gratinieren

gratis *adv* gratis, umsonst

gratitud *f* Dankbarkeit *f*
grato *adj* [1] ↑ *agradable* angenehm [2] ↑ *bien visto* gern gesehen
gratuito *adj* [1] ↑ *gratis* unentgeltlich, kostenlos [2] ↑ *arbitrario* grundlos, willkürlich
grava *f* ↑ *gravilla* Schotter *m;* ↑ *guijarros* Kies *m*
gravamen *m* [1] ↑ *carga* Last *f; también* JUR Belastung *f* [2] ↑ *obligación* Auflage *f* [3] ↑ *impuesto* Steuer *f,* Abgabe *f* [4] (*de finca*) Grundstücksbelastung *f;* **gravar** *vt* [1] ↑ *poner gravamen* belasten [2] (*con impuestos*) [mit Steuern] belegen
grave *adj* [1] ↑ *importante* wichtig [2] ↑ *serio* ernst [3] ▷*enfermedad* schwer [4] ▷*sonido* tief; **gravedad** *f* [1] ↑ *seriedad* Ernst *m* [2] ↑ *importancia* Bedeutung *f* [3] TECNI ◇ **la fuerza de** ~ Schwerkraft (auf der Erde)
gravitación *f* TECNI Schwerkraft *f;* **gravitar** *vi* [1] ↑ *pesar, también FIG* liegen auf, lasten auf *dat* [2] ↑ *pender* (drohend) überhängen [3] ASTR ◇ ~ **alrededor de** kreisen um
gravoso *adj* [1] ↑ *grave* schwer, beschwerlich [2] ↑ *molesto* lästig, drückend [3] ↑ *caro* kostspielig, teuer
graznar *vi* ← *cuervos* krächzen; ← *patos* schnattern; **graznido** *m* [1] Krächzen *n,* Schnattern *n* [2] (*PEY de persona*) Geschnattere *n,* Geschwätz *n*
Grecia *f* Griechenland *n*
gremio *m* [1] (*conjunto*) Gremium *n* [2] (*del mismo oficio*) Innung *f* [3] HIST Zunft *f* [4] *FAM* Verband *m*
greña *f sg o pl* zerzaustes Haar *n;* **greñudo** *adj* zerzaust, zottig
griego(/a) **I.** *adj* [1] griechisch [2] REL orthodox **II.** *m/f* Grieche *m,* Griechin *f* **III.** *m* (*idioma*) Griechisch
grieta *f* [1] (*en taza*) Sprung *m* [2] (*en manos*) ◇ **tengo grietas en las manos** ich habe aufgesprungene/rissige Hände; **grietarse** *vr ver* **agrietarse**
grifería *f* Hahnarmaturen *f/pl;* **grifo** *m* Wasserhahn *m*
grillo *m* FAUNA Grille *f; FAM* ◇ **tener la cabeza llena de** ~**s** den Kopf *m* voll Grillen haben
grima *f* ↑ *desazón* Ärger *m,* Schauder *m;* ◇ **me da** ~ es ärgert mich
gripe *f* Grippe *f*
gris *adj* [1] (*color*) grau [2] (*FIG sin color*) farblos
gritar *vt, vi* [1] ↑ *llamar* schreien, rufen [2] ↑ *reñir* schimpfen; **griterío** *m* [1] (*cantidad de gritos*) Stimmenwirrwarr *m,* Lärm *m* [2] ↑ *desasosiego* Unruhe *f* [3] ↑ *tumulto* Tumult *m;* **grito** *m* Schrei *m,* Ruf *m;* ◇ **dar gritos** schreien, anbrüllen; *FAM* ◇ **a** ~ **pelado** [*o* **limpio, herido**] aus vollem Hals[e]; *FIG* ◇ **poner el** ~ **en el cielo** lamentieren, sich laut ägern; (*FAM de moda*) ◇ **ser algo el último** ~ der letzte Schrei sein
grosella *f* FLORA [rote] Johannisbeere; ◇ ~ **negra** schwarze Johannisbeere; ◇ ~ **espinosa** Stachelbeere
grosería *f* [1] (*acción*) Grobheit *f,* Unverschämtheit *f,* Frechheit *f* [2] (*palabra*) Beleidigung *f;* **grosero** *adj* [1] ↑ *maleducado* unverschämt, unerzogen [2] ↑ *basto* grob
grosor *m* [1] (*de tablas*) Stärke *f,* Dicke *f* [2] (*de objetos cilíndricos*) Durchmesser *m*
grotesco *adj* grotesk
grúa *f* [1] TECNI Kran *m* [2] AUTO Abschleppwagen *m*
grueso **I.** *adj* [1] ↑ *gordo* dick [2] ↑ *grande* groß **II.** *m* [1] ↑ *grosor* Durchmesser *m,* Dicke *f,* Stärke *f* [2] ↑ *parte principal* Hauptteil *m,* Gros *n* **III.** *f* COM Maßeinheit *f* von 12 x 12, Gros *n*
grulla *f* FAUNA Kranich *m*
grumo *m* (*en un líquido*) Klümpchen *n*
gruñido *m* [1] (*de cerdo*) Grunzen *n* [2] (*FIG de descontento*) Seufzen *n,* Murren *n* [3] (*del intestino*) Magenknurren *n;* **gruñir** ⟨3.16⟩ *vi* [1] ← *animal* grunzen [2] ← *persona* knurren, murren; **gruñón(-ona)** **I.** *adj* mürrisch, grimmig **II.** *m/f* Griesgram *m,* Brummbär(in *f*) *m*
grupa *f* (*de caballo*) Kruppe *f;* ◇ **a** ~**s** auf dem Pferderücken, reitend; *FIG* ◇ **volver** ~**s** umkehren
grupo *m* Gruppe *f,* Einheit *f,* Verband *m;* ◇ ~ **sanguíneo** Blutgruppe *f;* ◇ ~**s de presión** Interessengruppen *f/pl;* ◇ ~ **parlamentario** POL Fraktion *f*
gruta *f* Grotte *f,* Höhle *f*
guadaña *f* [1] Sense *f* [2] *FIG* ↑ *muerte* Sensenmann *m,* Tod *m;* **guadañar** *vt* mähen
guai *adj FAM* toll, klasse
guantada *f*
guantazo *m* ↑ *bofetada* Ohrfeige *f,* Schlag *m* ins Gesicht
guante *m* Handschuh *m;* **guantera** *f* AUTO Handschuhfach *n*
guapo(/a) **I.** *adj* ↑ *hermoso* schön, hübsch **II.** *m/f* [1] schöner Junge, schönes Mädchen [2] (*cariño*) Kleine
guarda *m* [1] (*persona*) Wächter(in *f*) *m;* ◇ ~ **forestal** Förster(in *f*) *m* [2] (*acción*) Wache *f,* Schutz *m*
guardabarros *m/sg* [1] (*de coche*) Kotflügel *m* [2] (*de bicicletas*) Schutzblech *n;* **guardabos-**

que[s] *m/sg* Förster(in *f*) *m,* Waldhüter(in *f*) *m;* **guardacostas** *m/sg* ‹inv› [1] (*persona*) Küstenwache *f* [2] (*barco*) Küstenwachschiff *n;* **guardaespaldas** *m/sg* ‹inv› Leibwächter(in *f*) *m;* **guardameta** *m/f* SPORT Torwart *m;* **guardapolvo** *m* [1] (*prenda*) Sommermantel *m,* Staubmantel *m* [2] (*de trabajo*) Overall *m* [3] (*de muebles*) [Schutz]Überzug *m;* **guardar** ‹1› **I.** *vt* [1] ↑ *conservar* aufbewahren; ◇ **- el algodones** als Müttersöhnchen aufziehen; ◇ **- en la memoria** sich erinnern, im Gadächtnis behalten [2] ↑ *protejer* schützen (*de* vor); ◇ **- la espalda de alguien** jd-s Leibwächter sein [3] ↑ *vigilar* bewachen [4] → *norma, tradición* beibehalten, bewahren; ◇ **- un secreto** ein Geheimnis für sich behalten [5] → *dinero* sparen [6] → *cosas* aufheben, wegschließen; ◇ **- el coche en el garaje** das Auto in die Garage stellen [7] → *sentimiento* verspüren; ◇ **no le guardo agradecimiento** ich bin ihm nicht dankbar **II.** *vr(se)* ↑ *protejerse* sich schützen (*de* vor *dat*); ◇ **-se del frío** sich vor der Kälte schützen; ◇ **-sela** Gelegenheit *f* zur Vergeltung abwarten (*a alguien* gegen); **guardarropa I.** *m* [1] (*en teatro*) Garderobe *f* [2] ↑ *ropero* Kleiderschrank *m* **II.** *m/f* (*persona*) Garderobier(e *f*) *m*

guardería *f* Kindergarten *m*

guardia I. *f* [1] (*acción*) Bewachung *f,* Schutz *m;* MIL Wache *f* [2] (*actitud*) Wachsamkeit *f;* ◇ **estar en -** auf der Hut sein; ◇ **ponerse en -** aufmerksam/mißtrauisch werden **II.** *m/f* [1] ↑ *el que guarda* Wachposten *m;* ◇ **estar de -** Bereitschaftsdienst haben *m/f* [2] ↑ *policía* Polizist(in *f*) *m;* ◇ **- Civil** ≈Landpolizei *f;* ◇ **- municipal** Schutzmann *m;* **guardián(-ana)** *m/f* Wächter(in *f*) *m,* Aufseher(in *f*) *m*

guardilla *f* Mansarde *f,* Dachzimmer *n*

guarecer ‹3.5› **I.** *vt* [1] ↑ *proteger* bewahren, schützen [2] ↑ *albergar* aufnehmen, Obdach *n* gewähren *dat* [3] ↑ *curar* heilen **II.** *vr(se):* ◇ **-se de la tormenta** vor dem Gewitter Schutz suchen; **guarida** *f* [1] (*de animal*) Höhle *f,* Bau *m* [2] (*de delincuente*) Schlupfwinkel *m*

guarismo *m* MATE Ziffer *f*

guarnecer ‹3.5› *vt* [1] ↑ *decorar* verzieren, schmücken [2] ↑ *completar* vervollständigen; ◇ **- de velas un barco** einem Schiff Segel setzen [3] MIL besetzen, verstärken; **guarnición** *f* [1] (MIL *tropa*) Besatzung *f* [2] (MIL *en espada*) Handschutz *m* [3] ↑ *ornamento* Verzierung *f,* Ausschmückung *f* [4] GASTRON Garnierung *f*

guarro(/a) I. *adj* dreckig, schmutzig **II.** *m/f también PEY* Schwein *n*

guasa *f FAM* ↑ *burla* Scherz *m,* Ironie *f;* ◇ **decir con [mucha] -** ironisch sagen; **guasón(-ona) I.** *adj* scherzhaft, spottend, spaßig **II.** *m/f* Witzbold *m,* Spötter *m*

Guatemala *f* Guatemala *n;* ◇ **salir de - y entrar en Guatepeor** vom Regen in die Traufe kommen; **guatemalteco(/a) I.** *adj* guatemaltekisch, aus Guatemala **II.** *m/f* Guatemalteke *m,* Guatemaltekin *f*

Guayana *f* Gu[a]yana *n*

gubernamental *adj* [1] ↑ *gubernativo* gubermental, Regierungs- [2] ▷*prensa* regierungsfreundlich; **gubernativo** *adj* Regierungs-

guerra *f* [1] MIL Krieg *m;* ◇ **estado de guerra** Kriegszustand *m;* ◇ **la Guerra Fria** der Kalte Krieg; ◇ **declarar la -** den Krieg erklären [2] *FIG* ↑ *conflicto* Streit *m,* Auseinandersetzung *f;* ◇ **hacer guerra a muerte** [*o* **guerra sin cuartel**] sich bis aufs Blut bekriegen; ◇ **tener - declarada** verfeindet sein mit [3] *FIG* Mühe *f,* Ärger *m; FAM* ◇ **dar [mucha] -** Ärger machen [4] (*juego*) Art *f* des Billardspiels; **guerrear** *vi* Krieg führen; **guerrero(/a) I.** *adj* kriegerisch, kampflustig **II.** *m/f* Krieger(in *f*) *m,* Kämpfer(in *f*) *m;* **guerrilla** *f* [1] (*guerra*) Partisanenkrieg *m,* Guerillakrieg *m* [2] (*ejército*) Guerilla *f,* Partisanen *pl,* Freischärler *pl;* **guerrillero(/a)** *m/f* Partisane *m/f,* Freischärler(in *f*) *m*

gueto *m también FIG* Getto *n*

guía I. *m/f* (*persona*) [Fremden-]Führer(in *f*) *m;* MIL Vordermann *m,* Flügelmann *m* **II.** *f* [1] ▷*informativo* [alphabetisches] Nachschlagewerk; ◇ **- de ferrocarriles** Kursbuch *n;* ◇ **- telefónica** Telefonbuch *n;* ◇ **- turística** Reiseführer *m;* ◇ **- gastronómica** Gastronomieführer [2] (*sg*) ↑ *orientación* Richtlinie *f,* Leitvorstellung *f* [3] EQUIT Zaumzeug *n* [4] (*de bicicleta*) Lenker *m;* **guiar** ‹3.13› **I.** *vt* [1] ↑ *dirigir* führen, leiten; ◇ **- al triunfo** zum Erfolg führen [2] → *coche* lenken, fahren [3] *FIG* ↑ *aconsejar* anleiten **II.** *vr(se)* sich leiten lassen; ◇ **-se por el ejemplo de los demás** sich nach den Übrigen richten

guijarro *m* Kieselstein *m*

guillotina *f* [1] (*para decapitar*) Guillotine *f,* Fallbeil *n* [2] (*para cortar papel*) Papierschneidemaschine *f*

guinda *f* FLORA Sauerkirsche *f*

guindilla *f* FLORA [1] Art *f* Pfeffer [2] Pfefferkirsche *f;* ◇ **guindillo de Indias** Pfefferkirschenbaum *m* [3] (*FAM policía*) Bulle *m*

guiñapo *m* (*trozo de vestido*) Lumpen *m,* Fetzen *m;* ◇ **poner a alguien como un -** jd-n wüst beschimpfen [*o.* jd-n zur Schnecke machen] *FIG FAM* ↑ *persona despreciable* Flasche *f*

guiñar I. *vi* blinzeln, zwinkern **II.** *vt* NAUT gieren; **guiño** *m* [1] (*acción*) Blinzeln *n* [2] (*FIG* *seña*) Zwinkern *n;* ◇ **hacer un ~, hacer ~s** zuzwinkern

guiñol *m* (*teatro*) Kasperletheater *n*

guión *m* [1] (*de discurso*) Führer *m,* Programm *n* [2] (*de cine*) Drehbuch *n* [3] GRAM Bindestrich *m* [4] MUS Wiederholungszeichen *n;* **guionista** *m/f* Drehbuchautor(in *f*) *m*

guiri *m/f PEY FAM* [1] ↑ *extranjero* Ausländer(in *f*) *m* [2] HIST Liberale(r) *fm*

guirnalda *f* Girlande *f*

guisa *f* : ◇ **de esa ~** so, nach der Art; ◇ **a ~ de** so wie, als wie

guisado *m* GASTRON [Schmor]Braten *m;* ◇ **~ picante a la húngara** Gulasch *n*

guisante *m* FLORA Erbse *f*

guisar I. *vt, vi* [1] ↑ *cocinar* Speisen zubereiten, schmoren, kochen [2] ↑ *preparar* vorbereiten **II.** *vr(se) FAM* ← *acontecimiento* sich vorbereiten auf *akk;* **guiso** *m* Gericht *n,* Speise *f*

güisqui *m* Whisky *m*

guita *f FAM* ↑ *pasta* Moneten *pl*

guitarra *f* Gitarre *f;* ◇ **tener las formas de una ~** sehr gut gebaut sein; **guitarrista** *m/f* Gitarrist(/in *f*) *m*

gula *f* ↑ *voracidad* Völlerei *f,* Gefräßigkeit *f*

gusano *m* [1] FAUNA Wurm *m;* ◇ **~ de seda** Seidenraupe *f* [2] (*FIG, PEY persona*) Zwerg *m,* Winzling *m*

gustar I. *vt* ↑ *probar* probieren, kosten; ◇ **¿ gustan Ustedes?** möchten Sie probieren?, darf ich Ihnen etwas anbieten? **II.** *vi* gefallen; ◇ **gusta de correr cada mañana** es ist schön, jeden Morgen zu laufen; ◇ **me gusta ir de paseo** ich gehe gern spazieren; (*otro sexo*) Gefallen erregen, gefallen; ◇ **¿te gusta este chaval?** den Typ da findest Du gut?; **gusto** *m* [1] ↑ *sabor* Geschmack *m;* ◇ **de mal ~** geschmacklos; ◇ **sobre ~s no hay nada escrito** über Geschmack läßt sich nicht streiten; ◇ **he decorado el piso a mi ~** ich habe die Wohnung nach meinem Geschmack eingerichtet [2] ↑ *placer* Vergnügen *n;* ◇ **estar/sentirse a ~** sich wohl fühlen; ◇ **dar ~ a alguien** jd-n zufriedenstellen/erfreuen; ◇ **mucho ~ en conocerle** es freut mich, Sie kennenzulernen; ◇ **el ~ es mío** ganz meinerseits!; **gustoso** *adj* [1] (*de sabor*) schmackhaft [2] (*FAM con gusto*) gern, mit Freuden

gutural *adj* Kehl-, kehlig

H

H, h *f* H, h *n*

haba *f* BIO Bohne[-nfrucht] *f;* ◇ **en todas partes cuecen ~** überall wird mit Wasser gekocht; ◇ **eso son ~s contadas** das ist ein ganz klarer Fall; (*de la misma forma*) [Kaffee- Kakao-]Bohne *f*

Habana *f* : ◇ **la ~** Havanna *n;* **habano I.** *adj* [1] (*geográfico*) aus Havanna [2] ▷*color* ockerfarben **II.** *m* (*puro*) Havannazigarre *f*

haber ⟨*1.3*⟩ **I.** *vb aux* haben, sein; ◇ **no debí ~lo dicho** ich hätte das nicht sagen sollen; ◇ **de ~lo sabido** wenn ich es gewußt hätte; ◇ **¡~ venido antes!** komm doch früher/rechtzeitig! **II.** *vb impers* [1] es gibt, es sind, es ist; ◇ **no hay mucha gente en la calle** es sind nicht viele Leute auf der Straße; ◇ **no hay quien aguante este calor** diese Hitze ist unerträglich; ◇ **debe ~ una solución** es muß eine Lösung geben; ◇ **¿qué hay?** was gibt's?; ◇ **no hay de qué** nichts zu danken [2] (*obligación*) ◇ **hay que trabajar** man muß arbeiten **III.** *vi:* ◇ **~ de** [1] (*deber*) ◇ **has de tener más cuidado** du solltest/mußt besser aufpassen [2] (*costumbre [mala]*) ◇ **siempre has de llamar la atención** immer mußt du auffallen **IV.** *m* [1] (*en cuenta*) Guthaben *n* [2] ↑ *sueldo* Gehalt *n* [3] (*pl*) ◇ **~es** Vermögen *n*

habichuela *f* FLORA grüne Bohne *f*

hábil *adj* [1] ↑ *diestro* geschickt [2] ↑ *astuto* schlau [3] ↑ *apto* fähig [4] JUR berechtigt (*para* zu); ◇ **cuatro días ~es a partir de hoy** vier Arbeitstage von heute an; **habilidad** *f* [1] ↑ *destreza* Geschicklichkeit *f,* Geschick *n* [2] ↑ *aptitud* Fähigkeit *f* [3] (*engaño*) Trick *m,* Kniff *m;* **habilidoso** *adj ver* **hábil**

habilitación *f* [1] (*acción de habilitar*) Befähigung *f,* Berechtigung *f* [2] (JUR *de abogado*) Zulassung *f;* **habilitar** *vt* [1] (*ceder derecho*) ermächtigen [2] ↑ *capacitar* befähigen [3] → *local* einrichten [4] (*persona*) versehen, ausstatten (*de* mit)

habitable *adj* bewohnbar

hábilmente *adv* geschickt, gewandt

habitación *f* [1] (*cuarto*) Zimmer; ◇ **~ sencilla/individual** Einzelzimmer *n;* ◇ **~ doble** Doppelzimmer *n* [2] (*dormitorio*) Schlafzimmer *n* [3] (*vivienda*) Haus *n* [4] (*acción de habitar*) Wohnen *n*

habitante *m/f* Einwohner(in *f*) *m,* Bewohner(in *f*) *m;* **habitar I.** *vt* bewohnen, wohnen in *dat* **II.** *vi* wohnen; **hábitat** *m* BIO Lebensraum *m*

hábito *m* [1] ↑ *costumbre* Gewohnheit *f* [2] ↑ *habilidad* Fähigkeit *f* [3] (REL *de eclesiástico*)

Talar *m;* (*de ordenes, monjes*) Ordenskleid [auch Ritterorden] *m,* Kutte *f;* ◇ **colgar los -s** seinen Beruf an den Nagel hängen; ◇ **el - no hace al monje** der Schein trügt [*o.* es ist nicht alles Gold, was glänzt]; **habitual** *adj* gewöhnlich; **habituar** ‹3.19› **I.** *vt* gewöhnen (*a* an *akk*) **II.** *vr(se)* [1] sich gewöhnen (*a* an *akk*) [2] MED resistent werden (*a* gegen)

habla *m* [1] (*facultad*) Sprechen *n;* ◇ **perdió el -** es verschlug ihm die Sprache [2] (*lenguaje*) Sprache *f;* ◇ **de - alemana** deutschsprachig; ◇ **ponerse/estar al - con** sich in Verbindung setzen mit [3] (*manera de hablar*) Sprechweise *f,* Dialekt *m;* **hablador(a) I.** *adj* geschwätzig **II.** *m/f* Schwätzer(in *f*) *m; PEJ* Klatschmaul *n;* **habladuría** *f* Gerede *n,* Klatsch *m,* Tratsch *m;* **hablante** *m/f* Sprecher(in *f*) *m;* ◇ **hispano--** *m/f* spanischsprachig; spanische(r) Muttersprachler(in); **hablar I.** *vt* [1] reden; ◇ **dar que -** Anlaß für Gerüchte geben; (*FAM*) ◇ **- por los codos** den Mund nicht zukriegen [2] → *idioma* sprechen; ◇ **se habla alemán** man spricht Deutsch [3] → *asunto* besprechen; ◇ **de eso ni -** auf keinen Fall **II.** *vi* [1] sprechen; ◇ **- de/sobre** sprechen über *akk,* sprechen von [2] ↑ *conversar* Gespräch führen, sich unterhalten **III.** *vr(se)* [1] miteinander sprechen; ◇ **ya no se hablan** sie sprechen nicht mehr miteinander [2] sprechen, Umgang haben; ◇ **ya no te hablas con nadie** du sprichst mit niemanden mehr

hacendoso *adj* arbeitsam, tüchtig

hacer ‹*4.4*› **I.** *vt* [1] machen; ◇ **- una visita** einen Besuch machen; ◇ **- las maletas** die Koffer pakken; ◇ **- una pregunta** eine Frage stellen; ◇ **- deporte** Sport treiben; ◇ **- bien/mal** richtig/falsch handeln; (*intentar*) ◇ **haré por verte esta noche** ich werde versuchen, um dich heute abend zu sehen; (*resignación*) ◇ **¡qué le vamos a -!** was soll's! da kann man nichts machen.; ◇ **este traje te hace más delgado** dieser Anzug macht dich schlank; ◇ **a medio -** mittendrin, unvollendet; ◇ **hecho a mano** handgemacht [2] ↑ *realizar* schaffen [3] (*construir*) anfertigen [4] ↑ *fabricar* herstellen [5] → *comida* zubereiten [6] → *papel* eine Rolle übernehmen; ◇ **hace de científico en la película** er spielt in dem Film die Rolle des Wissenschaftlers; *FIG FAM* ◇ **- el indio** den Clown spielen; *FAM* ◇ **- el primo** sich übers Ohr hauen lassen; ◇ **- como que, - como si** etw. vorgeben [7] ↑ *resultar* ergeben; ◇ **esto hace tres mil pesetas** das kostet [zusammmen] drei Tausend Peseten [8] ↑ *causar* bewirken, veranlassen; ◇ **me ha hecho gritar** sie hat mich zum Schreien gebracht; ◇ **esto hace que estudies** das führt dazu, daß du lernst **II.** *impers* [1] ◇ **hace falta** benötigen, brauchen [2] (*temporal*) seit, vor; ◇ **desde hace mucho tiempo** seit langem; (*temporal, pasado*) ◇ **ha llegado hace poco** er ist vor kurzem gekommen [3] (*tiempo*) sein; ◇ **- frío/calor** es ist kalt/warm; ◇ **hace sol** es scheint die Sonne **III.** *vr(se)* [1] (*parecer*) scheinen, wirken; ◇ **-se el sordo** den Tauben spielen [2] ↑ *llegar a ser* werden; ◇ **se hace de día** es wird Tag [3] (*fabricarse*) gemacht werden, machen lassen; ◇ **me hice un vestido** ich ließ mir ein Kleid machen [4] ↑ *apartarse* Raum freigeben; ◇ **-se a un lado** zur Seite treten; ◇ **-se a la mar** in See stechen [5] ↑ *acostumbrarse* sich gewöhnen (*a [cosa]* an); ◇ **-se a la idea** sich an einen Gedanken gewöhnen [6] ↑ *adquirir* erwerben, bekommen von; ◇ **se ha hecho con un coche por poco dinero** er hat ein Auto für wenig Geld erworben; ◇ **se hizo con el vecino** sie erwarb die Freundschaft des Nachbarn

hacia *prep* [1] (*dirección*) nach, zu; ◇ **- arriba/abajo** nach oben/unten [2] (*posición*) in der Nähe *gen* [3] (*tiempo*) gegen; ◇ **llegaré - mediados de abril** ich komme gegen Mitte April an

hacienda *f* [1] ↑ *finca* Landgut *n* [2] ↑ *bienes* [Grund-]Besitz *m,* Vermögen *n;* ◇ **H- Pública** Staatsfinanzen *pl;* ◇ **[Ministerio de] H-** Finanzministerium *n*

hacha *m* Axt *f;* ◇ **ser un -** überragend sein; **hachazo** *m* (*golpe*) Axthieb *m,* [mit Axt zugefügte] Wunde *f*

hache *f* H, h *n*

hada *f* Fee *f*

hado *m* ↑ *destino* Schicksal *n*

hago *vb ver* **hacer**

Haití *m* Haiti *n*

halagador *adj* schmeichelnd, schmeichelhaft; **halagar** ‹3.11› *vt* [1] ↑ *adular* schmeicheln *dat* [2] (*complacer*) freuen *akk;* ◇ **me halaga que** *subj* es freut mich, daß; **halago** *m* Schmeichelei *f;* **halagüeño** *adj* [1] (*de halagar*) schmeichelhaft, schmeichelnd [2] ↑ *prometedor* vielversprechend [3] ↑ *tentador* verlockend, anziehend

halcón *m* FAUNA Falke *m*

hálito *m* [1] ↑ *aliento* Atem *m,* Hauch *m; FIG* Lebenszeichen *n* [2] ↑ *vapor* Dampf *m* [3] *LIT* ↑ *soplo* Lufthauch *m,* [sanfter] Wind *m*

halo *m* [1] (ASTR *del sol*) Hof *m* [2] (*FIG de persona*) Aureole *f,* Nimbus *m* [3] REL Heiligenschein *m*

hallar I. *vt* [1] ↑ *encontrar* finden [2] ↑ *descubrir* herausfinden [3] ↑ *inventar* erfinden, entwerfen [4] ↑ *darse cuenta* feststellen [5] → *nuevas tierras* entdecken **II.** *vr(se)* [1] ↑ *estar* sich befinden [2]

↑ *encontrarse de repente* sich wiederfinden, plötzlich haben; ◇ **te puedes ~ con un disgusto cuando menos lo pienses** eh du dich versiehst, erlebst du eine böse Überraschung; **hallazgo** *m* [1] (*acción*) Entdeckung *f* [2] (*objeto*) Fund *m*

hamaca *f* [1] Hängematte *f* [2] ▷*plegable* Liegestuhl *m*

hambre *f* Hunger *m;* ◇ **tener ~** Hunger haben; *FIG* ◇ **estar muerto de ~** vor Hunger umkommen, einen Riesenhunger haben; ◇ **matar el ~** den Hunger stillen; ◇ **ser más listo que el ~** sehr schlau sein; **hambriento** *adj* hungrig

hamburgués(-esa) I. *adj* (*de Hamburgo*) hamburgerisch I. *m/f* (*habitantes de Hamburgo*) Hamburger(in *f*) *m* II. *f* GASTRON Hamburger *m*

hampa *f* Verbrecherwelt *f,* Unterwelt *f*

hangar *m* (*de aviones*) Hangar *m*

haragán(-ana) I. *adj* faul, Faulenzer- II. *m/f* Faulpelz *m;* **haraganear** *vi* faulenzen

harapiento *adj* abgerissen, zerlumpt; **harapo** *m* [1] ↑ *andrajo* Fetzen *m,* Lumpen *m* [2] (*de aguardiente*) Nachlauf *m*

harina *f* Mehl *n;* ◇ **estar metido en ~** bis über beide Ohren vertieft sein in; ◇ **eso es ~ de otro costal** das ist etwas ganz anderes; **harinoso** *adj* mehlig, Mehl-

hartar I. *vt* [1] ↑ *saciar* [über-]sättigen [2] *FIG* ↑ *fastidiar* übergenug haben, überdrüssig sein; ◇ **me harta tener que decir las cosas tantas veces** es stinkt mir, alles so oft sagen zu müssen II. *vr(se)* [1] (*de comida*) sich satt essen [2] *FIG* etw satt haben, nicht mehr wollen; ◇ **~se de leer** nicht mehr lesen wollen; **harto** *adj* [1] ↑ *saciado* [über-]satt [2] ↑ *fastidiado* überdrüssig; ◇ **estar ~ de algo/de alguien** etwas/jd-n satt haben; ◇ **~ de vivir** lebesmüde sein [3] (*bastante*) reichlich [4] (*pl, mucho; siempre antepuesto*) viel, groß; ◇ **~as ganas tengo** ich habe große Lust

hasta I. *prep* [1] (*término*) bis, bis zu [2] (*tiempo*) bis; ◇ **~ que** bis [daß]; ◇ **¡~ luego!** bis später!; ◇ **¡~ la vista!** auf Wiedersehen! II. *adv* sogar, selbst; ◇ **allí hace frío ~ en verano** hier ist es noch im Sommer kalt

hastiar ⟨3.13⟩ I. *vt* [1] ↑ *cansar* langweilen, ermüden [2] ↑ *repugnar* anekeln II. *vr(se):* ◇ **~se de una cosa** einer Sache *gen* überdrüssig werden; **hastío** *m* [1] ↑ *aburrimiento* Langeweile *f* [2] ↑ *tedio* Widerwille *m*

hatillo *m* [Kleider-]Bündel *n*

hato *m* [1] (*envoltorio*) Reisesack *m* [2] (*hatería*) Ausrüstung *f,* Verpflegung *f* [3] (*rebaño*) Herde *f* [4] (*sitio*) Weideplatz *m* [5] *FIG* ↑ *montón* Haufen *m,* Menge *f*

haya *f* FLORA Buche *f;* **hayal**, **hayedo** *m* Buchenwald *m;* **hayuco** *m* Buchecker *f*

haz I. *f* [1] ↑ *cara* Gesicht *n* [2] (*FIG opuesto al envés*) Vorderseite *f* II. *m* [1] (*brazada*) Bündel *n;* (*de mieses*) Garbe *f* [2] (*de rayos*) Strahl *m*

hazaña *f* Großtat *f; IRON* Heldentat *f*

hazmerreír *m* Witzfigur *f,* Kasper *m;* ◇ **el ~ de la clase** der Klassenkasper

he *vb ver* **haber**

hebilla *f* Schnalle *f,* Schließe *f*

hebra *f* [1] ↑ *hilo* Faden *m* [2] FLORA Faser *f;* ◇ **tabaco de ~** Feinschnitt *m*

hebreo(/a) I. *adj* hebräisch II. *m/f* Hebräer(in *f*) *m,* Jude *m,* Jüdin *f* III. *m* (*lengua*) Hebräisch *n*

hectárea *f* Hektar *m*

hechicero(/a) I. *adj* Zauber-, zauberhaft; *FIG* ↑ *seductor* verführerisch, bezaubernd II. *m/f* (*persona*) [1] ↑ *brujo* Hexer *m,* Hexe *f* [2] ↑ *mago* Zauberer *m,* Zauberin *f;* **hechizar** ⟨3.10⟩ *vt* [1] (*con hechizos*) verzaubern, verhexen [2] *FIG* ↑ *cautivar* bestricken, betören; **hechizo(/a)** I. *adj* [1] (*no natural*) künstlich [2] (*no real*) fiktiv, erdacht II. *m* [1] (*de magia*) Zauberei *f,* Zauber *m* [2] *FIG* ↑ *fascinación* Bann *m*

hecho I. *pp de* **hacer** ◇ **a lo hecho, pecho** wer A sagt, muß auch B sagen II. *adj* fertig; ▷*fruta* reif; ▷*carne* durch; ◇ **¡bien ~!** gut gemacht! III. *m* [1] (*acción, obra*) Tat *f* [2] (*ser seguro*) Tatsache *f;* ◇ **el ~ es que no me gusta el asunto** Tatsache ist, daß mir die Angelegenheit nicht gefällt; ◇ **el ~ de que vengas no arregla las cosas** daß du jetzt kommst, hilft auch nichts mehr; ◇ **de ~** tatsächlich, wirklich [3] ↑ *evento* Ereignis *n* IV. *interj:* ◇ **¡~!** abgemacht!

hechura *f* [1] (*de vestido*) Anfertigung *f,* Herstellung *f* [2] (*manera de ser hecho*) Ausfertigung *f* [3] (*imagen*) Aussehen *n,* Form *f*

heder ⟨4.17⟩ *vi* [1] ↑ *oler mal* stinken [2] *FIG* ↑ *fastidiar mucho* widerwärtig sein; **hedor** *m* Gestank *m*

hegemonía *f* [1] POL Hegemonie *f,* Vorherrschaft *f* [2] (*superioridad*) Überlegenheit *f*

heladería *f* Eisdiele *n;* **heladero(/a)** *m/f* (*persona*) Eisverkäufer(in *f*) *m;* **helado(/a)** I. *adj* [1] (*también FIG glacial*) eiskalt, eisig [2] ↑ *congelado* gefroren II. *m* [Speise-]Eis *n* III. *f* Frost *m;* ◇ **caer una ~a** gefrieren; **helar** ⟨3.1⟩ I. *vt* [1] ↑ *congelar* einfrieren, gefrieren [2] *FIG* ↑ *pasmar* erstarren lassen; ◇ **le heló la sangre** es blieb ihm das Herz stehen, das Blut stockte ihm in den Adern II. *vi, vr(se)* [1] ↑ *congelarse* gefrieren; (*personas*) ◇ **~se de frío** stark frieren [2] ← *plantas* an Kälte kaputtgehen

helecho *m* FLORA Farn *m*

hélice *f* [1] (*de barco*) Schiffsschraube *f* [2] (*de avión*) Propeller *m* [3] ↑ *espiral* Spirale *f*
helicóptero *m* Hubschrauber *m*
hematoma *m* MED Hematom *n*, Bluterguß *m*
hembra *f* [1] FAUNA Weibchen *n* [2] *PEY* ↑ *mujer* Frau *f*, Weib *f* [3] TECNI Öse *f*, Loch *n*, [Bolzen-, Schrauben-]Mutter *f*
hemisferio *m* Hemisphäre *f*, Halbkugel *f*
hemofilia *f* MED Hämophilie *f*, Blutererkrankung *f*
hemorragia *f* Blutung *f*
hemorroides *f/pl* Hämorrhoiden *pl*
henchir ‹4.15› **I.** *vt* [1] ↑ *llenar* füllen [2] → *cargo* ausfüllen **II.** *vr(se)* sich aufblähen, sich füllen, sich überessen
hendidura *f* Spalt *m*, Ritze *f*, Sprung *m*
heno *m* [1] (*hierba*) [Natur-]Gras *n* [2] (*forraje seco*) Heu *n* [3] FLORA Inkarnatklee *m*
hepatitis *f* MED Hepatitis *f*, Leberentzündung *f*
herbívoro I. *adj* BIO pflanzenfressend **II.** *m* BIO Pflanzenfresser *m*
herboristería *f* Kräuterladen *f*
heredad *f* [1] (*terreno*) Grundstück *n* [2] (*finca*) Landgut *n* [3] (*propiedad*) [Grund-]Besitz *m* [4] (*propiedad heredada*) Stammgut *n*, Erbgut *n*; **heredar** *vt* erben; **heredero(/a)** *m/f* Erbe *m*, Erbin *f*; **hereditario** *adj* erblich, vererblich
hereje *m/f* [1] (*persona no católica*) Ketzer(in *f*) *m* [2] (*quien dice blasfemias*) Blasphemist(in *f*) *m* [3] (*persona impertinente*) unverschämte Person; **herejía** *f* [1] REL Ketzerei *f* [2] *FIG* Häresie *f* [3] ↑ *insulto* Beleidigung *f* [4] ↑ *fechoría* Untat *f*, Gemeinheit *f*
herencia *f* Erbschaft *f*, Erbe *n*
herido(/a) I. *adj* verletzt, verwundet; ◇ **mal** ~ schwer verletzt **II.** *m/f* Verletzte(r) *fm*, Verwundete(r) *fm* **III.** *f* [1] (*lesión*) Verwundung *f*; *también FIG* Wunde *f*; ◇ **tocar a alguien en la** ~ jd-m den Finger in die Wunde legen [2] *FIG* ↑ *agravio* Beleidigung *f*; **herir** ‹3.1› *vt* [1] ↑ *lesionar* verwunden; *también FIG* verletzen [2] *FIG* ↑ *ofender* beleidigen
hermanar *vt* [1] ↑ *armonizar* passend zusammenstellen [2] ↑ *juntar* vereinen; **hermanastro(/a)** *m/f* Stiefbruder *m*, Stiefschwester *f*; **hermandad** *f* [1] ↑ *fraternidad* Verbrüderung *f*, Brüderlichkeit *f* [2] (*conjunto*) Bruderschaft *f*; ◇ ~ **de ciudades** Städtepartnerschaft *f* [3] (*FIG unión de profesionales*) Genossenschaft *f*; ◇ ~ **de Agricultores** Bauerngenossenschaft [4] HIST ◇ **Santa** ~ [ehemalige] Wegepolizei; **hermano(/a) I.** *adj* brüderlich, verbrüdert, Bruder-; ◇ **pueblos ~s** Brudervölker **II.** *m/f tambien FIG* Bruder *m*, Schwester *f*; ◇ **~s** *pl* Geschwister *pl*; ◇ ~ **gemelo** Zwillingsbruder *m*
hermético *adj también FIG* [1] ▷*cosa* undurchläßig [2] ▷*persona* verschlossen
hermoso *adj* [1] ↑ *bonito* schön, hübsch [2] ↑ *excelente* großartig [3] ▷*acto, acción* vortrefflich; **hermosura** *f* Schönheit *f*
héroe *m* Held *m*; **heroico** *adj* heldenhaft, Helden-
heroína *f* [1] (*persona*) Heldin *f* [2] (*sustancia*) Heroin *n*; **heroinómano(/a) I.** *adj* heroinabhängig **II.** *m/f* Heroinsüchtige(r) *fm*; *FAM* Fixer(in *f*) *m*
heroísmo *m* Heldentum *n*
herrador *m* [Huf-]Schmied *m*; **herradura** *f* Hufeisen *n*
herramienta *f* Werkzeug *n*
herrar *vt* [1] → *caballo* beschlagen [2] → *ganado* brandmarken [3] TECNI beschlagen, Beschläge anbringen; **herrería** *f* (*taller*) Schmiede *f*; **herrero** *m* Schmied *m*
herrumbre *f* [1] ↑ *orín* Rost *m* [2] BIO Rost[-pilz] *m*
hervidero *m* [1] *FIG* ↑ *muchedumbre* Gewühl *n* [2] (*FIG de pasiones*) Brodeln *n*; **hervir** ‹3.1› **I.** *vi* [1] ↑ *bullir* brodeln [2] (*también FIG abundancia*) ◇ **la plaza hervía de gente** der Platz wimmelte von Menschen; (*emociones*) ◇ **el pueblo hervía en deseos de verganza** das Volk [*o.* lag in einem Racherausch] kochte vor Wut **II.** *vt* [1] ↑ *cocer* kochen, sieden [2] (*poner algo en agua hirviente*) [im Wasserbad] erhitzen/sterilisieren; **hervor** *m* [1] (*acción*) Sieden *n*, Kochen *n* [2] (*de emociones*) Aufwallen *n*, Ungestüm *n*
heterogéneo *adj* verschiedenartig, heterogen
heterosexual *adj* heterosexuell
hexadecimal *adj* hexadezimal
hibernación *f* [1] (*de oso*) Winterschlaf *m* [2] MED Heilschlaf *m*; **hibernar** *vi* [1] (*pasar el invierno*) überwintern [2] BIO ← *oso* Winterschlaf *m* halten
hidratación *f* QUIM Hydration *f*; **hidratante** *adj*: ◇ **crema** *f* ~ Feuchtigkeitscreme *f*
hidráulico(/a) I. *adj* Wasser-, hydraulisch; ◇ **rueda ~a** Wasserrad *n*, Mühlrad *n* [einer Wassermühle] **II.** *f* Hydraulik *f* **III.** *m* Hydrauliker(in *f*)
hidro- *pref* Hydro-, Wasser-; **hidroavión** *m* Wasserflugzeug *n*; **hidroeléctrico** *adj* Wasserkraft-; **hidrofobia** *f* Wasserscheu *f*; **hidrógeno** *m* QUIM Wasserstoff *m*
hiedra *f* FLORA Efeu *m*
hiel *f* [1] ANAT ↑ *bilis* Galle *f* [2] (*FIG armagura*) Bitternis *f*
hielo *m* [1] Eis *n*; *FIG* ◇ **romper el** ~ das Eis brechen [2] (*acción de helar*) Gefrieren *n* [3] (*FIG frialdad*) [Herzens-]Kälte *f*

hiena *f* FAUNA Hyäne *f*
hierba *f* [1] Gras *n* [2] Kraut *n;* ◇ **-s medicinales** Heilkräuter *pl;* ◇ **mala -** [1] Unkraut *n* [2] *FIG* Störenfried *m;* ◇ **mala - nunca muere** Unkraut vergeht nicht [3] *FAM* Marihuana *n;* **hierbabuena** *f* Minze *f*
hierro *m* [1] Eisen *n;* ◇ **- forjado** Schmiedeeisen *n;* ◇ **tener una salud de -** eine Gesundheit wie Stahl haben [2] (*lo metálico de armas*) Schneide *f,* Klinge *f* [3] (*arma*) Waffe *f;* (*herramienta*) Werkzeug *n*
hígado *m* [1] ANAT Leber *f* [2] FIG ↑ *valor* Mut *m;* ◇ **echar los -s** sich [über-]anstrengen
higiene *f* Hygiene *f,* Sauberkeit *f;* **higiénico** *adj* hygienisch, sauber, rein; ◇ **papel -** Toilettenpapier *n*
higo *m* FLORA Feige *f; FAM* ◇ **de -s a brevas** selten, kaum; *FIG FAM* ◇ **me importa un -** das ist mir völlig einerlei; **higuera** *f* FLORA Feigenbaum *m; PEY* ◇ **estar en la -** nicht bei der Sache sein
hijastro(/a) *m/f* Stiefkind *n;* **hijo(/a)** *m/f* [1] Sohn *m* [2] Tochter *f;* ◇ **-s** *pl* Kinder *pl;* ◇ **- de papá** Wohlstandsknäblein s *n; VULG* ◇ **- (de) puta** Hurensohn *n* [3] (*cariño*) Kleine(r) *fm* [4] (*natal*) ◇ **- de Soria** aus Soria
hilado I. *adj* gesponnen II. *m* [1] (*acción de hilar*) Spinnen *n* [2] (*FIG lo hilado*) Faden *m,* Garn *m;* **hilandero(/a)** *m/f* Spinner(in *f*) *m;* **hilar** *vt* (*acción*) spinnen; ◇ **hilar delgado** es sehr genau nehmen
hilera *f* [1] (*en línea*) Reihe *f;* MIL Glied *n* [2] (TECNI *maquina*) Drahtzieheisen *f,* Drahtziehbank *f*
hilo *m* [1] ↑ *hebra* Faden *m,* Garn *n; FIG* ◇ **perder el - de la conversación** den Gesprächsfaden verlieren; ◇ **colgar de un -** am seidenen Faden hängen [2] ↑ *alambre* Draht *m* [3] (*de sangre*) [dünner] Strahl [4] ↑ *lino* Leinen *m*
hilvanar *vt* [1] → *costura* heften [2] *FIG* → *ideas* skizzieren, vorschlagen [3] *FAM* ↑ *precipitar* überstürzen, übereilen
Himalaya *m* : ◇ **el -** der Himalaja
himno *m* Hymne *f;* ◇ **- nacional** Nationalhymne *f*
hincapié *m* : ◇ **hacer - en** bestehen auf, Nachdruck legen auf *akk*
hincar ⟨3.7⟩ I. *vt* einschlagen, eindrücken; ◇ **-el diente a algo** etw beginnen II. *vr(se):* ◇ **-se de rodillas** niederknien
hincha *m/f* Fan *m,* Anhänger(in *f*) *m; FAM* ◇ **ser un(a) - del Real Madrid** ein Fan von Real Madrid sein
hinchado *adj* [1] ▷*tobillo* geschwollen, angeschwollen [2] *FIG* ▷*persona* arrogant, hochnäsig [3] *FIG* ▷*lenguaje* aufgesetzt, übertrieben; **hinchar** I. *vt* [1] → *globo* aufblasen, aufpumpen [2] *FIG* → *noticia* aufbauschen, übertreiben [3] ↑ *aumentar* vergrößern, verbreitern; (*aumentar un caudal*) anschwellen lassen II. *vr(se)* [1] ← *tobillo* anschwellen [2] (*FAM de pasteles*) sich vollstopfen [3] ↑ *hartarse* sich ärgern [4] ↑ *enriquecerse* reich werden; **hinchazón** *f* MED Schwellung *f*
hinojo *m* FLORA Fenchel *m*
híper, **hipermercado** *m* Großmarkt *m,* Supermarkt *m*
hipersensible *adj* übersensibel, hochempfindlich; **hipersensibilidad** *f* Überempfindlichkeit *f*
hípico *adj* Pferde-
hipnosis *f* Hypnose *f;* **hipnotismo** *m* [Lehre *f* von der] Hypnose; **hipnotizar** ⟨3.10⟩ *vt* [1] (*producir hipnosis*) hypnotisieren [2] *FIG* ↑ *fascinar* faszinieren, willenlos machen [3] *FIG* ↑ *mirar fijamente* anstarren
hipo *m* Schluckauf *m*
hipocondría *f* [1] MED Hypochondrie *f* [2] *FIG* ↑ *melancolía* Schwermut *m,* Trübsinn *m;* **hipocondríaco(/a)** I. *adj* hypochondrisch, schwermütig II. *m/f* Hypochonder *m*
hipocresía *f* Heuchelei *f,* Scheinheiligkeit *f;* **hipócrita** I. *adj* heuchlerisch, falsch II. *m/f* Heuchler(in *f*) *m*
hipódromo *m* [Pferde-]Rennbahn *f*
hipopótamo *m* FAUNA Hippopotamus *n,* Nilpferd *n*
hipoteca *f* Hypothek *f;* ◇ **gravar con una -** mit einer Hypothek belegen; **hipotecar** ⟨3.7⟩ *vt* → *casa* mit Hypothek belegen
hipótesis *f* ⟨inv⟩ Hypothese *f;* **hipotético** *adj* [1] ↑ *dudoso* zweifelhaft, ungesichert [2] ↑ *teórico* hypothetisch, theoretisch
hiriente *adj* schmerzhaft, verletzend, beleidigend
hirviente *adj* kochend
hispánico *adj* [hi]spanisch; **hispanidad** *f* (*comunidad de pueblos de lengua y cultura española*) Hispanität *f,* Gemeinschaft *f* aller spanischsprachigen Völker; **hispanista** *m/f* Hispanist(in *f*) *m;* **hispanizar** ⟨3.10⟩ *vt* hispanisieren, nach dem Vorbild Spaniens gestalten; **hispano(/a)** I. *adj* spanisch; ◇ **un convenio hispanoalemán** ein Abkommen zwischen Spanien und Deutschland II. *m/f* ↑ *español* Spanier(in *f*) *m;* **Hispanoamérica** *f* Spanischamerika *n;* **hispanoamericano(/a)** I. *adj* spanisch-amerikanisch II. *m/f* Hispano-Amerikaner(in *f*) *m*

histeria *f* MED Hysterie *f;* **histérico(/a)** I. *adj* [1] hysterisch [2] (*muy nervioso*) übertrieben aufgeregt, erregbar II. *m/f* Hysteriker(in *f*) *m;* **histerismo** *m ver* **histeria** Hysterie *f*

historia *f* [1] (*pasado*) Geschichte *f;* ◇ **de** ~ (*persona*) mit Vergangenheit, verrufen; ◇ **pasar a la** ~ in die Geschichte eingehen; ◇ **ser mucha** ~ ein weites Feld sein [2] (*obra de H~*) Geschichtswerk *n,* Geschichtsbuch *n* [3] ↑ *relato* Erzählung *f,* Geschichte *f* [4] *FIG FAM* ↑ *relación amorosa* ◇ **tener ~s** Techtelmechtel haben [5] ◇ **~s** *pl* ↑ *chismes* Märchen *n;* ◇ **¡déjate de ~s!** erzähl keine Märchen! [6] ↑ *monserga* Kauderwelsch *n,* Gewäsch *n;* ◇ **~s** *pl* ↑ *excusas* Ausreden *f/pl;* **historiador(a)** *m/f* Historiker(in *f*) *m;* **histórico** *adj* geschichtlich, historisch; **historieta** *f* [1] (*narración breve*) kleine Geschichte *f,* Anekdote *f,* Erzählung *f* [2] (*con dibujos*) Bildergeschichte *f,* Comic *m*

hito(/a) *m* [1] (*señal*) Grenzstein *m* [2] *también FIG* Markstein *m;* ◇ **marcar un** ~ einen Markstein bilden; ◇ **mirar de** ~ **en** ~ anstarren

hocico *m* FAUNA *también FIG* Schnauze *f,* Maul *n;* ◇ **caer/darse de hocicos** aufs Maul fallen; ◇ **meter los ~s en algo** seine Nase in etwas stecken

hockey *m* Hockey *n;* ◇ ~ **sobre patines/hielo** Rollschuh-/Eishockey *n;* ◇ ~ **sobre hierbas** Rasenhockey

hogar *m* [1] ↑ *lar* Feuerstelle *f;* TECNI Feuerraum *m* [2] (*FIG casa*) Heim *n* [3] (*FIG vida de familia*) Familienleben *n;* ◇ **formar/crear un** ~ eine Familie gründen; **hogareño** *adj* häuslich, Haus-

hoguera *f* (*al aire libre*) Lagerfeuer *n,* Freudenfeuer *n;* ◇ ~ **de San Juan** Johannisfeuer *n*

hoja *f* [1] (*de árbol*) Blatt *n;* ◇ **al caer la** ~ im Herbst; (*de papel*) Bogen *m;* ◇ ~ **de servicio** Arbeitsbescheinigung *f* [2] (*de libro*) Seite *f;* ◇ **pasar las ~s** durchblättern; *FIG* ◇ **volver la** ~ das Thema wechseln [3] (*FIG impreso*) Flugblatt *n* [4] (*de metal*) Folie *f* [5] (*de cuchillo*) Klinge *f,* Schneide *f;* ◇ ~ **de afeitar** Rasierklinge *f* [6] *FIG* ↑ *espada* Schwert *n m* [7] (*de puerta*) [Tür-, Fenster-]Flügel *m,* Altarflügel *m* [8] AGR ↑ *barbecho* Brachfeld *n*

hojalata *f* [Weiß-]Blech *n*

hojaldre *m* [1] (*para pasteles*) Blätterteig *m* [2] (*producto*) Blätterteigteilchen *n*

hojear *vt* [1] ↑ *pasar las hojas* durchblättern [2] ↑ *leer a la ligera* überfliegen

hola *interj* hallo

holanda I. *f* [1] (*vino destillado*) Weinbrandart *f* [2] (*lienzo fino*) feiner Leinen II. *f* : ◇ **H~** Holland *n;* **holandés(-esa)** I. *adj* holländisch II. *m/f* Holländer(in *f*) *m*

holding ⟨s⟩ *m* ECON Holdinggesellschaft *f*

holgado *adj* [1] (*no apretado*) unbedrängt [2] ▷*coche* geräumig, groß; ▷*prenda* bequem, weit [3] ▷*situación económica* sorgenfrei, unbeschwert; **holgar** ⟨3.2⟩ I. *vi* [1] ↑ *descansar* ausruhen, Pause *f* machen [2] (*sin uso*) nicht gebraucht werden; ↑ *estar de más* überflüssig sein II. *vr(se)* [1] ↑ *alegrarse* sich freuen [2] ↑ *divertirse* sich vergnügen

holgazán(-ana) I. *adj* faul, müßg II. *m/f* Faulpelz *m,* Müßiggänger(in *f*) *m;* **holgazanear** *vi* faulenzen, nichts tun; **holgazanería** *f* Faulenzerei *f,* Müßiggang *m*

holgura *f* [1] (*de holgado*) Unbedrängnis *f* [2] ↑ *anchura* Weite *f,* Geräumigkeit *f* [3] (*FIG bienestar*) Bequemlichkeit *f,* Komfort *m;* ↑ *desahogo* Sorglosigkeit *f;* (*ecomómicamente*) Auskommen *n,* Wohlstand *m;* ◇ **vivir con** ~ ein gutes Auskommen haben [4] (*FIG diversión*) [Lebens-]Freude *f,* Vergnügung *f* [5] (TECNI *de ruedas*) Spiel[raum] *m,* Spiel *n*

holocausto *m* [1] (REL *sacrificio*) Brandopfer *n* [2] *FIG* Holocaust *m,* Judenvernichtung *f*

holografía *f* Holographie *f*

hollín *m* Ruß *m*

hombrada *f* Großtat *f*

hombre *m* [1] (*persona*) Mensch *m;* ◇ **el ~ propone y Dios dispone** der Mensch denkt, Gott lenkt [2] (*de sexo masculino*) Mann *m;* ◇ **¡hombre!** ; (*alegría, duda*) na sowas!, Mensch!; (*asombro*) mein lieber Mann!; ◇ **hacer [un] hombre a alguien** jd-n zum Mann machen; ◇ **hacerse** ~ sich eine gute Posision erwerben; ◇ ~ **de acción** Aktionsmensch; ◇ ~ **de leyes** Rechtsgelehrte *m/f;* ◇ ~ **de letras** Philosoph *m;* ◇ **~-lobo** Werwolf *m;* ◇ ~ **de mundo** Mann von Welt; ◇ ~ **de negocios** Geschäftsmann *m;* ◇ ~ **hecho y derecho** völlig erwachsen; ◇ **todo un** ~ ein ganzer Mann [3] (*marido*) Ehemann *m*

hombrera *f* [1] (*en uniformes*) Schulterklappe *f* [3] (*en ropa femenina*) Schulterpolster *n*

hombre-rana ⟨hombres-rana⟩ *m* Froschmann *m*

hombro *m* [1] Schulter *f;* ◇ **llevar algo a ~s** etwas auf der Schulter tragen; ◇ **encogerse de ~s** [1] (*gesto*) mit den Achseln zucken [2] (*FIG falta de interés*) Desinteresse *n* bezeugen [3] (*FIG resignación*) resignieren; ◇ **mirar a alguien por encima del hombro** jd-m die kalte Schulter zeigen, jd-n verachten; ◇ **arrimar el** ~ sich ins Zeug legen; ◇ **echarse a los ~ algo** sich etwas auf die breiten Schultern legen, etwas auf sich nehmen [2] (*de vestido*) Schulterstück *n*

hombruno *adj* männlich

homenaje *m* [1] (*respeto*) Ehrbezeugung *f*, Ehrung *f* [2] (*celebración*) Erinnerungsfeier; ◇ **a ~ de** zu Ehren von, zur Erinnerung an [3] (*libro*) Festschrift *f*

homicida I. *adj* Mord- II. *m/f* Totschläger(in *f*) *m*; **homicidio** *m* Totschlag *m*

homogéneo *adj* homogen, einheitlich

homologar ‹3.11› *vt* [1] JUR gerichtlich genehmigen [2] (*aceptar*) anerkennen [3] ↑ *equiparar* gleichstellen

homosexual *adj* homosexuell; **homosexualidad** *f* Homosexualität *f*

hondo I. *adj también FIG* tief II. *m* Tiefe *f*; **hondonada** *f* Niederung *f*; **hondura** *f* Tiefe *f*; ◇ **meterse en ~s** sich zu sehr vertiefen

Honduras *f* Honduras *n*; **hondureño**(/**a**) I. *adj* aus Honduras II. *m/f* Honduraner(in *f*) *m*

honestidad *f* [1] ↑ *honradez* Ehrlichkeit *f*, Aufrichtigkeit *f*, Anständigkeit *f* [2] ↑ *pureza* Sittsamkeit *f*, Keuschheit *f*; **honesto** *adj* [1] ↑ *honrado* ehrlich, aufrichtig [2] ↑ *decente* anständig; (*mujer*) keusch [3] ↑ *justo* vernünftig

hongo *m* [1] Pilz *m* [2] MED Pilzbefall *m* [3] (*sombrero*) Melone *f*

honor *m* [1] Ehre *f*; ◇ **en ~ a la verdad** um ehrlich zu sein [2] ↑ *estima* gute Ruf [3] (*demonstración*) Ehrbezeugung *f*; ◇ **en ~ de** zu Ehren *gen*; ◇ **hacer los ~es** die Gäste *m/pl* begrüßen

honorable *adj* ehrenwert, ehrenhaft; **honorario** I. *adj* ehrenhalber, Ehren- II. *pl* : ◇ **~s** Honorar *n*

honra *f* [1] ↑ *dignidad* Würde *f*, Anstand *m* [2] ↑ *honor* Ehre *f*, Familienehre *f*; ◇ **~s funebres** Trauerfeier, die letzte Ehre [3] ↑ *buena fama* Ruf *m*; **honradez** *f* [1] ↑ *integridad* Rechtschaffenheit *f*, Anständigkeit *f* [2] (*de honrado*) Ehrlichkeit *f*; **honrado** *adj* [1] ↑ *íntegro* anständig, rechtschaffen [2] ↑ *sincero* ehrlich; **honrar** I. *vt* [1] ↑ *enaltecer* ehren [2] (*demonstración*) Ehre erweisen *dat* [3] ↑ *venerar* verehren II. *vr(se)*: ◇ **~se de hacer algo** es als Ehre ansehen, etw zu tun; **honroso** *adj* [1] (*lo que lleva honra*) ehrenvoll, ehrend [2] ↑ *decente* anständig

hora *f* [1] (*tiempo*) Zeit *f*; (*en el momento oportuno*) ◇ **a su ~** zu seiner Zeit; ◇ **¡a buena ~ llegas!** wie gut, daß du kommst! [2] (*de reloj*) Stunde *f*; ◇ **a primera ~** früh morgens; ◇ **¿a qué ~?** um wieviel Uhr?; ◇ **a última ~** im letzten Augenblick; ◇ **dar la ~** [die Stunde] schlagen; ◇ **~s extras** Überstunden *pl*; ◇ **la ~ de la verdad** die Stunde der Wahrheit; ◇ **~s de oficina/de trabajo** Geschäfts-/Arbeitszeit *f*; ◇ **~s de visita** Besuchszeit *f*; ◇ **~ punta** Hauptverkehrszeit *f*; ◇ **poner el reloj en ~** die Uhr stellen; ◇ **¿qué ~ es?** wie spät ist es?, wieviel Uhr ist es?; ◇ **trabajo por ~as** Arbeit nach Stundenlohn [3] (*~ determinada*) Termin *m*; ◇ **dar ~** Termin geben; ◇ **pedir ~** einen Termin verlangen

horadar *vt* durchbohren, durchlöchern

horario I. *adj* stündlich, Stunden- II. *m* (*cuadro de distribución*) Zeitplan *m*; (*de tren*) Fahrplan *m*; (*de clase*) Stundenplan *m*

horca *f* [1] (*aparato*) Galgen *m* [2] AGR Mistgabel *f*, Stützgabel *f*

horcajadas *adv*: ◇ **a ~** rittlings

horchata *f* Milch-Mandel-Getränk *n*

horda *f* Horde *f*, Bande *f*

horizontal *adj* horizontal, waagerecht

horizonte *m también FIG* Horizont *m*

horma *f* [1] ↑ *molde* Form *f* [2] (*de zapatos*) Schuhspanner *m*; ◇ **encontrar la ~ de su zapato**; (*lo justo*) gerade das Richtige finden/treffen; (*competencia*) auf Konkurrenz treffen

hormiga *f* Ameise *f*

hormigón *m* Beton *m*; ◇ **~ armado** Stahlbeton *m*

hormiguear *vi* [1] Jucken/Kitzeln *n* verspüren [2] *FIG* wimmeln; **hormigueo** *m* [1] ↑ *cosquilleo* Jucken *n* [2] ↑ *impaciencia* Ungeduld *f*, Unbehagen *n*

hormiguero *m* [1] (*de hormigas*) Ameisenhaufen *m* [2] (*FIG de gente*) Masse *f*, Gewimmel *n*

hormona *f* Hormon *n*; **hormonal** *adj* Hormon-

hornillo *m* kleiner Ofen; **horno** *m* [1] (*de la cocina*) Ofen *m* [2] (*FIG lugar muy caliente*) Brutkasten *m*

horóscopo *m* Horoskop *n*

horquilla *f* [1] (*de bicicleta*) Gabel *f* [2] AGR ↑ *horca* Stützgabel *f* [3] (*del pelo*) Haarnadel *f* [4] NAUT Dolle *f*

horrendo *adj* entsetzlich, fürchterlich

horrible *adj* schrecklich, grausig

horripilante *adj* schaudererregend, grauenerregend; **horripilar** I. *vt*: ◇ **~ a alguien** erschrecken, jd-n mit Entsetzen erfüllen II. *vr(se)* [1] ↑ *horrorizarse* schaudern, grausen [2] (*por fiebre*) schütteln, zittern

horror *m* [1] ↑ *espanto* [große] Angst, Grauen *n* [2] ↑ *aversión* Ekel *m*; ◇ **le tiene ~ a las inyecciones** er haßt Spritzen [3] (*atrocidad*) ◇ **los ~es de la guerra** die Schrecken des Krieges; *FAM* ◇ **¡qué ~!** wie schrecklich!; **horrorizar** ‹3.10› I. *vt* zutiefst erschrecken, mit Entsetzen erfüllen II. *vr(se)* entsetzt sein; **horroroso** *adj* entsetzlich, fürchterlich

hortaliza *f* ↑ *verdura* Gemüse *n*; **hortelano**(/**a**) I. *m/f* Gemüsegärtner(in *f*) *m* II. *m* FAUNA Gartenammer *f*

hortera I. *m/f PEY* geschmacklose Person II. *adj* (*de mal gusto*) geschmacklos

hosco *adj* [1] ↑ *obscuro* finster, dunkel [2] ▷*persona* mürrisch [2] ▷*paisaje* düster, abweisend

hospedaje *m* [1] (*acción de hospedear*) Beherbung *f* [2] ↑ *albergue* Herberge *f;* **hospedar** I. *vt* beherbergen, unterbringen II. *vr(se)* sich einquartieren, absteigen

hospicio *m* [1] (*para huérfanos*) Waisenhaus *n* [2] (*para pobres, mendigos*) Armenhaus *n* [3] (*hospedaje*) Herberge *f* [4] (*de convento*) Hospiz *n*

hospital *m* Krankenhaus *n*, Hospital *n*

hospitalario *adj* [1] ▷*persona* gastfreundlich [2] ▷*lugar* gastlich

hospitalidad *f* Gastfreundschaft *f*

hospitalización *f* (*en hospital*) Einweisung *f;* **hospitalizar** ‹3.10› *vt* [in ein Krankenhaus] einweisen

hosquedad *f* finstere Wesensart

hostal *m* [kleines] Hotel; **hostelería** *f* Gaststätten-/Hotelgewerbe *n*

hostia *f* [1] REL Hostie *f* [2] (*VULG bofetada*) Ohrfeige *f;* (*golpe*) Schlag *m; VULG* ◇ **darse una ~** anstoßen; *VULG* ◇ **hinchar a ~s** verprügeln; *VULG* ◇ **¡~(s)!** Wahnsinn! Im Ernst!; *VULG* ◇ **ser la ~** der Gipfel sein

hostigar ‹3.11› *vt* [1] MIL *también FIG* antreiben [2] ↑ *molestar* ärgern, reizen

hostil *adj* feindlich, feindselig; **hostilidad** *f* Feindschaft *f*, Feindseligkeit *f*

hotel *m* Hotel *n;* **hotelero(/a)** I. *adj* Hotel- II. *m/f* Hotelbesitzer(in *f*) *m*

hoy *adv* [1] heute; ◇ **hoy por mí mañana por ti** eine Hand wäscht die andere [2] (*hoy en día*) heutzutage; ◇ **los jóvenes de ~** die Jugend von heute; ◇ **~ por ~** vorläufig; ◇ **por ~** für heute

hoyo *m* [1] Aushebung *f;* (*en el campo*) Grube *f* [2] (*en el cementerio*) Grab *n* [3] (*en la huerta*) [Treib-]Beet *n*

hoyuelo *m* (*al reír*) [Wangen-]Grübchen *n*

hoz *f* Sichel *f*

hucha *f* [1] (*bote*) Spardose *f*, Sparschwein *n* [2] *FIG* ↑ *ahorros* Ersparnisse *pl*

hueco I. *adj* [1] ↑ *esponjoso* schwammig, weich [2] (*no ajustado*) weit [3] ↑ *vacío* leer, hohl; (*FIG cabeza hueca*) dumm, dämlich II. *m* [1] ↑ *agujero* Loch *n*, Öffnung *f;* (*FIG de la pared*) Fenster *n* [-öffnung], Tür *f* [-öffnung] [2] (*también FIG sitio no ocupado*) freier Platz; ◇ **hacer (un) ~** Platz machen; ◇ **llenar un ~** einen Platz/Posten übernehmen [3] (*de un escrito*) Lücke *f*

huelga *f* Streik *m;* ◇ **declararse en ~** in Streik treten; ◇ **~ de celo** Bummelstreik *m;* ◇ **~ de hambre** Hungerstreik *m;* ◇ **~ general** Generalstreik; **huelguista** *m/f* Streikende(r) *fm*

huelo *vb ver* **oler**

huella *f* [1] (*de pie*) Abdruck *m;* ◇ **~ digital, ~ dactilar** Fingerabdruck *m* [2] (*de animal*) Fährte *f;* ◇ **perder las ~s** [1] die Fährte verlieren [2] (*FIG*) aus den Augen verlieren, den Kontakt verlieren zu [3] *FIG* ↑ *rastro, señal* Spur *f*, Folge *f*

huérfano(/a) I. *adj* (*sin padres*) verwaist II. *m/f* Waise *f;* ◇ **~ de padre/ ~ de madre** Halbwaise

huerta *f* [1] (*terreno*) Land für Gemüseanbau *n* [2] (*tierra de regadío*) bewässertes Land; **huerto** *m* [Gemüse-]Garten *m*, Nutzgarten *m*

hueso *m* [1] Knochen *m;* ◇ **color** *m* **~** fahl; *FAM* ◇ **el profesor de matemáticas es un ~** der Mathematiklehrer ist wahnsinnig streng; ◇ **estar en los ~s** Haut und Knochen sein; ◇ **tener los ~s molidos** wie gerädert sein [2] (*de melocotón*) Stein *m*, Kern *m*

huésped(a) *m/f* (*persona*) Gast *m*

huesudo *adj* [grob-]knochig, grobschlächtig

huevera *f* Eierkarton *m;* **huevo** *m* Ei *n; FAM* ◇ **estar a ~** in Ordnung sein; ◇ **~ duro** hartgekochtes Ei; ◇ **~ frito** Spiegelei *n;* ◇ **~ pasado por agua** weiches Ei; ◇ **~s revueltos** Rührei *n* [2] (*pl, VULG sexo masculino*) Hoden *m; VULG* ◇ **costar un ~** sehr teuer/anstrengend sein; *VULG* ◇ **tener ~s** Mut haben

huida *f* Flucht *f;* **huidizo** *adj* [1] (*de huida*) auf der Flucht [2] (*FIG el que tiende a huir*) scheu [3] *FIG* ↑ *fugaz* flüchtig; **huir** ‹*3.9*› *vi* [1] ↑ *fugarse* [ent-]fliehen, flüchten (*de* aus) [2] ↑ *evitar* [ver-]meiden *akk;* ◇ **~ de las aglomeraciones** Massenaufläufe meiden

hule *m* [1] (*tela impermeable*) Öltuch *n* [2] ↑ *caucho* Kautschuk *m*

humanidad *f* [1] (*personas*) Menschheit *f; FIG* Menschenmenge *f;* ◇ **aquí huele a ~** hier miefts [2] (*cualidad*) Menschlichkeit *f;* **humanitario** *adj* [1] ↑ *humano* menschenfreundlich [2] (*caritativo*) humanitär; **humanizar** ‹3.10› I. *vt* [1] → *tribu salvaje* zivilisieren [2] → *trabajo* humanisieren, erleichtern, leichter machen II. *vr(se)* menschlicher werden, sich besänftigen; **humano** *adj* [1] *también FIG* menschlich; ◇ **el ser ~** der Mensch [2] (*benévolo*) menschenfreundlich

humareda *f* Rauchwolke *f*

humear *vi* ↑ *echar humo* rauchen, qualmen; **humeante** *adj* dampfend

humedad *f* Feuchtigkeit *f;* ◇ **~ del aire** Luftfeuchtigkeit *f;* **humedecer** ‹3.5› I. *vt* anfeuchten, besprühen II. *vr(se)* naß werden; **húmedo** *adj* feucht

humildad *f* [1] (*comportamiento*) Bescheidenheit

f [2] (*virtud cristiana*) Demut *f;* **humilde** *adj* [1] (*condición social*) niedrig, gering [2] ↑ *modesto* zurückhaltend, bescheiden [3] (*virtud*) demütig, unterwürfig

humillación *f* Erniedrigung *f;* **humillante** *adj* erniedrigend; **humillar I.** *vt* ↑ *denigrar* erniedrigen **II.** *vr(se)* sich erniedrigen

humo *m* [1] (*de cigarrillo*) Rauch *m,* Qualm *m;* ↑ *vapor* Dampf *m* [2] (*de combustión*) Dunst *m;* ◇ **convertirse en ~** sich in Luft auflösen [3] (*pl, FIG presunción*) Eitelkeit *f;* ◇ **bajar los ~s a alguien** jd-s Stolz brechen

humor *m* [1] (*de ánimo*) Stimmung *f,* Laune *f;* ◇ **estar de buen/mal ~** gute/schlechte Laune haben; ◇ **estar de ~ para hacer algo** zu etw aufgelegt sein [2] (*humorismo*) Humor; ◇ **~ negro** schwarzer Humor [3] MED Körperflüssigkeit *f;* **humorismo** *m* Humor *m;* **humorista** *m/f* Humorist(in *f*) *m; FAM* Spaßvogel *m;* **humorístico** *adj* humoristisch

hundido *adj* [1] *también FIG* ▷*barco* versenkt, gesengt [2] ▷*ojos* tiefliegend [3] (*FIG de ánimo*) niedergeschlagen, erledigt; **hundimiento** *m* [1] (*acción*) Versenken *n* [2] (*efecto*) Versinken *n* [3] (*hoyo*) Einsenkung *f* [4] *FIG* Untergehen *n,* Vernichtung *f;* **hundir I.** *vt* [1] → *suelo* senken, absacken lassen [2] → *barco* versenken [3] → *edificio* zerstören, abreißen [4] (*en algo*) stekken in; ◇ **~ el pie en la arena** den Fuß im Sand vergraben [5] → *proyecto* zunichte machen [6] → *persona* erledigen, vernichten [7] *FIG* ▷*económicamente* zugrunde richten **II.** *vr(se)* [1] ← *barco* versinken [2] ← *edificio* zusammenfallen [3] (*FIG personas y cosas*) untergehen [4] ▷*económicamente* zugrunde gehen

húngaro(/a) I. *adj* ungarisch **II.** *m/f* Ungar(in *f*) *m;* **Hungría** *f* Ungarn *n*

huracán *m* Wirbelsturm *m,* Orkan *m*

huraño *adj* menschenscheu, ungesellig

hurgar ⟨3.11⟩ *vt* [1] → *fuego* schüren, stochern in [2] *PEJ* ↑ *fisgar* herumwühlen, herumschnüffeln in *dat;* **hurgón I.** *adj FAM* ↑ *insistente* bohrend **II.** *m* Schürhaken *m*

hurón(-ona) *m* **I.** *adj* (*persona*) ungesellig **II.** *m* [1] FAUNA Frettchen *n* [2] (*FIG persona insociable*) ungeselliger Mensch

hurtadillas *adv:* ◇ **a ~** heimlich

hurtar *vt* ↑ *robar* stehlen; *FAM* mitgehen lassen; **hurto** *m* [1] (*acción*) Diebstahl *m* [2] (*cosa hurtada*) Diebesgut *n*

husmear *vt* [1] ← *perro* wittern, Geruch wahrnehmen [2] *FIG, PEJ* ↑ *curiosear* herumschnüffeln in *dat*

huyo *vb ver* **huir**

I

I, i *f* I, i *n*

ibérico *adj* iberisch; **íbero I.** *adj* HIST iberisch **II.** *m/pl* HIST Iberer(in *f*) *m;* **iberoamericano** *adj* iberoamerikanisch

ibicenco *adj* aus Ibiza; **Ibiza** *f* Ibiza *n*

iceberg *m* Eisberg *m*

icono *m* Ikone *f*

iconoclasta I. *adj* unkonventionell **II.** *m/f* Bilderstürmer(in *f*) *m,* Ikonoklast(in *f*) *m*

ictericia *f* MED Gelbsucht *f*

ida *f* (*viaje*) Hinfahrt *f;* ◇ **billete de ~ y vuelta** Rückfahrkarte *f*

idea *f* [1] (*abstracción de algo concreto*) Idee *f,* Grundgedanke *m;* ◇ **hacerse a la ~ de algo** sich mit dem Gedanken an etw *akk* vertraut machen [2] (*impulso*) [gedanklicher] Anstoß [3] ↑ *intención, propósito* Vorhaben *n,* Absicht *f;* ◇ **tener ~ de ir al cine** vorhaben, ins Kino zu gehen [4] ↑ *conocimiento* Kenntnis *f;* (*saber*) ◇ **tener ~ de algo** etwas wissen; ◇ **no tener (ni) ~** keine Ahnung haben *f* [5] (*pl*) ↑ *manera de pensar* Vorstellung *f;* ◇ **hacerse una ~ de algo** sich *dat* von etw ein Bild machen [6] ↑ *opinión* Ansicht *f,* Meinung *f;* ◇ **tener buena/mala ~ de alguien** viel/wenig von jd-n halten

ideal I. *adj* [1] ↑ *imaginario* theoretisch, eingebildet [2] ↑ *perfecto* ideal, hervorragend, geeignet **II.** *m* [1] ↑ *prototipo perfecto* Ideal *n,* Muster *n,* Aushängeschild *n* [2] ↑ *meta* Vorhaben *n,* Ziel *n* [3] (*pl, sistema de valores*) Leitvorstellungen *f/pl;* **idealismo** *m* Idealismus *m;* **idealista I.** *adj* [1] idealistisch [2] (*FIG soñador*) weltfremd **II.** *m/f* Idealist(in *f*) *m;* **idealizar** ⟨3.10⟩ *vt* idealisieren

idear *vt* [1] → *plan* erdenken, sich *dat* ausdenken [2] ↑ *inventar* entwerfen, ausdenken

ídem *pron* ebenso, dito

idéntico *adj* [1] ↑ *igual* identisch, übereinstimmend [2] *FIG* ↑ *similar* [sehr] ähnlich

identidad *f* (*de persona*) Identität *f;* ◇ **carnet** *m* **de ~** Personalausweis *m*

identificación *f* [1] (*de persona*) Identifizierung *f* [2] (*solidaridad*) Identifikation *f;* **identificar** ⟨3.7⟩ **I.** *vt* [1] ↑ *reconocer* identifizieren [2] (*hacer idéntico*) gleichsetzen **II.** *vr(se)* [1] ↑ *hacerse idéntico* verschmelzen, eins werden, sich identifizieren [2] ↑ *estar de acuerdo* übereinstimmen; ↑ *solidarizarse* unterstützen; ◇ **la asamblea se identifica con el presidente** die Versammlung stimmt mit dem Präsidenten überein [3] (*mostrar su identidad*) sich ausweisen

ideología *f* Ideologie *f,* Weltanschauung *f;* **ideológico** *adj* ideologisch

idílico *adj* ▷*paisaje* idyllisch; *FIG* ↑ *pacífico* friedlich
idiolecto *m* GRAM Idiolekt *m*
idioma *m* Sprache *f*
idiosincrasia *f* Charakter *m*, Eigenart *f*
idiota I. *adj* idiotisch, blödsinnig II. *m/f también* MED Idiot(in *f*) *m; PEY* Schwachkopf *m;* **idiotez** *f FIG* ↑ *tontería* Dummheit *f*, Blödheit *f*
ido *adj FAM*: ◇ **estar** ~ zerstreut/verrückt sein
idólatra *m/f* REL Götzenanbeter(in *f*) *m;* ↑ *pagano* Heide *m*, Heidin *f;* **idolatrar** *vt* [1] → *ídolos* [Götzen] anbeten [2] (*FIG amar*) abgöttisch lieben; **idolatría** *f* [1] (*de ídolos*) Götzenverehrung *f*, Heidentum *n* [2] (*amor*) abgöttische Liebe
ídolo *m* [1] REL Götze *m* [2] *FIG* Abgott *m*, Idol *n*
idóneo *adj* [1] ↑ *apto* tauglich (*para* zu) [2] ↑ *capaz* fähig (*para* zu) [2] ↑ *adecuado* geeignet (*para* für)
iglesia *f* Kirche *f*
ignominia *f* [1] ↑ *ultraje* Schmach *f*, Schande *f* [2] ↑ *humillación* Erniedrigung *f*, Entehrung *f*
ignominioso *adj* schändlich, schmachvoll
ignorado *adj* ↑ *desconocido* unbekannt
ignorancia *f* [1] (*falta de instrucción*) Ignoranz *f* [2] ↑ *desconocimiento* Unwissenheit *f*, Unkenntnis *f;* **ignorante** I. *adj* unwissend II. *m/f* Ignorant(in *f*) *m;* **ignorar** *vt* [1] ↑ *desconocer* nicht wissen [2] ↑ *no hacer caso* ignorieren
igual I. *adj* [1] gleich; ◇ **al** ~ **que** genauso wie; ◇ **por** ~ zu gleichen Teilen, gleichmäßig [2] ↑ *parecido* ähnlich [3] (*de la misma manera*) entsprechend; ◇ **sus fuerzas no son ~es a sus deseos** seine Kräfte entsprechen nicht seinen Absichten II. *adv FAM* [1] (*posibilidad*) ebensogut, gleichermaßen; ◇ ~ **te podías matar** genausogut hättest du umkommen können [2] ↑ *no obstante* trotzdem; ◇ **~me puede parecer bien** trotzdem kann ich es gut finden [3] (*sin importancia*) einerlei; ◇ **me da ~, me es** ~ es ist mir einerlei III. *m/f* Gleichgestellte(r) *fm;* ◇ **entre sus ~es** unter Leuten seiner Klasse; **igualable** *adj* gleichstellbar; **igualada** *f* SPORT Unentschieden *n;* **igualar** I. *vt* [1] (*poner iguales*) gleichmachen [2] (*ser iguales*) gleichen; ◇ **no hay quien le iguale en simpatía** keiner ist so sympathisch wie er [3] ↑ *equiparar* angleichen, gleichstellen [4] → *terreno* ausgleichen, ebnen II. *vr(se)* ← *personas* sich gleichsetzen (*con* mit); **igualdad** *f* [1] (*también* JUR *identidad*) Gleichheit *f;* (*de opiniones*) Übereinstimmung *f* [2] MATE Kongruenz *f* [3] ↑ *similitud* Ähnlichkeit *f;* **igualmente** I. *adv* [1] (*del mismo modo*) gleichermaßen [2] ↑ *también* auch, ebenfalls II. *interj* danke gleichfalls
ikurriña *f* baskische Fahne
ilegal *adj* (*contrario a la ley*) ungesetzlich, gesetzwidrig, verboten
ilegible *adj* [1] ▷*escrito* unleserlich [2] ▷*literatura* nicht lesenswert, unmoralisch
ilegítimo *adj* [1] (*no legítimo*) ungesetzlich, unerlaubt, illegitim [2] ▷*hijo* unehelich [3] ↑ *falso* unecht, falsch
ileso *adj* unverletzt, unbeschadet
ilícito *adj* [1] (*contra la ley*) unerlaubt [2] (*contra la moral*) unmoralisch
ilimitado *adj* unbegrenzt, unumschränkt
ilógico *adj* unlogisch, unklar
iluminación *f* [1] (*luz*) Beleuchtung *f*, Erhellung *f* [2] ↑ *explicación* Erläuterung *f* [3] REL *también FIG* Erleuchtung *f* [4] (*pl*) Festbeleuchtung *f;* **iluminar** *vt* [1] ↑ *alumbrar* beleuchten, anstrahlen, ausleuchten [2] → *dibujos, fotografías* einfärben, färben [3] *FIG* ↑ *poner en claro* erläutern, klarstellen [4] REL erleuchten
ilusión *f* [1] Illusion *f;* ◇ **hacerse ~es** sich in Illusionen wiegen, sich Illusionen machen [2] ↑ *regocijo* Freude *f*, Vorfreude *f* [3] (*confianza vana*) [falsche] Hoffnung; **ilusionar** I. *vt* (jdm) Hoffnung machen auf *akk* II. *vr(se)* [1] sich Illusionen machen [2] ◇ **~se con algo/alguien** sich sehr auf etwas/jd-n freuen; **ilusionista** *m/f* Zauberkünstler(in *f*) *m*
iluso I. *adj* leichtgläubig, träumerisch II. *m/f* Träumer(in *f*) *m*
ilusorio *adj* [1] ↑ *imaginario* eingebildet [2] ↑ *engañoso* trügerisch
ilustración *f* [1] (*dibujo*) Illustration *f*, Abbildung *f* [2] HIST ◇ **la I~** die Aufklärung; **ilustrado** *adj* [1] ↑ *culto* gebildet [2] FILO, HIST aufgeklärt [3] (*con dibujos*) illustriert; **ilustrar** I. *vt* [1] (*con dibujos*) illustrieren, bebildern [2] *FIG* ↑ *instruir* belehren [3] ↑ *explicar* erläutern, erklären II. *vr(se)* sich bilden
ilustre *adj* [1] ↑ *famoso* berühmt, bekannt [2] ↑ *destacado* erhaben, erlaucht
imagen *f* [1] (*general*) Bild *n*, Abbildung *f* [2] (*viva* ~) Ebenbild *n;* ◇ **ella es la viva** ~ **de su madre** sie ist das Ebenbild ihrer Mutter; *FAM* sie gleicht ihrer Mutter aufs Haar [3] (*pintura sagrada*) Heiligenbild *n;* (*estatua sagrada*) Heiligenstatue *f* [4] (*en patalla*) Bild *n* [5] (*idea*) (bildliche) Vorstellung *f* [6] ↑ *metáfora* Metapher *f* [4] *FIG* ▷*exterior* Image *n*
imaginable *adj* vorstellbar, denkbar; **imaginación** *f* [1] ↑ *fantasía* Phantasie *f*, Vorstellungskraft *f* [2] ↑ *ilusión* Einbildung *f;* ◇ **todo eso son**

imaginaciones tuyas das bildest du dir alles nur ein; **imaginar** I. *vt* [1] sich *dat* vorstellen, sich *dat* einbilden [2] ↑ *idear* sich *dat* einfallen lassen, erfinden [3] ↑ *pensar* sich *dat* ausdenken [4] ↑ *suponer* annehmen II. *vr(se)* sich *dat* vorstellen; ◇ **¡imagínate!** stell dir vor!; **imaginario** *adj* erdacht; **imaginativo** *adj* phantasievoll, einfallsreich

imán I. *m* Magnet *m* II. *m* REL Imam *m*

imbécil I. *adj PEY* schwachsinnig II. *m/f PEY* Dummkopf *m*, Idiot(in *f*) *m;* **imbecilidad** *f* [1] (MED *retraso mental*) Schwachsinn *m* [2] *FIG* ↑ *tontería* Blödsinn *m*

imberbe I. *adj* (*sin barba*) [noch] bartlos, milchgesichtig II. *m* sehr junger Mann; *PEY* Milchgesicht *n*

imborrable *adj* unauslöschbar

imbuir ⟨3.9⟩ *vt, vr(se):* ◇ ~ **a alguien de ideas** jd-m etw einflößen/beibringen

imitable *adj* [1] (*se puede imitar*) nachahmbar [2] ▷*acto* nachahmenswert; **imitación** *f* Nachahmung *f*, Imitation *f;* **imitador(a)** I. *adj* nachahmend II. *m/f* Nachahmer(in *f*) *m;* **imitar** *vt* [1] → *voz, gestos* nachahmen, imitieren [2] ↑ *parecerse* ähneln, ähnlich sein

impaciencia *f* [1] ↑ *inquietud* Ungeduld *f* [2] ↑ *exasperación* Erregung *f*, Erbitterung *f;* ◇ **contestar con** ~ gereizt antworten; **impacientar** *vt, vr(se)* [1] (*ponerse inquieto*) ungeduldig werden [2] ↑ *enfadarse* sich ärgern, gereizt werden; **impaciente** *adj* ungeduldig, unruhig, nervös

impacto *m* [1] ↑ *choque* Aufschlag *m*, Einschlag *m* [2] (*FIG impresión*) Wirkung *f*

impar *adj* [1] ◇ **número** *m* ~ ungerade Zahl [2] ↑ *único* einzigartig

imparcial *adj* unparteiisch, objektiv, unabhängig; **imparcialidad** *f* Unparteilichkeit *f*

impartir *vt* [1] ↑ *comunicar* mitteilen [2] ↑ *repartir* austeilen, gewähren; ◇ ~ **clases** Unterricht erteilen [3] REL → *bendición* segnen

impasibilidad *f* [1] ↑ *calma* Unerschütterlichkeit *f*, Unempfindlichkeit *f* [2] ↑ *indiferencia* Gleichmut *f*, Gleichgültigkeit *f;* **impasible** *adj* [1] ↑ *sereno* gelassen; ↑ *imperturbable* unerschütterlich [2] ↑ *indiferente* gleichgültig [3] ↑ *insensible* gefühllos

impavidez *f* Unerschrockenheit *f;* **impávido** *adj* [1] (*sin miedo*) furchtlos, unerschrocken [2] (*sin emoción*) gelassen, unerschütterlich

impecable *adj* einwandfrei, tadellos

impedido(/a) I. *adj* ↑ *minusválido* behindert II. *m/f* Behinderte(r) *fm;* **impedimento** *m* [1] ↑ *traba* Hindernis *n*, Verhinderung *f* [2] (*de minusválido*) Behinderung *f;* **impedir** ⟨4.15⟩ *vt* [1] ↑ *imposibilitar* verhindern [2] ↑ *obstaculizar* hindern, aufhalten, hemmen

impeler *vt* [1] ↑ *empujar* in Bewegung *f* setzen, anschieben [2] *FIG* ↑ *animar* anspornen, anregen

impenetrabilidad *f* Undurchdringlichkeit *f*, Undurchläßigkeit *f;* **impenetrable** *adj* [1] TECNI undurchlässig [2] ▷*bosque* undurchdringlich [3] *FIG* ▷*enigma* unergründbar [4] *FIG* ▷*persona* undurchschaubar

impensado *adj* unerhofft, unvermutet

impepinable *adj FAM* unbestreitbar

imperante *adj* [1] ↑ *dominante* herrschend [2] *FIG* ▷*moda, tendencia* vorherrschend, Haupt-;

imperar *vi* [1] ↑ *mandar* regieren [2] ↑ *predominar* vorherrschen, bestimmen; **imperativo** I. *adj* gebieterisch II. *m* GRAM Imperativ *m*, Befehlsform *f*

imperceptible *adj* unmerklich

imperdible I. *adj* unverlierbar II. *m* [1] (*alfiler*) Sicherheitsnadel *f* [2] (*joya*) Brosche *f*

imperdonable *adj* unverzeihlich

imperecedero *adj* unvergänglich, ewig

imperfección *f* Unvollkommenheit *f*, Makel *m*

imperfecto I. *adj* unvollkommen II. *m* GRAM Imperfekt *n*

imperial *adj* [1] (*de emperador*) kaiserlich, Kaiser- [2] (*de imperio*) imperial, Reichs-; **imperialismo** *m* Imperialismus *m*

imperio *m* [1] (*acción*) Herrschaft *f* [2] (*forma del gobierno imperial*) Kaisertum *n* [3] (*territorio*) Reich *n*, Imperium *n* [4] *FIG* [Befehls-]Kraft *f*, Nachdruck *m;* **imperioso** *adj* [1] ▷*voz, tono* gebieterisch [2] ◇ **necesidad -a** dringend notwendig

impermeable I. *adj* wasserdicht II. *m* Regenmantel *m*, Ölzeug *n*

impersonal *adj* [1] ▷*trato* unpersönlich [2] (*imparcial*) unvoreingenommen; ◇ **juzgar de manera** ~ unvoreingenommen urteilen [3] GRAM ▷*verbo* unpersönlich

impertérrito *adj* unbewegt, unerschrocken

impertinencia *f* [1] ↑ *indiscreción* unpassende Bemerkung [2] (*decir una* ~) Unverschämtheit *f*, Frechheit *f;* **impertinente** *adj* [1] ↑ *inoportuno* unangebracht, unpassend [2] (*persona*) unverschämt [3] ↑ *arrogante* überheblich [4] ↑ *pesado* lästig

imperturbable *adj* unerschütterlich

ímpetu *m* [1] (*movimiento*) [Anfangs-]Schwung *m*, Ungestüm *n* [2] (*energía*) Heftigkeit *f*, [Lebens-]Kraft *f;* **impetuosidad** *f* Ungestüm *n*, Schwung *m;* **impetuoso** *adj* [1] ▷*movimiento*

ungestüm, heftig [2] ▷*comportamiento* leidenschaftlich [3] ↑ *impulsivo* unüberlegt, impulsiv
impío *adj* [1] ↑ *cruel* herzlos, grausam [2] ↑ *descreído* ungläubig, gottlos [3] (*sin respeto*) unehrerbietig, respektlos
implacable *adj* unnachgiebig
implantar *vt* [1] → *costumbres, modas* einführen [2] MED → *órgano* implantieren
implicar ⟨3.7⟩ *vt* [1] (*en asunto, negocio*) hineinziehen, verwickeln in *akk* [2] ↑ *llevar consigo* mit sich bringen [3] ↑ *significar* bedeuten, zur Folge haben; ◇ **ser amigos implica ayudarse uno al otro** Freunde zu sein heißt, einander zu helfen; **implícito** *adj* mit einbegriffen, stillschweigend
implorar *vt* → *perdón* flehen um
imponente *adj* (*aspecto, belleza*) eindrucksvoll, beeindruckend; *FAM* toll; **imponer** ⟨4.8⟩ **I.** *vt* [1] ↑ *obligar* auferlegen [2] → *sanción* erheben [3] → *respeto* einflößen [4] (*COM en cuenta*) einzahlen **II.** *vi* [1] (*infundir admiración*) Eindruck machen [2] (REL *poner las manos*) [die Hände] auflegen **III.** *vr(se)* [1] ← *moda* sich durchsetzen [2] (*ganar*) sich behaupten [3] ↑ *hacerse respetar* sich *dat* Respekt verschaffen, sich durchsetzen [4] ↑ *ser necesario* notwendig sein
impopular *adj* unbeliebt, unpopulär
importación *f* [1] (*acción*) Import *m;* ◇ **productos de ~** Importwaren *pl* [2] MED Einschleppung *f*
importancia *f* [1] ↑ *trascendencia* Wichtigkeit *f,* Bedeutung *f;* ◇ **darse ~** angeben [2] *FIG* ↑ *poder* Einfluß *m,* Macht *f;* **importante** *adj* [1] ▷*cosa* bedeutend, wichtig [2] ▷*persona* einflußreich, mächtig; **importar I.** *vt* [1] → *productos* einführen, importieren [2] ↑ *ascender* betragen, kosten **II.** *vi* [1] wichtig sein; *FAM* ◇ **me importa un rábano** das kratzt mich überhaupt nicht; ◇ **no importa** das macht nichts; ◇ **¿te importaría llamar un poco más tarde?** machte es dir etwas aus, ein wenig später anzurufen [2] *FAM* ↑ *atañer* angehen; ◇ **¿ qué te importa?** was geht dich das an?; **importe** *m* ↑ *cantidad* Summe *f;* ↑ *coste* Betrag *m;* ↑ *valor* Wert *m*
importunar *vt* belästigen, stören; **importuno** *adj* ↑ *inoportuno* unpassend, ungelegen, störend
imposibilidad *f* [1] (*falta de posibilidad*) Unmöglichkeit *f* [2] (*que invalida*) Unvermögen *n,* Arbeitsunfähigkeit *f;* **imposibilitar** *vt* verhindern, vereiteln; **imposible I.** *adj* [1] (*no posible*) unmöglich [2] *FIG* ▷*comportamiento* unerträglich **II.** *m* Unmöglichkeit *f*
imposición *f* [1] (*acción de imponer*) Auferlegung; REL ◇ **~ de manos** Auflegung der Hände *f* [2] (*de impuesto*) Erhebung *f,* Besteuerung *f* [3] (*de pena*) Verhängung *f*
impostor(/a) **I.** *adj* [1] ↑ *engañoso* betrügerisch [2] ↑ *calumnioso* verleumderisch **II.** *m/f* [1] ↑ *embaucador* Betrüger(in *f*) *m* [2] ↑ *difamador* Verleumder(in *f*) *m,* Lügner(in *f*) *m*
impotencia *f* [1] Machtlosigkeit *f,* Unfähigkeit *f* [2] MED Impotenz *f;* **impotente** *adj* [1] machtlos, unfähig [2] MED impotent
impracticable *adj* [1] undurchführbar [2] ▷*camino* unwegsam, unbefahrbar
imprecar ⟨3.7⟩ *vt* verwünschen, verfluchen
imprecisión *f* Ungenauigkeit *f;* **impreciso** *adj* [1] ▷*descripción* ungenau, unbestimmt [2] ▷*visión* unklar
impregnar I. *vt* durchtränken **II.** *vr(se)* sich vollsaugen (*de* mit)
imprenta *f* [1] (*técnica*) [Buch-]Druck *m* [2] (*taller*) Druckerei *f*
imprescindible *adj* (*acto*) unumgänglich; (*cosa*) unentbehrlich
impresentable *adj* nicht vorzeigbar
impresión *f* [1] TIP Druck *m,* Druckbild *m* [2] ↑ *huella* Abdruck *m,* Spur *f* [3] (*FIG opinión, idea*) Eindruck *m;* ◇ **cambiar impresiones** Eindrücke austauschen, miteinander reden
impresionable *adj* [1] (*fácil de impresionar*) leicht zu beeindrucken [2] ↑ *suceptible* empfindlich; **impresionante** *adj* (*que impresiona*) eindrucksvoll, packend, aufregend; ↑ *maravilloso* herrlich, wunderbar; **impresionar** *vt* [1] ↑ *emocionar, conmover* beeindrucken [2] FOTO belichten
impreso I. *pp de* **imprimir**; **II.** *adj* gedruckt **III.** *m* [1] TIP Druckerzeugnis *n,* Druck *m* [2] ↑ *formulario* [Antrags-]Formular *n;* **impresor(a)** *m/f* (*profesión*) Drucker(in *f*) *m;* **impresora** *f* INFORM Drucker *m*
imprevisible *adj* unvorhersehbar; **imprevisto** *adj* ▷*gasto* unvorhergesehen; ↑ *inesperado* unverhofft
imprimir *4.16 vt* [1] → *libro* drucken, verlegen; INFORM ausdrucken [2] (*FIG en la memoria*) einprägen [3] *FIG* → *carácter* prägen, bestimmen
improbabilidad *f* Unwahrscheinlichkeit *f;* **improbable** *adj* unwahrscheinlich
improcedente *adj* [1] ↑ *poco apropiado* unangebracht; ▷*respuesta* frech, unverschämt [2] (*contrario a las normas*) unzulässig
improductivo *adj* [1] (*no productivo*) unproduktiv, unwirtschaftlich [2] ↑ *inútil* sinnlos
improperio *m* (*insulto leve*) Beschimpfung *f*
impropiedad *f* [1] (*del lenguaje*) Inkorrektheit *f* [2] (*de trato*) Unschicklichkeit *f,* Unpassende(s) *n;* **impropio** *adj* [1] ↑ *inadecuado* unpassend [2]

↑ *extraño* eigentümlich, untypisch [3] ▷*palabra* falsch angewendet

improvisación *f* Improvisation *f;* **improvisado** *adj* aus dem Stegreif, improvisiert; **improvisar** *vt* improvisieren

improvisto *adj* unvorhergesehen; ◇ **de ~** plötzlich, überraschend

imprudencia *f* [1] (*falta de prudencia*) Unvernunft *f* [2] ↑ *descuido* Unvorsichtigkeit *f* [3] ↑ *irreflexión* Unbesonnenheit *f* [4] *JUR* Fahrlässigkeit *f;* ◇ **~ temeraria** grobe Fahlässigkeit; **imprudente** *adj* [1] (*sin prudencia*) unvernünftig, unklug [2] (*sin cuidado*) unvorsichtig [3] (*sin reflexion*) unbedacht, unbesonnen; JUR fahrlässig [4] *FIG* ↑ *indiscreto* indiskret

impúdico(/a) **I.** *adj* [1] ↑ *amoral* unehrenhaft, unsittlich [2] ↑ *desvergonzado* schamlos **II.** *m/f* unanständiger Mensch; **impudor** *m* [1] (*falta de pudor*) Schamlosigkeit *f* [2] ↑ *impertinencia* (schamlose) Frechheit, Unverschämtheit *f*

impuesto **I.** *adj* (*participio de imponer*) [1] ▷*obligación* auferlegt [2] (*introducción*) eingewiesen **II.** *m* Steuer *f*, Abgabe *f*

impugnar *vt* [1] JUR → *decisión* anfechten [2] → *teoría* angreifen, widersprechen *dat*

impulsar *vt ver* **impeler** [1] ↑ *empujar* anstoßen, in Bewegung *f* setzen [2] ↑ *incitar* [veran-]lassen, bewirken; ◇ **el miedo le impulsa a correr** er rennt aus Angst davon [3] ↑ *promover* fördern, beschleunigen, antreiben

impulsividad *f* Impulsivität *f;* **impulsivo** *adj* triebhaft, unbedacht, impulsiv; **impulso** *m* [1] (*de impulsar*) Anstoß *m*, Antreiben *n;* ◇ **a ~s de** auf Grund von, veranlaßt von [2] (*fuerza*) Schwung *m;* SPORT *también FIG* ◇ **tomar ~** Anlauf nehmen [3] *FIG* ↑ *estímulo* Anreiz *m*, Impuls *m*

impune *adj* straflos, unbestraft; **impunidad** *f* Straflosigkeit *f*, Straffreiheit *f*

impureza *f* [1] Unreinheit *f* [2] (*pl*) Verunreinigung *f;* **impuro** *adj* [1] ▷*cosa* unrein, verschmutzt [2] *FIG* ▷*persona* unanständig, unzüchtig

imputación *f* [1] (*culpa atribuida*) Unterstellung *f*, Bezichtigung *f* [2] JUR ↑ *inculpación* Beschuldigung *f*, Anschuldigung *f;* **imputar** *vt* [1] (*achacar a una cosa*) zuschreiben [2] (*achacar a una persona*) unterstellen *dat;* ◇ **me imputas un robo** du bezichtigst mich eines Raubes [3] COM gutschreiben, verbuchen

inabarcable *adj* [1] ↑ *inmenso* unermeßlich [2] *FIG* ↑ *incomprensible* unbegreifbar, unfaßbar

inabordable *adj* [1] ↑ *inaccesible* unzugänglich [2] (*FIG personas*) unnahbar

inacabable *adj* endlos, unendlich

inaccesible *adj* [1] ▷*lugar* schwer zugänglich, unerreichbar [2] *FIG* ▷*razones* unverständlich, nicht erfaßbar [3] *FIG* ▷*persona* unzugänglich, unnahbar

inacción *f* Untätigkeit *f*, Stillstand *m*, Ruhe *f*

inaceptable *adj* [1] (*no poder/deber aceptar*) unannehmbar [2] (*no poder creer*) unglaublich

inactividad *f* [1] Untätigkeit *f* [2] MED Unwirksamkeit *f;* **inactivo** *adj* untätig, im Stillstand

inadaptable *adj* [1] ▷*persona* nicht anpassungsfähig [2] ▷*cosa* nicht anwendbar, nicht verwendbar; **inadaptación** *f* mangelnde Anpassungsfähigkeit

inadecuado *adj* unangemessen, ungeeignet

inadmisible *adj* [1] (*no admisible*) unzulässig [2] ↑ *intolerable* unerträglich [3] (*difícil de creer*) unglaublich, unglaubwürdig

inadvertencia *f* Unachtsamkeit *f;* **inadvertido** *adj* [1] (*hecho, gesto*) unbemerkt [2] (*persona*) unaufmerksam

inagotable *adj* unerschöpflich

inaguantable *adj* [1] ▷*hecho, persona* unerträglich [2]

inalámbrico *adj* ohne Kabel; ◇ **teléfono** *m* **~** schnurloses Telephon

inalcanzable *adj* unerreichbar

inalterable *adj* [1] (*no alterable*) unveränderlich [2] ↑ *inmutable* unerschütterlich, unbewegbar

inanición *f* Erschöpfung *f*, Entkräftung *f;* ◇ **morir de ~** an Entkräftung sterben, verhungern

inanimado *adj* [1] (*sin vida*) leblos [2] ↑ *desmayado* ohnmächtig

inapelable *adj* ▷*decisión* unwiderruflich; JUR ▷*sentencia* der Berufung nicht unterliegend, berufungsunfähig

inapreciable *adj* [1] (*invisible*) nicht wahrnehmbar, nicht erkennbar [2] ▷*valor* unschätzbar

inaudito *adj* ↑ *escandaloso, atrevido* unglaublich, unerhört

inauguración *f* [1] (*acción*) Einweihung *f* [2] (*de local*) Eröffnung *f;* **inaugurar** *vt* [1] → *monumento* einweihen [2] → *negocio* eröffnen

inca *m/f* Inka *m/f;* **incaico** *adj* Inka-

incalculable *adj* unberechenbar, nicht schätzbar

incalificable *adj* ↑ *reprobable* kritikwürdig, widerlich

incandescente *adj* glühend

incansable *adj* unermüdlich

incapacidad *f* [1] (*no poder*) Unfähigkeit *f;* ◇ **~ mental/física** geistige/körperliche Behinderung; ◇ **~ laboral** Arbeitsunfähigkeit [2] (*no saber*)

Unvermögen *n;* **incapacitar** *vt* [1] unfähig machen [2] JUR entmündigen; **incapaz** *adj* [1] (*no capaz*) unfähig [2] (*falto de inteligencia*) beschränkt, dumm [3] JUR [geschäfts-]unfähig

incautación *f* Beschlagnahme *f*, Sicherstellung *f;* **incautarse** *vr* beschlagnahmen, sicherstellen (*de* akk)

incauto *adj* [1] (*falta de cautela*) unvorsichtig [2] (*falta de malicia*) gutgläubig, naiv

incendiar I. *vt* anzünden, in Brand stecken II. *vr(se)* sich entzünden, in Brand geraten; **incendiario(/a)** I. *adj* [1] Brand- [2] *FIG* ▷*escrito* aufwiegelnd, subversiv II. *m/f* [1] ↑*pirómano* Brandstifter(in *f*) *m* [2] (*FIG quien causa un tumulto*) Unruhestifter(in *f*) *m*, [Auf-]Hetzer(in *f*) *m;* **incendio** *m* Brand *m*, Feuer *n;* ◇ ~ **forestal** Waldbrand *m*

incentivar *vt* ↑ *estimular* motivieren, antreiben, anspornen; **incentivo** *m* Anreiz *m*

incertidumbre *f* Ungewißheit *f*, Unsicherheit *f*

incesante *adj* [1] ↑ *continuo* unaufhörlich, ständig [2] *FIG* ↑ *repetido* häufig, wiederholt

incesto *m* Blutschande *f*, Inzest *m;* **incestuoso** *adj* blutschänderisch, Inzest-

incidencia *f* [1] MATE Auffall *m*, Einfall *m;* ◇ **ángulo de** ~ Einfallswinkel *m* [2] ↑ *incidente* Zwischenfall *m*

incidente I. *adj* [1] MATE einfallend [2] (*lo de menos importancia*) Neben- II. *m* [1] (*suceso*) Vorfall *m*, Zwischenfall *m* [2] *FIG* ↑ *riña* Streit *m*, Auseinandersetzung *f;* **incidir** I. *vi* einfallen; ◇ ~ **en un asunto** sich auswirken auf eine Angelegenheit; ◇ ~ **en un error/una falta** in einen Irrtum verfallen II. *vt* MED schneiden

incienso *m* Weihrauch *m*

incierto *adj* [1] ↑ *dudoso* unsicher, zweifelhaft [2] ↑ *impreciso* unklar [3] (*FAM no cierto*) falsch

incineración *f* [1] Verbrennung *f;* ◇ ~ **de basura** Müllverbrennung *f* [2] (*de muertos*) Einäscherung *f*, Feuerbestattung *f;* **incinerar** I. *vt* [1] → *cosa* [zu Asche] verbrennen [2] → *muerto* einäschern

incipiente *adj* beginnend, Anfangs-

incisión *f* [1] ↑ *hendidura* [Ein-]Schnitt *m* [2] (*acción*) Schneiden *n* [3] LIT [Vers-]Zäsur *f*

incisivo I. *adj* [1] ↑ *cortante* schneidend, scharf [2] *FIG* ▷*persona, crítica* bissig II. *m* Schneidezahn *m;* **inciso** *m* [1] (*al hablar*) Unterbrechung *f* [2] GRAM Abschnitt *m*, Apposition *f*, Komma *n* [3] ↑ *digresión* Abschweifung *f*, Exkurs *m*

incitación *f* [1] ↑ *estímulo* Anregung *f*, Anstoß *m* [2] ↑ *inducción* Anstiftung *f;* **incitante** *adj* [1] ↑ *estimulante* anregend, erregend [2] ↑ *provocante* aufstachelnd; **incitar** *vt* [1] ↑ *estimular* anregen [2] ↑ *picar* aufhetzen, aufwiegeln

incivil *adj* (*de comportamiento*) unhöflich

inclemencia *f* (*del tiempo*) Rauheit *f;* ◇ **a la** ~ unter freiem Himmel, völlig schutzlos; **inclemente** *adj* ▷*tiempo* rauh, unfreundlich

inclinación *f* [1] (*acción*) Verbeugung *f* [2] *FIG* ↑ *afecto* Zuneigung *f* [3] (*talento*) Begabung *f*, Neigung *f;* **inclinar** I. *vt* ↑ *ladear* neigen, beugen II. *vr(se)* [1] sich neigen; ◇ **~se ante** sich verbeugen vor *dat* [2] *FIG* neigen zu; ◇ **me inclino a creerlo** ich bin geneigt, es zu glauben

incluir ⟨3.9⟩ *vt* [1] ↑ *introducir* einfügen, beifügen [2] ↑ *contener* einschließen; **inclusión** *f* Einschluß *m;* **inclusive** *adv* einschließlich; **incluso** I. *adv* ↑ *aun, hasta* selbst, sogar II. *prep* (*concesivo*) selbst, noch, auch wenn

incógnito I. *adj* unbekannt; ◇ **de** ~ inkognito II. *f* [1] MATE unbekannte Größe [2] *FIG* große Unbekannte *f;* ◇ **es una** ~ **lo que ...** ich wüßte gern, was ...

incoherencia *f* [1] ↑ *incongruencia* Unstimmigkeit *f* [2] (*falta de lógica*) Zusammenhangslosigkeit *f* [3] ↑ *contradicción* Widerspruch *m;* **incoherente** *adj* zusammenhanglos, unstimmig

incoloro *adj* [1] (*desprovisto de color*) farblos [2] *FIG* ▷*espectaculo, persona* nichtssagend, blaß

incomodar I. *vt* [1] ↑ *molestar* belästigen [2] ↑ *estorbar* stören [3] ↑ *enfadar* ärgern II. *vr(se)* sich ärgern, sich beleidigt fühlen; **incomodidad** *f* [1] ↑ *molestia* Unannehmlichkeit *f*, Beschwerlichkeit *f* [2] ↑ *inconveniente* Unbequemlichkeit *f*, Nachteil *f* [3] ↑ *disgusto* Verdruß *m;* **incómodo** *adj* [1] ▷*silla* unbequem, unbehaglich [2] ↑ *molesto* lästig, unangenehm

incomparable *adj* unvergleichlich, einzigartig

incompatible *adj* unvereinbar, unverträglich

incompetencia *f* [1] ↑ *incapacidad* Unfähigkeit *f* [2] (*no tener la competencia*) Nichtzuständigkeit *f;* **incompetente** *adj* [1] ↑ *incapaz* unfähig [2] (*no autorizado*) nicht zuständig

incompleto *adj* unvollständig

incomprensible *adj también FIG* unverständlich; **incomprensión** *f* Verständnislosigkeit *f*

incomunicación *f* [1] Kommunikationslosigkeit *f*, Isolation *f* [2] JUR Isolationshaft *f;* **incomunicar** ⟨3.7⟩ *vt* isolieren, Verbindung unterbrechen zu; **incomunicado** *adj* [1] ↑ *aislado* isoliert, von der Außenwelt abgeschnitten [2] ▷*preso* in Einzelhaft

inconcebible *adj* unbegreiflich, unfaßbar

inconciliable *adj* ↑ *incompatible* unvereinbar

inconcluso *adj* nicht abgeschlossen, unvollendet

incondicional I. *adj* [1] ▷*rendición* bedingungslos [2] *FIG* ▷*amigo* ergeben II. *m/f* (*admirador*) bedingungslose(r) Anhänger(in *f*) *m*

inconexo *adj* [1] (*no conectado*) unzusammenhängend [2] *FIG* ▷*habladuría* unlogisch, sinnlos

inconfesable *adj* [1] (*que no se puede confesar*) unaussprechlich [2] *FIG* ↑ *indigno* schändlich, peinlich

inconformista I. *adj* nicht übereinstimmend, nicht konformistisch II. *m/f* Nonkonformist(in *f*) *m*

inconfundible *adj* unverwechselbar

incongruencia *f* [1] (*falta de congruencia*) mangelnde Übereinstimmung *f; también* MATE Inkongruenz *f* [2] (*de afirmación*) Zusammenhangslosigkeit *f;* **incongruente** *adj* zusammenhanglos, nicht übereinstimmend, inkongruent

inconmensurable *adj* [1] (*no conmensurable*) unbestimmbar, nicht meßbar [2] *FIG* ↑ *inmenso* unermeßlich, riesig

inconsciencia *f* [1] (MED *estado*) Bewußtlosigkeit *f* [2] (*falta de conocimiento*) Ahnungslosigkeit *f* [3] (*FIG falta de reflexión*) Leichtfertigkeit *f*

inconsciente I. *adj* [1] MED ↑ *desmayado* bewußtlos [2] ▷*gesto* unbewußt [3] *FIG* ↑ *irreflexivo* leichtfertig II. *m* PSYCH Unbewußte(s) *n*

inconsecuencia *f* Inkonsequenz *f;* **inconsecuente** *adj* [1] (*con inconsecuencia*) inkonsequent, widersprüchlich [2] (*ilógico*) unlogisch

inconsiderado *adj* rücksichtslos

inconsistente *adj* unbeständig, veränderlich

inconsolable *adj* untröstilich

inconstancia *f* [1] ↑ *inestabilidad* Unbeständigkeit *f* [2] *FIG* ↑ *versatilidad* Wankelmut *m;* **inconstante** *adj* [1] ↑ *inestable* unbeständig [2] *FIG* ↑ *versátil* wankelmütig

inconstitucional *adj* verfassungswidrig

incontable *adj* ↑ *innumerable* zahllos, unzählbar

incontenible *adj* unaufhaltsam

incontrolable *adj* unkontrollierbar; **incontrolado** *adj* unkontrolliert

inconveniencia *f* [1] ↑ *incomodidad* Unannehmlichkeit *f* [2] ↑ *desatención* Unhöflichkeit *f;* **inconveniente** I. *adj* unangebracht, unpassend II. *m* [1] ↑ *obstáculo* Hindernis *n* [2] ↑ *perjuicio* Nachteil *m*

incordiar *vt FAM* ↑ *molestar* ärgern; **incordio** *m* [1] *FAM* ↑ *molestia* Ärgernis *n* [2] (*FAM persona*) Plagegeist *m*

incorporación *f* Eingliederung *f*, Integration *f;* **incorporar** I. *vt* [1] ↑ *añadir* eingliedern, integrieren [2] ↑ *erguir* aufrichten II. *vr(se)* [1] ↑ *sumarse* sich anschließen (*a* an *akk*) [2] (*al trabajo*) antreten (*a akk*) [3] ↑ *erguirse* sich aufrichten

incorrección *f* [1] (*incorrecto*) Unrichtigkeit *f* [2] ↑ *descortesía* Unhöflichkeit *f;* **incorrecto** *adj* [1] (*no correcto*) falsch, unrichtig [2] (*mal educado*) unhöflich; **incorregible** *adj* unverbesserlich

incorruptible *adj* unverderblich

incredulidad *f* Ungläubigkeit *f;* **incrédulo(/a)** I. *adj* ungläubig II. *m/f* (*ateo*) Ungläubige(r) *fm;* **increíble** *adj* unglaublich

incrementar *vt* → *cantidad, precios* erhöhen; **incremento** *m* [1] ↑ *crecimiento* Zunahme *f*, Anwachsen *n* [2] (*de precio*) Erhöhung *f*

increpar *vt* ↑ *reprender* zurechtweisen

incruento *adj* unblutig

incrustar *vt* (*en superficie*) einlegen

incubadora *f* [1] (*para bebés*) Brutkasten *m* [2] (*para huevos*) Brutapparat *m;* **incubar** *vt también FIG* ausbrüten

incuestionable *adj* unbestreitbar

inculcar ⟨3.7⟩ *vt:* ◇ ~ **algo a alguien** jd-m etwas beibringen/einprägen; *FAM* jd-m etwas einbläuen

inculpar *vt* [1] (JUR *de crimen*) zur Last *f* legen [2] *también* FIG ↑ *culpar* beschuldigen (*de gen*)

inculto I. *adj* ungebildet II. *m/f* Ignorant(in *f*) *m*

incumbencia *f* Zuständigkeit *f;* ◇ **eso no es de mi** ~ dafür bin ich nicht zuständig

incumplimiento *m* Nichterfüllung *f;* ◇ ~ **de contrato** Vertragsbruch *m*

incurable *adj* unheilbar

incurrir *vi* verfallen (*en* in); JUR ◇ ~ **en un delito** eine Straftat begehen

indagación *f* [1] ↑ *investigación* Untersuchung *f*, Ermittlung *f* [2] ↑ *pesquisa* Nachforschung *f;* **indagar** ⟨3.11⟩ *vt* [1] ↑ *investigar* untersuchen [2] ↑ *buscar* forschen nach

indebido *adj* (*ilícito*) rechtswidrig, unzulässig

indecencia *f* ↑ *obscenidad* Unanständigkeit *f;* **indecente** *adj* [1] (*persona*) unanständig [2] ↑ *desarreglado* unordentlich [3] ▷*comportamiento* ungebührlich

indecible *adj* unbeschreiblich, unaussprechlich

indecisión *f* ↑ *vacilación* Unentschlossenheit *f;* **indeciso** *adj* [1] ▷*resultado* unentschieden, nicht entschieden [2] ↑ *vacilante* unschlüssig, unentschlossen; ◇ **estoy** ~ ich habe mich noch nicht entschieden, ich bin [noch] unentschlossen; ◇ **ser** ~ entscheidungsschwach sein

indefenso *adj* wehrlos

indefinible *adj* undefinierbar; **indefinido** *adj* [1] ↑ *impreciso* unbestimmt [2] ↑ *ilimitado* unbegrenzt

indemnización *f* [1] ▷*de daños y perjuicios* Schadensersatz *m* [2] (*dinero*) Entschädigung *f*,

Abfindung *f;* **indemnizar** ⟨3.10⟩ *vt* Schadenersatz leisten, entschädigen, abfinden

independencia *f* Unabhängigkeit *f;* **independiente** *adj* [1] unabhängig [2] (*autónomo*) selbständig

indescriptible *adj* unbeschreiblich

indeseable *adj* unerwünscht

indestructible *adj* unzerstörbar

indeterminado *adj* [1] ▷*número* unbestimmt [2] ▷*tiempo* nicht festgelegt

India *f*: ◇ **la ~** Indien *n*

indicación *f* [1] (*señal*) Zeichen *n* [2] (*informe*) Hinweis *m* [3] (*pl, instrucción*) Anweisung *f;* **indicador** *m* Anzeiger *m;* TECNI Anzeigeinstrument *n;* ◇ **~ de velocidad** Geschwindigkeitsmesser *m;* **indicar** ⟨3.7⟩ *vt* [1] (*con gestos*) zu verstehen geben, zeigen [2] (*con palabras*) erklären [3] MED → *tratamiento* indizieren; ↑ *prescribir* verschreiben

índice *m* [1] (*de libro*) Inhaltsverzeichnis *n* [2] ↑ *indicio* Anzeichen *n* [3] ANAT Zeigefinger *m*

indicio *m* [1] ↑ *señal* [An-]Zeichen *n* [2] ↑ *vestigio* Spur *f*

indiferencia *f* Gleichgültigkeit *f;* **indiferente** *adj* gleichgültig

indígena I. *adj* einheimisch II. *m/f* Einheimische(r) *fm;* Eingeborene(r) *fm*

indigestión *f* Verdauungsstörung *f;* **indigesto** *adj* (▷*comida*) schwerverdaulich; ◇ **estar ~** Verdauungsstörungen haben

indignación *f* Entrüstung *f,* Empörung *f;* **indignado** *adj* entrüstet, empört; **indignante** *adj* empörend; **indignar** I. *vt* entrüsten, empören II. *vr(se)*: ◇ **~se por** sich entrüsten/empören über *akk;* **indignidad** *f* Unwürdigkeit *f;* **indigno** *adj* [1] ▷*persona* unwürdig; ▷*trabajo* erniedrigend [2] ↑ *vergonzoso* beschämend

indio(/a) I. *adj* [1] (*de América*) indianisch [2] (*de India*) indisch II. *m/f* [1] (*de América*) Indianer(in *f*) *m* [2] (*de India*) Inder(in *f*) *m; FAM* ◇ **hacer el ~** den Clown spielen

indirecta *f* Anspielung *f;* **indirecto** *adj* indirekt

indiscreción *f* Indiskretion *f;* **indiscreto** *adj* indiskret

indiscutible *adj* unbestreitbar

indispensable *adj* unentbehrlich, unbedingt erforderlich

indisponer ⟨4.8⟩ I. *vt* [1] ↑ *enemistar* verstimmen [2] MED krank machen II. *vr(se)* krank werden; **indisposición** *f* Unwohlsein *n;* **indispuesto** *adj* ↑ *enfermo*: ◇ **estar ~** unpäßlich sein

individual *adj* individuell; ◇ **habitación** *f* **~** Einzelzimmer *n*

individuo *m* Individuum *n*

indivisible *adj* unteilbar

indocumentado *adj* ohne [gültige] Papiere *pl*

índole *f* [1] (*manera de ser*) Wesen *n* [2] (*calidad*) Art *f*

indolencia *f* ↑ *pereza* Trägheit *f;* **indolente** *adj* ↑ *perezoso* träge, faul

indomable *adj* [1] ▷*pelo* widerspenstig [2] ▷*animal* unzähmbar

indómito *adj* ungebändigt

Indonesia *f* Indonesien *n*

inducir ⟨3.4⟩ *vt* [1] ↑ *incitar* verleiten (*a, en* zu) [2] ↑ *deducir* folgern, ableiten

indudable *adj* unzweifelhaft

indulgencia *f* REL Nachsicht *f,* Milde *f;* **indulgente** *adj* nachsichtig, milde

indultar *vt* JUR begnadigen; **indulto** *m* Begnadigung *f*

indumentaria *f* ↑ *vestimenta* Kleidung *f*

industria *f* Industrie *f;* **industrial** I. *adj* industriell, Industrie- II. *m* Industrielle(r) *fm*

inédito *adj* [1] ▷*escrito* unveröffentlicht [2] (*no conocido*) neu, bisher unbekannt

inefable *adj* unsagbar, unaussprechlich

ineficaz *adj* unwirksam, wirkungslos, ineffizient

ineficiente *adj* ineffizient

ineludible *adj* unumgänglich, unvermeidlich

ineptitud *f* Unfähigkeit *f;* **inepto** *adj* unfähig

inequívoco *adj* eindeutig, unzweifelhaft

inercia *f* [1] ↑ *flojedad* Untätigkeit *f* [2] *también* FIS Trägheit *f*

inerme *adj* ↑ *indefenso* wehrlos

inerte *adj* (*sin movimiento*) unbeweglich

inesperado *adj* unerwartet

inestable *adj* [1] (*no estable*) wackelig, instabil [2] ▷*tiempo* unbeständig, wechselhaft [3] ▷*persona* wetterwendisch

inevitable *adj* unvermeidlich, unvermeidbar

inexactitud *f* Ungenauigkeit *f;* **inexacto** *adj* ungenau

inexistente *adj* nicht bestehend

infalible *adj* [1] ▷*persona* unfehlbar [2] ↑ *seguro* sicher

infame *adj* niederträchtig, gemein

infamia *f* [1] ↑ *descrédito* Verruf *m* [2] (*dicho*) Gemeinheit *f*

infancia *f* Kindheit *f;* **infante(/a)** *m/f* [1] (*del rey*) Infant(in *f*) *m* [2] ↑ *niño* Kind *n*

infantería *f* MIL Infanterie *f*

infantil *adj* [1] kindlich, Kinder- [2] *PEJ* kindisch

infarto *m* [Herz-]Infarkt *m*

infatigable *adj* unermüdlich

infección *f* Infektion *f;* **infeccioso** *adj* ansteckend; **infectar** I. *vt* infizieren II. *vr(se)* [1] ← *herida* sich entzünden [2] ↑ *contagiarse* sich anstecken
infelicidad *f* ↑ *desdicha* Unglück *n;* **infeliz** I. *adj* unglücklich II. *m/f* : ◇ **ser un ~** ein armer Teufel sein
inferior I. *adj* [1] (*debajo*) untere(r, s) [2] (*menor*) kleiner [3] (*de importancia*) minderwertig [4] (*persona*) unterlegen II. *m/f* Untergebene(r) *fm*
infestar *vt* [1] ↑ *llenar* überschwemmen [2] ↑ *contaminar* verseuchen
infidelidad *f* Untreue *f,* Treulosigkeit *f;* **infiel** I. *adj* [1] ↑ *desleal* untreu, treulos [2] REL ungläubig II. *m/f* Ungläubige(r) *fm*
infiernillo *m* ▷*eléctrico* Kochplatte *f*
infierno *m* Hölle *f*
infiltración *f* (*de agua*) Eindringen *n,* Einsickern *n; también* POL Infiltration *f*
ínfimo *adj* unterste(r, s), niedrigste(r, s)
infinidad *f* [1] Unendlichkeit *f* [2] ↑ *multitud* Unmenge *f;* **infinito** I. *adj* unendlich II. *m* Unendlichkeit *f*
inflación *f* COM Inflation *f;* **inflacionista** *adj* inflationär
inflamable *adj* brennbar; **inflamación** *f* MED Entzündung *f;* **inflamar** I. *vt* entzünden II. *vr(se)* MED sich entzünden
inflar I. *vt* [1] → *globo* aufblasen, aufpumpen [2] *FIG* ↑ *engreír* hochmütig machen II. *vr(se) FIG FAM* sich aufspielen
inflexible *adj* [1] ▷*cosa* unbiegsam [2] ▷*persona* unnachgiebig, unbeugsam
infligir ⟨3.8⟩ *vt* JUR → *castigo* auferlegen
influencia *f* Einfluß *m;* **influenciar** *vt* beeinflussen; **influir** ⟨3.9⟩ *vt* beeinflussen; **influjo** *m* Einfluß *m;* **influyente** *adj* einflußreich
información *f* [1] Information *f* [2] (*noticias*) Nachrichten *pl* [3] (*oficina*) Auskunft *m,* Information *f*
informal *adj* [1] ▷*persona* unzuverlässig [2] ▷*cosa, lenguaje* ungezwungen; **informalidad** *f* Ungezwungenheit *f*
informante *m/f* Informant *m;* **informar** I. *vt* benachrichtigen, informieren II. *vi* Bericht erstatten III. *vr(se):* ◇ **~se de** [1] (*preguntar por*) sich erkundigen nach [2] (*pedir informaciones*) sich informieren über
informática *f* Informatik *f*
informativo I. *adj* informativ II. *m* (*de televisión, radio*) Nachrichten pl
informatizar ⟨3.10⟩ *vt* [1] → *empresa* computerisieren [2] → *textos, datos* [datentechnisch] erfassen
informe *m* [1] ▷*escrito* Bericht *m* [2] (*pl*) ↑ *referencias* Referenzen *f/pl*
infortunio *m* Unglück *n*
infracción *f* JUR Rechtsverletzung *f,* Verstoß *m;* **infractor(a)** *m/f* Täter *m,* Zuwiderhandelnde(r) *fm*
infranqueable *adj* unüberwindlich
infrarrojo *adj* infrarot, Infrarot-
infringir ⟨3.8⟩ *vt* → *ley* verstoßen gegen, verletzen
infructuoso *adj* erfolglos, unfruchtbar
infundado *adj* unbegründet, grundlos
infundir *vt* einflößen
infusión *f* (*té*) Tee *m*
ingeniar *vr(se):* ◇ **ingeniárselas para** sich etwas einfallen lassen, um
ingeniería *f* Ingenieurwissenschaft *f;* **ingeniero(/a)** *m/f* Ingenieur(in *f*) *m*
ingenio *m* [1] Geist *m* [2] ↑ *habilidad* Begabung *f* [3] (*máquina*) Gerät *n;* **ingenioso** *adj* ↑ *hábil, astuto* geschickt, schlau; ▷*dicho* geistreich
ingente *adj* ↑ *enorme* riesig
ingenuidad *f* Naivität *f,* Unverdorbenheit *f;* **ingenuo** *adj* naiv, unverdorben
ingerir ⟨3.1⟩ *vt* [1] → *alimentos* hinunterschlucken [2] → *medicamento* einnehmen
Inglaterra *f* England *n*
ingle *f* ANAT Leiste *f*
inglés(-esa) I. *adj* englisch II. *m/f* Engländer(in *f*) *m* III. *m* (*idioma*) Englisch *n*
ingobernable *adj* POL unregierbar
ingratitud *f* Undankbarkeit *f;* **ingrato** *adj* [1] ↑ *desagradecido* undankbar [2] ↑ *desagradable* unangenehm
ingrediente *m* [1] ↑ *elemento* Bestandteil *m* [2] GASTRON Zutat *f*
ingresar I. *vt* → *dinero* einzahlen II. *vi* (*en un grupo*) eintreten; ◇ **~ en la clínica** ins Krankenhaus eingeliefert werden; **ingreso** *m* [1] ↑ *entrada* Eintritt *m* [2] (*de enfermo*) Einlieferung *f* [3] (COM *de dinero*) Eingang *m;* (*pl*) Einkommen *n*
inhábil *adj* [1] (*torpe*) ungeschickt [2] ↑ *incapaz* unfähig [3] ◇ **día** *m* ~ Feiertag *m*
inhabitable *adj* unbewohnbar
inhalar *vt* einatmen; MED inhalieren
inherente *adj:* ◇ ~ a innewohnend *dat;* eigen *dat*
inhibición *f* Hemmung *f;* **inhibir** I. *vt* [1] (BIO, PSIC) hemmen [2] JUR → *juez* ablehnen II. *vr(se):* ◇ **~se de** Abstand nehmen von *dat,* sich zurückhalten
inhospitalario *adj* ungastlich
inhumano *adj* unmenschlich
inicial I. *adj* anfänglich, Anfangs- II. *m* Anfangs-

buchstabe *m,* Initiale *f;* **iniciar** *vt* [1] ↑ *empezar* beginnen, anfangen [2] ↑ *introducir* einführen
iniciativa *f* Initiative *f;* ◇ **tomar la** ~ die Initiative ergreifen
inicio *m* ↑ *comienzo* Beginn *m*
inigualable *adj* einzigartig
inimaginable *adj* unvorstellbar
inimitable *adj* unnachahmlich
ininterrumpido *adj* ununterbrochen
injerencia *f* Einmischung *f*
injertar *vt* [1] → *planta* pfropfen [2] → *órgano* einpflanzen; **injerto** *m* [1] (*planta*) Pfropfen *n* [2] (*órgano*) Transplantat *n*
injuria *f* [1] ↑ *insulto* Beleidigung *f,* Beschimpfung *f* [2] ↑ *daño* Schaden *m;* **injuriar** *vt* beleidigen, beschimpfen; **injurioso** *adj* beleidigend
injusticia *f* Ungerechtigkeit *f,* Unrecht *n*
injustificable *adj* nicht zu rechtfertigen
injusto *adj* ungerecht
inmadurez *f* Unreife *f;* **inmaduro** *adj también FIG* unreif
inmediaciones *f/pl* Umgebung *f*
inmediato *adj* [1] (*tiempo*) unmittelbar; ◇ **con efecto** ~ mit sofortiger Wirkung; ◇ **de** ~ sofort [2] (*próximo, contiguo*) nächstgelegen, angrenzend
inmejorable *adj* [1] ▷*calidad* unübertrefflich [2] ▷*precio* unschlagbar
inmenso *adj* unermeßlich, riesig
inmerecido *adj* unverdient
inmersión *f* (*en el mar*) Eintauchen *n*
inmigración *f* Einwanderung *f;* **inmigrante** *m/f* Einwanderer *m,* Einwanderin *f;* **inmigrar** *vi* einwandern
inminente *adj* nahe bevorstehend; ◇ **ser** ~ [nahe] bevorstehen
inmiscuirse ‹3.9› *vr(se)* sich einmischen
inmobiliario I. *adj* Immobilien- II. *f* Wohnungsbaugesellschaft *f*
inmoderado *adj* unmäßig, maßlos
inmoral *adj* unmoralisch
inmortal *adj* unsterblich; **inmortalidad** *f* Unsterblichkeit *f;* **inmortalizar** ‹3.10› *vt* unsterblich machen
inmotivado *adj* unmotiviert, grundlos
inmóvil *adj* unbeweglich
inmueble *m* Immobilie *f,* Gebäude *n*
inmundicia *f* Schmutz *m,* Unrat *m;* **inmundo** *adj* schmutzig, dreckig
inmune *adj* MED immun (*a* gegen); **inmunidad** *f* Immunität *f;* **inmunodeficiencia** *f* Immunschwäche *f*
inmutar I. *vt* erschüttern II. *vr(se):* ◇ **sin -se** ohne sich aus der Fassung [*o.* Ruhe] bringen zu lassen
innato *adj* angeboren
innecesario *adj* unnötig
innovación *f* Innovation *f,* Neuheit *f;* **innovador** *adj* bahnbrechend; **innovar** ‹3.2› *vi* Neuerungen einführen
innumerable *adj* ↑ *numeroso* zahllos, zahlreich
inocencia *f* Unschuld *f*
inocentada *f* (*broma*) Aprilscherz *m*
inocente I. *adj* [1] (*sin culpa*) unschuldig [2] ↑ *cándido* naiv II. *m/f* [1] Unschuldige(r) *fm* [2] Einfaltspinsel *m*
inodoro I. *adj* geruchlos II. *m* Toilette *f*
inofensivo *adj* harmlos
inolvidable *adj* unvergeßlich
inoperante *adj* wirkungslos
inopia *f* [1] (*pobreza*) Armut *f* [2] ◇ **estar en la** ~ nicht bei der Sache sein
inoportuno *adj* [1] ▷*visita* ungelegen; ▷*momento* ungünstig [2] ↑ *inapropiado* unangebracht [3] ↑ *molesto* lästig
inoxidable *adj* nichtrostend, rostfrei
inquebrantable *adj* unzerbrechlich
inquietante *adj* beunruhigend; **inquietar** I. *vt* beunruhigen II. *vr(se)* sich Sorgen machen (*por* wegen); **inquieto** *adj* [1] ↑ *intranquilo* unruhig [2] ↑ *preocupado* besorgt, beunruhigt; **inquietud** *f* [1] Unruhe *f* [2] ↑ *preocupación* Beunruhigung *f*
inquilino(/a) *m/f* Mieter(in *f*) *m*
insaciable *adj* unersättlich
insalubre *adj* gesundheitsschädlich
insano *adj* [1] ↑ *insalubre* ungesund [2] ↑ *loco* verrückt, unvernünftig
insatisfacción *f* ↑ *descontento* Unzufriedenheit *f;* **insatisfecho** *adj* ↑ *descontento* unzufrieden
inscribir ‹3.21› I. *vt* [1] (*en roca, metal*) eingravieren [2] (*en registro*) einschreiben II. *vr(se)* sich einschreiben; **inscripción** *f* [1] (*acción*) Einschreibung *f* [2] (*escrito*) Inschrift *f*
insecticida *m* Insektenbekämpfungsmittel *n,* Insektizid *n;* **insecto** *m* Insekt *n*
inseguridad *f* Unsicherheit *f;* **inseguro** *adj* unsicher
insensatez *f* ↑ *tontería* Dummheit *f,* Unüberlegtheit *f;* **insensato** *adj* unvernünftig, unüberlegt
insensibilidad *f* Unempfindlichkeit *f;* **insensible** *adj* [1] (*al dolor*) unempfindlich [2] *FIG* ↑ *frío* gefühllos [3] ↑ *imperceptible* unmerklich
inseparable *adj* untrennbar
insertar *vt* [1] (*en un texto*) einsetzen, einfügen, eingliedern [2] → *anuncio* aufgeben
inservible *adj* unbrauchbar

insidioso *adj* hinterlistig
insignia *f* [1] (*medalla*) Auszeichnung *f* [2] (*emblema*) Abzeichen *n*
insignificante *adj* unbedeutend
insinuación *f* Andeutung *f;* **insinuar** ⟨3.19⟩ **I.** *vt* andeuten **II.** *vr(se):* ◇ **-se a alguien** sich bei jd-m einschmeicheln
insípido *adj* fad[e], geschmacklos
insistencia *f* Nachdruck *m;* **insistente** *adj* beharrlich; **insistir** *vi* darauf bestehen; ◇ **- en algo** auf etw *dat* bestehen
insociable *adj* ungesellig
insolación *f* MED Sonnenstich *m*
insolencia *f* Unverschämtheit *f*, Frechheit *f;* **insolente** *adj* unverschämt, frech
insólito *adj* ungewohnt, ungewöhnlich
insoluble *adj* unlöslich
insolvencia *f* Zahlungsunfähigkeit *f*
insomnio *m* Schlaflosigkeit *f*
insondable *adj* unergründlich
insonorizar ⟨3.10⟩ *vt* schalldämmen
insoportable *adj* unerträglich
insospechado *adj* unvermutet
inspección *f* [1] (*acción*) Inspektion *f*, Prüfung *f;* ◇ **- de expedientes** Akteneinsicht *f* [2] (*oficina*) Aufsicht *f*, Aufsichtsamt *n;* **inspeccionar** *vt* untersuchen, [über-]prüfen; **inspector(a)** *m/f* [1] (*de policía*) Inspektor(in *f*) *m* [2] ↑ *supervisor* Aufseher(in *f*) *m*
inspiración *f* [1] (*cosa inspirada*) Eingebung *f*, Inspiration *f* [2] (*de aire*) Atemzug *m;* **inspirar I.** *vt* [1] → *ideas* inspirieren [2] → *respeto* einflößen [3] → *aire* einatmen **II.** *vr(se):* ◇ **-se en** Anregungen schöpfen aus
instalación *f* [1] (*acción*) Einbau *m*, Installation *f* [2] (*conjunto*) Anlage *f;* ◇ **- frigorífica** Kühlanlage; (*pl*) Anlagen *f*, Einrichtungen *f;* **instalar I.** *vt* [1] TECNI installieren, einrichten, einbauen; → *cable* verlegen [2] (*poner*) setzen, stellen, legen [3] (*en el almacén*) unterbringen **II.** *vr(se)* (*en una ciudad*) sich niederlassen
instancia *f* [1] ↑ *solicitud* Gesuch *n* [2] JUR Instanz *f*
instantáneo(/a) I. *adj* unmittelbar, sofortig **II.** *f* FOTO Schnappschuß *m;* **instante** *m* Augenblick *m*, Moment *m;* ◇ **al -** sofort
instar *vi:* ◇ **- a** nachdrücklich bitten
instigar ⟨3.11⟩ *vt* anstiften
instintivo *adj* instinktiv; **instinto** *m* Instinkt *m;* ◇ **por -** instinktiv
institución *f* [1] (*organismo*) Einrichtung *f;* (*pl: de la CE*) Organe *pl* [2] (*en cargo*) Amtseinführung *f;* **instituir** ⟨3.9⟩ *vt* ↑ *crear* errichten, einrichten; **instituto** *m* [1] (*de bachillerato*) ≈ Gymnasium *n* [2] (*de carácter cultural*) Institut *n*
instrucción *f* [1] ↑ *cultura* Bildung *f* [2] ↑ *enseñanza* Unterricht *m* [3] ◇ **instrucciones** *pl* Anweisungen *pl;* **instructivo** *adj* lehrreich; **instruir** ⟨3.9⟩ *vt* [1] ↑ *educar* schulen, ausbilden [2] ↑ *informar* informieren, in Kenntnis setzen
instrumentista *m/f* MUS Instrumentalist *m;* **instrumento** *m* [1] MUS Instrument *n* [2] ↑ *herramienta* Werkzeug *n* [3] (*FIG para un fin*) Mittel *n*
insubordinarse *vr* sich auflehnen
insubstancial *adj* [1] (*sin interés*) unwichtig [2] (*sin contenido*) gehaltlos
insuficiencia *f* [1] ↑ *ineptitud* Unfähigkeit *f* [2] ↑ *escasez* Mangel *m;* **insuficiente I.** *adj* ungenügend, unzureichend **II.** *m* (*nota*) mangelhaft
insufrible *adj* unerträglich
insular *adj* Insel-
insulso *adj* [1] (*sin sabor*) geschmacklos, fade [2] (*sin gracia*) fade
insultante *adj* beleidigend; **insultar** *vt* beleidigen; **insulto** *m* Beleidigung *f*
insuperable *adj* unübertrefflich
insurgente I. *adj* aufständisch **II.** *m/f* Aufständische(r) *fm*
insurrección *f* Aufstand *m*, Rebellion *f*
intacto *adj* [1] ↑ *puro* unberührt [2] ↑ *completo, entero* unversehrt, intakt
intachable *adj* tadellos, einwandfrei
integración *f* ↑ *unión* Integration *f*
integral *adj* [1] (*entero, completo*) ganz, vollständig; ◇ **pan** *m* **-** Vollkornbrot *n* [2] ▷*estudio* umfassend [3] MATE intgral, Integral-
integrante I. *adj* Mitglied[s]- **II.** *m/f* Teilnehmer(in *f*) *m*, Mitglied *n;* **integrar I.** *vt* [1] ↑ *componer* bilden [2] POL, MATE integrieren **II.** *vr(se):* ◇ **-se en** sich integrieren in
integridad *f* [1] Integrität *f;* ↑ *rectitud* Rechtschaffenheit *f* [2] ↑ *perfección* Vollkommenheit *f* [3] (*totalidad*) Vollständigkeit *f;* **íntegro** *adj* [1] (*cosa*) ganz, vollständig [2] (*persona*) redlich, rechtschaffen
intelectual I. *adj* intellektuell **II.** *m/f* Intellektuelle(r) *fm*
inteligencia *f* [1] Intelligenz *f* [2] ↑ *destreza* Geschick *n;* **inteligente** *adj* intelligent
inteligible *adj* (*comprensible*) verständlich
intemperie *f* schlechtes/rauhes Wetter; ◇ **a la -** unter freiem Himmel
intempestivo *adj* ungelegen, unpassend
intención *f* Absicht *f*, Zweck *m;* **intencionado** *adj* absichtlich; ◇ **bien/mal -** wohlwollend/böswillig

intensidad *f* (*grado*) Intensität *f*, Stärke *f*
intensificar ‹3.7› *vt* ↑ *aumentar* intensivieren, verstärken; **intenso** *adj* [1] intensiv [2] ▷*luz* stark [3] ▷*color* leuchtend, knallig [4] ▷*emoción* tief, stark
intentar *vt* versuchen; **intento** *m* Versuch *m*
interactivo *adj* interaktiv
intercalar *vt* einfügen
intercambiador *m* : ◇ ~ **de calor** Wärmetauscher *m;* **intercambio** *m* Austausch *m*
interceder *vi* ↑ *mediar* vermitteln; **intercesión** *f* Fürsprache *f*
interés *m* [1] ↑ *afición* Interesse *n* [2] ↑ *utilidad* Nutzen *m* [3] ◇ **intereses** *pl* [1] (*de dinero*) Zinsen *pl* [2] (*bienes*) [materielle] Güter [3] (*egoismo*) Selbstsucht *f*, Eigennutz *m;* **interesado** *adj* [1] interessiert [2] *PEY* eigennützig; **interesante** *adj* [1] interessant [2] ↑ *atractivo* ▷*mujer* reizvoll, attraktiv; **interesar I.** *vt* [1] interessieren [2] ↑ *afectar* betreffen **II.** *vr(se):* ◇ **~se por** sich interessieren für
interferencia *f* [1] FIS Interferenz *f;* (*de teléfono*) Störung *f* [2] (*FIG de otras personas*) Einmischung *f;* **interferir** ‹3.1› *vi* [1] (*dificultar, interponerse*) etwas stören; *FAM* dazwischenfunken [2] (*FIG entremeterse*) sich einmischen
interfono *m* Türsprechanlage *f*
interior I. *adj* innere(r, s), Innen- **II.** *m* [1] (*de algo, de persona*) Innere(s) *n* [2] (*de un país*) Inland *n;* ◇ **Ministerio** *m* **del I~** Innenministerium *n*
interjección *f* GRAM Interjektion *f*
interlocutor(a) *m/f* Gesprächspartner(in *f*) *m;* (*persona de contacto*) Ansprechpartner(in *f*) *m*
intermediario(/a) *m/f* [1] COM Zwischenhändler(in *f*) *m* [2] ↑ *intercesor* Vermittler(in *f*) *m*
intermedio I. *adj* Zwischen- **II.** *m* Zwischenzeit *f*
interminable *adj* [1] (*sin fin*) unendlich [2] (*FIG muy largo*) ewig;
intermitente I. *adj* periodisch auftretend **II.** *m* AUTO Blinker *m;* ◇ **luz ~** Blinklicht *n*
internacional *adj* international
internado *m* (*centro educativo*) Internat *n;* **internar I.** *vt* [1] internieren [2] (*en sanatorio, hospital*) einweisen **II.** *vr(se):* ◇ **~se en** eindringen in *akk;* **interno(/a) I.** *adj* innere(r, s), Innen- **II.** *m/f* Internatsschüler(in *f*) *m*
interpelar *vt* → *parlamento* [parlamentarisch] anfragen
interponer ‹4.8› **I.** *vt* [1] dazwischensetzen, dazwischenstellen [2] JUR ▷*apelación* einlegen **II.** *vr(se)* (*mediar*) vermitteln (*entre* zwischen *dat*), einschreiten; **interposición** *f* Einschiebung *f*
interpretación *f* [1] Deutung *f*, Interpretation *f* [2] TEATRO Darstellung *f* [3] MUS Interpretation *f;* **interpretar** *vt* [1] → *significados* deuten [2] TEATRO darstellen [3] MUS spielen, interpretieren; **intérprete** *m/f* [1] (*de idioma*) Dolmetscher(in *f*) *m* [2] (*de canción*) Interpret(in *f*) *m* [3] TEATRO Darsteller(in *f*) *m*
interrogación *f* [1] ↑ *pregunta* Frage *f* [2] GRAM Fragezeichen *n;* **interrogar** ‹3.11› *vt* [1] ↑ *preguntar* befragen [2] JUR verhören; **interrogatorio** *m* Verhör *n*
interrumpir *vt* unterbrechen; **interrupción** *f* Unterbrechung *f;* **interruptor** *m* (*de la luz*) [Licht-]Schalter *m*
intersección *f* Schnittpunkt *m*
interurbano *adj:* ◇ **llamada ~a** Ferngespräch *n*
intervalo *m* Zwischenzeit *f;* ◇ **a ~s de** in Abständen von
intervención *f* [1] (*acción*) Eingreifen *n* [2] MED Eingriff *m;* **intervenir** ‹4.13› **I.** *vt* [1] MED operieren [2] JUR ↑ *fiscalizar* [über-]prüfen [3] → *teléfono* abhören **II.** *vi* [1] ↑ *participar* teilnehmen [2] ↑ *mediar* vermitteln [3] POL intervenieren
interventor(a) *m/f* [1] ▷*de fondos* Rechnungsprüfer(in *f*) *m* [2] (*de tren*) Kontrolleur(in *f*) *m*
interviú *f* Interview *n*
intestino I. *adj* innere(r, s), Innen- **II.** *m* Darm *m*
intimar I. *vi* Freundschaft schließen (*con* mit) **II.** *vt* auffordern
intimidad *f* [1] Intimität *f* [2] (*vida privada*) Privatleben *n* [3] (*pl, partes sexuales*) Schamteile *pl*
intimidar *vt* einschüchtern
íntimo *adj* [1] (*parte interior*) innerste(r, -s) [2] ▷*cena* im engsten Kreis; ▷*relación* vertraut, innig; ▷*amigo* eng, sehr gut, intim [3] (*acogedor*) gemütlich
intocable *adj* unberührbar
intolerable *adj* unerträglich
intolerancia *f* Intoleranz *f;* **intolerante** *adj* intolerant
intoxicación *f* Vergiftung *f*
intranquilo *adj* unruhig
intransferible *adj* ▷*carné* nicht übertragbar
intransigencia *f ver* **intolerancia**; **intransigente** *adj ver* **intolerante**
intransitable *adj* unpassierbar
intratable *adj* ↑ *insociable* unnahbar, abweisend
intrepidez *f* Unerschrockenheit *f;* **intrépido** *adj* [1] ↑ *valiente* unerschrocken [2] ↑ *irreflexivo* unbesonnen

intriga *f* Intrige *f;* **intrigante** I. *adj* [1] (*que intriga*) intrigant [2] ▷*suceso* aufregend, interessant II. *m/f* Intrigant(in *f*) *m;* **intrigar** ⟨3.11⟩ I. *vt* neugierig machen II. *vi* intrigieren
intrincado *adj* [1] ▷*asunto* verwickelt, verworren [2] ▷*bosque* unwegsam
intrínseco *adj* innerlich
introducción *f* Einführung *f;* (*de libro*) Einleitung *f;* **introducir** ⟨3.4⟩ *vt* [1] → *llave* stecken [2] → *persona* einführen (*en* in *akk*) [3] (*poner en uso*) einführen, verbreiten
introvertido *adj* introvertiert, verschlossen
intruso(/**a**) *m/f* Eindringling *m*
intuición *f* Intuition *f;* **intuir** ⟨3.9⟩ *vt* [1] ↑ *aprehender* intuitiv wissen [2] ↑ *presentir* vorausahnen; **intuitivo** *adj* intuitiv
inundación *f* Überschwemmung *f;* **inundar** *vt* überschwemmen
inusitado *adj* ungewöhnlich, außergewöhnlich
inusual *adj* ungewöhnlich
inútil *adj* [1] ▷*cosa* unnütz [2] ▷*esfuerzo* zwecklos [3] ↑ *vago* faul, träge [4] (*para el trabajo*) berufsunfähig; **inutilidad** *f* [1] (*para el trabajo*) Berufsunfähigkeit *f* [2] (*de esfuerzo*) Zwecklosigkeit *f;* **inutilizar** ⟨3.10⟩ *vt* unbrauchbar machen
invadir *vt* [1] (*con violencia*) einfallen in *akk* [2] *FIG* ← *tristeza* überkommen, überwältigen
invalidar *vt* → *pasaporte* ungültig machen; → *derecho* aufheben
inválido(/**a**) I. *adj* [1] (*persona*) invalide [2] (*nulo*) ungültig II. *m/f* Invalide *m,* Invalidin *f*
invariable *adj* unveränderlich
invasión *f* Invasion *f;* **invasor**(**a**) I. *adj* eindringend, Invasions- II. *m/f* Eindringling *m*
invencible *adj* [1] ▷*enemigo* unbesiegbar [2] ↑ *insuperable* unüberwindbar
invención *f* Erfindung *f;* **inventar** *vt* erfinden
inventario *m* (*lista*) Inventar *n,* Bestandsverzeichnis *n*
inventivo(/**a**) I. *adj* erfinderisch II. *f* Einfallsreichtum *m;* ↑ *imaginación* Phantasie *f*
invento *m* Erfindung *f;* **inventor**(**a**) *m/f* Erfinder(in *f*) *m*
invernadero *m* (*de plantas*) Treibhaus *n*
invernal *adj* winterlich, Winter-; **invernar** *vi* [1] (*persona*) überwintern [2] (*animal*) Winterschlaf *m* halten
inverosímil *adj* unwahrscheinlich
inversión *f* [1] ↑ *reversión* Umkehrung *f* [2] COM Investition *f;* **inversionista** *m/f* Investor(in *f*) *m*
inverso *adj* umgekehrt; ◇ **a la ~a** umgekehrt; **invertir** ⟨3.1⟩ *vt* [1] → *orden, dirección* umdrehen, umkehren [2] COM investieren [3] → *tiempo* brauchen (*en* zu)
investigación *f* [1] Untersuchung *f* [2] (*~ científica*) Forschung *f* [3] (*de crimen*) Ermittlungen *pl;* **investigador**(**a**) *m/f* ↑ *científico* Forscher(in *f*) *m;* **investigar** ⟨3.11⟩ *vt* [1] ↑ *indagar* untersuchen [2] (*para la ciencia*) [er-]forschen
inviable *adj* undurchführbar, unmöglich
invidente I. *adj* blind II. *m/f* Blinde(r) *fm*
invierno *m* Winter *m*
invisible *adj* unsichtbar
invitación *f* [1] (*acción*) Einladung *f* [2] (*escrito*) Einladungsschreiben *n;* (*tarjeta*) Einladungskarte *f;* **invitado**(/**a**) *m/f* Gast *m,* Eingeladene(r) *fm;* **invitar** *vt* [1] (*a una boda*) ↑ *convidar* einladen (*a algo* zu *dat*) [2] ↑ *obligar* auffordern [3] ↑ *animar* anregen
invocar *vt* [1] (*a Dios*) anrufen [2] ↑ *alegar* anführen, heranziehen; ◇ **~ un derecho** sich auf ein Recht *akk* berufen
involucrar *vt* (*persona*) hineinziehen, verwikkeln
inyección *f* [1] (*acción*) Einspritzung *f* [2] MED Injektion *f,* Spritze *f;* **inyectar** *vt* [ein-]spritzen
ir *4.5* I. *vi* [1] (*a pie*) gehen [2] (*en coche, tren*) fahren; ◇ **el cable va de un poste a otro** das Kabel geht von einem Mast zum nächsten; ◇ **el coche va estupendamente** das Auto fährt [sich] sehr gut; ◇ **esta corbata te va bien con la chaqueta** die Krawatte paßt gut zu deinem Jakkett; ◇ **~ a mejor/a peor** besser/schlechter werden; ◇ **~ a pasear al perro** den Hund ausführen; ◇ **~ con cuidado** vorsichtig vorgehen; ◇ **~ en coche/en avión/en bicicleta/a caballo** fahren/fliegen/radfahren/reiten; ◇ **~ por/a por algo** etw holen gehen; *FAM* ◇ **~ tirando** sich durchschlagen; (*no importar*) ◇ **a mí ni me va ni me viene** das läßt mich kalt; *FAM* das ist mir schnuppe/schnurz; ◇ **llévate el paraguas, no vaya a ser que llueva** nimm den Regenschirm mit, für den Fall, daß es regnet; ◇ **la playa iba llenándose de gente** nach und nach füllte sich der Strand; ◇ **¡qué va!** ach was!; ◇ **¡vaya miedo que hemos pasado!** wir haben vielleicht Angst gehabt!; ◇ **¡vamos al cine?** gehen wir ins Kino?; ◇ **¡vete!** hau ab!; ◇ **¿ya vais por esa lección?** seid ihr schon bei der Lektion?, seid ihr schon so weit?; ◇ **¡ya voy!** ich komme schon! II. *vr(se)* weggehen, wegfahren; ◇ **me voy de aquí** ich gehe [von hier weg]; ◇ **~se de viaje** verreisen
ira *f* Zorn *m,* Wut *f;* **iracundo** *adj* jähzornig
Irak *m :* ◇ **el ~** [der] Irak
Irán *m :* ◇ **el ~** [der] Iran
iraní ⟨-íes⟩ *m/f* Iraner(in *f*) *m*
iraquí ⟨-íes⟩ *m/f* Iraker(in *f*) *m*
irascible *adj* jähzornig

iris *m* (*de ojo*) Iris *f;* ◇ **arco** *m* ~ Regenbogen *m*
Irlanda *f* Irland *n;* ◇ ~ **del Norte** Nordirland *n;* **irlandés(-esa)** **I.** *adj* irisch **II.** *m/f* Ire *m,* Irin *f*
ironía *f* Ironie *f;* **irónico** *adj* ironisch
I.R.P.F. *m abr. de* **Impuesto sobre la Renta de las Personas Físicas** ESt. *f*
irreal *adj* unwirklich, irreal; **irrealidad** *f* Unwirklichkeit *f,* Irrealität *f;* **irrealizable** *adj* undurchfürhbar
irreflexión *f* Unüberlegtheit *f*
irregular *adj* [1] ▷*superficie* uneben [2] ↑ *desacostumbrado* ungewohnt [3] ▷*conducta* ungebührlich [4] GRAM unregelmäßig
irrelevante *adj* unerheblich, irrelevant
irremediable *adj* [1] unheilbar [2] *FIG* nicht wieder gutzumachend
irreparable *adj* ▷*falta* nicht wieder gutzumachend
irresistible *adj* [1] ↑ *cautivador* unwiderstehlich [2] ▷*dolor* nicht auszuhaltend
irresoluto *adj* unentschlossen, wankelmütig
irrespetuoso *adj* respektlos
irresponsable *adj* verantwortungslos
irrigar ⟨3.11⟩ *vt* [1] MED spülen [2] → *terreno* bewässern
irrisorio *adj* lächerlich, lachhaft
irritable *adj* reizbar; **irritación** *f* [1] ↑ *ira* Wut *f* [2] MED Reizung *f;* **irritante** *adj* reizend; **irritar** *vt* [1] ↑ *enfadar* wütend machen, reizen [2] → *celos* erregen [3] → *piel* reizen
irrumpir *vi* (*entrar violentamente*) eindringen, einbrechen
isla *f* Insel *f*
Islam *m* Islam *m*
islandés(-esa) **I.** *adj* isländisch **II.** *m/f* Isländer(in *f*) *m;* **Islandia** *f* Island *n*
isleño(/a) **I.** *adj* Insel- **II.** *m/f* Insulaner(in *f*) *m,* Inselbewohner(in *f*) *m*
islote *m* (*isla pequeña*) kleine Insel
Israel *m* Israel *n;* **israelí** ⟨-íes⟩ **I.** *adj* israelisch **II.** *m/f* Israeli *m/f*
istmo *m* GEO Landenge *f*
Italia *f* Italien *n;* **italiano(/a)** **I.** *adj* italienisch **II.** *m/f* Italiener(in *f*) *m*
itinerante *adj* Wander-
itinerario *m* Reiseroute *f*
I.T.V. *m abr. de* **Inspección Técnica de Vehículos** TÜV *m*
IVA *m* **impuesto sobre el valor añadido** MWSt. *f*
izar ⟨3.10⟩ *vt* [1] → *bandera* hissen [2] → *vela de barco* setzen
izquierdista *m/f* Linke(r) *fm;* **izquierdo(/a)** **I.** *adj* linke(r, s) **II.** *f* [1] (*mano*) linke Hand; *FAM* ◇ **tener mano ~a tratar con niños** sehr geschickt mit Kindern umgehen können [*o.* sein] [2] POL die Linke; ◇ **a la izquierda** links; ◇ **ser de ~as** links eingestellt sein

J

J, j *f* J, j *n*
jabalí *m* Wildschwein *n*
jabalina *f* (*arma*) Speer *m*
jabato *m* (*FIG joven valiente*) Teufelskerl *m,* Draufgänger *m*
jabón *m* Seife *f; FIG* ◇ **dar ~ a alguien** jd-n um den Bart gehen; ◇ **dar un ~ a alguien** jd-n zur Schnecke machen; **jabonar** *vt* (*usar jabón*) einseifen
jaca *f* kleinwüchsiges Pferd
jacinto *m* FLORA Hyazinthe *f*
jactarse *vr* prahlen, angeben (*de* con)
jade *m* (*piedra*) Jade *m*
jadeante *adj* schwer atmend, keuchend; **jadear** *vi* keuchen, schnaufen; **jadeo** *m* Keuchen *n,* Schnaufen *n*
jaez *m* [1] (*de caballo*) Pferdegeschirr *n* [2] *PEY* ↑ *tipo* Eigenart *f,* Art *f;* ◇ **no te mezcles con gente de ese ~** laß dich nicht mit solchen Leuten ein
jaguar *m* Jaguar *m*
jalar *vt FAM* schlingen, verschlingen
jalea *f* Gelee *n*
jaleo *m* [1] (*ruido*) Aufruhr *m,* Radau *m;* ◇ **armar ~** Krach machen [2] *FIG* Tumult *m,* Durcheinander *n,* Chaos *n;* ◇ ~ **de cables** Kabelsalat *m;* ◇ **armarse alguien un ~** völlig durcheinanderkommen; ◇ **meterse en un ~** sich in die Nesseln setzen [3] ↑ *discusión* Streit *m;* ◇ **tener un ~ con alguien** mit jd-m streiten [4] ↑ *intriga* Intrige *f;* ◇ **no quiero meterme en esos ~s** mit solchen Intrigen will ich nichts zu tun haben
Jamaica *f* Jamaika *n*
jamás *adv* nie, niemals; ◇ **¡nunca ~!** niemals!; ◇ **por/para siempre ~** für immer und ewig
jamelgo *m* (*caballo flaco*) Klepper *m*
jamón *m* Schinken *m;* ◇ ~ **de York** gekochter Schinken; ◇ ~ **serrano** roher Schinken
Japón *m* : ◇ **el ~** Japan *n;* **japonés(-esa)** **I.** *adj* japanisch **II.** *m/f* Japaner(in *f*) *m* **III.** *m* (*idioma*) Japanisch *n*
jaque *m* [1] (*de ajedrez*) Schach *n;* ◇ ~ **a la reina** Gardez *n;* ◇ ~ **mate** Schachmatt *n* [2] *FAM* Rüpel *m*

jaqueca *f* Migräne *f*

jarabe *m* [1] (*bebida*) Sirup *m;* ◇ ~ **de pico** leere Versprechungen *f/pl* [2] (*medicamento*) Hustensaft *m;* ◇ ~ **de palo** heilsame Tracht Prügel

jarana *f* [1] ↑ *bullicio* [Feten-]Lärm *m,* Trubel *m;* ◇ **irse de** ~ feiern gehen [2] ↑ *burla* Schabernack *m,* Spott *m*

jarcia *f* [1] (*de barco*) Tauwerk *n,* Takelwerk *n* [2] (*de pesca*) Fischgerät *n*

jardín *m* [1] (*con flores*) [Zier-]Garten *m; FIG* Gewächshaus *n;* ◇ ~ **botánico** botanische Garten; ◇ ~ **de infancia** Kindergarten *m* [2] ↑ *zona verde* Grünzone *f,* kleiner Park [3] (*pl*) Park *m;* ◇ **los jardines de la Granja** der Park von la Granja; **jardinería** *f* Gärtnerei *f;* **jardinero(/a)** *m/f* Gärtner(in *f*) *m*

jarra *f* Krug *m;* ◇ **se puso en** ~**s** sie stemmte die Hände in ihre Seite; **jarro** *m* Kanne *f,* Krug *m; FIG* ◇ **echar a alguien un** ~ **de agua fría** jd-m eine kalte Dusche geben; **jarrón** *m* (*de flores*) Blumenvase *f*

jaspeado *adj* (*con vetas*) unregelmäßig gemustert

jauja *f* (*abundancia*) Schlaraffenland *n;* ◇ **¿te has creído que esto es J~?** glaubst du, wir leben im Schlaraffenland?

jaula *f* Käfig *m,* Zwinger *m*

jauría *f* [Hunde-]Meute *f*

jefatura *f* : ◇ ~ **de policía** Polizeipräsidium *n*

jefe(/a) *m/f* Chef(in *f*) *m,* Leiter(in *f*) *m;* ◇ ~ **de estación** Bahnhofsvorsteher *m*

jengibre *m* Ingwer *m*

jeque *m* Scheich *m*

jerarquía *f* [1] Hierarchie *f* [2] (*categoría*) Rang *m;* ◇ **es una** ~ er ist eine Institution; **jerárquico** *adj* hierarchisch

jerez *m* Sherry *m*

jerga *f* [1] (*lenguaje de un grupo*) Jargon *m* [2] (*difícil de entender*) Kauderwelsch *n*

jeringa *f* Spritze *f*

jeringar ⟨3.11⟩ *vt FAM* ärgern, sticheln

jeringuilla *f* [1] ↑ *aguja* Kanülle *f* [2] *FIG* Spritze *f*

jeroglífico *m* [1] HIST *también FIG* Hieroglyphe *f* [2] (*pasatiempo*) Rätsel *n*

jersey ⟨s⟩ *m* Pullover *m*

Jesucristo *m* Jesus Christus *m;* **jesuita I.** *adj* Jesuiten- **II.** *m* Jesuit *m;* **Jesús** *m* Jesus *m;* ◇ **¡~!** mein Gott!; Gesundheit!

jeta *f* [1] GASTRON Schnauze *f* [2] *FIG* ◇ **tener** ~ unverschämt sein

jilguero *m* FAUNA Stieglitz *m*

jinete(/a) *m/f* Reiter(in *f*) *m*

jira [1] ↑ *viaje* Rundreise *f* [2] TEATRO ↑ *gira* Tournee *f*

jirafa *f* Giraffe *f*

jirón *m* Fetzen *m*

jocosidad *f* Witzigkeit *f,* Spaßigkeit *f;* **jocoso** *adj* witzig, spaßig

joder I. *vt VULG* ↑ *copular* ficken, bumsen; ◇ **¡~!** Scheiße!

jogging *m* Jogging *n;* ◇ **hacer** ~ joggen

jolgorio *m* Getümmel *n,* Rummel *m*

jornada *f* [1] (*tiempo*) Tagesverlauf *m* [2] (*de trabajo*) Arbeitstag *m;* ◇ **empleo de media** ~ Halbtagsstelle *f* [3] (*viaje*) Tagesreise *f;* **jornal** *m* Tageslohn *m;* ◇ **ir a** ~ als Tagelöhner arbeiten; **jornalero(/a)** *m/f* Tagelöhner(in *f*) *m*

joroba *f* Buckel *m;* **jorobado(/a) I.** *adj* bucklig **II.** *m/f* Bucklige(r) *fm*

jorobar *vt FAM* [1] ↑ *molestar* nerven, auf die Nerven gehen; ◇ **me joroba ir a trabalar todos los días** es nervt mich, jeden Tag zu arbeiten [2] ↑ *estropear* zerstören, kaputt machen

jota *f* [1] (*letra*) J *n; FAM* ◇ **no saber/no entender/no ver ni** ~ überhaupt keine Ahnung haben/ überhaupt nichts verstehen [2] (*baile*) *aragonesischer Volkstanz*

joven I. *adj* jung **II.** *m/f* junger Mann, junge Frau; **jovial** *adj* fröhlich, spritzig; **jovialidad** *f* Fröhlichkeit *f,* Spritzigkeit *f*

joya *f* [1] (*objeto*) Juwel *n,* Schmuckstück *n* [2] (*FIG persona/cosa muy buena*) Goldstück *n,* Perle *f;* ◇ **¡eres una ~!** du bist ein Schatz!; **joyería** *f* [1] (*lugar*) Juwelierladen *m* [2] (*arte*) Goldschmiedekunst *f;* **joyero(/a) I.** *m/f* Juwelier(in *f*) *m* **II.** *m* (*estuche*) Schmuckschatulle *m*

juanete *m* (*del pie*) [Fuß-]Ballen *m*

jubilación *f* [1] (*acción, situación*) Pensionierung *f* [2] (*paga*) Rente *f,* Pension *f;* **jubilado(/a) I.** *adj* pensioniert, in Rente **II.** *m/f* (*persona*) Pensionist(in *f*) *m,* Rentner(in *f*) *m;* **jubilar I.** *vt* [1] (*pasar a la jubilación*) pensionieren, in den Ruhestand versetzen [2] (*retirar algo o alguien*) aussortieren, zum alten Eisen legen **II.** *vr(se)* in Pension gehen, in den Ruhestand treten; **jubileo** *m* (REL *del Papa*) Ablaß *m,* Sündenvergebung *f;* **júbilo** *m* Freudentaumel *m,* Freude *f;* **jubiloso** *adj* jubelnd

judaísmo *m* Judentum *n;* **judía** *f* grüne Bohne *f*

judicial *adj* gerichtlich, Justiz-

judío(/a) I. *adj* jüdisch **II.** *m/f* [1] Jude *m,* Jüdin *f* [2] *PEY* ↑ *persona avara* Geizhals *m*

juego I. *vb ver* **jugar**; **II.** *m* [1] *también FIG* Spiel *n;* ◇ ~**s malabares** [Jongleur-]Kunststück *n;* ◇ **desgraciado en el ~, afortunado en amores**

Pech im Spiel, Glück in der Liebe; ◇ **¡hagan -!** machen Sie ihr Spiel; SPORT ◇ **fuera de -** Abseits; ◇ **poner en - algo** etwas aufs Spiel setzen [2] (*de sábanas, de llaves*) Satz *m* [3] (*de café*) Service *n*

juerga *f* [1] (*diversión*) Feier *f*, Fete *f*; ◇ **estar de -** feiern, ausgehen [2] (*se bebe*) Sauferei *f*

jueves *m* ⟨inv⟩ Donnerstag *m*; REL ◇ **J- Santo** Gründonnerstag *m*; *FAM* ◇ **no ser nada del otro -** keiner weiteren Erwähnung wert sein

juez *m/f* [1] (*funcionario del estado*) Richter(in *f*) *m*; ◇ **- de instrucción** Amtsrichter *m* [2] (*controlador de competiciones*) [Schieds-]Richter *m*; ◇ **- de linea** Linienrichter *m*

jugada *f* [1] [Spiel-]Zug *m*; ◇ **buena -!** guter Spielzug!; *FIG* gut gemacht! [2] *FIG* Untat *f*, Gemeinheit *f*; **jugador(a)** *m/f* Spieler(in *f*) *m*;

jugar ⟨3.2, 3.11⟩ **I.** *vt, vi* [1] (*a un juego*) spielen; ◇ **- a la lotería** Loterie spielen [2] (*gastar en el juego*) verspielen [3] (*a las cartas*) ausspielen [4] (*usar en el juego*) ins Spiel bringen, benutzen **II.** *vr(se)* [1] ↑ *apostar* etw einsetzen, wetten; ◇ **¿qué te juegas a que...?** wieviel wettest du, daß; *FIG* ◇ **-se la vida** das Leben aufs Spiel setzen [2] (*también FIG gastar en el juego*) etw verspielen; ◇ **te juegas tu provenir** du verspielst dir deine Zukunft

juglar *m* Minnesänger *m*

jugo *m* [1] (*de frutas*) Saft *m*; ◇ **sacar - a algo** jd-n bis aufs Blut ausnehmen [2] (*de carne*) Brühe *f* [3] (*FIG sustancia*) Kern *m*, Inhalt *m*; ◇ **este artículo tiene mucho -** dieser Artikel ist sehr gehaltvoll; **jugoso** *adj* [1] (*de mucho zumo*) saftig [2] (*de mucho contenido*) inhaltsreich, gehaltvoll

juguete *m también FIG* Spielzeug *n*; ◇ **un - de sus vicios** ein Spielzeug seiner Laster; **juguetear** *vi* [1] (*entretenerse con algo*) [herum-]spielen [2] ↑ *enredar* leichthin betreiben; **juguetería** *f* Spielwarengeschäft *n*; **juguetón(-ona)** *adj* verspielt

juicio *m* [1] (*facultad*) Vernunft *f*, Urteilsvermögen *n*; ◇ **estar en su sano -** bei Verstand sein; ◇ **perder el -** den Verstand verlieren; ◇ **tener mucho/poco -** vernünftig/unvernünftig sein [2] ↑ *criterio* Meinung *f*; ◇ **a mi -** meiner Meinung nach [3] JUR Prozeß *m*; ◇ **llevar a -** vor Gericht bringen; **juicioso** *adj* vernünftig, verständig

julio **I.** *m* Juli *m*; HIST ◇ **el 18 de - [de 1936]** Beginn des Bürgerkriegs **II.** *m* Joule *n*

junco *m* [Schilf-]Rohr *n*, Schilf *n*

jungla *f* Dschungel *m*

junio *m* Juni *m*

junta *f ver* **junto**; **juntamente** *adv* [1] ↑ *en un conjunto* zusammen [2] ↑ *a la vez* gleichzeitig;

juntar **I.** *vt* [1] → *personas* zusammenstellen [2] → *cosas* zusammenfügen, zusammensetzen [3] → *dinero* sammeln, aufbringen, zusammenbringen; → *sellos* sammeln **II.** *vr(se)* [1] ← *personas* sich versammeln [2] ↑ *asociarse* sich zusammentun, zusammenleben; ◇ **-se con** sich anschließen an *akk* [3] ↑ *acercarse* sich nahe kommen; **junto(/a)** **I.** *adj* [1] ↑ *reunido* vereint; ◇ **- a** bei, neben [2] (*en grupo*) zusammen; ◇ **- con** zusammen mit; ◇ **volvemos todos -s** wir kommen alle zusammen zurück **II.** *adv:* ◇ **todo -** alles auf einmal **III.** *f* [1] (*de personas*) Versammlung *f*; ◇ **- de accionistas** Aktionärsversammlung *f* [2] ↑ *comité* Kommission *f*, Ausschuß *m*; ◇ **- directiva** Vorstand *m*; ◇ **- de gobierno** Ministerrat *m*; ◇ **- municipal** Stadtrat *m* [3] TECNI Verbindungsstelle *f*, Dichtung *f*; **juntura** *f* Verbindungsstelle *f*

jurado **I.** *adj* (*pp de jurar*) vereidigt; ◇ **intérprete -** vereidigter Übersetzer **II.** *m* [1] die Geschworenen *pl*; ◇ **miembro del -** Geschworene(r) *fm*; (*2 de un concurso*) die Jury; **juramentar** **I.** *vt* vereidigen **II.** *vr(se)* JUR vereidigt werden; **juramento** *m* [1] ↑ *promesa solemne* Eid *m*; ◇ **Schwur** m; ◇ **prestar -** einen Eid leisten; ◇ **tomar - a alguien** jd-n vereidigen [2] (*blasfemia*) Blasphämie *f*; ◇ **[Gottes-]Lästerung** f; ◇ **soltar -s** fluchen [3] ↑ *maldición* Fluch *m*;

jurar **I.** *vt, vi* [1] ↑ *prometer solemnemente* schwören; ◇ **- en falso** einen Meineid leisten [2] ↑ *maldecir* verfluchen **II.** *vr(se):* ◇ **jurárselas a alguien** jd-m Rache schwören; **jurídico** *adj* juristisch, Rechts-; **jurisdicción** *f* [1] (*autoridad*) Gerichtsbarkeit *f*, Jurisdiktion *f* [2] (*territorio*) Gerichtsbezirk *m* [3] (*FIG territorio de influencia*) Zuständigkeitsbereich *m*; **jurisprudencia** *f* Jurisprudenz *f*, Rechtswissenschaft *f*; **jurista** *m/f* Rechtsgelehrte *m/f*, Jurist(in *f*) *m*

justamente *adv* [1] (*con justicia*) gerecht [2] ↑ *exactamente* genau

justicia *f* Gerechtigkeit *f*; ◇ **hacer -** (*actuar según lo que es justo*) dem Recht zum Durchbruch verhelfen; ◇ **huir de la -** vor der Gerechtigkeit fliehen; **justiciero** *adj* [1] (*defensor de la justicia*) gerechtigkeitsliebend [2] (*que juzga con rigor*) streng rechtsprechend

justificación *f* Rechtfertigung *f*; **justificante** **I.** *adj* bestätigend, den Nachweis liefernd **II.** *m* [schriftlicher] Nachweis, [schriftliche] Bestätigung; **justificar** ⟨3.7⟩ *vt* rechtfertigen; **justo** **I.** *adj* [1] (*según la justicia*) gerecht, fair; ◇ **es - que** es ist nur gerecht, daß; ◇ **una sentencia -a** ein gerechtes Urteil [2] ↑ *exacto, adecuado* genau, richtig; ◇ **tener la cantidad -a** genau die notwendige Menge haben; MEDIA ◇ **El Precio J-** ≈der Preis ist heiß [3] ↑ *estrecho* eng, knapp; ◇ **estoy - de dinero** ich bin knapp bei Kasse; ◇ **los zapatos me están -s** die Schuhe sind mir zu eng **II.** *adv* genau

juvenil *adj* jugendlich; **juventud** *f* Jugend *f*

juzgado *m* [1] (*conjunto de jueces, lugar*) Gericht *n* [2] (*territorio*) Gerichtsbezirk *m;* **juzgar** ‹3.11› *vt* [1] JUR richten [2] ↑ *considerar, valorar* beurteilen; ◇ **a - por como habla** nach dem, wie er spricht; ◇ **a - por sus palabras** nach seine Worten

K

K, k *f* (*letra*) K, k *n*

kg *abr. de* **kilogramo** kg

kilo *m* [1] Kilo(-gramm) *n* [2] (*FAM millón de pesetas*) 1000000 Pts; **kilo-** *pref* Kilo-; **kilogramo** *m* Kilogramm *n;* **kilolitro** *m* tausend Liter *pl*

kilometraje *m* Kilometerstand *m;* **kilométrico** *adj* [1] Kilometer-; ◇ **punto -** Kilometerpunkt *m* [2] (*FAM muy largo*) riesig lang; **kilómetro** *m* [1] (*distancia*) Kilometer *m* [2] (*lugar*) Kilometerstein *m;* ◇ **- cero** Punkt in der Puerta de Sol in Madrid

kilovatio *m* Kilowatt *n*

kiosko *m ver* **quiosco** Kiosk *m,* Zeitschriftenbude *f*

km *m abr. de* **kilómetro** km

kv *m abr. de* **kilovatio** kW

Kleenex ® *m* Tempotaschentuch *n,* Papiertaschentuch *n*

L

L, l *f* L, l *n*

la I. *artículo* der, die, das **II.** *pron* [1] (*persona*) sie; ◇ **no - veo en ninguna parte** ich kann sie nirgendwo sehen [2] (*usted*) Sie [3] (*cosa*) es, ihn **III.** *m* (*nota musical*) A *n*

laberinto *m* Labyrinth *n*

labia *f FAM* Zungenfertigkeit *f;* **labial** *adj* Lippen-; **labio** *m* Lippe *f*

labor *f* [1] ↑ *trabajo* Arbeit *f;* ◇ **deja hecha una - importante** er hat ein wichtiges Werk abgeschlossen; ◇ **de profesión: sus -es** Beruf: Hausfrau [2] (*bordado, punto*) Handarbeit *f* [3] (*en el campo*) Feldarbeit *f;* **laborable** *adj* ▷*tierra* nutzbar; ◇ **día** *m* **-** Werktag *m;* **laboral** *adj* (*contrato -, régimen -*) Arbeits-

laboratorio *m* Labor *n*

laborioso *adj* [1] ▷*persona* arbeitsam, fleißig [2] ▷*cosa* mühsam, schwierig

labrado *adj* ▷*material* bearbeitet

labrador(a) *m/f* Bauer *m,* Bäuerin *f;* **labranza** *f* (*cultivo*) Feldbestellung *f;* **labrar** *vt* [1] → *cuero, metal* bearbeiten; → *madera* schnitzen [2] → *tierra* bestellen [3] → *piedra* behauen [4] *FIG* sich hocharbeiten; **labriego(/a)** *m/f* Bauer *m,* Bäuerin *f*

laca *f* [1] (*de pelo*) Haarspray *n,* Haarlack *m* [2] (*de coche*) Lack *m;* **lacar** ‹3.7› *vt* → *mueble, coche* lackieren

lacayo *m* Lakai *m*

lacio *adj* [1] ▷*pelo* glatt [2] ↑ *flojo* schlaff

lacónico *adj* knapp

lacra *f* [1] (*de enfermedad*) Spur *f* [2] (*FIG cosa perjudicial*) Mangel *m,* Defekt *m*

lacrar *vt* versiegeln; **lacre** *m* Siegellack *m*

lacrimoso *adj* [1] ↑ *lloroso* tränend [2] ↑ *triste* traurig

lactancia *f* (*período*) Stillzeit *f;* **lácteo** *adj* (*de la leche*) milchig, Milch-; ◇ **Vía** *f* **-a** Milchstraße *f*

ladeado I. *adj* ↑ *inclinado* geneigt, schief; **ladear I.** *vt* → *la cabeza* neigen **II.** *vr(se)* ↑ *inclinarse* sich zur Seite neigen

ladera *f* GEO Abhang *m,* Flanke *f*

ladino *adj* ↑ *taimado* schlau, gerissen

lado *m* [1] Seite *f* [2] (*de ángulo*) Schenkel *m* [3] ◇ **al - de** neben *dat;* ◇ **de medio -** schief, verdreht; ◇ **- al -** Seite an Seite; ◇ **de un - para otro** hin und her; ◇ **dar de - a alguien** jd-n links liegen lassen; ◇ **estar de tu (su...) -** auf deiner (seiner...) Seite sein; ◇ **ponerse del - de alguien** jd-m zur Seite stehen; ◇ **echarse (hacerse) a un -** zur Seite treten; *FAM* ◇ **estar ahí al -** gleich nebenan sein; ◇ **por todos -s** von allen Seiten, überall; ◇ **ir cada uno por su -** (jeder) seines Weges gehen, unterschiedliche Meinungen haben; *FAM* ◇ **mirar de -** schief anschauen; ◇ **por otro -** andererseits

ladrar *vi* bellen; **ladrido** *m* Gebell *n;* ◇ **dar -s** bellen

ladrillo *m* Ziegelstein *m*

ladrón(-ona) I. *m/f* Dieb(in *f*) *m* **II.** *m* (*de enchufe*) Mehrfachstecker *m*

lagar *m* Weinpresse *f*, Kelter *f*
lagartija *f* (*lagarto pequeño*) Mauereidechse *f;* **lagarto** *m* (*reptil*) Echse *f*
lago *m* See *m*
lágrima *f* Träne *f*
laguna *f* [1] (*de agua*) Lagune *f* [2] (*FIG en un escrito*) Lücke *f*
laico *adj* [1] Laien- [2] ▷*enseñanza* staatlich
lamentable *adj* [1] ↑ *penoso* bedauerlich [2] (*de aspecto*) jämmerlich; **lamentación** *f* [1] (*acción*) Wehklage *f* [2] (*palabras*) Gejammer *n;* **lamentar** I. *vt* bedauern II. *vr(se)* sich beklagen (*de/por* über *akk*); **lamento** *m* Wehklagen *n*
lamer *vt* lecken
lámina *f* [1] (*de un material*) [dünne] Platte *f*, Folie *f* [2] ↑ *dibujo* [Farb-]Tafel *f;* **laminar** *vt* → *metal* auswalzen
lámpara *f* [1] (*de luz*) Lampe *f* [2] ↑ *mancha* Fleck *m;* **lamparón** *m* ↑ *mancha* großer [Fett-]Fleck
lampiño *adj* bartlos
lana *f* Wolle *f*
lance *m* [1] ↑ *suceso* Ereignis *n* [2] (*en el juego*) Wurf *m*
lancha *f* Boot *n*, Barkasse *f;* ◇ **- de pesca** Fischerboot *n*
langosta *f* [1] (*insecto*) Grashüpfer *m* [2] (*de mar*) Languste *f;* **langostino** *m* Garnele *f*
languidecer ⟨3.5⟩ *vi* dahinsiechen; **languidez** *f* Dahinsiechen *n;* **lánguido** *adj* [1] ↑ *débil* schwächlich [2] ↑ *desanimado* mutlos
lanudo *adj* wollig
lanza *f* Lanze *f*
lanzadera *f* [1] (*de un telar*) Schiffchen *n* [2] ▷*espacial* Raumtransporter *m;* **lanzado** *adj:* ◇ **estar -** entschlossen sein; ◇ **ser -** ungestüm sein; **lanzamiento** *m* [1] Abschuß *m* [2] COM Lancierung *f;* **lanzar** ⟨3.10⟩ I. *vt* [1] → *balón* werfen [2] *FIG* → *grito* ausstoßen [3] COM auf den Markt bringen [4] → *bombas* abwerfen II. *vr(se)* [1] (*arrojarse*) sich stürzen (*en* in *akk*, *sobre* auf *akk*) [2] *FIG* ↑ *decidirse* sich entschließen
lapa *f* Napfschnecke *f; FIG* ◇ **agarrarse como una - a alguien** wie eine Klette an jd-m hängen
lapicero *m* Bleistift *m*
lápida *f* Grabmal *n;* **lapidar** *vt* steinigen; **lapidario** *adj* [1] ▷*frase* lapidar [2] (*relativo a las piedras preciosas*) Edelstein-
lápiz *m* Bleistift *m;* ◇ **-es de colores** Buntstifte *m/pl;* ◇ **- de ojos** Eyeliner *m;* ◇ **escribir a -** mit Bleistift schreiben
lapón(-ona) *m/f* Lappe *m*, Lappin *f*
lapso *m* [1] (*de tiempo*) Zeitraum *m* [2] ↑ *equivocación* Lapsus *m*, Fehler *m*
largar ⟨3.11⟩ I. *vt* [1] *FAM* → *bofetada* verpassen [2] *FAM* → *discurso* loslassen [3] NAUT beisetzen II. *vi* ↑ *hablar mucho* plappern III. *vr(se) FAM* abhauen, verschwinden; ◇ **¡lárgate de aquí!** hau ab!
largo I. *adj* [1] (*de longitud, duración*) lang [2] ▷*persona* groß II. *adv* ausführlich III. *m* Länge *f;* ◇ **a la -a** auf die Dauer; ◇ **a lo - del año** im Verlauf des Jahres; ◇ **dar -as** absichtlich hinauszögern; ◇ **¿cúanto tiene de - esta habitación?** wie lang ist dieses Zimmer?; ◇ **¡- de aquí!** raus hier!; ◇ **hablar - y tendido** lange reden; **largometraje** *m* Spielfilm *m;* **largueza** *f* Großzügigkeit *f*
laringe *f* ANAT Kehlkopf *m;* **laringitis** *f* MED Kehlkopfentzündung *f*
larva *f* Larve *f*
las I. *artículo* (*f/pl*) die II. *pron* sie; ◇ **- [casas] construirán en dos años** man wird sie [die Häuser] in zwei Jahren bauen
lascivia *f* Wollust *f;* **lascivo** *adj* lüstern
láser *m* Laser *m*
laso *adj* ▷*pelo* glatt
lástima *f* [1] ↑ *pena* Bedauern *n* [2] ↑ *compasión* Mitleid *n;* ◇ **dar -** Mitleid erregen; ◇ **¡qué -!** wie schade!; **lastimar** I. *vt* ↑ *hacer daño* verletzen II. *vr(se)* sich verletzen; **lastimero** *adj* (*que da lástima*) kläglich, mitleiderregend; **lastimoso** *adj* (*de mala impresión*) bedauernswert
lastre *m* NAUT *auch FIG* Ballast *m*
lata *f* [1] (*de tomate*) Dose *f* [2] (*material*) Blech *n;* ◇ **dar la - a alguien** jd-m auf die Nerven gehen; ◇ **¡qué -!,¡vaya una -!** wie nervig/langweilig!; **latazo** *m* : ◇ **¡qué -!, ¡vaya -!** wie öde/stinklangweilig!
latente *adj* [1] ▷*sentimiento* verborgen [2] ▷*enfermedad* latent
lateral I. *adj* (*de lado*) Seiten-, seitlich II. *m* Seite *f*
latido *m* (*del corazón*) Schlagen *n*
latifundio *m* Großgrundbesitz *m;* **latifundista** *m/f* Großgrundbesitzer(in *f*) *m*
latigazo *m* (*golpe*) Peitschenhieb *m;* **látigo** *m* Peitsche *f*
latín *m* Latein *n;* **latino** *adj* lateinisch; ◇ **la América L-a** Lateinamerika *n;* **latinoamericano(/a)** I. *adj* lateinamerikanisch II. *m/f* Lateinamerikaner(in *f*) *m*
latir *vi* ← *corazón* schlagen, pochen
latitud *f* GEO Breite *f*
latón *m* Messing *n*
latoso *adj FAM* ▷*persona* zudringlich, lästig; ▷*trabajo* langweilig
laúd *m* MUS Laute *f*

laudo *m* JUR Schiedsspruch *m*

laureado *adj* preisgekrönt

laurel *m* (*árbol*) Lorbeerbaum *m;* (*hojas*) Lorbeer *m;* ◇ **dormirse en los ~es** sich auf seinen Lorbeeren ausruhen

lava *f* Lava *f*

lavable *adj* waschbar

lavabo *m* [1] (*pieza*) Waschbecken *n* [2] ↑ *cuarto de baño* Badezimmer *n* [3] ↑ *servicios* Toilette *f;* **lavadero** *m* Waschküche *f,* Waschplatz *m;* **lavado** *m* Waschen *n;* ◇ **~ de cerebro** Gehirnwäsche *f;* **lavadora** *f* Waschmaschine *f;* **lavandería** *f* Wäscherei *f;* **lavaplatos** *m* ⟨inv⟩ Geschirrspülmaschine *f;* **lavar** I. *vt* [1] waschen; ◇ **~ a mano** mit der Hand waschen; ◇ **~ a máquina** mit der Maschine waschen [2] → *platos* spülen II. *vr(se)* sich waschen; ◇ **~se los dientes** sich die Zähne putzen; **lavavajillas** *m* ⟨inv⟩ Geschirrspülmaschine *f*

laxante *m* Abführmittel *n*

lazada *f* Schleife *f;* **lazo** *m* [1] Schleife *f* [2] (*para animales*) Lasso *n* [3] *FIG* Verbindung *f;* ◇ **~s de amistad** die Bande *n/pl* der Freundschaft

le *pron* (*objeto indirecto, a él*) ihm; (*a ella*) ihr; (*a ustedes*) Ihnen

leal *adj* treu, loyal; ◇ **~ al rey** dem König treu; **lealtad** *f* Treue *f,* Loyalität *f*

leasing *m* Leasing *n;* ◇ **tomar en ~** leasen

lección *f* [1] (*de libro, de comportamiento*) Lektion *f;* ◇ **dar ~es de algo** etw *akk* unterrichten [2] *FIG* ◇ **dar una ~ a alguien** jd-m eine Lektion erteilen

lector(a) *m/f* [1] (*de libro*) Leser(in *f*) *m* [2] TIP Lektor(in *f*) *m;* **lectura** *f* [1] (*cosa que se lee*) Lektüre *f* [2] ↑ *interpretación* Interpretation *f*

lechazo *m* GASTRON Sauglamm *n*

leche *f* [1] Milch *f;* ◇ **~ condensada/en polvo/desnatada** Kondensmilch *f*/Milchpulver *n*/fettarme Milch [2] *FAM* ◇ **estar de mala ~** schlechte Laune haben; *FAM* ◇ **tener mala ~** hundsgemein sein [3] *FAM* Schlag *m;* ◇ **darse una ~** sich stoßen; *FAM* ◇ **darse una ~ a alguien** jd-m eine aufs Maul hauen; *FAM* ◇ **¡ser la ~** eine Nervensäge sein

lecho *m* [1] ↑ *cama* Bett *n* [2] (*de río*) Flußbett *n;* ◇ **el ~ de muerte** Sterbebett *n*

lechón *m* GASTRON Ferkel *n*

lechoso *adj* milchig

lechuga *f* Kopfsalat *m*

lechuza *f* Eule *f*

leer ⟨4.20⟩ *vt* lesen

legación *f* (*representación diplomática*) Gesandtschaft *f;* **legado** *m* [1] (*persona*) Gesandte(r) *fm* [2] (*FIG de los antepasados*) Vermächtnis *n*

legal *adj* [1] (*contrato*) rechtmäßig, legal, gesetzlich [2] (*de justicia*) Gerichts-; **legalidad** *f* Legalität *f,* Rechtmäßigkeit *f;* **legalización** *f* [amtliche] Beglaubigung *f,* Legalisierung *f;* **legalizar** ⟨3.10⟩ *vt* [1] → *partido* legalisieren [2] → *documento* beglaubigen

legaña *m* Schlafkorn *n;* **legañoso** *adj* triefäugig

legar ⟨3.11⟩ *vt* [1] (*en testamento*) vermachen [2] → *ideas, creencias, valores* hinterlassen

legendario *adj* ↑ *famoso* legendär

legible *adj* leserlich

legislación *f* Gesetzgebung *f;* **legislador(a)** *m/f* Gesetzgeber(in *f*) *m;* **legislar** *vi* Gesetze erlassen

legitimar *vt* JUR [1] → *persona* legitimieren, ausweisen [2] → *a un hijo* für ehelich erklären; **legítimo** *adj* [1] (*según la ley*) legitim, rechtmäßig, ehelich [2] ↑ *auténtico* echt, authentisch

legua *f* [spanische] Meile *f*

legumbre *f* [1] (*judías, lentejas, garbanzos*) Hülsenfrucht *f* [2] (*hortaliza*) Gemüse *n*

leído *adj* belesen

lejanía *f* Ferne *f,* Entfernung *f;* **lejano** *adj* entfernt

lejía *f* [1] Lauge *f* [2] (*para blanquear*) Bleichmittel *n*

lejos *adv* weit entfernt, weit weg; ◇ **a lo ~** in der Ferne; ◇ **de ~, desde ~** von weitem; ◇ **~ de mí (ti, él...)** weit entfernt von mir (dir, ihm...); ◇ **llegar ~** es weit bringen

lelo(/a) I. *adj FAM* dumm, blöd II. *m/f FAM* Dummkopf *m,* Blödmann *m*

lema *m* Motto *n*

lencería *f* [1] ↑ *ropa interior* Unterwäsche *f* [2] (*tienda*) Wäschegeschäft *n*

lengua *f* [1] ANAT Zunge *f;* ◇ **morderse la ~** sich *dat* auf die Zunge beißen; ◇ **lo tengo en la punta de la ~** es liegt mir auf der Zunge; ◇ **no tener pelos en la ~** kein Blatt vor den Mund nehmen [2] (*español*) Sprache *f;* ◇ **~ materna** Muttersprache *f*

lenguado *m* FAUNA Seezunge *f*

lenguaje *m* Sprache *f;* ◇ **el ~ culto** die gehobene Sprache

lengüeta *f* [1] (*del zapato*) Lasche *f* [2] (*de música*) Zunge *f*

lente *m o f* [1] Linse *f* [2] ↑ *lupa* Lupe *f*

lenteja *f* FLORA Linse *f*

lentejuela *f* Paillette *f*

lentilla *f* : ◇ **~s de contacto** Kontaktlinsen *f/pl*

lentitud *f* Langsamkeit *f;* ◇ **caminar con ~** langsam gehen; **lento** *adj* langsam, schwerfälllig, schlaff

leña *f* Feuerholz *n;* **leñador(a)** *m/f* Holzfäller(in *f*) *m;* **leño** *m* Holzscheit *m*

Leo *m* ‹inv› ASTR Löwe *m*

león(-ona) *m* Löwe *m,* Löwin *f;* ◇ **- marino** Seelöwe *m;* **leonera** *f* [1] ↑ *jaula* Löwenzwinger *m* [2] (*FIG FAM habitación desordenada*) Rumpelkammer *f,* Saustall *m*

leonés(-esa) *adj* aus León

leonino *adj* Löwen-

leopardo *m* Leopard *m*

leotardos *m/pl* Strumpfhosen *f/pl*

lepra *f* Lepra *f;* **leproso(/a)** I. *adj* leprös II. *m/f* Leprakranke(r) *fm*

lerdo *adj* [1] ↑ *lento* langsam [2] ↑ *torpe* plump, schwerfällig

les *pron* (*objeto indirecto*) ihnen; (*ustedes*) Ihnen; ◇ **¿- gustará la película?** ob ihnen der Film gefallen wird?

lesbiana *f* Lesbierin *f*

lesión *f* [1] ↑ *contusión* Verletzung *f* [2] (*FIG daño*) Beschädigung *f;* (*perjuicio*) Schaden *m;* **lesionar** *vt* [1] ↑ *herir* verletzen [2] *FIG* ↑ *perjudicar* schädigen

letal *adj* tödlich

letanía *f* Litanei *f*

letargo *m* [1] MED Schlafsucht *f* [2] *FIG* Lethargie *f* [3] (*del oso*) Winterschlaf *m*

letra *f* [1] Buchstabe *m;* ◇ **al pie de la -** wortwörtlich [2] (*modo de escribir*) [Hand]schrift *f;* ◇ **tener buena -** eine schöne Handschrift haben [3] (*de canción*) Text *m* [4] COM Wechsel *m;* ◇ **L-s** Geisteswissenschaften *f/pl;* ◇ **girar una -** einen Wechsel ausstellen; ◇ **- de cambio** gezogener Wechsel [5] ◇ **escribir cuatro -s** ein paar Zeilen schreiben

letrado(/a) I. *adj* ↑ *culto* gebildet II. *m/f* Rechtsanwalt *m,* -anwältin *f*

letrero *m* Schild *n*

levadizo *adj* abhebbar; ◇ **puente -** Zugbrücke *f*

levadura *f* [1] (*de pastel*) Hefe *f* [2] (*de cerveza*) Bierhefe *f*

levantamiento *m* [1] (*acción*) Heben *n,* Anheben *n* [2] ↑ *motín* Erhebung *f;* **levantar** I. *vt* [1] ↑ *elevar, subir* heben [2] (*del suelo*) aufheben [3] → *pared, edificio* errichten [4] → *voz* erheben [5] → *ánimo, espíritu* Mut machen, aufmuntern [6] → *vendaje* abnehmen [7] → *campamento* abbrechen II. *vr(se)* [1] (*de la cama*) aufstehen [2] ← *monte* sich erheben [3] ← *viento* aufkommen

levante *m* [1] Osten *m* [2] (*viento*) Ostwind *m* [3] (*región*) Levante *f*

levar *vt:* ◇ **- anclas** die Anker lichten

leve *adj* [1] ▷*herida* leicht [2] (*poca intensidad*) gering; **levedad** *f* Leichtigkeit *f*

levita *f* Gehrock *m*

levitación *f* freies Schweben, Levitation *f*

ley *f* [1] Gesetz *n;* ◇ **persona de -es** Jurist(in *f*) *m;* *FAM* ◇ **ser de -** gerecht sein; ◇ **- seca** Alkoholverbot *n* [2] (*de juego*) Regel *f* [3] ◇ **oro de -** reines Gold

leyenda *f* Legende *f*

liado *adj FAM:* ◇ **estar -** [1] (*complicado*) verworren, kompliziert [2] (*tener un amante*) ein Verhältnis haben

liana *f* Liane *f*

liar ‹3.13› I. *vt* [1] ↑ *atar* binden [2] ↑ *envolver* einpacken, einbinden [3] *FAM* → *asunto* zerpflükken, verkomplizieren [4] *FAM* → *a alguien* verwickeln (*en* in *akk*) [5] → *cigarrillo* drehen II. *vr(se)* [1] ↑ *confundirse* in Verwirrung geraten [2] (*relación*) sich einlassen (*con* mit), ein Verhältnis mit jd-m anfangen; *FAM* ◇ **-se a golpes** aufeinander losgehen

libanés(-esa) I. *adj* libanesisch II. *m/f* Libanese *m,* Libanesin *f;* **Líbano** *m* : ◇ **el -** der Libanon

libar *vt* BIO nippen an *dat*

libélula *f* Libelle *f*

liberación *f* Befreiung *f;* **liberal** I. *adj* liberal II. *m/f* Liberale(r) *fm;* **liberalidad** *f* Liberalität *f;* **liberar** *vt* befreien

libertad *f* [1] Freiheit *f;* ◇ **- bajo fianza** Freilassung *f* gegen Kaution; ◇ **- condicional** bedingte Entlassung; ◇ **- de opinión** Meinungsfreiheit *f* [2] ↑ *espontaneidad* Ungezwungenheit *f* [3] (*exceso de familiaridad*) Vertraulichkeiten *f pl;* ◇ **se toma muchas -es con mi esposa** er nimmt sich bei meiner Frau Freiheiten heraus, die ihm nicht zustehen; **libertar** *vt* befreien; **libertinaje** *m* (*conducta viciosa*) Zügellosigkeit *f;* **libertino(/a)** I. *adj* zügellos, ausschweifend II. *m/f* (*persona*) Libertin *m*

líbido *m* MED Trieb *m,* Begierde *f,* Libido *f*

libra *f* [1] (*peso*) Pfund *n;* ◇ **- esterlina** Pfund Sterling *n* [2] ◇ **L-** ASTR Waage *f*

libramiento *m* Zahlungsanweisung *f;* **libranza** *f* Zahlungsanweisung *f;* **librar** I. *vt* [1] befreien [2] ↑ *salvar* retten [3] MIL → *combate* liefern [4] → *cheque, letra, pago* ausstellen II. *vi* (*disfrutar de día de descanso*) seinen freien Tag haben; ◇ **esta semana le toca - el jueves** diese Woche hat er am Donnerstag frei III. *vr(se):* ◇ **-se de** seinen Kopf aus der Schlinge ziehen; ◇ **¡de buena nos hemos librado!** das ging gerade noch gut!

libre *adj* [1] frei [2] (*de problemas, trabas*) befreit (*de* von); ◇ **dormir al aire -** unter freiem Himmel schlafen; ◇ **- de contribución** steuerfrei; ◇ **eres muy - de quedarte o de marcharte** es steht dir völlig frei, zu bleiben oder zu gehen; ◇ **él está ~ y sin compromiso** er ist ungebunden

librería *f* [1] (*tienda*) Buchhandlung *f* [2] (*mueble*) Bücherschrank *m;* **libreta** *f* Notizbuch *n;* ◇ **~ de ahorros** Sparbuch *n;* **libreto** *m* MUS Libretto *n;* **libro** *m* Buch *n;* ◇ **llevar los ~s** die Buchführung machen; ◇ **~ de bolsillo** Taschenbuch *n;* ◇ **~ de texto** Schulbuch *n;* ◇ **~ de cocina** Kochbuch *n*

licencia *f* [1] Lizenz *f,* Genehmigung *f* [2] ↑ *autorización* Erlaubnis *f,* Bewilligung *f* [3] MIL Urlaubsschein *m;* **licenciado(/a)** I. *adj* MIL entlassen II. *m/f* (*en Filología*) Akademiker(in *f*) *m;* **licenciar** I. *vt* MIL entlassen II. *vr(se)* [1] (*en Alemania*) ≈sein Staatsexamen ablegen [2] (*en España*) einen akademischen Titel erwerben (*en* dat); **licenciatura** *f* [1] (*grado de estudios*) Titel *m,* Diplom *n* [2] (*estudios requeridos*) *Studium mit dem Abschluß Staatsexamen*

licencioso *adj* ↑ *libertino* liderlich

liceo *m* [1] (*de enseñanza*) ≈Gymnasium *n* [2] (*sociedad literaria*) *literarische Gesellschaft*

licitar *vt* (*en subasta*) bieten

lícito *adj* [1] ↑ *legal* rechtmäßig [2] ↑ *permitido* statthaft, zulässig

licor *m* Likör *m*

licuadora *f* Entsafter *m;* **licuar** ⟨3.19⟩ *vt* verflüssigen

líder *m/f* [1] POL Vorsitzende(r) *fm* [2] SPORT Anführer(in *f*) *m;* **liderato, liderazgo** *m* Führung *f*

lidia *f* Stierkampf *m;* ◇ **toros** *pl* **de ~** Kampfstiere *pl;* **lidiar** I. *vt* kämpfen mit II. *vi* kämpfen (*con* mit, *contra* gegen)

liebre *f* BIO Hase *m*

lienzo *m* [1] (*tela*) Leinen *n* [2] (*para pintar*) Leinwand *f* [3] (*pintura*) [Öl-]Gemälde *n*

liga *f* [1] (*de medias*) Strumpfband *n* [2] (*de países*) Bund *m,* Bündnis *n* [3] SPORT Verein *m;* ◇ **la ~ de fútbol** Liga *f;* **ligadura** *f* [1] (*acción*) Verbinden *n* [2] (*cuerda, correa*) Verschnürung *f;* **ligamento** *m* ANAT Band *n;* ◇ **ruptura de ~s** Bänderriß *m;* **ligar** ⟨3.11⟩ I. *vt* [1] → *dos cuerdas* zusammenbinden [2] → *dos temas* verbinden II. *vi* [1] *FAM* ← *chica* flirten (*con* mit) [2] ↑ *corresponderse* in Einklang stehen (*con* mit) III. *vr(se)* [1] ↑ *atarse* sich binden [2] (*FAM relación*) ein Verhältnis *n* anfangen

ligereza *f* [1] (*de movimientos*) Leichtfüßigkeit *f,* Leichtigkeit *f* [2] ↑ *irreflexión* Leichtfertigkeit *f;* **ligero** *adj* [1] (*de movimientos*) gewandt [2] (*poco peso*) leicht; ◇ **sueño ~** Schlummer *m* [3] ↑ *irreflexivo* leichtfertig, leichtsinnig; ◇ **a la ~a** leichtsinnig, unüberlegt; ◇ **mujer** *f* **~a** Lebedame *f*

ligón(-ona) *m/f FAM* Anmacher *m;* **ligue** *m FAM* [1] (*acción*) Anmache *f* [2] (*persona*) Flamme *f*

lija *f* [1] FAUNA Katzenhai *m* [2] ◇ **papel** *m* **de ~** Sandpapier *n;* **lijar** *vt* ↑ *pulir* schmirgeln

lila I. *adj FAM* ↑ *tonto* dumm II. *f* [1] FLORA Flieder *m* [2] *FAM PEY* ↑ *tonto* Depp *m*

lima *f* [1] (*herramienta*) Feile *f;* ◇ **~ de uñas** Nagelfeile *f* [2] (*fruto*) Limone *f* [3] *FAM* ◇ **comer como una ~** wie ein Scheunendrescher *m* essen; **limar** *vt* feilen

limbo *m* REL Limbus *m;* ◇ **estar en el ~** geistesabwesend sein

limitación *f* [1] (*acción*) Begrenzung, Beschränkung *f* [2] ↑ *restricción* Einschränkung *f;* **limitar** I. *vt* [1] ↑ *delimitar* begrenzen [2] ↑ *restringir* einschränken II. *vi:* ◇ **~ con otro país** an ein anderes Land grenzen *akk* III. *vr(se):* ◇ **~se a** sich beschränken auf *akk;* **límite** *m* Grenze *f;* ◇ **superar el ~** die Grenze überschreiten; ◇ **~ de velocidad** Geschwindigkeitsbegrenzung *f;* **limítrofe** *adj* angrenzend

limón *m* Zitrone *f;* **limonada** *f* Zitronenlimonade *f;* **limonero** *m* FLORA Zitronenbaum *m*

limosna *f* Almosen *n*

limpiabotas *m* ⟨inv⟩ Schuhputzer(in *f*) *m;* **limpiaparabrisas** *m* ⟨inv⟩ AUTO Scheibenwischer *m;* **limpiar** I. *vt* [1] *también FIG* reinigen [2] → *ropa* säubern [3] → *polvo* abwischen [4] → *calzado* putzen [5] *FIG FAM* ↑ *mangar* klauen II. *vr(se)* sich putzen; ◇ **las manchas se limpian con un líquido** die Flecken entfernt man mit einer Flüssigkeit; **limpieza** *f* [1] (*estado*) Sauberkeit *f* [2] (*acción*) Saubermachen *n* [3] ↑ *higiene* Reinlichkeit *f* [4] (*de ropa*) Reinigung *f* [5] (*de zapatos*) Putzen *n; FAM* ◇ **hacer ~** putzen; ◇ **con ~** einwandfrei; ◇ **~ en seco** chemische Reinigung; **limpio** I. *adj* [1] ▷*camisa* sauber [2] ▷*persona* reinlich [3] (*sin impurezas*) rein [4] COM netto II. *adv:* ◇ **jugar ~** fair spielen III. *m:* ◇ **pasar a ~** ins reine schreiben; ◇ **sacar en ~** ins reine bringen

linaje *m* Abstammung *f*

lince *m* FAUNA Luchs *m;* ◇ **ser un ~** gewieft sein

linchar *vt* lynchen

lindante *adj* angrenzend (*con* an *akk*); **lindar** *vi* angrenzen (*con* an *akk*); **linde** *m o f* Grenze *f*

lindo I. *adj* hübsch, nett II. *adv FAM:* ◇ **divertirse de lo ~** sich blendend amüsieren

línea *f* [1] (*trazo*) Linie *f;* ◇ **en ~ recta** geradeaus [2] (*de palabras*) Zeile *f;* ◇ **leer entre ~s** zwischen den Zeilen lesen [3] (*de autobús*) Strecke *f* [4] ◇ **de primera ~** erstklassig; ◇ **en primera ~**

erstklassig, erstrangig; ◇ **en -s generales** in groben Zügen *m/pl;* ◇ **- de conducta** Verhaltensregel *f;* ◇ **- aérea** Luftfahrtgesellschaft *f;* ◇ **- telefónica** Telefonleitung *f;* ◇ **las -s enemigas** die feindlichen Stellungen *f/pl*; ◇ **guardar la -** auf die Figur achten

lingote *m* (*de oro*) Barren *m*

lingüista *m/f* Linguist(in *f*) *m*, Sprachwissenschaftler(in *f*) *m*

linimento *m* Einreibemittel *n*

lino *m* [1] (*tejido*) Leinen *n* [2] (*planta*) Flachs *m*

linterna *f* Laterne *f*

lío *m* [1] (*de ropa*) Bündel *n* [2] (*FAM situación*) Ärger *m* [3] ↑ *confusión* Durcheinander *n; FAM* ◇ **hacerse un -** durcheinanderkommen [4] (*relación*) Verhältnis *n;* ◇ **tener un -** ein Vehältnis haben; **lioso** *adj FAM* [1] ▷*cosa* verworren [2] ▷*persona* ränkevoll, ränkesüchtig

liquidación *f* [1] ↑ *rebajas* Ausverkauf *m;* ◇ **- de fin de temporada** *f* Saisonschlußverkauf *m;* ◇ **- por cambio de local** Räumungsverkauf *m* [2] (*de cuenta*) Begleichung *f;* **liquidar** *vt* [1] liquidieren [2] → *cuenta* begleichen [3] ↑ *terminar* beenden [4] *FAM* ↑ *matar* liquidieren, töten [5] COM ausverkaufen

líquido I. *adj* [1] (*agua*) flüssig [2] (*cantidad, precio*) netto, Rein- **II.** *m* Flüssigkeit *f*

lira *f* [1] (*moneda*) Lira *f* [2] MUS Leier *f*

lirio *m* FLORA Lilie *f*

lirón *m* FAUNA Siebenschläfer *m; FAM* ◇ **dormir como un -** wie ein Murmeltier *n* schlafen

Lisboa *f* Lissabon *n*

lisiado I. *adj* verkrüppelt **II.** *m/f* Krüppel *m;* **lisiar I.** *vt* zum Krüppel machen **II.** *vr(se)* sich verstümmeln

liso *adj* [1] ▷*pavimento* eben [2] ▷*falda* schlicht, einfach [3] ▷*tela* einfarbig [4] ▷*pelo* glatt [5] ◇ **decir algo -a y llanamente** etw ohne Umschweife sagen

lisonja *f* Schmeichelei *f*

lista *f* [1] ↑ *enumeración* Liste *f;* ◇ **- de boda** Heiratstisch *m;* ◇ **- de correos** postlagernd; ◇ **- de precios** Preisliste *f;* ◇ **- de espera** Warteliste *f;* ◇ **- negra** schwarze Liste *f* [2] ↑ *franja* Streifen *m;* ◇ **pasar -** aufrufen

listín *m* : ◇ **el - de teléfonos** Telefonbuch *n*

listo *adj* ↑ *astuto* schlau, klug; ◇ **está todo -** es ist alles fertig; ◇ **¡-!** Geschafft!; ◇ **pasarse de -** zu schlau sein wollen

listón *m* SPORT Latte *f*

litera *f* [1] (*de tren*) Bett *n* [2] (*de barco*) Koje *f* [3] (*camas de dos pisos*) Etagenbett *n*

literal *adj* wörtlich

literario *adj* literarisch, Literatur-; **literato(/a)** *m/f* Schriftsteller(in *f*) *m;* **literatura** *f* Literatur *f*

litigio *m* [1] (*sobre un derecho*) Streit *m* [2] JUR Prozeß *m*

litografía *f* Lithographie *f*

litoral I. *adj* Küsten- **II.** *m* Küstenstreifen *m;* ◇ **el - mediterráneo** die Mittelmeerküste

litro *m* Liter *m*

liviano *adj* [1] ↑ *poco peso* leicht [2] ↑ *libertino* freizügig

lívido *adj* [1] ↑ *pálido* leichenblaß [2] ↑ *amoratado* schwarzblau

ll... *siehe LL nach Buchstabe L*

lo I. *artículo* der, die, das; ◇ **- bueno** das Gute; ◇ **- que importa** das was wichtig ist **II.** *pron* (*objeto directo*) [1] (*persona*) ihn [2] (*cosa*) ihn, sie, es

loable *adj* lobenswert; **loar** *vt* loben

lobato *m* FAUNA Jungwolf *m;* **lobo** *m* FAUNA Wolf *m*

lóbrego *adj* düster

lóbulo *m* (ANAT *de la oreja*) Ohrläppchen *n*

local I. *adj* örtlich, Orts-; ◇ **anestesia** *f* **-** örtliche Betäubung **II.** *m* Raum *m*, Lokal *n;* **localidad** *f* [1] ↑ *municipio* Ort *m* [2] ↑ *asiento* Platz *m* [3] ↑ *entrada* Eintrittskarte *f;* **localizar** ⟨3.10⟩ *vt* [1] ↑ *poner límites* räumlich einschränken [2] ↑ *encontrar* lokalisieren, finden

loco(/a) I. *adj* [1] (*mental*) verrückt [2] (*FAM aficionado, entusiasmado*) vernarrt [3] ↑ *imprudente* närrisch **II.** *m/f* Verrückte(r) *fm;* ◇ **a lo -** unüberlegt; ◇ **a -as y a locas** unüberlegt; ◇ **cada - con su tema** jedem Narren *m* gefällt seine Kappe; ◇ **estar - de alegría** außer sich sein vor Freude *f*; ◇ **hacerse el -** den Dummen *m* spielen; ◇ **volver - a alguien** *FIG* jd-n wahnsinnig machen; ◇ **Juan está - de su nuevo equipo** Juan ist begeistert von seiner neuen Anlage

locomoción *f* Fortbewegung *f;* **locomotora** *f* Lokomotive *f*

locuaz *adj* gesprächig

locución *f* Redewendung *f*

locura *f* [1] (*estado*) Wahnsinn *m*, Irrsinn *m* [2] (*acción*) Verrücktheit *f* [3] *FAM* ↑ *entusiasmo* Begeisterung

locutor(a) *m/f* MEDIA Sprecher(in *f*) *m*, Ansager(in *f*) *m*

lodo *m* Schlamm *m*

lógico I. *adj* logisch **II.** *f* Logik *f;* **logística** *f* Logistik *f*

logopedia *f* MED Logopädie *f*

lograr *vt* [1] ↑ *alcanzar* erreichen [2] ↑ *conseguir* erhalten, bekommen; ◇ **ha logrado realizar sus deseos** er hat es geschafft, seine Wünsche zu verwirklichen; **logro** *m* ① (*acción*) Gelingen *n* ② ↑ *éxito* Erfolg *m*

loma *f* GEO Hügel *m*

lombriz *f* Wurm *m;* ◇ **~ de tierra** Regenwurm *m*

lomo *m* ① (*de animal*) Rücken *m* ② GASTRON Lende *f* ③ (*de libro*) Buchrücken *m*

lona *f* Segeltuch *n*

loncha *f* (*de embutidos*) Scheibe *f*

londinense I. *adj* aus London II. *m/f* Londoner *m,* Londonerin *f;* **Londres** *m* London *n*

longaniza *f* Schweinswurst *f*

longitud *f* Länge *f;* ◇ **el puente tiene una ~ de 25 metros** die Brücke ist 25 Meter lang

longuis *m FAM*: ◇ **hacerse el ~** sich taub stellen

lonja *f* Warenbörse *f;* ◇ **~ de pescado** Fischmarkt *m*

lontananza *f* Ferne *f*

loro *m* ① FAUNA Papagei *m* ② (*PEY mujer*) Klatschtante *f;* ◇ **¡al ~!** aufgepaßt!

los I. *artículo* (*m/pl*) die II. *pron* (*complemento directo*) ① (*ellos*) sie; ◇ **esos edificios son ~ que he decorado** das sind die Gebäude, die ich dekoriert habe ② (*ustedes*) Sie

losa *f* ① Steinplatte *f* ② ↑ *baldosa* Fliese *f*

lote *m* ① Anteil *m,* Gewinn *m* ② COM Posten *m;* ◇ **~ de mercancías** Warenposten *m; FAM* ◇ **darse el ~** ↑ *besuquear* knutschen

lotería *f* Lotterie *f*

loza *f* ① (*material*) Steingut *n* ② ↑ *vajilla* Geschirr *n*

lozano *adj* ① ▷*vegetación* üppig ② ↑ *jóven* frisch, jung

lubina *f* FAUNA Wolfsbarsch *m*

lubricante *m* Schmiermittel *n;* **lubricar** ⟨3.7⟩ *vt* ölen, schmieren

lucero *m* (*estrella*) [Morgen]Stern *m*

lucidez *f* Klarheit *f;* **lucido** *adj* ↑ *espléndido* prächtig, großartig; **lúcido** *adj* ① ↑ *claro* deutlich, klar ② ↑ *perspicaz* wach, hellsichtig; **luciente** *adj* leuchtend; **luciérnaga** *f* Glühwürmchen *n;* **lucimiento** *m* ↑ *esplendor* Pracht *f;* **lucir** ⟨3.4⟩ I. *vt* → *vestidos, joyas* zur Schau stellen II. *vi* ① ↑ *dar luz* scheinen, glänzen ② ↑ *dar resultado* nutzen, sich lohnen ③ ↑ *sobresalir* glänzen III. *vr(se)* ① ↑ *hacerse ver* sich zur Schau stellen ② ↑ *sobresalir* sich auszeichnen

lucrarse *vr* sich bereichern; **lucrativo** *adj* ↑ *beneficioso* gewinnbringend, lukrativ; **lucro** *m PEY* ↑ *ganancia* Gewinn *m;* ↑ *provecho* Nutzen *m*

lucubrar *vt* (*trabajar, pensar*) geistig arbeiten

lucha *f* Kampf *m;* ◇ **~ de clases** Klassenkampf *m;* **luchador(a)** I. *adj* kämpferisch II. *m/f* ① Kämpfer(in *f*) *m* ② SPORT Ringer *m;* **luchar** *vi* kämpfen; ◇ **~ por la libertad** für die Freiheit kämpfen; ◇ **~ contra el cáncer** gegen den Krebs kämpfen

lúdico *adj* (*referente al juego*) spielerisch, verspielt, Spiel-

luego I. *adv* (*tiempo*) danach; (*más tarde*) nachher, später II. *cj* ↑ *por eso* folglich; ◇ **desde ~** selbstverständlich; ◇ **hasta ~** bis später

lugar *m* ① (*población*) Ort *m* ② (*sitio*) Stelle *f;* ◇ **dar ~ a** Grund geben zu; ◇ **en ~ de** anstatt, an Stelle von; ◇ **en segundo ~** zweitens; ◇ **fuera de ~** unangebracht, fehl am Platz; ◇ **no dejar ~ a dudas** außer Zweifel *m* stehen; ◇ **tener ~** stattfinden; **lugareño(/a)** I. *adj* dörflich, Dorf- II. *m/f* Dorfbewohner(in *f*) *m*

lúgubre *adj* traurig, düster

lujo *m* ↑ *riqueza, suntuosidad* Luxus *m,* Pracht *f;* ◇ **artículo** *m* **de ~** Luxusartikel *m;* ◇ **permitirse el ~ de** sich *dat* leisten, zu...; **lujoso** *adj* luxuriös

lujuria *f* (*apetito sexual*) Lüsternheit *f*

lumbago *m* MED Hexenschuß *m*

lumbre *f* Feuer *n*

lumbrera *f FAM*: ◇ **ser una ~** ein Talent sein/ ein kluger Kopf sein

luminoso *adj* leuchtend, scheinend

luna *f* ① ASTR Mond *m;* ◇ **estar en la ~** nicht bei der Sache sein ② (*cristal*) Spiegelglas *n* ③ (*en los comercios*) Glasscheibe *f; FAM* ◇ **estar de ~ de miel** in den Flitterwochen *pl* sein

lunar I. *adj* Mond- II. *m* (*de la piel*) Muttermal *n;* (*en tejido*) Punkt *m*

lunático(/a) I. *adj* verrückt II. *m/f* Verrückte(r) *fm*

lunes *m* ⟨inv⟩ Montag *m;* ◇ **los lunes llego siempre tarde** montags komme ich immer zu spät

lupa *f* Lupe *f*

lustrar *vt* ① ↑ *dar brillo* Glanz geben *dat* ② (*zapatos*) [blank] putzen; **lustre** *m* ① ↑ *brillo* Glanz *m* ② *FIG* ↑ *esplendor* Pracht *f* ③ (*FAM buen aspecto físico*) gutes Aussehen; *FIG* ◇ **dar ~ a** Glanz verleihen *dat*

lustro *m* Jahrfünft *n*

lustroso *adj* glänzend

luterano(/a) I. *adj* lutherisch II. *m/f* Lutheraner(in *f*) *m*

luto *m* ① ↑ *duelo* Trauer *f* ② (*ropa*) Trauerkleidung *f;* ◇ **llevar ~/ ponerse de ~/ estar de ~** Trauer tragen

Luxemburgo *m* Luxemburg *n*

luz *f* Licht *n;* ◇ **dar/encender la ~** das Licht

einschalten/anmachen; ◇ **apagar la** ~ das Licht ausmachen; ◇ **la** ~ **era muy mala** das Licht war sehr schlecht; ◇ **a media** ~ im Zwielicht/Dämmerlicht; ◇ **sacar a la** ~ **pública** veröffentlichen; ◇ **dar a** ~ ein Kind zur Welt bringen; ◇ **salir a la** ~ herauskommen; ◇ **ser una persona de pocas luces** geistig beschränkt sein; ◇ **traje** *m* **de luces** Stierkampfanzug *m*

luzco *ver* **lucir**

LL

llaga *f* [1] MED offene Wunde [2] *FIG* ◇ **poner el dedo en la** ~ den wunden Punkt treffen

llama *f* [1] (*de fuego*) Flamme *f* [2] BIO Lama *n*

llamada *f* [1] (*de teléfono*) Anruf *m;* ◇ **la** ~ **telefónica** Anruf *m* [2] ↑ *áviso* Aufruf [3] (*de atracción*) Zuruf *m;* **llamamiento** *m* Aufruf *m;* ◇ ~ **a las armas** Aufruf zum Kampf; **llamar I.** *vt* [1] ↑ *dar nombre* rufen [2] ▷ *por teléfono* anrufen [3] ↑ *avisar* aufrufen [4] ↑ *atraer* herbeirufen **II.** *vi* [1] (*a la puerta*) klopfen [2] (*al timbre*) klingeln **III.** *vr(se)* heißen; ◇ **¿cómo te llamas?** wie heißt du?; ◇ ~ **la atención** [1] ↑ *fijarse en algo* auffallen [2] ↑ *hacerse notar* die Aufmerksamkeit auf sich lenken [3] ↑ *reprender* jd-n wegen etw rügen

llamarada *f* (*de fuego*) Aufflackern *n*

llamativo *adj* [1] ↑ *provocador, atrayente* auffällig [2] ▷ *color* grell

llamear *vi* flackern

llaneza *f* Einfachheit *f;* **llano I.** *adj* [1] (*persona*) einfach, schlicht [2] ▷ *superficie* glatt [3] ▷ *camino* eben [4] (*forma de hablar*) deutlich, klar **II.** *m* GEO Ebene *f*, Flachland *n*

llanta *f* AUTO Felge *f*

llanto *m* Weinen *n*

llanura *f* GEO Ebene *f*

llave *f* [1] *de casa, también FIG* Schlüssel *m;* ◇ **poner bajo** ~ unter Verschluß halten; AUTO ◇ ~ **de contacto** Zündschlüssel *m;* TECNI ◇ ~ **inglesa** Engländer *m;* ◇ ~ **maestra** Hauptschlüssel *m*, Dietrich *m;* ◇ ~ **de paso** Absperrhahn *m* [2] (*[]*) eckige Klammer [3] (*para tuercas*) Schraubenschlüssel *m*

llavero *m* Schlüsselanhänger *m*

llavín *m* kleiner Schlüssel

llegada *f* Ankunft *f;* **llegar** ⟨3.11⟩ **I.** *vi* ankommen, eintreffen **II.** *vr(se):* ◇ ~**se a** sich nähern *dat;* ◇ ~ **a presidente** es bis zum Präsidenten bringen; ◇ **la cuerda llega de una pared a otra** das Seil reicht von einer Wand bis zur anderen; ◇ **si actuas así, no llegarás a tu meta** wenn du so vorgehst, wirst du dein Ziel nicht erreichen; ◇ **su influencia no llega a tanto** so weit reicht sein Einfluß nicht; ◇ **su padre llegará a los 82 años** sein Vater wird so an die 82 Jahre alt sein; ◇ ~ **a terminar el trabajo** [endlich] die Arbeit beenden; ◇ **han llegado a ser muy ricos** sie sind sehr reich geworden; ◇ ~ **a la conclusión que...** zu der Schlußfolgerung gelangen, daß; ◇ ~ **a las manos** handgreiflich werden

llenar I. *vt* [1] → *botella* füllen (*de* mit) [2] → *escrito* ausfüllen [3] ↑ *gustar* befriedigen [4] (*con exceso*) überhäufen **II.** *vr(se)* sich füllen; (*comida*) sich sattessen; **lleno I.** *adj* [1] voll [2] (*local*) gefüllt [3] (*de comida*) satt **II.** *m* (*en espectáculo*) Fülle *f;* ◇ ~ **total** volles Haus; ◇ **de** ~ völlig

llevadero *adj* erträglich; **llevar I.** *vt* [1] ↑ *trasladar* (hin-, mit-, über-)bringen [2] → *vestido* tragen, anhaben; ◇ **siempre lleva mucho dinero consigo** er hat immer viel Geld bei sich [3] ↑ *dirigir* leiten [4] ← *vida* ← *camino* führen (*a* nach); ◇ ~ **a cabo** durchführen; ◇ ~ **adelante** vorwärtsbringen/vorantreiben; ◇ ~ **a efecto** [*o* **a término**] verwirklichen, durchführen; (*tener posibilidad de*) ◇ ~ **camino de ...** auf dem besten Weg sein ... + inf [5] ↑ *aguantar* ertragen [6] ↑ *inducir, impulsar* dazu bringen [7] ◇ ~ **razón** recht haben; ◇ ~ **ventaja** voraushaben **II.** *vr(se)* [1] → *premio* gewinnen [2] ↑ *coger* mitnehmen; ◇ **se llevó toda la culpa** er nahm alle Schuld auf sich [3] ◇ ~**se un disgusto** Scherereien bekommen; ◇ ~**se mal con alguien** sich mit jd-m schlecht verstehen [4] ◇ **este color se lleva mucho este año** diese Farbe ist dieses Jahr sehr modern [5] ◇ **lleva escritas 523 páginas** er hat schon 523 Seiten geschrieben; ◇ **lleva viviendo diez años en esta casa** er/sie lebt [schon] zehn Jahre in diesem Haus; ◇ **¿cuánto tiempo llevas en España?** wie lange bist du schon in Spanien? [6] ◇ **Carmen le lleva a su hermano diez años** Carmen ist zehn Jahre älter als ihr Bruder

llorar I. *vi* weinen; ◇ ~ **a moco tendido** Rotz und Wasser heulen **II.** *vt* trauern (*por* um)

lloriquear *vi* wimmern, winseln; **lloro** *m* Weinen *n;* **llorón(-ona) I.** *adj* weinerlich **II.** *m/f* Heulpeter *m*, -suse *f;* **lloroso** *adj* verweint

llover ⟨3.22⟩ *vi impers* [1] *auch FIG* regnen; ◇ ~ **a cántaros** in Strömen regnen, Bindfäden regnen

llovizna *f* Nieselregen *m;* **lloviznar** *vi* nieseln

llueve *vb ver* **llover**

lluvia *f* [1] Regen *m* [2] *FIG* ↑ *abundancia* Unmenge *f;* **lluvioso** *adj* regnerisch, Regen-

M

M, m *f* M, m *n*
macabro *adj* ↑ *terrorífico* makaber
macarra *m FAM* [1] ↑ *chulo* Macker *m* [2] (*de prostitutas*) Zuhälter *m*
macarrones *m/pl* GASTRON Makkaroni *pl*
macerar *vt* (GASTRON *en líquido*) einweichen; → *carne* klopfen
maceta *f* Blumentopf *m;* **macetero** *m* (*para macetas*) Blumenständer *m*
macilento *adj* bleich
macizo I. *adj* [1] ↑ *compacto* massiv [2] ▷*persona* durchtrainiert II. *m* [1] ◇ ~ **montañoso** Gebirgskette *n* [2] ◇ ~ **de geranios** Geranienbeet *n*
macrobiótica *f* Makrobiotik *f*
macuto *m* [Tages-]Rucksack *m*
machacar ⟨3.7⟩ *vt* [1] ↑ *desmenuzar* zerquetschen, zermalmen [2] *FIG* ↑ *insistir* herumreiten auf *dat* [3] (*FAM estudiar mucho*) büffeln; **machacón** *adj FAM*: ◇ **ser** ~ eine Nervensäge sein
machete *m* Buschmesser *n,* Machete *f*
machismo *m* [männlicher] Chauvinismus, Machismo *m;* **machista** I. *adj* chauvinistisch, machohaft II. *m* Chauvi *m,* Macho *m;* **macho** I. *adj* männlich II. *m* [1] BIO Männchen *n* [2] (*hombre*) ganzer Mann
madeja *f* Knäuel *n*
madera *f* Holz *n;* ◇ **tener** ~ **de artista** eine künstlerische Ader haben; **madero** *m* Balken *m*
madrastra *f* Stiefmutter *f;* **madraza** *f* liebevolle Mutter, Glucke; **madre** *f* [1] Mutter *f;* ◇ ~ **política** Schwiegermutter *f;* ◇ ~ **soltera** alleinerziehende Mutter *f;* ◇ **¡~ mía!** meine Güte! [2] (*de animales*) Muttertier *n* [3] REL Mutter *f;* **madreperla** *f* Perlmutt *n;* **madreselva** *f* FLORA Geißblatt *n*
madriguera *f* [1] (*de conejos*) Bau *m f* [2] *FIG* ↑ *escondite* Schlupfwinkel *m*
madrileño(/a) I. *adj* aus Madrid, Madrider II. *m/f* Madrider(in *f*) *m*
madrina *f* [1] (*de bautizo*) [Tauf-]Patin *f,* Patentante *f* [2] (*de boda*) Trauzeugin *f* [3] (*FIG de una asociación*) Schutzherrin *f*
madroño *m* (*arbusto, símbolo de Madrid*) Erdbeerbaum *m*
madrugada *f* [1] ↑ *alba* Tagesanbruch *m* [2] ↑ *media noche* früher Morgen; **madrugador(a)** *m/f* Frühaufsteher(in *f*) *m;* **madrugar** ⟨3.11⟩ *vi* [1] früh aufstehen [2] *FIG* den anderen zuvorkommen; **madrugón** *m FAM*: ◇ **darse/pegarse el** ~ in aller Herrgottsfrühe/sehr früh aufstehen
madurar I. *vt* [1] reifen lassen [2] → *plan, proyecto* reiflich überlegen II. *vi* ← *fruta, persona* reifen; **madurez** *f* Reife *f;* **maduro** *adj* ▷*fruta, plan, persona* reif; ◇ **edad** **~a** reifes Alter
maestría *f* (*habilidad*) Meisterschaft *f;* **maestro(/a)** I. *adj* meisterhaft, Meister-; ◇ **obra** *f* **~a** Meisterwerk *n;* ▷*principal* Haupt- II. *m/f* Lehrer(in *f*) *m;* ◇ **la vida es la mejor ~a** das Leben is die beste Schule III. *m* [1] (*del arte*) Meister *m* [2] (*de la música*) Maestro *m*
magia *f* Magie *f,* Zauber *m;* ◇ **suceder algo por arte de** ~ wie durch Zauberhand *f* geschehen; **mágico** *adj* [1] magisch [2] ↑ *maravilloso* zauberhaft
magisterio *m* [1] (*labor*) Unterricht *m* [2] (*profesión*) Lehramt *n* [3] (*profesorado*) Lehrerschaft *f*
magistrado(/a) *m/f* JUR [1] ↑ *juez* Richter(in *f*) *m* [2] (*funcionario*) Justizbeamter *m,* -beamtin *f*
magistral *adj* Meister-, meisterhaft
magnánimo *adj* großmütig, großherzig
magnate *m* Magnat *m*
magnético *adj* magnetisch, Magnet; **magnetismo** *m* [1] (*de imán*) Magnetismus [2] (*FIG atracción*) [magnetische] Anziehungskraft; **magnetizar** ⟨3.10⟩ *vt* [1] magnetisieren [2] *FIG* Faszination ausüben auf *akk,* jd-n in seinen Bann ziehen
magnetofón, magnetófono *m* Tonbandgerät *n;* **magnetofónico** *adj* Tonband-; ◇ **cinta ~a** Tonband *n*
magnífico *adj* [1] ↑ *excelente* herrlich, großartig; ◇ **¡es una idea ~a!** das ist eine tolle Idee! [2] (*tratamiento*) Magnifizenz *f*
magnitud *f* Größe *f*
mago(/a) *m/f* Zauberer *m,* Zauberin *f;* ◇ **los tres Reyes M~s** die Heiligen Drei Könige
magro *adj* ▷*carne* mager
magulladura *f* Quetschung *f;* **magullar** *vt* quetschen
Maguncia *f* Mainz *n*
mahometano(/a) I. *adj* mohammedanisch II. *m/f* Moslem *m,* Muslime *f*
mahonesa *f* GASTRON Mayonnaise *f*
maíz *m* Mais *m;* **maizal** *m* Maisfeld *m*
majadería *f FAM* Dummheit *f;* **majadero(/a)** I. *adj* dumm, albern II. *m/f FAM* Dummkopf *m*
majar *vt* → *almendras* zerdrücken, zerstoßen
majareta I. *adj FAM* verrückt II. *m/f FAM* Verrückte(r) *fm*
majestad *f* Majestät *f;* **majestuoso** *adj* majestätisch
majo *adj* [1] ↑ *bonito* schön, gut aussehend [2] ↑ *agradable* sympathisch

mal I. *adv* [1] schlecht; ◇ **lo has hecho** ~ das hast du falsch/schlecht gemacht; ◇ **veo** ~ ich sehe schlecht [2] ↑ *falso* falsch II. *adj* schlecht III. *m* [1] ↑ *perjuicio* Übel *n* [2] ↑ *calamidad* Unglück *n* [3] ↑ *pena* Leid *n* [4] ↑ *enfermedad* Krankheit *f;* ◇ **ese chico me cae** ~ dieser Junge ist mir unsympathisch; ◇ **sentar** ~ [1] ← *comida* schlecht bekommen [2] *FIG* schlecht ankommen; ◇ **tomar a** ~ jd-m etw verübeln; ◇ **tener** ~ **caracter** einen schlechten Charakter haben; ◇ **¡menos** ~**!** zum Glück!; ◇ **menos** ~ **que...** ein Glück, daß...

malabarismo *m* [1] Jonglieren *n* [2] *FIG* Lavieren *n;* **malabarista** *m/f* Jongleur(in *f*) *m*

malacostumbrado *adj* verwöhnt

malaconsejado *adj* schlecht beraten

malagradecido *adj* undankbar

malagueño *adj* aus Malaga

malaleche *m/f* (*FAM! persona*) falscher Fuffziger *m;* ◇ **tener** ~ [1] (*mal humor*) schlechte Laune haben [2] (*mala intención*) schlechte Absichten haben

malaria *f* MED Malaria *f*

malasombra *adj FAM* Tölpel *m*

malaúva *m/f* (*FAM! persona*) falscher Fuffziger; ◇ **tener** ~ schlechte Absichten haben

malcomer *vi* schlecht essen

malcriar *vt* verziehen; **malcriado** *adj* schlecht erzogen, ungezogen

maldad *f* Schlechtigkeit *f*, Bosheit *f*

maldecir ‹4.3› I. *vt* verfluchen II. *vi:* ◇ ~ **de** lästern über *akk;* **maldición** *f* Fluch *m;* **maldito** I. *pp de* maldecir II. *adj* verflucht, verdammt; ◇ **¡~a sea tu estampa!** verdammt noch mal!

maleable *adj* [1] ▷*metal* schmiedbar [2] *FIG* ↑ *flexible* fügsam, beeinflußbar

maleante I. *adj* boshaft II. *m/f* ↑ *delincuente* Verbrecher(in *f*) *m;* **malear** *vt* ↑ *corromper* verderben

malecón *m* [1] ↑ *dique* Damm *m*, Deich *m* [2] ↑ *rompeolas* Mole *f*

maledicencia *f* Verleumdung *f;* **maleficio** *m* ↑ *hechizo* Verhexung *f;* **maléfico** *adj* ▷*influencia* schädlich

malentendido *m* Mißverständnis *n*

malestar *m* Unwohlsein *n*

maleta *f* Koffer *m;* ◇ **hacer la** ~ den Koffer packen; **maletero** *m* AUTO Kofferraum *m*

malevolencia *f* Böswilligkeit *f;* **malévolo** *adj* böswillig

maleza *f* [1] (*hierbas*) Unkraut *n* [2] (*arbustos*) Gestrüpp *n*

malformación *f* MED Mißbildung *f*

malgastar *vt* → *dinero, tiempo* verschwenden

malhablado *adj* ↑ *desvergonzado* unverschämt

malhechor(a) *m/f* ↑ *delincuente* Übeltäter(in *f*) *m*

malhumorado *adj* schlecht gelaunt

malicia *f* [1] ↑ *picardía* Gerissenheit *f* [2] ↑ *perversidad* Boshaftigkeit *f* [3] ↑ *maldad* Bosheit *f;* ◇ **es una persona sin** ~ es ist kein Arg an/in ihm/ihr; **malicioso** *adj* [1] ↑ *pícaro* durchtrieben [2] ↑ *malo* böse, boshaft

maligno *adj* [1] ▷*persona* hinterlistig [2] ▷*enfermedad* bösartig

malintencionado *adj* übelwollend

malmirado *adj* [1] ↑ *despreciado* schlecht angesehen [2] ↑ *maleducado* unhöflich

malo(/a) I. *adj* schlecht; ◇ **tener ~a idea** gemein sein; ◇ **de ~a manera** ◇ **hierba ~a nunca muere** Unkraut *n* vergeht nicht II. *m/f* Bösewicht *m;* ◇ **estar** ~ krank sein; ◇ **estar de malas (con alguien)** mit jd-m auf gespanntem Fuß stehen, gemein, schlimm; ◇ **por las ~as** mit Gewalt; ◇ **lo** ~ **es que...** der Nachteil daran ist..., [aber] leider...

malograr I. *vt* [1] ↑ *estropear* zunichte machen [2] → *oportunidad* versäumen [3] → *proyecto* umstoßen II. *vr(se)* [1] ← *cosa* mißlingen [2] ← *proyecto* scheitern [3] ← *persona* verderben

maloliente *adj* übelriechend

malparado *adj:* ◇ **salir** ~ schlecht davonkommen

malsano *adj* ungesund

malsonante *adj* ↑ *grosero* unflätig

malpensado(/a) I. *adj* argwöhnisch II. *m/f* (*persona*) ein ungläubiger Thomas

Malta *f* Malta *n*

maltratar *vt* → *persona, cosa* mißhandeln

maltrecho *adj* übel zugerichtet

malva I. *adj* (*color*) malvenfarben II. *f* FLORA Malve *f; FAM* ◇ **estar criando ~s** sich die Radieschen von unten besehen

malvado *adj* böse

malversación *f* (*de fondos*) Veruntreuung *f;* **malversar** *vt* veruntreuen

Malvinas *f/pl :* ◇ **las [Islas]** ~ die Falklandinseln

malvivir *vi* vegetieren, ein Hundeleben *n* führen

malla *f* [1] (*tejido*) Masche *f* [2] (*de gimnasia*) Trikot *n*

Mallorca *f* Mallorca *n;* **mallorquín(-ina)** *adj* aus Mallorca

mallot ‹s› *m* Gymnastikanzug *m*

mama *f* [1] BIO Euter *n* [2] (*de mujer*) [weibliche] Brust [3] *FAM* Mama *f*, Mammi *f;* **mamá** *f FAM* Mama *f*, Mutti *f*

mamado *adj FAM!* ↑ *borracho* betrunken; **mamar** I. *vt* [1] ← *niño, animal* saugen an *dat* [3] *FIG* etw mit der Muttermilch einsaugen **II.** *vr(se) FAM* sich betrinken

mamarracho *m* [1] (*persona*) Vogelscheuche *f* [2] (*cosa*) Schmarren *m*

mamífero *m* BIO Säugetier *n*

mamotreto *m PEY* [1] (*libro*) Schinken *m* [2] (*armatoste*) klobiges Möbel

mampara *f* Wandschirm *m*

mampostería *f* Mauerwerk *n;* **mampuesto** *m* [unbearbeiteter] Stein

mamut ⟨s⟩ *m* FAUNA Mammut *n*

manada *f* [1] (*de búfalos*) Herde *f* [2] (*de lobos*) Rudel *n* [3] (*FAM de personas*) Gruppe *f*

mánager ⟨s⟩ *m/f* Manager(in *f*) *m*

manantial *m* Quelle *f;* **manar** *vi* [1] ← *líquido* quellen [2] (*FIG haber abundancia*) etwas in Überfluß haben

mancebo *m* (*joven*) junger Mann

mancilla *f* Makel *m*

manco *adj* [1] ▷*persona* einarmig [2] *FIG* ↑ *incompleto* unvollständig

mancomunar I. *vt* → *esfuerzos, dinero* zusammenlegen **II.** *vr(se)* sich vereinigen, sich zusammentun; **mancomunidad** *f* Gemeinschaft *f*, Verband *m*

mancha *f* [1] (*de suciedad*) [Schmutz-]Fleck *m;* ◇ **~ de tinta** Tintenklecks *m* [2] *FIG* Makel *m;* **manchar(se)** *vt* [1] (*ensuciar*) beflecken [2] *FIG* ↑ *deshonrar* beschmutzen

manchego *adj* aus der Mancha

mandado(/a) *m/f* Befehlsempfänger(in *f*) *m;* **mandamás** *f PEY* Boss *m*, hohes Tier; **mandamiento** *m* [1] JUR Befehl *m* [2] REL Gebot *n;* **mandar** *vt* [1] ↑ *ordenar* anordnen, befehlen; *IRON* ◇ **lo que Ud. mande** wie Sie wünschen! [2] ↑ *gobernar* führen [3] → *carta* schicken, senden; *FAM* ◇ **~ al diablo** jd-n zum Teufel schikken; *FAM* ◇ **~ de paseo** jd-n abfahren lassen, abblitzen; ◇ **~ a buscar el pan** jd-n nach Brot schicken

mandarín *m* Mandarin *m*

mandarina *f* Mandarine *f*

mandatario(/a) *m/f* Beauftragte(r) *fm;* **mandato** *m* [1] ↑ *orden* Befehl *m* [2] COM Auftrag *m* [3] (*periodo de autoridad*) Amtsperiode *f*

mandíbula *f* ANAT Kiefer *m*

mandil *m* Schürze *f*

mando *m* [1] (*poder*) Herrschaft *f* [2] (*autoridad*) Befehlsgewalt *f* [3] (*del motor*) Steuerung *f;* ◇ **~ a distancia** Fernbedienung *f;* ◇ **los ~s** Befehlshaber *m*

mandolina *f* MUS Mandoline *f*

mandón(-ona) *adj* herrschsüchtig

manecilla *f* Uhrzeiger *m*

manejable *adj* handlich; **manejar I.** *vt* [1] ↑ *utilizar* handhaben [2] ↑ *usar* bedienen [3] ↑ *dominar* beherrschen [4] ↑ *dirigir* führen, leiten **II.** *vr(se)* zurechtkommen; **manejo** *m* [1] ↑ *uso* Handhabung *f* [2] (*de negocio*) Leitung *f* [3] ◇ **~s** *pl* Machenschaften *pl*

manera *f* [1] Art *f*, Weise *f;* ◇ **~ de pensar** Einstellung *f;* ◇ **a la (~) francesa** nach französischer Art [2] ◇ **~s** *pl* Manieren *pl* [3] ◇ **de ~ que...** so daß; ◇ **de cualquier ~** irgendwie; ◇ **de ninguna ~** auf keinen Fall; ◇ **de otra ~** andernfalls; ◇ **de tal ~ que...** derart; ◇ **de todas ~s** jedenfalls; ◇ **no hay ~ de dormir con este ruido** es ist unmöglich, bei diesem Lärm zu schlafen; ◇ **¡qué ~ de llover!** was für ein Regen!

manga *f* [1] (*de vestido*) Ärmel *m; FIG* ◇ **sacarse algo de la ~** etw aus dem Ärmel schütteln; ◇ **en ~s de camisa** in Hemdsärmeln; ◇ **tener ~ ancha** nachsichtig sein [2] ↑ *manguera* Schlauch *m* [3] GEO kleine Bucht [4] NAUT größte Schiffsbreite

mangar ⟨3.11⟩ *vt FAM* klauen

mango *m* [1] (*de sartén*) Griff *m*, Stiel *m* [2] (*fruto*) Mango *f*

mangonear *vi* [1] (*en un asunto*) sich einmischen [2] ↑ *dominar* beherrschen

manguera *f* Schlauch *m*

mani *f FAM* Demo *f*

manía *f* [1] ↑ *locura* Wahn *m* [2] ↑ *hábito* Manie *f* [3] ◇ **tener/ coger ~ a alguien** jd-n nicht ausstehen können; **maníaco(/a) I.** *adj* manisch **II.** *m/f* Wahnsinnige(r) *fm*

maniatar *vt* jd-m die Hände binden

maniático(/a) I. *adj* manisch **II.** *m/f* Wahnsinnige(r) *fm*

manicomio *m* Irrenanstalt *f*

manicura *f* Maniküre *f*

manifestación *f* Demonstration *f;* **manifestante** *m/f* Demonstrant(in *f*) *m;* **manifestar** ⟨3.1⟩ **I.** *vt* [1] → *sentimiento* zeigen [2] → *pensamiento* äußern **II.** *vr(se)* [1] POL demonstrieren [2] ← *actitud* sich zeigen; **manifiesto I.** *adj* ↑ *evidente* offensichtlich, klar **II.** *m* Manifest *n;* ◇ **poner (una cosa) de ~** deutlich machen

manilla *f* (*de reloj*) Zeiger *m*

manillar *m* (*de bicicleta*) Lenkstange *f*

maniobra *f* [1] *también* , NAUT, AUTO Manöver *n* [2] *FIG* ↑ *treta* Machenschaften *pl;* **maniobrar** *vt* [1] *también* MIL, AUTO manövrieren [2] *FIG* Intrigen spinnen

manipulación *f* [1] (*de aparato*) Handhabung *f* [2] *FIG* Manipulation *f;* ◇ **ha habido ~ en las últimas elecciones** bei der letzten Wahl wurde manipuliert; **manipular** *vt* [1] → *cables, aparato* handhaben [2] *FIG* → *información* manipulieren

maniquí I. *m* [1] (*muñeco*) Schaufensterpuppe *f* [2] *FIG* Marionette *f* II. *m/f* Mannequin *n*
manirroto(/a) I. *adj FAM* verschwenderisch II. *m/f FAM* Verschwender(in *f*) *m*
manivela *f* ↑ *palanca* Kurbel *f*
manjar *m* Delikatesse *f*
mano *f* [1] (*de persona*) Hand *f;* ◇ **hecho a ~** handgemacht; ◇ **a ~ derecha/izquierda** rechts/links; ◇ **de segunda ~** gebraucht; *FIG* ◇ **abandonar (una cosa) en ~s de (alguien)** jd-m etw [zu treuen Händen] übergeben; ◇ **caer en ~s de alguien** in jd-s Hände fallen; ◇ **estrechar la ~ a alguien** jd-m die Hand schütteln; ◇ **al alcance de la ~** in Reichweite; ◇ **robo** *m* **a ~ armada** bewaffneter Raubüberfall; ◇ **coger/pillar/sorprender con las ~s en la masa** jd-n auf frischer Tat ertappen; ◇ **echar una ~** Hand anlegen; ◇ **se le escapó la ~** die Hand rutschte ihm aus; ◇ **llevar/tener/traer entre ~** vorhaben; ◇ **¡~s a la obra!** los geht's! [2] (*de animal*) Vorderfuß *m,* Vorderpfote *f* [3] (*de pintura*) Anstrich *m* [4] ↑ *agilidad* Handfertigkeit *f;* ◇ **tener buena ~** ein goldenes Händchen haben [5] (*pl*) ↑ *capacidad* Fähigkeit *f* [6] NAIPES Partie *f*
manojo *m* Handvoll *f;* ◇ **~ de llaves** Schlüsselbund *m*
manopla *f* Handschuh *m*
manosear *vt* betasten, befummeln
manotazo *m* Schlag *m* [mit der Hand], Klaps *m*
mansalva *adv:* ◇ **disparar a ~** gefahrlos schießen
mansedumbre *f* [1] (*cualidad*) Milde *f* [2] (*virtud*) Sanftmut *f*
mansión *f* Villa *f*
manso *adj* [1] ▷*persona* sanft, mild [2] ▷*animal* zahm
manta *f* Decke *f;* ◇ **a ~** in Überfluß *m*
manteca *f* [1] Fett *n* [2] ↑ *grasa* Fett *n;* ◇ **~ de cerdo** Schweineschmalz *n*
mantecado *m* [1] (*de helado*) [Speise]Eis *n* [2] (*de Navidad*) Schmalzgebäck *n*
mantel *m* Tischdecke *f;* **mantelería** *f* Tischzeug *n*
mantener ‹1.4› I. *vt* [1] ↑ *conservar* erhalten [2] → *declaración, idea* beibehalten [3] → *orden* aufrechterhalten [4] ↑ *sujetar* halten [5] ↑ *alimentar* ernähren [6] (*soportar peso*) aushalten [7] ↑ *tener* ◇ **~ correspondencia con alguien** mit jd-m in *dat* Briefwechsel stehen II. *vr(se)* [1] (*en una postura, actitud*) sich behaupten [2] (*alimentarse*) leben von; ◇ **~se en pie** sich aufrecht halten; **mantenimiento** *m* [1] (*del cuerpo*) Aufrechterhaltung *f* [2] (*de cosa*) Erhaltung *f;* ◇ **el ~ de los edificios públicos** die Instandhaltung der öffentlichen Gebäude [3] (*alimentación*) Unterhalt *m*
mantequera *f* Butterdose *f;* **mantequilla** *f* Butter *f*
mantilla *f* [1] (*de cabeza*) Mantille *f* [2] (*de niño*) Wickeltuch *n;* **manto** *m* Umhang *m;* **mantón** *m* Umschlagtuch *n*
manual I. *adj* manuell; ◇ **trabajos** *m/pl* **~es** Handarbeit *f* II. *m* (*de historia*) Lehrbuch *n*
manubrio *m* Kurbel *f*
manufactura *f* [1] (*objeto*) Manufaktur *f* [2] (*industria*) Fabrik *f;* **manufacturar** *vt* ↑ *elaborar* fabrizieren
manuscrito I. *adj* handschriftlich II. *m* Manuskript *n*
manutención *f* [1] (*con dinero, comida*) Unterhalt *m* [2] ↑ *conservación* Wartung *f*
manzana *f* [1] (*fruto*) Apfel *m* [2] (*casas*) [Häuser-]Block *m*
manzanilla *f* FLORA Kamille *f;* (*té*) Kamillentee *m*
manzano *m* FLORA Apfelbaum *m*
mañana I. *adv* morgen II. *m* Zukunft *f* III. *f* Morgen *m;* ◇ **de ~, por la ~** morgens; ◇ **pasado ~** übermorgen; ◇ **¡hasta ~!** bis morgen!; ◇ **~ por la ~** morgen früh; ◇ **a las cinco de la ~** um fünf Uhr morgens; **mañanero(/a)** I. *adj* morgendlich II. *m/f* Frühaufsteher(in *f*) *m*
mañoso *adj* geschickt
mapa *m* Landkarte *f;* **mapamundi** *m* Weltkarte *f*
maqueta *f* Modell *n*
maquiavélico *adj* ▷*plan* intrigant, böse
maquillaje *m* [1] (*acción*) Schminken *n* [2] (*sustancia*) Make-up *n;* **maquillar** I. *vt* schminken II. *vr(se)* sich schminken
máquina *f* [1] Maschine *f;* ◇ **~ de afeitar** Rasierapparat; ◇ **~ de cigarillos** Zigarettenautomat *m;* ◇ **~ de coser** Nähmaschine *f;* ◇ **~ de escribir** Schreibmaschine *f;* ◇ **escrito a ~** maschinegeschrieben; ◇ **a toda ~** mit voller Geschwindigkeit [2] ↑ *locomotora* Lokomotive *f* [3] (*de fotos*) Kamera *f* [4] *FIG* Maschinerie *f*
maquinación *f* Intrige *f*
maquinal *adj* mechanisch
maquinar *vt* → *conspiración* aushecken
maquinaria *f* [1] (*conjunto*) Maschinen *pl,* Maschinenpark *m* [2] (*de reloj*) Mechanismus *m*
maquinilla *f* (*para afeitarse*) Rasierapparat *m*
maquinista *m/f* [1] (*de fábrica*) Maschinist(in *f*) *m* [2] (*de tren*) Lokführer(in *f*) *m*
mar *m o f* Meer *n,* See *f;* ◇ **~ adentro** seewärts; ◇ **en alta ~** auf hoher See; ◇ **~ interior** Binnenmeer *n;* ◇ **~es territoriales** Hoheitsgewässer *n/pl;* ◇ **el M~ Mediterráneo/Cantábrico** das Mit-

telmeer/der Golf von Biskaya; *FIG* ◇ **estar hecho un - de lágrimas** in Tränen aufgelöst sein; ◇ **un - de confusión** ein Riesendurcheinander *n*; *FAM* ◇ **la - de bien/de divertido** sehr gut/unterhaltsam

maraña *f* [1] ↑ *espesura* Dickicht *n* [2] ↑ *lío* Verwicklung *f*

maravilla *f* [1] ↑ *fenómeno* Wunder *n*; ◇ **a las mil -s** wunderbar, ausgezeichnet; ◇ **contar/decir -s de** schwärmen von; ◇ **hacer -s** Wunder vollbringen; ◇ **venir (algo) de -** wie gerufen kommen [2] ↑ *asombro* Überraschung *f*; **maravillar I.** *vt* ↑ *causar admiración* [ver-]wundern **II.** *vr(se)* sich wundern, staunen; **maravilloso** *adj* wunderbar

marca *f* [1] ↑ *cruz* Merkmal *n*, Zeichen *n* [2] COM Marke *f*; ◇ **artículo de -** Markenartikel *m* [3] ↑ *huella* Spur *f* [4] SPORT Rekord *m*; ◇ **batir/mejorar una -** einen Rekord brechen/übertreffen; **marcado** *adj* gezeichnet

marcador *m* SPORT Ergebnistafel *f*

marcaje *m* SPORT Deckung *f*

marcapasos *m* MED [Herz-]Schrittmacher *m*

marcar ⟨3.7⟩ **I.** *vt* [1] (*con una señal*) markieren [2] ← *termómetro* anzeigen [3] → *teléfono* wählen [4] → *cambio* bedeuten, kennzeichnen [5] ↑ *fijar* festlegen [6] → *cabello* frisieren, einlegen; ◇ **lavar y -** Waschen und Legen [7] → *precio* auszeichnen [8] SPORT → *jugador* decken; → *gol* schießen **II.** *vr(se)* sich abzeichnen; ◇ **- el paso** den Takt *m* angeben

marcial *adj* kriegerisch, Militär-

marciano(/a) I. *adj* Mars- **II.** *m/f* Marsbewohner(in *f*) *m*

marco *m* [1] (*moneda*) Mark *f* [2] (*de cuadro, de puerta*) Rahmen *m* [3] (*FIG de problema*) Rahmen *m*, Hintergrund *f*

marcha *f* [1] ↑ *partida* Abreise *f* [2] AUTO Gang *m*; ◇ **dar - atrás** den Rückwärtsgang einlegen; *FIG* einen Rückzieher machen [3] (*rapidez*) Geschwindigkeit *f*; ◇ **a toda -** mit Vollgas [4] ↑ *escursión andando* Marsch; *FIG* ◇ **a -s forzadas** eiligst *m* [5] *FIG* ↑ *desarrollo* Entwicklung *m*; ◇ **estar en -** in Betrieb *m* sein; ◇ **poner en -** in Gang setzen; ◇ **sobre la -** aus dem Stegreif; *FAM* ◇ **ir de -** ausgehen, einen draufmachen

marchante *m/f* Händler(in *f*) *m*

marchar I. *vi* [1] ↑ *ir* gehen; ◇ **- sobre ruedas** wie am Schnürchen laufen; ◇ **- bien/mal** gut/schlecht laufen [2] ← *mecanismo, motor* funktionieren [3] MIL marschieren **II.** *vr(se)* weggehen

marchitar I. *vt* vertrocknen lassen **II.** *vr(se)* [1] ← *flores* verwelken [2] ← *personas* erschlaffen; **marchito** *adj* verwelkt

marchoso(/a) I. *adj FAM* [1] ▷*persona* lustig, unternehmungslustig [2] ▷*música* rhythmisch **II.** *m/f* Nachtschwärmer(in *f*) *m*

marea *f* Gezeiten *pl*; ◇ **- alta** Flut *f*; ◇ **- baja** Ebbe *f*

marear I. *vt* ↑ *molestar* auf die Nerven fallen **II.** *vr(se)* [1] (*en barco*) seekrank werden [2] (*en coche*) schlecht werden *dat* [3] ↑ *desmayarse* einen Schwächeanfall haben/erleiden; ◇ **me mareo** mir wird übel [4] *FIG* ↑ *preocuparse* sich *dat* Kopfzerbrechen machen

marejada *f* hoher Seegang

maremoto *m* Seebeben *n*

mareo *m* [1] (*en coche*) Übelkeit *f* [2] (*en barco*) Seekrankheit *f* [3] ↑ *vértigo* Schwindelgefühl *n*

marfil I. *adj* (*color*) elfenbeinfarbig **II.** *m* Elfenbein *n*

margarina *f* Margarine *f*

margarita *f* FLORA Gänseblümchen *f*; ◇ **echar -s a los cerdos** Perlen vor die Säue werfen

margen *m* [1] (*de camino, escrito*) Rand *m* [2] (*de río*) Ufer *n* [3] COM Spanne *f* [4] ◇ **estar/mantenerse al -** sich heraushalten; ◇ **dejar al -** beiseite lassen

marginación *f* Ausstoßen *n*; **marginado(/a) I.** *adj* ausgestoßen **II.** *m/f* Außenseiter(in *f*) *m*; **marginal** *adj* (*poco importante*) nebensächlich; ◇ **grupos** *m/pl* **-es** Randgruppen *f/pl*; **marginar** *vt* → *persona* ausschließen, ignorieren

marica maricón *m FAM!* [1] Schwule(r) *m* [2] (*afeminado*) weibischer Kerl

marido *m* [Ehe-]Mann *m*

mariguana, marihuana *f* Marihuana *n*

marimacho *m VULG* Mannweib *n*

marina *f* [1] MIL Marine *f*; ◇ **- mercante** Handelsmarine *f* [2] (*cuadro*) Seestück *n*; **marinero I.** *adj* [1] Marine- [2] (*persona*) seetüchtig **II.** *m* Seemann *m*; **marino I.** *adj* Meeres- **II.** *m* Matrose *m*

marioneta *f* Marionette *f*

mariposa I. *f* FAUNA Schmetterling *m*; SPORT ◇ **estilo -** Schmetterlingsstil *m* **II.** *m FAM* Homosexuelle(r) *m*, Schwuler *m*

mariquita I. *f* FAUNA Marienkäfer *m* **II.** *m FAM* ↑ *marica* Schwule(r) *m*

marisco *m* GASTRON Meeresfrüchte *pl*

marisma *f* salzhaltiges Marschland

marítimo *adj* See-, Meer[es]-

marmita *f* GASTRON Kochtopf *m*

mármol *m* Marmor *m*

marmota *f* FAUNA Murmeltier *n*; *FIG* ◇ **dormir como una -** schlafen wie ein Murmeltier

marqués(-esa) *m/f* Markgraf *m*, -gräfin *f*

marquetería *f* Intarsie *f*

marranada *f ver* **marranería** *FAM* Schweinerei *f;* **marrano I.** *adj* ↑ *sucio* schmutzig **II.** *m/f* (*también FIG cerdo*) Schwein *m*

marrón *adj* braun

marroquí ⟨-íes⟩ **I.** *adj* marokkanisch **II.** *m/f* Marokkaner(in *f*) *m;* **Marruecos** *m* Marokko *n*

Marsella *f* Marseille *n*

marte *m* Mars *m*

martes *m* ⟨inv⟩ Dienstag *m*

martillar, **martillear** *vt* hämmern; **martilleo** *m* Hämmern *n;* **martillo** *m* Hammer *m*

martingala *f FAM* ↑ *artimaña* Kniff *m*

mártir *m/f* Märtyrer(in *f*) *m;* ◇ **hacerse el/la ~** den Leidenden spielen

martirio *m* [1] ↑ *sufrimiento* Martyrium *n* [2] *FIG* Folter *f;* **martirizar** ⟨3.10⟩ *vt* [1] ↑ *hacer sufrir* martern [2] *FIG* quälen

marxismo *m* Marxismus *m;* **marxista** *m/f* Marxist(in *f*) *m*

marzo *m* März *m*

mas *cj* aber

más *adj, adv* [1] mehr; ◇ **tengo ~ libros que tú** ich habe mehr Bücher als du; ◇ **el ~ guapo de todos** der hübscheste von allen; ◇ **es lo ~ que puede ocurrir** mehr kann nicht passieren; ◇ **~ alto** höher; ◇ **a lo ~** höchstenfalls; ◇ **~ bien** eher; ◇ **~ de** mehr als; ◇ **~ o menos** mehr oder weniger; ◇ **ni ~ ni menos** (*exactamente*) genau; ◇ **sin ~ ni ~** plötzlich, einfach so; ◇ **todo lo ~** höchstens; ◇ **¡qué persona ~ desagradable!** was für eine unangenehme Person!; ◇ **estudia a ~ no poder** er lernt bis zum Gehtnichtmehr *n*, er büffelt wie ein Blöder; *FAM* ◇ **cuanto ~ comas ~ engordarás** je mehr du ißt, desto dicker wirst du; ◇ **fue una situación de lo ~ agradable** es war eine äußerst unangenehme Situation; ◇ **tú, aquí estás de ~** du bist hier überflüssig; ◇ **es ~ de medianoche** es ist schon nach Mitternacht; ◇ **la crisis va a ~ actualmente** die Krise spitzt sich derzeit zu [2] MATE plus

masa *f* (*de pan*) Teig *m;* (*de gente*) Masse *f;* ◇ **atraerse a las ~s** die Masse anziehen; ◇ **en ~** massenhaft

masacre *f* Massaker *n*

masaje *m* Massage *f;* **masajista** *m/f* Masseur(in *f*) *m*

mascar ⟨3.7⟩ *vt* [1] kauen [2] *FAM* → *lecciones* vorkauen

máscara *f* Maske *f*

mascarada *f* Maskerade *f*

mascarilla *f* Gesichtsmaske *f*, Schönheitsmaske *f*

mascota *f* Maskottchen *n*

masculino *adj* [1] männlich [2] GRAM maskulin

mascullar *vt* murmeln

masía *f* Bauernhof *m*

masilla *f* [Fenster-]Kitt *m*

masivo *adj* [1] ▷*cosa* massiv [2] ▷*manifestación* Massen-

masón *m* Freimaurer *m*

masoquista *m/f* Masochist(in *f*) *m*

masticar ⟨3.7⟩ *vt* kauen

mástil *m* [1] NAUT Mast *m* [2] (*de tienda de campaña*) Zeltmast *m*

mastín *m* FAUNA Hirtenhund *m*

mastodonte *m* [1] FAUNA Mastodon *n* [2] (*FIG persona*) Riese *m;* (*cosa*) wuchtiges Stück

masturbación *f* Masturbation *f;* **masturbarse** *vr* masturbieren

mata *f* ↑ *arbusto* Busch *m*, Strauch *m;* ◇ **~s** *pl* Buschwerk *n*

matadero *m* Schlachthof *m*

matador I. *adj* tödlich **II.** *m* TAUR Matador *m*

matamoscas *m* Fliegenklatsche *f*

matanza *f* [1] (*de personas*) Gemetzel *n* [2] (*de animales*) Schlachtung *f;* **matar I.** *vt, vi* töten; *FIG* ◇ **~ el hambre** den Hunger stillen; *FIG* ◇ **estar a ~ con (alguien)** auf gespanntem Fuß mit jd-m stehen **II.** *vr(se)* [1] ↑ *suicidarse* sich umbringen [2] (*en accidente*) ums Leben kommen [3] (*FIG trabajar sin descanso*) schuften

matarratas *m* [1] ↑ *raticida* Rattengift *n* [2] (*FIG aguardiente*) Fusel *m*

matasanos *m* (*PEY médico*) Quacksalber *m*

matasellos *m/sg* Briefstempel *m*

matasuegras *m/sg* Luftschlange *f*

mate I. *adj* matt **II.** *m* [1] (*en ajedrez*) [Schach-]Matt *n* [2] (*té*) Mate *m*

matemáticas *f/pl* Mathematik *f;* **matemático(/a) I.** *adj* mathematisch **II.** *m/f* Mathematiker(in *f*) *m*

materia *f* [1] (*sustancia*) Materie *f* [2] (*material*) Stoff *m;* ◇ **~ prima** Rohstoff *m* [3] (*de asignatura*) Fach[gebiet] *n* [4] (*asunto*) Thema *n;* ◇ **tengo ~ para escribir un buen artículo** ich habe Stoff für einen guten Artikel; ◇ **entrar en ~** zur Sache kommen

material I. *adj* materiell **II.** *m* Material *n;* **materialismo** *m* Materialismus *m;* **materialista I.** *adj* materialistisch **II.** *m/f* Materialist(in *f*) *m;* **materialmente** *adv* tatsächlich; *FIG* ↑ *absolutamente* völlig

maternal *adj* mütterlich, Mutter-

maternidad *f* Mutterschaft *f;* **materno** *adj* mütterlich, Mutter-; ◇ **lengua ~a** Muttersprache *f*

matinal *adj* morgendlich
matiz *m* Schattierung *f;* **matizar** ⟨3.10⟩ *vt* [1] → *colores, tono* abtönen [2] *FIG* → *concepto* nuancieren
matón *m FAM* [1] *FIG* ↑ *persona que provoca* Schläger *m* [2] ↑ *guardaespaldas* Gorilla *m*
matorral *m* Gestrüpp *n*
matraca *f* Klapper *f,* Rassel *f; FIG* ◇ **dar la ~** jd-m keine Ruhe lassen, jd-n belästigen
matriarcado *m* Matriarchat *n*
matrícula *f* [1] AUTO Kennzeichen *n* [2] COLE Anmeldung *f;* UNI Einschreibung *f;* **matricular** *vt* [1] → *coche* registrieren [2] COLE anmelden; UNI einschreiben, inmatrikulieren
matrimonial *adj* ehelich, Ehe-; **matrimonio** *m* [1] (*casamiento*) Heirat *f* [2] (*unión*) Ehe *f* [3] (*pareja*) Ehepaar *n*
matriz *f* [1] ANAT Gebärmutter *f* [2] (*documento original*) Matrize *f*
matrona *f* [1] (*de partos*) Hebamme *f* [2] (*madre de familia*) Matrone *f*
matutino *adj* (*por la mañana*) morgendlich, Morgen-
maullar *vi* miauen; **maullido** *m* Miauen *n*
mausoleo *m* Mausoleum *n*
maxilar *m* ANAT Kiefer[knochen] *m*
máxime *adv* (*más aún*) vor allem
máximo(/a) I. *adj* [1] (*la/el/lo mayor*) größte(r, s) [2] (*la más alta, el/lo más alto*) höchste(r, s); ◇ **como ~** (*límite*) höchstens II. *m* Maximum *n* III. *f* Grundsatz *m*
mayo *m* Mai *m*
mayonesa, **mahonesa** *f* GASTRON Mayonnaise *f*
mayor I. *adj* [1] (*más grande*) größer; ◇ **~ de edad** volljährig; ◇ **la ~ parte** der Großteil; ◇ **al por ~** en gros/im Großhandel [2] (*más alto*) höher [3] (*de edad*) größte(r, s); ◇ **persona ~** ältere Person; ◇ **mi hermano es 8 años ~ que yo** mein Bruder ist acht Jahre älter als ich [4] MUS dur, Dur II. *m/f* Erwachsene(r) *fm;* ◇ **hay que respetar a los ~es** *m/pl* man muß Respekt vor den Erwachsenen haben III. *m* MIL Major(in *f*) *m;* **mayormente** *adv* ↑ *especialmente* besonders
mayordomo *m* (*de casa*) Butler *m;* (*de hacienda*) Verwalter *m*
mayoría *f* Mehrheit *f;* ◇ **~ de edad** Volljährigkeit *f*
mayorista *m/f* Großhändler(in *f*) *m*
mayoritario *adj* mehrheitlich
mayúsculo(/a) I. *adj* riesig II. *f* Großbuchstabe *m*
mazapán *m* Marzipan *n*
mazo *m* Holzhammer *m*
mazorca *f* Maiskolben *m*
me *pron* [1] (*directo*) mich; ◇ **lláma~** ruf mich an; ◇ **me preocupo por ti** ich mache mir Sorgen um dich [2] (*indirecto*) mir [3] (*reflexivo*) mich; ◇ **~ he comprado un coche** ich habe mir ein Auto gekauft
mear *vi FAM!* pinkeln; ◇ **~se de risa** *VULG* sich schieflachen
mecánico(/a) I. *adj* mechanisch II. *m/f* Mechaniker(in *f*) *m* III. *f* [1] FIS Mechanik *f* [2] (*del motor*) Mechanismus *m;* **mecanismo** *m* [1] ↑ *dispositivo* Mechanismus *m* [2] ↑ *funcionamiento* Funktionsweise *f;* **mecanizar** ⟨3.10⟩ *vt* mechanisieren
mecano *m* Baukasten *m*
mecanografía *f* Maschineschreiben *n;* **mecanógrafo(/a)** *m/f* Stenotypist(in *f*) *m*
mecedora *f* Schaukelstuhl *m;* **mecer** ⟨3.29⟩ I. *vt* → *cuna* schaukeln II. *vr(se)* schaukeln
mecha *f* [1] (*de velas, explosivos*) Lunte *f* [2] (*de pelo*) Strähne *f; FAM* ◇ **aguantar ~** geduldig ertragen
mechero *m* Feuerzeug *n*
mechón *m* (*de pelo*) Büschel *n*
medalla *f* Medaille *f*
mediación *f* : ◇ **por ~ de** durch Vermittlung *gen*
mediado *adj* ▷*botella* halbvoll; ◇ **a ~s de agosto** Mitte *f* August
mediador(a) *m/f* Vermittler(in *f*) *m*
mediano *adj* [1] (*de calidad*) durchschnittlich [2] (*de tamaño*) mittelgroß [3] ▷*trabajo* mittelmäßig
medianoche *f* Mitternacht *f*
mediante *prep* durch
mediar *vi* [1] ↑ *intervenir* vermitteln (*en/entre* zwischen *dat*) [2] ↑ *interceder* eintreten (*por* für) [3] ↑ *estar en el medio* in der Mitte liegen [4] → *tiempo* dazwischenliegen
medicación *f* Arzneimittelverordnung *f;* **medicamento** *m* FARMA Arznei *f,* Medikament *n*
medicina *f* [1] (*ciencia, profesión*) Medizin *f* [2] FARMA Arznei *f;* **medicinal** *adj* Heil-, Medizin-; ◇ **planta** *m* **~** Heilpflanze *f*
medición *f* [Ver-]Messung *f*
médico(/a) I. *adj* medizinisch, ärztlich II. *m/f* Arzt *m,* Ärztin *f;* ◇ **~ de guardia** Notarzt *m*
medida *f* [1] Messung *f,* Vermessung *f* [2] ↑ *proporción* Maß *n;* ◇ **traje a la ~** Maßanzug *m;* ◇ **tomar las ~s [de algo]/[a alguien]** Maß nehmen; ◇ **a ~ que** während/in dem Maß wie; ◇ **en gran ~** in hohem Maße [3] ↑ *intensidad* Grad *n;* ◇ **en cierta ~** bis zu einem gewissen Grad; ◇ **en la ~ de lo posible** soweit als möglich; ◇ **tomar ~s**

de seguridad Sicherheitsmaßnahmen ergreifen; ◇ **actúa con** ~ er verhält sich zurückhaltend

medieval *adj* mittelalterlich; **medievo** *m* Mittelalter *n*

medio(/a) I. *adj* [1] ▷*manzana* halbe(r, s); ◇ **-a hora** eine halbe Stunde; ◇ **son las cinco y -a** es ist halb sechs; ◇ **un vaso y ~ de agua** anderthalb Gläser Wasser; ◇ **a -a luz** im Zwielicht [2] ↑ *central* Mittel- II. *m* [1] ↑ *centro* Mitte *f;* ◇ **el M~ Oriente** der Mittlere Osten; ◇ **en ~ de la plaza** mitten auf dem Platz [2] ↑ *manera, forma* Mittel *n* [3] SPORT Läufer *m*(in *f*); ↑ *dedo* Mittelfinger *m* III. *f* [1] ↑ *panti* Strumpf *m* [2] ↑ *promedio* Durchschnitt *m* IV. *adv* halb; ◇ **estar ~ muerto** halb tot sein; ◇ **hacer [algo] a -as** etw nur oberflächlich machen; ◇ **a ~ camino** auf halbem Weg; ◇ **pagar a -as** sich die Kosten teilen; ◇ **a ~ cocinar** halbgar; ◇ **por ~ de** durch, mit Hilfe von; ◇ **por todos los -s** mit allen Mitteln; ◇ **meterse de por ~** eingreifen; ◇ **-s de comunicación** Massenmedien *pl;* ◇ **he recorrido ~ mundo** ich habe die halbe Welt bereist; ◇ **el ~ ambiente** die Umwelt; ◇ **clase -a** Mittelschicht *f*

mediocre *adj* [1] ▷*cosa, persona* durchschnittlich, mäßig [2] *PEY* mittelmäßig; **mediocridad** *f* Mittelmäßigkeit *f*

mediodía *m* Mittag *m,* Mittagszeit *f*

medir ‹4.15› I. *vt* [1] → *superficie, verso* messen, vermessen [2] *FIG* → *fuerzas, ventajas* abwägen II. *vr(se)* [1] ↑ *competir* sich mit jd-m messen [2] ↑ *moderarse* sich *akk* mäßigen

meditabundo *adj* nachdenklich; **meditación** *f* Nachdenken *n,* Meditation *f;* **meditar** I. *vt* überlegen, nachdenken (*sobre* über *akk*) II. *vi* meditieren; **meditativo** *adj* nachdenklich

mediterráneo I. *adj* Mittelmeer- II. *m :* ◇ **el M~** das Mittelmeer

medrar *vi* [1] ↑ *crecer* wachsen [2] (*FIG de situación social*) aufsteigen, vorwärtskommen

medroso *adj* ängstlich

médula *f* [1] ANAT Mark *n* [2] *FIG* ↑ *elemento principal* Kern *m*

medusa *f* FAUNA Qualle *f*

megáfono *m* Megaphon *n*

megalómano(/a) *m/f* Größenwahnsinnige(r) *fm*

megalópolis *f* ‹inv› Millionenstadt *f,* Weltstadt *f*

mejicano(/a) I. *adj* mexikanisch II. *m/f* Mexikaner(in *f*) *m;* **Méjico** *m* Mexiko *n*

mejilla *f* ANAT Wange *f,* Backe *f*

mejillón *m* FAUNA Miesmuschel *f*

mejor I. *adj, adv* [1] (*más bueno*) besser; ◇ **es ~ esperar que llegar tarde** besser spät als nie; ◇ **mucho ~** viel besser; ◇ **tanto ~** um so besser; ◇ **~ dicho** genauer gesagt [2] (*el ~ de todos*) beste(r, s) II. *m :* ◇ **lo ~** das Beste; ◇ **a lo ~** vielleicht; **mejora** *f* [Ver-]Besserung *f;* **mejorar** I. *vt* [ver-]bessern II. *vi, vr(se)* sich bessern, besser werden; ◇ **¡qué te mejores!** gute Besserung!; ◇ **está mejorando el tiempo** das Wetter wird besser; **mejoría** *f* [1] (*de salud*) Besserung *f* [2] ↑ *progreso* Fortschritt *m*

melancolía *f* Schwermut *m,* Melancholie *f;* **melancólico** *adj* schwermütig, melancholisch

melena *f* [1] (*de mujer*) lange Haare [2] (*de león*) Mähne *f;* **melenudo** *adj* langhaarig

melocotón *m* Pfirsich *m;* **melocotonero** *m* FLORA Pfirsichbaum *m*

melodía *f* Melodie *f;* **melódico** *adj* melodisch; **melodioso** *adj* melodiös

melodrama *m* Melodrama *n;* **melodramático** *adj* melodramatisch

melón *m* Honigmelone *f*

melopea *f FAM* ↑ *borrachera* Rausch *m*

meloso *adj* [1] ↑ *dulce* honigsüß [2] *FIG* ▷*voz, persona* süß, lieblich

mella *f* [1] (*de arma*) Scharte *f* [2] ↑ *hueco* Zahnlücke *f* [3] *FIG* ◇ **hacer ~ en alguien** auf jd-n Eindruck machen

mellizo(/a) I. *adj* Zwillings- II. *m/f* Zwilling *m*

membrana *f* BIO Membran *f*

membrete *m* Briefkopf *m*

membrillo *m* [1] (*árbol*) Quittenbaum *m* [2] (*fruto*) Quitte *f*

memo(/a) I. *adj* ↑ *tonto* dumm II. *m/f* Dummkopf *m*

memorable *adj* denkwürdig

memorándum *m* [1] (*cuaderno*) Notizbuch *n* [2] (*nota diplomática*) Memorandum *n*

memoria *f* [1] Gedächtnis *n;* ◇ **-s** *pl* Memoiren *pl;* ◇ **tener buena ~** ein gutes Gedächtnis haben; ◇ **saberse una canción de ~** ein Lied *akk* auswendig können [2] (*escrito*) Bericht *m* [3] ↑ *relación* Verzeichnis *n* [4] INFORM Speicher *m;* **memorizar** ‹3.10› *vt* [1] ↑ *aprender de memoria* auswendig lernen [2] INFORM [ab-]speichern

menaje *m* Hausrat *m*

mención *f* ↑ *referencia* Erwähnung *f;* ◇ **digno de ~** erwähnenswert; ◇ **hacer ~ de algo** etw erwähnen

mencionar *vt* erwähnen

mendigar ‹3.7› *vi* betteln; **mendigo(/a)** *m/f* Bettler(in *f*) *m*

mendrugo *m* Stück *n* trockenes Brot

menear I. *vt* ↑ *mover* bewegen II. *vr(se) FAM*

sich bewegen; ◇ **¡menéate que llegamos tarde!** beeil' dich, wir sind spät dran!

menester *m* [1] (*falta*) Notwendigkeit *f* [2] ↑ *actividad* Tätigkeit *f*

menestra *f* GASTRON Gemüseeintopf *m*

mengano(/a) *m/f*: ◇ **fulano y ~ /~ y zutano** Hinz und Kunz

mengua *f* [1] ↑ *reducción* Verringerung *f* [2] ↑ *carencia* Fehlen *n;* **menguante** *adj* abnehmend; ◇ **luna** *f* ~ abnehmender Mond; **menguar** ⟨3.12⟩ **I.** *vt* [1] ↑ *reducir* vermindern, verringern [2] (*en labor de punto*) abnehmen **II.** *vi* abnehmen, sich verringern

meningitis *f* MED Hirnhautentzündung *f,* Meningitis *f*

menisco *m* ANAT Meniskus *m*

menopausia *f* Wechseljahre *pl*

menor *adj* [1] (*más pequeño*) kleiner; ◇ **el/la** ~ der/die kleinste [2] (*de edad*) jünger; ◇ **~ de edad** minderjährig; ◇ **la hermana** ~ die jüngere Schwester; ◇ **el** ~ der/die jüngste [3] COM ◇ **al por** ~ im Detail, im Einzelhandel

menos I. *adv* [1] weniger; ◇ **ir/venir a** ~ herunterkommen; ◇ **el piso cuesta ~ de lo que esperábamos** die Wohnung ist günstiger als wir gedacht hatten; ◇ **cada vez** ~ immer weniger [2] (*lo* ~) am wenigsten; ◇ **es lo ~ que puedo hacer** es ist das Mindeste, was ich tun kann; ◇ **lo ~ posible** möglichst wenig **II.** *cj* außer; ◇ **a ~ que** *subj* falls nicht; ◇ **cuanto ~ necesitas más te ofrece** je weniger du brauchst, desto mehr bietet er/sie dir an; ◇ **al ~, por lo** ~ wenigstens, mindestens; ◇ **a la fiesta llegó nada ~ que el presidente** der Präsident höchstpersönlich kam auf das Fest; ◇ **te echo de** ~ ich vermisse dich; ◇ **me has dado dinero de** ~ du hast mir zu wenig Geld gegeben; ◇ **no quiero que lo veas y ni mucho ~ que hables con él** ich möchte nicht, daß du ihn siehst und schon gar nicht, daß du mit ihm sprichst **III.** *m* [1] Minuszeichen *n* [2] *FIG* ◇ **todas las cosas tienen sus más y sus** ~ alles hat seine Vor- und Nachteile

menoscabar *vt* [1] ↑ *reducir* verringern [2] ↑ *desprestigiar* diskreditieren, jd-n in Mißkredit bringen

menospreciar *vt* [1] ↑ *desestimar* geringschätzen [2] ↑ *subestimar* unterschätzen; **menosprecio** *m* [1] Geringschätzung *f* [2] Unterschätzung *f*

mensaje *m* [1] (*comunicación*) Botschaft *f* [2] (*recado*) Nachricht *f;* **mensajero(/a)** *m/f* Bote *m,* Botin *f;* ◇ **paloma** *f* **~a** Brieftaube *f*

menstruación *f* MED Menstruation *f,* Periode *f*

mensual *adj* monatlich, Monats-; **mensualidad** *f* [1] ↑ *sueldo* Monatslohn *m,* Monatsgehalt *n* [2] ↑ *dinero que se paga al mes* Monatsrate *f*

menta *f* [Pfeffer-]Minze *f*

mental *adj* geistig

mentalidad *f* Mentalität *f;* **mentalizar** ⟨3.10⟩ *vt* mit einem Gedanken vertraut machen; **mentar** ⟨3.1⟩ *vt* erwähnen

mente *f* (*entendimiento*) Geist *m,* Verstand *m;* ◇ **tengo en ~ un proyecto** ich habe ein Projekt im Kopf

mentecato(/a) I. *adj* töricht **II.** *m/f* Narr *m,* Närrin *f*

mentir ⟨3.1⟩ *vi* lügen; **mentira** *f* [1] (*acción*) Lügen *n* [2] ↑ *engaño* Lüge *f;* ◇ **parece ~ que** es ist kaum zu glauben, daß; **mentiroso(/a) I.** *adj* verlogen **II.** *m/f* Lügner(in *f*) *m*

mentolado *adj* (*con sabor a menta*) mit Pfefferminzgeschmack *m;* ◇ **cigarillo** ~ Mentholzigarette

mentón *m* ANAT Kinnbart *m*

menú *m* Speisekarte *f*

menudencia *f* Kleinigkeit *f*

menudo *adj* ▷*cosa, persona* klein; ◇ **a** ~ oft; ◇ **¡~ lío has armado!** da hast du ein ganz schönes Durcheinander angerichtet!

meñique *m* ANAT: ◇ **dedo** *m* ~ kleiner Finger

meollo *m FIG* Kern *m*

mequetrefe *m FAM* Nichtsnutz *m*

mercado *m* Markt *m;* ◇ **M~ Común** Gemeinsamer Markt

mercancía *f* Ware *f;* **mercantil** *adj* kaufmännisch, Handels-, Markt-

mercenario I. *adj* Söldner- **II.** *m* Söldner *m*

mercería *f* Kurzwarengeschäft *n*

mercurio *m* QUIM Quecksilber *n;* ◇ **M~** ASTR Merkur *m*

merecedor(a) *adj* würdig, verdienstvoll; ◇ **~ de elogios** lobenswert; **merecer** ⟨3.5⟩ *vt* verdienen; ◇ **[algo] merece la pena** es lohnt sich; **merecido** *adj* verdient; ◇ **ha recibido su** ~ er hat es nicht anders verdient

merendar ⟨3.1⟩ *vt, vi* (*a las 6-7*) eine Zwischenmahlzeit einnehmen, vespern; ◇ **~ en el campo** picknicken; **merendero** *m* Picknickplatz *m*

merengue *m* Meringe *f*

meridional *adj* (*sur*) südlich

merienda *f* [1] Zwischenmahlzeit *f* am frühen Abend, Vesper *nt* [2] (*en el campo*) Picknick *n*

mérito *m* [1] ↑ *merecimiento* Verdienst *m* [2] ↑ *valor* Wert *m;* ◇ **hacer ~s** sich bemühen; **meritorio** *adj* lobenswert, verdienstvoll

merluza *f* [1] FAUNA Seehecht *m* [2] *FAM* ↑ *borrachera* Rausch *m*

merma *f* Verringerung *f;* **mermar** I. *vt* verringern II. *vi, vr(se)* abnehmen, geringer werden

mermelada *f* Marmelade *f*

mero I. *adj* rein, bloß; ◇ **por el ~ hecho de** alleine auf Grund der Tatsache, daß II. *m* FAUNA Riesenzackenbarsch *m*

merodear *vi* herumstreunen

mes *m* ① Monat *m* ② ↑ *mensualidad* Monatszahlung *f*

mesa *f* ① Tisch *m;* ◇ **poner/quitar la ~** den Tisch decken/abdecken; ◇ **sentarse a la ~** sich zu Tisch setzen; ◇ **vino** *m* **de ~** Tafelwein *m* ② (*de oficina*) Schreibtisch *m,* Arbeitstisch *m*

meseta *f* GEO Hochebene *f,* Tafelland *n*

mesón *m* Gaststätte *f;* **mesonero**(/**a**) *m/f* Gastwirt *m,* Wirtin *f*

mestizo(/**a**) I. *adj* Mischlings- II. *m/f* Mischling *m,* Mestize *m*

mesura *f* ① ↑ *moderación* Mäßigung *f* ② ↑ *cortesía* Höflichkeit *f*

meta *f* ① (*FIG de carrera*) Ziel *n* ② SPORT Tor *n*

metabolismo *m* BIO Stoffwechsel *m*

metáfora *f* GRAM Metapher *f;* **metafórico** *adj* metaphorisch

metal *m* ① Metall *n* ② MUS Blech *n;* **metálico** *adj* ① ▷*material* metallisch; ◇ **pagar en ~** bar zahlen ② ▷*voz* blechern; **metalurgia** *f* Hüttenkunde *f,* Metallurgie *f*

metedura *f FAM*: ◇ **~ de pata** Schnitzer *m,* Fauxpas *m*

meteorito *m* Meteorit *m*

meteorología *f* Wetterkunde *f,* Meteorologie *f;* **meteorológico** *adj* Wetter-; ◇ **parte** *m* **~** Wetterbericht *m*

meter I. *vt* ① (*en el cajón*) [hinein-]stecken ② (*en la cárcel*) einsperren ③ → *dinero* einzahlen ④ ◇ **~ miedo** Angst machen II. *vr(se)*: ◇ **~se en** ① (*un lugar*) eindringen ② (*un asunto*) sich einmischen in *akk* ③ ◇ **~se con alguien** sich mit jd-m anlegen; ◇ **se le ha metido en la cabeza marcharse de casa** er hat sich in den Kopf gesetzt, auszuziehen; ◇ **se ha metido a policía** er ist Polizist geworden; ◇ **¿dónde se habrá metido Felipe?** wo Felipe bloß steckt!; ◇ **~se en líos** in Schwierigkeiten geraten ④ *FAM* ◇ **a todo ~** mit Volldampf *m*

meticuloso *adj* gewissenhaft, peinlich genau

metódico *adj* methodisch; **método** *m* Methode *f*

metralla *f* Splitter *m pl*

metralleta *f* Maschinenpistole *f*

métrico *adj* metrisch; ◇ **cinta** *f* **~a** Meßband *n*

metro *m* ① (*medida*) Meter *m;* ◇ **la tela se vende por ~s** der Stoff wird meterweise verkauft ② (*para medir*) Metermaß *n* ③ (*transporte*) U-Bahn *f*

metrópoli *f* Weltstadt *f*

México *m* Mexiko *n*

mezcla *f* Mischung *f;* **mezclar** I. *vt* ① mischen ② (*en un asunto*) hineinziehen (*en* in *akk*) II. *vr(se)* sich vermischen; ◇ **~se en una discusión** sich in ein Gespräch *akk* einmischen; **mezcolanza** *f* (*PEY de cosas, personas*) Wirrwarr *m,* Mischmasch *m*

mezquino *adj* ① ↑ *tacaño* kleinlich ② ↑ *miserable* armselig ③ ↑ *escaso* dürftig, bescheiden

mezquita *f* Moschee *f*

mi I. *artículo* mein, meine, mein; (*pl*) meine II. *m* MUS das e; **mí** *pron* ① (*directo*) mich ② (*indirecto*) mir; *FAM* ◇ **¡a ~ qué!** das ist mir doch egal!

miaja *f FAM* Krümel *m*

micro *m* (*FAM micrófono*) Mikro *n*

microbio *m* MED Mikrobe *f*

microbús *m* Kleinbus *m*

micrófono *m* Mikrophon *n*

microonda *f* Mikrowelle *f;* GASTRON ◇ **~s** *pl* Mikrowellenherd *m*

microscopio *m* Mikroskop *n*

michelín *m FAM* Rettungsring *m*

miedica I. *adj* ängstlich II. *m/f PEY FAM* Angsthase *m;* **miedo** *m* Angst *f,* Furcht *f;* ◇ **tener ~ de morir** Angst vor dem Tod haben; ◇ **~ cerval** Heidenangst *f;* **miedoso** *adj* ängstlich, furchtsam

miel *f* Honig *m*

miembro I. *m* ANAT Glied *n;* ◇ **~ viril** Penis *m* II. *m/f* Mitglied *n*

mientras I. *cj* ① während ② ↑ *en tanto que* solange II. *adv* unterdessen; ◇ **~ tanto** inzwischen

miércoles *m* ⟨inv⟩ Mittwoch *m;* ◇ **los ~** mittwochs

mierda *f VULG* Scheiße *f;* ◇ **¡vete a la ~!** *VULG* geh' zum Teufel!, hau ab!, verschwinde!

miga *f* ① (*del pan*) das Innere vom Brot ② ↑ *migaja* Krümel *m* ③ *FIG* Wesentliche(s) *n;* ◇ **el discurso tenía ~** die Rede hatte es in sich ④ *FAM* ◇ **hacer buenas/malas ~s con alguien** gut/schlecht mit jd-m auskommen; **migaja** *f* Brotkrümel *m*

migración *f* ① (*de personas*) Wanderung *f* ② (*de aves*) [Vogel]Zug *m;* **migratorio** *adj* Wander-

mil *numeral* tausend; ◇ **a ~es** zu Tausenden; *FIG* ◇ **~es de veces** tausendmal

milagro *m* Wunder *n;* ◇ **se escapó de ~ en el accidente** wie durch ein Wunder ist er bei dem

Unfall unversehrt geblieben; **milagroso** *adj* wundervoll

milano *m* FAUNA Milan *m*

milenio *m* Jahrtausend *n*

mili *f FAM*: ◇ **hacer la ~** zum Militär gehen, zum Bund gehen; **milicia** *f* MIL Miliz *f*

milímetro *m* Millimeter *m*

militante I. *adj* militant II. *m/f* Mitglied *n*, Militante(r) *fm;* **militar** I. *adj* [1] militärisch, Militär- [2] (*de guerra*) Kriegs- II. *m* (*de profesión*) Soldat(in *f*) *m* III. *vi* [1] (*en artillería*) dienen [2] (*FIG en partido*) Mitglied sein; **militarismo** *m* Militarismus *m*

milla *f* Meile *f*

millar *m* Tausend *n;* ◇ **a ~es** zu Tausenden

millón *m* Million *f;* ◇ **mil millones** eine Milliarde; **millonario(/a)** *m/f* Millionär(in *f*) *m*

mimado *adj* ▹*niño* verwöhnt, verhätschelt; **mimar** *vt* [1] ↑ *consentir* verwöhnen [2] ↑ *halagar* verhätscheln

mimbre *m* Korbweide *f*

mímica *f* Mimik *f;* **mimo** *m* [1] (*persona*) Pantomime *m*, Pantomimin *f* [2] ↑ *caricia* Liebkosung *f* [3] (*con un niño*) Verhätschelung *f* [4] *FAM* ↑ *delicadeza* ◇ **realiza su trabajo con ~** er verrichtet seine Arbeit sehr sorgfältig

mimoso I. *adj* [1] ▹*persona* zärtlich [2] (*que recibe mimos con gusto*) verschmust [3] ↑ *malcriado* verzogen, verhätschelt, zimperlich

mina *f* (*de lápiz, de carbón*) Mine *f*

minar *vt* [1] ↑ *excavar* aushöhlen [2] → *terreno* verminen [3] *FIG* → *prestigio* untergraben

mineral I. *adj* Mineral- II. *m* Mineral *n;* **minería** *f* Bergbau *m;* **minero** I. *adj* Bergbau- II. *m* Bergmann *m*

miniatura *f* Miniatur *f*

minifalda *f* Minirock *m*

minifundio *m* Zwergbetrieb *m*

minimizar ⟨3.10⟩ *vt* herunterspielen; **mínimo** I. *adj* kleinste(r, s) II. *m* Minimum *n*

ministerio *m* Ministerium *n;* ◇ **M~ de Hacienda/de Defensa** Finanz-/Verteidigungsministerium *n;* **ministro(/a)** *m/f* Minister(in *f*) *m*

minoría *f* Minderheit *f;* POL Minorität *f;* **minoritario** *adj* minoritär, Minderheits-; ◇ **grupo ~** Minderheit *f*

minucia *f* (*de poca importancia*) Kleinigkeit *f; PEY* Bagatelle *f*

minuciosidad *f* peinliche Genauigkeit; ◇ **hacer algo con ~** etwas äußerst genau machen; **minucioso** *adj* [1] ▹*persona* peinlich genau [2] ▹*trabajo* sehr gründlich

minúsculo I. *adj* [1] winzig [2] ▹*letra* klein geschrieben II. *f* Kleinbuchstabe *m*

minusválido(/a) *m/f* Behinderte(r) *fm*

minutero *m* Minutenzeiger *m;* **minuto** *m* Minute *f*

mío *pron:* ◇ **el ~** mein; ◇ **no olvides que es el ~** vergiß nicht, daß es mein[e]s ist; *FAM* ◇ **lo ~ es la música** Musik, das ist mein Ding; ◇ **los ~s** die Meinen

miope *adj* kurzsichtig; **miopía** *f* Kurzsichtigkeit *f*

mira *f* [1] Visier *n* (*de arma*) Korn *n* [2] ↑ *fin* Absicht *f;* ◇ **lo hizo con ~s desinteresadas** er machte es ohne finanziellen Hintergrund; ◇ **con ~s al futuro** im Hinblick auf die Zukunft; **mirada** *f* Blick *m;* ◇ **echar una ~ a** einen Blick werfen auf *akk;* **mirado** *adj* [1] ↑ *respetuoso* rücksichtsvoll [2] ↑ *cauto* vorsichtig; ◇ **estar bien/mal ~** (*cosa*) gern/ungern gesehen; (*persona*) beliebt/unbeliebt sein; **mirador** *m* Aussichtspunkt *m;* **miramiento** *m* [1] (*reflexión*) Überlegen *n* [2] (*precaución*) Umsicht *f* [3] ↑ *consideración* Rücksicht *f;* ◇ **actúa sin ~s** er verhält sich rücksichtslos; **mirar** I. *vt* [1] ↑ *ver* ansehen, anblikken; ◇ **~ por la ventana** aus dem Fenster sehen; ◇ **~ por encima del hombro** über die Schulter schauen; ◇ **me miran bien en tu casa** ich bin bei dir gerne gesehen; ◇ **¡mira!** schau da! [2] ↑ *examinar* prüfen [3] ↑ *observar* beobachten [4] ↑ *prestar atención* aufpassen, sich in acht *f* nehmen [5] (*tener un objetivo*) im Hinblick *m* auf II. *vi* [1] sehen [2] (*por la ventana*) liegen (*a* nach) III. *vr(se)* ↑ *meditar* etw gut überlegen; ◇ **nos miramos a los ojos** wir schauen uns in die Augen; ◇ **~se al espejo** sich im Spiegel betrachten; ◇ **si bien se mira...** eigentlich...; **mirilla** *f* (*de la puerta*) Spion *m*

mirlo *m* FAUNA Amsel *f*

mirón(-ona) I. *adj* ↑ *curioso* neugierig II. *m/f* Zuschauer(in *f*) *m; PEY* Gaffer(in *f*) *m*

misa *f* REL Messe *f;* ◇ **decir ~** die Messe lesen; *FIG* ◇ **no saber de la ~ la media** gar nichts wissen

miserable I. *adj* [1] (*muy pobre*) elend, armselig [2] ↑ *desgraciado* bemitleidenswert [3] ↑ *tacaño* knick[e]rig [4] ▹*cantidad* mick[e]rig, lächerlich II. *m/f* [1] ↑ *mezquino* Pfennigfuchser(in *f*) *m* [2] ↑ *perverso* hundsgemeiner Kerl; **miseria** *f* [1] ↑ *pobreza* Elend *n* [2] (*de dinero*) Hungerlohn *m* [3] *FAM* ↑ *avaricia* Geiz *m*

misericordia *f* Mitleid *n*, Erbarmen *n;* **misericordioso** *adj* barmherzig

mísero *adj* elend

misil *m* MIL Rakete *f*

misión *f* [1] (*de importancia*) Mission *f;* ◇ **~ diplomática** [diplomatische] Mission/Vertretung *f* [2] ↑ *encargo* Auftrag *m;* **misionero(/a)** *m/f* Missionar(in *f*) *m*

misiva *f* (*mensaje escrito*) Schreiben *n,* Brief *m*

mismo(/a) I. *adj* [1] ↑ *igual* gleich; ◇ **lo** - das gleiche; ◇ **en ese - momento** genau in diesem Augenblick; ◇ **lo llevó hasta la -a puerta** er hat ihn [genau] bis vor die Tür gebracht [2] (*después de pronombre*) selbst II. *adv:* ◇ **aquí/hoy** - gleich hier/noch heute; ◇ **ahora** - gleich jetzt/sofort; ◇ **nos vemos allí** - wir sehen uns genau dort III. *cj:* ◇ **lo - que** genau wie; ◇ **así** - auch, ebenfalls; ◇ **por lo** - deshalb; ◇ **es lo -/lo - da/venir a ser lo** - es ist egal/einerlei; ◇ **quedamos en las -as** wir sind keinen Schritt vorwärtsgekommen; ◇ **dominio de sí** - Selbstbeherrschung *f*

misoginia *f* Frauenhaß *m,* Misogynie *f;* **misógino** I. *adj* frauenfeindlich II. *m* Frauenfeind *m*

misterio *m* Geheimnis *n;* **misterioso** *adj* geheimnisvoll, rätselhaft

mitad *f* Hälfte *f;* ◇ **- y -** halb und halb; ◇ **a - de camino** auf halbem Wege; ◇ **a - de precio** zum halben Preis; ◇ **cortar por la** - in der Mitte durchschneiden; ◇ **poner en - del arroyo** vor die Tür setzen

mitificar ⟨3.7⟩ *vt* mystifizieren

mitigar ⟨3.11⟩ *vt* (*calmar*) beschwichtigen, beruhigen, lindern

mitin *m* Versammlung *f*

mito *m* Mythos *m;* **mitología** *f* Mythologie *f*

mitón *m* Handschuh *m* [bei dem die Fingerspitzen frei sind]

mixto *adj* gemischt

mobiliario *m* Mobiliar *n*

mocedad *f* Jugend[-zeit] *f*

moción *f* (POL *propuesta en Asamblea*) Antrag *m*

moco *m* (*de la nariz*) Nasenschleim *m; PEY* Rotz *m;* **mocoso(/a)** *m/a* Rotznase *f,* Grünschnabel *m*

mochila *f* Rucksack *m*

moda *f* Mode *f;* ◇ **estar de -/ ser -/ser de** - modern sein; ◇ **a la -/ a la última** - nach der neuesten Mode; ◇ **pasado de** - altmodisch

modales *m/pl* Manieren *pl;* ◇ **tener buenos /malos** - gute/schlechte Manieren haben

modalidad *f* Eigenart *f*

modelar *vt* modellieren, formen

modelo I. *adj* Modell-, Muster- II. *m/f* Modell *n;* ◇ **trabaja de** - [1] (*para escultor, fotógrafo*) sie arbeitet als Modell [2] (*exhibiendo moda*) sie arbeitet als Mannequin

moderación *f* Mäßigung *f;* **moderado** *adj* [1] (*no excesivo*) mäßig [2] (*de ideas*) gemäßigt; **moderador(a)** *m/f* Moderator(in *f*) *m;* **moderar** I. *vt* [1] → *velocidad* mäßigen [2] → *reunión* moderieren II. *vr(se):* ◇ **-se en la bebida** weniger Alkohol *m* trinken

modernidad *f* Moderne *f;* **modernizar** ⟨3.10⟩ *vt* modernisieren; **moderno** *adj* modern

modestia *f* Bescheidenheit *f;* **modesto** *adj* bescheiden

módico *adj* mäßig, gering

modificable *adj* veränderbar, modifizierbar; **modificación** *f* Änderung *f;* **modificar** ⟨3.7⟩ *vt* [ver-]ändern, modifizieren

modismo *m* Redewendung *f*

modisto(/a) *m/f* [1] (*de trajes*) Damenschneider(in *f*) *m* [2] (*de moda*) Modeschöpfer(in *f*) *m*

modo *m* [1] ↑ *manera* Art *f,* Weise *f;* ◇ **buenos/malos -s** *pl* gute/schlechte Manieren *pl;* ◇ **- de empleo** Gebrauchsanweisung *f* [2] GRAM Modus *m* [3] ◇ **a mi (tu...) - de ver** nach meiner (deiner...) Auffassung; ◇ **de todos -s** jedenfalls; ◇ **a - de** wie; ◇ **de cualquier** - irgendwie; ◇ **de ningún** - auf keinen Fall; ◇ **en cierto** - gewissermaßen; ◇ **de - que** so daß

modorra *f FAM* Schläfrigkeit *f*

modoso *adj* ↑ *educado* wohlerzogen, manierlich

modular *vt* → *voz* modulieren

módulo *m* Modul *n;* ◇ **- espacial** Raumfähre *f*

mofa *f* Spott *m;* ◇ **hacer - de algo, alguien** etw, jd-n verspotten; **mofar** I. *vi* spotten II. *vr(se):* ◇ **-se de** sich lustig machen über *akk*

mofeta *f* FAUNA Stinktier *n*

moflete *m* Pausbacke *f*

mogollón *m FAM* [1] (*- de personas*) Menge *f* [2] ↑ *lío* Durcheinander *n*

mohín *m* Grimasse *f,* Gebärde *f*

moho *m* [1] (*en pan*) Schimmel *m* [2] (*en metales*) Rost *m;* **mohoso** *adj* [1] ▷*pan* schimmelig [2] ▷*metal* rostig

mojar I. *vt* [1] (*con líquido*) naß machen [2] *FAM* → *pan en salsa* eintunken II. *vi FAM:* ◇ **- en** sich einmischen in *akk,* mitmischen bei III. *vr(se)* naß werden

mojón *m* Grenzstein *m*

molde *m* (*objeto*) Form *f;* (*de pastel*) Backform *f;* **moldeable** *adj* formbar; **moldeado** *m* (*de pelo*) Formwelle *f;* **moldear** *vt* [1] (*con molde*) [in Formen] gießen [2] → *barro* modellieren [3] *FIG* formen

mole *f* Masse *f*

moler ⟨3.2⟩ *vt* [1] → *café* mahlen; ◇ **- a palos** verprügeln [2] *FIG* ↑ *cansar* zermürben, erschöpfen

molestar I. *vt* [1] ← *ruido* belästigen, stören [2]

↑ *disgustar* ärgern [3] ↑ *doler* plagen, schmerzen **II.** *vr(se)* [1] sich bemühen [2] ↑ *ofenderse* eingeschnappt sein; ◇ **no te molestes, lo haré yo mismo** laß doch, ich werde es selber machen; ◇ **ella se molesta por nada** sie ist wegen jeder Kleinigkeit gleich eingeschnappt; **molestia** *f* [1] Belästigung *f* [2] ↑ *estorbo* Unannehmlichkeit *f;* ◇ **es una ~ que** es ist ärgerlich; ◇ **no es ninguna ~ irte a buscar a la estación** es macht überhaupt keine Umstände, dich vom Bahnhof abzuholen [3] MED Beschwerden *pl;* **molesto** *adj* [1] ▷*situación* ärgerlich [2] ▷*zapato* unbequem [3] ▷*persona* aufdringlich, lästig [4] ◇ **estar ~** beleidigt sein

molinillo *m* [1] kleine Mühle; ◇ **~ de café** Kaffeemühle *f* [2] (*para batir*) Quirl *m* [3] (*juguete*) [Spielzeug-]Windmühle *f;* **molino** *m* Mühle *f*

mollera *f* (*FAM inteligencia*) Grips *m;* ◇ **ser duro de ~** starrköpfig sein

momentáneo *adj* momentan, augenblicklich; **momento** *m* Moment *m,* Augenblick *m;* ◇ **comienza de un ~ a otro** es wird jeden Augenblick anfangen; ◇ **no tener un ~ libre** überhaupt keine [freie] Zeit haben; ◇ **por el ~** zur Zeit; ◇ **de ~** im Augenblick; ◇ **¡un ~!** einen Augenblick!

momia *f* Mumie *f*

Mónaco *m* Monaco *n*

monarca *m/f* Monarch(in *f*) *m;* **monarquía** *f* Monarchie *f;* **monárquico I.** *adj* monarchisch, monarchistisch **II.** *m/f* Monarchist(in *f*) *m*

monasterio *m* Kloster *n*

mondar *vt* → *plátano* schälen; *FAM* ◇ **~se de risa** sich schieflachen

moneda *f* [1] (*del país*) Währung[seinheit] *f* [2] (*dinero*) Münze *f,* Geldstück *n; FIG* ◇ **pagar con la misma ~** (jd-m etw) in/mit gleicher Münze heimzahlen; **monedero** *m* Portemonnaie *n,* Geldbeutel *m;* **monetario** *adj* Währungs-, Geld-, Münz-

monigote *m* [1] (*muñeco*) Witzfigur *m* [2] (*persona*) Schwächling *m,* Versager *m* [3] (*dibujo*) Männchen *n*

monitor *m* Bildschirm *m,* Monitor *m*

monja *f* Nonne *f;* **monje** *m* Mönch *m*

mono(/a) I. *adj* hübsch, niedlich **II.** *m/f* FAUNA Affe *m,* Äffin *f; FIG* ◇ **ser el último ~** der Unwichtigste sein **III.** *m* (*de mecánico*) Overall *m* **IV.** *f FAM:* ◇ **coger una ~a** sich einen antrinken; *FAM* ◇ **dormir la ~a** den Rausch ausschlafen

monólogo *m* Monolog *m*

monopolio *m* Monopol *n;* **monopolizar** ⟨3.10⟩ *vt* monopolisieren

monotonía *f* Monotonie *f;* **monótono** *adj* monoton

monstruo *m* Ungeheuer *n;* **monstruoso** *adj* [1] ▷*persona* mißgebildet [2] ↑ *horroroso* scheußlich [3] ↑ *grande* riesig

monta *f* (*a caballo*) Reiten *n; FIG* ◇ **de poca ~** unwichtig, unbedeutend

montaje *m* Montage *f*

montaña *f* [1] Berg *m;* ◇ **~ rusa** Achterbahn *f; FIG* ◇ **una ~ de libros** ein Berg Bücher [2] (*conjunto*) Gebirge *n;* **montañés(-esa) I.** *adj* Gebirgs-, Berg- **II.** *m/f* [1] Bergbewohner(in *f*) *m* [2] (*de Santander*) Einwohner(in *f*) *m* Santanders; **montañismo** *m* SPORT Bergsteigen *n;* **montañoso** *adj* bergig, gebirgig

montar I. *vt* [1] → *animal* reiten [2] → *rompecabezas* montieren, zusammensetzen [3] → *negocio* aufziehen, aufbauen [4] → *película* schneiden, montieren [5] → *piso* einrichten **II.** *vi:* ◇ **~ a caballo** reiten; ◇ **~ en bicicleta** Fahrrad fahren; ◇ **~ en un coche** in ein Auto einsteigen; ◇ **~ en cólera** in Zorn geraten

monte *m* [1] Berg *m* [2] ↑ *bosque* Wald *m*

monto *m* Summe *f,* Betrag *m*

montículo *m* GEO Hügel *m*

montón *m* [1] Haufen *m;* ◇ **un ~ de amigos** eine Menge Freunde; ◇ **a montones** haufenweise [2] *FIG* ◇ **ser algo/alguien del ~** etw/e-r von vielen sein

monumental *adj* großartig; **monumento** *m* Denkmal *n*

monzón *m* (*viento*) Monsun *m*

moño *m* [Haar-]Knoten *m*

moqueta *f* Teppichboden *m*

mora *f* FLORA Brombeere *f*

morado(/a) I. *adj* lila, violett **II.** *m* Violett *n* **III.** *f* [1] ↑ *vivienda* Wohnsitz *m* [2] *FAM* ◇ **pasarlas ~as** Schreckliches durchmachen

moral *adj* **I.** moralisch, Moral- **II.** *f* Moral *f*

moraleja *f* (*de cuento, fábula*) Moral *f*

moralizar ⟨3.10⟩ *vi* moralisieren

morboso *adj* krankhaft

morcilla *f* Blutwurst *f*

mordaz *adj* bissig

mordaza *f* Knebel *m*

mordedura *f* (*acción*) Biß *m;* (*herida*) Bißwunde *f* **morder** ⟨3.2⟩ *vt* beißen; **mordisco** *m* Biß *m;* **mordisquear** *vt* knabbern

moreno *adj* [1] (*del sol*) dunkelbraun; ◇ **es ~ de piel** er ist dunkelhäutig [2] (*de pelo*) dunkelhaarig [3] ◇ **azúcar** *m* **~** brauner Zucker

morfina *f* FARMA Morphium *n*

moribundo *adj* sterbend; **morir** ⟨3.2⟩ **I.** *vi* [1] sterben; ◇ **~ por salvar al otro** bei Rettung eines anderen ums Leben kommen; ◇ **~ en un accidente** bei einem Unfall ums Leben kommen [2] *FIG*

↑ *terminar* enden **II.** *vr(se)* sterben; *FIG* ◇ **-se por saber la verdad** brennend gerne die Wahrheit erfahren wollen; ◇ **-se de risa** sich totlachen; ◇ **- de amor** vor Liebe vergehen

moro(/a) **I.** *adj* maurisch **II.** *m/f* Maure *m*, Maurin *f*

moroso *adj* ▷*cliente* säumig

morro *m* [1] ↑ *hocico* Schnauze *f*, Maul *f* [2] (*FAM de persona*) wulstige Lippen [3] (*saliente*) Knauf *m*; *FAM* ◇ **estar de -s con alguien** auf jd-n sauer sein

morsa *f* FAUNA Walroß *n*

morse *m* Morsealphabet *n*

mortadela *f* GASTRON Mortadella *f*

mortaja *f* Leichentuch *n*

mortal *adj* tödlich; **mortalidad** *f* Sterblichkeit *f*; **mortandad** *f* Massensterben *n*

mortero *m* Mörser *m*

mortífero *adj* tödlich

mortificar ⟨3.7⟩ *vt* [1] ↑ *castigar* kasteien [2] ↑ *molestar* ärgern, quälen

mosaico *m* Mosaik *n*

mosca *f* Fliege *f*; *FAM* ◇ **estoy con la - detrás de la oreja** ich traue dem ganzen nicht; *FAM* ◇ **por si las -s** für alle Fälle

moscatel *m* Muskateller[-wein] *m*

Moscú *m* Moskau *n*

mosqueado *adj FAM* ↑ *enfadado* eingeschnappt, sauer; **mosquear** **I.** *vt FAM* ↑ *enfadar* ärgern **II.** *vr(se) FAM* einschnappen

mosquito *m* Moskito *m*

mostacho *m* Schnurrbart *m*

mostaza *f* Senf *m*

mosto *m* (*vino*) Most *m*

mostrador *m* [1] (*de tienda*) Ladentisch *m* [2] (*de bar*) Theke *f*

mostrar ⟨3.2⟩ **I.** *vt* [1] ↑ *poner a la vista* zeigen; ◇ **siempre quiere - su fuerza** er möchte immer seine Stärke unter Beweis stellen [2] → *actitud* ausstellen; ◇ **se mostró muy antipático** er war äußerst unsympatisch [3] → *funcionamiento* erklären

mostrenco *adj FAM* ↑ *torpe* ungeschickt, dumm

mota *f* [1] (*de barro*) Fleck *m* [2] ↑ *punto* ◇ **tela de -s verdes y azules** Stoff mit grünen und blauen Punkten

mote *m* Spitzname *m*

motín *m* [1] Aufstand *m* [2] NAUT Meuterei *f*

motivación *f* (*acción*) Motivierung *f*; (*conjunto*) Motivation *f*; **motivar** *vt* [1] ↑ *causar* verursachen [2] ↑ *alentar* motivieren

motivo *m* Motiv *m*, Grund *m*; ◇ **con - de** anläßlich

moto, motocicleta *f* Motorrad *n*; ◇ **ir en -** Motorrad fahren

motocross *m* Moto-Cross *n*

motor(a) **I.** *m* [1] Motor *m* [2] *FIG* Antriebskraft *f* **II.** *f* (*lancha*) Motorboot *n*

motorista *m/f* Motorradfahrer(in *f*) *m*

motosierra *f* Motorsäge *f*

movedizo *adj* beweglich; ◇ **arenas** *f/pl* **-as** Treibsand *m*; **mover** ⟨3.2⟩ **I.** *vt* [1] bewegen [2] → *cabeza* schütteln **II.** *vr(se)* sich bewegen; ◇ **¡no te muevas de aquí!** rühr' dich nicht von der Stelle!; ◇ **¡muévete!** beeil dich!; ◇ **sólo se mueve por dinero** bei ihm zieht nur Geld; ◇ **fue él quien me movió a hacerlo** er hat mich dazu bewegt, es zu tun; **movido** *adj* [1] ▷*fotografía* verwackelt [2] ▷*persona, fiesta* lebhaft [3] ▷*tiempo* hektisch; **móvil** **I.** *adj* beweglich, mobil **II.** *m* Motiv *n*; **movilidad** *f* Beweglichkeit *f*; **movilizar** ⟨3.10⟩ *vt* mobilisieren; **movimiento** *m* Bewegung *f*; ◇ **- pacifista** Friedensbewegung *f*

mozo(/a) **I.** *adj* [1] (*joven*) jung [2] ↑ *soltero* ledig **II.** *m/f* ↑ *joven* junger Mann, junge Frau

muchacho(/a) **I.** *m/f* Junge *m*, Mädchen *n* **II.** *f* ↑ *criada* Dienstmädchen *n*

muchedumbre *f* Menschenmenge *f*

mucho **I.** *adj* viel; (*pl*) viele; ◇ **hay -a gente aquí** hier sind viele Leute **II.** *adv* [1] (*cantidad*) sehr, viel; ◇ **como - serán mil pesetas** es sind höchstens tausend Peseten; ◇ **es con - el mejor** er ist mit Abstand der Beste; ◇ **ni - menos** durchaus nicht; ◇ **por - que insistas, no te lo presto** du kannst betteln soviel du willst, ich werde es dir nicht leihen [2] (*tiempo*) lange; ◇ **- tiempo** lange [Zeit] **III.** *pron:* ◇ **-s trabajan en casa** viele Menschen arbeiten zu Hause

muda *f* frische Wäsche

mudanza *f* Umzug *m*; ◇ **estamos de -** wir ziehen gerade um; ◇ **camión** *m* **de -** Möbelwagen *m*; **mudar** **I.** *vt* [1] → *carácter* verändern [2] → *piel* wechseln **II.** *vi* wechseln **III.** *vr(se)* [1] (*de piso*) umziehen [2] (*de ropa*) sich umziehen

mudo *adj* stumm; ◇ **película** *m* **-a** Stummfilm *m*

mueble *m* Möbel *n*; **mueblería** *f* Möbelladen *m*

mueca *f* Grimasse *f*; ◇ **hacer -s** Grimassen schneiden; ◇ **hacer - de dolor/de rabia** vor Schmerz/Wut das Gesicht verziehen

muela *f* Backenzahn *m*

muelle **I.** *adj* ▷*vida* behaglich **II.** *m* [1] (*de cama*) [Sprung-]Feder *f* [2] (*puerto*) Mole *f*

muero *vb ver* **morir**

muerte *f* Tod *m*; ◇ **dar -** umbringen; ◇ **odiar a -** abgrundtief hassen; *FAM* ◇ **susto de -** zu Tode *m* erschrecken; *FAM* ◇ **bar de mala** ~ Kaschemme *f;* **muerto I.** *adj* tot; ◇ **estar** ~ **de aburrimiento** zu Tode gelangweilt sein; ◇ **estar** ~ **de hambre** halbverhungert sein **II.** *m/f* Tote(r) *fm* [1] (*persona*) Verstorbene(r) *fm* [2] ↑ *cadáver* Leiche *f;* ◇ **callarse [alguien] como un** ~ kein Sterbenswörtchen sagen; *FAM* ◇ **echar (a alguien) el** ~ jd-m den Schwarzen Peter zuschieben

muestra *f* [1] (*de tela*) Muster, Probe *f* [2] (*para copiar*) Modell *n* [3] (*de cariño*) Beweis *m;* ◇ **dar** ~**s de cariño** [seine] Zuneigung zeigen [4] ↑ *demostración* Demonstration *f;* **muestrario** *m* Musterbuch *n*

muestro *vb ver* **mostrar**

muevo *vb ver* **mover**

mugir ⟨3.8⟩ *vi* ← *toro, vaca* brüllen

mugre *f* Schmutz *m;* **mugriento** *adj* schmierig, verschmutzt

mujer *f* Frau *f;* **mujeriego** *m* Casanova *m*

mula *f* FAUNA Mauleselin *f; FAM* ◇ **trabajar como una** ~ wie ein Tier arbeiten

mulato(/a) *m/f* (*mestizo*) Mulatte *m,* Mulattin *f*

muleta *f* [1] (*de andar*) Krücke *f* [2] TAUR *Stock mit dem rotem Tuch*

multa *f* Geldstrafe *f,* Bußgeld *n;* **multar** *vt* eine Geldstrafe auferlegen *dat*

multicolor *adj* bunt

multicopista *m* Vervielfältigungsgerät *n*

multimillonario(/a) *m/f* Multimillionär(in *f*) *m*

multinacional *f* multinationaler Konzern *m; FAM* Multi *m*

múltiple *adj* vielfach, mehrfach; ◇ ~**s** viele, zahlreiche

multiplicación *f* [1] Vervielfältigung *f;* MATE Multiplikation *f* [2] BIO Fortpflanzung *f,* Vermehrung *f;* **multiplicar** ⟨3.7⟩ **I.** *vt* [1] ↑ *aumentar* vervielfältigen [2] MATE multiplizieren; ◇ ~ **por dos** mit zwei multiplizieren **II.** *vi* BIO vermehren **III.** *vr(se)* [1] BIO sich vermehren [2] ↑ *afanarse* sich förmlich zerreißen

multitud *f* Menge *f;* ◇ ~ **de coches** viele Autos

mullido *adj* ▹*almohada* aufgeschüttelt

mundano *adj* weltlich; **mundial** *adj* Welt-; **mundillo** *m* Kreise *pl,* Szene *f;* **mundo** *m* Welt *f;* ◇ **es un hombre de** ~ er ist ein Mann von Welt; ◇ **ver/recorrer** ~ sich in der Welt umsehen; ◇ **como todo el** ~ wie alle anderen; ◇ **no ser [nada] del otro** ~ nichts weltbewegendes sein; ◇ **traer al** ~ zur Welt bringen; ◇ **el otro** ~ das Jenseits

munición *f* MIL Munition *f*

municipal *adj* städtisch, Stadt-; **municipio** *m* [1] (*villa*) Gemeinde *f* [2] (*ayuntamiento*) Stadtverwaltung *f* [3] (*zona*) Gemeindebezirk *m*

muñeco(/a) I. *m* [1] (*juguete*) Puppe *f* [2] (*FIG hombre*) Marionette *f,* Waschlappen *m* **II.** *f* [1] (*juguete*) Puppe *f* [2] ANAT Handgelenk *n*

muñón *m* (*trozo de un miembro*) Stumpf *m*

mural *m* Wandgemälde *n*

muralla *f* Mauer *f;* ◇ **la** ~ **de la ciudad** Stadtmauer *f*

murciélago *m* FAUNA Fledermaus *f*

murmullo *m* Gemurmel *n,* Murmeln *n;* **murmuración** *f* Gerede *n,* Klatsch *m;* **murmurar** *vi* [1] (*en voz baja*) murmeln [2] ↑ *hablar mal* klatschen [3] ← *viento, agua* rauschen

muro *m* Wand *f*

musa *f* Muse *f*

musaraña *f FAM:* ◇ **pensar en las** ~**s** nicht bei der Sache sein

muscular *adj* Muskel-; **musculatura** *f* Muskulatur *f;* **músculo** *m* Muskel *m;* **musculoso** *adj* muskulös

museo *m* Museum *n*

musgo *m* Moos *n*

músico(/a) I. *adj* Musik-, musikalisch **II.** *m/f* Musiker(in *f*) *m* **III.** *f* Musik *f;* **musical** *adj* musikalisch, Musik-

musitar *vt, vi* flüstern

muslo *m* ANAT Oberschenkel *m*

mustio *adj* [1] ▹*persona* bedrückt, betrübt [2] ▹*planta* welk, verwelkt

musulmán(-ana) *m/f* Mohammedaner(in *f*) *m,* Moslem *m,* Moslime *f*

mutación *f* [1] BIO Mutation *f* [2] ↑ *cambio* [Ver-]Änderung *f*

mutilado I. *adj* verkrüppelt **II.** *m/f* Krüppel *m;* **mutilar** *vt* verstümmeln

mutualidad *f* Gegenseitigkeit *f;* ↑ *organización* Vereinswesen *n* auf Gegenseitigkeit; ◇ ~ **patronal** Berufgenossenschaft; ◇ ~ **de seguros** Versicherungsverein auf Gegenseitigkeit

mutuamente *adv* gegenseitig; **mutuo** *adj* gegenseitig

muy *adv* sehr; ◇ **ya es** ~ **tarde** es ist schon sehr spät; ◇ **M~ Señor mío** sehr geehrter Herr …

N

N, n *f* N, n *n*

nabo *m* Steckrübe *f*

nácar *m* Perlmutt *n*

nacer ⟨3.5⟩ *vi* [1] geboren werden [2] ← *aves* ausschlüpfen [3] ← *fuente* entspringen [4] ← *plantas* sprießen [5] ← *duda, idea* entstehen [6] ← *día* anbrechen [7] ← *sol* aufgehen; **nacido** *adj* geboren; ◇ **recién** - neugeboren; **naciente** I. *adj* entstehend, werdend; ◇ **el sol** - die aufgehende Sonne II. *m* Osten *m;* **nacimiento** *m* [1] (*de un niño*) Geburt *f;* ◇ **ciego** *m* **de** - blindgeboren [2] ↑ *comienzo* Anfang *m* [3] (*de arroyo*) Quelle *f* [4] REL Weihnachtskrippe *f*

nación *f* Nation *f,* Volk *n;* **nacional** *adj* national, innerstaatlich; **nacionalidad** *f* Staatsangehörigkeit *f,* Nationalität *f;* **nacionalismo** *m* Nationalismus *m;* **nacionalista** *m/f* Nationalist(in *f*) *m;* **nacionalizar** ‹3.10› I. *vt* → *empresa* verstaatlichen II. *vr(se)* eine Staatsangehörigkeit annehmen

nada I. *pron* nichts II. *adv* überhaupt nicht; ◇ **no está** - **mal** gar nicht schlecht; ◇ **ella empieza a llorar por** - sie weint wegen jeder Kleinigkeit; ◇ **antes que** - **quiero...** als erstes möchte ich; ◇ **¡- de bromas!** bitte keine Witze!; ◇ **¡de -!** bitte!, gern geschehen!

nadador(a) *m/f* Schwimmer(in *f*) *m;* **nadar** *vi* schwimmen

nadie *pron* niemand; ◇ **no hables con** - **de eso** sprich mit niemandem darüber; ◇ **ser un don** - eine Null sein

nado *adv:* ◇ **cruzar el río a** - den Fluß schwimmend durchqueren

naipe *m* Spielkarte *f*

nalgas *f/pl* Gesäß *n*

nana *f FAM* Wiegenlied *n*

napa *f* Nappa[-leder] *n*

naranjado(/a) I. *adj* orange II. *f* Orangensaft *m;* **naranjo(/a)** I. *m* FLORA Orangenbaum *m* II. *adj* orange III. *f* FLORA Apfelsine *f,* Orange *f; FAM* ◇ **su/mi... media** - seine/meine bessere Hälfte

narciso *m* [1] FLORA Narzisse *f* [2] ↑ *hombre* Narziß *m*

narcótico I. *adj* betäubend II. *m* Betäubungsmittel *n;* **narcotizar** ‹3.10› *vt* betäuben, narkotisieren; **narcotráfico** *m* Drogenhandel *m*

nardo *m* FLORA Lilie *f*

narigón(-ona) narigudo *adj FAM* mit großer Nase; **nariz** *f* Nase *f; FAM* ◇ **estar hasta las narices de algo/alguien** die Nase voll haben von etw/jd-m; ◇ **darse de narices contra (algo)/con (alguien)** auf die Nase fallen; ◇ **meter las narices en asuntos ajenos** die Nase in fremde Angelegenheiten stecken; ◇ **de narices** toll; *FAM* ◇ **por narices** mit Gewalt *f*

narración *f* Erzählung *f;* **narrador(a)** *m/f* Erzähler(in *f*) *m;* **narrar** *vt* erzählen; **narrativo(/a)** I. *adj* erzählend, Erzähl- II. *f* Erzählkunst *f*

nasal *adj* nasal, Nasen-

nata *f* Rahm *m,* Sahne *f;* ◇ **la flor y** - die Crème de la Crème; ◇ - **batida** Schlagsahne *f*

natación *f* Schwimmen *n*

natal *adj* Geburts-; ◇ **país** *m* - Geburtsland *n;* **natalidad** *f* Geburtenrate *f*

natillas *f/pl* GASTRON Cremespeise *f*

natividad *f* (REL *de Jesucristo*) Geburt *f,* Weihnachten *n*

nativo(/a) I. *adj* gebürtig, eingeboren II. *m/f* Eingeborene(r) *fm;* **nato** *adj* geboren; ◇ **nadador** *m* - ein geborener Schwimmer

natural *adj* [1] ▷*luz* natürlich; ▷*zumo* frisch gepreßt [2] ↑ *espontáneo* natürlich [3] ↑ *lógico* ◇ **es** - **que quiera volver a casa** es ist nur normal, daß er nach Hause zurück möchte; ◇ **¡es -!** selbstverständlich! [4] (*nacido en*) ◇ - **de Chile** gebürtiger Chilene [5] GASTRON ◇ **al** - im eigenen Saft; **naturaleza** *f* Natur *f;* ◇ **por** - von Natur aus; **naturalidad** *f* Natürlichkeit *f;* **naturalizar** ‹3.10› *vt* einbürgern, heimisch machen; **naturalmente** *adv* selbstverständlich, natürlich

naufragar ‹3.11› *vi* Schiffbruch erleiden; **naufragio** *m* Schiffbruch *m;* **náufrago(/a)** I. *adj* schiffbrüchig II. *m/f* Schiffbrüchige(r) *fm*

náusea *f* [1] Übelkeit *f;* ◇ **siento -s** mir ist schlecht/übel [2] *FIG* ↑ *sensación* Ekel *m;* **nauseabundo** *adj* Übelkeit erregend

náutico *adj* nautisch

navaja *f* Taschenmesser *n;* **navajero** *m* Messerstecher *m*

naval *adj* See-, Schiffs-

navarro *adj* aus Navarra

nave *f* [1] ↑ *barco* Schiff *n,* Boot *n* [2] (ARQUIT *de iglesia*) [Kirchen-]Schiff *n* [3] (*almacén*) Halle *f;* **navegable** *adj* ▷*río* schiffbar; **navegación** *f* Navigation *f;* ◇ - **aérea** Luftverkehr *m;* **navegante** *m/f* Seefahrer(in *f*) *m;* **navegar** ‹3.11› *vi* (*en barco*) fahren (*a/para* nach *akk*)

Navidad *f* Weihnachten *n;* **navideño** *adj* weihnachtlich, Weihnachts-

navío *m* Schiff *n*

nazi I. *m* Nazi *m* II. *adj* Nazi-

neblina *f* Dunst *m;* **nebuloso(/a)** I. *adj* [1] dunstig, diesig [2] *FIG* verschwommen, vage II. *f* kosmischer Nebel

necedad *f* Dummheit *f*

necesario *adj* nötig

neceser *m* (*de aseo*) Necessaire *n*

necesidad *f* Notwendigkeit *f;* ◇ **en caso de** - im Notfall; ◇ **artículos de primera** - Gegenstand des täglichen Bedarfs; Gebrauchsartikel; ◇ **tengo que ir a hacer mis -es** ich muß zur [*o.* auf die] Toilette gehen; **necesitado** *adj* be-

dürftig; ◇ **estar - de dinero** Geld brauchen; **necesitar** I. *vt* benötigen, brauchen II. *vi:* ◇ - de benötigen, brauchen
necio *adj* dumm, blöd
necrología *f* (*en el periódico*) Nachruf *m*
néctar *m* Nektar *m*
nefasto *adj* ↑ *funesto* unheilvoll
negación *f* [1] (*acción*) Verweigerung *f* [2] tambíen GRAM Verneinung *f;* **negado** I. *adj* ▷*persona* unfähig II. Unbegabte(r) *fm;* **negar** ⟨3.1⟩ *vt* [1] → *pregunta* verneinen [2] → *saludo* verweigern [3] → *hijo* verleugnen [4] ◇ **ella se negó a contestar** sie weigerte sich, zu antworten; **negativo**(/**a**) I. *adj* ▷*actitud* negativ, verneinend II. *m* FOTO Negativ *n* III. *f* ↑ *denegación* Absage *f*
negligencia *f* Nachlässigkeit *f;* **negligente** *adj* nachlässig
negociable *adj* COM verkäuflich; **negociación** *f* Verhandlung *f;* **negociado** *m* ↑ *dependencia* Abteilung *f;* (*de ministerio*) Referat *n;* **negociante** *m/f* Geschäftsmann *m*, -frau *f;* **negociar** I. *vt* [1] (*sobre problema*) verhandeln über *akk* [2] → *letra* ankaufen II. *vi* POL verhandeln; **negocio** *m* [1] COM Geschäft *n*, Handel *m;* ◇ **hizo - con la venta de la casa** er hat mit dem Verkauf des Hauses ein Geschäft gemacht [2] (*local*) Laden *m*, Geschäft *n*
negro(/**a**) I. *adj* schwarz; *FAM* ◇ **poner - a alguien** jd-n wütend machen II. *m* Schwarz *n* III. *m/f* Farbige(r) *fm;* ◇ **trabajar como un -** hart arbeiten IV. *m* [1] MUS Viertelnote *f* [2] *FAM* ◇ **tener la -a** eine Pechsträhne haben; **negrura** *f* Schwärze *f*
nene(/**a**) *m/f FAM* Baby *n*, Kleinkind *n*
nenúfar *m* FLORA Seerose *f*
neoclásico *adj* ▷*estilo* neoklassizistisch
neologismo *m* Neologismus *m*
neón *m* Neon *n;* ◇ **luz de -** Neonlicht *n*
neoyorquino *adj* aus New York
nervio *m* ANAT, BIO Sehne *f; tambíen FIG* Nerv *m;* ◇ **tener -** gute Nerven haben; *FAM* ◇ **alterar los -s** jd-m auf die Nerven gehen; **nerviosismo** *f* Nervosität *f;* **nervioso** *adj* [1] Nerven- [2] ▷*persona* nervös; **nervudo** *adj* sehnig
neto *adj* [1] ↑ *claro* deutlich [2] ↑ *limpio* sauber [3] ▷*precio* netto
neumático I. *adj* pneumatisch, Luft- II. *m* AUTO Reifen *m;* ◇ **- de repuesto** Ersatzreifen *m*
neuralgia *f* MED Nervenschmerzen *pl*, Neuralgie *f;* **neurastenia** *f* MED Nervenschwäche *f*, Neurasthenie *f;* **neuritis** *f* ⟨inv⟩ MED Nervenentzündung *f*, Neuritis *f;* **neurólogo**(/**a**) *m/f* Nervenarzt *m*, Nervenärztin *f*, Neurologe *m*, Neurologin *f;* **neurosis** *f* ⟨inv⟩ MED Neurose *f;* **neurótico**(/**a**) I. *adj* neurotisch II. *m/f* Nervenkranke(r) *fm*
neutral *adj* neutral; **neutralidad** *f* Neutralität *f;* **neutralizar** ⟨3.10⟩ I. *vt* neutralisieren II. *vr(se)* unwirksam werden; **neutro** *adj* [1] ▷*color, persona* neutral [2] GRAM sächlich
neutrón *m* Neutron *n*
nevada *f* Schneefall *m;* **nevar** ⟨3.1⟩ *vi impers* schneien
nevera *f* Eisschrank *m;* ◇ **- de campo/playa** Kühlbox *f*
nevisca *f* METEO leichter Schneefall
ni *cj* auch nicht; ◇ **- barre, - friega** weder fegt noch wischt er; ◇ **- el profesor lo sabe** nicht einmal der Lehrer weiß es; ◇ **¡- que estuviera loco!** ich bin doch nicht verrückt!; ◇ **¡- soñarlo!** nicht im Traum!; ◇ **no quiero - verlo** ich kann es nicht mehr sehen
Nicaragua *f* Nicaragua *n;* **nicaragüense** I. *adj* nicaraguanisch II. *m/f* Nicaraguaner(in *f*) *m*
nicotina *f* Nikotin *n*
nicho *m* [Grab-]Nische *f*
nido *m* [1] (*de pájaros*) Nest *n* [2] ↑ *escondite* Versteck *n*
niebla *f* [1] (METEOR *nube densa*) Nebel *m* [2] *FIG* ↑ *confusión* Verwirrung *f*
niego *vb ver* **negar**
nieto(/**a**) *m/f* Enkel(in *f*) *m;* ◇ **-s** *pl* Enkel *pl*
nieva *vb ver* **nevar**; **nieve** *f* Schnee *m*
nigromancia *f* Nekromantie *f*, schwarze Magie
nihilismo *m* Nihilismus *m*
Nilo *m :* ◇ **el -** der Nil
nimiedad *f* [1] ↑ *minuciosidad* Pingeligkeit *f* [2] ↑ *insignificancia* Bagatelle *f*, Kleinigkeit *f;* **nimio** *adj* [1] ↑ *minucioso* peinlich genau, pingelig [2] (*sin importancia*) trivial, unbedeutend
ninfa *f* Nymphe *f*
ninguno, **ningún** I. *adj* kein, keine; ◇ **ningún libro** kein Buch; ◇ **de -a manera** auf keinen Fall; ◇ **de ningún modo** keinesfalls; ◇ **no lo encuentro en -a parte** ich kann es/ihn nirgendwo finden II. *pron* (*nadie*) niemand; ◇ **-a de las películas me gustó** keiner der Filme hat mir gefallen; ◇ **no ha venido -o** es it niemand gekommen
niñera *f* Kindermädchen *n;* **niñería** *f* [1] Kinderei *f* [2] ↑ *nimiedad* Kleinigkeit *f;* **niñez** *f* Kindheit *f;* **niño**(/**a**) I. *adj* [1] (*de edad*) jung [2] (*PEY de mentalidad*) kindisch II. *m* Kind *n;* (*chico*) Junge *m;* ◇ **de -** als Kind III. *f* [1] Kind *n;* (*chica*) Mädchen *n* [2] ANAT Pupille *f*
nipón(**-ona**) I. *adj* japanisch II. *m/f* Japaner(in *f*) *m*

níquel *m* Nickel *n;* **niquelar** *vt* vernickeln

nitidez *f* [1] ↑ *claridad* Klarheit *f* [2] FOTO Schärfe *f;* **nítido** *adj* [1] ↑ *claro* klar, rein [2] FOTO scharf

nitrógeno *m* Stickstoff *m*

nivel *m* [1] ↑ *altura* Niveau *n,* Höhe *f* [2] ↑ *grado* Stand *m,* Ebene *f;* ◇ ~ **de aceite** Ölstand *m;* ◇ ~ **de agua** Wasserstand *m;* ◇ ~ **de desarrollo** Entwicklungsgrad *m;* ◇ ~ **del mar** Meereshöhe *f;* ◇ ~ **social** Lebensstandard *m;* ◇ ~ **de vida** Lebensstandard *m; FIG* ◇ **estar al ~ de las circunstancias** sich den Umständen anpassen; **nivelar** *vt* [1] → *terreno* einebnen [2] → *dos cosas* ausgleichen; ◇ **se nivelará pronto con sus compañeros de clase** er wird seine Klassenkameraden bald aufholen [3] → *cuadro* gerade richten

no I. *adv* nicht; ◇ ~ **tengo nada** ich habe nichts; ◇ **ayer ~ te vimos** gestern haben wir dich nicht gesehen; ◇ **ya ~ nieva** es schneit nicht mehr; ◇ ~ **bien me avisaron telefoneé a su familia** kaum hatten sie mich benachrichtigt, rief ich seine Familie an; ◇ **¡a que ~ eres capaz de decírselo!** so, so, du kannst es ihm also nicht sagen! **II.** *interj* [1] nein; ◇ **dijo ~ a todas las propuestas** er lehnte alle Vorschläge ab; ◇ **estarás contento, ¿~?** jetzt bist du sicher zufrieden, nicht wahr?; ◇ **¡ya te he dicho que ~!** ich habe doch schon einmal nein gesagt!; ◇ **¿cómo ~?** aber gewiß! [2] ◇ **los países ~ alineados** die blockfreien Staaten; ◇ **la ~ existencia de oxígeno** das Fehlen von Sauerstoff

noble I. *adj* [1] (*de familia*) adlig [2] (*de carácter*) edelmütig [3] ▷*vino* edel [4] ▷*metal, gas, madera* Edel- **II.** *m/f* Adlige(r) *fm;* **nobleza** *f* [1] (*de familia*) Adel *m* [2] (*de carácter*) Großmut *f*

noción *f* [1] ↑ *conocimientos* Grundkenntnisse *f* [2] (*de un tema*) Idee *pl*

nocivo *adj* schädlich

noctámbulo(/a) *m/f* [1] Nachtwandler(in *f*) *m* [2] *FAM* Nachtschwärmer(in *f*) *m;* **nocturno** *adj* nächtlich, Nacht-; **noche** *f* Nacht *f;* ◇ **ayer ~/ayer por la ~** gestern abend; ◇ **dar las buenas ~s** gute Nacht sagen; *FIG* ◇ **de la ~ a la mañana** von heute auf morgen; ◇ **él llegó de ~** er kam nachts an; ◇ **hacerse de ~** dunkel werden; **Nochebuena** *f* Heiligabend *m;* **Nochevieja** *f* Silvester *n*

nodriza *f* Amme *f*

nogal *m* FLORA Nußbaum *m*

nómada I. *m/f* Nomade *m,* Nomadin *f* **II.** *adj* nomadisch, Nomaden-

nombramiento *m* [1] ↑ *designación* Ernennung *f* [2] (*documento*) Ernennungsurkunde *f;* **nombrar** *vt* [1] (*decir el nombre*) benennen [2] ↑ *designar* ernennen [3] ↑ *decir* erwähnen; **nombre** *m* [1] (*de persona*) Name *m;* ◇ ~ **y apellidos** Vor- und Nachname *m; FIG* ◇ **llamar a las cosas por su ~** die Dinge bei ihrem Namen nennen [2] *FIG* ↑ *reputación* Ruf *m* [3] GRAM Hauptwort *n,* Substantiv *n;* **nomenclatura** *f* Nomenklatur *f*

nómina *f* [1] (*de nombres*) Namensliste *f* [2] (*de sueldo*) Gehaltsabrechnung *f;* **nominación** *f* Ernennung *f,* Nominierung *f;* ◇ ~ **al óscar** die Nominierung für einen Oscar

nominativo *m* GRAM Nominativ *m*

nordeste *m* Nordost *m*

noria *f* [1] (*de agua*) Schöpfrad *n* [2] (*de feria*) Riesenrad *n*

norma *f* ↑ *principio* Norm *f,* Regel *f,* Richtschnur *f;* **normalizar** ⟨3.10⟩ *vt* normalisieren

noroeste *m* Nordnordwest *m*

norte I. *adj* nördlich, Nord- **II.** *m* [1] Norden *m* [2] (*viento*) Nordwind *m* [3] *FIG* Ziel *n;* **Norteamérica** *f* Nordamerika *n;* **norteamericano(/a) I.** *adj* nordamerikanisch, US-amerikanisch **II.** *m/f* Nordamerikaner(in *f*) *m,* US-Amerikaner(in *f*) *m;* **norteño** *adj* aus dem Norden

Noruega *f* Norwegen *n;* **noruego(/a) I.** *adj* norwegisch **II.** *m/f* Norweger(in *f*) *m*

nos *pron* uns; ◇ ~ **veremos mañana** wir sehen uns morgen; ◇ **cuénta~** erzähl uns; **nosotros(-as)** *pron* wir; ◇ **no viene nadie con ~** es kommt niemand mit uns mit

nostalgia *f* Nostalgie *f,* Heimweh *n;* **nostálgico** *adj* sehnsüchtig, heimwehkrank, Heimweh-

nota *f* [1] (*de examen, música*) Note *f* [2] ▷*escrito* Notiz *f,* Nachricht *f; FIG* ◇ **tomar buena ~ de algo** etw zur Kenntnis nehmen [3] ↑ *cuenta* Rechnung *f* [4] *FIG* ↑ *detalle* Merkmal *n;* **notabilidad** *f* [1] (*cualidad*) Ansehen *n* [2] (*persona*) bedeutende Persönlichkeit; **notable I.** *adj* ▷*cosa, persona* bemerkenswert, beachtenswert **II.** (*calificación*) gut; ◇ **~s** *m/pl* Prominenz *f;* **notación** *f* [1] MATE Formel *f* [2] MUS Noten *pl;* **notar** *vt* (*darse cuenta*) bemerken; ◇ **hacerse ~** Aufmerksamkeit erregen

notaría *f* Notariat *n;* **notarial** *adj* notariell; JUR ◇ **acta** *f* ~ notarielles Protokoll; **notario(/a)** *m/f* Notar(in *f*) *m*

noticia *f* [1] (*de un suceso*) Nachricht *f;* ◇ **recibir ~s de alguien** Nachricht von jd-m erhalten [2] (*del contenido*) Kenntnisnahme *f;* **noticiario** *m* Nachrichten *pl*

notificación *f* Bekanntgabe *f,* Bekanntmachung *f;* **notificar** ⟨3.7⟩ *vt* bekanntgeben

notoriedad *f* Bekanntheit *f;* **notorio** *adj* [1] ▷*persona* bekannt [2] ↑ *visible* offenkundig

novatada *f* (*broma*) *Streich [der einem Neuling*

gespielt wird]; **novato(/a)** I. *adj* unerfahren II. *m/f* Anfänger(in *f*) *m*
novecientos(-/as) *numeral* neunhundert
novedad *f* [1] (*de nuevo*) Neuheit *f* [2] ↑ *noticia* Neuigkeit *f* [3] ↑ *mejora* ↑ *modificación* Neuerung *f*, Verbesserung *f*; ◇ **sin ~** nichts Neues; wohlbehalten; **novedoso** *adj* neuartig
novel I. *adj* unerfahren II. *m/f* Neuling *m*, Anfänger(in *f*) *m*
novela *f* Roman *m*; **novelesco** *adj* Roman-; **novelista** *m/f* Romanschriftsteller(in *f*) *m*
noveno *adj* neunte(r, s); **noventa** *numeral* neunzig
noviazgo *m* Verlobungszeit *f*
novicio(/a) *m/f* [1] (REL) Novize *m*, Novizin *f* [2] ↑ *principiante* Neuling *m*
noviembre *m* November *m*
novillada *f Stierkampf mit Jungstieren;* **novillero** *m Stierkämpfer mit Jungstieren;* **novillo** *m* [1] FAUNA Jungstier *m* [2] *FAM* ◇ **hacer ~s** schwänzen
novio(/a) *m/f* [1] Freund(in *f*) *m* [2] ↑ *prometido* Verlobte(r) *fm*; ◇ **los ~s** das Brautpaar
nubarrón *m* METEO Gewitterwolke *f*; **nube** *f* Wolke *f*; *FAM* ◇ **estar [alguien] en las ~s** geistesabwesend sein; ◇ **estar (cosa, precio) por las ~s** unerschwinglich sein; **nublado** I. *adj* bewölkt II. *m* Bewölkung *f*; **nublarse** *vr(se)* [1] ← *cielo* sich bewölken [2] *FIG* ← *vista* trübe werden; **nuboso** *adj* ▷*día* bewölkt
nuca *f* ANAT Nacken *m*
nuclear *adj* nuklear, Kern-; **núcleo** *m* Kern *m*
nudillo *m* ANAT Finger-, Zehenknöchel *m*
nudismo *m* FKK *n*, Nudismus *m*, Freikörperkultur *f*; **nudista** *m/f* Anhänger (in *f*) *m* der Freikörperkultur; *FAM* FKK-ler(in *f*) *m*
nudo *m* [1] (*atadura*) Knoten *m*; ◇ **~ de comunicaciones** Verkehrsknotenpunkt *m* [2] *FIG* ↑ *laro* Bindung *f* [3] (*de madera*) Knorren *m* [4] (NAUT *velocidad*) Knoten *m*; **nudoso** *adj* knotig
nuera *f* Schwiegertochter *f*
nuestro(/a) *pron* unser; ◇ **no es ~o problema** das ist nicht unser Problem; ◇ **el perro es ~** der Hund gehört uns
nuevamente *adv* nochmals
nueve *numeral* neun
nuevo(/a) I. *adj* neu; ◇ **de ~** nochmals II. *m/f* (*persona*) Neuling *m*
nuez *f* [1] (*fruto*) Nuß *f*; ◇ **~ moscada** Muskatnuß *f* [2] ANAT Adamsapfel *m*
nulidad *f* [1] (*sin eficacia*) Ungültigkeit *f*; ◇ **este hombre es una ~** dieser Mensch ist eine Null [2] (*sin valor*) Wertlosigkeit *f*; **nulo** *adj* [1] ▷*documento* ungültig [2] ▷*persona* unfähig
numeración *f* [1] (*en una lista*) Numerierung *f* [2] (*sistema*) Zahlensystem *n*; **numeral** *adj* Nummer-, Zahl-; **numerar** *vt* numerieren; **numerario(/a)** I. *adj* zahlenmäßig, Zahl- II. *m/f* (*empleado fijo*) Festangestellte(r) *fm*; **numérico** *adj* numerisch; **número** *m* [1] Nummer *f* [2] (*suma*) Anzahl *f*; MATE Zahl *f* [3] (*de circo*) Nummer *f*; ◇ **~ de circo** Zirkusnummer *f*; *FAM* ◇ **montar el ~** eine Nummer/Show abziehen [4] ↑ *talla* Größe *f* [5] GRAM Numerus *m*; **numeroso** *adj* zahlreich
numismática *f* Münzkunde *f*
nunca *adv* nie; ◇ **~ más** nie wieder, nie mehr; ◇ **~ jamás** nie und nimmer; ◇ **¿~ te has preguntado qué sucedió?** hast du dich nie gefragt, was passiert ist?
nupcial *adj* Hochzeits-, Braut-; **nupcias** *f/pl* Hochzeit *f*
nutria *f* FAUNA Otter *m*
nutrición *f* Ernährung *f*; **nutrido** *adj* [1] (*de comida*) ernährt [2] ↑ *numeroso* zahlreich; **nutrir** *vt* [1] ernähren [2] *FIG* nähren; **nutritivo** *adj* nahrhaft, Nähr-
nylon ® *m* Nylon ® *n*

Ñ

ñaque *m* Gerümpel *n*
ñiquiñaque *m* [1] (*FAM persona*) Hanswurst *m* [2] (*cosa*) Schnickschnack *m*
ñoñería, **ñoñez** *f* Zimperlichkeit *f*, Getue *n*, Geschwätz *n*; **ñoño** *adj FAM* [1] ↑ *sin gracia* fade [2] ↑ *remilgado* kindisch, albern, zimperlich, schüchtern

O

O, o I. *f* (*letra*) O, o *n* II. *cj* oder; ◇ **debo pesar 62 ó 63 kilos** ich wiege wohl 62 oder 63 Kilo; ◇ **el jefe ~ director de la empresa** der Chef oder Leiter der Firma; ◇ **¿quieres que vayamos al cine ~ al teatro?** willst du lieber ins Kino oder ins Theater?
oasis *m también FIG* Oase *f*
obcecación *f* ↑ *ofuscamiento* Verblendung *f*, Selbstbetrug *m*; **obcecar** ⟨3.7⟩ *vt* [ver-]blenden;

◇ **está obcecado con sus ideas** er ist blind in seinen Vorstellungen, seine Vorstellungen sind wie Scheuklappen für ihn; ◇ **está obcecado en dimitir** er ist darauf versessen, zurückzutreten; ◇ **está obcecado por el dinero** das Geld hat ihn für alles andere blind gemacht

obedecer ‹3.5› *vt* [1] ↑ *hacer caso* gehorchen, Gehorsam leisten *dat;* ◇ **obedece a su padre** er gehorcht seinem Vater [2] ↑ *ceder* Folge leisten, sich fügen; ◇ **el caballo obedece a las riendas** das Pferd fügt sich den Zügeln [3] ↑ *responder* ansprechen; ◇ **la enferma no obedece a los medicamentos** die Kranke spricht auf die Medikamente nicht an; **obediencia** *f* [1] (*el hacer caso*) Gehorsam *m;* ◇ **~ ciega** blinder Gehorsam, Kadavergehorsam *m* [2] (*disposición*) Fügsamkeit *f;* **obediente** *adj* gehorsam, fügsam, brav

obertura *f* Ouvertüre *f*

obesidad *f* [1] ↑ *gordura* Fettleibigkeit *f* [2] (*patológico*) Fettsucht *f;* **obeso** *adj* fett, fettsüchtig

obispo *m* Bischof *m;* ◇ **~ auxiliar** Weihbischof *m*

objeción *f* [1] (*argumento en contra*) Einwand *m* [2] (*indicación de una falta*) Hinweis [auf e-en Fehler] *m;* ◇ **le han hecho varias objeciones a su tesis** sie haben ihm mehrere Fehler in seiner Arbeit gezeigt [3] ↑ *censura* Kritik *f,* Zurechtweisung *f;* ◇ **su conducta merece serias objeciones** ihr Verhalten verdient scharfe Zurechtweisungen; **objetar** *vt* einwenden, Fehler/Mängel aufdecken, zurechtweisen

objetividad *f* [1] ↑ *imparcialidad* Objektivität *f,* Sachlichkeit *f,* Unvoreingenommenheit *f* [2] (*de valor general*) Allgemeingültigkeit *f;* **objetivo** I. *adj* [1] ↑ *imparcial* objektiv, sachlich, unvoreingenommen [2] (*aceptado en general*) objektiv, allgemeingültig II. *m* [1] ↑ *finalidad, meta* Ziel *n* [2] FOTO Objektiv *n*

objeto *m* [1] ↑ *cosa* Gegenstand *m; FIG* ◇ **eres el ~ de mi admiración** du bist der Gegenstand meiner Bewunderung [2] (GRAM *complemento directo*) Objekt *n* [3] ↑ *finalidad* Zweck *m;* ◇ **al ~ de/con ~ de** um zu, mit der Absicht daß; ◇ **no tiene ~ discutir tales temas** es hat keinen Zweck, derartiges zu besprechen; ◇ **sin ~** sinnlos

objetor *m* : ◇ **~ [de conciencia]** Kriegs-/Wehrdienstverweigerer *m*

oblea *f* Oblate *f*

oblicuo *adj* schräg, schief

obligación *f* [1] (*por contrato, ley, moral*) Verpflichtung *f,* Pflicht *f* [2] COM Obligation *f;* **obligar** ‹3.11› I. *vt* [1] ↑ *forzar* zwingen, verpflichten; ◇ **~ por la fuerza** mit Gewalt zwingen; ◇ **me obligó a pagarlo** er zwang mich, es zu bezahlen [2] JUR ← *leyes* gelten, binden; ◇ **esta ley sólo obliga a los mayores de edad** dieses Gesetz ist nur für Volljährige bindend II. *vr(se)* sich verpflichten; **obligatorio** *adj* obligatorisch, verbindlich, Pflicht-

oboe *m* [1] Oboe *f* [2] (*músico*) Oboist(in *f*) *m*

obra *f* [1] Arbeit *f;* ◇ **mano de ~** Arbeitskraft *f;* ◇ **por ~ de** auf Grund der Anstrengung, dank *gen* [2] (*libro*) Werk *n;* ◇ **~ maestra** Meisterwerk *n* [3] (*de teatro*) Stück *n* [4] (*edificio*) Bau *m;* ◇ **estar de ~s** im Bau sein; ◇ **[Ministerio de] O~s Públicas** Ministerium für öffentliche Bauvorhaben; **obrar** I. *vt* ↑ *realizar* machen, tun; ◇ **la fe obra milagros** der Glaube versetzt Bäume II. *vi* [1] ↑ *actuar* vorgehen, handeln; ◇ **~ bien/mal** richtig/falsch handeln [2] ↑ *tener efecto* wirken; **obrero(/a)** I. *adj* Arbeiter- II. *m/f* Arbeiter(in *f*) *m;* ◇ **clase** *f* **obrera** Arbeiterklasse *f*

obscenidad *f* Obszönität *f,* Unanständigkeit *f,* Schamlosigkeit *f;* **obsceno** *adj* obszön, unanständig, schamlos

obscu- *ver* **oscu-**

obsequiar *vt* [1] ↑ *regalar* ◇ **~ con flores** beschenken [2] ↑ *agasajar* bewirten, freundlich aufnehmen; **obsequio** *m* [1] ↑ *regalo* Geschenk *n* [2] ↑ *agasajo* Bewirtung *f,* freundliche Aufnahme *f;* **obsequioso** *adj* aufmerksam, liebenswürdig

observación *f* [1] (*acción*) Beobachtung *f* [2] ↑ *aclaración* Bemerkung *f* [3] ↑ *objeción* Einwand *m;* **observador(a)** I. *adj* beobachtend; ◇ **un niño muy ~** ein sehr waches Kind II. *m/f persona,* MIL, POL Beobachter(in *f*) *m;* **observancia** *f* ↑ *cumplimiento* Einhaltung *f,* [Be-] Achtung *f;* **observar** *vt* [1] ↑ *mirar* beobachten, aufmerksam betrachten [2] ↑ *darse cuenta* bemerken [3] → *ley* → *precepto* einhalten, befolgen; **observatorio** *m* Warte *f;* ◇ **~ metereológico** Wetterwarte *f*

obsesión *f* MED *FIG* Besessenheit *f,* Zwangsvorstellung *f;* **obsesionar** *vt* [1] (*no poder olvidar*) nicht aus dem Sinn gehen *dat;* ◇ **está obsesionado con esas teorías** er ist besessen von diesen Theorien; ◇ **me obsesiona esta idea** diese Idee verfolgt mich [*o.* geht mir nicht aus dem Sinn] [2] ständig plagen; **obsesivo(/a)** I. *adj* [1] ▷*idea* bessen machend, Zwangs- [2] *FIG* bohrend, quälend II. *m/f* ▷*persona* Fanatiker(in *f*) *m;* **obseso(/a)** I. *adj* besessen II. *m/f* Besessene(r) *fm;* ◇ **~ sexual** Sexbessene(r) *fm*

obstaculizar ‹3.10› *vt* [1] ↑ *dificultar* erschweren, behindern [2] ↑ *impedir* [jd-m] im Wege stehen, [jd-n] stören; **obstáculo** *m* [1] ↑ *traba* Hin-

dernis *n* [2] ↑ *dificultad* Behinderung *f;* ◇ **poner ~s** Hindernisse in den Weg stellen
obstante *adv:* ◇ **no ~** trotzdem, dennoch
obstetricia *f* Geburtshilfe *f*
obstinación *f* ↑ *testarudez* Hartnäckigkeit *f,* Eigensinn *m;* **obstinado** *adj* hartnäckig, eigensinnig, unbeirrbar; **obstinarse** *vr* stur bleiben, bestehen auf *akk;* ◇ **~ en llevar siempre la contraria** immer auf dem Gegenteil bestehen, ständig widersprechen
obstrucción *f* [1] (*de caminos*) Verstopfung *f* [2] (*FIG táctica*) Behinderung *f,* Verhinderung *f;* POL Verschleppungstaktik *f;* **obstruir** ⟨3.9⟩ *vt* [1] → *tubería* verstopfen [2] ↑ *obstaculizar* behindern, erschweren
obtención *f* [1] ↑ *adquisición* Erhalt *m* [2] (*producción*) Erzeugung *f;* **obtener** ⟨1.4⟩ *vt* [1] ↑ *alcanzar* erzielen [2] ↑ *sacar* erhalten, erzeugen; ◇ **la gasolina se obtiene del petróleo** Benzin wird aus Erdöl gewonnen
obtuso *adj* [1] ▷*persona* begriffsstutzig, schwer von Begriff [2] (*sin punta*) stumpf
obvio *adj* [1] ↑ *claro* offensichtlich, deutlich [2] *FIG* einleuchtend
oca *f* (*ganso*) Gans *f;* ◇ **el juego de la ~** Gänsespiel *n*
ocasión *f* [1] ↑ *circunstancia* Gelegenheit *f;* ◇ **de ~** Gelegenheits-; ◇ **la ~ hace al ladrón** Gelegenheit macht Diebe; ◇ **te dará la ~ de conocer mucha gente** es wird sich dir die Möglichkeit bieten, viele Leute kennenzulernen [2] ↑ *causa* Anlaß *m;* ◇ **con ~ de** anläßlich/zum Anlaß *gen;* **ocasional** *adj* [1] ↑ *casual* zufällig [2] ↑ *eventual* gelegentlich [3] (*referido a la ocasión*) die Gelegenheit betreffend; **ocasionar** *vt* verursachen, veranlassen
ocaso *m* [1] Sonnenuntergang *m* [2] *FIG* Untergang *m;* (*de cosas*) Verschwinden *n*
occidental *adj* abendländisch; POL westlich, West-; **occidente** *m* [1] (*punto cardinal*) Westen *m* [2] POL ◇ **el O~** das Abendland, der Westen
océano *m* Ozean *m;* ◇ **el O~ Atlántico** der Atlantik
ocio *m* [1] (*sin trabajo*) Müßiggang *m* [2] ↑ *tiempo libre* Freizeit *f,* Muße *f;* ◇ **en sus ratos de ~ toca el violín** in seinen Mußestunden spielt er Geige [3] (*lo que se hace*) Freizeitbeschäftigung *f;* **ociosidad** *f* Müßiggang *m;* ◇ **la ~ es la madre de todos los vicios** Müßiggang ist aller Laster Anfang; **ocioso** *adj* [1] ↑ *inactivo* untätig; (*de máquinas*) außer Betrieb [2] ↑ *innecesario* unnütz, sinnlos
ocre I. *adj* (*color*) ockerfarben II. *m* Ocker *n*
octavilla *m* (*propaganda política*) Flugblatt *n*
octavo I. *adj* [1] (*de ocho*) achte(r, s) II. *m* [1] ↑ *la octava parte* Achtel *n;* ◇ **el ~ de final** Achtelfinale *n* [2] (*formato*) Oktavformat *n* II. *f* MUS Oktave *f*
octogenario(/a) I. *adj* achtzigjährig II. *m/f* Achtzigjährige(r) *fm*
octubre *m* Oktober *m*
ocular *adj* Augen-; ◇ **testigo ~** Augenzeuge *m;* **oculista** *m/f* Augenarzt *m,* Augenärztin *f*
ocultar I. *vt* [1] ↑ *encubrir* verbergen, verstecken [2] ↑ *callar* verheimlichen, verschweigen II. *vr(se)* sich verstecken; **oculto** *adj* [1] ↑ *tapado* verborgen [2] ↑ *desconocido* geheim [3] ↑ *misterioso* geheimnisvoll
ocupación *f* [1] ↑ *tarea* Beschäftigung *f,* Aufgabe *f* [2] ↑ *trabajo* Arbeit *f,* Arbeitsplatz *m* [3] MIL Besetzung *f;* **ocupado** *adj* [1] ▷*persona* beschäftigt; ▷*cosa* benutzt, im Gebrauch [2] ▷*asiento* ▷*teléfono* besetzt; **ocupante** *m/f* (*de casas*) Bewohner(in *f*) *m;* (*de coches*) Insasse *m,* Insassin *f;* **ocupar** I. *vt* [1] → *espacio* einnehmen [2] → *lugar* besetzen [3] → *piso* wohnen in *dat;* ◇ **la habitación todavía no está ocupada** das Zimmer ist noch nicht vergeben/vermietet [4] → *tiempo libre* verbringen; ◇ **ocupo mis ratos libres en cuidar el jardín** meine Freizeit verbringe ich mit der Gartenpflege [5] → *puesto de trabajo* innehaben, halten [6] ↑ *dar trabajo* beschäftigen; ◇ **este asunto me ocupa demasiado tiempo** diese Angelegenheit kostet mich zuviel Zeit [7] (*tiempo*) dauern; ◇ **reparar la vía ocupó toda la mañana** die Reparatur des Gleises dauerte den ganzen Morgen II. *vr(se)* [1] ◇ **~se en/de/con** ↑ *estar encargado de* sich beschäftigen mit [2] ↑ *cuidar* ◇ **~se de** sich kümmern um
ocurrencia *f* [1] ↑ *suceso* Ereignis *n* [2] ↑ *idea* Einfall *m* [3] ↑ *dicho gracioso* witzige Bemerkung, Witz *m;* **ocurrente** *adj* ▷*persona* einfallsreich, witzig; **ocurrir** I. *vi* vorkommen, geschehen II. *vr(se)* einfallen; ◇ **se me ocurrió que podrías venir** mir fiel ein, daß du kommen könntest
ochenta *numeral* achtzig; **ocho** *numeral* acht
odiar *vt* hassen; *FIG* nicht ausstehen; ◇ **~ a muerte** auf den Tod hassen, überhaupt nicht ausstehen können; **odio** *m también FIG* Haß *m;* ◇ **le tengo ~ a esa canción** ich hasse dieses Lied; ◇ **siento ~ por las ratas** ich hasse Ratten; **odioso** *adj* [1] ▷*cosa* hassenswert, unerträglich [2] ▷*persona* widerlich, gemein
oeste *m* Westen *m;* ◇ **película del ~** Western *m*
ofender I. *vt* beleidigen, kränken II. *vr(se):* ◇ **~se con alguien/por algo** sich beleidigt fühlen von

jd-m/durch etw; **ofensa** *f* [1] (*acción*) Beleidigung *f*, Schmähung *f* [2] (*cosa que ofende*) Beleidigung *f*, Schmach *f* [3] JUR Straftat *f;* **ofensivo**(/**a**) **I.** *adj* beleidigend, kränkend **II.** *f* Offensive *f;* ◇ **tomar la ~** die Offensive übernehmen

oferta *f* [1] Angebot *n;* ◇ **la ~ y la demanda** Angebot und Nachfrage; ◇ **le han hecho muchas ~s de trabajo** man hat ihm viele Arbeitsangebote gemacht [2] COM Sonderangebot *n*

oficial(**a**) **I.** *adj* [1] (*del estado*) amtlich, dienstlich; ◇ **acto ~** Staatsakt *m* [2] (*público*) offiziell **II.** *m/f* [1] (*aprendiz*) Geselle *m*, Gesellin *f* [2] MIL Offizier *m*

oficina *f* Büro *n*, Schreibstube *f;* **oficinista** *m/f* Büroangestellte(r) *fm*

oficio *m* [1] ↑ *trabajo* Beruf *m;* ◇ **Santo O~** Inquisition *f* [2] (*función*) [berufliche] Beschäftigung, [berufliche] Aufgabe; ◇ **abogado de ~** Pflichtverteidiger *m* [3] (*escrito*) Dienstschreiben *n;* **oficioso** *adj* [1] (*en contacto con un órgano oficial*) halbamtlich, inoffiziell [2] ▷*trabajador* dienstbeflissen

ofrecer ‹3.5› **I.** *vt* [1] → *cosas* anbieten [2] → *ocasión, oportunidad* bieten **II.** *vr(se)* sich anbieten; ◇ **~se a hacer algo** sich anbieten etw zu tun; **ofrecimiento** *m* (*invitación muy cortés*) Anerbieten *n*

oftalmólogo *m* Augenarzt *m*, Augenärztin *f*

ofuscación *f* **ofuscamiento** *m* (*de ideas*) Verblendung *f*, Verwirrung *f;* **ofuscar** ‹3.7› *vt* [1] ↑ *confundir* durcheinander bringen [2] ↑ *deslumbrar* blenden [3] → *pensamiento* verwirren

ogro *m* [1] ↑ *gigante* Ungeheuer *n* [2] *FIG* Scheusal, n

oídas *f* : ◇ **saber/conocer [algo] de ~** etw vom Hörensagen wissen; **oído** *m* [1] ANAT [Innen-]Ohr *n;* ◇ **decir algo al ~** etwas zuflüstern; ◇ **ser todo ~s** ganz Ohr sein [2] (*sentido*) Gehör *n;* ◇ **ser/estar duro de ~** schwerhörig sein; **oigo** *vb ver* **oír**; **oír** ‹4.6› *vt* [1] hören; ◇ **lo que oyes** das ist einfach so, wenn ich es dir doch sage [2] ↑ *prestar atención* zuhören *dat;* ◇ **~ misa** die Messe hören; ◇ **¡oiga!** hören Sie [mal]!; ◇ **¡oye!** hör mal! paß mal auf!

ojal *m* Knopfloch *n*

ojalá *interj* hoffentlich; ◇ **¡~ no llueva mañana!** hoffentlich regnet es morgen nicht!

ojeada *f* Blick *m;* ◇ **echar una ojeada** einen Blick werfen; **ojear** *vt* → *revista* durchblättern; **ojera** *f* : ◇ **tener ~s** Ringe unter den Augen haben, übernächtigt sein; **ojeriza** *f* ↑ *antipatía* Groll *m*, beleidigter Neid; ◇ **tener ~ a alguien** jd-n auf dem Kieker haben; **ojeroso** *adj* mit Ringen unter den Augen, übernächtigt; **ojo I.** *m* [1] ANAT Auge *n;* ◇ **~s que no ven, corazón que no siente** was ich nicht weiß, macht micht nicht heiß; ◇ **andarse con ~/andar con cien ~s** sehr vorsichtig/mißtrauisch vorgehen; ◇ **no quitar ~** den Blick nicht abwenden; ◇ **saltar a los ~s** ins Auge springen; ◇ **valer un ~ de la cara** sehr viel wert sein [2] ↑ *vista* Sehkraft *f;* ◇ **el dibujo está hecho a ~ de buen cubero** das Bild wurde nach Augenmaß gefertigt; ◇ **tener ~ para** ein Auge haben für [3] (*de aguja*) [Nadel-]Öhr *n* **II.** *interj* Vorsicht; ◇ **¡mucho ojo!** paß bloß auf!

ola *f* [1] Welle *f* [2] *FIG* [Mode-]Welle *f*, Mode *f*

olé *interj* bravo, recht so

oleada *f* [1] (*golpe de ola*) Wellenschlag *m* [2] *FIG* ↑ *afluencia* Anhäufung *f*, [Menschen-]Masse *f;* **oleaje** *m* Wellengang *m*, Brandung *f*

óleo *m* [Weih-]Öl *n;* ◇ **pintura al ~** Ölgemälde *n*

oleoducto *m* Ölleitung *f*, Ölpipeline *f*

oler ‹3.2› **I.** *vt* [1] riechen; ◇ **huele a perfume** es riecht nach Parfum; ◇ **este asunto huele mal** die Sache stinkt [2] ↑ *olfatear* beriechen, beschnuppern [3] ↑ *fisgar* herausfinden wollen [4] ↑ *sospechar, adivinar* befürchten, ahnen **II.** *vr(se)* [1] (*imaginarse*) wahrnehmen [2] ↑ *sospechar* befürchten

olfatear *vt* [1] ← *perros* riechen, schnuppern [2] *FIG* ↑ *adivinar* ↑ *sospechar* ahnen, befürchten [3] ↑ *curiosear* herumschnuppern, herumwühlen; **olfato** *m* [1] (*sentido*) Geruchssinn *m* [2] (*FIG sagacidad*) Riecher *m*, Näschen *n;* ◇ **un negociante con ~** ein Händler mit dem richtigen Riecher [3] ↑ *intuición* [Vor-]Ahnung *f*

olimpiada, **olimpíada** *f* Olympiade *f;* **olímpico** *adj* [1] (*de olimpiada*) olympisch [2] (*del Olimpo*) den Olymp betreffend; *FIG* ◇ **paso ~amente de esto** damit gebe ich mich überhaupt nicht ab

oliva *f* (*fruto*) (unbehandelte) Olive *f;* ◇ **aceite de ~** Olivenöl *n;* **olivo** *m* Olivenbaum *m*

olmo *m* FLORA Ulme *f*

olor *m* [1] (*de oler*) Geruch *m;* ◇ **buen ~** Duft *m;* ◇ **mal ~** Gestank *m;* **oloroso** *adj* wohlriechend, duftend

olvidadizo *adj* vergeßlich; ◇ **hacerse el ~** den Vergeßlichen spielen; **olvidar I.** *vt* [1] ↑ *no acordarse* vergessen [2] → *penas* [ein Übel] überwinden; ◇ **con la conversación olvida el dolor** mit dem Gespräch überwindet sie den Schmerz **II.** *vr(se):* ◇ **~se de** vergessen; **olvido** *m* [1] (*acción*) Vergessen *n* [2] (*carácter*) Vergeßlichkeit *f*

olla *f* [1] (*vasija para guisar*) [tiefer] Topf; ◇ **~ exprés/a presión** Dampfkochtopf *m* [2] (*plato*) Eintopf *m*

ombligo *m* [1] ANAT Bauchnabel *m;* ◇ **encogérsele a alguien el ~** Angst haben, sich erschrecken [2] ↑ *centro* Zentrum *n;* ◇ **el ~ del mundo** der Nabel der Welt *f*

omisión *f* [1] (*abstención*) Auslassung *f*, Übergehung *f* [2] *también* JUR ↑ *falta* Unterlassung *f* [3] ↑ *olvido* Vergessen *n*, Nachlässigkeit *f;* **omiso** *adj* nachlässig; ◇ **hacer caso ~ de algo** etw nicht beachten; **omitir** *vt* [1] (*dejar de hacer*) unterlassen [2] (*dejar de decir*) auslassen, übergehen

omnipotente *adj* allmächtig, omnipotent; ◇ **El O~** der allmächtige Gott

omnívoro **I.** *adj* allesfressend **II.** *m* Allesfresser *m*

omoplato, **omóplato** *m* Schulterblatt *n*

once **I.** *numeral* elf; ◇ **el ~** [Fußball-]Elf *f* **II.** *f* [1] (*organización*) spanische Blindenorganisation [2] *ANDAL* ◇ **tomar las ~** Mittagspause einlegen; **onceavo** *adj* elfte(r) [Teil], Elftel *n*

onda *f* [1] (*ondulación*) Welle *f; FAM* ◇ **estar en la ~** in sein, mit der Mode gehen [2] FIS, MEDIA Schwingung *f*, Welle *f;* ◇ **~ corta** Kurzwelle *f* [3] (*de pelo*) Haarwelle *f;* (*de bandera*) [Fahnen-]Flattern *n*, [Fahnen-]Wehen *n;* **ondear** *vi* [1] ← *agua* wogen [2] ← *pelo* wehen [3] ← *bandera* flattern; **ondulación** *f* [1] (*del mar*) Wellenbewegung *f*, Wellengang *m* [2] (*del pelo*) ◇ **~ permanente** Dauerwelle *f* [3] (*del camino*) Windung *f;* **ondulado** *adj* wellig, gewunden,; **ondular** **I.** *vt* wellen, in Wellen legen; → *pelo* ondulieren **II.** *vr(se)* sich wellen; **ondulatorio** *adj* ▷*movimiento* wellenförmig, Wellen-

O.N.U. *f acrónimo de* **Organización de las Naciones Unidas** UNO *f*

onomatopeya *f* [1] (*imitación de un sonido*) Klangnachahmung *f;* (*voz de animales*) Rufnachahmung *f* [2] LIT Lautmalerei *f*, Onomatopöie *f*

opaco *adj* [1] undurchsichtig [2] ↑ *sin brillo* matt; *FIG* ▷*persona* langweilig, lasch

opción *f* [1] ↑ *alternativa* Wahl *f*, [Wahl-]Möglichkeit *f* [2] (*derecho*) Anrecht *n*, Anspruch *m*

ópera *f* Oper *f*

operación *f* [1] (*de actuar*) Handeln *n*, Tätigkeit *f* [2] MED Operation *f* [3] COM Geschäft *n*, Operation *f* [4] MATE Rechenart *f;* **operador(a)** *m/f* [1] MED Chirurg(in *f*) *m*, Operateur(in *f*) *m* [2] (*de películas*) Kameramann *m*, -frau *f;* (*de cine*) Vorführer(in *f*) *m;* **operar** **I.** *vt* [1] MED operieren [2] ↑ *producir efecto* bewirken, erreichen **II.** *vi* [1] ↑ *actuar, obrar* vorgehen, handeln [2] COM ↑ *negociar* handeln, Handel treiben [3] COM, MATE ← *suma, cantidad* umgehen, rechnen **III.** *vr(se)* [1] ↑ *producirse, realizarse* sich ereignen, geschehen [2] (MED *operación quirúrgica*) sich operieren lassen

opereta *f* Operette *f*

opinar *vi* [1] ↑ *creer* meinen, glauben [2] ↑ *emitir una opinión* seine Meinung sagen (*sobre*/*en* zu); **opinión** *f* Meinung *f*

opio *m* Opium *n;* ◇ **dar ~ a alguien** jd-n um den Finger wickeln

oponente *m/f* Gegner(in *f*) *m*, Widersacher(in *f*) *m;* **oponer** ‹4.8› **I.** *vt* (*poner en contra*) entgegensetzen; → *opiniones* gegenüberstellen; ◇ **~ resistencia** Widerstand leisten **II.** *vr(se)* [1] (*estar en contra*) sich widersetzen, dagegen sein [2] → *a un régimen* Widerstand leisten [3] ↑ *ser contrario* widersprechen, das Gegenteil sein; ◇ **tu actitud se opone a tu forma de pensar** dein Vorgehen widerspricht deiner Einstellung

oportunidad *f* Gelegenheit *f;* **oportunismo** *m* Opportunismus *m;* **oportunista** *m/f* Opportunist(in *f*) *m;* **oportuno** *adj* [1] ↑ *adecuado* angemessen, passend; ◇ **en el momento ~** im richtigen Augenblick [2] ↑ *conveniente* günstig

oposición *f* [1] (*acción*) Widerstand *m*, Widersetzung *f* [2] POL Opposition *f* [3] (*pl*) staatliche Aufnahmeprüfung; **opositor(a)** *m/f* Bewerber(in *f*) *m (bei einer staatlichen Aufnahmeprüfung)*

opresión *f* [1] Druck *m* [2] *FIG* Unterdrückung *f* [3] (*~ en el pecho*) Atemnot *f;* **opresivo** *adj* [1] (*lo que oprime*) drückend [2] *sistema político, FIG* repressiv, Unterdrückungs-; **opresor(a)** **I.** *adj* [1] (*lo que oprime*) drückend [2] *sistema político, FIG* unterdrückend, repressiv **II.** *m/f* ↑ *tirano* Unterdrücker(in *f*) *m*, Despot(in *f*) *m;* **oprimir** *vt* [1] ↑ *apretar* drücken auf *akk* [2] *FIG* ↑ *tiranizar* unterdrücken

optar *vi* [1] (*escoger*) sich entscheiden (*por* für), auswählen (*entre* zwischen) [2] ← *conducta* vorziehen; ◇ **optó por callarse** er zog es vor, zu schweigen [3] ◇ **poder ~** Anspruch haben (*a* auf); **optativo** **I.** *adj* freiwillig, wahlfrei **II.** *f* UNI Wahl[pflicht]fach *n* **III.** *m* LIT Optativ *m*

óptico(/a) **I.** *adj* optisch **II.** *m/f* Optiker(in *f*) *m*

optimismo *m* Optimismus *m;* **optimista** *m/f* Optimist(in *f*) *m*

óptimo *adj* ↑ *superior* am besten, großartig, unübertreffbar

opuesto *adj* gegensätzlich, entgegengesetzt

opulencia *f* [1] ↑ *abundancia* Überfluß *m* [2] ↑ *fortuna* Reichtum *m* [3] (*nivel de vida*) Wohlstand *m;* **opulento** *adj* [1] ↑ *abundante* üppig, überreichlich [2] ↑ *rico* reich, prächtig

oquedad *f* Höhlung *f*

oración *f* [1] GRAM Satz *m;* ◇ **- concesiva** Konzessivsatz *m* [2] REL Gebet *n,* Bittgebet *n*
oráculo *m* [1] (*sitio*) Orakelstätte *f* [2] (*sentecia*) Orakelspruch *m* [3] (*también IRON persona*) Orakel *n*
orador(a) *m/f* Redner(in *f*) *m*
oral *adj* mündlich; ◇ **un [examen] -** eine mündliche Prüfung
orangután *m* Orang-Utan *m*
orar *vi* beten
oratoria *f* Redekunst *f*
órbita *f* [1] ASTR Kreisbahn *f* [2] (*campo de actividad*) Bewegungsfeld *n;* ◇ **no está en mi -** er liegt nicht auf meiner Wellenlänge [3] *cuenca de los ojos, FIG* ◇ **se le salen los ojos de la -** ihm fallen die Augen aus dem Gesicht
orden I. *m* [1]Ordnung *f;* ◇ **fuerzas del - público** Ordnungskräfte *f/pl;* ◇ **poner en -** ordnen [2] ↑ *organisación* Organisation *f,* [Rang-]Einteilung *f;* ◇ **de primer -** ersten Ranges [3] (*regularidad*) Regelmäßigkeit *f* **II.** *f* [1] ↑ *mandato* Befehl *m,* Auftrag *m;* ◇ **¡a la -!** zu Befehl!; ◇ **dar -es** befehlen, auftragen; *FIG* ◇ **estar a la - del día** häufig vorkommen, normal sein; ◇ **por - de** im Auftrag von [2] (*escrito*) Anordnung *f* [3] REL Orden *m;* **ordenado** *adj* [1] ▷*cosa* gerichtet, geordnet [2] ▷*persona* ordentlich
ordenador *m* [1] ↑ *computadora* Rechner *m,* Computer *m* [2] (*persona que ordena*) Vorsteher(in *f*) *m* [3] (*persona que pone orden*) Ordner(in *f*) *m;* **ordenanza I.** *f* Anordnung *f,* Verordnung *f* **II.** *m* Laufbursche *m,* Büroburschen *m;* **ordenar** *vt* [1] ↑ *mandar* befehlen, verordnen, auftragen [2] ↑ *poner en orden* ordnen, aufräumen [3] ↑ *dirigir* ausrichten (*por* auf)
ordeñadora *f* Melkmaschine *f;* **ordeñar** *vt* [1] (*extraer la leche*) melken [2] (*PEY explotar*) ausbeuten, melken
ordinario *adj* [1] ↑ *habitual* gewöhnlich, gebräuchlich, tagtäglich; ◇ **los gastos -s** die laufenden Kosten [2] ▷*persona* ordinär, unfein, ungeschliffen [3] ▷*cosa* plump, einfach, grob
orégano *m* Oregano *m;* ◇ **no todo el bosque es -** es wird einem nichts geschenkt
oreja *f* Ohrmuschel *f,* Ohr *n;* ◇ **sillón de -s** Ohrensessel *m;* ◇ **aguzar las -s** die Ohren spitzen; **orejudo** *adj* (*de grandes orejas*) langohrig
orfanato *m* , **orfelinato** *m* (*lugar*) Waisenhaus *n;* **orfandad** *f* [1] (*situación*) Waisenstand *m,* Verwaisung *f* [2] (*huérfanos*) Waisenunterstützung *f* [3] ↑ *desamparo* Verlassenheit *f,* Schutzlosigkeit *f*
orfebrería *f* [1] (*trabajo*) Goldschmiedearbeit *f* [2] (*arte*) Goldschmiedekunst *f*
orgánico *adj* [1] (*de órgano*) organisch [2] *FIG* ↑ *coordinado* gegliedert, geordnet
organigrama *m* Organisationsplan *m*
organillo *m* Drehorgel *f*
organismo *m* [1] (*ser vivo*) Organismus *m* [2] ↑ *institución* Organisation *f,* Organismus *m,* Körperschaft *f*
organista *m/f* Organist(in *f*) *m*
organización *f* [1] (*acción*) Organisation *f* [2] (*lo organizado*) Einrichtung *f,* Organisation *f* [3] ↑ *sistema* System *n,* Aufbau *m,* Organisation *f;* **organizar** ‹3.10› *vt* [1] (*preparar*) organisieren [2] ↑ *fundar* gründen
órgano *m* [1] MED Organ *n* [2] MUS Orgel *f*
orgasmo *m* Orgasmus *m*
orgía *f* Orgie *f*
orgullo *m* [1] (*sentimiento*) Stolz *m;* ◇ **tener/sentir - por/de** stolz sein auf *akk* [2] *PEY* ↑ *arrogancia* Arroganz *f,* Überheblichkeit *f;* **orgulloso** *adj* stolz, überheblich
orientación *f* [1] Orientierung *f; FIG* Orientierungssinn *m* [2] (*posición*) Ausrichtung *f* [3] ↑ *dirección* Richtung *f*
oriental I. *adj* östlich, Ost-; ◇ **iglesia -** Ostkirche *f* **II.** *m/f* (*persona*) Orientale(Orientalin *f*) *m*
orientar I. *vt* [1] ↑ *situar* orientieren [2] ↑ *dirigir algo* ausrichten [3] (*dirigir a un persona*) leiten, anleiten [4] (*el camino*) wegweisen [5] (*informes*) informieren, ein Leitfaden *m* sein **II.** *vr(se)* sich orientieren
oriente *m* Orient *m;* ◇ **Cercano/Medio/Lejano O-** Naher/Mittlerer/Ferner Osten
orificio *m* ↑ *abertura* Öffnung *f,* Durchgang *m*
origen *m* [1] ↑ *comienzo* Ursprung *m;* ◇ **de -** ursprünglich, von Anfang an [2] ↑ *causa* Ursache *f;* ◇ **los -es de la guerra** die Kriegsgründe *m/pl* [3] ↑ *procedencia* Herkunft *f;* **original I.** *adj* [1] ↑ *procedente* ursprünglich [2] ↑ *novedoso* original [3] ↑ *extravagante* orginell **II.** *m* Original *n;* **originalidad** *f* Originalität *f;* **originar I.** *vt* veranlassen, verursachen **II.** *vr(se)* entstehen; **originario** *adj* [1] ▷*persona* stammend (*de* aus); ◇ **ésta fue la casa - de la familia** das ist das Stammhaus der Familie [2] ▷*cosa* ursprünglich, Ursprungs-
orilla *f* [1] (*del mar, río*) Ufer *n* [2] (*de la mesa*) Rand *m;* ◇ **- de** neben, nahe bei [3] (*de vestido*) Borte *f,* Saum *m;* **orillar** *vt* [1] → *dificultad* umgehen, ausweichen *dat* [2] → *prenda* säumen, den Saum festnähen
orín *m* [1] (*del hierro*) Rost *m* [2] ↑ *orina* Urin *m;* **orina** *f* Urin *m;* **orinal** *m* Nachttopf *m;* **orinar** *vi* urinieren

oriundo *adj:* ◇ ~ **de** stammend aus

orla *f* (*de universidad*) Klassenphoto [zum Studienabschluß] *n*

ornamentación *f* Ausschmückung *f,* Verzieren *n;* **ornamentar** *vt* schmücken, dekorieren; **ornamento** *m* Verzierung *f,* Schmuck *m*

ornitólogo(/a) *m/f* (*de aves*) Ornitologe *m* Ornitologin *f*

oro *m* [1] (*metal*) Gold *n;* ◇ ~ **de ley** Feingold *n;* ◇ **no es ~ todo lo que reluce** es ist nicht alles Gold, was glänzt [2] (*objeto de oro*) Goldschmuck *m,* Gold *n* [3] *FIG* ↑ *riqueza* Reichtum *m;* ◇ **hacerse uno de ~** sich eine goldene Nase verdienen [4] NAIPES ◇ **~s** (*palo de naipes*) ≈Herz *n*

orquesta *f* Orchester *n;* ◇ ~ **de cámara/sinfónica** Kammer-/Sinfonieorchester *n*

orquídea *f* FLORA Orchidee *f*

ortiga *f* FLORA Brennessel *f*

ortodoxo *adj* REL *también FIG* orthodox

ortografía *f* Rechtschreibung *f,* Orthographie *f*

ortopedia *f* Orthopädie *f*

oruga *f* Raupe *f*

orujo *m* [1] (*de la uva*) Trester *m,* Treber *m* [2] (*bebida*) Tresterschnaps *m*

orzuelo *m* MED Gerstenkorn *n*

os *pron* euch

osadía *f* [1] ↑ *audacia* Wagemut *m* [2] ↑ *insolencia* Anmaßung *f,* Unverschämtheit *f;* **osado** *adj* [1] ↑ *valiente* mutig, kühn [2] ↑ *insolvente* unverschämt, frech; **osar** *vi* [es] wagen, sich trauen

oscilación *f* [1] (*movimiento*) Schwankung *f* [2] (*de ánimo*) Schwanken *n,* Unsicherheit *f* [3] FIS Schwingung *f;* **oscilar** *vi* [1] (*moverse*) schwingen [2] *FIG* unsicher sein, schwanken

oscurecer ⟨3.5⟩ **I.** *vt* [1] (*poner oscuro*) verdunkeln [2] (*parecer menos brillante*) blaß bleiben (*a* gegen[über]) **II.** *vi* dunkel werden; ◇ **al ~** zu Sonnenuntergang **III.** *vr(se)* sich verfinstern; **oscuridad** *f* [1] Dunkelheit *f* [2] *FIG* Unklarheit *f,* Dunkel *n;* **oscuro** *adj* [1] (*sin luz*) dunkel [2] (*no claro*) unklar, unsicher [3] ↑ *sospechoso* verdächtig [4] (*humilde de origen*) niedrig

óseo *adj* knöchern, Knochen-

oso(/a) *m/f* BIO *también FIG* Bär *m,* Bärin *f;* ◇ ~ **hormiguero** Ameisenbär *m;* ◇ ~ **de peluche** Teddybär *m;* ASTR ◇ **Osa Mayor/Menor** Großer/Kleiner Bär

ostensible *adj* offenbar, deutlich; **ostentación** *f* Zurschaustellung *f;* ◇ **hacer ~** angeben, prahlen; **ostentar** *vt* [1] ↑ *mostrar* zeigen, herzeigen [2] ↑ *exhibir* vorlegen, belegen [3] ↑ *presumir* zur Schau stellen, angeben (*akk* mit) [4] ↑ *poseer* innehaben, besitzen; **ostentoso** *adj* [1] ↑ *lujoso* prächtig, luxoriös [2] ↑ *ostensivo* auffallend, deutlich bemerkbar

ostra *f* Auster *f;* ◇ **aburrirse como una ~** sich zu Tode langweilen

otear *vt* [1] (*desde una altura*) überblicken, einen Überblick haben [2] ↑ *mirar* beobachten

otitis *f* ⟨inv⟩ Ohrenentzündung *f*

otoñal *adj* herbstlich, Herbst-; **otoño** *m también FIG* Herbst *m*

otorgar ⟨3.11⟩ *vt* [1] ↑ *dar* erteilen, zukommen lassen [2] → *contrato* → *testamento* erlassen

otorrinolaringólogo(/a) *m/f* (*médico*) Hals-Nasen-Ohren-Arzt *m,* Hals-Nasen-Ohren-Ärztin *f*

otro I. *adj* [1] (*distinto*) andere(r, s); (*pl*) andere; ◇ **al ~ día** am nächsten Tag; ◇ **de ~a manera** sonst; ◇ **el ~ día** neulich; ◇ **por ~a parte** andererseits [2] ↑ *uno más* noch eine(r,s), weitere(r,s); ◇ ~ **tanto** noch einmal das gleiche; ◇ **no lo harán ~a vez** das werden sie nicht noch einmal tun **II.** *pron* [1] ↑ *distinto* ein anderer, eine andere, ein anderes; ◇ **~s** *pl* andere; ◇ **había, entre ~s, muchos artistas** es waren, unter anderen, viele Künstler da; ◇ **que lo haga ~** das soll jemand anders tun [2] ↑ *uno más* ein weiterer, eine weitere, ein weiteres; ◇ **este es ~ de sus hermanos** das ist ein weiterer Bruder von ihr

ovación *f* Beifall *m,* Ovation *f*

oval, ovalado *adj* oval, eiförmig; **óvalo** *m* Oval *n*

ovario *m* (*de la mujer*) Eierstock *m*

oveja *f también FIG* Schaf *n;* ◇ **cada ~ con su pareja** zu jedem Stück ein Gegenstück; ◇ **la ~ negra de la familia** das schwarze Schaf der Familie

ovillo *m* (*de lana*) Knäuel *n*

OVNI *m* **objeto volante no identificado** Ufo *n*

ovulación *f* Eisprung *m;* **óvulo** *m* Eizelle *f*

oxidación *f* [1] QUIM Oxidation *f* [2] TECNI Rostansatz *m;* **oxidar I.** *vt* QUIM oxidieren **II.** *vr(se)* oxidieren, rosten; **óxido** *m* QUIM Oxid *n*

oxigenado *adj* sauerstoffhaltig; QUIM ◇ **agua** *m* **~a** Wasserstoffsuperoxid; **oxigenarse** *vr* ← *los pulmones* mit Sauerstoff füllen; **oxígeno** *m* Sauerstoff *m*

oyente *m/f* [1] (*quién escucha*) Hörer(in *f*) *m,* Zuhörer *m* [2] (UNI *quién asiste a clase sin participar*) Gasthörer(in *f*) *m*

ozono *m* QUIM Ozon *n*

P

P, p *f* P, p *n*
pabellón *m* [1] (ARQUIT *edificio*) Pavillon *m* [2] Nebengebäude *n* [3] ↑ *bandera* Flagge *f*
pacer ‹3.5› *vi* weiden, grasen
paciencia *f* Geduld *f;* ◇ **con - se gana el cielo** immer mit der Ruhe; **paciente** I. *adj* geduldig II. *m/f* Patient(in *f*) *m*
pacificación *f* Befriedung *f,* Versöhnung *f;* **pacificar** ‹3.7› *vt* befrieden, versöhnen; **pacífico** *adj* [1] ▷*persona* friedlich [2] ▷*país* friedfertig [3] ▷*mar* ruhig [4] ◇ **el Océano P-** der Pazifik; **pacifismo** *m* Pazifismus *m;* **pacifista** *m/f* Pazifist(in *f*) *m*
pacotilla *f FAM:* ◇ **de -** minderwertig
pactar I. *vt* → *negocio* vereinbaren, sich einigen auf *akk* II. *vi* paktieren; **pacto** *m* [1] ↑ *convenio* Vertrag *m,* Abmachung *f* [2] (POL, MIL *entre países*) Pakt *m;* ◇ **- de no agresión** Nichtangriffspakt *m*
pachorra *f FAM* ↑ *tranquilidad* Trägheit *f,* Phlegma *n*
pachucho *adj FAM* ↑ *enfermo* unwohl; ◇ **sentirse -** sich mies fühlen
padecer ‹3.5› I. *vi* ↑ *sufrir* leiden (*de* an *dat*); ◇ **- de los nervios** nervenkrank sein II. *vt* [1] → *enfermedad* erleiden [2] → *engaño* erdulden, über sich ergehen lassen; **padecimiento** *m* Leiden *n*
padrastro *m* Stiefvater *m*
padre *m* [1] (*de familia*) Vater *m;* ◇ **- político** Schwiegervater *m;* ◇ **-s** *pl* Eltern *pl* [2] *FIG* ↑ *inventor* Erfinder *m* [3] REL Pater *m;* ◇ **el P- nuestro** das Vaterunser; **padrino** *m* (*en bautizo*) Taufpate *m;* ◇ **tener -s** gute Beziehungen *pl* haben
paella *f* GASTRON Paella *f (Reisgericht mit Schalentieren, Fisch etc)*
paga *f* [1] (*acción*) Zahlung *f* [2] (*dinero*) Lohn *m,* Gehalt *n;* **pagadero** *adj* zahlbar; ◇ **- en seis meses** fällig in sechs Monaten
pagano(/a) I. *adj* heidnisch II. *m/f* Heide *m,* Heidin *f*
pagar ‹3.11› I. *vt* [1] (*con dinero*) zahlen, bezahlen; ◇ **- al contado/a plazos** bar/in Raten bezahlen [2] → *invitación* Kosten übernehmen [3] *FIG* → *crimen* büßen [4] *FIG* → *a un favor* erwidern, sich revanchieren; *PEY* ◇ **¡me las pagarás!** das zahle ich dir heim!; **pagaré** *m* Schuldschein *m*
página *f* [1] Seite *f* [2] *FIG* ↑ *episodio* Episode *f*
pago *m* [1] (*acción*) Zahlung *f;* ◇ **-s** *pl* Zahlungsverkehr *m;* ◇ **- anticipado** Vorauszahlung *f;* ◇ **- a cuenta** Akontozahlung *f;* ◇ **- a plazos** Ratenzahlung *f* [2] ↑ *cantidad* Betrag *m* [3] *FIG* (*a visita, favor*) Erwiderung *f*
país *m* [1] ↑ *patria* Land *n;* ◇ **- en vías de desarrollo** Entwicklungsland *n;* ◇ **- de origen** Herkunftsland *n;* ◇ **prefiero tomar la bebida del -** ich nehme lieber ein heimisches Getränk [2] ◇ **el P- Vasco** das Baskenland; ◇ **los Paises Bajos** die Niederlande *pl*
paisaje *m* [1] (*territorio*) Landschaft *f* [2] (ARTE *pintura*) Landschaftsgemälde *n;* **paisajístico** *adj* Landschafts-
paisano(/a) I. *adj* aus demselben Land II. *m/f* Landsmann *m,* -männin *f;* ◇ **vestir de -** Zivil tragen
paja *f* [1] AGR Stroh *n;* (*para beber*) Strohhalm *m* [2] (*FIG de poco interés*) Schund *m* [3] *FAM!* ◇ **hacerse una -** sich einen runterholen; **pajar** *m* Scheune *f;* **pájara** *f FAM* ↑ *mujer sagaz* schlaues Weibsbild; **pajarita** *f* (*adorno*) Fliege *f;* ◇ **- de papel** Papierschleife *f;* **pájaro** *m* [1] FAUNA Vogel *m; FIG* ◇ **matar dos -s de un tiro** zwei Fliegen mit einer Klappe schlagen; ◇ **tener la cabeza llena de -s** nichts als Flausen im Kopf haben [2] *FIG* ↑ *hombre astuto* Schlaukopf *m;* **pajarraco** *m* [1] (*PEY pájaro*) garstiger Vogel [2] *PEY FIG* ↑ *persona maligna* durchtriebener Kerl
pajita *f* Strohhalm *m*
Pakistán *m* Pakistan *n*
pala *f* [1] (*para cavar*) Schaufel *f* [2] (*de remar*) Ruderblatt *n* [3] SPORT ↑ *raqueta de madera* Schläger *m*
palabra *f* [1] Wort *n;* ◇ **-s mayores** Schimpfworte *n-pl;* ◇ **en una -** kurz [gesagt]; ◇ **no sé ni -** ich habe keine Ahnung; ◇ **ser persona de pocas -s** wenig Worte machen; ◇ **comerse las -s** sehr schnell reden; ◇ **dejar con la - en la boca** einfach stehenlassen; ◇ **no dirigir la - a alguien** nicht reden mit jd-m; ◇ **medir las -** sich vorsichtig ausdrücken; ◇ **pedir la -** ums Wort bitten; ◇ **no soltar -** kein Wort verlieren; ◇ **tomar la -** das Wort ergreifen [2] (*facultad*) Redevermögen *n;* ◇ **tener facilidad de -** redegewandt sein [3] ↑ *promesa* Versprechen *n;* ↑ *juramento* Ehrenwort *n;* ◇ **cerrar el trato de -** mündlich vereinbaren; ◇ **faltar a la -** sein Wort brechen; **palabrería** *f PEY* ↑ *palabras vanas* leeres Gerede; **palabrota** *f* Schimpfwort *n*
palacete *m* kleines Schloß; **palacio** *m* (*de reyes*) Palast *m;* ◇ **- de justicia** Justizpalast *m*
paladar *m* [1] (*en la boca*) Gaumen *m* [2] *FIG* Geschmack *m;* **paladear** *vt* [1] ↑ *apreciar el sabor* schmecken [2] ↑ *recrearse* genießen

palanca *f* Hebel *m*
palangana *f* Waschbecken *n*
palco *m* TEATRO Loge *f*
palestino(/a) I. *adj* palästinisch, palästinensisch II. *m/f* Palästinenser(in *f*) *m*
paleta *f* [1] (*de pintor*) Palette *f* [2] (*de albañil*) Kelle *f* [3] TECNI Radschaufel *f*
paleto(/a) *m/f PEY* ↑ *ignorante* Bauerntrampel *m*
paliar *vt* [1] → *dolor* lindern; → *disgusto* mildern [2] → *situación* vertuschen, bemänteln
palidecer ⟨3.5⟩ *vi* blaß werden, erblassen; **palidez** *f* Blässe *f*; **pálido** *adj* blaß
palillo *m* [1] ↑ *mondadientes* Zahnstocher *m* [2] (*de tambor*) Trommelstock *m* [3] *FAM* ↑ *persona muy delgada* Hering *m*
palique *m FAM*: ◇ **estar de ~** plaudern
paliza *f* I. *adj* (*FAM persona*) stinklangweilig; ◇ **dar la ~** auf die Nerven gehen *dat*, nerven II. [1] (*de golpes*) Tracht, Prügel *f*; *FAM* ◇ **dar una ~ a alguien** jd-m eine Tracht Prügel verabreichen *dat*; *también FIG* jd-m eine verpassen [2] (*de ejercicio físico*) große Anstrengung
palizada *f* (*separación*) Palisadenzaun *m*
palma *f* [1] (*de la mano*) Handfläche *f*; ◇ **dar ~s** klatschen [2] (*árbol*) Palme *f*; **palmada** *f* Schlag *m* mit der flachen Hand; ◇ **dar ~s** applaudieren
palmar *vi*: ◇ **~la** *FAM* abkratzen
palmear *vi* klatschen
palmera *f* Palme *f*
palmo *m* (*medida*) Spanne *f*; (*de la mano*) Handbreit *f*; ◇ **~ a ~** schrittweise, Stück für Stück; ◇ **conocer una ciudad a ~s** eine Stadt in- und auswendig kennen; *FAM* ◇ **dejar a alguien con un ~ de narices** jd-n für dumm verkaufen
palmotear *vi* [Beifall] klatschen
palo *m* [1] (*de madera*) Stock *m*; ◇ **pierna de ~** Holzbein *n* [2] (NAUT *de barco*) Mast *m* [3] ↑ *golpe* [Stock]Schlag *m*; ◇ **andar a ~s** wie Hund und Katz sein; ◇ **dar ~s de ciego** wild um sich schlagen [4] NAIPES Farbe *f*
paloma *f* Taube *f*; ◇ **~ mensajera** Brieftaube *f*; **palomilla** *f* ↑ *tuerca* Flügelmutter *f*; **palomitas** *f/pl* : ◇ **~ de maíz** Popcorn *n*
palpable *adj* [1] ↑ *que se puede tocar* greifbar [2] *FIG* ↑ *evidente* deutlich; **palpar** *vt* [1] (*con dedos*) befühlen, betasten; ↑ *acariciar* streicheln [2] *FIG* ↑ *ver, entender* erfassen, begreifen
palpitación *f* ↑ *latido* Herzklopfen *n*; **palpitante** *adj* [1] schlagend [2] *FIG* ▷*tema* brennend; **palpitar** *vi* [1] ← *corazón* klopfen, schlagen [2] *FIG* ← *sentimiento* pulsieren
palúdico *adj* MED Malaria-; **paludismo** *m* Malaria *f*
palurdo(/a) I. *adj* ↑ *paleto* schwerfällig, plump II. *m/f* Tölpel *m*
pamela *f* ↑ *sombrero de paja* Strohhut *m*
pampa *f* Pampa *f*, Grasland *n*
pamplina *f* ↑ *tontería* Unsinn *m*; ◇ **¡~s!** Quatsch!
pan *m* [1] Brot *n*; ◇ **~ de molde** Kastenbrot *m*; ◇ **~ integral** Vollkornbrot *n*; ◇ **~ rallado** Paniermehl *n*; *FIG* ◇ **es más bueno que el ~** sie ist ein herzensguter Mensch; ◇ **llamar al ~, ~ y al vino, vino** die Dinge beim Namen nennen [2] *FIG* Lebensunterhalt *m*; ◇ **Juan se gana el ~ con mucho trabajo** Juan verdient sich seinen Lebensunterhalt nicht leicht [3] (*de barra*) Stange *f*
pana *f* (*tejido*) Kord[samt] *m*
panacea *f* ↑ *remedio para todo* Allheilmittel *n*
panadería *f* Bäckerei *f*; **panadero(/a)** *m/f* Bäcker(in *f*) *m*
panal *m* (*de abejas*) [Honig]Wabe *f*
Panamá *m* Panama *n*; **panameño(/a)** I. *adj* panamaisch II. *m/f* Panamaer(in *f*) *m*
pancarta *f* Transparent *n*
pancho *adj* ↑ *tranquilo* gelassen, unerschütterlich
panda [1] *f* (*de amigos*) Bande *f*; *FAM* Clique *f*
panda [2] *m* FAUNA: ◇ **oso** *m* **~** Pandabär *m*
pandereta *f* Tamburin *n*
pandilla *f FAM* Clique *f*
panecillo *m* Brötchen *n*, Semmel *f*
panel *m* Platte *f*, Tafel *f*
panera *f* Brotkorb *m*
pánfilo *adj* [1] ↑ *tonto* schwer von Begriff [2] ↑ *lento* schwerfällig
panfleto *m* Pamphlet *n*
pánico *m* Panik *f*
panorama *m* (*de paisaje*) Panorama *n*
pantalón *m* , **pantalones** *m/pl* Hose *f*; ◇ **~es vaqueros** Jeans *f*; ◇ **llevar los ~** die Hosen anhaben
pantalla *f* [1] (*de lámpara*) [Lampen-]Schirm *m*; (*de cine*) Leinwand *f* [2] (MEDIA, INFORM *de ordenador*) Bildschirm *m* [3] (*de sol*) Solarzelle *f* [4] *FIG* ↑ *pretexto* Vorwand *m*
pantano *m* [1] (*natural*) Sumpf *m*; (*artificial*) Stausee *m* [2] *FIG* Schwierigkeit *f*; *FAM* Klemme *f*; **pantanoso** *adj* ▷*terreno* sumpfig
pantera *f* Panther *m*
pantomima *f* Pantomime *f*
pantorrilla *f* ANAT Wade *f*
pantufla *f* Pantoffel *m*
panza *f* ↑ *vientre abultado* Wanst *m*; **panzudo** *adj* dickbäuchig
pañal *m* [1] Windel *f* [2] ◇ **~es** *pl* Wickelzeug *n*; *FIG* ◇ **estar en ~es** (*persona*) ein Grünschnabel *m* sein; (*técnica*) in den Kinderschuhen stecken

paño *m* [1] (*tejido*) Stoff *m; FIG* ◇ **conocer el ~** Bescheid wissen [2] ↑ *trozo de tela* Tuch *n* [3] ◇ **~s menores** Unterwäsche *f;* **pañoleta** *f* (*prenda*) Schultertuch *n*

pañuelo *m* Taschentuch *n*

papa [1] *f* (*AM*) Kartoffel *f;* ◇ **~s fritas** Pommes frites *pl*

papa [2] *m* REL Papst *m;* **papá** *m FAM* Papa *m*

papada *f* Doppelkinn *n*

papagayo *m* Papagei *m*

papal *adj* REL päpstlich

papamoscas *m* ⟨inv⟩ [1] FAUNA Fliegenschnäpper *m* [2] *FAM* Trottel *m*

papanatas *m* ⟨inv⟩ *FAM* Trottel *m*, Armleuchter *m*

papar *vt FAM* ↑ *comer* hinunterschlingen

paparrucha *f* [1] ↑ *tontería* Quatsch *m*, Blödsinn *m* [2] ↑ *mentira* Falschmeldung *f;* (*de periódico*) Ente *f*

papel *m* [1] ↑ *hoja* Papier *n;* ◇ **~ de calcar** Pauspapier *n;* ◇ **~ de cartas** Briefpapier *n;* ◇ **~ celofán** Klarsichtfolie *f;* ◇ **~ de envolver** Packpapier *n;* ◇ **~ de empapelar** Tapete *n f;* ◇ **~ de fumar** Zigarettenpapier *n;* ◇ **~ higiénico** Toilettenpapier *n;* ◇ **~ de lija** Schmirgelpapier *n;* ◇ **~ moneda** Papiergeld *n;* ◇ **~ reciclado** Recyclingpapier *n*, Umwelt[schutz]papier *n;* ◇ **~ secante** Löschpapier *n;* ◇ **~ vegetal** Pauspapier *n* [2] ↑ *impreso* Zettel *m;* ◇ **~es** Papiere *pl* [3] (TEATRO *FIG de teatro*) Rolle *f; FIG* ◇ **hacer el ~ de** agieren als; *FIG* ◇ **hacer buen/mal ~** einen guten/schlechten Eindruck hinterlassen; **papeleo** *m* Papierkrieg *m;* **papelera** *f* [1] ↑ *cesto* Papierkorb *m* [2] (*fábrica*) Papierfabrik *f;* **papelería** *f* (*tienda*) Schreibwarengeschäft *n;* **papeleta** *f* [1] (*de rifa*) Los *n* [2] (COLE, UNI *de examen*) Schein *m* [3] (POL *de votación*) Wahlzettel *m* [4] *FIG* ↑ *asunto difícil* unangenehme Aufgabe; **papelón** *m :* ◇ **hacer un ~** einen Narren aus sich machen; **papelorio** *m PEJ* ↑ *confusión de papeles* Haufen *m* Papierzeug

paperas *f/pl* MED Mumps *m*

papilla *f* ↑ *sopa espesa* Brei *m;* ◇ **dejar a alguien hecho ~** jd-n fertigmachen; *FAM* jd-n schaffen

papiro *m* (*planta, papel*) Papyrus *m*

papo *m* [1] *FAM* ↑ *carrillo* Kropf *m* [2] *FAM* ↑ *descaro* Frechheit *f*

paquete *m* [1] Paket *n;* ◇ **~ postal** Paketpost *f* [2] (*pequeño*) Päckchen *n;* ◇ **~ de cigarrillos** Schachtel *f* Zigaretten; *FAM* ◇ **ir de ~ en la moto** als Beifahrer/Sozius mitfahren

par I. *adj* ↑ *semejante* gleich; ▷*números* gerade **II.** *m* Paar *n;* ◇ **a la ~** gleichzeitig; ◇ **un ~ de libros** zwei Bücher, ein paar Bücher; ◇ **dejar la puerta abierta de ~ en ~** die Tür sperrangelweit auflassen

para *prep* [1] (*finalidad*) für *akk;* ◇ **Juan vale ~ alcalde** Juan taugt zum Bürgermeister; ◇ **no le pagan ~ el trabajo que hace** für ihre Arbeit wird sie nicht richtig bezahlt; ◇ **no tengo tiempo ~ eso** dafür habe ich keine Zeit; ◇ **necesita dinero ~ comprar una cosa** sie braucht Geld, um etw zu kaufen; ◇ **eso es mucho ~ lo que él necesita** das ist mehr als er braucht; ◇ **decir ~ sí** zu sich selbst sagen [2] (*tiempo*) ◇ **aplazarlo ~ mañana** auf morgen verschieben; ◇ **te lo doy ~ siempre** das kannst du für immer behalten; ◇ **lo quiero ~ el martes** ich will es bis Dienstag haben; ◇ **está ~ llover** es sieht nach Regen aus, es wird gleich regnen [3] (*dirección*) ◇ **tráelo ~ acá** bring es hierher [4] ◇ **~ que** (+ *subjuntivo*) um … zu, damit; ◇ **te lo digo para que te informes mejor** ich sage es dir, damit du dich besser informierst [5] ◇ **¿~ qué?** wozu? wofür?; ◇ **¿~ qué lo necesitas?** wozu brauchst du das? [6] (*contraste*) ◇ **habla muy bién ~ su edad** für sein Alter spricht er sehr gut

parábola *f* Parabel *f;* REL Gleichnis *n;* **parabólico** *adj:* ◇ **antena ~a** Parabolantenne *f; FAM* Schüssel *f*

parabrisas *m* ⟨inv⟩ AUTO Windschutzscheibe *f*

paracaídas *m* ⟨inv⟩ Fallschirm *m;* **paracaidismo** *m* SPORT Fallschirmspringen *n;* **paracaidista** *m/f* [1] SPORT Fallschirmspringer(in *f*) *m* [2] MIL Fallschirmjäger *m*

parachoques *m* ⟨inv⟩ AUTO Stoßdämpfer *m*

parada *f* [1] Anhalten *n*, Stoppen *n;* (*de producción*) Stillstand *m* [2] (*lugar*) Haltestelle *f;* ◇ **~ de autobús** Bushaltestelle *f* [3] MIL Parade *f*

paradero *m* Aufenthaltsort *m*

parado(/a) I. *adj* [1] ↑ *sin actividad* untätig, bewegungslos; ▷*vehículo* stillstehend [2] ↑ *sin trabajo* arbeitslos [3] ▷*fábrica* geschlossen [4] *FIG* ◇ **quedarse ~** sprachlos sein; *FAM* baff sein [5] ◇ **salir bien/mal ~** bei einer Sache gut/schlecht wegkommen **II.** *m/f* ↑ *sin trabajo* Arbeitslose(r) *fm*

paradoja *f* Paradox *n*, Widersinnigkeit *f;* **paradójico** *adj* paradox

parador *m :* ◇ **~ nacional** staatliches Hotel

paráfrasis *m* ⟨inv⟩ Paraphrase *f*, Umschreibung *f*

paraguas *m* ⟨inv⟩ Regenschirm *m*

paraguayo(/a) I. *adj* paraguayisch **II.** *m/f* Paraguayer(in *f*) *m*

paragüero *m* Schirmständer *m*

paraíso *m* Paradies *n*
paraje *m* Gegend *f*, Ort *m*
paralela *f* [1] ▷*línea* Parallele *f* [2] ◇ **-as** *pl* SPORT Barren *m;* **paralelismo** *m* ↑ *semejanza* Entsprechung *f*, Parallelismus *m;* **paralelo(/a)** I. *adj* parallel (*a* zu) II. *m* [1] (GEO *al Ecuador*) Breitengrad *m* [2] *FIG* ↑ *comparación* Parallele *f* (*a* zu)
parálisis *f* ⟨inv⟩ Lähmung *f;* **paralítico(/a)** I. *adj* gelähmt II. *m/f* Gelähmte(r) *fm;* **paralización** *f* [1] (*del cuerpo*) Lähmung *f* [2] (*del tráfico*) Stockung *f* [3] COM Stagnation *f;* **paralizar** ⟨3.10⟩ I. *vt* [1] → *cuerpo* lähmen [2] → *tráfico* hemmen II. *vr(se)* [1] ← *movimiento* gelähmt werden [2] *FIG* ← *obra* stocken, steckenbleiben
parámetro *m* Parameter *m*
paramilitar *adj* paramilitärisch
páramo *m* Ödland *n*
parangón *m* : ◇ **sin** ~ unvergleichlich
paraninfo *m* (UNI *en universidad*) Audimax *m*
paranoia *f* Paranoia *f;* **paranoico(/a)** I. *adj* paranoisch II. *m/f* Paranoiker(in *f*) *m*
paranormal *adj:* ◇ **fenómeno** ~ paranormale Erscheinung
parapeto *m* ARQUIT ↑ *baranda* Brüstung *f*
paraplejía *f* MED doppelseitige Lähmung; **parapléjico(/a)** I. *adj* beidseitig gelähmt II. *m/f* MED Paraplegiker(in *f*) *m*
parar I. *vi* [1] ↑ *detener* anhalten, stoppen; ◇ **habla sin** ~ unaufhörlich; ◇ ~ **de hablar** aufhören zu reden [2] ◇ ~ **en** enden bei/in *dat*, führen zu; ◇ **irá a ~ mal** das wird ein böses Ende haben; ◇ **al fin paró en la cárcel** schließlich landete er im Gefängnis [3] ↑ *hospedarse* absteigen (*en* in *dat*) II. *vt* [1] → *coche* anhalten, stoppen [2] → *golpe* abfangen [3] → *máquina* abschalten III. *vr(se)* ← *reloj* stehenbleiben; ← *persona* stehenbleiben, innehalten; ◇ **se paró a pensar** er überlegte einen Moment
pararrayos *m/sg* Blitzableiter *m*
parásito(/a) I. *adj* parasitär II. *m/f* (*animal, vegetal*) Parasit *m* III. *m FIG* Schmarotzer *m*
parcela *f* [1] (*de tierra*) Parzelle *f* [2] (*FIG de algo*) kleines Stück
parcial *adj* [1] (*parte*) Teil- [2] ↑ *incompleto* teilweise [3] ↑ *no objetivo* parteiisch, befangen; **parcialidad** *f* [1] ↑ *preferencia* Parteilichkeit *f* [2] ↑ *desigualdad* Ungerechtigkeit *f*
parco *adj* ↑ *moderado* mäßig; ◇ ~ **en palabras** wortkarg
parche *m* [1] (*de roto*) Flicken *m;* ◇ ~ **de ojo** Augenklappe *f* [2] (MED *de herida*) Pflaster *n* [3] *FIG FAM* ↑ *solución incompleta* Pfusch *m*
parchís *m* (*juego*) ≈"Mensch, ärgere dich nicht" *n*
pardo *adj* ▷*color* braun, grau; ◇ **de noche todos los gatos son ~s** nachts sind alle Katzen grau
parecer ⟨3.5⟩ I. *m* [1] ↑ *manera de pensar* Meinung *f*, Ansicht *f;* ◇ **a mi** ~ meiner Meinung nach [2] ↑ *aspecto* Aussehen *n;* ◇ **al** ~ anscheinend, dem Anschein nach II. *vi* [1] ↑ *dar la sensación de* den Anschein haben, scheinen; ◇ **según parece** je nachdem; ◇ **parece que va a llover** es sieht so aus, als ob es gleich regnet [2] ↑ *semejar* aussehen wie, gleichen *dat;* ◇ **su casa parece un palacio** sein Haus gleicht einem Palast [3] (*opinión*) meinen, finden, der Ansicht sein; ◇ **me parece que** ich meine, daß; ◇ **¿qué te parece el nuevo jefe?** wie findest du den neuen Chef?; ◇ **me parece bien/mal que** ich finde es [nicht] gut, daß … III. *vr(se)* sich ähnlich sein [*o.* sehen]; ◇ **-se a algo/alguien** e-r Sache/jd-m ähneln; **parecido** I. *adj* ähnlich; ◇ **bien** ~ gutaussehend; ◇ **mal** ~ häßlich; ◇ **o algo ~, o cosa ~a** sowas ähnliches II. *m* Ähnlichkeit *f*
pared *f* Wand *f*
parejo(/a) I. *adj* ↑ *sin diferencias* gleich II. *f* [1] (*de personas, animales*) Paar *n* [2] (*de baile*) Partner(in *f*) *m* [3] NAIPES Pärchen *n*
parentela *f* Verwandtschaft *f;* **parantesco** *m* [Bluts-]Verwandtschaft *f*
paréntesis *m* ⟨inv⟩ [1] GRAM Klammer *f* [2] *FIG* ↑ *pausa* Unterbrechung *f*
parida *f FAM* ↑ *tontería* Unsinn *m*
pariente(/a) *m/f* Verwandte(r) *m/f*
paripé *m FAM*: ◇ **hacer el** ~ (*darse importancia*) sich aufspielen, wichtigtun; (*cubrir apariencias*) den Schein wahren
parir I. *vt* [1] → *niño* gebären, zur Welt bringen [2] *FIG* hervorbringen, schaffen II. *vi* ← *persona* gebären; ← *animal* werfen
parking *m* [1] (*en la calle*) Parkplatz *m* [2] ↑ *garaje* Parkhaus *n*
parlamentar *vi* ↑ *pactar* verhandeln; **parlamentario(/a)** I. *adj* parlamentarisch II. *m/f* [1] (*del parlamento*) Abgeordnete(r) *fm* [2] ↑ *emisario* Parlamentarier(in *f*) *m;* **parlamento** *m* Parlament *n*
parlanchín(-ina) I. *adj* schwatzhaft II. *m/f* Schwätzer(in *f*) *m;* **parlar** *vi* ↑ *charlar* schwätzen; **parlotear** *vi* plappern
paro *m* [1] ↑ *inactividad* Stillstand *m* [2] ↑ *interrupción* Aussperrung *f* [3] (*sin trabajo*) Arbeitslosigkeit *f;* ◇ **cobrar el** ~ Arbeitslosengeld *n* beziehen; ◇ **estar en** ~ arbeitslos sein
parodia *f* Parodie *f;* **parodiar** *vt* parodieren
parpadear *vi* [1] ← *persona* blinzeln [2] ← *estrella* flimmern; **párpado** *m* [Augen-]Lid *n*

parque *m* [1] Park *m;* ◇ ~ **de atracciones** Rummelplatz *m;* ◇ ~ **nacional** Nationalpark *m;* ◇ ~ **zoológico** Tiergarten *m,* Zoo *m* [2] (*de niño*) Spielplatz *m* [3] MIL *etc.* Depot *n;* ◇ ~ **de bomberos** Feurwehrzentrale *f*

parqué, **parquet** *m* Parkett *n*

parquedad *f* ↑ *moderación* Schlichtheit *f,* Bescheidenheit *f*

parquímetro *m* Parkuhr *f*

párrafo *m* TIP Absatz *m*

parranda *f FAM* Kneipenbummel *m;* ◇ **ir de** ~ eine Sauftour machen

parrilla *f* GASTRON Grill *m;* ◇ **sardinas a la** ~ gegrillte Sardinen; **parrillada** *f* (GASTRON *de carne*) gegrilltes Fleisch; (*de pescado*) gegrillter Fisch

párroco *m* [Gemeinde-]Pfarrer(in *f*) *m;* **parroquia** *f* [1] REL ↑ *territorio, fieles* Gemeinde *f,* Pfarrei *f* [2] ↑ *iglesia* Pfarrkirche *f*

parsimonia *f* ↑ *calma* Umsicht *f,* Ruhe *f*

parte [1] *f* [1] Teil *m;* ◇ ~ **integrante** Bestandteil *m;* ◇ **la mayor** ~ **de** die meisten ...; ◇ **en gran** ~ größtenteils; ◇ **por mi** ~ meinerseits; ◇ **por una** ~ **... por otra** ~ einerseits ... andererseits; ◇ **formar** ~ **de** ein Teil sein von; ◇ **salúdale de mi** ~ grüß ihn von mir; ◇ **¡vamos por ~s!** gehen wir es Stück für Stück durch!; ◇ **tus argumentos me convencen sólo en** ~ deine Argumente überzeugen mich nur teilweise/zum Teil [2] *también FIG* ↑ *cantidad* Anteil *m;* ◇ **a ~s iguales** zu gleichen Teilen; ◇ **tomar** ~ sich beteiligen (*en* an *dat*); ◇ **la joven es de origen español por** ~ **de madre** mütterlicherseits ist das Mädchen spanischer Herkunft [3] ↑ *lugar* Gegend *f;* ◇ **personas interesantes hay en todas** ~ interessante Leute gibt es überall; ◇ **en alguna** ~ irgendwo; ◇ **en cualquier** ~ überall; ◇ **en ninguna** ~ nirgends [4] JUR Seite *f,* Partei *f;* ◇ ~ **contratante** Vertragspartei *f* [5] TEATRO Rolle *f* [6] ANAT ◇ **sus ~s** Geschlechtsteile *pl*

parte [2] *m* Benachrichtigung *f;* ↑ *informe* Bericht *m;* ◇ **dar** ~ **a alguien** jd-n benachrichtigen

partera *f* ↑ *comadrona en los partos* Hebamme *f*

partición *f* ↑ *distribución* [Ver-]Teilung *f*

participación *f* [1] (*acción*) Teilnahme *f* (*en* an *dat*) [2] ↑ *cantidad que corresponde* Anteil *m* (*en* an *dat*); *FIG* Beteiligung *f;* ◇ **su** ~ **en la solución del problema** ihre Beteiligung an der Lösung des Problems [3] (*en la lotería*) Losbeteiligung *f;* **participante I.** *adj* beteiligt (*en* an *dat*) **II.** *m/f* Teilnehmer(in *f*) *m;* **participar I.** *vt* ↑ *dar a conocer* mitteilen **II.** *vi* [1] teilnehmen (*en* an *dat*) [2] FIN beteiligt sein (*de* an *dat*) [3] ◇ ~ **de una cosa** etw miteinander gemein haben; **partícipe** *m/f* Beteiligte(r) *fm,* Teilnehmer(in *f*) *m* (*de* an *dat*)

participio *m* GRAM Partizip *n*

partícula *f* ↑ *parte muy pequeña* Teilchen *n,* Partikel *n*

particular I. *adj* [1] ▷*sabor* besonders, speziell; ◇ **en** ~ vor allem, besonders [2] (*de persona*) Privat-, persönlich; ◇ **el profesor da clases ~es** der Lehrer gibt Privatstunden [3] ↑ *raro* eigentümlich, komisch [4] ↑ *no universal* eigen (*a dat*) **II.** *m* [1] ▷*asunto* Privatangelegenheit *f* [2] ▷*persona* Privatperson *f;* **particularidad** *f* [1] ↑ *rasgo distintivo* Eigenheit *f,* Eigentümlichkeit *f,* Besonderheit *f* [2] ↑ *detalle* Detail *n;* **particularizar** ⟨3.10⟩ *vt* [1] ↑ *expresar en todo detalle* genau angeben [2] ↑ *individualizar* sich beziehen auf

partida *f* [1] (*acción*) Abfahrt *f* [2] (*cantidad*) Portion *f* [3] (*de ajedrez*) Partie *f; FIG* ◇ **le ha jugado una mala** ~ er hat ihr übel mitgespielt [4] ↑ *documento* Bescheinigung *f;* ◇ ~ **de defunción** Totenschein *m;* ◇ ~ **de nacimiento** Geburtsurkunde *f;* ◇ ~ **de matrimonio** Heiratsurkunde *f*

partidario(/a) I. *adj* parteiisch **II.** *m/f* Parteigänger(in *f*) *m,* Anhänger(in *f*) *m;* ◇ **es** ~ **del aborto** sie ist für Abtreibung; **partidismo** *m* Parteilichkeit *f;* POL Kadavergehorsam *m;* **partido** *m* [1] POL *etc.* Partei *f; FIG* ◇ **ser un buen** ~ (*como marido*) eine gute Partie sein [2] SPORT Spiel *n* [3] ↑ *provecho* Nutzen *m;* ◇ **sacar** ~ **de** Nutzen ziehen aus *dat;* ◇ **Juan sacó** ~ **de la crisis** Juan hat von der Krise profitiert

partir I. *vt* [1] → *avellanas* aufbrechen [2] → *papel* aufschlagen [3] → *pan* abschneiden [4] NAIPES austeilen **II.** *vi* [1] ↑ *irse* abreisen, aufbrechen (*para* nach) [2] (*FIG de un antecedente*) ausgehen (*de* von); ◇ **a** ~ **de hoy quiere trabajar más** von ... an/ab heute will sie mehr arbeiten **III.** *vr(se)* auseinanderbrechen, sich spalten

partitura *f* MUS Partitur *f*

parto *m* Geburt *f;* ◇ ~ **sin dolor** sanfte Geburt; ◇ **estar de** ~ in den Wehen liegen

parvulario *m* Vorschule *f;* **parvulo** *m* Kleinkind *n*

pasa *f* Rosine *f; FIG* ◇ **como una** ~ verhutzelt, runzlig

pasada *f* [1] (*acción*) Vorübergehen *n;* ◇ **este libro lo he leído de** ~ das Buch habe ich sehr oberflächlich gelesen [2] (*cada aplicación*) Wischen *n* [3] (*de pintura*) Anstrich *m* [4] ◇ **mala** ~ Gemeinheit *f*

pasadizo *m* [1] (*en edificio*) Gang *m;* ◇ ~ **secreto** Geheimgang *m* [2] ↑ *callejón* Gasse *f*

pasado(/a) I. *adj* [1] ▷*tiempo* vergangen; ◇ ~ **mañana** übermorgen; ◇ **el mes** ~ [im] letzten Monat; ◇ **la semana -a** letzte/vorige Woche [2] ▷*informe* überholt, veraltet; ▷*chiste* abgedroschen [3] ▷*vestido* abgetragen; ▷*comida* verdorben; ▷*flores* verwelkt [4] ▷*arroz* verkocht **II.** *m* Vergangenheit *f*

pasador *m* [1] (*de la puerta*) Riegel *m* [2] (*de pelo*) Spange *f* [3] ↑ *colador* Sieb *n*

pasaje *m* [1] (*calle*) Durchgang *m*, Durchfahrt *f* [2] ↑ *billete* Fahrschein *m* [3] (NAUT *de barco*) Überfahrt *f;* AERO Flug *m* [4] (*de obra literaria*) Stelle *f*, Passage *f*

pasajero(/a) I. *adj* vorübergehend **II.** *m/f* AERO, NAUT Passagier *m*

pasamanos *m* ‹inv› ↑ *barandilla* Geländer *n;* (*de escalera*) Treppengeländer *n*

pasamontañas *m* Skimütze *f*

pasaporte *m* Reisepaß *m*

pasar I. *vt* [1] ↑ *atravesar* → *río, calle etc.* überqueren, fahren über *akk;* → *frontera* überschreiten, passieren; → *túnel* fahren/gehen durch; *FIG* → *límite* überschreiten [2] (*por un lugar*) vorbeifahren/gehen an *dat*, passieren; → *coche* überholen; *FIG* → *persona* übertreffen (*en* in *dat*); ◇ ~ **un semáforo en rojo** eine rote Ampel überfahren/passieren [3] (*la mano*) gleiten lassen, streichen (*por* über *akk*) [4] ↑ *dar* → *mano, libro* geben, reichen *dat;* → *información* zukommen lassen *dat* [5] → *enfermedad* anstecken mit [6] COLE, UNI → *examen* bestehen; → *examinando* bestehen lassen [7] ↑ *omitir* auslassen, übergehen; → *error* übersehen; → *niño* nachsichtig sein mit; ◇ **el profesor no deja** ~ **ningún error** der Lehrer läßt keinen einzigen Fehler durchgehen; *FIG* ◇ ~ **por alto algo** über etw *akk* hinwegsehen; ◇ **no deberías** ~ **por alto este aspecto** diesen Aspekt solltest du nicht vernächlässigen [8] → *tiempo* verbringen; ◇ **-lo bien** es sich gutgehen lassen; ◇ **-lo en grande** sich prächtig amüsieren [9] → *invierno, enfermedad* hinter sich *akk* bringen [10] → *rabia* vorbeigehen lassen [11] ↑ *soportar* → *pena* erleiden, aushalten [12] GASTRON durchpassieren **II.** *vi* [1] (*hacia adentro*) hineingehen; (*por la calle, ventana*) vorbeigehen, vorübergehen (*por* an *dat*); ◇ **¡pase usted!** kommen Sie herein!; ◇ **¡pasa!** herein!; ◇ **pasaré por tu casa esta tarde** ich schaue/komme heute nachmittag mal vorbei; ◇ **esta casa pasó a mi propiedad** dieses Haus ist in meinen Besitz übergegangen; ◇ **sus familiares pasaron de España a Portugal** ihre Verwandten gingen von Spanien nach Portugal [2] (*cruzar*) durchgehen, durchfahren; ◇ **el tunel pasa de un lado a otro de la montaña** der Tunnel geht durch den Berg hindurch [3] ← *tiempo* vergehen; ← *crisis* vorübergehen [4] ↑ *suceder* vorkommen, passieren; ◇ **lo que pasa es que…** die Sache ist die, daß …; ◇ **pase lo que pase** egal was passiert; ◇ **¿qué pasa?** was ist los? [5] NAIPES passen [6] ◇ ~ **a** *infinitivo* anfangen zu *+Infinitiv* [7] ◇ ~ **de algo** über etw *akk* hinausgehen; (*no detenerse*) ◇ ~ **de largo** sich nicht zurückhalten [8] ◇ ~ **por** gehalten werden für; ◇ **pasa por bien médico** er soll ein guter Arzt sein; ◇ **pasa por 19** sie sieht aus wie 19 [9] *FAM* ◇ ~ auf alles pfeifen; ◇ **yo paso** ist mir egal **III.** *vr(se)* [1] ← *crisis, enfermedad* vorbeigehen, vorübergehen [2] ← *belleza, sentimiento* vergehen; ← *fruta* schlecht werden, verderben [3] (*cambiar de opinión*) überwechseln, überlaufen (*a* zu) [4] *FIG* ↑ *exagerar* übertreiben, zu weit gehen; ◇ **se pasa de cuidadoso** sie ist zu sorgfältig [5] (*olvidarse de algo*) vergessen; → *oportunidad* verpassen [6] ◇ **-se de listo** sich unheimlich schlau vorkommen

pasarela *f* [1] (*de barco*) Gangway *f* [2] (*de peatones*) Steg *m*, Brücke *f* [3] (*de modelo*) Laufsteg *m*

pasatiempo *m* Zeitvertreib *m*

Pascua *f* : ◇ ~ Ostern *n;* ◇ **¡felices -s!** frohe Ostern!; ◇ **estar como unas p-s** quietschvergnügt sein; ◇ **hacer la p- a alguien** jd-n schikanieren

pase *m* [1] ↑ *entrada gratis* Freikarte *f* [2] ↑ *autorización* Passierschein *m;* AERO ◇ ~ **de embarque** Bordkarte *f* [3] SPORT [Ball-]Abgabe *f*, Paß *m*

paseante *m/f* Spaziergänger(in *f*) *m;* **pasear I.** *vt* [1] → *niño* spazierenführen, ausführen [2] ↑ *mostrar* herumzeigen **II.** *vi, vr(se)* [1] ↑ *andar* spazierengehen; ◇ ~ **a caballo** ausreiten; ◇ ~ **por el parque** im Park spazierengehen [2] (*en vehículo*) spazierenfahren; ◇ ~ **en barca** eine Bootsfahrt machen; **paseo** *m* [1] (*acción*) Spaziergang *m;* ◇ **dar un** ~ einen Spaziergang machen; *FIG* ◇ **mandar a** ~ abweisen, einen Korb geben *dat* [2] (*lugar*) Promenade *f* [3] (*distancia*) kurzes Stück

pasillo *m* Flur *m*

pasión *f* [1] (*sentimiento*) Leidenschaft *f* [2] REL Passion *f;* **pasional** *adj* leidenschaftlich

pasividad *f* ↑ *inactividad* Passivität *f;* **pasivo(/a)** I. *adj* [1] ▷*objeto* passiv [2] ▷*persona* untätig **II.** *m* COM Soll *n* **III.** *f* GRAM Passiv *n*

pasma *f FAM* ↑ *policía* die Bullen *pl*

pasmar I. *vt* ↑ *sorprender* erstaunen, verblüffen **II.** *vr(se)*: ◇ **-se de** sich wundern über *akk*, staunen über *akk;* **pasmo** *m* ↑ *asombro extremado* Erstaunen *n*, Verblüffung *f;* **pasmoso** *adj* erstaunlich

paso(/a) I. *adj* ▹*frutos* getrocknet; ◇ **uvas -as** getrocknete Trauben/Rosinen *f-pl* **II.** *m* [1] (*movimiento*) Schritt *m;* ↑ *manera de andar* Gang *m;* ↑ *huella* Fußabdruck *m;* ◇ **- a -** Schritt für Schritt; ◇ **¡abran -!** machen Sie Platz!; ◇ **dar un - en falso** sich *dat* den Fuß vertreten; ◇ **estar de -** auf der Durchreise sein; ◇ **marcar el -** auf der Stelle treten; ◇ **seguir los -s a alguien** jd-n beschatten [2] *FIG* Maßnahme *f*, Schritt *m;* ◇ **de -** flüchtig; ◇ **dar un - en falso** einen Fehltritt begehen; ◇ **dar un mal -** eine falsche Entscheidung treffen; ◇ **salir al -** etw klarstellen; ◇ **seguir los -s de alguien** in jd-s Fußstapfen treten; ◇ **a ese - no llegaremos lejos** mit dieser Geschwindigkeit kommen wir nicht weit [3] ↑ *cruce* Übergang *m;* ↑ *camino* Durchgang *m;* ARQUIT Pannage *f;* ◇ **- elevado** Überführung *f;* ◇ **- de montaña** Gebirgspaß *m;* ◇ **prohibido el -** Durchgang verboten; ◇ **abrirse -** sich *dat* den Weg freimachen; ◇ **ceder el -** Platz machen *dat* [4] MUS ◇ **- doble** Pasodoble *m* [5] (REL *de Semana Santa*) Heiligenbild *n* bei Prozessionen

pasota *m/f FAM* Null-Bock-Typ *m*, Aussteiger(in *f*) *m*

pasta *f* [1] ↑ *masa* Masse *f*, Brei *m;* ◇ **- dentífrica** Zahnpasta *f* [2] (GASTRON *de pastel*) Teig *m;* ◇ **-s** *pl* Gebäck *n* [3] *FAM* ↑ *dinero* Kohle *f* [4] ↑ *cubierta de libro* Einband *m* [5] GASTRON ↑ *espaguetis* Nudeln *pl* [6] ◇ **de buena -** gutmütig

pastar I. *vt* zum Weiden führen **II.** *vi* weiden, grasen

pastel *m* [1] Kuchen *m* [2] ◇ **color** *m* **-** Pastellfarbe *f* [3] *FIG* Komplott *n;* ◇ **descubrirse el -** herauskommen, ans Licht kommen; **pastelería** *f* Konditorei *f;* **pastelero(/a)** *m/f* Konditor(in *f*) *m*

pasteurizado *adj:* ◇ **leche** *f* **-a** pasteurisierte Milch

pastilla *f* [1] (MED *contra dolor*) Tablette *f*, Pastille *f* [2] (*de jabón*) Stück *n*

pasto *m* [1] ↑ *hierba* Gras *n* [2] ↑ *alimento de ganado* Futter *n* [3] *FIG* Nahrung *f* (*de* für); ◇ **su casa fue - de las llamas** ihr Haus wurde ein Raub der Flammen

pastor(a) *m/f* [1] (*de ganado*) Schäfer(in *f*) *m* [2] REL Pastor(in *f*) *m*

pastoso *adj* [1] ▹*sustancia* breiig, weich [2] ▹*voz* angenehm, wohlklingend

pata *f* [1] (FAUNA *etc. de animal, de mesa*) Bein *n;* (*FAM de persona*) Bein *n;* ◇ **-s de gallo** Krähenfüße *pl;* ◇ **andar a cuatro -s** auf allen vieren gehen; *FAM* ◇ **estirar la -** den Löffel abgeben; ◇ **meter la -** ins Fettnäpfchen treten; ◇ **los niños lo ponen todo -s arriba** die Kinder stellen alles auf den Kopf; ◇ **tener mala -** Pech haben [*o.* ungeschickt sein]; **patada** *f* Fußtritt *m;* ◇ **a -s** in Hülle und Fülle; ◇ **dar la - a alguien** jd-n feuern; **patalear** *vi* [1] ← *persona* trampeln [2] (*en señal de ira*) [vor Wut] aufstampfen

patata *f* Kartoffel *f;* ◇ **-s fritas** [1] (*de sartén*) Pommes frites *pl* [2] (*de bolsa*) Kartoffelchips *pl*

patatús *m FAM*: ◇ **dar un -** ohnmächtig werden

paté *m* Pastete *f*

patear I. *vt* [1] (*dar golpes con los pies*) Fußtritte geben *dat;* → *pelota* kicken [2] (*FAM tratar sin respeto (persona, cosa)*) herumtrampeln auf *dat* [3] (*FAM andar mucho*) sich *dat* die Hacken ablaufen **II.** *vi* (*dar patadas de enfado*) [auf-]stampfen

patentar *vt* → *invento* patentieren; **patente** I. *adj* [1] ↑ *manifiesto* offen [2] ↑ *claro* klar **II.** *f* (*documento*) Patent *n*

paternal, **paterno** *adj* väterlich, Vater-; **paternalismo** *m* (*cualidad, actitud*) Bevormundung *f;* **paternidad** *f* JUR Vaterschaft *f;* **paterno** *adj* (*del padre*) väterlich, Vater-

patético *adj* pathetisch

patillas *m* [1] (*de pelo*) Koteletten *pl* [2] (*de gafas*) Bügel *m*

patín *m* (*de suelo*) Rollschuh *m;* (*de hielo*) Schlittschuh *m;* **patinaje** *m* (*sobre ruedas*) Rollschuhlaufen *n;* (*sobre hielo*) Schlittschuhlaufen *n;* **patinar** *vi* [1] (*sobre suelo*) Rollschuh laufen; (*sobre hielo*) Schlittschuh laufen [2] AUTO ← *coche* ins Schleudern geraten [3] *FAM* ↑ *equivocarse* einen Schnitzer machen; **patinete** *m* (*juguete*) [Tret-]Roller *m*

patio *m* [1] (*de edificio*) [Innen-]Hof *m* [2] (*de colegio*) Schulhof *m* [3] TEATRO, CINE ◇ **- de butacas** Parterre *n*

pato *m* FAUNA Ente *f; FAM* ◇ **pagar el -** etwas ausbaden müssen

patochada *f* ↑ *disparate* Blödsinn *m*

patología *f* Pathologie *f;* **patológico** *adj* [1] ▹*enfermedad* pathologisch [2] *FIG* krankhaft

patoso *adj* [1] ↑ *torpe* schwerfällig, plump [2] ↑ *aburrido* langweilig

patraña *f* ↑ *falsedad* Lügengeschichte *f*, Schwindel *m*

patria *f* Vaterland *n*

patriarca *m FIG* Patriarch *m;* **patriarcado** *adj* patriarchalisch

patrimonio *m* [1] JUR ↑ *bienes heredados* Erbgut *n; FIG* Erbe *n* [2] ↑ *bienes de persona* Vermögen *n;* ◇ **- nacional** nationales Vermögen

patriota *m/f* Patriot(in *f*) *m;* **patriótico** *adj* patriotisch; **patriotismo** *m* Patriotismus *m*

patrocinador(a) *m/f* Sponsor(in *f*) *m;* **patrocinar** *vt* [1] ↑ *proteger* [be-]schützen [2] → *empresa* unterstützen; SPORT sponsern, fördern; **patrocinio** *m* ↑ *protección* Förderung *f,* Unterstützung *f,* Schirmherrschaft *f*

patrón(-ona) I. *m/f* [1] ↑ *jefe* Chef(in *f*) *m* [2] ↑ *dueño* Wirt(in *f*) *m* [3] REL Schutzheilige(r) *fm* [4] (NAUT *de barco*) Schiffsführer(in *f*) *m* II. *m* ↑ *modelo* Vorlage *f,* Modell *n;* (*de un vestido*) Schnittmuster *n;* **patronal** *f* (*agrupación*) Arbeitgeber *pl;* **patronato** *m*, **patronazgo** *m* [1] ↑ *protección* Schirmherrschaft *f* [2] ↑ *fundación benéfica* Stiftung *f* [3] COM Arbeitgebervereinigung *f*

patrulla *f* (*de vigilancia*) Streife *f;* **patrullar** *vi* Streife gehen

paulatino *adj* ↑ *pausado* bedächtig, langsam, gemächlich

pausa *f* Pause *f;* ◊ **trabajar con ~** langsam arbeiten; **pausado** *adj* langsam, bedächtig

pauta *f* ↑ *guía* Vorbild *n,* Regel *f;* ◊ **~s de comportamiento** Verhaltensnormen, f-pl

pavimentar *vt* ↑ *embaldosar* pflastern; **pavimento** *m* [1] (*firme*) Straßenbelag *m* [2] (*material*) Pflaster *n*

pavo *m* Truthahn *m;* ◊ **~ real** Pfau *m; FIG* ◊ **subírsele el ~** rot werden; *FIG* ◊ **no ser moco de ~** keine Kleinigkeit sein; **pavonearse** *vr* ↑ *presumir* angeben, sich brüsten (*de* mit)

pavor *m* ↑ *terror* Schrecken *m,* Entsetzen *n;* **pavoroso** *adj* schrecklich, entsetzlich

payasada *f* [1] ↑ *bufonada* Streich *m,* Gag *m* [2] ↑ *idiotez* Idiotie *f;* **payaso(/a)** *m/f* Clown *m;* ◊ **hacer el ~** den Clown spielen

paz *f* [1] (*sin guerra*) Friede[n] *m;* ◊ **hacer las paces** sich aussöhnen (*con* mit) [2] ↑ *concordia* Ruhe *f;* ◊ **dejar en ~** in Ruhe lassen; ◊ **que en ~ descanse** ruhe in Frieden

peaje *m* [1] ↑ *derecho de tránsito* Wegegeld *n,* Zoll *m* [2] (*de autopista*) Autobahngebühr *f,* Maut *f*

peatón *m/f* Fußgänger(in *f*) *m;* ◊ **paso** *m* **de ~es** Gehsteig *m;* ◊ **zona** *f* **de ~es/peatonal** Fußgängerzone *f*

peca *f* Sommersprosse *f*

pecado *m* Sünde *f;* **pecador(a)** I. *adj* sündig II. *m/f* Sünder(in *f*) *m;* **pecaminoso** *adj* sündig; **pecar** ‹3.7› *vi* [1] REL sündigen [2] *FIG* ◊ **peca de rígido** er ist viel zu streng

pecoso *adj* sommersprossig

peculiar *adj* [1] ↑ *propio* besondere(r, s), eigentümlich [2] ↑ *típico* typisch, charakteristisch; **peculiaridad** *f* ↑ *particularidad* Eigentümlichkeit *f,* Eigenheit *f*

pechera *f* (*de la camisa*) Hemdbrust *f;* **pecho** *m* [1] ANAT Brust *f;* (*de mujer*) Busen *m;* ◊ **dar el ~** stillen [2] (*FIG interior*) Herz *n;* ◊ **tomar una cosa a ~** (*empeñarse en algo*) auf etw *dat* bestehen; (*ofenderse*) sich *dat* etw zu Herzen nehmen;

pechuga *f* (*del ave*) Brustfleisch *n* vom Geflügel

pedal *m* (*del coche, bicicleta*) Pedal *n;* **pedalear** *vi* [in die Pedale] treten

pedante I. *adj* pedantisch II. *m/f* Pedant(in *f*) *m;* **pedantería** *f* Pedanterie *f*

pedazo *m* ↑ *trozo* Stück *n;* ◊ **hacer ~s** kurz und klein schlagen; *FIG* ◊ **hacerse ~s** sich zerschlagen

pedestal *m* [1] (*sostiene columna*) Sockel *m* [2] *FIG* ↑ *fundamento* Basis *f*

pediatra *m/f* Kinderarzt *m,* -ärztin *f*

pedido *m* ↑ *encargo* Auftrag *m;* ◊ **~ de prueba** Probeexemplar *n;* **pedir** ‹4.15› *vt* [1] ↑ *rogar* bitten um; → *bebida* bestellen; COM bestellen (*a* bei); ◊ **~ limosna** betteln; ◊ **te pido que vengas** ich bitte dich zu kommen; ◊ **~ a Dios que ...** zu Gott beten, daß ... [2] COM ↑ *poner precio* verlangen [3] ↑ *solicitar* beantragen, fordern [4] *FIG* ↑ *reclamar* erfordern, schreien nach; ◊ **la tierra pide agua** das Land schreit nach Wasser

pedo *m FAM* ↑ *ventosidad* Furz *m*

pedrada *f* (*golpe con piedra*) Schlag *m* mit einem Stein; **pedregal** *m* Steinwüste *f;* **pedregoso** *adj* steinig

pega *f FAM* ↑ *dificultad* Haken *m;* ◊ **la cosa tiene una ~** die Sache hat einen Haken; ◊ **poner ~s** etw auszusetzen haben; **pegadizo** *adj* [1] ↑ *pegajoso* klebrig [2] MUS ▷*canción* eingängig [3] MED ansteckend; **pegajoso** *adj* [1] ▷*caramelo* klebrig [2] *FIG* ▷*persona* aufdringlich; **pegamento** *m* Klebstoff *m;* **pegar** ‹3.11› I. *vt* [1] (*con pegamento*) zusammenkleben, kleben (*a* auf/an *akk*); (*en la pared*) ankleben; *FIG* ◊ **~ una bofetada a alguien** jd-m eine kleben; ◊ **no ~ ojo en toda la noche** die ganze Nacht kein Auge zumachen [2] ↑ *juntar* befestigen, festmachen (*a* an *dat*) [3] ↑ *coser* annähen [4] MED → *enfermedad* anstecken [5] ↑ *golpear* verprügeln [6] *FAM* ◊ **~ un grito** einen Schrei ausstoßen; ◊ **~ un salto** einen Satz machen II. *vi* [1] ↑ *estar fijo* kleben (*en* an *dat*) [2] ← *colores* zusammenpassen, passen (*con* zu) [3] (*dar golpes*) schlagen; ↑ *dar en* treffen; ◊ **el tiro pegó en el blanco** der Schuß ging ins Schwarze [4] ← *sol* brennen III. *vr(se)* [1] ↑ *adherirse* haften, kleben; ← *comida* anbrennen [2] (*golpearse*) sich schlagen [3] ↑ *tropezar* [zufällig] stoßen/treffen (*con* auf *akk*) [4] ↑ *acompañar con insistencia* sich aufdrängen (*a dat*) [5] *FAM* ◇ **-se un tiro** sich erschießen; *FAM* ◇ **a mí no me la pegan** ich lasse mich nicht verarschen; **pegatina** *f* ↑ *papel adhesivo* Aufkleber *m*

pego *m FAM*: ◇ **dar el - a alguien** jd-n hintergehen

peinado *m* Frisur *f;* **peinar I.** *vt* kämmen **II.** *vr(se)* sich kämmen; **peine** *m* Kamm *m;* **peineta** *f* Einsteckkamm *m*

Pekín *m* Peking *n*

pelado I. *adj* [1] ▷*montaña* kahl; ↑ *sin pelo* kahl [2] ▷*naranja* geschält [3] *FAM* ↑ *sin dinero* blank **II.** *m* ↑ *corte de pelo* Glatze *f*

pelaje *m* (*de animal*) Fell *n;* **pelambre** *m* [1] (*de animal*) Fell *n* [2] (*de persona*) langes Haar, Mähne *f;* **pelambrera** *f* (*de persona*) Mähne *f;* **pelar I.** *vt* [1] →*pelo* die Haare schneiden *dat* [2] →*fruta* schälen [3] →*gallina* rupfen [4] *FIG* ↑ *quitar dinero* rupfen, ausnehmen [5] *FAM* ◇ **esta etapa es dura de -** es ist eine sehr schwere Etape; ◇ **hace un frío que pela** es ist sehr kalt **II.** *vr(se)* [1] (*por el sol*) sich schälen [2] ↑ *caerse el pelo* Haare verlieren

peldaño *m* Stufe *f*

pelea *f* [1] (*con golpes*) Kampf *m* [2] (*con palabras*) Auseinandersetzung *f;* **pelear I.** *vi* kämpfen **II.** *vr(se)* sich streiten, sich zanken; ◇ **se ha peleado con su mejor amigo** sie hat sich mit ihrem besten Freund gestritten

pelele *m FAM* Hampelmann *m*

peletería *f* Pelzgeschäft *n*

peliagudo *adj* (*FIG difícil de resolver*) heikel, schwierig; ◇ **un asunto -** eine haarige Angelegenheit

pelícano *m* Pelikan *m*

película *f* [1] (*de cine*) Film *m* [2] ↑ *capa delgada* Häutchen *n*

peligrar *vi* in Gefahr sein; **peligro** *m* ↑ *daño* Gefahr *f;* ◇ **- de incendio** Feuergefahr *f;* ◇ **correr -/estar en -** Gefahr laufen, riskieren; **peligroso** *adj* gefährlich

pelirrojo *adj* rothaarig

pelma *m/f*, **pelmazo** *m FAM* ↑ *persona pesada* Langweiler *m*

pelo *m* [1] (*de persona*) Haar *n;* ◇ **con -s y señales** haargenau; ◇ **por los -s** gerade noch; ◇ **un hombre de - en pecho** ein ganzer Mann; ◇ **acariciar a contra -** übers Haar streichen *dat;* ◇ **faltó un - para que la bala le alcanzase** um ein Haar hätte ihn die Kugel getroffen; ◇ **se me ponen los -s de punta** da sträuben sich mir die Haare; ◇ **no tener -s en la lengua** kein Blatt vor den Mund nehmen; ◇ **tomar el - a alguien** jd-n auf den Arm nehmen; ◇ **venir al -** wie gerufen kommen [2] (*de animal*) Fell *n;* **pelón(-ona)** *adj* [1] (*sin pelo*) kahl [2] (*corto*) kurzgeschnitten

pelota *f* Ball *m; FAM* ◇ **en -s** splitternackt; *FAM!* ◇ **ser un -** Schleimer *m;* **pelotazo** *m* Schlag *m* mit dem Ball; **pelotera** *f FAM* ↑ *riña* Streit *m*

pelotón *m* [1] (*de gente*) Menge *f* [2] MIL Trupp *m*

peluca *f* Perücke *f*

peluche *m* Plüsch *m*

peludo *adj* (*con mucho pelo*) [stark] behaart; **peluquería** *f* Frisiersalon *m;* **peluquero(/a)** *m/f* Friseur *m*, Friseuse *f;* **peluquín** *m* ↑ *peluca* Haarteil *n*

pelusa *f* [1] (*de piel*) Flaum *m;* (*de tela*) Fusseln *m-pl* [2] *FIG* ↑ *envidia de niños* Eifersucht *f*

pelleja *f* (*de animal*) Fell *n*

pellejo *m* [1] (*de animal*) Fell *n* [2] (*de uva*) Haut *f* [3] *FAM* ◇ **jugarse el -** Kopf und Kragen riskieren

pelliza *f* ↑ *abrigo corto forrado* Pelzjacke *f*

pellizcar ‹3.7› *vt* (*con los dedos*) kneifen, zwikken; **pellizco** *m* [1] (*acción*) Kneifen *n* [2] ↑ *pequeña cantidad* Bissen *m;* (*de sal*) Prise *f*

pena *f* [1] ↑ *aflicción* Kummer *m;* ↑ *lástima* Leid *n;* ◇ **dar -** leid tun *dat;* ◇ **¡qué -!** wie schade! [2] JUR ↑ *sanción* Strafe *f;* ◇ **- de muerte** Todesstrafe; ◇ **bajo -** bei Strafe [3] ↑ *dificultad* Mühe *f;* ◇ **ahorrarse la -** sich *dat* die Mühe sparen; ◇ **merecer/valer la -** sich lohnen; ◇ **a duras -s** mit Ach und Krach

penacho *m* [1] ↑ *plumas de la cabeza* Kopffedern *f-pl* [2] ↑ *adorno de casco* Federbusch *m*

penal I. *adj* Straf- **II.** *m* ↑ *prisión* Gefängnis *n*

penalidad *f* [1] ↑ *molestia* Mühe *f*, Strapaze *f* [2] JUR Strafe *f*, Bestrafung *f;* **penalización** *f* ↑ *castigo* Bestrafung *f;* SPORT Strafstoß *m*, Strafpunkt *m;* **penalizar** ‹3.10› *vt* ↑ *castigar* bestrafen; **penalti** *m* SPORT Strafstoß *m*

pendenciero *adj* ↑ *amigo de riñas* streitsüchtig

pender *vi* [1] ← *cuadro* hängen (*de/en* von, *sobre* über *dat*) [2] *FIG* ← *amenaza* schweben (*sobre* über *dat*)

pendiente I. *adj* [1] ↑ *colgante* hängend [2] (*no horizontal*) schräg, schief [3] *FIG* ▷*asunto* unerledigt; ▷*pago* ausstehend **II.** *m* Ohrring *m* **III.** *f* ↑ *cuesta* Abhang *m*, Gefälle *n;* ◇ **asignatura -** [1] COLE noch zu bestehendes Einzelfach [2] *FIG* unerledigte Angelegenheit

pendonear *vi FAM* ↑ *hogazanear* faulenzen, rumhängen

péndulo *m* Pendel *n*

pene *m* Penis *m*

penetrable *adj* zu durchdringen; **penetra-**

ción *f* [1] (*acción*) Eindringen *n* (*en* in *akk*); Durchdringen *n* [2] (*cualidad*) Scharfsinn *m;* **penetrante** *adj* [1] ▷*mirada* durchdringend; ▷*herida* tief; ▷*frío* beißend; ▷*sonido* schrill, durchdringend [2] ▷*persona* scharfsinnig; **penetrar** **I.** *vt* [1] ↑ *introducir* durchdringen, durchbohren [2] *FIG* ↑ *descifrar* ergründen, durchschauen; ↑ *entender* begreifen **II.** *vi* eindringen (*en* in *akk*)

penicilina *f* Penizillin *n*

península *f* Halbinsel *f;* **peninsular** *adj* Halbinsel-

penitencia *f* [1] ↑ *pena* Reue *f* [2] REL Buße *f* [3] *FAM* ◇ **¡ qué ~ tener este hijo!** was für eine Strafe Gottes, einen solchen Sohn zu haben!; **penitenciaría** *f* Strafanstalt *f*, Gefängnis *n;* **penitente** *m/f* Büßer(in *f*) *m*

penoso *adj* [1] ↑ *triste* traurig, schmerzlich [2] ↑ *dificultoso* mühselig, beschwerlich

pensador(a) *m/f* Denker(in *f*) *m;* **pensamiento** *m* [1] (*facultad*) Denken *n* [2] ↑ *opinión* Gedanke *m;* ◇ **adivinar los ~s de alguien** jd-s Gedanken lesen [3] ↑ *razón* Verstand *m* [4] ↑ *proyecto* Absicht *f* [5] FLORA Stiefmütterchen *n;* **pensar** ‹3.1› **I.** *vt* [1] ↑ *reflexionar* [aus-]denken [2] ↑ *considerar* überdenken, überlegen; ◇ **hacer algo sin ~** etw tun ohne zu überlegen [3] ↑ *opinar* meinen, denken; ◇ **¿qué piensas del asunto?** wie denkst du über die Sache? [4] ↑ *tener la intención* vorhaben; ◇ **~ hacer una cosa** vorhaben, etw zu tun [5] ↑ *imaginar* sich *dat* vorstellen **II.** *vi* denken; ◇ **~ en/sobre** denken an *akk;* ◇ **sin ~** unüberlegt; **pensativo** *adj* nachdenklich

pensión *f* [1] (*de jubilado*) Rente *f* [2] (*lugar*) Pension *f;* ◇ **~ completa** Vollpension *f;* **pensionista** *m/f* [1] ↑ *jubilado* Rentner(in *f*) *m* [2] ▷*alumno* Internatsschüler(in *f*) *m*

Pentecostés *m* REL Pfingsten

penúltimo *adj* vorletzte(r, s)

penumbra *f* Halbdunkel *n*

penuria *f* ↑ *carencia* Mangel *m*, Not *f* (*de* an *dat*); ◇ **~ económica** Geldmangel *m*

peña *f* [1] ↑ *piedra grande* Fels *m* [2] ↑ *conjunto de amigos* Clique *f;* **peñasco** *m* Felsblock *m;* **peñón** *m* ↑ *monte peñascoso* Felsblock *m;* ◇ **el P~** Gibraltar *n*

peón *m* [1] Hilfsarbeiter(in *f*) *m* [2] AJEDREZ Bauer *m*

peonza *f* (*juguete*) Kreisel *m*

peor **I.** *adj* [1] (*más malo*) schlechter, schlimmer [2] ◇ **el ~** schlechteste(r, s), schlimmste(r, s) **II.** *adv* [1] (*más malo*) schlechter, schlimmer; ◇ **~ que** schlechter/schlimmer als; ◇ **esto va de mal en ~** immer schlimmer [2] ◇ **el ~** am schlechtesten, am schlimmsten; ◇ **lo ~ es que** am schlimmsten ist, daß

pepino *m* Gurke *f;* ◇ **me importa un ~** das ist mir Wurscht

pepita *f* [1] (*de manzana*) Kern *m* [2] (*de oro*) Klumpen *m*

pequeñez *f* [1] Kleinheit *f* [2] ↑ *cosa insignificante* Lappalie *f*, Kleinigkeit *f;* **pequeño** *adj* klein

pera *f* Birne *f; FIG* ◇ **pedir ~s al olmo** Unmögliches verlangen; **peral** *m* Birnbaum *m*

percal *m FIG*: ◇ **conocer el ~** wissen, wovon man redet

percance *m* ↑ *accidente leve* Zwischenfall *m*

percatarse *vr:* ◇ **~ de** bemerken, wahrnehmen

percepción *f* [1] (*vista, sentido*) Wahrnehmung *f* [2] (FIN *de sueldo etc.*) Bezüge *pl;* **perceptible** *adj* wahrnehmbar; **percibir** *vt* [1] (*por los sentidos*) wahrnehmen [2] FIN → *sueldo* beziehen

percusión *f* MUS Percussion *f;* ◇ **instrumento** *m* **de ~** Schlaginstrument *n*

percha *f* [1] (*del armario*) Kleiderbügel *m* [2] ↑ *colgador* Garderobenständer *m;* **perchero** *m* Garderobenschrank *m*

perdedor(a) **I.** *adj* verlierend, Verlierer- **II.** *m/f* Verlierer(in *f*) *m;* **perder** ‹4.17› **I.** *vt* [1] → *algo, alguien* verlieren [2] → *tiempo* verlieren, verschwenden; → *oportunidad* versäumen [3] → *ocasión, autobús* verpassen [4] UNI → *examen* nicht bestehen **II.** *vi* [1] SPORT *etc.* verlieren; ← *tela* verblassen, Farbe verlieren [2] ◇ **echar a ~** (*algo*) ruinieren; (*oportunidad*) versäumen; ◇ **echarse a ~** verderben **III.** *vr(se)* [1] ↑ *desorientarse* sich verlaufen, sich verirren; *FIG* ◇ **~se en contradicciones** sich in Widersprüche verwickeln [2] ← *objeto* verlorengehen; ↑ *desaparecer* verschwinden [3] ↑ *estropearse* zugrunde gehen [4] ◇ **~se por** verrückt sein nach; **perdición** *f* ↑ *daño grave* Verderben *n;* **pérdida** *f* [1] Verlust *m;* ◇ **~ de altura** Höhenverlust *m;* ◇ **~ de peso** Gewichtsverlust *m;* ◇ **la calle no tiene ~** die Straße ist nicht zu verfehlen [2] COM ◇ **~s** *pl* Verluste *pl;* **perdido** *adj* [1] ▷*cosa* verloren [2] MED unheilbar krank [3] ▷*persona* liederlich

perdigón *m* ↑ *munición de caza* Schrotkorn *n*

perdiz *f* Rebhuhn *n*

perdón *m* [1] REL ↑ *indulto* Gnade *f;* ◇ **no merecer ~** keine Gnade verdienen [2] ◇ **¡~!** Entschuldigung!; ◇ **pedir ~** um Verzeihung bitten; **perdonable** *adj* verzeihlich; **perdonar** *vt* [1] entschuldigen [2] → *error* verzeihen *dat* [3] (*librar*) verschonen; ◇ **le han perdonado la vida** sie haben ihm das Leben geschenkt

perdurable *adj* dauerhaft; **perdurar** *vi* [1] (*sin* *límite de tiempo*) Bestand haben [2] ↑ *continuar* andauern, fortbestehen

perecedero *adj* (*que dura poco*) vergänglich; **perecer** ⟨3.5⟩ *vi* ↑ *morir* sterben, umkommen

peregrinación *f* REL Wallfahrt *f*, Pilgerfahrt *f*; **peregrino(/a)** I. *adj* [1] ↑ *sorprendente* seltsam, merkwürdig [2] (*de peregrinación*) Wallfahrts- II. *m/f* Pilger(in *f*) *m*

perejil *m* Petersilie *f*

perenne *adj* FLORA: ◇ **árbol de hoja** ~ ein immergrüner Baum

perentorio *adj* [1] ↑ *urgente* dringend, dringlich [2] ↑ *decisivo* endgültig

pereza *f* Faulheit *f*, Trägheit *f*; ◇ **me da** ~ ich habe keine Lust; **perezoso(/a)** I. *adj* faul, träge II. *m/f* Faulpelz *m*

perfección *f* Perfektion *f*, Vollendung *f*; **perfeccionamiento** *m* Vervollkommnung *f*; ◇ **curso** *m* **de** ~ m; **perfeccionar** *vt* [1] ↑ *concluir* vollenden [2] ↑ *superar* verbessern, perfektionieren; **perfeccionista** *m/f* Perfektionist(in *f*) *m*; **perfecto** I. *adj* [1] ↑ *insuperable* perfekt, vollkommen [2] ↑ *completo* vollendet II. *m* GRAM Perfekt *n*

perfidia *f* ↑ *traición* Heimtücke *f*; **pérfido** *adj* ↑ *traidor* heimtückisch, falsch

perfil *m* [1] ↑ *lado* Profil *n*; ◇ **de** ~ im Profil, von der Seite [2] ↑ *silueta* Umriß *m*, Silhouette *f* [3] ◇ **~es** *pl* *FIG* Charakteristika *n-pl*, Wesenszüge *m-pl*; **perfilado** *adj* [1] ▷*cara* scharf geschnitten [2] ▷*nariz* wohlgeformt [3] *FIG* ▷*persona* mit Profil; **perfilar** I. *vt* [1] → *objeto* umreißen [2] *FIG* ↑ *dar character* formen, prägen [3] *FIG* ↑ *rematar* den letzten Schliff geben *dat* II. *vr(se)* *también FIG* ↑ *destacarse* sich abzeichnen

perforación *f* [1] (*acción*) Bohren *n* [2] (*resultado*) Bohrung *f*; **perforadora** *f* Bohrmaschine *f*; **perforar** *vt* [1] → *pared* durchbohren [2] → *papel* lochen [3] ← *disparo* durchschlagen

perfumador *m* Parfümzerstäuber *m*; **perfumar** I. *vt* → *habitación* parfümieren, durchduften II. *vi* ← *flores* duften III. *vr(se)* sich parfümieren; **perfume** *m* Parfüm *n*; **perfumería** *f* Parfümerie *f*

pericia *f* Erfahrung *f*, Können *n*

perico *m* FAUNA kleiner Papagei

periferia *f* Peripherie *f*; ◇ ~ **de Madrid** Stadtrand *m* von Madrid; **periférico** *adj* peripher, Rand-

perilla *f* [1] Spitzbart *m* [2] *FIG* ◇ **venir de** ~ wie gerufen kommen

perímetro *m* Umfang *m*

periódico I. *adj* periodisch II. *m* Zeitung *f*; **periodismo** *m* Journalismus *m*; **periodista** *m/f* Journalist(in *f*) *m*

periodo, **período** *m* (*de tiempo, de la mujer*) Periode *f*; ◇ **durante el ~ de vacaciones no trabajamos** während/in der Urlaubszeit arbeiten wir nicht

peripecia *f* Zwischenfall *m*

peripuesto *adj* herausgeputzt, aufgedonnert

periquete *m* Moment *m*; ◇ **en un** ~ sofort/im Handumdrehen

periquito *m* FAUNA Wellensittich *m*

periscopio *m* NAUT Sehrohr *n*, Periskop *n*

perito(/a) I. *adj* ↑ *experto* erfahren II. *m/f* Experte *m*, Expertin *f*

perjudicar ⟨3.7⟩ *vt* schädigen, schaden *dat*; **perjudicial** *adj* schädlich; ◇ ~ **para la salud** gesundheitsschädlich; **perjuicio** *m* Schaden *m*; ◇ **sin ~ de** unbeschadet

perjurar *vi* einen Meineid schwören; **perjurio** *m* Meineid *m*

perla *f* [1] (*de ostra*) Perle *f* [2] (*FIG persona*) Juwel *n*; *FIG* ◇ **esto me viene de ~s** das kommt mir wie gerufen

permanecer ⟨3.5⟩ *vi* [1] (*en cama*) bleiben [2] ← *situación* fortbestehen; **permanencia** *f* [1] (*en un lugar*) Aufenthalt *m* [2] (*continuación*) Bleiben *n*, Verweilen *n*; **permanente** I. *adj* ↑ *continuo* ständig, dauernd II. *f* (*de pelo*) Dauerwelle *f*

permisible *adj* zulässig; **permiso** *m* [1] ↑ *autorización* Erlaubnis *f*; ◇ **con** ~ Sie gestatten; MIL ◇ **estar de** ~ Ausgang haben [2] ◇ ~ **de conducir** Führerschein *m*; ◇ ~ **de caza** Jagdschein *m*; ◇ ~ **de aterrizaje** Landeerlaubnis *f*; **permitir** I. *vt* ↑ *consentir* erlauben, gestatten II. *vr(se)* ↑ *atreverse a* sich *dat* erlauben; ◇ **me permito la libertad de escribirle** ich nehme mir die Freiheit, Ihnen zu schreiben

pernicioso *adj* schädlich, ungesund

pero I. *cj* aber, jedoch II. *m* ↑ *reparo* Einwand *m*; ◇ **no hay ~ que valga** es gibt keine Widerrede; ◇ **no admito ~s** ich dulde keine Einwände

perogrullada *f* Binsenwahrheit *f*

perpendicular *adj* senkrecht; ◇ **la calle es ~ a la Gran Vía** die Straße geht im rechten Winkel von der Gran Vía ab

perpetrar *vt* begehen; ◇ **el crimen se perpetró por la noche** das Verbrechen wurde nachts begangen

perpetuamente *adv* ständig, unaufhörlich; **perpetuar** ⟨3.19⟩ I. *vt* verewigen II. *vr(se)* sich verewigen; ◇ **ella se perpetuó en esa obra** mit/in diesem Werk hat sie sich verewigt; **perpetuo** *adj* ewig, immerwährend; ◇ **cadena ~a** lebenslängliche Freiheitsstrafe

perplejo *adj* verwirrt, betreten, verblüfft, perplex

perrera *f* [Hunde-]Zwinger *m*; **perro(/a)** I. *m/f*

① Hund *m*, Hündin *f* ② ◇ - **caliente** Hot Dog *m;* ◇ **tiempo de -s** Hundewetter *n;* ◇ **tratar a alguien como un** - jd-n wie einen Hund behandeln; ◇ **¡qué vida más -a!** was für ein Hundeleben! **II.** *f* ① *FAM* ↑ *rabieta* Wutanfall *m*, Koller *m* ② (*FAM deseo persistente*) fixe Idee ③ (*FAM dinero*) Kohle *f;* ◇ **estar sin una -a** blank sein

persa I. *adj* persisch **II.** *m/f* Perser(in *f*) *m*

persecución *f* Verfolgung *f;* **perseguir** ⟨3.3⟩ *vt también FIG* verfolgen

perseverancia *f* Ausdauer *f*, Beharrlichkeit *f;* **perseverante** *adj* beharrlich, unablässig; **perseverar** *vi* ① ↑ *continuar* weitermachen ② ↑ *durar* andauern ③ ↑ *insistir* ◇ **- en** beharren auf *dat*

persiana *f* ① (*de madera, plástico*) Rolladen *m* ② ▷*metálica* Jalousie *f*

persignarse *vr* sich bekreuzigen

persistente *adj* andauernd; **persistir** *vi* andauern, fortbestehen; ◇ - **en sus propósitos** nicht von seinen Vorsätzen ablassen

persona *f* Person *f;* ◇ **conocer a alguien en** - jd-n persönlich kennen; **personaje** *m* ① Persönlichkeit *f* ② TEATRO, CINE Person *f;* **personal I.** *adj* persönlich **II.** *m* ① (*de oficina, fábrica*) Personal *n* ② *FAM* ↑ *gente* Leute *pl;* **personalidad** *f* Persönlichkeit *f;* **personalizar** ⟨3.10⟩ *vt* persönlich werden; **personarse** *vr* persönlich erscheinen; **personificación** *f* Verkörperung *f*, Personifizierung *f;* **personificar** ⟨3.7⟩ *vt* personifizieren

perspectiva *f* ① Perspektive *f* ② ↑ *vista* Aussicht *f* ③ ↑ *posibilidad* Aussicht *f* (*de* auf *akk*)

perspicacia *f* ① ↑ *agudeza* Scharfblick *m* ② *FIG* Scharfsinn *m;* **perspicaz** *adj* ① ◇ **vista** - scharfe Augen ② *FIG* ▷*persona* scharfsinnig

persuadir I. *vt* überreden; ◇ **quiere - a su amigo de que le acompañe** er möchte seinen Freund überreden, mitzukommen; ◇ - **con engaños** unter Vortäuschung falscher Tatsachen überzeugen; ◇ **dejarse** - sich überreden lassen **II.** *vr(se)* sich überzeugen; **persuasión** *f* (*acción*) Überredung *f;* ◇ **poder de** - Überredungsgabe *f;* **persuasivo** *adj* überzeugend

pertenecer ⟨3.5⟩ *vi:* ◇ - **a** gehören *dat;* ◇ **esta casa pertenece a una familia rica** dieses Haus gehört einer reichen Familie; **perteneciente** *adj:* ◇ - **a** zugehörig *dat;* **pertenencia** *f* ① (*a un lugar*) Zugehörigkeit *f* ② (*pl*) Eigentum *n*

pertinaz *adj* ① (*que dura*) andauernd ② ↑ *testarudo* hartnäckig

pertinente *adj* ① ↑ *oportuno* passend, angebracht ② ↑ *referente* bezüglich; ◇ **en lo - a** betreffend *akk*, relevant für

perturbación *f* MED, METEO, FIS Störung *f;* **perturbado(/a) I.** *adj* ① ↑ *desorientado* verwirrt, gestört ② ↑ *loco* geistesgestört **II.** *m/f* : ◇ - **mental** Geistesgestörte(r) *fm;* **perturbador** *adj* ① ↑ *que perturba* störend, verwirrend ② ↑ *agitador* aufrührerisch; **perturbar** *vt* ① ↑ *inquietar* beunruhigen ② → *juicio* verwirren ③ ↑ *desordenar* stören, durcheinanderbringen

Perú *m* : ◇ **el** - Peru *n;* **peruano(/a) I.** *adj* peruanisch **II.** *m/f* Peruaner(in *f*) *m*

perversidad *f* Verdorbenheit *f;* **perversión** *f* Entartung *f*, Perversion *f;* **perverso** *adj* ▷*persona* entartet, pervers; **pervertir** ⟨3.1⟩ **I.** *vt* ↑ *corromper* verderben **II.** *vr(se)* verderbt werden

pesa *f* ① (*pieza*) Gewicht *n* ② *pl*, SPORT Hantel *f;* ◇ **hacer -s** Gewichte stemmen; **pesadez** *f* ① (*de algo pesado*) Schwere *f* ② ↑ *insistencia* Aufdringlichkeit *f* ③ (*de movimientos*) Schwerfälligkeit *f*

pesadilla *f* Alptraum *m*

pesado *adj* ① ▷*maleta* schwer ② ▷*persona* aufdringlich ③ (*de movimientos*) schwerfällig ④ ▷*sueño* tief ⑤ ↑ *trabajoso* mühselig ⑥ ↑ *aburrido* langweilig ⑦ ▷*tiempo* schwül

pesadumbre *f* Kummer *m*

pésame *m* ① (*de palabra*) Beileid *n;* ◇ **dar el** - jd-m sein Beileid ausdrücken ② (*escrito*) Beileidsschreiben *n*

pesar I. *m* ① (*dolor interior*) Kummer *m* ② ↑ *remordimiento* Reue *f* **II.** *vi* ① ← *cosa, persona* wiegen ② ← *chaqueta, bolsa* schwer sein ③ *FIG* ← *opinión* Gewicht haben **III.** *vt* ① → *ventajas, desventajas* abwiegen ② *FIG* → *responsabilidad* lasten (auf *dat*) ③ (*causar disgusto*) belasten ④ ◇ **a - de, pese a** trotz *gen;* ◇ **a - de que** auch wenn; ◇ **pese a quien pese** komme was wolle

pesaroso *adj* besorgt, bedrückt

pesca *f* ① (*acción*) Fischen *n*, Fischerei *f;* ◇ **ir de** - fischen gehen; ◇ **¡buena pesca!** Petri Heil! ② (*lo que se pesca*) Fang *m;* **pescadería** *f* Fischgeschäft *n;* **pescadero(/a)** *m/f* Fischverkäufer(in *f*) *m;* **pescadilla** *m* FAUNA Weißling *m;* **pescado** *m* Fisch *m;* **pescador(a)** *m/f* ① Fischer *m* ② (*con caña*) Angler *m;* **pescar** ⟨3.7⟩ **I.** *vt* ① (*en barco*) fischen ② (*con caña*) angeln ③ ↑ *atrapar* erwischen *dat* ④ (*FIG en una mentira*) ertappen ⑤ *FIG FAM* → *gripe* holen ⑥ → *marido* ergattern **II.** *vi* ① (*en barco*) fischen ② (*con caña*) angeln

pescuezo *m* ANAT Nacken *m*, Genick *n*

pesebre *m* Futterkrippe *f*

peseta *f* Pesete *f;* **pesetero** *adj* ↑ *tacaño* geizig, knick[e]rig

pesimismo *m* Pessimismus *m;* **pesimista I.** *adj* pessimistisch **II.** *m/f* Pessimist(in *f*) *m*

pésimo *adj* sehr schlecht

peso *m* [1] Gewicht *n;* ◇ **~ bruto/neto** Brutto-/Nettogewicht *n;* SPORT ◇ **~ pluma** Federgewicht *n;* ◇ **vender al ~** nach Gewicht verkaufen [2] ↑ *balanza* Waage *f* [3] (*preocupación*) Last *f* [4] (*moneda*) Peso *m* [5] ◇ **argumento de ~** stichhaltiges Argument; ◇ **caer por su propio ~** einleuchtend sein

pesquero *adj* Fisch-; ◇ **industria ~a** Fischindustrie *f*

pesquisa *f* [1] ↑ *indagación* Nachforschung *f* [2] (*de policía*) Untersuchung *f,* Ermittlung *f,* Fahndung *f*

pestaña *f* [1] ANAT Wimper *f* [2] (*parte saliente*) überstehender Rand; **pestañear** *vi* blinzeln; ◇ **sin ~** [1] (*atentamente*) wie gebannt [2] (*impasiblemente*) ohne mit der Wimper zu zucken

peste *f* [1] MED Pest *f* [2] (*olor*) Gestank *m* [3] (*algo molesto*) Plage *f;* ◇ **decir/echar ~s de alguien** fluchen über jd-n; **pesticida** *m* Schädlingsbekämpfungsmittel *n,* Pestizid *n;* **pestilencia** *f* Gestank *m;* **pestilente** *adj* ▷*olor* [bestialisch] stinkend

pestillo *m* [Tür-]Riegel *m*

pétalo *m* FLORA Blütenblatt *n*

petardo *m* [1] ↑ *cohete* Feuerwerkskörper *m* [2] (*FAM persona aburrida*) Schlaftablette *f*

petenera *f* : ◇ **salir por ~s** belangloses Zeug reden

petición *f* [1] (*ruego*) Bitten *n;* ◇ **a ~ de** auf Wunsch/Ersuchen *gen* [2] POL Petition *f* [3] JUR Gesuch *n*

petrificar ‹3.7› *vt* versteinern

petróleo *m* [Erd-]Öl *n;* **petrolero I.** *adj* [Erd-]Öl- **II.** *m* ↑ *barco* Tanker *m*

petulante *adj* ↑ *vanidoso* eitel

peyorativo(/a) *adj* pejorativ, abwertend

pez I. *m* Fisch *m; FIG* ◇ **un ~ gordo** ein großer/dicker Fisch **II.** *f* (*materia negra*) Pech *n*

pezón *m* [1] (*de mujer*) Brustwarze *f* [2] (*de animal*) Zitze *f*

pezuña *f* Klaue *f*

piadoso *adj* [1] ↑ *religioso* fromm [2] ↑ *compasivo* barmherzig

pianista *m/f* Pianist(in *f*) *m;* **piano** *m* Klavier *n;* ◇ **~ de cola** Flügel *m;* ◇ **tocar el ~** Klavier spielen

piar ‹3.13› *vi* ← *pájaros* piepsen

picadillo *m* Hackbraten *m; FAM* ◇ **¡te voy a hacer ~!** aus dir werde ich Hackfleisch machen!; **picado I.** *adj* [1] gehackt, klein geschnitten; ◇ **carne ~a** Hackfleisch *n* [2] ▷*dentadura* faul [3] ▷*mar* kabbelig [4] *FAM* ▷*persona* eingeschnappt, sauer, verärgert **II.** *m* : ◇ **en ~** im Sturzflug; **picador** *m* [1] TAUR Pikador *m* [2] MIN Hauer *m;* **picadura** *f* [1] (*de abeja*) Stich *m* [2] (*de serpiente*) Biß *m* [3] (*tabaco*) Grobschnitt *m* [4] ↑ *caries* Karies *f;* **picante I.** *adj* [1] ▷*comida* scharf [2] ▷*chiste* pikant **II.** *m* Schärfe *f;* **picapleitos** *m PEY* Winkeladvokat *m;* **picar** ‹3.7› **I.** *vt* [1] ← *abeja* stechen [2] ← *serpiente* beißen [3] → *carne* kleinschneiden, kleinhacken [4] → *piedras* zerklopfen [5] ↑ *escocer* jucken [6] → *billete* lochen [7] ← *pájaros* picken [8] *FIG* ↑ *enfadar* reizen, erregen **II.** *vi* [1] ← *sol* brennen [2] ← *pez* anbeißen [3] (*comer poco*) picken [4] ◇ **me está picando el interés** es fängt langsam an, mich zu interessieren **III.** *vr(se)* [1] ← *fruta* schlecht werden [2] ← *mar* unruhig werden [3] *con jeringilla, FAM* fixen [4] ↑ *enfadarse* einschnappen, sich ärgern (*por* wegen *dat*)

picardía *f* [1] (*con engaño*) Gaunerei *f* [2] ↑ *travesura* Streich *f,* Jux *m* [3] ↑ *malicia* Gemeinheit *f;* **pícaro(/a) I.** *adj* [1] ↑ *pillo* gaunerhaft [2] ↑ *travieso* spitzbübisch, schelmisch **II.** *m* [1] ↑ *granuja* Schurke *m* [2] ↑ *zorro* Bengel *m,* Schlingel *m* [3] ↑ *travieso* Frechdachs *m*

pico *m* [1] (*de pájaro, vasija*) Schnabel *m; FAM* ◇ **cerrar el ~** den Schnabel halten; *FAM* ◇ **tener mucho ~** wie ein Wasserfall reden [2] (*punto extremo*) Spitze *f* [3] (*de la montaña*) Gipfel *m* [4] (*herramienta*) Spitzhacke *f* [5] ◇ **doscientas y ~** etwas über zweihundert; ◇ **este piso le ha costado un ~** diese Wohnung hat ihn einen Batzen Geld gekostet

picotear I. *vt* aufpicken **II.** *vi* picken

picudo *adj* spitz

pichón *m* [1] FAUNA junge Taube [2] (*nombre cariñoso*) Täubchen *n*

pido *vb ver* **pedir**

pie *m* [1] ANAT Fuß *m;* ◇ **ir a ~** [zu Fuß] gehen; ◇ **estar de ~** stehen; ◇ **ponerse de ~** aufstehen; *FIG* ◇ **estar al ~ del cañón** zu allem bereit sein; ◇ **hacer ~** (im Wasser) stehen können; ◇ **no dar ~ con bola** immerfort danebenhauen; ◇ **no tener ~s ni cabeza** weder Hand noch Fuß haben; *FIG* ◇ **parar los ~s a alguien** jd-m einen Dämpfer aufsetzen; ◇ **al ~ de la letra** wortwörtlich; ◇ **en ~ de guerra** im Kriegszustand; ◇ **dar ~ a** Anlaß geben zu; ◇ **con ~s de plomo** [äußerst] vorsichtig; ◇ **de ~s a cabeza** von Kopf bis Fuß [2] (*de foto, dibujo*) Bildunterschrift *f*

piedad *f* Barmherzigkeit *f*

piedra *f* Stein *m;* ◇ **~ preciosa** Edelstein *m;* ◇ **poner la primera ~** den Grundstein legen; ◇ **no dejar ~ sobre ~** keinen Stein auf dem anderen lassen; ◇ **tener el corazón de** ~ ein Herz aus Stein haben

piel *f* [1] (*de persona*) Haut *f; FIG* ◇ **dejarse la** ~ (*esforzarse al máximo*) sein Bestes geben; (*morir*) über den Jordan gehen; *FIG* ◇ **jugarse la** ~ sein Leben aufs Spiel setzen [2] (*de animal*) Fell *n*, Haut *f;* ◇ **abrigo** *m* **de** ~ Pelzmantel *m* [3] (*de manzana*) Schale *f* [4] ↑ *cuero* Leder *n*

pienso *vb ver* **pensar**

pierdo *vb ver* **perder**

pierna *f* ANAT Bein *n;* ◇ **estirar las ~s** sich *dat* die Beine vertreten; *FIG* ◇ **dormir a ~ suelta** tief und fest schlafen

pieza *f* Stück *n;* ◇ ~ **de recambio** Ersatzteil *n; FIG* ◇ **quedarse de una** ~ die Sprache verlieren [vor Überraschung]

pigmento *m* Farbstoff *m*, Pigment *n*

pigmeo(/a) I. *adj* Pygmäen- II. *m/f* Pygmäe *m*, Pygmäin *f*

pijama *m* Pyjama *m*, Schlafanzug *m*

pijo(/a) *m/f FAM* Schickimicki *m*

pila *f* [1] (*de radio*) Batterie *f* [2] (*de cocina*) Spülbecken *n* [3] ↑ *montón* Haufen *m*

pilar *m* [1] ARQUIT Pfeiler *m* [2] (*FIG lo que sostiene*) Stütze *f*

píldora *f* Tablette *f;* ◇ **la** ~ **(anticonceptiva)** die Pille

pilón *m* [1] ARQUIT Pfeiler *m*, Pfosten *m* [2] *FAM* ↑ *montón* Haufen *m*

pilotar *vt* → *barco, avión* steuern, lenken; **piloto** I. *m/f* Pilot(in *f*) *m* II. *m* (*dispositivo*) Warnlampe *f;* AUTO Rücklicht *n;* ◇ ~ **automático** Autopilot *m*

pillaje *m* [1] ↑ *robo* Raub *m* [2] ↑ *saqueo* Plünderung *f;* **pillar** *vt* [1] ↑ *agarrar* einfangen [2] ↑ *alcanzar* erreichen [3] (*con el coche*) anfahren [4] → *la mano* einklemmen [5] ↑ *sorprender* erwischen [6] ↑ *encontrarse* enfernt sein [7] → *gripe* holen [8] *FAM* ↑ *entender* schnallen; **pillo(/a)** I. *adj* spitzbübisch II. *m/f* Spitzbube *m*

pimentón *m* (*en polvo*) Paprika *m;* **pimienta** *f* Pfeffer *m;* **pimiento** *m* Paprika *m*

pinar *m* FLORA Pinienwald *m*

pincel *m* Pinsel *m;* **pincelada** *m* Pinstelstrich *m*

pinchadiscos *m/f FAM* Diskjockey *m;* **pinchar** I. *vt* [1] ↑ *clavar* [ein-]stechen [2] ↑ *incitar* anstacheln (*para* zu) [3] ↑ *molestar* ärgern, sticheln [4] MED *FAM* eine Spritze geben *dat* II. *vi FAM* ↑ *fracasar* scheitern II. *vr(se)* [1] ← *rueda* platzen [2] (*FAM con heroína*) fixen; **pinchazo** *m* [1] AUTO Reifenpanne *f* [2] (*de inyección*) [Ein-]Stich *m*

pinche *m* (*de cocina*) Küchenhilfe *f*

pinchito *m FAM* ↑ *tapa* Appetithappen *m*

pincho *m* [1] (*de rosa, aguijón*) Dorn *m*, Stachel *m* [2] *FAM* ↑ *tapa* Appetithappen *m*

pingüino *m* FAUNA Pinguin *m*

pino *m* FLORA Kiefer *f*, Pinie *f*

pinta *f* [1] *también* FAUNA ↑ *lunar* Flecken *m* [2] NAIPES erste aufgedeckte Karte *n* [3] ↑ *aspecto* Aussehen *n;* ◇ **tener buena** ~ gut aussehen [4] ↑ *gota* Tropfen *m* [5] *FAM* ◇ **ser un** ~ unverschämt sein

pintado(/a) I. *adj* ▷*pared* gestrichen; ◇ **recién** ~ frisch gestrichen II. *f* (*en un muro de la calle*) Graffiti *pl;* POL Wandschmierereien *pl*, politische Parolen *pl;* **pintar** I. *vt* [1] → *cuadro* malen [2] → *pared* streichen [3] *FIG* ↑ *describir* beschreiben II. *vi* (*FAM tener importancia*) eine Rolle spielen, zählen III. *vr(se)* sich schminken; **pintor(a)** *m/f* Maler(in *f*) *m;* **pintoresco** *adj* [1] ▷*paisaje* malerisch [2] ↑ *extravagante* originell; **pintura** *f* [1] (*cuadro*) Gemälde *n; FIG* ◇ **no poder ver (a alguien) ni en** ~ jd-n nicht riechen können [2] (*arte*) Malerei *f;* ◇ ~ **de acuarela** Aquarellmalerei *f;* ◇ ~ **al óleo** Ölmalerei *f;* ◇ ~ **al pastel** Pastellmalerei *f* [3] (*sustancia*) Farbe *f;* ◇ **dar una capa de** ~ einmal überstreichen [4] *FIG* ↑ *descripción* Beschreibung *f*

pinza *f* [1] (*de ropa*) [Wäsche-]Klammer *f* [2] (*de cangrejo*) Schere *f* [3] (*de falda*) Abnäher *m* [4] (*herramienta*) Zange *f* [5] (*pl, de depilar, de sellos*) Pinzette *f*

piña *f* [1] (*fruta*) Ananas *f* [2] (*del pino*) Kiefernzapfen *m* [3] (*FIG de personas*) Gruppe *f;* **piñón** *m* Pinienkern *m*

pío I. *adj* ↑ *devoto* fromm II. *m* (*voz del polluelo*) Piepsen *n; FIG* ◇ **no decir ni** ~ nicht einmal piep sagen

piojo *m* Laus *f;* **piojoso** *adj* [1] (*con piojos*) verlaust [2] ↑ *andrajoso* lausig

pionero(/a) *m/f* Pionier(in *f*) *m*

pipa *f* [1] (*de la sandía*) Kern *m;* (*de girasol*) Sonnenblumenkern *m* [2] (*de fumar*) Pfeife *f*

pipí *m FAM:* ◇ **hacer** ~ Pipi machen

pique *m* [1] ↑ *resentimiento* Groll *m* [2] ↑ *rivalidad* Wetteifer *m* [3] ◇ **irse a** ~ untergehen; ◇ **echar a** ~ versenken; *FIG* zu Grunde richten

piqueta *f* (*de albañil*) Maurerhammer *m*, Spitzhacke *f*

piquete *m* (*de huelga*) Streikposten *m*

pira *m* ↑ *hoguera* Scheiterhaufen *m*

pirado(/a) *m/f* (*FAM loco*) Ausgeflippte(r) *fm*

piragua *f* Kanu *n;* **piragüismo** *m* SPORT Wildwasserfahren *n;* Kanusport *m;* **piragüista** *m/f* Kanufahrer(in *f*) *m*

pirámide *f* Pyramide *f*

piraña *f* (FAUNA) Piranha *m*
pirarse *vr FAM* ↑ *marcharse* verduften; *FAM* ◊ ~ **una clase** schwänzen
pirata I. *adj* Piraten- **II.** *m/f* Pirat(in *f*) *m*; **piratear** *vt* Raubkopien machen von; **piratería** *f* [1] (*en el mar*) Piraterie *m* [2] (*copia*) Raubkopie *f*
Pirineo(s) *m/(pl)* GEO Pyrenäen *pl*
piromanía *f* Pyromanie *f*; **pirómano(/a)** *m/f* Pyromane *m*, Pyromanin *f*
piropear *vt* schmeicheln, Komplimente *n/pl* machen; **piropo** *m* Kompliment *n*
pirueta *f* Pirouette *f*
pirulí *m* Lutscher *m*
pis *m FAM*: ◊ **hacer** ~ Pipi machen
pisada *f* [1] Schritt *m* [2] (*huella*) Fußspur *f*; **pisapapeles** *m* Briefbeschwerer *m*; **pisar** *vt* [1] → *campo* → *el pie de alguien* treten auf *akk* [2] → *insecto* zertreten; → *cigarillo* austretten [3] *FIG* schikanieren; ◊ **¡a mí no me pisa nadie!** ich lasse mich von niemandem schikanieren!
piscina *f* Schwimmbad *n*
Piscis *m* ⟨inv⟩ ASTR Fische *pl*
piso *m* [1] (*casa*) Wohnung *f* [2] (*suelo*) Fußboden *m*
pisotear *vt* [1] → *insecto* zertreten [2] *FIG* ↑ *despreciar* demütigen; **pisotón** *m* Tritt *m* auf den Fuß
pista *f* [1] (*de un criminal*) Spur *f* [2] (*de un animal*) Fährte *f* [3] ◊ ~ **de aterrizaje** Landebahn *f*; ◊ ~ **de baile** Tanzfläche *f*; ◊ ~ **de circo** Manege *f*; ◊ ~ **de patinaje** Eisbahn *f*; ◊ ~ **de tenis** Tennisplatz *m*
pistola *f* Pistole *f*; **pistolero(/a)** *m/f* Pistolenschütze *m*; ◊ ~ **a sueldo** gedungener Killer; **pistón** *m* [1] (*de arma*) Kolben *m* [2] MUS Ventil *n*
pitar I. *vt* (*en un expectáculo*) auspfeifen **II.** *vi* [1] pfeifen [2] ◊ **salir (alguien) pitando de un sitio** sich eilig davonmachen
pitillera *f* Zigarettenetui *n*; **pitillo** *m FAM* Kippe *f*
pito *m* [1] (*instrumento*) Pfeife *f* [2] *FAM* ↑ *pitillo* Kippe *f* [3] *FAM* ◊ **me importa un** ~ das ist mir Wurscht
pitón *m* [1] FAUNA Pythonschlange *f* [2] (*de toro*) Horn *n* [3] (*de porrón*) Ausguß *m*
pitonisa *f* Wahrsagerin *f*
pitorrearse *vr FAM* ↑ *burlarse* jd-n hänseln, jd-n verulken; **pitorreo** *m FAM* ↑ *burla* Verulkung *f*; *FAM* ◊ **estar de** ~ albern sein
pitote *m* Krach *m*
pizarra *f* [1] COLE Tafel *f* [2] (*para el tejado*) Schiefer *m*
pizca *f*: ◊ **una** ~ **de sal** eine Prise Salz; ◊ **ni** ~ kein bißchen
pizza *f* GASTRON Pizza *f*; **pizzería** *f* Pizzeria *f*
placa *f* Plakette *f*; ◊ ~ **de matrícula** Nummernschild *n*; ◊ ~ **de policía** [Dienst-]Marke *f*
placentero *adj* [1] ↑ *apacible* geruhsam; ↑ *alegre* vergnüglich, lustig [2] ↑ *confortable* gemütlich; **placer** ⟨3.5⟩ **I.** *m* [1] ↑ *goce* Vergnügen *n* [2] ↑ *alegría* Freude *f* **II.** *vi* gefallen; ◊ **a** ~ nach Belieben *n*; **plácido** *adj* [1] ↑ *tranquilo* ruhig [2] ↑ *grato* angenehm
plaga *f* [1] *también FIG* Plage *f* [2] (*FIG abundancia*) Unmenge *f*; **plagado** *adj* ↑ *infestado* verseucht; **plagar** ⟨3.11⟩ **I.** *vt* (*llenar de algo dañino*) plagen, heimsuchen **II.** *vr(se)*: ◊ **~se de** sich füllen mit
plagiar *vt* kopieren; **plagio** *m* Plagiat *n*
plan *m* [1] ↑ *proyecto* Plan *m*; ◊ ~ **de trabajo** Arbeitsplan *m*; ◊ ~ **de estudios** Studienplan *m*; *FAM* ◊ **tener** ~ eine Verabredung haben [2] ↑ *intención* Absicht *f* [3] *FAM* ◊ **estamos en** ~ **amigos** wir sind einfach gute Freunde; ◊ **¡no te pongas en este ~!** fang doch nicht mit dieser Tour an!
plana *f* (*de un periódico*) Seite *f*; ◊ **una foto en primera** ~ ein Foto auf der Titelseite
plancha *f* [1] (*de ropa*) Bügeleisen *n*; ◊ ~ **de vapor** Dampfbügeleisen *n* [2] ↑ *lámina* Platte *f* [3] ↑ *plachazo* Blamage *f*; **planchar** *vt*, *vi* bügeln; *FAM* ◊ ~ **la oreja** sich aufs Ohr legen, schlafen gehen
planchazo *m FAM* ↑ *plancha* Riesenblamage *f*
planeador *m* AERO Segelflugzeug *n*; **planear I.** *vt* planen **II.** *vi* (*con planeador*) gleiten
planeta *m* Planet *m*
planicie *f* GEO Ebene *f*
planificación *f* Planung *f*; ◊ ~ **familiar** Familienplanung *f*; ◊ ~ **económica** Wirtschaftsplanung *f*; **planificar** ⟨3.7⟩ *vt también* ARQUIT *también FIG* planen
plano I. *adj* eben, flach **II.** *m* [1] (*superficie*) Ebene *f*, Fläche *f* [2] (*de terreno*) Karte *f*; (*de edificio*) Grundriß *m*; (*de ciudad*) Stadtplan *m* [3] ↑ *postura* Sichtweise *f* [4] ↑ *posición social* [gesellschaftliche] Stellung [5] (*escena de película*) Aufnahme *f*; ◊ **primer/segundo** ~ Vorder-/Hintergrund *m* [6] ◊ **han rechazado de** ~ **nuestro proyecto** sie haben unser Vorhaben rundweg abgelehnt
planta *f* [1] FLORA Pflanze *f* [2] (*de edificio*) Stockwerk *n*, Stock *m*; ◊ ~ **baja** Erdgeschoß *n* [3] (*del pie*) Fußsohle *f* [4] TECNI Anlage *f* [5] *FIG* ◊ **tener buena** ~ gut gebaut sein
plantación *f* [1] (*acción*) Pflanzen *n* [2] (*terreno*) Pflanzung *f*; **plantar I.** *vt* [1] → *flores* pflanzen

[2] → *terreno* bepflanzen [3] → *poste* einschlagen [4] → *golpe* verpassen [5] → *a alguien* sitzen lassen; ◇ ~ **a alguien** jd-n sitzen lassen [6] ◇ ~ **a alguien en la calle** jd-n auf die Straße setzen **II.** *vr(se)* [1] (*quedarse firme*) sich aufbauen (*ante (alguien)* vor) [2] ↑ *resistirse* sich widersetzen (*ante dat*) [3] NAIPES halten [4] ↑ *llegar rápidamente* schnell erreichen (*en akk*), sein (*en* in *dat*); ◇ **en media hora se plantó en mi casa** [schon] nach einer halben Stunde kreuzte er bei mir auf

planteamiento *m* (*de un problema*) Aufwerfen *n;* **plantear** *vt* [1] → *cuestión* aufwerfen [2] ↑ *planear* planen, entwerfen [3] → *dificultades* bereiten

plantilla *f* [1] (*de zapato*) Brandsohle *f;* (*interior*) Einlegesohle *f* [2] (*de dibujo*) Schablone *f* [3] (*de empresa*) Belegschaft *f*

plantío *m* (*terreno*) Pflanzung *f*

plantón *m FAM*: ◇ **dar un ~ a alguien** jd-n versetzen

plañir ⟨3.16⟩ *vi* jammern

plaqueta *f* [1] (BIO *célula sanguinea*) [Blut-]Plättchen *n,* Thrombozyt *m* [2] (*para suelos, paredes*) Plättchen *n*

plasmar I. *vt* [1] ↑ *modelar* gestalten, formen [2] (*FIG dar forma*) Form geben

plasta *m/f* (*FAM persona pesada*) Nervensäge *f*

plastilina *f* Plastilin *n,* Knetmasse *f*

plasticidad *f* Nachgiebigkeit *f;* **plástico I.** *adj* [1] plastisch [2] ↑ *moldeable* formbar **II.** *m* Kunststoff *m;* **plastificar** ⟨3.7⟩ *vt* → *carné* einschweißen

plata *f* [1] Silber *n;* ◇ **bodas** *f/pl* **de ~** silberne Hochzeit [2] *FAM* ↑ *dinero* Geld *n* [3] *FAM* ◇ **hablando en ~** kurz gesagt

plataforma *f* Plattform *f;* ◇ **~ de lanzamiento** Abschußrampe *f*

plátano *m* [1] (*árbol*) Bananenstaude *f* [2] (*fruta*) Banane *f*

platea *f* TEATRO Parkett *n*

plateado *adj* [1] (*del color*) silbern [2] (*con una capa de plata*) versilbert; **platería** *f* Silberschmiedearbeit *f*

plática *f* (*AM*) Unterhaltung *f;* **platicar** ⟨3.7⟩ *vi* (*AM*) sich unterhalten

platillo *m* [1] (*de balanza*) Waagschale *f* [2] MUS Becken *n* [3] ◇ **~ volante** fliegende Untertasse

platina *f* : ◇ **~ de cassettes** Kassettendeck *n*

platino *m* Platin *n*

plato *m* [1] (*recipiente*) Teller *m* [2] (*cada comida*) Gang *m;* GASTRON ◇ **~ del día** Tagesgericht *n;* ◇ **~ fuerte** Hauptgericht *n* [3] ↑ *especialidad* Gericht *n* [4] (*de tocadiscos*) Plattenteller *m* [5] *FIG* ◇ **pagar los ~s rotos** etw ausbaden müssen; *FIG* ◇ **no haber roto un ~** kein Wässerchen *n* trüben können

plató *m* CINE Kulisse *f*

platónico *adj* platonisch

plausible *adj* [1] ↑ *loable* lobenswert [2] ↑ *justificado* plausibel, stichhaltig

playa *f* Strand *m;* **playero** *adj* ▷*ropa* Strand-; **playeras** *f/pl* Strandschuhe *m/pl*

plaza *f* [1] Platz *m;* ◇ **~ de parking** Parkplatz *m,* Stellplatz *m* [2] (*del mercado*) Markt[-platz] *m* [3] ↑ *asiento* Sitzplatz *m* [4] (*puesto*) Anstellung *f*

plazco *vb ver* **placer**

plazo *m* [1] (*de tiempo*) Frist *f;* ◇ **mañana vence el ~** morgen läuft die Frist ab; ◇ **el problema no se resuelve a corto/a largo ~** das Problem läßt sich nicht kurz-/langfristig lösen [2] (*pago*) Rate *f;* ◇ **pagar a ~s** auf Raten zahlen

plazoleta plazuela *f* kleiner Platz

pleamar *f* Hochwasser *n*

plebe *f* Plebs *m*

plebiscito *m* POL Volksabstimmung *f*

plegable *adj* ▷*mesa* zusammenklappbar, Klapp-; **plegar** ⟨3.1⟩ **I.** *vt* [1] → *mantel* zusammenfalten, zusammenlegen [2] → *mesa* zusammenklappen **II.** *vr(se)* ↑ *someterse* sich fügen

pleito *m* [1] JUR Prozeß *m;* ↑ *disputa* Auseinandersetzung *f* [2] Streit *m*

plenilunio *m* Vollmond *m;* **plenitud** *f* [1] Fülle *f* [2] (*periodo de madurez*) Höhe *f,* Höhepunkt *m;* **pleno I.** *adj* [1] ↑ *lleno* voll; ◇ **en ~ día** am hellichten Tag; ◇ **él recibió el disparo en ~ corazón** der Schuß traf ihn mitten ins Herz [2] ↑ *completo* ganz; ◇ **se retiró el equipo en ~** die gesamte Mannschaft hat ihren Abschied genommen **II.** *m* Plenum *n;* **pletórico** *adj* (*abundante*) voll; ◇ **~ de entusiasmo** strotzend vor, voller Enthusiasmus

pleuresía *f* MED Brustfellentzündung *f*

pliego I. *vb ver* **plegar II.** *m* (*de papel*) Bogen *m;* **pliegue** *m* [1] ↑ *arruga* Falte *f* [2] (*de vestido*) Einschlag *m,* Saum *m*

plomo *m* [1] (*metal*) Blei *n;* ◇ **gasolina sin/con ~** bleifreies, bleihaltiges Benzin [2] (*bala*) Bleikugel *f* [3] (*de la luz*) Sicherung *f* [4] (*FAM persona pesada*) aufdringliche Person [5] *FIG* ◇ **andar con pies de ~** äußerst vorsichtig vorgehen

pluma *f* (*de ave, de escribir*) Feder *f;* **plumaje** *m* Gefieder *n;* **plumazo** *m* Federstrich *m;* ◇ **de un ~** durch einen Federstrich, mit einem Federstrich; **plumero** *m* [1] (*para quitar el polvo*) Staubwedel *m* [2] *FIG* ◇ **vérsele a uno el ~** jd-n durchschauen

plural *m* GRAM Plural *m;* **pluralidad** *f* Vielfältigkeit *f;* **pluralizar** ⟨3.10⟩ *vt* mehreren zuschreiben, verallgemeinern; **pluriempleo** *m* Mehrfachbeschäftigung *f;* **pluripartidismo** *m* POL Mehrparteiensystem *n*

plus *m* Zuschlag *m*

pluscuamperfecto *m* GRAM Plusquamperfekt *n*

plusvalía *f* [1] (*de una propiedad*) Wertsteigerung *f* [2] (*beneficio*) Mehrwert *m*

plutonio *m* Plutonium *n*

población *f* [1] (*habitantes*) Bevölkerung *f* [2] (*lugar*) Ortschaft *f;* **poblado I.** *adj* bevölkert **II.** *m* Ortschaft *f;* **poblador(a)** *m/f* Siedler(in *f*) *m;* **poblar** ⟨3.2⟩ *vt* [1] (*con gente*) bevölkern; ◇ **el valle se pobló rápidamente** das Tal war schnell bevölkert [2] (*con plantas*) bepflanzen; ◇ **~ de árboles** mit Bäumen bepflanzen [3] (*con animales*) ansiedeln [4] ↑ *ocupar* bewohnen

pobre I. *adj* arm; ◇ **tienes un vocabulario ~** du hast einen kleinen Wortschatz; ◇ **¡~ de mí!** ich Arme(r)!; ◇ **¡~ de ti como hagas eso!** wehe dir, wenn du das machst! **II.** *m/f* Arme(r) *fm;* **pobreza** *f* [1] Armut *f* [2] *FIG* ↑ *escasez* Knappheit *f* [3] ◇ **~ de espíritu** Charakterlosigkeit *f*

pocilga *f* Schweinestall *m*

poción, pócima *f* Trank *m;* ◇ **~ mágica** Zaubertrank *m*

poco I. *adj* [1] wenig [2] ◇ **-as posibilidades** geringe Chancen **II.** *adv* wenig **III.** *m* [1] ◇ **un ~** ein wenig, ein bißchen; ◇ **un ~ de agua** ein bißchen Wasser; ◇ **-s** *pl* wenige; ◇ **-s de nosotros llegaremos al siglo XXI** wenige von uns werden das 21. Jahrhundert erleben [2] ◇ **por ~ perdemos el autobús** fast/beinahe hätten wir den Bus verpaßt; ◇ **~ a ~ se llenaba la sala** nach und nach füllte sich der Saal/Raum; ◇ **~ después de llegar tú, llegó Juan** kurz nachdem du [an-]gekommen warst, kam Juan; ◇ **a ~ de irte tú, llamó por teléfono** gleich nachdem du gegangen bist, rief er an; ◇ **lo sabrás dentro de ~** du wirst es bald/in Kürze erfahren; ◇ **hace ~ supimos eso** wir haben es vor kurzem erfahren

pocho *adj* [1] ▷*fruta* verdorben, überreif [2] *FAM* ↑ *pálido* blaß [3] *FAM* ↑ *decaído* matt, kränklich

podar *vt* → *árbol* beschneiden

podenco *m* Jagdhund *m*

poder I. *m* [1] *también* POL ↑ *dominio* Macht; ◇ **el gobierno es el ~ ejecutivo, y el parlamento el ~ legislativo** die Regierung ist die Exekutive und das Parlament dic Lcgislative *f* [2] ↑ *fuerza* Kraft *f;* ◇ **el ~ adquisitivo disminuye cada vez más** die Kaufkraft wird immer geringer [3] ↑ *autorización* Vollmacht *f* [4] ◇ **el original está en ~ del autor** das Original befindet sich in Händen des Autors **II.** ⟨4.7⟩ *v. aux* können; ◇ **mi padre puede al tuyo** mein Vater ist stärker als deiner **III.** *v. imp* [1] (*ser posible*) können; ◇ **puedes hacer lo que quieras** du kannst machen was du willst; ◇ **podías haberme llamado** du hättest ruhig anrufen können; ◇ **puede que sea** *subj* **así** kann schon sein [2] (*permiso*) dürfen; ◇ **¿se puede?** darf man eintreten? [3] ◇ **no ~ con (algo, alguien)** jd-n/etw nicht ausstehen können; ◇ **no ~ más** am Ende seiner Kräfte sein; ◇ **a más no ~** mit äußerster Kraftanstrengung; **poderío** *m* Macht *f;* **poderoso** *adj* [1] ▷*país* mächtig [2] ↑ *influyente* einflußreich [3] ↑ *eficaz* wirksam

podrido *adj* [1] ▷*fruta* verdorben, verfault [2] *FIG* ▷*persona* verdorben, verkommen; **podrir** *vt ver* **pudrir**

poema *m* Gedicht *n;* **poesía** *f* Poesie *f*, Dichtung *f;* **poeta** *m/f* Dichter(in *f*) *m;* **poético** *adj* dichterisch, poetisch; **poetisa** *f* Dichterin *f*

póker *m* NAIPES Poker *n*

polaco(/a) I. *adj* polnisch **II.** *m/f* Pole *m*, Polin *f*

polar *adj* Polar-, Pol-

polaridad *f* Polarität *f;* **polarizar** ⟨3.10⟩ **I.** *vt* polarisieren **II.** *vr(se)* sich polarisieren

polea *f* Flaschenzug *m*

polémica *f* [1] Polemik *f* [2] (*discusión*) Auseinandersetzung *f;* **polémico** *adj* ▷*tema* polemisch; **polemizar** ⟨3.10⟩ *vi* polemisieren

polen *m* FLORA Pollen *m*, Blütenstaub *m*

policía I. *m/f* Polizist(in *f*) *m;* ◇ **agente** *m* **de ~** Polizist *m* **II.** *f* (*cuerpo armado*) Polizei *f;* ◇ **~ de tráfico** Verkehrspolizei *f;* ◇ **~ armada** kasernierte Polizei; ◇ **~ secreta** Geheimpolizei *f;* **policial** *adj* Polizei-; **policiaco, policíaco** *adj* polizeilich, Polizei-; ◇ **novela -a** Kriminalroman *m*

polideportivo *m* Sporthalle *f*

polifacético *adj* vielseitig

poligamia *f* Polygamie *f;* **polígamo** *adj* (*con más de una mujer/hombre*) polygam

políglota *adj* Polyglotte(r) *fm*

polígono *m* Vieleck *n;* ◇ **~ residencial** Wohnblock *m*

polilla *f* Motte *f*

polio *f* MED Kinderlähmung *f*, Polio *f*

politécnico *adj* polytechnisch; ◇ **escuela -a** polytechnische Schule

politeno *m* Polyäthylen *n*

político(/a) I. *adj* [1] ▷*partido* politisch [2] (*persona*) taktvoll, diplomatisch [3] ◇ **madre -a** Schwiegermutter *f;* ◇ **padre ~** Schwiegervater *m* **II.** *f* Politik *f* **III.** *m/f* Politiker(in *f*) *m;* **politicastro** *m PEY* Biertischpolitiker(in *f*) *m*, Politikaster *m*

póliza *f* [1] (*sello*) Steuermarke *f* [2] (*documento*) Police *f*

polizón *m* NAUT, AERO blinder Passagier
polizonte *m* (*PEY policía*) Bulle *m*
polo *m* [1] GEO, ELEC Pol *m;* ◇ **- Norte/Sur** Nord-/Südpol *m;* ◇ **el - de atención de la reunión era...** bei dem Treffen stand...im Mittelpunkt *m* [2] (*helado*) Eis *n* [am Stiel] [3] (*jersey*) Polohemd *n* [4] SPORT Polo *n*
Polonia *f* Polen *n*
poltrona *f* Lehnstuhl *m*
polución *f* Verschmutzung *f,* Verunreinigung *f;* ◇ **- atmosférica** Luftverschmutzung *f*
polvareda *f* Staubwolke *f;* **polvera** *f* Puderdose *f;* **polvo** *m* [1] (*suciedad*) Staub *m* [2] GASTRON, MED, QUIM Pulver *n;* ◇ **-s de talco** Talkpuder *m* [3] *FAM* ◇ **estar hecho -** völlig fertig sein; ◇ **hacer - una cosa** etw zerstören; ◇ **hacer - (a alguien)** jd-n fertigmachen; (*VULG hacer el amor*) ◇ **echar un -** bumsen; **pólvora** *f* [Schieß]pulver *n;* **polvoriento** *adj* ▷*lugar, mesa* staubig; **polvorín** *m* MIL Pulverkammer *f*
pollo *m* [1] Huhn *n* [2] GASTRON Hähnchen *n,* Hühnchen *n* [3] *FAM* ↑ *escupitajo* Speichel *m,* Auswurf *m*
pomada *f* Salbe *f*
pomelo *m* Grapefruit *f*
pómez *f*: ◇ **piedra** *f* **-** Bimsstein *m*
pomo *m* (*de la puerta, cajón*) Knauf *m*
pompa *f* [1] (*de jabón*) Blase *f* [2] ↑ *ostentación* Prunk *m,* Pracht *f*
pompis *m FAM* Popo *m*
pomposo *adj* [1] ▷*lugar, fiesta* prunkvoll, pompös [2] ▷*lenguaje* geschwollen
pómulo *m* ANAT Backenknochen *m*
ponche *m* Punsch *m*
poncho *m* Poncho *m*
ponderado *adj* ↑ *mesurado* gemäßigt; **ponderar** *vt* [1] ↑ *alabar* rühmen [2] *FIG* → *asunto* prüfen
ponencia *f también* POL ↑ *comunicado* Bericht *m;* **ponente** *m/f también* POL Berichterstatter(in *f*) *m,* Redner(in *f*) *m también* UNI Referent(in *f*) *m*
poner ‹4.8› **I.** *vt* [1] setzen, stellen, legen; ◇ **- (algo) en manos (de alguien)** (jdm etw) in die Hände geben [2] ↑ *colocar* abstellen [3] → *mesa* decken [4] → *cubiertos* auflegen [5] → *zapatos* anziehen [6] → *telegrama* aufgeben [7] ↑ *escribir* schreiben [8] ▷*fin a algo* beenden [9] → *tele, radio* einschalten [10] ↑ *añadir* hinzufügen [11] ↑ *pagar* zahlen; ◇ **contribuir a un gasto** beisteuern [12] ↑ *dar una opinión* abgeben [13] → *huevos* legen [14] ↑ *suponer* annehmen [15] → *anuncio en el periódico* aufgeben [16] → *dificultades* bereiten [17] (*en contacto por teléfono*) verbinden; ◇ **póngame con el señor Gómez** verbinden Sie mich mit Herrn Gómez [18] ◇ **he puesto la leche a calentar** ich habe die Milch aufgesetzt; ◇ **¡no pongas esa cara!** mach' doch nicht so ein Gesicht!; ◇ **han puesto la gasolina a noventa pesetas el litro** das Benzin kostet jetzt neunzig Peseten der Liter; ◇ **los obreros pusieron la máquina en marcha** die Arbeiter haben die Maschine in Gang gesetzt; ◇ **vamos a - los planes en práctica** wir werden die Pläne in die Realität umsetzen **II.** *vi:* ◇ **- al día** aktualisieren; ◇ **- al corriente** informieren; ◇ **- en claro** klarstellen; ◇ **- en movimiento** in Bewegung setzen; ◇ **- por ejemplo** als Beispiel geben; ◇ **le han puesto por/de nombre el de su abuelo** sie haben ihm den Namen seines Großvaters gegeben; ◇ **le puso de mentiroso** er stellte ihn als Lügner hin **III.** *vr(se)* [1] (*en un lugar*) sich stellen [2] ← *el sol* untergehen [3] → *vestido* [sich] anziehen [4] ◇ **-se alegre** fröhlich werden; ◇ **-se rojo** rot werden; ◇ **-se a trabajar** anfangen, zu arbeiten; ◇ **-se al corriente (de algo)** sich auf dem laufenden halten; ◇ **-se a mal con alguien** sich mit jd-m verfeinden; ◇ **-se de polvo** staubig werden; ◇ **-se de mal humor** schlechte Laune bekommen; ◇ **-se de acuerdo** sich einigen; ◇ **-se delante de alguien** sich vor jd-n stellen, jd-n decken; ◇ **-se en camino** sich auf den Weg machen; ◇ **-se los pelos de punta** haarsträubend sein; **pongo** *ver* **poner**
poniente *m* [1] ↑ *occidente* Westen *m* [2] ↑ *viento* Westwind *m*
pontificado *m* REL Pontifikat *n;* **pontífice** *m* REL Papst *m*
ponzoña *f* Gift *n;* **ponzoñoso** *adj* giftig
popa *f* NAUT Heck *n*
popular *adj* [1] ▷*costumbre* volkstümlich, Volks- [2] ▷*artista* populär; **popularidad** *f* ↑ *fama* Popularität *f;* **popularizar** ‹3.10› *vr* bekannt machen; **populoso** *adj* ▷*ciudad* volkreich
popurrí *m* Potpourri *n*
póquer *m* NAIPES Poker *n*
por *prep* [1] (*tiempo, duración*) für, während; ◇ **ha sido feliz - unas horas** er war für ein paar Stunden glücklich; ◇ **volveremos - Navidad** wir werden in der Weihnachtszeit zurückkommen; ◇ **- la mañana** morgens; ◇ **- la tarde** nachmittags; ◇ **- la noche** nachts; ◇ **los periódicos aparecen siete veces - semana** Zeitungen erscheinen siebenmal pro Woche [2] (*lugar*) über *akk*, durch, in *dat*; ◇ **iba - la calle** er ging auf der Straße; ◇ **lo he visto - aquella zona** ich habe ihn in diesem Gebiet gesehen; ◇ **- el patio** im Hof;

◇ ~ **aquí,** ~ **ahí** hier und da, überall; ◇ **dar una vuelta** ~ **el pueblo** eine Runde durch den Ort machen; ◇ ~ **fuera/dentro** draußen/drinnen; ◇ **en Inglaterra se conduce** ~ **la izquierda** in England herrscht Linksverkehr; ◇ **el Ebro pasa** ~ **Zaragoza** der Ebro fließt durch Saragossa [3] (*pasivo*) von; ◇ **el ladrón fue detenido** ~ **la policía** der Dieb wurde von der Polizei festgenommen [4] (*causa*) wegen; ◇ **le echaron de la empresa** ~ **ladrón** sie warfen ihn aus dem Betrieb, weil er geklaut hatte; ◇ ~ **un descuido** auf Grund einer Unachtsamkeit; ◇ ~ **falta de dinero** aus Geldmangel; ◇ ~ **lo dicho** auf Grund des Gesagten [5] (*modo, manera*) ◇ **se lo llevaron** ~ **la fuerza** sie nahmen ihn/es unter Gewaltanwendung mit [6] (*medio*) mit, durch; ◇ **le enviamos los libros** ~ **correo** wir schicken die Bücher mit der Post [7] (*finalidad*) um zu; ◇ **juegan al fútbol** ~ **pasar el tiempo** sie spielen Fußball, um sich die Zeit zu vertreiben [8] (*a cambio de*) für; ◇ **le dieron dos mil pesetas** ~ **su coche** sie gaben ihm zweitausend Peseten für das Auto [9] (*en lugar de*) anstatt *gen;* ◇ **le dieron gato** ~ **liebre** sie haben ihn übers Ohr gehauen; ◇ **hemos cambiado pesetas** ~ **marcos** wir haben Peseten in Mark [um]getauscht [10] ◇ **2** ~ **2 son 4** 2 mal 2 ist/gleich 4; ◇ **el 35** ~ **ciento** 35 Prozent; ◇ ~ **orden de lista** der Reihenfolge nach; ◇ ~ **fortuna** glücklicherweise; ◇ ~ **[lo] tanto** deshalb, deswegen; ◇ ~ **cierto** übrigens; ◇ ~ **favor** bitte; ◇ ~ **ejemplo** zum Beispiel; ◇ **¿** ~ **qué?** warum?; ◇ ~ **si acaso** falls; ◇ ~ **sí mismo** (*solo*) allein; ◇ ~ **mí no tendrás problemas** ich werde dir keine Probleme machen; ◇ ~ **fin llegaron** endlich/schließlich kamen sie an; ◇ **de** ~ **sí** an sich; ◇ **pasar** ~ **bueno** als gut gelten; ◇ **regirse** ~ **la intuición** sich von der Intuition leiten lassen; ◇ **los invitados están** ~ **llegar** die Gäste müssen jeden Moment kommen

porcelana *f* Porzellan *n*

porcentaje *m* COM Prozentsatz *m*

porción *f* [1] (*de tarta*) Stück *n* [2] (*de comida*) Portion *f*

pordiosear I. *vt* betteln um **II.** *vi* betteln; **pordiosero(/a)** *m/f* Bettler(in *f*) *m*

porfía *f* [1] (*discusión*) Auseinandersetzung *f* [2] ↑ *testarudez* Hartnäckigkeit *f;* **porfiar** ⟨3.13⟩ *vi* [1] ↑ *discutir* streiten [2] ◇ ~ **en/por la consecución de un deseo** an der Verwirklichung eines Wunsches unbeirrbar festhalten

pormenor *m* [1] ↑ *detalle* Einzelheit *f,* Detail *n* [2] ↑ *pequeñez* Kleinigkeit *f*

pornografía *f* Pornographie *f;* **pornográfico** *adj* pornographisch

poro *m* Pore *f;* **poroso** *adj* ▷*piedra* porös

porque *cj* weil, da

porqué *m* ↑ *razón* Grund *m,* Ursache *f*

porquería *f* [1] ↑ *grosería* Schweinerei *f* [2] ↑ *basura* Schmutz *m,* Dreck *m;* ◇ **estar hecho una** ~ völlig verdreckt sein [3] (*mal libro*) Schund *m*

porro(/a) I. *f* (*de policía*) Gummiknüppel *m* **II.** *m* [1] *FAM* Joint *m;* ◇ **fumarse un** ~ kiffen [2] *FAM* ◇ **enviar/mandar a la ~a a alguien** jd-n zum Teufel jagen; *FAM* ◇ **¡vete a la ~a!** scher dich zum Teufel!

porrón *m Trinkgefäß mit langem Ausguß*

portada *f* [1] (*de edificio*) Vorderseite *f* [2] (*de periódico*) Titelblatt *n*

portador(a) *m/f* [1] Träger(in *f*) *m* [2] COM Inhaber(in *f*) *m;* ◇ **cheque** *m* **al** ~ Überbringerscheck *m;* **portaequipajes** *m* ⟨inv⟩ AUTO Kofferraum *m;* **portafolios** *m/sg* ⟨inv⟩ (*cartera*) Aktentasche *f;* (*carpeta*) Aktendeckel *m*

portal *m* (*de edificio*) Vorhalle *f*

portar I. *vt* tragen **II.** *vr(se)* sich benehmen; **portarretrato** *m* Bilderrahmen *m;* **portátil** *adj* ▷*televisor* tragbar; **portaviones** *m* MIL Flugzeugträger *m;* **portavoz** *m/f* (*de un grupo*) Sprecher(in *f*) *m*

portazo *m* : ◇ **dar un** ~ die Tür zuschlagen

porte *m* [1] ↑ *modales* Benehmen *n* [2] COM Fracht *f* [3] (*dinero*) Frachtgebühren *pl* [4] (*capacidad*) Ladefähigkeit *f* [5] (*de carta*) Porto *n*

portento *m* Wunder *n;* ◇ **niño** *m* ~ Wunderkind *n;* **portentoso** *adj* wunderbar, wundervoll

porteño *adj* aus Buenos Aires

portería *f* [1] (*de casa, colegio*) Pförtnerloge *f* [2] SPORT Tor *n;* **portero(/a)** *m/f* [1] (*de casa, colegio*) Pförtner(in *f*) *m,* Hausmeister(in *f*) *m;* ◇ ~ **automático** Türöffner *m* mit Sprechanlage [2] SPORT Torwart(in *f*) *m;* **pórtico** *m* [1] (*delante de la puerta*) Portal *n* [2] (*galería con columnas*) Säulengang *m,* Arkade *f*

portorriqueño *adj* puertorikanisch

Portugal *m* Portugal *n;* **portugués(-esa) I.** *adj* portugiesisch **II.** *m/f* Portugiese *m,* Portugiesin *f* **III.** *m* (*lengua*) Portugiesisch *n*

porvenir *m* Zukunft *f*

pos *prep:* ◇ **en** ~ **de** hinter[-her]

posada *f* Gasthaus *n;* ◇ **dar** ~ **a alguien** jd-m Unterkunft gewähren

posaderas *f/pl* Gesäß *n*

posar I. *vt* [1] (*sobre algo*) ablegen, absetzen [2] → *la mano* legen [3] → *mirada, vista* richten auf *akk* **II.** *vi* (*como modelo*) Modell sitzen/stehen **III.** *vr(se)* ← *café* sich setzen; ◇ **el pájaro se posó en/sobre aquella rama** der Vogel setzte sich auf jenen Ast

posdata *f* Postskriptum *n*
pose *f* Pose *f*
poseedor(a) *m/f* ↑ *dueño* Besitzer(in *f*) *m;* (*de un premio*) Inhaber(in *f*) *m;* **poseer** ⟨4.20⟩ *vt* haben, besitzen; **poseído** *adj* besessen; **posesión** *f* Besitz *m;* ◇ **dar** ~ [in den Besitz] einweisen, in das Amt einführen; ◇ **tomar** ~ Besitz ergreifen; **posesionarse** *vr:* ◇ ~ **de** Besitz ergreifen von; **posesivo** *adj* [1] besitzergreifend [2] GRAM possessiv; **poseso(/a)** I. *adj* (*dominado*) besessen II. *m/f* Besessene(r) *fm*
posguerra *f* Nachkriegszeit *f*
posibilidad *f* Möglichkeit *f;* **posibilitar** *vt* ermöglichen; **posible** I. *adj* [1] möglich; ◇ **hay que evitar un** ~ **error** man muß einen eventuellen Fehler vermeiden [2] ◇ **de ser** ~ falls möglich; ◇ **en lo** ~ soweit möglich II. *m/pl* (*medios económicos*) Vermögen *n,* Mittel *n pl*
posición *f* [1] ↑ *situación* Position *f;* ◇ **persona de** ~ ein gut situierter Mensch [2] ↑ *categoría* Stellung [3] ↑ *postura* Stellung *f*
positivo I. *adj* positiv II. *f* FOTO Positiv *n*
posmoderno *adj* postmodern
poso *m* Bodensatz *m*
posponer ⟨4.8⟩ *vt* [1] (*colocar después*) hintansetzen [2] ↑ *aplazar* verlegen [3] ↑ *menospreciar* weniger schätzen [als]
posta *f:* ◇ **a** ~ absichtlich
postal I. *adj* Post- II. *f* Postkarte *f*
poste *m* Pfosten *m,* Pfeiler *m;* ◇ ~ **quilométrico** Kilometerstein *m*
póster ⟨s⟩ *m* (*decorativo*) Poster *n;* (*de propaganda, publicidad*) Plakat *n*
postergar ⟨3.11⟩ *vt* ↑ *aplazar* verschieben (*relegar*) hintanstellen
posteridad *f* [1] ↑ *descendencia* Nachkommenschaft *f; FIG* Nachwelt *f* [2] ↑ *futuro* Zukunft *f;* **posterior** *adj* [1] (*después*) spätere(r, s) [2] (*siguiente*) darauffolgend [3] (*detrás*) hintere(r, s); **posterioridad** *f:* ◇ **con** ~ nachträglich
postín *m* [1] ↑ *ostentación* Protz *m;* ◇ **vive en una casa de** ~ er wohnt in einem luxuriösen/protzigen Haus [2] ↑ *vanidad* Eitelkeit *f;* ◇ **darse** ~ sich wichtig machen/tun
postizo I. *adj* falsch, künstlich; ◇ **dentadura** ~**a** [künstliches] Gebiß *n* II. *m* Haarteil *n,* Toupet *n*
postor *m* (*en subasta*) Bieter *m*
postración *f* ↑ *desánimo* Niedergeschlagenheit *f;* **postrado** *adj* niedergeschlagen; **postrar** I. *vt* ↑ *abatir moralmente* erniedrigen II. *vr(se)* ↑ *arrodillarse* auf die Knie fallen
postre *m* Nachtisch *m;* ◇ **a la** ~ letztendlich
postrero *adj* letzte(r, s)
postulado *m* Postulat *n;* **postular** I. *vt* ↑ *solicitar* postulieren, bitten um II. *vi* (*pedir dinero*) sammeln
póstumo *adj* posthum; ◇ **obras** ~**as** nachgelassene Werke
postura *f* [1] (*posición*) [Körper-]Haltung *f* [2] (*FIG actitud*) Einstellung *f*
potable *adj FAM* ↑ *bueno* okay; ◇ **agua** *m* ~ Trinkwasser *n*
potaje *m* GASTRON Gemüseeintopf *m*
pote *m* Topf *m*
potencia *f* [1] ↑ *poder* Macht *f;* ◇ **EE.UU. es una potencia mundial** die USA sind eine Weltmacht [2] (*de un motor*) Stärke *f,* Leistung *f* [3] ▷*sexual* Potenz *f* [4] ◇ **comprador en** ~ ein potentieller Käufer; **potencial** I. *adj* potentiell II. *m* ↑ *potencia* Potential *n;* **potenciar** *vt* ↑ *impulsar* → *empresa, persona* fördern
potentado(/a) *m/f* Potentat *m*
potente *adj* [1] ▷*país* mächtig; ▷*motor* leistungsstark [2] ▷*grito* durchdringend [3] ▷*sexualmente* potent
potestad *f* ↑ *poder* Macht *f,* Gewalt *f,* Befugnis *f;* ◇ ~ **territorial** Gebietshoheit *f;* ◇ ~ **habiente** Gewalthaber *m*
potingue *m* [1] (*PEY maquillaje*) Schönheitsmittelchen *n* [2] *PEY* FARMA Mittelchen *n* [3] (*bebida*) Gesöff *n*
potro *m* [1] FAUNA Fohlen *n* [2] SPORT Bock *m*
pozo *m* [1] (*de agua*) Brunnen *m* [2] (*de mina*) Schacht *m*
práctica *f* [1] ↑ *experiencia* Übung *f,* Erfahrung *f* [2] ↑ *costumbre, uso* Gebrauch *m* [3] (*pl,* UNI *de medicina*) Praktikum *n* [4] ◇ **en la** ~ in der Praxis; ◇ **llevar a la** ~ verwirklichen; **practicable** *adj* [1] ▷*teoría* machbar, durchführbar [2] ▷*camino* passierbar; **practicante** I. *adj* praktizierend II. *m/f* MED Medizinalassistent(in *f*) *m;* **practicar** ⟨3.7⟩ I. *vt* [1] → *actividad, profesión* praktizieren, ausüben [2] → *deporte* treiben II. *vi* (*con un maestro*) üben; **práctico** *adj* [1] praktisch [2] ↑ *experto* erfahren
pradera *f* Grasweide *f;* (*en América*) Prärie *f;* **prado** *m* [1] (*terreno*) Wiese *f* [2] (*para ganado*) Weide *f*
Praga *f* Prag *n*
pragmático *adj* pragmatisch
preámbulo *m* Einleitung *f,* Präambel *f;* ◇ **sin** ~**s** ohne Umschweife
precario *adj* [1] ↑ *inseguro* unsicher [2] ↑ *escaso* mangelnd [3] ▷*situación* kritisch
precaución *f* ↑ *cuidado* Vorsicht *f;* ◇ **hay que tomar medidas de** ~ es sind Vorsichtsmaßnahmen zu treffen; **precaver** I. *vt* ↑ *prevenir* verhüten II. *vr(se):* ◇ ~**se de/contra algo** sich vor/

gegen etw schützen; ◇ **~se del frío** sich vor der Kälte schützen; **precavido** *adj* vorsichtig

precedencia *f* [1] ↑ *preferencia* Vorrang *m* [2] ↑ *predominio* Überlegenheit *f;* **precedente I.** *adj* [1] ↑ *antecedente* vorhergehend [2] ↑ *antes mencionado* vorangegangen **II.** *m/f* Vorgänger(in *f*) *m* **III.** *m* [1] JUR Präzedenzfall *m;* ◇ **sentar un ~** einen Präzedenzfall schaffen [2] ↑ *resolución* Präzedenzurteil *n;* **preceder** *vt* [1] (*ocurrir antes*) vorhergehen *dat,* vorangehen [2] (*tener preferencia*) vorgehen *dat;* ◇ **~ a alguien** über jd-m stehen

precepto *m* [1] ↑ *orden* Gebot *n,* Regel *f* [2] ↑ *regla* Vorschrift *f;* ◇ **~ de conducta** Verhaltensregel *f*

preciado *adj* wertvoll; **preciarse** *vr(se):* ◇ **~se de ser valiente** sich seines Mutes rühmen

precintar *vt* [1] → *paquete* mit Klebstreifen *m/pl* versehen [2] ↑ *sellar* versiegeln; **precinto** *m* (*en productos al consumo*) Banderole *f,* Klebstreifen *m;* ◇ **~ de seguridad** Sicherheitsverschluß *m*

precio *m* [1] Preis *m;* ◇ **~ ex fábrica** Preis *m* ab Werk [2] *FIG* Wert *m;* ◇ **no tener ~** unbezahlbar sein [3] ◇ **al ~ de** für, auf Kosten *gen*

preciosidad *f* [1] ↑ *belleza* Schönheit *f* [2] (*objeto*) Kostbarkeit *f;* **precioso** *adj* [1] (*muy bonito*) wunderschön [2] ↑ *valioso* wertvoll, kostbar; ◇ **piedra ~a** Edelstein *m*

precipicio *m* Abgrund *m; FIG* ◇ **estar al borde del ~** vor dem Ruin stehen

precipitación *f* METEO Niederschlag *m;* **precipitado I.** *adj* [1] (*hecho con rapidez*) überstürzt, hastig [2] ↑ *imprudente* voreilig **II.** *m* QUIM Niederschlag *m;* **precipitar I.** *vt* [1] ↑ *lanzar* hinunterstürzen [2] ↑ *apresurar* beschleunigen, antreiben **II.** *vr(se)* [1] ↑ *lanzarse* sich hinabstürzen [2] ↑ *apresurarse* eilen [3] (*sin pensar*) überstürzt/übereilt handeln

precisamente *adv* [1] (*con precisión*) genau [2] ↑ *justamente* exakt, genau; **precisar I.** *vt* [1] ↑ *determinar* festlegen, festsetzen [2] ↑ *necesitar* benötigen, brauchen [3] ↑ *delimitar* präzisieren **II.** *vi* ↑ *ser necesario* nötig sein; ◇ **~se algo** etw brauchen; **precisión** *f* ↑ *exactitud* Genauigkeit *f,* Präzision *f;* **preciso** *adj* [1] ↑ *necesario* notwendig, nötig; ◇ **es ~ que me llame por teléfono** er muß mich anrufen [2] ↑ *justo* genau, exakt

preconcebido *adj* vorgefaßt; **preconcebir** *vt* vorwegnehmen

precoz *adj* (*físico, mental*) frühreif

precursor(a) I. *adj* vorangehend, Vor- **II.** *m/f* Pionier(in *f*) *m,* Vorläufer(in *f*) *m*

predecible *adj* voraussagbar; **predecir** ⟨4.3⟩ *vt* voraussagen

predecesor(a) *m/f* [1] (*en un cargo*) Vorgänger(in *f*) *m* [2] ↑ *antecesor* Vorfahre *m,* Vorfahrin *f*

predestinado *adj* vorbestimmt; **predestinar** *vt* vorherbestimmen

predeterminar *vt* im voraus entscheiden/festlegen

prédica *f* REL Predigt *f*

predicado *m* GRAM Prädikat *n*

predicador *m* REL Prediger *m;* **predicar** ⟨3.7⟩ **I.** *vt* → *sermón* halten **II.** *vi* predigen

predicción *f* Vorhersage *f*

predilección *f* (*preferencia*) Vorliebe *f;* ◇ **tener ~ por (alguien, algo)** eine Vorliebe für (jdn, etw) haben; **predilecto** *adj* bevorzugt, Lieblings-

predisponer ⟨4.8⟩ **I.** *vt* ▷*persona* darauf vorbereiten (*a* zu), einnehmen (*a favor* für, *en contra* gegen) **II.** *vr(se):* ◇ **~se a** sich einstellen auf *akk;* **predisposición** *f* [1] ↑ *tendencia* Neigung *f* [2] (*a enfermedad*) Anfälligkeit *f,* Prädisposition *f* (*a* für); **predispuesto I.** *pp de predisponer* **II.** *adj* [1] ↑ *favorable* eingenommen (*a* für) [2] (*a enfermedad*) anfällig (*a* für)

predominante *adj* vorherrschend; **predominar** *vt* ↑ *prevaleer* vorherschen; **predominio** *f* Überlegenheit *f,* Vorherrschaft *f*

prefabricado *adj* vorgefertigt

prefacio *m* Vorwort *n*

preferencia *f* [1] ↑ *inclinación* Vorliebe *f* [2] (*primacía*) Vorzug *m,* Vorrang *m* [3] AUTO Vorfahrt *f;* **preferente** *adj* [1] (*que tiene primacía*) bevorrechtigt [2] ▷*trato* vorrangig; **preferible** *adj* vorzuziehen; **preferir** ⟨3.1⟩ *vt* vorziehen; ◇ **prefiero el frío al calor** mir ist Kälte lieber als Hitze

prefijar *vt* vorher festsetzen; **prefijo** *m* [1] GRAM Präfix *n* [2] TEL Vorwahl[nummer] *f*

pregonar *vt* [1] (*divulgar*) öffentlich ausrufen [2] (*algo que debía callarse*) ausposaunen

pregunta *f* Frage *f;* ◇ **hacer una ~** eine Frage stellen; **preguntar I.** *vt* fragen; ◇ **esta mañana me preguntó por ti el director** heute morgen hat der Dirketor mich nach dir gefragt **II.** *vr(se)* sich fragen; **preguntón(-ona)** *adj FAM* ständig Fragen stellend

prehistoria *f* Vorgeschichte *f;* **prehistórico** *adj* [1] prähistorisch, vorgeschichtlich [2] *FIG* ↑ *anticuado* veraltet

prejuicio *m* Vorurteil *n;* **prejuzgar** ⟨3.11⟩ *vt* vorschnell urteilen über *akk*

preliminar I. *adj* einleitend, einführend **II.** (*pl: negociaciones previas*) Vorverhandlungen *f/pl*

preludio *m* [1] ↑ *preámbulo* Einleitung *f* [2] MUS Vorspiel *n,* Präludium *n*

premamá *adj inv* ▷*ropa* Umstands-

prematrimonial *adj* vorehelich; ◇ **relaciones** *f/pl* ~**es** voreheliche Beziehungen
prematuro *adj* vorzeitig, verfrüht, Früh-; ◇ **niño** *m* ~ Frühgeburt *f*
premeditación *f* [1] Vorbedacht *m* [2] JUR Vorsätzlichkeit *f;* **premeditado** *adj* ↑ *no espontáneo* geplant; JUR vorsätzlich; **premeditar** *vt* [1] vorher durchdenken [2] JUR vorsätzlich planen
premiar *vt* [1] (*con un premio*) [mit einem Preis] auszeichnen [2] ↑ *recompensar* belohnen; **premio** *m* [1] Preis *m;* ◇ ~ **Nobel de Literatura** Nobelpreis *m* für Literatur [2] ↑ *recompensa* Belohnung *f*
premisa *f* Voraussetzung *f,* Prämisse *f;* ◇ **establecer/sentar** ~**s** die Prämissen festlegen
premonición *f* Vorahnung *f,* Vorgefühl *n;* **premonitorio** *adj* Warn[ungs]-
premura *f* [1] ↑ *prisa* Eile *f,* Hast *f* [2] ↑ *escasez* Mangel *m*
prenatal *adj* vor der Geburt
prenda *f* [1] (*de vestir*) Kleidungsstück *n* [2] (*como fianza*) Pfand *n*
prendar I. *vt* für sich einnehmen **II.** *vr(se):* ◇ ~**se de alguien** sich in jd-n verlieben
prendedor *m* Brosche *f;* **prender I.** *vt* [1] ↑ *sujetar* ergreifen, nehmen [2] → *criminal* festnehmen [3] → *pelo* fest-/hochstecken [4] → *fuego* anzünden **II.** *vi* [1] ← *plantas* Wurzeln schlagen [2] ← *fuego* brennen **III.** *vr(se)* Feuer fangen
prensa *f* [1] TIP Presse *f* [2] (*publicaciones*) Zeitungswesen *n,* Presse *f; FIG* ◇ **tener buena/mala** ~ eine gute/schlechte Presse bekommen; ◇ **agencia de** ~ Presseagentur *f;* **prensar** *vt* ↑ *apretar* pressen; → *uvas* auspressen
preñado *adj* [1] ▷*animal* trächtig [2] ▷*mujer* schwanger [3] *FIG* ↑ *cargado* voll (*de* mit)
preocupación *f* ↑ *inquietud* Besorgnis *f,* Sorge *f;* **preocupado** *adj* besorgt; **preocupar I.** *vt* Sorgen machen *dat* **II.** *vr(se)* sich sorgen, sich *dat* Sorgen machen; ◇ **preocúpate tú de ordenar esto** kümmer' du dich darum, das in Ordnung zu bringen; ◇ **se preocupa por todo** er macht sich um alles Sorgen
preparación *f* [1] (*acción*) Vorbereitung *f* [2] (*conocimientos*) Ausbildung *f;* **preparado I.** *adj* [1] ▷*comida* fertig, zubereitet [2] ▷*persona* vorbereitet **II.** *m* FARMA Präparat *n,* Mittel *n;* **preparador(a)** *m/f* Trainer(in *f*) *m;* **preparar I.** *vt* [1] → *comida* zubereiten [2] → *examen* vorbereiten **II.** *vr(se)* ← *tormenta* aufziehen; ◇ ~**se a recibir malas noticias** sich auf schlechte Nachrichten gefaßt machen; ◇ ~**se para los exámenes** sich auf die Prüfungen vorbereiten; ◇ **prepárate para cuando llegue tu padre** warte nur bis dein Vater kommt!; **preparativo I.** *adj* vorbereitend, Vorbereitungs- **II.** *m/pl* Vorbereitungen *pl;* ◇ **hacer los** ~ **para una fiesta** die Vorbereitungen für eine Party treffen; **preparatorio** *adj* vorbereitend, Vorbereitungs-
preponderancia *f* ↑ *predominio* Vorherrschaft *f; FIG* Übergewicht *m;* **preponderante** *adj* ↑ *predominante* vorherrschend, überwiegend
preposición *f* GRAM Präposition *f*
prepotencia *f* Übermacht *f;* **prepotente** *adj* übermächtig
prerrogativa *f* ↑ *privilegio* Vorrecht *n*
presa *f* [1] (*acción*) Fangen *n;* ◇ **hacer** ~ fangen [2] (*botín*) Beute *f* [3] ↑ *dique* Staudamm *m*
presagiar *vt* ↑ *pronosticar* vorhersagen; **presagio** *m* [1] (*señal*) Vorzeichen *n,* Omen *n* [2] (*adivinación*) Weissagung *f*
prescindir *vi:* ◇ ~ **de** verzichten auf *akk*
prescribir ⟨3.21⟩ *vt* [1] ↑ *ordenar* vorschreiben [2] → *medicamento* verschreiben; **prescripción** *f* [1] ↑ *orden* Verordnung *f* [2] ↑ *receta* Rezept *n*
presencia *f* [1] Anwesenheit *f* [2] (*aspecto exterior*) Aussehen *n;* ◇ **de buena** ~ gepflegtes Äußeres; **presencial** *adj:* ◇ **testigo** *m* ~ Augenzeuge *m;* **presenciar** *vt* dabeisein bei, beiwohnen *dat*
presentable *adj* vorzeigbar; **presentación** *f* [1] (*de persona*) Vorstellung *f* [2] (*aspecto exterior*) Aussehen *n;* **presentador(a)** *m/f* (*de espectáculo*) Ansager(in *f*) *m;* **presentar I.** *vt* [1] ↑ *mostrar* zeigen, vorweisen [2] → *a alguien* vorstellen [3] ↑ *ofrecer* bieten [4] ◇ ~ **batalla** sich zur Schlacht stellen **II.** *vr(se)* [1] (*a alguien*) sich vorstellen; ◇ **se presentó como agente de policía** er gab sich für einen Polizisten aus [2] ↑ *acudir* erscheinen, auftauchen, aufkreuzen [3] (*ofrecerse voluntariamente*) sich aufstellen lassen, kandidieren [4] ← *enfermedad* auftreten; **presente I.** *adj* [1] (*en un lugar*) anwesend [2] ↑ *actual* gegenwärtig **II.** *m* [1] ↑ *actualidad* Gegenwart *f* [2] ↑ *regalo* Geschenk *n* [3] GRAM Präsens *m* [4] ◇ **tener** ~ **algo** etwas berücksichtigen; ◇ **tener** ~ **a alguien** jd-n gegenwärtig haben [5] ◇ **por la** ~ **deseo comunicarle mi renuncia** hiermit teile ich Ihnen mit, daß ich kündige [6] ◇ ¡~! hier!
presentimiento *m* Vorgefühl *n,* Vorahnung *f;* **presentir** ⟨3.1⟩ *vt* [voraus]ahnen
preservación *f* ↑ *protección* Schutz *m,* Bewahrung *f;* **preservar** *vt* ↑ *proteger* schützen (*contra* vor *dat*); **preservativo** *m* Präservativ *n*
presidencia *f* [1] POL Präsidentschaft *f* [2] (*de tribunal, empresa*) Vorsitz *m;* **presidente(/a)**

m/f [1] POL Präsident(in *f*) *m* [2] (*de tribunal, empresa*) Vorsitzende(r) *fm*

presidiario(/a) *m/f* Sträfling *m;* **presidio** *m* Zuchthaus *n*

presidir *vt* [1] → *asamblea* den Vorsitz *m* führen [2] (*ocupar el primer puesto*) vorstehen *dat* [3] *FIG* ↑ *estar presente* vorherrschen bei

presión *f también FIG* Druck *m;* **presionar** *vt* [1] → *botón* drücken auf *akk* [2] *FIG* Druck ausüben (*sobre* auf *akk*)

preso(/a) *m/f* Gefangene(r) *fm*

prestación *f* Leistung *f*

prestado *adj* geliehen; ◇ **pedir ~** ausleihen; ◇ **vestido de ~** geliehene Kleidung tragen; **prestamista** *m/f* Geldverleiher(in *f*) *m;* **préstamo** *m* Darlehen *n*

prestancia *f* Distinguiertheit *f*

prestar I. *vt* [1] → *dinero* [aus-]leihen [2] → *juramento* leisten [3] → *fianza* stellen [4] → *atención* schenken II. *vr(se)* [1] (*a ayudar*) sich anbieten [2] ↑ *acceder* sich hergeben (*a* zu) [3] ◇ **lo que has dicho se presta a malas interpretaciones** was du gesagt kann leicht mißverstanden werden; **prestatario(/a)** *m/f* Kreditnehmer(in *f*) *m*

prestidigitación *f* Taschenspielerei *f;* **prestidigitador(a)** *m/f* Taschenspieler(in *f*) *m*

prestigiar ⟨3.13⟩ *vt* jd-m Prestige verleihen; **prestigio** *m* Prestige *n;* **prestigioso** *adj* angesehen

presto I. *adj* [1] ↑ *preparado* bereit [2] ↑ *rápido* schnell, rasch II. *adv* schnell

presumido *adj* ↑ *vanidoso* arrogant, eingebildet; **presumir** I. *vt* ↑ *sospechar* annehmen, vermuten II. *vi* angeben, prahlen (*de* mit); **presunción** *f* [1] ↑ *vanidad* Arroganz *f* [2] ↑ *suposición* Vermutung *f*

presunto *adj* ▷*terrorista* angeblich, vermeintlich

presuntuoso *adj* eingebildet, überheblich

presuponer ⟨4.8⟩ *vt* voraussetzen; **presupuesto** I. *adj* vermutlich, vermeintlich II. *m* (*cálculo del coste*) Kostenvoranschlag *m;* POL Budget *n*, Haushalt *m*

presuroso *adj* eilig

pretencioso *adj* ↑ *presuntuoso* anmaßend, angeberisch

pretender *vt* [1] ↑ *reclamar* Anspruch erheben auf *akk*, etw *akk* von jd-m fordern [2] ↑ *desear, aspirar* begehren, erstreben; *FAM* ◇ **~ que todos hagamos lo que él quiere** er erwartet, daß alle nach seiner Pfeife tanzen [3] ↑ *procurar* versuchen [4] (*afirmar algo dudoso*) behaupten [5] (*conquistar a un hombre, mujer*) umwerben; **pretendiente** *m/f* [1] (*de una mujer*) Verehrer *m* [2] (*candidato*) Bewerber(in *f*) *m*

pretensión *f* [1] ↑ *aspiración* Streben *n* [2] ↑ *demanda* Forderung *f*, Anspruch *m*

pretérito I. *adj* ↑ *pasado* vergangen II. *m* GRAM Präteritum *n*

pretexto *m* Ausrede *f*, Vorwand *m*

prevalecer ⟨3.5⟩ *vi* [1] ↑ *imponerse* sich durchsetzen, sich behaupten [2] ↑ *predominar* überwiegen

prevención *f* [1] ↑ *precaución* Vorkehrung *f* [2] (*de enfermedades*) Vorbeugung *f* (*de* gegen) [3] (*opinión desfavorable*) Voreingenommenheit *f;* **prevenido** *adj:* ◇ **estar ~** vorgewarnt sein; ◇ **ser ~** vorsichtig sein; **prevenir** ⟨4.13⟩ I. *vt* [1] ↑ *impedir* verhüten, vermeiden; ◇ **más vale ~ que lamentar** Vorsicht ist besser als Nachsicht [2] ↑ *advertir* warnen [3] ↑ *influir* beeinflussen (*en contra de* gegen) [4] ↑ *preparar* vorbereiten II. *vr(se):* ◇ **~se contra** Vorkehrungen treffen gegen; **preventivo** *adj* vorbeugend; **prever** ⟨4.14⟩ *vt* [1] (*darse cuenta*) voraussehen, vorausschauen [2] (*tomar las medidas*) vorsehen

previo *adj* vorherig, vorhergehend, Vor-

previsible *adj* absehbar; **previsión** *f* [1] ↑ *precaución* Voraussicht *f;* ◇ **en ~ de** für den Fall, daß [2] ↑ *pronóstico* Vorhersage *f*, Voraussage *f* [3] ◇ **~ social** Sozialfürsorge *f;* **previsor(a)** I. *adj* vorausschauend II. *m/f* Vorausschauende(r) *fm;* **previsto** *adj* [1] ↑ *sabido* absehbar, vor[aus]gesehen; ◇ **era una circunstancia ~a** man wußte von vorneherein, daß dies eintreffen würde [2] ↑ *planeado* vorgesehen

prieto *adj* ↑ *agustado* eng, knapp

prima *f* COM Prämie *f*

primacía *f* [1] ↑ *superioridad* Vorrangstellung *f* [2] ↑ *primer puesto* Vorrang *m*

primario *adj* [1] ↑ *principal* wesentlich, Haupt- [2] ↑ *original* ursprünglich [3] ↑ *rudimentario* primitiv

primavera *f* Frühling *m;* **primaveral** *adj* frühlingshaft, Frühlings-

primer I. *adj* [1] erste(r, s); ◇ **el ~ mes** der erste Monat; ◇ **en ~ lugar** erstens, an erster Stelle [2] *FIG* Haupt-, wesentlich; **primerizo(/a)** I. *adj* Erstlings- II. *m/f* ↑ *novato* Anfänger(in *f*) *m* III. *f* Erstgebärende *f;* **primero(/a)** I. *adj* [1] erste(r, s); ◇ **este producto es de ~a calidad** dieses Produkt hat eine erstklassige Qualität [2] *FIG* ↑ *principal* Haupt-, wesentlich II. *m/f:* ◇ **el ~, la ~a** der Erste *m*, die Erste *f;* ◇ **lo ~** die Hauptsache III. *adv* [1] ↑ *en primer lugar* zuerst; ◇ **a ~s de mes** Anfang des Monats [2] ↑ *más bien* lieber, eher IV. *f* [1] AUTO erster Gang [2] TREN,

AERO erste Klasse; **primicia** *f* ↑ *novedad* Neuigkeit *f*

primitivo *adj* [1] ↑ *originario* ursprünglich [2] ↑ *sin civilizar* primitiv

primo(/a) I. *m/f* [1] Cousin *m,* Vetter *m,* Kusine *f;* ◇ ~ **hermano** Cousin [ersten Grades] [2] *FAM* ◇ **hacer el** ~ sich [leicht] übertölpeln [*o.* hinters Licht führen] lassen II. *adj:* ◇ **materias ~as** Rohstoffe *pl*

primogénito(/a) I. *adj* erstgeborene(r, s) II. *m/f* Erstgeborene(r) *fm*

primor *m* [1] ↑ *perfección* Vollkommenheit *f* [2] (*cosa hecha así*) Meisterstück *n*

primordial *adj* [1] ↑ *fundamental* wesentlich, grundlegend [2] ↑ *más importante* vorrangig

primoroso *adj* ↑ *excelente* vorzüglich, hervorragend

princesa *f* Prinzessin *f*

principal I. *adj* [1] hauptsächlich, Haupt-; ◇ **lo ~ es tener buena salud** das Wichtigste ist die Gesundheit [2] ↑ *ilustre* vornehm [3] ↑ *fundamental* grundlegend; ◇ **piso** ~ erster Stock II. *m/f* ↑ *jefe* Direktor(in *f*) *m*

príncipe *m* Prinz *m*

principiante *m/f* Anfänger(in *f*) *m;* **principiar** *vt* beginnen, anfangen; **principio** *m* [1] ↑ *inicio* Beginn *m,* Anfang *m;* ◇ **a ~/(s) de** (am) Anfang *gen;* ◇ **al** ~ am Anfang, anfänglich; ◇ **en un** ~ anfänglich [2] ↑ *origen* Ursprung *m* [3] ↑ *fundamento* Ausgangspunkt *m* [4] ↑ *norma* Prinzip *n,* Grundsatz *m;* ◇ **persona de ~s** Mensch mit Prinzipien; ◇ **por** ~ grundsätzlich, prinzipiell [5] (*de una sustancia*) Bestandteil *m*

pringar ‹3.11› I. *vt* ↑ *manchar* mit Fett verschmutzen II. *vr(se)* [1] ↑ *mancharse* Fettflecken bekommen (*de/con*) [2] (*FAM beneficiar indebidamente*) sich bereichern (*en* an); **pringoso** *adj* fettig; **pringue** *m* [1] ↑ *grasa* Fett *n* [2] *FIG* ↑ *suciedad* Schmutz *m*

prioridad *f* [1] ↑ *preferencia* Priorität *f* [2] ↑ *anterioridad* Vorrang *m* [3] AUTO Vorfahrt *f;* **prioritario** *adj* ▷*tema* vorrangig

prisa *f* [1] ↑ *rapidez* Eile *f;* ◇ **tener** ~ es eilig haben; ◇ **darse** ~ sich beeilen [2] ↑ *urgencia* Dringlichkeit *f* [3] ◇ **correr** ~ dringend sein; ◇ **dar/meter ~ a alguien** jd-nn drängen; ◇ **hacer (algo) de ~ y corriendo** etw in Windeseile machen; ◇ **a/de** ~ schnell

prisión *f* Gefängnis *n;* **prisionero(/a)** *m/f* Gefangene(r) *fm*

prismáticos *m/pl* Fernglas *n*

privación *f* Entzug *m,* Beraubung *f;* **privado** *adj* [1] privat, Privat- [2] ◇ **privado de** beraubt *gen;* **privar** I. *vt* [1] ↑ *despojar* entziehen; ◇ ~ **a alguien de libertad** jd-n der Freiheit berauben [2] *FAM* ↑ *gustar* gefallen [3] *FAM* → *alcohol* einen heben, kippen II. *vi* ↑ *estar de moda* in Mode sein III. *vr(se):* ◇ **~se de algo** etw aufgeben, auf etw *akk* verzichten; **privativo** *adj* ausschließlich; **privatizar** ‹3.10› *vi, vt* privatisieren

privilegiado(/a) I. *adj* [1] ▷*persona* privilegiert [2] ▷*inteligencia* außerordentlich II. *m/f* Privilegierte(r) *fm;* **privilegio** *m* ↑ *prerrogativa* Privileg *n,* Vorrecht *n*

pro I. *m* ↑ *provecho* Vorteil *m;* ◇ **el ~ y el contra** das Pro und das Kontra II. *prep:* ◇ **la lucha en ~ de la libertad** der Kampf für die Freiheit; ◇ **asociación** *f* ~ **ciegos** Blindenhilfsvereinigung

proa *f* NAUT Bug *m*

probabilidad *f* Wahrscheinlichkeit *f;* (*posibilidad*) Möglichkeit *f;* ◇ **tiene alguna ~ de ganar** es besteht die Chance, daß er gewinnt; **probable** *adj* wahrscheinlich

probador *m* Anprobierkabine *f;* **probar** ‹3.2› I. *vt* [1] ↑ *justificar* beweisen [2] ↑ *examinar* ausprobieren, testen [3] → *vestido* anprobieren [4] → *comida* probieren II. *vi* versuchen; ◇ **probó a subir, pero no pudo** er versuchte hinaufzukommen, aber er hat es nicht geschafft III. *vr(se):* ◇ **~se un vestido** ein Kleid anprobieren

probeta *f* Reagenzglas *n*

problema *m* Problem *n;* ◇ ~ **de matemáticas** Rechenaufgabe *f;* ◇ **plantear/resolver un** ~ ein Problem aufwerfen/lösen; **problemático(/a)** I. *adj* ↑ *dudoso* ▷*persona* zweifelhaft, problematisch II. *f* Problematik *f*

procaz *adj* unverschämt, frech

procedencia *f* Ursprung *m,* Herkunft *f;* **procedente** *adj* [1] ↑ *oportuno* angebracht [2] ◇ ~ **de** kommend aus, stammend aus; **proceder** I. *vi* [1] (*obrar*) verfahren, vorgehen [2] ↑ *provenir* herstammen, kommen; ◇ **el vino procede de la uva** Wein wird aus Trauben hergestellt [3] (*de un lugar*) kommen (*de* aus); ◇ **este barco procede de Mallorca** dieses Schiff kommt aus Mallorca [4] ↑ *comportarse* sich verhalten [5] ↑ *ser oportuno* angebracht sein II. *m* ↑ *comportamiento* Verhalten *n,* Benehmen *n;* **procedimiento** *m* [1] (*acción*) Vorgehen *n* [2] (*sistema*) Verfahren *n* [3] (*forma*) Vorgehensweise *f,* Methode *f*

procesado(/a) I. *adj* ↑ *acusado* angeklagt II. *m/f* Angeklagte(r) *fm*

procesador *m* INFORM Prozessor *m;* ◇ ~ **de textos** Textsystem *n;* **procesamiento** *m* [1] Anklageerhebung *f,* Strafverfolgung *f* [2] ◇ ~ **electrónico de datos** elektronische Datenverarbeitung, EDV; **procesar** *vt* JUR Anklage *f* erheben, strafrechtlich verfolgen

procesión *f* REL Prozession *f; FIG* ◇ **ir la ~ por dentro** seine wahren Gefühle nicht zeigen

proceso *m* [1] ↑ *progreso* Entwicklung *f* [2] *(del tiempo, de enfermedad)* Verlauf *m* [3] *(de fabricación)* Prozeß *m* [4] JUR Prozeß *m*

proclamación *f* (POL *dar a conocer*) Proklamation *f*, Verkündung *f*, öffentliche Bekanntmachung; **proclamar** *vt* [1] *(en voz alta)* verkünden, proklamieren [2] → *la república* ausrufen [3] → *candidato* aufstellen [4] → *sentimiento* zeigen, deutlich machen [5] ↑ *elegir* ◇ **le proclamaron premio Nobel de la Paz** ihm wurde der Friedensnobelpreis verliehen

proclive *adj* (*propenso*) neigend (*a* zu)

procreación *f* BIO Fortpflanzung *f;* **procrear** *vt* zeugen

procurador(a) *m/f* JUR Prozeßbevollmächtigte(r) *fm*, Anwalt/Anwältin, der/die nicht plädiert; ◇ **~ a/en Cortes** Parlamentsabgeordnete(r) *fm:*

procurar *vt* [1] ↑ *tratar* versuchen [2] ↑ *facilitar* beschaffen, verschaffen

prodigio *m* Wunder *n;* ◇ **niño** *m* **~** Wunderkind *n;* ◇ **realizar ~s** Wunder vollbringen; **prodigioso** *adj* [1] ↑ *extraordinario* außergewöhnlich [2] ↑ *maravilloso* wunderbar

producción *f* [1] *(fabricación)* Herstellung *f*, Produktion *f;* ◇ **~ en serie** Serienproduktion *f* [2] *(producto)* Erzeugnis *n*, Produkt *n* [3] *(de película)* Produktion *f;* **producir** ‹3.4› **I.** *vt* [1] ↑ *fabricar* herstellen, produzieren [2] → *frutos* tragen [3] → *ganancias* bringen [4] → *sorpresa* verursachen, hervorrufen; ◇ **su discurso produjo un escándalo** seine Rede verursachte einen Skandal [5] → *película* produzieren **II.** *vr(se)* ↑ *ocurrir* sich ereignen, geschehen; **productivo** *adj* [1] ▷*trabajo* produktiv [2] ▷*negocio* einträglich, gewinnbringend [3] ▷*terreno* ertragreich, fruchtbar; **producto** *m* [1] Produkt *n* [2] *(ganancia)* Ertrag *m* [3] MATE Produkt *n;* **productor(a)** **I.** *adj* erzeugend, produzierend **II.** *m/f* [1] Hersteller(in *f*) *m* [2] *(de una película)* Produzent(in *f*) *m*

proeza *f* großartige Leistung, Heldentat *f*

profanar *vt* [1] REL entweihen, schänden [2] ↑ *deshonrar* herabwürdigen, entehren; **profano(/a)** **I.** *adj* [1] *(no sagrado)* weltlich [2] *(ignorante)* laienhaft **II.** *m/f* [1] ↑ *libertino* Laie *m* [2] *(desconocedor)* Nichtfachmann *m*, -fachfrau *f*

profecía *f* Prophezeiung *f*

proferir ‹3.1› *vt* → *voces* ausstoßen

profesar *vt* [1] → *profesión* ausüben [2] → *admiración* fühlen [3] → *creencia* sich bekennen zu

profesión *f* Beruf *m;* ◇ **profesiones liberales** freie Berufe; **profesional** **I.** *adj* beruflich, Berufs-; ◇ **orientación** *f* **~** Berufsberatung *f;* ◇ **arregló el asunto de una manera ~** er regelte die Angelegenheit professionell **II.** *m/f* [1] Fachmann *m*, -frau *f* [2] SPORT Profi *m*

profesor(a) *m/f* COLE Lehrer(in *f*) *m;* UNI Dozent(in *f*) *m;* **profesorado** *m* Lehrerschaft *f*

profeta *m/f* Prophet(in *f*) *m;* **profetizar** ‹3.10› *vt* prophezeien

prófugo(/a) *m/f* ↑ *fugitivo* Flüchtling *m*

profundidad *f* Tiefe *f*

profundizar ‹3.10› *vt* vertiefen; **profundo** *adj* [1] ▷*río, voz* tief [2] ▷*sueño* fest [3] ▷*pensamiento* tiefsinnig

profusión *f* (*abundancia*) Übermaß *n*

progenitor(a) *m/f* [1] ↑ *antepasado* Vorfahr *m* [2] (*pl*) ↑ *padres* Eltern *pl*

programa *m* [1] Programm *n;* ◇ **~ de enseñanza** Lehrprogramm *n;* ◇ **~ de trabajo** Anwenderprogramm *n;* ◇ **¿qué ~ tenemos para este fin de semana?** was ist für dieses Wochenende geplant? [2] TEATRO Spielplan *f;* **programación** *f* [1] *(de viaje)* Planung *f* [2] *(de televisión)* Sendeplan *m* [3] INFORM Programmierung *f;* **programador(a)** *m/f* INFORM Programmierer(in *f*) *m;* **programar** *vt* [1] → *vacaciones* planen [2] INFORM programmieren

progresar *vi* Fortschritte machen; **progresista** **I.** *adj* fortschrittlich **II.** *m/f* POL Progressive(r) *fm;* **progresivo** *adj* [1] *(que favorece el alcance)* progressiv, fortschrittlich [2] *(que aumenta)* fortschreitend, zunehmend; **progreso** *m* Fortschritt *m;* ◇ **hacer ~s** Fortschritte machen

prohibición *f* Verbot *n;* **prohibir** *vt* verbieten; ◇ **se prohíbe fumar** Rauchen verboten; ◇ **se prohíbe el paso** Durchfahrt/-gang verboten!

prójimo *m* REL Nächste(r) *fm*

proletariado *m* Proletariat *n;* **proletario(/a)** **I.** *adj* proletarisch **II.** *m/f* Proletarier(in *f*) *m*

proliferación *f* [1] BIO Vermehrung *f* [2] ↑ *aumento* Zunahme *f;* **proliferar** *vi* sich vermehren; **prolífico** *adj* [1] ▷*conejo* fruchtbar [2] ▷*artista* produktiv

prolijo *adj* [1] ↑ *detallado* ausgedehnt, weitschweifig [2] ↑ *cargante* lästig

prólogo *m* [1] *(de libro)* Vorwort *n* [2] *FIG* Prolog *m*

prolongación *f* Verlängerung *f;* **prolongar** ‹3.11› **I.** *vt* ↑ *alargar* verlängern **II.** *vr(se)* ← *reunión* sich in die Länge ziehen

promedio *m* Durchschnitt *m;* ◇ **~ por hora/mes** Stunden-/Monatsdurchschnitt *m*

promesa *f* Versprechen *n;* ◇ **cumplir una ~** ein Versprechen halten/erfüllen; **prometer** **I.** *vt* versprechen **II.** *vi* vielversprechend sein; ◇ **este año promete ser mejor** dieses Jahr versprich, besser zu werden **III.** *vr(se)* ← *novios* sich verloben; **prometido(/a) I.** *adj* [1] ▷*cosa* versprochen [2] ▷*novios* verlobt **II.** *m/f* Verlobte(r) *fm* **III.** *m* Versprechen *n*

prominente *adj* [1] ▷*nariz* vorspringend, vorstehend [2] ▷*persona* prominent, bekannt

promiscuo *adj* [1] (*sexual*) promiskuitiv [2] ▷*material* gemischt

promoción *f* [1] (*de producto*) Einführung *f*, Werbemaßnahmen *f/pl* [2] COLE Jahrgang *m* [3] (*en cargo*) Beförderung *f*; **promocionar I.** *vt* [1] → *producto, empresa* fördern [2] → *persona* besserstellen **II.** *vr(se)* aufsteigen; **promotor(a)** *m/f* [1] (*de ventas*) Verkaufsleiter(in *f*) *m* [2] (*de un grupo*) Promoter(in *f*) *m*; **promover** ⟨3.2⟩ *vt* [1] fördern [2] ↑ *producir* verursachen [3] (*en el trabajo*) befördern

promulgar ⟨3.11⟩ *vt* [1] → *ley* verkünden [2] → *noticia* verbreiten

pronombre *m* GRAM Pronomen *n*; ◇ ~ **personal** Personalpronomen *n*; ◇ ~ **demostrativo** Demonstrativpronomen *n*; ◇ ~ **posesivo** Possessivpronomen *n*; ◇ ~ **relativo** Relativpronomen *n*; ◇ ~ **interrogativo** Interrogativpronomen *n*; ◇ ~ **indefinido** Indefinitpronomen *n*

pronosticar ⟨3.7⟩ *vt* voraussagen; **pronóstico** *m* [1] METEO Vorraussage *f* [2] MED Prognose *f*

prontitud *f* Schnelligkeit *f*; **pronto I.** *adj* [1] ↑ *rápido* schnell, rasch [2] ↑ *listo* bereit **II.** *m* (*decisión rápida*) plötzlicher Entschluß; ◇ **tener un** ~ einen Wutanfall haben **III.** *adv* [1] ↑ *temprano* früh [2] ↑ *enseguida* bald; ◇ **esperamos que vuelvas** ~ wir hoffen, daß du bald wiederkommst; ↑ *rápidamente* schnell, rasch; ◇ **de** ~ plötzlich; ◇ **lo más** ~ **posible** so schnell wie möglich; ◇ **por lo/de** ~ zunächst; ◇ **tan** ~ **como** sobald

pronunciación *f* Aussprache *f*; **pronunciado** *adj* ▷*barbilla* deutlich, ausgeprägt; **pronunciamiento** *m* POL Militärputsch *m*; **pronunciar I.** *vt* [1] → *sonidos* aussprechen [2] → *discurso* halten [3] JUR → *veredicto* fällen [4] ↑ *resaltar* unterstreichen **II.** *vr(se)* [1] POL sich auflehnen [2] ↑ *mostrarse* seine Meinung äußern (*a favor/en contra* für/gegen)

propagación *f* ↑ *expansión* Ausbreitung *f*, Verbreitung *f*

propaganda *f* [1] ↑ *publicidad* Werbung *f* [2] POL Propaganda *f*; **propagar** ⟨3.11⟩ **I.** *vt* → *noticia* verbreiten **II.** *vr(se)* [1] ← *plaga* sich verbreiten [2] *FIG* ← *novedad* bekannt werden

propasar I. *vt* ↑ *rebasar* überschreiten **II.** *vr(se)* [1] (*faltar al respeto*) zu weit gehen [2] (*con el alcohol*) übertreiben

propensión *f* [1] ↑ *inclinación* Neigung *f* [2] MED Veranlagung *f*; **propenso** *adj* geneigt (*a* zu); ◇ **es muy** ~ **a emborracharse** er wird sehr leicht/schnell betrunken

propiciar *vt* fördern; **propicio** *adj* [1] ▷*persona* geneigt (*a* zu) [2] ▷*momento* günstig

propiedad *f* [1] Eigentum *n*; ◇ ~ **del piso** Wohnungseigentum *n*; ↑ *pertenencia* Besitz *m* [2] ↑ *particularidad* Eigenschaft *f*; **propietario(/a)** *m/f* Eigentümer(in *f*) *m*, Besitzer(in *f*) *m*

propina *f* Trinkgeld *n*; **propinar** *vt*: ◇ ~ **una paliza** eine Tracht Prügel verpassen

propio *adj* [1] ▷*piso* eigen [2] (*de persona, cosa*) typisch [3] ↑ *conveniente* angebracht [4] ▷*color* eigene; ◇ **nombre** *m* ~ Eigenname *m* [5] ↑ *mismo* [höchst]persönlich; ◇ **el** ~ **médico le puso la venda** der Arzt höchstpersönlich hat den Verband angelegt; ◇ **en defensa ~a** aus Notwehr *f*

proponer ⟨4.8⟩ **I.** *vt* [1] → *plan, negocio* vorschlagen [2] → *a alguien* vorschlagen (*para* für) **II.** *vr(se)*: ◇ **~se algo** sich *dat* etw vornehmen

proporción *f* [1] ↑ *relación* Verhältnis *n* [2] (*pl*) ↑ *medida* Größe *f* [3] ↑ *importancia* Ausmaß *n*; ◇ **tener/guardar/haber** ~ im rechten Verhältnis *n* stehen; **proporcionado** *adj* [1] ▷*cuerpo* [gut] proportioniert [2] ▷*sueldo* angemessen; **proporcionar** *vt* [1] ↑ *dar* verschaffen, besorgen [2] ↑ *equilibrar* anpassen, angleichen [3] ↑ *ser causa* verursachen

proposición *f* [1] ↑ *propuesta* Vorschlag *m*; ◇ ~ **deshonesta** unsittlicher Antrag [2] (*de matrimonio*) Antrag *m*

propósito *m* [1] ↑ *intención* Absicht *f* [2] ↑ *objetivo* Vorsatz *m*; ◇ **a** ~ [1] übrigens, nebenbei bemerkt [2] ↑ *adrede* absichtlich; ↑ *en relación a* ◇ **hablar a** ~ **de algo** in Bezug auf etw *akk* sprechen

propuesta *f* Vorschlag *m*

propulsar *vt* ↑ *promover* antreiben; ↑ *impulsar* fördern; **propulsión** *f* Antrieb *m*

prórroga *f* [1] SPORT Verlängerung *f* [2] JUR Vertagung *f*; **prorrogar** ⟨3.11⟩ *vt* verlängern

prorrumpir *vi FIG* ausbrechen (*en* in *akk*)

prosa *f* Prosa *f*

proscribir ⟨3.21⟩ *vt* [1] ↑ *expulsar* des Landes verweisen [2] ↑ *prohibir* verbieten

proseguir ⟨3.3⟩ **I.** *vt* ↑ *continuar* fortsetzen, fortfahren mit **II.** *vi* weitermachen

prospección *f* (GEO *de minerales*) Prospektieren *n*

prospecto *m* Prospekt *m*

prosperar *vi* [1] ↑ *imponerse* gedeihen, blühen [2] → *industria* florieren; **prosperidad** *f* [1] ↑ *bienestar* Wohlstand *m*, Reichtum *m* [2] ↑ *éxito* Erfolg *m*; **próspero** *adj* [1] ↑ *rico* wohlhabend, reich [2] ↑ *favorable* ▷ *momento* günstig; ◇ ~ **Año Nuevo** prosit Neujahr!

prostíbulo *m* Bordell *n*; **prostitución** *f* Prostitution *f*; **prostituir** ⟨3.9⟩ **I.** *vt* prostituieren **II.** *vr(se)* [1] sich prostituieren [2] *FIG* sich hergeben; **prostituta** *f* Prostituierte *f*

protagonismo *m* Mittelpunktswahn *m*, Protagonismus *n*; **protagonista** *m/f* [1] (*de novela*) Held(in *f*) *m* [2] (*de cine, teatro*) Hauptdarsteller(in *f*) *m*; **protagonizar** ⟨3.10⟩ *vt* CINE, TEATRO *también FIG* die Hauptrolle spielen

protección *f* Schutz *m*; ◇ ~ **al consumidor** Verbraucherschutz *m*; ◇ ~ **del medio ambiente** Umweltschutz *m*; ◇ ~ **civil** Zivilverteidigung *f*; **protector(a)** **I.** *adj* [be-]schützend, Schutz- **II.** *m/f* Beschützer(in *f*) *m*; ◇ **traje** *m* ~ Schutzanzug *m*; **proteger** ⟨3.20⟩ **I.** *vt* [be-]schützen (*de/contra* vor *dat*) **II.** *vr(se)*: ◇ **~se de/contra** sich schützen vor *dat*; **protegido(/a)** *m/f* Schützling *m*

proteína *f* Protein *n*, Eiweiß *n*

prótesis *f*: ◇ ~ **dental** Zahnprothese *f*

protesta *f* Protest *m*; **protestante** **I.** *adj* protestantisch **II.** *m/f* Protestant(in *f*) *m*; **protestar** **I.** *vt* → *creencia* öffentlich bekennen **II.** *vi* protestieren, sich beschweren (*contra* gegen)

protocolo *m* Protokoll *n*

prototipo *m* Prototyp *m*

provecho *m* ↑ *beneficio* Vorteil *m*; ◇ **en** ~ **de** zum Wohl *gen*, zum Nutzen von; ◇ **sacar** ~ **de** Nutzen/Gewinn ziehen aus; ↑ *utilidad* Nutzen *m*; ◇ **persona de** ~ ein fähiger Mensch; ◇ **¡buen ~!** guten Appetit!; **provechoso** *adj* ↑ *beneficioso* vorteilhaft; ↑ *útil* nützlich

proveer ⟨4.20⟩ *vt* [1] ↑ *suministrar* versehen (*de* mit) [2] ↑ *equipar* ausstatten (*de* mit) [3] ↑ *preparar* vorbereiten

provenir ⟨4.13⟩ *vi*: ◇ ~ **de** kommen aus, stammen aus

proverbio *m* Sprichwort *n*

providencia *f FIG* Vorsehung *f*

provincia *f* Provinz *f*; **provinciano(/a)** **I.** *adj* Provinz- **II.** *m/f PEY* Provinzler(in *f*) *m*

provisión *f* Proviant *m*, Vorrat *m*

provisional *adj* provisorisch, vorläufig

provisto **I.** *pp de proveer* **II.** *adj*: ◇ ~ **de** ausgestattet mit, versehen mit

provocación *f* Provokation *f*; **provocar** ⟨3.7⟩ *vt* [1] ↑ *excitar, enfadar* provozieren [2] ↑ *ocasionar* verursachen; **provocativo** *adj* ▷ *mirada* provozierend; ▷ *mujer* aufreizend

próximamente *adv* demnächst, in Kürze; **proximidad** *f* Nähe *f*; **próximo** *adj* [1] ↑ *cerca* nahe [2] ◇ **el ~ lunes** nächsten/kommenden Montag

proyección *f* (*de película*) Projektion *f*; **proyectar** *vt* [1] → *piedra* werfen, schleudern [2] → *película* vorführen [3] → *sombra* werfen [4] → *plan* entwerfen

proyectil *m* Projektil *n*

proyecto *m* [1] ↑ *plan* Projekt *n* [2] ↑ *propósito* Vorhaben *n*, Absicht *f* [3] (*de arquitecto*) Entwurf *m*

proyector *m* Projektor *m*

prudencia *f* [1] ↑ *precaución* Vorsicht *f* [2] ↑ *buen juicio* Klugheit *f*

prudente *adj* [1] ↑ *precavido* vorsichtig [2] ↑ *juicioso* vernünftig

prueba *f* [1] Beweis *m*, Nachweis *m*; ↑ *muestra* ◇ **ser ~ de algo** der Beweis für etwas sein; ◇ **a ~ de golpes** unverwüstlich; ◇ **en ~ de** als Beweis für [2] (*experimento*) Probe[zeit] *f*, Test *m*; ◇ **estar a ~** Probezeit haben [3] (*competición*) Rennen *n*

psicoanálisis *m* Psychoanalyse *f*

psicodélico *adj* ▷ *música* psychodelisch

psicofármacos *m/pl* Psychopharmaka *pl*

psicología *f* Psychologie *f*; **psicológico** *adj* psychologisch; **psicólogo(/a)** *m/f* Psychologe *m*, Psychologin *f*

psicópata *m/f* Psychopath(in *f*) *m*

psicosis *f* ⟨inv⟩ Psychose *f*

psicosomático *adj* psychosomatisch

psiquiatra *m/f* Psychiater(in *f*) *m*; **psiquiatría** *f* Psychiatrie *f*; **psiquiátrico** **I.** *adj* psychiatrisch **II.** *m* Nervenheilanstalt *f*, Psychiatrie *f*

psíquico *adj* psychisch

púa *f* [1] ↑ *espina* Stachel *m* [2] (*de peine*) Zacke *f* [3] MUS Plektron *n*

pubertad *f* Pubertät *f*

publicación *f* (*acción, obras*) Veröffentlichung *f*, Publikation *f*; **publicar** ⟨3.7⟩ *vt* [1] ↑ *difundir* veröffentlichen, bekanntgeben [2] → *libro* herausgeben, publizieren

publicidad *f* [1] (*de televisión*) Reklame *f*, Werbung *f* [2] (*cualidad de públicas*) Öffentlichkeit *f*; **publicista** *m/f* Publizist(in *f*) *m*; **publicitario** *adj* Werbe-, Reklame-

público **I.** *adj* öffentlich; ◇ **transporte** *m* ~ öffentliches Verkehrsmittel *n*; ◇ **no quiero que nos vean juntos en ~** ich möchte nicht, daß man uns zusammen sieht **II.** *m* ↑ *gente* Publikum *n*

puchero *m* Kochtopf *m*; *FAM* ◇ **hacer ~s** eine Schnute ziehen, schmollen

púdico *adj* schamhaft

pudiente *adj* [1] ↑ *rico* wohlhabend [2] ↑ *poderoso* einflußreich

pudor *m* ↑ *vergüenza* Scham *f;* **pudoroso** *adj* ↑ *vergonzoso* schamhaft, zurückhaltend

pudrir I. *vt* verfaulen lassen **II.** *vr(se)* verfaulen

pueblerino *adj* (*PEY de pueblo*) vom Lande, Provinz-; **pueblo** *m* [1] ↑ *aldea* Dorf *n* [2] (*personas*) Volk *n*

puedo *vb ver* **poder**

puente *m* Brücke *f;* ◇ ~ **aéreo** Luftbrücke *f;* ◇ ~ **colgante** Hängebrücke *f;* NAUT ◇ ~ **de mando** Kommandobrücke *f;* ◇ **hacer** ~ zwischen zwei Feiertagen frei nehmen; *auch FIG* ◇ **tender un** ~ eine Brücke bauen

puerco(/a) I. *adj* [1] ↑ *sucio* dreckig, schmutzig [2] ↑ *grosero* schweinisch, vulgär **II.** *m/f* Schwein *n,* Sau *f*

pueril *adj* kindisch

puerro *m* Porree *m,* Lauch *m*

puerta *f* [1] Tür *f;* ◇ ~ **giratoria** Drehtür *f;* ◇ **abrir/cerrar la** ~ die Tür öffnen/schließen; ◇ **llamar a la** ~ an die Tür klopfen; ◇ **tenemos los exámenes a las ~s** die Prüfungen stehen vor der Tür; ◇ **a** ~ **cerrada** hinter verschlossenen Türen [2] SPORT Tor *n*

puerto *m* [1] (*de mar*) Hafen *m* [2] (*de montaña*) Paß *m; FIG* ◇ **llegar a** ~ eine schwierige Sache bewältigen

puertorriqueño(/a) I. *adj* puertoricanisch **II.** *m/f* Puertoricaner(in *f*) *m*

pues I. *cj* ↑ *puesto que* denn **II.** *adv* ↑ *por tanto* dann; ◇ **¡~ bien!** also gut!; ◇ **~, no vas a venir** du wirst also nicht kommen; ◇ ~ **sí** doch, natürlich

puesta *f* : ◇ **~a de sol** Sonnenuntergang *m;* ◇ **~a en marcha** (*del coche*) Ingangsetzung *f*

puesto I. *pp de poner* **II.** *adj* ↑ *bien/mal vestido* angezogen **III.** *m* [1] (*lugar*) Ort *m,* Platz *m;* ◇ ~ **de mando** Kommandostelle *f* [2] ↑ *cargo* Stelle *f,* [An-]Stellung *f;* ◇ ~ **de trabajo** Arbeitsstelle *f* [3] (*de flores*) Stand *m* [4] (*de policía*) Posten *m* **IV.** *cj:* ◇ ~ **que** da, weil; ◇ **lo haré de esa manera,** ~ **que no hay otra solución** ich mache es so, weil es keine andere Lösung gibt

puf I. *m* Hocker *m* **II.** *interj:* ◇ **¡~, no sé cómo puedes aguantar eso!** uff, ich verstehe nicht, wie du das aushältst!

púgil *m* Boxer(in *f*) *m*

pugna *f* ↑ *lucha* Streit *m,* Kampf *m;* **pugnar** *vi* kämpfen

puja *f* (*en subasta*) Gebot *n;* **pujar** *vt* (*en subasta*) bieten

pulcro *adj* ↑ *aseado* sauber, ordentlich, gepflegt

pulga *f* Floh *m; FAM* ◇ **tener malas ~s** schlechtgelaunt sein

pulgada *f* (*medida*) Zoll *m*

pulgar *m* ANAT Daumen *m*

pulgoso *adj* verfloht

pulimentar *vt,* **pulir** *vt* [1] → *superficie* polieren [2] ↑ *dar brillo* polieren, glänzend machen [3] ↑ *perfeccionar* perfektionieren

pulmón *m* ANAT Lunge *f;* ◇ **¡vaya pulmones que tienes!** du hast vielleicht ein Organ!; **pulmonía** *f* MED Lungenentzündung *f*

pulpa *f* [1] (*de fruta*) Fruchtfleisch *n* [2] (*de carne*) mageres Fleisch

púlpito *m* REL Kanzel *f*

pulpo *m* GASTRON Polyp *m*

pulsación *f* [1] (*del corazón*) Pulsschlag *m* [2] (*de máquina de escribir*) Anschlag *m*

pulsador *m* Schalter *m;* **pulsar I.** *vt* [1] → *timbre* drücken [2] *FIG* → *asunto* sondieren **II.** *vi* ← *corazón* schlagen

pulsera *f* (*adorno*) Armreif *m*

pulso *m* [1] ↑ *latido* Puls *m;* ◇ **tomar el** ~ den Puls fühlen [2] (*al dibujar*) ruhige Hand; ◇ **me tiembla el** ~ meine Hand zittert

pulverizador *m* Zerstäuber *m;* **pulverizar** ‹3.10› *vt* [1] → *líquido* zerstäuben [2] *FAM* ↑ *destruir* fertigmachen, Kleinholz machen aus *dat*

pulla *f* ↑ *burla* Stichelei *f*

punta *f* [1] ↑ *extremo* Spitze *f;* ◇ **sacar** ~ **al lápiz** den Bleistift spitzen; ◇ **de** ~ **a** ~ von einem Ende zum anderen; *FIG* ◇ **sacas punta a todo lo que dice** du legst alles, was er sagt, auf die Goldwaage; *FIG* ↑ *muy bien vestido* ◇ **de** ~ **en blanco** aufgemacht, aufgeputzt [2] (*de los dedos*) Fingerspitze *f* [3] ◇ **horas** *f/pl* **~s** Hauptverkehrszeit *f,* Stoßzeit *f;* **puntada** *f* [1] Nadelstich *m* [2] *FIG* Anspielung *f*

puntal *m* [1] ↑ *soporte* Stütze *f* [2] *FIG* Halt *m*

puntapié *m* Fußtritt *m; FIG* ◇ **tratar a alguien a ~s** jd-m übel mitspielen

puntear *vt* [1] → *dibujo* punktieren [2] (*en lista*) abhaken [3] → *vestido* [zu-]nähen, stopfen

puntera *f* ↑ *punta del zapato* Schuhspitze *f*

puntería *f* [1] (*acción*) Zielen *n* [2] *FIG* ↑ *habilidad* Treffsicherheit *f;* ◇ **tener buena** ~ eine sichere Hand haben

puntiagudo *adj* scharf, spitz

puntilla *f* [1] (*de pluma*) Spitze *f;* ◇ **andar de ~s** auf Zehenspitzen gehen; *FIG* ◇ **eso le dio la** ~ das gab ihm vollends den Rest [2] (*de vestido*) Spitze *f;* **puntilloso** *adj* ↑ *susceptible* penibel, überempfindlich

punto *m* [1] Punkt *m;* ◇ ~ **y coma** Strichpunkt *m,* Semikolon *n;* ◇ ~ **y aparte** "neuer Absatz"; ◇ **dos ~s** Doppelpunkt *m;* ◇ **~s suspendidos**

Auslassungspunkte *m/pl; FIG* ◇ **con -s y comas** bis ins letzte Detail; ◇ **- final** Schlußpunkt *m;* ◇ **- de vista** Gesichtspunkt *m,* Kriterium *n;* AUTO ◇ **- muerto** Leerlauf *m;* ◇ **a las 2 en -** Punkt 2 Uhr; ◇ **hasta tal - que ...** dermaßen/so sehr, daß ...; ◇ **poner los -s sobre las íes** Tacheles reden [2] ↑ *sitio* Punkt *m,* Stelle *f;* ◇ **-s cardinales** Himmelsrichtungen *f/pl;* ◇ **- de partida** Ausgangspunkt *m;* ◇ **dar en el -** treffen [3] ↑ *momento* Augenblick *m,* Moment *m;* ◇ **- culminante** Höhepunkt *m;* ◇ **al -** sofort; ◇ **llegar a -** rechtzeitig ankommen; ◇ **estar a -** fertig sein; ◇ **estar en su -** am Siedepunkt sein; ◇ **estar a - de** im Begriff sein zu [4] ↑ *estado* Punkt *m;* ◇ **el asunto está en un - crítico** die Angelegenheit hat einen kritischen Punkt erreicht [5] ↑ *cuestión a tratar* Punkt *m* [6] *tambíen* MED Stich *m;* ◇ **hacer -** stricken

puntuación *f* [1] (*de escrito*) Interpunktion *f* [2] (*de nota*) Bewertung *f* [3] SPORT Punktestand *m*

puntual *adj* [1] (*a la hora*) pünktlich [2] ↑ *cierto* richtig, genau; **puntualidad** *f* Pünktlichkeit *f*

puntualizar ⟨3.10⟩ *vt* [1] ↑ *especificar* detailliert erklären, spezifizieren [2] ↑ *memorizar* sich *dat* einprägen

puntuar ⟨3.19⟩ *vt* [1] → *escrito* mit Satzzeichen versehen [2] → *examen* bewerten [3] SPORT bewerten

punzante *adj* [1] ▷*tijeras* spitz [2] *FIG* ▷*palabras* bissig; **punzar** ⟨3.10⟩ *vt, vi* ↑ *doler* stechen

puñado *m* Handvoll *f;* ◇ **a -s** in Hülle und Fülle

puñal *m* Dolch *m;* **puñalada** *f* Dolchstoß *m; FAM* ◇ **coser a -s a alguien** jd-n übel zurichten

puñeta *f FAM* [1] ◇ **¡es la -!** er/sie/es nervt mich! [2] ◇ **hacer la - a alguien** jd-m das Leben schwer machen [3] ◇ **¡vete a hacer -s** du kannst mich mal!

puñetazo *m* Fausthieb *m*

puñetero(/a) *m/f FAM* Nervensäge *f*

puño *m* [1] ANAT Faust *f; FIG* ◇ **tener a alguien en un -** jd-n in der Hand haben; ◇ **de su - y letra** handschriftlich [2] (*de la camisa*) Manschette *f* [3] (*del cuchillo*) Griff *m*

pupila *f* MED Pupille *f*

pupitre *m* (*de colegio*) Pult *n*

purasangre *m* (*caballo*) Vollblut *n*

puré *m* Püree *n;* ◇ **- de patatas** Kartoffelpüree *n*

pureza *f* Reinheit *f*

purga *f* [1] (*de estómago*) Abführmittel *n* [2] *FIG* Säuberung *f*

purgante I. *adj* abführend II. *m* Abführmittel *n;* **purgatorio** *m* REL Fegefeuer *n; FIG* Hölle *f;* **purificar** ⟨3.7⟩ I. *vt* reinigen, läutern II. *vr(se):* ◇ **-se de algo** sich von etw reinigen

puritano(/a) I. *adj* puritanisch II. *m/f* Puritaner(in *f*) *m*

puro I. *adj* [1] ▷*agua* rein, sauber [2] ▷*cielo* klar [3] ↑ *simple* rein, pur; ◇ **te he dicho la -a verdad** ich habe dir die reine Wahrheit gesagt II. *m* Zigarre *f*

púrpura *f* Purpur *m;* **purpúreo** *adj* purpur[farben]; **purpurina** *f* (*para pintar*) *gold- oder silberfarbiges Pulver zum Schminken*

pus *m* MED Eiter *m*

pústula *f* MED Pustel *f*

puta *f* Nutte *f,* Hure *f*

putada *f VULG* ↑ *acción malintencionada* Riesenschweinerei *f*

putrefacción *f* ↑ *descomposición* Fäulnis *f,* Verwesung *f;* **putrefacto** *adj* ↑ *podrido* verfault

puya *f* ↑ *punta de vara* Spitze *f; FIG* ◇ **tirar/echar una -** Spitzen verteilen

Q

Q, q *f* Q, q *n*

que I. *pron* (*relativo*) welche(r, s), der, die, das; ◇ **en los once años - yo estoy en la empresa...** in den 11 Jahren, in denen ich in der Firma arbeite; ◇ **lo - te digo es cierto** was ich dir sage, ist richtig II. *cj* [1] daß; ◇ **me comentó que ya no venías** sie erzählte mir, daß du nicht mehr kämest [2] (*comparación*) ◇ **yo - tú** ich an deiner Stelle; ◇ **Pedro trabaja más que tú** Peter arbeitet mehr als du; ◇ **Marta trabaja lo mismo - tú** Martha arbeitet soviel wie du III. (*obligación*) ◇ **tener -** müssen; ◇ **tengo - hacer este trabajo** ich muß diese Arbeit machen IV. [1] ↑ *antes de que* bevor; ◇ **antes de - vengan los padres, tenemos que recoger** bevor die Eltern kommen, müssen wir aufräumen, früher als; ◇ **vinieron antes de lo - pensábamos** sie kamen eher als wir dachten [2] ↑ *mientras que* während [3] ↑ *para que* damit; ◇ **te lo diré para - lo sepas** ich sage es dir damit du es weißt [4] (*porque*) weil

qué I. *pron* [1] (*adjetivo*) [1].1 (*interrogativo*) welche(r, s); ◇ **¿ - vino prefiere usted?** welchen Wein hätten Sie lieber?; ◇ **¿ - edad tiene usted?** wie alt sind Sie? [1].2 (*exclamativo*) ◇ **¡- vino más maravilloso!** welch ein herrlicher Wein!;

◇ **¡~ cansado estoy!** ich bin ja so müde! [2] (*interrogativo neutro substantivado*) was; ◇ **dime ~ quieres beber** sag mir, was du trinken willst; ◇ **¿ ~ tal?** wie geht's?; ◇ **¿ y ~?** na und?

quebrada *f ver* **quebrado** [1] (*depresión de terreno*) Schlucht *f*, Abhang *m* [2] (*paso entre montañas*) Paß *m*

quebradero *m* Bruch *m;* ◇ **no quiero más ~s de cabeza** ich will keine Schwierigkeiten mehr; **quebradizo** *adj* [1] (*fácil de romper*) zerbrechlich [2] ↑ *enfermizo* schwächlich, kränklich [3] (*propenso a echarse a llorar*) weinerlich, wehleidig [4] (*de poca entereza moral*) charakterschwach; **quebrado I.** *adj* [1] ↑ *roto* zerbrochen [2] ▷*camino* uneben, holprig [3] ▷*negocio* bankrott [4] ▷*color* blaß, farblos **II.** *m* MATE Bruch *m;* **quebrantamiento** *m* [1] (*acción*) [Zer-]Brechen *n* [2] (*efecto*) Bruch *m;* **quebrantar** *vt* [1] ↑ *romper* zerbrechen [2] → *ley* → *promesa* brechen [3] (*abrir con fuerza*) aufbrechen [4] → *ánimo* erschüttern; **quebranto** *m* [1] (*acción*) [Zer-]Brechen *n* [2] (*desánimo*) Niedergeschlagenheit *f*, Kummer *m*, Sorge *f;* **quebrar** ⟨3.1⟩ **I.** *vt* [1] ↑ *romper* zerbrechen, zerstören [2] ↑ *interrumpir* unterbrechen [3] → *dificultad* überwinden [4] → *ley* übertreten **II.** *vi* [1] COM Konkurs machen [2] ← *amistad* Beziehung *f* abbrechen (*con* zu) [3] ↑ *flaquear* nachgeben, weichen **III.** *vr(se)* zerbrechen, zerspringen

queda *f* : ◇ **el toque de ~** Sperrstunde *f*

quedar I. *vi* [1] (*permanecer*) bleiben; ◇ **todavía me queda dinero** noch habe ich Geld; ◇ **~ bien o mal** einen guten oder schlechten Eindruck machen [2] (*cita*) sich verabreden, sich treffen; ◇ **¡en qué quedamos!** was gilt nun?; ◇ **quedamos a la una en la cafetería** wir treffen uns um eins in dem Café; ◇ **quedaron en llamar al día siguiente** sie verabredeten, am nächsten Tag zu telefonieren [3] (*lugar*) sein, sich befinden; ◇ **el trabajo me queda cerca de casa** der Arbeitsplatz liegt in der Nähe meiner Wohnung; ◇ **este pueblacho queda por Cantabria** dieses Nest liegt [irgendwo] in Kantabrien [4] (*distancia, tiempo*) verbleiben; ◇ **quedan dos horas para acabar** wir haben noch zwei Stunden, um fertig zu werden [5] (*resultar*) wirken, sein; ◇ **~ en ridículo** lächerlich wirken; ◇ **~ atrás** überwunden sein **II.** *vr(se)* [1] (*permanecer*) bleiben; ◇ **~se en casa** zu Hause bleiben [2] (*retener*) behalten, zurückhalten; ◇ **se quedó con todas mis cosas** sie behielt alle meine Dinge [3] *FAM* ◇ **~se con alguien** jd-n auf den Arm nehmen [4] ← *ropa* stehen; ◇ **te queda bien el traje azul** dir steht der blaue Anzug

quedo I. *adj* [1] ↑ *tranquilo* ruhig, still [2] ▷*voz* leise, schwach [3] ▷*paso* leise, vorsichtig **II.** *adv* leise

quehacer *m* ↑ *ocupación* Arbeit *f*, Aufgabe *f;* ◇ **dar ~** etw zu tun geben

queja *f* [1] (*de descontento*) Klage *f* [2] ↑ *gemido* Klagen *n*, Seufzen *n* [3] JUR Klage *f* [4] (*pl, razón de quejarse*) Grund *m* zur Klage, Beschwerden *pl-f;* ◇ **este mes no tengo ~s de él** diesen Monat kann ich mich nicht über ihn beklagen; **quejarse** *vr* [1] ↑ *gemir* jammern (*de* über *akk*) [2] ↑ *protestar* sich beklagen (*de/por (algo, alguien)* über (etw, jd-n)); **quejica I.** *adj FAM* ständig klagend, nie zufrieden **II.** *m/f* (*FAM persona*) Heulsuse *f;* **quejido** *m* Jammern *n;* **quejoso** *adj* [1] klagend, jammernd [2] ↑ *descontento* unzufrieden, verstimmt

quemado *adj* [1] ▷*cosa* verbrannt; ◇ **huele a ~** es riecht verbrannt [2] *FAM* ↑ *enfadado* sauer, verärgert (*con* über) [3] *FAM* ↑ *agotado, gastado* ausgebrannt, völlig fertig; **quemadura** *f* Brandwunde *f*, Verbrennung *f;* **quemar I.** *vt* [1] → *comida* anbrennen, verbrennen [2] (*con un ácido*) verätzen, mit Säure zerstören [3] *FIG* verschleudern, vergeuden [4] *FIG* ↑ *enfadar* zur Weißglut bringen, ärgern **II.** *vi* brennen; ← *café* sehr heiß sein **III.** *vr(se)* [1] (*con fuego*) sich verbrennen; *FAM* ◇ **~se las cejas** büffeln, viel lernen [2] (*FIG por el sol*) einen Sonnenbrand bekommen [3] ← *casa* völlig verbrennen; **quemarropa** *adv:* ◇ **a ~** aus allernächster Nähe; **quemazón** *f* [1] (*calor*) große Hitze [2] (*dicho*) Unverschämtheit *f*, Beleidigung *f* [3] ↑ *resquemor* Groll *m*

quepo *vb ver* **caber**

querella *f* [1] JUR Klage *f*, Anklage *f* [2] ↑ *riña* Streit *m*

querer ⟨4.9⟩ *vt* [1] ↑ *amar* lieben; ◇ **te quiero** ich liebe dich [2] ↑ *desear, decidir* wollen, mögen; ◇ **quiero comer** ich will etwas essen [3] ↑ *pretender* wollen, beabsichtigen; ◇ **sin ~** ungewollt, unbeabsichtigt; ◇ **eso quiere decir que...** das soll heißen (d.h.); ◇ **quiere ser un hombre pero no es nada más que un niño** er wäre gern ein Mann, ist aber nur ein Kind; **querido(/a) I.** *adj* [1] ↑ *amado* geliebte(r, s) [2] (*en carta*) liebe(r) **II.** *m/f* Geliebte(r) *fm*

quesería *f* [1] (*fábrica*) Käserei *f* [2] (*tienda*) Käsegeschäft *n;* **queso** *m* Käse *m;* ◇ **darla con ~** jd-n betrügen, jd-n hereinlegen; ◇ **~ de bola** ≈Edamer Käse

quicio *m* Türangel *f; FIG* ◇ **sacar a alguien de ~** jd-n aus der Fassung bringen; ◇ **sacar de ~ una cosa** etw überbewerten

quid *m* ↑ *punto importante* wesentliche Punkt *m;* ◇ **dar en el ~ de la cuestión** den Kern der Sache treffen

quiebra *f* [1] COM Bankrott *m,* Konkurs *m;* ◇ **declararse en ~** den Konkurs anmelden [2] *FIG* ↑ *fracaso* Untergang *m,* Zusammenbruch *m;* **quiebro I.** *vb ver* **quebrar**; **II.** *m* [1] (*del cuerpo*) ausweichende Bewegung [2] (*de la voz*) Trällern *n* [3] MUS Triller *m*

quien *pron* (*relativo substantivado*) wer, der, die; ◇ **~ mal anda, mal acaba** wer übel lebt, endet übel; ◇ **el señor con ~ hablaste, es mi padre** der Herr, mit dem du sprachst, ist mein Vater; ◇ **hay ~ dice que** einige behaupten daß,; ◇ **que lo diga ~ lo sepa** Wer das weiß, soll es sagen; **quién** *pron* (*interrogativo substantivado*) wer; ◇ **dime con ~ andas y te diré ~ eres** sag mir, mit wem du gehst, und ich sage dir, wie du bist; **quienquiera** ⟨quienesquiera⟩ *pron* wer auch immer; ◇ **~ que sea, que pase** Wer es auch sei, er soll hereinkommen

quiero *vb ver* **querer**

quieto *adj* ruhig, unbewegt; ◇ **¡~ allí!** stehenbleiben!; **quietud** *f* Ruhe *f*

quijada *f* Kiefer *m*

quijote *m* [1] ↑ *idealista* Idealist(in *f*) *m,* Träumer (in *f*) *m* [2] (*IRON dispuesto siempre a ayudar*) Retter (in *f*) *m* der Enterbten

quilate *m también FIG* Karat *n*

quimera *f* [1] ↑ *alucinación* Hirngespinst *n* [2] ↑ *sueño* Traum *m*

químico(/a) I. *adj* chemisch **II.** *m/f* Chemiker(in *f*) *m* **III.** *f* Chemie *f*

quimioterapia *f* Chemotherapie *f*

quincalla *f* Trödel *m*

quince *numeral* fünfzehn; **quincena** *f* vierzehn Tage *pl*

quiniela *f* [1] ≈Toto *n* [2] (*impreso*) Totoschein *m*

quinientos(-as) *numeral* fünfhundert

quinina *f* Chinin *n*

quinqué *m* Petroleumlampe *f*

quinqui *m/f FAM* Strolch *m*

quinto(/a) I. *adj* fünfte(r, s) **II.** *f* [1] (*FAM edad*) Jahrgang *m,* Generation *f;* ◇ **eres de mi ~** du bist [ungefähr] so alt wie ich [2] (*sorteo*) Auslosung (der Rekruten) *f* [3] MUS Quinte *f* [4] (*finca*) Landgut *n* **III.** *m* MIL Rekrut *m;* **quintaesencia** *f* (*grado más alto*) eigentliche Wesen *n;* **quinteto** *m* MUS Quintett *n;* **quinto** *adj* fünfte(r)

quiosco *m* [Zeitungs-]Kiosk *m*

quirófano *m* MED Operationssaal *m;* **quirúrgico** *adj* chirurgisch

quisquilla *f* GASTRON Krabbe *f;* **quisquilloso** *adj* [1] ↑ *susceptible* zimperlich [2] ↑ *meticuloso* kleinlich

quiste *m* MED Zyste *f*

quitaesmalte *m* Nagellackentferner *m;* **quitamanchas** *m* ⟨inv⟩ Fleckentferner *m;* **quitanieves** *m* ⟨inv⟩ Schneeräumer *m;* **quitar I.** *vt* [1] ↑ *privar* nehmen, wegnehmen, ausnehmen; ◇ **quitando** außer [2] → *mancha* entfernen [3] → *mesa* abdecken [4] ↑ *prohibir* verbieten, untersagen **II.** *vr(se)* [1] ↑ *apartarse* sich zurückziehen, weggehen; ◇ **¡quítate de ahí!** verschwinde! [2] ◇ **ropa** ausziehen, ablegen; ◇ **~se la vida** sich umbringen, Selbstmord *m* begehen *akk*

quite *m* TAUR Ablenkmanöver *n;* ◇ **estar al ~** in den Startlöchern hocken

quizá, **quizás** *adv* vielleicht; ◇ **~ venga** vielleicht kommt sie

R

R, r *f* R, r *n*

rabadilla *f* ANAT Steißbein *n*

rábano *m* GASTRON Rettich *m;* ◇ **me importa un ~** das ist mir wurscht

rabia *f* [1] MED Tollwut *f* [2] ↑ *cólera* Wut *f;* ◇ **dar ~** wütend machen; **rabiar** *vi* ↑ *enfurecerse* wütend sein; *FAM* ◇ **le quiero a ~** ich habe ihn zum Fressen gern; ◇ **hacer ~** (jd-n) wütend machen; **rabieta** *f* Wutanfall *m*

rabino *m* REL Rabbiner *m*

rabioso *adj* [1] ▷*persona* wütend [2] ▷*perro* tollwütig

rabo *m* Schwanz *m;* ◇ **de cabo a ~** von A bis Z

rácano *adj FAM* [1] ↑ *tacaño* geizig [2] ↑ *perezoso* träge, faul

racial *adj* Rassen-

racimo *m* [1] (*de flores*) Büschel *n* [2] (*de uvas*) Traube *f*

raciocinio *m* Gedankengang *m*

ración *f* Portion *f*

racional *adj* [1] (*de la razón*) rational [2] (*lógico*) rationell, zweckmäßig [3] ↑ *dotado de razón* vernünftig; ◇ **el hombre es un animal ~** der Mensch ist ein vernunftbegabtes Lebewesen; **racionalizar** ⟨3.10⟩ *vt* rationalisieren; **racionamiento** *m* Rationierung *f;* **racionar** *vt* rationieren

racismo *m* Rassismus *m;* **racista I.** *adj* rassistisch **II.** *m/f* Rassist(in *f*) *m*

racha *f* [1] (*de aire*) Windstoß *m* [1] *FIG* Reihe *f,* Serie *f;* ◇ **~ de mala suerte** Pechsträhne *f*

radar, **rádar** *m* Radar *n o m*
radiación *f* Strahlung *f*
radiactividad *f* Radioaktivität *f;* **radiactivo** *adj* radioaktiv
radiador *m* [1] (*de casa*) Heizkörper *m* [2] AUTO Kühler *m*
radiante *adj* strahlend; **radiar** *vt* [1] → *programa de radio* ausstrahlen, senden [2] (MED *con rayos X*) bestrahlen
radical I. *adj* [1] (*de raíz*) gründlich [2] (*de ideas*) radikal II. *m/f* Radikale(r) *fm* III. *f* GRAM Stamm *m*
radicar ⟨3.7⟩ *vi* wurzeln; ◇ ~ **en** ↑ *consistir* bestehen in *dat*
radio I. *f* [1] Rundfunk *m* [2] (*aparato*) Radio[gerät] *n* II. *m* [1] (*de rueda*) [Rad-]Speiche [2] MATE Radius *m;* ◇ ~ **de acción** Aktionsradius *m* [3] QUIM Radium *n;* **radioaficionado(/a)** *m/f* Funkamateur *m;* **radiocassette** *m* Radiorecorder *m;* **radiodespertador** *m* Radiowecker *m;* **radiodifusión** *f* [1] ↑ *empresa* Rundfunk *m* [2] ↑ *emisión* Rundfunkübertragung *f;* **radioescucha** *m/f* Rundfunkhörer(in *f*) *m;* **radiofónico** *adj* Radio-, im Radio; **radiografía** *f* MED Röntgenaufnahme *f;* **radiólogo(/a)** *m/f* MED Röntgenologe *m,* Röntgenologin *f;* **radionovela** *f* Hörspielserie *f;* **radio-taxi** *m* Funktaxi *n;* **radioterapia** *f* MED Strahlenbehandlung *f;* **radioyente** *m/f* Rundfunkhörer(in *f*) *m*
raer ⟨4.1⟩ *vt* abkratzen, abschaben
ráfaga *f* [1] (*de aire*) Böe *f,* Windstoß *m* [2] (*de luz*) Aufblitzen *n* [3] (*de disparos*) Garbe *f*
raído *adj* abgetragen
raigambre *f* [1] Wurzelwerk *n* [2] *FIG* Verwurzelung *f*
raíz *f* Wurzel *f;* ◇ **esto hay que cambiarlo de** ~ das muß von Grund auf geändert werden; ◇ **echar raíces** [**en un lugar**] [an einem Ort] Wurzeln schlagen; ◇ **a** ~ **de** auf Grund von
raja *f* [1] ↑ *abertura* Riß *m* [2] ↑ *tajada* Scheibe *f;* **rajar** I. *vt* [1] *AM* lästern über [2] → *fruta* in Scheiben schneiden [3] ↑ *cascar* spalten, auseinanderbrechen [4] (*FAM con una navaja*) stechen II. *vi FAM* schwatzen, tratschen III. *vr(se)* einen Rückzieher machen
rajatabla *adv:* ◇ **a** ~ streng, genau
ralea *f* [1] (*especie*) Sorte *f* [2] *PEY* Sippe *f*
ralo *adj* ▷*vegetación* spärlich; ▷*café* dünn
rallado *adj* ▷*queso* gerieben; **rallador** *m* Reibe *f;* **rallar** *vt* reiben
rama *f* Ast *m,* Zweig *m;* ◇ **una** ~ **del comercio** ein Geschäftszweig *m,* eine Branche *f; FIG* ◇ **irse por las** ~**s** vom Hölzchen aufs Stöckchen kommen; **ramaje** *m* (*conjunto*) Astwerk *n,* Geäst *n*
rambla *f* [1] (*avenida principal*) Promenade *f* [2] ↑ *cauce* vom Regen ausgespülte Rinne
ramera *f* Nutte *f*
ramificación *f* Verzweigung *f;* **ramificarse** ⟨3.7⟩ *vr* sich verzweigen
ramillete *m* [1] (*de flores*) [kleiner] Blumenstrauß [2] (*FIG de caras bonitas*) Auswahl *f,* Auslese *f;* **ramo** *m* [1] (*de flores*) Blumenstrauß *m* [2] COM Branche *f*
rampa *f* Rampe *f*
ramplón(-ona) *adj* ↑ *vulgar* grob, ungehobelt; **ramplonería** *f* Grobheit *f*
rana *f* FAUNA Frosch *m; FAM* ◇ **salir** ~ sich als Versager *m* erweisen
rancio *adj* [1] ▷*mantequilla* ranzig [2] ▷*vino* ausgereift
ranchero(/a) *m/f* [1] (*que guisa el rancho*) Koch *m,* Köchin *f* [2] (*dueño*) Besitzer *m*(in *f*); **rancho** *m* [1] Verpflegung *f* [2] *AM* Farm *f,* Ranch *f*
rango *m* Rang *m,* Stand *m*
ranura *f* [1] ↑ *grieta* Fuge *f* [2] (*para monedas*) [Einwurf-]Schlitz *m*
rapar *vt* [1] → *pelo* ganz kurz schneiden [2] → *barba* stutzen; ↑ *afeitarse* rasieren
rapaz I. *adj* (*ave*) Raub- II. *m/f* ↑ *niño* Junge *m,* Mädchen *n* III. *f* FAUNA Raubvogel *m*
rape *m* [1] FAUNA Seeteufel *m* [2] ◇ **pelo cortado al** ~ kurzgeschorenes/kurzgeschnittenes Haar
rapé *m* Schnupftabak *m*
rapidez *f* Schnelligkeit *f;* **rápido** I. *adj, adv* schnell II. *m* [1] (*tren*) D-Zug *m,* Schnellzug *m* [2] (*río*) Stromschnelle *f*
rapiña *f* Raub *m;* ◇ **ave** *m* **de** ~ Raubvogel *m*
raposa *f* [1] FAUNA Füchsin *f* [2] (*FIG persona astuta*) schlauer Fuchs
raptar *vt* entführen; **rapto** *m* [1] Entführung *f* [2] (*de locura*) Anfall *m*
raqueta *f* Schläger *m*
raquítico *adj* [1] MED rachitisch [2] ▷*sueldo* schwächlich [3] ↑ *insuficiente* kümmerlich; **raquitismo** *m* MED Rachitis *f*
raramente *adv* selten; **rareza** *f* [1] ↑ *originalidad* Seltenheit *f* [2] ↑ *extravagancia* Absonderlichkeit *f;* **raro** *adj* [1] ↑ *poco frecuente* selten, rar [2] ↑ *extraño* seltsam, sonderbar [3] ↑ *especial, singular* außergewöhnlich, einzigartig
ras *m:* ◇ **a** ~ **de** dicht über *dat;* ◇ **volaba a** ~ **de los tejados** er flog dicht über den Dächern
rascacielos *m* ⟨inv⟩ Wolkenkratzer *m;* **rascar** ⟨3.7⟩ I. *vt* [1] ↑ *arañar* kratzen [2] → *pintura* [ab-]schaben [3] → *instrumento* herumklimpern II. *vr(se)* sich kratzen
rasgadura *f* [1] Kratzer *m* [2] (*en tela*) Riß *m;* **rasgar** ⟨3.11⟩ *vt* → *tela* zerreißen, durchreißen

rasgo *m* [1] (*de la cara*) Gesichtszug *m* [2] (*del temperamento*) Charakterzug *m* [3] ◇ **a grandes ~s** in groben Zügen

rasguño *m* Kratzer *m*

raso I. *adj* [1] ▷*terreno* glatt, eben; ◇ **soldado ~** gemeiner/einfacher Soldat [2] ▷*cielo* wolkenlos; ◇ **dormir al ~** unter freiem Himmel schlafen **II.** *m* Satin *m*

raspa *f* ↑ *espina* Gräte *f*

raspadura *f* [1] (*acción*) Abkratzen *n* [2] ↑ *brizna* Span *m;* **raspar** *vt* [1] → *superficie* aufrauhen [2] ← *toalla* kratzig sein

rastra *f:* ◇ **llevar a ~s** [1] hinter sich herschleifen [2] *FIG* mitschleifen; **rastreador**(a *f*) *m/f* Fährtensucher(in *f*) *m;* **rastrear** *vt* [1] ↑ *buscar* nachspüren *dat* [2] NAUT mit dem Schleppnetz fischen

rastrero *adj* kriechend, schleppend

rastrillar *vt* harken, rechen; **rastrillo** *m* Harke *f,* Rechen *m*

rastro *m* [1] ↑ *indicio* Spur *f;* ◇ **ha desaparecido sin dejar ~** er ist spurlos verschwunden [2] ↑ *mercadillo* Flohmarkt *m*

rastrojo *m* Stoppelfeld *n*

rasurar *vt* rasieren

rata *f* Ratte *f;* ◇ **más pobre que las ~s** arm wie eine Kirchenmaus; **ratear** *vt* ↑ *robar* mausen, stibitzen; **ratería** *f* [kleiner] Diebstahl; **ratero**(/**a**) **I.** *adj* ↑ *despreciable* niederträchtig **II.** *m/f* Taschendieb(in *f*) *m*

ratificación *f* [1] Genehmigung *f,* Bestätigung *f* [2] POL Ratifizierung *f;* **ratificar** ⟨3.7⟩ *vt* [1] genehmigen, bestätigen [2] POL ratifizieren

rato *m* Weile *f,* Augenblick *m;* ◇ **a ~s** von Zeit zu Zeit; ◇ **hay para ~** es wird noch eine Weile dauern; ◇ **¡hasta otro ~!** bis bald!; ◇ **pasar el ~** sich *dat* die Zeit vertreiben; ◇ **al poco ~** kurz darauf; ◇ **pasar un buen ~** eine gute Zeit verbringen

ratón *m* Maus *f;* **ratonera** *f* Mausefalle *f*

raudal *m* [1] (*de agua*) Sturzbach *m* [2] (*FIG gran cantidad*) Schwall *m;* ◇ **llueve a ~es** es regnet in Strömen

raya *f* [1] (*de dibujo*) Strich *m,* Linie *f;* ◇ **camisa a ~s** gestreift [2] (*del pelo*) Scheitel *m* [3] ↑ *límite* Grenze *f;* ◇ **¡no te pases de la ~!** geh nicht zu weit!; ◇ **tener a ~** in Schach halten; **rayar I.** *vt* [1] einritzen [2] → *papel* durchstreichen **II.** *vi:* ◇ **~ en/con** grenzen an *akk*

rayo *m* [1] (*de sol*) Strahl *m* [2] METEO Blitz *m; FIG* ◇ **como el ~** blitzschnell [3] ◇ **~s X** Röntgenstrahlen *pl*

raza *f* Rasse *f;* ◇ **~ humana** Menschengeschlecht *n;* ◇ **perro de ~** Rassehund *m*

razón *f* [1] ↑ *entendimiento* Vernunft *f;* ◇ **atender a razones** auf Argumente hören; ◇ **¡con ~!** mit Recht!; ◇ **dar la ~ a alguien** jd-m recht geben; ◇ **entrar en ~** zur Vernunft kommen; ◇ **perder la ~** den Verstand verlieren; ◇ **tener ~** recht haben [2] ↑ *causa* Grund *m;* ◇ **a ~ de** auf Grund von *dat;* ◇ **~ de ser** Lebenssinn *m,* Lebensinhalt *m;* **razonable** *adj* [1] ↑ *sensato* vernünftig [2] ↑ *justo* angemessen; **razonamiento** *m* [1] (*explicación*) Argumentation *f* [2] (*serie de ideas*) Gedankengang *m;* **razonar I.** *vt* ↑ *exponer causas* beweisen, begründen **II.** *vi* [1] ↑ *pensar* [nach-]denken [2] ↑ *dialogar* diskutieren

re *m* MUS d *n*

reabastecer ⟨3.5⟩ *vt* mit Nachschub versorgen

reacción *f* Reaktion *f;* ◇ **avión** *m* **a ~** Düsenflugzeug *n;* **reaccionar** *vi* reagieren (*a*/*ante*/*contra* auf *akk*); **reaccionario**(/**a**) **I.** *adj* reaktionär **II.** *m/f* Reaktionär(in *f*) *m*

reacio *adj* widerspenstig

reactor *m* Reaktor *m*

readaptación *f* Wiedereingewöhnung *f;* ◇ **~ profesional** Umschulung *f;* **readaptar** *vt* [1] wieder eingewöhnen [2] (*de profesión*) umschulen

reafirmar *vt* erneut versichern

reagrupar *vt* umgruppieren

reajustar *vt* [1] TECNI nachstellen [2] → *precios* angleichen, anpassen; **reajuste** *m* Angleichung *f;* ◇ **~ de pensiones** Rentenangleichung, Neuanpassung *f*

real *adj* [1] wirklich [2] ↑ *soberano* königlich, Königs-

realce *m* [1] ↑ *esplendor* Glanz *m,* Ruhm *m;* ◇ **dar ~** Glanz verleihen [2] TECNI Relief *n* [3] ARTE Glanzlicht *n*

realidad *f* Wirklichkeit *f,* Realität *f;* ◇ **en ~** eigentlich; **realista I.** *adj* realistisch **II.** *m/f* Realist(in *f*) *m*

realización *f* [1] Realisierung *f,* Verwirklichung *f* [2] (*de obra*) Durchführung *f;* **realizador**(**a**) *m/f* Regisseur(in *f*) *m;* **realizar** ⟨3.10⟩ **I.** *vt* [1] ↑ *llevar a cabo* verwirklichen, realisieren; ◇ **han realizado grandes esfuerzos para lograrlo** sie haben große Anstrengungen unternommen, um es zu schaffen [2] → *excursión* machen [3] → *película* drehen [4] → *proyecto* durchführen, ausführen [5] COM abwickeln **II.** *vr(se)* wahr werden, sich verwirklichen; ◇ **se han realizado todas nuestras esperanzas** alle unsere Hoffnungen haben sich erfüllt

realmente *adv* wirklich; (*en verdad*) eigentlich, tatsächlich

realquilar *vt* untervermieten

realzar ⟨3.10⟩ *vt* [1] ↑ *elevar* erheben, erhöhen [2]

↑ *destacar* hervorheben [3] ARTE Glanzlichter aufsetzen auf *akk*
reanimar I. *vt* [1] ↑ *reavivar* wiederbeleben [2] ↑ *animar* Mut einflößen *dat* II. *vr(se)* wieder aufleben
reanudar *vt* wiederaufnehmen
reaparecer ⟨3.4⟩ *vi* erneut auftreten, wieder erscheinen; **reaparición** *f* Wiedererscheinen *n*
rearme *m* MIL Aufrüstung *f*
rebaja *f* [1] COM ↑ *descuento* Rabatt *m;* ◇ **-s** *f/pl* Schlußverkauf *m* [2] *(de billete)* Ermäßigung *f;* **rebajar** *vt* [1] → *precios* herabsetzen [2] ↑ *humillar* demütigen [3] ARQUIT niedriger machen
rebanada *f* Scheibe *f*
rebañar *vt* ↑ *recoger* zusammenraffen; → *plato* rauskratzen
rebaño *m* *(de ovejas)* Herde *f*
rebasar *vt* [1] ↑ *exceder* überschreiten [2] → *coche* überholen; *FIG* ↑ *adelantar* hinter sich *dat* lassen
rebatir *vt* widerlegen
rebeca *f* Strickjacke *f*
rebelarse *vr:* ◇ ~ **contra** rebellieren, sich erheben gegen; **rebelde** I. *adj* [1] ▷*pelo* widerspenstig [2] ▷*persona* aufrührerisch, rebellisch II. *m/f* Rebell(in *f*) *m;* **rebeldía** *f* Aufsässigkeit *f;* **rebelión** *f* Rebellion *f,* Aufstand *m*
reblandecer ⟨3.4⟩ *vt* weich machen
rebobinar *vt* → *cinta* zurückspulen
reborde *m* *(saliente)* Randleiste *f;* **rebosante** *adj* [1] ▷*vaso* überlaufend [2] *(FIG de alegría)* überschäumend; **rebosar** *vi* [1] ← *líquido* überlaufen [2] ↑ *abundar con exceso* übervoll sein, strotzen *(de* von) [3] *FIG* ◇ ~ **de alegría** übersprudeln vor Freude
rebotado(/a) *m/f* berufliche(r) Absteiger(in *f*) *m;* **rebotar** *vi* abprallen; ◇ ~ **en** prallen an *akk;* **rebote** *m* Rückprall *m; FIG* ◇ **de** ~ als Folge
rebozar ⟨3.10⟩ *vt* GASTRON panieren
rebuscado *adj* gekünstelt; **rebuscar** ⟨3.7⟩ *vt* sorgfältig durchsuchen
rebuznar *vi* ← *burro* iahen; **rebuzno** *m* Iah *n,* Eselsschrei *m*
recabar *vt* erreichen, erlangen
recadero(/a) *m/f* Bote *m,* Botin *f;* **recado** *m* [1] ↑ *encargo* Auftrag *m,* Besorgung *f;* ◇ **hacer los -s** Besorgungen *f/pl* machen [2] ↑ *mensaje* Nachricht *f;* ◇ **dejar un** ~ eine Nachricht hinterlassen
recaer ⟨4.1⟩ *vi* [1] ↑ *enfermar* einen Rückfall haben [2] *(en vicios)* rückfällig werden *(en)* [3] ↑ *venir a parar* fallen *(en/sobre* auf *akk);* **recaída** *f* MED Rückfall *m*
recalcar ⟨3.7⟩ *vt* hervorheben, betonen
recalcitrante *adj* widerspenstig, störrisch
recalentar ⟨3.1⟩ *vt* *(volver a calentar)* wieder erhitzen; *(calentar demasiado)* überhitzen
recambio *m* [1] ↑ *sustitución* Austausch [2] AUTO Ersatzteil *n*
recapacitar I. *vi:* ◇ ~ **sobre** nachdenken über *akk*
recapitular *vt* ↑ *resumir* zusammenfassen, rekapitulieren
recargado *adj* überladen; **recargar** ⟨3.11⟩ *vt* [1] *(también FIG cargar demasiado)* überladen [2] → *impuesto* mit Säumniszuschlag belegen; **recargo** *m* Zuschlag *m,* Aufschlag *m*
recatado *adj* zurückhaltend; **recato** *m* Zurückhaltung *f*
recaudación *f* [1] *(acción)* Erhebung *f;* ◇ ~ **de impuestos** Steuererhebung *f* [2] *(cantidad)* Eingang *m,* Vereinnahmung *f;* **recaudador(a)** *m/f* Steuereinnehmer(in *f*) *m;* **recaudar** *vt* → *impuestos* erheben, einziehen
recelar *vt* argwöhnen; ◇ ~ **de (alguien)** ↑ *desconfiar* (jd-m) mißtrauen; **recelo** *m* Mißtrauen *n,* Argwohn *m;* **receloso** *adj* mißtrauisch, argwöhnisch
recepción *f* [1] ↑ *ceremonia* Empfang *m,* Aufnahme *f* [2] *(de hotel)* Rezeption *f;* **recepcionista** *m/f* Empfangschef(in *f*) *m,* Empfangsdame *f*
receptáculo *m* *(recipiente)* Behälter *m,* Sammelbecken *n*
receptivo *adj* empfänglich; **receptor(a)** I. *m/f* Empfänger(in *f*) *m* II. *m* Empfangsgerät *n*
recesión *f* Rezession *f*
receta *f* GASTRON, MED Rezept *n;* **recetar** *vt* → *medicamento* verschreiben
recibidor *m* Empfangsraum *m;* ↑ *antesala* Vorzimmer *n;* **recibimiento** *m* *(acogida)* Empfang *m;* *(habitación)* Empfangszimmer *n;* **recibir** *vt* [1] erhalten [2] → *visita* empfangen, aufnehmen; ◇ **el presidente recibe los lunes** der Präsident empfängt montags [3] → *doctor* Sprechstunde *f* haben; **recibo** *m* Quittung *f;* ◇ **acusar** ~ den Empfang bestätigen
reciclaje *m* [1] *(de papel)* Recycling *n* [2] *(de personal)* Fortbildung *f;* **reciclar** *vt* [1] → *cosas* wiederverwerten, wiederaufbereiten, recyceln [2] → *personas* weiterbilden
recién *adv ver* **recientemente** frisch-, Neu-; ◇ **el** ~ **nacido** der Neugeborene; ◇ **los** ~ **casados** die Frischvermählten *pl;* ◇ **¡~ pintado!** (Vorsicht) frisch gestrichen!; **reciente** *adj* neu, modern, jüngste(r, s); neueste(r, s)
recinto *m* Gebiet *n,* Bereich *m;* ◇ ~ **ferial** Messegelände

recio I. *adj* [1] ↑ *robusto* stark, kräftig [2] ↑ *violento* heftig II. *adv* hart, heftig

recipiente *m* Behälter *m*

reciprocidad *m* [1] Gegenseitigkeit *f* [2] GRAM, MATE Reziprozität *f;* **recíproco** *adj* [1] gegenseitig [2] GRAM, MATE reziprok

recital *m* MUS [Solo-]Konzert *n;* **recitar** *vt* rezitieren

reclamación *f* Beanstandung *f*, Reklamation *f;* **reclamar** I. *vt* [zurück-]fordern, [zurück]verlangen II. *vi:* ◇ ~ **ante** Einspruch einlegen bei; **reclamo** *m* [1] ↑ *publicidad* Werbung *f*, Reklame *f* [2] (*llamada*) Lockruf *m*

reclinar I. *vt* anlehnen II. *vr(se)* sich anlehnen

recluir ⟨3.9⟩ *vt* einsperren, einschließen; **reclusión** *f* [1] Eingesperrtsein *n*, (Straf-)Haft *f* [2] ↑ *lugar* Haft *f;* **recluso(/a)** *m/f* Sträfling *m*

recluta *m* MIL Rekrut *m;* **reclutamiento** *m* MIL Aushebung *f;* **reclutar** *vt* [1] MIL ausheben, rekrutieren [2] → *personal* anwerben

recobrar I. *vt* wiedererlangen, wiederbekommen II. *vr(se)* sich erholen (*de* von)

recodo *m* (*de calle*) Krümmung *f*, Biegung *f*

recogedor *m* (*de basura*) Abfallschaufel *f;* **recogepelotas** *m/f* ⟨inv⟩ TENIS Balljunge *m*, -mädchen *f;* **recoger** ⟨3.20⟩ I. *vt* [1] (*del suelo*) aufheben [2] → *información* einholen [3] → *algo dispersado* aufsammeln [4] ↑ *ir a buscar* abholen [5] → *fondos* sammeln [6] AGR ernten [7] → *dobladillo* raffen [8] → *pelo* hochstecken [9] ↑ *dar casa* aufnehmen [10] → *platos, mesa* abräumen II. *vr(se)* sich zurückziehen; **recogido(/a)** I. *adj* [1] ▷*lugar* abgelegen, abgeschieden [2] ▷*persona* zurückhaltend [3] ▷*vida* zurückgezogen II. *f* [1] (*de basura*) Müllabfuhr *f* [2] (*de fruta*) Ernte *f* [3] (*del correo*) Leerung *f*

recolección *f* [1] (*de frutos*) Ernte *f* [2] (*de dinero*) Sammlung *f;* **recolectar** *vt* [1] → *frutos* ernten [2] → *dinero* sammeln

recomendable *adj* empfehlenswert; **recomendación** *f* [1] Empfehlung *f;* (~ *escrita*) Empfehlungsschreiben *n* [2] ↑ *aviso* Rat *m;* **recomendar** ⟨3.1⟩ *vt* empfehlen

recompensa *f* Belohnung *f;* **recompensar** *vt* [1] → *servicio* belohnen, entschädigen [2] → *mérito* vergelten

recomponer ⟨4.8⟩ *vt* instandsetzen, reparieren

reconciliación *f* Versöhnung *f;* **reconciliar** I. *vt* versöhnen II. *vr(se)* sich versöhnen

recóndito *adj* geheim, verborgen

reconfortante *adj* [1] ↑ *confortante* stärkend [2] ▷*pensamiento* tröstlich; **reconfortar** I. *vt* stärken, ermutigen II. *vr(se):* ◇ **~se con algo** sich mit etw stärken

reconocer ⟨3.5⟩ I. *vt* [1] wiedererkennen [2] → *gobierno* anerkennen [3] ↑ *admitir* zugeben [4] ↑ *inspeccionar* überprüfen [5] MED untersuchen II. *vr(se)* zu erkennen sein; ◇ **me reconozco culpable** ich bekenne mich schuldig; **reconocible** *adj* erkennbar; **reconocido** *adj* anerkannt; **reconocimiento** *m* [1] MED Untersuchung *f* [2] ↑ *agradecimiento* Dankbarkeit *f*

reconquista *f* HIST Wiedereroberung *f;* **reconquistar** *vt* zurückerobern

reconsiderar *vt* [noch einmal] überdenken

reconstituyente *m* FARMA Stärkungsmittel *n*

reconstrucción *f* Wiederaufbau *m;* **reconstruir** ⟨3.9⟩ *vt* → *edificio* wiederaufbauen; (*reorganizar mentalmente*) rekonstruieren

reconversión *f* wirtschaftliche Umstrukturierung; **reconvertir** *vt* → *industria* wirtschaflich umstrukturieren

recopilación *f* [1] (*de leyes*) Sammlung *f* [2] ↑ *resumen* Rekapitulation *f;* **recopilar** *vt* → *datos* zusammenstellen, zusammentragen

récord ⟨s⟩ I. *adj inv* Rekord- II. *m* SPORT Rekord *m*

recordar ⟨3.2⟩ *vt* [1] ↑ *acordarse de* sich erinnern an *akk;* ◇ **te recuerdo que salimos temprano** ich erinnere dich [noch mal], daß wir früh weggehen [2] ↑ *asemejarse* an etw *akk* erinnern; **recordatorio** *m* [1] (*aviso*) Gedächtnisstütze *f* [2] (*objeto*) Andenken *n*

recorrer *vt* → *camino* zurücklegen; → *región* bereisen; **recorrido** *m* [1] (*distancia*) Wegstrecke *f* [2] (*del autobús*) Fahrtstrecke *f;* ◇ **tren** *m* **de largo** ~ Fernzug *m*

recortable *m* (*figuras*) Ausschneidebild *n;* (*hoja*) Ausschneidebogen *m;* **recortado** *adj* ausgeschnitten; **recortar** *vt* ↑ *cortar* ausschneiden; → *pensión* kürzen; **recorte** *m* [1] (*acción*) Ausschneiden *n* [2] (*de periódico*) Ausschnitt *m;* ◇ **~s de papel** Papierschnitzel *pl*

recostar ⟨3.2⟩ I. *vt* anlehnen II. *vr(se)* sich anlehnen

recoveco *m* (*del camino*) Biegung *f*, Krümmung *f*

recrear I. *vt* [1] ↑ *crear otra vez* wiedererschaffen [2] ↑ *deleitar* unterhalten II. *vr(se)* ↑ *deleitarse* sich erholen, sich unterhalten; **recreativo** *adj* unterhaltend, Freizeit-; ◇ **juego** ~ Unterhaltungsspiel *n;* **recreo** *m* [1] Erholung *f*, Entspannung *f;* ◇ **viaje** *m* **de** ~ Vergnügungsreise *f* [2] COLE Pause *f*

recriminar I. *vt* beschuldigen II. *vr(se)* sich gegenseitig Vorwürfe machen; **recriminatorio** *adj* mit gegenseitigen Vorwürfen *m/pl*

recrudecer ⟨3.5⟩ *vi, vr(se)* sich verschlimmern; **recrudecimiento** *m* Verschlimmerung *f*
rectangular *adj* rechteckig; **rectángulo** I. *adj* rechtwinklig II. *m* Rechteck *n*
rectificación *f* Berichtigung *f;* **rectificar** ⟨3.7⟩ *vt* berichtigen, verbessern
rectitud *f* [1] (*calidad de recto*) Geradlinigkeit *f* [2] (*FIG intregridad*) Rechtschaffenheit *f;* **recto(/a)** I. *adj* [1] ▷*línea* gerade [2] ▷*persona* rechtschaffen II. *m* ANAT Mastdarm *m* III. *f* Gerade *f*
rector(a) I. *adj* regierend II. *m/f* Rektor(in *f*) *m;* **rectorado** *m* UNI Rektorat *n*
recuadro *m* (*en formulario*) Kästchen *n*
recubrimiento *m* TECNI Verkleidung *f*, Überzug *m;* **recubrir** ⟨3.30⟩ *vt* TECNI verkleiden, überziehen
recuento *m* Zählung *f;* ◇ **hacer el ~ de algo** etw [nach]zählen
recuerdo *m* [1] (*de algo, alguien*) Erinnerung *f* [2] ↑ *souvenir* Andenken *n;* ◇ **~s** *pl* Grüße *pl;* ◇ **¡da ~s a la familia!** grüße die Familie!
recuperable *adj* zurückgewinnbar, wiedererlangbar; **recuperación** *f* [1] MED Genesung *f* [2] (*de objeto*) Zurückholen *n,* Wiederbeschaffung *f* [3] COLE, UNI Nachholen *n;* **recuperar** I. *vt* [1] → *objeto* zurückgewinnen, wiedererlangen [2] → *tiempo perdido* nachholen II. *vr(se)* sich erholen
recurrir *vi* [1] JUR Rechtsmittel *n* einlegen (bei/gegen ...) [2] (*a algo*) zu etw greifen [3] (*a alguien*) sich an jd-n wenden; **recurso** *m* [1] ↑ *medio* Mittel *pl;* ◇ **~s económicos** [Geld-]Mittel *n/pl* [2] (*pl, de individuo*) Ressourcen *pl* [3] JUR Rechtsmittel *nt*
recusar *vt* JUR ablehnen
rechazar ⟨3.10⟩ *vt* [1] ↑ *expulsar* zurückweisen [2] → *solicitud* ablehnen [3] ↑ *contradecir* widersprechen; **rechazo** *m* [1] (*a una persona*) Zurückweisung *f* [2] ↑ *negativa* Ablehnung *f*
rechifla *f* Auspfeifen *n;* **rechiflar** I. *vt* auspfeifen II. *vr(se):* ◇ **~se de alguien** jd-n verspotten
rechinar *vi* [1] ← *puerta* quietschen [2] ← *dientes* knirschen
rechoncho *adj FAM* ▷*persona* pummelig, rundlich
red *f* (*de hilos, carreteras*) Netz *n; FIG* ◇ **tender una ~** eine Falle stellen
redacción *f* [1] (*manera de expresarse*) Abfassung *f*, Ausarbeitung *f* [2] COLE Aufsatz *m* [3] (*de periódico*) Redaktion *f;* **redactar** *vt* [1] → *carta* abfassenen [2] (*en el periódico*) redigieren; **redactor(a)** *m/f* (*de periódico*) Redakteur(in *f*) *m*
redada *f* Razzia *f*
rededor *m* Umkreis *m;* ◇ **al/en ~** ringsherum
redención *f* REL Erlösung *f;* **redentor** *adj* erlösend
redescubrir ⟨3.30⟩ *vt* wiederentdecken
redicho *adj* affektiert, gekünstelt
redil *m* (*para animales*) Pferch *m*
redimir *vt* [1] zurückkaufen [2] REL erlösen
rédito *m* FIN Zins-, Kapitalertrag *m*
redoblar I. *vt* verdoppeln II. *vi* einen Trommelwirbel schlagen
redomado *adj* schlau, gerissen
redondear *vt* [ab-]runden; **redondel** *m* Kreis *m;* **redondo** I. *adj* [1] (*forma*) kugelförmig, rund [2] ↑ *perfecto* vollkommen [3] ▷*cifra* rund II. *f:* ◇ **a la ~a** im Umkreis, rundherum
reducción *f* [1] ↑ *disminución* Verminderung *f*, Verringerung *f* [2] MED Einrenkung *f* [3] QUIM Reduktion *f;* **reducido** *adj* ▷*distancia* verringert, verkleinert; ▷*tiempo* begrenzt; ▷*precio* gering; **reducir** ⟨3.4⟩ I. *vt* [1] ↑ *disminuir* verringern; → *salsa* eindicken [2] → *consumo* reduzieren [3] → *precios* senken [4] → *sublevados* unterwerfen [5] MED einrenken [6] ◇ **el fuego reduce la madera a cenizas** Feuer verbrennt Holz zu Asche II. *vr(se):* ◇ **~se a** sich beschränken auf *akk;* ◇ **~se en** sich einschränken
redundancia *f* [1] ↑ *exceso* Überfluß *m* [2] GRAM Redundanz *f;* **redundante** *adj* überflüssig; **redundar** *vi:* ◇ **~ en** sich auswirken
reduplicar ⟨3.7⟩ *vt* [1] ↑ *redoblar* verdoppeln [2] ↑ *repetir* wiederholen
reembolsar *vt* zurückzahlen, zurückerstatten; **reembolso** *m* Zurückzahlung *f*, Zurückerstattung *f;* ◇ **contra ~** gegen Nachnahme *f*
reemplazar ⟨3.10⟩ *vt:* ◇ **~ en/por** ersetzen für/durch; **reemplazo** *m* [1] Ersatz *m* [2] MIL Reserve-
reencarnación *f* REL Reinkarnation *f;* **reencarnarse** *vr* einen neuen Körper annehmen
reencuentro *m* (*acordado*) Zusammentreffen *n*
reengancharse *vr* [1] MIL sich [weiter] verpflichten [2] *FAM* → *al trabajo* denselben Job weitermachen
referencia *f* [1] ↑ *relación* Bezug *m;* ◇ **con ~ a** mit Bezug auf *akk* [2] ↑ *información* Auskunft *f*, Information *f* [3] (*pl, para un trabajo*) Referenzen *f/pl* [4] COM Zeichen *n;* **referente** *adj:* ◇ **~ a** in bezug auf *akk*, bezüglich *gen;* **referir** ⟨3.1⟩ I. *vt* [1] ↑ *relatar* erzählen, berichten [2] ↑ *relacionar* in Beziehung bringen (*a* mit) II. *vr(se):* ◇ **~se a** sich beziehen auf *akk*
refilón *adv FAM:* ◇ **de ~** [1] (*de lado*) schräg [2] (*de pasada*) beiläufig

refinado *adj también FIG* raffiniert; **refinamiento** *m* [1] ↑ *exquisitez* Feinheit *f* [2] (*pl*) ↑ *perfección* Finessen *f/pl;* **refinar** *vt* [1] ↑ *perfeccionar* verfeinern [2] → *petroleo, azúcar* raffinieren; **refinería** *f* (*de petróleo, azúcar*) Raffinerie *f*

reflector *m* Reflektor *m;* **reflejar** I. *vt* [1] ← *espejo* zurückwerfen [2] *FIG* ← *persona* widerspiegeln II. *vr(se)* sich widerspiegeln; ◇ **tus palabras reflejan tus pensamientos** deine Worte spiegeln deine Gedanken wider; **reflejo** I. *adj* (*inconsciente*) Reflex- II. *m* [1] (*de luz*) Abglanz *m* [2] (*de pelo, natural*) Strähne *f;* (*de pelo, artificial*) Strähnchen *f/pl* [3] MED UND FIS Reflex *m*

réflex *adj inv* FOTO: ◇ **cámara** *f* ~ Spiegelreflexkamara *f*

reflexión *f* [1] ↑ *reflejo* Reflexion *f*, Spiegelung *f* [2] ↑ *consideración* Überlegung *f* [3] ↑ *consejo* Ratschlag *m;* **reflexionar** I. *vt* nachdenken über *akk* II. *vi* nachdenken; **reflexivo** *adj* [1] nachdenklich [2] GRAM reflexiv

reflujo *m* (*del mar*) Ebbe *f*

reforma *f* [1] POL Reform *f* [2] (*de edificio*) Umbau *m*, Renovierung *f* [3] REL Reformation *f;* **reformar** I. *vt* [1] ↑ *cambiar* umändern, umgestalten [2] → *edificio* umbauen, renovieren [3] ↑ *corregir* verbessern II. *vr(se)* sich bessern; **reformatorio** *m* Erziehungsanstalt *f*

reforzar ⟨3.2⟩ *vt* [1] verstärken [2] *FIG* bestärken

refracción *f* FIS Brechung *f*, Refraktion *f*

refrán *m* Sprichwort *n;* **refranero** *m* Sprichwörtersammlung *f*

refregar ⟨3.1⟩ *vt* reiben, scheuern; *FAM* ◇ ~ **en las narices** unter die Nase reiben

refrenar *vt* → *pasiones* zügeln

refrendar *vt* [1] → *documento* abzeichnen [2] *FIG* gutheißen, billigen

refrescante *adj* ▷ *bebida* erfrischend; **refrescar** ⟨3.7⟩ I. *vt* erfrischen II. *vi* [1] ← *persona* sich erfrischen [2] ← *ambiente* abkühlen III. *vr(se)* [1] sich abkühlen [2] (*con aire fresco*) frische Luft schöpfen; **refresco** *m* Erfrischungsgetränk *n;* ◇ ~**s** *pl* Erfrischungen *pl*

refriega Streit *m*

refrigerador *m* Kühlschrank *m;* **refrigerar** *vt* kühlen; **refrigerio** *m* (*alimento ligero*) Imbiß *m*

refuerzo *m* Verstärkung *f*

refugiado(/a) *m/f* Flüchtling *m;* **refugiar** I. *vt* aufnehmen II. *vr(se)* Schutz suchen, Zuflucht suchen; **refugio** *m* [1] (*acción*) Zuflucht *f* [2] ↑ *amparo* Schutz *m* [3] (*lugar*) Schutzraum *m*

refulgir ⟨3.8⟩ *vi* glänzen, schimmern

refundir *vt* umschmelzen

refunfuñar *vi* murren, brummen

refutación *f* Widerlegung *f;* **refutar** *vt* widerlegen

regadera *f* Gießkanne *f;* **regadío** *m* (*acción*) Bewässerung *f;* (*terreno*) bewässertes Gelände

regalar I. *vt* [1] schenken [2] ↑ *halagar* schmeicheln II. *vr(se)* genießen

regalía *f* JUR Privileg *n*, Vorrecht *n*

regaliz *m/f* Lakritze *f*

regalo *m* [1] Geschenk *n* [2] (*FIG gusto*) Vergnügen *n*

regañadientes *adv:* ◇ **a** ~ zähneknirschend; **regañar** I. *vt* ↑ *reñir* ausschelten, schimpfen II. *vi* ↑ *refunfuñar* murren; **regañón(-ona)** *adj* mürrisch, brummig

regar ⟨3.1⟩ *vt* [1] → *plantas* gießen [2] → *calle* besprengen [3] *FIG* begießen

regata *f* SPORT Regatta *f*

regate *m* SPORT [schnelles] Ausweichen; **regatear** I. *vt* [1] → *precio* feilschen um [2] → *esfuerzos* scheuen; ◇ **no** ~ **esfuerzos** keine Anstrengung scheuen II. *vi* [1] feilschen, handeln [2] SPORT dribbeln

regazo *m* Schoß *m*

regeneración *f* [1] Erneuerung *f* [2] BIO Regeneration *f;* **regenerar** *vt* [1] erneuern [2] BIO regenerieren

regentar *vt* [1] → *un cargo* verwalten [2] → *un negocio* führen; **regente** *m/f* [1] (*de negocio*) Verwalter(in *f*) *m* [2] POL Regent(in *f*) *m*

régimen ⟨regímenes⟩ *m* [1] POL Regime *n* [2] MED Diät *f*

regimiento *m* MIL Regiment *n*

regio *adj* [1] königlich [2] *FIG* prächtig

región *f* Gegend *f*, Gebiet *n;* **regionalista** *m/f* Regionalist(in *f*) *m*

regir ⟨3.8⟩ I. *vt* [1] *también* GRAM → *país* regieren [2] → *empresa* führen, leiten II. *vi* [1] ← *ley* gültig sein [2] *FAM* ← *persona* ◇ **¡tú no riges!** bei dir tickt es nicht ganz richtig!

registrar I. *vt* [1] → *equipaje* durchsuchen [2] ↑ *inscribir* eintragen [3] → *sonido* aufnehmen [4] → *temperatura* messen II. *vr(se)* [1] ↑ *inscribirse* sich einschreiben [2] ↑ *ocurrir* zu verzeichnen sein; **registro** *m* [1] (*de un libro*) Register *n;* ◇ ~ **del estado civil** Personenstandsregister *n;* ◇ ~ **civil** Standesamt *n* [2] (*de la policía*) Durchsuchung *f* [3] MUS Register *m*

regla *f* [1] ↑ *norma* Regel *f*, Norm *f;* ◇ **por** ~ **general** im allgemeinen; ◇ **poner algo en regla** etw in Ordnung bringen; ◇ **el pasaporte está en** ~ der Reisepaß ist in Ordnung [2] (*para medir*) Lineal *n* [3] MED ◇ **tener la** ~ die Periode haben; **reglamentación** *f* [1] (*acción*) Regelung *f* [2] (*conjunto de reglas*) Ordnung *f;* **reglamentar** *vt* regeln; **reglamentario** *adj* ▷*balón* vorgeschrieben; **reglamento** *m* Verordnung*f,* Verfügung *f*

regocijar I. *vt* erfreuen II. *vr(se)* sich ergötzen; **regocijo** *m* ↑ *gozo* Freude *f,* Vergnügen *n*

regodearse *vr* [1] ↑ *gozar* sich ergötzen (*con* an) [2] (*con el mal ajeno*) schadenfroh sein

regordete *adj FAM* rundlich, mollig

regresar *vi* zurückkommen, zurückkehren; **regresión** *f* FIN Rückgang *m,* Regression *f;* **regresivo** *adj* [1] rückläufig [2] *FIG* regressiv; **regreso** *m* Rückkehr *f*

reguero *m* (*de un líquido*) Rinnsal *n*

regulación *f* Regulierung *f,* Einstellung *f;* **regular** I. *vt* [1] ↑ *ajustar* ordnen, regeln [2] → *máquina* regulieren, einstellen II. *adj* [1] *también* GRAM regelmäßig [2] ↑ *corriente* gewöhnlich [3] ↑ *simétrico* regelmäßig [4] ↑ *mediano* mittelmäßig [5] ▷*pulso* normal [6] *FAM* ▷*calidad* so lala, nicht schlecht III. *adv* einigermaßen; ◇ **por lo ~** üblicherweise; **regularidad** *f* Regelmäßigkeit *f;* **regularizar** ⟨3.10⟩ *vt* regeln, ordnen; **regularmente** *adv* gewöhnlich, regelmäßig

regusto *m* Nachgeschmack *m*

rehabilitación *f* Rehabilitation *f;* **rehabilitar** *vt* [1] (*de un accidente*) rehabilitieren [2] → *trabajo* wiedereinsetzen

rehacer ⟨4.4⟩ I. *vt* [1] ↑ *volver a hacer* noch einmal machen [2] ↑ *reparar* reparieren II. *vr(se):* ◇ **~se de** sich erholen von

rehén *m* Geisel *f*

rehogar *vt* GASTRON dämpfen, schmoren

rehuir ⟨3.9⟩ *vt* meiden, aus dem Weg gehen *dat*

rehusar *vt* ablehnen

reina *f* Königin *f;* **reinado** *m* Regierungszeit *f;* **reinante** *adj* herrschend; **reinar** *vi* regieren

reincidencia *f también* JUR Rückfall *m;* **reincidente** I. *adj* rückfällig II. *m/f* (JUR *persona*) Rückfalltäter(in *f*) *m;* **reincidir** ⟨3⟩ *vi* zurückfallen (*en* in *akk*)

reincorporación *f* Wiedereingliederung *f;* **reincorporar** I. *vt* wiedereingliedern II. *vr(se):* ◇ **~se a** wiedereintreten in *akk*

reindustrialización *f* Reindustrialisierung *f,* Wiederansiedlung *f* von Industrie

reino *m* Königreich *n;* ◇ **el R~ Unido** das Vereinigte Königreich; ◇ **~ animal/vegetal/mineral** Tier-/Pflanzen-/Mineralreich *n*

reintegración *f* Wiedereinsetzung *f*

reinsertar *vt* resozialisieren, wiedereingliedern in die Gesellschaft; **reintegrar** I. *vt* [1] → *al puesto de trabajo* wiedereingliedern [2] ↑ *restablecer* wiederherstellen [3] → *dinero* zurückerstatten II. *vr(se):* ◇ **~se a** sich wiedereingliedern in; **reintegro** *m* [1] ↑ *reintegración* Wiedereinsetzung *f* [2] ↑ *restitución* Rückerstattung *f* [3] (*de lotería*) Rückzahlung *f* des Lospreises

reír ⟨4.18⟩ *vi, vr(se)* lachen; ◇ **él se ríe de su profesor** er macht sich über seinen Lehrer lustig

reiteración *f* Wiederholung *f;* **reiterar** *vt* wiederholen; **reiterativo** *adj* wiederholend

reivindicación *f* Forderung *f,* Anspruch *m;* **reivindicar** ⟨3.7⟩ *vt* ↑ *reclamar* fordern, beanspruchen; **reivindicativo** *adj* Forderungs-

reja *f* Gitter *n;* **rejilla** *f* [1] (*de ventana*) Fenstergitter *n* [2] (*de silla*) Korbgeflecht *n* [3] (*de brasero*) Ofenrost *m* [4] (*en tren*) Gepäcknetz *n*

rejoneador *m* Stierkämpfer *m* zu Pferd

rejuvenecer ⟨3.5⟩ I. *vt* verjüngen, jünger machen II. *vi, vr(se)* wieder jung werden; **rejuvenecimiento** *m* Verjüngung *f*

relación *f* [1] (*de personas*) Beziehung *f;* ◇ **entablar relaciones** Beziehungen aufnehmen; ◇ **relaciones públicas** Public Relations *pl* [2] (*de números*) Verhältnis *n* [3] (*de hechos*) Zusammenhang *m;* ◇ **con ~ a, en ~ con** bezüglich *gen* [4] (*pl*) ↑ *influencia* Beziehungen *pl* [5] ↑ *lista* Aufstellung *f,* Verzeichnis *n;* **relacionar** I. *vt* [1] ↑ *conectar* in Verbindung [*o.* Zusammenhang] bringen mit [2] ↑ *enumerar* aufzählen II. *vr(se):* ◇ **~se con** in Verbindung treten mit

relajación *f ver* **relajamiento** Entspannung *f;* **relajado** *adj* [1] ↑ *despreocupado* angenehm, sorgenfrei [2] ↑ *desordenado* liederlich [3] ▷*músculo* entspannt; **relajante** *adj* entspannend; **relajar** I. *vt* [1] ↑ *descansar* entspannen [2] → *ley* lockern II. *vr(se)* erschlaffen, sich entspannen

relamer I. *vt* ablecken II. *vr(se)* sich *dat* die Lippen lecken; **relamido** *adj* [1] ↑ *presumido* wie geleckt [2] ↑ *afectado* affektiert

relámpago *m* METEO Blitz *m;* **relampaguear** *vi* METEO [auf-]blitzen

relatar *vt* erzählen

relatividad *f* Relativität *f;* **relativizar** ⟨3.10⟩ *vt* relativieren, einschränken; **relativo** *adj* [1] (*no absoluto*) relativ [2] ↑ *escaso* kaum [3] GRAM Relativ- [4] ◇ **~ a** betreffend *akk;* ◇ **en lo ~ a** hinsichtlich *gen,* betreffs *gen*

relato *m* Schilderung *f;* ↑ *historia* Erzählung *f*

relax *m* Entspannung *f*

relegar ⟨3.11⟩ *vt* → *misión* weiterreichen, übertragen

relevancia *f* Relevanz *f;* **relevante** *adj* (*que destaca*) hervorragend, ausgezeichnet;

↑ *importante* relevant; **relevar** *vt* [1] (*de una carga*) entlasten [2] (*de un puesto*) ablösen; **relevo** *m* ↑ *sustitución* Ablösung *f;* ◇ **carrera** *f* **de -s** Staffellauf *m*

relieve *m* [1] *también* GEO Relief *n* [2] *FIG* ◇ **poner de -** hervorheben; ◇ **un pintor de -** ein berühmter Maler *m*

religión *f* Religion *f;* **religiosidad** *f* Frömmigkeit *f;* **religioso(/a)** I. *adj* fromm, religiös II. *m/f* Mönch *m,* Nonne *f*

relinchar *vi* ← *caballo* wiehern; **relincho** *m* Wiehern *n*

reliquia *f* Reliquie *f*

reloj *m* Uhr *f;* ◇ **- de pulsera** Armbanduhr *f; FIG* ◇ **a contra -** gegen die Uhr; **relojería** *f* Uhrmacherwerkstatt *f,* Uhrengeschäft *n;* **relojero(/a)** *m/f* Uhrmacher(in *f*) *m*

reluciente *adj* glänzend; **relucir** ⟨3.4⟩ *vi* [1] glänzen [2] *FIG* sich auszeichnen; ◇ **sacar/salir algo a -** herausrücken mit; **relumbrante** *adj* glänzend; **relumbrar** *vi* glänzen, leuchten

rellano *m* (*de la escalera*) Treppenabsatz *m*

rellenar *vt* [1] → *botella* nachfüllen [2] → *almohada, sillón* polstern [3] → *pollo* füllen [4] → *documento* ausfüllen; **relleno** I. *adj* gefüllt II. *m* [1] (*acción*) Füllen *n* [2] (*de pastel*) Füllung *f* [3] (*de almohada*) Polster *n* [4] ◇ **de -** als Füllsel *n*

remachar *vt* [1] → *clavo* plattschlagen [2] (*con remaches*) vernieten [3] *FIG* ↑ *recalcar* Nachdruck verleihen *dat;* **remache** *m* Niete *f*

remangarse ⟨3.11⟩ *vr* → *las mangas* aufkrempeln

remanso *m* (*también FIG de río*) ruhige Stelle

remar *vi* rudern

rematado *adj* völlig, ganz, Voll-; ◇ **tonto -** hoffnungslos blöd; **rematar** *vt* [1] ↑ *terminar* beendigen, abschließen [2] ↑ *matar* den Todesstoß versetzen *dat* [3] → *una costura* vernähen; **remate** *m* [1] ↑ *termino* Abschluß *m;* ◇ **dar -** beenden; ◇ **estar loco de -** total verrückt sein; ◇ **para -** obendrein [2] ↑ *extremo* Ende *n* [3] SPORT Schuß *m*

remediar *vt* [1] (*corregir*) wiedergutmachen [2] (*socorrer*) abhelfen *dat* [3] ↑ *evitar* vermeiden; **remedio** *m* [1] ↑ *solución* Abhilfe *f;* ◇ **poner - a algo** einer Sache abhelfen *dat;* ◇ **como último -** als letzter Ausweg; ◇ **no hay más -** wir können nichts daran ändern; ◇ **lo hecho no tiene -** es gibt kein Zurück mehr; ◇ **¡qué -!** da bleibt einem keine andere Wahl!; ◇ **parece que está perdido sin -** wie es scheint ist er hoffnungslos verloren [2] FARMA Heilmittel *n;* ◇ **- casero** Hausmittel *n*

rememorar *vt* ↑ *recordar* ins Gedächtnis *n* rufen

remendar ⟨3.1⟩ *vt* → *calcetines* stopfen; → *ropa* flicken

remesa *f* Sendung *f*

remiendo *m* Flicken *m*

remilgado *adj* zimperlich; **remilgo** *m* Geziere *n,* Getue *n*

reminiscencia *f* [1] (*recuerdo*) [vage] Erinnerung [2] (*en una obra*) Anklänge *pl*

remisión *f* [1] ↑ *envío* Sendung *f* [2] ↑ *perdón* Vergebung *f*

remiso *adj* [1] ↑ *indeciso* zögernd [2] ↑ *desganado* schlapp

remite *m* Absenderangabe *f;* **remitente** *m/f* Absender(in *f*) *m;* **remitir** I. *vt* [1] ↑ *enviar* schikken, senden [2] → *texto* verweisen [3] ↑ *liberar una culpa* erlassen [4] ↑ *perder intensidad* nachlassen II. *vr(se):* ◇ **-se a** sich berufen auf *akk*

remo *m* [1] (*objeto*) Ruder *n* [2] SPORT Rudern *n*

remodelar *vt* umformen, umgestalten

remojar *vt* [1] anfeuchten [2] → *ropa* einweichen [3] (*celebrar bebiendo*) begießen; **remojo** *m* Einweichen *n;* ◇ **dejar la ropa en -** die Wäsche einweichen lassen

remolacha *f* Rübe *f;* ◇ **- azucarera** Zuckerrübe *f*

remolcador *m* NAUT Schlepper *m;* **remolcar** ⟨3.7⟩ *vt* [1] → *coche* abschleppen [2] → *barco* schleppen

remolino *m* [1] (*de aire*) Wirbel *m* [2] (*de agua*) Strudel *m* [3] (*de pelo*) [Haar-]Wirbel *m* [4] (*de gente*) Menschenmenge *f* [5] ↑ *confusión* Wirbel *m*

remolón(-ona) I. *adj* ↑ *perezoso* faul II. *m/f* Faulpelz *m*

remolque *m* [1] AUTO Abschleppen *n;* ◇ **llevar a -** abschleppen [2] NAUT Schleppen *n* [3] (*de camión*) Anhänger *m* [4] (*cuerda*) Abschleppseil *n*

remontar I. *vt* [1] ↑ *subir* ersteigen [2] → *dificultad* überwinden II. *vr(se)* ← *pájaro* sich emporschwingen; ◇ **-se a** [1] → *gastos* sich belaufen auf *akk* [2] → *época* zurückgehen auf *akk*

remorder ⟨3.2⟩ I. *vt* ↑ *inquietar* beunruhigen; ◇ **me remuerde la conciencia** ich habe Gewissensbisse II. *vr(se)* Reue empfinden; **remordimiento** *m* Reue *f,* Gewissensbisse *pl*

remoto *adj* ▷*pueblo* entlegen; ▷*idea* vage, verschwommen

remover ⟨3.2⟩ *vt* [1] → *líquido* umrühren [2] → *tierra* umgraben [3] *FIG* aufwühlen

remozar ⟨3.10⟩ I. *vt* verjüngen II. *vr(se)* jünger werden

remuneración *f* Bezahlung *f,* Vergütung *f;* **re-**

munerar *vt* [1] ↑ *pagar* bezahlen, vergüten [2] ↑ *recompensar* belohnen
renacentista *adj* Renaissance-; **renacer** ‹3.5› *vi* [1] wiedergeboren werden [2] *FIG* wiederaufleben; **renacimiento** *m* [1] ↑ *resurrección* Wiedergeburt *f* [2] ◇ el R~ die Renaissance
renacuajo *m* [1] (*cría de la rana*) Kaulquappe *f* [2] (*FAM niño pequeño*) Dreikäsehoch *m*
renal *adj* Nieren-
rencilla *f* Streit *m*
rencor *m* Groll *m;* **rencoroso** *adj* nachtragend
rendición *f* [1] MIL Kapitulation *f* [2] ↑ *sometimiento* Bezwingung *f* [3] ↑ *rendimiento* Hingabe *f;* **rendido** *adj* [1] ↑ *cansado* erschöpft [2] ▷*admirador* ergeben
rendija *f* ↑ *grieta* Spalt *m*
rendimiento *m* [1] (*de persona, máquina*) Leistung *f,* Leistungsfähigkeit *f* [2] ↑ *cansancio* Erschöpfung *f* [3] ↑ *de admirador* Ergebenheit *f;* **rendir** ‹4.15› **I.** *vt* [1] → *homenaje* huldigen *dat* [2] ↑ *producir* leisten [3] (*en lucha*) besiegen [4] ↑ *fatigar* erschöpfen **II.** *vr(se)* sich ergeben; ◇ ~ **cuentas** [1] COM Rechnung *f* legen [2] *FIG* Rechenschaft *f* ablegen *dat*
renegado(/a) **I.** *adj* abtrünnig **II.** *m/f* Abtrünnige(r) *fm,* Renegat *m;* **renegar** ‹3.1› *vi* [1] (*de creencias*) einem Glauben abschwören [2] ↑ *protestar* schimpfen, murren
renegociar *vt* wieder/neu aushandeln, wieder/neu verhandeln
renglón *m* [1] Zeile *f* [2] COM Posten *m* [3] ◇ **a ~ seguido** kurz darauf
reno *m* FAUNA Ren[-tier] *n*
renombrado *adj* berühmt; **renombre** *m* Ruf *m,* Ruhm *m*
renovación *f* [1] (*de contrato*) Erneuerung *f* [2] (*de edificio*) Renovierung *f;* **renovar** ‹3.2› *vt* [1] → *contrato* erneuern [2] → *edificio* renovieren
renta *f* [1] (*de jubilado*) Rente *f* [2] COM Zins *m* [3] ↑ *beneficio* Profit *m* [4] (*del piso*) Miete *f* [5] ↑ *ingresos* Einkommen *n*
rentabilidad *f* Wirtschaftlichkeit *f,* Rentabilität *f;* **rentable** *adj* rentabel, wirtschaftlich; **rentar** *vt* einbringen; **rentista** *m/f* Privatier *m*
renuncia *f* Verzicht *m* (*a* auf *akk*); **renunciar** *vt* verzichten auf *akk*
reñido *adj* [1] ↑ *enemistado* verfeindet [2] ↑ *opuesto* unvereinbar; **reñir** ‹3.31› **I.** *vt* ↑ *reprender* ausschimpfen **II.** *vi* [1] ↑ *pelearse* streiten; ◇ **Lucía ha reñido con su novio** Lucía hat sich mit ihrem Freund gestritten [2] ↑ *enemistarse* sich überwerfen
reo(/a) *m/f* Angeklagte(r) *fm*
reojo *adv:* ◇ **mirar de ~** verstohlen anschauen
reorganizar ‹3.10› *vt* umorganisieren
reorientar *vt* eine neue Orientierung geben *dat*
reparable *adj* ersetzbar; **reparación** *f* [1] (*acción*) Reparieren *n* [2] (*de coche*) Reparatur *f* [3] POL Reparation *f;* **reparar** **I.** *vt* [1] → *coche* reparieren [2] ↑ *notar* bemerken **II.** *vi:* ◇ ~ **en** bemerken; **reparo** *m* [1] ↑ *remedio* Abhilfe *f* [2] ↑ *objeción* Einwand *m;* ◇ **poner ~s a** Bedenken *n* gegen etw erheben
repartición *f* Verteilung *f,* Austeilung *f;* **repartidor(a)** *m/f* Verteiler(in *f*) *m;* **repartir** *vt* [1] ↑ *distribuir* verteilen [2] → *correo* austragen; **reparto** *m* [1] (*de cosas*) Verteilung *f* [2] (*de correo*) Zustellung *f* [3] (*de teatro*) Besetzung *f*
repasar *vt* [1] COLE wiederholen [2] → *escrito* durchlesen [3] ↑ *examinar* überprüfen; **repaso** *m* [1] (*de escrito*) Durchlesen *n* [2] ↑ *revisión* Überprüfung *f*
repatriar ‹3.13› *vt* repatriieren
repelente *adj* abstoßend; **repeler** *vt* abstoßen
repensar ‹3.1› *vt* überdenken
repente *m* : ◇ **de ~** plötzlich; **repentino** *adj* plötzlich
repercusión *f* [1] ↑ *consecuencia* Auswirkung *f;* ◇ **tener ~** Folgen haben [2] ↑ *eco* Echo *n,* Widerhall *m;* **repercutir** *vi* [1] → *eco* widerhallen [2] ↑ *trascender* Folgen haben; ◇ ~ **en** sich auswirken auf *akk*
repertorio *m* [1] ↑ *catálogo* Verzeichnis *n* [2] (*de teatro*) Repertoire *n*
repesca *f* COLE *FAM* Nachprüfung *f*
repetición *f* Wiederholung *f;* **repetidor(a)** *m/f* [1] COLE Sitzengebliebene(r) *fm* [2] Nachhilfelehrer(in *f*) *m,* Repetitor *m;* **repetir** ‹4.15› **I.** *vt* [1] wiederholen [2] → *comida* nochmals nehmen **II.** *vi* ← *sabor* aufstoßen **III.** *vr(se)* sich wiederholen
repicar ‹3.7› *vt* ← *campanas* läuten
repipi **I.** *adj* ↑ *afectado* affektiert **II.** *m/f* (*niños*) Wichtigtuer *m,* kleine Prinzessin *f*
repique *m* Glockenläuten *n;* **repiquetear** *vt* ← *campanilla* läuten
repisa *f* Abstellbord *n*
replantear *vt* → *asunto* wieder aufwerfen
replegar ‹3.1› **I.** *vt* → *alas* zusammenfalten **II.** *vr(se)* MIL sich zurückziehen
repleto *adj* voll, vollgefüllt
réplica *f* [1] ↑ *contestación* Erwiderung *f* [2] (*de un cuadro*) Replik *f;* **replicar** ‹3.7› *vi* [1] ↑ *contestar* [schlagfertig] erwidern [2] ↑ *contradecir* widersprechen
repliegue *m* [1] ↑ *pliegue* Knick *m* [2] MIL [geordneter] Rückzug
repoblación *f* [1] (*de gente*) Wiederbevölkerung

f [2] (*de árboles*) Wiederaufforstung *f;* **repoblar** ⟨3.2⟩ *vt* [1] (*con gente*) wiederbevölkern [2] (*con árboles*) wiederaufforsten

repollo *m* GASTRON Weißkohl *m*

reponer ⟨4.8⟩ **I.** *vt* [1] (*en empleo*) ersetzen [2] ↑ *responder* antworten [3] TEATRO wiederaufführen **II.** *vr(se):* ◇ **-se de** sich erholen von

reportaje *m* Reportage *f,* Berichterstattung *f;* **reportero(/a)** *m/f* Reporter(in *f*) *m,* Berichterstatter(in *f*) *m*

reposado *adj* [1] ↑ *quieto* ruhig, gelassen [2] ↑ *descansado* erholt, ausgeruht; **reposar** *vi* sich ausruhen

reposición *f* [1] Wiedereinsetzung *f* [2] TEATRO Wiederaufführung *f;* MEDIA Wiederholung *f*

reposo *m* Ruhe *f*

repostar *vt* → *coche* tanken

repostería *f* [1] (*lugar*) Konditorei *f* [2] (*productos*) Konditoreiwaren *pl;* **repostero(/a)** *m/f* Konditor(in *f*) *m*

reprender *vt* ↑ *regañar* tadeln, rügen; **reprensión** *f* Tadel *m,* Rüge *f*

represalia *f* Repressalie *f*

representación *f* [1] Darstellung *f* [2] (*muestra*) Vorstellung *f* [3] ↑ *grupo* Vertretung *f* [4] TEATRO Aufführung *f;* **representante** *m/f* [1] *también* POL, COM Vertreter(in *f*) *m* [2] (*de artistas*) Darsteller(in *f*) *m;* **representar** *vt* [1] → *a alguien* vertreten [2] ↑ *equivaler* bedeuten, darstellen [3] ↑ *simbolizar* versinnbildlichen [4] → *edad* aussehen; ◇ **no - la edad que uno tiene** jünger aussehen als man ist [5] TEATRO aufführen, spielen; **representativo** *adj* repräsentativ

represión *f* Unterdrückung *f*

reprimenda *f* Tadel *m*

reprimir *vt* unterdrücken

reprobar ⟨3.2⟩ *vt* mißbilligen; **réprobo(/a)** *m/f* Verdammte(r) *fm*

reprochable *adj* tadelnswert; **reprochar** *vt* vorwerfen; **reproche** *m* Vorwurf *m*

reproducción *f* [1] (*de arte*) Reproduktion *f,* Nachdruck *f* [2] BIO Fortpflanzung *f;* **reproducir** ⟨3.4⟩ **I.** *vt* wiedergeben, reproduzieren **II.** *vr(se)* sich fortpflanzen

reptar *vi* ← *serpiente* kriechen; **reptil** *m* FAUNA Reptil *n*

república *f* POL Republik *f;* **republicano(/a)** **I.** *adj* republikanisch **II.** *m/f* Republikaner(in *f*) *m*

repudiar *vt* [1] → *cosa* ablehnen [2] → *persona* verstoßen

repuesto *m* Ersatzteil *n;* ◇ **rueda de -** Ersatzrad *n*

repugnancia *f* ↑ *antipatía* Widerwille *m;* ◇ **tener - a algo** Widerwillen gegen etw haben; (*aversión*) Ekel *m;* ◇ **sentir - por algo** Ekel vor etw *dat* empfinden; **repugnante** *adj* ekelhaft, abstoßend; **repugnar** *vt* abstoßen, anekeln

repujar *vt* → *metal* treiben; → *cuero* punzen

repulido herausgeputzt, aufgedonnert

repulsión *f* ↑ *aversión* Widerwille *m,* Abneigung *f;* **repulsivo** *adj* ekelhaft, abstoßend

reputación *f* Ruf *m,* Ansehen *n*

reputar *vt* schätzen, achten

requemado *adj* [1] ↑ *quemado* angebrannt [2] *FIG* ↑ *irritado* wütend

requerimiento *m* [1] ↑ *ruego* Ersuchen *n,* Bitte *f* [2] *también* JUR Aufforderung *f;* COM ◇ **- de pago** Zahlungsaufforderung *f;* **requerir** ⟨3.1⟩ *vt* [1] ↑ *necesitar* brauchen; ↑ *exigir* verlangen [2] JUR auffordern [3] ↑ *pedir* anordnen

requesón *m* GASTRON ≈Quark *m,* Hüttenkäse *m*

requete- *pref FAM* äußerst, extrem

requiebro *m* ↑ *piropo* Schmeichelei *f*

réquiem *m* MUS Requiem *n*

requisa *f* Inspektion *f,* Untersuchung *f;* **requisar** *vt* MIL requirieren

requisito *m* Forderung *f,* Erfordernis *n,* Bedingung *f*

res *f* [Stück *n*] Vieh

resabio *m* [1] (*mala costumbre*) schlechte Angewohnheit [2] (*sabor*) [übler] Nachgeschmack

resaca *f* [1] (*de mar*) Unterströmung *f* [2] (*FAM de alcohol*) Kater *m*

resalado *adj FAM* ↑ *gracioso* geistreich, witzig

resaltar *vi* [1] ← *cosa* hervorragen, vorstehen [2] ← *persona* herausragen

resarcimiento *m* Entschädigung *f;* **resarcir** ⟨3.18⟩ **I.** *vt* entschädigen **II.** *vr(se)* sich schadlos halten

resbaladizo *adj* [1] ▷*suelo* rutschig [2] *FIG* ▷*asunto* heikel; **resbalar** *vi, vr(se)* [1] ausrutschen [2] *FIG* ↑ *equivocarse* einen Schnitzer machen [3] ◇ **mis palabras le resbalan** meine Worte berühren ihn nicht

rescatar *vt* [1] ↑ *salvar* retten [2] ↑ *libertar* befreien [3] → *tiempo* einholen [4] ↑ *recuperar* zurückkaufen; **rescate** *m* [1] ↑ *salvamento* Rettung *f,* Bergung *f* [2] (*dinero*) Lösegeld *n* [3] Rückkauf *m*

rescindir *vt* → *contrato* aufheben

rescoldo *m* [1] ↑ *brasa* glühende Asche [2] *FIG* ↑ *recelo* Bedenken *pl*

resecar ⟨3.7⟩ **I.** *vt* austrocknen **II.** *vr(se)* austrocknen; **reseco** *adj* ausgetrocknet, sehr trocken

resentido *adj* nachtragend; **resentimiento** *m* Groll *m*, Ressentiment *n;* **resentirse** ⟨3.1⟩ *vr:* ◇ ~ **por algo** sich über etw *akk* ärgern; ◇ ~ **de la pierna** Schmerzen im Bein haben

reseña *f* [1] (*de persona*) Personenbeschreibung *f* [2] ▷*literaria* Rezension *f;* **reseñar** *vt* [1] → *persona* beschreiben [2] → *obra* besprechen, rezensieren

reserva *f* [1] (*de hotel*) Reservierung *f* [2] ↑ *provisión* Vorrat *m* [3] ↑ *cautela* Vorbehalt *m;* ◇ **sin ~s** vorbehaltslos [4] (*de animales*) Reservat *n;* **reservado** I. *adj* [1] ▷*mesa* reserviert [2] ▷*persona* zurückhaltend [3] ▷*tema* vertraulich II. *m* Nebenzimmer *n;* (*en tren*) Sonderabteil *n;* **reservar** I. *vt* [1] → *mesa* reservieren [2] ↑ *guardar* aufheben, aufbewahren [3] ↑ *ocultar* verschweigen, für sich behalten II. *vr(se):* ◇ **~se** etw für sich behalten; ◇ **~se alguien para algo** jd-n für etw aufsparen

resfriado *m* MED Erkältung *f;* **resfriarse** ⟨3.13⟩ *vr* sich erkälten

resguardar I. *vt* schützen, bewahren II. *vr(se):* ◇ **~se de la lluvia** sich vor dem Regen schützen; **resguardo** *m* [1] ↑ *protección* Schutz *m* [2] ↑ *recibo* Beleg *m*, Quittung *f*

residencia *f* [1] ↑ *domicilio* Wohnsitz *m*, Aufenthalt *m;* ◇ **permiso de ~** Aufenthaltserlaubnis [2] (*edificio*) Residenz *f*, Amtssitz *m* [3] ◇ **~ de estudiantes** Studentenwohnheim *n;* **residencial** *adj* Wohn-; ◇ **barrio ~** [gute] Wohngegend *f*, Villenviertel *n;* **residente** I. *adj* wohnhaft II. *m/f* Bewohner(in *f*) *m*, Ansässige(r) *fm*, Deviseninländer(in *f*) *m;* **residir** *vi* [1] wohnen, leben [2] *FIG* ↑ *radicar* liegen (*en* in *dat*)

residual *adj* Abfall-, Rest-; ◇ **aguas ~es** Abwässer *n/pl;* **residuo** *m* Abfall *m*

resignación *f* Resignation *f*, Verzicht *m;* **resignar** I. *vt* ↑ *renunciar* abtreten (*a* an *akk*) II. *vr(se):* ◇ **~se con/a algo** sich mit etw abfinden

resina *f* Harz *n*

resistencia *f* Widerstand *m;* **resistente** *adj* [1] widerstandsfähig [2] ↑ *sólido* stark, kräftig [3] ↑ *duradero* dauerhaft; **resistir** I. *vt* [1] ↑ *aguantar* standhalten *dat* [2] ↑ *hacer frente* Widerstand leisten *dat* [3] *FIG* aushalten, ertragen II. *vi* Widerstand leisten III. *vr(se):* ◇ **~se a** sich widersetzen, sich sträuben

resol *m* (*del sol*) Widerschein *m*

resolución *f* [1] ↑ *decisión* Beschluß *m* [2] ↑ *ánimo* Entschlossenheit *f* [3] ↑ *solución* Lösung *f*

resoluto *adj* energisch, entschlossen

resolver ⟨3.2⟩ I. *vt* [1] → *problema* [auf-]lösen [2] ↑ *decidir* beschließen II. *vr(se)* [1] sich auflösen [2] ↑ *decidirse* sich entscheiden

resollar ⟨3.2⟩ *vi* schnaufen

resonancia *f* Resonanz *f*, Widerhall; **resonante** *adj* [1] nachhallend [2] *FIG* nachhaltig *m;* **resonar** ⟨3.2⟩ *vi* [1] nachklingen, ertönen [2] *FIG* nachhallen

resoplar *vi* schnauben; **resoplido** *m* Schnauben *n*

resorte *m* [1] ↑ *muelle* Feder *f* [2] *FIG* ↑ *medio* Mittel *n*

respaldar I. *vt* unterstützen II. *vr(se):* ◇ **~se en algo** sich anlehnen; ◇ **~se en alguien** Rückendekkung bei jd-m suchen; **respaldo** *m* [1] (*de silla*) [Rücken-]Lehne *f* [2] *FIG* Unterstützung *f*, Rückhalt *m*

respectar *vi:* ◇ **en/por lo que respecta a ello** was dies anbelangt

respectivamente *adv* beziehungsweise; **respectivo** *adj* jeweilig; ◇ **en lo ~ a** in bezug auf *akk;* **respecto** *m* : ◇ **no hay nada nuevo con ~ a su visita** es gibt nichts Neues was seinen Besuch angelangt; ◇ **a ese ~ no tuvimos ningún problema con él** in dieser Hinsicht hatten wir keinerlei Probleme mit ihm; ◇ **le dije mi opinión al ~** ich habe ihm meine Meinung darüber gesagt

respetabilidad *f* Achtbarkeit *f;* **respetable** *adj* [1] angesehen, geachtet, respektabel [2] *FAM* ↑ *notable* beachtlich [3] ◇ **el ~** ↑ *público* Publikum *n;* **respetar** *vt* respektieren, achten; **respeto** *m* Respekt *m*, Achtung *f;* ◇ **faltar al ~ a alguien** jd-n beleidigen; **respetuoso** *adj* respektvoll, taktvoll

respingar ⟨3.11⟩ *vi* [1] ← *animal, persona* bokken, sich sträuben [2] ← *ropa* abstehen; **respingo** *m* (*movimiento*) Ruck *m*, Auffahren *n*, Bokken *n;* **respingón** *adj* bockig; ◇ **nariz *f* respingona** Stupsnase *f*

respiración *f* [1] (*acción*) Atmung *f* [2] (*función*) Atmen *n; FIG* ◇ **me quedé sin ~** mir blieb der Atem weg; **respirar** *vi* [1] atmen [2] *FIG* aufatmen; *FAM* ◇ **viendo dibujos animados, los niños ni respiran** wenn die Kinder Zeichentrickfilme schauen, sind sie mucksmäuschenstill; **respiratorio** *adj* Atem, Atmungs-; **respiro** *m* [1] Atmen *n* [2] (*FIG de alivio*) Aufatmen *n* [3] ↑ *descanso* Pause *f*

resplandecer ⟨3.5⟩ *vi* ← *sol, oro* scheinen, glänzen; **resplandeciente** *adj* glänzend, strahlend; **resplandor** *m* [1] (*de luz*) Glanz *m* [2] (*de fuego*) Schein *m*

responder I. *vt* beantworten II. *vi* [1] antworten; ◇ ~ **a** antworten auf *akk* [2] ↑ *corresponder* entsprechen (*a* dat) [3] ↑ *protestar* widersprechen [4] ↑ *ser responsable* verantworten (*de* akk) [5]

↑ *garantizar* bürgen (*por* für) [6] ◇ **el enfermo no respondió al tratamiento** der Kranke sprach nicht auf die Behandlung an

responsabilidad *f* Verantwortung *f*, Verantwortlichkeit *f*; **responsabilizar** ⟨3.10⟩ **I.** *vt* jd-n (für etw) verantwortlich machen **II.** *vr(se)*: ◇ **~se de algo** die Verantwortung für etw übernehmen; **responsable** *adj* verantwortlich

respuesta *f* Antwort *f*, Erwiderung *f*

resquebrajar *vi, vr(se)* aufspringen, Risse bekommen

resquemor *m* Groll *m*

resquicio *m* Ritze *f*, Spalte *f*

resta *f* MATE Rest *m*, Subtraktion *f*

restablecer ⟨3.5⟩ **I.** *vt* wiederherstellen **II.** *vr(se)* sich erholen

restallar *vi* ← *látigo* knallen

restante *adj* übrig, restlich; ◇ **lo ~** das Restliche, der Rest; **restar I.** *vt* [1] MATE abziehen, subtrahieren [2] ↑ *quitar* wegnehmen **II.** *vi* übrigbleiben; ◇ **~ algo de una cantidad** etw von einer Summe abziehen

restauración *f* Restaurierung *f*

restaurante *m* Restaurant *n*

restaurar *vt* [1] → *cuadro* restaurieren [2] → *régimen político* wiederherstellen

restitución *f* [1] Rückgabe *f*, Rückerstattung *f* [2] *FIG* Wiederherstellung *f*; **restituir** ⟨3.9⟩ [1] ↑ *devolver* zurückgeben, zurückerstatten [2] ↑ *restablecer* wiederherstellen

resto *m* Rest *m*; ◇ **~s de comida** [Essens-]Reste *m/pl*; ◇ **~s mortales** sterbliche Überreste *pl*; ◇ **echar el ~** sein Bestes geben

restregar ⟨3.1⟩ *vt* reiben, scheuern

restricción *f* Beschränkung *f*, Einschränkung *f*

restrictivo *adj* einschränkend; **restringir** ⟨3.8⟩ *vt* einschränken, begrenzen

resucitar I. *vt* wiederbeleben **II.** *vi* auferstehen

resuelto *adj* entschlossen, resolut

resuello *m* Schnaufen *n*, Keuchen *n*

resultado *m* [1] Ergebnis *n* [2] (*también MATE*) Resultat *n*; **resultante** *adj* resultierend; **resultar** *vi* [1] ↑ *originarse* begründet sein [2] ↑ *manifestarse* sich erweisen als; ◇ **el debate resultó un fracaso** die Diskussion war ein (völliger) Fehlschlag [3] ◇ **ahora resulta que la culpa la tuvo un peatón** jetzt hat sich herausgestellt, daß ein Fußgänger schuld war; ◇ **me resulta imposible creerlo** ich kann es einfach nicht glauben; ◇ **las investigaciones no resultaron como esperábamos** die Ermittlungen hatten nicht den erwarteten Erfolg; ◇ **los esfuerzos resultaron inútiles** die Anstrengungen waren vergeblich; ◇ **~ en su beneficio** jd-m zum Vorteil gereichen

resumen *m* Zusammenfassung *f*; ◇ **en ~** kurz zusammengefaßt/zusammenfassend...; **resumir I.** *vt* zusammenfassen **II.** *vr(se)*: ◇ **~se en** hinauslaufen auf *akk*

resurgimiento *m* ↑ *reaparición* Wiederaufleben *n*; **resurgir** ⟨3.8⟩ *vi* [1] ↑ *reaparecer* aufleben [2] ↑ *renacer* wiederauferstehen

resurrección *f* REL Auferstehung *f*

retablo *m* Altargemälde *n*

retaco *m* (*FAM persona*) Stöpsel *m*

retaguardia *f* Nachhut *f*

retahíla *f* lange Reihe, lange Aufzählung

retal *m* Stoffrest *m*

retama *f* FLORA Ginster *m*

retar *vt* herausfordern; ◇ **le retó a un duelo** er forderte ihn zum Duell

retardar *vt* aufhalten, verzögern; **retardo** *m* Verzögerung *f*

retazo *m* [1] (*de tela*) Stoffrest *m* [2] (*de texto*) Bruchstück *n*

retén *m* [1] ↑ *repuesto* Ersatz *m* [2] MIL Ersatztruppe *f*

retener ⟨1.4⟩ *vt* [1] ↑ *conservar* zurückhalten [2] (*en la memoria*) behalten [3] ↑ *guardar* behalten [4] ↑ *apresar* jd-n in Haft nehmen; **retentiva** *f* ↑ *memoria* Gedächtnis *n*

reticencia *f* (*insinuación maliciosa*) dunkle Andeutung *f*, Anspielung *f*; ◇ **hablar con ~** dunkle Andeutungen über etw *akk* machen; **reticente** *adj* dunkel andeutend

retina *f* MED Netzhaut *f*

retintín *m* [1] Klirren *n* [2] *FIG* Unterton *m*

retirado(/a) I. *adj* [1] ▷*lugar* entlegen, abgelegen [2] ▷*persona* außer Dienst **II.** *m/f* ↑ *jubilado* Pensionär(in *f*) *m* **III.** *f* MIL Rückzug *m*; **retirar I.** *vt* [1] ↑ *alejar* zurückziehen [2] ↑ *apartar* entfernen [3] → *dinero* abheben [4] ↑ *jubilar* pensionieren, in den Ruhestand versetzen [5] ◇ **retiro lo dicho** ich nehme das Gesagte zurück **II.** *vr(se)* [1] (*a casa*) sich zurückziehen [2] ↑ *jubilarse* sich zur Ruhe setzen; **retiro** *m* [1] (*de jubilado*) Pensionierung *f* [2] ↑ *pensión* Rente *f*, Pension *f* [3] (*de las ocupaciones cotidianas*) Zurückgezogenheit *f*

reto *m* Herausforderung *f*

retocar ⟨3.7⟩ *vt* → *foto, cuadro* retuschieren

retoño *m* [1] (*de planta*) Schößling *m*, Sproß *m*, Ableger *m* [2] *FIG* ↑ *hijo* Sohnemann *m*; **retoque** *m* [1] (*de cuadro*) Überarbeitung *f* [2] (*de foto*) Retusche *f*

retorcer ⟨3.2⟩ **I.** *vt* [1] ↑ *torcer* verbiegen [2] → *ropa* auswringen [3] → *palabras* verdrehen **II.** *vr(se)*: ◇ **~se de dolor** sich krümmen vor Schmerzen; **retorcido** *adj* [1] ▷*lenguaje* gespreizt [2] ▷*intención* hinterhältig

retórico(/a) I. *adj* rhetorisch II. *f* Rhetorik *f*
retornar I. *vt* [1] ↑ *devolver* zurückgeben [2] ↑ *volver a colocar* zurückstellen II. *vi* zurückkommen, zurückkehren; **retorno** *m* Rückkehr *f*
retortijón *m* (*FAM dolor*) Bauchkneifen *n*, Bauchschmerzen *m/pl*
retozar ⟨3.10⟩ *vi* herumtollen, herumtoben
retractar I. *vt* zurückziehen, zurücknehmen II. *vr(se)*: ◇ **~se de algo** das Gesagte zurücknehmen
retraer ⟨4.21⟩ I. *vt* [1] ↑ *disuadir* ausreden, abbringen von *dat* [2] ↑ *encoger* [ein-]ziehen II. *vr(se)* sich zurückziehen; **retraído** *adj* [1] ▷*vida* zurückgezogen; ▷*persona* einsiedlerisch [2] ↑ *reservado* schüchtern; **retraimiento** *m* [1] ↑ *aislamiento* Zurückgezogenheit *f* [2] ↑ *reserva* Schüchternheit *f*
retransmisión *f* MEDIA Übertragung *f*; **retransmitir** *vt* [1] → *información* übermitteln [2] MEDIA übertragen
retrasado *adj* [1] ↑ *tarde* verspätet [2] ↑ *no actual* veraltet [3] (*en pagos*) im Rückstand *m* [4] ◇ **~ mental** geistig zurückgeblieben [5] ◇ **mi reloj está ~** meine Uhr geht nach; **retrasar** I. *vt* [1] → *cita* verschieben, verlegen [2] → *reloj* zurückstellen II. *vi*, *vr(se)* [1] ← *tren* sich verspäten; ◇ **¡no te retrases!** komm nicht zu spät! [2] ← *reloj* nachgehen; **retraso** *m* [1] Verzögerung *f* [2] (*de tren*) Verspätung; ◇ **el tren lleva una hora de ~** der Zug hat eine Stunde Verspätung *f* [3] (*en el desarrollo*) Rückständigkeit *f* [4] (*en la producción*) Rückstand *m* [5] (*de pago*) Verzug *m*
retratar I. *vt* [1] FOTO fotografieren [2] (*en un cuadro*) abbilden, porträtieren [3] ↑ *describir* schildern II. *vr(se)* [1] ↑ *fotografiarse* sich fotografieren lassen [2] (*en un cuadro*) sich porträtieren lassen; **retrato** *m* [1] Foto *n*, Bild *n* [2] (*cuadro*) Porträt *n* [3] ↑ *descripción* Schilderung *f*
retrete *m* Toilette *f*
retribución *f* Lohn *m*, Entgelt *n*; **retribuir** ⟨3.9⟩ *vt* bezahlen
retro- *pref* rück-, Rück-
retroactivo *adj* rückwirkend
retroceder *vi* [1] ↑ *desandar* zurücktreten [2] (*ante peligro*) einen Rückzieher machen [3] *FIG* die Zeit zurückdrehen; **retroceso** *m* [1] Rückschritt *m* [2] MIL Rückzug *m* [3] MED Rückschlag *m*
retrógrado(/a) I. *adj* ▷*idea* rückschrittlich II. *m/f* Reaktionär *m*
retrospección *f* Rückschau *f*; **retrospectivo** *adj* rückblickend, rückschauend
retrovisor *m* AUTO Rückspiegel *m*
retumbar *vi* ← *sonido* dröhnen, widerhallen
reúma, **reuma** *m* MED Rheuma *n*; **reumático(/a)** I. *adj* rheumatisch II. *m/f* Rheumakranke(r) *m/f*; **reumatismo** *m* MED Rheumatismus *m*, Rheuma *n*; **reumatólogo(/a)** *m/f* Rheumatologe *m*, Rheumatologin *f*
reunificar ⟨3.7⟩ *vt* wiedervereinigen
reunión *f* [1] Vereinigung *f* [2] (*de ministros*) Versammlung *f* [3] (*de jóvenes*) Treffen *n*, Party *f* [4] (*de adultos*) geselliges Beisammensein; **reunir** *mit Akzent auf u bei stammbetonten Formen* I. *vt* [1] ↑ *unir* [wieder]vereinigen [2] → *dinero* sammeln [3] → *personas* versammeln, zusammenrufen [4] → *rasgos* vereinigen II. *vr(se)* [1] ↑ *juntarse* sich versammeln [2] ↑ *citarse* sich treffen
revalidar *vt* anerkennen, bestätigen
revalorizar ⟨3.10⟩ *vt* COM aufwerten
revancha *f* Revanche *f*
revelación *f* Enthüllung *f*
revelado *m* FOTO Entwicklung *f*; **revelar** I. *vt* [1] ↑ *dar a conocer* enthüllen; ↑ *descubrir* aufdecken [2] REL offenbaren [3] FOTO entwickeln II. *vr(se)*: ◇ **se reveló como un talento** er entpuppte sich als großes Talent
revenido *adj* ▷*conservas* eingetrocknet; ▷*frutos secos* eingeschrumpft
reventar ⟨3.1⟩ I. *vt* [1] → *tubería* zum Platzen bringen [2] *FIG* ↑ *cansar* erschöpfen [3] *FAM* → *espectáculo* platzen lassen [4] *FAM* ↑ *molestar* fuchsteufelswild machen II. *vi*, *vr(se)* [1] ↑ *estallar* platzen, bersten [2] ↑ *cansarse trabajando* sich abschuften [3] *FAM* ↑ *morirse* abkratzen; **reventón** *m* AUTO Plattfuß *m*
reverberación *f* [1] (*de luz*) Rückstrahlung *f* [2] (*de sonido*) Widerhall *m*, Nachhall *m*; **reverberar** *vi* [1] ← *luz* zurückstrahlen [2] ← *sonido* widerhallen, nachhallen
reverdecer ⟨3.5⟩ *vi* [1] ← *plantas* wieder grünen [2] ↑ *tomar vigor* wieder aufleben, wieder munter werden
reverencia *f* [1] ↑ *respeto* Ehrfurcht *f* [2] ↑ *inclinación* Verbeugung *f*; **reverenciar** *vt* verehren
reverendo *adj* ehrwürdig; ◇ **~ Padre** Ehrwürdiger Vater
reverente *adj* ehrfurchtsvoll, respektvoll
reversible *adj* umkehrbar; ◇ **abrigo ~** Wendemantel *m*
reverso *m* [1] (*de moneda*) Rückseite *f* [2] *FIG* Kehrseite *f*
revertir ⟨3.1⟩ *vi* zurückfallen; ◇ **~ en beneficio propio** zum [eigenen] Vorteil *m* gereichen

revés *m* [1] (*de moneda*) Rückseite *f;* ◇ **al ~** umgekehrt; ◇ **te has puesto el jersey del ~** du hast den Pullover verkehrt herum an [2] (*de tela*) linke Seite [3] ↑ *bofetada* Schlag *m* mit dem Handrücken [4] *FIG* ↑ *percance* Mißgeschick *n* [5] SPORT Rückhandschlag *m*
revestimiento *m* TECNI Verkleidung *f;* **revestir** ⟨4.15⟩ **I.** *vt* [1] → *apariencia* aufsetzen, auflegen [2] → *superficie* verkleiden **II.** *vr(se)* (*de paciencia*) sich wappnen (*de* mit)
reviejo *adj* uralt
revisar *vt* [1] ↑ *examinar* durchsehen, nachprüfen, überprüfen [2] (*TECNI*) überholen; ◇ **llevar el coche a ~** den Wagen zur Überholung/Inspektion bringen; **revisión** *f* [1] ↑ *control* Revision *f,* Durchsicht *f* [2] AUTO Inspektion *f* [3] POL Änderung *f;* **revisor(a)** *m/f* (*de tren*) Schaffner(in *f*) *m;* (*de autobús*) Kontrolleur(in *f*) *m*
revista *f* [1] (*publicación*) Zeitschrift *f* [2] (*espectáculo*) Revue *f* [3] ↑ *revisión* Kontrolle *f,* Inspektion *f;* ◇ **pasar ~ a** etw überprüfen; **revistero** *m* Zeitungsständer *m*
revivificar ⟨3.7⟩ *vt* ↑ *fortalecer* [wieder-]beleben, aufleben
revivir I. *vt* [1] wiederbeleben [2] *FIG* wieder aufleben lassen **II.** *vi* neu aufleben
revocar ⟨3.7⟩ *vt* ↑ *anular* → *testamento* widerrufen
revolcar ⟨4.22⟩ **I.** *vt* zu Boden werfen **II.** *vr(se)* sich herumwälzen; **revolcón** *m* Herumwälzen *n*
revolotear *vi* ← *mariposa* herumflattern; **revoloteo** *m* Herumflattern *n*
revoltijo *m* Durcheinander *n,* Unordnung *f*
revoltoso *adj* unartig, ungezogen
revolución *f* [1] POL Revolution *f* [2] TECNI Umdrehung *f;* ◇ **este motor tiene muchas revoluciones por minuto** dieser Motor hat eine hohe Drehzahl; **revolucionar** *vt* ↑ *agitar* aufwiegeln; (*producir un cambio*) revolutionieren; **revolucionario(/a) I.** *adj* revolutionär **II.** *m/f* Revolutionär(in *f*) *m*
revolver ⟨3.2⟩ **I.** *vt* [1] ↑ *mezclar* umrühren [2] → *estómago* [den Magen] umdrehen *dat* [3] → *población* aufstacheln [4] ↑ *desordenar* in Unordnung bringen [5] *FIG* → *ánimos* in Aufruhr bringen **II.** *vi:* ◇ **~ en** herumwühlen in *dat* **III.** *vr(se)* [1] (*en la cama*) sich hin und her wälzen [2] METEO ← *tiempo* umschlagen; ◇ **~se contra** sich wenden gegen
revólver *m* Revolver *m*
revuelco *m* Herumwälzen *n*
revuelo *m* [1] (*de aves*) Hinundherfliegen *n* [2] *FIG* Durcheinander *n*
revuelto(/a) I. *adj* [1] ↑ *mezclado* verrührt; ◇ **huevos ~s** Rühreier *pl* [2] ▷*habitación* auf den Kopf gestellt, unaufgeräumt [3] ▷*cama* zerwühlt [4] ▷*mar* aufgewühlt, bewegt [5] ▷*persona* aufgeregt [6] ▷*tiempo* unbeständig **II.** *f* [1] ↑ *amoinamiento* Revolte *f* [2] ↑ *riña* Streit *m* [3] POL Meinungsumschwung *m*
rey *m* König *m*
reyerta *f* Streit *m*
rezagado(/a) I. *adj* ↑ *atrasado* zurückgeblieben **II.** *m/f* Nachzügler(in *f*) *m;* **rezagarse** ⟨3.11⟩ *vr* zurückbleiben
rezar ⟨3.10⟩ *vi* beten; ◇ **el artículo reza así:** der Paragraph lautet wie folgt:; **rezo** *m* REL Gebet *n*
rezongar ⟨3.11⟩ *vi* murren, brummen
rezumar *vi* [1] ← *líquido* verdunsten, verdampfen [2] (*FIG de alegría*) ausstrahlen
ría *f* (GEO *valle fluvial*) Ria *f;* **riachuelo** *m* ↑ *río pequeño* Bach *m;* **riada** *f* [1] (*crecida del río*) Hochwasser *m* [2] ↑ *inundación* Übeschwemmung *f*
ribera *f* [1] ↑ *orilla* Ufer *n* [2] (*zona*) Uferlandschaft *f*
ribete *m* [1] (*de ropa*) Saum *m* [2] (*FIG añadido*) Ausschmückung *f*
ricachón(-ona) *m/f PEY* Geldsack *m;* **rico(/a) I.** *adj* [1] reich; ◇ **alimento ~ en vitaminas** vitaminreiche Nahrung [2] ↑ *acomodado* wohlhabend [3] ▷*comida* köstlich, schmackhaft [4] ▷*tierra* fruchtbar [5] ▷*niño* reizend **II.** *m/f* Reiche(r) *fm*
rictus *m* Grimasse *f*
ridiculez *f* Lächerlichkeit *f;* **ridiculizar** ⟨3.10⟩ *vt* lächerlich machen; **ridículo** *adj* lächerlich; ◇ **hacer el ~** sich lächerlich machen; ◇ **poner a alguien en ~** jd-n lächerlich machen
riego *m* Bewässern *n,* Begießen *n*
riel *m* [1] (*barra de metal*) Barren *m;* ◇ **~es** Gardinenstangen *f/pl* [2] TREN ↑ *vía* Schiene *f*
rienda *f* (*de caballo*) Zügel *m; FIG* ◇ **aflojar las ~s** die Zügel lockern; ◇ **dar ~ suelta a la imaginación** der Phantasie *dat* freien Lauf lassen; *FIG* ◇ **llevar las ~s de la casa** zu Hause die Hosen anhaben; *FIG* ◇ **a ~ suelta** zügellos
riesgo *m* Risiko *n;* ◇ **a ~ de** auf die Gefahr hin, daß; ◇ **correr el ~ de** Gefahr laufen, zu…
rifa *f* ↑ *sorteo* Verlosung *f;* **rifar I.** *vt* verlosen **II.** *vr(se):* ◇ **~se algo** sich um etw streiten
rifle *m* Gewehr *n*
rigidez *f* [1] (*de material*) Steifheit *f,* Starrheit *f* [2] (*FIG de persona*) Strenge *f;* **rígido** *adj* [1] ▷*material* starr, steif [2] ▷*persona* streng
rigor *m ver* **rigurosidad** [1] ↑ *rigidez* Strenge *f,* Härte *f* [2] ↑ *precisión* Genauigkeit *f* [3] ◇ **me dio**

los consejos de ~ er gab mir die unerläßlichen Ratschläge *m*; **riguroso** *adj* [1] ↑ *exacto* genau [2] ↑ *severo* streng [3] ↑ *extremo* ◇ **calor** ~ sengende Hitze; ◇ **invierno** ~ strenger Winter

rima *f* Reim *m;* **rimar** I. *vt* reimen II. *vi* sich reimen

rimbombante *adj* [1] ▷*estilo* schallend, widerhallend [2] *FIG* ↑ *ostentoso* bombastisch

rímel® *m* Wimperntusche *f*

Rin *m* : ◇ **el** ~ der Rhein

rincón *m* Ecke *f;* **rinconera** *f* (*mueble*) Eckschrank *m*

rinoceronte *m* FAUNA Nashorn *n,* Rhinozeros *n*

riña *f* Streit *m,* Zank *m*

riñón *m* ANAT Niere *f; FIG* ◇ **costar un** ~ sündhaft teuer sein

río I. *m* [1] Fluß *m;* ◇ ~ **abajo/arriba** flußabwärts/flußaufwärts; *FIG* ◇ **cuando el** ~ **suena, agua lleva** kein Rauch *m* ohne Flamme [2] *FIG* Menge *f* II. *vb ver* **reír**

rioplatense *adj* vom Río de la Plata

riqueza *f* Reichtum *m*

risa *f* Lachen *n;* ◇ **tomar a** ~ nicht ernst nehmen; ◇ **troncharse de** ~ sich totlachen

risco *m* GEO Klippe *f,* Fels *m*

risotada *f* [schallendes] Gelächter

ristra *f* (*de ajos, cebollas*) Zopf *m,* Bund *m*

risueño *adj* [1] ↑ *alegre* fröhlich [2] (*agradable*) angenehm [3] ↑ *favorable* günstig, vielversprechend

rítmico *adj* rhythmisch; **ritmo** *m* Rhythmus *m;* ◇ **a** ~ **lento** langsam

rito *m* Ritus *m;* **ritual** I. *adj* rituell II. *m* Ritual *n*

rival I. *adj* konkurrierend II. *m/f* Rivale *m,* Rivalin *f;* **rivalidad** *f* Rivalität *f;* **rivalizar** ‹3.10› *vi:* ◇ ~ **con** rivalisieren mit

rizado I. *adj* [1] ▷*pelo* gelockt, lockig [2] ▷*material* kraus, gekräuselt II. *m* [1] (*de pelo*) Krause *f* [2] (*de toalla*) Kräuseln *n;* **rizar** ‹3.10› I. *vt* [1] in Locken legen [2] *FIG* ◇ ~ **el rizo** es zu genau nehmen II. *vr(se)* sich locken; **rizo** *m* [1] (*de pelo*) Locke *f* [2] AERO Looping *m;* **rizoso** *adj* lockig, kraus

robar *vt* [1] [be-]rauben [2] → *cartera* stehlen [3] (*en una vivienda*) einbrechen in *akk* [4] ↑ *raptar* entführen [5] NAIPES abheben

roble *m* FLORA Eiche *f;* **robledal, robledo** *m* Eichenwald *m*

robo *m* [1] ↑ *hurto* Raub *m,* Diebstahl *m* [2] ↑ *rapto* Entführung *f*

robot *m* Roboter *m;* **robótica** *f* Robotik *f*

robustecer ‹3.5› *vt* stärken; **robustecimiento** *m* Kräftigung *f;* **robusto** *adj* [1] ↑ *fuerte* stark, kräftig [2] (*de buena salud*) robust

roca *f* Fels[en] *m*

rocalla *f* Geröll *n*

rocambolesco *adj* ↑ *inverosímil* unglaublich; ↑ *extravagante* außergewöhnlich

roce *m* [1] (*con el codo*) Streifen *n* [2] *FAM* ↑ *trato* Umgang *m* [3] ↑ *riña* Reiberei *f*

rociar ‹3.13› I. *vt* besprengen II. *vi* nieseln

rocín *m* PEY Gaul *m,* Klepper *m*

rocío *m* Tau *m*

rockero(/a) *m/f FAM* [1] (*músico*) Rockmusiker(in *f*) *m* [2] (*aficionado*) Rock-Musik-Fan *m*

rococó *m* Rokoko *n*

rocoso *adj* felsig

rodaballo *m* FAUNA Steinbutt *m*

rodado(/a) I. *adj* [1] auf Rädern, mit Rädern; ◇ **tráfico** ~ Fahrverkehr *m* [2] ▷*canto* angeschwemmt II. *f* Wagenspur *f*

rodaja *f* Scheibe *f*

rodaje *m* [1] (*de película*) Drehen *n,* Filmen *n* [2] (*de vehículo*) Einfahren *n;* **rodar** ‹3.2› I. *vt* [1] → *película* drehen [2] → *coche* einfahren [3] ↑ *girar* drehen II. *vi* [1] (*sobre ruedas*) rollen [2] ↑ *girar* sich drehen [3] ← *coche* fahren [4] (*por la escalera*) herunterfallen

rodear I. *vi* [1] herumgehen [2] (*en coche*) herumfahren [3] (*FIG al hablar*) Umschweife machen II. *vt* umgeben, umringen III. *vr(se):* ◇ **-se de comodidades** sich mit Annehmlichkeiten umgeben

rodeo *m* [1] ↑ *desvío* Umweg *m* [2] ↑ *evasiva* Ausflucht *f;* ◇ **dilo sin -s** sag es ohne Umschweife [3] *AM* Rodeo *n*

rodilla *f* ANAT Knie *n;* ◇ **ponerse de -s** niederknien

rodillo *m* [1] (*de máquina*) Walze *f,* Rolle *f* [2] (*de cocina*) Nudelholz *n*

rododendro *m* FLORA Rhododendron *m*

roedor I. *adj* nagend II. *m* Nagetier *n;* **roer** *vt* [1] nagen an [2] ↑ *carcomer* zerfressen [3] *FIG* zerstören

rogar ‹3.2› *vt* bitten; ◇ **te ruego me escribas lo antes posible** bitte schreibe mir so schnell wie möglich

roído *adj* ▷*jersey* verschlissen; ▷*mano* rissig

rojez *f* Röte *f;* **rojizo** *adj* rötlich; **rojo** I. *adj* rot; ◇ **cuando oyó su nombre se puso más rojo que un tomate** als er seinen Namen hörte wurde er feuerrot; ◇ **ponerse** ~ erröten II. *m* Rot *n*

rol *m* [1] ↑ *catálogo* Liste *f,* Verzeichnis *n* [2] ↑ *papel* Rolle *f*

rollizo *adj* pummelig, rundlich

rollo *m* [1] (*de papel*) Rolle *f* [2] FOTO [Roll-]Film

m [3] (*FAM discurso*) alte Leier; (*libro*) langweiliger Schinken; (*asunto*) Angelegenheit *f*, Chose *f*; *FAM* ◇ **¡qué ~!** wie öde!
Roma *f* Rom *n*
romance I. *adj* (*lengua*) romanisch **II.** *m* (*relación*) Romanze *f*
romanista *m/f* (*de lengua, literatura*) Romanist(in *f*) *m*
romano(/a) I. *adj* römisch **II.** *m/f* Römer(in *f*) *m*
romanticismo *m* Romantik *f*; **romántico** *adj* romantisch
romería [1] Wallfahrt *f* [2] Volksfest *n zu Ehren eines Heiligen*; **romero(/a) I.** *m/f* Pilger(in *f*) *m*, Wallfahrer(in *f*) *m* **II.** *m* FLORA Rosmarin *m*
romo *adj* ▷*nariz* knollig
rompecabezas *m* ⟨inv⟩ [1] (*juego*) Puzzle *n* [2] (*FIG asunto difícil*) diffizile Angelegenheit; (*acertijo*) [schwieriges] Rätsel
rompeolas *m* ⟨inv⟩ Wellenbrecher *m*
romper *irr* **I.** *vt* [1] ↑ *estropear* zerstören, kaputtmachen [2] (*en trozos*) zerbrechen [3] → *prenda de vestir* kaputttragen [4] → *papel* zerreißen [5] → *pacto* brechen **II.** *vi* [1] ← *olas* sich brechen [2] ◇ **~ a llorar** [plötzlich] anfangen zu weinen [3] ◇ **~ con alguien** mit jd-m brechen
rompiente *f* (*de mar*) natürlicher Wellenbrecher
rompimiento *m* [1] ↑ *rotura* Zerbrechen *n* [2] (*de contrato*) Bruch *m*
ron *m* Rum *m*
roncar ⟨3.7⟩ *vi* schnarchen
ronco *adj* [1] ↑ *sin voz* heiser [2] ▷*voz* rauh
ronda *f* [1] (*de copas, vuelta*) Runde *f* [2] ↑ *patrulla* Streife *f* [3] ◇ **ir de ~** ein Ständchen bringen; **rondar I.** *vt* [1] ↑ *vigilar* patrouillieren in *dat* [2] → *a una chica* umwerben, den Hof machen *dat* [3] ↑ *molestar* belästigen (*para* wegen) [4] ↑ *dar vueltas* umkreisen **II.** *vi* [1] patrouillieren [2] *FIG* herumstreichen
ronquear *vi* heiser sein; **ronquera** *f* Heiserkeit *f*; ◇ **tener ~** heiser sein
ronquido *m* Schnarchen *n*
ronronear *vi* schnurren; **ronroneo** *m* Schnurren *n*
roña *f* Schmutzkruste *f*
roñica *m/f FAM* ↑ *tacaño* Geizkragen *m*; **roñoso(/a)** *adj* [1] (*sucio*) schmutzverkrustet [2] ↑ *tacaño* geizig
ropa *f* Kleidung *f*; ◇ **~ para lavar** Wäsche *f*; ◇ **~ de cama** Bettwäsche *f*; ◇ **~ interior** Unterwäsche *f*; ◇ **disparar a quema ~** aus unmittelbarer Nähe schießen; **ropaje** *m* [1] ↑ *vestimenta* Kleidung *f* [2] (*elegante, de mujer*) Robe *f* [3] (*de juez*) Talar *m*; (*de ceremonias*) Amtstracht *f*; **ropero** *m* Kleiderschrank *m*
roque *m FAM*: ◇ **estar/quedarse ~** [fest] einschlafen
roquedal *m* felsiges Gelände
rosa I. *adj inv* rosa **II.** *f* [1] FLORA Rose *f* [2] *FAM* ◇ **estar como una ~** frisch und gesund sein; ◇ **todo es de color ~ para él** für ihn hängt der Himmel voller Geigen; **rosáceo**, **rosado** *adj* rosarot; **rosado** *m* Rosé[-wein] *m*
rosal *m* FLORA Rosenstrauch *m*
rosario *m* Rosenkranz *m*; ◇ **rezar el ~** den Rosenkranz beten
rosca *f* [1] TECNI Gewinde *n* [2] *FAM* ◇ **hacer la ~ a alguien** jd-m schmeicheln; *FAM* ◇ **pasarse de la ~** zu weit gehen
rosetón *m* ↑ *ventana* Rosette *f*
rosquilla *f* (GASTRON *dulce*) Schnecke *f*
rostro *m* Gesicht *n*, Antlitz *n*
rotación *f* [1] Drehung *f* [2] FIS Rotation *f*; **rotativo(/a) I.** *adj* Dreh-, Rotations- **II.** *f* [1] TIP Rotationsmaschine *f* [2] ↑ *periódico* Zeitung *f*
roto *pp de* **romper** [1] ↑ *estropeado* zerbrochen [2] ▷*brazo* gebrochen [3] *FAM* ▷*persona* kaputt
rótula *f* ANAT Kniescheibe *f*
rotulador *m* Filzstift *m*, Filzschreiber *m*; **rotular** *vt* beschriften, etikettieren
rotulista *m/f* Schildermaler(in *f*) *m*; **rótulo** *m* ↑ *letrero* Schild *n*; ↑ *etiqueta* Etikett *n*
rotundo *adj* [1] ▷*negación* entschieden, kategorisch [2] ▷*éxito* voll
rotura *f* [1] (*acción*) [Zer-]Brechen *n* [2] MED Bruch *m*
roturar *vt* AGR → *tierra* urbar machen, roden
roulotte *f ver* **rulot** Wohnwagen *m*, Wohnmobil *n*
rozadura *f* [1] (*acción*) Schrammen *n* [2] (*herida*) Kratzer *m*, Schramme *f*
rozamiento *m* TECNI *también FIG* Reibung *f*; **rozar** ⟨3.10⟩ **I.** *vt* ↑ *tocar* berühren **II.** *vr(se)* [1] ↑ *desgastarse* verschleißen [2] ↑ *tratarse* Kontakt *m* haben; ◇ **~se con** freundschaftlich verkehren mit
rúa *f* Straße *f*
rubéola *f* MED Röteln *pl*
rubí *m* MIN Rubin *m*
rubiales *m/f/sg* (*FAM de pelo rubio*) blond[haarig-]er Mann *m*, Blondine *f*; **rubio(/a) I.** *adj* ▷*pelo* blond; ◇ **tabaco** *m* **~** heller Tabak **II.** *m/f* blond[haarig-]er Mann *m*, Blondine *f*
rubor *m* [1] (*de mejillas*) Schamröte *f* [2] ↑ *vergüenza* Scham *f*; **ruborizarse** ⟨3.10⟩ *vr* erröten
rúbrica *f* [1] [Unterschrift mit] Schnörkel *m*, Na-

menszeichen *n* [2] (*título*) Überschrift *f;* **rubricar** ⟨3.7⟩ *vt* mit einem [Namens-]Schnörkel versehen, unterzeichnen

rudeza *f* ↑ *brusquedad* Grobheit *f*

rudimentario *adj* [1] ↑ *elemental* grundlegend [2] ↑ *primitivo* rudimentär

rudimento *m* [1] BIO Rudiment *n* [2] (*pl, de una ciencia*) Grundbegriffe *pl*

rudo *adj* [1] ▷*persona* grob, ungeschliffen [2] *FIG* ↑ *duro* hart, rauh

rueda *f* [1] AUTO Rad *n;* ◇ **~ delantera/trasera/de repuesto** Vorder-/Hinter/-Ersatzrad *n* [2] (*de fruta*) Scheibe *f* [3] FAUNA Mondfisch *m* [4] ◇ **~ de prensa** Pressekonferenz *f*

ruedo *m* TAUR Arena *f*

ruego I. *m* Bitte *f,* Ersuchen *n* II. *vb ver* **rogar**

rufián *m* Gauner(in *f*) *m*

rugby *m* SPORT Rugby *n*

rugido *m* (*de animal*) Brüllen *n;* (*del estómago*) Knurren *n;* **rugir** ⟨3.8⟩ *vi* ← *animal* brüllen; ← *estómago vacío* knurren

rugosidad *f* ↑ *arruga* Runzel, Falte *f;* **rugoso** *adj* ▷*tela, piel* faltig

ruibarbo *m* FLORA Rhabarber *m*

ruido *m* [1] ▷*bajo* Geräusch *n* [2] ▷*alto* Lärm *m; FIG* ◇ **mucho ~ y pocas nueces** viel Lärm um nichts; **ruidoso** *adj* laut, lärmend

ruin *adj* [1] ↑ *vil* niederträchtig [2] ↑ *tacaño* geizig

ruina *f* [1] (*restos*) Ruine *f* [2] (*destrucción*) Einsturz *m* [3] (*decadencia*) Untergang *m* [4] (*quiebra*) Zusammenbruch *m* [5] (*perdición*) Ruin *m;* **ruinoso** *adj* [1] ▷*casa* baufällig [2] *FIG* ruinös

ruiseñor *m* FAUNA Nachtigall *f*

ruleta *f* Roulette *n*

rulo *m* Lockenwickler *m*

Rumania *f* Rumänien *n;* **rumano(/a)** I. *adj* rumänisch I. *m/f* Rumäne *m,* Rumänin *f*

rumba *f* Rumba *f*

rumbo *m* [1] (*dirección*) Fahrtrichtung *f* [2] (*ruta*) Kurs *m* [3] *FIG* Richtung *f*

rumboso *adj* [1] ↑ *generoso* großzügig, freigebig [2] ↑ *lujoso* prunkvoll, luxuriös

rumiante *m* FAUNA Wiederkäuer *m;* **rumiar** *vt* [1] BIO wiederkäuen [2] *FIG* ↑ *pensar* grübeln über *akk*

rumor *m* [1] ↑ *noticia* Gerücht *n* [2] (*del mar*) Rauschen *n;* (*de personas*) Stimmengewirr *n;* **rumorearse** *vr(se):* ◇ **se rumorea que** es geht das Gerücht, daß, man munkelt, daß

rupestre *adj* Felsen-; ◇ **pintura ~** Höhlen-/Felsmalerei *f*

ruptura *f* Bruch *m*

rural *adj* ländlich, Land-

Rusia *f* Rußland *n;* **ruso(/a)** I. *adj* russisch II. *m/f* Russe *m,* Russin *f*

rústico I. *adj* [1] ländlich, Land- [2] ↑ *tosco* grob, derb

ruta *f* Weg *m,* Route *f*

rutina *f* Routine *f;* **rutinario** *adj* routinemäßig

S

S, s *f* S, s *n*

sábado *m* Samstag *m,* Sonnabend *m*

sábana *f* Bettuch *n; FAM* ◇ **pegársele a uno las ~s** nicht aus den Federn kommen

sabandija *f* [1] FAUNA Ungeziefer *n* [2] (*FIG persona*) Geschmeiß *n*

sabañón *m* Frostbeule *f*

sabelotodo *m PEY* Besserwisser(in *f*) *m;* **saber** ⟨4.10⟩ I. *vt* [1] ↑ *conocer* wissen, kennen; ◇ **¡yo qué sé!** keine Ahnung!; ◇ **que yo sepa** soviel ich weiß; ◇ **¿sabes cómo se va al centro de la ciudad?** weißt du, wie man ins Zentrum kommt? [2] ↑ *enterarse* erfahren [3] → *idioma* können; ◇ **¿sabes conducir?** kannst du Auto fahren?; ◇ **hay que ~ acomodarse a las circunstancias** man muß sich den Umständen anpassen können II. *vi:* ◇ **~ a** schmecken nach; *FIG* ◇ **~ mal** ärgern, unangenehm sein III. *m* [1] ↑ *conocimiento* Wissen *n* [2] ↑ *aptitud* Können *n* [3] ◇ **él tiene un no sé qué** er hat das gewisse Etwas; **sabiduría** *f* [1] ↑ *saber* Wissen *n* [2] ↑ *juicio* Weisheit *f*

sabiendas *adv:* ◇ **a ~** absichtlich, bewußt

sabiondo, sabihondo(/a) *m/f PEY* Besserwisser(in *f*) *m*

sabio(/a) I. *adj* [1] ↑ *culto* gelehrt [2] ↑ *sensato* vernünftig II. *m/f* Weise(r) *fm*

sable *m* Säbel *m*

sabor *m* Geschmack *m;* ◇ **dar ~ a** Geschmack verleihen [*o.* geben]; **saborear** *vt* → *vino* genießen

sabotaje *m* Sabotage *f;* **saboteador(a)** *m/f* Saboteur(in *f*) *m;* **sabotear** *vt* sabotieren

sabroso *adj* [1] ▷*comida* schmackhaft [2] ▷*cantidad* bedeutend [3] ▷*comentario* pikant

sacacorchos *m* ⟨inv⟩ Korkenzieher *m*

sacamuelas *m PEY* Zahnklempner *m*

sacapuntas *m* ⟨inv⟩ Bleistiftspitzer *m*

sacar ⟨3.7⟩ *vt* [1] ↑ *extraer* herausholen, herausziehen; ◇ **el aceite se saca de la aceituna** Öl gewinnt man aus Oliven [2] (*de un apuro*) heraushelfen [3] (*de casa, prisión*) herausbringen [4] → *mancha* entfernen [5] → *provecho, información* herausholen, ziehen [6] → *premio* bekommen [7] (*a bailar*) auffordern [8] → *dobladillo* auslassen [9] → *pecho* herausstrecken [10] → *foto* machen [11] → *billete* lösen [12] ↑ *publicar* → *libro* herausbringen, veröffentlichen [13] (*de la biblioteca*) ausleihen [14] SPORT anspielen [15] ◇ ~ **una conlusión** eine Schlußfolgerung ziehen; ◇ ~ **en claro/en limpio** herausbekommen [16] COM ◇ ~ **al mercado** auf den Mark werfen [17] ◇ ~ **la lengua** die Zunge herausstrecken [18] ◇ ~ **adelante** vorwärtsbringen [19] ◇ ~ **partido de sí mismo** das Beste aus sich *dat* machen

sacarina *f* Süßstoff *m*

sacerdotal *adj* REL priesterlich, Priester-; **sacerdote(-tisa)** *m/f* REL Priester(in *f*) *m*

saciar I. *vt* → *hambre, sed* stillen II. *vr(se)*: ◇ **~se** satt werden [*o.* befriedigt werden]; **saciedad** *f* [1] (*de comida*) [Über-]Sättigung *f* [2] *FIG* ↑ *hartura* Überdruß *m; FAM* ◇ **decir algo hasta la** ~ etw bis zum Geht-nicht-mehr wiederholen

saco *m* (*bolsa grande*) Sack *m;* ◇ ~ **de dormir** Schlafsack *m; FIG* ◇ **Juan siempre fue un ~ de sorpresas** Juan sorgte immer für Überraschungen

sacramento *m* REL Sakrament *n*

sacrificar ⟨3.7⟩ I. *vt* opfern II. *vr(se)*: ◇ **~se por** sich aufopfern für; **sacrificio** *m* Opfer *n*

sacrilegio *m* [1] REL Sakrileg *n* [2] *FIG* Frevel *m*

sacrílego(/a) I. *adj* [1] gotteslästerlich [2] frevelhaft II. *m/f* Frevler(in *f*) *m*

sacristán *m* REL Küster *m;* **sacristía** *f* REL Sakristei *f*

sacro *adj* heilig

sacudida *f* [1] (*acción*) Rütteln *n*, Schütteln *n* [2] (*movimiento*) Erschütterung *f;* ◇ ~ **eléctrica** elektrischer Schlag, Stromschlag *m;* **sacudir** *vt* [1] ↑ *agitar* rütteln, schütteln [2] → *alfombra* klopfen [3] ↑ *pegar* schlagen [4] → *pasajero* durchschütteln

sádico *adj* sadistisch; **sadismo** *m* Sadismus *m*

saeta *f* [1] ↑ *flecha* Pfeil *m* [2] (*copla de Semana Santa*) *heiliges Lied im Flamenco-Stil, während der Karwoche gesungen*

safari *m* [1] (*expedición*) Safari *f* [2] (*parque*) Safaripark *m*

saga *f* (*historia familiar*) Saga *f*

sagacidad *f* [1] ↑ *astucia* Scharfsinn *m* [2] ↑ *cautela* Vorsicht *f;* **sagaz** *adj* [1] ↑ *astuto* schlau [2] ↑ *prudente* vorsichtig

Sagitario *m* ⟨inv⟩ ASTR Schütze *m*

sagrado *adj* heilig, ehrwürdig

Sáhara *m* : ◇ **el** ~ die [Wüste] Sahara

sagrario *m* (REL *interior del templo*) Sanktuarium *n;* (*copón con las hostias consagradas*) Sakramentshäuschen *n*

sajón(-ona) I. *adj* (*de Sajonia*) sächsisch II. *m/f* [1] (*miembro de antiguo pueblo germánico*) Sachse *m*, Sächsin *f* [2] (*habitante de Sajonia*) Sachse *m*, Sächsin *f*

sal *f* [1] Salz *n;* ◇ **echar** ~ salzen; ◇ **~es de baño** Badesalz *n* [2] *FIG* ↑ *agudeza* Witz *m*

sala *f* (*grande*) Saal *m;* ◇ ~ **de espera** Wartesaal *m*, Wartezimmer *n;* ◇ ~ **de estar** Wohnzimmer *n;* ◇ ~ **de fiestas** Vergnügungslokal *n;* ◇ ~ **de operaciones** Operationssaal *m* [2] JUR ↑ *tribunal* Kammer *f*

salado *adj* [1] ▷*sopa* salzig; ◇ **agua ~a** Salzwasser *n* [2] ▷*persona* witzig, geistreich

salamandra *f* FAUNA Salamander *m;* ◇ ~ **común** Feuersalamander *m*

salamanquesa *f* FAUNA Echse *f;* ◇ ~ **común** Gecko *m*

salar *vt* [ein-]salzen, [ein-]pökeln

salarial *adj* Lohn-; **salario** *m* Lohn *m*

salchicha *f* GASTRON Würstchen *n*

salchichón *m* GASTRON Dauerwurst *f*

saldar *vt* [1] ↑ *liquidar* bezahlen, begleichen [2] ↑ *vender a bajo precio* abstoßen, ausverkaufen [3] → *diferencias* beilegen

saldo *m* [1] (*de banco*) Saldo [2] (*de deuda*) Begleichung *f m* [3] (*de mercancias*) Restbestände *pl*

salero *m* [1] (*objeto*) Salzstreuer *m* [2] *FIG* ↑ *gracia* Anmut *f*, Esprit *m;* **saleroso** *adj* (*FIG con gracia*) anmutig, geistreich

salida *f* [1] (*de edificio*) Ausgang *m;* ◇ ~ **de emergencia** Notausgang *m;* ◇ **callejón** *m* **sin** ~ Sackgasse *f* [2] (*de tren*) Abfahrt *f* [3] (*de vuelo*) Abflug *m* [4] (*acción*) Herausgehen *n;* ◇ ~ **del sol** Sonnenaufgang *m* [5] ↑ *excursión* Ausfahrt *f;* ◇ **postergaron la ~ por un día** sie verschoben die Abreise um einen Tag [6] (*cosa graciosa*) witziger Einfall; ◇ ~ **de tono** unangebrachte Bemerkung [7] *FIG* ↑ *solución* Ausweg *m*, Lösung *f;* ◇ **el gobierno no encontró otra ~ que aumentar los impuestos** die Regierung sah als einzige Lösung eine Steuererhöhung [8] *FIG* ↑ *pretexto* Ausrede *f* [9] COM Absatz *m* [10] SPORT Anstoß *m*

salido *adj* [1] *VULG* ▷*persona* heiß [2] ▷*animal* läufig, brünstig

saliente *adj* [1] (*de edificio*) vorspringend [2] (*FIG por importancia*) hervorragend

salina *f* (*instalación*) Saline *f*

salir ⟨4.11⟩ I. *vi* [1] (*de casa*) herauskommen; ◇ ~

de compras Einkäufe machen [2] ↑ *marchar* fortgehen, abfahren; ◇ **~ para Santander** nach Santander abreisen [3] (*del partido*) austreten [4] ← *cuenta* aufgehen [5] ← *noticia* erscheinen [6] ← *hojas* herauskommen [7] (*de un apuro*) herauskommen [8] ↑ *ser elegido* gewählt werden [9] → *oportunidad* sich bieten [10] ◇ **~ adelante** vorwärtskommen [11] ◇ **~ con alguien** [aus-]gehen mit jd-m [12] ◇ **~ caro** teuer zu stehen kommen [13] ◇ **el niño ha salido a su madre** das Kind schlägt ganz nach der Mutter [14] ◇ **el piso nos sale por unos cuatro millones** die Wohnung kostet etwa vier Millionen Peseten [15] ◇ **hoy no me sale nada bien** heute will mir gar nichts gelingen [16] ◇ **el vino sale de la uva** Wein wird aus Trauben gewonnen **II.** *vr(se)* [1] (*de un grupo*) austreten [2] ← *líquido* überlaufen, auslaufen [3] ◇ **~se de lo normal** abweichen [4] ◇ **~se alguien con la suya** seinen Kopf durchsetzen

salitre *m* Salpeter *m*

saliva *f* Speichel *m*

salmantino *adj* aus Salamanca

salmo *m* REL Psalm *m*

salmón *m* FAUNA Lachs *m*

salmonete *m* FAUNA Rotbarbe *m*

salón *m* [1] (*habitación*) Wohnzimmer *n* [2] ◇ **~ de actos** Sitzungssaal *m;* ◇ **~ de belleza** Kosmetiksalon *m* [3] ◇ **~ del mueble** Möbelausstellung *f*

salpicadero *m* AUTO Armaturenbrett *n;* **salpicar** ‹3.7› *vt* [1] ↑ *ensuciar* bespritzen, besprenkeln [2] ↑ *esparcir* verstreuen, verbreiten

salpicón *m* [1] ↑ *resultado de salpicar* Spritzer *m* [2] GASTRON Fleischsalat *m,* Salat aus Fisch und Meeresfrüchten

sarpullido *m* ↑ *irritación de la piel* Hautausschlag *m*

salsa *f* [1] GASTRON Soße *f* [2] *FIG* ↑ *gracia* Würze *f,* Reiz *m* [3] ↑ *música y baile* Salsa *f*

saltamontes *m* ‹inv› FAUNA Heuschrecke *f*

saltar I. *vt* → *muro* überspringen **II.** *vi* [1] ↑ *dar saltos* hüpfen, springen [2] ← *pintura* abplatzen [3] ← *pelota* abprallen [4] ← *bomba* explodieren [5] ◇ **~ a la vista** ins Auge springen [6] *FAM* ◇ **al final me saltó con que no sabía nada** letztendlich platzte sie damit heraus, daß sie nichts wußte **III.** *vr(se)* [1] ↑ *omitir* überspringen, auslassen [2] → *regla* brechen; ◇ **~se un semáforo en rojo** bei Rot über eine Ampel fahren; **saltarín** *adj* [1] ↑ *inquieto* lebhaft [2] ↑ *inestable* sprunghaft

salteador(a) *m/f* Straßenräuber(in *f*) *m,* Wegelagerer *m;* **saltear** *vt* [1] ↑ *atacar* überfallen [2] GASTRON [an]braten

saltimbanqui *m/f* Akrobat(in *f*) *m*

salto *m* [1] (*acción*) Sprung *m;* ◇ **~ de agua** Wasserfall *m;* ◇ **~ mortal** Salto *m* mortale; ◇ **de un ~** blitzschnell [2] *FIG* ◇ **vivir a ~ de mata** in den Tag *m* hineinleben

saltón *adj* herausspringend; ◇ **ojos saltones** Froschaugen *pl;*

salubre *adj* gesund, heilsam

salud *f* Gesundheit *f;* ◇ **estado** *m* **de ~** Gesundheitszustand *m;* ◇ **¡~!, ¡a su ~!** prost!, auf Ihr Wohl!; ◇ **estar bien de ~** bei guter Gesundheit sein; ◇ **tener una ~ de hierro** eine robuste Gesundheit haben; **saludable** *adj* [1] ↑ *sano* gesund [2] ↑ *conveniente* vorteilhaft, nützlich

saludar *vt* [1] (*con gestos, palabras*) grüßen [2] MIL salutieren; **saludo** *m* [1] (*gesto*) Gruß *m* [2] (*palabras, gestos*) Begrüßung *f;* ◇ **~s** (*de carta*) herzliche Grüße, viele Grüße

salva *f* MIL Salve *f*

salvación *f* Rettung *f;*

salvado *m* Kleie *f*

Salvador *m* : ◇ **El ~** [1] (*país*) El Salvador *n* [2] (*Jesucristo*) Erlöser *m;* **salvadoreño(/a) I.** *adj* salvadorianisch **II.** *m/f* Salvadorianer(in *f*) *m*

salvaguardar *vt* schützen

salvajada *f* ↑ *brutalidad* Brutalität *f;* **salvaje I.** *adj* [1] BIO wild [2] ▷*persona, pueblo* roh, brutal **II.** *m/f* Rohling *m,* Wilde(r) *fm;* **salvajismo** *m* Wildheit *f,* Roheit *f*

salvamento *m* ↑ *rescate* Rettung *f;* ◇ **operación** *f* **de ~** Rettungsaktion *f;* **salvar I.** *vt* [1] (*de peligro*) retten [2] → *obstáculo* überwinden [3] ↑ *recorrer* zurücklegen [4] ↑ *exceptuar* ausnehmen **II.** *vr(se)* sich retten (*de* vor *dat*); **salvavidas** *m* ‹inv› Rettungsring *m;* ◇ **bote/chaleco ~** Rettungsboot *n*/Schwimmweste *f*

salvedad *f* ↑ *excepción* Ausnahme *f,* Vorbehalt *m*

salvia *f* FLORA Salbei *m*

salvo I. *adj* unbeschädigt, heil; ◇ **sano y ~** wohlbehalten; ◇ **estar a ~** in Sicherheit **II.** *adv* außer **III.** *cj:* ◇ **~ que** *subj* es sei denn

salvoconducto *m* MIL Passierschein *m*

samaritano *adj* samaritanisch, aus Samaria

sambenito *m* (*mala fama*) Schande *f,* Unehre *f;* ◇ **colgar/poner el ~ a alguien** jd-n in Mißkredit bringen, jd-m den schwarzen Peter zuspielen

san *adj* heilig; ◇ **S~ Pedro** St. Peter

sanar I. *vt* heilen **II.** *vi* [1] ← *herida* verheilen [2] ← *persona* gesund werden

sanatorio *m* Sanatorium *n*

sanción *f* [1] (*castigo*) Strafe *f;* POL Sanktion *f* [2] (*aprobación*) Sanktion *f,* Zustimmung *f* [3] JUR ↑ *ley* Gesetz *n,* Statut *n* [4] (*en dinero*) [Geld-] Strafe *f;* **sancionar** *vt* [1] (*aplicar un castigo*) bestrafen; POL sanktionieren [2] ↑ *aprobar* gutheißen, sanktionieren

sandalia *f* Sandale *f*
sandía *f* Wassermelone *f*
sandinista I. *adj* POL sandinistisch II. *m/f* Sandinist(in *f*) *m*
sandez *f* ↑ *tontería* Dummheit *f*
sandwich *m* Sandwich *n*
saneado *adj* [1] saniert [2] ▹*negocio* lastenfrei, unbelastet; **saneamiento** *m* Sanierung *f;* ◇ ~ **de los barrios viejos** Altstadtsanierung *f;* **sanear** *vt* [1] → *economía* sanieren [2] COM ↑ *dar garantía* gewährleisten
sangrante *adj* [1] ▹*herida* blutend [2] *FIG* ▹*injusticia* himmelschreiend, schmerzhaft; **sangrar** *vi* bluten; **sangre** *f* Blut *n;* ◇ ~ **azul** blaues Blut; ◇ **caballo de pura** ~ Vollblutpferd *n; FIG* ◇ **chupar la** ~ **a alguien** jd-n ausnützen; ◇ **llevar algo en la** ~ etw im Blut haben; ◇ **matar a** ~ **fría** kaltblütig [er-]morden; ◇ **tener** ~ **fría** gelassen sein; ◇ **tener mala** ~ bösartig sein
sangría *f* Sangria *f (spanische Rotweinbowle)*
sangriento *adj* [1] ▹*herida* blutend [2] ▹*persona* blutgierig [3] ▹*pelea* blutig
sanguijuela *f* [1] FAUNA Blutegel *m* [2] (*FIG persona*) Beutelschneider(in *f*) *m*, Blutsauger *m*
sanguinario *adj* blutdürstig, grausam
sanguíneo *adj* [1] ▹*tipo* sanguinisch [2] ▹*color* blutfarben [3] (*relativo a la sangre*) bluthaltig, Blut-; ◇ **grupo** *m* ~ Blutgruppe *f*
sanidad *f* Gesundheit *f;* ◇ **Ministerio de S~** Gesundheitsministerium *n;* ◇ **certificado** *m* **de** ~ Gesundheitszeugnis *n;* **sanitario(/a)** I. *adj* [1] gesundheitlich, Gesundheits- [2] sanitär II. *m/f* (*persona*) Sanitäter(in *f*) *m*
sano *adj* [1] (*también FIG con salud*) gesund; ◇ ~ **y salvo** gesund und munter, unversehrt [2] (*sin malicia*) ehrlich, offen, gut [3] ◇ **cortar por lo** ~ drastische Maßnahmen ergreifen
sanseacabó *interj:* ◇ **vas a tomar eso porque lo digo yo, y** ~ du wirst das nehmen, weil ich es sage und damit basta!
sansón *m* (*FIG hombre fuerte*) Herkules *m*
santanderino(/a) I. *adj* aus Santander II. *m/f* Einwohner (in *f*) *m* von Santander
santiamén *m* : ◇ **en un** ~ wie der Blitz
santidad *f* REL Heiligkeit *f*
santificar ⟨3.7⟩ *vt* [1] → *a un santo* heiligsprechen [2] ↑ *consagrar* weihen
santiguar ⟨3.12⟩ I. *vt* segnen II. *vr(se)* sich bekreuzigen
santo(/a) I. *adj* heilig; ◇ **siempre hace su** ~ **voluntad** er setzt immer seinen Willen durch II. *m/f* Heilige(r) *fm* III. *m* [1] (*imagen*) Heiligenbild *n; FIG* ◇ **llegar y besar el** ~ etw sofort erreichen; *FAM* ◇ **írsele (a alguien) el** ~ **al cielo** in Gedanken sein, kurz abdriften [2] (*festividad*) Namenstag *m* [3] ◇ **¿a qué ~...? ¿a ~ de qué...?** mit welchem Recht...? [4] ◇ ~ **y seña** Kennwort *n*, Losung *f*
santuario *m* ARQUIT Heiligtum *n*
saña *f* ↑ *crueldad* Grausamkeit *f*, [blinde] Wut
sapo *m* FAUNA Kröte *f*
saque *m* [1] (SPORT *de tenis*) Aufschlag *m;* (*de fútbol*) Anstoß *m;* ◇ ~ **de esquina** Eckball *m* [2] ◇ **tener buen** ~ ein guter Esser sein
saquear *vt* plündern; **saqueo** *m* Plünderung *f*
sarampión *f* MED Masern *pl*
sarasa *m* (*FAM homosexual*) Schwule(r) *m;* (*hombre afeminado*) Schwuchtel *f femininer Homosexueller*
sarcasmo *m* Sarkasmus *m;* **sarcástico** *adj* sarkastisch
sarcófago *m* Sarkophag *m*
sardina *f* FAUNA Sardine *f*
sardónico *adj* ironisch, sarkastisch
sargento(/a) I. *m* MIL Unteroffizier *m*, Sergeant *m* II. *f* (*PEY mujer dominante*) Mannweib *n*
sarmiento *m* Rebholz *n*
sarna *f* MED Krätze *f;* **sarnoso** *adj* räudig, krätzig; ◇ **perro** *m* ~ räudiger Hund
sarro *m* (*de los dientes*) Zahnstein *m;* (*de la lengua*) Zungenbelag *m*
sarta *f* ↑ *serie* Reihe *f;* ◇ **dijo una** ~ **de disparates** er hat einen Haufen Unsinn geredet
sartén *f* Stielpfanne *f; FIG* ◇ **tener la** ~ **por el mango** alles [fest] im Griff haben
sastre(/a) *m/f* Schneider(in *f*) *m;* **sastrería** *f* Schneiderei *f*
satán, satanás *m* [1] (*Lucifer*) Satan *m* [2] *también FIG* Teufel *m;* **satánico** *adj* satanisch, teuflisch
satélite *m* Satellit *m;* ◇ **ciudad** *f* ~ Trabanten-/Satellitenstadt *f;* ◇ ~ **artificial** [künstlicher] Satellit
satén *m* Satin *m*
sátira *f* Satire *f;* **satírico** *adj* satirisch; **satirizar** ⟨3.10⟩ *vi* verspotten
satisfacción *f* [1] ↑ *gusto, placer* Genugtuung *f;* ↑ *contento* Zufriedenheit *f* [2] *FIG* ↑ *recompensa* Abfindung *f;* **satisfacer** ⟨4.4⟩ I. *vt* [1] → *deseo* befriedigen [2] → *apetito* stillen [3] → *deuda* bezahlen [4] → *a alguien* zufriedenstellen II. *vr(se):* ◇ **~se con** zufrieden sein mit, sich zufriedengeben mit; **satisfactorio** *adj* [1] ▹*resultado* zufriedenstellend [2] ▹*argumento* überzeugend; **satisfecho** *adj* zufrieden, befriedigt
saturar *vt* [1] ↑ *saciar* sättigen [2] ↑ *empapar* durchtränken (*de* mit)
sauce *m* FLORA Weide *f;* ◇ ~ **llorón** Trauerweide *f*

saúco *m* FLORA Holunder *m*
sauna *f* Sauna *f*
savia *f* [Pflanzen-]Saft *m*
saxofón, **saxófono** *m* MUS Saxophon *n*
sayo *m* Kittel *m; FIG* ◇ **hacer de su capa un ~** nach Gutdünken mit seinem Besitz verfahren
sazonado *adj* würzig, schmackhaft; **sazonar** *vt* würzen
se *pron* [1] (*reflexivo*) sich; ◇ **el niño ~ lava las manos** das Kind wäscht sich die Hände; ◇ **~ quieren desde hace tiempo** sie lieben sich seit langem; ◇ **su hermano ~ murió de repente** sein Bruder ist plötzlich gestorben [2] (*impersonal*) man; ◇ **eso no ~ dice** so etwas sagt man nicht [3] (*objeto indirecto*) ihm, ihr; (*pl*) ihnen; ◇ **yo ~ lo dije** ich habe es ihm/ihr gesagt; ◇ **~ me olvidó decír-lo** ich habe vergessen, es ihm/ihr zu sagen [4] (*uno a otro*) einander
sé *vb ver* **saber**
sebo *m* [1] (*grasa*) Talg *m* [2] ↑ *gordura* Fett *n*
secador(a) I. *m* Trockner *m;* ◇ **~ de pelo** Haartrockner *m*, Fön® *m* II. *f* Trockenmaschine *f;* ◇ **~ de ropa** Wäschetrockner *m*
secano *m* AGR unbewässertes Land
secar ‹3.7› I. *vt* [1] → *manos* trocknen [2] → *fruta* dörren [3] → *fuente* versiegen [4] → *platos* abtrocknen II. *vr(se)* [1] trocknen [2] ← *fruta* dörren [3] ← *planta* vertrocknen [4] *FIG* ← *persona* sich abtrocknen
sección *f* [1] (*fracción*) Abschnitt *m* [2] (*de un dibujo*) Schnitt *m* [3] ↑ *departamento* Abteilung *f* [4] MIL Abteilung *f*
secesión *f* POL Spaltung *f*
seco *adj* [1] ▷*río, planta, tiempo, vino* trocken; ◇ **frutos** *m/pl* **~s** Dörr-/Trockenobst *n* [2] ▷*sonido* dumpf [3] ▷*persona* frostig [4] *FAM* ◇ **él está más ~ que una pasa** er ist dürr wie eine Bohnenstange *f* [5] ◇ **tomaré un vino a ~as** ich werde nur einen Wein trinken [ohne etwas dazu zu essen]; ◇ **frenó en ~** er bremste plötzlich
secretaría *f* ↑ *oficina* Sekretariat *n;* **secretariado** *m* Sekretariat *n;* **secretario(/a)** *m/f* Sekretär(in *f*) *m*
secreto I. *adj* geheim; ◇ **en ~** heimlich, verstohlen II. *m* [1] Geheimnis *n;* ◇ **guardar un ~** ein Geheimnis bewahren; ◇ **~ a voces** offenes Geheimnis [2] (*reserva*) Verstohlenheit *f*
secta *f* REL Sekte *f;* **sectario** *adj* Sekten-
sector *m* [1] Sektor *m* [2] *FIG* Gebiet *n*
secuela *f* [1] ↑ *consecuencia* Folge *f* [2] MED Folgeerscheinung *f*
secuencia *f* [1] (*de película*) Sequenz *f* [2] ↑ *serie* Reihe *f*, Folge *f*
secuestrador(a) *m/f* Entführer(in *f*) *m;* **secuestrar** *vt* → *persona, avión* entführen; **secuestro** *m* Entführung *f*
secular *adj* weltlich
secundar *vt* ↑ *apoyar* unterstützen
secundario *adj* zweitrangig, nebensächlich
sed *f* [1] Durst *m; FIG* ◇ **morirse de ~** verdursten [*o.* vor Durst umkommen]; ◇ **dar ~** durstig machen; ◇ **calmar la ~** den Durst stillen; ◇ **tener ~** Durst haben [2] *FIG* ◇ **tener ~ de justicia** nach Gerechtigkeit verlangen
seda *f* [1] Seide *f;* ◇ **gusano** *m* **de ~** Seidenraupe *f* [2] ◇ **todo funcionó como una ~** alles lief wie geschmiert/am Schnürchen; ◇ **después de hablar con su madre, él se quedó como una ~** nachdem er mit seiner Mutter gesprochen hatte, war er zahm wie ein Lamm; **sedal** *m* Angelschnur *f*
sedante *m* FARMA Beruhigungsmittel *n;* **sedar** *vt* → *dolor* lindern
sede *f* (*de empresa*) Sitz *m;* ◇ **Nueva York es la ~ de las Naciones Unidas** die Vereinten Nationen haben ihren Sitz in New York
sedentario *adj* häuslich, seßhaft, bodenständig
sediento *adj* [1] durstig [2] *FIG* ↑ *deseoso* dürstend; ◇ **estar ~** dürsten (*de* nach *dat*)
sedimentación *f* GEO Ablagerung *f;* **sedimentar** I. *vt* (*posar en el fondo*) ablagern, absetzen II. *vr(se)* sich absetzen; **sedimento** *m* (*sustancia*) Ablagerung *f*
sedoso *adj* ▷*pelo* seidig
seducción *f* [1] (*de mujer*) Verführung *f* [2] ↑ *tentación* Versuchung *f* [3] (*de una idea*) Faszination *f;* **seducir** ‹3.4› I. *vt* → *hombre-mujer* verführen II. *vi* [1] ← *oferta* verlocken [2] ↑ *tentar* versuchen [3] ← *idea* bezaubern, faszinieren; **seductor(a)** I. *adj* [1] ▷*idea* faszinierend [2] ▷*oferta* verlockend [3] ▷*mujer atractiva* verführerisch II. *m/f* Verführer(in *f*) *m*
segadora *f* Mähdrescher *m;* **segar** ‹3.1› *vt* [1] → *hierba* mähen [2] *FIG* → *ilusiones* zerstören
seglar I. *adj* weltlich II. *m/f* (*no cura*) Laie *m*
segmento *m* MATE Segment *n*
segregación *f* ↑ *separación* Trennung *f;* ◇ **~ racial** Rassentrennung *f;* **segregar** ‹3.11› *vt* [1] ↑ *separar* trennen [2] → *sustancia* absondern, ausscheiden
seguido(/a) I. *adj* [1] ↑ *continuo* ununterbrochen [2] ↑ *derecho* gerade II. *adv* [1] ↑ *a continuación* danach, dahinter [2] ↑ *todo derecho* immer geradeaus [3] ◇ **vuelvo en ~a** ich komme sofort zurück; **seguimiento** *m* Verfolgung *f;* **seguir** ‹3.3› I. *vt* [1] ↑ *ir detrás* folgen (*a* dat) [2] ↑ *continuar* fortsetzen *akk* [3] ↑ *perseguir* verfolgen [4] → *consejo* befolgen [5] → *profesión* aus-

üben **II.** *vi* ↑ *continuar* fortfahren, weitergehen (*con* mit); ◇ **no quiero ~ trabajando así** ich möchte nicht weiter so arbeiten; ◇ **sigue contando, por favor, me gusta oírte** erzähl' bitte weiter, ich höre dir gerne zu; ◇ **tienes que bajarte en la parada que sigue** du mußt an der nächsten Haltestelle aussteigen; ◇ **Carolina sigue soltera** Carolina ist [immer] noch ledig/Single; ◇ **~ adelante en algo** vorankommen mit etw

según I. *prep* (*~ la ley*) gemäß, laut; ◇ **~ tu madre, va a llover mucho** laut deiner Mutter wird es viel regnen **II.** *adv* [1] ↑ *depende* je nachdem; ◇ **no sé si iré, ~ el tiempo que haga** ich weiß [noch] nicht ob ich hingehe, das hängt vom Wetter ab [2] ↑ *como* ◇ **está ~ lo dejaste** es ist so wie du es zurückgelassen hast [3] ↑ *por lo que* ◇ **estaba realmente contento, ~ su sonrisa** seinem Lächeln nach zu urteilen war er sehr zufrieden [4] ↑ *mientras* ◇ **podemos hablar ~ vamos andando** wir können reden während wir gehen

segundero *m* (*del reloj*) Sekundenzeiger *m*

segundo(/a) I. *adj* zweite(r, s); ◇ **coche de ~a mano** gebrauchtes Auto **II.** *m* Sekunde *f* **III.** *f* [1] AUTO zweiter Gang [2] ◇ **con ~as** mit Hintergedanken *m/pl*

seguramente *adv* [1] ↑ *con seguridad* mit Sicherheit [2] ↑ *probablemente* bestimmt, sicherlich; **seguridad** *f* [1] ↑ *sin peligro* Sicherheit *f* [2] ↑ *sin duda* Bestimmtheit *f* [3] ↑ *certeza* Überzeugung *f* [4] (*confianza en sí mismo*) Selbstvertrauen *n* [5] ◇ **~ social** Krankenversicherung *f;* **seguro I.** *adj* [1] ↑ *sin peligro* sicher [2] ↑ *sin duda* sicher, gewiß [3] ▷*fortaleza* fest, solide [4] ▷*persona* selbstsicher [5] ↑ *de confianza* vertrauenswürdig **II.** *m* [1] (*del coche*) Versicherung *f;* ◇ **~ del coche** Kraftfahrzeugversicherung *f;* ◇ **~ contra accidentes** Unfallversicherung *f;* ◇ **~ de enfermedad** Krankenversicherung *f;* ◇ **~ obligatorio** Pflichtversicherung *f;* ◇ **~ a todo riesgo** Vollkaskoversicherung *f* [2] (*en armas*) Sicherung *f* **III.** *adv* ↑ *sin duda* bestimmt; ◇ **ir sobre ~** kein Risiko eingehen

seis *numeral* sechs

seísmo *m* GEO Erdbeben *n*

selección *f* Auswahl *f;* **seleccionador(a)** *m/f* SPORT *jd, der die Mannschaftsaufstellung vornimmt;* **seleccionar** *vt* auswählen

selectividad *f* UNI Zulassungsprüfungen *f/pl;* **selectivo** *adj* (*que implica selección*) Auswahl-; ◇ **curso ~** Auswahllehrgang *m*

selecto *adj* [1] ↑ *escogido* ausgewählt [2] ↑ *excelente* erlesen; **selector** *m* TECNI Wähler *m,* Schalter *m*

selva *f* Dschungel *m;* ◇ **la S~ Negra** der Schwarzwald; ◇ **~ virgen** Urwald *m*

sellar *vt* [1] → *documento* stempeln; versiegeln [2] *FIG* → *compromiso* besiegeln; *FIG* ◇ **~ los labios** schweigen; **sello** *m* [1] (*de documento*) Stempel *m* [2] (*de carta*) Briefmarke *f* [3] (*sortija*) Siegelring *m* [4] (*FIG carácter distintivo*) Gepräge *n*

semáforo *m* AUTO [Verkehrs-]Ampel *f*

semana *f* Woche *f;* ◇ **S~ Santa** Karwoche *f;* ◇ **entre ~** unter der Woche, wochentags; **semanal** *adj* wöchentlich; **semanario** *m* Wochenzeitschrift *f*

semblante *m* [1] ↑ *rostro* Gesicht *n,* Gesichtsausdruck *m* [2] *FIG* ↑ *aspecto* Aussehen *n,* Anschein *m*

sembrado *m* AGR Ackerfeld *n;* **sembrar** ⟨3.1⟩ *vt* [1] ↑ *semillar* [aus-]säen [2] ↑ *esparcir* ausstreuen [3] *FIG* ◇ **~ la discordia** Zwietracht säen [4] *FIG* → *noticia* verbreien

semejante I. *adj* ↑ *parecido* ähnlich; ◇ **nunca había visto descaro ~** so eine Unverschämtheit war mir noch nie untergekommen; ◇ **no quiero saber nada con ~ mujer** mit so einer Frau will ich nichts zu tun haben **II.** *m* REL Mitmensch *m;* **semejanza** *f* Ähnlichkeit *f;* **semejar I.** *vi* ↑ *parecerse* ähneln *dat,* aussehen wie **II.** *vr(se)* ähnlich sein

semen *m* BIO Samen *m,* Samenflüssigkeit *f;* **semental** *m* Saat-, Zucht-; ◇ **caballo** *m* **~** Hengst *m*

semestral *adj* halbjährlich, halbjährig; **semestre** *m* Halbjahr *n,* Semester *n*

semicírculo *m* MATE Halbkreis *m*

semifinal *f* SPORT Halbfinale *n;* **semifinalista** *m/f* SPORT Teilnehmer (in *f*) *m* am Halbfinale

semilla *f* [1] AGR Same *m* [2] *FIG* Saat *f;* ◇ **la ~ de la violencia** die Saat der Gewalt

seminario *m* [1] REL Priesterseminar *n* [2] UNI Seminar *n*

sémola *f* GASTRON Grieß *m*

sempiterno *adj* ewig

senado *m* POL Senat *m;* **senador(a)** *m/f* Senator(in *f*) *m*

sencillez *f* Einfachheit *f;* **sencillo** *adj* [1] ↑ *simple* einfach [2] ▷*persona* natürlich

senda *f*, **sendero** *m* Pfad *m,* Fußweg *m*

sendos *adj* je ein; ◇ **llegaron el presidente y el ministro en ~ coches** der Präsident und der Minister kamen jeder in einem Auto

senil *adj* senil

seno *m* [1] ANAT Höhle *f,* Vertiefung *f* [2] (*de la madre*) Busen *m* [3] (*FIG dentro de*) Schoß *m;* ◇ **fue aceptado en el ~ de la familia** er wurde im Schoß der Familie aufgenommen [4] *FIG* ↑ *amparo* Obhut *f*

sensación *f* [1] ↑ *impresión* Sinneseindruck *m* [2] (*de calor*) Empfindung *f*, Gefühl *n* [3] (*que llama la atención*) Sensation *f*, Aufsehen *n*; **sensacional** *adj* [1] ↑ *impresionante* beeindruckend [2] ↑ *que llama la atención* aufsehenerregend

sensato *adj* ↑ *juicioso* vernünftig

sensibilidad *f* [1] ↑ *delicadeza* Sensibilität *f* [2] (*de artista*) Empfindsamkeit *f* [3] (*de termómetro*) Empfindlichkeit *f*; **sensibilizar** ⟨3.10⟩ *vt* sensibilisieren; **sensible** *adj* [1] ▷*persona, piel, termómetro* empfindlich; ◇ **mis ojos son muy ~s a la luz** meine Augen sind sehr lichtempfindlich [2] ▷*artista* empfindsam [3] (*manifiesto*) spürbar [4] ◇ **su muerte ha sido una ~ pérdida** sein Tod war ein schmerzlicher Verlust; **sensiblería** *f PEY* Gefühlsduselei *f*; **sensiblero** *adj PEY* gefühlsduselig

sensitivo *adj* ↑ *sensible* empfindlich, sensitiv

sensorial *adj* Sinnes-

sensual *adj* sinnlich; **sensualidad** *f* Sinnlichkeit *f*

sentado(/a) I. *adj* [1] (*de sentar*) sitzend; ◇ **estar ~** sitzen [2] ↑ *sensato* gesetzt [3] ◇ **dar por ~ una cosa** etw als selbstverständlich betrachten **II.** *f* (*de protesta*) Sitzstreik *m*; **sentar** ⟨3.1⟩ **I.** *vt* [1] (*en un sitio*) [hin-]setzen [2] *FIG* → *ideas* aufstellen **II.** *vi* [1] ← *comida* bekommen [2] ← *pantalones* passen, sitzen [3] *FIG* ↑ *agradar* gefallen (*bien/mal* gut/schlecht *dat*) **III.** *vr(se)* (*en una silla*) sich [hin-]setzen

sentencia *f* [1] ↑ *dicho* Sinnspruch *m* [2] JUR Urteil *n*, Entscheidung *f*; **sentenciar** *vt* verurteilen; ◇ **le sentenciaron a 35 años de cárcel** sie verurteilten ihn zu 35 Jahren Haft

sentido I. *adj* [1] (*con sentimiento*) tiefempfunden [2] ▷*persona* empfindlich **II.** *m* [1] (*vista, oído*) Sinn *m*; ◇ **perder el ~** bewußtlos werden; ◇ **estar sin ~** bewußtlos sein; ◇ **sexto ~** sechster Sinn; ◇ **~ del humor** Sinn für Humor [2] (*de palabra, objetivo*) Sinn *m*, Bedeutung *f*; ◇ **no tiene ningún ~ intentarlo otra vez** es hat keinen Sinn, es noch einmal zu versuchen [3] (*actitud*) Einsicht *f*, Vernunft *f*; ◇ **~ común** gesunder Menschenverstand [4] (*de la flecha*) Richtung *f*

sentimental *adj* sentimental; **sentimiento** *m* [1] (*de alegría*) Gefühl *n*, Empfindung *f*; ◇ **canta con mucho ~** er singt sehr gefühlvoll [2] ↑ *pena* Bedauern *n*; **sentir** ⟨3.1⟩ **I.** leid tun; ◇ **lo siento mucho** es tut mir leid **II.** *vt* [1] → *amor* fühlen [2] → *dolor, tristeza* empfinden, [ver-]spüren [3] ↑ *oír* hören [4] ↑ *entristecerse* bedauern **III.** *vr(se)* sich fühlen; ◇ **¿cómo te sientes?** wie fühlst du dich? **IV.** *m* [1] ↑ *opinión* Meinung *f* [2] ↑ *sentimiento* Gefühl *n*

seña *f* [1] (*gesto*) Zeichen *n* [2] MIL Kennwort *n* [3] (*pl*) ↑ *dirección* Anschrift *f*, Adresse *f* [4] (*pl*) ↑ *rasgos característicos* besondere Kennzeichen *n/pl*

señal *f* [1] ↑ *signo* Zeichen *n*; ◇ **~ de tráfico** Verkehrszeichen *n*; ◇ **cuando den la ~, sal corriendo** renne hinaus, wenn sie das Zeichen geben [2] ↑ *cicatriz* Narbe *f* [3] *FIG* ↑ *indicio* Anzeichen *n* [4] ↑ *símbolo* Kennzeichen *n*, Symbol *n*; ◇ **le regaló un reloj en ~ de amistad** zum [*o.* als] Zeichen seiner Freundschaft schenkte er ihm/ihr eine Uhr [5] ↑ *anticipo* Anzahlung *f*

señalado *adj* ↑ *célebre* berühmt; **señalar I.** *vt* [1] → *fecha* festsetzen, bestimmen [2] ↑ *marcar* markieren [3] ↑ *distinguir* kennzeichnen [4] (*en el cuerpo*) brandmarken [5] (*con el dedo*) zeigen auf *akk* **II.** *vr(se)* ↑ *distinguirse* sich auszeichnen (*en* in *dat*, *por* durch, *como* als)

señalización *f* (*de tráfico*) Verkehrszeichen *n/pl*; **señalizar** ⟨3.10⟩ *vt* → *carretera* mit Markierungen/Verkehrsschildern versehen

señor(a) I. *m/f* Herr *m*, Frau *f*; ◇ **~/~a González** Herr/Frau González; (*dueño*) Besitzer(in *f*) *m* **II.** *m* Mann *m*; ◇ **muy ~ mío** (*en carta*) sehr geehrter Herr …; ◇ **el ~ ministro** der [Herr] Minister; ◇ **es todo un ~** er ist ein wahrer Gentleman **III.** *f* [1] (*mujer*) Frau *f*, Dame *f* [2] ↑ *esposa* Gemahlin *f* **IV.** *adj FIG*: ◇ **me han dado un ~ disgusto** sie haben mich ganz schön enttäuscht; **señorial** *adj* herrschaftlich; ◇ **casa ~** Villa *f*

señorita *f* [1] (*joven*) junge Dame [2] ▷*soltera* Fräulein *n*

señuelo *m* Lockvogel *m*

separable *adj* trennbar; **separación** *f* [1] (*acción*) Trennung *f* [2] ↑ *división* Teilung *f*; **separar I.** *vt* [1] ↑ *desunir* trennen [2] (*en partes*) teilen **II.** *vr(se)* [1] ← *matrimonio* sich trennen [2] (*en partes*) sich lösen [3] ↑ *retirarse* ausscheiden; **separatismo** *m* POL Separatismus *m*; **separatista** *m/f* POL Separatist(in *f*) *m*

sepelio *m* ↑ *entierro* Begräbnis *n*

sepia *f* FAUNA Tintenfisch *m*, Sepia *f*

septentrional *adj* (*norte*) nördlich, Nord-

séptico *adj* MED septisch

septiembre, **setiembre** *m* September *m*

séptimo *adj* siebte(r, s)

sepulcro *m* ↑ *tumba* Grab *n*

sepultar *vt* begraben; **sepulto** *adj* begraben; **sepultura** *f* [1] (*acción*) Bestattung *f*, Begräbnis *n* [2] ↑ *fosa* Grab *n*; **sepulturero(/a)** *m/f* Totengräber(in *f*) *m*

sequedad *f* [1] (*de la tierra*) Trockenheit *f* [2] (*FIG en el trato*) Unfreundlichkeit *f*; **sequía** *f* METEO Dürre *f*

séquito *m* (*del rey*) Gefolge *n*, Geleit *n*

ser I. *m* Dasein *n*, Sein *n*, Wesen *n*; ◇ **razón de -** Daseinsberechtigung *f*; ◇ **- humano** menschliches Wesen; ◇ **las plantas son -es vivientes** Planzen sind Lebewesen **II.** ⟨1.1⟩ *vi* ↑ *ocurrir*: ◇ **el accidente fue ayer** der Unfall ereignete sich gestern **III.** *irr vkopulativ* (*hecho permanente, comparación, profesión, nacionalidad*) sein [1] (*procedencia*) ◇ **este vino es de Castilla** dieser Wein kommt aus Kastilien [2] (*materia*) ◇ **el armario es de madera** der Schrank ist aus Holz [3] (*pertenecer*) ◇ **el ordenador es de mi jefe** der Computer gehört meinem Chef [4] (*finalidad*) ◇ **estos pasteles no son para comer ahora** diese Teilchen sind nicht für den sofortigen Verzehr gedacht [5] ◇ **te visitaré mañana a no - que quieras verme hoy** ich werde dich morgen besuchen, es sei denn, du möchtest mich heute sehen [6] (*explicación*) ◇ **es decir** das heißt; ◇ **o sea** mit anderen Worten/das heißt [7] (*posibilidad*) ◇ **puede - que te lo diga hoy** es ist möglich, daß ich es dir heute sage [8] (*tiempo*) ◇ **es la una/ son las dos del mediodía** es ist ein/zwei Uhr mittags [9] ◇ **hazlo como sea, pero hazlo bien** mach' es irgendwie, aber mach' es gut; ◇ **-¿qué quieres tomar? -lo que sea** was möchtest du trinken? -Das ist mir egal; ◇ **sea como sea** wie dem auch sei [10] *LIT* ◇ **érase una vez** es war einmal [11] *FAM* ◇ **- algo/alguien de lo que no hay** unglaublich sein

serenarse *vr* ← *mar, persona* sich beruhigen; **sereno I.** *m* [1] ↑ *guarda* Nachtwächter *m* [2] ◇ **dormir al -** unter freiem Himmel schlafen **II.** *adj* [1] ↑ *tranquilo* gelassen [2] ↑ *despejado* wolkenlos

serial *adj* seriell; **serie** *f* [1] (*sucesión*) Serie *f*; ◇ **fabricación** *f* **en -** Serienproduktion *f*; [2] ↑ *sequencia* Reihe *f*, Folge *f*; ◇ **- de números** Zahlenfolge *f* [3] *FAM* ◇ **fuera de -** superklasse, außergewöhnlich

seriedad *f* [1] (*de persona, situación*) Ernst *m* [2] ↑ *formalidad* Zuverlässigkeit *f*; **serio** *adj* [1] (*que no se ríe*) ernst; ◇ **en -** im Ernst [2] ↑ *responsable* verantwortungsbewußt [3] ↑ *formal* zuverlässig [4] ▷*color* düster

sermón *m también FIG* Predigt *f*; **sermonear I.** *vt* ↑ *regañar* jd-m eine Standpauke halten **II.** *vi* REL predigen

serpentear *vi* ← *serpiente, río* sich schlängeln

serpentina *f* [1] (*curva*) Serpentine *f* [2] (*de papel*) Papierschlange *f*

serpiente *f* FAUNA Schlange *f*

serranía *f* GEO Bergland *n*; **serrano(/a) I.** *adj* Gebirgs-, Berg- **II.** *m/f* Bergbewohner(in *f*) *m*

serrar ⟨3.1⟩ *vt* sägen; **serrín** *m* Sägemehl *n*; **serrucho** *m* Blattsäge *f*

servicial *adj* dienstwillig; **servicio** *m* [1] (*actividad*) Dienst *m*; ◇ **- militar** Wehrdienst *m*; ◇ **- de bomberos** Feuerwehr *f*; ◇ **estar de -** im Dienst sein; ◇ **prestar un -** einen Dienst leisten [2] (*de hotel*) Service *m*; ◇ **- de té** Teesevice *n*; ◇ **- de café** Kaffeesevice *n*; AUTO ◇ **área** *m* **de -s** Raststätte *f* [3] SPORT Anspielen *n*, Aufschlag *m* [4] (*pl*) ◇ **-s** Toilette *f*; ◇ **-s públicos** Öffentlicher Dienst, öffentliche Dienstleistungen

servidumbre *f* (*criados*) Dienerschaft *f*

servil *adj* unterwürfig, sklavisch

servilleta *f* Serviette *f*; **servilletero** *m* Serviettenring *m*

servir ⟨4.15⟩ **I.** *vi* [1] ↑ *prestar servicio* dienen; ◇ **para -le** zu ihren Diensten [2] ↑ *ser útil* taugen (*para* zu), brauchbar sein (*para* für); ◇ **no - de nada** zu nichts taugen **II.** *vt* [1] → *clientes* bedienen [2] → *comida* servieren [3] COM liefern **III.** *vr(se)* [1] → *alimentos* sich bedienen [2] ◇ **-se de algo/alguien** etw verwenden, etw/jd-n benutzen

sesenta *numeral* sechzig

sesgado *adj* schräg, schief

sesión *f* [1] (*de asamblea, sicólogo, modelo*) Sitzung *f*; ◇ **abrir la -** die Sitzung eröffnen; ◇ **levantar la -** die Sitzung beenden [2] (*de teatro, cine*) Vorstellung *f*

seso *m* [1] ANAT Gehirn *n*; *FIG* ◇ **calentarse/devanarse los -s** sich *dat* den Kopf zerbrechen [2] *FIG* ↑ *sensatez* Vernunft *m*; ◇ **tener sorbido el - a alguien** jd-n völlig beherrschen; **sesudo** *adj* vernünftig, gescheit

seta *f* FLORA Pilz *m*

setenta *numeral* siebzig

setiembre *m* September *m*

seto *m* [1] (*de palos*) Einfriedung *f* [2] (*de plantas*) Hecke *f*

seudo- *pref* Pseudo-

seudónimo *m* Pseudonym *n*

severidad *f* [1] (*de la ley*) Strenge *f* [2] ↑ *dureza* Härte *f*; **severo** *adj* [1] ↑ *riguroso* streng, hart [2] ▷*aspecto* ernst

sexo *m* Geschlecht *n*; ◇ **- débil** das schwache/ zarte Geschlecht; ◇ **- fuerte** das starke Geschlecht

sexto *adj* sechste(r, s)

sexual *adj* geschlechtlich, Sexual-; ◇ **educación** *f* **-** Sexualerziehung *f*; ◇ **delito** *m* **-** Sexualverbrechen *n*; **sexualidad** *f* Sexualität *f*; **sexy** *adj* sexy

si I. *cj* [1] (*condición, deseo*) wenn, falls; ◇ **- tuvieras más tiempo...** wenn du mehr Zeit hättest...; ◇ **¡- lloviera!** wenn es doch nur regnen würde! [2] (*pregunta indirecta*) ob; ◇ **no sé ~ va a venir hoy o mañana** ich weiß nicht, ob er/sie heute oder morgen kommt [3] (*comparación*) ◇ **ella gritaba como ~ estuviera loco** sie schrie als ob sie verrückt sei **II.** *m* MUS h *n*

sí I. *adv* ja; ◇ **el muchacho ~ lo hará** der Junge wird es bestimmt machen; ◇ **es rico, ~, pero tonto** er ist reich, das stimmt, aber auch dumm; ◇ **¡a que ~!** wetten daß!; ◇ **claro que ~** natürlich, selbstverständlich **II.** *m* [1] (*consentimiento*) Ja *n* [2] (*de boda*) Jawort *n* **III.** *pron* sich; ◇ **siempre piensa en ~ mismo** er denkt immer an sich; ◇ **nunca habla de ~ mismo** er spricht nie über sich; ◇ **lo ha hecho por ~ solo** er hat es ganz alleine gemacht; ◇ **estar fuera de ~** außer sich sein

sibarita I. *adj* schwelgerisch, genüßsüchtig **II.** *m/f* Schlemmer(in *f*) *m*, Feinschmecker(in *f*) *m*

Siberia *f* Sibirien *n;* **siberiano(/a) I.** *adj* sibirisch **II.** *m/f* Sibir[i]er(in *f*) *m*

sico- *ver* **psico-**

SIDA *m acrónimo de* **síndrome de inmunodeficiencia adquirida** AIDS *n*

sidecar *m* Beiwagen *m*

sideral *adj* ASTR Stern-

siderurgia *f* die Eisen- und Stahlindustrie; **siderúrgico** *adj* Eisen- und Stahl-

sidra *f* Apfelwein *m*

siembra *f* [1] (*acción*) Säen *n* [2] (*época*) Saatzeit *f* [3] ↑ *sembrado* Saat *f*

siempre I. *adv* immer; ◇ **de una vez para ~** ein für allemal; ◇ **hasta ~** auf ein baldiges Wiedersehen!; ◇ **para ~** auf ewig; ◇ **somos amigos de ~** wir sind langjährige Freunde **II.** *cj:* ◇ **~ que** *subj* (*cada vez que*) wann immer; ◇ **~ y cuando** vorausgesetzt, daß

sien *f* ANAT Schläfe *f*

siento *vb ver* **sentar, sentir**

sierra *f* [1] (*de cortar*) Säge *f* [2] ↑ *cordillera* Bergkette *f*, Gebirge *n*

siervo(/a) *m/f* Sklave *m*, Sklavin *f*

siesta *f* Siesta *f*, Mittagsruhe *f*

siete *numeral* sieben

sífilis *f* MED Syphilis *f*

sifón *m* Siphon *m*

sigilo *m* ↑ *silencio* Verschwiegenheit *f*, Geheimnis *n;* **sigiloso** *adj* (*secreto*) verschwiegen, geheim

sigla *f* ↑ *abreviatura* Akronym *n*

siglo *m* Jahrhundert *n;* ◇ **por los ~s de los ~s** auf immer und ewig

signatura *f* (*de libros*) Signatur *f*

significación *f* [1] (*de palabra*) Bedeutung *f* [2] ↑ *importancia* Wichtigkeit *f;* **significado** *m* [1] (*de palabra*) Bedeutung *f* [2] ↑ *sentido* Sinn *m;* **significar** ‹3.7› *vt* bedeuten; **significativo** *adj* bezeichnend, bedeutsam

signo *m* ↑ *señal, en música* Zeichen *n;* ◇ **~ del Zodíaco** Tierkreiszeichen *n;* ◇ **~ de exclamación** Ausrufezeichen *n;* ◇ **~ de interrogación** Fragezeichen *n*

sigo *vb ver* **seguir**

siguiente *adj* folgend

sílaba *f* GRAM Silbe *f*

silbar *vi, vt* pfeifen; ◇ **los espectadores silbaron al árbitro** die Zuschauer pfiffen den Schiedsrichter aus; **silbato** *m* Pfeife *f;* **silbido** *m* [1] (*acción*) Pfeifen *n* [2] (*sonido*) Pfiff *m*

silenciador *m* [1] (*de arma*) Schalldämpfer *m* [2] AUTO Auspufftopf *m;* **silenciar** *vt* [1] → *conversación* geheimhalten [2] ↑ *hacer callar* zum Schweigen bringen; **silencio** *m* [1] (*sin ruido*) Ruhe *f*, Stille *f;* ◇ **¡~!** Ruhe! [2] (*sin hablar*) Schweigen *n;* **silencioso** *adj* [1] ▷*lugar* still [2] ▷*persona* schweigsam [3] ▷*motor* geräuscharm

silueta *f* [1] Silhouette *f* [2] ↑ *contorno* Umriß *m*

silvestre *adj* FLORA wild, Wild-

silla *f* [1] (*de sentarse*) Stuhl *m;* ◇ **~ de ruedas** Rollstuhl *m* [2] (*para montar a caballo*) Sattel *m;* **sillín** *m* (*de bicicleta*) [Fahrrad-]Sattel *m;* **sillón** *m* Sessel *m*

simbólico *adj* symbolisch; **símbolo** *m* Symbol *n*

simetría *f* Symmetrie *f;* **simétrico** *adj* symmetrisch

simiente *f* AGR Samen *m*

similar *adj* ähnlich

simio *m* FAUNA Affe *m*

simpatía *f* [1] Sympathie *f* [2] (*inclinación afectiva*) Zuneigung *f;* **simpático** *adj* sympathisch, nett; **simpatizante** *m/f* Sympathisant(in *f*) *m;* **simpatizar** ‹3.10› *vi:* ◇ **~ con** sympathisieren mit

simple I. *adj* [1] ↑ *sencillo* einfach [2] ↑ *bobo* einfältig [3] ↑ *mero* bloß; ◇ **me es suficiente con tu ~ palabra** mir genügt dein Wort; ◇ **a ~ vista** mit bloßem Auge **II.** *m/f* [1] ↑ *inocente* Einfaltspinsel *m* [2] SPORT Einzel *n;* **simpleza** *f* [1] (*de ingenuo*) Einfachheit *f* [2] ↑ *tontería* Einfalt *f* [3] ↑ *insignificancia* Lappalie *f;* **simplicidad** *f* [1] ↑ *ingenuidad* Arglosigkeit *f*, Einfältigkeit *f* [2] ↑ *sencillez* Einfachheit *f*, Schlichtheit *f;* **simplificar** ‹3.7› *vt* vereinfachen, erleichtern

simulacro *m* [1] (*de un accidente*) Simulation *f* [2] MIL Scheingefecht *n;* **simular** *vt* vortäuschen, vorspiegeln

simultanear *vt* gleichzeitig machen; **simultáneo** *adj* gleichzeitig, Simultan-

sin **I.** *prep* ohne; ◇ - **ayuda** ohne Hilfe; ◇ - **igual** ohne seinesgleichen; ◇ - **más,** ohne weiteres, - **querer** ohne Absicht *f;* ◇ **cheque - fondos** ungedeckter Scheck; ◇ **se fue - decirme una palabra** er ging, ohne ein Wort zu sagen; ◇ **no hace nada - que lo sepa su mujer** er macht nichts, ohne daß seine Frau es weiß; ◇ **la cama está - hacer** das Bett ist [noch] nicht gemacht **II.** *cj:* ◇ - **que** *subj* ohne daß; ◇ - **embargo** jedoch, dennoch

sinagoga *f* ARQUIT Synagoge *f*

sinceridad *f* [1] ↑ *rectitud* Aufrichtigkeit *f* [2] ↑ *franqueza* Ehrlichkeit *f;* **sincero** *adj* aufrichtig, ehrlich

sincronización *f* Synchronisierung *f;* **sincronizar** ⟨3.10⟩ *vt* → *película* synchronisieren

sindical *adj* Gewerkschafts-; **sindicalista** *m/f* Gewerkschaft[l]er(in *f*) *m;* **sindicar** ⟨3.7⟩ *vt, vr(se)* in Gewerkschaften/Syndikaten zusammenschließen; **sindicato** *m* [1] (*de obreros*) Gewerkschaft *f* [2] (COM *de comerciantes*) Syndikat *n*

síndrome *m* *FIG* Syndrom *n*

sinfín *m* : ◇ **un - de problemas** eine Unmenge Probleme

sinfonía *f* MUS Sinfonie *f;* **sinfónico** *adj* sinfonisch, Sinfonie-

single *m* MUS Single *f*

singular **I.** *adj* [1] ↑ *único, solo* einzeln [2] ↑ *extraño* seltsam [3] ↑ *especial* einzigartig, außergewöhnlich **II.** *m* GRAM Singular *m,* Einzahl *f;* **singularidad** *f* [1] ↑ *particularidad* Eigenart *f,* Eigentümlichkeit *f* [2] ↑ *excentricidad* Seltsamkeit *f;* **singularizar** ⟨3.10⟩ **I.** *vt* ↑ *realzar* auszeichnen **II.** *vr(se)* sich auszeichnen

siniestro **I.** *adj* [1] (*a la izquierda*) linke(r, s) [2] ↑ *funesto* unheimlich, verhängnisvoll **II.** *m* ↑ *desgracia* Unglück *n*

sinnúmero *m ver* **sinfín**

sino **I.** *m* Schicksal *n* **II.** *cj* [1] sondern; ◇ **no sólo por inteligente, - por su constancia, merece ser estimado** nicht nur wegen seiner Intelligenz, sondern auch wegen seiner Beständigkeit verdient er, geschätzt zu werden; ◇ **no son - mentiras** das sind alles nichts als Lügen [2] (*a excepción de*) außer; ◇ **nadie lo sabe, - tú** niemand außer dir weiß es

sinónimo *m* Synonym *n*

sinrazón *f* ↑ *injusticia* Unrecht *n*

sinsabor *m* ↑ *disgusto* Verdruß *m*

sintaxis *f* ⟨inv⟩ GRAM Syntax *f*

síntesis *f* ⟨inv⟩ Synthese *f;* **sintético** *adj* synthetisch

sintetizador *m* MUS Synthesizer *m;* **sintetizar** ⟨3.10⟩ *vt* synthetisieren

síntoma *m* Symptom *n;* **sintomático** *adj* symptomatisch

sintonía *f* [1] MEDIA Einstellen *n* [2] (MEDIA *melodía*) Erkennungsmelodie *f;* **sintonizador** *m* MEDIA Steuergerät *n,* Tuner *m;* **sintonizar** ⟨3.10⟩ *vt* [1] → *programa* einstellen [2] *FIG* die gleiche Wellenlänge haben

sinuoso *adj* [1] ▷*camino* kurvenreich [2] *FIG* ▷*persona* undurchsichtig

sinvergüenza *m/f* unverschämte Person

sionismo *m* REL Zionismus *m*

siquiatría *ver* **psiquiatría**; **síquico** *ver* **psiquico**

siquiera **I.** *cj* ↑ *aunque* auch wenn **II.** *adv* ↑ *por lo menos* wenigstens; ◇ **no me ofreció ni - un vaso de agua** er bot mir nicht einmal ein Glas Wasser an

sirena *f* Sirene *f*

Siria *f* Syrien *n*

siroco *m* (*viento*) Schirokko *m*

sirviente(/a) *m/f* Diener(in *f*) *m;* **sirvo** *vb ver* **servir**

sisar *vt* ↑ *robar* stibitzen

sisear *vt, vi* zischen

sismógrafo *m* Seismograph *m*

sistema *m* [1] (*norma*) System *n;* ◇ **con** - systematisch; ◇ **carecer de** - unsystematisch vorgehen [2] (*procedimiento*) Methode *f;* **sistemático** *adj* [1] ▷*procedimiento* systematisch [2] ▷*persona* methodisch

sitiar *vt* MIL belagern

sitio *m* [1] ↑ *espacio libre* Raum *m,* Platz *m* [2] ↑ *lugar* Ort *m,* Stelle *f* [3] MIL Belagerung *f*

situación *f* [1] ↑ *posición* Lage *f,* Position *f;* ◇ - **económica** Wirtschaftslage *f* [2] ↑ *etapa* Stand *m* [3] ↑ *categoría* gesellschaftliche Stellung [4] (*hechos*) Situation *f;* **situado** *adj* ▷*casa* liegend; ◇ **bien** - gut situiert; **situar** ⟨3.19⟩ **I.** *vt* legen, stellen **I.** *vr(se)* eine gute Stellung erlangen

skateboard ⟨s⟩ *m* Skateboard *n,* Rollbrett *n*

slip ⟨s⟩ *m* Slip *m,* Unterhose *f*

smoking ⟨s⟩ *m* Smoking *m*

so **I.** *prep* unter; JUR ◇ **so pena de** bei Strafe von **II.** *m* *PEY*: ◇ **¡- burro!, no abras la botella con los dientes** du Rindvieh! öffne die Flasche doch nicht mit den Zähnen!

sobaco *m* ANAT Achselhöhle *f*

sobar *vt* ↑ *manosear* betatschen, befummeln

soberanía *f* Souveränität *f;* **soberano(/a)** **I.** *adj* [1] ▷*país* souverän [2] ↑ *excelente* herrlich, unübertrefflich [3] ↑ *enorme* riesig; ◇ **le propinaron una -a paliza** sie verpaßten ihm eine Tracht Prügel, die sich gewaschen hatte **II.** *m/f* Herrscher(in *f*) *m,* Staatsoberhaupt *n*

soberbio(/a) I. *adj* [1] ▷*persona* arrogant, hochmütig [2] ↑ *grandioso* herrlich, prächtig [3] ↑ *grande* groß, riesig **II.** *f* [1] ↑ *altivez* Hochmut *m* [2] ↑ *cólera* Wut *f;* ◇ **arranque de ~** Wutanfall *m*

sobornar *vt* bestechen; **soborno** *m* Bestechung *f*

sobra *f* [1] ↑ *exceso* Überschuß *m;* ◇ **hay comida de ~ para todos** es gibt mehr als genug Essen für alle; ◇ **¡estás de ~ aquí!** du bist hier völlig überflüssig!; ◇ **saber de ~ que** nur allzugut wissen, daß [2] (*pl*) Rest *m*, Überbleibsel *pl;* **sobrado(/a)** I. *adj* [1] (*que sobra*) übrig [2] (*más de lo necesario*) übermäßig **II.** *adv* übermäßig; ◇ **ando ~ de dinero** ich schwimme in Geld; **sobrante** I. *adj* überflüssig **II.** *m* Überrest *m;* **sobrar** *vi* [1] (*más de lo necesario*) mehr als genug sein [2] ↑ *estorbar* überflüssig sein [3] ↑ *quedar* übrigbleiben

sobrasada *f* GASTRON *für die Balearen typische Wurst aus Schweinefleisch: gewürzt mit Salz, Pfeffer und Paprika*

sobre I. *m* (*de carta*) [Brief-]Umschlag *m* **II.** *prep* [1] ↑ *encima* auf; ◇ **situado ~ el río** über dem Fluß gelegen [2] ↑ *por encima de* über; ◇ **~ todo me interesa la naturaleza** mich interessiert vor allem die Natur [3] ↑ *a cerca de* ◇ **hablar ~ política** über Politik reden [4] MIL ◇ **marcharon ~ la ciudad** sie rückten gegen die Stadt vor [5] (*cantidad*) ungefähr

sobreabundancia *f* Überfluß *m*

sobrealimentación *f* Überernährung *f*

sobrecama *f* Deckbett *n*, Steppdecke *f*

sobrecarga *f* [1] (*l*) Überladung *f* [2] 2 Überlastung *f;* **sobrecargar** ‹3.11› *vt* [1] → *camión* überladen [2] ELEC überlasten

sobrecogedor *adj* ▷*escena* erschreckend

sobredosis *f* ‹inv› MED Überdosis *f*

sobreentender ‹4.17› *vt* ↑ *entender* verstehen; ↑ *deducir* folgern (*de* aus); ◇ **se da por sobreentendido que** es versteht sich von selbst, daß

sobrehumano *adj* übermenschlich

sobrellevar *vt* ↑ *aguantar* ertragen

sobremanera *adv* ↑ *excesivamente* außerordentlich

sobremesa *f* nach Tisch *m*

sobrenatural *adj* ▷*fenómeno* übernatürlich

sobrenombre *m* ↑ *apodo* Spitzname *m*

sobrentender *ver* **sobreentender**

sobrepasar *vt* ↑ *rebasar* übertreffen, hinausgehen über *akk*

sobreponer ‹4.8› I. *vt* darüberlegen (*en dat*) **II.** *vr(se)* sich hinwegsetzen über; ◇ **~se a las dificultades** sich über Schwierigkeiten *akk* hinwegsetzen

sobreproducción *f* COM Überproduktion *f*

sobresaliente *adj* [1] COLE sehr gut [2] ↑ *destacado* hervorragend; **sobresalir** ‹4.11› *vi* [1] (*por altura*) herausstehen [2] (*a lo vertical*) überragen [3] ←*persona* sich auszeichnen; ◇ **sobresale entre todos los demás por su inteligencia** er übertrifft alle an Intelligenz

sobresaltar *vt* ↑ *asustar* erschrecken; **sobresalto** *m* ↑ *susto* [jäher] Schrecken *m*

sobrestimar I. *vt* überschätzen **II.** *vr(se)* sich überschätzen

sobrevenir ‹4.13› *vi* (*algo repentino*) sich plötzlich ereignen

sobreviviente I. *adj* überlebend **II.** *m/f* Überlebende(r) *fm;* **sobrevivir** *vi* überleben

sobrevolar ‹3.2› *vt* → *ciudad* überfliegen

sobriedad *f* [1] ↑ *moderación* Mäßigkeit *f* [2] (*de decoración*) Einfachheit *f*

sobrino(/a) *m/f* Neffe *m*, Nichte *f*

sobrio *adj* [1] (*no borracho*) nüchtern [2] ↑ *moderado* mäßig [3] (*sin adornos*) schmucklos

socarrón(-ona) *adj* [1] ↑ *burlón* schelmisch, verschmitzt, spitzbübisch [2] ↑ *taimado* schlau

socavón *m* ↑ *hoyo* Loch *n*

sociable *adj* ▷*persona* gesellig, umgänglich; **social** *adj* sozial, gesellschaftlich, Gesellschafts-; ◇ **la crítica ~** die Gesellschafts-/Sozialkritik; ◇ **la situación ~ de los obreros** die soziale Stellung der Arbeiter

socialdemócrata *m/f* POL Sozialdemokrat(in *f*) *m*

socialismo *m* POL Sozialismus *m;* **socialista** I. *adj* sozialistisch **II.** *m/f* Sozialist(in *f*) *m;* **socializar** ‹3.10› *vt* → *empresa* verstaatlichen; → *también persona* sozialisieren

sociedad *f* Gesellschaft *f;* ◇ **~ anónima** Aktiengesellschaft *f;* ◇ **~ protectora de animales** Tierschutzverein *m*

socio(/a) *m/f* [1] ↑ *miembro* Mitglied *n* [2] COM Teilhaber(in *f*) *m*, Gesellschafter(in *f*) *m* [3] (*compañero*) Partner(in *f*) *m*

sociología *f* Soziologie *f*

socorrer *vt* beistehen *dat;* ↑ *ayudar* helfen *dat;* **socorrido** *adj* [1] ▷*persona* hilfsbereit, entgegenkommend [2] ▷*objeto* nützlich, hilfreich; **socorrista** *m/f* (*en la piscina*) Bademeister(in *f*) *m;* (*en la playa*) Rettungsschwimmer(in *f*) *m;* **socorro** *m* [1] ↑ *ayuda* Hilfe *f;* ◇ **¡~!** Hilfe! [2] ↑ *asistencia* Beistand *m* [3] ↑ *remedio* Unterstützung *f*

soda *f* Sodawasser *n*

sodomía *f* Sodomie *f*

sofá *m* Sofa *n;* **sofácama** *m* Bettcouch *f*

sofisticación *f* Extravaganz *f;* **sofisticado**

adj [1] ▷*persona* affektiert [2] ▷*cosa* hochentwickelt; ▷*peinado* extravagant [3] ▷*argumento* durchdacht

sofocante *adj* erstickend; ◇ **calor** ~ Schwüle *f*, [brütende] Hitze; **sofocar** ‹3.7› **I.** *vt* [1] (*ahogar*) ersticken [2] → *fuego* [aus-]löschen; → *revolución* im Keim ersticken [3] ↑ *avergonzar* beschämen **II.** *vr(se)* sich aufregen; **sofoco** *m* [1] ↑ *ahogo* Erstickung *f* [2] *FIG* ↑ *vergüenza* Verlegenheit *f*

software *m* INFORM Software *f*

sofreír ‹4.18› *vt* GASTRON anbraten; **sofrito** *m* (GASTRON *salsa con tomate, cebolla frita para condimentar*) *Tomatensoße mit gerösteten Zwiebeln*

soga *f* Seil *n*, Strick *m*

soja *f* Soja *f*; FLORA ◇ **brotes** *m/pl* **de** ~ Sojasprossen *f/pl*

sol *m* Sonne *f*; ◇ **hace** ~ es ist sonnig; ◇ **tomar el** ~ sich sonnen; ◇ **trabajar de** ~ **a** ~ vom Morgengrauen bis zur Abenddämmerung arbeiten; *FIG* ◇ **no dejar a alguien ni a** ~ **ni a sombra** jd-m wie sein Schatten folgen

solamente *adv* nur, erst

solapa *f* [1] (*de abrigo*) Revers *n* [2] (*de libro*) Umschlagklappe *f*

solapado *adj* ▷*persona, pregunta* hinterhältig

solar I. *adj* Sonnen- **II.** *m* ↑ *terreno* Bauplatz *m*

soldada *f* Lohn *m*

soldado *m* MIL Soldat(in *f*) *m*

soldador *m* [1] (*persona*) Schweißer *m* [2] (*instrumento*) Lötkolben *m*; **soldadura** *f* [1] (*con sustancia*) Lötung *f*, Lötstelle *f* [2] (*por presión*) Schweißung *f*; **soldar** ‹3.2› *vt* löten, schweißen

soledad *f* [1] (*sin compañía*) Einsamkeit *f* [2] ↑ *abandono* Verlassenheit *f* [3] ↑ *tristeza* Schwermut *f*

solemne *adj* [1] ▷*fiesta* feierlich [2] ↑ *ceremonioso* ernst, gemessen [3] ↑ *grande* ◇ **eso que dices es una** ~ **bobada** was du da gerade sagst ist gewaltiger Blödsinn; **solemnidad** *f* Feierlichkeit *f*

soler ‹3.2› *vi* pflegen [zu], gewohnt sein [zu]; ◇ **suele dar un paseo por las tardes** er pflegt, nachmittags spazieren zu gehen

solera *f FIG* Tradititon *f*

solfeo *m* MUS Gesangsübungen *f/pl*

solicitar *vt* [1] ↑ *pedir* erbitten [2] → *trabajo* sich bewerben um [3] ◇ **estar muy solicitado** äußerst begehrt sein

solícito *adj* ↑ *atento* eifrig, aufmerksam, hilfsbereit

solicitud *f* [1] ↑ *diligencia* Sorgfalt *f* [2] ↑ *demanda* Bitte *f* [3] (*de trabajo*) Bewerbung *f* [4] (*impreso*) Antrag *m*

solidaridad *f* Solidarität *f*; **solidario** *adj* solidarisch; **solidarizar** ‹3.10› **I.** *vt* solidarisieren **II.** *vr(se)*: ◇ **~se con algo/alguien** sich solidarisch erklären mit (etw/jd-m)

solidez *f* Festigkeit *f*; **solidificarse** ‹3.7› *vr* FIS erstarren, fest werden; **sólido** *adj* [1] ↑ *fuerte, seguro* fest [2] ▷*color* [farb-]echt [3] *FIG* ▷*argumento* stichhaltig

soliloquio *m* Selbstgespräch *n*

solista *m/f* MUS Solist(in *f*) *m*

solitario(/a) I. *adj* einsam, zurückgezogen **II.** *m/f* Einzelgänger(in *f*) *m* **III.** *m* [1] (*diamante*) Solitär *m* [2] NAIPES Patience *f* **IV.** *f* MED Bandwurm *m*

soliviantar *vt* [1] ↑ *incitar* aufhetzen [2] ↑ *irritar* wütend machen

solo I. *adj* [1] ▷*persona* allein; ◇ **estar a ~as** [ganz] allein sein; ◇ **por sí** ~ eigenständig; ◇ **una ~a vez** ein einziges Mal [2] ↑ *sin familia, amigos* einsam [3] ↑ *único* einzeln **II.** *m* MUS Solo *n*

sólo *adv* nur, bloß

solomillo *m* GASTRON Lendenstück *n*, Filet *n*

soltar ‹3.2› **I.** *vt* [1] → *cuerda* loslassen [2] → *pájaro* freilassen [3] ↑ *desatar* losbinden [4] → *maldición* ausstoßen [5] ◇ ~ **una carcajada** laut loslachen **II.** *vr(se)* aus sich herausgehen; ◇ **~se de la lengua** etw *akk* ausplaudern; ◇ **ya empieza a ~se en alemán** er fängt an, die deutsche Sprache zu beherrschen

soltero(/a) I. *adj* ledig, unverheiratet **II.** *m/f* Junggeselle *m*, -gesellin *f*; **solterón(-ona)** *m/f PEY* alter Junggeselle, alte Jungfer

soltura *f* [1] ↑ *desenvoltura* Lockerheit *f* [2] (*al hablar*) Gewandtheit *f* [3] (*al moverse*) Behendigkeit *f*

soluble *adj* QUIM löslich

solución *f* [1] (*de un problema*) Lösung *f*, Auflösung *f* [2] QUIM Lösung *m*; **solucionar** *vt* [1] → *problema* lösen [2] *FIG* → *asunto* regeln, erledigen

solventar *vt* [1] → *problema* lösen, schlichten [2] → *deuda* begleichen; **solvente** *adj* ▷*persona* solvent, zahlungsfähig

sollozar ‹3.10› *vi* schluchzen; **sollozo** *m* Schluchzen *n*

somático *adj* MED ▷*enfermedad* somatisch

sombra *f* [1] Schatten *m*; ◇ ~ **de ojos** Lidschatten *m*; *FIG* ◇ **ella no es ni la** ~ **de lo que era** sie ist längst nicht mehr das, was sie einmal war; ◇ **¡ni por ~!** nicht im Traum!; ◇ **sentarse a la** ~ **de un árbol** sich im Schatten e-s Baumes hinsetzen; *FIG* ◇ **tener buena/mala** ~ Glück/Pech haben [2] (*pl*) ↑ *oscuridad* Finsternis *f*

sombrero *m* Hut *m*

sombrilla *f* Sonnenschirm *m*

sombrío *adj* [1] ▷*lugar* schattig, dunkel [2] ▷*persona* schwermütig

somero *adj* oberflächlich

someter I. *vt* ↑ *dominar* unterwerfen II. *vr(se)* ↑ *rendirse* sich unterwerfen; ↑ *ceder* nachgeben; ◇ **-se a la mayoría** sich der Mehrheit beugen; ◇ **-se a una operación de cirugía plástica** sich e-r Schönheitsoperation unterziehen; **sometimiento** *m* Unterwerfung *f*

somier *m* Draht-/Federmatratze *f*

somnífero *m* FARMA Schlafmittel *n;* **somnolencia** *f* Schläfrigkeit *f*

son *m* [1] (*sonido*) Klang *m,* Laut *m* [2] (*estilo*) ◇ **en - de** als; ◇ **vienen en - de paz** sie kommen in Frieden [3] *FAM* ◇ **hacer algo sin ton ni -** etw ohne jeden Grund/völlig grundlos tun

sonado *adj* [1] berühmt, in aller Munde sein; ◇ **fue una fiesta muy -a** die Party war in aller Munde [2] *FAM* ◇ **estar -** verrückt sein; **sonajero** *m* Rassel *f*

sonambulismo *m* Schlafwandeln *n;* **sonámbulo(/a)** *m/f* Schlafwandler(in *f*) *m*

sonar ⟨3.2⟩ I. *vt* spielen II. *vi* [1] ← *teléfono* klingen [2] ← *campana* läuten [3] ← *las horas* schlagen [4] ↑ *pronunciar* ausgesprochen werden [5] ◇ **eso que has dicho suena a falso** was du gesagt hast klingt falsch [6] ◇ **no me suena** das kommt mir nicht bekannt vor III. *vr(se)* sich schneuzen [geräuschvoll]

sonda *f* [1] MED Sonde *f* [2] NAUT Lot *n* [3] TECNI Bohrer *m;* **sondear** *vt* → *suelo, mar, también FIG* → *opinión pública* sondieren; **sondeo** *m* [1] (*de opinión pública*) Umfrage *f* [2] (*en la tierra*) Bohrung *f;* (*en el mar*) Lotung *f*

soneto *m* Sonett *n*

sónico *adj* Schall-

sonido *m* Klang *m,* Laut *m;* **sonoridad** *f* (*acústica*) Klangfülle *f;* **sonoro** *adj* [1] ▷*sonido* klangvoll [2] GRAM stimmhaft

sonreír ⟨4.18⟩ *vi, vr(se)* lächeln; **sonriente** *adj* lächelnd; **sonrisa** *f* Lächeln *n*

sonrojar I. *vt* ↑ *ruborizar* jd-n zum Erröten bringen II. *vr(se)* erröten; **sonrojo** *m* Erröten *n*

sonsacar ⟨3.7⟩ *vt* ↑ *averiguar* jd-m etw entlokken, ausfragen

soñador(a) *m/f* Träumer(in *f*) *m;* **soñar** ⟨3.2⟩ *vi* träumen; ◇ **- con** träumen von; ◇ **- con hacer un viaje por todo el mundo** von einer Weltreise träumen; ◇ **- despierto** mit offenen Augen träumen; ◇ **¡ni -lo!** nicht im Traum!

soñoliento *adj* schläfrig

sopa *f* [1] GASTRON Suppe *f* [2] *FAM* ◇ **estoy hecho una -** ich bin bis auf die Haut durchnäßt

sopapo *m* Ohrfeige *f*

sopesar *vt* → *pros, contras* abwägen

sopetón *m* plötzlicher Schlag; ◇ **de -** plötzlich

soplamocos *m FAM* Ohrfeige *f*

soplar I. *vt* [1] ↑ *expulsar aire* blasen [2] → *velas* ausblasen [3] (*FIG en un examen*) vorsagen [4] *FAM* ↑ *delatar* verpetzen [5] *FAM* ↑ *robar* klauen II. *vi* ← *viento* blasen III. *vr(se) FAM* hinunterkippen; **soplo** *m* [1] (*de persona*) Blasen *n;* ◇ **apagó las velas del pastel de un -** er blies die Kerzen auf dem Kuchen alle auf einmal aus [2] *FIG* ↑ *denuncia* Tip *m,* Wink *m* [3] (*de viento*) Wehen *n* [4] ◇ **se ha pasado el mes como un -** der Monat ist wie im Flug vergangen; **soplón(-ona)** *m/f FAM* ↑ *delator* Spitzel *m;* COLE Petze(r) *fm*

sopor *m* Schläfrigkeit *f,* Benommenheit *f;* **soporífero** *adj* [1] MED einschläfernd, Schlaf- [2] *FAM* stinklangweilig

soportable *adj* erträglich; **soportal** *m* ARQUIT Säulenvorbau *m;* **soportar** *vt* [1] → *carga* stützen, tragen [2] → *dolor* ertragen, dulden; **soporte** *m* [1] ↑ *apoyo* Stütze *f;* TECNI Träger *m* [2] *FIG* Unterstützung *f*

soprano *f* MUS Sopran *m*

sorber *vt* → *limonada* schlürfen; **sorbete** *m* [1] *AM* Strohhalm *m* [2] (*helado*) Sorbett *n;* Fruchteis *n;* **sorbo** *m* (*de cerveza*) Schluck *m;* ◇ **beber algo a -s** etw in kleinen Schlucken trinken

sordera *f* MED Taubheit *f*

sórdido *adj* [1] ▷*lugar* schmutzig [2] ▷*persona* geizig, schäbig

sordo(/a) I. *adj* [1] ▷*persona* taub; ◇ **permanece - a mis consejos** er hört nicht auf meine Ratschläge [2] ↑ *silencioso* geräuschlos [3] ▷*sonido* dumpf II. *m/f* Taube(r) *fm;* **sordomudo** *adj* MED taubstumm

sorprendente *adj* überraschend; **sorprender** *vt* überraschen; **sorpresa** *f* Überraschung *f*

sortear *vt* [1] → *premio* auslosen, verlosen [2] → *dificultad* ausweichen *dat,* aus dem Weg gehen *dat;* **sorteo** *m* (*de lotería*) Verlosung *f,* Auslosung *f*

sortija *f* (*anillo*) [Finger-]Ring *m*

sosegado *adj* ruhig, still; **sosegar** ⟨3.1⟩ I. *vt* [1] → *persona* beruhigen, besänftigen [2] *FIG* beschwichtigen II. *vi* [aus-]ruhen III. *vr(se)* ↑ *tranquilizarse* sich beruhigen; **sosiego** *m* Ruhe *f,* Stille *f*

soslayo *adv* schräg, von der Seite; ◇ **al -, de -** schräg, schief; ◇ **mirar de -** hinschielen (*a* zu *dat*)

soso *adj* [1] ▷*sopa* ungesalzen [2] ▷*persona* fade, langweilig

sospecha *f* Verdacht *m;* ◇ **tener -s** e-n Verdacht hegen; **sospechar** *vt* verdächtigen; ◇ **la policía sospecha de él** die Polizei verdächtigt ihn; **sospechoso(/a)** **I.** *adj* verdächtig **II.** *m/f* Verdächtige(r) *fm*

sostén *m* [1] ARQUIT Träger *m* [2] *FIG* Stütze *m* [3] ↑ *sujetador* BH *m,* Büstenhalter *m;* **sostener** ⟨1.4⟩ **I.** *vt* [1] ↑ *sujetar* halten, stützen [2] → *idea* verfechten [3] ↑ *ayudar* unterstützen [4] ↑ *mantener* bei Kräften halten **II.** *vr(se)* sich aufrecht halten; **sostenido** *adj* MUS erhöht

sota *f* NAIPES Bube *m*

sotana *f* Soutane *f*

sótano *m* [1] (*recinto*) Kellergeschoß *n* [2] ↑ *piso* Souterrain *n* [3] ↑ *bodega* [Wein-]Keller *m*

soto *m* FLORA Wäldchen *n,* Dickicht *n*

soviético *adj* sowjetisch, Sowjet-

soy *vb ver* **ser**

sport *m* Sport *m*

spot ⟨s⟩ *m* ▷*publicitario* [Werbe-]Spot *m*

spray *m* Spray *m o n*

sprint *m* SPORT Endspurt *m*

squash *m* SPORT Squash *n*

standar[d] *m* Standard *m;* ◇ **lenguaje** *m* **-** Standardsprache *f*

status *m* ⟨inv⟩ Status *m*

stress *ver* **estrés**

su *pron* [1] (*de él*) sein; ◇ **Martín habló de - problema** Martin sprach von seinem Problem; (*de ellos*) ihr; ◇ **- casa (de ellos)** ihr Haus [2] (*de ella*) ihr; (*de ellas*) ihr [3] (*de usted*) Ihr; (*de ustedes*) Ihr; (*de él*) ◇ **-s hermanas no están en casa** seine/ihre/Ihre Schwestern sind nicht zu Hause

suave *adj* [1] ▷*piel* weich, sanft [2] ▷*movimiento* sanft [3] ▷*persona* sanftmütig; **suavidad** *f* Weichheit *f,* Sanftheit *f;* **suavizante** *m* [1] (*de ropa*) Weichspüler *m,* Weichspülmittel *n* [2] (*de pelo*) Pflegespülung *f;* **suavizar** ⟨3.10⟩ *vt* [1] → *piel* glätten, geschmeidig machen [2] ↑ *mitigar* abschwächen, mildern

sub- *pref* unter, Unter-

subalterno(/a) *m/f* (*empleado*) Untergebene(r) *fm,* niedere(r) Angestellte(r) *fm*

subasta *f* Versteigerung *f,* Auktion *f;* **subastar** *vt* versteigern

subconsciente **I.** *adj* unterbewußt **II.** *m* Unterbewußtsein *n*

subdesarrollado *adj* [1] ▷*persona* unterentwickelt [2] ▷*país* Entwicklungs-; **subdesarrollo** *m* Unterentwicklung *f*

subdirector(a) *m* stellvertretende(r) Direktor(in *f*) *m*

súbdito(/a) *m/f* [1] (*de nacionalidad*) Staatsangehörige(r) *fm* [2] (*de un rey*) Untergebene(r) *fm*

subdividir *vt* unterteilen

subestimar **I.** *vt* [1] → *a alguien* unterschätzen [2] → *algo* unterbewerten **II.** *vr(se)* sich unterschätzen

subgénero *m* Untergattung *f*

subido(/a) **I.** *adj* [1] ↑ *caro* teuer; ▷*precio* hoch [2] ▷*color* leuchtend **II.** *f* [1] (*acción*) Steigen *n;* (*de montaña*) Aufstieg *m* [2] GEO Anhöhe *f;* (*de camino*) Auffahrt *f* [3] ↑ *aumento* Erhöhung *f;* **subir** **I.** *vt* [1] → *la escalera* hinaufgehen [2] ← *coche* → *montaña* hinauffahren [3] → *paquete* hinaufbringen, hinauftragen [4] → *monte* hinaufsteigen [5] → *impuestos* erhöhen **II.** *vi* [1] (*al tren*) einsteigen (*a* in *akk*) [2] ← *precios* steigen; ◇ **el costo de vida subió en un cinco por ciento** die Lebenshaltungskosten sind um 5% gestiegen [3] ← *termómetro* [an-]steigen [4] ← *cantidad* sich belaufen (*a* auf *akk*) **III.** *vr(se)* (*al coche*) [ein-]steigen

súbito **I.** *adj* [1] ↑ *repentino* plötzlich; ◇ **cambio - de las temperaturas** ein plötzlicher Temperaturwechsel [2] ↑ *inesperado* unerwartet **II.** *adv:* ◇ **[de] -** plötzlich, auf einmal

subjetividad *f* Subjektivität *f;* **subjetivo** *adj* subjektiv; ◇ **un punto de vista -** ein subjektiver Standpunkt

subjuntivo **I.** *adj* GRAM konjunktivisch **II.** *m* GRAM Konjunktiv *m*

sublevación *f* ↑ *rebelión* Aufstand *m;* **sublevar** **I.** *vt* [1] ↑ *amotinar* aufhetzen [2] ↑ *indignar* empören **II.** *vr(se)* ↑ *rebelarse* rebellieren

sublime *adj* erhaben, würdig

submarinismo *m* SPORT Unterwassersport *m;* **submarinista** *m/f* Sporttaucher(in *f*) *m*

submarino **I.** *adj* unterseeisch, Unterwasser- **II.** *m* NAUT U-Boot *n*

subnormal **I.** *adj* (*como insulto*) blöd, schwachsinnig **I.** *m/f* ↑ *deficiente mental* geistig Behinderte(r) *fm*

suboficial *m* MIL Unteroffizier *m*

subordinación *f* [1] (*acción*) Unterordnung *f* [2] GRAM Satzgefüge *f,* Nebensatz *m*

subordinado(/a) **I.** *adj* untergeordnet; ◇ **proposición -a** Nebensatz *m* **II.** *m/f* Untergebene(r) *fm*

subrayar *vt* [1] → *palabra* unterstreichen [2] ↑ *recalcar* hervorheben

subsanar *vt* ↑ *rectificar* wiedergutmachen; JUR ◇ **- un vicio** einen Mangel heilen/beheben

subscribir *ver* **suscribir**

subsidiario *adj* [1] (*de ayuda*) Hilfs- [2] ↑ *auxiliar* subsidiär; **subsidio** *m* [1] ↑ *ayuda* Unterstütterstützung *f* [2] (*pago*) Unterstützungszahlung *f*, Beihilfe *f*, Subvention *f*; ◇ ~ **familiar por hijos** Kindergeld *n*; ◇ ~ **de paro** Arbeitslosenunterstützung *f*; ◇ ~ **de viudedad** Witwenrente *f*

subsistencia *f* [1] ↑ *mantenimiento* Lebensunterhalt *m* [2] ↑ *permanencia* Fortbestehen *n*; **subsistir** *vi* [1] ↑ *vivir* leben [2] ↑ *mantenerse* fortbestehen, weiterbestehen

substancia *ver* **sustancia**

substantivo *ver* **sustantivo**

substituir *ver* **sustituir**

substraer *ver* **sustraer**

subsuelo *m* GEO Untergrund *m*

subterráneo I. *adj* unterirdisch **II.** *m* Unterführung *f*; ◇ **garaje** ~ Tiefgarage *f*

suburbio *m* [1] (*zona pobre*) Elendsviertel *n* [2] ↑ *periferia* Vorort *m*

subversión *f* Subversion *f*, Umsturz *m*

subvencionar *vt* subventionieren

subversivo *adj* subversiv

subyugar ‹3.11› *vt* ↑ *oprimir* unterjochen

succión *f* Saugen *n*

sucedáneo I. *adj* Ersatz- **II.** *m* (*de cacao*) Ersatz *m*, Ersatzprodukt *n*

suceder *vi* [1] ↑ *ocurrir* geschehen; ◇ **¿qué sucede?** was ist los?; ◇ **nunca antes me había sucedido algo igual** so etw ist mir noch nie passiert [2] (*venir después*) folgen (*a* auf *akk*); **sucesión** *f* [1] ↑ *continuación* Folge *f* [2] (*herencia*) Erbfolge *f* [3] (*de cosas*) Aufeinanderfolge *f*, Serie *f* [4] ↑ *descendencia* Nachkommenschaft *f*; **sucesivamente** *adv* nach und nach; ◇ **y así** ~ und so fort, und so weiter; **sucesivo** *adj* folgend; ◇ **cinco días ~s** fünf Tage hintereinander; ◇ **en lo** ~ von nun an, künftig

suceso *m* [1] ↑ *acontecimiento* Ereignis *n* [2] ↑ *caso* Vorfall *m*, Begebenheit *f*; ◇ **página de ~s** Tagesgeschehen *n*

sucesor(a) *m/f* (*en un cargo*) Nachfolger(in *f*), heredero *m*, Erbe(in *f*) *m*

suciedad *f* [1] (*calidad*) Verschmutzung *f* [2] (*porquería*) Schmutz *m*

sucinto *adj* ↑ *breve* gedrängt, kurz

sucio *adj* (*manchado*) schmutzig; *FIG* ◇ **jugar** ~ unfair spielen

suculento *adj* ↑ *sabroso* saftig

sucumbir *vi* [1] ↑ *rendirse* sich ergeben [2] ↑ *morir* sterben (*a* an *dat*)

sucursal *f* Filiale *f*, Zweigstelle *f*

Sudáfrica *f* Südafrika *n*; **sudafricano(/a) I.** *adj* südafrikanisch **II.** *m/f* Südafrikaner(in *f*) *m*

Sudamérica *f* Südamerika *n*; **sudamericano(/a) I.** *adj* südamerikanisch **II.** *m/f* Südamerikaner(in *f*) *m*

sudar I. *vt* [1] ausschwitzen [2] (*FIG trabajar duro*) schuften **II.** *vi* schwitzen

sudeste *ver* **sureste**

sudoeste *ver* **suroeste**

sudor *m* Schweiß *m*; **sudoroso**, **sudoriento** *adj* schwitzend

Suecia *f* Schweden *n*; **sueco I.** *adj* schwedisch **II.** *m/f* Schwede *m*, Schwedin *f* **III.** *m* (*idioma*) das Schwedische; *FIG* ◇ **hacerse alguien el** ~ sich taub stellen

suegro(/a) *m/f* Schwiegervater *m*, -mutter *f*

suela *f* [Schuh-]Sohle *f*; ◇ **poner medias ~s a los zapatos** die Schuhe besohlen

sueldo *m* ↑ *paga* Gehalt *n*

suelo I. *vb ver* **soler**; **II.** *m* [1] (*de la tierra*) Boden *m*; (*de casa*) Fußboden *m*; *FIG* ◇ **tirar por el ~ a alguien** jd-n durch/in den Schmutz ziehen; *FIG* ◇ **arrastrarse por el** ~ sich erniedrigen; *FIG* ◇ **los precios están por el** ~ die Preise sind im Keller [2] (*terreno*) Grund *m* und Boden

suelto I. *adj* [1] lose, losgelöst [2] ▷*calcetín* einzeln [3] ▷*pelo* offen [4] ↑ *desenvuelto* zwanglos, ungeniert [5] ▷*lenguaje* flüssig [6] ▷*animal* frei [herumlaufend] **II.** *m* (*dinero* ~) Kleingeld *n*

sueño I. *vb ver* **soñar**; **II.** *m* [1] (*descanso*) Schlaf *m*; ◇ **conciliar el** ~ einschlafen; ◇ **quitar el** ~ **(una cosa)** schlaflose Nächte bereiten [2] ↑ *cansancio* Müdigkeit *f*; ◇ **tener** ~ müde sein; ◇ **caerse de** ~ vor Müdigkeit umfallen [3] (*lo que se sueña*) Traum *m*; ◇ **los ~, ~ son** Träume sind Schäume [4] *FIG* Träumerei *f*

suero *m* MED Serum *n*

suerte *f* [1] (*buena* ~) Glück *n*; ◇ **¡buena ~!** viel Glück!; ◇ **tener** ~ Glück haben; ◇ **mala** ~ Pech *n* [2] (*futuro*) Schicksal *n* [3] ↑ *tipo* Art *f* [4] (*en sorteo*) Los *n*; ◇ **echar a ~[s] algo** [aus-]losen; ◇ **probar** ~ sein Glück versuchen [5] ◇ **de ~ que** so daß; ◇ **por** ~ glücklicherweise

suéter *m* Pullover *m*

suficiente I. *adj* [1] ↑ *bastante* genügend, ausreichend [2] ↑ *capaz* fähig, geeignet **II.** *m* COLE ausreichend

sufijo *m* GRAM Suffix *n*

sufragio *m* [1] ↑ *ayuda* Hilfe *f*, Unterstützung *f* [2] ↑ *voto* [Wahl]Stimme *f*; ◇ ~ **universal** allgemeines Wahlrecht

sufrido *adj* [1] ▷*persona* geduldig, nachsichtig [2] ▷*color* dankbar, dunkel; **sufrimiento** *m* [1] ↑ *pena* Leiden *n* [2] ↑ *paciencia* Geduld *f*; **sufrir** [1] *vt* ↑ *aguantar* ertragen, dulden [2] → *enfermedad* erleiden; ◇ ~ **del corazón** herzkrank sein [3] ◇ **los precios sufrieron otro aumento** die Preise wurden erneut erhöht

sugerencia *f* Vorschlag *m;* **sugerente** *adj* ▷*mirada* anregend, vielsagend; **sugerir** ⟨3.1⟩ *vt* [1] ↑ *aconsejar* vorschlagen [2] ↑ *insinuar* andeuten

sugestión *f* ↑ *fascinación* Beeinflussung *f,* Suggestion *f;* ◇ ~ **colectiva/en masa** Massensuggestion *f;* **sugestionable** *adj* ↑ *influenciable* beeinflußbar; **sugestionar** *vt* suggerieren, eingeben; **sugestivo** *adj* [1] suggestiv [2] ↑ *atractivo* attraktiv, faszinierend

suicida I. *adj* selbstmörderisch II. *m/f* Selbstmörder(in *f*) *m;* **suicidarse** *vr* Selbstmord begehen; **suicidio** *m* Selbstmord *m*

suizo(/a) I. *adj* schweizerisch II. *m/f* Schweizer(in *f*) *m* III. *f* (*país*) die Schweiz

sujeción *f* ↑ *subordinación* Unterwerfung *f;* **sujetador** *m* BH *m,* Büstenhalter *m*

sujetapapeles *m* Büroklammer *f*

sujetar I. *vt* [1] ↑ *agarrar* [fest-]halten [2] ↑ *dominar* unterwerfen II. *vr(se):* ◇ **~se a** sich unterwerfen/sich beugen

sujeto I. *adj* befestigt; *FIG* ◇ **todo está ~ a lo que nos paguen** alles hängt davon ab, wieviel sie uns bezahlen II. *m* [1] (*PEY persona*) Subjekt *n* [2] (*tema*) Gegenstand *m* [3] GRAM Subjekt *n*

suma *f* [1] MATE Summe; (*de dinero*) [Geld-] Summe *f* [2] ↑ *cantidad* Betrag *m* [3] ↑ *total* Zusammenfassung *f;* ◇ **en ~** kurz [und gut]

sumamente *adv* höchst, äußerst

sumar I. *vt* [1] MATE addieren, zusammenzählen [2] ↑ *ascender a* sich belaufen auf *akk* II. *vr(se):* ◇ **~se a alguien** sich jd-m anschließen

sumario I. *adj* zusammengefaßt II. *m* [1] ↑ *resumen* Zusammenfassung *f* [2] JUR Ermittlungsverfahren *n,* Voruntersuchung *f*

sumergible *adj* ▷*reloj* wasserdicht; **sumergir** ⟨3.8⟩ I. *vt* [1] ↑ *inundar* überschwemmen [2] ↑ *hundir* [ein-]tauchen II. *vr(se):* ◇ **~se en** sich vertiefen in *akk;* **sumersión** *f* [Ein]Tauchen *n*

sumidero *m* Strudel *m*

suministrar *vt* ↑ *abastecer* liefern; **suministro** *m* [1] ↑ *abastecimiento* Lieferung *f* [2] ↑ *provisión* Vorrat *m*

sumir I. *vt* [1] ↑ *hundir* versenken [2] *FIG* stürzen II. *vt:* ◇ **~se en** sich vertiefen in *akk*

sumisión *f* [1] (*acción*) Unterwerfung *f* [2] (*actitud*) Unterwürfigkeit *f;* **sumiso** *adj* ↑ *sometido* unterwürfig; ↑ *disciplinado* gehorsam

súmmum *m* ↑ *lo máximo* das Höchste; ◇ **el ~ de la elegancia** der Inbegriff der Eleganz

sumo *adj* höchste(r, s), äußerste(r, s); ◇ **a lo ~ tendrá treinta años** er/sie ist höchstens dreißig Jahre alt

suntuoso *adj* ↑ *lujosio* luxuriös, prächtig

supeditar I. *vt* [1] ↑ *someter* unterwerfen [2] ↑ *hacer depender* jd-n in Abhängigkeit bringen (*a* von *dat*) II. *vr(se):* ◇ **~se a** sich jd-m unterwerfen, sich jdm beugen; ◇ **tienes que ~te a la voluntad del director** du mußt dich dem Willen des Direktors beugen

super I. *f* AUTO Super[benzin] *n* II. *pref* Super-, Über-

súper *adj* super

superable *adj* überwindbar

superación *f* Überwindung *f;* **superar** I. *vt* [1] ↑ *aventajar* übertreffen [2] → *dificultad* überwinden [3] SPORT → *marca* [den Rekord] brechen II. *vr(se)* sich selbst übertreffen

superávit *m* COM Überschuß *m*

superdotado(/a) I. *adj* hochbegabt II. *m/f* (*genio*) Hochbegabte(r) *fm*

superchería *f PEY* Aberglaube *m*

superestructura *f* Überbau *m*

superficial *adj* oberflächlich; **superficialidad** *f* Oberflächlichkeit *f;* **superficie** *f* [1] (*extensión*) Fläche *f* [2] (*FIG apariencia*) Oberfläche *f*

superfluo *adj* überflüssig

superintendente *m/f* Leiter(in *f*) *m*

superior I. *adj* [1] ↑ *más alto* höher, Ober-; ▷*cantidad* höher [2] ↑ *mejor* besser [3] ↑ *excepcional* hervorragend II. *m/f* ↑ *jefe* Vorgesetzte(r) *fm;* **superioridad** *f* Überlegenheit *f*

superlativo I. *adj* ↑ *excelente* hervorragend II. *m* GRAM Superlativ *m*

supermercado *m* Supermarkt *m*

superpoblación *f* Überbevölkerung *f*

superponer ⟨4.8⟩ *vt* [1] ↑ *poner encima* darüberstellen, darüberlegen [2] ↑ *conceder más importancia* etw/jd-m *dat* [den] Vorrang geben; ◇ **Sofia superpone su trabajo a sus hijos** für Sofia ist die Arbeit wichtiger als ihre Kinder

superpotencia *f* POL Supermacht *f*

superproducción *f* Überproduktion *f;* (*película*) Kolossalfilm *m*

supersónico *adj* Überschall-

superstición *f* Aberglaube *m;* **supersticioso** *adj* abergläubisch

supervalorar *vt* überbewerten

supervisar *vt* ↑ *controlar* überwachen, beaufsichtigen; **supervisión** *f* Aufsicht *f,* Beaufsichtigung *f,* Überwachung *f;* **supervisor(a)** *m/f* Aufseher(in *f*) *m,* Supervisor *m*

supervivencia *f* Überleben *n;* **superviviente** I. *adj* überlebend II. *m/f* Überlebende(r) *fm*

supino *adj* [1] SPORT auf dem Rücken liegend [2] ↑ *excesivo* ◇ **ignorancia ~a** grobe Unwissenheit

suplantar *vt* [1] → *persona* verdrängen, an jd-s Stelle treten; *FAM* ausstechen [2] → *documento* fälschen
suplementario *adj* zusätzlich, ergänzend; **suplemento** *m* [1] (*de dinero*) Zuschlag *m* [2] (*de periódico*) Beilage *f*
suplencia *f* Vertretung *f*, Vertretungszeit *f*; **suplente** I. *adj* vertretend II. *m/f* Vertreter(in *f*) *m*; **supletorio** *adj* zusätzlich, ergänzend; ◇ **bombilla** ~ Ersatzglühbirne *f*
súplica *f* ↑ *petición* Bittschrift *f*, Gesuch *n*; **suplicar** ‹3.7› *vt* ↑ *rogar* ersuchen, anflehen
suplicio *m* Qual *f*
suplir I. *vt* [1] ↑ *complementar* ergänzen [2] (*en el trabajo*) vertreten II. *vi* ↑ *sustituir* ausgleichen (*con/por* mit/durch)
suponer ‹4.8› *vt* [1] ↑ *creer* annehmen, vermuten [2] ↑ *tener importancia* etwas zu sagen haben [3] ↑ *implicar* bedeuten; **suposición** *f* ↑ *hipótesis* Annahme *f*, Vermutung *f*
supositorio *m* MED Zäpfchen *n*
supremacía *f* Überlegenheit *f*
supremo *adj* oberste(r, s), höchste(r, s)
supresión *f* [1] ↑ *eliminación* Streichung *f*; (*dominación*) Unterdrückung *f* [2] ↑ *omisión* Auslassung *f* [3] (*de una ley*) Abschaffung *f*; **suprimir** *vt* [1] ↑ *eliminar* abschaffen [2] ↑ *borrar* streichen [3] → *ley* aufheben [4] → *prestación* einstellen
supuesto I. *adj* ↑ *hipotético* angeblich II. *m* [1] ↑ *suposición* Annahme *f*, Hypothese *f*; ◇ **partiendo del ~ de que...** *subj* davon ausgehend, daß; ◇ **en el ~ que** *subj* in der Annahme, daß [2] ◇ **¡por ~!** selbstverständlich!
supurar *vi* MED eitern
sur *m* Süden *m*
surcar ‹3.7› *vt* [1] AGR pflügen [2] *FIG* → *el mar* duchqueren; **surco** *m* [1] (*de disco*) Rille *f* [2] (*arruga*) Falte *f* [3] AGR Furche *f*
sureño(/a) I. *adj* ↑ *del sur* aus dem Süden II. *m/f* Mann/Frau aus dem Süden
sureste *ver* **sudeste**
surfing *m* [Wind-]Surfen *n*; ◇ **hacer** ~ surfen; **surfista** *m/f* [Wind-]Surfer(in *f*) *m*
surgir ‹3.8› *vi* [1] ↑ *aparecer* erscheinen, auftauchen [2] ↑ *brotar* hervorsprudeln
suroeste *ver* **sudoeste**
surtido I. *adj* ▷*galletas* sortiert, gemischt II. *m* ↑ *colección* Auswahl *f*, Sortiment *n*; ◇ **un gran ~ de pantalones** eine große Auswahl an Hosen
surtidor *m* [1] (*de agua*) Wasserstrahl *m* [2] (*de gasolina*) Zapfsäule *f*
surtir I. *vt* [1] ↑ *suministrar* versorgen, beliefern [2] ◇ ~ **efecto** Wirkung zeigen
susceptibilidad *f* Empfindlichkeit *f*, Empfänglichkeit *f*; **susceptible** *adj* [1] ◇ ~ **de** fähig zu dat [2] ↑ *quisquilloso* empfindlich; ◇ **es ~ a la crítica** er verträgt keine Kritik
suscitar *vt* [1] → *escándalo* verursachen [2] → *sospecha* erwecken
suscribir ‹3.21› I. *vt* [1] ↑ *firmar* unterschreiben [2] → *opinión* unterstützen II. *vr(se)*: ◇ **~se a una revista** eine Zeitschrift abonnieren; **suscripción** *f* (*a revista*) Abonnement *n*
susodicho(/a) *m/f* obengenannt
suspender *vt* [1] ↑ *colgar* aufhängen [2] → *pago* einstellen [3] (*de cargo*) entheben [4] COLE durchfallen lassen
suspense *m* (*de una película*) Spannung *f*; **suspensión** *f* [1] ↑ *colgamiento* Aufhängen *n* [2] (*de sesión*) Unterbrechung *f* [3] AUTO Federung *f*
suspenso I. *adj* [1] COLE durchgefallen [2] ↑ *asombrado* erstaunt [3] ↑ *colgado* hängend, aufgehängt II. *m* [1] COLE nicht bestanden [2] ◇ **estar en ~** in der Schwebe sein
suspicacia *f* ↑ *recelo* Mißtrauen *n*; **suspicaz** *adj* ↑ *desconfiado* argwöhnisch, mißtrauisch
suspirar *vi* seufzen; ◇ ~ **por alguien** sich in Liebe zu jd-m verzehren; **suspiro** *m* Seufzer *m*; ◇ **dar el último** ~ seinen letzten Atemzug tun
sustancia *f* Substanz *f*, Materie *f*; **sustancial** *adj* ↑ *trascendente* bedeutend; **sustancioso** *adj* wichtig, wesentlich
sustantivo *m* GRAM Substantiv *m*
sustentar I. *vt* [1] ↑ *sostener* stützen [2] → *familia* ernähren [3] → *tesis* verteidigen, vertreten [4] → *cargo* innehaben II. *vr(se)*: ◇ **~se de** leben von; **sustento** *m* Lebensunterhalt *m*
sustituible *adj* ▷*cosa* austauschbar; ▷*persona* ersetzbar; **sustituir** ‹3.9› *vt* ersetzen, vertreten; **sustituto(/a)** *m/f* [Stell]Vertreter(in *f*) *m*
susto *m* Schrecken *m*; ◇ **¡qué ~ me has dado!** meine Güte, hast du mich erschreckt!
sustraer ‹4.21› I. *vt* [1] ↑ *apartar* entziehen [2] ↑ *robar* unterschlagen, stehlen [3] MATE subtrahieren II. *vr(se)*: ◇ **~se a** sich entziehen *dat*
susurrar *vi* flüstern, murmeln; **susurro** *m* Flüstern *n*, Murmeln *n*
sutil *adj* [1] ▷*persona* scharfsinnig [2] ▷*asunto* heikel, schwierig, subtil [3] ▷*dedos* dünn, fein, zart; **sutileza** *f* [1] (*de persona*) Scharfsinn *m* [2] (*de asunto*) Subtilität *f* [3] ↑ *fineza* Dünne *f*, Feinheit *f*
suyo(/a) *pron, adj* [1] (*de él*) sein; (*pl, de ellos*) ihre [2] (*de ella*) ihr(e); (*pl, de ellas*) ihre [3] (*de usted*) Ihr(e); (*de ustedes*) Ihre; ◇ **este sombrero es ~ (de él, de ella, de usted)** dies ist sein/ihr/Ihr Hut; ◇ **no es ~ (de él, de ella, de usted)** das gehört ihm/ihr/Ihnen nicht; ◇ **Enrique es un**

amigo ~ Enrique ist sein Freund; ◇ **cada cual/ cada uno a lo** ~ jeder soll vor seiner eigenen Tür kehren; ◇ **ir a lo** ~ auf seinen eigenen Vorteil bedacht sein; ◇ **salirse con la ~a** seinen Kopf durchsetzen

T

T, t *f* T, t *n*

tabaco *m* [1] (*planta*) Tabak *m* [2] ↑ *cigarrillo* Zigarette *f*

tabarra *f* [1] (*persona*) Nervensäge *f* [2] *FAM* ◇ **dar la** ~ jd-m auf den Wecker/Geist gehen

taberna *f* Bar *f*, Kneipe *f*, Bistro *n*; **tabernero (/a)** *m/f* Barmann *m*, Barfrau *f*

tabique *m* dünne Trennwand

tabla *f* [1] Brett *n*; ◇ ~ **de surf** Surfbrett *n* [2] (*de falda*) Kellerfalte *f* [3] (MATE *de multiplicar*) Einmaleins *n* [4] ◇ **~s** *pl* TEATRO Bühne *f*; *FIG* ◇ **tener ~s** erfahren sein [5] ◇ **quedar ~s** unentschieden ausgehen, Remis machen; **tablado** *m* Podium *n*, Tribüne *f*

tablero *m* [1] (*tabla*) Tafel *f*, Platte *f*; ◇ ~ **de ajedrez** Schachbrett *n* [2] ↑ *encerado* [Wand-]Tafel *f*

tableta *f* [1] FARMA Tablette *f* [2] (*de chocolate*) Riegel *m*

tablón *m* ↑ *tabla gruesa* Bohle *f*; ◇ ~ **de anuncios** Anschlagbrett *n*

tabú *m* Tabu *n*

tabulador *m* TIP Tabulator *m*

tabular *vt* tabellieren

taburete *m* (*asiento sin brazos*) Hocker *m*

tacañería *f* ↑ *avaricia* Geiz *m*; **tacaño(/a)** I. *adj* geizig II. *m/f* Geizkragen *m*

tácito *adj* (*implícito*) stillschweigend

taciturno *adj* [1] ↑ *melancólico* schwermütig [2] ↑ *poco hablador* wortkarg, schweigsam

taco *m* [1] (*AM de zapato*) Absatz [2] (*para fijar*) Dübel *m* [3] (*de billar*) Queue, Billardstock *m* [4] ↑ *trozo* Würfel *m*; ◇ **voy a cortar unos ~s de jamón** ich werde etw Schinken in Würfel schneiden [5] *FAM* ↑ *lío* Durcheinander *n*; *FAM* ◇ **armarse/hacerse un** ~ durcheinandergeraten [6] ↑ *juramento* Schimpfwort *n*; ◇ **soltar un** ~ fluchen

tacón *m* Absatz *m*; ◇ **zapatos** *m/pl* **de** ~ hohe Schuhe; **taconeo** *m* [1] (*al andar*) Klappern *n* [2] (*al bailar*) Aufstampfen *n*

táctico(/a) I. *adj* taktisch II. *f* (*procedimiento*) Taktik *f*

tacto *m* [1] ↑ *sentido* Tastsinn *m* [2] ◇ **el jersey tiene un ~ maravilloso** der Pullover fühlt sich wunderbar an [3] (*FIG de persona*) Takt *m*

tacha *f* ↑ *defecto* Fehler *m*, Makel *m*; ◇ **poner ~ a algo** etwas auszusetzen haben an etwas *dat*; ◇ **sin** ~ makellos; **tachar** *vt* [1] → *algo escrito* durchstreichen [2] ↑ *acusar* beschuldigen; ◇ **le tachan de cobarde** man wirft ihm vor, ein Feigling zu sein *dat*; **tachón** *m* ↑ *borrón* Strich *m durch Geschriebenes*

tachuela *f* (*clavo*) Zwecke *f*

tafetán *m* (*tela*) Taft *m*

tafilete *m* Saffianleder *n*

tahona *f* ↑ *panadería* Bäckerei *f*

tailandés(-esa) I. *adj* thailändisch II. *m/f* (*habitante*) Thailänder(in *f*) *m*; **Tailandia** *f* Thailand *n*

taimado *adj* ↑ *pícaro* schlau, verschlagen; ↑ *maligno* boshaft

tajada *f* [1] ↑ *herida* Schnitt *m* [2] (*de melón*) Scheibe *f* [3] *FAM* ↑ *borrachera* Rausch [4] *FIG* ◇ **sacar** ~ Reibach machen

tajante *adj* [1] ▷*separación* scharf [2] ▷*"no"* endgültig, kategorisch; **tajar** *vt* schneiden; **tajo** *m* [1] ↑ *corte* Schnitt *m* [2] GEO [Gelände]Einschnitt, Steilhang *m*

tal I. *adj*, *pron* solche(r, s), derartige(r, s); ◇ ~ **para cual** einer wie der andere; ◇ **no comprendo ~ comportamiento** so ein Verhalten ist mir unverständlich; ◇ **si le ves, le dices ~ cosa** wenn du ihn siehst, sagt ihm das und das; ◇ **como si ~ cosa** mir nichts dir nichts; ◇ **¿conoces a un ~ Pablo?** kennst du einen gewissen Pablo?; ◇ **de ~ palo, ~ astilla** der Apfel fällt nicht weit vom Stamm II. *cj*: ◇ **con ~ que no se lo digas a nadie, te lo contaré** vorausgesetzt, daß du es niemandem sagst, werde ich es Dir erzählen III. *adv*: ◇ ~ **como** genau wie; ◇ **le prefiero ~ cual** so wie es ist; ◇ ~ **vez** vielleicht; ◇ **¿ qué ~?** wie geht's?

talabartero(/a) *m/f* (*que trabaja el cuero*) Sattler(in *f*) *m*

taladradora *f* (*para la pared*) Bohrer *m*; (*para papel*) Locher *m*; **taladrar** *vt* [durch-]bohren; **taladro** *m* (*máquina*) Bohrer *m*

talante *m* ↑ *ánimo* Stimmung *f*, Laune *f*; ◇ **estar de buen/mal** ~ gut/schlechtgelaunt sein

talar *vt* → *árbol* fällen

talco *m* Speckstein *m*, Talkum *n*, Talk *m*; ◇ **polvos de** ~ Talkumpuder *m*

talego *m FAM* ↑ *cárcel* Knast *m*

talento *m* [1] ↑ *inteligencia* Talent *n*, Begabung *f* [2] ↑ *aptitud* Fähigkeit *f*

talgo *m* (*tren rápido*) Talgo *m spanischer Schnellzug*

talismán *m* Talisman *m*

talón *m* [1] ANAT Ferse *f; FIG* ◇ **~ de Aquiles** Achillesferse *f; FIG* ◇ **pisar a uno los talones** jd-m dicht auf den Fersen sein [2] (*de zapato*) Hinterkappe *f* [3] (*de calcetín*) Ferse [4] COM Abschnitt *m*, Schein *m; FAM* Scheck *m*

talonario *m* : ◇ **~ de cheques** Scheckheft *n*

talud *m* (GEO *inclinación*) Böschung *f*

talla *f* [1] ↑ *altura* Größe *f*, Wuchs *m;* ◇ **su ~ es de 1,75** er ist 1,75 m groß [2] (*FIG capacidad intelectual*) Fähigkeit *f; FIG* ◇ **dar la ~** Erwartungen erfüllen [3] (*de ropa*) Größe *f* [4] (*de diamantes*) Schliff *m* [5] (*de madera*) Schnitzerei *f* [6] ↑ *escultura* Bildhauerarbeit *f;* **tallado I.** *adj* [1] ▷*madera* geschnitzt [2] ▷*diamante* geschliffen **II.** *m* (*de madera*) Schnitzarbeit *f;* (*de diamantes*) Schliff *m;* **tallar** *vt* [1] → *madera* schnitzen [2] → *diamantes* schleifen [3] → *piedra* meißeln [4] → *persona* messen

tallarín *m* GASTRON Bandnudel *f*

talle *m* [1] ANAT Taille *f* [2] (*de vestido*) Sitz *m*, Schnitt *m*

taller *m* [1] (*de coches*) Werkstatt *f* [2] (*de pintor*) Atelier *n*

tallo *m* FLORA Stengel *m*, Stiel *m*

tamaño I. *adj* so groß **II.** *m* Größe *f;* ◇ **de ~ natural** lebensgroß; ◇ **necesito papel de ~ más pequeño** ich brauche kleineres Papier

tamarindo *m* FLORA Tamarinde *f*

tambalearse *vr* schwanken, taumeln; **tambaleo** *m* Schwanken *n*

también *adv* auch, ebenfalls; ◇ **si tú te vas, yo ~** wenn du gehst, gehe ich auch

tambor *m* [1] MUS, TECNI Trommel *f* [2] ANAT Trommelfell *n* [3] (*de detergente*) Karton *m* [4] ◇ **~ de la lavadora** Trommel *f;* **tamborilero** *m* Handtrommelschläger *m*

tamiz *m* feineres Sieb; **tamizar** ⟨3.10⟩ *vt* [1] (*pasar por el tamiz*) fein sieben [2] *FIG* ↑ *seleccionar* aussieben

tampoco *adv* auch nicht, ebensowenig; ◇ **no llamó él ni tampoco su mujer** weder er noch seine Frau hat angerufen

tampón *m* (*para la mujer*) Tampon *m*

tan *adv* so, ebenso; ◇ **es ~ malo como su hermano** er ist so böse wie sein Bruder; ◇ **escríbeme ~ siquiera una postal** schreib' mir doch wenigstens eine Postkarte

tanda *f* [1] ↑ *turno* Schicht *f*, Turnus *m* [2] (*cada grupo*) Untergruppe *f* [3] ◇ **una ~ de libros** ein Haufen Bücher *m* [4] ↑ *serie* Reihe *m*

tanga *m* Tanga *m*

tangente *f* (*linea*) Tangente *f; FIG* ◇ **irse/salirse [uno] por la ~** einer klaren Antwort ausweichen

Tánger *m* Tanger *n*

tangible *adj* [1] (*que se puede tocar*) berührbar [2] (*que se siente*) spürbar

tanque *m* [1] MIL Panzer *m* [2] (*de agua*) Tank *m* [3] (*vehículo*) Tankwagen *m*

tantear *vt* [1] → *cantidad* berechnen, überschlagen [2] ↑ *ensayar* abwägen, abschätzen [3] → *a alguien* jd-m auf den Zahl fühlen *dat;* **tanteo** *m* [1] SPORT Punktestand *m* [2] (*calculo*) Schätzung *f*, Überschlag *m* [3] (*prueba*) Prüfung *f* [4] ◇ **a/por ~** über den Daumen gepeilt

tanto(/a) I. *adj* [1] (*cantidad*) so viel; ◇ **tengo ~os años como tú** ich bin genauso alt wie du; ◇ **te lo he dicho ya ~as veces** ich habe es dir schon so oft gesagt [2] ◇ **~s** *pl* einige, etliche; ◇ **52 y ~s** über 52; ◇ **uno de ~s** einer von vielen **II.** *adv* (*cantidad*) soviel, so viel; (*tiempo*) so lange; ◇ **~ vales cuanto tienes** man gilt so viel, wie man besitzt; ◇ **~ tú como yo** sowohl du als auch ich; ◇ **cuanto más tiene, ~ más quiere** je mehr man hat, desto mehr will man; ◇ **~ mejor** umso besser; ◇ **~ y cuanto** soundsoviel; ◇ **ni ~ ni tan poco** weder zuviel, noch zu wenig **III.** *pron:* ◇ **ya sabía yo que a ~ no podía llegar** ich wußte schon, daß ich das nicht schaffen würde; ◇ **a ~s de febrero** am soundsovielten Februar **IV.** *cj* [1] ◇ **en/entre ~ que** *subj* während, solange [2] ◇ **con ~ que** *subj* wenn nur; ◇ **por (lo) ~** infolgedessen **V.** *m* [1] (*cantidad*) [festgesetzte] Menge, Summe *f;* ◇ **~ por ciento** Prozentsatz; ◇ **pagar a ~ la hora** soundsoviel in der Stunde bezahlen; ◇ **con estos arreglos el coche vale otro ~** nach diesen Reparaturen ist das Auto wesentlich mehr wert [2] SPORT Punkt *m;* ◇ **ganaron por tres ~s a uno** sie gewannen 3 zu 1; ◇ **lograr un ~** ein Tor erzielen [3] ◇ **no estoy al ~** ich bin nicht auf dem laufenden [4] ◇ **hasta las ~as** bis tief in die Nacht

tapa *f* [1] (*de recipiente*) Deckel *m* [2] (*de libro*) Buchdeckel [3] (*de zapato*) Absatz *m* [4] (*aperitivo*) Appetithappen *m*

tapacubos *m/sing* AUTO Radkappe *f;* **tapadera** *f* [1] (*de vasija*) [Topf-]Deckel *m* [2] (*FIG persona, cosa*) Tarnung *f;* **tapar I.** *vt* [1] (*con una manta*) zudecken [2] → *agujero* zustopfen [3] ↑ *encubrir* verdecken [4] *FIG* ↑ *ocultar* verbergen [5] → *los ojos* verbinden **II.** *vr(se)* [1] → *cuerpo desnudo* sich bedecken [2] (*en la cama*) sich zudecken

tapete *m* [Tisch]Decke *f; FIG* ◇ **estar sobre el ~** zur Erörterung stehen; *FIG* ◇ **poner algo sobre el ~** etwas aufs Tapet bringen

tapia *f* [1] Lehmmauer *f* [2] *FAM* ◇ **estar más sordo que una ~, ser sordo como una ~** stocktaub sein; **tapiar** *vt* ummauern, zumauern

tapicería *f* [1] (*tienda*) Polster-/Dekorationsgeschäft *n* [2] ARTE Tapisserie *f* [3] (*de muebles*) Bezug *m*

tapioca *f* GASTRON Tapioka *f*, Maniokstärkemehl *n*

tapiz *m* (*de pared*) Wandteppich *m;* **tapizar** ‹3.10› *vt* [1] → *muebles* beziehen, polstern [2] → *paredes* tapezieren [3] → *suelo* [mit Teppich] auslegen

tapón *m* [1] (*de botella*) Korken *m;* ◇ ~ **de rosca** Schraubverschluß *m* [2] (*de bañera*) Stöpsel *m* [3] (*del tráfico*) Verkehrsstau *m*

taquicardia *f* MED Herzjagen *n*, Tachykardie *f*

taquigrafía *f* Stenographie *f*, Kurzschrift *f;* **taquígrafo(/a)** *m/f* Stenograph(in *f*) *m*

taquilla *f* [1] (*de billetes*) [Karten-]Schalter *m* [2] (*dinero*) Tageseinnahme *f* [3] (*armario pequeño*) [Akten]Schrank; **taquillero(/a)** I. *adj* Erfolgs- II. *m/f* [1] (*de tren*) Schalterbeamte(r) *m*, Schalterbeamtin *f* [2] (*de teatro, cine*) Kartenverkäufer(in *f*) *m*

tara *f* [1] ↑ *defecto* Mangel *m* [2] (*peso de envase*) Tara *f*, Verpackungsgewicht *n* [3] (*de vehículo sin carga*) Leergewicht *n;* **tarado** *adj* ↑ *loco* verrückt; (*defectuoso*) fehlerhaft

tarántula *f* FAUNA Tarantel *f*

tararear *vi* ↑ *canturrear* trällern

tardanza *f* [1] ↑ *retraso* Verzögerung *f*, Verspätung *f* [2] (*calma*) Saumseligkeit *f;* **tardar** *vi* [1] ↑ *durar* brauchen; ◇ **¿cuánto se tarda en llegar a Sevilla?** wie lange braucht man bis Sevilla? [2] ↑ *llegar tarde* zögern; ◇ **¡no tardes!** sei pünktlich! [3] (*más tiempo de lo normal*) (zu) lange brauchen, (zu) lange dauern; ◇ ~ **en escribir una carta** ewig brauchen, um einen Brief zu schreiben; ◇ **a más** ~ spätestens; ◇ **sin** ~ unverzüglich;

tarde I. *adv* spät; ◇ **más** ~ **hablaremos de eso** wir werden später darüber sprechen; ◇ **más vale** ~ **que nunca** besser spät als nie; ◇ ~ **o temprano lo vas a comprender tú también** früher oder später wirst auch du es verstehen II. *f* [1] (*a partir de las 12*) Nachmittag *m* [2] (*a partir de las 6*) [früher] Abend; ◇ **¡buenas -s!** guten Tag! [*o.* guten Abend!]; ◇ **esta** ~ (*a partir de las 12*) heute nachmittag; (*a partir de las 6*) heute abend; ◇ **por la** ~ am Nachmittag, am [frühen] Abend; ◇ **de** ~ **en** ~ von Zeit zu Zeit; **tardío** *adj* ▷*hijo* spät; **tardo** *adj* [1] ↑ *calmoso* langsam, träge [2] ↑ *tonto* schwerfällig; **tardón(-ona)** Trödelfritze *m*, Trödelliese *f*

tarea *f* [1] ↑ *trabajo* Arbeit *f* [2] *también* COLE Aufgabe *f*

tarifa *f* [1] (*de precios*) Preisliste *f* [2] (*de impuestos*) Tarif *m*, Satz *m*

tarima *f* Podium *n*, Bühne *f*

tarjeta *f* Karte *f;* ◇ ~ **de crédito** Kreditkarte *f;* ◇ ~ **de embarque** Bordkarte *f;* ◇ ~ **de impuestos sobre salarios** Lohnsteuerkarte *f;* ◇ ~ **joven** Junior-Paß *m;* ◇ ~ **de Navidad** Weihnachtskarte *f;* ◇ ~ **postal** Postkarte *f;* ◇ ~ **de visita** Visitenkarte

tarro *m* (*vasija*) [Einmach-]Topf *m*, Tiegel *m*

tarta *f* Torte *f*, Kuchen *m;* ◇ ~ **de boda** Hochzeitstorte

tartamudear *vi* stottern; **tartamudo(/a)** I. *adj* stotternd II. *m/f* Stotterer *m*, Stotterin *f*

tartana *f* (*PEY coche viejo*) Mühle *f*

tártaro(/a) I. *adj* ▷*carne* tartarisch II. *m/f* (*persona*) Tatar(in *f*) *m*

tartera *f* [1] ↑ *cazuela* Kochtopf *m* [2] ↑ *fiambrera* Picknickdose *f*

tarugo *m* (*FIG persona inculta*) Trottel *m*, Tölpel *m*

tasa *f* [1] (*precio fijado*) Gebühr *m;* ◇ ~ **de la matrícula escolar** Anmeldegebühr *f* [2] (*impuesto*) Abgabe *f* [3] ↑ *valoración* Schätzwert *f;* ◇ ~ **de crecimiento** Wachstumsrate *f;* **tasación** *f* [1] ↑ *estimación* Schätzung *f* [2] ▷*tributaria* Veranlagung *f;* **tasador** *m* [amtlicher] Schätzer *m;* **tasar** *vt* [1] → *mercancía* einen Preis festsetzen für [2] ↑ *estimar* schätzen, taxieren; ◇ **ha tasado esta pulsera en dos mil pesetas** er hat dieses Armband auf zweitausend Peseten geschätzt [3] (*poner límite*) einschränken, begrenzen

tasca *f* (*de barrio*) Kneipe *f*

tatarabuelo(/a) *m/f* Urururgroßvater *m*, -mutter *f*

tatuaje *m* Tätowierung *f;* **tatuar** ‹3.19› *vt* tätowieren

taurino *adj* Stier -, Stierkampf-

Tauro *m* ASTR Stier *m;* **tauromaquia** *f* Stierfechterkunst *f*

taxativo *adj* ↑ *reducido* beschränkend

taxi *m* Taxi *n*

taxidermia *f* Ausstopfen *n* [von Tieren]

taxímetro *m* AUTO Taxameter *m o n*, Fahrpreisanzeiger *m;* **taxista** *m/f* Taxifahrer(in *f*) *m*

taza *f* [1] (*de té*) Tasse *f* [2] (*de inodoro*) Toilettenbecken *n*

tazón *m* große Tasse, Schale *f*

te *pron* [1] (*objeto directo*) dich; ◇ ~ **amo** ich liebe dich [2] (*objeto indirecto*) dir; ◇ **quiero decír-lo** ich möchte es dir sagen [3] (*reflexivo*) dich; ◇ **¿cómo** ~ **llamas?** wie heißt du?

té *m* Tee *m*

tea *f* [Kien-]Fackel *f*

teatral *adj* [1] Theater- [2] *FIG* theatralisch; **teatro** *m* [1] (*lugar, arte*) Theater *n;* (*FIG*) ◇ **hacer/tener** ~ Theater machen [2] (*obras*) Dramen *pl*

tebeo *m* Comicheft *n*

tecla *f* Taste *f;* ◇ **pulsar una** ~ eine Taste drükken; ◇ **tocar una** ~ anschlagen; **teclado** *m* Tastatur *f;* **teclear** *vi* [1] (*instrumento*) die Tasten anschlagen; *FAM* herumklimpern [2] (*con los dedos*) tommeln *mit den Fingern*

técnico(/a) **I.** *adj* technisch; ◇ **carrera ~a** technische Laufbahn; ◇ **diccionario** *m* ~ Fachwörterbuch *n* **II.** *m/f* Techniker(in *f*) *m* **III.** *f* Technik *f;* **tecnología** *f* Technologie *f,* Technik *f;* **tecnológico** *adj* technologisch, technisch

techado (*de edificio*) Dach *n;* **techo** *m* [1] (*de edificio*) Dach *n* [2] (*de habitación*) Decke *f;* **techumbre** *f* Dach *n*

tedio *m* [1] ↑ *aburrimiento* Langeweile *f* [2] ↑ *hastío* Überdruß *m,* Widerwille *m;* **tedioso** *adj* [1] ↑ *aburrido* langweilig [2] ↑ *pesado* ermüdend, öde

teja *f* [1] Ziegel *m* [2] *FAM* ◇ **pagar a toca** ~ bar auf den Tisch [bezahlen]; **tejado** *m* [Ziegel-]Dach *n*

tejanos *m/pl* [Blue-]Jeans *pl*

tejemaneje *m* [1] (*FAM, actividad*) Fixigkeit *f* [2] (*FAM manejos poco claros*) Intrigenspiel *n*

tejer *vt* [1] → *telaraña* weben [2] (*hacer punto*) stricken [3] *FIG* planen; ◇ **está tejiendo su porvenir** er plant seine Zukunft; **tejido** *m* [1] ↑ *tela* Stoff *m* [2] ↑ *tesitura* Gewebe *n* [3] ANAT Gewebe *n*

tela *f* [1] ↑ *tejido* Stoff *m,* Gewebe *n* [2] ↑ *lienzo* Leinen *n,* Leinwand *f* [3] *FIG* ◇ **poner en ~ de juicio** anzweifeln [4] *FAM* ◇ **hay ~ para rato** kein Ende nehmen; *FAM* ◇ **tener mucha** ~ (*tener trabajo para largo*) da werden wir eine Weile zu tun haben; (*ser difícil*) schwierig, heikel, kitzlig; (*tener mucho dinero*) viel Zaster/Kohle haben; **telar** *m* [1] (*máquina*) Webstuhl *m* [2] (*fábrica*) Weberei *f;* **telaraña** *f* Spinngewebe *f*

tele *f FAM* ↑ *televisión* Fernsehen *n;* ↑ *televisor* Fernseher *m; FAM* Glotze *f;* **telecomunicación** *f* Fernmeldewesen *n;* ◇ **ingeniero** *m* **de telecomunicaciones** Fernmeldetechniker *m;* **telecontrol** *m* Fernsteuerung *f;* **telediario** *m* (*de televisión*) Tagesschau *f;* **teledifusión** *f* Radiosendung *f;* Fernsehsendung *f;* **teledirigido** *adj* ferngesteuert; **telefax** *m* Telefax *n;* ◇ **enviar por** ~ [tele-]faxen, fernkopieren, fernübermitteln, telekopieren; **teleférico** *m* Drahtseilbahn *f;* **telefilm** *m* Fernsehfilm *m;* **telefonazo** *m* (*FAM*) Anruf *m;* **telefonear** **I.** *vt* anrufen (*a akk*) **II.** *vi* telefonieren; **telefónico** *adj* telefonisch; **telefonista** *m/f* Telefonist(in *f*) *m;* **teléfono** *m* Telefon *n;* ◇ **guía** *f* **de ~s** Telefonbuch *n;* ◇ **llamar por** ~ anrufen (*a akk*); **telegrafía** *f* Telegraphie *f;* **telegrafiar** *vt* telgraphieren; **telégrafo** *m* Telegraph *m;* **telegrama** *m* Telegramm *n*

telele *m FAM* ↑ *ataque de nervios* Nervenzusammenbruch *m; FIG* Ohnmachtsanfall *m*

teleobjetivo *m* FOTO Teleobjektiv *n;* **telepatía** *f* Telepathie *f,* Gedankenübertragung *f;* **telepático** *adj* telepathisch; **telescopio** *m* Teleskop *n,* Fernrohr *n;* **telesilla** *f* Sessellift *m;* **telespectador(a)** *m/f* Fernsehzuschauer(in *f*) *m;* **telesquí** ‹s› *m* Skilift *m;* **teletexto** *m* Fernschreiben *n;* **teletipo** *m* Fernschreiber *m;* **televidente** *m/f* Fernsehteilnehmer(in *f*) *m;* **televisar** *vt* → *programa* senden, übertragen *im Fernsehen;* **televisión** *f* Fernsehen *n;* ◇ **trabaja en la** ~ er arbeitet beim Fernsehen; **televisor** *m* Fernsehgerät *n,* Fernseher *m;* ◇ **~ a color** Farbfernseher; **télex** *m* Telex *n,* Fernschreiben *n*

telón *m* TEATRO Vorhang *m;* ◇ **se sube el ~ y comienza la función** der Vorhang geht auf und die Vorstellung beginnt; POL ◇ **~ de acero** Eiserner Vorhang *m*

telonero *adj:* ◇ **grupo** ~ (*en concierto*) Vorgruppe

tema *m* [1] Thema *n;* ◇ **~ de conversación** Gesprächsthema *n;* ◇ **desarrollar un** ~ ein Thema behandeln; ◇ **cada loco con su** ~ jedem Tierchen sein Pläsierchen [2] MUS Thema *n;* **temario** *m* (*de examen*) Themenliste *f;* **temático(/a)** **I.** *adj* thematisch **II.** *f* (*conjunto de temas*) Thematik *f*

temblar ‹3.1› *vi* zittern, beben; ◇ **~ de miedo/frío** vor Angst/Kälte zittern; **tembleque** *m* Zittern *n;* **temblón(-ona)** *adj* ↑ *que tiembla con facilidad* zittrig; **temblor** *m* Zittern *n;* ◇ **~ de tierra** Erdbeben *n;* **tembloroso** *adj* zitt[e]rig

temer *vt* [1] ↑ *tener miedo* fürchten; ◇ **~ de alguien** jd-n fürchten; ◇ **ella temía por su hija** sie hatte Angst um ihre Tochter [2] ↑ *sospechar* [be-]fürchten; ◇ **temo que no pueda venir** ich fürchte, ich werde nicht kommen können; **temerario** *adj* [1] ↑ *arrojado* tollkühn, waghalsig [2] ▷*pensamiento* leichtfertig; **temeridad** *f* [1] ↑ *irreflexión* Verwegenheit *f,* Tollkühnheit *f* [2] ↑ *dicho* leichtfertige Behauptung; **temeroso** *adj:* ◇ **ser/estar** ~ ängstlich/zaghaft sein; **temible** *adj* ↑ *terrible* furchtbar

temor *m* [1] ↑ *miedo* Furcht *f,* Angst *f;* ◇ **~ a la muerte** Furcht/Angst vorm Tod[e] [2] ↑ *desconfianza* Argwohn *m*

témpano *m* [1] MUS Pauke *f* [2] (*de hielo*) Eisscholle *f*

temperamental *adj* ▷*persona* aufbrausend, cholerisch; **temperamento** *m* Temperament *n;* ◇ **de ~ colérico** cholerisch

temperatura *f* Temperatur *f;* ◇ ~ **ambiental** Raum-/Zimmertemperatur; ◇ **el enfermo tiene mucha** ~ der Kranke hat hohes Fieber

tempestad *f* METEO Sturm *m; FIG* ◇ **una** ~ **de aplausos** ein Beifallssturm *m;* **tempestuoso** *adj* stürmisch

templado *adj* [1] ▹*líquido* lau[-warm] [2] ▹*clima* mild [3] ↑ *moderado* gemäßigt [4] ↑ *valiente* kühn, tapfer [5] ◇ **nervios** *m/pl* ~s gute Nerven *m/pl*

templanza *f* [1] ↑ *sobriedad* Mäßigung *f* [2] METEO Mildheit *f;* **templar** I. *vt* [1] ↑ *suavizar* mäßigen [2] → *metal* härten [3] MUS stimmen [4] ↑ *apaciguar* besänftigen [5] → *leche* temperieren II. *vi* [1] *FAM* ◇ **con dos copas ya está templado** nach zwei Gläsern hat er schon einen Schwips [2] ← *tiempo* wärmer werden III. *vr(se)* ↑ *contenerse* sich mäßigen; **temple** *m* [1] (TECNI *de acero*) Härtung *f* [2] ↑ *valentía* Mut *m,* Geschick *n* [3] ↑ *ánimo* Stimmung *f,* Laune *f;* ◇ **estar de buen/mal** ~ gut-/schlechtgelaut sein [4] (*pintura*) Temperafarbe *f*

templete *m* ARQUIT Pavillon *m*

templo *m* [1] REL Kirche *f* [2] ARQUIT Tempel *m*

temporada *f* [1] (*espacio de tiempo*) Zeit *f,* Zeitraum *m* [2] (*época*) Jahreszeit *f;* ◇ ~ **de verano** Sommer *m,* Saison *f;* ◇ ~ **alta** Hochsaison; **temporal** I. *adj* [1] (*no duradero*) zeitweilig, zeitweise [2] (*no religioso*) weltlich II. *m* METEO Sturm *m; FIG* ◇ **capear el** ~ etw durchstehen

tempranero(/a) *m/f* (*persona que se levanta pronto*) Frühaufsteher(in *f*) *m;* **temprano** I. *adj* ▹*patatas* Früh- II. *adv* [1] ▹*levantarse* früh [2] ↑ *antes de tiempo* zu früh

tenacidad *f* [1] (*de hierro*) Reißfestigkeit *f* [2] (*de persona*) Beharrlichkeit *f,* Zähigkeit *f,* Hartnäkkigkeit *f;* ◇ **la** ~ **en el trabajo** Durchhaltevermögen/Ausdauer bei der Arbeit

tenacillas *f/pl* MED kleine Zange *f,* Pinzette *f*

tenaz *adj* [1] ↑ *resistente* reißfest, zäh [2] ▹*persona* beharrlich, starrsinnig

tenaza *f* [1] MED, TECNI Zange *f* [2] (*de langosta*) Schere *f,* Zange *f*

tendal *m* (*de ropa*) *Wäscheständer m;* **tendedero** *m* (*lugar*) Trockenplatz *m;* (*de cuerda*) Wäscheständer *m*

tendencia *f* [1] Tendenz *f;* (*conjunto*) Trend *m;* ◇ **tener** ~ **a** dazu neigen, zu [2] ↑ *propensión* Neigung *f,* Hang *m;* **tendencioso** *adj* tendenziös; **tender** ‹4.17› I. *vt* [1] → *ropa mojada* aufhängen [2] → *cable* verlegen [3] → *puente* schlagen [4] → *la mano* ausstrecken II. *vi* ↑ *propender* neigen (*a* zu) III. *vr(se)* ↑ *tumbarse* sich hinlegen, ausstrecken

tenderete *m* Verkaufsstand *m*

tendero(/a) *m/f* (*dueño de tienda*) Ladeninhaber(in *f*) *m,* Krämer *m*

tendido I. *adj* [1] ▹*ropa* hängend [2] ▹*persona* liegend [3] ◇ **a galope** ~ im gestreckten Galopp II. *m* [1] (*de cable*) Verlegung *f;* ◇ ~ **eléctrico** die elektrischen Leitungen [2] TAUR Sperrsitz *m*

tendón *m* ANAT Sehne *f*

tenducho *m PEY* [elender] Kramladen

tenebroso *adj* [1] ↑ *oscuro* finster, dunkel [2] ↑ *misterioso* unheimlich, düster

tenedor(a) I. *m* Gabel *f* II. *m/f* COM Inhaber(in *f*) *m;* ◇ ~ **de acciones** Aktieninhaber, Aktionär(in *f*) *m;* ◇ ~ **de libros** Buchhalter(in *f*) *m*

tenencia *f* [1] (*de cargo*) Amtszeit *f* [2] ◇ ~ **ilícita de armas** unerlaubter Waffenbesitz; **tener** ‹1.4› I. *vt* [1] ↑ *sujetar* [fest-]halten [2] ↑ *poseer* haben, besitzen; *FIG* ◇ ~ **a mano** zur Hand haben; ◇ ~ **a menos** verachten; ◇ ~ **a bien mandar una copia** so freundlich sein, eine Kopie zu schicken; ◇ ~ **a la vista** vor Augen haben, vorhaben; ◇ ~ **a [mucha] honra** es sich zur Ehre anrechnen; ◇ ~ **algo contra alguien** etw gegen jd-n haben; ◇ ~ **algo de bueno** etw Gutes haben; ◇ ~ **algo entre manos** in Aussicht/Arbeit haben; ◇ ~ **26 años** 26 Jahre alt sein; ◇ ~ **celos** eifersüchtig sein; ◇ ~ **cuidado** aufpassen; ◇ ~ **en cuenta** in Betracht ziehen, berücksichtigen; ◇ ~ **en mucho [a una persona]** jd-n hochachten; ◇ **ya tengo escrita la carta** der Brief ist schon fertig; ◇ **tengo frío/calor** mir ist kalt/warm; ◇ ~ **ganas de** Lust haben zu; ◇ ~ **habilidad** geschickt sein; ◇ ~ **la sartén por el mango** die Richtung bestimmen; ◇ **la reunión tendrá lugar el martes** das Treffen wird am Dienstag stattfinden; ◇ ~ **mucho gusto en/de** sehr erfreut sein; ◇ ~ **sed/hambre** durstig/hungrig sein, Durst/Hunger haben; ◇ **él me tiene preocupado** ich mache mir Sorgen um ihn; ◇ ~ **por seguro** sich *dat* sicher sein; ◇ ~ **por objeto** bezwecken; *FIG* ◇ ~ **puesto** tragen; ◇ ~**la tomada con [alguien]** jd-n nicht ausstehen können; ◇ **con eso no tengo ni para empezar** damit kann ich nichts anfangen; ◇ ~ **tres metros de ancho/de largo/de profundidad** ein Meter breit/lang/tief sein; ◇ ~ **una sorpresa** eine Überraschung auf Lager haben; ◇ **no** ~**las todas consigo** das Rüstzeug nicht dabei haben; ◇ **¡tenga usted!** nehmen sie bitte! [3] ↑ *guardar* aufbewahren; (*contener*) fassen, enthalten [4] ↑ *estimar* halten (*por* für); ◇ ~ **cariño a alguien** jd-m zugeneigt sein; ◇ **le tengo simpatía** ich finde ihn sympatisch [5] ◇ ~ **que** müssen; ◇ ~ **que ver con algo/alguien** zu tun haben mit etw/jd-m [6] ◇ **tenía pensado ir al cine** eigentlich wollte ich ins Kino gehen **II.** *vr(se)* [1] ↑ *sostenerse* sich aufrecht halten [2] ↑ *considerarse* sich halten (*por* für)

tenia *f* MED Bandwurm *m*

teniente *m* [1] COM Stellvertreter *m* [2] MIL ▷*segundo* ~ Leutnant *m*

tenis *m* SPORT Tennis *n;* **tenista** *m/f* Tennisspieler(in *f*) *m*

tenor *m* [1] (MUS *voz, cantante*) Tenor *m* [2] ◇ **a ~ de** laut, gemäß

tenorio *m* Don Juan *m,* Schürzenjäger *m*

tensar *vt* → *cuerda* spannen, straffen; **tensión** *f* [1] (*de persona, cuerda*) Spannung *f;* ◇ **cable** *m* **de alta ~** Hochspannungsleitung *f* [2] MED Blutdruck *m;* ◇ **tener la ~ alta/baja** hohen/niedrigen Blutdruck haben; **tenso** *adj* ▷*cuerda, persona* [an-]gespannt

tentación *f* Versuchung *f*

tentáculo *m* FAUNA Fühler *m;* (*de caracol*) Fühlhorn *n;* (*de moluscos*) Fangarm *m,* Tentakel *m o n*

tentador(a) **I.** *adj* verführerisch, verlockend **II.** *m/f* Verführer(in *f*) *m;* **tentar** ‹3.1› *vt* [1] ↑ *palpar* befühlen, betasten; *FIG* ◇ **~ a la suerte** das Schicksal herausfordern [2] ↑ *seducir* verführen [3] (*incitar al mal*) versuchen, verlocken, in Versuchung führen; **tentativa** *f* Versuch *m;* ◇ **~ de robo** versuchter Diebstahl

tentempié *m FAM* Imbiß *m*

tenue *adj* [1] ▷*hilo* fein [2] ↑ *débil* schwach [3] ▷*luz* schwach, fahl

teñir ‹3.31› **I.** *vt* [1] → *pelo* färben; ◇ **~ los zapatos de negro** die Schuhe schwarz färben [2] *FIG* tönen **II.** *vr(se):* ◇ **~se** sich *dat* färben

teología *f* Theologie *f;* **teólogo(/a)** *m/f* Theologe *m,* Theologin *f*

teorema *m* Theorem *n,* Lehrsatz *m*

teoría *f* Theorie *f;* ◇ **~ del conocimiento** Erkenntnislehre; ◇ **en ~** theoretisch; **teóricamente** *adv* theoretisch; **teórico(/a)** **I.** *adj* theoretisch **II.** *f* Theoretiker(in *f*) *m;* **teorizar** ‹3.10› *vi* theoretisieren

tequila *f* Tequila *m*

terapeuta *m/f* Therapeut(in *f*) *m;* **terapéutico** *adj* therapeutisch; **terapia** *f* MED Therapie *f*

tercer *adj* dritte(r,s); ◇ **~ mundo** die dritte Welt; ◇ **vive en el ~ piso** er/sie wohnt im dritten Stock; **tercermundismo** *m* Rückständigkeit *f;* **tercermundista** *adj* Entwicklungsländer-; **tercero(/a)** **I.** *adj* dritte(r, s); ◇ **es la ~a puerta a la derecha** es ist die dritte Tür rechts; ◇ **~a edad** Rentenalter *n;* ◇ **sólo quiero la ~a parte** ich möchte nur ein Drittel **II.** *m/f* [1] (*en un asunto*) Vermittler(in *f*) *m,* Mittelsmann *m* [2] ◇ **este seguro incluye daños a ~os** diese Versicherung deckt auch Schäden Dritter; ◇ **a la ~a va la vencida** aller guten Dinge sind drei **III.** *f* [1] ↑ *en tren* dritte Klasse [2] AUTO dritter Gang

terceto *m* MUS Terzett *n,* Trio *n*

terciar **I.** *vt* (*dividir*) dritteln **II.** *vi* [1] (*en conversación*) sich beteiligen [2] ↑ *mediar* vermitteln **III.** *vr(se)* sich ergeben; ◇ **si se tercia, pienso irme a Santander** wenn es sich ergibt, fahre ich nach Santander; **terciario** *adj* tertiär

tercio *m* Drittel *n*

terciopelo *m* Samt *m*

terco *adj* ▷*persona* starrsinnig; ▷*animal* störrisch

tergiversación *f* [Wort-]Verdrehung *f;* **tergiversar** *vt* → *hechos* verdrehen

termas *f/pl* Thermalquellen *pl;* **térmico** *adj* thermisch, Wärme-

terminación *f* [1] (*parte final*) Ende *n* [2] (*acción*) Abschluß *m* [3] GRAM Endung *f;* **terminal** **I.** *adj* End-, [Ab-]Schluß- **II.** *f* (*de autobús*) Endstation *f* **III.** *m* ELEC Pol *m;* **terminante** *adj* ▷*respuesta* entschieden; **terminar** **I.** *vt* ↑ *acabar* beenden; ↑ *finalizar* abschließen **II.** *vi* [1] ← *viaje* enden [2] ↑ *acabar* aufhören, zu (*de*) [3] ◇ **~ por hacer algo** schließlich etwas tun **III.** *vr(se)* zu Ende sein; **término** *m* [1] ↑ *fin* Ende *n,* Schluß *m;* ◇ **el ~ del trayecto** das Ende des Weges; ◇ **dar ~ a algo** etw abschließen; ◇ **llevar a ~ algo** etw zu Ende führen; ◇ **poner ~ a algo** e-r Sache Einhalt gebieten; ◇ **en último ~** als letztes, zur Not [2] ◇ **~ municipal** Gemeinde-/Stadtgebiet *n* [3] (*de tiempo*) Frist *f,* Termin *m;* ◇ **le fijó un ~ para pagar** er setzte ihm eine Zahlungsfrist [4] (*palabra*) Ausdruck *m,* Terminus *m;* ◇ **en ~s amistosos** freundlich ausgedrückt; ◇ **los ~s del tratado** der Wortlaut des Vertrages [5] ◇ **por ~ medio** im Durchschnitt

terminología *f* Terminologie *f*

termita *f* FAUNA Termite *m*

termo *m* Thermosflasche *f;* Isolierkanne *f;* **termoaislante** **I.** *adj* wärmedämmend **II.** *m* Wärmedämmung *f;* **termodinámico** *adj* thermodynamisch

termómetro *m* Thermometer *n*

termostato *m* Thermostat *m*

ternero(/a) **I.** *m/f* (*ganado*) Kalb *n* **II.** *f* GASTRON Kalbfleisch *n*

terneza *f* Zärtlichkeit *f;* **ternura** *f* [1] ↑ *afecto* Zuneigung *f* [2] ↑ *dulzura* Zärtlichkeit *f* [3] ◇ **~s** Schmeicheleien *f/pl*

terquedad *f* Starrsinn *m*

terracota *f* Terrakotta *f*

terrado *m* ↑ *azotea* Dachterrasse *f*

terraplén *m* [1] (*desnivel, de carretera*) Straßen-/Bahndamm *m;* (*del terreno*) [Erd-]Aufschüttung *f* [2] (*inclinación*) [Ab-]Hang *m*
terráqueo *adj:* ◇ **globo** *m* **-** Erdkugel *f;* ◇ **esfera** *f* **-a** Sphäre
terrateniente *m/f* [Groß-]Grundbesitzer(in *f*) *m*
terraza *f* Terrasse *f*
terremoto *m* Erdbeben *n*
terrenal *adj* irdisch; **terreno I.** *adj* ▷*vida* Erden- **II.** *m* [1] (*suelo*) Boden *m* [2] (*tierra*) Land *n;* (*parcela*) Grundstück *n* [3] *FIG* ↑ *campo* Bereich *m,* Gebiet *n;* ◇ **en el - de la medicina** auf dem Gebiet der Medizin; *FIG* ◇ **no quiero opinar de temas que están fuera de mi -** ich möchte meine Meinung nicht über Dinge äußern, mit denen ich mich nicht auskenne; *FIG* ◇ **estar/encontrarse en su propio -** bewandert sein; *FIG* ◇ **ganar -** Fortschritte machen; *FIG* ◇ **perder -** an Boden verlieren; *FIG* ◇ **preparar/trabajar el -** sich vorbereiten; *FIG* ◇ **saber el - que pisa** [gut] Bescheid wissen; *FIG* ◇ **sobre el -** aus dem Stehgreif; **terrestre I.** *adj* Land-, Erd-; ◇ **vida -** Erdenleben *n* **II.** *m/f* Erdbewohner(in *f*) *m*
terrible *adj* [1] ▷*persona* schrecklich [2] ▷*situación* furchtbar [3] ▷*fuerza* gewaltig, riesig [4] ◇ **ruido -** Höllenlärm *m*
terrícola *m/f* ↑ *terrestre* Erdbewohner(in *f*) *m*
territorial *adj* Gebiets-, Land-, Territorial-; ◇ **aguas** *f/pl* **-es** Hoheitsgewässer *m/pl;* **territorio** *m* Territorium *n,* Gebiet *n*
terrón *m* [1] (*de azúcar*) Würfel *m* [2] (*de tierra*) Erdklumpen *m*
terror *m* Schrecken *m,* Entsetzen *n;* ◇ **es el - del barrio** er ist der Schrecken der Nachbarschaft; **terrorífico** *adj* schreckenerregend
terrorismo *m* Terrorismus *m;* **terrorista I.** *adj* terroristisch, Terror-; ◇ **grupo** *m* **-a** Terroristengruppe *f* **II.** *m/f* Terrorist(in *f*) *m*
terroso *adj* erdig, erdfarben
terruño *m* (*FIG país natal*) Heimat *f*
terso *adj* [1] ↑ *liso* glatt [2] ↑ *limpio* sauber, glänzend; **tersura** *f* (*de la piel*) Glätte *f*
tertulia *f* Stammtisch *m*
tesina *f* UNI Diplom-, Zulassungsarbeit *f*
tesis *f* ‹inv› (*opinión*) These *f;* ◇ **- doctoral** Doktorarbeit, Dissertation *f*
tesón *m* ↑ *constancia* Beharrlichkeit *f*
tesorero(/a) *m/f* Kassenverwalter(in *f*) *m,* Schatzmeister *m;* **tesoro** *m* Schatz *m;* ◇ **el - público** Staatskasse *f*
testaferro *m* Strohmann *m*
testamentaría *f* JUR Testamentsvollstreckung *f;* **testamentario(/a) I.** *adj* testamentarisch, Testaments- **II.** *m/f* Testamentsvollstrecker(in *f*) *m;* **testamento** *m* Testament *n;* **testar** *vi* ein Testament machen
testarudez *f* Starrköpfigkeit *f;* **testarudo** *adj* starrköpfig
testículo *m* ANAT Hode[n] *m,* Testikel *m*
testificación *f* Bezeugung *f,* Bescheinigung *f;* **testificar** ‹3.7› **I.** *vt* [1] ↑ *declarar como testigo* bezeugen [2] ↑ *probar* beweisen **II.** *vi* ↑ *hacer de testigo* aussagen
testigo(/a) *m/f* JUR Zeuge *m,* Zeugin *f;* ◇ **- ocular** Augenzeuge *m; FIG* ◇ **esta herida es - del accidente que tuvo** diese Verletzung zeugt von seinem/ihrem Unfall
testimoniar *vt* ↑ *atestiguar* bezeugen; **testimonio** *m* [1] (*declaración*) Zeugenaussage *f;* ◇ **levantar falsos -s** falsches Zeugnis ablegen [2] ↑ *prueba* Beweis *m*
teta *f también FAM* Brust *f;* ◇ **dar** [**la**] **-** stillen
tétanos *m* MED Wundstarrkrampf *m,* Tetanus *m*
tetera *f* Teekanne *f,* Teekessel *f*
tetilla *f* [1] ANAT männliche Brustwarze [2] (*del biberón*) Sauger *m;* **tetina** *f* (*del biberón*) Sauger *m*
tetrabrik *m* Tetrapak ® *m*
tétrico *adj* düster, trübsinnig, trübselig
textil I. *adj* Textil- **II.** *m/pl* Textilien *n pl*
texto *m* Text *m;* ◇ **libro** *m* **de -** Lehr-, Schulbuch *n;* **textual** *adj* [1] (*del texto*) textgemäß [2] ▷*cita* wörtlich, buchstäblich
textura *f* [1] (*de tela*) Webart *f,* Textur *f* [2] (*de una cosa*) Struktur *f*
tez *f* (*de la piel*) Teint *m*
ti *pron* [1] (*objeto directo*) dich; ◇ **tengo buenas noticias para -** ich habe gute Nachrichten für dich [2] (*objeto indirecto*) dir; ◇ **hoy por - y mañana por mí** eine Hand wäscht die andere
tía *f* [1] Tante *f* [2] *FAM PEY* Weibsbild *n* [3] (*FAM mujer*) Frau *f*
tibia *f* ANAT Schienbein *n;* **tibieza** *f* [1] (*temperatura*) Lauheit *f* [2] (*indiferencia*) Lässigkeit *f;* **tibio** *adj* [1] ▷*agua* lau[-warm] [2] ▷*persona* lässig, indifferent [3] ◇ **poner - a alguien** lästern über jd-n
tiburón *m* [1] FAUNA Hai[-fisch] *m* [2] (*FIG FAM hombre*) Schürzenjäger *m*
tic *m* : ◇ **- nervioso** nervöses Zucken *m,* Tick *m*
tictac *m* Ticken *n*
tiempo *m* [1] (*de reloj*) Zeit *f;* ◇ **al poco -** gleich darauf; ◇ **de un - a esta parte** seit einiger Zeit; ◇ **sin perder -** sofort; ◇ **avisar con -** frühzeitig Bescheid geben; ◇ **cantar a un -/al mismo -** gleichzeitig; ◇ **correr/pasar el -** Zeit verstrei-

chen/vergehen; ◇ **dar ~ al ~** nichts überstürzen; ◇ **esta situación ya viene de ~** diese Situation besteht schon seit langem; ◇ **faltarle ~ a alguien para algo** nicht genug Zeit haben für etw; ◇ **fuera de ~** zur Unzeit; ◇ **ganar ~** Zeit gewinnen; ◇ **llegar a ~** rechtzeitig ankommen; ◇ **matar el ~** die Zeit totschlagen; ◇ **motor** *m* **de cuatro ~s** Viertaktmotor *m;* ◇ **perder el ~** Zeit verlieren; ◇ **tomarse ~ para algo** sich Zeit nehmen für [2] METEO Wetter *n;* ◇ **~ de perros** Hundewetter *n;* ◇ **hace buen/mal ~** es ist/herrscht schönes/schlechtes Wetter [3] ↑ *período* Zeitalter *n,* Epoche *f* [4] ↑ *edad* Alter *n* [5] GRAM Zeit *f,* Tempus *n* [6] SPORT Halbzeit *f*

tienda *f* [1] Laden *m,* Geschäft *n* [2] ◇ **~ de campaña** Zelt *n*

tienta *f* [1] MED Sonde *f* [2] *FIG* ↑ *sagacidad* Pfiffigkeit *f* [3] *FIG* ◇ **andar a ~s** im Dunkeln tappen

tiento *m* [1] (*acción*) Befühlen *n,* Betasten *n* [2] ↑ *cuidado* Behutsamkeit *f,* Vorsicht *f;* ◇ **dibuja con buen ~** er hat einen guten Strich; ◇ **con ~** behutsam [3] (*de ciego*) Stock *m*

tierno *adj* [1] ▷*carne* zart, weich [2] ▷*persona* zärtlich [3] ▷*pan* frisch

tierra *f* [1] (*suelo*) Erde *f,* Boden *m;* ◇ **~ adentro** landeinwärts; ◇ **quedarse en ~** nicht [ab-]reisen können; ◇ **tomar ~** (*aterrizar*) landen; *FIG* ◇ **besar la ~** hinfallen; *FIG* ◇ **echar por ~ algo** zerstören; *FIG* ◇ **se lo tragó la tierra** er ist wie vom Erdboden verschwunden [2] (*planeta*) Erde *f* [3] (*país*) Heimat *f* [4] (*terreno cultivable*) Ackerland *n*

tieso I. *adj* [1] ↑ *firme* starr [2] ▷*tela* steif [3] *FIG* ▷*comportamiento* hart **II.** *adv* straff; ◇ **andar muy ~** eingebildet sein; *FAM* ◇ **dejar ~ a alguien** jd-n töten, jd-n kaltmachen

tiesto *m* Blumentopf *m*

tifoideo *adj* MED: ◇ **fiebre ~a** Typhus *m*

tifón *m* METEO Taifun *m*

tifus *m* MED Typhus *m*

tigre(-esa) *m/f* FAUNA Tiger(in *f*) *m*

tijera[s] *f* [1] Schere *f;* ◇ **silla de ~** Klappstuhl [2] (*de jardín*) Heckenschere *f;* **tijeretear** *vt* zerschneiden

tila *f* (*infusión*) Lindenblütentee *m*

tildar *vt:* ◇ **~ de** bezeichnen als *akk*

tilde *f* GRAM Tilde *f;* Akzent *m*

tilín *m* Geklingel *n;* (*FAM*) ◇ **este chico me hace ~** auf den Typ stehe ich

tilo *m* FLORA Linde *f*

timador(a) *m/f* ↑ *estafador* Gauner *m;* **timar** *vt* ↑ *estafar* betrügen

timbal *m* MUS Pauke *f*

timbrar *vt* → *documento* [ab-]stempeln; **timbrazo** *m* starkes Klingeln; **timbre** *m* [1] (*de la puerta*) Klingel *f* [2] (*de sonido*) Klang *m,* Timbre *n* [3] (*de documento*) Stempel *m;* COM [Stempel-]Gebühr *f*

timidez *f* Schüchternheit *f;* **tímido** *adj* [1] ▷*persona* schüchtern [2] ▷*animal* scheu

timo *m* Schwindel *m,* Betrug *m*

timón *m* NAUT *también FIG* Steuer *n;* **timonel** *m* Steuermann *m*

timorato *adj* ↑ *tímido* furchtsam

tímpano *m* [1] ANAT Trommelfell *n* [2] MUS [Hand-]Pauke *f*

tina *f* [1] (*recipiente*) Bottich *m* [2] ↑ *bañera* Badewanne *f*

tinaja *f* (*de vino*) großer Tonkrug

tinglado *m* [1] (*cobertizo*) Schuppen *m* [2] ↑ *tablado* Tribüne *f* [3] *FIG* ↑ *enredo* Intrige *f*

tinieblas *f/pl* ↑ *oscuridad* Dunkelheit *f;* ◇ **estar en tinieblas** im Dunkeln tappen

tino *m* [1] (*al disparar*) Treffsicherheit *f* [2] *FIG* ↑ *destreza* Geschick *n* [3] ↑ *moderación* Mäßigung *f*

tinta *f* [1] (*de escribir*) Tinte *f* [2] *FIG* ◇ **cargar las ~s** übertreiben; *FIG* ◇ **decir algo a medias ~s** Halbheiten/Unklarheiten erzählen; *FIG* ◇ **saber de buena ~** aus sicherer Quelle wissen

tinte *m* [1] (*acción*) Färbung *f* [2] (*sustancia*) Farbstoff *m* [3] *FAM* ↑ *tintorería* chemische Reinigung [4] *FIG* ↑ *matiz* Anflug *m;* ◇ **sus palabras tienen un cierto ~ de pesimismo** er klingt etw pessimistisch

tintero *m* Tintenfaß *n; FIG* ◇ **dejar/quedarse [a alguien] algo en el ~** etwas übergehen, etwas vergessen

tintinear *vi* klingeln, bimmeln; **tintineo** *m* (*sonido*) Geklingel *n,* Bimmeln *n*

tinto *m* ▷*vino* Rotwein *m*

tintorería *f* chemische Reinigung

tintorro *m* (*FAM tinto*) starker Rotwein *m*

tintura *f* (*sustancia para teñir*) Färbemittel *n*

tío *m* [1] Onkel *m* [2] *FAM PEY* Typ *m* [3] (*FAM amigo*) alter Knabe

tiovivo *m* Karussell *n*

típico *adj* typisch; **tipificar** ⟨3.7⟩ *vt* typisieren

tiple I. *m* (*voz*) Sopran *m* **II.** *m/f* MUS Sopran *m,* Sopranistin *f*

tipo *m* [1] ↑ *modelo* Muster *n,* Modell *n* [2] ↑ *categoría* Art *f;* ◇ **~ de cambio** Wechselkurs *m* [3] ↑ *figura* Wuchs *m,* Figur *f; FIG* ◇ **aguantar/mantener el ~** besonnen handeln; *FIG* ◇ **jugarse el ~** sein Leben aufs Spiel setzen [4] (*individuo*) Typ *m*

tipografía *f* [1] (*arte*) Drucken *n* [2] (*taller*) Drukkerei *f;* **tipográfico** *adj* typographisch; **tipógrafo(/a)** *m/f* Drucker(in *f*) *m*

tiquismiquis I. *m/f* ⟨inv⟩ (*FAM persona*) Pedant(in *f*) *m* II. *m/pl* [1] *FAM* ↑ *reparos* Bedenken *pl* [2] *FAM* ↑ *enfados* Streiterei *f*

tira *f* [1] (*de papel*) Streifen *m* [2] *FAM* ◇ **hoy me he divertido la** ~ heute habe ich mich köstlich amüsiert [3] ◇ ~ **y afloja** Geben und Nehmen *n*

tirabuzón *m* (*rizo*) Korkenzieherlocke *f*

tirachinas *m* ⟨inv⟩ Steinschleuder *f*

tirada *f* [1] (*acción de tirar*) Wurf *m* [2] (*acción de imprimir*) Abdruck *m* [3] (*de edición*) Auflage *f* [4] ◇ **hice el viaje de una** ~ ich bin ohne Pause durchgefahren

tirado(/a) I. *adj* [1] (*en el suelo*) ausgestreckt [2] *FAM* ▷*precio* spottbillig [3] *FAM* ↑ *fácil* kinderleicht; ▷*examen* geschenkt II. *m/f* Strolch *m,* armer Teufel, verkrachte Existenz

tirador(a) I. *m/f* (*persona*) Schütze *m* II. *m* (*de puerta*) Griff *m*

tiranía *f* Tyrannei *f;* **tiránico** *adj* tyrannisch; **tiranizar** ⟨3.10⟩ *vt* tyrannisieren; **tirano(/a)** I. *adj* tyrannisch II. *m/f* Tyrann(in *f*) *m*

tirante I. *adj* [1] ▷*goma* straff [2] *FIG* ▷*situación* gespannt II. *m* (*de vestido*) Träger *m;* ◇ ~**s** *pl* Hosenträger *m/pl;* **tirantez** *f* [1] (*de cuerda*) Gespanntheit *f* [2] (*FIG de situación*) Spannung *f;*

tirar I. *vt* [1] ↑ *lanzar* werfen [2] ↑ *malgastar* verschwenden, vergeuden [3] ↑ *desechar* wegwerfen [4] ↑ *derribar* abreißen [5] ↑ *imprimir* drucken [6] *FIG* ↑ *derrotar* ruinieren [7] ◇ **ahora le toca** ~ **a él** jetzt muß er werfen II. *vi* [1] ← *cohetes* schießen [2] ← *cuerda* spannen [3] ↑ *gustar, arrastrar* ziehen; ◇ **el caballo tiraba del coche** das Pferd zog die Kutsche; ◇ **el ladrón tiró de navaja** der Dieb zog das Messer; ◇ **la chimenea no tiraba y la casa se llenó de humo** der Kamin hatte keinen Zug und das Haus füllte sich mit Rauch [4] (*dirigirse a*) einbiegen [5] ◇ **tiene los ojos color marrón tirando a negro** seine Augen sind braun mit einem Stich ins Schwarze [6] ◇ **¿cómo estás? -voy tirando** wie geht es dir? - ich schlage mich so durch III. *vr(se)* [1] ↑ *arrojarse* ◇ **se tiró al río** er sprang in den Fluß; ◇ **se tiró sobre el ladrón** er warf sich auf den Dieb [2] ↑ *tumbarse* ◇ **se tiró en la cama y se quedó dormido** er warf sich auf das Bett und schlief ein [3] ↑ *pasar* ◇ **se tiró toda la mañana durmiendo** er verschlief den ganzen Vormittag

tirita *f* MED Heftpflaster *n*

tiritar *vi* ↑ *templar* frösteln

tiro *m* [1] (*de dado*) Wurf *m* [2] (*de arma*) Schuß *m* [3] SPORT Schießen *n;* ◇ ~ **al blanco** Scheibenschießen *n;* ◇ **estar/ponerse a** ~ (*al alcance de un arma*) in Schußweite sein/gelangen; (*ser posible*) in Reichweite stehen; ◇ **pegarse un** ~ sich eine Kugel durch den Kopf jagen; *FIG* ◇ **el** ~ **salió por la culata** der Schuß ging nach hinten los; *FAM FIG* ◇ **sentar (algo) como un** ~ schlecht bekommen; ◇ **ni a** ~**s** nicht um alles in der Welt [4] (*distancia*) Schußweite *f* [5] *FAM* ◇ **ponerse de** ~**s largos** piekfein sein

tirón *m* [1] (*de pelo*) Zug *m,* Ruck *m* [2] ◇ **me leí el libro de un** ~ ich las das Buch in einem Rutsch

tirotear I. *vt* schießen auf *akk* II. *vr(se)* sich gegenseitig beschießen; **tiroteo** *m* Schießerei *f*

tirria *f FAM* ↑ *aversión* Widerwille *m,* Abneigung *f;* ◇ **tener** ~ **a alguien** jd-n auf dem Kieker haben

tisana *f* Heiltee[-aufguß] *m*

tísico *adj* MED schwindsüchtig; **tisis** *f* MED Schwindsucht *f,* Phthisis *f*

titán *m* Titan *m*

títere *m* [1] (*muñeco*) Puppe *f,* Marionette *f; FIG* ◇ **no dejar** ~ **con cabeza** kein gutes Haar an jd-m/etw lassen [2] (*pl, espectáculo*) Marionetten-/Kasperletheater *n;* **titiritero(/a)** *m/f* Puppenspieler(in *f*) *m*

titubeante *adj* [1] (*al hablar*) stotternd [2] ↑ *indeciso* zögernd; **titubear** *vi* [1] (*al hablar*) stammeln [2] ↑ *dudar* unschlüssig sein, zögern; **titubeo** *m* [1] (*al hablar*) Stottern, Stammeln *n* [2] (*al decidir*) Zögern *n*

titulación *f* UNI [akademischer] Titel; **titulado(/a)** *m/f* Diplomierte(r) *fm;* **titular** I. *adj* Titular-; ◇ **profesor** *m* ~ Ordinarius *m,* Lehrstuhlinhaber(in *f*) *m* II. *m/f* COM Inhaber(in *f*) *m* III. *m* (*del periódico*) Schlagzeile *f,* Überschrift *f* VI. *vt* (*poner título*) betiteln V. *vr(se)* [1] ← *cuadro* e-n Titel tragen, heißen [2] UNI einen [akademischen] Titel erwerben; **título** *m* [1] (*de libro, carrera*) Titel *m;* ◇ ~ **de doctor** Doktortitel *m* [2] (*categoría*) Diplom *n* [3] (JUR *de derecho*) Rechtanspruch *m,* Anrecht *n;* (*documento*) [Berechtigungs-]Urkunde *f* [4] COM Wertpapier *n* [5] ◇ **a** ~ **de** (*en calidad de*) in der Eigenschaft als

tiza *f* Kreide *f*

tiznar I. *vt* [1] (*de tizne*) schwärzen mit Ruß [2] *FIG* anschwärzen II. *vr(se):* ◇ ~**se de** sich schmutzig machen mit; **tizne** *f* ↑ *hollín* Ruß *m;* **tizón** *m* [1] (*palo*) halbverbranntes Scheit *n* [2] (*parásito*) Brand *m*

toalla *f* Handtuch *n; FIG* ◇ **tirar la** ~ das Handtuch werfen; **toallero** *m* Handtuchhalter *m*

tobillo *m* ANAT Fußknöchel *m*

tobogán *m* [1] (*pista deslizante*) Rutschbahn *f* [2] (*trineo*) Rodelschlitten *m*

toca *f* [1] (*prenda de tela*) Kopfschmuck *m* [2] (*de monjas*) Schwesternhaube *f*

tocadiscos *m* ⟨inv⟩ Plattenspieler *m*
tocado I. *adj* ↑ *loco* verdreht, überspannt; *FAM* ◇ **estar ~ del ala/de la cabeza** einen leichten Stich haben **II.** *m* [1] ↑ *adorno para el pelo* Kopfbedeckung *f* [2] (*peinado*) Frisur *f*
tocador *m* [1] (*mueble*) Toilettentisch *m*, Frisiertisch *m* [2] (*habitación*) Damentoilette *f*
tocar ⟨3.7⟩ **I.** *vt* [1] → *objeto* berühren, anrühren [2] → *guitarra* spielen [3] ↑ *modificar* rühren an *dat* [4] ↑ *aludir* anspielen auf *akk;* ◇ **~ de cerca** Bescheid wissen über etw *akk* [5] → *campanas* läuten **II.** *vi* [1] ↑ *corresponder* an der Reihe sein [2] (*ganar en lotería*) zufallen [3] (*a la puerta*) läuten, klingeln [4] (*en un reparto*) entfallen auf *akk* **III.** *vr(se)* ← *dos objetos* sich berühren
tocata *f* MUS Tokkata *f*
tocateja *m FAM*: ◇ **pagar a ~** in barem Geld, bar zahlen
tocayo(/a) *m/f* Namensbruder *m*, -schwester *f*
tocino *m* Speck *m*
todavía *adv* [1] ↑ *aún* noch; ◇ **~ más/menos/mejor/peor** noch mehr/weniger/besser/schlechter; ◇ **~ me acuerdo de ti** ich erinnere mich noch an dich; ◇ **~ no han llegado** sie sind noch nicht angekommen; ◇ **su hermano es inteligente, pero él lo es más ~** sein Bruder ist intelligent, aber er ist noch gescheiter [2] (*adversativo*) [je-]doch; ◇ **he estudiado toda la mañana y ~ me riñe** ich habe den ganzen Vormittag gelernt, und totzdem schimpft er/sie noch
todo I. *adj* [1] (*conjunto*) ganze(r, s); ◇ **~ el día** den ganzen Tag [lang] [2] (*cantidad, medida*) alle, alles; ◇ **esto es ~ cuanto tengo** das ist alles was ich habe; ◇ **te deseo ~ lo mejor** ich wünsche dir alles Gute; ◇ **me puedes contar ~ lo que quieras** mit mir kannst du über alles reden [3] (*cada*) jeder(r, s); ◇ **~s los días** jeden Tag [*o.* täglich] **II.** *m* [1] (*total*) Ganze(s) *n* [2] (*pl, de personas*) alle; (*pl*) ◇ **conoce a ~ el mundo** er kennt alle Welt **III.** *adv* ↑ *enteramente* ganz, völlig; ◇ **~ lo más** alles andere; ◇ **a ~a velocidad** mit voller Geschwindigkeit; *FAM* ◇ **a ~ meter** was das Zeug hält; ◇ **a ~ correr** in vollem Lauf; ◇ **a ~ esto/a ~as estas** währenddessen; ◇ **ante/por/sobre ~** vor allem, in erster Linie; ◇ **así y ~** trotzdem; ◇ **del ~** ganz, völlig; ◇ **de ~as formas** zumindest; ◇ **ser ~ ojos** große Augen machen
todopoderoso *adj* allmächtig; ◇ **El T~** der Allmächtige
toga *f* Toga *f*, Robe *f*
toldo *m* Sonnendach *n*
tolerable *adj* erträglich; **tolerancia** *f* Toleranz *f;* **tolerante** *adj* ▷*persona* tolerant, duldsam; **tolerar** *vt* [1] ↑ *permitir* ↑ *soportar* tolerieren, dulden [2] → *comida* vertragen
toma *f* [1] (*acción*) Nehmen *n;* ◇ **~ de posesión** Amtsantritt *m* [2] MED Dosis *f* [3] (*de agua, electricidad*) Anschluß *m;* ◇ **~ de corriente** Stromabnehmer *m*, Steckdose *f* [4] *FAM* ◇ **el ~ y daca** Kuhhandel *m*, Tauziehen *n*
tomadura *f FAM*: ◇ **~ de pelo** Verkohlen *n;*
tomar I. *vt* [1] → *objeto* nehmen [2] ↑ *aceptar* annehmen [3] → *autobús* nehmen [4] → *cerveza* trinken [5] → *bocadillo* essen [6] → *decisión* fassen [7] → *medidas* ergreifen, treffen [8] → *cariño* liebgewinnen [9] → *foto* machen [10] → *temperatura* messen [11] ◇ **~ el sol** sich sonnen [12] ◇ **~ apuntes** mitschreiben [13] → *habitación* mieten [14] ◇ **~ el pelo (a alguien)** jd-n verkohlen; ◇ **~ a mal** schlecht aufnehmen; ◇ **~ por** halten für; ◇ **~ en serio** ernst nehmen; ◇ **~la con alguien** sich mit jd-m anlegen; ◇ **~la con algo** befummeln **II.** *vr(se)* [1] → *vacaciones* sich *dat* etw nehmen [2] ↑ *oxidarse* rostig werden
tomate *m* [1] (*fruto*) Tomate *f* [2] *FAM* ◇ **aquí hay [mucho] tomate** hier geht alles drunter und drüber; **tomatera** *f* Tomatenstaude *f*
tomavistas *m* ⟨inv⟩ FOTO Filmkamera *f*
tómbola *f* Tombola *f*
tomillo *m* FLORA Thymian *m*
tomo *m* [1] ↑ *volumen* Band *m* [2] *FAM* ◇ **de ~ y lomo** mächtig, bedeutend
ton *m abr. de FAM*: ◇ **sin ~ ni son** völlig grundlos
tonada *f* [1] (*canción*) Lied *n* [2] ↑ *melodía* Melodie *f*
tonalidad *f* [1] (*de colores*) Farbton *m* [2] MUS Tonart *f*
tonel *m* Faß *n*
tonelada *f* [Gewichts-]Tonne *f;* **tonelaje** *m* Tonnage *f*
tongo *m* (SPORT *trampa*) Manipulation *f*, abgekartetes Spiel
tónico(/a) I. *adj* [1] (*que entona*) stärkend [2] GRAM betont **II.** *m* [1] MED Tonikum *n* [2] (*para la piel*) Gesichtswasser *n* **III.** *f* [1] ↑ *tendencia* Stimmung *f*, Trend *m* [2] ↑ *bebida* Tonic Water *n;* **tonificante** *adj* ↑ *refrescante* stärkend, erfrischend; **tonificar** ⟨3.7⟩ *vt* ↑ *dar fuerza* stärken
tonillo *m* [1] (*tono monótono*) Singsang *m* [2] (*deje al hablar*) [dialektaler] Tonfall *m;* **tono** *m* [1] (*de voz*) Ton *m;* ◇ **bajar el ~** den Ton mäßigen; ◇ **subir el ~** sich aufs hohe Roß setzen [2] (*armonía*) ◇ **ponerse a ~** sich anpassen; ◇ **a ~ con** übereinstimmend; ◇ **fuera de ~ /sin venir a ~** unpassend, ungelegen [3] (*de escrito*) Stilebene *f* [4] (*de pintura*) Farbton *m*
tontada *f* ↑ *tontería* Albernheit *f;* **tontaina** *m/f* ↑ *tonto* Dummerchen *n;* **tontear** *vi* [1] (*decir*

tonterías) herumalbern [2] ↑ *coquetear* schäkern; **tontería** *f* [1] (*calidad*) Dummheit *f* [2] (*dicho*) dumme Bemerkung; ◇ **¡déjate de -s!** laß den Unsinn!; **tonto(/a)** I. *adj* [1] ↑ *bobo* dumm; ◇ **ponerse -** (*vanidoso*) sich eitel benehmen; (*terco*) sich starrköpfig zeigen; ◇ **a lo -** ohne es zu merken [2] (*de forma cariñosa*) albern **II.** *m/f* Dummkopf *m;* ◇ **hacer el -** den Clown spielen; ◇ **hacerse el -** sich dumm stellen; ◇ **a -as y a locas** wie Kraut und Rüben

topacio *m* MIN Topas *m*

topar I. *vt vi* [1] ↑ *chocar* zusammenstoßen mit [2] ↑ *encontrar* treffen **II.** *vr(se):* ◇ **-se con alguien** jd-n [zufällig] treffen

tope *m* [1] (*extremo*) Ende *n* [2] (*de velocidad*) Grenze *f* [3] *FAM* ◇ **el tren iba a -/hasta los -s** der Zug war völlig überfüllt

tópico I. *adj:* ◇ **medicamento de uso -** äußerlich anzuwenden **II.** *m* ↑ *tivialidad* Gemeinplatz *m*

topo *m* [1] FAUNA Maulwurf *m;* ◇ **más ciego que un -** stockblind [2] (*FIG espía*) Maulwurf *m* [3] (*FIG persona torpe*) Tölpel *m*

topografía *f* Topographie *f;* **topógrafo(/a)** *m/f* Topograph(in *f*) *m*

toque *m* [1] (*acción*) Berührung *f* [2] ↑ *pincelada* [leichter] Pinselstrich *m* [3] ↑ *matiz* Touch *m* [4] ↑ *companeo* Glockenläuten *n;* ◇ **- de queda** Ausgangssperre *f* [5] MIL Zapfenstreich *m* [6] *FAM* ◇ **dar un - a alguien** jd-m Bescheid sagen; **toquetear** *vt* ↑ *manosear* anfassen, befummeln

toquilla *f* Kopf-/Schultertuch *n*

tórax *m* ANAT Brustkorb *m*, Thorax *m*

torbellino *m* [1] (*de agua*) Wirbel *m*, Strudel *m* [2] (*FIG de cosas*) Kaleidoskop *n*, Wirrwarr *m* [3] (*FIG persona*) Wirbelwind *m*, Zappelphilip *m*

torcedura *f* [1] [Ver-]Drehen *n* [2] (MED *de tobillo*) Zerrung *f;* **torcer** ‹3.2› **I.** *vt* [1] ↑ *doblar* verdrehen [2] ↑ *inclinar* verschieben [3] → *calle* einbiegen [4] → *tobillo* zerren, verstauchen [5] ↑ *pervertir* verderben [6] → *cara* verziehen [7] (*FIG sentido de las palabras*) verdrehen **II.** *vi* ↑ *desviar* abbiegen **III.** *vr(se)* [1] ← *objeto* sich krümmen [2] → *tobillo* sich verstauchen [3] ← *proyecto* schiefgehen, nicht gelingen

tordo I. *adj* ▷ *caballo* apfelgrau **II.** *m* [1] (FAUNA *pájaro*) Drossel *f* [2] (*caballo*) Apfelschimmel *m*

torear I. *vt* [1] *FIG* ↑ *evitar* aus dem Weg gehen *dat* [2] ↑ *molestar* belästigen, hänseln **II.** *vi* TAUR mit Stieren kämpfen, als Stierkämpfer auftreten; **toreo** *m* Stierfechtkunst *f;* **torero(/a)** **I.** *m* Torero *m*, Stierkämpfer(in *f*) *m* **II.** *f* [1] (*chaquetilla corta*) *taillenkurze, enganliegende Jacke [wie sie die Stierkämpfer tragen]* [2] *FAM* ◇ **saltarse algo a la -a** etw ignorieren

tormenta *f* METEO Sturm *m;* **tormento** *m* [1] ↑ *tortura* Folter *f* [2] ↑ *persona* Quälgeist *m* [3] ↑ *sufrimiento* Qual *f;* **tormentoso** *adj* [1] METEO stürmisch [2] ↑ *agitado* unruhig

torna *f:* ◇ **se han vuelto las -s** das Blatt hat sich gewendet

tornado *m* METEO Tornado *m*, Wirbelsturm *m*

tornar I. *vt* ↑ *cambiar* umwandeln **II.** *vi* ↑ *regresar* umkehren; ◇ **tornó a llorar** (*volver a*) er weinte wieder **III.** *vr(se):* ◇ **-se en** sich verwandeln in *akk*

tornasol *m* [1] FLORA Sonnenblume *f* [2] (*reflejo*) Schillern *n*

torneo *m* Turnier *n*

tornero(/a) *m/f* ↑ *alfarero* Drechsler(in *f*) *m*, Dreher(in *f*) *m*

tornillo *m* Schraube *f; FIG FAM* ◇ **apretar los -s a alguien** (*obligar a hacer algo*) jd-n an die Kandare nehmen; *FIG FAM* ◇ **le falta un - / tiene los -s flojos** bei ihm ist eine Schraube locker

torniquete *m* MED Aderpresse *f*

torno *m* [1] (*de dentista*) Bohrmaschine *f* [2] (*de alfarero*) Drehbank *f* [3] ◇ **en - a este tema no quiero decir nada** ich möchte nichts dazu sagen; ◇ **en - a la ciudad hay una muralla** die Stadt ist von einer Mauer umgeben

toro *m* [1] FAUNA Stier *m; FIG* ◇ **coger al - por los cuernos** den Stier bei den Hörnern packen [2] (*FIG persona fuerte*) kräftiger Mann *m* [3] ◇ **los -s** der Stierkampf

torpe *adj* [1] (*de movimientos*) schwerfällig [2] (*con las manos*) ungeschickt, linkisch [3] (*de inteligencia*) dumm

torpedo *m* MIL Torpedo *m*

torpeza *f* [1] (*calidad*) Ungeschicklichkeit *f* [2] (*acto*) Mißgriff *m*, Geistlosigkeit *f;* ◇ **cometer una -** einen Bock schießen

torre *f* [1] (*edificio*) Turm *m;* ◇ **- de control** Kontrollturm *m* [2] (*de petróleo*) Bohrturm *m*

torrefacto *adj* ▷ *café* geröstet

torrente *m* [1] (*de agua*) Sturzbach *m* [2] (*de personas, cosas*) Strom *m*, Schwall *m*

tórrido *adj* ▷ *clima* [tropisch] heiß

torsión *f* Verdrehung *f*

torso *m* ANAT Torso *m*

torta *f* [1] (*de comer*) Torte *f* [2] (*FAM bofetada*) Ohrfeige *f* [3] *FAM* ◇ **no sabe ni - de** er/sie hat keinen [blassen] Schimmer von; **tortazo** *m* [1] ↑ *bofetada* Ohrfeige *f* [2] (*golpe*) Aufprall *m*

tortícolis *m* ‹inv› MED steifer Hals

tortilla *f* Omelett *n;* ◇ **- francesa/española** Omelett *n*/Kartoffelomelett *n*, Tortilla *f; FIG FAM* ◇ **hacer - a alguien** jd-n zusammenschlagen

tórtola *f* FAUNA Turteltaube *f;* **tórtolo** *m* [1] (*FIG hombre enamorado*) sehr verliebter Mann *m* [2] (*pl, pareja enamorada*) Turteltäubchen *pl*
tortuga *f* FAUNA Schildkröte *f; FIG* ◇ **a paso de** ~ im Schneckentempo
tortuoso *adj* ▷*camino* geschlängelt, gewunden; **tortura** *f* Folter *f;* **torturar** *vt* foltern
tos *f* MED Husten *m;* ◇ ~ **ferina** Keuchhusten *m;* ◇ **remedio contra la** ~ Hustenmittel *n*
tosco *adj* ▷*material, persona* roh, ungehobelt
toser *vi* husten
tostada *f* Toast *m;* **tostadero** *m* [1] (*horno*) Röstofen *m* [2] (*FIG lugar caliente*) Brutofen *m;* **tostado** *adj* [1] ▷*café* geröstet; ▷*pan* getoastet [2] (*color*) braun [3] (*del sol*) braungebrannt, sonnengebräunt; **tostador** *m* Toaster *m;* **tostar** ⟨3.2⟩ **I.** *vt* [1] → *café* rösten [2] → *pan* toasten [3] → *piel* bräunen, braun werden lassen **II.** *vr(se)* ein Sonnenbad nehmen
tostón *m* [1] (*FAM persona*) Quälgeist *m*, Klette *f* [2] (*libro*) [langweiliger] Schinken *m*
total I. *adj* ↑ *entero* völlig **II.** *m* ↑ *suma* Gesamtsumme *f* **III.** *adv* ↑ *en resumen* alles in allem; ◇ **en** ~ insgesamt; ◇ ~ **que** kurz und gut; **totalidad** *f* Gesamtheit *f;* **totalitario** *adj* totalitär; **totalizar** ⟨3.10⟩ *vt* (*acción*) zusammenzählen; (*resultado*) insgesamt betragen
tóxico I. *adj* giftig, toxisch **II.** *m* MED Gift *n;* **toxicólogo(/a)** *m/f* MED Toxikologe *m*, Toxikologin *f;* **toxicomanía** *f* MED Drogenabhängigkeit *f*, Rauschgiftsucht *f;* **toxicómano(/a)** *m/f* Suchtkranke(r) *fm;* **toxina** *f* MED Toxin *n*, Gift *n*
tozudo *adj* ↑ *testarudo* halsstarrig, dickköpfig
traba *f* [1] (*atadura*) Verbindung *f* [2] ↑ *impedimento* Hindernis, Hemmnis *n;* ◇ **poner ~s a alguien** jd-m Knüppel zwischen die Beine werfen
trabajador(a) I. *adj* fleißig **II.** *m/f* Arbeiter(in *f*) *m;* **trabajar I.** *vi* [1] arbeiten (*de* als); ◇ ~ **a destajo** *FIG* übermäßig arbeiten; (*en la fábrica*) Akkord arbeiten *m* [2] ← *máquina* funktionieren **II.** *vt* [1] → *barro* bearbeiten, kneten [2] → *la tierra* bestellen; **trabajo** *m* [1] (*labor*) Arbeit *f;* ◇ **sin** ~ arbeitslos; ◇ **permiso** *m* **de** ~ Arbeitserlaubnis *f* [2] (*escrito*) Aufgabe *f* [3] (*molestia*) Mühsal *f;* ◇ **con mucho** ~ mühselig; **trabajoso** *adj* ▷*vida* hart, schwierig
trabalenguas *m* ⟨inv⟩ Zungenbrecher *m;* **trabar I.** *vt* [1] ↑ *juntar* verbinden, zusammenfügen [2] *FIG* → *conversación* anknüpfen [3] ↑ *enganchar* packen, ergreifen; ◇ **el ancla no ha trabado bien** der Anker hat nicht richtig gegriffen **II.** *vr(se)* [1] ↑ *engancharse* sich verfangen, sich verheddern [2] ↑ *tartamudear* stottern; **trabazón** *f* [1] ↑ *enlace* Verbindung *f* [2] ↑ *coherencia* Kohärenz, f, Verknüpfung *f*
trabucar ⟨3.7⟩ *vt* [1] ↑ *desordenar* durcheinanderbringen, verwirren [2] → *ideas* verwechseln
tracción *f* Zug *m;* ◇ ~ **animal** Betrieb durch Zugtiere; ◇ ~ **de vapor** Dampfantrieb *m;* ◇ ~ **trasera/ delantera/ a las cuatro ruedas** Hinterradantrieb/ Vorderradantrieb/ Allradantrieb *m*
tractor *m* Traktor *m*
tradición *f* Tradition *f;* **tradicional** *adj* traditionell
traducción *f* Übersetzung *f;* ◇ ~ **simultánea** Simultanübesetzung *f;* **traducir** ⟨3.4⟩ *vt* übersetzen; **traductor(a)** *m/f* Übersetzer(in *f*) *m;* ◇ ~ **jurado** beeidigter Übersetzer
traer ⟨4.12⟩ **I.** *vt* [1] ↑ *trasladar* mitbringen [2] ↑ *atraer hacia sí* herbringen [3] ↑ *causar* verursachen [4] (*en el periódico*) bringen **II.** *vr(se):* ◇ **~se** ↑ *planear* etw vorhaben, etw beabsichtigen; ◇ **traérselas** es in sich haben; ◇ **~se entre manos** etw im Schilde führen
traficante *m/f* (*de drogas*) Dealer *m;* **traficar** ⟨3.7⟩ *vi* handeln, Handel treiben (*con/en* mit)
tráfico *m* [1] (*de coches*) Verkehr *m* [2] (*de drogas*) Handel *m*
tragaluz *m* Dachfenster *n*, Luke *f*
tragaperras *m* ⟨inv⟩ Spielautomat *m*
tragar ⟨3.11⟩ **I.** *vt* [1] ↑ *ingerir* schlucken [2] ↑ *zampar* verschlingen, hinunterschlingen [3] ↑ *absorber* aufsaugen [4] *FIG* ↑ *soportar* etw schlucken; ◇ **no** ~ **a una persona** jd-n nicht ausstehen können **II.** *vr(se):* ◇ **~se algo** auf etw *akk* hereinfallen
tragedia *f* Tragödie *f;* **trágico** *adj* tragisch
trago *m* [1] (*sorbo*) Schluck *m;* ◇ **de un** ~ in einem Zug [2] (*disgusto*) Unannehmlichkeit *f;* ◇ **pasaron un mal** ~ **al morir el padre** sie machten Schweres durch, als der Vater starb; **tragón(-ona)** *m/f FAM* Vielfraß *n*
traición *f* [1] ↑ *infidelidad* Verrat *m*, Untreue *f* [2] MIL [Landes-]Verrat *m;* **traicionar** *vt* verraten; **traicionero** *adj* ▷*situación, persona* verräterisch; **traidor(a) I.** *adj* (*delator*) verräterisch **II.** *m/f* Verräter(in *f*) *m*
traigo *vb ver* **traer**
trailer *m* [1] (*película*) Vorfilm *f*, Trailer *m* [2] (*de camión*) Zugmaschine *f*
trainera *f* [1] NAUT Sardinenkutter *m* [2] SPORT Regatta-Ruderboot *n*
traje *m* [1] (*de chaqueta*) Anzug *m;* ◇ **hacerse un** ~ sich e-en Anzug machen [lassen] [2] (*del país*) Tracht *f* [3] ◇ ~ **de baño** Badeanzug *m;* **trajeado** *adj:* ◇ **estar bien** ~ gutgekleidet sein

trajín *m* [1] ↑ *ajetreo* Geschäftigkeit *f* [2] (*de coches*) lebhafter Verkehr *m;* **trajinar** *vi* hin und her sausen; ◇ **llevo toda la mañana trajinando en la cocina** ich wirtschafte schon den ganzen Vormittag in der Küche herum

trama *f* [1] (*de tela*) Schuß *m* [2] (*del libro*) Plan *m*, Anlage *f* [3] ↑ *intriga* Komplott *m;* **tramar** *vt* anzetteln, aushecken

tramitar *vt* [1] → *divorcio* [amtlich] bearbeiten [2] → *negocio* verhandeln; **trámite** *m* [1] (*gestión*) Erledigung *f* [2] (*procedimiento*) Dienstweg *m* [3] ◇ **-s** *m/pl* Formalitäten *f/pl*

tramo *m* [1] (*de camino*) [Weg-]Strecke *f* [2] (*de escalera*) Treppenlauf *m*

tramoya *f* [1] TEATRO Bühnenmaschine *f* [2] ↑ *enredo* Intrige *f;* **tramoyista** *m/f* [1] TEATRO Kulissenschieber(in *f*) *m* [2] (*persona*) Betrüger(in *f*) *m*, Schwindler(in *f*) *m*

trampa *f* [1] Falle *f;* ◇ **caer en la ~** auf etw *akk* hereinfallen [2] (*en el juego*) Mogelei *f;* ◇ **hacer -s** mogeln, schwindeln [3] ↑ *deuda* Schulden *f/pl* [4] (*puerta en el suelo*) Bodenklappe *f;* **trampear** *vi* sich durchmogeln; **trampero(/a)** *m* Fallensteller(in *f*) *m*

trampolín *m* [1] (*también FIG de piscina*) Sprungbrett *n* [2] (*de gimnasio*) Trampolin *n*

tramposo(/a) I. *adj* betrügerisch II. *m/f* [1] (*en negocios*) Betrüger(in *f*) *m* [2] (*en el juego*) Schwindler(in *f*) *m*

tranca *f* [1] (*de puerta*) Sperrbalken *m* [2] *FAM* ↑ *borrachera* Rausch *m* [3] ◇ **a -s y barrancas** mit Ach und Krach; **trancar** ‹3.7› *vt* → *puerta* verriegeln, versperren; **trancazo** *m* *FAM* ↑ *gripe* Grippe *f*

trance *m* [1] ↑ *aprieto* kritischer Augenblick; ◇ **pasaron por un mal ~** sie machten eine schwere Zeit durch [2] (*estado hipnótico*) Trance *f;* ◇ **estar en ~** in Ekstase sein *f*

tranquilidad *f* Ruhe *f*, Stille *f;* **tranquilizador** *adj* beruhigend; **tranquilizante** *m* MED Beruhigungsmittel *n;* **tranquilizar** ‹3.10› I. *vt* ↑ *calmar* beruhigen II. *vr(se)* sich beruhigen; **tranquilo(/a)** I. *adj* [1] ▷*persona, mar* ruhig [2] ↑ *despreocupado* gelassen [3] ↑ *pacífico* friedlich II. *m/f FAM*: ◇ **ser un ~** die Ruhe in Person sein [*o*. die Ruhe weghaben]

tranquillo *m* : ◇ **coger el ~ de algo** den Kniff [bei einer Arbeit] heraushaben

transacción *f* [1] ↑ *convenio* Übereinkunft *f* [2] COM Transaktion *f*, Geschäft *n*

tra[n]satlántico *m* NAUT Überseedampfer *m*

tra[n]sbordador *m* NAUT Fährschiff *n;* **tra[n]sbordar** I. *vt* → *mercancía* umladen II. *vi* (*en avión, tren*) umsteigen; **tra[n]sbordo** *m* [1] [Güter-]Umschlag *m* [2] Umsteigen *n;* ◇ **hacer ~** umsteigen

tra[n]scribir ‹3.21› *vt* GRAM transkribieren

tra[n]scurrir *vi* ← *tiempo* vergehen; **tra[n]scurso** *m* (*de tiempo*) Verlauf *m* (*der Zeit*)

transeúnte *m/f* Passant(in *f*) *m*

transexual *m/f* Transsexuelle(r) *fm*

tran[s]ferencia *f* COM Überweisung *f;* **tra[n]sferir** ‹3.1› *vt* → *negocio* übertragen, übereignen; → *dinero* überweisen

tra[n]sfigurar *vt* umgestalten, verwandeln

transformable *adj* umwandelbar; **transformación** *f* Verwandlung *f*, Wandel *m;* **transformador** *m* ELEC Transformator *m;* **transformar** *vt* ↑ *cambiar* umwandeln, verändern; (*de forma*) umformen

tra[n]sfusión *f* MED Blutübertragung *f*, Transfusion *f*

tra[n]sgredir *vt* → *ley* übertreten; **tra[n]sgresión** *f* ↑ *incumplimiento* Übertretung *f*

transición *f* POL Übergang *m*

transido *adj* (*de frío*) erstarrt; (*de dolor*) schmerzerfüllt

transigencia *f* ↑ *tolerancia* Nachgiebigkeit *f;* **transigente** *adj* ↑ *tolerante* nachgiebig; **transigir** ‹3.8› *vi* [1] ↑ *ceder* nachgeben [2] ↑ *tolerar* dulden, akzeptieren

transistor *m* [1] TECNI Transistor *m* [2] (*radio*) Transistorradio *n*

transitable *adj* ▷*camino* begehbar, befahrbar; **transitar** *vi* [1] ↑ *pasar* durchgehen [2] ← *coches* verkehren

transitivo *adj* GRAM ▷*verbo* transitiv

tránsito *m* [1] (*acto*) Durchgang *m*, Durchkommen *n* [2] (*de coches*) Verkehr *m* [3] (*de aviones*) Zwischenlandung *f* [4] ↑ *muerte* Hinscheiden *n*

transitorio *adj* ↑ *pasajero* vorübergehend, Übergangs-

tra[n]smisión *f* MEDIA Übertragung *f;* ◇ **~ en directo** Live-Übertragung *f;* **tra[n]smitir** *vt* [1] MEDIA senden [2] → *sentimientos* übertragen; ◇ **el aire transmite el sonido** die Luft überträgt den Schall [3] ↑ *comunicar* übermitteln, vermitteln

tra[n]sparencia *f* [1] (*de vestido*) Transparenz *f*, Durchsichtigkeit *f* [2] (*para proyectar*) Folie *f;* **tra[n]sparentar** I. *vt* durchscheinen [lassen] II. *vr(se)* durchsichtig sein; **tra[n]sparente** *adj* transparent, durchsichtig

tra[n]spirar *vi* schwitzen

tra[n]sponer ‹4.8› I. *vt* ↑ *cambiar de lugar* versetzen, umstellen II. *vr(se)* ↑ *quedarse dormido* einnicken

tra[n]sportar *vt* [1] → *muebles* transportieren [2]

(*FIG con la imaginación*) versetzen; **tra[n]sporte** *m* Transport *m;* ◇ **el ~ ferroviario es caro** der Eisenbahntransport ist teuer *m*

tranvía *m* Straßenbahn *f*

trapecio *m* (*de circo*) Trapez *n;* **trapecista** *m/f* Trapezkünstler(in *f*) *m*

trapero(/a) *m/f* Lumpensammler(in *f*) *m*

trapicheos *m/pl FAM* faule Geschäfte *pl*

trapo *m* [1] Lappen *m; FIG* ◇ **estar hecho un ~** fix und fertig sein [2] (*para limpiar*) Tuch *n; FIG* ◇ **sacar los ~s sucios a relucir** die schmutzige Wäsche waschen [3] (*pl, FAM*) ↑ *vestido* Fähnchen *p n* [4] *FAM* ◇ **a todo ~** aus vollen Kräften

traqueteo *m* [1] (*movimiento*) Rütteln, Schütteln *n* [2] (*ruido*) Geknatter *n*

tras *prep* [1] ↑ *después* nach [2] ↑ *detrás* hinter; ◇ **la policía va ~ el ladrón** die Polizei verfolgt den Dieb

trascendencia *f* [1] ↑ *repercusión* Wichtigkeit, Tragweite *f* [2] FILO Transzendenz *f;* **trascendental** *adj* [1] bedeutend, wichtig [2] ▷*pensamiento* transzendental; **trascender** ⟨3.1⟩ *vi* [1] ↑ *difundirse* bekannt werden [2] ↑ *tener consecuencias* Auswirkungen haben [3] ↑ *superar* hinausgehen (*de* über *akk*)

trasero I. *adj* ▷*puerta* Hinter-, hintere(r, s) **II.** *m* ANAT Hintern *m*

trasfondo *m* Hintergrund *m*

trasladar *vt* [1] (*de lugar*) bewegen [2] → *enfermo* überführen [3] (*de puesto*) versetzen [4] → *la fecha* verlegen, verschieben (*a* auf *akk*); **traslado** *m* [1] (*de piso*) Umzug *m* [2] (*de puesto*) Versetzung *f*

traslucir ⟨3.4⟩ **I.** *vt* ↑ *mostrar* zeigen, aufweisen **II.** *vr(se)* [1] ← *papel, pensamiento* durchscheinen [2] *FIG* ← *asunto* ans Licht kommen

trasluz *m :* ◇ **al ~** gegen das Licht

trasnochar *vi* [1] (*sin dormir*) die Nacht schlaflos verbringen; (*por una fiesta*) die Nacht durchmachen [2] (*acostarse tarde*) [sehr] spät zu Bett gehen

traspapelar I. *vt* → *papel* verlegen **II.** *vr(se):* ◇ **se me ha traspapelado el libro** ich habe das Buch verlegt

traspasar *vt* [1] durchdringen, durchbohren [2] → *negocio* verkaufen [3] (*ir más allá*) überschreiten; **traspaso** *m* (*de negocio*) Abtretung *f;* (*dinero*) Abstand[-ssumme] *f*

traspié *m* [1] (*al andar*) Stolpern *n* [2] (*FIG error*) Fehltritt *m*

trasplantar *vt* [1] FLORA verpflanzen [2] MED transplantieren; **transplante** *m* [1] FLORA Verpflanzen *n* [2] MED Transplantation *f*

trastada *f* ↑ *travesura* übler Streich *m*

traste *m* [1] MUS Griffbrettleiste *f* [2] ◇ **dar al ~ con una cosa** etw kaputtmachen; ◇ **irse al ~ algo** ins Wasser fallen

trastero *m* Rumpelkammer *f*

trastienda *f* hinterer Teil [von einem Laden]

trasto *m* [1] (*mueble*) [altes] Möbelstück [2] (*pl, objetos*) Plunder *m* [3] (*FAM persona*) Nichtsnutz *m*

trastocar ⟨3.7⟩ *vt* ↑ *revolver* durcheinanderbringen

trastornar I. *vt* [1] ↑ *revolver* verdrehen, durcheinanderbringen [2] ↑ *inquietar* bestürzen, verwirren **II.** *vr(se)* ↑ *volverse loco* verrückt werden; **trastorno** *m* [1] ↑ *desorden* Unordnung *f* [2] (MED *de la salud*) Störung *f*

trata *f :* ◇ **~ de blancas** Mädchenhandel *m*

tratable *adj* ▷*persona* umgänglich, leutselig; **tratado** *m* [1] POL Vertrag *m* [2] (*escrito*) Abhandlung *f;* (*libro*) Lehrbuch *n;* **tratamiento** *m* [1] ↑ *título* Anrede [2] MED Behandlung *f;* **tratante** *m* Händler(in *f*) *m;* **tratar I.** *vt* [1] *también* MED ↑ *manejar* behandeln; ◇ **~ bien/mal** gut/schlecht behandeln [2] ↑ *comercializar* handeln (*en* mit) [3] → *tema* behandeln **II.** *vi:* ◇ **~ con** verkehren mit; ◇ **~ de** [1] ↑ *intentar* versuchen zu [2] (*tener por argumento*) handeln von; ◇ **no sé de qué se trata** ich weiß nicht worum es geht [3] ◇ **el maestro trata de tú a los alumnos** der Lehrer duzt die Schüler **III.** *vr(se)* (*tener relaciones*) miteinander verkehren; **trato** *m* [1] ↑ *tratado* Vereinbarung *f;* ◇ **cerrar/hacer un ~** ein Geschäft abschließen; ◇ **¡~ hecho!** abgemacht! [2] ↑ *relación* Umgang *m,* Verkehr *m;* ◇ **romper el ~ con alguien** den Verkehr mit jd-m abbrechen [3] (*de tú, usted*) Anrede *f*

trauma *m* MED, PSI Trauma *n;* **traumático** *adj* traumatisch; **traumatismo** *m* MED Trauma *n;* **traumatizar** ⟨3.10⟩ *vt* zu einem Trauma führen; **traumatología** *f* MED Traumatologie *f*

través *m* [1] ↑ *desgracia* Mißgeschick *n* [2] ◇ **al/de ~** quer, seitlich [3] ◇ **a ~ del tunel** durch den Tunnel; ◇ **me enteré de la noticia a ~ de la radio** ich habe über das Radio davon erfahren

travesaño *m* ARQUIT Querbalken *m*

travesía *f* [1] (*camino*) Querstraße *f* [2] (*viaje*) Überfahrt *f,* Überquerung *f*

travestí ⟨s⟩ *m* Transvestit *m*

travesura *f* ↑ *trastada* Streich *m;* **travieso** *adj* [1] (*inquieto*) unartig [2] ↑ *malicioso* mutwillig

trayecto *m* [1] (*recorrido*) Strecke *f,* Abschnitt *m* [2] (*itinerario*) Kurs *m;* **trayectoria** *f* [1] (*de bala*) Flugbahn *f* [2] (*de vida*) Verlauf *m,* [Lebens-]Weg *m*

traza *f* [1] ARQUIT Entwurf *m*, Plan *m* [2] ↑ *apariencia* Aussehen *n;* ◇ **llevar buena** ~ sich gut anlassen; ◇ **por las** ~ wie es aussieht; **trazado** *m* [1] ARQUIT Entwurf *m* [2] ↑ *recorrido* Verlauf *m;* **trazar** ⟨3.10⟩ *vt* [1] → *líneas* zeichnen [2] → *proyecto* planen, entwerfen; **trazo** *m* [1] ↑ *raya* Strich *m* [2] (*del rostro*) Furche *f*

trébol *m* FLORA Klee *m*

trece *numeral* [1] dreizehn [2] *FAM* ◇ **seguir (alguien) en sus** ~ sich nicht beirren lassen

trecho *m* [1] (*recorrido*) Strecke *f* [2] (*intervalo*) Zeitraum *m*

tregua *f* [1] MIL Waffenruhe *f* [2] ↑ *pausa* Pause *f*, Erholung *f*

treinta *numeral* dreißig

tremendo *adj* [1] ↑ *enorme* riesig; ◇ **tomarse las cosas a la ~a** aus einer Mücke einen Elefanten machen [2] ▷*calor* fürchterlich, schrecklich [3] ▷*persona* interessant [4] ▷*niño* unartig

trémulo *adj* ▷*luz* zitternd, bebend

tren *m* [1] Zug *m;* ◇ ~ **expreso** Schnellzug *m;* ◇ ~ **de mercancías** Güterzug *m* [2] (*velocidad*) Tempo *n* [3] ◇ ~ **de aterrizaje** Fahrwerk *n*, Fahrgestell *n* [4] ◇ **viven a todo** ~ sie leben auf großem Fuß; *FAM* ◇ **estar como un** ~ blendend aussehen

trenza *f* Zopf *m*

trepadora *f* FLORA Kletterpflanze *f;* **trepar I.** *vt* → *árbol* klettern auf *akk* **II.** *vi* ← *planta* klettern

trepidación *f* ↑ *temblor* Zittern *n;* **trepidar** *vi* beben, zittern

tres *numeral* drei; ◇ **como ~ y dos son cinco** so sicher, wie zwei mal zwei vier ist [*o.* so sicher wie das Amen in der Kirche]; **tresillo** *m* [1] (*muebles*) [dreiteilige] Sitzgarnitur [2] NAIPES Tresillospiel *n*

treta *f* ↑ *engaño* Trick *m*

triangular *adj* dreieckig; **triángulo** *m* Dreieck *n*

tribu *f* Stamm *m*

tribuna *f* SPORT Tribüne *f;* **tribunal** *m* [1] JUR Gericht *n* [2] (*lugar*) Gerichtshof *m* [3] (*en un examen*) Prüfungsausschuß *m*

tributar *vt* [1] → *impuestos* zahlen [2] → *homenaje* zollen, zeigen; **tributo** *m* [1] ↑ *gravamen* Abgabe *f;* ↑ *impuesto* Steuer *f* [2] (*homenaje*) Tribut *m*

triciclo *m* (*juguete*) Dreirad *n*

tridente *m* Dreizack *m*

trifulga *f FAM* ↑ *pelea* Keilerei *f*

trigal *m* AGR Weizenfeld *n;* **trigo** *m* FLORA Weizen *m;* **trigueño** *adj* (*color*) dunkelblond, brünett

trillado *adj* ▷*tema* abgedroschen; **trilladora** *f* Dreschmaschine *f;* **trillar** *vt* AGR dreschen

trillizo *adj* Drilling *m*

trimestral *adj* Dreimonats-; **trimestre** *m* Quartal *n*

trinar *vi* [1] ← *pájaros* tirilieren [2] *FIG* ↑ *rabiar* wüten, toben; ◇ **está que trina porque le han suspendido** er tobt vor Wut, weil er durchgefallen ist

trincar ⟨3.7⟩ *vt* [1] (*con cuerda*) anbinden, festbinden [2] *FAM* ↑ *encarcelar* festnehmen, einsperren [3] *FAM* ↑ *emborracharse* zechen

trinchar *vt* GASTRON tranchieren

trinchera *f* [1] MIL [Schützen-]Graben *m* [2] ↑ *gabardina* Trenchcoat *m*

trineo *m* Schlitten *m*

trinidad *f* REL: ◇ **la T~** die Dreifaltigkeit

trino *m* (*de pájaros*) Triller *m*

trinquete *m* [1] NAUT Fockmast *m* [2] (*mecanismo*) Sperrklinke *f*

trío *m también* MUS Trio *n*

tripa *f* [1] ANAT Darm *m* [2] *FAM* Bauch *m;* ◇ **hacer de ~s corazón** sich ein Herz fassen [3] *pl*, *FIG* ↑ *interior* Innere(s) *n*

triple *adj* dreifach; **triplicado** *adj:* ◇ **por** ~ in dreifacher Ausfertigung; **triplicar** ⟨3.7⟩ *vt* verdreifachen

triptongo *m* GRAM Dreilaut *m*, Triphthong *m*

tripulación *f* NAUTO, AERO Besatzung *f;* **tripulante** *m/f* Besatzungsmitglied *n;* **tripular** *vt* → *barco, avión* bemannen

triquiñuela *f* ↑ *treta* Trick *m*, Ausflucht *f*

tris *m* ↑ *porción pequeña* winzige Kleinigkeit; ◇ **estuvo en un ~ de dejar los estudios** um ein Haar hätte er das Studium abgebrochen; ◇ **por un** ~ beinahe

triste *adj* [1] ▷*cara, noticia* traurig [2] ↑ *deprimido* betrübt, schwermütig [3] ▷*vestido* düster [4] ▷*sueldo* armselig, mickerig; **tristeza** *f* [1] (*sentimiento*) Traurigkeit *f* [2] ↑ *depresión* Schwermut *f*

triturar *vt* [1] → *hielo* zermahlen [2] ↑ *mascar* (zu-)kauen [3] *FIG* ↑ *criticar* zerpflücken

triunfador(a) I. *adj* ↑ *ganador* siegreich **II.** *m/f* Sieger(in *f*) *m;* **triunfalismo** *m* Triumphiergehabe *n;* **triunfar** *vi* [1] ↑ *tener éxito* triumphieren; ◇ **ha triunfado en la vida** er hat im Leben alles erreicht [2] SPORT siegen; **triunfo** *m* [1] ↑ *éxito* Triumph *m* [2] SPORT Sieg *m*, Erfolg *m*

trivial *adj* ▷*asunto* trivial; **trivializar** ⟨3.10⟩ *vt* trivialisieren

triza *f* (*trozo pequeño*) Stück *n*, Fetzen *m;* ◇ **hacer[se] ~s algo** kurz und klein schlagen; ◇ **hacer ~s a alguien** (*en discusión*) jd-n in Grund und Boden reden; (*en competición, lucha*) jd-n an die Wand spielen

trocar ⟨3.2⟩ **I.** *vt* ↑ *cambiar* eintauschen (*por* für, gegen) **II.** *vr(se):* ◇ **-se en** sich verwandeln in *akk*

trocear *vt* GASTRON in Stücke teilen

trocha *f* (*camino*) Abkürzung *f*

troche *adv:* ◇ **a - y moche** auf gut Glück

trofeo *m* (*de caza*) Trophäe *f*

tromba *f* (METEO *de agua*) Wasserhose *f*

trombón *m* MUS Posaune *f*

trombosis *f* ⟨inv⟩ MED Thrombose *f*

trompa *f* [1] (*de elefante, insecto*) Rüssel *m* [2] MUS [Wald-]Horn *n* [3] ↑ *borrachera* Rausch *m; FAM* ◇ **coger una -** sich vollaufen lassen; *FAM* ◇ **estar -** einen sitzen haben

trompeta *f* MUS Trompete *f*

trompicón *m :* ◇ **a trompicones** stoßweise

trompo *m* ↑ *peonza* Kreisel *m*

tronado *adj* [1] ↑ *desgastado* abgenutzt [2] *FAM* ◇ **estar -** verrückt sein; **tronar** ⟨3.2⟩ *vi* [1] METEO donnern [2] *FIG* ↑ *gritar* wettern gegen, toben

tronco *m* [1] FLORA Stamm *m;* ◇ **domir como un -** schlafen wie ein Klotz [2] ANAT Rumpf *m*

tronchante *adj FAM* zum Totlachen, irre komisch; **tronchar I.** *vt* [1] → *árbol* fällen [2] → *tallos* abreißen, [um-]knicken [3] *FIG* ↑ *impedir* abbrechen **II.** *vr(se):* ◇ **-se de risa** sich schieflachen, sich totlachen

trono *m* Thron *m;* ◇ **subir al -** den Thron besteigen

tropa *f* [1] (*de personas*) Horde *f* [2] MIL Truppe *f;* **tropel** *m* [1] (*de personas*) [Menschen-]Menge *f;* ↑ *tumulto* Tumult *m,* Traube *f;* ◇ **en -** in wilder Hast [2] (*de cosas*) Wust *m*

tropelía *m* ↑ *acto ilegal* Gewalttat *f*

tropezar ⟨3.1⟩ **I.** *vi:* ◇ **- con** [1] (*con los pies*) stolpern [2] (*con dificultad*) stoßen (*con* auf *akk*) **II.** *vr(se):* ◇ **-se con** [1] (*encontrarse casualmente*) jd-n unvermutet treffen [2] ↑ *chocar* zusammenstoßen; **tropezón** *m* [1] (*al andar*) Stolpern *n* [2] (*FIG falta*) Fehltritt *m* [3] (*de jamón*) Würfel *m* [4] ◇ **a tropezones** stockend, stolpernd

tropical *adj* ▷*clima* tropisch, Tropen-; **trópicos** *m/pl* Tropen *pl*

tropiezo *m* [1] ↑ *estorbo* Hindernis *n* [2] ↑ *falta* Patzer *m* [3] ↑ *riña* Streit *m,* Zusammenstoß *m*

trotamundos *m* ⟨inv⟩ Weltenbummler(in *f*) *m,* Globetrotter(in *f*) *m;* **trotar** *vi* [1] ← *caballo* traben [2] (*andar mucho*) umherlaufen; **trote** *m* (*de caballo*) Trab *m;* ◇ **al -** eilig; *FIG* ◇ **es viejo, ya no está para estos -s** er ist zu alt für so eine schwere Arbeit

trozo *m* Stück *n;* ◇ **a -s** stückweise

truco *m* Trick *m,* Kniff *m*

trucha *f* FAUNA Forelle *f*

trueno *m* [1] METEO Donner *m* [2] (*de arma*) Knall *m*

trueque *m* (*cambio*) Tausch *m,* Tauschhandel *m*

trufa *f* FLORA Trüffel *f*

truhán(-ana) *m/f* ↑ *canalla* Gauner(in *f*) *m*

truncado *adj* abgebrochen; **truncar** ⟨3.7⟩ *vt* [1] → *la vida* vorzeitig beenden [2] → *ilusiones* zunichte machen

tu *adj* dein; **tú** *pron* du

tubérculo *m* FLORA Knolle *f*

tuberculosis *f* ⟨inv⟩ MED Tuberkulose *f;* **tuberculoso** *adj* tuberkulös

tubería *f* (*del agua*) [Rohr-]Leitung *f;* **tubo** *m* [1] Rohr *n;* AUTO ◇ **- de escape** Auspuffrohr *n;* MED ◇ **- digestivo** Verdauungskanal *m* [2] ELEC Röhre *f* [3] ◇ **- de pasta dentífrica** Zahnpastatube *f*

tuerca *f* [Schrauben-]Mutter *f*

tuerto I. *adj* ▷*persona* einäugig **II.** *m/f* Einäugige(r) *fm*

tuétano *m* ANAT [Knochen-]Mark *n*

tufo *m* (*olor desagradable*) Mief *m*

tugurio *m* (*vivienda miserable*) ärmliche Behausung *f,* elendes Loch

tul *m* Tüll *m*

tulipán *m* FLORA Tulpe *f*

tullido *adj* gelähmt

tumba *f* Grab *n; FIG* ◇ **mudo como una -** stumm wie ein Grab

tumbar I. *vt* [1] ↑ *derribar* umwerfen [2] *FAM* ↑ *suspender* durchfallen lassen **II.** *vr(se)* ↑ *acostarse* sich hinlegen; **tumbo** *m* [1] ↑ *voltereta* Taumeln *n* [2] ↑ *caída* Fall *m;* ◇ **ir dando -s** [1] (*traspiés*) taumeln [2] (*FIG con dificultad*) mit Müh und Not [durchs Leben] gehen; **tumbona** *f* (*de playa*) Liegestuhl *m*

tumor *m* MED Tumor *m*

tumulto *m* [1] (*de personas*) Tumult *m* [2] ↑ *confusión* Aufruhr *m*

tuna *f* MUS *[spanische] Studentenkapelle in historischer Tracht;* **tunante** *adj* ↑ *pícaro* spitzbübisch

tunda *f* [1] (*castigo*) Tracht *f* Prügel [2] ↑ *faena* schwere Arbeit

túnel *m* ARQUIT Tunnel *m*

Túnez *m* (*país*) Tunesien *n;* (*ciudad*) Tunis *n*

tuno(/a) I. *m/f FAM* ↑ *bribón* Schlingel *m* **II.** *m* (*miembro de la tuna*) *Mitglied einer tuna*

tuntún *adv:* ◇ **al [buen] -** gedankenlos, ins Blaue hinein

tupé *m* Toupet *n*

tupido *adj* ▷*tejido, pelo* dicht

turba *f* [1] (*combustible fósil*) Torf *m* [2] (*de gente*) Menge *f,* Schwarm, Haufen *m*

turbación *f* ↑ *confusión* Vernichtung *f*
turbante *m* Turban *m*
turbado *adj* ↑ *confuso* verwirrt; ↑ *trastornado* verstört; **turbar** I. *vt* [1] ↑ *confundir* in Aufregung versetzen [2] ↑ *alterar* bestürzen II. *vr(se)* (*ponerse nervioso*) in Verlegenheit geraten
turbina *f* Turbine *f*
turbio *adj* [1] ▷*agua* trüb [2] *FIG* ▷*asunto* unklar, verworren
turbión *f* METEO [Regen-]Guß *m*
turbulencia *f* [1] (*general*) Turbulenz *f* [2] *FIG* ↑ *confusión* Unruhe *f;* **turbulento** *adj* [1] (*general*) ▷*mar* turbulent [2] *FIG* ▷*asunto* ausgelassen, wildbewegt
turco(/a) I. *adj* türkisch II. *m/f* Türke *m,* Türkin *f* III. *m* (*lengua*) Türkisch *n*
turismo *m* [1] Fremdenverkehr *m,* Tourismus *m* [2] (*vehículo*) Personenwagen *m,* Pkw *m;* **turista** *m/f* Tourist(in *f*) *m;* **turístico** *adj* ▷*viaje* touristisch, Fremdenverkehrs-
turnar *vi, vr(se)* sich ablösen; **turno** *m* [1] ↑ *tanda* Turnus *m;* (*orden, vez*) Reihe *f* [2] (*de trabajo*) Schicht *f;* ◇ **médico** *m* **de** ~ diensthabender Arzt
turquesa *f* Türkis *m*
Turquía *f* [die] Türkei
turrón *m* GASTRON Turron *m typisch spanische Süßigkeit; wird hauptsächlich in der Weihnachtszeit gegessen*
tutear I. *vt* duzen II. *vr(se)* sich duzen
tutela *f* [1] (*dirección*) Bevormundung *f* [2] JUR Vormundschaft *f;* **tutelar** I. *adj* JUR Vormundschafts- II. *vt* protegieren; **tutor(a)** *m/f* [1] COLE Tutor(in *f*) *m* [2] JUR Vormund *m*
tuyo *pron:* ◇ **el** ~ dein, deiner; ◇ **la tuya** deine; ◇ **este libro no es** ~ das Buch gehört dir nicht; *FAM* ◇ **los** ~**s** *m/pl* deine Angehörigen; *FAM* ◇ **ya estás haciendo una de las** ~**as** immer mußt du deinen Kopf *m* durchsetzen

U

U, u I. *f* U, u *n* II. *cj* oder; ◇ **plata** ~ **oro** Silber oder Gold
ubérrimo *adj* (*muy fértil*) [sehr] fruchtbar, [sehr] ertragreich
ubicación *f* [1] ARQUIT Lageplan *m,* Grundriß *m* [2] ↑ *emplazamiento* Lage, f, Standort *m;* **ubicar** ⟨3.7⟩ I. *vt* ↑ *situar* legen, stellen II. *vr(se)* sich befinden
ubicuo *adj* allgegenwärtig
ubre *f* Euter *n*
ufanarse *vr* sich brüsten mit (*de/con* mit); **ufano** *adj* [1] ↑ *orgulloso* eingebildet, selbstgefällig [2] ↑ *satisfecho* stolz, zufrieden
ujier *m* JUR Gerichtsdiener *m*
úlcera *f* MED Geschwür *n;* **ulcerar** I. *vt* zur Geschwürbildung führen in *dat* II. *vr(se)* Geschwüre bilden, ulzerieren; **ulceroso** *adj* ▷*herida* vereitert
ulterior *adj* [1] (*del otro lado*) weiter, jenseits [2] ↑ *consecutivo* [nach]folgend
últimamente *adv* ↑ *hace poco* vor kurzem; ↑ *por último* zur Not
ultimar *vt* [1] ↑ *acabar* beenden [2] ↑ *dar fin* abschließen; ◇ ~ **un proyecto** ein Projekt zum Abschluß bringen; **ultimátum** ⟨s⟩ *m* Ultimatum *n;* **último** *adj* [1] letzte(r, s); ◇ **está en las** ~**as** er ist am Ende; ◇ **en** ~ **caso te dejaré el coche** wenn es gar nicht anders geht, gebe ich dir das Auto; ◇ **en** ~ **lugar** zuletzt [*o.* letzten Endes]; ◇ **por** ~ endlich, schließlich; ◇ **en el** ~ **momento** in letzter Minute [2] ↑ *reciente* jüngste(r, s), neueste(r, s); ◇ **a la** ~**a [moda]** nach der neuesten Mode
ultra I. *adj* [1] ↑ *más allá* Ultra-, ultra- [2] POL -extremistisch II. *m/f* POL Extremist(in *f*) *m*
ultrajar *vt* ↑ *ofender* beleidigen, beschimpfen; **ultraje** *m* ↑ *ofensa* Beleidigung *f,* Ehrenkränkung *f*
ultramar *m* Übersee *f;* **ultramarino** I. *adj* überseeisch II. *m/pl* [1] Kolonialwaren *pl* [2] (*tienda*) Lebensmittelgeschäft *n*
ultranza *adv:* ◇ **a** ~ (*con decisión*) aufs äußerste; ◇ **es una familia de izquierdas a** ~ es ist eine extrem linke Familie
ultrasónico *adj* Überschall-
ulular *vi* ← *animal* heulen, schreien, rufen
umbral *m* [1] (*de la puerta*) Türschwelle *f* [2] (*FIG principio*) Schwelle *f;* **umbrío** *adj* schattig
un(-a) I. *adj* [1] (*de número determinado*) ein, eine; ◇ ~ **año** ein Jahr [2] (*pl, indeterminado*) ein paar; ◇ **aquí tengo** ~**s discos** hier habe ich ein paar Platten II. *artículo* ein, eine III. *pron* ein, eine; ◇ ~**a vino ayer y otra vendrá mañana** eine kam gestern und die andere wird heute kommen
unánime *adj* einmütig, einhellig; ◇ **la opinión de todos fue** ~ alle waren einer Meinung; **unanimidad** *f* Einstimmigkeit *f;* ◇ **por** ~ einstimmig
unción *f* REL: ◇ **extrema** ~ Letzte Ölung; ◇ **con** ~ salbungsvoll
undécimo *adj* elfte(r, s)
ungir ⟨3.8⟩ *vt* REL eine Ölung vornehmen
ungüento *m* Salbe *f*

únicamente *adv* nur, lediglich; **único** *adj* [1] (*aislado*) einzig; ◇ **hijo** *m* ~ Einzelkind *n* [2] ↑ *extraordinario* einzigartig

unicornio *m* (*animal*) Einhorn *n*

unidad *f* [1] *también* TECNI, MIL Einheit *f;* ◇ ~ **monetaria** Währungseinheit *f;* ◇ ~ **de tiempo** Zeiteinheit *f* [2] ↑ *conformidad* Übereinstimmung *f* [3] MED ◇ ~ **de cuidados intensivos** Intensivstation *f*

unido *adj* [1] ▷*cosas* verbunden, gekoppelt [2] ▷*personas* vereint

unifamiliar *adj* ▷*chalé* Einfamilien-

unificación *f* POL Vereinigung *f,* Zusammenschluß *m;* **unificar** ⟨3.7⟩ *vt* [1] → *regiones* vereinen [2] → *sueldos* vereinheitlichen

uniformar *vt* [1] → *impresos* vereinheitlichen, einheitlich gestalten [2] MIL in eine Uniform stecken; **uniforme I.** *adj* [1] (*misma forma*) einförmig, einheitlich [2] ▷*movimiento* gleichmäßig [3] ↑ *liso* gleichförmig **II.** *m* Uniform *f;* **uniformidad** *f* [1] *de forma* Einförmigkeit *f* [2] (*de movimiento*) Gleichmäßigkeit [3] (*de superficie*) Gleichförmigkeit

unilateral *adj* ▷*política* einseitig

unión *f* [1] (*de cosas*) Verbindung *f* [2] (*de personas*) Zusammengehörigkeit *f* [3] ↑ *asociación* Vereinigung *f,* Verbindung *f;* ◇ ~ **conyugal** Ehebund *m,* Heirat *f;* ◇ **la U~ Soviética** die Sowjetunion; **unir I.** *vt* [1] → *cosas* zusammenfügen [2] ↑ *asociar* [ver]einigen [3] → *personas* verbinden; ◇ **les une una buena amistad** sie verbindet eine tiefe Freundschaft [4] ↑ *ligar* verbinden **II.** *vr(se)* [1] ↑ *asociarse* sich vereinigen [2] COM sich zusammenschließen, fusionieren

unisex *adj inv* ▷*ropa* unisex

unísono *m* **:** ◇ **trabajar al** ~ harmonisch (zusammen-)arbeiten

unitario *adj* [1] einheitlich [2] POL Einheits-

universal *adj* [1] (*del universo*) allgemein, universal [2] (*del mundo*) Welt-, weltweit; ◇ **historia** *f* ~ Weltgeschichte *f;* **universidad** *f* Universität *f,* Hochschule *f*

universitario(/a) I. *adj* [1] (*de la universidad*) Universitäts- [2] ▷*estudiante* Student(in *f*) *m* **II.** *m/f* Akademiker(in *f*) *m,* Universitätsangehörige(r) *fm*

universo *m* Universum *n,* Weltall *n*

uno I. *numeral* eins **II.** *pron* eine(r, s), jemand; ◇ **aquí hay ~ que pregunta por ti** hier ist jemand, der dich sprechen möchte; ◇ **es mejor que ~ limpie y el otro barra** es ist besser, wenn einer sauber macht und der andere fegt; ◇ **faltarán ~s cien kilómetros** es sind noch ungefähr hundert Kilometer; ◇ **responderé a las peguntas ~a a ~a** ich werde die Fragen der Reihe nach beantworten; ◇ **no acertar/dar ~a** es will nicht so recht gelingen; ◇ **~a de dos, o trabajas o estudias** du arbeitest oder du lernst; entweder, oder; ◇ **cada ~** jeder; ◇ ~ **de tantos** einer von Vielen; ◇ ~ **y otro** beide; ◇ **~s cuantos** ein paar

untar I. *vt* [1] (*en pan*) schmieren, bestreichen [2] (*en un líquido*) [ein]reiben [2] *FAM* ↑ *sobornar* bestechen **II.** *vr(se):* ◇ **~se de** sich beschmieren mit; **unto** *m* [1] (*grasa*) Schmiere *f* [2] MED Salbe *f*

uña *f* [1] (*de persona*) Nagel *m; FIG* ◇ **ser ~ y carne** (*ser muy amigos*) ein Herz und eine Seele sein [2] (*de animal*) Kralle, Klaue *f* [3] (*de caballo*) Huf *m*

uperizado *adj:* ◇ **leche ~a** H-Milch *f*

uranio *m* Uran *n*

urbanidad *f* (*educación*) Höflichkeit *f,* Weltläufigkeit *f;* **urbanismo** *m* Stadtplanung *f;* **urbanización** *f* (*de viviendas*) Siedlung *f,* Villenkolonie *f;* **urbanizar** ⟨3.10⟩ *vt* → *terreno* bebauen, urbanisieren; **urbano(/a) I.** *adj* (*de ciudad*) städtisch, Stadt- **II.** *m/f* (*policía*) [Stadt-]Polizist *m;* **urbe** *f* Großstadt *f*

urdir *vt* [1] → *hilos* scheren [2] *FIG* → *intriga* anzetteln

urgencia *f* [1] ↑ *prisa* Eile *f,* Hast *f* [2] ↑ *necesidad* Dringlichkeit *f* [3] ◇ **~s** *m/pl* Notdienst *m;* **urgente** *adj* ↑ *necesario* dringend, eilig; **urgir** ⟨3.8⟩ *vi* dringend sein

urinario I. *adj* Urin-, Harn- **II.** *m* Pissoir *n*

urna *f también* POL Urne *f*

urraca *f* FAUNA Elster *f; FAM* ◇ **hablar más que una ~** geschwätzig wie eine Elster sein

Uruguay *m* **:** ◇ **el ~** Uruguay *n;* **uruguayo(/a) I.** *adj* uruguayisch **II.** *m/f* Uruguayer(in *f*) *m*

usado *adj* [1] ▷*ropa* abgenutzt, abgetragen [2] ↑ *de segunda mano* gebraucht; **usanza** *f* Brauch *m,* Sitte *f;* ◇ **a ~ peruana** nach peruanischem Brauch; **usar I.** *vt* [1] ↑ *utilizar* gebrauchen, benutzen [2] ↑ *llevar* tragen [3] → *influencia* Gebrauch machen (*de* von) **II.** *vr(se)* gebraucht [*o.* verwendet] werden; **uso** *m* [1] ↑ *empleo* Gebrauch *m,* Verwendung *f;* ◇ **instrucciones** *f/pl* **de ~** Gebrauchsanweisung *f;* ◇ **en buen ~** in gutem Zustand *m;* MED ◇ **de/para ~ externo** äußerlich anzuwenden [2] ↑ *costumbre* Brauch *m,* Sitte *f;* ◇ **al ~** dem Brauch entsprechend, üblich [3] ↑ *moda* Mode *f* [4] ◇ ~ **de razón** Vernunft *f*

usted ⟨-es⟩ *pron* Sie; ◇ **tratar de ~** Sie sagen zu *dat*

usual *adj* gebräuchlich, üblich

usuario(/a) *m/f* Benutzer(in *f*) *m*

usura *f* Wucher *m;* **usurero(/a)** *m/f* Wucherer *m,* Wucherin *f*

usurpación *f* (*de territorios*) widerrechtliche Aneignung *f*, Usurpation *f*; **usurpar** *vt* usurpieren, sich *dat* widerrechtlich aneignen

utensilio *m* Werkzeug *n*; ◇ **-s domésticos** Haushaltsgeräte *n/pl*

útero *m* ANAT Uterus *m*, Gebärmutter *f*

útil I. *adj* [1] (*que sirve*) nützlich [2] ↑ *beneficioso* förderlich, dienlich [3] (*utilizable*) brauchbar **II.** *m* (*pl*): ◇ **-es de labranza** Handwerkszeug *n*; **utilidad** *f* [1] Nützlichkeit *f*, Nutzen *m* [2] ↑ *beneficio* Profit *m*, Vorteil *m*; ◇ **has de sacarle la máxima - a este coche** du mußt den größtmöglichen Nutzen aus diesem Auto ziehen; **utilitario I.** *adj* auf Nutzen bedacht **II.** *m* (*coche*) Kleinwagen *m*; **utilización** *f* [Be-]Nutzung *f*; **utilizar** ‹3.10› *vt* ↑ *usar* [be-]nutzen

utopía *f* Utopie *f*; **utópico** *adj* utopisch

uva *f* [1] Traube *f* [2] *FAM* ◇ **estar de mala -** schlechte Laune haben; *FAM* ◇ **tener mala -** Hintergedanken *m/pl* haben

úvula *f* ANAT ↑ *campanilla* Zäpfchen *n*

V

V, v *f* V, v *n*

vaca *f* [1] FAUNA Kuh *f* [2] GASTRON Rindfleisch *n*

vacaciones *f/pl* Ferien *pl*, Urlaub *m*

vacante I. *adj* (*no ocupado*) unbesetzt, frei **II.** *f* ▷*empleo* offene [*o.* freie] Stelle; **vacar** ‹3.7› *vi* ← *empleo, lugar* frei werden

vaciado *m* (*acción*) Entleeren *n*; (*con molde*) [Ab-]Guß *m*; **vaciar** ‹3.13› **I.** *vt* [1] → *botella* ausleeren [2] → *tronco* aushöhlen [3] → *escultura* gießen [4] → *cuchillo* schleifen **II.** *vr(se)* sich [ent-]leeren; **vaciedad** *f* ↑ *necedad* Plattheit *f*, Albernheit *f*

vacilación *f* ↑ *indecisión* Unschlüssigkeit *f*; **vacilante** *adj* [1] ▷*paso* schwankend [2] ↑ *indeciso* unschlüssig; **vacilar** *vi* [1] (*al andar*) schwanken [2] ↑ *dudar* zaudern (*en/entre* zwischen)

vacilón(-ona) *m/f FAM* ↑ *burlón* Spaßvogel *m*

vacío I. *adj* [1] ▷*calle* leer [2] ▷*persona* hohl [3] ▷*piso* unbewohnt, leerstehend **II.** *m* [1] Leere *f*; *FIG* ◇ **caer en el -** auf taube Ohren stoßen; ◇ **de -** mit leeren Händen [2] FIS Vakuum *n*; ◇ **cerrado al -** vakuumverpackt

vacuna *f* Impfstoff *m*; **vacunar** *vt* impfen (*contra* gegen)

vacuno *adj* Rind[s]-, Rinder-

vacuo *adj* leer

vadear *vt* [1] → *río* durchwaten [2] *FIG* → *dificultad* überwinden; **vado** *m* [1] (*de río*) Furt *f* [2] (*en la acera*) *abgeflachte Stelle am Rinnstein*

vagabundear *vi* sich herumtreiben; **vagabundo(/a) I.** *adj* umherschweifend **II.** *m/f* Landstreicher(in *f*) *m*

vagamente *adv* vage, verschwommen

vagancia *f* ↑ *ociosidad* Müßiggang *m*

vagar ‹3.11› **I.** *vi* ↑ *ir de un lado a otro* umherstreifen; ◇ **- por el mundo** durch die Welt ziehen

vagido *m* (*de recién nacido*) Schreien *n*, Quäken *n*

vagina *f* ANAT Vagina *f*, Scheide *f*

vago(/a) I. *adj* [1] ▷*persona* faul, träge [2] ▷*pensamiento* vage, unbestimmt **II.** *m/f* Faulpelz *m*, Faulenzer(in *f*) *m*

vagón *m* TREN [1] (*de viajeros*) Personenwagen *m* [2] (*de mercancías*) Güterwagen *m*

vaguear *vi* [1] ↑ *no trabajar* sich *dat* einen schönen Lenz machen [2] ↑ *vagabundear* herumstreunen

vaguedad *f* (*indeterminado*) Unbestimmtheit *f*

vahído *m* ↑ *desmayo* Schwindel[-anfall] *m*, kurze Ohnmacht *f*

vaho *m* [1] ↑ *vapor* Dampf *m*, Dunst *m*; ◇ **tomar -s** ein Dampfbad *n* nehmen [2] ↑ *aliento* Atem *m*

vaina *f* [1] (*de arma*) Scheide *f* [2] (FLORA *de semillas*) Hülse *f*, Schote *f*

vainilla *f* Vanille *f*

vaivén *m* [1] (*movimiento*) Hin und Her *n* [2] (*inconstancia*) Auf u. Ab *n*

vajilla *f* Geschirr *n*

vale *m* [1] Gutschein *m* [2] ◇ **-¡vienes al cine? --** kommst du mit ins Kino? -in Ordnung/okay; **valedero** *adj* [1] ↑ *válido* gültig [2] JUR rechtskräftig; ◇ **- por una radio** Gutschein *m* für ein Radio

valenciano *adj* aus Valencia

valentía *f* [1] ↑ *valor* Mut *m*, Tapferkeit *f* [2] (*hazaña*) tapfere Tat

valer ‹4.19› **I.** *vt* [1] ↑ *costar* kosten [2] ◇ **un marco vale setenta pesetas** eine DM entspricht siebzig Peseten [3] MUS entsprechen [4] ◇ **- la pena** sich lohnen **II.** *vi* [1] ↑ *servir* taugen, brauchbar sein, este mapa no vale para nada, diese Landkarte taugt nichts [2] ↑ *equivaler* stehen (*por* für) [3] ↑ *ser útil* nützlich sein [4] ↑ *estar permitido* gelten, gültig sein **III.** *vr(se)* [1] (*recurrir*) von etw Gebrauch machen, etw benützen (*de* akk) [2] (*desenvolverse sin ayuda*) zurechtkommen; ◇ **todavía se vale por sí mismo** er/sie kommt noch alleine zurecht; ◇ **no les valió pedir perdón por haber faltado a clase** es half nichts, daß sich sich für ihr Fehlen entschuldigten; ◇ **¿vale?** okay? **IV.** *m* ↑ *valía* Wert *m*

valeroso *adj* ↑ *valiente* tapfer

valgo *vb ver* **valer**; **valía** *f* (*general*) Wert *m*

validar *vt* gültig machen; **validez** *f* Gültigkeit *f;* **válido** *adj* gültig

valiente I. *adj* tapfer, mutig **II.** *m/f* Held(in *f*) *m*

valija *f* ① ↑ *maleta* Koffer *m* ② (*de correspondencia*) Postbeutel *m*

valioso *adj* wertvoll; **valor** *m* ① (*de objeto*) Wert *m* ② (*de persona*) Mut *m* ③ *pl,* COM Wertpapiere *n/pl*

valoración *f* Schätzung *f,* Bewertung *f;* **valorar** *vt* ① ↑ *determinar valor* bewerten ② ↑ *apreciar* schätzen

vals *m* Walzer *m*

valuar ‹3.19› *vt* ↑ *valorar* schätzen

válvula *f* TECNI Ventil *n*

valla *f* ① ↑ *cercado* Zaun *m* ② SPORT Hürde *f;* ◇ **~ publicitaria** Plakatwand *f;* **vallar** *vt* einzäunen

valle *m* Tal *n*

vampiresa *f* Vamp *m;* **vampiro** *m* Vampir *m*

vanagloriarse *vr* ↑ *alabarse* prahlen; ◇ **se vanagloria de su pasado** er rühmt sich seiner Vergangenheit

vandalismo *m* Vandalismus *m;* **vándalo** *m* (*persona brutal*) Vandale *m*

vanguardia *f* ① MIL Vorhut *f* ② *FIG* Avantgarde *f;* **vanguardismo** *m* ARTE Avantgardismus *m*

vanidad *f* ↑ *orgullo* Eitelkeit *f;* **vanidoso(/a) I.** *adj* eitel, eingebildet **II.** *m/f FIG* [eitler] Pfau *m;* **vano I.** *adj* ① ▷*deseo* eitel ② ▷*esfuerzo* vergeblich ③ ▷*persona* eitel, eingebildet; ◇ **en ~** vergeblich **II.** *m* (*en muro*) Maueröffnung *f*

vapor *m* ① (*de líquido*) Dampf *m* ② (*buque*) Dampfer *m;* ◇ **al ~** GASTRON gedämpft, gedünstet; **vaporizar** ‹3.10› *vt* ① verdampfen, verdunsten lassen ② → *perfume* zerstäuben; **vaporoso** *adj* ① dunstig ② *FIG* ▷*tejido* luftig, leicht

vaquero I. *adj* (*de pastor*) Rinderhirten- **II.** *m* Cowboy *m;* ◇ **~s** *pl* Jeans *pl;* **vaquilla** *f* Färse *f*

vara *f* ① ↑ *bastón* Stock *m* ② (*medida*) Elle *f* ③ ↑ *barra* Stange *f;* **varear** *vt* → *árbol* schlagen

variable I. *adj* veränderlich, unbeständig **II.** *f* MATE veränderliche Größe, Variable *f;* **variación** *f* ↑ *modificación* [Ver-]Änderung *f;* **variado** *adj* ① (*con muchos cambios*) abwechslungsreich ② ↑ *distinto* verschiedenartig; ◇ **dulces ~s** eine Mischung Süßigkeiten *f/pl;* **variar** ‹3.13› **I.** *vt* ① variieren ② → *horario, comidas* abändern, verändern **II.** *vi* (*de peinado, en método*) variieren, verschieden sein (*de/en* in *dat*)

varicela *f* MED Windpocken *pl*

variedad *f* ① ↑ *diversidad* Vielfalt *f;* ◇ **~ de tiendas** sehr viele, unterschiedliche Geschäfte; ◇ **~es de naranjas** Sorten [von] Orangen ② BIO Abart *f,* Variante *f;* ◇ **~es** TEATRO Varieté *n*

varilla *f* ① (*pieza larga y delgada*) Gerte *f,* Rute *f* ② (*del paraguas*) Stab *m*

vario *adj* ① ↑ *variado* verschieden ② ↑ *diverso* gemischt ③ (*pl*) ↑ *algunos* einige, manche; ◇ **hay ~s niños en la puerta** vor der Tür stehen mehrere Kinder

variopinto *adj* ① (*de colores*) [kunter-]bunt ② *FIG* ↑ *variado* buntgemischt

varita *f* : ◇ **~ mágica** Zauberstab *m*

variz *f* ‹varices› MED Krampfader *f*

varón *m* Mann *m,* männliches Wesen; **varonil** *adj* männlich

vasallo(/a) *m/f* (HIST *súbdito*) Vasall(in *f*) *m*

Varsovia *f* Warschau *n*

vasco(/a) I. *adj* baskisch **II.** *m/f* Baske *m,* Baskin *f;* ◇ **las Vascongadas** das Baskenland; **vascuence I.** *adj* baskisch **II.** *m* (*idioma*) Baskisch *n*

vasectomía *f* MED Vasektomie *f*

vaselina *f* Vaseline *f*

vasija *f* Gefäß *n*

vaso *m* ① (*de beber*) Glas *n* ② MED Gefäß *n;* ◇ **~ sanguíneo** Blutgefäß *n*

vástago *m* ① (*de planta*) Schößling *m* ② *FIG* ↑ *descendiente* Sprößling *m*

vasto *adj* ↑ *extenso* gewaltig, riesig

Vaticano *m* : ◇ **el ~** der Vatikan

vaticinar *vt* ↑ *predecir* prophezeihen, voraussagen; **vaticinio** *m* Voraussage *f,* Prophezeiung *f*

vatio *m* ELEC Watt *n*

vecindad *f* ① ↑ *proximidad* Nähe, Umgebung *f* ② (*vecindario*) Nachbarn *m/pl;* **vecindario** *m* (*de calle*) Nachbarschaft *f*

vecino(/a) I. *adj* ① ↑ *próximo* benachbart ② ↑ *parecido* ähnlich **II.** *m/f* ① (*de edificio*) Nachbar(in *f*) *m* ② ↑ *de pueblo* Einwohner(in *f*) *m*

veda *f* Verbot *n;* ◇ **~ de pesca/caza** Schonzeit *f*

vedado *m* (*de caza*) Gehege *n;* AGR Schonung *f;* **vedar** *vt* ① ↑ *prohibir* verbieten ② ↑ *impedir* [ver-]hindern

vega *f* (*de río*) Aue *f*

vegetación *f* ① Vegetation *f* ② (*pl,* MED *de la nariz*) Gewebswucherungen *f/pl,* Vegetationen *pl;* **vegetal I.** *adj* pflanzlich **II.** *m* Pflanze *f;* **vegetar** *vi* ① (← *planta, crecer*) wachsen ② *FIG PEY* ← *persona* vegetieren; **vegetariano** *adj* vegetarisch

vehemencia *f* [1] ↑ *ardor* Heftigkeit *f* [2] ↑ *ímpetu* Ungestüm *n* [3] ↑ *pasión* Leidenschaft [-lichkeit] *f;* **vehemente** *adj* [1] ↑ *impulsivo* heftig [2] ↑ *apasionado* leidenschaftlich

vehículo *m* [1] (*transporte*) Fahrzeug *n* [2] MED Überträger *m* [3] (*FIG de ideas*) Vehikel *n,* Vermittler *m*

veinte *numeral* zwanzig

vejación *f* [1] ↑ *maltrato* Belästigung *f,* schlechte Behandlung [2] ↑ *humillación* Erniedrigung *f;* **vejar** *vt* ↑ *atormentar* belästigen, quälen

vejestorio *m PEY* ↑ *anciano* alter Knacker *m,* alte Schachtel *f;* **vejez** *f* Alter *n*

vejiga *f* ANAT Blase *f*

vela *f* [1] (*de cera*) Kerze *f;* ◇ **pasar la noche en ~** eine schlaflose Nacht verbringen [2] NAUT Segel *n;* (*FAM no entender*) ◇ **estar a dos ~s** blank sein

velado(/a) I. *adj* [1] ↑ *oculto* verschleiert [2] ▷*fotografía* verschwommen, unscharf II. *f* (*reunión nocturna*) Abendgesellschaft *f*

velador *m* [1] (*mesita*) Bistrotisch *m* [2] ↑ *candelabro* Leuchter *m*

velar I. *vt* ↑ *ocultar* verdecken II. *vi* [1] (*permanecer despierto*) wach bleiben [2] ↑ *cuidar* wachen (*por/sobre* über *akk*); ◇ **vela por su hija** sie wacht bei ihrer kranken Tochter; ◇ **~ a un muerto** die Totenwache halten; **velatorio** *m* Totenwache *f*

veleidad *f* [1] (*capricho*) Launenhaftigkeit *f* [2] ↑ *inconstancia* Unbeständigkeit *f;* **veleidoso** *adj* ↑ *caprichoso* launisch

velero *m* NAUT Segelschiff *n*

veleta *f* [1] (*de viento*) Wetterfahne *f* [2] (*FIG persona*) wetterwendischer Mensch

velo *m* Schleier *m;* ANAT ◇ **~ del paladar** Gaumensegel

velocidad *f* [1] Geschwindigkeit *f* [2] AUTO ↑ *marcha* Gang *m;* ◇ **cambio de cinco ~es** Fünfgangschaltung *f;* **velocímetro** *m* AUTO Tacho[-meter] *m*

velódromo *m* Radrennbahn *f*

velomotor *m* Mofa *n*

veloz *adj* schnell

vello *m* ↑ *pelillo* Flaum *m*

vellón *m* (*lana de oveja*) Schurwolle *f*

velloso *adj* behaart; **velludo** *adj* stark behaart

vena *f* [1] Ader *f* [2] *FIG* ↑ *habilidad* Ader *f,* Begabung *f;* ◇ **tiene ~ de actor** er hat eine schauspielerische Ader; *FIG* ◇ **le da la ~** ihn sticht der Hafer

venado *m* [1] ↑ *ciervo* Hirsch *m* [2] Rotwild *n*

venal *adj* venös

vencedor(a) I. *adj* siegreich II. *m/f* Sieger(in *f*) *m*

vencejo *m* FAUNA Mauersegler *m*

vencer ⟨4.23⟩ I. *vt* [1] → *enemigo* besiegen, siegen über *akk* [2] → *dificultad* meistern, überwinden [3] ↑ *aventajar* übertreffen (*en* in/an *dat*) [4] ◇ **el peso venció su cuerpo** er beugte sich unter dem Gewicht II. *vi* [1] ↑ *ganar* siegen [2] ← *plazo* ablaufen; ◇ **ayer venció el plazo para matricularse** gestern ist die Anmeldefrist abgelaufen; **vencido** *adj* [1] ↑ *derrotado* besiegt; ◇ **darse por ~** sich geschlagen geben [2] ▷*pago* fällig; **vencimiento** *m* [1] (*de pago*) Fälligkeit *f;* (*de plazo*) Ablauf *m* [2] (*de letra de cambio*) Verfall *m*

venda *f* Binde *f; FIG* ◇ **le cayó la ~ de los ojos** es fiel ihm wie Schuppen von den Augen; **vendaje** *m* Verband *m,* Bandage *f;* **vendar** *vt* verbinden

vendaval *m* (*viento fuerte*) Starker Wind

vendedor(a) *m/f* Verkäufer(in *f*) *m;* **vender** *vt* verkaufen; ◇ **~ al contado/al por mayor/al por menor** bar/im Großhandel/im Einzelhandel verkaufen; ◇ **~ por mil pesetas** für tausend Peseten verkaufen

vendimia *f* (*de la uva*) Weinlese *f;* **vendimiador(a)** *m/f* Weinleser(in *f*) *m;* **vendimiar** *vt* Trauben lesen

veneno *m* [1] Gift *n* [2] *FIG* ↑ *sentimiento negativo* Bosheit *f;* **venenoso** *adj también FIG* giftig

venerable *adj* ↑ *digno* ehrwürdig; **veneración** *f* ↑ *respeto* Verehrung *f,* Bewunderung *f;* **venerar** *vt* [1] ↑ *honrar* verehren [2] REL anbeten

venéreo *adj:* ◇ **enfermedad ~a** Geschlechtskrankheit

venero *m* [1] ↑ *manantial* Quelle *f* [2] MIN [Erz-] Ader *f*

venezolano(/a) I. *adj* venezolanisch II. *m/f* Venezolaner(in *f*) *m;* **Venezuela** *f* Venezuela *n*

venganza *f* Rache *f;* **vengar** ⟨3.11⟩ I. *vt* rächen II. *vr(se)* sich rächen (*de* für *akk*), Rache nehmen (*en* an *dat*); **vengativo** *adj* ↑ *rencoroso* rachsüchtig

vengo *vb ver* **venir**

venia *f* [1] ↑ *perdón* Verzeihung *f* [2] ↑ *autorización* Erlaubnis *f;* **venial** *adj* verzeihlich, entschuldbar; ◇ **pecado** *m* **~** läßliche Sünde

venida *f* [1] ↑ *vuelta* Rückkehr [2] ↑ *llegada* Ankunft *f* [3] *FIG* Anwandlung *f;* **venidero** *adj* kommend, [zu-]künftig; **venir** ⟨4.13⟩ I. *vi* [1] kommen; ◇ **el mes que viene** nächsten Monat [2] ↑ *llegar* ankommen [3] ↑ *suceder* geschehen, vorkommen [4] ← *idea* einfallen [5] ↑ *ajustarse* passen; ◇ **hoy me viene mal irte a visitar** heute paßt es mir schlecht, dich zu besuchen [6] ↑ *proceder* stammen (*de* von); ◇ **hacer ~ a razones a alguien** jd-n zur Vernunft bringen; ◇ **¡ven acá!** komm her!; ◇ **¡venga usted!** kommen Sie bitte!; ◇ **~ alguien a menos** sinken, absteigen; ◇ **esto viene a ser un aviso** das soll ein Ratschlag sein; ◇ **vino a dar en la cárcel** er endete im Gefängnis **II.** *vr(se):* ◇ **~se de** zurückkommen; ◇ **~se abajo/al suelo** *FIG* einstürzen

venta *f* Verkauf *m;* ◇ **~ a plazos** Ratenverkauf *m,* Teilzahlungsverkauf *m;* ◇ **~ al contado** Barverkauf *m;* ◇ **estar en ~** verkäuflich sein

ventaja *f* [1] Vorteil *m* [2] SPORT Vorsprung *m;* **ventajoso** *adj* vorteilhaft

ventana *f* [1] Fenster *n; FIG* ◇ **tirar el dinero por la ~** sein Geld zum Fenster hinauswerfen [2] ANAT ◇ **~ de la nariz** Nasenöffnung *f;* **ventanal** *m* (*ventana grande*) großes Fenster; **ventanilla** *f* [1] (*de billetes*) Schalter *m* [2] (*del coche*) Fenster *n*

ventilación *f* Ventilation *f,* Belüftung *f;* **ventilador** *m* Ventilator *m,* Gebläse *n;* **ventilar** *vt* [1] → *habitación* lüften [2] → *ropa* [zum Trocknen/Lüften] hinaushängen [3] *FIG* → *asunto* erörtern [4] *FIG* ↑ *hacer públilco* ans Licht [der Öffentlichkeit] bringen/zerren

ventisca *f* Schneesgestöber *n;* **ventolera** *m* (*golpe de viento*) starker Windstoß *m,* Bö *f*

ventosa *f* [1] FAUNA Saugnapf *m* [2] MED Schröpfkopf *m*

ventosear *vi FAM* einen fahren lassen; **ventosidad** *f* ↑ *gas intestinal* Blähung *f*

ventoso *adj* windig; **ventrílocuo(/a)** *m/f* Bauchredner(in *f*) *m;* **ventriloquia** *f* Bauchrednerei *f*

ventura *f* [1] ↑ *suerte* Glück *n* [2] ↑ *casualidad* glücklicher Zufall; ◇ **a la [buena] ~** auf gut Glück, aufs Geratewohl; **venturoso** *adj* [1] ↑ *que trae suerte* Glücks- [2] ↑ *afortunado* glücklich

veo *vb ver* **ver**; **ver** ‹4.14› **I.** *vt* [1] sehen [2] → *televisión* schauen [3] ↑ *supervisar* durchsehen, untersuchen; ◇ **vamos a ~ si está todo completo** wir werden nachsehen, ob alles vollständig ist [4] ↑ *tratar* beleuchten [5] ↑ *comprender* verstehen; ◇ **no veo por qué no quiere venir** ich verstehe nicht, warum er nicht kommen will [6] ↑ *sospechar* eine Ahnung haben [7] ↑ *visitar* ◇ **ir a ~** besuchen [8] ◇ **estar por ~ cierta cosa** etw muß sich noch herausstellen; ◇ **no tener nada que ~ con** nichts zu tun haben mit; ◇ **a ~, dímelo** dann laß' mal hören; ◇ **habrá que ~ si llega a tiempo** es bleibt abzuwarten, ob er pünktlich ist **II.** *vr(se)* ↑ *encontrarse* sich treffen, einander begegnen; ◇ **~se en un apuro** in einer schwierigen Lage sein; ◇ **~se negro** *FAM* weder ein noch aus wissen **III.** *m :* ◇ **estar de buen ~** gut aussehen; ◇ **a mi modo de ~** meiner Meinung nach

vera *f* ↑ *orilla* Ufer *n*

veracidad *f* ↑ *verdad* Wahrhaftigkeit *f*

veraneante *m/f* Sommerfrischler *m;* **veranear** **I.** *vi* den Sommerurlaub verbringen; **veraneo** *m* Sommerurlaub *m;* **veraniego** *adj* Sommer-; **verano** *m* Sommer *m*

veras *adv* ◇ **de ~** im Ernst, wirklich; **veraz** *adj* ↑ *cierto* ehrlich, aufrichtig

verbal *adj* verbal, mündlich; ◇ **facilidad ~** redegewandt

verbena *f* (*fiesta popular*) Volksfest *n,* Kirmes *f*

verbo *m* Verb *n*

verborrea *f* Geschwätzigkeit *f*

verdad *f* Wahrheit *f;* ◇ **es ~ lo que me aconsejaste** du hattest recht mit deinem Rat; ◇ **¿~ que tú no lo hiciste?** du warst es doch nicht, oder?; ◇ **faltar a la ~** die Unwahrheit sagen; ◇ **de ~** wahrhaftig, wahr, wirklich; ◇ **a decir ~** um ehrlich zu sein; **verdadero** *adj* [1] ↑ *cierto* wahr [2] ↑ *auténtico* echt [3] ↑ *sincero* aufrichtig

verde **I.** *adj* [1] (*color, no maduro*) grün; ◇ **viejo** *m* **~** alter Geilerbock [2] ▷*chiste* schmutzig [3] ◇ **estar ~** (*inexperto*) grün hinter der Ohren sein; ◇ **estar ~** (*proyecto*) unausgereift **II.** *m* [1] ▷*hierba* Grün *n* [2] (*FAM billete de mil*) Tausendpesetenschein *m; FAM* ◇ **poner ~ a alguien** jd-n zur Schnecke machen; **verdear** *vi,* **verdecer** ‹3.5› *vi* grün werden, grünen; **verdín** *m* Baummoos *n;* **verdor** *m* [1] Grün *n* [2] ↑ *follaje* grünes Laub, Belaubung *f;* **verdoso** *adj* (*color*) grünlich

verdugo *m* [1] (*rama*) Gerte *f* [2] (*persona*) Henker *m* [3] FAUNA Raubwürger *m*

verdulero(/a) **I.** *m/f* Gemüsehändler(in *f*) *m* **II.** *f* (*PEY mujer*) Marktweib *n;* **verdura** *f* [Grün-] Gemüse *n*

vereda *f* [1] *AM* Gehweg *m* [2] Fußweg *m; FIG* ◇ **entrar en ~** in geordneten Verhältnissen *n/pl* leben

veredicto *m* JUR Urteil *n,* Urteilsspruch *m*

vergonzoso *adj* [1] ↑ *tímido* schüchtern [2] (*que causa vergüenza*) beschämend; **vergüenza** *f* [1] ↑ *bochorno* Scham *f;* ◇ **sentir/dar ~** sich schämen; *FAM* ◇ **caerse la cara de ~** vor Scham im Erdboden *m* versinken [2] ↑ *pundonor* Anstand *m,* Ehrgefühl *n;* ◇ **si tuviera ~, no habría hecho eso** wenn er auch nur den geringsten Anstand hätte, dann hätte er das nicht gemacht [3] ↑ *deshonra* Schande *f;* ◇ **¡qué ~!** so eine Schande!

verídico *adj* wahr

verificación *f* [1] ↑ *comprobación* Feststellung *f,* Nachweis *m* [2] ↑ *control* [Nach-]Prüfung *f;* **verificar** ‹3.7› **I.** *vt* [1] ↑ *comprobar* nachprüfen, überprüfen [2] ↑ *contrastar* bestätigen, beglaubigen [3] ↑ *realizar* durchführen, verwirklichen **II.** *vr(se)* [1] (*resultar verdadero*) sich bewahrheiten [2] ↑ *realizarse* stattfinden

verja *f* Gitter *n*

vermut *m* Wermut *m*

vernáculo *adj:* ◇ **lengua** *f* **-a** Landessprache *f*

verosímil *adj* ↑ *creíble* glaubhaft

verruga *f* (*de la piel*) Warze *f*

versado *adj:* ◇ **- en** bewandert in *dat;* **versar** *vi* ↑ *tratar* handeln (*sobre* von), sich drehen (*sobre* um)

versátil *adj* [1] ↑ *polifacético* vielseitig [2] ↑ *inconstante* wankelmütig, launisch

versión *f* ↑ *interpretación* Version *f,* Fassung *f*

verso *m* [1] Vers *m* [2] (*composición*) Gedicht *n*

vértebra *f* ANAT Wirbel *m;* **vertebrado I.** *adj:* ◇ **animal -** Wirbeltier *n* **II.** *m/pl* Wirbeltiere *n/pl*

vertedero *m* Mülldeponie *f,* Müllkippe *f*

verter ‹4.17› **I.** *vt* [1] → *recipiente* ausleeren; → *líquido* ausgießen [2] ↑ *derramar líquido* verschütten **II.** *vi* ← *río* münden (*a* in *akk*)

vertical I. *adj* vertikal, senkrecht **II.** *f* Senkrechte *f*

vértice *m* (*de un ángulo*) Scheitel *m*

vertiente *f* [1] (*de montaña*) [Ab-]Hang *m* [2] (*de tejado*) Dachschräge *f*

vertiginoso *adj* ↑ *veloz* schwindelerregend; **vértigo** *m* ↑ *mareo* Schwindel *m,* Schwindelgefühl *n;* ◇ **- a las alturas** Höhenschwindel

vesícula *f* ANAT Blase *f*

vespertino *adj* (*a la tarde*) abendlich, Abend-

vestíbulo *m* [1] (*de vivienda*) Flur *m* [2] (*de edificio*) Vorhalle *f* [3] (*de teatro, hotel*) Foyer *n*

vestido I. *adj* (*con ropa*) gekleidet **II.** *m* [1] (*de mujer*) Kleid *n* [2] (*prendas*) Kleidung *f*

vestigio *m también FIG* Spur *f*

vestimenta *f* Kleidung *f;* **vestir** ‹4.15› **I.** *vt* [1] → *a alguien* anziehen [2] ↑ *confeccionar* Kleider nähen für [3] ↑ *llevar* tragen **II.** *vi* kleiden, gut stehen; ◇ **la chaqueta viste más que el jersey** das Jackett kleidet dich besser als der Pullover **III.** *vr(se)* sich anziehen; ◇ **-se de blanco** weiß tragen; **vestuario** *m* [1] (*conjunto*) Kleidung *f* [2] (*de teatro*) Garderobe [3] SPORT Umkleideraum *m*

veta *f* [1] (*en madera*) Maserung *f* [2] MIN Ader *f*

vetar *vt* Einspruch einlegen gegen

veteado *adj* ↑ *jaspeado* gemasert, geädert

veteranía *f* Veteranenschaft *f;* **veterano(/a) I.** *adj* [alt-]erfahren **II.** *m/f* Veteran(in *f*) *m*

veterinario(/a) I. *m/f* Tierarzt *m,* -ärztin *f* **II.** *f* Tierheilkunde *f*

veto *m* (*acción*) Veto *n,* Einspruch *m;* (*derecho*) Einspruchsrecht *n*

vetusto *adj* [sehr] alt, uralt

vez *f* [1] Mal *n* [2] ↑ *turno* Reihe[-nfolge] *f;* ◇ **a la -** gleichzeitig; ◇ **a su -** seinerseits; ◇ **a veces, algunas veces** gelegentlich, manchmal; ◇ **cada -** jedesmal; ◇ **cuando llegue mi -, hablaré** wenn ich an der Reihe bin, werde ich reden; ◇ **¿cuántas veces?** wie oft?; *LIT* ◇ **de una -** auf einmal; ◇ **de una - por todas** ein für allemal; ◇ **de - en cuando** gelegentlich, hin und wieder; ◇ **en - de** [an]statt, anstelle von; ◇ **érase una -** es war einmal *[Märchenanfang];* ◇ **hacer las veces de tutor** Vormundstelle einnehmen; ◇ **la otra -** neulich; ◇ **muchas veces** oft; ◇ **otra -** (*no ahora*) ein andermal; (*por una vez*) nochmal; ◇ **pedir la -** die Reihennummer verlangen *[in Warteräumen etc.];* ◇ **pocas veces protesta** er protestiert selten; ◇ **por primera -** zum ersten Mal; ◇ **tal -** vielleicht; ◇ **una -** einmal, irgendwann; ◇ **una - más** noch einmal; ◇ **una y otra -** wiederholt, immer wieder; ◇ **rara -** selten; ◇ **ya te lo he dicho cien [mil] veces** ich habe es dir schon tausendmal gesagt

vía I. *f* [1] ↑ *ruta* Weg *m,* Bahn *f* [2] ▷ *pública* Straße *f* [3] TREN Gleis *n* [4] ANAT Weg *m,* Bahn *f* [5] *FIG* ↑ *procedimiento* Weg *m,* Mittel *n;* ◇ **por - judicial** über den Rechtsweg; ◇ **en -s de** im Begriff zu; ◇ **por - aérea** Luftpost *f;* ◇ **por - marítima** auf dem Seeweg **II.** *adv:* ◇ **- Frankfurt** via/über Frankfurt; **viable** *adj* [1] ▷ *asunto* durchführbar [2] ▷ *camino* begehbar, befahrbar

viaducto *m* Viadukt *m*

viajante *m/f* [Geschäfts-]Reisende(r) *fm;* **viajar** *vi* reisen; **viaje** *m* [1] Reise *f;* ◇ **- de novios** Hochzeitsreise *f;* ◇ **- de estudios** Studienreise *f;* ◇ **- organizado** Gruppenreise *f;* ◇ **agencia** *f* **de -s** Reisebüro *n;* ◇ **estar de -** auf Reisen sein; ◇ **¡buen -!** glückliche Reise! [2] (*en coche*) Fahrt *f* [3] (*en barco*) Seereise *f* [4] (*FAM de la droga*) Trip *m;* **viajero(/a) I.** *adj* Reise- **II.** *m/f* Reisende(r) *fm*

vial *adj* Straßen-; **viario** *adj:* ◇ **red** *f* **-a** Straßennetz *n*

víbora *f* [1] FAUNA Viper *f* [2] (*FIG persona*) Giftschlange *f*

vibración *f* Vibration *f,* Schwingung *f;* **vibrador** *m* Vibrator *m;* **vibrante** *adj* vibrierend, schwingend; **vibrar** *vi* ← *objeto* vibrieren, schwingen; ← *voz* beben, zittern

vicario(/a) *m/f* [1] ↑ *sustituto* Stellvertreter(in *f*) *m* [2] REL Vikar(in *f*) *m*

vicepresidente *m/f* Vizepräsident(in *f*) *m*

viceversa *adv* ↑ *lo contrario* umgekehrt; ◇ **lo mío es tuyo y ~** meins ist deins und umgekehrt

viciado *adj* [1] ▷*aire* schlecht [2] ▷*persona* verdorben; **viciar I.** *vt* [1] → *persona* verderben [2] → *vino* panschen [3] JUR → *contrato* ungültig machen **II.** *vr(se)* (*con malas costumbres*) verkommen; **vicio** *m* [1] (*tabaco*) Laster *n* [2] (*mala costumbre*) schlechte Angewohnheit; ◇ **de ~** aus reiner Gewohnheit; **vicioso(/a) I.** *adj* [1] ▷*plantas* wuchernd [2] ↑ *perverso* verderbt, verkommen **II.** *m/f* verkommene Person

vicisitud *f* [1] ↑ *contratiempo* Widrigkeit *f* [2] (*pl, alternancia de hechos*) das Auf und Ab

víctima *m/f* Opfer *n*

victoria *f* Sieg *m;* **victorioso** *adj* siegreich

vid *f* FLORA Weinstock *m,* Rebe *f*

vida *f* [1] Leben *n;* ◇ **amargar la ~ a alguien/hacer la ~ imposible a alguien** jd-m das Leben sauer/zur Hölle machen; ◇ **quitarse la ~** sich das Leben nehmen; ◇ **suicidarse** sich das Leben nehmen; ◇ **ganarse la ~** seinen Lebensunterhalt verdienen; ◇ **perder la ~** ums Leben kommen [2] (*duración*) Lebensdauer *f;* ◇ **de por ~** auf Lebenszeit; ◇ **son amigos de toda la ~** sie sind seit ihrer Kindheit Freunde; ◇ **en la/mi/tu... ~** nie [3] (*biografía*) Biographie *f* [4] ↑ *viveza* Lebendigkeit *f;* ◇ **sus cuadros tienen mucha ~** seine Bild leben

vidente *m/f* Seher(in *f*) *m*

vídeo *m* [1] Video *n* [2] (*aparato*) Videogerät *n,* Videorecorder *m;* **videocámera** *f* Videokamera *f;* **vídeocassette** *f* Videokassette *f;* **vídeoclip** *m* Videoclip *m;* **vídeoteca** *f* Videothek *f*

vidriero(/a) I. *f* (*de ventana*) Glasfenster *n* (*de puerta*) Glastür *f* **II.** *m/f* Glaser(in *f*) *m;* **vidrio** *m* Glas *n;* **vidrioso** *adj* [1] ↑ *quebradizo* zerbrechlich [2] ↑ *resbaladizo* glatt, rutschig [3] ▷*ojos* glasig

viejo(/a) I. *adj* alt **II.** *m/f* [1] ↑ *anciano* Alte(r) *fm* [2] *FAM* ◇ **mis ~** meine Alten

Viena *f* Wien *n;* **vienés(-esa)** *adj* wienerisch

viento *m* Wind *m;* ◇ **anunciar algo a los cuatro ~s** etw ausposaunen; ◇ **correr como el ~** schnell wie der Wind laufen; *FIG* ◇ **contra ~ y marea** allen Widerständen zum Trotz; *FAM* ◇ **¡vete a tomar ~!** mach die Tür von außen zu!

vientre *m* Bauch *m;* ◇ **hacer de ~** Stuhlgang *m* haben

viernes *m* ‹inv› Freitag *m;* ◇ **~ Santo** Karfreitag *m*

Vietnam *m* : ◇ **el ~** Vietnam *n;* **vietnamita I.** *adj* vietnamesisch **II.** *m/f* Vietnamese *m,* Vietnamesin *f*

viga *f* [1] (*de madera*) Balken *m* [2] (*de hierro*) Träger *m*

vigencia *f también* JUR ↑ *validez* Gültigkeit *f;* ◇ **estar en ~** in Kraft sein; **vigente** *adj también* JUR ↑ *válido* gültig, rechtskräftig

vigésimo *adj* zwanzigste(r, s)

vigía I. *f* (*torre*) Wachturm *m* **II.** *m/f* (*vigilante*) Wachhabende(r) *mf;* **vigilancia** *f* ↑ *cautela* Wachsamkeit *f;* ◇ **servicio** *m* **de ~ fiscal** Steuerfahndung *f;* **vigilante I.** *adj* ↑ *atento* wachsam **II.** *m/f* ↑ *guardián* Wächter *m;* **vigilar I.** *vt* bewachen **II.** *vi* [1] wachsam sein [2] MIL Wache halten; ◇ **~ a los niños en el recreo** während der Pause auf die Kinder aufpassen

vigilia *f* [1] ↑ *insomnio* Schlaflosigkeit *f* [2] REL Abstinenz *f;* ◇ **estar de ~** fasten

vigor *m* (*de persona, planta*) Kraft *f;* JUR ◇ **entrar/poner en ~** in Kraft treten/setzen; ◇ **hablar con ~** mit Nachdruck sprechen; **vigoroso** *adj* ▷*persona* stark, kräftig

vil *adj* ↑ *miserable* gemein, niederträchtig; **vileza** *f* (*acción*) Niederträchtigkeit *f*

vilipendiar *vt* ↑ *difamar* diffamieren, verleumden

vilo *adv:* ◇ **en ~** [1] (*inestable*) in der Schwebe [2] (*con inquietud*) im Ungewissen *n*

villa *f* [1] (*casa con jardín*) Villa *f* [2] (*población*) Kleinstadt *f*

villancico *m* (*canción de Navidad*) Weihnachtslied *n*

vinagre *m* Essig *m;* **vinagrera** *f* (*recipiente*) Essigflasche *f;* **vinagreta** *f* GASTRON Essigtunke *f*

vinculación *f* ↑ *unión* Verbindung *f;* **vincular** *vt* [ver-]binden; ◇ **el contrato nos vincula** der Vertrag bindet uns; **vínculo** *m* ↑ *ligadura* Bindung *f,* Band *n;* ◇ **~s de sangre** Blutsbande *m*

vindicar ‹3.7› *vt* [1] ↑ *vengar* rächen [2] ↑ *defender* rechtfertigen, verteidigen

vinicultor(a) *m/f* Weinbauer *m,* Weinbäuerin *f;* **vinicultura** *f* Weinbau *m;* **vino** *m* Wein *m;* ◇ **~ blanco** Weißwein *m;* ◇ **~ tinto** Rotwein *m*

viña *f* Weinberg *m;* **viñedo** *m* Weinberg *m*

viñeta *f* TIP Randverzierung *f,* Vignette *f*

viola *f* MUS Bratsche *f*

violación *f* [1] (*de mujer*) Vergewaltigung *f* [2] (*de ley*) Verletzung *f*

violador *m* (*sexual*) Schänder *m;* **violar** *vt* [1] → *mujer* vergewaltigen [2] → *ley* verletzen

violencia *f* [1] Gewalt *f;* ◇ **emplear la ~** Gewalt anwenden; ◇ **el viento sopla con gran ~** es bläst ein sehr starker Wind [2] ↑ *violación* Vergewaltigung *f;* **violentar** *vt* [1] Gewalt antun *dat* [2] → *cerradura* aufbrechen; **violento** *adj* [1] ▷*golpe* heftig; ◇ **procedimientos** *m/pl* -s Gewaltmaßnahmen *f/pl* [2] ▷*persona* gewalttätig [3] ↑ *impetuoso* aufbrausend; ◇ **me resulta - no aceptar su invitación** ich finde es sehr unhöflich, seine Einladung nicht anzunehmen

violeta I. *f* FLORA Veilchen *n* II. *m* (*color*) Violett *n*

violín *m* MUS Geige *f,* Violine *f;* **violinista** *m* MUS Geiger(in *f*) *m;* **violón** *m* MUS Baßgeige *f;* **violonchelo** *m* MUS [Violon-]Cello *n*

viraje *m* [1] ↑ *curva* Kurve *f* [2] ↑ *giro* Wendung *f,* Drehung *f* [3] (*de ideas*) Umschwung *m;* **virar** *vt, vi* [1] (*dirección*) drehen, wenden (*a/hacia* zu/nach) [2] → *postura* umschwenken

virgen I. *adj* (*mujer*) unberührt; ◇ **una cinta** - Leerkassette *f* II. *f* [1] (*mujer*) Jungfrau *f* [2] REL Jungfrau *f,* Marienbild *n;* **virginidad** *f* Jungfräulichkeit *f;* **Virgo** *m* ‹inv› ASTR Jungfrau *f*

viril *adj* männlich; **virilidad** *f* Männlichkeit *f*

virtual *adj* (*que puede ser*) möglich, virtuell; (*implícito*) eigentlich, heimlich; **virtualmente** *adv* praktisch, fast

virtud *f* [1] (*facultad*) Fähigheit *f* [2] (*cualidad*) Tugend *f;* ◇ **en - de** kraft/auf Grund *gen;* **virtuoso(/a)** I. *adj* [1] (*genio*) meisterhaft [2] (*persona*) tugendhaft II. *m/f* Virtuose *m,* Virtuosin *f;* ◇ **él es un - del violín** er ist ein Virtuose auf der Geige

viruela *f* MED Pocken *pl*

virulento *adj* [1] ▷*enfermedad* ansteckend, virulent [2] *FIG* ↑ *mordaz* beißend, ätzend

virus *m* MED Virus *n*

viruta *f* (*de madera*) Span *m;* ◇ -s [Hobel-]Späne *m/pl*

visado *m* Visum *n*

visar *vt* → *documento* mit einem [Sich-]Vermerk versehen

víscera *f* ANAT Eingeweide *n;* **visceral** *adj* [1] (*de víscera*) viszeral, Eingeweide- [2] *FIG* ↑ *profundo* tief; ◇ **odio** *m* - abgrundtiefer Haß

viscosa *f* (*material*) Viskose *f*

viscoso *adj* [1] ↑ *pegajoso* klebrig, schleimig [2] ↑ *espeso* zähflüssig

visera *f* (*gorra*) Visier *n*

visibilidad *f* AUTO Sicht[-weite] *f;* **visible** *adj* [1] sichtbar [2] ↑ *evidente* offensichtlich; **visión** *f* [1] (*de la vista*) Sehvermögen *n* [2] (*imagen*) Anblick *m* [3] (*aparición*) Gesicht *n,* Vision *f*

visionario(/a) I. *adj* halluzinierend, visionär II. *m/f* Geisterseher(in *f*) *m,* Phantast *m*

visita *f* [1] (*a amigos*) Besuch *m;* ◇ **hacer una -a alguien** jd-m einen Besuch abstatten [2] (*de turismo*) Besichtigung *f;* **visitante** *m/f* Besucher(in *f*) *m;* **visitar** *vt* [1] → *amigos* besuchen [2] → *museo* besichtigen [3] → *médico* aufsuchen

vislumbrar *vt* [1] (*en la lejanía*) (undeutlich) sehen, (kaum) erkennen [2] → *solución* sehen; **vislumbre** *f* ↑ *resplandor* [schwacher] Schimmer

viso *m* [1] ↑ *resplandor* Glanz *m* [2] ↑ *apariencia* Anschein *m;* ◇ **este proyecto tiene -s de ser muy útil** dieses Vorhaben hat den Anschein, sehr nützlich zu sein

visón *m* FAUNA Nerz *m*

visor *m* FOTO Sucher *m*

víspera *f* [1] (*día antes*) Vortag *m;* ◇ **están en -s de casarse** sie stehen kurz vor ihrer Hochzeit [2] REL ◇ **-s** Vesper *f*

vista *f* [1] (*sentido*) Sehen *n* [2] (*ambos ojos*) Sehvermögen *n;* ◇ **tener buena** - gut sehen [3] *FIG* einen sicheren Blick haben; ◇ **el joven tuvo buena - y se casó con la más rica** der Junge hatte eine guten Blick und heiratete die Reichste [3] ↑ *panorama* Aussicht *f;* ◇ **¡tierra a la -!** Land in Sicht!; *FAM* ◇ **hacer la - gorda** ein Auge zudrücken; ◇ **comerse algo/alguien con la** - *FAM* etw/jdn mit den Augen verschlingen; ◇ **estar/saltar a la** - offensichtlich sein; ◇ **conocer a alguien de** - jd-n vom Sehen kennen; ◇ **no perder de - algo/a alguien** etw/jdn nicht aus den Augen verlieren; ◇ **a primera** - auf den ersten Blick; ◇ **a - de pájaro** aus der Vogelperspektive; ◇ **con -s a** im Hinblick auf *akk;* ◇ **en - de** in Anbetracht + gen; ◇ **¡hasta la -!** auf Wiedersehen!; **vistazo** *m* flüchtiger Blick; ◇ **dar/echar un - a** einen flüchtigen Blick werfen auf *akk*

visto *vb ver* **vestir**

visto I. *pp de ver* II. *adj:* ◇ **estar** - veraltet; ◇ **estar mal/bien** - un-/beliebt sein; ◇ **caso - para sentencia** JUR entscheidungsreif, spruchreif; ◇ **dar el - bueno** den Genehmigungsvermerk/Sichtvermerk erteilen; ◇ **se marchó sin ser** - er ging, ohne angehört worden zu sein; ◇ **está - que** es ist offensichtlich, daß; ◇ **por lo** - offensichtlich, offenbar

vistoso *adj* [1] (*por los colores*) farbenprächtig [2] (*llamativo*) auffällig

vital *adj* [1] (*de vida*) Lebens- [2] ↑ *esencial* lebenswichtig [3] ↑ *activo* vital; **vitalicio** *adj* lebenslänglich; ◇ **renta** *f* **-a** Leibrente *f*

vitalidad *f* ↑ *vigor* Lebenskraft *f,* Vitalität *f*

vitamina *f* Vitamin *n*

viticultor *m/f* Winzer(in *f*) *m;* **viticultura** *f* Weinbau *m*

vitorear *vt* ↑ *aclamar* hochleben lassen

vitrina *f* Glasschrank *m*, Schaukasten *m*
vitro *m* : ◇ **en** ~ in vitro, im Reagenzglas *n*
vituperar *vt* ↑ *censurar* heftig kritisieren; **vituperio** *m* [1] ↑ *condena* Verurteilung *f* [2] ↑ *reproche* Tadel *m*, Kritik *f*; ↑ *injuria* Beleidigung *f* [3] ↑ *deshonra* Schande *f*
viudedad *f* [1] (*estado de viudo*) Witwerschaft *f*; (*de viuda*) Witwenschaft *f* [2] (*pensión*) Witwenrente *f*; **viudo(/a)** *m/f* Witwer *m*, Witwe *f*
vivacidad *f* [1] (*energía*) Kraft *f* [2] (*dinamismo*) Lebendigkeit *f*
vivaracho *adj* [1] ↑ *alegre* lebhaft [2] ↑ *listo* gerissen
vivaz *adj* [1] FLORA immergrün, langlebig [2] ↑ *ingenioso* scharfsinnig; (*enérgico*) lebhaft
vivencia *f* ↑ *experiencia vital* einschneidendes Erlebnis
víveres *m/pl* ↑ *alimentos* Lebensmittel *pl*
vivero *m* [1] (*de plantas*) Baumschule *f* [2] (*de peces*) Fischweiher *m*
viveza *f* [1] (*energía*) Lebhaftigkeit *f* [2] (*rapidez*) Rührigkeit *f* [3] ↑ *perspicacia* Scharfsinn *m* [4] (*de los ojos*) Lebendigkeit *f*
vívido *adj* ▷*descripción* lebendig
vividor(a) *m/f* (*persona que vive a costa de los demás*) Lebemann *m*
vivienda *f* Wohnung *f*
viviente *adj* lebendig, lebend
vivificante *adj* ↑ *excitante* belebend
vivificar ⟨3.7⟩ *vt* [1] (*dar vida*) lebendig machen [2] (*dar fuerzas*) beleben
vivir I. *vt, vi* leben; ◇ **no se vive más que una vez** man lebt nur einmal; ◇ **¡viva!** hoch! **II.** *vi* [1] ↑ *habitar* wohnen; ◇ **su familia vive en una aldea** seine Familie wohnt in einem Dorf [2] ↑ *alimentarse* sich ernähren von; ◇ ~ **de pan y agua** von Wasser und Brot leben *m* Lebensweise *f*; ◇ **es una persona de mal** ~ er ist eine zwielichtige Gestalt; **vivo** *adj* [1] (*con vida*) lebendig [2] ↑ *actual* frisch [3] ▷*relato* lebendig, anschaulich [4] ▷*discusión* angeregt [5] ▷*color* lebendig [6] ↑ *ingenioso* gewieft, clever [7] ↑ *ágil* flink
vizconde(-esa) *m/f* Vicomte *m*, Vizegräfin *f*
vocablo *m* [1] ↑ *palabra* Wort *n* [2] (*palabra aislada*) Vokabel *f* [3] ↑ *término* Ausdruck *m*; **vocabulario** *m* Vokabular *n*
vocación *f* (*afición interior*) Berufung *f*
vocal I. *adj* (*de voz*) Stimm- **II.** *m* (*miembro de asamblea*) stimmberechtigtes Mitglied **III.** *f* Vokal *m*; **vocálico** *adj*: ◇ **sonido** *m* ~ vokalischer Laut
vocalista *m/f* Sänger(in *f*) *m*; **vocalizar** ⟨3.10⟩ *vt* (*pronunciar*) vokalisieren
vocear I. *vt* ← *vendedores* ausrufen **II.** *vi* ↑ *gritar* schreien; **vocerío** *m* Geschrei *n*
vociferar I. *vt* [1] ← *vendedores* [marktschreierisch] anpreisen [2] ↑ *aclamar* zujubeln *dat* **II.** *vi* ↑ *gritar* schreien
vodka *f* Wodka *m*
volado *adj FAM* ↑ *inquieto*: ◇ **estar** ~ wie auf glühenden Kohlen sitzen
volador *adj* fliegend
voladura *f* Sprengung *f*
volante I. *adj* fliegend **II.** *m* [1] AUTO Lenkrad *n* [2] (*de vestido*) Volant *m*
volar ⟨3.2⟩ **I.** *vt* → *puente* sprengen **II.** *vi* [1] ← *avión* fliegen [2] ↑ *escapar* verschwinden
volátil *adj* [1] ↑ *inconstante* flatterhaft, unbeständig [2] QUIM flüchtig
volatín *m* Seiltänzerkunststück *n*
volcán *m* Vulkan *m*; ◇ **estar sobre un** ~ auf einem Pulverfaß sitzen; **volcánico** *adj* vulkanisch
volcar ⟨4.22⟩ **I.** *vt* [1] ↑ *tumbar* umstoßen, umwerfen [2] AUTO umstürzen **II.** *vr(se)* [1] ← *florero* umkippen [2] (*en un trabajo*) sein Äußerstes geben; ◇ **se vuelca con/en sus amigos** er ist äußerst aufmerksam seinen Freunden *dat* gegenüber
voleibol *m* Volleyball *m*
voltaje *m* ELEC Spannung *f*
voltear I. *vt* [1] ↑ *dar vueltas* herumdrehen, umkehren [2] ← *campana* läuten **II.** *vi* sich überschlagen; **voltereta** *f* (*sobre las manos*) [Handstand-]Überschlag *m*; (*lateral*) Rad *n*
voltio *m* ELEC Volt *n*
voluble *adj* ↑ *inconstante* unbeständig, flatterhaft
volumen ⟨volúmenes⟩ *m* [1] (*tamaño*) Volumen *n* [2] (*de sonido*) Lautstärke *f* [3] ↑ *tomo* Band *m*; **voluminoso** *adj* [1] ↑ *grande* voluminös [2] ▷*enciclopedia* umfangreich
voluntad *f* [1] Wille *m*; ◇ ~ **de hierro** eiserner Wille; ◇ **buena** ~ guter Wille; ◇ **tener mucha/poca** ~ willensstark/willensschwach sein; ◇ **última** ~ letzter Wille *m*, Testament *n* [2] ↑ *intención* Absicht *f* [3] ↑ *deseo* Wunsch *m*; ◇ **a** ~ nach Belieben *n*; **voluntario(/a) I.** *adj* freiwillig **II.** *m/f* Freiwillige(r) *fm*; **voluntarioso** *adj* ↑ *infatigable* zäh
voluptuoso *adj* ↑ *sensual* sinnlich
volver ⟨3.2⟩ **I.** *vt* [1] → *tortilla* wenden, drehen; → *página* umschlagen; ◇ ~ **la espalda** jd-m den Rücken kehren [2] ↑ *transformar* verwandeln (*en* in *akk*) **II.** *vi* [1] ↑ *regresar* zurückkehren; ◇ **mañana volveré a Madrid** morgen werde ich nach Madrid zurückfahren [2] (*a un tema*) zurückkommen auf [3] ↑ *retroceder* umkehren; ◇ ~ **en sí**

wieder zu sich kommen; ◇ **no volverán a faltar a clase** sie werden nicht mehr im Unterricht fehlen **III.** *vr(se)* (*cuerpo*) sich umdrehen; ◇ **~se atrás** einen Rückzieher machen; ◇ **~se loco** verrückt werden

vomitar I. *vt* [er-]brechen **II.** *vi* sich erbrechen; **vomitivo** *adj* [1] MED Brechmittel *n* [2] *FAM* ↑ *desagradable* widerlich, scheußlich; **vómito** *m* [1] (*acción*) [Er-]Brechen *n* [2] (*lo que se vomita*) Erbrochene(s) *n*

voracidad *f* ↑ *glotonería* Gefräßigkeit *f;* **voraz** *adj* [1] ↑ *glotón* gefräßig [2] ▷*fuego* heftig

vórtice *m* [1] (*de agua*) Wirbel *m,* Strudel *m* [2] METEO Wirbelsturm *m*

vosotros *pron* ihr

votación *f* ↑ *elección* Abstimmung *f;* **votar I.** *vt* → *partido* stimmen für **II.** *vi* wählen; **voto** *m* [1] (POL *de elección*) Stimme *f* [2] ↑ *compromiso* Gelübde *n* [3] ↑ *opinión* Meinung *f*

voy *vb ver* **ir**

voz *f* [1] Stimme *f;* ◇ **a media ~** halblaut; ◇ **con ~ y voto** mit Sitz und Stimme *im Parlament;* ◇ **correr la ~ de algo** etw bekannt machen; ◇ **en ~ alta/baja** laut/leise; *FIG* ◇ **la ~ de la conciencia** die Stimme des Gewissens; ◇ **llevar la ~ cantante** den Ton angeben; ◇ **sin ~ ni voto** ohne jeden Einfluß [2] ↑ *grito* Schrei *m;* ◇ **a ~s** lauthals; ◇ **de viva ~** mündlich [3] GRAM ◇ **~ pasiva** Passiv *n* **vozarrón** *m* laute Stimme

vuelco I. *vb ver* **volcar**; **II.** *m* AUTO Überschlag *m*

vuelo I. *vb ver* **voler**; **II.** *m* [1] (*de avión*) Flug *m;* ◇ **al ~** im Fluge; ◇ **alzar/levantar el ~** ← *Vogel* auffliegen; *FIG* ← *Kind* flügge sein; ◇ **~ sin motor** SPORT Segelflug *m* [2] (*de vestido*) Weite *f*

vuelta *f* [1] Wendung *f;* ◇ **dar ~s** [sich] drehen; ◇ **dar ~s a una idea** sich *dat* eine Idee durch den Kopf gehen lassen; ◇ **dar media ~** kehrtmachen; *FAM* ◇ **estar de ~** nicht von gestern sein; ◇ **la cabeza me da ~s** mir dreht sich alles vor den Augen; ◇ **no tener una cosa ~ de hoja** eindeutig feststehen; ◇ **poner de ~ y media a alguien** jd-n zusammenstauchen [2] ↑ *regreso* Rückkehr *f;* ◇ **a la ~** bei der Rückkehr [3] (*de un viaje*) Heimkehr *f* [4] ↑ *paseo* Spaziergang *m* [5] SPORT Runde *f* [6] (*de dinero*) Wechselgeld *n;* ◇ **a la ~ de la esquina** gleich um die Ecke; ◇ **a ~ de correo** postwendend; ◇ **a la ~ de pocos años** einige Jahre später

vuelto *pp de* **volver**

vuelvo *vb ver* **volver**

vuestro I. *adj* euer, eu[e]re; ◇ **hablé con ~ padre** ich habe mit eurem Vater gesprochen **II.** *pron:* ◇ **ese género de vida es lo ~** diese Lebensweise ist euch auf den Leib geschnitten; ◇ **un amigo ~** ein Freund von euch; ◇ **los ~s** die Eu[e]ren/Euern

vulgar *adj* [1] ↑ *grosero* vulgär [2] ↑ *corriente* gewöhnlich; **vulgaridad** *f* [1] ↑ *grosería* zotiger Ausdruck [2] (*poco culto*) Trivialität *f* [3] ↑ *mal gusto* Taktlosigkeit *f* [4] ↑ *dicho, hecho conocido* Gemeinplatz *m;* **vulgarismo** *m* vulgärer Ausdruck; **vulgarizar** ‹3.10› *vt* (*hacer vulgar*) zum Gemeingut machen; → *tema* allgemein verbreiten

vulgo *m* gemeines Volk, Pöbel *m*

vulnerabilidad *f* Verletzlichkeit *f;* **vulnerable** *adj* verwundbar, verletzlich; ◇ **él es muy ~ a la crítica** er kann keine Kritik vertragen; **vulnerar** *vt* [1] ↑ *herir* verletzen [2] → *ley* verletzen

W

W, w *f* ↑ *letra* W, w *n*

walquiria *f* Walküre *f*

wáter *m* ↑ *servicios* WC *n*

whisky *m* ↑ *güisqui* Whisky *m*

wolframio *m* QUIM Wolfram *n*

X

X, x *f* (*letra*) X, x *n*

xenofobia *f* Fremdenfeindlichkeit *m;* (*más fuerte*) Fremdenhaß *m;* **xenófobo** *f* Fremdenhaßer(in *f*) *m*

xerocopia *f* [Foto-]Kopie *f;* **xerocopiar** *vt* [foto-]kopieren

xilófonista *m/f* MUS Xylophonspieler(in *f*) *m;* **xilófono** *m* MUS Xylophon *n*

xilografía *m* [1] (*impresión tipográfica*) Holzdruck *m,* Holzschnitt *m* [2] ARTE Holzschnittkunst *f*

Y

Y, y *f* Y, y *n*
y *cj* und
ya I. *adv* [1] schon; ◇ **~ lo creo** das will ich meinen!; ◇ **~ nadie se acuerda de ella** niemand erinnert sich mehr an sie [2] ↑ *ahora* nun, jetzt [3] ↑ *luego* gleich, sofort; ◇ **~ voy** ich komme gleich/sofort [4] ◇ **el colega ~ no está aquí** der Kollege ist nicht mehr hier; ◇ **~ nos veremos** bis bald II. *interj* ach ja III. *cj* da; ◇ **~ que estás aquí, puedes ayudarme** da du schon mal hier bist, kannst du mir helfen
yacer ⟨4.24⟩ *vi* ↑ *estar tendido* liegen
yacimiento *m* (MIN *de petróleo*) Vorkommen *n*
yate *m* NAUT Jacht *f*
yedra *f* FLORA Efeu *m*
yegua *f* FAUNA Stute *f*
yema *f* [1] (*de huevo*) Eigelb *n* [2] (*de planta*) Knospe *f* [3] (*del dedo*) Fingerkuppe *f*
yerba *f* ↑ *hierba* Gras *n*, Kraut *n*; **yerbajo** *m PEY* Kraut *n*
yermo I. *adj* [1] ▷*pueblo* unbewohnt [2] ▷*campo* öde II. Ödland *n*
yerno *m* Schwiegersohn *m*
yerro *m* ↑ *equivocación* Irrtum *m*
yerto *adj* ↑ *tieso* starr, steif
yesca *f* (*materia*) Zunder *m*
yeso *m* (*material*) Gips *m*
yo *pron* ich; ◇ **yo que tú** ich an deiner Stelle
yodo *m* Jod *n*
yogur *m* Joghurt *m o n*; **yogurtera** *f* Joghurtbereiter *m*
yonqui *m/f FAM* Fixer(in *f*) *m*, Junkie *mf*
yoyó *m* Yo-Yo *n*
yudo *m* SPORT Judo *n*
yugo *m también FIG* Joch *n*
Yugoslavia *f* Jugoslawien *n*; **yugoslavo(/a)** I. *adj* jugoslawisch II. *m/f* Jugoslawe *m*, Jugoslawin *f*
yugular *adj* Kehl-; ◇ **vena ~** Halsader *f*
yunque *m también* ANAT Amboß *m*
yunta *f* (*animales de trabajo*) Gespann *n*
yute *m* Jute *f*
yuxtaponer ⟨4.8⟩ *vt* nebeneinanderstellen; **yuxtaposición** *f* Nebeneinanderstellung *f*, Aneinanderreihung *f*

Z

Z, z *f* Z, z *n*
zafarrancho *m* [1] NAUT Klarschiff *n* [2] *FIG* ↑ *confrontación* Streit *m*; MIL ◇ **¡~ de combate!** klar zum Gefecht!
zafarse *vr* ↑ *huir* entfliehen; ◇ **se zafó del castigo** er drückte sich vor der Strafe
zafio *adj* ↑ *grosero* grob, derb
zafiro *m* Saphir *m*
zaga *f* (*parte posterior*) hinterer Teil
zagal(a) *m/f* [1] (*muchacho*) Junge *m*, Mädchen *n* [2] (*pastor joven*) Hirtenjunge *m*
zaguán *m* ↑ *vestíbulo* Diele *f*
zaherir ⟨3.1⟩ *vt* ↑ *censurar* kritisieren
zahorí ⟨-íes⟩ *m/f* (*de manantiales subterráneos*) Wünschelrutengänger(in *f*) *m*
zaino *adj* [1] ↑ *falso* falsch, hinterhältig [2] ◇ **caballo ~** Fuchs *m*
zalamería *f* ↑ *halago* Schmeichelei *f*; **zalamero** *adj* schmeichlerisch
zamarra *f* (*prenda de vestir*) Schaffelljacke, -weste *f*
zambo(/a) *m/f* [1] (*de piernas torcidas*) X-beinige(r) *fm* [2] (*mestizo*) Zambo *m*, Zamba *f*
zambomba *f* MUS Hirtentrommel *f*
zambullirse *vr también FIG* untertauchen; ◇ **~ en un trabajo** sich in eine Arbeit hineinknien
zampar I. *vt* ↑ *devorar* fressen II. *vr(se)* ↑ *tragarse* schlingen
zanahoria *f* Mohrrübe *f*, Karotte *f*
zancada *f* (*paso largo*) großer Schritt
zancadilla *f* [1] Beinstellen *n*; *también FIG* ◇ **poner la ~ a alguien** jd-m ein Bein stellen [2] *FIG* ↑ *trampa* List *f*
zanco *m* Stelze *f*; **zancudo** *adj* langbeinig
zanganear *vi FAM* ↑ *vagabundear* rumhängen; **zángano(/a)** I. *m* (*abeja*) Drohne *f* II. *m/f* (*persona*) Schnorrer(in *f*) *m*, Faulenzer(in *f*) *m*
zanja *f* ↑ *excavación* Graben *m*; **zanjar** *vt* [1] ↑ *cavar* ausheben [2] *FIG* → *asunto* bereinigen
zapapico *m* Pickel *m*
zapata *f* AUTO Bremsschuh *m*
zapatear I. *vt* (*golpear con los pies*) treten II. *vi* (*al bailar*) im Takt mit dem Fuß aufstampfen; **zapatería** *f* [1] (*tienda*) Schuhgeschäft *n* [2] (*taller*) Schuhmacherwerkstatt *f*; **zapatero(/a)** *m/f* Schuhmacher(in *f*) *m*; **zapatilla** *f* Pantoffel *m*; **zapato** *m* Schuh *m*; *FIG* ◇ **no llegarle a la suela del ~ a alguien** jd-m nicht das Wasser reichen können
zarabanda *f FIG* ↑ *alboroto* Trubel *m*
zaranda *f* ↑ *colador* Sieb *n*

zarandajas *f/pl FAM* Lappalien *f/pl*
zarandear *vt* [1] ↑ *colar* sieben [2] ↑ *agitar* kräftig schütteln
zarpa *f* (*de león*) Tatze *f*, Pranke *f*
zarpar *vi* NAUT die Anker lichten, auslaufen
zarpazo *m* Prankenhieb *m*
zarrapastroso *adj* ↑ *sucio* schmutzig, zerlumpt
zarza *f* FLORA Brombeerstrauch *m;* **zarzal** *m* ↑ *matorral* Dorngestrüpp *n;* **zarzamora** *f* Brombeere *f*
zarzuela *f spanische Operette*
zascandil *m* (*persona chismosa*) Naseweis *m*
zepelín *m* Zeppelin *m*
zigzag *adj* zickzackförmig; **zigzaguear** *vi* im Zickzack gehen
zinc *m* Zink *n*
zipizape *m FAM* ↑ *alboroto* Radau *m*
zócalo *m* (*de la pared*) Leiste *f*
zodiaco *m* Tierkreis *m;* ◇ **signo** *m* **del** ~ Tierkreiszeichen *n*
zombi I. *adj FIG* behämmert, dußlig, dämlich **II.** *m* Zombie *m*
zona *f* Zone *f*, Bereich *m*, Gebiet *m;* ◇ ~ **de precipitaciones** Niederschlagsgebiet *n;* ◇ ~ **de explotación** Abbaugebiet *n;* ◇ ~ **azul** Kurzparkzone *f*
zoo *m* Zoo *m;* **zoología** *f* Tierkunde *f*, Zoologie *f;* **zoológico** *adj* zoologisch; ◇ **parque** *m* ~ Zoo *m*, Tiergarten *m;* **zoólogo(/a)** *m/f* Zoologe *m*, Zoologin *f*
zoom *m* FOTO Zoom *m*
zopenco (*FAM torpe*) Trampeltier *n*
zoquete *m* [1] ↑ *tarugo* Block *m*, Pflock *m* [2] *FAM* Tölpel *m*
zorro(/a) I. *adj* listig **II.** *m/f* [1] FAUNA Fuchs *m*, Füchsin *f* [2] (*FIG persona*) schlauer Fuchs
zote I. *adj* (*FAM torpe*) schwer von Begriff **II.** *m/f* (*FAM persona*) Dummkopf *m*
zozobra *f* ↑ *inquietud* innere Unruhe; **zozobrar** *vi* [1] NAUT kentern [2] *FIG* ← *proyecto* scheitern
zueco *m* Holzschuh *m*
zumbar I. *vt* ↑ *pegar* verprügeln **II.** *vi* [1] ← *abeja* summen [2] ← *motor* brummen **III.** *vr(se):* ◇ **-se de** ↑ *burlarse* verspotten, sich lustig machen über *akk;* **zumbido** *m* (*sonido*) Summen *n*
zumo *m* [Frucht-]Saft *m*
zurcir ⟨3.18⟩ *vt* [1] → *calcetines* flicken, stopfen [2] *FAM* ◇ **¡que te zurzan!** nerv mich nicht!
zurdo *adj* linkshändig
zurra *f* ↑ *paliza* Tracht *f* Prügel; **zurrar** *vt* [1] ↑ *golpear* prügeln [2] → *pieles* gerben
zurriago *m* ↑ *látigo* Peitsche *f*
zurrón *m* (*de pastor*) Proviantasche *f*
zutano(/a) *m/f* ↑ *fulano, mengano* ein gewisser Herr X, eine gewisse Frau X

WÖRTERBUCH

DEUTSCH - SPANISCH

A

A, a *n* [1] (*Buchstabe*) A, a *f* [2] MUS la *m*

Aal *m* ‹-[e]s, -e› anguila *f*

Aas *n* ‹-es, -e› [1] ↑ *Tierleiche* carroña *f* [2] *FAM* canalla *m;* **Aasgeier** *m* (*Vogel*) buitre *m; FAM* ↑ *gieriger Mensch* buitre *m*

ab **I.** *präp* [1] (*zeitlich*) ↑ *von ... an* desde, a partir de; ◇ ~ **Juli** desde julio; ◇ ~ **morgen** a partir de mañana [2] (*räumlich*) ↑ *von* de; ◇ ~ **München** de Múnich **II.** *adv* [1] ◇ **von da** ~ (*räumlich*) desde allí; (*zeitlich*) desde entonces [2] ◇ **auf und** ~ de aquí para allá [3] ◇ ~ **und zu** ↑ *manchmal* a veces [4] ◇ **ab [mit dir]!** ↑ *weg, fort* ¡largo de aquí!

abändern *vt* modificar; POL → *Gesetzentwurf* enmendar; **Abänderung** *f* modificación *f;* (POL *von Gesetz*) enmienda *f*

abarbeiten **I.** *vt* → *Schuld* pagar con el trabajo **II.** *vr* ◇ **sich** ~ ↑ *sich verausgaben* trabajar como un burro

Abart *f* [1] ↑ *Abweichung* anormalidad *f,* irregularidad *f* [2] BIOL variedad *f;* **abartig** *adj* [1] ↑ *nicht normal* anormal; ▷*sexuell* perverso [2] ↑ *sehr unangenehm* ▷*Geruch* nauseabundo

Abbau *m* ‹-[e]s› [1] (TECH *von Maschine*) desmontaje *m* [2] (*von Rohstoffen*) explotación *f* [3] ↑ *Reduzierung* (*von Truppen, Personal*) reducción *f* [4] ↑ *Verfall* ▷*körperlich* disminución *f* [física]; ▷*geistig* perdida *f* [de las capacidades mentales] [5] CHEM descomposición *f;* **abbauen** **I.** *vt* (*vgl*) *s.* **Abbau,** desmontar; explotar; reducir; descomponer **II.** *vi* (▷*geistig*) las capacidades mentales; ▷*körperlich* perder músculos

abbeißen *unreg vt* → *Stück Brot* dar un mordisco a

abbekommen *unreg vt* [1] → *erhalten* recibir [2] ↑ *entfernen können* → *Briefmarke* lograr desprender; → *Verschluß, Deckel* destapar

abberufen *unreg vt* → *Diplomaten* relevar

abbestellen *vt* → *Zeitung, Telefon* anular

abbezahlen *vt* (*in Raten*) pagar a plazos

abbiegen *unreg* **I.** *vi:* ◇ **in e-e Straße** ~ doblar la calle; ◇ **rechts/links** ~ doblar a la derecha/izquierda **II.** *vt* [1] → *Stab* doblar [2] *FIG* ↑ *verhindern* impedir; → *Frage* evitar

Abbild *n* [1] ↑ *Kopie* copia *f* [2] ↑ *Spiegelbild* imagen *f* [3] ↑ *große Ähnlichkeit* ◇ **sie ist das** ~ **ihrer Mutter** es el vivo retrato de su madre; **abbilden** *vt* [1] ↑ *darstellen* → *Person, Gegenstand* representar [2] ↑ *kopieren* → *Foto, Bild* retratar; **Abbildung** *f* [1] ↑ *Illustration* ilustración *f,* representación *f,* imagen *f* [2] (*von Fotos*) reproducción *f*

abblasen *unreg vt FAM* → *Feier* cancelar, anular

abblättern *vi* desconcharse

abblenden *vt* [1] → *Fenster* cegar; → *Lampe* tapar [2] (AUTO *Ggs von aufblenden*) cambiar las luces, dar la luz de cruce [3] FOTO ajustar el diafragma; **Abblendlicht** *n* luz *f* de cruce

abblitzen *vi FAM* ↑ *abweisen:* ◇ **jd-n** ~ **lassen** dar calabazas, mandar a paseo a alguien

abbrechen **I.** *unreg vt* [1] → *Ast* romper [2] → *Gebäude* derribar [3] ↑ *beenden* → *Tätigkeit* abandonar; → *Gespräch* interrumpir; → *Beziehungen* suspender [4] (*FIG weggehen*) ◇ **Zelte** ~ levantar el campamento **II.** *unreg vi* ↑ *entzweigehen* ← *Griff* partirse en dos

abbrennen *unreg* **I.** *vt* [1] ↑ *in Brand stecken* quemar [2] → *Feuerwerk* tirar **II.** *vi* [1] ↑ *brennen* quemarse [2] (*FAM pleite sein*) ◇ **abgebrannt sein** estar sin un duro

abbringen *unreg vt* [1] ↑ *entfernen* quitar [2] ◇ **jd-n von etw** ~ disuadir a alguien de hacer algo

abbröckeln **I.** *vi* [1] ↑ *sich ablösen* ← *Putz, Farbe* caerse, desconcharse; ← *Mauer* desmoronarse [2] *FAM* ↑ *weniger werden* bajar, caer **II.** *vt* ↑ *stückweise lösen* desconchar

Abbruch *m* [1] (*von Haus*) derribo *m,* demolición *f* [2] (*von Gespräch*) interrupción *f;* (*von Beziehungen*) ruptura *f* [3] (*schaden*) ◇ **e-r Sache** *dat* ~ **tun** perjudicar algo; **abbruchreif** *adj* ▷*Haus* desmantelado, en ruinas

abbuchen *vt* → *Geld* cargar en cuenta

Abc *n Abk v.* abecé *m;* **Abc-Schütze** *m* [alumno] *m* principiante

abdanken *vi* ← *Präsident* dimitir; ← *Monarch* abdicar

abdecken *vt* [1] → *Dach* destapar [2] ↑ *abräumen* → *Tisch* quitar [3] ↑ *zudecken* → *Loch* tapar, recubrir

abdichten *vt* ↑ *verstopfen* → *Ritze, Fuge* tapar; → *Leck* calafatear

abdrängen *vt* ↑ *zur Seite schieben* apartar, empujar

abdrehen **I.** *vt* [1] ↑ *zudrehen* → *Wasserhahn, Gas* cerrar [2] ↑ *herunterdrehen* → *Schraube* destornillar [3] ↑ *zu Ende drehen* → *Film* finalizar **II.** *vi* ↑ *Richtung ändern* ← *Wind* cambiar de dirección; ← *Flugzeug* cambiar de rumbo; ◇ **nach links** ~ desviarse a la izquierda

Abdruck [1] *m* ‹-s, -e› [1] ↑ *das Abdrucken* (*von Buch*) impresión *f;* ↑ *Veröffentlichung* publicación *f* [2] ↑ *Kopie* copia *f*

Abdruck [2] *m* ‹-s, Abdrücke› (*Stempel-*) imprenta *f;* (*Finger-*) huella *f;* (*Gips-*) molde *m*

abdrucken *vt* → *Artikel* publicar

abdrücken **I.** *vt* [1] ↑ *schießen* → *Revolver* disparar [2] → *Blutgefäß* comprimir [3] *FAM* ↑ *umar-*

men abrazar **II.** *vi* ↑ *schießen* disparar **III.** *vr* ◇ **sich** ~ [1] ↑ *Abdruck hinterlassen* dejar huellas [2] ↑ *sich abstoßen* impulsarse

abebben *vi* ↑ *nachlassen* ← *Wasser* bajar, descender; ← *Lärm, Nachfrage* bajar; ← *Wind* aflojar, calmarse

abend *adv:* ◇ **gestern** ~ ayer por la tarde; **Abend** *m* ‹-s, -e› (*Tageszeit*) tarde *f;* ◇ **guten** ~! ¡buenas tardes!; **Abendessen** *n* cena *f;* **Abenddämmerung** *f* crepúsculo *m;* **abendfüllend** *adj* ▷*Programm* que dura toda la tarde; **Abendkleid** *n* traje *m* de noche; **Abendkurs** *m* clases *f/pl* nocturnas; **Abendland** *n* Occidente *m;* **abendlich** *adj* de la tarde; **Abendmahl** *n* [1] REL [última] Cena *f* [2] REL comunión *f*, eucaristía *f;* **abends** *adv* ↑ *am Abend* por las tardes

Abenteuer *n* ‹-s, -› aventura *f;* **Abenteuerin** *f* aventurera *f;* **abenteuerlich** *adj* [1] ↑ *gewagt* ▷*Unternehmen* arriesgado, aventurero [2] ▷*Geschichte* aventurero [3] ↑ *ungewöhnlich* fantástico; **Abenteuerroman** *m* novela *f* de aventuras; **Abenteurer** *m* ‹-s, -› aventurero *m*

aber I. *cj* ↑ *jedoch* pero; ◇ **zwar ... aber ...** si ... pero ... **II.** *adv:* ◇ ~ **und** ~**mals** repetidas veces; ◇ **tausend und** ~ **tausend Mal** miles de veces **III.** *Partikel* (*verstärkend*) [1] ◇ **das ist** ~ **nett** pues eso sí que está bien [2] ◇ ~ **ja!** ¡claro que sí!; **Aber** *n* ‹-s, -› (*ohne Einschränkung*): ◇ **ohne Wenn und** ~ sin peros

Aberglaube *m* superstición *f;* **abergläubisch** *adj* supersticioso

aberkennen *unreg vt* [1] ↑ *entziehen* → *Titel* desposeer; → *Staatsangehörigkeit* retirar [2] ↑ *absprechen* ◇ **jd-m seine Fähigkeiten** ~ no reconocer el valor de alguien

abermalig *adj* ↑ *wiederholt* repetido; **abermals** *adv* ↑ *noch einmal* otra vez

abfackeln *vt* → *Gas* quemar

abfahren *unreg* **I.** *vi* [1] ↑ *starten* ← *Zug, Bus* salir; ← *Boot* zarpar [2] *FAM* ◇ **auf jd-n** ~ estar quedado con alguien **II.** *vt* [1] ↑ *entlangfahren* → *Route* recorrer, cubrir [2] ↑ *abnutzen* → *Reifen* gastar [3] ↑ *wegbringen* → *Müll* recoger, llevar; **Abfahrt** *f* [1] (*Autobahn*~) salida *f* [2] (*von Zug, Bus*) salida *f*, partida *f* [3] (*Ski*~) descenso *m;* **abfahrt[s]bereit** *adj* listo para salir; **Abfahrt[s]lauf** *m* SPORT descenso *m;* **Abfahrt[s]tag** *m* día *m* de salida; **Abfahrtszeit** *f* hora *f* de salida

Abfall *m* [1] ↑ *Müll* basura *f* [2] *FIG* (*Leistungs*~) disminución *f*, pérdida *f;* **Abfallbeseitigung** *f* eliminación *f* de la basura; **Abfalleimer** *m* cubo *m* de la basura

abfallen *unreg vi* [1] ↑ *weniger werden* ← *Temperatur* disminuir [2] ↑ *sich lösen* → *Blatt vom Baum* caer[se]; (*FIG von Glauben*) retirarse, abandonar, dejar [3] ↑ *neigen* ← *Gelände* ir en declive

abfällig *adj* ↑ *geringschätzig* despectivo

Abfallprodukt *n* residuo *m*

abfangen *unreg vt* [1] ↑ *aufhalten* → *Person, Brief* detener [2] → *Stoß* parar [3] ↑ *fangen* → *Ball* recoger [4] → *Auto* enderezar el volante; → *Flugzeug* obligar a descender, bajar

abfärben *vi* [1] ↑ *sich übertragen* ← *Farbe* manchar (*auf etw akk* algo), desteñir [2] *FIG* ← *Gewohnheit* influenzar (*auf jd-n* alguien)

abfassen *vt* ← *Text* redactar

abfertigen *vt* [1] → *Kunden* despachar; *FIG* ↑ *abweisen* mandar a paseo [2] ↑ *versandfertig machen* → *Pakete* expedir; → *Gepäck* facturar [3] ↑ *kontrollieren* (*am Zoll*) controlar; **Abfertigung** *f* servicio *m*, despacho *m;* facturación *f;* expedición *f;* control *m;* **Abfertigungsschalter** *m* taquilla *f* de facturación

abfinden *unreg* **I.** *vt* ↑ *entschädigen* (*mit Geldsumme*) indemnizar **II.** *vr* ◇ **sich** ~ ↑ *sich zufriedengeben* contentarse (*mit* con); **Abfindung** *f* indemnización *f*

abflauen *vi* ↑ *abnehmen* ← *Wind* aflojar; ← *Wut* calmar; ← *Nachfrage* disminuir

abfliegen *unreg* **I.** *vi* ↑ *starten* ← *Flugzeug* despegar; ← *Passagier* salir en avión **II.** *vt* ↑ *kontrollieren* → *Gebiet* reconocer, sobrevolar

abfließen *unreg vi* ← *Wasser* salir, correr

Abflug *m* (*von Flugzeug*) despegue *m;* (~*zeit*) salida *f*

Abfluß *m* [1] (*von Wasser*) salida *f* [2] (~*rohr*) desagüe *m* [3] (*FIG von Kapital*) fuga *f*

abfragen *vt* → *Vokabeln* preguntar

Abfuhr *f* ‹-, -en› [1] (*Müll*~) recogida *f* [2] *FAM* ◇ **jd-m e-e** ~ **erteilen** ↑ *abweisen* mandar a paseo a alguien

abführen I. *vt* [1] (*in Handschellen*) llevar preso/detenido [2] → *Steuern* pagar **II.** *vi* [1] ↑ *abzweigen* ← *Straße* desviar [2] (*FIG vom Thema*) divagar [3] MED tomar un laxante; **Abführmittel** *n* MED laxante *m*

abfüllen *vt* [1] → *Flüssigkeit* envasar; (*in Flaschen*) embotellar [2] *FAM* ↑ *betrunken machen* emborrachar; **Abfüllung** *f* (*in Flaschen*) embotellado *m*

Abgabe *f* [1] ↑ *das Abliefern* (*von Waren*) entrega *f;* (*von Stimme*) voto *m;* (SPORT *Ball*~) pase *m* [2] ↑ *Rückgabe* (*Bücher*~) entrega *f;* (*von Posten, Amt*) demisión *f* [3] (PHYS *von Energie*) desprendimiento *m* [4] (FIN *von Steuern*) impuesto *m*, contribución *f;* ◇ **Sozial-n** cargas *f/pl* sociales;

abgabenfrei *adj* ↑ *steuerfrei* libre de impuestos; **abgabenpflichtig** *adj* con impuestos

Abgang *m* ① ↑ *Verlassen* (*Schul-*) abandono *m* ② (THEAT *von Bühne*) salida *f* ③ ↑ *Absenden* (*von Waren, Post*) envío *m* ④ MED ↑ *Fehlgeburt* aborto *m*

Abgas *n* (*von Auto*) humo *m* de los coches; ◇ **-e** *n/pl* polución *f;* **abgasarm** *adj* ▷*Motor* que poduce poca polución

abgeben *unreg* **I.** *vt* ① ↑ *überbringen* → *Ware* proveer de; → *Brief* entregar ② ↑ *aufgeben* → *Posten, Amt* dejar; ↑ *überlassen* → *jd-m* ceder ③ → *Wärme* dar ④ → *Schuß* disparar ⑤ → *Meinung* dar [su opinión] ⑥ ↑ *darstellen, sein* presentar; ◇ **er gibt e-n guten Vater ab** es buen padre **II.** *vr* ◇ **sich** ~ ↑ *sich beschäftigen* encargarse, ocuparse (*mit* de)

abgebrüht *adj* ① ↑ *skrupellos, gefühllos* sin escrúpulos ② ↑ *gerissen* astuto

abgedroschen *adj* ↑ *banal, witzlos* trillado, típico

abgegriffen *adj* ① ▷*Buch* manoseado ② *FIG* ▷*Redensart* gastado

abgehen *unreg* **I.** *vi* ① (*von Schule*) dejar ② (THEAT *von Bühne*) salir ③ ↑ *sich lösen* ← *Knopf* soltarse ④ MED ← *Embryo* abortar ⑤ *FAM* ◇ **da geht die Post ab** se está cociendo algo **II.** *vt* ① ↑ *kontrollieren* → *Strecke* controlar ② (*fehlen*) ◇ **das geht mir ab** me falta eso

abgelegen *adj* ▷*Haus* apartado, solitario

abgemacht *adj:* ◇ **-!** ¡trato hecho!

abgeneigt *adj:* ◇ **e-r Sache** *dat* **~ sein** poco dado a una cosa

Abgeordnete(r) *fm* diputado/a

abgerissen *adj FAM* ↑ *schäbig* ▷*Kleidung* raído, roto; ▷*Person* roto

Abgesandte(r) *fm* ↑ *Diplomat* enviado/a

abgesehen *adj* ① ◇ **~ von ...** sin tener en cuenta que ... ② ◇ **es auf jd-n/etw ~ haben** estar interesado en alguien/algo

abgespannt *adj* ↑ *müde* cansado, molido

abgestanden *adj* ▷*Bier* pasado

abgestorben *adj* ① ▷*Baum* muerto ② ▷*Gliedmaßen* ↑ *taub* dormido; ↑ *tot* encangrenado

abgetragen *adj* ▷*Kleidung* gastado

abgewinnen *unreg vt* ① (*Gefallen finden an*) ◇ **e-r Sache etw ~** sacar provecho de una cosa ② (*abnötigen*) ◇ **jd-m ein Lächeln ~** hacer sonreír a alguien

abgewöhnen *vt:* ◇ **sich** *dat* **das Rauchen ~** dejar de fumar

abgezehrt *adj* ↑ *abgemagert* demacrado

abgleiten *unreg vi* ① ↑ *abrutschen* resbalar ② *FIG* ↑ *abschweifen* divagar

Abgott *m* idolo *m;* **abgöttisch** *adv:* ◇ **jd-n ~ lieben** adorar como a un dios, idolatrar a alguien

abgrasen *vt* ① ← *Wiese* pacer [la hierba] ② *FAM* ↑ *absuchen* dar una batida

abgrenzen *vt* ① → *Grundstück* demarcar, delimitar ② *FIG* → *Thema* precisar, concretar

Abgrund *m* ① ↑ *Schlucht* abismo *m* ② *FIG* ↑ *Untergang* precipicio *m;* **abgründig** *adj* ▷*Haß* profundo, a muerte

abhacken *vt* cortar

abhaken *vt* ① → *Liste* apuntar ② *FAM* dar por terminado

abhalten *unreg vt* ① ↑ *veranstalten* → *Konferenz* organizar; → *Sitzung* tener; → *Messe* celebrar ② ↑ *hindern* ◇ **jd-n von etw ~** impedir algo a alguien

abhandeln *vt* ① → *Thema* tratar, discutir ② ◇ **jd-m e-e Ware ~** regatear un producto con alguien

abhanden *adj:* ◇ **~ kommen** perderse

Abhandlung *f* ① ↑ *Aufsatz* tratado *m;* ↑ *Studie* estudio *m* ② ↑ *Behandlung* (*von Thema*) tratamiento *m*

Abhang *m* cuesta *f*, pendiente *f*

abhängen [1] ⟨hängte ab, hat abgehängt⟩ *vt* ① (*vom Haken*) descolgar ② → *Anhänger* desenganchar ③ → *Verfolger* despistar

abhängen [2] ⟨hing ab, hat/ist abgehangen⟩ *vi* ① ← *Schinken* curar ② ◇ **von jd-m/etw ~** depender de alguien/algo

abhängig *adj* ① ↑ *angewiesen auf* dependiente (*von* de) ② ↑ *süchtig* adicto (*von* a) ③ ↑ *bedingt durch* debido (*von* a); **Abhängigkeit** *f* ▷*finanziell, psychisch* dependencia *f;* (*Drogen-*) drogodependencia *f*

abhärten *vr* ◇ **sich ~** ↑ *sich widerstandsfähig machen* fortalecerse

abhauen *unreg* **I.** *vt* → *Ast* cortar **II.** *vi FAM* ↑ *weglaufen* largarse

abheben *unreg* **I.** *vt* ① (→ *Geld, von Konto*) retirar ② → *Telefonhörer* coger ③ → *Karten* cortar, alzar ④ → *Lage, Schicht* levantar **II.** *vi* ① ↑ *starten* ← *Flugzeug* despegar ② (*FAM vor Freude*) alucinar **III.** *vr* ◇ **sich ~** ① ↑ *sich unterscheiden* diferenciarse (*von* de) ② ↑ *Kontrast bilden* destacar[se] (*von* de)

abhelfen *unreg vi* (*e-m Mangel*) remediar algo

abhetzen *vr* ◇ **sich ~** ↑ *schnell laufen* darse prisa, cansarse

Abhilfe *f:* ◇ **~ schaffen** poner remedio, remediar algo

abholen *vt* ① → *jd-n* ir/venir a buscar ② → *Paket etc.* recoger

abhorchen *vt* [1] MIL → *Gegner* espiar [2] MED → *Lunge, Herz* auscultar

abhören *vt* [1] → *Vokabeln* preguntar [2] ↑ *belauschen* → *Telefongespräch* captar; **Abhörgerät** *n* ↑ *Wanze* escucha *m*

Abitur *n* ‹-s, -e› ↑ *Hochschulreife* selectividad *f;* **Abiturient(in** *f*) *m* (*Schüler vor/mit Abitur*) estudiante *m/f* que se prepara para la selectividad

abkanzeln *vt FAM* ↑ *schroff zurechtweisen* echar una bronca

abkapseln *vr* ◇ **sich** ~ ↑ *sich isolieren* aislarse

abkaufen *vt* [1] → *Ware* comprar [2] *FAM* ↑ *glauben* ◇ **jd-m etw** ~ creer/tragarse algo de alguien

abkehren *vr* ◇ **sich** ~ ↑ *sich abwenden* alejarse, apartarse (*von* de)

abklappern *vt* → *Stadt, Geschäfte* recorrer, ir de ... en ...

Abklatsch *m* ‹-es, -e› *PEJ* imitación *f,* [mala] copia *f*

abklingen *unreg vi* [1] ↑ *weniger werden* ← *Lärm* disminuir [2] ↑ *schwächer werden* ← *Krankheit* ceder

abknöpfen *vt FAM* ↑ *abnehmen*: ◇ **jd-m etw** ~ sacar algo de alguien

abkochen *vt* → *Wasser* hervir, cocer

abkommen *unreg vi* [1] (*vom Weg*) desviarse, perderse [2] (*von Idee*) desechar, abandonar

Abkommen *n* ‹-s, -› acuerdo *m;* ↑ *Vereinbarung* ◇ **ein** ~ **treffen** acordar algo

abkömmlich *adj:* ◇ **der Direktor ist nicht** ~ el director no está libre

abkratzen I. *vt* → *Eis* rascar II. *vi FAM* ↑ *sterben* estirar la pata

abkühlen I. *vt* ↑ *kühler machen* enfriar II. *vi* ← *Wetter, Luft* refrescar III. *vr* ◇ **sich** ~ [1] (*vor Schwimmen*) mojarse [2] *FIG* ← *Freundschaft* enfriarse

abkürzen *vt* [1] → *Weg* atajar [2] → *Wort* abreviar; → *Verfahren* acortar, reducir; **Abkürzung** *f* [1] (*Wort-*) abreviatura *f* [2] (*Weg-*) atajo *m*

abladen *unreg vt* [1] → *Lastwagen* descargar [2] *FIG* → *Sorgen* desahogarse de, descargar

Ablage *f* [1] (*Papier-*) bandeja *f* de correspondencia; ↑ *Akten-* archivo *m* [2] (*Kleider-*) guardarropa *m*

ablagern I. *vt* ↑ *deponieren* almacenar II. *vr* ◇ **sich** ~ ↑ *festsetzen* ← *Staub* posarse III. *vi* ← *Wein* reposar

ablassen *unreg* I. *vt* [1] → *Öl* echar [2] *FAM* ◇ **Dampf** ~ descargarse II. *vi* ↑ *aufhören* parar (*von* de)

Ablauf *m* ‹-[e]s› [1] ↑ *Abfluß* desagüe *m* [2] (*von Frist*) término *m* [3] ↑ *Verlauf* transcurso *m;* **ablaufen** *unreg* I. *vi* [1] ↑ *abfließen* desaguar [2] ↑ *zu Ende gehen* ← *Frist* terminar; ← *Zeit* llegar la hora II. *vt* [1] → *Strecke* recorrer [2] ↑ *abnutzen* → *Schuhe* gastar [3] (*überrunden*) ◇ **jd-m den Rang** ~ dejar atrás a alguien, aventajar a alguien

ablegen *vt* [1] ↑ *hinlegen* colocar [2] ↑ *ausziehen* → *Kleider* quitarse [3] → *Examen* hacer [4] ↑ *sich abgewöhnen* → *Fehler* dejar de; **Ableger** *m* ‹-s, -› [1] *FIG* filial *f,* sucursal *f* [2] (*Blumen-*) esqueje *m*

ablehnen *vt* rechazar; **Ablehnung** *f* rechazo *m*

ableiten *vt* [1] → *Bach* desviar [2] GRAM → *Wort* derivar [3] ↑ *folgern* deducir; **Ableitung** *f* [1] ↑ *Ableiten* desviación *f* [2] GRAM derivación *f*

ablenken I. *vt* [1] (*von Fährte*) desviar [2] (*von Arbeit*) distraer [3] ↑ *unterhalten* divertir II. *vi* (*von Thema*) cambiar de tema; **Ablenkung** *f* [1] ↑ *das Ablenken* desviación *f* [2] ↑ *Zerstreuung* distracción *f,* diversión *f*

ablesen *unreg vt* [1] → *Text, Zähler* leer [2] ◇ **jd-m etw an der Miene** ~ darse cuenta de algo por los gestos

abliefern *vt* ↑ *abgeben* entregar; **Ablieferung** *f* entrega *f*

ablösen *vt* [1] ↑ *entfernen* → *Klebeband, Stoff* quitar [2] → *Wache* relevar [3] → *Kollegen* sustituir; **Ablösung** *f* acción *f* de quitar; relevo *m;* sustitución *f*

abmachen *vt* [1] ↑ *entfernen* → *Etikett* quitar [2] ↑ *vereinbaren* acordar; **Abmachung** *f* acuerdo *m*

abmagern *vi* adelgazar; **Abmagerungskur** *f* cura *f* de adelgazamiento

Abmarsch *m* salida *f;* **abmarschbereit** *adj* preparado para salir; **abmarschieren** *vi* ↑ *weggehen* irse, ponerse en marcha

abmelden I. *vt* → *Auto, Radio* dar de baja II. *vr* ◇ **sich** ~ ▷*polizeilich* darse de baja

abmessen *unreg vt* medir; **Abmessung** *f* medida *f*

abmontieren *vt* desmontar

abmühen *vr* ◇ **sich** ~ ↑ *schwer arbeiten* esforzarse

abnabeln *vr* ◇ **sich von den Eltern** ~ (*selbständig werden*) independizarse de los padres

Abnahme *f* ‹-, -n› [1] ↑ *Rückgang* pérdida *f* [2] MED amputación *f* [3] (*Waren-*) compra *f* [4] ↑ *Kontrolle* (*TÜV-*-) inspección *f*

abnehmen *unreg* I. *vt* [1] ↑ *wegnehmen* quitar [2] ↑ *erleichtern* → *Last* aligerar; → *Arbeit* quitar [3] → *Prüfung* hacer [4] *FAM* ↑ *glauben* → *Geschichte* creer II. *vi* [1] ↑ *sich verringern* ← *Gewicht*

disminuir [2] ↑ *schlanker werden* adelgazar; **Abnehmer(in** *f*) *m* ‹-s, -› ↑ *Käufer* comprador(a *f*) *m*
Abneigung *f* [1] ↑ *Widerwille* (*gegen Sachen*) repugnancia *f*, asco *m* [2] ↑ *Antipathie* (*gegen Personen*) antipatía *f*
abnutzen I. *vt* ↑ *verbrauchen* → *Kleider* usar, gastar II. *vr* ◇ **sich** ~ ↑ *verschleißen* desgastarse, estropearse; **Abnutzung** *f* ↑ *Verschleiß* desgaste *m*
Abonnement *n* ‹-s, -s› (*Theater~*) abono *m;* (*Zeitungs~*) suscripción *f;* **Abonnent(in** *f*) *m* (*Theater~*) abonado/a; (*Zeitungs~*) suscriptor(a *f*) *m;* **abonnieren** *vt* THEAT → *Karte* abonar[se]; → *Zeitschrift* suscribir[se]
Abort *m* ‹-[e]s, -e› ↑ *Fehlgeburt* aborto *m*
abpacken *vt* ↑ *einpacken* empaquetar
abpassen *vt* [1] ↑ *auflauern* ◇ **jd-n** ~ espiar a alguien [2] ↑ *abwarten* → *Gelegenheit* esperar
abpfeifen *unreg vti* SPORT pitar el final
abprallen *vi* ← *Geschoß* rebotar
abputzen *vt* → *Schuhe* limpiar
abquälen *vr* ◇ **sich** ~ ↑ *sich abmühen* atormentarse
abraten *unreg vi* ↑ *warnen* aconsejar; ◇ **jd-m von etw** ~ disuadir a alguien de hacer algo
abräumen *vt* → *Tisch* quitar, recoger
abreagieren I. *vt* → *Wut* descargar (*an dat* en) II. *vr* ◇ **sich** ~ ↑ *sich austoben* desfogarse
abrechnen I. *vt* → *Betrag* ajustar cuentas II. *vi* *FIG* ↑ *zur Rechenschaft ziehen* ajustar cuentas (*mit* con); **Abrechnung** *f* [1] (*Tages~*) liquidación *f* [2] *FIG* ajuste *m* de cuentas
abregen *vr* ◇ **sich** ~ *FAM* ↑ *sich beruhigen* calmarse, bajarse los humos
abreiben *unreg vt* [1] ↑ *abwischen* frotar [2] ↑ *abtrocknen* secar [frotando]
Abreise *f* marcha *f;* **abreisen** *vi* salir de viaje
abreißen *unreg* I. *vt* [1] → *Haus* derribar [2] → *Kalender* arrancar II. *vi* ← *Kontakt* terminar
abriegeln *vt* [1] → *Gebiet* acordonar [2] ↑ *abschließen* cerrar el cerrojo
Abriß *m* ‹Abrisses, Abrisse› [1] (*Haus~*) derribo *m* [2] ↑ *Zusammenfassung* síntesis *f*
Abruf *m* (*einsatzbereit*): ◇ **auf** ~ a petición de; **abrufen** *unreg vt* ↑ *kommen lassen* pedir [que se mande]
abrüsten *vi* MIL desarmar; **Abrüstung** *f* desarme *m*
Abs. *Abk v.* **Absender** Rmt. *remitente*
Absage *f* cancelación *f;* **absagen** I. *vt* → *Besuch* avisar que no se puede ir; → *Termin* cancelar II. *vi* ↑ *ablehnen* rechazar
absägen *vt* [1] → *Ast* serrar [2] *FAM* ↑ *entlassen* echar
absahnen *vt FAM* ↑ *Gewinn einstreichen* sacar grandes beneficios
Absatz *m* [1] (*Schuh~*) tacón *m* [2] (*Waren~*) venta *f* [3] (*Treppen~*) descansillo *m* [4] (*Text~*) párrafo *m*
abschaben *vt* → *Gemüse* raspar
abschaffen *vt* ↑ *beseitigen* abolir, eliminar, suprimir; **Abschaffung** *f* abolición *f*, supresión *f*
abschalten I. *vt* → *Fernseher* apagar II. *vi* [1] ↑ *sich entspannen* relajarse [2] ▷*geistig* ~ dejar de pensar, desconectar
abschätzen *vt* → *Lage, Person* apreciar; **abschätzig** *adj* ↑ *verächtlich* despectivo
Abschaum *m* ‹-s› *PEJ*: ◇ ~ **der Menschheit** escoria *f* de la humanidad
Abscheu *m* ‹-[e]s› ↑ *Ekel* asco *m*, repugnancia *f;* **abscheulich** *adj* asqueroso, repugnante
abschicken *vt* enviar
abschieben *unreg vt* [1] → *Schuld* echar [2] ↑ *des Landes verweisen* expulsar [3] (*FAM verschwinde!*) ◇ **schieb ab!** ¡lárgate!
Abschied *m* ‹-[e]s, -e› despedida *f;* ◇ ~ **nehmen von jd-m** despedirse de alguien
abschießen *unreg vt* [1] → *Flugzeug* derribar [2] (*mit Pistole*) disparar
abschirmen *vt* ↑ *beschützen* proteger
abschlagen *unreg vt* [1] ↑ *abhacken* cortar [2] → *Bitte* rechazar, negar; **abschlägig** *adj* ▷*Antwort* negativo; **Abschlagszahlung** *f* ↑ *Rate* pago *m*
abschleifen *unreg* I. *vt* → *Unebenheit* allanar II. *vr* ◇ **sich** ~ ↑ *sich glätten* suavizarse
Abschleppdienst *m* servicio *m* de grúa; **abschleppen** *vt* → *Auto* remolcar; **Abschleppseil** *n* cable *m* para remolcar
abschließen *unreg* I. *vt* [1] → *Tür* cerrar con llave [2] → *Vertrag* hacer, cerrar [3] ↑ *beenden* terminar II. *vr* ◇ **sich** ~ ↑ *sich isolieren* aislarse; **Abschluß** *m* [1] (*Vertrags~*) conclusión *f* [2] (COMM *Jahres~*) balance *m* [3] ↑ *Ende* ◇ **zum** ~ para terminar; **Abschlußrechnung** *f* liquidación *f*
abschmieren *vt* ↑ *einfetten* → *Lager* engrasar
abschneiden *unreg* I. *vt* [1] ↑ *abtrennen* → *Brot* partir; → *Stoff, Faden* cortar [2] ↑ *abkürzen* → *Weg* atajar [3] *FIG* ◇ **jd-m das Wort** ~ interrumpir a alguien II. *vi:* ◇ **gut/schlecht** ~ salir bien/mal
Abschnitt *m* [1] ↑ *Teil* parte *f* [2] ↑ *Bezirk* distrito *m* [3] (*Zeit~*) período *m* [4] (*Text~*) pasaje *m*
abschrauben *vt* ↑ *herunterdrehen* destornillar
abschrecken *vt* [1] → *Ei* enfriar [2] ↑ *drohen* intimidar, amenazar; **abschreckend** *adj:* ◇ ~**es Beispiel** escarmiento *m;* **Abschreckung** *f* MIL intimidación *f*

abschreiben *unreg vt* [1] ↑ *kopieren* → *Text* copiar; ↑ *spicken* copiar [2] ↑ *absetzen* (*von Steuer*) desgravar [3] *FAM* ↑ *verlorengeben* perderse; **Abschreibung** *f* [1] (*von Steuer*) desgravación *f* [2] COMM ↑ *Wertverminderung* amortización *f*

Abschrift *f* copia *f*

abschürfen *vt:* ◇ **ich habe mir an der Wand die Hand abgeschürft** me he raspado [la mano] con la pared

Abschuß *m* [1] (*von Kanone*) disparo *m* [2] (*Flugzeug-*) lanzamiento *m*

abschüssig *adj* ↑ *steil abfallend* ▷*Gelände* escarpado; ▷*Straße* empinado, en cuesta

abschwächen *vt* ↑ *abmildern* → *Aussage* suavizar; → *Farbe* atenuar

abschweifen *vi* (*vom Thema*) divagar; **Abschweifung** *f* divagación *f*

abschwellen *unreg vi* [1] ↑ *zurückgehen* ← *Beule* deshincharse [2] ↑ *abnehmen* ← *Geräusch* disminuir

abschwören *unreg vi* (*aufhören*): ◇ **e-m Laster** ~ dejar un vicio

absehbar *adj* [1] ↑ *in Sicht* previsible; ◇ **in ~er Zeit** en un futuro próximo [2] (*überblickbar*) ◇ **der Schaden der Katastrophe ist auf ca. 2 Millionen** ~ los daños de la catástrofe se estiman en 2 millones; **absehen** *unreg* **I.** *vt* [1] ↑ *nachmachen* → *Verhalten* copiar [2] → *Folgen* prever **II.** *vi* [1] ↑ *nicht tun* ◇ **von etw** ~ no hacer una cosa [2] (*begierig sein auf*) ◇ **es abgesehen haben auf** *akk* estar ansioso por

abseits I. *adv:* ◇ ~ **stehen** estar aparte **II.** *präp* (*entfernt*): ◇ ~ **der Straße** apartado/lejos de la calle; **Abseits** *n* ‹-› SPORT fuera *m* de juego

absenden *unreg vt* ↑ *abschicken* enviar, mandar; **Absender(in** *f*) *m* ‹-s, -› ↑ *Adresse* remitente *m/f*

absetzbar *adj* [1] (*von Steuer*) desgravable [2] (▷*Person, von Posten*) sustituible [3] ▷*Ware* vendible; **absetzen I.** *vt* [1] ↑ *abstellen* → *Last* depositar [2] ↑ *abnehmen* → *Hut* quitarse [3] ↑ *verkaufen* → *Waren* vender [4] ↑ *abschreiben* (*von Steuer*) desgravar [5] ↑ *entlassen* (*vom Amt*) destituir [6] THEAT → *Stück* retirar del cartel **II.** *vr* ◇ **sich** ~ [1] ↑ *sich ablagern* ← *Staub* depositarse [2] ↑ *ausreisen* (*ins Ausland*) irse

absichern *vt* ↑ *schützen* (*gegen Diebstahl*) proteger, asegurar

Absicht *f* [1] ↑ *Vorhaben* intención *f* [2] ◇ **mit** ~ a propósito; **absichtlich** *adj* ↑ *vorsätzlich* adrede

absitzen *unreg* **I.** *vi* ↑ *absteigen* (*von Pferd*) desmontar; (*von Motorrad*) bajar de **II.** *vt FAM* → *Haftstrafe* estar a la sombra

absolut *adj* ↑ *völlig* absoluto; ◇ **~e Mehrheit** mayoría absoluta

Absolutismus *m* (*Regierungsform*) absolutismo *m*

absolvieren *vt* [1] → *Studium* terminar [2] → *Besuch* acabar

absondern I. *vt* [1] ↑ *ausscheiden* → *Flüssigkeit* separar [2] ↑ *isolieren* aislar **II.** *vr* ◇ **sich** ~ ↑ *isolieren* (*von Gruppe*) aislarse

abspecken *vi FAM* ↑ *Diät machen* perder quilos

abspeichern *vt* PC preservar

abspeisen *vt FIG* ↑ *vertrösten:* ◇ **mit leeren Worten** ~ despachar con buenas palabras

abspenstig *adj* (*ausspannen*): ◇ **e-r Freundin den Freund** ~ **machen** quitar el novio a la amiga

absperren *vt* ↑ *verschließen* → *Tür* cerrar con llave; **Absperrung** *f* ↑ *Abriegelung* (*Straßen-*) barrera *f*

abspielen I. *vt* [1] → *Platte* tocar [2] SPORT → *Ball* pasar **II.** *vr* ◇ **sich** ~ ↑ *passieren, stattfinden* pasar, suceder, tener lugar

Absprache *f* ↑ *Vereinbarung* convenio *m*, acuerdo *m;* **absprechen** *unreg vt* [1] ↑ *vereinbaren* convenir [2] ↑ *aberkennen* denegar; ◇ **jd-m etw** ~ negar algo a alguien

abspringen *unreg vi* [1] ↑ *herunterspringen* salir [2] ↑ *abgehen* ← *Lack* saltar [3] *FAM* ↑ *sich lossagen* (*von Partei*) dejar, salirse; **Absprung** *m* [1] (*Fallschirm-*) salto *m* [2] *FIG* ↑ *Austritt* salida *f* [3] *FAM* ◇ **den** ~ **schaffen** empezar una vida nueva

abspülen *vt* fregar

abstammen *vi* ↑ *Ursprung haben* proceder (*von* de); **Abstammung** *f* ↑ *Herkunft* procedencia *f*

Abstand *m* [1] (*räumlich*) ▷*groß, klein* distancia *f;* ◇ ~ **halten** mantener las distancias [2] (*zeitlich*) ▷*lang, kurz* espacio *m* [3] ↑ *bei weitem* ◇ **mit** ~ **der Schönste** el más guapo con diferencia

abstatten *vt* [1] → *Besuch* hacer (*jd-m* a alguien) [2] → *Dank* agradecer (*jd-m* a alguien)

abstauben *vt* [1] ↑ *abwischen* → *Möbel* quitar el polvo a [2] *FAM* → *Zigarette* coger, mangar

Abstecher *m* ‹-s, -› ↑ *kurze Reise* escapada *f*

abstehen *unreg vi* [1] ← *Ohren* bajar [2] ↑ *schal werden* ← *Bier* quedarse sin fuerza

absteigen *unreg vi* [1] (*in Hotel*) alojarse, pasar la noche [2] (*vom Pferd*) desmontar; (*vom Rad*) bajar de [3] ↑ *sinken* (*im Wert*) descender, bajar

abstellen *vt* [1] ↑ *parken* → *Auto* aparcar [2] ↑ *hinstellen* poner [3] ↑ *ausmachen* → *Motor* parar [4] ↑ *beseitigen* → *Übel* superar

abstempeln *vt* [1] → *Briefmarke* matasellar [2] *FIG* ↑ *bezeichnen als* poner de; ◇ **jd-n als Schurken** ~ tachar a alguien de canalla

absterben *unreg vi* [1] ← *Baum* morir [2] ↑ *gefühllos werden* ← *Fuß* dormirse

Abstieg *m* ⟨-[e]s, -e⟩ [1] (*vom Berg*) descenso *m* [2] *FIG* ▷*finanziell* baja *f* [3] (SPORT *von Verein*) baja *f*

abstimmen I. *vi* ↑ *Stimme abgeben* votar (*über etw akk* algo) **II.** *vt* [1] ↑ *anpassen* → *Interessen* acoplar, amoldar (*auf akk* a) [2] ↑ *vergleichen* → *Instrumente* afinar [3] ↑ *organisieren* → *Termine* acordar, fijar [4] ◇ **etw aufeinander** ~ armonizar algo; **Abstimmung** *f* [1] ↑ *Wahl* votación *f* [2] ↑ *das Abstimmen* (*von Arbeit*) regulación *f*

abstinent *adj* (*von Alkohol*) abstinente, abstemio; **Abstinenz** *f* abstinencia *f*

abstoßen *unreg vt* [1] ↑ *anwidern* repeler, dar asco [2] ↑ *billig verkaufen* → *Waren* vender a bajo precio; **abstoßend** *adj* ↑ *widerlich, eklig* asqueroso, repugnante

abstrakt *adj* (*Ggs konkret*) ▷*Kunst* abstracto; **Abstraktion** *f* abstracción *f*

abstreiten *unreg vt* ↑ *dementieren* → *Tat* desmentir

Abstrich *m* [1] ↑ *Kürzung* reducción *f* [2] MED extracción *f* [3] *FIG* ◇ **~e machen** conformarse con la mitad

abstufen *vt* [1] (*in Terrassen*) abancalar [2] → *Farbtöne* matizar [3] → *Gehälter* graduar

abstumpfen I. *vi* [1] ↑ *Glanz verlieren* ← *Metall* ponerse mate [2] ↑ *stumpf werden* ← *Nadel* despuntarse [3] *FIG* ↑ *trübsinnig werden* entristecerse **II.** *vt* ↑ *stumpf machen* despuntar

Absturz *m* (*Flugzeug~*) caída *f;* **abstürzen** *vi* ↑ *fallen* caer, estrellarse

absuchen *vt* batir; ← *Forscher* explorar; revolver en [el bolso]; ◇ **die Tasche nach den Schlüsseln** ~ buscar las llaves en el bolso

absurd *adj* ↑ *widersinnig* absurdo

abtauen *vti* → *Kühlschrank* descongelar

Abtei *f* ⟨-, -en⟩ (*Kloster~*) abadía *f*

Abteil *n* ⟨-[e]s, -e⟩ (*Zug~*) compartimento *m;* **abteilen** *vt* ↑ *abtrennen* separar, dividir; **Abteilung** *f* [1] ↑ *Abtrennung* división *f*, separación *f* [2] ↑ *Sektion* (*in Betrieb*) sección *f* [3] (*in Kaufhaus*) departamento *m;* **Abteilungsleiter(in** *f*) *m* ↑ *Manager* jefe/a de departamento

abträglich *adj* ↑ *nicht förderlich* perjudicial (*dat* para)

abtreiben *unreg* **I.** *vt* → *Kind* abortar **II.** *vi* ↑ *vom Kurs abkommen* ← *Boot* desviarse; **Abtreibung** *f* ↑ *Abort* aborto *m*

abtrennen *vt* [1] ↑ *abschneiden* cortar [2] ↑ *amputieren* → *Körperteil* amputar, cortar [3] → *Land* separar

abtreten *unreg* **I.** *vt* ↑ *abgeben* → *Land* pasar, ceder **II.** *vi* ↑ *zurücktreten* ← *Minister* dimitir

abtrocknen *vt* secar

abtrünnig *adj* ↑ *untreu* infiel; ◇ ~ **werden** ser infiel

abwägen ⟨wägte ab, abgewogen⟩ *vt* ↑ *überlegen* → *Entscheidung* calibrar, sopesar

abwählen *vt* → *Regierung* votar

abwarten I. *vt* → *Ereignis* esperar **II.** *vi* ↑ *warten* esperar

abwärts *adv* ↑ *hinunter* hacia abajo

abwaschen *unreg vt* [1] → *Gesicht* lavar [2] ↑ *spülen* fregar

Abwasser *n* ⟨-s, Abwässer⟩ aguas *f/pl* residuales

abwechseln *vr* ◇ **sich** ~ (*beim Fahren*) turnarse

abwegig *adj* ↑ *absurd* absurdo

Abwehr *f* ⟨-⟩ [1] ↑ *Verteidigung* defensa *f* [2] ↑ *Widerstand* resistencia *f;* **abwehren I.** *vt* [1] → *Angriff* rechazar, resistir [2] SPORT → *Ball* parar **II.** *vi* [1] SPORT despejar [2] ↑ *ablehnen* rechazar

abweichen *unreg vi* [1] ↑ *abkommen* (*vom Weg*) desviarse de [2] ↑ *sich entfernen* distanciarse de; (*vom Thema*) salirse (*von* de) [3] ↑ *sich unterscheiden* (*von Meinung*) discrepar (*von* de)

abweisen *unreg vt* [1] ↑ *abwehren* no recibir [2] ↑ *ablehnen* → *Antrag* denegar; JURA → *Klage* desestimar; **abweisend** *adj* distante, reservado

abwenden *unreg* **I.** *vt* [1] → *Unglück* evitar [2] → *Blick* apartar **II.** *vr:* ◇ **sich von jd-m** ~ alejarse de alguien, evitar a alguien

abwerben *unreg vt* atraer

abwerfen *unreg vt* [1] → *Ballast, Reiter* tirar [2] → *Gewinn* arrojar

abwerten *vt* [1] → *Währung* devaluar [2] *FIG* → *Person* despreciar

abwesend *adj* [1] ↑ *nicht da* ausente [2] ↑ *zerstreut* ido, distraído; **Abwesenheit** *f* [1] (*von Ort*) ausencia *f* [2] (*Geistes~*) distracción *f*

abwickeln I. *vt* [1] → *Wolle* devanar [2] *FIG* → *Geschäft* realizar, efectuar **II.** *vr* ◇ **sich** ~ desarrollarse

abwiegen *unreg vt* pesar

abwimmeln *vt FAM:* ◇ **jd-n** ~ deshacerse de alguien

abwinken *vi* [1] *FAM* ↑ *durch Winken abweisen* negar por señas [2] ◇ **müde** ~ mostrar cansancio con el gesto [3] BAHN dar la señal de salida

abwischen *vt* limpiar, pasar el trapo

Abwurf *m* [1] (*von Ballast*) descarga *f;* (*von Reiter*) derribo *m;* (*von Bomben*) lanzamiento *m;* SPORT tiro *m* [de lanzamiento] [2] (COMM *von Profit*) lanzamiento *m*

abwürgen *vt* [1] → *Gespräch* terminar, interrumpir [2] *FAM* → *Motor* calarse

abzahlen *vt* → *Kredit* pagar
abzählen *vt* → *Geld, Personen* contar
Abzahlung *f* [1] ↑ *Ratenzahlung* pago *m* [2] ↑ *Rückzahlung* reintegro *m*
Abzeichen *n* [1] (*Partei-*) distintivo *m* [2] MIL condecoración *f* [3] ↑ *Orden* insignia *f*
abzeichnen I. *vt* [1] → *Bild* copiar [2] → *Vertrag* firmar **II.** *vr* ◇ **sich -** [1] ↑ *sichtbar werden* tomar forma [2] *FIG* ↑ *sich andeuten* insinuarse
abziehen *unreg* **I.** *vt* [1] ↑ *subtrahieren* restar [2] ↑ *entfernen* quitar [3] TYP sacar copias [4] ↑ *abdrücken* disparar [5] → *Bett* quitar las sábanas [6] → *Tier* desollar [7] GASTR espesar [8] *FAM* ◇ **e-e Show -** montar un espectáculo **II.** *vi* ↑ *weggehen* ← *Truppen* marchar, retirarse; ◇ **beleidigt -** irse ofendido
abzielen *vi* [1] ↑ *zielen* apuntar (*auf akk* a) [2] *FIG* ← *Bemerkung* referirse (*auf akk* a)
Abzug *m* [1] (*von Geldbetrag*) deducción *f* [2] (*Truppen-*) retirada *f* [3] (*Revolver-*) gatillo *m* [4] (*Rauch-*) salida *f* [5] TYP, FOTO copia *f*; **abzüglich** *präp gen* COMM deduciendo de
abzweigen I. *vi* ← *Straße* bifurcarse **II.** *vt FAM* → *Geld* apartar; **Abzweigung** *f* [1] (*Weg-*) bifurcación *f* [2] ELECTR derivación *f* [3] ↑ *Nebenstrecke* atajo *m*
Accessoires *n/pl* accesorios *m/pl*
ach *intj* ¡ah!; ◇ **- je!** ¡ay!; ◇ **- wirklich?** ¡de verdad!; ◇ **- so!** ¡ya!
Achse *f* ‹-, -n› [1] TECH, GEOL eje *m* [2] *FAM* ◇ **auf - sein** estar de camino
Achsel *f* ‹-, -n› ↑ *ANAT* axila *f*
Achsenbruch *m* TECH rotura *f* del eje
acht *nr* ocho; ◇ **- Leute** ocho personas; ◇ **in - Tagen** dentro de ocho días
Acht *f* ‹-, -en› [1] ◇ **die -** el ocho [2] ↑ *Aufmerksamkeit* atención *f*; ◇ **etw außer a- lassen** no tener en cuenta algo [3] ◇ **sich in a- nehmen** tener cuidado (*vor dat* con); **achtbar** *adj* respetable
achte(r, s) *adj* octavo; ◇ **der - Februar** el ocho de febrero; ◇ **München, den 8. Februar** Múnich, a 8 de febrero; **Achte(r)** *fm* SPORT bote *m* de ocho remos; **Achtel** *n* ‹-s, -› ↑ *achter Teil* octavo *m*
achten I. *vt* [1] → *Person, Vorschrift* respetar [2] ↑ *einschätzen* apreciar; ◇ **gering/hoch -** valorar poco/mucho **II.** *vi* prestar atención (*auf akk* a)
achtens *adv* octavo
ächten *vt* ↑ *anprangern* proscribir; ▷*öffentlich* desprestigiar
Achterbahn *f* montaña *f* rusa
achtfach I. *adj* ocho veces **II.** *adv* ocho veces
achtgeben *unreg vi* [1] tener cuidado (*auf akk* con) [2] ↑ *aufmerksam sein* prestar atención (*auf akk* a); **achtlos** *adj* descuidado
achthundert *nr* ochocientos; **achtjährig** *adj* [1] ◇ **-es Kind** niño de ocho años [2] ◇ **-e Ehe** matrimonio de ocho años; **achtmal** *adv* ocho veces
achtsam *adj* cuidadoso; **Achtung** *f* ‹-› respeto *m*
Achtung! *intj* ↑ *Vorsicht!* ¡atención!
achtzehn *nr* dieciocho; **achtzig** *nr* ochenta
ächzen *vi* [1] ↑ *stöhnen* gemir (*vor dat* de) [2] ↑ *quietschen* rechinar
Acker *m* ‹-s, Äcker› tierra *f* de labranza
Action *f FAM* [1] ↑ *viel Betrieb* actividad *f*, acción *f*; ◇ **Film mit viel -** película con mucha acción [2] ↑ *Umstände* molestia *f*; ◇ **das ist mir zuviel -** me supone demasiadas molestias
ADAC *m* ‹-› *Akr v.* **Allgemeiner Deutscher Automobil-Club** ≈RACE *m*
Adapter *m* ‹-s, -› ELECTR adaptador *m*
adäquat *adj* ▷*Belohnung* adecuado; ▷*Verhalten* correcto
addieren *vt* sumar; **Addition** *f* suma *f*
ade *intj FAM* ¡adiós!
Adel *m* ‹-s› [1] (*alter -*) abolengo *m* [2] ↑ *adlige Personen* nobleza *f*
Ader *f* ‹-, -n› [1] (*Puls-*) vena *f* [2] (*Erz-*) veta *f*, filón *m* [3] *FIG* ↑ *Talent* vena *f*, talento *m*
Adjektiv *n* GRAM adjetivo *m*
Adler *m* ‹-s, -› [el] águila *f*
adlig *adj* noble
Admiral *m* ‹-s, -e› MIL almirante *m*
adoptieren *vt* → *Kind* adoptar; **Adoption** *f* adopción *f*; **Adoptivkind** *n* hijo *m* adoptivo
Adrenalin *n* ‹-s› MED adrenalina *f*
Adresse *f* ‹-, -n› [1] ↑ *Anschrift* dirección *f* [2] PC dirección *f* [3] *FIG* ◇ **bei mir ist er an der falschen -** conmigo se ha equivocado; **adressieren** *vt* [1] → *Brief* mandar (*an akk* a) [2] → *Rede* dirigir (*an akk* a)
Advent *m* ‹-[e]s, -e› adviento *m*
Adverb *n* GRAM adverbio *m*; **adverbial** *adj* GRAM adverbial
Aerobic *n* ‹-s› SPORT aerobic *m*
Affäre *f* ‹-, -n› [1] (*Liebes-*) lío *m* amoroso [2] ▷*politisch* asunto *m*
Affe *m* ‹-n, -n› [1] FAUNA mono *m* [2] *FAM* ↑ *blöder Kerl* imbécil *m*, gilipollas *m*;
affektiert *adj* ▷*Getue* amanerado;
affenartig *adj FAM*: ◇ **mit -em Tempo** como un rayo; **Affenhitze** *f FAM* calorazo *m*; **affig** *adj* ridículo
Afghanistan *n* Afganistán *m*
Afrika *n* África *f*; **Afrikaner(in** *f*) *m* ‹-s, -› africano/a; **afrikanisch** *adj* africano; **Afro-Look** *m* estilo *m* afro

After *m* 〈-s, -〉 ano *m*

AG *f* 〈-, -s〉 *Abk v.* Aktiengesellschaft S.A. *f*

Agent(in *f*) *m* agente *m/f;* **Agentur** *f* (*Versicherungs-*) agencia *f*

Aggregat *n* 〈-[e]s, -e〉 [1] agregado *m* [2] TECH unidad *f* grupo

Aggression *f* [1] ↑ *aggressives Verhalten* agresión *f* (*gegen* contra) [2] MIL ataque (*gegen* a); **aggressiv** *adj* agresivo; **Aggressivität** *f* agresividad *f*

agieren *vi* [1] ↑ *handeln* actuar [2] THEAT actuar (*als* de); **Agitation** *f* ▷*betreiben* agitación *f*

Agonie *f auch FIG* agonía *f*

Agrarstaat *m* estado *m* agrícola

Ägypten *n* Egipto *m*

aha *intj* ¡ajá!; **Aha-Erlebnis** *n* reacción *f*

Ahnen *pl* 〈-en, -en〉 antepasados *m/pl*

ähneln *vi* ↑ *ähnlich sehen* parecerse; ◇ **jd-m** ~ parecerse a alguien; ◇ **sich** *dat* ~ parecerse

ahnen *vt* [1] ↑ *vermuten* presentir [2] ↑ *voraussehen* suponer; ◇ **ich habe es ja geahnt!** ¡me lo suponía! [3] ↑ *erraten* adivinar, saber; ◇ **wie soll ich das ~!** ¡cómo lo voy a saber! [4] *FIG* ◇ **du ahnst es nicht!** ¡no te puedes hacer ni idea!

ähnlich I. *adj* ▷*Aussehen* parecido, semejante II. *adv* [1] ↑ *fast genauso* parecido; ◇ **jd-m ~ sein/sehen** parecerse a alguien [2] *FIG* ◇ **das sieht ihm** ~ eso es típico de él; **Ähnlichkeit** *f* parecido *m* (*mit* con)

Ahnung *f* [1] ↑ *Vorgefühl* presentimiento *m;* ↑ *Verdacht* sospecha *f* [2] *FAM* ↑ *Wissen* idea *f;* ◇ **keine ~ haben von** no tener idea de; **ahnungslos** *adj* [1] ↑ *nichtsahnend* desprevenido [2] ↑ *nichts wissend* que no sabe nada

Ahorn *m* 〈-s, -e〉 arce *m*

Aids *n* 〈-〉 *Akr v.* **Acquired Immune Deficiency Syndrom** SIDA *m;* **Aids-Hilfe** *f* organización *f* de ayuda contra el SIDA; **Aids-positiv** *adj* seropositivo, infectado del SIDA

Airbus *m* AERO aerobús *m*

Akademiker(in *f*) *m* 〈-s, -〉 universitario/a; **akademisch** *adj* académico

akklimatisieren *vr* ◇ **sich** ~ aclimatarse (*in dat* a)

Akkord *m* 〈-[e]s, -e〉 [1] MUS acorde *m* [2] ↑ *Stücklohn* destajo *m;* ◇ **im ~ arbeiten** trabajar a destajo [3] JURA acuerdo *m*

Akkordeon *n* 〈-s, -s〉 MUS acordeón *m*

Akkusativ *m* GRAM acusativo *m*

Akne *f* 〈-, -n〉 acné *m*

Akrobat(in *f*) *m* 〈-en, -en〉 acróbata *m/f*

Akt *m* 〈-[e]s, -e〉 [1] ↑ *Handlung* acción *f;* ◇ **~ der Humanität** acto de humanidad [2] THEAT acto *m* [3] ↑ *Nacktaufnahme* desnudo *m* [4] ↑ *Geschlechts-* acto *m*

Akte *f* 〈-, -n〉 [1] ↑ *Dokument* acta *m,* documento *m* [2] *FIG* ◇ **etw zu den -n legen** archivar; **aktenkundig** *adj* en acta; **Aktentasche** *f* cartera *f* de ejecutivo, maletín *m* [de ejecutivo]

Aktie *f* 〈-, -n〉 acciones *f/pl;* **Aktiengesellschaft** *f* sociedad *f* anónima; **Aktienkurs** *m* curso *m* de las acciones

Aktion *f* [1] ↑ *Tätigkeit* acción *f;* ◇ **in ~ treten** entrar en acción [2] ↑ *Kampagne* campaña *f*

Aktionär(in *f*) *m* 〈-s, -e〉 accionista *m/f*

aktiv *adj* [1] ↑ *tätig* activo [2] GRAM activo; **Aktiv** *n* 〈-s〉 GRAM voz *f* activa; **Aktiva** *pl* activo *m;* **aktivieren** *vt* [1] → *Kampagne* activar, poner en marcha [2] → *Angestellte* apurar; **Aktivität** *f* actividad *f*

aktualisieren *vt* [1] ↑ *auf neuesten Stand bringen* actualizar [2] PC actualizar; **Aktualität** *f* actualidad *f;* **aktuell** *adj* [1] ▷*Thema* actual, de actualidad, palpitante [2] ▷*Film* actual [3] ▷*Mode* actual, del momento

Akupunktur *f* acupuntura *f*

Akustik *f* acústica *f*

akut *adj* [1] ▷*Schmerz* agudo [2] ▷*Thema, Frage* de actualidad

AKW *n* 〈-s, -s〉 *Abk v.* **Atomkraftwerk**

Akzent *m* 〈-[e]s, -e〉 [1] ↑ *Aussprache* ↑ *Betonung* acento *m* [2] *FIG* ↑ *Schwerpunkt* punto *m* principal; ◇ **-e setzen** acentuar

akzeptieren *vt* → *Vorschlag* admitir; ▷*Person* aceptar

Alarm *m* 〈-[e]s, -e〉 alarma *f;* **Alarmanlage** *f* sistema *m* de alarma; **Alarmbereitschaft** *f* alerta *f;* ◇ **in** ~ en estado de alerta; **alarmieren** *vt* [1] → *Feuerwehr* alertar [2] → *jd-n* alarmar

Albanien *n* Albania *f;* **Albaner(in** *f*) *m* albanés(-esa *f*) *m;* **albanisch** *adj* albanés

albern *adj* [1] ↑ *kindisch* tonto, infantil; ◇ **-es Gerede** tonterías [2] ↑ *geziert* cursi; ◇ **-es Getue** amaneramiento *m,* remilgo *m* [3] ▷*Film* simple

Album *n* 〈-s, Alben〉 álbum *m*

Alge *f* 〈-, -n〉 alga *m*

Algebra *f* 〈-〉 álgebra *m*

Algerien *n* Argelia *f*

Alibi *n* 〈-s, -s〉 JURA coartada *f;* **Alibifunktion** *f* *FIG:* ◇ **~ haben** servir de coartada

Alimente *pl* alimentos *pl*

Alkohol *m* 〈-s, -e〉 alcohol *m;* **alkoholfrei** *adj* sin alcohol; ◇ **-es Bier** cerveza sin alcohol; **Alkoholiker(in** *f*) *m* 〈-s, -〉 alcohólico/a; **alkoholisch** *adj* ▷*Getränk* alcohólico

All *n* 〈-s〉 universo *m*

allabendlich *adj* todas las noches

alle(r, s) I. *adj* [1] (*Gesamtheit*) todo; ◇ **~ zusammen** todos juntos [2] (*jede(r, s)*) cada uno; ◇ ~

zwei Monate cada dos meses **II.** *adv FAM* ↑ *verbraucht* acabado, terminado; ◇ **die Butter ist ~** se ha acabado la mantequilla

Allee *f* ‹-, -n› alameda *f*

allein I. *adv* 1 ◇ **~ sein** estar solo; ◇ **~ leben** vivir solo 2 ↑ *einsam* solo, solitario; ◇ **sich ~ fühlen** sentirse solo 3 ↑ *ohne Hilfe* solo, sin ayuda; ◇ **etw ~ schaffen** hacer algo solo 4 ↑ *ausschließlich* sólo, solamente; ◇ **sie ~ kann das schaffen** sólo ella lo puede conseguir **II.** *cj* 1 ↑ *bloß* sólo; ◇ **~ die Vorstellung** sólo la presentación 2 ◇ **nicht ~ …, sondern auch** no sólo … sino también; **alleinerziehend** *adj* persona que educa a su hijo sola; **Alleingang** *m* 1 SPORT jugada *f* individual 2 *FIG* ◇ **im ~** a solas; **alleinstehend** *adj* soltero

allerbeste(r, s) *adj* el mejor de todos

allerdings *adv* 1 ↑ *aber* pero, por otra parte; ◇ **ich habe ~ e-n Einwand** pero/por otra parte tengo una objeción 2 ↑ *gewiß, natürlich* sin duda; ◇ **das ist ~ wahr** eso es sin duda verdad

Allergie *f* MED *auch FIG* alergia *f* (*gegen* a); **allergisch** *adj* MED *FIG* alérgico

allerhand *adj inv* 1 ↑ *allerlei* varios; ◇ **~ Kram** montón de trastos 2 ↑ *recht viel* muchísimo; ◇ **sie hat ~ zu tun** tiene que hacer muchísimo 3 *FAM* ↑ *empörend* vergonzoso; ◇ **das ist doch ~!** ¡esto es vergonzoso!

Allerheiligen *n* [día *m* de] Todos los Santos

allerhöchste(r, s) *adj* altísimo; ◇ **es ist ~ Zeit** ya va siendo hora

allerlei *adj inv* varios

allerletzte(r, s) *adj* el último de todos; ◇ **das ist ja das ~!** ¡esto es el colmo!

allerseits *adv* por todas partes; ◇ **guten Tag ~!** ¡buenos días a todos!

allerwenigste(r, s) *adj* 1 la menor parte de algo; ◇ **er hat das ~ gekriegt** a él le ha tocado la menor parte 2 ↑ *geringste Mühe* mínimo, menos; ◇ **das ~, was wir für Sie tun können** es lo mínimo/menos que podemos hacer por usted

alles *pron* todo; ◇ **~ zusammen** todo junto; **Alleskleber** *m* pegalotodo *m*, supergen *m*

allgemein *adj* 1 ↑ *bei allen* para todos; ▹*Wahlrecht* general; ▹*Zustimmung* público; ◇ **~ bekannt** conocido por todos; ◇ **~er Deutscher Automobilclub** ≈ Real Club *m* Automovilístico Español 2 ↑ *weit verbreitet* del dominio público; ▹*Redensart* extendido 3 ↑ *von allen* de todos; ◇ **~er Aufbruch** auge *m* general 4 ◇ **im ~en** en general; **Allgemeinbildung** *f* cultura *f* general; **allgemeingültig** *adj* universal; **Allgemeinheit** *f* generalidad *f;* ◇ **die ~** el público en general; **Allgemeinmedizin** *f* medicina *f* general

Allheilmittel *n* remedio *m* para todo

Allianz *f* POL alianza *f*

Alliierte(r) *fm* 1 aliado/a 2 POL ◇ **die ~n** los aliados

alljährlich *adj* anual

allmählich *adj* paulatino

Allopathie *f* alopatía *f*

Allradantrieb *m* AUTO tracción *f* a las cuatro ruedas

Alltag *m* 1 ↑ *Werktag* día *m* laborable 2 *FIG* ↑ *Routine* rutina *f* diaria; ◇ **im ~** en la vida diaria; **alltäglich** *adj* 1 ↑ *täglich* diario 2 ▹*Tagesablauf* corriente; ▹*Erscheinung* común, normal

allwissend *adj* omnisciente

allzu *adv* demasiado, en exceso; ◇ **~ viel trinken** beber en esceso

Allzweckreiniger *m* producto *m* de limpieza para todo

Alm *f* ‹-, -en› pasto *m*

Almosen *n* ‹-s, -› limosna *f*

Alpen *pl* Alpes *pl;* ◇ **die ~** los Alpes

Alphabet *n* ‹-[e]s, -e› abecedario *m;* **alphabetisch** *adj* alfabético; ◇ **in ~er Reihenfolge** por orden alfabético

Alptraum *m auch FIG* pesadilla *f;* ◇ **die Prüfung war ein ~** el examen fue una pesadilla

als *cj* 1 (*zeitlich*) ↑ *während* mientras; ◇ **~ er heimfuhr, regnete es** mientras viajaba a casa, estaba lloviendo; ↑ *nachdem* después; ◇ **~ wir gegessen hatten, …** después de haber comido, … 2 de; ◇ **sie arbeitet ~ Mechanikerin** trabaja de mecánica; ◇ **~ Kind/Frau/Mann** como niño/mujer/hombre 3 (*Komparativ*) ◇ **kleiner ~** menor que, más pequeño que 4 ◇ **nichts ~** nada como 5 ◇ **~ ob** como si

also I. *cj* ↑ *demzufolge* así que, conque; ◇ **~ hat sie verstanden** así que lo ha entendido **II.** *adv* 1 ↑ *nun* pues; ◇ **~ wenn ich ehrlich bin** pues, si soy sincero 2 ◇ **~ schön!** ¡pues bueno! 3 ◇ **na ~!** ¡por fin!

alt ‹älter, am ältesten› 1 ▹*Mensch* viejo, mayor; ◇ **wie ~ sind Sie?** ¿cuántos años tiene usted? 2 ▹*Sache* viejo, antiguo 3 *PEJ FAM* ◇ **~er Gauner** pillo, ladronzuelo, zorro 4 *FAM* ◇ **du wirst ~ aussehen, wenn du nicht lernst** las vas a pasar mal si no estudias

Alt *m* ‹-s, -e› MUS contralto *m*

Altar *m* ‹-[e]s, Altäre› REL altar *m*

Altbauwohnung *f* piso *m* en una construcción antigua

Altbier *n* cerveza *f* negra

Alteisen *n* chatarra *f*

Alte(r) *fm* 1 (*PEJ alte Frau, alter Mann*) viejo/a, anciano/a 2 (*FAM Ehefrau, -mann*) marido *m*, esposa *f* [3] (*FAM Eltern*) ◇ **meine Alten** mis viejos; **Alter** *n* ‹-s, -› [1] (*Lebens~*) edad *f* [2] ◇ **das ~** la vejez [3] (*von Sachen*) antigüedad *f;* **altern** *vi* [1] ↑ *alt werden* envejecer; ◇ **früh ~** envejecer antes de tiempo [2] ▷*Wein* hacerse añejo

alternativ *adj* [1] ▷*Vorschlag* optativo [2] ▷*Lebensweise* alternativo [3] POL ecologista; ◇ **die A~e Liste** *personas que quieren ser votadas para un cargo político y que no pertenecen a ningún partido;* **Alternativ-** *in Komposita* [1] alternativo [2] ↑ *ökologisch, grün* verde; **Alternative** *f* alternativa *f* (*zu* a); **Alternative(r)** *fm* POL verde *m/f*

Altersgenosse *m*, **Altersgenossin** *f* coetáneo/a; **Altersgrenze** *f* límite *m* de edad; ◇ **gesetzliche ~** edad *f* de jubilación; **Altersheim** *n* asilo *m*, residencia *f* de ancianos; **Altersversorgung** *f* jubilación *f*, pensión *f;* **Altertum** *n* antigüedad *f*

Altglascontainer *m* contenedor *m* [de botellas]

altmodisch *adj* [1] ▷*Ansichten* anticuado [2] ▷*Kleidung* pasado de moda

Altpapier *n* papel *m* usado

Altstadt *f* casco *m* antiguo; ◇ **historische ~** ciudad *f* histórica

Alufolie *f* hoja *m* de aluminio; **Aluminium** *n* ‹-s› aluminio *m*

am I. = **an dem II.** *präp* [1] (*Ortsbestimmung*) en [2] (*Zeitangabe*) ◇ **am Donnerstag** el jueves [3] ◇ **~ schönsten** lo más bonito [4] ◇ **~ Ende** al final [5] *FAM* ↑ *beim* ◇ **ich bin ~ Arbeiten** estoy trabajando

Amalgam *n* ‹-s, -e› amalgama *f*

Amateur(in *f*) *m* aficionado/a

Ambition *f* ↑ *Bestrebung* ambición *f;* ◇ **~en haben** tener ambiciones

ambivalent *adj* ambivalente

ambulant *adj* ambulante; **Ambulanz** *f* [1] ↑ *Krankenhausstation* ambulatorio *m* [2] (*~wagen*) ambulancia *f*

Ameise *f* ‹-, -n› hormiga *f*

Amerika *n* América *f;* **Amerikaner(in** *f*) *m* ‹-s, -› americano/a; **amerikanisch** *adj* americano

Amnestie *f* amnistía *f*

Amok *m:* ◇ **~ laufen** montar en cólera

Ampel *f* ‹-, -n› [1] (*Verkehrs~*) semáforo *m* [2] (*Blumen~*) tiesto *m* colgante

Ampulle *f* ‹-, -en› MED ampolla *f*

Amputation *f* amputación *f;* **amputieren** *vt* amputar

Amsel *f* ‹-, -n› mirlo *m*

Amt *n* ‹-[e]s, Ämter› [1] ↑ *Behörde* (*Post~*) servicio *m;* (*Finanz~*) administración *f* [2] ↑ *Posten* (*Bürgermeister~*) cargo *m* [3] ↑ *Aufgabe, Pflicht* obligación *f*, misión *f;* ◇ **sein ~ erfüllen** cumplir su obligación; **amtieren** *vi* desempeñar un cargo; **amtlich** *adj* [1] ▷*Miene* oficial [2] *FAM* ↑ *sicher* seguro; ◇ **die Entscheidung ist ~** la decisión es segura; **Amtsgeheimnis** *n* secreto *m* profesional

Amulett *n* ‹-[e]s, -e› amuleto *m*

amüsant *adj* ▷*Film* entretenido; ▷*Person* divertido; **amüsieren I.** *vt* ↑ *unterhalten* entretener **II.** *vr* ◇ **sich ~** [1] ↑ *sich vergnügen* divertirse [2] ↑ *lachen* reírse (*über akk* de)

an I. *präp dat/akk* [1] (*räumlich, dat*) ↑ *nahe bei* a; ◇ **~ der Mauer** al muro; ↑ *in der Nähe von* cerca de; ◇ **Köln am Rhein** Colonia a orillas del Rin [2] (*räumlich, akk*) ↑ *neben* cerca de, a; ◇ **~ den Tisch** a la mesa; ◇ **ans Meer fahren** ir a la costa [3] (*zeitlich, dat*) ◇ **~ Ostern** en Semana Santa; ◇ **am Donnerstag** el jueves [4] ↑ *neben* con, pegado; ◇ **Tür ~ Tür** puerta con puerta **II.** *adv* [1] ↑ *ungefähr* unos, cerca de; ◇ **die Arbeit dauert ~ die 3 Tage** el trabajo dura unos tres días [2] ↑ *eingeschaltet* encendido; ◇ **der Radio ist ~** la radio está encendida [3] ◇ **von da ~** a partir de aquel momento

analog *adj* [1] ↑ *ähnlich* análogo (*zu* a) [2] PC analógico; **Analogrechner** *m* ordenador *m* analógico

Analphabet(in *f*) *m* [1] analfabeto/a [2] *FAM* ↑ *Dummkopf* ignorante *m/f*

Analyse *f* ‹-, -n› análisis *m;* **analysieren** *vt* analizar

Ananas *f* ‹-, - *o.* -se› piña *f*

Anarchie *f* [1] anarquía *f* [2] *PEJ* ↑ *Chaos* caos *m;* **Anarcho** *m* ‹-s, -s› *FAM* anarquista *m*

Anatomie *f* [1] ↑ *Lehre vom Körperbau* ↑ *Körperbau* anatomía *f* [2] ↑ *Institut* instituto *m* anatómico; ◇ **in der ~ arbeiten** trabajar en el instituto anatómico

anbahnen I. *vt* → *Möglichkeiten* preparar [el terreno] **II.** *vr* ◇ **sich ~** ↑ *sich andeuten* ← *Positives* abrirse paso; ← *Negatives* avecinarse, acercarse

anbändeln *vi FAM* ligar (*mit* con)

Anbau[1] *m* ‹-[e]s› [1] (AGR *von Getreide*) cultivo *m* [2] (*von Garage*) anexo *m*

Anbau[2] *m, pl* ‹-ten› ↑ *Erweiterungsgebäude* anexo *m*, edificio *m* adjunto

anbauen *vt* [1] AGR → *Getreide* cultivar [2] → *Gebäudeteil* agrandar una construcción

anbehalten *unreg vt* → *Mantel* dejarse puesto

anbei *adv* adjunto; ◇ **~ finden Sie die Fotos** encontrarán adjuntas al sobre las fotografías

anbeißen *unreg* **I.** *vt* [1] → *Brot* dar un mordisco, morder [2] *FAM* ◇ **zum A~ aussehen** estar para comer **II.** *vi* ← *Fisch* picar

anbelangen *vt* referirse a, concernir a; ◇ **was ihn anbelangt, ...** por lo que se refiere a él

anbeten *vt* [1] → *Gott* rezar [2] *FIG* ↑ *vergöttern* adorar

Anbetracht *m:* ◇ **in** ~ *gen* en vista de

anbiedern *vr* ◇ **sich** ~ hacer la pelota (*bei* a)

anbieten *unreg* **I.** *vt:* ◇ **jd-m etw** ~ ofrecer algo a alguien [1] → *Zigarette* → *Platz* ofrecer [2] ↑ *feilbieten* → *Ware* ofertar **II.** *vr* ◇ **sich** ~ [1] ↑ *sich zur Verfügung stellen* ofrecerse a [2] ↑ *in Betracht kommen* brindarse; ◇ **es bietet sich an, billige Waren einzukaufen** se brinda la oportunidad de comprar productos más baratos

anbinden *unreg vt* [1] → *Pferd* atar; → *Boot* amarrar (*an akk* a) [2] *FIG* ◇ **kurz angebunden sein** ser de pocas palabras

Anblick *m* vista *f;* ◇ **beim ersten** ~ a primera vista; **anblicken** *vt* mirar

anbraten *unreg vt* dorar

anbrechen *unreg* **I.** *vt* [1] → *Packung Kekse* → *Flasche* abrir [2] MED → *Knochen* fracturarse **II.** *vi* ← *Tag* amanecer; ← *Nacht* anochecer; ← *Jahreszeit* entrar; ← *Stunde* llegar

anbrennen *unreg* **I.** *vt* → *Feuer* encender **II.** *vi* [1] GASTR quemarse [2] ← *Ofen* calentarse

anbringen *unreg vt* [1] → *Plakat* fijar [2] → *Leitung* instalar [3] COMM → *Ware* vender [4] → *Kritik* hacer [5] *FAM* ↑ *herbeibringen* llevar consigo

Anbruch *m* ‹-[e]s› (*Tages~*) comienzo *m*

anbrüllen *vt* gritar

Andacht *f* ‹-, -en› [1] (*Versenkung*) ▷*religiös* devoción *f;* ▷*geistig* dedicación *f* [2] ↑ *andächtige Stimmung* recogimiento *m;* **andächtig** *adj* ↑ *ehrfürchtig* devoto; ↑ *versunken* absorto

andauern *vi* durar, continuar; ◇ **der Regen dauert an** la lluvia continúa; **andauernd** *adj* [1] ↑ *immerzu* continuo; ◇ ~ **reden** hablar continuamente [2] ↑ *anhaltend* ▷*Regen* persistente

Andenken *n* ‹-s, -› recuerdo (*an akk* de)

andere(r, s) *pron* [1] ↑ *verschieden* otro; ◇ **ein -s Buch** otro libro [2] ↑ *folgend* siguiente; ◇ **am -n Tage** al día siguiente [3] ↑ *übrigen* lo demás; ◇ **die -n Bücher habe ich gelesen** he leído los demás libros [4] ◇ **ein -s Mal** la próxima vez; **andererseits** *adv* por otro lado; ◇ **einerseits u.** ~ por un lado y por otro lado

ändern **I.** *vt* → *Plan* variar; → *Kleid* cambiar de; ◇ **seine Meinung** ~ cambiar de opinión **II.** *vr* ◇ **sich** ~ cambiar

anders **I.** *adv* [1] ↑ *auf andere Weise* de otra manera; ▷*schmecken, sprechen* distinto, diferente (*als* de); ◇ **er kann nicht** ~ no puede hacer otra cosa; ◇ **ich habe es mir** ~ **überlegt** me lo he pensado mejor [2] ↑ *sonst* sino; ◇ **wo -?** ¿dónde sino? **II.** *:* ◇ **niemand** ~ ningún otro; **andersartig** *adj* diferente, distinto; **anderswo** *adv* en otro sitio/lugar

anderthalb *nr* uno y medio

Änderung *f* [1] (*von Plan*) modificación *f* [2] (*von Meinung*) cambio *f* [3] (*von Kleidung*) ▷*vornehmen* arreglo *m* (*an dat* de)

anderweitig *adv* [1] ↑ *auf andere Weise* de otra forma; ◇ **sich** ~ **beschäftigen** ocuparse de otras cosas [2] ↑ *anderswo* en otro lugar; ◇ ~ **beschäftigt** empleado en otro lugar

andeuten **I.** *vt* [1] ↑ *kurz erwähnen* aludir [2] ↑ *zu verstehen geben* insinuar, indicar [3] ↑ *vage erkennen lassen* esbozar **II.** *vr* ◇ **sich** ~ ↑ *abzeichnen* iniciarse; **Andeutung** *f* [1] ↑ *Anspielung* alusión *f,* insinuación *f* [2] ↑ *Anflug* esbozo *m;* ◇ ~ **e-s Lächelns** esbozo de una sonrisa

Andorra *n* Andorra *f*

Andrang *m* ↑ *Run* concurrencia *f;* ↑ *Gedränge* aglomeración *f* (*auf akk* de)

andrehen *vt* [1] ↑ *einschalten* → *Licht* encender, dar; → *Radio* encender [2] *FAM* ↑ *aufschwatzen* endosar; ◇ **jd-m etw** ~ vender gato por liebre

androhen *vt* amenazar; ◇ **jd-m etw** ~ amenazar a alguien con algo; **Androhung** *f* amenaza *f;* ◇ **unter** ~ **von Gewalt** bajo amenaza [de usar la violencia]

aneignen *vt:* ◇ **sich** *dat* **etw** ~ [1] ↑ *sich zueigen machen, lernen* → *Verhalten* adoptar; → *Wissen* adquirir [2] ↑ *annektieren* → *Gebiet* adueñarse de

aneinander *adv* uno con otro; ◇ ~ **vorbeireden** hablar sin entenderse; **aneinandergeraten** *unreg vi* tener discrepancias

Anekdote *f* ‹-, -n› anécdota *f*

anekeln *vt* dar asco, repugnar

anerkannt *adj* ▷*Künstler* reconocido; **anerkennen** *unreg vt* [1] ↑ *akzeptieren* → *Herrscher* reconocer [2] ↑ *gelten lassen* → *Rechnung* aceptar; → *Anspruch* admitir; → *Vaterschaft* reconocer [3] ↑ *loben, würdigen* → *Leistung* elogiar; **anerkennenswert** *adj* loable; **Anerkennung** *f* [1] ↑ *Akzeptieren* reconocimiento *m,* aceptación *f,* legitimación *f* [2] ↑ *Lob* elogio *m*

anfahren *unreg* **I.** *vt* [1] ↑ *anstoßen* chocar [2] ↑ *ansteuern* atracar, arribar [3] *FIG* ↑ *schimpfen* insultar **II.** *vi* arrancar, salir

Anfahrt *f* [1] ↑ *Hinreise* ida *f* [2] ↑ *Einfahrt* llegada *f*

Anfall *m* [1] MED acceso *m* [2] (*Wut~*) arrebato *m* [3] (*Zins~*) rédito *m* [4] (*von Kosten*) gastos *m/pl* originados

anfallen *unreg* **I.** *vt* ↑ *überfallen* asaltar **II.** *vi* [1] ↑ *sich ergeben* salir [2] ↑ *entstehen* producir, ocasionar

anfällig *adj* MED propenso (*für* a); ◇ **~ für Erkältungen** propenso a los catarros

Anfang *m* ‹-[e]s, Anfänge› [1] ↑ *Beginn* principio *m*, comienzo *m*; ◇ **von ~ an** desde el principio; ◇ **~ Juli** a primeros de julio [2] ↑ *erster Teil* comienzo *m*; ◇ **der ~ des Romans** el comienzo/principio de la novela; **anfangen** *unreg* **I.** *vt* [1] ↑ *beginnen* empezar, comenzar [2] ↑ *handhaben, machen* hacer; ◇ **was fangen wir damit an?** ¿qué podemos hacer con esto? **II.** *vi* [1] ↑ *losgehen* empezar [2] ◇ **ich kann damit nichts ~** no me sirve para nada; **Anfänger(in** *f*) *m* ‹-s, -› [1] ↑ *Amateur* principiante *m/f* [2] ↑ *Neuling* (*Berufs~*) novato/a; **anfangs** *adv* al principio; **Anfangsbuchstabe** *m* inicial *f*; **Anfangsstadium** *n* estadio *m* inicial

anfassen I. *vt* [1] ↑ *ergreifen* coger; ↑ *berühren* tocar [2] *FIG* ↑ *realisieren* hacer, realizar **II.** *vi* ↑ *zupacken* agarrar

anfechten *unreg vt* impugnar

anfeinden *vt* hostilizar, hostigar

anfertigen *vt* ↑ *machen* hacer, producir; → *Kleid* hacer, confeccionar

anfeuern *vt* [1] → *Ofen* encender [2] *FIG* → *Mannschaft* animar

anflehen *vt:* ◇ **~ um** suplicar algo

anfliegen *unreg* **I.** *vt* ↑ *ansteuern* volar hacia **II.** *vi:* ◇ **angeflogen kommen** venir volando; **Anflug** *m* [1] AERO llegada *f* (*auf akk* de) [2] *FIG* ↑ *Andeutung* alusión *f* (*von* de); ◇ **ein ~ von Ironie** un tono *m* de ironía

anfordern *vt* pedir, exigir; **Anforderung** *f* [1] ↑ *Bestellung* pedido *m* (*gen* de) [2] (*Anspruch*) exigencia *f* (*an akk* de); ◇ **hohe ~en stellen** exigir mucho

Anfrage *f* demanda *f*; **anfragen** *vi* informarse (*bei* de)

anfreunden *vr* ◇ **sich ~** [1] ↑ *Freundschaft beginnen* hacerse amigo (*mit* de) [2] ↑ *vertraut machen* hacerse a la idea (*mit* de)

anfügen *vt* añadir

anführen *vt* [1] ↑ *befehligen* → *Gruppe* dirigir [2] ↑ *benennen* → *Beweis* alegar; → *Beispiel* citar [3] *FIG* ↑ *zitieren* citar [4] *FAM* ↑ *sich lustig machen* tomar el pelo; **Anführer(in** *f*) *m* jefe/a, cabecilla *m/f*

Anführungszeichen *n/pl* [1] TYP comillas *f/pl* [2] *FIG* ◇ **in ~** entre comillas

Angabe *f* [1] (*Orts~*) descripción *f* [2] ↑ *Instruktion* instrucción *f*; ◇ **genaue ~n für die Arbeit** instrucciones detalladas del trabajo [3] ↑ *Angeberei* farol *m*, chulería *f* [4] SPORT saque *m*

angeben *unreg* **I.** *vt* [1] ↑ *mitteilen* decir, dar [2] ↑ *bestimmen* fijar, indicar; ◇ **den Ton ~** llevar la voz cantante [3] ↑ *anzeigen* señalar **II.** *vi* [1] *FAM* ↑ *prahlen* presumir, fardar, chulear [2] SPORT sacar

Angeber(in *f*) *m* ‹-s, -› *FAM* chulo/a, fanfarrón (-ona *f*) *m*

angeblich *adj* presunto; ◇ **ein ~er Verbrecher** un presunto criminal

angeboren *adj* innato; ◇ **das ist ihr ~** es innato en ella

Angebot *n* [1] ↑ *Vorschlag* ofrecimiento *m*; ◇ **jd-m ein ~ machen** hacer un ofrecimiento a alguien [2] COMM oferta *f*; ◇ **~ u. Nachfrage** oferta y demanda [3] ↑ *Auswahl* surtido *m*

angebracht *adj* indicado, oportuno

angeheitert *adj* alegre, bebido

angehen *unreg* **I.** *vi* [1] ↑ *beginnen* empezar, comenzar [2] ↑ *anfangen zu brennen* ← *Feuer* prender; ← *Licht* encender [3] ↑ *sich wehren, widersetzen* oponerse; ◇ **gegen jd-n/etw ~** oponerse a algo/a alguien **II.** *vt* [1] ↑ *bitten* pedir (*um* [2] (*sich heranwagen an*) disponerse a [3] ↑ *betreffen* importar, interesar; ◇ **das geht Sie nichts an** esto no le importa a usted

angehend *adj:* ◇ **e-e ~e Ärztin** una futura médica

angehören *vi* pertenecer (*dat* a); **Angehörige(r)** *fm* [1] (*Familien~*) pariente *m/f* [2] ↑ *Mitglied* miembro *m/f*

Angeklagte(r) *fm* acusado/a

angeknackst *adj FAM* ↑ *labil* ▷*Person* inestable; ▷*Gesundheit* débil; ▷*Selbstbewußtsein* inseguro

Angel *f* ‹-, -n› [1] (*zum Fischen*) caña *f* de pescar [2] (*Tür~*) quicio *m*

Angelegenheit *f* [1] ↑ *Affäre* cuestión *f* [2] ↑ *Sache* asunto *m*; ◇ **sich um seine ~en kümmern** ocuparse de sus asuntos

angelernt *adj* instruido

angeln *vti* → *Fisch* pescar [con caña]

angemessen *adj* [1] ↑ *adäquat* adecuado [2] ↑ *passend* conveniente

angenehm *adj* [1] ▷*Klima* suave [2] ▷*Person* agradable [3] ◇ **~!** ¡encantado!; ◇ **~e Reise!** ¡buen viaje!

angenommen I. *adj* ↑ *adoptiert* adoptado **II.** *cj* suponiendo; ◇ **~ wir fahren morgen heim, …** suponiendo que mañana vayamos a casa, …

angepaßt *adj* conformista

angeregt *adj* animado; ◇ **sich ~ unterhalten** conversar animadamente

angesehen *adj* apreciado, respetado; **angesichts** *präp gen* a la vista de; ◇ **~ der Tatsache** en vista de los hechos

angespannt *adj* [1] ↑ *nervös* nervioso; ◇ **- sein** estar nervioso [2] ↑ *bedrohlich* tenso; ◇ **die -e Weltlage** la tensa situación mundial
angestellt *adj* empleado; ◇ **fest- sein** estar [de empleado] fijo (*bei* en); **Angestellte(r)** *fm* empleado/a; (*Büro-*) oficinista *m/f*
angetan *adj:* ◇ **von jd-m/etw - sein** estar encantado con alguien/algo
angewiesen *adj:* ◇ **auf jd-n/etw - sein** depender de alguien/algo
angewöhnen *vt* [1] ↑ *anerziehen* acostumbrar; ◇ **jd-m etw -** acostumbrar a alguien a algo [2] ↑ *aneignen* habituarse; ◇ **sich** *dat* **etw -** habituarse a algo; **Angewohnheit** *f* costumbre *f*, hábito *m*
angleichen *unreg* **I.** *vt* igualar, ajustar (*an akk* a); ◇ **Löhne -** equiparar los sueldos **II.** *vr* ◇ **sich -** equipararse
Angler(in *f*) *m* ‹-s, -› pescador [de caña] (a *f*) *m*
angreifen *unreg vt* [1] *auch FIG* ↑ *attackieren* atacar [2] MIL asaltar [3] SPORT atacar [4] ↑ *beschädigen* corroer; ◇ **Säure greift Lack an** el ácido corroe el lacado; **Angreifer(in** *f*) *m* ‹-s, -› asaltante *m/f;* **Angriff** *m* [1] *a.* MIL, SPORT ataque *m* (*auf akk* a) [2] ◇ **etw in - nehmen** emprender algo; **angriffslustig** *adj* agresivo
Angst *f* ‹-, Ängste› [1] ↑ *Furcht* miedo *m* (*vor dat* de) [2] ↑ *Sorge* temor *m;* ◇ **- um jd-n/etw haben** temer por alguien/algo; **angst** *adj:* ◇ **jd-m ist -** miedoso; **Angsthase** *m FAM* cobarde *m*, miedoso *m;* **ängstigen I.** *vt* ↑ *Angst machen* dar miedo **II.** *vr* ◇ **sich -** [1] ↑ *Angst haben* tener miedo (*vor dat* de) [2] ↑ *sich sorgen* temer (*um dat* por); **ängstlich** *adj* [1] ↑ *furchtsam* miedoso [2] ↑ *besorgt* temeroso
angurten *vtr* ◇ **sich -** ponerse el cinturón
anhaben *unreg vt* [1] → *Kleidung* llevar [2] *FIG* ◇ **jd-m nichts - können** no poder actuar contra alguien
anhalten *unreg* **I.** *vt* [1] ↑ *stoppen* parar [2] ↑ *auffordern* estimular; ◇ **zur Arbeit -** estimular al trabajo **II.** *vi* [1] ↑ *stoppen* parar [2] ↑ *andauern* durar; ◇ **das schöne Wetter hält an** dura el buen tiempo [3] ◇ **um jd-s Hand -** pedir la mano de alguien; **anhaltend** *adj* continuo, ininterrumpido; **Anhalter(in** *f*) *m* ‹-s, -› autoestopista *m/f;* ◇ **per - reisen** viajar haciendo autoestop
Anhaltspunkt *m* indicio *m*
anhand *präp gen* por medio de
Anhang *m* [1] ↑ *Appendix* apéndice *m* [2] *FAM* ↑ *Freunde* amigos *m/pl* [3] *FAM* ↑ *Familie* familia *f;* **anhängen** *unreg* **I.** *vt* [1] ↑ *befestigen* → *Waggon* enganchar; → *Zettel* colgar (*an akk* en) [2] *FIG* ↑ *hinzufügen* añadir [3] *FAM* ◇ **jd-m etw -** colgar el muerto a alguien **II.** *vi* [1] ↑ *folgen* seguir (*an akk* a) [2] *FIG* ◇ **e-r Überzeugung -** estar convencido de; **Anhänger** *m* ‹-s, -› [1] (*Schmuck-*) colgante *m* [2] (*Zug-*) vagón *m;* (*Auto-*) remolque *m* [3] ↑ *Schildchen* etiqueta *f*
Anhänger(in *f*) *m* ‹-s, -› (*von Partei*) partidario/a; (*von Sekte*) seguidor/a; (*Fußball-*) aficionado/a; **anhänglich** *adj* fiel, entregado
anhauen *vt FAM* pedir; ◇ **jd-n um etw -** pedir algo a alguien
anhäufen I. *vt* → *Vorräte* acumular; → *Geld* amasar **II.** *vr* ◇ **sich -** acumularse, aumentar; **Anhäufung** *f* [1] ↑ *Sammlung* colección *f* (*von* de) [2] ↑ *kleiner Haufen* montón *m*
anheben *unreg vt* [1] ↑ *hochheben* levantar, elevar [2] ↑ *steigern* subir
Anhieb *m:* ◇ **auf -** de pronto, rápidamente
anhören I. *vt* escuchar **II.** *vr* ◇ **sich -** [1] ↑ *zuhören* escuchar; ◇ **sich** *dat* **ein Hörspiel -** escuchar una radionovela [2] ↑ *klingen* sonar; ◇ **das hört sich gut an** esto suena bien
Animateur(in *f*) *m* animador (a *f*) m; **animieren** *vt* animar; ◇ **jd-n zum Kauf -** animar a alguien a comprar
Anis *m* ‹-es, -e› anís *m*
ankämpfen *vi* luchar contra
ankaufen *vt* comprar
Anker *m* ‹-s, -› NAUT ancla *m;* ◇ **vor - gehen** echar anclas
Anklage *f* [1] JURA acusación *f* (*gegen* contra) [2] *FIG* ↑ *Vorwurf* reproche *m*, acusación *f;* **anklagen** *vt* [1] JURA acusar (*wegen gen* por) [2] *FIG* ↑ *kritisieren* criticar, reprochar
Anklang *m:* ◇ **bei jd-m - finden** ser del agrado de alguien
Ankleidekabine *f* probador *m*
anklopfen *vi* (*an Tür*) llamar [a la puerta]
anknüpfen I. *vt* [1] (*anbinden*) atar (*an akk* a) [2] *FIG* ↑ *aufnehmen* → *Beziehungen* entablar; → *Gespräch* trabar **II.** *vi* ↑ *anschließen* (*an Thema*) conectar (*an akk* con)
ankommen *unreg vi* [1] ↑ *Ziel erreichen* ← *Brief* llegar; ← *Person* ← *Zug* llegar, venir [2] ↑ *näherkommen* acercarse [3] ↑ *gefallen* gustar, encantar; ◇ **gut -** gustar mucho (*bei* a) [4] ↑ *sich behaupten* ◇ **gegen jd-n/etw -** imponerse a alguien [5] *FAM* ↑ *immer wieder von etw sprechen* hablar siempre de lo mismo; ◇ **jetzt kommt er schon wieder damit an!** cada loco con su tema [6] ↑ *abhängig sein* depender; ◇ **es kommt darauf an** depende de [7] ◇ **es darauf - lassen** arriesgar algo
ankündigen I. *vt* ↑ *ansagen* (*in Radio, TV*) anunciar; (*in Zeitung*) publicar **II.** *vr* ◇ **sich -** anunciarse; **Ankündigung** *f* anuncio *m*, aviso *m*

Ankunft *f* ‹-, Ankünfte› llegada *f*

ankurbeln *vt* → *Maschine* poner en marcha; *FIG* → *Gespräch* provocar; *FIG* → *Wirtschaft* estimular

Anlage *f* [1] (*Park-*) parque *m* [2] (*Geld-*) inversión *f* [3] (*Stereo-*) equipo *m* [4] (*Klima-*) aire *m* acondicionado [5] *FIG* ↑ *Neigung* predisposición *f* (*zu* a) [6] ↑ *Anhang* papel *m* adjunto

Anlaß *m* ‹Anlasses, Anlässe› [1] ↑ *Gelegenheit* ocasión *f* (*zu* para) [2] ↑ *Veranlassung* motivo *m*, causa *f*; ◇ **etw zum - nehmen** aprovechar la ocasión para algo

anlassen *unreg* **I.** *vt* [1] → *Motor* arrancar [2] → *Licht* dejar encendido [3] *FAM* → *Mantel* dejarse puesto **II.** *vr* ◇ **sich** - *FAM* empezar; ◇ **das läßt sich gut an** empieza bien la cosa; **Anlasser** *m* ‹-s, -› AUTO [e]starter *m*

Anlauf *m* [1] SPORT impulso *m* [2] (*von Film*) empiece *m*, comienzo *m* [3] *FIG* ↑ *Versuch* intento *m*; ◇ **erster** - primer intento; **anlaufen** *unreg* **I.** *vi* [1] (*zum Sprung*) tomar impulso [2] ↑ *starten* empezar, comenzar [3] ↑ *beschlagen* ← *Metall* oxidarse; ← *Fenster* empañarse [4] ◇ **rot** - ponerse rojo **II.** *vt* ↑ *ansteuern* atracar; **Anlaufstelle** *f* oficina *m* de información y ayuda

anlegen **I.** *vt* [1] ↑ *gestalten* → *Garten* plantar; → *Archiv* hacer [2] ↑ *investieren* investir; ◇ **was wollen Sie denn -?** ¡cuánto quiere investir? [3] ↑ *anziehen* ponerse [4] → *Gewehr* apuntar (*auf akk* a) [5] ↑ *neben etw hinlegen* colocar **II.** *vi* [1] (*im Hafen*) atracar [2] *FAM* ◇ **sich mit jd-m** - tomarla con alguien

anlehnen **I.** *vt* [1] (*an Wand*) apoyar (*an akk* en) [2] ↑ *nicht ganz schließen* → *Tür* entornar **II.** *vr* ◇ **sich** - [1] ↑ *Halt suchen* apoyarse (*an akk* en) [2] (*FIG sich beziehen auf*) referirse (*an akk* a)

anleiern *vt FAM* arreglar

anleiten *vt* guiar, instruir; **Anleitung** *f* [1] ↑ *Handbuch* manual *m* [2] ↑ *Instruktion* instrucción *f*; ◇ **-en geben** dar intrucciones

anlernen *vt* instruir, enseñar

Anliegen *n* ‹-s, -› ruego *m*; ◇ **ein - haben** tener un deseo

Anlieger(in *f*) *m* ‹-s, -› (*-verkehr*) vecino/a

anlügen *unreg vt* mentir

anmachen *vt* [1] ↑ *einschalten* → *Radio* encender; → *Licht* encender, dar [2] *FAM* ↑ *befestigen* fijar (*an dat* a) [3] ↑ *mischen* → *Salat* aderezar; → *Mörtel* amasar [4] *FAM* ↑ *anpöbeln* abordar; ◇ **jd-n dumm** - abordar a alguien de forma estúpida [5] *FAM* ↑ *anzügliche Bemerkungen machen* lanzar indirectas; → *Mädchen* ligar

anmalen **I.** *vt* → *Wand* pintar; → *Augen* pintarse **II.** *vr* ◇ **sich** - *FAM* pintarse

anmaßen *vt*: ◇ **sich** *dat* **etw** - tomarse la libertad de; **anmaßend** *adj* presuntuoso, arrogante; **Anmaßung** *f* arrogancia *f*

Anmeldeformular *n* formulario *m* de inscripción; **anmelden** **I.** *vt* [1] → *Auto* matricular; → *Radio* registrar; (*in Schule*) matricular [2] (*beim Arzt*) pedir hora [3] ↑ *bestehen auf* → *Anspruch* presentar; → *Zweifel* expresar **II.** *vr* ◇ **sich** - [1] ↑ *sich ankündigen* anunciarse [2] ▷*polizeilich* darse de alta, matricularse; **Anmeldung** *f* [1] ↑ *das Anmelden* inscripción *f* [2] ↑ *Anmeldezimmer* registro *m*

anmerken *vt* [1] ↑ *hinzufügen* añadir [2] ↑ *anstreichen* hacer una observación [3] ↑ *ansehen* notar; ◇ **jd-m etw** - notar algo a alguien; **Anmerkung** *f* [1] ↑ *Fußnote* nota *f* [2] ↑ *Bemerkung* observación *f*

anmotzen *vt FAM* echar la bronca sin razón

Anmut *f* [1] ↑ *Schönheit* belleza *f* [2] ↑ *Grazie* gracia *f*; **anmutig** *adj* gracioso, cautivador

annähen *vt* coser

annähernd **I.** *adj* ↑ *ungefähr* aproximado **II.** *adv* ↑ *etwa* más o menos; **Annäherung** *f* [1] ↑ *Sich-nähern* acercamiento *m* (*an akk* a) [2] *FIG* ↑ *Angleichung* adaptación *f* (*an akk* a) [3] *FIG* ↑ *Anfreunden* amistad *f*; **Annäherungsversuch** *m* intento *m* de acercamiento

Annahme *f* ‹-, -n› [1] (*von Geschenk*) aceptación *f*; (*von Kind*) adopción *f*; SPORT control *m* de un pase [2] ↑ *Vermutung* suposición *f*; ◇ **gehe ich recht in der -, daß ...** voy por buen camino suponiendo ... [3] ↑ *-stelle* despacho *m*; **annehmbar** *adj* aceptable; **annehmen** *unreg* **I.** *vt* [1] ↑ *entgegennehmen* aceptar [2] ↑ *sich aneignen* adoptar [3] SPORT coger [4] ↑ *vermuten* suponer [5] ↑ *voraussetzen* ser de suponer, presuponer; ◇ **etw als gegeben** - dar algo por hecho **II.** *vr* ◇ **sich** - cuidar, ocuparse (*gen* de)

Annehmlichkeit *f* ↑ *Vorteil* ventaja *f*; ↑ *Angenehmes* comodidad *f*; ◇ **die -en des Fortschritts** las ventajas del progreso

annektieren *vt* anexionar

Annonce *f* ‹-, -n› anuncio *m*; **annoncieren** *vti* poner un anuncio

annullieren *vt* anular

anöden *vt FAM* aburrir; ◇ **die Schule ödet mich an** la escuela me aburre

anomal *adj* [1] ↑ *regelwidrig* anómalo [2] ↑ *merkwürdig* anormal, raro

anonym *adj* anónimo; **Anonymität** *f* anonimato *m*

Anorak *m* ‹-s, -s› anorak *m*

anordnen *vt* [1] ↑ *bestimmen* disponer [2] ↑ *ordnen* ordenar; ◇ **nach dem Alphabet** - colocar por orden alfabético

Anordnung *f* [1] ↑ *Weisung* instrucción *f* [2] ↑ *Reihenfolge* orden *m*
anorganisch *adj* CHEM inorgánico
anpacken I. *vt* [1] ↑ *anfassen* agarrar [2] ↑ *handhaben* manejar; ↑ *bewerkstelligen* conseguir, lograr; ◇ **wie soll ich das nur ~?** ¿cómo puedo conseguirlo? [3] *FIG* ↑ *behandeln* ◇ **jd-n hart ~** tratar duramente a alguien II. *vi* ↑ *helfen* ayudar; ◇ **mit ~** echar una mano
anpassen I. *vt* [1] ↑ *passend machen* → *Kleid* hacer un arreglo (*an akk* a) [2] *FIG* ↑ *in Einklang bringen* adecuar (*an akk* a) II. *vr* ◇ **sich ~** adaptarse (*dat* a); **Anpassung** *f auch FIG* adaptación (*an akk* a); **anpassungsfähig** *adj* flexible; **Anpassungsschwierigkeiten** *f/pl* problemas *m/pl* de adaptación
anpeilen *vt* [1] → *Funk, Radar* localizar [2] NAUT arrumbar [3] *FAM* ◇ **jd-n/etw ~** echar el ojo a alguien/algo
anpfeifen *unreg* I. *vt* [1] SPORT tocar el silbato [al empezar el partido] [2] *FAM* ↑ *schimpfen, zurechtweisen* echar una bronca II. *vi* SPORT tocar el silbato [para que empiece el partido]; **Anpfiff** *m* [1] SPORT pitido *m* de comienzo de partido [2] *FAM* ↑ *Schelte* bronca *f;* ◇ **ich habe e-n ~ gekriegt** me han echado una bronca
anpflanzen *vt* [1] ↑ *pflanzen* plantar [2] ↑ *anbauen* cultivar, sembrar
anpirschen *vr* ◇ **sich ~** acercarse sigilosamente (*an akk* a)
anpöbeln *vt FAM* avasallar, molestar
anprangern *vt* denunciar públicamente
anpreisen *unreg vt* presentar
Anprobe *f* prueba *f;* **anprobieren** *vt* probarse
anpumpen *vt FAM* pedir dinero prestado
anrechnen *vt* [1] ↑ *in Rechnung stellen* cargar en cuenta; ◇ **jd-m etw ~** cargar algo en la cuenta de alguien [2] ↑ *gutschreiben* → *Strafe* imputar [3] ↑ *bewerten* → *Fehler* tener en cuenta [4] *FIG* ↑ *bewerten* agradecer; ◇ **jd-m etw hoch ~** agradecer algo a alguien
Anrecht *n* [1] ↑ *Anspruch* derecho *m* (*auf akk* a) [2] THEAT abono *m*
Anrede *f* tratamiento *m;* **anreden** *vt* dirigir la palabra; ◇ **jd-n mit "Sie" ~** tratar a alguien de usted
anregen *vt* [1] ↑ *vorschlagen* proponer [2] ↑ *beleben* estimular [3] ↑ *ermuntern* animar, incentivar (*zu* a); **anregend** *adj* ▷*Getränk* estimulante; ▷*Gespräch* animado; **Anregung** *f* estímulo *m,* incentivo *m*
Anreise *f* llegada *f* [de un viaje]
Anreiz *m* estímulo *m,* motivación *f* (*zu* a)
anrempeln *vt* empujar
anrichten *vt* [1] ↑ *zubereiten* preparar, hacer [2] ↑ *verüben* → *Unheil* causar, hacer
anrüchig *adj* de mala fama
Anruf *m* llamada *f;* **Anrufbeantworter** *m* ‹-s, -› contestador *m* automático; **anrufen** *unreg* I. *vt* [1] ↑ *telefonieren* llamar [por teléfono], [2] ↑ *zurufen* llamar [3] ↑ *bitten* (*um Hilfe*) pedir II. *vi* ↑ *telefonieren* telefonear
anrühren *vt* [1] (*rühren*) → *Teig* amasar [2] ↑ *berühen* tocar [3] *FIG* ↑ *zu sich nehmen* coger; ◇ **kein Essen ~** no comer, no probar bocado
ans = **an das**
Ansage *f* [1] (*Fernseh~*) anuncio *m* [2] ↑ *Ankündigung* aviso *m;* **ansagen** I. *vt* [1] ↑ *ankündigen* → *Film* anunciar; → *Besuch* avisar [2] ↑ *diktieren* dictar [3] (*beim Kartenspiel*) cantar [4] *FIG* ◇ **jd-m den Kampf ~** declarar la guerra a alguien II. *vr* ◇ **sich ~** [1] ↑ *ankündigen* anunciarse [2] *FAM* ◇ **angesagt sein** estar de moda
ansammeln I. *vt* ↑ *anhäufen* → *Antiquitäten* coleccionar; → *Geld* amasar; → *Reserven* acumular II. *vr* ◇ **sich ~** ↑ *sich anhäufen* ← *Müll* amontonarse; ← *Probleme* juntarse, acumularse; **Ansammlung** *f* [1] ↑ *Menge* reunión *f* [2] ↑ *Sammlung* agrupación *f* [3] ↑ *Anhäufung* (*von Dingen*) montón *m*
ansässig *adj:* ◇ **~ sein** ser residente; ◇ **sich ~ machen** establecerse
Ansatz *m* [1] ↑ *Ausgangspunkt* ◇ **guter ~** planteamiento *m* [2] ↑ *Anfang* comienzo *m* [3] (*Fett~*) reserva *f* [4] ↑ *Verlängerungsstück* prolongación *f* [5] MUS embocadura *f* [6] MATH planteamiento *m*
anschaffen *vt* [1] ↑ *erwerben* adquirir; ◇ **sich** *dat* **etw ~** comprarse algo [2] *FAM* ◇ **sich** *dat* **Kinder anschaffen** tener niños [3] *FAM* ◇ **~ gehen** hacer la calle; **Anschaffung** *f* [1] ↑ *Kauf* adquisición *f* [2] ↑ *das Gekaufte* compra *f;* ◇ **e-e nötige ~** una compra necesaria
anschalten *vt* encender
anschauen *vt* mirar; ◇ **sich** *dat* **ein Bild ~** contemplar un cuadro; **anschaulich** *adj* ilustrativo; ◇ **etw ~ darstellen** ilustrar algo
Anschauung *f* [1] ↑ *Ansicht* idea *f,* juicio *m* [2] ↑ *Vorstellung* concepto *m* [3] ↑ *Kontemplation* contemplación *f*
Anschein *m* apariencias *f/pl,* pintas *f/pl;* ◇ **allem ~ nach** según las apariencias; **anscheinend** *adj* al parecer
anscheißen *vt VULG* [1] ↑ *anschreien* echar broncas [2] ↑ *betrügen* engañar; ◇ **sich ~ lassen** dejarse engañar
Anschlag *m* [1] ↑ *Überfall* asalto *m,* golpe *m;* ↑ *Attentat* atentado *m* (*auf akk* contra [la vida de])

[2] ↑ *Information* anuncio *m* (*an dat* en) [3] TECH tope *m;* ◇ **bis zum ~ drehen** girar hasta el tope [4] *von Schreibmaschine,* MUS pulsación *f*

anschlagen *unreg* **I.** *vt* [1] ↑ *anstoßen* golpear (*an dat* en) [2] ↑ *aushängen* colgar, fijar (*an dat* en) [3] ↑ *schätzen* evaluar [4] ↑ *spielen* tocar, pulsar **II.** *vi* [1] (*sich stoßen*) golpearse, darse un golpe (*an akk* en) [2] ↑ *wirken, Effekt zeigen* dar resultado [3] SPORT sacar [4] ↑ *bellen* ladrar

anschleppen *vt* [1] → *Auto* remolcar [2] *FAM* ↑ *mitbringen* traer; → *Koffer* arrastrar

anschließen *unreg* **I.** *vt* [1] ↑ *an etw festschließen* → *Fahrrad* poner el candado; → *Hund* atar [2] ELECTR empalmar [3] → *Sender, Telefon* conectar **II.** *vir:* ◇ **[sich] an etw** *akk* ~ continuar algo; ◇ **[sich] an j-n** ~ juntarse y estar de acuerdo **III.** *vr* ◇ **sich** ~ [1] ↑ *beitreten* unirse (*dat* a) [2] ↑ *beipflichten* (*e-r Meinung*) sumarse (*dat* a); **anschließend** **I.** *adj* cercano **II.** *adv:* ◇ ~ **an** *akk* (*nach*) a continuación de; **Anschluß** *m* [1] (*Strom~*) conexión *f* [2] (*Wasser~*) toma *f* [3] (*Zug~*) enlace *m* [4] *FIG* ↑ *Kontakt* contacto *m;* ◇ ~ **finden** encontrar amigos [5] ◇ **im ~ an** *akk* a raíz de

anschmiegsam *adj* [1] ▷*Pullover* ajustado [2] ▷*Katze* cariñoso

anschnallen **I.** *vt* poner el cinturón [de seguridad] **II.** *vr* ◇ **sich** ~ ponerse/abrocharse el cinturón [de seguridad]

anschnauzen *vt FAM* echar una bronca, dar voces

anschneiden *unreg vt* [1] ↑ *schneiden* cortar [2] *FIG* ↑ *ansprechen* exponer, plantear

anschreiben *unreg vt* [1] ↑ *schreiben* escribir [2] ↑ *benachrichtigen* informar (*wegen* de) [3] (*notieren*) anotar, apuntar; ◇ ~ **lassen** apuntar en la cuenta [4] ◇ **bei jd-m gut/schlecht angeschrieben sein** tener buena/mala prensa

anschreien *unreg vt* gritar

Anschrift *f* dirección *f*

anschwellen *unreg vi* [1] ↑ *dicker werden* hincharse [2] ↑ *lauter werden* aumentar el sonido; **Anschwellung** *f* [1] hinchazón *f* [2] aumento *m*

anschwindeln *vt* decir mentirijillas, mentir

ansehen *unreg vt* [1] ↑ *anschauen* ver; → *Bild* mirar; ▷*verwundert* observar; ◇ **sich** *dat* **die Stadt** ~ ver/visitar la ciudad [2] *FIG* ↑ *betrachten* considerar (*als* como); ◇ **etw als seine Pflicht** ~ considerar algo como su obligación [3] ↑ *anmerken* ◇ **jd-m etw** ~ notar algo a alguien; **Ansehen** *n* ‹-s› [1] ↑ *Ruf* fama *f;* ◇ **hohes ~ genießen** gozar de prestigio [2] ↑ *Aussehen* apariencia *f;* **ansehnlich** *adj* [1] ↑ *gutaussehend* de buena presencia [2] ↑ *beträchtlich* considerable

anseilen *vt* atar con cuerdas

ansein *unreg vi FAM* estar encendido

ansetzen **I.** *vt* [1] ↑ *annähen* coser [2] → *Blasinstrument* embocar; → *Flasche* llevar a la boca [3] ↑ *vorbereiten* → *Bowle* preparar; → *Teig* amasar [4] ◇ **Fett** ~ engordar [5] ↑ *festlegen* fijar **II.** *vi* [1] ↑ *starten* disponerse a [2] ↑ *beginnen* empezar a; ◇ ~ **etw zu tun** empezar a hacer algo **III.** *vr* ◇ **sich** ~ pegarse

Ansicht *f* [1] ↑ *Anblick* vista *f* [2] ↑ *Ansehen* ◇ **zur ~ schicken** mandar de muestra [3] ↑ *Meinung* opinión *f;* ◇ **meiner ~ nach** en mi opinión; **Ansichtskarte** *f* [tarjeta] *f* postal; **Ansichtssache** *f:* ◇ **das ist** ~ es una cuestión de pareceres

ansiedeln *vtr* ◇ **sich** ~ asentar(se); **Ansiedlung** *f* colonia *f*

ansonsten *adv* por lo demás

anspannen *vt* [1] → *Pferd* atar [2] → *Muskeln* tensar [3] → *Nerven* poner(se) tenso; **Anspannung** *f* [1] ↑ *Anstrengung* esfuerzo *m* [2] ↑ *Streß* tensión *f*

Anspiel *n* SPORT pase *m*

anspielen **I.** *vt* [1] SPORT pasar [2] → *Musikstück* empezar a tocar **II.** *vi* ↑ *andeuten* insinuar algo, hacer referencia a; ◇ **auf etw** *akk* ~ referirse a algo; **Anspielung** *f* insinuación *f,* referencia *f* (*auf akk* a)

Ansporn *m* ‹-[e]s› estímulo *m,* motivación *f*

Ansprache *f* discurso *m*

ansprechbar *adj:* ◇ **er ist nicht** ~ no se puede hablar con él; **ansprechen** *unreg* **I.** *vt* [1] ↑ *Wort richten an* dirigir la palabra [2] ↑ *zur Sprache bringen* discutir, tratar **II.** *vi* [1] *FIG* ◇ **das spricht mich an** me gusta [2] ↑ *reagieren* reaccionar (*auf akk* a); **ansprechend** *adj* agradable; **Ansprechpartner(in** *f*) *m* confidente *m/f*

anspringen *unreg vi* [1] ← *Auto* arrancar [2] ← *Hund* atacar

Anspruch *m* [1] ↑ *Anrecht* derecho *m* (*auf akk* a); ◇ ~ **erheben** reclamar [2] ↑ *Forderung* exigencia *f;* ◇ **hohe Ansprüche stellen** tener grandes pretensiones [3] ◇ **jd-n/etw in ~ nehmen** hacer uso de algo, emplear a alguien; **anspruchslos** *adj* [1] ↑ *nicht sehr geistreich* sin pretensiones [2] ↑ *bescheiden, genügsam* poco exigente [3] ↑ *nicht schwierig* sencillo, fácil; **anspruchsvoll** *adj* [1] ↑ *hohe Ansprüche stellend* pretencioso [2] ↑ *wählerisch* exigente [3] ↑ *viel verlangend* difícil

anstacheln *vt* estimular

Anstalt *f* ‹-, -en› [1] ↑ *Institut* instituto *m,* centro *m* [2] ↑ *öffentliche Einrichtung* establecimiento *m* público; (*Erziehungs~*) reformatorio *m* [3] ◇ **~en machen, etw zu tun** prepararse para hacer algo

Anstand *m* ↑ *gutes Benehmen* modales *pl;* **an-**

ständig *adj* [1] ↑ *ehrenhaft* honrado, decente [2] ↑ *erzogen* educado; ◇ **sich ~ benehmen** portarse bien [3] *FAM* ▷*Trinkgeld* generoso; **anstandslos** *adv* sin problemas, sin más; ◇ **~ bezahlen** pagar sin quejarse/sin regatear

anstänkern *vt FAM* avasallar

anstarren *vt* mirar fijamente

anstatt **I.** *präp gen* ↑ *an Stelle von*: ◇ **~ von** en lugar/vez de **II.** *cj* ↑ *statt* en lugar/vez de; ◇ **~ etw zu tun** en lugar de hacer algo

anstauen *vr* ◇ **sich ~** ↑ *sich stauen* ← *Wasser* estancarse; ← *Wut* acumularse

anstechen *unreg vt* → *Faß* espitar; → *Fleisch* picar

anstecken **I.** *vt* [1] ↑ *befestigen* → *Nadel* poner, prender [2] ↑ *infizieren* (*mit Krankheit*) contagiar [3] ↑ *anzünden* → *Haus* prender fuego; → *Pfeife* encender **II.** *vr* ◇ **sich ~** ↑ *infizieren* contagiarse, pegarse **III.** *vi* ↑ *sich übertragen* ← *Krankheit* transmitirse, contagiarse, pegarse; **ansteckend** *adj* MED contagioso; **Ansteckung** *f* contagio *m*, infección *f*

anstehen *unreg vi* [1] ↑ *Schlange stehen* hacer cola [2] ↑ *auf Erledigung warten* tener que hacer, quedar para hacer

ansteigen *unreg vi* [1] ↑ *steiler werden* ← *Straße* subir [2] ↑ *höher werden, steigen* ← *Preise* subir, aumentar

anstelle *präp gen* ↑ *anstatt*: ◇ **~ von** en lugar/vez de

anstellen **I.** *vt* [1] ↑ *anlehnen* → *Leiter* apoyar (*an akk* a) [2] ↑ *einschalten* → *Gerät* poner [3] ↑ *beschäftigen* → *Mitarbeiter* contratar, emplear [4] ◇ **etw ~** hacer tonterías [con malas consecuencias] [5] ↑ *machen, bewerkstelligen* hacer, llevar a cabo; ◇ **wie hat sie das angestellt?** ¿cómo lo ha hecho? **II.** *vr* ◇ **sich ~** [1] (*in Warteschlange*) hacer cola [2] *FAM* ↑ *sich zieren* ponerse tonto; ◇ **stell dich nicht so an** no te pongas así [3] ◇ **sich dumm ~** hacer el tonto; **Anstellung** *f* empleo *m*

Anstieg *m* ‹-[e]s, -e› [1] ↑ *Steigung* (*von Berg*) subida *f* [2] *FIG* (*von Preisen*) subida *f*, aumento *m*

anstiften *vt* [1] ↑ *anzetteln* → *Unheil* causar, ocasionar [2] ↑ *verleiten* indicir; ◇ **jd-n zu etw ~** inducir a alguien a [hacer] algo

anstimmen *vt* [1] → *Melodie* entonar [2] *FIG* → *Geschrei* empezar

Anstoß *m* [1] ◇ **~ nehmen an** *dat* molestarse por, escandalizarse de [2] (SPORT *Ball-*) saque [al principio del partido] *m* [3] *FIG* ↑ *Anregung* (*Denk-*) impulso *m*; **anstoßen** *unreg* **I.** *vt* ↑ *anschlagen* → *Kopf* golpear (*an dat* en); → *Glas* chocar **II.** *vi* [1] (*mit Gläsern*) brindar (*auf akk* por) [2] (SPORT *beim Fußball*) sacar [al principio del partido] [3] ↑ *angrenzen* ← *Feld* lindar (*an dat* con) [4] (*mit Zunge*) cecear; **anstößig** *adj* ▷*Verhalten* escandaloso

anstrahlen *vt* [1] (*mit Scheinwerfer*) iluminar [2] ↑ *ansehen* ← *Kind* mirar con alegría

anstreben *vt* → *Erfolg* aspirar a

anstreichen *unreg vt* [1] ↑ *anmalen* → *Wand* pintar [2] ↑ *markieren* → *Fehler* marcar; → *Buchstelle* subrayar; **Anstreicher(in** *f*) *m* ‹-s, -› ↑ *Tüncher* pintor (a *f*) m [de brocha gorda] *m*

anstrengen **I.** *vr* ◇ **sich ~** ↑ *sich bemühen* ▷*geistig, körperlich* esforzarse **II.** *vt* [1] ↑ *beanspruchen* cansar, fatigar; → *Augen* fatigar [2] JURA ◇ **e-n Prozeß ~** iniciar un proceso; **anstrengend** *adj* ↑ *mühsam* ▷*geistig* fatigoso; ▷*körperlich* cansado, agotador; **Anstrengung** *f* [1] ↑ *Mühe* esfuerzo *m* [2] ↑ *Strapaze* fatiga *f*

Anstrich *m* [1] (*Farb-*) capa *f* [2] *FIG* ↑ *Anschein, Äußeres* apariencia *f*; *FAM* pinta *f*

Ansturm *m* asalto *m* (*auf akk* a)

Antagonismus *m* antagonismo *m*; **antagonistisch** *adj* antagonista

antasten *vt* [1] ↑ *berühren* tocar [2] ↑ *angreifen* → *Freiheit* atentar; → *Vorräte* emezar a gastar

Anteil *m* [1] ↑ *Beteiligung* participación (*an dat* en) [2] ↑ *Mitgefühl* interés *m*; ◇ **~ nehmen an** *dat* tener compasión por, participar en; **Anteilnahme** *f* ↑ *Interesse* interés *m*; ↑ *Mitgefühl* compasión *f* (*an dat* en)

Antenne *f* ‹-, -n› MEDIA, FAUNA antena *f*

Anthrazit *m* ‹es, -e› antracita *f*

Anti- *in Komposita* ↑ *gegen* anti-, contra; **Antialkoholiker(in** *f*) *m* antialcohólico/a; **antiautoritär** *adj* antiautoritario; **Antibabypille** *f* píldora *f*; **Antibiotikum** *n* ‹-s, -ka› MED antibiótico *m*; **Antiblockiersystem** *n* (AUTO *ABS*) sistema *m* antibloqueo

antik *adj* [1] ↑ *alt und wertvoll* ▷*Möbel* antiguo [2] de la antigüedad; **Antike** *f* ‹-, -n› antigüedad *f*

Antikörper *m* anticuerpo *m* (*gegen* contra)

Antilope *f* ‹-, -n› FAUNA antílope *m*

Antipathie *f* antipatía *f*

Antiquariat *n* anticuario *m*; **Antiquitäten** *f/pl* antigüedades *f/pl*

Antrag *m* ‹-[e]s, Anträge› [1] ↑ *Gesuch* solicitud *f*; ◇ **e-n ~ stellen auf etw** *akk* hacer una solicitud de algo, formular una petición para algo [2] POL (*Gesetzes-*) propuesta *f*, moción *f* [3] JURA ↑ *Petition* petición *f* (*auf akk* a)

antreffen *unreg vt* ↑ *vorfinden* → *Verhältnisse, Personen* encontrar[se]

antreiben *unreg* **I.** *vt* [1] → *Pferd* dar riendas [2]

(→ *jd-n, zu Leistung*) estimular, motivar [3] → *Maschine, Motor* poner en marcha, propulsar [4] → *Strandgut* depositar en la orilla **II.** *vi* (*ans Ufer*) llevar a la orilla

antreten *unreg* **I.** *vt* [1] ↑ *übernehmen* → *Tätigkeit* ocupar [2] ↑ *beginnen* → *Reise* emprender [3] → *Motorrad* poner en marcha [4] → *Erbschaft* aceptar [5] ↑ *liefern* → *Beweis* presentar, proporcionar **II.** *vi* [1] ↑ *sich aufstellen* formar fila [2] SPORT ◇ **gegen jd-n** ~ enfrentarse con alguien

Antrieb *m* [1] TECH (*Dampf~*) impulso *m* [2] *FIG* ↑ *Motivation* motivación *f*, estímulo *m* [3] ◇ **aus eigenem** ~ por iniciativa propia

antrinken *unreg vt* [1] ◇ **sich** *dat* **Mut** ~ beber para cobrar ánimo; ◇ **angetrunken sein** estar alegre, estar un poco bebido [2] ↑ *den ersten Schluck nehmen* dar el primer trago

Antritt *m* entrada *f* en funciones; comienzo *m;* adición *f;* presentación *f*

antun *unreg vt* [1] ↑ *anziehen* → *Kleid* ponerse [2] ◇ **jd-m etw** ~ hacer algo a alguien; ◇ **sich** *dat* **etw** ~ hacerse daño intencionadamente [3] ◇ **es jd-m angetan haben** tener las simpatías de alguien

Antwort *f* ‹-, -en› [1] (*auf Frage*) respuesta *f* (*auf akk* a) [2] ↑ *Auskunft, Bescheid* contestación *f*, respuesta *f* [3] *FIG* ↑ *Reaktion* reacción; ◇ **das ist die** ~ **auf dein Verhalten** esa es la reacción a tu comportamiento; **antworten** *vi* [1] ↑ *erwidern* (*mündlich und schriftlich*) responder, contestar (*auf* akk) [2] *FIG* reaccionar (*auf akk* a)

anvertrauen I. *vt* [1] ↑ *übergeben* → *Kind* confiar [2] ↑ *erzählen* → *Geheimnis* contar, confiar **II.** *vr* ↑ *sich aussprechen*: ◇ **sich jd-m** ~ confiarse a alguien

anwachsen *unreg vi* [1] ↑ *mehr werden* ← *Zahl, Lärm* aumentar [2] ↑ *festwachsen* ← *Abgerissenes* crecer

Anwalt *m* ‹-[e]s, Anwälte› [1] abogado *m* [2] *FIG* ↑ *Fürsprecher* defensor *m*, abogado *m;* ◇ **sich zum** ~ **für etw machen** hacerse defensor de algo; **Anwältin** *f* abogado *f*, defensora *f*

Anwandlung *f* [1] ↑ *Laune* (*von Großzügigkeit*) arranque *m;* (*von Gefühl*) corazonada *f* [2] (*Anfall von unverständlichem Verhalten*) ◇ **~en haben** tener arranques, dar arrebatos

Anwärter(in *f*) *m* candidato/a; ◇ ~ **auf ein Amt** aspirante *m/f* a un puesto oficial

anweisen *unreg vt* [1] ↑ *anleiten* → *Arbeiter* enseñar, instruir [2] ↑ *anordnen* → *Arbeit* odenar, mandar [3] ↑ *zuweisen, zeigen* → *Platz* indicar [4] ↑ *schicken* → *Geld* mandar, girar; **Anweisung** *f* [1] ↑ *Anleitung* instrucción *f*, indicación *f* [2] ↑ *Anordnung* orden *f* [3] (FIN *Geld~*) giro *m;* ◇ **Post~** giro postal

anwendbar *adj* ▷*Methode* aplicable (*auf akk* a); **anwenden** *vt* [1] → *Verfahren* emplear, usar (*auf akk* para) [2] ↑ *übertragen* → *Theorie* aplicar (*auf akk* a); **Anwender(in** *f*) *m* ‹-s, -› usuario/a; **Anwendung** *f* [1] ↑ *Gebrauch* empleo *m*, uso *m* (*auf akk* para) [2] ↑ *Übertragung* aplicación *f* (*auf akk* a) [3] MED ↑ *Heilbehandlung* aplicación *f*

anwerben *unreg vt* [1] → *jd-n* enganchar, atraer (*für* para) [2] MIL reclutar, alistar; ◇ **sich** ~ **lassen** enrolarse

anwerfen *unreg vt* [1] ↑ *bewerfen* revocar [2] TECH poner en marcha

Anwesen *n* ‹-, -› (*mit/ohne Haus*) finca *f*, terreno *m*

anwesend *adj* ↑ *zugegen* ▷*körperlich, geistig* presente; **Anwesenheit** *f* presencia *f*, asistencia *f;* ◇ **in** ~ **von** en presencia de

anwidern *vt* dar asco, repugnar

Anwohner(in *f*) *m* ‹-s, -› vecino/a

Anzahl *f* ‹-› [1] ↑ *Menge* cantidad *f*, multitud *f* [2] ↑ *Zahl* número *m*

anzahlen *vt* → *Auto* hacer el primer pago; **Anzahlung** *f* primer pago *m* (*für, auf akk* de)

anzapfen *vt* [1] → *Faß* espitar [2] → *Stromleitung* derivar [3] → *Telefonleitung* intervenir [4] *FAM* ↑ *borgen* pedir dinero

Anzeichen *n* ↑ *Hinweis* señal *f*, síntoma *m* (*für* de)

Anzeige *f* ‹-, -n› [1] ↑ *Annonce* ▷*aufgeben* anuncio *m* [2] ↑ *Meldung* denuncia *f;* ◇ ~ **wegen Diebstahls erstatten** poner una denuncia por robo [3] ↑ *-instrument* (*Benzin~*) indicador *m* [4] PC visualización *f;* **anzeigen** *vt* [1] ↑ *melden* → *Diebstahl* denunciar [2] → *Geschwindigkeit* indicar [3] ↑ *bekanntgeben* → *Verlobung* anunciar; **Anzeigenteil** *m* sección *f* de anuncios; **Anzeiger** *m* ‹-s, -› TECH ↑ *Gerät, Instrument* indicador *m*

anziehen *unreg* **I.** *vt* [1] → *Kleidung* ponerse [2] ↑ *festziehen* → *Schraube* apretar; → *Seil* tensar [3] ← *Magnet* atraer; → *Knie* encoger, doblar [4] *FIG* ↑ *anlocken* → *Käufer* atraer **II.** *vi* [1] ← *Pferde* arrancar [2] FIN ↑ *steigen* ← *Preise, Kurse* subir **III.** *vr* ◇ **sich** ~ [1] ↑ *ankleiden* vestirse [2] *FIG* ◇ **sich gegenseitig** ~ atraerse mutuamente; **anziehend** *adj* [1] ↑ *attraktiv* atractivo [2] ↑ *nett* simpático; **Anziehung** *f* ↑ *Reiz* atracción *f;* **Anziehungskraft** *f* [1] PHYS ↑ *Schwerkraft* fuerza *f* de gravedad [2] *FIG* ↑ *Attraktivität* atracción *f*

Anzug *m* [1] (*Herren~*) traje *m;* (*Jogging~*) chandal *m;* (*Schlaf~*) pijama *m* [2] (*von Unwetter*) amenaza *f;* (*von Truppen*) llegada *f;* ◇ **im** ~ **sein** estar al llegar [3] AUTO ↑ *Beschleunigung* aceleración *f*

anzüglich *adj* ▷*Bemerkung* ambiguo, picante; **Anzüglichkeit** *f* ambigüedad *f*

anzünden *vt* → *Zigarette* encender; → *Haus* incendiar, prender fuego

anzweifeln *vt* dudar

apart *adj* ↑ *reizvoll, ungewöhnlich* ▷*Erscheinung, Person* particular

Apartheid *f* ‹-› segregación *f* racial

Apathie *f* apatía *f;* **apathisch** *adj* apático

Apfel *m* ‹-s, Äpfel› manzana *f;* **Apfelschimmel** *m* FAUNA tordo *m;* **Apfelsine** *f* naranja *f;* **Apfelwein** *m* sidra *f*

Apostel *m* ‹-s, -› REL apóstol *m*

Apostroph *m* ‹-s, -e› TYP apóstrofo *m*

Apotheke *f* ‹-, -n› [1] ↑ *Geschäft* farmacia *f* [2] (*Haus-*) botica *f;* **Apotheker(in** *f*) *m* ‹-s, -› farmacéutico/a

Apparat *m* ‹-[e]s, -e› [1] ↑ *Gerät* aparato *m;* (*Radio-*) radio *f;* (*Foto-*) máquina *f;* (*Telefon-*) teléfono *m;* ◇ **bleiben Sie am -!** ¡no cuelgue! [2] *FIG* ↑ *Organisation* organización *f*

Appartement *n* ‹-s, -s› apartamento *m*

Appell *m* ‹-s, -e› [1] *FIG* ↑ *Aufruf* llamada *f;* ◇ **e-n - richten an** *akk* hacer un llamamiento a [2] MIL llamamiento *m;* **appellieren** *vi* hacer un llamamiento; ◇ **an jd-s Vernunft** *akk* - apelar a la razón de alguien

Appetit *m* ‹-[e]s, -e› *auch FIG* apetito *m* (*auf akk* de); ◇ **guten -!** ¡que aproveche!; **appetitlich** *adj* [1] ↑ *verlockend aussehend* apetitoso [2] ↑ *lecker* sabroso, rico

applaudieren *vi* aplaudir; **Applaus** *m* ‹-es, -e› aplauso *m*

Aprikose *f* ‹-, -n› albaricoque *m*

April *m* ‹-[s], -e› (*Monat*) abril *m;* ◇ **13. - 1976** 13 de abril de 1976; **Aprilscherz** *m* inocentada *f;* **Aprilwetter** *n* tiempo *m* inestable

Aquaplaning *n* ‹-[s]› AUTO aquaplaning *m*

Aquarell *n* ‹-s, -e› acuarela *f*

Aquarium *n* acuario *m*

Äquator *m* ‹-s› ecuador *m*

Araber(in *f*) *m* ‹-s, -› árabe *m/f;* **Arabien** *n* Arabia *f;* **arabisch** *adj* árabe

Arbeit *f* ‹-, -en› [1] ↑ *Tätigkeit* trabajo *m*, tarea *f;* ◇ **e-e - erledigen** hacer/terminar un trabajo [2] ↑ *Beruf* trabajo *m*, empleo *m;* ◇ **e-r geregelten - nachgehen** trabajar regularmente [3] ↑ *Anstrengung* trabajo *m*, esfuerzo *m;* ◇ **das war e-e Heiden-** era un trabajo muy exigente [4] (*schriftliche Prüfung*) examen *m;* ◇ **Doktor-** tesis *f* doctoral; **arbeiten** *vi* [1] ↑ *beschäftigt sein* trabajar (*bei* de), estar empleado en; ◇ **als Gärtner -** trabajar de jardinero [2] ↑ *sich bemühen, anstrengen* trabajar, esforzarse; ◇ **schwer -** trabajar duro; *FIG* ◇ **sich nach oben -** abrirse camino [3] ← *Maschine* funcionar [4] ↑ *mehren* ← *Holz* desplazarse, moverse; ← *Geld* producir intereses *m/pl;* **Arbeiter(in** *f*) *m* ‹-s, -› [1] (*Fach-*) trabajador(a *f*) *m*, obrero/a [2] (*Hilfs-*) peón *m/f;* **Arbeiterschaft** *f* obreros *m/pl;* **Arbeitgeber(in** *f*) *m* ‹-s, -› empresario/a; **Arbeitnehmer(in** *f*) *m* ‹-s, -› empleado/a, trabajador(a *f*) *m;* **Arbeitsamt** *n* oficina *f* de empleo; **Arbeitsbeschaffungsmaßnahme** *f medidas estatales para la creación de trabajo f/pl;* **arbeitsfähig** *adj* apto para el trabajo; **Arbeitsgang** *m* fase *f* de trabajo; **Arbeitsgemeinschaft** *f* grupo *m* de trabajo; ◇ **e-e - bilden** crear un grupo de trabajo; ◇ **- öffentlich-rechtlicher Rundfunkstalten** *primer programa estatal de la televisión alemana;* **Arbeitskräfte** *f/pl* mano *f* de obra; **arbeitslos** *adj* parado, sin trabajo; ◇ **sich - melden** darse de alta como parado; **Arbeitslosengeld** *n* subsidio *m* de paro/desempleo; **Arbeitslosenhilfe** *f subsidio # que se da a los que están parados mucho tiempo m;* **Arbeitslosigkeit** *f* paro *m*, desempleo *m;* **Arbeitsplatz** *m* [1] ↑ *Stelle* puesto *m* de trabajo; ◇ **gesicherter -** puesto *m* fijo de trabajo [2] empleo *m;* **Arbeitsspeicher** *m* PC memoria *f* de trabajo; **Arbeitssuche** *f:* ◇ **auf - gehen** ir a buscar trabajo; **Arbeitstag** *m* día *f* de trabajo; ◇ **harter -** jornada dura de trabajo; **Arbeitsteilung** *f* división *f* del trabajo; **Arbeitstier** *n FAM* mula *f* de carga, trabajador *m* infatigable; **arbeitsunfähig** *adj* no apto para trabajar; (*behindert*) inválido; **Arbeitszeit** *f* horario *m* laboral; ◇ **gleitende -** jornada *f* laboral libre

Archäologe *m* ‹-n, -n› arqueólogo *m;* **Archäologin** *f* arqueóloga *f*

Architekt(in *f*) *m* ‹-en, -en› arquitecto *m/f;* **Architektur** *f* arquitectura *f*

Archiv *n* ‹-s, -e› archivo *m*

ARD *f Abk v.* **Arbeitsgemeinschaft öffentlich-rechtlicher Rundfunkanstalten der BRD**

arg I. *adj* [1] ↑ *schlimm* malo [2] ↑ *gemein* ▷*Mensch* malintencionado, malo **II.** *adv:* ◇ **jd-m - mitspielen** hacer mucho daño a alguien

Argentinien *n* Argentina *f*

Ärger *m* ‹-s› [1] ↑ *Verstimmung* enfado *m* (*über akk* por) [2] ↑ *Unannehmlichkeit* disgusto *m;* ◇ **- haben wegen/mit** llevarse un disgusto por algo/con alguien; **ärgerlich** *adj* [1] ↑ *verstimmt* enfadado [2] ↑ *unerfreulich* disgustado; **ärgern I.** *vt* [1] ↑ *belästigen* enfadar, irritar, molestar [2] ↑ *wütend machen* fastidiar, disgustar [3] ↑ *necken* tomar el pelo **II.** *vr* ◇ **sich -** enfadarse, molestarse; **Ärgernis** *n* [1] ↑ *Unannehmlichkeit* disgusto *m* [2] ↑ *Skandal* escándalo *m;* ◇ **öffentliches - erregen** montar un escándalo público

Argument *n* argumento *m*
Argwohn *m* ‹-[e]s› sospecha *f*, desconfianza *f*; ◇ ~ **hegen gegen jd-n** levantar sospechas sobre alguien; **argwöhnisch** *adj* desconfiado
Arie *f* ‹-, -n› MUS aria *f*
Aristokrat(in *f*) *m* ‹-en, -en› aristócrata *m/f*; **Aristokratie** *f* aristocracia *f*; **aristokratisch** *adj* aristocrático
arithmetisch *adj* MATH aritmético
arm *adj* [1] ↑ *mittellos* sin recursos, desvalido [2] ↑ *bedauernswert* pobre, lastimoso [3] ↑ *spärlich* pobre [4] ◇ ~ **an etw** *dat* **sein** tener poco
Arm *m* ‹-[e]s, -e› [1] ANAT brazo *m* [2] (*Fluß-*) afluente *m* [3] (TECH *Hebel-*) manivela *f* [4] ↑ *Ärmel* manga *f*
Armatur *f* TECH tablero *m*; **Armaturenbrett** *n* AUTO tablero *m* de instrumentos
Armband *n*, *pl* ‹-bänder› pulsera *f*; **Armbanduhr** *f* reloj *m* de pulsera
Arme(r) *fm* [1] ◇ **die ~n** ↑ *Mittellosen* los desvalidos [2] ◇ **die ~n** ↑ *Bedauernswerten* los pobres
Armee *f* ‹-, -n› MIL ejército *m*
Ärmel *n* ‹-s, -› manga *f*
ärmlich *adj* pobre, miserable
armselig *adj* [1] ▷*Behausung* miserable [2] ▷*Leistung* pobre, insuficiente; **Armut** *f* ‹-› pobreza *f*
Aroma *n* ‹-s, Aromen› [1] ↑ *Geschmack* aroma *m* [2] ↑ *Duft* perfume *m*; **aromatisch** *adj* aromático
arrangieren I. *vt* ↑ *organisieren* → *Feier* organizar; → *Verabredung* arreglar II. *vr* ◇ **sich** ~ ponerse de acuerdo
Arrest *m* ‹-[e]s, -e› JURA, MIL arresto *m*, retención *f*
arrogant *adj* arrogante; **Arroganz** *f* arrogancia *f*
Arsch *m* ‹-es, Ärsche› *VULG* [1] ↑ *Hintern* culo *m*; ◇ **jd-m in den ~ kriechen** llamer el culo a alguien, hacer la pelota [2] ↑ *Person* idiota *m* del culo
Art *f* ‹-, -en› [1] ↑ *Gattung* (*Tier-*) especie *f* [2] ↑ *Sorte* clase *f* [3] ↑ *Wesen* manera *f*, modo *m*; ◇ **das ist so seine ~** es su manera de ser [4] ↑ *Methode* método *m*; ◇ **auf diese ~ und Weise** de esta forma [5] estilo *m*; ◇ **nach ~ des Hauses** al estilo casero
Arterie *f* MED arteria *f*
artig *adj* bueno, formal
Artikel *m* ‹-s, -› *Zeitungs-*, JURA GRAM artículo *m*; **artikulieren** I. *vt* [1] → *Laute* articular [2] → *Gedanken* expresar II. *vr* ◇ **sich ~** *FIG* expresarse
Arznei *f* medicina *f*
Arzt *m* ‹-es, Ärzte› médico *m*; **Ärztin** *f* médica *f*; **ärztlich** *adj* médico

As *n* ‹-ses, -se› [1] *Spielkarte*, *FIG* as *m* [2] MUS la *f*
Asbest *m* ‹-[e]s, -e› amianto *m*
Asche *f* ‹-, -n› ceniza *f*; **Aschenbahn** *f* SPORT pista *f* [de ceniza]; **Aschenbecher** *m* cenicero *m*; **Aschermittwoch** *m* REL miércoles *m* de ceniza
Asiat(in *f*) *m* ‹-en, -en› asiático/a; **asiatisch** *adj* asiático; **Asien** *n* Asia *f*
ASCII-Code *m* ‹-s, -s› código *m* ASCII
asozial *adj* [1] ▷*Verhalten* asocial [2] *PEJ FAM* ▷*Familie* marginal
Aspekt *m* ‹-[e]s, -e› aspecto *m*; ◇ **unter diesem ~** desde ese punto de vista
Asphalt *m* ‹-[e]s, -e› asfalto *m*; **asphaltieren** *vt* asfaltar
aß *impf v.* **essen**
Assembler *m* ‹-s, -› PC ensamblador *m*
Assistent(in *f*) *m* asistente *m/f*, ayudante *m/f*
Assoziation *f* asociación *f*; **assoziieren** *vt* (↑ *verknüpfen* (*zu Handelsgesellschaft*) → *Gedanken* asociar
Ast *m* ‹-[e]s, Äste› rama *f*
ästhetisch *adj* estético
Asthma *n* ‹-s› MED asma *m*; **Asthmatiker(in** *f*) *m* ‹-s, -› asmático/a *m*
Astrologe *m* ‹-n, -n› astrólogo *m*; **Astrologin** *f* astróloga *f*; **Astrologie** *f* astrología *f*
Astronaut(in *f*) *m* ‹-en, -en› astronauta *m/f*
Astronomie *f* astronomía *f*; **astronomisch** *adj FIG* ▷*Preis* astronómico
ASU *f* ‹-, -s› *Abk v.* AUTO **Abgassonderuntersuchung;** *inspección especial de los gases expulsados por un coche*
Asyl *n* ‹-s, -e› asilo *m*; **Asylant(in** *f*) *m* ↑ *Asylbewerber* asilado/a; **Asylrecht** *n* derecho *m* de asilo
Atelier *n* ‹-s, -s› (*Maler-*) estudio *m*
Atem *m* ‹-s› respiración *f*; ◇ ~ **holen** coger aliento; ◇ **außer** ~ sin aliento; **atemberaubend** *adj* ▷*Spannung* grandísimo; ▷*Schönheit* impresionante; **atemlos** *adj* sin aliento; **Atempause** *f* respiro *m*
Atheismus *m* ateísmo *m*; **Atheist(in** *f*) *m* ateo/a
Äther *m* ‹-s, -› [1] (*Betäubungsmittel*) éter *m* [2] MEDIA aire *m*; ◇ **durch den ~ schicken** transmitir a través de las ondas
Äthiopien *n* Etiopía *f*
Athlet(in *f*) *m* ‹-en, -en› atleta *m/f*
Atlantik *m* ‹-s› [Océano] *m* Atlántico
Atlas *m* ‹- *o.* -ses, -se *o.* Atlanten› atlas *m*
atmen *vti* respirar
Atmosphäre *f* ‹-, -n› [1] PHYS atmósfera *f* [2] *FIG* ↑ *Ausstrahlung* ambiente *m*

Atmung *f* respiración *f*

Atom *n* ‹-s, -e› átomo *m;* **atomar** *adj* atómico; **Atombombe** *f* bomba *f* atómica; **Atomenergie** *f* energía *f* nuclear; **Atomkern** *m* núcleo *m* atómico; **Atomkraft** *f* energía *f* nuclear; **Atomkraftwerk** *n* central *f* nuclear; **Atomkrieg** *m* guerra *f* atómica; **Atommacht** *f* potencia *f* nuclear; **Atommüll** *m* residuos *m/pl* radioactivos; **Atompilz** *m nube producida por una explosión nuclear;* **Atomsperrvertrag** *m* POL tratado *m* de no proliferación de armas atómicas; **Atomversuch** *m* prueba *f* nuclear; **atomwaffenfrei** *adj:* ◇ **-e Zone** zona *f* desnuclearizada; **Atomzeitalter** *n* era *f* atómica

Attentat *n* ‹-[e]s, -e› atentado *m* (*auf akk* contra); **Attentäter(in** *f*) *m* autor (a *f*) *m* del atentado

Attest *n* ‹-[e]s, -e› certificado *m* médico; **attestieren** *vt* certificar; ◇ **jd-m etw -** certificar algo a alguien

Attraktion *f* atracción *f;* **attraktiv** *adj* ▹*Person* ↑ *interessant* ▹*Angebot* atractivo

Attrappe *f* ‹-, -n› imitación *f*

Attribut *n* ‹-[e]s, -e› GRAM atributo *m*

ätzen *vi* [1] ← *Säure* corroer [2] MED cauterizar; **ätzend** *adj* [1] ▹*Flüssigkeit* corrosivo; ▹*Geruch* penetrante [2] *FIG* ▹*Spott* mordaz [3] *FAM* ↑ *unangenehm* fastidioso, desagradable; ◇ **ein -er Typ** un pelma, un pesado

auch *cj* [1] ↑ *gleichermaßen* también; ◇ **sowohl ... als - ...** no sólo ... sino también ... [2] ↑ *außerdem* además; ◇ **das hat er - gemacht** además ha hecho esto [3] ↑ *sogar* incluso; ◇ **- der Reichste hat Probleme** incluso el hombre más rico tiene problemas [4] ↑ *wirklich* de verdad; ◇ **ist das - wahr?** ¿es de veras?

audiovisuell *adj* audiovisual; ◇ **-er Unterricht** clase con métodos audiovisuales

auf I. *präp akk/dat* [1] (*räumlich, akk*) a; ◇ **- e-n Berg steigen** subir a una montaña; ◇ **sich -s Bett legen** tumbarse en la cama [2] ↑ *zu* a; ◇ **- die Post gehen** ir a correos; ◇ **- ein Glas Wein weggehen** salir a tomar un vino [3] (*räumlich, dat*) en, sobre; ◇ **- dem Berg stehen** estar en la montaña; ◇ **- dem Stuhl liegen** estar en/sobre la silla [4] ↑ *in* en; ◇ **- der Bank** en el banco; ◇ **- der Hochzeit** en la boda [5] (*wie lange?, zeitlich, akk*) ↑ *für* durante; ◇ **- 6 Monate** durante/por 6 meses [6] (*zeitlich, akk*) ↑ *nach* después; ◇ **- Sonntag folgt Montag** después del domingo viene el lunes; ◇ **Schlag - Schlag** uno trás otro [7] ↑ *bis* hasta; ◇ **A-Wiedersehen** hasta la vista [8] (*Art und Weise*) en; ◇ **etw - deutsch sagen** decir algo en alemán; ◇ **- einmal** de repente [9] (*als Reaktion*) ◇ **- seine Bitte hin** por su petición **II.** *adv* [1] ↑ *offen* abierto; ◇ **die Tür ist -** la puerta está abierta [2] ◇ **- und ab gehen** ir de aquí para allá [3] ↑ *los* ◇ **-!** ¡vamos!

aufarbeiten *vt* [1] ↑ *Arbeit nachholen* poner al día, recuperar [2] → *Vergangenheit* superar

aufatmen *vi FIG* respirar

Aufbau [1] *m* ‹-[e]s› [1] ↑ *das Aufbauen* reconstrucción *f* [2] ↑ *Gliederung* estructura *f*

Aufbau [2] *m, pl* ‹-ten› (*auf Haus*) construcción *f;* (*auf Auto*) montaje *m*

aufbauen I. *vt* [1] → *Haus* contruir; → *Zelt* montar [2] ↑ *gründen* basar, fundar [3] ↑ *strukturieren* estructurar [4] ↑ *managen* organizar, dirigir [5] ↑ *trösten* animar, consolar **II.** *vr* ◇ **sich -** [1] ↑ *sich postieren* ponerse (*vor dat* delante) [2] ↑ *basieren* basarse (*auf dat* en)

aufbäumen *vr* ◇ **sich -** [1] ← *Pferd* desbocarse [2] *FIG* ↑ *Widerstand leisten* rebelarse (*gegen* contra)

aufbauschen *vt FIG* exagerar

aufbehalten *unreg vt* → *Hut* dejarse puesto

aufbekommen *unreg vt* [1] → *Tür* abrir [con dificuldades] [2] → *Hausaufgaben* tener que hacer

aufbereiten *vt* → *Rohstoffe* recuperar

aufbessern *vt* → *Gehalt* aumentar; → *Wissen* aumentar, ampliar

aufbewahren *vt* [1] ↑ *aufheben* guardar, conservar [2] ↑ *deponieren* → *Gepäck* dejar, depositar; **Aufbewahrung** *f* [1] conservación *f;* ◇ **jd-m etw zur - geben** entregar en depósito [2] (*Gepäck-*) consigna *f*

aufbieten *unreg vt* [1] ↑ *einsetzen* → *Kraft* usar [2] MIL movilizar

aufblasen *unreg* **I.** *vt* → *Luftballon* inflar, hinchar **II.** *vr* ◇ **sich -** *FAM* darse importancia, farolear, fanfarronear

aufbleiben *unreg vi* [1] ← *Geschäft* quedar abierto [2] ← *Mensch* velar, no dormir

aufblenden *vti* [1] FOTO velar [2] AUTO dar la luz larga

aufblicken *vi auch FIG* mirar (*zu* a)

aufbrausen *vi FIG* irritarse, ponerse frenético

aufbrechen *unreg* **I.** *vt* → *Schloß* forzar **II.** *vi* [1] ↑ *weggehen* marcharse [2] ← *Knospe* abrirse

aufbringen *unreg vt* [1] ↑ *beschaffen* → *Geld* reunir; ◇ **Verständnis für etw -** comprender algo [2] *FAM* → *Tür* poder abrir [3] → *Gerücht* hacer circular [4] ↑ *in Wut bringen* irritar, enfadar, enfurecer (*gegen* con)

Aufbruch *m* salida *f*

aufbürden *vt auch FIG:* ◇ **jd-m etw -** cargar a alguien con algo

aufdecken *vt* [1] ↑ *Decke wegnehmen* destapar

[2] *FIG* ↑ *klären* → *Verbrechen* descubrir [3] ↑ *zeigen* → *Spielkarte* enseñar, descubrir

aufdrängen I. *vt* obligar; ◇ **jd-m etw** ~ obligar algo a alguien II. *vr* ◇ **sich** ~ molestar, resultar pesado; ◇ **sich jd-m** ~ insistir a alguien hasta conseguir lo que se quiere

aufdrehen I. *vt* ↑ *öffnen* → *Verschluß* abrir; → *Schraube* desatornillar, aflojar; → *Radio* poner más alto I. *vt* [1] ↑ *beschleunigen* acelerar [2] *FAM* ← *Person* dar caña, espabilarse

aufdringlich *adj* pesado, cargante, pelma, plomo

aufdrücken *vt* [1] (*beim Schreiben*) apretar mucho [2] → *Tür* empujar [con fuerza]

aufeinander *adv* [1] ↑ *übereinander* ▷*liegen* uno sobre otro [2] ↑ *e-r auf den anderen* ▷*warten* uno a otro; **aufeinanderfolgen** *vi:* ◇ **direkt** ~ continuar sin interrupción; **aufeinanderlegen** *vt* poner encima de; **aufeinanderprallen** *vi* chocar

Aufenthalt *m* [1] ↑ *Bleiben* estancia *f* [2] ↑ *Wartezeit* espera *f* [3] ↑ *Aufenthaltsort* domicilio *m;* **Aufenthaltsgenehmigung** *f* permiso *m* de residencia

aufessen *unreg vt* comer todo/sin dejar nada

auffahren *unreg* I. *vi* [1] ↑ *zusammenstoßen* chocar (*auf akk* con) [2] ↑ *emporfahren* dar un salto [de un susto]; ◇ **aus dem Schlaf** ~ despertarse sobresaltado [3] ↑ *aufspringen* ▷*erschreckt* darse un susto, sobresaltarse [4] ↑ *wütend werden* enfadarse, enfurecerse II. *vt* [1] ↑ *heranfahren* → *Ladung Steine* descargar [2] *FAM* → *Essen* traer [3] *IRON* → *Geschütz* atacar; **Auffahrt** *f* [1] (*Autobahn~*) acceso *m* [2] REL ascensión *f;* **Auffahrunfall** *m* accidente *m* [por choque trasero con otro vehículo]

auffallen *unreg vi* [1] ↑ *Aufmerksamkeit erregen* llamar la atención; ◇ **jd-m** ~ llamar la atención a alguien [2] ↑ *aufprallen* chocar (*auf dat* con); **auffallend** *adj* llamativo, vistoso; ◇ ~ **klug** extraordinariamente inteligente

auffangen *unreg vt* [1] ↑ *fangen* → *Ball* coger, recoger [2] → *Wasser* acumular [3] ↑ *aufschnappen, zufällig hören* → *Wort* pescar; → *Blick* pillar [4] ↑ *mildern* → *Preissteigerung* moderar; **Auffanglager** *n* campo *m* de acogida

auffassen *vt* [1] ↑ *verstehen* → *Bemerkung* concebir, comprender; ↑ *interpretieren* interpretar [2] ↑ *kapieren* entender; **Auffassung** *f* [1] ↑ *Meinung* opinión *f*, juicio *m;* ◇ **meiner** ~ **nach** en mi opinión [2] (*~sgabe*) comprensión *f*

auffordern *vt* [1] ↑ *verlangen* pedir; ◇ **jd-n** ~ **etw zu tun** pedir a alguien que haga algo [2] (*zum Tanz*) sacar; **Aufforderung** *f* [1] ↑ *Ermahnung* (*Zahlungs~*) requerimiento *m* [2] ↑ *Bitte* ▷*höflich* invitación *f*

auffrischen I. *vt* ↑ *erneuern* → *Wissen* refrescar; → *Möbel* renovar; → *Farbe* avivar II. *vi* ← *Wind* refrescar, enfriar

aufführen I. *vt* [1] (→ *Drama, im Theater*) representar [2] ↑ *auflisten* → *Namen, Daten* escribir en una lista II. *vr* ◇ **sich** ~ ↑ *sich benehmen* comportarse; **Aufführung** *f* [1] (*Theater~*) representación *f* [2] ↑ *Liste* lista *f*

Aufgabe *f* [1] ↑ *Verpflichtung* deber *m*, tarea *f* [2] (SCH *Haus~*) tarea *f;* (*Schul~*) control *m* [3] ↑ *Verzicht* (*Geschäfts~*) cese *m;* (*von Gewohnheit*) abandono *m* [4] ↑ *Abgabe* (*Gepäck~*) facturación *f* [5] ↑ *Aufgeben* (*von Anzeige*) poner, insertar *m*

Aufgang *m* [1] (*Treppen~*) escalera *f* [2] (*Sonnen~*) salida *f*

aufgeben *unreg* I. *vt* [1] ↑ *aufhören* → *Gewohnheit, Hoffnung* abandonar, perder [2] ↑ *stellen* → *Rätsel* poner; → *Frage* hacer [3] ↑ *abgeben* → *Gepäck* facturar [4] SCH ↑ *anordnen* dar, poner [5] → *Bestellung* → *Inserat* poner, insertar II. *vi a.* SPORT abandonar

aufgedreht *adj FAM* contentísimo, super nervioso

aufgehen *unreg vi* [1] ↑ *sich öffnen* ← *Tür, Knospe* abrirse [2] ← *Sonne* salir [3] ↑ *stimmen* ← *Rechnung* coincidir, salir [4] ◇ **mir geht ein Licht auf** comprendo [5] (*sich widmen, hingeben*) ◇ **in e-r Arbeit** ~ dedicarse de lleno al trabajo [6] ◇ **in Flammen** ~ quemarse

aufgeklärt *adj* ↑ *informiert* informado; ▷*sexuell* informado, liberal

aufgelegt *adj* [1] ↑ *gelaunt* de humor; ◇ **gut** ~ **sein** estar de buen humor [2] ◇ **zu etw** ~ **sein** estar dispuesto a algo

aufgeregt *adj* nervioso, excitado

aufgeschlossen *adj* abierto

aufgliedern *vtr* ◇ **sich** ~ ↑ *unterteilen, kategorisieren* dividir (*in akk* en)

aufgreifen *unreg vt* [1] ↑ *ergreifen* (*jd-n*) coger; ↑ *festhalten* detener [2] *FIG* ↑ *weiterbehandeln* → *Thema* volver a

aufgrund *präp gen* ↑ *wegen* a causa de, por; ◇ ~ **Ihrer guten Leistungen ...** por sus buenos rendimientos ...

aufhaben *unreg* I. *vt* [1] ↑ *tragen* → *Mütze, Hut* llevar puesto [2] ↑ *offen haben* → *Geschäft, Tür* → *Augen* tener abierto [3] → *Hausaufgabe* tener que hacer II. *vi* ↑ *geöffnet haben* tener abierto; ◇ **bis 19 Uhr** ~ tener abierto hasta las 19 horas

aufhalten *unreg* I. *vt* [1] ↑ *hindern, stoppen* → *Person, Fortschritt* detener, parar [2] ↑ *offen halten* → *Tür* dejar abierto; → *Augen* tener abierto II.

vr ◇ **sich** ~ [1] ↑ *bleiben* (*im Ausland*) estar, permanecer (*bei* en); ◇ **sich lange** ~ estar mucho tiempo [2] ↑ *sich befassen* dedicarse (*mit* a)

aufhängen I. *vt* [1] → *Wäsche, Bild* colgar [2] → *Person* ahorcar II. *vr* ◇ **sich** ~ ↑ *erhängen* ahorcarse; **Aufhänger** *m* ‹-s, -› [1] (*an Jacke, Handtuch etc.*) tira *f* para colgar [2] *FIG* ↑ *Grundlage* punto de aranque *f* (*für* para)

aufheben *unreg* I. *vt* [1] (*vom Boden*) levantar, elevar [2] ↑ *für ungültig erklären* → *Bestimmung* anular, derogar; → *Urteil* revocar [3] ↑ *auflösen* → *Versammlung* desconvocar [4] ↑ *aufbewahren* conservar II. *vr* ◇ **sich** ~ neutralizarse; **Aufheben** *n FIG*: ◇ **viel A~[s] machen von/wegen** hacer muchos aspamientos por

aufheitern I. *vt* ↑ *trösten* → *Person* animar II. *vr* ◇ **sich** ~ [1] ↑ *heiter werden* ← *Miene* animarse [2] ← *Wetter* despejarse

aufhetzen *vt* ↑ *agitieren, aufstacheln* instigar, incitar; ◇ **jd-n gegen jd-n/etw** ~ instigar a alguien contra alguien/algo

aufholen I. *vt* ↑ *einholen* → *Vorsprung* recuperar II. *vi* acortar distancias

aufhorchen *vi* escuchar atentamente

aufhören *vi* [1] ↑ *zu Ende gehen* acabar, terminar [2] ↑ *nicht weitermachen* dejar; ◇ **mit etw** ~ dejar algo

aufklären I. *vt* [1] → *Verbrechen* aclarar [2] ↑ *informieren* ▷*sexuell* informar (*über akk* sobre) II. *vr* ◇ **sich** ~ ← *Wetter* despejarse; **Aufklärung** *f* [1] ↑ *Aufklären* aclaración *f*; ▷*sexuell* información *f* [2] ilustración *f*

aufkleben *vt* pegar, fijar

aufkommen *unreg vi* [1] ← *Mode* aparecer [2] ← *Wind* levantarse [3] ← *Gefühl* surgir [4] ↑ *bezahlen* ◇ **für jd-n/etw** ~ pagar por alguien/algo

aufladen *unreg vt* (→ *Ware, auf Lkw*) → *Batterie* cargar

Auflage *f* [1] ↑ *Ausgabe* (*von Buch*) edición *f* [2] ↑ *Belag* (*Schreibtisch~*) soporte *m* [3] COMM producción *f* [4] ↑ *Bedingung* condición *f*; ◇ **etw zur** ~ **machen** poner algo por condición

auflassen *unreg vt* [1] ↑ *nicht schließen* → *Fenster, Tür, Mantel* dejar abierto [2] ↑ *nicht absetzen* → *Mütze* dejar puesto

auflauern *vi*: ◇ **jd-m** ~ acechar a alguien

Auflauf *m* [1] (GASTR *Reis~*) suflé *m* [2] ↑ *Ansammlung* (*Menschen~*) muchedumbre *f*

aufleben *vi* [1] ↑ *neu entflammen* ← *Streit* resurgir [2] ↑ *wieder aktiv werden* ← *Person* reanimar

auflegen *vt* [1] → *Telefonhörer* colgar [2] ↑ *verlegen* → *Buch* editar; ◇ **neu** ~ reeditar [3] COMM → *Ware* lanzar [4] → *Gedeck, Tuch, Hand* poner

auflehnen I. *vr* ◇ **sich** ~ rebelarse (*gegen* contra) II. *vt* ↑ *abstützen* → *Arm* apoyar (*auf akk* en)

auflesen *unreg vt* [1] ↑ *aufheben* (*vom Boden*) coger, levantar [2] *FAM* ↑ *finden und mitnehmen* recoger; ◇ **jd-n auf der Straße** ~ recoger a alguien de la calle

aufleuchten *vi* alumbrar; centellear

aufliegen *unreg vi* [1] ↑ *liegen* estar posado (*auf dat* en) [2] ↑ *ausliegen* estar expuesto [3] ↑ *veröffentlicht sein* ← *Buch* estar publicado

Auflistung *f* [1] ↑ *Liste* lista *f* [2] (PC *Menü*) menú *m*

auflockern *vt* [1] ↑ *entspannen* → *Muskeln* relajar [2] *FIG* ↑ *entkrampfen* → *Stimmung* relajarse

auflösen I. *vt* [1] ↑ *lösen* (*in Wasser*) disolver, diluir [2] ↑ *abschaffen* → *Partei* disolver [3] → *Haushalt* vender, deshacerse de [4] *FIG* ↑ *ausräumen, beseitigen* → *Mißverständnis* arreglar II. *vr* ◇ **sich** ~ [1] ↑ *zerfallen* ← *Tablette* disolverse, diluirse [2] ↑ *auseinandergehen* ← *Partei* disolverse; **Auflösung** *f* [1] (*von Tablette, von Versammlung, Partei*) disolución *f* [2] (*von Rätsel*) solución *f* [3] (*von Haushalt*) venta *f*

aufmachen I. *vt* [1] ↑ *öffnen* → *Tür, Brief* abrir; → *Bluse* desabrochar, descubrir [2] ↑ *eröffnen* → *Laden* abrir II. *vr* ◇ **sich** ~ [1] ↑ *starten* ponerse en camino; ↑ *weggehen* marcharse [2] ↑ *sich zurechtmachen* arreglarse; **Aufmachung** *f* [1] ↑ *Ausstattung* decoración *f* [2] ↑ *Gestaltung* presentación *f*

aufmerksam *adj* [1] ↑ *konzentriert* atento [2] ↑ *zuvorkommend* cortés [3] ◇ **jd-n auf etw** *akk* ~ **machen** llamar la atención sobre algo; **Aufmerksamkeit** *f* [1] atención *f* [2] delicadeza *f*

aufmuntern *vt* [1] ↑ *ermuntern* estimular [2] ↑ *fröhlich machen* animar

Aufnahme *f* ‹-, -n› [1] (*Film~*) toma *f*; (*Foto~*) fotografía *f* [2] (*in Partei*) admisión *f*, ingreso *m* [3] ↑ *Beginn* comienzo *m* [4] ↑ *Notieren* anotación *f* [5] (*Nahrungs~*) ingestión *f* [6] ↑ *Sichleihen* (*Kredit~*) préstamo *m* [7] ↑ *Unterkunft* ◇ ~ **gewähren** alojamiento *m*; **Aufnahmeprüfung** *f* (*für Schule, Uni etc.*) examen *m* de ingreso

aufnehmen *unreg vt* [1] → *Foto* fotografiar; → *Film* filmar; → *Musik* grabar [2] ↑ *beginnen* → *Kontakt* establecer, entablar [3] (→ *jd-n, in Partei*) admitir, ingresar [4] ↑ *notieren* anotar [5] ↑ *aufheben, hochnehmen* coger, levantar [6] ↑ *beherbergen* → *jd-n* alojar [7] ◇ **es mit jd-m** ~ **können** poder con alguien

aufpassen *vi* [1] ↑ *beaufsichtigen* estar atento (*auf akk* a) [2] ↑ *aufmerksam sein* tener cuidado; ◇ **im Straßenverkehr** ~ tener cuidado con el tráfico

Aufprall *m* ‹-s, -e› choque *m*

Aufpreis *m* recargo *m*

aufpumpen *vt* hinchar, inflar
aufraffen *vr* ◇ **sich** ~ *FAM* ↑ *sich entschließen* decidirse (*zu* a)
aufräumen I. *vt* [1] ↑ *in Ordnung bringen* → *Zimmer* arreglar [2] ↑ *wegräumen* → *Sachen* ordenar II. *vi* poner en orden
aufrecht *adj* [1] ▷*Gang* erguido [2] *FIG* ↑ *aufrichtig, ehrlich* íntegro, sincero; **aufrechterhalten** *unreg vt* ↑ *beibehalten* → *Kontakt* mantener; → *Behauptung* sostener, defender
aufregen I. *vt* → *jd-n* inquietar, poner nervioso II. *vr* ◇ **sich** ~ ↑ *wütend sein* ponerse nervioso, enfadarse (*über akk* por); **aufregend** *adj* [1] ↑ *spannend* ▷*Film* emocionante [2] ↑ *attraktiv* ▷*Frau, Mann* atractivo; **Aufregung** *f* nerviosismo *m,* excitación *f*
aufreibend *adj* agotador, cansado
aufreißen *unreg vt* arrancar [1] ↑ *schnell, gewaltsam öffnen* → *Umschlag* rasgar; → *Tür* abrir bruscamente [2] *FAM* ↑ *kennenlernen* → *Frau, Mann* ligar
aufrichtig *adj* honrado, sincero
Aufruf *m* [1] ↑ *Appell* llamamiento (*zu* a) [2] (*Namens-*) llamar *m;* **aufrufen** *unreg vt* [1] ↑ *rufen* → *Person* llamar [2] ↑ *appellieren, auffordern* hacer un llamamiento (*zu dat* a) [3] AERO, PC llamar
Aufruhr *m* ‹-[e]s, -e› revuelta *f,* disturbio *m*
Aufrüstung *f:* ◇ **atomare** ~ rearme *m* nuclear
aufs = auf das
aufsässig *adj* rebelde, descarado
Aufsatz *m, pl* ‹Aufsätze› [1] (*Schul-*) redacción *f;* (*Essay*) ensayo *m* [2] ↑ *Aufbau* (*auf Schrank*) montaje *m*
aufsaugen *vt* [1] ← *Schwamm* absorber [2] *FIG* ◇ **etw in sich** ~ → *Wissen, Information* captar
aufschieben *unreg vt* [1] → *Schiebetür* abrir empujando [2] ↑ *verschieben* → *Termin* aplazar
Aufschlag *m* [1] (*Preis-*) aumento *m,* recargo *m* [2] (*Ärmel-*) puño *m* [3] ↑ *Aufprall* (*auf Boden*) golpe *m* [4] (SPORT *Ball-*) saque *m;* **aufschlagen** *unreg* I. *vt* [1] ↑ *aufmachen* → *Zeitung* abrir [2] ↑ *errichten* → *Lager* montar; → *Wohnsitz* residir [3] ↑ *verletzen* → *Knie* golpearse [4] SPORT → *Ball* sacar II. *vi* [1] ↑ *aufprallen* chocar [2] ↑ *teurer werden* ← *Preise* aumentar [3] SPORT ↑ *Aufschlag haben* sacar
aufschließen *unreg* I. *vt* → *Schloß* abrir II. *vi* ↑ *aufrücken* acercarse hasta juntarse
Aufschluß *m* explicación *f;* ◇ **jd-m** ~ **geben über etw** *akk* dar una explicación a alguien sobre algo; **aufschlußreich** *adj* informativo
aufschnallen *vt* → *Rucksack* sujetar
aufschnappen *vt* pescar
aufschneiden *unreg* I. *vt* [1] → *Brot* cortar [2] MED abrir, operar II. *vi* ↑ *angeben* farolear; **Aufschnitt** *m* corte *m*
aufschrecken I. *vt* asustar II. *unreg vi:* ◇ **aus dem Schlaf** ~ despertarse sobresaltado
Aufschrei *m* grito *m*
aufschreiben *unreg vt* [1] ↑ *notieren* anotar, apuntar; ◇ **sich** *dat* **etw** ~ apuntar algo [2] ↑ *niederschreiben* escribir [3] ◇ ~ **lassen** anotar en la cuenta [4] *FAM* → *Parksünder* poner una multa
aufschreien *unreg vi* gritar
Aufschrift *f* [1] ↑ *Beschriftung* inscripción *f* [2] ↑ *Etikett* etiqueta *f*
Aufschub *m* ↑ *Verschieben* aplazamiento *m,* prórroga *f;* ↑ *Verzögerung* demora *f,* retraso *m;* ◇ **jd-m** ~ **gewähren** conceder una prórroga a alguien
aufschwatzen *vt FAM* endosar; ◇ **jd-m etw** ~ endosar algo a alguien
aufschwingen *unreg vr* ◇ **sich** ~ [1] ← *Vogel* alzar el vuelo [2] *FIG* ◇ **sich zu etw** ~ decidirse a algo; **Aufschwung** *m* [1] ↑ *Auftrieb* impulso *m* [2] COMM expansión *f,* auge *m* [3] SPORT elevación *f*
aufsehen *unreg vi* [1] ↑ *hochblicken* levantar los ojos [2] *FIG* ↑ *verehren* honrar (*zu* a); **Aufsehen** *n* ‹-s› sensación *f;* ◇ ~ **erregen** causar sensación; **aufsehenerregend** *adj* sensacional; **Aufseher(in** *f*) *m* ‹-s, -› [1] (*Gefängnis-*) guardián(a *f*) *m* [2] (*in Museum*) vigilante *m/f;* (*in Park*) guarda *m/f*
aufsein *unreg vi FAM* [1] ↑ *geöffnet sein* ← *Fenster* estar abierto; ← *Mantel* tener desabrochado [2] ↑ *wach sein* estar despierto
aufsetzen I. *vt* [1] → *Brille* ponerse [2] → *Essen* poner al fuego; → *Wasser* calentar [3] ↑ *verfassen* formular II. *vr* ◇ **sich** ~ incorporarse III. *vi* ← *Flugzeug* aterrizar
Aufsicht *f* [1] ↑ *Überwachung* control (*über akk* sobre) [2] ↑ *Wächter* vigilancia *f*
aufsitzen *unreg vi* [1] ↑ *aufrecht sitzen* estar sentado [2] ↑ *sich auf etw setzen* (*aufs Pferd*) montar a [3] *FAM* ↑ *hereinfallen* dejarse engañar; ◇ **e-m Irrtum** ~ caer en un error
aufsperren *vt* [1] ↑ *aufschließen* abrir [2] ↑ *offen halten* tener/mantener abierto
aufspielen *vr* ◇ **sich** ~ farolear, fardar, tirarse un farol, fanfarronear
aufspringen *unreg vi* [1] ↑ *auf die Füße springen* dar un salto [2] ↑ *auf etw drauf springen* subir (*auf akk* a) [3] ↑ *rissig werden* agrietarse [4] ↑ *sich plötzlich öffnen* abrirse de repente
aufstacheln *vt* incitar

Aufstand *m* rebelión *f*

aufstehen *unreg vi* [1] ↑ *sich erheben* ponerse de pie [2] ↑ *erwachen u. aus dem Bett gehen* levantarse; ◇ **früh** ~ levantarse pronto [3] ↑ *offen sein* estar abierto

aufsteigen *unreg vi* [1] ↑ *hinaufsteigen* subir a [2] (*auf Motorrad*) montar, subir a [3] SPORT ascender [4] *FIG* ◇ **Freude steigt in mir auf** me alegra, me pongo contento; **Aufsteiger(in** *f*) *m* ‹-s, -› *persona que busca el éxito a toda costa*

aufstellen I. *vt* [1] ↑ *hinstellen* → *Möbel* poner, colocar; → *Zelt* montar [2] ↑ *ernennen* proponer [3] ↑ *erfinden* → *Theorie* formular, plantear [4] ↑ *auflisten* hacer [5] ↑ *vollbringen* → *Rekord* establecer **II.** *vr* ◇ **sich** ~ colocarse; **Aufstellung** *f* [1] (*von Zelt*) montaje *m*, colocación *f* [2] ↑ *Liste* relación *f* [3] (*von Truppen*) formación *f* [4] (*von Theorie*) planteamiento *m* [5] (*von Rekord*) consecución

Aufstieg *m* ‹-[e]s, -e› [1] (*auf Berg*) subida *f*, escalada *f* [2] ↑ *Karriere* ascenso *m* [3] SPORT ascenso

aufstoßen *unreg* **I.** *vt* → *Tür* abrir de un empujón **II.** *vi* eructar

Aufstrich *m*: ◇ **welchen ~ möchtest du?** ¿de qué te relleno el bocadillo?

aufstützen I. *vr* ◇ **sich** ~ apoyarse (*auf akk* en) **II.** *vt* → *Arm* apoyar (*auf akk* en)

aufsuchen *vt* [1] ↑ *hingehen zu* → *Arzt* ir a ver a; → *Toilette* ir a [2] ↑ *besuchen* visitar

auftakeln *vr* ◇ **sich** ~ *FAM* emperifollarse

Auftakt *m* [1] ↑ *Beginn* comienzo *m* [2] MUS preludio *m*

auftanken *vt* → *Benzin* echar gasolina

auftauchen *vi* [1] (*aus Wasser*) salir a la superficie [2] ↑ *sichtbar werden* aparecer [3] *FAM* ↑ *wieder da sein* regresar [4] *FIG* ↑ *entstehen* surgir

auftauen I. *vt* → *Gefrorenes* descongelar **II.** *vi* [1] ↑ *tauen* derretirse [2] *FIG* ↑ *Hemmungen verlieren* romper el hielo, abrirse

aufteilen *vt* ↑ *verteilen* → *Ration* repartir; → *Arbeit* dividir (*auf akk* en); **Aufteilung** *f* reparto *m*, división *f*

auftischen *vt* [1] → *Essen* poner en la mesa [2] *FIG* contar; ◇ **jd-m e-e Lüge** ~ contar una mentira a alguien

Auftrag *m* ‹-[e]s, Aufträge› [1] ↑ *Aufgabe* tarea *f*; ◇ ~ **erteilen zu** dar orden de [2] COMM encargo *m* (*über akk* de) [3] ↑ *Weisung* misión *f* [4] ◇ **im** ~ por parte de; **auftragen** *unreg* **I.** *vt* [1] → *Essen* servir [2] → *Creme* extender; → *Lack* aplicar [3] ↑ *Auftrag geben* encargar; ◇ **jd-m etw** ~ encargar a alguien de algo **II.** *vi* [1] ◇ **ein Kleidungsstück** ~ ponerse algo hasta que se estropee [2] *FIG* ↑ *prahlen* farolear; ◇ **dick** ~ tirarse un farol; **Auftraggeber(in** *f*) *m* ‹-s, -› [1] ↑ *Klient* cliente/a [2] COMM persona que encarga algo

auftreiben *unreg vt* [1] ↑ *aufblähen* hinchar [2] *FAM* ↑ *finden* encontrar; ↑ *beschaffen* sacar; ◇ **Geld** ~ reunir dinero

auftreten *unreg vi* [1] ↑ *sich benehmen* mostrarse [2] ↑ *treten* pisar [3] ↑ *erscheinen* aparecer, venir [4] THEAT salir a escena [5] JURA presentarse; **Auftreten** *n* ‹-s› [1] ↑ *Benehmen* ◇ ~ **in der Öffentlichkeit** comportamiento en público [2] ↑ *Vorkommen* aparición *f*

Auftrieb *m* [1] *FIG* ↑ *Aufschwung* impulso *m* [2] ↑ *Aufwind* viento *m* ascendente

Auftritt *m* [1] THEAT salida *f* a escena; ↑ *Szene* escena *f* [2] *PEJ* escena *f*, discusión *f*

aufwachen *vi auch FIG* despertarse

aufwachsen *unreg vi* crecer

Aufwand *m* ‹-[e]s› [1] ↑ *Einsatz* gasto *m* [2] ↑ *Luxus* lujo *m*, ostentación *f*; ◇ **großen ~ betreiben** montar un despliegue

aufwärmen I. *vt* [1] → *Essen* calentar [2] ↑ *anspielen auf* recordar; ↑ *immer wieder erzählen* contar de nuevo **II.** *vr* ◇ **sich** ~ SPORT calentarse

aufwarten *vi* [1] ↑ *bedienen* servir (*mit* algo) [2] *FIG* ofrecer (*mit* algo)

aufwärts *adv* [1] ↑ *nach oben* (*räumlich*) hacia arriba; ◇ **strom~ fahren** ir corriente arriba [2] *FIG* a mejor; **aufwärtsgehen** *unreg vi FAM* prosperar; ◇ **es geht aufwärts mit jd-m** está prosperando

aufwecken *vt* despertar

aufweisen *unreg vt* mostrar, ofrecer

aufwenden *unreg vt* emplear; **aufwendig** *adj*: ◇ ~ **gearbeitet** trabajado minuciosamente

aufwerfen *unreg vt* [1] ↑ *zur Sprache bringen* plantear [2] ↑ *aufstoßen* abrir de un empujón [3] ↑ *aufschütten* → *Wall* levantar

aufwerten *vt* [1] ↑ *Wert steigern* revaluar [2] *FIG* ↑ *Ansehen steigern* revalorizar

Auf Wiedersehen *intj* adiós

aufwiegeln *vt* incitar

aufwiegen *unreg vt FIG* equilibrar; ◇ **die Nachteile wiegen die Vorteile auf** las desventajas se compensan con las ventajas

Aufwind *m* [1] AERO, METEO viento *m* ascendente [2] *FIG* ↑ *Aufschwung* impulso *m*

aufwirbeln *vt FIG*: ◇ **Staub** ~ arremolinarse

aufwischen *vt* fregar

aufzählen *vt* enumerar

aufzeichnen *vt* [1] → *Bild* dibujar [2] ↑ *notieren* anotar, apuntar [3] ↑ *aufnehmen* grabar; **Auf-**

zeichnung *f* [1] ↑ *Notizen* anotación *f* [2] ↑ *Aufnahme* grabación *f* [3] MEDIA retransmisión *f* en diferido

aufzeigen *vt* mostrar, enseñar

aufziehen *unreg vt* [1] → *Uhr* dar cuerda [2] → *Lasten* levantar [3] → *Vorhang* abrir [4] *FAM* ↑ *necken* tomar el pelo; ◇ **jd-n mit etw ~** tomar el pelo a alguien con algo [5] → *Kinder* criar [6] *FAM* ↑ *veranstalten* montar, hacer; ◇ **ein Fest groß ~** montar una fiesta por todo lo alto

Aufzug *m* [1] ↑ *Fahrstuhl* ascensor *m* [2] *PEJ* ↑ *Aufmachung* pinta *f* [3] THEAT escena *f*

aufzwingen *unreg vt* obligar, imponer; ◇ **jd-m etw ~** imponer algo alguien

Auge *n* ‹-s, -n› [1] ANAT ojo *m;* ↑ *Sinn* vista *f* [2] (*von Würfel*) punto *m* [3] ◇ **unter vier ~n** en privado; ◇ **jd-m schöne ~n machen** ligar [con la mirada]; ◇ **beide ~n zudrücken** hacer la vista gorda; ◇ **jd-n aus den ~n verlieren** perder la pista a alguien; **Augenarzt** *m* oculista *m,* oftalmólogo *m;* **Augenärztin** *f* oculista *f,* oftalmóloga *f;* **Augenblick** *m* momento *m,* instante *m;* ◇ **im ~** por el momento; **augenblicklich** *adj* [1] ↑ *sofort* inmediato; ◇ **komm ~ her!** ¡ven inmediatamente! [2] ↑ *momentan* por el momento; ◇ **~ habe ich keine Zeit** por el momento no tengo nada de tiempo; **Augenbraue** *f* ‹-, -n› ceja *f;* **Augenwischerei** *f FIG* autoengaño *m;* **Augenzeuge** *m* testigo *m* ocular; **-zeugin** *f* testigo *f* ocular

August *m* ‹-[e]s *o.* -, -e› agosto *m;* ◇ **im ~** en agosto; ◇ **7. ~ 1991** 7 de agosto de 1991

Auktion *f* subasta *f*

Aula *f* ‹-, Aulen *o.* -s› aula *m*

Au-pair-Mädchen *n* chica *f* au- pair

Aura *f* ‹-, Auren› *FIG* aura *m,* carisma *m*

aus I. *präp dat* [1] ↑ *von innen nach außen* (*räumlich*) de; ◇ **~ dem Haus gehen** salir de casa [2] ↑ *von ... her* (*räumlich*) de; ◇ **~ Spanien kommen** venir de España [3] (*zeitlich*) de; ◇ **~ dem 18. Jahrhundert** del siglo XVIII [4] (*Beschaffenheit*) de; ◇ **~ Holz** de madera [5] ↑ *aufgrund, wegen* por; ◇ **~ Liebe** por amor **II.** *adv* [1] (*vorbei*) terminado, acabado; ◇ **das Spiel ist ~** el juego ha terminado [2] ↑ *abgeschaltet* apagado [3] ◇ **von mir ~** por mí [4] ◇ **von sich ~** por sí mismo [5] ◇ **auf etw** *akk* **~ sein** tener algo como meta, aspirar a algo; **Aus** *n* ‹-› [1] *FIG* ↑ *Ende* final *m* [2] SPORT fuera *m*

ausarbeiten *vt* elaborar, hacer

ausarten *vi* degenerar

ausbaden *vt FAM* pagar el pato

Ausbau [1] *m* ‹-[e]s› (*von Motor*) despontaje *m*

Ausbau [2] *m, pl* ‹-ten› ↑ *Erweiterung* (*von Haus*) ampliación *f;* (*von Ideen*) desarrollo *m;* **ausbauen** *vt* [1] ↑ *herausnehmen* desmontar [2] ↑ *erweitern* → *Idee* desarrollar; → *Haus* ampliar [3] ↑ *weiterführen* continuar; **ausbaufähig** *adj FIG* que se puede desarrollar

ausbessern *vt* → *Wäsche* repasar; → *Texte* mejorar; → *Haus* restaurar, arreglar; **Ausbesserungsarbeiten** *f/pl* ↑ *Reparaturarbeiten* arreglos *m/pl*

ausbeulen *vt* alisar

Ausbeute *f* ‹-› ganancia *f*

ausbeuten *vt* ↑ *ausnutzen* explotar; → *Unwissenheit* aprovecharse de

ausbezahlen *vt* [1] *FAM* → *Gehalt* pagar [2] → *Erbteil* pagar una parte

ausbilden *vt* [1] ↑ *lehren* enseñar (*zu* a) [2] ↑ *fördern* desarrollar, educar; **Ausbildung** *f* (*Schul-*) educación *f;* (*Berufs-*) formación *f*

ausbleiben *unreg vi* [1] ↑ *nicht kommen* no venir [2] ↑ *nicht eintreten* no suceder, no producirse [3] ◇ **es bleibt nicht aus, daß ...** no falta mucho para que ...

Ausblick *m* [1] ↑ *Aussicht* vista *f* (*auf akk* a) [2] *FIG* ↑ *Perspektive* perspectiva *f* (*auf akk* de)

ausbrechen *unreg* **I.** *vi* [1] (*aus Gefängnis*) escaparse de, fugarse de; (*aus Ehe*) irse [2] ◇ **in Tränen ~** ponerse a llorar [3] ← *Epidemie* declararse [4] ← *Vulkan* entrar en erupción **II.** *vt* [1] ↑ *herausnehmen* quitar [2] ↑ *sich übergeben* vomitar

ausbreiten I. *vt* [1] → *Teppich* extender [2] → *Arme* abrir **II.** *vr* ◇ **sich ~** [1] ← *Feuer* extenderse [2] ← *Gebiet* ampliarse [3] *FAM* contar con pelos y señales (*über akk* algo)

Ausbruch *m* [1] (*Gefängnis-*) fuga *f,* huída *f* [2] (*Gefühls-*) arrebato *m* [3] (*Krankheits-*) erupción *f*

ausbrüten *vt* [1] → *Ei* incubar [2] *FIG* → *Plan* tramar, maquinar, planear

ausbürsten *vt* cepillar

Ausdauer *f* constancia *f,* resistencia *f*

ausdehnen I. *vt* [1] → *Gebiet* extender [2] → *Sendezeit* prolongar [3] *FIG* → *Macht* extender, aumentar **II.** *vr* ◇ **sich ~** extenderse, ampliarse

ausdenken *unreg vt* [1] → *Geschichte* inventar [2] ◇ **sich** *dat* **etw ~** imaginarse algo

ausdiskutieren *vt* discutir [hasta que se encuentre una solución]

Ausdruck [1] *m, pl* ‹Ausdrücke› [1] (*Gesichts-*) ↑ *Wirkung* expresión *f* [2] ↑ *Formulierung* expresión *f,* giro *m* [3] ◇ **etw zum ~ bringen** expresar algo

Ausdruck [2] *m, pl* ‹-e› (*Computer-*) impresión *f;* **ausdrucken** *vt* PC: ◇ **Daten ~** imprimir datos

ausdrücken I. *vt* [1] → *Zitrone* exprimir [2] → *Zigarette* apagar [3] → *Gedanken* expresar [4] → *Beileid* dar II. *vr* ◇ **sich** ~ expresarse; ◇ **sich gewählt** ~ expresarse correctamente

ausdrücklich *adj* expreso; ◇ **etw** ~ **verbieten** prohibir terminantemente algo; **ausdruckslos** *adj* inexpresivo; **Ausdrucksweise** *f* manera *f* de expresarse

auseinander *adv* separado; **auseinandergehen** *unreg vi* [1] ↑ *sich trennen* separarse [2] ↑ *differieren* discrepar [3] ↑ *kaputtgehen* romperse [4] *FAM* ↑ *dick werden* engordar; **auseinanderhalten** *unreg vt FIG* distinguir; **auseinandersetzen** I. *vt* ↑ *erklären* explicar; ◇ **jd-m etw** ~ explicar algo a alguien II. *vr* ◇ **sich** ~ ↑ *intensiv beschäftigen* encargarse (*mit* de); **Auseinandersetzung** *f* discusión *f*, conflicto *m*

auserlesen *adj* selecto

ausfahren *unreg* I. *vi* [1] ↑ *spazierenfahren* dar una vuelta en coche [2] ↑ *hinausfahren* ← *Zug* salir; ← *Schiff* zarpar [3] ↑ *mit Fahrzeug liefern* repartir II. *vt* [1] ↑ *spazierenfahren* pasear a alguien en coche [2] AERO bajar el tren de aterrizaje [3] ↑ *abnutzen* desgastar [4] → *Wagen* pisar a fondo; **Ausfahrt** *f* [1] ↑ *Spazierfahrt* vuelta *f* en coche [2] ↑ *Hinausfahren* salida *f;* ◇ ~ **freihalten** no aparcar, salida de vehículos

Ausfall *m* [1] (*Arbeits~*) suspensión *f* [2] TECH fallo *m* [3] (*Haar~*) caída *f* [4] (*von Prüfung*) resultado *m;* **ausfallen** *unreg vi* [1] ↑ *verlorengehen* ← *Arbeiter* faltar, fallar; ← *Lohn* suspender [2] ↑ *nicht funktionieren* fallar [3] ↑ *herausfallen* ← *Haare* caerse [4] ↑ *Ergebnis haben* resultar

ausfallend *adj:* ◇ ~ **werden** ponerse grosero

ausfertigen *vt* → *Urkunde* expedir; **Ausfertigung** *f* realización *f;* (*auf Papier*) copia *f;* ◇ **in dreifacher** ~ copia por triplicado

ausfindig machen *vt* encontrar

ausfliegen *unreg vi FAM* volar, marcharse, largarse; ◇ **sie sind ausgeflogen** volaron, se marcharon

ausflippen *vi FAM* alucinar; ◇ **er ist ausgeflippt** está loco

Ausflucht *f* ‹-, Ausflüchte› evasiva *f*, pretexto *m*

Ausflug *m* (*Betriebs~*) excursión *f;* ◇ **e-n** ~ **machen** hacer una excursión

Ausfluß *m* [1] ↑ *Ausfließen* salida *f* [2] ↑ *Abfluß* desagüe *m* [3] MED flujo *m*

ausformulieren *vt* expresar

ausfragen *vt* preguntar [sobre algo en concreto]

ausfransen *vi* deshilacharse

ausfressen *unreg vt* [1] ↑ *leerfressen* vaciar [el plato], no dejar nada [2] *FAM* ◇ **etw** ~ hacer una tontería

Ausfuhr *f* ‹-, -en› ↑ *Export* exportación *f;* **ausführen** *vt* [1] ↑ *exportieren* exportar [2] ↑ *verwirklichen* llevar a cabo, realizar [3] ↑ *erklären* explicar [4] ↑ *spazierenführen* sacar de paseo; **ausführlich** *adj* detallado; **Ausführung** *f* [1] ↑ *Realisierung* realización *f* [2] ↑ *Darstellung* exposición *f* [3] ↑ *Herstellungsart* acabado *m*

ausfüllen *vt* [1] → *Formular* rellenar [2] ← *Beruf* ocupar

Ausgabe *f* [1] (*von Waren*) reparto *m* [2] (*Gepäck~*) recogida *f* [3] (*von Geld*) gastos *pl* [4] (*von Buch*) edición *f;* (*Zeitung*) número *m* [5] PC salida *f*

Ausgang *m* [1] (*~stür*) salida *f* [2] ↑ *Ende* final *m;* ↑ *Ergebnis* resultado *m*, desenlace *m;* (*von Zeitabschnitt*) fin *m;* **Ausgangspunkt** *m* [1] (*von Reise*) comienzo *m* [2] (*FIG von Diskussion*) punto *m* de partida

ausgebaut *adj* avanzado, desarrollado

ausgeben *unreg* I. *vt* [1] → *Geld* gastar [2] → *Essen* repartir [3] ↑ *spendieren* pagar II. *vr:* ◇ **sich für etw/jd-n** ~ hacerse pasar por algo/alguien

ausgebucht *adj* ▷*Flug, Hotel* completo

ausgebufft *adj FAM* [1] ↑ *erschöpft* cansado [2] ↑ *raffiniert* ◇ **ein ~er Betrüger** un estafador astuto

ausgedehnt *adj* [1] ▷*Gummiband* extenso [2] ▷*Spaziergang* largo

ausgedient *adj* [1] ↑ *abgenutzt* usado, gastado; ◇ **ausgedient haben** haber usado [2] ▷*Soldat* veterano

ausgefallen *adj* raro, extraño

ausgeglichen *adj* [1] ▷*Person* equilibrado [2] ▷*Verhältnis* armonioso; ▷*Spiel* igualado; **Ausgeglichenheit** *f* equilibrio *m*, armonía *f*

ausgehen *unreg vi* [1] ↑ *weggehen* salir a [2] ← *Licht* apagarse [3] ← *Haare* caerse [4] ↑ *Ergebnis haben* acabar; ◇ **wie ist der Film/das Spiel ausgegangen?** ¿cómo ha acabado la película/el partido? [5] ← *Geld* terminarse [6] ← *Idee* ser; ◇ **das ist von ihm ausgegangen** fue [idea] de él [7] ◇ **von etw** ~ basarse en algo

ausgekocht *adj FIG* astuto

ausgelassen *adj* alegre, desenfadado

ausgelastet *adj* ocupadísimo, ocupado

ausgelernt *adj:* ◇ ~ **haben** tener el título de un oficio

ausgemacht *adj* [1] ↑ *vereinbart* acordado, decidido; ◇ **es ist ~, daß ...** está decidido que ... [2] *FAM* ◇ **ein ~er Dummkopf** tonto de remate

ausgenommen I. *cj* menos; ◇ **er ißt alles,** ~

Käse come de todo menos queso **II.** *präp akk* excepto, salvo; ◇ **Anwesende** ~ excepto los presentes

ausgeprägt *adj* [1] ↑ *stark* marcado, fuerte [2] ↑ *dominant* ▷*Eigenschaft* marcado, acentuado

ausgerechnet *adv:* ◇ ~ **er/heute!** ¡justamente él/hoy!

ausgeschlossen *adj* [1] ↑ *ausgeräumt* excluído; ◇ **Irrtum** ~ con toda seguridad [2] ↑ *nicht möglich* imposible; ◇ **etw für ~ halten** tener algo por imposible

ausgesprochen I. *adj* ↑ *klar* evidente **II.** *adv* ↑ *sehr* muy; ◇ **jd-n ~ gern haben** tener mucho cariño a alguien

ausgestorben *adj* [1] ▷*Pflanze* seco, muerto [2] ◇ **die Stadt war wie ~** la ciudad estaba muerta

ausgezeichnet *adj* magnífico

ausgiebig *adj* abundante; ◇ ~ **frühstücken** desayunar en abundancia

Ausgleich *m* ‹-[e]s, -e› [1] (*Konto~*) liquidación *f* [2] ↑ *Entschädigung* ◇ **zum ~** de indemnización, como compensación [3] SPORT empate *m;* **ausgleichen** *unreg* **I.** *vt* [1] ↑ *kompensieren* compensar [2] ↑ *aussöhnen* conciliar [3] liquidar [4] SPORT empatar **II.** *vr* ↑ *sich aufheben* compensar

ausgraben *unreg vt* [1] → *Wurzeln* desenterrar; → *antike Stadt* escavar [2] *FIG* ↑ *aktualisieren* actualizar; **Ausgrabung** *f* ▷*archäologisch* excavación *f*

ausgrenzen *vt* aislar, excluir

Ausguß *m* [1] ↑ *Spüle* pila *f* [2] ↑ *Abfluß* pitorro *m*

aushaben *unreg vt FAM* SCH acabar, terminar

aushalten *unreg* **I.** *vt* [1] ↑ *ertragen* → *Belästigung* aguantar, soportar; → *Gewicht* aguantar [2] *FAM* ↑ *für Unterhalt aufkommen* mantener **II.** *vi* ↑ *durchhalten* resistir

aushandeln *vt* negociar

aushändigen *vt:* ◇ **jd-m etw ~** entregar algo a alguien

Aushang *m* anuncio *m;* **aushängen I.** *vt* [1] → *Informationsblatt* poner [2] → *Tür* quitar, sacar **II.** *unreg vi* estar expuesto **III.** *vr* ◇ **sich ~** ← *Pullover* deformarse; **Aushängeschild** *n* [1] ↑ *Reklameschild* rótulo *m,* letrero *m* [2] *FIG* ideal *m*

aushecken *vt FAM* → *Plan* tramar

aushelfen *unreg vi* ayudar; **Aushilfskraft** *f* personal *m* axiliar; **aushilfsweise** *adv:* ◇ ~ **arbeiten** trabajar por temporadas

ausholen *vi* [1] (*zum Schlag*) levantar la mano [2] dar pasos largos [3] *FIG* ↑ *weitschweifig erklären* ◇ **weit ~** empezar [con una explicación] desde el principio

aushorchen *vt FAM* preguntar

aushungern *vt* dejar morir de hambre

auskennen *unreg vr* ◇ **sich ~** [1] ↑ *vertraut sein* conocer el lugar [2] ↑ *Bescheid wissen* saber

Ausklang *m* final *m;* **ausklingen** *unreg vi* [1] ← *Ton* ir extinguiéndose [2] ← *Fest* llegar a su fin, terminarse, acabarse

auskommen *unreg vi* [1] ↑ *sich verstehen* entenderse, llevarse bien; ◇ **gut miteinander ~** llevarse bien entre ellos [2] ↑ *genügend haben* tener bastante (*mit* con); **Auskommen** *n* medios *m/pl* de vida; ◇ **sein ~ haben** tener para vivir

auskugeln *vt FAM* torcerse, dislocarse

auskundschaften *vt* [1] ↑ *in Erfahrung bringen* descubrir [2] ↑ *durchsuchen* explorar

Auskunft *f* ‹-, Auskünfte› información *f;* ◇ **jd-m e-e ~ erteilen** informar a alguien

auslachen *vt:* ◇ **jd-n ~** reírse de alguien

ausladen *unreg vt* [1] ↑ *entladen* descargar [2] *FAM* → *Gäste* anular la invitación

ausladend *adj* [1] ↑ *weit vorragend* ▷*Dach* saliente; ▷*Kinn* pronunciado [2] ↑ *weit ausholend* amplio

Auslage *f* [1] (*Schaufenster~*) escaparate *m* [2] (*von Waren*) exposición *f* [3] ↑ *Kosten* ◇ **~n** *pl* gastos *m/pl*

Ausland *n* ‹-[e]s› extranjero *m;* ◇ **im/ins ~** en el/al extranjero; **Ausländer(in** *f*) *m* ‹-s, -› extranjero/a; **ausländerfeindlich** *adj* que odia a los extranjeros, xenófobo; **ausländisch** *adj* extranjero; ◇ **~e Waren** productos del extranjero/de importación; ◇ **~e Mitbürger** ciudadanos extranjeros; **Auslandsaufenthalt** *m* estancia *f* en el extranjero; ◇ **längerer ~** estancia más larga en el extranjero; **Auslandsgespräch** *n* TELEC conferencia *f* internacional; **Auslandskorrespondent(in** *f*) *m* corresponsal *m/f* en el extranjero; **Auslandsvertretung** *f* representación *f* en el extranjero

auslassen *unreg* **I.** *vt* [1] → *Buchstaben* suprimir [2] → *Chance* perder [3] → *jd-n* olvidar, no hacer caso de [4] → *Wasser* dejar correr [5] → *Wut* descargar (*an dat* en) [6] → *Licht, Ofen* no encender [7] → *Fett* derretir **II.** *vr* ◇ **sich ~** hablar extensamente (*über akk* sobre)

Auslauf *m* [1] (*für Tiere*) corral *m* [2] (*Wasser~*) salida *f;* **auslaufen** *unreg vi* [1] ↑ *undicht sein* salirse [2] ← *Flüssigkeit* salirse, derramarse (*aus dat* de) [3] ← *Schiff* zarpar [4] ↑ *langsam aufhören* terminar, acabar; **Ausläufer** *m* [1] (METEO *Tief~*) anticiclón *m;* (*Hoch~*) borrasca *f* [2] GEOL estribación *f*

ausleben *vr* ◇ **sich ~** vivir la vida

ausleeren *vt* vaciar

auslegen *vt* [1] → *Teppich* poner, extender [2] → *Waren* exponer [3] → *Geld* prestar; ◇ **jd-m etw** ~ prestar algo a alguien [4] → *Text* interpretar [5] TECH preparar (*für, auf akk* para); ◇ **für Dauerbelastung ausgelegt** preparado para uso duradero; **Auslegung** *f* [1] ↑ *Deutung* interpretación *f* [2] ↑ *Erklärung* explicación *f*

Ausleihe *f* ‹-, -n› [1] préstamo *m* [2] ↑ *-stelle* sección *f* de préstamo; **ausleihen** *unreg vt* [1] → *Geld* prestar; ◇ **jd-m etw** ~ prestar algo a alguien [2] ◇ **sich** *dat* **etw von jd-m** ~ tomar prestado algo de alguien

auslernen *vi* [1] ↑ *Lehre beenden* terminar el aprendizaje [2] *FIG* ◇ **man lernt nie aus** siempre se aprende algo nuevo

Auslese *f* [1] ↑ *Auswahl* selección *f* [2] ↑ *Elite* élite *f*, flor *f* y nata *f* [3] (*von Wein*) cosecha *f* seleccionada; **auslesen** *unreg vt* [1] ↑ *auswählen* elegir, seleccionar [2] *FAM* → *Buch* terminar de leer

ausliefern I. *vt* [1] → *Flüchtling* entregar (*an akk* a) [2] COMM → *Waren* entregar, distribuir **II.** *vr* ◇ **sich** ~ [1] ↑ *übergeben* entregarse [2] ↑ *preisgeben* abandonar; ◇ **jd-m/einer Sache ausgeliefert sein** depender de alguien/de una cosa

auslöschen *vt* [1] → *Licht* apagar [2] ↑ *vernichten* → *Tierart* extinguir; → *Spuren* borrar; *FIG* → *Erinnerung* olvidar, borrar

auslosen *vt* [1] ↑ *durch Los bestimmen* echar a suertes [2] ↑ *Lose ziehen* sortear, rifar

auslösen *vt* [1] → *Mechanismus* activar [2] → *Entwicklung* ocasionar, originar [3] → *Gefangene* rescatar; **Auslöser** *m* ‹-s, -› [1] FOTO disparador *m;* ◇ **den** ~ **drücken** dar al disparador [2] *FIG* ↑ *Anlaß* punto *m* de arranque (*für* para)

ausmachen *vt* [1] → *Licht* apagar [2] → *Feuer* apagar, extinguir [3] → *Termin* concertar, fijar [4] ← *Summe* ascender a [5] ↑ *entdecken* descubrir, hallar [6] ↑ *stören* importar, molestar; ◇ **das macht mir nichts aus** a mí no me importa eso [7] ↑ *besprechen* llegar a un acuerdo, fijar; ◇ **etw unter sich** ~ convenir en algo [sin ayuda ajena]

ausmalen *vt* [1] → *Bild* pintar [2] *FIG* ↑ *vorstellen* imaginar; ◇ **sich** *dat* **etw** ~ imaginarse algo

Ausmaß *n* [1] (*von Gebiet*) extensión *f* [2] *FIG* (*von Katastrophe*) dimensión *f*, proporción *f;* **ausmessen** *unreg vt* medir

ausmisten *vti* [1] → *Stall* sacar el estiércol [2] *FAM* → *Wohnung* limpiar

Ausnahme *f* ‹-, -n› excepción *f;* ◇ **e-e** ~ **machen** hacer una excepción; **Ausnahmezustand** *m* POL estado *m* de excepción; ◇ **den** ~ **verhängen** imponer el estado de excepción; **ausnahmslos** *adv* sin excepción; **ausnahmsweise** *adv* por una vez, excepcionalmente; **ausnehmen** *unreg* **I.** *vt* [1] → *Tier* destripar; → *Nest* coger los huevos [2] ↑ *nicht berücksichtigen* excluir, descartar; ◇ **jd-n von etw** ~ excluir a alguien de algo [3] *FAM* ↑ *ausbeuten* explotar, aprovecharse de **II.** *vr* ◇ **sich** ~ aparecer, resultar; ◇ **das Bild nimmt sich dort gut aus** la pintura queda bien allí

ausnehmend *adv* ↑ *sehr* muy; ↑ *besonders* especial, extraordinario

ausnützen *vt* [1] → *Gelegenheit* usar, utilizar [2] → *Einfluß* valerse de [3] ↑ *Vorteil ziehen aus* → *Person* explotar; → *Gutmütigkeit* aprovecharse

auspacken *vt* [1] → *Koffer* deshacer [2] *FAM* ↑ *Geheimnis erzählen* irse de la lengua

auspfeifen *unreg vt* abuchear

ausplaudern *vt* contar

ausprobieren *vt* [1] ↑ *versuchen* probar [2] → *Maschine* [com]probar

Auspuff *m* ‹-[e]s, -e› TECH, AUTO tubo *m* de escape

ausradieren *vt* [1] → *Zeichnung* borrar [2] *FIG* → *Volk* aniquilar, exterminar

ausrangieren *vt FAM* tirar

ausrasten *vi* [1] (*Ggs zu einrasten*) desencajar [2] *FAM* perder la cabeza, ponerse furioso

ausrauben *vt* robar

ausräumen *vt* [1] → *Schrank* vaciar [2] *FIG* ↑ *beseitigen* → *Einwände* evitar; → *Konflikt* superar

ausrechnen *vt* calcular; ◇ **sich** *dat* **Chancen** ~ pensar que se tienen posibilidades

Ausrede *f* excusa *f*, pretexto *m;* ◇ **faule** ~ excusa barata

ausreden I. *vi* ↑ *zu Ende reden* acabar de hablar; ◇ **jd-n** ~ **lassen** dejar hablar a alguien **II.** *vt:* ◇ **jd-m etw** ~ disuadir a alguien de algo

ausreichend *adj* [1] bastante [2] SCH suficiente

Ausreise *f* salida *f;* **Ausreiseerlaubnis** *f* permiso *m* de salida; **ausreisen** *vi* salir [del país]

ausreißen *unreg* **I.** *vt* ↑ *herausziehen* arrancar **II.** *vi* [1] ↑ *reißen* desgarrarse, romperse [2] *FAM* ↑ *weglaufen* largarse

ausrenken *vt* torcer, dislocar; ◇ **sich** *dat* **etw** ~ torcerse algo

ausrichten *vt* [1] ↑ *mitteilen* → *Botschaft* comunicar, decir; → *Gruß* dar [2] ↑ *erreichen* conseguir; ◇ **etw** ~ **bei jd-m** conseguir algo de alguien [3] ↑ *einstellen* ajustar (*nach* a); ◇ **Angebot nach der Nachfrage** ~ ajustar la oferta a la demanda [4] → *Fest* pagar y organizar

ausrotten *vt* exterminar

ausrücken *vi* [1] ir en misión [2] *FAM* ↑ *ausreißen* largarse

Ausruf *m* [1] ↑ *Schrei* grito *m* [2] ↑ *Bekanntmachung* proclamación *f;* **ausrufen** *unreg vt* [1] ↑ *sich laut äußern* gritar [2] ↑ *verkünden* → *Streik* convocar [3] ↑ *rufen* ◇ **jd-n ~ lassen** llamar a alguien por los altavoces; **Ausrufezeichen** *n* signo *m* de exclamación

ausruhen I. *vr* ◇ **sich ~** descansar (*von* de) II. *vi* descansar

ausrüsten *vt* abastecer, avituallar; **Ausrüstung** *f* equipo *m*, accesorios *m/pl*

ausrutschen *vi* resbalar

Aussage *f* [1] ↑ *Erklärung* explicación *f;* ◇ **e-e klare ~** una clara explicación [2] JURA declaración *f;* ◇ **e-e ~ machen** prestar declaración [3] ↑ *Inhalt* mensaje *m;* **aussagen** I. *vt* [1] ↑ *mitteilen* decir [2] ↑ *ausdrücken* expresar II. *vi* JURA declarar; ◇ **vor Gericht ~** prestar declaración en juicio

ausschalten *vt* [1] ↑ *ausmachen* apagar [2] *FIG* ↑ *aus dem Weg räumen* (*Konkurrenten, Belästigung*) eliminar; ◇ **jd-n ~** eliminar a alguien

ausschauen *vi* [1] ↑ *suchen* buscar con la vista (*nach* a alguien) [2] *FAM* ↑ *aussehen* estar; ◇ **hübsch ~** estar guapo

ausscheiden *unreg* I. *vi* [1] ↑ *nicht in Betracht kommen* descartar [2] ↑ *weggehen* (*aus Amt*) retirarse [3] SPORT ser eliminado II. *vt* [1] → *Möglichkeit* descartar [2] MED segregar

ausschenken *vt* servir

ausschlachten *vt* [1] → *Fahrzeug* desguazar [2] *FIG* → *Thema* aprovechar

ausschlafen *unreg* I. *vi* [1] ↑ *lange genug schlafen* descansar bien [2] ◇ **seinen Rausch ~** dormir la mona II. *vr* ◇ **sich ~** descansar bien

Ausschlag *m* [1] MED erupción *f* [2] (*von Pendel*) oscilación *f* [3] *FIG* ↑ *Anlaß* hecho *m* decisivo; ◇ **den ~ geben** decidirse; **ausschlagen** *unreg* I. *vt* [1] ↑ *auskleiden* cubrir [2] ↑ *verweigern* denegar II. *vi* [1] ← *Pferd* dar coces [2] ← *Zeiger* oscilar [3] ← *Baum* echar hojas; **ausschlaggebend** *adj* decisivo

ausschließen *unreg vt* [1] ↑ *aussperren* cerrar la puerta [a alguien] [2] *FIG* ↑ *nicht miteinbeziehen* excluir (*aus dat* de) [3] *FIG* → *Möglichkeit* descartar; ◇ **etw von vornherein ~** descartar algo de entrada; **ausschließlich** I. *adj* ↑ *alleinig* exclusivo II. *adv* ↑ *nur* sólo, exclusivamente; ◇ **~ im Winter in Urlaub fahren** ir de vacaciones sólo en invierno; **Ausschluß** *m* [1] (*von Mitglied*) exclusión (*aus* de) [2] ↑ *Fernhalten* a distancia; ◇ **unter ~ der Öffentlichkeit** a puerta cerrada

ausschmücken *vt* [1] ↑ *dekorieren* decorar, adornar [2] *FIG* → *Erzählung* embellecer

ausschneiden *unreg vt* [1] (*aus Papier*) [re]cortar [2] → *Bäume* podar; **Ausschnitt** *m* [1] (*Bild~*) detalle *m* [2] (*Text~*) fragmento *m*, párrafo *m* [3] escote *m*

ausschreiben *unreg vt* [1] ↑ *vollständig schreiben* escribir [completo] [2] ↑ *bekanntgeben* → *Stelle* sacar a concurso; → *Wettbewerb* abrir [3] ↑ *schreiben* → *Rechnung* hacer

Ausschreitung *f* revuelta *f*, altercado *m;* ◇ **~en gegen Asylanten** ataques a asilados

Ausschuß *m* [1] ↑ *Gremium* comité *m* [2] COMM género *m* defectuoso

ausschütten I. *vt* [1] → *Tasse* derramar [2] → *Gewinn* repartir [3] *FIG* ◇ **sein Herz ~** desahogarse, abrir su corazón II. *vr FAM:* ◇ **sich vor Lachen ~** desternillarse de risa

ausschweifend *adj* [1] ↑ *luxuriös* lujoso; ◇ **ein ~es Leben führen** vivir a cuerpo de rey [2] ↑ *üppig* ▷*Phantasie* desorbitante

ausschweigen *unreg vr* ◇ **sich ~** guardar silencio, callar (*über akk* sobre)

aussehen *unreg vi* [1] ▷*gut, schlecht, jung* tener aspecto [2] ◇ **es sieht nicht gut aus** tiene mala pinta, se pone fea la cosa [3] ↑ *den Anschein haben* parecer que; ◇ **es sieht nach Schnee aus** parece que va a nevar; **Aussehen** *n* ‹-s› apariencia *f*, pinta *f*

aussein *unreg vi FAM* [1] ↑ *ausgeschaltet sein* estar apagado [2] ↑ *zu Ende sein* haber terminado

außen *adv* [1] (*Ggs innen*) afuera [2] *FIG* ◇ **nach ~** para fuera

aussenden *unreg vt* [1] → *Signale* emitir, mandar [2] → *Person* enviar

Außendienst *m* [1] servicio *m* exterior [2] (*von Diplomat*) servicio *m* en el extranjero; **Außenhandel** *m* comercio *m* exterior; **Außenminister(in** *f*) *m* Ministro *m/f* de Asuntos Exteriores; **Außenpolitik** *f* política *f* exterior; **Außenseite** *f* exterior *m;* **Außenseiter(in** *f*) *m* ‹-s, -› [1] ↑ *Einzelgänger* solitario/a, inconformista *m/f* [2] SPORT *equipo con pocas posibilidades de ganar;* **Außenstehende(r)** *fm* expectador(a) *m*, persona *f* ajena a un asunto

außer I. *präp akk/dat* [1] ↑ *abgesehen von* menos, a excepción de; ◇ **alles ~ Käse** todos menos queso [2] ↑ *außerhalb von* fuera de; ◇ **~ Haus** fuera de casa [3] ◇ **~ Betrieb** fuera de servicio [4] ◇ **~ sich** *dat* **sein** estar fuera de sí, estar furioso II. *cj* [1] ↑ *es sei denn* menos; ◇ **sie arbeitet gern, ~ es scheint die Sonne** trabajan a gusto, menos cuando sale el sol [2] ◇ **~ wenn** a no ser que *+subj* [3] ◇ **~ daß** a menos que; **außerdem** *cj* además

äußere(r, s) *adj* (*Ggs innere(r, s)*) [1] exterior [2] ↑ *von außen sichtbar* aparente; ◇ **der ~ Schein** la apariencia exterior [3] POL exterior; ◇ **~ Angelegenheiten** asuntos exteriores

außerehelich *adj* ▷*Verhältnis* extramatrimonial; ▷*Kind* natural; **außergewöhnlich** *adj* extraordinario, fuera de lo normal; ◇ **~ klug** extraordinariamente inteligente; **außerhalb I.** *präp gen* [1] (*räumlich*) fuera de; ◇ **~ des Hauses** fuera de casa [2] (*zeitlich*) fuera de; ◇ **~ der Sprechstunde** fuera del horario de consultas **II.** *adv* (*~ wohnen*) en las afueras

äußerlich *adj* exterior

äußern I. *vt* ↑ *sagen* decir, expresar **II.** *vr* ◇ **sich ~** [1] ↑ *Stellung nehmen* dar su opinión/parecer (*zu* sobre) [2] mostrar, manifestar

außerordentlich *adj* [1] ▷*Sitzung* extraordinario [2] ▷*Leistung* excepcional; **außerstande** *adv:* ◇ **~ sein etw zu tun** no estar en condiciones de hacer algo

äußerst *adv* ↑ *sehr* muy, extremadamente; ◇ **~ interessant** interesantísimo; **äußerste(r, s)** *adj* [1] ↑ *weiteste(r, s)* (*räumlich*) extremo; ◇ **~ Grenze** el límite [2] ↑ *höchste(r, s)* mayor; ◇ **jd-n bis aufs Ä~ reizen** provocar a alguien hasta más no poder; ▷*Angebot* límite

Äußerung *f* [1] ↑ *Bemerkung* ▷*schriftlich* declaración *f;* ▷*mündlich* declaración *f*, comentario *m* [2] (*Gefühls-*) exteriorización *f*

aussetzen I. *vt* [1] → *Tier* → *Kind* abandonar [2] ↑ *festsetzen* → *Belohnung* poner, ofrecer [3] ↑ *verschieben* → *Verfahren* aplazar [4] ↑ *beanstanden* poner reparos; ◇ **an jd-m/etw etwas ~** poner reparos a alguien/algo **II.** *vi* [1] ↑ *aufhören zu funktionieren* dejar de funcionar, pararse [2] ↑ *Pause machen* hacer un descanso **III.** *vr:* ◇ **sich der Sonne ~** ponerse al sol; (*Schwierigkeiten*) entrentarse a *dat*

Aussicht *f* [1] ↑ *Panorama* vista *f*, panorama *m* [2] ↑ *Erwartung* perspectiva *f* (*auf akk* de); ◇ **etw in ~ haben** tener algo en perspectiva; **aussichtslos** *adj* desesperado, sin perspectiva; **aussichtsreich** *adj* prometedor; **Aussichtsturm** *m* mirador *m*

aussitzen *unreg vt* → *Krise* solucionar [una crisis] esperando que pase

aussöhnen I. *vt* ↑ *versöhnen* → *jd-n* hacer las paces con **II.** *vr:* ◇ **sich mit jd-m ~** reconciliarse con alguien; **Aussöhnung** *f* reconciliación *f*

aussortieren *vt* seleccionar

ausspannen I. *vt* [1] → *Pferd* desenganchar [2] *FAM* ↑ *abspenstig machen* → *Freund(in)* quitar **II.** *vi* ↑ *sich ausruhen* descansar

aussperren *vt* [1] ↑ *ausschließen* cerrar la puerta [2] ↑ *nicht mehr beschäftigen* cerrar

ausspielen I. *vt* [1] → *Karte* jugar [2] *FIG* ↑ *einsetzen* → *Einfluß* aprovechar [3] *FIG* ↑ *intrigieren* intrigar, enemistar; ◇ **jd-n gegen jd-n ~** poner a alguien en contra de alguien **II.** *vi* [1] (*beim Kartenspiel*) salir [2] *FIG* ◇ **ausgespielt haben** no tener nada que decir, acabar el juego

Aussprache *f* [1] ↑ *Artikulation* pronunciación *f* [2] discusión *f;* **aussprechen** *unreg* **I.** *vt* [1] ↑ *artikulieren* pronunciar [2] ↑ *ausreden* dejar hablar [3] ↑ *sagen* → *Verdacht* decir, expresar **II.** *vr* ◇ **sich ~** [1] aclarar un malentendido [2] ▷*lobend* alabar (*über akk* a) [3] ↑ *sich anvertrauen* confiarse, sincerarse

Ausspruch *m* [1] ↑ *Äußerung* dicho *m* [2] ↑ *Zitat* proverbio *m*

ausspülen *vt* enjuagar

Ausstand *m* huelga *f;* ◇ **in den ~ treten** declararse en huelga

ausstatten *vt* [1] ↑ *einrichten* decorar [2] ↑ *versehen* equipar; ◇ **jd-n mit etw ~** equipar a alguien con algo; **Ausstattung** *f* [1] ↑ *Einrichtung* decoración *f*, accesorios *pl* [2] ↑ *Aufmachung* presentación *f* [3] equipo *m*

ausstechen *unreg vt* [1] → *Augen* sacar [2] *FIG* ↑ *übertreffen* superar

ausstehen *unreg* **I.** *vt:* ◇ **jd-n/etw nicht ~ können** no poder aguantar/soportar a alguien/algo **II.** *vi* ← *Entscheidung* estar pendiente; ← *Zahlungen* estar por pagar

aussteigen *unreg vi* [1] (*aus Bus*) bajar, apearse [2] *FAM* ↑ *nicht mehr mitmachen* salirse (*aus dat* de); **Aussteiger(in** *f*) *m FAM persona que deja la vida burguesa para vivir a su aire*

ausstellen *vt* [1] ↑ *zeigen* exponer [2] ↑ *schreiben* → *Dokument* extender; → *Rechnung* hacer [3] *FAM* apagar; **Ausstellung** *f* (*von Gemälden*) exposición *f;* (*von Urkunde*) expedir *f*

aussterben *unreg vi* extinguirse

Ausstieg *m* ⟨-s, -e⟩ salida *f*

ausstoßen *unreg vt* [1] → *Rauch* echar, expulsar [2] → *Laut* producir, emitir [3] ↑ *hinauswerfen* echar, expulsar

ausstrahlen *vt* [1] → *Wärme* desprender [2] MEDIA emitir [3] *FIG* → *gute Laune* tener, emanar; **Ausstrahlung** *f* [1] *FIG* ↑ *Aura* (*von Person*) carisma *m* [2] MEDIA emisión *f*

ausstrecken *vt* → *Hand* extender

ausströmen *vi* ← *Gas* escaparse

aussuchen *vtr* elegir; ◇ **sich** *dat* **etw ~** elegir algo

Austausch *m* [1] (*von Geld*) cambio *m* [2] (*Meinungs-*) intercambio *m;* **austauschbar** *adj* intercambiable, canjeable; **austauschen** *vt* [1] ↑ *wechseln* → *Motor* cambiar [2] → *Gedanken* intercambiar; **Austauschmotor** *m* AUTO motor *m* de recambio

austeilen *vt* repartir

austoben *vr* ◇ **sich** ~ desfogarse

austragen *unreg vt* ① → *Briefe* repartir ② → *Streit* disolver ③ ↑ *abhalten* → *Wettkämpfe* celebrar ④ → *Kind* gestar

Australien *n* Australia *f;* ◇ **in** ~ en Australia; ◇ **nach** ~ **fahren** ir a Australia; **Australier(in** *f*) *m* ‹-s, -› australiano/a; **australisch** *adj* australiano

austreten *unreg* **I.** *vi* ① (*aus Partei*) salirse ② ↑ *zur Toilette gehen* ir al servicio ③ ↑ *ausströmen* escaparse **II.** *vt* ① → *Zigarette* apagar con el pie ② → *Schuhe* desgastar

austrinken *unreg vt* ① → *Tasse* vaciar ② → *Bier* beberlo hasta el final

Austritt *m* ① ↑ *Ausscheiden* (*aus Partei*) salida *f*, baja *f* ② ↑ *Auslaufen* (*von Gas*) escape *m*

austrocknen *vi* secarse

ausüben *vt* ① → *Beruf* ejercer ② → *Reiz* tener, ejercer (*auf jd-n* sobre) ③ → *Macht* actuar (*auf akk* con), usar; **Ausübung** *f* (*von Beruf*) ejercicio *m;* (*Kunst*) práctica *f;* (*von Macht*) uso *m*

Ausverkauf *m* COMM liquidación *f* total; **ausverkauft** *adj* ① ▷*Karten* vendido ② ▷*Theater* lleno

Auswahl *f* ① (*an Waren*) selección *f* (*an dat* de) ② (*an Früchten*) surtido *m;* **auswählen** *vt* elegir, seleccionar

auswandern *vi* emigrar

auswärtig *adj* ① (~ *Gäste*) de fuera ② ↑ *ausländisch* extranjero ③ POL ◇ **A~es Amt** Ministerio de Asuntos Exteriores; **auswärts** *adv* ① ↑ *außerhalb* fuera; ◇ ~ **essen** comer fuera [de casa] ② ↑ *nach außen* afuera; **Auswärtsspiel** *n* SPORT partido *m* en campo ajeno

auswechseln *vt* cambiar, intercambiar

Ausweg *m FIG* escapatoria *f;* ◇ **nach e-m** ~ **suchen** buscar una escapatoria; **ausweglos** *adj FIG* sin solución; ◇ **~e Lage** situación desesperada

ausweichen *unreg vi* ① ↑ *Platz machen* apartarse; ◇ **jd-m/einer Sache** ~ hacer sitio a alguien/a una cosa ② *FIG* ↑ *sich entziehen* evitar; ◇ **e-r Frage** ~ contestar con evasivas a una pregunta; **ausweichend** *adj FIG* ▷*Antwort* evasivo

ausweinen *vr* ◇ **sich** ~ desahogarse llorando

Ausweis *m* ‹-es, -e› ① (*Personal~*) carné *m* de identidad ② (*Bibliotheks~*) carné *m;* **ausweisen** *unreg* **I.** *vt* ① ↑ *Identität nachweisen* mostrar la documentación ② (*aus e-m Land*) expulsar **II.** *vr* ◇ **sich** ~ identificarse; **Ausweispapiere** *pl* documentación *f*

Ausweisung *f* expulsión *f*

auswendig *adv:* ◇ ~ **lernen** aprender de memoria

auswerten *vt* → *Statistik* valorar, interpretar; **Auswertung** *f* valoración *f*, interpretación *f*

auswirken *vr* ◇ **sich** ~ producir efecto (*auf akk* en); **Auswirkung** *f* efecto *m* (*auf akk* en)

auswischen *vt* ① ↑ *säubern* limpiar ② ↑ *wegwischen* borrar ③ *FAM* ◇ **jd-m eins** ~ jugar a alguien una mala pasada

Auswuchs *m PEJ* escalada *f*

auswuchten *vt* → *Reifen* equilibrar

auszahlen **I.** *vt* ① → *Geld* pagar ② → *Miterbe* dar, pagar [la cantidad a la que tiene derecho alguien] **II.** *vr* ◇ **sich** ~ valer la pena

auszählen *vt* ① → *Stimmen* escrutar ② SPORT contar

auszeichnen **I.** *vt* ① → *Ware* poner el precio, marcar ② ↑ *ehren* (*mit Orden*) distinguir **II.** *vr* ◇ **sich** ~ ① (*durch Leistung*) destacar ② (*durch Eigenschaft*) caracterizarse; **Auszeichnung** *f* ① ↑ *Preisangabe* etiqueta *f* ② ↑ *Ehrung* distinción *f* ③ ↑ *Gunst* favor *m* ④ ◇ **mit** ~ con matrícula de honor

ausziehen *unreg* **I.** *vt* ① → *Kleidung* quitarse ② ↑ *herausziehen* → *Unkraut* quitar, arrancar; → *Antenne* extender **II.** *vr* ◇ **sich** ~ ↑ *sich entkleiden* desnudarse, quitarse la ropa **III.** *vi* ① (*aus Wohnung*) mudarse ② ↑ *in die Ferne ziehen* marchar, irse

Auszubildende(r) *fm* aprendiz *m/f*

Auszug *m* ① (*aus Wohnung*) mudanza *f* ② (*Konto~*) extracto *m* ③ (*Text~*) resumen *m*

authentisch *adj* auténtico

Autismus *m* MED autismo *m*

Auto *n* ‹-s, -s› coche *m;* ◇ ~ **fahren** ir en coche, conducir; **Autobahn** *f* AUTO autopista *f;* **Autofahrer(in** *f*) *m* conductor(a *f*) *m*

autogen *adj:* ◇ **~es Training** técnica de relajación

Autogramm *n* ‹-s, -e› autógrafo *m*

Automat *m* ‹-en, -en› ① (*Zigaretten~*) máquina *f* ② ↑ *Roboter* autómata *m*

Automatikgetriebe *n* caja *f* de cambios automática; **Automatikgurt** *m* cinturón *m* automático; **automatisch** *adj* ① ▷*Herstellung* automático ② ▷*Reaktion* intuitivo

autonom *adj* autónomo; **Autonome** *pl* anarquistas, okupas *jovenes ultraizquierdistas muy dados a producir disturbios*

Autor(in *f*) *m* ‹-s, -en› autor(a *f*) *m*

Autoradio *n* autorradio *f;* **Autoreifen** *m* AUTO neumático *m*

autoritär *adj* autoritario; **Autorität** *f* autoridad *f;* ◇ **jd-s** ~ **untergraben** desacreditar a alguien

Autounfall *m* accidente *m* de coche; **Autoverleih** *m* alquiler *m* de coches
Aversion *f* aversión *f* (*gegen* a)
Axt *f* ‹-, Äxte› [el] hacha *f*
Azubi *m* ‹-s, -s›, *f* ‹-, -s› *Akr v.* **Auszubildende(r)**

B

B, b *n* B, b *f;* MUS si *m* bemol menor
Baby *n* ‹-s, -s› bebé *m;* **Babyausstattung** *f* artículos *m/pl* para el bebé
Bach *m* ‹-[e]s, Bäche› arroyo *m,* riachuelo *m*
Backblech *n* banadeja *f* de horno
Backbord *n* babor *m*
Backe *f* ‹-, -n› ANAT carrillo *m,* mejilla *f*
backen ‹backte, gebacken› *vti* (*in Ofen*) asar; ◇ **der Kuchen bäckt im Ofen** el pastel se está haciendo en el horno; (*in Pfanne*) freír
Backenzahn *m* muela *f*
Bäckerei *f* (*hauptsächlich Brot*) panadería, f; (*hauptsächlich Kuchen*) pastelería *f;* **Backofen** *m* horno *m;* **Backpulver** *n* levadura *f;* **backte** *impf v.* **backen**
Bad *n* ‹-[e]s, Bäder› [1] (*Voll-*) baño *m* [2] (*Badezimmer*) cuarto *m* de baño [3] (*Kur-*) balneario *m;* **Badeanstalt** *f* baños *m/pl* públicos; **Badeanzug** *m* traje *m* de baño, bañador *m;* **Badehose** *f* bañador *m;* **Bademantel** *m* albornoz *m;* **Bademeister(in** *f*) *m* socorrista *m/f;* **Badesalz** *n* sales *f/pl* de baño; **baden I.** *vt* → *Baby* bañar **II.** *vi* bañarse, tomar un baño; **Badeort** *m* lugar *m* turístico en la costa; **Badetuch** *n* toalla *f;* **Badewanne** *f* bañera *f;* **Badezimmer** *s.* **Bad**
Baggersee *m lago artificial en el que se puede bañar*
Baguette *n* barra *f* de pan
Bahn *f* ‹-, -en› [1] (*Eisen-*) ferrocarril *m* [2] ↑ *Pfad* camino *m;* ↑ *Spur* banda *m,* carril *m;* **Bahnfahrt** *f* viaje *m* en tren; **Bahnhof** *m* estación *f* de tren; (*Bus-*) estación *f* de autobús; ◇ **auf dem** ~ en la estación; **Bahnlinie** *f* línea *f* férrea; **Bahnpolizei** *f* policía *f* [de la estación de tren]; **Bahnsteig** *m* ‹-[e]s, -e› andén *m;* **Bahnstrecke** *f* recorrido *m*
Baiser *n* ‹-s, -s› GASTR merengue *m*
bald *adv* [1] ↑ *in Kürze* pronto, dentro de poco [2] ↑ *annähernd* casi, por poco
Baldrian *m* valeriana *f*
Balkon *m* ‹-s, -s *o.* -e› [1] ↑ *Veranda* balcón *f* [2] THEAT palco *m*
Ball [1] *m* ‹-[e]s, Bälle› balón *m,* pelota *f*
Ball [2] *m* ‹-[e]s, Bälle› (*Tanz-*) baile *m*
Ballast *m* ‹-[e]s, -e› (*zum Beschweren*) carga *f*
Ballen *m* ‹-s, -› [1] (*Stoff-*) fardo *m* [2] ANAT callosidad *f*
Ballettänzer(in *f*) *m* bailarín(-in *f*) *m*
Ballkleid *n* vestido *m* de baile
Ballon *m* ‹-s, -s *o.* -e› globo *m*
Ballspiel *n* juego *m* de pelota
Ballungsgebiet *n* zona *f* de aglomeración
Banane *f* ‹-, -n› plátano *m*
band *impf v.* **binden**
Band [1] *n* ‹-[e]s, Bänder› [1] (*Stoff-, Ton-*) cinta *f* [2] ANAT ligamento *m* [3] ◇ **am Fließ- arbeiten** trabajar en una cadena *f* de montaje [4] *FAM* ◇ **Fehler am laufenden ~ machen** hacer faltas a troche y moche
Band [2] *m* ‹-[e]s, Bände› (*Buch-*) tomo *m*
Band [3] *f* ‹-, -s› (*Musik-*) grupo *m* musical
bandagieren *vt* vendar
bändigen *vt* [1] → *wilde Tiere* domesticar; → *Pferde* domar [2] → *Wut* controlar, reprimir
Bandit(in *f*) *m* ‹-en, -en› bandido/a
bangen *vi:* ◇ **ich bangte um ihr Leben** temía por su vida
Bank [1] *f* ‹-, Bänke› (*Sitzmöbel*) banco *m*
Bank [2] *f* ‹-, -en› [1] (*Geld-*) banco *m* [2] (*Spiel-*) banca *f* [3] (*Organ-*) banco *m* [de órganos]; **Bankbeamte(r)** *m,* **Bankbeamtin** *f* empleado/a de banco; **Bankgeschäft** *n* comercio *m* bancario; **Bankkonto** *n* cuenta *f* bancaria; **Bankleitzahl** *f* clave *f* bancaria; **Banknote** *f* billete *m* de banco; **Bankraub** *m* asalto *m* a un banco
Bankrott *m* ‹-[e]s, -e› bancarrota *f,* quiebra *f;* ◇ ~ **machen** quebrar
Banküberweisung *f* transferencia *f* bancaria; **Bankverbindung** *f* ↑ *Kontonummer* cuenta *f* bancaria
bar *adj* [1] ↑ *nackt* desnudo; (*offensichtlich*) ◇ **-er Unsinn** una soberana tontería [2] ▷*bezahlen* en metálico, en efectivo
Bar *f* ‹-, -s› [1] ↑ *Theke* barra *f* [2] ↑ *Nachtlokal* barra *f* americana; (*Hotel-*) bar *m*
Bär *m* ‹-en, -en› oso *m*
barfuß *adj* descalzo
barg *impf v.* **bergen**
Bargeld *n* dinero *m* en efectivo; **bargeldlos** *adj* con cheque, con tarjeta de crédito
Barkeeper *m* ‹-s, -› barman *m,* camarero *m*
Barmherzigkeit *f* misericordia *f*
Barren *m* ‹-s, -› [1] SPORT barras *f/pl* paralelas [2] (*Gold-*) lingote *m*
Barriere *f* ‹-, -n› ↑ *Schlagbaum* barrera *f; FIG* ↑ *Hindernis* barrera *f,* impedimento *m*

Barscheck *m* cheque *m* en efectivo
barst *impf v.* **bersten**
Bart *m* ‹-[e]s, Bärte› barba *f;* **bärtig** *adj* barbudo
Barverkauf *m* venta *f* en efectivo; **Barzahlung** *f* pago *m* en efectivo
basieren *vi* ↑ *beruhen auf* basarse, apoyarse (*auf dat* en); **Basis** *f* ‹-, Basen› [1] *FIG* ↑ *Grundlage* base *f* [2] MIL base *f* [militar]
Bassin *n* ‹-s, -s› ↑ *Teich* estanque, m
basteln I. *vi* [1] hacer trabajos manuales [2] *FIG* ↑ *tüfteln* hacer arreglos (*an dat* en) **II.** *vt* (*selbst herstellen*) hacer
bat *impf v.* **bitten**
Bau [1] *m* ‹-[e]s› (*von Häusern*) construcción *f*
Bau [2] *m* ‹-[e]s, Bauten› ↑ *Gebäude* edificio *m*
Bau [3] **I.** *m* ‹-s, -e› (*Tier~*) madriguera *f* **II.** *m* ‹-s› *FIG* ↑ *Gefängnis* cárcel *f*
Bauch *m* ‹-[e]s, Bäuche› barriga *f;* **Bauchschmerzen** *m/pl* dolores *m/pl* de barriga; **Bauchweh** *n* ‹-s› *s.* **Bauchschmerzen**
bauen *vti* [1] → *Haus* construir, edificar [2] *FAM* → *Unfall* tener [3] ◇ **auf etw/jd-n** ~ confiar en algo/alguien
Bauer *m* ‹-n *o.* -s, -n› [1] agricultor *m,* campesino *m,* labrador *m; PEJ* cateto *m,* pueblerino *m* [2] (*Schachfigur*) peón *m;* **Bäuerin** *f* agricultora *f,* campesina *f,* labradora *f;* **Bauernhof** *m* granja *f*
baufällig *adj* ruinoso, en ruinas; **Baufirma** *f* empresa *f* constructora; **Baugewerbe** *n* ramo *m* de la construcción; **Bauherr(in** *f*) *m* constructor(a *f*) *m;* **Bauklotz** *m* (*zum Spielen*) pieza *f,* cubo *m*
Baum *m* ‹-[e]s, Bäume› árbol *m;* **Baumbestand** *m* cantidad *f* de árboles; **Baumstamm** *m* tronco *m;* **Baumwolle** *f* algodón *m*
bauschen I. *vt* hinchar, inflar **II.** *vr* ◇ **sich** ~ ↑ *aufblähen* hincharse
Baustein *m* [1] (*für Gebäude, zum Spielen*) pieza *f* de construcción [2] *FIG* ↑ *Bestandteil* pieza *f;* **Baustelle** *f* obras *f/pl;* **Bauwerk** *n* construcción *f*
Bayer(in *f*) *m* ‹-n, -n› bábaro/a; **Bayern** *n* Baviera *f*
beabsichtigen *vt* proponerse
beachten *vt* [1] ↑ *bemerken* fijarse en, tener en cuenta; ◇ ~ **Sie die Vielfalt** fijarse en la variedad [2] → *Regeln* observar, seguir; **beachtlich** *adj* ↑ *beträchtlich* notorio; ↑ *bemerkenswert* digno de tenerse en cuenta; **Beachtung** *f* [1] (*e-r Person/Sache*) atención *f* [2] (*von Regeln*) observancia *f*
Beamte(r) *m* ‹-n, -n› **Beamtin** *f* funcionario/a
beängstigend *adj* alarmante
beanspruchen *vt* [1] ↑ *fordern* reclamar, reivindicar [2] ↑ *brauchen* solicitar [3] ◇ **jd-n** ~ exigir a alguien; **Beanspruchung** *f* [1] ↑ *Forderung* exigencia *f* [2] (*von Maschine*) resistencia *f*
beanstanden *vt* → *Mangel* reclamar; **Beanstandung** *f* reclamación *f*
beantragen *vt* pedir, solicitar
beantworten *vt* responder; **Beantwortung** *f* respuesta *f,* contestación *f* (*von* a)
bearbeiten *vt* [1] ▷*manuell* labrar, modelar, trabajar; ↑ *umstellen* revisar, adaptar; → *Rohstoff* transformar; → *Boden* trabajar, cultivar [2] PC → *Datei* trabajar con [3] *FAM* ↑ *überreden versuchen* persuadir, convencer; **Bearbeitung** *f* ↑ *Fertigung* elaboración *f;* ↑ *Anbau* cultivo *m;* (*e-s Textes*) revisión *f,* adaptación *f*
beaufsichtigen *vt* controlar
beauftragen *vt* [1] ↑ *Auftrag erteilen* encargar, encomendar [2] ↑ *anweisen* ordenar, mandar
bebauen *vt* [1] → *Grundstück* construir en [2] → *Feld* cultivar
beben *vi* [1] ← *Erde* ← *Stimme* temblar [2] (*vor Angst*) temblar; (*vor Kälte*) tiritar; **Beben** *n* ‹-s, -› temblor *m*
Becher *m* ‹-s, -› (*Trink~*) vaso *m*
Becken *n* ‹-s, -› [1] ANAT pelvis *f* [2] (*Schwimm~*) piscina *f;* (*Wasch~*) lavabo *m*
bedanken *vr* ◇ **sich** ~ agradecer; ◇ **ich bedanke mich für Ihre Hilfe** le agradezco su ayuda
Bedarf *m* ‹-[e]s› [1] (*Tages~*) necesidades *f/pl;* ◇ **bei** ~ en caso de necesidad; ◇ ~ **an etw** *dat* **haben** tener necesidad de algo, necesitar algo [2] COMM demanda *f*
bedauerlich *adj* penoso, lamentable; **bedauern** *vt* [1] → *Vorfall* lamentar, sentir [2] ↑ *bemitleiden* compadecer
bedecken *vt* cubrir, tapar; **bedeckt** *adj* ▷*Behälter* tapado; ▷*Himmel* cubierto
bedenken *unreg vt* pensar, considerar; **bedenklich** *adj* [1] ↑ *Besorgnis erregend* sospechoso [2] ↑ *beängstigend* inquietante
bedeuten I. *vt* ↑ *Sinn haben* significar; ↑ *ausdrücken* indicar **II.** *vi* ↑ *Wert haben* tener valor, ser de importancia; **bedeutend** *adj* [1] ▷*Künstler* importante, reconocido [2] ▷*Summe* considerable; **Bedeutung** *f* [1] ↑ *Sinn* significado *m* [2] ↑ *Wichtigkeit* importancia *f;* **bedeutungslos** *adj* insignificante; **Bedeutungsunterschied** *m* polisemía *f;* **bedeutungsvoll** *adj* [1] ↑ *voll Bedeutung* significativo [2] ↑ *vielsagend* importante
bedienen I. *vt* [1] → *Gäste* servir [2] → *Gerät* manejar **II.** *vr* ◇ **sich** ~ (*bei Tisch*) servirse; **Bedienung** *f* [1] (*an Tankstelle*) servicio *m* [2] ↑ *Kellner* camarero *m;* ↑ *Verkäufer* vendedor *m*

bedingen *vt* [1] ↑ *voraussetzen* condicionar [2] ↑ *bewirken* implicar; **Bedingung** *f* [1] ↑ *Forderung* requisito *m* [2] ↑ *Voraussetzung* condición *f* [3] ◇ **Zahlungs~en** condiciones *f/pl*

bedrohen *vt* amenazar; **Bedrohung** *f* amenaza *f*

bedrücken *vt* oprimir, entristecer; ◇ **was bedrückt dich?** ¿por qué estás tan triste?; **bedrückt** *adj* opresivo

Bedürfnis *n* [1] ↑ *Verlangen* necesidad *f* [2] ◇ **~se des Marktes** demandas del mercado

Beefsteak *n* ‹-s, -s› GASTR bistec *m*

beehren *vt* honrar; ◇ **bitte ~ Sie uns bald wieder** honremos de nuevo con su visita

beeilen *vr* ◇ **sich ~** apresurarse, darse prisa; ◇ **beeil' dich!** ¡date prisa!

beeindrucken *vt* impresionar

beeinflussen *vt* influir, influenciar

beeinträchtigen *vt* [1] (*hemmend einwirken*) limitar, obstaculizar [2] (*in seiner Freiheit*) cuartar

beenden *vt* acabar, terminar, finalizar

beerdigen *vt* enterrar; **Beerdigung** *f* entierro *m*

Beere *f* ‹-, -n› *fruta carnosa sin cáscara*

Beet *n* ‹-[e]s, -e› (*Blumen~*) mata *f*

befähigen *vt* capacitar; **Befähigung** *f* [1] ↑ *Fähigkeit* capacidad *f*, aptitud *f* [2] ↑ *Begabung* talento *m*

befahl *impf v.* **befehlen**

befahrbar *adj* ▷*Strecke* transitable; NAUT navegable; **befahren I.** *unreg vt* → *Straße* pasar por, transitar **II.** *adj:* ◇ **e-e viel ~e Straße** una calle muy transitada

befallen *unreg vt* ← *Angst* entrar, sobrecoger; ← *Krankheit* entrar, atacar

Befangenheit *f* timidez *f*

befassen *vr* ◇ **sich ~ [mit]** ocuparse [de]

Befehl *m* ‹-[e]s, -e› [1] ↑ *Anordnung* orden *f*, mandato *m* [2] PC orden *f*; **befehlen** ‹befahl, befohlen› **I.** *vt* ordenar, mandar **II.** *vi* [1] ↑ *kommandieren* mandar [2] ◇ **jd-m ~ etw zu tun** ordenar a alguien hacer algo; **Befehlsform** *f* GRAM imperativo *m*

befestigen *vt* [1] ↑ *festmachen* atar, amarrar (*an dat* a) [2] → *Stadt* amurallar, fortificar; **Befestigung** *f* sujeción *f*; fortificación *f*

befinden *unreg* **I.** *vr* ◇ **sich ~** [1] (↑ *sich aufhalten*) encontrarse, hallarse [2] ↑ *sich fühlen* estar, encontrarse **II.** *vt:* ◇ **etw für gut/schlecht ~** considerar algo bien/mal, tener a bien/a mal **III.** *vi:* ◇ **über jd-s Schicksal ~** decidir sobre el destino de alguien; **Befinden** *n* ‹-s› estado *m*

beflügeln *vt* → *Phantasie* dejar volar

befohlen *pp von* **befehlen**

befolgen *vt* → *Befehl* obedecer, seguir

befördern *vt* [1] → *Fracht, Reisende* llevar, transportar [2] (*zum Direktor*) ascender; **Beförderung** *f* ascenso *m*

befragen *vt* hacer una encuesta; **Befragung** *f* (*Meinungsumfrage*) encuesta *f*

befreien *vt* [1] (*aus Notlage*) sacar [2] (*von Sorge*) liberar, librar [3] (*von Pflicht ~*) dispensar; **Befreiung** *f* [1] liberación *f* [2] dispensa *f*

befreunden *vr* ◇ **sich ~** hacerse amigos

befriedigen *vt* [1] (↑ *zufriedenstellen*) satisfacer, contentar [2] → *Wünsche, Ansprüche* satisfacer, cumplir; **befriedigend** *adj* [1] satisfactorio [2] SCH ↑ *Note 3* bien *m;* **Befriedigung** *f* [1] ↑ *Genugtuung* satisfacción *f*, contento *m*, paz *f* [2] (*von Ansprüchen*) cumplimiento *m*

befristet *adj* con un plazo limitado

befugt *adj* autorizado, permitido

befühlen *vt* tocar, palpar

Befund *m* ‹-[e]s, -e› MED resultados *m/pl* médicos

befürchten *vt* temer, tener miedo de; **Befürchtung** *f* temor *m*

befürworten *vt* → *Plan* apoyar, estar de acuerdo; **Befürwortung** *f* apoyo *m*

begabt *adj* dotado, con talento; **Begabung** *f* talento *m*, don *m*

begann *impf v.* **beginnen**

begeben *unreg vr* ◇ **sich ~** [1] (*an Ort*) ir, dirigirse, ponerse en camino (*zu, nach* a) [2] (*an Arbeit*) ir a; **Begebenheit** *f* ↑ *Ereignis* suceso *m*, hecho *m*, acontecimiento *m*

begegnen I. *vi* [1] ↑ *treffen* encontrarse (*jd-m* con alguien) [2] → *e-r Meinung* oponerse a, estar en contra de [3] ↑ *behandeln* ◇ **e-r Sache ~** tratar un asunto **II.** *vr* ◇ **sich/einander ~** ↑ *sich zufällig treffen* encontrarse por casualidad; **Begegnung** *f* [1] ↑ *Treffen* encuentro *m* [2] (*mit etw Neuem*) confrontación *f* [3] SPORT encuentro *m*, confrontación *f*

begehen *unreg vt* [1] → *Verbrechen, Dummheit* cometer [2] → *Fest* celebrar, festejar

begeistern I. *vt* ↑ *in Begeisterung versetzen* entusiasmar **II.** *vr:* ◇ **sich für etw ~** entusiasmarse por algo; **Begeisterung** *f* entusiasmo *m*

Begierde *f* ‹-, -n› deseo *m*, anhelo *m*, ansia *f*

begießen *unreg vt* [1] (*mit Wasser*) regar [2] (*FAM trinken auf*) brindar por

Beginn *m* ‹-[e]s› comienzo *m*, empiece *m;* **beginnen** ‹begann, begonnen› *vti* comenzar, empezar

begleichen *unreg vt* → *Rechnung, Schuld* pagar

begleiten *vt* [1] ↑ *mitgehen* acompañar (*in, an, auf akk* a) [2] (MUS *auf Klavier*) acompañar a [3] ↑ *einhergehen mit* ser acompañado por; **Begleitung** *f* [1] (*Person*) compañía *f* [2] MUS acompañamiento *m*

beglückwünschen *vt* felicitar (*zu* por)

begnügen *vr* ◇ **sich - mit** contentarse con, darse por satisfecho con

begonnen *pp von* **beginnen**

begraben *unreg vt* [1] → *Toten* enterrar [2] (*unter sich -*) sepultar [3] *FIG* ↑ *aufgeben* abandonar; **Begräbnis** *n* entierro *m*

begreifen *unreg vt* ↑ *verstehen* entender; ↑ *nachfühlen* comprender

begrenzen *vt* [1] → *Bereich* limitar, demarcar [2] *FIG* → *Geschwindigkeit* limitar

Begriff *m* ‹-[e]s, -e› [1] concepto *m*, idea *f*; ↑ *Bezeichnung, Ausdruck* palabra *f* [2] *FAM* ↑ *nicht recht verstehen* ◇ **schwer von - sein** ser duro de mollera [3] ◇ **im - sein, etw zu tun** estar a punto de hacer algo

begründen *vt* [1] → *Behauptung* fundamentar [2] → *Theorie, Lehre* basar, fundar; **Begründung** *f* argumentación *f*

begrüßen *vt* [1] → *Gäste* saludar [2] → *Entscheidung* aceptar, admitir; **Begrüßung** *f* saludo *m*

begünstigen *vt* [1] → *Freund* favorecer, beneficiar [2] ↑ *bevorzugen* preferir

behaglich *adj* ▷*Umgebung* agradable, cómodo, placentero; ▷*Wärme* confortable

behalten *unreg vt* [1] → *Besitz* no vender, mantener; → *Glanz, Wert* conservar [2] (*in Erinnerung*) recordar, conservar en la memoria

Behälter *m* ‹-s, -› (*für Flüssigkeit*) frasco *m*; ▷ *kleiner* - recipiente *m*; ▷*großer* - contenedor *m*

behandeln *vt* [1] → *Patienten* tratar, atender [2] ↑ *umgehen mit* → *Mensch, Tier* tratar; → *Gerät* tratar, manejar, usar [3] → *Thema* tratar; **Behandlung** *f* tratamiento *m*; trato *m*, manejo *m*, uso *m*; tratamiento *m*

beharren *vi*: ◇ **- auf** *dat* obstinarse en, mantenerse firme en, persistir en, insistir en; **beharrlich** *adj* (↑ *geduldig*) persistente, constante; ↑ *hartnäckig* obstinado, testarudo, insistente

behaupten I. *vt* [1] ↑ *etwas sagen* decir, opinar [2] (*an Meinung festhalten*) afirmar II. *vr* ◇ **sich - gegen** ↑ *sich durchsetzen* imponerse a; **Behauptung** *f* afirmación *f*, opinión *f*

Behausung *f* ↑ *[einfache] Wohnung* alojamiento *m*; *FAM* casa *f*

beheizen *vt* calentar

behelfen *unreg vr* ◇ **sich - mit etw** ayudarse de, servirse de; **behelfsmäßig** *adj* ↑ *provisorisch* provisional, fortuito

beherrschen I. *vt* [1] → *Situation, Arbeit* dominar, estar al tanto de; → *Fremdsprache* dominar, saber; → *Instrument* saber tocar; → *Wut, Gefühl* dominar, controlar [2] → *öffentliche Meinung* dominar [3] → *Volk, Land* gobernar, mandar en II. *vr* ◇ **sich -** controlarse, dominarse; **Beherrschung** *f* dominio *m*, control *m*, dominación *f*

beherzigen *vt* → *Rat, Anliegen* tener en consideración

behilflich *adj* ↑ *helfend* servicial, dispuesto a ayudar; ◇ **könnten Sie mir bitte - sein?** ¿podría ayudarme, por favor? (*bei* en/con)

behindern *vt* → *Entwicklung, Arbeit, Sicht* impedir, dificultar, obstaculizar; → *Person* ↑ *im Wege stehen* estorbar; **Behinderte(r)** *fm* disminuído *m* físico, minusválido *m*, impedido *m*

Behörde *f* ‹-, -n› ↑ *Amt* oficina *f*

bei *präp dat* [1] (*örtlich*) cerca de; ◇ **das Haus - der Brücke** la casa cerca del puente; ◇ **-m Bäkker** en la pastelería; ◇ **- Tisch** en la mesa [2] (*zeitlich*) ◇ **- Beginn** al principio; ◇ **- seiner Rückkehr** a su vuelta; ↑ *während* de, durante; ◇ **- Tag/Nacht** de día/noche; ◇ **- Nebel** con niebla [3] ◇ **- vollem Bewußtsein** en pleno uso de sus facultades

beibringen *unreg vt* [1] → *Lesen, Schreiben* enseñar [2] *FAM* ↑ *schonend mitteilen* comunicar, decir, dar la noticia [3] ↑ *zufügen* ◇ **jd-m e-e Verletzung -** ocasionar una lesión a alguien

beichten I. *vt* ↑ *Beichte ablegen* confesar; *FAM* → *Seitensprung* confesar, admitir II. *vi* ↑ *zur Beichte gehen* confesarse

beide(s) *adj, pron* los dos, ambos; ◇ **wir -** nosotros dos; ◇ **e-r von -n** uno de los dos; ◇ **keiner von -n** ninguno de los dos; ◇ **in -n Fällen** en ambos casos; ◇ **-s ist möglich** son posibles las dos cosas; **beiderseits** I. *adv* por ambas partes, de forma recíproca II. *präp gen* a/en ambos lados

Beifahrer(in *f*) *m* copiloto *m/f*

Beifall *m* ‹-[e]s› ↑ *Applaus* ovación *f*, aplauso *m*, acogida *f*

beifügen *vt* → *Rechnung, Brief* adjuntar

Beihilfe *f* ‹-, -n› [1] ↑ *Hilfe* ayuda *f* [2] (*Finanz-*) ayuda *f*, apoyo *m* [3] JURA ▷*strafrechtlich* complicidad *f*

Beilage *f* [1] (*Zeitungs-*) suplemento *m* [2] GASTR guarnición *f*

beiläufig I. *adj* ▷*Frage* ocasional, de paso II. *adv* decir/hacer algo ocasionalmente

Beileid *n* (*bei Trauerfall*) pésame *m*; ◇ **ich möchte Ihnen mein herzliches - aussprechen** le quiero dar mi más sentido pésame

beiliegend *adj* COMM adjunto

beim = **bei dem** [1] (*Vorgang*) ◇ ~ **Putzen** limpiando, al limpiar [2] ◇ **jd-n ~ Wort nehmen** tomar a alguien al pie de la letra

Bein *n* ‹-[e]s, -e› [1] ANAT pierna *f* [2] (*von Tieren, Tisch~*) pata *f*

beinah, **beinahe** *adv* ↑ *fast* casi, por poco

Beinbruch *m* fractura *f* de pierna; ◇ **Hals und ~!** ¡muchísima suerte!

beinhalten *vt* [1] → *Ware, Gerät* contener [2] ADMIN → *Aussage* contener

beipflichten *vi* ↑ *zustimmen*: ◇ **jd-m/einer Sache ~** confirmar algo a alguien, asegurar algo a alguien

beirren *vt* desconcertar; ◇ **laß Dich nicht ~!** ¿no te dejes volver loco!

beisammen *adv* juntamente con, conjuntamente

beiseite *adv* [1] ↑ *zur Seite* a un lado [2] ◇ **jd-n/etw ~ schaffen** quitar a alguien de en medio, echar algo a un lado [3] ◇ **etw ~ legen** ahorrar

Beisetzung *f* entierro *m*

Beispiel *n* ‹-[e]s, -e› ejemplo *m;* ◇ **[wie] zum ~** [como] por ejemplo; **beispiellos** *adj* sin ejemplo, sin igual; **beispielsweise** *adv* por ejemplo; ◇ **e-e Einrichtung ist ~ die Krankenkasse** una organización es por ejemplo la Seguridad Social

beißen ‹biß, gebissen› *vt* morder; **beißend** *adj* [1] ▷*Geruch* penetrante [2] ▷*Wind* cortante [3] ▷*Farbe* que no pega, que no va [4] *FIG* ▷*Bemerkungen* hiriente, sarcástico; **Beißzange** *f* tenazas *f/pl*

Beistand *m* [1] ↑ *Stütze* apoyo *m,* ayuda *f* [2] JURA consejero(a) *m;* **beistehen** *unreg vi:* ◇ **jd-m [mit Rat und Tat] ~** ayudar/socorrer/aconsejar a alguien

beisteuern *vt* aportar, contribuir

beistimmen *vi:* ◇ **jd-m/e-r Sache ~** aplaudir a alguien/algo, aprobar a alguien/algo

Beistrich *m* GRAM coma *f*

Beitrag *m* ‹-[e]s, Beiträge› [1] ↑ *Leistung für bestimmten Zweck* aportación, ayuda *f* [2] ▷*finanziell* contribución *f;* (*Versicherungs~*) prima *f;* (*Mitglieds~*) cuota *f;* ◇ **der monatliche ~ beträgt DM 75** la cuota mensual se eleva a 75 marcos [3] (*in Zeitung*) artículo *m;* (*künstlerischer ~*) actuación *f;* **beitragen** *unreg vti* aportar, contribuir (*zu* a); **Beitragsbemessung** *f* cálculo *m* de la contribución; **Beitragszahlende(r)** *fm* contribuyente *m/f*

beitreten *unreg vi* ↑ *Mitglied werden* adherirse a, hacerse miembro de; (*Partei*) afiliarse (*dat* a); **Beitritt** *m* adhesión *f,* ingreso *m;* **Beitrittserklärung** *f* ficha *f* de ingreso

Beiwagen *m* (*von Motorrad*) sidecar *m*

Beiwerk *n* complementos *m/pl,* accesorios *m/pl*

beiwohnen *vi* (*e-m Vortrag*) asistir a

Beize *f* ‹-, -n› (*[chem.] Mittel*) [1] (*Holz~*) barniz *m* [2] GASTR adobo *m*

beizeiten *adv* temprano; ◇ **um den Gipfel zu besteigen, mußten wir ~ aus den Federn** para subir a la cumbre nos tuvimos que levantar temprano

beizen *vt* [1] → *Holz* barnizar [2] GASTR adobar; **beizend** *adj* CHEM corrosivo

bejahen *vt* [1] → *Frage* responder afirmativamente [2] → *Handlungsweise* aprobar; **bejahend** *adj* GRAM afirmativo; **Bejahung** *f* GRAM afirmación, aseveración *f*

bekämpfen **I.** *vt* (*Gegner*) combatir contra, luchar contra **II.** *vr* ◇ **sich ~** pelearse; **Bekämpfung** *f* lucha *f* (*gen* contra); ◇ **die ~ der Kriminalität ist äußerst schwierig** la lucha contra el crimen es extremadamente difícil

bekannt *adj* [1] ▷*Person, Sache* conocido; ↑ *berühmt* conocido, famoso, prestigioso [2] ◇ **jd-n mit jd-m ~ machen** presentar a alguien; ◇ **jd-n mit e-r Sache ~ machen** introducir a alguien en algo; ◇ **[mit] jd-m ~ sein** ser amigo de; ◇ **das ist mir ~** lo sé; ◇ **er/sie/es kommt mir ~ vor** me parece que le/la/lo conozco; ◇ **er/sie/es ist mir ~** le/la/lo conozco; ◇ **dies ist mir ~** eso ya lo sabía; **Bekannte(r)** *fm* conocido/a; **Bekanntenkreis** *m* circulo *m* de amistades; **bekanntgeben** *unreg vt* dar a conocer; **bekanntlich** *adv* como ya se sabe; ◇ **Elefanten sind ~ Vegetarier** los elefantes son, como todos sabemos, animales vegetarianos; **bekanntmachen** *vt* dar a conocer; ◇ **überall ~, daß ...** divulgar que ...; **Bekanntmachung** *f* [1] ▷*öffentliche* publicación *f* [2] (*private ~*) aviso *m,* advertencia *f;* **Bekanntschaft** *f* [1] (*nur Singular*) conocimiento *m* [2] *IRON* ◇ **mit jd-m/e-r Sache ~ schließen/machen** tener un encontronazo con alguien/con algo [3] ◇ **jd-s ~ machen** trabar amistad con alguien [4] (*Bekanntschaften*) amigos *m/pl;* ◇ **e-r meiner ~en** uno de mis amigos; **bekanntwerden** *vi* (*öffentlich werden*): ◇ **es darf in keinster Weise ~, daß ...** no debe divulgarse [de ninguna manera] que ...

bekehren **I.** *vt* (*Person*) convencer; ◇ **jd-n zu e-r Sache ~** convertir a alguien a algo **II.** *vr* ◇ **sich ~ zu** convertirse a; **Bekehrung** *f* conversión *f*

bekennen *unreg* **I.** *vt* → *Schuld* reconocer, admitir; → *Glauben* procesar **II.** *vr:* ◇ **sich als Sünder ~** reconocerse pecador; ◇ **sich zu jd-m ~** estar de parte de alguien; **Bekennerbrief** *m* (*von Terro-*

risten) carta *f* reivindicativa; **Bekenntnis** *n* [1] ↑ *Gutheißen* reconocimiento *m* [2] confesión *f* [3] (*Glaubens-*) confesión *f*

beklagen I. *vt* lamentar; ◇ **Menschenleben waren nicht zu ~** no hubo desgracias personales/víctimas II. *vr* ◇ **sich ~** quejarse (*über akk* de); **beklagenswert** *adj* lamentable

bekleben *vt* [1] ◇ **e-e Mauer mit Plakaten ~** pegar carteles en un muro [2] (*mit Tapeten*) empapelar

bekleiden I. *vt* [1] (*mit Kleidern*) vestir [2] → *Amt* ejercer, tener II. *vr* ◇ **sich ~ mit** ponerse algo; **bekleidet** *adj:* ◇ **mit etw ~ sein** estar vestido; ◇ **er ist mit e-m neuen Anzug ~** lleva un traje nuevo; **Bekleidung** *f* vestimenta *f*, ropa *f;* **Bekleidungshaus** *n* casa *f* de modas; **Bekleidungsindustrie** *f* confección *f*

beklemmend *adj* opresivo

beklommen *adj* angustiado, temeroso; **Beklommenheit** *f* angustia *f*, temor *m*

bekommen *unreg* I. *vt* recibir; → *Kind* tener; → *Zug* alcanzar II. *vi:* ◇ **mir bekommt der Wein nicht** el vino me sienta mal; ◇ **ich bekäme es nicht über mich, dir weh zu tun** no podría hacerte daño; **bekömmlich** *adj* ligero

bekräftigen *vt* afirmar, corroborar

bekreuzen *vr* ◇ **sich ~** santiguarse

bekriegen *vt* hacer la guerra contra

bekümmern *vt* preocupar, inquietar; ◇ **das bekümmert mich wenig** no me preocupa

bekunden *vt* [1] ↑ *an den Tag legen* demostrar [2] ↑ *zeigen* mostrar

belächeln *vt* sonreír

beladen *unreg vt* (*befrachten*) cargar

Belag *m* ‹-[e]s, Beläge› [1] revestimiento *m*, capa superficial *f* [2] (*Brot-*) relleno *m* [3] (*Zahn-*) sarro *m;* (*auf Glasscheibe*) empañado *m* [4] (*Straßen-*) pavimento *m*

belagern *vt* [1] → *Stadt* sitiar [2] *FIG* → *Star* asediar; **Belagerung** *f* asedio *m;* **Belagerungszustand** *m* estado *m* de sitio

Belang *m* ‹-[e]s, -e› [1] importancia *f;* ◇ **das hat wenig ~** es de poca importancia [2] ◇ **die ~e des Angeklagten vertreten** defender los intereses del demandado

belangen *vt* (JURA *vor Gericht*) demandar (*wegen* por)

belanglos *adj* insustancial; **Belanglosigkeit** *f* insustancialidad *f*

belassen *unreg vt* [1] ↑ *unverändert lassen* dejar; ◇ **~ wir sie in dem Glauben** le dejamos con sus creencias [2] ◇ **~ wir es dabei !** ¡en esas quedamos¡

belasten I. *vt* [1] → *Lastwagen* cargar [2] *FIG* ↑ *bedrücken* oprimir [3] COMM → *Konto* cargar [4] JURA agraviar II. *vr* ◇ **sich ~** [1] cargarse [2] JURA agraviarse; **belastend** *adj* JURA agravante; **Belastungszeuge** *m*, **Belastungszeugin** *f* testigo *m/f* de cargo

belästigen *vt* molestar, agobiar; **Belästigung** *f* molestia *f*, estorbo *m*

Belastung *f* [1] carga *f* [2] *FIG* ↑ *Sorge* carga *f*, sobrecarga *f* [3] COMM gravación *f* [4] JURA cargo *m*, agravante *m*

belaubt *adj* cubierto, frondoso

belaufen *unreg vr* ◇ **sich ~** ascender, elevarse (*auf akk* a)

belauschen *vt* escuchar [indiscretamente]

beleben I. *vt* [1] → *Straße* llenar, alegrar [2] → *Wirtschaft* reactivar [3] ← *Getränk* estimular II. *vr* ◇ **sich ~** ← *Straße* animarse

Beleg *m* ‹-[e]s, -e› [1] ↑ *Beweis* justificante *m* [2] (COMM *Quittung*) recibo *m* [3] (*in Texten*) prueba *f;* **belegen** *vt* [1] → *Fläche* cubrir de/con [2] → *Brötchen* rellenar de/con; (*Fußboden*) recubrir [3] ↑ *für sich nehmen* → *Sitz* reservar; → *Telefonleitung* ocupar; → *Seminar* asistir [4] ↑ *beweisen* → *Ausgaben* justificar [5] → *Unternehmen* multar, sancionar [6] (*mit Strafe*) castigar; **belegtes Brot** *n* bocadillo *m*

Belegschaft *f* personal *m*

belehren *vt* → *Schüler* enseñar; → *Soldat* instruir; ◇ **diese Erfahrung belehrte uns e-s Besseren** esta experiencia nos sirvió de enseñanza; ◇ **jd-n ~ über etw** *akk* informar a alguien sobre algo; **belehrend** *adj* instructivo, de formación; **Belehrung** *f* enseñanza *f*, instrucción *f*

beleibt *adj* corpulento, relleno

beleidigen *vt* [1] → *Person* ofender, insultar [2] *FIG* → *Ohren* molestar; **beleidigend** *adj* ofensivo, insultante; **Beleidigung** *f* ofensa *f*, insulto *m;* JURA injuria *f;* **Beleidigungsklage** *f* JURA demanda *f* por injurias

belesen *adj* instruido

beleuchten *vt* [1] → *Straße* iluminar, alumbrar [2] *FIG* → *Problem* dilucidar; **Beleuchter(in** *f*) *m* técnico *m/f* de iluminación; **Beleuchtung** *f* [1] ↑ *das Beleuchten* iluminación *f* [2] (*von Schloß*) iluminación *f* [3] ↑ *Licht* luz *f*

Belgien *n* Bélgica *f;* **Belgier(in** *f*) *m* ‹-s, -› belga *m/f;* **belgisch** *adj* belga

belichten *vt* exponer; **Belichtung** *f* exposición *f;* **Belichtungsmesser** *m* ‹-s, -› FOTO fotómetro *m;* **Belichtungszeit** *f* FOTO tiempo *m* de exposición

Belieben *n:* ◇ **[ganz] nach ihrem ~** a su gusto; **beliebig** *adj* cualquiera; ◇ **e-n ~en/x-~en Beruf wählen** elegir un oficio cualquiera; ◇ **bringe**

zum Fest ~ viele Personen trae a la fiesta cuantas personas quieras

beliebt *adj* ▷*Schauspieler* estimado, querido; ▷*Buch* solicitado; ▷*Einwand* utilizado; ◇ **er versuchte sich bei uns ~ zu machen** intentaba ganarse nuestro afecto; **Beliebtheit** *f* popularidad *f*

beliefern *vt* proveer de; ◇ **die Kunden mit e-r Menge Waren ~** suministrar a los clientes gran cantidad de mercancías

bellen *vi* ladrar

belohnen *vt* recompensar; **Belohnung** *f* recompensa *f*

belügen *unreg vt* mentir

belustigen *vt* alegrar, divertir, animar; **belustigend** *adj* alegre, divertido; **Belustigung** *f* diversión *f*

bemächtigen *vr* ◇ **sich ~** (*e-s Amtes*) tomar posesión (*gen* de)

bemalen *vt* pintar

bemängeln *vt* sacar defectos, criticar

bemannen *vt* tripular

bemerkbar *adj* ① ↑ *erkennbar* perceptible, reconocible ② ◇ **sich ~ machen** hacerse notar; **bemerken** *vt* ① ↑ *wahrnehmen* percibir ② ↑ *äußern* decir, mencionar; ◇ **[ganz] nebenbei bemerkt** dicho de pasada; **bemerkenswert** *adj* notable, digno de atención, destacable; ◇ **die Mannschaft hat sich ~ gut geschlagen** el equipo ha luchado bravamente; **Bemerkung** *f* ① ↑ *Äußerung* observación *f* ② (*am Textrand*) nota *f*

bemitleiden *vt* compadecerse de

bemühen I. *vt* ocuparse; ◇ **darf ich Sie nochmals ~, dies zu tun?** ¿le podría pedir otra vez que se ocupe de esto? **II.** *vr* ◇ **sich ~** esforzarse; ◇ **bitte ~ Sie sich um die Karten** ocúpese por favor de las entradas; **Bemühung** *f* esfuerzo *m* (*um* por)

bemuttern *vt* cuidar excesivamente [como una madre]

benachbart *adj* vecino

benachrichtigen *vt* informar, avisar (*von* de); **Benachrichtigung** *f* información *f*, aviso *m*

benachteiligen *vt* perjudicar, discriminar

benehmen *unreg vr* ◇ **sich ~** comportarse; ◇ **benimm Dich [gut], bitte!** ¡pórtate bien¡; **Benehmen** *n* ⟨-s⟩ comportamiento *m*

beneiden *vt* envidiar; **beneidenswert** *adj* envidiable

Beneluxländer *n/pl* Benelux *m*

benennen *unreg vt* nombrar, designar

Bengel *m* ⟨-s, -⟩ *FAM* rapaz *f*, pillo *m*

benommen *adj* aturdido, ido, atontado

benötigen *vt* requerir, necesitar

benutzen, benützen (*süddt., ÖST*) *vt* utilizar, usar; (*ausnutzen*) aprovechar; (*heranziehen als*) servir de; **Benutzer(in** *f*) *m* ⟨-s, -⟩ usuario/a; ◇ **der ~ des Wörterbuchs steht im Vordergrund** el usuario del diccionario está en primer lugar; **benutzerfreundlich** *adj* de facíl uso; **Benutzung** *f* utilización *f*, uso *m*, aprovechamiento *m*

Benzin *n* ⟨-s, -e⟩ AUTO gasolina *f;* ◇ **bleifreies/bleihaltiges ~** gasolina con/sin plomo; **Benzinkanister** *m* lata *f* de gasolina; **Benzintank** *m* depósito *m* de gasolina; **Benzinuhr** *f* indicador *m* de gasolina

beobachten *vt* observar; ◇ **etw an jd-m ~** observar/notar algo a alguien; **Beobachter(in** *f*) *m* ⟨-s, -⟩ observador(a *f*) *m;* ↑ *Zeuge* testigo *m/f;* MEDIA espectador(a *f*) *m;* **Beobachtung** *f* observación *f;* ◇ **e-e interessante ~ machen** hacer una interesante observación; **Beobachtungsgabe** *f* dotes *f/pl* de observación; **Beobachtungssatellit** *m* satélite *m* de observación; **Beobachtungsstufe** *f* nivel *m* de atención

bepacken *vt* cargar

bepflanzen *vt* plantar; **bepflanzt** *adj* sembrado

bequem *adj* ① cómodo; ◇ **machen Sie es sich bitte ~!** ¡póngase cómodo¡ ② ▷*Anwort* fácil; ◇ **mach Dir's nicht zu ~** no te tumbes en los laureles ③ ▷*Mensch* perezoso, cómodo; **Bequemlichkeit** *f* ① ↑ *Behaglichkeit* comodidad *f* ② ↑ *Trägheit* pereza *f*

beraten *unreg* **I.** *vt* → *Kunden* aconsejar; ◇ **gut/schlecht ~ sein** estar bien/mal aconsejado; ◇ **[über] etw** *akk* **~** consultar sobre algo **II.** *vr:* ◇ **sich ~ lassen [über etw]** dejarse aconsejar sobre algo; ◇ **sich ~ [über etw]** consultar [algo]; **Berater(in** *f*) *m* ⟨-s, -⟩ consejero/a, asesor(a); **Beratung** *f* consejo *m;* ↑ *Besprechung* consulta *f;* **Beratungsstelle** *f* consultorio *m*, asesoría *f*

berauben *vt* robar

berauschen I. *vt* ↑ *betrunken machen* emborrachar **II.** *vr* ◇ **sich ~** ① ↑ *sich betrinken* emborracharse ② THEAT entusiasmarse; **berauschend** *adj* ① ▷*Wein* embriagador ② ▷*Ballnacht* movido

berechenbar *adj* predecible; **berechnen** *vt* ① → *Kosten* calcular ② → *Bauzeit* calcular; → *Reaktion* predecir ③ COMM ◇ **für die Mahnung ~ wir Ihnen 25 DM** le cargamos en cuenta 25 marcos por el aviso; **berechnend** *adj* calculador; **Berechnung** *f* ① ↑ *Ausrechnen* cuenta *f* ② ↑ *[Ein-]Schätzung* cálculo *m* ③ COMM cómputo *m*

berechtigen *vt* autorizar; **berechtigt** *adj* ① ▷*Ansprüche* legítimo ② ▷*Vorwurf* justificado; **Berechtigte(r)** *fm* (*von Leistung*) beneficiario/a *m;*

(*von Recht*) persona *f* autorizada; **Berechtigung** *f* derecho *m,* autorización *f,* legitimidad *f*

bereden *vt* debatir, discutir

Beredsamkeit *f* elocuencia *f;* **beredt** *adj* elocuente

Bereich *m* ‹-[e]s, -e› [1] (*Stadt-*) zona *f* [2] (*Sach-*) campo *m,* terreno *m* [3] PHYS campo *m* de acción

bereichern I. *vt* → *Sammlung* aumentar, enriquecer II. *vr* ◇ **sich [auf Kosten Dritter] - an e-r Sache** enriquecerse en algo [a cuenta de alguien]

Bereifung *f* AUTO neumáticos *m/pl*

bereinigen *vt* acordar conjuntamente, arreglar

bereisen *vt* viajar por

bereit *adj* preparado; ◇ **für/zu etw - sein** estar listo para algo; ◇ **er erklärte sich** [*o.* **fand sich**] **-, uns zu helfen** estaba dispuesto a ayudarnos

bereiten *vt* [1] → *Essen* preparar [2] → *Freude* dar, causar

bereithalten *unreg vt* tener a disposición; **bereitlegen** *vt* preparar

bereits *adv* ya; ◇ **der Film hat - angefangen** la película ya ha empezado

Bereitschaft *f* [1] ↑ *das Bereitsein* disposición *f* [2] MIL, MED *etc.* disponibilidad *f* [3] (*-sdienst*) guardia *f;* **Bereitschaftsarzt** *m,* **-ärztin** *f* médico/a de guardia; **Bereitschaftsdienst** *m* servicio *m* de guardia

bereitwillig *adj* servicial

bereuen *vt* [1] ↑ *Reue empfinden* arrepentirse de [2] ↑ *sehr bedauern* lamentarse de

Berg *m* ‹-[e]s, -e› [1] montaña *f;* ◇ **wir fahren in die -e zum Bergsteigen** vamos a las montañas a escalar [2] (*FAM von Akten*) montón *m;* ◇ **Butter-** superprodución de mantequilla; **Bergbach** *m* riachuelo *m* de montaña; **bergab** *adv* cuesta abajo; ◇ **mit den Alten Ländern geht es -** cada vez va peor con la situación en los antiguos estados alemanes; **bergauf** *adv* cuesta arriba; ◇ **mit den Neunen Ländern geht es [wieder] -** la situación mejora en los nuevos estados alemanes; **Bergarbeiter** *m* minero *m;* **Bergbahn** *f* ferrocarril *m* de montaña; **Bergbau** *m* minería *f;* **Bergbauingenieur(in** *f*) *m* ingeniero/a de minas; **Bergbewohner(in** *f*) *m* montañés(-esa *f*) *m*

bergen ‹barg, geborgen› *vt* [1] ↑ *retten* salvar; → *Verschüttete* rescatar; → *Schiffsladung* recuperar [2] ↑ *innehaben* ← *Land* poseer, tener, ocultar

Bergführer(in *f*) *m* guía *m/f* de montaña; **Berggipfel** *m* cumbre *f,* cima *f;* **Berghütte** *f* refugio *m* de montaña; **bergig** *adj* montañoso; **Bergkette** *f* cordillera *f;* **Bergkristall** *n* cristal de roca *m;* **Bergmann** *m, pl* ‹-leute› minero *m;* **Bergrutsch** *m* desprendimiento *m;* **Bergschuh** *m* bota *f* de montaña; **Bergsteigen** *n* SPORT alpinismo *m;* **Bergsteiger(in** *f*) *m* ‹-s, -› alpinista *m/f;* **Bergstock** *m* bastón *m* de alpinista

Bergung *f* (*von Menschen*) salvamento *m;* (*von Material*) recuperación *f;* (NAUT *von Schiffbrüchigen*) rescate *m;* (*von Schiffsladung*) recuperación *f*

Bergwacht *f* ‹-, -en› servicio *m* de salvamento

Bergwerk *n* mina *f;* **Bergwerks-** *adj* minero

Bericht *m* ‹-[e]s, -e› informe *m* (*über/von* sobre); **berichten** *vti* informar, comunicar; **Berichterstatter(in** *f*) *m* ‹-s, -› corresponsal *m/f;* **Berichterstattung** *f* información *f*

berichtigen *vt* corregir

Berichtsjahr *n* año *m* del informe; **Berichtszeitraum** *m* época *f* del informe

beritten *adj* a caballo

Berliner Blockade *f* sitiado *m* de Berlín

Bernhardiner *m* (*Hund*) San Bernardo *m*

Bermudas *pl* [1] (*Inseln*) Las Islas Bermudas *f/pl* [2] ↑ *Shorts* bermudas *f/pl*

Bernstein *m* ámbar *m*

bersten ‹barst, geborsten› *vi* reventar; ◇ **das Maß ist bis zum Bersten voll** ya no aguanto más

berüchtigt *adj* de mala fama

berücksichtigen *vt* tener en cuenta, considerar

Beruf *m* ‹-[e]s, -e› (*Lehrer-*) profesión *f;* (*Handwerks-*) oficio *m;* ◇ **was sind Sie von -?** ¿a qué se dedica?, ¿en qué trabaja usted?

berufen *unreg* I. *vt* ↑ *ernennen* llamar (*in akk* a), nombrar (*als/zu* como/para); ◇ **er wurde in das Amt -** se le ha designado este destino II. *vr:* ◇ **sich auf etw/jd-n -** referirse III. *adj* (*fähig*) capacitado, capaz; ◇ **er fühlte sich hierzu nicht -** no se sentía cápaz de ello

beruflich *adj* profesional; **Berufs-** *adj* profesional; **Berufsausbildung** *f* formación *f* profesional; **Berufsberater(in** *f*) *m* consejero/a profesional; **Berufsberatung** *f* orientación *f* profesional; **Berufsbezeichnung** *f* denominación *f* profesional; **Berufsgeheimnis** *n* secreto *m* profesional

Berufsheer *n* ejercito *m* profesional

Berufskrankheit *f* enfermedad *f* profesional; *FIG* deformación *f* profesional; **Berufsleben** *n* vida *f* profesional; **Berufsmöglichkeiten** *f/pl* salidas *f/pl* profesionales; **Berufsrisiko** *n* riesgo *m* profesional; **Berufsschule** *f* escuela *f* de formación profesional; **Berufssoldat** *m* soldado *m* profesional; **Berufssportler(in** *f*) *m* deportista *m/f* profesional; **berufstätig** *adj:* ◇ **~ sein** trabajar; **Berufsverkehr** *m* tráfico *m* [a la hora punta]; **Berufsverbot** *n* ‹-s› prohibición *f* de ejecer su profesión; **Berufswahl** *f* elección *f* profesional

Berufung *f* [1] (*zu e-r Tätigkeit*) vocación *f*, dedicación *f* [2] ↑ *Einsetzung* profesión *f* [3] JURA apelación *f;* ◇ **in die ~ gehen** apelar; ◇ **unter ~ auf seine Schweigepflicht** apelando a su secreto profesional

beruhen *vi* [1] ◇ **seine Vorwürfe ~ auf Gegenseitigkeit** *dat* sus reproches son mutuos [2] ◇ **die Arbeit auf sich ~ lassen** dejar por terminado el trabajo

beruhigen I. *vt* (*Baby*) calmar; ◇ **es beruhigt uns sehr, daß ...** nos tranquiliza mucho el que ... **II.** *vr* ◇ **sich ~** calmarse, tranquilizarse; ← *Meer* calmarse, apaciguarse; **Beruhigung** *f* tranquilidad *f;* (*von Sturm*) calma *f;* ◇ **zu deiner ~ kann ich sagen, daß ...** para tu tranquilidad te puedo decir que ...; **Beruhigungsmittel** *n* tranquilizante *m*, calmante *m;* **Beruhigungspille** *f* sedante *m;* **Beruhigungsspritze** *f* inyección *f* de un sedante

berühmt *adj* famoso; **Berühmtheit** *f* notoriedad *f;* ◇ **~ erlangen** alcanzar la fama

berühren I. *vt* [1] → *jd-n/etw* tocar a alguien/algo; ◇ **bitte die Waren nicht ~** no tocar la mercancía [2] → *Thema* aludir; → *Ort* pasar por [3] → *Krankheit* padecer **II.** *vr* ◇ **sich [gegenseitig] ~** tocarse, rozarse; **Berührung** *f* toque *m*, roce *m;* **Berührungspunkt** *m* punto *m* de convergencia, contacto *m*

besäen *vt* sembrar

besagen *vt* expresar; **besagt** *adj* mencionado

besänftigen *vt* calmar, apaciguar; **besänftigend** *adj* apacible; **Besänftigung** *f* apaciguamiento *m*

Besanmast *m* palo *m* de mesana

Besatz *m* ‹-es, Besätze› (*Kleider~*) puntilla *f*, volante *m;* (*Pelz~*) adorno *m* de piel

Besatzer *m* (*~soldat*) ocupador *m;* **Besatzung** *f* [1] ↑ *Mannschaft* tripulación *f* [2] (*~struppen*) ocupadores *m/pl;* **Besatzungsarmee** *f* ejercito *m* de ocupación; **Besatzungsmacht** *f* fuerzas *f/pl* de ocupación

besaufen *unreg vr* ◇ **sich [voll und ganz] ~** *FAM* emborracharse, cogerse una mona/cogorza

beschädigen *vt* estropear; **beschädigt** *adj* dañado; **Beschädigung** *f* [1] ↑ *das Beschädigen* deterioro *m* [2] (*am Auto*) avería *f*

beschaffen I. *vt* ↑ *herbeibringen* conseguir, proporcionar **II.** *adj:* ◇ **ein so ~es Haus kann nicht halten** una casa hecha de esa forma no se sostiene; **Beschaffenheit** *f* condición *f*, estado *m*

Beschaffung *f* adquisición *f*

beschäftigen I. *vt* → *Kind* entretener; ↑ *anstellen* dar empleo **II.** *vi* ↑ *nachgehen* seguir **III.** *vr* ◇ **sich ~** ocuparse de; ◇ **sich [mit etw] ~** dedicarse a algo; ◇ **sich mit jd-m ~** ocuparse de alguien/algo; **beschäftigt** *adj* ocupado; (*in Firma*) empleado; **Beschäftigung** *f* (*Freizeit~*) actividad *f;* (*im Beruf*) trabajo *m;* (*mit Politik*) actividad *f;* **Beschäftigungstherapie** *f* PSYCH terapia *f* ocupacional

Beschallung *f* cobertura *f*, retransmisión *f*

beschämen *vt* avergonzar, humillar; **beschämend** *adj* vergonzoso; **beschämt** *adj* avergonzado; ◇ **~ lief er nach draußen** se marchó avergonzado

beschatten *vt* → *Verbrecher* seguir la sombra de, vigilar

beschaulich *adj* explicativo; ◇ **ein ~es Leben führen** llevar una vida contemplativa

Bescheid *m* ‹-[e]s, -e› [1] (*Steuer~*) informe *m;* ◇ **ich weiß darüber ~** estoy al corriente; ◇ **ich weiß ~ über das Konto** estoy al tanto de la cuenta corriente [2] ↑ *Weisung* intrucciones *f/pl;* ◇ **jd-m ~ sagen** comunicar algo a alguien [3] *FAM* ↑ *Meinung* ◇ **jd-m ~ sagen** dar cuatro verdades a alguien

bescheiden *adj* ▷*Mensch* modesto; ↑ *zurückhaltend* tímido; **Bescheidenheit** *f* modestia *f*, timidez *f*

bescheinigen *vt* ↑ *quittieren* certificar; ↑ *bestätigen* confirmar; **Bescheinigung** *f* [1] ↑ *das Bescheinigen* certificación *f* [2] ↑ *Urkunde* certificado *m;* ↑ *Quittung* recibo *m*

bescheißen *unreg vt VULG* engañar

beschenken *vt* regalar

bescheren *vt* regalar; ◇ **den Kindern ein Spielzeug ~** regalar un juguete a los niños; ◇ **Kinder an Weihnachten ~** repartir los regalos de Navidad a los niños; (*FIG bringen*) traer, dar; **Bescherung** *f* [1] (*am Weihnachtsabend*) el reparto [de regalos] [2] *IRON* desorden *m;* ◇ **das ist vielleicht e-e schöne ~!** ¡buena se ha armado!

bescheuert *adj* loco de atar

beschießen (*unter Beschuß nehmen*) disparar, bombardear

beschildern *vt* señalizar; **beschildert** *adj* señalizado

beschimpfen *vt* insultar, injuriar; **Beschimpfung** *f* insulto *m*

Beschiß *m* ‹Beschisses› *FAM*: ◇ **das ist [ja] ~** eso es un verdadero timo

Beschlag *m* [1] (*Tür~*) recubrimiento *m;* (*Metall~*) chapa *f;* (*Fenster~*) vaho *m;* (*von Pferden*) herradura *f* [2] ↑ *Dampf* vaho *m;* (*auf Metall*) chapa *f* [3] ◇ **jd-n/etw in ~ nehmen** embargar a alguien algo

beschlagen *unreg* **I.** *vt* → *Tür* recubrir; → *Pferd* herrar **II.** *vi* ← *Fenster* empañar **III.** *vr* ◇ **sich ~** ← *Fenster* empañarse **IV.** *adj* (*Forscher*) informado, enterado; ◇ **er ist in/auf seinem Gebiet sehr ~** es muy competente en su campo (*in, auf dat* en); **Beschlagnahme** *f* (*an der Grenze*) confiscación *f;* **beschlagnahmen** *vt* confiscar

beschleunigen I. *vt* (*Auto*) acelerar, pisar a fondo **II.** *vi* AUTO acelerar **III.** *vr* ◇ **sich ~ auf** acelerarse; **Beschleunigung** *f* aceleración *f*

beschließen *unreg vt* [1] ↑ *beenden* terminar [2] ↑ *Beschluß fassen* acordar, decidir; **Beschluß** *m* dictamen *m*, decisión *f;* **Beschlußfähigkeit** *f* facultad *f* de dictaminar

beschmutzen *vt* ensuciar

beschneiden *unreg vt* → *Papier* recortar; → *Zweige* podar; → *Krallen* cortar; REL circuncidar

beschönigen *vt* encubrir

beschränken I. *vt* → *Rechte* limitar (*auf akk* a) **II.** *vr* ◇ **sich ~ auf e-e Sache** limitarse

beschrankt *adj* con barreras

beschränkt *adj* [1] ▷*Verhältnisse* limitado, reducido [2] ↑ *stumpfsinnig* corto, de pocas luces; **Beschränktheit** *f* estrechez *f* de miras; **Beschränkung** *f* simpleza *f*, insuficiencia *f* mental

beschreiben *unreg vt* [1] → *Blatt Papier* escribir en [2] ↑ *schildern* describir [3] → *Bahn* hacer; **Beschreibung** *f* descripción *f*

beschriften *vt* poner etiquetas; **Beschriftung** *f* rótulo *m;* ◇ **einen Umschlag mit e-r ~ versehen** anotar una inscripción en un sobre

beschuldigen *vt* acusar; ◇ **jd-n [wegen] e-r Sache ~** acusar a alguien de algo; **Beschuldigung** *f* acusación *f*

beschummeln *vti FAM* hacer trampas

beschützen *vt* proteger (*vor dat* de); **Beschützer(in** *f*) *m* ‹-s, -› protector(a)

Beschwerde *f* ‹-, -n› [1] ↑ *Klage* queja *f*, reclamación *f* [2] ◇ **~n** *pl* (*Körper~*) achaques *m/pl;* **beschweren I.** *vt* cargar, ser una carga **II.** *vr* ◇ **sich ~** quejarse

beschwerlich *adj* fatigoso, molesto

beschwichtigen *vt* calmar; ◇ **er versuchte, ihn zu ~** le intentó tranquilizar

beschwindeln *vt* [1] ↑ *lügen* mentir [2] ↑ *betrügen* engañar

beschwingt *adj* alegre

beschwipst *adj* bebido, alegre, piripi

beschwören *unreg vt* [1] ↑ *beeiden* jurar [2] → *Geister* conjurar, invocar; ↑ *sehr bitten* suplicar

beseitigen *vt* ↑ *wegbringen* suprimir; ↑ *vertuschen* borrar; ↑ *umbringen* liquidar, quitar de en medio; **Beseitigung** *f* eliminación *f*

Besen *m* ‹-s, -› [1] (*Kehr~*) escoba *f* [2] *FAM* ↑ *unfreundliche Frau* bruja *f*, arpía *f;* **Besenschrank** *m* armario *m* de la limpieza; **Besenstiel** *m* palo *m* de escoba

besessen *adj* (*von Idee*) obsesionado; REL fanático; (*Geistern*) poseído

besetzen *vt* [1] ← *Truppen* → *Haus* → *Telefonleitung* ocupar; → *Tisch* reservar; (*zur Demonstration*) ocupar [2] (*mit Schmuck*) adornar [3] → *Arbeitsstelle* ocupar; THEAT → *Rolle* hacer el reparto; **besetzt** *vt* [1] ▷*Gebiet* ▷*Toilette* ▷*Telefonleitung* ocupado; ▷*Tisch* reservado [2] (*mit Schmuck*) ▷*Person* enjoyado; ▷*Kirche* adornado [3] ▷*Arbeitsstelle* cubierto; THEAT ▷*Rolle* repartido; **Besetzung** *f* [1] (*von Gebiet*) ocupación *f;* (*von Tisch, Taxi*) reserva *f;* (*von Telefon*) uso *m;* (*von Betrieb*) ocupación *f* [2] (*mit Schmuck*) engarce *m* [3] (*von Arbeitsstelle*) ocupación *f;* (THEAT *von Rolle*) desempeño *m;* **Besetztzeichen** *n* TELEC señal *f* de ocupado

besichtigen *vt* visitar, ver; **Besichtigung** *f* visita *f*

Besiedlung *f* colonización *f*

besiegen *vt* vencer; **Besiegte(r)** *fm* vencedor(a) *m*

besingen *vt* exzalzar

besinnen *unreg vr* ◇ **sich ~** [1] ◇ **sich [e-e Weile] ~** reflexionar; ◇ **sich anders ~** cambiar de opinión [2] ↑ *erinnern* recordar, acordarse de; **besinnlich** *adj* pensativo; **Besinnung** *f* [1] ↑ *Bewußtsein* conocimiento *m;* ◇ **wieder zur ~ kommen** (*auf Bewußtsein*) recobrar el sentido; (*FIG wieder vernünftig werden*) entrar por fin en razón [2] (*Überdenken*) reflexión *f;* **besinnungslos** *adj* ↑ *ohnmächtig* desmayado; ↑ *unvernünftig* insensato

Besitz *m* ‹-es› [1] ↑ *das Besitzen* posesión *f* [2] ↑ *Eigentum* propiedad *f;* **besitzanzeigend** *adj* GRAM posesivo; **besitzen** *unreg vt* (*als Eigentum*) poseer; → *Fähigkeit* tener; **Besitzer(in** *f*) *m* ‹-s, -› dueño/a

besoffen *adj FAM* borracho

besohlen *vt* poner suelas

Besoldung *f* sueldo *m*, salario *m*

besondere(r, s) *adj* [1] ↑ *speziell* ▷*Art* especial [2] ↑ *außergewöhnlich* ▷*Reiz* atrayente [3] ↑ *ungewöhnlich* ▷*Vorkommnisse* extraordinario;

▹*Fähigkeiten* fuera de lo común [4] ↑ *gesondert* ▹*Arbeitsgang* particular; **Besonderheit** *f* especialidad, particularidad *f;* **besonders** *adv* [1] ↑ *insbesondere* especialmente; ◇ ~ **darüber freue ich mich** en especial me alegro de eso [2] ↑ *außergewöhnlich* excepcionalmente; ◇ **dies ist e-e ~ hübsche Person** es una persona especialmente atractiva; ◇ **der Wein war nicht ~** (*[mittel]mäßig*) el vino no era cosa del otro mundo [3] ↑ *für sich, zusätzlich* particularmente

besonnen *adj* prudente, juicioso; **Besonnenheit** *f* prudencia *f,* juicio *m*

besorgen *vt* [1] ↑ *beschaffen* proporcionar, dar; ◇ **jd-m etw ~** proporcionar algo a alguien [2] ↑ *einkaufen* comprar [3] ↑ *erledigen* realizar, efectuar [4] *FAM* ◇ **es jd-m ~** echar una reprimenda a alguien; **Besorgnis** *f* preocupación *f,* temor *m;* **besorgt** *adj* preocupado; ◇ **um jd-n/e-e Sache ~ sein** inquietarse por alguien/por algo; **Besorgung** *f* [1] ↑ *Beschaffen* provisión *f* [2] ↑ *Einkauf* compra *f*

bespielen *vt* [1] → *Kassette* grabar [2] (*Platz*) usar, jugar [en el campo]

bespitzeln *vt* espiar

besprechen *unreg* **I.** *vt* [1] → *Situation, Thema* discutir, conversar; → *Situation* discutir; → *Thema* conversar sobre; (*kritisch* ~) → *Film* discutir, tratar sobre [2] (*Tonträger*) grabar **II.** *vr* ◇ **sich ~** consultar con; **Besprechung** *f* [1] ↑ *das Besprechen* conversación *f* [2] ↑ *Beurteilung* comentario *m,* opinión *f* [3] ↑ *Unterredung* conferencia *f,* entrevista *f*

besprengen *vt* regar

besser *kompar von* **gut** *adj* mejor; ◇ **du hättest ~ geschwiegen** tenías que haberte callado; *FAM* ◇ **das ist nur e-e ~ Absteige** no es nada más que un motel de mala muerte; ◇ **in Bergstiefeln ~ gehen** andar mejor en botas de montaña; **bessergehen** *unreg vi:* ◇ **hoffentlich geht es Ihnen bald besser** espero que se recupere pronto; **bessern I.** *vt* ↑ *verbessern* mejorar **II.** *vr* ◇ **sich ~** ↑ *besser werden* → *Zeugnis* aplicarse; → *Menschen* corregirse; (*von Krankheit*) mejorarse; ← *Wetter* mejorarse; **Besserung** *f* mejoría *f;* ◇ **[wir wünschen Ihnen e-e] gute ~!** esperamos que se recupere pronto; **Besserwisser(in** *f*) *m* ‹-s, -› *FAM* sabelotodo *m/f*

Bestand *m* [1] ↑ *Grundlage* existencia *f;* ◇ **unsere Arbeit wird ~ haben** nuestro trabajo tendrá una gran repercusión [2] (*an Waren*) existencias *f/pl;* (*Wald-*) población *f;* (*Vieh-*) censo *m;* (*an Geld*) dinero *m* en efectivo

beständig *adj* ▹*Auftragslage* constante; METEO ▹*Klima* estable; ▹*Material* consistente, inalterable; **Beständigkeit** *f* [1] ↑ *Ausdauer* constancia *f;* METEO estabilidad *f* [2] ↑ *Widerstandsfähigkeit* consistencia *f*

Bestandsaufnahme *f* inventario *m;* ◇ **e-e ~ machen** hacer inventario; **Bestandsbuchführung** *f* inventario *m;* **Bestandteil** *m* ↑ *Element* componente *m,* parte *f;* (*in Lebensmittel*) ingrediente *m*

bestärken *vt* corroborar

bestätigen I. *vt* confirmar; ◇ **die Ereignisse ~ den Verdacht** los hechos confirman la sospecha; → *Geldempfang* acusar [recibo de] *m;* (*im Amt*) confirmar **II.** *vr* ◇ **sich ~** confirmarse; **Bestätigung** *f* (*von Aussage*) confirmación *f;* (*von Geldempfang*) acuse *m* [de recibo]; (*im Amt*) confirmación *f*

bestatten *vt* enterrar; **Bestattung** *f* ↑ *Begräbnis* entierro *m;* (*Erd-*) inhumación *f;* (*Feuer-*) incineración *f*

bestäuben *vt* [1] BIOL polinizar [2] (*mit Mehl*) enharinar; (*mit Pflanzenschutzmitteln*) fumigar

beste(r, s) *superl von* **gut** *adj* lo mejor; ◇ **sie singt am ~n** ella es la mejor que canta; ◇ **so ist es am ~n** eso es lo mejor; ◇ **am ~n gehst du gleich** lo mejor es que te vayas enseguida; ◇ **jd-n zum ~n halten** burlarse de alguien; ◇ **etw zum ~n geben** representar algo; ◇ **aufs ~** lo mejor posible; ◇ **zu jd-s B~n** por el bien de alguien

bestechen *unreg vt* [1] → *Beamten* sobornar [2] *FIG* ↑ *beeindrucken* impresionar; **bestechend** *adj* atractivo; **bestechlich** *adj* sobornable; **Bestechlichkeit** *f* corruptibilidad *f;* **Bestechung** *f* (*Beamten-*) soborno *m;* ↑ *Korruption* corrupción *f*

Besteck *n* ‹-[e]s, -e› [1] (*Eß-*) cubierto *m* [2] (MED *Instrumentensatz*) instrumental *m* médico

bestehen *unreg* **I.** *vi* axistir; ▹*andauern* permanecer, perdurar **II.** *vt* → *Kampf* sostener; → *Probe* resistir; → *Prüfung* aprobar; ◇ ~ **auf** *dat* insistir en; ◇ ~ **aus** *dat* componerse de

bestehlen *unreg vt* robar

besteigen *unreg vt* → *Berg, Auto* subir a; → *Thron* subir al; → *Pferd* montar a; → *Fahrrad* montar en; **Besteigung** *f* subida *f;* ◇ **die ~ der Eiger Nordwand reizt mich schon lange** la subida a la pared norte del Eiger me atrae desde hace tiempo

bestellbar *adj* (*zu bestellen*) que se puede pedir; ▹*Boden* cultivable; **bestellen** *vt* [1] → *Waren* encargar; ↑ *reservieren lassen* reservar; → *Taxi* pedir; ◇ **Herr Ober, wir haben noch nicht ~** camarero, todavía no nos han atendido [2] → *Boden* cultivar [3] → *Nachricht* dar; → *Grüße* enviar [saludos de parte de alguien] [4] ↑ *zitieren* mandar venir, citar; (*zum Gutachter*) nombrar; **Bestellschein** *m* hoja *f* de pedido; **Bestellung** *f* [1] ↑ *das Bestellen* encargo *m;* (*von Nachfolger*) nombramiento *m* [2] COMM pedido *m* [3] ↑ *Nachricht* recado *m* [4] (*von Boden*) cultivo *m*

bestenfalls *adv* en el mejor de los casos; ◇ **er taugt ~ zum Schuhputzer** sirve a lo sumo de limpiabotas; **bestens** *adv* (*ausgezeichnet, vortrefflich*) maravillosamente; ◇ **das ist ja ~** eso es genial; ◇ **jd-n ~ grüßen** saludar efusivamente a alguien

besteuern *vt* gravar [con impuestos]

Bestie *f auch FIG* bestia *f*

bestimmen *vt* [1] ↑ *festsetzen* → *Regeln* ordenar; → *Tag* determinar [2] ↑ *beherrschen* ◇ **~ über etw/jdnn** dominar algo/a alguien [3] ↑ *ausersehen* destinar; ↑ *ernennen* identificar [4] ↑ *definieren* clasificar [5] ↑ *veranlassen* disponer; **bestimmt I.** *adj* ↑ *entschlossen* decidido; ↑ *gewiß* seguro; ▷*Artikel* determinado **II.** *adv* ↑ *gewiß* seguramente; **Bestimmung** *f* [1] ↑ *Verordnung* reglamento *m* [2] ↑ *Festsetzen* determinación *f* [3] ↑ *Verwendungszweck* uso *m* [4] ↑ *Schicksal* destino *m* [5] ↑ *Definition* definición *f;* **Bestimmungsbahnhof** *m* estación *f* de destino; **Bestimmungshafen** *m* puerto *m* de destino; **Bestimmungsort** *m* lugar *m* de destino

Bestimmungswort *n* GRAM *primera parte de una palabra compuesta*

Bestleistung *f* récord *m,* marca *f;* **bestmöglich** *adj* lo mejor posible

bestrafen *vt* → *Person* castigar; (*mit Geld*) multar; **Bestrafung** *f* castigo *m*

bestrahlen *vt* [1] → *Turm* iluminar [2] MED radiar; **Bestrahlung** *f* [1] (*von Turm*) iluminación *f* [2] MED radiación *f*

bestreichen *unreg vt* → *Wand* pintar; → *Brot* untar

bestreiken *vt* hacer huelga en , ponerse de huelga en

bestreiten *unreg vt* [1] → *Behauptung* discutir, poner en tela de juicio [2] → *Studium* financiar, pagar [3] → *Fernsehsendung* pagar los costes

bestreuen *vt* (*mit Zucker*) espolvorear

bestücken *vt* (*mit Waffen*) armar; (*mit Waren*) aprovisionar

bestürmen *vt* ↑ *bedrängen* (*mit Bitten*) importunar con ruegos; (*mit Fragen*) acosar a preguntas

bestürzen *vt:* ◇ **sie machte ein bestürztes Gesicht** puso cara de asustada; **Bestürzung** *f* susto *m*

Besuch *m* ‹-[e]s, -e› [1] (*von Stadt, von Person*) visita *f;* (*von Theater*) asistencia *f;* ◇ **jd-m e-n ~ abstatten** hacer una visita; ◇ **bei jd-m zu** [*o.* **auf**] **~ sein** estar de visita [2] ↑ *Gast* visita *f;* ◇ **wir freuen uns immer über e-n ~** siempre nos alegramos de una visita; **besuchen** *vt* → *Freund* visitar; → *Seminar* asistir; ◇ **das Konzert war gut besucht** el concierto fue muy concurrido; **Besucher(in** *f*) *m* ‹-s, -› [1] visitante *m/f* [2] ↑ *Teilnehmer* participante *m/f* [3] (*in Theater*) espectador(a *f*) *m;* **Besuchserlaubnis** *f* permiso de visita *m;* **Besuchszeit** *f* horas de visita *f/pl*

besudeln *vt* [1] ↑ *beschmutzen* manchar [2] *FIG* → *Ruf* desacreditar

betagt *adj* anciano; ◇ **ein ~er Herr** un señor de avanzada edad

betasten *vt* tocar

betätigen I. *vt* TECH accionar **II.** *vr* ◇ **sich ~** participar en, dedicarse a; ◇ **sich künstlerisch, politisch, literarisch ~** participar en actividades artísticas, políticas, literarias; ◇ **sich als Fremdenführer ~** hacer de guía; **Betätigung** *f* [1] ↑ *Engagieren* participación *f;* ↑ *das Sichbetätigen* ocupación *f,* actividad *f* [2] TECH funcionamiento *m;* **Betätigungsfeld** *n* campo *m* de actividades

betäuben I. *vt* [1] (*örtlich*) desorientar; → *Körper* adormecer; → *Nerven* calmar [2] *FIG* → *Gewissen* tranquilizar; → *Sorgen* olvidar [3] MED anestesiar **II.** *vr* ◇ **sich ~** (*mit Alkohol*) embriagarse; (*mit Drogen*) drogarse; **Betäubungsmittel** *n* anestésico; **Betäubungsspritze** *n* inyección *f* de anestésico

Bete *f* ‹-, -n›: ◇ **rote ~** remolacha *f*

beteiligen I. *vt:* ◇ **jd-n an etw** *dat* **~** dejar participar en algo; ◇ **mit 55 % am Gewinn beteiligt sein** participar en un 55% de las ganancias **II.** *vr:* ◇ **sich [an etw]** *dat* **~** (*an Wettbewerb*) tomar parte en; (*an Unterricht*) participar en; (*Kosten*) contribuir en; **Beteiligung** *f* [1] ↑ *das Teilhaben* participación *f* [2] (*Kapital~*) contribución *f;* ↑ *Anteil* parte *f*

beten *vi* rezar

beteuern *vt* ↑ *versichern* afirmar; → *seine Unschuld* atestiguar; → *seine Liebe* proclamar; ◇ **jd-m etw [hoch und heilig] ~** jurar por lo más sagrado; **Beteuerung** *f* afirmación *f*

betiteln *vt* → *Buch* titular; → *Person* tratar de

Beton *m* ‹-s, -s *o.* -e› hormigón *m*

betonen *vt* [1] → *Silbe* acentuar [2] ↑ *Aussage bekräftigen* ◇ **ich möchte nochmals ausdrücklich ~, daß ...** quiero hacer incapié de nuevo en ...

betonieren *vt* cubrir de hormigón

betont *adj* acentuado; **Betonung** *f* (*von Silbe*)

acentuación *f;* ↑ *Akzent* acento *m;* ↑ *Unterstreichen von Aussage* énfasis *m*

betören *vt* engañar

Betr. *Abk v.* Betreff

Betracht *m:* ◇ [nicht] in ~ kommen [no] venir al caso; ◇ etw/jd-n außer ~ lassen no tener algo/a alguien en cuenta; ◇ etw in ~ ziehen considerar algo; **betrachten** *vt* [1] → *Sache, Person* mirar; → *Problem* reflexionar sobre [2] *FIG* considerar [3] ◇ jd-n/e-e Sache als etwas ~ considerar algo/a alguien como; **Betrachter(in** *f) m* ‹-s, -› observador(a *f) m; FIG* ↑ *Urteilende(r)* juez *m/f;* ↑ *Prüfer* examinador(a *f) m*

beträchtlich *adj* considerable

Betrachtung *f* [1] (*von Blume*) contemplación *f* [2] (*von Problem*) análisis *m* [3] ↑ *Abwägen* consideración *f* [4] (*Abhandlung*) análisis *m*

Betrag *m* ‹-[e]s, Beträge› cantidad *f,* suma *f;* **betragen** *unreg* **I.** *vt* ← *Summe* elevarse a, ascender a **II.** *vr* ◇ sich ~ portarse, comportarse

Betragen *n* ‹-s› comportamiento *m*

betrauen *vt* encargar

Betreff *m* contenido *m;* **betreffen** *unreg vt* concernir; ◇ was mich/uns betrifft por lo que a mí/a nosotros se refiere; ◇ was diese Frage betrifft en lo relativo a esta pregunta; ◇ sein Unfall hat mich sehr betroffen su accidente me ha afectado mucho; **betreffend** *adj* lo relativo a; **betreffs** *präp gen* respecto a; ◇ ~ Ihrer Mitteilung möchten wir Sie bitten ... respecto a su informe le rogamos que ...

betreiben *unreg vt* [1] → *Handel* ↑ *ausüben* realizar [2] → *Geschäft* ↑ *führen* llevar [un negocio] [3] ↑ *beschäftigen mit* dedicarse a [4] TECH activar [5] (*Aufbau*) ↑ *voranbringen* acelerar; ◇ auf sein B~ hin a iniciativa de él; **Betreiber(in** *f) m* ‹-s, -› promotor(a *f) m;* **Betreibung** *f* gestión *f*

betreten I. *unreg vt* andar sobre; → *Rasen* pisar; → *Zimmer* entrar en; → *Bühne* poner los pies en; ◇ B~ des Rasens [*o.* der Baustelle] verboten prohibido pisar el césped [*o.* prohibido el acceso] **II.** *adj* andado; ◇ nach seinem Unfall sah er sehr ~ aus después del accidente estaba muy confuso

betreuen *vt* [1] → *Patienten* cuidar [2] → *Studienthema* encargarse de

Betrieb *m* ‹-[e]s, -e› [1] ↑ *Firma* empresa *f;* ↑ *das Tun* actividad *f;* ◇ außer ~ sein/setzen estar fuera de servicio; ◇ in ~ sein/setzen estar/poner en funcionamiento; estar/poner en marcha [2] ↑ *Geschäftigkeit* actividad *f* [3] ◇ landwirtschaftlicher ~ producción agrícola; **Betriebsangehörige(r)** *fm* personal *m;* **Betriebsaufsicht** *f* inspección *f* de la empresa; **Betriebsausflug** *m* excursión *f* del personal; **Betriebsferien** *pl* vacaciones *f/pl* de la empresa; **Betriebsführung** *f* gestión *f* empresarial; **Betriebsklima** *n* ambiente *m* laboral; **Betriebskosten** *pl* gastos *m/pl* de servicio; **Betriebsleitung** *f* dirección *f;* **Betriebsrat** *m* comité *m* de empresa; **betriebssicher** *adj* seguro, en perfecto estado de funcionamiento; **Betriebsstörung** *f* avería *f;* **Betriebssystem** *n* PC sistema *m* operativo; **Betriebsunfall** *m* accidente *m* laboral; **Betriebsversammlung** *f* reunión *f* de trabajadores; **Betriebswirtschaft** *f* economía *f* de la empresa

betrinken *unreg vr* ◇ sich [mit etw] ~ emborracharse con

betroffen *adj* afectado; ◇ von etw ~ sein estar consternado [por la noticia]

betrüben *vt* apenar; **betrübt** *adj* apenado

Betrug *m* ‹-[e]s› fraude *m;* engaño *m;* JURA estafa *f;* **betrügen** *unreg* **I.** *vt* [1] ↑ *täuschen* engañar; JURA estafar; ◇ jd-n um Geld ~ estafar dinero a alguien [2] → *Partner* engañar, poner los cuernos **II.** *vr* ◇ sich ~ engañarse; ◇ er sah sich in seiner Hoffnung vom Schicksal betrogen se vio defraudado por el destino; **Betrüger(in** *f) m* ‹-s, -› ↑ *Falschspieler* tramposo/a; ↑ *Schwindler* mentiroso/a; JURA estafador(a *f) m;* **betrügerisch** *adj* engañoso; JURA fraudulento

betrunken *adj* borracho

Bett *n* ‹-[e]s, -en› [1] cama *f;* ◇ Einzel~ cama simple *f;* ◇ Doppel~ cama *f* doble, cama *f* de matrimonio; ◇ Couch~ sofá-cama *m;* ◇ Etagen~ litera *f;* ◇ das ~ neu/frisch beziehen cambiar las sábanas; ◇ ins [*o.* zu] ~ gehen ir[se] a la cama; ◇ vor lauter Müdigkeit ins ~ fallen caer como un tronco en la cama; *FAM* ◇ mit jd-m ins ~ steigen acostarse con alguien; ◇ ans ~ gefesselt sein estar atado a la cama; ◇ das ~ hüten guardar cama [2] (*Bettzeug*) ◇ das ~ lüften ventilar las sábanas [3] (*Fluß~*) lecho del río *m;* **Bettbezug** *m* funda *f;* **Bettdecke** *f* [1] ↑ *Federbett* edredón *m* [2] ↑ *Tagesdecke* colcha *f*

bettelarm *adj* más pobre que una rata; **Bettelei** *f* mendicidad *f;* **Bettelmönch** *m* monje que pide *m;* **betteln** *vi* [1] ↑ *um Almosen bitten* mendigar [2] ↑ *inständig bitten* pedir

betten *vt* acostar; ◇ wie man sich bettet, so liegt man lo que se siembra, se recoge; **Bettenmangel** *m* insuficiencia *f* de camas/hostelera; **bettlägerig** *adj* que guarda cama; **Bettlaken** *n* sábana *f*

Bettler(in *f) m* ‹-s, -› mendigo/a

Bettnässer(in *f) m* ‹-s, -› meón(-ona *f) m;*

Bettuch *n* sábana *f;* **Bettvorleger** *m* alfombra *f;* **Bettwäsche** *f,* **Bettzeug** *n* [1] ropa *f* de cama [2] sábanas *f/pl*

betucht *adj* adinerado

beugbar *adj* declinable, conjugable; **beugen I.** *vt* [1] → *Knie* doblar [2] GRAM declinar, conjugar **II.** *vr* ◇ **sich ~** [1] (*aus dem Fenster*) asomarse; ↑ *sich neigen* inclinarse [2] ↑ *nachgeben* ceder (*dat* en); ◇ **sich [jd-m] ~** doblegarse (*dat* a); **Beugung** *f* [1] ↑ *das Beugen* flexión *f* [2] GRAM declinación *f,* conjugación *f* [3] (*von Licht*) difracción *f*

Beule *f* ‹-, -n› [1] ↑ *Schwellung* chichón *m,* hinchazón *f* [2] ↑ *[Auto-]Delle* abolladura *f*

beunruhigen I. *vt* inquietar **II.** *vr* ◇ **sich [wegen e-r Sache] ~** preocuparse por una cosa; **Beunruhigung** *f* inquietud *f*

beurkunden *vt* documentar

beurlauben *vt* dar vacaciones, estar de permiso

beurteilen *vt* → *Fall* juzgar; → *Buch, Schüler* criticar; **Beurteilung** *f* juicio *m;* ↑ *Zeugnis* notas *f/pl*

Beute *f* ‹-› [1] ↑ *Fang* presa *f* [2] (*FIG bei Verbrechen*) botín *m*

Beutel *m* ‹-s, -› [1] (*Einkaufs-*) bolsa *f* de la compra; (*Trage-*) bolsa *f;* (*Wäsche-*) saco *m;* (*Geld-*) monedero *m* [2] (*von Känguruh*) bolsa *f;* **Beutelsuppe** *f* sopa *f* de sobre; **Beuteltier** *n* FAUNA marsupial *m*

bevölkern I. *vt* → *Gebiet* poblar, ocupar **II.** *vr:* ◇ **sich ~ mit** llenarse de; **Bevölkerung** *f* población *f;* ◇ **die erwerbstätige ~** población activa *f;* **Bevölkerungsdichte** *f* densidad *f* demográfica; **Bevölkerungsrückgang** *m* descenso *m* demográfico; **Bevölkerungszuwachs** *m* crecimiento *m* demográfico

bevollmächtigen *vt* autorizar, dar poder a; ◇ **bevollmächtigt sein/werden, etwas zu tun** ser la persona autorizada [legalmente] para hacer algo; **Bevollmächtigte(r)** *fm* apoderado/a

bevor *cj* antes de [que]

bevormunden *vt* tener bajo tutela; ◇ **ich lasse mich von euch nicht länger ~** no dejo que me mandéis ni un minuto más

bevorstehen *unreg vi* estar próximo, estar al caer (*dat;* ◇ **die Geburt des Kindes steht ihr unmittelbar bevor** está próximo el nacimiento del niño

bevorzugen *vt* preferir; **Bevorzugung** *f* preferencia *f*

bewachen *vt* vigilar; **Bewachung** *f* vigilancia *f*

bewaffnen *vtr* ◇ **sich ~** MIL armar(se); ◇ **bis an die Zähne bewaffnet sein** estar armado hasta los dientes; ◇ **bewaffneten Widerstand leisten** oponer resistencia armada; **Bewaffnung** *f* MIL armamento *m*

bewahren I. *vt* → *Haltung, Fassung* guardar; (*behüten*) proteger a alguien de alguien/de algo; ◇ **Gott bewahre [mich/uns davor]!** ¡qué Dios no lo quiera¡ **II.** *vr* ↑ *beibehalten:* ◇ **sich** *dat* **etw ~, jd-n vor jd-m/etw ~** conservar algo

bewähren *vr* ◇ **sich ~ [als]** → *Mitarbeiter* acreditarse como; ← *Gerät* dar buen resultado

bewahrheiten *vr* ◇ **sich ~** confirmarse

bewährt *adj* ▷*Mensch* acreditado; ▷*Gerät* probado

Bewährung *f* confirmación *f;* ◇ **e-e Strafe zur ~ aussetzen** conceder la remisión condicional; ◇ **jd-n zu Gefängnis ohne ~ verurteilen** encarcelar a alguien sin remisión condicional; **Bewährungsauflage** *f* condición *f* para conceder la remisión condicional; **Bewährungsfrist** *f* plazo *m* de prueba; **Bewährungshelfer** *m* asistente *m/f* durante el plazo de prueba; **Bewährungsprobe** *f* prueba *f*

bewaldet *adj* frondoso, con árboles

bewältigen *vt* ↑ *schaffen* dominar; → *Aufgabe* realizar; → *Konflikt* superar; → *Essen* digerir, comer

bewandert *adj* experimentado; ◇ **er ist in Biologie/auf diesem Gebiet sehr ~** es un experto en biología/en esta materia

bewässern *vt* regar; **Bewässerung** *f* riego *m*

bewegen I. *vt* [1] (*in Bewegung versetzen*) → *Arme* mover; → *Pferd* cabalgar [regularmente] [2] (*innerlich*) ← *Nachricht* conmocionar; ◇ **jd-n [durch Gründe] zu etw [zum Handeln] ~** inducir a alguien a hacer algo **II.** *vr* ◇ **sich ~** moverse; ← *Lage* desarrollarse; ← *Verhandlungspartner* reaccionar, ceder; ← *Festzug* trasladarse de lugar; ◇ **sie weiß sich in der Gesellschaft zu ~** sabe comportarse en sociedad; *FIG* ◇ **die Dinge ~ sich allmählich** las cosas se van desarrollando poco a poco; **Beweggrund** *m* motivo *m;* **beweglich** *adj* flexible; ↑ *flink* ágil; **bewegt** *adj* [1] ↑ *aufregend* ▷*Leben* movido, agitado [2] ↑ *aufgewühlt* ▷*Meer* agitado [3] ↑ *ergriffen* conmovido; **Bewegung** *f* movimiento *m;* (*innere ~*) agitación *f;* (*körperlich*) ejercicio *m;* ◇ **sich** *dat* **~ verschaffen** conseguir tener libertad de acción; *FIG* ◇ **etw kommt in ~** algo se pone en movimiento; **Bewegungsfreiheit** *f* libertad *f* de movimiento/de acción; **bewegungslos** *adj* inmóvil

Beweis *m* ‹-es, -e› prueba *f;* ↑ *Zeichen* muestra *f,* señal *f;* **beweisbar** *adj* demostrable; **beweisen** *unreg vt* demostrar; ↑ *zeigen* mostrar; **Beweisführung** *f* demostración *f;* **Beweisma-**

terial *n* prueba *f;* **Beweismittel** *n* comprobante *m;* **Beweisstück** *n* cuerpo *m* del delito

bewenden *unreg vi:* ◇ **etw dabei ~ lassen** darse por satisfecho

bewerben *unreg vr* ◇ **sich ~** solicitar (*um* algo); **Bewerber(in** *f*) *m* ‹-s, -› aspirante *m/f;* **Bewerbung** *f* solicitud *f*

bewerten *vt* valorar

bewilligen *vt* adjudicar

bewirken *vt* producir

bewirten *vt* dar de comer y beber, atender

bewirtschaften *vt* explotar

Bewirtung *f* explotación *f*

bewohnbar *adj* habitable; **bewohnen** *vt* habitar, vivir; **Bewohner(in** *f*) *m* ‹-s, -› habitante *m/f;* (*von Haus*) vecino/a; **bewohnt** *adj* habitado

bewölken *vr* ◇ **sich ~** nublar[se]; **bewölkt** *adj* nublado; **Bewölkung** *f* nubosidad *f;* **Bewölkungsauflockerung** *f* disminución *f* de la nubosidad; **Bewölkungszunahme** *f* aumento *m* de la nubosidad

Bewunderer *m* admirador *m;* **Bewunderin** *f* admiradora *f;* **bewundern** *vt* admirar; **bewundernswert** *adj* admirable; **Bewunderung** *f* admiración *f*

bewußt *adj* consciente; ↑ *absichtlich* intencionado; ◇ **sich** *dat* **e-r Sache** *gen* **~ sein** ser consciente de una cosa; **bewußtlos** *adj* inconsciente; **Bewußtlosigkeit** *f* inconsciencia *f;* **bewußtmachen** *vt:* ◇ **jd-m/sich etw ~** [hacer] tomar conciencia de; **Bewußtsein** *n* ‹-s› conocimiento *m;* ◇ **bei ~** estando en pleno juicio; **bewußtseinsverändernd** *adj* alucinógeno *m*

bezahlbar *adj* asequible; **bezahlen I.** *vt* [1] → *Geld, Miete* pagar; (*für Leistung, Sache*) remunerar; ◇ **für etw 100,- DM bezahlen** pagar 100 marcos [2] → *Arbeiter* pagar; ◇ **der Aufwand wird sich bezahlt machen** los gastos merecen la pena **II.** *vi:* ◇ **Herr Ober, bitte ~!** ¡camarero, la cuenta por favor¡; **Bezahlung** *f* [1] (*e-r Schuld*) pago *m* [2] ↑ *Lohn* paga *f*, salario *m*, sueldo *m;* (*für Dienste*) honorarios *m/pl;* ◇ **für/gegen ~ arbeiten** trabajar por el sueldo

bezaubern *vt FIG* ← *Lächeln* hechizar

bezeichnen *vt* [1] ↑ *markieren* marcar [2] ↑ *näher beschreiben* detallar [3] ↑ *zeigen* señalar [4] ← *Wort* ↑ *bedeuten* significar; ◇ **ich weiß nicht, wie man das ~ soll** no sé cómo se puede definir esto; ◇ **etw/jd-n als etw ~** calificar algo/a alguien de; **bezeichnend** *adj* significativo, típico (*für* de); ◇ **das ist ~ für ihn** es característico de él; **Bezeichnung** *f* [1] ↑ *Markierung* marca *f* [2] ↑ *Beschreibung* descripción *f* [3] ↑ *Benennung* denominación *f;* ↑ *Ausdruck* expresión *f*

bezeugen *vt* → *Straftat* testificar

bezichtigen *vt:* ◇ **jd-n e-s Diebstahls ~** acusar a alguien de un robo

beziehen *unreg* **I.** *vt* [1] → *Sessel etc.* tapizar; → *Bett* cambiar las sábanas [2] → *Wohnung, Zimmer* instalarse en [3] → *Prügel* recibir; ↑ *regelmäßig erhalten* → *Rente, Gehalt etc.* percibir, recibir; → *Zeitung* estar suscrito a [4] → *Position, Standpunkt* defender **II.** *vr* ↑ *in Bezug setzen:* ◇ **sich auf etw/jd-n ~** referirse a algo/alguien; **Beziehung** *f* [1] ↑ *Bindung, Verbindung* relación *f;* ◇ **er hat viele ~en [zu bestimmten Kreisen]** tiene muchos contactos [con]; ◇ **seine ~en spielen lassen** utilizar sus contactos [2] ↑ *Bezug* respecto *m;* ↑ *Verhältnis* asunto *m* [3] ↑ *Neigung, Hang* aprecio *m*, inclinación *f;* **Beziehungskiste** *f FAM* ↑ *Verhältnis* relación *f* explosiva; **beziehungsweise** *cj* [1] ↑ *vielmehr* o mejor; ↑ *oder [besser gesagt] auch* o tambien [2] (*im weitern Fall*) en su caso

beziffern I. *vt* [1] → *Seiten* numerar [2] → *Betrag* cifrar **II.** *vr* ◇ **sich ~ auf** elevarse a

Bezirk *m* ‹-[e]s, -e› [1] (*Verwaltungs-*) distrito *m* administrativo [2] (*Stadt-*) zona *f* de la ciudad; (*Wohn-*) barrio *m;* (*Sperr-*) zona *f* prohibida

Bezug *m* ‹-[e]s, Bezüge› [1] ↑ *Überzug* funda *f;* tapizado *m* [2] ↑ *Verbindung* ↑ *Verhältnis, Zusammenhang* relación *f* (*zu* con); (*hinsichtlich*) ◇ **in b~ auf** *akk* en relación con; ◇ **wir nehmen ~ auf unser Telefongespräch vom** nos referimos a nuestra conversación telefónica de [3] ↑ *Abonnement* (*von Zeitschrift*) adquisición *f;* (*von Lohn*) paga *f;* (COMM *von Waren*) compra *f;* **bezüglich I.** *präp gen* ↑ *hinsichtlich* relativo **II.** *adj* (*nur attributiv*): ◇ **bezügliches Fürwort** pronombre *m* relativo; **Bezugnahme** *f* ‹-, -n› referencia *f* (*auf akk* a); ◇ **unter ~ auf Ihr Angebot** con referencia a su oferta

bezugsfertig *adj* ▷*Haus* habitable; **Bezugspreis** *m* (*e-r Zeitung*) precio de venta *m*

Bezugspunkt *m* punto de referencia *m*

bezwecken *vt* ↑ *vorhaben* tener por objeto

bezweifeln *vt* → *Behauptung* dudar; ◇ **ich bezweifle [es], daß er morgen kommt** dudo que venga mañana

BGB. *Abk v.* **Bürgerliches Gesetzbuch**

Bibel *f* ‹-, -n› biblia *f*

Biber *m* ‹-s, -› castor *m*

Bibliographie *f* bibliografía *f*

Bibliothek *f* ‹-, -en› biblioteca *f;* **Bibliothekar(in** *f*) *m* ‹-s, -e› bibliotecario/a

biblisch *adj* bíblico

Bidet *n* ‹-s, -s› bidé *m*

bieder *adj* ▷*Beamter* honrado; ▷*Kleidung* discreto; **Biedermeierstil** *m estilo artístico de la primera mitad del siglo XIX*

biegen ‹bog, gebogen› **I.** *vt* → *Holz, Metall* doblar **II.** *vr* ◇ **sich** ~ ↑ *sich krümmen* doblarse; ◇ **sich vor Lachen** ~ desternillarse de risa **III.** *vi* ↑ *abbiegen* torcer (*in akk* a); ◇ **auf Biegen und/oder Brechen** cueste lo que cueste; **biegsam** *adj* flexible; **Biegung** *f* [1] (*Straßen*~) curva *f* [2] ↑ *Krümmung* curvatura *f*

Biene *f* ‹-, -n› [1] FAUNA abeja *f* [2] (*FAM hübsches Mädchen*) chica *f* guapa; **Bienenhonig** *m* miel *f* de abeja; **Bienenschwarm** *m* enjambre *m* de abejas; **Bienenstock** *m* colmena *f*; **Bienenwabe** *f* panal *m* de miel; **Bienenwachs** *n* cera *f* de abejas; **Bienenzucht** *f* apicultura *f*

Bier *n* ‹-[e]s, -e› cerveza *f*; ◇ **dunkles/helles** ~ cerveza *f* rubia/negra; *FAM* ↑ *Angelegenheit* ◇ **das ist ganz bestimmt nicht mein** ~ eso no es asunto mío; **Bierbrauer(in** *f*) *m* ‹-s, -› cervecero/a; **Bierdeckel** *m* posavasos *m*; **bierernst** *adj FAM* ↑ *ernst, humorlos* serio como una patata; **Bierfilz** *m* ↑ *Bierdeckel* posavasos *m*; **Bierflasche** *f* botellín *m* de cerveza; **Bierkrug** *m* jarra *f* de cerveza; **Bierlokal** *n* cervecería *f*; **Bierseidel** *n* jarra de cerveza *f*; **Bierstube** *f* cervecería *f*

Biest *n* ‹-[e]s, -er› [1] (*Tier, Insekten etc.*) bestia *f* [2] *FAM* ↑ *abgebrühte Person* mala persona *f*

bieten ‹bot, geboten› **I.** *vt* ofrecer; (*bei Versteigerung*) pujar; ↑ *zeigen, darbieten* presentar **II.** *vr* ◇ **sich** ~ → *Möglichkeit* ofrecerse; ◇ **es bietet sich ihm e-e neue Möglichkeit zum Kauf** se le ofrece una buena posibilidad de compra; ◇ **sich** *dat* **etw** ~ **lassen** tolerar algo

Bikini® *m* ‹-s, -s› biquini *m*

Bilanz *f* COMM balance *m*; ◇ ~ **ziehen** hacer balance (*aus* de); ◇ **seine persönliche** ~ **aus der Erfahrung ziehen** hacer balance de su experiencia personal

Bild *n* ‹-[e]s, -er› *auch FIG* imagen *f*; *FIG* ↑ *Vorstellung* impresión *f*; (*Spiegel*~) imagen *f*; ◇ **darüber im ~e sein** estar al tanto/informado; **Bildband** *m* (*Kunst*~) álbum gráfico *m*; **Bildbericht** *m* (*in Zeitung*) reportaje gráfico *m*

bilden I. *vt* [1] ↑ *formen* formar; ↑ *hervorbringen* madurar [2] ↑ *erziehen* educar; ↑ *ausmachen* hacer, construir **II.** *vr* ◇ **sich** ~ [1] ← *Triebe, Blätter* formarse [2] ◇ **sich** *dat* e-e Meinung ~ formarse una opinión [3] ▷*geistig* instruirse

Bilderbuch *n* (*Kinder*~) libro *m* con dibujos; *FIG* ◇ **ein Wetter wie im** ~ un tiempo espléndido; **Bilderrahmen** *m* marco *m*; **bilderreich** *adj* retórico; **Bildfläche** *f* (*von Bildschirm, Leinwand*) plano *m*; ◇ **plötzlich auf der ~ erscheinen** aparecer en escena

Bildhauer(in *f*) *m* ‹-s, -› escultor(a *f*) *m*; **Bildhauerei** *f* ‹-› escultura *f*

bildhübsch *adj* guapísimo

bildlich *adj* [1] gráfico [2] ↑ *plastisch* plástico [3] figurativo; **Bildnis** *n* imagen *f*; **Bildplatte** *f* videodisco *m*; **Bildröhre** *f* tubo *m* de imagen; **Bildschirm** *m* (*Fernseh*~, *Computer*~) pantalla *f*; ◇ **vor dem** ~ **sitzen** sentarse delante de la pantalla; ◇ **vor dem** ~ **arbeiten** trabajar en el ordenador; **Bildschirmarbeitsplatz** *m* (*Computer*~) puesto *m* de trabajo con ordenador; **Bildschirmgerät** *n* PC ordenador *m*; **Bildschirmtext** *m* videotex *m*

Bildschnitt *m* corto *m*; **bildschön** *adj* preciosísimo; **Bildtelefon** *n* videoteléfono *m*

Bildung *f* [1] ↑ *Hervorbringen* (*Laut*~, *Wort*~) formación *f* [2] ↑ *Entstehen* origen *m* [3] (*geistige* ~) cultura *f*; **Bildungslücke** *f* laguna *f* cultural; **Bildungspolitik** *f* formación *f* política; **Bildungsroman** *m* novela *f* didáctica; **Bildungsurlaub** *m* vacaciones *f/pl* educativas

Bildverzerrung *f* desajuste *m* de la pantalla; **Bildweite** *f* FOTO distancia *f* de enfoque; **Bildwörterbuch** *n* diccionario *m* ilustrado; **Bildzeile** *f* linea *f*

Billard *n* ‹-s, -e› billar *m*; **Billardkugel** *f* bola *f* de billar; **Billardtisch** *m* mesa *f* de billar

billig *adj* [1] ↑ *preiswert* barato; ◇ **etwas sehr** ~ **verkaufen** vender algo a precio de ganga [2] ↑ *minderwertig* económico [3] ↑ *angemessen* razonable; ◇ **es ist recht und** ~, **wenn …** es justo si …

billigen *vt* → *Plan, Vorschlag* aprobar; **Billigung** *f* aprobación *f*

Billion *f* billón *m*

bimmeln *vi* repicar

Bimsstein *m* piedra *f* pómez

binär *adj* binario; ◇ **~e Bäume** árboles binarios

Binde *f* ‹-, -n› [1] ↑ *Verband* (*Mull*~) gasa *f*; (*Augen*~) venda *f* [2] (*Arm*~) brazal *m* [3] (*Damen*~) compresa *f* [4] *FAM* ◇ **e-n [Schnaps] hinter die** ~ **gießen** empinar el codo

Bindebogen *m* MUS *signo de cambio del tono sin interrumpir el sonido*

Bindegewebe *n* tejido *m* conjuntivo; **Bindeglied** *n* vínculo *m*

Bindehaut *f* conjuntiva *f*; **Bindehautentzündung** *f* conjuntivitis *f*

binden ‹band, gebunden› **I.** *vt* atar; → *Schnur* amarrar; → *Draht* alambrar; → *Buch* encuadernar; → *Krawatte* anudar; → *Kranz* hacer; ◇ **jd-n/jd-m die Füße und Hände** ~ atar de pies y manos a alguien; ◇ **jd-n an ein Versprechen** ~ comprometer; *FIG* ◇ **mir sind die Hände ge-**

bunden estoy entre la espada y la pared **II.** *vr* ◇ **sich** ~ atarse; ↑ *sich verloben* comprometerse; ↑ *sich verpflichten* obligarse a; ◇ **er will sich nicht an jd-n/etw** ~ no quiere atarse a nadie/a nada

Bindestrich *m* guión *m;* **Bindewort** *n* conjunción *f*

Bindfaden *m* hilo *m*

Bindung *f* [1] atadura *f;* (*an Vertrag*) compromiso *m;* (*an Partner*) unión *f* [2] (*Ski-*) fijación [3] CHEM, PHYS fusión *f;* **Bindungsangst** *f* miedo *m* a las ataduras; **Bindungsenergie** *f* energía *f* de enlace

Binnenfischerei *f* pesca *f* de agua dulce; **Binnenhafen** *m* puerto *m* fluvial; **Binnenhandel** *m* comercio *m* interior; **Binnenland** *n* país *m* interior; **Binnenmarkt** *m* mercado *m* nacional; **Binnenmeer** *n* mar *m* interior

Binse ‹-, -n› junco *m;* **Binsenwahrheit** *f* perogrullada *f;* **Binsenweisheit** *f* del dominio público

Bio- *in Komposita* bio; **biodynamisch** *adj* biodinámico; **Biogas** *n* biogas *m*

Biographie *f* biografía *f*

Biologe *m* ‹-n, -n›, **Biologin** *f* biólogo/a; **Biologie** *f* biología *f;* **biologisch** *adj* biológico; (*ohne Chemiezusätze*) biodegradable; **Biomüll** *m* basura orgánica *f;* **Biorhythmus** *m* biorritmo *m;* **Biotechnik** *f* biotécnica *f;* **Biotop** *n* ‹-s, -e› biotopo *m*

Birke *f* ‹-, -n› (*-nbaum*) abedul *m;* (*-holz*) madera de abedul *f*

Birnbaum *m* peral *m;* **Birne** *f* ‹-, -n› [1] (*Frucht*) pera *f* [2] (ELECTR *Glüh-*) bombilla *f* [3] *FAM* ◇ **jd-m eins auf die ~ geben** dar en el cogote

bis I. *adv, präp akk* [1] (*räumlich*) ◇ **~ zu/an** hasta; ◇ **~ hierher** hasta aquí; ◇ **von … ~ …** desde … hasta [2] (*zeitlich*) a, hasta; ◇ **Sie haben ~ Dienstag Zeit** tiene de tiempo hasta el martes; ◇ **~ Dienstag muß es fertig sein** el martes tiene que estar terminado; ◇ **~ in die Nacht** hasta avanzada la noche; ◇ **~ auf weiteres** hasta la próxima; ◇ **~ bald/gleich** hasta pronto/ hasta ahora **II.** *cj* (*mit Zahlen*) hasta; (*zeitlich*) hasta; ◇ **~ auf etw** *akk* (*einschließlich*) inclusive hasta; (*ausgeschlossen*) sin incluir hasta

Bisamratte *f* rata *f* de alcantarilla

Bischof *m* ‹-s, Bischöfe› obispo *m;* **bischöflich** *adj* episcopal; **Bischofsamt** *n* episcopado *m;* **Bischofsmütze** *f* mitra *f*

bisher *adv* ↑ *bislang* hasta ahora; **bisherig** *adj:* ◇ **die ~ Ergebnisse sind …** los resultados hasta el momento son …

Biskuit *n* ‹-[e]s, -s *o.* -e› bizcocho *m;* **Biskuitteig** *m* masa *f* de bizcocho

bislang *adv*

biß *impf v.* **beißen**

Biß *m* ‹Bisses, Bisse› mordisco *m;* (*Insekten-*) picadura *f* [1] (*das Beißen*) mordedura *f* [2] (*Wunde*) herida *f* [3] ↑ *Ehrgeiz* estímulo *m;* ◇ **mit ~ kämpfen** luchar con ganas [4] (*FIG Pfiff haben*) ◇ **~ haben** tener garra

bißchen I. *adj* un poco; ◇ **das B~ kannst du wegwerfen** puedes tirar ese poco; ◇ **ein ~ Angst haben** tener un poco de miedo **II.** *adv:* ◇ **laß mich doch ein ~ hinsetzen** déjame sentarme un ratito

Bissen *m* ‹-s, -› ↑ *Happen* trozo *m;* ↑ *Mundvoll* bocado *m;* (*satt sein*) ◇ **keinen ~ mehr hinunterbringen** no poder dar un bocado más

bissig *adj* [1] ▷*Hund* mordedor [2] *FIG* ▷*Bemerkung* mordaz

Bistum *n* ‹-s, Bistümer› diócesis *f*

Bit *n* ‹-s, -s› PC bit *m*

bitte *intj* por favor [1] ◇ **können Sie mir ~ helfen?** ¿me puede a ayudar, por favor¿; ◇ **helfen Sie mir ~!** ¡ayúdeme, por favor¡ [2] ◇ **wie ~** ¿cómo decía usted¿ [3] ◇ **vielen Dank! bitte [sehr]!** ¡muchas gracias¡ de nada; ◇ **~ schön!** aquí tiene [4] ◇ **bitte, das ist dann seine Angelegenheit** bueno, es asunto suyo; **Bitte** *f* ‹-, -n› ↑ *Wunsch* ruego *m;* **bitten** ‹bat, gebeten› *vti* pedir (*um* algo); ◇ **jd-n um Hilfe ~** pedir ayuda a alguien; ◇ **e-e Person zu Tisch ~** invitar a una persona a sentarse a la mesa; ◇ **jd-n zu sich nach Hause ~** invitar a alguien a venir a casa; **bittend** *adj* con tono de ruego

bitter *adj* amargo [1] ▷*Essen, Schokolade, Tränen* agrio [2] *FIG* ▷*Kälte* intenso; ◇ **e-e ~e Medizin einnehmen** tomar una medicina amarga; **bitterböse** *adj* enfadadísimo

Bitterling *m* pescado *m* de agua dulce

Biwak *n* tipo *m* de tienda de campaña

Bizeps *m* bíceps *m*

blähen I. *vt* → *Segel* hinchar **II.** *vr* ◇ **sich ~** inflarse, hincharse **III.** *vi* ← *Bohnen* aumentar; (*im Bauch*) inchar; **Blähungen** *pl* MED ventosidad *f*

blamabel *adj* vergonzoso; **Blamage** *f* ‹-, -n› verguenza *f,* ridículo *m;* **blamieren I.** *vr* ◇ **sich [vor der Öffentlichkeit] ~** ponerse en ridículo [en público] **II.** *vt* ↑ *bloßstellen* meter la pata

blank *adj* brillante [1] ▷*Stiefel* lustroso; ▷*Küche, Bad* límpio [2] ▷*Füße* descalzo [3] *FAM* ↑ *ohne Geld* sin blanca; ◇ **tut mir leid, ich bin völlig blank** lo siento, no tengo ni un duro

blanko *adv* en blanco; ◇ **jd-m e-n Scheck ~ aushändigen** extender a alguien un cheque en blanco; **Blankoscheck** *m* cheque de banco *m*

Bläschen *n* burbujita *f;* (MED *auf Haut*) ampolla *f;* **Blase** *f* ‹-, -n› [1] (*Hohlraum, Luft-, Gas-, Wasser-*) burbuja *f* [2] (ANAT *Harn-*) vejiga *f;* **Blasebalg** *m* fuelle *m*

blasen I. ‹blies, geblasen› *vi* ← *Wind* soplar; ◇ **der Wind bläst ihm den Regen ins Gesicht** el viento hace que la lluvia le moje la cara **II.** *vt* → *Trompete* tocar; ◇ **e-e Melodie auf e-m Instrument** ~ tocar una melodía; ◇ **jd-m den Rauch ins Gesicht** ~ echar a alguien el humo a la cara; **Blasinstrument** *n* instrumento *m* de viento; **Blaskapelle** *f* banda *f* de instrumentos de viento

blaß *adj* ▷*Gesicht* pálido; **Blässe** *f* ‹-› palidez *f*

Blatt *n* ‹-[e]s, Blätter› [1] (*von Baum*) hoja *f;* ◇ **kein** ~ **vor den Mund nehmen** no tener pelos en la lengua [2] (*Papier-*) folio *m;* ◇ **vom** ~ **singen/spielen** cantar/tocar sin ensayo previo [3] ↑ *Zeitung, Tagblatt* hoja *f* [4] (*Säge-*) hoja [de sierra] *f* [5] (*Karten*) carta *f;* **Blattader** *f* nervio *m*

blättern *vi:* ◇ **in etw** [**Akten**] *dat* ~ hojear en algo

Blätterteig *m* (*Gebäck*) hojaldre *m*

Blattgrün *n* ‹-s› clorofila *f;* **Blattlaus** *f* ‹-, -läuse› pulgón *m;* **Blattstil** *m* clase *f* de hoja

blau *adj* [1] (*Farbe*) azul; ◇ **e-e Fahrt ins B-e machen** hacer un viaje sin rumbo fijo [2] *FAM* ↑ *betrunken* bebido [3] ↑ *blutunterlaufen* ▷*Auge* morado; ◇ **mit e-m -en Auge davonkommen** salir bien librado; **blauäugig** *adj* [1] de ojos azules [2] *FIG* ↑ *gutgläubig* inocentón; **Blaubart** *m* Barba *m* Azul; **blaugrün** *adj* verde azulado; **Blaulicht** *n* luz *f* azul

blaumachen *vi FAM* hacer novillos; *FAM* correrse una clase; ◇ **e-n Tag in der Woche** ~ no hacer nada un día a la semana

Blausäure *f* ácido *m* prúsico

Blazer *m* ‹-s, -› chaqueta *f* de traje

Blech *n* ‹-[e]s, -e› [1] (*Stahl-, Metall-, Zink-*) plancha *f* [2] (*Weiß-*) hojalata *f* [3] (*Back-*) bandeja *f* de horno; **Blechblasinstrument** *n* instrumento *m* de metal; **Blechdose** *f* lata *f*

blechen *vti FAM* → *Geld* aflojar la mosca

Blechorchester *n* orquesta *f* de instrumentos de metal

Blechschaden *m* AUTO ↑ *Metallschaden* daños *m/pl* materiales; **Blechschere** *f* cizalla *f*

Blei *n* ‹-[e]s, -e› CHEM, PHYS plomo *m; FAM* ◇ ~ **in den Knochen haben** pesar los huesos

Bleibe *f* ‹-, -n› albergue *m*

bleiben ‹blieb, geblieben› *vi* [1] ↑ *nicht weggehen* quedar[se] [2] ↑ *konsequent bleiben* permanecer; ◇ **bei seiner Meinung** ~ ser consecuente con sus ideas; ◇ **da bleibt nur noch die Hoffnung** sólo nos queda la esperanza; ◇ **es bleibt nur zu hoffen, daß ...** esperemos que ...; **bleibend** *adj* constante; **bleibenlassen** *unreg vt* ↑ *unterlassen* dejar algo a un lado

bleich *adj* pálido; **bleichen** *vt* → *Wäsche* desteñir; → *Haare* decolorar

bleiern *adj* plomizo; **bleifrei** *adj* ▷*Benzin* sin plomo; ◇ **ich möchte bitte 45 Liter -es Benzin** écheme 45 litros de gasolina sin plomo; **bleihaltig** *adj* ▷*Benzin* con plomo; ▷*Luft* plomizo; **Bleisoldat** *m* soldadito *m* de plomo; **Bleistift** *m* lápiz *m;* **Blei[stift]mine** *f* mina *f;* **Bleistift[an]spitzer** *m* ‹-s, -› sacapuntas *m*

Blende *f* ‹-, -n› [1] (*im Auto*) ventanilla *f* [2] (FOTO *Objektiv-*) diafragma *m;* ◇ **e-e größere** ~ **einstellen** abrir más el diafragma; **blenden** *vt* [1] → *Augen* deslumbrar [2] ↑ *Augen ausstechen* sacar los ojos a alguien [3] *FIG* ↑ *beeindrucken* ◇ **jd-n durch etw** [**seine Fröhlichkeit**] ~ impresionar a alguien con algo; **blendend** *adj* [1] ▷*Licht* cegador [2] *FAM* ↑ *ausgezeichnet* deslumbrante; ◇ **mir geht es heute** ~ me va maravillosamente/genial; ◇ **Sie sehen** ~ **aus** se le ve muy bien, tiene muy buen aspecto; **Blendenöffnung** *f* abertura *f* del diafragma

Blick *m* ‹-[e]s, -e› [1] (*Augen-*) momento *m* [2] ↑ *Betrachten* mirada *f* [3] ↑ *Aussicht* vista *f;* **blikken** *vi* mirar; ◇ **sich** ~ **lassen** dejarse ver, mostrarse; **Blickfeld** *n* campo *m* visual

blieb *impf v.* **bleiben**

blies *impf v.* **blasen**

blind *adj* ciego; ▷*Glas etc.* opaco; ◇ **-er Passagier** polizón

Blinddarm *m* intestino *m* ciego; **Blinddarmentzündung** *f* apendicitis *f*

Blindenschrift *f* braille *m*

Blindflug *m* vuelo *m* sin visibilidad

Blindgänger *m* bomba *f* que no ha estallado

Blindheit *f* ceguera *f;* **blindlings** *adv* [1] (*ohne zu sehen*) a ciegas [2] *FIG* ↑ *kritiklos* ◇ **jd-m** ~ **gehorchen** obedecer con los ojos cerrados

Blindschleiche *f* ‹-, -n› FAUNA lución *m*

blinken I. *vi* [1] brillar [2] ↑ *glänzen* relucir [3] ← *Licht, Signal* emitir señales [luminosas] [4] AUTO ↑ *Blinker setzen* poner el intermitente; (*mit Lichthupe*) dar las luces largas **II.** *vt* → *Signal, SOS* hacer señales; **Blinker** *m* ‹-s, -› AUTO ↑ *Richtungszeiger* intermitente *m;* **Blinkleuchte** *f* faro *m;* **Blinklicht** *n* AUTO ↑ *Richtungszeiger* luz *f* intermitente

blinzeln *vi* ↑ *mit Augen zwinkern* guiñar

Blitz *m* ‹-es, -e› [1] (*am Himmel*) relámpago; ◇ **er ist schnell wie der** ~ es como un rayo de rápido [2]

(FOTO *-licht*) flash *m;* **Blitzableiter** *m* ‹-s, -› pararrayos *m;* **blitzen I.** *vi* ① ↑ *aufleuchten* lucir; ← *Spiegel* relucir ② ↑ *leuchten, glänzen* brillar; resplandecer **II.** *vt:* ◇ **jd-n mit dem Radar[gerät] ~** pillar a un conductor con el rádar; **Blitzfeuer** *n* (*aus Gewehr*) fuego *m* de bengala; **Blitzkrieg** *m* guerra *f* rápida; **Blitzmeldung** *f* información *f* de último momento; **blitzschnell** *adj, adv* rápido como un rayo; **Blitzstreik** *m* huelga *f* inmediata

Block *m* ‹-[e]s, Blöcke› *auch FIG* bloque *m;* (*Holz-, Marmor-, Ost-, Notiz-*) bloque *m;* (*Häuser-*) manzana *f;* (SPORT *Abwehr-*) resistencia *f;* **Blockade** *f* bloqueo *m;* **Blockflöte** *f* flauta *f* dulce; **blockfrei** *adj* POL: ◇ **-e Staaten** *m/pl* países *m/pl* no alineados; **blockieren I.** *vt* → *Straße, Leitung, Plan etc.* bloquear **II.** *vi* ← *Bremse* bloquear

Blockschrift *f* letra *f* de molde

blöd *adj* ↑ *doof* estúpido; *PEJ* ↑ *geistesgestört* subnormal; *FAM* ↑ *dumm* bobo; **blödeln** *vi* (*FAM herum-*) decir/hacer tonterías; **Blödheit** *f* ↑ *Dummheit* estupidez *f;* **Blödsinn** *m* tontería *f;* **blödsinnig** *adj* imbécil

blöken *vi* ← *Schaf* balar

blond *adj* ▷*Farbe, Haar* rubio; **blondieren** *vt* teñirse de rubio; **Blondierung** *f:* ◇ **e-e ~ bekommen** teñirse de rubio

bloß I. *adj* ① ↑ *nackt* desnudo; ↑ *unbedeckt* ▷*Hände, Füße* descubierto ② (*nichts weiter als*) sólo **II.** *adv* solamente; ◇ **laß das ~!** déjalo de una vez; ◇ **du hast ja ~ Angst!** ¡lo que tú tienes es miedo¡; (*verstärkend*) ◇ **das ist doch ~ Gerede** eso son sencillamente cuentos; ◇ **mach ~, daß du in die Klasse kommst!** ¡entra en la clase inmediatamente!; **Blöße** *f* ‹-, -n› ↑ *Nacktheit* desnudez *f; FIG* desamparo *m;* ◇ **sich** *dat* **e-e ~ geben** mostrar su punto débil; **bloßstellen** *vt* ↑ *blamieren* ridiculizar

Blouson *m* ‹-s, -s› cazadora *f*

Blue Jeans *f* pantalones *m/pl* vaqueros

blühen *vi* florecer; ◇ **die Bäume ~ zweimal im Jahr** los árboles florecen dos veces al año; ◇ **die Bäume ~ schon** los árboles están en flor; ← *Geschäft* prosperar; *FAM* ◇ **wenn er nach Hause kommt, blüht ihm [et]was** cuendo llegue a casa le espera una buena; **Blühen** *n* ‹-s› floración *f;* **blühend** *adj* ① saludable; ◇ **sie sieht ~ aus** tiene muy buen aspecto ② ▷*Pflanze* florido

Blume *f* ‹-, -n› ① (*Pflanze*) flor *f* ② (*von Wein*) aroma *m* ③ ↑ *Bierschaum* espuma *f;* **Blumenbeet** *n* macizo *m* de flores; **Blumenblatt** *n* pétalo *m;* **Blumenhändler(in** *f*) *m* florista *m/f;* **Blumenkohl** *m* coliflor *f;* **Blumenstrauß** *m* ramo *m* de flores; **Blumentopf** *m* tiesto *m;* **Blumenzucht** *f* floricultura *f;* **Blumenzüchter(in** *f*) *m* floricultor(a *f*) *m;* **Blumenzwiebel** *f* bulbo *m*

Bluse *f* ‹-, -n› blusa *f*

Blut *n* ‹-[e]s› sangre *f;* ◇ **ruhig ~!** ¡calma!; **blutarm** *adj* anémico; **Blutarmut** *f* anemia *f;* **blutbefleckt** *adj* manchado de sangre; **Blutbild** *n* cuadro *m* hepático; **Blutdruck** *m* tensión *f* arterial; **blutdürstig** *adj* sanguinario

Blüte *f* ‹-, -n› flor *f; FIG* prosperidad *f*

Blutegel *m* sanguijuela *f*

Blutempfänger *m* receptor (a) de sangre *m*

Blütenstand *m* período *m* de floración; **blütentragend** *adj* florido; **Blütezeit** *f* floración *f; FIG* apogeo *m*

bluten *vi* sangrar; *FAM* ◇ **er mußte ganz schön ~** ha tenido que pagarlo caro

Blütenstaub *m* polen *m*

Bluter(in *f*) *m* ‹-s, -› MED hemofílico/a

Bluterguß *m* derrame *m* de sangre; (*auf Haut*) hematoma *m;* **Blutgefäß** *n* vaso *m* sanguíneo; **Blutgruppe** *f* grupo *m* sanguíneo; **blutig** *adj* sangriento; **blutjung** *adj* jovencísimo; **Blutkörperchen** *n/pl* glóbulos *m* sanguíneo; ◇ **die weißen ~** leucocitos *m;* ◇ **die roten ~** hematíes *m;* **Blutkreislauf** *m* circulación *f* sanguínea; **Blutprobe** *f* análisis *m* de sangre; **Blutschande** *f* incesto *m;* **Blutspender(in** *f*) *m* donante *m/f* de sangre; **Blutspur** *f* huella *f* de sangre; **Blutstropfen** *m* gota *f* de sangre; **Blutsverwandtschaft** *f* parentesco *m;* **Blutübertragung** *f* transfusión *f* de sangre; **Blutung** *f* hemorragia *f;* (*Regel-*) regla *f,* periodo *m;* **Blutvergiftung** *f* intoxicación *f* de la sangre

Blutwurst *f* morcilla *f*

BLZ *Abk v.* **Bankleitzahl**

Boa *f* ① FAUNA boa *f* ② (*Kleidungsstück*) estola *f*

Bö[e] *f* ‹-, -en› ráfaga *f*

Bock [1] *m* ‹-[e]s, Böcke› ① (*Schaf-, Reh-*) macho ② (*Kutscher-*) pescante *m* ③ (*Gestell*) caballete *m* ④ SPORT potro *m* ⑤ *FAM* ◇ **null/keinen ~ haben, etw zu tun** no apetecer un comino hacer algo

Bock [2] *m o n* ‹-[e]s› ↑ *Starkbier* cerveza *f* fuerte

bocken *vi* ← *Esel* ↑ *widersprenstig sein* ponerse testarudo; ↑ *beleidigt sein* ponerse de morros, enfadarse; ← *Motor* calarse

Bockwurst *f tipo de salchicha*

Boden *m* ‹-s, Böden› ① (*Humus-, Sand-*) suelo *m* ② (*Tanz-*) pista *f* ③ (*von Topf etc.*) fondo *m* ④ (*Dach-*) ático *m;* **Bodenangriff** *m* ofensiva *f* por tierra; **Bodenbeschaffenheit** *f* naturaleza *f* del terreno; **bodenlos** *adj* [1] ▷*Abgrund* sin fondo [2] *FAM* ↑ *unglaublich* increíble; **Bodenpersonal** *n* personal *m* de tierra; **Bodenprofil** *n* relieve *m;* **Bodenschätze** *m/pl* riquezas *f/pl* del subsuelo; **bodenständig** *adj* ↑ *heimatverbunden* aborigen; **Bodenturnen** *n* ejercicios *m/pl* de suelo; **Bodenwelle** *f* desnivel *m* del terreno

Body *m* (*Kleidung*) body *m*

Bodybuilding *n* culturismo *m*

bog *impf v.* **biegen**

Bogen *m* ‹-s, -› [1] ↑ *Kurve* ↑ *Biegung* curvatura *f* [2] (ARCHIT *Brücken-, Tor-*) arco *m* [3] (MUS *Violin-*) arco *m* [4] (*Pfeil und -*) arco *m* [5] (*Papier-*) pliego *m;* (*Druck-*) pliego *m* [de imprenta]; **Bogengang** *m* soportal *m;* **Bogenlampe** *f* lámpara *f* de arco; **Bogenschießen** *n* tiro *m* con arco; **Bogenschütze** *m* arquero *m;* **Bogenschützin** *f* arquera *f*

Bohle *f* ‹-, -n› ↑ *Planke* tabla *f*

Bohne *f* ‹-, -n› alubia *f;* (*Hülsenfrucht*) legumbre *f;* (*Kaffee-*) grano *m* de café; **Bohnenkaffee** *m* café *m*

Bohner *m* enceradora *f;* **Bohnermaschine** *f* máquina *f* enceradora; **bohnern** *vt* → *Fußboden* encerar; **Bohnerwachs** *n* cera *f* para pisos

bohren I. *vt* taladrar **II.** *vi:* ◇ **nach Öl -** hacer sondeos; *FIG* ◇ **mit Fragen -** acribillar a preguntas; **Bohrer** *m* ‹-s, -› (*Werkzeug*) taladro *m;* **Bohrgestänge** *n* pozo *m;* **Bohrinsel** *f* plataforma *f* petrolera; **Bohrloch** *n* agujero *m* de perforación; **Bohrmaschine** *f* taladradora *f;* **Bohrmeißel** *m* trépano *m;* **Bohrturm** *m* torre *f* de sondeo; **Bohrung** *f* perforación *f;* **Bohrwinde** *f* ‹-, n› berbiquí *m*

Boiler *m* ‹-s, -› calentador *m* de agua

Boje *f* ‹-, -n› boya *f*

Bolzen *m* ‹-s, -› clavija *f*

bombardieren *vt* ↑ *beschießen* → *Stadt* bombardear; **Bombardierung** *f* bombardeo *m;* **Bombe** *f* ‹-, -n› bomba *f; FIG* ◇ **e-e - platzen lassen** hacer explotar una bomba; **Bombenangriff** *m* bombardeo *m;* **Bombenattentat** *n* atentado *m* de bomba; **Bombenerfolg** *m FAM* exitazo *m;* **bombensicher** *adj* a prueba de bomba; **Bombentrichter** *m hoyo producido por una bomba;* **Bomber** *m* ‹-s, -› bombardero *m*

Bonbon *n* ‹-s, -s› caramelo *m*

bongen *vt* → *Betrag* marcar [una cantidad]; (*FAM okay*) ◇ **das ist doch gebongt** está bien

Bonus *m* ‹- *o.* -ses, -se *o.* Boni› [1] bono *m* [2] ↑ *Pluspunkt* punto extra *m* [3] ↑ *Vergütung* gratificación *f;* ◇ **e-n - ausschütten** dar una gratificación [4] ↑ *Schadenfreiheitsrabatt* liquidación *f*

Bonze *m* ‹-n, -n› ↑ *Funktionär* jefazo *m*

Boom *m* boom *m*

Boot *n* ‹-[e]s, -e› bote *m;* lancha *f;* ◇ **wir sitzen alle in e-m -** estamos en la misma barca; **Bootsanhänger** *m* remolque de barcos *m;* **Bootshaus** *m* casa *f* guardabotes; **Bootsmann** *m* ‹-es, -männer› contramaestre *m*

Bord [1] *m* ‹-[e]s, -e› NAUT borda *f;* ◇ **Mann über -!** ¡hombre al agua¡; ◇ **über - gehen** caerse de la borda; ◇ **an - gehen** subir a bordo

Bord [2] *n* ‹-[e]s, -e› (*Bücher-, Wand-*) borde *m*

Bordell *n* ‹-s, -e› burdel *m,* casa *f* de citas

Bordfunkanlage *f* equipo *m* de radio de a bordo; **Bordfunker** [1](**in** *f*) *m* radiotelegrafista *m/f;* **Bordfunker** [2] *m* radio *f* de a bordo; **Bordingenieur**(**in** *f*) *m* ingeniero/a de vuelo; **Bordkarte** *f* tarjeta *f* de embarque; **Bordmechaniker**(**in** *f*) *m* mecánico *m/f* de a bordo

Bordstein *m* bordillo *m;* **Bordsteinkante** *f* bordillo *m*

borgen I. *vt* prestar; ◇ **jd-m Geld -** prestar dinero a alguien; ◇ **können Sie mir für heute 164,- DM borgen?** ¿me podría prestar para hoy 164 marcos? **II.** *vr:* ◇ **sich** *dat* **etw von jd-m -** tomar prestado algo de alguien

Borke *f* ‹-, -n› corteza *f*

borniert *adj* ↑ *engstirnig* estrecho de miras

Borretsch *m* borraja *f*

Börse *f* ‹-, -n› (*Aktien-*) (*Geld-*) bolsa *f;* **Börsenauftrag** *m* encargo *m* de bolsa; **Börsenbeginn** *m* apertura *m* de la bolsa; **Börsenbericht** *m* boletín *m* de bolsa; **Börsengeschäft** *n* operación *f* bursátil; **Börsenkrach** *m* crisis *f* financiera; **Börsenkurs** *m* cotización *f* en bolsa; **Börsenschluß** *m* cierre *m* de la bolsa

Borste *f* ‹-, -n› cerda *f;* **borstig** *adj* cerdoso

Borte *f* ‹-, -n› (*an Kleid*) ribete *m;* ↑ *Band* franja *f*

böse *adj* [1] ▷*Mensch, Tat* ↑ *schlecht* malo [2] ↑ *unartig* travieso [3] ↑ *zornig* enfadado [4] ↑ *schlimm, gefährlich* peligroso; ◇ **im -en auseinandergehen** separarse de malas formas; **Böse** *n FIG* diablo *m;* **bösartig** *adj* ↑ *heimtückisch* malicioso; MED ↑ *bedrohlich* maligno

Böschung *f* cuesta *f;* (*Straßen-*) arcén *m;* ↑ *Abhang* pendiente *f*

Bösewicht *m* malvado *m;* **boshaft** *adj* malo; ↑ *heimtückisch* malicioso; ↑ *gehässig* hostil; **Bosheit** *f* malicia *f;* ↑ *Gehässigkeit* hostilidad *f*

Boß *m* ↑ *Leiter* jefe *m;* (*Gangster-*) cabecilla *m*

böswillig *adj* malintencionado

bot *impf v.* **bieten**

Botanik *f* botánica *f;* **botanisch** *adj* botánico; ◇ **-er Garten** jardín *m* botánico

Bote *m* ‹-n, -n› mensajero *m;* **Botin** *f* ↑ *Kurier* mensajera *f;* (*Geld-*) portador *m*

Botschaft *f* [1] ↑ *Nachricht* mensaje *m* [2] POL embajada *f;* **Botschafter(in** *f*) *m* ‹-s, -› embajador(a *f*) *m*

Bottich *m* ‹-[e]s, -e› cuba *f*

Bouillon *f* ‹-, -s› caldo *m*

Boulespiel *n* juego *m* de bolos

Boutique *f* boutique *f*

Bowle *f* ‹-, -n› ponche *m*

Bowlingbahn *f* pista *f* de bolos americanos

Box *f* ‹-, -en› casilla *f;* ↑ *Kiste* caja *f;* (*Lautsprecher-*) bafle *m;* ◇ **Musik-** caja de música

boxen 1. *vti* boxear; ◇ **jd-n in den Bauch -** golpear en el estómago; ◇ **um e-n Titel -** boxear por el título **2.** *vr:* ◇ **sich - durch etw** luchar por algo; **Boxen** *n* ‹-s› boxeo *m;* **Boxer** *m* ‹-s, -› [1] SPORT boxeador *m* [2] (*Hund*) bóxer *m;* **Boxhandschuh** *m* guante *m* de boxeo; **Boxkampf** *m* combate *m* de boxeo; **Boxstiefel** *m* botas *f/pl* de boxeo

boykottieren *vt* boicotear

brach *impf v.* **brechen**

Brach- *adj* baldío; **Brachfeld** *n* tierra *f* baldía; **brachliegend** *adj* ← *Acker* de barbecho

brachte *impf v.* **bringen**

Branche *f* ‹-, -n› ramo *m;* **Branchenbuch** *n*, **Branchenverzeichnis** *n* índice *m* comercial

Brand *m* ‹-[e]s, Brände› [1] incendio *m;* (*von Porzellan, Ton*) cocción *f* [2] MED gangrena *f; FAM* ◇ **e-n - in der Kehle haben** tener la garganta seca; **Brandbombe** *f* bomba *f* incendiaria

branden *vi* ← *Meer* romper

brandmarken *vt* → *Pferd* marcar a fuego; *FIG* ↑ *öffentlich ächten* boicotear; **Brandmauer** *f* cortafuegos *m;* **Brandsalbe** *f* pomada *f* para quemaduras; **Brandstifter(in** *f*) *m* pirómano/a; **Brandstiftung** *f* incendio *m*

Brandung *f* resaca *f;* **Brandungsangeln** *n* pesca *f* en la corriente

Brandwache *f* retén *m;* **Brandwunde** *f* quemadura *f*

brannte *impf v.* **brennen**

Branntwein *m* brandi *m*

Brasilien *n* Brasil *m*

braten ‹briet, gebraten› *vt* → *Fleisch* asar; ◇ **das Fleisch brät im Ofen** la carne se asa en el horno; **Braten** *m* ‹-s, -› carne *f* asada; **Brathuhn** *n* pollo *m* asado; **Bratkartoffeln** *f/pl* patatas *f/pl* asadas; **Bratpfanne** *f* sartén *f;* **Bratrost** *m* parrilla *f*

Bratsche *f* ‹-, -n› viola *f;* **Bratschist(in** *f*) *m* violinista *m*

Bratspieß *m* broqueta *f;* **Bratwurst** *f* salchicha *f* para asar

Brauch *m* ‹-[e]s, Bräuche› costumbre *f*

brauchbar *adj* ↑ *nützlich* útil; ▷*Mensch* bueno

brauchen *vt* ↑ *bedürfen* necesitar; ↑ *müssen* requerir; ↑ *verwenden* usar

brauen *vt* → *Bier* fabricar cerveza; **Brauer(in** *f*) *m* ‹-s, -› cervecero/a; **Brauerei** *f* cervecería *f*

braun *adj* moreno; ↑ *gebräunt* bronceado, moreno; **Braune** *m* ‹-n› caballo *m* marrón; **Bräune** *f* ‹-, -n› (*von Haaren*) moreno *m;* (*Haut-*) bronceado *m,* moreno *m;* **bräunen** *vt* [1] → *Zwiebeln* dorar [2] ← *Sonne* ponerse moreno; **braungebrannt** *adj* bronceado, moreno; **Braunkohle** *f* lignito *m*

Brause *f* ‹-, -n› [1] ↑ *Duschbad* ducha *f;* ↑ *Duschkopf* alcachofa *f* [2] ↑ *Limonade* gaseosa *f*

brausen *vi* ← *Meer, Wind* bramar; ← *Wind* soplar

Brausepulver *n* polvos *m/pl* efervescentes

Brausewanne *f* bañera *f*

Braut *f* ‹-, Bräute› (*bei Hochzeit*) novia *f;* ↑ *Verlobte* prometida *f;* **Brautführer** *m* padrino *m* de boda; **Brautführerin** *f* madrina *f* de boda; **Brautgeschenk** *n* regalo *m* de bodas; **Bräutigam** *m* ‹-s, -e› (*bei Hochzeit*) novio *m;* ↑ *Verlobter* prometido *m;* **Brautjungfer** *f* dama *f* de honor; **Brautpaar** *n* novios *m/pl*

brav *adj* [1] ↑ *artig* bueno; ▷*Kleid* decoroso [2] ▷*Mann* honrado, buena persona

BRD *f* ‹-› *Abk v.* **Bundesrepublik Deutschland**

Brecheisen *n* palanca *f*

brechen ‹brach, gebrochen› **I.** *vt* [1] ↑ *zerstören* romper; ◇ **die Ehe -** deshacerse [2] → *Licht* fundir [3] ↑ *erbrechen* vomitar **II.** *vi* [1] ↑ *kaputtgehen* romperse [2] ↑ *sich übergeben* vomitar **III.** *vr* ◇ **sich -** romperse; ← *Licht* fundirse; **Brecher** *m* ‹-s, -› rompiente *f;* **Brechreiz** *m* náuseas *f/pl;* **Brechungsindex** *m* refracción *f*

Brei *m* ‹-[e]s, -e› [1] ↑ *Masse* papilla *f;* GASTR puré *m;* ◇ **Kartoffel-** puré de patatas [2] (*Schmutz*) barro *m*

breit *adj* ancho; **Breite** *f* ‹-, -n› [1] ancho *m,* anchura *f* [2] ↑ *Ausführlichkeit* extensión *f* [3] GEO latitud *f;* ◇ **die geographische -** latitud *f* geográfica

breiten *vt* extender (*über akk* por)

Breitengrad *m* grado *m* de latitud; **Breitenkreis** *m* paralelo *m*

breitmachen *vr* ◇ **sich -** ↑ *Platz einnehmen* sentarse comodamente; ← *Unsitte* extenderse; **breitschultrig** *adj* ancho de hombros; **Breitwand** *f* pantalla *f* panorámica; **Breitwandfilm** *m* película *f* en pantalla panorámica

Bremsbelag *m* guarnición *f* del freno; **Bremse** *f* ‹-, -n› [1] freno; ◇ **auf die - treten** dar al freno [2] (*Stechfliege*) tábano *m;* **bremsen I.** *vi* frenar **II.**

vt → *Auto* frenar; *FIG* ↑ *zügeln* reducir; **Bremsen[schnell]dienst** *m* taller *m* de reparaciones rápidas; **Bremsflüssigkeit** *f* líquido *m* de freno; **Bremslicht** *n* luz *f* de frenado; **Bremsöl** *n* aceite *m* de frenado; **Bremspedal** *n* pedal *m* de freno; **Bremsspur** *f* huella *f* de frenada; **Bremsweg** *m* distancia *f* de frenado

brennbar *adj* inflamable; **Brennelement** *n* materia *f* inflamable; **brennen** ‹brannte, gebrannt› **I.** *vi* [1] ← *Haus, Öl etc.* quemar [2] ← *Kerze, Lampe* estar encendido [3] ← *Sonne* calentar [4] ← *Wunde, Augen* escocer [5] *FIG* ◇ **darauf ~, etw zu tun** estar deseando hacer algo; ◇ **sie brennt darauf, es zu erzählen** esta deseosa de contarlo **II.** *vt* [1] → *Holz etc.* quemar [2] → *Porzellan* cocer [3] → *Schnaps* destilar; **Brennnessel** *f* ortiga *f;* **Brennholz** *n* leña *f;* **Brennlinie** *f* línea *f* de cocción; **Brennmaterial** *n* material *m* inflamable; **Brennpunkt** *m* PHYS foco *m; FIG* ↑ *Mittelpunkt* punto *m* de interés; **Brennspiritus** *m* alcohol *m* para quemar; **Brennstab** *m* barra *f* combustible; **Brennstoff** *m* combustible *m*

Brennweite *f* FOTO distancia *f* de foco

brenzlig *adj* ↑ *leicht brennend* quemado; *FIG* ↑ *bedrohlich* peligroso

Brett *n* ‹-[e]s, -er› [1] tabla *f;* estantería *f;* ◇ Schwarzes ~ tablón de anuncios *m* [2] (*Spiel~*) tabla *f* [3] ◇ **~er** *pl* THEAT tablado *m;* (*Ski~*) esquís *m/pl;* **Bretterbude** *f* chabola *f;* **Bretterzaun** *m* valla *f*

Brevier *n* ‹-s, -e› breviario *m*

Brezel *f* ‹-, -n› rosquilla *f*

Brief *m* ‹-[e]s, -e› [1] ↑ *Schreiben* carta *f* [2] ↑ *Urkunde* (*Meister~*) título *m;* ◇ **Fahrzeug~** documentos *m/pl* del coche; **Briefaustausch** *m* correspondencia *f* por carta; **Briefbeschwerer** *m* ‹-s, -› pisapapeles *m;* **Brieffreund(in** *f*) *m* amigo/a por carta; **Briefkasten** *m* buzón *m;* **Briefkopf** *m* membrete *m;* **Briefmarke** *f* sello *m;* **Briefmarkenautomat** *m* máquina *f* de sellos; **Briefmarkensammler(in** *f*) *m* coleccionista *m/f* de sellos; **Brieföffner** *m* abrecartas *m;* **Briefpapier** *n* papel *m* de sobre; **Briefschluß** *m* despedida *f* en una carta; **Brieftasche** *f* billetera *f;* **Briefträger(in** *f*) *m* cartero *m/f;* **Briefumschlag** *m* sobre *m;* **Briefverkehr** *m* correspondencia *f;* **Briefwaage** *f* pesacartas *m;* **Briefwahl** *f* voto *m* por correo; **Briefwechsel** *m* correspondencia *f*

briet *impf v.* **braten**

Brigade *f* brigada *f*

brillant *adj FIG* ▷*Rede, Musik* excelente; **Brillant** *m* ‹-en, -en› brillante *m*

Brille *f* ‹-, -n› [1] (*Lese~*) gafas *f/pl;* ◇ **Sonnen~** gafas *f/pl* de sol; ◇ **der Fahrer des Wagens trägt e-e Brille** el conductor del coche lleva gafas; ◇ **alles durch die rosarote ~ sehen** verlo todo de color rosa [2] (*von Toilette*) asiento *m* de la baza; **Brillengestell** *n* montura *f* de las gafas; **Brillenglas** *n* cristal *m* de gafas; **Brillenschlange** *f* [1] cobra *f* [2] *FAM* gafoso *m*

bringen ‹brachte, gebracht› *vt* [1] traer [2] ↑ *mitnehmen* llevar [3] ↑ *begleiten* acompañar; ◇ **jd-n nach Hause ~** acompañar a casa [4] ↑ *einbringen* → *Profit* llevarse [5] ↑ *veröffentlichen* → *Artikel* salir; THEAT, CINE echar, dar [6] ↑ *in e-n Zustand versetzen* poner en una situación; ◇ **jd-n dazu ~, etw zu tun** conseguir que alguien haga algo; ◇ **jd-n auf e-e Idee ~** sugerir la idea de algo a alguien [7] *FAM* ↑ *tun können* hacer; ◇ **jd-n um etw ~** privar a alguien de algo

Brise *f* ‹-, -n› brisa *f*

Brite *m* ‹-n, -n›, **Britin** *f* inglés(-esa) *m;* **britisch** *adj* inglés; ◇ **die Britischen Inseln** *pl* las Islas Británicas

bröck[e]lig *adj* inseguro; **bröckeln** *vi* ← *Putz, Gestein* deshacerse

Brocken *m* ‹-s, -› (*Brot~*) trozo *m;* (*Fels~*) pedazo *m*

Brokkoli *pl* bróculi *m*

Brom *n* ‹-s› bromo *m*

Brombeere *f* mora *f;* **Brombeerstrauch** *m* ‹-s, -sträucher› zarza *f*

Bronchien *pl* bronquios *m/pl;* **Bronchitis** *f* ‹-› bronquitis *f*

Bronze *f* ‹-, -n› bronce *m;* **Bronzezeit** *f* edad *f* del bronce

Brosche *f* ‹-, -n› broche *m*

broschiert *adj* ▷*Buchausgabe* en rústica

Broschüre *f* ‹-, -n› folleto *m;* (*Werbe~*) propaganda *f*

Brot *n* ‹-[e]s, -e› [1] pan *m;* ◇ **Weiß~** pan *m* blanco; ◇ **Schwarz~** pan *m* negro [2] (*~laib*) hogaza *f;* (*~scheibe*) rebanada *f;* **Brötchen** *n* ↑ *Semmel, Wecken* panecillo *m;* **Brotrinde** *f* corteza *f* de pan; **Brotzeit** *f* hora *f* del bocadillo

Bruch *m* ‹-[e]s, Brüche› [1] ↑ *Auseinanderbrechen* rotura *f;* (*mit Elternhaus*) ruptura *f* [2] ↑ *Schnittstelle* rotura *f* [3] *FIG* ↑ *Nichteinhalten* roto *m;* ◇ **Vertrags~** ruptura *f* [4] MED ◇ **Leisten~** hernia *f;* ◇ **sich e-n ~ heben** tener un desprendimiento de ligaduras; (*Knochen~*) fractura *f;* ◇ **sich e-n ~ zuziehen** romperse algo [5] MATH quebrado *m*

Bruchbude *f FAM* ↑ *altes Haus* chabola *f;* **brüchig** *adj* quebradizo; **Bruchstrich** *m* MATH línea *f* de quedrado; **Bruchstück** *n* trozo *m;*

Bruchteil *m* ↑ *Anteil* parte *f;* **Bruchzahl** *f* número *m* fraccionario

Brücke *f* ‹-, -n› (*Bauwerk*) puente *m;* (*Zahn-*) puente *m;* (*beim Turnen*) puente *m;* ↑ *Teppich* alfombra *f;* ◇ **die -n hinter sich abbrechen** quemar las naves; **Brückendeck** *n* puente *m* de a bordo

Bruder *m* ‹-s, Brüder› [1] hermano *m* [2] (*Kloster-*) fraile *m;* **brüderlich** *adj* fraternal; **Brüderschaft** *f* hermandad *f*

Brühe *f* ‹-, -n› [1] (*Suppen-, Fleisch-*) caldo *m* [2] (*PEJ Dreck-*) aguachirle *m*

brüllen 1. *vi* ← *Tier, Löwe* rugir; ↑ *weinen* ← *Kind* berrear **2.** *vt* → *Antwort* gritar

brummen I. *vi* [1] ← *Bär, Mensch* gruñir; ← *Fliege, Motoren* zumbar [2] *FAM* ◇ **im Knast -** estar a la sombra **II.** *vt* (*in den Bart*) refunfuñar; ◇ **er brummelt etw in seinen Bart** está refunfuñando; ◇ **jd-m brummt vor lauter Rauch der Kopf** quejarse por tener la cabeza como un bombo; **brummig** *adj* ↑ *mürrisch* gruñon

brünett *adj* moreno

Brunnen *m* ‹-s, -› (*Wasser-, Zieh-*) pozo *m;* (*Markt-, Spring-*) fuente *f;* ↑ *Schacht* manantial *m*

brüsk *adj* ↑ *abrupt* brusco

Brust *f* ‹-, Brüste› (*von Männern u. Frauen*) pecho *m;* ◇ **e-m Kind die - geben** dar el pecho a un niño

brüsten *vr* ◇ **sich [mit e-er Sache] -** darse importancia [con algo]; **Brustfellentzündung** *f* pleuresía *f;* **Brustkasten** *m* caja *f* torácica; **Brustschwimmen** *n* natación *f* a braza; **Brustwarze** *f* pezón *m;* **Brustumfang** *m* anchura *f* de pecho

Brüstung *f* antepecho *m*

Brut *f* ‹-, -en› [1] ↑ *Nachkommenschaft* cría *f* [2] ↑ *Brüten* incubación *f* [3] *PEJ* ↑ *Gesindel* ralea *f*

brutal *adj* ↑ *gewalttätig* brutal; **Brutalität** *f* brutalidad *f*

Brutapparat *m* **Brutkasten** *m* incubadora *f;* **brüten** *vi* ← *Henne* empollar; *FAM* ↑ *scharf nachdenken* meditar; **Brüter** *m* ‹-s, -›: ◇ **schneller -** reactor *m;* **Brutmaschine** *f* máquina *f* incubadora de huevos

brutto *adv* bruto; **Bruttoeinkommen** *n,* **Bruttogehalt** *n* ingreso *m* bruto; **Bruttogewicht** *f* peso *m* bruto; **Bruttoinlandsprodukt** *n* producto *m* interior bruto; **Bruttolohn** *m* salario *m* bruto; **Bruttosozialprodukt** *n* producto *m* social bruto

Brutzeit *f* período *m* de incubación

Btx *Abk v.* **Bildschirmtext**

Bube *m* ‹-n, -n› [1] (*Spielkarte*) sota *f* [2] ↑ *Junge* chico *m;* **Bubikopf** *m* corte *m* a lo garcon

Buch *n* ‹-[e]s, Bücher› [1] libro *m* [2] (COMM *Geschäftsbuch*) libro *m* de contabilidad; ◇ **die [Geschäfts-]Bücher führen** llaver el libro de contabilidad; **Buchbesprechung** *f* reseña *f* literaria; **Buchbinder(in** *f*) *m* ‹-s, -› encuadernador(a *f*) *m;* **Buchbinderei** *f* encuadernación *f;* **Buchdrucker(in** *f*) *m* impresor(a *f*) *m;* **Buchdruckerschwärze** *f* ‹-› tinta *f* de impresa

Buche *f* ‹-, -n› [1] haya *f* [2] (*-nholz*) haya *f*

buchen *vt* → *Platz, Reise, Zimmer* reservar; COMM → *Einnahmen, Ausgaben* contabilizar

Bücherbrett *n* estantería *f;* **Bücherei** *f* biblioteca *f;* **Bücherfreund(in** *f*) *m* amante *f/m* de la lectura; **Büchermagazin** *n* revista *f* de reseñas literarias; **Bücherregal** *n* estantería *f;* **Bücherschrank** *m* librería *f;* **Büchersendung** *f* envío *m* de libros

Buchfink *m* pinzón *m*

Buchführung *f* contabilidad *f;* **Buchhalter(in** *f*) *m* ‹-s, -› contable *m/f;* **Buchhaltung** *f* ↑ *das Verbuchen* (*Abteilung*) contabilidad *f*

Buchhandel *m* librería *f;* **Buchhändler(in** *f*) *m* librero/a; **Buchhandlung** *f* librería *f*

Buchmacher *m* ‹-s, -› corredor *m* de apuestas

Buchse *f* (*Stecker-*) casquillo *m*

Büchse *f* ‹-, -n› [1] ↑ *Dose* bote *m* [2] ↑ *Gewehr* rifle *m;* **Büchsenfleisch** *n* carne *f* enlatada; **Büchsenöffner** *m* abrelatas *m*

Buchstabe *m* ‹-ns, -n› letra *f;* ◇ **kleine/große -** letra minúscula/mayúscula; **buchstabieren** *vt* deletrear; **buchstäblich** *adj* [1] textual [2] ↑ *regelrecht* ◇ **mir wurde - schlecht** me sení totalmente mareado

Bucht *f* ‹-, -en› (*Meeres-, Bade-*) bahía *f;* (*kleine -*) cala *f*

Buchung *f* (*von Reise*) reserva *f;* (COMM *ins Geschäftsbuch*) contabilización *f*

Buckel *m* ‹-s, -› [1] (*Rücken*) chepa *f* [2] ↑ *Verkrümmung* joroba *f* [3] *FAM* ↑ *Hügel* loma *f;* **buckelig** *adj* jorobado

bücken *vr* ◇ **sich [nach unten/hinten/vorne/zur Seite] -** doblarse hacia abajo/atrás/delante/a un lado

Bucklige(r) *fm* jorobado *m*

Bückling *m* ↑ *Verbeugung* reverencia *f*

Buddha *m* ‹-s, -s› buda *m*

Bude *f* ‹-, -en› [1] tenderete *m* [2] (*FAM Studenten-*) cuchitril *m* [3] *PEJ* ↑ *baufälliges Haus* chabola *f* [4] ↑ *Lokal* ◇ **die - dicht machen** cerrar la tienda

Budget *n* ‹-s, -s› presupuesto *m*

Büfett *n* ‹-s, -s› [1] ↑ *Küchenschrank* armario *m* de cocina [2] ↑ *Theke* barra *f* [3] ↑ *Anrichte* aparador *m;* ◇ **kaltes -** buffet frío

Büffel *m* ‹-s, -› [1] búfalo *m* [2] *FAM* ↑ *ungehobelte Person* bruto *m;* **büffeln** *vti FAM* ↑ *angestrengt lernen* → *Vokabeln* empollar

Bug *m* ‹-[e]s, -e› NAUT proa *f;* AERO morro *m;* ◊ **jd-m eins vor den ~ knallen** poner en aviso

Bügel *m* ‹-s, -› [1] (*Kleider~*) percha *f* [2] (*Brillen~*) varilla *f* [3] (*Steig~*) estribo *m* [4] (*Halte~*) mango *m*

Bügelbrett *n* tabla *f* de planchar; **Bügeleisen** *n* plancha *f;* **Bügelfalte** *f* raya *f* del pantalón; **bügelfrei** *adj* no necesita plancharse; **Bügelmaschine** *f* plancha *f* automática; **bügeln** *vti* planchar; **Bügeltisch** *m* mesa *f* para planchar

Bugrad *n* ‹-[e]s, -räder› rueda *f* de aterrizaje

Bühne *f* ‹-, -n› [1] teatro *m;* (*Theater~*) escenario *m* [2] (AUTO *Hebe~, Werkstatt~*) plataforma *f* [3] *CH* ↑ *Dachboden* ático *m;* **Bühnenarbeiter(in** *f*) *m* tramoyista *m/f;* **Bühnenbild** *n* decorado *m;* **Bühnendekoration** *f* decorado *m*

Buhruf *m* abucheo *m*

Bukett *n* [1] ↑ *Blumenstrauß* ramo *m* [2] (*von Wein*) buqué *m*

Bulette *f* albóndiga *f*

Bulgarien *n* Bulgaria *f;* **bulgarisch** *adj* búlgaro

Bullauge *n* escotilla *f*

Bulldogge *f* bulgog *m*

Bulldozer *m* ‹-s, -› niveladora *f*

Bulle *m* ‹-n, -n› [1] toro *m* [2] *FAM* ↑ *starker Mann* toro *m* [3] *FAM* ↑ *Polizist* poli *m*

Bummel *m* ‹-s, -› paseo *m;* ◊ **auf Schaufenster~ gehen** ir de escaparates; **bummeln** *vi* ↑ *schlendern* deambular; ↑ *trödeln* ser pausado; ↑ *faulenzen* ser lento en el trabajo; **Bummelstreik** *m* huega *f* de celo; **Bummelzug** *m* tren *m,* tranvía *m*

bumsen I. *vi* [1] ↑ *dumpf dröhnen* chocarse [2] ↑ *dumpf schlagen* golpear **II.** *vt VULG* ↑ *mit jd-m schlafen* joder, follar

Bund *m* ‹-[e]s, Bünde› [1] ↑ *Verein* asociación *f;* POL coalición *f;* (*Freundschafts~*) unión *f;* (*heiraten*) ◊ **den ~ für's Leben schließen** casarse [2] (*Hosen~, Rock~*) cintura *f* [3] ↑ *Strauß* manojo *m;* (*Stroh~*) haz *m*

Bündchen *n* [1] lazo *m* [2] (*am Arm*) puño *m*

Bündel *n* ‹-s, -› [1] (*Geld~*) fajo *m;* (*Akten~*) legajo *m;* (*Zeitungs~*) montón [2] (PHYS *Strahlen~*) haz *m;* **bündeln** *vt* [1] ↑ *zusammenschnüren* atar [2] PHYS → *Strahlen* aunar

Bundes- *in Komposita* federal; **Bundesautobahn** *f* autopista *f* federal; **Bundesbahn** *f* (*Bundesbahn u. Reichsbahn*) Ferrocarriles *m/pl* Federales; **Bundesgerichtshof** (**D**) *m* Tribunal *m* Federal Supremo; **Bundeskanzler(in** *f*) *m* canciller *f/m* federal; **Bundesland** *n* región *f* federal; **Bundespräsident(in** *f*) *m* Presidente/a de la República Federal; **Bundesrat** *m* Consejo *m* Federal; **Bundesrepublik** *f* República *f* Federal; **Bundesstaat** *m* Estado *m* Federal; **Bundesstraße** *f* carretera *f* nacional alemana; **Bundestag** *m* Parlamento *m* Federal; **Bundesverfassungsgericht** *n* Tribunal *m* Constitucional de la República Federal; **Bundeswehr** *f* Ejército *m* Federal

bündig *adj:* ◊ **kurz und ~** en pocas palabras

Bundfaltenhose *f* pala *f,* pliego *m*

Bündnis *n* alianza *f*

Bundweite *f* (*von Hose*) cintura *f*

Bungalow *m* ‹-s, -s› chalé *m*

Bunker *m* ‹-s, -› refugio *m* antiaéreo

Bunsenbrenner *m* ‹-s, -› mechero *m*

bunt *adj* de colores; ↑ *gemischt* variado; ◊ **jd-m wird es zu ~** ser demasiado para alguien; **Buntstift** *m* lápiz *m* de color

Burg *f* ‹-, -en› ↑ *Festung* fortaleza *f;* (*Sand~*) castillo *m*

Bürge *m* ‹-n, -n› COMM ↑ *Garant* fiador *m;* **bürgen** *vi* ↑ *einstehen* dar la cara; ◊ **für e-e Sache bürgen** responder de una cosa; ◊ **ich bürge dafür, daß die Lieferung pünktlich erscheint** me hago responsable de que el encargo llegue a tiempo

Bürger(in *f*) *m* ‹-s, -› (*Staats~*) ciudadano/a; (*PEJ einfacher Mensch*) ciudadano *m* de clase media; **Bürgerinitiative** *f* campaña *f* ciudadana; **Bürgerkrieg** *m* guerra *f* civil; **bürgerlich** *adj* [1] ↑ *Staats-* civil; ◊ **das B-e Gesetzbuch** el código *m* civil [2] ↑ *einfach* clase *f* media; *PEJ* ↑ *spießig* burgués; ◊ **gut ~e Küche** cocina *f* casera; **Bürgermeister(in** *f*) *m* alcalde (-esa *f*) *m;* **Bürgerrecht** *n* derecho *m* ciudadano; **Bürgersteig** *m* ‹-[e]s, -e› acera *f;* **Bürgertum** *n* ‹-s› clase *f* media

Bürgin *f* ciudadana *f;* **Bürgschaft** *f* garantía *f;* ◊ **~ hinterlegen/leisten** dar algo en garantía

Burgunder *m* ‹-s, -› vino de borgoña *m*

Burgverlies *n* ‹-es, -e› mazmorra *f*

Büro *n* ‹-s, -s› [1] (*im Haus*) despacho *m* [2] (*Zweigfirma*) oficina *f;* **Büroangestellte(r)** *fm* empleado(a) *m/f* de oficina; **Bürohefter** *m* grapadora *f;* **Büroklammer** *f* clip *m*

Bürokrat(in *f*) *m* ‹-en, -en› burócrata *m/f;* **Bürokratie** *f* burocracia *f;* **bürokratisch** *adj* burócrata

Bürolampe *f* lámpara *f* de oficina

Bursch[e] *m* ‹-en, -en› muchacho *m;* **Burschenschaft** *f* asociación *f* de estudiantes; **burschikos** *adj* [1] desenvuelto [2] (*salopp*) despreocupado

Bürste *f* ‹-, -n› [1] (*Reinigungs~, Haar~*) cepillo *m;* **bürsten** *vt* cepillar

Bus *m* ‹-ses, -se› (*Auto~*) autobús *m*

Busch *m* ‹-[e]s, Büsche› matorral *m* [1] ↑ *Strauch* arbusto *m;* (*~wald*) arboleda *f* [2] (*Feder~*) penacho *m;* **Buschwald** *m* arboleda *f*

Büschel *n* ‹-s, -› haz *m;* (*Gras~*) manojo *m;* (*Haar~*) mechón *m*

buschig *adj* tupido

Busen *m* ‹-s, -› [1] (*Frauen~*) pecho *m* [2] (*Meer~*) golfo *m*

Business *n FAM* ↑ *Geschäft* negocio *m*

Buße *f* ‹-, -n› [1] arrepentimiento *m* [2] ↑ *Bußgeld* multa *f;* REL ◇ ~ **tun** hacer penitencia; **Büßer(in** *f*) *m* ‹-s, -› penitente *m/f;* **Bußgeld** *n* multa *f;* **büßen I.** *vt* hacer penitencia; → *Sünden* pagar las consecuencias, arrepentirse **II.** *vi:* ◇ **für etw** ~ ser castigado por algo; ◇ **für deinen Leichtsinn mußt du** ~ tienes que pagar por tu imprudencia

Büste *f* ‹-, -n› busto *m;* **Büstenhalter** *m* sujetador *m*

Butt *m* (*Stein~*) rodaballo *m*

Butter *f* ‹-› mantequilla *f;* **Butterberg** *m* superproducción *f* de mantequilla; **Butterblume** *f* FLORA diente *m* de león; **Butterbrot** *n* pan *m* con mantequilla; **Butterbrotpapier** *n* papel *m* parafinado; **Butterdose** *f* mantequera *f;* **Buttermilch** *f* leche *f* fermentada; **buttern I.** *vi* hacer mantequilla **II.** *vt* → *Toast, Brot* untar con mantequilla; *FAM* ↑ *investieren* ◇ **Geld in etwas [ein Geschäft]** ~ invertir dinero en [un negocio]

b.w. *Abk v.* **bitte wenden**

Byte *n* ‹-s, -s› PC byte *m*

bzw. *adv Abk v.* **beziehungsweise**

C

C, c *n* [1] (*Buchstabe*) C, c *f* [2] MUS do *m*

ca. *Abk v.* **circa**

Café *n* ‹-s, -s› café, m; **Cafeteria** *f* ‹-, -s› cafetería *f*

Camp *n* ‹-s, -s› campamento *m;* **campen** *vi* acampar; **Camping** *n* ‹-s› camping *m;* **Campingbus** *m* caravana *f,* **Campingkocher** *m* hornillo *m* de camping; **Campingplatz** *m* sitio *m* para acampar

Caravan *m* ‹-s, -s› caravana *f*

CD *f* ‹-, -s› *Abk v.* **Compact Disc** CD *m*

Cellophan ® *n* ‹-s, -e› celofán *m*

Celsius *n* ‹-, -› celsio *m*

Center *n* ‹-s, -› (*Verkaufs~*) centro *m*

Champagner *m* ‹-s, -› champán *m*

Champignon *m* ‹-s, -s› champiñón *m*

Chance *f* ‹-, -n› (*Gewinn~n*) oportunidad *f*

Chaos *n* ‹-› caos *m;* **chaotisch** *adj* caótico

Charakter *m* ‹-s, -e› carácter *m;* **charakterisieren** *vt* caracterizar; **Charakteristik** *f* característica *f;* **charakteristisch** *adj* característico (*für* de); **Charakterzug** *m* rasgo *m* característico

charmant *adj* encantador; **Charme** *m* ‹-s› encanto *m*

Charterflug *m* vuelo *m* chárter; **chartern** *vt* → *Flugzeug* flotar

Chassis *n* ‹-, -› chasis *m*

Chauffeur(in *f*) *m* chófer *m/f*

Chauvinismus chovinismo *m,* machismo *m;* **Chauvinist(in** *f*) *m* [1] POL chovinista *m/f* [2] ↑ *Macho* machista *m/f*

checken *vt* [1] controlar [2] *FAM* ↑ *kapieren* coger, pillar

Chef(in *f*) *m* ‹-s, -s› (*von Organisation*) jefe/a; **Chefarzt** *m,* **Chefärztin** *f* médico/a jefe; **Chefsekretärin** *f* secretaria *f* del jefe

Chemie *f* ‹-› química *f;* **Chemiefaser** *f* fibra *f* sintética; **Chemikalien** *f/pl* productos *m/pl* químicos; **Chemiker(in** *f*) *m* ‹-s, -› químico *m/f;* **chemisch** *adj* químico; ◇ **-e Reinigung** limpieza en seco

Chiffre *f* ‹-, -n› [1] ↑ *Code* cifra *f* [2] (*~annonce*) inicial *f;* **chiffrieren** *vt* cifrar

China *n* ‹-s› China *f;* **Chinese** *m* ‹-n, -n›, **Chinesin** *f* chino (a *f*) *m* **chinesisch** *adj* chino

Chinin *n* ‹-s› MED quinina *f*

Chip *m* ‹-s, -s› (PC *Mikro~*) chip *m*

Chips *pl* (*Knabber~*) patatas *f/pl* fritas

Chirurg(in *f*) *m* ‹-en, -en› cirujano/a; **Chirurgie** *f* cirujía *f;* **chirurgisch** *adj* quirúrgico

Chlor *n* ‹-s› cloro *m*

Choke *m* ‹-s, -s› AUTO [e]stárter *m*

Cholera *f* ‹-› cólera *m*

cholerisch *adj* colérico

Cholesterin *n* ‹-s› colesterol *m*

Chor *m* ‹-[e], Chöre› [1] (*Sänger~*) coro *m,* coral *f* [2] (THEAT *Sprech~*) coro *m* [3] ↑ *Altarraum* coro *m*

Christ(in *f*) *m* ‹-en, -en› cristiano/a; **Christbaum** *m* árbol *m* de Navidad; **Christentum** *n* cristianismo *m;* **christlich** *adj* cristiano; **Christus** *m* ‹-› Cristo *m,* Jesucristo *m;* ◇ **vor Christi Geburt** antes de Cristo; ◇ **nach Christi Geburt** después de Cristo

Chrom *n* ‹-s› cromo *m*

Chronik *f* crónica *f*

chronisch *adj* crónico; **chronologisch** *adj* cronológico

CIA *m Abk v.* CIA *f*

circa *adv* cerca de, aproximadamente

City *f* ‹-, -s› ciudad *f*, centro *m* de la ciudad

Clan *m* ‹-s, -e *o.* -s› clan *m*

clever *adj* listo, astuto, espabilado

Clown *m* ‹-s, -s› payaso *m*

Cockpit *n* ‹-s, -s› AERO cabina *f*

Cocktail *m* ‹-s, -s› cóctel *m*

Cognac *m* ‹-s, -s› coñá *m*

Comic *m* ‹-s, -s› cómic *m*, tebeo *m*

Compact Disc *f* ‹-, -s› Compact Disc *m*

Computer *m* ‹-s, -› ordenador *m;* **Computerspiel** *n* videojuego *m*

Conférencier *m* ‹-s, -s› conferenciante *m*

Container *m* ‹-s, -› contenedor *m*

Copyright *n* ‹-s, -s› derechos *m/pl* de autor

Couch *f* ‹-, -s *o.* -en› sofá *m*, sillón *m;* **Couchtisch** *m* mesa *f* de sofá

Courage *f* ‹-› corage *m*, valor *m*

Cousin *m* ‹-s, -s› primo *m;* **Cousine** *f* ‹-, -n› prima *f*

Cover *n* ‹-s, -s› (*für Zeitungen*) primera *f* plana; (*für Schallplatten*) funda *f*

Cowboy *m* ‹-s, -s› cowboy *m*, vaquero *m*

Creme *f* ‹-, -s› [1] (*Haut~*) crema *f* [2] (*Schuh~*) betún *m;* (*Zahn~*) pasta *f* [3] (*Schokoladen~*) crema *f*

Croupier *m* ‹-s, -s› croupier *m*

Curry[**pulver**] *m o s* ‹-s, -› curry *m*

Cursor *m* ‹-s, -› PC cursor *m*

D

D, d *n* D, d *f*

da **I.** *adv* [1] (*örtlich*) ◇ ~ **ist das Haus** ahí está la casa, aquí; ◇ ~ **ist das Kleingeld** aquí tienes la caderilla; ◇ ~, **wo wir herkommen …** ahí de donde venimos … [2] (*zeitlich*) entonces; ◇ **von ~ an waren sie wie verwandelt** desde entonces se comportaron como si fueran otros [3] (*konditional*) ◇ ~ **kann man nichts machen** en este caso no se puede hacer nada **II.** *cj* ↑ *weil* ya que; ◇ ~ **wir gleich essen, kannst du hierbleiben** ya que vamos a comer ahora, puedes quedarte; ◇ ~ **das so ist, …** ya que es así …

dabehalten *unreg vt* → *Schlüssel* dejar; → *Person* quedarse con

dabei *adv* [1] (*örtlich*) con ello; ↑ *in der Nähe* al lado; ◇ **ein Garten ist auch ~** también tenemos un jardín [2] (*zeitlich*) al mismo tiempo, a la vez [3] ↑ *obwohl, obgleich* aunque; ◇ **das Mittel zeigt keine Wirkung, ~ war es teuer** este remedio no funciona aunque era caro [4] ◇ **das einzig Schwierige ~ sind die Fahrten** lo único difícil [de la cuestión] son los recorridos; *FAM* ◇ **was ist schon ~, wenn ich …** que pasa si yo … [5] (*zeitliche Parallelität*) ◇ **sie war gerade ~, etw zu tun** estaba haciendo algo; **dabeibleiben** *unreg vi* seguir en, seguir +*gerundio;* (*bei Firma*) quedarse en, ¡quedamos en esas!; ◇ **ich bleibe ~** (*bei der Arbeit*) me quedo en el trabajo; (*bei der Meinung*) sigo pensando lo mismo; **dabeihaben** *unreg vt* llevar [consigo]; **dabeisein** *unreg vi* [1] ↑ *anwesend sein* estar presente [2] ↑ *mitmachen* participar; ◇ ~ **ist alles** lo principal es participar; ◇ **ich bin dabei** me apunto [3] ◇ ~ **etw zu tun** estar haciendo algo; ◇ **bist du fertig? - nein, ich bin noch dabei** ¿estás listo? - no, estoy en ello

Dach *n* ‹-[e]s, Dächer› (*Haus~*) tejado *m;* (*Auto~*) techo *m; FAM* ◇ **jd-m aufs ~ steigen** cantar las cuarenta a alguien; ◇ **etw unter ~ und Fach bringen** llevar a buen término; **Dachboden** *m* desván *m;* **Dachdecker**(**in** *f*) *m* ‹-s, -› tejador (a *f*) *m;* **Dachfenster** *n* tragaluz *m;* **Dachluke** *f* ojo *m* de buey; **Dachgarten** *m* terraza *f;* **Dachpappe** *f* cartón *m* alquitranado; **Dachpfanne** *f* teja *f;* **Dachrinne** *f* canalón *m;* **Dachziegel** *m* teja *f*

Dachs *m* ‹-es, -e› tejón *m*

Dachstuhl *m* armadura *f* del tejado

dachte *impf v.* **denken**

Dackel *m* ‹-s, -› perro *m* salchicha

dadurch **I.** *adv* (*infolgedessen*) así; (*kausal*) ↑ *deshalb* por eso; ◇ ~ **hat er uns sehr unterstützt** de esta forma nos ha apoyado mucho **II.** *cj* (*durch die Tatsche, daß*) por el hecho de que; ◇ ~, **daß er fortgegangen ist, …** por el hecho que se haya marchado …

dafür *adv* [1] para eso; ◇ ~ **ist er noch zu jung** para eso es muy joven; ◇ **wir können nichts ~** no tenemos la culpa [de esto] nosotros [2] ◇ **wir geben ~ e-e bestimmte Summe** damos a cambio una cierta cantidad; ◇ **können Sie mir sagen, was ich ~ bekomme?** ¿me puede decir lo que recibo a cambio? [3] (*obwohl*) ◇ ~, **daß er kein Werkzeug hat, ist die Sache in Ordnung** a pesar de que no tiene herramientas está todo en orden [4] *FAM* ◇ **ein Medikament ~ einnehmen** tomar un medicamento contra una enfermedad [5] (*befürworten*) ◇ **er trat ~ ein, daß …** luchó por …

dagegen I. *adv* (*gegen diese Sache*) contra; ◇ **wer ist -/wer hat etw -?** ¿quién está en contra?; ◇ **- ist kein Kraut gewachsen** no se puede hacer nada contra esto II. *cj* (*hingegen, jedoch*) por el contrario; ◇ **ich fahre langsam, er - schnell** yo conduzco despacio, él, por el contrario, deprisa

daheim *adv* (*süddt.*) en casa

daher I. *adv* (*örtlich*) de allí; (*von bestimmtem Ort*) ◇ **von - kommen** venir de allí; *FIG* ◇ **also - weht der Wind** de ahí viene II. *cj* por eso

dahin *adv* [1] (*örtlich*) allí; ◇ **bis - wollen wir gehen** queremos ir hasta allí [2] (*zeitlich*) hasta entonces; ◇ **bis - bin ich mit der Arbeit fertig** para entonces ya he acabado el trabajo [3] (*verloren, gestohlen*) perdido; ◇ **der Schmuck ist -** se ha perdido la joya [4] (*in bestimmter Weise*) ◇ **die Parteien haben sich -[gehend] geäußert** los partidos políticos opinaron en resumen que; **dahingehen** *vi* [1] ← *Tag* pasar [2] ← *Mensch* ◇ **er ist dahingegangen** ha muerto; **dahingestellt** *adv:* ◇ **lassen wir es - sein, ob wir ...** dejemos en el aire si

dahinten *adv* allí atrás; ◇ **- kann man das Licht sehen** allá a lo lejos se puede ver la luz

dahinter *adv* [1] (*örtlich*) detrás; ◇ **hier ist die Post und - die Apotheke** aquí está correos y detrás la farmacia; (*wohin*) ◇ **er legte das Buch -** colocó el libro detrás [2] (*hinter Sache/Verhalten*) ◇ **es steckt nichts -** no se esconde nada tras ello; ◇ **viel Getue und nichts -** mucho ruido y pocas nueces; **dahinterkommen** *unreg vi* [1] ↑ *herausfinden* descubrir [2] ↑ *endlich verstehen* comprender

dalassen *unreg vt* dejar; ◇ **den Schlüssel kannst du -** puedes dejar aquí las llaves

dalli *adv:* ◇ **los, schnell, -, -!** ¡de prisa!

damalig *adj:* ◇ **das -e Ereignis** aquel suceso; ◇ **der -e Offizier** el antiguo oficial

damals *adv* por aquel entonces; ◇ **seit - ist er verbannt** desde entonces está desterrado

Damast *m* ‹-[e]s, -e› damasco *m*

Dame *f* ‹-, -n› [1] (*Frau*) dama *f* [2] (*Brettspiel*) damas *f/pl;* (*dritthöchste Karte im französischen Blatt*) caballo *m;* (*Königin im Schachspiel*) reina *f* [3] (COMM *Briefanrede*) ◇ **Sehr geehrte -n und Herren, ...** estimados señoras y señores, ...

damenhaft *adj* femenino; **Damenfahrrad** *n* bicicleta *f* de señora; **Damenmannschaft** *f* equipo *m* femenino; **Damenwahl** *f baile en el que las mujeres sacan a bailar a los hombres*

Damespiel *n* juego *m* de damas

damit I. *adv* (*mit e-m bekannten Gegenstand*) con ello, con esto; ◇ **den Stuhl - zusammenschrauben** desatornillar la silla con esto; (*mit e-r Angelegenheit*) ◇ **- einverstanden sein** estar de acuerdo con ello; ◇ **laß mich - in Ruhe!** ¡déjame en paz [con esto]!; ◇ **was meinen Sie -?** ¿qué quiere decir con eso?; ◇ **Schluß -!/genug -!** ¡basta [de esto]!; (*auf Grund dessen*) a causa de; ◇ **- hast du deine Chance verspielt** con esto has perdido tu oportunidad II. *cj* (*final*) ↑ *zu dem Zweck, daß* para que *+subj;* ◇ **er wurde benachrichtigt, - er Bescheid weiß** se le avisó para que lo supiera

dämlich *adj* tonto

Damm *m* ‹-[e]s, Dämme› [1] ↑ *Deich* dique *m;* (*Bahn-*) terraplén *m;* (*Stau-*) embalse *m;* ◇ **e-n - aufschütten/errichten** construir un embalse [2] ANAT perineo *m*

dämmen *vt* → *Wasser* retener, parar; → *Wärme* refrenar

dämmern *vi* [1] (*morgens*) amanecer; (*abends*) atardecer [2] *FAM* ↑ *im Halbschlaf sein* estar adormecido [3] *FAM* ↑ *verstehen* ◇ **endlich dämmerte es ihm** por fin se dio cuenta; **Dämmerung** *f* (*morgens*) amanecer *m;* (*abends*) atardecer *m;* **dämmrig** *adj* crepuscular

Dämon *m* ‹-s, -en› demonio *m*

dämonisch *adj* demoníaco

Dampf *m* ‹-[e]s, Dämpfe› [1] (*von Wasser*) vapor *m,* vaho *m* [2] (*Gasdämpfe*) ◇ **giftige Dämpfe einatmen** inhalar gases tóxicos [3] (*FAM Druck, Schwung*) ◇ **da ist kein - dahinter** no hay ganas; **Dampfbügeleisen** *n* plancha *f* a vapor; **dampfen** *vi* echar vapor

dämpfen *vt* [1] GASTR → *Gemüse* rehogar; → *Kleider* planchar a vapor [2] ↑ *abschwächen* → *Lautstärke* amortiguar; (*Ehrgeiz*) reducir; (*Schmerzen*) calmar

Dampfer *m* ‹-s, -› (*Schiffs-*) barco *m* de vapor

Dämpfer *m* ‹-s, -› [1] GASTR estofado *m* [2] ↑ *Schall-* silenciador *m,* sordina *f*

Dampfkochtopf *m* olla *f* exprés; **Dampfmaschine** *f* máquina *f* de vapor; **Dampfwalze** *f* apisonadora *f*

danach *adv* [1] (*örtlich*) detrás [2] (*zeitlich*) después; ◇ **erst das Hauptgericht und - die Nachspeise** primero el plato fuerte y después el postre [3] (*nach etwas*) ◇ **das Buch fiel zu Boden, und Marta griff -** el libro se cayó y Marta intentó recogerlo al vuelo; ◇ **sich - sehnen** echarlo de menos [4] ◇ **frage den Arzt -, ob alles in Ordnung ist** pregunta al médico si todo está bien [5] (*[dem]entsprechend*) de acuerdo con ello; ◇ **sie sieht - aus, als ob ...** parece como si

Däne *m* **Dänin** *f* danés(-esa) *m*

daneben *adv* [1] (*örtlich*) al lado; ◇ **etw - stellen** poner algo al lado [2] (*darüber hinaus*) ◇ **- besitzt er e-e Yacht** además posee um yate [3] (*im Ver-*

gleich dazu) en comparación a; ◇ **- sieht er blöd aus** en comparación, tiene pintas de tonto; **danebenbenehmen** *unreg vr* ◇ **sich** - *FAM* portarse mal, meter la pata; **danebengehen** *unreg vi* ↑ *mißlingen* ← *Vorhaben* fallar, irse a pique; **danebenhalten** *unreg vt*

Dänemark *n* Dinamarca *f;* **dänisch** *adj* danés

dank *präp gen o dat* (*wegen*) gracias a; ◇ **- des Vereins/dem Verein** gracias a la agrupación; (*im Plural meist Genitiv*) ◇ **- der Verbündeten** gracias a los aliados; **Dank** *m* ‹-[e]s› gracias *f/pl;* ◇ **vielen [herzlichen] -!** ¡muchísimas gracias!; ◇ **jd-m - sagen** dar las gracias a alguien; ↑ *Dankbarkeit* ◇ **jd-m - schulden/jd-m zu Dank verpflichtet sein** deber gratitud a alguien; ↑ *Belohnung, Lohn* ◇ **das soll der - sein, daß ich dich so geliebt habe** este es el agradecimiento por haberte querido tanto; **dankbar** *adj* [1] agradecido [2] *FIG* lucrativo; **Dankbarkeit** *f* agradecimiento *m;* **danke** *intj* gracias; **danken** *vi* agradecer; ◇ **jd-m - für etw** agradecer a alguien por algo; COMM ◇ **Betrag -d erhalten** cantidad recibida; **dankenswert** *adj* gratificante; **Danksagung** *f* acción de gracias *f*

dann *adv* [1] (*zeitlich*) entonces, después; ◇ **erst die Arbeit, - das Vergnügen** primero el trabajo, después la diversión [2] (*außerdem*) ◇ **ich packe den Koffer und - die Tasche** hago la maleta y además la bolsa [3] (*in dem Fall*) ◇ **wenn du - nicht reagierst, bist du e-e Flasche** si no reaccionas en este caso, no vales para nada

daran *adv* [1] (*an e-e/e-r bestimmten Sache*) en una cierta cosa; (*Grund*) por ello; ◇ **es liegt -, daß ...** es porque; ◇ **gut/schlecht - ist, daß ...** lo bueno/lo malo de esto es que; ◇ **er ist - zugrunde gegangen** él se ha echado todo a perder por[que] [2] (*an bekanntem Gegenstand*) ◇ **das Schloß - dient zur Sicherheit** la cerradura instalada allí sirve de protección [3] *FIG* ◇ **ich war nahe -, zu ...** estuve a punto de ...; **daranmachen** *vr* ponerse a; **daransetzen** *vt FAM*: ◇ **sie hat alles d[a]rangesetzt, um ihn loszuwerden** ha hecho todo lo posible para deshacerse de él

darauf *adv* [1] (*örtlich*) encima de; (*in Richtung auf das Ziel*) hacia; ◇ **schnurstracks - zugehen** dirigirse [a algo/a alguien] directamente [2] (*zeitlich*) ◇ **kurz/bald -** poco después; ◇ **am Morgen -** a la mañana siguiente; ◇ **ein paar Wochen -** un par de semanas más tarde [3] (*im bezug auf Bestimmtes*) ◇ **- kannst du Gift nehmen** puedes estar seguro; ◇ **trinken wir -, daß ...** bebamos por; **d[a]rauflegen, d[a]raufzahlen** *vt* pagar [algo extra]; **darauffolgend** *adj* siguiente; **daraufhin** *adv* [1] (*in bezug auf*) en relación a; ◇ **etw - testen, ob es in Ordnung ist** probar algo si está bien [2] (*hierauf*) ◇ **- ging er nach Hause** después de esto se fue a casa

daraus *adv* [1] (*aus bekanntem Material*) de esto; ◇ **ich mache e-e Figur -** tallo una figura de esto [2] (*aus Angelegenheit*) ◇ **welche Schlüsse ziehen sie -?** ¿a qué conclusiones sacan [de ello]?; ◇ **was ist - geworden?** ¿en qué ha acabado todo eso?

darbieten *vt* representar; **Darbietung** *f* representación *f*

darin *adv* en esto

darlegen *vt* → *Sachverhalt* exponer; → *Gründe* explicar

Darlehen *n* ‹-s, -› crédito *m,* préstamo *m*

Darm *m* ‹-[e]s, Därme› [1] ANAT intestino *m* [2] (*bei Wurst*) piel *f*

darstellen I. *vt* [1] reproducir; THEAT representar; *FIG* ◇ **das Angebot stellt e-e große Herausforderung dar** esta oferta representa un desafío [2] → *Sachverhalt* describir **II.** *vr* ◇ **sich -** ← *Person* dar la impresión (*als* de); ↑ *sich erweisen* ◇ **sich als zu schwierig -** revelarse como muy difícil

Darsteller(in *f*) *m* ‹-s, -› intérprete *m/f;* **Darstellung** *m* [1] exposición *f* [2] descripción *f* [3] THEAT representación *f*

darüber *adv* [1] (*örtlich*) encima de algo, sobre algo [2] (*sprechen, nachdenken*) sobre, de; ◇ **seine Meinung - war klar** su opinión al respecto estaba clara [3] más de; ◇ **zwei Kilo und -** dos quilos y pico; ◇ **- hinaus** además; ◇ **- geht nichts** es sin igual, no tiene comparación

darum I. *adv* [1] (*örtlich*) alrededor; ◇ **ein Buch mit e-r Bauchbinde -** un libro con una franja alrededor [2] (*um Sache*) ◇ **er kümmert sich freundlich -** se ocupa amablemente de ello; ◇ **viel - geben, um ...** darlo todo por **II.** *cj* (*deswegen*) por eso

darunter *adv* [1] (*örtlich*) debajo; ◇ **ein Zimmer -** habitación de abajo [2] (*unter e-r bestimmten Menge*) entre ello; ◇ **- sind auch 2 Gläser** entre ello hay también dos vasos [3] (*weniger*) por debajo; ◇ **die Preise liegen bei 15.- DM und -** los precios están a 15 marcos y por debajo [4] (*unter dieser Sache*) ◇ **was stellst du dir - vor?** ¿qué idea tienes de esto?

das I. *Artikel* (*bestimmt, neutrum, vor mask*) el; (*vor fem*) la **II.** *pron* (*dies[es], jenes*) lo; ◇ **- ist meine Freundin** esta es mi amiga; ◇ **auch - noch** lo que faltaba; ◇ **- heißt** eso significa **III.** *pron* (*relativ neutrum, Nominativ, Akkusativ*): ◇ **ich gebe dir das Geld, - ich dir geliehen habe** te doy el dinero que te pedí

dasein *unreg vi* [1] (*vorhanden sein*) existir, estar presente; ◇ **war jemand da?** ¿ha venido alguien?; ◇ **es ist niemand** ~ no hay nadie [2] (*verfügbar sein*) haber; ◇ **es sind keine Löffel mehr da** aquí no hay más cucharas [3] *FAM* ◇ **von den Großeltern ist niemand mehr da** no queda ninguno de los abuelos [4] *FAM* ◇ **er ist noch nicht ganz da** está ido; **Dasein** *n* ‹-s› existencia, *f*, vida, *f*, presencia *f*; **Daseinsberechtigung** *f* razón *f* de ser

dasjenige *pron s.* **derjenige**

daß *cj* que

dasselbe *pron* lo mismo

dastehen *unreg vi* [1] estar [2] ◇ **allein** ~ vivir solo [3] *FAM* ◇ **wie stehen Sie denn da, wenn Sie die Arbeit verlieren?** ¿que hace Vd. cuando pierda el empleo?

Datei *f* PC fichero *m*; **Dateiname** *m* PC nombre *m* del fichero

Daten *pl a.* PC datos *m/pl*; **Datenausgabe** *f* entrega *f* de datos; **Datenaustausch** *m* intercambio *m* de datos; **Datenbank** *f*, *pl* ‹-en› PC banco *m* de datos; **Datenbasis** *f* base *f* de datos; **Datenbestand** *m* conjunto *m* de datos; **Dateneingabe** *f* PC entrada *f* de datos; **Datenerfassung** *f* PC recogida *f* de datos; **Datenmißbrauch** *m* abuso *m* de datos; **Datennetz** *n* PC red *f* de datos; **Datensatz** *m* PC juego *f* de datos; **Datenschutz** *m* protección *f* de datos; **Datenschutzbeauftragte(r)** *fm* encargado/a de la protección de datos; **Datenträger** *m* PC soporte *m* de datos; **Datenübertragung** *f* transmisión *f* de datos; **Datenübertragungsdienst** *m* servicio *m* de transmisión de datos; **Datenverarbeitung** *f* PC proceso *m* de datos; **Datenzentrale** *f* central *f* de datos; **Datenzentrum** *n* PC centro *m* de datos; **Datenzugriff** *m* PC acceso *m* a los datos

datieren I. *vt* [1] → *Brief* fechar [2] → *Funde, Wandteppich* datar **II.** *vi* datarse, estar datado; ← *Bekanntschaft* venir

Dativ *m* dativo *m*

Dattel *f* ‹-, -n› dátil *m*; **Dattelpalme** *f* palmera *f* [que da dátiles]

Datum *n* ‹-s, Daten› fecha *f*; ◇ **das gestrige** ~ la fecha de ayer

Dauer *f* ‹-› [1] (*Andauern*) duración *f*; ◇ **die Freude war von kurzer** ~ la alegría duró poco [2] (*gewisse Zeitspanne*) plazo *m*; ◇ **für die** ~ **e-s Monats** durante un mes; ◇ **auf die** ~ **ist das zuviel** a la larga es demasiado; **Dauerauftrag** *m* COMM orden *f* permanente; **Dauergeschwindigkeit** *f* velocidad *f* constante; **dauerhaft** *adj* duradero; **Dauerkarte** *f* abono *m*; **Dauerlauf** *m* carrera *f* de resistencia; **dauern** *vi* durar; ◇ **tut mir leid, das dauert mir zu lange** lo siento, se me hace tarde; *FAM* ◇ **das dauert aber!** ¡esto tiene para rato!; **dauernd** *adj* [1] ↑ *ständig* constante; ◇ ~ **zu spät kommen** llegar siempre tarde [2] ↑ *dauerhaft* continuo; **Dauerregen** *m* lluvias *f/pl* constantes; **Dauerwelle** *f* permanente *f*; **Dauerzustand** *m* estado *m* permanente

Daumen *m* ‹-s, -› pulgar *m*; ◇ **jd-m die** ~ **drükken/halten** cruzar los dedos a alguien; ◇ **über den** ~ **gepeilt, macht es ...** a ojo de buen cubero son unas ...

Daune *f* ‹-, -n› plumón *m*; **Daunenbett** *n*, **Daunendecke** *f* edredón *m* de plumas

davon *adv* [1] de ello; ◇ ~ **habe ich genug** eso me basta, ¿de qué me sirve?; ◇ ~ **abgesehen** a parte de eso [2] (*räumlich*) de allí lejos [3] (*dadurch*) a causa de lo cual; ◇ **du rauchst zuviel,** ~ **werde ich ganz krank** voy a ponerme mal por lo mucho que fumas [4] (*darüber*) ◇ ~ **sprechen/wissen** hablar/saber de eso/sobre eso; **davonkommen** *unreg vi* escaparse; **davonlaufen** *unreg vi* escaparse corriendo; **davontragen** *unreg vt* llevarse

davor *adv* [1] (*räumlich*) delante; ◇ **das Haus steht** ~ la casa está delante [2] (*zeitlich*) antes; ◇ **wir treffen uns zehn Minuten** ~ quedamos 10 minutos antes [3] ◇ ~ **warnen** avisar de algo; ◇ ~ **Angst haben** tener miedo de algo

dazu *adv* [1] (*räumlich*) ↑ *hinzu* con eso; ◇ **er stellte sein Fahrrad** ~ puso su bicicleta al lado; ◇ **was darf ich ihnen** ~ **reichen?** ¿qué le puedo servir con ello?, a/con; ◇ **was gibt es** ~**?** ¿qué más hay? [2] al respecto; ◇ **seine Äußerungen** ~ **waren karg** sus comentarios al respecto fueron escasos; ◇ ~ **habe wir keine Lust** no tengo ganas de eso [3] (*zu diesem Zweck*) para eso; ◇ ~ **ist es da, um ...** para eso está, para ... [4] además; ◇ **und noch** ~ **ein Brot** y además un pan; **dazugehören** *vi* pertenecer a; **dazukommen** *unreg vi* [1] unirse a un grupo [2] [cogemos] el libro también [3] ◇ **und es kommt noch dazu, daß ...** y por si fuera poco ...

dazwischen *adv* entre lo cual; (*örtlich auch*) en medio de; (*zusammen mit*) junto a; ◇ **der Unterschied** ~ la diferencia entre ambos; **dazwischenkommen** *unreg vi* interponerse; ◇ **es ist etwas dazwischengekommen** me ha surgido algo; **dazwischenreden** *vi* interrumpir; ↑ *sich einmischen* meterse en la conversación

DDR *f* ‹-› *Abk v.* **Deutsche Demokratische Republik** RDA; ◇ **die ehemalige** ~ la antigua RDA

Deal *m* ‹-s, -s› (*FAM schnelles Geschäft*) negocio

m; (*Drogenhandel*) tráfico de drogas *m;* **dealen** *vi FAM* traficar con drogas; **Dealer(in** *f*) *m* ‹-s, -› traficante *m/f; FAM* camello (a *f*) *m*

Debatte *f* debate *m,* discusión *f;* **debattieren** *vt* debatir, discutir

Debüt *n* estreno *m*

Deck *n* ‹-[e]s, -s *o.* -e› [1] (*von Schiff*) cubierta *f;* ◇ **alle Mann an -!** ¡toda la tripulación a cubierta! [2] (*Park-*) planta *f*

Decke *f* ‹-, -n› [1] (*Zimmer-*) techo *m* [2] cubierta *f;* (*Woll-*) manta *f;* (*Bett-, Zu-*) colcha *f;* (*Tisch-, Zier-*) mantel *m; FAM* ◇ **mit jd-m unter e-r - stecken** estar confabulado con [3] (*Teer-*) capa *f;* (*Straßen-*) superficie *f*

Deckel *m* ‹-s, -› [1] ↑ *Verschluß* tapa *f* [2] (*Papp-, Buch-*) cubierta *f;* (*Bier-*) posavasos *m/sg;* ◇ **den - zahlen** pagar la cuenta [apuntada en un posavasos]

decken I. *vt* [1] → *Tisch* poner; → *Dach* tejar [2] → *Komplizen* incubrir [3] SPORT → *Gegenspieler* cubrir [4] → *Stute* montar [5] cubrir; ◇ **die Nachfrage -** cubrir la demanda; ◇ **der Scheck ist gedeckt** el cheque está cubierto **II.** *vr* ◇ **sich -** cubrirse **III.** *vi* cubrir

Deckenbalken *m* travesaño *m;* **Deckenleuchte** *f* lámpara *f;* **Deckenschiene** *f* barra *f* para colgar cortinas

Deckmantel *m:* ◇ **unter dem - von** bajo la capa de; **Deckname** *m* sobrenombre *m*

Deckung *f* [1] (*Decken, Schützen*) defensa *f;* ◇ **in -** a cubierto [2] SPORT defensa *f,* marcaje *m;* (*beim Boxen*) guardia *f* [3] COMM ◇ **ein Scheck liegt zur - bei** añadimos un cheque para cubrir los gastos; **deckungsgleich** *adj* congruente

Decoder *m* ‹-s, -› descodificador *m;* **decodieren** *vt* descodificar

defekt *adj* defectuoso; **Defekt** *m* ‹-[e]s, -e› defecto *m*

defensiv *adj* defensivo

definieren *vt* definir; **Definition** *f* definición *f*

definitiv *adj* definitivo

Defizit *n* ‹-s, -e› [1] déficit *m* [2] falta *f*

deftig *adj* [1] ▷*Essen* fuerte [2] ▷*Witz* grosero [3] ▷*Geruch* penetrante

Degen *m* ‹-s, -› espada *f*

dehnbar *adj* elástico; *FIG* alargable

dehnen I. *vt* estirar, alargar **II.** *vr* ◇ **sich -** extenderse; → *Vokal* alargarse; → *Person* estirarse; **Dehnung** *f* alargamiento *m*

Deich *m* ‹-[e]s, -e› dique *m*

Deichsel *f* ‹-, -n› cable *m* de enganche

deichseln *vt FAM* → *Sache* manejar, arreglar

dein *pron* (*adjektivisch, in Briefen*): ◇ **Dein(e) Waltraud** abrazos, Waltraud; **deine(r, s)** *pron* (*substantivisch*) tuyo/a; **deiner** *pron gen von* **du** tuyo *m;* **deinerseits** *adv* de tu parte; **deinesgleichen** *pron* tu[s] igual[es]; (*gleichrangig*) tus semejantes; **deinetwegen** *adv* (*dir zuliebe*) por ti; (*für dich*) para ti; (*von dir aus*) por tu parte

Dekadenz *f* decadencia *f*

Dekan *m* ‹-s, -e› decano *m*

Deklination *f* declinación *f;* **Deklinationsendung** *f* terminación *f;* **deklinierbar** *adj* declinable; **deklinieren** *vt* declinar

dekodieren *vt* descifrar

Dekolleté *n* ‹-s, -s› escote *m*

Dekorateur(in *f*) *m* decorador(a *f*) *m*

Dekoration *f* decoración *f,* adorno *m;* **dekorieren** *vt* adornar, decorar

Delegation *f* delegación *f;* **delegieren** *vt* [1] delegar [2] → *Arbeit* pasar, traspasar; **Delegierte(r)** *fm* delegado/a

delikat *adj* [1] exquisito [2] delicado; ◇ **die Angelegenheit ist äußerst -** el asunto es muy delicado

Delikatesse *f* ‹-, -n› [1] manjar *m* [2] (*landesübliche Speise*) especialidad [gastronómica] *f;* **Delikatessengeschäft** *n* tienda *f* de especialidades [gastronómicas]

Delikt *n* ‹-[e]s, -e› JURA delito *m*

Delle *f* ‹-, -en› *FAM* abolladura *f*

Delphin *m* ‹-s, -e› delfín *m;* **Delphinschwimmen** *n* estilo *m* mariposa

Delta *n* ‹-s, -s› [1] (*Flußmündung*) delta *m* [2] (*griechischer Buchstabe*) delta *f*

dem *dat von* **der, das**

Demagoge *m* ‹-n, -n› **Demagogin** *f* demagogo/a

dementieren *vt* desmentir

dementsprechend *adj* relativo

demgemäß *adv* por consiguiente

demgegenüber *adv* por otro lado

demnächst *adv* dentro de poco

Demo *f* ‹-, -s› *FAM* manifestación *f*

Demokrat(in *f*) *m* ‹-en, -en› demócrata *m/f;* **Demokratie** *f* democracia *f;* **demokratisch** *adj* democrático; **demokratisieren** *vt* democratizar; **Demokratisierung** *f* democratización *f*

demolieren *vt* demoler

Demonstrant(in *f*) *m* manifestante *m/f*

Demonstration *f* [1] demostración *f* [2] POL manifestación *f;* **Demonstrationszug** *m* desfile *m* [de la manifestación]

demonstrativ *adj* demostrativo, con actitud de protesta

demonstrieren I. *vt* demostrar **II.** *vi* POL manifestarse

Demoskopie *f* encuesta *f*
Demut *f* ‹-› modestia *f;* **demütig** *adj* modesto, sumiso; **demütigen** *vt* humillar
demzufolge *adv s.* **demgemäß**
den *akk von* **der**
denen *dat von* **diese**
denkbar *adj* posible; ◇ **heute ist es ~ ungünstig** hoy es absolutamente imposible
denken ‹dachte, gedacht› *vti* pensar; **Denken** *n* ‹-s› pensamiento; **denkfaul** *adj* lento de entendederas; **Denkfehler** *m* falta *f* de lógica; **Denkmal** *n* ‹-s, Denkmäler› monumento *m;* **Denkmal[s]schutz** *m* protección *f* de monumentos; **Denkweise** *f* forma *f* de pensar; **denkwürdig** *adj* memorable; **Denkzettel** *m:* ◇ **jd-m e-n ~ verpassen** dar a alguien una lección
denn I. *cj* pues; ◇ **wir gingen, ~ es kam niemand** nos fuimos porque no venía nadie **II.** *adv* [1] *(außer, wenn …)* ◇ **es sei ~, daß jemand kommt** a no ser que venga alguien [2] ◇ **was ist ~ los?** ¿pero qué pasa!; ◇ **kannst du ~ nicht aufpassen?** ¿pero es que no puedes tener cuidado?
dennoch *adv* sin embargo; **Denunziant(in** *f*) *m* denunciante *m/f*
Deo[dorant] *n* ‹-s, -s› desodorante *m;* **Deoroller** *m* desodorante *m* de bola; **Deospray** *n* desodorante *m* en spray
deponieren *vt* depositar
Depot *n* ‹-s, -s› [1] depósito *m* [2] *(Bus~)* cochera *f*
Depression *f* MED, COMM depresión *f;* ◇ **an/unter ~en leiden** sufrir depresiones
deprimieren *vt* deprimir
der I. *Artikel* el **II.** *pron* [1] *(demonstrativ, derjenige, dieser)* este; ◇ **das ist ~, von dem ich dir erzählt habe** este es del que te he contado [2] *(relativ, nom mask)* el que; ◇ **ein Posten, ~ heute streikt** un servicio que está de huelga; *(dat fem)* ◇ **e-r Frau, ~ ich heute begegnete, …** una mujer con la que me he encontrado hoy
derart *adv* tan, de tal manera; ◇ **ich bin ~ naß, daß ich mich umziehen muß** estoy tan calado, que tengo que cambiarme; ◇ **e-e ~ hübsche Frau** una mujer tan guapa; **derartig** *adj* tal; ◇ **~e Frechheiten** semejante frescura; ↑ *derart* ◇ **e-e ~ hübsche Frau** una mujer tan guapa
derb *adj* ↑ *robust* robusto; ▷*Brot* rico en calorías; ▷*Witz* grosero, verde
dergestalt *adv* ↑ *so:* ◇ **~, daß** de modo que;
dergleichen *adj* [1] ↑ *derlei* ◇ **~ Nachrichten sind bekannt** tales informaciones son ya conocidas [2] ↑ *ähnliches* ◇ **~ gibt es nicht mehr** no hay nada parecido
derjenige *pron* [1] *(demonstrativ, verstärkend)* éste, áquel *m* [2] *(relativ, welche(r,s))* el que/la que/lo que *m;* **dermaßen** *adv* tan, de tal manera; ◇ **er war ~ eingeengt, daß …** era tan cerrado [de mente] que; **derselbe** *pron* el mismo; **derzeit** *adv* por el momento, hoy en día; **derzeitig** *adj* actual
des *gen von* **der, das**
Desaster *n* ‹-s, -› desastre *m*
desertieren *vi* desertar
deshalb *adv* por eso
Design *n* ‹-s, -s› diseño *m*
Desinfektion *f* desinfección *f;* **Desinfektionsmittel** *n* desinfectante *m;* **desinfizieren** *vt* desinfectar
dessen *gen von* **der, das**
dessenungeachtet *adv* a pesar de eso
Dessert *n* ‹-s, -s› postre *m*
Destillat *n* CHEM sustancia *f* de destilación; **Destillation** *f* CHEM destilación *f;* **destillieren** *vt* destilar
desto *adv* *(um so)* tanto; ◇ **~ besser** tanto mejor; ◇ **je größer, ~ besser** cuanto más grande mejor; ◇ **je mehr du erwartest, ~ weniger kommen** cuanto más desees, menos recibes
destruktiv *adj* destructivo
deswegen *cj* ↑ *deshalb* por eso
Detail *n* ‹-s, -s› detalle *m;* **detailliert** *adj* detallado
Detektiv(in *f*) *m* detective *m/f;* **Detektivroman** *m* novela *f* policiaca
Detektor *m* TECH detector *m*
deuten I. *vt* → *Begriff, Traum* interpretar; ↑ *erklären* explicar **II.** *vi* ↑ *zeigen* señalar *(auf akk* algo); ◇ **alles deutet darauf hin, daß …** todo indica que
deutlich *adj* [1] ↑ *klar* claro [2] ↑ *verständlich* comprensible; ◇ **jd-m etwas ~ machen** hacer comprender algo a alguien [3] ▷*Hinweis* evidente; ▷*Unterschied* palpable; **Deutlichkeit** *f* evidencia *f*
deutsch *adj* alemán; ◇ **~ reden/sprechen** hablar alemán; **Deutsch** *n* ‹-en› [1] ↑ *die deutsche Sprache* alemán; ◇ **~ lernen** aprender alemán [2] *(Unterrichtsfach)* alemán *m;* **Deutsche Mark** *f* marco *m* [alemán]; **Deutsche(r)** *fm* alemán (-ana) *m;* **Deutscher Schäferhund** *m* pastor alemán *m;* **deutschfeindlich** *adj* antialemán; **deutschfreundlich** *adj* germanófilo; **Deutschland** *n* Alemania *f;* **Deutschlehrer(in** *f*) *m* profesor(a *f*) *m* de alemán; **deutschsprachig** *adj* ▷*Buch* en alemán; ▷*Bevölkerung* de lengua alemana; ◇ **die ~e Schweiz** la Suiza de lengua alemana; **Deutschsprachige(r)** *fm* hablante *m/f* alemán, nativo *m* alemán, nativa *f* alemana

Deutung *f* (*von Träumen*) interpretación *f*
Devise *f* ‹-, -n› [1] ↑ *Motto* lema *m*, divisa *f* [2] FIN ↑ *ausländische Währung* divisa *f;* **Devisenbewirtschaftung** *f* control *m* de dividas; **Devisengeschäft** *n* operación *f* de divisas
Dezember *m* ‹-[s], -› diciembre *m*
dezent *adj* decente; ▷*Kleid* discreto; ▷*Musik* bajo
dezentral *adj* autonómico
Dezimalstelle *f* MATH decimal *f;* **Dezimalsystem** *n* sistema *m* decimal
Dia *n* ‹-s, -s› FOTO día, diapositiva *f*
Diabetes *m o f* ‹-, -› MED diabetes *f;* **Diabetiker(in** *f*) *m* diabético/a
Diafilm *m* película *f* diapositiva
Diagnose *f* ‹-, -n› diagnóstico *m*
diagonal *adj* diagonal; ◇ **etw - lesen** leer por encima; **Diagonale** *f* ‹-, -n› diagonal *f*
Diagramm *n* ‹-s, -e› diagrama *m*
Dialekt *m* ‹-[e]s, -e› dialecto *m*
Dialog *m* ‹-[e]s, -e› diálogo *m*
Dialyse *f* ‹-, -n› MED diálisis *f*
Diamant *m* diamante *m*
Diapositiv *n* FOTO diapositiva *f;* **Diaprojektor** *m* proyector *m* de diapositivas
Diät *f* ‹-, -en› [1] dieta *f*, régimen *m* [2] ◇ **-en** *pl* (POL *Abgeordnetengehalt*) dietas *f*/*pl*
dich *pron akk von* **du** te, a ti; (*Personalpronomen*) ◇ **ich sehe - morgen** te veo mañana; (*Reflexivpronomen*) ◇ **beeil -!** ¡date prisa!
dicht I. *adj* [1] (*Bäume*) espeso; ▷*Nebel* denso [2] ↑ *undurchlässig* impermeable [3] (*FAM vollkommen betrunken*) borracho como una cuba **II.** *adv:* ◇ **- an/bei** cerca de, pegado a; **dichtbelaubt** *adj* frondoso; **dichtbevölkert** *adj* muy poblado; **Dichte** *f* ‹-, -n› espesura *f;* PHYS densidad *f;* **dichten I.** *vt* ▷*Verse* hacer versos **II.** *vi* ↑ *abdichten:* ◇ **das Material dichtet hervorragend** el material es un aislante estupendo
Dichter(in *f*) *m* ‹-s, -› (*Schriftsteller*) escritor(a) *m;* (*von Lyrik*) poeta(-isa) *m;* **dichterisch** *adj* poético
dichthalten *unreg vi* (*FAM bei Verhör*) no tener lengua, callar
Dichtkunst *f* poesía *f*
dicht[stehend] *adj* ↑ *eng beieinander* pegado, junto
Dichtung [1] *f* (*Werke e-r Epoche*) composición [en verso] *f;* (*lyrische, epische -*) obra [lírica, épica] *f;* (*Dichtkunst*) poesía *f*
Dichtung [2] *f* (TECH *Gummi-*) junta *f;* ◇ **die - ist leck** la junta está abierta
dick *adj* [1] grueso; ▷*Mensch* gordo; ▷*Bauch* abultado; *FIG* ▷*Gehalt* mucho; ▷*Auto* grande [2] (▷*Salbe, Farbe, gerade noch flüssig*) espeso [3] (*reichlich*) ◇ **Farbe - auftragen** echar una buena capa de pintura; *FAM* ◇ **- auftragen** exagerar; *FAM* ◇ **etw - haben** estar hasta las narices [4] ▷*Nebel* denso; ◇ **mit jd-m durch - und dünn gehen** estar con alguien a las duras y a las maduras [5] ◇ **-e Freunde** amigos íntimos; **dickflüssig** *adj* espeso; **dickleibig** *adj* grueso; **Dicke** *f* ‹-, -n› gorda *f;* **dickhäutig** *adj* resistente, fuerte; **Dickicht** *n* ‹-s, -e› [1] ↑ *Unterholz* matorral *m* [2] (*FAM Verkehrs-*) confusión *f;* (*Paragraphen-*) desorden *m;* **Dickkopf** *m* testarudo, cabezón *m;* **Dickmilch** *f* cuajada *f*
Didaktik *f* didáctica *f*
die I. *Artikel* (*bestimmt*) [1] (*nom/akk sing fem*) la [2] (*nom/akk pl mask/fem*) los, las **II.** *pron* [1] (*demonstrativ*) [1.1] (*nom/akk sing fem, diejenige, diese*) ◇ **das ist die, von der ...** ella es de la que ... [1.2] (*nom/akk pl mask/fem*) los que, las que; ◇ **-, die kenne ich ja alle** a todos esos les conozco yo muy bien [2] (*relativ*) [2.1] (*nom/akk sing fem*) la que; ◇ **sie war die Person, - mich ...** fue la persona que me ... [2.2] (*nom/akk pl mask/fem*) ◇ **ihre Mitarbeiter, die ...** sus colaboradores, los que ...
Dieb(in *f*) *m* ‹-[e]s, -e› ladrón(-ona *f*) *m;* **Diebsgesindel** *n* calaña *f;* **Diebstahl** *m* ‹-[e]s, Diebstähle› robo *m*
diejenige *pron s.* **derjenige**
Diele *f* ‹-, -n› [1] (*Eingang*) entrada *f* [2] (*Eis-*) heladería *f* [3] ↑ *dickes Brett* tablón *m*
dienen *vi* servir (*jd-m* a alguien); ◇ **der Lappen dient ihm als ...** le trapo le sirve de; ◇ **dieser Unterricht dient ihrer Weiterbildung** esta clase le ayuda en su formación; **Diener(in** *f*) *m* ‹-s, -› criado/a; *FIG* ◇ **e-n - machen vor jd-m** hacer una reverencia a alguien; **Dienst** *m* ‹-[e]s, -e› [1] (*das Dienen*) servicio *m;* ◇ **- haben** estar de servicio; ◇ **der Öffentliche -** servicio público [2] (*Arbeit*) trabajo *m;* ◇ **seinen - antreten** comenzar su trabajo *m* [3] (*Gefälligkeit*) favor; ◇ **jd-m e-n - tun/erweisen** hacer un servicio a alguien; (*Hilfeleistung*) ◇ **der - am Kunden** el servicio a los clientes [4] (*pensioniert*) ◇ **außer -** jubilado
Dienstag *m* martes *m;* ◇ **[am] -** el martes; **dienstags** *adv* los martes
Dienstalter *n* antigüedad *f;* **dienstbereit** *adj* ▷*Apotheke, Arzt* dispuesto a trabajar; **Dienstbereitschaft** *f* (*von Arzt, Apotheker*) disposición al servicio *m* de urgencia; **Dienstgeheimnis** *n* secreto *m* profesional; **Dienstgespräch** *n* conversación *f* de trabajo; **Dienstgrad** *m* grado *m* oficial; **diensthabend** *adj* ▷*Arzt* de servicio; **Dienstjahr** *n* año *m* de servicio; **Dienst-**

leistung *f* prestación *f* de servicios; **Dienstleistungsbereich** *m* campo *m* de prestación de servicios; **dienstlich** *adj* oficial; **Dienstmädchen** *n* interina *f;* **Dienstreise** *f* viaje *m* oficial; **Dienststelle** *f* oficina *f;* **Dienststunden** *f/pl* ↑ *Öffnungszeiten* horas *f/pl* de oficina; **Dienstweg** *m* trámite *m* oficial; **Dienstzeit** *f* [1] ↑ *Geschäftszeit* horario *m* [2] (MIL *Wehr~*) años *m/pl* de servicio

dies *pron* [1] (*demonstrativ*) ↑ *das* ◇ **hast du dies gesehen?** ¿has visto ésto? [2] (*kurz für dieses*) *s.* **dieser**

diesbezüglich *adj* (*hierauf Bezug nehmend*) correspondiente; ◇ **e-e ~e Antwort hätten wir früher erwartet** hubieramos esperado con antelación una respuesta al respecto

diese(r, s) *pron* esta, este, esto; ◇ **~en und jenen fragen** preguntar a unos y otros

Diesel I. *n* ‹-s› ↑ *-kraftstoff* diesel *m;* ◇ **ich möchte 25 Liter ~ tanken** quisiera 25 litros de gasolina diesel **II.** *m* ‹-s, -› *FAM* ↑ *-fahrzeug* vehículo *m* de motor diesel

dieselbe *pron* la misma

Dieselmotor *m* motor *m* diesel; **Dieselöl** *n* gasoil *m*

diesig *adj* ▷*Wetter* nublado

diesjährig *adj* de este año

diesmal *adv* esta vez

diesseits *präp gen* de este lado; **Diesseits** *n* ‹-›: ◇ **im ~** en esta vida

Dietrich *m* garcia *f*

Differential *n* (MATH, AUTO *~getriebe*) diferencial *m;* **Differentialgetriebe** *n* engranaje *m* diferencial

Differenz *f* [1] (*Zahlen~*) diferencia *f* [2] ◇ **~en** *pl* ↑ *Meinungsverschiedenheiten* diferencias *f/pl* [de opinión]

differenzieren *vt* ↑ *unterscheiden* diferenciar

digital *adj* [1] (*in Ziffern*) digital [2] (MED *mit Fingern*) ◇ **e-e Untersuchung ~ machen** hacer un reconocimiento palpando; **Digitalanzeige** *f* indicador *m* digital; **Digitaluhr** *f* reloj *m* digital; (*am Arm*) reloj *m* de pulsera digital

Diktat *n* [1] dictado *m* [2] *FIG* ◇ **sich dem ~ der Sieger beugen** someterse al dictado del vencedor

Diktator(in *f*) *m* dictador(a *f*) *m;* **Diktatur** *f* dictadura *f*

diktieren *vt* [1] → *Briefe* dictar [2] ↑ *aufzwingen* dictaminar; **Diktiergerät** *n* dictáfono *m*

Dilemma *n* ‹-s, -s *o.* -ta› dilema *m*

dilettantisch *adj* ↑ *amateurhaft* aficionado

Dill *m* [1] (*Doldengewächs*) leguminosa *f* [2] (*Blüte*) eneldo *m*

Ding *n* ‹-[e]s, -e› cosa *f*, asunto *m;* ◇ **das ist ein ~ der Unmöglichkeit** es imposible; ◇ **guter ~e sein** estar de buen humor; ◇ **das geht doch nicht mit rechten ~en zu** vuele a chamusquina; **Dingsbums** *n*, **Dingsda** *n* ‹-› *FAM* chisme *m*

Diode *f* ‹-, -n› ELECTR diodo *m*

Dioxin *n* ‹-s, -e› CHEM dióxin *m*

Diözese *f* ‹-, -n› REL diócesis *f*

Diphtherie *f* MED difteria *f*

Diphtong *m* GRAM diptongo *m;* **Diphtongierung** *f* GRAM diptongación *f*

Diplom *n* ‹-[e]s, -e› (*Sprach~*) diploma *m;* (*von Naturwissenschaften*) diploma *f*, licenciatura *f*

Diplomat(in *f*) *m* ‹-en, -en› *auch FIG* diplomático/a; **Diplomatenkoffer** *m* valija *f* diplomática; **Diplomatenpaß** *m* pasaporte *f* diplomático; **Diplomatie** *f* diplomacia *f;* **diplomatisch** *adj* diplomático

Diplomingenieur(in *f*) *m* ingeniero *m* diplomado, ingeniera *f* diplomada

dir *pron dat von* **du** te, a ti; ◇ **wie geht es ~?** ¿qué tal estás?, ¿cómo te va?; (*reflexiv*) ◇ **darf ich es ~ zeigen?** ¿te lo puede enseñar?

direkt *adj* directo

Direktion *n* directivo *m*

Direktor(in *f*) *m* director(a *f*) *m;* **Direktorium** *n* directorio *m*

Direktübertragung *f* transmisión *f* en directo; **Direktzugriffsspeicher** *m* (PC *abgekürzt RAM*) memoria *f* de acceso al azar

Dirigent(in *f*) *m* director (a *f*) *m* de orquesta (a *f*) *m;* **dirigieren** *vt* [1] MUS → *Chor* dirigir [2] ↑ *leiten, lenken* dirigir

Dirndl[kleid] *n* traje *m* tirolés

Dirne *f* ‹-, -n› prostituta *f*

Disco *f* ‹-, -s› disco *f*

Discount *m* ‹-s› descuento *m;* **Discountladen** *m* tienda *f* de artículos baratos

disharmonisch *adj* discordante

Diskette *f* disquete *m;* **Diskettenformat** *n* formato *m* de disquete; **Diskettenlaufwerk** *n* mecanismo *m* de rodadura del disquete

Diskjockey *m* pinchadiscos *m*

Disko *f* disco *f*

Diskont *m* ‹-s, -e› descuento *m;* **Diskontsatz** *m* tipo *m* de descuento

Diskothek *f* ‹-, -en› discoteca *f*

Diskrepanz *f* discrepancia *f*

diskret *adj* [1] (*Angelegenheit*) discreto [2] ▷*Benehmen* delicado; **Diskretion** *f* discreción *f;* ◇ **~ ist Ehrensache** la discreción es sagrada

Diskriminierung *f* discriminación *f*

Diskus *m* ‹-, Disken *o.* Diskusse› disco *m* [de lanzamiento]

Diskussion *f* ↑ *Erörterung* discusión *f;* **Diskussionsbeitrag** *m* intervención *f;* **diskutabel** *adj* discutible; **diskutieren** *vti* (*heftig erörtern*) discutir; ◇ **ein Thema** [*o.* **über ein Thema**] **~** discutir sobre un tema

Display *n* ‹-s, -s› [1] exposición *f;* (*Dekorationsmaterial*) decoración *f* [de escaparate] [2] (ELECTR *Anzeige*) equipo *m*

disqualifizieren *vt* SPORT descalificar

disponieren *vi* [1] ↑ *verfügen* disponer (*über akk* de) [2] ↑ *planen* organizar, distribuir

Dissertation *f* disertación *f*

Dissonanz *f* MUS *auch FIG* disonancia *f*

Distanz *f* distancia *f;* **distanzieren I.** *vt* → *Sportgegner* distanciarse de **II.** *vr* ◇ **sich [von e-r Sache/jd-m] ~** apartarse de una cosa/ de alguien

Distel *f* ‹-, -n› cardo *m*

Disziplin *f* ‹-, -en› [1] (*Ordnung*) disciplina *f* [2] (*Fach-*) disciplina *f*, asignatura *f* [3] SPORT disciplina *f*

Dividende *f* ‹-, -n› COMM dividendo *m*

dividieren *vt* dividir (*durch* por/entre); ◇ **die Zahl 12 dividiert durch 4 [er]gibt 3** 12 dividido entre 4 son 3; **Division** *f* [1] MATH división *f* [2] MIL ↑ *-seinheit* división *f* [militar]; **Divisionszeichen** *n* signo *m* de dividir

Diwan *m* ‹-s, -s› (*ÖST Sofa*) diván *m*

DM *Abk v.* **Deutsche Mark**

DNS *Abk v.* **Desoxyribonukleinsäure** ADN *m*

doch I. *adv:* ◇ **das ist nicht wahr! - ~!** ¡eso no es verdad! - ¡que sí!; ◇ **er kam ~ noch** al final vino **II.** *cj* [1] (*aber*) pero [2] (*trotzdem*) sin embargo

Docht *m* ‹-[e]s, -e› mecha *f*

Dock *n* ‹-s, -s *o.* -e› dique *m*

Dogge *f* ‹-, -n› dogo *m*

Doktor(in *f*) *m* [1] *FAM* ↑ *Arzt* ◇ **geh doch mal zum ~!** ¡vete al médico! [2] (*akademischer Grad*) doctor(a *f*) *m;* ◇ **den ~ machen** hacer el doctorado; **Doktorarbeit** *f* tesis *f* [doctoral]; **Doktorand(in** *f*) *m* ‹-en, -en› doctorando/a, estudiante *m/f* que está haciendo el doctorado; **Doktortitel** *m* títulación *m* de doctor; **Doktorvater** *m* director *m* de tesis

Dokument *n* documento *m;* **Dokumentarbericht** *m*, **Dokumentarfilm** *m* documental *m;* **dokumentieren** *vt* documentar

Dolch *m* ‹-[e]s, -e› puñal *m*

Dollar *m* ‹-s, -s› dólar *m;* ◇ **wie steht gegenwärtig der ~?** ¿a cuánto está actualmente el dólar?

dolmetschen *vti* trabajar/hacer de intérprete; **Dolmetscher(in** *f*) *m* ‹-s, -› intérprete *m/f*

Dom *m* ‹-[e]s, -e› catedral *f;* ◇ **der Kölner ~** la catedral de Colonia

dominieren I. *vt* → *Gruppe* dominar **II.** *vi* ↑ *überwiegen* prevalecer (*über akk* sobre)

Domino[spiel] *n* dominó *m*

Dompfaff *m* ‹-s *o.* -en, -en› ↑ *Gimpel* camachuelo *m* común

Dompteur *m*, **Dompteuse** *f* domador(a) *m*

Donau *f* Danubio *m*

Donner *m* ‹-s, -› trueno *m;* **donnern** *vi* [1] tronar; ◇ **es donnert** truena [2] (*laut klopfen*) ◇ **der Vater donnerte an die Tür** el padre aporreó la puerta; (*aufschlagen*) ◇ **der Hammer donnerte auf den Boden ~** el martillo golpeó en el suelo; **Donnerschlag** *m* trueno *m*

Donnerstag *m* jueves *m;* ◇ **[am] ~** el jueves; **donnerstags** *adv* los jueves

Donnerwetter *n* [1] ↑ *Gewitter* tormenta *f* [2] *FAM* bronca *f* [3] ◇ **Donnerwetter!** ¡caramba!; ◇ **zum ~, laß das!** concho ¡déjalo de una maldita vez!

doof *adj* [1] *FAM* bobo, tonto [2] *FAM* ↑ *langweilig* ▷*Film* aburrido; ◇ **was für e-e ~ Maschine** ¡qué coñazo de máquina!

dopen *vt* dopar; **Doping** *n* ‹-s, -s› doping *m;* ◇ **jd-n des ~s überführen** demostrar que alguien se ha dopado

Doppel *n* ‹-s, -› (SPORT *Tennis*) doble *m;* **Doppelbelichtung** *f* exposición *f* doble; **Doppelbett** *n* cama *f* doble; **Doppeldecker** *m* biplano *m;* **Doppelehe** *f* bigamia *f;* **Doppelfenster** *n* doble *f* ventana; **Doppelgänger(in** *f*) *m* ‹-s, -› doble *m/f;* **doppelgleisig** *adj* [1] ▷*Schienenweg* de doble vía [2] *FIG* ◇ **~ vorgehen** proceder de dos formas; **Doppelhaus** *n* duplex *m;* **Doppelkonsonant** *m* GRAM doble *f* consonante; **Doppelkreuz** MUS doble *m* sostenido; **Doppelpunkt** *m* dos puntos *m/pl;* **Doppelsalto** *m* salto *m* doble; **Doppel[spiel]** *n* partido *m* de dobles; **Doppelstecker** *m* enchufe *m* doble; **doppelt** *adj* ↑ *zweimal* doble; (*in derselben Art*) duplicado; ◇ **in ~er Ausfertigung/Ausführung** por duplicado; ◇ **~ so groß wie** doble de alto que; **Doppelverdiener** *pl pareja que trabajan los dos;* **Doppelzentner** *m* quintal *m* métrico; **Doppelzimmer** *n* habitación *f* doble; ◇ **ein ~ mit Dusche und WC, bitte** una habitación doble con ducha y servicio por favor

Dorf *n* ‹-[e]s, Dörfer› pueblo *m;* ◇ **die Kirche im ~ lassen** volver a la realidad; **Dorfbewohner(in** *f*) *m* pueblerino/a; **Dorferneuerung** *f* renovación *f* rural

Dorn [1] *m* ‹-[e]s, -en› (*Rosen-*) espina *f;* ◇ **der/das ist ihm ein ~ im Auge** le molesta algo/alguien

Dorn [2] *m* ‹-[e]s, -e› (*Metallstift*) clavo *m;* **dornig** *adj* espinoso

Dornröschen *n* la Bella Durmiente
Dornenstrauch *m* zarza *f*
dörren I. *vt* → *Fleisch* tostar; → *Früchte* secar II. *vi* ↑ *dorren* secarse; **Dörrfleisch** *n* cecina *f*; **Dörrobst** *n* pasas *f/pl*
Dorsch *m* ‹-[e]s, -e› bacalao *m*
dort *adv* allí; ◇ ~ **drüben/oben/unten** al otro lado/allá arriba/allá abajo; **dorther** *adv* de allí; **dorthin** *adv* hacia allí; ◇ **sie gingen alle** ~ todos fuimos hacia allá; **dorthinauf** *adv* por allí arriba; **dorthinunter** *adv* por allí abajo; **dortig** *adj* de allí; ◇ **die ~en Verhältnisse sind schlimm** tales relaciones son malas
Dose *f* ‹-, -n› [1] caja *f*; (*Blech-*) lata *f*; (*Spray-*) spray *m* [2] (*Steck-*) enchufe *m*; **Dosenbier** *n* cerveza *f* en lata; **Dosenfleisch** *n* carne *f* enlatada; **Dosenmilch** *f* leche *f* condensada; **Dosenöffner** *m* abrelatas *f/sg*
dösen *vi FAM* echar un sueño
Dosis *f* ‹-, Dosen› dosis *f*
Dotter *m o n* ‹-s, -› yema *f*
Double *n* FILM doble *m*
Dozent(in *f*) *m* docente *m/f*
Drache *m* ‹-n, -n› [1] ↑ *Ungeheuer* dragón *m* [2] (*FAM unfreundliche Frau*) ogro *m*, víbora *f*; **Drachen** *m* ‹-s, -› (*Spielzeug-*) cometa *f*; **Drachenfliegen** *n* ‹-s› ala *m* delta; **Drachenflieger(in** *f*) *m* persona *f* que hace ala delta
Dragée *n* ‹-s, -s› gragea *f*
Draht *m* ‹-[e]s, Drähte› (*Metall-*) alambre *m*; *FAM* ◇ **auf ~ sein** ser activo; ◇ **e-n heißen ~ zu jd-m haben** tener enchufe con alguien; **drahtig** *adj* ▷*Körper* entrenado; **drahtlos** *adj* sin cable; ◇ **~es Telefon** teléfono inalámbrico; **Drahtseil** *n* cable *m*; **Drahtseilbahn** *f* teleférico *m*; **Drahtzieher** *m* intrigante *m*
drall *adj* ▷*Frau* entrada en carnes
Drama *n* ‹-s, Dramen› drama *m*; **Dramatiker(in** *f*) *m* ‹-s, -› dramaturgo/a; **dramatisch** *adj auch FIG* dramático; **dramatisieren** *vt FIG* dramatizar
dran = *FAM* **daran**
drang *impf v.* **dringen**
Drang *m* ‹-[e]s, Dränge› ↑ *zwanghafter Wunsch* [el] ansia *f* (*nach* de), deseo *m* (*nach* de)
drängeln *vti* empujar; (*drängen*) insistir, agobiar
drängen I. *vt* [1] ↑ *drücken* empujar [2] (*nachdrücklich bitten*) ◇ **jd-n [zu etw]** ~ insistir a alguien para que haga algo II. *vi* [1] ← *Sache* ← *Probleme* urgir; ← *Zeit* apremiar [2] ◇ **die Zuschauer drängten nach draußen** los expectadores se agolpaban para salir afuera; ◇ **bitte nicht drängen!** ¡por favor, no empujen! [3] ↑ *bestehen auf* insistir (*auf akk* en)
drastisch *adj* drástico
drauf = *FAM* **darauf**; ◇ ~ **und dran sein, etw zu tun** estar a punto a hacer algo; ◇ **etw ~ haben** tener coco
Draufgänger(in *f*) *m* ‹-s, -› luchador(a *f*) *m*
draufgehen *vi* [1] *FAM* ↑ *umkommen* estirar la pata [2] *FAM* ← *Geld* esfumarse
draußen *adv* [1] (*Ggs zu drinnen*) afuera [2] ◇ ~ **auf dem Meer** en alta mar
Drechsler(in *f*) *m* tornero/a
Dreck *m* ‹-[e]s› [1] ↑ *Schmutz* suciedad *f*; *FAM* ◇ **mach deinen ~ alleine** métete en tus asuntos [2] (*Kot*) mierda *f*; **dreckig** *adj* asqueroso; **Dreckskerl** *m FAM* cerdo *m*; **Dreckswetter** *n FAM* tiempo *m* de perros
Dreh *m* ‹-s›: ◇ **den ~ heraus haben** conocer el truco/el paño
Dreharbeiten *pl* FILM rodaje *m*
Drehbank *f* ‹-, Drehbänke› torno *m*
drehbar *adj* giratorio
Drehbuch *n* FILM guión *m*
drehen I. *vti* girar; → *Zigaretten* liar; → *Film* rodar II. *vr* ◇ **sich** ~ [1] ↑ *kreisen* dar vueltas [2] ↑ *handeln von* tratar (*um* de); **Dreher(in** *f*) *m* tornero *m*; **Drehmoment** *n* PHYS momento *m* de giro; **Drehorgel** *f* organillo *m*; **Drehscheibe** ↑ *Mittelpunkt* punto *m* central; **Drehspieß** *m* asador *m* giratorio; **Drehstrom** *m* ↑ *Dreiphasenstrom* corriente *f* trifásica; **Drehstuhl** *m* silla *f* giratoria; **Drehtür** *f* puerta giratoria *f*; **Drehung** *f* [1] (*Drehen*) giro *m* [2] (*um Achse*) vuelta *f*; **Drehwurm** *m FAM*: ◇ **den ~ haben/bekommen** marearse; **Drehzahl** *f* número *m* de revoluciones; **Drehzahlmesser** *m* ‹-s, -› AUTO cuentarrevoluciones *m*
drei *nr* tres; ◇ **e-e ~ im Zeugnis haben** tener un bien en las notas; ◇ **nicht bis ~ zählen können** tonto de remate; **Dreieck** *n* triángulo *m*; ◇ **gleichseitiges** ~ triángulo equilátero *m*; ◇ **gleichschenkliges** ~ triángulo isóceles *m*; ◇ **rechtwinkliges** ~ triángulo rectángulo; **dreieckig** *adj* triangular; **Dreiecksegel** *n* vela *f* triangular; **Dreiecksfläche** *f* superficie *f* triangular; **Dreieckstuch** *n* pañuelo *m* triangular; **Dreieinigkeit** *f*, **Dreifaltigkeit** *f* REL Trinidad *f*; **dreifach** I. *adj* triple II. *adv* por tercera vez, tres veces; **Dreiklang** *m* acorde *m* perfecto; **Dreikönigsfest** *n*, **Dreikönigstag** *m* fiesta *f* de Reyes; **dreimal** *adv* tres veces; **Dreimaster** *m* navegación *f* de tres velas
dreinreden *vi*: ◇ **jd-m** ~ [1] (*dazwischenreden*) meterse en una conversación [2] (*sich einmischen*) inmiscuirse; **dreiphasig** *adj* trifásico; **Dreirad** *n* triciclo *m*

dreißig *nr* treinta
Dreisatzrechnung *f* cálculo *m* de la regla de tres; **dreisprachig** *adj* trilingüe; **Dreisprung** *m* triple salto *m*
dreist *adj* arriesgado, atrevido; **Dreistigkeit** *f* atrevimiento *m*
dreiviertellang *adj* tres cuartos de largo; **Dreiviertelstunde** *f* tres cuartos *m/pl* de hora; **Dreivierteltakt** *m* compás *m* de tres por cuatro
dreizehn *nr* trece
dreschen ⟨drosch, gedroschen⟩ *vt* → *Getreide* trillar; **Dreschmaschine** *f* (*Mäh-*) trilladora *f*
dressieren *vt* adiestrar; **Dressurreiten** *n* doma *f* [de caballos]; **Dribbling** *n* regate *m*
Drilling *m* [1] trillizo *m* [2] (*Jagdwaffe*) rifle *m* de tres cañones
drin = *FAM* **darin**
dringen ⟨drang, gedrungen⟩ *vi* [1] ← *Wasser* pasar (*durch* a través de) [2] ◇ **auf etw** *akk* ~ exigir algo; ◇ **in jd-n** ~ profundizar en alguien
dringend *adj* urgente; **Dringlichkeit** *f* urgencia *f*
drinnen *adv* adentro
dritt *nr:* ◇ **zu** ~ tres/grupo *m* de a tres; **dritte(r, s)** *adj* tercero; ◇ **die** ~ **Welt** el tercer mundo; **Dritte(r)** *fm* (*Außenstehender*) ajeno/a
Drittel *n* ⟨-s, -⟩ (*der dritte Teil*) tercera parte *m;* SPORT tercio *m* [del tiempo del partido]
drittens *adv* en tercer lugar
Dritte-Welt-Laden *m tienda que vende artículos del tercer mundo*
Droge *f* ⟨-, -n⟩ droga *f;* **drogenabhängig** *adj* drogadicto
Drogerie *f* drogería, f
Drohbrief *m* carta *f* de amenaza; **drohen** *vi* ← *Gefahr* amenazar (*jd-m* a alguien); ◇ **die Brücke droht einzustürzen** el puenta amenaza con derrumbarse
Drohne *f* abejón *m*
dröhnen *vi* ↑ *schallen* zumbar; ← *Musik* sonar; ◇ **mir dröhnt der Kopf** me zumba la cabeza; (*widerhallen*) ◇ **der Saal dröhnte vor Lachen** la sala retumbó de risas
Drohung *f* amenaza *f*
drollig *adj* divertido, gracioso
Dromedar *n* dromedario *m*
Drops *m* ⟨-, -⟩ ↑ *Bonbon* caramelo *m*
drosch *impf v.* **dreschen**
Drossel [1] *f* ⟨-, -n⟩ (*Singvogel*) tordo *m*
Drossel [2] *f* ⟨-, -n⟩ (TECH *-klappe*) válvula *f* de mariposa
drosseln *vt* → *Geschwindigkeit* aminorar; → *Heizung* bajar; → *Ausgaben* reducir
drüben *adv* al otro lado, allí en frente
drüber = *FAM* **darüber**
Druck [1] *m* ⟨-[e]s, -e⟩ PHYS *auch FIG* presión *f*
Druck [2] *m* ⟨-[e]s, -e⟩ [1] TYP impresión *f* [2] ↑ *Druckart* tipografía *f;* **Druckbuchstabe** *m* letra *f* de molde; **drucken** *vt* imprimir
drücken I. *vti* → *Hand* apretar; *FIG* → *Preise* bajar; (*FIG belasten*) abrumar II. *vr:* ◇ **sich vor etw** *dat* ~ esquivar algo; ◇ **jd-m etw in die Hand** ~ poner en la mano algo a alguien; **drückend** *adj* ▷ *Wetter* bochornoso
Drucker [1] *m* ⟨-s, -⟩ PC impresora *f*
Drucker [2](**in** *f*) *m* ⟨-s, -⟩ (*Beruf*) impresor(a *f*) *m*
Drücker *m* ⟨-s, -⟩ [1] ↑ *Druckknopf* botón *m;* (*Tür-*) timbre *m;* ↑ *Abzughahn* gatillo *m* [2] (*FAM Zeitungsverkäufer*) vendedor *m* de revistas a domicilio [3] *FAM* ↑ *Fixer* drogata *m/f*
Druckerei *f* (*Betrieb*) imprenta *f;* **Druckerschwärze** *f* tinta *f* tipográfica; **Druckfehler** *m* error *m* de imprenta; **Druckknopf** *m* botón *m;* **Druckmittel** *n* medio *m* de presión; **Drucksache** *f* impresos *m/pl;* **Druckschrift** *f* letras *f/pl* de molde; **Druckwelle** *f* onda *f* expansiva
drunter *adv FAM s.* **darunter**
drunten *adv FAM s.* **unten**
Drüse *f* ⟨-, -n⟩ glándula *f;* **Drüsenfunktion** *f* función *f* glandular; **Drüsenschwellung** *f* inflamación *f* glandular
Dschungel *m* ⟨-s, -⟩ jungla *f*
du, Du *pron* tú
Dübel *m* taco *m*
ducken *vtr* ◇ **sich** ~ agachar la cabeza
Dudelsack *m* gaita *f*
Duell *n* ⟨-s, -e⟩ duelo *m*
Duett *n* ⟨-[e]s, -e⟩ dúo *m*
Duft *m* ⟨-[e]s, Düfte⟩ (*angenehmer Geruch*) fragancia, f; **duften** *vi* ← *Blume, Parfum* oler bien
dulden *vti* [1] ↑ *ertragen* → *Schmerzen* soportar [2] ↑ *erlauben* tolerar; **duldsam** *adj* [1] ↑ *geduldig* paciente [2] ↑ *tolerant* tolerante
dumm *adj* [1] ↑ *blöd* tonto; ↑ *ungeschickt* torpe [2] ↑ *albern* ◇ **sei nicht** ~ **und bleibe** no seas niño y quédate [3] ↑ *lästig* ◇ **allmählich wird mir das zu** ~ con el tiempo se me está haciendo muy pesado [4] ↑ *merkwürdiges* ◇ **ein ~es Gefühl haben** tener una sensación rara [5] ↑ *unangenehm* ◇ **das ist e-e** ~ **Geschichte** es un asunto desagradable; **dummerweise** *adv* tontamente; **Dummheit** *f* [1] (*geringe Intelligenz*) tontería *f* [2] (*unkluge Tat*) torpeza *f;* **Dummkopf** *m* cabeza *f* de chorlito, idiota *m*
dumpf *adj* [1] ▷ *Geräusch* hueco [2] ▷ *Luft* cargado [3] ▷ *Gefühl* ◇ **ein ~es Gefühl im Kopf haben** tener el cabeza pesada [4] ▷ *Ahnung* incierto
Düne *f* ⟨-, -n⟩ duna *f*

Dung *m* ‹-[e]s› abono *m;* **düngen** *vt* → *Acker* abonar; **Dünger** *m* ‹-s, -› ↑ *Natur-* abono *m;* ↑ *Kunst-* fertilizante *m;* **Düngung** *f* abonado *m*

dunkel *adj* [1] (*Ggs. zu hell*) oscuro; *FIG* ◇ **im -n tappen** dar golpes de ciego [2] ▷*Augen* oscuro; ▷*Haare* moreno [3] ▷*Ton* bajo [4] ▷*Vorstellung* vago, confuso; ↑ *rätselhaft* enigmático [5] ▷*Geschäfte* dudoso; **dunkelgrün** *adj* verde oscuro; **Dunkelheit** *f* oscuridad *f;* **Dunkelkammer** *f* FOTO habitación *f* para revelar; **Dunkelziffer** *f* cifra *f* no oficial

dünn *adj* [1] ▷*Arme* fino; ↑ *schlank* delgado [2] (*dünnflüssig*) flojo; ▷*Suppe* claro [3] (*fein*) ▷*Haar* fino; ▷*Stoff* delicado [4] (*Handlung e-es Films*) flojo; **dünnflüssig** *adj* líquido; **dünngesät** *adj* raro, escaso; **dünnmachen** *vr* ◇ **sich** - *FAM* volatizarse

Dunst *m* ‹-es, Dünste› [1] (*Wettertrübung*) bruma *f* [2] (*Ausdünstung*) vaho *m;* (*Raucher-*) humo *m* [3] ◇ **keinen blassen - haben** no tener ni puñeta idea; **Dunstabzugshaube** *f* extractor *m* de humos

dünsten *vt* rehogar

Dünung *f* resaca *f*

Duo *n* dúo *m*

Duplikat *n* duplicado *m;* **Duplikatrechnung** *f* cuenta *f* en duplicado

Dur *n* ‹-, -› MUS modo *m* mayor

durch *präp akk* (*örtlich und Mittel*) a través de, por; (*Zeit*) durante; ◇ **8 Uhr** - las 8 y pico; ◇ - **und** - a fondo

durcharbeiten I. *vt* ↑ *gänzlich bearbeiten* trabajar a fondo; ↑ *durchstudieren* → *Buch* estudiar a fondo; (*durchlesen*) leer a fondo **II.** *vi* ↑ *ohne Unterbrechung arbeiten* trabajar sin parar **III.** *vr* ◇ **sich durch etw** - trabajar incesantemente en algo

durchaus *adv* [1] (*auf jeden Fall*) de cualquier manera; ◇ - **nicht!** de ningún modo [2] (*völlig, ganz*) ◇ **du hast - richtig gerechnet** has contado absolutamente bien

durchbeißen *unreg* **I.** *vt* → *Faden* cortar con los dientes **II.** *vr* ◇ **sich - [durch etw]** *FAM* abrirse camino/paso

durchblättern *vt* hojear

Durchblick *m* [1] (*durch etwas hindurch*) vistazo *m* [2] (*FIG Begreifen*) conocer la situación, estar al tanto; **durchblicken** *vi* [1] ↑ *hindurchschauen* mirar a través de [2] *FIG* ↑ *andeuten* ◇ **er ließ -, daß der Bau erweitert wird** dejó entrever que se ampliará la construcción [3] *FAM* ↑ *begreifen* entender (*bei etw* algo)

durchbluten *vt* extenderse la sangre, irrigar

durchbohren *vt* [1] (*mit Bohrmaschine*) → *Wand* taladrar [2] ↑ *durchdringen* ← *Geschoß* atravesar; (*FIG mit Blicken*) → *Person* penetrar, atravesar

durchboxen *vtr* abrirse camino/paso

durchbrechen [1] ‹brach durch, hat durchgebrochen› *vt* → *Glas* romper; → *Schranken* abrir; → *Schokolade* partir

durchbrechen [2] ‹brach durch, ist durchgebrochen› *vi* [1] ← *Magengeschwür* aparecer; ◇ **die Sonne ist durchgebrochen** el sol se ha abierto entre las nubes [2] ← *Pferd* escapar; ← *Person* desaparecer

durchbrennen *unreg vi* [1] (*zu heiß werden*) ← *Glühbirne* fundirse [2] *FAM* ↑ *weglaufen* ← *Verbrecher* escaparse, huir; ← *Ehefrau* marcharse (*mit* con)

durchbringen *unreg* **I.** *vt* [1] (*durch Öffnung*) hacer pasar; → *Antrag* hacer que se acepte [2] → *Patienten* salvar [3] → *Geld* malgastar **II.** *vr* ◇ **sich** - ganarse la vida

Durchbruch *m* [1] (*Mauer-*) abertura *f* [2] (*von Emotionen*) desbordamiento *m* [3] (MIL *durch Feindstellung*) incursión *f* [4] *FIG* punto *m* clave; ◇ **in e-r Verhandlung den - schaffen** superar un punto clave

durchdacht *adv* bien pensado; ◇ **ihre Argumente sind gut** - sus argumentos son muy sólidos; **durchdenken** *unreg vt* [1] (→ *Argument, bis ans Ende*) meditar, pensar detenidamente [2] → *Möglichkeiten* revisar

durchdrehen I. *vt* ↑ *zerkleinern* → *Gemüse* picar **II.** *vi* ← *Räder* atascar; *FAM* ← *Person* perder la cabeza

durchdringen [1] ‹drang durch, ist durchgedrungen› *vi* [1] ← *Vorschlag* imponerse [2] ← *Stimme* hacerse oír

durchdringen [2] ‹durchdrang, hat durchdrungen› *vt* [1] ← *Sonnenstrahlen* → *Wolken* atravesar [2] ← *Gefühl* → *die Menge* apoderarse de [3] ← *Regen* empapar; ◇ **er ist von dem Wahn durchdrungen, daß ...** está obcecado con la idea de que ...

durcheinander *adv* [1] desordenado; ◇ **er aß/trank alles** - comía y bebía sin orden ni concierto [2] (*FAM verstört*) ◇ - **sein** estar hecho un lío; **Durcheinander** *n* ‹-s› [1] ↑ *Unordnung* desorden *m;* ◇ **was ist das für ein -!** ¡qué es este jaleo! [2] ↑ *Wirrwarr* confusión *f;* **durcheinanderbringen** *unreg vt* [1] ← *Bücher* revolver [2] ← *Begriffe* confundir [3] ← *Meldung* distorsionar; **durcheinanderlaufen** *unreg vi* ← *Menge* andar sin dirección; **durcheinanderreden I.** *vti* ↑ *wirr reden* hablar sin saber lo que se dice **II.** *vi* ↑ *gleichzeitig reden* hablar a la vez; **durcheinanderwerfen** *unreg vt* descolocar, desordenar

durchfahren ⟨durchfuhr, hat durchfahren⟩ *vi* **I.** [1] (*ohne Halt*) pasar sin parar [2] *FIG* ↑ *durchzukken* ← *Schrecken* cruzarse **II.** *unreg vt* ↑ *durchreisen* → *Land* atravesar; **Durchfahrt** *f* [1] (*Durchfahren, Durchqueren*) travesía *f* [2] (*Tor-*) paso *m*

Durchfall *m* MED diarrea *f*

durchfallen *unreg vi* [1] (*durch Öffnung*) caerse [2] (*scheitern, beim Examen*) suspender; THEAT ← *Aufführung* fracasar

durchfließen **I.** *vi* colarse **II.** *vt* → *Stadt* pasar (*akk* por)

durchfragen *vr* ◇ **sich** ~ orientarse preguntando

durchfrieren *unreg vi* [1] ← *See* helarse, congelarse [2] ◇ **vor Kälte völlig durchgefroren sein** estar helado de frío

durchführbar *adj* ↑ *machbar* realizable; **durchführen** *vt* [1] ↑ *verwirklichen* → *Untersuchung* realizar; (*Plan*) llevar a cabo [2] → *Veranstaltung* organizar; **Durchführung** *f* realización *f;* (MUS *in Symphonie*) desarrollo *m*

Durchgang *m* [1] ↑ *Passage* pasaje *m* [2] ↑ *das Durchgehen* ◇ **Halt, ~ verboten!** ¡alto, prohibido el paso! [3] ↑ *Durchlauf, Phase* (*Produktions-*) proceso *m;* (POL *Wahl-*) vuelta *f;* (SPORT *Halbzeit*) parte *f;* **Durchgangsbahnhof** *m* estación *f* de paso; **Durchgangslager** *n* campamento *m* de refugiados provisional; **Durchgangsstraße** *f* travesía *f;* **Durchgangsverkehr** *m* tráfico *m* de paso

durchgeben *unreg vt* (*über Lautsprecher*) anunciar, dar un comunicado; (*per Telefon*) dar

durchgehen *unreg* **I.** *vt* (*behandeln*) tratar **II.** *vi* atravesar; ← *Pferd* desbocarse; (*bei Mensch*) perder sus cabales; ◇ **jd-m etw ~ lassen** permitir, perdonar algo a alguien

durchgehend *adj* ▷*Zug* directo; (*Öffnungszeiten*) permanente

durchgesehen *adj* inspeccionado

durchgreifen *unreg vi* [1] (*durch Loch*) atravesar [2] (*energisch ~*) tener mano dura

durchhalten *unreg* **I.** *vi* (*ausharren*) resistir **II.** *vt* → *Strapazen* → *Streik* aguantar; → *Tempo* mantenerse; → *Anstrengung* resistir

durchhängen *unreg vi* [1] ← *Latte, Seil* curvarse [2] *FIG FAM* estar desganado, no tener gana alguna

durchkommen *unreg vi* [1] (*durch Öffnung*) atravesar; (*durch Absprerrung*) pasar por [2] (*am Telefon*) tener línea [3] (*durch Akten*) avanzar, defenderse [4] (*mit Gesten, Sprache*) hacerse entender; (*mit Geld, zurechtkommen*) alcanzar [5] (*in Prüfung*) aprobar [6] (*Patient*) sobrevivir [7] ◇ **damit kommst du bei mir nicht durch** esto no te lo permito [8] ← *Zug* pasar; ← *Wasser* traspasar; ← *Sonne* abrirse [9] ← *Meldung* hacerse público

durchkreuzen [1] ⟨kreuzte durch, hat durchgekreuzt⟩ *vt* ↑ *durchstreichen* → *Zahl* tachar

durchkreuzen [2] ⟨durchkreuzte, hat durchkreuzt⟩ *vt* [1] ↑ *vereiteln* → *Plan* hacer fracasar [2] ↑ *durchreisen* → *Gebiet* cruzar

durchlassen *unreg vt* [1] → *Wasser* filtrar [2] ↑ *vorbeilassen* (*an Grenze*) dejar pasar

durchlaufen [1] ⟨durchlief, hat durchlaufen⟩ *vt* [1] → *Bahn, Strecke, Weg* recorrer [2] → *Karriereleiter* abrirse paso [3] → *Lehrgang* hacer, participar

durchlaufen [2] ⟨lief durch, hat durchgelaufen⟩ **I.** *vt* → *Sohle* gastar **II.** ⟨lief durch, ist durchgelaufen⟩ *vi* [1] → *Wasser* correr, filtrarse [2] (*ohne Halt*) ¿ha hecho aquí alguien el recorrido sin parar?

durchlesen *unreg vt* → *Buch* leer [hasta el final]

durchleuchten [1] ⟨leuchtete durch, hat durchgeleuchtet⟩ *vt* (*durch Öffnung*) alumbrar

durchleuchten [2] ⟨durchleuchtete, hat durchleuchtet⟩ *vt* [1] (MED *mit Röntgengerät*) mirar por rayos X [2] *FIG* → *Vorgang* ↑ *näher untersuchen* investigar

durchlöchern *vt* → *Papier* agujerear; (→ *Wand, mit Bohrer*) taladrar; (*mit Gewehr*) acribillar

durchmachen *vt* [1] → *Krise* atravesar [2] → *Ausbildung* hacer [3] ◇ **die Nacht** ~ pasar la noche sin dormir

Durchmarsch *m* marcha *f*

Durchmesser *m* ⟨-s, -⟩ diámetro *m*

durchnehmen *unreg vt* ↑ *besprechen* explicar

durchnumerieren *vt* numerar

durchpausen *vt* (*durchschreiben*) calcar

durchqueren *vt* cruzar, atravesar

durchregnen *vi* haber goteras

Durchreise *f* viaje *m;* ◇ **wir befinden uns auf der** ~ estamos de viaje; **durchreisen** *vt* viajar

durchreißen *unreg vti* romper

durchringen *unreg vr* ◇ **sich [zu etw]** ~ determinar hacer algo; ◇ **sich zu e-m Entschluß** ~ decidirse

durchrosten *vi* oxidarse

durchs = durch das

Durchsage *f* ⟨-, -n⟩ comunicado, aviso *m*

durchschauen [1] ⟨schaute durch, hat durchgeschaut⟩ *vi* mirar a través de

durchschauen [2] ⟨durchschaute, hat durchschaut⟩ *vt* → *Person* conocer, calar; → *Gedanken* leer; ◇ **er hat den Plan durchschaut** ha descubierto ya el plan

Durchschlag *m* calca *f*

durchschlagen *unreg* **I.** *vt* [1] ↑ *entzweischlagen* traspasar [2] ↑ *sieben* colar **II.** *vi* ↑ *zum Vorschein kommen* salir a la luz **III.** *vr* ◇ **sich** ~ luchar; **durchschlagend** *adj* exitoso

Durchschlagpapier *n* calca *f*

durchschleusen *vt* [1] → *Schiffe* hacer pasar por una esclusa [2] → *Autos* hacer pasar; (*durch Zoll*) hacer pasar la aduana

durchschneiden *unreg vt* cortar

Durchschnitt *m* [1] ↑ *Mittelwert* media *f;* ◇ **über/unter dem** ~ sobre/bajo la media [2] MATH diámetro *m;* **durchschnittlich I.** *adj* medio, mediocre **II.** *adv* por término medio; **Durchschnittsbürger** *m* hombre *m* de la calle; **Durchschnittsgeschwindigkeit** *f* velocidad *f* media; **Durchschnittsmensch** *m* hombre *m* medio; **Durchschnittswert** *m* valoro *m* medio

durchsehen I. *unreg vt* → *Buch, Heft* hojear **II.** *unreg vi:* ◇ ~ **durch** mirar a través de, ver con

durchsetzen I. *vt* [1] → *Plan, Vorhaben* conseguir, imponer; ◇ **seinen Kopf** ~ salirse con la suya [2] ↑ *vermischen* ◇ **der Weinberg ist durchsetzt mit Stangen** el viñedo está cubierto de estacas **II.** *vr* ◇ **sich** ~ (*Anerkennung haben*) triunfar

Durchsicht *f* (*von Akten*) control *m*, inspección *f;* **durchsichtig** *adj* [1] transparente [2] (*FIG Gedanken*) evidente

durchsickern *vi* [1] ← *Wassertropfen* filtrarse [2] *FIG* ← *Neuigkeit, Gerücht* colar, filtrar

durchsieben *vt* colar

durchsprechen *unreg vt* discutir, hablar de

durchstarten *vti* ← *Flugzeug, Auto* arrancar con potencia

durchstehen *unreg vt* → *Krise* soportar, aguantar

durchstöbern *vt* → *Dachboden, Tasche* revolver

durchstoßen *unreg vt* → *Loch* atravesar; → *Tür* derribar; MIL → *Absperrung* romper

durchstreichen *unreg vt* tachar

durchstreifen *vt* → *Buschwald* batir

durchsuchen *vt* → *Wohnung* registrar; *FAM* → *Tasche, Schrank* revolver; ◇ **das Zimmer nach etwas** ~ revolver la habitación en busca de algo; **Durchsuchung** *f* (*das Durchsuchen*) registro *m*, cacheo *m*

durchtrieben *adj* [1] astuto [2] disimulado

durchwachsen *adj* ▹*Speck* en capas

durchwählen *vi* marcar directamente

durchwandern *vt* recorrer

durchweg *adv* sin excepción, [casi] siempre

durchziehen *unreg* **I.** *vt* [1] (→ *Schnur, durch Öffnung*) enhebrar [2] *FAM* → *Vorhaben* realizar [3] → *Ruder* remar dar al remo hasta el final **II.** *vi* pasar; ← *Truppen* atravesar; ◇ **bitte lassen Sie die frische Luft** ~ dejen que entre aire fresco, por favor; **Durchzug** *m* [1] (*Durchreise*) migración *f*, movilización *f* [2] ↑ *Luftzug* corriente de aire *f*

durchzwängen *vr* ◇ **sich** ~ hacer pasar a la fuerza

dürfen <durfte, gedurft> *vi* [1] (*höflich für können*) poder; ◇ **darf ich?** ¿se puede?; ◇ **es darf geraucht werden** se puede fumar; ◇ **was darf es sein?** ¿qué desea? [2] (*negativ von müssen*) ◇ **das darf nicht geschehen** eso no debe ocurrir/pasar [3] (*sollte*) debería; ◇ **es dürfte Ihnen bekannt sein, daß ...** debería saber que ...

dürftig *adj* [1] ▹*Leben* modesta, pobre [2] ▹*Leistung* insuficiente; **Dürftigkeit** *f* (*von Leistung*) insuficiencia *f*

dürr *adj* [1] (*vertrocknet*) ▹*Land* seco; ▹*Boden* estéril [2] ↑ *hager, mager* flaco; **Dürre** *f* <-, -n> ↑ *Trockenheit* (*von Boden*) sequedad *f;* (*-periode*) sequía *f*

Durst *m* <-[e]s> sed *f;* ◇ ~ **haben** tener sed; **dürsten** *vi* (*nach Wasser*) estar sediento tener sed; (*FIG nach Wissen*) estar ávido; **durstig** *adj* sediento

Durtonart *f* tono *m* mayor

Dusche *f* <-, -n> ducha *f;* **duschen** *vti, vr* ◇ **sich** ~ ducharse; **Duschkabine** *f* cabina *f* de ducha

Düse *f* <-, -n> [1] TECH tobera *f* [2] ↑ *Zerstäuber* spray, pulverizador *m;* **düsen** *vi* (*FAM schnell vorbeihuschen*) correr; **Düsenantrieb** *m* propulsión *f* a chorro; **Düsenflugzeug** *n* avión *m* reactor; **Düsentriebwerk** *n* reactor *m*

Dussel *m* <-s, -> *FAM* tonto *m*

düster *adj* [1] ▹*Farbe* oscuro [2] ▹*Gedanken* sombrío [3] ↑ *bedrohlich* amenazante; ▹*Zukunft* negro

Duty-free-Shop *m* <-s, -s> duty-free-shop

Dutzend *n* <-s, -e> docena *f;* ◇ **bitte geben sie mir ein** ~ **Birnen** deme 12 peras, por favor; **dutzend[e]mal** *adv* docenas de veces

duzen *vtr* tutear(se)

DV *f* <-> *Abk v.* **Datenverarbeitung** proceso de datos *m*

Dynamik *f* [1] PHYS dinámica *f* [2] MUS ritmo *m*, dinámica *f* [3] (*FIG e-r Sache/Person*) dinamismo *m;* **dynamisch** *adj* PHYS *FIG* dinámico

Dynamit *n* <-s> dinamita *f*

Dynamo *m* <-s, -s> dinamo *m*

D-Zug *m* tren expreso *m*

E

E, e *n* [1] e *f* [2] MUS mi *m*

Ebbe *f* ‹-, -n› [1] (*Ggs zu Flut*) marea *f* baja, bajamar *f* [2] *FAM* ◇ **in meinem Geldbeutel ist** ~ ando corto de dinero

eben I. *adj* ▷*Land* llano; ▷*Fläche* liso **II.** *adv* [1] (*gerade jetzt*) ◇ **er kommt** ~ llega en este momento [2] (*vor ganz kurzer Zeit*) ◇ **sie ist ~ abgefahren** acaba de salir [con el coche] [3] ◇ ~ **das meine ich** eso es justamente lo que quiero decir; ◇ **das ist es ja** ~ eso mismo; ◇ ~**!** ¡justo! [4] ◇ **er ist nicht ~ kräftig** no es precisamente fuerte [5] ◇ **ich kann das ~ nicht!** ¡simplemente, no puedo!; **Ebenbild** *n* retrato *m;* **ebenbürtig** *adj* igual; ◇ **jd-m ~ sein** ser de la misma categoría que alguien

Ebene *f* ‹-, -n› [1] (*Hoch-, Tief-*) llanura *f* [2] *FIG* ↑ *Niveau* nivel *m* [3] MATH plano *m;* **ebenerdig** *adj* de la planta baja; **ebenfalls** *adv* igualmente; **Ebenheit** *f* llanura *f;* **Ebenholz** *n* ébano *m*

ebenso *adv* lo mismo, igual, como; ◇ **sie ist ~ alt wie er** tiene tantos años como él; **ebensogut** *adv* igual de bueno; **ebensooft** *adv* las mismas veces; **ebensoviel** *adv* tanto; **ebensoweit** *adv* tan lejos; **ebensowenig** *adv* tan poco

Eber *m* ‹-s, -› verraco *m*

ebnen *vt* [1] → *Boden* allanar, aplanar [2] *FIG* ◇ **jd-m den Weg** ~ preparar el terreno a alguien

Echo *n* ‹-s, -s› [1] ↑ *Widerhall* eco *m* [2] *FIG* ↑ *Anklang* repercusión *f;* ◇ **ein lautes ~ finden** tener gran repercusión; **Echolot** *n* sonda *f* acústica

echt I. *adj* [1] ▷*Schmuck* verdadero; ▷*Gemälde* auténtico [2] ▷*Liebe* verdadero [3] *FAM* ↑ *typisch* típico **II.** *adv FAM* ↑ *wirklich* de verdad; **Echtheit** *f* [1] (*von Schmuck, Kunstwerk*) autenticidad *f* [2] ↑ *Unverfälschtheit* (*von Gefühl*) autenticidad *f*

Eckball *m* SPORT saque *m* de esquina

Ecke *f* ‹-, -n› [1] (*Zimmer-*) rincón *m* [2] (*Haus-*) esquina *f* [3] MATH ángulo *m;* **Eckhaus** *n* casa *f* que hace esquina; **eckig** *adj* ↑ *kantig* angular, anguloso; **Eckzahn** *m* colmillo *m*

edel *adj* [1] ▷*Holz* noble; ▷*Stein* precioso; ▷*Wein* de cosecha [2] ▷*Mensch* noble; **Edelgas** *n* gas *m* noble; **Edelmetall** *n* metal *m* precioso; **edelmütig** *adj* noble; **Edelstein** *m* piedra *f* preciosa; ▷*geschliffen* piedra *f* tallada; **Edelweiß** *n* edelweis *m*

EDV *f* ‹-› *Abk v.* **elektronische Datenverarbeitung** proceso *m* de las palabras

EDV-Anlage *f* equipo *m* de proceso de las palabras

Effekt *m* ‹-s, -e› [1] ↑ *Wirkung* ▷*erzielen* efecto *m* [2] ↑ *Eindruck* impresión *f*

Effekten *pl* FIN valores *pl;* **Effektenbörse** *f* FIN bolsa *f* de valores

Effekthascherei *f FAM* farol *m*

effektiv *adj* [1] ↑ *tatsächlich* real [2] ▷*Maßnahmen* efectivo

effizient *adj* eficiente

EG *f* ‹-› *Abk v.* **Europäische Gemeinschaft** C.E. *f*

egal *adj* igual

Egoist(in *f*) *m* egoísta *m/f;* **Egotrip** *m FAM:* ◇ **auf dem ~ sein** ser el ombligo del mundo

ehe *cj* antes de *+inf.*

Ehe *f* ‹-, -n› matrimonio *m;* ◇ **e-e ~ schließen** contraer matrimonio; **Eheberatung** *f* orientación *f* matrimonial; **Ehebett** *n* cama *f* de matrimonio; **Ehebrecher(in** *f*) *m* ‹-s, -› adúltero/a; **Ehebruch** *m* adulterio *m;* **Ehefrau** *f* esposa *f,* mujer *f;* **Eheleute** *pl* esposos *m/pl;* **ehelich** *adj* [1] ▷*Pflichten* matrimonial, conyugal [2] ▷*Kind* legítimo

ehemalig *adj* antiguo; **ehemals** *adv* antiguamente

Ehemann *m, pl* ‹-[e]s, -männer› marido *m,* esposo *m;* **Ehepaar** *n* matrimonio *m*

eher *adv* [1] ↑ *früher* antes; ◇ ~ **kommen** venir antes [2] ↑ *lieber* mejor; ◇ **das paßt mir schon** ~ me va/sienta mejor [3] ↑ *wahrscheinlich* probablemente [4] ↑ *vielmehr* ◇ **ich würde ~ sagen ...** yo diría más bien ...

Ehering *m* anillo *m* de boda, alianza *f;* **Ehescheidung** *f* divorcio *m;* **Eheschließung** *f* enlace *m* matrimonial

eheste(r, s) *adj* [1] ↑ *früheste* lo primero [2] ◇ **am ~n** lo mejor [3] ◇ **am ~n** lo más probable

ehrbar *adj* respetable; **Ehre** *f* ‹-, -n› [1] ↑ *Ansehen* reputación *f,* fama *f* [2] ↑ *Würde* honor *m,* honra *f;* **ehren** *vt* → *Soldaten* honrar; (*respektieren*) respetar; **ehrenamtlich** *adj* honorífico, sin cobrar; **Ehrengast** *m* invitado *m* de honor; **ehrenhaft** *adj* honrado; **Ehrenmann** *m, pl* ‹-[e]s, -männer› hombre *m* honrado; **Ehrenmitglied** *n* miembro *m* honorario; **Ehrenplatz** *m* lugar *m* de honor; **Ehrenrechte** *n/pl* JURA derechos *m/pl* cívicos; **Ehrenrunde** *f* SPORT vuelta *f* de honor; **Ehrensache** *f* [1] cuestión *f* de honor [2] *FAM* ◇ **das ist doch** ~ eso se da por sabido; **ehrenvoll** *adj* honroso; **Ehrenwort** *n* palabra *f* de honor; ◇ **jd-m sein ~ geben** dar su palabra de honor a alguien; **Ehrfurcht** *f* veneración *f,* respeto *m;* **Ehrgefühl** *n* dignidad *f;* ◇ **kein ~ besitzen** no tener dignidad; **Ehrgeiz** *m* ambición *f* (*nach* de); **ehrgeizig** *adj* ambicioso

ehrlich *adj* ▷*Mensch* sincero; ▷*Finder* honesto; **Ehrlichkeit** *f* sinceridad *f;* honestidad *f*
Ehrung *f* homenaje *m* a alguien
ehrwürdig *adj* venerable
ei *interj* [1] (*als Überraschung*) ¡ah!; (*zärtlich*) ¡vaya! [2] (*Kindersprache*) ◇ **~ machen** acariciar
Ei *n* ‹-[e]s, -er› [1] (*Hühner~*) huevo *m* [2] ↑ *Keimzelle* óvulo *m* [3] *FAM* ◇ **~er** *pl* huevos *m/pl*
Eichamt *n* oficina *f* de pesas y medidas
Eiche *f* ‹-, -n› encina *f;* **Eichel** *f* ‹-, -n› [1] FLORA bellota *f* [2] (*Spielkarte*) bastos *m/pl* [3] ANAT glande *m*
eichen *vt* [1] contrastar; → *Waage* tarar [2] *FAM* ◇ **auf etw** *akk* **geeicht sein** controlar bien en algo
Eichhörnchen *n* ardilla *f*
Eichmaß *n* medida *f* de contraste; **Eichung** *f* contraste *m*
Eid *m* ‹-[e]s, -e› juramento *m*
Eidechse *f* ‹-, -n› lagartija *f*
eidesstattlich *adj* jurado; ◇ **~e Erklärung** declaración jurada
Eidgenosse *m* **Eidgenossin** *f* confederado/a; **Eidgenossenschaft** *f* Confederación *f* Helvética
eidlich *adj* jurado
Eidotter *n* yema *f* [de huevo]; **Eierbecher** *m* huevera *f;* **Eierkuchen** *m* crepe *m;* **Eierlikör** *m* licor *m* de huevo; **Eierschale** *f* cáscara *f* de huevo; **Eierstock** *m* ANAT ovario *m*
Eifer *m* ‹-s› [1] ↑ *Streben* afán *m* [2] ↑ *Begeisterung* ardor *m;* ◇ **etw mit ~ tun** hacer algo con ardor
Eifersucht *f* celos *m/pl;* (*in Beruf*) ↑ *Neid* envidia *f;* **eifersüchtig** *adj* envidioso, celoso (*auf akk* de)
eiförmig *adj* oval
eifrig *adj* aplicado; diligente
Eigelb *n* ‹-[e]s, -› yema *f* [de huevo]
eigen *adj* [1] ↑ *jd-m gehörend* ▷*Haus* de alguien, propio; ◇ **etw sein ~ nennen** llamar algo su propiedad [2] típico, característico; ◇ **jd-m ~ sein** ser típico de alguien; ◇ **sich** *dat* **etw zu ~ machen** apropiarse de algo [3] ▷*Meinung* personal, propio [4] ↑ *wunderlich* ▷*Mensch* singular; ↑ *merkwürdig* raro, extraño; **Eigenart** *f* [1] ↑ *Charakteristikum* rasgo *m* característico [2] ↑ *Eigenheit* particularidad *f,* singularidad *f;* **eigenartig** *adj* raro, extraño; **Eigenbedarf** *m* necesidades *f/pl* propias; ◇ **wegen ~s kündigen** desahuciar por necesidades propias; **Eigenbrötler(in** *f*) *m* solitario/a; **Eigengewicht** *n* peso *m* propio; **eigenhändig** *adj* de mi (tu …) puño y letra; **Eigenheim** *n* casa *f* [propia]; **Eigenheit** *f* rasgo *m* característico, particularidad *f,* singularidad *f;* **Eigenkapital** *n* capital *f* propio; **Eigenlob** *n* elogio *m* a sí mismo; ◇ **~ stinkt** no hay nada peor que alabarse a sí mismo; **eigenmächtig** *adj* no autorizado; **Eigenname** *m* nombre *m* propio; **Eigennutz** *m* ‹-› interés *m;* ◇ **etw aus ~ tun** hacer algo por interés; **eigennützig** *adj* interesado; **eigens** *adv* especialmente; ◇ **etw ~ herstellen** fabricar algo para la ocasión; **Eigenschaft** *f* [1] ↑ *Merkmal* característica *f* [2] ↑ *Besonderheit* peculiaridad *f* [3] ↑ *Funktion* ◇ **in meiner ~ als Vorsitzender** en calidad de presidente; **Eigenschaftswort** *n* adjetivo *m;* **Eigensinn** *m* obstinación *f,* testarudez *f;* **eigensinnig** *adj* obstinado, testarudo
eigentlich I. *adj* [1] ↑ *wahr* real, verdadero; ◇ **der ~e Grund** la causa real [2] ↑ *ursprünglich* originario II. *adv:* ◇ **~ hat sie recht** en el fondo tiene razón III. *Partikel:* ◇ **was wollen Sie ~?** ¿qué quiere usted realmente?
Eigentor *n* [1] SPORT gol *m* en la propia portería [2] *FIG* ◇ **ein ~ schießen** marcar en propia meta; **Eigentum** *n* propiedad *f;* **Eigentümer(in** *f*) *m* ‹-s, -› propietario/a, dueño/a
eigentümlich *adj* [1] ↑ *kennzeichnend* característico, peculiar, típico (*für* de) [2] ↑ *seltsam* raro, extraño; **Eigentümlichkeit** *f* [1] ↑ *Charakteristikum* característica *f,* peculiaridad *f* [2] ↑ *Eigenart* singularidad *f*
Eigentumswohnung *f* piso *m* de propiedad; **eigenverantwortlich** *adj* bajo mi (su…) responsabilidad; **eigenwillig** *adj* individualista
eignen *vr* ◇ **sich ~** (*Person*) ser apto; (*Sache*) ser apropiado (*für, zu* para); **Eignung** *f* aptitud *f*
Eilbote *m:* ◇ **per ~n** expreso; **Eilbrief** *m* carta *f* urgente; **Eile** *f* ‹-› prisa *f;* ◇ **in ~ sein** tener prisa; **eilen** *vi* [1] ← *Mensch* darse prisa [2] ← *Arbeit* correr prisa; ◇ **es eilt** corre prisa; **eilends** *adv* de prisa; **Eilgut** *n* mercancías *m/pl* de gran velocidad, carga *f* privilegiada; **eilig** *adj* [1] ↑ *schnell* rápido; ◇ **es ~ haben** tener prisa [2] ↑ *dringend* urgente; **Eilzug** *m* tren *m* de cercanías
Eimer *m* ‹-s, -› cubo *m; FAM* ◇ **alles ist im ~** se ha echado todo a perder
ein(e) I. *nr* uno; ◇ **es ist ~ Uhr** es la una; ◇ **ein Viertel** un cuarto; ◇ **~er Meinung sein** ser de la misma opinión II. *Artikel* (*unbestimmt*) un, una; ◇ **~e Familie** una famila; *FAM* ◇ **~en heben** empinar el codo; ◇ **~ jeder** cada uno III. *adv:* ◇ **nicht ~ noch aus wissen** no saber qué hacer; ◇ **bei jd-m ~ und aus gehen** frecuentar la casa de alguien; **eine(r, s)** *pron* uno, una; ◇ **~r von vielen** uno de muchos; ◇ **der/die/das ~** el uno, la una, lo uno

Einakter *m* obra *f* de un acto
einander *pron* mutuamente; ◇ **- helfen** ayudarse mutuamente
einarbeiten I. *vt* ↑ *instruieren* iniciar (*in akk* en) II. *vr* ◇ **sich -** iniciarse (*in akk* en)
einarmig *adj* manco
einäschern *vt* incinerar
einatmen *vti* inspirar, inhalar
einäugig *adj* tuerto
Einbahnstraße *f* calle *f* de dirección única
Einband *m, pl* ‹-bände› cubierta *f;* **einbändig** *adj* en un tomo
einbauen *vt* [1] ↑ *installieren* instalar; ↑ *montieren* montar; → *Schrank* empotrar [2] *FIG* ↑ *einfügen* insertar; **Einbaumöbel** *pl* muebles *m/pl* empotrables
einberufen *unreg vt* → *Sitzung* convocar; MIL llamar a filas; **Einberufung** *f* convocatoria *f;* MIL llamamiento *m* a filas
einbetten *vt* introducir (*in akk* en)
Einbettzimmer *n* habitación *f* individual
einbeziehen *unreg vt* incluir
einbiegen *unreg vi* doblar
einbilden *vr* imaginarse; ◇ **sich** *dat* **etw -** imaginarse algo; ◇ **sich** *dat* **etw auf sich -** creerse algo, presumir de; **Einbildung** *f* [1] ↑ *Vorstellung* imaginación *f* [2] ↑ *Phantasie* fantasía *f;* ↑ *irrige Vorstellung* ilusión *f* [3] ↑ *Dünkel* presunción *f;* **Einbildungskraft** *f* imaginación *f,* fantasía *f*
einbinden *unreg vt* [1] → *Buch* encuadernar [2] ↑ *einbeziehen* incluir (*in akk* en); **Einbindung** *f* *FIG* inclusión (*in akk* en)
einblenden *vt* MEDIA → *Bericht* insertar, intercalar
Einblick *m* [1] (*in Raum*) vistazo *m* [2] *FIG* ◇ **- in die Akten bekommen** echar un vistazo en los documentos [3] ↑ *Überblick* idea *f* general
einbrechen *unreg vi* [1] (*in Gebäude*) irrumpir, entrar; (MIL *in Land*) invadir (*in akk* en) [2] ← *Nacht* caer; ← *Winter* entrar [3] ← *Eis* romperse; **Einbrecher(in** *f*) *m* ‹-s, -› ladrón(-ona *f*) *m*
einbringen *unreg* I. *vt* [1] → *Ernte* recoger; → *Geld* aportar; → *Nutzen* rentar; ◇ **das hat mir viel eingebracht** esto me ha rentado mucho; ◇ **das bringt nichts ein** no da mucho de sí [2] → *Gesetzesantrag* presentar [3] → *Verlust* compensar II. *vr* ◇ **sich -** ↑ *sich engagieren* comprometerse
einbrocken *vt FAM*: ◇ **sich** *dat* **etw -** meterse en un lío
Einbruch *m* [1] (*in Geschäft*) irrupción *f;* (MIL *in Land*) invasión *f* [2] (*der Nacht*) caída *f;* METEO llegada *f;* ◇ **bei - der Nacht** al anochecer; **einbruchssicher** *adj* antirrobo
Einbuchtung *f* ensenada *f*
einbürgern I. *vt* → *jd-n* naturalizar; → *Fremdwort* introducir II. *vr* ◇ **sich -** ← *Gewohnheit* generalizarse; ◇ **das hat sich so eingebürgert** esto ya se ha generalizado
Einbuße *f* pérdida *f;* **einbüßen** *vt* perder
einchecken *vt* AERO facturar
eindämmen contener; → *Fluß* encauzar
eindecken *vtr* ◇ **sich -** abastecerse (*mit* de)
eindeutig *adj* claro , evidente, inconfundible
eindringen *unreg vi* [1] ↑ *sich Zutritt verschaffen* irrumpir (*in akk* en) [2] (*in Gebäude*) entrar [3] (MIL *in Land*) invadir [4] ← *Gas, Wasser* filtrarse (*in akk* en) [5] (*mit Fragen*) insistir (*auf jd-n* a alguien) [6] ↑ *erforschen* adentrarse; ◇ **in die Geheimnisse der Natur -** adentrarse en los secretos de la naturaleza
eindringlich *adj* insistente; ◇ **- auf etw** *akk* **hinweisen** hacer incapié en algo; **Eindringling** *m* intruso *m;* MIL invasor *m*
Eindruck *m, pl* ‹-drücke› [1] impresión *f;* ◇ **e-en guten - machen** causar buena impresión [2] ↑ *Spur* huella *f;* **eindrucksvoll** *adj* impresionante
eineiig *adj* ▷*Zwillinge* univitelino
eineinhalb *nr* uno y medio
einengen *vt* ↑ *begrenzen* limitar; *FIG* → *Begriff* restringir
einerlei *adj inv* [1] ↑ *egal* igual; ◇ **es ist mir -** me da igual [2] ↑ *gleichartig* de la misma clase; **Einerlei** *n* ‹-s› monotonía *f;* ◇ **immer dasselbe -** siempre la misma rutina
einerseits *adv* por un lado
einfach I. *adj* [1] ▷*Lebensweise* modesto [2] ▷*Kleidung* sencillo, simple [3] ▷*Mensch* sencillo; ▷*Rechnung* fácil, sencillo [4] ◇ **e-e -e Fahrkarte** billete de ida II. *adv* sencillamente III. *Partikel:* ◇ **- toll!** ¡sencillamente genial!; **Einfachheit** *f* [1] ↑ *Schlichtheit* modestia *f* [2] ↑ *Leichtigkeit* sencillez *f*
einfädeln *vt* [1] → *Faden* enhebrar [2] *FIG* ↑ *anbahnen* abrirse paso; ◇ **etw schlau -** tramar algo
einfahren *unreg* I. *vt* [1] → *Ernte* recoger [2] → *Auto* rodar [3] → *Barriere* chocar contra II. *vi* [1] ← *Zug* llegar [2] MIN bajar a la mina III. *vr* ◇ **sich -** ← *Gewohnheit* pegarse a; **Einfahrt** *f* [1] (*Garagen~*) entrada *f* [2] (*in Bahnhof*) llegada *f* [3] MIN bajada *f*
Einfall *m* [1] ↑ *Idee* ocurrencia *f,* idea *f* [2] ↑ *Lichteinfall* incidencia *f* [3] MIL Invasion *f;* **einfallen** *unreg vi* [1] ← *Haus* derrumbarse [2] ← *Licht* incidir (*in akk* en) [3] MIL invadir [4] ↑ *in den Sinn kommen* ocurrirse algo; ◇ **etw fällt jd-m ein** se le ha

ocurrido algo; ◇ **das fällt mir gar nicht ein** ¡ni soñarlo!; ◇ **laß dir was** ~ ¡se te tiene que ocurrir algo!; **einfältig** *adj* inocente; ingenuo; simple

Einfamilienhaus *n* chalé *m* [para una familia]

einfangen *unreg vt* [1] → *Tier* coger, capturar [2] *FIG* → *Stimmung* captar

einfarbig *adj* unicolor; ▷*Stoff* liso

einfassen *vt* → *Stoff* ribetear; → *Grundstück* cercar; **Einfassung** *f* ribete *m*

einfetten *vt* engrasar

einfinden *unreg vr* ◇ **sich** ~ acudir, personarse, llegar

einfliegen *unreg vt* entrar

einfließen *unreg vi* [1] correr, fluir [2] *FIG* ◇ **etw** ~ **lassen** mencionar algo de paso

einflößen *vt:* ◇ **jd-m etw** ~ dar, administrar algo a alguien [1] → *Flüssigkeit* dar de beber [2] *FIG* infundir, dar; ◇ **jd-m Angst** ~ infundir miedo a alguien

Einfluß *m* influencia *f;* poder *m* (*auf akk* sobre); **einflußreich** *adj* influyente

einförmig *adj* monótono; **Einförmigkeit** *f* monotonía *f*

einfrieren *unreg* **I.** *vt* [1] → *Lebensmittel* congelar **II.** *vi* [1] ↑ *1* ← *Wasserleitung* helarse [2] *FAM* ← *Gelder* bloquear

einfügen I. *vt* [1] ↑ *einschieben* intercalar [2] ↑ *hinzufügen* añadir **II.** *vr* ◇ **sich** ~ adaptarse (*in akk* a)

Einfühlung *f* comprensión *f*

Einfuhr *f* ⟨-⟩ importación *f;* **Einfuhrartikel** *m* artículo *m* de importación; **Einfuhrbeschränkungen** *f/pl* barreras *f/pl* aduaneras

einführen *vt* [1] → *Ware* importar [2] → *Mensch* presentar [3] → *Neuerung* introducir, lanzar [4] ↑ *einarbeiten* iniciar [5] ↑ *hineintun* meter, introducir (*in akk* en); **Einführung** *f* [1] introducción *f* (*in akk* en, a) [2] iniciación *f* (*in akk* en) [3] (*von Mensch*) presentación *f;* (*von Neuerung*) introducción *f*, lanzamiento *m;* **Einführungspreis** *m* precio *m* de lanzamiento

Eingabe *f* [1] (PC *Daten~*) entrada *f* [2] ↑ *Gesuch* solicitud *f;* ↑ *Bitte* petición *f;* **Eingabetaste** *f* PC tecla *f* de entrada

Eingang *m* [1] entrada *f* [2] COMM llegada *f;* **eingangs** *adv, präp gen* al principio; ◇ **wie** ~ **erwähnt** como ya hemos mencionado; **Eingangsbestätigung** *f* COMM acuse *m* de recibo; **Eingangshalle** *f* vestíbulo *m*

eingeben *unreg vt* [1] → *Medizin* dar, administrar [2] PC introducir; ◇ **Daten** ~ introducir datos [3] → *Ideen* sugerir

eingebildet *adj* [1] imaginario; ◇ **der ~e Kranke** el supuesto enfermo [2] ↑ *arrogant* engreído, arrogante

Eingeborene(r) *fm* aborigen *m/f,* indígeno/a

Eingebung *f* inspiración *f,* ocurrencia *f*

eingefallen *adj* hundido, demacrado

eingefleischt *adj* empedernido; ◇ **~er Junggeselle** eterno soltero

eingehen *unreg* **I.** *vi* [1] ← *Post* llegar; ← *Sendung* recibir, llegar [2] ◇ **auf jd-n** ~ ocuparse de alguien [3] ◇ **das geht mir ein** lo comprendo [4] ← *Tier* extinguirse; ← *Pflanze* secarse, morirse; ← *Firma* cerrar, disolverse [5] ← *Stoff* encoger **II.** *vt* [1] → *Wette* hacer [2] → *Risiko* correr; **eingehend** *adj* minucioso, detallado

eingelegt *adj* [1] ▷*Arbeit* de marquetería [2] GASTR en salsa

Eingemachte(s) *n* ↑ *Marmelade* conservas *f/pl;* *FIG* ◇ **ans** ~ **gehen** gastar las reservas

eingemeinden *vt* incorporar

eingenommen *adj:* ◇ **für/gegen jd-n/etw** ~ **sein** estar a favor/en contra de alguien/de algo; ◇ **von sich** ~ **sein** estar seguro de sí mismo, ser engreído

eingeschrieben *adj* (*an Uni*) matriculado; ▷*Brief* certificado

eingespielt *adj:* ◇ **aufeinander** ~ **sein** estar muy compenetrados

Eingeständnis *n* confesión *f*

eingestehen *unreg vt* confesar; reconocer; ◇ **jd-m etw** ~ confesar algo a alguien

eingetragen *adj* COMM registrado

Eingeweide *pl* intestinos *m/pl,* tripas *f/pl*

Eingeweihte(r) *fm* conocedor(a *f*) *m,* experto/a

eingewöhnen *vr* ◇ **sich** ~ acostumbrarse a, adaptarse

eingießen *unreg vt* servir, echar

eingleisig *adj* [1] BAHN ↑ *einspurig* de vía única [2] *FIG* ▷*Denken* cerrado

eingliedern *vt* incorporar

eingraben *unreg* **I.** *vt* ↑ *vergraben* enterrar **II.** *vr* ◇ **sich** ~ [1] enterrarse [2] (*FIG ins Gedächtnis*) grabarse

eingreifen *unreg vi* (*in Streit*) meterse (*in akk* en), intervenir (*in akk* en); **Eingriff** *m* [1] ↑ *Einmischung* intrusión *f*, intromisión *f;* ▷*militärisch* intervención *f* [2] MED operación *f*, intervención *f* quirúrgica

einhaken I. *vt* colgar (*in akk* en, de) **II.** *vr FAM:* ◇ **sich bei jd-m** ~ ir del brazo **III.** *vi* (*bei Gespräch*) intervenir, interrumpir

Einhalt *m:* ◇ **jd-m/etw** ~ **gebieten** contener a alguien, poner término a algo; **einhalten** *unreg vt* [1] → *Gesetz* respetar, observar [2] → *Termin* cumplir

einhändig *adj* manco

einhängen *vt* [1] colgar [2] → *Telefon* colgar [3]

colgarse del brazo; ◇ **sich bei jd-m** ~ colgarse del brazo de alguien

einheimisch *adj* [1] ▷*Person* nativo, nacido [en] [2] ▷*Produkt* nacional, del país

Einheit *f* [1] unidad *f;* conjunto *m;* ◇ **die deutsche** ~ la unidad alemana [2] (*Telefon-*) paso *m;* (*Währungs-*) unidad [monetaria] *m* [3] MIL unidad *f;* **einheitlich** *adj* [1] ▷*Kleidung* uniformado [2] ▷*Struktur* unificado; **Einheitspartei** *f* partido *m* único; **Einheitspreis** *m* precio *m* único

einhellig *adj, adv* unánime

einholen *vt* [1] alcanzar [2] → *Verspätung* recuperar [3] → *Tau* recoger [4] → *Fahne* arriar [5] → *Erlaubnis* pedir

Einhorn *n* unicornio *m*

einhundert *nr* cien

einig *adj* [1] ↑ *vereint* unido [2] ↑ *gleichgesinnt* de acuerdo; ◇ **sich** *dat* ~ **sein** estar de acuerdo (*über akk* sobre); ◇ **sich** *dat* ~ **werden** ponerse de acuerdo [con alguien]

einige(r, s) I. *pron* [1] ↑ *ein paar* unos, algunos [2] ↑ *mehrere* varios *m/pl* II. *adj* [1] ↑ *ein paar* unos, algunos; ◇ ~ **Leute** algunas personas [2] ↑ *mehrere* varios *m/pl;* ◇ **ich habe es** ~ **Male versucht** lo he intentado varias veces [3] ↑ *ziemlich viel* ◇ ~**e Erfahrung** bastante experiencia; **einigemal**[e] *adv* algunas veces

einigen I. *vt* unir II. *vr* ◇ **sich** ~ ponerse de acuerdo (*über akk* sobre)

einigermaßen *adv* [1] bastante [2] ↑ *erträglich* hasta cierto punto; ◇ **es geht mir** ~ me va bien [hasta cierto punto]

einiges *pron* [1] ↑ *manches* algunas cosas [2] ↑ *ziemlich viel* bastante

Einigkeit *f* [1] unión *f* [2] ↑ *Übereinstimmung* acuerdo *m* [3] POL unidad *f;* **Einigung** *f* [1] JURA acuerdo *m* [2] (*von Volk*) unión *f*

einjährig *adj* [1] ▷*Kind* de un año [2] BIOL ▷*Pflanze* anual

einkalkulieren *vt* incluir en el cálculo

einkassieren *vt* cobrar

Einkauf *m* compra *f;* **einkaufen** I. *vt* → *Waren* comprar; SPORT → *Spieler* incorporar, adquirir II. *vi* hacer compras; **Einkaufsbummel** *m:* ◇ **e-n** ~ **machen** ir de tiendas; **Einkaufspreis** *m* precio *m* de compra; **Einkaufstasche** *f* bolsa *f* de la compra; **Einkaufswagen** *m* carrito *m* de la compra; **Einkaufszentrum** *n* centro *m* comercial

einkehren *vi* ir [en un restaurante]

einkellern *vt* almacenar en la bodega

einkesseln *vt* copar, rodear

einklammern *vt* poner entre paréntesis

Einklang *m* armonía *f;* ◇ **sich im** ~ **befinden** estar en armonía

einkleiden *vt* vestir

einklemmen *vt* pillar; ◇ **sich** *dat* **die Finger** ~ pillarse los dedos

einknicken I. *vt* → *Papier* → *Arm* doblar II. *vi* doblarse

einkochen *vt* preparar [para hacer conservas]; → *Marmelade* hacer confitura

Einkommen *n* ⟨-s, -⟩ ingresos *m/pl,* renta *f;* ◇ **festes** ~ ingresos fijos; **Einkommensteuer** *f* impuesto *m* sobre la renta

einkreisen *vt* [1] marcar en un círculo [2] MIL cercar; *FIG* → *Problem* llegar al punto clave

Einkünfte *pl* ingresos *m/pl*

einladen *unreg vt* [1] (*in Wagen*) cargar [2] → *jd-n* invitar; ◇ **zu sich nach Hause** ~ invitar a su casa [3] (*zu Getränk*) convidar (*zu akk* a); **Einladung** *f* invitación *f* (*zu* a)

Einlage *f* [1] GASTR guarnición *f;* (*Schuh-*) plantilla *f;* (*Zahn-*) empaste *m* provisional [2] (*Spar-*) depósito *m;* (*Kapital-*) aportación *f* [3] ▷*musikalisch, komisch* intermedio *m;* **einlagern** *vt* almacenar

Einlaß *m* ⟨Einlasses, Einlässe⟩ entrada *f;* admisión *f;* ◇ ~ **begehren** solicitar admisión; **einlassen** *unreg* I. *vt* [1] ↑ *Eintritt gewähren* dejar entrar [2] → *Wasser* dejar correr II. *vr* [1] relacionarse; ◇ **sich mit jd-m** ~ relacionarse con alguien [2] ◇ **sich auf etw** *akk* ~ estar involucrado en algo; *PEJ* meterse en un lío

Einlauf *m* [1] (*von Briefen*) entrada *f* [2] SPORT llegada *f* [3] MED lavativa *f;* **einlaufen** *unreg* I. *vi* [1] ↑ *ankommen* llegar; (*in Hafen*) entrar; SPORT llegar [2] ← *Wasser* correr [3] (*Stoff*) encoger[se] II. *vt* → *Schuhe* ensanchar III. *vr* ◇ **sich** ~ → *Motor, Maschine,* SPORT calentarse

einleben *vr* ◇ **sich** ~ adaptarse a, aclimatizarse a

Einlegearbeit *f* incrustación *f*

einlegen *vt* [1] poner; → *Kassette* meter; → *Film* cargar [2] GASTR poner en salsa [3] → *Pause* hacer; ◇ **Protest** ~ protestar; ◇ **Veto/Widerspruch** ~ poner el veto; ◇ **Beschwerde** ~ quejarse; ◇ **ein gutes Wort bei jd-m** ~ interceder en favor de alguien

einleiten *vt* [1] → *Buch* hacer el prólogo [2] → *Feier* comenzar, iniciar; → *Neuerungen* iniciar [3] MED → *Geburt* provocar [4] → *Wasser* dejar correr; **Einleitung** *f* [1] (*von Rede*) introducción *f* [2] (*von Buch*) prólogo *m* [3] (*von Veranstaltung*) apertura *f,* comienzo *m* [4] MUS preludio *m*

einleuchten *vi FIG* convencer; ◇ **das leuchtet mir ein** esto me convence; **einleuchtend** *adj* comprensible, convincente

einliefern *vt* [1] ↑ *abgeben* entregar [2] ↑ *bringen* llevar; ◊ **jd-n ins Krankenhaus** ~ ingresar a alguien en el hospital; **Einlieferungsschein** *m* resguardo *m*

einlösen *vt* [1] → *Scheck* hacer efectivo, cobrar [2] → *Wechsel* pagar [3] → *Pfand* devolver [4] *FIG* ↑ *erfüllen* → *Versprechen* cumplir

einmachen *vt* poner en conserva

einmal *adv* [1] una vez; ◊ **etw noch ~ tun** hacer algo otra vez [2] ↑ *früher* antes; ◊ **es war ~** érase una vez [3] ↑ *e-s Tages* algún día; ◊ **irgendwann ~** algún día más adelante [4] ◊ **auf ~** de una vez; de repente; a la vez [5] ◊ **erst ~** en primer lugar; ◊ **nehmen wir ~ an …** partamos del supuesto de que … *+subj* [6] ◊ **nicht ~** ni una vez, ni siquiera; **Einmaleins** *n* tabla *f* de multiplicar

einmalig *adj* [1] ▷*Gelegenheit* único; ◊ **ein ~iger Versuch** un único intento [2] ▷*Leistung* extraordinario; ◊ **das ist ja ~!** ¡es extraordinario!

Einmannbetrieb *m* empresa *f* compuesta por una sola persona; **Einmannbus** *m* autobús *m* sin cobrador

Einmarsch *m* [1] (MIL *in Land*) invasión *f* [2] *FIG* entrada *f;* **einmarschieren** *vi* [1] MIL invadir [2] entrar en

einmischen *vr* ◊ **sich ~** mezclarse; ↑ *eingreifen* intervenir (*in akk* en)

einmumme[l]n *vr* ◊ **sich ~** *FAM* abrigarse bien

einmünden *vi* ← *Fluß* desembocar (*in akk* en); ← *Straße* dar (*in akk* a)

einmütig *adj* unánime

Einnahme *f* ‹-, -n› [1] (*von Geld*) ingreso *m;* ◊ **~n *pl* und Ausgaben** ingresos y gastos [2] (*von Medizin*) toma *f* [3] MIL conquista *f;* **Einnahmequelle** *f* fuente *f* de ingresos

einnehmen *unreg vt* [1] → *Geld* ganar [2] → *Medizin* tomar; → *Essen* comer [3] → *Platz* ocupar; MIL ocupar, tomar [4] → *Amt* ocupar; → *Haltung* adoptar [5] *FIG* ◊ **jd-n für sich ~** ganarse/granjearse las simpatías de alguien; **einnehmend** *adj* simpático, atractivo

einnisten *vr* ◊ **sich ~** [1] ← *Vogel* anidar [2] *FIG* ↑ *einquartieren* establecerse (*bei* en)

Einöde *f* desierto *m;* soledad *f*

einordnen I. *vt* → *Buch* ordenar, colocar; → *Karteikarte* clasificar (*in akk* en) **II.** *vr* ◊ **sich ~** [1] (*in Gemeinschaft*) adaptarse a, integrarse a [2] AUTO colocarse en un carril; ◊ **sich links ~** colocarse en el carril de la izquierda

einpacken I. *vt* [1] (*für Reise*) hacer las maletas [2] (*in Geschenkpapier*) envolver (*in akk* en) **II.** *vi* *FAM*: ◊ **damit kann er ~** lo mejor sería que se marchara

einparken *vt* AUTO aparcar

einpendeln *vr* ◊ **sich ~** estabilizarse; equilibrarse

einpferchen *vt* [1] → *Vieh* acorralar [2] (*FAM in engem Raum*) meter muchas personas en un lugar muy reducido

einpflanzen *vt* [1] → *Pflanze* plantar [2] MED implantar

einplanen *vt* tener en cuenta

einprägen *vt* [1] → *Muster* estampar [2] ↑ *einschärfen* inculcar; ◊ **jd-m etw ~** inculcar algo a alguien [3] ◊ **sich *dat* etw ~** grabarse algo [en la memoria]; **einprägsam** *adj* ▷*Gedicht* fácil de aprender; ▷*Melodie* pegadizo

einquartieren I. *vt* alojar **II.** *vr* ◊ **sich ~** alojarse (*bei* en)

einrahmen *vt* [1] → *Bild* enmarcar [2] *FIG* → *Gesicht* rodear

einrasten *vi* [1] ← *Verschluß, Halterung* cerrar, encajar [2] *FAM* picarse, mosquearse

einräumen *vt* [1] → *Möbel* colocar [2] → *Wohnung* amueblar; → *Schrank* meter en [3] *FIG* → *Recht* conceder

einrechnen *vt* [1] incluir en la cuenta [2] ↑ *berücksichtigen* tener en cuenta

einreden I. *vt* [1] hacer creer; ◊ **jd-m etw ~** hacer creer algo a alguien [2] ◊ **sich *dat* etw ~** engañarse con algo **II.** *vi:* ◊ **auf jd-n ~** persuadir a alguien [de algo]

einreiben *unreg vt* frotar, extender

einreichen *vt* [1] → *Antrag* entregar; → *Gesuch* presentar [2] → *Entlassung* solicitar

Einreise *f* entrada *f;* **Einreisebestimmungen** *f/pl* condiciones *f/pl* de entrada en un país; **einreisen** *vi* entrar; ◊ **in die Schweiz ~** entrar en Suiza; **Einreisevisum** *n* visado *m* [de entrada]

einreißen *unreg* **I.** *vt* [1] → *Papier, Stoff* rasgar [2] → *Gebäude* derribar **II.** *vi* *FAM* ↑ *sich einbürgern* extenderse, generalizarse; ◊ **das wollen wir nicht ~ lassen** no queremos dejar que se extienda

einrichten I. *vt* [1] → *Wohnung* amueblar, decorar [2] → *Filiale* establecer; fundar [3] ↑ *arrangieren* arreglar [4] ↑ *bewerkstelligen* hacer, lograr, llevar a cabo; ◊ **kannst du es ~, daß …** ¿puedes hacer que …? [5] MED ↑ *geraderichten* → *Knochen* colocar, enderezar **II.** *vr* ◊ **sich ~** [1] (*in Wohnung*) poner la casa/el piso; ◊ **sich häuslich ~** hacer la casa/el piso acogedor [2] ↑ *sich anpassen* acostumbrarse (*auf akk* a) [3] ↑ *sich vorbereiten* prepararse (*auf akk* para); **Einrichtung** *f* [1] ↑ *Mobiliar* mobiliario *m* [2] ↑ *Institution* institución *f*, organización *f;* ◊ **die Kinderhorte sind**

e-e wichtige ~ las guarderías infantiles son instituciones importantes [3] ↑ *Eröffnung* apertura *f*
einrosten *vi* oxidarse
einrücken I. *vi* [1] MIL ← *Soldat* alistarse [2] MIL ↑ *einmarschieren* entrar en, invadir II. *vt* TYP sangrar
eins I. *nr* [1] uno [2] SCH ↑ *sehr gut* diez *m*, sobresaliente *m* II. *adv* [1] ◇ **wir sind uns** ~ estamos de acuerdo [2] ◇ **das ist doch alles** ~ es todo lo mismo [3] ◇ ~ **sein** ser un todo [4] ◇ ~ **muß noch gesagt werden** hay todavía una cosa más que decir; ◇ **jd-m** ~ **auswischen** jugar a alguien una mala pasada
einsalzen *vt* salar
einsam *adj* [1] ▷*Mensch* solo, solitario; ◇ **sich** ~ **fühlen** sentirse solo [2] ▷*Haus* aislado [3] *FAM* ◇ ~**e Klasse!** ¡sencillamente genial!; **Einsamkeit** *f* [1] soledad *f* [2] aislamiento *m*
einsammeln *vt* recoger; → *Geld* recaudar
Einsatz *m* [1] (*Topf-*) pieza *f* adicional; (*Kragen-*) pechera *f* [2] (*Wett-*) apuesta *f* [3] MUS entrada *f* [4] ↑ *Verwendung* uso *f*, empleo *m;* MIL ataque *m* [5] ◇ **unter** ~ **des Lebens** arriesgando su vida; **einsatzbereit** *adj* disponible
einschalten I. *vt* [1] ELECTR encender, dar [2] ↑ *hinzuziehen* avisar, informar; → *Anwalt* recurrir a [3] ↑ *einfügen* insertar; → *Pause* hacer II. *vr* ◇ **sich** ~ intervenir (*in akk* en)
einschärfen *vt* inculcar; ◇ **jd-m etw** inculcar algo a alguien
einschätzen I. *vt* [1] → *Vermögen* calcular, tasar [2] → *Fähigkeiten* valorar [3] → *Lage* estimar II. *vr* ◇ **sich** ~ valorarse, estimarse
einschenken *vt* servir [bebida]
einscheren *vi* colocarse en un carril
einschicken *vt* enviar
einschieben *unreg vt* [1] (*in Ofen*) meter, introducir [2] → *Bemerkung* intercalar
einschiffen I. *vt* embarcar II. *vr* ◇ **sich** ~ embarcarse
einschlafen *unreg vi* dormirse, quedarse dormido; **einschläfernd** *adj* [1] ↑ *eintönig* monótono [2] MED soporífero
Einschlag *m* [1] (*von Geschoß*) impacto *m* [2] (*Blitz-*) caída *f* [3] ↑ *Saum* dobladilo *m* [4] AUTO giro *m* [5] (*von Bäumen*) tala *f* [6] *FIG* ↑ *Merkmal* rasgo *m;* ◇ **asiatischer** ~ rasgos asiáticos; **einschlagen** *unreg* I. *vt* [1] ↑ *kaputtschlagen* estropear [2] → *Fenster* romper [3] → *Zähne, Schädel* partirse [4] → *Nagel* clavar [5] → *Steuer* girar [6] → *Weg* tomar [7] → *Saum* doblar [8] → *Ware* envolver II. *vi* [1] ← *Blitz* caer (*in etw akk* en) [2] dar una paliza, pegar, golpear (*auf jd-n* a alguien) [3] ← *Schallplatte, Lied* tener buena acogida; tener éxito; ◇ **wie der Blitz** ~ venir de sopetón/ sorpresa
einschlägig *adj* clásico, básico
einschleichen *unreg vr* ◇ **sich** ~ [1] (*in Haus*) entrar sigilosamente [2] ← *Fehler* colarse [3] ← *Gewohnheit* introducirse; ◇ **sich in jd-s Vertrauen** ~ insinuarse en la confianza de alguien
einschließen *unreg vt* [1] → *jd-n* encerrar [2] → *Gegenstand* guardar [3] ◇ **die Bergleute sind eingeschlossen** los mineros se han quedado atrapados [4] ↑ *umzingeln* rodear, cercar; MIL → *Stadt* rodear [5] *FIG* ↑ *enthalten* contener; ↑ *einbeziehen* incluir; **einschließlich** I. *adv* inclusive; ◇ **bis 31. Juli** ~ hasta el 31 de julio inclusive II. *präp gen* incluso; ◇ ~ **Trinkgeld** incluso propinas
einschmeicheln *vr* ◇ **sich** ~ hacerse el simpático (*bei* con)
einschmuggeln pasar de contrabando
einschnappen *vi* [1] ← *Schloß* cerrarse [de golpe] [2] *FAM* ↑ *beleidigt sein* enfadarse, picarse; ◇ **eingeschnappt sein** estar picado
einschneidend *adj* ▷*Maßnahme* radical, drástico
Einschnitt *m* [1] (*in Papier, Stoff*) corte *m;* MED incisión *f* [2] ↑ *Veränderung* momento *m* crítico
einschränken I. *vt* [1] → *Freiheit* coartar, restrigir [2] → *Kosten* reducir, restrigir [3] → *Behauptung* delimitar II. *vr* ◇ **sich** ~ reducir gastos, ahorrar; **Einschränkung** *f* [1] restricción *f* [2] reducción *f*, restricción *f* [3] ↑ *Vorbehalt* delimitación *f*
Einschreib[e]brief *m* carta *f* certificada
einschreiben *unreg* I. *vt* [1] (*in Liste*) inscribir [2] ◇ **e-n Brief** ~ **lassen** certificar una carta II. *vr* ◇ **sich** ~ inscribirse; SCH matricularse; **Einschreiben** *n* certificado *m;* **Einschreib[e]sendung** *f* envío *m* certificado
einschreiten *unreg vi* intervenir; ◇ **gegen etw/ jd-n** ~ tomar medidas contra algo/alguien
Einschub *m* ‹-s, Einschübe› inserción *f*
einschüchtern *vt* intimidar
Einschuß *m* orificio *m* de entrada de bala
einsehen *unreg vt* [1] ↑ *begreifen* comprender [2] → *Akten* examinar [3] → *Fehler* reconocer; **Einsehen** *n* ‹-s›: ◇ **ein** ~ **haben** ser comprensivo
einseifen *vt* enjabonar
einseitig *adj* [1] ▷*Lähmung* de un lado [2] ▷*Abrüstung* unilateral [3] ↑ *subjektiv* subjetivo; ◇ **etw** ~ **betrachten** observar algo de forma subjetiva [4] ◇ ~ **begabt** estar dotado para una cosa sola; **Einseitigkeit** *f* estrechez *f* de miras
einsenden *unreg vt* enviar; **Einsender(in** *f*) *m* remitente *m/f;* **Einsendung** *f* envío *m*
einsetzen I. *vt* [1] ↑ *installieren* colocar, poner [2] ↑ *ernennen* designar [3] → *Geld* apostar; →

Leben arriesgar [4] ↑ *verwenden* usar, emplear; MIL entrar en acción **II.** *vi* ← *Winter* comenzar, empezar; MUS entrar **III.** *vr* ◇ **sich** ~ interceder; ◇ **sich für jd-n** ~ interceder por alguien

Einsicht *f* [1] (*in Akten*) examen *m* [2] ↑ *Verstehen* comprensión *f;* ◇ **zu der ~ gelangen, daß ...** llegado al convencimiento de que ...; **einsichtig** *adj* [1] ▷*Mensch* comprensivo [2] ▷*Grund* razonable

Einsiedler(in *f*) *m* eremita *m/f;* **Einsiedlerkrebs** *m* FAUNA ermitaño *m*

einsilbig *adj* [1] ▷*Wort* monosilábico [2] *FIG* ▷*Mensch* taciturno, callado, reservado

einsinken *unreg vi* hundirse

einspannen *vt* [1] → *Blatt Papier* fijar [2] → *Pferde* enganchar [3] *FAM* ◇ **sehr eingespannt sein** estar muy ocupado

einspeisen *vt* → *Strom* alimentar

einsperren *vt* [1] (*in Raum*) encerrar [2] (*ins Gefängnis*) encarcelar

einspielen I. *vr* ◇ **sich** ~ [1] SPORT entrenarse, ponerse en forma [2] ← *Regelung* irse estableciendo; ◇ **aufeinander eingespielt sein** compenetrarse **II.** *vt* [1] → *Geld* producir beneficios/dinero; ◇ **der Film spielt Geld ein** la película produce beneficios [2] MUS ↑ *aufnehmen* gravar

einspringen *unreg vi* reemplazar (*für jd-n* a alguien)

einspritzen *vt* inyectar

Einspruch *m* [1] protesta *f;* veto *m* [2] JURA ↑ *Beschwerde* reclamación *f,* protesta *f;* ◇ **~ einlegen** suplicar/formular una protesta/objeción

einspurig *adj* BAHN de vía única

einst *adv* [1] antes, antiguamente [2] ↑ *später einmal* algún día

Einstand *m* [1] SPORT empate *m* [2] ↑ *Dienstantritt* entrada *f* en funciones

einstecken *vt* [1] (*in Tasche*) meter; ELECTR enchufar [2] → *Brief* echar [3] ↑ *mitnehmen* llevar [4] *FAM* → *Profit* llevarse [5] *FIG* → *Beleidigung* tragar; → *Prügel* aguantar

einstehen *unreg vi* [1] ↑ *eintreten* hacerse responsable (*für* de) [2] ↑ *geradestehen* encargarse de, responder (*für* de)

einsteigen *unreg vi* [1] (*in Fahrzeug*) subir a; (*in Schiff*) embarcar [2] ↑ *sich beteiligen* tomar parte; (*in Politik*) participar

einstellen I. *vti* [1] ↑ *hinstellen* poner, colocar [2] → *Mitarbeiter* dar trabajo a, contratar [3] → *Kamera* enfocar; → *Sender* sintonizar [4] ↑ *beenden,* JURA sobreseer, suprimir; → *Produktion* suspender; ◇ **bitte das Rauchen** ~ apaguen sus cigarrillos, por favor [5] *FIG* ↑ *abstimmen* preparar algo para algo/alguien **II.** *vr:* ◇ **sich auf etw** *akk* ~ [1] ↑ *sich vorbereiten* hacerse a la idea de hacer algo [2] ↑ *sich richten nach* adaptarse; ◇ **sich auf Bedürfnisse** ~ adaptarse a las necesidades [3] ← *Sommer* llegar; ← *Besucher* venir; **Einstellung** *f* [1] (*von Möbel*) colocación *f;* (*von Auto*) posición *f* [2] (*von Arbeiter*) contratación *f,* colocación *f* [3] ↑ *Beendigung,* JURA sobreseimiento *m;* (*von Zahlungen*) suspensión *f* [4] (*von Radio*) sintonización *f;* (*von Kamera*) enfoque *m* [5] *FIG* ↑ *Haltung* actitud *f;* ◇ **positive Lebens~** actitud positiva ante la vida

Einstieg *f* <-[e]s, -e> [1] (*von Bus, Zug*) entrada *f* [2] *FIG* (*zu Thema*) introducción *f*

einstimmen I. *vi* [1] (*in Lied*) cantar a coro; (*in Gelächter*) reír a la vez; (*in Geschrei*) gritar a la vez [2] *FIG* ↑ *zustimmen* estar de acuerdo **II.** *vt* MUS → *Instrumente* afinar **III.** *vr* ◇ **sich** ~ ponerse (*auf akk* a); **einstimmig** *adj* [1] unánime [2] MUS de una voz; **Einstimmigkeit** *f* unanimidad *f*

einstmals *adv* antes, antiguamente

einstöckig *adj* de un piso

einstudieren *vt* [1] → *Lied* ensayar [2] (*Rolle*) estudiar

einstündig *adj* de una hora

einstürmen *vi* [1] ◇ **auf jd-n** ~ abalanzarse sobre alguien [2] *FIG* ← *Eindrücke* agolparse

Einsturz *m* derrumbamiento *m,* hundimiento *m;* **Einsturzgefahr** *f* peligro *m,* casa en ruinas; **einstürzen** *vi* derrumbarse; hundirse

einstweilen *adv* [1] ↑ *inzwischen* entretanto [2] ↑ *zunächst einmal* por ahora; **einstweilig** *adj* provisional, temporal; JURA ◇ **~e Verfügung** resolución provisional

eintägig *adj* de un día

eintauchen I. *vt* mojar **II.** *vi* bucear

eintauschen *vt* cambiar, canjear (*gegen* por)

eintausend *nr* mil

einteilen *vt* [1] → *Vorräte* racionar; → *Zeit* distribuir; ◇ **sich etw** ~ repartirse algo [2] ↑ *gliedern* → *Buch* dividir [3] → *Personen* agrupar

einteilig *adj* de una pieza

Einteilung *f* división *f,* clasificación *f*

eintönig *adj* [1] ▷*Dasein* monótono [2] ▷*Landschaft* uniforme; **Eintönigkeit** *f* [1] (*von Unterhaltung*) monotonía *f* [2] (*von Landschaft*) uniformidad *f*

Eintopf *m* puchero *m;* **Eintopfgericht** *n* GASTR cocido *m*

Eintracht *f* <-> armonía *f;* ◇ **in ~ leben** vivir en armonía; **einträchtig** *adj* en armonía

Eintrag *m* <-[e]s, Einträge> COMM registro *m;* ◇ **amtlicher** ~ empadronamiento *m;* **eintragen** *unreg* **I.** *vt* [1] (*in Liste*) inscribir (*in akk* en) [2] → *Profit* producir; → *Anerkennung* reconocer; ◇

jd-m etw ~ producir algo a alguien **II.** *vr* ◇ **sich ~** inscribirse (*in akk* en); **einträglich** *adj* lucrativo, productivo

eintreffen *unreg vi* [1] ↑ *ankommen* llegar [2] ↑ *wahr werden* cumplirse

eintreten *unreg* **I.** *vi* [1] ↑ *hineingehen* entrar (*in etw akk* en); ◇ **treten Sie doch ein!** ¡pase! [2] ↑ *beitreten* ingresar en; (*in Verein*) hacerse socio de; (*in Partei*) afiliarse a [3] ↑ *sich ereignen* ← *Tod* producirse; ← *Ereignis* suceder [4] ↑ *dazukommen* (*in Krieg*) entrar en [5] ◇ **für jd-n ~** interceder por alguien **II.** *vt* → *Tür* derribar

Eintritt *m* [1] ↑ *Betreten* entrada *f* [2] ↑ *Beitritt* admisión *f* [3] ↑ *Beginn* comienzo *m* [4] ↑ *Eintrittsgeld* entrada *f;* **Eintrittspreis** *m* [precio de la] entrada *f;* **Eintrittskarte** *f* entrada *f*

eintrocknen *vi* secarse

einüben *vt* ensayar; → *Rolle* estudiar

einundzwanzig *nr* veintiuno

einverleiben *vt* incorporar a/en; → *Gebiet* anexionar; *FAM* ◇ **ich habe mir drei Tafeln Schokolade einverleibt** me tragué tres tabletas de chocolate

Einvernehmen *n* ‹-s, -› acuerdo *m*

einverstanden I. *interj* de acuerdo **II.** *adj:* ◇ **~ sein** estar de acuerdo; **Einverständnis** *n* [1] consentimiento *m* [2] ↑ *Übereinstimmung* acuerdo *m*

Einwand *m* ‹-[e]s, Einwände› objeción *f;* protesta *f;* ◇ **Einwände erheben** hacer objeciones a

Einwanderer *m* inmigrante *m;* **Einwand[r]erin** *f* inmigrante *f;* **einwandern** *vi* inmigrar; **Einwanderung** *f* inmigración *f*

einwandfrei *adj* [1] ▷*Ware* perfecto; ▷*Benehmen* correcto [2] ◇ **es steht ~ fest, daß ...** es indudable que ...

einwärts *adv* hacia adentro

Einwegflasche *f* botella *f* sin retorno

einweichen *vt* poner en remojo

einweihen *vt* [1] → *Museum* inaugurar; → *Tunnel* abrir [2] *FAM* → *Kleidung* estrenar [3] ◇ **jd-n in ein Geheimnis ~** contar a alguien un secreto, hacer partícipe a alguien de un secreto; **Einweihung** *f* inaguración *f*

einweisen *unreg vt* [1] (*in Amt*) instalar; (*in Aufgabe*) iniciar [2] (*in Anstalt*) ingresar [3] AUTO → *in Parklücke* dirigir, ayudar a aparcar; **Einweisung** *f* [1] instalación *f*, iniciación *f* [2] ↑ *Einlieferung* ingreso *m*

einwenden *unreg vt* oponerse (*gegen* a), hacer una objeción a algo

einwerfen *unreg vt* [1] → *Münze* meter, introducir; → *Brief* echar; SPORT poner en juego [2] → *Fenster* romper [3] *FIG* ↑ *bemerken* entremeter

einwertig *adj* univalente

einwickeln *vt* [1] ↑ *einpacken* envolver [2] *FAM* ↑ *übervorteilen* engatusar; ◇ **sich leicht ~ lassen** dejarse engatusar fácilmente

einwilligen *vi* consentir (*in akk* en); **Einwilligung** *f* consentimiento *m;* ◇ **seine ~ geben** dar su consentimiento

einwirken *vi* influir; ◇ **auf jd-n/etw ~** influir sobre alguien/algo

Einwohner(in *f*) *m* ‹-s, -› ↑ *-s, -* (*von Stadt*) habitante *m/f;* (*von Haus*) vecino/a; **Einwohnermeldeamt** *n* oficina *f* de empadronamiento; **Einwohnerschaft** *f* habitantes *m/pl*

Einwurf *m* [1] ↑ *Öffnung* (*~schlitz*) abertura *f* [2] (*von Briefkasten*) boca *f* de buzón [3] *FIG* ↑ *Zwischenbemerkung* observación *f* [4] SPORT saque *m* de banda

Einzahl *f* GRAM singular *m*

einzahlen *vt* ingresar; **Einzahlung** *f* ingreso *m*

einzäunen *vt* cercar, vallar

einzeichnen *vt* dibujar

Einzel *n* ‹-s, -› SPORT individual *m;* **Einzelbett** *n* cama *f* individual; **Einzelfall** *m* caso *m* aislado; **Einzelgänger(in** *f*) *m* solitario/a; **Einzelhandel** *m* comercio *m* al por menor; **Einzelhändler(in** *f*) *m* minorista *m;* **Einzelheit** *f* detalle *m;* ◇ **etw in allen ~en schildern** describir algo con todo lujo de detalles

einzeln I. *adj* [1] solo, único; ◇ **ein ~er Baum** un solo árbol [2] ↑ *isoliert* aislado; ◇ **der ~e Mensch** una persona aislada **II.** *adv* separado; ◇ **jede(r) ~e** cada uno por su lado; ◇ **~es** detalles *m/pl;* ◇ **bis ins ~e gehen** entrar en detalles; ◇ **etw im ~en besprechen** discutir algo punto por punto

Einzelteil *n* pieza *f* suelta; **Einzelzimmer** *n* habitación *f* individual

einziehen *unreg* **I.** *vt* [1] → *Kopf* doblar; → *Bauch* encoger; → *Fühler* recoger [2] → *Segel* arriar; → *Fahrgestell* recoger [3] → *Steuern* recaudar; → *Betrag* cobrar [4] → *Erkundigungen* pedir [5] MIL reclutar [6] → *Balken* atravesar; → *Decke* poner **II.** *vi* [1] (*in Wohnung*) instalarse [2] ← *Truppen* marchar [3] (*Friede*) volver [4] (← *Creme, in Haut*) penetrar

einzig *adj* [1] ▷*Kind* único, solo; ◇ **ein ~es Mal** una sola vez; ◇ **der/die ~e** el único/la única [2] ↑ *beispiellos* incomparable; ◇ **das war ~ gut** estuvo muy bien; **einzigartig** *adj* único; incomparable

Einzug *m* [1] (*in Wohnung*) entrada *f* [2] (*von Geld*) ingreso *m* [3] TYP sangría *f*

Eis *n* ‹-es, -› [1] hielo *m* [2] (*Speise~*) helado *m;* **Eisbahn** *f* pista *f* de hielo; **Eisbär** *m* oso *m*

blanco; **Eisberg** *m* iceberg *m;* **Eisbrecher** *m* rompehielos *m;* **Eisdecke** *f* capa *f* de hielo; **Eisdiele** *f* heladería *f*

Eisen *n* ‹-s, -› [1] hierro *m* [2] (*Bügel-*) plancha *f;* (*Huf-*) herradura *f* [3] MED hierro *m* [4] *FIG* ◇ **ein heißes** ~ un asunto *m* delicado

Eisenbahn *f* [1] ferrocarril *m* [2] *FAM* ◇ **es ist höchste** ~ ya es hora; **Eisenbahnnetz** *n* red *f* ferroviaria; **Eisenbahnschaffner(in** *f*) *m* revisor(a *f*) *m;* **Eisenbahnübergang** *m* paso *m* a nivel; **Eisenbahnwagen** *m* vagón *m*

Eisenerz *n* mineral *m* de hierro

Eisen- und Stahlindustrie *f* industria *f* siderúrgica

eisern *adj* [1] de hierro, metálico [2] *FIG* ↑ *stark, zäh* ▷*Gesundheit* de hierro; ▷*Energie* incansable; ▷*Disziplin* férreo, rígido [3] *FIG* ◇ **~e Reserve** última reserva

eisfrei *adj* sin hielo; **Eishockey** *n* hochey *m* sobre hielo; **eisig** *adj* [1] ▷*Kälte* helado [2] *FIG* ▷*Blick* frío; **eiskalt** *adj* helado; **Eiskunstlauf** *m* patinaje *m* artístico [sobre hielo]; **Eisläufer(in** *f*) *m* patinador(a *f*) *m;* **Eispickel** *m* piolet *m;* **Eisscholle** *f* témpano *m* de hielo; **Eisschrank** *m* congelador *m*, nevera *f;* **Eistüte** *f* helado *m* de cucurucho; **Eiszapfen** *m* carámbano *m;* **Eiszeit** *f* período *m* glacial

eitel *adj* vanidoso, engreído; **Eitelkeit** *f* vanidad *f*

Eiter *m* ‹-s› pus *m;* **eit[e]rig** *adj* purulento; **eitern** *vi* supurar

Eiweiß *n* ‹-es, -e› [1] clara *f* de huevo [2] CHEM proteína *f;* **Eizelle** *f* BIOL óvulo *m*

Ekel [1] *m* ‹-s› asco (*vor dat* a)

Ekel [2] *n* ‹-s, -› *FAM* tío *m* asqueroso

ekelerregend, **ekelhaft** asqueroso, repugnante; **ek[e]lig** *adj* asqueroso, repugnante; **ekeln I.** *vt* dar asco; ◇ **es ekelt jd-n** [*o.* **jd-m**] esto le da asco **II.** *vr* ◇ **sich** ~ dar asco algo, repugnar algo (*vor dat;* ◇ **sie ekelt sich vor Spinnen** le dan asco las arañas

Ekstase *f* ‹-, -n› éxtasis *m;* ◇ **in** ~ **geraten** entrar en éxtasis

Ekzem *n* ‹-s, -e› MED eczema *m*

Elan *m* ‹-s› energía *f;* ímpetu *m*

elastisch *adj* elástico; **Elastizität** *f* elasticidad *f*

Elch *m* ‹-[e]s, -e› alce *m*

Elefant *m* [1] FAUNA elefante *m* [2] *FAM* pato *m*

elegant *adj* [1] elegante [2] ↑ *gewandt* distinguido [3] ↑ *geschickt* inteligente; **Eleganz** *f* [1] elegancia *f* [2] ↑ *Gewandtheit* distinción *f*

Elektriker(in *f*) *m* ‹-s, -› electricista *m/f;* **elektrisch** *adj* eléctrico; **elektrisieren I.** *vt* [1] electrizar [2] *FIG* ↑ *begeistern* entusiasmar **II.** *vr* ◇ **sich** ~ electrizarse; **Elektrizität** *f* electricidad *f*

Elektrode *f* ‹-, -n› electrodo *m*

Elektroherd *m* cocina *f* eléctrica; **Elektrolyse** *f* ‹-, -n› electrólisis *f*

Elektron *n* ‹-s, -en› electrón *m;* **Elektonenmikroskop** *n* microscopio *m* electrónico; **Elektronenrechner** *m* calculadora *f* electrónica; **elektronisch** *adj* electrónico; ◇ **-e Datenverarbeitung** tratamiento [*o.* procesamiento] electrónico de datos

Elektrorasierer *m* ‹-s, -› maquinilla *f* de afeitar eléctica

Element *n* ‹-s, -e› [1] CHEM elemento *m* [2] ↑ *Bauteil* módulo *m* [3] ◇ **sie ist in ihrem** ~ está en su elemento

elementar *adj* [1] ↑ *grundlegend* fundamental [2] ↑ *primitiv* elemental; ◇ **mit ~er Kraft** con muchísima fuerza

elend *adj* [1] miserable; ◇ **sich** ~ **fühlen** sentirse muy mal [2] ↑ *armselig* pobre [3] ↑ *niederträchtig* miserable, ruin; **Elend** *n* ‹-[e]s› miseria *f;* necesidad *f;* **Elendsviertel** *n* barrios *m/pl* pobres, barriadas *f/pl*

elf *nr* once; **Elf** *f* ‹-, -en› SPORT equipo *m* de fútbol, el once *m*

Elfe *f* sílfide *f*

Elfenbein *n* marfil *m*

Elfmeter *m* SPORT penalti *m*

eliminieren *vt* eliminar

Elite *f* ‹-, -n› élite *f*, flor *f* y nata

Elixier *n* ‹-s, -e› elixir *m*

Ellbogen *m* [1] ANAT codo *m* [2] *FIG* ◇ **seine ~n gebrauchen** abrirse paso a codazos; **Ellbogengesellschaft** *f* sociedad *f* competitiva

Elle *f* ‹-, -n› [1] ANAT cúbito *m* [2] (*Maß*) vara *f*

Ellipse *f* ‹-, -n› [1] GRAM elipsis *f* [2] MATH elipse *f*

Elster *f* ‹-, -n› urraca *f*

elterlich *adj* de los padres, paterno; **Eltern** *pl* padres *m/pl;* **Elternabend** *m* reunión *f* de padres; **Elternhaus** *n* casa *f* paterna; **elternlos** *adj* [1] ↑ *waise* huérfano [2] ↑ *ohne Eltern* sin padres

Email *n* ‹-s, -s› esmalte *m;* **emaillieren** *vt* esmaltar

Emanze *f* ‹-, -n› *PEJ FAM* mujer *f* emancipada; **Emanzipation** *f* emancipación *f;* **emanzipieren** *vtr* ◇ **sich** ~ emanciparse

Embargo *n* ‹-s, -s› embargo *m*

Embryo *m* ‹-s, -s *o.* -nen› embrión *m*

Emigrant(in *f*) *m* emigrante *m/f;* **Emigration** *f* emigración *f;* **emigrieren** *vi* emigrar

empfahl *impf von* **empfehlen**

empfand *impf von* **empfinden**
Empfang *m* ‹-[e]s, Empfänge› [1] ↑ *Annahme* (*von Waren*) recogida *f;* ◇ **etw in - nehmen** recibir algo [2] ↑ *Begrüßung* acogida *f*, recibimiento *m* [3] ↑ *Audienz* recepción *f* [4] (*von Radio*) recepción *f;* **empfangen** ‹empfing, empfangen› **I.** *vt* [1] ↑ *entgegennehmen* recibir [2] ↑ *willkommen heißen* recibir, acoger **II.** *vi* → *Kind* concebir; **Empfänger(in** *f*) *m* ‹-s, -› [1] (*von Brief*) destinatario *m* [2] COMM consignatario *m* [3] ↑ *Rundfunkgerät* receptor *m*
empfänglich *adj* sensible (*für* a)
Empfängnis *f* concepción *f;* **Empfängnisverhütung** *f* anticoncepción *f*
Empfangsbestätigung *f* acuse *m* de recibo; **Empfangsbüro** *n* recepción *f;* **Empfangsdame** *f* recepcionista *f*
empfehlen ‹empfahl, empfohlen› **I.** *vt* recomendar; ◇ **das ist sehr zu -** es recomendable **II.** *vr* ◇ **sich -** despedirse; marcharse; ◇ **es empfiehlt sich, ...** es recomendable ...; **empfehlenswert** *adj* recomendable; **Empfehlung** *f* [1] ↑ *Rat* consejo *m* [2] ↑ *Referenz* recomendación *f;* ◇ **auf - von** por recomendación de; **Empfehlungsschreiben** *n* carta *f* de recomendación
empfinden ‹empfand, empfunden› *vt* sentir; **empfindlich** *adj* [1] ▷*Haut* sensible [2] ▷*Stelle* débil [3] ▷*Gerät, Instrument* sensible, de alta precisión [4] ▷*Material* delicado [5] ▷*Person* sensible, susceptible [6] ▷*Strafe* severo [7] ▷*Verlust* grande; **empfindsam** *adj* sensible; **Empfindung** *f* [1] (*Kälte-*) sensación *f* [2] ↑ *Gefühl* sentimiento *m*
empfing *impf von* **empfangen**
empfohlen *pp von* **empfehlen**
empfunden *pp von* **empfinden**
empirisch *adj* empírico
empor *adv* hacia arriba
empören *vti* ◇ **sich -** indignar; **empörend** *adj* escandaloso
emporkommen *unreg vi* [1] ↑ *sich hinaufarbeiten* prosperar [2] ↑ *auftauchen* ← *Modeerscheinung* aparecer; **Emporkömmling** *m* advenedizo/a
Empörung *f* indignación *f*
emsig *adj* aplicado, trabajador; incansable
End- *in Komposita* final *m;* **Endauswertung** *f* valoración *f* final; **Endbahnhof** *m* BAHN estación *f* terminal
Ende *n* ‹-s, -n› [1] ↑ *Schluß* final *m*, fin *m;* ◇ **am -** al final; ◇ **zu - sein** haber terminado [2] ↑ *Abschluß* término *m;* (*von Jahr*) final *m;* (*Lebens-*) muerte *f;* ◇ **- Juli** [a] finales de julio [3] ↑ *letztes Stück* (*von Straße*) tramo *m* final; (*von Wurst*) final *m* [4] *FIG* ◇ **am - sein** estar en las últimas; **enden** *vi* terminar[se], finalizar[se], acabar[se]; GRAM terminar [en]
Endgerät *n* PC terminal *m*, unidad *f* terminal
endgültig *adj* ▷*Entscheidung* definitivo
Endivie *f* escarola *f*
endlagern *vt* deponer; **Endlagerung** *f* depósito *m* [final]
endlich *adv* ↑ *schließlich* finalmente; ◇ **na -!** ¡al fin!
endlos *adj* [1] (*ohne Ende*) infinito; ▷*Seil* interminable, sin fin [2] ▷*Gerede* incesante; **Endlospapier** *n* PC papel *m* continuo
Endpunkt *m* término *m;* **Endreim** *m* rima *f* consonántica; **Endrunde** *f* SPORT ronda *f* final; **Endspiel** *n* SPORT encuentro *m* final; **Endspurt** *m* SPORT sprint *m* final; **Endstation** *f* (*von Bahn*) [estación] *f* terminal
Endung *f* GRAM designencia *f*
Endverbraucher(in *f*) *m* COMM consumidor(/a *f*) *m*
Energie *f* [1] PHYS energía *f* [2] ◇ **voller -** lleno de vitalidad; **Energiebedarf** *m* demanda *f* energética; **energielos** *adj* ↑ *kraftlos* sin energía; ↑ *kraftlos, lustlos* soso; **Energiequelle** *f* fuente *f* de energía; **Energieversorgung** *f* suministro *m* de energía
energisch *adj* [1] ↑ *voller Energie* activo, enérgico [2] ↑ *entschlossen* decidido
eng *adj* [1] ↑ *beengt, schmal* ▷*Zimmer* estrecho; ↑ *-anliegend* ▷*Hose* ajustado, estrecho; ↑ *dicht* junto; ◇ **- beieinander stehen** estar pegados [2] ↑ *einschränkt* ▷*Horizont* limitado; ▷*Bedeutung* concreto, estricto [3] *FIG* ▷*Beziehung* íntimo; ◇ **- befreundet** ser amigos íntimos [4] *FAM* ◇ **etw - sehen** mirar algo al dedillo
Engagement *n* ‹-[s]› [1] (*Sicheinsetzen*) compromiso *m* (*für* con), actividad *f* (*für* por) [2] ↑ *Anstellung* contratación *f;* **engagieren I.** *vt* ↑ *anstellen* contratar **II.** *vr* ◇ **sich -** comprometerse (*für* con), luchar (*für* por)
Enge *f* ‹-, -n› [1] (*von Raum*) estrechez *f;* (*Meer-*) estrecho *m* [2] ↑ *Beschränktheit* limite *m* [3] *FIG* ↑ *Bedrängnis* apuro *m;* ▷*finanziell* aprieto, m; ◇ **jd-n in die - treiben** poner en un aprieto
Engel *m* ‹-s, -› ángel *m*
England *n* Inglaterra *f;* **Engländer(in** *f*) *m* ‹-s, -› [1] inglés(-esa *f*) *m* [2] TECH ↑ *Schraubenschlüssel* llave *f* inglesa; **englisch** *adj* inglés
Engpaß *m* [1] (*enge Stelle*) paso *m* estrecho; ↑ *Schlucht* desfiladero *m* [2] *FIG* ↑ *Mangel* falta *f*
engstirnig *adj* [1] ▷*Person* estrecho de miras, cerrado [2] ▷*Entscheidung* sin reflexionar, sin vista del futuro

Enkel(in *f*) *m* ‹-s, -› nieto(a *f*) *m;* **Enkelkinder** *n/pl* nietos *m/pl*

en masse *adv* en grandes cantidades

enorm *adj* [1] ↑ *außergewöhnlich* enorme; ◇ **-e Kosten** grandes gastos [2] ↑ *äußerst* muy

Ensemble *n* ‹-s, -s› THEAT compañía *f*

entbehren I. *vi* [1] ↑ *fehlen* carecer de; ↑ *abgehen* no tener algo; ◇ **der Vorwurf entbehrt jeder Grundlage** el reproche no tiene fundamento [2] ↑ *verzichten* renunciar, prescindir **II.** *vt* → *jd-n* echar de menos; ◇ **sie vermißt ihn sehr** le echa mucho de menos; **entbehrlich** *adj* innecesario

Entbehrung *f* ↑ *Mangel* falta *f;* ◇ **-en auf sich nehmen** privarse [voluntariamente] de algo

entbinden *unreg* **I.** *vt* [1] ↑ *freisprechen* (*von Verpflichtung*) dispensar [2] MED asistir al parto **II.** *vi* MED dar a luz; **Entbindung** *f* [1] dispensa *f* [2] MED parto *m;* **Entbindungsheim** *n* maternidad *f*

entblößen *vt* → *Körper* desnudar

entdecken *vt* [1] ↑ *erfinden* descubrir [2] ↑ *ausfindig machen* → *Vermißte* descubrir; → *Fehler* encontrar, hallar; **Entdecker(in** *f*) *m* ‹-s, -› descubridor(/a *f*) *m;* **Entdeckung** *f* descubrimiento *m;* hallazgo *m*

Ente *f* ‹-, -n› [1] (*Tier*) pato *m* [2] (*FIG Zeitungs~*) bola *f*

entehren *vt* deshonrar

enteignen *vt* (*beschlagnahmen*) expropiar; ↑ *verstaatlichen* desposeer

enteisen *vt* → *Kühlschrank* descongelar

enterben *vt* desheredar

entfallen *unreg vi* [1] ↑ *wegfallen* caer[se]; ↑ *sich erübrigen* sobrar, dejar pasar [2] ↑ *vergessen werden* olvidarse [3] ↑ *zukommen* ◇ **auf jd-n entfällt ein Drittel** a alguien le corresponde un tercio

entfalten I. *vt* [1] ↑ *öffnen* → *Zeitung* abrir [2] ↑ *darlegen* → *Plan* desarrollar [3] *FIG* → *Begabung* desarrollar [4] → *Tätigkeit* comenzar a, empezar a **II.** *vr* [1] ← *Knospe* abrirse [2] ↑ *sich entwickeln* desarrollarse

entfernen I. *vt* ↑ *wegschaffen* apartar; ↑ *abmontieren* desmontar; → *Schild* quitar **II.** *vr* ◇ **sich** ~ [1] ↑ *weggehen* marcharse [2] *FIG* ↑ *abweichen* desviarse; **entfernt** *adj* [1] ↑ *abseits* apartado, retirado [2] *FIG* ↑ *weitläufig, nicht nahe* alejado; ▷*Verwandte* lejano; **Entfernung** *f* [1] *auch FIG* distancia *f* (*zu* de) [2] ↑ *Beseitigung* eliminación *f;* **Entfernungsmesser** *m* ‹-s, -› FOTO telémetro *m*

entflammen *vt* → *Feuer* enceder, inflamar; *FIG* → *Gefühle* encender

entfremden *vr:* ◇ **sich [jd-m/e-r Sache]** ~ distanciarse de alguien/algo

entfrosten *vt* quitar el hielo; **Entfroster** *m* ‹-s, -› AUTO descongelador *m*

entführen *vt* ↑ *kidnappen* secuestrar; **Entführer(in** *f*) *m* secuestrador(/a *f*) *m;* **Entführung** *f* (*Flugzeug~*) secuestro *m*

entgegen I. *präp dat* ↑ *im Gegensatz zu* en contra de **II.** *adv* (*in Richtung auf*) en dirección; ◇ **der Sonne** ~ cara al sol; **entgegenbringen** *unreg vt* [1] (*allg.*) ofrecer [2] *FIG* ◇ **jd-m Vertrauen** ~ mostrar confianza a alguien; **entgegengehen** *unreg vi* salir al encuentro de; **entgegengesetzt** *adj* [1] ↑ *umgekehrt* ▷*Richtung* opuesto, contrario [2] ↑ *gegenteilig* ▷*Meinung* contrario; **entgegenhalten** *unreg vt FIG* ↑ *entgegnen* objetar; **entgegenkommen** *unreg vi* [1] ir al encuentro (*jd-m* de alguien) [2] (*FIG Zugeständnisse machen*) acercarse (*jd-m* a alguien); **entgegenkommend** *adj* [1] ↑ *liebenswürdig* amable [2] ↑ *aufmerksam* ▷*Verhalten* atento; **entgegennehmen** *unreg vt* [1] ↑ *annehmen* → *Glückwünsche* recibir; → *Telefonanruf* atender [2] ↑ *notieren* → *Bestellung* anotar; **entgegenstellen** *vt* (*gegenüberstellen*) oponer; **entgegenwirken** *vi* obstaculizar, impedir, trabajar contra

entgegnen *vt* contestar, replicar; **Entgegnung** *f* contestación *f*, réplica *f*

entgehen *unreg vi* [1] ↑ *entkommen* escapar [2] ↑ *nicht wahrnehmen* dejar pasar [3] ◇ **sich** *dat* **etw** ~ **lassen** perderse algo

entgeistert *adj* boquiabierto

Entgelt *n* ‹-[e]s, -e› ↑ *Bezahlung* retribución *f*, sueldo *m*

entgleisen *vi* BAHN descarrilar

entgräten *vt* quitar las espinas

enthaaren *vt* depilar

enthalten *unreg* **I.** *vt* contener; ◇ ~ **sein** estar incluido **II.** *vr:* ◇ **sich e-r Sache** ~ abstenerse de, privarse de; ◇ **sich der Stimme** ~ abstenerse de votar

Enthaltsamkeit *f* ↑ *Abstinenz* abstinencia *f*, sobriedad *f*

enthaupten *vt* decapitar

enthüllen *vt* [1] ↑ *von Hülle befreien* destapar; → *Denkmal* descubrir [2] *FIG* ↑ *aufdecken* sacar a la luz; → *Geheimnis* revelar

Enthusiasmus *m* ‹-› entusiasmo *m*

entkleiden *vt* desvestir, quitar la ropa

entkommen *unreg vi* escapar (*aus dat* de)

entkorken *vt* descorchar

entkräften I. *vt* ↑ *widerlegen* → *Behauptung* rebatir **II.** *vi* ← *Person* debilitar

entladen *unreg vt a.* ELECTR → *Schiff, Waffe* descargar

entlang *adv, präp akk o dat* a lo largo; **entlanggehen** *unreg vti* ir a lo largo de

entlassen *unreg vt* [1] ↑ *verabschieden* despedir; (*aus der Haft*) poner en libertad [2] ↑ *kündigen* despedir, echar; **Entlassung** *f* [1] (*aus Krankenhaus*) alta *f;* (JURA *aus Haft*) puesta *f* en libertad [2] (*von Arbeiter*) despido *m* [3] ↑ *Amtsenthebung* (*von Minister*) destitución *f*

entlasten *vt* [1] ↑ *Last verringern* descargar; JURA → *Angeklagten* descargar [2] ↑ *Belastung verringern* → *Person* aliviar; → *Verkehrsnetz* descongestionar; **Entlastung** *f* [1] (*von Balken*) descarga *f;* JURA descargo *m* [2] (*von Verkehr*) descongestión *f;* (*von Person*) alivio *m*

entledigen *vr:* ◇ **sich e-r Sache/jd-s** ~ ↑ *loswerden* deshacerse de algo/alguien

Entlastungszeuge *m*, **Entlastungszeugin** *f* testigo *m/f* de descargo

entlehnen *vt* tomar prestado de

entmachten *vt* [1] ↑ *Macht wegnehmen* quitar el poder [2] (*e-s Amtes entheben*) destituir

entmilitarisiert *adj* ▷*Zone* desmilitarizado *f*

entmündigen *vt* poner bajo tutela

entmutigen *vt* → *Person* desanimar

Entnazifizierung *f* desnazificación *f*

entnehmen *unreg vt* [1] (*Waren aus Regal*) coger; (*Geld aus Brieftasche*) sacar [2] ↑ *folgern* concluir, deducir

entnerven *vt* → *jd-n* enervar; **entnervt** *adj* echo polvo, agotado, quemado

entpuppen *vr* ◇ **sich** ~ *FIG* resultar ser; ◇ **er hat sich als Versager entpuppt** ha resultado ser un fracasado

entrahmen *vt* → *Milch* desnatar

enträtseln *vt* → *Geheimnis* desvelar; → *[alte] Schrift* descifrar

entrichten *vt* → *Betrag* pagar

entrosten *vt* desoxidar

entrüsten *vr* ◇ **sich** ~ indignarse (*über akk* por); **entrüstet** *adj* indignado

Entsafter *m* licuadora *f*

entsagen *vi* renunciar a

Entschädigung *f* [1] ↑ *Abfindung* indemnización *f* [2] ↑ *Ersatz* compensación *f*

entschärfen *vt* [1] → *Bombe* desactivar [2] → *Behauptung* suavizar

entscheiden *unreg vti* [1] ↑ *bestimmen* decidir (*über akk* sobre) [2] JURA ↑ *Urteil fällen* fallar [3] ↑ *den Ausschlag geben* determinar; **entscheidend** *adj* ▷*Augenblick* decisivo; ↑ *ausschlaggebend* determinante; **Entscheidung** *f* [1] decisión *f* [2] determinación *f* [3] JURA fallo *m*

entschlacken *vt* MED desintoxicar

entschließen *unreg vr* ◇ **sich** ~ decidirse (*zu, für* por)

entschlossen *adj* [1] (*energisch*) decidido, enérgico; ◇ ~ **vorgehen** proceder decididamente [2] ↑ *bereit* dispuesto, resuelto

Entschluß *m* decisión *f*

entschlüsseln *vt* → *Kode* descifrar

entschlußfreudig *adj* que decide con facilidad; **Entschlußkraft** *f* determinación *f*

entschuldigen I. *vt* [1] ↑ *verzeihen* → *Verhalten* perdonar, excusar; ◇ ~ **Sie bitte** perdone, por favor [2] → *Abwesenheit* disculpar, dispensar **II.** *vr* ◇ **sich** ~ disculparse (*für* por); **Entschuldigung** *f* [1] perdón *m;* ◇ **jd-n um** ~ **bitten** pedir perdón a alguien [2] (*Rechtfertigung*) disculpa *f* (*für* de) [3] (*Schule*) (*schriftliche* ~) disculpa *f* [por escrito]

Entschwefelung *f* desulfuración *f*

entsetzlich *adj* horrible, terrible, espantoso

entsichern *vt* quitar el seguro

entsorgen *vt* eliminar [brasura]; ◇ **e-e Stadt** ~ limpiar una ciudad; **Entsorgung** *f* (*von Atommüll*) eliminación *f* de desechos radioactivos

entspannen I. *vt* [1] ↑ *lockern* → *Muskeln* relajar [2] ↑ *entschärfen* → *Situation* distender **II.** *vr* ◇ **sich** ~ [1] ↑ *sich ausruhen* relajarse, descansar de [2] ↑ *sich entschärfen* distenderse; **Entspannung** *f* [1] (*von Muskeln*) relajación *f* [2] ↑ *Erholung* descanso *m* [3] (*von Situation etc.*) distensión *f;* **Entspannungspolitik** *f* política *f* de distensión

entsprechen *unreg vi* [1] ↑ *im Verhältnis stehen* corresponder a, equivaler a [2] ↑ *erfüllen* → *e-em Wunsch* satisfacer; **entsprechend I.** *adj* [1] ↑ *angemessen* ▷*Entschädigung* correspondiente; ▷*Benehmen* adecuado [2] ↑ *betreffend* ▷*Mitarbeiter* respectivo **II.** *adv* conforme [a]; ◇ ~ **reagieren** reaccionar conforme [a] **III.** *präp dat* según; ◇ ~ **meinem Vorschlag** según mi consejo

entspringen *unreg vi* ↑ *hervorkommen* ← *Bach* nacer; *FIG* ← *Haltung* proceder (*aus dat* de)

entstehen *unreg vi* ↑ *erwachsen* originarse; ↑ *sich bilden* formarse; ← *Konflikte* producirse; ← *Eindruck* dar; ← *Kosten* ocasionar; ← *Leben* proceder; ← *Wort* derivarse (*aus dat* de)

entstellen *vt* [1] → *Gesicht* afear, desfigurar [2] ↑ *verfälschen* falsificar; → *Ereignis* alterar; → *Wahrheit* tergiversar

entstören *vt* ELECTR → *Radio* eliminar perturbaciones

enttarnen *vt* → *Spion* desenmascarar

enttäuschen *vt* → *Hoffnungen* desengañar; ◇ **enttäuscht sein über** *akk*/**von** estar decepcionado por; **Enttäuschung** *f* [1] desengaño *m* [2] decepción *f* (*über akk* por)

entwachsen *unreg vi FIG* emanciparse (*dat* de)

Entwaffnung *f* desarme *m*

Entwarnung *f* fin *m* de alarma

entwässern *vt* ↑ *Wasser entziehen* deshidratar; → *Sumpf* desecar

entweder *cj:* ◇ -, **oder!** ¡una cosa o la otra!

entwenden *vt* robar, quitar

entwerfen *unreg vt* [1] ↑ *gestalten* → *Zeichnung* esbozar; → *Muster* trazar [2] ↑ *ausarbeiten* → *Plan* idear; → *Gesetz* hacer un proyecto; → *Text* trazar [los puntos principal]

entwerten *vt* [1] → *Fahrkarte* picar [2] → *Aussage* desmentir; → *Geld* depreciar; **Entwerter** *m* ‹-s, -› (*für Fahrkarten*) *máquina para picar billetes*

entwickeln I. *vt* [1] ↑ *erfinden* desarrollar; → *Produkt* hacer, elaborar; → *Heilmittel* crear, inventar [2] ↑ *darlegen* → *Plan* exponer [3] ↑ *entfalten* → *Stil* desarrolar [4] FOTO revelar **II.** *vr* ◇ **sich** - [1] ← *Embryo* desarrollarse, crecer; ← *Stadt* aumentar; ← *Gedanke* evolucionar; ← *Handlung* transformarse (*zu* en) [2] ↑ *entstehen* ← *Rauch* provenir de; **Entwickler** *m* ‹-s, -› FOTO revelador *m;* **Entwicklung** *f* [1] ↑ *Ausarbeitung* elaboración *f* [2] ↑ *Entstehung* desarrollo *m* [3] ↑ *Darlegung* exposición *f* [4] ↑ *Entfaltung* desarrollo *m* [5] ↑ *Tendenz* formación *f;* **Entwicklungshelfer(in** *f*) *m persona que presta servicios en países subdesarollados;* **Entwicklungshilfe** *f* ayuda *f* a países en vías del desarrollo

entwöhnen *vt* desacostumbrarse, deshabituar; → *Süchtige* desintoxicar; → *Säugling* destetar

entwürdigend *adj* humillante, degradante

Entwurf *m* [1] ↑ *Skizze* esbozo *m;* (*von Muster*) diseño *m;* ↑ *Modell* modelo *m;* (ARCHIT *von Haus etc.*) plano *m* [2] ↑ *Konzept* borrador *m;* (*von Theorie*) planteamiento *m*

entziehen *unreg* **I.** *vt* [1] ↑ *wegnehmen, verweigern* → *Unterstützung* quitar; → *Vertrauen* retirar; → *Alkohol, Rauschgift* desintoxicar (*dat* de) [2] ↑ *aberkennen* → *Sorgerecht* denegar; → *Führerschein* retirar [3] → *Flüssigkeit, Blut* extraer **II.** *vr* ◇ **sich** - [1] (*verweigern*) eludir [2] ↑ *entgehen* escaparse; **Entziehungskur** *f* cura *f* de desintoxicación

entziffern *vt* → *Schrift* descifrar

entzücken *vt* encantar, fascinar; **Entzücken** *n* ‹-s› encanto *m*, fascinación *f;* **entzückend** *adj* ▷*Kleid* fascinador

Entzug *m* [1] ↑ *Wegnahme* privación *f;* (*von Nahrung*) abstinencia *f* [2] MED cura *f* de desintoxicación; **Entzugsanstalt** *f* centro *m* de desintoxicación

entzünden I. *vt* [1] → *Feuer* encender [2] *FIG* → *Leidenschaft* despertar **II.** *vr* ◇ **sich** - [1] ← *Benzin* encenderse [2] ↑ *entstehen* ← *Leidenschaft* despertarse [3] MED ← *Haut* irritarse; ← *Wunde* inflamarse; **Entzündung** *f* (MED *von Wunde*) inflamación *f*

entzwei *adv* roto; **entzweibrechen** *unreg* **I.** *vt* → *Brot* partir; → *Teller* romper [en dos] **II.** *vi* ← *Gegenstände* romperse; **entzweien I.** *vt* → *Familie* desunir; → *Freunde* enemistar **II.** *vr* ◇ **sich** - ↑ *auseinandergehen* enemistarse

Enzian *m* ‹-s, -e› [1] FLORA genciana *f* [2] GASTRON aguardiente *m* (*que se hace de las raices de las gencianas*)

Enzyklopädie *f* enciclopedia *f*

Enzym *n* ‹-s, -e› enzima *f*

Epidemie *f* epidemia *f;* **Epidemiologe** *m* ‹-n, -n› epidemiólogo *m;* **Epidemiologin** *f* epidemióloga *f*

Epilepsie *f* epilepsia *f;* **Epileptiker(in** *f*) *m* epiléctico/a

Epilog *m* ‹-s, -e› epílogo *m*

episch *adj* épico

Episode *f* ‹-, -n› episodio *m*

Epoche *f* ‹-, -n› ↑ *Zeitabschnitt* época *f;* **epochemachend** *adj* ▷*Erfindung* que hace época

Epos *n* ‹-, Epen› epopeya *f*

er *pron* [1] (*persönliches Fürwort mask*) él [2] (*persönliches Fürwort neutr*) él; ◇ **wenn ich er wäre** yo que él

erachten *vt* (*halten für*) considerar; ◇ **meines E~s** según mi opinión

erbarmen *vr* ◇ **sich** - compadecerse (*gen* de); **Erbarmen** *n* ‹-s› compasión *f* (*mit* de); **erbärmlich** *adj* [1] ↑ *armselig* ▷*Behausung* miserable, deplorable [2] ↑ *schlecht* ▷*Leistung* lamentable [3] ↑ *gemein* ▷*Verhalten* vil, ruin

erbauen *vt* [1] ↑ *errichten* → *Gebäude* construir, erigir, edificar [2] *FIG* ◇ **von etw nicht erbaut sein** no estar entusiasmado por algo; **Erbauer(in** *f*) *m* ‹-s, -› constructor(/a *f*) *m*

erbaulich *adj* gratificante, entretenido

Erbauung *f* [1] (*von Gebäude*) construcción *f* [2] (*FIG innerliche Stärkung*) reanimación *f*

Erbe *n* ‹-s› *auch FIG* herencia *f;* **Erbe** *m* ‹-n, -n› heredero *m;* **erben** *vti* heredar

erbeuten *vt* capturar, apresar

Erbfaktor *m* BIOL factor *m* hereditario; **Erbfehler** *m* BIOL defecto *m* hereditario; **Erbgut** *n* [1] (*Gesamtheit des Erbes*) patrimonio *m* [2] BIOL herencia *f* genética; **Erbin** *f* heredera *f*

erbitten *unreg vt* pedir

erbittern *vt* ↑ *erzürnen* irritar; **erbittert** *adj* irritado; ◇ - **um etw kämpfen** luchar encarnizadamente por algo

Erbkrankheit *f* enfermedad *f* hereditaria

erblassen *vi* palidecer, ponerse pálido
erblich *adj* ▷*Krankheit* hereditario
erblicken *vt auch FIG* ↑ *sehen* ↑ *ansehen als* ver; ◇ **in jd-m e-n Freund** ~ ver un amigo en alguien
erblinden *vi* quedarse ciego, cegar
Erbmasse *f s.* **Erbgut**
erbosen I. *vt* (*erzürnen*) irritar **II.** *vr* ◇ **sich** ~ montar en cólera (*über akk* por)
erbrechen *unreg vr* ◇ **sich** ~ vomitar, devolver
Erbrecht *n* JURA derecho *m* sucesorio
erbringen *unreg vt* dar, traer
Erbschaft *f* herencia *f;* **Erbschaftssteuer** *f* impuesto *m* sobre sucesiones
Erbse *f* ‹-, -n› FLORA guisante *m*
Erd- *in Komposita* terrestre; **Erdachse** *f* eje *m* terrestre; **Erdanschluß** *m* toma *f* de tierra; **Erdanziehung** *f* atracción *f* de la tierra, gravitación *f;* **Erdarbeiten** *f/pl* obras *f/pl* de escavación; **Erdarbeiter(in** *f*) *m* terraplenador/a; **Erdatmosphäre** *f* ASTR atmósfera *f* terrestre; **Erdball** *m* globo *m* terráqueo; **Erdbeben** *n* terremoto *m;* **Erdbeere** *f* fresa *f;* **Erdboden** *m* suelo *m,* tierra *f;* **Erde** *f* ‹-, -n› [1] Tierra *f;* ◇ **auf** ~**n** en este mundo [2] ↑ *Boden* suelo *m;* ↑ *Humus* tierra *f; FIG* ◇ **mit beiden Beinen auf der** ~ **stehen** tener los pies en la tierra
erdenklich *adj* ↑ *möglich* posible; ↑ *denkbar* imaginable
Erdgas *n* gas *m* natural, butano *m;* **Erdgasvorkommen** *n/pl* recursos *m/pl* de gas natural; **Erdgeschoß** *n* planta *f* baja
erdichten *vt* inventar [fabulas]
Erdkabel *n* cable *m* subterráneo; **Erdkarte** *f* mapamundi *m;* **Erdkruste** *f* corteza *f* terrestre; **Erdkugel** *f* globo *m* terráqueo; **Erdkunde** *f* (*Schule*) geografía *f;* **Erdnuß** *f* cacahuete *m;* **Erdnußöl** *n* aceite *m* de cacahuete; **Erdoberfläche** *f* superficie *f* terrestre; **Erdöl** *n* petróleo *m;* **Erdölerzeugnisse** *n/pl* productos *m/pl* derivados del petróleo; **Erdölgesellschaft** *f* compañía *f* petrolífera; **Erdölgewinnung** *f* producción *f* petrolífera; **Erdölleitung** *f* tubería *f,* oléoduc *m;* **Erdölraffinerie** *f* refinería *f* de petróleo; **Erdreich** *n* tierra *f*
erdrosseln *vt* estrangular
erdrücken *vt* [1] aplastar [2] *FIG* ↑ *überbelasten* agobiar
Erdrutsch *m* corrimiento *m* de tierra; **Erdrutschsieg** *m* POL victoria *f* apabullante; **Erdteil** *m* continente *m*
erdulden *vt* aguantar, soportar; → *Not* padecer
ereignen *vr* ◇ **sich** ~ ocurrir, suceder, pasar; **Ereignis** *n* suceso *m,* acontecimiento *m;* **ereignisreich** *adj* movido, agitado

erfahren *unreg vt* [1] → *Neuigkeit* saber [2] ↑ *erleben* experimentar; → *Liebe* sentir; → *Glück* tener; → *Leid* sufrir; **Erfahrung** *f* [1] ▷*schlecht, gut* experiencia *f;* ◇ ~**en machen** experimentar [2] ↑ *Wissen* experiencia *f,* práctica *f* [3] ◇ **etw in** ~ **bringen** enterarse de algo, averiguar algo; **erfahrungsgemäß** *adv* por experiencia
erfassen *vt* [1] (*registrieren*) → *Daten* tomar; PC archivar [2] ↑ *ergreifen* coger; ◇ **von e-m Auto erfaßt werden** ser pillado/atropillado por un coche [3] *FIG* ↑ *begreifen* → *Problem* comprender; **Erfassung** *f* MIL alistamiento *m*
erfinden *unreg vt* inventar; **Erfinder(in** *f*) *m* inventor(/a*f*) *m;* **erfinderisch** *adj* ingenioso; ◇ **Not macht** ~ la necesidad es la madre del ingenio; **Erfindung** *f* [1] ↑ *Entdeckung* invento *m* [2] descubrimiento *m* [3] ↑ *Lüge* invención *f*
Erfolg *m* ‹-[e]s, -e› [1] ↑ *positives Resultat* éxito *m;* ◇ **ein voller** ~ un gran éxito [2] ↑ *Wirkung* efecto *m,* resultado *m;* ◇ **ohne** ~ sin resultados
erfolgen *vi* [1] ↑ *geschehen* suceder, ocurrir; ↑ *stattfinden* tener lugar; ← *Zahlung* efectuarse [2] desprenderse; ◇ **aus dieser Behauptung erfolgt, daß ...** de esta afirmación se desprende que ...
erfolglos *adj* [1] ▷*Person* fracasado; ▷*Unternehmen* inútil [2] ▷*Versuch* sin éxito, infructuoso; **erfolgreich** *adj* [1] ▷*Person* féliz; ▷*Unternehmen* con éxito [2] ▷*Versuch* afortunado; **Erfolgserlebnis** *n* experiencia *f* positiva; **erfolgversprechend** *adj* prometedor
erfordern *vt* pedir, precisar, necesitar
erforschen *vt* [1] ↑ *untersuchen* investigar; → *Gebiet* explorar; → *Verhalten* estudiar [2] → *Meinung* indagar; **Erforschung** *f* investigación *f,* exploración *f;* indagación *f*
erfreuen I. *vt* alegrar **II.** *vr* ◇ **sich** ~ alegrarse (*an dat* por); ◇ **er erfreut sich bester Gesundheit** *gen* goza de buena salud; **erfreulich** *adj* [1] ↑ *positiv* ▷*Ereignis* grato; ▷*Ergebnis* favorable [2] ↑ *angenehm* ▷*Anblick* agradable; **erfreulicherweise** *adv* afortunadamente; ◇ ~ **geht es uns gut** afortunadamente nos va bien
erfrieren *unreg vi* ← *Mensch* morirse de frío; ← *Pflanze* helarse
erfrischen *vr* ◇ **sich** ~ (*mit Getränk*) refrescarse; **erfrischend** *adj* refrescante; **Erfrischung** *f* [1] (*Erfrischen*) refrescamiento *m* [2] (*Getränk*) refresco *m*
erfüllen I. *vt* [1] ↑ *ausfüllen* → *Ort, auch FIG* llenar [2] ↑ *zufriedenstellen* satisfacer; → *Bitte* acceder; → *Versprechen* cumplir; → *Zweck* realizar [3] ↑ *voll sein von* estar lleno de **II.** *vr* ◇ **sich** ~ ← *Vorhersage* cumplirse

ergänzen *vt* [1] ↑ *anfügen* añadir [2] ↑ *vervollständigen* → *Liste* completar; GRAM → *Satzobjekt* complementar; **Ergänzung** *f* [1] (*Hinzufügung*) añadidura *f* [2] (*Vervollständigung*) complemento *m*

ergeben *unreg* **I.** *vt* dar por resultado, resultar; → *Betrag* acceder a; ◇ **was hat die Untersuchung ~?** ¿qué resultados ha lanzado la investigación? **II.** *vr* ◇ **sich ~** [1] ↑ *kapitulieren* capitular; (*dem Feind*) rendirse (*dat* a); ◇ **sich e-r Sache** *dat* **~** ceder a una cosa [2] ↑ *zustandekommen* surgir; ◇ **dadurch ~ sich neue Probleme** con esto surgen nuevos problemas [3] ↑ *sich herausstellen* resultar **III.** *adj* ▷*Gesichtsausdruck* sumiso; ◇ **jd-m treu ~ sein** ser fiel a alguien; **Ergebenheit** *f* sumisión *f*

Ergebnis *n* [1] ↑ *Resultat* resultado *m* [2] MATH ↑ *Lösung* solución *f* [3] ↑ *Wirkung* efecto *m;* **ergebnislos** *adj* sin resultado

ergehen *unreg* **I.** *vi* [1] ← *amtlicher Bescheid* publicarse; JURA ◇ **es ergeht folgendes Urteil** se pronuncia el fallo [del jurado] [2] ◇ **etw über sich** *akk* **~ lassen** aguantar, soportar **II.** *vi unpers:* ◇ **es ergeht ihm gut/schlecht** le va bien/mal

ergiebig *adj* ↑ *lohnend* productivo; ▷*Geschäft* lucrativo; ▷*Boden* fértil; ↑ *sparsam* ▷*Wolle* abundante

ergießen *vr* ◇ **sich ~** desembocar

ergreifen *unreg vt* [1] → *Arm* coger [del brazo]; → *jd-n* agarrar [2] ↑ *festnehmen* → *Verbrecher* capturar, detener [3] ↑ *erschüttern* conmover, afectar [4] ↑ *wählen* → *Beruf* elegir; → *Maßnahmen* tomar; ◇ **die Flucht ~** huir; **ergreifend** *adj* ▷*Gefühl* emocionante; **ergriffen** *adj* ↑ *erschüttert* conmovido; ↑ *gerührt* emocionado

Erguß *m* [1] (*Blut-*) derrame *m;* (*Samen-*) eyaculación *f* [2] *FIG* ↑ *Redeschwall* profusión *f*

erhaben *adj* [1] elevado [2] *FIG* ↑ *feierlich* festivo [3] *FIG* ◇ **über etw** *akk* **~ sein** estar por encima de algo, no afectarse por algo

erhalten *unreg* **I.** *vt* [1] ↑ *bekommen* → *Brief* recibir; → *Auszeichnung* obtener [2] ↑ *bewahren* → *Bauwerk* mantener; → *Tierart* conservar **II.** *adj* conservado; ◇ **gut ~** en buen estado; **erhältlich** *adj* disponible, adquisible; **Erhaltung** *f* [1] ↑ *Instandhaltung* mantenimiento *m* [2] ↑ *Fortbestehen* conservación *f*

erhängen *vtr* ◇ **sich ~** ahorcar(se)

erhärten **I.** *vt* [1] ↑ *hart machen* endurecer [2] *FIG* ↑ *bekräftigen* confirmar **II.** *vr* ◇ **sich ~** [1] ↑ *hart werden* endurecerse [2] *FIG* ↑ *sich bestätigen* confirmarse

erheben *unreg* **I.** *vt* [1] ↑ *emporheben* → *Glas* levantar [2] ↑ *befördern* (*in Rangordung*) elevar (*zu* a) [3] JURA ↑ *geltend machen, fordern* → *Anspruch* reclamar; → *Klage* hacer, formular; → *Widerspruch* levantar; → *Steuern etc.* recaudar, imponer [4] ↑ *erfassen* → *Daten* tomar, registrar [5] ◇ **die Stimme ~** levantar la voz **II.** *vr* ◇ **sich ~** [1] (*vom Stuhl*) levantarse; ↑ *revoltieren* ← *Volk* sublevarse [2] ↑ *emporsteigen* elevarse [3] ← *Berg* alzarse [4] ← *Frage* plantearse; ← *Wind* levantarse

erheblich *adj* [1] ↑ *deutlich* destacable, considerable [2] ↑ *wichtig* importante

Erhebung *f* [1] ↑ *Hügel* elevación *f* [2] ↑ *Aufstand* (*Volks-*) sublevación *f* [3] (*von Steuern*) ↑ *Einziehung* recaudación *f* [4] (JURA *von Klage*) presentación *f* [5] ↑ *Umfrage* encuesta *f*

erheitern *vt* alegrar, animar, divertir; **Erheiterung** *f* diversión *f;* ◇ **zur allgemeinen ~** para regocijo de todos

erhitzen **I.** *vtr* ◇ **sich ~** [1] → *Wasser* calentar(se) [2] *FIG* → *Gemüt* acalorarse

erhöhen *vt* [1] → *Mauer* levantar [2] ↑ *anheben* → *Gehalt* subir, aumentar; → *Tempo* aumentar; → *Ansehen* elevar; → *Preise* subir, elevar, aumentar

erholen *vr* ◇ **sich ~** [1] ↑ *sich entspannen* descansar [2] (*von Schock*) recuperarse; **Erholung** *f* [1] ↑ *Entspannung* descanso *m* [2] ↑ *Gesundwerden* recuperación *f* [3] (*-surlaub*) descanso *m;* ↑ *Kur* cura *f;* ◇ **zur ~** para descansar; **Erholungsheim** *n* sanatorio *m;* **Erholungsort** *m* lugar *m* de descanso

erhören *vt* REL atender

erinnern **I.** *vt* recordar **II.** *vr* ◇ **sich ~** acordarse (*an akk* de), recordar algo; **Erinnerung** *f* [1] (*das Erinnern*) recuerdo *m* (*an akk* de) [2] ↑ *Andenken* recordatorio *m;* ◇ **zur ~ an** *akk* en memoria de [3] ↑ *-sfähigkeit* memoria *f*

erkalten *vi* enfriarse

erkälten *vr* ◇ **sich ~** resfriarse, encatarrarse; ◇ **erkältet sein** estar resfriado, estar encatarrado; **Erkältung** *f* constipado *m,* resfriado *m,* catarro *m*

erkämpfen *vt* conseguir luchando

erkennen *unreg vt* [1] ↑ *wahrnehmen* percibir; ↑ *sehen* ver; → *Stimme, Farbe, jd-n* reconocer; → *Unterschied* distinguir [2] ↑ *wieder-* → *jd-n, etw* reconocer (*an dat* por) [3] ↑ *einsehen* → *Fehler* darse cuenta de

erkenntlich *adj:* ◇ **sich ~ zeigen** mostrarse agradecido (*für* por)

Erkenntnis *f* [1] ↑ *Wissen, Vernunft* conocimiento *m* [2] (*Selbst-*) reconocimiento *m* [3] ↑ *Einsicht* entendimiento *m;* ◇ **zur ~ gelangen** llegar a entender, llegar a la conclusión

Erkennungsmarke *f* MIL placa *f* de identidad
Erker *m* ‹-s, -› mirador *m,* balconada *f;* **Erkerzimmer** *n* habitación *f* con balconada
erklären *vt* [1] ↑ *darlegen* demostrar [2] ↑ *zu deuten suchen* interpretar; → *Verhalten* explicar [3] ↑ *mitteilen* proclamar, declarar; → *Krieg* declarar; ◇ **e-e Firma bankrott** ~ declarse una empresa en bancarrota; **erklärlich** *adj* comprensive; **Erklärung** *f* [1] ↑ *Deutung, Auslegung* (*Wort~*) explicación *f* (*für* de) [2] ↑ *Mitteilung* (*Liebes~*) declaración *f*
erklecklich *adj* ▷*Summe* considerable; ▷*Menge* abundante
erkranken *vi* enfermar (*an dat* de); **Erkrankung** *f* enfermedad *f,* dolencia *f*
erkunden *vt* [1] → *Land, Gegend* explorar [2] ↑ *erfragen* → *Pläne* informarse de
erkundigen *vr* ◇ **sich** ~ informarse (*nach* de *akk* sobre); preguntar por; **Erkundigung** *f* [1] información *f;* ◇ **~en einholen** buscar informaciones, informarse [2] ↑ *Nachforschung* informe *m*
Erkundung *f* exploración *f*
erlahmen *vi* ↑ *schwächer werden* ← *Person* debilitarse, desfallecer; ↑ *nachlassen* ← *Eifer* disminuir
Erlaß *m* ‹Erlasses, Erlasse› [1] ▷*amtlich* decreto *m* [2] ↑ *Aufhebung* dispensa *f;* **erlassen** *unreg vt* [1] ↑ *verordnen* decretar [2] → *Schulden* perdonar; ◇ **jd-m etw** ~ perdonar algo a alguien
erlauben I. *vt* permitir; ◇ **meine Gesundheit erlaubt es mir nicht** mi salud no me lo permite **II.** *vr:* ◇ **sich** *dat* **etw** ~ [1] permitirse [2] ↑ *sich anmaßen* tomarse la libertad de; ◇ **was** ~ **Sie sich?** ¿cómo se atreve usted?; **Erlaubnis** *f* [1] ↑ *Zustimmen* consentimiento *m;* ◇ **um** ~ **fragen** pedir permiso [2] ↑ *Genehmigung* permiso *m;* **erlaubt** *adj* permitido; ↑ *legal* lícito
erläutern *vt* (*erklären*) explicar, aclarar; (*darlegen*) exponer; (*kommentieren*) comentar
erleben *vt* [1] (*mit~*) estar presente, vivir; → *Vorfall* presenciar; → *Geburtstag* estar; ◇ **etw noch** ~ llegar a contarlo [2] ↑ *erfahren* experimentar; ↑ *kennenlernen* conocer; → *Enttäuschung* sufrir, llevarse; ◇ **etw am eigenen Leibe** ~ vivirlo uno mismo; **Erlebnis** *n* ↑ *Erfahrung* experiencia *f;* ↑ *Abenteuer* aventura *f*
erledigen *vt* [1] llevar a cabo; → *Arbeit* despachar; → *Einkauf* hacer; → *Akten* terminar [2] *FAM* ↑ *ermüden* → *jd-n* cansar, agotar; ◇ **total erledigt sein** estar agotadísimo [3] *FAM* ↑ *vernichten* ▷*geschäftlich* arruinar; ↑ *umbringen* ▷*körperlich* liquidar, cargarse a
erlegen *vt* → *Wild* matar
erleichtern *vt* [1] ↑ *leichter machen* → *Arbeit* facilitar; *FIG* → *Kummer* aliviar; → *Gewissen* calmar [2] ↑ *lindern* → *Schmerzen* aliviar, mitigar; **erleichtert** *adj* aliviado; **Erleichterung** *f* [1] (*von Last*) desahogo *m* [2] (*von Schmerz*) alivio; ◇ **jd-m** ~ **verschaffen** aliviar [los dolores] a alguien
erleiden *unreg vt* [1] → *Ungerechtigkeit* soportar, aguantar [2] → *Verlust* sufrir
erlernbar *adj:* ◇ **schwer/leicht** ~ difícil/fácil de aprender; **erlernen** *vt* aprender
erlesen *adj* [1] ↑ *hochwertig* ▷*Essen* exquisito, excelente; ▷*Wein* selecto [2] ↑ *elitär* ▷*Publikum* escogido
erleuchten *vt* [1] → *Raum* iluminar, alumbrar [2] *FIG* → *Geist* inspirar
erliegen *unreg vi* caer en; ◇ **e-r Krankheit** ~ morir de una enfermedad
Erlös *m* ‹-es, -e› ↑ *Ertrag* rendimiento *m,* ganancia *f,* beneficio *m;* (*aus Tombola etc.*) recaudación *f* (*aus* de)
erloschen *adj* apagado; ◇ **sein Augenlicht ist** ~ ha perdido la vista
erlöschen *vi* ← *Feuer* extinguirse; ← *Licht* apagarse; **Erlöschen** *n* (*e-s Gesetzes*) abolición *f*
erlösen *vt* ↑ *retten* salvar, liberar; (*von Schmerzen*) liberar de; (*aus Misere*) sacar; (REL *von Schuld*) redimir; **Erlöser** *m* REL Salvador *m,* Redentor *m;* **Erlösung** *f* [1] rescate *m* [2] REL redención *f*
ermächtigen *vt* autorizar (*zu* a); **Ermächtigung** *f* [1] ↑ *Erlaubnis* autorización *f* [2] ↑ *Vollmacht* poder *m*
ermahnen *vt* exhortar (*zu* a)
ermäßigen *vt* → *Preise* rebajar, reducir; → *Strafe* reducir; ◇ **ermäßigter Eintritt** entrada con descuento; **Ermäßigung** *f* disminución *f;* (*Steuer~*) reducción *f;* (*Studenten~*) descuento *m*
ermessen *unreg vt* ↑ *abschätzen* → *Kosten* estimar; ↑ *beurteilen* juzgar; → *Bedeutung* considerar; **Ermessen** *n* ‹-s› juicio *m;* ◇ **in jd-s** ~ *dat* **liegen** depender del juicio de alguien
ermitteln I. *vt* ↑ *feststellen* determinar; ↑ *herausfinden* averiguar, investigar; → *Personalien* comprobar; → *Verbrecher* buscar **II.** *vi:* ◇ **gegen jd-n** ~ hacer pesquizas sobre alguien; **Ermittlung** *f* [1] ↑ *Feststellung* comprobación *f* (*von* de) [2] JURA (*Polizei~*) pesquisa *f* (*gegen, über jd-n* sobre alguien)
ermöglichen *vt* hacer posible, facilitar
ermorden *vt* → *jd-n* asesinar; **Ermordung** *f* asesinato *m*
ermüden I. *vt* cansar **II.** *vi* cansarse; **ermüdend** *adj* ▷*Reise* cansado, fatigoso; ▷*Film* aburrido; *FAM* pesado; **Ermüdung** *f* ↑ *Müdigkeit* cansancio *m,* fatiga *f*

ermuntern *vt* [1] ↑ *aufheitern* animar, alegrar [2] ↑ *auffordern* estimular (*zu* a)

ermutigen *vt* animar, alentar (*zu* a)

ernähren I. *vt* [1] dar de comer, alimentar [2] *FIG* → *Familie* mantener **II.** *vr:* ◇ **sich ~ von** vivir de; **Ernährer(in** *f*) *m* ‹-s, -› *el/la que mantiene la familia;* **Ernährung** *f* [1] ↑ *Nahrung* alimentación *f*, nutrición *f* [2] ↑ *Unterhalt* (*von Familie*) sustento *m*

ernennen *unreg vt* nombrar; ◇ **jd-n zum Deligierten ~** nombrar delegado a alguien; **Ernennung** *f* nombramiento *m* (*zu* como)

erneuern *vt* [1] ↑ *instandsetzen* → *Gerät* reparar; → *Gebäude* restaurar [2] ↑ *reformieren* hacer una reforma, reformar [3] ↑ *wiederholen* reiterar [4] ↑ *neu beleben* → *Freundschaft* reavivar, reanudar; → *Vertrag* renovar; **Erneuerung** *f* [1] ↑ *Reparierung* (*von Haus*) restauración *f;* (*von Gerät*) reparación *f* [2] ↑ *Reformierung* reforma *f* [3] ↑ *Beibehaltung* (*von Freundschaft*) reanudación *f;* (*von Vertrag*) renovación *f*

erneut I. *adj* ↑ *nochmalig* repetido **II.** *adv* ↑ *wieder* de nuevo; ◇ **~ etw tun** volver a hacer algo

erniedrigen *vtr* ◇ **sich ~** ↑ *demütigen* humillar(se), rebajar(se)

ernst *adj* [1] ↑ *sorgenvoll* ▷*Mensch* serio, grave [2] ▷*Film* serio; ▷*Absicht* firme; ◇ **jd-n/etw ~ nehmen** tomar a alguien/algo en serio [3] ↑ *kritisch* crítico, grave; ↑ *schwierig* difícil; **Ernst** *m* ‹-es› [1] ↑ *Ernsthaftigkeit* seriedad *f;* ◇ **das ist mein ~** lo digo en serio; ◇ **~ machen mit** hacer algo realidad [2] (*e-er Situation*) gravedad *f* [3] ↑ *Bedeutsamkeit* importancia *f;* **Ernstfall** *m* emergencia *f;* ◇ **im ~** en caso de peligro; **ernstgemeint** *adj* serio; **ernsthaft** *adj* [1] ↑ *ernstzunehmend* ▷*Person* serio, grave; ▷*Angebot* serio [2] ↑ *schwerwiegend* ▷*Probleme* grave, difícil; ▷*Verletzung, Krankheit* grave; **Ernsthaftigkeit** *f* [1] ↑ *Seriosität* seriedad *f* [2] ↑ *Schwere* (*von Problem*) gravedad *f;* **ernstlich** *adj* [1] ↑ *wirklich* real; ◇ **sich ~ Sorgen machen** preocuparse realmente [2] ↑ *ernst* ▷*Probleme* grave, serio

Ernte *f* ‹-, -n› [1] (*das Ernten*) cosecha *f* [2] recolección *f*, recogida *f;* **Erntearbeiter(in** *f*) *m* recolector(/a *f*) *m;* **Ernte[dank]fest** *n* fiesta *f* de la recogida; **ernten** *vt* [1] → *Getreide, Obst* recolectar; → *Wein* hacer la vendimia [2] *FIG* ↑ *bekommen* recoger

ernüchtern *vt* [1] quitar la borrachera, despejarse [2] *FIG* desengañar; desilusionar, desencantar; **Ernüchterung** *f FIG* ↑ *Desillusionierung* desilusión *f*, desengaño *m*, desencanto *m*

erobern *vt* [1] MIL → *Land* conquistar; → *Stadt* tomar [2] *FAM* → *Herz* conqistar; **Eroberung** *f* MIL *auch FIG* conquista *f*

eröffnen I. *vt* [1] → *Geschäft* abrir, inaugurar [2] ↑ *beginnen* → *Sitzung* abrir, inaugurar [3] *FIG* ↑ *mitteilen* comunicar **II.** *vr* ◇ **sich ~** ← *Möglichkeit* presentarse; **Eröffnung** *f* apertura *f*, inaguración *f;* apertura *f*, comienzo *m;* comunicado *m*

erogen *adj* erógeno

erörtern *vt* (→ *Thema*) discutir

Erotik *f* erotismo *m;* **erotisch** *adj* erótico

erpicht *adj:* ◇ **~ sein auf** *akk* estar ansioso por

erpressen *vt* [1] → *Lösegeld* chantajear, hacer chantaje [2] ↑ *nötigen* → *jd-n* obligar a, forzar a; **Erpresser(in** *f*) *m* ‹-s, -› chantajista *m/f;* **Erpressung** *f* chantaje *m*

erproben *vt* ↑ *testen* probar, someter a prueba

erraten *unreg vt* → *Geheimnis* adivinar; → *Lösung* acertar

erregen I. *vt* [1] ↑ *aufregen* excitar, agitar; ↑ *ärgern* irritar [2] ↑ *anregen, reizen* excitar [3] ↑ *hervorrufen* → *Neugier* provocar, causar; → *Zweifel* despertar **II.** *vr* ◇ **sich ~** excitarse (*über akk* por); enfadarse por; **Erreger** *m* ‹-s, -› (*von Krankheiten*) agente *m* patógeno; **Erregung** *f* [1] ↑ *Verursachen* provocación *f;* JURA ◇ **~ öffentlichen Ärgernisses** escándalo público [2] ↑ *Erregtheit* irritación *f*, excitación *f*

erreichbar *adj* [1] ↑ *nicht weit weg* ▷*Ort* cercano [2] (▷*telefonisch, Mensch*) localizable; ◇ **schwer ~ sein** ser difícil de localizar; **erreichen** *vt* [1] ↑ *ankommen* → *Ziel* llegar (*an dat* a) [2] ↑ *antreffen* → *Person* encontrar, localizar [3] ↑ *heranreichen* alcanzar [4] ↑ *verwirklichen* → *Ziel* lograr, alcanzar [5] ↑ *durchsetzen* conseguir; ◇ **was willst du damit ~?** ¿qué quieres conseguir con eso?

errichten *vt* [1] ↑ *aufstellen* → *Gebäude* edificar; → *Denkmal* erigir [2] ↑ *gründen* fundar

erringen *unreg vt* conseguir; → *Sieg* ganar

erröten *vi* ponerse colorado, ruborizarse

Errungenschaft *f* [1] ↑ *Neuerung* adelanto *m* [2] *FAM* ↑ *Anschaffung* compra *f*

Ersatz *m* ‹-es› [1] sustitución *f;* (*Schadens-*) indemnización *f* (*für* por) [2] (*für Notfall*) repuesto *m* [3] ↑ *Reserve*, MIL reserva *f;* **Ersatzbefriedigung** *f satisfacción que se busca para compensar algo;* **Ersatzdienst** *m* MIL servicio *m* social; **ersatzlos** *adj* sin recambio; ◇ **etw ~ streichen** suprimir algo del todo; **Ersatzreifen** *m* AUTO neumático *m* de repuesto; **Ersatzspieler(in** *f*) *m* jugador(/a *f*) *m* de reserva; **Ersatzteil** *n* pieza *f* de repuesto

erschaffen *unreg vt* producir, crear; **Erschaffung** *f* REL creación *f*

erscheinen *unreg vi* [1] ↑ *sich einfinden, kommen* llegar; (*bei Arbeit*) aparecer; (*als Zeuge*) comparecer [2] ↑ *publiziert werden* ← *Buch, Zeitung* publicarse [3] ↑ *sich darstellen* parecer; ◇ **das erscheint mir bemerkenswert** me parece digno de atención; **Erscheinung** *f* [1] ↑ *Aufmachung, Auftreten* aparición *f;* ◇ **e-e imposante** ~ una impresionante entrada [2] ↑ *Gegebenheit* (*Natur~*) fenómeno *m;* (*Alters~*) síntoma *m* [3] ↑ *Vision* visión *f;* **Erscheinungsjahr** *n* año *m* de publicación

erschießen *unreg vt* matar, dar un tiro

erschlagen *unreg vt* matar a golpes; *FIG* ◇ **sich wie ~ fühlen** estar molido

erschließen → *Siedlung* urbanizar; → *Mine* abrir

erschöpfen *vt* [1] ▷*körperlich, geistig* cansar, agotar [2] ↑ *aufbrauchen* → *Reserven, Geduld* acabar [3] ↑ *ausführlich behandeln* → *Thema* tratar en profundidad; **erschöpfend** *adj* [1] ▷*Marsch* agotador [2] *FIG* ↑ *befriedigend* ▷*Antwort* satisfactorio; **Erschöpfung** *f* cansancio *m*

erschrecken I. *vt* (*in Schrecken versetzen*) asustar, espantar **II.** ‹erschrak, erschrocken› *vi* (*Schrecken bekommen*) llevarse un susto; **erschreckend** *adj* alarmante, terrible, espantoso

erschüttern *vt* [1] → *Erdboden* sacudir [2] ↑ *aufwühlen* (*jd-n*) afectar, conmover; **Erschütterung** *f* [1] (*Beben*) sacudida *f* [2] ↑ *Rührung* emoción *f*

erschweren *vt* dificultar

erschwinglich *adj* → *Preise* asequible

ersehen *unreg vt:* ◇ **daraus ersieht man, daß ...** de esto se deduce que ...

ersetzbar *adj* sustituible; **ersetzen** *vt* [1] ↑ *auswechseln* remplazar; → *Ersatzteil* sustituir; → *Person* cambiar [2] ↑ *vertreten* hacer las veces de; ◇ **jd-m den Vater ~** hacer las veces de padre [3] ↑ *ausgleichen* → *Verlust* compensar; ↑ *entschädigen* indemnizar

ersichtlich *adj* evidente, claro

ersinnen *vt* imaginar, inventar

ersparen *vt* ↑ *verschonen mit* evitar; → *Arbeit* ahorrar; **Ersparnis** *f* (*Kosten~*) ahorro *m* (*an dat* en)

erst *adv* [1] ↑ *zunächst* primero; ◇ **~ die Arbeit, dann das Vergnügen** primero el trabajo, después la diversión [2] ↑ *anfangs* al principio; ◇ **~ kamen die Gäste, dann ...** al principio llegaron los invitados, después ... [3] ↑ *nicht eher als* no antes de; ◇ **sie kommt ~ morgen** no viene hasta mañana [4] ↑ *nicht mehr als* no más; ◇ **sie ist ~ 18 Jahre alt** no tiene más de 18 años [5] ↑ *gar* ◇ **und ich ~!** ¡y yo!

erstarren *vi* entumecerse

erstatten *vt* [1] → *Unkosten* rembolsar; pagar [2] ◇ **Bericht ~** informar de, hacer un informe; ◇ **Anzeige ~** denunciar, poner una denuncia

Erstaufführung *f* THEAT estreno *m;* **Erstauflage** *f* primera edición *f*

erstaunen *vt* sorprender, asombrar; **Erstaunen** *n* ‹-s› asombro *m* (*über akk* de); **erstaunlich** *adj* [1] asombroso; ▷*Begebenheit* sorprendente [2] ▷*Leistung* admirable; **erstaunt** *adj* asombroso

erstbeste(r, s) *adj PEJ* el primero que se presente; ◇ **den E~n heiraten** casarse con el primero que aparezca

erste(r, s) *adj* [1] primero [2] ↑ *ursprünglich* ◇ **der ~ Mensch** el hombre primitivo [3] (*Datumsangabe*) ◇ **Eisingen, den 1. September** Eisingen, a 1 de septiembre

erstechen *unreg vt* matar a cuchilladas

erstehen *unreg vt* ↑ *kaufen* comprar

erstens *adv* lo primero, en primer lugar

erstere(r, s) *pron* lo primero, la primera

ersticken I. *vt* [1] → *jd-n* ahogar, asfixiar; → *Feuer* sofocar [2] *FIG* → *Lachen* contener; → *Revolte* aplastar, reprimir **II.** *vi* [1] ← *Mensch* ahogarse, asfixiarse [2] *FAM* ◇ **in Arbeit ~** estar abrumado de trabajo; **erstickt** *adj* asfixiado; **Erstickung** *f* asfixia *f*

erstklassig *adj* ↑ *ausgezeichnet* ▷*Restaurant* de categoría; ▷*Wein, Essen* de calidad; ▷*Mensch* de primera

Erstkommunion *f* primera comunión *f*

erstmalig I. *adj* primero **II.** *adv* por primera vez

erstrebenswert *adj* ▷*Ziel* deseable

erstrecken *vr* ◇ **sich ~** [1] ▷*räumlich* extenderse (*über, auf akk* sobre, a); ▷*zeitlich* alargarse (*über, auf akk* [2] *FIG* ↑ *umfassen* referirse

Erstschlag *m* MIL [primer] ataque *m*

erstürmen tomar

Erstwohnsitz *m* residencia *f* principal

ersuchen *vt* pedir, solicitar (*um* algo)

ertappen *vt* sorprender, pillar (*bei* con)

erteilen *vt* ↑ *gewähren* → *Vollmacht* dar; → *Unterricht* dar, impartir; → *Audienz* conceder

Ertrag *m* ‹-[e]s, Erträge› ↑ *Ausbeute* (*von Arbeit*) rendimiento *m;* (*von Kapital*) renta *f,* rédito *m*

ertragen *unreg vt* soportar, aguantar; ◇ **das ist ja nicht zu ~** es inaguantable; **erträglich** *adj* [1] soportable, aguantable [2] ↑ *mittelmäßig* ▷*Leistung* pasable

ertränken *vr* ◇ **sich ~** ahogarse

erträumen *vt* soñar con, desear mucho
ertrinken *unreg vi* ahogarse
erübrigen I. *vt* ↑ *übrig haben* → *Geld* sobrar; → *Zeit* tener II. *vr* ◇ **sich** ~ sobrar, estar de más; ◇ **es erübrigt sich, darauf zu antworten** está de más contestar [a su pregunta]
erwachen *vi* [1] ↑ *wach werden* despertarse [2] *FIG* ↑ *entstehen* despertar; **Erwachen** *n* despertar *m*
erwachsen *adj* adulto, mayor; **Erwachsene(r)** *fm* adulto/a; **Erwachsenenbildung** *f* educación *f* para adultos
erwägen ⟨erwog, erwogen⟩ *vt* [1] → *Möglichkeiten* considerar [2] ↑ *prüfen* → *Plan* examinar [3] ↑ *überlegen* pensar; **Erwägung** *f* [1] consideración *f* [2] ↑ *Prüfung* examen *m*
erwählen escoger, elegir
erwähnen *vt* ↑ *nennen* nombrar; → *Ereignis* mencionar; ◇ **er hat mit keinem Wort erwähnt, daß ...** no ha mencionado que ...; **Erwähnung** *f* mención *f*
erwarten *vt* → *Brief, Ereignis* esperar; ◇ **etw kaum ~ können** esperar algo con impaciencia; ◇ **das war zu** ~ era de esperar; **Erwartung** *f* [1] espera *f* [2] esperanza *f;* ◇ **~en erfüllen** cumplir esperanzas
erwecken *vt* [1] (*aus Lethargie*) despertar; ◇ **jd-m zum Leben** ~ resucitar a alguien [2] *FIG* ↑ *hervorrufen* → *Freude* provocar; → *Zweifel* despertar
erweisen *unreg* I. *vt* → *Vertrauen* demostrar, probar; → *Dienst* hacer (*jd-m* a alguien) II. *vr:* ◇ **sich als etw** ~ resultar ser algo
Erwerb *m* ⟨-[e]s, -e⟩ [1] profesión *f*, empleo *m* [2] ↑ *Lohn* sueldo *m*, ganancia *f* [3] ↑ *Kauf* compra *f;* ↑ *Anschaffung* adquisición *f;* **erwerben** *unreg vt* [1] ↑ *kaufen* → *Grundstück* comprar [2] ↑ *sich zu eigen machen* → *Fähigkeit* adquirir; **erwerbslos** *adj* parado, sin trabajo; sin recusos; **Erwerbspersonen** *f/pl* población *f* activa; **erwerbstätig** *adj* activo; **Erwerbstätige(r)** *fm* asalariado/a
erwidern *vt* [1] ↑ *entgegnen* responder, contestar [2] → *Gefälligkeit* devolver; → *Liebe* corresponder
erwiesen *adj* probado, demostrado
erwischen *vt* [1] → *Verbrecher* coger, atrapar [2] → *Bus* coger, pillar [3] *FAM* ◇ **mich hat's erwischt!** ¡buena me he pillado!; ¡me ha dado fuerte!; ¡me han herido!
erwünscht *adj* ▷*Kind* deseado; ▷*Besuch* esperado
erwürgen estrangular
Erz *n* ⟨-es, -e⟩ mineral *m*
erzählen *vt* [1] ↑ *berichten* → *Geschichte* contar, relatar [2] *FAM* ↑ *beschwindeln* ◇ **jd-m etwas** ~ contar un cuento a alguien; **Erzählung** *f* [1] (*von Geschichte*) relato *m* [2] (*literarische Gattung*) narración *f*
Erzbischof *m* arzobispo *m;* **Erzengel** *m* arcángel *m*
erzeugen *vt* [1] ↑ *herstellen* → *Waren* producir, fabricar; → *Energie* producir [2] ↑ *hervorrufen* → *Angst* dar, provocar; **Erzeuger(in** *f*) *m* fabricante *m/f;* **Erzeugnis** *n* [1] ↑ *Ware* producto *m* [2] ↑ *Werk* obra *f*, creación *f*
erziehen *unreg vt* → *Kind* educar; **Erzieherin** *f* educadora *f;* **Erziehung** *f* [1] educación *f* [2] ↑ *Bildung* formación *f;* **Erziehungsberechtigte(r)** *fm* tutor *m*
erzielen *vt* → *Ergebnis* lograr, conseguir; SPORT → *Tor* marcar
erzürnen *vt* enfadar, irritar
es *pron 3. Person sg, sächlich: nom + akk* [1] (*in bezug auf Menschen*) le, la; ◇ ~ **ist schon 3 Jahre alt** (*Kind*) tiene ya 3 años [2] (*in bezug auf Dinge*) lo; ◇ **sie hat ~ neu gekauft** (*Buch*) se lo ha comprado nuevo [3] (*für Abstrakta*) lo; ◇ **niemand will ~ gesagt haben** nadie dice haberlo dicho [4] (*formales Subjekt*) ◇ ~ **ist mein Mann, der kocht** él es mi marido, el cocinero; ◇ ~ **hat keinen Sinn, daß ...** no tiene sentido que ...; ◇ ~ **ist 2 Uhr** son las 2 [5] (*formales Objekt*) ◇ **ich bin ~ müde ...** estoy harto de ...; ◇ **er hält ~ für nötig ...** le parece necesario ... [6] (*unpersönlich*) ◇ ~ **schneit** está nevando; ◇ ~ **schläft sich gut hier** se duerme bien aquí
Esche *f* ⟨-, -n⟩ fresno *m*
Esel *m* ⟨-s, -⟩ [1] burro *m*, asno *m* [2] *FAM* ◇ **du ~!** ¡qué burro eres! ¡idiota!; **Eselin** *f* burra *f*, asna *f*
Eskalation *f* escalada *f*
Eskimo *m* esquimal *m*
eßbar *adj* comestible
essen ⟨aß, gegessen⟩ *vti* [1] comer [2] *FAM* ◇ **[das ist] schon gegessen** ya está hecho, ¡dalo por hecho!; **Essen** *n* ⟨-s, -⟩ [1] (*Nahrung*) alimento *m*, comida *f* [2] ↑ *Mahlzeit* ▷*mittags* comida *f;* ▷*abends* cena *f*
essentiell *adj* esencial
Essig *m* ⟨-s, -e⟩ vinagre *m;* **Essiggurke** *f* GASTRON pepinillo *m* en vinagre
Eßkastanie *f* castaña *f;* **Eßtisch** *m* mesa *f* de comedor; **Eßwaren** *f/pl* comestibles *m/pl;* **Eßzimmer** *n* comedor *m*
Estragon *m* estragón *m*
Etage *f* ⟨-, -n⟩ planta *f*, piso *m;* **Etagenwohnung** *f* piso *m*

Etappe *f* ‹-, -n› [1] ↑ *Teilstrecke* etapa *f* [2] ↑ *Zeitabschnitt* fase *f*
Etat *m* ‹-s, -s› presupuesto *m*
etepetete *adj FAM* pitiminí, remilgado
Ethik *f* ética *f;* **ethisch** *adj* ético
Etikett *n* ‹-[e]s, -e› etiqueta *f*
etliche *pron pl* algunos *pl;* **etliches** *pron* algunos
Etui *n* ‹-s, -s› estuche *m,* funda *f*
etwa *adv* [1] ↑ *ungefähr* aproximadamente, más o menos [2] ↑ *zum Beispiel* ◇ **nehmen wir ~ seinen Vater** tomemos por ejemplo a su padre [3] ↑ *womöglich, am Ende* acaso; ◇ **du bist doch nicht ~ pleite?** ¡no estás, por casualidad, sin un duro?
etwas I. *pron* [1] ↑ *ein bißchen* un poco, algo; ◇ **~ besser** algo mejor [2] algo, alguna cosa; ◇ **hast du ~ gehört?** ¡han oído algo?; ◇ **er hat ~ Unsympathisches an sich** tiene algo que le hace antipático [3] ◇ **das ist doch ~ anderes!** ¡eso es otra cosa! **II.** *adv* ↑ *ein wenig, irgendwie* un poco; ◇ **kannst du mir das ~ erklären?** ¿me lo puedes explicar un poco?
Etymologie *f* etimología *f*
euch *pron akk, dat von* **ihr** os; (*betont, nach Präposition*) a vosotros
euer I. *pron* (*possesiv, adjektivisch*) vuestro; (*pl*) vuestros; ◇ **wie ist ~ Auto?** ¡cómo es vuestro coche? **II.** *pron gen von* **ihr** (*personal*) de vosotros; ◇ **wir sind ~ eingedenk** nos acordamos de vosotros
Eule *f* ‹-, -n› lechuza *f*
eure(r, s) *pron* (*possesiv, substantivisch*) vuestro; (*pl*) vuestros; ◇ **wessen Auto ist das? - es ist ~s** ¡de quién es el coche? - es el vuestro; **eurerseits** *adv* de vuestra parte; **euresgleichen** *pron* [gente] como vosotros; **euretwegen** *adv* [1] ↑ *euch zuliebe* por vosotros; ◇ **~ sind wir so weit gefahren** por vosotros hemos hecho un viaje tan largo [2] (*negativ*) ◇ **alles nur ~** todo por vuestra culpa
Eurokrat(in *f*) *m* ‹-en, -en› *PEJ* burócrata *m/f* de la Comunidad Europea; **Europa** *n* ‹-s› Europa *f;* **Europäer(in** *f*) *m* ‹-s, -› europeo/a; **europäisch** *adj* europeo; ◇ **E-e Gemeinschaft** Comunidad *f* Europea; **Europameister(in** *f*) *m* SPORT campeón *m* de Europa
Euroscheck *m* Eurocheque *m*
Euter *n* ‹-s, -› ubre *f*
evakuieren *vt* [1] → *Bevölkerung* evacuar [2] → *Gebiet* desalojar
evangelisch *adj* ▷*Kirche* evangélico, protestante
Evangelium *n* evangelio *m*
Eva[s]kostüm *n FAM*: ◇ **im ~** desnudo
eventuell I. *adj* eventual **II.** *adv* ↑ *möglicherweise* probablemente; ◇ **~ komme ich morgen** probablemente llego mañana
EWG *f* ‹-› *Abk v.* **Europäische Wirtschaftsgemeinschaft** C.E.E. *f;* **Comunidad Económica Europea**
ewig *adj* [1] ↑ *immer* eterno [2] ↑ *alles überdauernd* infinito [3] *FAM* ↑ *unaufhörlich* continuo; ◇ **das ~e Gerede habe ich satt** estoy harto de las continuas habladurías; **Ewigkeit** *f* eternidad *f; FAM* ◇ **das dauert ja e-e ~!** ¡esto dura una eternidad!
exakt *adj* ▷*Angaben* exacto; ▷*Arbeit* preciso
Examen *n* ‹-s, - *o.* Examina› (*Staats-*) examen *m*
Exekutive *f* ejecutivo *m*
Exemplar *n* ‹-s, -e› ejemplar *m;* **exemplarisch** *adj* ejemplar
exerzieren *vi* MIL hacer instrucción; **Exerzierplatz** *m* campo *m* de maniobras
Exil *n* ‹-s, -e› exilio *m*
Existenz *f* existencia *f;* ◇ **sich e-e ~ aufbauen** conseguir una posición; **Existenzminimum** *n* mínimo *m* vital; **existieren** *vi* [1] ↑ *leben* vivir (*von dat* de) [2] ↑ *vorhanden sein* existir
exklusiv *adj* exclusivo; ▷*Gesellschaft* selecto
exklusive *adv, präp gen* sin contar, sin tener en cuenta
Exkremente *n/pl* excrementos *m/pl*
Exkurs *m* ‹-, -e› digresión *f*
exotisch *adj* exótico
Expander *m* extensor *m*
Expansion *f* ↑ *Ausdehnung* expansión *f*
Expedition *f* COMM expedición *f*
Experiment *n* ↑ *wissenschaftlicher Versuch, FIG* ↑ *Versuch* experimento *m;* **experimentieren** *vi* experimentar (*mit* con)
Experte *m* ‹-n, -n› experto *m;* **Expertin** *f* experta *f*
explodieren *vi* [1] ← *Bombe* estallar [2] ← *Uni, Stadt* crecer rápidamente, crecer sin control [3] *FIG* ← *Mensch* explotar, reventar; **Explosion** *f Bomben-, auch FIG* explosión *f;* **explosiv** *adj* [1] explosivo [2] ↑ *gereizt* ▷*Mensch* muy irritable, que muerde
Exponent *m* MATH exponente *m*
Exponent(in *f*) *m* representante *m,* exponente *m*
Export *m* ‹-[e]s, -e› exportación *f;* **Exportartikel** *m* COMM artículo *m* de exportación; **Exporthandel** *m* COMM comercio *m* de exportación; **Exporthändler(in** *f*) *m* exportador/a; **exportieren** *vt* exportar

Expreßgut *n* envío *m* urgente

extra I. *adj inv FAM* ↑ *besondere, spezielle* especial, extra **II.** *adv* [1] ↑ *gesondert* extra; ◇ **etw - bezahlen** pagar algo extra [2] ↑ *speziell* especialmente; ◇ **das ist - für Sie** es especialmente para usted [3] ↑ *absichtlich* expresamente; ◇ **das hat sie - so eingerichtet** lo ha decorado expresamente así [4] ↑ *besonders* super, muy; ◇ **- stark, - schnell** super fuete, super deprisa; **Extra** *n* ‹-s, -s› [1] extra *m* [2] accesorio *m;* ◇ **ein Haus mit vielen -s** una casa con muchos accesorios; **Extraausgabe** *f* edición *f* especial; **Extrabett** *n* cama *f* supletoria

Extrakt *m* ‹-[e]s, -e› extracto *m*

extrem *adj* [1] ↑ *äußerst* ◇ **- kalt** extremadamente frío [2] ↑ *radikal* extremo, radical

extremistisch *adj* POL extremo; ◇ **rechts-, links-** extrema derecha, extrema izquierda

Extremitäten *pl* ANAT extremidades *f/pl*

Exzeß *m* ‹Exzesses, Exzesse› exceso *m*, abuso *m;* ◇ **bis zum -** hasta la saciedad

Eyeliner *m* ‹-s, -› ↑ *Kajal* lápiz *m* de ojos

F

F, f *n* [1] (*Buchstabe*) F, f *f* [2] MUS fa *m*

Fabel *f* ‹-, -n› (*Tier-*) fábula *f;* **fabelhaft** *adj* ↑ *toll, super* fabuloso, genial, magnífico

Fabrik *f* fábrica *f;* **Fabrikant(in** *f*) *m* fabricante *m/f;* **Fabrikarbeiter(in** *f*) *m* obrero/a

Fabrikat *n* producto *m* manufacturado; **Fabrikation** *f* ↑ *Produktion* fabricación *f*, producción *f;* **fabrizieren** *vt* ↑ *herstellen* producir; *PEJ* → *Schrott, Mist* hacer

Fach *n* ‹-[e]s, Fächer› [1] (*Schub-*) cajón *m* [2] ↑ *Wissensgebiet* especialidad *f;* ◇ **ein Mann vom -** un especialista [3] (*Schul-*) asignatura *f;* (*Studien-*) rama *f;* **Facharbeiter(in** *f*) *m* (*am Bau*) obrero/a especializado/a; **Facharzt** *m* ↑ *Spezialarzt* médico *m* especialista; **Fachärztin** *f* médica *f* especialista; **Fachausdruck** *m, pl* ‹-ausdrücke› término *m* técnico

Fächer *m* ‹-s, -› abanico *m*

Fachidiot *m* ‹-en, -en› *PEJ persona especializada en un terreno muy concreto*

fachlich *adj* especializado, técnico; **Fachschule** *f* escuela *f* técnica; **fachsimpeln** *vi* hablar del oficio

Fachwerk *n* libro *m* especializado

fad[e] *adj* [1] ▷*Geschmack* insípido [2] ↑ *langweilig* aburrido

Faden *m* ‹-s, Fäden› [1] (*Näh-*) hilo *m* [2] *FIG* ◇ **den - verlieren** perder el hilo [3] *FIG* ◇ **roter -** hilo *m* conductor; **fadenscheinig** *adj FIG* ▷*Entschuldigung* inverosimil, que no se puede creer

fähig *adj* [1] ↑ *in der Lage* capaz (*zu* de) [2] ↑ *tüchtig* competente, trabajador; **Fähigkeit** *f* ↑ *Können* capacidad *f*

fahnden *vi* ↑ *suchen*: ◇ **- nach jd-m** buscar a alguien; **Fahndung** *f* búsqueda *f*

Fahne *f* ‹-, -n› bandera *f; FAM* ◇ **e-e - haben** apestar a alcohol

Fahrausweis *m* ↑ *Ticket* billete *m;* **Fahrbahn** *f* ▷*rechte, linke* calzada *f*

Fähre *f* ‹-, -n› ferry *m*

fahren ‹fuhr, gefahren› **I.** *vt* [1] ↑ *steuern* → *Auto* conducir; ↑ *lenken* → *Motorrad* ir en [2] ↑ *transportieren* transportar [3] ↑ *Rennen* correr [4] MIN → *Schicht* tener turno **II.** *vi* (*mit Auto, Schiff*) viajar; ← *Zug* salir; **Fahrer(in** *f*) *m* ‹-s, -› conductor(a *f*) *m;* (*Geister-*) conductor (a *f*) *m* en dirección contraria; **Fahrerflucht** *f* huida *f* [después de un accidente]; **Fahrgast** *m* viajero *m;* **Fahrgemeinschaft** *f* viaje *m* con gastos compartidos; **Fahrkarte** *f* ↑ *Ticket* billete *m;* **Fahrkartenschalter** *m* taquilla *f*

fahrlässig *adj* ↑ *unachtsam* descuidado, negligente

Fahrlehrer(in *f*) *m* profesor (a *f*) *m* de autoescuela; **Fahrplan** *m* horario *m;* **fahrplanmäßig** *adj* conforme al horario; **Fahrpreis** *m* precio *m* del billete; **Fahrpreisermäßigung** *f* ↑ *Billigtarif* tarifa *f* reducida; **Fahrprüfung** *f* examen *m* de conducir

Fahrrad *n* bicicleta *f*

Fahrscheinautomat *m* máquina *f* automática de billetes

Fahrschule *f* autoescuela *f;* **Fahrschüler(in** *f*) *m* [1] futuro conductor(a *f*) *m* [2] *alumno que va al colegio en autobús;* **Fahrstuhl** *m* ↑ *Aufzug* ascensor *m*

Fahrt *f* ‹-, -en› [1] (*Fahren*) viajar *m* [2] ↑ *Reise* viaje *m* [3] (*volle -*) ↑ *Geschwindigkeit* velocidad *f* [4] *FIG* ◇ **in - sein** estar de buen humor

Fährte *f* ‹-, -n› ↑ *Spur* carril *m*

Fahrtkosten *pl* gastos *m/pl* del viaje

Fahrzeug *n* vehículo *m*

Faktor *m* ↑ *Kriterium* factor *m*

Fakultät *f* facultad *f*

Falke *m* ‹-n, -n› halcón *m*

Fall *m* ‹-[e]s, Fälle› [1] ↑ *Sturz* caída *f* [2] JURA caso *m* [3] GRAM ↑ *Kasus* caso *m* [4] ◇ **auf keinen -en** ningún modo; ◇ **auf jeden -** de todos modos

Falle *f* ‹-, -n› [1] trampa *f* [2] *FAM* ↑ *Bett* cama *f*
fallen ‹fiel, gefallen› *vi* [1] ↑ *stürzen* caer [2] ← *Preise* bajar [3] ↑ *sterben* morir, caer [4] *FIG* ◇ **in Ohnmacht** ~ desmayarse; ◇ **aus der Rolle** ~ salirse alguien de sus casillas
fällen *vt* [1] → *Baum* cortar [2] *FIG* → *Urteil* fallar, dictar sentencia
fallenlassen *unreg vt* [1] → *Schüssel* dejar caer [2] *FIG* → *Plan* abandonar [3] *FIG* → *Bemerkung* hacer, dejar caer
fällig *adj* vencedero; **Fälligkeit** *f* COMM vencimiento *m*
Fallout *m* ‹-s, -s› ▷*radioaktiver* lluvia *f* radioactiva, polvillo *m* radioactivo
falls *adv* ↑ *wenn* (*konditional*) en caso de
Fallschirm *m* paracaídas *m*
falsch *adj* [1] (*Ggs richtig*) equivocado [2] ▷*Aussage* ▷*Schmuck* falso [3] *FIG* ▷*Person* falso, traidor; **fälschen** *vt* → *Geld* → *Kunstwerk* falsificar; **Falschheit** *f* [1] (*von Gemälde*) copia *f* [2] (*von Aussage, Person*) falsedad *f;* **fälschlicherweise** *adv* por error; **Fälschung** *f* falsificación *f,* imitación *f;* **fälschungssicher** *adj* ▷*Ausweis* inimitable, infalsificable
Falte *f* ‹-, -n› [1] (*Haut-*) arruga *f* [2] (*Bügel-*) pliego *m;* **falten** *vt* [1] → *Papier* doblar [2] → *Hände* arrugarse
familiär *adj* familiar
Familie *f* [1] familia *f* [2] ↑ *Gattung* género *m,* familia *f;* **Familienname** *m* ↑ *Nachname* apellido *m;* **Familienstand** *m* estado *m* civil
Fanatiker(in *f*) *m* ‹-s, -› fanático/a; **fanatisch** *adj* fanático
fand *impf v.* **finden**
Fang *m* ‹-[e]s, Fänge› [1] ↑ *Beute* captura *f,* presa *f* [2] (*Bären-*) garra *f*
fangen ‹fing, gefangen› **I.** *vt* [1] → *Tier* cazar [2] → *Ball* recoger [3] ◇ **F~ spielen** jugar a pescar **II.** *vr* ◇ **sich ~** [1] *FIG* ↑ *Krise bewältigen* superar [2] (*in Schule*) recuperar
Farbabzug *m* FOTO foto *f* en color; **Farbaufnahme** *f* FOTO foto *f* en color; **Farbband** *m, pl* ‹-bänder› cinta *f* mecanográfica; **Farbe** *f* ‹-, -n› [1] ▷*rot, blau, gelb* color *m* [2] (*Öl-, Stoff-*) pintura *f;* **färben I.** *vt* → *Haar* teñir **II.** *vi* (*ab-*) desteñir; **farbenblind** *adj* daltónico; **farbenfroh** *adj* vistoso, llamativo; **Farbfernsehen** *n* televisión *f;* **Farbfilm** *m* película *f* en color; **farbig** *adj* ↑ *bunt* de color; **Farbige(r)** *fm* persona *f* de color; **farblos** *adj* [1] ▷*Lack* descolorido [2] ↑ *langweilig* aburrido; **Farbphotographie** *f* fotografía *f* en color; **Farbstift** *m* lápiz *m* de color; **Farbstoff** *m* colorante *m;* **Farbton** *m* tono *m,* matiz *m*
Färbung *f* [1] ↑ *Farbgebung* colorido *m* [2] (*von Partei*) tendencia *f*
Fasching *m* ‹-s, -e *o.* -s› carnaval *m*
Faschismus *m* fascismo *m;* **Faschist(in** *f*) *m* fascista *m/f,* facha *m/f*
faseln *vi FAM* decir tonterías
Faser *f* ‹-, -n› [1] (*Stoff-*) fibra *f* [2] *FIG* ◇ **mit jeder** ~ con todo su ser; **fasern** *vi* deshilacharse
Faß *n* ‹Fasses, Fässer› (*Wein-*) cuba *f;* ◇ **Bier vom** ~ cerveza *f* de barril
faßbar *adj* comprensible
fassen I. *vt* [1] ↑ *greifen* → *Seil* coger [2] *FIG* ↑ *verstehen* comprender, asimilar; ◇ **nicht zu ~!** ¡es increíble! [3] ↑ *Raum bieten* tener cabida para [4] → *Entschluß* decidirse [5] ◇ **in Worte** ~ expresar **II.** *vr* ◇ **sich** ~ [1] ↑ *Kontrolle wiedererlangen* dominarse [2] ◇ **sich auf etw** *akk* **gefaßt machen** prepararse para algo; **Fassung** *f* [1] (*von Ring*) engaste *m,* engarce *m* [2] (*von Lampe*) portalámparas *m* [3] *FIG* ↑ *Selbstbeherrschung* dominio *m* de sí mismo; ◇ **jd-n aus der ~ bringen** sacar a alguien de sus casillas [4] (*von Film*) ↑ *Bearbeitung* versión *f;* **fassungslos** *adj* ↑ *entsetzt* desconcertado; **Fassungsvermögen** *n* ↑ *Rauminhalt* capacidad *f*
fast *adv* casi
fasten *vi* ayunar
fatal *adj* [1] ▷*Fehler* fatal [2] ▷*Mißverständnis* desagradable
faul *adj* [1] ▷*Lebensmittel* podrido [2] ▷*Mensch* corrompido [3] ▷*Ausreden* sospechoso [4] *FAM* ◇ **das ist doch ober~!** ¡aquí hay gato encerrado!
faulen *vi* pudrirse
faulenzen *vi* hacer el vago, holgazanear; **Faulenzer(in** *f*) *m* ‹-s, -› vago/a, gandul(a *f*) *m,* holgazán(-ana *f*) *m;* **Faulheit** *f* pereza *f,* vagancia *f*
Faust *f* ‹-, Fäuste› puño; ◇ **mit der ~ auf Tisch hauen** dar un puñetazo en la mesa; **faustdick** *adj* [1] ▷*Lüge* como una casa [2] ◇ **es ~ hinter den Ohren haben** ser un pícaro; **Fausthandschuh** *m* manopla *f*
Favorit(in *f*) *m* ‹-en, -en› [1] SPORT favorito/a [2] *FIG* ↑ *Liebling* preferido/a
faxen *vti* mandar un fax
Februar *m* ‹-[s], -e› febrero; ◇ **26. ~ 1961** a 26 de febrero de 1961
fechten ‹focht, gefochten› *vi* SPORT hacer esgrima
Feder *f* ‹-, -n› [1] (*Vogel-*) pluma *f* [2] (*Schreib-*) pluma *f* de escribir [3] TECH muelle *m;* **Federball** *m* pelota *m* de badminton; **Federhalter** *m*

portaplumas *m;* **federleicht** *adj* ligero como una pluma

federn I. *vi* tener suspensión II. *vt* (*Bett* ~) llenar de plumas; **Federung** *f* AUTO suspensión *f*

Fee *f* ‹-, -n› [el] hada *f*

fegen *vt* barrer

fehl *adv:* ◇ ~ **am Platz sein** estar fuera de lugar

fehlen *vi* [1] ↑ *abwesend sein* faltar [2] ↑ *vermißt werden* ser echado de menos [3] *FIG* ◇ **was fehlt Ihnen?** ¿qué le ocurre/pasa?; **Fehler** *m* ‹-s, -› [1] (*Schreib-*) falta *f* [2] ↑ *Schwäche* defecto *m* [3] ↑ *Mangel* falta *f;* (*Druck-*) errata *f;* **fehlerfrei** *adj* sin faltas, perfecto; **fehlerhaft** *adj* con faltas, incorrecto; **Fehlgeburt** *f* aborto *m* natural; **Fehlgriff** *m* equivocación *f;* **Fehlkonstruktion** *f* defecto *m* de fabricación; **Fehlschlag** *m* fracaso *m;* **fehlschlagen** *unreg vi* fracasar; **Fehlstart** *m* SPORT salida *f* en falso; **Fehltritt** *m FIG* desliz *m,* resbalón *m;* **Fehlzündung** *f* AUTO encendido *m* defectuoso

Feier *f* ‹-, -n› fiesta *f*

Feierabend *m:* ◇ ~ **machen** terminar la jornada de trabajo; *FAM* ◇ **jetzt ist ~!** ¡se acabó!

feierlich *adj* de fiesta; **Feierlichkeit** *f* [1] ↑ *festliche Stimmung* ambiente *m* de fiesta [2] ◇ **~en** *pl* fiestas *pl*

feiern I. *vt* → *Hochzeit* celebrar II. *vi* [1] ↑ *Fest begehen* hacer fiesta [2] *FAM* ◇ **krank** ~ no ir al trabajo; **Feiertag** *m* día *m* de descanso/fiesta

feig[e] *adj* cobarde; **Feigheit** *f* cobardía *f;* **Feigling** *m* cobarde *m*

Feile *f* ‹-, -n› lima *f;* **feilen** I. *vt* limar II. *vi FIG* ↑ *verbessern* mejorar

feilschen *vi* regatear

fein *adj* [1] ▷*Gewebe* ▷*Gehör* fino [2] ▷*Benehmen* refinado, distinguido [3] ◇ **~!** ¡estupendo!

Feind(in *f*) *m* ‹-[e]s, -e› enemigo/a; **feindlich** *adj* enemigo, hostil; **Feindschaft** *f* enemistad *f;* **feindselig** *adj* hostil

feinfühlig *adj* sensible, delicado; **Feingefühl** *n* sensibilidad *f;* **Feinheit** *f* delicadeza *f*

Feld *n* ‹-[e]s, -er› [1] (*-arbeit*) campo *m* [2] SPORT casilla *f* [3] (*FIG Forschungsgebiet*) terreno *m* [4] ELECTR campo *m;* **Feldwebel(in** *f*) *m* ‹-s, -› MIL sargento/a; **Feldweg** *m* camino *m* comarcal; **Feldzug** *m FIG* campaña *f*

Felge *f* ‹-, -n› AUTO llanta *f*

Fell *n* ‹-[e]s, -e› [1] (*Schaf-*) pelaje *m* [2] *FIG* ◇ **jd-m das ~ über die Ohren ziehen** descuartizar a alguien

Fels *m* ‹-en, -en› roca *f;* **Felsen** *m* ‹-s, -› peñasco *m;* **felsenfest** *adj* firme como una roca; **felsig** *adj* rocoso; **Felsspalte** *f* grieta *f*

feminin *adj* GRAM femenino; **Feminismus** *m* feminismo *m;* **Feminist(in** *f*) *m* feminista *m/f;* **feministisch** *adj* feminista

Fenchel *m* ‹-s, -› hinojo *m*

Fenster *n* ‹-s, -› [1] (*Zimmer-*) ventana *f;* (*Auto-*) ventanilla *f;* (*Schau-*) escaparate *m* [2] PC window *m;* **Fensterbrett** *n* alféizar *m;* **Fensterladen** *m* contraventana *f;* **Fensterputzer(in** *f*) *m* ‹-s, -› limpiacristales *m/f;* **Fensterscheibe** *f* ↑ *Fensterglas* cristal *m;* (*Auto-*) ventanilla *f*

Ferien *pl* vacaciones *f/pl;* **Ferienkurs** *m* curso *m* de vacaciones

Ferkel *n* ‹-s, -› [1] ↑ *Schweinchen* lechón *m* [2] *FAM* ◇ **du ~!** ¡[eres un] guarro/cochino!

fern I. *adj* lejano II. *adv* [1] ◇ ~ **von hier** lejos de aquí [2] *FIG* ◇ **das liegt mir** ~ yo jamás haría eso; **Fernamt** *n* TELEC ↑ *Vermittlung* central *f;* **Fernbedienung** *f* mando *m* a distancia; **Ferne** *f* ‹-, -n› ↑ *Weite* lejanía *f,* distancia *f;* ◇ **in weiter** ~ en un futuro lejano; **ferner** I. *kompar von* **fern**; II. (*weiterhin*) en adelante; **Ferngespräch** *n* conferencia *f;* **Fernglas** *n* prismáticos *m/pl;* **fernhalten** *unreg* I. *vt:* ◇ **etw von jd-m** ~ mantener algo alejado de alguien II. *vr* ◇ **sich** ~ mantenerse alejado (*von* de); **Fernkopie** *f* telefax *m;* **fernkopieren** *vt* mandar un telefax; **Fernkopierer** *m* máquina *f* de telefax; **Fernlenkung** *f* mando *m* a distancia; **Fernschreiber** *m* telex *m;* **fernschriftlich** *adj* por telex

fernsehen *unreg vi* ver la televisión; **Fernsehen** *n* ‹-s› televisión *f;* **Fernseher** *m* televisor *m;* **Fernsehsatellit** *m:* ◇ **über** ~ por vía satélite

Ferse *f* ‹-, -n› talón *m*

fertig *adj* [1] ↑ *beendet* terminado, acabado [2] ↑ *bereit* preparado [3] *FAM* ↑ *müde* cansado, rendido, hecho polvo; **Fertigbau** *m* ‹-s, Fertigbauten› construcción *f* prefabricada; **fertigbringen** *unreg vt* [1] ↑ *zu Ende bringen* terminar, acabar [2] ↑ *imstande sein* lograr; **Fertigkeit** *f* habilidad *f;* **fertigmachen** I. *vt* [1] ↑ *zu Ende führen* terminar, acabar, concluir [2] *FIG* ◇ **jd-n** ~ hacer polvo a alguien, desmoralizar a alguien II. *vr* ◇ **sich** ~ hacerse polvo, desesperarse; **fertigstellen** *vt* terminar, acabar; **Fertigware** *f* producto *m* acabado; **fertigwerden** *unreg vi* [1] (*rechtzeitig* ~) terminar, acabar [2] *FIG* ↑ *bewältigen* ◇ ~ **mit etw** liquidar/solucionar algo

Fessel *f* ‹-, -n› [1] (*Strick*) cadena *f* [2] (*schlanke*) empeine *m;* **fesseln** *vt* [1] ↑ *festbinden* atar, amarrar [2] *FIG* ↑ *interessieren* cautivar

fest I. *adj* [1] ▷*Einkommen* fijo [2] ▷*Kleidung* rígido [3] ▷*Nahrung* espeso II. *adv* [1] ▷*Händedruck* fuerte [2] ▷*Schlaf* profundo

Fest *n* ‹-[e]s, -e› [1] ↑ *Feier* fiesta *f* [2] (*Oster-*) festividad *f*

festangestellt *adj* empleado fijo; **festbinden** *unreg vt* (*mit Seil*) atar, amarrar; **festfahren** *unreg vr* ◇ **sich** ~ llegar a un punto muerto; **festhalten** *unreg* I. *vt* [1] (*mit Hand*) coger, sujetar [2] (*FIG schriftlich*) escribir [3] (*an Gewohnheit*) conservar II. *vr* ◇ **sich** ~ agarrarse (*an dat* a); **Festigkeit** *f* [1] (*von Material*) solidez *f* [2] (*von Charakter*) firmeza *f;* **Festland** *n* tierra *f* firme; **festlegen** I. *vt* ↑ *bestimmen* fijar, determinar II. *vr* ◇ **sich** ~ [1] ▷*vertraglich* comprometerse [2] ↑ *mit Sicherheit sagen* decir con seguridad

festlich *adj* de fiesta, festivo

Festnahme *f* ‹-, -n› detención *f;* **festnehmen** *unreg vt* detener; **Festplatte** *f* PC disco *m* duro

Festrede *f* discurso *m*

festschnallen I. *vt* → *Gepäck* atar, amarrar II. *vr* ◇ **sich** ~ (*im Auto*) abrocharse; **festsetzen** I. *vt* [1] → *Preis* fijar [2] → *Auto* embarrar, embarrancar II. *vr* ◇ **sich** ~ ← *Rost* oxidarse; ← *Schmutz* ensuciarse

Festspiel *n* festival *m*

feststehen *unreg vi* [1] ← *Datum* estar fijado [2] ◇ **soviel steht fest** es seguro que ...; **feststellen** *vt* [1] ↑ *herausfinden* descubrir [2] ↑ *sagen* afirmar, declarar [3] ↑ *wahrnehmen* percibir

Festung *f* fortaleza *f*

fett *adj* [1] ▷*Essen* graso [2] ▷*Mensch* gordo [3] ◇ ~ **gedruckt** impreso en negrilla; **Fett** *n* ‹-[e]s, -e› grasa *f;* **fettarm** *adj* [1] ▷*Diät* bajo en calorias [2] ▷*Milch* desnatado; **fettig** *adj* grasiento; **Fettnäpfchen** *n:* ◇ **ins** ~ **treten** meter la pata

Fetzen *m* ‹-s, -› [1] (*von Papier*) pedazo *m;* (*von Stoff*) jirón *m,* retazo *m* [2] (*FIG Wort-*) retazo *m*

fetzig *adj FAM* genial

feucht *adj* húmedo; **Feuchtigkeit** *f* humedad *f*

Feuer *n* ‹-s, -› [1] (*von Feuerzeug*) fuego *m;* (*Herd-*) lumbre *f;* (*Lager-*) hoguera *f* [2] *FIG* ↑ *Temperament* fuego *m,* temperamento *m;* **Feueralarm** *m* alarma *f* de incendio; **feuerfest** *adj* resistente al fuego; **Feuergefahr** *f* peligro *m* de incendio; **Feuerlöscher** *m* ‹-s, -› extintor *m;* **Feuermelder** *m* ‹-s, -› alarma *f* [en caso de incendio]

feuern I. *vt* [1] *FIG* ↑ *jd-m kündigen* echar, despedir [2] *FAM* ◇ **jd-m e-e** ~ dar una torta II. *vi* [1] ↑ *heizen* calentar [2] ↑ *schießen* disparar

Feuerwehr *f* ‹-, -en› cuerpo *m* de bomberos; **Feuerwerk** *n* fuegos *m/pl* artificiales; **Feuerzeug** *n* encendedor *m,* mechero *m*

Fichte *f* ‹-, -n› abeto *m*

Fieber *n* ‹-s, -› ↑ *Temperatur* fiebre *f;* **fieberhaft** *adj* febril; **Fieberthermometer** *n* termómetro *m* clínico

fiel *impf v.* **fallen**

fies *adj FAM* desagradable

Figur *f* ‹-, -en› [1] (*Spiel-*) figura *f* [2] (*gute -*) línea *f,* tipo *m* [3] (*Roman-*) personaje *m*

Filiale *f* ‹-, -n› COMM filial *f,* sucursal *f*

Film *m* ‹-[e]s, -e› [1] (*Kino-*) película *f* [2] FOTO carrete *m* [3] ◇ **beim** ~ **arbeiten** hacer cine, trabajar en el cine; **Filmkamera** *f* cámara *f* de cine

Filter *m* ‹-s, -› filtro *m;* **filtern** *vt* filtrar; **Filterzigarette** *f* cigarrillo *m* con filtro

Filz *m* ‹-es, -e› [1] ↑ *Wolle* fieltro *m* [2] *FIG* corrupción *f;* **filzen** I. *vi* ← *Wolle* poner fieltro II. *vt FAM* ↑ *durchsuchen* registrar

Finale *n* ‹-s, -[s]› SPORT final *f*

Finanzen *pl* (*Vermögen*) las finanzas *f/pl;* **Finanzamt** *n* ministerio *m* de Hacienda; **finanziell** *adj* financiero, económico; **finanzieren** *vt* financiar; **Finanzminister(in** *f*) *m* POL ministro/a de Hacienda

finden ‹fand, gefunden› I. *vt* [1] ↑ *entdecken* descubrir [2] *FIG* ↑ *meinen* parecer, creer [3] → *Schlaf* conciliar II. *vr* ◇ **sich** ~ [1] ↑ *wiederauftauchen* encontrarse [2] ↑ *zu sich selbst* ~ encontrarse a sí mismo [3] *FIG* ◇ **es wird sich** ~ ya vendá por sí solo

Finder(in *f*) *m* ‹-s, -› descubridor(a *f*) *m*

fing *impf v.* **fangen**

Finger *m* ‹-s, -› dedo *m;* **Fingerhandschuh** *m* guante *m;* **Fingerzeig** *m* ‹-[e]s, -e› pista *f,* aviso *m*

fingieren *vt* fingir, simular

Finne *m* ‹-n, -n› finandés *m;* **Finnin** *f* finlandesa *f;* **finnisch** *adj* finlandés; **Finnland** *n* Finlandia *f*

finster *adj* [1] ▷*Nacht* oscuro [2] ▷*Blick* tenebroso; **Finsternis** *f* oscuridad *f,* tinieblas *f/pl*

Firma *f* ‹-, Firmen› empresa *f*

Fisch *m* ‹-[e]s, -e› [1] FAUNA pez *m* [2] GASTR pescado *m* [3] ◇ **-e** *pl* ASTROL Piscis *m*

fischen I. *vt* pescar II. *vi* pescar; *FIG* ◇ **im Trüben** ~ dar palos de ciego; **Fischer(in** *f*) *m* ‹-s, -› pescador(a *f*) *m;* **Fischerei** *f* pesca *f;* **Fischgeschäft** *n* pescadería *f;* **Fischzug** *m* (*FIG Beutezug*) redada *f,* buen botín

fit *adj* [1] ▷*körperlich* en forma; ◇ **sich** ~ **halten** mantenerse en forma [2] ▷*geistig* lúcido, despejado [3] *FAM* ↑ *kompetent* competente

fix *adj* [1] ↑ *schnell* rápido, ágil [2] ▷*Gehalt* fijo [3] *FIG* ◇ ~ **und fertig sein** estar hecho polvo

fixen *vi FAM* chutarse

fixieren *vt* [1] ↑ *festschreiben* (*mit Augen*) fijar [2] ◇ **auf jd-n fixiert sein** depender de alguien

flach *adj* [1] ▷*Landschaft* llano; ▷*Oberfläche* liso [2] *FIG* ▷*Gespräch* superficial
Fläche *f* ‹-, -n› superficie *f;* **flächendeckend** *adj* que cubre totalmente; **Flächeninhalt** *m* superficie *f*
Flachland *n* llanura *f*
flackern *vi* oscilar
Flagge *f* ‹-, -n› bandera *f*
Flamme *f* ‹-, -n› [1] (*von Kerze*) llama *f* [2] *FAM* ↑ *Geliebte* amada *f* [3] *FIG* ◇ **Feuer und - sein** estar entusiasmado
Flanell *m* ‹-s, -e› flanel *m*
Flanke *f* ‹-, -n› [1] (*von Pferd*) costado *m* [2] SPORT flanco *m*
Flasche *f* ‹-, -n› [1] botella *f* [2] *FAM* ↑ *Versager* gilipollas *m;* **Flaschenöffner** *m* abridor *m*
flattern *vi* revolotear
flau *adj* [1] ▷*Wind* flojo, débil [2] ▷*Geschäft* flojo [3] ◇ **mir ist - im Magen** tengo el estómago revuelto
Flaum *m* ‹-[e]s› [1] (*von Vogel*) plumón *m* [2] ↑ *Bart* bozo *m*
flauschig *adj* con pelusa
Flaute *f* ‹-, -n› [1] ↑ *Wind* calma *f* chicha [2] COMM estancamiento *m*
flechten ‹flocht, geflochten› *vt* [1] → *Haare* hacer trenzas [2] → *Kranz* trenzar
Fleck *m* ‹-[e]s, -e› [1] (*Fett-*) mancha *f* [2] ↑ *Stelle* lugar *m;* ◇ **nicht vom - kommen** no avanzar [3] (*Stoff-*) topo *m,* mota *f* [4] ↑ *Landschaft* paisaje *m;* **Flecken** *m* ‹-s, -› *s.* **Fleck**; **fleckenlos** *adj* sin mancha, sin tacha; **Fleckenwasser** *n* quitamanchas *m;* **fleckig** *adj* sucio, manchado
flegelhaft *adj* grosero, maleducado
flehen *vi* pedir, suplicar
Fleisch *n* ‹-[e]s› [1] (*Schweine-*) carne *f* [2] (*Frucht-*) pulpa *f* [3] *FIG* ◇ **das eigene - und Blut** de la misma carne y sangre; **Fleischer(in** *f*) *m* ‹-s, -› carnicero/a; **Fleischerei** *f* carnicería *f;* **Fleischwunde** *f* herida *f*
Fleiß *m* ‹-es› [1] ↑ *Eifer* esfuerzo *m,* ahinco *m* [2] *FAM* ↑ *Absicht* intención *f;* ◇ **etw mit - tun** hacer algo adrede; **fleißig** *adj* trabajador, aplicado
fletschen *vt* → *Zähne* enseñar los dientes
flexibel *adj* flexible
flicken *vt* remendar, poner un parche; **Flicken** *m* ‹-s, -› remiendo *m,* parche *m*
Flieder *m* ‹-s, -› lila *f*
Fliege *f* ‹-, -n› [1] ↑ *Mücke* mosca *f* [2] ↑ *Kleidung* pajarita *f*
fliegen ‹flog, geflogen› **I.** *vt* [1] → *Flugzeug* pilotar [2] → *Route* volar **II.** *vi* [1] ← *Vogel* volar [2] *FAM* ◇ **auf jd-n/etw -** salir disparado hacia algo/alguien [3] *FAM* ◇ **durch e-e Prüfung -** suspender un examen; **Flieger(in** *f*) *m* ‹-s, -› piloto *m/f*
fliehen ‹floh, geflohen› *vi* huir
Fließband *n, pl* ‹-bänder› cadena *f* de montaje
fließen ‹floß, geflossen› *vi* [1] ← *Wasser* fluir [2] ← *Elektrizität* circular [3] *FIG* ← *Gelder* circular; **fließend** *adj* [1] ▷*Gewässer* corriente [2] ▷*sprechen* fluido
flink *adj* rápido, ágil
Flinte *f* ‹-, -n› fusil *m*
flippig *adj FAM* inquieto
flirten *vi* ligar, coquetear
Flitterwochen *pl* luna *f* de miel
flocht *impf v.* **flechten**
Flocke *f* ‹-, -n› copo *m*
flog *impf v.* **fliegen**
floh *impf v.* **fliehen**
Floh *m* ‹-[e]s, Flöhe› pulga *f;* **Flohmarkt** *m* rastro *m,* mercadillo *m*
Flop *m* ‹-s, -s› *FAM* ↑ *Reinfall* desastre *m*
florieren *vi FIG* ← *Geschäft* florecer, prosperar
Floskel *f* ‹-, -n› formulismo *m*
floß *impf v.* **fließen**
Floß *n* ‹-es, Flöße› balsa *f*
Flosse *f* ‹-, -n› [1] (*Haifisch-*) aleta *f* [2] *FAM* ↑ *Hand* mano *m* [3] (*Schwimm-*) aleta *f*
Flöte *f* ‹-, -n› flauta *f*
flötengehen *unreg vi FAM* ↑ *kaputtgehen* echarse a perder
flott *adj* [1] ↑ *schick* elegante [2] ◇ **e-e Maschine - machen** reparar una máquina [3] (*schnell*) ◇ **aber -!** ¡rápido!
Flotte *f* ‹-, -n› flota *f*
Fluch *m* ‹-[e]s, Flüche› [1] ↑ *Beschimpfung* juramento, m [2] (*böser -*) maldición *f;* **fluchen** *vi* jurar, maldecir
Flucht *f* ‹-, -en› [1] ▷*Weglaufen* huida *f* [2] (*Häuser-*) ↑ *Reihe* serie *f;* **fluchtartig** *adj* ↑ *schnell, überstürzt* a la escapada
flüchten **I.** *vi* ↑ *weglaufen* huir (*vor dat* de) **II.** *vr* ◇ **sich -** refugiarse; **flüchtig** *adj* [1] (*auf der Flucht*) fugitivo [2] ▷*Bekanntschaft* superficial [3] ▷*Augenblick* temporal, por poco tiempo [4] CHEM volátil; **Flüchtigkeitsfehler** *m* descuido *m,* despiste *m*
Flüchtling *m* (*Wirtschafts-*) fugitivo *m;* (*politisch*) refugiado, m
Flug *m* ‹-[e]s, Flüge› (*Vogel-*) ↑ *Reise* vuelo *m;* ◇ **guten -!** ¡un buen vuelo!; ◇ **wie im -** volando, rápidamente; **Flugbegleiter(in** *f*) *m* (*Steward*) auxiliar *m/f* de vuelo; **Flugblatt** *n* octavilla *f,* propaganda *f*
Flügel *m* ‹-s, -› [1] (*Schmetterlings-*) ala *m* [2] (MUS *Konzert-*) piano *m* de cola [3] (ARCHIT *Seiten-*) [el] ala *f*

Fluggast *m* (*Reisender*) pasajero/a; **Fluggeschwindigkeit** *f* velocidad *f* de vuelo; **Fluggesellschaft** *f* compañía *f* aérea; **Flughafen** *m* aeropuerto *m;* **Flughöhe** *f* altura *f* de vuelo; **Fluglotse** *m* controlador *m* aéreo; **Flugnummer** *f* número *m* de vuelo; **Flugplatz** *m* campo *m* de aviación; **Flugstrecke** *f* ruta *f* aérea; **Flugzeug** *n* avión *m;* **Flugzeugentführung** *f* secuestro *m* de un avión

flunkern *vi FAM* ↑ *lügen* mentir

Fluor *n* ‹-s› fluor *m*

Flur *m* ‹-[e]s, -e› [1] ↑ *Korridor* pasillo *m*, corredor *m* [2] ↑ *Felder* campo *m*

Fluß *m* ‹Flusses, Flüsse› [1] (*Gewässer*) río *m* [2] (*FIG Verkehrs~*) flujo *m* [3] *FIG* ◇ **in ~ bringen** poner en movimiento

flüssig *adj* [1] ▷*Material* líquido [2] *FIG* ▷*sprechen* fluido [3] *FIG* ◇ **~ sein** solvente; **Flüssigkeit** *f* [1] ↑ *Wasser* líquido *m* [2] *FIG* ↑ *Gewandtheit* fluidez *f*; **flüssigmachen** *vt FIG* → *Geld* movilizar

flüstern I. *vi* ↑ *leise sprechen* susurrar **II.** *vt* (*FAM Meinung sagen*): ◇ **jd-m etw ~** cantar las cuarenta

Flut *f* ‹-, -en› [1] (*Ebbe u. ~*) pleamar *f* [2] ↑ *Überschwemmung* inundación *f* [3] *FIG* ↑ *große Menge* oleada *f*

Flutlicht *n* luz *f* de focos

focht *impf v.* **fechten**

Fohlen *n* ‹-s, -› potro *m*

Föhn *m* ‹-[e]s, -e› viento *m* cálido

Folge *f* ‹-, -n› [1] (*Fernseh~*) serie *f* [2] ↑ *Konsequenz* consecuencia *f;* ◇ **das wird -n haben** esto tendrá repercusión en [3] ◇ **e-m Befehl ~ leisten** responder a una orden; **folgen** *vi* [1] ↑ *nachgehen* seguir (*jd-m* a alguien) [2] *FIG* ◇ **können Sie mir ~?** ¿me entiende? [3] ↑ *gehorchen* obedecer (*jd-m* [4] ◇ **daraus folgt, daß …** resulta que …; **folgend** *adj* siguiente; **folgendermaßen** *adv* del modo siguiente; **folgenschwer** *adj* de graves consecuencias; **folgerichtig** *adj* lógico, consecuente

folgern *vt* deducir (*aus* de); **Folgerung** *f* deducción *f*

folglich *adv* por lo tanto

Folie *f* hoja *f*

Folter *f* ‹-, -n› [1] ↑ *Quälen* tormento *m* [2] *FIG* ↑ *Qual* tortura *f;* ◇ **es war die reinste ~** fue una tortura; **foltern** *vt* torturar, atormentar

Fön® *m* ‹-[e]s, -e› secador *m* de pelo; **fönen** *vt* → *Haare* secar

foppen *vt* tomar el pelo

Förderband *n, pl* ‹-bänder› cinta *f* transportadora; **förderlich** *adj* útil, provechoso

fordern *vt* [1] → *Geld* pedir [2] *FIG* ↑ *anstrengen* exigir

fördern *vt* [1] → *Künstler* promover [2] → *Kohle* extraer

Forderung *f* exigencia *f*, petición *f*

Förderung *f* [1] (*Begabten~*) promoción *f* [2] MIN extracción *f*

Forelle *f* trucha *f*

Form *f* ‹-, -en› [1] ↑ *Gestalt* forma *f* [2] (*Back~*) molde *m* [3] ↑ *Kondition* forma *f;* ◇ **in ~ sein** estar en forma [4] GRAM forma *f*

Formalität *f* formalidad *f*, trámite *m*

Format *n* [1] (*Papier~*) formato *m*, tamaño *m* [2] *FIG* ↑ *Charakter* personalidad *f;* **Formation** *f* [1] MIL unidad *f*, formación *f* [2] (GEOL *Erd~*) formación *f*

formbar *adj* [1] ▷*Material* moldeable [2] ▷*Charakter* amoldable

Formel *f* ‹-, -n› [1] (*chemische ~*) fórmula *f* [2] (*Sprach~*) giro *m*

formell *adj* formal

formen *vt* formar; **Formfehler** *m* JURA vicio *m* de forma; **förmlich** *adj* [1] ↑ *formell* formal, oficial [2] *FAM* ↑ *geradezu* directo; **Förmlichkeit** *f* formalidad *f;* **formlos** *adj* informal

Formular *n* ‹-s, -e› formulario *m*, impreso *m;* **formulieren** *vt* formular

forschen I. *vt* (*suchen*) buscar (*nach* algo) **II.** *vi* (*wissenschaftlich*) investigar; **forschend** *adj* ▷*Blick* inquisitivo; **Forscher(in** *f*) *m* ‹-s, -› investigador(a *f*) *m;* (*Höhlen~*) explorador(a *f*) *m;* **Forschung** *f* investigar, explorar

Forst *m* ‹-[e]s, -e› bosque *m;* **Förster(in** *f*) *m* ‹-s, -› guarda *m*/*f* forestal, guardabosques *m*/*f*

fort *adv* [1] ↑ *weg* fuera [2] ◇ **~setzen** continuar [3] ◇ **in e-m ~** continuamente

fortbestehen *unreg vi* continuar, perdurar

fortbewegen I. *vt* alejar **II.** *vr* ◇ **sich ~** avanzar, moverse hacia delante

fortbilden *vr* ◇ **sich ~** perfeccionarse

fortbleiben *unreg vi* no venir/regresar

fortbringen *unreg vt* llevar, transportar

Fortdauer *f* continuidad *f*

fortfahren *unreg vi* [1] (*mit Bus*) marcharse [2] *FIG* ↑ *fortsetzen* continuar

fortführen *vt* continuar

fortgehen *unreg vi* irse

fortgeschritten *adj* avanzado; ◇ **F~enkurs** curso *m* superior

fortkommen *unreg vi* progresar

fortkönnen *unreg vi* poder salir

fortmüssen *unreg vi* tener que marcharse

fortpflanzen *vr* ◇ **sich ~** reproducirse

Fortschritt *m* [1] avance *m*, adelanto *m* [2] ◇ ~e

machen hacer progresos; **fortschrittlich** *adj* avanzado
fortsetzen *vt* continuar, seguir; **Fortsetzung** *f* continuación *f;* ◇ **~ folgt** continuará
fortwährend *adj* continuo
fortziehen *unreg* **I.** *vt* (*am Arm*) arrastrar **II.** *vi* ↑ *umziehen* mudarse
fossil *adj* fósil
Foto I. *n* ⟨-s, -s⟩ ↑ *Aufnahme* foto *f* **II.** *m* ⟨-s, -s⟩ (*~apparat*) cámara *f* de fotos; **Fotograf(in** *f*) *m* ⟨-en, -en⟩ fotógrafo/a; **Fotografie** *f* fotografía *f;* **fotografieren I.** *vt* → *Landschaft* fotografiar **II.** *vi* (*auf Feiern*) hacer fotografías; **Fotokopierer** *m* fotocopiadora *f*
Foul *n* ⟨-s, -s⟩ SPORT falta *f*
Fracht *f* ⟨-, -en⟩ carga *f;* **Frachter** *m* ⟨-s, -⟩ carguero *m*
Frack *m* ⟨-[e]s, Fräcke⟩ frac *m*
Frage *f* ⟨-, -n⟩ [1] (*~ u. Antwort*) pregunta *f* [2] ↑ *Problem* cuestión *f;* ◇ **etw in ~ stellen** poner en duda [3] ◇ **das kommt nicht in ~** eso no viene al caso; **Fragebogen** *m* cuestionario *m;* **fragen I.** *vt* [1] ↑ *Frage stellen* preguntar; ◇ **nach der Uhrzeit ~** preguntar la hora [2] ◇ **um Rat ~** pedir un consejo **II.** *vr* ◇ **sich ~** preguntarse, plantearse; **Fragezeichen** *n* signo *m* de interrogación
fraglich *adj* [1] ↑ *unsicher* dudoso [2] ↑ *betreffend* en cuestión
fraglos *adv* sin duda
Fragment *n* fragmento *m*
fragwürdig *adj* [1] ↑ *zweifelhaft* dudoso [2] ↑ *bedenklich* sospechoso
Fraktion *f* fracción *f*
frankieren *vt* franquear
Frankreich *n* Francia *f*
Franse *f* ⟨-, -n⟩ fleco *m;* **fransen** *vi* deshilacharse
Franzose *m* ⟨-n, -n⟩ francés *m;* **Französin** *f* francesa *f;* **französisch** *adj* ▷*Sprache* francés
fraß *impf v.* **fressen**
Fratze *f* ⟨-, -n⟩ mueca *f*
Frau *f* ⟨-, -en⟩ [1] mujer *f* [2] (*als Anrede*) señora *f;* ◇ **~ Müller** señora Müller [3] (*Ehe~*) esposa *f;* **Frauenarzt** *m*, **-ärztin** *f* (*Gynäkologe*) ginecólogo/a; **Frauenbewegung** *f* feminismo *m*, emancipación *f;* **Frauenhaus** *n* centro *m* para mujeres maltratadas
Fräulein *n* [1] ↑ *Bedienung* camarera *f* [2] (*als Anrede*) señorita *f*
fraulich *adj* femenino
Freak *m* ⟨-s, -s⟩ *FAM* [1] (*Nonkonformist*) inconformista *m/f* [2] (*Computer~*) aficionado/a
frech *adj* [1] ▷*Bemerkung* descarado, impertinente [2] ▷*Kleidung* atrevido; **Frechheit** *f* descaro *m*, impertinencia *f*
Fregatte *f* fragata *f*
frei *adj* [1] ▷*Mensch* libre [2] ▷*Beruf* liberal [3] ▷*Arbeitsstelle* vacante; ▷*Sitzplatz* libre [4] ▷*Zeit* libre; ◇ **sich ~ nehmen** cogerse el día libre [5] ◇ **im F~en** al aire libre [6] ▷*Eintritt* gratis
Freibad *n* piscina *f* descubierta
freibekommen *unreg vt* [1] (*Urlaub*) dar vacaciones [2] (*aus Gefängnis*) poner en libertad
freigiebig *adj* generoso; **Freigiebigkeit** *f* generosidad *f*
freihalten *unreg vt* dejar libre
freihändig *adv* a pulso
Freiheit *f* [1] libertad *f* [2] (*pl*) ◇ **sich ~en herausnehmen** tomarse libertades; **freiheitlich** *adj* liberal; **Freiheitsstrafe** *f* encarcelamiento *m*
Freikarte *f* entrada *f* gratuita
freilassen *unreg vt* poner en libertad
freilegen *vt* descubrir
freilich *adv* claro
Freilichtbühne *f* escenario *m* al aire libre
freimachen I. *vt* [1] → *Platz* despejar [2] → *Brief* franquear **II.** *vr* ◇ **sich ~** [1] ↑ *entkleiden* aligerarse de ropa [2] ↑ *Urlaub nehmen* cogerse vacaciones
freisprechen *unreg vt* [1] ← *Gericht* absolver [2] (*FIG von Vorwurf*) ser perdonado (*von* por); **Freispruch** *m* sentencia *f* absolutoria
freistellen *vt* [1] ◇ **jd-m etw ~** ↑ *zur Wahl stellen* dejar algo a elección de alguien [2] ↑ *befreien* estar extento (*von* de)
Freistoß *m* SPORT saque *m* libre
Freitag *m* viernes; **freitags** *adv* los viernes
freiwillig *adj* voluntario
Freizeit *f* tiempo *m* libre
freizügig *adj* [1] ↑ *hemmungslos* liberal [2] ↑ *spendabel* generoso
fremd *adj* [1] ↑ *unbekannt* desconocido [2] ↑ *seltsam* extraño [3] ◇ **~e Angelegenheiten** asuntos *m/pl* ajenos; **fremdartig** *adj* extraño; **Fremde(r)** *fm* [1] ↑ *Unbekannter* desconocido/a [2] ↑ *Ausländer* extranjero/a; **Fremdenführer(in** *f*) *m* [1] (*Person*) guía *m/f* [2] (*Buch*) guía *f;* **Fremdenverkehr** *m* turismo *m;* **Fremdenzimmer** *n* habitación *f;* **Fremdkörper** *m* cuerpo *m* extraño; **fremdländisch** *adj* extranjero; **Fremdsprache** *f* idioma *m* extranjero; **fremdsprachig** *adj* ↑ *Unterricht* que habla un idioma extranjero; **Fremdwort** *n* extranjerismo *m*
Frequenz *f* MEDIA frecuencia *f*
fressen ⟨fraß, gefressen⟩ *vti* [1] ← *Tier* devorar [2] ← *Säure* corroer [3] *FAM* ↑ *essen* comer, devorar [4] *FAM* ◇ **jd-n gefressen haben** no tragar a alguien
Freude *f* ⟨-, -n⟩ alegría *f;* ◇ **~ an etw** *akk* **haben**

alegrarse de algo; **freudig** *adj* alegre, feliz, grato; **freudlos** *adj* triste; **freuen** I. *vi unpers:* ◇ **[es] freut mich, Sie kennenzulernen** encantado de conocerle II. *vr* [1] ◇ **sich auf etw** *akk* ~ alegrarse de algo [2] ◇ **sich über etw** *akk* ~ hacer ilusión algo

Freund *m* ‹-[e]s, -e› [1] amigo *m*, novio *m* [2] ↑ *Geliebter* novio *m;* (*vorübergehend*) amante *m* [3] (*FIG Liebhaber*) amigo *m*, aficionado *m;* **Freundin** *f* [1] (*gute*) amiga *f* [2] ↑ *Geliebte* novia *f;* (*vorübergehend*) amante *f*

freundlich *adj* [1] ↑ *liebenswürdig* amable [2] ▷*Wetter* agradable; **Freundlichkeit** *f* amabilidad *f*

Freundschaft *f* amistad *f;* **freundschaftlich** *adj* amistoso

Frevel *m* ‹-s, -› delito *m* (*an dat* contra); **frevelhaft** *adj* delictivo, criminal

Frieden *m* ‹-s, -› [1] (*nicht Krieg*) paz *f;* ◇ ~ **schließen** hacer las paces [2] *FIG* ↑ *Harmonie* tranquilidad *f;* ◇ **in ~ leben** vivir en paz; **Friedensbewegung** *f* movimiento *m* pacifista; **Friedensverhandlungen** *pl* negociaciones *f/pl* de paz; **Friedensvertrag** *m* tratado *m* de paz

Friedhof *m* cementerio *m*

friedlich *adj* [1] ▷*Lösung* pacífico [2] ↑ *harmonisch* tranquilo

frieren ‹fror, gefroren› I. *vi* tener frío II. *vt unpers* [1] ◇ **es friert** está helando [2] ◇ **es friert mich** me estoy helando

frigid[e] *adj* frígido

Frikadelle *f* hamburguesa *f*

frisch *adj* [1] ▷*Lebensmittel* fresco [2] ▷*Wetter* fresco [3] ▷*Kleidung* recién lavado, limpio [4] ◇ ~ **gestrichen** recién pintado [5] ▷*Wesen* vivo; **Frische** *f* ‹-› frescor *m;* **Frischhaltefolie** *f* celofán *m*

Friseur *m* peluquero *m;* **Friseuse** *f* peluquera *f;* **frisieren** I. *vt* [1] → *Haare* peinar [2] *FAM* → *Motor* trucar [3] *FIG* → *Rechnung* falsificar II. *vr* ◇ **sich** ~ peinarse; **Frisiersalon** *m* salón *m* de peluquería

Frist *f* ‹-, -en› [1] ↑ *Zeitraum* espacio *m* de tiempo [2] ↑ *Zeitpunkt* plazo *m*

fristlos *adj* en el acto

Frisur *f* peinado *m*

fritieren *vt* freír

frivol *adj* frívolo, picante

Frl. *Abk v.* **Fräulein**

froh *adj* [1] (*voll Freude*) contento [2] ↑ *erleichtert* aliviado [3] ▷*Nachricht* agradable

fröhlich *adj* alegre, contento; **Fröhlichkeit** *f* alegría *f*

frohlocken *vi PEJ* alegrarse *de la desgracia de los demás*

fromm *adj* [1] ↑ *gläubig* piadoso [2] ↑ *gutgemeint* bien intencionado; **Frömmigkeit** *f* piedad *f*

frönen *vi* darse (*dat* a)

Fronleichnam *m* ‹-[e]s› Corpus *m* Christi

Front *f* ‹-, -en› [1] ↑ *Vorderseite* fachada *f* [2] frente *m* [3] *FIG* ◇ ~ **machen gegen** hacer frente a, luchar contra [4] (*Kriegs-*) frente *m*

frontal *adj* frontal

fror *impf v.* **frieren**

Frosch *m* ‹-[e]s, Frösche› [1] FAUNA rana *f* [2] (*Knall-*) cohete *m;* **Froschmann** *m, pl* ‹-männer› hombre *m* rana

Frost *m* ‹-[e]s, Fröste› [1] (*Nacht-*) helada *f* [2] (*Schüttel-*) temblor *m;* **frösteln** *vi* temblar, tiritar; **frostig** *adj* frío; **Frostschutzmittel** *n* anticongelante *m*

Frottee *n o m* ‹-[s], -s› tejido *m* de rizo; **frottieren** *vt* frotar

Frucht *f* ‹-, Früchte› [1] (*Baum-*) fruto *m* [2] *FIG* ↑ *Erfolg* éxito *m;* **Fruchtbarkeit** *f* [1] (*von Boden*) fecundidad *f* [2] BIOL fertilidad *f;* **fruchten** *vi* dar frutos, tener éxito; **fruchtlos** *adj* vano; **Fruchtsaft** *m* zumo *m* de frutas

früh I. *adj* [1] (*zeitig*) temprano [2] ◇ **ein ~er Rembrandt** un Rembrandt de la primera época II. *adv* [1] (*zeitig*) pronto; ◇ ~ **aufstehen** levantarse pronto [2] (*am Morgen*) de madrugada [3] (*vorzeitig*) antes de tiempo; **Frühaufsteher(in** *f*) *m* ‹-s, -› madrugador(a *f*) *m;* **Frühe** *f* ‹-›: ◇ **in aller ~** muy temprano

früher [1] ‹*Komparativ von* **früh** ›

früher [2] I. *adj* [1] ↑ *damalig* antiguo [2] ↑ *ehemalig* ▷*Freundin* anterior II. *adv* [1] ◇ ~ **oder später** tarde o temprano [2] ◇ ~ **war alles anders** antes todo era diferente; **frühestens** *adv* como muy temprano; **Frühgeburt** *f* parto *m* prematuro

Frühling *n* primavera *f*

frühreif *adj* precoz

Frühstück *n* desayuno *m;* **frühstücken** *vi* desayunar

frühzeitig *adj* a tiempo

Frust *m* ‹-s› *FAM* frustración *f;* **frustrieren** *vt* frustrar

Fuchs *m* ‹-es, Füchse› zorro *m*

fuchsen *vt FAM* hacer rabiar; ◇ **das fuchst mich** me fastidia; **fuchsteufelswild** *adj FAM* estar hecho una fiera

Füchsin *f* zorra *f*

fuchteln *vi* dar manotazos

Fuge *f* ‹-, -n› [1] ↑ *Spalt* grieta *f* [2] MUS fuga *f*

fügen I. *vt* unir, juntar II. *vr* ◇ **sich** ~ [1] ↑ *sich anpassen* adaptarse (*in akk* a) [2] ↑ *kleinbeigeben* ceder **III.** *vr unpers:* ◇ **es wird sich** ~ esto vendrá bien

fühlbar *adj* palpable; **fühlen I.** *vt* [1] → *Unebenheit* palpar [2] → *Schmerz* sentir **II.** *vi* [1] ↑ *tasten* tantear (*nach* algo) [2] ↑ *empfinden* sentir **III.** *vr* ◇ **sich** ~ [1] ▷*wohl, schlecht* sentirse [2] *FAM* ↑ *sich wichtig vorkommen* creerse importante

Fühler *m* ‹-s, -› [1] (*Schmetterlings~*) antena *f* [2] *FIG* ◇ **seine ~ ausstrecken** tantear el terreno

fuhr *impf v.* **fahren**

führen I. *vt* [1] ↑ *leiten* dirigir, guiar [2] → *Namen* llevar [3] → *Ware* vender [4] ◇ **an der Hand** ~ llevar de la mano **II.** *vi* [1] ↑ *an erster Stelle sein* estar en cabeza [2] ← *Weg* conducir **III.** *vr* ◇ **sich** ~ comportarse; **Führer(in** *f*) *m* ‹-s, -› [1] (*Geschäfts~*) director(a *f*) *m* [2] (*An~*) dirigente *m/f* [3] (*Fremden~*) guía *m/f;* **Führerschein** *m* carné *m* de conducir; **Führung** *f* [1] (*Geschäfts~*) dirección *f* [2] SPORT ◇ **die ~ übernehmen** ponerse en cabeza [3] MIL mando *m* [4] ◇ **wegen guter** ~ ↑ *Benehmen* por buena conducta; **Führungszeugnis** *n* certificado *m* de buena conducta

Fuhrwerk *n* carruaje *m*

Fülle *f* ‹-› [1] ↑ *große Menge* abundancia *f;* ◇ **in Hülle u.** ~ en gran cantidad [2] ↑ *Umfang* proporción *f*, corpulencia *f*

füllen I. *vt* ↑ *vollmachen* llenar **II.** *vr* ◇ **sich** ~ ← *Saal* llenarse

Füllen *n* ‹-s, -› potro *m*

Füller *m* ‹-s, -›, **Füllfederhalter** *m* ‹-s, -› pluma *f* estilográfica

Füllung *f* [1] (*von Pralinen*) relleno *m;* (*von Zahn*) empaste *m* [2] (*Tür~*) panel *m*

fummeln *vi FAM* manosear

Fund *m* ‹-[e]s, -e› hallazgo *m*

Fundament *n* [1] ARCHIT cimientos *m/pl* [2] *FIG* ↑ *Grundlage* fundamento *m;* **fundamental** *adj* fundamental; **Fundamentalist(in** *f*) *m* POL fundamentalista *m/f;* **fundamentalistisch** *adj* POL conservador, fundamentalista

Fundbüro *n* oficina *f* de objetos perdidos

Fundgrube *f FIG*: ◇ **e-e wahre ~!** ¡una verdadera mina de oro!

Fundi *m* ‹-s, -s›, *f* ‹-, -s› *grupo radical dentro del partido ecologista*

fundieren *vt* fundar; **fundiert** *adj* sólido

fünf *nr* [1] (*Zahl*) cinco [2] ↑ *mangelhaft* (*Note*) cuatro; **fünffach I.** *adj* quíntuple **II.** *adv* cinco veces; **fünfhundert** *nr* quinientos; **fünfjährig** *adj* de cinco años; **fünfmal** *adv* cinco veces; **fünfte(r, s)** *adj* [1] quinto [2] (*Datum*) cinco; ◇ **der ~ April** el cinco de abril; ◇ **München, den ~n April** Munich, a cinco de abril; **Fünfte(r)** *fm:* ◇ **als ~ ins Ziel gehen** llegar quinto a la meta; **Fünftel** *n* ‹-s, -› quinta *f* parte; **fünftens** *adv* en quinto lugar; **fünfzehn** *nr* quince; **fünfzig** *nr* cincuenta

fungieren *vi* actuar (*als* de)

Funk *m* ‹-s› radio, f; ◇ **über** ~ por radio

Funke[n] *m* ‹-ns, -n› [1] (*von Feuer*) chispa *f* [2] (*FIG Hoffnungs~*) rayo *m* [3] *FAM* ◇ **keinen ~ Ahnung haben** no tener ni pizca de idea; **funkeln** *vi* brillar

funken *vt* [1] → *Nachricht* radiar [2] *FAM* ◇ **es hat gefunkt** se han enamorado; **Funkhaus** *n* estación *f* de radio; **Funkspruch** *m* mensaje *m* radiofónico; **Funkstation** *f* estación *f* de radio; **Funktaxi** *n* radiotaxi *m*

Funktion *f* [1] función *f* [2] ◇ **außer** ~ fuera de servicio; **funktionieren** *vi* funcionar

für I. *präp akk* [1] por; ◇ **das F~ u. Wider** el pro y el contra [2] (*anstelle*) por; ◇ ~ **jd-n etw tun** hacer algo por alguien [3] para; ◇ ~ **jd-n einkaufen** comprar para alguien [4] para; ◇ ~ **e-e Prüfung lernen** estudiar para un examen [5] (*Preis*) por; ◇ ~ **15 Mark** por 15 marcos **II.** *pron* [1] ◇ **was ~ ein Buch?** ¿qué libro? [2] ◇ **was ~ ein Mann!** ¡qué hombre!

Fürbitte *f* intercesión *f*

Furche *f* ‹-, -n› surco *m*

Furcht *f* ‹-› temor *m*; **furchtbar** *adj* horrible, terrible

fürchten I. *vt* temer, tener miedo a/de **II.** *vi* [1] ↑ *befürchten* temer [2] ◇ ~ **um etw** temer por algo **III.** *vr* ◇ **sich** ~ tener miedo (*vor dat* a/de)

fürchterlich *adj* horrible, terrible

furchtlos *adj* sin miedo; **furchtsam** *adj* miedoso

füreinander *adv* el uno para el otro

Furnier *n* ‹-s, -e› chapa *f*

fürs = für das

Fürsorge *f* [1] ↑ *Pflege* cuidado *m* [2] ↑ *Sozialhilfe* asistencia *f*

Fürsprache *f* intercesión *f;* **Fürsprecher(in** *f*) *m* intercesor(a *f*) *m*

Fürst(in *f*) *m* ‹-en, -en› príncipe *m*, princesa *f;* *FIG* ◇ **leben wie ein** ~ vivir a cuerpo de rey; **fürstlich** *adj* [1] ↑ *reichlich* de reyes [2] ▷*Residenz* regio

Furt *f* ‹-, -en› vado *m*

Fürwort *n* GRAM pronombre *m*

Fuß *m* ‹-es, Füße› [1] (*von Mensch*) pie *m;* ◇ **zu** ~ a pie [2] (*von Lampe, von Berg*) pie *m* [3] *FIG* ◇ **kalte Füße bekommen** tener miedo; **Fußball** *m* SPORT fútbol *m;* **Fußboden** *m* suelo *m;* **Fußbremse** *f* AUTO freno *m* de pedal

fußen *vi* basarse (*auf dat* en)

Fußende *n* pie *m* de la cama; **Fußgänger(in** *f*)

m ‹-s, -› peatón *m;* **Fußnote** *f:* ◇ **siehe ~** nota a pie de página; **Fußtritt** *m FIG:* ◇ **jd-m e-en ~ versetzen** dar un puntapié, dar una patada; **Fußweg** *m* camino *m* para peatones
Futter *n* ‹-s, -› [1] (*Katzen-*) comida *f* [2] (*Mantel-*) forro *m*
füttern *vt* [1] → *Tier* alimentar [2] (*mit Stoff*) forrar
Futur *n* ‹-s, -e› GRAM futuro *m*

G

G, g *n* [1] (*Buchstabe*) G, g *f* [2] MUS sol *m*
Gabe *f* ‹-, -n› [1] ↑ *Präsent* regalo *m;* ↑ *Almosen* donativo *m* [2] ↑ *Begabung* don *m,* talento *m*
Gabel *f* ‹-, -n› [1] (*Fleisch-*) tenedor *m* [2] (*Telefon-*) soporte *m* [3] (*Mist-*) horca *f*
gabeln *vr* ◇ **sich ~** ← *Weg* bifurcarse
gackern *vi* [1] ← *Hühner* cacarear [2] *FAM* ↑ *kichern* reírse
gaffen *vi* ↑ *glotzen* mirar boquiabierto; **Gaffer(in** *f*) *m* ‹-s, -› *FAM* (*bei Unfall*) curioso/a, mirón(-ona *f*) *m*
Gag *m* ‹-s, -s› ↑ *witziger Einfall* ocurrencia *f,* broma *f;* (*Werbe-*) truco *m*
Gage *f* ‹-, -n› ↑ *Künstlerhonorar* cachet *m;* ▷ *regelmäßig* sueldo *m*
gähnen *vi* [1] ← *Mensch* bostezar [2] ← *Loch* estar abierto; ← *Abgrund* abrirse
galant *adj* ↑ *zuvorkommend* galante
Galerie *f* [1] (*Bilder-*) galería *f* [2] THEAT gallinero *m*
Galgen *m* ‹-s, -› [1] horca *f,* patíbulo *m* [2] TECH polea *f*
Galle *f* ‹-, -n› [1] ANAT vesícula *f* [2] (*-nsekret*) bilis *f* [3] *FIG* ◇ **jd-m läuft die ~ über** salírsele a alguien el humo por las orejas; **Gallenstein** *m* MED calculo *m* biliar
Galopp *m* ‹-s, -s *o.* -e› (*von Pferd, Mensch*) galope *m;* ◇ **im ~ reiten** ir al galope; **galoppieren** *vi* ← *Pferd* galopar
gammeln *vi FAM* hacer el gandul; **Gammler(in** *f*) *m* ‹-s, -› vagabundo/a, gandul(a *f*) *m;* inútil *m/f*
Gang *m* ‹-[e]s, Gänge› [1] (*Spazier-*) paseo *m* [2] ↑ *-art* forma *f* de andar [3] ↑ *Besorgung* recado *m* [4] ↑ *Verlauf* marcha *f,* curso *m;* ◇ **das ist der ~ der Dinge** así es como marchan las cosas [5] ↑ *Etappe* etapa *f;* (*Essens-*) plato *m* [6] AUTO marcha *f* [7] ↑ *überdachter Weg* avenida *f;* ↑ *Korridor* pasillo *m,* corredor *m* [8] *FIG* ◇ **etw in ~ bringen** poner algo en marcha; *FIG* ◇ **in ~ kommen** comenzar, entablar
gängig *adj* [1] ▷*Redewendung* normal, corriente [2] ▷*Ware* fácil de vender
Gangschaltung *f* (*an Auto*) cambio *f* de marcha; (*an Fahrrad*) cambio *m* de piñón
Gangster *m* ‹-s, -› gánster *m*
Gangway *f* ‹-, -s› (*von Schiff*) pasarela *f;* (*von Flugzeug*) escalerilla *f* de [des]embarque
Ganove *m* ‹-n, -n› *FAM* granuja *m,* bribón *m*
Gans *f* ‹-, Gänse› [1] ganso *m* [2] *FAM* ◇ **dumme ~** pava *f*
Gänseblümchen *n* FLORA margarita *f*
Gänsehaut *f FIG:* ◇ **eine ~ haben/bekommen** tener/ponerse la piel de gallina; **Gänsemarsch** *m:* ◇ **im ~** ir en fila india; **Gänserich** *m* ganso *m*
ganz I. *adj* [1] todo; ↑ *ungeteilt* entero; ↑ *komplett* completo; ◇ **das ~e Jahr** todo el año, el año entero; ◇ **ihr ~es Geld ist weg** ha perdido todo su dinero; ◇ **das G-e** en total; ◇ **~ Europa** toda Europa [2] ↑ *intakt, unversehrt* intacto; ◇ **das Glas ist noch ~** el cristal está intacto [3] *FAM* ↑ *nur* sólo; ◇ **sie hat ~e fünf Minuten gebraucht** ha tardado sólo cinco minutos [4] ↑ *ziemlich* bastante; ◇ **eine ~e Menge** una gran multitud **II.** *adv* [1] ↑ *ziemlich* bastante; ◇ **~ schön gemein** bastante feo; ◇ **es geht mir ~ gut** me va muy bien [2] ↑ *völlig* totamente; ◇ **das habe ich ~ vergessen** lo he olvidado totalmente; ◇ **~ allein** completamente solo; ◇ **~ und gar nicht** de ningún modo
gänzlich *adv* enteramente, absolutamente; totalmente, completamente; ◇ **jd-n ~ mißachten** despreciar a alguien por completo
gar I. *adj* ▷*Fleisch* en su punto; ▷*Gemüse* cocido **II.** *adv* [1] ↑ *etwa* acaso; ◇ **hast du ~ schon Kinder?** ¿ya tienes acaso hijos? [2] incluso; ◇ **das erste Mal war schon schlimm, und ~ das zweite** la primera vez estuvo mal, e incluso la segunda vez [3] ◇ **~ nichts/keiner** absolutamente nada/nadie [4] ◇ **~ nicht übel sein** no estar nada mal [5] ◇ **~ zu** demasiado
Garage *f* ‹-, -n› garaje *m*
Garantie *f* garantía *m* (*für* por); **garantieren I.** *vt* [1] ◇ **jd-m etw ~** garantizar algo a alguien [2] *FAM* ↑ *zusichern* asegurar; ↑ *versprechen* prometer **II.** *vi:* ◇ **für etw ~** responder de
Garderobe *f* ‹-, -n› [1] (*Abend-*) ropa *f* [2] ↑ *Vorraum* guardarropa *m* [3] ↑ *Umkleideraum* vestuario *m*
Gardine *f* cortina *f*
garen *vti* cocer a fuego lento

gären ⟨gor, gegoren⟩ *vi* [1] ← *Bier* ← *Wein* fermentar; ← *Saft* hervir [2] *FIG* ◇ **in ihm gärt es** está a punto de explotar
Garn *n* ⟨-[e]s, -e⟩ (*Näh-*) hilo *m;* (*Woll-*) hebra *f*
Garnele *f* ⟨-, -n⟩ gamba *f*
garnieren *vt* → *Essen* guarnecer, adornar
Garnitur *f* [1] (*Möbel-*) conjunto *m;* (*Wäsche-*) juego *m* [2] ↑ *Verzierung* adorno *m*
garstig *adj* ▷*Mensch* asqueroso, repugnante; ▷*Wetter* de perros
Garten *m* ⟨-s, Gärten⟩ (*Gemüse-*) huerto *m;* (*Schloß-*) jardín *m;* (*Bier-*) terraza *f;* **Gartenarbeit** *f* trabajo *m* de jardinería; **Gartenhaus** *n* pabellón *m f;* **Gartenkolonie** *f* grupo *m* de huertos; **Gärtner(in** *f*) *m* ⟨-s, -⟩ jardinero/a; **Gärtnerei** *f* (*Blumen-*) jardinería *f;* (*Obst-*) horticultura *f;* **gärtnern** *vi* trabajar en el jardín
Gärung *f* (*Flaschen-*) fermentación *f*
Gas *n* ⟨-es, -e⟩ [1] (*Erd-*) gas *m* [2] AUTO ◇ **- geben** acelerar; **Gasbrenner** *m* mechero *m* de gas; **Gasflasche** *f* bombona *f* de gas; **gasförmig** *adj* gaseiforme; **Gasherd** *m* cocina *f* de gas; **Gaskocher** *m* hornillo *m* de gas; **Gasleitung** *f* tubería *f* de gas; **Gasmaske** *f* máscara *f* antigás; **Gaspedal** *n* AUTO acelerador *m*
Gasse *f* ⟨-, -n⟩ [1] calle *f* estrecha, callejón *m* [2] ↑ *Durchgang* paso *m;* ◇ **e-e Gasse bilden** hacer paso; **Gassenjunge** *m* golfo *m*
Gast *m* ⟨-es, Gäste⟩ [1] huésped *m;* (*Hochzeits-*) invitado *m;* (*Tisch-*) convidado *m;* ◇ **bei jd-m zu - sein** estar invitado en casa de, ser huésped de [2] (*Hotel-*) cliente *m;* (*in Land*) turista *m* [3] (*-schauspieler*) invitado *m;* **Gastarbeiter(in** *f*) *m* trabajador *m* extranjero; **Gästebuch** *n* libro *m* de visitas; ◇ **sich ins - eintragen** inscribirse en el libro de visitas; **gastfreundlich** *adj* hospitalario; **Gastfreundschaft** *f* hospitalidad *f;* **Gastgeber(in** *f*) *m* ⟨-s, -⟩ [1] anfitrión(-ona *f*) *m* [2] ↑ *Hausherr/in* señor/a de la casa; **Gasthaus** *n* fonda *f;* **Gasthof** *m* [1] fonda *f*, bar *m* [2] ↑ *Hotel* pensión *f;* **Gasthörer(in** *f*) *m* alumno *m* oyente
gastlich *adj* hospitalario
Gastritis *f* ⟨-, Gastritiden⟩ MED gastritis *f*
Gastrolle *f* THEAT papel *m* representado por un actor invitado
Gastronomie *f* gastronomía *f;* **gastronomisch** *adj* gastronómico
Gastspiel *n* [1] THEAT actuación *f* de una compañía de fuera [2] SPORT partido *m* fuera de casa
Gaststätte *f* restaurante *m;* **Gastwirt(in** *f*) *m* dueño/a del local; **Gastzimmer** *n* habitación *f* [en un hostal]
Gasvergiftung *f* intoxicación *f* por gas; **Gaswerk** *n* central *f* de gas; **Gaszähler** *m* contador *m* de gas
Gatte *m* ⟨-n, -n⟩ [1] marido *m*, esposo *m* [2] ◇ **die -n** *pl* el matrimonio
Gatter *n* ⟨-s, -⟩ verja *f;* cerca *f*
Gattin *f* esposa *f*, mujer *f*
Gattung *f* [1] BIOL clase *f*, especie *f*, tipo *m* [2] (*Literatur-*) género *m*
Gau *m* ⟨-s, -s⟩ *Akr v.* **größter anzunehmender Unfall**
Gaukler(in *f*) *m* mago/a; (*Scharlatan*) charlatán(-ana *f*) *m*
Gaul *m* ⟨-[e]s, Gäule⟩ caballo *m*, jamelgo *m*
Gaumen *m* ⟨-s, -⟩ paladar *m*
Gauner(in *f*) *m* ⟨-s, -⟩ [1] ↑ *Ganove* granuja *m*, bribón *m;* ↑ *Verbrecher* bandido *m* [2] *FAM* pillo *m;* ◇ **so ein -!** ¡qué pillo!
Gazelle *f* gacela *f*
geb. *adj Abk v.* **geboren, geborene(r)**
Gebäck *n* ⟨-[e]s, -e⟩ [1] ↑ *Kuchen* pastel *m*, torta, f [2] (*Weihnachts-*) pastas *f/pl*
Gebälk *n* ⟨-[e]s⟩ armadura *f*
Gebärde *f* ⟨-, -n⟩ gesto *m;* **gebärden** *vr* ◇ **sich -** comportarse; ◇ **sich wie toll -** hacer el loco
gebären ⟨gebar, geboren⟩ *vt* dar a luz; ◇ **wo sind Sie geboren?** ¿dónde ha nacido usted?; **Gebärmutter** *f* ANAT matriz *f*, útero *m*
Gebäude *n* ⟨-s, -⟩ [1] (*Wohn-*) edificio *m* [2] *FIG* (*Gedanken-*) sistema *m;* **Gebäudekomplex** *m* urbanización *f*
Gebell *n* ⟨-[e]s⟩ ladrido *m*
geben ⟨gab, gegeben⟩ **I.** *vt* [1] pasar; → *Flasche* dar; ◇ **jd-m die Hand -** dar la mano a alguien; TELEC ◇ **- Sie mir bitte Frau Müller?** ¿me puede poner con la señora Müller, por favor? [2] ↑ *schenken* regalar; ↑ *zukommen lassen* → *Geld* dar; *FIG* ◇ **Schatten -** dar sombra [3] ↑ *gewähren* → *Kredit* → *Interview* conceder [4] ↑ *stattfinden lassen* (*Schule*) dar; → *Gastspiel, Theaterstück* poner, dar, echar [5] tener, ser; ◇ **das gibt keinen Sinn** no tiene sentido; MATH ◇ **fünf und vier gibt neun** cinco más cuatro son nueve [6] ↑ *schicken* mandar; ◇ **aufs Gymnasium/ins Heim -** mandar al instituto/ a casa; ◇ **das Auto zur Reparatur -** mandar el coche a arreglar [7] (*Funktionsverb*) dar; ◇ **einen Rat -** dar un consejo; ◇ **einen Kuß -** dar un beso; ◇ **ein Versprechen -** prometer algo [8] ◇ **etw von sich -** decir algo; ◇ **unter den gegebenen Umständen** en dichas circunstancias; ◇ **sie gäbe alles darum** estaría dispuesta a darlo todo por eso **II.** *vi unpers* [1] ◇ **es gibt keine Dinosaurier mehr** los dinosaurios no existen actualmente; ◇ **es gibt Leute, die ...** hay

gente que ...; ◇ **das gibt's doch nicht!** ¡no puede ser!, ¡no es posible! [2] ↑ *geschehen* ◇ **es gibt Regen** va a llover **III.** *vr* ◇ **sich** ~ [1] ← *Krankheit* pasar; ◇ **das gibt sich wieder** ya pasará [2] ↑ *so tun als ob* ◇ **er gibt sich tolerant** se las da de tolerante [3] ◇ **sich geschlagen** ~ darse por vencido

Gebet *n* ‹-[e]s, -e› rezo *m*, oración *f*

Gebiet *n* ‹-[e]s, -e› [1] ↑ *Zone* zona *f*, región *f* [2] (*Hoheits~*) territorio *m* [3] (*FIG Fach~*) campo *m*, terreno *m*

Gebilde *n* ‹-s, -› [1] (*Staaten~*) estructura *f* [2] (*Wolken~*) formación *f*

gebildet *adj* culto, preparado, con formación

Gebirge *n* ‹-s, -› sierra *f*, cordillera *f*

Gebiß *n* ‹-sses, -sse› dentadura *f*; ▷*künstlich* dentadura *f* postiza

Gebläse *n* ‹-s, -› AUTO ventilador *m*

geboren *adj* [1] nacido; ◇ ~ **am 26.2.** nacido el 26 del dos [2] ◇ **Gutmann, ~e Haas** Gutmann, Haas de soltera [3] ↑ *sehr begabt* ◇ **sie ist die ~e Schriftstellerin** es una escritora nata, ha nacido para escribir

geborgen *adj:* ◇ **sich [bei jd-m] ~ fühlen** seguro; en buenas manos; **Geborgenheit** *f* seguridad *f*

Gebot *n* ‹-[e]s, -e› [1] ↑ *Weisung* orden *f* [2] ↑ *Gesetz* imperativo *m*; REL ◇ **die zehn ~e** los diez mandamientos [3] (*im Verkehr*) prohibición *f*

Gebr. *Abk v.* **Gebrüder**

Gebrauch *m* ‹-[e]s, Gebräuche› [1] ↑ *Benutzen* empleo *m*, manejo *m* [2] ↑ *Anwendung* uso *m* [3] ↑ *Brauch* costumbre *f*; **gebrauchen** *vt* [1] ↑ *benutzen* → *Werkzeug* usar, emplear, manejar, utilizar [2] ↑ *anwenden* → *Sprache* usar [3] ↑ *brauchen* servir; ◇ **das kann ich gut** ~ esto me puede servir; **gebräuchlich** *adj* usual, costumbre, habitual, normal; **Gebrauchsanweisung** *f* modo *m* de empleo, instrucciones *f/pl* para su uso; **Gebrauchsgegenstand** *m* objeto *m* de uso diario; **gebraucht** *adj* de segunda mano; ◇ **etw ~ kaufen** comprar algo usado; **Gebrauchtwagen** *m* coche *m* usado, vehículo *f* de ocasión

Gebrechen *n* ‹-s, -› [1] ↑ *Leiden* molestia *f*, dolor *m* [2] ↑ *körperlicher Mangel* falta *f*, defecto *m*; **gebrechlich** *adj* ↑ *schwach* frágil, débil; ↑ *kränklich* enfermizo

Gebrüder *pl* hermanos *m/pl*

Gebrüll *n* ‹-[e]s› rugido *m*; *FIG* alarido *m*

Gebühr *f* ‹-, -en› (*Telefon~*) tasa *f*; (*Post~*) porte *m*; ◇ ~ **bezahlt** porte pagado; (*Aufnahme~*) derecho *m*; ◇ **über** ~ más de lo debido

gebühren I. *vi:* ◇ **jd-m** ~ corresponder a alguien **II.** *vr:* ◇ **das gebührt sich nicht** eso no se hace; ◇ **wie es sich gebührt** como es debido; **gebührend** *adj* ▷*Dank* debido

Gebührenermäßigung *f* reducción *f* de tasas; **gebührenfrei** *adj* sin tasas; gratis; **gebührenpflichtig** *adj* sujeto a tasas; ◇ **~e Verwarnung** multa *f*

gebunden *adj* [1] ▷*Buch* encuadernado [2] ▷*Hände* atado

Geburt *f* ‹-, -en› [1] ↑ *Entbindung* nacimiento *m*; ◇ **die ~ Christi** Natividad *f* [2] ↑ *Herkunft* origen *m*; ◇ **von ~ Franzose** de origen francés; **Geburtenregelung** *f* regulación *f* de los nacimientos; **Geburtenrückgang** *m* descenso *m* de la natalidad; **gebürtig** *adj* nacido, natural; ◇ **ich bin ~e Deutsche** soy de origen alemana; **Geburtsanzeige** *f* anuncio *m* del nacimiento; **Geburtsdatum** *n* fecha *f* de nacimiento; **Geburtshelfer(in** *f*) *m* partero/a; **Geburtsjahr** *n* año *m* de nacimiento; **Geburtsort** *m* lugar *m* denacimiento; **Geburtstag** *m* cumpleaños *m*; ◇ ~ **haben** tener cumpleaños; ◇ **herzlichen Glückwunsch zum** ~ muchas felicidades por tu/su cumpleaños; **Geburtsurkunde** *f* partida *f* de nacimiento

Gebüsch *n* ‹-[e]s, -e› arbustos *m/pl*, matorral *m*

Gedächtnis *n* [1] ↑ *Erinnerungsvermögen* memoria *f* [2] ↑ *Andenken* recuerdo *m*

Gedanke *m* ‹-ns, -n› [1] pensamiento *m*; ◇ **in ~n versunken** ensimismado en sus pensamientos; ◇ **sich** *dat* **über etw** *akk* **~n machen** preocuparse por; ◇ **seine ~n beisammen haben** estar con los cinco sentidos, estar concentrado [2] ↑ *Konzept* concepto *m* [3] ↑ *Idee* idea *f*; ◇ **ein guter** ~ una buena idea; **gedankenlos** *adj* [1] irreflexivo [2] ↑ *zerstreut* distraído; **gedankenvoll** *adj* pensativo

Gedeck *n* ‹-[e]s, -e› [1] (*Teller und Besteck*) cubierto *m*; ◇ **ein ~ auflegen** poner un cubierto [2] ↑ *Menü* menú *m*

gedeihen ‹gedieh, gediehen› *vi* [1] ← *Pflanze* crecer [2] *FIG* ↑ *sich gut entwickeln* desarrollarse; ← *Arbeit, Plan* prosperar

gedenken *unreg vi* [1] ↑ *beabsichtigen* proponerse, tener la intención de; ◇ **ich gedenke, etw zu tun** me propongo hacerlo [2] ↑ *Andenken ehren* recordar; ◇ **jd-s/einer Sache** ~ recordar a alguien/ algo; **Gedenkminute** *f* minuto *m* de silencio [en recuerdo de alguien]; **Gedenkstätte** *f* lugar *m* en recuerdo de alguien/algo

Gedicht *n* ‹-[e]s, -e› poesía *f*, poema *m*

gediegen *adj* [1] ▷*Arbeit* sólido [2] ↑ *zuverlässig* ▷*Charakter* íntegro, honrado [3] ↑ *rein* ▷*Metall* puro

Gedränge *n* ‹-s› [1] ↑ *Drängeln* aglomeración *f* [2] ↑ *Ansammlung* multitud *f*, gentío *m*; ◇ **ein**

großes ~ una gran multitud; **gedrängt** *adj* apretado

Geduld *f* ‹-› paciencia *f;* ◇ **~ mit jd-m/etw haben** tener paciencia con alguien/algo; **gedulden** *vr* ◇ **sich ~** tener paciencia; **geduldig** *adj* ▷*Person* paciente

geeignet *adj* [1] ↑ *passend* adecuado, apto (*für* para) [2] ↑ *fähig* ▷*Mitarbeiter* competente

Gefahr *f* ‹-, -en› [1] peligro *m;* ◇ **sich in ~ begeben** exponerse al peligro [2] ↑ *Bedrohung* riesgo *m;* ↑ *Gefährdung* amenaza *f;* ◇ **außer ~** fuera de peligro; **gefährden** *vt* → *jd-n* poner en peligro; → *Leben, Plan etc.* arriesgar, hacer peligrar; **Gefährdung** *f* amenaza *f;* **gefährlich** *adj* [1] ▷ *Abenteuer* peligroso, arriesgado [2] ↑ *kritisch* ▷ *Zustand* crítico, grave [3] ↑ *bedrohlich* ▷*Krankheit* grave

Gefährte *m* compañero *m;* **Gefährtin** *f* (*Lebens-*) compañera *f*

Gefälle *n* ‹-s, -› [1] inclinación *f;* (*von Straße*) desnivel *m* [2] *FIG* ↑ *Senkung* (*Preis-*) descenso *m,* caída *f;* (*Lohn-*) reducción *f* [3] ↑ *Unterschied* ▷*sozial* diferencia *f*

gefallen *unreg vi* [1] gustar, agradar; ◇ **jd-m ~** gustar a alguien; ◇ **er/sie/es gefällt mir** me gusta él/ella/esto [2] ◇ **sich** *dat* **etw ~ lassen** aguantar, admitir, tolerar

Gefallen [1] *m* ‹-s, -› favor *m;* servicio *m;* ◇ **jd-m einen ~ tun** hacer a alguien un favor

Gefallen [2] *m* ‹-s›: ◇ **an etw/jd-m ~ finden** agradar algo/alguien

gefällig *adj* [1] ↑ *entgegenkommend* ▷*Person* amable, complaciente, atento [2] ↑ *ansprechend* ▷*Äußeres* agradable; **Gefälligkeit** *f* amabilidad *f;* favor *m,* servicio *m;* ◇ **etw aus ~ tun** hacer algo por amabilidad

gefangen *adj* prisionero; **Gefangene(r)** *fm* preso/a; (*Kriegs-*) prisionero/a; **gefangenhalten** *unreg vt* tener prisionero/preso; **Gefangennahme** *f* ‹-, -n› detención *f;* MIL captura *f;* **gefangennehmen** *unreg vt* detener; MIL capturar; **Gefangenschaft** *f* prisión *f,* cautiverio *m*

Gefängnis *n* [1] cárcel *f* [2] (*-strafe*) prisión *f;* ◇ **zwei Jahre ~** dos años de prisión; **Gefängniszelle** *f* celda *f*

Gefäß *n* ‹-es, -e› [1] vasija *f;* (*Trink-*) recipiente *m* [2] ANAT vaso *m*

gefaßt *adj* [1] calmado; ◇ **etw ~ aufnehmen** tomarse algo con calma [2] ◇ **auf etw** *akk* **~ sein** estar preparado para; ◇ **sie kann sich** *akk* **auf etw ~ machen** se puede ir preparando para algo

Gefecht *n* ‹-s, -e› [1] (*See-*) combate *m* [2] *FIG* (*Wort-*) discusión *f*

Gefieder *n* ‹-s, -› plumaje *m*

gefleckt *adj* jaspeado, moteado

Geflügel *n* ‹-s› aves *f/pl* de corral

geflügelt *adj* [1] con alas [2] *FIG* ◇ **ein ~es Wort** una palabra célebre

Gefolgschaft *f* [1] seguidores *m/pl* [2] ↑ *Treue* fidelidad *f,* lealtad *f*

gefragt *adj* ▷*Ware* de gran demanda; ▷*Künstler* solicitado

gefräßig *adj* voraz, glotón

Gefreite(r) *fm* MIL cabo *m*

gefrieren *unreg vi* helarse, congelarse; **Gefrierfach** *n* congelador *m;* **gefriergetrocknet** *adj* ▷*Kaffee* liofilizado; **Gefrierpunkt** *m* punto *m* de congelación; **Gefrierschrank** *m* congelador *m*

Gefüge *n* ‹-s, -› (*Staats-*) estructura *f;* (*Gedanken-*) sistema *m*

gefügig *adj* dócil, manejable; ◇ **jd-n ~ machen** manejar a alguien

Gefühl *n* ‹-[e]s, -e› [1] ↑ *Wahrnehmung* sensación *f* [2] ↑ *Empfindung* sentimiento *m;* ◇ **jd-m ~e entgegenbringen** corresponder con un sentimiento [3] ↑ *Gespür* (*Fingerspitzen-*) sensibilidad *f* (*für etw* para); ◇ **etw im ~ haben** saber algo por intuición [4] ↑ *Vorahnung* presentimiento *m;* **gefühllos** *adj* [1] ▷*Fuß, Hand etc.* insensible [2] ↑ *kalt* ▷*Worte* duro; ▷*Person* frío, sin corazón; **gefühlsbetont** *adj* sentimental; **Gefühlsduselei** *f FAM* sensiblería *f;* **gefühlsmäßig** *adj* intuitivo; ◇ **etw ~ beurteilen** juzgar algo con el corazón; **gefühlvoll** *adj* (*voller Gefühl*) sensible; ↑ *liebevoll* cariñoso

gegebenenfalls *adv* dado el caso; eventualmente

gegen *präp akk* [1] ↑ *wider, contra* contra, en contra de; ◇ **~ jd-n sein** estar contra alguien; SPORT ◇ **~ jd-n spielen** jugar contra alguien; JURA ◇ **Müller ~ Axtmann** Müller contra Axtmann [2] en comparación con; ◇ **~ mich ist er eine Null** en comparación conmigo no es nadie [3] ↑ *jd-m gegenüber* con; ◇ **~ mich ist er freundlich** conmigo es muy amable [4] ↑ *in Richtung auf, an* con, contra; ◇ **~ etw/jd-n stoßen** chocar con algo/alguien; ◇ **~ Ende des Films** al final de la película [5] ↑ *im Austausch für* por; ◇ **nur ~ Bargeld** sólo por dinero en metálico/efectivo [6] ↑ *ungefähr* (*zeitlich*) sobre; ◇ **~ Mitternacht** sobre la media noche

Gegenangriff *m* MIL contraataque *m*

Gegend *f* ‹-, -en› [1] ↑ *Gebiet* ▷*gebirgig* zona *f,* región *f;* ◇ **durch die ~ fahren** dar una vuelta en coche por la zona [2] ↑ *Stadtviertel* barrio *m;* ▷*nobel* zona *f*

Gegendarstellung *f* (*in Presse*) réplica *f*
gegeneinander *adv* ▷*kämpfen* uno contra otro, mutuamente
Gegenfahrbahn *f* AUTO carril *m* contrario
Gegenfrage *f*: ◇ **eine ~ stellen** responder a una pregunta con otra
Gegengift *n* antídoto *m*
Gegenleistung *f* contraprestación *f*
Gegenmaßnahme *f* represalia *f*
Gegenmittel *n* MED antídoto *m*
Gegenpartei *f* JURA, SPORT parte *f* contraria, contrario *m*
Gegensatz *m* [1] ↑ *Unterschied* diferencia *f;* (*Widerspruch*) oposición *f;* ↑ *Kontrast* contraste *m;* ◇ **im ~ zu** a diferencia de, en contraposición/oposición a [2] ↑ *Gegenteil* opuesto *m;* ◇ **Gegensätze ziehen sich an** los opuestos se atraen [3] ↑ *Konflikt* divergencia *f;* ◇ **Gegensätze ausgleichen** limar diferencias; **gegensätzlich** *adj* [1] ↑ *widersprüchlich* ▷*Aussagen* contradictorio [2] ↑ *unterschiedlich* ▷*Charaktere* contrario, opuesto [3] ↑ *oppositionell* ▷*Meinungen* divergente, contrario, opuesto
Gegenseite *f* [1] JURA ↑ *Gegenpartei* parte *f* contraria [2] ↑ *Rückseite* lado *m* opuesto, reverso *m*
gegenseitig *adj* [1] ↑ *einander* uno a otro; ◇ **sich ~ stützen** apoyarse mutuamente [2] ↑ *beiderseitig* ◇ **in ~em Einvernehmen** de mutuo acuerdo
Gegenspieler(in *f*) *m* adversario/a; SPORT rival *m*/*f*
Gegenstand *m* [1] ↑ *Sache* (*Kunst~*) objeto *m* [2] *FIG* ↑ *Thema* (*Gesprächs~*) tema *m,* asunto *m;* **gegenständlich** *adj* ▷*Denken* concreto; material; **gegenstandslos** *adj* [1] superfluo [2] ↑ *unbegründet* infundado
Gegenstück *n* [1] equivalente *m* (*zu* de) [2] ↑ *Gegenteil* opuesto *m* (*zu* de)
Gegenteil *n* [1] lo contrario *m* (*von* de); ◇ **das ~ behaupten** opinar lo contrario; ◇ **im ~** al contrario [2] ↑ *Umkehrung* inversión *f;* **gegenteilig** *adj* ▷*Behauptung* contrario, opuesto
gegenüber I. *präp dat* [1] enfrente de; ◇ **~ der Haltestelle** enfrente de la parada [2] ↑ *im Hinblick* en relación; ◇ **ihm ~ habe ich keine Bedenken** en relación con él no tengo dudas [3] ↑ *angesichts* a la cara; ◇ **er hat ihr ~ nichts gesagt** no le dice nada [a la cara] [4] ↑ *im Vergleich zu* comparado con; ◇ **~ früher geht es uns heute besser** si comparamos con el pasado nos va mucho mejor **II.** *adv* enfrente (*von* de); ◇ **die Nachbarn von ~** los vecinos de enfrente; **gegenüberliegen** *unreg vr* ◇ **sich ~** estar situado enfrente de; **gegenüberstehen** *unreg vr* ◇ **sich ~** [1] estar frente a frente [2] *FIG* opinar; ◇ **einer Sache** *dat* **gelassen ~** mirar una cosa con toda tranquilidad; **gegenüberstellen** *vt* [1] ↑ *konfrontieren* → *Menschen* oponerse, confrontar [2] *FIG* ↑ *vergleichen* comparar; **Gegenüberstellung** *f* [1] ↑ *Konfrontation* oposición *f,* confrontación *f* [2] ↑ *Vergleich* comparación *f*
Gegenverkehr *m* AUTO circulación *f* en sentido contrario
Gegenwart *f* ⟨-⟩ [1] presente *m,* actualidad *f;* ◇ **in der ~ leben** vivir en el presente [2] ↑ *Anwesenheit* presencia *f;* ◇ **in ~ von** en presencia de [3] GRAM presente *m;* **gegenwärtig I.** *adj* [1] presente, actual [2] ↑ *momentan* momentáneo, de momento **II.** *adv* en el presente; ◇ **das ist mir nicht mehr ~** ya no me acuerdo de ello
Gegenwehr *f* ⟨-⟩ defensa *f,* resistencia *f*
Gegenwind *m* viento *m* de cara
gegenzeichnen *vti* → *Dokument* refrendar
Gegner(in *f*) *m* ⟨-s, -⟩ [1] SPORT adversario/a; MIL enemigo/a [2] ↑ *Gegenspieler* rival *m*/*f;* **gegnerisch** *adj* [1] SPORT ▷*Mannschaft* contrario, opuesto, rival; JURA ▷*Partei* de la oposición [2] MIL enemigo
Gehackte(s) *n* ⟨-n⟩ carne *f* picada
Gehalt [1] *m* ⟨-[e]s, -e⟩ [1] (*von Film*) contenido *m* [2] ↑ *Anteil* (*Alkohol~*) grado *m*
Gehalt [2] *n* ⟨-[e]s, Gehälter⟩ sueldo *m;* **Gehaltsempfänger(in** *f*) *m* asalariado/a; **Gehaltserhöhung** *f* aumento *m* de sueldo
gehaltvoll *adj* [1] ▷*Nahrung* rico (en) [2] *FIG* ▷*Literatur* de calidad
gehässig *adj* ▷*Bemerkung* con resentimiento; ▷*Person* odioso
Gehäuse *n* ⟨-s, -⟩ [1] (*Uhr~*) caja *f* [2] (*von Apfel*) corazón *m*
gehbehindert *adj* impedido
geheim *adj* [1] privado; ▷*Wahl* secreto; ◇ **im ~en** en secreto [2] ↑ *geheimnisvoll* misterioso, oculto; ↑ *rätselhaft* enigmático; **Geheimagent(in** *f*) *m* agente *m*/*f* secreto; **Geheimdienst** *m* servicio *m* secreto; **geheimhalten** *unreg vt* mantener en secreto; ocultar; **Geheimnis** *n* secreto *m;* ◇ **~se vor jd-m haben** ocultar secretos a alguien; **geheimnisvoll** *adj* [1] ▷*Umstände* misterioso, enigmático; incomprensible [2] ◇ **~ tun** andar con secretos; **Geheimtip** *m* secreto *m*
gehemmt *adj* ▷*Person* inhibido
gehen ⟨ging, gegangen⟩ **I.** *vi* [1] ↑ *laufen* ir, andar, caminar; (*sich fortbewegen*) avanzar; ◇ **zu Fuß ~** ir a pie; ↑ *sich begeben* dirigirse a, ir a; ◇ **schwimmen/Fußball spielen/einkaufen ~** ir a nadar/a jugar al fútbol/a comprar; *FIG* ◇ **das**

geht zu weit esto va demasiado lejos [2] ↑ *weg-* irse, marcharse; ◇ **ich muß jetzt** ~ me tengo que ir/marchar; ↑ *kündigen* → *von Arbeitsstelle* dejar; ↑ *abfahren* salir; ◇ **der Bus geht um 12** el autobús sale a las 12 [3] *FAM* ◇ **mit jd-m** ~ salir con alguien [4] ↑ *funktionieren* funcionar [5] ↑ *auf-* ← *Hefeteig* aumentar [6] ↑ *Raum finden* caber, entrar; ◇ **wieviel Liter** ~ **in die Flasche?** ¿cuántos litros caben en la botella? [7] ↑ *sich ausdehnen* (*räumlich*) ir, llegar (*bis* hasta); (*zeitlich*) ◇ **das Konzert geht bis 21 Uhr** el concierto dura hasta las 9 de la noche [8] ↑ *sich machen lassen* ◇ **das geht nicht** no puede ser; ◇ **geht es bei Ihnen an Montag?** ¿puede ser el lunes? [9] ↑ *sich entwikkeln* ← *Geschäft* ir; ◇ **die Prüfung ging gut** me fue bien el examen; ◇ **das ist noch mal gutgegangen** nos hemos salvado por un pelo; ◇ **das geht ja noch** no está mal **II.** *vt* → *Strecke* recorrer **III.** *vi unpers* [1] ↑ *sich befinden* encontrarse; ◇ **wie geht es [Ihnen]?** ¿cómo se encuentra [usted]?; ◇ **mir/ihr geht es gut** estoy bien; ◇ **es geht** ni bien ni mal [2] ↑ *sich handeln* tratarse; ◇ **es geht um etw** tratarse de algo; **gehenlassen** *unreg* **I.** *vt FAM* dejar en paz; ◇ **laß ihn doch gehen!** ¡déjale irse! **II.** *vr* ◇ **sich** ~ dejarse llevar, no controlarse; ◇ **laß dich nicht so gehen!** ¡no te dejes llevar!

Gehilfe *m* ‹-n, -n›; **Gehilfin** *f* [1] ↑ *Assistentin* ayudante *m/f*, auxiliar *m/f* [2] ↑ *Komplizin* cómplice *m/f*

Gehirn *n* ‹-[e]s, -e› [1] ANAT cerebro *m* [2] *FIG* ↑ *Geist* inteligencia *f*; **Gehirnerschütterung** *f* MED conmoción *f* celebral; **Gehirnwäsche** *f* *FIG* lavado *m* de cerebro

Gehör *n* ‹-[e]s› [1] oído *m* [2] MUS ◇ **musikalisches** ~ buen oído [para la música] [3] ↑ *Aufmerksamkeit* atención *f*; ◇ **jd-m** ~ **schenken** prestar atención a alguien

gehorchen *vi* obedecer

gehören I. *vi* [1] pertenecer [2] ser (*zu* de); ◇ **sie gehört zu den besten Schwimmerinnen** es de las mejores nadadoras [3] tener que, corresponder; ◇ **das Buch gehört ins Regal** el libro tiene que estar en la estantería; ◇ **sie gehört nicht hierher** no debe estar aquí [4] ser necesario, hacer falta; ◇ **dazu gehört Erfahrung** para eso es necesario experiencia **II.** *vr unpers* ◇ **sich** ~ convenir; ◇ **das gehört sich nicht** eso no se hace

gehörig *adj* [1] ↑ *angemessen* conveniente, debido [2] ↑ *energisch* con energía, con decisión; ◇ **jd-m** ~ **die Meinung sagen** dar su … opinión alguien con decisión

gehörlos *adj* sordo

gehorsam *adj* obediente; **Gehorsam** *m* ‹-s› obediencia *f*; ◇ **der Chef verlangt blinden** ~ el jefe exige que le obedezcan con los ojos cerrados

Gehsteig *m* ‹-[e]s, -e› acera *f*; **Gehweg** *m* acera *f*

Geier *m* ‹-s, -› [1] FAUNA buitre *m* [2] *FAM* ↑ *gieriger Mensch* buitre *m* [3] *FAM* ◇ **weiß der** ~**!** ¡quién sabe!

Geige *f* ‹-, -n› MUS violín *m*; **Geigenbauer(in** *f*) *m* fabricante *m/f* de violines; **Geiger(in** *f*) *m* ‹-s, -› violinista *m/f*

geil *adj* [1] (*sexuell*) lascivo, caliente, cachondo [2] *FAM* ↑ *super* demasiado [3] *FAM* ◇ ~ **sein auf etw** *akk* (*versessen sein*) morirse de ganas por algo

Geisel *f* ‹-, -n› rehén *m*; **Geiseldrama** *n* toma *f* de rehénes

Geist *m* ‹-[e]s, -er› [1] fantasma *m*, aparición *f*, espíritu *m* [2] ↑ *Bewußtsein* inteligencia *f* [3] ↑ *Gesinnung* espíritu *m* [4] *FIG* ↑ *Schlagfertigkeit* gracia *f* [5] REL alma *m* [6] ↑ *Schnaps* alcohol *m*; **Geisterfahrer(in** *f*) *m* conductor *m* que circula en sentido contrario; **geistesabwesend** *adj* distraído; pensativo; **geistesgegenwärtig** *adv* ▷*handeln* decididamente; rápidamente; **Geisteskranke(r)** *fm* enfermo/a mental; **Geisteswissenschaft** *f* letras *f/pl*; **Geisteswissenschaftler(in** *f*) *m* persona *f* de letras

Geisteszustand *m* estado *m* mental; ◇ **jd-n auf seinen** ~ **untersuchen lassen** someter a alguien a un examen psiquiátrico

geistig *adj* [1] inmaterial; ▷*Liebe* espiritual [2] ↑ *intellektuell* ▷*Arbeit* intelectual [3] ↑ *psychisch* [p]síquico, mental; ◇ ~ **behindert** deficiente mental

geistlich *adj* [1] ↑ *kirchlich* eclesiástico [2] ↑ *religiös* ▷*Lied* religioso; **Geistliche(r)** *fm* [1] (*katholisch*) sacerdote *m*, cura *m* [2] (*protestantisch*) pastor(a *f*) *m*

geistlos *adj* [1] ↑ *dumm* ▷*Bemerkung* tonto [2] ↑ *langweilig* ▷*Film* aburrido; **geistreich** *adj* [1] ▷*Person* ingenioso; inteligente [2] ↑ *geistvoll* ▷*Film* intelectual, de contenido; ▷*Bemerkung* agudo

Geiz *m* ‹-es› avaricia *f*, tacañería *f*; **Geizhals** *m*, **Geizkragen** *m* avaro *m*, tacaño *m*; **geizig** *adj* avaro, tacaño, roñoso

Gejammer *n* ‹-s› lamentaciones *f/pl*

geknickt *adj FAM* tristón

gekonnt *adj* bien hecho

gekünstelt *adj* ↑ *unnatürlich* ▷*Lächeln* forzado; ▷*Benehmen* artificial, amanerado

Gel *n* ‹-s, -s› (*Haar-*) gel *m*

Gelaber *n* ‹-s› *FAM* ↑ *Gerede* tonterías *f/pl*

Gelächter *n* ‹-s, -› risa *f;* (*lauter*) carcajadas *f/pl*

geladen *adj* [1] ELECTR ▷*Batterie* cargado [2] *FAM* ↑ *gereizt* furioso, a punto de explotar

gelähmt *adj* [1] impedido [2] *FIG* ◇ **wie ~** paralizado

Gelände *n* ‹-s, -› [1] ▷*unwegsam* zona *f,* región *f* [2] (*Bau-*) terreno *m*

Geländer *n* ‹-s, -› seto *m;* (*Treppen-*) pasamano *m;* (*Balkon- etc.*) barandilla *f*

gelangen *vi* [1] lograr, conseguir, alcanzar (*zu etw* algo) [2] ↑ *ankommen* llegar (*an/zu akk* a) [3] (*erwerben*) ◇ **zu Reichtum ~** hacerse rico

gelassen *adj* paciente; tranquilo, calmado, sereno; decidido; ◇ **etw ~ hinnehmen** tomarse algo con calma

geläufig *adj* ▷*Wort* corriente, usual

gelaunt *adj* dispuesto; ◇ **schlecht/gut ~** de buen/mal humor; ◇ **wie ist sie ~?** ¿cómo está de humor?

gelb *adj* amarillo

Geld *n* ‹-[e]s, -er› [1] (*Papier-*) dinero *m* [2] ◇ **~er** *pl* ▷*öffentlich* capital *m,* fondos *m/pl;* **Geldanlage** *f* FIN inversión *f;* **Geldautomat** *m* cajero *m* automático; **Geldbeutel** *m* monedero *m;* **Geldgeber(in** *f*) *m* ‹-s, -› inversor(a *f*) *m;* **geldgierig** *adj* codicioso; **Geldschein** *m* billete *m* [de banco]; **Geldstrafe** *f* multa *f;* **Geldstück** *n* moneda *m;* **Geldsumme** *f* cantidad *f* de dinero; **Geldwechsel** *m* cambio *m* [de moneda]

Gelee *n* ‹-s, -s› (*Apfel-*) jalea *f*

gelegen *adj* [1] ▷*außerhalb, schön* situado, ubicado [2] ↑ *passend* oportuno; ◇ **das kommt mir ~** me viene bien/muy a propósito/de perlas; **Gelegenheit** *f* [1] ↑ *Chance* oportunidad *f;* COMM ocasión *f;* ◇ **e-e ~ wahrnehmen** aprovechar la ocasión; ◇ **bei ~** si se presenta la ocasión [2] ↑ *Anlaß* ocasión *f;* ◇ **bei jeder ~** siempre [3] ◇ **Schlaf-** lugar *m* para dormir; **Gelegenheitsarbeit** *f* trabajo *m* eventual; **Gelegenheitskauf** *m* ganga *f*

gelegentlich I. *adj* ▷*Treffen* ocasional II. *adv* ↑ *manchmal* a veces; ↑ *ab und zu* de vez en cuando; ◇ **~ ein Glas trinken** beber una copa de vez en cuando; ◇ **sich ~ besuchen** hacer una visita ocasional

gelehrt *adj* [1] ▷*Frau* culto, instruido [2] ↑ *akademisch* sabio, erudito; **Gelehrte(r)** *fm* (*Schrift-*) sabio/a, erudito/a; científico *m/f*

geleiten *vt* acompañar

Gelenk *n* ‹-[e]s, -e› [1] ANAT articulación *f* [2] (*von Maschine*) juntura *f;* **gelenkig** *adj* ágil, flexible

gelernt *adj* ▷*Arbeiter* cualificado

Geliebte(r) *fm* [1] ↑ *Liebhaber(in)* amado/a [2] (*Anrede*) querido/a

gelingen ‹gelang, gelungen› *vi* [1] ▷*Plan* funcionar, salir bien; ◇ **es gelingt mir nicht** no me sale [2] ▷*Arbeit* tener éxito

gellen *vi* chillar

geloben I. *vti* → *Treue* prometer II. *vr:* ◇ **sich** *dat* **etw ~** comprometerse en

gelten ‹galt, gegolten› I. *vt* durar; ◇ **der Gutschein gilt ein Jahr** el vale dura un año II. *vt unpers:* ◇ **es gilt, etw zu tun** hay que hacer algo, es necesario hacer algo III. *vi* [1] (*gültig sein*) ser valedero; ← *Gesetz* estar en vigor; ← *Geld* ser de curso legal; ← *Gutschein, Preis* durar; ◇ **ihr Wort gilt** su palabra tiene peso [2] ↑ *erlaubt sein* estar permitido; ◇ **das gilt nicht** eso no está permitido, eso no vale [3] ↑ *angesehen sein als* tener fama (*als* de); ◇ **er gilt als Frauenheld** tiene fama de don Juan [4] ↑ *zutreffen auf* valer, ser válido (*für* para); ◇ **das gilt auch für Sie** esto también es válido para usted [5] ↑ *bestimmt sein für* ir por; ◇ **das gilt Ihnen** esto va por usted [6] ◇ **etw ~ lassen** admitir; ◇ **etw ~d machen** hacer valer algo; **Geltung** *f* [1] ↑ *Gültigkeit* validez *f;* ↑ *Wert* valor *m;* (*Wichichtigkeit*) importancia *f;* ◇ **~ haben** tener impotancia [2] ↑ *Beachtung, Ansehen* prestigio *m;* ◇ **etw zur ~ bringen** prestigiar algo; ◇ **zur ~ kommen** resaltar [3] ↑ *Einfluß* influencia *f;* ◇ **sich** *dat* **~ verschaffen** imponerse

Gelübde *n* ‹-s, -› voto *m*

gelungen *adj* estupendo, maravilloso; con éxito

gemächlich I. *adj* [1] ↑ *ruhig* ▷*Person* calmado; ↑ *langsam* lento; ▷*Tempo* despacio [2] ↑ *friedlich* ▷*Leben* cómodo II. *adv* despacio; tranquilamente

Gemahl(in *f*) *m* ‹-[e]s, -e› esposo/a

Gemälde *n* ‹-s, -› cuadro *m,* pintura *f*

gemäß I. *präp dat* conforme a, según; ◇ **einem Wunsch ~** conforme a sus deseos II. *adv* ↑ *angemessen* apropiado para, adecuado a/para; ◇ **jdm/einer Sache ~ sein** ser apropiado para alguien/para algo; ◇ **ein der Situation ~es Verhalten** comportamiento adecuado para una situación

gemäßigt *adj* ▷*politische Gesinnung* moderado; ▷*Klima* templado

Gemäuer *n* ‹-s, -› murallas *f/pl;* ruinas *f/pl*

gemein *adj* [1] ↑ *gewöhnlich* corriente, normal; ↑ *einfach* simple; ◇ **der ~e Mann** el hombre de la calle [2] *FIG* ↑ *verachtenswert* ▷*Person* grosero, ordinario, vulgar; ▷*Lachen* soez [3] ↑ *gemeinsam* común; ◇ **etw ~ haben mit** tener algo en común con

Gemeinde *f* ‹-, -n› [1] comunidad *f;* (*Land-*)

municipio *m;* (*Pfarr-*) parroquia *f* [2] ↑ *Gemeinschaft* (*Trauer-*) comitiva *f;* (*Sing-*) coro *m;* **Gemeindeverwaltung** *f* administración *f* municipal

gemeingefährlich *adj* que supone un peligro público; ◇ **ein -er Verbrecher** criminal peligroso

Gemeinheit *f* [1] ↑ *Niedertracht* infamia *f;* ↑ *Böswilligkeit* mala intención *f* [2] ↑ *gemeine Handlung* canallada *f*

gemeinnützig *adj* ▷*Einrichtung* de utilidad pública

gemeinsam I. *adj* ▷*Haus* común, colectivo; ▷*Interesse* ▷*Freund* común II. *adv* ↑ *miteinander* en común; ↑ *zusammen* juntos; ◇ **etw - tun** hacer algo en común; ◇ **etw - haben mit** tener algo en común con; **Gemeinsamkeit** *f:* ◇ **-en** rasgos *m/pl* en común

Gemeinschaft *f* [1] (*Ehe-*) convivencia *f* [2] ↑ *Gruppe* colectividad *f;* (*Haus-*) conjunto *m;* (*Sprach-*) comunidad *f;* ◇ **in - mit** junto a; **gemeinschaftlich** *adj* común, colectivo; ◇ **etw - tun** hacer algo en común

Gemenge *n* ‹-s, -› [1] (*Hand-*) pelea *f* [2] CHEM mezcla *f* [3] *FIG* ↑ *Durcheinander* mezcolanza *f*

gemessen *adj* ▷*Schritt* lento; ▷*Haltung* comedido, reservado

Gemetzel *n* ‹-s, -› carnicería *f,* masacre *f*

Gemisch *n* ‹-es, -e› (*Mischung*) mezcla *f;* **gemischt** *adj* [1] ▷*Chor* mixto, mezclado; ▷*Gesellschaft* variado [2] ◇ **mit -en Gefühlen** con sentimientos contradictorios

Gemse *f* ‹-, -n› rebeco *m*

Gemunkel *n* ‹-s› habladurías *f/pl*

Gemurmel *n* ‹-s› murmullo *m*

Gemüse *n* ‹-s, -› [1] verdura *f,* hortalizas *f/pl* [2] *FAM* ◇ **junges -** los jóvenes; **Gemüsegarten** *m* huerto *m;* **Gemüsehändler(in** *f*) *m* verdulero/a

Gemüt *n* ‹-[e]s, -er› [1] ↑ *Seele* alma *m,* corazón *m;* ↑ *Wesen* naturaleza *f* [2] *FAM* ◇ **sich** *dat* **etw zu -e führen** darse el gustazo de algo; **gemütlich** *adj* [1] ▷*Zimmer* cómodo [2] ↑ *ausgeglichen, ruhig* ▷*Person* agradable, cordial, apacible [3] ↑ *langsam* ▷*Tempo* lento, despacio; **Gemütlichkeit** *f* [1] (*von Raum*) comodidad *f* [2] (*von Person*) cordialidad *f*

Gemütskrankheit *f* melancolía *f;* **Gemütsruhe** *f* serenidad *f;* ◇ **in aller -** con toda tranquilidad; **Gemütsverfassung** *f* estado *m* de ánimo

Gen *n* ‹-s, -e› gene *m*

genau I. *adj* [1] ↑ *exakt* ▷*Beschreibung* exacto, preciso [2] ↑ *sorgfältig* ▷*Arbeit* minucioso, meticuloso II. *adv* [1] exactamente; ◇ **- richtig** justo, exacto, correcto; ◇ **genau!** ¡exacto!, ¡eso es!; ◇ **- abmessen** medir exactamente [2] ↑ *gewissenhaft* munuciosamente, a conciencia; ◇ **- arbeiten** trabajar a conciencia; ◇ **- genommen** considerado con todo lujo de detalles, bien mirado; **Genauigkeit** *f* [1] ↑ *Exaktheit* exactitud *f,* minuciosidad *f* [2] ↑ *Gewissenhaftigkeit* esmero *m*

genehmigen I. *vt* permitir, autorizar; → *Antrag* conceder II. *vr FAM:* ◇ **sich** *dat* **einen -** echar un trago; **Genehmigung** *f* concesión *f;* permiso *m;* (*Bau-*) autorización *f*

General *m* ‹-s, -e *o.* Generäle› general *m;* **Generaldirektor(in** *f*) *m* director (a *f*) *m* general; **Generalprobe** *f* ensayo *m* final; **Generalstreik** *m* huelga *f* general; **generalüberholen** *vt* revisar algo concienzudamente; **Generalversammlung** *f* asamblea *f* general

Generation *f* generación *f*

Generator *m* generador *m*

generell *adj* general

Genesung *f* convalecencia *f*

genetisch *adj* genético

genial *adj* [1] ▷*Person* genial [2] ▷*Erfindung* ingenioso

Genick *n* ‹-[e]s, -e› ANAT nuca *f*

Genie *n* ‹-s, -s› [1] ↑ *Begabung* talento *m,* ingenio *m* [2] (*Person*) genio *m*

genieren I. *vt* molestar; ◇ **geniert es Sie, wenn ...?** ¿le molesta si ...? II. *vr* ◇ **sich -** tener vergüenza

genießbar *adj* [1] (*eßbar*) que se puede comer, que sabe buen [2] *FAM* ↑ *umgänglich* aceptable, soportable

genießen ‹genoß, genossen› *vt* [1] → *Urlaub* disfrutar de, gozar de [2] → *Essen* saborear [3] ↑ *bekommen* → *Ansehen* gozar de [4] *FAM* ◇ **er ist heute nicht zu -** hoy está insoportable/inaguantable; **Genießer(in** *f*) *m* ‹-s, -› sibarita *m/f;* **genießerisch** *adj* gozoso

Genitalien *pl* genitales *m/pl*

Genosse *m* ‹-n, -n› **Genossin** *f* [1] (*Weg-*) compañero/a [2] (*Gesinnungs-*) simpatizante *m/f* [3] POL camarada *m/f;* **Genossenschaft** *f* cooperativa *f;* (*Berufs-, Handels-*) colectivo *m*

Genre *n* -s, -s; género *m,* especie *f*

Gentechnik *f* técnica *f* genética

genug *adv* bastante, suficiente; ◇ **- zu trinken** bastante para beber; ◇ **mehr als -** más que suficiente; ◇ **groß -** bastante grande; ◇ **jetzt ist es aber -!** ¡ya es bastante/suficiente!

Genüge *f:* ◇ **zur -** lo suficiente, bastante; **genügen** *vi* [1] ser suficiente, bastar (*jd-m* para alguien) [2] ↑ *zufriedenstellen* satisfacer (*e-er Sache* *dat* una cosa); **genügend** *adj* suficiente, bastante; **genügsam** *adj* contentadizo, modesto

Genugtuung *f* reconciliación *f;* (*innere* ~) satisfacción *f*

Genuß *m* ‹Genusses, Genüsse› [1] (*von Speisen etc.*) placer *m* [2] ↑ *Vergnügen* gusto *m,* gozo *m;* ◇ **ein seltener** ~ un gusto raro [3] ↑ *Nutzen* beneficio *m;* ◇ **in den ~ von etw kommen** beneficiarse de algo; **genüßlich** *adv* gozoso; **Genußmittel** *pl* estimulantes *m/pl*

Geograph(in *f*) *m* ‹-en, -en› geógrafo/a; **Geographie** *f* geografía *f;* **geographisch** *adj* geográfico

Geologe *m* ‹-n, -n› **Geologin** *f* geólogo/a; **Geologie** *f* geología *f*

Geometrie *f* MATH geometría *f*

Gepäck *n* ‹-[e]s› (*Hand~*) equipaje *m;* (*Marsch~*) equipo *m;* **Gepäckabfertigung** *f* facturación *f* de equipajes; **Gepäckannahme** *f* depósito *m* de equipajes; **Gepäckaufbewahrung** *f* consigna *f;* **Gepäckausgabe** *f* entrega *f* de equipajes; **Gepäcknetz** *n* rejilla *f* para equipajes; **Gepäckschein** *m* resguardo *m* del equipaje; **Gepäckschließfach** *n* consigna *f* automática; **Gepäckstück** *n* bulto *m;* **Gepäckträger** *m* (*beim Fahrrad*) portaequipajes *m;* **Gepäckwagen** *m* furgón *m*

gepfeffert *adj FAM* ▷*Speise* picante; ▷*Schulaufgabe* muy difícil

gepflastert *adj* pavimentado

gepflegt *adj* [1] *nicht vernachlässigt* ▷*Garten* cuidado; ▷*Äußeres* aseado, límpio [2] ↑ *kultiviert* ▷*Mensch* culto, educado; ▷*Sprache* elevado

Gequatsche *n FAM* tonterías *f/pl*

gerade I. *adj* [1] ▷*Linie* recto [2] ↑ *aufrecht* ▷*Haltung* derecho [3] *FIG* ↑ *aufrichtig* ▷*Charakter* sincero [4] ↑ *direkt* ▷*Weg* recto [5] MATH ▷*Zahl* par **II.** *adv* [1] ↑ *soeben, jetzt* ahora mismo; ◇ **sie ist ~ beim Essen** está comiendo; ◇ **er ist ~ gegangen** acaba de salir [2] ↑ *eben, genau* justamente, precisamente; ◇ **~ das wollte ich verhindern** justamento eso es lo que quería evitar; ◇ **~ pünktlich** justo a tiempo; ◇ **~, weil** justo porque; ◇ **nicht ~ angenehm** no precisamente agradable [3] ↑ *direkt* justo; ◇ **sie wohnt ~ um die Ecke** vivo justo a la esquina [4] ↑ *ausgerechnet* justamente; ◇ **das hat mir ~ noch gefehlt** lo que nos faltaba; ◇ **~ sie hat es nötig, ...** justamente ella lo necesita, ... [5] ↑ *knapp* justo; ◇ **~ genug zum Leben** justo para vivir; **Gerade** *f* ‹-n, -n› (MATH SPORT *Ziel~*) recta *f;* **geradeaus** *adv* ▷*gehen* todo derecho; **geradeheraus** *adv* ▷*sagen* sin rodeos; directamente; **geradestehen** *unreg vi* [1] ↑ *aufrecht stehen* estar derecho/erguido [2] *FIG* ↑ *einstehen* responder (*für* a); **geradewegs** *adv* ↑ *direkt* directamente; ◇ **~ nach Hause gehen** ir directamente a casa; **geradezu** *adv* casi; absolutamente; ◇ **das ist ~ unglaublich** es casi increíble; **geradlinig** *adj* [1] ▷*Reihe* recto [2] *FIG* ↑ *aufrichtig* ▷*Mensch* sincero; ↑ *offen* abierto

Gerät *n* ‹-[e]s, -e› [1] utensilio *m;* (*Haushalts~*) enseres *m/pl;* (*Acker~*) útiles *m/pl* [2] ↑ *Werkzeug* herramienta *f* [3] (*Fernseh~*) aparato *m* [4] (SPORT *Turn~*) aparato *m*

geraten *unreg vi* [1] ↑ *gelingen* salir, resultar; ◇ **gut/schlecht ~** salir bien/mal [2] ↑ *sich entwickeln* ← *Kind* desarrollarse; ◇ **nach der Mutter ~** salir a la madre [3] ir a parar a; ◇ **an jd-n ~** dar con alguien; ◇ **in etw** *akk* **~** llegar a algo, caer en algo; ◇ **außer sich ~** estar loco de contento; perder la cabeza

Geratewohl *n:* ◇ **aufs ~** al azar

geräumig *adj* ▷*Wohnung* espacioso, amplio

Geräusch *n* ‹-[e]s, -e› ruido *m;* **geräuschlos** *adj* silencioso; sin ruido; **geräuschvoll** *adj* ruidoso

gerben *vt* [1] → *Leder* curtir [2] *FAM* ◇ **jd-m das Fell ~** zurrar la badana a alguien

gerecht *adj* [1] ▷*Urteil, Richter* justo [2] ↑ *unparteiisch* ▷*Entscheidung* imparcial [3] justo, bueno; ◇ **eine ~e Sache** una causa justa [4] ◇ **jd-m ~ werden** hacer justicia a alguien; ◇ **einer Sache ~ werden** juzgar bien algo; **Gerechtigkeit** *f* [1] (*von Rechtsspruch*) justicia *f* [2] (*von Entscheidung*) imparcialidad *f* [3] justicia *f,* equidad *f*

Gerede *n* ‹-s› [1] rumores *m/pl* [2] ↑ *Klatsch* habladuría *f/pl;* ◇ **das ~ der Leute** el qué dirán

gereizt *adj* [1] ↑ *angespannt* irritado, nervioso; ▷*Tier* azuzado, irritado, nervioso [2] ↑ *gespannt* ▷*Atmosphäre* cargado; **Gereiztheit** *f* irritación *f,* nerviosismo *m*

Gericht *n* ‹-[e]s, -e› [1] ↑ *Mahlzeit* plato *m,* comida *f* [2] (*Amts~*) tribunal *m* [3] palacio *m* de justicia [4] *FAM* ◇ **mit jd-m ins ~ gehen** cantar a alguien las cuarenta

gerichtlich *adj* ▷*Vorladung* judicial; **Gerichtsarzt** *m* médico *m* forense; **Gerichtsbarkeit** *f* jurisdicción *f;* **Gerichtsdiener** *m* alguacil *m,* ujier *m;* **Gerichtshof** *m* tribunal *m* de justicia; ◇ **Oberster ~** Tribunal Supremo; **Gerichtskosten** *pl* costes *m/pl* judiciales; **Gerichtssaal** *m* sala *f* de audiencia; **Gerichtsschreiber** *m* oficial *m* de juzgado; **Gerichtssitzung** *f* audiencia *f;* **Gerichtstermin** *m* citación *f* judicial; **Gerichtsverfahren** *n* procedimiento *m* judicial; **Gerichtsverhandlung** *f* vista *f* de una causa; **Gerichtsvollzie-**

her(in *f*) *m* ‹-s, -› *inspector de hacienda que confisca los bienes de deudores*

gering *adj* [1] *niedrig* ▷*Reserve* pequeño; ▷*Gehalt* escaso, bajo [2] *FIG* ▷*Bedeutung* mínimo; ▷*Unterschied* insignificante; ▷*Sorge* menor; ▷*Talent* poco; ◇ **nicht im -sten** ni lo más mínimo; **geringfügig** *adj* insignificante; ◇ **sich - verändern** cambiar de forma insignificante; **geringschätzig** *adj* ▷*Bemerkung* despectivo, desdeñoso

gerinnen *unreg vi* ← *Milch* cortarse, cuajarse; ← *Blut* coagularse; **Gerinnung** *f* CHEM floculation; MED coagulación *f*

Gerippe *n* ‹-s, -› *FAM* esqueleto *m*

gerissen *adj FIG* astuto; zorro

Germanen *pl* Germanos *m/pl*

Germanist(in *f*) *m* germanista *m/f;* **Germanistik** *f* germanística *f*

gern[e] *adv lieber, am liebsten* [1] ↑ *bereitwillig* con mucho gusto; ◇ **-!** ¡claro que sí!, ¡de mil amores!; ◇ **etw - tun** hacer algo de buena gana [2] ◇ **jd-n - haben, jd-n - mögen** caer muy bien alguien, querer a alguien; ◇ **etw - haben/mögen** gustar algo [3] (*ohne weiteres*) ◇ **das glaube ich -** ¡ya lo creo! [4] *FAM* ◇ **du kannst mich - haben** déjame en paz

Geröll *n* ‹-[e]s, -e› cantos *m/pl* rodados

Gerste *f* ‹-, -n› cebada *f*

Gerte *f* ‹-, -n› (*Reit-*) fusta *f*

Geruch *m* ‹-[e]s, Gerüche› olor *m;* **geruchlos** *adj* inodoro, sin olor; **Geruchssinn** *m* olfato *m;* **geruchtilgend** *adj* desodorante

Gerücht *n* ‹-[e]s, -e› rumor *m;* ◇ **ein - in die Welt setzen** hacer correr el rumor [de que]

gerührt *adj* conmovido, emocionado

geruhsam *adj* ▷*Mensch* apacible, sosegado; ▷*Zeit* tranquilo

Gerümpel *n* ‹-s› trastos *m/pl* viejos, cachivaches *m/pl*

gerundet *adj* redondeado

Gerüst *n* ‹-[e]s, -e› [1] ↑ *Gestell* (*Holz-*) armazón *m;* (*Bau-*) andamio *m* [2] *FIG* ↑ *Grundentwurf* esbozo *m*

gesamt *adj* [1] ↑ *vollständig* todo, entero, íntegro, general; ▷*Betrag* completo [2] ↑ *ganz* ▷*Gebäude* todo; **gesamtdeutsch** *adj* de toda Alemania; **Gesamteindruck** *m* impresión *f* general; **Gesamtergebnis** *n* resultado *m* definitivo; **Gesamtheit** *f* totalidad *f;* **Gesamtschule** *f* escuela *f* integrada; **Gesamtsumme** *f* suma *f* total

gesalzen *adj* salado

Gesandte(r) *fm* enviado/a; **Gesandtschaft** *f* delegación *f*

Gesang *m* ‹-[e]s, Gesänge› [1] (*von Vögeln*) canto *m;* ◇ **der gregorianische -** cántico gregoriano [2] (*Schulfach*) canto *m;* **Gesangverein** *m* coral *f*

Gesäß *n* ‹-es, -e› trasero *m*, posaderas *f/pl;* **Gesäßtasche** *f* bolsillo *m* trasero

geschafft *adj FAM* molido, hecho polvo

Geschäft *n* ‹-[e]s, -e› [1] (*-sabschluß*) negocio *m* [2] ↑ *Laden* tienda *f*, comercio *m* [3] ↑ *Absatz* operación *f;* ◇ **das - geht gut** el negocio va bien [4] *FAM* ↑ *Firma* trabajo *m;* ◇ **ins - gehen** ir al trabajo [5] ↑ *Beschäftigung* ocupación *f* [6] *FAM* ↑ *Notdurft* necesidades *f/pl;* ◇ **sein - verrichten** hacer sus necesidades

geschäftig *adj* diligente, activo, dinámico

geschäftlich I. *adj* comercial II. *adv* de negocios; ◇ **- unterwegs sein** estar fuera por asunto de negocios; **Geschäftsabschluß** *m* conclusión *f* de una operación; **Geschäftsbericht** *m* memoria *f;* **Geschäftsbrief** *m* carta *f* comercial; **Geschäftsfrau** *f* mujer *f* de negocios; **Geschäftsführer(in** *f*) *m* (*im Klub*) gerente *m;* **Geschäftsjahr** *n* ejercicio *m;* **Geschäftslage** *f* [1] ▷*günstig, zentral* emplazamiento *m* del comercio [2] ▷*finanziell* situación *f* de los negocios; **Geschäftsleitung** *f* [1] ↑ *Führung* dirección *f* [2] (*Personen*) gerencia *f;* **Geschäftsmann** *m, pl* ‹-leute› hombre *m* de negocios, comerciante *m*

Geschäftspartner(in *f*) *m* socio/a; **Geschäftspolitik** *f* política *f* comercial; **Geschäftsreise** *f* viaje *m* de negocios; **Geschäftsschluß** *m* cierre *m* de los comercios; **Geschäftsstraße** *f* calle *f* comercial

geschah *impf von* **geschehen**

geschehen ‹geschah, geschehen› I. *vi* (*widerfahren*) ocurrir/suceder algo a alguien II. *vi unpers* (*ruiniert*) estar arruinado; (*verloren sein*) estar perdido; ◇ **es ist um etw/jd-n -** algo/alguien está perdido; **Geschehen** *n* ‹-s, -› (*Tages-*) sucesos *m/pl*, acontecimientos *m/pl*

Geschenk *n* ‹-[e]s, -e› regalo *m*, obsequio *m*

Geschichte *f* ‹-, -n› historia *f;* ↑ *Angelegenheit* asunto *m;* ↑ *Erzählung* cuento *m;* (*FAM Sache*) cosa *f;* ◇ **-n machen** hacer tonterías; ◇ **der Vorfall ist längst -** el incidente ya ha pasado a la historia; **geschichtlich** *adj* ↑ *historisch* histórico; **Geschichtsbuch** *n* SCH libro *m* de historia

Geschick *n* ‹-[e]s, -e› [1] ↑ *Schicksal* destino *m*, suerte *f* [2] ↑ *Geschicklichkeit* habilidad *f talento m* (*zu/für* para); **Geschicklichkeit** *f* habilidad *f;* talento *m*

geschieden *adj* separado, divorciado

Geschirr *n* ‹-[e]s, -e› platos *m/pl*, Behälter, vasija *f;* (*Kaffee-*) sercicio *m;* (*für Pferd*) arnés *m;* **Geschirrspülmaschine** *f* lavaplatos *m;* **Geschirrtuch** *n* paño *m* de cocina

Geschlecht *n* ‹-[e]s, -er› (*Geschlechtsteil*) sexo *m;* GRAM género *m;* (*Adels-*) familia *f;* (*Sippe*) estirpe *f;* **geschlechtlich** *adj* sexuado; **Geschlechtskrankheit** *f* enfermedad *f* venérea; **Geschlechtsteil** *s o m* genitales *m/pl;* **Geschlechtsverkehr** *m* relaciones *f/pl* sexuales

Geschmack *m* ‹-[e]s, Geschmäcke› [1] (*von Speisen*) sabor *m;* (*-ssinn*) gusto *m* [2] ◇ **nach jd-s ~** a gusto de alguien; ◇ **~ an etw** *dat* **finden** coger gustillo a algo; ◇ **auf den ~ kommen** aficionarse a algo [3] ◇ **jd hat ~** alguien tiene gusto; **geschmacklos** *adj* ▷*Einrichtung* de mal gusto; ▷*Kleidung* cursi; *FIG* ▷*Bemerkung* de mal gusto, desagradable; ▷*Benehmen* vulgar; **Geschmack[s]sache** *f* cuestión *f* de gustos; **geschmackvoll** *adj* de buen gusto

geschmeidig *adj* suave; ▷*Teig* blando; ▷*Leder* flexible

Geschöpf *n* ‹-[e]s, -e› ↑ *Lebewesen* criatura *f;* (*~ der Phantasie*) ser *m* imaginario

Geschoß *n* ‹Geschosses, Geschosse› [1] MIL bala *f,* proyectil *m* [2] ↑ *Stockwerk* piso *m,* planta *f*

Geschrei *n* ‹-s› gritos *m/pl; FIG* ↑ *Getue* griterío *m,* alboroto *m*

Geschütz *n* ‹-es, -e› cañón *m,* artillería *f; FIG* ◇ **schwere ~e auffahren** entrar a matar

geschützt *adj* protegido

Geschwätz *n* ‹-es› palique *m;* (*Klatsch*) cotilleo *m;* **geschwätzig** *adj* hablador, parlanchín

geschweige *cj:* ◇ **~ [denn]** y no digamos, ni mucho menos

Geschwindigkeit *f* velocidad *f,* rapidez *f;* **Geschwindigkeitsbegrenzung** *f* limitación *f* de velocidad

Geschwister *pl* hermanos *m/pl*

geschwollen *adj* ▷*Füße* hinchado; (*FAM prahlerisch*) fanfarrón; ◇ **~ daherreden** darse aires, fanfarronear

Geschworene(r) *fm* jurado *m*

Geschwulst *f* ‹-, Geschwülste› hinchazón *m;* ↑ *Tumor* tumor *m*

Geschwür *n* ‹-[e]s, -e› úlcera *f*

Geselle *m* ‹-n, -› compañero *m,* camarada *m*

gesellen *vr* ◇ **sich ~** unirse (*zu* a alguien)

Gesellenprüfung *f* examen *m* de oficial

gesellig *adj* ▷*Abend* íntimo; ▷*Beisammensein* social; ▷*Mensch* sociable; **Geselligkeit** *f* sociabilidad *f*

Gesellin *f* compañera *f*

Gesellschaft *f* [1] (*soziale Struktur*) sociedad *f* [2] (*Gruppe, Handels-*) asociación *f;* ◇ **Reise-** viaje *m* colectivo [3] (*Begleitung*) compañía *f;* ◇ **jd-m ~ leisten** acompañar a alguien [4] (*Fest*) fiesta *f,* reunión *f;* **Gesellschafter(in** *f*) *m* [1] ↑ *Teilhaber* socio/a [2] ↑ *Begleitperson* acompañante *m/f;* **gesellschaftlich** *adj* social; **Gesellschaftsschicht** *f* estamento *m* social

Gesetz *n* ‹-es, -e› ley *f;* (*Richtlinie*) norma *f;* **Gesetzbuch** *n* código *m;* **Gesetzentwurf** *m* proyecto *m* de ley; **gesetzgebend** *adj* ▷*Gewalt* legislativo; **Gesetzgebung** *f* legislación *f;* **gesetzlich** *adj* ▷*Vertreter* legal; ▷*Vormund* legítimo; **gesetzlos** *adj* ilegal, anárquico; (*Person*) fuera de la ley; **gesetzmäßig** *adj* legal, legítimo; ▷*Versuchsablauf* regular

gesetzt *adj* sereno, sensato; serio; ▷*Mensch* maduro

gesetzwidrig *adj* ilegal

ges. gesch. *Abk v.* gesetzlich geschützt

Gesicht *n* ‹-[e]s, -er› [1] cara *f;* ◇ **jd-m wie aus dem ~ geschnitten sein** ser el vivo retrato de alguien; *FIG* ◇ **einer Sache ins ~ sehen müssen** ver las cosas como son [2] ◇ **ein langes ~ ziehen** poner cara larga [3] (*FAM Mensch*) ◇ **lauter neue ~er** muchas caras nuevas [4] ↑ *Aussehen* aspecto *m;* **Gesichtsausdruck** *m* expresión *f* de la cara; **Gesichtspunkt** *m* punto *m* de vista; **Gesichtswinkel** *m* punto *m* de vista; ◇ **unter diesem ~** desde ese punto de vista

Gesindel *n* ‹-s› gentuza *f,* chusma *f*

gesinnt *adj:* ◇ **jd-m feindlich/gut ~ sein** sentir simpatía/antipatía por alguien; **Gesinnung** *f* ▷*charakterlich* carácter *m,* principios *m/pl;* ▷*geistig* ideas *f/pl*

gesittet *adj* educado, civilizado

Gespann *n* ‹-[e]s, -e› [1] ↑ *Pferd und Wagen* tiro *m* [2] *FAM* pareja *f*

gespannt *adj* ▷*Seil* tenso; ▷*Lage* tenso, tirante; (*voll Erwartung*) ansioso; ◇ **~ sein, ob ...** estar ansioso por saber si ...; ◇ **auf etw/jd-n ~ sein** esperar con impaciencia algo/a alguien

Gespenst *n* ‹-[e]s, -er› fantasma *m,* espectro *m;* (*FIG drohende Gefahr*) peligro *m;* **gespenstig, gespenstisch** *adj* fantasmal; (*FIG unheimlich*) siniestro, inquietante

Gespött *n* ‹-[e]s› burla *f;* ◇ **jd-n zum ~ machen** poner en ridículo a alguien; ◇ **sich zum ~ machen** ponerse en ridículo, hacer el ridículo

Gespräch *n* ‹-[e]s, -e› conversación *f;* (*Telefon-*) llamada *f,* conferencia *f;* (*Skandal*) comidilla *f;* **gesprächig** *adj* hablador, locuaz; **Gesprächigkeit** *f* locuacidad *f;* **Gesprächspartner(in** *f*) *m* interlocutor(a *f*) *m;* **Gesprächsstoff** *m* tema *m* de conversación

Gestalt *f* ⟨-, -en⟩ [1] (*Körperbau*) complexión *f;* (*Wuchs*) estatura *f* [2] (*Form*) forma *f;* ◇ **in - von** en forma de; ◇ **- annehmen** tomar forma [3] (*Mensch*) figura *f;* (*FAM Mensch*) figura *f,* personaje *m*

gestalten I. *vt* ↑ *formen* formar; ↑ *organisieren* organizar; ↑ *einrichten* decorar II. *vr* ◇ **sich -** desarrollarse; **Gestaltung** *f* formación *f;* organización *f,* estructuración *f;* ▷*künstlerisch* realización *f,* creación *f*

Gestammel *n* ⟨-s⟩ balbuceo *m*

Geständnis *n* confesión *f*

Gestank *m* ⟨-[e]s⟩ peste *f,* mal olor *m,* tufo *m*

gestatten I. *vt* permitir, tolerar, consentir (*jd-m etw* algo a alguien); ◇ **- Sie?** ¿me permite? II. *vr:* ◇ **sich** *dat* **-, etw zu tun** tomarse la libertad de hacer algo

Geste *f* ⟨-, -n⟩ ademán *m,* gesto *m*

Gesteck *n* ⟨-s, -e⟩ conjunto *m*

gestehen *unreg vt* → *Verbrechen* confesar, reconocer; → *Liebe* declarar

Gestein *n* ⟨-[e]s, -e⟩ roca *f;* piedras *f/pl*

Gestell *n* ⟨-[e]s, -e⟩ (*Bett-*) somier *m;* (*Regal*) estantería *f;* (*Fahr-*) bastidor *m,* chasis *m*

gestern *adv* ayer; *FIG* ◇ **von -** pasado de moda

gestikulieren *vi* hacer gestos, gesticular

Gestirn *n* ⟨-[e]s, -e⟩ astro *m;* (*Sternbild*) constelación *f*

Gestotter *n* ⟨-s⟩ tartamudeo *m*

gestreift *adj* ▷*Stoff* de rayas

Gestrüpp *n* ⟨-[e]s, -e⟩ matorral *m*

Gestüt *n* ⟨-[e]s, -e⟩ cuadra *f*

Gesuch *n* ⟨-[e]s, -e⟩ (*bei Behörde*) solicitud *f,* petición *f instancia f*

gesucht *adj* buscado, begehrt, solicitado

gesund *adj* sano; ▷*Ernährung* sano, saludable; ▷*Menschenverstand* lúcido; ◇ **jd-n - schreiben** dar de alta a alguien; **Gesundheit** *f* salud *f;* (*wenn jd niest*) ◇ **-!** ¡Jesús!; **gesundheitlich** *adj:* ◇ **wie geht es Ihnen -?** ¿qué tal está usted de salud?; **gesundheitsschädlich** *adj* nocivo, perjudicial para la salud; **gesundpflegen** *vt* curar, atender

Getöse *n* ⟨-s⟩ estruendo *m;* ruido *m*

getragen *adj* ▷*Melodie* triste, lento

Getränk *n* ⟨-[e]s, -e⟩ bebida *f*

getrauen *vr* ◇ **sich - etw zu tun** atreverse a hacer algo

Getreide *n* ⟨-s, -⟩ cereales *m/pl*

getrennt I. *adj* ▷*Leute* deparado II. *adv* por separado; ◇ **- von Tisch und Bett** no hacer vida en común

getreu *adj* leal; (*wahrheits-*) fiel

Getriebe *n* ⟨-s, -⟩ (*von Maschinen*) engranaje *m;* AUTO cambio *m* de marchas

getrost *adv* seguro, confiado

Getto *n* ⟨-s, -s⟩ (*PEJ Stadtviertel*) gueto *m*

Getue *n* ⟨-s⟩ remilgos *m/pl,* aspamientos *m/pl*

Getümmel *n* ⟨-s⟩ jaleo *m,* tumulto *m;* (*Kaufhaus-*) barullo *m*

geübt *adj* ejercitado

Gewächs *n* ⟨-es, -e⟩ [1] (*Pflanze*) planta *f,* vegetal *m* [2] MED vegetación *f*

gewachsen *adj:* ◇ **jd-m/einer Sache - sein** poder hacer frente a alguien/a algo

Gewächshaus *n* invernadero *m*

gewagt *adj* arriesgado, audaz; ▷*Kleid* atrevido

gewahr *adj:* ◇ **jd-s - werden** notar/descubrir a alguien; ◇ **einer Sache** *gen* **- werden** percatarse de algo, darse cuenta de algo, notar algo

Gewähr *f* ⟨-⟩ garantía *f;* ◇ **keine - übernehmen [für]** sin comprometerse en; ◇ **ohne -** sin garantía

gewähren *vt* conceder; ◇ **jd-n - lassen** dejar hacer a alguien

gewährleisten *vt* garantizar, asegurar

Gewahrsam *m* ⟨-s⟩ arresto *m;* cárcel *f;* ◇ **etw in - nehmen** guardar algo; ◇ **jd-n in - nehmen** detener a alguien

Gewährung *f* permiso *m;* (*Bewilligung*) concesión *f,* consentimiento *m*

Gewalt *f* ⟨-, -en⟩ (*Amts-*) poder *m,* autoridad *f;* (*Natur-*) fuerza *f;* (*Kontrolle*) ◇ **jd-n in der - haben** tener en su poder; ◇ **sich in der - haben** ser dueño de sí mismo; ◇ **mit aller -** (*unbedingt*) a la fuerza; ◇ **gesetzgebende -** poder *m* legislativo; ◇ **richterliche -** poder *m* judicial, poder *m* central; ◇ **vollziehende -** poder *m* ejecutivo; **Gewaltanwendung** *f* empleo *m* de la fuerza

gewaltig I. *adj* ↑ *riesig* enorme; ↑ *stark* fuerte; ↑ *mächtig* poderoso; (*FAM groß*) tremendo II. *adv FAM:* ◇ **sich - täuschen** cometer una terrible equivocación

gewaltsam *adj* violento; **gewalttätig** *adj* ▷*Mensch* violento; (*gefährlich*) peligroso

gewandt *adj* ↑ *geschickt* hábil, diestro; ↑ *erfahren* adiestrado; ▷*Redner* hábil, suelto; **Gewandtheit** *f* habilidad *f,* destreza *f,* soltura *f*

Gewässer *n* ⟨-s, -⟩ aguas *f/pl*

Gewebe *n* ⟨-s, -⟩ [1] (*Stoff*) tejido *m,* tela *f* [2] (BIOL *Binde-*) tejido *m*

Gewehr *n* ⟨-[e]s, -e⟩ fusil *m;* (*Jagd-*) escopeta *f*

Geweih *n* ⟨-[e]s, -e⟩ cornamenta *f*

gewellt *adj* [1] ▷*Haar* ondulado [2] ▷*Boden* irregular

Gewerbe *n* ⟨-s, -⟩ industria *f;* ◇ **Handel und -** comercio e industria; **gewerbsmäßig** *adj* profesional

Gewerkschaft *f* sindicato *m;* **Gewerk-**

schaft[l]er(in *f*) *m* ‹-s, -› sindicalista *m/f;* **gewerkschaftlich** *adj* ▷*Organisation* sindical
Gewicht *n* ‹-[e]s, -e› [1] (*von Festkörper*) peso *m* [2] *FIG* ↑ *Bedeutung* importancia *f;* ◇ **nicht ins ~ fallen** no tener importancia
gewieft *adj* listo, astuto
gewillt *adj:* ◇ **~ sein, etw zu tun** estar dispuesto a hacer algo
Gewimmel *n* ‹-s› (*Menschen~*) hervidero *m*
Gewimmer *n* ‹-s› gimoteo *m;* gemido *m*
Gewinde *n* ‹-s, -› (*Kranz*) corona *f;* (*von Schraube*) rosca *f*
Gewinn *m* ‹-[e]s, -e› ganancia *f,* beneficio *m;* (*bei Lotterie*) premio *m;* (*FIG Bereicherung*) provecho *m;* ◇ **etw mit ~ verkaufen** vender algo con ganancia; **Gewinnbeteiligung** *f* participación *f* en los beneficios; **gewinnbringend** *adj* ▷*Geldanlage* lucrativo, ventajoso; **gewinnen** ‹gewann, gewonnen› **I.** *vt* [1] (*Gewinn erhalten*) ganar [2] ↑ *erreichen* → *Einblick* conseguir; → *Freundschaft* hacer; ◇ **jd-n für sich ~** granjearse las simpatías de alguien; ◇ **jd-n für etw ~** granjearse las simpatías de alguien para algo [3] → *Kohle* extraer **II.** *vi* ganar; ↑ *sich verändern* mejorar (*durch* con); (*profitieren*) salir ganando; **gewinnend** *adj* ▷*Lächeln* seductor, atrayente; **Gewinner(in** *f*) *m* ‹-s, -› ganador(a *f*) *m*
Gewinnung *f* (*Kohle~*) extracción *f;* (*Strom~*) producción *f*
Gewinnzahl *f* número *m* premiado/agraciado
Gewirr *n* ‹-[e]s› confusión *f;* (*Straßen~*) laberinto *m*
gewiß **I.** *adj* [1] ↑ *bestimmt* cierto; ↑ *sicher* seguro; ◇ **ein ~er Herr Müller** un tal Müller [2] ▷*Ähnlichkeit* cierto **II.** *adv* ciertamente, seguramente, por cierto
Gewissen *n* ‹-s, -› conciencia *f;* ◇ **jd-m ins ~ reden** apelar a la conciencia de alguien; **gewissenhaft** *adj* ▷*Arbeit* concienzudo, escrupuloso; ▷*Schüler* trabajador; **gewissenlos** *adj* sin escrúpulos; **Gewissensfreiheit** *f* libertad *f* de conciencia; **Gewissenskonflikt** *m* conflicto *m* de conciencia
gewissermaßen *adv* en cierto modo
Gewißheit *f* certeza *f,* seguridad *f;* ◇ **sich ~ über etw** *akk* **verschaffen** cerciorarse de algo
Gewitter *n* ‹-s, -› tormenta *f*
gewitzt *adj* listo, astuto
gewogen *adj:* ◇ **jd-m/einer Sache ~ sein** tener afecto a alguien/a algo
gewöhnen **I.** *vt* acostumbrarse, adaptarse, habituarse; ◇ **jd-n an etw** *akk* **~** acostumbrarse alguien a algo **II.** *vr* ◇ **sich ~** acostumbrarse, adaptarse, habituarse (*an akk* a); **Gewohnheit** *f* costumbre *f,* hábito *m;* ◇ **aus ~** por costumbre; ◇ **etw zur ~ machen** acostumbrarse a; **gewohnheitsmäßig** *adj* ▷*Trinker* habitual
gewöhnlich *adj* [1] ↑ *alltäglich* habitual; ↑ *normal* normal, corriente; ◇ **wie ~** como siempre, como de costumbre [2] *PEJ* ↑ *ordinär* ordinario; (*vulgär*) vulgar
gewohnt *adj* ▷*Umgebung* familiar; ◇ **etw ~ sein** estar acostumbrado a, estar habituado a; **gewöhnt** *adj:* ◇ **etw ~ sein** estar acostumbrado a algo, estar habituado a algo; **Gewöhnung** *f* adaptación *f* (*an akk* a)
Gewölbe *n* ‹-s, -› (*Raum*) bóveda *f*
Gewühl *n* ‹-[e]s› (*Menschen~*) gentío *m;* (*Verkehrs~*) barullo *m*
Gewürz *n* ‹-es, -e› especia *f;* **Gewürzgurke** *f* pepinillo *m* en vinagre
gez. *Abk v.* **gezeichnet**
gezahnt *adj* ▷*Briefmarke* dentado
Gezappel *n* ‹-s› agitación *f*
gezeichnet *adj* [1] ▷*Bild* firmado; (*nach Strapaze*) marcado (*durch/von* por) [2] (*auf Urkunden*) firmado
Gezeiten *pl* mareas *f/pl*
Gezeter *n* ‹-s› ↑ *Geschrei* griterío *m;* ↑ *Gejammer* lamentación *f*
geziert *adj* ▷*Benehmen* amanerado, forzado
gezwungenermaßen *adv* al a fuerza
ggf. *Abk v.* **gegebenenfalls**
Gicht *f* ‹-› MED gota *f*
Giebel *m* ‹-s, -› ARCHIT frontón *m*
Gier *f* ‹-› ansia *m,* avidez *f* (*nach* de), afán *m* (*nach* por); **gieren** *vi* tener ansias de, anhelar algo (*nach;* **gierig** *adj* ▷*Blick* ansioso; (*beim Essen*) glotón
gießen ‹goß, gegossen› **I.** *vt* verter, echar; → *Blumen* regar; → *Metall* fundir **II.** *vi unpers:* ◇ **es gießt** llueve a cántaros; **Gießkanne** *f* regadera *f*
Gift *n* ‹-[e]s, -e› [1] veneno *m* [2] (*FIG Bosheit, Schädliches*) veneno *m,* mala leche *f;* ◇ **das ist ~ für dich** es peligroso para ti; ◇ **darauf kannst du ~ nehmen** apostaría la cabeza; **giftig** *adj* venenoso; *FIG* ▷*Blick* pérfido; **Giftmüll** *m* residuos *m/pl* tóxicos; **Giftstoff** *m* sustancia *f* tóxica
Gigant *m* gigante *m;* **gigantisch** *adj* gigante; ▷*Welle* gigantesco
Gin *m* ‹-s› ginebra *f*
Ginster *m* ‹-s, -› retama *f,* hiniesta *f*
Gipfel *m* ‹-s, -› (*Berg~*) cima *f,* cumbre *f;* (*Baum~*) copa *f;* (*FIG Höhepunkt*) punto *m* álgido; POL cumbre *f; FAM* ◇ **das ist ja wohl der ~!** ¡esto es el colmo!; **gipfeln** *vi* culminar; ◇ **in etw** *dat* **~**

terminar en algo, ser el colmo; **Gipfeltreffen** *n* POL reunión *f* de la cumbre

Gips *m* ‹-es, -e› escayola *f*, yeso *m;* ◇ **in - liegen** estar escayolado; ◇ **etw in - legen** escayolar; **Gipsbein** *n FAM* pierna *f* escayolada

Giraffe *f* ‹-, -n› jirafa *f*

Girokonto *n* cuenta *f* corriente

Gitarre *f* ‹-, -n› guitarra *f;* **Gitarrenspieler(in** *f*) *m* guitarrista *m/f*

Gitter *n* ‹-s, -› (*Tür-*) reja *f;* ↑ *Zaun* verja *f; FAM* ◇ **hinter -n sitzen** estar entre rejas; **Gitterbett** *n* cama *f* con rejas; **Gitterfenster** *n* ventana *f* de rejas; **Gitterzaun** *m* verja *f*

Glanz *m* ‹-es› brillo *m;* (*FIG Pracht*) esplendor *m;* **glänzen** *vi* brillar, lucir, resplandecer; (*FIG auffallen*) destacar (*durch* por); ◇ **durch Abwesenheit -** brillar por su ausencia; **glänzend** *adj* ▷ *Haar* brillante; ▷*Leistung* magnífico, maravilloso; **Glanzleistung** *f* triunfo *m;* **glanzlos** *adj* sin brillo; *FIG* ▷*Fest* deslucido; **Glanzzeit** *f* apogeo *m*

Glas *n* ‹-es, Gläser› (*Brillen-, Fenster-*) cristal *m;* (*Trink-*) vaso *m;* (*Opern-*) gemelos *m/pl;* (*Fern-*) prismáticos *m/pl;* **Glasbläser** *m* ‹-s, -› soplador *m;* **Glascontainer** *m* contenedor *m* para cristal; **Glasdach** *n* tejado *m* de cristal; **Glaser(in** *f*) *m* ‹-s, -› vidriero *m;* **gläsern** *adj* (*aus Glas*) de cristal, de vidrio; (*zerbrechlich*) frágil; (*FIG durchschaubar*) trasparente

glasieren *vt* vidriar; → *Tontopf* esmaltar; → *Kuchen* glasear

glasig *adj* ▷*Blick* vidrioso; ▷*Zwiebel* transparente; **glasklar** *adj* claro como el agua; **Glaskörper** *m* MED cuerpo *m* vítreo; **Glaskugel** *f* bola *m* de cristal

Glasnost *f* ‹-› POL apertura *f*

Glasscheibe *f* luna *f;* **Glasscherbe** *f* trozo *m* de cristal roto

Glasur *f* (*Kuchen-*) glaseado *m;* (*Holz-*) barniz *m;* (*auf Töpferware*) esmalte *m*

glatt *adj* [1] ▷*Oberfläche* liso; llano; ▷*Haut* terso, suave [2] ↑ *rutschig* ▷*Straße, Fußboden* resbaladizo [3] ↑ *mühelos* ▷*Landung* perfecto [4] ▷*Lüge* puro; ▷*Absage* rotundo; ◇ **etw - vergessen haben** haber olvidado algo por completo; **Glätte** *f* ‹-, -n› llanura *f;* (*Eis-*) suelo *m* resbaladizo; **Glatteis** *n* superficie *f* helada; *FIG* ◇ **jd-n aufs - führen** tender una trampa a alguien

glätten I. *vt* alisar; → *Aufsatz* corregir II. *vr* ◇ **sich -** ← *Meer* tranquilizarse; (*FIG Zorn*) calmarse; **glattgehen** *unreg vi* ir de maravilla; **glattweg** *adv* rotundamente; ◇ **- gelogen** ser [todo] un pura mentira; **glattziehen** *unreg vt* estirar

Glatze *f* ‹-, -n› calva *f;* ◇ **eine - bekommen** quedarse calvo

Glaube *m* ‹-ns, -n› ↑ *Konfession* religión *f;* ↑ *Überzeugung* creencia *f* (*an akk* en); ◇ **in gutem -n handeln** obrar de buena fe; **glauben** I. *vt* (*für wahr halten*) creer II. *vi* confiar (*an akk* en); ◇ **jd-m -** confiar en alguien; ◇ **man glaubte ihn verloren** se pensaba que estaba perdido, se daba por perdido; **glaubhaft** *adj* ▷*Schilderung* creíble; ◇ **etw - machen [können]** (poder) hacer creer algo; **gläubig** *adj* REL creyente; (*gut-, leicht-*) confiado; **Gläubige(r)** *f m* creyente *m/f;* **Gläubiger(in** *f*) *m* ‹-s, -› JURA COMM acreedor(a *f*) *m;* **glaubwürdig** *adj* ▷*Aussage* digno de crédito

gleich I. *adj* igual; (*identisch*) idéntico; (*unverändert*) igual, constante II. *adv* [1] en el acto; ↑ *sofort, bald* en seguida [2] (*in unmittellbarer Nähe*) ◇ **- hinter dem Haus** justo detrás de la casa III. *Partikel* (*in Fragesatz*): ◇ **wie war noch - die Nummer?** ¿qué número era?; ◇ **er ist mir -** no me importa él; ◇ **es ist mir -** me da igual; ◇ **laß es doch - bleiben!** ¡déjalo de una vez!

gleichaltrig *adj* de la misma edad

gleichartig *adj* parecido, similar, semejante

gleichbedeutend *adj* equivalente (*mit* a)

gleichberechtigt *adj* con los mismos derechos; **Gleichberechtigung** *f* igualdad *f* de derechos

gleichbleiben *unreg vr* ◇ **sich -** no cambiar, quedar igual; **gleichbleibend** *adj* invariable

gleichen ‹glich, geglichen› I. *vi* parecerse a alguien/a algo; ◇ **jd-m/einer Sache -** ser igual que alguien/algo II. *vr* ◇ **sich -** parecerse; ◇ **sich - wie ein Ei dem anderen** parecerse como dos gotas de agua

gleichermaßen *adv* de la misma manera, de igual forma, por igual

gleichfalls *adv* igualmente; ◇ **danke -!** ¡gracias, lo mismo digo!

Gleichförmigkeit *f* uniformidad *f*, homogeneidad *f*

gleichgesinnt *adj* que comparte las mismas ideas

Gleichgewicht *n* equilibrio *m;* (*auch FIG verwirren*) ◇ **jd-n aus dem - bringen** sacar a alguien de quicio

gleichgültig *adj* ↑ *desinteressiert* indiferente; ↑ *unbedeutend* insignificante; ◇ **jd/etw ist mir -** no me interesa alguien/algo; **Gleichgültigkeit** *f* indiferencia *f*, falta *f* de interés

Gleichheit *f* igualdad *f*

gleichkommen *unreg vi* equivaler a; ◇ **jd-m -** igualar a alguien

gleichlautend *adj* ▷*Aussage* idéntico, igual

gleichmachen *vt* (*niederreißen, zerstören*): ◇ **etw dem Erdboden -** destruir, derrumbar

gleichmäßig *adj* ▷*Puls* regular, constante
gleichnamig *adj* ▷*Straße* del mismo nombre; MATH ▷*Bruch* ◇ **- machen** reducir a un común denominador
Gleichnis *n* GRAM símil *m,* metáfora *f*
gleichsam *adv* en cierto modo; ◇ **- als ob ...** como si ...
gleichsehen *unreg vi* semejarse a, parecerse a; ◇ **jd-m -** parecerse a alguien
gleichstellen *vt* igualar, poner al mismo nivel; ◇ **jd-n - mit** comparar a alguien con
Gleichstrom *m* ELECTR corriente *f* continua
gleichtun *unreg vt unpers:* ◇ **es jd-m -** imitar a alguien
Gleichung *f* MATH ecuación *f*
gleichwertig *adj* ▷*Partner* igual; CHEM equivalente
gleichwohl *cj* ↑ *trotzdem* no obstante, sin embargo
gleichzeitig *adj* simultáneo
gleichziehen *unreg vi:* ◇ **mit jd-m -** igualar a alguien
Gleis *n* ‹-es, -e› vía *f;* (*Bahnsteig*) andén *m*
gleiten ‹glitt, geglitten› *vi* (*sich geräuschlos bewegen*) deslizarse; ↑ *rutschen* resbalar, patinar; ↑ *schweifen* ← *Augen* vagar con la mirada; **Gleitzeit** *f* trabajo *m* por turnos
Gletscher *m* ‹-s, -› glaciar *m;* **Gletscherspalte** *f* grieta *f* de glaciar
glich *impf von* **gleichen**
Glied *n* ‹-[e]s, -er› [1] miembro *m;* (*Finger-*) falange *f;* (*Penis*) miembro *m* [2] (*Satz-*) elemento *m* [3] (*Ketten-*) eslabón *m;* MIL línea *f;* ◇ **in Reih und -** enfilados y alineados
gliedern *vt* → *Aufsatz* dividir algo en; (*gruppieren*) clasificar; (*ordnen*) organizar; **Gliederschmerz** *m* dolores *m/pl* en [todo] el cuerpo
Gliederung *f* ↑ *Einteilung* división, f *clasificación f;* ↑ *Ordnung* organización *f;*
Gliedmaßen *pl* extremidades *f/pl*
glimmen ‹glomm, geglommen› *vi* ← *Asche* arder sin llama; ← *Haß* arder; ← *Hoffnung* tener
glimmern *vi* lucir débilmente
glimpflich *adj* ▷*Strafe* leve; indulgente; ◇ **- davonkommen** salir bien librado
glitschig *adj* ▷*Straße* resbaladizo
glitt *impf von* **gleiten**
glitzern *vi* brillar, despedir destellos
global *adj* global
Globus *m* ‹-, Globen› globo *m* terráqueo
Glocke *f* ‹-, -n› campana *f;* (*Käse-*) quesera *f;* *FAM* ◇ **etw an die große - hängen** echar las campanas al vuelo; **Glockenblume** *f* campanilla *f;* **Glockenspiel** *n* carillón *m;* **Glockenturm** *m* campanario *m*
glomm *impf von* **glimmen**
glorifizieren *vt* glorificar
glorreich *adj* ▷*Sieg* glorioso; *FAM* ▷*Idee* genial, maravilloso
Glotze *f* ‹-, -n› (*FAM Fernseher*) caja *f* tonta
glotzen *vi FAM* mirar [de forma molesta]
Glück *n* ‹-[e]s› suerte *f;* ↑ *Freude* alegría *f;* ↑ *Erfolg* éxito *m;* ◇ **- haben** tener suerte; ◇ **bei jd-m kein - haben** no tener suerte con alguien; ◇ **viel -!** ¡buena suerte!; ◇ **zum -** por suerte; (*ohne Gewißheit*) ◇ **auf gut -** a la buena de Dios; **glücken** *vi* salir bien, funcionar, dar buen resultado
gluckern *vi* ← *Wasser* hacer gorgoritos
glücklich *adj* ↑ *froh* ▷*Paar* feliz, dichoso; ↑ *erfolgreich* ▷*Gewinner* afortunado; ↑ *günstig* ▷*Zufall* oportuno; **glücklicherweise** *adv* por fortuna, afortunadamente; **Glücksbringer** *m* ‹-s, -› amuleto *m*
Glücksfall *m* golpe *m* de fortuna; **Glückskind** *n* persona *f* afortunada; **Glückssache** *f:* ◇ **das ist -** eso es cuestión de suerte; **Glückstag** *m* día *m* de suerte; **Glückwunsch** *m* felicitación *f;* ◇ **herzlichen -!** ¡muchas felicidades!
Glühbirne *f* bombilla *f*
glühen *vi* estar caliente; *FIG* ← *Gesicht* arder, enrojecerse, ponerse como un tomate; **glühend** *adj* ▷*Gesicht* enrojecido; (*weiß-*) incandescente, rojo; *FIG* ardiente
Glut *f* ‹-, -en› incandescencia *f;* (*Feuers-*) brasa *f,* ascua *f;* (*Hitze*) calor *m;* (*FIG Leidenschaft*) fuego *m;* **glutrot** *adj* ▷*Sonne* rojo vivo
GmbH *f* ‹-, -s› *Abk v.* **Gesellschaft mit beschränkter Haftung**
Gnade *f* ‹-, -n› (*Gunst*) gracia *f;* (*Vergebung*) perdón *m;* (*Milde*) clemencia *f;* ◇ **um - bitten** pedir perdón; ◇ **ohne -** sin piedad; **Gnadenfrist** *f* plazo *m* de gracia; **gnadenlos** *adj* sin piedad; **gnädig** *adj* indulgente; (*Anrede*) ◇ **-e Frau** señora
Gold *n* ‹-[e]s› oro *m;* (*FIG Reichtum*) riqueza *f;* **golden** *adj* ▷*Uhr* de oro; **Goldfisch** *m* pez *m* dorado; **goldgelb** *adj* dorado; **Goldgräber** *m* ‹-s› buscador *m* de oro; **Goldgrube** *f FIG* mina *f* de oro; **goldig** *adj* encantador; **Goldregen** *m* FLORA codeso *m,* citiso *m;* **Goldschmied(in** *f*) *m* orfebre *m;* **Goldwaage** *f* balanza *f* para oro; (*FIG übergenau sein*) ◇ **jedes Wort auf die - legen** medir las palabras
Golf [1] *m* ‹-[e]s, -e› GEO golfo *m*
Golf [2] *n* ‹-s› SPORT golf *m*
Golfkrieg *m* guerra *f* del Golfo
Golfplatz *m* campo *m* de golf; **Golfschläger** *m* palo *m* de golf; **Golfspieler(in** *f*) *m* golfista *m/f*

Golfstaat *m* GEO estado *m* del Golfo; **Golfstrom** *m* corriente *f* del Golfo

Gondel *f* ‹-, -n› góndola *f; (bei Seilbahn)* barquilla *f;* **gondeln** *vi FAM* ir por ahí, viajar

Gong *m* ‹-s, -s› MEDIA MUS gong *m*

gönnen I. *vt:* ◇ **jd-m etw** ~ alegrarse de a por alguien **II.** *vr:* ◇ **sich** *dat* **etw** ~ permitise algo; **gönnerhaft** *adj* ▷*Benehmen* presuntuoso; condescendiente

Gör *n* ‹-s, -en› *(norddt Kind)* chiquillo *m*

Gorilla *m* ‹-s, -s› gorila *m*

goß *impf von* **gießen**

Gosse *f* ‹-, -n› alcantarilla *f; FIG* arroyo *m;* ◇ **jd-n aus der ~ ziehen** sacar a alguien del arroyo

Gott *m* ‹-es, Götter› Dios *m;* ◇ **um ~es willen!** ¡por amor de Dios!; ◇ **grüß** ~ ¡buenos días!; ◇ ~ **sei Dank!** ¡gracias a Dios!; **Gottesdienst** *m* misa *f;* **Gotteslästerung** *f* blasfemia *f*

Göttin *f* diosa *f;* **göttlich** *adj* de Dios; *FAM* divino; **gottlos** *adj* ateo; **gottverlassen** *adj* ▷*Dorf* dejado de la mano de Dios

Gourmet *m* ‹-s, -s› sibarita *m*

Grab *n* ‹-[e]s, Gräber› tumba *f,* fosa *f,* sepultura *f*

graben ‹grub, gegraben› *vti* cavar; ◇ **nach etw** ~ buscar algo bajo la tierra

Graben *m* ‹-s, Gräben› zanja *f; (Straßen-)* cuneta *f; (Wasser-)* acequia *m*

Grabinschrift *f* incripción *m,* epitafio *m;* **Grabstein** *m* lápida *f*

Grabung *f* excavación *f*

Grad *m* ‹-[e]s, -e› [1] MATH grado *m* [2] ↑ *Ausmaß* nivel *m* [3] ↑ *Rang* grado *m*

grad. *adj Abk v.* **graduiert**; **Gradeinteilung** *f* graduación *f; (auf Skala)* escala *f* graduada

Graf *m* ‹-en, -en› conde *m*

Grafikbildschirm *m* PC pantalla *f* de gráficos

Gräfin *f* condesa *f;* **gräflich** *adj* condal

grämen *vr* ◇ **sich** ~ entristecerse *(über akk* por)

Gramm *n* ‹-s, -› gramo *m*

Grammatik *f* gramática *f;* **grammatikalisch**, **grammatisch** *adj* gramatical

Grammophon *n* ‹-s, -e› gramófono *m*

Granat *m* ‹-[e]s, -e› MIN granate *m*

Granate *f* ‹-, -n› MIL granada *f*

grandios *adj* grandioso

Granit *m* ‹-s, -e› granito *m; FAM* ◇ **[bei jd-m] auf ~ beißen** chocar contra un muro

grantig *adj (süddt)* grunón; malhumorado

Grapefruit *f* ‹-, -s› pomelo *m*

Graphik *f* artes *f/pl* gráficas; **Graphiker(in** *f*) *m* ‹-s, -› dibujante *m* publicitario; **graphisch** *adj* gráfico

grapschen *vti FAM* pillar, atrapar; ◇ **nach jd-m /etw** ~ pillar a alguien/ algo

Gras *n* ‹-es, Gräser› hierba *f,* yerba *f; FAM* ◇ **ins ~ beißen** estirar la pata; **grasen** *vi* pastar, pacer; **Grashalm** *m* tallo *f* de hierba

grassieren *vi* hacer estragos, extenderse

gräßlich *adj* ▷*Unfall* atroz, espantoso; *(FAM sehr, groß)* terrible

Grat *m* ‹-[e]s, -e› *(Berg-)* cresta *f; (Kante)* arista *f*

Gräte *f* ‹-, -n› espina *f*

gratinieren *vt* gratinar

gratis *adv* gratis; **Gratisprobe** *f* muestra *f* gratuita

Gratulation *f* felicitación *f;* **gratulieren** *vi* pelicitar; ◇ **jd-m [zu etw]** ~ pelicitar a alguien; ◇ **[ich] gratuliere!** ¡te felicito!

grau *adj* gris; ▷*Alltag* triste, sombrío

grauen *vi unpers* amanece; ◇ **mir graut vor ihm** tengo miedo de él; ◇ **mir graut vor davor** me da miedo; **Grauen** *n* ‹-s› miedo *m;* horror *m;* **grauenhaft**, **grauenvoll** *adj* horrible, horroroso

grauhaarig *adj* cano[so]

grausam *adj* cruel, brutal; *(FAM unerträglich)* horrible; **Grausamkeit** *f* crueldad *f,* barbaridad *f*

grausen I. *vi unpers* tener miedo de, tener pánico a; dar asco; ◇ **es graust mir vor etw/jd-m** tengo miedo de algo/de alguien **II.** *vr* ◇ **sich** ~ tener miedo *(vor dat* de); **Grausen** *n* ‹-s› miedo *m;* horror *m*

Grauzone *f FIG* lado *m* oscuro

gravieren *vt* → *Metall* grabar en

gravierend *adj* ▷*Fehler* grave, agravante

Grazie *f* gracia *f,* salero *m;* **grazil** *adj* esbelto, delgado

greifbar *adj* ▷*Nähe* cercano; *FIG* ▷*Resultat* palpable; **greifen** ‹griff, gegriffen› **I.** *vt* coger; ↑ *fangen* atrapar **II.** *vi* [1] ↑ *Hand ausstrecken* echar mano *(nach* a) [2] ← *Reifen* agarrar [3] ↑ *gebrauchen* ◇ **zu etw** ~ recurrir a [4] ◇ **um sich** ~ extenderse

Greis(in *f*) *m* ‹-es, -e› anciano/a *m*

grell *adj* ▷*Licht* intenso, deslumbrante; ▷*Farbe* chillón; ▷*Stimme, Ton* agudo

Gremium *n* gremio *m*

Grenzbeamte(r) *m* aduanero *m;* **Grenzbeamtin** *f* aduanera *f;* **Grenze** *f* ‹-, -n› límite *m; (Staats-)* frontera *f; (Zoll-)* aduana *f; (FIG Rahmen)* límite *m;* ◇ **sich in ~en halten** no salirse de los límites; **grenzen** *vi* lindar, ser colindante *(an akk* con); **grenzenlos** *adj* sin límites; *FIG* ▷*Vertrauen* enorme; **Grenzfall** *m* caso *m* extremo; **Grenzübergang** *m* puesto *m* fronterizo

Greuel *m* ‹-s, -› *(Kriegs-)* horror *m;* ◇ **das/er ist mir ein** ~ me causa horror; **Greueltat** *f* atrocidad *f*

Grieche *m* ‹-n, -n› griego *m;* **Griechenland** *n* Grecia *f;* **Griechin** *f* griega *f;* **griechisch** *adj* griego

griesgrämig *adj* ▷*Mensch* malhumorado; ▷*Gesicht* de pocos amigos

Grieß *m* ‹-es› (*Weizen-*) sémola *f*

griff *impf von* **greifen**

Griff *m* ‹-[e]s, -e› apretón *m;* agarrón *m;* (*an Tür*) tirador *m,* manecilla *f;* (*von Topf*) asa *m;* (*Messer-*) mango *m;* (*Handhabung*) ◇ **etw im - haben** tener práctica en algo; **griffbereit** *adj* a mano

Grill *m* ‹-s, -s› parrilla *f,* gril *m;* (*im Freien*) barbacoa *f*

Grille *f* ‹-, -n› grillo *m;* (*FIG Laune*) capricho *m;* (*Einfall*) ocurrencia *f*

grillen *vt* → *im Backofen* asar; (*über offenem Feuer*) asar a la parrilla

Grimasse *f* ‹-, -n› mueca *f;* ◇ **-n schneiden** hacer muecas

grimmig *adj* furioso; ▷*Winter* crudo; ▷*Wind* fuerte

grinsen *vi* reírse maliciosamente

Grippe *f* ‹-, -n› gripe *f*

grob ‹gröber, am gröbsten› *adj* (*mäßig zerkleinert*) grueso; ▷*Stoff* basto, burdo; ▷*Gesichtszüge* tosco; ▷*Mensch* basto, grosero; ▷*Fehler* grave; ◇ **in -en Umrissen** a grandes rasgos; **Grobheit** *f* (*von Material*) tosquedad *f;* (*von Mensch*) grosería *f*

grölen *vi* chillar, gritar, dar voces

Groll *m* ‹-[e]s› rencor *m,* resentimiento *m;* ◇ **gegen jd-n einen - hegen** guardar rencor a alguien; **grollen** *vi* ← *Donner* retumbar; ↑ *zornig sein* ◇ **mit jd-m -** guardar rencor a alguien

groß I. ‹größer, am größten› [1] grande [2] (*nach Maßangabe*) ◇ **2 Meter -** dos metros de largo [3] (*Zeitspanne*) ◇ **die -en Ferien** las largas vacaciones [4] (*Intensität*) ▷*Hunger* mucho [5] (*Wichtigkeit*) ▷*Dichter* gran(de), importante [6] (*erwachsen*) ▷*Bruder* mayor; ◇ **die Großen** los grandes [7] (*glanzvoll*) ▷*Fest* brillante, sensacional [8] (*viel*) ◇ **das -e Geld machen** hacer mucho dinero; ◇ **im -en und ganzen** en general, en líneas generales **II.** *adv* (*FAM viel*): ◇ **von etw - erzählen** hablar todo el rato de algo; (*bekannt machen*) ◇ **jd-n/etw - herausbringen** descubrir a alguien/algo; (*schon*) ◇ **was wird das - kosten?** ¿cuánto va a costar?; **großartig** *adj* estupendo, excelente, magnífico, fenomemal, genial; **Großaufnahme** *f a.* FILM primer *m* plano

Großbritannien *n* ‹-s› Gran Bretaña *f*

Großbuchstabe *m* letra *f* mayúscula

Größe *f* ‹-, -n› [1] grandeza *f* [2] ↑ *Höhe* altura *f* [3] ↑ *Kapazität* capacidad *f* [4] (*Kleider-*) talla *f;* (*Schuh-*) número *m* [5] ↑ *Bedeutung* importancia *f* [6] ↑ *Weisheit* sabiduría *f* [7] ↑ *Güte* magnanimidad *f*

Großeinkauf *m* compra *f* para la semana; **Großeltern** *pl* abuelos *m/pl*

Größenwahn *m* delirio *m* de grandeza

Großfamilie *f* familia *f* numerosa; **Großformat** *n* tamaño *m* grande; **Großgrundbesitzer(in** *f*) *m* terrateniente *m/f;* **großherzig** *adj* generoso; **Großhirn** *n* cerebro *m;* **Großmacht** *f* gran potencia *f;* **Großmarkt** *m* mercado *m* central; **Großmaul** *n FAM* bocazas *m;* **großmütig** *adj* generoso; **Großmutter** *f* abuela *f;* **großschreiben** *unreg vt* escribir en letras mayúsculas; **großspurig** *adj* fanfarrón; arrogante; **Großstadt** *f* gran ciudad *f*

größtenteils *adv* por lo general

großtun *unreg vi* fanfarronear; **Großvater** *m* abuelo *m;* **großziehen** *unreg vt* sacar adelante, criar; **großzügig** *adj* generoso; ▷*Stadt* liberal; ▷*Anlage* de alto vuelo

grotesk *adj* grotesco; ridículo

Grotte *f* ‹-, -n› gruta *f*

grub *impf von* **graben**

Grübchen *n* hoyuelo *m*

Grube *f* ‹-, -n› hoyo *m;* MIN pozo *m,* mina *f*

grübeln *vi* meditar (*über akk* sobre)

Grubenarbeiter *m* minero *m*

Gruft *f* ‹-, Grüfte› panteón *m*

grün *adj* verde; ↑ *unreif* ▷*Obst* verde, no maduro; *FIG* ▷*Junge* inmaduro; POL ecologista; **Grün** *n* ‹-s› (*bei Ampel auch*) verde *m;* ◇ **auf - stehen** estar verde; ◇ **das erste -** las primeras hojas verdes; **Grünanlage** *f* zona *f* ajardinada

Grund *m* ‹-[e]s, Gründe› [1] ↑ *Boden* suelo *m;* (*Land*) tierra *f* [2] (*von Glas*) fondo *m* [3] (*FIG Ursache*) causa *f;* (*Anlaß*) motivo *m;* ◇ **im -e** [genommen] (*eigentlich*) en el fondo; ◇ **einer Sache** *dat* **auf den - gehen** profundizar una cosa; **Grundausbildung** *f* MIL instrucción *f* básica; **Grundbedingung** *f* condición *f* fundamental; **Grundbegriff** *m* concepto *m* fundamental; **Grundbesitz** *m* propiedad *f,* finca *f,* bienes *m/pl* raíces

gründen I. *vt* → *Geschäft, Familie* crear; → *Partei, Verein* fundar **II.** *vr:* ◇ **sich - auf** *akk* basarse en, apoyarse en; **Gründer(in** *f*) *m* ‹-s, -› fundador(a *f*) *m*

Grundfläche *f* base *f;* **Grundform** *f* forma *f* originaria; GRAM infinitivo *m;* **Grundgesetz** *n* ley *f* fundamental; (*Verfassung*) ley *f* orgánica

grundieren *vt* dar la primera capa/mano

Grundlage *f* fundamento *m,* principios *m/pl;* (*Arbeits-*) base *f;* **Grundkurs** *m* SCH nivel *m* elemental; **grundlegend** I. *adj* ▹*Unterschied* básico, fundamental II. *adv* (*vollkommen*): ◇ **etw ~ [ver]ändern** cambiar algo por completo

gründlich I. *adj* ① profundo, sustancial; ▹*Kenntnisse* sólido ② ↑ *vollständig* completo II. *adv* ↑ *sehr* a conciencia, a fondo; ◇ **sich ~ blamieren** hacer el ridículo a conciencia; ◇ **jd-m ~ die Meinung sagen** decir a alguien cuatro verdades

Grundlohn *m* sueldo *m* base; **grundlos** *adj* infundado, sin motivo; **Grundnahrungsmittel** *n* alimento *m* básico; **Grundrecht** *n* derecho *m* fundamental; **Grundriß** *m* (*von Gebäude*) planta *f; FIG* ↑ *Übersicht* compendio *m;* **Grundsatz** *m* principio *m;* ↑ *Devise* lema *m;* **grundsätzlich** I. *adj* ▹*Überlegung* fundamental II. *adv* (*mit Einschränkung*): ◇ **~ dafür sein, aber ...** ser en principio para/por …, pero; **Grundschule** *f* escuela *f* primaria; **Grundstein** *m* (*FIG Anfang*) piedra *f* fundamental; ◇ **einen ~ legen für** poner la primera piedra para; **Grundstock** *m* base *f;* **Grundstück** *n* finca *f,* terreno *m*

Gründung *f* fundación *f;* (*Unternehmens~*) institución *f*

grundverkehrt *adj* totalmente equivocado; **grundverschieden** *adj* completamente distinto; **Grundwortschatz** *m* vocabulario *m* básico

Grüne(r) *fm* POL ecologista *m/f;* **Grünfläche** *f* zona *f* verde; **Grünkohl** *m* col *f*

Gruppe *f* ⟨-, -n⟩ grupo *m;* ↑ *Gemeinschaft* asociación *f;* ↑ *Mannschaft* equipo *m;* **gruppenweise** *adv* en grupos; **gruppieren** I. *vt* agrupar, asociar II. *vr* ◇ **sich ~** agruparse

gruseln I. *vi unpers:* ◇ **es gruselt mir vor ihm/davor** [él/esto] me da miedo/pánico II. *vr* ◇ **sich ~** tener miedo/pánico

Gruß *m* ⟨-es, Grüße⟩ saludo *m;* ◇ **jd-m einen ~ ausrichten/bestellen** dar recuerdos a alguien; ◇ **viele Grüße** saludos, muchos recuerdos; **grüßen** *vti* saludar; ◇ **jd-n von jd-m ~** saludar a alguien de parte de alguien; ◇ **jd-n ~ lassen** dar recuerdos a alguien; MIL saludar

Grütze *f* ⟨-, -n⟩ (*rote ~*) *postre de gelatina con frutas*

gucken *vi* mirar; ◇ **nach etw/jd-m ~** mirar algo/a alguien

Gulasch *n* ⟨-[e]s, -e⟩ GASTR estofado *m*

gültig *adj* valedero; ▹*Paß* válido; **Gültigkeit** *f* validez *f*

Gummi *s o m* ⟨-s, -s⟩ ① goma *f,* caucho *m;* ◇ **Radier~** goma *f* de borrar ② (*FAM Kondom*) condón *m;* **Gummiball** *m* pelota *f* de goma; **Gummiband** *n* goma *f,* cinta *f* elástica; **Gummibaum** *m* árbol *m* del caucho

Gunst *f* ⟨-⟩ ↑ *Wohlwollen* favor *m,* gracia *f;* ◇ **die ~ des Augenblicks ausnutzen** aprovechar el momento oportuno; ◇ **sich jd-s ~ erfreuen** tener la simpatías de alguien

günstig *adj* oportuno, propicio

gurgeln *vi* hacer gárgaras (*mit* con)

Gurke *f* ⟨-, -n⟩ pepino *m;* ◇ **saure ~** pepinillo en vinagre

Gurt *m* ⟨-[e]s, -e⟩ cinto *m,* faja *f;* (*Sicherheits~*) cinturón *m*

Gürtel *m* ⟨-s, -⟩ cinturón *m;* GEO zona *f*

Gurtpflicht *f* uso *m* obligatorio de cinturón

Guß *m* ⟨Gusses, Güsse⟩ ① (*Torten~*) baño *m* de azucar ② (*Regen~*) chaparrón *m* ③ (*Metall~*) fundición *f;* **Gußeisen** *n* hierro *m* fundido

gut I. ⟨besser, am besten⟩ *adj* bueno; ▹*Mensch* bondadoso; ▹*Tat* desinteresado II. *adv* bien; (*fast*) ◇ **so ~ wie sicher** casi seguro; ◇ **jd hat ~ reden** alguien puede hablar [sin ser afectado por el problema]; ◇ **im ~en [auseinandergehen]** por las buenas; (*nicht wichtig*) ◇ **schon ~** ¡está bien!

Gut *n* ⟨-[e]s, Güter⟩ ① ↑ *Besitz* bienes *m/pl;* ↑ *Eigentum* propiedad *f;* ↑ *Ware* mercancía *f* ② (*Land~,*) finca *f;* (*~shof*) granja *f*

Gutachten *n* ⟨-s, -⟩ peritaje *m;* (*ärztlich*) informe *m* médico; **Gutachter(in *f*)** *m* ⟨-s, -⟩ perito/a

gutartig *adj* inofensivo; MED benigno; **gutbürgerlich** *adj* casero

Güte *f* ⟨-⟩ bondad *f;* ◇ **in aller ~** amistosamente; ↑ *Qualität* calidad *f;* **Güteklasse** *f* mercancía *f* de calidad

Güterabfertigung *f* BAHN expedición *f* de mercancías; **Güterbahnhof** *m* BAHN estación *f* de mercancías; **Güterzug** *m* [tren *m* de] mercancías

gutgehen *unreg vi unpers* ir bien; ◇ **es geht ihm gut** le va bien; ◇ **es wird schon alles ~** ¡ya se arreglará todo!; **gutgemeint** *adj* ▹*Rat* con buena intención; **gutgläubig** *adj* ↑ *in gutem Glauben* de buena fe; ↑ *naiv, unkritisch* inocente

Guthaben *n* ⟨-s, -⟩ saldo *m* a favor

gutheißen *unreg vt* aprobar; autorizar

gütig *adj* bondadoso; ◇ **würden Sie so ~ sein, ...?** ¿sería tan amable de …?

gutmachen *vt* → *Schaden* arreglar, reparar; → *Unrecht* desagraviar; **gutmütig** *adj* bondadoso; **Gutschein** *m* vale *m;* **gutschreiben** *unreg vt* abonar [en cuenta]; **Gutschrift** *f* abono *m* [en cuenta]; **guttun** *unreg vi* ← *Kur* hacer bien, sentar bien; ◇ **jd-m ~** hacer bien a alguien

Gymnasium *n* instituto *m* de enseñanza media; bachillerato *m;* **Gymnasiast(in *f*)** *m* alumno *m* de bachillerato

Gymnastik *f* gimnasia *f*

Gynäkologe *m* ⟨-n, -n⟩ ginecólogo *m;* **Gynäkologie** *f* MED ginecología *f;* **Gynäkologin** *f* ginecóloga *f;* **gynäkologisch** *adj* ginecológico

H

H, h *n* (*Buchstabe*) H, h *f;* MUS si *m*

Haar *n* ⟨-[e]s, -e⟩ (*Menschen~, Tier~*) pelo *m;* (*fast*) ◇ **um ein ~** por un pelo; **Haarbürste** *f* cepillo *m* de pelo; **haaren I.** *vi* ↑ *Haare verlieren* perder pelo **II.** *vr* ◇ **sich ~** ← *Hund* pelarse; **haargenau** *adv* exacto; **haarig** *adj FIG* ↑ *heikel* peliagudo, delicado; **haarscharf** *adj* [1] (*~ vorbei*) rozando [2] ↑ *genau* exacto; **Haarschnitt** *m* corte *m* de pelo; **Haarspalterei** *f:* ◇ **das ist doch ~!** ¡eso es rizar el rizo!; **haarsträubend** *adj* horripilante, de poner los pelos de punta, escalofriante; **Haarteil** *n* tupé *m;* **Haartrockner** *m* ⟨-s, -⟩ secador *m* de pelo; **Haarwaschmittel** *n* champú *m*

Habe *f* ⟨-⟩ propiedad *f*

haben ⟨hatte, gehabt⟩ **I.** *Hilfsverb:* ◇ **wo hast du geschlafen?** ¿dónde has dormido? **II.** *vt* [1] ↑ *besitzen* ↑ *leiden an* tener [2] ◇ **etw gegen jd-n ~** tener algo contra alguien [3] ◇ **es schwer/leicht/gut ~** tenerlo difílcil/fácil/bien [4] *FAM* ◇ **etw drauf ~** ser bueno en algo [5] ◇ **Sie ~ zu gehorchen** usted debe obedecer

Haben *n* ⟨-s, -⟩ FIN crédito *m*

Habgier *f* codicia *f*

Habicht *m* ⟨-[e]s, -e⟩ azor *m*

Habseligkeiten *pl:* ◇ **seine ~en zusammensuchen** recoger los bártulos *m/pl*

Hacke *f* ⟨-, -n⟩ [1] (*Garten~*) azada *f* [2] (*Ferse*) talón *m;* **hacken** *vt* → *Garten* cavar

Hackfleisch *n* [1] carne *f* picada [2] ◇ **~ aus jd-m machen** hacer picadillo a alguien

hadern *vi:* ◇ **mit dem Schicksal ~** oponerse al destino

Hafen *m* ⟨-s, Häfen⟩ puerto *m;* **Hafenstadt** *f* ciudad *f* portuaria

Hafer *m* ⟨-s, -⟩ avena *f;* **Haferbrei** *m* papilla *f* de avena

Haft *f* ⟨-⟩ arresto *m,* prisión *f;* **haftbar** *adj* responsable; **Haftbefehl** *m* orden *f* de arresto; **haften** *vi* [1] ↑ *kleben* pegar (*an dat* a) [2] ↑ *verantwortlich sein* ser responable (*für akk* de); **Haftpflichtversicherung** *f* seguro *m* de responsabilidad civil; **Haftung** *f* responsabilidad *f*

Hagel *m* ⟨-s⟩ granizo *m;* **hageln** *vi unpers:* ◇ **es hagelt** graniza

hager *adj* flaco, huesudo

Hahn *m* ⟨-[e]s, Hähne⟩ [1] (*Geflügel*) gallo *m* [2] (*Wasser~*) grifo *m;* (*Zapf~*) canilla *f* [3] *FIG* ◇ **den Geld~ zudrehen** cortar la ayuda económica; **Hähnchen** *n* GASTR pollo *m*

Hai *m* ⟨-[e]s, -e⟩ [1] (*Fisch*) tiburón *m* [2] (*FIG Geld~, Miet~*) buitre *m*

häkeln *vt* hacer ganchillo

Haken *m* ⟨-s, -⟩ [1] gancho *m,* punta *f;* ◇ **ein Bild an den ~ hängen** colgar un cuadro con puntas [2] (*Schür~*) atizador *m* [3] *FIG* ◇ **die Sache hat einen ~** la cosa tiene sus dificultades; **Hakenkreuz** *n* cruz *f* gamada

halb *adj:* ◇ **~ eins** las doce y media; ◇ **ein ~es Dutzend** media docena; **Halbdunkel** *n* penumbra *f*

halber *Partikel* (*wegen*) a causa de; (*vorsichts~*) por razones de

Halbheit *f:* ◇ **sich mit ~en zufriedengeben** conformarse con la mitad; **halbieren** *vt* → *Zahl* dividir; → *Kuchen* partir; **Halbinsel** *f* península *f;* **halbjährlich** *adj* por seis meses; **Halbkreis** *m* semicírculo *m;* **Halbkugel** *f* hemisferio *m;* **Halbleiter** *m* semiconductor *m;* **Halblinks** *m* ⟨-, -⟩ SPORT centro *m* izquierda; **Halbrechts** *m* ⟨-, -⟩ centro *m* derecha; **Halbschuh** *m* botín *m;* **Halbtagsarbeit** *f* trabajo *m* de media jornada; **halbwegs** *adv* a medias; ◇ **~ verstehen** entender a medias; **Halbwüchsige(r)** *fm* adolescente *m/f;* **Halbzeit** *f* SPORT: ◇ **erste/zweite ~** primer/segundo tiempo *m*

Halde *f* ⟨-, -n⟩ montón *m*

half *impf von* **helfen**

Hälfte *f* ⟨-, -n⟩ [1] (*~ von 12*) mitad *f* [2] ◇ **Jahres~** a mediados de año

Halfter *f* ⟨-, -n⟩ cabestro *m*

Halle *f* ⟨-, -n⟩ [1] (*Turn~*) gimnasio *m;* (*Flugzeug~*) hangar *m* [2] (*Hotel~*) sala *f*

hallen *vi* resonar

Hallenbad *n* piscina *f* cubierta

hallo *interj* [1] (*Begrüßung*) hola [2] (*am Telefon*) diga

Halluzination *f* alucinación *f*

Halm *m* ⟨-[e]s, -e⟩ (*Gras~*) brizna *f;* (*Stroh~*) paja *f*

Hals *m* ⟨-es, Hälse⟩ [1] cuello *m; FIG* ◇ **jd-m um den ~ fallen** abrazar a alguien [2] (*Rachen*) garganta *f* [3] (*Flaschen~*) cuello *m;* **Hals-Nasen-Ohren-Arzt** *m* ↑ *HNO* otorrinolaringólogo *m;* **Hals-Nasen-Ohren-Ärztin** *f* otorrinolaringóloga *f;* **Halsschlagader** *f* carótida *f;* **halsstarrig** *adj* terco, testarudo; **Halstuch** *n* bufanda *f;* **Halsweh** *n:* ◇ ~ **haben** tener dolor de garganta

Halt *m* ⟨-[e]s, -e⟩ [1] (*von Bus*) parada *f* [2] ↑ *Stütze* apoyo *m; FIG* ◇ ~ **suchen** buscar apoyo [3] ◇ **h~!** ¡alto!; **haltbar** *adj* [1] ▷*Lebensmittel* de consumo hasta [2] ▷*Schuhe* resistente [3] *FIG* ▷*Theorie* sostenible; **Haltbarkeit** *f* conservación *f*

halten ⟨hielt, gehalten⟩ **I.** *vt* [1] (*in der Hand*) sujetar, aguantar [2] ↑ *stützen* apoyar, sostener [3] SPORT parar [4] MIL mantener **II.** *vi* [1] ↑ *stoppen* parar [2] ↑ *nicht kaputtgehen* resistir; ← *Lebensmittel* durar [3] (*FIG Meinung haben*) ◇ **etw ~ von** considerar; ◇ **ich halte ihn für verrückt** considero que está loco **III.** *vr* ◇ **sich ~** [1] ↑ *nicht verderben* conservarse [2] ← *Wetter* aguantar [3] *FIG* ◇ **sich tapfer ~** resistir [4] ◇ **sich ~ für** creerse, considerarse [5] ◇ **sich ~ an** seguir; **Haltestelle** *f* parada *f;* **Halteverbot** *n* prohibición *f* de aparcar; **haltlos** *adj* [1] ↑ *nicht begründet* infundado [2] (*moralisch*) sin carácter; **Haltlosigkeit** *f* [1] inconsistencia *f* [2] inestablidad *f;* **haltmachen** *vi* hacer una pausa

Haltung *f* [1] (*Körper~*) porte *m* [2] (*Geistes~*) actitud *f* [3] (*Tier~*) tenencia *f* [4] *FIG* ◇ ~ **bewahren** dominarse

Halunke *m* ⟨-n, -n⟩ granuja *m*

hämisch *adj* malicioso

Hammel *m* ⟨-s, -⟩ carnero *m*

Hammer *m* ⟨-s, Hämmer⟩ [1] (*Werkzeug*) martillo *m* [2] (*FAM unglaublich*) ◇ **das ist ja ein ~!** ¡eso es alucinante!

Hampelmann *m, pl* ⟨-männer⟩ [1] (*Spielzeug*) títere *m* [2] (*FAM Person*) fantoche *m*

Hamster *m* ⟨-s, -⟩ hámster *m;* **hamstern** *vi FAM* acumular

Hand *f* ⟨-, Hände⟩ [1] mano *f* [2] (*FIG gebraucht*) ◇ **aus zweiter ~** de segunda mano [3] (*FIG stichhaltig sein*) ◇ ~ **und Fuß haben** ser completo; **Handarbeit** *f* [1] (*Stricken*) costura *f* [2] ↑ *manuell gefertigt* trabajo *m* manual; **Handbremse** *f* freno *m* de mano; **Handbuch** *n* manual *m*

Handel *m* ⟨-s⟩ [1] (*Groß~*) comercio *m;* (*Mädchen~*) trata *f* [2] ↑ *Laden* comercio *m* [3] ↑ *Abmachung* trato *m;* ↑ *Geschäft* negocio *m;* **handeln** **I.** *vi* [1] ↑ *vorgehen* actuar [2] COMM ◇ ~ **mit etw** comerciar [3] *FIG* ◇ ~ **von** tratar de **II.** *vr unpers:* ◇ **sich ~ um, es handelt sich um** se trata de; **Handeln** *n* ⟨-s⟩ [1] (*Handel mit*) necociar [2] (*richtiges, falsches*) ↑ *Tun* proceder *m*

Handelsbilanz *f* balanza *f* comercial; **handelseinig** *adj:* ◇ **mit jd-m ~ werden** estar de acuerdo con alguien; **Handelskammer** *f* Cámara *f* de Comercio; **Handelsmarine** *f* marina *f* mercante; **Handelsschule** *f* escuela *f* de comercio; **Handelsvertreter(in** *f*) *m* representante *m/f*

handgearbeitet *adj* hecho a mano; **Handgelenk** *n* ANAT muñeca *f;* **Handgemenge** *n* pelea *f;* **Handgepäck** *n* equipaje *m* de mano; **handgeschrieben** *adj* escrito a mano; **handgreiflich** *adj:* ◇ ~ **werden** llegar a las manos; **Handgriff** *m* [1] (*Handbewegung*) uso *m* de la mano; ◇ **mit ein paar ~en** de forma rápida y fácil, sin mucho trabajo [2] (*von Koffer*) asa *m;* (*von Werkzeug*) mango *m*

Händler(in *f*) *m* ⟨-s, -⟩ comerciante *m/f*

handlich *adj* manejable

Handlung *f* [1] ↑ *Tun* acto *m* [2] ↑ *Geschehen* hecho *m* [3] ↑ *Geschäft* comercio *m;* **Handlungsbevollmächtige(r)** *fm* apoderado/a; **Handlungsweise** *f* proceder *m*

Handschelle *f* esposas *f/pl;* ◇ **in ~en abführen** llevar esposado; **Handschrift** *f* [1] ▷*leserlich* escritura *f*, letra *f* [2] (*Text*) manuscrito *m;* **Handschuh** *m* guante *m;* **Handtasche** *f* bolso *m;* **Handtuch** *n* toalla *f; FIG* ◇ **das ~ schmeißen** tirar la toalla; **Handwerk** *n* oficio *m;* **Handwerker(in** *f*) *m* ⟨-s -⟩ [1] (*von Beruf*) obrero/a [2] (*Kunst~*) artesano/a

Hanf *m* ⟨-[e]s⟩ [1] (*~seil*) cáñamo *m* [2] (*Rauschgift*) canabis *m*

Hang *m* ⟨-[e]s, Hänge⟩ [1] (*Berg~*) pendiente *f* [2] *FIG* ↑ *Neigung* tendencia (*zu* a)

Hängematte *f* hamaca *f*

hängen **I.** ⟨hing, gehangen⟩ *vi* [1] (*befestigt sein*) estar colgado [2] ◇ **an etw/jd-m ~** tener mucho cariño, tener aprecio **II.** *vt* [1] (*Bild an Wand*) colgar [2] *FIG* ◇ **den Beruf an den Nagel ~** colgar los hábitos; **hängenbleiben** *unreg vi* [1] (*an Nagel*) estar colgado [2] (*FAM in Schule*) repetir curso; (*im Stau*) quedarse atascado

hänseln *vt* tomar el pelo

hantieren *vi FAM* manejar

Happen *m* ⟨-s, -⟩ bocado *m*

Happy-End *n* ⟨-s, -s⟩ final *m* feliz

Harfe *f* ⟨-, -n⟩ MUS harpa *m*

harmlos *adj* [1] ▷*Verletzung* inofensivo [2] ▷*Bemerkung* inintencionado, sin mala intención

Harmonie *f* MUS *FIG* armonía *f;* **harmonieren** *vi* estar en armonía

Harmonika *f* ⟨-, -s⟩ MUS armónica *f*

harmonisch *adj FIG* MUS armónico

Harn *m* ⟨-[e]s, -e⟩ orina *f*

hart *adj* [1] ▷*Stahl* duro [2] *FIG* ▷*Schicksal* difícil [3] *FIG* ▷*Mensch* duro, insensible, severo; **Härte** *f* ⟨-, -n⟩ [1] dureza *f* [2] *FIG* dificultad *f* [3] severidad *f*, insensibilidad *f;* **härten** *vt* endurecer; **hartgekocht** *adj* duro; **hartgesotten**

adj FIG endurecido; **hartherzig** *adj* desalmado, duro de corazón; **hartnäckig** *adj* testarudo, terco

haschen *vi* (*FAM Haschisch rauchen*) fumar hachís

Haschisch *n* ⟨-⟩ hachís *m*, chocolate *m*

Hase *m* ⟨-n, -n⟩ liebre *f*

Haselnuß *f* avellana *f*

Haß *m* ⟨Hasses⟩ odio *m;* **hassen** *vt* odiar; **häßlich** *adj* [1] (*Ggs schön*) feo [2] *FAM* ↑ *gemein* desagradable

Hast *f* ⟨-⟩ prisa *f;* **hastig** *adj* precipitado

hatte *impf von* **haben**

Haube *f* ⟨-, -n⟩ [1] (*Kopfbedeckung*) gorra *f* [2] (*Kühler-*) capó *m*

Hauch *m* ⟨-[e]s, -e⟩ (*Luft-*) soplo *m*

hauen ⟨haute *o.* hieb, gehauen⟩ *vt FAM* pegar

Haufen *m* ⟨-s, -⟩ [1] (*Stein-*) montón *m* [2] *FAM* ↑ *große Menge* mogollón *m;* **haufenweise** *adv* (*sehr viel*): ◇ **etw - haben** tener algo a montones

häufen I. *vt* apilar, amontonar **II.** *vr* ◇ **sich -** aumentar

häufig I. *adj* frecuente **II.** *adv* a menudo; **Häufigkeit** *f* frecuencia *f*

Haupt ⟨-[e]s, Häupter⟩ *n* [1] ↑ *Kopf* cabeza *f* [2] (*Familienober-*) cabeza *m;* **Haupt-** *in Komposita* principal *m;* **Hauptbahnhof** *m* estación *f* central; **hauptberuflich** *adv* profesionalmente; **Hauptbuch** *n* COMM libro *m* mayor; **Hauptdarsteller(in** *f*) *m* protagonista *m/f;* **Haupteingang** *m* entrada *f* principal; **Hauptfach** *n* (*in Schule*) asignatura *f* principal; (*in Studium*) especialidad *f;* **Hauptmann** *m, pl* ⟨-leute⟩ MIL capitán *m;* **Hauptpostamt** *n* central *f* de correos; **Hauptrolle** *f* [1] FILM, THEAT papel *m* principal [2] *FIG* ◇ **e-e - in jd-s Leben spielen** jugar/desempeñar un papel importante en la vida de alguien; **Hauptsache** *f:* ◇ **-, man ist gesund!** ¡lo más importante es la salud!; **Hauptsatz** *m* GRAM oración *f* principal; **Hauptstadt** *f* capital *f;* **Hauptstraße** *f* calle *f* principal; **Hauptwort** *n* sustantivo *m*

Haus *n* ⟨-es, Häuser⟩ [1] (*Wohn-*) casa *f;* (*Geschäfts-*) edificio *m;* ◇ **zu -e** en casa; ◇ **nach -e** a casa [2] (*Herrscher-*) familia *f*, dinastía *f;* **Hausarbeit** *f* [1] tareas *f/pl* domésticas [2] (*in Studium*) trabajo *m;* (*in Schule*) deberes *m/pl;* **Hausarzt** *m* médico *m* de cabecera; **-ärztin** *f* médica *f* de cabecera; **Hausaufgabe[n]** *f* deberes *m/pl;* **Hausbesetzer(in** *f*) *m* ocupa *m/f;* **Hauseigentümer(in** *f*) *m* propietario/a

hausen *vi PEJ* malvivir

Häusermakler(in *f*) *m* agente *m/f* de la propiedad inmobiliaria

Hausfrau *f* ama *f* de casa; **Hausfreund** *m* [1] *FAM* ↑ *Liebhaber* querido *m* [2] amigo *m* de la familia; **Haushalt** *m* [1] casa *f* [2] POL presupuesto *m;* **haushalten** *unreg vi* ahorrar; **Haushaltsplan** *m* POL plan *m* presupuestario; **Hausherr(in** *f*) *m* dueño/a de la casa; **haushoch** *adv:* ◇ **- überlegen sein** ser intelectualmente superior

Hausierer(in *f*) *m* ⟨-s, -⟩ vendedor(a *f*) *m* ambulante

häuslich *adj* [1] ▷*Pflichten* de la casa [2] ↑ *zurückgezogen* casero; **Hausmann** *m, pl* ⟨-männer⟩ *hombre que hace el trabajo del ama de casa;* **Hausmeister(in** *f*) *m* portero/a; **Hausordnung** *f* reglamento *m;* **Hausratversicherung** *f* seguro *m* del hogar; **Haussuchung** *f* registro *m* domiciliario; **Haustier** *n* [1] (*Schoßtier*) animal *m* doméstico [2] (*Nutztier*) animal *m* domesticado; **Hauswirt(in** *f*) *m* casero/a; **Hauswirtschaft** *f* economía *f* doméstica

Haut *f* ⟨-, Häute⟩ [1] (*Menschen-*) piel *f; FIG* ◇ **in jd-s - stecken** estar en el pellejo de alguien [2] (*Tier-*) pellejo *m;* **Hautarzt** *m* dermatólogo *m;* **-ärztin** *f* dermatóloga *f*

häuten I. *vt* quitar la piel, despellejar **II.** *vr* ◇ **sich -** mudar la piel

hauteng *adj* ceñido; **Hautfarbe** *f* color *m* de la piel

Haxe *f* ⟨-, -n⟩ pata *f*

Hbf. *Abk v.* **Hauptbahnhof**

Hebamme *f* ⟨-, -n⟩ comadrona *f*

Hebel *m* ⟨-s, -⟩ [1] (*-arm*) palanca *f* [2] AUTO pedal *m*

heben ⟨hob, gehoben⟩ *vt* [1] → *Gewicht* levantar [2] → *Gefühl* animar [3] *FIG* ◇ **einen -** echar un trago

Hecht *m* ⟨-[e]s, -e⟩ [1] (*Fisch*) lucio *m* [2] *FAM* ◇ **toller -** un tío genial

Heck *n* ⟨-[e]s, -e⟩ (*von Schiff*) popa *f;* (*von Auto*) parte *f* trasera

Hecke *f* ⟨-, -n⟩ seto *m*

Heckmotor *m* motor *m* trasero

Heer *n* ⟨-[e]s, -e⟩ [1] MIL ejército *m* [2] (*Menschen-*) multitud *f*

Hefe *f* ⟨-, -n⟩ levadura *f*

Heft *n* ⟨-[e]s, -e⟩ [1] (*Schreib-*) cuaderno *m* [2] ↑ *Zeitschrift* ejemplar *m* [3] (*von Messer*) mango *m*

Hefter *m* ⟨-s, -⟩ clasificador *m*

heftig *adj* fuerte, violento

Heftpflaster *n* espaladrapo *m*

hegen *vt* [1] ↑ *pflegen* cuidar [2] *FIG* ◇ **einen Verdacht -** sospechar algo

Hehl *m o s:* ◇ **kein[en] - aus etw** *dat* **machen** no disimular algo

Hehler(in *f*) *m* ‹-s, -› (*-ware*) vendedor(a *f*) *m* de cosas robadas, perista *m/f*

Heide [1] *f* ‹-, -n› brezo *m*

Heide [2] *m* ‹-n, -n› pagano *m;* **Heidin** *f* pagana *f*

Heidelbeere *f* arándano *m*

Heidentum *n* paganismo *m;* **heidnisch** *adj* pagano

heikel *adj* [1] ▷*Angelegenheit* difícil [2] ↑ *wählerisch* exigente

heil *adj* [1] ↑ *verheilt* sano [2] ↑ *repariert* reparado [3] *FIG* ◇ **-e Welt** mundo armónico

Heil *n* ‹-[e]s› [1] ↑ *Glück* suerte *f,* fortuna *f* [2] (*Seelen-*) salvación *f* [3] *FIG* ◇ **sein - in der Flucht suchen** darse a la fuga

heilbar *adj* curable; **heilen** I. *vt* curar II. *vi* cicatrizar; **heilfroh** *adj* contentísimo

heilig *adj* [1] REL santo [2] *FAM* ↑ *wertvoll* sagrado; ◇ **das Auto ist ihm -** su coche es para él sagrado; **Heiligabend** *m* Nochebuena *f;* **Heiligtum** *n* reliquia *f*

heillos *adj* desastroso

Heilmittel *n* remedio *m;* **Heilpraktiker(in** *f*) *m* curandero/a titulado; **Heilung** *f* cicatrización *f*

Heim *n* ‹-[e], -e› [1] ↑ *Zuhause* hogar *m* [2] (*Alten-*) asilo *m;* (*Erziehungs-*) reformatorio *m* [3] (*Eigen-*) casa *f*

Heimat *f* ‹-, -en› [1] ↑ *Geburtsland* país *m* natal [2] (*Wahl-*) patria *f;* **heimatlich** *adj* del país; **heimatlos** *adj* sin patria

heimbegleiten *vt* acompañar [a alguien a su casa]; **Heimcomputer** *m* ordenador *m* personal; **heimfahren** *unreg vi* regresar a casa; **heimgehen** *unreg vi* [1] ↑ *nach Hause gehen* volver a casa [2] (*gehoben:*) ↑ *sterben* fallecer; **heimisch** *adj* [1] del país [2] ◇ **sich - fühlen** sentirse como en casa; **heimkehren** *vi* volver a la patria

heimlich *adj* secreto

Heimreise *f* vuelta *f* a casa

heimsuchen *vt* ← *Katastrophe* asolar; *FAM* ← *lästiger Besuch* visitar

heimtückisch *adj* malicioso

Heimweh *n:* ◇ **- haben** tener nostalgia

heimzahlen *vt:* ◇ **jd-m etw -** vengarse

Heirat *f* ‹-, -en› boda *f;* **heiraten** *vti* casarse

heiser *adj* ronco

heiß *adj* [1] (*Ggs kalt*) caliente [2] *FIG* ▷*Thema* candente [3] *FAM* ▷*Motorrad* moto *f;* ◇ **das ist ja -!** ¡eso sí que es interesante!

heißen ‹hieß, geheißen› I. *vi* [1] ↑ *sich nennen* llamarse [2] ↑ *bedeuten* significar II. *vt* [1] llamar; ◇ **das heiße ich Mut!** ¡eso es lo que yo llamo valentía! [2] ↑ *Auftrag geben* mandar III. *vi unpers:* ◇ **es -t** se dice

heißersehnt *adj* deseado

heiter *adj* [1] ▷*Wetter* despejado [2] ▷*Mensch* alegre; **Heiterkeit** *f* alegría *f*

heizbar *adj* [1] ▷*Raum* con calefacción [2] ▷*Heckscheibe* calentable

heizen I. *vt* [1] → *Raum* calentar, caldear [2] → *Ofen* calentar II. *vi* [1] ← *Ofen* calentar [2] *FAM* dar marcha; **Heizung** *f* calefacción *f*

hektisch *adj* nervioso, apresurado

Held *m* ‹-en, -en› [1] (*Kriegs-*) héroe *m* [2] (*Film-*) protagonista *m* [3] *FAM* ◇ **du bist ja ein -!** ¡valiente héroe que estás hecho!; **Heldin** *f* [1] heroína *f* [2] (*Roman-*) protagonista *m*

helfen ‹half, geholfen› I. *vi* [1] ↑ *zur Hand gehen* echar una mano (*jd-m bei* a alguien) [2] ↑ *nützen* ayudar, ser útil [3] ◇ **sich zu - wissen** arreglárselas [4] ◇ **dem ist nicht zu -** éste no tiene remedio II. *vi unpers:* ◇ **da hilft alles nichts** no hay otro remedio; **Helfer(in** *f*) *m* ‹-s, -› [1] ↑ *Assistent(in)* ayudante *m/f* [2] (*Geburts-*) comadrona *f;* **Helfershelfer(in** *f*) *m* cómplice *m/f*

hell *adj* [1] (*Ggs dunkel*) claro [2] ▷*Farbton* vivo [3] ▷*Stimme* agudo [4] *FIG* ◇ **-er Wahnsinn** locura; **hellhörig** *adj* [1] ▷*Wohnung* de paredes delgadas [2] ◇ **- werden** poner el oído; **Helligkeit** *f* claridad *f;* **hellwach** *adj* muy despierto

Helm *m* ‹-[e]s, -e› casco *m*

Hemd *n* ‹-[e]s, -en› (*Ober-*) camisa *f;* (*Unter-*) camiseta *f*

hemmen *vt* [1] ↑ *hindern* impedir [2] ↑ *verlegen machen* reprimir; ◇ **gehemmt sein** estar reprimido; **Hemmschwelle** *f* barrera *f* de inhibición; **Hemmung** *f:* ◇ **-en** *pl* inhibición *f;* ◇ **nur keine -en!** ¡no te sientas cohibido!; **hemmungslos** *adj* sin escrúpulos, desinhibido

Hengst *m* ‹-es, -e› (*Pferd*) caballo *m* entero; (*Zucht-*) semental *m*

Henkel *m* ‹-s, -› asa *m*

Henker *m* ‹-s, -› verdugo *m;* ◇ **zum -!** ¡al diablo!

her *adv* [1] (*hin und -*) allí; ◇ **- mit dem Geld!** ¡dame el dinero! [2] (*zeitlich*) ◇ **es ist 12 Jahre -** hace 12 años

herab *adv* abajo; **herabhängen** *unreg vi* colgar; **herablassen** *unreg* I. *vt* hacer descender II. *vr* ◇ **sich -** *FIG* ser condescendiente; **Herablassung** *f FIG:* ◇ **mit - behandeln** actuar con condescendencia; **herabsehen** *unreg vi* mirar por encima del hombro (*auf akk* a alguien); **herabsetzen** *vt* [1] → *Preise* bajar, rebajar, reducir [2] *FIG* ↑ *geringschätzen* desprestigiar

heran *adv FAM* ↑ *'ran* por aquí; ◇ **ran an die Arbeit!** ¡al trabajo!; **heranbringen** *unreg vt* [1] ↑ *näher bringen* acercar [2] *FIG* → *Problem* concienciar (*an akk* de); **heranfahren** *unreg vi* acercarse (*an akk* a); **herankommen** *unreg vi* [1] ↑ *sich nähern* acercarse [2] *FIG* ↑ *etw erreichen* alcanzar (*an akk* algo) [3] ◇ **etw ~ lassen** esperar algo; **heranmachen** *vr:* ◇ **sich an jd-n ~** insinuarse; **heranwachsen** *unreg vi* crecer; **heranziehen** *unreg vt* [1] atraer [2] *FIG* → *Fachmann* consultar a [3] *FIG* ◇ **etw zum Vergleich ~** usar como paralelo *m*

herauf *adv FAM* ↑ *rauf* hacia arriba; **heraufbeschwören** *unreg vt* causar, provocar; **heraufziehen** *unreg* **I.** *vt* → *Last* levantar **II.** *vi* ← *Unwetter* amenazar

heraus *adv FAM* ↑ *raus* fuera, afuera; **herausarbeiten** *vt* [1] → *Idee* dar forma [2] → *Kunstwerk* labrar; **herausbekommen** *unreg vt* [1] *FIG* → *Geheimnis* descubrir [2] → *Wechselgeld* recibir la vuelta [3] (*Nagel aus Wand*) sacar; **herausbringen** *unreg vt* [1] → *Gartenmöbel* sacar [2] → *Buch* publicar [3] → *Lösung* encontrar [4] → *Satz* decir; **herausfinden I.** *unreg vi* [1] (*aus Labyrinth*) encontrar la salida [2] (*aus Schwierigkeiten*) salir **II.** *vt FIG* → *Neues* descubrir; **herausfordern** *vt* retar, desafiar; **herausfordernd** *adj* desafiante; **Herausforderung** *f* reto *m*, desafío *m;* **herausgeben I.** *unreg vt* [1] → *Geld* dar la vuelta [2] → *Zeitschrift* publicar [3] ↑ *nach draußen reichen* sacar afuera **II.** *vi FAM* ↑ *schlagfertig sein* saber replicar; **Herausgeber(in** *f*) *m* ‹-s, -› editor(a *f*) *m;* **herausgehen** *unreg vi* [1] salir [2] ◇ **aus sich ~** soltarse; **heraushalten** *unreg vr* ◇ **sich ~** mantenerse al margen (*aus* de); **herausholen** *vt* [1] sacar, liberar [2] ◇ **das Äußerste ~** sacar provecho (*aus* de); **herausnehmen** *unreg vt* [1] sacar [2] *FIG* ◇ **sich** *dat* **Freiheiten ~** permitirse/tomarse la libertad de; **herausrücken** *vt FIG*: ◇ **mit der Wahrheit ~** decir la verdad; **herausrutschen** *vi* escaparse; **herausschlagen** *unreg vt FIG* sacar [de beneficio]; **herausstellen** *vr* ◇ **sich ~ als etw** resultar ser algo

herb *adj* [1] amargo, agrio [2] *FIG* duro

Herberge *f* ‹-, -n› albergue *m;* **Herbergsmutter** *f* directora *f* de un albergue; **-vater** *m* director *m* de un albergue

Herbst *m* ‹-[e]s, -e› otoño

Herd *m* ‹-[e]s, -e› [1] (*Kochstelle*) hornillo *m* [2] *FIG* ◇ **Haus und ~** hogar *m* [3] (MED *Entzündungs~*) fogón *m*

Herde *f* ‹-, -n› (*Kuh~*) rebaño *m*

herein *adv FAM* ↑ *rein* adentro; ◇ **~!** ¡adelante!; **hereinbitten** *unreg vt* rogar a alguien que entre; **hereinfallen** *unreg vi* [1] caer [2] *FIG* ◇ **~ auf etw** *akk* caer en la trampa; **hereinkommen** *unreg vi* entrar; **hereinlassen** *unreg vt* dejar entrar; ◇ **¡laß niemanden herein!** no dejes entrar a nadie; **hereinlegen** *vt:* ◇ **jd-n ~** engañar a alguien; **hereinplatzen** *vi* irrumpir

Herfahrt *f* ida *f*

herfallen *unreg vi* [1] (*kritisieren*) ◇ **über jd-n ~** criticar a alguien [2] ↑ *gierig essen* abalanzarse (*über akk* sobre)

Hergang *m* desarrollo *m*, proceso *m*

hergeben *unreg* **I.** *vt* dar **II.** *vr FIG*: ◇ **sich zu etw ~** darse a algo

hergehen *unreg vi* [1] ◇ **vor jd-m ~** ir delante de alguien [2] ◇ **auf der Party geht es hoch her** la fiesta está muy animada

herhalten *unreg vt FAM*: ◇ **für etwas ~** pagar el pato por algo

herhören *vi* escuchar; ◇ **alle mal ~!** ¡escuchad todos!

Hering *m* ‹-s, -e› [1] (*Fisch*) arenque *m* [2] (*Zelthaken*) piquete *m*

herkommen *unreg vi* [1] ◇ **komm mal her!** ¡ven aquí! [2] ◇ **wo kommen Sie her?** ¿de dónde es usted?

herkömmlich *adj* usual, habitual

Herkunft *f* ‹-, Herkünfte› [1] origen *m* [2] ◇ **~sland** país *m* de origen

herleiten *vt* [1] ↑ *ableiten* deducir [2] (*Recht auf etw*) tomarse la libertad de

hermachen I. *vr* [1] ◇ **sich übers Essen ~** devorar la comida [2] (*FIG über Buch*) leer rápida y atentamente (*über akk* en) **II.** *vi:* ◇ **das macht nichts her** esto no llama la atención

heroisch *adj* heroico

Herpes *m* ‹-› MED herpes *m*

Herr *m* ‹-[e]n, -en› [1] ◇ **~ ...** don *m* [2] (*jüngerer, älterer ~*) señor *m;* ◇ **sehr geehrte Damen und ~en** señores y señoras [3] ↑ *Besitzer* dueño *m;* ◇ **~ über Ländereien** dueño *m* de muchas tierras, latifundista *m* [4] *FIG* ◇ **sein eigener ~ sein** no depender de nadie; **Herrendoppel** *n* SPORT doble *m* masculino; **herrenlos** *adj* sin dueño, abandonado

herrichten I. *vt* [1] → *Wohnung* renovar [2] → *Tisch* arreglar; → *Bett* hacer **II.** *vr:* ◇ **sich fürs Theater ~** arreglarse para el teatro

Herrin *f:* ◇ **~ des Hauses** ama *f* de casa; **herrisch** *adj* dominante, autoritario

herrlich *adj* maravilloso, magnífico

Herrschaft *f* [1] ↑ *Macht* gobierno *m*, poder *m;* ◇ **die ~ an sich reißen** tomar el poder [2] (*über Auto*) dominio *m*, control *m* [3] (*Anrede*) señor *m;* ◇ **sehr verehrte ~en!** ¡señores y señoras!; **herrschen** *vi* [1] ↑ *regieren* gobernar [2] ← *Meinung, Ruhe* dominar, imperar; **Herrscher(in** *f*) *m* ‹-s, -› gobernante *m/f*

herrühren *vi* deberse (*von* a)

herstellen *vt* producir, fabricar; **Herstellung** *f* producción *f*, fabricación *f;* ◇ **aus eigener** ~ de producción privada

herüber *adv* a este lado

herum *adv* [1] alrededor; ◇ **um das Haus** ~ alrededor de la casa [2] (*Zeit*) hacia; ◇ **um den 25. Juli** ~ hacia el 25 de julio; **herumärgern** *vr* ◇ **sich** ~ enfadarse constantemente (*mit* por); **herumführen** *vt* [1] hacer de guía [2] *FIG* ◇ **an der Nase** ~ tomar el pelo; **herumirren** *vi* andar desorientado; **herumkriegen** *vt* [1] → *Wartezeit* pasar el tiempo [2] ↑ *überreden* convencer, persuadir; **herumlungern** *vi* gandulear; **herumsprechen** *unreg vr* ◇ **sich** ~ correrse la voz; **herumtreiben** *unreg vr:* ◇ **sie treibt sich in Kneipen herum** ella va de bares

herunter *adv* hacia abajo; **heruntergekommen** *adj* venido a menos; **herunterhängen** *unreg vi* colgar; **herunterkommen** *unreg vi* [1] (*Treppe* ~) bajar [2] *FIG* ↑ *verkommen* degenerar; **heruntermachen** *vt* poner por los suelos; **herunterspielen** *vt* quitar importancia, minimizar

hervor *adv* hacia delante; **hervorbringen** *unreg vt* [1] ↑ *erschaffen* crear [2] → *Satz* formular; ◇ **vor Aufregung kein Wort** ~ no decir ni media palabra de nervios; **hervorheben** *unreg vt* [1] ↑ *Wirkung verstärken* intensificar [2] ↑ *besonders würdigen* destacar, resaltar; **hervorragend** *adj* sobresaliente; ◇ ~**e Leistungen** excelente trabajo *m*; **hervorrufen** *unreg vt* causar, motivar

Herz *n* ‹-ens, -en› [1] corazón *m* [2] *FIG* ◇ **sich ein** ~ **fassen** hacer de tripas corazón [3] (*Spielkarte*) copas *f/pl;* **Herzfehler** *m* lesión *f* cardíaca; **herzhaft** *adj* [1] consistente [2] ◇ ~ **lachen** reír con ganas; **Herzinfarkt** *m* infarto *m* de miocardio; **Herzklopfen** *n FIG*: ◇ ~ **haben** tener palpitaciones *f/pl;* **herzlich** I. *adj* [1] ▷*Mensch* abierto, cariñoso, afectuoso [2] ▷*Empfang* sincero; ◇ ~**en Dank** muchísimas gracias II. *adv PEJ* ↑ *ziemlich* bastante; ◇ **er verdient** ~ **wenig** él gana una miseria; **Herzlichkeit** *f* cariño *m*, afectuosidad *f;* **herzlos** *adj* desalmado, sin corazón

Herzog(in *f*) *m* ‹-[e]s, Herzöge› duque(-esa *f*) *m*

Herzschlag *m* MED paro *m* cardíaco; **herzzerreißend** *adj* desgarrador

heterogen *adj* heterogéneo

Hetze *f* ‹-, -n› [1] ↑ *große Eile* prisa *f* [2] ↑ *Propaganda* provocación *f;* **hetzen** I. *vt* ↑ *jagen* cazar II. *vi* [1] ↑ *hasten* darse prisa, apresurarse [2] ↑ *Propaganda betreiben* provocar; ◇ **gegen Ausländer** ~ agitar los ánimos contra los extranjeros

Heu *n* ‹-[e]s› heno *m;* ◇ **Geld wie** ~ **verdienen** forrarse

Heuchelei *f* hipocresía *f*, falsedad *f;* **heucheln** I. *vt* → *Liebe* fingir, aparentar II. *vi* ↑ *sich verstellen* ser hipócrita

heulen *vi* [1] *FAM* ↑ *weinen* llorar [2] ← *Wolf* aullar; ← *Wind* bramar

Heuschnupfen *m* fiebre *f* del heno; **Heuschrecke** *f* ‹-, -n› langosta *f*

heute *adv* [1] ◇ ~ **ist Donnerstag** hoy es jueves [2] ↑ *heutzutage* hoy; **heutig** *adj* [1] ▷*Zeitung* de hoy [2] ↑ *gegenwärtig* actual; **heutzutage** *adv* hoy en día

hexen *vi* embrujar; ◇ **ich kann doch nicht** ~! ¡no puedo hacer milagros!; **Hexenkessel** *m FIG* ↑ *Durcheinander*: ◇ **die Stimmung war wie im** ~ el ambiente estaba a rojo vivo

Hickhack *n* ‹-s› *FAM* tira y afloja *m*

hieb *impf v.* **hauen**

Hieb *m* ‹-[e]s, -e› [1] (*Faust-*) puñetazo *m*, golpe *m;* (*Peitschen-*) latigazo *m* [2] ◇ ~**e bekommen** recibir palos [3] *FAM* ◇ **der hat ja einen** ~ está mal de la cabeza

hielt *impf v.* **halten**

hier *adv* [1] (*an diesem Ort*) aquí [2] (*FIG an diesem Punkt*) aquí; ◇ ~ **geht die Geschichte weiter** ahí sigue la historia; **hierbehalten** *unreg vt* retener; **hierbleiben** *unreg vi* quedarse aquí; ◇ **die Nacht über** ~ pasar la noche aquí; **hierdurch** *adv* por eso; ◇ ~ **wurde der Unfall verursacht** debido a eso se produjo el accidente; **hierher** *adv* para acá; **hiermit** *adv* con esto; ◇ ~ **teile ich Ihnen mit ...** por la presente le comunico ...; **hiervon** *adv* de esto; **hierzulande** *adv* en este país

hiesig *adj* del país, del lugar

hieß *impf v.* **heißen**

Hi-Fi-Anlage *f* equipo *m* de alta fidelidad

high *adj FAM*: ◇ ~ **sein** estar colocado; **Highlife** *n* ‹-s› *FAM*: ◇ **da ist** ~ hay marcha; **High Tech** *f* ‹-s› **High Technology** alta tecnología *f*

Hilfe *f* ‹-, -n› [1] ↑ *Unterstützung* ayuda *f;* ◇ **um** ~ **bitten** pedir ayuda [2] (*Sozial-*) ayuda *f*, apoyo *m* [3] ◇ **mit** ~ **von** con ayuda de [4] ◇ **Erste** ~ **leisten** prestar los primeros auxilios; **hilflos** *adj* desamparado; **Hilflosigkeit** *f* desamparo *m*, falta *f* de recursos; **hilfreich** *adj* beneficioso; **Hilfsaktion** *f* campaña de ayuda; ◇ **e-e** ~ **organisieren** emprender una campaña de ayuda; **Hilfsarbeiter(in** *f*) *m* auxiliar *m/f;* **hilfsbereit** *adj* dispuesto a ayudar, servicial; **Hilfskraft** *f* ayudante *m/f;* **Hilfsverb** *n* GRAM verbo *m* auxiliar

Himbeere *f* frambuesa *f*

Himmel *m* ‹-s, -› [1] cielo *m* [2] REL cielo *m* [3] (*Bett-*) baldaquino *m* [4] *FIG* ◇ **im siebten** ~ en la gloria; **himmelangst** *adv:* ◇ **mir ist** ~ estoy muerto de miedo; **himmelschreiend** *adj* clamar al cielo; **Himmelsrichtung** *f* punto *m* cardinal; **himmlisch** *adj* divino, maravilloso

hin *adv* [1] aquí; ◇ ~ **und her** de aquí para allá [2] ◇ **es ist noch lange** ~ todavía falta mucho [3] *FAM* ◇ **das Auto ist** ~ el coche está estropeado

hinab *adv* hacia abajo; **hinabsteigen** *unreg vi* descender; **hinabstürzen I.** *vi* precipitarse **II.** *vt* (*jd-n hinunterwerfen*) empujar, tirar

hinarbeiten *vi:* ◇ **auf etw** *akk* ~ aspirar a

hinauf *adv* hacia arriba; **hinaufarbeiten** *vr* ◇ **sich** ~ *FIG* hacer carrera, abrirse camino; **hinaufsteigen** *unreg vi* (*auf Stuhl*) subir (*auf etw* a algo); (*auf Berg*) escalar; (*Treppe*) subir

hinaus *adv* [1] salir fuera [2] ◇ **auf Jahre** ~ para varios años; **hinausfliegen** *unreg vi* [1] (*FAM aus Firma*) ser despedido [2] ← *Vogel* salir volando; **hinausgehen** *unreg vi* [1] salir [2] *FIG* ◇ **das geht über meine Mittel hinaus** eso excede mis medios; **hinauslaufen** *unreg vi* [1] ↑ *ins Freie laufen* salir corriendo [2] ◇ **auf etw** *akk* ~ ir a parar en; **hinausschieben** *unreg vt* [1] → *Termin* aplazar [2] → *Wagen ins Freie* empujar; **hinauswerfen** *unreg vt* [1] ↑ *kündigen* despedir [2] (*aus Kneipe*) echar [3] *FIG* ◇ **Geld zum Fenster** ~ tirar el dinero por la ventana; **hinauswollen** *vi* [1] (*meinen*) ◇ **auf etw** *akk* ~ querer decir cierta cosa; (*beabsichtigen*) pretender [2] ◇ **hoch** ~ aspirar a mucho; **hinausziehen** *unreg* **I.** *vt* → *Prozeß* demorar **II.** *vi* (*in die Welt*) salir **III.** *vr* ◇ **sich** ~ prolongarse

Hinblick *m:* ◇ **im** ~ **auf** *akk* en vista de

hinderlich *adj* molesto, que estorba

hindern *vt:* ◇ **jd-n an etw** *dat* ~ impedir algo a alguien; ◇ **jd-n** ~, **etw zu tun** impedir a alguien hacer algo; **Hindernis** *n:* ◇ ~**se aus dem Weg räumen** salvar obstáculos

hindeuten *vi* señalar, indicar; ◇ **alles deutet auf Mord hin** todo parece indicar que es un asesinato

hindurch *adv* [1] (*räumlich*) a través de [2] (*zeitlich*) durante años

hinein *adv* [hacia] adentro; **hineindenken** *unreg vr:* ◇ **sich in etw/jd-n** ~ ponerse en el lugar de algo/ alguien; **hineinfallen** *unreg vi* caer (*in akk* en/a); **hineingehen** *unreg vi* entrar; **hineingeraten** *unreg vi* ir a parar en; **hineinpassen** *vi* [1] (*in Kleider*) caber [2] (*in Gruppe*) encajar; **hineinreden** *vi:* ◇ **jd-m** ~ interrumpir a alguien; **hineinsteigern** *vr* ◇ **sich** ~ acalorarse; **hineinversetzen** *vr:* ◇ **sich** ~ **in jdn/etw** ponerse en el lugar de algo/ alguien

hinfahren *unreg* **I.** *vi* (*zu Feier*) ir [en coche] **II.** *vt* (*jd-n befördern*) llevar [en coche]; **Hinfahrt** *f* viaje *m* de ida

hinfallen *unreg vi* caerse

hinfällig *adj* [1] ▷*Angebot* sin validez [2] ▷*Hilfe* innecesario

hing *impf v.* **hängen**

Hingabe *f* entrega *f*, abnegación *f;* **hingeben** *vr* ◇ **sich etw/jd-m** ~ dedicarse a

hingehen *unreg vi* [1] ◇ **zu jd-m** ~ ↑ *besuchen* ir [2] ← *Zeit* pasar

hinhalten *unreg vt* [1] → *jd-n* ↑ *vertrösten* dar esperanzas [2] ↑ *reichen* ◇ **jd-m etw** ~ acercar algo a alguien

hinken *vi* [1] ↑ *Bein nachziehen* cojear [2] ↑ *nicht zutreffen* no ser adecuado

hinkriegen *vt* superar; ◇ **das kriegen wir schon hin** ya lo lograremos

hinlegen I. *vt* poner **II.** *vr* ◇ **sich** ~ tumbarse

hinnehmen *unreg vt FIG* → *Beleidigung* tolerar, aguantar

Hinreise *f* viaje *m* de ida

hinreißen *unreg vt* [1] ◇ **sich zu einer Dummheit** ~ **lassen** ↑ *sich verleiten lassen* dejarse llevar [2] (*passivisch*) estar fascinado; ◇ **ich bin hingerissen von seiner Persönlichkeit** estoy fascinado por su personalidad

Hinrichtung *f* ejecución *f;* ◇ **einer** ~ **beiwohnen** asistir a una ejecución

hinsichtlich *präp gen* en lo que concierne a, en lo concerniente a; ◇ ~ **Ihrer Gehaltserhöhung** en cuanto a la subida de su salario

Hinspiel *n* SPORT partido *m* de ida

hinstellen I. *vt* [1] ↑ *plazieren* colocar [2] *FIG* ↑ *darstellen* presentar, describir **II.** *vr:* ◇ **sich vor jd-m** ~ ponerse delante de alguien

hintanstellen *vt FIG* dejar a un lado

hinten *adv* [1] (*Ggs. vorne*) detrás [2] (*da/dort* ~) allí detrás; **hintenherum** *adv FIG* secretamente; ◇ **etw** ~ **erfahren** enterarse de algo por detrás

hinter *präp dat/akk* [1] ◇ ~ **dem Haus** detrás de [2] *FIG* ◇ **sich** ~ **jd-n stellen** apoyar, avalar a alguien [3] ◇ ~ **jd-m her sein** estar detrás de alguien, perseguir a alguien; **Hinterachse** *f* eje *m* trasero; **Hinterbein** *n* pata *f* trasera; *FIG* ◇ **sich auf die** ~**e stellen** oponerse; **hintere(r, s)** *adj:* ◇ **der** ~ **Wagen ist 1. Klasse** el coche de atrás es de primera; **hintereinander** *adv* uno detrás de otro; **Hintergedanke** *m* segunda intención *f;* **hintergehen** *unreg vt FIG* engañar; **Hintergrund** *m* [1] (*auf Bild*) fondo *m* [2] *FIG* ▷*politisch* trasfondo *m;* **Hinterhalt** *m* emboscada *f;* ◇ **aus dem** ~ **schießen** disparar desde un sitio escondido; *FIG* ◇ **einen** ~ **legen** poner una trampa, tender una emboscada; **hinterhältig** *adj* malintencionado, pérfido; **hinterher** *adv* [1] (*räumlich*) detrás [2] (*zeitlich*) después; **hinterlassen** *unreg vt* [1] → *Nachricht* dejar [2] ↑ *vererben* legar; **hinterlegen** *vt* entregar, depositar; **Hinterlist** *f* perfidia *f;* **hinterlistig** *adj* pérfido, astuto; **Hintermänner** *pl FIG* instigador *m persona que está detrás de un crimen;* **Hinterrad** *n* rueda *f* trasera; **Hinterradantrieb** *m* AUTO tracción *f* trasera; **hinterrücks** *adv* por la espalda; **Hinterteil** *n FAM* trasero *m;* **Hintertreffen** *n* (*benachteiligt werden*): ◇ **ins - geraten** ir rezagado; **hintertreiben** *unreg vt* frustrar, entorpecer; **Hintertür** *f* [1] ↑ *hinterer Ausgang* puerta *f* trasera [2] *FIG* ◇ **immer eine - offenhalten** dejar una salida abierta; **hinterziehen** *unreg vt:* ◇ **Steuern -** defraudar al fisco

hinüber *adv* [1] (*auf die andere Seite*) al otro lado [2] *FAM* ◇ **der Computer ist -** el ordenador está estropeado; **hinübergehen** *unreg vi* pasar al otro lado

hinunter *adv* [hacia] abajo; **hinunterfallen** *unreg vi* (*von Mauer*) derrumbarse; ◇ **die Treppe -** caerse por la escalera; **hinunterschlukken** *vt* [1] tragar, digerir [2] *FIG* tragar; **hinunterwerfen** *unreg vt* tirar

hinwegsetzen *vr:* ◇ **sich - über** *akk* no hacer caso de, hacer caso omiso de

Hinweis *m* ⟨-es, -e⟩ [1] ↑ *Tip* advertencia *f;* ↑ *Mitteilung* indicación *f* [2] ↑ *Anhaltspunkt* referencia *f;* **hinweisen** *unreg vi* [1] ↑ *aufmerksam machen* indicar, señalar (*auf akk* algo) [2] ↑ *betonen* remarcar; ◇ **nachdrücklich auf etw -** hacer hincapié en algo (*auf akk* en)

hinzufügen *vt:* ◇ **lassen Sie mich noch -** déjenme además añadir

Hirn *n* ⟨-[e]s, -e⟩ cerebro *m;* **Hirngespinst** *n* ⟨-[e]s, -e⟩ idea *f* descabellada; **hirnverbrannt** *adj FAM* descabellado

Hirsch *m* ⟨-[e]s, -e⟩ ciervo *m*

Hirt(in *f*) *m* ⟨-en, -en⟩ pastor(a *f*) *m*

hissen *vt* izar

Historiker(in *f*) *m* ⟨-s, -⟩ historiador(a *f*) *m;* **historisch** *adj* histórico

Hit *m* éxito *m*

Hitze *f* ⟨-⟩ calor *m;* **hitzebeständig** *adj* resistente al calor; **Hitzewelle** *f* ola *f* de calor; **hitzig** *adj* [1] ▷*Debatte* acalorado [2] ▷*Mensch* apasionado; **Hitzkopf** *m* colérico *m;* **Hitzschlag** *m* insolación *f*

HIV-positiv *adj* positivo [de SIDA]

H-Milch *f* leche *f* uperisada

hob *impf v.* **heben**

Hobel *m* ⟨-s, -⟩ cepillo *m* [de carpintería]; **hobeln** *vti* cepillar

hoch ⟨höher, am höchsten⟩ [1] (*5 m -*) alto; ◇ **hoher Turm** torre de gran altura [2] ↑ *wichtig* importante [3] (*hohe Miete*) elevado [4] (*-fliegen*) alto [5] ▷*Klang* agudo; **Hoch** *n* ⟨-s, -s⟩ [1] METEO anticiclón *m* [2] (*Ruf*) viva *m;* **Hochachtung** *f:* ◇ **mit freundlicher -** le saluda atentamente; **hochachtungsvoll** *adv* atentamente; **hocharbeiten** *vr* ◇ **sich -** hacer carrera, abrirse camino; **hochbegabt** *adj* de talento, superdotado; **Hochbetrieb** *m* COMM: ◇ **es herrscht -** hay mucha actividad; **hochbringen** *unreg vt* [1] → *Kranken* sanar, curar [2] (*Firma*) sanear, poner a flote; **Hochburg** *f* centro *m;* **Hochdeutsch** *n* alto alemán *m;* **hochdotiert** *adj* de buenos honorarios, bien pagado; **Hochdruck** *m* METEO alta presión *f;* **hochfliegend** *adj FIG* de altos vuelos; **Hochform** *f:* ◇ **in - sein** estar en plena forma; **Hochgeschwindigkeitszug** *m* tren *m* de alta velocidad; **hochgradig** *adj* extremo; **hochhalten** *unreg vt* [1] ↑ *in die Höhe halten* mantener en alto [2] *FIG* ↑ *schätzen* apreciar; **Hochhaus** *n* edificio *m* alto; **Hochkonjunktur** *f* período *m* de prosperidad; **hochleben** *vi:* ◇ **jd-n - lassen** vitorear; **Hochmut** *m* soberbia *f*, arrogancia *f;* **hochmütig** *adj* soberbio, arrogante; **hochprozentig** *adj* de alta graduación; **Hochrechnung** *f* recuento *m* de votos; **Hochsaison** *f* temporada *f* alta; **Hochschule** *f* escuela *f* superior, universidad *f;* **Hochsommer** *m* pleno verano *m;* **Hochspannung** *f* alta tensión *f;* **Hochsprung** *m* SPORT salto *m* de altura

höchst *adv* muy, sumamente

Hochstapler(in *f*) *m* ⟨-s, -⟩ estafador(a *f*) *m*

höchste(r, s) ⟨*Superlativ v.* **hoch**⟩ *adj*; **höchstens** *adv* [1] ↑ *nicht mehr als* como mucho [2] ↑ *bestenfalls* en el mejor de los casos; **Höchstgeschwindigkeit** *f* velocidad *f* máxima; **höchstpersönlich** *adv:* ◇ **- erscheinen** aparecer en persona; **Höchstpreis** *m* precio *m* máximo; **höchstwahrscheinlich** *adv* muy probablemente

hochtrabend *adj* grandilocuente; **Hochverrat** *m* alta traición *f;* **Hochwasser** *n* inundación *f;* **hochwertig** *adj* de gran valor; **Hochwürden** *m* ⟨-s, -⟩ reverendo *m;* **Hochzahl** *f* MATH exponente *m;* **Hochzeit** *f* ⟨-, -en⟩ boda *f;* **Hochzeitsreise** *f* viaje *m* de novios

Hocker *m* ⟨-s, -⟩ taburete *m*

Höcker *m* ⟨-s, -⟩ joroba *f*

Hoden *m* ⟨-s, -⟩ ANAT testículo *m*

Hof *m* ⟨-[e]s, Höfe⟩ [1] (*Bauern-*) granja *f* [2] (*Schul-*) patio *m* [3] *FIG* ◇ **jd-m den - machen** hacer la corte a alguien

hoffen *vi* esperar (*auf akk* a); **hoffentlich** *adv:*

◇ ~ **geht es dir gut** espero que te vaya bien; **Hoffnung** *f* esperanza *f;* **hoffnungslos** *adj* sin esperanza, desauciado; **Hoffnungsträger(in** *f) m* (*Person*) esperanza *f;* **hoffnungsvoll** *adj* prometedor, lleno de esperanza

höflich *adj* amable, atento, cortés; **Höflichkeit** *f* amabilidad *f,* atención *f,* cortesía *f*

hohe(r, s) *adj s.* **hoch**

Höhe *f* ‹-, -n› [1] (*~ von 12 m*) altura *f* [2] (*An~*) colina *f* [3] *FIG* ◇ **das ist ja die** ~ eso es el no va más

Hoheit *f* [1] POL soberanía *m* [2] (*Titel*) alteza *f;* **Hoheitsgebiet** *n* territorio *m* [de soberanía]; **Hoheitsgewässer** *n* aguas *f/pl* territoriales; **Hoheitszeichen** *n* emblema *m* nacional

Höhenangabe *f* indicación *f* de la altitud; **Höhensonne** *f* lámpara *f* solar; **Höhenzug** *m* cordillera *f;* **Höhepunkt** *m* punto *m* culminante

höher *adj, adv* ‹*Komparativ v.* **hoch**›

hohl *adj* [1] ▷*Zahn* hueco [2] *FAM* ◇ **das ist doch** ~ eso no tiene sentido

Höhle *f* ‹-, -n› [1] (*Bären~*) cueva *f* [2] (*Räuber~*) guarida *f* [3] *FIG* ↑ *Bude* agujero *m,* antro *m*

Hohn *m* ‹-[e]s› burla *f,* desprecio *m;* **höhnisch** *adj* burlón

holen I. *vt* [1] ↑ *herbringen* ir a recoger [2] → *Atem* aguntar la respiración **II.** *vr:* ◇ **sich etw** *akk* **holen** pillar/pescar algo

Holland *n* Holanda *f;* **Holländer(in** *f) m* ‹-s, -› holandés(-esa *f*) *m;* **holländisch** *adj* holandés

Hölle *f* ‹-, -n› [1] infierno [2] *FAM* ◇ **es war die** ~ **los** había mucha acción; **Höllenangst** *f:* ◇ **eine** ~ **haben** tener pánico; **höllisch** *adj* [1] ↑ *schlimm* infernal [2] ↑ *überaus groß* tremendo

Hologramm *n* ‹-s, -e› holograma *m*

holperig *adj* [1] ▷*Weg* con baches, irregular [2] ▷*Stil* duro

Holunder *m* ‹-s, -› saúco *m*

Holz *n* ‹-es, Hölzer› [1] (*Baum*) madera *f* [2] (*Brenn~*) leña *f*

hölzern *adj* [1] ▷*Tisch* de madera [2] *FIG* ↑ *ungeschickt* torpe; ↑ *steif* rígido

Holzfäller(in *f) m* ‹-s, -› leñador(a *f*) *m;* **Holzhammermethode** *f* (*FAM in Unterricht*) enseñanza *f* a golpe de mazo; ◇ **mit der** ~ **vorgehen** proceder con mucha brusquedad; **holzig** *adj* leñoso; **Holzkohle** *f* carbón *m* vegetal; **Holzweg** *m FAM:* ◇ **auf dem** ~ **sein** ir por mal camino

homosexuell *adj* homosexual

Honig *m* ‹-s, -e› [1] miel *f* [2] *FIG* ◇ ~ **ums Maul schmieren** hacer la pelota/dorar la píldora; **Honigmelone** *f* sandía *f*

Honorar *n* ‹-s, -e› honorarios *m/pl;* **honorieren** *vt* [1] ↑ *bezahlen* pagar honorarios [2] *FIG* ↑ *anerkennen* apreciar, honrar

Hooligan *m* ‹-, -s› hincha *m*

Hopfen *m* ‹-s, -› [1] FLORA lúpulo *m* [2] *FIG* ◇ **da ist** ~ **und Malz verloren** es un caso perdido

hörbar *adj* perceptible

horchen *vi PEJ* poner la oreja

Horde *f* ‹-, -n› cuadrilla *f*

hören I. *vt* [1] → *Laut* oír [2] (*zu~*) → *Konzert* escuchar **II.** *vi* ↑ *gehorchen* obedecer; **Hörensagen** *s:* ◇ **vom** ~ saber de oídas; **Hörer(in** *f) m* ‹-s, -› [1] (MEDIA *Zu~*) oyente *m/f;* ◇ **liebe** **~innen und** ~! ¡queridos oyentes! [2] (*Telefon~*) auricular *m*

Horizont *m* ‹-[e]s, -e› [1] (*Himmel*) horizonte *m* [2] (*FIG Wissens~*) alcance *m;* **horizontal** *adj* horizontal

Hormon *n* ‹-s, -e› hormona *f*

Horn *n* ‹-[e]s, Hörner› [1] (*von Kuh*) cuerno *m* [2] (*Instrument*) trompa *f*

Horoskop *n* ‹-s, -e› horóscopo *m*

Hörsaal *m* aula *m;* **Hörspiel** *n* MEDIA radionovela *f*

Hort *m* ‹-[e]s, -e› guardería *f*

horten *vt* amasar, atesorar

Hose *f* ‹-, -n› [1] pantalón *m* [2] (*FAM schiefgehen*) ◇ **in die** ~ **gehen** echarse a perder, ser un fracaso [3] *FAM* ◇ **tote** ~ estar muerto, no haber marcha

Hotel *n* ‹-s, -s› hotel *m;* **Hotelier** *m* ‹-s, -s› dueño *m* del hotel

hüben *adv* a este lado; ◇ ~ **und drüben** a ambos lados

Hubraum *m* cilindrada *f*

hübsch *adj* guapo, atractivo

Hubschrauber *m* ‹-s, -› helicóptero *m*

hudeln *vi FAM* ↑ *zu schnell arbeiten* hacer un arreglo rápido, hacer una chapuza

Huf *m* ‹-[e]s, -e› casco *m,* pezuña *f*

Hüfte *f* ‹-, -n› ANAT cadera *f*

Hügel *m* ‹-s, -› colina *f;* **hügelig** *adj* accidentado

Huhn *n* ‹-[e]s, Hühner› [1] ↑ *Henne* gallina *f* [1] GASTR pollo *m;* **Hühnerbrühe** *f* caldo *m* de gallina

huldigen *vi* [1] rendir homenaje (*jd-m* a alguien) [2] ◇ **einer Sache** ~ dedicarse/aficionarse a una cosa; ◇ **dem Fortschritt** ~ estar por el progreso

Hülle *f* ‹-, -n› [1] funda *f* [2] *FIG* ◇ **in** ~ **und Fülle** a dar y tomar / en abundancia

hüllen *vt* [1] envolver (*in akk* en) [2] *FIG* ◇ **sich in Schweigen** ~ quedarse callado

Hülse *f* ‹-, -n› cartucho *m;* **Hülsenfrucht** *f* legumbre *f*

human *adj FIG* humano; ◇ ~ **behandeln** tratar de forma humanitaria; **Humanität** *f* humanidad *f*

Hummel *f* ⟨-, -n⟩ abejorro *m*

Hummer *m* ⟨-s, -⟩ langosta *m*

Humor *m* ⟨-s⟩ humor *m;* ◇ **Sinn für ~ haben** tener sentido del humor; **Humorist(in** *f*) *m* humorista *m/f;* **humoristisch** *adj* humorístico; **humorvoll** *adj* humorístico

humpeln *vi* cojear

Hund *m* ⟨-[e]s, -e⟩ ① perro *m* ② *FAM* ◇ **armer ~** pobre diablo; **hundemüde** *adj FAM* muy cansado

hundert *nr* cien; **hundertprozentig** *adj, adv* cien por cien; ◇ **sich ~ sicher sein** estar segurísimo

Hündin *f* perra *f*

Hunger *m* ⟨-s⟩ hambre *m;* ◇ **~ haben** tener hambre; **Hungerlohn** *m* suelo *m* para morirse de hambre; ◇ **für e-n ~ arbeiten** trabajar por un sueldo miserable; **hungern** *vi* pasar hambre; **Hungerstreik** *m* huelga *f* de hambre; ◇ **in ~ treten** declararse en huelga de hambre; **hungrig** *adj* hambriento

Hupe *f* ⟨-, -n⟩ claxon *m;* **hupen** *vi* tocar el claxon

hüpfen *vi* saltar, dar saltos

Hürde *f* ⟨-, -n⟩ obstáculo *m;* ◇ **~ nehmen** salvar obstáculos; **Hürdenlauf** *m* SPORT carrera *f* de obstáculos

Hure *f* ⟨-, -n⟩ *PEJ* ramera *f*

husten *vi* toser; **Husten** *m* ⟨-s⟩ tos *f*

Hut I. *m* ⟨-[e]s, Hüte⟩ ① sombrero *m* ② *FIG* ◇ **das ist ein alter ~** es una cosa de cajón **II.** *f* ⟨-⟩: ◇ **auf der ~ sein** estar alerta

hüten I. *vt* → *Schafe* guardar; → *Kinder* cuidar **II.** *vr* ◇ **sich ~** tener cuidado (*vor dat* con)

Hütte *f* ⟨-, -n⟩ ① (*Holz~*) cabaña *f* ② (*Eisen~*) planta *f* siderúrgica

hydraulisch *adj* hidráulico

Hygiene *f* ⟨-⟩ higiene *f;* **hygienisch** *adj* higiénico

Hymne *f* ⟨-, -n⟩ himno *m*

hyper- *präf* hiper

hypnotisieren *vt* hipnotizar

Hypothek *f* ⟨-, -en⟩ hipoteca *f*

Hypothese *f* hipótesis *f*

hysterisch *adj* histérico

I

I, i *n* I, i *f*

i.A. *Abk v.* **im Auftrag**

IC *m* ⟨-, -s⟩ *Abk v.* (*Zug*) **Intercity;** *tren equivalente al talgo,* intercity *m*

ICE *m* ⟨-, -s⟩ *Abk v.* **Intercity Experimental** *tren de alta velocidad*

ich *pron* yo; ◇ **~ denke** pienso; ◇ **~ Idiot!** ¡qué idiota soy!; **Ich** *n* ⟨-[s], -[s]⟩ PSYCH ↑ *Ego* yo *m*

IC-Zuschlag *m* suplemento *m* del intercity

ideal *adj* ① ▷*Partner* modelo ② ▷*Bedingungen* ideal; **Ideal** *n* ⟨-s, -e⟩ ideal *m;* **Idealist(in** *f*) *m* idealista *m/f;* **idealistisch** *adj* idealista

Idee *f* ⟨-, -n⟩ ① ↑ *Einfall* ocurrencia *f* ② ↑ *Vorstellung* idea *f* (*von* de)

ideell *adj* ideal, abstracto

identifizieren I. *vt* → *Person* identificar **II.** *vr* ◇ **sich ~** identificarse (*mit* con); **identisch** *adj* (*dasselbe*) idéntico; **Identität** *f* identidad *f*

Ideologe *m* ⟨-n, -n⟩ ideólogo *m;* **Ideologin** *f* ideóloga *f;* **Ideologie** *f* ideología *f;* **ideologisch** *adj* ideológico

idiomatisch *adj* idiomático

Idiot(in *f*) *m* ⟨-en, -en⟩ *FAM* idiota *m/f;* **idiotisch** *adj* idiota

Idol *n* ⟨-s, -e⟩ ídolo *m*

idyllisch *adj* ▷*Landschaft* idílico

Igel *m* ⟨-s, -⟩ erizo *m*

ignorieren *vt* ↑ *nicht beachten* ignorar, no hacer caso

ihm I. *pron dat von* **er:** ◇ **sag ihm, er soll kommen** dile que venga **II.** *pron dat von* **es:** ◇ **schenk ihm einen Ball** [**dem Kind**] regálale una pelota [al niño]

ihn *pron akk von* **er:** ◇ **sie liebt ihn** le quiere [a él]

ihnen *pron dat von pl* **sie:** ◇ **ich sagte ihnen, daß ...** les dije [a ellos] que ...

Ihnen *pron dat von* **Sie:** ◇ **ich sage Ihnen, daß ...** le digo [a usted] que ...; les digo [a ustedes] que ...

ihr I. *pron* (*2. Person pl*) vosotros; ◇ **geht ihr schon?** ¿ya os vaís? **II.** *pron dat von sg* **sie:** ◇ **ich erzählte ihr, daß ...** le conté [a ella] que ... **III.** *pron possessiv von sg* **sie** (*adjektivisch*) su; ◇ **es ist ihr Auto** es su coche [de ella] **IV.** *pron possessiv von pl* **sie** (*adjektivisch*) sus; ◇ **es ist ihr Auto** es su coche [de ellos]

Ihr *pron possessiv von* **Sie:** ◇ **ist das Ihr Auto?** ¿es su coche [de usted]

ihre(r, s) I. *pron possessiv von sg* **sie** (*substantivisch*) de ella; ◇ **ist das ihres?** ¿es de ella? **II.** *pron possessiv von pl* **sie** (*substantivisch*) de ellos/ellas

Ihre(r, s) ◇ **ist das Ihres?** ¿es de usted[es]?

ihrer I. *pron gen von sg* **sie:** ◇ **wir sind ~ eingedenk** nos acordamos de ella **II.** *pron gen von pl* sie: ◇ **wir sind ~ eingedenk** nos acordamos de ellas/ellos

Ihrer *pron gen von* **Sie:** ◇ **wir werden ~ gedenken** nos acordaremos de Usted

ihrerseits I. *adv bezüglich auf sg* **sie** (*sie betreffend*) por su parte; (*von ihr aus*) por parte de ella **II.** *adv bezüglich auf pl* **sie** (*von ihnen aus*) por parte de ellos

Ihrerseits *adv* (*von Ihnen aus*) por parte de usted/ustedes

ihresgleichen I. *pron bezüglich auf sg* **sie** (*gleichwertig*) como ella, de su manera **II.** *pron bezüglich auf pl* **sie** (*gleichwertig*) como ellos, de su manera

Ihresgleichen *pron* (*so jmd wie Sie*) como usted/ustedes

ihretwegen I. *adv* (*von ihr aus, wegen ihr, ihr zuliebe*) por ella **II.** *adv* (*von ihnen aus, wegen ihnen, ihnen zuliebe*) por ellos

Ihretwegen *adv* (*von Ihnen aus, wegen Ihnen, Ihnen zuliebe*) por usted[es]

illegal *adj* ↑ *ungesetzlich* ilegal, ilícito

Illusion *f* ilusión *f;* ◇ **sich** *dat* **~en machen** hacerse ilusiones; **illusorisch** *adj* ilusorio

illustrieren *vt* [1] → *Buch* ilustrar [2] ↑ *erklären* aclarar, ilustrar; **Illustrierte** *f* ‹-n, -n› ↑ *Zeitschrift* revista *f*

im = in dem

imaginär *adj* imaginario

Imbiß *m* ‹Imbisses, Imbisse› aperitivo *m*

imitieren *vt* imitar

Imker(in *f*) *m* ‹-s, -› apicultor(/a *f*) *m*

Immatrikulation *f* SCH matrícula *f;* **immatrikulieren** *vr* ◇ **sich ~** matricularse

immer *adv* [1] ↑ *ständig* ◇ **~ wieder** constantemente; ◇ **die Sonne scheint ~** siempre hace sol [2] ↑ *jedesmal* ◇ **~ wenn** siempre que [3] ↑ *üblich* ◇ **wie ~** como siempre [4] (*bis heute*) ◇ **~ noch** todavía [5] ↑ *ewig* ◇ **für ~** para siempre; **immerhin** *adv* [1] ↑ *in jedem Falle* de todas maneras [2] ↑ *wenigstens* por lo menos; **immerzu** *adv* siempre, sin parar

Immobilien *f/pl* inmuebles *pl*

immun *adj* [1] ↑ *unempfänglich* inmune [2] *FIG* insensible; **Immunität** *f* inmunidad *f;* **Immunschwäche** *f* MED debilidad *f* del sistema inmunitario; **Immunschwächekrankheit** *f* MED enfermedad *f* de inmunodeficiencia; **Immunsystem** *n* MED sistema *m* inmunitario

Imperativ *m* GRAM imperativo *m*

Imperfekt *n* ‹-s, -e› GRAM imperfecto *m*

imperialistisch *adj* imperialista

impfen *vt* vacunar; **Impfstoff** *m* vacuna *f;* **Impfung** *f* vacunación *f*

implizieren *vt* implicar (*mit/durch* con/en)

imponieren *vi* imponer (*jdm* a alguien)

Import *m* ‹-[e]s, -e› importación *f;* **importieren** *vt* importar

imposant *adj* ↑ *beeindruckend* impresionante

impotent *adj* impotente

imprägnieren *vt* ▷*Leder* impregnar

Improvisation *f* ↑ *Behelf* ↑ *Stegreif* improvisación *f;* **improvisieren I.** *vt* → *Rede* improvisar **II.** *vi* improvisar

Impuls *m* ‹-es, -e› [1] ↑ *Antrieb* impulso *m* [2] *FIG* ◇ **aus einem ~ heraus** impulsivamente; **impulsiv** *adj* impulsivo

imstande *adj:* ◇ **~ sein** ser capaz de

in I. *präp akk* [1] (*räumlich, wohin?*) a, en; ◇ **etw ~ den Schrank hängen** colgar algo en el armario; ◇ **das Auto ~ die Garage fahren** entrar el coche en el garaje [2] (*zeitlich*) ◇ **bis ~s hohe Alter** hasta una edad avanzada **II.** *präp dat* [1] (*räumlich, wo?*) en; ◇ **~ der Garage** in der Garage; ◇ **im Garten sein** estar en el jardín; *FIG* ◇ **~ Schwierigkeiten sein** estar metido en problemas [2] (*zeitlich, wann?*) en, dentro de; ◇ **~ einer Stunde** dentro de una hora **III.** *adv* ↑ *modern, gefragt:* ◇ **~ sein** estar de moda

Inbegriff *m* ↑ *Verkörperung* personificación *f*

inbegriffen *adv* incluido

indem *cj* [1] (*dadurch, daß*) ◇ **~ du dich ärgerst, änderst du auch nichts** con enfadarte no arreglas nada; ◇ **~ ich dir helfe, lerne ich auch** al ayudarte aprendo yo también; ◇ **~ du ihn besuchst, tust du ihm einen Gefallen** le haces un favor visitándole [2] (*während*) mientras

Inder(in *f*) *m* ‹-s, -› indú *m/f*

Indianer(in *f*) *m* ‹-s, -› indio/a; **indianisch** *adj* indio

Indien *n* India *f*

Indikativ *m* GRAM indicativo *m*

indirekt *adj* indirecto

indisch *adj* indio

indiskret *adj* indiscreto; **Indiskretion** *f* indiscreción *f*

indiskutabel *adj* indiscutible

Individualist(in *f*) *m* individualista *m/f;* **individuell** *adj* individual; **Individuum** *n* ‹-s, -en› [1] (*der Einzelne*) individuo *m* [2] (*PEJ unbeliebte Person*) tipo *m*

Indiz *n* ‹-es, -ien› *a.* JURA ↑ *Hinweis* indicio *m* (*für* para)

indoktrinieren *vt* ↑ *beeinflussen* adoctrinar

Indonesien *n* Indonesia *f*

industrialisieren *vt* industrializar; **Industrie** *f* industria *f;* **Industrie-** *in Komposita* industrial; **Industriegebiet** *n* zona *f* industrial; **industriell** *adj* industrial

ineinander *adv* uno del otro; ◇ **sie sind sehr - verliebt** estan muy enamorados [el uno del otro]
Infarkt *m* ⟨-[e]s, -e⟩ MED infarto *m;* ◇ **Herz-** infarto de miocardio
Infektion *f* infección *f*
Infinitiv *m* GRAM infinitivo *m*
infizieren I. *vt* ↑ *anstecken* contagiar **II.** *vr* ◇ **sich -** ↑ *sich anstecken* contagiarse (*mit* de)
Inflation *f* inflación *f*
Info *f* ⟨-, -s⟩ *FAM* ↑ *Information* información *f*
infolge *präp gen* (*als Folge, wegen*) como consecuencia (*von* de); **infolgedessen** *adv* ↑ *also, folglich* por lo tanto, por eso
Informatik *f* informática *f;* **Informatiker(in** *f*) *m* ⟨-s, -⟩ técnico *m/f* de informática
Information *f* [1] ↑ *Mitteilung* comunicado *m* [2] ↑ *Informieren* información *f;* **Informationsstand** *m* centro *m* de información; **informativ** *adj* informativo; **informieren I.** *vt* ↑ *in Kenntnis setzen* informar **II.** *vr* ◇ **sich -** ↑ *Informationen einholen* informarse (*über akk* de/sobre)
Infrastruktur *f* infraestructura *f*
Infusion *f* infusión *f*
Ingenieur(in *f*) *m* ingeniero *m/f*
Ingwer *m* ⟨-s⟩ jengibre *m*
Inhaber(in *f*) *m* ⟨-s, -⟩ [1] ↑ *Besitzer* dueño/a [2] (*von Führerschein*) titular *m/f* [3] (SPORT *Titel-*) poseedor(/a *f*) *m*
inhaftieren *vt* encarcelar
inhalieren I. *vt* ↑ *einatmen* inhalar, inspirar **II.** *vi* (*bei Lungenkrankheiten*) hacer inhalaciones
Inhalt *m* ⟨-[e]s, -e⟩ [1] ↑ *Füllung* contenido *m* [2] (*FIG von Film*) argumento *m;* (*von Gespräch*) tema *m* [3] (MATH *Raum-*) capacidad *f;* (*Flächen-*) superficie *f;* **inhaltlich** *adj* (*Ggs formal*) en cuanto al contenido; **Inhaltsangabe** *f* resumen *m;* **inhaltslos** *adj* sin contenido; **Inhaltsverzeichnis** *n* índice *m*
inhuman *adj* inhumano
Initiative *f* iniciativa *f*
Injektion *f* inyección *f*
inklusive *präp, adv* inclusive, incluido (*gen* en)
inkognito *adv* incógnito
inkonsequent *adj* inconsecuente
inkorrekt *adj* incorrecto
Inkrafttreten *n* ⟨-s⟩ entrada *f* en vigor
Inland *n* interior *m* [de un país]; **Inlandsverkehr** *m* tráfico *m* nacional
inmitten *präp gen* en medio de (*von* de)
innehaben *unreg vt* tener, desempeñar
innen *adv* dentro; **Innenaufnahme** *f* fotografía *f* de interiores; **Inneneinrichtung** *f* moviliario *m* y decoración de interiores; **Innenminister(in** *f*) *m* ministro *m* del Interior; **Innenpolitik** *f* política *f* interior; **Innenstadt** *f* centro *m* de la ciudad
innere(r, s) *adj* [1] ▷*Organe* interno [2] ▷*Angelegenheiten* íntimo, personal; **Innere(s)** *n* [1] ↑ *Inhalt* interior *m* [2] *FIG* ↑ *Gefühle* interior *m* [3] POL ◇ **Minister für -s** ministro del Interior;
innerhalb *adv, präp gen* dentro de (*von* de) [1] (*zeitlich*) ◇ **- einer Stunde** dentro de una hora [2] (*räumlich*) ◇ **- des Hauses** dentro de la casa; **innerlich** *adj* interior; **innerste(r, s)** *adj* más íntimo; **Innerste(s)** *n:* ◇ **sein -s offenbaren** descubrir lo más íntimo de uno
innig *adj* íntimo
Innovation *f* innovación *f;* **innovativ** *adj* innovador
inoffiziell *adj* extraoficial
ins = in das
Insasse *m* ⟨-n, -n⟩ **Insassin** *f* [1] (*von Wagens*) ocupante *m/f* [2] (*von Anstalt*) residente *m/f*
insbesondere *adv* especialmente
Inschrift *f* inscripción *f*
Insekt *n* ⟨-[e]s, -en⟩ insecto *m*
Insel *f* ⟨-, -n⟩ isla *f*
Inserat *n* anuncio *m;* **Inserent(in** *f*) *m* anunciante *m/f;* **inserieren I.** *vt* poner un anuncio **II.** *vi* anunciar
insgeheim *adv* secretamente
insgesamt *adv* en total
Insider(in *f*) *m* ⟨-s, -⟩ *FAM* conocedor(/a *f*) *m*
insofern I. *adv* ↑ *was das betrifft* por lo que se refiere a; ◇ **- als** siempre que, en el caso de que **II.** *cj* ↑ *wenn, falls* cuando, en caso de
Installateur(in *f*) *m* fontanero/a
Instandhaltung *f* cuidado *m,* conservación *f;* **Instandsetzung** *f* reparación *f*
Instanz *f* JURA instancia *f*
Instinkt *m* ⟨-[e]s, -e⟩ instinto *m; FIG* ◇ **sich auf seinen - verlassen** dejarse guiar por los instintos; **instinktiv** *adj* instintivo
Institut *n* ⟨-[e]s, -e⟩ [1] (*Forschungs-*) instituto *m* [2] (*in Universität*) departamento *m*
Instrument *n* instrumento *m*
Insulin *n* ⟨-s⟩ insulina *f*
inszenieren *vt* THEAT poner en escena; *FIG* ◇ **seinen Abgang -** llamar la atención al irse
integrieren *vt* integrar
intellektuell *adj* intelectual
intelligent *adj* inteligente; **Intelligenz** *f* [1] (*-quotient*) inteligencia *f* [2] (*Personengruppe*) intelectuales *m/pl*
Intendant(in *f*) *m* director(/a *f*) *m*
intensiv *adj* intensivo, de forma intensa; **Intensivkurs** *m* curso *m* intensivo; **Intensivstation** *f* unidad *f* de cuidados intensivos, U.V.I. *f*

interessant *adj* interesante; **Interesse** *n* ‹-s, -n› interés (*an dat* por); **Interessent(in** *f*) *m* interesado/a; **interessieren** I. *vr* ◇ **sich** ~ ↑ *Interesse haben* interesarse (*für* por) II. *vt* ↑ *Interesse erwecken* interesar

Internat *n* internado *m*

international *adj* internacional

internieren *vt* encarcelar

interpretieren *vt* interpretar

Interpunktion *f* puntuación *f*

Interrail-Karte *f* carné *m* de interrail

Intervall *n* ‹-s, -e› [1] (*Ton-*) intervalo *m* [2] ↑ *Pause* pausa *f*

Interview *n* ‹-s, -s› interviú *m*, entrevista *f*; **interviewen** *vt* entrevistar

intim *adj* [1] ▷*Atmosphäre* íntimo [2] ▷*Mitteilung* privado [3] (*mit Fragen*) ◇ ~ **werden** meterse en la vida privada de alguien; (*zwischen zwei Personen*) comenzar las relaciones sexuales; **Intimität** *f* intimidad *f*

intolerant *adj* intolerante

intransitiv *adj* GRAM intransitivo

Intrige *f* ‹-, -n› intriga *f*

Invasion *f* invasión *f*

Inventar *n* ‹-s, -e› inventario *m*

Inventur *f* inventario *m*; ◇ ~ **machen** hacer inventario

investieren *vt* invertir

inwiefern *adv* hasta [qué punto]

inzwischen *adv* entretanto

Irak *m* Irak *m*

Iran *m* Irán *m*

irdisch *adj* terrenal

Ire *m* ‹-n, -n› irlandés *m*; ◇ **die** ~**n** *pl* los irlandeses

irgendein(e, s) *adj* (*ein beliebiger*) algún, alguna, cualquier(a)

irgendwann *adv* cualquier día

irgendwie *adv* de alguna forma

irgendwo *adv* en algún lugar

Irin *f* irlandesa *f*; **irisch** *adj* irlandés; **Irland** *n* Irlanda *f*

Ironie *f* ironía *f*; **ironisch** *adj* irónico

irre *adj* [1] ↑ *verrückt* loco [2] (*FAM toll*) ◇ **das ist** ~! ¡eso es genial!, ¡es demasiado!; **Irre(r)** *fm* loco/a; **irreführen** *vt* engañar; **irren** I. *vi* [1] ◇ **umher**~ extraviarse [2] ↑ *fälschlich annehmen* errar, equivocarse II. *vr* ◇ **sich** ~ ↑ *sich täuschen* equivocarse; **Irrenanstalt** *f auch FIG* manicomio *m*; **Irrtum** *m* ‹-s, -tümer› error *m*, equivocación *f*; **irrtümlich** *adj* erróneo, equivocado

Isolation *f* [1] (*-shaft*) aislamiento *m* [2] (ELECTR *von Kabel*) aislante *m*; **Isolierband** *n*, *pl* ‹-bänder› cinta *f* aislante; **isolieren** *vt* [1] → *Kranke* aislar [2] ELECTR → *Kabel* aislar [3] (→ *Wand*, *gegen Kälte*) revestir; (*gegen Geräusche*) insonorizar; **Isolierkanne** *f* ↑ *Thermoskanne* termo *m*; **Isolierstation** *f* MED estación *f* de aislamiento

Isomatte *f* colchoneta *f* aislante

Israel *n* Israel *m*

Italien *n* Italia *f*; **Italiener(in** *f*) *m* ‹-s, -› italiano/a; **italienisch** *adj* italiano

J

J, j *n* J, j *f*

ja *adv* [1] (*Affirmation*) sí [2] (*Erstaunen*) ↑ *wirklich?* sí [3] (*Telefon*) ◇ **ja bitte?** ¿diga? [4] (*Ausruf*) ◇ **aber das ist** ~ **unglaublich!** ¡eso sí que es increíble!

Jacke *f* ‹-, -n› chaqueta *f*

Jackett *n* ‹-s, -s *o.* -e› americana *f*

Jagd *f* ‹-, -en› [1] (*Hasen-*) cacería *f* [2] (*auch FIG Verbrecher-*) caza *f*; **jagen** I. *vi* [1] ↑ *auf die Jagd gehen* ir de cacería [2] *FAM* ← *Auto* correr II. *vt* → *Verbrecher* cazar

Jäger(in *f*) *m* ‹-s, -› (*von Tieren*) cazador(/a *f*) *m*

jäh *adj* [1] ↑ *steil* ▷*Abgrund* escarpado [2] ↑ *plötzlich* ▷*Ende* de repente

Jahr *n* ‹-[e]s, -e› año *m*; ◇ **ein gesundes neues** ~! ¡próspero año nuevo!; **jahrelang** *adj* de varios años; **Jahresabonnement** *n* abono *m* anual; **Jahresabschluß** *m* [1] ↑ *Jahresende* fin *m* de año [2] (*Schuljahresende*) fin *m* de curso; **Jahresbericht** *m* informe *m* anual; **Jahresbilanz** *f* COMM *m*; **Jahreszeit** *f* estación *f* del año; **Jahrgang** *m* [1] (*von Wein*) cosecha *f* [2] (*Schul-*) clase *f*; **Jahrhundert** *n* ‹-s, -e› siglo *m*

jährlich *adj* anual

Jahrzehnt *n* ‹-s, -e› década *f*

Jähzorn *m* ataque *m* de ira; **jähzornig** *adj* iracundo

Jalousie *f* persiana *f*

Jammer *m* ‹-s› lamento *m*; ◇ **es ist ein** ~, **daß** es una pena que; **jämmerlich** *adj* ↑ *armselig* pordiosero; ◇ ~ **weinen** lloriquear; **jammern** *vi* quejarse

Januar *m* ‹-s› enero *m*; ◇ **26.** ~ **1961** 26 de enero de 1961

Japan *n* Japón *m*; **Japaner(in** *f*) *m* ‹-s, -› japonés(-esa *f*) *m*; **japanisch** *adj* japonés

Jargon *m* ‹-s, -s› jerga *f*

Jargon *m* ‹-s, -s› jerga *f*
jawohl *adv* sí
Jawort *n* sí *m*
Jazz *m* ‹-› jazz *m*
je I. *adv* [1] ↑ *jemals* jamás; ◇ **der beste Film, den ich - gesehen habe** la mejor película que jamás he visto [2] ↑ *immer* siempre; ◇ **seit eh und -** desde siempre II. *präp* ↑ *pro*: ◇ **15 DM - Person** 15 marcos por persona III. *cj*: ◇ **- eher desto besser** cuanto antes mejor; ◇ **- nachdem** depende de
Jeans *f* ‹-, -› vaqueros *m/pl*
jede(r, s) I. *adj* cada II. *pron* cada; ◇ **- einzelne** cada uno; **jedenfalls** *adv* [1] ↑ *auf alle Fälle* de todas formas; ◇ **- hat er davon gewußt** de todas formas ya lo sabía [2] ↑ *sicherlich* seguramente; ◇ **sie würde das - nicht tun** seguramente no haría eso; **jederzeit** *adv* a todas horas; **jedesmal** *adv* cada vez, siempre;
jedoch *adv* pero
jeher *adv*: ◇ **von -** desde siempre
jemals *adv* [1] (*futurisch*) algún día; ◇ **wirst du - die Wahrheit sagen?** ¿vas a decir la verdad algún día? [2] (*vergangen*) jamás; ◇ **hast du - geraucht?** ¿jamás has fumado?
jemand *pron*: ◇ **ist - da?** ¿hay alguien ahí?
jene(r, s) I. *adj* ese, aquel II. *pron* ese, aquel; ◇ **dieses und -s** esto y lo otro
jenseits I. *präp* (*- der Mauer*) al otro lado (*gen* de) II. *adv* del otro lado
Jet *m* ‹-s, -s› jet *m*
jetzig *adj* actual
jetzt *adv* ahora; ◇ **was machen wir -?** ¡qué hacemos ahora?
jeweilig *adj* correspondiente; **jeweils** *adv* cada vez
Job *m* ‹-s, -s› *FAM* ↑ *Arbeit* puesto *m* de trabajo;
Jobsharing *n* ‹-s› división *f* del trabajo
Jod *n* ‹-[e]s› yodo *m*
joggen *vi* hacer footing; **Jogging** *n* ‹-s› footing *m*
Joghurt *m o s* ‹-s, -s› yogur *m*
Johannisbeere *f* (*rote -*) grosella *f*
Joint *m* ‹-s, -s› *FAM* porro *m*
jonglieren *vi* hacer malabarismos
Joule *n* ‹-[s], -› joule *m*
Journalismus *m* periodismo *m*; **Journalist(in** *f*) *m* periodista *m/f*; **journalistisch** *adj* periodístico
Jordanien *n* Jordania *f*
Jubel *m* ‹-s› júbilo *m*, alegría *f*; **jubeln** *vi* gritar de alegría; **Jubiläum** *n* ‹-s, Jubiläen› jubileo *m*, aniversario *m*
jucken I. *vi* ← *Haut* picar II. *vt* [1] ← *Mückenstich* picar [2] *FAM* ◇ **das juckt mich nicht** eso no me importa; **Juckreiz** *m* picor *m*
Jude *m* ‹-n, -n› judío *m*; **Judentum** *n* ‹-s› judaísmo *m*; **Judenverfolgung** *f* persecución *f* de judíos; **Jüdin** *f* judía *f*; **jüdisch** *adj* judío
Judo *n* ‹-[s]› SPORT judo *m*
Jugend *f* ‹-› [1] (*junge Menschen*) juventud *f*; ◇ **die heutige -** la juventud actual [2] (*Lebensalter*) adolescencia *f*; **Jugendherberge** *f* albergue *m* juvenil; **Jugendkriminalität** *f* delincuencia *f* juvenil; **jugendlich** *adj* [1] joven [2] ◇ **sich - geben** darse aires de joven; **Jugendliche(r)** *fm* (*junger Mensch*) joven *m/f*
Jugoslawe *m* ‹-n, -n› jugoslavo *m*; **Jugoslawien** *n* Jugoslavia *f*; **Jugoslawin** *f* yugoslava *f*; **jugoslawisch** *adj* yugoslavo
Juli *m* ‹-[s], -s› julio *m*; ◇ **25. - 1991** 25 de julio de 1991
jung ‹jünger, am jüngsten› [1] ▷*Altersgruppe* joven [2] ▷*Projekt* nuevo; ▷*Liebe* nuevo; ▷*Wein* fresco
Junge *m* ‹-n, -n› chico *m*, muchacho *m*
Junge(s) *n* ↑ *Tierkind* cría *f*; (*von Hund*) cachorro *m*; ◇ **die -n** *pl* las crías *pl*
jünger *kompar. von* **jung**
Jungfrau *f* [1] ASTROL Virgo *m* [2] ↑ *unberührte Frau* virgen *f*
Junggeselle *m* solterón *m*; **Junggesellin** *f* solterona *f*
jüngste(r, s) I. *superl. von* **jung**; II. *adj* el/lo último, la última
Juni *m* ‹-[s], -s› junio *m*; ◇ **20. Juni 1966** 20 de junio de 1966
Junior(in *f*) *m* ‹-s, -en› [1] ↑ *jüngster Sohn* hijo *m* menor [2] SPORT júnior *m*
Junior-Paß *m* BAHN carné *m* joven
Jurist(in *f*) *m* jurista *m*; **juristisch** *adj* jurídico
Justiz *f* ‹-› justicia *f*
Juwel *n* ‹-s, -en› [1] ↑ *Edelstein* joya *f* [2] *FIG* ◇ **ihre Mutter ist ein -** su madre es una joya;
Juwelier(in *f*) *m* ‹-s, -e› joyero/a
Jux *m* ‹-es, -e› broma *f*; ◇ **sich einen - erlauben** hacer una broma

K

K, k *n* K, k *f*
Kabarett *n* ‹-s, -e *o.* -s› [1] THEAT cabaret *m* [2] THEAT comedia *f* política
Kabel *n* ‹-s, -› ELECTR cable *m*; **Kabelanschluß** *m* [conexión *f* por] cable; **Kabelfernsehen** *n* televisión *f* por cable

Kabeljau *m* ‹-s, -e *o.* -s› bacalao *m*
Kabine *f* (*Umkleide-*) vestuario *m;* (*Schlaf-*) camarote *m;* departamento *m;* (*Telefon-*) cabina *f*
Kabinett *n* ‹-s, -e› [1] POL ▷*bilden* gabinete *m* [2] (*in Museum*) sala *f*
Kabrio[lett] *n* ‹-s, -s› descapotable *m*
Kachel *f* ‹-, -n› (*Fliese, Platte*) baldosa *f;* (*glasierte*) azulejo *m;* **kacheln** *vt* embaldosar, poner azulejos
Kacke *f* ‹-› *VULG* ↑ *Kot* mierda *f,* caca *f;* **kakken** *vi FAM* cagar
Kadaver *m* ‹-s, -› ↑ *Leiche* cadáver *m;* (*von Tier*) carroña *f*
Käfer *m* ‹-s, -› [1] FAUNA escarabajo *m* [2] AUTO *FAM* escarabajo *m* [3] *FAM* ◇ **flotter** ~ chica *f* llamativa
Kaff *n* ‹-s, -s *o.* -e› *PEJ* pueblo *m* de mala muerte
Kaffee *m* ‹-s, -s› café *m;* **Kaffeebohne** *f* grano *m* [de café]; **Kaffeekränzchen** *m* cotillco *m* [a la hora de tomar café], tertulia *f* de señoras [al tomar café]; **Kaffeelöffel** *m* cucharilla *f* de café; **Kaffeemaschine** *f* cafetera *f* automática
Käfig *m* ‹-s, -e› jaula *f*
kahl *adj* [1] ↑ *glatzköpfig* calvo [2] ↑ *leer* ▷*Raum* vacío; ▷*Landschaft* desértico; ▷*Wand* desnudo [3] ↑ *ohne Blätter* sin hojas; **kahlgeschoren** *adj* rapado; **kahlköpfig** *adj* ↑ *glatzköpfig* calvo; **Kahlschlag** *m* desmonte *m*
Kahn *m* ‹-[e]s, Kähne› [1] ↑ *Boot* barca *f,* bote *m* [2] (*Last-*) lancha *f*
Kai *m* ‹-s, -e *o.* -s› ↑ *Anlegestelle* muelle *m*
Kaiser(in *f*) *m* ‹-s, -› emperador(a *f*) *m;* **kaiserlich** *adj* imperial; **Kaiserreich** *n* imperio *m*
Kaiserschnitt *m* MED cesárea *f*
Kajak *n* ‹-s, -s› kayac *m*
Kakao *m* ‹-s, -s› [1] cacao *m* [2] *FAM* ◇ **jd-n durch den ~ ziehen** poner verde a alguien
Kaktee *f* ‹-, -n›, **Kaktus** *m* ‹-, -se› cactus *m*
Kalb *n* ‹-[e]s, Kälber› [1] (*Rind*) becerro *m;* GASTR ternera *f* [2] (*FAM naive Person*) pánfilo/a; **Kalbfleisch** *n* carne *f* de ternera; **Kalbsleder** *n* piel *f* de becerro
Kalender *m* ‹-s, -› calendario *m;* **Kalenderjahr** *n* año *m* civil
Kaliber *n* ‹-s, -› (*von Schußwaffe*) calibre *m; FIG* ◇ **e-e Frau von diesem ~** una mujer de ese calibre
Kalk *m* ‹-[e]s, -e› cal *f;* **Kalkfarbe** *f* pintura *f* caliza
Kalkulation *f* cálculo *m;* **kalkulieren** *vt* [1] ↑ *berechnen* calcular [2] *FIG* ↑ *rechnen mit* contar con
Kalorie *f* caloría *f;* **kalorienarm** *adj* bajo en calorías; **kalorienbewußt** *adj* que tiene en cuenta las calorías de los productos; ◇ **sich ~ ernähren** alimentarse teniendo en cuenta las calorías
kalt ‹kälter, am kältesten› [1] ▷*Temperatur* frío; ◇ **mir ist [es] ~** tengo frío [2] *FIG* ▷*Person* frío, sin sentimientos; ◇ **das läßt mich ~** esto me deja indiferente; **kaltbleiben** *unreg vi FIG* ser indiferente; **kaltblütig** *adj* ▷*Person* de sangre fría; ▷*Tat* a sangre fría
Kälte *f* ‹-› [1] (*von Wetter*) frío *m* [2] *FIG* ↑ *Gleichgültigkeit* frialdad *f;* **Kälteeinbruch** *m* descenso *m* brusco de las temperaturas; **Kältewelle** *f* ola *f* de frío
kaltherzig *adj* ↑ *hartherzig* sin corazón, duro; **kaltmachen** *vt FAM* ↑ *umbringen* dejar tieso, cargarse; **Kaltmiete** *f* (*ohne Nebenkosten*) alquiler *m* sin gastos incluídos; **kaltstellen** *vt FIG* ↑ *abservieren* eliminar
Kalzium *n* CHEM calcio *m*
Kamel *n* ‹-[e]s, -e› [1] (*Huftier*) camello *m* [2] *FAM* ↑ *Dummkopf* burro *m;* ◇ **du ~!** ¡qué burro eres!
Kamelle *f* ‹-, -n› (*FAM Geschichte*) patraña *f;* (*Sache*) chisme *m;* ◇ **alte ~n** patrañas, cuentos chinos
Kamera *f* ‹-, -s› [1] FOTO cámara *f* fotográfica [2] FILM camara *f* [cinematográfica]
Kamerad(in *f*) *m* ‹-en, -en› (*Schul-*) compañero/a; MIL camarada *m/f;* **Kameradschaft** *f* ↑ *Freundschaft* compañerismo *m;* ↑ *Verbundenheit* camaradería *f;* **kameradschaftlich** *adj* ↑ *freundschaftlich* de compañero, de camarada
Kamerafrau *f* fotógrafa *f,* cámara *f;* **Kameramann** *m* fotógrafo *m,* cámara *m*
Kamille *f* ‹-, -n› manzanilla *f;* **Kamillentee** *m* [infusión de] manzanilla *f*
Kamin *m* ‹-s, -e› chimenea *f;* **Kaminfeger(in** *f*) *m* ‹-s, -›, **Kaminkehrer(in** *f*) *m* ‹-s, -› ↑ *Schornsteinfeger* deshollinador(a *f*) *f*
Kamm *m* ‹-[e]s, Kämme› [1] (*Haar-*) peine *m;* (*Zier-*) peineta *f* [2] (*Hahnen-*) cresta *f* [3] (GASTR *Schweine-*) morillo *m;* **kämmen** *vtr* ◇ **sich ~** peinar(se)
Kammer *f* ‹-, -n› [1] ↑ *Raum* (*Schlaf-*) cuarto *m* [2] JURA ↑ *Gerichtshof* sala *f* [de justicia] [3] ↑ *Berufsvereinigung* (*Ärzte-*) cámara *f* [4] POL ↑ *Volksvertretung* cámara *f* [5] ANAT ventrículo *m;* **Kammermusik** *f* música *f* de cámara
Kampagne *f* ‹-, -n› ↑ *Propagandaaktion* campaña *f* (*für/gegen* a favor de/en contra de)
Kampf *m* ‹-[e]s, Kämpfe› [1] ↑ *Ringen, auch FIG* lucha *f* (*für, um* por contra); MIL batalla *f;* (*Zwei-*) duelo *m;* ◇ **~ um Leben u. Tod** lucha a

vida o muerte [2] (SPORT *Wett~*) campeonato *m;* (*Box~*) combate *m*

kämpfen *vi* [1] ↑ *sich schlagen* pelear[se]; ↑ *ringen* luchar (*um, für* por, contra) [2] *FIG* SPORT luchar (*um, für* por, contra); ◇ **um die Macht ~** luchar por el poder [3] *FIG* ◇ **mit Problemen ~** enfrentarse a los problemas; ◇ **gegen Tränen ~** resistirse a llorar; **Kämpfer(in** *f*) *m* MIL combatiente *m;* SPORT luchador(a *f*) *m;* (*Freiheits~*) partidario/a; **kämpferisch** *adj* ↑ *draufgängerisch* luchador, combativo

Kampfschwimmer *m* hombre-rana *m;* **kampfunfähig** *adj* fuera de combate

kampieren *vi* ↑ *logieren* acampar

Kanada *n* ‹-s› Canadá *m;* **Kanadier(in** *f*) *m* ‹-s, -› [1] canadiense *m/f* [2] SPORT, NAUT canadiense *f;* ◇ **Einer-/Zweier-Kanadier** canadiense *f* de una/dos plaza/s; **kanadisch** *adj* canadiense

Kanal *m* ‹-s, Kanäle› [1] canal *m* [2] ↑ *Abwasser~* alcantarilla *f* [3] MEDIA canal *m;* **Kanalisation** *f* [1] ↑ *Abwassersystem* alcantarillado *m* [2] ↑ *Kanalisieren* canalización *f;* **kanalisieren** *vt* → *Ort* alcantarillar, canalizar; **Kanalreiniger** *m* pocero *m*

Kanarienvogel *m* canario *m*

Kandidat(in *f*) *m* ‹-en, -en› [1] ↑ *Bewerber* candidato/a; (*für Amt*) opositor/a [2] (*Prüfungs~*) examinado *m;* **Kandidatur** *f* ↑ *Bewerbung* candidatura *f;* **kandidieren** *vi* ↑ *sich bewerben* presentar la candidatura (*für* a)

Kandis[zucker] *m* caramelo *m*

Känguruh *n* ‹-s, -s› canguro *m*

Kaninchen *n* conejo *m*

Kanister *m* ‹-s, -› bidón *m*

Kanne *f* ‹-, -n› (*Milch~*) jarra *f;* (*Gieß~*) regadera *f*

Kannibale *m* ‹-n, -n› **Kannibalin** *f* ↑ *Menschenfresser* caníbal *m/f*

Kanon *m* ‹-s, -s› ↑ *Regel, a.* MUS canon *m*

Kanone *f* ‹-, -n› [1] (*Geschütz*) cañón *m* [2] (*FAM Sports~*) as *m*

Kantate *f* ‹-, -n› MUS cantata *f*

Kante *f* ‹-, -n› [1] ↑ *Ecke* (*Tisch~*) canto *m* [2] (*Rand*) borde *m;* (*Web~*) orilla *f;* (*Brot~*) cantero *m* [3] *FAM* ◇ **etw auf der hohen ~ haben** tener algo ahorrado; **kantig** *adj* [1] angular [2] *FIG* ↑ *hart* ▷*Gesicht* anguloso, cuadrado

Kantine *f* comedor *m*

Kanton *m* ‹-s, -e› cantón *m*

Kanu *n* ‹-s, -s› ↑ *Einbaum* piragua *f canoa f*

Kanüle *f* ‹-, -n› MED cánula *f*

Kanzel *f* ‹-, -n› [1] (*in Kirche*) púlpito *m;* (*Lehr~*) tarima *f* [2] carlinga *f*

Kanzlei *f* cancillería *f*

Kanzler(in *f*) *m* ‹-s, -› [1] POL canciller *m/f* [2] SCH rector *m;* **Kanzlerkandidat(in** *f*) *m* candidato/a a canciller

Kap *n* ‹-s, -s› cabo *m*

Kapazität *f* [1] ↑ *Fassungsvermögen* ↑ *Leistungsvermögen* capacidad *f* [2] ↑ *Fachmann* experto, especialista *m,* eminencia *m*

Kapelle *f* [1] capilla *f* [2] MUS orquesta *f* de cámara; (*Tanz~*) banda *f* de música

kapieren *vti FAM* ↑ *begreifen* pescar, coger

Kapital *n* ‹-s, -e *o.* -ien› capital *m;* **Kapitalanlage** *f* ↑ *Investition* inversión *f* de capital; **Kapitalismus** *m* capitalismo *m;* **Kapitalist(in** *f*) *m FAM* capitalista *m/f;* **kapitalistisch** *adj* capitalista

Kapitalverbrechen *n* crimen *m* capital

Kapitän *m* ‹-s, -e› NAUT capitán *m;* AERO, MIL comandante *m*

Kapitel *n* ‹-s, -› [1] ↑ *Textabschnitt* capítulo *m* [2] *FAM* ↑ *Angelegenheit* asunto *m;* ◇ **ein ~ für sich** un asunto aparte

Kapitell *n* ‹-s, -e› ARCHIT capitel *m*

Kapitulation *f* [1] ↑ *Unterwerfung* rendición *f* [2] ↑ *Unterwerfungsvertrag* capitulación *f;* **kapitulieren** *vi* [1] ↑ *sich unterwerfen* capitular [2] *FIG* ↑ *aufgeben* rendirse (*vor* a)

Kaplan *m* ‹-s, Kapläne› capellán *m*

Kappe *f* ‹-, -n› [1] ↑ *Mütze* gorra *f;* (*Bade~*) gorro *m* [2] ↑ *Verschluß* cierre *m* [3] (*von Schuh*) puntera *f*

kappen *vt* [1] → *Tau, Seil* cortar [2] ↑ *Spitze abschneiden* → *Baum* desmochar

Kapsel *f* ‹-, -n› [1] (*Behälter*) estuche *m* [2] ANAT ↑ *Umhüllung* cápsula *f*

kaputt *adj* [1] ↑ *zerbrochen* ▷*Vase* roto [2] ↑ *defekt* ▷*Auto* estropeado [3] *FAM* ↑ *erschöpft* roto, hecho polvo, molido; **kaputtgehen** *unreg vi* [1] ← *Geschirr* romperse [2] ← *Kleidung, Auto* estropearse [3] ← *Firma* arruinarse; **kaputtmachen** I. *vt* → *Gegenstand* romper, estropear; → *Firma* arruinar; → *Gesundheit* dañar II. *vr* ◇ **sich ~** ↑ *sich überanstrengen* matarse

Kapuze *f* ‹-, -n› capucha *f*

Karabiner *m* ‹-s, -› carabina *f*

Karaffe *f* ‹-, -n› ↑ *Glasflasche* garrafa *f;* (*geschliffen*) jarra *f*

Karambolage *f* ‹-, -n› ↑ *Zusammenstoß* choque *m*

Karamel *m* ‹-s› caramelo *m;* **Karamelbonbon** *m o n* caramelo *m*

Karat *n* quilate *m*

Karate *n* ‹-› kárate *m*

Karawane *f* ‹-, -n› caravana *f*

Kardinal *m* ⟨-s, Kardinäle⟩ cardenal *m*

Kardinalfehler *m* ↑ *grundlegender Fehler* error *m* de base; **Kardinalzahl** *f* ↑ *Grundzahl* número *m* cardinal

Karenz *f* ⟨-, -en⟩ (*bei Versicherung*) tiempo *m* de espera

Karfreitag *m* Viernes *m* Santo

karg *adj* ↑ *dürftig, armselig* miserable, pobre

kärglich *adj* ↑ *karg, kümmerlich* mísero, pobre

kariert *adj* ↑ *gekästelt* ▷*Stoff* de cuadros; ▷*Papier* cuadriculado

Karies *f* ⟨-⟩ caries *f*

Karikatur *f* ↑ *Spottbild* caricatura *f;* **karikieren** *vt* caricaturizar, hacer una caricatura de

kariös *adj* con caries

karitativ *adj* ↑ *wohltätig* caritativo

Karneval *m* ⟨-s, -e *o.* -s⟩ ↑ *Fastnacht* carnaval *m;* **Karnevalszug** *m* desfile *m* de carnaval

Karo *n* ⟨-s, -s⟩ [1] ↑ *Viereck* cuadrado *m* [2] ↑ *Muster* cuadro *m* [3] (*Spielkartenfarbe*) oros *m/pl*

Karosserie *f* AUTO carrocería *f;* **Karosseriebauer(in** *f*) *m* chapista *m*

Karotte *f* ⟨-, -n⟩ zanahoria *f*

Karpfen *m* ⟨-s, -⟩ carpa *f*

Karre *f* ⟨-, -n⟩ **Karren** *m* ⟨-, -n⟩ [1] (*Schub-*) carretilla *f* [2] *FAM* ↑ *altes Auto* chatarra *f*, cacharro *m*

Karriere *f* ⟨-, -n⟩ ↑ *Aufstieg* ▷*beruflich* carrera *f;* ◇ **~ machen** hacer carrera

Karte *f* ⟨-, -n⟩ (*Visiten-*) tarjeta *f;* (*Ansichts-*) postal *f;* (*Fahr-*) billete *m;* (*Eintritts-*) entrada *f;* (*Land-*) mapa *m;* (*Speise-, Spiel-*) carta *f;* (*Kartei-*) ficha *f;* ◇ **mit offenen -n spielen** poner las cartas sobre la mesa

Kartei *f* fichero *m*

Kartell *n* ⟨-s, -e⟩ COMM ↑ *Firmenzusammenschluß* cártel *m*

Kartenleger(in *f*) *m* echador (a *f*) *f* de cartas; **Kartenspiel** *n* [1] juego *m* de cartas [2] baraja *f;* **Kartentelefon** *n* tarjeta *f* de teléfono

Kartoffel *f* ⟨-, -n⟩ patata *f;* **Kartoffelbrei** *m* ↑ *Kartoffelpüree* puré *m* de patatas; **Kartoffelchips** *pl* patatas *f/pl* fritas; **Kartoffelsalat** *m* ensalada *f* de patatas

Karton *m* ⟨-s, -s⟩ [1] cartón *m* [2] ↑ *Pappschachtel* caja *f* de cartón; **kartoniert** *adj* con pastas de cartón

Karussell *n* ⟨-s, -s⟩ tiovivo *m*

Karwoche *f* Semana *f* Santa

Käse *m* ⟨-s, -⟩ [1] queso *m* [2] *FAM* ↑ *Unsinn* bobada *f*, tontería *f;* **Käseblättchen** *n* periodicucho *m;* **Käsekuchen** *m* pastel *m* de queso

Kaserne *f* ⟨-, -n⟩ cuartel *m*

käseweiß *adj* ↑ *sehr bleich* pálido como un muerto; ◇ **~ werden** ponerse pálido como un muerto

Kasino *n* ⟨-s, -s⟩ [1] MIL sala *f* de oficiales [2] (*Spiel-*) casino *m*

Kaskoversicherung *f* seguro *m* a todo riesgo

Kasse *f* ⟨-, -n⟩ [1] (*Registrier-*) caja *f;* ◇ **[gut] bei ~ sein** andar bien de dinero [2] (*Kino-*) taquilla *f;* (*in Bank*) ventanilla *f* [3] ↑ *Bank* banco *m* [4] (*Kranken-*) seguro *m;* **Kassenarzt** *m*, **-ärztin** *f* médico/a del seguro; **Kassenpatient(in** *f*) *m* paciente *m/f* del seguro; **Kassenschein** *m* [1] COMM ticket *m* [2] MED ↑ *Krankenschein* resguardo *m* del seguro; **Kassenschlager** *m* artículo *m* de [muchas] ventas; **Kassensturz** *m:* ◇ **~ machen** hacer caja; **Kassenzettel** *m* ↑ *Kassenbon* ticket *m*

Kassette *f* [1] (*Schmuck-*) joyero *m;* (*Buch-*) estuche *m* [2] ↑ *Tonband* cinta *f*, casete *m/f* [3] FOTO chasis *m;* **Kassettendeck** *n* platina *f;* **Kassettenrecorder** *m* ⟨-s, -⟩ ↑ *Tonbandgerät* cassette *m*, casete *m*

kassieren I. *vt* [1] ↑ *einnehmen* cobrar [2] *FAM* ↑ *wegnehmen* quitar **II.** *vi:* ◇ **darf ich ~?** ¡quisiera cobrar!; **Kassierer(in** *f*) *m* ⟨-s, -⟩ (*Bank-*) cajero/a; (*von Klub*) tesorero/a

Kastanie *f* [1] (*Baum*) castaño *m* [2] (*Frucht*) castaña *f*

Kasten *m* ⟨-s, Kästen⟩ [1] (*Bier-*) caja *f;* (*Brief-*) buzón *m* [2] ↑ *Schublade* cajón *m* [3] SPORT plinto *m* [4] *FIG* ◇ **viel auf dem ~ haben** saber mucho

kastrieren *vt* ↑ *sterilisieren* castrar

Kasus *m* ⟨-, -⟩ GRAM caso *m*

Katakombe *f* ⟨-, -n⟩ catacumba *f*

Katalog *m* ⟨-[e]s, -e⟩ ↑ *Verzeichnis* catálogo *m;* **katalogisieren** *vt* catalogar

Katalysator *m* PHYS (AUTO *Abgas-*) catalizador *m*

Katarrh *m* ⟨-s, -e⟩ [1] (*Bronchial-*) catarro *m* [2] *FAM* ↑ *Schnupfen* resfriado *m*

katastrophal *adj* ↑ *verhängnisvoll* catastrófico; **Katastrophe** *f* ⟨-, -n⟩ ↑ *Unheil* catástrofe *f;* **Katastrophengebiet** *n* zona *f* catastrófica; **Katastrophenschutz** *m* organización *f* de ayuda en caso de catástrofe

Kategorie *f* ↑ *Sorte, Art, Klasse* categoría *f;* ◇ **jd-n/etw in -n einordnen** clasificar a alguien/algo dentro de una categoría; **kategorisch** *adj* [1] ↑ *absolut gültig* categórico; ◇ **-er Imperativ** imperativo categórico [2] *FAM* ↑ *energisch* energico; ◇ **etw ~ ablehnen** rechazar algo enérgicamente

Kater *m* ⟨-s, -⟩ [1] gato *m;* ◇ **der Gestiefelte ~** el gato con botas [2] *FAM* ◇ **e-n ~ haben** tener una resaca

kath. *adj Abk v.* **katholisch**

Kathedrale *f* ‹-, -n› catedral *f*

Kathode *f* ‹-, -n› ELECTR cátodo *m*

Katholik(in *f*) *m* ‹-en, -en› católico/a; **katholisch** *adj* católico; **Katholizismus** *m* catolicismo *m*

Katze *f* ‹-, -n› [1] gato *m* [2] *FIG* ◇ **wie Hund u. Katz sein** estar como el perro y el gato; ◇ **die ~ aus dem Sack lassen** revelar algo, descubrir algo [3] *FAM* ◇ **alles für die Katz** todo ha sido inútil; **Katzenauge** *n* [1] (*Mineral*) ojo *m* de gato [2] (AUTO *Rückstrahler*) catáforo *m;* **Katzenjammer** *m* [1] resaca *f* [2] ↑ *Gewissensbisse* remordimientos *m*/*pl* de conciencia; **Katzensprung** *m* *FIG* ↑ *kurze Strecke*: ◇ **es ist nur e-n ~ entfernt** está a dos pasos

Kauderwelsch *n* ‹-[s]› palabras *f* incomprensibles

kauen *vti* masticar

kauern *vi* ↑ *hocken* estar agachado/acurrucado

Kauf *m* ‹-[e]s, Käufe› compra *f*, adquisición *f;* ◇ **etw in ~ nehmen** conformarse con algo; **kaufen** *vt* [1] (*auf Raten*) comprar; ↑ *erwerben* adquirir [2] ↑ *bestechen* sobornar

Käufer(in *f*) *m* ‹-s, -› comprador(a *f*) *m*

Kaufhaus *n* ↑ *Warenhaus* grandes almacenes *m*/*pl*; **Kaufkraft** *f* (*Wert des Geldes*) poder *m* adquisitivo

käuflich *adj* [1] ↑ *zu kaufen* ▷*Ware* en venta; ◇ **etw ~ erwerben** comprar algo [2] *FIG* ↑ *bestechlich* ▷*Person* sobornable

Kaufvertrag *m* contrato *m* de compra-venta

Kaugummi *m o n* chicle *m*

kaum *adv* [1] ↑ *wahrscheinlich nicht* difícilmente; ◇ **er wird das ~ schaffen** difícilmente lo va a lograr [2] ↑ *fast nicht* casi, apenas; ◇ **ich kann es ~ zu glauben** casi no puedo creerlo; ◇ **sie hat ~ geschlafen** apenas ha dormido [3] ↑ *soeben* apenas; ◇ **~ war sie zu Hause …** apenas llegó a casa …; ◇ **~, daß …** poco después de …

kausal *adj* ↑ *ursächlich* causal

Kaution *f* ↑ *Sicherheit, Bürgschaft* garantía *f;* JURA fianza *f;* (*Miet-*) caución *f*

Kauz *m* ‹-es, Käuze› [1] FAUNA lechuza *f* [2] (*FAM Sonderling*) ◇ **komischer ~** tipo *m* raro

Kavalier *m* ‹-s, -e› [1] caballero *m* [2] ↑ *Begleiter* hombre *m* galante; **Kavaliersdelikt** *n* falta *f* menor

Kaviar *m* ‹-s› caviar *m*

keck *adj* ↑ *unbefangen* desenvuelto; ↑ *frech* insolente; ▷*Frisur* atrevido, audaz

Kegel *m* ‹-s, -› [1] (*Licht-*) cono *m* [2] (*Spiel-*) bolo *m;* **Kegelbahn** *f* bolera *f;* **kegeln** *vi* jugar a los bolos

Kehle *f* ‹-, -n› ANAT [1] ↑ *Gurgel* garganta *f* [2] ↑ *Rachen* faringe *f;* **Kehlkopf** *m* ANAT laringe *f*

Kehre *f* ‹-, -n› [1] ↑ *Biegung* viraje *m;* (*von Straße*) curva *f* [2] SPORT ↑ *Wendung* vuelta *f;* **kehren I.** *vt* [1] ↑ *fegen* → *Straße* barrer [2] ↑ *wenden* dar la vuelta, volver [3] *FIG* ◇ **in sich gekehrt** introvertido **II.** *vr FAM*: ◇ **sich nicht an etw** *dat* **~** no hacer caso de algo; **Kehricht** *m* ‹-s› basura *f;* **Kehrmaschine** *f* (*Straßen-*) barredera *f;* **Kehrseite** *f* [1] ↑ *Rückseite* vuelta *f;* (*von Stoff*) revés *m* [2] *FIG* ↑ *unangenehme Seite* ◇ **die ~ der Medaille** la otra cara de la moneda; **kehrtmachen** *vi* ↑ *umdrehen, wenden* dar la vuelta, volver atrás; **Kehrtwendung** *f*: ◇ **e-e ~ machen** dar media vuelta

keifen *vi FAM* ↑ *schimpfen* regañar

Keil *m* ‹-[e]s, -e› cuña *f*

Keilriemen *m* AUTO correa *f*

Keim *m* ‹-[e]s, -e› [1] BIOL ↑ *Trieb* (*von Pflanze*) brote *m* [2] (MED *Krankheits-*) germen *m* [3] BIOL ↑ *Embryo* embrión *m* [4] *FIG* ↑ *Anfang* comienzo *m;* ◇ **etw im ~ ersticken** acabar con algo en la fase inicial; **keimen** *vi* [1] ← *Pflanze* germinar, brotar [2] *FIG* ← *Liebe* ← *Gefühl* despertarse, surgir; **keimfrei** *adj* ↑ *steril* esterilizado; **Keimling** *m* brote *m;* **Keimträger** *m* portador *m* de gérmenes; **Keimzelle** *f* [1] ↑ *Geschlechtszelle* célula *f* germinativa [2] *FIG* ↑ *Verschwörergruppe* (*von Revolution*) foco *m*

keine(r, s) *pron* [1] ↑ *nicht ein* ningún, ninguno, ninguna; ◇ **er sagt ~ Wort** no dice palabra; ◇ **~ bißchen** ni un poco; ◇ **sie ist ~e Schwedin** no es sueca; ◇ **auf ~en Fall** de ningún modo, de ninguna manera [2] ↑ *nicht* no; ◇ **~e schlechte Idee** no es mala idea

keinerlei *adj inv* ↑ *gar kein* ningún; ◇ **das hat ~ Bedeutung** no tiene ninguna importancia; **keinesfalls** *adv* de ningún modo; **keineswegs** *adv* ↑ *ganz u. gar nicht* de ninguna manera; ◇ **das stimmt ~** es absolutamente falso; **keinmal** *adv* nunca, jamás; ◇ **sie hat mich ~ gegrüßt** nunca me ha saludado

Keks *m o n* ‹-es, -e› [1] galleta *f* [2] *FAM* ◇ **jd-m auf den ~ gehen** poner los nervios de punta

Kelch *m* ‹-[e]s, -e› copa *f*

Kelle *f* ‹-, -n› [1] (*Suppen-*) cazo *m* [2] (*Maurer-*) paleta *f* [3] ↑ *Signalstab* (*von Polizist*) disco *m*

Keller *m* ‹-s, -› [1] sótano *m* [2] (*Raum*) bodega *f;* (*Gewölbe-*) cueva *f*

Kellner(in *f*) *m* ‹-s, -› camarero/a

keltern *vt* prensar la uva

Kenia *n* ‹-s› Kenia *f*

kennen ‹kannte, gekannt› I. *vt* [1] ↑ *sich auskennen* → *Stadt* conocer [2] ↑ *wissen* saber [3] ↑ *bekannt sein mit* conocer a alguien II. *vr* ◇ **sich** ~ ↑ *miteinander bekannt sein* conocerse; **kennenlernen** I. *vt* ↑ *bekannt werden* llegar a conocer a alguien/algo II. *vr* ◇ **sich** ~ conocerse; **Kenner(in** *f*) *m* ‹-s, -› ↑ *Spezialist, Fachmann* experto/a; (*Menschen*~) conocedor(a *f*) *m;* **kenntlich** *adj* ↑ *erkennbar:* ◇ **etw** ~ **machen** marcar algo; **Kenntnis** *f* [1] ↑ *Erfahrung* (*Menschen*~) conocimiento *m;* (*Sprach*~*e*) saber *m* [2] *FIG* ◇ **etw zur** ~ **nehmen** tomar nota de algo; (*informieren*) ◇ **jd-n von etw in** ~ **setzen** informar; **Kennwort** *n* [1] ↑ *Losungswort* contraseña *f* [2] PC palabra *f* de paso; **Kennzeichen** *n* [1] ↑ *Merkmal* característica *f,* señal *f,* marca *f* [2] AUTO ↑ *Nummernschild* matrícula *f;* **kennzeichnen** *vt* [1] ↑ *markieren* marcar, señalar [2] *FIG* ↑ *erkennen lassen* caracterizar; ◇ **sein Wissen kennzeichnet ihn als Fachmann** se le califica de experto por sus conocimientos; **Kennziffer** *f* indice *m;* (*von Akte*) número *m*

kentern *vi* zozobrar

Keramik *f* cerámica *f*

Kerbel *m* ‹-s› perifollo *m*

Kerbholz *n FIG:* ◇ **etw auf dem** ~ **haben** no tener la conciencia limpia

Kerker *m* ‹-s, -› (*früher*) mazmorra *f,* calabozo *m*

Kerl *m* ‹-s, -e› *PEJ* ↑ *Mann* individuo *m;* ↑ *Typ* tipo *m;* ◇ **ein gemeiner** ~ canalla *m;* ◇ **er/sie ist ein netter** ~ es una buena persona

Kern *m* ‹-[e]s, -e› [1] (*hartes Inneres*) hueso *m;* (*von Obst*) petita *f;* (*Sonnenblumen*~) pipa *f;* (*Nuß*~) carne *f* [2] (BIOL *Zell*~, PHYS *Atom*~) núcleo *m* [3] ↑ *Zentrum* centro *m* [4] (*FIG von Mensch*) interior *m;* ◇ **sie hat e-n guten** ~ en el fondo es una buena persona; **Kernbrennstoff** *m* cabeza *f* nuclear; **Kernenergie** *f* energía *f* nuclear; **Kernforschung** *f* investigación *f* nuclear; **Kernfrage** *f* ↑ *zentrale Frage* pregunta *f* clave; **Kernfusion** *f* fusión *f* nuclear; **kernig** *adj* [1] con petitas [2] ↑ *gesund* ▷*Person* saludable; ↑ *kräftig* robusto [3] ↑ *originell* original; **Kernkraft** *f* energía *f* nuclear; **Kernkraftgegner(in** *f*) *m* enemigo/a de la energía nuclear; **Kernkraftwerk** *n* central *f* nuclear; **kernlos** *adj* sin pepita; **Kernpunkt** *m* ↑ *zentraler Gesichtspunkt* punto *m* clave; **Kernreaktion** *f* reacción *f* nuclear; **Kernreaktor** *m* reactor *m* nuclear; **Kernverschmelzung** *f* fusión *f* nuclear; **Kernwaffen** *f/pl* arma *m* nuclear

Kerze *f* ‹-, -n› [1] (*Wachs*~) vela *f* [2] AUTO bujía *f* [3] SPORT posición *f* de vela; **kerzengerade** *adj* derecho como una vela

keß *adj* [1] ▷*Mädchen* fresco [2] ▷*Kleidung* atrevido

Kessel *m* ‹-s, -› [1] (*Wasser*~) caldera *f* [2] (GEO *Tal*) valle *m* cerrado [3] (MIL *umzingeltes Stück*) zona *f* cerrada

Ketchup *m o n* ‹-[s], -s› ketchup *m*

Kette *f* ‹-, -n› [1] ↑ *Gliederband* cadena *f;* ◇ **in** ~**n** encadenado [2] GEO cordillera *f,* cadena *f* [3] (*FIG Gedanken*~) serie *f;* (*von Handlungen*) sucesión *f;*

ketten *vt* [1] ↑ *fesseln* encadenar, atar con cadenas (*an a* [2] *FIG* ↑ *binden* ◇ **jd-n an sich** *akk* ~ atarse a alguien; **Kettenraucher(in** *f*) *m* fumador(a *f*) *m* empedernido; **Kettenreaktion** *f auch FIG* reacción *f* en cadena

keuchen *vi* jadear; **Keuchhusten** *m* tos *f* ferina

Keule *f* ‹-, -n› [1] ↑ *Prügel* maza *f;* ↑ *Knüppel* porra *f* [2] GASTR ↑ *Schlegel* muslo *m*

keusch *adj* [1] ▷*Leben* casto [2] ▷*Mensch* reservado

Keyboard *n* ‹-s, -s› MUS órgano *m* electrónico

kfm. *adj Abk v.* **comerciante**

Kfz *n Abk v.* **Kraftfahrzeug**

kichern *vi* reírse para sus adentros

kidnappen *vt* ↑ *entführen* secuestrar

Kiefer [1] *m* ‹-s, -› ANAT maxilar *m;* (~*knochen*) mandíbula *f*

Kiefer [2] *f* ‹-, -n› (*Baum*) pino *m*

Kiel *m* ‹-[e]s, -e› NAUT quilla *f*

Kieme *f* ‹-, -n› agalla *f*

Kies *m* ‹-es, -e› [1] ↑ *Schotter, Geröll* casquillo *m* [2] *FAM* ↑ *Geld* pasta *f*

kiffen *vi FAM* fumar porros

killen *vt FAM* ↑ *umbringen* liquidar, eliminar

Kilo *n* ‹-s, -[s]› kilo *m;* **Kilogramm** *n* ‹-s, -e› kilogramo *m;* **Kilojoule** *n* ↑ *tausend Joule* kilojoule *m;* **Kilometer** *m* ↑ *tausend Meter* kilómetro *m;* **Kilometerzähler** *m* AUTO cuentakilómetros *m;* **Kilowatt** *n* kilovatio *m*

Kind *n* ‹-[e]s, -er› [1] ↑ *Mädchen* ↑ *Junge* niño/a, crío/a [2] ↑ *Tochter* hija *f;* ↑ *Sohn* hijo *m;* ◇ **ein** ~ **bekommen** tener un niño, estar embarazada; **Kinderarzt** *m*, **-ärztin** *f* pediatra *m/f;* **Kinderei** *f* ↑ *Alberei* niñería *f,* chiquillada *f;* **Kindergarten** *m* jardín *m* de infancia; **Kindergärtner(in** *f*) *m* ↑ *Erzieher(in)* cuidador(a *f*) *m* de niños; **Kindergeld** *n* subsidio *m* familiar [por hijos]; **Kinderkrankheit** *f* enfermedad *f* infantil; **Kinderlähmung** *f* ↑ *Polio* poliomelitis *f;* **kinderleicht** *adj* ↑ *sehr leicht* facilísimo; ◇ **das ist** ~ esto es pan comido, esto es coser y cantar; **kinderlos** *adj* sin hijos; **Kindermädchen** *n* niñera *f;* **Kinderwagen** *m* cochecito *m* de niño; **Kinderzimmer** *n* cuarto *m* de jugar; **Kindes-**

entführung *f* secuestro *m* de un niño; **Kindheit** *f* infancia *f;* **kindisch** *adj* ↑ *albern* infantil, pueril; **kindlich** *adj* [1] ▷*Verhalten* infantil [2] ▷*Wesen* inocente

Kinn *n* ‹-[e]s, -e› barbilla *f;* **Kinnhaken** *m* SPORT gancho *m* a la mandíbula

Kino *n* ‹-s, -s› cine *m;* ◇ **ins - gehen** ir al cine; **Kinobesucher(in** *f*) *m* espectador (a *f*) *m* de cine; **Kinoprogramm** *n* cartelera *f* de cines

Kiosk *m* ‹-[e]s, -e› quiosco *m,* kiosco *m*

Kippe *f* ‹-, -n› [1] volquete *m;* (*FIG ungewiß sein*) ◇ **auf der - stehen** no estar seguro [2] (SPORT *Turnübung*) ballesta *f* [3] *FAM* (*von Zigarette*) colilla *f;* **kippen I.** *vt* [1] ↑ *schräg stellen* → *Fenster* entornar [2] ↑ *umstürzen* volcar [3] *FIG* → *Plan* echar por tierra **II.** *vi* ↑ *umstürzen* ← *Turm* caer; ← *Auto* volcar; **Kippfenster** *n* ventana *f* abatible; **Kippschalter** *m* (ELECTR *Ggs zu Drehschalter*) interruptor *m* de palanca

Kirche *f* ‹-, -n› [1] iglesia *f* [2] ↑ *Gottesdienst* misa *f;* ◇ **die - ist aus** la misa ha terminado [3] (*als Institution*) Iglesia *f;* ◇ **die römisch-katholische/evangelische/reformierte/othodox** la Iglesia católica/evangélica/reformista/ortodoxa; **Kirchenjahr** *n* año *m* eclesiástico; **Kirchensteuer** *f* impuesto *m* de la Iglesia; **Kirchgänger(in** *f*) *m* ‹-s, -› feligrés(-esa *f*) *m;* **Kirchhof** *m* ↑ *Friedhof* cementerio *m;* **kirchlich** *adj* eclesiástico; ◇ **-e Trauung** matrimonio *m* por la Iglesia

Kirsche *f* ‹-, -n› [1] (*Baum*) cerezo *m* [2] (*Frucht*) cereza *f;* **Kirschwasser** *n* kirsch *m*

Kissen *n* ‹-s, -› (*Kopf-*) almohada *f;* (*Sofa-*) cojín *m;* (*Nadel-*) acerico *m*

Kiste *f* ‹-, -n› [1] (*Holz-*) caja *f,* cajón *m* [2] *FAM* ↑ *Fahrzeug* cacharro *m,* tartara *f;* ◇ **so e-e alte -** vaya cacharrro [3] *FAM* ↑ *Sache* cosa *f;* ↑ *Angelegenheit* asunto *m;* ◇ **das ist deine -!** ¡eso es cosa tuya!

Kitsch *m* ‹-[e]s› [1] mal gusto *m* [2] (*Produkt*) cursilería *f;* **kitschig** *adj* de mal gusto, cursi

Kitt *m* ‹-[e]s, -e› (*Fenster-*) masilla *f;* (*Fugen-*) pegamento *m*

Kittchen *n FAM* ↑ *Gefängnis* chirona *f*

Kittel *m* ‹-s, -› (*Arbeits-*) mono *m;* (*Arzt-*) bata *f*

kitten *vt* [1] → *Krug* pegar; → *Fenster* enmasillar [2] *FIG* ↑ *zusammenbringen* → *Freundschaft* arreglar

Kitz *n* ‹-es, -e› [1] (*Ziegen-*) cabrito *m* [2] (*Reh-*) cervatillo *m*

kitzelig *adj* [1] ◇ **- sein** tener cosquillas [2] *FIG* ↑ *heikel* escabroso; ↑ *schwierig* delicado; **kitzeln I.** *vt* hacer cosquilllas; ◇ **an den Fußsohlen -** hacer cosquilllas en la planta de los pies **II.** *vi* ↑ *jucken* picar

Kiwi *f* ‹-, -s› kiwi *m*

KKW *n* ‹-s, -s› *Abk v.* **Kernkraftwerk**

klaffen *vi* ↑ *offenstehen* estar abierto, abrirse

kläffen *vi* ladrar

Klage *f* ‹-, -n› [1] ↑ *Jammern* lamentación *f* [2] ↑ *Beschwerde* queja *f* [3] JURA demanda *f;* ◇ **- einreichen** presentar demanda; **klagen** *vi* [1] ↑ *jammern* lamentarse (*über akk* de) [2] ↑ *trauern* llorar (*um jd-n* por alguien) [3] ↑ *sich beschweren* quejarse (*über akk* de) [4] JURA presentar demanda, demandar (*gegen* a); **Kläger(in** *f*) *m* ‹-s, -› JURA demandante *m/f;* **kläglich** *adj* [1] ↑ *wehleidig, jämmerlich* ▷*Geschrei* lastimero [2] ▷*Ergebnis* deplorable; ◇ **- scheitern** fracasar de forma lamentable

klamm *adj* [1] ▷*Finger* rígido [2] ▷*Wetter* húmedo

Klammer *f* ‹-, -n› [1] grapa *f;* (*Büro-*) clip *m;* (*Wäsche-*) pinza *f;* (MED *Zahn-*) aparato *m* dental [2] TYP paréntesis *m;* **klammern I.** *vt* → *Wunde* dar puntos **II.** *vr* ↑ *sich festhalten*: ◇ **sich an jd-n/etw -** aferrarse a alguien/a algo

Klang *m* ‹-[e]s, Klänge› ↑ *Schall* sonido *m,* son *m;* ↑ *Ton* tono *m*

Klappe *f* ‹-, -n› [1] ↑ *Deckel* (*Ofen-*) tapa *f;* (*Ventil-*) valvula *f;* (*von Kleidern*) solapa *f* [2] ANAT valvula *f* [3] MUS llave *f,* pistón *m* [4] *FAM* ↑ *Mund* pico *m;* ◇ **halt die -!** ¡cierra el pico!; **klappen I.** *vi* [1] ← *Deckel* cerrarse haciendo ruido [2] *FAM* ↑ *gelingen* salir bien, funcionar **II.** *vi unpers:* ◇ **es klappt** va bien **III.** *vt* → *Sitz* plegar; ◇ **etw nach oben -** abrir algo/levantar algo; **klapp[e]rig** *adj* ↑ *alt, zerbrechlich* ▷*Fahrzeug* destartalado; ▷*Mensch* débil; **klappern** *vi* golpear repetidamente; ← *Schreibmaschine* teclear; **Klapperschlange** *f* serpiente *f* de cascabel; **Klapp[fahr]rad** *n* bicicleta *f* plegable; **Klappmesser** *n* navaja *f* de muelle; **Klappstuhl** *m* silla *f* plegable

klar *adj* [1] ▷*Wasser* ▷*Sicht* claro; ▷*Luft* ▷*Gestein* puro; ▷*Himmel* despejado; ▷*Augen* transparente [2] ↑ *deutlich* evidente; ▷*Aussage* ▷*Ton* claro; ◇ **das ist mir nicht -** no lo entiendo; ◇ **etw - u. deutlich sagen** decir algo alto y claro [3] ↑ *scharfsinnig* lúcido; ◇ **- denken können** poder pensar con claridad [4] NAUT, MIL listo [5] ◇ **sich** *dat* **über etw** *akk* **im -en sein** saber lo que significa algo; ◇ **-!** ¡claro!

Kläranlage *f* estación *f* depuradora de agua

klären I. *vt* [1] → *Flüssigkeit* depurar [2] *FIG* ↑ *Zweifel beseitigen* → *Frage* aclarar, poner en claro **II.** *vr* ◇ **sich -** [1] ↑ *klar werden* ponerse en claro [2] *FIG* ↑ *sich bereinigen* ← *Sache* aclararse

klargehen *unreg vi FAM* ↑ *in Ordnung gehen*: ◇ **geht klar!** ¡está bien!; **Klarheit** *f* (*von Himmel*) claridad *f;* (*von Luft*) pureza *f;* (*von Verstand*) lucidez *f*

Klarinette *f* clarinete *m*

klarkommen *unreg vi FAM* [1] ↑ *sich zurechtfinden* arreglárselas (*mit* con) [2] ↑ *sich vertragen* entenderse, llevarse bien (*mit jd-m* con alguien); **klarmachen** *vt* [1] → *Schiff* zarpar; → *Fahrzeug* salir [2] (*verdeutlichen*) ◇ **jd-m etw** ~ aclarar/explicar algo a alguien; **klarsehen** *unreg vi* ↑ *verstanden haben* ver claro; ◇ **jetzt sehe ich klar** ahora lo veo claro; **klarstellen** *vt* ↑ *Irrtum beseitigen* aclarar, poner en claro

Klärung *f* (*von Abwasser*) depuración *f;* (*FIG von Frage*) aclaración *f*

klasse *adj FAM* ↑ *toll, spitze* genial, demasiado; ◇ **das ist** ~! ¡qué demasiado!; **Klasse** *f* ‹-, -n› [1] ↑ *Gruppe* (*Begriffs*~) clase *f;* SCH curso *m* [2] *Kategorie,* SPORT categoría *f;* (*Steuer*~) clase *f;* ◇ **erster** ~ **reisen** viajar en primera clase; **Klassengesellschaft** *f* sociedad *f* clasista; **Klassenlehrer(in** *f*) *m* SCH tutor(a *f*) *m* de curso; **Klassensprecher(in** *f*) *m* SCH delegado/a de clase; **Klassenzimmer** *n* SCH aula *m*

klassifizieren *vt* clasificar

Klassik *f* clasicismo *m;* **Klassiker(in** *f*) *m* ‹-s, -› clásico/a; **klassisch** *adj* clásico; **Klassizismus** *m* clasicismo *m*

Klatsch *m* ‹-[e]s, -e› ↑ *Gerede* cotilleos *m/pl,* chismes *m/pl;* **Klatschbase** *f* cotilla *f;* **klatschen** *vi* [1] *FAM* ↑ *reden, schwatzen* cotillear, contar cotilleos/chismes (*über akk* sobre) [2] ◇ **Beifall** ~ aplaudir

Klatschmohn *m* amapola *f*

klatschnaß *adj* ↑ *völlig naß* empapado, calado hasta los huesos

Klaue *f* ‹-, -n› [1] (*von Huftier*) pezuña *f;* (*von Raubtier*) zarpa *f;* (*von Raubvogel*) garra *f* [2] *FAM* ↑ *unleserliche Handschrift* galimatías *m*

klauen *vt FAM* ↑ *stehlen* mangar, levantar

Klausel *f* ‹-, -n› cláusula *f*

Klausur *f* [1] ↑ *Abgeschlossenheit* clausura *f;* ◇ **in** ~ **gehen** recluirse [2] SCH ↑ *Klausurarbeit* examen *m*

Klavier *n* ‹-s, -e› piano *m*

kleben I. *vt* [1] pegar, adherir (*an akk* a) [2] *FAM* ◇ **jd-m e-e** ~ pegar un tortazo **II.** *vi* [1] ↑ *haften* pegar, estar adherido (*an dat* a) [2] *FIG* ↑ *festhalten* pegarse algo (*an dat* a alguien); **klebrig** *adj* pegajoso; **Klebstoff** *m* pegamento *m*

Klecks *m* ‹-es, -e› ↑ *Fleck* mancha *f;* (*Tinten*~) borrón *m*

Klee *m* ‹-s› trébol *m;* **Kleeblatt** *n* [1] hoja *f* de trébol; ◇ **ein vierblättriges** ~ un trébol de cuatro hojas [2] *FIG* trío *m* de amigos

Kleid *n* ‹-[e]s, -er› [1] vestido *m* [2] ◇ ~**er** *pl* vestuario *m;* **kleiden I.** *vt* [1] vestir [2] ↑ *gut stehen* sentar bien; ◇ **das kleidet Sie gut** le sienta bien **II.** *vr* ◇ **sich** ~ ↑ *sich anziehen* vestirse; ◇ **sich elegant** ~ ponerse elegante; **Kleiderbügel** *m* percha *f;* **Kleiderschrank** *m* armario *m* ropero; **Kleidung** *f* vestidos *m/pl,* ropa *f;* **Kleidungsstück** *n* prenda *f* de vestir

klein *adj* [1] ↑ *nicht groß* pequeño; ◇ ~**er Finger** dedo meñique [2] ↑ *gering* ▷*Anzahl* escaso; ▷*Gehalt* bajo; ◇ **ein** ~ **wenig** un poquito [3] ↑ *geringfügig* insignificante; ▷*Auseinandersetzung* pequeño [4] (*nachgeben*) ◇ ~ **beigeben** ceder; **Kleinbus** *m* minibús *m;* **Kleine(r, s)** *fmn* [1] pequeñín(-ina *f*) *m,* nene/a [2] *FAM* pequeño/a; ◇ **na** ~**r?** ¡qué tal pequeño?; **Kleinfamilie** *f* familia *f* no numerosa; **Kleinformat** *n* tamaño *m* pequeño; **Kleingeld** *n* ↑ *Münzgeld* dinero *m* suelto, calderilla *f;* **Kleinigkeit** *f* [1] pequeñez *f;* ◇ **e-e** ~ **essen** picar algo [2] ▷*anschaffen* insignificancia *f* [3] ↑ *Unbedeutendes* bagatela *f;* **Kleinkind** *n* niño *m* pequeño; **Kleinkram** *m FAM* pequeñeces *f/pl;* **kleinlaut** *adj* tímido, cohibído

kleinlich *adj* [1] ↑ *beschränkt* ▷*Mensch* mezquino [2] ↑ *knauserig* tacaño [3] ↑ *pedantisch* pedante

kleinschneiden *unreg vt* cortar en trocitos; **Kleinwagen** *m* coche *m* pequeño

Kleister *m* ‹-s, -› engrudo *m*

Klemme *f* ‹-, -n› [1] *Haar*~, MED pinza *f;* ELECTR borne *m* [2] *FIG* ↑ *Zwangslage* aprieto *m,* apuro *m;* ◇ **in der** ~ **stecken** estar en un aprieto/apuro

klemmen I. *vt* [1] ↑ *fest*~, *zwängen* apretar; ◇ **etw unter den Arm** ~ llevar algo debajo del brazo [2] ↑ *quetschen* → *Finger* pillarse [3] *FAM* ↑ *stehlen* mangar, levantar **II.** *vi* ↑ *feststecken* quedarse atascado

Klempner(in *f*) *m* ‹-s, -› fontanero/a

Klerus *m* ‹-› clero *m*

Klette *f* ‹-, -n› [1] FLORA lampazo *m* [2] *FAM* ↑ *anhänglicher Mensch* lapa *f*

klettern *vi* [1] trepar, escalar; ◇ **über/auf etw** *akk* ~ subir a algo [2] *FIG* ← *Preise* subir; **Klettern** *n* SPORT escalada *f,* alpinismo *m*

Klettverschluß *m* ↑ *Haftverschluß* belcro *m*

Klient(in *f*) *m* ‹-en, -en› ↑ *Kunde* cliente/a

Klima *n* ‹-s, -s *o.* -ta› [1] clima *m;* ◇ **das tropische** ~ el clima tropical [2] *FIG* ↑ *Atmosphäre* ambiente *m;* **Klimaanlage** *f* aire *m* acondicionado

Klinge *f* ‹-, -n› hoja *f,* cuchilla *f*

Klingel *f* ‹-, -n› timbre *m;* **klingeln** *vi* ↑ *läuten* tocar el timbre

klingen ‹klang, geklungen› *vi* [1] ↑ *tönen* ▷*Instrumente* sonar [2] *FIG* ↑ *sich anhören* sonar, parecer; ◇ **unglaublich** ~ parecer increíble

Klinik *f* clinica *f*

Klinke *f* ‹-, -n› picaporte *m*

Klippe *f* ‹-, -n› [1] (*Fels~*) peña *f*, roca *f* [2] *FIG* ↑ *Schwierigkeit* atolladero *m*

klipp u. klar *adv* ↑ *deutlich* sin rodeos, claramente

klirren *vi* sonar; ← *Gläser* tintinear; ← *Fensterscheibe* vibrar

Klischee *n* ‹-s, -s› ↑ *Gemeinplatz* cliché *m;* **Klischeevorstellung** *f* ↑ *Stereotyp* esteriotipo *m*

Klo[**sett**] *n* ‹-s, -s› *FAM* ↑ *Toilette* retrete *m*, servicio *m*

Kloake *f* ‹-, -n› cloaca *m*

klopfen I. *vi* [1] (*an Tür*) llamar a la puerta; ◇ **es klopft** llaman a la puerta; ◇ **auf/an/gegen etw** *akk* ~ golpear en/contra algo [2] ← *Herz* latir; ← *Puls* pulsar; ← *Motor* picar **II.** *vt* → *Teppich* sacudir; → *Steine* picar; → *Nagel* clavar (*in akk* en); **Klopfer** *m* ‹-s, -› (*Teppich~*) sacudidor *m;* (*Tür~*) aldaba *f*

Klosett *n* ‹-s, -e *o.* -s› retrete *m*, servicio *m*

Kloß *m* ‹-es, Klöße› [1] ↑ *Klumpen* bola *f* [2] GASTR ↑ *Knödel* albóndiga *f*

Kloster *n* ‹-s, Klöster› convento *m*, monasterio *m*

Klotz *m* ‹-es, Klötze› [1] ↑ *Block* (*Spielzeug*) bloque *m* [2] (*FIG Mensch*) zopenco *m*, tarugo *m;* (*FIG Behinderung*) ◇ **e-n ~ am Bein haben** tener las manos atadas

Klub *m* ‹-s, -s› club *m*

Kluft [1] *f* ‹-, Klüfte› [1] ↑ *Spalt* grieta *f;* ↑ *Abgrund* abismo [2] *FIG* ↑ *Gegensatz* abismo *m*

Kluft [2] *f* ‹-en› *FAM* uniforme *m*

klug ‹klüger, am klügsten› [1] ↑ *intelligent* inteligente, astuto; ▷*Augen* vivo; ◇ **ein ~er Kopf** persona inteligente [2] ↑ *vernünftig* sensato [3] ↑ *diplomatisch, geschickt* prudente, discreto, conveniente; ▷*Geschäftsfrau* perpicaz [4] ↑ *weise* ▷*Rat* sabio; (*nicht verstehen*) ◇ **aus jd-m/etw nicht ~ werden** no entender a alguien/algo; **Klugheit** *f* [1] ↑ *Intelligenz* inteligencia *f* [2] ↑ *Umsicht* sensatez *f* [3] ↑ *Diplomatie* prudencia *f* [4] ↑ *Weisheit* sabiduría *f*

Klumpen *m* ‹-s, -› (*Erd~*) terrón *m;* (*Blut~*) coágulo *m;* (*Gold~*) pepita *f;* GASTR grumo *m*

knabbern I. *vt* → *Nüsse* comer haciendo ruido **II.** *vi* [1] ◇ **an etw** *dat* ~ mordisquear algo [2] *FIG* ◇ **an etw** *dat* **zu ~ haben** tener que reflexionar sobre algo

Knabe *m* ‹-n, -n› [1] ↑ *Junge* muchacho *m*, chico *m* [2] *FAM* ◇ **alter** ~ viejo amigo; **knabenhaft** *adj* aniñado

Knäckebrot *n* pan *m* crujiente

knacken I. *vt* [1] ↑ *aufbrechen* romper; *FAM* → *Tresor* forzar, abrir; → *Autos* robar en un coche [2] *FIG* → *Rätsel* adivinar **II.** *vi* ← *Treppe* crujir; ← *Radio* hacer interferencias

Knacks *m* ‹-es, -e› [1] (*Laut*) crac *m* [2] ↑ *Riß* grieta *f* [3] (*FAM seelischer Schaden*) golpe *m*

Knall *m* ‹-[e]s, -e› [1] (*von Schuß*) detonación *f;* (*von Tür*) portazo *m;* (*Peitschen~*) chasquido *m* [2] *FAM* ↑ *Verrücktheit* ◇ **der hat e-n** ~ está mal de la cabeza; ◇ ~ **u. Fall** de golpe y porrazo; **knallen I.** *vi* [1] ← *Tür* dar un portazo; ← *Peitsche* chasquear el látigo; ← *Schlag* sonar [2] ← *Korken* salir disparado; ← *Schuß* disparar un tiro; ← *Feuerwerk* estallar **II.** *vt* [1] → *etw auf den Boden* ~ tirar algo al suelo [2] ↑ *stoßen* ◇ **gegen etw** ~ empujar contra algo [3] *FAM* ◇ **jd-m e-e** ~ dar una torta a alguien; **knallhart** *adj FAM* duro de narices; **knallrot** *adj* ▷*Farbe* rojo vivo; ▷*Gesicht* rojo como un tomate

knapp *adj* [1] ↑ *wenig* poco; ↑ *beschränkt* justo; ◇ ~ **bei Kasse sein** andar justo de dinero; ◇ **meine Zeit ist** ~ tengo poco tiempo [2] ↑ *gerade noch* escaso; ◇ **e-e ~e Stunde** una hora escasa; ◇ ~ **vier Meter** cuatro metros escasos [3] ↑ *kurz* ↑ *corto* ↑ *eng* estrecho, justo [4] ↑ *eng gefaßt* ◇ **in ~en Sätzen** en frases cortas; **knapphalten** *unreg vt* dejar poca libertad; **Knappheit** *f* [1] (*von Geld*) escasez *f* de, penuria *f* [2] (*von Kleidungsstück*) estrechez *f* [3] (*von Sprache*) concisión *f*

knarren *vi* ← *Tür* rechinar; ← *Holz* crujir

Knäuel *m o n* ‹-s, -› [1] (*Woll~*) ovilo *m*, madeja *f* [2] (*FIG Menschen~*) aglomeración *f*

knautschen I. *vt FAM* ↑ *drücken, quetschen* → *Kleid* arrugar; → *Kissen* aplastar **II.** *vi* ↑ *leicht knittern* ← *Stoff* arrugarse

kneifen ‹kniff, gekniffen› **I.** *vt:* ◇ **jd-n in den Arm** ~ pellizcar a alguien en el brazo **II.** *vi* [1] ↑ *zu eng sein* apretar [2] *FAM* ◇ **vor etw** *dat* ~ salirse por la tangente

Kneipe *f* ‹-, -n› *FAM* bar *m*, taberna *f*

kneten *vt* → *Teig* amasar; → *Ton* modelar

Knick *m* ‹-[e]s, -e› [1] ↑ *Falte* (*in Papier*) doblez *f;* (*in Stoff*) arruga *f* [2] ↑ *scharfe Kurve* curva *f* peligrosa; **knicken I.** *vt* [1] → *Papier* doblar [2] → *Streichholz* romper **II.** *vi* [1] *FAM* ↑ *abbrechen* ← *Ast* romperse [2] *FIG* ◇ **geknickt sein** estar de capa baja/deprimido

Knie *n* ‹-s, -› [1] (ANAT *Gelenk*) rodilla *f* [2] (*in Rohr*) codillo *m* [3] (*FIG überstürzt handeln*) ◇ **etw übers ~ brechen** precipitarse en algo; **Knie-**

beuge *f* ‹-, -n› flexión *f* de rodillas; **Kniekehle** *f* corva *f;* **knien** I. *vi* estar de rodillas II. *vr* ◇ **sich** ~ [1] ponerse de rodillas, arrodillarse [2] *FIG* ◇ **sich in etw** *akk* ~ dedicarse por completo a algo; **Kniestrumpf** *m* media *f* corta

knipsen *vt* [1] → *Fahrkarte* picar [2] → *Foto* hacer una foto

Knirps *m* ‹-es, -e› [1] ↑ *kleiner Junge* chiquillo *m* [2] (*Schirm*) paraguas *m* plegable

knirschen *vi* ← *Kies* crujir; ◇ **mit den Zähnen** ~ hacer rechinar los dientes

knistern *vi* [1] ↑ *prasseln* ← *Feuer* crepitar [2] ↑ *rascheln* ← *Papier* crujir

knittern *vi* arrugar

Knoblauch *m* ajo *m*

Knöchel *m* ‹-s, -› ANAT nudillo *m;* (*Fuß~*) tobillo *m*

Knochen *m* ‹-s, -› hueso *m;* **Knochenbruch** *m* ↑ *Fraktur* fractura *f;* **knochig** *adj* ↑ *hager, eckig* huesudo

Knödel *m* ‹-s, -› GASTR ↑ *Kloß* albóndiga *f*

Knolle *f* bulbo *m,* tubérculo *m*

Knopf *m* ‹-[e]s, Knöpfe› [1] (*Blusen~, Druck~*) botón *m* [2] (*Schalt~*) interruptor *m;* (*Klingel~*) timbre *m;* **Knopfloch** *n* ojal *m*

Knorpel *m* ‹-s, -› cartílago *m*

Knospe *f* ‹-, -n› capullo *m*

knoten *vt* anudar; **Knoten** *m* ‹-s, -› [1] (*Seemanns~*) nudo *m* [2] *Verdickung,* BIOL nudo *m;* MED bulto *m* [3] (NAUT *Geschwindigkeit*) nudo *m;* **Knotenpunkt** *m* ↑ *Kreuzungspunkt,* BAHN nudo *m* ferroviario; AUTO nudo *m*

Know-how *n* ‹-[s]› saber *m* cómo

Knüller *m* ‹-s, -› *FAM* ↑ *Erfolgsschlager* bomba *f;* (*Verkaufs~*) sensación *f*

knüpfen *vt* [1] ↑ *zusammenbinden, verschlingen* → *Faden* anudar; → *Band* atar; → *Teppich* hacer [2] *FIG* ◇ **Freundschaft** ~ trabar amistad; (*verbinden*) ◇ **Bedingungen an etw** *akk* ~ poner por condición

Knüppel *m* ‹-s, -› [1] palo *m;* (*Polizei~*) porra *f* [2] *Steuer~,* AERO palanca *f* de mandos

knurren *vi* ← *Hund* gruñir; ← *Magen* sonar las tripas

knusp[e]rig *adj* ↑ *rösch* crujiente

k.o. *adj* [1] SPORT k.o. [2] *FAM* ↑ *erschöpft* hecho polvo

Koalition *f* ↑ *Bündnis* coalición *f*

Kobalt *n* ‹-s› CHEM cobalto *m*

Kobold *m* ‹-[e]s, -e› duende *m*

Kobra *f* ‹-, -s› cobra *f*

Koch *m* ‹-[e]s, Köche› cocinero *m;* **Kochbuch** *n*

kochen I. *vt* [1] ↑ *zubereiten* preparar, hacer; → *Eier* cocer, poner a cocer [2] ↑ *erhitzen auf 100 Grad* → *Milch, Wasser* hervir II. *vi* [1] ↑ *zubereiten* cocinar, hacer la comida, guisar; ◇ **gern** ~ gustar la cocina/cocinar [2] ↑ *gar werden* cocer a fuego lento [3] ↑ *sieden* ← *Wasser* hervir; ← *Motor* estar muy caliente [4] *FAM* ↑ *sehr wütend sein* echar humo por las orejas; ◇ **sie kocht vor Wut** está que muerde [de rabia]; **Kocher** *m* ‹-s, -› (*Camping~*) hervidor *m;* ◇ **elektrischer** ~ hornillo *m* eléctrico; **Kochgelegenheit** *f* posibilidad *f* de cocinar; ◇ **Zimmer mit** ~ habitación con cocina; **Köchin** *f* cocinera *f;* ◇ **e-e gute** ~ una buena cocinera; **Kochrezept** *n* receta *f* de cocina; **Kochsalz** *n* sal *f* [común]; **Kochtopf** *m* olla *f,* cacerola *f,* tartera *f*

Kode *m* código *m*

Köder *m* ‹-s, -› [1] cebo *m;* carnada *f* [2] *FIG* cebo *m;* ◇ **e-n** ~ **auslegen** poner un cebo

Koffein *n* ‹-s› cafeína *f;* **koffeinfrei** *adj* descafeinado

Koffer *m* ‹-s, -› (*Reise~*) maleta *f;* (*Akten~*) maletín *m;* (*Schrank~*) baúl *m;* **Kofferradio** *n* radio *f* portátil; **Kofferraum** *m* AUTO maletero *m*

Kognak *m* ‹-s, -s› coñac *m*

Kohl *m* ‹-[e]s, -e› berza *f,* col *f*

Kohle *f* ‹-, -n› [1] carbón *m;* (*Braun~*) lignito *m;* (*Stein~*) hulla *f* [2] (*zum Zeichnen*) carboncillo *m* [3] CHEM carbono *m* [4] *FAM* pasta *f;* ◇ **keine** ~ **haben** no tener pasta; **Kohlehydrat** *n* ‹-[e]s, -e› CHEM hidrato *m* de carbono; **Kohlenbergwerk** *n* mina *f* de carbón; **Kohlendioxid** *n* dióxido *m* de carbono; **Kohlestift** *m* carboncillo *m*

Kohlrabi *m* ‹-[s], -s› colinabo *m;* **Kohlrübe** *f* nabo *m* de Suecia

Koitus *m* ‹-, - *o.* -se› coito *m*

Koje *f* ‹-, -n› [1] NAUT camarote *m* [2] *FAM* piltra *f;* ◇ **ab in die** ~! ¡a la piltra!

Kokain *n* ‹-s› cocaína *f*

kokett *adj* coqueta; **kokettieren** *vi* [1] ↑ *flirten* coquetear (*mit jd-m* con alguien) [2] *FIG* ↑ *in Erwägung ziehen* jugar con la idea (*mit etw* de algo)

Kokosnuß *f* coco *m*

Koks [1] *m* ‹-es, -e› coque *m*

Koks [2] *m* ‹-es› *FAM* coca *f*

Kolben *m* ‹-s, -› [1] (*Gewehr~*) culata *f;* FLORA espádice *m;* (*Mais~*) mazorca *f* [2] TECH émbolo *m* [3] CHEM alambique *m* [4] *FAM* napia *f*

Kolik *f* MED cólico *m*

Kollaps *m* ‹-es, -e› (*Kreislauf~*) colapso *m*

Kolleg *n* ‹-s, -s *o.* -ien› [1] SCH clase *f,* curso *m* [2] REL colegio *m*

Kollege *m* ‹-n, -n› **Kollegin** *f* compañero/a,

colega *m/f;* **kollegial** *adj* colegial; **Kollegium** *n* (*Lehrer-*) cuerpo *m* docente; (*Ärzte-*) collegio *m*

Kollekte *f* ‹-, -n› REL colecta *f;* **kollektiv** *adj* [1] ↑ *gemeinsam* colectivo [2] ↑ *umfassend* amplio, vasto

Kollision *f* [1] (*von Autos*) choque *m*, colisión *f* [2] (*zeitlich*) coincidencia *f* [3] *FIG* ↑ *Konflikt* choque *m;* ◇ **mit jd-m in - geraten** chocar con alguien

Kolloquium *n* coloquio *m*

Kolonie *f* [1] colonia *f* [2] (*Garten-*) grupo *m;* (*von Tieren*) colonia *f;* **kolonisieren** *vt* colonizar

Kolonne *f* ‹-, -n› (*geschlossene Gruppe*) columna *f*, fila *f;* (*Arbeits-*) cuadrilla *f* de obreros; (*Auto-*) caravana *f;* ◇ **in -[n] fahren** ir en caravana

Koloß *m* ‹Kolosses, Kolosse› coloso *m;* **kolossal** *adj* [1] colosal [2] ↑ *sehr groß* enorme; ↑ *viel* muchísimo; ◇ **sich - freuen** alegrarse muchísimo

Kolumne *f* ‹-, -n› TYP columna *f*

Koma *n* ‹-s, -s› MED coma *f;* ◇ **im - liegen** estar en coma

Kombination *f* [1] (*Verbindung*) combinación *f* [2] ↑ *Overall* mono *m* [3] (*Kleidung*) conjunto *m* [4] *FIG* ↑ *Folgerung* consecuencia *f* [5] SPORT combinación *f;* **kombinieren** **I.** *vt* combinar **II.** *vi* ↑ *folgern* relacionar, sacar consecuencias *f/pl* de algo

Komet *m* ‹-en, -en› cometa *m*

Komfort *m* ‹-s› [1] ↑ *Bequemlichkeit* comodidad *f;* (*von Wohnung etc.*) confort *m* [2] ↑ *Luxus* lujo *m;* **komfortabel** *adj* ↑ *bequem* confortable, cómodo; ↑ *luxuriös* lujoso

Komik *f* lo cómico *m*, comicidad *f;* **Komiker(in** *f*) *m* ‹-s, -› cómico/a, humorista *m/f;* gracioso/a; **komisch** *adj* [1] ↑ *lustig* cómico, gracioso [2] ↑ *merkwürdig* raro, extraño; ↑ *sonderbar* curioso [3] extravagante; ◇ **ein -er Kauz** un bicho raro

Komitee *n* ‹-s, -s› comisión *f*, comité *m*

Komma *n* ‹-s, -s *o.* -ta› coma *f*

Kommandant(in *f*) *m* comandante *m/f;* **kommandieren** **I.** *vt* [1] MIL ↑ *befehligen* dirigir [2] MIL ↑ *abordnen* ordenar; ↑ *schicken* mandar; ◇ **jd-n an die Front -** mandar a alguien al frente [3] *FAM* ↑ *schikanieren* mandonear; ◇ **die ganze Familie -** mandar en la familia **II.** *vi a.* MIL ↑ *befehlen* tener el mando; **Kommando** *n* ‹-s, -s› [1] ↑ *Befehlsgewalt* mando *m* [2] ↑ *Befehlswort* orden *f;* ◇ **auf - aufstehen** levantarse cuando alguien lo mande [3] ↑ *Truppe* (*Wach-, Sonder-*) comando *m*, destacamento *m*

kommen ‹kam, gekommen› *vi* [1] ← *Baby* venir; ↑ *an-* ← *Zug* llegar; ◇ **nach Hause -** venir a casa [2] ↑ *sich nähern* acercarse; ◇ **aus dem Zimmer -** venir de la habitación [3] ◇ **wie komme ich zum Bahnhof?** ¡cómo voy a la estación? [4] ◇ **sie kommt morgen zu uns** nos visita mañana; ◇ **jd-n - lassen** → *Arzt etc.* llamar a alguien, avisar a alguien [5] ↑ *mitgehen* venir; ◇ **komm jetzt!** ¡ven de una vez! [6] ↑ *stammen* venir, ser, proceder (*aus* de) [7] ↑ *Ursache haben* deberse (*von* a); ◇ **das kommt davon!** ¡te está bien empleado!; ◇ **woher kommt das?** ¡a qué viene eso?; ◇ **wie kommt es, daß ...?** ¿cómo es que ...? [8] ◇ **in Schwierigkeiten -** meterse en problemas; ◇ **unters Auto -** meterse debajo del coche [9] ◇ **an die Reihe -** llegar el turno; ◇ **der Film kommt heute abend** la película es esta tarde [10] ◇ **in die Schule -** ir al colegio; ◇ **ins Gefängnis -** ir a la carcel [11] ↑ *erscheinen* ← *Zähne, Sonne* salir; ◇ **mir - die Tränen** me vienen las lágrimas a los ojos; ◇ **da kommt mir e-e Idee** se me ocurrre una idea [12] ◇ **komme was wolle** pase lo que pase [13] ◇ **das Buch kommt auf 38 Mark** el libro sale por unos 38 marcos [14] ◇ **die Kleider - in den Schrank** los vestidos se colocan en el armario [15] *FAM* correrse [16] ◇ **an etw** *akk* **-** llegar a algo; ◇ **hinter etw** *akk* **-** descubrir; ◇ **etw - lassen** encargar algo; ◇ **nichts auf jd-n/etw - lassen** defender a alguien/ algo; ◇ **zu sich -** recuperar el conocimiento; **Kommen** *n* ‹-s› [1] ↑ *Ankommen* llegada *f*, venida *f;* ◇ **ein - und Gehen** un ir y venir [2] ↑ *Entstehen* formación *f;* ↑ *Entwicklung* desarrollo *m;* ◇ **etw ist im -** algo está formándose/desarrollándose; **kommende(r,s)** *adj* ↑ *nächste(r,s)* ▷*Monat* próximo; ▷*Ereignisse* futuro

Kommentar *m* [1] ↑ *Stellungnahme* comentario *m* (*zu* sobre) [2] ↑ *Erläuterung* estudio *m* [3] *FAM* ↑ *Bemerkung* comentario *m;* **kommentieren** *vt* comentar

Kommerz *m* ‹-es› *PEJ* comercio *m;* **kommerziell** *adj* comercial

Kommissar(in *f*) *m* comisario/a

Kommission *f* comisión *f;* ◇ **in - verkaufen** vender en comisión

Kommode *f* ‹-, -n› cómoda *f*

Kommune *f* ‹-, -n› [1] ↑ *Gemeinde* municipio *m* [2] *PEJ* ↑ *Wohngemeinschaft* comuna *f*

Kommunikation *f* comunicación *f*

Kommunion *f* REL comunión *f*

Kommuniqué *n* ‹-s, -s› comunicado *m*

Kommunismus *m* comunismo *m;* **Kommunist(in** *f*) *m* comunista *m/f;* **kommunistisch** *adj* comunista

kommunizieren *vi* [1] comunicarse [2] REL comulgar

Komödiant(in *f*) *m* ‹-en, -en› [1] ↑ *Schauspieler*

comediante *m/f,* cómico/a [2] *FAM* ↑ *Heuchler* hipócrita *m/f;* **Komödie** *f* comedia *f*

Kompagnon *m* ‹-s, -s› COMM socio *m*

kompakt *adj* [1] ▷*Material* compacto [2] *FAM* ▷*Buch* conciso

Kompanie *f* compañía *f*

Kompaß *m* ‹Kompasses, Kompasse› brújula *f*

kompatibel *adj* compatible

kompetent *adj* competente; ◇ **sich ~ fühlen** sentirse competente; **Kompetenz** *f* competencia *f*

komplett *adj* [1] completo [2] *FAM* ↑ *völlig* total; ◇ **~ verrückt** completamente loco

komplex *adj* complejo

Komplex *m* ‹-es, -e› [1] (*Themen~*) conjunto *m* [2] (*Gebäude~*) conjunto *m,* grupo *m* [3] PSYCH complejo *m*

Komplikation *f* complicación *f*

Kompliment *n* cumplido *m;* (*an Frauen*) piropo *m;* ◇ **jd-m ein ~ machen** hacer un cumplido a alguien

Komplize *m* ‹-n, -n› **Komplizin** *f* (*bei Straftat*) cómplice *m/f*

komplizieren *vt* complicar; **kompliziert** *adj* [1] ▷*Rechenaufgabe* difícil; MED ▷*Operation* complicado [2] ▷*Person* complejo, difícil; ↑ *undurchschaubar* inaccesible

Komplott *n* ‹-[e]s, -e› complot *m,* conspiración *f*

Komponente *f* componente *m*

komponieren *vt* [1] → *Kleidungsstücke* ordenar; → *Farben* disponer [2] MUS componer; **Komponist(in** *f*) *m* MUS compositor(a *f*) *m;* **Komposition** *f* [1] ↑ *Anordnung* orden *m* [2] MUS composición *f*

Kompost *m* ‹-[e]s, -e› compost *m*

Kompott *n* ‹-[e]s, -e› compota *f*

Kompresse *f* compresa *f*

Kompromiß *m* ‹Kompromisses, Kompromisse› compromiso *m,* arreglo *m* amistoso; ◇ **e-n ~ schließen** llegar a un acuerdo *m;* **kompromißlos** *adj* sin compromiso

Kondensation *f PHYS* condensación *f;* **kondensieren** *vt* condensar; **Kondensmilch** *f* leche *f* condensada; **Kondensstreifen** *m* AERO estela *f*

Kondition *f* [1] ↑ *Bedingung* condición *f* [2] ↑ *Zustand* ▷*körperlich* forma *f* física; ◇ **in guter ~ sein** estar en forma

Konditor(in *f*) *m* pastelero/a; **Konditorei** *f* pastelería *f*

Kondom *n* ‹-s, -e› condón *m*

Konfekt *n* ‹-[e]s, -e› dulces *m/pl*

Konfektion *f* [1] confección *f* [2] (*~skleidung*) ropa *f* confeccionada

Konferenz *f* conferencia *f;* ◇ **e-e ~ abhalten** dar una conferencia

Konfession *f* confesión *f,* religión *f*

Konfetti *n* ‹-[s]› confeti *m*

Konfirmand(in *f*) *m* ‹-en, -en› REL confirmado/a; **Konfirmation** *f* REL confirmación *f*

konfiszieren *vt* confiscar

Konfitüre *f* ‹-, -n› confitura *f*

Konflikt *m* ‹-[e]s, -e› conflicto *m;* ◇ **mit jd-m/etw in ~ geraten** entrar en conflicto con alguien/algo

Konföderation *f* confederación *f*

Konfrontation *f* enfrentamiento *m* (*mit* con); **konfrontieren** *vt* enfrentar (*mit* con)

konfus *adj* [1] ▷*Person* confuso [2] ▷*Bericht* confuso, embrollado

Kongreß *m* ‹Kongresses, Kongresse› [1] confreso *m* [2] POL Congreso *m*

König *m* ‹-[e]s, -e› [1] rey *m* [2] *FAM* ↑ *Beste(r)* el mejor; ◇ **der ~ des Rock'n Roll** el rey del rock'n roll; **Königin** *f* reina *f;* FAUNA ◇ **Bienen~** abeja *f* reina; **königlich** *adj* [1] real [2] ↑ *großartig* maravilloso [3] *FAM* ↑ *sehr* mucho; ◇ **sich ~ amüsieren** divertirse de lo lindo

konjugieren *vt* → *Verb* conjugar

Konjunktion *f* [1] GRAM conjunción *f* [2] ASTRON conjunción *f*

Konjunktiv *m* GRAM subjuntivo *m*

Konjunktur *f* coyuntura *f*

konkret *adj* [1] concreto [2] ↑ *genau* exacto; ↑ *klar* claro

Konkurrent(in *f*) *m* ↑ *Rivale* rival *m/f;* SPORT contrincante *m/f;* COMM competidor(a *f*) *m;* **Konkurrenz** *f* [1] COMM competencia *f;* ◇ **sich** *dat* **~ machen** hacer la competencia a [2] SPORT ↑ *Wettkampf* contrincantes *m/f/pl* [3] competencia *f;* ◇ **e-e starke ~** una fuerte competencia; **konkurrieren** *vi* SPORT competir (*mit* con); COMM hacer la competencia (*mit* a)

Konkurs *m* ‹-es, -e› COMM quiebra *f;* ◇ **~ anmelden** declararse en quiebra

können ‹konnte, gekonnt› *vti* [1] ↑ *imstande sein* (*mit Infinitiv*) poder; ◇ **sie kann das nicht lesen** no lo puede leer; ◇ **ich kann nichts mehr essen** no puedo comer más [2] → *Sprache* hablar, dominar; → *schwimmen, Auto fahren* saber; ◇ **können Sie Russisch?** ¿habla usted ruso?; ◇ **sie kann ihre Rolle nicht** no se sabe su papel [3] ↑ *möglich sein* poder; ◇ **das kann [möglich] sein** puede ser; ◇ **es kann sein, daß ...** puede que ... [4] ↑ *dürfen* poder; ◇ **kann ich mal telefonieren?** ¿puedo llamar por teléfono? [5] ◇ **nichts für etw ~** no tener la culpa; **Können** *n* ‹-s› [1] poder *m,* saber *m* [2] ↑ *Fähigkeit* capacidad *f* [3] ↑ *Geschicklichkeit* habilidad *f*

konsequent *adj* [1] ▷*Entscheidung* consecuente, lógico [2] ↑ *beharrlich* constante; ↑ *unbeirrt* firme; ◇ ~ **ein Ziel verfolgen** perseguir una meta de forma constante; **Konsequenz** *f* [1] ↑ *Folge* consecuencia *f;* ◇ **seine ~en ziehen** sacar consecuencias; ◇ **die ~en tragen** sufrir las consecuencias [2] ↑ *Unbeirrbarkeit* constancia *f;* ↑ *Beharrlichkeit* firmeza *f*

konservativ *adj* POL conservador

Konserve *f* ‹-, -n› conserva *f;* **Konservendose** *f* lata *f* de conservas

konservieren *vt* [1] GASTR conservar, enlatar [2] → *Bauwerke, Denkmäler* conservar; **Konservierungsmittel** *n* conservante *m*

Konsonant *m* consonante *f*

konstant *adj* [1] ↑ *beständig* constante [2] ↑ *hartnäckig* rotundo

Konstellation *f Macht~,* ASTROL constelación *f*

konstruieren *vt* [1] → *Brücke* construir; MATH → *Dreieck* hacer [2] *FIG* → *Satz, Plan, Situation* construir, hacer; **Konstruktion** *f* [1] ↑ *Aufbau* construcción *f* [2] *FIG* construcción *f*, realización *f;* **konstruktiv** *adj* constructivo

Konsul(in *f*) *m* ‹-s, -n› cónsul *m/f;* **Konsulat** *n* consulado *m;* **konsultieren** *vt* consultar

Konsum *m* ‹-s› consumo *m;* **Konsumartikel** *m* artículo *m* de consumo; **Konsumation** *f* (*CH*) consumo *m;* **Konsument(in** *f*) *m* consumidor(a *f*) *m;* **konsumieren** *vt* consumir

Kontakt *m* ‹-[e]s, -e› [1] *Haut~,* ELECTR contacto *m* [2] ↑ *Beziehung* relación *f;* ◇ **sozialer** ~ relación social; **kontaktarm** *adj* retraído; de pocos amigos; **kontaktfreudig** *adj* sociable; **Kontaktlinsen** *f/pl* lentes *f/pl* de contacto, lentillas *f/pl*

Kontext *m* contexto *m;* ◇ **etw im ~ sehen** ver algo en el contexto

Kontinent *m* ‹-[e]s, -e› [1] continente *m* [2] ↑ *Festland* tierra *f* firme; **kontinental** *adj* continental

kontinuierlich *adj* continuo

Konto *n* ‹-s, Konten› [1] cuenta *f* [2] *FIG* ◇ **das geht auf ihr** ~ ella tiene la culpa de eso; **Kontoauszug** *m* extracto *m* de cuenta; **Kontoinhaber(in** *f*) *m* titular *m/f* de la cuenta; **Kontonummer** *f* número *m* de cuenta; **Kontostand** *m* estado *m* de la cuenta

Kontra *n* ‹-s, -s› [1] contra *f;* ◇ **Pro und** ~ los pros y contras [2] (*beim Kartenspiel*) contra *f; FIG* ◇ **jd-m ~ geben** llevar la contra a alguien

Kontrabaß *m* contrabajo *m*

Kontrahent(in *f*) *m* [1] adversario/a [2] COMM ↑ *Vertragspartner* parte *f* contratante

Kontrapunkt *m* MUS contrapunto *m*

Kontrast *m* ‹-[e]s, -e› contraste *m*

Kontrolle *f* ‹-, -n› [1] ↑ *Überprüfung* (*von Ausweis*) control *m;* (*von Gepäck*) inspección *f* [2] ↑ *Überwachung* vigilancia *f* [3] ↑ *Herrschaft* control *m* (*über akk* sobre); ◇ **die ~ verlieren** perder el control; **Kontrolleur(in** *f*) *m* (*Fahrkarten~*) revisor(a *f*) *m;* (*Waren~*) inspector(a *f*) *m;* **kontrollieren** *vt* [1] ↑ *überprüfen* controlar, inspeccionar [2] ↑ *überwachen* vigilar [3] ↑ *beherrschen* controlar

Kontroverse *f* ‹-, -n› controversia *f* (*über akk* sobre)

Kontur *f* contorno *m*

Konvention *f* [1] ↑ *Übereinkunft* acuerdo *m*, convenio *m;* ◇ **~en** reglas *f/pl* sociales [2] POL ↑ *Vertrag* Convención *f* [3] ↑ *Tradition* tradición *f;* **konventionell** *adj* convencional

Konversation *f* conversación *f*

Konzentration *f* [1] ↑ *Sammlung* concentración *f;* ↑ *Aufmerksamkeit* atención *f* [2] ↑ *Zusammendrängung* concentración *f* (*von* de); **Konzentrationslager** *n* campo *m* de concentración; **konzentrieren I.** *vt* [1] centralizar [2] → *Kräfte* concentrar (*auf akk* en) [3] CHEM concentrar **II.** *vr* ◇ **sich** ~ concentrarse (*auf akk* en)

Konzept *n* ‹-[e]s, -e› concepto *m;* borrador *m*

Konzern *m* ‹-s, -e› consorcio *m*

Konzert *n* ‹-[e]s, -e› MUS [1] (*Violin~*) concierto *m* [2] audición *f*

Konzession *f* [1] ↑ *Genehmigung* licencia *f* [2] ↑ *Zugeständnis* concesión *f;* ◇ **~en machen** hacer concesiones

Kooperation *f* cooperación *f;* ◇ **in ~ mit** en cooperación de

koordinieren *vt* coordinar

Kopf *m* ‹-[e]s, Köpfe› [1] cabeza *f;* ◇ **von ~ bis Fuß** de pies a la cabeza; *FIG* ◇ **etw auf den ~ stellen** poner algo patas arriba; *FIG* ◇ **den ~ hängenlassen** desanimarse [2] (*von Nagel, Pfeife*) cabeza *f;* (*Salat~*) cogollo *m* [3] ↑ *Titel* (*Brief~*) encabezamiento *m;* (*Zeitungs~*) titulares *m/pl* [4] persona *f;* ◇ **ein kluger ~** una persona inteligente; ◇ **pro ~** por persona, cada uno [5] ↑ *Leiter* (*von Organisation*) cabeza *f* [6] *FIG* ◇ **sich über jd-n/etw den ~ zerbrechen** romperse la cabeza por alguien/algo; ◇ **nicht ganz richtig im ~ sein** no estar bien de la cabeza [7] ↑ *Sinn* sentido *m;* ◇ **sich etw durch den ~ gehen lassen** reflexionar sobre algo; ◇ **es geht mir nicht aus dem ~** no me lo puedo quitar de la cabeza; ◇ **sich etw in den ~ setzen** meterse algo en la cabeza; ◇ **aus dem ~** de memoria; ◇ **jd-m den ~ verdrehen** volver loco de amor a alguien; **Kopfhörer** *m* auricular *m*, casco *m;* **Kopfkissen** *n* almohada *f;* **kopflos** *adj FIG* sin cabeza; irreflexivo; precipitado; **Kopfsalat** *m* lechuga *f;* **Kopfschmerzen** *m/pl* dolor *m* de cabeza; **kopfstehen** *unreg vi FIG* estar mal de la cabeza; **Kopfzerbrechen** *n* ‹-s› *FIG* quebraderos *m/pl* de cabeza; ◇ **jd-m ~ bereiten** traer a alguien de cabeza

Kopie *f* [1] ↑ *Abschrift* duplicado *m* [2] ↑ *Fotokopie* copia *f* [3] (*von Gemälde*) copia *f*, imitación *f;* **kopieren** *vt* [1] copiar [2] *a.* PC ↑ *foto~* hacer copias [3] ↑ *imitieren* imitar [4] → *Kunstwerk* copiar, imitar; **Kopierer** *m* ‹-s, -›, **Kopiergerät** *n* copiadora *f*

koppeln *vt* [1] unir; → *Pferde* enganchar [2] ↑ *verbinden*, ELECTR acoplar; → *Fahrzeuge* ensamblar; ◇ **etw an etw** *akk* **~** juntar/unir dos cosas; **Koppelung** *f* ↑ *Verbindung* (*von Fahrzeugen*) ensamblado *m;* ELECTR acoplamiento *m*

Koralle *f* ‹-, -n› coral *m*

Korb *m* ‹-[e]s, Körbe› [1] (*Einkaufs~*) cesta *f;* (*Näh~*) costurero *m;* (*Bienen~*) colmena *f; FIG* ◇ **jd-m e-n ~ geben** dar calabazas a alguien [2] ↑ *~geflecht* cesto *m* [3] SPORT canasta *f*

Kordel *f* ‹-, -n› cordón *m*

Kork *m* ‹-[e]s, -e› corcho *m;* **Korken** *m* ‹-s, -› corcho *m;* **Korkenzieher** *m* ‹-s, -› sacacorchos *m*

Korn [1] *n* ‹-[e]s, Körner› [1] (*Samen~*) semilla *f;* (*Pfeffer~, Senf~*) grano *m;* (*Staub~*) mota *f* [2] ↑ *Getreide* cereales *m/pl*

Korn [2] *n* ‹-[e]s› (*von Gewehr*) punto *m* de mira; *FIG* ◇ **jd-n aufs ~ nehmen** vigilar a alguien

Korn [3] *m* ‹-[e]s, -› aguardiente *m*

Körper *m* ‹-s, -› [1] ↑ *Leib* cuerpo *m* [2] (*Heiz~*) radiador *m* [3] MATH cuerpo *m;* **Körperbau** *m* constitución *f*, complexión *f;* **körperbehindert** *adj* impedido; minusválido; **Körpergröße** *f* estatura *f*, talla *f;* **körperlich** *adj* corporal, físico; **Körperteil** *m* parte *f* del cuerpo

korpulent *adj* corpulento; obeso

korrekt *adj* correcto; **Korrektor(in** *f*) *m* corrector(a *f*) *m;* **Korrektur** *f* [1] (*von Fehlern*) corrección *f* [2] TYP corrección *f* de pruebas; **Korrekturband** *n, pl* ‹-bänder› cinta *f* correctora

Korrespondent(in *f*) *m* corresponsal *m/f;* **Korrespondenz** *f* correspondencia *f*

Korridor *m* ‹-s, -e› pasillo *m*, corredor *m*

korrigieren *vt* [1] → *Fehler* corregir [2] (*Drucktext*) rectificar [3] → *Meinung* cambiar

Korrosion *f* corrosión *f*

Korruption *f* corrupción *f*

Kosename *m* nombre *m* cariñoso

Kosmetik *f* [1] cosmética *f* [2] (*chirurgische ~*) estética *f;* **Kosmetiker(in** *f*) *m* ‹-s, -› esteticista *m/f*

kosmisch *adj* cósmico; **Kosmonaut(in** *f*) *m* ‹-en, -en› cosmonauta *m/f;* **Kosmos** *m* ‹-› cosmos *m*

Kost *f* ‹-› [1] comida *f*, alimento *m;* ◇ **leichte ~** comida ligera [2] ↑ *Verpflegung* mantenimiento *m;* ◇ **~ und Logis** comida y alojamiento [3] *FIG* ◇ **leichte/schwere ~** tema *m* fácil/difícil

kostbar *adj* valioso; caro; **Kostbarkeit** *f* [1] joya *f* [2] ↑ *kostbares Stück* objeto *m* de gran valor

kosten [1] *vti* [1] ↑ *Preis haben* costar, valer; ◇ **das Buch kostet 15 Mark** el libro cuesta 15 marcos; ◇ **das hat ihn viel Geld gekostet** le ha costado mucho dinero; ◇ **das kostet ihn seinen Job** le supuso perder su trabajo [2] ↑ *erfordern* requerir, necesitar; ◇ **Zeit/Nerven/Mühe ~** requerir tiempo/energía/esfuerzo

kosten [2] *vti* → *Speise* probar (*von etw* algo)

Kosten *pl* [1] ↑ *Ausgaben* gastos *m/pl*, costos *m/pl;* (JURA *Gerichts~*) costas *f/pl* [2] *FIG* ◇ **das geht auf ~ von e-r Sache** [*o.* **auf ~ e-r Sache** *gen*] a cuenta de una cosa; ◇ **auf seine ~ kommen** resarcirse de los gastos; **kostenlos** *adj* gratis, gratuito; **Kostenvoranschlag** *m* COMM presupuesto *m*

köstlich *adj* [1] ▷*Essen* delicioso, exquisito [2] *FAM* ↑ *lustig* divertidísimo [3] ↑ *sehr* ◇ **sich ~ amüsieren** divertirse de lo lindo; **Kostprobe** *f* degustación *f*

kostspielig *adj* caro

Kostüm *n* ‹-s, -e› [1] ↑ *Tracht* traje *m* [2] (*Damen~*) traje *m*, conjunto *m* [3] (*Faschings~*) disfraz *m;* (*von Schauspieler*) vestido *m*

Kot *m* ‹-[e]s› excrementos *m/pl*, heces *f/pl*

Kotelett *n* ‹-[e]s, -e *o.* -s› chuleta *f*

Koteletten *pl* patillas *f/pl*

Köter *m* ‹-s, -› *PEJ* chucho *m*

Kotflügel *m* AUTO guardabarros *m*

kotzen *vi VULG* echar la pota

Krabbe *f* ‹-, -n› camarón *m*, cangrejo *m* de mar

krabbeln *vi* ← *Käfer* correr; ← *Kinder* andar a gatas

Krach *m* ‹-[e]s, -s *o.* -e› [1] ruido *m*, jaleo *m;* ◇ **~ machen** hacer ruido, armar jaleo [2] estrépito *m* [3] *FAM* ↑ *Streit* bronca *f* [4] *FIG* ↑ *Zusammenbruch* crac *m;* **krachen** *vi* [1] ← *Schuß* estallido *m;* ← *Tür* cerrarse de golpe; ← *Donner* tronar [2] *FAM* ↑ *durchbrechen* romperse [3] ◇ **gegen etw ~** chocar con algo

krächzen *vi* ← *Rabe* graznar; ← *heisere Person* hablar con voz ronca

kraft *präp gen* en virtud de

Kraft *f* ‹-, Kräfte› [1] ↑ *Stärke* fuerza *f;* ◇ **Kräfte sammeln** aunar fuerzas; ◇ **mit vereinten Kräften** todos unidos [2] (*Willens-*) fuerza *f* de voluntad [3] (*Arbeits-*) personal *m* [4] ↑ *Wirkung* eficacia *f* [5] ◇ **in - treten** ← *Gesetz* entrar en vigor; ◇ **in - sein** estar en vigor [6] PHYS energía *f;* **Kraftfahrer(in** *f*) *m* automovilista *m/f;* **Kraftfahrzeug** *n* automóvil *m,* vehículo *m*

kräftig I. *adj* [1] ▷*Person* fuerte [2] ▷*Stimme* potente; ▷*-er Appetit* buen apetito [3] ▷*Mahlzeit* fuerte II. *adv* ↑ *sehr:* ◇ - **festdrehen** apretar fuerte

kraftlos *adj* [1] sin fuerza [2] JURA nulo; **Kraftprobe** *f* prueba *f* de fuerza; **Kraftrad** *n* motocicleta *f;* **kraftvoll** *adj* vigoroso; **Kraftwagen** *m* automóvil *m,* coche *m;* **Kraftwerk** *n* central *f* eléctrica

Kragen *m* ‹-s, -› (*von Hemd*) cuello *m;* (*von Mantel*) solapa *f*

Krähe *f* ‹-, -n› corneja *f*

krähen *vi* ← *Hahn* cantar

Kralle *f* ‹-, -n› [1] (*Vogel-*) garra *f;* (*Katzen-*) uña *f;* (*Bären-*) garra *f* [2] *FAM* zarpa *f;* ◇ **jd-m die -n zeigen** enseñar las uñas/los dientes [3] (*Park-*) cepo *m*

Kram *m* ‹-[e]s› [1] *PEJ* ↑ *Gerümpel* trastos *m/pl,* chismes *m/pl* [2] *FAM* ↑ *Angelegenheit* asunto *m;* ◇ **das paßt mir nicht in den -** no me viene bien;

kramen *vi* revolver (*nach* en)

Krampf *m* ‹-[e]s, Krämpfe› [1] (*Muskel-*) calambre *m;* (*Magen-*) retortijón *m* [2] *FAM* ↑ *Quatsch* bobada *f,* tontería *f;* ◇ **so ein -!** ¡qué bobada!; **Krampfader** *f* variz *f;* **krampfhaft** *adj* [1] ▷*Zuckungen* convulsivo, espasmódico [2] *FIG* ↑ *verbissen* ◇ - **an etw** *dat* **festhalten** aferrarse a algo con desesperación

Kran *m* ‹-[e]s, Kräne› grúa *f*

krank ‹kränker, am kränksten› [1] (*nicht gesund* ▷*Mensch, Tier, Pflanze, körperlich*) enfermo, malo; ◇ **geistes-** enfermo mental; ◇ **sich - melden** darse de baja por enfermedad [2] *FIG* ▷*Firma* deficitario; **Kranke(r)** *fm* enfermo/a; **kränkeln** *vi* [1] estar enfermo [2] *FIG* ← *Firma* estar deficitario

kränken *vt* → *jd-n* ofender

Krankengeld *n* subsidio *m* de enfermedad; **Krankengymnast(in** *f*) *m* fisioterapeuta *m/f;* **Krankenhaus** *n* hospital *m;* **Krankenkasse** *f* ▷*gesetzliche, private* Seguridad *f* Social; **Krankenpfleger(in** *f*) *m* enfermero/a; **Krankenschein** *m* volante *m* del seguro; **Krankenschwester** *f* enfermera [titulada] *f;* **Krankenversicherung** *f* seguro *m* de enfermedad; **Krankenwagen** *m* ambulancia *f;* **krankfeiern** *vi FAM* darse de baja por enfermedad; **krankhaft** *adj* [1] ▷*Vergrößerung* enfermizo [2] ↑ *übertrieben, pathologisch* ▷*Sucht, Trieb, Angst* patológico; **Krankheit** *f* (▷*schwer, leicht, Kinder-*) enfermedad *f;* (*Gemüts-*) mal *m;* ◇ **an e-r - leiden** tener una enfermedad; **kränklich** *adj* ▷*Zustand* débil; ▷*Aussehen* enfermizo

Kränkung *f* ofensa *f*

Kranz *m* ‹-es, Kränze› [1] (*Blumen-*) corona *f* [2] ↑ *Ring* aureola *f*

kraß *adj* (*extrem*) enorme

Krater *m* ‹-s, -› cráter *m*

kratzen I. *vt* [1] ↑ *ritzen* rascar; ← *Katze* arañar [2] ↑ *reiben* raspar; ← *Wolle* cardar; ◇ **sich** *akk* **am Kopf -** rascarse la cabeza [3] *FAM* ◇ **das kratzt mich nicht** eso no me importa; **Kratzer** *m* ‹-s, -› [1] ↑ *Kratzspur* arañazo *m,* rasguño *m;* (*auf Lack*) raya *f* [2] (*Eis-*) raspador *m*

kraulen I. *vi* ↑ *schwimmen* nadar a crol II. *vt* ↑ *streicheln* acariciar

kraus *adj* [1] ▷*Haar* rizado [2] ▷*Stoff* arrugado [3] ↑ *wirr* confuso; ↑ *sonderbar* raro, extraño;

Krause *f* ‹-, -n› [1] ↑ *Locken* rizos *m/pl* [2] (*Hals-*) golilla *f*

kräuseln I. *vt* [1] rizar [2] → *Rock* hacer arrugas [3] *FIG* ◇ **die Lippen -** fruncir los labios II. *vr* ◇ **sich -** [1] ← *Haare* rizarse; ← *Wasser* encresparse [2] ← *Stoff* arrugarse

Kraut *n* ‹-[e]s, Kräuter› [1] (*Würz-*) hierba *f* [2] ↑ *Kohl* berza *f,* col *f* [3] (*Kartoffel-*) hojas *f/pl; FAM* ◇ **wie - und Rüben** patas arriba [4] *FAM* ↑ *Tabak* tabaco *m*

Krawall *m* ‹-s, -e› [1] revuelta *f,* alboroto *m* [2] ↑ *Lärm* ruido *m,* escándolo *m;* ◇ - **machen** hacer ruido

Krawatte *f* corbata *f*

kreativ *adj* creativo

Kreatur *f* [1] ↑ *Geschöpf* criatura *f* [2] *PEJ* tipejo *m*

Krebs *m* ‹-es, -e› [1] FAUNA cangrejo *m* [2] (MED *Lungen-, Darm- etc.*) cáncer *m* [3] ASTROL Cáncer *m;* **krebserregend** *adj* cancerígeno

Kredit *m* ‹-[e]s, -e› crédito *m;* ◇ **e-n - aufnehmen** pedir un crédito; **Kreditkarte** *f* tarjeta *f* de crédito

Kreide *f* ‹-, -n› [1] ↑ *Kalkstein* creta *f* [2] tiza *f* [3] GEOL cretáceo *m;* **kreidebleich** *adj* blanco como el papel

Kreis *m* ‹-es, -e› [1] ▷*zeichnen* círculo *m;* ◇ **im - gehen** andar en círculos; *FIG* no encontrar la solución [2] ↑ *Gruppe* grupo *m* [3] ↑ *Bezirk* distrito *m;* ◇ - **Frankfurt** distrito de Francfort

kreischen *vi laut schreien* ← *Vogel* chillar; ← *Mensch* gritar, vociferar

kreisen *vi* [1] ← *Flugzeug* dar vueltas [2] ← *Flasche* girar [3] *FIG* ← *Gespräch* girar (*um* en torno a); ← *Gedanken* dar vueltas (*um* a); **Kreislauf** *m* [1] MED ↑ *Blut~* circulación *f* [2] *FIG* ↑ *Zyklus* ciclo *m;* **Kreisstadt** *f* capital *f* del distrito; **Kreisverkehr** *m* tráfico *m* giratorio

Kreißsaal *m* sala *f* de partos

Krematorium *n* crematorio *m*

Kreml *m* ‹-s›: ◇ **der** ~ el Kremlin

krepieren *vi* [1] *VULG* ↑ *sterben* estirar la pata [2] ↑ *platzen* estallar

Kresse *f* ‹-, -n› berro *m*

Kreta *n* ‹-s› Creta *f*

Kreuz *n* ‹-es, -e› [1] cruz *f;* ◇ ~ **des Südens** Cruz *f* del Sur; (*Fenster~*) crucero *m;* (*Autobahn~*) cruce *m* [2] REL cruz *f;* ◇ **das ~zeichen machen** hacer la señal de la cruz [3] MUS sostenido *m* [4] ANAT región *f* lumbar, riñones *m/pl; FIG* ◇ **jd-n aufs ~ legen** engañar a alguien [5] *FIG* ↑ *Leid* cruz *f;* ◇ **es ist ein ~ mit ihm** él es una cruz para mí [6] (*Spielkartenfarbe*) bastos *m/pl;* **kreuzen I.** *vt* [1] → *Beine* cruzar [2] → *Straße* cruzar, atravesar [3] BIOL → *Tiere* cruzar, aparear **II.** *vi* [1] ◇ **Fußgänger** ~ cruzan los peatones [2] NAUT cruzar; ◇ **gegen den Wind** ~ navegar a contra viento **III.** *vr* ◇ **sich** ~ [1] ← *Linie, Briefe* cruzarse [2] ← *Ansichten, Pläne* no coincidir; **Kreuzer** *m* ‹-s, -› NAUT crucero *m;* **Kreuzfahrt** *f* crucero *m*

Kreuzung *f Straßen~,* BIOL cruce *m;* **Kreuzverhör** *n* JURA interrogatorio *m* cruzado; ◇ **ins ~ nehmen** repreguntar/contrainterrogar; **Kreuzworträtsel** *n* crucigrama *m*

kriechen ‹kroch, gekrochen› *vi* [1] ← *Schlange* rectar; (*auf dem Bauch*) arrastrarse [2] *PEJ FAM* ↑ *sich anbiedern* ◇ **jd-m in den Hintern** ~ hacer la pelota; **Kriecher** *m* ‹-s, -› *PEJ* pelota *f;* **Kriechspur** *f* vía *f* para vehículos lentos

Krieg *m* ‹-[e]s, -e› guerra *f;* ◇ **kalter** ~ guerra fría; ◇ **jd-m den ~ erklären** declarar la guerra a alguien

kriegen *vt FAM* [1] ↑ *bekommen* recibir [2] ↑ *erwischen* coger, atrapar, pillar; ◇ **jd-n zu fassen** ~ pillar a alguien

Kriegsdienstverweigerer *m* ‹-s, -› objetor *m* de conciencia; **Kriegsfuß** *m:* ◇ **mit jd-m/etw auf ~ stehen** estar en pie de guerra [contra alguien]; **Kriegsgefangene(r)** *fm* prisionero/a de guerra; **Kriegsschauplatz** *m* escenario *m* bélico; **Kriegsschiff** *n* barco *m* de guerra

Krimi *m* ‹-s, -s› *FAM* película/novela *f* policíaca

Kriminalbeamte(r) *m* **-beamtin** *f* agente *m/f* de investigación criminal; **Kriminalität** *f* delincuencia *f;* **Kriminalpolizei** *f* Brigada *f* de Investigación Criminal; **kriminell** *adj* [1] ▷ *Tat, Person* criminal [2] *FAM* ◇ ~ **teuer** caro de narices; **Kriminelle(r)** *fm* criminal *m/f*

Krimskrams *m* ‹-› *FAM* cachivaches *m/pl,* trastos *m/pl*

Kripo *f* ‹-› *FAM* policía *f* de investigación criminal

Krippe *f* ‹-, -n› [1] ↑ *Futtertrog* pesebre *m* [2] (*Kinder~*) guardería *f* [3] REL nacimiento *m,* belén *m*

Krise *f* ‹-, -n› [1] crisis *f;* ◇ **in e-r ~ stecken** estar en crisis [2] ↑ *Höhepunkt* ◇ **e-e ~ überstehen** pasar el momento crítico; **kriseln** *vi unpers:* ◇ **es kriselt** hay crisis; **Krisenherd** *m* zona *f* crítica

Kristall *m* ‹-s, -e› cristal *m*

Kriterium *n* criterio *m*

Kritik *f* [1] ↑ *Beanstandung* crítica *f;* ◇ ~ **an jd-m/etw üben** criticar a alguien/ algo [2] ↑ *Beurteilung* (*über Buch*) reseña *f;* (*über Film*) crítica *f;* ◇ **unter aller** ~ pésimo, malísimo [3] crítica *f;* **Kritiker(in** *f*) *m* ‹-s, -› [1] persona *f* que critica [2] (*Theater~*) crítico *m/f;* **kritiklos** *adj* sin espíritu crítico; ◇ **etw ~ hinnehmen** aceptar algo sin hacer críticas; **kritisch** *adj* crítico; ◇ **jd-n ~ anschauen** mirar a alguien de forma crítica; **kritisieren** *vti* [1] hacer una crítica de [2] ↑ *beanstanden* criticar

Kroatien *n* ‹-s› Croacia *f*

Krokodil *n* ‹-s, -e› cocodrilo *m*

Krone *f* ‹-, -n› [1] (*Königs~*) corona *f* [2] (*Baum~*) copa *f*

krönen *vt* [1] → *jd-n* coronar; ◇ **zum Kaiser** ~ coronar emperador [2] ↑ *beenden* coroñar, terminar; ◇ **der ~de Abschluß** el cierre de oro

Kronleuchter *m* araña *f;* **Kronprinz** *m* príncipe *m* heredero; **Kronprinzessin** *f* princesa *f* heredera

Krönung *f* [1] (*von König etc.*) coronación *f* [2] *FIG* ↑ *Höhepunkt, das Beste* momento *m* álgido; *FAM* ◇ **das ist die ~!** ¡eso es el no va más!

Kröte *f* ‹-, -n› [1] FAUNA sapo *m* [2] *FAM* ◇ **ein paar ~n haben** tener cuatro perras [3] *FAM* mocosa *f*

Krücke *f* ‹-, -n› [1] muleta *f;* ◇ **an ~n gehen** andar con muletas [2] *FAM* fracasado *m*

Krug *m* ‹-[e]s, Krüge› [1] (*Milch~*) cántaro *m* [2] (*Bier~*) jarra *f*

Krümel *m* ‹-s, -› (*Brot~*) migaja *f;* (*Tabaks~*) hebra *f*

krumm *adj* [1] ▷ *Beine* torcido [2] *FIG* ↑ *unehrlich* sucio; ◇ **~e Geschäfte** negocios sucios; **krümmen** *vr* ◇ **sich ~** doblarse; **krummlachen** *vr* ◇ **sich ~** *FAM* desternillarse de risa; **krummnehmen** *unreg vt FAM:* ◇ **jd-m etw ~** tomar algo a mal

Krümmung *f* ↑ *Krummsein* curva *f; (von Rükken)* curvatura *f; (von Straße)* vuelta *f*

Krüppel *m* ‹-s, -› ▷*körperlich* tullido *m,* inválido *m*

Kruste *f* ‹-, -› *(Brot-)* corteza *f;* MED costra *f*

Kruzifix *n* ‹-es, -e› crucifijo *m*

Kuba *n* ‹-s› Cuba *f*

Kübel *m* ‹-s, -› cubo *m*

Kubikmeter *m* metro *m* cúbico

Küche *f* ‹-, -n› [1] cocina *f* [2] ◇ **französische ~** cocina francesa [3] ◇ **Einbau~** cocina *f* tipo americana

Kuchen *m* ‹-s, -› pastel *m;* **Kuchenform** *f* molde *m*

Küchengerät *n* utensilio *m* de cocina; **Küchenherd** *m* cocina *f;* **Küchenschrank** *m* armario *m* de cocina

Kuckuck *m* ‹-s, -e› [1] cuco *m* [2] *FAM* sello *m* del ejecutor

Kufe *f* ‹-, -n› [1] ↑ *Schiene (von Schlitten)* cuchilla *f* [2] *(von Faß)* cuba *f*

Kugel *f* ‹-, -n› [1] *(Glas-)* bola *f; (Erd-)* globo *m;* SPORT peso *m; FAM* ◇ **e-e ruhige ~ schieben** tocarse las narices [2] MIL *(Gewehr-)* bala *f;* **Kugelgelenk** *n* TECH, ANAT articulación *f* esférica; **kugelrund** *adj* [1] *(Gegenstand)* redondo como una bola [2] *FAM* ▷*Person* redondo como una pelota; **Kugelschreiber** *m* bolígrafo *m;* **kugelsicher** *adj* antibalas

Kuh *f* ‹-, Kühe› [1] *(Milch-)* vaca *f; (Elefanten-)* hembra *f* de ... [2] *FAM* ◇ **dumme ~** boba, lela

kühl *adj* [1] ▷*Wetter* fresco [2] *FIG* ▷*Begrüßung* frío [3] ▷*Geschäftsmann* frío, calculador; ◇ **e-n ~en Kopf bewahren** mantener la sangre fría; **Kühlbox** *f* ‹-, -en› nevera *f* portátil; **Kühle** *f* ‹-› [1] *(Temperatur)* fresco *m* [2] *(FIG Wesen)* frialdad *f;* **kühlen** *vt* refrescar, enfriar; **Kühler** *m* ‹-s, -› [1] AUTO radiador *m* [2] *(Sekt-)* recipiente *m* para mantener algo frío; **Kühlerhaube** *f* AUTO capó *m;* **Kühlraum** *m* cámara *f* frigorífica; **Kühlschrank** *m* frigorífico *m;* **Kühlung** *f* refrigeración *f;* **Kühlwasser** *n* AUTO agua *m* del radiador

Küken *n* ‹-s, -› [1] pollito *m* [2] *(FAM Mädchen)* pollita *f*

kulant *adj* complaciente

Kuli *m* ‹-s, -s› [1] cargador *m; FIG* ↑ *Sklave* esclavo *m* [2] *FAM* ↑ *Kugelschreiber* bolígrafo *m*

Kulisse *f* ‹-, -n› [1] THEAT bastidor *m* [2] *FIG* ◇ **hinter den ~n** entre bastidores

kullern *vi* ↑ *rollen* ← *Kugel* rodar; ← *Tränen* resbalar

Kult *m* ‹-[e]s, -e› culto *m;* **Kultfigur** *f* ídolo *m*

kultivieren *vt* [1] → *Land* cultivar [2] ↑ *verfeinern* mejorar, refinar [3] → *Pflanzen* cultivar; **kultiviert** *adj* [1] ▷*Benehmen* refinado [2] ▷*Person* culto [3] ▷*Stimme* formado

Kultur *f* [1] *(Indianer-)* cultura *f* [2] civilización *f* [3] *(Gemüse-)* cultivo *m* [4] *(von Bakterien)* cultivo *m;* **Kulturbanause** *m FAM* inculto *m;* **kulturell** *adj* cultural

Kultusministerium *n* Ministerio *m* de Cultura

Kümmel *m* ‹-s, -› [1] *(Gewürz)* comino *m* [2] *(Getränk)* cúmel *m*

Kummer *m* ‹-s› [1] ↑ *Leid* pena *f;* ↑ *Betrübnis* aflicción *f; (Sorge)* preocupación *f;* ◇ **jd-m ~ machen** preocupar a alguien [2] *FAM* ↑ *Ärger* problemas *m/pl;* ◇ **mit etw ~ haben** tener problemas con algo; **kümmerlich** *adj* raquítico

kümmern I. *vt* preocupar, importar; ◇ **was kümmert's dich?** ¡qué te importa? **II.** *vr* [1] ↑ *pflegen* ◇ **sich um jd-n/etw ~** cuidar de alguien/algo [2] ◇ **sich um etw ~** ocuparse de algo

Kumpel *m* ‹-s, -› [1] ↑ *Bergmann* minero *m* [2] *FAM* ↑ *Freund* compañero *m*

Kunde *m* ‹-n, -n› **Kundin** *f* cliente/a; **Kundendienst** *m* asistencia *f* técnica

kundgeben *unreg vt* dar a conocer, anunciar, proclamar; **Kundgebung** *f* ↑ *Protestversammlung* manifestación *f*

kündigen I. *vi* [1] *(Arbeitsverhältnis auflösen)* despedir; ← *Arbeitnehmer* avisar del cese de empleo [2] *(Mietverhältnis auflösen)* desahuciar; ← *Mieter* avisar del desalojamiento **II.** *vt* → *Arbeit, Wohnung* dejar; → *Abonnement* anular; → *Vertrag* rescindir; → *Gelder* solicitar el reembolso; *FIG* → *Freundschaft* romper; **Kündigung** *f (von Stelle)* despedida *f; (von Wohnung)* aviso *m* de desalojamiento; *(von Arbeitgeber)* despido *m; (von Vermieter)* anuncio *m* de desahucio; **Kündigungsfrist** *f* plazo *m* de aviso

Kundschaft *f* clientela *f*

künftig I. *adj* futuro, venidero **II.** *adv* a partir de ahora; en el futuro

Kunst *f* ‹-, Künste› [1] arte *m* [2] ↑ *Geschick* habilidad *f;* ◇ **das ist doch keine ~** eso lo hace cualquiera; **Kunstakademie** *f* Escuela *f* de Bellas Artes; **Kunstgeschichte** *f* historia *f* del arte; **Kunstgewerbe** *n* artesanía *f;* **Kunstherz** *n* corazón *m* trasplantado

Künstler(in *f*) *m* ‹-s, -› artista *m/f;* **künstlerisch** *adj* [1] ▷*Tätigkeit* artístico; creativo [2] artístico, de artista; ◇ **~e Freiheit** libertad artística

künstlich *adj* [1] ▷*Licht* artificial; ▷*Gebiß* postizo; ◇ **~e Intelligenz** inteligencia *f* artificial [2] ▷*Befruchtung* artificial [3] *FIG* ▷*Lächeln* artificial, forzado

Kunstsammler(in *f*) *m* coleccionista *m/f* de obras de arte; **Kunststoff** *m* plástico *m;* **Kunststück** *n* (*Zirkus-*) demostración *f* de habilidad; (*Zauber-*) truco *m;* ◇ **das ist kein -!** ¡eso lo hace cualquiera!; **kunstvoll** *adj* artístico; **Kunstwerk** *n* obra *m* de arte

Kuppe *f* ‹-, -n› [1] (*Berg-*) cumbre *f*, cima *f* [2] (*Finger-*) yema *f* del dedo

Kuppel *f* ‹-, -n› cúpula *f*

kuppeln I. *vi* AUTO embragar **II.** *vt* unir a dos personas, juntar; **Kupplung** *f* AUTO embrague *m*

Kur *f* ‹-, -en› cura *f*

Kür *f* ‹-, -en› SPORT figuras *f/pl* libres

Kurbel *f* ‹-, -n› manivela *f*

Kürbis *m* ‹-ses, -se› calabaza *f*

Kurgast *m* cliente *m*

Kurier *m* ‹-s, -e› correo *m*

kurieren *vt* [1] curar, sanar; ◇ **jd-n von etw -** curar a alguien de algo [2] *FAM* ◇ **davon bin ich kuriert** no quiero saber nada de eso

kurios *adj* curioso, extraño, raro; **Kuriosität** *f* [1] curiosidad *f* [2] ↑ *Ding* objeto *m* raro

Kurort *m* balneario *m*

Kurpfuscher(in *f*) *m* matasanos *m/f*

Kurs *m* ‹-es, -e› [1] ↑ *Richtung* rumbo *m*, curso *m;* ◇ **- nehmen auf** *akk* emprender rumbo a [2] ↑ *Tendenz* tendencia *f* [3] ↑ *Unterricht* curso *m* [4] FIN cotización *f;* **kursieren** *vi* circular; **Kurssteigerung** *f* subida *f* del cambio; **Kurswagen** *m* BAHN tren *m* directo

Kurtaxe *f* impuesto *m* de estancia [en un balneario]

Kurve *f* ‹-, -n› MATH curva *f;* **kurvenreich**, **kurvig** *adj* con muchas curvas

kurz ‹kürzer, am kürzesten› [1] (*nicht lang, räumlich*) corto; (*zeitlich*) breve; ▷*Blick* rápido; ◇ **seit -em** desde hace poco [2] ◇ **- angebunden sein** no andarse con cumplidos; ◇ **- entschlossen** ni corto ni perezoso; ◇ **zu - kommen** quedarse corto; **Kurzarbeit** *f* jornada *f* reducida; **kurzärm[e-]lig** *adj* de manga corta

Kürze *f* ‹-, -n› (*von Strecke*) corta distancia *f*; (*zeitlich*) brevedad *f;* (*von Ausdruck*) concisión *f;* **kürzen** *vt* [1] → *Rock* acortar; → *Film* cortar; → *Buch* abreviar, acortar [2] → *Gehalt* recortar

kurzfristig *adj* a corto plazo; **kurzlebig** *adj* con poco tiempo de vida

kürzlich *adv* hace poco

Kurzparkzone *f* zona *f* azul; **Kurzschluß** *m* ELECTR cortocircuito *m;* **Kurzschrift** *f* taquigrafía *f;* **kurzsichtig** *adj* [1] miope [2] *FIG* ▷*Planung* de miras estrechas

kuscheln *vr* ◇ **sich -** acurrucarse (*an jd-n* al lado de alguien en algo)

Kuß *m* ‹Kusses, Küsse› beso *m;* **küssen** *vt* besar

Küste *f* ‹-, -n› [1] ↑ *Meeresufer* orilla *f* [2] costa *f;* ◇ **an die - fahren** ir a la costa

Küster *m* ‹-s, -› sacristán *m*

Kutsche *f* ‹-, -n› [1] (*Hochzeits-*) carroza *f*, coche *m* de caballos [2] *PEJ* cacharro *m*, tartana *f*

Kutte *f* ‹-, -n› hábito *m*

Kutter *m* ‹-s, -› balandro *m*

Kuvert *n* ‹-s, -s› sobre *m*

KW *f* kilovatio *m*

Kybernetik *f* cibernética *f*

KZ *n* ‹-s, -s› *Abk v.* **Konzentrationslager**

L

L, l *n* L, l *f*

Label *n* ‹-s, -› etiqueta *f*

labern *vi* hablar por hablar

labil *adj* [1] ▷*Charakter, politische Lage* inestable [2] ▷*Gesundheit* débil

Labor *n* ‹-s, -e› laboratorio *m;* **Laborant(in** *f*) *m* ayudante *m/f* de laboratorio

laborieren *vi:* ◇ **an e-r Krankheit -** padecer de una enfermedad

Labyrinth *n* ‹-[e]s, -e› laberinto *m*

Lache [1] *f* ‹-, -n› ↑ *Pfütze* charco *m*

Lache [2] *f* ‹-› *FAM* ↑ *Gelächter* risa *f;* ◇ **e-e dumme - haben** tener una risa estúpida

lächeln *vi* sonreír; **Lächeln** *n* ‹-s› sonrisa *f*

lachen *vi* reír; ◇ **wir haben bei diesem Lehrer nichts zum -** es un profesor duro de pelar, el profesor es un hueso; **lächerlich** *adj* [1] ▷*Vorwurf* ridículo, absurdo [2] ▷*Gehalt* de risa [3] ◇ **sich - machen** hacer el ridículo; **lachhaft** *adj FAM PEJ* ↑ *lächerlich* ridículo, absurdo

Lachs *m* ‹-es, -e› GASTR salmón *m*

Lack *m* ‹-[e]s, -e› (*Nagel-*) laca *f;* (*von Auto*) lacado *m;* (*Möbel-*) barniz *m;* **lackieren** *vt* → *Auto* lacar; → *Holz* barnizar; → *Nägel* pintarse; **Lackleder** *n* ‹-s› charol *m*

Ladegerät *n* cargador *m;* **laden** [1] ‹lud, geladen› *vt* [1] → *Fracht* → *Batterie* cargar; PC llamar [2] *FAM* ◇ **schwer ge- haben** estar como una cuba

laden [2] ‹lud, geladen› *vt* (JURA *vor-*) citar

Laden [1] *m* ‹-s, Läden› ↑ *Geschäft* tienda *f*, comercio *m*

Laden [2] *m* ‹-s, Läden› (*Fenster-*) contraventana *f;* (*Rol-*) persiana *f*

Ladenbesitzer(in *f*) *m* dueño/a de la tienda;

Ladendieb(in *f*) *m* ladrón *m* [en tiendas]; **Ladenschluß** *m* cierre *m* [de los comercios]; **Ladentisch** *m* mostrador *m*

Laderampe *f* rampa *f* de carga; **Laderaum** *m* NAUT tonelaje *m*

lädieren *vt* estropear, deteriorar

Ladung [1] *f* ‹-, en› carga *f*

Ladung [2] *f* ‹-, -en› JURA citación *f*

lag *impf von* **liegen**

Lage [1] *f* [1] ↑ *Situation* lugar *m*, sitio *m*; ◇ **Haus in ruhiger, sonniger** ~ casa en una lugar tranquilo y soleado [2] (*von Patienten*) estado *m* [3] ◇ **Ruhe~,** posición de reposo; ◇ **Bauch~** boca abajo [4] (*Stimm~*) tesitura *f*

Lage [2] *f* ↑ *Situation* situación *f*; ↑ *Zustand* estado *m*; ◇ **die allgemeine/politische** ~ la situación general/política; ◇ **in der** ~ **sein** ser capaz de; *FAM* ◇ **e-e** ~ **spendieren** pagar una ronda; **Lagebericht** *m* informe *m* sobre la situación

lagenweise *adv* por capas

Lager *n* ‹-s, -› [1] (*Flüchtlings~*) campo *m*; (*~stätte*) sitio *m* para dormir; (*Zelt~*) campamento *m* [2] ↑ *Vorratsraum* almacén *m* [3] TECH ◇ **Kugel~** cojinete *m*; **Lagerarbeiter(in** *f*) *m* trabajador(a *f*) *m* de almacén; **Lagerbestand** *m* existencias *f/pl* [en almacén]; **Lagerfeuer** *n* hoguera *f*; **Lagerhaus** *n* almacén *m*; **lagern I.** *vt* [1] ↑ *Dinge aufbewahren* almacenar [2] → *Kind* poner [en una postura cómoda]; ◇ **den Verletzten seitlich** ~ tender de lado a los heridos **II.** *vi* [1] (*im Wald*) acampar [2] ↑ *zur späteren Verwendung aufheben* guardar, conservar; ◇ **Möbel auf dem Dachboden** ~ almacenar muebles en el desván; **Lagerplatz** *m* campamento *m*; **Lagerung** *f* depósito *m*

Lagune *f* ‹-, -n› laguna *f*

lahm *adj* paralizado [1] ↑ *gehbehindert* paralítico [2] *FAM* ◇ **e-e ~e Diskussion** una discusión floja/sin fuerza; **lahmen** *vi* cojear

lähmen *vt* [1] paralizar; ◇ **vor Angst wie gelähmt sein** quedarse paralizado de miedo [2] *FIG* ↑ *der Energie berauben* debilitar

lahmlegen *vt* paralizar

Lähmung *f* MED parálisis *f*; ◇ **Kinder~** parálisis infantil; ◇ **halbseitige** ~ parálisis de medio cuerpo

Laib *m* ‹-s, -e› pan *m*; ◇ **ein** ~ **Brot** una hogaza de pan

Laie *m* ‹-n, -n› laico *m*, profano *m*; **laienhaft** *adj* profano, de aficionado

Laken *n* ‹-s, -› sábana *f*

Lakritze *f* ‹-, -n› regaliz *m*

lallen *vti* tartamudear; ← *Baby* balbucir

Lama [1] *n* ‹-s, -s› FAUNA llama *f*

Lama [2] *m* ‹-s, -s› ↑ *tibetischer Mönch* lama *m*

Lamelle *f* laminilla *f*; ELECTR delga *f*; TECH disco *m*

lamentieren *vi* quejarse, lamentarse

Lametta *n* ‹-s› cabello *m* de ángel

Lamm *n* ‹-[e]s, Lämmer› cordero *m*; ◇ **geduldig/unschuldig wie ein** ~ paciente/inocente como un cordero; **Lammfell** *n* piel *f* de cordero; **lammfromm** *adj* manso como un cordero

Lampe *f* ‹-, -n› lámpara *f*; **Lampenfieber** *n*: ◇ ~ **haben** tener miedo a salir a escena; **Lampenschirm** *m* pantalla *f*

lancieren *vt* → *Information* hacer público; *FIG* → *Personen* lanzar

Land *n* ‹-[e]s, Länder› [1] ↑ *Nation* país *m*, nación *f*; (*Bundes~*) land *m*, región *f* [2] ↑ *Gebiet* terreno *m*, campo *m*; ◇ **auf dem ~[e]** en el campo [3] (*FIG naiv*) inocente; ◇ **ein Mädchen vom** ~ una chica del campo; **Landarbeiter(in** *f*) *m* obrero/a agrícola; **Landbesitz** *m* tierras *f/pl*, fincas *f/pl*

Landebahn *f* AERO pista *f* de aterrizaje

landeinwärts *adv* tierra adentro; **landen** *vti* [1] (*mit Schiff*) atracar; (*mit Flugzeug*) aterrizar [2] *FIG* ◇ **diese Arbeit landet sicher im Papierkorb** este trabajo seguro que acaba en la papelera

Ländereien *pl* tierras *f/pl*

Länderspiel *n* partido *m* international

Landesfarben *f/pl* colores *m/pl* nacionales; **Landesinnere(s)** *n* interior *m* del país; **landesüblich** *adj* típico del país; **Landesverrat** *m* alta traición *f*; **Landeswährung** *f* moneda *f* del país

Landgut *n* finca *f*; **Landhaus** *n* casa *f* de campo; **Landkarte** *f* mapa *m*; **Landkreis** *m* distrito *m* rural; **landläufig** *adj* ↑ *gebräuchlich* típico; ↑ *üblich* común

ländlich *adj* rural

Landplage *f* ↑ *Seuche* plaga *f*; *FAM* ↑ *störende Person* ◇ **e-e ~ sein** ser un plomo; **Landschaft** *f* ‹-, -en› paisaje *m*; **landschaftlich** *adj* paisajístico; **Landstraße** *f* carretera *f* provincial; **Landstreicher(in** *f*) *m* ‹-s, -› vagabundo/a; **Landtag** *m* POL dieta *f*

Landung *f* (*von Schiff*) desembarque *m*; (*von Flugzeug*) aterrizaje *m*

Landvermessung *f* agrimensura *f*; **Landwirt(in** *f*) *m* agricultor(a *f*) *m*; **Landwirtschaft** *f* agricultura *f*

lang *adj* [1] ▷*Person* alto; *FAM* ◇ **~er Lulatsch** grandullón [2] ▷*Reise* largo; *FAM* ◇ **~e Finger machen** ponerse los dedos largos; *FAM* ◇ **ein ~es Gesicht machen** poner una cara larga; **langatmig** *adj* ↑ *weitschweifig* detallado; *PEJ* con comas y señales

lange *adv* [1] ▷*dauern* mucho [2] *FAM* ◇ **nicht - fragen** ir al grano [3] *FAM* ◇ **noch - nicht** ni con mucho

Länge *f* ‹-, -n› [1] GEO longitud *f* [2] ↑ *Dauer* duración *f*; ◇ **etwas in die - ziehen** prolongar

langen [1] *vi* [1] ← *Geld* ser suficiente; ← *Geduld* sobrar; ◇ **jetzt langt es mir!** ¡ya basta! [2] ↑ *2* alargar [la mano] (*an, nach* hacia)

langen [2] *vt norddeutsch* ↑ *geben* dar; ◇ **jd-m e-e -** dar una bofetada a alguien; ↑ *zureichen* pasar

Längengrad *m* grado *m* de longitud; **Längenmaß** *n* medida *f* de longitud

Langeweile *f* aburrimiento *m*; **Langfinger** *m FAM* carterista *m*; **langfristig** *adj* a largo plazo; **langjährig** *adj* de años; **Langlauf** *m* SPORT carrera *f* de fondo; **langlebig** *adj* de larga vida; **langlegen** *vi* ◇ **sich -** *FAM* acostarse

länglich *adj* alargado

längs I. *präp gen* ↑ *entlang* a lo largo de **II.** *adv*: ◇ **- gestreifter Stoff** tela con rayas verticales

langsam I. *adj* lento **II.** *adv* despacio, lentamente; *FAM* ◇ **etwas - satt haben** hartarse de algo poco a poco; **Langsamkeit** *f* lentitud *f*

Langschläfer(in *f*) *m* dormilón(-ona *f*) *m*

Langspielplatte *f* disco *m* de larga duración

längst *adv* desde hace mucho; ◇ **schon - wissen** saber hace tiempo; **längste(r, s)** *adj* hace más tiempo

langstielig *adj* de tallo largo

Langstreckenlauf *m* SPORT carrera *f* de fondo; **Langstreckenrakete** *f* cohete *m* de largo alcance

Languste *f* ‹-, -n› GASTR langosta *f*

langweilen *vt* ◇ **sich -** aburrirse; **langweilig** *adj* aburrido;

langwierig *adj* ▷*Krankheit* crónico; ▷*Arbeit* pesado

Lanze *f* ‹-, -n› lanza *f*

lapidar *adj* lapidario

Lappalie *f* tontería *f*, nimiedad *f*

Lappen *m* ‹-s, -› [1] trapo *m* [2] ANAT lóbulo *m*; **lappig** *adj* [1] *PEJ* ▷*weicher Stoff* flojo [2] *FAM* ◇ **er hat ihm -e 5 Mark gegeben** sólo le ha dado 5 marcos

läppisch *adj* ↑ *albern* tonto; ↑ *kindisch* infantil, pueril

Lärm *m* ‹-[e]s› ruido *m*, estrépito *m*; **Lärmbelästigung** *f* molestia *f* por ruidos; **lärmen** *vi* hacer ruido; **Lärmschutz** *m medidas adecuadas para disminuir el ruido;* **Lärmschutzwall** *m valla para disminuir el ruido*

Larve *f* ‹-, -n› FAUNA larva *f*

las *impf von* **lesen**

lasch *adj* [1] (*nicht straff*) flojo [2] ▷*Geschmack* insípido [3] ↑ *träge* desganado; ↑ *energielos* sin energía; ◇ **-er Händedruck** débil apretón de manos

Lasche *f* ‹-, -n› [1] (*Schuh-*) lengüeta *f* [2] BAHN eclisa *f*

Laser *m* ‹-s, -› láser *m*; **Laserdrucker** *m* PC impresora *f* de laser

lassen ‹ließ, gelassen› **I.** *vi* [1] ↑ *erlauben* dejar, permitir, autorizar [2] ↑ *aufhören mit* dejar; ◇ **sein Leben -** dejar esta vida [3] ↑ *veranlassen* hacer, mandar [4] ◇ **etw machen -** encargar algo; ◇ **es läßt sich machen** se puede hacer; ◇ **es läßt sich öffnen** se puede abrir **II.** *vt* [1] ↑ *vergessen* olvidar [2] ↑ *leihen* dejar, prestar

lässig *adj* ↑ *ungezwungen* despreocupado; ↑ *unachtsam* negligente; **Lässigkeit** *f* despreocupación *f*, negligencia *f*

läßlich *adj* venial; ◇ **-e Sünde** pecado venial

Lasso *n* ‹-s, -s› lazo *m*

Last *f* ‹-, -en› [1] carga *f* [2] NAUT, AERO cargamento *m* [3] ↑ *meist pl: Gebühr* cargas *f/pl* [4] *FIG* ↑ *Aufgabe, Arbeit* carga *f*; ◇ **jd-m zur - fallen** ser una carga para alguien; **lasten** *vi* ← *Schulden* cargar, pesar (*auf dat* sobre)

Laster [1] *n* ‹-s, -› ↑ *schlechte Angewohnheit* vicio *f*; ◇ **seinem - frönen** entregarse a sus vicios

Laster [2] *m* ‹-s, -› ↑ *Lastkraftwagen* camión *m*

lasterhaft *adj* vicioso

lästerlich *adj* blasfemo; **Lästermaul** *n FAM* lengua *f* viperina; **lästern** *vti* → *Gott* blasfemar; ↑ *Nachteiliges äußern* hablar mal de; **Lästerung** *f* difamación *f*; (*Gottes-*) blasfemia *f*

lästig *adj* ↑ *störend* pesado, cargante; ↑ *unangenehm* desagradable

Lastkahn *m* NAUT gabarra *f*; **Lastkraftwagen** *m* camión *m*

Lastschrift *f* cargo *m* en cuenta

Lasttier *n* animal *m* de carga; **Lastwagen** *m* camión *m*

Latein *n* ‹-s› latín *m*; (*ratlos*) ◇ **mit seinem - am Ende sein** no saber qué hacer, no encontrar la solución de algo; **lateinisch** *adj* latino

latent *adj* ↑ *verborgen, verdeckt* latente; ◇ **- vorhanden** estar latente

Laterne *f* ‹-, -n› linterna *f*; (*Straßen-*) farola *f*

Latrine *f* letrina *f*

Latschen *m* ‹-, -› [1] (*Hausschuh*) zapatilla *f* [2] (*Quadrat-*) zapatón *m* [3] *FAM* ◇ **aus den - kippen** caerse de espaldas [de la sorpresa]

latschen *vi FAM* arrastrar los pies

Latte *f* ‹-, -n› [1] SPORT listón *m* [2] *FAM* ◇ **e-e lange - sein** ser larguirucho [3] *FIG* ↑ *Liste* lista *f*

Latz *m* ‹-es, Lätze› peto *m*; (*Hosen-*) bragueta *m*

lau *adj* tibio; ▷*Wasser* templado

Laub *n* ‹-[e]s› follaje *m;* **Laubbaum** *m* árbol *m* frondoso

Laube *f* ‹-, -n› glorieta *f*

Laubfrosch *m* rana *f* común

Laubsäge *f* sierra *f* de marquetería

Lauch *m* ‹-[e]s, -e› puerro *m*

Lauer *f:* ◇ **auf der - sein** [*o.* **liegen**] estar al acecho; **lauern** *vi* acechar

Lauf [1] *m* ‹-[e]s, Läufe› [1] SPORT carrera *f* [2] (*Gewehr-*) cañón *m*

Lauf [2] *m* ‹-[e]s› ↑ *Entwicklung* curso *m,* marcha *f;* ◇ **- der Welt** marcha del mundo; ◇ **e-r Sache ihren - lassen** *akk* dejar seguir el curso normal de una cosa

Lauf [3] *m* (*von Fluß*) curso *m*

Laufbahn *f* ↑ *Karriere* carrera *f*

laufen ‹lief, gelaufen› *vti* [1] correr [2] ↑ *gehen* andar [3] ← *Tränen* caer; ← *Schweiß* correr [4] ← *Vertrag* durar [5] *FAM* ← *Prüfung* ir; ◇ **wie läuft's?** ¿qué tal va?; **laufend** *adj* [1] corriente [2] ↑ *ständig* continuo; ↑ *regelmäßig* regular; ◇ **am -en Band** en serie [3] *FAM* ◇ **auf dem -en sein** estar al corriente; **laufenlassen** *unreg vt* ↑ *freilassen* dejar libre; **Läufer(in** *f*) *m* ‹-s, -› [1] (SPORT *Hürden-*) corredor *m* [2] ↑ *Teppich* alfombrilla *f* [3] (*Schachfigur*) alfil *m*

läufig *adj* ▷*Hündin* en celo

Laufpaß *m FIG*: ◇ **jd-m den - geben** mandar a paseo a alguien

Laufstall *m* parque *m*

Laufsteg *m* (*von Modenschau*) pasarela *f*

Laufwerk *n* (*Maschinen*) mecanismo *m;* PC dispositivo *m* de arrastramiento

Laufzeit *f* plazo *m* de vencimiento

Laufzettel *m* circular *f*

Lauge *f* ‹-, -n› [1] *agua con jabón para hacer la colada* [2] CHEM lejía *f*

Laune *f* ‹-, -n› [1] humor; ◇ **schlechte - haben** estar de mal humor [2] *FIG* ↑ *Einfall* capricho *m,* venada *f;* ◇ **aus e-r - heraus** por capricho; **launenhaft** *adj* caprichoso; **launisch** *adj* cambiante de humor; ↑ *schlechtgelaunt* malhumorado

Laus *f* ‹-, Läuse› [1] FAUNA piojo *m* [2] (*FIG Ärger*) discusión *f;* ◇ **welche - ist dir denn über die Leber gelaufen?** ¿qué mosac te ha picado?

lauschen *vi* [1] ↑ *aufmerksam zuhören* → *Konzert* oír; ↑ *horchen* escuchar [2] *FAM* ↑ *nachspionieren* espiar

lauschig *adj* ameno

lausen *vt* despiojar; **lausig** *adj FAM* [1] ↑ *unangenehm* desagradable [2] ↑ *schäbig* miserable [3] ↑ *wenig* pobrísimo

laut I. *adj* ▷*Stimme* alto **II.** *adv* ▷*lesen* en voz alta **III.** *präp gen o dat* ↑ *gemäß* según; ▷*Vertrag* en virtud de

Laut *m* ‹-[e]s, -e› [1] ↑ *Geräusch* sonido *m* [2] (*Klage-*) palabra *f*

Laute *f* ‹-, -n› MUS laúd *m*

lauten *vi* [1] ↑ *sagen* decirse [2] ↑ *heißen* llamarse [3] ← *Urteil* ser de

läuten *vti* ↑ *klingeln* tocar el timbre; ← *Tefefon* sonar; ← *Kirchglocken* repicar

lauter I. *adj* ▷*Wahrheit* puro; ▷*Charakter* puro, verdadero **II.** ‹inv› *adj* ↑ *nur, nichts als* ▷*Freude, Dummheit* puro, simple

läutern *vt* purificar

lauthals *adv* a voz en grito

lautlos *adj* ↑ *geräuschlos* sin ruido

Lautschrift *f* GRAM transcripción *f* fonética

Lautsprecher *m* altavoz *m*

lautstark *adj* ▷*Protest* en voz alta, a voces; **Lautstärke** *f* intensidad *f* de sonido; (*von Radio*) volumen *m*

lauwarm *adj auch FIG* templado, tibio

Lava *f* ‹-, Laven› lava *f*

Lavendel *m* ‹-s, -› lavanda *f*

lavieren *vi* [1] NAUT cruzar [2] *FIG* ↑ *sich geschickt verhalten* actuar con cuidado/con táctica

Lawine *f* avalancha *f;* (*Schnee-*) alud *m;* **Lawinengefahr** *f* riesgo *m* de aludes

Layout *n* ‹-s, -s› (*von Zeitschrift, Buch*) composición *f*

Lazarett *n* ‹-[e]s, -e› MIL hospital *m* militar

leasen *vt* alquilar [con posibilidad de compra]; **Leasing** *n* ‹-s› alquiler *m* [con posibilidad de compra]

leben *vi* [1] ↑ *existieren* vivir, existir [2] *FIG* ◇ **lebst du auch noch?** ¿todavía respiras? [3] ↑ *wohnen* vivir [4] ↑ *sich ernähren von* (*von Gemüse*) vivir de [5] ◇ **über seine Verhältnisse - vivir** por encima de sus posibilidades [6] ↑ *sich einsetzen für, sorgen für* preocuparse por; ◇ **für seine Musik -** vivir para la música; **Leben** *n* ‹-s, -› [1] ↑ *Dasein* vida *f,* existencia *f;* ◇ **e-m Kind das - schenken** dar la vida a un niño; ◇ **sein - riskieren für jd-n** arriesgar su vida por alguien; ◇ **sich das - nehmen** quitarse la vida [2] (*Gesellschafts-, Familien-*) vida *f* [3] ↑ *Wirklichkeit* realidad *f;* ◇ **wie das - so spielt** por esas cosas de la vida [4] ↑ *Stimmung* vida *f;* ◇ **- ins Haus bringen** llenar la casa de vida; **lebend** *adj* vivo; **lebendig** *adj* (*nicht tot*) vivo; ↑ *lebhaft* lleno de vida; **Lebendigkeit** *f* vivacidad *f,* viveza *f;* **Lebensart** *f* estilo *m* de vida; ↑ *Umgangsformen* buenas maneras *f/pl;* **lebensbejahend** *adj* optimista; **Lebensbeschreibung** *f* biografía *f;* **Lebenserwartung** *f* esperanza *f* de vida; **lebensfähig**

adj que puede vivir; ◇ **das Baby war nicht ~** el bebé no podía sobrevivir; **lebensfroh** *adj* alegre, contento de la vida; **Lebensgefahr** *f:* ◇ **~!** ¡peligro de muerte!; ◇ **in ~** en peligro de muerte; **lebensgefährlich** *adj* muy peligroso; ▷*Verletzung* muy grave, con riesgo de muerte

Lebensgefährte *m hombre con el que se vive y se tiene una relación estable;* **Lebensgefährtin** *f mujer con la que se vive y se tiene una relación estable;* **Lebensgemeinschaft** *f* (*eheähnliches Verhältnis*) vida *f* en común

Lebenshaltungskosten *pl* coste *m* de la vida; **Lebensjahr** *n* año *m;* ◇ **er verstarb im 92. ~** murió a la edad de 92 años; **lebenslänglich** *adj* de por vida; ▷*Freiheitsstrafe* perpetuo; **Lebenslauf** *m* historial *m* personal, curriculum *m* vitae; **lebenslustig** *adj* lleno de vida, alegre; **Lebensmittel** *pl* comestibles *m/pl;* **Lebensmittelgeschäft** *n* tienda *f* de comestibles; **Lebensmittelvergiftung** *f* intoxicación *f;* **lebensmüde** *adj* que no tiene ganas de vivir, cansado de vivir; **Lebensraum** *m* espacio *m* vital; ◇ **~ schaffen für gefährdete Tierarten** crear un parque natural para especies en peligro de desaparición; **Lebensretter(in** *f*) *m* socorrista *m/f;* **Lebensunterhalt** *m* sustento *m;* **Lebensversicherung** *f* seguro *m* de vida; **Lebenswandel** *m* conducta *f,* tipo *m* de vida; **Lebensweg** *m* ↑ *Leben* vida *f;* ↑ *Laufbahn* camino *m;* ◇ **für Ihren gemeinsamen ~** para su vida en común; **Lebensweise** *f* modo *m* de vivir; ◇ **gesunde ~** vida sana; **Lebenszeichen** *n* señal *f* de vida; ◇ **ein ~ von sich geben** dar señales de vida; **Lebenszeit** *f* vida *f;* ◇ **Beamter auf ~** funcionario de por vida

Leber *f* ‹-, -n› [1] ANAT hígado *m* [2] *FIG* ◇ **jd-m ist e-e Laus über die ~ gelaufen** picarle una mosca a alguien [2] GASTR hígado *m;* **Leberfleck** *m* lunar *m;* **Leberkäs** *m süddeutsches Fleischgericht* GASTR *mezcla de carne de cerdo cocida que se corta en lonchas;* **Leberwurst** *f* GASTR embutido *m* de hígado; *FAM* ◇ **e-e beleidigte ~ sein** estar picado, picarse

Lebewesen *n* ser *m* viviente

Lebewohl *n* adiós *m*

lebhaft *adj* vivo, animado; **Lebhaftigkeit** *f* vivacidad *f,* animación *f*

Lebkuchen *m* GASTR pastel *m* que se vende en ferias

leblos *adj* sin vida, muerto

Lebzeiten *pl* tiempos *m/pl;* ◇ **zu ~ meiner Oma** en tiempos de mi abuela

lechzen *vi:* ◇ **nach etw ~** anhelar algo

leck *adj* ↑ *undicht* que pierde *f;* ◇ **~ geschlagenes Schiff** barco que hace agua; **Leck** *n* ‹-[e]s, -e› (*von Faß*) abertura *f;* ↑ *Riß* fuga *f;* (*von Gasleitung*) escape *m*

lecken I. *vti* ↑ *lutschen* chupar; ↑ *schlecken* lamer; ◇ **seine Wunden ~** curarse las heridas II. *vi* ↑ *Loch haben* perder [agua]

lecker *adj* ↑ *wohlschmeckend* rico, apetitoso; ↑ *appetitlich* apetitoso; **Leckerbissen** *m* manjar *m;* **Leckermaul** *n:* ◇ **ein ~ sein** ser goloso

led. *adj Abk v.* **ledig**

Leder *n* ‹-s, -› [1] cuero *m* [2] SPORT ↑ *Ball* pelota *f;* **Lederwaren** *f/pl* artículos *m/pl* de cuero

ledig *adj* [1] ↑ *alleinstehend* soltero [2] *FIG* ↑ *unbeschwert* libre; ◇ **e-r Sache** *gen* **~ sein** estar libre de una cosa

lediglich *adv* sólo, solamente

leer *adj* [1] ↑ *ohne Inhalt* vacío [2] *FIG* ↑ *sinnlos* sin sentido; ◇ **~es Versprechen** promesa vana; **Leere** *f* ‹-› vacío *m;* **leeren** I. *vt* → *Flaschen* vaciar II. *vr* ◇ **sich ~** ← *Saal* vaciarse; **Leerlauf** *m* marcha *f* en vacío; **leerstehend** *adj* vacío, deshabitado; **Leertaste** *f* espaciador *m;* **Leerung** *f* recogida *f*

legal *adj* legal; ◇ **auf ganz ~em Weg** de forma absolutamente legal; **legalisieren** *vt* ↑ *amtlich bestätigen* legalizar; *FAM* ◇ **sein Verhältnis ~** casarse; **Legalität** *f* legalidad *f*

legen I. *vt* [1] → *Ei* poner [2] ↑ *anbringen* → *Fliesen* colocar; → *Gasleitung* instalar [3] ↑ *Voraussetzungen schaffen für* → *Grundstein* poner [4] ↑ *wahrsagen* predecir; ◇ **Karten ~** echar las cartas [5] ↑ *betonen* hacer incapié en; ◇ **Wert ~ auf** *akk* dar importancia a II. *vr* ◇ **sich ~** [1] ponerse, colocarse [2] *FIG* ← *Sturm, Zorn* calmarse; ← *Lärm* disminuir

Legende *f* ‹-, -n› [1] ↑ *Heiligenerzählung* leyenda *f* [2] ↑ *Lüge* mito *m* [3] ↑ *von Stadtplan* índice *m*

leger *adj* ▷*Benehmen* desenfadado; ▷*Kleidung* informal

legieren *vt* → *Metalle* alear; → *Soße* espesar; **Legierung** *f* aleación *f*

Legion *f* legión *f*

Legislative *f* legislativo *m;* **Legislaturperiode** *f* legislatura *f*

legitim *adj* legítimo; **Legitimation** *f* legitimación *f;* **legitimieren** I. *vt* legitimar; ◇ **sein Vorgehen nachträglich ~** legitimar posteriormente su proceder II. *vr* ◇ **sich ~** probar su identidad

Lehm *m* ‹-[e]s, -e› barro *m;* **lehmig** *adj* de barro, embarrado

Lehne *f* ‹-, -n› respaldo *m;* **lehnen** *vtr* ◇ **sich ~** apoyar(se)

Lehramt *n* magisterio *m*

Lehrbeauftragte(r) *fm* encargado/a de curso

Lehrbrief *m* certificado *m*

Lehrbub *m südd* ↑ *Lehrling* aprendiz *m;* **Lehrbuch** *n* libro *m* de texto; **Lehre** *f* ‹-, -n› [1] ↑ *berufliche Ausbildung* aprendizaje *m;* ◇ **in die ~ gehen** aprender un oficio [2] ↑ *Theorie* teoría *f* [3] ↑ *Erfahrung* lección *f;* ◇ **das wird ihm e-e ~ sein** esto le servirá de lección [4] TECH calibrador *m*

lehren *vt* [1] ↑ *unterrichten* enseñar [2] ↑ *deutlich machen* mostrar; ◇ **die Zukunft wird ~** ya nos lo dirá el futuro; **Lehrer(in** *f*) *m* ‹-s, -› maestro/a, profesor(a *f*) *m*

Lehrgang *m* curso *m;* **Lehrgeld** *n:* ◇ **er hat sein ~ bezahlt** ha aprendido de la experiencia; **Lehrkraft** *f* profesor *m*, docente *m*

Lehrling *m* aprendiz *m*

Lehrplan *m* plan *m* de estudios; **lehrreich** *adj* instructivo; **Lehrsatz** *m* tesis *f;* **Lehrstelle** *f* puesto *m* de aprendizaje; **Lehrstuhl** *m* cátedra *f*

Leib *m* ‹-[e]s, -er› [1] cuerpo; ◇ **halt ihn mir vom ~!** ¡quítamele de delante! [2] REL ◇ **der ~ des Herrn** el Cuerpo de Cristo, la Hostia [3] *FIG* ◇ **mit ~ und Seele** en cuerpo y alma; **Leibesvisitation** *f* cacheo *m;* **Leibgericht** *n* plato *m* favorito; **leibhaftig** *adj* en persona; ▷*Teufel* mismo; **leiblich** *adj* físico, corporal; ▷*Vater* propio; **Leibwache** *f* (*von Königin*) guardia *f* personal; ↑ *Bodygard* guardaespaldas *m*

Leiche *f* ‹-, -n› cadáver *m; FIG* ◇ **über ~n gehen** no respetar ni a sus muertos; **Leichenbeschauer(in** *f*) *m* ‹-s, -› médico/a forense; **leichenblaß** *adj* pálido como un muerto; **Leichenwagen** *m* coche *m* fúnebre; **Leichnam** *m* ‹-[e]s, -e› cadáver *m*

leicht I. *adj* [1] ▷*Gewicht* ligero [2] ▷*Problem* fácil, sencillo; ▷*Wunde* superficial; ◇ **etwas auf die ~e Schulter nehmen** tomarse algo a la ligera [3] ▷*Essen* ligero; ▷*Wein* suave [4] ▷*Musik* ligero; ▷*Unterhaltung* superficial **II.** *adv* ↑ *problemlos* fácilmente; ◇ **das läßt sich ~ machen** es fácil de hacer

Leichtathletik *f* SPORT atletismo *m*

leichtfallen *unreg vi:* ◇ **jd-m ~** resultar fácil a alguien

leichtfertig *adj* despreocupado, imprudente, ligero de cascos

leichtgläubig *adj* crédulo

leichthin *adv* a la ligera, sin pensar

Leichtigkeit *f* ligereza *f;* ◇ **mit ~** con facilidad

leichtlebig *adj* frívolo

leichtmachen *vt:* ◇ **es sich ~** ponerlo fácil

leichtnehmen *unreg vt* tomar a la ligera

Leichtsinn *m* despreocupación *f*, imprudencia *f;* **leichtsinnig** *adj* despreocupado, imprudente, ligero de cascos

leid *adv:* ◇ **es tut mir ~, das tut mir ~** lo siento; ◇ **es tut ihm ~** lo siente; ◇ **er tut mir ~** me da pena; ◇ **etw ~ haben** [*o.* **sein**] estar harto de algo

Leid *n* ‹-[e]s› ↑ *Kummer* pena *f;* ↑ *Schmerz* dolor *m*, sufrimiento *m;* **leiden** ‹litt, gelitten› **I.** *vi* [1] (*an Krankheit*) sufrir, padecer (*an dat* de); (*an Einsamkeit*) sufrir (*an dat* de) [2] ↑ *beschädigt werden* estropearse; ◇ **Rosen ~ unter dem Frost** las rosas se estropean con la helada [3] ↑ *erlauben* permitir **II.** *vt* ↑ *mögen* caer bien (alguien), gustar; ◇ **jd-n nicht ~ können** no caer bien alguien; ◇ **etwas nicht ~ können** no gustar algo; **Leiden** *n* ‹-s, -› ↑ *Kummer* sufrimiento *m;* ↑ *Krankheit* enfermedad *f*, dolencia *f;* **leidend** *adj* ↑ *krank* enfermo; ◇ **ein ~es Gesicht machen** poner cara de pena

Leidenschaft *f* pasión *f;* ◇ **e-e ~ haben für** sentir pasión por; **leidenschaftlich** *adj* apasionado; **leidenschaftslos** *adj* impasible

leider *adv:* ◇ **ja, ~** desgraciadamente sí; ◇ **~ nicht** no, por desgracia

leidig *adj* pesado, molesto; ◇ **die Lösung des ~en Problems** la solución del dichoso problema

leidlich I. *adj* aceptable, tolerable, pasable; ◇ **in ~em Zustand** en un estado aceptable **II.** *adv* regular

Leidtragende(r) *fm FIG* ↑ *Benachteiligter* perjudicado/a

Leihbibliothek *f* biblioteca *f* [de préstamo de libros]; **leihen** ‹lieh, geliehen› *vt* prestar; ◇ **sich** *dat* **etw ~** tomar prestado algo; **Leihgebühr** *f* alquiler *m;* **Leihschein** *m* (*im Pfandhaus*) papeleta *f* de empeño; (*für Buch*) resguardo *m;* **Leihwagen** *m* coche *m* de alquiler; **leihweise** *adj* de préstamo

Leim *m* ‹-[e]s, -e› [1] pegamento *m* [2] *FAM* ◇ **aus dem ~ gehen** desarmarse, deshacerse; **leimen** *vt* [1] ↑ *kleben* pegar [2] *FAM* ↑ *reinlegen* engañar

Leine *f* ‹-, -n› cuerda *f;* (*Hunde~*) correa *f;* (*Wäsche~*) cuerda *f*

Leinen *n* ‹-s, -› lino *m*

Leintuch *n* tela *f* de lino

Leinwand *f* [1] lienzo *m* [2] FILM pantalla *f*

leise *adj* bajo, silencioso; ▷*Zweifel* ligero; ▷*Hoffnung* vago; ▷*Wind* suave

Leiste *f* ‹-, -n› [1] (*Wand~*) zócalo *m;* (*Zier~*) decoración *f*, complemento *m* [2] ANAT ingle *f*

leisten *vt:* ◇ **Arbeit ~** trabajar, realizar un trabajo; ◇ **Schwur ~** prestar juramento; ◇ **jd-m Gesellschaft ~** acompañar, hacer compañía a alguien; ◇ **Widerstand ~** oponerse, oponer resistencia; ↑ *vollbringen* conseguir, levar a cabo; ◇ **sich** *dat* **etw ~ können** poder permitirse algo

Leistenbruch *m* MED hernia *f*

Leistung *f* [1] ↑ *Arbeit* rendimiento *m;* ↑ *Ergebnis* resultado *m* [2] ↑ *Verdienst* mérito *m;* ↑ *Fähigkeit* capacidad *f;* **Leistungsdruck** *m* competividad *f;* **leistungsfähig** *adj* eficiente; **Leistungsvermögen** *n* potencia *f*

Leitartikel *m* editorial *f*

Leitbild *n* modelo *m,* ideal *m*

leiten *vt* [1] → *Firma* llevar, dirigir; (*in e-e Richtung*) guiar [2] *FIG* ↑ *veranlassen* disponer; ◇ **in die Wege** ~ comenzar, dar los primeros pasos [3] ELECTR conducir; **leitend** *adj* ▷*Kabel* conductor; ▷*Stellung* directivo; ◇ **~er Angestellter** alto empleado

Leiter [1] *f* ‹-, -n› escalera *f* de mano

Leiter [2] *m* ‹-s, -› ELECTR conductor *m*

Leiter(in *f*) *m* ‹-s, -› (*Abteilungs~*) jefe/a; (*Reise~*) guía *m/f;* (*Schul~*) director(a *f*) *m*

Leitfaden *m* manual *m*

Leitfähigkeit *f* (*für Strom*) conductibilidad *f;* (*für Schall*) expansión *f*

Leithammel *m* [1] guía *m* [de un rebaño] [2] *FAM* ↑ *Anführer* guía *m;* ◇ **den ~ spielen** hacer de guía

Leitmotiv *n* leitmotiv *m,* tema *m* principal

Leitplanke *f* ‹-, -n› valla *f* protectora

Leitung *f* [1] ↑ *Führung* conducción *f* [2] (FILM, THEAT *von Firma*) dirección *f* [3] (*Wasser~*) cañería *f;* (*Telefon~*) línea *f* [4] ↑ *Kabel* cable *m* [5] *FAM* ◇ **e-e lange ~ haben** tener malas entendederas; **Leitungsrohr** *n* tubería *f,* conducto *m;* **Leitungswasser** *n* agua *m* del grifo

Leitwährung *f* moneda *f* en curso

Leitwerk *n* AERO estabilizador *m*

Lektion *f* lección *f*

Lektüre *f* ‹-, -n› lectura *f*

Lende *f* ‹-, -n› GASTR lomo *m;* **Lendenwirbel** *m* ANAT vértebra *f* lumbar

lenkbar *adj* ▷*Ballon* dirigible; ▷*Kind* dócil; **lenken** *vt* [1] ▷*Fahrzeug* conducir [2] ▷*Blick* dirigir (*auf akk* a); **Lenker** *m* [1] ↑ *Lenkstange* manillar *m* [2] ↑ *Fahrzeugführer* conductor *m;* **Lenkrad** *n* AUTO volante *m;* **Lenkung** *f* AUTO dirección *f*

Lepra *f* ‹-› MED lepra *f*

lernbegierig *adj* deseoso de aprender; **lernbehindert** *adj* que tiene problemas a la hora de aprender algo; **Lerndiskette** *f* PC disquete *m* de aprendizaje

lernen *vt* [1] → *Sprache, Beruf* aprender; *FAM* ↑ *seine Sache beherrschen* dominar; ◇ **gelernt ist gelernt** lo bien aprendido nunca se olvida [2] ↑ *üben* practicar; (*lesen* ~) aprender a; *PEJ* ◇ **mancher lernt's nie!** ¡algunos no aprenderán en la vida!; **Lernhilfe** *f* ayuda *f* [para aprender]; **Lernprozeß** *m* proceso *m* de aprendizaje

lesbar *adj* legible; **lesen** ‹las, gelesen› **I.** *vti* [1] *a.* PC leer [2] SCH dar/impartir clases [3] ↑ *ernten* → *Wein* vendimiar [4] ↑ *vortragen* ◇ **aus eigenen Werken** ~ leer su propia obra **II.** *vr:* ◇ **der Roman läßt sich gut** ~ la novela es fácil de leer; **lesenswert** *adj* digno de leerse; ↑ *interessant* interesante; **Leser(in** *f*) *m* ‹-s, -› lector(a *f*) *m;* **Leserbrief** *m* carta *f* al director; **leserlich** *adj* legible; **Lesesaal** *m* sala *f* de lectura

letzte(r, s) *adj* [1] último; ◇ ~ **Wille** última voluntad; REL ◇ ~ **Ölung** extremaunción; ◇ **die ~ Ehre erweisen** rendir los últimos honores; ◇ **zum ~n Mal** por última vez [2] ↑ *neueste* ▷*Mode* último, nuevo [3] ↑ *von schlechter Qualität* ▷*Obst* malo, pasado [4] ↑ *vorige(r, s)* (~ *Woche*) pasado [5] ◇ **das ist mein ~es Geld** este es el dinero que me queda; **letztendlich** *adv* al final, finalmente; **letztens** *adv* últimamente; **letztere(r, s)** *adj* último; **letzthin** *adv* hace poco; **letztlich** *adv* después de todo

Leuchtanzeige *f* anuncio *m* luminoso; **Leuchtboje** *f* NAUT boya *f* luminosa; **Leuchte** *f* ‹-, -n› [1] (*Decken~*) lámpara *f* [2] *FAM* ↑ *Gelehrter* lumbrera *f;* **leuchten** *vi* ← *Stern* brillar; **Leuchter** *m* ‹-s, -› (*Kerzen~*) candelabro *m;* (*Kron~*) araña *f;* **Leuchtfarbe** *f* pintura *f* fosforescente; **Leuchtfeuer** *n* NAUT fanal *m;* **Leuchtreklame** *f* anuncio *m* luminoso; **Leuchtturm** *m* faro *m*

leugnen *vti* negar; ◇ **hartnäckig** ~ negar rotundamente

Leukämie *f* MED leucemia *f*

Leukom *n* MED leucoma *m*

Leumund *m* ‹-[e]s, -e› ↑ *Ansehen* reputación *f;* ↑ *Ruf* fama *f*

Leute *pl* gente *f;* ◇ **kleine** ~ gente humilde; ◇ **unter die ~ kommen** mezclarse con la gente; ◇ **etw unter die ~ bringen** dar a conocer, divulgar

leutselig *adj* afable

Leviten *pl:* ◇ **jd-m die ~ lesen** leer la cartilla a alguien

Lexikon *n* ‹-s, Lexika› léxico *m,* diccionario *m*

liberal *adj* liberal; **Liberalismus** *m* liberalismo *m*

Libero *m* ‹-s, -s› SPORT líbero *m*

Libido *f* ‹-› líbido *f*

Licht *n* ‹-[e]s, -er› luz *f;* ◇ **ans ~ kommen** salir a la luz; ◇ **das ~ der Welt erblicken** nacer; ◇ **jd-n hinters ~ führen** tomar el pelo a alguien; **licht** *adj* ↑ *hell* ▷*Tag* claro; ▷*Zimmer* claro, luminoso; ▷*Haare* ralo; *FIG* ◇ **ein ~er Augenblick** una momento de lucidez; **lichtbeständig** *adj* resistente a la luz; **Lichtbild** *n* fotografía *f;* ↑ *Dia* diapositiva *f;* **Lichtblick** *m FIG*: ◇ **sie ist ein ~ für mich** es un consuelo/rayo # de esperanza para mí

lichten I. *vt* [1] → *Wald* aclarar [2] → *Anker* levar **II.** *vr* ◇ **sich ~** [1] ← *Problem* aclarse [2] ← *Haar* hacerse raro, escasear

Lichterkette *f* fila *f* de velas; **lichterloh** *adv:* ◇ **~ brennen** arder en llamas

Lichtgeschwindigkeit *f* velocidad *f* de la luz; **Lichthupe** *f* bocina *f* luminosa; **Lichtjahr** *n* año *m* luz; **Lichtmaschine** *f* dínamo *m;* **Lichtschalter** *m* interruptor *m* de la luz; **Lichtspielhaus** *n* sala *f* de proyecciones, cine *m*

Lichtung *f* ▷*Wald* claro *m*

Lid *n* ‹-[e]s, -er› ANAT párpado *m;* **Lidschatten** *m* sombra *f* de ojos

lieb *adj:* ◇ **die ~e Familie, die ~en Verwandten** la querida familia, los queridos parientes; *FIG* ◇ **sich bei jd-m ~ Kind machen** hacer la pelota a alguien

liebäugeln *vi* coquetear; ◇ **mit etw ~** tener puestas las miras en algo; ◇ **mit dem Gedanken ~, etw zu tun** tener el pensamiento de hacer algo

Liebe *f* ‹-, -n› amor *m;* ◇ **von Luft und ~ leben** vivir del amor y nada más; ◇ **mit Lust und ~** con todo el amor del mundo; **liebebedürftig** *adj* necesitado de cariño; ◇ **~ sein** estar necesitado de cariño; **Liebelei** *f* amorío *m;* **lieben** *vt* [1] amar, querer; ↑ *gern mögen* gustar, encantar [2] ↑ *Geschlechtsverkehr haben* hacer el amor; **liebenswürdig** *adj* amable; **liebenswürdigerweise** *adv* amablemente, de forma muy amable; **Liebenswürdigkeit** *f* amabilidad *f;* ◇ **hätten Sie die ~ ...?** ¿tendría usted la amabilidad de ...?

lieber *adv* ↑ *besser*: ◇ **ich gehe ~ nicht** mejor no voy

Liebesbrief *m* carta *f* amorosa; **Liebesdienst** *m* favor *m;* ◇ **jd-n e-n ~ erweisen** hacer un favor a alguien; **Liebeskummer** *m:* ◇ **~ haben** andar de mal de amores; **Liebesleben** *n* vida *f* privada; ◇ **sein ~ geht keinen etwas an** su vida amorosa no le concierne a nadie; **Liebespaar** *n* pareja *f* de enamorados; **liebevoll** *adj* ↑ *zärtlich* cariñoso; ↑ *sorgfälig* solícito

liebgewinnen *unreg vt* encariñarse con, tomar cariño a

liebhaben *unreg vt* querer; **Liebhaber(in** *f*) *m* ‹-s, -› amante *m/f;* **Liebhaberei** *f* afición *f;* **liebkosen** *vt* acariciar, hacer caricias; **lieblich** *adj* ▷*Kind* encantador, cariñoso; ▷*Duft* agradable; ▷*Wein* suave; **Liebling** *m* favorito *m;* ◇ **der ~ der ganzen Familie** el favorito de la familia; ◇ **mein ~** cariño; **Lieblings-** *in Komposita* preferido; **lieblos** *adj* sin cariño, sin contemplaciones; **Liebschaft** *f* amores *m/pl*

Liechtenstein *n* lichtenstein *m*

Lied *n* ‹-[e]s, -er› canción *f;* REL cántico *m; FAM* ◇ **ein ~ singen können** saber por experiencia; (*FAM Ende der Angelegenheit*) ◇ **das ist das Ende vom ~** aquí se acaba el asunto; **Liederbuch** *n* cancionero *m;* **Liederjan** *m* persona *f* desordenada; **liederlich** *adj* desordenado; ▷*Lebenswandel* frívolo, libertino

Liedermacher(in *f*) *m* ‹-s, -› cantautor(a *f*) *m*

lief *impf von* **laufen**

Lieferant(in *f*) *m* proveedor(a *f*) *m;* **lieferbar** ‹inv› *adj* para entregar; **Lieferfrist** *f* plazo *m* de entrega; **liefern** *vt* [1] entregar [2] ↑ *versorgen mit* proveer de; → *Beweis* suministrar; *FIG* ◇ **jd-n ans Messer ~** traicionar a alguien; *FAM* ◇ **geliefert sein** estar en las últimas; **Lieferschein** *m* nota *f* de la entrega; **Lieferung** *f* entrega *f*

Liege *f* ‹-, -n› tumbona *f;* **liegen** ‹lag, gelegen› *vi* [1] (*in waagerechter Lage*) estar echado/tumbado; ← *Weinflaschen* estar colocado horizontalmente [2] (*in den Bergen, am See*) estar, estar situado; *FIG* ◇ **auf der Straße liegen** estar en la calle [sin trabajo] [3] ◇ **diese Leute ~ mir nicht** estas personas no son de mi gusto; ◇ **Sprachen ~ ihm** los idionas le son innatos [4] *FAM* ◇ **die Entscheidungen ~ bei dir** le corresponde decidir a él [5] ◇ **mir liegt viel/nichts an seinem Rat** [no] me interesa su consejo; **liegenbleiben** *unreg vi* [1] ↑ *weiterhin ausruhen im Bett* quedarse en la cama; ← *Kranke* reposar [2] ← *nicht verkaufte Sachen* quedar sin verderse [3] ← *unerledigte Arbeit* quedar pendiente [4] ← *Schnee* cuajar; ← *Staub* depositarse; **liegenlassen** *unreg vt* [1] → *Arbeit* dejar; ↑ *vergessen* olvidar [2] *FIG* ↑ *ignorieren* no hacer caso; ◇ **jd-n/etw links ~** dejar a alguien/algo abandonado; **Liegenschaft** *f* posesiones *f/pl*

Liegesitz *m* asiento *m* abatible; **Liegestuhl** *m* tumbona *f*

lieh *impf von* **leihen**

ließ *impf von* **lassen**

Lift *m* ‹-[e]s, -e *o.* -s› ascensor *m*

Liga *f* SPORT liga *f*

liieren *vi:* ◇ **liiert sein mit jd-m** tener una relación con

Likör *m* ‹-s, -e› licor *m*

lila ‹inv› *adj* lila

Limit *n* límite *m;* ◇ **ein ~ setzten** poner un límite

Limonade *f* limonada *f*
Limousine *f* AUTO limusina *f*
lind *adj* suave, benigno
Linde *f* ‹-, -n› tilo *m*
lindern *vt* → *Schmerz* calmar; → *Trauer* aliviar; **Linderung** *f* alivio *m*
lindgrün *adj* verde pálido
Lineal *n* ‹-s, -e› SCH regla *f*
Linie *f* [1] ▷*gerade* línea *f;* ↑ *Strich* raya *f* [2] ↑ *Reihe* fila *f;* ◇ **sich in e-r ~ aufstellen** alinearse, ponerse en fila [3] ↑ *Verkehrsstrecke* línea *f;* ◇ **mit der ~ 3 fahren** coger la línea 3 [4] ◇ **aus der mütterlichen ~** por parte de madre [5] (*Partei~*) línea, f [6] *FAM* ↑ *Figur* figura *f;* ◇ **gut für die schlanke ~** bueno para la línea; **Linienflug** *m* vuelo *m* de línea; **Linienrichter(in** *f*) *m* SPORT juez *m* de línea; **linieren** *vt* rayar
Linke *f* ‹-, -n› (*~ Hand*) izquierda *f;* POL izquierda *f;* SPORT izquierdazo *m*
linke(r, s) *adj:* ◇ **~ Masche** punto del revés; *FIG* ◇ **mit dem ~n Fuß aufgestanden** levantarse con el pie izquierdo; *FIG* ◇ **zwei ~ Hände haben** ser un manazas; ◇ **ein ~er Vogel** un buen pájaro
linken *vt FAM* engañar, tender una trampa
linkisch *adj* ▷*Verhalten* poco hábil, torpe
links I. *adv* (*~ gehen*) a la izquierda; (*~ stricken*) del revés; *FAM* ◇ **jd-n/etw ~ liegenlassen** no hacer caso de alguien/algo; *FAM* ◇ **etw mit ~ machen** hacer algo en un abrir y cerrar de ojos **II.** *präp gen:* ◇ **~ von mir** a mi izquierda; **Linksabbieger** *m* AUTO vehículo *m* que gira a la izquierda; **Linksaußen** *m* ‹-, -› SPORT extremo *m* izquierda; **Linkshänder(in** *f*) *m* ‹-s, -› zurdo/a; **Linkskurve** *f* curva *f* a la izquierda; **linksradikal** *adj* POL de extrema izquierda; **Linksverkehr** *m* circulación *f* por la izquierda
Linoleum *n* ‹-s› linóleo *m*
Linse [1] *f* ‹-, -n› lente *f;* (*Kontakt~*) lentilla *f*
Linse [2] *f* ↑ *Gemüse* lenteja *f*
Linsentrübung *f* MED opacidad *f* del cristalino
Lippe *f* ‹-, -n› labiò *m; FAM* ◇ **e-e dicke ~ riskieren** dar una contestación; **Lippenstift** *m* barra *f* de labios
liquid *adj* solvente
liquidieren *vt* → *Gegner* liquidar; → *Geschäft* cerrar
Lira *f* ‹-, Lire› ↑ *ital. Währung* lira *f*
lispeln *vi* cecear
List *f* ‹-, -en› astucia *f,* treta *f;* ◇ **mit ~ und Tücke** con astucias, de forma sucia
Liste *f* ‹-, -n› lista *f;* ◇ **Kandidaten auf die ~ setzen** poner los candidatos en la lista
listig *adj* astuto
Litanei *f* [1] REL letanía *f* [2] *FAM* ↑ *langweiliges Gerede* retahíla *f;* ◇ **immer dieselbe ~** siempre la misma historia
Liter *m o n* ‹-s, -› litro *m*
literarisch *adj* literario; **Literatur** *f* literatura *f;* **Literaturgeschichte** *f* historia *f* de la literatura; **Literaturkritik** *f* crítica *f* literaria; **Literaturpapst** *m* pontífice *m* de la literatura; **Literaturpreis** *m* premio *m* literario; **Literaturverzeichnis** *n* bibliografía *f;* **Literaturwissenschaft** *f* ciencia *f* literaria
Litfaßsäule *f* columna *f* de anuncios
Lithographie *f* litografía *f*
litt *impf von* **leiden**
Liturgie *f* liturgia *f;* **liturgisch** *adj* litúrgico
Litze *f* ‹-, -n› cordón *m*
live *adv* MEDIA en vivo, en directo
Livree *f* ‹-, -n› librea *f*
Lizenz *f* licencia *f*
Lkw *m* ‹-[s], -[s]› *Abk v.* **Lastkraftwagen** camión *m*
Lob *n* ‹-[e]s› alabanza *f;* **loben** *vt* alabar, elogiar; **lobenswert** *adj* digno de alabanza; **löblich** *adj* digno de alabanza; **Lobrede** *f* elogio *m*
Loch *n* ‹-[e]s, Löcher› agujero *m;* **lochen** *vt* agujerear; **Locher** *m* ‹-s, -› taladradora *f;* **löch[e]rig** *adj* agujereado; **Lochkarte** *f* tarjeta *f* perforada; **Lochstreifen** *m* cinta *f* perforada
Locke *f* ‹-, -n› rizo *m,* bucle *m*
locken *vt* ↑ *anziehen* atraer; → *Haare* hacerse rizos
Lockenwickler *m* ‹-s, -› rulo *m*
locker *adj* (*nicht straff*) flojo; ↑ *lose* suelto; ▷*Leben* disipada; ▷*Moral* liberal; **lockerlassen** *unreg vi:* ◇ **nicht ~** no ceder, insistir; **lockern** *vt* aflojarse; → *Muskel* relajar
lockig *adj* rizado
Lockruf *m* llamada *f* de reclamo
Lockung *f* ↑ *Anziehung* atracción *f;* ↑ *Verführung* seducción *f;* **Lockvogel** *m* reclamo *m*
Lodenmantel *m* abrigo *m* de paño tirolés
lodern *vi* arder
Löffel *m* ‹-s, -› cuchara *f;* **löffeln** *vt* comer con cuchara; **löffelweise** *adv* a cucharadas
log *impf von* **lügen**
Loge *f* ‹-, -n› THEAT palco *m;* (*Freimaurer~*) logia *f;* (*Pförtner~*) portería *f*
logieren *vi* alojarse, hospedarse
Logik *f* lógica *f;* **logisch** *adj* lógico
Lohn *m* ‹-[e]s, Löhne› salario *m;* (*Arbeits~*) sueldo *m;* **Lohnausgleich** *m* ajuste *m* de salarios; **Lohnempfänger(in** *f*) *m* asalariado/a
lohnen *vr* ◇ **sich ~** valer/merecer la pena; **lohnend** *adj* que vale la pena

Lohnsteuer *f* impuesto *m* sobre los salarios; **Lohnsteuerjahresausgleich** *m* devolución *f* anual de impuestos sobre salarios; **Lohnsteuerkarte** *f* tarjeta *f* de impuestos sobre salarios; **Lohntüte** *f* sobre *m* con la paga

Loipe *f* ‹-, -n› pista *f* de fondo

lokal *adj* local; **Lokal** *n* ‹-[e]s, -e› local *m;* **lokalisieren** *vt* localizar; **Lokalisierung** *f* localización *f*

Lokomotive *f* locomotora *f;* **Lokomotivführer(in** *f*) *m* maquinista *m/f*

Lorbeer *m* ‹-s, -en› laurel *m;* ◇ **sich auf seinen -en ausruhen** dormirse en los laureles; **Lorbeerblatt** *n* GASTR hoja *f* de laurel

Lore *f* ‹-, -n› MIN vagoneta *f*

los *adj* [1] suelto, flojo [2] ◇ **-!** ¡vamos!; ◇ **etw - sein** pasar algo, suceder algo; ◇ **was ist -?** ¿qué pasa?; ◇ **dort ist nichts/viel -** [no] hay mucho movimiento allí; ◇ **etw - haben** *FAM* ser un entendido

Los *n* ‹-es, -e› [1] ↑ *Schicksal* destino *m,* suerte *f* [2] (*Lotterie-*) billete *m* de lotería

losbinden *unreg vt* soltar, desatar

löschen I. *vt* [1] → *Feuer, Licht* apagar [2] COMM cancelar [3] → *Tonband* borrar; → *Information* hacer desaparecer [4] → *Fracht* descargar **II.** *vi* [1] ← *Feuerwehr* extinguir [un fuego] [2] → *Papier* secar; **Löschfahrzeug** *n* camión *m* de bomberos; **Löschgerät** *n* extintor *m;* **Löschpapier** *n* papel *m* secante; **Löschtaste** *f* tecla *f* para borrar

Löschung *f* [1] COMM cancelación *f* [2] (*von Fracht*) descarga *f*

los[e] *adj* suelto, flojo

Lösegeld *n* rescate *m*

losen *vi* echar a suertes

lösen I. *vt* [1] ↑ *losbinden* soltar [2] → *Problem* solucionar [3] CHEM diluir [4] → *Verlobung* romper [5] → *Fahrkarte* sacar **II.** *vr* ◇ **sich -** [1] ↑ *aufgehen* separarse [2] ← *Zucker* disolverse [3] *FIG* ← *Problem* resolverse

losfahren *unreg vi* salir, ponerse en marcha

losgehen *unreg vi* [1] ↑ *sich auf den Weg machen* irse, ponerse en marcha [2] ↑ *anfangen* empezar [3] ← *Bombe* explotar; ◇ **auf jd-n -** atacar a alguien

loskaufen *vt* rescatar

loskommen *unreg vi:* ◇ **von etw -** deshacerse de algo

loslassen *unreg vt* → *Schimpfe* soltar; → *Gefangene* poner en libertad, liberar

löslich *adj* soluble

losmachen I. *vt* ↑ *losbinden* soltar; → *Boot* desenganchar **II.** *vr* ◇ **sich -** liberarse de

losreißen *vt* arrancar

lossagen *vr* ◇ **sich - von etw/jd-m** renegar de algo/alguien

lossprechen *unreg vt* absolver

Losung *f* santo *m* y seña

Lösung *f* [1] (*von Rätsel*) solución *f* [2] ↑ *Trennung* separación *f* [3] (*im Theater*) desenlace *m* [4] CHEM disolución *f*

Lösungsmittel *n* disolvente *m*

loswerden *unreg vt* librarse de, deshacerse de

Lot *n* ‹-[e]s, -e› ARCHIT plomada *f;* NAUT sonda *f; FIG* ◇ **im -** en orden; **loten** *vti* echar la plomada

löten *vt* soldar; **Lötkolben** *m* soldador *m*

Lotse *m* ‹-n, -n› [1] práctico *m* [2] AERO piloto *m;* **lotsen** *vt* [1] → *Flugzeug* pilotar [2] *FAM* llevar

Lotterie *f* lotería *f*

Löwe *m* ‹-n, -n› [1] FAUNA león *m; FIG* ◇ **der Löwenanteil** la mejor parte [2] ASTROL Leo *m;* **Löwin** *f* FAUNA leona *f*

loyal *adj* leal; **Loyalität** *f* lealtad *f*

Luchs *m* ‹-es, -e› lince *m*

Lücke *f* ‹-, -n› hueco *m;* **Lückenbüßer(in** *f*) *m* ‹-s, -› cosa/persona a la que se recurre en última instancia, para cubrir la carencia de algo o alguien; **lückenhaft** *adj* incompleto; **lückenlos** *adj* completo

lud *impf von* **laden**

Luder *n* ‹-s, -› (*PEJ Person*) víbora *f,* pecora *f;* ▷*bedauernswert* pobre diablo *m*

Luft *f* ‹-, Lüfte› aire *m;* ↑ *Atem* respiración *f;* ◇ **in der - liegen** respirarse en el aire; ◇ **jd-n wie - behandeln** tratar a alguien como ni no estuviera, ignorar a alguien; **Luftangriff** *m* ataque *m* aéreo; **Luftballon** *m* globo *m;* **Luftblase** *f* burbuja *f* [de aire]; **luftdicht** *adj* hermético; **Luftdruck** *m* presión *f* atmosférica

lüften *vti* → *Zimmer* ventilar; → *Hut* quitarse

Luftfahrt *f* aviación *f;* **luftgekühlt** *adj* refrigerado por aire; **luftig** *adj* ▷*Ort* expuesto a corrientes de aire; ▷*Raum* ventilado; ▷*Kleider* ligero; **Luftkissenfahrzeug** *n* vehículo *m* aerodeslizante; **Luftkurort** *m* lugar *m* de descanso [en las montañas]; **luftleer** *adj* vacío; ◇ **-er Raum** habitación vacía; **Luftlinie** *f:* ◇ **in der -** en la línea aérea; **Luftloch** *n* [1] (*an Wand*) respiradero *m* [2] AERO bache *m;* **Luftmatratze** *f* colchón *m* neumático; **Luftpirat(in** *f*) *m* pirata *m/f* aéreo; **Luftpost** *f* correo *m* aéreo, bomba *f* de aire; **Luftreinhaltung** *f* estado *m* de depuración del aire; **Luftrettungsdienst** *m* servicio *m* de rescate aéreo; **Luftröhre** *f* ANAT tráquea *f;* **Luftschlange** *f* serpentina *f;* **Luftschutz** *m* MIL defensa *f* antiaérea; **Luftschutzkeller** *m* refugio *m* antiaéreo; **Luftsprung** *m FIG*: ◇ **e-n ~ machen** dar saltos en el aire

Lüftung *f* ventilación *f*

Luftverkehr *m* AERO tráfico *m* aéreo; **Luftverschmutzung** *f* contaminación *f* atmosférica; **Luftwaffe** *f* MIL ejército *m* del aire; **Luftzug** *m* corriente *f* de aire

Lüge *f* ⟨-, -n⟩ mentira *f;* ◇ **jd-n -n strafen** desmentir lo que ha dicho alguien; **lügen** ⟨log, gelogen⟩ *vi* mentir, decir mentiras; **Lügner(in** *f*) *m* ⟨-s, -⟩ mentiroso/a

Luke *f* ⟨-, -n⟩ tragaluz *m*

Lümmel *m* ⟨-s, -⟩ grosero *m,* bruto *m;* **lümmeln** *vr* ◇ **sich ~** portarse de forma grosera

Lump *m* ⟨-en, -en⟩ pícaro *m,* sinvergüenza *m*

lumpen *vi:* ◇ **sich nicht ~ lassen** no ser tacaño

Lumpen *m* ⟨-s, -⟩ harapo *m,* andrajo *m;* **Lumpensammler(in** *f*) *m* trapero *m;* **lumpig** *adj* harapiento, andrajoso

Lunge *f* ⟨-, -n⟩ ANAT pulmón *m;* **Lungenentzündung** *f* MED pulmonía *f,* neumonía *f;* **lungenkrank** *adj* enfermo del pulmón

Lunte *f* ⟨-, -n⟩ mecha *f;* ◇ **~ riechen** oler a chamusquina, sospechar

Lupe *f* ⟨-, -n⟩ lupa *f;* ◇ **etw unter die ~ nehmen** *FIG* examinar de cerca

Lupine *f* altramuz *m*

Lurch *m* anfibio *m*

Lust *f* ⟨-, Lüste⟩ ganas *f/pl;* ↑ *Neigung* deseo *m;* ◇ **~ auf etw** *akk* **haben, ~ zu etw haben** tener ganas de algo; ◇ **~ haben, etw zu tun** tener ganas de hacer algo

lüstern *adj* lascivo, lujurioso

Lustgefühl *n* sensación *f* de placer

lustig *adj* ↑ *komisch* cómico; ↑ *fröhlich* alegre, gracioso, divertido

Lüstling *m* libertino *m*

lustlos *adj* desganado, sin animación

Lustmord *m* asesinato *m* con abuso sexual

Lustspiel *n* comedia *f*

lustwandeln *vi* pasearse, deambular

lutschen *vti* chupar; ◇ **am Daumen ~** chuparse el dedo; **Lutscher** *m* ⟨-s, -⟩ chupachús *m,* pirulí *m*

Luxemburg *n* Luxemburgo *m;* **luxemburgisch** *adj* de Luxemburgo

luxuriös *adj* lujoso; **Luxus** *m* ⟨-⟩ lujo *m;* **Luxusartikel** *m/pl* artículos *m/pl* de lujo; **Luxushotel** *n* hotel *m* de lujo; **Luxussteuer** *f* impuesto *m* de lujo

Lymphe *f* ⟨-, -n⟩ linfa *f*

lynchen *vt* linchar

Lyrik *f* lírica *f;* **Lyriker(in** *f*) *m* ⟨-s, -⟩ poeta *m,* poetisa *f;* **lyrisch** *adj* lírico

M

M, m *n* M, m *f*

M.A. *m Abk v.* **Magister artium** título *m* de licenciado

Machart *f* ↑ *Form* forma *f;* ↑ *Schnitt* corte *m;* (*bei Mantel*) hechura *f;* **machbar** *adj* posible, factible; **machen I.** *vt* hacer [1] ↑ *beschäftigt sein mit* realizar; fabricar; *FAM* ◇ **was ~ deine Kinder?** ¿qué tal tus hijos? [2] *FAM* ↑ *reparieren* reparar; ◇ **kannst du mir dies [heil] ~?** ¿puedes arreglar esto? [3] ↑ *ablegen* → *Prüfung, Ausbildung* hacer [4] ↑ *verursachen* producir, dar [5] MATH ↑ *ergeben* dar, resultar [6] ◇ **in die Hose ~** hacérselo encima **II.** *vr* ◇ **sich ~** [1] ↑ *sich schaffen* hacerse; *FAM* ◇ **sich an etw** *akk* **~** empezar a, ponerse a; ▷*Speisen* ◇ **sich nichts ~ aus** *dat* dar igual algo a alguien [2] ↑ *gewinnen* hacer progresos, mejorarse **III.** *vi FAM*: ◇ **in etw** *akk* **~** comerciar con algo; ◇ **das macht nichts** no importa; ◇ **mach's gut!** ¡que te vaya bien!

Macho *m* ⟨-s, -s⟩ *FAM* machista *m*

Macht *f* ⟨-s, Mächte⟩ poder *m;* **Machthaber(in** *f*) *m* ⟨-s, -⟩ dirigente *m/f;* **mächtig** *adj* poderoso, potente; *FAM* ↑ *sehr* muy; **machtlos** *adj* sin poder, impotente; **Machtprobe** *f* prueba *f* de fuerza; **Machtstellung** *f* autoridad *f;* **Machtwort** *n* decisión *f* inapelable; ◇ **ein ~ sprechen** hablar con autoridad

Macke *f FAM* ↑ *Spleen* defecto *m,* cosa *f* rara; *FIG* ◇ **der Mensch hat doch ee ~!** ¡el hombre está chiflado!

Mädchen *n* ↑ *Kind* chica *f,* niña *f;* ↑ *Heranwachsende* muchacha *f;* ↑ *Hausangestellte* chica *f* de la limpieza; **mädchenhaft** *adj* de niña; **Mädchenname** *m* (*Name für Mädchen*) nombre *m* de niña; (*Name vor Eheschließung*) nombre *m* de soltera

Made *f* ⟨-, -n⟩ gusano *m; FIG* ◇ **leben wie die ~ im Speck** vivir a sus anchas; **madig** *adj* lleno de gusanos; ◇ **jd-m etw** *akk* **~ machen** quitar las ganas a alguien de algo; *FAM* ◇ **jd-n ~ machen** calumniar a alguien

Madonna *f* REL Virgen *f*

Mafia *f* ⟨-⟩ mafia *f;* **Mafiosi** *m* ⟨-s, -⟩ mafioso *m*

Magazin *n* ⟨-s, -e⟩ [1] ↑ *Lager, Vorratsraum* almacén *m* [2] ↑ *Bibliotheksraum* depósito *m* [3] ↑ *Zeitschrift* revista *f* [4] (*bei Gewehren*) cargador *m*

Magen *m* ⟨-s, Mägen *o.* -⟩ estómago *m; FAM* ◇ **mir knurrt der ~** me crujen las tripas; *FIG* ◇ **etw schlägt auf den ~** algo sienta mal; **Magenbitter** *m* ↑ *Kräuterlikör* estomacal *m;* **Magenge-**

schwür *n* MED úlcera *f* de estómago; **Magenschmerzen** *m/pl* dolores de estómago *m/pl*
mager *adj* ↑ *schlank* flaco; ▷*Fleisch* magro *m;* ↑ *gering* poco; **Magermilch** *f* leche *f* desnatada; **Magersucht** *f* anorexia *f*
Magie *f* magia *f;* **Magier(in** *f*) *m* ⟨-s, -⟩ mago/a; **magisch** *adj* mágico
Magister *m* (*akademischer Titel*) licenciatura *f*
Magma *n* ⟨s, -Magmen⟩ (*von Vulkan*) magma *m*
Magnet *m* ⟨-s *o.* -en, en⟩ imán *m;* **Magnetband** *n* cinta *f* magnética; **magnetisch** *adj* magnético
mähen [1] *vti* → *Rasen* cortar; → *Getreide* segar
mähen [2] *vi FAM* ← *Schaf* berrear
Mahl *n* ⟨-[e]s, -e⟩ ↑ *feierliches Mittagsessen* comida *f;* ↑ *feierliches Abendessen* cena *f*
mahlen ⟨mahlte, gemahlen⟩ *vt* moler
Mahlzeit I. *f* comida *f* **II.** *interj* ¡que aproveche!
Mahnbrief *m* carta *f* de aviso
Mähne *f* ⟨-, -n⟩ (*von Pferd*) crines *f/pl;* (*von Löwe*) melena *f; FAM* ↑ *langes Haar* greñas *f/pl*
mahnen *vt* ↑ *ermahnen* exhortar a; ▷*warnend* advertir; COMM (*wegen Schulden*) reclamar; **Mahnmal** *n* monumento *m* conmemorativo; **Mahnung** *f* aviso *m*
Mai *m* ⟨-[e]s, -e⟩ mayo *m;* ◇ **wie damals im ~** como entonces en mayo; ◇ **der 1. ~** el 1 de mayo, día del trabajo; **Maikäfer** *m* abejorro *m*
Mais *m* ⟨-es⟩ maíz *m;* **Maiskolben** *m* (*als Viehfutter*) mazorca *f;* GASTR panocha *f*, panoja *f*
Majestät *f* majestad *f;* **majestätisch** *adj* majestuoso
Major *m* ⟨-s, -e⟩ MIL, AERO mayor *m*
Majorität *f* mayoría *f;* ◇ **in der ~ sein** estar en mayoría
makaber *adj* macabro
Makel *m* ⟨-s, -⟩ ↑ *Fehler* falta *f;* ▷*moralisch* tacha *f;* ◇ **mit e-m ~ behaftet sein** tener un defecto; **makellos** *adj* sin tacha, intachable
mäkeln *vi FAM* poner faltas (*an dat* a), criticar (*an dat* akk)
Make-up *n* maquillaje *m*
Makler(in *f*) *m* ⟨-s, -⟩ (*Immobilien~*) agente *m/f;* (*Börsen~*) corredor(/a *f*) *m*
Makrele *f* ⟨-, -n⟩ caballa *f*
mal *adv s.* **einmal** una vez; *FAM* ◇ **~ müssen** tener que ir al servicio
Mal [1] *n* ⟨-[e]s, -e⟩ ↑ *Zeitpunkt* vez *f;* ◇ **mit e-m ~** de una vez, a la vez; ◇ **von ~ zu ~** de una vez a otra, de vez en cuando
Mal [2] *n* ⟨-[e]s, e *o.* Mäler⟩ [1] (*Wund~*) marca *f* [2] (*Mutter~*) lunar *m*
malen *vti* pintar; *FIG* ↑ *beschreiben* describir; ◇ **die Zukunft in rosigsten Farben ~** pintar el futuro rosa; **Maler(in** *f*) *m* ⟨-s, -⟩ ↑ *Künstler* pintor(/a *f*) *m;* ↑ *Tünchner* pintor *m* de brocha gorda; **Malerei** *f* pintura *f;* **malerisch** *adj* pictórico, pintoresco
Malheur *n* ↑ *Mißgeschick* desgracia *f;* ↑ *Unglück* accidente *m;* ◇ **mir ist ein ~ passiert** me ha ocurrido una desgracia
malnehmen *unreg vti* multiplicar
Malta *n* [la Isla de] Malta
malträtieren *vt* maltratar
Malz *n* ⟨-es⟩ malta *f*
Malzeichen *n* signo *m* de multiplicar
Malzkaffee *m* café de malta *m*
Mama, **Mami** *f* ⟨-, -s⟩ *FAM* mamá *f*
mampfen *vi FAM* comer sin modales
man *pron* se
Management *f* ⟨-s⟩ gerencia *f;* **Manager(in** *f*) *m* ⟨-s, -⟩ manager *m/f*, ejecutivo/a, empresario/a
manch ⟨inv⟩ *adj* algunos; ◇ **~ e Frau** algunas mujeres; **manche(r, s)** *pron* alguno(a); **mancherlei I.** ⟨inv⟩ *adj* varios **II.** *pron* algunos
manchmal *adv* a veces, algunas veces
Mandant(in *f*) *m* JURA cliente *m/f*
Mandat *n* mandato *m*
Mandel *f* ⟨-, -n⟩ almendra *f;* ANAT amígdala *f*
Manege *f* ⟨-, -n⟩ pista *f* de circo
Mangel [1] *m* ⟨-s, Mängel⟩ ↑ *Knappheit* falta *f*, carencia *f* (*an dat* de); ↑ *Fehler* defecto *m*
Mangel [2] *f* ⟨-, -n⟩ (*Maschine*) calandria *f*
Mangelerscheinung *f* signo *m* de carencia; **mangelhaft** *adj* [1] ↑ *unvollendet* imperfecto, incompleto [2] ↑ *fehlerhaft* defectuoso; **mangeln I.** *vi* ↑ *benötigen* carecer de, hacer falta algo, faltar algo; ◇ **es mangelt jd-m an etw** *dat* alguien carece de algo **II.** *vt* ↑ *bügeln* → *Wäsche* prensar; **mangels** *präp gen* por falta de; **Mangelware** *f* producto *m* que escasea
Manieren *pl* modales *m/pl;* **manierlich** *adj* ↑ *anständig* decente, formal; ↑ *wohlerzogen* bien educado, de buenos modales
Manifest *n* ⟨-es, -e⟩ manifiesto *m*
Maniküre *f* ⟨-, n⟩ manicura *f;* **maniküren** *vt* hacer la manicura
Manipulation *f* ↑ *Beeinflussung* manipulación *f;* (*Betrug*) engaño *m;* **manipulieren** *vt* manipular
Manko *n* ⟨-s, -s⟩ [1] ↑ *Nachteil* defecto *m*, déficit *m* [2] ↑ *Mangel* falta *f*
Mann *m* ⟨-[e]s, Männer⟩ hombre *m;* (*Ehe~*) marido *m; FIG* ◇ **der kleine ~** el hombre con pocos recursos; *FIG* ◇ **seinen ~ stehen** salir airoso de algo; NAUT ◇ **alle ~ an Deck** todos a cubierta; NAUT *auch FIG* ◇ **mit ~ und Maus untergehen** hundirse con toda la tripulación; **Männchen** *n*

[1] ↑ *Unmann* hombrecito *m* [2] (*bei Tieren*) macho *m* [3] ↑ *Spielstein* ficha *f;* (*für Kartenspiele*) chino *m* [4] (*FIG Dressurakt*) ◇ ~ **machen** ponerse sobre las patas traseras
Mannequin *n* ‹-s, -s› maniquí *f*, modelo *f*
Manneskraft *f* [1] ↑ *Zeugungskraft* virilidad *f* [2] (*Leistungskraft des Mannes*) fuerza *f* viril
mannigfach *adj* variado, diverso; **mannigfaltig** *adj* variado, diverso
männlich *adj* BIOL masculino; **Männlichkeit** *f* masculinidad *f*, virilidad *f*
Mannsbild *n meist PEJ* pedazo *m* de hombre; ◇ **gestandenes** ~ hombre de pelo en pecho
Mannschaft *f* ↑ *zusammenarbeitende Gruppe*, SPORT equipo *m;* (*FIG Regierungs~*) directiva *f;* NAUT, AERO tripulación *f;* MIL tropa *f;* **Mannschaftskapitän** *m* SPORT capitán *m* del equipo; **Mannweib** *n PEJ* marimacho *m*
Manöver *n* ‹-s, -› [1] MIL maniobra *f* [2] (*Ablenkungs~*) manejos *m/pl;* **manövrieren** *vti:* ◇ **Auto in Parklücke** ~ hacer maniobras para aparcar el coche en un hueco
Mansarde *f* ‹-, -n› buhardilla *f*
Mansch *m* ‹-[e]s› *PEJ* mezcolanza *f*, bazofia *f;* **manschen** *vi FAM* revolver
Manschette *f* puño *m;* (*Papier~*) maché *m;* (*FIG Angst haben*) ◇ **vor jd-m/etw ~n haben** tener miedo de alguien/algo; TECH manguito *m*
Mantel *m* ‹-s, Mäntel› [1] (*Kleidungsstück*) abrigo *m; FIG* ◇ **seinen ~ nach dem Wind hängen** ser un chaquetero [2] (TECH *Reifen~*) cubierta *f* [3] (*Geschoß~*) camisa *f* [de un proyectil] [4] (*Stahl~*) capa *f* [5] (MATH *Zylinder~*) superficie *f*
manuell *adj* manual
Manufaktur *f* manufactura *f*
Manuskript *n* ‹-[e]s, -e› manuscrito *m*
Mappe *f* ‹-, -n› [1] (*Noten~*) carpeta *f* [2] (*Akten~*) cartera *f*
Marathon *m* ‹-s, -s› (SPORT *~lauf*) maratón *m; FIG* ◇ **~sitzung** reunión *f* interminable
Märchen *n* cuento *m;* **märchenhaft** *adj* de cuento, maravilloso; **Märchenprinz** *m* príncipe *m* azul
Margarine *f* margarina *f*
Marienkäfer *m* mariquita *f*
Marinade *f* escabeche *m*
Marine *f* (NAUT *Handels~, Kriegs~*) marina *f*, ejército *m* de mar; **marineblau** *adj* azul marino
marinieren *vt* poner en escabeche
Marionette *f* (*~ntheater*) marioneta *f; auch FIG* títere *m*
maritim *adj* marítimo
Mark [1] *f* ‹-, -› (*Münze*) marco *m*
Mark [2] *n* ‹-[e]s› (*Knochen~*) médula *f;* ◇ **jd-m durch ~ und Bein gehen** estar calado hasta los tuétanos; (*FIG feige sein*) ◇ **kein ~ in den Knochen haben** ser un cobarde
Mark [3] *f* ‹-, -en› (*Grenze*) frontera *f;* ↑ *Gebiet* territorio *m* fronterizo; (*~ Brandenburg*) marca *f*
markant *adj* marcado
Marke *f* ‹-, -n› marca *f;* (*Warensorte*) clase *f;* ↑ *Fabrikat* marca *f;* (*Brief~*) sello *m;* (*Rabatt~*) descuento *m;* (*Essens~*) cupón *m;* (*Hunde~*) chapa *f;* (*Garderoben~*) resguardo *m;* **Markenartikel** *m* artículo *m* de marca; **Markenzeichen** *n* marca *f* comercial
markerschütternd *adj* ▷*Schrei* desgarrador
markieren I. *vt* marcar; ← *Hund, Wild* señalar **II.** *vti* (*FAM vortäuschen*) fingir, simular; ◇ **den starken Mann ~** hacerse el fuerte; **Markierung** *f* señalización *f*
markig *adj FIG* enérgico
Markise *f* ‹-, -n› toldo *m*
Markstück *n* moneda *f* de un marco
Markt *m* ‹-[e]s, Märkte› (*Wochen~, Absatz~*) mercado *m;* (*Floh~*) mercadillo *m;* ◇ **schwarzer ~** el mercado negro; **Marktanteil** *m* participación *f* en el mercado; **Marktbude** *f* puesto *m* ambulante; **Marktforschung** *f* estudio *m* del mercado; **Marktlücke** *f* COMM: ◇ **e-e ~ schließen** cubrir la demanda [con un nuevo producto]; **Marktplatz** *m* plaza *f* del mercado; **Marktwirtschaft** *f* economía *f* de mercado
Marmelade *f* mermelada *f*
Marmor *m* ‹-s, -e› mármol *m;* **marmorieren** *vt* vetear, jaspear
Marokko *n* Marruecos *m*
Marotte *f* ‹-, -n› manía *f*
Mars *m* Marte *m*
marsch *interj* ¡marchen!
Marsch [1] *m* ‹-[e]s, Märsche› (*Nacht~, Gewalt~*) marcha *f*
Marsch [2] *f* ‹-, -en› marisma *f*
Marschbefehl *m* orden *f* de marcha; **marschbereit** *adj* preparado para marchar; **marschieren** *vi* marchar sobre, desfilar
martern *vt* martirizar, torturar; **Marterpfahl** *m* poste *m* [de tormento]
Martinshorn *n* sirena *f*
Märtyrer(in *f*) *m* ‹-s, -› mártir *m/f*
März *m* ‹-[es], -e› marzo *m;* ◇ **im ~** en marzo; ◇ **4. ~ 1915** el 4 de marzo de 1915
Marzipan *n* GASTR mazapán *m*
Masche *f* ‹-, -n› malla *f;* (*beim Stricken*) punto *m; FIG* ◇ **durch die ~n des Gesetzes schlüpfen** burlar la justicia, escaparse de la justicia usando métodos legales; *FAM* ◇ **die neueste ~** el último

truco; *FAM* ↑ *typische Verhaltensweise* ◇ **das ist so typisch seine** ~ es un rasgo muy típico de él; **Maschendraht** *m* malla *f* metálica

Maschine *f* máquina *f* [1] ↑ *Motor* motor *m* [2] *FAM* ↑ *Motorrad* moto *m;* ↑ *Flugzeug* avión *m;* (*Näh~*) máquina *f* de coser; (*Schreib~*) máquina *f* de escribir; (*Wasch~*) lavadora *f;* **maschinell** *adj* mecánico; **Maschinenbauer(in** *f*) *m* constructor(/a *f*) *m* de máquinas; **Maschinengewehr** *n* ametralladora *f;* **Maschinenpistole** *f* metralleta *f;* **maschine[n]schreiben** *unreg vi* escribir a máquina

Masern *pl* MED sarampión *m*

Maserung *f* vetas *f/pl*

Maske *f* ‹-, -n› máscara *f,* careta *f; a.* PC máscara *f,* mascarilla *f;* (*Gesichts~*) mascarilla *f;* **Maskerade** *f* mascarada *f;* **maskieren** *unreg* **I.** *vt* ← *Bankräuber* enmascarar; ↑ *verkleiden* disfrazar **II.** *vr* ◇ **sich** ~ enmascararse; disfrazarse

Maskottchen *n* mascota *f*

maskulin *adj* masculino

maß *impf von* **messen**

Maß [1] *n* ‹-es, -e› [1] (*Flächen~*) medida *f; FIG* ◇ **weder** ~ **noch Ziel kennen** exagerar [2] (*Meter~*) metro *m; FIG* ◇ **mit zweierlei** ~ **messen** aplicar la ley del embudo [3] ↑ *Ausmaß* proporción *f* [4] ↑ *Grad* grado *m* [5] (*Menge*) cantidad *f*

Maß [2] *f* ‹-, -[e]› una jarra de cerveza de un litro

Massage *f* ‹-, -n› masaje *m*

Massaker *n* ‹-s, -› matanza *f,* masacre *m*

Maßanzug *m* traje *m* a medida; **Maßarbeit** *f FIG* trabajo *m* de precisión

Masse *f* ‹-, -n› [1] (*Knet~, Teig~*) masa *f;* (*Vermögens~, Konkurs~*) cantidad *f* [2] ↑ *Menschenanzahl* muchedumbre *f;* ↑ *die Mehrheit des Volkes* ◇ **die breite** ~ la gran masa [3] *FAM* (*von Angeboten/Glückwünschen*) montón, m

Maßeinheit *f* unidad *f* de medida

Massenartikel *m* artículo *m* fabricado en serie; **massenhaft** ‹inv› *adj* en gran cantidad, masivo; **Massenmedium** *n* medio *m* de comunicación [de masas]; **massenweise** *adv* en grandes cantidades

Masseur(in *f*) *m* masajista *m/f;* **Masseuse** *f* (*auch Prostituierte*) masajista *f*

Maßgabe *f:* ◇ **nach** ~ **von** *gen* conforme a; **maßgebend** *adj* decisivo; **maßgeblich** *adj* decisivo; **maßhalten** *unreg vi* ser moderado

massieren *vt* → *Rücken, Nacken* dar un masaje, masajear

massig *adj* voluminoso, abultado; *FAM* a manta

mäßig *adj* [1] ▷*Trinker* moderado [2] ▷*Schüler* regular

mäßigen I. *vt* ↑ *mildern, dämpfen* → *Zorn* calmar, contener; → *Worte* suavizar; → *Tempo* reducir **II.** *vr* ◇ **sich** ~ ↑ *sich beherrschen* moderarse, controlarse

massiv *adj* sólido, macizo; *FIG* masivo; **Massiv** *n* ‹-s, -e› macizo *m*

Maßkrug *m* jarra *f* de un litro; **maßlos** *adj* enorme, desmedido; **Maßnahme** *f* ‹-, -n› medida *f;* ◇ **geeignete** **-n ergreifen** tomar las medidas oportunas

maßregeln *unreg vt* llamar la atención

Maßstab *m* [1] ↑ *Meßskala* regla *f* graduada [2] *FIG* ↑ *Vorbild* modelo *m* a seguir; ◇ **sein Handeln ist kein** ~ **für mich** su actuación no es un modelo a seguir [3] (*von Landkarte*) escala *f*

maßvoll *adj* moderado

Mast [1] *m* ‹-[e]s, -e[n]› [1] NAUT mástil *m* [2] (ELECTR *Strom~*) poste *m*

Mast [2] *f* ‹-› (*von Schlachtvieh*) engorde *m*

mästen *vt* cebar, engordar

Matador *m* ‹-s, -e› matador *m,* torero *m*

Match *n* ‹-[e]s, -s› partido *m*

Material *n* ‹-s, -ien› material *m;* **Materialfehler** *m* defecto *m* del material

Materie *f* CHEM materia *f;* ◇ **sich mit der** ~ **vertraut machen** adentrarse en la materia; **materiell** *adj* material

Mathematik *f* matemáticas *f/pl;* **mathematisch** *adj* matemático

Matinee *f* ‹-, -n› función *f* matinal

Matratze *f* ‹-, -n› colchón *m*

Matrose *m* ‹-n, -n› NAUT marinero *m*

Matsch *m* ‹-[e]s› barro *m,* fango *m;* ◇ **Schnee~** nieve sucia y deshecha; **matschig** *adj* lleno de barro, fangoso

matt *adj* [1] ↑ *kraftlos* débil [2] ↑ *glanzlos, a.* FOTO mate [3] ▷*Farbe* apagado [4] (SPORT *beim Schachspiel*) mate *m;* ◇ **jd-n** ~ **setzen** dar mate a alguien [5] *FIG* ▷*Entschuldigung* no convincente

Matte *f* ‹-, -n› (*Bade~*) esterilla *f;* (*Fuß~*) felpudo *m;* (*FAM überraschender Besuch*) ◇ **auf der** ~ **stehen** estar en la puerta

Mattigkeit *f* debilidad *f,* agotamiento *m*

Mattscheibe *f FAM* ↑ *Fernseher* cristal *m* mate; (*FAM begriffsstutzig sein*) ◇ **e-e** ~ **haben** estar atontado

mau *adj FAM* malo, mal

Mauer *f* ‹-, -n› muro *m;* ◇ **Berliner** ~ el muro de Berlín; SPORT barrera *f;* **Mauerblümchen** *n FAM* la más fea del baile; **mauern** *vti* levantar un muro; **Mauerwerk** *n* [1] ↑ *Steinmauer* mampostería *f;* ↑ *Backsteinmauer* enladrillado *m* [2] ↑ *Mauern* muros *m/pl*

Maul *n* ⟨-[e]s, Mäuler⟩ boca *f*, morro *m;* (*von Hund*) hocico *m;* (*FAM Meinung ermitteln*) escuchar al hombre de la calle; (*FAM klatschen*) ◇ **sich das ~ zerreißen** contar chismes; (*FAM freche Reden führen*) ◇ **ein loses** [*o.* **ungewaschenes**] **~ haben** ser un bocazas

Maulbeerbaum *m* morera *f*

maulen *vi FAM* estar de morros (*über akk* por)

Maulesel *m* mulo *m*

maulfaul *adj FAM* ↑ *wortkarg* callado; **Maulheld** *m FAM* fanfarrón *m;* **Maulkorb** *m* bozal *m; FIG* ◇ **jd-m e-n ~ umhängen** no dejar hablar a alguien; **Maulsperre** *f* trismo *m*

Maultier *n* mulo *m*

Maulwurf *m* FAUNA topo *m*

Maurer(in *f*) *m* ⟨-s, -⟩ albañil *m*/*f*

Maus *f* ⟨-, Mäuse⟩ [1] ratón *m; a.* PC ratón *m* [2] *FAM* ↑ *Geld* ◇ **keine Mäuse haben** no tener pelas [3] *FAM* ↑ *Verkehrspolizist* ◇ **weiße ~** policía de tráfico; **Mausefalle** *f* ratonera *f;* **mausen** *vt FAM* ↑ *stehlen* mangar

Mauser [1] *f* ⟨-, -⟩ ↑ *Selbstladepistole* pistola *f* [de carga] automática

Mauser [2] *f* ⟨-⟩ muda *f* [del plumón]; **mausern** *vr* ◇ **sich ~** estar de muda; (*FAM sich entwickeln*) desarrollarse

maximal *adj* máximo

maximieren *unreg vt* → *Gewinn, Nutzen, Ertrag* maximizar; **Maximum** *n* ⟨-s, Maxima⟩ máximo *m*

Mayonnaise *f* ⟨-, -n⟩ mayonesa *f*

Mechanik *f* mecánica *f;* **Mechaniker(in** *f*) *m* ⟨-s, -⟩ mecánico *m*/*f;* **mechanisch** *adj* mecánico; **mechanisieren** *vt* mecanizar; **Mechanismus** *m* mecanismo *m*

meckern *vi* [1] ← *Ziege* balar [2] *FAM* ↑ *nörgeln* criticar, quejarse

Medaille *f* ⟨-, -n⟩ medalla *f*

Medikament *n* medicamento *m*, medicina *f*

meditieren *vi* meditar

Medium *n* médio *m;* médium *m*

Medizin *f* ⟨-, -en⟩ medicina *f; FAM* ↑ *Medikament* medicamento *m;* **Mediziner(in** *f*) *m* (*Arzt*) médico/a; (*Student*) estudiante *m*/*f* de medicina; **medizinisch** *adj* médico

Meer *n* ⟨-[e]s, -e⟩ *auch FIG* mar *m; FIG* ◇ **wie Sand am ~** como gotas en el mar; **Meerenge** *f* estrecho *m;* **Meeresgrund** *m* fondo *m* del mar; **Meersalz** *n* sal *f* marina

Meerschweinchen *n* cobaya *f*, conejillo *m* de Indias

Meerungeheuer *n* monstruo *m* marino

Meeting *n* ⟨-s, -s⟩ mitin *m*

Megabyte *n* PC megabyte *m*

Mehl *n* ⟨-[e]s, -e⟩ (*Weizen-, Roggen-*) harina *f;* (*Säge-*) serrín *m;* **mehlig** *adj* harinoso; **Mehlspeise** *f* plato *m* dulce hecho con harina

mehr I. *pron, nr kompar von* **viel** más; ◇ **nach ~ schmecken** saber algo tan bien que se comería más; ◇ **~ oder weniger** más o menos **II.** *adv kompar von* **sehr** más (*als* que); **mehrdeutig** *adj* ambiguo

mehrere I. *pron* varios, diversos; ◇ **es gibt ~ Möglichkeiten, das Problem zu lösen** hay varias posibilidades de solucionar el problema; ◇ **es gibt ~ Arten, das Problem zu sehen** hay diversas formas de interpretar el problema; **mehreres** *pron* varias cosas; ◇ **es wurde ~ falsch gemacht** se han hecho varias cosas mal

mehrfach *adj* reiterado, repetido, múltiple, varias veces; **Mehrfamilienhaus** *n* casa *f* en un vecindario; **Mehrheit** *f* mayoría *f;* **mehrmalig** *adj* repetido; **mehrstimmig** *adj* polifónico; ◇ **~ singen** cantar a varias voces; **Mehrwegflasche** *f* botella *f* retornable; **Mehrwertsteuer** *f* impuesto *m* sobre el valor añadido; **Mehrzahl** *f* mayoría *f;* GRAM plural *m*

meiden ⟨mied, gemieden⟩ *vt* (*jd-m/etw aus dem Weg gehen*) evitar

Meile *f* ⟨-, -n⟩ [1] (*Längenmaß*) legua *f* [2] (*See-*) milla *f;* (*Vergnügungs-*) zona # [de juerga], f; **Meilenstein** *m* mojón *m; FIG* ◇ **ein ~ in der Geschichte** un hito en la historia; **meilenweit** *adv* a mucha distancia

mein *pron* (*adjektivisch*) mi; **meine(r, s)** *pron* (*substantivisch*) mío

Meineid *m* perjurio *m*

meinen *vti* [1] ↑ *annehmen, behaupten* pensar, estimar; ◇ **das will ich ~!** ¡por su puesto que sí! [2] ↑ *sagen* decir; ↑ *sagen wollen* querer decir; ↑ *etw/jd-n im Sinn haben* ◇ **wen ~ Sie?** ¿a quién se refiere usted?

meiner *pron gen von* **ich** mio; **meinerseits** *adv* de mi parte; **meinesgleichen** *pron* mis semejantes; (*gleichrangig*) mis iguales; **meinethalben, meinetwegen** *adv* [1] ↑ *wegen mir* por mi causa; ◇ **na ~!** ¡bueno, por mí! [2] ↑ *mir zuliebe* por mí

Meinung *f* opinión *f;* ◇ **jd-m die ~ sagen** decir a alguien su opinión; **Meinungsaustausch** *m* intercambio *m* de opiniones; **Meinungsfreiheit** *f* libertad *f* de opinión

meist *adv* en la mayoría de las veces; ◇ **meist hat er Recht** suele tener razón; **meiste(r, s)** *pron superl von* **viel** (*adjektivisch*): ◇ **die ~n Leute** la mayoría de la gente; (*substantivisch*) ◇ **das ~** la mayoría; ◇ **am ~n** el/la/lo/los/las que más; ◇ **am ~n gefällt mir, morgens spazierenzugehen** lo que más me gusta, es pasear por la mañana; ◇ **am -n schenkt mir mein Vater** mi padre es el que más me regala; **meistens** *adv* la mayoría de las veces

Meister(in *f*) *m* ‹-s, -› [1] (*Handwerker, Künstler*) maestro/a; ◇ **die alten -** los antiguos maestros [de la pintura]; *FIG* ◇ **Übung macht den -** la práctica hace al maestro *m* [2] SPORT campeón(-ona *f*) *m;* **meisterhaft** *adj* magistral; **meistern** *vt* dominar, vencer; **Meisterschaft** *f* [1] maestría *f* [2] SPORT campeonato *m;* **Meisterwerk** *n* obra *f* maestra

Melancholie *f* melancolía *f;* **melancholisch** *adj* melancólico

Meldefrist *f* plazo *m* de inscripción; **melden** I. *vt* → *Unfall, Verlust* dar parte de; → *Diebstahl* denunciar; (*FAM nichts zu sagen haben*) ◇ **bei jd-m nichts zu - haben** no tener nada que decir a alguien II. *vr* ◇ **sich -** presentarse (*bei* en); SCH levantar la mano; ▷*freiwillig* apuntarse; (*auf Annonce*) anunciarse; (*am Telefon*) contestar; ◇ **sich zu Wort -** pedir la palabra; **Meldepflicht** *f a.* MED obligación *f* de presentarse; **Meldeschluß** *m* cierre *m* de inscripción; **Meldung** *f* [1] ↑ *Nachricht* aviso *m* [2] ↑ *Bericht* informe *m* [3] MIL parte *m* [4] SPORT noticia *f*

melken ‹molk, gemolken› *vt* ordeñar; *FAM* ◇ **jd-n -** desplumar a alguien

Melodie *f* melodía *f;* **melodisch** *adj* melódico

Melone *f* ‹-, -n› (*Wasser-, Honig-*) melón *m;* (*Hut*) bombín *m*

Memoiren *pl* memorias *f/pl*

Menge *f* ‹-, -n› [1] ↑ *Anzahl* cantidad *f* [2] (*Menschen-*) muchedumbre *f* [3] *FAM* ↑ *Masse* montón *m*

mengen I. *vt* mezclar II. *vr* ◇ **sich -** mezclarse; ◇ **sich - in** *akk* mezclarse en

Mengenlehre *f* MATH teoría *f* de conjuntos; **Mengenrabatt** *m* descuento *f* por comprar en grandes cantidades

Mensa *f* ‹-, Mensen› comedor *m* universitario

Mensch *m* ‹-en, -en› hombre *m,* persona *f;* ◇ **kein -** nadie; *FAM* ◇ **der letzte - sein** ser el no va más; **Menschenalter** *n* generación *f;* **Menschenfeind(in** *f*) *m* misántropo *m/f;* **Menschenfresser(in** *f*) *m* ogro *m;* **menschenfreundlich** *adj* humanitario; **Menschengestalt** *f* REL forma *f* humana; **Menschenkenner(in** *f*) *m* ‹-s, -› conocedor(a *f*) *m* de la naturaleza humana; **Menschenkette** *f* cadena *f* humana; ◇ **e-e - bilden** formar una cadena humana; **menschenleer** *adj* desierto, sin gente, vacío de gente; **menschenmöglich** *adj:* ◇ **alles -e tun** hacer todo lo humanamente posible; **Menschenrechte** *pl* derechos *m/pl* humanos; **menschenscheu** *adj* tímido, poco sociable; **Menschenschlag** *m* raza *f;* ◇ **seltsamer -** tipo de personas raras; **menschenunwürdig** *adj* inhumano, indigno de un ser humano; **Menschenverstand** *m* sentido *m* común; ◇ **der gesunde -** el sentido común

Menschheit *f* humanidad *f;* **menschlich** *adj* [1] ◇ **-es Bedürfnis** necesidades del hombre; ◇ **-es Versagen** fallo humano [2] ↑ *human* humano; **Menschlichkeit** *f* humanidad *f*

Menstruation *f* menstruación *f,* regla *f,* período *m*

Mentalität *f* mentalidad *f*

Menü *n* ‹-s, -s› *a.* PC menú *m*

Merkblatt *n* hoja *f* de instrucciones

merken I. *vt* [1] ↑ *spüren* sentir [2] ↑ *wahrnehmen* darse cuenta de, notar II. *vr* ◇ **sich -** tomar nota de; *FAM* ◇ **- Sie sich das gefälligst!** ¡a ver si toma nota de [lo ocurrido]!; **merklich** *adj* sensible,apreciable, notable; **Merkmal** *n* ‹-[e]s, -e› señal *f,* rasgo *m* característico, distintivo *m*

merkwürdig *adj* raro, extraño, curioso; **merkwürdigerweise** *adv* curiosamente

meßbar *adj* mensurable; **Meßbecher** *m* vaso *m* graduado

Meßbuch *n* misal *m*

Messe [1] *f* ‹-, -n› [1] REL, MUS misa *f* [2] COMM feria *f*

Messe [2] *f* ‹-, -n› NAUT casino *m* de oficiales

messen ‹maß, gemessen› I. *vt* [1] → *Blutdruck* medir; ◇ **etw - mit** medir algo con; ◇ **jd-n an etw -** *akk* comparar a alguien en [2] → *Temperatur* tomar [3] → *Fieber* mirar; ◇ **mit Blicken -** mirar de arriba abajo II. *vr* ◇ **sich -** (*Leistung vergleichen*) medirse con

Messer *n* ‹-s, -› cuchillo *m; FIG* ◇ **jd-n ans - liefern** delatar a alguien; *FIG* ◇ **auf des -s Schneide stehen** estar entre la espada y la pared; *FAM* ◇ **unters - kommen** ser operado; **Messerspitze** *f* [1] (*von Messer*) punta *f* del cuchillo [2] (*in Rezept*) pizca *f*

Meßgerät *n* aparato *m* de medición

Messing *n* ‹-s› latón *m*

Meßinstrument *n* instrumento *m* de medición

Metall *n* ‹-s, -e› metal *m*

Metaphysik *f* metafísica *f*

Meteor *n* ‹-s, -e› meteorito *m;* **Meteorologie** *f* meteología *f*

Meter *m o n* ‹-s, -› metro *m;* **Metermaß** *n* metro *m*

Methode *f* ‹-, -n› método *m;* **methodisch** *adj* metódico; ◇ **- vorgehen** proceder de forma metódica

Metier *n* ‹-s, -s› oficio *m;* ◇ **das ist nicht mein** ~ no es mi terreno
metrisch *adj* métrico
Metropole *f* ‹-, -n› metrópoli *f*
Metzger(in *f*) *m* ‹-s, -› carnicero/a; **Metzgerei** *f* carnicería *f*
Meute *f* ‹-, -n› *auch FIG* jauría *f*
Meuterei *f* motín *m;* **Meuterer** *m* ‹-s, -› amotinado *m;* **meutern** *vi* amotinarse
Mexiko *n* Méjico *m*
MEZ *Abk v.* **mitteleuropäische Zeit**
miauen *vi* maullar
mich *pron akk von* **ich** (*unbetont*) me; (*betont*) a mí
Midlife-crisis *f* crisis *f* de los 40
mied *impf von* **meiden**
Mief *m* ‹-s› *FAM* tufo *m*
Miene *f* ‹-, -n› gesto *m*
mies *adj FAM* ↑ *schlecht* malo; **miesmachen** *unreg vt FAM* [1] → *Person* criticar [2] (*Freude nehmen*) ◇ **jd-m etw miesmachen** quitarle las ganas de [hacer] algo a alguien, aguarle la fiesta a alguien
Mietauto *n* coche *m* alquilado
Miete *f* ‹-, -n› alquiler *m;* ◇ **zur** ~ **wohnen** vivir [en un piso] de alquiler; **mieten** *vt* alquilar; **Mieter(in** *f*) *m* ‹-s, -› inquilino/a; **Mietvertrag** *m* contrato *m* de alquiler; **Mietwohnung** *f* piso *m* de alquiler
Migräne *f* ‹-, -n› jaqueca *f*
Mikrochip *m* microchip *m;* **Mikroelektonik** *f* microelectrónica *f*
Mikrofon, **Mikrophon** *n* ‹-s, -e› micrófono *m*
Mikroprozessor *m* PC microprocesador *m*
Mikroskop *n* ‹-s, -e› microscopio *m;* **mikroskopisch** *adj* microscópico
Mikrowelle *f* microonda *f;* **Mikrowellenherd** *m* microhondas *m*
Milbe *f* ‹-, -n› ácaro *m*
Milch *f* ‹-› (*Kuh-*) leche *f*
Milchflasche *f* [1] botella *f* de leche [2] (*für Säuglinge*) biberón *m;* **milchig** *adj* lácteo, de leche; **Milchkaffee** *m* café *m* con leche; **Milchpulver** *n* leche *f* en polvo; **Milchreis** *m* arroz *m* con leche; **Milchzahn** *m* diente *m* de leche
mild *adj* (*allgemein*) suave; ▷*Zigarette* suave; ▷*Richter* benévolo; ▷*Strafe* leve; **Milde** *f* ‹-› suavidad *f*, dulzura *f*, benevolencia *f;* **mildern** *vt* suavizar, calmar, aliviar; ◇ **-de Umstände** circunstancias atenuantes
Milieu *n* ‹-s, -s› ambiente *m*
militant *adj* militante
Militär[1] *n* ‹-s› ejército *m;* ◇ **beim** ~ **sein** estar en el ejército
Militär[2] *m* ‹-s, -s› militar *m;* **Militärdienst** *m* servicio *m* militar; **militärisch** *adj* militar; ◇ **Militärischer Abschirmdienst** servicio *m* de contraespionaje militar; **militaristisch** *adj* militarista; **Militärputsch** *m* golpe *m* militar; **Militärregierung** *f* gobierno *m* militar
Miliz *f* ‹-, -en› milicia *f*
Milliardär(in *f*) *m* multimillonario/a
Millimeter *m* milímetro *m*
Million *f* millón *m;* **Millionär(in** *f*) *m* millonario/a
mimen *vt* [1] ← *Schauspieler* interpretar, representar [2] *FAM* ↑ *vortäuschen* fingir; **Mimik** *f* mímica *f*
minder[e](r, s) **I.** *adj* menor **II.** *adv* menos; **minderbegabt** *adj* menos dotado; **Minderheit** *f* minoría *f;* **Minderjährige(r)** *fm* menor *m*/*f* de edad; **mindern I.** *vt* disminuir, rebajar **II.** *vr* ◇ **sich** ~ reducirse; **Minderwertigkeitskomplex** *m* complejo *m* de inferioridad
Mindestalter *n* edad *f* mínima; **mindeste(r, s)** *adj* menos; ◇ **das ist doch das** ~**!** ¡es lo mínimo!; **Mindestlohn** *m* salario *m* mínimo
Mine[1] *f* ‹-, -n› (*Bleistift-, Bergwerk*) mina *f;* ◇ **in der** ~ **arbeiten** trabajar en la mina
Mine[2] *f* ‹-, -n› (*Sprengkörper*) mina *f;* **Minenfeld** *n* campo *m* minado; **Minensuchgerät** *n* detector *m* de minas
Mineral *n* ‹-s, -e *o.* -ien› mineral *m;* **Mineralöl** *adj* petrolífero; **Mineralwasser** *n* agua *m* mineral
Minestrone *f* ‹-, Ministroni› sopa *f* de verduras
Minigolf *n* minigolf *m*
minimal *adj* mínimo; **Minimum** *n* ‹-s, Minima› mínimo *m* (*an* en); ◇ **auf ein** ~ **reduzieren** reducir a un mínimo
Minister(in *f*) *m* ‹-s, -› ministro/a; **Ministerium** *n* ministerio *m;* **Ministerrat** *m* consejo *m* de ministros
Minorität *f* minoría *f*
minus *adv a.* MATH menos; *FAM* ◇ ~ **15 Grad** 15 grados bajo cero; **Minus** *n* ‹-, -› [1] ↑ *Fehlbetrag* déficit *m;* ◇ **im** ~ **sein** tener deudas [con el banco] [2] ↑ *Nachteil* desventaja *f;* **Minuspol** *m* polo *m* negativo
Minute *f* ‹-, -n› minuto *m;* ◇ **auf die letzte** ~ **kommen** llegar en el último minuto
mir *pron dat von* **ich** (*betont*) a mí; (*unbetont*) me; *FIG* ◇ ~ **nichts, dir nichts** de buenas a primeras
mischen I. *vt* mezclar **II.** *vti* → *Spielkarten* barajar **III.** *vr* ◇ **sich** ~ [1] ↑ *sich vereinigen* unirse, mezclarse; ◇ **sich unter die Leute** ~ mezclarse entre la gente [2] ↑ *sich einmischen* meterse; ◇

sich in ein Gespräch ~ meterse en una conversación; **Mischling** *m* mestizo *m;* BIOL híbrido *m;* **Mischpult** *n* MEDIA mesa *f* de mezclas

miserabel *adj* ▷*Wetter* miserable; ▷*Zeugnis* malísimo; (*gesundheitlich, finanziell*) ◇ **es geht ihm** ~ le va muy mal

Mißachtung *f* desprecio *m,* desdén *m,* menosprecio *m*

Mißbehagen *n* malestar *m*

Mißbildung *f* MED deformación *f*

mißbilligen *vt* desaprobar, censurar

Mißbrauch *m* abuso *m;* **mißbrauchen** *vt* hacer mal uso de

mißdeuten *vt* interpretar mal

Mißerfolg *m* fracaso *m*

Missetäter(in *f*) *m auch FIG* delincuente *m/f,* criminal *m/f*

mißfallen *unreg vi* disgustar, desagradar, no gustar (*jd-m* disgustar a alguien); **Mißfallen** *n* ‹-s› disgusto *m*

mißgelaunt *adj* de mal humor, malhumorado

Mißgeschick *n* adversidad *f,* mala suerte *f;* ◇ **jd-m passiert ein** ~ ocurrir a alguien una desgracia

mißglücken *vi* ← *Versuch* fracasar algo, fallar algo (*jd-m* a alguien)

mißgönnen *vt* envidiar

Mißgunst *f* envidia *f;* celos *m/pl*

mißhandeln *vt* maltratar

Mission *f* misión *f;* ◇ **zur diplomatischen** ~ **gehören** pertenecer al cuerpo de diplomáticos en misión política; **Missionar(in** *f*) *m* misionero/a

Mißklang *m* [1] ↑ *Dissonanz* disonancia *f* [2] *FIG* ↑ *Unstimmigkeit* desacuerdo *m*

mißlang *impf von* **mißlingen**; **mißlingen** ‹mißlang, mißlungen› *vi* fracasar; **mißlungen** *impf v.* **mißlingen**

Mißmanagement *n* ‹-s› mala organisación *f* [de un negocio]

Mißmut *m* mal humor *m*

mißraten I. *unreg vi* fallar, salir mal II. *adj* inútil, fracasado, descarriado

Mißstimmung *f* descontento *m*

mißtrauen *vi* desconfiar de, no fiarse de; **Mißtrauen** *n* ‹-s› desconfianza *f* (*gegenüber* de); ◇ **jd-m** ~ **entgegenbringen** mostrar desconfianza, desconfiar de alguien; POL ◇ **e-m Politiker das** ~ **aussprechen** expresar desconfianza de un político; **mißtrauisch** *adj* desconfiado, receloso; **mißverstehen** *unreg vt* entender mal, interpretar mal

Mist *m* ‹-[e]s› [1] (*als Dünger*) estiércol *m* [2] *FAM* ↑ *Unsinn* tontería *f* [3] *FAM* ◇ **so ein** ~! ¡maldita sea!

mit I. *präp dat* [1] (*Hilfsmittel*) con, mediante, por medio de [2] (*Begleitung*) ◇ **wollen Sie** ~ **uns kommen** ¡quiere venir con nosotros? [3] (*Zugehörigkeit*) con; ◇ ~ **dir sind wir 5 Personen** contigo somos cinco [4] (*Art und Weise*) ◇ ~ **Absicht** adrede, con intención II. *adv* (*unter anderem*): ◇ **dieses Zimmer ist** ~ **das beste, in dem ich je wohnte** es una de las mejores habitaciones que jamás he tenido

Mitarbeit *f* colaboración *f;* **mitarbeiten** *vi* colaborar, cooperar

mitbenutzen *vt* usar en común

Mitbesitzer(in *f*) *m* copropietario/a

Mitbestimmungsrecht *n* derecho *m* de cogestión

Mitbewerber(in *f*) *m* competidor(/a *f*) *m*

Mitbürger(in *f*) *m* conciudadano/a

mitdenken *unreg vi* poner atención, estar al tanto

miteinander *adv* juntos; en común

miterleben *unreg vt* presenciar; ◇ **den Krieg** ~ vivir en tiempos de guerra

Mitfahrerzentrale *f central que organiza viajes en coche con los gastos compartidos*

mitfreuen *vr* ◇ **sich** ~ alegrarse por alguien

mitgeben *unreg vt* dar; ◇ **jd-m e-n Aufpasser** ~ hacer acompañar a alguien por un vigilante

Mitgefühl *n* [1] ↑ *Mitleid* compasión *f* [2] ↑ *Beileid* pésame *m* [3] ↑ *Verständnis* comprensión *f*

mitgehen *unreg vi* [1] ↑ *begleiten* ir con, acompañar a [2] *FAM* ↑ *stehlen* ◇ **etw** ~ **lassen** mangar/limpiar algo

mitgenommen *adv* ← *Person* agotado; ← *Möbel* deteriorado

Mitglied *n* [1] (*Vereins-*) socio *m,* miembro *m* [2] (*Partei-*) afiliado *m;* **Mitgliedsbeitrag** *m* cuota *f* de socio; **Mitgliedstaat** *m* estado *m* miembro

mithalten *unreg vi* [1] ↑ *teilnehmen* participar en, tomar parte en [2] *FIG* ↑ *gleiche Leistung bringen* seguir el mismo ritmo [de trabajo]

Mithilfe *f* ayuda *f,* apoyo *m*

mithören *vt* escuchar

mitkommen *unreg vi* venir con; *FAM* ↑ *verstehen* seguir

Mitläufer(in *f*) *m* seguidor(/a *f*) *m* de una moda/corriente

Mitlaut *m* GRAM consonante *f*

Mitleid *n* [1] ↑ *Bedauern* compasión *f,* lástima *f* [2] ↑ *Erbarmen* piedad *f;* **mitleidig** *adj* compasivo, piadoso; **mitleidslos** *adj* sin compasión, despiadado

mitmachen *vt* [1] ▷*Lehrgang* hacer [con otros],

participar [2] ▷*neueste Mode* seguir [3] ↑ *sich anschließen* apuntarse, tomar parte; ◇ **darf ich bei dem Spiel ~?** ¿puedo jugar también? [4] *FAM* ↑ *Kummer erleiden* pasar por, aguantar; ◇ **er mußte viel ~** ha tenido que pasar por muchas cosas

mitmischen *vi PEJ* meter baza

Mitnahmemarkt *m* tienda *f* de muebles [para recoger]

mitnehmen *unreg vt* llevarse

mitreden *vti* intervenir (en una conversación); ◇ **ein Wörtchen ~ können** tener idea (*in, bei* de)

mitreißen *unreg vt* [1] ← *Strömung* arrastrar [2] ← *Fröhlichkeit* entusiasmar

mitsamt *präp dat* con, junto con

mitschicken *vt* enviar/mandar junto, incluir

mitschleifen *unreg vt* [1] arrastrar [2] *FAM* llevar

mitschneiden *unreg vt* grabar en directo; **Mitschnitt** *m* grabación *f* en directo

Mitschuld *f* parte *f* de culpa; **mitschuldig** *adj* cómplice (*an dat* de); **Mitschuldige(r)** *fm* cómplice *m/f*

Mitschüler(in *f*) *m* compañero/a [de clase]

mitspielen *vi* jugar con; **Mitspieler(in** *f*) *m* compañero/a de juegos

mittag *adv* a[l] mediodía; **Mittag** *m* mediodía *m;* ◇ **zu ~ essen** comer; **Mittagessen** *n* comida *f;* **mittags** *adv* a[l] mediodía; **Mittagspause** *f* hora *f* de comer; **Mittagsschlaf** *m* siesta *f*

Mittäter(in *f*) *m* cómplice *m/f*

Mitte *f* ‹-, -n› [1] ↑ *Zentrum* centro *m* [2] medio *m;* ◇ **aus** [*o.* **in**] **unserer ~** del grupo [3] ◇ **~ Juni** a mediados de junio

mitteilen *vt* informar, hacer saber, comunicar; ◇ **jd-m etw ~** informar a alguien de algo; **mitteilsam** *adj* comunicativo; **Mitteilung** *f* [1] (*in Gespräch*) comunicación *f*, información *f;* ◇ **jd-m e-e ~ machen über etw** *akk* informar a alguien de algo [2] ▷*amtlich* comunicado *m*, informe *m*

Mittel *n* ‹-s, -› [1] ↑ *Werkzeug* medio *m;* ◇ **der Zweck heiligt die Mittel** el fin justifica los medios [2] ↑ *Abhilfe* remedio *m;* ◇ **ein ~ gegen Flecke** un remedio para las manchas [3] ↑ *Maßnahme* medida *f;* ↑ *Methode* método *m;* ◇ **~ und Wege finden** encontrar el método adecuado [4] ↑ *Geld* ◇ **flüssige ~** dinero contante y sonante; ◇ **beschränkte ~** recursos limitados [5] MED remedio *m;* ◇ **haben Sie ein ~ gegen Kopfschmerzen?** ¿tiene algo contra los dolores de cabeza? [6] MATH media *f*

Mittelalter *n* Edad *f* Media; **mittelalterlich** *adj* medieval; **Mitteleuropa** *n* Europa *f* Central; **mitteleuropäisch** *adj* centroeuropeo; ◇ **~e Zeit** horario de la Europa Central; **Mittelfinger** *m* dedo *m* corazón; **Mittelgewicht** *n* SPORT peso *m* medio; **Mittelklassewagen** *m* utilitario *m;* **Mittellinie** *f* SPORT línea *f* central

mittellos *adj* sin recursos; necesitado

mittelmäßig *adj* [1] ▷*Leistung* medio [2] ▷*Schüler* regular [3] *PEJ* mediocre

Mittelmeer *n* [Mar *m*] Mediterráneo

Mittelohrentzündung *f* MED otitis *f* media

Mittelpunkt *m* centro *m*

mittels *präp gen* por medio de, mediante

Mittelschicht *f* clase *f* media; **Mittelschiff** *n* nave *f* central; **Mittelschule** *f* escuela *f* secundaria de seis cursos; **Mittelsmann** *m* mediador *m;* intermediario *m;* **Mittelstand** *m* clase *f* media; **Mittelstreckenrakete** *f* MIL cohete *m* de alcance medio; **Mittelstreifen** *m* arcén *m* central; **Mittelstück** *n* pieza *f* central; **Mittelstufe** *f* grado *m* medio; **Mittelstürmer(in** *f*) *m* M delantero *m/f* centro; **Mittelweg** *m auch FIG* término *m* medio; **Mittelwelle** *f* MEDIA onda *f* media; **Mittelwert** *m* MATH promedio *m*

mitten *adv* en medio de; ◇ **~ auf der Straße** en medio de la calle; ◇ **~ in der Nacht** a media noche; ◇ **~ am Tage** en pleno día; ◇ **~ unter ihnen** en medio de ellos

Mitternacht *f* medianoche *f*

mittlere(r, s) *adj* medio, intermedio, mediano; ◇ **~r Dienst** servicio de mediación; **mittlerweile** *adv* entretanto, mientras tanto

Mittwoch *m* ‹-[e]s, -e› miércoles *m*

mitunter *adv* a veces, de vez en cuando

mitverantwortlich *adj* igualmente responsable

mitwirken *vi* [1] ↑ *mitarbeiten* colaborar, cooperar (*bei* en) [2] THEAT actuar

Mitwisser(in *f*) *m* ‹-s, -› [1] confidente *m/f* [2] JURA cómplice *m/f*

Mixed Pickles *pl* verduras *f/pl* en vinagreta

mixen *vt* mezclar; **Mixer** *m* ‹-s, -› batidora *f*

Mob *m* ‹-s› *PEJ* populacho *m*, turba *f* de gente; ◇ **~ von der Straße** gentuza de la calle

Möbel *n* ‹-s, -› mueble *m;* **Möbelstück** *n* mueble *m;* **Möbelwagen** *m* camión *m* de mudanza

mobil *adj* móvil; *FIG* ◇ **wieder ~ sein** (*nach Krankheit*) recuperarse, estar recuperado; MIL ◇ **~ machen** movilizar

Mobiliar *n* ‹-s, -e› mobiliario *m*

Mobilmachung *f* MIL movilización *f*

möblieren *vt* amueblar; ◇ **möbliert wohnen** vivir en un piso amueblado

mochte *impf von* **mögen**

modal *adj* modal; **Modalverb** *n* verbo *m* modal

Mode *f* ‹-, -n› moda *f;* ◇ **mit der ~ gehen** ir a la moda

Modell [1] *n* ‹-s, -e› [1] (*Flugzeug~*) maqueta *f* [2] KUNST modelo *m;* ◇ **~ sitzen** [*o.* **stehen**] posar [3] (*Kleidung*) modelo *m*

Model[l] [2] *n* ‹-s, -s› ↑ *Mannequin* modelo *f,* maniquí *f;*

Modelleisenbahn *f* tren *m* en miniatura

modellieren *vt* KUNST modelar

Modem *n* ‹-s, -s› PC modem *m*

Mode[n]schau *f* desfile *m* de modelos

Moder *m* ‹-s› moho *m;* ◇ **nach ~ riechen** oler a podrido

Moderation *f* MEDIA presentación *f;* **Moderator(in** *f*) *m* MEDIA presentador(/a *f*) *m*

modern *adj* moderno; **modernisieren** *vt* modernizar;

Modeschmuck *m* bisutería *f;* ◇ **~-Ohrringe** pendientes de fantasía

modifizieren *vt* modificar

modisch *adj* moderno, de moda

modrig *adj* podrido

Modul *n* ‹-s, -e› *a.* PC módulo *m*

Modus *m* ‹-, Modi› *a.* GRAM, PC modo *m*

Mofa *n* ‹-s, -s› ciclomotor *m*

mogeln *vi FAM* ↑ *schummeln* hacer trampas

mögen ‹mochte, gemocht› *vti* [1] ↑ *gern haben* gustar; ◇ **er mag nur Sekt** sólo le gusta el champán [2] ↑ *wünschen* querer, desear, gustar; ◇ **ich möchte tanzen** me gustaría bailar [3] ↑ *können* poder; ◇ **das mag wohl sein, aber** eso puede ser, pero…

möglich I. *adj* posible II. *interj FAM*: ◇ **nicht ~!** ¡no es posible!; **möglicherweise** *adv* posiblemente; **Möglichkeit** *f* posibilidad *f;* ◇ **nach ~** en lo posible; ◇ **e-e andere ~ besteht** cabe otra posibilidad; (*nur pl*) ◇ **das übersteigt seine ~en** es superior a sus posibilidades; **möglichst** *adv* lo más posible

Mohammed *m* Mahoma *m;* **Mohammedaner(in** *f*) *m* mahometano/a, musulmán(-ana *f*) *m*

Mohn *m* ‹-[e]s› (*~blume*) adormidera *f,* amapola *f*

Mohrrübe *f* ‹-, -n› zanahoria *f*

Mokassin *m* ‹-s, -s› macasín *m*

mokieren *vr* ◇ **sich ~** reírse, burlarse (*über akk* de)

Mokka *m* ‹-s, -s› café *m* moca

Mole *f* ‹-, -n› muelle *m;* malecón *m*

Molekül *n* ‹-s, -e› CHEM molécula *f;* **Molekularbiologie** *f* biología *f* monecular

molk *impf von* **melken**

Molkerei *f* central *f* lechera

Moll *n* ‹-, -› MUS modo *m* menor

mollig *adj* [1] (*~ warm*) ▷*Zimmer* caldeado; ▷*Bett* calentito [2] ▷*Pullover* suave [3] ▷*Person* gordito, regordete

Moment [1] *m* ‹-[e]s, -e› momento *m,* instante *m;* ◇ **e-n ~, bitte** un momento, por favor

Moment [2] *n* ‹-[e]s, -e› (*Gesichtspunkt*) factor *m;* PHYS momento *m*

momentan I. *adj* momentáneo, actual II. *adv* de momento; ◇ **sich ~ nicht erinnern** de momento no acordarse de algo; **Momentaufnahme** *f* fotografía *f* instantánea

Monaco *n* Mónaco *m*

Monarch(in *f*) *m* ‹-en, -en› monarca *m/f;* **Monarchie** *f* monarquía *f*

Monat *m* ‹-[e]s, -e› mes *m;* **monatelang** *adv* varios meses; **monatlich** I. *adj* mensual II. *adv* al mes; **Monatskarte** *f* abono *m* mensual

Mönch *m* ‹-[e]s, -e› monje *m*

Mond *m* ‹-[e]s, -e› luna *f; FAM* ◇ **hinter dem ~ leben** vivir en otro planeta

mondän *adj* elegante, chic, de mucho mundo

Mondfinsternis *f* eclipse *m* de luna; **Mondlandung** *f* alunizaje *m;* **Mondphase** *f* fase *f* de la luna; **Mondschein** *m* claro *f* de luna; **Mondsichel** *f* creciente *m;* **Mondsonde** *f* sonda *f* lunar; **mondsüchtig** *adj* sonámbulo

Moneten *pl FAM* cuartos *m/pl*

monieren *vt* reclamar

Monitor *m a.* PC monitor *m*

Monogramm *n* monograma *m*

Monographie *f* monografía *f*

Monokel *n* monóculo *m*

Monokultur *f* AGR monocultivo *m*

Monolog *m* ‹-s, -e› monólogo *m;* ◇ **innerer ~** monólogo interior

Monopol *n* ‹-s, -e› monopolio *m*

monoton *adj* ↑ *ermüdend* monótono; ↑ *langweilig* aburrido

Monster *n* ‹-s, -› *auch FAM* monstruo *m*

Monstranz *m* custodia *f*

Monsun *m* ‹-s, -e› monzón *m*

Montag *m* ‹-[e]s, -e› lunes *m*

Montage *f* ‹-, -n› [1] TECH ↑ *Zusammenbau* ensamblaje *m;* (*auch Film*) montaje *m;* ◇ **auf ~ sein** trabajar fuera del taller para instalar/reparar algo [2] ↑ *Installation* instalación *f* [3] ↑ *Aufbau* construcción *f;* **Montagehalle** *f* sala *f* de montaje

Montanindustrie *f* MIN industria *f* siderúrgica

Monteur(in *f*) *m* instalador(/a *f*) *m;* **montieren** *vt* [1] → *Gerät* montar [2] → *Anlage* instalar [3] → *Film* ensamblar

Monument *n* ‹-s, -e› monumento *m*

Moonboots *pl* botas *f/pl* de invierno

Moor *n* ‹-[e]s, -e› pantano *m*

Moos [1] *n* ‹-es, -e› FLORA musgo *m*

Moos [2] *n* ‹-es› *FAM* pasta *f;* ◇ **ohne ~ nix los** sin pasta no hay diversión

Moped *n* ‹-s, -s› ciclomotor *m*

mopsen *vt FAM* mangar, limpiar

Moral *f* ‹-› ① (*Sittenlehre*) moral *f;* ◇ **die ~ der Truppe** la moral de la tropa ② ↑ *Lehre* ◇ **die ~ von der Geschichte/Fabel** la moraleja de la historia/fábula; **moralisch** *adj* moral; **Moralphilosophie** *f* ética *f;* **Moraltheologie** *f* REL teología *f* moral

Morast *m* ‹-[e]s, -e› fango *m,* lodo *m*

morbid *adj* mórbido

Mord *m* ‹-[e]s, -e› asesinato *m;* ◇ **e-n ~ begehen** [*o.* **verüben**] cometer un asesinato; *FIG* ◇ **~ und Totschlag** correr sangre; **Mörder(in** *f*) *m* ‹-s, -› asesino/a; **mörderisch** *adj* asesino; *FIG* de muerte; **Mordkommission** *f* brigada *f* criminal; **Mordsdurst** *m FAM* muchísima sed *f;* **Mordsschreck** *m FAM* susto *m* de muerte; **Mordverdacht** *m:* ◇ **unter ~ stehen** ser sospechoso de asesinato; **Mordwaffe** *f* arma *m* homicida

morgen *adv* mañana; ◇ **~ früh** mañana por la mañana

Morgen *m* ‹-s, -› mañana *f;* ◇ **Guten ~!** ¡buenos días!; **Morgengrauen** *n* amanecer *m*

Morgenland *n* ‹-[e]s› Oriente *m*

Morgenmantel *m* bata *f;* **Morgenrot** *n* aurora *f;* **morgens** *adv* por la mañana; ◇ **um 2 Uhr ~** a las 2 de la madrugada; **Morgenstern** *m* ① ↑ *Venus* lucero *m* del alba ② (*Schlagwaffe im Mittelalter*) mangual *m*

Mormone *m* **Mormonin** *f* mormón(-ona *f*) *m*

Morphium *n* morfina *f*

Morphologie *f* morfología *f*

morsch *adj* podrido

Morsealphabet *n* alfabeto *m* morse; **morsen** *vi* transmitir por morse

Mörser *m* ① (*Gerät zum Zerstampfen*) almirez *m* ② MIL mortero *m*

Mörtel *m* ‹-s, -› mortero *m*

Mosaik *n* ‹-s, -en *o.* -e› mosaico *m*

Moschee *f* ‹-, -n› mezquita *f*

mosern *vi FAM* refunfuñar

Moskito *m* ‹-s, -s› mosquito *m;* **Moskitonetz** *n* mosquitero *m*

Moslem *m* ‹-s, -s› musulmán *m*

Most *m* ‹-[e]s, -e› ↑ *Fruchtsaft* zumo [sin fermentar] *m;* (*aus Trauben*) mosto *m;* (*Apfel~*) sidra *f*

Motiv *n* ‹-es, -e› ① ↑ *Beweggrund* motivo *m,* razón *f* ② MUS tema *m* ③ FOTO motivo *m;* **motivieren** *vt* ① ↑ *anspornen, anregen* motivar ② ↑ *begründen* justificar

Motor *m* ‹-s, en› TECH motor *m; FIG* promotor *m;* **Motorboot** *n* motora *f;* **Motorenöl** *n* aceite *m* para el motor; **motorisieren** *vt* motorizar; **Motorrad** *n* motocicleta *f,* moto *f;* **Motorroller** *m* escúter *m;* **Motorsäge** *f* motosierra *f;* **Motorschaden** *m* avería *f* del motor; **Motorsegler** *m* AERO ① (*Flugzeug*) motovelero ② (*Sportpilot*) motovelerista *m/f*

Motte *f* ‹-, -n› polilla *f;* **Mottenkugel** *f* bolita *f* de naftalina/alcanfor

motzen *vi FAM* echar pestes

Möwe *f* ‹-, -n› gaviota *f*

Mücke *f* ‹-, -n› mosquito *m; FAM* ◇ **aus e-r ~ e-n Elefanten machen** hacer una montaña de un grano de arena; **Mückenstich** *m* picadura *f* de mosquito

mucksen *vr* ◇ **sich ~** *FAM* protestar ligeramente

müde *adj* ① ↑ *erschöpft* cansado ② ↑ *überdrüssig* harto; **Müdigkeit** *f* cansancio *m*

Muff *m* ‹-[e]s, -e› manguito *m*

Muffel *m* ‹-s, -› *FAM* gruñón(-ona *f*) *m*

muffig *adj* ① ⊳*Geruch* que huele a cerrado ② ⊳*Gesicht* disgustado ③ ⊳*Mensch* desagradable, de pocos amigos

Mühe *f* ‹-, -n› ① ↑ *Last* molestia *f;* ◇ **mit Müh und Not** a duras penas ② ↑ *Arbeit* trabajo *m* ③ ↑ *Anstrengung* esfuerzo *m;* **mühelos** *adj* sin esfuerzo; **mühen** *vr* ◇ **sich ~** esforzarse (*in, bei* en); **mühevoll** *adj* difícil, laborioso

Mühle *f* ‹-, -n› ① (*Wind~*) molino *m* ② (*Brettspiel*) tres *m* en raya ③ *FAM* ↑ *altes Fahrzeug, Flugzeug* ◇ **mit e-r alten ~ fahren** conducir una chatarra; **Mühlstein** *m* muela *f*

mühsam *adj* ① ⊳*Arbeit* difícil, laborioso ② ⊳*Aufstieg* penoso; **mühselig** *adj* difícil, laborioso

Mulatte *m* ‹-n, -n›, **Mulattin** *f* ‹-, nen› mulato/a

Mulde *f* depresión *f*

Mull *m* ‹-[e]s, -e› MED gasa *f*

Müll *m* ‹-[e]s› basura *f;* **Müllabfuhr** *f* ① (*Aktion*) recogida *f* de basura ② (*Leute*) servicio *m* de recogida de brasura; **Müllabladeplatz** *m* vertedero *m* de basura

Mullbinde *f* venda *f* de gasa;

Mülleimer *m* cubo *m* de [la] basura

Müller(in *f*) *m* ‹-s, -› molinero/a

Müllhaufen *m* pila *f* de basura; **Müllmann** *m* basurero *m;* **Müllschlucker** *m* ‹-s, -› triturador *m* de basura; **Müllverbrennungsanlage** *f* planta *f* incineradora de basura; **Müllwagen** *m* camión *m* de la basura

mulmig *adj* ① ↑ *unbehaglich* desagradable, incómodo ② ↑ *bedenklich* inquietante

multifunktional *adj* PC multifuncional, de múltiples funciones

Multiplikation *f* multiplicación *f;* **multiplizieren** *vt* MATH multiplicar
Mumie *f* momia *f*
Mumps *m* MED paperas
Mund *m* ‹-[e]s, Münder› boca *f; FIG* ◇ **sich den ~ verbrennen** meter la pata, colarse; (*FIG schlagfertig sein*) ◇ **nicht auf den ~ gefallen sein** tener un pico de oro; **Mundart** *f* dialecto *m,* habla *f*
Mündel *n* ‹-s, -› JURA pupilo
mundfaul *adj FAM* callado, que no habla; **Mundgeruch** *m* mal aliento *m;* MED halitosis *f;* **Mundharmonika** *f* armónica *f*
mündig *adj* mayor de edad
mündlich *adj* [1] ▷*Zusage* verbal [2] ▷*Prüfung* oral
Mundschutz *m* [1] (*Ärzte*) masquerilla *f* [2] (SPORT *beim Boxen*) protección *f* de las dientes
Mundstück *n* [1] (*von Blasinstrument*) embocadura *f* [2] (*Zigaretten-*) boquilla *f*
Mündung *f* [1] (*von Fluß*) desembocadura *f* [2] (*von Gewehr*) boca *f*
Mundwasser *n* elexir # para enjuagar la boca
Mundwinkel *m* comisura *f* de los labios
Munition *f* munición *f*
munkeln *vi* [1] ↑ *heimlich vermuten* rumearse, comentarse en secreto [2] ↑ *Gerüchte verbreiten* hacer correr un rumor
Münster *n* ‹-s, -› catedral *f*
munter *adj* [1] ↑ *wach* despierto [2] *FIG* ↑ *lebhaft* animado, espabilado, vivo; **Munterkeit** *f* animación *f,* vivacidad *f*
Münze *f* ‹-, -n› moneda *f; FIG* ◇ **mit gleicher ~ heimzahlen** pagar a alguien con la misma moneda; **münzen** *vt* acuñar; *FIG* ◇ **auf jd-n gemünzt sein** estar dirigido a alguien, referirse a alguien; **Münzfernsprecher** *m* teléfono *m* público
mürb[e] *adj* ▷*Gestein* frágil; ▷*Holz* pasado, resquebrajadizo; ▷*Gebäck* esponjoso, blando; ▷*Fleisch* tierno; *FIG* ◇ **jd-n ~ machen** ablandar a alguien
Murmel *f* ‹-, -n› canica *f*
murmeln *vi* ← *Person* murmurar; *FAM* ◇ **etw in seinen Bart ~** hablar para el cuello de la camisa
Murmeltier *n* marmota *f;* ◇ **wie ein ~ schlafen** dormir como una mamota/lirón
murren *vi* refunfuñar (*über* sobre)
mürrisch *adj* gruñón, huraño
Mus *n* ‹-es, -e› compota *f*
Muschel *f* ‹-, -n› [1] (*Meeres-*) concha *f;* (*Telefon-*) auricular *f*
Muse *f* ‹-, -n› musa *f*
Museum *n* ‹-s, Museen› museo *m*
Musik *f* música *f;* **musikalisch** *adj* musical; **Musiker(in** *f*) *m* ‹-s, -› músico *m/f;* **Musikhochschule** *f* escuela *f* superior de música; **Musikkassette** *f* cinta *f,* casete *m;* **musisch** *adj* con disposición *f* a la música
Muskel *m* ‹-s, -n› músculo *m;* **Muskelkater** *m* agujetas *f/pl;* **Muskelzerrung** *f* MED distención *f* muscular; **muskulös** *adj* musculoso
Müsli *n* ‹-s, -s› musli *m*
Muß *n* ‹-› ↑ *Notwendigkeit* necesidad *f*
Muße *f* ‹-› ocio *m*
müssen *vi* [1] ↑ *verpflichtet sein* deber, tener que; ◇ **er hat gehen ~** tenía que irse [2] ↑ *nicht anders können* tener que; ◇ **lachen ~** tener que reír; (*FAM zum WC*) ◇ **mal ~** tener que ir al servicio [3] (*Vermutung, Wunsch*) deber [de]; ◇ **die Leute ~ reich sein** esa gente debe [de] ser rica;
Müßiggang *m* ociosidad *f;* ◇ **~ ist aller Laster Anfang** la ociosidad es la madre de todos los vicios
mußte *impf von* **müssen**
Muster *n* ‹-s, -› [1] ↑ *Beispiel* ejemplo *m* [2] ↑ *Modell* modelo *m,* muestra *f* [3] (*Schnitt-*) patrón *m* [4] ↑ *Dekor* diseño *m* [5] ↑ *Warenprobe* prueba *f;* **mustergültig** *adj* modelo, ejemplar; **mustern** *vt* ↑ *prüfend ansehen* examinar; MIL pasar revista; **Musterschüler(in** *f*) *m* alumno *m* modelo
Musterung *f* [1] (*von Stoff*) diseño *m,* dibujo *m* [2] MIL revista *f*
Mut *m* ‹-[e]s› valor *m,* valentía *f,* coraje *m;* ◇ **jd-m ~ machen** dar ánimo a alguien; **mutig** *adj* valiente, valeroso, bravo; **mutlos** *adj* desanimado, desalertado
mutmaßlich *adj* supuesto, presunto
Mutter[1] *f* ‹-, Mütter› madre *m*
Mutter[2] *f* ‹-, -n› (*Schrauben-*) tuerca *f*
mütterlich *adj* materno; **mütterlicherseits** *adv* por parte de la madre
Mutterliebe *f* amor *m* maternal; **Muttermal** *n* ‹-[e]s, -e› lunar *m;* **Mutterschaftsurlaub** *m* vacaciones *f* por maternidad; **Mutterschutz** *m* protección *f* de la madre; **Muttersprache** *f* lengua *f* materna; **Muttersprachler(in** *f*) *m* ‹-s, -› nativo/a
mutwillig *adj* mal intencionado, con mala intención
Mütze *f* ‹-, -n› gorra *f*
MWSt *Abk v.* **Mehrwertsteuer** IVA *m*
mysteriös *adj* misterioso
Mystiker(in *f*) *m* ‹-s, -› místico/a
Mythologie *f* mitología *f*

N

N, n *n* N, n *f*

na *interj* \-pues!; ◇ ~ **also!** ¡pues eso!; ◇ ~ **ja!** ¡bueno!; ◇ ~ **und?** ¿y qué?

Nabe *f* ⟨-, -n⟩ (*an Rad*) cubo *m*

Nabel *m* ⟨-s, -⟩ (*Bauch~*) ombligo *m;* **Nabelbruch** *m* hernia *f* umbilical; **Nabelschnur** *f* cordón *m* umbilical

nach I. *präp dat* (*in Richtung*) a, hacia; ◇ ~ **Hause gehen** ir a/para casa; (*zeitlich*) ◇ ~ **dem Essen** después de comer; (*gemäß*) ◇ ~ **Belieben** a [su] gusto **II.** *adv:* ◇ **ihm** ~! ¡seguidle!; ◇ ~ **wie vor** como antes; ◇ ~ **und** ~ poco a poco; ◇ **dem Namen** ~ de nombre

nachäffen *vt PEJ* ↑ *einfallslos nachahmen* emular, copiar, imitar; ▷*boshaft* ridiculizar

nachahmen *vt* imitar, copiar; **Nachahmung** *f* imitación *f,* copia *f;* ↑ *Fälschung* falsificación *f*

nacharbeiten *vt* → *versäumte Lektion* recuperar; → *Kleidungsnaht* retocar

Nachbar(in *f*) *m* ⟨-n, -n⟩ vecino/a; *PEJ* ◇ **die lieben ~n** los queridos vecinos; **nachbarlich** *adj* de vecino[s]; **Nachbarschaft** *f* [1] (*nähere Umgebung*) proximidades *f/pl,* cercanía *f;* ◇ **in der ~ wohnen** vivir cerca de aquí [2] (*auch Personen*) vecindad *f*

Nachbeben *n* terremoto *m* secundario

Nachbehandlung *f* (*nach Operation*) tratamiento *m* postoperatorio

nachbereiten *vt* repasar

nachbessern *vt* retocar

nachbestellen *vt* hacer un nuevo pedido; **Nachbestellung** *f* COMM nuevo pedido *m*

nachbilden *vt* reproducir, copiar; **Nachbildung** *f* ↑ *Reproduktion* reproducción *f;* ↑ *Imitation* copia *f,* imitación *f*

nachblicken *vi* seguir con los ojos; ◇ **jd-m** ~ seguir a alguien con los ojos

nachbohren I. *vt* → *Loch* taladrar [de nuevo] **II.** *vi FIG* ↑ *nachforschen* seguir investigando, preguntar con insistencia

nachbringen *unreg vt* enviar/dar posteriormente

nachdem *cj* (*zeitlich*) después [de] que; ◇ **je ~ [ob]** depende de [si]

nachdenken *unreg vi* meditar, reflexionar, pensar (*über akk* sobre); **nachdenklich** *adj* pensativo, reflexivo, meditabundo

Nachdruck [1] ⟨-s⟩, *m* énfasis *m,* insistencia *f*

Nachdruck [2] *m* TYP reimpresión *f*

nachdrücklich *adj* enfático, insistente

nacheifern *vi* emular, imitar

nacheilen *vi* correr detrás (*jd-m* de alguien)

nacheinander *adv* uno detrás de otro

nachempfinden *unreg vt* compartir los mismos sentimientos, comprender; ◇ **jd-m etw ~** sentir lo mismo que alguien sobre algo

Nacherzählung *f* resumen *m*

Nachf. *Abk v.* **Nachfolger**

Nachfolge *f* (*bei Amtsübernahme*) sucesión *f;* (*bei Erbe*) herencia *f;* ◇ **jd-s ~ antreten** suceder a alguien; **nachfolgen** *vi:* ◇ **jdm/einer Sache ~** suceder/seguir a alguien/algo; **Nachfolger(in** *f*) *m* ⟨-s, -⟩ sucesor(/a *f*) *m*

Nachforderung *f* (*bei Heizungsabrechnung*) reclamación *f* suplementaria, exigencia *f* posterior

nachforschen *vti* investigar, indagar; **Nachforschung** *f* ↑ *Erkundigung* investigación *f;* ↑ *polizeiliche Ermittlung* pesquisa *f,* indagación *f*

Nachfrage *f* COMM demanda *f;* ◇ **danke der ~** gracias por preguntar

Nachfrist *f* prórroga *f,* prolongación *f* de[l] plazo

nachfühlen *vi* compartir los mismos sentimientos, sentir lo mismo (*jd-m* que alguien), comprender

nachfüllen *vt* rellenar

nachgeben *unreg vi* [1] → *eer Bitte* ceder [2] ← *Preise* bajar [3] ← *Geländer* hundirse

Nachgebühr *f* sobretasa *f*

nachgehen *unreg vi* [1] seguir (*jd-m* a alguien) [2] ↑ *erforschen* investigar; → *e-r Sache* ocuparse de; ◇ **meiner Arbeit ~** dedicarme a mi trabajo [3] ← *Uhr* retrasarse

nachgeraten *unreg vi* parecer (*jd-m* a alguien)

Nachgeschmack *m auch FIG* gustillo *m*

nachgiebig *adj* [1] ▷*Person* transigente [2] ▷*Boden* que se hunde

nachgießen *unreg vt* servir más

nachgrübeln *vi* meditar sobre algo, pensar algo

nachhaltig *adj* ▷*Eindruck* duradero, persistente; ▷*Widerstand* constante

nachhelfen *unreg vi* → *e-r Sache* acelerar algo

nachher *adv* después; ◇ **bis ~!** \-hasta luego!

Nachhilfe *f* clases *f/pl* particulares

nachholen *vt* recuperar

Nachkomme *m* ⟨-n, -n⟩ descendiente *m*

nachkommen *unreg vi* [1] (*zeitlich*) llegar/venir más tarde [2] (*e-r Verpflichtung*) cumplir con; **Nachkommenschaft** *f* descendencia *f*

Nachlaß *m* ⟨Nachlasses, Nachlässe⟩ [1] ↑ *Erbe* herencia *f,* sucesión *f* [2] (*Preis~*) reducción *m*

nachlassen *unreg* **I.** *vt* [1] → *Preis* reducir [2] → *Strafe* remitir [3] ↑ *lockern* aflojar **II.** *vi* [1] ↑ *geringer werden* disminuir [2] ← *Sturm* calmarse

[3] ← *Regen* cesar [4] ← *Schmerz* ceder [5] ◇ **er hat stark nachgelassen** ha empeorado mucho

nachlässig *adj* descuidado, despreocupado, dejado

nachlaufen *unreg vi* correr detrás de; *FIG* seguir (*jd-m* a alguien)

nachlegen *vt* reponer

nachlösen *vt* comprar

nachmachen *vt* [1] imitar (*jd-m etw* a alguien) [2] ▷*Prüfung* hacer más tarde [3] ▷*Geld* falsificar

Nachmieter(in *f*) *m* siguiente inquilino(a *f*) *m*

Nachmittag *m* tarde *f;* ◇ **am ~, nachmittags** por la tarde

Nachnahme *f* ‹-, -n› TELEC re[e]mbolso *m;* ◇ **per ~** contra re[e]mbolso

Nachname *m* apellido *m*

nachprüfen *vt* → *Rechnung* comprobar, repasar, revisar; → *Aussage* verificar

nachrechnen *vt* repasar [una cuenta]

Nachrede *f* [1] (*im Buch*) epílogo *m* [2] ◇ **üble ~** difamación *f*

nachreichen *vt* [1] ↑ *später abgeben* entregar más tarde [2] → *Essen* servir otra vez; ◇ **darf ich Ihnen noch ~** \¿quiere repetir?

Nachricht *f* ‹-, -en› noticia *f;* ↑ *Mitteilung* información *f,* aviso *m;* **Nachrichten** *pl* MEDIA noticias *f/pl;* ↑ *Tagesschau* telediario *m;* **Nachrichtendienst** *m* MIL servicio *m* de información; **Nachrichtensperre** *f* bloqueo *m* informativo

nachrücken *vi* ↑ *aufschließen* avanzar; ↑ *aufsteigen* ascender

Nachruf *m* necrología *f*

nachrufen *unreg vt* → *Drohung* gritar a alguien; → *Gruß* saludar

nachrüsten I. *vt* TECH reequipar **II.** *vi* MIL armarse; **Nachrüstung** *f* TECH modificación *f;* MIL rearme *m*

nachsagen *vt* [1] ↑ *wiederholen* repetir [2] *FIG, meist PEJ* ◇ **jd-m etw ~** atribuir algo malo a alguien

Nachsaison *f* temporada *f* baja

nachschicken *vt* → *Post, Zeitung* mandar

nachschlagen *unreg* **I.** *vt* ↑ *nachlesen* buscar, consultar **II.** *vi* ↑ *sich entwickeln wie* salir a, parecerse a; ◇ **dem Vater ~** salir al padre; **Nachschlagewerk** *n* libro *m* de consulta

nachschmeißen *unreg vt* [1] *FAM* ◇ **jd-m etw ~** tirar algo a alguien [2] ◇ **das ist wie nachgeschmissen** está tirado de precio

Nachschub *m* abastecimiento *m;* (*für Truppen*) refuerzos *m/pl*

nachsehen *unreg* **I.** *vt* ↑ *prüfen* revisar, repasar **II.** *vti* ↑ *nachschlagen* buscar, mirar **III.** *vi* [1] ↑ *nachblicken* seguir con los ojos (*jd-m* a alguien) [2] ↑ *kontrollieren* asegurarse (*ob* de) [3] *FIG* ◇ **jd-m etw ~** perdonar algo a alguien

Nachsehen *n:* ◇ **das ~ haben** quedarse con las ganas

nachsenden *unreg vt* mandar

Nachsicht ‹-›, *f* indulgencia *f,* tolerancia *f;* ◇ **jd-n mit ~ behandeln** ser indulgente con alguien; **nachsichtig** *adj* indulgente, tolerante

nachsitzen *unreg vi* SCH repetir curso

Nachspeise *f* postre *m*

Nachspiel *n* THEAT epílogo *m; FIG* consecuencias *f/pl*

nachsprechen *unreg vt* repetir (*jd-m* lo que ha dicho alguien)

nachspüren *vi* investigar, indagar, registrar

nächst *präp dat* (*räumlich*) cerca de, al lado; ◇ **~ dem Bahnhof** al lado de la estación; **nächstbeste(r, s)** *adj* ↑ *irgendein(e)* cualquiera, el primero que se presente; **nächste(r, s)** *adj* (*räumlich*) próximo, cercano; ◇ **das ~ Restaurant** el restaurante más cercano; ◇ **die ~n Verwandten** los parientes cercanos; (*zeitlich*) próximo, siguiente; ◇ **~ Woche** la próxima semana; **Nächste(r)** *fm* prójimo *m,* siguiente *m/f*

nachstehen *unreg vi* ser inferior; ◇ **jd-m um nichts ~** no ser inferior en nada, ir a la par con alguien

nachstellen I. *vt* → *Satz* posponer, colocar al final; → *Uhr* retrasar; → *Instrument* reajustar **II.** *vi* ↑ *verfolgen* perseguir (*jd-m* a alguien); *FIG* ↑ *aufdringlich werben* asediar

Nächstenliebe *f* amor *m* al prójimo; **nächstens** *adv* pronto, dentro de poco, en breve; **nächstliegend** *adj* el más cercano; *FIG* lo más lógico; **nächstmöglich** *adj* (*räumlich*) lo más cerca posible; (*zeitlich*) próximo

Nacht *f* ‹-, Nächte› noche *f;* ◇ **über ~** de la noche a la mañana; **Nachtarbeit** *f* trabajo *m* nocturno

Nachteil *m* desventaja *f;* **nachteilig** *adj* perjudicial, desventajoso

Nachthemd *n* camisón *m*

Nachtisch *m* postre *m;*

Nachtleben *n* vida *f* nocturna; **nächtlich** *adj* de la noche, nocturno; **Nachtlokal** *n* club *m* nocturno

Nachtrag *m* ‹-[e]s, Nachträge› suplemento *m;* apéndice *m,* información *f* posterior

nachtragen *unreg vt* [1] → *vergessene Dinge* llevar [2] (*Text ergänzen*) añadir [3] *FIG* ↑ *verübeln* guardar rencor; ◇ **jd-m etw ~** no perdonar algo a alguien; **nachträglich** *adj* retrasado

nachtrauern *vi* añorar; ◇ **jdm/einer Sache** ~ añorar a alguien/algo, tener nostalgia de alguien/algo

Nachtruhe *f* silencio *m* de la noche; **nachts** *adv* por la noche, de noche; **Nachtschicht** *f* turno *m* de noche; **nachtsüber** *adv* por la noche; **Nachttarif** *m* tarifa *f* nocturna; **Nachttisch** *m* mesita *f* de noche; **Nachttopf** *m* orinal *m;* **Nachtvorstellung** *f* sesión *f* de noche; **Nachtwächter** *m* vigilante *m;* **Nachtzeug** *n* ropa *f* de dormir

Nachuntersuchung *f* reconocimiento *m* posterior/de control

nachvollziehbar *adj* comprensible

nachwachsen *unreg vi* volver a crecer

nachweinen *vi* llorar (*jdm/e-er Sache* pro alguien/algo)

Nachweis *m* ‹-es, -e› prueba *f*, comprobación *f*, justificación *f;* ◇ **Literatur**~ bibliografía *f;* **nachweisbar** *adj* demostrable, comprobable, que se puede probar/comprobar; **nachweisen** *unreg vt* ↑ *beweisen* demostrar, probar; ◇ **jd-m e-n Fehler** ~ demostrar a alguien un fallo

Nachwelt ‹-›, *f* posteridad *f;* ◇ **der** ~ **erhalten bleiben** conservarse para la posteridad

nachwinken *vi* saludar [de lejos]

nachwirken *vi* seguir teniendo efecto, repercutir; **Nachwirkung** *f* repercusión *f*

Nachwuchs ‹-es›, *m* ↑ *Nachkommen* jóvenes *m/pl;* (*beruflich*) nueva generación *f*; *FAM* ↑ *Kinder* prole *f*

nachzahlen *vti* pagar la diferencia

nachzählen *vt* contar de nuevo

Nachzahlung *f* (*bei Gehalt*) pago *m* adicional; (*zurückdatiert*) recargo *m*

nachziehen *unreg* **I.** *vt* [1] → *Schrauben* apretar [2] → *lahmes Bein* arrastrar [3] → *Make-up* marcar **II.** *vi* seguir a alguien cambiando de ciudad; (*bei Brettspiel*) ir detrás de

Nachzügler(in *f*) *m* ‹-s, -› rezagado/a; (*FAM Kind*) último/a con bastante retraso

Nacken *m* ‹-s, -› nuca *f; FAM* ◇ **jd-m im** ~ **sitzen** pisar a alguien los talones; ↑ *bedrängen* atosigar; ◇ **die Angst im** ~ **haben** tener miedo en el cuerpo; **Nackenstütze** *f* reposacabezas *m*

nackt *adj* ▷*Mensch, Wahrheit* desnudo; ▷*Tatsachen* al descubiertos; ◇ **das** ~**e Leben retten** salvar la vida; **Nacktheit** *f* desnudez *f*

Nadel *f* ‹-, -n› [1] (*Kompaß-, an Plattenspieler*) aguja *f* [2] (*Pinien--*) pinocha *f* [3] (*Steck-, Krawatten-*) alfiler *f* [4] (*FAM rauschgiftsüchtig*) ◇ **an der** ~ **hängen** estar colgado [de la droga], pincharse [5] (*FIG mühsam*) ◇ **wie die** ~ **im Heuhaufen** como una aguja en el pajar; **Nadelbaum** *m* conífera *f;* **Nadeldrucker** *m* impresora *f* matriz; **Nadelwald** *m* bosque *m* de coníferas

Nagel [1] *m* ‹-s, Nägel› ↑ *Stahlstift* clavo *m; FIG* ◇ **Nägel mit Köpfen machen** tomar una decisión concreta, trabajar con eficiencia; ◇ **den** ~ **auf den Kopf treffen** dar en el clavo; ◇ **etw an den** ~ **hängen** colgar los hábitos, abandonar algo

Nagel [2] *m* ‹-s, Nägel› (*Finger-*) uña *f;* (*FAM aneignen, stehlen*) ◇ **sich** *dat* **etw unter den** ~ **reißen** mangar algo; **Nagelfeile** *f* lima *f* de uñas; **Nagellack** *m* esmalte *m* de uñas

nageln *vti* clavar

nagelneu *adj* recien comprado, flamante

Nagelschere *f* tijeras *f/pl* para uñas

nagen *vti* ← *Hund* roer; ◇ **an etw** *dat* **nagen** roer algo; (*FIG Zweifel, Ungewißheit*) corroer; **Nagetier** *n* roedor *m*

nah[**e**] **I.** *adj, adv* [1] (*räumlich*) cerca; (*Verwandte*) cercano; (*Freunde*) íntimo; ◇ **der N**~**e Osten** el Próximo Oriente [2] (*zeitlich, Fest*) próximo; *FIG* ◇ ~ **daran sein, etw zu tun** estar a punto de hacer algo; ◇ **jd-m zu** ~ **treten** excederse, tomarse demasiadas libertades **II.** *präp dat* cerca de; **Nähe** *f* ‹-› proximidad *f*, cercanía *f;* ↑ *Umgebung* alrededores *m/pl;* ◇ **in der** ~ **von** cerca de, junto a; ◇ **aus der** ~ **ansehen** mirar algo de cerca; **nahebringen** *unreg vt* hacer comprender; ◇ **jd-m e-e Sache** ~ hacer comprender una cosa a alguien; **nahegehen** *unreg vi* afectar; **nahekommen** *unreg vi* acercarse; → *Wahrheit* averiguar; **nahelegen** *vt* ↑ *empfehlen* recomendar; ◇ **jd-m etw** ~ sugerir algo a alguien

naheliegen *unreg vi* ser natural, ser evidente; **naheliegend** *adj* comprensible, lógico, evidente

nahen I. *vi* acercarse, aproximarse **II.** *vr* acercarse

nähen *vti* coser (*an akk* algo)

nähere(r, s) *adj* más detallado; ◇ **bei** ~**r Betrachtung** mirándolo bien; **Nähere(s)** *n* detalles *m/pl*

näherkommen *unreg* **I.** *vi* intimar; ◇ **e-r Sache** ~ conocer mejor una cosa **II.** *vr* ◇ **sich** ~ conocerse mejor

nähern *vr* ◇ **sich** ~ acercarse, aproximarse; ◇ **sich jd-m/etw** ~ acercarse a alguien/algo

nahestehen *unreg vi* ser amigo íntimo (*jd-m* de alguien); **nahestehend** *adj* ▷*Person* cercano; ▷*Freund* íntimo; ▷*Partei* allegado

Nahkampf *m* MIL lucha *f* cuerpo a cuerpo

nahm *impf von* **nehmen**

Nähmaschine *f* máquina *f* de coser

nähren I. *vt FIG* → *Verdacht* tener, abrigar **II.** *vr* ◇ **sich** ~ alimentarse, nutrirse (*von* de); **nahr-**

haft *adj* nutritivo, alimenticio; **Nahrung** *f* alimento *m; auch FIG* ◇ **geistige** ~ alimento espiritual; **Nahrungsmittel** *n* víveres *m/pl*, alimentos *m/pl;* **Nahrungssuche** *f* búsqueda *f* de alimentos

Naht *f* ‹-, Nähte› [1] costura *f* [2] MED sutura *f* [3] TECH soldadura *f* [4] *FIG* ◇ **aus allen Nähten platzen** estar por reventar; **nahtlos** *adj* sin costura; ◇ ~ **ineinander übergehen** pasar sin ruptura a

Nahverkehr *m* tráfico *m* de cercanías; **Nahverkehrszug** *m* tranvía *m*, tren *m* de cercanías

naiv *adj* ▷*Malerei* naif; ▷*Frage* inocente, ingenuo; **Naivität** *f* inocencia *f*, ingenuidad *f*, candidez *f*

Name *m* ‹-ns, -n› nombre *m;* ◇ **im** ~**n von** en nombre de; **namens** *adv* llamado, de nombre; **namentlich** I. *adj* ▷*Abstimmung* nominal II. *adv* en especial

namhaft *adj* [1] ↑ *berühmt* enimente, notable [2] ↑ *beträchtlich* considerable [3] ◇ **jd-n** ~ **machen** averiguar el nombre de alguien

nämlich *adv* es decir; (*denn*) esto es, o sea; ◇ **der/die/das** ~**e** el/lo mismo, la misma

nannte *impf von* **nennen**

Narbe *f* ‹-, -n› cicatriz *f; FIG* secuela *f;* (*Gras-*) césped *m;* BIOL estigma *m;* **narbig** *adj* lleno de cicatrices

Narkose *f* ‹-, -n› MED anestesia *f;* **narkotisieren** *vt* anestesiar

Narr *m* ‹-en, -en› loco *m;* THEAT bufón *m;* ◇ **jd-n zum** ~**en halten** burlarse de alguien

naschen *vt, vi* comer golosinas/dulces; **naschhaft** *adj* goloso

Nase *f* ‹-, -n› nariz *f; FAM* napias *f/pl; FAM* ◇ **die** ~ **läuft** gotear la nariz; *FAM* ◇ **auf der** ~ **liegen** estar enfermo; **Nasenbluten** *n* ‹-s› hemorragia *f* nasal; ◇ ~ **haben** sangrar por la nariz; **Nasentropfen** *pl* gotas *f/pl* nasales; **naseweis** *adj* [1] ↑ *vorlaut* impertinente, fresco [2] ↑ *neugierig* curioso

Nashorn *n* rinoceronte *m*

naß *adj* mojado; ▷*Sommer* húmedo; ◇ **nasse Augen bekommen** ponerse los ojos llorosos; **Nässe** *f* ‹-› humedad *f*

nässen *vi* → *Wunde* exudar; ◇ **ins Bett** ~ mojar la cama

naßkalt *adj* frío y húmedo; **Naßrasur** *f* afeitado *m* con maquinilla/a navaja

Nation *f* nación *f;* **national** *adj* nacional; **Nationalbewußtsein** *n* conciencia *f* nacional; **Nationalelf** *f* equipo *m* nacional de fútbol; **Nationalhymne** *f* himno *m* nacional

Nationalismus *m* nacionalismo *m;* **nationalistisch** *adj* nacionalista; **Nationalität** *f* nacionalidad *f*

Nationalpark *m* parque *m* nacional

Nationalsozialismus *m* nacionalsocialismo *m*

Nationalversammlung *f* POL asamblea *f* nacional

Natter *f* ‹-, -n› culebra *f*

Natur *f* [1] (*nur Singular*) naturaleza *f* [2] ↑ *Eigenart* carácter *m;* ◇ **das liegt in der** ~ **der Sache** es propio de su naturaleza; *FIG* ◇ **zur zweiten** ~ **werden** convertirse en costumbre [3] ↑ *Mensch* ◇ **Froh**~ persona *f* alegre; ◇ **er hat e-e Künstler**~ es un vividor; ◇ **zwei völlig verschiedene** ~**en** dos caracteres diversos

naturalisieren *vt* ↑ *einbürgern* nacionalizar; **Naturalismus** *m* KUNST naturalismo *m;* **Naturbeschreibung** *f* descripción *f* de la naturaleza; **Naturdenkmal** *n* monumento *m* natural; **Naturerscheinung** *f* fenómeno *m* natural; **naturfarben** *adj* de color natural; **Naturfaser** *f* fibra natural; **Naturforscher(in** *f*) *m* naturalista *m/f;* **naturgegeben** *adj* natural; **naturgemäß** *adj* natural, conforme a la naturaleza; **Naturkatastrophe** *f* catástrofe *f* natural; **natürlich** I. *adj* [1] ▷*Haarfarbe, Verhalten* natural [2] (JURA ~*e Person*) natural, físico [3] MATH natural II. *adv* naturalmente, por supuesto III. *interj* ¡por supuesto!, ¡claro que sí!; **Natürlichkeit** *f* naturalidad *f;* **Naturprodukt** *n* producto *m* natural; **Naturreich** *n* reino *m* de la naturaleza; **naturrein** *adj* puro, natural; **Naturschutzgebiet** *n* reserva *f* nacional; **Naturtalent** *n* don *m* natural; *FIG* persona *f* con talento; **naturtrüb** *adj* ▷*Apfelsaft* natural; **Naturvolk** *n* pueblo *m* primitivo; **Naturwissenschaft** *f* ciencias *f/pl* naturales; **Naturwissenschaftler(in** *f*) *m* científico/a

nautisch *adj* náutico

Navigation *f* NAUT AERO navegación *f;* **Navigationsinstrumente** *n/pl* instrumentos *m/pl* de navegación; **navigieren** *vi* navegar

Nazi *m* ‹-s, -s› *Abk v. PEJ* **Nationalsozialist,** nazi *m*

NC *m* ‹-s› *Abk v.* **Numerus Clausus** Numerus clausus *m*

Nebel *m* ‹-s, -› niebla *f;* (*Dunst*) bruma *f;* **Nebelbank** *f* banco *m* de niebla; **neb[e]lig** *adj* brumoso, nebuloso; **Nebelscheinwerfer** *m* AUTO faro *m* de niebla

neben *präp akk/dat* [1] (*räumlich*) al lado de, junto a [2] ↑ *im Vergleich zu* en comparación con [3] ↑ *außer, zugleich mit* además de

nebenan *adv* al lado
Nebenanschluß *m* TELEC extensión *f*
Nebenarm *m* afluente *m*
nebenbei *adv* [1] (*außerdem*) además [2] (*beiläufig*) ▷*Arbeit* de paso, temporalmente
nebenberuflich *adj* como segunda ocupación
Nebenbeschäftigung *f* actividad *f* suplementaria
nebeneinander *adv* uno al lado del otro; **nebeneinanderlegen** *vt* poner uno al lado del otro; **nebeneinandersetzen** *vt* poner uno al lado del otro; **nebeneinanderstellen** *vt* poner uno al lado del otro
Nebeneingang *m* entrada *f* lateral
Nebeneinnahme *f* ingresos *m/pl* extras
Nebenerscheinung *f* síntoma *m* secundario
Nebenfach *n* SCH asignatura *f* complementaria
Nebengebäude *n* [1] ↑ *kleineres Haus* dependencias *f/pl* [2] ↑ *Nachbarhaus* edificio *m* de al lado
nebenher *adv* [1] ↑ *zusätzlich* además [2] ↑ *gleichzeitig* a la vez, al mismo tiempo [3] ↑ *daneben* cerca de, al lado de; **nebenherfahren** *unreg vi* conducir al lado
Nebenhöhle *f* (*Nasen-*) seno *m*
Nebenklage *f* JURA demanda *f* adicional
Nebenkosten *pl* (*Miet-*) gastos *m/pl* adicionales
Nebenprodukt *n* producto *m* derivado
Nebenrolle *f* THEAT papel *m* secundario
Nebensache *f* cosa *f* secundaria; **nebensächlich** *adj* secundario, sin importancia, de poca monta
Nebenstraße *f* carretera *f* secundaria; **Nebenstrecke** *f* BAHN línea *f* secundaria
Nebenwirkung *f* efecto *m* secundario
Nebenzimmer *n* habitación *f* contigua
nebst *präp dat* [1] junto a [2] incluído
nebulös *adj* poco claro, turbio
necken *vt* bromear, tomar el pelo; **Neckerei** *f* broma *f*, tomadura *f* de pelo; **neckisch** *adj* [1] bromista [2] ▷*Einfall* gracioso [3] ▷*Spiel* divertido
Neffe *m* ⟨-n, -n⟩ sobrino *m*
negativ *adj* negativo
Negativ *n* FOTO negativo *m*
Neger(in *f*) *m* ⟨-s, -⟩ negro/a
nehmen ⟨nahm, genommen⟩ **I.** *vt* [1] ↑ *ergreifen* coger; ↑ *festhalten* agarrar [2] → *Trinkgeld, Stundenlohn* aceptar [3] ↑ *stehlen* coger, robar [4] ↑ *verwenden, benutzen* usar, utilizar; (*man nehme*) tómese [5] → *Unterricht, Urlaub* coger [6] ↑ *tragen* ↑ *halten* llevar [7] *FIG* ◇ **die Schuld auf sich** - responsabilizarse de algo; ◇ **jdn/etw ernst** - tomar a alguien/algo en serio [8] (*jm-n zur Frau/zum Mann* -) casarse con alguien **II.** *vr* ◇ **sich** - [1] (*zu sich* -) ↑ *essen* comer; ↑ *trinken* beber; ↑ *sich nehmen* servirse [2] → *Wohnung, Hotel* coger [3] → *Anwalt, Putzfrau* contratar
Neid *m* ⟨-[e]s⟩ envidia *f*; *FAM* ◇ **platzen vor** - morirse de envidia; **neidisch** *adj* envidioso
neigen I. *vt* doblar; → *Kopf* inclinar, bajar **II.** *vr* ◇ **sich** - ↑ *schräg stellen* estar inclinado, inclinarse **III.** *vi* ↑ *tendieren* tender a, tener inclinación por; ◇ **zu etw** - tender a algo; **Neigung** *f* [1] (*des Geländes*) inclinación *f* [2] ↑ *Tendenz* tendencia *f* [3] ↑ *Vorliebe* afición *f* [4] ↑ *Veranlagung* propensión *f*; ↑ *Anlage* predisposición *f*
nein *adv* no; ◇ **ich glaube** - creo que no; ◇ -, **wirklich?** \¿No, en serio?
Nektarine *f* nectarina *f*
nennen ⟨nannte, genannt⟩ **I.** *vt* (*mit Namen*) llamar, nombrar; ↑ *bezeichnen* designar; (*bezeichnen als*) calificar de **II.** *vr* ◇ **sich** - ← *Künstler* llamarse, nombrarse; ◇ **sich nach jd-m** - llevar el nombre de alguien, llamarse como alguien; **nennenswert** *adj* digno de mención; **Nennung** *f* mención *f*; SPORT inscripción *f*
Neonlicht *n* luz *f* de neón
Nepp *m* ⟨-[e]s⟩ *FAM* ↑ *Übervorteilung* timo *m*
Nerv *m* ⟨-s, -en⟩ nervio *m*; *FAM* ◇ **jd-m auf die -en gehen** poner a alguien los nervios de punta; **nerven** *vt FAM* crispar los nervios, dar la lata; **Nervenbündel** *n FAM* manojo *m* de nervios; **Nervenkitzel** *m* ⟨-s⟩ *FAM* ↑ *Spannung* suspense *m*; **Nervensystem** *n* sistema *m* nervioso; **Nervenzusammenbruch** *m* ataque *m* de nervios, crisis *f* nerviosa; **nervlich** *adj* ▷*Belastung, Anspannung* nervioso
nervös *adj* nervioso; **Nervosität** *f* nerviosismo *f*
nervtötend *adj* monótono, rutinario; ▷*Arbeit* enervante
Nerz *m* ⟨-es, -e⟩ (*-mantel*) visón *m*
Nessel *f* ⟨-, -n⟩ (*Brenn-, -sucht*) ortiga *f*; *FAM* ◇ **sich in die -n setzen** meterse en un lío
Nest *n* ⟨-[e]s, -er⟩ [1] nido *m* [2] *FAM* ↑ *Ort* pueblo *m* de mala muerte [3] *FAM* ↑ *Bett* cama *f*
nett *adj* ↑ *freundlich* amable, simpático; ↑ *hübsch* bonito, mono; ↑ *angenehm* agradable; **netterweise** *adv* amablemente
netto *adj* neto; **Nettoeinkommen** *n* ingresos *m/pl* netos
Netz *n* ⟨-es, -e⟩ [1] (*zum Tragen, Halten, Fangen*) red *f*; *FIG* ◇ **jd-m ins - gehen** caer en la trampa de alguien [2] (*soziales* -) sistema social [3] (AUTO *Straßen-, Verkehrs-*) red *f* [4] (ELECTR

Licht-, Telefon-) red *f* [5] PC red *f;* ◇ **ans - gehen** estar conectado a la red [6] (*Spinnen-*) telaraña *f;* **Netzanschluß** *m* conexión *f* a la red; **Netzkarte** *f* abono *m*

neu *adj* [1] nuevo [2] ▷*Nachrichten* ▷*Verfahren* reciente [3] (*fabrik-*) ▷*Chef, Mitglied* nuevo [4] ▷*Sprache, Geschichte, Musik* moderno [5] ◇ **seit -estem** desde hace poco; ↑ *wieder, noch einmal* ◇ **- schreiben** escribir de nuevo; **Neuanschaffung** *f* nueva *f* adquisición; **neuartig** *adj* nuevo, moderno, original; **Neuauflage** *f* (*von Buch*) nueva edición *f*; **Neubau** *m* ‹-s, Neubauten› construcción *f* nueva, edificio *m* nuevo; **Neubearbeitung** *f* edición *f* revisada; THEAT readaptación *f;* **neuerdings** *adv* ↑ *kürzlich* últimamente; ↑ *seit kurzem* desde hace poco; **Neuerung** *f* innovación *f;* **neugeboren** *adj* recién nacido; *FIG* ◇ **sich fühlen wie -** sentirse como nuevo

Neugier *f* curiosidad *f;* **neugierig** *adj* curioso

Neuheit *f* novedad *f*, innovación *f;* **Neuigkeit** *f* novedad *f*, noticia *f* de última hora; **Neujahr** *n* Año *m* Nuevo; **Neuland** *n meist FIG* tierra *f* virgen; **neulich** *adv* últimamente; hace poco; **Neuling** *m* principiante *m*, novato *m;* **neumodisch** *adj meist PEJ* moderno

neun *nr* nueve; **neunfach** I. *adj* nueve veces II. *adv* por nueve veces; **neunhundert** *nr* novecientos; **neunjährig** *adj* de nueve años; **neunmal** *adv* nueve veces

neunte(r, s) *adj* noveno; **Neunte(r)** *fm* noveno/a; **Neuntel** *n* ‹-s› (*Bruchteil*) novena parte *f*; **neuntens** *adv* en noveno lugar

neunzehn *nr* diecinueve

neunzig *nr* noventa

Neuralgie *f* MED neuralgia *f*

neureich *adj PEJ* nuevo rico

Neurologie *f* MED neurología *f*

neutral *adj* neutro; POL neutral; **Neutralität** *f* neutralidad *f;* **neutralisieren** *vt a.* CHEM neutralizar

Neutrum *n* ‹-s, Neutra *o.* Neutren› GRAM neutro *m*

Neuwahl *f* nueva elección *f*

Neuwert *m* valor *m* a/de/en nuevo

Neuzugang *m* (*im Krankenhaus*) reingreso *m;* (*in der Schule*) readmisión *f*

nicht *adv* [1] (*Verneinung*) no; ◇ **- nur, sondern auch** no sólo sino también; (*Gebot, Verbot*) ◇ **- berühren!** ¡no tocar!; ◇ **bitte - füttern!** ¡no dar de comer a los animales! [2] (*zur Bekräftigung, Bestätigung*) ◇ **- wahr?** ¿no es verdad?; ◇ **findest du - auch ?** ¿no piensas también lo mismo que yo? [3] (*ganz gut*) ◇ **- schlecht** [*o.* **übel**] no está nada mal

Nichtachtung *f* (*Mangel an Respekt*) falta *f* de respeto; ↑ *Nichtbeachtung* desacato *m*

Nichtangriffspakt *m* MIL pacto *m* de no agresión

Nichte *f* ‹-, -n› sobrina *f*

nichtig *adj* [1] ↑ *unbedeutend* insignificante, vano, sin importancia; ↑ *wertlos* sin valor [2] ↑ *ungültig* ▷*Vertrag, Urteil* nulo; ◇ **null und -** sin valor ninguno; **Nichtigkeit** *f* bagatela *f;* ↑ *Sinnlosigkeit* absurdo *m*

Nichtraucher(in *f*) *m* no fumador(a *f*) *m*

nichtrostend *adj* ▷*Metall* inoxidable

nichts *pron* nada; ◇ **für - und wieder -** para nada en absoluto; ◇ **- als Ärger** nada más que disgustos; **Nichts** *n* ‹-› vacío *m;* PHIL nada *f*

nichtsdestoweniger *adv* no obstante, sin embargo

Nichtsnutz *m* ‹-es, -e› inútil *m*, pillo *m;* **nichtsnutzig** *adj* inútil; ↑ *unartig* travieso, pillo

nichtssagend *adj* insignificante

Nichtstun *n* ‹-s› ↑ *Müßiggang* vagancia *f*, gandulería *f*

nicken *vi* ↑ *bejahen* asentir con la cabeza; ↑ *grüßen* saludar con la cabeza

Nickerchen *n* siestecita *f*

nie *adv* nunca; ◇ **- wieder** [*o.* **mehr**] nunca más; ◇ **- und nimmer** nunca jamás

nieder I. *adj* (*in Rangordnung*) ▷*Adel, Tiere* inferior; ▷*Arbeiten, Stellung* ↑ *gering* bajo II. *adv* abajo; ◇ **auf und -** arriba y abajo

niederbrennen *unreg* I. *vt* quemar II. *vi* ← *Kerze, Gebäude* quemarse; ← *Kerze* consumirse

niederdrücken *vt* [1] echar hacia abajo [2] *FIG* deprimir

Niedergang *m* decadencia *f*

niedergehen *unreg vi* [1] ↑ *absteigen* bajar [2] *vom Himmel*, AERO aterrizar; ← *Regen* caer [3] ↑ *zu Boden gehen* ← *Boxer* derribar

niedergeschlagen *adj FIG* deprimido, desanimado, abatido

niederknien *vi* ponerse de rodillas, arrodillarse

Niederlage *f* [1] (*im Kampf*) ↑ *Mißerfolg* derrota *f* [2] ↑ *Filiale* sucursal *f;* ↑ *Warenlager* almacén *m*

Niederlande *pl* Países *m/pl* Bajos

niederlassen I. *vt* → *Vorhang, Jalousie* bajar II. *vr* ◇ **sich -** [1] ↑ *sich setzen* sentarse; ↑ *knien* arrodillarse; (*an e-m Ort*) domiciliarse, establecerse [2] ← *Arzt* abrir una consulta; ← *Rechtsanwalt* abrir un bufete; **Niederlassung** *f* COMM establecimiento *m*, sucursal *f;* (*von Arzt*) consulta *f;* (*von Rechtsanwalt*) bufete *m*

niederlegen I. *vt* posar; → *Arbeit* dejar; → *Amt* dimitir; → *Kranz* consignar II. *vr* ◇ **sich -** acostarse

niederreißen *unreg vt* → *Haus, Festung* echar abajo, derribar; *FIG* → *Schranken* superar, vencer

niederschießen *unreg* **I.** *vt* → *Menschen, Tiere* matar a tiros **II.** *vi* ← *Raubvogel* lanzarse sobre

Niederschlag *m* [1] CHEM precipitado *m* [2] METEO precipitaciones *f/pl;* ◇ **radioaktive Niederschläge** lluvia *f* radioactiva [3] SPORT derribo *m* [4] *FIG* crítica *f;* **niederschlagen** *unreg* **I.** *vt* → *Gegner* derribar a puñetazos; → *Augen* bajar; ← *Aufstand, Streik* reprimir; JURA ← *Prozeß* anular **II.** *vr* ◇ **sich ~** CHEM precipitarse, depositarse; **niederschlagsarm** *adj* ▷*Gebiet, Sommer* de escasas precipitaciones

niedertourig *adj* TECH bajo de revoluciones

niederträchtig *adj* infame, vil

niedertreten *unreg vt* → *Rasen, Erde* pisar, aplastar; → *Teppich* pisar; → *Absätze* torcer los tacones

Niederung *f* depresión *f* del terreno

niederwerfen *unreg vt* derribar; *auch FIG* tirar al suelo

niedlich *adj* ▷*Gesicht, Kind* lindo, gracioso

niedrig *adj* [1] ▷*Raum, Temperatur, Preis* bajo; ▷*Stand* humilde [2] ↑ *gemein* ▷*Gesinnung, Charakter* infame, despreciable

niemals *adv* nunca, jamás

niemand *pron* nadie, ninguno; **Niemandsland** *n* tierra *f* de nadie

Niere *f* ‹-, -n› riñón *m; FAM* ◇ **das geht mir an die -n** me afecta mucho; **Nierenstein** *m* cálculo *m* renal

nieseln *vi impers* lloviznar

niesen *vi* estornudar

Niete [1] *f* ‹-, -n› (TECH *auch an Kleidung*) remache *m*

Niete [2] *f* ‹-, -n› [1] (*Los*) billete *m* no premiado [2] ↑ *Reinfall* fracaso *m* [3] *FAM* ↑ *unfähiger Mensch* inútil *m; FAM* calamidad *f*

nieten *vt* remachar

Nikolaus *m* ‹-, Nikoläuse› Santa Claus *m;* (*-tag*) San Nicolás *m*

Nikotin *n* ‹-s› nicotina *f;* **nikotinarm** *adj* bajo en nicotina

Nilpferd *n* hipopótamo *m*

nippen *vti* beber a sorbos; probar

nirgends, **nirgendwo** *adv* en ninguna parte

Nische *f* ‹-, -n› nicho *m;* (*Wand-, Mauer-*) hornacina *f*

nisten *vi* anidar, hacer el nido; **Nistkasten** *m* nidal *m*

Niveau *n* ‹-s, -s› categoría *f;* (*Bildungsgrad*) nivel *m;* **niveaulos** *adj* ▷*Person* sin categoría, sin cultura

nivellieren *vt* nivelar

Nixe *f* ‹-, -n› ondina *f*

nobel, **noble[r, s]** *adj* noble; generoso

Nobelpreis *m* Premio *m* Nobel

noch **I.** *adv* todavía; ◇ **~ heute** hoy mismo; ◇ **~ vor e-r Woche** tan sólo hace una semana; (*weiterhin*) ◇ **hast du ~ Hunger?** \¿todavía tienes hambre?; ◇ **willst du ~ etwas?** \¿quieres algo más?; ◇ **du wirst dich ~ erkälten** te vas a enfriar **II.** *cj:* ◇ **weder ... ~** ni ... ni

nochmal[s] *adv* otra vez; **nochmalig** *adj* repetido, reiterado

Nockenwelle *f* TECH árbol *m* de levas

Nomade *m* ‹-n, -n› nómada *m*

Nominativ *m* GRAM nominativo *m*

nominell *adj* nominal

nominieren *vt* nombrar; proponer

Nonne *f* ‹-, -n› monja *f*

Nordamerika *n* Norteamérica *f*, América *f* del Norte

norddeutsch *adj* del norte de Alemania; **Norddeutschland** *n* Alemania *f* del Norte

Norden *m* ‹-s› norte *m*

Nordirland *n* Irlanda *f* del Norte

nordisch *adj* nórdico, del norte; SPORT ◇ **-e Kombination** combinación *f* nórdica

nördlich **I.** *adj* del norte; (*Kurs, Richtung*) septentrional **II.** *adv:* ◇ **~ von** al norte de

Nordosten *m* nordeste *m*

Nordpol *m* polo *m* norte

Nordsee *f* Mar *m* del Norte

Nordstaaten *pl* (*von Amerika*) Estados *m/pl* del Norte

Nordwesten *m* noroeste *m*

Nörgelei *f* ganas *f/pl* de criticar todo; **nörgeln** *vi* criticarlo todo

Norm *f* ‹-, -en› [1] norma *f;* ◇ **DIN-~** formato *m* DIN [2] ↑ *Vorschrift* norma *f;* ↑ *Regel* regla *f*

normal *adj* normal, corriente; ↑ *gesund* cuerdo; **Normalbenzin** *n* gasolina *f* normal; **normalerweise** *adv* normalmente; **normalisieren** **I.** *vt* → *Verhältnis* normalizar **II.** *vr* ◇ **sich ~** normalizarse; **Normalität** *f* normalidad *f;* **Normalmaß** *n* medida *f* normal; **Normalzustand** *m* estado *m* normal

normen *vt* ↑ *normieren* normalizar, estandarizar

Norwegen *n* Noruega *f;* **Norweger(in** *f*) *m* ‹-s› noruego/a; **norwegisch** *adj* noruego

Not *f* ‹-, Nöte› necesidad *f;* ↑ *Armut* pobreza *f;* ↑ *Elend* miseria *f;* (*-lage*) emergencia *f;* ↑ *Mangel, Fehlen* (*Geld-, Zeit-*) falta *f;* (*FIG falls nötig*) ◇ **zur ~** en caso de necesidad

Notar(in *f*) *m* notario/a; **notariell** *adj* notarial

Notarztwagen *m* coche *m* de médico de urgencia; **Notaufnahmelager** *n* campo *m* provisional de refugiados; **Notausgang** *m* salida *f* de urgencia; **Notbehelf** *m* ‹-s, -e› solución *f* de emergencia; **notdürftig** *adj* apenas suficiente; ↑ *behelfsmäßig* provisional; ◇ ~ **bekleidet sein** estar apenas vestido

Note *f* ‹-, -n› [1] SCH ↑ *Zensur* nota *f*, calificación *f* [2] MUS nota *f*; ◇ **ganze** ~ redonda *f*; ◇ **halbe** ~ blanca *f* [3] ↑ *Anmerkung* (*Fuß-, diplomatische* ~) nota *f* [4] ↑ *Papiergeld* billete *m* de banco [5] ↑ *persönliche Eigenart* toque *m*; **Notenbank** *f* banco *m* emisor

Notfall *m* caso *m* de emergencia; **notfalls** *adv* en caso de emergencia

notgedrungen *adj* forzoso; ◇ **etw** ~ **machen** hacer algo a la fuerza

Notgroschen *m* dinero *m* de reserva

Nothelfer *m* salvador *m*

notieren *vt* [1] anotar, apuntar, tomar nota de [2] COMM → *Kurswert* cotizar en bolsa; **Notierung** *f* COMM cotización *f*

nötig *adj* necesario; ◇ **etw** ~ **haben** necesitar algo; **nötigen** *vt* ↑ *zwingen* obligar, forzar; ↑ *dringend bitten* coaccionar; ◇ **sich nicht** ~ **lassen** no hacerse de rogar; **nötigenfalls** *adv* caso *m* de emergencia

Notiz *f* ‹-, -en› apunte *m*, anotación *f*; (*Zeitungs-*) noticia *f*; ◇ ~ **nehmen von** tomar nota de, anotar algo; **Notizbuch** *n* cuaderno *m* de apuntes; **Notizzettel** *m* nota *f*

Notlage *f* situación *f* de emergencia

notlanden *vi* AERO hacer un aterrizaje forzoso; **Notlandung** *f* aterrizaje *m* forzoso

notleidend *adj* necesitado

Notlösung *f* solución *f* de emergencia

Notlüge *f* mentira *f* piadosa; ◇ **zu e-r** ~ **greifen** recurrir a una mentira piadosa

Notruf *m* llamada *f* de socorro; **Notrufsäule** *f* poste *m* de socorro; **Notrutsche** *f* AERO rampa-balsa *f*

notschlachten *vt* → *Tier* sacrificar;

Notstand *m* estado *m* de emergencia; **Notstandsgebiet** *n* zona *f* catastrófica

Notunterkunft *f* alojamiento *m* provisional

Notverband *m* vendaje *m* provisional

Notwehr *f* ‹-› legítima defensa *f*; ◇ **aus** [*o.* **in**] ~ **handeln** actuar en legítima defensa

notwendig *adj* necesario, imprescindible, preciso; **Notwendigkeit** *f* necesidad *f*

Novelle *f* [1] novela *f* corta [2] (JURA *Gesetzes-*) ley *f* abrogatoria

November *m* ‹-[s]› noviembre *m*

Nu *m*: ◇ **im** ~ rápidamente, en un santiamén, en un abrir y cerrar de ojos

Nuance *f* ‹-, -n› matiz *f*

nüchtern *adj* [1] sobrio; ▷*Magen* en ayunas [2] ▷*Urteil, Bericht* realista, objetivo [3] (*Essen*) insípido; **Nüchternheit** *f* sobriedad *f*, objetividad *f*

Nuckel *m* ‹-s› ↑ *Schnuller* chupete *m*

Nudel *f* ‹-, -n› pasta *f*; (*Faden-*) fideos *m/pl*; *FAM Ulk-, FAM* tío *m* cachondo

Nuklearmedizin *f* MED medicina *f* nuclear

null *nr* cero; ▷*Fehler* ninguno; TELEC, SPORT cero; ◇ ~ **Uhr** las cero horas; ◇ ~ **und nichtig** nulo y sin valor ninguno

Null *f* ‹-, -en› cero *m*; (*PEJ von Mensch*) cero *m* a la izquierda; **Nullösung** *f* POL solución *f* cero; **Nullpunkt** *m* punto *m* cero; *auch FIG* ◇ **auf dem** ~ estar en su punto más bajo; **Nulltarif** *m* (*Eintritt*): ◇ **zum** ~ gratis

numerieren *vt* numerar; **numerisch** *adj* numérico

Numerus clausus *m* ‹-› UNI numerus *m* clausus

Nummer *f* ‹-, -n› ↑ *Zahl* ↑ *Spielfolge, Reihenfolge* número *m*; ↑ *Größe* talla *f*; número *m*; **Nummernschild** *n* AUTO matrícula *f*

nun I. *adv* ahora **II.** *interj*: ◇ ~ **denn!** [*o.* **also**] ¡vaya! **III.** *Partikel*: ◇ **was hat er denn** ~? ¿qué tiene ahora?, ¿qué le pasa ahora?

nur I. *adv* ↑ *bloß* sólo, solamente **II.** *cj* (*allerdings, jedoch*) sólo que **III.** *Partikel* pues

nuscheln *vi FAM* ↑ *undeutlich sprechen* mascullar

Nuß *f* ‹-, Nüsse› nuez *f*; *FAM* ↑ *schwierige Aufgabe* ◇ **e-e harte** ~ *FAM* duro de pelar; **Nußbaum** *m* nogal *m*; **Nußknacker** *m* ‹-s› cascanueces *m*

Nüstern *pl* ‹-, -n› ollares *m/pl*

Nutte *f* ‹-, -n› puta *f*, furcia *f*

nutz, nütze *adj* ◇ **zu nichts** ~ **sein** no servir para nada; **nutzbar** *adj* utilizable, aprovechable; ◇ ~ **machen** utilizar, aprovechar; **Nutzbarmachung** *f* utilización *f*, aprovechamiento *m*; **nutzbringend** *adj* beneficioso, lucrativo, productivo; **nutzen, nützen I.** *vt* utilizar, aprovechar **II.** *vi* servir, ser útil; ◇ **was kann das** ~? ¿de qué puede servir eso?

Nutzen *m* [1] ▷*allgemein* utilidad *f*, provecho *m*; ◇ **von** ~ **sein** ser de utilidad [2] ↑ *Gewinn* beneficio *m*

nützlich *adj* útil, provechoso; ◇ **sich** ~ **machen** ayudar, echar una mano; **Nützlichkeit** *f* utilidad *f*; **nutzlos** *adj* inútil; **Nutzlosigkeit** *f* inutilidad *f*

Nutznießer(in *f*) *m* ‹-s› beneficiario/a; **Nutzung** *f* utilización *f*, aprovechamiento *m*

Nymphe *f* ‹-, -n› ninfa *f*
Nymphomanin *f* ninfómana *f*

O

O, o *n* O, o *f*
o *interj:* ◇ ~ **weh!** ¡ay!; ◇ **o doch!** ¡claro que sí!
Oase *f* ‹-, -n› oasis *m; FIG* ◇ ~ **der Ruhe** remanso de paz
ob *cj* si; ◇ ~ **das wohl wahr ist?** ¿crees que puede ser verdad?; ◇ ~ **Regen,** ~ **Sonne** con lluvia, con sol; ◇ **und** ~**!** ¡y tanto!
Obdach *n* refugio *m*, cobijo *m;* hogar *m;* **obdachlos** *adj* ▷*Landstreicher* sin hogar; **Obdachlose(r)** *fm* persona *f* sin hogar
Obduktion *f* autopsia *f;* **obduzieren** *vt* hacer la autopsia
O-Beine *n/pl* piernas *f/pl* zambas
Obelisk *m* ‹-en, -en› obelisco *m*
oben *adv* arriba; ◇ **nach** ~ hacia arriba; ◇ **von** ~ de arriba; ◇ ~ **ohne** desnudo de cintura arriba; ◇ **jd-n von** ~ **bis unten mustern** mirar de arriba abajo; ◇ **jd-n von** ~ **herab behandeln** tratar a alguien con desprecio; *FAM* ◇ **Befehl von** ~ orden de arriba
obenan *adv* arriba; *FIG* ◇ **etw** ~ **stellen** poner algo por los cielos
obenauf *adv* encima; *FIG* ↑ *fröhlich* contento; ↑ *gesund* sano
obendrein *adv* ↑ *außerdem* además
obenerwähnt, obengenannt *adj* antes citado, susodicho
obenhin *adv* superficialmente, de pasada; ◇ **etw nur** ~ **ansehen** mirar algo superficialmente
Ober *m* ‹-s, -› (*in Restaurant*) camarero *m*
Oberarm *m* brazo *m;* **Oberarzt** *m*, **Oberärztin** *f* médico/a adjunto; **Oberaufsicht** *f* (*bei Prüfung*) repaso *m;* (*auf Baustelle*) supervisión *f;* **Oberbefehl** *m* MIL mando *m* supremo; **Oberbefehlshaber** *m* MIL general *m* en jefe; **Oberbegriff** *m* término *m* genérico; **Oberbekleidung** *f* ropa *f* [de encima]; **Oberbürgermeister(in** *f*) *m* primer alcalde(-esa *f*) *m;* **Oberdeck** *n* NAUT cubierta *f* superior; **obere(r, s)** *adj* ▷*Etage* superior, de arriba; ◇ **die O-en Zehntausend** la gente rica; **Oberfläche** *f* superficie *f;* **oberflächlich** *adj* ▷*Wunde, FIG* ▷*Mensch* superficial; ▷*Arbeit* superficial, a la ligera; **Obergeschoß** *n* piso *m* superior; **oberhalb I.** *präp gen* por encima de **II.** *adv* por encima (*von dat* de); **Oberhand** *f FIG*: ◇ **die** ~ **gewinnen** [*o.* **behalten**] imponerse, dominar; **Oberhaupt** *n* cabeza *m* de la iglesia; **Oberhaus** *n* POL Cámara *f* Alta; (*in Großbritannien*) Cámara *f* de los Lores; **Oberhemd** *n* camisa *f;* **Oberherrschaft** *f* supremacía *f;* **Oberinspektor(in** *f*) *m* inspector jefe/a; **Oberkellner(in** *f*) *m* jefe/a de comedor; **Oberkiefer** *m* maxilar *m* superior; **Oberkörper** *m* tronco *m*, parte *f* superior del cuerpo; **Oberlandesgericht** *n* JURA audiencia *f* territorial; **Oberleitung** dirección *f* general; **Oberlicht** *n* luz *f* de techo; **Oberlippe** *f* labio *m* superior; **Oberschenkel** *m* muslo *m;* **Oberschicht** *f* capa *f* superior; (*Gesellschaftsklasse*) clase *f* alta; **Oberschule** *f* instituto *m* de bachillerato; **Oberschwester** *f* MED enfermera *f* jefe
Oberst *m* ‹-en *o.* -s, -en› MIL coronel *m*
oberste(r, s) *adj* ▷*Fach, Ablage* superior; ▷*Knopf* de arriba
Oberstufe *f* SCH grado *m* superior; **Oberteil** *n* parte *f* superior; (*von Kleidung*) cuerpo *m;* **Oberwasser** *n* (*FIG überlegen sein*): ◇ ~ **haben/bekommen** ser superior, aventajar; **Oberweite** *f* busto *m; FAM!* pecho *m*
obgleich *cj* aunque
obige(r, s) *adj* antes mencionado, susodicho
Objekt *n* ‹-[e]s, -e› [1] (*Sammel-*) objeto *m* [2] (*Forschungs-*) tema *m* [3] GRAM complemento *m*
objektiv *adj* ▷*Beurteilung* objetivo
Objektiv *n* FOTO objetivo *m*
Objektivität *f* objetividad *f*
Obligation obligación *f;* **obligatorisch** *adj* ▷*Teilnahme* ▷*Vorlesung* obligatorio
Oboe *f* ‹-, -n› oboe *m*
Obulus *m* aportación *f;* ◇ **seinen** ~ **entrichten** hacer una aportación
Obrigkeit *f* ↑ *Behörden* autoridades *f/pl;* ↑ *Regierung* estado *m*
obschon *cj* aunque
Observatorium *n* observatorio *m*
obsessiv *adj* PSYCH obsesivo
obskur *adj* oscuro; ↑ *verdächtig* sospechoso
Obst *n* ‹-[e]s› fruta *f;* **Obstbau** *m* fruticultura *f;* **Obstbaum** *m* árbol *m* frutal; **Obstgarten** *m* huerto *m* con frutales; **Obsthändler(in** *f*) *m* frutero/a; **Obstkuchen** *m* tarta *f* de frutas; **Obstler** *m* ‹-s, -› (*süddt., ÖST*) aguardiente *m;* **Obstmesser** *n* cuchillo *m* de fruta; **Obstsalat** *m* macedonia *f*
obszön *adj* ▷*Geste* obsceno
obwohl, obzwar *cj* aunque
Ochse *m* ‹-n, -n› buey *m;* **Ochsenzunge** *f* lengua *f* de buey

öd[**e**] *adj* ▷*Land, Gegend* desierto; ◇ ~ **u. leer** desértico y despoblado; *FIG* (*Buch, Film*) aburrido

Ode *f* oda *f*

Öde *f* ‹-› desierto *m; auch FIG* vacío

Ödem *n* ‹-s, e› MED edema *m*

oder *cj* o, u

Odyssee *f FIG* odisea *f;* **Odysseus** Ulises *m*

Ofen *m* ‹-s, Öfen› [1] (*Heiz-, Kohle-*) estufa *f;* (*Hoch-*) horno *m;* ↑*Herd* fogón *m* [2] *FAM* ↑ *Motorrad* ◇ **ein heißer** ~ una moto demasiado; **Ofenrohr** *n* tubo *m* de la estufa; **Ofensetzer**(**in** *f*) *m* fumista *m/f*

offen *adj* [1] ▷*Tür, Wunde* abierto; ▷*Haus* abierto, hospitalario [2] ▷*Stellen* libre, desocupado [3] (*aufrichtig*) ▷*Blick* sincero; ◇ ~ **gesagt** dicho sin rodeos [4] (*-sichtlich*) ▷*Geheimnis* descubierto; ▷*Feindschaft* sabido; **offenbar** *adj* (*meist adverbial*) por lo visto, aparente(mente); **offenbaren** *vt* mostrar, manifestar; ◇ **jd-m ein Geheimnis** ~ revelar a alguien un secreto; **Offenbarung** *f* REL revelación *f;* **offenbleiben** *unreg vi* [1] ← *Tür* quedar abierto [2] *FIG* ← *Frage* dejar en el aire; ← *Entscheidung* quedar pendiente; **offenhalten** *unreg vt* dejar abierto; *FIG* → *Möglichkeit* dejar; **Offenheit** *f* sinceridad *f;* **offenherzig** *adj* [1] ▷*Antwort* sincero [2] ▷*Dekolleté, Kleid* escotado; **offenkundig** *adj* público; ↑ *klar* evidente; **offenlassen** *unreg vt* dejar abierto; *FIG* → *Frage* dejar en el aire; → *Ausweg* quedar; **offenlegen** *vt* → *Plan, Absicht* revelar; **offensichtlich** *adj* evidente

offensiv *adj* ofensivo; **Offensive** *f* ofensiva *f*

offenstehen *unreg vi* [1] ← *Tor* estar abierto [2] ← *Rechnung* estar sin pagar; *FIG* ◇ **es steht Ihnen offen, es zu tun** usted es libre de hacerlo

öffentlich *adj* ▷*Park, Gelder* público; **Öffentlichkeit** *f* ↑*Leute* gente *f;* ↑*Publikum* público *m;* ◇ **in aller** ~ delante de todo el mundo; ◇ **an die** ~ **dringen** extenderse

Offerte *f* ‹-, -n› COMM oferta *f*

offiziell *adj* oficial

Offizier(**in** *f*) *m* ‹-s, -e› oficial *m/f*

Offline-Betrieb *m* PC funcionamiento *m* autónomo

öffnen I. *vt* abrir; ◇ **jd-m die Augen** ~ *FIG* abrir los ojos a alguien **II.** *vr* ◇ **sich** ~ abrirse; (*FIG sich jd-m anvertrauen*) abrirse, confiarse; **Öffner** *m* ‹-s, -› (*Büchsen-*) abridor *m;* **Öffnung** *f* abertura *f;* ↑*Loch, Lücke* agujero *m;* **Öffnungszeit** *f* (*von Geschäft*) horario *m* de apertura

oft *adv* a menudo, frecuentemente; **öfter** *adv* más a menudo; **öfters** *adv FAM* muy a menudo

oh *interj* ¡oh!; ◇ ~, **Verzeihung !** ¡oh, perdone!

oha *interj* ¡ay!

ohne I. *präp akk* sin; (*FAM nicht ungefährlich*) ◇ **das ist nicht** ~ hay que tener cuidado; (*ohne Umstände*) ◇ ~ **weiteres** ↑ *sofort* sin más ni más **II.** *cj* (*mit Infinitiv oder daß*) sin, sin que; ◇ ~ **etw zu sagen** sin decir nada; ◇ ~ **daß er etw sagte** sin que dijera una palabra; **ohnedies** *adv* ↑ *sowieso* de todas formas; **ohnegleichen** *adv* ↑ *außergewöhnlich* sin igual, único; ◇ **ein Komiker** ~ un cómico sin igual; **ohnehin** *adv* de todas formas

Ohnmacht *f* ‹-, Ohnmachten› ↑ *Bewußtlosigkeit* desmayo *m; FIG* ↑ *Machtlosigkeit* impotencia *f;* ◇ **in** ~ **fallen** desmayarse; **ohnmächtig** *adj* desmayado; *FIG* impotente

Ohr *n* ‹-[e]s, -en› oreja *f;* ↑ *Gehör* oído *m;* (*FAM aufmerksam zuhören*) ◇ **die -en aufsperren/ aufmachen** abrir los oídos; *FAM* ↑ *hereinlegen* ◇ **jd-n übers** ~ **hauen** engañar a alguien

Öhr *n* ‹-[e]s, -e› (*Nadel-*) ojo *m*

Ohrenarzt *m*, **Ohnrenärztin** *f* médico/a del oído, otólogo/a; **ohrenbetäubend** *adj* ▷*Lärm* ensordecedor *m;* **Ohrenschmalz** *n* cerumen *m;* **Ohrenschmerzen** *pl* dolor *m* de oídos

Ohrfeige *f* bofetada *f,* torta *f;* **ohrfeigen** *vt* abofetear; ◇ **jd-n** ~ dar una torta a alguien

Ohrläppchen *n* lóbulo *m* [de la oreja]; **Ohrmuschel** ANAT pabellón *m* de la oreja; **Ohrring** *m* aro *m* [de pendiente]; **Ohrwurm** *m* [1] FAUNA tijereta *f* [2] (*Melodie*) música *f* pegadiza

oje *interj* (*Schreck*) ¡ala!; (*Stoßseufzer*) ¡ay!

okkult *adj* oculto; **Okkultismus** *m* ocultismo *m*

okkupieren *vt* → *Land* ocupar

Ökoladen *m* tienda *f* de productos naturales; **Ökologie** *f* ecología *f;* **ökologisch** *adj* ▷*Gleichgewicht* ▷*Bauweise* ecológico

ökonomisch *adj* ↑ *sparsam* económico

Ökopartei *f* partido *m* verde/ecológico; **Ökosystem** *n* ecosistema *m*

Oktant *m* (*zum Navigieren*) octante *m*

Oktanzahl *f* (*bei Benzin*) índice *m* de octanos

Oktave *f* ‹-, -n› MUS octava *f*

Oktober *m* ‹-[s], -› octubre *m*

ökumenisch *adj* ▷*Gottesdienst* ecuménico

Öl *n* ‹-[e]s, -e› (*Motoren-, Speise-*) aceite *m;* **Ölbild** *n* KUNST óleo *m*

Oldie *m* ‹-s, -s› ↑ *altes Auto* coche *m* antiguo; ↑ *alter Schlager* viejo éxito *m;* ↑ *Person* viejo *m*

ölen *vt* echar aceite; TECH engrasar; **Ölfarbe** *f* pintura *f* al óleo; **Ölfeld** *n* campo *m* petrolífero; **Ölfilter** *m* AUTO filtro *m* del aceite; **Ölgemälde** pintura *f* al óleo; **Ölheizung** *f* calefacción *f* de fuel-oil; **ölig** *adj* aceitoso; ▷*Mensch* pegajoso

oliv ‹inv› *adj* oliva; **Olive** *f* ‹-, -n› aceituna *f;*
Ölpest *f* marea *f* negra; **Ölpumpe** *f* bomba *f* de aceite; **Ölsardinen** *f/pl* sardinas *f/pl* en aceite; **Ölscheich** *m* jeque *m* del petróleo
Ölung *f* engrase *m;* REL unción *f;* ◇ **die Letzte** ~ la extremaunción
Ölwanne *f* AUTO cárter *m;* **Ölwechsel** *m* cambio *m* de aceite
Olympiade *f* olimpíada *f;* **Olympiasieger(in** *f*) *m* campeón *m* olímpico; **olympisch** *adj* olímpico
Ölzeug *n* encerado *m*
Oma *f* ‹-, -s› *FAM* abuelita *f*
Omelett[e] *n* ‹-[e]s, -s› tortilla *f*
Omen *n* ‹-s, - *o.* Omina› ↑ *Vorzeichen* presagio *m;* ◇ **böses** ~ de mal agüero
ominös *adj* ▷*Vertrag, Handel* sospechoso, ominoso
Omnibus *m* autocar *m*
onanieren *vi* masturbarse
Onkel *m* ‹-s, -› tío *m*
Online-Betrieb *m* PC operación *f* en curso
OP *m Abk v.* **Operationssaal** sala *f* de operaciones, quirófano *m*
Opa *m* ‹-s, -s› *FAM* abuelito *m*
Opal *m* ‹-s, -e› ópalo *m*
Oper *f* ‹-, -n› (MUS *Gebäude*) ópera *f*
Operation *f* operación *f;* **Operationssaal** *m* sala *f* de operaciones, quirófano *m;* **operativ** *adj* quirúrgico; ◇ **etw** ~ **behandeln** intervenir, operar;
Operator(in *f*) *m* (*im EDV-Bereich*) operador *m*
Operette *f* opereta *f*
operieren I. *vt* operar, intervenir; ◇ **jd-n am Herzen** ~ operar a alguien del corazón **II.** *vi* operar; MIL hacer una operación
Opernball *m* baile *m* de la ópera; **Operngias** *n* gemelos *m/pl;* **Opernhaus** *n* teatro *m* de la ópera: **Opernsänger(in** *f*) *m* cantante *m/f* de ópera
Opfer *n* ‹-s, -› (*-gabe*) sacrificio *m;* (*Unfall-, Mord-*) víctima *f;* ◇ ~ **des Feuers** presa del fuego; **opfern I.** *vt* sacrificar **II.** *vr* ◇ **sich** ~ sacrificarse; *FAM* ofrecerse
Opium *n* ‹-s› opio *m*
opponieren *vi* oponerse, oponer resistencia (*gegen* a)
opportun *adj* ↑ *zweckmäßig* oportuno; ◇ **etw für** ~ **halten** considerar algo oportuno; **Opportunismus** *m* oportunismo *m;* **Opportunist(in** *f*) *m* oportunista *m/f*
Opposition *f* resistencia *f;* POL oposición *f;* **oppositionell** *adj* de la oposición
Optik *f* óptica *f;* **Optiker(in** *f*) *m* ‹-s, -› óptico *m/f*
optimal *adj* ▷*Vorbereitung* óptimo; **Optimismus** *m* optimismo *m;* **Optimist(in** *f*) *m* optimista *m/f;* **optimistisch** *adj* optimista; **Optimum** *n* ‹-s, Optima› óptimo *m*
optisch *adj* óptico
Orakel *n* ‹-s, -› oráculo *m*
oral *adj* oral
orange ‹inv› *adj* naranja; **Orange** *f* ‹-, -n› naranja *f;* **Orangeade** *f* naranjada *f;* **Orangeat** *n* naranja *f;* **Orangenmarmelade** *f* mermelada *f* de naranja; **Orangenschale** *f* piel *f* de naranja
Orang-Utan *m* orangután *m*
Oratorium *n* MUS oratorio *m*
Orbitalstation *f* estación *f* en órbita
Orchester *n* ‹-s, -› orquesta *f;* **Orchestergraben** *m* fosa *f* de orquesta
Orchidee *f* ‹-, -n› orquídea *f*
Orden *m* ‹-s, -› REL orden *f;* (*Verdienst-*) condecoración *f;* **Ordensregel** *f* regla *f* [de una orden religiosa]; **Ordensschwester** *f* religiosa *f*
ordentlich I. *adj* [1] ↑ *anständig* decente [2] ↑ *geordnet* ordenado; *FAM* ↑ *annehmbar* aceptable [3] *FAM* ↑ *tüchtig* eficiente **II.** *adv FAM* ↑ *richtig, sehr* como debe ser; ◇ **jd-m** ~ **die Meinung sagen** decir todo lo que se piensa de alguien; **Ordentlichkeit** *f* orden *m*
ordern *vti* → *Ware* pedir, encargar
Ordinalzahl *f* número *m* ordinal
Ordinate *f* ordinal *f*
ordinär *adj* ordinario
Ordinarius *m* UNI catedrático *m* numerario
ordnen *vt* ordenar, poner en orden; **Ordner** *m* ‹-s, -› ordenador *m;* COMM archivador *m;* **Ordnung** *f* (*Rang-*) orden *m;* (*Sitz-*) colocación *f,* disposición *f;* ◇ **alles in** ~**?** ¿está todo bien/en orden?; **Ordnungsamt** *n* oficina *f* de pasaportes; **Ordnungsdienst** *m* agente *m* de seguridad; **ordnungsgemäß** *adj* en regla; **ordnungshalber** *adv* por orden; **Ordnungshüter** *m FAM* agente *m* del orden; **Ordnungskräfte** *f/pl* fuerzas *f/pl* del orden; **Ordnungsliebe** *f* amor *m* al orden; **Ordnungsstrafe** *f* multa *f;* **ordnungswidrig** *adj* ilegal; **Ordnungszahl** *f* número *m* ordinal
Organ *n* ‹-s, -e› órgano *m*
Organisation *f* organización *f;* **Organisationstalent** *n* (*Mensch*) talento *m* organizador; **Organisator(in** *f*) *m* organizador(a *f*) *m*
organisch *adj* CHEM orgánico
organisieren I. *vt* organizar; *FAM* ↑ *beschaffen* sacar **II.** *vr* ◇ **sich** ~ organizarse, unirse; ◇ **sich** ~ **zu** [*o.* **in**] **e-r Bande** formar una banda
Organismus *m* organismo *m*

Organist(in *f*) *m* organista *m/f*
Organverpflanzung *f* trasplante *m* de órganos
Orgasmus *m* orgasmo *m*
Orgel *f* ⟨-, -n⟩ órgano *m;* **Orgelkonzert** concierto *m* de órgano; **Orgelpfeife** *f* tubo *m* del órgano; (*FAM der Größe nach*) ◇ **wie die -en** en escala
Orgie *f* orgía *f*
Orient *m* ⟨-s⟩ oriente *m;* **Orientale** *m* ⟨-n, -n⟩, **Orientalin** *f* oriental *m/f;* **orientalisch** *adj* oriental
orientieren **I.** *vr* ◇ **sich** ~ orientarse; ◇ **sich über etw** *akk* ~ orientarse por algo **II.** *vt* (*örtlich*) orientar; (*FIG Bescheid wissen*) saber, estar informado; ◇ **über e-e Sache orientiert sein** estar informado sobre una cosa; **Orientierung** *f* orientación *f; FIG* información *f;* ◇ **zu Ihrer** ~ para su información; **Orientierungssinn** *m* sentido *m* de la orientación
Origanum *n* ⟨-s⟩ orégano *m*
original *adj* original; **Original** *n* ⟨-s, -e⟩ original *m; FIG* ▷*Mensch* original *m,* extravagante *m;* **Originalfassung** *f* (*von Musik, Film*) versión *f* original
Originalität *f* originalidad *f;* ↑ *Besonderheit* singularidad *f*
Originalton *m* tono *m* original
originell *adj* original, curioso
Orkan *m* ⟨-[e]s, -e⟩ huracán *m*
Ornament *n* ornamento *m,* adorno *m;* **ornamental** *adj* ornamental, de adorno; **Ornat** *n* ⟨-[e]s, -e⟩ vestidura *f*
Ort *m* ⟨-[e]s, -e⟩ [1] ↑ *Platz, Stelle* lugar *m,* sitio *m;* ◇ **an** ~ **u. Stelle** en el mismo lugar [2] ↑ *Dorf* población *f;* **orten** *vt* → *Schiff* localizar
orthodox *adj* ▷*Kirche* ortodoxo
Orthographie *f* ortografía *f;* **orthographisch** *adj* de ortografía
Orthopäde *m* ⟨-n, -n⟩, **Orthopädin** *f* ⟨-, -nen⟩ MED ortopeda *m/f;* **Orthopädie** *f* ortopedia *f;* **orthopädisch** *adj* ortopédico
örtlich *adj* local; **Örtlichkeit** *f* localidad *f*
Ortsangabe *f* indicación *f* del lugar; **ortsansässig** *adj* local; **Ortschaft** *f* población *f;* **ortsfremd** *adj* forastero, de fuera; **Ortsfremde(r)** *fm* forastero/a; **Ortsgespräch** *n* [1] TELEC conferencia *f* urbana [2] ↑ *Dorfklatsch* cotilleo *m* del lugar; **Ortsgruppe** *f* grupo *m;* **Ortsname** *m* nombre *m* del lugar; **Ortsnetz** *n* TELEC red *f* telefónica; **ortsüblich** *adj* según la costumbre del lugar; **Ortszeit** *f* hora *f* local; **Ortszulage** *f suplemento que se paga a empleados y funcionarios para compensar los gastos en algunas ciudades*
Ortung *f* orientación *f*
Öse *f* ⟨-, -n⟩ corchete *m*
Ostblock *m* POL bloque *m* oriental
Osten *m* ⟨-s⟩ oriente *m;* (*von Land*) este *m;* ◇ **der Nahe** ~ el Próximo Oriente; ◇ **der Mittlere** ~ el Oriente Medio; ◇ **der Ferne** ~ el Lejano Oriente
ostentativ *adj* ostentoso
Osterei *n* huevo *m* de Pascua; **Osterfest** *n* Pascua *f;* **Osterglocke** *f* FLORA campanilla *f;* **Osterhase** *m* conejo *m* de Pascua; **Ostermarsch** *m* POL *manifestación en favor de la paz mundial hecha en Semana Santa;* **Ostermontag** *m* lunes *m* de Pascua; **Ostern** *n* ⟨-⟩ Pascua *f*
Österreich *n* Austria *f;* ◇ **in** ~ en Austria; ◇ **nach** ~ **fahren** ir a Austria; **Österreicher(in** *f*) *m* ⟨-s, -⟩ austríaco/a; **österreichisch** *adj* austríaco
Ostersonntag *m* Domingo *m* de Pascua/Resurrección
Osteuropa *n* Europa *f* oriental
östlich **I.** *adj* oriental; ▷*Kurs, Richtung* al este **II.** *adv* al este; ◇ ~ **von Rom** al este de Roma
Ostsee *f* Mar *m* Báltico
Otter [1] *m* ⟨-s, -⟩ (*Fisch-*) nutria *f*
Otter [2] *f* ⟨-, -n⟩ (*Kreuz-*) víbora *f*
out *adj FAM:* ◇ ~ **sein** estar pasado de moda; **Outfit** *n* ⟨-s, -s⟩ traje *m,* conjunto *m*
Ouvertüre *f* ⟨-, -n⟩ MUS overtura *f*
oval *adj* oval, ovalado
Ovation *f* ovación *f*
Overall bata *f*
overdressed *adj:* ◇ ~ **sein** estar vestido para salir
Overheadprojektor *m* projector *m*
Oxid *n* ⟨-[e]s, -e⟩ CHEM óxido *m;* **Oxidationsmittel** oxidante *m;* **oxidieren** *vi* oxidar
Ozean *m* ⟨-s, -e⟩ océano *m;* **Ozeandampfer** *m* transatlántico *m;* **ozeanisch** *adj* oceánico
Ozon *n* ⟨-s⟩ ozono *m;* **Ozonloch** *n* agujero *m* de ozono; **Ozonschicht** *f* capa *f* de ozono; **Ozonschild** *m*

P

P, p *n* P, p *f*
paar ⟨inv⟩ *adj* ↑ *einige:* ◇ **ein** ~ algunos *m/pl,* algunas *f/pl*
Paar *n* ⟨-[e]s, -e⟩ [1] (*Schuhe*) par *m* [2] (*Liebes-*)

pareja *f;* **paaren** I. *vt FIG* ↑ *vereinigen* unir II. *vr* ◇ **sich** ~ ← *Tiere* aparearse
paarmal *adv:* ◇ **ein** ~ un par de veces
Paarung *f* (*von Tieren*) apareamiento *m*
paarweise *adv* en parejas
Pacht *f* ‹-, -en› arrendamiento *m;* **pachten** *vt* arrendar; **Pächter(in** *f*) *m* ‹-s, -› arrendatario/a
Pack [1] *m* ‹-[e]s, -e› ↑ *Packen* paquete *m*
Pack [2] *n* ‹-[e]s› (*PEJ Lumpen~*) chusma *f*
Päckchen *n* [1] (*Post*) paquete *m* postal [2] (*Zigaretten~*) cajetilla *f*
packen *vt* [1] → *Koffer* hacer la maleta [2] ↑ *festhalten* coger [3] *FIG* ↑ *fesseln* cautivar, fascinar [4] (*FAM bewältigen*) ◇ **er packt das nicht** él no lo va a lograr
Packen *m* ‹-s, -› *s.* **Pack**
Packpapier *n* papel *m* de embalar
Packung *f* [1] (~ *Kekse*) caja *f*, paquete *m* [2] ↑ *Kompresse* compresa *f*
Pädagoge *m* ‹-n, -n› pedagogo *m;* **Pädagogin** *f* pedagoga *f;* **Pädagogik** *f* pedagogía *f;* **pädagogisch** *adj* pedagógico
Paddelboot *n* piragua *f;* **paddeln** *vi* remar con canalete
paffen I. *vt* → *Pfeife* chupar la pipa II. *vi PEJ* ↑ *rauchen* fumar [echando bocanadas de humo]; ↑ *ohne zu inhalieren* fumar sin tragar el humo
Pagenkopf *m* melena *f* estilo paje
Paket *n* ‹-[e]s, -e› *a.* PC paquete *m;* **Paketkarte** *f* formulario *m* de envio postal; **Paketschalter** *m* ventanilla *f* de envios postales
Pakistan *n* Pakistán *m*
Pakt *m* ‹-[e]s, -e› pacto *m*
Palast *m* ‹-es, Paläste› [1] *auch FIG* palacio *m* [2] (*Tanz~*) sala *f* de fiestas
Palästinenser(in *f*) *m* ‹-s, -› palestino/a
Palette *f* [1] (*Farb~*) paleta *f* [2] (*Lade~*) palé *m* [3] *FIG* ↑ *Vielfalt* variedad *f*, gama *f*, abanico *m*
Palme *f* ‹-, -n› palmera *f*
Pampelmuse *f* ‹-, -n› pomelo *m*
pampig *adj FAM* ▷*Antwort* descarado
panieren *vt* GASTR empanar
Panik *f* pánico *m;* ◇ **ich bin in** ~ **geraten** me ha entrado pánico
panisch *adj* pánico/a, muerto/a de miedo [*o.* de pánico]
Panne *f* ‹-, -n› [1] avería *f;* (*Reifen~*) pinchazo *m* [2] ↑ *Mißgeschick* percance *m*
panschen I. *vi FAM* salpicar, chapotear II. *vt* ▷*Wein* aguar
Panther *m* ‹-s, -› pantera *f*
Pantoffel *m* ‹-s, -n› [1] zapatilla *f* [2] (*FAM kontrolliert*) ◇ **er ist unterm** ~ es un calzonazos
Pantomime *f* ‹-, -n› [1] (*Schauspieler*) mimo *m* [2] (*Bühnenstück*) pantomima *f*
Panzer *m* ‹-s, -› [1] (*Schildkröten~*) caparazón *m* [2] (*Kettenfahrzeug*) tanque *m;* **Panzerglas** *n* cristal *m* antibalas; **Panzerschrank** *m* caja *f* fuerte
Papa *m* ‹-s, -s› *FAM* papá *m*
Papagei *m* ‹-s, -en› papagayo *m*
Papier *n* ‹-s, -e› [1] (*Brief~, Zeitungs~*) papel *m* [2] (*Wert~*) título *m* [3] ◇ **~e** *pl* documentos *m/pl*, documentación *f;* **Papiergeld** *n* papel *m* moneda, billete *m;* **Papierkorb** *m* papelera *f;* **Papierkrieg** *m* papeleo *m*
Pappbecher *m* vaso *m* de papel; **Pappdeckel** *m* ↑ *Pappverschluß* tapa *m* de cartón; **Pappe** *f* ‹-, -n› [1] ↑ *Karton* cartón *m* [2] *FIG* ◇ **das ist nicht von** ~ no está nada mal
Pappel *f* ‹-, -n› álamo *m*
Pappenstiel *m* (*FIG viel Geld*): ◇ **das ist kein** ~ no es una pequeñez
pappig *adj* ↑ *klebrig* pegajoso
Pappmaché *n* ‹-s, -s› papel *m* maché; **Pappteller** *m* plato *m* de papel
Paprika *m* ‹-s, -s› [1] (*Pflanze*) pimiento *m* [2] (*Gewürz*) pimentón *m*
Papst *m* ‹-[e]s, Päpste› Papa *m;* **päpstlich** *adj* ▷*Bulle* papal
Parabel *f* ‹-, -n› *a.* MATH *auch FIG* parábola *f*
Parade *f* [1] MIL desfile *m* militar [2] (*beim Fechten*) quite *m*
Paradies *n* ‹-es, -e› [1] REL Paraíso *m* [2] *FIG* paraíso *m*, edén *m;* **paradiesisch** *adj* paradisíaco
paradox *adj* paradójico; **Paradox** *n* ‹-es, -e› paradoja *f*
Paragraph *m* ‹-en, -en› [1] (JURA *Gesetzes~*) artículo *m* [2] ↑ *Textabschnitt* párrafo *m*
parallel *adj* paralelo; **Parallele** *f* ‹-, -n› [1] MATH paralela *f* [2] *FIG* parangón *m*
paramilitärisch *adj* paramilitar
Parasit *m* ‹-en, -en› [1] (*Schädling*) parásito *m* [2] *FIG* ↑ *Schmarotzer* gorrón *m*
parat *adj* (*verfügbar*): ◇ **etw** ~ **haben** tener algo listo
Pärchen *n* (*Liebes~*) parejita *f*
Parfüm *n* ‹-s, -s *o.* -e› perfume *m;* **Parfümerie** *f* perfumería *f*
parieren I. *vt* [1] → *Schlag* parar [2] *FIG* ↑ *schlagfertig sein* dar una buena réplica II. *vi FAM* ↑ *gehorchen* obedecer
Parität *f* ↑ *Gleichwertigkeit* igualdad *f* FIN PC paridad *f*
Park *m* ‹-s, -s› [1] (*Stadt~*) parque *m* [2] (*Fuhr~*) parque *m* de vehículos
Park-and-ride-System *n sistema por el cual se va al trabajo*

Parkanlage *f* zona *f* verde
parken *vti* aparcar; ◇ **P~ verboten!** !prohibido el estacionamiento!
Parkett *n* ‹-[e]s, -e› [1] THEAT patio *m* de butacas [2] (*Fußboden*) parqué *m*
Parkhaus *n* aparcamiento *m* de coches; **Parkplatz** *m* [1] ↑ *Parklücke* plaza *f* de aparcamiento [2] (*großer Platz*) aparcamiento *m;* **Parkscheibe** *f* disco *m* con la hora del aparcamiento; **Parkuhr** *f* parquímetro *m;* **Parkverbot** *n* prohibición *f* de aparcar, estacionamiento *f* prohibido, vado *m*
Parlament *n* parlamento *m;* **Parlamentarier(in** *f*) *m* ‹-s, -› diputado/a; **parlamentarisch** *adj* parlamentario
Parodie *f* parodia *f;* **parodieren** *vt* → *Politiker* parodiar
Parole *f* ‹-, -n› [1] MIL consigna *f* [2] *FIG* lema *m*
Partei *f* [1] (*politisch*) partido *m* [2] (*Mieter*) parte *f* [3] JURA parte *f* [4] (*verteidigen*) ◇ **für jdn ~ ergreifen** ponerse de parte de alguien; **Parteigenosse** *m*, **-genossin** *f* compañero/a, camarada *m/f;* **parteiisch** *adj* partidario; **parteilos** *adj* sin partido político, independientes; **Parteinahme** *f* ‹-, -n› afiliación *f;* **Parteitag** *m* congreso *m* del partido
Parterre *n* ‹-s, -s› [1] ↑ *Erdgeschoß* planta *f* baja [2] THEAT patio *m* de butacas
Partie *f* [1] (*Schach, Poker*) partida *f* [2] ↑ *Ausflug* excursión *f* [3] (*Heirat*) ◇ **gute ~** buen partido [4] (*Mund~*) zona *f* [5] (COMM *lote*) m, partida *f*, lote *m*
Partikel *f* ‹-, -n› partícula *f*
Partisan(in *f*) *m* ‹-s *o.* -en, -en› partisano/a
Partitur *f* MUS partitura *f*
Partizip *n* ‹-s, -ien› GRAM participio *m*
Partner(in *f*) *m* ‹-s, -› [1] (*Geschäfts~*) socio/a [2] (*Spiel~*) pareja *f* [3] ↑ *Lebensgefährte* pareja *f;* **partnerschaftlich** *adj* de igualdad
Party *f* ‹-, -s *o.* Parties› fiesta *f*
Paß *m* ‹Passes, Pässe› [1] (*Reise~*) pasaporte *m* [2] (*Berg~*) paso *m*
passabel *adj* pasable
Passage *f* ‹-, -n› (*Durchgang, Text*) pasaje *m*
Passagier *m* ‹-s, -e› pasajero *m;* **Passagierflugzeug** *n* avión *m* de pasajeros
Passant(in *f*) *m* transeúnte *m/f*
Paßamt *n* oficina *f* de pasaportes; **Paßbild** *n* fotografía *f* de pasaporte
passen *vi* [1] ← *Kleidung* sentar bien [2] (*zusammen~*) armonizar, pegar (*zu* con) [3] (*aufgeben*) ◇ **ich passe** paso [4] (*nicht einverstanden sein*) ◇ **das paßt mir nicht** eso no me viene bien; **passend** *adj* [1] ▷*Termin* conveniente [2] ▷*Antwort* adecuado
passierbar *adj* transitable
passieren I. *vi* ↑ *geschehen* pasar, ocurrir **II.** *vt* [1] → *Brücke* cruzar [2] (*durch Sieb*) colar
Passion *f* [1] ↑ *Leidenschaft* pasión *f* [2] (REL *~sspiele*) Pasión *f;* **passioniert** *adj* ▷*Spieler* apasionado
passiv *adj* pasivo; **Passiv** *n* GRAM pasiva *f*
Passiva *pl* COMM [cuentas de] pasivo *m*, valores *pl* negativos; **Passivität** *f* pasividad *f;* **Passivraucher(in** *f*) *m* fumador *m* pasivo, fumadora *f* pasiva
Paßkontrolle *f* control *m* de pasaportes
Paßstraße *f* puerto *m* de montaña
Paßwort *n* ↑ *Kennwort* contraseña *f;* (PC *clave*) f
Paste *f* ‹-, -n› pasta *f*
Pastell *n* ‹-[e]s, -e› pastel *m*
pasteurisieren *vt* ▷*Milch* pasteurizar
Pastor(in *f*) *m* pastor *m*
Pate *m* ‹-n, -n› (*Tauf~*) padrino *m;* **Patenkind** *n* ahijado *m*
patent *adj FAM* [1] ↑ *tüchtig* competente [2] ↑ *praktisch* hábil, ingenioso [3] ↑ *sympatisch* simpático
Patent *n* ‹-[e]s, -e› patente *f;* **Patentamt** *n* registro *m* de la propiedad industrial; **patentieren** *vt* patentar; **Patentschutz** *m* protección *f* de la propiedad industrial
Pater *m* ‹-s, - *o.* Patres› REL padre *m*
pathetisch *adj* patético
pathologisch *adj* patológico
Patient(in *f*) *m* paciente *m/f*
Patin *f* madrina *f*
Patriarch *m* ‹-en, -en› patriarca *m;* **patriarchalisch** *adj* patriarcal
Patriot(in *f*) *m* ‹-en, -en› patriota *m/f;* **patriotisch** *adj* patriótico; **Patriotismus** *m* patriotismo *m*
Patron *m* ‹-s, -e› (*Schutz~*) patrón *m*
Patrone *f* ‹-, -n› (*Gewehr~, Tinten~*) cartucho *m*
Patrouille *f* ‹-, -n› patrulla *f*
Patsche *f* ‹-, -n› [1] (*FAM Klemme, Bedrängnis*) ◇ **jd\m aus der ~ helfen** sacar de un aprieto a alguien [2] (*Fliegen~*) matamoscas *m*
patschnaß *adj* calado hasta los huesos
patzig *adj FAM* impertinente
Pauke *f* ‹-, -n› [1] MUS bombo *m* [2] (*FAM angeben*) ◇ **auf die ~ hauen** tirarse un farol
pauken *vti FAM* ↑ *intensiv lernen* empollar; **Pauker(in** *f*) *m* ‹-s, -› *PEJ* ↑ *Lehrer* profe *m/f*
pausbäckig *adj* ↑ *dickbäckig* mofletudo
pauschal *adj* [1] ▷*Urteil* general [2] ▷*Abrech-*

nung total; **Pauschale** *f* ‹-, -n› (*-rechnung*) total *m;* **Pauschalpreis** *m* precio *m* global; **Pauschalreise** *f* viaje *m* con todo incluido

Pause *f* ‹-, -n› [1] (*Mittags-*) pausa *f* [2] (*Kopie*) calca *f*

pausen *vt* calcar

pausenlos I. *adj* constante, continuo II. constantemente, continuamente; **Pausenzeichen** *n* MUS sintonía *f*

Pauspapier *n* calca *f*

Pavian *m* ‹-s, -e› babuino *m*

Pazifik *m* ‹-s› Pacífico *m*

Pazifist(in *f*) *m* pacifista *m/f;* **pazifistisch** *adj* pacifista

PC *m* ‹-s, -s› *Abk v.* **Personal Computer**

Pech *n* ‹-s, -e› [1] (*Flüssigkeit*) pez *f; FIG* ◇ **wie - und Schwefel** ser uña y carne [2] *FIG* ↑ *Unglück* mala suerte *f;* ◇ **- haben** tener mala suerte; **pechschwarz** *adj* negrísimo; **Pechsträhne** *m FAM* mala racha *f;* **Pechvogel** *m FAM* gafe *m*

Pedal *n* ‹-s, -e› (*Gas-*) pedal *m*

Pedant(in *f*) *m* pedante *m/f;* **pedantisch** *adj* pedante

Pegel *m* ‹-s, -› [1] (*Wasser-*) nivel *m* del agua [2] (*Geräusch-*) volumen *m* del sonido

peilen *vt* [1] → *Wassertiefe* sondear [2] *FIG* → *Lage* explorar

Pein *f* ‹-› tortura *f;* **peinigen** *vt* torturar

peinlich *adj* [1] ▷*Situation* desagradable [2] (*-genau*) minucioso

Peitsche *f* ‹-, -n› látigo *m;* **peitschen** *vti* [1] ↑ *mit Peitsche schlagen* dar latigazos, azotar [2] ← *Regen* azotar (*gegen/an* contra)

Pelle *f* ‹-, -n› (*Wurst-*) pellejo *m;* **pellen** *vt* pelar

Pelz *m* ‹-es, -e› ↑ *Fell* ↑ *Mantel* ↑ *Haut* piel *f*

Pendel *n* ‹-s, -› péndulo *m;* **Pendelverkehr** *m* servicio *m* regular entre dos puntos; ↑ *Berufsverkehr* trafíco *m* de desplazamiento de la vivienda al trabajo; **Pendler(in** *f*) *m* ‹-s, -› *persona que viaja a diario de su casa a su trabajo*

penetrant *adj* ↑ *aufdringlich* pesado

Penis *m* ‹-, -se› ANAT pene *m*

Pension *f* [1] ↑ *Gästehaus* pensión *f;* ◇ **Halb-** media pensión; ◇ **Voll-** pensión completa [2] ↑ *Ruhestand* ↑ *Bezüge* pensión *f;* **Pensionär(in** *f*) *m* ↑ *Rentner* ↑ *Schüler in Internat* pensionista *m;* **pensioniert** *adj* pensionado

Pensionsgast *m* huésped *m*

Pensum *n* ‹-s, Pensen› tarea *f,* obligaciones *f/pl*

per *präp akk* [1] (*- Bahn*) por; ▷*Zufall* de [2] (*Datum, bis*) hasta

perfekt *adj* [1] ↑ *vollkommen* perfecto [2] (*FAM abschließen*) ◇ **ein Geschäft - machen** cerrar un acuerdo

Perfekt *n* ‹-[e]s, -e› GRAM pretérito *m* perfecto

Pergament *n* pergamino *m*

Periode *f* ‹-, -n› [1] ↑ *Zeitabschnitt* período *m* [2] ↑ *Menstruation* período *m,* regla *f;* **periodisch** *adj* periódico

Peripherie *f* periferia *f*

Perle *f* ‹-, -n› [1] (*-enkette*) perla *f* [2] ↑ *Tropfen* gota *f* [3] *FIG* joya *f;* **perlen** *vi* burbujear

perplex *adj* perplejo

Perron *m* ‹-s, -s› *CH* ↑ *Plattform* plataforma *f,* tarima *f*

Person *f* ‹-, -en› [1] ↑ *Mensch* persona *f* [2] (*Film-, Romanfiguren*) personaje *m*

Personal *n* ‹-s› [1] ↑ *Angestellte* personal *m* [2] (*Dienst-*) servicio *m;* **Personalabteilung** *f* sección *f* de personal; **Personalausweis** *m* carné *m* de identidad

Personal Computer *m* ordenador *m* personal

Personalien *f/pl* datos *m/pl* personales

Personalpronomen *n* GRAM pronombre *m* personal

Personenkraftwagen *m* turismo *m;* **Personenkreis** *m* grupo *m* de personas; **Personenschaden** *m* desgracias *f/pl* personales

personifizieren *vt* personificar

persönlich I. *adj* ▷*Gespräch, Angelegenheit* personal II. *adv* (*selbst*): ◇ **etw - erledigen** solucionar algo personalmente; **Persönlichkeit** *f* personalidad *f*

Perspektive *f* (*Bild, Zukunfts-*) perspectiva *f*

Perücke *f* ‹-, -n› peluca *f*

pervers *adj* perverso

Pessimismus *m* pesimismo *m;* **Pessimist(in** *f*) *m* pesimista *m/f;* **pessimistisch** *adj* pesimista

Petersilie *f* perejil *m*

Petroleum *n* ‹-s› petróleo *m*

petzen *vi FAM* dar un soplo, chivatear

Pfad *m* ‹-[e]s, -e› ↑ *Weg* sendero *m*

Pfahl *m* ‹-[e]s, Pfähle› (*Zaun-*) estaca *f;* **Pfahlbau** *m, pl* ‹-bauten› construcción *f* sobre pilotes

Pfand *n* ‹-[e]s, Pfänder› [1] (*als Sicherheit*) prenda *f,* fianza *f* [2] (*Flaschen-*) dinero *m* por el envase [3] *FIG* ↑ *Leihgabe* garantía *f* [4] JURA fianza *f;* **Pfandbrief** *m* FIN célula *f* hipotecaria

pfänden *vt* embargar

Pfandhaus *n* casa *f* de empeño; **Pfandschein** *m* resguardo *m*

Pfändung *f* JURA embargo *m*

Pfanne *f* ‹-, -n› [1] (*Brat-*) sartén *f* [2] (*FIG FAM fertigmachen*) ◇ **jd-n in die - hauen** machacar a alguien, hacer polvo a alguien

Pfannkuchen *m* crepe *m*

Pfarrer(in *f*) *m* ‹-s, -› ▷*protestantisch* pastor/a

Pfau *m* ‹-[e]s, -en› pavo *m* real

Pfeffer *m* ‹-s, -› pimienta *f*; **Pfefferkuchen** *m* *pastel que se vende en las ferias*

Pfefferminze *n* ‹-es, -e› (*Pflanze*) menta *f*

pfeffern *vt* [1] ↑ *würzen* echar pimienta *f* [2] *FAM* ↑ *schmeißen* tirar [3] ◇ **gepfefferte Preise** precios caros

Pfeife *f* ‹-, -n› [1] (*Triller-*) silbato *m* [2] (*Tabaks-*) pipa *f* [3] *FAM* ↑ *Versager* ◇ **so e-e -!** ¡qué perdedor!; **pfeifen** ‹pfiff, gepfiffen› **I.** *vt* → *Lied* silbar; ↑ *auspfeifen* pitar **II.** *vi* [1] ◇ **vor sich hin -** silbar para sí [2] (*auf Pfeife*) pitar [3] *FAM* ◇ **auf etw** *akk* **-** pasar olímpicamente de algo, importar un pito algo

Pfeil *m* ‹-[e]s, -e› [1] (*- und Bogen*) flecha *f* [2] (*Wurf-*) dardo *m*

Pfeiler *m* ‹-s, -› (*Stütz-*) pilar *m*

Pfennig *m* ‹-[e]s, -e› pfennig *m*

Pferd *n* ‹-[e]s, -e› [1] (*Tier*) caballo *m* [2] (*Turngerät*) potro *m*

pfiff *impf von* **pfeifen**

Pfiff *m* ‹-[e]s, -e› [1] (*Ton*) silbido *m* [2] (*Reiz*) salero *m*

Pfifferling *m* [1] (*Pilz*) rebozuelo *m* [2] (*gar nichts*) ◇ **keinen - wert sein** no valer un pimiento

pfiffig *adj* ↑ *gewitzt, schlau* cuco

Pfingsten *n* ‹-, -› Pascua *f*; **Pfingstrose** *f* peonía *f*

Pfirsich *m* ‹-s, -e› melocotón *m*

Pflanze *f* ‹-, -n› planta *f*; **pflanzen** *vt* plantar; **Pflanzenfett** *n* aceite *m* vegetal

Pflaster *n* ‹-s, -› [1] (*Heft-*) espaladrapo *m* [2] (*Kopfstein-*) empedrado *m*; **pflastern** *vt* ▷*Straße* pavimentar

Pflaume *f* ‹-, -n› (*Steinobst*) ciruela *f*

Pflege *f* ‹-, -n› [1] (*von Kranken*) cuidado *m* [2] (*Denkmal-*) conservación *f*; (*von Zähnen, Garten*) cuidado *m*; **pflegebedürftig** *adj* necesitado de cuidados; **Pflegeeltern** *pl* padres *m/pl* adoptivos; **Pflegekind** *n* niño *m* acogido; **pflegeleicht** *adj* [1] ▷*Wäsche* que no necesita cuidados especiales [2] *FIG* ↑ *unproblematisch* fácil de tratar; **pflegen** *vt* [1] ↑ *versorgen* cuidar [2] → *Beziehungen* mantener [3] (*Gewohnheit*) ◇ **etw zu tun pflegen** soler hacer una cosa; **Pfleger(in** *f*) *m* ‹-s, -› (*Kranken-*) enfermero/a

Pflicht *f* ‹-, -en› [1] obligación *f*, deber *m* [2] (SPORT *Ggs Kür*) obligatorio *m*; **pflichtbewußt** *adj* con sentido del deber; **Pflichtfach** *n* asignatura *f* obligatoria; **Pflichtgefühl** *n* sentido *m* del deber; **pflichtgemäß** *adj* obligatorio; **pflichtvergessen** *adj* negligente; **Pflichtversicherung** *f* seguro *m* obligatorio

pflücken *vt* → *Blumen, Äpfel* coger

Pflug *m* ‹-[e]s, Pflüge› arado *m*; ◇ **Schnee-** quitanieves *m*

Pforte *f* ‹-, -n› (*Garten-*) ↑ *Tür* puerta *f*

Pförtner(in *f*) *m* ‹-s, -› (*in Haus, Firma*) portero/a

Pfosten *m* ‹-s, -› poste *m*; (*Tür-*) jamba *f*

Pfote *f* ‹-, -n› [1] (*von Hund, Katze*) pata *m* [2] *FAM* ↑ *Hand* pezuña *f*

Pfropfen *m* ‹-s, -› [1] (*Korken*) corcho *m* [2] (*Blut-*) coágulo *m*; **pfropfen** *vt* [1] ↑ *verstopfen* taponar, poner el tapón [2] → *Baum* hacer un injerto

pfui *interj* (*Ekel*) ¡qué asco!; (*zu Hunden*) ¡qué no!

Pfund *n* ‹-[e]s, -e› [1] (*Gewicht*) libra *f* [2] (*Sterling*) libra *f* esterlina

pfuschen *vi FAM* hacer una chapuza; ◇ **jd-m ins Handwerk -** meterse a hacer algo de lo que no se tiene ni idea; **Pfuscher(in** *f*) *m* ‹-s, -› *FAM* chapucero/a

Pfütze *f* ‹-, -n› charco *m*

Phänomen *n* ‹-s, -e› ↑ *Erscheinung* ↑ *Genie* fenómeno *m*; **phänomenal** *adj* extraordinario

Phantasie *f* fantasía *f*, imaginación *f*; **phantasielos** *adj* sin imaginación; **phantasieren** *vi* [1] ↑ *träumen* fantasear, soñar despierto [2] (*im Fieber*) delirar; **phantasievoll** *adj* con imaginación

phantastisch *adj* [1] *FAM* ↑ *toll* genial [2] ↑ *unrealistisch* fantástico

Pharmaindustrie *f* industria *f* farmacéutica; **Pharmazeut(in** *f*) *m* ‹-en, -en› farmacéutico/a

Phase *f* ‹-, -n› fase *f*, época *f*

Philanthrop *m* ‹-en, -en› filántropo *m*

Philippinen *pl*: ◇ **die Philippinen** las Filipinas *pl*

Philologe *m* ‹-n, -n› **-login** *f* filólogo/a; **Philologie** *f* filología *f*

Philosoph(in *f*) *m* ‹-en, -en› filósofo/a; **Philosophie** *f* filosofía *f*; **philosophisch** *adj* filosófico

phlegmatisch *adj* flemático

Phonetik *f* fonética *f*; **phonetisch** *adj* fonético

Phosphat *n* fosfato *m*; **phosphatfrei** *adj* ▷*Waschmittel* sin fosfato

Phosphor *m* ‹-s› fósforo *m*

Photo *n* ‹-s,› foto *f*

Phrase *f* ‹-, -n› (*PEJ FAM leere Worte*): ◇ **-en dreschen** hablar sin sentido

pH-Wert *m* valor *m* pH

Physik *f* física *f;* **physikalisch** *adj* físico; **Physiker(in** *f*) *m* ‹-s, -› físico/a

Physiologie *f* fisiología *f*

physisch *adj* físico

Pianist(in *f*) *m* pianista *m/f*

Pickel *m* ‹-s, -› [1] ↑ *Hacke* pico *m* [2] (*auf Haut*) grano *m;* **pickelig** *adj* con granos

picken *vi* ← *Huhn* picotear

Picknick *n* ‹-s, -e *o.* -s› picnic *m,* merienda *f* en el campo

piepen, **piepsen** *vi* piar

piesacken *vt FAM* enfadar, hacer rabiar

pietätlos *adj* irreverente

Pigment *n* pigmento *m*

Pik *n* ‹-s, -s› (*Kartenspiel*) *figura en la baraja francesa*

pikant *adj* [1] ▷*Essen* picante [2] ▷*Angelegenheit* escabroso

Pilger(in *f*) *m* ‹-s, -› peregrino/a

Pille *f* ‹-, -n› [1] ↑ *Tablette* pastilla *f* [2] (*zur Verhütung*) píldora *f*

Pilot(in *f*) *m* ‹-en, -en› piloto *m/f;* **Pilotprojekt** *n* proyecto *m* piloto

Pilz *m* ‹-es, -e› [1] seta *f,* hongo *m;* ▷*giftig* hongo *m* venenoso [2] (*Schimmel~*) moho *m*

pingelig *adj FAM* escrupuloso, meticuloso

Pinie *f* pino *m*

pinkeln *vi FAM* ↑ *urinieren* mear

Pinsel *m* ‹-s, -› [1] (*Mal~*) pincel *m* [2] (*Mensch*) ◇ Einfalts~ simple, inocentón

Pinzette *f* pinza *f*

Pionier(in *f*) *m* ‹-s, -e› [1] ↑ *Vorkämpfer* pionero/a [2] MIL zapador *m,* gastador *m*

Piratensender *m* MEDIA emisora *f* pirata

Piste *f* ‹-, -n› pista *f*

Pistole *f* ‹-, -n› pistola *f*

Pizza *f* ‹-, -s› pizza *f*

Pkw *m* ‹-[s], -[s]› *Abk v.* **Personenkraftwagen** turismo *m*

Plackerei *f* trabajo *f* duro, faena *f*

plädieren *vi* [1] JURA informar [oralmente] [2] *FIG* abogar (*für* por); **Plädoyer** *n* ‹-s, -s› [1] JURA intervención *f* final [2] *FIG* ◇ **ein ~ für etw** *akk* **halten** abogar por algo; ◇ **ein ~ gegen etw** *akk* **halten** condenar algo

Plage *f* ‹-, -n› [1] (*Heuschrecken~*) plaga *f* [2] ↑ *Mühe* pesadez *f;* **plagen I.** *vt* ↑ *quälen* atomentar **II.** *vr* ◇ **sich ~** ↑ *abmühen* afanarse

Plakat *n* anuncio *m,* cartel *m*

Plan *m* ‹-[e]s, Pläne› [1] (*Stadt~*) plano *m* [2] ↑ *Vorhaben* plan *m*

Plane *f* ‹-, -n› toldo *m*

planen *vt* → *Reise* planear

Planet *m* ‹-en -en› planeta *m*

planieren *vt* allanar; **Planierraupe** *f* motopisonadora *f*

Planke *f* ‹-, -n› tablero *m,* tablón *m*

Plankton *n* ‹-s› plancton *m*

planlos *adj* [1] ↑ *unorganisiert* sin sistema, sin plan [2] ↑ *ziellos* sin rumbo fijo; **planmäßig** *adj* ▷*Abfahrt* ↑ *pünktlich* regular

planschen *vi* (*im Wasser*) chapotear

Plansoll *n* ‹-s› cifras *f/pl* de producción previstas en el plan; **Planstelle** *f* puesto *m* de plantilla

Plantage *f* ‹-, -n› plantación *f*

Planung *f* planificación *f*

Planwirtschaft *f* economía *f* planificada/intervenida

plappern *vi FAM* charlar, parlar

plärren *vi* ↑ *schreien* chillar; ← *Radio* estar el volumen alto

Plasma *n* ‹-s, Plasmen› plasma *f*

Plastik I. *f* (*Kunstwerk*) arte *m* plástico **II.** *n* ‹-s› ↑ *Kunststoff* plástico *m*

Plastikfolie *f* plástico *m* para conservar alimentos; **Plastiktüte** *f* bolsa *f* de plástico; **Plastilin** *n* ‹-s› plastilina *f;* **plastisch** *adj* [1] ↑ *dreidimensional* plástico [2] ↑ *anschaulich* ilustrativo

Platane *f* ‹-, -n› platanero *m*

Platin *n* ‹-s› platino *m*

Platitüde *f* ‹-, -n› sinsentido *m*

platonisch *adj auch FIG* platónico

platschen *vi* chapotear

plätschern *vi* chapotear

platt *adj* [1] ↑ *eben, flach* llano [2] *FAM* ↑ *sprachlos* pasmado [3] *FIG* ↑ *geistlos* lelo

plattdeutsch *adj* bajo alemán

Platte *f* ‹-, -n› [1] (*Tisch~*) tablero *m,* tabla *f;* (*Stein~*) losa *f;* (*Aluminium~*) plancha *f* [2] (*kalte ~, Essen*) fiambre *m,* entremeses *m/pl* [3] (*Schall~*) disco *m* [4] (*Foto~*) placa *f* [5] PC disco *m* [6] *FAM* ↑ *Glatze* calva [7] GEOL planicie *f,* meseta *f;* **Plattenspieler** *m* tocadiscos *m*

Plattfuß *m* [1] ↑ *platter Fuß* pie *m* plano [2] *FAM* ↑ *platter Reifen* pinchazo *m*

Platz *m* ‹-es, Plätze› [1] ↑ *Raum* espacio *m* [2] (*Sitz~*) asiento *m* [3] (*Markt~*) plaza *f* [4] (*Park~*) plaza *f,* aparcamiento *m* [5] ↑ *Plazierung* posición *m;* **Platzangst** *f* claustrofobia *f*

Plätzchen *n* [1] ↑ *kleiner Platz* plazuela *f* [2] ↑ *Gebäck* pastas *f/pl*

platzen *vi* [1] explotar, reventar [2] *FAM* ◇ **vor Neugier ~** morirse de la curiosidad

Platzmangel *m* falta *f* de espacio; **Platzpatrone** *f* cartucho *m* de fogueo; **Platzregen** *m* chaparrón *m;* **Platzwunde** *f* herida *f* abierta

Plauderei *f* parloteo *m;* **plaudern** *vi* charlar

plausibel *adj* plausivo; **Plausibilitätskontrolle** *f* PC control *m* de plausibilidad

plazieren I. *vt* colocar, poner **II.** *vr* ◇ **sich** ~ SPORT clasificarse

pleite *adj FAM* bancarrota; **Pleite** *f* ‹-, -n› *FAM* [1] ↑ *Bankrott* bancarrota *f*, quiebra *f* [2] ↑ *Reinfall* fracaso *m*

Plenum *n* ‹-s, Plena› pleno *m*

Plombe *f* ‹-, -n› [1] ↑ *Siegel* precinto *m* [2] (*Zahn~*) empaste *m*; **plombieren** *vt* empastar

plötzlich I. *adj* ↑ *unerwartet* inesperado **II.** *adv* ↑ *auf einmal* de repente

plump *adj* [1] ↑ *schwerfällig* pesado [2] ↑ *unförmig* deforme [3] *FIG* ↑ *ungeschliffen* burdo

Plunder *m* ‹-s› trasto *m*

plündern I. *vt* → *Geschäft* saquear **II.** *vi FIG* ↑ *stehlen* desplumar; **Plünderung** *f* saqueo *m*

Plural *m* ‹-s, -e› GRAM plural *m*; **pluralistisch** *adj* pluralista

plus *adv* y, más; **Plus** *n* ‹-, -› [1] ↑ *Mehr* plus *m* [2] ↑ *Vorteil* ventaja *f*

Plüsch *m* ‹-[e]s, -e› felpa *f*

Pluspol *m* ELECTR polo *m* positivo; **Pluspunkt** *m FIG* punto *m* a favor

Plusquamperfekt *n* GRAM pluscuamperfecto *m*

Plutonium *n* plutonio *m*

PLZ *Abk v.* **Postleitzahl**

Po *m* ‹-s, -s› *FAM* culito *m*

Pöbel *m* ‹-s› *PEJ* plebe *f*

pochen *vi* [1] palpitar [2] ◇ **an die Tür** ~ llamar a la puerta [3] *FIG* ◇ **auf etw** *akk* ~ insis·· en algo

Pocken *pl* viruela *f*

Podium *n* estrado *m*, podio *m*; **Podiumsdiskussion** *f* foro *m* abierto

Poesie *f* poesía *f*

Poet(in *f*) *m* ‹-en, -en› poeta(-isa *f*) *m*; **poetisch** *adj* poético

Pointe *f* ‹-, -n› gracia *f*

Pokal *m* ‹-s, -e› SPORT copa *f*

pökeln *vt* salar

Pol *m* ‹-s, -e› ELECTR polo *m*; **polar** *adj* polar; **Polarkreis** *m* círculo *m* polar

Pole *m* ‹-n, -n› polaco *m*

Polemik *f* polémica *f*; **polemisch** *adj* polémico

Polen *n* Polonia *f*

Police *f* ‹-, -n› póliza *f*

Polier *m* ‹-s, -e› capataz *m*; **polieren** *vt* dar brillo

Poliklinik *f* policlínica *f*

Polin *f* polaca *f*

Politik *f* política *f*; **Politiker(in** *f*) *m* ‹-s, -› político/a; **politisch** *adj* político; **politisieren I.** *vi* hablar de política **II.** *vt* concienciar políticamente

Politur *f* abrillantador *m*

Polizei *f* policía *f*; **polizeilich** *adj* [1] policial; ◇ ~ **gesucht** buscado por la policía [2] ◇ **sich ~ melden** darse de alta en la policía; **Polizeistaat** *m* Estado *m* policial; **Polizeistunde** *f cierre de los locales nocturnos;* **polizeiwidrig** *adj* incívico; ↑ *verboten* prohibido, ilegal; **Polizist(in** *f*) *m* policía *m*, mujer *f* policía

Pollen *m* ‹-s, -› polen *m*

polnisch *adj* polaco

Polster *n* ‹-s, -› [1] (*Sessel~*) tapizado *m* [2] (*Schulter~*) hombrera *f* [3] (*Fett~*) michelín *m* [4] (*FIG Geld~*) recursos *recursos;* **polstern** *vt* tapizar

Polterabend *m* despedida *f* de soltero

poltern *vi* [1] ↑ *Krach machen* hacer ruido [2] ↑ *schimpfen* decir palabrotas [3] ↑ *Polterabend feiern* hacer la despedida de soltero

Polygamie *f* poligamia *f*

Polyp *m* ‹-en -en› [1] *FAM PEJ* ↑ *Polizist* poli *m*, pasta *f* [2] FAUNA pólipo *m*

Pomade *f* gomina *f*

Pommes frites *pl* patatas *f/pl* fritas

Pomp *m* ‹-[e]s› pompa *f*; **pompös** *adj* pomposo

Pony[1] *m* ‹-s, -s› (*Frisur*) flequillo *m*

Pony[2] *n* ‹-s, -s› (*Pferdeart*) pony *m*

Popmusik *f* música *f* pop

Popo *m* ‹-s, -s› *FAM* culito *m*

populär *adj* popular; **Popularität** *f* popularidad *f*

Pore *f* ‹-, -n› poro *m*

Pornographie *f* pornografía *f*

porös *adj* poroso

Porree *m* ‹-s, -s› puerro *m*

Portal *n* ‹-s, -e› portal *m*

Portemonnaie *n* ‹-s, -s› monedero *m*

Portier *m* ‹-s, -s› portero *m*

Portion *f* [1] (*Essen*) ración *f*, porción *f* [2] *FAM* ◇ **er ist e-e halbe** ~ no tiene ni media torta

Porto *n* ‹-s, -s› franqueo *f*; **portofrei** *adj* porte pagado

Porträt *n* ‹-s, -s› retrato *m*; **porträtieren** *vt* retratar

Portugal *n* Portugal *m*; **Portugiese** *m* ‹-n, -n› portugués *m*; **Portugiesin** *f* portuguesa *f*; ◇ **die -nen** *pl* las portuguesas *pl*; **portugiesisch** *adj* portugués

Porzellan *n* ‹-s, -e› porcelana *f*

Posaune *f* ‹-, -n› MUS trombón *m*

Pose *f* ‹-, -n› pose *f*, postura *f*; **posieren** *vi* posar

Position *f* posición *f;* **positionieren** *vt* PC ↑ *stellen* → *Curser* poner

positiv *adj* ① ▷*Antwort* afirmativo ② ▷*Entwicklung* positivo; **Positiv** *n* FOTO positivo *m*

Positur *f:* ◇ **sich in - begeben** tomar una actitud

possessiv *adj* GRAM posesivo; **Possessivpronomen** *n* pronombre *m* posesivo

Post *f* ‹-› ① (*-amt*) oficina *f* de correos ② ↑ *Briefe* correo *m;* **Postanweisung** *f* giro *m* postal; **Postbote** *m* cartero *m;* **Postbotin** *f* cartera *f*

Posten *m* ‹-s, -› ① ↑ *Stellung* puesto *m* ② COMM existencias *f/pl* ③ MIL cargo *m* ④ (*Streik-*) piquete *m*

Poster *n* ‹-s, -› póster *m*

Postfach *n* apartado *m* de correos; **Postkarte** *f* [tarjeta] *f* postal; **postlagernd** *adv:* ◇ **- schikken** mandar a una lista de correos; **Postleitzahl** *f* código *m* postal

postmodern *adj* postmoderno

Postsparkasse *f* caja *f* postal; **Poststempel** *m* matasellos *m;* **postwendend** *adv* a vuelta de correo

potent *adj FIG* potente; **Potential** *n* ‹-s, -e› potencial *m;* **potentiell** *adj* en potencia, potencial

Potenz *f* potencia *f*

Pracht *f* ‹-› esplendor *m;* **prächtig** *adj* ① ↑ *prunkvoll* suntuoso ② ▷*Mensch* maravilloso; **Prachtstück** *n* buen ejemplar *m;* **prachtvoll** *adj* suntuoso

Prädikat *n* ① GRAM predicado *m* ② ↑ *Auszeichnung,* GASTR ◇ **ein -swein** un vino notable; SCH ◇ **[Note] mit -** nota notable *f*

prägen *vt* grabar

pragmatisch *adj* pragmático

prägnant *adj* acertado; **Prägnanz** *f* exactitud *f*

Prägung *f* ① ↑ *Muster* motivo *m* ② ↑ *Eigenart* peculiaridad *f*

prahlen *vi* presumir de; **Prahlerei** *f* presunción *f*

Praktik *f* práctica *f;* **praktikabel** *adj* practicable; **Praktikant(in** *f*) *m* persona *f* que hace prácticas; **Praktikum** *n* ‹-s, Praktika› prácticas *f/pl;* **praktisch I.** *adj* ① ↑ *zweckmäßig* práctico ② ↑ *geschickt* hábil ③ ◇ **-er Arzt** practicante *m* **II.** *adv:* ◇ **er verdient - nichts** no gana nada prácticamente; **praktizieren I.** *vt* → *Methode* practicar **II.** *vi* ← *Arzt* ejercer

Praline *f* bombón *m*

prall *adj* ① ↑ *gefüllt* relleno ② ▷*Sonne* pleno

Prämie *f* ① (*Geld-*) recompensa *f,* premio *m* ② (*Versicherungs-*) prima *f;* **prämieren** *vt* premiar

Pranger *m* ‹-s, -› *FIG:* ◇ **jd-n an den - stellen** acusar públicamente

Präparat *n* preparado *m;* **präparieren** *vt* preparar

Präposition *f* GRAM preposición *f*

Prärie *f* pradera *f*

Präsens *n* ‹-› GRAM presente *m*

präsent *adj* presente; ◇ **etw - haben** tener presente

präsentieren *vt* → *Rechnung,* MIL presentar

Präservativ *n* preservativo *m*

Präsident(in *f*) *m* presidente/a

Präsidium *n* ① (*Polizei-*) jefatura *f* ② ↑ *leitendes Gremium* presidencia *f*

prasseln *vi* ① ← *Regen* llover [con ganas] ② ← *Feuer* chisporrotear

Präteritum *n* ‹-s, Präterita› GRAM pretérito *m*

Pratze *f* ‹-, -n› ① (*Tier-*) pata *f* ② *FAM* ↑ *große Hand* zarpa *f*

Präventiv- *in Komposita* preventivo

Praxis *f* ‹-, Praxen› ① práctica *f* ② (*Arzt-*) consulta *f*

Präzedenzfall *m* precedente *m*

präzis[e] *adj* exacto; **Präzision** *f* precisión *f*

predigen I. *vi* ← *Pfarrer* predicar **II.** *vt* → *Liebe* predicar; **Predigt** *f* ‹-, -en› sermón *m*

Preis *m* ‹-es, -e› ① ▷*hoch, niedrig* precio *m* ② ↑ *Gewinn* premio *m* ③ ◇ **um keinen -** por nada del mundo; **Preisausschreiben** *n* concurso *m*

Preiselbeere *f* arándano *m*

preisen ‹pries, gepriesen› *vi* alabar

preisgeben *unreg vt* ① ↑ *verraten* → *Person* traicionar; → *Geheimnis* revelar ② ↑ *aufhören* → *Gewohnheit* dejar

preisgekrönt *adj* premiado; **Preisgericht** *n* jurado *m* [de un concurso]

preislich *adj* del precio

Preissturz *m* baja *f* de los precios

Preisträger(in *f*) *m* premiado/a

preiswert *adj* económico

prekär *adj* precario

prellen *vt* ↑ *betrügen* estafar; ◇ **die Zeche -** marcharse sin pagar

Prellung *f* golpe *m*

Premiere *f* ‹-, -n› estreno *m*

Premierminister(in *f*) *m* primer ministro/a

Presse *f* ‹-, -n› ① (*Saft-*) exprimidor *m* ② ↑ *Zeitungen* prensa *f;* **Pressefreiheit** *f* libertad *f* de prensa; **Pressekonferenz** *f* rueda *f* de prensa; **Pressemeldung** *f* noticia *f* de prensa

pressen *vt* ① ↑ *drücken* apretar ② ↑ *zwingen* obligar

pressieren *vi unpers:* ◇ **es pressiert** urge [*o.* corre prisa]

Preßluft *f* aire *m* comprimido

Prestige *n* ‹-s› prestigio *m*

prickeln *vi* burbujear

pries *impf von* **preisen**

Priester *m* ‹-s, -› cura *m*

prima *adj inv* genial

primär *adj* primario

primitiv *adj PEJ* [1] ↑ *sehr einfach* primitivo, sencillo [2] ↑ *armselig* pobre [3] ↑ *geistlos* corto de miras

Prinz *m* ‹-en, -en› príncipe *m;* **Prinzessin** *f* princesa *f*

Prinzip *n* ‹-s, -ien› [1] ↑ *Grundsatz* principio *m;* ◇ **-ien haben** tener principios [2] *(eigentlich)* ◇ **im -** en principio; **prinzipienlos** *adj* sin principios

Priorität *f* prioridad *f;* ◇ **-en setzen** establecer prioridades

Prise *f* ‹-, -n› pizca *f*

Prisma *n* ‹-s, Prismen› prisma *m*

privat *adj* [1] ↑ *nicht öffentlich* particular [2] ▷*Feier* privado [3] ▷*Angelegenheit* privado, personal

pro I. *präp akk* ↑ *für, je* por **II.** *adv:* ◇ **- und kontra** pros y contras; **Pro** *n* ‹-s› pro *m*

Probe *f* ‹-, -n› [1] ↑ *Test* prueba *f;* ◇ **jd-n auf die - stellen** poner a alguien a prueba [2] THEAT ensayo *m* [3] *(Wein-)* degustación *f;* **Probeexemplar** *n* muestra *f;* **Probefahrt** *f* viaje *m* de prueba; **proben** *vt* THEAT ensayar; **probeweise** *adv* a base de ensayos; **Probezeit** *f* período *m* de prueba; **probieren I.** *vt* → *Wein* probar **II.** *vi* ↑ *experimentieren* probar, ensayar

Problem *n* ‹-s, -e› [1] ◇ **-e haben** ↑ *Ärgernis* tener problemas [2] ↑ *Schwierigkeit* problema *m;* **Problematik** *f* problemática *f;* **problematisch** *adj* problemático; **problemlos** *adj* sin problemas

Produkt *n* ‹-[e]s, -e› [1] ↑ *Erzeugnis* producto *m* [2] ↑ *Ergebnis* resultado *m;* **Produktion** *f* producción *f;* **produktiv** *adj* productivo

Produzent(in *f)* *m* [1] *(von Ware)* fabricante *m/f* [2] *(von Film)* productor *m/f;* **produzieren I.** *vt* producir, fabricar **II.** *vr* ◇ **sich -** presentarse, presumir

professionell *adj* profesional, de forma profesional

Professor(in *f)* *m* profesor(a *f)* *m,* catedrático/a; **Professur** *f* cátedra *f*

Profi *m* profesional *m/f*

Profil *n* ‹-s, -e› [1] *(von Reifen)* dibujo *m* [2] *(von Gesicht)* perfil *m* [3] *FIG* ↑ *Ausstrahlung* carisma *m;* **profilieren** *vr* ◇ **sich -** destacarse, demostrar la valía

Profit *m* ‹-[e]s, -e› beneficio *m;* **profitieren** *vi* beneficiarse, sacar provecho *(von* de)

Prognose *f* ‹-, -n› pronóstico *m*

Programm *n* ‹-s, -e› [1] *(Fernseh-)* programa *m* [2] *(Kino-)* cartelera *f* [3] PC programa *m;* **programmieren** *vt* [1] ↑ *Ablauf festlegen* determinar [2] PC programar; **Programmierer(in** *f)* *m* ‹-s, -› *(Beruf)* técnico *m/f* de programación; **Programmiersprache** *f* PC lenguaje *m* de programación

Progammkino *n* cine *m* pequeño con reposiciones de películas

progressiv *adj* progresivo

Projekt *n* ‹-[e]s, -e› [1] ↑ *Plan* plan *m* [2] *(Selbsthilfe-)* proyecto *m;* **Projektor** *m* proyector *m;* **projizieren** *vt* proyectar

proklamieren *vt* proclamar

Prolet(in *f)* *m* ‹-en, -en› *PEJ* proletario/a

Proletariat *n* proletariado *m;* **Proletarier(in** *f)* *m* ‹-s, -› proletario/a

Prolog *m* ‹-[e]s, -e› prólogo *m*

Promenade *f* paseo *m*

Promille *n* ‹-[s], -› grado *m* de alcoholemia

prominent *adj* prominente, famoso; **Prominenz** *f* personalidades *f/pl*

Promiskuität *f* promiscuidad *f*

Promotion *f* [1] COMM promoción *f* [2] ↑ *Doktortitel* doctorado *m;* **promovieren** *vi* doctorarse

prompt *adj* rápido

Pronomen *n* ‹-s, -› GRAM pronombre *m*

Propaganda *f* ‹-› propaganda *f*

propagieren *vt* propagar

Propeller *m* ‹-s, -› hélice *f*

Prophet(in *f)* *m* ‹-en, -en› profeta *m/a;* **prophezeien** *vt* profetizar; **Prophezeiung** *f* predicción *f*

Proportion *f* proporción *f;* **proportional** *adj* proporcional

Prosa *f* ‹-› prosa *f;* **prosaisch** *adj FIG* prosaico

Prospekt *m* ‹-[e]s, -e› prospecto *m*

prost *interj* salud

prostituieren I. *vt* ↑ *bloßstellen* desenmascarar **II.** *vr* ◇ **sich -** *FIG* venderse, prostituirse; **Prostituierte(r)** *fm* prostituto/a

Protest *m* ‹-[e]s, -e› protesta *f*

Protestant(in *f)* *m* protestante/a; **protestantisch** *adj* protestante

protestieren *vi* protestar; **Protestkundgebung** *f* manifestación *f*

Prothese *f* ‹-, -n› prótesis *f*

Protokoll *n* ‹-s, -e› [1] ▷*schriftlich* protocolo *m* [2] ↑ *Etikette* etiqueta *f*, protocolo *m;* **protokollieren** *vt* levantar acta

Proton *n* ‹-s, -en› CHEM protón *m*

Prototyp *m* prototipo *m*

Protz *m* ‹-en, -e[n]› fantasma *m,* fanfarrón *m;* **protzen** *vi* presumir (*mit* de), fanfarronear; **protzig** *adj* ostentoso, pretencioso

Proviant *m* ‹-s, -e› (*Essen*) comida *f* que se lleva a una excursión

Provinz *f* ‹-, -en› provincia *f;* **provinziell** *adj* ↑ *rückständig* provinciano

Provision *f* (COMM *Verkaufs-*) comisión *f;* **provisorisch** *adj* provisional

Provokation *f* provocación *f;* **provozieren** *vt* provocar

Prozedur *f PEJ* proceso *m* lento

Prozent *n* ‹-[e]s, -e› tanto *m* por ciento; **Prozentsatz** *m* porcentaje *m;* **prozentual** *adj* con respecto al tanto por ciento

Prozeß *m* ‹Prozesses, Prozesse› [1] JURA juicio *m* [2] ↑ *Vorgang* proceso *m;* ◇ **kurzen ~ machen** ir directo al grano; **prozessieren** *vi* pleitear, litigar (*mit/gegen* con/contra)

Prozession *f* procesión *f*

Prozessor *m* PC unidad *f* de proceso

prüfen *vi* [1] ↑ *testen* probar, comprobar [2] ↑ *kontrollieren* controlar [3] ↑ *Prüfung abnehmen* examinar; **Prüfer(in** *f*) *m* ‹-s, -› examinador(a *f*) *m;* **Prüfling** *m* examinado *m;* **Prüfung** *f* [1] (*e-s Motors*) comprobación *f* [2] ↑ *Examen* examen *m* [3] (COMM *Buch-*) revisión *f;* **Prüfungskommission** *f* tribunal *m* examinador

Prügel *m* ‹-s, -› [1] (*Holz-*) palo *m* [2] (*pl*) ↑ *Schläge* paliza *f;* **Prügelei** *f* pelea *f;* **Prügelknabe** *m* cabeza *f* de turco; **prügeln I.** *vt* dar una paliza **II.** *vr* ◇ **sich ~** pelearse

prunkvoll *adj* [1] ▷*Fest* magnífico [2] ▷*Schloß* suntuoso

pseudo- *in Komposita* seudo

Psychiater(in *f*) *m* ‹-s, -› [p]siquiatra *m/f;* **psychisch** *adj* [p]síquico; **Psychoanalyse** *f* [p]sicoanálisis *m;* **Psychologe** *m* ‹-n, -n› [p]sicólogo *m;* **Psychologie** *f* [p]sicología *f;* **Psychologin** *f* [p]sicóloga *f;* **psychologisch** *adj* [p]sicológico; **Psychopharmaka** *pl* [p]sicofármacos *m/pl;* **psychosomatisch** *adj* [p]sicosomático; **Psychoterror** *m* terror *m* [p]sicológico; **Psychotherapeut(in** *f*) *m* [p]sicoterapeuta *m/f*

Pubertät *f* pubertad *f*

Publikum *n* ‹-s› público *m;* **publizieren** *vt* publicar, editar

Pudding *m* ‹-s, -e *o.* -s› flan *m*

Pudel *m* ‹-s, -› perro *m* de lanas

Puder *m* ‹-s, -› polvos *m/pl;* **pudern** *vt* empolvar; **Puderzucker** *m* azúcar *m* en polvo

Puff [1] *m* ‹-s, -s› *FAM* ↑ *Bordell* casa *f* de citas

Puff [2] *m* ‹-s, Püffe› ↑ *Stoß* golpe *m*

Puffer *m* ‹-s, -› [1] (*von Geld*) reserva *f* [2] TECH defensas *f/pl* [3] (GASTR *Kartoffel-*) *tortita de patatas*

Pulli *m* ‹-s, -s› **Pullover** *m* ‹-s, -› jersey *m*

Puls *m* ‹-es, -e› pulso *m;* **pulsieren** *vi* [1] ↑ *pochen* → *Blut* latir [2] *FIG* ← *Leben* estar animado, tener vida

Pult *n* ‹-[e]s, -e› atril *m*

Pulver *n* ‹-s, -› (*Pudding-*) polvos *m/pl;* (*Schieß-*) pólvora *f;* **pulverisieren** *vt* pulverizar; **Pulverschnee** *m* nieve *f* polvo

pummelig *adj* gordo, rollizo

Pumpe *f* ‹-, -n› [1] (*Wasser-*) bomba *f;* ◇ **Luft~** bomba *f* de inflar [2] *FAM* ↑ *Herz* corazón *m;* **pumpen** *vt* [1] → *Luft* inflar [2] → *Wasser* dar a la bomba [3] *FAM* ↑ *Geld verleihen* prestar; ↑ *sich ausleihen* tomar prestado

Punk *m* ‹-s, -s› punky *m*

Punkt *m* ‹-[e]s, -e› [1] (*Satzzeichen*) punto *m* [2] *FIG* ↑ *Kern* punto *m,* grano *m* [3] ◇ **etw auf den ~ bringen** ir al grano; **punktieren** *vt* MED hacer una punción

pünktlich *adj* puntual

Punktzahl *f* puntuación *f*

Pupille *f* ‹-, -n› pupila *f*

Puppe *f* ‹-, -n› [1] (*Stoff-*) muñeca *f* [2] (*Schmetterlings-*) crisálida *f*

pur *adj* ↑ *rein, unvermischt* puro; *FIG* ↑ *völlig* ◇ **~er Unsinn** absoluta tontería

Püree *n* ‹-s, -s› puré *m*

Purzelbaum *m* voltereta *f;* **purzeln** *vi FAM* caerse

Puste *f* ‹-› *FAM FIG* soplo *m*

Pustel *f* ‹-, -n› pústula *f*

pusten *vi* soplar

Pute *f* ‹-, -n› pava *f;* **Puter** *m* ‹-s, -› pavo *m*

Putsch *m* ‹-[e]s, -e› golpe *m* de estado; **putschen** *vi* dar un golpe de estado

Putz *m* ‹-es› [1] (*Haus-*) limpieza *f* [2] ↑ *Wandverkleidung* revoque *m,* enlucido *m*

putzen I. *vt* ↑ *reinigen* → *Haus* limpiar; → *Nase* limpiarse **II.** *vr* ◇ **sich ~** limpiarse; **Putzfrau** *f* mujer *f* de la limpieza, limpiadora *f*

putzig *adj* mono

Putzlappen *m* trapo *m* de limpiar; **Putzmann** *m* ‹-männer *o.* -leute› limpiador *m*

Puzzle *n* ‹-s, -s› rompecabezas *m*

Pyjama *m* ‹-s, -s› pijama *m*

Pyramide *f* ‹-, -n› pirámide *f*

Q

Q, q *n* Q, q *f*

quabb[e]lig *adj FAM* [1] ▷*Frosch* viscoso [2] ▷*Gelatine* gelatinoso

Quacksalber(in *f*) *m* ⟨-s, -⟩ *FAM* charlatán(-ana *f*) *m*

Quader *m* ⟨-s, -⟩ [1] (*-stein*) sillar *m*, piedra *f* de sillería [2] MATH paralelepípedo *m* rectángulo

Quadrat *n* MATH cuadrado *m;* ◇ **im** - al cuadrado; **quadratisch** *adj* MATH ▷*Fläche* cuadrado; ◇ **-e Gleichung** ecuación *f* de segundo grado; **Quadratkilometer** *m* kilómetro *m* cuadrado; **Quadratlatschen** *pl FAM* zapatones *zapatones;* **Quadratmeter** *m* metro *m* cuadrado; **Quadratwurzel** *f* MATH raíz *f* cuadrada

quaken *vi* [1] ← *Frosch* croar; ← *Ente* graznar [2] *FAM* decir tonterías

quäken *vi FAM* ← *Baby* lloriquear; (*stärker*) berrear

Quäker *m* ⟨m⟩ REL cuáquero *m*

Qual *f* ⟨-, -en⟩ tortura *f;* ▷*seelisch* tormento *m;* **quälen I.** *vt* ↑ *foltern* torturar, atormentar, maltratar, martirizar; (*mit Bitten*) molestar **II.** *vr* ◇ **sich** - torturarse, atormentarse (*mit* con); **Quälerei** *f* [1] ↑ *schwere Arbeit* trabajo *trabajo muy duro* muy duro [2] *FIG* tormento *m*, martirio *m*, tortura, f; **Quälgeist** *m FAM* plomo *m*, pelmazo *m*

Qualifikation *f* cualificación *f*, calificación *f;* capacidad *f;* ◇ **die notwendige - für etw haben** tener la necesaria cualificación para algo; **qualifizieren** *vr* ◇ **sich** - cualificar, calificar (*für* para)

Qualität *f* [1] (*von Ware*) calidad *f* [2] *FIG* ↑ *positive Eigenschaften* cualidad *f;* **Qualitätsware** *f* productos *m/pl* de calidad

Qualle *f* ⟨-, -n⟩ medusa *f*

Qualm *m* ⟨-[e]s⟩ humareda *f;* **qualmen** *vti* ← *Schornstein* echar humo; ← *Person* fumar como una chimenea

qualvoll *adj* ▷*Tod* tormentoso, espantoso, angustioso

Quantentheorie *f* teoría *f* cuántica

Quantität *f* cantidad *f;* **quantitativ** *adj* cuantitativo

Quantum *n* ⟨-s, Quanten⟩ cantidad *f*

Quarantäne *f* ⟨-, -n⟩ cuarentena *f;* ◇ **in - liegen** estar en cuarentena

Quark *m* ⟨-s⟩ [1] GASTR requesón *m* [2] *FAM* ↑ *Unsinn* tonterías *f/pl;* **Quarkkuchen** *m* pastel *m* de queso fresco

Quarte *f* MUS cuarta *f;* **Quartal** *n* ⟨-s, -e⟩ cuatrimestre *m;* ◇ **Kündigung zum -[sende]** despido al final del cuatrimestre; **Quartett** *n* ⟨-s, -e⟩ [1] MUS cuarteto *m* [2] (*Kartenspiel*) juego *m* de cartas

Quartier *n* ⟨-s, -e⟩ [1] ↑ *Unterkunft* alojamiento *m;* piso *m* [2] MIL cuartel *m* [3] (*CH ÖST Stadtviertel*) zona *f*

Quarz *m* ⟨-es, -e⟩ cuarzo *m*

quasi *adv* casi

quasseln *vi FAM* hablar por hablar, desbarrar

Quatsch *m* ⟨-es⟩ [1] *FAM* ↑ *Unsinn* tonterías *f/pl* [2] ↑ *Kinderei* cuento *m*, pamplinas *f/pl;* **quatschen** *vi FAM* estar de palique, cotillear, desbarrar

Quecksilber *n* CHEM mercurio *m*

Quelle *f* ⟨-, -n⟩ [1] (*Erdöl-*) yacimiento *m* [2] *FIG* ↑ *Herkunft* origen *m* [3] ↑ *Grundlage* base *f* [4] ↑ *Information* información *f* [5] ↑ *Person* informador *m* [6] ↑ *Literaturangabe* fuente *f* bibliográfica; **quellen** ⟨quoll, gequollen⟩ *vi* [1] ↑ *hervorbrotar*, manar; ← *Blut* fluir; ← *Tränen* surgir [2] ↑ *schwellen* ← *Holz* hincharse

quengeln *vi FAM* lloriquear

quer *adv* [1] ↑ *der Breite nach* transversal [2] ↑ *schräg* diagonal; ◇ **- durch den Wald** a través del bosque; ◇ **- über den Platz gehen** pasar por [el medio de] la plaza; **Querbalken** *m* travesaño *m;* **Quere** *f* ⟨-, -n⟩ *FAM*: ◇ **jd-m in die - kommen** poner pegas a alguien; **querfeldein** *adv* a campo través; **Querflöte** *f* MUS flauta *f* travesera; **Querruder** *n* AERO alerón *m;* **Querschiff** *n* nave *f* transversal; **Querschnitt** *m* corte *m* transversal; **querschnittsgelähmt** *adj* parapléjico [por la médula]; **Querstange** *f* barra *f* transversal; **Querstraße** *f* travesía *f*

Querulant(in *f*) *m* intrigante *m/f*

quetschen *vt* [1] ↑ *festdrücken* aplastar, triturar [2] ↑ *verletzen* herir, magullar; **Quetschung** *f* MED contusión *f*, magulladura *f*

Queue *n* taco *m*

quieken *vi* ← *Schwein* chillar, dar gritos agudos

quietschen *vi* ← *Tür* chunregiar; ← *Mensch* chillar; *FAM* ◇ **vor Vergnügen -** gritar de contento

Quinte *f* ⟨-, -n⟩ MUS quinta *f;* **Quintett** *n* ⟨-s, -e⟩ quinteto *m*

Quirl *m* ⟨-[e]s, -e⟩ molinillo *m*

quitt *adj:* ◇ **- sein mit jd-m** estar en paz con alguien

Quitte *f* ⟨-, -n⟩ GASTR membrillo *m*

quittieren *vt* [1] → *Rechnung* extender [un recibo] [2] → *Dienst* presentar la dimisión; **quittiert** *adj* [1] extendido [2] cesado; **Quittung** *f* recibo *m*

Quiz *n* ‹-, -› concurso *m;* **Quizmaster** *m* ‹-s, -› presentador *m;* **Quizsendung** *f* concurso *m* televisivo
quoll *impf von* **quellen**
Quote *f* ‹-, -n› cuota *f;* **Quotenregelung** *f* regulación *f* de la cuota
Quotient *m* ‹-en, -en› MATH cociente *m*

R

R, r *n* R, r *f*
Rabatt *m* ‹-[e]s, -e› descuento *m*
Rabatz *m* ‹-› *FAM* ↑ *Krawall* revuelta *f*
Rabe *m* ‹-n, -n› cuervo *m;* **Rabenmutter** *f* mala madre *f;* **Rabenvater** *m* mal padre *m*
rabiat *adj* bruto, grosero
Rache *f* ‹-› venganza *f;* ◇ **an jd-m ~ nehmen** vengarse de alguien
Rachen *m* ‹-s, -› [1] ↑ *Mund* boca *f* [2] ↑ *Schlund* garganta *f*
rächen I. *vt* vengar (*jdn* a alguien) **II.** *vr* ◇ **sich ~** vengarse (*an dat* de)
Rachitis *f* ‹-› MED raquitismo *m*
rachsüchtig *adj* vengativo
Rad *n* ‹-[e]s, Räder› [1] ↑ *Reifen* rueda *f* [2] (*Fahr~*) bici *f* [3] SPORT voltereta lateral
Radar *n o m* ‹-s› radar *m;* **Radarfalle** *f* radar *m;* **Radarkontrolle** *f* control *m* por radar
Radau *m* ‹-s› *FAM* revuelta *f,* jaleo *m*
radeln *vi* ir en bicicleta; **radfahren** *unreg vi* ir en bicicleta; **Radfahrer(in** *f*) *m* ciclista *m/f;* **Radfahrweg** *m* carril *m* para bicicletas
radieren *vt* [1] (*weg~*) borrar [2] KUNST grabar al agua fuerte; **Radiergummi** *m* goma *f* de borrar; **Radierung** *f* aguafuerte *m*
Radieschen *n* rabanito *m*
radikal *adj* [1] ↑ *rigoros* radical [2] POL extremista; **Radikale(r)** *fm* extremista *m/f*
Radio *n* ‹-s, -s› radio *f*
radioaktiv *adj* radiactivo; **Radioaktivität** *f* radiactividad *f*
Radiorecorder *m* ‹-s, -› radiocasete *m,* radiocassette *m;* **Radiowecker** *m* radiodespertador *m*
Radium *n* CHEM radio *m*
Radius *m* ‹-, Radien› radio *m*
Radkappe *f* AUTO tapacubos *m*
Radler(in *f*) *m* ‹-s, -› [1] ↑ *Radfahrer* ciclista *m/f* [2] (*Getränk*) mezcla *f* de cerveza con naranjada; **Radrennbahn** *f* circuito *m* ciclístico; **Radrennen** *n* carrera *f* ciclística; **Radsport** *m* ciclismo *m*
RAF *f Abk v.* **Rote Armee Fraktion**
raffen *vt* [1] → *Stoff* recoger [2] → *Geld* amasar [3] *FAM* ↑ *kapieren* coger, pillar, entender
Raffinade *f* azúcar *m* refinado
raffiniert *adj* [1] ▷*Person* refinado, sutil, vivo [2] ▷*Zucker* refinado
ragen *vi* alzarse
Rahm *m* ‹-s› crema *m*
rahmen *vt* enmarcar; **Rahmen** *m* ‹-s, -› [1] (*Bilder~*) marco *m* [2] (*von Auto*) chasis *m* [3] ↑ *Atmosphäre* ambiente *m* [4] *FIG* ↑ *Bereich* terreno *m;* ◇ **im ~ des Möglichen** dentro de lo posible
rahmig *adj* cremoso
Rakete *f* ‹-, -n› [1] MIL misil *m,* cohete *m* [2] (*Leucht~*) bengala *f;* **Raketenabwehrsystem** *n* MIL sistema *f* antimisil
rammen *vt* embestir
Rampe *f* ‹-, -n› [1] (*Lade~*) rampa *f* [2] THEAT escenario *m;* **Rampenlicht** *n* [1] THEAT candilejas *f/pl* [2] ◇ **im ~ stehen** ser el centro
ramponieren *vt FAM* romper, estropear
Ramsch *m* ‹-[e]s, -e› chuchería *f*
ran = *FAM* **heran**
Rand *m* ‹-[e]s, Ränder› [1] (*von Teller*) borde *m;* (*von Brille*) montura *f* [2] (*unter Augen*) ojeras *f/pl* [3] (*von Papier*) margen *m; FIG* ◇ **am ~e von** al margen de [4] *FAM* ↑ *Mund* ◇ **den ~ halten** cerrar la boca/el pico
Randale *f* ‹-, -n› *FAM* revuelo *m;* ◇ **~ machen** hacer una revuelta; **randalieren** *vi* saquear, destruir
Randbemerkung *f FIG* comentario *m;* **Randerscheinung** *f* circunstancia *f* secundaria
rang *impf von* **ringen**
Rang *m* ‹-[e]s, Ränge› [1] (*Ordnung*) orden *f,* rango *m* [2] ↑ *Sitzreihe* fila *f* [3] ◇ **von ~** de categoría; **rangieren I.** *vt* maniobrar **II.** *vi:* ◇ **an erster Stelle ~** figurar en primer lugar; **Rangordnung** *f* [1] ↑ *Hierarchie* jerarquía *f* [2] (*FIG von Werten*) escala *f*
Ranke *f* ‹-, -n› FLORA zarcillo *m*
rann *impf von* **rinnen**
rannte *impf von* **rennen**
Ranzen *m* ‹-s, -› [1] (*Schul~*) cartera *f* [2] *FAM* ↑ *Bauch* tripa *f*
ranzig *adj* rancio
Rappe *m* ‹-n, -n› caballo *m* azabache
Raps *m* ‹-es, -e› colza *f*
rar *adj* [1] raro [2] ◇ **sich ~ machen** dejarse ver poco; **Rarität** *f* curiosidad *f*
rasant *adj* rasante
rasch *adj* rápido

rascheln *vi* crujir

rasen *vi* [1] ↑ *schnell fahren* conducir muy deprisa [2] ↑ *wüten* estar furioso

Rasen *m* ‹-s, -› césped *m*

rasend *adj* [1] ↑ *sehr schnell* rápido [2] ↑ *sehr wütend* furioso [3] ↑ *sehr stark* ◇ **-e Schmerzen** fuertes dolores

Rasenmäher *m* ‹-s, -› cortacésped *m*

Raserei *f* [1] ↑ *schnelles Fahren* conducir deprisa *m* [2] ↑ *Wüten* furia *f*

Rasierapparat *m* maquinilla *f* de afeitar; **Rasiercreme** *f* crema *f* de afeitar; **rasieren I.** *vt* afeitar **II.** *vr* ◇ **sich** ~ afeitarse; **Rasierklinge** *f* hoja *f* de afeitar; **Rasierseife** *f* jabón *m* de afeitar; **Rasierwasser** *n* loción *f* para después del afeitado

Rasse *f* ‹-, -n› [1] (*von Tier, Mensch*) raza *f* [2] *FIG* ↑ *Temperament* temperamento *m*, raza *f*

Rassel *f* ‹-, -n› sonajero *m;* **rasseln** *vi* [1] hacer sonar [2] *FAM* ◇ **durch Prüfung** ~ catear

Rassenhaß *m* racismo *m;* **Rassentrennung** *f* segregación *f* racial

Rast *f* ‹-, -en› parada *f;* **rasten** *vi* hacer un alto

Raster *n* [1] FOTO retículo *m* [2] *FIG* esquema *f;* **Rasterfahndung** *f* control *m* policial de personas por ordenador

Rasthaus *n* área *m* de servicios; **rastlos** *adj* incansable; **Rastplatz** *m* área *m* de descanso

Rasur *f* afeitado *m*

Rat [1] *m* ‹-[e]s, Räte› [1] (*Gemeinde-*) ayuntamiento *m* [2] (*Titel*) consejero *m*

Rat [2] *m* ‹-[e]s› ↑ *Vorschlag* consejo *m;* ◇ **um** ~ **fragen** pedir consejo

Rate *f* ‹-, -n› plazo *m*

raten ‹riet, geraten› **I.** *vt* ↑ *Rat geben* aconsejar (a alguien) **II.** *vi* → *Rätsel* adivinar

ratenweise *adv* a plazos; **Ratenzahlung** *f* pago *m* a plazos

Ratgeber(in *f*) *m* ‹-s, -› consejero(/a)

Rathaus *n* ayuntamiento *m*

ratifizieren *vt* ratificar; **Ratifizierung** *f* ratificación *f*

Ration *f* porción *f*

rational *adj* racional

rationalisieren *vt* racionalizar

rationell *adj* ↑ *ökonomisch* económico; ↑ *zweckmäßig* racional, económico

rationieren *vt* racionar

ratlos *adj* confuso, desvalido; **Ratlosigkeit** *f* confusión *f*, desamparo *m;* **ratsam** *adj* aconsejable; **Ratschlag** *m* recomendación *f*

Rätsel *n* ‹-s, -› [1] ↑ *Sprachspiel* adivinanza *f* [2] *FIG* misterio *m* [3] (*Bilder-*) rompecabezas *m;* **rätselhaft** *adj* misterioso

Ratskeller *m* restaurante *m* en los bajos del ayuntamiento

Ratte *f* ‹-, -n› [1] (*Nagetier*) rata *f* [2] *FAM* ↑ *mieser Typ* rata *f* de alcantarilla

rattern *vi* trepidar

Raub *m* ‹-[e]s› [1] (*-überfall*) robo *m* [2] ↑ *Beute* botín *m;* **Raubbau** *m* explotación *f* (*an dat* de); **Raubdruck** *m* copia *f* pirata; **rauben** *vt* [1] → *Geld* ↑ *stehlen* robar [2] *FIG* → *Hoffnung* quitar; **Räuber(in** *f*) *m* ‹-s, -› ladrón(-ona *f*) *m;* **räuberisch** *adj* de ladrón; **Raubmord** *m* robo *m* con homicidio; **Raubtier** *n* depredador *m;* **Raubvogel** *m* ave *m* de rapiña

Rauch *m* ‹-[e]s› humo *m;* **rauchen I.** *vt* → *Zigarette* fumar **II.** *vi* (*viel* ~) fumar; **Raucher(in** *f*) *m* ‹-s, -› fumador(a *f*) *m;* **Raucherabteil** *n* sección *f* de fumadores

räuchern *vt* ahumar; **Räucherstäbchen** *n* varilla *f* de incienso; **Rauchfleisch** *n* carne *f* ahumada; **rauchig** *adj* [1] ▷*Luft* lleno de humo [2] ▷*Geschmack* ahumado

räudig *adj* sarnoso

rauf = *FAM* **herauf**

Raufbold *m* ‹-[e]s, -e› buscapleitos *m*, buscapeleas *m;* **raufen I.** *vt* → *Haare* tirarse de los pelos **II.** *vi* ↑ *ringen* pelear, reñir; **Rauferei** *f* pelea *f*

rauh *adj* [1] ▷*Oberfläche* rugoso [2] ▷*Wetter* frío [3] ▷*Mensch* tosco [4] ▷*Umgangston* áspero; **Rauhreif** *m* escarcha *f*

Raum *m* ‹-[e]s, Räume› [1] (*Wohn-*) habitación *f* [2] ↑ *Platz* sitio *m* [3] ↑ *Umgebung* zona *f* [4] (*FIG Spiel-*) espacio *m*

räumen *vt* [1] → *Wohnung* desocupar [2] → *Saal* abandonar [3] (*in Regal*) poner

Raumfähre *f* transbordador *m* espacial; **Raumfahrt** *f* viaje *m* espacial

Rauminhalt *m* volumen *m*, capacidad *f*

Raumlabor *n* (*Welt-*) laboratorio *m* espacial

räumlich *adj* espacioso; **Räumlichkeiten** *pl* espacios *m/pl* habitables; **Raummangel** *m* falta *f* de espacio

Raummeter *m* metro *m* cúbico

Raumpfleger(in *f*) *m* hombre/mujer de la limpieza

Raumschiff *n* nave *f* espacial; **Raumsonde** *f* sonda *f* espacial

Räumung *f* desahucio *m;* **Räumungsverkauf** *m* liquidación *f* por cese de negocio

Raupe *f* ‹-, -n› oruga *f;* **Raupenfahrzeug** vehículo *m* con cadenas

raus = *FAM* **heraus, hinaus**

Rausch *m* ‹-[e]s, Räusche› borrachera *f*

rauschen *vi* [1] ← *Wasser* fluir [2] ← *Blätter* crujir [3] ← *Beifall* resonar [4] *FAM* ◇ **aus dem**

Zimmer ~ salir furioso de la habitación; **rauschend** *adj* [1] ▷*Fest* por todo lo alto, a lo grande [2] ▷*Beifall* estrepitoso

Rauschgift *n* estupefaciente *m;* **Rauschgiftsüchtige(r)** *fm* drogadicto(/a)

räuspern *vr* ◇ **sich ~** carraspear

Raute *f* ⟨-, -n⟩ MATH rombo *m*

Razzia *f* ⟨-, Razzien⟩ redada *f*

Reagenzglas *n* tubo *m* de ensayo

reagieren *vi* [1] CHEM reaccionar [2] *FIG* ▷*böse, prompt* reaccionar (*auf akk* a); **Reaktion** *f* CHEM *FIG* reacción *f*

reaktionär *adj* reaccionario

Reaktionsgeschwindigkeit *f* tiempo *m* de reacción

Reaktor *m* reactor *m;* **Reaktorkern** *m* núcleo *m* reactor; **Reaktorsicherheit** *f* seguridad *f* de reactor

real *adj* [1] ↑ *tatsächlich* real [2] ↑ *stofflich* material; **realisieren** *vt* realizar; **Realismus** *m* realismo *m;* **Realist(in** *f*) *m* realista *m/f;* **realistisch** *adj* realista; **Realität** *f* realidad *f*

Realo *m* ⟨-s, -s⟩ POL realista *m* no ideólogo; **Realpolitiker(in** *f*) *m* político *m/f* realista

Realschule *f* SCH escuela *f* escundaria

Rebe *f* ⟨-, -n⟩ vid *f*

Rebell(in *f*) *m* ⟨-en, -en⟩ rebelde *m/f;* **Rebellion** *f* rebelión *f;* **rebellisch** *adj* rebelde

Rebhuhn *n* perdiz *f*

Rebstock *m* cepa *f*

Rechaud *m* ⟨-s, -s⟩ (*ÖST*) hornillo *m* de gas

Rechen *m* ⟨-s, -⟩ rastrillo *m;*

Rechenaufgabe *f* ejercicio *m* de aritmética; **Rechenschaft** *f* cuenta *f;* **Rechenzentrum** *n* centro *m* de computación; **rechnen I.** *vt* (*Aufgabe*) hacer cálculos **II.** *vi* [1] ↑ *sparsam sein* economizar [2] ◇ **mit dem Schlimmsten ~** esperar lo peor [3] ◇ **mit etw/jd-m ~** contar con algo/alguien; **Rechner** *m* ⟨-s, -⟩ PC ordenador *m;* **Rechnung** *f* [1] (*Mathematik*) cálculo *m* [2] COMM cuenta *f* [3] *FIG* ◇ **einer Sache ~ tragen** tener en cuenta una cosa; **Rechnungsprüfer(in** *f*) *m* revisor(a *f*) *m* de cuentas; **Rechnungsprüfung** *f* revisión *f* de cuentas

recht I. *adj* [1] ▷*Zeitpunkt* ↑ *passend* adecuado, oportuno [2] ▷*Entscheidung* correcto **II.** *adv* [1] ↑ *ziemlich* bastante [2] ◇ **~ haben** tener razón; ◇ **~ bekommen** dar la razón [3] ◇ **~ sein** venir bien

Recht *n* ⟨-[e]s, -e⟩ [1] (*~sanspruch*) derecho *m* (*auf akk* a); ◇ **mit ~** con derecho [2] JURA ley *m;* ◇ **von ~s wegen** por derecho

Rechte *f* ⟨-n, -n⟩ derecha *f;* **rechte(r, s)** *adj* derecho; **Rechte(r)** *fm* derechista *m/f*

Rechte(s) *n* lo justo

Rechteck *n* ⟨-s, -e⟩ MATH rectángulo *m;* **rechteckig** *adj* rectangular

rechtfertigen I. *vt* justificar **II.** *vr* ◇ **sich ~** justificarse; **Rechtfertigung** *f* justificación *f*

rechthaberisch *adj* que siempre quiere tener razón

rechtlich *adj* legítimo; **rechtmäßig** *adj* legítimo

rechts *adv* a la derecha

Rechtsanwalt *m*, **-anwältin** *f* abogado(/a)

Rechtsaußen *m* ⟨-, -⟩ SPORT extremo *m* derecha

Rechtsbeistand *m* JURA abogado *m*

rechtschaffen *adj* honrado

Rechtschreibung *f* ortografía *f*

Rechtsfall *m* JURA caso *m* jurídico

Rechtshänder(in *f*) *m* ⟨-s, -⟩ diestro *m/f*

rechtskräftig *adj* en vigor

Rechtskurve *f* curva *f* a la derecha; **rechtsradikal** *adj* POL de extrema derecha

Rechtschutzversicherung *f* seguro *m* de protección jurídica; **rechtswidrig** *adj* ilegal

rechtwinklig *adj* (MATH *neunzig Grad*) rectangular

rechtzeitig I. *adj* ▷*Hilfe* inmediato **II.** *adv* (*kommen*) a tiempo

Reck *n* ⟨-[e]s, -e⟩ SPORT barra *f* fija

recken I. *vt* → *Hals* alargar **II.** *vr* ◇ **sich ~** ↑ *dehnen* estirarse

Recycling *n* ⟨-s⟩ reciclado *m;* **Recyclingpapier** *n* papel *m* reciclado

Redakteur(in *f*) *m* redactor(a *f*) *m;* **Redaktion** *f* redacción *f*

Rede *f* ⟨-, -n⟩ [1] ↑ *Vortrag* discurso *m* [2] ↑ *Sprechen* palabras *f/pl* [3] GRAM estilo *m* [4] ◇ **jd-n zur ~ stellen** pedir explicaciones a alguien; **Redefreiheit** *f* libertad *f* de expresión; **redegewandt** *adj* locuaz; **reden I.** *vi* hablar **II.** *vt* → *dummes Zeug* decir; **Redensart** *f* dicho *m;* **Redewendung** *f* giro *m*

redlich *adj* honesto

Redner(in *f*) *m* ⟨-s, -⟩ orador(a *f*) *m;* **redselig** *adj* hablador

reduzieren *vt* reducir

Reede *f* ⟨-, -n⟩ naviera *f;* **Reeder(in** *f*) *m* ⟨-s, -⟩ armador(a *f*) *m*

reell *adj* [1] ↑ *ehrlich* honrado [2] ↑ *konkret* concreto, real

Referat *n* [1] UNI tema *m;* ◇ **ein ~ halten** exponer un tema (*über akk* sobre) [2] ↑ *Arbeitsgebiet* departamento *m*

Referendar(in *f*) *m* licenciado (/a) que hace prácticas en un colegio

Referent(in *f*) *m* [1] ↑ *Vortragende(r)* ponente

m/f [2] ↑ *Sachbearbeiter* jefe(a *f*) *m* de negociado

Referenz *f* recomendación *f*, referencia *f*

referieren *vi* [1] ↑ *vortragen* presentar un informe [2] ↑ *mitteilen* comunicar; ◇ ~ **über** disertar sobre *akk*

reflektieren I. *vt* → *Licht* reflejar II. *vi* [1] ↑ *nachdenken* meditar (*über akk* sobre) [2] ↑ *sich interessieren für* interesarse (*auf akk* por)

Reflex *m* ‹-es, -e› [1] ↑ *Widerschein* reflejo *m* [2] ↑ *Reaktion* ◇ **bedingter** ~ acto *m* reflejo

Reflexion *f* reflexión *f*

reflexiv *adj* GRAM reflexivo

Reform *f* ‹-, -en› reforma *f;* **Reformation** *f* reforma *f;* **reformatorisch** *adj* reformador; **Reformhaus** *n* herboristería *f;* **reformieren** *vt* reformar

Refrain *m* ‹-s, -s› estribillo *m*

Regal *n* ‹-s, -e› estantería *f*

rege *adj* [1] ▷*Verkehr* denso; ▷*Geschäft* activo [2] (*geistig*) lúcido

Regel *f* ‹-, -n› [1] (*Spiel-*) regla *f;* ◇ **sich an die -n halten** atenerse a las reglas [2] ↑ *Norm* norma *f* [3] MED ↑ *Menstruation* regla *f*, período *m;* **regelmäßig** *adj* regular; **Regelmäßigkeit** *f* regularidad *f;* **regeln** I. *vt* [1] → *Verkehr* dirigir [2] → *Angelegenheit* arreglar II. *vr:* ◇ **sich von selbst** ~ arreglárselas por uno mismo

regelrecht *adj* por así decir

Regelung *f* regulación *f;* **regelwidrig** *adj* ilegal

regen I. *vr* ◇ **sich** ~ [1] ↑ *bewegen* moverse [2] ↑ *bemerkbar machen* notarse II. *vt* → *Finger* mover

Regen *m* ‹-s, -› [1] (*Blumen-*) lluvia *f;* (*Niesel-*) chirimiri *f;* **Regenbogen** *m* arco *m* iris; **Regenbogenpresse** *f* prensa *f* del corazón

Regeneration *f* regeneración *m*

Regenmantel *m* impermeable *m;* **Regenschauer** *m* lluvia *f* intensa, aguacero *m;* **Regenschirm** *m* paraguas *m*

Regent(in *f*) *m* regente *m;* **Regentschaft** *f* regencia *f*

Regie *f* [1] (*vom Film*) dirección *f* [2] *FIG* ↑ *Leitung* administración *f*

regieren I. *vt* → *Staat* regir II. *vi* ↑ *herrschen* gobernar; **Regierung** *f* gobierno *m;* **Regierungswechsel** *m* cambio *m* de gobierno

Regiment *n* ‹-s, -er› [1] ↑ *Herrschaft* mando *m* [2] *MIL* regimiento *m*

Region *f* región *f*

Regisseur(in *f*) *m* (*von Film*) director *m* de cine; (*Theater*) director *m* de escena

Register *n* ‹-s, -› [1] ↑ *Verzeichnis* registro *m* [2] (MUS *an Orgel*) registro *m;* ◇ **alle ~ ziehen** hacer todo lo posible; **registrieren** *vt* [1] ↑ *wahrnehmen* percibir [2] ↑ *in Register eintragen* registrar

Regler *m* ‹-s, -› termostato *m*

regnen *vi unpers* llover; ◇ **es regnet** llueve; **regnerisch** *adj* lluvioso

regulär *adj* normal, regular; **regulieren** *vt* ↑ *ordnen* regular

Regung *f* emoción *f;* **regungslos** *adj* inmóvil

Reh *n* ‹-[e]s, -e› ciervo *f*

rehabilitieren *vt* rehabilitar; **Rehabilitationszentrum** *n* MED centro *m* de rehabilitación

Reibe *f* ‹-, -n› rallador *m;* **reiben** ‹rieb, gerieben› *vt* [1] → *Käse* rallar [2] → *Augen* frotar

Reiberei *f* encontronazo *m*, roce *m;* **Reibung** *f* [1] ↑ *Reiben* frotamiento *m* [2] *FIG* ↑ *Unstimmigkeit* roce *m;* **reibungslos** *adj* sin problemas, sin roces

reich *adj* [1] (*Ggs arm*) rico [2] ▷*Ernte* abundante [3] ▷*Erfahrung* mucho

Reich *n* ‹-[e]s, -e› [1] (*König-*) reino *m* [2] *FIG* ↑ *Bereich* terreno *m*

reichen I. *vi* [1] ↑ *genügen* ◇ **mir reicht's** ya es suficiente [2] ↑ *sich erstrecken* alcanzar II. *vt* → *Hand* dar

reichhaltig *adj* abundante; **reichlich** I. *adj* ↑ *üppig* abundante II. *adv* ↑ *ziemlich* bastante; **Reichtum** *m* ‹-s, Reichtümer› riqueza *f*

Reichweite *f* alcance *m*

reif *adj* [1] ▷*Obst* maduro [2] ▷*Mensch* adulto [3] ▷*Leistung* bueno [4] *FAM* ◇ ~ **für die Insel sein** necesitar estar solo

Reif [1] *m* ‹-[e]s› (*Rauh-*) escarcha *f*

Reif [2] *m* ‹-[e]s, -e› (*Haar-*) diadema *f*

Reife *f* ‹-› [1] (*Ernte*) para su recogida [2] (*von Mensch*) madurez *f* [3] (*Hochschul-*) bachillerato *m* con selectividad; **reifen** *vi* madurar

Reifen *m* ‹-s, -› AUTO neumático *m*

Reifeprüfung *f* selectividad *f;* **Reifezeugnis** *n* título *m* de bachillerato con selectividad

Reihe *f* ‹-, -n› [1] ↑ *Serie* serie *f;* ◇ **der ~ nach** uno por uno [2] (*Menge*) tanda *f* [3] (*Sitz-*) fila *f* [4] ◇ **an der ~ sein** tocar/ser el turno; **reihen** *vt:* ◇ **aneinander~** ensartar; **Reihenfolge** *f:* ◇ **numerische ~** orden *m* numérico; **Reihenhaus** *n* chalé *m* adosado

Reiher *m* ‹-s, -› garza *f*

Reim *m* ‹-[e]s, -e› [1] (*in Gedicht*) rima *f* [2] *FIG* ◇ **sich einen ~ machen** comprender; **reimen** *vt* rimar

rein I. = *FAM* **herein, hinein** II. *adj* [1] ↑ *sauber* límpio [2] ↑ *pur* puro III. *adv:* ◇ ~ **zufällig** de pura casualidad

Rein- *in Zusammensetzungen* COMM neto

Rein[e]machefrau *f* ↑ *Putzfrau* limpiadora *f*

Reinfall *m FAM* fracaso *m*

Reinheit *f* [1] ↑ *Sauberkeit* limpieza *f* [2] *FIG* ↑ *Unverfälschtheit* pureza *f*

reinigen *vt* [1] ↑ *säubern* limpiar [2] → *Textilien* limpiar en seco; **Reinigung** *f* [1] ▷*gründlich* limpieza *f* [2] (*Textil-*) limpieza *f* en seco

reinlegen *vt FAM* engañar

reinlich *adj* ▷*Mensch* aseado; ▷*Zimmer* limpio; **Reinlichkeit** *f* limpieza *m*

reinrassig *adj* de raza

reinwaschen *unreg vr* ◇ **sich** ~ probar su inocencia

Reis *m* ‹-es, -e› (*Getreide*) arroz *m*

Reise *f* ‹-, -n› [1] (*Urlaubs-*) viaje *m* [2] *FIG* ↑ *langer Weg* trayecto *m;* **Reiseandenken** *n* recuerdo *m;* **Reisebüro** *n* agencia *f* de viajes; **reisefertig** *adj* listo para ir de viaje; **Reiseführer(in** *f*) *m* [1] (*Person*) guía *m/f* [2] (*Handbuch*) guía *f* de viajes; **Reisegesellschaft** *f* grupo *m* de pasajeros [de un viaje organizado]; **Reisekosten** *pl* gastos *m/pl* del viaje; **Reiseleiter(in** *f*) *m* guía *m/f* turístico; **reisen** *vi* viajar, ir de viaje (*nach* a); **Reisende(r)** *fm* viajero(/a) *m;* **Reisepaß** *m* pasaporte *m;* **Reisescheck** *m* cheque *m* de viaje, traveller checks *m/pl;* **Reiseveranstalter(in** *f*) *m* agente *m/f* de viajes; **Reiseverkehr** *m* turismo *m;* **Reisewetter** *n* tiempo *m* atmosférico; **Reiseziel** *n* destino *m*

Reisig *n* ‹-s› leña *f*

Reißaus *m:* ◇ ~ **nehmen** salir disparado/corriendo

Reißbrett *n* tablero *m* de dibujo

reißen ‹riß, gerissen› **I.** *vt* [1] ↑ *zerreißen* romper [2] *FAM* → *Witz* bromear [3] ← *Raubtier* desgarrar [4] ◇ **an sich** ~ apoderarse de [5] *FIG* ◇ **sich um etw** ~ esforzarse por algo **II.** *vi* [1] ← *Faden* rasgar [2] *FIG* ← *Geduld* acabar

reißend *adj* [1] ▷*Strom* fuerte [2] COMM masivo

reißerisch *adj* llamativo, que llama la atención, que salta a los ojos

Reißleine *f* cuerda *f* de desgarre

Reißnagel *m* chincheta *f*

Reißverschluß *m* cremallera *f*

Reißzwecke *f* chincheta *f*

reiten ‹ritt, geritten› **I.** *vt* → *Pferd* montar **II.** *vi* cabalgar, ir/montar a caballo; **Reiter(in** *f*) *m* ‹-s, -› jinete *m/f;* (*nur Frau*) amazona *f;* **Reithose** *f* pantalón *m* de montar; **Reitpferd** *n* caballo *m* de monta; **Reitstiefel** *m* bota *f* de montar

Reiz *m* ‹-es, -e› [1] ▷*optisch* estímulo *m* [2] ↑ *Herausforderung* aliciente *m*

reizbar *adj* irritable, nervioso; **Reizbarkeit** *f* irritabilidad *f;* **reizen** *vt* [1] → *Haut* escocer, picar [2] ↑ *herausfordern* incentivar

reizend *adj* [1] ▷*Person* encantador [2] ▷*Säure* corrosivo

Reizgas *n* gas *m* lacrimógeno; **reizlos** *adj* sin interés, aburrido; **Reizthema** *n* tema *m* palpitante

reizvoll *adj* sugestivo

Reizwäsche *f* ropa *f* interior erótica

rekeln *vr* ◇ **sich** ~ ↑ *sich strecken* estirarse

Reklamation *f* reclamación *f*

Reklame *f* ‹-, -n› anuncio *m*

reklamieren I. *vi* ↑ *beanstanden* presentar una reclamación **II.** *vt* → *Päckchen* reclamar

rekonstruieren *vt* reconstruir

Rekonvaleszenz *f* convalecencia *f*

Rekord *m* ‹-[e]s, -e› récord *m;* **Rekordleistung** *f* récord *m,* marca *f*

Rekrut *m* ‹-en, -en› MIL recluta *m;* **rekrutieren I.** *vt* → *Soldaten* reclutar **II.** *vr* ◇ **sich** ~ ↑ *zusammensetzen* componerse (*aus akk* de)

Rektor(in *f*) *m* (*von Schule*) director(a *f*) *m;* (*von Hochschule*) rector(a *f*) *m;* **Rektorat** *n* (*von Schule*) dirección *f;* (*von Hochschule*) rectorado *m*

Relais *n* ‹-, -› TECH relé *m,* relevador *m*

Relation *f* relación *f;* **relational** *adj* PC de relación

relativ *adj* relativo; **relativieren** *vt* relativizar; **Relativität** *f* relatividad *f*

relaxen *vi FAM* relajarse

relevant *adj* relevante

Relief *n* ‹-s, -s› relieve *m*

Religion *f* religión *f;* **religiös** *adj* [1] ▷*Person* piadoso, religioso [2] (*Frage*) religioso

Relikt *n* ‹-[e]s, -e› resto *m*

Reling *f* ‹-, -s› borda *f*

Reliquie *f* reliquia *f*

Rem *n* ‹-, -› rem *m*

Ren *n* ‹-s, -s *o.* -e› reno *m*

Rendezvous *n* ‹-, -› cita *f*

renitent *adj* obstinado, tozudo

Rennbahn *f* hipódromo *m;* **rennen** ‹rannte, gerannt› *vi* [1] ↑ *schnell laufen* correr [2] ◇ **gegen etw/jdn** ~ chocar con algo/alguien; **Rennen** *n* ‹-s, -› [1] carrera *f* [2] *FIG* ◇ **im** ~ **sein** competir; **Rennfahrer(in** *f*) *m* piloto *m/f* de carreras

renommiert *adj* famoso, de renombre

renovieren *vt* renovar; **Renovierung** *f* renovación *f*

rentabel *adj* rentable; **Rentabilität** *f* rentabilidad *f*

Rente *f* ‹-, -n› renta *f,* pensión *f;* ◇ **in** ~ **gehen** retirarse

rentieren *vr* ◇ **sich ~** ser rentable
Rentner(in *f*) *m* ‹-s, -› pensionista *m/f*
reparabel *adj* reparable; **Reparatur** *f* reparación *f;* **reparaturbedürftig** *adj* averiado; **Reparaturwerkstatt** *f* taller *m* de reparaciones; **reparieren** *vt* reparar, arreglar
Repertoire *n* ‹-s, -s› repertorio *m*
Report *m* informe *m*
Reportage *f* ‹-, -n› reportaje *m;* **Reporter(in** *f*) *m* ‹-s, -› (*Fernseh~*) reportero(/a) *m;* (*Zeitungs~*) periodista *m/f*
Repräsentant(in *f*) *m* representante *m/f;* **repräsentativ** *adj* representativo; **repräsentieren** I. *vt* [1] → *Firma* representar [2] → *Wert* mostrar, dar II. *vi* ↑ *wirkungsvoll auftreten* representar
Repressalien *pl* represalias *f/pl*
Reproduktion *f* [1] (*eines Bildes*) reproducción *f* [2] *FIG* ↑ *Wiedergabe* repetición *f;* **reproduzieren** *vt* [1] ↑ *kopieren* reproducir [2] ↑ *wiedergeben* repetir
Reptil *n* ‹-s, -ien› reptil *m*
Republik *f* POL república *f;* **Republikaner(in** *f*) *m* ‹-s, -› [1] ↑ *Republikanhänger* republicano (/a) [2] ↑ *ultrarechte Partei in BRD* derechista *m/f;* **republikanisch** *adj* [1] ▷ *Gesinnung* republicano [2] ▷ *Partei* derechista
Reservat *n* reserva *f* natural;
Reserve *f* ‹-, -n› ↑ *Ersatz*, MIL reserva *f;* **Reserverad** *n* AUTO rueda *f* de repuesto; **Reservespieler(in** *f*) *m* suplente *m/f;* **Reservetank** *m* AUTO depósito *m* de reserva; **reservieren** *vt* reservar; **reserviert** *adj* reservado; **Reservist** *m* MIL reservista *m*
Reservoir *n* ‹-s, -e› reserva *f*
Residenz *f* residencia *f;* **residieren** *vi* residir
Resignation *f* resignación *f;* **resignieren** *vi* resignarse
resolut *adj* resuluto, decidido
Resolution *f* resolución *f*
Resonanz *f* [1] ↑ *Widerhall* resonancia *f* [2] *FIG* ↑ *Anklang* acogida *f*
Resozialisierung *f* reinserción *f*
Respekt *m* ‹-[e]s› respeto *m;* **respektabel** *adj* respetable; **respektieren** *vt* respetar; **respektlos** *adj* sin respeto; **respektvoll** *adj* respetuoso
Ressort *n* ‹-s, -s› especialidad *f*
Rest *m* ‹-[e]s, -e› [1] ▷ *noch verwendbar* resto *m* [2] unverwendbar *restos m/pl* [3] *FIG* ◇ **jd-m den ~ geben** arruinar a alguien
Restaurant *n* ‹-s, -s› restaurante *m*
restaurieren *vt* restaurar
restlich *adj* restante; **restlos** *adj* completo
Restrisiko *n* riesgo *m* mínimo
Resultat *n* resultado *m*
Retorte *f* ‹-, -n› alambique *m;* **Retortenbaby** *n* niño *m* probeta
retten *vt* [1] (*aus Gefahr*) salvar [2] ↑ *erhalten* conservar; **Rettung** *f* [1] ↑ *Befreiung* salvación *f* [2] ↑ *Bewahrung* conservación *f;* **Rettungsboot** *n* bote *m* salvavidas; **Rettungsring** *m* salvavidas *m;* **rettungslos** *adj* perdido, sin salvación
retuschieren *vt* FOTO retocar
Reue *f* ‹-› arrepentimiento *m;* **reuen** *vt:* ◇ **es reut mich** me arrepiento de
Revanche *f* ‹-, -n› [1] ↑ *Vergeltung* desquite *m* [2] SPORT revancha *f;* **revanchieren** *vr* ◇ **sich ~** [1] ↑ *vergelten* desquitarse [2] (*für Gefallen*) devolver
Revers *m o s* ‹-, -› solapa *f*
revidieren *vt* JURA *auch FIG* revisar
Revier *n* ‹-s, -e› [1] ↑ *Gebiet* distrito *m* [2] (*Polizei~*) comisaría *f*
Revision *f* JURA *auch FIG* revisión *f*
Revolte *f* ‹-, -n› revuelta *f*
Revolution *f* revolución *f;* **Revolutionär(in** *f*) *m* revolucionario(/a) *m;* **revolutionieren** *vt* revolucionar
Revolver *m* ‹-s, -› revólver *m*
rezensieren *vt* hacer una reseña de; **Rezension** *f* reseña *f* literaria
Rezept *n* ‹-[e]s, -e› receta *f;* **rezeptpflichtig** *adj* con receta médica
rezitieren *vt* recitar
Rhabarber *m* ‹-s› ruibargo *m*
Rhein *m* (*Fluß*) Rin *m*
Rhesusfaktor *m* MED factor *m* Rhesus
Rhetorik *f* retórica *f;* **rhetorisch** *adj* retórico
Rheuma *n* ‹-s› MED reuma *m*
rhythmisch *adj* MUS rítmico; **Rhythmus** *m* MUS ↑ *Gleichmaß* ritmo *m*
richten I. *vt* [1] → *Blick* dirigir (*auf akk* a) [2] → *Pistole* apuntar (*auf akk* a) [3] → *Essen* preparar [4] JURA juzgar [5] *FIG* → *Worte* dirigir (*an akk* a) [6] → *Zähne* arreglar II. *vr:* ◇ **sich ~ nach** regirse por; **Richter(in** *f*) *m* ‹-s, -› JURA juez *m/f;* **richterlich** *adj* judicial
richtig I. *adj* [1] ↑ *korrekt* correcto [2] ↑ *passend* adecuado [3] ↑ *echt* verdadero II. *adv* [1] ↑ *tatsächlich* como se debe hacer, bien [2] *FAM* ◇ **~ heiß** bien caliente; **Richtigkeit** *f* [1] corrección *f* [2] ↑ *Echtheit* autenticidad *f;* **Richtigstellung** *f* ↑ *Berichtigung* corrección *f*, rectificación *f;* **Richtlinie** *f* línea *f* a seguir; **Richtpreis** *m* precio *m* orientativo
Richtung *f* [1] dirección *f* [2] ▷ *politisch* tendencia *f*

rieb *impf von* **reiben**

riechen ‹roch, gerochen› **I.** *vt* [1] → *Duft* oler [2] *FIG* ◇ **ich kann ihn nicht** ~ no le puedo aguantar/soportar/tragar [3] *FAM* ◇ **etw nicht ~ können** no poder saber algo [sin haber sido avisado] **II.** *vi* [1] ▷*gut, stark* oler [2] ↑ *duften* oler (*nach* a)

rief *pt von* **rufen**

Riege *f* ‹-, -n› SPORT sección *f*

Riegel *m* ‹-s, -› [1] (*Tür-*) cerrojo *m* [2] *FIG* ◇ ~ **vorschieben** parar, poner el freno [3] (*Schoko-*) chocolatina *f*

Riemen *m* ‹-s, -› [1] (*Leder-*) correa *m* [2] ↑ *Ruder* remo *m*

Riese *m* ‹-n, -n› gigante *m*

rieseln *vi* [1] ← *Wasser* fluir [2] ← *Schnee* caer

Riesenerfolg *m* exitazo *m;* **riesengroß** *adj* enorme, gigantesco; **riesig** *adj* [1] ↑ *sehr groß* enorme, gigantesco [2] *FAM* ↑ *toll* genial, demasiado

riet *impf von* **raten**

Riff *n* ‹-[e]s, -e› acantilado *m*

Rille *f* ‹-, -n› surco *m*

Rind *n* ‹-[e]s, -er› [1] ↑ *Vieh* ganado *m* bovino [2] (GASTR *vom* ~) de vaca

Rinde *f* ‹-, -n› corteza *f*

Rindfleisch *n* carne *f* de vaca; **Rindvieh** *n FAM* animal *m*

Ring *m* ‹-[e]s, -e› [1] (*Diamant-*) anillo *m* [2] (*Box-*) ring *m* [3] (*-straße*) circunvalación *f;* **Ringbuch** *n* cuaderno *m* de anillas

Ringelnatter *f* culebra *f* de agua

ringen ‹rang, gerungen› *vi* [1] (*kämpfen*) luchar [2] ◇ **mit sich** ~ luchar consigo mismo [3] ◇ **nach Luft** ~ respirar

Ringfinger *m* dedo *m* anular; **ringförmig** *adj* circular

Ringkampf *m* SPORT lucha *f* libre

Ringrichter(in *f*) *m* SPORT árbitro *m/f*

ringsum *adv* alrededor; **ringsherum** *adv* en círculo, alrededor

Rinne *f* ‹-, -n› canalón *m;* **rinnen** ‹rann, geronnen› *vi* fluir, correr

Rippe *f* ‹-, -n› ANAT costilla *f*

Risiko *n* ‹-s, -s *o.* Risiken› riesgo *m;* **Risikogruppe** *f* grupo *m* de riesgo; **riskant** *adj* arriesgado; **riskieren** *vt* arriesgar

riß *impf von* **reißen**

Riß *m* ‹Risses, Risse› [1] (*in Wand*) grieta *f* [2] (*in Haut*) estria *f;* (*in Stoff*) roto *m* [3] (*in Muskel*) desgarro *m;* **rissig** *adj* [1] ▷*Material* roto, desgarrado [2] ▷*Haut* estriado

ritt *impf von* **reiten**

Ritt *m* ‹-[e]s, -e› paseo *m* a caballo; **rittlings** *adv* a horcajadas

Ritus *m* ‹-, Riten› *auch FIG* rito *m*

Ritze *f* ‹-, -n› grieta *f,* rayón *m;* **ritzen** *vt* arañar

Rivale *m* ‹-n, -n› rival *m;* **Rivalin** *f* rival *f;* **rivalisieren** *vi* rivalizar; **Rivalität** *f* rivalidad *f*

Robbe *f* ‹-, -n› foca *f*

Robe *f* ‹-, -n› JURA toga *f*

Roboter *m* ‹-s, -› robot *m,* autómata *m*

robust *adj* [1] ↑ *kräftig* fuerte [2] ↑ *widerstandsfähig* robusto

roch *impf von* **riechen**

röcheln *vi* respirar con dificultad

Rock I. *m* ‹-[e]s, Röcke› [1] (*Damen-*) falda *f* [2] ↑ *Jacke* chaqueta *f* **II.** *m* ‹-s, -s› (*Musikart*) rock *m*

Rockband *f* ‹-, -s› grupo *m* de rock; **Rocker(in** *f*) *m* roquero(/a)

Rodelbahn *f* pista *f* de trineos; **rodeln** *vi* ir en trineo

roden *vt* roturar

Roggen *m* ‹-s, -› centeno *m*

roh *adj* [1] ▷*Fleisch* crudo [2] ▷*Sitten* bárbaro, brutal; **Rohbau** *m* ‹-s, -ten› esqueleto *m* de un edificio; **Rohling** *m* persona *f* inculta/tosca; **Rohmaterial** *n* materia *f* prima; **Rohöl** *n* crudo *m*

Rohr *n* ‹-[e]s, -e› [1] (*Ofen-*) tubo *m* [2] (*Bambus-*) caña *f* [3] (*von Kanone*) cañon *m;* **Rohrbruch** *m* rotura *f* de la cañería

Röhre *f* ‹-, -n› [1] ↑ *Rohr* tubo *m* [2] (*Back-*) horno *m* [3] *FAM* ↑ *Fernsehen* válvula *f*

Rohrmöbel *n* mueble *m* de caña

Rohseide *f* seda *f* natural

Rohstoff *m* materia *f* originaria

Rokoko *n* ‹-s› rococó *m*

Rolladen *m* persiana *f*

Rollbrett *n* patinete *m*

Rolle *f* ‹-, -n› [1] (*Papier-*) rollo *m* [2] (*Zwirn-*) bobina *f* [3] ↑ *Walze* rodillo *m* [4] (*im Schauspiel*) papel *m* [5] *FIG* ↑ *Funktion* papel *m,* rol *m;* ◇ **eine ~ spielen** jugar un papel [importante] [6] SPORT voltereta *f;* **rollen I.** *vi* [1] ← *Kugel* rodar [2] ← *Wagen* arrollar **II.** *vt* [1] ↑ *schieben* empujar [2] → *Teppich* enrollar **III.** *vr* ◇ **sich** ~ [1] ← *Geldschein* enrollarse [2] (*zur Seite*) hacer sitio; **Rollentausch** *m* cambio *m* de los roles/papeles; **Rollenverteilung** *f* [1] (*im Theater*) reparto *m* [de papeles] [2] (*in Ehe etc.*) reparto *m* [de funciones]

Roller *m* ‹-s, -› [1] (*Motor-*) scooter *m* [2] (*Kinder-*) patinete *m* [3] (*Welle*) rompiente *f*

Rollfeld *n* pista [de despegue, de aterrizaje] *f*

Rollmops *m* GASTR arenque *m* en escabeche

Rollschuh *m* patín *m* de ruedas; **Rollstuhl** *m* silla *f* de ruedas; **Rolltreppe** *f* escalera *f* mecánica

Roman *m* ‹-s, -e› novela *f*
Romantik *f* [1] (*Epoche*) romanticismo *m* [2] *FIG* ◇ **Sinn für - haben** ser romántico; **Romantiker(in** *f*) *m* ‹-s, -› romántico(/a); **romantisch** *adj* romántico
Romanze *f* ‹-, -n› romance *m*
Römer(in *f*) *m* ‹-s, -› [1] ↑ *Bewohner Roms* romano(/a) [2] (*Weinglasart*) copa *f* de cristal
röntgen *vt* hacer una radiografía; **Röntgenaufnahme** *f* radiografía *f;* **Röntgenstrahlen** *pl* rayos *m/pl* X
rosa ‹inv› *adj* rosa
Rose *f* ‹-, -n› rosa *f*
Rosenkohl *m* col *f* de Bruselas
Rosenkranz *m* rosario *m*
Rosenmontag *m* lunes *m* de carnaval
Rosette *f* roseta *f*
rosig *adj* [1] ▷*Gesichtsfarbe* sonrosado [2] *PEJ* ▷*Aussichten* de color rosa
Rosine *f* uva *f* pasa
Roß *n* ‹Rosses, Rosse *o.* Rösser› caballo *m*
Rost *m* ‹-[e]s, -e› [1] (*vom Grill*) parrilla *f;* (*Gitter-*) reja *f* [2] ↑ *Oxidation* óxido *m;* **rosten** *vi* oxidarse
rösten *vt* tostar
rostfrei *adj* inoxidable; **rostig** *adj* oxidado; **Rostschutz** *m* antioxidante *m*
rot *adj* [1] rojo; ◇ **R-e Armee Fraktion** Fracción de la Armada Roja [grupo terrorista en Alemania] [2] (*erröten*) ◇ **- werden** ponerse rojo
Rotation *f* rotación *f*
rotblond *adj* rojizo
Röte *f* ‹-› [1] (*Morgen-*) color *m* rojo [2] (*Schames-*) sonrojo *m,* rubor *m*
Röteln *pl* MED rubéola *f*
röten I. *vt* ↑ *rot färben* teñir de rojo **II.** *vr* ◇ **sich -** ↑ *rot werden* ponerse rojo; **rothaarig** *adj* pelirrojo
rotieren *vi* [1] ↑ *sich drehen* girar [2] ↑ *nachrükken* rotar [3] *FAM* ◇ **vor Arbeit -** estar muy ocupado, estar muy agobiado [de trabajo]
Rotkehlchen *n* petirrojo *m*
Rotstift *m* lápiz *m* rojo
Rotwein *m* vino *m* tinto
Rotz *m* ‹-es, -e› *FAM* moco *m*
Roulade *f* GASTR filete *m* relleno enrollado
Route *f* ‹-, -n› ruta *f*
Routine *f* [1] ↑ *Übung* práctica *f;* ◇ **- haben** tener práctica [2] (*tägliche -*) ↑ *Gewohnheit* rutina *f*
Rowdy *m* camorrista *m*
Rübe *f* ‹-, -n› [1] (*Mohr-*) remolacha *f* [2] *FAM* ↑ *Kopf* coco *m*
Rubin *m* ‹-s, -e› rubí *m*
Rubrik *f* columna *f*
Ruck *m* ‹-[e]s, -e› [1] ↑ *Stoß* golpe *m,* empujón *m* [2] ▷*politisch* giro *m* [3] *FIG* ◇ **sich einen - geben** superarse
rückbezüglich *adj* reflexivo
rückblenden *vi* echar la vista atrás, recordar el pasado
rückblickend *adj* mirando el pasado, en retrospectiva
rücken I. *vt* → *Möbel* mover **II.** *vi* (*Platz machen*) apartar, hacer sitio
Rücken *m* ‹-s, -› [1] ANAT espalda *f* [2] (*Berg-*) loma *f* [3] (*Buch-*) lomo *m;* **Rückendeckung** *f:* ◇ **- geben** cubrir; **Rückenlehne** *f* respaldo *m;* **Rückenschwimmen** *n* estilo *m* espalda; **Rückenwind** *m* viento *m* de cola
Rückerstattung *f* devolución *f*
Rückfahrt *f* viaje *m* de vuelta
Rückfall *m* [1] (*in Krankheit*) recaída *f* [2] (*bei Straftat*) reincidencia *f;* **rückfällig** *adj:* ◇ **- werden** ser reincidente
Rückfrage *f* demanda *f*
Rückgabe *f* devolución *f*
Rückgang *m* [1] (*Temperatur-*) descenso *m* [2] (*Bevölkerungs-*) disminución *f;* **rückgängig** *adj:* ◇ **etw - machen** anular, invalidad
Rückgrat *n* ‹-[e]s, -e› [1] ↑ *Wirbelsäule* columna *f* vertebral [2] *FIG* ◇ **jdm das - brechen** someter a alguien
Rückgriff *m* recurso *m*
Rückhalt *m* [1] ↑ *Reserve* reserva *f* [2] ↑ *Stütze* apoyo *m;* **rückhaltlos** *adj* incondicional
Rückkehr *f* ‹-, -en› regreso *m*
Rücklage *f* reserva *f*
rückläufig *adj* [1] ▷*Entwicklung* recesivo [2] ▷*Bewegung* regresivo
Rücklicht *n* AUTO luz *f* trasera
rücklings *adv* de espaldas
Rücknahme *f* ‹-, -n› recogida *f*
Rückreise *f* viaje *m* de vuelta
Rückruf *m* repetición *f* de la llamada
Rucksack *m* mochila *f;* **Rucksacktourist(in** *f*) *m* turista *m/f* que viaja con saco de dormir y mochila
Rückschlag *m* recaída *f*
Rückschluß *m* conclusión *f*
Rückschritt *m* retroceso *m;* **rückschrittlich** *adj* recesivo
Rückseite *f* (*von Buch*) reverso *m;* (*von Formular*) dorso *m;* (*von Haus*) parte *f* posterior
Rücksicht *f* consideración *f;* ◇ **- nehmen auf** *akk* tener respeto por; **rücksichtslos** *adj* [1] ↑ *selbstsüchtig* desconsiderado [2] ↑ *grob* tosco; **rücksichtsvoll** *adj* considerado
Rücksitz *m* AUTO asiento *m* trasero; **Rückspiegel** *m* AUTO retrovisor *m*

Rückspiel *n* SPORT partido *m* de vuelta
Rücksprache *f* entrevista *f*
Rückstand *m* [1] ↑ *Rest* resto *m* [2] ◇ **im ~ sein** (*von Zahlung*) retrasar [el pago]; (*in Arbeit*) ir atrasado [en el trabajo]; **rückständig** *adj* [1] ↑ *altmodisch* pasado [2] ▷*Zahlungen* atrasado
Rückstrahler *m* ‹-s, -› AUTO catafaro *m*
Rücktaste *f* tecla *f* de retroceso
Rücktritt *m* [1] (*von Minister*) dimisión *f* [2] (*~bremse an Fahrrad*) freno *m*
Rückvergütung *f* [1] ↑ *Rückzahlung* devolución *f* [2] COMM reembolso *m*
rückwärtig *adj* posterior
rückwärts *adv* hacia atrás; **Rückwärtsgang** *m* AUTO marcha *f* atrás
rückwirkend *adj* retroactivo
Rückzahlung *f* devolución *f*
Rückzug *m* retirada *f*
rüde *adj* grosero
Rüde *m* ‹-n, -n› macho *m*
Rudel *n* ‹-s, -› manada *f*
Ruder *n* ‹-s, -› [1] ↑ *Steuer* timón *m* [2] (*FIG Staats~*) poder *m;* **Ruderboot** *n* barca *f* [de remos]; **Ruderer** *m* ‹-s, -› remero *m;* **Ruderin** *f* remera *f;* **rudern I.** *vt* → *Boot* remar **II.** *vi* [1] (*in Boot*) remar [2] ◇ **mit den Armen ~** mover los brazos haciendo círculos
Ruf *m* ‹-[e]s, -e› [1] ↑ *Rufen* grito *m* [2] ↑ *Berufung* vocación *f* [3] ↑ *Ansehen* fama *f;* **rufen** ‹rief, gerufen› **I.** *vi* [1] ↑ *schreien* gritar [2] (*zum Essen*) llamar **II.** *vt* [1] → *Namen* llamar [2] → *Arzt* llamar, avisar; **Rufname** *m* nombre *m* de pila; **Rufnummer** *f* número *m* de teléfono; **Rufzeichen** *n* [1] (*am Telefon*) llamada *f* [2] (*Funk*) señal *f*
Rüge *f* ‹-, -n›: ◇ **jd-m eine ~ erteilen** regañar a -alguien; **rügen** *vt* regañar, reprender
Ruhe *f* ‹-› [1] ↑ *Stille* calma *f* [2] ↑ *Stillstand* reposo *m* [3] ↑ *Entspannung* descanso *m* [4] ↑ *Ausgeglichenheit* paz *f*, tranquilidad *f;* **ruhelos** *adj* inquieto; **ruhen** *vi* [1] ↑ *erholen* descansar [2] ↑ *begraben sein* reposar, descansar [3] ← *Arbeit* descansar; **Ruhepause** *f* descanso *m;* **Ruhestand** *m* jubilación *f;* **Ruhestätte** *f:* ◇ **letzte ~** último lugar de reposo; **Ruhestörung** *f* alboroto *m*, perturbación *f;* **Ruhetag** *m:* ◇ **heute ~** cerrado por descanso; **ruhig I.** *adj* [1] ↑ *schweigsam* sileciso [2] ↑ *unbeweglich* reposado [3] ↑ *ausgeglichen* tranquilo [4] ↑ *entspannt* suelto **II.** *adv* (*ohne weiteres*): ◇ **sag das ~!** ¡dilo tranquilamente!
Ruhm *m* ‹-[e]s› fama *f;* **rühmen I.** *vt* ↑ *loben* alabar **II.** *vr* ◇ **sich ~** ↑ *angeben* alabarse; **rühmlich** *adj* glorioso; **ruhmlos** *adj* sin gloria
Ruhr *f* ‹-› MED disentería *f*
Rührei *n* GASTR huevos *m/pl* revueltos
rühren I. *vt* → *Teig* amasar **II.** *vr* ◇ **sich ~** [1] ↑ *bewegen* moverse [2] ↑ *melden* avisar **III.** *vi* [1] ↑ *Mitleid erregen* tocar la fibra sensible [2] (*Folge*) venir; ◇ **~ von** venir de; **rührend** *adj* conmovedor; **rührig** *adj* activo; **rührselig** *adj* [1] ↑ *sentimental* sentimental [2] ↑ *weinerlich* sensiblero; **Rührung** *f* emoción *f*
Ruin *m* ‹-s› ruina *f;* ◇ **in den ~ treiben** estar en la ruina
Ruine *f* ‹-, -n› ruinas *f/pl*
ruinieren *vt* arruinar
rülpsen *vi* eructar
Rum *m* ‹-s, -s› ron *m*
Rumäne *m* ‹-n, -n› rumano *m;* **Rumänin** *f* rumana *f;* **Rumänien** *n* Rumania *f;* **rumänisch** *adj* rumano
rumhängen *unreg vi FAM* dar vueltas, estar cruzado de manos
Rummel *m* ‹-s› [1] ↑ *Jahrmarkt* ferias *ferias* [2] (*FAM Weihnachts~*) barullo *m*, jaleo *m*
rumoren *vi* hacer ruido, crujir
Rumpelkammer *f* trastero *m*
rumpeln *vi* [1] ↑ *poltern* armar jaleo [2] ↑ *holpern* traquetear
Rumpf *m* ‹-[e]s, Rümpfe› [1] (*des Körpers*) tronco *m* [2] (*von Flugzeug*) fuselaje *m;* (*von Schiff*) casco *m*
rümpfen *vt* hacer un respingo
Run *m* ‹-s, -s› asalto (*auf akk* a)
rund I. *adj* [1] ▷*Ball* redondo [2] ↑ *dick* gordo [3] *FIG* ◇ **~e Sache** perfecto, redondo [negocio] **II.** *adv* [1] ◇ **~ 125 Mark** alrededor de 125 marcos, unos 125 marcos [2] ◇ **~ um die Uhr** el día entero; **Rundbrief** *m* circular *f*
Runde *f* ‹-, -n› [1] (*laufen*) vuelta *f* [2] ↑ *Gruppe* grupo *m* [3] (*von Getränken*) ronda *f*
runden *vt* redondear
runderneuert *adj* AUTO recauchado
Rundfahrt *f* vuelta *f* en coche
Rundfunk *m* radio *f;* **Rundfunkgebühr** *f* cuota *f* por servicio radiofónico
rundlich *adj* rellenito
Rundreise *f:* ◇ **~ durch Europa** viaje *m* por toda europa
Rundung *f* forma *f* redonda
runter = *FAM* **herunter, hinunter**
runzelig *adj* rugoso; **runzeln** *vt:* ◇ **die Stirn ~** fruncir el ceño
Rüpel *m* ‹-s, -› grosero *m;* **rüpelhaft** *adj* grosero
rupfen *vt* desplumar
ruppig *adj* mal educado
Rüsche *f* ‹-, -n› (*Stoffbesatz*) volante *m*

Ruß *m* ‹-es› hollín *m;* **rußen** *vi* ennegrecerse
Russe *m* ‹-n, -n› ruso *m*
Rüssel *m* ‹-s, -› (*Elefanten~*) trompa *f*
Russin *f* rusa *f;* **russisch** *adj* ruso; **Russisch** *n*(*Sprache*) ruso *m;* **Rußland** *n* Rusia *f*
rüsten I. *vi* MIL armar **II.** *vt* (*für Reise*) equipar **III.** *vr* ◇ **sich ~** prepararse (*zu* para)
rüstig *adj* robusto
Rüstung *f* [1] MIL armamento *m* [2] (*Ritter~*) armadura *f;* **Rüstungskontrolle** *f* control *m* armamentístico
Rüstzeug *n* [1] ↑ *Werkzeug* herramienta *f* [2] *FIG* ↑ *Kenntnisse* preparación *f*
Rute *f* ‹-, -n› varilla *f*
Rutsch *m* ‹-[e]s, -e› [1] (*Berg~*) desprendimiento *m* [2] (*kurze Reise*) escapada *f* [3] ◇ **guten ~ ins Neujahr!** ¡buena entrada de año!
Rutsche *f* tobogán *m;* **rutschen** *vi* resbalar; **rutschig** *adj* resbaladizo
rütteln I. *vt* ↑ *schütteln* sacudir **II.** *vi* (*an Tür*) dar golpes

S

S, s *n* S, s *f*
Saal *m* ‹-[e]s, Säle› (*Tanz~*) salón *m;* (*Sitzungs~*) sala *f*
Saat *f* ‹-, -en› [1] siembra *f* [2] sembrado *m* [3] semillas *f/pl*, simiente *f;* **Saatgut** *n* ‹-› semilla *f;* grano *m*
sabbern *vi* [1] *FAM* ← *Kleinkind* babear [2] cotorrear; ◇ **dummes Zeug ~** decir bobadas
Sabotage *f* ‹-, -n› sabotage *m;* ◇ **~ betreiben** sabotear; **Sabotageakt** *m* acto *m* de sabotage
Sachbearbeiter(in *f*) *m* encargado/a; **sachdienlich** *adj* útil; ◇ **-e Hinweise** indicaciones oportunas
Sache *f* ‹-, -n› [1] ↑ *Ding* cosa *f;* ↑ *Gegenstand* objeto *m;* ◇ **das sind meine ~n** esas son cosas mías [2] JURA ↑ *Besitztum* ▷*unbeweglich* inmueble *m;* ▷*beweglich* efectos *m/pl* personales [3] ↑ *Angelegenheit* asunto *m;* ◇ **~ der Polizei** asunto policial; ◇ **das ist seine ~** es un asunto suyo [4] ◇ **bei der ~ sein** estar concentrado, prestar atención; ◇ **sich seiner ~ sicher sein** estar seguro de algo; ◇ **zur ~ kommen** ir al grano [5] ◇ **für e-e edle ~ kämpfen** luchar por una causa noble
Sachgebiet *n* campo *m*, terreno *m;* **sachgemäß** *adj* adecuado, apropiado; **Sachlage** *f* situación *f*, circunstancias *f/pl;* **sachlich** *adj* [1] ↑ *objektiv* realista; ↑ *nüchtern* objetivo, realista [2] ▷*Frage* pertinente
sächlich *adj* GRAM neutro
Sachschaden *m* daños *m/pl* materiales
sacht[**e**] *adv* [1] ↑ *langsam* despacio; ◇ **~ vorgehen** actuar despacio [2] ↑ *kaum spürbar* suave; ◇ **jd-n ~ berühren** tocar suavemente a alguien
Sachverständige(**r**) *fm* experto/a; perito/a
Sack *m* ‹-[e]s, Säcke› [1] ↑ *Beutel* saco *m;* (*Plastik~*) bolsa *f;* (*Post~*) saca *f* [2] *VULG* ◇ **alter ~!** ¡tío!
sadistisch *adj* sádico
säen *vti* [1] sembrar [2] *FIG* ◇ **wer Gewalt sät, wird Gewalt ernten** la violencia sólo produce más violencia
Safari *f* (*auch FIG Foto~*) safari *m*
Safe *m o n* ‹-s, -s› caja *f* fuerte
Saft *m* ‹-[e]s, Säfte› [1] (*Obst~*) zumo *m;* (*Gemüse~, Braten~*) jugo *m;* (*Husten~*) jarabe *m* [2] (*Planzen~*) savia *f;* (*Magen~*) jugo *m;* **saftig** *adj* [1] ▷*Obst* jugoso [2] *FIG* ▷*Rechnung* exorbitante; ▷*Brief* de mal gusto; ▷*Witz* verde; ◇ **e-e ~e Ohrfeige** una señora bofetada; **saftlos** *adj* sin jugo, seco
Sage *f* ‹-, -n› leyenda *f*, mito *m*
Säge *f* ‹-, -n› sierra *f*
sagen *vti* [1] ↑ *äußern* decir; ◇ **jd-m etw ~** decir algo a alguien [2] ↑ *befehlen* ordenar, mandar; ◇ **das S~ haben** tener la voz de mando [3] ↑ *sprechen* hablar; ◇ **Danke ~** dar las gracias; ◇ **etw Dummes ~** decir una tontería [4] ◇ **das Bild sagt mir nichts** el cuadro no me dice nada
sägen *vti* serrar
sagenhaft *adj FAM* genial, maravilloso, fabuloso; ◇ **das ist ja ~!** ¡es genial!; **Sagenkreis** *m* ciclo *m* de leyendas
Sägewerk *n* aserradero *m*
sah *impf von* **sehen**
Sahne *f* ‹-› nata *f*, crema *f*
Saison *f* ‹-, -s› ↑ *Jahreszeit* estación *f;* ↑ *Hauptbetriebszeit* temporada *f*
Saite *f* ‹-, -n› MUS cuerda *f*
Sakko *m o n* ‹-s, -s› chaqueta *f* americana
Sakrament *n* sacramento *m*
Salami *f* ‹-, -s› salami *m*, salchichón *m*
Salat *m* ‹-[e]s, -e› [1] (FLORA *Kopfsalat*) lechuga *f* [2] (GASTR *Gericht*) ensalada *f* [3] *FAM* ↑ *Gewirr* ◇ **Kabel~** jaleo *m* de cables; **Salatgurke** *f* pepino *m;* **Salatsoße** *f* salsa *f* para la ensalada
Salbe *f* ‹-, -n› pomada *f;* **salben** *vt* ungir
Saldo *m* ‹-s, Salden› FIN saldo *m*
Salmonellen *pl* salmonela *f*
salopp *adj* descuidado

Salto *m* ⟨-s, Salti⟩ salto *m*

Salut *m* ⟨-[e]s, -e⟩ MIL salva *f* de honor

Salve *f* ⟨-, -n⟩ ① (*Gewehr~*) salva *f* ② (*FIG Lach~*) carcajada *f*

Salz *n* ⟨-es, -e⟩ sal *f;* **salzen** ⟨salzte, gesalzen⟩ *vt* salar; **salzhaltig** *adj* salado, salino; **salzig** *adj* salado; **Salzkartoffeln** *f/pl* patatas *f/pl* hervidas

Samen *m* ⟨-s, -⟩ ① (*Blumen~*) semilla *f* ② ANAT esperma *m*

Sammelband *m* ⟨-bände⟩ antología *f;* **Sammelbestellung** *f* pedido *m* colectivo; **sammeln I.** *vt* ① ↑ *zusammentragen* reunir; → *Antiquitäten* coleccionar; ↑ *horten* acumular ② → *Geld* recaudar, reunir; → *Altpapier* recoger; ◇ **für e-n guten Zweck ~** recaudar con fines benéficos **II.** *vr* ◇ **sich ~** reunirse, concentrarse, acumularse; **Sammlung** *f* ① ↑ *das Sammeln* recolección *f* ② ↑ *Anhäufung* colección *f* ③ *FIG* ↑ *Konzentration* concentración *f*

Samstag *m* sábado *m;* ◇ **[am] ~** el sábado; **samstags** *adv* los sábados

samt *präp dat* (*mit*) con; (*inklusive*) incluso; ◇ **~ und sonders** absolutamente todos

sämtliche *adj* todos

Sand *m* ⟨-[e]s, -e⟩ ① (*Dünen~*) arena *f; FIG* ↑ *nicht weitergehen* ◇ **im ~e verlaufen** quedarse en agua de borrajas ② (*Scheuer~*) polvos *m/pl;* **Sandbank** *f* ⟨-, -bänke⟩ banco *m* de arena; **sandig** *adj* arenoso; **Sandkasten** *m* cajón *m* de arena [para jugar los niños]

sandte *impf von* **senden**

Sanduhr *f* reloj *m* de arena

Sandwich *n* ⟨-[s], -[e]s⟩ sandwich *m*

sanft *adj* ① ↑ *behutsam* cuidadoso; ◇ **jd-n ~ behandeln** tratar a alguien con cuidado ② ↑ *mild* dulce; ↑ *weich* blando; ↑ *gutmütig* bondadoso ③ ▷*Wind* suave

sang *impf von* **singen**

Sänger(in *f*) *m* ⟨-s, -⟩ cantante *m/f*

sanieren I. *vt* ① ↑ *gesundmachen* curar (*von* de) ② → *Betrieb* sanear **II.** *vr* ◇ **sich ~** sanearse; **Sanierung** *f* ↑ *Wiederherstellung* reparación *f;* (*von Unternehmen*) saneamiento *m*

sanitär *adj* higiénico; ◇ **~e Anlagen** *pl* servicios *m/pl*

sank *impf von* **sinken**

Sanktion *f* sanción *f*

sann *impf von* **sinnen**

Sardine *f* (*Öl~*) sardina *f*

Sarg *m* ⟨-[e]s, Särge⟩ ataúd *m,* féretro *m*

sarkastisch *adj* sarcástico; ◇ **e-e ~e Bemerkung** una observación sarcástica

saß *impf von* **sitzen**

Satellit *m* ⟨-en, -en⟩ satélite *m;* **Satellitenstaat** *m* estado *m* satélite

satirisch *adj* satírico

satt *adj* ① ↑ *nicht mehr hungrig* lleno, no poder comer o beber más; ◇ **sich ~ essen** hartarse de comer, saciarse ② ↑ *überdrüssig* harto; ◇ **jd-n/etw ~ sein** [*o.* **haben**] estar harto de alguien/algo; ◇ **sich ~ hören/sehen an** *dat* cansarse de oír/ver algo ③ *FIG* ↑ *selbstzufrieden* satisfecho ④ ▷*Farbe* ▷*Klang* intenso

Sattel *m* ⟨-s, Sättel⟩ ① (*Reit~*) silla *f* de montar; (*Fahrrad~*) sillín *m; FIG* ◇ **fest im ~ sitzen** estar seguro de su puesto ② (*Berg~*) collado *m;* **sattelfest** *adj* ① *FIG* ◇ **~ sein** (*in Kenntnisse*) ser versado en algo ② ▷*moralisch* firme; **satteln** *vt* ensillar

sättigen *vti* ① ↑ *sattmachen* saciar ② *FIG* ↑ *befriedigen* satisfacer ③ CHEM saturar

Satz *m* ⟨-es, Sätze⟩ ① GRAM oración *f* ② (*Lehr~*) sentencia *f* ③ MUS movimiento *m,* composición *f* ④ SPORT tiempo *m* ⑤ TYP composición *f* ⑥ (*Boden~*) sedimento *m* ⑦ COMM (*Zins~*) tipo *m* de interés ⑧ (*von Schüsseln*) juego *m* ⑨ salto *m;* ◇ **e-n ~ machen** dar un salto ⑩ MATH teorema *m* ⑪ JURA párrafo *m;* **Satzteil** *m* parte *f* de la oración

Satzung *f* reglamento *m;* **satzungsgemäß** *adj* conforme al reglamento

Satzzeichen *n* signo *m* de puntuación

Sau *f* ⟨-, Säue⟩ ① *auch FAM* cerda *f,* cochina *f,* marrana *f* ② *VULG* ¡cerdo!; ◇ **jd-n zur ~ machen** poner a alguien como un trapo

sauber *adj* ① ▷*Wohnung* limpio ② ▷*Arbeit* esmerado ③ ◇ **das sind ja ~e Manieren!** ¡esos sí que son buenos modales! ④ *FAM* ◇ **der ist ja nicht ganz ~** no está bien de la cabeza; **sauberhalten** *unreg vt* mantener limpio; **saubermachen** *vti* limpiar, hacer la limpieza; **säubern** *vt* ① ↑ *putzen* limpiar, hacer la limpieza ② *FIG* librar; ◇ **den Staat von politischen Gegnern ~** librar al Estado de enemigos políticos

Sauce *f* ⟨-, -n⟩ salsa *f*

sauer *adj* ① ▷*Zitrone* ácido, agrio; ▷*Wein* avinagrado ② *FAM* ↑ *beleidigt* enfadado, picado; ◇ **~ sein wegen etw** estar enfadado/picado por algo ③ CHEM ↑ *säurehaltig* ácido; ◇ **saurer Regen** lluvia *f* ácida

Sauerei *f* ① *FAM* cochinada *f* ② ↑ *Schweinerei* cerdada *f*

Sauerkraut *n* col *f* fermentada

säuerlich *adj* agrio

Sauerstoff *m* oxígeno *m;* **Sauerstoffgerät** *n* inhalador *m* de oxígeno

Sauerteig *m* levadura *f*

saufen ⟨soff, gesoffen⟩ *vti FAM* empinar el codo; **Sauferei** *f FAM* borrachera *f*

saugen ⟨sog *o.* saugte, gesogen *o.* gesaugt⟩ *vti* [1] chupar; ← *Kind* mamar (*an dat* [2] ↑ *staubsaugen* pasar la aspiradora

Sauger *m* ⟨-s, -⟩ [1] (*auf Flasche*) tetina *f* [2] (*Staub-*) aspirador *m*

Säugetier *n* mamífero *m*

Säugling *m* niño *m* de pecho, lactante *m*, bebé *m*

Saukerl *m FAM* cerdo *m*, puerco *m*

Säule *f* ⟨-, -n⟩ [1] ARCHIT columna *f;* ↑ *Stütze* pilar *m* [2] (*Rauch-*) columna *f* [3] *FIG* ↑ *Stütze* apoyo *m;* ↑ *Hilfe* ayuda *f*

Saum *m* ⟨-[e]s, Säume⟩ [1] (*Rock-*) dobladillo *m* [2] ↑ *Rand* borde *m;* (*Wald-*) linde *f*

Sauna *f* ⟨-, -s⟩ sauna *f;* **saunieren** *vi* ir a la sauna

Säure *f* ⟨-, -n⟩ [1] CHEM ácido *m* [2] acidez *f;* **säurehaltig** *adj* ácido

sausen *vi* [1] ← *Ohren* zumbar [2] ↑ *rennen* correr, ir corriendo; ◇ **um die Ecke** ~ ir corriendo por la esquina [3] *FAM* ◇ **etw ~ lassen** renunciar a algo [4] *FAM* ◇ **durch e-e Prüfung** ~ catear un examen

Saustall *m FAM* pocilga *f*

schaben *vt* raspar

Schabernack *m* ⟨-[e]s, -e⟩ travesura *f*, broma *f*

schäbig *adj* [1] ↑ *armselig* miserable [2] ↑ *abgetragen* usado, gastado [3] *FAM* ▷*Trinkgeld* roñoso

Schablone *f* ⟨-, -n⟩ [1] (*Zeichen-*) plantilla *f;* ↑ *Muster* modelo *m* [2] *FIG* ↑ *Klischee* estereotipo *m;* ◇ **in ~en denken** tener pensamientos estereotipados; **schablonenhaft** *adj FIG* esterriotipado

Schach *n* ⟨-s, -s⟩ [1] ajedrez *m* [2] jaque [al rey] *m;* **Schachfigur** *f* figura *f* de ajedrez; **schachmatt** *adj* [1] jaque mate [2] *FIG* ↑ *erschöpft* molido, hecho polvo; **Schachspiel** *n* juego *m* de ajedrez

Schacht *m* ⟨-[e]s, Schächte⟩ foso *m;* (*Brunnen-*) pozo *m*

Schachtel *f* ⟨-, -n⟩ [1] ↑ *Verpackung* caja *f;* ↑ *Karton* cartón *m;* (*Zigaretten-*) cajetilla *f* [2] *PEJ* ◇ **alte ~!** ¡vieja!

Schachzug *m* [1] (*beim Spiel*) jugada *f* de ajedrez [2] *FIG* ◇ **ein geschickter** ~ una buena jugada

schade I. ⟨inv⟩ *adj* ↑ *bedauerlich* (*nur prädikativ*) pena, lástima; ◇ **es ist ~ um ihn** es digno de lástima; ◇ **sich** *dat* **für etw zu ~ sein** ser demasiado bueno para algo **II.** *interj:* ◇ **schade!** ¡qué pena!

Schädel *m* ⟨-s, -⟩ [1] craneo *m* [2] *FAM* ↑ *Kopf* cabeza *f*

schaden *vi* ↑ *Schaden zufügen* perjudicar, dañar; ◇ **jd-m** ~ perjudicar a alguien; ◇ **das schadet der Gesundheit** esto daña/deteriora su salud; **Schaden** *m* ⟨-s, Schäden⟩ [1] ↑ *Verletzung* (*Personen-*) daño *m* [2] ↑ *Nachteil* perjuicio *m;* ◇ **mehr ~ als Nutzen von etw haben** sufrir más perjuicios que beneficios por algo [3] ↑ *Verlust* pérdidas *f/pl* [4] TECH ↑ *Beschädigung* desperfecto *m*, avería *f* [5] ◇ **durch ~ wird man klug** con los errores se aprende; **Schadenersatz** *m* indemnización *f* por daños y perjuicios; ◇ **jd-m ~ leisten** indemnizar a alguien; **schadenersatzpflichtig** *adj* responsable del daño; **schadenfroh** *adj:* ◇ ~ **sein** alegrarse del mal ajeno

schadhaft *adj* ↑ *beschädigt* deteriorado, defecto; ↑ *kaputt* estropeado, defecto

schädigen *vt* hacer daño, perjudicar; **schädlich** *adj* dañino, perjudicial, malo (*für* para); **Schädling** *m* parásito *m*, animal *m* dañino

schadlos *adj:* ◇ **sich ~ halten an etw** resarcirse de algo

Schadstoff *m* sustancia *f* nociva; **schadstoffarm** *adj* que contamina poco

Schaf *n* ⟨-[e]s, -e⟩ [1] (*Tier*) oveja *f* [2] *FAM* ↑ *Dummkopf* borrico *m;* **Schäfer(in** *f*) ⟨-s, -e⟩ pastor/a

schaffen I. ⟨schuf, geschaffen⟩ *vt* [1] → *Bedingungen* establecer; → *Kunstwerk* crear; → *Einrichtung* hacer, organizar, fundar; ◇ **Platz ~** hacer sitio [2] ↑ *wegbringen* llevar, transportar [3] → *Prüfung* aprobar; → *Arbeit* realizar con éxito; ◇ **sie hat's geschafft** lo ha conseguido/logrado; *FAM* → *Zug* coger [4] *FAM* ◇ **das Wetter schafft mich** este tiempo me hace polvo **II.** *vi* [1] *FAM* ↑ *arbeiten* trabajar [2] ◇ **sich** *dat* **etw** ~ conseguir algo; ◇ **sich zu ~ machen an etw** *dat* ponerse a trabajar en algo

Schaffen *n* ⟨-s⟩ [1] ↑ *Wirken* creación *f;* ↑ *Werk* obra *f* [2] *FAM* ◇ **fröhliches ~!** ¡que trabajes mucho!; **Schaffensdrang** *m* afán *m* de trabajar

Schaffner(in *f*) *m* ⟨-s, -⟩ BAHN revisor *m;* (*Bus-*) cobrador *m*

Schafskäse *m* queso *m* de oveja

Schaft *m* ⟨-[e]s, Schäfte⟩ [1] ↑ *Griff* mango *m* [2] (*Oberteil von Stiefel*) caña *f* [3] (*von Schüssel*) tija *f* [4] FLORA tallo *m*

schäkern *vi* ↑ *scherzen* bromear, vacilarse; ↑ *sich necken* tomar el pelo

schal *adj* [1] ▷*Bier* flojo [2] *FIG* → *Leben* vacío, sin sentido

Schal *m* ⟨-s, -e *o.* -s⟩ bufanda *f*

Schale *f* ⟨-, -n⟩ [1] ↑ *Schüssel* fuente *f;* (*Trink-*) copa *m* [2] (*Nuß-*) cáscara *f;* (*Apfel-*) piel *f;* (*von*

Baum) corteza *f* [3] *FIG* ◇ **e-e rauhe ~ haben** tener la imagen de tipo duro

schälen I. *vt* [1] → *Obst* pelar; → *Nüsse* abrir; → *Eier* quitar la cáscara; → *Baum* quitar la corteza [2] *FIG* ◇ **sich** *dat* **aus etw ~** liberarse de algo **II.** *vr* ◇ **sich ~** pelarse

Schall *m* ‹-[e]s, -e› PHYS ↑ *Schwingung* sonido *m;* ↑ *Widerhall* resonancia *m;* **schalldicht** *adj* insonorizado; **schallend** *adj* ▷*Ohrfeige* sonoro; ◇ **~es Gelächter** carcajada *f;* **Schallmauer** *f* AERO barrera *f* del sonido; **Schallplatte** *f* disco *m;* ◇ **e-e ~ abspielen** tocar un disco; **Schallwelle** *f* onda *f* sonora

schalt *impf von* **schelten**

Schaltbrett *n* ELECTR cuadro *m* de mando; **schalten I.** *vt* conectar **II.** *vi* [1] AUTO cambiar de marcha [2] *FAM* ◇ **schnell ~** reaccionar rápidamente [3] ↑ *handeln* actuar; ◇ **~ und walten** actuar libremente

Schalter *m* ‹-s, -› [1] (*an Gerät*) interruptor *m* [2] (*Post~*) ventanilla *f*

Schalterbeamte(r) *m*, **-beamtin** *f* empleado/a de ventanilla; **Schalterhalle** *f* despacho *m* [de ventanillas]

Schaltjahr *n* año *m* bisiesto

Schaltung *f* [1] ELECTR conexión *f* [2] AUTO caja *f* de cambios; (*Vorgang*) cambio *m* de marcha

Scham *f* ‹-› [1] (*~gefühl*) vergüenza *f* [2] ANAT sexo *m;* **schämen** *vr* ◇ **sich ~** avergonzarse, tener verguenza (*wegen etw/jd-m* por algo/de alguien); **schamhaft** *adj* [1] ↑ *voller Scham* pudoroso [2] ↑ *verschämt* vergonzoso; **schamlos** *adj* [1] ↑ *ohne Scham* impúdico, indecente; ↑ *unverschämt* desvergonzado [2] ↑ *gemein* descarado; ◇ **jd-n ~ ausnutzen** aprovecharse de alguien descaradamente

Schande *f* ‹-› vergüenza *f*, deshonra *f;* **Schandfleck** *m* [1] *FIG* escándalo *m*, deshonra *f;* ◇ **das alte Haus ist ein ~ in der Stadt** la casa vieja es un escádalo en la ciudad [2] oveja *f* negra, vergüenza *f*

schändlich *adj* [1] ▷*Tat* vergonzoso, deshonroso [2] ▷*Verhalten* escandaloso; **Schandtat** *f* [1] infamia *f* [2] *FAM* ↑ *Unfug* locura *f;* ◇ **zu jeder ~ bereit sein** estar dispuesto a cualquier cosa

Schar *f* ‹-, -en› [1] AGR reja *f* [2] (*Menschen~*) multitud *f*, grupo *m;* (*von Vögeln*) bandada *f;* ◇ **in ~en** en tropel

scharen *vr* ◇ **sich ~** agruparse, reunirse; **scharenweise** *adv* en tropel, en masa

scharf *adj* [1] ▷*Essen* picante; ▷*Geruch* penetrante; ◇ **~ gewürzt** muy condimentado [2] ▷*Messer* afilado [3] ▷*Revolver* cargado [4] ▷*Kurve* cerrado [5] ▷*Verstand* lúcido; ▷*Auge* agudo, de lince [6] ▷*Konturen* marcado, pronunciado [7] ▷*Luft, Wind* cortante [8] ◇ **auf etw** *akk* **~ sein** ↑ *Lust haben auf etw* estar deseando algo; *FAM* ↑ *sexuell erregt* estar excitado sexualmente, estar cachondo; **Scharfblick** *m FIG* perspicacia *f;* **Schärfe** *f* ‹-, -n› [1] (*von Essen*) sabor *m* picante; (*von Messer*) filo *m;* (*von Verstand*) lucidez *f*, von Auge, agudeza *f;* (*von Konturen, Foto*) nitidez *f*, claridad *f* [2] (*von Gesetz*) rigor *m;* **schärfen** *vt* [1] ▷*Messer* afilar [2] ▷*Sinne* aguzar; **Scharfrichter** *m* verdugo *m;* **scharfsinnig** *adj* ▷*Bemerkung* perspicaz, ingenioso, agudo

Scharnier *n* ‹-s, -e› (*Tür~*) bisagra *f*

scharren *vti* escarbar; ← *Hühner, Hund* raspar

Scharte *f* ‹-, -n› [1] ↑ *Kerbe* (*in Messer*) mella *f* [2] (*Schieß~*) aspillera *f*

Schaschlik *m o n* ‹-s, -s› pincho *m*

Schatten *m* ‹-s, -› [1] sombra *f; FIG* ◇ **seine ~ vorauswerfen** anunciarse [2] (*FIG unter Augen*) ojeras *f/pl* [3] *FIG* ◇ **über seinen ~ springen** superarse a sí mismo; **Schattenbild** *n* silueta *f;* **Schattenseite** *f FIG*: ◇ **die ~n des Lebens** la parte oscura de la vida; **Schattierung** *f* [1] (*von Bild*) sombreado *m* [2] (*von Zeitungen*) matiz *m;* **schattig** *adj* sombrío

Schatulle *f* ‹-, -n› cofre *m*

Schatz *m* ‹-es, Schätze› [1] (*Gold~, auch Kosename*) tesoro *m* [2] *FAM* (*Kosename*) querido/a; **Schatzamt** *n* Tesoro *m*

Schätzchen *n FAM* cariño

schätzen *vt* [1] → *Wert, Gegenstand* evaluar, valorar, tasar [2] ↑ *vermuten* calcular; ◇ **ich schätze ihn auf 25** calculo que tiene unos 25 [3] ↑ *verehren* apreciar, estimar [4] ◇ **etw zu ~ wissen** saber valorar algo; **Schätzung** *f* [1] valoración *f* [2] ↑ *Vermutung* cálculo *m;* ◇ **nach meiner ~ ...** según mis cálculos ... [3] ↑ *Verehrung* estimación *f;* **schätzungsweise** *adv* ↑ *ungefähr* aproximadamente; ↑ *vermutlich* probablemente

Schau *f* ‹-› [1] (*Moden~*) desfile *m;* ↑ *Performance* espectáculo *m* [2] ↑ *Ausstellung* exposición *f*, exhibición *f* [3] *FIG* ◇ **etw zur ~ stellen** mostrar, ostentar, hacer gala [4] *FAM* ◇ **e-e ~ abziehen** montar un espectáculo

Schauder *m* ‹-s, -s› [1] ↑ *Grauen* escalofrío *m;* ◇ **jd-m e-n ~ über den Rücken jagen** entrar a alguien un escalofrío [2] ◇ **es überlief ihn ein Kälte~** le dio un tiritón; **schauderhaft** *adj* [1] ▷*Wetter* horrible, asqueroso [2] ↑ *sehr schlecht* terrible; ◇ **~ Deutsch sprechen** hablar un alemán horrible; **schaudern** *vi* estremecerse de, horrorizarse de; ◇ **mir schaudert vor dem Winter** me horroriza el invierno

schauen *vi* ↑ *sehen, blicken* mirar; ↑ *betrachten* contemplar; ◇ **aus dem Fenster** ~ mirar por la ventana

Schauer *m* ‹-s, -› [1] (*Regen~*) chaparrón *m*, chubasco *m* [2] ↑ *Gruseln* (*vor Kälte*) escalofrío *m*

schauerlich *adj* horrible, horripilante

Schaufel *f* ‹-, -n› [1] (*Werkzeug*) pala *f* [2] (TECH *von Turbine*) álabe *m* [3] NAUT paleta *f;* **schaufeln** *vt* → *Schnee* quitar; → *Kohlen* cargar con una pala

Schaufenster *n* escaparate *m;* **Schaufensterbummel** *m:* ◇ **e-n ~ machen** ir de escaparates; **Schaufensterdekorateur(in** *f*) *m* decorador(a *f*) *m* de escaparates

Schaugeschäft *n* mundo *m* del espectáculo

Schaukel *f* ‹-, -n› columpio *m;* **schaukeln I.** *vi* columpiarse **II.** *vt* ↑ *wiegen* mecer; **Schaukelpferd** *n* caballo *m* de balancín

Schaulustige(r) *fm* curioso/a

Schaum *m* ‹-[e]s, Schäume› [1] (*Seifen~*) espuma *f* [2] *FIG* cuentos *m/pl;* ◇ **Träume sind Schäume** los sueños sueños son; **Schaumfestiger** *m* espuma *f* fijadora para el pelo; **schaumig** *adj* espumoso; ◇ **Eier ~ schlagen** batir huevos a punto de nieve; **Schaumstoff** *m* espuma *f;* **Schaumwein** *m* vino *m* espumoso

Schauplatz *m* lugar *m* del suceso; *FIG* escenario *m*

schaurig *adj* horrible, horripilante

Schauspiel *n* [1] THEAT pieza *f* de teatro [2] *FIG* espectáculo *m;* **Schauspieler(in** *f*) *m* actor *m*, actriz *f*

Scheck *m* ‹-s, -s› cheque *m;* ◇ **e-n ~ einlösen** satisfacer/liquidar/rembolsar un cheque; **Scheckbuch** *n* talonario *m* de cheques; **Scheckbetrug** *m* falsificación *f* de cheques

scheckig *adj* manchado

Scheckkarte *f* tarjeta *f* [de banco]

Scheibe *f* ‹-, -n› [1] (*Brems~*) disco *m* [2] (*Fenster~*) cristal *m;* (*Schaufenster*) luna *f* [3] (*von Brot*) rebanada *f;* (*Wurst*) rodaja *f* [4] (*Töpferei*) torno *m;* **Scheibenwischer** *m* AUTO limpiaparabrisas *m*

Scheich *m* ‹-s, -e *o.* -s› [1] ↑ *Öl~* jeque *m* [2] *FAM* ↑ *unangenehmer Kerl* tipo *m*

Scheide *f* ‹-, -n› [1] (*Wasser~*) línea *f* divisoria [2] ANAT vagina *f* [3] (*Schwert~*) vaina *f* donde se guarda el filo

scheiden ‹schied, geschieden› **I.** *vt* → *Ehe* separar **II.** *vi* [1] ↑ *weggehen* marcharse, irse; ◇ **aus dem Amt** ~ cesar en el cargo [2] ↑ *auseinandergehen* separarse de; ◇ **sich ~ lassen** divorciarse; **Scheidung** *f* separación *f;* ↑ *Ehe~* divorcio *m;* **Scheidungsgrund** *m* causa *f* de divorcio; **Scheidungsklage** *f* JURA demanda *f* de divorcio

Schein *m* ‹-[e]s, -e› [1] (*Geld~*) billete *m* [2] ↑ *Bescheinigung* certificado *m;* (*Quittungs~*) recibo *m* [3] (*Licht~*) luz *f* [4] ↑ *Eindruck* apariencia *f*, aspecto *m;* ◇ **zum ~** de apariencia; ◇ **der ~ trügt** las apariencias engañan; **scheinbar** *adj* [1] ▷ *Verbrecher* aparente [2] ▷ *Freundschaft* simulado; **Scheinehe** *f* matrimonio *m* simulado; **scheinen** ‹schien, geschienen› *vi* [1] parecer; ◇ **es scheint, als ob ...** parece como si ... [2] ↑ *leuchten* brillar, lucir; ◇ **der Mond scheint** hay luna; **Scheinfirma** *f* empresa *f* fantasma; **scheinheilig** *adj* hipócrita; **Scheintod** *m* muerte *f* simulada; **Scheinwerfer** *m* ‹-s, -› [1] (*auf Bühne*) foco *m* [2] AUTO faro *m*

Scheiße *f* ‹-› [1] *FAM* ↑ *Kot* mierda *f* [2] *VULG* ↑ *Unsinn* ↑ *Ärger* ◇ **~!** ¡mierda!; **scheißegal** ‹inv› *FAM:* ◇ **das ist mir ~** me importa una mierda, me importa un pepino; **scheißen** ‹*schiß, geschissen*› *vi VULG* cagar; ◇ **auf etw** *akk* ~ cagarse en algo

Scheitel *m* ‹-s, -› [1] cumbre *f* [2] (*Haar~*) raya *f;* ◇ **vom ~ bis zur Sohle** de pies a cabeza

scheitern *vi* fracasar, malograrse (*an dat*)

schelmisch *adj* pícaro

schelten ‹schalt, gescholten› *vt* regañar, reñir

Schema *n* ‹-s, -s *o.* -ta› [1] ↑ *Übersicht* esquema *f* [2] ↑ *Plan* plan *m;* ↑ *Muster* modelo *m* [3] *FIG* ↑ *Norm* norma *f;* ◇ **jd-n/etw in ein ~ zwingen** clasificar a alguien/algo según un esquema

Schenkel *m* ‹-s, -› [1] ANAT (*Ober~*) muslo *m;* (*Unter~*) pantorrilla *f* [2] MATH lado *m*

schenken *vt* [1] → *Blumen* regalar; ◇ **jd-m etw zum Geburtstag ~** regalar algo a alguien por su cumpleaños [2] → *Aufmerksamkeit* poner atención [3] *FIG* ◇ **sich** *dat* **etw ~** prescindir/pasar de algo; **Schenkungsurkunde** *f* JURA acta *f* de donación

Scherbe *f* ‹-, -n› [1] (*Glas~*) pedazo *m*, añicos *m/pl*, trozo *m* [2] ▷ *archäologisch* fragmento *m;* ◇ **~n bringen Glück** hacer algo añicos trae buena suerte

Schere *f* ‹-, -n› [1] (*Garten~*) tijera[s] *f;* ◇ **e-e ~** una[s] tijera[s] [2] ↑ *Zange* (*von Krebs*) pinza *f;* **scheren I.** ‹schor, geschoren› *vt* [1] → *Hecke* recortar [2] → *Bart* cortar [3] → *Schaf* esquilar [4] → *Bedeutung beimessen* importar; ◇ **es schert ihn nicht im geringsten** no le importa lo más mínimo **II.** *vr* ◇ **sich ~** [1] ocuparse de; ◇ **sich um jd-n/etw ~** ocuparse de alguien/algo [2] ◇ **scher dich weg!** ¡lárgate!

Schererei *f FAM* fastidio *m*, lío *m*, problema *m;* ◇ **~en haben** tener problemas/líos

Scherflein *n FIG:* ◇ **sein ~ zu etw beitragen** aportar [cada uno] su grano de arena para algo

scherzen *vi* 1 hacer bromas/chistes 2 bromear; **scherzhaft** *adj* de broma, burlesco, chistoso

scheu *adj* 1 ↑ *schüchtern* tímido; ↑ *ängstlich* temeroso 2 ↑ *schreckhaft* espantadizo; **Scheu** *f* ‹-› 1 ↑ *Schüchternheit* timidez *f* (*vor dat* con) 2 ↑ *Angst* temor *m* (*vor dat* de) 3 ↑ *Respekt* respeto *m* (*vor dat* de)

scheuchen *vt* espantar, ahuyentar

scheuen I. *vr* 1 ↑ *Bedenken haben* tener recelos de; ◇ **sich ~ etw zu sagen** tener recelos de decir algo 2 ↑ *zurückschrecken* asustarse, espantarse (*vor dat* de) II. *vt* ↑ *Angst haben vor* temer, tener miedo de; ◇ **Konflikte ~** temer conflictos III. *vi* → *Pferd* espantar

Scheuerbürste *f* cepillo *m* de fregar; **scheuern** *vti* 1 → *Boden* fregar 2 ↑ *sich reiben* frotar 3 *FAM* ◇ **jd-m e-e ~** dar una bofetada

Scheune *f* ‹-, -n› pajar *m,* granero *m*

Scheusal *n* ‹-s, -e› monstruo *m;* **scheußlich** *adj* 1 ▷*Anblick* horrible, terrible; ↑ *furchterregend* que da miedo; ↑ *abstoßend* repugnante, asqueroso 2 ▷*Mensch* abominable 3 ▷*Situation* muy desagradable

Schi *m* ‹-s, -er› *s.* **Ski** esquí *m*

Schicht *f* ‹-, -en› 1 ↑ *Überzug* (*Farb~*) capa *f* 2 GEOL estrato *m* 3 (*Bevölkerungs~*) clase *f* 4 (*Nacht~*) turno *m*

Schichtarbeit *f* trabajo *m* por turnos

schichten *vt* apilar

schick *adj* 1 ↑ *elegant* elegante, chic; ↑ *modisch* de moda 2 *FAM* ↑ *toll* estupendo, fantástico

schicken I. *vt* 1 → *Packet* mandar, enviar 2 ◇ **jd-n nach Hause ~** mandar a alguien a casa 3 ◇ **nach jd-m ~** mandar buscar a alguien II. *vr* ◇ **sich ~** 1 ↑ *sich fügen* resignarse (*in akk* a), conformarse (*in akk* con); ◇ **sich in sein Schicksal ~** aceptar su destino 2 *FAM* ↑ *sich beeilen* darse prisa, apresurarse; ◇ **schick dich!** ¡date prisa!

Schickimicki *m* ‹-, -s› *PEJ* persona *f* chic

Schicksal *n* ‹-s, -e› suerte *f;* destino *m;* ◇ **jd-n seinem ~ überlassen** abandonar a alguien a su suerte

schieben ‹schob, geschoben› I. *vt* 1 → *Fahrrad, Auto* empujar; ◇ **jd-n zur Seite ~** apartar a alguien a un lado 2 *FIG* ◇ **Verantwortung auf jd-n ~** pasar la responsabilidad a otro 3 *FAM* → *Waren* traficar II. *vi* empujar; **Schieber** *m* ‹-s, -› *FAM* traficante *m*

Schiebung *f* 1 (*im Amt*) arreglo *m* bajo cuerda; SPORT tongo *m* 2 tráfico *m* ilegal

schied *impf von* **scheiden**

Schiedsrichter(in *f*) *m* 1 SPORT árbitro *m,* colegiado *m* 2 ↑ *Vermittler* intermediario *m;* **Schiedsspruch** *m* sentencia *f*

schief I. *adj* 1 ↑ *schräg, geneigt* ▷*Ebene* inclinado; ▷*Haus* ladeado, torcido; ▷*Winkel* oblicuo 2 ▷*Lächeln* ambiguo 3 ▷*Vergleich* erróneo, equivocado II. *adv* 1 *FIG* ◇ **jd-n ~ ansehen** mirar mal a alguien, mirar con recelo 2 ◇ **~ hängen** colgar ladeado/torcido

Schiefer *m* ‹-s, -› pizarra *f*

schiefgehen *unreg vi FAM* salir mal, torcerse, venirse abajo; **schieflachen** *vr* ◇ **sich ~** *FAM* desternillarse de risa; **schiefliegen** *unreg vi FAM* estar equivocado

schielen *vi* 1 ser bizco 2 *FIG* ◇ **nach etw ~** mirar algo de reojo

schien *impf von* **scheinen**

Schienbein *n* ANAT espinilla *f,* tibia *f*

Schiene *f* ‹-, -n› 1 ↑ *Gleis* (*Eisenbahn~*) rail *m* 2 MED tablilla *f*

schier I. *adj FIG* ▷*Unsinn* puro II. *adv* ↑ *fast* casi, por poco; ◇ **er hätte mich ~ umgefahren** por poco me atropella

Schießbude *f* caseta *f* de tiro

schießen ‹schoß, geschossen› I. *vi* 1 ↑ *abfeuern* disparar; (*mit Ball*) tirar, chutar (*auf akk* a) 2 *FIG* ↑ *schnell wachsen* ← *Kind* dar un estirón II. *vt* 1 ↑ *werfen* → *Ball* lanzar, disparar 2 ↑ *erlegen* → *Wild* matar, disparar; **Schießerei** *f* tiroteo *m;* **Schießplatz** *m* campo *m* de tiro; **Schießstand** *m* caseta *f* de tiro

Schiff *n* ‹-[e]s, -e› 1 barco *m,* embarcación *f* 2 ARCHIT nave *f;* **Schiffahrt** *f* navegación *f;* **schiffbar** *adj* navegable; **Schiffbruch** *m* 1 naufragio *m* 2 *FIG* ◇ **~ erleiden** irse a pique, naufragar; **Schiffsfahrt** *f* viaje *m* por mar; **Schiffsladung** *f* cargamento *m*

Schikane *f* ‹-, -n› 1 traba *f,* pega *f* 2 *FAM* ↑ *Annehmlichkeit, Luxus* lujo *m;* ◇ **mit allen ~n** con todo lujo; **schikanieren** *vt* poner trabas/pegas

Schild *m* ‹-[e]s, -e› 1 ↑ *Schutzwaffe* escudo *m* 2 (*von Schildkröte*) caparazón *m* 3 (*Schutz~*) revestimiento *m* 4 (*Preis~*) etiqueta *f;* (*Verkehrs~*) señal *f;* (*Namens~*) placa *f;* (*Laden~*) letrero *m* 5 (*an Mütze*) visera *f* 6 *FIG* ◇ **etw im ~e führen** maquinar/tramar algo

schildern *vt* describir; relatar, contar; **Schilderung** *f* descripción *f,* relato *m*

schillern *vi* reflejar los colores; ◇ **in vielen Farben ~** reflejar con muchos colores; **schillernd** *adj* 1 que refleja los colores 2 *FIG* ▷*Persönlichkeit* cambiante; impenetrable

Schimmel *m* ‹-s, -› 1 (*Brot~*) moho *m* 2 ↑ *weisses Pferd* caballo *m* blanco; **schimmeln** *vi* enmohecer

Schimmer *m* ⟨-s⟩ [1] ↑ *Glanz* brillo *m*, resplandor *m* [2] *FAM* ↑ *Ahnung* idea *f;* ◇ **keinen - haben** no tener ni idea; **schimmern** *vi* brillar, resplandecer

schimpfen I. *vti* [1] ↑ *tadeln* regañar, reñir [2] ◇ **jd-n etw -** llamar algo a alguien [3] ◇ **er schimpft sich Arzt** tiene el título de médico aunque no se lo merece **II.** *vi:* ◇ **er schimpft wie ein Rohrspatz** jura como un carretero

schinden ⟨schindete, geschunden⟩ **I.** *vt* ↑ *quälen* maltratar **II.** *vr* ◇ **sich -** [1] ↑ *sich abmühen* matarse trabajando (*mit* con) [2] *FAM* ◇ **Eindruck -** esforzarse por dar buena impresión; **Schinderei** *f* trabajo *m* de negros

Schindluder *n:* ◇ **- treiben mit etw/jd-m** maltratar algo/a alguien

Schinken *m* ⟨-s, -⟩ [1] ▷*roh, gekocht* jamón *m* [2] *FAM* mamotreto *m*

Schippe *f* ⟨-, -n⟩ pala *f; FIG FAM* ◇ **jd-n auf die - nehmen** tomar el pelo a alguien

Schirm *m* ⟨-[e]s, -e⟩ [1] (*Regen-*) paraguas *m;* (*Sonnen-*) sombrilla *f;* ◇ **den - aufspannen** abrir el paraguas/la sombrilla [2] (*Lampen-*) pantalla *f;* (*Fall-*) paracaídas *m* [3] (*Mützen-*) visera *f* [4] (*Wand-*) biombo *m* [5] (*Bild-*) pantalla *f;* **Schirmherr(in** *f*) *m* patrocinador(a *f*) *m;* **Schirmständer** *m* paragüero *m*

Schiß *m* ⟨Schisses⟩ *FAM* caguitis *f;* ◇ **- haben vor etw/jd-m** cagarse de miedo, tener un miedo tremendo de algo/alguien

schizophren *adj* esquizofrénico

Schlacht *f* ⟨-, -en⟩ [1] batalla *f;* ◇ **e-e - schlagen** librar una batalla [2] *FIG* ↑ *Auseinandersetzung* disputa *f;* **schlachten** *vt* matar; → *Vieh* degollar; **Schlachtenbummler(in** *f*) *m* SPORT hincha *m/f;* **Schlachtfeld** *n* campo *m* de batalla; **Schlachthof** *m* matadero *m;* **Schlachtplan** *m FIG* plan *m* de batalla

Schlacke *f* ⟨-, -n⟩ [1] segregación *f* [2] TECH escoria *f* [3] BIOL fibras *f/pl*

schlackern *vi FAM* ↑ *wackeln* tambalearse; ↑ *schlottern* templar; ◇ **mit den Ohren -** quedarse boquiabierto

Schlaf *m* ⟨-[e]s⟩ ↑ *Erholung* sueño *m;* (*Mittags-*) siesta *f;* ◇ **e-n leichten - haben** tener un sueño ligero; **Schlafanzug** *m* pijama *m;* **Schläfchen** *n* sueñecito *m*, siestecita *f;* ◇ **ein - machen** dar una cabezada

Schläfe *f* ⟨-, -n⟩ ANAT sien *f;* ◇ **graue -** canas *f/pl*

schlafen ⟨schlief, geschlafen⟩ *vi* [1] ▷*fest, tief, unruhig* estar dormido, dormir; ◇ **acht Stunden -** dormir ocho horas [2] ↑ *übernachten* pasar la noche; ◇ **im Zelt -** dormir en una tienda de campaña [3] *FAM* ↑ *unaufmerksam sein* estar dormido; ◇ **mit offenen Augen -** soñar despierto [4] ◇ **mit jd-m -** hacer el amor con alguien; **Schläfer(in** *f*) *m* ⟨-s, -⟩ durmiente *m/f*

schlaff *adj* [1] ▷*Riemen, Seil* flojo [2] ▷*Muskel* relajado [3] ▷*Haut* fofo, flácido [4] *FIG* ↑ *mutlos* débil; ◇ **sich - fühlen** sentirse débil/sin fuerzas

Schlafgelegenheit *f* alojamiento *m;* **schlaflos** *adj* en vela, en blanco; **Schlafmittel** *n* pastilla *f* para dormir; **Schlafmütze** *f* [1] *FAM* ↑ *Langschläfer* dormilón *m* [2] ↑ *träger Mensch* pasmado *m;* **schläfrig** *adj* soñoliento; **Schlafsaal** *m* dormitorio *m* **Schlafsack** *m* saco *m* de dormir; **Schlaftablette** *f* pastilla *f* para dornmir; **schlaftrunken** *adj* medio dormido; **Schlafwagen** *m* BAHN coche-cama *m;* **schlafwandeln** *vi* ir sonámbulo

Schlag *m* ⟨-[e]s, Schläge⟩ [1] golpe *m* [2] ↑ *Hieb* (*Faust-*) puñetazo *m;* ◇ **Schläge** *pl* paliza *f* [3] (*Glocken-*) campanada *f;* (*Huf-*) coz *f;* (*Hammer-*) martillazo *m* [4] *Puls-, auch FIG* pulsación *f;* (*Herz-*) palpitación *f* [5] ELECTR descarga *f;* (*Blitz-*) relámpago *m* [6] MED ataque *m* de apoplejía [7] (*Kahl-*) tala *f* [8] ↑ *Art* clase *f*, tipo *m;* ◇ **Leute von ihrem -** gente de esa clase [9] *FAM* ↑ *Portion* cacho *m* [10] ◇ **ein schwerer -** un duro golpe [11] *FIG* ◇ **mit e-m -** de una vez; **Schlagabtausch** *m* [1] (*beim Boxen*) intercambio *m* de golpes [2] *FIG* ▷*verbal* disputa *f;* **Schlaganfall** *m* MED ataque *m* de apoplejía; **schlagartig** *adj* repentino, súbito, de repente; brusco; **schlagen** ⟨schlug, geschlagen⟩ **I.** *vti* [1] ↑ *hauen* golpear; ↑ *prügeln* pegar; ◇ **jd-m etw aus der Hand -** quitar algo a alguien de un manotazo [2] ← *Glocke* sonar; ← *Uhr* dar; → *Trommel* tocar; → *Takt* tocar [3] ← *Herz* latir [4] ↑ *besiegen* ganar, vencer; ◇ **jd-n im Schach -** ganar al ajedrez [5] *FIG* ↑ *kämpfen* → *Schlacht* luchar [6] → *Sahne* batir [7] ↑ *einwickeln* (*in Papier*) envolver [8] ← *Nachtigall* cantar **II.** *vr* ◇ **sich -** [1] pelearse con [2] *FIG* ◇ **sich tapfer -** luchar con valentía [3] *FIG* ◇ **sich auf jd-s Seite -** ponerse del lado de alguien [4] *FIG* ◇ **etw schlägt sich auf den Magen** algo afecta al estómago; **schlagend** *adj* ↑ *überzeugend* convincente

Schlager *m* ⟨-s, -⟩ [1] canción *f* de moda, éxito *m* musical [2] COMM artículo *m* de gran aceptación; **Schlagersänger(in** *f*) *m* cantante *m* de moda

Schläger *m* ⟨-s, -⟩ [1] (SPORT *Golf-*) palo *m;* (*Tennis-*) raqueta *f;* (*Hockey-*) stick *m* [2] florete *m*

Schläger(in *f*) *m* ⟨-s, -⟩ camorrista *m/f;* **Schlägerei** *f* pelea *f*, riña *f*

schlagfertig *adj* [1] ▷*Person* que tiene buenas salidas al hablar [2] ▷*Antwort* agudo, brillante; **Schlagrahm** *m*, **Schlagsahne** *f* nata *f* montada; **Schlagseite** *f* [1] NAUT escora *f* [2] *FAM* ◇ ~ **haben** estar borracho; **Schlagwort** *n* [1] ↑ *Gemeinplatz* tópico *m;* ↑ *Parole* lema *m* [2] ↑ *Stichwort* palabra *f* clave; **Schlagzeile** *f* (*in Zeitungen*) titular *m;* ◇ **~en machen** salir en primera página; **Schlagzeug** *n* MUS percusión *f*, batería *f*

schlaksig *adj* ▷*Jugendlicher* grande y flaco

Schlamassel *m o s* ‹-s, -› *FAM* mala pata *f*

Schlamm *m* ‹-[e]s, -e› [1] fango *m*, lodo *m* [2] ↑ *Schlick* barro *m*

Schlampe *f* ‹-, -n› *FAM* cochina *f*, chapucera *f;* **schlampen** *vi* [1] *FAM* ser desordenado [2] ↑ *nachlässig arbeiten* hacer chapuzas; **schlampig** *adj FAM* ↑ *unordentlich* desordenado; ▷*Arbeit* chapucero; ↑ *nachlässig* dejado

schlang *impf von* **schlingen**

Schlange *f* ‹-, -n› [1] serpiente *f*, culebra *f* [2] ↑ *Reihe* (*Menschen~*) cola *f;* ◇ ~ **stehen** hacer cola [3] *FIG* víbora *f;* **schlängeln** *vr* ◇ **sich** ~ [1] reptar, arrastrarse [2] ← *Fluß* serpentear; **Schlangenbiß** *m* mordedura *f* de serpiente; **Schlangengift** *n* veneno *m* de serpiente

schlank *adj* ▷*Person* delgado; ▷*Finger, Beine* fino; *FIG* ◇ **auf die ~e Linie achten** cuidar la línea; **Schlankheitskur** *f* cura *f* de adelgazamiento; ◇ **e-e** ~ **machen** hacer una cura de adelgazamiento

schlapp *adj* [1] ↑ *erschöpft* cansado, agotado, abatido [2] ↑ *träge* sin energía, apático [3] ↑ *schlaff* flojo; **Schlappe** *f* ‹-, -n› *FAM* fracaso *m;* ◇ **e-e** ~ **erleiden** sufrir un fracaso; **Schlappheit** *f* [1] ↑ *Erschöpfung* cansacio *m*, agotamiento *m*, abatimiento *m* [2] ↑ *Trägheit* apatía *f;* **Schlapphut** *m* sombrero *m* de ala ancha; **schlappmachen** *vi FAM* flaquear, venirse abajo; **Schlappschwanz** *m FAM* cobarde *m*, calzonazos *m*

schlau *adj* [1] ↑ *clever* astuto, listo; ◇ **ein ~es Mädchen** una chica lista [2] ↑ *klug* inteligente; ↑ *geschickt* hábil; ◇ ~ **vorgehen** actuar con astucia

Schlauch *m* ‹-[e]s, Schläuche› [1] (*Garten~*) manguera *f* [2] (*Fahrrad~*) cámara *f* de aire [3] *FAM* ↑ *Anstrengung* paliza *f;* **Schlauchboot** *n* bote *m* neumático

Schläue *f* ‹-› astucia *f;* inteligencia *f*

Schlaufe *f* ‹-, -n› nudo *m* corredizo

Schlaukopf *m FAM* pillo *m*, listillo *m*, cuco *m*

schlecht *adj* [1] ▷*Arbeit* malo; ◇ **~e Noten haben** tener malas notas; ◇ **etw** ~ **machen** hacer algo malo [2] ◇ **ein ~er Lehrer** un mal profesor [3] ↑ *verdorben* podrido, estropeado [4] ↑ *böse* malo, perverso; ▷*Gedanke* maligno [5] ↑ *kränklich* enfermo; ◇ ~ **aussehen** tener mala cara; ◇ **es geht ihr** ~ le va mal; ◇ **jd-m ist** ~ sentirse mal [6] ↑ *unangenehm* ▷*Nachricht* ▷*Wetter* malo, desagradable [7] ↑ *nutzlos* inútil; **schlechtgehen** *unreg vi impers:* ◇ **jd-m geht es schlecht** le va mal a alguien; **schlechthin** *adv* [1] ↑ *überhaupt* por autonomasia; ◇ **der Dramatiker** ~ el dramaturgo por autonomasia [2] ↑ *völlig* absolutamente; ◇ **das ist** ~ **unmöglich** es absolutamente imposible; **schlechtmachen** *vt* hablar mal de, calumniar a

schlecken *vti* [1] ↑ *lecken* → *Eis* lamer [2] ↑ *naschen* comer golosinas; **Schleckermaul** *n FAM* goloso/a

Schlegel *m* ‹-s, -› [1] mazo *m* [2] GASTR *süddt* muslo *m* [3] MUS palillo *m*

schleichen ‹schlich, geschlichen› **I.** *vi* [1] ← *Katze* avanzar/ir sigilosamente; ◇ **aus dem Haus** ~ salir a hurtadillas de una casa [2] ↑ *sich schleppen* andar lentamente/con dificultad [3] *FIG* ← *Krankheit* entrar; ← *Inflation* producirse **II.** *vr* ◇ **sich** ~ (*süddt*): ◇ **schleich dich!** ¡lárgate!; **schleichend** *adj* ▷*Krankheit* latente; ▷*Gift* lento; **Schleichwerbung** *f* (*im Fernsehen*) publicidad *f* encubierta

Schleie *f* ‹-, -n› FAUNA tenca *f*

Schleier *m* ‹-s, -› [1] (*Braut~*) velo *m;* (*Spitzen~*) mantilla *f* [2] *FIG* (*Nebel~*) cortina *f* de niebla; **schleierhaft** *adj FAM*: ◇ **das ist mir** ~ es un enigma, no lo comprendo

Schleife *f* ‹-, -n› [1] (*Haar~*) lazo *m* [2] (*Fluß~*) meandro *m* [3] PC iteración *f*

schleifen I. *vt* [1] ↑ *ziehen* arrastrar, empujar; ◇ **etw auf dem Boden** ~ arrastrar algo por el suelo [2] *FAM* ◇ **jd-n zum Friseur** ~ llevar a alguien a rastras al peluquero [3] *FIG* ◇ **etw** ~ **lassen** desatender [4] → *Diamanten* tallar [5] → *Messer* afilar [6] MIL → *Festung* arrasar **II.** *vi* ↑ *reiben* frotar algo, pulir algo; ◇ **am Boden** ~ pasar por el suelo; **Schleifpapier** *n* papel *m* de lija

schleimen *vi* [1] producir mucosidad [2] *FAM* ↑ *sich anbiedern* hacer el zalamero; **schleimig** *adj* [1] ↑ *schlüpfrig* viscoso [2] ↑ *voller Schleim* mucoso [3] *FIG* ↑ *kriecherisch* arrastrado, rastrero; ↑ *heuchlerisch* hipócrita

schlemmen *vi* comer en exceso, banquetear

schlendern *vi* ir de paseo; ◇ **durch die Straßen** ~ pasear por las calles

schlenkern *vti* → *Arme* balancear; ◇ **mit den Beinen** ~ balancearse con las piernas

Schleppe *f* ‹-, -n› cola *f*

schleppen *vt* [1] ↑ *ab-, ziehen* remolcar [2] → *Koffer* arrastrar [3] *FAM* ↑ *mitnehmen* arrastrar; ◇ **jd-n zu e-r Party** - arrastrar a alguien a una fiesta; **schleppend** *adj* ▷*Entwicklung* lento; ▷*Gang* lento, cansino; **Schlepper** *m* ⟨-s, -⟩ tractor *m*, remolcador *m;* **Schlepplift** *m* telesilla *m;* **Schlepptau** *n* [1] cable *m* de arrastre [2] *FIG* ◇ **jd-n ins - nehmen** arrastrar a alguien

Schleuder *f* ⟨-, -n⟩ [1] (*Vogel-*) honda *f* [2] (*Wäsche-*) secadora *f;* (*Honig-*) extractor *m;* **Schleudergefahr** *f* AUTO (*bei Eisglätte etc.*) piso *m* deslizante, piso *m* resbaladizo; **schleudern I.** *vt* [1] ↑ *werfen* lanzar; ◇ **etw gegen die Wand** - lanzar algo contra la pared [2] → *Wäsche* centrifugar; → *Honig* extraer [3] *FIG* ◇ **jd-m e-e Bemerkung ins Gesicht** - decir algo a la cara **II.** *vi* AUTO patinar, resbalar; **Schleuderpreis** *m* ganga *f*

schleunigst *adv* rápidamente, de prisa, cuanto antes

Schleuse *f* ⟨-, -n⟩ esclusa *f;* ◇ **die - öffnen** abrir la esclusa

schlich *impf von* **schleichen**

Schliche *f:* ◇ **jd-m auf die - kommen** descubrir las artimañas de alguien

schlicht *adj* ▷*Person* simple; ▷*Kleidung* sencillo, simple; ▷*Worte* claro, llano

schlichten *vt* arreglar, mediar

Schlichtheit *f* sencillez *f*, simplicidad *f*

Schlichtung *f* arreglo *m*

schlichtweg *adv FAM* ↑ *ganz einfach* sencillamente; ◇ **das ist - gelogen** eso es sencillamente mentira

Schlick *m* ⟨-[e]s, -e⟩ lodo *m*, barro *m*

schlief *impf von* **schlafen**

schließen ⟨schloß, geschlossen⟩ **I.** *vt* [1] ↑ *zumachen* cerrar; → *Behälter* tapar, cerrar [2] ↑ *beenden* terminar [3] ↑ *ausfüllen* rellenar, tapar [4] → *Freundschaft* hacer, trabar; → *Bündnis* hacer, concertar; → *Ehe* contraer; → *Vertrag* hacer, concluir [5] ↑ *folgern* deducir (*aus* de); ◇ **von sich auf andere** - ponerse él como ejemplo para otros [6] ◇ **etw in sich** - implicar algo **II.** *vi* [1] ↑ *zumachen* cerrar [2] ↑ *enden* terminar [3] ↑ *zusein* ← *Tür, Fenster* estar cerrado; ◇ **schlecht** - estar mal cerrado **III.** *vr* ◇ **sich** - cerrarse; ◇ **sich automatisch** - cerrarse automáticamente; **Schließfach** *n* (*Post-*) apartado *m* de correos; (*Bank-*) caja *f* de seguridad

schließlich *adv* [1] por fin, finalmente; al final [2] ◇ **- doch** después de todo sí

schliff *impf von* **schleifen**

Schliff *m* ⟨-[e]s, -e⟩ [1] (*von Klinge*) filo *m;* (*von Edelstein*) faceta *f* [2] tallado *m* [3] *FIG* ◇ **etw** *dat* **den letzten - geben** dar los últimos toques a algo [4] *FIG* modales *m/pl*

schlimm *adj* [1] ↑ *böse* ▷*Kerl* malo; ◇ **jd-m - mitspielen** hacer una mala jugada a alguien; ◇ **ein -es Ende nehmen** acabar mal [2] ▷*Folgen* desastroso, desagradable; ▷*Nachricht* malo [3] ▷*Krankheit* grave, serio [4] *FAM* ▷*Finger* malo; **schlimmstenfalls** *adv* en el peor de los casos

Schlinge *f* ⟨-, -n⟩ [1] ↑ *Schleife* lazo *m;* (*Henkers-*) soga *f; FIG* ◇ **den Kopf aus der - ziehen** librarse de un peligro [2] MED cabestrillo *m*

Schlingel *m* ⟨-s, -⟩ *FAM* pillín *m*, pilluelo *m*

schlingen [1] ⟨schlang, geschlungen⟩ **I.** *vt* enlazar, anudar; ◇ **etw um etw** *akk* - enlazar algo a algo; ◇ **die Arme um jd-n** - abrazar a alguien **II.** *vr:* ◇ **sich um etw** *akk* - ← *Efeu* trepar por algo

schlingen [2] ⟨schlang, geschlungen⟩ *vti* engullir, devorar

schlingern *vi* balancearse

Schlips *m* ⟨-es, -e⟩ corbata *f*

Schlitten *m* ⟨-s, -⟩ [1] trineo *m;* ◇ **- fahren** ir en trineo [2] *FAM* cochazo *m*

schlittern *vi* patinar; resbalar

Schlittschuh *m* patín *m* [para hielo]; ◇ **- laufen** patinar; **Schlittschuhläufer(in** *f*) *m* patinador (a *f*) *m* [sobre hielo]

Schlitz *m* ⟨-es, -e⟩ (*Einwurf-*) ranura *f;* (*Hosen-*) bragueta *f;* (*Mauer-*) abertura *f;* **schlitzäugig** *adj* de ojos rasgados; **Schlitzohr** *n FAM* zorro *m*

schlohweiß *adj* blanco como la nieve

schloß *impf von* **schließen**

Schloß *n* ⟨Schlosses, Schlösser⟩ [1] (*Königs-*) palacio *m* [2] (*Tür-*) cerradura *f;* (*Zahlen-*) cerradura *f* de combinación; (*an Schmuck*) cierre *m;* **Schlosserei** *f* cerrajería *f*

Schlot *m* ⟨-[e]s, -e⟩ chimenea *f*

schlottern *vi* [1] (*vor Kälte*) tiritar; (*vor Angst*) temblar [2] ← *Kleidung* estar ancho, bailar

Schlucht *f* ⟨-, -en⟩ desfiladero *m*

schluchzen *vi* sollozar; **Schluchzer** *m* ⟨-s, -⟩ sollozo *m*

Schluck *m* ⟨-[e]s, -e⟩ trago *m;* ◇ **ein - Wein** un trago de vino; **Schluckauf** *m* ⟨-s⟩ hipo *m;* ◇ **e-n - haben** tener hipo; **schlucken I.** *vt* [1] → *Tablette* tragar; → *Wasser* beber [2] *FIG* ↑ *in sich aufnehmen* ← *kleinen Betrieb* absorber [3] *FIG* ↑ *hinnehmen* → *Beleidigung* aguantar **II.** *vi* tragar; **Schluckimpfung** *f* MED vacuna *f* oral

schludern *vi* hacer una chapuza

schlug *impf von* **schlagen**

Schlummer *m* ⟨-s⟩ sueño *m;* **schlummern** *vi* [1] dormir [2] *FIG* ← *Talent* estar dormido

schlüpfen *vi* [1] ← *Vogel* salir [2] ↑ *sich zwängen* (*durch Zaunloch*) meterse por, pasar por [3] ◇ **in die Jacke ~** ponerse la chaqueta

Schlüpfer *m* <-s, -> braga *f*

Schlupfloch *n* [1] escondrijo *m* [2] *FIG* guarida *f*

schlüpfrig *adj* [1] ▷*Boden* resbaladizo [2] *FIG* ▷*Witz* verde, picante; **Schlüpfrigkeit** *f* [1] (*von gefettetem Metall*) lubricidad *f* [2] (*FIG von Witz, Bemerkung*) obscenidad *f*, escabrosidad *f*

schlurfen *vi* arrastrar los pies

schlürfen *vti* sorber algo, hacer ruido al beber

Schluß *m* <Schlusses, Schlüsse> [1] ↑ *Ende* final *m*, fin *m;* ◇ **jetzt ist aber ~!** ¡se acabó!; ◇ **~ mit jd-m/etw machen** romper con alguien [2] ↑ *hinterer Teil* final *m;* (*von Zug*) cola *f* [3] ↑ *Schließen* cierre *m* [4] ↑ *Folgerung* ◇ **e-n ~ aus etw** *dat* **ziehen** sacar una conclusión de algo

Schlüssel *m* <-s, -> [1] (*von Tür*) llave *f* [2] (*Schrauben-*) llave *f* [3] MUS clave *f* [4] *FIG* ↑ *Verfahren zum Auflösen* clave *f;* **Schlüsselbein** *n* ANAT clavícula *f;* **Schlüsselbund** *m* manojo *m* de llaves; **Schlüsselloch** *n* ojo *m* de la cerradura

Schlußfolgerung *f* conclusión *f*

schlüssig *adj* [1] ↑ *folgerichtig* concluyente [2] ↑ *entschlossen* decidido; ◇ **sich noch nicht ~ sein** no estar todavía decidido, no decidirse

Schlußlicht *n* [1] (*von Auto*) luz *f* trasera [2] *FIG* ↑ *Letzte(r)* farolillo *m* rojo; **Schlußstrich** *m* *FIG*: ◇ **e-n ~ ziehen unter e-e Sache** poner punto final a una cosa; **Schlußverkauf** *m* COMM rebajas *f/pl;* **Schlußwort** *n* [1] última palabra *f;* ◇ **das ~ sprechen** decir la última palabra [2] ↑ *Nachwort* epílogo *m*

Schmach *f* <-> vergüenza *f*, humillación *f*

schmachten *vi* [1] ↑ *leiden* consumirse; ◇ **im Gefängnis ~** consumirse en la cárcel [2] ↑ *sich sehnen* anhelar algo, desear algo (*nach*

schmächtig *adj* ▷*Körperbau* flaco; ▷*Person* delgaducho

schmackhaft *adj* sabroso

schmählich *adj* vergonzoso, humillante; ◇ **jd-n ~ betrügen** engañar a alguien de forma vergonzosa

schmal *adj* [1] ▷*Weg* estrecho [2] ▷*Mensch* delgado; ▷*Gesicht* afilado; ▷*Gegenstand* estrecho [3] ▷*Gehalt, Kost* escaso; **schmälern** *vt* [1] ↑ *verringern* disminuir, reducir [2] *FIG* ↑ *herabsetzen* quitar; → *Leistung* bajar; **Schmalfilm** *m* película *f* de paso estrecho

Schmalz *n* <-es, -e> [1] ↑ *Fett* manteca *f* [2] *FAM* ↑ *Sentimentalität* sensiblería *f* [3] *FAM* melodrama *m*

schmarotzen *vi* [1] ↑ *nassauern* vivir a costa de los demás [2] BIOL parasitar; **Schmarotzer(in** *f*) *m* <-s, -> [1] BIOL ↑ *Parasit* parásito *m* [2] (*Mensch*) gorrón(-ona *f*) *m*

schmatzen *vi* hacer ruido al comer

Schmaus *m* <-es, Schmäuse> banquete *m*, festín *m;* **schmausen** *vi* comer bien

schmecken I. *vt* [1] saborear [2] ↑ *kosten* probar **II.** *vi* [1] ← *Essen* ▷*gut* saber; ◇ **nach etw** *dat* **~** saber a algo; ◇ **es schmeckt mir** me save bien [2] *FIG* ↑ *gefallen* gustar; ◇ **das schmeckt mir nicht** esto no me gusta

Schmeichelei *f* halago *m*, adulación *f;* **schmeichelhaft** *adj* que halaga, que adula; **schmeicheln** *vi* [1] halagar, adular [2] ← *Bild* embellecer

schmeißen <schmiß, geschmissen> *vt* [1] ↑ *werfen* lanzar, tirar; ◇ **etw an die Wand ~** lanzar algo a la pared [2] *FIG* ◇ **e-e Sache ~** arreglar una cosa [3] *FAM* ↑ *hinschmeißen* ◇ **etw ~** dejar; (*Prüfung*) catear

Schmelz *m* <-es, -e> [1] (*Zahn-*) esmalte *m* [2] (*von Stimme*) voz *m* melodiosa; **schmelzen** <schmolz, geschmolzen> **I.** *vi* [1] ← *Eis* derretirse; ← *Erz* fundirse [2] *FIG* ← *Herz* ablandarse, enternecerse **II.** *vt* ↑ *flüssig machen* derretir

Schmerz *m* <-es, -en> [1] ▷*körperlich* dolor *m;* ◇ **~en haben** tener dolores [2] *FIG* ↑ *Leid* pena *f*, sufrimiento *m;* **schmerzempfindlich** *adj* sensible al dolor; **schmerzen** *vti* [1] ↑ *wehtun* doler algo, causar dolor [2] *FIG* hacer sufrir, causar pena; ◇ **es schmerzt mich, daß ...** me da pena que ...; **Schmerzensgeld** *n* indemnización *f* por daño personal; **schmerzhaft, schmerzlich** *adj* doloroso; penoso; ◇ **e-e ~e Behandlung** un tratamiento doloroso; ◇ **ein ~er Verlust** una sensible perdida; **schmerzlos** *adj* [1] sin dolor [2] *FIG* ◇ **kurz und ~** rápido y sin complicaciones/problemas; **schmerzstillend** *adj* calmante, sedante, analgésico

Schmetterling *m* FAUNA mariposa *f*

schmettern I. *vt* [1] → *Trompete* tocar con fuerza, hacer sonar [2] → *Lied* cantar con fuerza [3] lanzar con fuerza **II.** *vi* ser arrojado con fuerza

Schmied(in *f*) *m* <-[e]s, -e> (*Waffen-*) herrero(/a); (*Pferde-*) herrador(a); **Schmiede** *f* <-, -n> herrería *f;* **Schmiedekunst** *f* arte *m* de forjar; **schmieden** *vt* [1] forjar [2] → *Pläne* idear, tramar

schmiegen I. *vt* ↑ *sanft drücken* apoyar; ◇ **seine Wange ans Kissen ~** apoyar la mejilla en el cojín con suavidad **II.** *vr:* ◇ **sich an etw** *akk* **~** estrecharse contra algo; **schmiegsam** *adj* [1] ▷*Stoff* suave, adaptable [2] *FIG* ↑ *flexibel* flexible

Schmiere *f* <-, -n> [1] ↑ *Fett* grasa *f* [2] suciedad *f*, porquería *f* [3] *PEJ* teatro *m* de poca monta [4] *FAM* ◇ ~ **stehen** vigilar, estar al tanto; **schmieren I.** *vt* [1] ↑ *streichen* → *Brote* untar [2] ↑ *einreiben* extender [3] → *Achse* engrasar [4] *FIG* ↑ *bestechen* sobornar **II.** *vi* hacer garabatos; **Schmiergeld** *n* soborno *m;* **schmierig** *adj* [1] ↑ *ölig* grasoso, pringoso [2] ↑ *feucht-schmutzig* sucio, mugriento [3] *FIG* ↑ *kriecherisch* adulador; **Schmiermittel** *n* lubricante *m;* **Schmieröl** *n* aceite *m* lubricante; **Schmierseife** *f* jabón *m* líquido

Schminke *f* ‹-, -n› maquillaje *m;* **schminken** *vtr* ◇ **sich** ~ maquillarse; → *Augen* pintarse

schmirgeln *vt* esmerilar

schmiß *impf von* **schmeißen**

Schmöker *m* ‹-s, -› *FAM* novelón *m;* **schmökern** *vi FAM* leer; hojear

schmollen *vi* poner mala cara, estar de morros, estar ofendido; **schmollend** *adj* enfadado, ofendido

schmolz *impf von* **schmelzen**

Schmorbraten *m* GASTR estofado *m;* **schmoren** *vt* [1] → *Fleisch* asar [2] ← *Kabel* quemar [3] *FIG* ◇ **jd-n** ~ **lassen** hacer esperar a alguien

Schmuck *m* ‹-[e]s, -e› [1] (*Gold-*) joyas *f/pl;* (*Mode-*) bisutería *f* [2] ↑ *Dekoration* adorno *m;* **schmücken** *vt* adornar, decorar; **Schmuckkästchen** *n* joyero *m;* **schmucklos** *adj* sin adornos; **Schmuckstück** *n* joya *f,* alhaja *f*

schmuddelig *adj FAM* mugriento; descuidado

Schmuggel *m* ‹-s› contrabando *m;* **schmuggeln** *vti* hacer contrabando de, traficar con

schmunzeln *vi* ▷*belustigt* sonreír con satisfacción (*über akk* por)

Schmutz *m* ‹-es› [1] suciedad *f,* mugre *f* [2] *FIG* ↑ *Verwerfliches* porquería *f;* **Schmutzfleck** *m* mancha *f* de suciedad; **schmutzig** *adj* [1] ↑ *dreckig* sucio, manchado; *FIG* ◇ **sich die Finger nicht** ~ **machen** no ensuciarse las manos [2] *FIG* ↑ *unredlich* ◇ **~e Geschäfte** negocios sucios [3] *FAM* ↑ *unanständig* ▷*Witz* verde

Schnabel *m* ‹-s, Schnäbel› [1] (*von Vogel*) pico *m* [2] *FAM* boca *m,* pico *m;* ◇ **den** ~ **halten** cerrar la boca/ el pico [3] ↑ *Ausguß* pitorro *m*

Schnake *f* ‹-, -n› mosquito *m*

Schnalle *f* ‹-, -n› [1] (*Gürtel-*) hebila *f* [2] *FAM* adefesio *m*

schnallen *vt* [1] ↑ *festbinden* abrochar; ◇ **etw auf den Rücken** ~ atar algo a la espalda [2] *FAM* ↑ *begreifen* coger, pescar, entender; ◇ **hat er's endlich geschnallt?** ¿lo ha cogido ya por fin?

schnalzen *vi* (*mit Zunge*) chasquear la lengua; (*mit Fingern*) castañear los dedos

schnappen I. *vt* [1] → *Verbrecher* atrapar, pillar [2] coger, pescar, entender; ◇ **sich etw** ~ coger algo **II.** *vi* [1] ← *Hund* morder, dar un mordisco (*nach* a alg) [2] ◇ **nach Luft** ~ coger una bocanada de aire; **Schnäppchen** *n FAM* ganga *f;* ◇ **ein** ~ **machen** comprar una ganga; **Schnappschloß** *n* cerradura *f* de resorte; **Schnappschuß** *m* FOTO instantánea *f*

Schnaps *m* ‹-es, Schnäpse› aguardiente *m*

schnarchen *vi* roncar

schnattern *vi* [1] ← *Enten* gaznar [2] *FAM* tiritar

schnauben I. *vi* ← *Pferd* resollar **II.** *vr* ◇ **sich** ~ sonarse

schnaufen *vi* respirar con dificultad

Schnauzbart *m* bigote *m;* **Schnauze** *f* ‹-, -n› [1] (*Hunde-*) hocico *m* [2] ↑ *Ausguß-* pitorro *m* [3] *FAM* ↑ *Mund* boca *f,* pico *m;* ◇ **die** ~ **halten** cerrar la boca/ el pico

Schnecke *f* ‹-, -n› FAUNA caracol *m;* **Schneckenhaus** *n* concha *f* de caracol

Schnee *m* ‹-s› [1] nieve *f* [2] (*Ei-*) clara *f* de huevo; **Schneeball** *m* bola *f* de nieve; **schneebedeckt** *adj* nevado, cubierto de nieve; **Schneedecke** *f* capa *f* de nieve; **Schneeflocke** *f* copo *m* de nieve; **Schneegestöber** *n* ventisca *f;* **Schneeglöckchen** *n* FLORA campanilla *f* de las nieves; **Schneekette** *f* AUTO cadena *f* antideslizante; **Schneemann** *m* muñeco *m* de nieve; **Schneepflug** *m* quitanieves *m;* **Schneeschmelze** *f* ‹-, -n› deshielo *m;* **Schneesturm** *m* temporal *m* de nieve; **Schneewehe** *f* montículo *m* de nieve; **schneeweiß** *adj* blanco como la nieve

Schneewittchen *n* Blancanieves *f*

Schneid *m* ‹-[e]s› *FAM* ↑ *Mut* agallas *f/pl*

Schneide *f* ‹-, -n› cuchilla *f;* (*von Messer*) filo *m*

schneiden ‹schnitt, geschnitten› **I.** *vt* [1] ↑ *zerteilen* dividir; → *Papier, Haare* cortar; → *Brot* partir; → *Film* cortar, montar; → *Hecke* podar [2] → *Finger* cortar; ◇ **sich** *akk* ~ cortarse [3] *FIG* ↑ *nicht beachten* hacer el vacío **II.** *vi* ← *Messer* cortar **III.** *vr* ◇ **sich** ~ ↑ *sich kreuzen* cruzarse; **schneidend** *adj* [1] ▷*Wind, Kälte* cortante [2] *FIG* ▷*Bemerkung* mordaz; ↑ *sarkastisch* sarcástico

Schneider(in *f*) *m* ‹-s, -› sastre *m,* modista *f*

schneidig *adj FIG* valiente, arrojado

schneien *vi* nevar

schnell I. *adj* [1] ▷*Auto* rápido [2] ▷*Entschluß* pronto **II.** *adv* [1] con rapidez, de prisa, rápidamente [2] ◇ ~ **wütend werden** enfadarse con facilidad; **Schnelldrucker** *m* impresora *f* rápida; **schnellebig** *adj* pasajero, transitorio

schnellen *vi* ↑ *federnd springen* saltar; ← *Gum-*

miband botar; ◇ **in die Höhe** - dar un salto, sobresaltarse; **Schnelligkeit** *f* rapidez *f*, prontitud *f;* **Schnellimbiß** *m* cafetería *m;* **schnellstens** *adv* lo antes posible; ◇ **etw - erledigen** despachar algo lo antes posible; **Schnellstraße** *f* autovía *f;* **Schnellzug** *m* BAHN tren *m* expreso

schneuzen *vr* ◇ **sich** - sonarse

schnippisch *adj* impertinente; burlesco

schnitt *impf von* **schneiden**

Schnitt *m* ‹-[e]s, -e› [1] (↑ *Schneiden,* TYP *an Buch*) corte *m;* (*von Baum*) poda *f* [2] ↑ *Ergebnis von Schneiden* (*-wunde*) corte *m;* (*-muster*) patrón *m* [3] (*-punkt*) intersección *f* [4] (*Quer-, Durch-*) corte *m* [5] ↑ *Ernte* siega *f* [6] *FAM* ↑ *Gewinn* ◇ **einen guten - machen** hacer el agosto

Schnitte *f* ‹-, -n› rebanada *f;* **Schnittfläche** *f* superficie *f* de corte; **Schnittpunkt** *m* punto *m* de intersección; **Schnittstelle** *f* [1] PC interfaz *m* [2] *FIG* ↑ *gemeinsamer Punkt* punto *m* en común/de intersección; **Schnittwunde** *f* corte *m*

Schnitzel *n* ‹-s, -› [1] GASTR chuleta *f* [2] ↑ *Fetzen* pedazo *m*

schnitzen *vti* tallar

Schnitzer *m* ‹-s, -› *FAM* ↑ *Fehler* falta *f*

Schnitzer(in *f*) *m* ‹-s, -› tallista *m/f*

Schnorchel *m* ‹-s, -› tubo *m* respiratorio

schnorren *vti FAM* gorronear

schnüffeln *vi* [1] ← *Hund* olfatear, olisquear [2] *FAM* → *Rauschstoffe* esnifar [3] *FAM* ↑ *durchsuchen* husmear, fisgar; ◇ **in etw herum** - husmear en algo; **Schnüffler(in** *f*) *m* ‹-s, -› *FAM* ↑ *Detektiv* sabueso(/a), fisgón(-ona *f*) *m*

Schnuller *m* ‹-s, -› chupete *m*

Schnupfen *m* ‹-s, -› resfriado *m,* catarro *m*

schnuppern *vi* oler; olfatear, olisquear

Schnur *f* ‹-, Schnüre› [1] ↑ *Seil* cuerda *f;* ↑ *Faden* cordón *m* [2] ELECTR cable *m;* **schnüren** *vt* atar

Schnurrbart *m* bigote *m*

schnurren *vi* [1] ← *Katze* ronronear [2] ↑ *brummen* zumbar

Schnürschuh *m* zapato *m* de cordones

schnurstracks *adv* derecho; directamente

schob *impf von* **schieben**

Schock *m* ‹-[e]s, -e› [1] shock *m,* trauma *m;* ◇ **unter - stehen** estar traumatizado [2] (*Elektro-*) descarga *f;* **schocken** *vt* ↑ *erschrecken* chocar, escandalizar, asustar; **schockieren** *vt* chocar, escandalizar, asustar

Schöffe *m* ‹-n, -n›, **Schöffin** *f* regidor(a *f*) *m;* **Schöffengericht** *n* tribunal *m* de regidores

Schokolade *f* chocolate *m*

Scholle *f* ‹-, -n› [1] (*Erd-*) terrón *m* [2] (*Eis-*) témpano *m* [3] (FAUNA *Fischart*) platija *f*

schon *adv* [1] ↑ *bereits* ya; ◇ - **morgen** mañana mismo; ◇ **ich war - einmal da** ya he estado aquí una vez [2] ya; ◇ **du bist ja - da** ya estás aquí [3] ◇ **kaum war sie weg, - fing es an zu regnen** poco después de salir ella, empezó a llover [4] ↑ *allein* sólo; ◇ - **die Vorstellung** sólo la idea [5] ↑ *zwar* ◇ **ich weiß -, aber ...** ya lo sé, pero ... [6] ↑ *bestimmt* ◇ **das wird - gut** todo irá bien [7] ◇ **das ist - immer so** siempre ha sido así; ◇ **komm -!** ¡venga ya!

schön *adj* [1] ↑ *erfreulich* bonito, maravilloso; ↑ *angenehm* agradable; ◇ **ein -er Abend** una tarde maravillosa; ◇ **es ist - warm** hace una temperatura agradable [2] ▷*Mann, Frau* guapo; ▷*Stadt, Film* bonito, interesante [3] ◇ **-e Grüße** saludos; ◇ **das ist - von ihr** es muy amable de su parte [4] ↑ *groß* buen, bueno; ◇ **ein -s Durcheinander!** ¡vaya revuelo! [5] *FAM* ↑ *ziemlich* bastante; ↑ *sehr* bien; ◇ **er hat sich - blamiert** ha metido bien la pata [6] ↑ *gut* ◇ **arbeite -!** ¡que trabajes mucho!; ◇ **schlaf -!** ¡que duermas bien!

schonen I. *vt* → *Kleidung, Nerven* cuidar; → *Kräfte* ahorrar **II.** *vr* ◇ **sich** - cuidarse; **schonend** *adj* prudente, cuidadoso; ◇ **jd-m etw - beibringen** comunicar algo a alguien con delicadeza

Schöngeist *m* esteta *m*

Schönheit *f* [1] (*von Sache, von Person*) belleza *f,* hermosura *f* [2] belleza *f;* ◇ **die -en eines Landes** las bellezas de un país [3] *FAM* ↑ *schöne Frau* belleza *f;* ◇ **sie ist eine** - es una belleza; **Schönheitsfarm** *f* instituto *m* de belleza; **Schönheitsfehler** *m* imperfección *f;* **Schönheitsoperation** *f* operación *f* de cirugía estética; **schönmachen** *vr* ◇ **sich** - arreglarse, ponerse guapo

Schonung *f* [1] (*von Gesundheit*) cuidado *m* [2] ↑ *Nachsicht* indulgencia *f* [3] ↑ *Waldbestand* coto *m;* **schonungslos** *adj* desconsiderado; ◇ **mit -er Offenheit** con una sinceridad brutal

schöpfen *vt* [1] → *Wasser* sacar [2] → *Mut* recuperar [3] → *Atem* coger aire [4] → *Kunstwerk* crear

schöpferisch *adj* ↑ *kreativ* creativo, productivo; ◇ - **tätig sein** hacer algo creativo/productivo

Schöpfung *f* creación *f*

schor *impf von* **scheren**

Schorf *m* ‹-[e]s, -e› costra *f*

Schornstein *m a.* NAUT chimenea *f*

schoß *impf von* **schießen**

Schoß *m* ‹-es, Schöße› [1] regazo *m;* ◇ **auf dem** -

sitzen sentarse en las rodillas [2] ↑ *Mutterleib* vientre *m* [3] (*Rock~*) faldón *m* [4] *FIG* ◇ **im ~ der Familie** en el seno de la familia

Schote *f* ‹-, -n› [1] (*von Erbse*) vaina *f* [2] ↑ *~nfrucht* guisantes *m/pl*

Schotte *m* ‹-n, -n›, **Schottin** *f* escocés(-esa *f*) *m;* ◇ **die ~n** *pl* los escoceses; **Schottland** *n* Escocia *f;* ◇ **in ~** en Escocia; ◇ **nach ~ fahren** ir a Escocia

schräg *adj* [1] (*nicht gerade*) oblicuo, inclinado, torcido; ◇ **den Kopf ~ halten** tener la cabeza inclinada; ◇ **~ gegenüber** casi enfrente [2] *FAM* ◇ **ein ~er Vogel** un tío raro; **Schräge** *f* ‹-, -n› inclinación *f;* **Schrägschrift** *f* letra *f* bastardilla; **Schrägstrich** *m* barra *f*

Schramme *f* ‹-, -n› rasguño *m*, arañazo *m;* **schrammen** *vt* rozar, arañar

Schrank *m* ‹-[e]s, Schränke› [1] armario *m;* (*Kleider~*) ropero *m* [2] *FAM* ◇ **er ist ein ~ von Mann** es un jincho *m*

Schranke *f* ‹-, -n› [1] ↑ *Barriere* barrera *f* [2] *FIG* ↑ *Grenze* límite *m;* ◇ **sich ~n auferlegen** reprimirse; **schrankenlos** *adj* [1] sin límites [2] ↑ *zügellos* desenfrenado

Schrankkoffer *m* baúl *m*

Schraube *f* ‹-, -n› [1] (*Holz~, Flügel~*) tornillo *m* [2] ↑ *Propeller* hélice *f* [3] SPORT giro *m;* **schrauben** *vt* [1] ▷*fest* apretar; ▷*locker* aflojar [2] atornillar [3] *FIG* ◇ **Ansprüche höher ~** exigir más; ◇ **Ansprüche niedriger ~** exigir menos; **Schraubenzieher** *m* ‹-s, -› destornillador *m;* **Schraubstock** *m* TECH tornillo *m* de banco, torno *m*

Schrebergarten *m* huerto *m* familiar

Schreck *m* ‹-[e]s, -e›, **Schrecken** *m* ‹-s, -› [1] susto *m;* ◇ **jd-n ~ einjagen** dar un susto a alguien, asustar [2] ↑ *Grauen* miedo *m*, pánico *m*

schrecken *vt* asustar; espantar; (*stärker*) atemorizar; ◇ **das schreckt mich nicht** eso no me asusta; **Schreckensherrschaft** *f* régimen *m* de terror; **Schreckgespenst** *n* [1] fantasma *m* [2] *FIG* espectro *m;* **schreckhaft** *adj* miedoso, asustadizo; **schrecklich** *adj* [1] ↑ *entsetzlich* terrible, horrible, espantoso [2] *FAM* ↑ *sehr* enorme; ◇ **~ müde/groß/viel** cansadísimo/grandísimo/muchísimo

Schrei *m* ‹-[e]s, -e› [1] ↑ *Ruf* grito *m* [2] *FIG* ◇ **der letzte ~** la última moda

Schreibblock *m* bloc *m* de notas; **schreiben** ‹schrieb, geschrieben› **I.** *vt* [1] ↑ *schriftlich fixieren* apuntar, anotar; → *Roman* escribir; ◇ **sich** *dat* **~** escribirse con [2] ↑ *buchstabieren* escribir, deletrear; ◇ **wie schreibt man ...?** ¿cómo se escribe ...? [3] ↑ *ausstellen* hacer [4] ↑ *attestieren* certificar; ◇ **jd-n krank/gesund ~** dar a alguien de baja/de alta **II.** *vi* [1] ▷*schnell, groß, schön* escribir; ◇ **mit Maschine ~** escribir a máquina; ◇ **lesen und ~** leer y escribir [2] (*in Brief*) decir [3] *FIG* ◇ **für eine Zeitung ~** escribir para un periódico; **Schreiben** *n* ‹-s, -› carta *f;* **Schreibkraft** *f* mecanógrafo(/a); **Schreibmaschine** *f* máquina *f* de escribir; **Schreibstelle** *f* PC posición *f* de impresión; **Schreibtisch** *m* escritorio *m;* **Schreibung** *f* ortografía *f;* **Schreibwaren** *pl* artículos *m/pl* de escritorio; **Schreibweise** *f* ortografía *f*

schreien ‹schrie, geschrien› **I.** *vi* [1] ↑ *laut rufen* gritar (*nach* algo); ◇ **vor Schmerzen ~** dar gritos de dolor [2] ← *Tiere, Kinder* chillar, dar chillidos [3] ↑ *weinen* ← *Baby* llorar [4] ◇ **nach Rache ~** pedir venganza a gritos [5] *FIG* ◇ **es schreit zum Himmel** gritar al cielo **II.** *vt* gritar; ◇ **Hilfe ~** pedir ayuda a gritos; **schreiend** *adj* [1] gritando, a gritos; chillando, a chillidos [2] *FIG* ◇ **zum Himmel ~es Unrecht** injusticia que clama al cielo [3] ▷*Farbe* chillón

Schreiner(in *f*) *m* ‹-s, -› [1] ↑ *Tischler* ebanista *m/f* [2] ↑ *Zimmermann* carpintero(/a)

schreiten ‹schritt, geschritten› *vi* marchar, andar, caminar

schrie *impf von* **schreien**

schrieb *impf von* **schreiben**

Schrift *f* ‹-, -en› [1] ▷*arabisch* escritura *f* [2] ↑ *Hand~* letra *f* [3] ↑ *Text* texto *m;* ↑ *Geschriebenes* escrito *m;* ◇ **eine alte ~** un texto antiguo [4] TYP caracteres *m/pl;* **schriftlich I.** *adj* escrito; ◇ **~e Kündigung** despido escrito **II.** *adv auch FIG:* ◇ **jd-m etw ~ geben** dar algo a alguien por escrito; **Schriftsprache** *f* lenguaje *m* culto; **Schriftsteller(in** *f*) *m* ‹-s, -› escritor(a *f*) *m*

schrill *adj* [1] ▷*Stimme* agudo, estridente [2] ▷*Farbe* chillón; **schrillen** *vi* sonar de forma estridente

schritt *impf von* **schreiten**

Schritt *m* ‹-[e]s, -e› [1] paso *m;* ◇ **ein paar ~e von hier** a un paso de aquí; ◇ **auf ~ und Tritt** a cada paso, continuamente [2] ▷*schleppend, beschwingt* andar *m* [3] *FIG* ↑ *Vorgehen* paso *m*, gestión *f* [4] (*von Hose*) entrepierna *f;* **Schrittempo** *n:* ◇ **im ~** al paso

schroff *adj* [1] ▷*Felsen* escarpado, abrupto [2] ▷*Wechsel* tajante, radical [3] *FIG* ↑ *unfreundlich* rudo, brusco; ◇ **jd-n ~ anfahren** tratar a alguien de forma brusca

schröpfen *vt FAM* desplumar

Schrot *m o s* ‹-[e]s, -e› [1] (*Roggen~*) grano *m* triturado [2] (*Blei~*) perdigón *m*

Schrott *m* ‹-[e]s, -e› *FAM auch* chatarra *f;*

Schrotthaufen *m FAM* cacharro *m,* chatarra *f*
schrubben *vt* fregar
schrumpfen *vi* ← *Stoff* encogerse; ← *Obst* arrugarse; ← *Kapital* disminuir, reducirse, menguar
Schubkarren *m* carretilla *f*
Schublade *f* cajón *m*
schüchtern *adj* [1] ▷*Junge* tímido, vergonzoso [2] ▷*Versuch* tímido
schuf *impf von* **schaffen**
Schuft *m* ‹-[e]s, -e› canalla *m,* granuja *m*
schuften *vi FAM* trabajar como un negro
Schuh *m* ‹-[e]s, -e› (*Wander-*) zapato *m;* (*Haus-*) zapatilla *f;* **Schuhbürste** *f* cepillo *m* para limpiar zapatos; **Schuhcreme** *f* betún *m;* **Schuhmacher(in** *f*) *m* ‹-s, -› zapatero(/a)
Schulaufgaben *f/pl* (*Schule*) [1] deberes *m/pl* [2] *BAY* control *m,* examen *m;* **Schulbesuch** *m* SCH escolaridad *f*
schuld *adj:* ◇ **~ sein** ser culpable; ◇ **~ haben** tener la culpa (*an dat* de); ◇ **er ist ~** es culpable; ◇ **er hat ~** tiene la culpa; **Schuld** *f* ‹-, -en› [1] ↑ *Verantwortlichsein* culpa *f* (*für, an dat* de); ◇ **jd-m die ~ geben** echar la culpa a alguien [2] ◇ **sich** *dat* **keiner ~ bewußt sein** no sentirse culpable de algo [3] FIN ◇ **eine ~ begleichen** saldar una deuda
schulden *vt* → *Geld, Leben* deber; ◇ **jd-m etw ~** deber algo a alguien, estar en deuda con alguien por algo; **Schulden** *pl* FIN deudas *f/pl;* ◇ **~ haben** tener deudas; **schuldenfrei** *adj* libre de deudas
Schuldgefühl *n* sentimiento *m* de culpabilidad; **schuldig** *adj* [1] ↑ *verantwortlich* culpable (*an dat* de); JURA ◇ **sich ~ bekennen** reconocerse culpable [2] ◇ **jd-m etw ~ sein** deber algo a alguien; **schuldlos** *adj* inocente
Schuldner(in *f*) *m* ‹-s, -› deudor(a *f*) *m;* **Schuldschein** *m* pagaré *m*
Schuldspruch *m* JURA veredicto *m* de culpabilidad
Schule *f* ‹-, -n› [1] (*Grund-, Real-, Ober-*) escuela *f,* colegio *m;* (*Ingenieur-, Volkshoch-*) escuela *f;* ◇ **zur ~ gehen** ir al colegio/a la escuela [2] *FIG* escuela *f;* **schulen** *vt* → *Auge* ejercitar; → *Fähigkeit* entrenar, formar; **Schüler(in** *f*) *m* ‹-s, -› (*Haupt-, Berufs-*) alumno(/a); (*höherer*) estudiante *m/f;* **Schulferien** *pl* vacaciones *f/pl* escolares; **schulfrei** *adj* sin clase; ◇ **~er Tag** día no lectivo; **Schulfunk** *m* MEDIA emisión *f* escolar; **Schulgeld** *n* matrícula *f* del colegio; **Schuljahr** *n* curso *m,* año *m* escolar; **schulpflichtig** *adj* en edad escolar; **Schulstunde** *f* clase *f*
Schulter *f* ‹-, -n› ANAT hombro *m;* ◇ **jd-m auf die ~ klopfen** dar una palmadita en el hombro; **schultern** *vt* echar al hombro
Schulung *f* formación *f;* educación *f*
Schulwesen *n* enseñanza *f;* **Schulzeugnis** *n* notas *f/pl* [del colegio]
Schund *m* ‹-[e]s› baratija *f;* basura *f;* **Schundliteratur** *f* literatura *f* barata
Schuppe *f* ‹-, -n› (*von Fisch*) escama *f;* (*Haar-*) caspa *f;* **schuppen I.** *vt* → *Fisch* escamar **II.** *vr* ◇ **sich ~** descamarse;
Schuppen [1] *pl* caspa *f*
Schuppen [2] *m* ‹-s, -› [1] ↑ *Abstellraum* cobertizo *m* [2] (*Beat-*) tinglado *m*
schuppig *adj* escamoso
schüren *vt* [1] → *Feuer* atizar [2] *FIG* ↑ *aufhetzen* fomentar
schürfen I. *vt* MIN hacer excavaciones **II.** *vi* → *Haut* raspar, rozar; **Schürfung** *f* MIN excavación *f,* exploración *f;* (*Haut-*) excoriación *f*
Schurke *m* ‹-n, -n›, **Schurkin** *m* ‹-n, -n› bribón(-ona *f*) *m,* bellaco/(a), canall *m/f*
Schurz *m* ‹-es, -e› (*Lenden-*) taparrabos *m;* (*von Schmied*) mandil *m*
Schürze *f* ‹-, -n› delantal *m*
Schuß *m* ‹Schusses, Schüsse› [1] (*Gewehr-*) tiro *m* [2] ↑ *Geschoß* disparo *m* [3] (*Tor-*) tiro *m* [4] ◇ **Cola mit ~** cocacola con un poco de alcohol [5] (*beim Weben*) trama *f* [6] (*FAM Drogen-*) pico *m,* chute *m* [7] *FAM* ◇ **einen ~ tun** dar un estirón
Schüssel *f* ‹-, -n› fuente, f; (*Salat-*) ensaladera *f*
Schußverletzung *f* herida *f* de bala; **Schußwaffe** *f* arma *m* de fuego
Schuster(in *f*) *m* ‹-s, -› zapatero(/a)
Schutt *m* ‹-[e]s› [1] (*Bau-*) escombros *m/pl* [2] ↑ *Müll* basura *f;* ◇ **~ abladen verboten** prohibido verter basura
Schüttelfrost *m* escalofríos *m/pl;* **schütteln I.** *vt* → *Baum* sacudir; → *jd-n* agitar, menear; → *Hand* estrechar; → *Kopf* denegar con la cabeza **II.** *vr* ◇ **sich ~** (*vor Lachen*) desternillarse de risa; (*vor Kälte*) tiritar de frío
schütten I. *vt* → *Zucker, Kies* tirar al suelo,; verter **II.** *vi unpers* diluviar; ◇ **es schüttet** está lloviendo a cántaros
schütter *adj* escaso, ralo
Schutz *m* ‹-es› [1] ↑ *Unterstützung* protección *f;* ◇ **jd-n in ~ nehmen** salir en defensa de alguien [2] ↑ *Unterschlupf* refugio *m,* cobijo *m;* ◇ **jd-m ~ bieten** refugiar a alguien [3] ↑ *Verteidigung* defensa *f;* (*Geleit-*) salvaguardia *f;* **Schutzanzug** *m* traje *m* protector; **Schutzbefohlene(r)** *fm* protegido(/a); **Schutzbrief** *m* AUTO seguro *m* de asistencia nacional e internacional; **Schutzbrille** *f* gafas *f/pl* protectoras

Schütze *m* ‹-n, -n› [1] (*Revolver-*) tirador *m;* (*Bogen-*) arquero *m* [2] SPORT goleador *m* [3] ASTROL Sagitario *m*

schützen *vt* → *jd-n* proteger, defender; → *Natur* proteger, defender, conservar, preservar; → *Patent* proteger (*vor dat* de); **Schutzgebiet** *n* zona *f* protegida; **Schutzhaft** *f* prisión *f* preventiva; **Schutzimpfung** *f* MED vacuna *f* preventiva; **schutzlos** *adj* indefenso, desprotegido, desamparado; **Schutzmaßnahme** *f* medida *f* preventiva; **Schutzumschlag** *m* sobrecubierta *f*

schwach *adj* [1] débil, delicado [2] ▷*Kaffee* flojo [3] ↑ *nicht zahlreich* poco; ◇ **~ besuchte Ausstellung** exposición poco visitada [4] ▷*Trost* pobre; ▷*Leistung* escaso; ▷*Film* flojo [5] ◇ **~ werden** debilitarse, flaquear; **Schwäche** *f* ‹-, -n› ▷*körperlich* debilidad *f;* (*Charakter-*) flaqueza *f,* punto *m* flaco; (*von Leistung*) disminución *f;* **schwächen** *vt* [1] ↑ *ermüden* debilitar [2] ↑ *vermindern* → *Einfluß* disminuir; **Schwächling** *m* blandengue *m,* hombre *m* débil

Schwachsinn *m* [1] imbecilidad *f* [2] *FIG* ↑ *Unsinn* idiotez *f;* ◇ **~ reden** decir idioteces; **schwachsinnig** *adj* [1] ↑ *geistig behindert* imbécil [2] ▷*Idee* descabellado

Schwächung *f* agotamiento *m;* FIN devaluación *f*

Schwaden *m* ‹-s, -› (*Nebel-*) niebla *f;* (*Rauch-*) cortina *f*

schwafeln *vti FAM* desbarrar

Schwager *m* ‹-s, Schwäger›, **Schwägerin** *f* cuñado(/a)

Schwall *m* ‹-[e]s, -e› (*Wasser-*) riada *f,* crecida *f;* (*FIG von Worten*) cascada *f*

schwamm *impf von* **schwimmen**

Schwamm *m* ‹-[e]s, Schwämme› [1] FAUNA esponja *f* [2] FLORA ↑ *Pilz* seta *f,* hongo *m* [3] (*Bade-*) esponja *f;* **schwammig** *adj* flácido, fofo

schwanen *vi unpers* ↑ *ahnen:* ◇ **jd-m schwant etw** tener alguien un presentimiento

schwand *impf von* **schwinden**

schwang *impf von* **schwingen**

schwanger *adj* [1] embarazada, en estado [2] *FIG* ◇ **mit etw ~ gehen** concebir algo; **schwängern** *vt* embarazar, dejar embarazada; **Schwangerschaft** *f* embarazo *m;* **Schwangerschaftsabbruch** *m* interrupción *f* del embarazo, aborto *m*

schwanken *vi* [1] ↑ *schaukeln* balancearse; ↑ *taumeln* tambalearse [2] ↑ *nicht stabil sein* ▷*Preise* oscilar; ▷*Gewicht* variar [3] ↑ *zögern* titubear, vacilar; **Schwankung** *f* (*von Preisen*) oscilación *f;* FIN fluctuación *f;* (*Gewicht, Temperatur*) variación *f*

Schwanz *m* ‹-es, Schwänze› [1] (*von Tier*) rabo *m;* ◇ **jd-m auf den ~ treten** ofender a alguien [2] ↑ *Schlußteil* cola *f* [3] *VULG* ↑ *Penis* polla *f* [4] *FAM* ◇ **kein ~** nadie

schwänzen *vt FAM* → *Schule* hacer novillos

Schwarm *m* ‹-[e]s, Schwärme› [1] (*Bienen-*) enjambre *m;* (*Vögel*) bandada *f;* (*von Menschen*) muchedumbre *f,* gentío *m* [2] *FAM* ídolo *m;* ◇ **ihr neuester ~** su nuevo ídolo; **schwärmen** *vi* [1] ◇ **~ für** entusiasmarse por, estar loco por [2] (*Vögel*) revolotear

schwarz *adj* [1] ▷*Stoff* negro; ▷*Haar* moreno; ◇ **~ wie die Nacht** negro como el carbón [2] negro; ◇ **S~e(r)** negro(a), persona *f* de color [3] ↑ *illegal* ilegal, ilícito; ◇ **S~er Markt** mercado negro [4] *FIG* ◇ **~er Humor** humor negro; (*~e Gedanken haben*) tener malos pensamientos; *auch FIG* ◇ **ins S~e treffen** dar en el blanco/clavo; ◇ **~ auf weiß** por escrito; **Schwarzarbeit** *f* trabajo *m* clandestino; **Schwärze** *f* ‹-, -n› [1] (*von Nacht*) negrura *f* [2] (*Farbe, Drucker-*) tinta *f* de imprenta; **schwärzen** *vt* ennegrecer; **schwarzfahren** *unreg vi* [1] (*in Bus, Zug etc.*) viajar sin billete/pagar [2] conducir sin permiso; **Schwarzmarkt** *m* mercado *m* negro

schwarzsehen *unreg vi FAM* [1] ↑ *pessimistisch sein* ser pesimista [2] MEDIA ver la televisión sin pagar impuestos de uso

schwatzen, **schwätzen** **I.** *vi* (*in Schule*) charlar **II.** *vt* ↑ *daherreden:* ◇ **dummes Zeug ~** decir tonterías/bobadas

Schwebe *f FIG:* ◇ **in der ~** pendiente, en suspenso, en vilo; **Schwebebalken** *m* SPORT barra *f* de equilibrios; **schweben** *vi* [1] ↑ *fliegen* flotar [2] ↑ *hoch hängen* colgar; ◇ **in Gefahr ~** acechar [3] *FIG* ← *Prozeß* estar pendiente

Schwede *m* ‹-n, -n›, **Schwedin** *f* sueco *a m;* **Schweden** *n* Suecia *f*

Schweif *m* ‹-[e]s, -e› ↑ *Schwanz* (*von Hund*) rabo *m;* (*von Komet*) cola *f*

Schweigegeld *n* soborno *m;* **schweigen** ‹schwieg, geschwiegen› *vi* [1] ← *Person* callarse, guardar silencio [2] ↑ *still sein* estar callado; **Schweigen** *n* ‹-s› silencio *m*

Schwein *n* ‹-[e]s, -e› [1] (*Haus-*) cerdo *m;* (*Wild-*) jabalí *m* [2] (*Glück*) suerte *f* [3] *FAM* cerdo *m,* cochino *m,* guarro *m;* **Schweinefleisch** *n* carne *f* de cerdo; **Schweinerei** *f* [1] ↑ *Durcheinander, Schmutz* porquería *f* [2] ↑ *Gemeinheit* cerdada *f*

Schweiß *m* ‹-es› sudor *m,* transpiración *f*

schweißen *vti* ← *Metall, Kunststoff* soldar

Schweiz *f:* ◇ **die ~** Suiza *f;* ◇ **in der ~** en Suiza; ◇ **in die ~ fahren** ir a Suiza; **Schweizer(in** *f*) *m* ‹-s, -› suizo(/a)

schwelen *vi* arder despacio y sin llama

schwelgen *vi* [1] vivir a cuerpo de rey [2] *FIG* ◇ **in Erinnerungen** ~ recrearse con los recuerdos

Schwelle *f* ⟨-, -n⟩ [1] (*Tür~*) dintel *m* [2] *FIG* ↑ *Übergang* umbral *m*, puerta *f* [3] BAHN traviesa *f*

schwellen ⟨schwoll, geschwollen⟩ *vi* MED ← *Beule* hincharse, inflamarse; ← *Geräusch* aumentar; **Schwellung** *f* MED hinchazón *f*, inflamación *f*

schwenken I. *vt* [1] → *Fahne* blandir, agitar [2] ↑ *ausspülen* escurrir **II.** *vi* ↑ *abbiegen* girar, torcer; ◇ **nach links** ~ girar a la izquierda

schwer I. *adj* [1] ▷*Koffer, Person* pesado; ◇ **65 Kilo ~ sein** pesar 65 kilos [2] ↑ *schwierig* ▷*Problem* difícil [3] ↑ *schlimm* ▷*Schlag* duro; ▷*Katastrophe* grave, importante [4] *FIG* ◇ **~en Herzens** con pena **II.** *adv* ↑ *sehr*: ◇ **~ verletzt** gravemente herido; ◇ **~ betrunken** completamente borracho; **Schwerarbeit** *m* trabajo *m* duro; **Schwere** *f* ⟨-, -n⟩ [1] PHYS ↑ *Schwerkraft* gravedad *f* [2] ↑ *Schwersein* peso *m* [3] ↑ *Wichtigkeit* importancia *f*; **schwerelos** *adj* ingrávido

Schwerenöter *m* ⟨-s, -⟩ Don Juan *m*

schwererziehbar *adj* difícil, con problemas de adaptación

schwerfallen *unreg vi* ← *Arbeit, Entscheidung* costar [mucho]; ◇ **es fällt mir schwer** me cuesta mucho; **schwerfällig** *adj* pesado, lento, torpe; **schwerhörig** *adj* duro de oído; **Schwerkraft** *f* PHYS fuerza *f* de gravedad; **Schwerkranke(r)** *fm* enfermo (/a) de gravedad; **schwermachen** *vt*: ◇ **jd-m etw ~** → *Leben* complicar la vida a alguien; ◇ **sich etw ~** complicarse algo; **schwermütig** *adj* melancólico; **schwernehmen** *unreg vt* tomar a pecho; **Schwerpunkt** *m* *FIG* (*von Problem*) punto *m* esencial/clave

Schwert *n* ⟨-[e]s, -er⟩ espada *f*

schwertun *unreg vi*: ◇ **sich** *dat o akk* ~ tener dificultades (*mit* con); **schwerverdaulich** *adj* pesado, indigesto; **schwerverletzt** *adj* herido de gravedad; **schwerwiegend** *adj* ▷*Fehler* grave; ▷*Frage* serio, de peso

Schwester *f* ⟨-, -n⟩ [1] hermana *f* [2] MED enfermera *f* [3] (*Ordens~*) religiosa *f*, hermana *f*

schwieg *impf von* **schweigen**

Schwiegereltern *pl* suegros *m/pl*; **Schwiegermutter** *f* suegra *f*; **Schwiegersohn** *m* yerno *m*; **Schwiegertochter** *f* nuera *f*; **Schwiegervater** *m* suegro *m*

schwierig *adj* [1] ▷*Aufgabe, Arbeit* difícil, complicado, laborioso [2] ▷*Mensch* difícil; **Schwierigkeit** *f* [1] (*von Arbeit*) dificultad *f* [2] ↑ *Hindernis* obstáculo *m*; ◇ **~en überwinden** vencer/superar obstáculos

Schwimmbad *n* piscina *f*; **schwimmen** ⟨schwamm, geschwommen⟩ *vi* [1] ↑ *nicht sinken* flotar [2] *a.* SPORT nadar [3] ← *Wohnung* estar inundado [4] *FAM* (*in Prüfung*) quedarse en blanco; **Schwimmer(in *f*)** *m* ⟨-s, -⟩ [1] nadador(a *f*) *m* [2] flotador *m* [3] (*beim Angeln*) veleta *f*

Schwindel *m* ⟨-s⟩ [1] (*~gefühl*) vertigo *m*, mareo *m* [2] ↑ *Unehrlichkeit* patraña *f*; ◇ **das ist doch alles ~** todo es una patraña [3] ↑ *Zeug, Kram* chismes *m/pl*, bártulos *m/pl* [4] ↑ *Betrug* fraude *m*

schwindeln *vi* [1] *FAM* ↑ *lügen* mentir [2] marearse; ◇ **mir schwindelt** es me estoy mareando, me mareo

schwinden ⟨schwand, geschwunden⟩ *vi* [1] ← *Geld, Reserve* disminuir, reducirse; ← *Kraft, Mut, Hoffnung* perder fuerzas/el valor/las esperanzas [2] ↑ *verblassen* ← *Farbe* desteñir [3] ↑ *leiser werden* ← *Ton* disminuir

Schwindler(in *f*) *m* ⟨-s, -⟩ mentiroso(/a)

schwindlig *adj* que se marea; ◇ **mir ist ~** me estoy mareando, me mareo

schwingen ⟨schwang, geschwungen⟩ **I.** *vt* [1] → *Fahne* agitar, blandir [2] *FIG* ◇ **große Reden ~** dar un discurso **II.** *vi* [1] ↑ *schaukeln* ← *Pendel* oscilar [2] ↑ *vibrieren* vibrar [3] *FIG* ↑ *anklingen* sonar a; ◇ **in seiner Stimme schwingt Erregung mit** en su voz se nota la emoción **III.** *vr* ◇ **sich ~** [1] (*über Mauer*) saltar; (*in Sattel*) subirse a [2] *FAM* ↑ *verschwinden* irse; ◇ **schwing dich!** ¡largo!; **Schwingung** *f* PHYS oscilación *n*; (*von Ton*) vibración *f*

Schwips *m* ⟨-es, -e⟩ chispa *f*; ◇ **einen ~ haben** estar alegre/achispado

schwirren *vi* [1] ↑ *schnell fliegen* ← *Mücke* zumbar [2] *FAM* (*hektisch*) correr, zumbar

schwitzen *vi* [1] (*bei Anstrengung*) transpirar; (*vor Angst*) sudar [2] ← *Wände* rezumar

schwoll *impf von* **schwellen**

schwören ⟨schwor, geschworen⟩ *vti* jurar

schwul *adj FAM* homosexual *m*; *FAM* marica *m*

schwül *adj* bochornoso

Schwund *m* ⟨-[e]s⟩ [1] (*von Reserve*) disminución *f*; MED atrofia *f* [2] MEDIA (*von Ton*) perdida *f*

Schwung *m* ⟨-[e]s, Schwünge⟩ [1] ↑ *Antrieb* impulso *m*, empuje *m* [2] (*von Augenbrauen*) arco *m* [3] *FIG* ↑ *Triebkraft* ímpetu *m* [4] *FAM* ↑ *Menge* montón *m*; ◇ **ein ~ Arbeit** un montón de trabajo; **schwunghaft** *adj FIG* activo, intenso; ▷*Geschäft* próspero; **schwungvoll** *adj* lleno de vida; dinámico

Schwur *m* ⟨-[e]s, Schwüre⟩ juramento *m*

SDI *n Abk v.* **stategic defence initiative** IDS

sechs *nr* [1] seis [2] SCH cero; **sechsfach I.** *adj* seis veces **II.** *adv* seis veces; **sechshundert** *nr* seiscientos; **sechsmal** *adv* seis veces

sechste(r, s) *adj* sexto; ◇ **der** ~ **Mai** el seis de mayo; ◇ **Bonn, den 6. Mai** Bonn, a 6 de mayo; **Sechste(r)** *fm* sexto(/a); **Sechstel** *n* ‹-s, -› la sexta parte *f*; **sechstens** *adv* en sexto lugar

sechzehn *nr* dieciséis

sechzig *nr* sesenta

See *m* ‹-s, -n› [1] lago *m* [2] (*Stau~*) embalse *m*, pantano *m* [3] mar *m;* ◇ **auf hoher** ~ en alta mar; **Seebad** *n* balneario *m* marítimo; **Seegang** *m* oleaje *m;* **seekrank** *adj* mareado; **Seelachs** *m* GASTR

Seele *f* ‹-, -n› alma *m; FIG* ◇ **die** ~ **des Hauses** el corazón de la casa; **Seelenruhe** *f* paz *f* del alma; tranquilidad *f*, calma *f;* ◇ **in aller** ~ con toda tranquilidad; **seelisch** *adj* [p]síquico, del alma, mental; **Seelsorge** *f* cura *f* de almas; **Seelsorger(in** *f*) *m* ‹-s, -› cura *m;*

Seemacht *f* potencia *f* naval/marítima; **Seemann** *m* ‹-s, -leute› marinero *m*, marino *m;* **Seemeile** *f* milla *f* marina; **Seenot** *f* peligro *m* de naufragar; **Seeräuber(in** *f*) *m* pirata *m*/*f;* **Seerecht** *n* ‹-s› JURA derecho *m* marítimo; **Seereise** *f* crucero *m*, viaje *m* por mar; **Seeschlacht** *f* batalla *f* naval; **Seesperre** *f* MIL, POL bloqueo *m* naval; **Seestreitkräfte** *f*/*pl* fuerzas *f*/*pl* navales; **Seetang** *m* algas *f*/*pl* marinas; **Seeweg** *m* ruta *f* marítima; ◇ **auf dem** ~ por mar; **Seewind** *m* brisa *f* del mar; **Seewolf** *m* lobo *m* de mar; **Seezunge** *f* lenguado *m*

Segel *n* ‹-s, -› vela *f;* **Segelboot** *n* velero *m*, balandro *m*, barco *m* de vela; **Segelfliegen** *n* vuelo *m* sin motor; **Segelflugzeug** *n* planeador *m*

segeln *vti* navegar a vela; *FAM* ◇ **durch ein Examen** ~ catear un examen; **Segelsport** *m* deporte *m* de la vela; **Segeltuch** *n* lona *f*

Segen *m* ‹-s, -› bendición *f; FAM* ◇ **meinen** ~ **hat er** por mí que lo haga

segnen *vt* ← *Pfarrer* bendecir; ◇ **das Zeitliche** ~ entregar el alma

sehen ‹sah, gesehen› **I.** *vti* [1] ver; (*in bestimmte Richtung*) mirar [2] *FIG* ◇ **jdn/etw nicht mehr** ~ **können** no soportar a alguien/algo [3] ↑ *bemerken* notar, darse cuenta de [4] ↑ *überlegen* pensar, considerar; ◇ **[selber]** ~ **müssen, daß** [*o.* **wie, wann, wo**] **...** tener que ver por sí mismo que [*o.* si, como, donde] ... [5] (*[ab-]warten*) ◇ **erst** ~ **müssen, ob ...** tener que ver si ... [6] (*sich kümmern um*) ◇ **nach jdm/etw** ~ ocuparse de alguien/algo **II.** *vr* ◇ **sich** ~ verse; ◇ **sich** ~ **als** verse como; ◇ **sich bei jd-m** ~ **lassen** visitar a alguien; *FIG* ◇ **sich** ~ **lassen können** poder presentarse/mostrarse; **Sehenswürdigkeit** *f* monumentos *m*/*pl* históricos/artísticos; **Seher(in** *f*) *m* ‹-s, -› profeta *m;* **Sehkraft** *f* vista *f*

sehnen *vr* ◇ **sich** ~ desear ardientemente algo, añorar algo; (*nach Vergangenem*) sentir nostalgia (*nach* de)

Sehnenscheidentzündung *f* tendinitis *f;* **sehnig** *adj* ▷*Gestalt* nervudo; ▷*Fleisch* con muchos nervios

sehnlich *adj* ardiente; ◇ **jd-s ~ster Wunsch** deseo más profundo de alg; **Sehnsucht** *f* deseo *m* ardiente, anhelo *m;* (*nach Vergangenem*) nostalgia *f*

sehr *adv* muy, mucho; ◇ **zu** ~ demasiado

Sehstörung *f* trastorno *m* visual

seicht *adj* ▷*Wasser* poco profundo; *FIG* ▷*Gespräch* superficial, trivial

Seide *f* ‹-, -n› seda *f;* **seidene(r, s)** *adj* ▷*Stoff* de seda; ▷*Haar* sedoso; *FIG* ◇ **am ~en Faden hängen** colgar de un clavo ardiente; **Seidenraupe** *f* gusano *m* de seda; **Seidenspinner** *m* FAUNA bómbice *m;* **seidig** *adj* sedoso

Seife *f* ‹-, -n› jabón *m;* **Seifenblase** *f* pompa *f* de jabón; *FIG* ilusión *f* vana; **Seifenlauge** *f* lejía *f* de jabón; **Seifenschale** *f* jabonera *f;* **Seifenschaum** *m* espuma *f* [de jabón]

Seil *n* ‹-[e]s, -e› cuerda *f*, soga *f;* **Seilbahn** *f* teleférico *m;* **Seilschaft** *f* cordada *f; FIG* POL *grupos de partidarios de la antigua RDA que se han formado después de la unificación alemana;* **Seilzug** *m* polea *f*, cable *m*

sein ‹war, gewesen› *vi* [1] ser; (*zur Bildung des Passivs, Eigenschaft*) ser [2] (*Zustand, Gefühl*) estar [3] ↑ *existieren* haber, existir [4] ↑ *sich befinden* estar [5] ↑ *geschehen* pasar, ocurrir; ↑ *stattfinden* haber, tener lugar, celebrarse; ◇ **laß das** ~! ¡déjalo! [6] ↑ *bestehen aus* componerse (*aus dat* de)

sein(e) *pron possessiv von* **er, es** (*unbetont*) su; (*betont*) suyo; (*pl*) sus, suyos

Sein *n* ‹-s› ser *m;* existencia *f*

seiner *pron gen von* **er, es** de su, de él; ◇ **wir haben** ~ **gedacht** nos hemos acordado de él; **seinerseits** *adv* por su parte; **seinerzeit** *adv* en su día, en aquella época; **seinesgleichen** *pron* su igual, sus semejantes; *PEJ* de su misma calaña; **seinethalben**, **seinetwegen** *adv* ↑ *für ihn* por él, a causa de él; ↑ *ihm zuliebe* por él

Seismograph *m* ‹-en, -en› sismograma *m*

seit I. *präp dat* desde; ◇ ~ **langem** desde hace tiempo/mucho; ◇ **er ist** ~ **e-r Woche hier** está aquí desde hace una semana **II.** *cj* ↑ *seitdem* desde que; **seitdem** I. *adv* desde entonces; desde entonces está enfermo II. *cj* desde que está enfermo

Seite *f* ‹-, -n› [1] (*von Körper*) lado *m*, costado *m*; *FIG* ◇ **jd-m zur - stehen** estar del lado de alguien; *FIG* ◇ **sich von der besten - zeigen** mostrar el lado bueno [2] (*Buch-*) página *f*; (*Zeitungs-*) plana *f*; (*von Stoff*) lado *m*; (*von Münze*) cara *f* [3] ↑ *Richtung* dirección *f*, sentido *m*; ◇ **von allen -n herbeiströmen** afluir en todas direcciones [4] ↑ *Gesichtspunkt* punto *m* de vista; ◇ **von juristischer -** desde el punto de vista jurídico [5] ↑ *Gegner* parte *f*; ◇ **von offizieller -** por parte oficial; **Seitenausgang** *m* salida *f* lateral; **Seitenfläche** *f* superficie *f* lateral; **Seitenhieb** *m* *FIG* indirecta *f*

Seitenlinie *f* línea *f* lateral; **Seitenruder** *n* AERO timón *m* de direcciones

seitens *präp gen* de parte de

Seitensprung *m FIG* aventura *f* amorosa; ◇ **e-n - machen** echar una cana al aire

Seitenstechen *n* ‹-s› punzadas *f/pl* en el costado

Seitenstraße *f* calle *f* lateral; **Seitenstreifen** *m* arcén *m*

seitenverkehrt *adj* ▷*Aufnahme, Dia* invertido, al revés

seither *adv* desde entonces

seitlich I. *adj* de lado, lateral II. *präp* al lado de

seitwärts *adv* de lado, lateralmente

Sekretär(in *f*) *m* [1] secretario/a [2] (*Möbelstück*) secreter *m*; **Sekretariat** *n* (*Leute*) secretariado *m*; (*Büro*) secretaría *f*

Sekt *m* ‹-[e]s, -e› champán *m*, champaña *m*, cava *m*

Sekte *f* ‹-, -n› secta *f*

Sektor *m* sector *m*; ◇ **öffentlicher -** sector *m* público

sekundär *adj* secundario; **Sekundärliteratur** *f* literatura *f* crítica

Sekunde *f* ‹-, -n› segundo *m*

selber *pron s.* **selbst** mismo; ◇ **das glaubst du doch - nicht!** ¡eso no te lo crees ni tú!; **selbst** I. *pron* mismo; ◇ **er/es -** él/ello mismo; ◇ **sie -** ella misma; ◇ **wie von -** como por sí solo II. *adv* ↑ *sogar* incluso, aun; **Selbstachtung** *f* respeto *m* de sí mismo; **selbständig** *adj* ▷*Mensch* independiente; ▷*Arbeit* liberal; ◇ **sich - machen** hacerse independiente, independizarse, emanciparse; **Selbstauslöser** *m* ‹-s, -› FOTO disparador *m* automático; **Selbstbedienung** *f* autoservicio *m*; **Selbstbedienungsrestaurant** *n* self-service *m*, autoservicio *m*; **Selbstbestimmung** *f* autodeterminación *f*; **selbstbewußt** *adj* ▷*Auftreten* consciente de sí mismo; ▷*anmaßend* arrogante, pretencioso; **Selbstbildnis** *n* autorretrato *m*; **Selbsterhaltung** *f* autoconservación *f*; **selbstgefällig** *adj* ▷*Mensch* vanidoso, satisfecho de sí mismo; ▷*Miene* presuntuoso; **Selbstgespräch** *n* monólogo *m*; **Selbsthilfegruppe** *f* grupo *m* de terapia; **selbstklebend** *adj* autoadhesivo; **selbstlos** *adj* ▷*Mensch* desinteresado, desprendido; ▷*Hilfe* desinteresado; **Selbstmord** *m* suicidio *m*; **Selbstmörder(in** *f*) *m* suicida *m/f*; **selbstsicher** *adj* ▷*Mensch* seguro de sí mismo; ▷*Haltung* seguro; **Selbsttäuschung** *f* ilusión *f*, autoengaño *m*; **Selbstverleugnung** *f* abnegación *f*; **selbstverständlich** I. *adj* evidente, lógico II. *adv* naturalmente, por supuesto, no faltaba más; **Selbstverständlichkeit** *f* evidencia *f*; ↑ *Unbefangenheit* naturalidad *f*; **Selbstverteidigung** *f* defensa *f* personal, autodefensa *f*; **Selbstvertrauen** *n* confianza *f* en sí mismo; **Selbstverwaltung** *f* autogestión *f*; **Selbstverwirklichung** *f* autorrealización *f*; **Selbstzweck** *m* finalidad *f* en sí

selig *adj* ↑ *verstorbene* difunto; *FAM* ◇ **- sein** estar contento/feliz/como unas castañuelas; REL bienaventurado; **Seligkeit** *f* felicidad *f*; REL bienaventuranza *f*

Sellerie *m* ‹-s, -[s]› apio *m*

selten I. *adj* raro; ▷*Begabung* extraordinario II. *adv* raras veces, poco frecuente; **Seltenheit** *f* rareza *f*, curiosidad *f*

Selterswasser *n* soda *f*, sifón *m*

seltsam *adj* raro, extraño, curioso, singular; ▷*Betragen* extravagante; **Seltsamkeit** *f* rareza *f*, extrañeza *f*, extravagancia *f*

Semantik *f* semántica *f*

Semester *n* ‹-s, -› semestre *m*; *FIG* ◇ **ein älteres -** una persona mayor; **Semesterferien** *pl* vacaciones *f/pl* de fin de semestre

Semikolon *n* ‹-s, -s› punto *m* y coma

Seminar *n* ‹-s, -e› seminario *m*

Semmel *f* ‹-, -n› panecillo *m*; **Semmelknödel** *m* albóndiga *f* de pan

sen. *Abk v.* **Senior**

Senat *m* ‹-[e]s, -e› senado *m*; ◇ **akademischer** Senat consejo *m* de la universidad; **Senator** *m* senador *m*

Sendebereich *m* alcance *m* de emisión; **senden** I. ‹sandte, gesandt› *vt* → *Brief* mandar, enviar II. *vti* MEDIA emitir, transmitir; **Sender** *m* ‹-s, -› MEDIA emisora *f*; ↑ *Anlage* emisor *m*, transmisor *m*; **Sendeschluß** *m* cierre *m* de la emisión; **Sendestation** *f* emisora *f*; **Sendung** *f* [1] ↑ *Brief* envio *m*, expedición *f* [2] ↑ *Aufgabe* misión *f* [3] MEDIA emisión *f*; ↑ *Programm* programa *m*, espacio *m;* ↑ *Übertragung* transmisión *f*

Senf *m* ‹-[e]s, -e› ↑ *Mostrich* mostaza *f; FAM* ◇ **seinen ~ dazugeben** hacer su comentario

senil *adj* senil

Senior *m* ‹-s, -en› decano *m;* (*~chef*) jefe *m*, persona *f* mayor; SPORT senior *f*

Senke *f* ‹-, -n› depresión *f* del terreno

Senkel *m* ‹-s, -› cordón *m*

senken **I.** *vt* bajar; → *Kopf* bajar, inclinar; → *Preise, Steuern* reducir; ↑ *leiser sprechen* ◇ **die Stimme ~** bajar la voz **II.** *vr* ◇ **sich ~** hundirse; **Senknetz** *n* red *f* de arrastre

senkrecht *adj* vertical, perpendicular; **Senkrechte** *f* línea *f* vertical/perpendicular; **Senkrechtstarter** *m* ‹-s, -› AERO avión *m* de despegue vertical; *FIG* persona *f* con muchísimo éxito profesional

Sensation *f* sensación *f;* **sensationell** *adj* sensacional

Sense *f* ‹-, -n› guadaña *f*

sensibel *adj* ▷*Haut, Kind* sensible; ▷*Thema* delicado

Sensor *m* ‹-s, -en› sensor *m*

sentimental *adj* sentimental; **Sentimentalität** *f* sentimentalismo *m*

separat *adj* separado; ▷*Eingang* independiente; ▷*Wohnung* particular

September *m* ‹-[s], -› se[p]tiembre *m*

sequentiell *adj* PC de secuencias; **Sequenz** *f* secuencia *f*

Serbe *m* ‹-n, -n› **Serbin** *f* servio/a; **Serbien** *n* Servia *f*

Serenade *f* MUS serenata *f*

Serie *f* ↑ *Reihe* serie *f;* (*von Ereignissen*) serie *f*, sucesión *f;* (*Geschirr*) juego *m;* (*Möbel*) conjunto *m;* ◇ **in ~ gehen** [*o.* **herstellen**] fabricar en serie; **Serienherstellung** *f* fabricación *f* en serie; **serienweise** *adv* en serie

seriös *adj* serio

Serpentine *f* serpentina *f*

Serum *n* ‹-s, Seren› suero *m*

Service [1] *n* ‹-[s], -› (*Eß~*) juego *m*, servicio *m*

Service [2] *m* ‹-, -s› ↑ *Dienstleistung* servicio *m;* ↑ *Kundendienst* asistencia *f* técnica; **servieren** **I.** *vt* ▷*Essen* servir **II.** *vi* servir [a la mesa]

Serviette *f* servilleta *f*

Servolenkung *f* AUTO dirección *f* asistida, servodirección *f*

servus *interj* [1] ↑ *hallo* ¡hola! [2] ↑ *auf Wiedersehen* ¡adiós!

Sessel *m* ‹-s, -› sillón *m*

seßhaft *adj* ↑ *häuslich* sedentario; ↑ *ansässig* domiciliado, residente, afincado

Set *n* ‹-s, -s› juego *m*

setzen **I.** *vt* [1] → *Pflanzen* poner, colocar [2] ↑ *errichten, aufbauen* → *Denkmal* levantar, erigir; → *Ofen* instalar [3] → *Segel* tender [4] ◇ **auf jdn/etw ~** apostar por alguien/algo; ◇ **Hoffung ~ auf/in** *akk* tener esperanzas en algo/alg [5] → *Komma* poner; *FIG* ◇ **ein Zeichen ~** poner una señal [6] TYP componer **II.** *vr* ◇ **sich ~** [1] ← *Mensch* sentarse, tomar asiento [2] ← *Staub* depositarse; ← *Geruch* pegarse a **III.** *vi:* ◇ **über e-n Fluß ~** cruzar/atravesar un río; **Setzer(in** *f*) *m* ‹-s, -› TYP cajista *m/f*

Setzling *m* brote *m*

Seuche *f* ‹-, -n› epidemia *f*, enfermedad *f* contagiosa; (*Tier~*) plaga *f*

seufzen *vi* dar un suspiro, suspirar por; **Seufzer** *m* ‹-s, -› suspiro *m*

Sex *m* ‹-[es]› sexo *m;* **Sexismus** *m* sexismo *m;* **Sexist(in** *f*) *m* sexista *m/f;* **Sexshop** *m* ‹-s, -s› sexshop *m;* **Sexualität** *f* sexualidad *f;* **Sexualkunde** *f* SCH educación *f* sexual; **sexuell** *adj* sexual

sezieren *vt* → *Leiche* hacer la autopsia

Shampoo[n] *n* ‹-s, -s› (*Haar~*) champú *m;* (*Teppich~*) espuma *f*

Sherry *m* ‹-s, -s› jerez *m*

Shorts *f* ‹-, -› pantalones *m/pl* cortos

Show *f* ‹-, -s› espectáculo *m*, show *m;* **Showmaster** *m* presentador *m*

siamesisch *adj* siamés; ◇ **~e Zwillinge** gemelos siameses; **Siamkatze** *f* gato *m* siamés

Sibirien *n* ‹-s› Siberia *f*

sich *pron* (*akk*) sí; (*dat*) a sí

Sichel *f* ‹-, -n› hoz *f*

sicher **I.** *adj* ▷*Weg, Entfernung* seguro (*vor dat* de); ▷*Einkommen* sólido; ▷*Auftreten, Fahrer* seguro, hábil; ▷*Urteil* firme; ◇ **sich** *dat* **e-r Sache ~ sein** estar seguro de una cosa **II.** *adv* ↑ *höchstwahrscheinlich* seguramente; (*zwar*) ◇ **du hast ~ recht, aber ...** seguramente tienes razón pero...

sichergehen *unreg vi* (*meist inf*) ir sobre seguro

Sicherheit *f* ↑ *Zuverlässigkeit* seguridad *f;* FIN fianza *f;* ↑ *Garantie* garantía *f;* (*Treff~*) acierto *m f;* **Sicherheitsglas** *n* cristal *m* de seguridad; **Sicherheitsgurt** *m* cinturón *m* de seguridad; **sicherheitshalber** *adv* para mayor seguridad; **Sicherheitsnadel** *f* imperdible *m;* **Sicherheitsschloß** *n* cerradura *f* de seguridad, cierre *m* de seguridad

sicherlich *adv* seguramente, con toda seguridad

sichern *vt* asegurar; ← *Waffe* poner el seguro; ←

Grenze proteger (*gegen, vor* contra, de); ← *Fahrrad* poner el candado; PC ↑ *schützen* segurar (*vor* contra); (*verschaffen*) ◇ **sich** *dat* **etw** ~ asegurarse de algo
sicherstellen *vt* [1] asegurar, poner en seguro [2] ↑ *beschlagnahmen* confiscar
Sicherung *f* ↑ *das Sichern* protección *f;* ↑ *Vorrichtung* medida *f* de seguridad; ELECTR fusible *m*
Sicht *f* ‹-› (*Aus~*) vista *f;* (*Fern~*) visibilidad *f;* ↑ *Blickweite* ◇ **Land in** ~ tierra a la vista; FIN ◇ **auf ~, bei** ~ a la vista; *FIG* ◇ **auf lange** ~ a largo plazo; **sichtbar** *adj* visible; ▷*Erfolg* apreciable, aparente; ▷*Fortschritte* evidente, manifiesto; **sichten** *vt* ver, percibir, divisar; → *Akte* examinar; **sichtlich** *adj* visible; ▷*Unterschied* ostensible, evidente; ▷*Freude* aparente; **Sichtverhältnisse** *pl* visibilidad *f;* **Sichtvermerk** *m* visado *m,* visto *m* bueno
sickern *vi* filtrarse (*durch* por)
sie *pron* [1] *3. Person fem, sg;* (*in bezug auf Menschen*) ella; (*akk*) la; (*betont, akk*) a ella [2] *3. Person pl,* ellos/-as; (*betont, akk*) a ellos/-as; (*unbetont*) los, las; **Sie** *pron* [1] (*sg, Höflichkeitsform, nom*) usted; (*akk*) a usted [2] (*pl, nom*) ustedes; (*akk*) a ustedes
Sieb *n* ‹-[e]s, -e› (*Mehl~*) cedazo *m;* (*Getreide~*) criba *f,* tamiz *m;* (*Tee~*) colador *m*
sieben [1] *vt* (*Flüssigkeiten*) colar, pasar por el colador; ← *Mehl* cerner; (*FAM auswählen*) hacer suspender;
sieben [2] *nr* siete; **siebenfach** *adj* siete veces; **siebenhundert** *nr* setecientos; **siebenjährig** *adj* de siete años; **Siebensachen** *pl* trastos *m/pl;* ◇ **jd-s ~ packen** recoger los bártulos de alguien; **Siebenschläfer** *m* lirón *m*
siebte(r, s) *adj* séptimo; **Siebtel** *n* ‹-s, -› séptima parte *f;* **siebtens** *adv* en séptimo lugar
siebzehn *nr* diecisiete
siebzig *nr* setenta; **Siebzigjährige(r)** *fm* persona *f* de setenta años
sieden *vti* hervir, cocer; **Siedepunkt** *m* punto *m* de ebullición; **Siedewasserreaktor** *m* reactor *m* de agua en ebullición
Siedler(in *f*) *m* ‹-s, -› colono *m/f,* colonizador(a *f*) *m;* **Siedlung** *f* colonización *f;* (*Häuser~*) urbanización *f*
Sieg *m* ‹-[e]s, -e› victoria *f,* triunfo *m*
Siegel *n* ‹-s, -› sello *m;* ↑ *Plombe* precinto *m;* **Siegelring** *m* sello *m*
siegen *vi* vencer, ganar (*über akk* a), triunfar (*über akk* sobre); **Sieger(in** *f*) *m* ‹-s, -› vencedor(a *f*) *m,* ganador(a *f*) *m,* triunfador(a *f*) *m*
siehe *s.* **sehen**
siezen *vt* tratar de usted
Signal *n* ‹-s, -e› señal *f;* **Signalhorn** *n* corneta *f;* **signalisieren** *vt* señalar, hacer señales
Signatur *f* [1] ↑ *Unterschrift* firma *f* [2] (*an Bibliotheksbuch*) signatura *f;* **signieren** *vt* ← *Künstler* firmar
signifikant *adj* significativo
Silbe *f* ‹-, -n› sílaba *f;* ◇ **betonte/unbetonte** ~ sílaba *f* tónica/átona
Silber *n* ‹-s› CHEM plata *f;* ◇ **aus** ~ de plata; **Silberfuchs** *m* zorro *m* plateado; **silbern** *adj* plateado; ▷*Jubiläum, Hochzeit etc.* de plata; **Silberpapier** *n* papel *m* de plata; **Silberstreifen** *m FIG:* ◇ **ein ~ am Horizont** un rayo de esperanza
Silhouette *f* silueta *f*
Silo *n o m* ‹-s, -s› silo *m*
Silvester *n* ‹-s, -› Nochevieja *f*
Simbabwe *n* ‹-s› Zimbabue *m*
simpel *adj* simple, sencillo
Sims *n o m* ‹-es, -e› (*Kamin~*) repisa *f;* (*Fenster~*) reborde *m*
simulieren I. *vt* ↑ *vortäuschen* simular, fingir; ↑ *nachahmen* imitar **II.** *vi* simular, fingir
simultan *adj* simultáneo
singen ‹sang, gesungen› *vti* cantar
Single I. *m* ‹-s, -s› (*Mensch*) soltero *m* **II.** *f* ‹-, -s› (*Schallplatte*) disco *m* **III.** *n* ‹-s, -s› (*im Tennis*) individual *m*
Singular *m* singular *m*
sinken ‹sank, gesunken› *vi* caer, descender; ← *Schiff* hundirse; ← *Sonne* ponerse; ← *Hoffnung* desvanecerse; ← *Ansehen* perder; ← *Temperatur* descender, disminuir
Sinn *m* ‹-[e]s, -e› [1] (*Wahrnehmungs~*) sentido *m; FAM* ◇ **e-n sechsten ~ für etw haben** tener un sexto sentido para algo; *FIG* ◇ **wie von ~en** como loco [2] (*Gedanke*) pensamiento *m;* ◇ **in den ~ kommen** venir a la cabeza; ◇ **etw im ~e haben** tener la intención de hacer algo [3] (*Einstellung*) opinión *f;* (*Absicht*) intención *f;* ◇ **im ~e des Gesetzes** conforme al espíritu de la ley [4] (*Gefühl*) sentido *m* (*für* de) [5] (*Bedeutung*) significado *m* [6] (*Zweck*) objetivo *m;* ◇ **im wahrsten ~e des Wortes** en toda la acepción de la palabra; ◇ **der ~ des Lebens** el sentido de la vida; **sinnen** ‹sann, gesonnen› *vi:* ◇ **auf etw** *akk* ~ meditar/reflexionar sobre algo, pensar en algo; **sinnentstellend** *adj* que cambia el sentido; **Sinnesorgan** *n* órgano *m* sensorial; **Sinnestäuschung** *f* alucinación *f;* **sinngemäß** *adj* conforme al sentido; ▷*Wiedergabe* análogo
sinnlich *adj* físico, material; ▷*Mund* sensual; **Sinnlichkeit** *f* sensualidad *f,* voluptuosidad *f*

sinnlos *adj* ▷*Versuch* sin sentido, inútil; ▷*Plan* absurdo; **sinnvoll** *adj* que tiene sentido; ▷*Versuch* razonable
Sinologie *f* sinología *f*
Sintflut *f* diluvio *m;* ◇ **nach mir die** ~ me da igual lo que venga después
Sippe *f* ‹-, -n› clan *m*, estirpe *f*
Sirene *f* ‹-, -n› sirena *f*
Sirup *m* ‹-s, -e› jarabe *m*
Sisal *m* ‹-s› pita *f*
Sitte *f* ‹-, -n› costumbre *f;* ↑ *Gewohnheit* hábito *m;* (*pl*) ↑ *Benehmen* modales *m/pl;* **Sittenlehre** *f* moral *f*, ética *f;* **Sittenpolizei** *f* brigada *f* contra el vicio
Sittich *m* ‹-s, -e› perico *m*
sittlich *adj* moral, ético; **Sittlichkeitsverbrechen** *n* delito *m* contra la integridad personal
Situation *f* situación *f*
Sitz *m* ‹-es, -e› [1] ↑ *Platz* (*Rück~*) asiento *m;* (*~fläche*) sitio *m;* (*Regierungs~*) lugar *m* [2] (*von Kleidung*) ◇ **der Anzug hat e-n guten** ~ el traje sienta bien; **sitzen** ‹saß, gesessen› *vi* [1] estar sentado; ◇ **an e-m Bericht** ~ trabajar en un informe; ◇ **über seinen Büchern** ~ pasarse todo el día estudiando [2] (*FAM im Gefängnis*) estar a la sombra [3] ← *Bemerkung* hacer efecto [4] (*Mitglied sein*) ser miembro de [5] ← *Kleidung* sentar bien; **sitzenbleiben** *unreg vi* SCH repetir curso; ← *Mädchen* quedarse sin pareja; ◇ **auf etw** ~ *dat* no encontrar comprador para algo; **sitzend** *adj* sentado, sedentario; **sitzenlassen** *unreg vt* [1] SCH hacer repetir curso [2] → *Mädchen* abandonar; → *Wartenden* dar un plantón, dejar plantado; *FIG* ◇ **etw nicht auf sich** *dat* ~ no aguantar algo; **Sitzgelegenheit** *f* asiento *m;* **Sitzgruppe** *f* tresillo *m;* **Sitzkissen** *n* cojín *m;* **Sitzreihen** *f/pl* gradas *f/pl;* **Sitzstreik** *m* sentada *f*
Sitzung *f* sesión *f*, reunión *f*, junta *f;* (*bei Künstler*) sesión *f;* **Sitzungsperiode** *f* legislatura *f*
Sizilien *n* ‹-s› Sicilia *f*
Skala *f* ‹-, Skalen› escala *f*
Skalpell *n* ‹-s, -e› bisturí *m*
Skandal *m* ‹-s, -e› escándalo *m*
Skandinavien *n* ‹-s› Escandinavia *f;* **Skandinavier(in** *f*) *m* ‹-s, -› escandinavo/a
Skat *m* ‹-, -s› juego *m* de cartas parecido al tresillo
Skateboard *n* ‹-s, -s› monopatín *m*
Skelett *n* ‹-[e]s, -e› esqueleto *m*
Skepsis *f* ‹-› escepticismo *m;* **Skeptiker(in** *f*) *m* escéptico/a
Ski *m* ‹-s, -er› esquí *m;* ◇ ~ **laufen,** ~ **fahren** esquiar; **Skibrille** *f* gafas *f/pl* de esquiar; **Skifahrer(in** *f*) *m*, **Skiläufer(in** *f*) *m* esquiador(a *f*) *m;* **Skilehrer(in** *f*) *m* monitor(a *f*) *m* de esquí; **Skilift** *m* telesquí *m*
Skinhead *m* ‹-s, -s› cabeza *m* rapada;
Skischule *f* escuela *f* de esquí; **Skispringen** *n* salto *m* de esquí; **Skistiefel** *m* bota *f* de esquí; **Skiträger** *m* portaesquís *m*
Skizze *f* ‹-, -n› esbozo *m*, boceto *m*, croquis *m*
Sklave *m* ‹-n, -n› esclavo *m;* **Sklavin** *f* esclava *f*
Skonto *m o n* ‹-s, -s› COMM descuento *m*
Skorpion *m* ‹-s, -e› [1] FAUNA escorpión *m* [2] ASTROL Escorpión *m*
Skript[um] *n* ‹-s, Skripten› apuntes *m/pl*
Skrupel *pl* escrúpulo *m*
Skulptur *f* escultura *f*
skurril *adj* grotesco, absurdo
Slang *m* ‹-s, -s› jerga *f*
Slawe *m* ‹-n, -n› eslavo *m;* **Slawin** *f* eslava *f*
Slipeinlage *f* salvaslip *m*
Slipper *m* ‹-s, -› zapatilla *f*
Slowake *m* ‹-n, -n› eslovaco *m;* **Slowakin** *f* eslovaca *f*
Slum *n* barrio *m* pobre/bajo
Smaragd *m* ‹-[e]s, -e› esmeralda *f*
smart *adj* inteligente, listo, astuto
Smog *m* ‹-s› niebla *f* espesa con humo
Smoking *m* ‹-s, -s› smoking *m*
so I. *adv* así, de ese modo; (*Maß, Grad*) tan; ◇ ~ **.... wie** tan ... como; ◇ **schrei nicht ~!** ¡no grites tanto!; ◇ **schon ~ viel Arbeit haben** tener ya tanto trabajo; *FAM* ◇ **nur ~, halt ~** así, pues; (*jetzt verstehe ich*) ◇ **ach ~!** ¡ ah, ya!, ¡ya comprendo! **II.** *cj* (*deshalb*) así que, de tal modo que; ◇ ~ **komm doch endlich** ¡venga, vámonos ya!; ◇ **..., ~ daß** .... de tal forma que; ◇ **um ~ besser** tanto mejor
sobald *cj* tan pronto como
Socke *f* ‹-, -n› calcetín *m; FAM* ◇ **sich auf die ~n machen** marcharse
Sockel *m* ‹-s, -› (*bei Schrank*) base *f;* (*Denkmal*) pedestal *m; FAM* ◇ **das haut mich vom Sockel** me deja con la boca abierta/frío
Sodawasser *n* soda *f*
soeben *adv* ahora mismo
sofern *cj* en tanto que +*subj*, con tal que
soff *impf von* **saufen**
sofort *adv* en seguida, inmediatamente; **Sofortbildkamera** *f* cámara *f* de fotos al instante; **Soforthilfe** *f* ayuda *f* inmediata
Softie *m* ‹-s, -s› *FAM* blandengue *m*
Software *f* ‹-, -s› software *m*
sog *impf von* **saugen**
sogar *adv* incluso, hasta, aun
sogenannt *adj* llamado

sogleich *adv* en seguida, inmediatamente

Sohle *f* ‹-, -n› (*Schuh~*) suela *f; Tal~*, MIN fondo *m*

Sohn *m* ‹-[e]s, Söhne› hijo *m*

Sojabohne *f* soja *f*

solang[e] *cj* en tanto que; (*während*) mientras; ◊ ~ **bis** hasta que

Solarium *n* solárium *m*

Solarzelle *f* célula *f* solar

Solbad *n* baño *m* de agua salina

solch(e, er, es) *pron* tal; ◊ **ein ~er, e-e ~e, ein ~es** semejante; (*vor Adjektiv*) semejante idiota; ◊ **das Auto als ~es ...** el coche como tal ...

Sold *m* ‹-[e]s,› sueldo *m*, paga *f;* **Soldat** *m* ‹-en, -en› soldado *m;* **Söldner** *m* ‹-s, -› mercenario *m*

Solidarität *f* solidaridad *f*

solide *adj* ▷*Bauweise* sólido, duradero; ▷*Mensch* serio, formal

Solist(in *f*) *m* solista *m/f*

Soll *n* ‹-[s], -[s]› FIN debe *m;* ↑ *verlangte Arbeitsmenge* cuota *f* de trabajo fijada; **sollen** *vi* [1] deber; ◊ **was soll das?** ¿qué es esto?; ◊ **was soll's!** ¡da igual!; ◊ **sollte es nicht gelingen, dann ...** en caso que no funcione (entonces) ... [2] (*Erwartung, Wunsch*) ◊ **wir sollten uns treffen** deberíamos vernos; **Soll-Stärke** efecto *m* previsto

somit *cj* por lo tanto, así pues

Sommer *m* ‹-s, -› verano *m;* ◊ **im ~** en verano; **Sommerfrische** *f* veraneo *m;* **sommerlich** *adj* veraniego, estival; ▷*Temperatur* de verano; **Sommerloch** *n FAM época de pocos acontecimientos destacables en verano;* **Sommerschlußverkauf** *m* rebajas *f/pl* de verano; **Sommersprosse** *f* peca *f*

Sonate *f* ‹-, -n› MUS sonata *f*

Sonde *f* ‹-, -n› sonda *f*

Sonderangebot *n* oferta *f* especial; **sonderbar** *adj* raro, curioso, singular; ▷*Gestalt* extraño; **Sonderfahrt** *f* viaje *m* especial; **Sondergenehmigung** *f* autorización *f* especial; **sondergleichen** *adj inv* único, sin igual, sin precedente; **sonderlich** *adj* [1] ↑ *sonderbar* raro [2] (*meist verneinend*) del otro mundo, particular; ◊ **keine ~e Lust haben** no tener muchas ganas en especial; **Sondermüll** *m* basura *f* perjudicial para el medio ambiente;

sondern [1] *vt* separar; seleccionar

sondern [2] *cj* sino; ◊ **nicht nur ..., ~ auch** no sólo ... sino también

Sonderpreis *m* precio *m* especial; **Sonderschule** *f* centro *m* de educación especial; **Sonderzeichen** *n* signo *m* especial; **Sonderzug** *m* BAHN tren *m* especial

sondieren *vt* (*erkunden*) → *Lage* hacer un sondeo

Sonett *n* ‹-[e]s, -e› soneto *m*

Sonnabend *m* sábado *m*

Sonne *f* ‹-, -n› sol *m;* **sonnen** *vr* ◊ **sich ~** tomar el sol; **Sonnenaufgang** *m* salida *f* de sol; **sonnenbaden** *vi* tomar un baño de sol; **Sonnenbank** *f* solárium *m;* **Sonnenblume** *f* girasol *m;* **Sonnenbrand** *m* quemadura *f* de sol; **Sonnenbrille** *f* gafas *f/pl* de sol; **Sonnendach** *n* techo *m* descubierto; **Sonnenenergie** *f* energía *f* solar; **Sonnenfinsternis** *f* eclipse *m* solar; **Sonnenkollektor** *m* panel *m* solar *m;* **Sonnenschirm** *m* sombrilla *f;* **Sonnenstich** *m* insolación *f;* **Sonnensystem** *n* sistema *m* solar; **Sonnenuhr** *f* reloj *m* de sol; **Sonnenuntergang** *m* puesta *f* de sol; **Sonnenwende** *f* solsticio *m;* **sonnig** *adj* [1] ▷*Tag* soleado; ▷*Zimmer* soleado, donde entra la luz del sol [2] ▷*Gemüt* alegre, contento

Sonntag *m* domingo *m;* **Sonntagsfahrer(in** *f*) *m PEJ* dominguero *m*

sonor *adj* sonoro

sonst *adv* ↑ *außerdem* además; ◊ **~ noch etwas?** ¿alguna otra cosa?; ↑ *für gewöhnlich* en general, generalmente; ↑ *zu anderer Zeit* en otro tiempo; ↑ *andernfalls* si no, de lo contrario; (*andere Person/Sache*) ◊ **wer denn ~?** ¿quién sino?; ◊ **was denn ~?** ¿qué más?; **sonstig** *adj* lo demás; **sonstjemand**, **sonstwer** *pron FAM* alguien más; **sonstwo** *pron FAM* en otro sitio/lugar, en otra parte

sooft *cj* cada vez que, siempre que

Sopran *m* ‹-s, -e› MUS soprano *m*

Sorge *f* ‹-, -n› [1] preocupación *f;* ◊ **in ~ sein um jdn/etw** estar preocupado por alguien/algo [2] ↑ *Fürsorge* cuidado *m* (*für* de); **sorgen I.** *vi* cuidar algo, ocuparse de; ◊ **für jd-n ~** cuidar de alguien **II.** *vr* ◊ **sich ~** preocuparse (*um* por); **Sorgenkind** *n FIG* objeto *m* de preocupaciones; **sorgenvoll** *adj* ▷*Blick* preocupado, inquieto

Sorgerecht *n* custodia *f* de los hijos

Sorgfalt *f* ‹-› cuidado *m*, atención *f*, esmero *m*

sorglos *adj* despreocupado; **sorgsam** *adj* cuidadoso, atento, esmerado

Sorte *f* ‹-, -n› clase *f*, especie *f;* (*Waren~*) género *m;* **Sorten** *pl* FIN moneda *f* extranjera

sortieren *vt* → *Waren* seleccionar; → *Wäsche* separar (*nach dat* por), ordenar; (*einordnen*) clasificar; **Sortieren** *n* selección *f; a.* PC clasificación *f* **Sortierlauf** *m* PC pasada *f* de clasificación

Sortiment *n* surtido *m*

SOS-Ruf *m* llamada *m* de socorro

sosehr *cj* por mucho que *+subj*
Soße *f* ‹-, -n› salsa *f*
Soufflé *n* ‹-s, -s› soufflé *m*
Souffleur *m* THEAT apuntador *m;* **Souffleuse** *f* apuntadora *f;* **soufflieren** *vti* apuntar
Soutane *f* ‹-, -n› sotana *f*
Souterrain *n* sótano *m*
Souvenir *n* (*-s, -e*) recuerdo *m*
souverän *adj* ▷*Haltung* soberano, majestuoso; (*überlegen*) superior; **Souveränität** *f* soberanía *f*
soviel I. *cj:* ◇ **~ ich weiß** que yo sepa **II.** *adv* tanto; ◇ **das bedeutet ~ wie ...** eso significa ...
soweit *cj* en cuanto; ◇ **~ wie möglich** en lo posible; ◇ **~ ganz zufrieden sein** estar contento [hasta el momento]; ◇ **jd ist ~** alguien ya está listo; ◇ **etw ist ~** algo está terminado
sowenig *adv* tan poco; ◇ **~ wie möglich** lo menos posible
sowie *cj* [1] (*sobald*) tan pronto como [2] (*ebenso*) tal como; (*und*) así como
sowieso *adv* de todas formas, de todos modos; ◇ **etw ~ tun müssen** tener que hacer algo de todas formas
sowohl *cj:* ◇ **~ ... als auch** no sólo ... sino también
sozial *adj* social; **Sozialarbeiter(in** *f*) *m* asistente/a social; **Sozialdemokrat(in** *f*) *m* socialdemócrata *m/f;* **sozialdemokratisch** *adj* socialdemócrata; **Sozialfall** *m* (*Person*) carga *f* social; **Sozialhilfe** *f* ‹-› asistencia *f* pública; **Sozialisierung** *f* socialización *f*
Sozialismus *m* socialismo *m;* **Sozialist(in** *f*) *m* socialista *m/f*
Sozialkunde *f* SCH ciencias *f/pl* sociales; **Sozialleistungen** *f/pl* prestaciones *f/pl* sociales; **Sozialpolitik** *f* política *f* social; **Sozialstaat** *m* Estado *m* social; **Sozialversicherung** *f* seguro *m* social; **Sozialversicherte(r)** *fm* asegurado *m* social
Soziologe *m* ‹-n, -n› sociólogo *m;* **Soziologie** *f* sociología *f;* **Soziologin** *f* socióloga *f*
Spacelab *n* ‹-s, -s› laboratorio *m* espacial
Space-Shuttle *n* ‹-s, -s› lanzadera *f* espacial
spachteln *vi* emplastecer; (*FAM viel essen*) hartarse a comer
Spagat *n* [e]spagat *m*
Spaghetti *pl* espaguetis *m/pl*
Spalier *n* ‹-s, -e› (*Obst-*) espaldar *m;* (*Leute*) ◇ **sich im ~ aufstellen** colocarse en dos filas
Spalt *m* ‹-[e]s, -e› hendidura *f;* (*Tür-*) resquicio *m;* (*FIG Kluft*) grieta *f*
spaltbar *adj* fisible
Spalte *f* ‹-, -n› (*in Text auch*) columna *f;* (*Gletscher-*) grieta *f* de glaciar; **spalten I.** *vt* partir (en dos); → *Gruppe* dividir, separar **II.** *vr* ◇ **sich ~** dividirse, separarse, partirse (*in akk* en)
Spaltmaterial *n* material *m* fisible
Spaltung *f* [1] escisión *f* [2] BIOL segregación *f* [3] PHYS fisión *f;*
Spanferkel *n* cochinillo *m*
Spange *f* ‹-, -n› (*Haar-*) recogedor *m*, pasador *m;* (*Zahn-*) aparato *m;* (*Schnalle*) hebilla *f;* (*Armreif*) brazalete *m*
Spanien *n* ‹-s› España *f;* **Spanier(in** *f*) *m* ‹-s, -› español(a *f*) *m;* **spanisch** *adj* español; *FAM* ◇ **das kommt mir ~ vor** esto me suena a chino
Spannbeton *m* hormigón *m* pretensado
Spanne *f* ‹-, -n› (*Zeit-*) espacio *m;* (*Verdienst-*) margen *m;* (*Differenz*) diferencia *f*
spannen I. *vt* [1] ↑ *straffen* estirar; *FAM* ◇ **jd-n auf die Folter spannen** intrigar a alguien [2] *FAM* ↑ *Frauen nachschauen* mirar [a las chicas] **II.** *vi* ← *Hemd, Bluse* estar justo **III.** *vr* ◇ **sich ~** ← *Brücke* tenderse; ← *Himmel* abrirse; ← *Haut* extirarse
spannend *adj* ▷*Buch* emocionante, interesante, de suspense; (*Augenblick*) cautivador
Spanner *m FAM* voyeur *m*
Spannung *f* tensión *f;* ELECTR voltaje *m; FIG* ◇ **~sgebiet** zona *f* de tensiones; **Spannungsprüfer** *m* ELECTR voltímetro *m;* **Spannweite** *f* envergadura *f*
Spanplatte *f* tablero *m* de virutas;
sparen I. *vti* [1] ahorrar, economizar; ◇ **auf/für etw** *akk* **~** ahorrar para algo [2] (*sparsam sein*) ser ahorrativo (*an dat* en); ◇ **nicht mit etw** *dat* **~** no escatimar en algo **II.** *vr* ◇ **sich ~** → *Bemerkung* ahorrarse; (*vermeiden*) evitar; ◇ **sich** *dat* **die Mühe ~ [können]** no molestarse
Spargel *m* ‹-s, -› espárrago *m*
Sparkasse *f* caja *f* de ahorros; **Sparkonto** *n* cuenta *f* de ahorro
spärlich *adj* ▷*Ertrag* poco, escaso; ▷*Bekleidung* ligero
sparsam *adj* (*Mensch*) ahorrativo; (*Auto*) económico; **Sparschwein** *n* hucha *f*
Sparte *f* ‹-, -n› [1] (*in Zeitung*) sección *f* [2] ↑ *Fachgebiet* especialidad *f*
Spaß *m* ‹-es, Späße› broma *f;* (*Freude*) diversión *f;* ◇ **jd-m ~ machen** hacer una broma a alguien; ◇ **jd-m den ~ verderben** aguar la fiesta a alguien; **spaßen** *vi* bromear, hacer bromas; ◇ **mit ihm ist nicht zu ~** él no está para bromas; **spaßhaft**, **spaßig** *adj* (*Mensch*) gracioso, bromista; (*Sache*) divertido
spastisch *adj* espasmódico
spät I. *adj* [1] (*Stunde*) avanzado [2] (*Gast*) rezagado [3] (*Entwicklung*) tardío **II.** *adv* tarde

Spätzündung *f* encendido *m* retardado
Spatel *m* ‹-s, -› espátula *f*
Spaten *m* ‹-s, -› laya *f*
später I. *adj* ▷*Generation* futuro, venidero II. *adv kompar von* **spät** más tarde; **spätestens** *adv* lo más tarde, a más tardar; **Spätschicht** *f* turno *m* nocturno/de noche
Spatz *m* ‹-en, -en› gorrión *m;* (*Kosewort*) cariño *m*
spazieren *vi* pasear[se]; **spazierenführen** *vi* sacar de paseo; **Spaziergang** *m* paseo *m;* **Spaziergänger(in** *f*) *m* paseante *m/f;* **Spazierweg** *m* paseo *m*
Specht *m* ‹-[e]s, -e› pájaro *m* capintero
Speck *m* ‹-[e]s, -e› tocino *m bacon m; FAM* ◇ **ran an den -!** ¡al ataque!; **speckig** *adj* (*fettig*) grasiento; (*abgetragen*) ▷*Anzug* usado
Speer *m* ‹-[e]s, -e› lanza *f;* SPORT jabalina *f*
Speiche *f* ‹-, -n› (*Unterarmknochen*) radio *m*
Speichel *m* ‹-s› saliva *f;* (*Geifer*) baba *f*
Speicher *m* ‹-s, -› (*Dach-*) desván *m;* (*Korn-*) granero *m;* (*Wasser-*) depósito *m;* PC memoria *f;* **Speicherkapazität** *f* PC capacidad *f* de memoria; **speichern** *vt* → *Korn* almacenar; → *Wärme* acumular; PC → *Daten* memorizar, almacenar; **Speicherplatz** *m* PC posición *f* de memoria; **Speicherschreibmaschine** *f* máquina *f* de escribir con memoria; **Speicherschutz** *m* PC protección *f* del almacenamiento
speien ‹spie, gespie[e]n› *vti* escupir; vomitar; ← *Vulkan* echar lava; ← *Brunnenfigur* manar
Speise *f* ‹-, -n› alimento *m,* comida *f;* **Speiseeis** *n* helado *m;* **Speisekammer** *f* despensa *f;* **Speisekarte** *f* carta *f;* **speisen** I. *vt* comer; (*versorgen*) alimentar (*mit dat* con) II. *vi* comer; **Speiseröhre** *f* esófago *m;* **Speisesaal** *m* comedor *m*
Spektakel *n* ‹-s, -› *FIG* espectáculo *m;* ↑ *Aufregung* alboroto *m;* ↑ *Krach* ruido *f;* **spektakulär** *adj* espectacular
Spektrum *n* ‹-s, Spektren *o.* Spektra› espectro *m;*
Spekulation *f* FIN especulación *f;* ◇ **reine -!** ¡pura especulación!; **spekulieren** *vi* FIN especular, jugar a la bolsa; ◇ **auf etw** *akk* **-** esperar algo
Spelunke *f* ‹-, -n› bar *m* de mala muerte; garito *m*
Spende *f* ‹-, -n› donativo *m;* ↑ *Schenkung* donación *f;* **spenden** *vt* → *Geld* dar, hacer donación de; → *Blut* donar; → *Schatten* hacer
spendieren *vt FAM* dar; (*im Lokal*) ◇ **e-e Runde -** pagar una ronda
Sperling *m* gorrión *m*
Sperma *n* ‹-s, Spermen› esperma *m*
Sperre *f* ‹-, -n› [1] cierre *m;* (*Straßen-*) barrera *f;* ↑ *Hindernis* obstáculo *m* [2] ↑ *Verbot* prohibición *f;* **sperren** I. *vti* [1] → *Grenze* cerrar; → *Kredit* congelar; → *Strom* cortar; SPORT ← *Spieler* suspender [2] TYP espaciar II. *vr* ◇ **sich -** resistirse, oponerse (*gegen* a), protestar (*gegen* contra); **Sperrfrist** *f* plazo *m* de suspensión; (*bei Arbeitsverträgen*) plazo *m* de espera; **Sperrgebiet** *n* zona *f* prohibida; **Sperrgut** *n* mercancías *f/pl* de mucho bulto; **Sperrholz** *n* madera *f* contrachapeada; **sperrig** *adj* de mucho bulto, voluminoso; **Sperrmüll** *m* muebles *m/pl* y objetos fuera de uso; **Sperrsitz** *m* THEAT butaca *f* de platea
Spesen *pl* gastos *m/pl,* dietas *f/pl*
Spezialgeschäft *n* comercio *m* especializado
spezialisieren *vr* ◇ **sich -** especializarse (*auf akk* en); **Spezialität** *f* especialidad *f;* ◇ **e-e - des Hauses** una especialidad de la casa
speziell *adj* especial, particular
Spezies *f* ‹-, -› especie *f*
spezifisch *adj* específico; **spezifizieren** *vt* especificar
Sphäre *f* ‹-, -n› esfera *f*
spicken I. *vt* → *Braten, Hasen* mechar, lardear II. *vi* SCH copiar
Spiegel *m* ‹-s, -› espejo *m;* (*Meeres-*) nivel *m;* **Spiegelbild** *n* reflejo *m,* imagen *f* reflejada; **spiegelbildlich** *adj* invertido; **Spiegelei** *n* huevo *m* frito; **spiegeln** I. *vi* ← *Fußboden* relucir, reflejar II. *vt* ↑ *wiedergeben* reflejar III. *vr* ◇ **sich -** reflejarse; **Spiegelreflexkamera** *f* cámara *f* reflex; **Spiegelschrift** *f* escritura *f* invertida; **Spiegelung** *f* reflejo *m;* (*Luft-*) espejismo *m*
Spiel *n* ‹-[e]s, -e› [1] (*Karten-, Brett-*) juego *m;* ◇ **etw aufs - setzen** poner algo en juego, arriesgar algo [2] SPORT partido *m;* ↑ *Satz* juego *m* [3] (*Darstellung*) actuación *f;* (*Vorführung*) representación *f* [4] (*Art*) variante *f;* ◇ **ein gefährliches - spielen** jugar con fuego [5] (*Lenkrad-*) juego *m;* **Spielautomat** *m* máquina *f* recreativa; *PEJ* tragaperras *m/f;* **Spielbank** *f* ↑ *Spielkasino* casino *m;* **Spieldose** *f* caja *f* de música; **spielen** *vti* [1] jugar (a); (*nervös, unbewußt*) juguetear (*an, mit dat* con) [2] MUS tocar, interpretar [3] THEAT representar; ◇ **der Roman spielt während ...** la novela transcurre durante [4] (*etw leicht bewegen*) ← *Wellen* jugar con; ◇ **den Beleidigten -** hacerse el ofendido; **Spieler(in** *f*) *m* ‹-s, -› jugador(a *f*) *m;* THEAT actor *m,* actriz *f;* MUS músico *m/f;* **Spielerei** *f* niñería *f;* (*Zeitvertreib*) pasatiempo *m;* **Spielfilm** *m* largometraje *m;* **Spielhalle** *f* sala *f* de juegos; **Spielhölle** *f* garito *m;* **Spiel-**

leiter *m* director *m* de escena; **Spielmarke** *f* ficha *f;* **Spielplan** *m* THEAT cartelera *f;* **Spielplatz** *m* parque *m* infantil; **Spielraum** *m* TECH (*Schraube*) juego *m; FIG* campo *m* libre, libertad *f* de movimientos; **Spielsachen** *pl* juguetes *m/pl;* **Spielstraße** *f* calle *f* donde los niños tienen absoluta preferencia; **Spieluhr** *f* caja *f* de música; **Spielverderber(in** *f*) *m* ⟨-s, -⟩ aguafiestas *m/f;* ◇ **Sei kein -!** ¡no seas aguafiestas!; **Spielwarenhandlung** *f* juguetería *f;* **Spielzeit** *f* [1] THEAT temporada *f* [2] SPORT duración *f* del partido; **Spielzeug** *n* juguete *m*

Spieß *m* ⟨-es, -e⟩ pica *f,* lanza *f;* (*Brat-*) asador *m; FIG* ◇ **den - umdrehen** devolver la pelota

Spießbürger(in *f*) *m* burgués(-esa *f*) *m;* **Spießer(in** *f*) *m* ⟨-s, -⟩ persona *f* aburguesada

spießen *vt* → *Fleisch* espetar, clavar

spießig *adj FAM* aburguesado, de miras estrechas

Spikes *pl* zapatillas *f/pl* de clavos; AUTO neumáticos *m/pl* claveteados

Spinat *m* ⟨-[e]s, -e⟩ espinacas *f/pl*

Spinett *n* espineta *f*

Spinne *f* ⟨-, -n⟩ araña *f*

spinnen ⟨spann, gesponnen⟩ **I.** *vt* → *Wolle* hilar **II.** *vi FAM* estar loco/como una cabra/mal de la cabeza

Spinnennetz *n* telaraña *f;* **Spinnerei** *f* (*Fabrik*) fábrica *f* de hilados; *FAM* tonterías *f/pl,* locuras *f/pl*

Spinnrad *n* torno *m* de hilar

Spion(in *f*) *m* ⟨-s, -e⟩ [1] espía *m/f* [2] (*in Tür*) mirilla *f;* **Spionage** *f* ⟨-, -n⟩ espionaje *m;* **spionieren** *vi* espiar

Spiralbohrer *m* broca *f* espiral; **Spirale** *f* ⟨-, -n⟩ [1] MATH MED espiral *f* [2] *FIG* incremento *m* paulatino

Spiritismus *m* espiritismo *m;* **spiritistisch** *adj* espiritista

Spiritus *m* ⟨-, -se⟩ alcohol *m;* **Spirituskocher** *m* infiernillo *m*

spitz *adj* [1] ▷*Messer* afilado; ▷*Gesicht* delgado; ▷*Kinn* saliente; ◇ **etw mit -en Fingern anfassen** coger algo con pinzas [2] (*Schrei*) agudo [3] *FIG* ▷*Zunge* afilado; ▷*Bemerkung* mordar; **Spitzbogen** *m* arco *m* ojival

Spitzbube *m* ↑ *Gauner* granuja *m;* ↑ *Schlingel* pícaro *m,* pillo *m*

Spitze *f* ⟨-, -n⟩ [1] punta *f;* (*Schuh-*) puntera *f;* (*Berg-*) cima *f,* cumbre *f;* (*Kirchturm-*) aguja *f* [2] (*FIG boshafte, anzügliche Bemerkung*) indirecta *f;* ◇ **-n verteilen** soltar indirectas [3] (*erster Platz, vorderes Ende*) frente *m;* (*Führungsperson*) dirección *f* [4] (*an Kleid*) puntilla *f,* encaje *m; FAM* ◇ **-!** ¡magnífico!; ◇ **-nklasse** de primera;

spitzen I. *vt* [1] → *Bleistift* sacar puntar a, afilar [2] *FIG* → *Ohren* aguzar **II.** *vi* (*FAM vorsichtig schauen*) espiar

Spitzenleistung *f* rendimiento *m* de primera, buen rendimiento *m;* **Spitzenlohn** *m* salario *m* máximo; **Spitzentanz** *m* baile *m* de punteras

Spitzer *m* ⟨-s, -⟩ sacapuntas *m;*

spitzfindig *adj* sutil, puntilloso; **spitzkriegen** *vt FAM* enterarse de, descubrir el pastel; **Spitzmaus** *f* musaraña *f;* **Spitzname** *m* mote *m,* sobrenombre *m*

spleißen ⟨spliß, gesplissen⟩ *vt* [1] ↑ *spalten* ← *Holz* partir [2] ↑ *verbinden* ← *Seilenden* empalmar

Splitt *m* ⟨-s, -e⟩ gravilla *f*

Splitter *m* ⟨-s, -⟩ (*Holz-*) astilla *f;* (*Bruchstück*) trozo *m*

Spoiler *m* ⟨-s, -s⟩ AUTO espoiler *m*

Sponsor(in *f*) *m* ⟨-s, -en⟩ esponsor *m/f*

spontan *adj* espontáneo

sporadisch *adj* esporádico

Sporn *m* AERO patín *m* de cola

Sport *m* ⟨-[e]s⟩ deporte *m; FIG* ◇ **sich e-n - machen aus** *dat* hacer una afición de; **Sportlehrer(in** *f*) *m* profesor(a *f*) *m* de educación física; **Sportler(in** *f*) *m* ⟨-s, -⟩ deportista *m/f;* **sportlich** *adj* deportivo, deportista; **Sportredakteur(in** *f*) *m* redactor(a *f*) *m* deportivo; **Sportveranstaltung** *f* reunión *f* deportiva; **Sportverein** *m* sociedad *f* deportiva; **Sportwagen** *m* AUTO deportivo *m;* (*Kinderwagen*) cochecito *m;* **Sportzeug** *n* cosas *f/pl* de deporte

Spot *m* ⟨-s, -s⟩ MEDIA anuncio *m* publicitario

Spott *m* ⟨-[e]s⟩ burla *f;* ◇ **- mit jd-m treiben** burlarse de alguien; **spotten** *vi* burlarse de, reírse (*über akk* de); **spöttisch** *adj* ▷*Bemerkung* irónico, sarcástico; ▷*Lachen* burlón

sprach *impf von* **sprechen**; **Sprache** *f* ⟨-, -n⟩ lengua *f,* idioma *m;* (*Musik*) lenguaje *m;* (*e-r bestimmten Gruppe*) jerga *f;* (*Ausdrucksweise*) habla *m;* (*überrascht sein*) ◇ **etw verschlägt jd-m die -** quitar algo el habla a alguien; (*ein Thema ansprechen*) ◇ **die - auf etw bringen** [*o.* **etw zur - bringen**] llevar la conversación a algo; **Sprachführer** *m* manual *m* de conversación; **Sprachgefühl** *n* intuición *f* lingüística; **Sprachgemeinschaft** *f* comunidad *f* lingüística; **sprachgewandt** *adj* elocuente; **Sprachlabor** *n* laboratorio *m* de idiomas; **sprachlos** *adj* atónito, estupefacto; ◇ **völlig - sein** quedarse sin habla/de una pieza; **Sprachregel** *f* regla *f* del idioma; **Sprachrohr** *n* tubo *m* acústico; *FIG* portavoz *m;* ◇ **jd-s - sein** ser el portavoz de alguien; **Sprachwissenschaft** *f* lingüística *f;*

Sprachwissenschaftler(in *f*) *m* lingüísta *m*/*f*

sprang *impf von* **springen**

Spray *m o n* ‹-s, -s› (*Raum-*) [e]spray *m;* (*Haar-*) laca *f;* **sprayen** *vti* → *Haare* echarse laca

Sprechanlage *f* interfono *m;* **sprechen** ‹sprach, gesprochen› **I.** *vi* [1] ↑ *sich artikulieren* hablar; ↑ *sich äußern* decir [2] ↑ *sich unterhalten* hablar, charlar, conversar (*mit* con); ↑ *mitteilen, besprechen* hablar (*über/von* de) [3] ↑ *Rede halten* dar un discurso **II.** *vt* hablar; (*Sprache beherrschen*) dominar; ◇ **auf jd-n schlecht zu - sein** estar enfadado con alguien; **Sprecher(in** *f*) *m* ‹-s, -› ↑ *Redner* orador(a *f*) *m;* (*für Gruppe*) portavoz *m*/*f;* MEDIA locutor(a *f*) *m;* **Sprechfunk** *m* radiotelefonía *f*

Sprechstunde *f* consulta *f;* tutoría *f*

Sprechwerkzeuge *n/pl* órganos *m/pl* del habla

Sprechzimmer *n* despacho *m;* (*Arzt*) sala *m* de consulta, consultorio *m*

Sprengarbeiten *f/pl* trabajos *m/pl* de minar y volar; **sprengen** *vt* [1] (*mit Sprengstoff*) explotar, hacer estallar [2] → *Türschloß* forzar [3] *FIG* ◇ **die Bank -** hacer saltar la banca; *FIG* ◇ **den Rahmen e-r Sache -** superar los límites de una cosa [4] → *Rasen* regar; → *Wäsche* rociar [6] → *Versammlung* disolver; **Sprengladung** *f* carga *f* explosiva; **Sprengstoff** *m* explosivo *m;* (*FIG umstrittenes Thema*) bomba *f*

Sprengwagen *m* camión *m* de riego

Spreu *f* ‹-› cáscaras *f/pl,* grazas *f/pl; FIG* ◇ **die - vom Weizen trennen** separar el grano de la paja

Sprichwort *n* refrán *m,* proverbio *m*

sprießen ‹sproß, gesprossen› *vi* ← *Blumen* brotar, crecer; ← *Knospen* salir;

springen ‹sprang, gesprungen› *vi* [1] saltar; correr; ← *Ball* botar; *FAM* ◇ **etw - lassen** ser generoso [2] ← *Quelle* brotar, manar; ← *Funke* echar, soltar [3] ← *Ampel* ponerse [4] ← *Glas, Metall* reventar, partirse [5] (*auffallen*) ◇ **in die Augen -** saltar a la vista; **Springer** *m* ‹-s, -› [1] (*Schachfigur*) caballo *m* [2] (*Ersatz*) sustituto *m;* **springlebendig** *adj* vivito y coleando; **Springmesser** *n* navaja *f* de muelle; **Springseil** *n* comba *f*

Sprinkleranlage *f* sistema *m* contra incendios, rociador *m*

Sprit *m* ‹-s› gasolina *f*

Spritze *f* ‹-, -n› [1] jeringa *f;* MED jeringuilla *f;* (*Injektion*) inyección *f* [2] (*Garten-*) manguera *f*

spritzen I. *vt* → *Garten, Pflanzen* regar; → *Obst* sulfatar; ↑ *lackieren* pintar; MED inyectar **II.** *vi* [1] ← *Blut, Wasser, Saft* salir a chorro *m* [2] MED poner una inyección

Spritzer *m* ‹-s, -› (*Wasser-*) salpicadura *m;* (*Farb-*) mancha *f;* **Spritzpistole** *f* pistola *f* para pintar

sproß *impf von* **sprießen**

Sproß *m* ‹Sprosses, Sprosse› (*Nachkomme*) vástago *m,* descendendiente *m;* (*Trieb*) retoño *m*

Sprosse *f* escalón *m,* peldaño *m*

Spruch *m* ‹-[e]s, Sprüche› [1] (*Denk-*) dicho *m;* (*Wahl-*) lema *m;* (*Lehrgedicht*) proverbio *m;* ◇ **Zauber-** palabras *f/pl* mágicas [2] JURA sentencia *f,* fallo *m* [3] (*nur pl*) ◇ **klopf keine Sprüche!** ¡no me vengas con historias!;

sprudeln *vi* ← *Wasser* burbujear; ← *Worte* salir a borbotones; ← *Mensch* rebosar (*vor* de);

sprühen I. *vt* (*Regen*) chispear **II.** *vi* ← *Funken* echar chispas; *FIG* ◇ **- vor Freude** rebosar de alegría

Sprung *m* ‹-[e]s, Sprünge› [1] salto *m; FIG* ◇ **jd-m auf die Sprünge helfen** ayudar a alguien; *FIG* ◇ **auf dem - sein** estar a punto de; *FIG* ◇ **auf e-n - vorbeikommen** ir de pasada [2] (*Riß*) grieta *f,* raja *f* [3] (*Herde*) rebaño *m;* **sprunghaft** *adj* ▷*Person* incostante; ▷*Aufstieg* desigual; **Sprungtuch** *n* tela *f* salvavidas

Spucke *f* ‹-› saliva *f;* **spucken** *vti* → *Blut* escupir; *FAM* ◇ **große Töne -** fanfarronear

spuken *vi* (*Geist*) haber fantasmas; ◇ **es spukt im Schloß** en el castillo hay fantasmas; *FIG* ◇ **in den Köpfen der Bewohner spukt die Vorstellung, daß ...** los habitantes tienen la creencia de que ...

Spüle *f* ‹-, -n› fregadero *m;* **spülen I.** *vi* [1] lavar; ↑ *abwaschen* fregar [2] (*in Toilette*) descargar el depósito **II.** *vt* → *Haare* lavar; → *Wäsche* aclarar; → *Geschirr* fregar; ◇ **etw an den Strand -** arrojar a la orilla; **Spülmaschine** *f* lavavajillas *m,* lavaplatos *m*

Spur *f* ‹-, -en› [1] huella *f,* rastro *m* [2] (*Tonband*) canal *m* [3] (*Fahr-*) carril *m;* BAHN vía *f; FIG* ◇ **jd-m auf der - sein** estar tras la pista de alguien [4] (*winzige Menge*) pizca *f* [5] (*Überrest*) vestigio *m*

spürbar *adj* sensible, sustancial; **spüren** *vt* sentir, notar; **Spürhund** *m* sabueso *m*

sputen *vr* ◇ **sich -** darse prisa

Squash *n* ‹-› squash *m*

Staat *m* ‹-[e]s, -en› (*Land*) Estado *m; FAM* ◇ **die -en** los Estados Unidos; (*Ameisen-*) sociedad *f; FAM* ◇ **mit etw/jdm keinen - machen** no estar bien vestido; **Staatenbund** *m* confederación *f* de Estados; **staatlich** *adj* oficial, nacional; ▷*Subvention* estatal; **Staatsangehörigkeit** *f* nacionalidad *f,* ciudadanía *m;* **Staatsanwalt(-anwältin** *f*) *m* fiscal *m*/*f;* **Staatsbegräbnis** *n* entierro *m* oficial; **Staatsbürger(in** *f*) *m* ciudadano/a; **Staatsdienst** *m* servicio *m* público; ◇ **in den ~ eintreten** entrar en el servicio público; **Staatsexamen** *n* licenciatura *f;* **Staatsgebiet** *n* territorio *m* nacional; **Staatsgeheimnis** *n* secreto *m* de Estado; *FIG* ◇ **aus e-r Sache ein ~ machen** hacer de algo un gran secreto; **Staatskasse** *f* Tresoro *m* público; **Staatsmann** *m* político *m;* **Staatsoberhaupt** *n* jefe *m* de Estado; **Staatssekretär(in** *f*) *m* secretario/a de Estado; **Staatsstreich** *m* golpe *m* de Estado

Stab *m* ⟨-[e]s, Stäbe⟩ [1] bastón *m,* vara *f;* (*Metall-*) barra *f;* (*Gitter-*) barrote *m; FIG* ◇ **den ~ über jd-n brechen** criticar a alguien [2] (*General-*) mayor *m;* (*Mitarbeiter-*) plantilla *f*

stabil *adj* ▷*Währung[-skurs]* estable; ▷*Möbel* robusto; **stabilisieren** *vt* estabilizar; **Stabilität** *f* estabilidad *f*

Stabreim *m* aliteración *f*

Stabsarzt *m* médico *m* militar

Stachel *m* ⟨-s, -n⟩ pincho *m;* espina *f;* (*von Tier*) púa *f;* (*von Insekten*) aguijón *m; FIG* ◇ **e-r Sache den ~ nehmen** restarle fuerza a algo; **Stacheldraht** *m* alambre *m* de púas; **stachelig** *adj* ▷*Tier* con púas, con aguijón; ▷*Blume* espinoso

Stadion *n* ⟨-s, Stadien⟩ estadio *m*

Stadt *f* ⟨-, Städte⟩ ciudad *f;* **Stadtbewohner(in** *f*) *m* ciudadano/a; **Stadtbücherei** *f* biblioteca *f* municipal; **Städtebau** *m* urbanismo *m;* **Städtepartnerschaft** *f* hermanamiento *m* de ciudades; **Stadtführer** *f* guía *m;* **städtisch** *adj* ▷*Leben* urbano; ▷*Anlagen* municipal; **Stadtkasse** *f* contaduría *f* minicipal; **Stadtkern** *m* casco *m* urbano; **Stadtmauer** *f* muralla *f* de la ciudad; **Stadtplan** *m* plano *m* de la ciudad; **Stadtplanung** *f* urbanismo *m;* **Stadtrand** *m* periferia *f;* **Stadtrat** *m* concejalía *f* municipal; **Stadtteil** *m* ↑*Stadtviertel* barrio *m;* **Stadtverordnete(r)** *fm* concejal *m/f* municipal; **Stadtverwaltung** *f* administración *f* municipal

Staffel *f* ⟨-, -n⟩ SPORT relevo *m;* AERO escuadrilla *f;* **Staffellauf** *m* carrera *f* de relevos

staffeln *vt* graduar

stagnieren *vi* estancarse, paralizarse

stahl *impf von* **stehlen**

Stahl *m* ⟨-[e]s, Stähle⟩ acero *m,* hierro *m;* ◇ **Nerven wie ~** tener nervios de acero; **Stahlbeton** *m* hormigón *m* armado; **Stahlkante** *f* borde *m* de acero

Stall *m* ⟨-[e]s, Ställe⟩ establo *m;* (*für Pferde*) cuadra *f*

Stamm *m* ⟨-[e]s, Stämme⟩ [1] (*Baum-*) tronco *m* [2] (BIOL *Familie*) familia *f* [3] (*Sippe*) clan *m* [4] (*Kunden-*) clientela *f;* GRAM radical *m;* **Stammbaum** *m* árbol *m* genealógico; **Stammdaten** *pl* PC datos *m/pl* básicos

stammeln *vti* tartamudear; balbucear

stammen *vi* proceder de, venir de; ◇ **~ von** descender de; ◇ **er stammt aus einfachen Verhältnissen** él es de familia pobre;

Stammgast *m* cliente *m* habitual; **Stammhaus** *n* COMM central *f*

stämmig *adj* ▷*Figur* robusto, vigoroso

Stammkapital *n* capital *m* social

stampfen I. *vi* (*mit Fuß*) patalear; ← *Maschine* apisonar; ← *Schiff* cabecear; (*laut auftreten*) andar como un caballo **II.** *vt* → *Kartoffeln* machacar, aplastar; → *Erde* apisonar

stand *impf von* **stehen**

Stand *m* ⟨-[e]s, Stände⟩ [1] (*das Stehen*) posición *f* de pie [2] (*Kassen-*) situación *f* [3] (*Obst-*) puesto *m;* (*Taxi-*) parada *f* [4] (*soziale Stellung*) condición *f;* (*Adels-*) posición *f*

Standard *m* ⟨-s, -s⟩ éstandar *m;* (*Lebens-*) nivel *m;* (*-brief*) modelo *m*

Standbild *n* estatua *f*

Ständer *m* ⟨-s, -⟩ soporte *m;* (*Noten-*) atril *m;* (*Wäsche-*) tendal *m*

Standesamt *n* registro *m* civil; **Standesbeamte(r)** *fm* empleado/a del registro civil

standesgemäß *adj* conforme a su posición social

Standesunterschied *m* diferencia *f* de clases

standfest *adj* estable, fijo

Standgas *n* AUTO ralentí *m*

standhaft *adj* firme, constante; **Standhaftigkeit** *f* firmeza *f,* constancia *f*

standhalten *unreg vi* → *Blick* mantener fijo; → *Angriff* resistir (*jdm/einer Sache* a alguien/ algo)

ständig *adj* ▷*Wohnsitz* fijo; ▷*Bedrohung* permanente, constante, continuo

Standleitung *f* PC ciruito *m* alquilado, línea *f* arrendada; **Standlicht** *n* luz *f* de posición; **Standort** *m* emplazamiento *m,* ubicación *f;* MIL guarnición *f;* **Standpunkt** *m* (*Ort*) puesto *m;* (*FIG Ansicht*) punto *m* de vista, opinión *f;* **Standuhr** *f* reloj *m* de mesa

Stange *f* ⟨-, -n⟩ [1] palo *m;* (*Metall-*) barra *f;* ◇ **Kleider von der ~** ropa *f* de confección; *FIG* ◇ **jd-m die ~ halten** apoyar a alguien; *FAM* ◇ **e-e ~ Geld** un dineral [2] (*Zigaretten-*) cartón *m;* **Stangenbrot** *n* barra *f* de pan

stank *impf von* **stinken**

stänkern *vi FAM* armar camorra

Stanzer *m* perforador *m* de tarjetas

Stapel *m* ⟨-s, -⟩ (*Holz-*) montón *m;* (*Wäsche-*) pila *f;* NAUT grada *f; FAM* ◇ **e-n Kommentar vom ~**

lassen salir con [*o.* soltar] un comentario; **Stapellauf** *m* NAUT botadura *f*

stapeln **I.** *vt* amontonar, apilar **II.** *vr* ◇ **sich ~** amontonarse

Star[1] *m* <-[e]s, -e> estornino *m*

Star[2] *m* <-[e]s, -e> MED: ◇ **grauer ~** catarata *f;* ◇ **grüner ~** glaucoma *m*

Star[3] *m* <-s, -s> (*Film-*) estrella *f;* (*Opern-*) astro *m*

starb *impf von* **sterben**

stark <stärker, am stärksten> [1] fuerte; ▷*Nerven* de acero; ▷*Herz* robusto; (*Umfang, Figur*) grueso; ▷*Kaffee* cargado; ▷*Verkehr* ▷*Schmerzen* intenso; ▷*Talent* grand(e) [2] (*einflußreich, mächtig*) ▷*Partei, Team* poderoso; ◇ **sich für etw ~ machen** hacerse fuerte para algo [3] GRAM irregular [4] *FAM* ◇ **echt ~!** ¡bestial!; **Stärke** *f* <-, -n> [1] (*körperl. Kraft*) fuerza *f,* vigor *m;* ↑ *Fähigkeit* fuerte *m;* (*Brillen-*) graduación *f;* (*Klassen-*) número *m;* ↑ *Macht* potencia *f;* ↑ *Durchmesser* diámetro *m;* ↑ *Umfang* volumen *m* [2] (*Reis-, auch Wäsche-*) almidón *m;* **stärken** **I.** *vt* fortalecer; → *Mannschaft* dar fuerzas; → *Wäsche* almidonar **II.** *vr* ◇ **sich ~** comer y beber algo para recobrar fuerzas

Starkstrom *m* corriente *f* de alto voltaje

Stärkung *f* fortalecimiento *m,* robustecimiento *m;* (*Essen*) tentempié *m*

starr *adj* ▷*Material* rígido, tieso; ▷*Haltung* inflexible; ▷*Blick* fijo

starren *vi* (*blicken*) mirar fijamente, clavar los ojos en algo; ◇ **jd-m ins Gesicht ~** mirar fijamente a alguien en la cara; *FAM* ◇ **Löcher in die Luft ~** estar en las nubes; (*voll sein von etw*) ◇ **von Waffen ~** estar armado hasta los dientes; ◇ **vor Schmutz ~** estar sucísimo

Starrheit *f* rigidez *f,* inflexibilidad *f;* **Starrsinn** *m* testarudez *f,* terquedad *f*

Start *m* <-[e]s, -s> ↑ *Anfang* principio *m,* comienzo *m;* AERO despegue *m;* (*Stelle*) salida *f;* ◇ **an den ~ gehen** tomar la salida, ir a sus puestos; **Startbahn** *f* pista *f* de despegue; **startbereit** *adj* AERO listo para despegar; **starten** **I.** *vt* SPORT dar la señal de salida; *FAM* ◇ **e-e Aktion ~** iniciar/poner en marcha una acción; PC arrancar **II.** *vi* salir, marchar; **Starthilfe** *f* (*bei Auto*) ayuda *f* de arranque; (*Geld für Existenzgründer*) ayuda *f* inicial

Statik *f* <-> estática *f*

Station *f* (*Abteilung*) sección *f;* (*Haltestelle*) parada *f;* **stationär** *adj* estacionario; ▷*Behandlung* clínico; **stationieren** *vt* estacionar

Statist(in *f*) *m* extra *m*/*f*

Statistik *f* estadística *f;* **Statistiker(in** *f*) *m* <-s, -> estadístico *m*/*f*

statt *präp gen* en lugar de, en vez de

Stätte *f* <-, -n> sitio *m,* lugar *m*

stattfinden *unreg vi* celebrar, tener lugar

Statue *f* <-, -n> estatua *f*

Status *m* <-, -> estado *m;* ◇ **sozialer ~** posición *f* social; ◇ **Status quo** situación *f* actual; **Statussymbol** *n* signo *m* de la posición social

Statut *m* estatuto *m*

Stau *m* <-[e]s, -e *o.* -s> atasco *m,* retención *f*

Staub *m* <-[e]s> polvo *m; FAM* ◇ **sich aus dem ~ machen** poner pies en polvorosa; **stauben** *vi* levantar polvo; ◇ **es staubt** hay polvo; **staubig** *adj* cubierto de polvo, polvoriento; **Staubsauger** *m* aspiradora *f*

stauchen *vt* comprimir

Staudamm *m* dique *m* de contención; **stauen** **I.** *vt* → *Wasser* estancar **II.** *vr* ◇ **sich ~** ← *Wasser* estancarse; ← *Verkehr* congestionarse; ← *Menschen* agolparse

staunen *vi* asombrarse, admirarse, sorprenderse (*über akk* de); **Staunen** *n* <-s> asombro *m,* admiración *f,* sorpresa *f;* ◇ **jd-n in ~ versetzen** asombrar a alguien

Stauung *f* atasco *m,* retención *f*

stechen <stach, gestochen> **I.** *vt* [1] (*verletzen*) pinchar, dar punzadas; ◇ **sich/jdn mit etw** *dat* **~** pinchar(se)/a alguien con algo [2] (*beim Kartenspiel*) matar [3] (*in Kupfer*) grabar [4] (*an Stechuhr*) fichar **II.** *vi* ← *Mücke* ← *Sonne* picar; ← *Rose* pinchar; ◇ **es sticht mich in der Seite** siento punzadas en el costado; *FIG* ◇ **jd-m in die Augen ~** llamar la atención a alguien; NAUT ◇ **in See ~** hacerse a la mar **III.** *vr:* ◇ **sich [mit etw] ~** pincharse [con algo]; **Stechen** *n* <-s, -> SPORT desempate *m;* MED dolor *m,* punzada *f*

Stechkarte *f* tarjeta/ficha *f* de control horario **Stechuhr** *f* reloj *m* para fichar, reloj *m* de tiempo de trabajo

Steckbrief *m* orden *f* de busca y captura

Steckdose *f* enchufe *m* [hembra]

stecken **I.** *vt* [1] meter; ◇ **Geld in eine Firma ~** invertir dinero en una empresa; ◇ **jd-n ins Gefängnis/Bett ~** meter a alguien en la cárcel/en la cama; ◇ **jd-n in eine Uniform ~** vestir a alguien de uniforme [2] (*FAM jd-n informieren*) ◇ **jd-m etw ~** decir/contar algo a alguien **II.** *vi* (*sich befinden*) estar, encontrarse; ← *Ring, Schlüssel* estar; ◇ **in Schwierigkeiten ~** estar metido en un lío; ◇ **mitten in der Arbeit ~** estar trabajando; (*FAM sein*) ◇ **wo ~ die Kinder?** ¡dónde se han metido los niño?

Stecken *m* <-s, -> ↑ *Stock* palo *m*

steckenbleiben *unreg vi* quedar parado; (*beim Reden*) perder el hilo; (*im Verkehr*) meterse en un atasco; **steckenlassen** *unreg vt* → *Schlüssel* dejar (la llave) puesta; ◇ **laß [dein Geld] stekken!** te convido

Stecknadel *f* alfiler *m*

Steg *m* ‹-[e]s, -e› puente *m* de peatones; (*Anlege-*) embarcadero *m;* (*Brillen-, an Musikinstrument*) puente *m*

Stegreif *m:* ◇ **aus dem -** improvisando

stehen ‹stand, gestanden› **I.** *vi* [1] (*sich befinden*) estar, encontrarse [2] (*nicht liegen*) estar de pie [3] (*schriftlich*) ◇ **heute stand in der Zeitung** hoy han puesto en el periódico [4] (*still-*) ← *Uhr* estar parado; ← *Verkehr* quedarse paralizado; (*bestimmter Zustand*) ← *Ampel, Aktien* estar; ← *Zeiger* dar, señalar, marcar [5] (*FAM bearbeitet*) estar listo [6] ◇ **zu jd-m -** estar de parte de alguien; ◇ **zu seinem Wort -** cumplir su palabra; ◇ **ich stehe zu meiner Meinung** me mantengo en mi opinión, sigo pensando lo mismo [7] (*jd-n kleiden*) vestir bien [8] (*bestimmte Beziehung*) ser (*zu dat* de) [9] *FIG* ◇ **etw steht und fällt mit etw/jd-m** algo depende totalmente de algo/alguien **II.** *vi impers:* ◇ **es steht schlecht um ihn** las cosas están feas para él; (*gesundheitlich*) él está bastante mal; ◇ **wie steht's mit dir?** ¡qué decides

stehenbleiben *unreg vi* pararse, quedarse parado; (*anhalten*) detenerse; (*im Gespräch*) hacer una pausa; **stehenlassen** *unreg vt* dejar; → *Bart* dejarse; (*vergessen*) olvidar, dejar abandonado; *FIG* dejar plantado

Stehlampe *f* lámpara *f* de pie; **Stehleiter** *f* escalera *f* de tijera

stehlen ‹stahl, gestohlen› *vt* robar, hurtar; *FIG* ◇ **jd-m die Zeit -** hacer perder tiempo a alguien

Stehplatz *m* localidad *f* de pie

steif *adj* [1] rígido, tieso [2] ▷*Bein, Hals* entumecido [3] ▷*Benehmen* ceremonioso [4] ▷*Grog* fuerte [5] ▷*Eiweiß* consistente

Steigbügel *m* (*ANAT auch*) estribo *m;* **steigen** ‹stieg, gestiegen› **I.** *vi* ← *Fieber, Preis* subir, aumentar; (*klettern*) subir, escalar, trepar; ◇ **in/auf etw** *akk* **-** subir(se) a algo **II.** *vt* (*Treppe*) subir

steigern I. *vt* aumentar, elevar, subir; GRAM formar el comparativo **II.** *vr* ◇ **sich -** aumentar, elevarse (*zu, akk* a), intensificarse **III.** *vi* (*Auktion*) pujar (*um* por); **Steigerung** *f* aumento *m,* subida *f;* GRAM comparación *f*

Steigung *f* elevación *f;* (*Hang*) pendiente *f,* cuesta *f*

steil *adj* ▷*Abhang* empinado; ▷*Fels* abrupto, escarpado; **Steilhang** *m* declive *m*

Stein *m* ‹-[e]s, -e› (*Mauer-*) piedra *f;* (*Kiesel-*) guijarro *m;* (*Edel-*) piedra *f* peciosa; (*Gallen-, Harn-*) cálculo *m;* (*in Uhr*) rubí *m;* (*Spiel-*) ficha *f; FIG* ◇ **jd-m -e in den Weg werfen** poner obstáculos a alguien; **steinalt** *adj FAM* viejísimo, más viejo que Matusalén; **steinhart** *adj* duro como una piedra; **steinig** *adj* ▷*Weg* pedregoso; ▷*Gelände* rocoso; **steinigen** *vt* apedrear, lapidar; **steinreich** *adj FIG* riquísimo; **Steinwurf** *m* pedrada *f;* ◇ **nur einen - entfernt** a un tiro de piedra; **Steinzeit** *f* edad *f* de piedra

Steißbein *n* ANAT coxis *m*

Stelle *f* ‹-, -n› [1] sitio *m;* (*Halte-*) parada *f;* (*Absturz-*) lugar *m* [2] (*Problem*) punto *m; FIG* ◇ **auf der - treten** no adelantar [3] (*in Rede*) parte *f;* (*Buch*) pasaje *m* [4] (*Arbeits-*) colocación *f,* puesto *m;* (*Lehr-*) plaza *f* [5] (*Amt*) organismo *m* oficial;

stellen I. *vt* [1] poner, meter, colocar; (*anordnen*) ordenar; → *Möbel, Geschirr* poner en su sitio [2] → *Wecker* → *Bedingungen* → *Falle* poner [3] → *Diagnose, Frage* hacer; ◇ **jd-m etw zur Verfügung -** poner algo a disposición de alguien [4] ↑ *fassen* → *Dieb* coger, atrapar **II.** *vr* ◇ **sich -** [1] (*sich einfinden*) ponerse, meterse, colocarse [2] (*bei Polizei*) entregarse [3] (*bei Gegner*) hacer frente a; ◇ **sich einer Sache -** enfrentarse a una cosa; ◇ **sich krank/taub -** hacerse el enfermo/el sordo; ← *Frage, Problem* plantearse; ◇ **sich zu etw -** opinar de algo; *auch FIG* ◇ **sich vor/hinter jd-n -** proteger a alguien, respaldar a alguien

Stellenangebot *n* oferta *f* de empleo; **Stellengesuch** *n* demanda *f* de empleo; **Stellenwert** *m FIG* importancia *f;* ◇ **einen hohen - haben** tener gran importancia

Stellung *f* [1] (*Haltung, Lage*) postura *f* [2] (*Position*) posición *f;* pose *f;* (*gesellschaftlicher, sozialer Rang*) posición *f* [3] (*Job, An-*) colocación *f,* empleo *f* [4] *FIG* ◇ **- nehmen zu** dar su opinión sobre; **Stellungnahme** *f* ‹-, -n› opinión *f,* parecer *m*

stellvertretend *adj* suplente; **Stellvertreter(in** *f*) *m* representante *m/f,* sustituto/a

stemmen I. *vt* ↑ *heben* levantar; ↑ *Druck ausüben* presionar **II.** *vr* ◇ **sich -** *FIG:* ◇ **sich - gegen** resistirse/oponerse a

Stempel *m* ‹-s, -› (*Post-*) matasellos *m;* (*Prägung, Kennzeichen*) sello *m;* FLORA pistilo *m;* **stempeln** *vt* [1] sellar, timbrar; (*Briefmarke*) matasellar [2] *FAM* ◇ **- gehen** estar parado

Stengel *m* ‹-s, -› tallo *m*

Steno[graphie] *f* ‹-s› taquigrafía *f;* **Stenogramm** *n* ‹-s, -e› taquigrama *m;* ◇ **ein - aufnehmen** taquigrafiar al dictado; **stenographieren** *vti* taquigrafiar; **Stenotypist(in** *f*) *m* taquimecanógrafo/a

Steppdecke *f* edredón *m*

Steppe *f* ⟨-, -n⟩ estepa *f*
steppen I. *vt* hacer el pespunte **II.** *vi* (*tanzen*) bailar claqué
Steppjacke *f* chaqueta *f* acolchada
Sterbebett *n* lecho *m* de muerte; **Sterbehilfe** *f* eutanasia *f;* **sterben** ⟨starb, gestorben⟩ *vi* morir de, fallecer; *FAM* ◇ **jd/etw ist für mich gestorben** para mí no existe alguien/algo; *FIG* ◇ **~ vor Hunger/ Neugier** morir[se] de hambre/de curiosidad; **sterblich** *adj* mortal; **Sterblichkeitsziffer** *f* tasa *f* de mortalidad
Stereoanlage *f* equipo *m* [estereofónico], estereo *m*
steril *adj* estéril; ▷*Verband* esterilizado; **Sterilisation** *f* esterilización *f*
Stern *m* ⟨-[e]s, -e⟩ estrella *f; FIG* ◇ **nach den ~en greifen** tener grandes pretensiones, querer alcanzar las estrellas; *FIG* ◇ **in den ~en stehen** estar en el aire; **sternhell** *adj* estrellado, claro; **sternklar** *adj* estrellado; **Sternschnuppe** *f* ⟨-, -n⟩ estrella *f* fugaz; **Sternstunde** *f* momento *m* estelar
stet[ig] *adj* ▷*Gedenken* constante; ▷*Fleiß* continuo; (*Fluß*) permanente; **stets** *adv* siempre; constantemente, continuamente
Steuer [1] *n* ⟨-s, -⟩ NAUT timón *m;* AUTO volante *m;* (*FIG Leitung*) dirección *f*
Steuer [2] *f* ⟨-, -n⟩ (*Lohn~*) impuesto *m,* contribución *f;* **Steuerberater(in** *f*) *m* asesor(a *f*) *m* fiscal; **steuerfrei** *adj* libre de impuestos; **Steuerhinterziehung** *f* fraude *m* fiscal; **Steuerklasse** *f* categoría *f* de impuestos
steuern *vti* → *Auto* conducir; → *Flugzeug* pilotar; → *Entwicklung* dirigir; → *Tonstärke* controlar
Steuernummer *f* número *m* fiscal
Steuerrad *n* volante *m*
Steuerung *f* (*Bedienen des Steuers*) control *m;* (*Vorrichtung*) timón *m;* PC mando *m,* control *m;* **Steuerwerk** *n* PC unidad *m* de control
Steward *m* ⟨-s, -s⟩ AERO NAUT camarero *m;* **Stewardeß** *f* ⟨-, Stewardessen⟩ azafata *f*
Stich *m* ⟨-[e]s, -e⟩ [1] pinchazo *m;* (*Mücken~*) picadura *f;* (*Messer~*) cuchillada *f;* (*beim Nähen*) punto *m* [2] (*beim Kartenspiel*) baza *f* [3] KUNST grabado *m;* ◇ **einen ~ ins Blaue haben** tirar a azul; (*FAM verrückt sein*) ◇ **er hat einen ~** está mal de la cabeza; (*Lebensmittel*) ◇ **die Milch hat einen ~** la leche se ha cortado; ◇ **etw im ~ lassen** dejar algo; ◇ **jd-n im ~ lassen** dar la estacada [*o.* espalda] a alguien
Stichelei *f* (*boshafte Anspielungen*) indirecta *f;* **sticheln** *vi FIG* echar indirectas
Stichflamme *f* llama *f* viva; **stichhaltig** *adj* convinvente, sólido, válido; **Stichwahl** *f* balotaje *m;* **Stichwort** *n* entrada *f;* (*in Wörterbuch*) voz *f* guía
sticken *vti* bordar
stickig *adj* sofocante; ▷*Luft* viciado
Stiefbruder *m* hermanastro *m*
Stiefel *m* ⟨-s, -⟩ bota *f*
Stiefeltern *pl* padrastos *m/pl;* **Stiefkind** *n* hijastro *m;* **Stiefmutter** *f* madrastra *f;* **Stiefvater** *m* padrasto *m*
Stiel *m* ⟨-[e]s, -e⟩ mango *m;* (*Besen~*) palo *m*
Stier *m* ⟨-[e]s, -e⟩ FAUNA toro *m;* ASTROL Tauro *m;* **Stierkampf** *f* corrida *f* de toros
stieß *impf von* **stoßen**
Stift [1] *m* ⟨-[e]s, -e⟩ (*Nagel*) punta *f,* tachuela *f;* (*Farb~, Blei~*) lápiz *m;* (*FAM Lehrling*) aprendiz *m*
Stift [2] *n* ⟨-[e]s, -e⟩ convento *m;* REL seminario *m*
stiften *vt* fundar; → *Unruhe* crear, provocar, causar; → *Frieden* dar; (*spenden*) donar; **Stiftung** *f* (*Schenkung*) donación *f;* (*Organisation*) fundación *f*
Stil *m* ⟨-[e]s, -e⟩ (*Schreib~*) estilo *m;* ◇ **im gotischen ~** en estilo gótico
still *adj* [1] ▷*Ort, Gegend* tranquilo, silencioso, pacífico; *FAM* ◇ **das ~e Örtchen** el servicio [2] ▷*Mensch* callado; (*unbewegt*) quieto [3] ▷*Hoffnung* secreto; ◇ **im ~en** interiormente, por dentro; **stillbleiben** *unreg vi* quedarse quieto/callado; **Stille** *f* ⟨-⟩ ↑ *Ruhe* tranquilidad *f;* (*Unbewegtheit*) quietud *f;* (*Schweigen*) silencio *m;* ◇ **in aller ~** en secreto; **stillegen** *unreg vi* cerrar; **stillen** *vt* → *Säugling* dar el pecho, amamantar; → *Blutung* cortar; → *Schmerz* calmar; → *Unruhe* tranquilizar; → *Hunger, Durst* saciar; **stillhalten** *unreg vi* estarse quieto, no moverse; (*sich nicht wehren*) no oponer resistencia
stillos *adj* sin estilo; *FIG* ▷*Bemerkung* de mal gusto
Stillschweigen *n* silencio *m;* ◇ **~ bewahren** guardar silencio; **stillschweigend** *adj* callado; ◇ **~e Übereinkunft** acuerdo tácito; **Stillstand** *m* parada *f;* ◇ **zum ~ bringen** parar, detener; **stillvergnügt** *adj* contento
Stilmöbel *n/pl* muebles *m/pl* de estilo
Stimmbänder *n/pl* cuerdas *f/pl* vocales; **stimmberechtigt** *adj* con derecho al voto; **Stimmbruch** *m* cambio *m* de voz
Stimme *f* ⟨-, -n⟩ voz *f;* (*Wahl~*) voto *m;* (*Meinung*) opinión *f;* ◇ **die ~ des Volkes** la voz del pueblo; (*Baß~*) voz *f*
stimmen I. *vt* MUS afinar; ◇ **das stimmte ihn heiter** esto le puso de buen humor **II.** *vi* ser cierto;

(*Abrechnung*) cuadrar; (*überein-*) coincidir con; ◇ **für/gegen etw** - votar a favor/en contra de algo

Stimmenmehrheit *f* mayoría *f* de votos; **Stimmenthaltung** *f* abstención *f*

stimmhaft *adj* sonoro; **stimmig** *adj* apropiado; adecuado, correcto; **Stimmrecht** *n* derecho *m* al voto

Stimmung *f* [1] estado *m* de ánimo; ◇ **in - sein für etw** estar de humor para algo [2] (*Atmosphäre*) ambiente *m* [3] MUS afinado *m;* **Stimmungsmache** *f PEJ* propaganda *f;* **stimmungsvoll** *adj* ▷*Musik* animado, alegre; ▷*Abend* con mucho ambiente

Stimmzettel *m* papeleta *f* de votación

Stinkbombe *f* bomba *f* fétida; **stinken** ‹stank, gestunken› *vi* apestar (*nach* a), oler mal

Stipendium *n* beca *f*

Stirn *f* ‹-, -en› [1] frente *f* [2] (*Widerstand*) ◇ **jd-m die - bieten** enfrentarse a alguien; ◇ **die - haben, etw zu tun** tener la cara dura de hacer algo; (*-seite*) fachada *f;* **Stirnband** *n* cinta *f* para la frente; **Stirnrunzeln** *n* ceño *m*

stöbern *vi* ← *Hund* husmear; *FIG* (*nach etw suchen*) revolver

stochern *vi* hurgar; (*im Essen*) comer sin ganas; (*in der Glut*) atizar

Stock [1] *m* ‹-[e]s, Stöcke› [1] bastón *m,* palo *m* [2] FLORA planta *f* de flores

Stock [2] *m* ‹-[e]s, -werke› piso *m,* planta *f*

stockbesoffen *adj FAM* borracho como una cuba

stocken *vi* pararse, detenerse; (*im Gespräch*) cortarse; ← *Verkehr* atascarse , congestionarse; ← *Arbeit* interrumpir

Stockung *f* paralización *f,* detención *f;* (*von Verkehr*) atasco *m;* FIN estancamiento *m*

Stockwerk *n* piso *m,* planta *f*

Stoff *m* ‹-[e]s, -e› (*Gewebe*) tejido *m;* (*Möbel-*) material *m;* (*Materie*) materia *f;* (*Gesprächs-*) tema *m;* **Stoffwechsel** *m* metabolismo *m*

stöhnen *vi* gemir; ◇ **über/vor etwas** - *akk* quejarse de/por algo

Stollen [1] *m* ‹-s, -› *südd* ↑ *Christ-* pastel *m* de Navidad

Stollen [2] *m* ‹-s, -› MIN galería *f;* (*an Fußballschuhen*) taco *m*

stolpern *vi* tropezar, dar un traspié (*über akk* con)

stolz *adj* orgulloso, soberbio; ↑ *eingebildet* vanidoso; ▷*Preis* alto; ◇ **auf jd-n/etw - sein** estar orgulloso de alguien/algo; **Stolz** *m* ‹-es› orgullo *m,* soberbia *f;* (*Einbildung*) vanidad *f*

stopfen *vt* [1] (*hinein-, voll-*) llenar; GASTR → *Geflügel* rellenar; → *Pfeife* cargar [2] (*ausbessern*) → *Strumpf, Loch* zurcir [3] (*FAM schlingen*) tragar; (*gierig essen*) devorar; *FIG* ◇ **jd-m den Mund** - cerrar la boca a alguien

Stoppelbart *m* barba *f* de dos días

stoppen I. *vt* [1] → *Verkehr* parar, detener [2] (*mit Uhr*) cronometrar **II.** *vi* pararse, detenerse; **Stoppschild** *n* señal *f* de stop; **Stoppuhr** *f* cronómetro *m*

Stöpsel *m* ‹-s, -› tapón *m*

Store *m* ‹-s, -s› visillo *m,* estor *m*

stören *vt* estorbar; → *Unterricht, Ruhe* molestar; ◇ **sich an etw** *dat* - molestarse por algo; **störend** *adj* ▷*Geräusch* molesto; ▷*Umstand* desagradable; **Störfall** *m* (*in AKW*) accidente *m*

stornieren *vt* anular

störrisch *adj* terco, obstinado, testarudo, cabezota

Störung *f* molestia *f,* trastorno *m;* (*Radio*) interferencia *f;* **störungsfrei** *adj* MEDIA sin interferencias

Story *f* ‹-, Stories› *FAM* historia *f*

Stoß *m* ‹-es, Stöße› [1] (*Tritt, Hieb*) empujón *m;* (*Schlag*) golpe *m; FIG* ◇ **sich** *dat* **einen - geben** hacer de tripas corazón [2] (*Erd-*) sacudida *f* [3] (*Stapel*) montón *m;* **Stoßdämpfer** *m* AUTO amortiguador *m;* **stoßen** ‹stieß, gestoßen› **I.** *vt* [1] (*schubsen*) empujar, dar empujones; ← *Stier, Ziegenbock* envestir [2] SPORT dar una patada a [3] ◇ **jd-n vor den Kopf** - (*jd-n kränken*) ofender a alguien **II.** *vi* [1] ◇ **an/gegen jd-n/etw** - golpear a alguien/algo [2] ◇ **auf etw** *akk* - encontrar algo [de casualidad] [3] (*angrenzen*) lindar (*an akk* con) **III.** *vr* ◇ **sich** - darse un golpe, golpearse; ◇ **sich - an** *dat* darse un golpe con; *auch FIG* molestarse por; **stoßfest** *adj* resistente a los choques; **Stoßstange** *f* AUTO parachoques *m;* **Stoßzeit** *f* hora *f* punta

stottern *vi* tartamudear; ← *Motor* zumbar

Strafanstalt *f* penitenciaría *f,* cárcel *f;* **Strafarbeit** *f* SCH castigo *m;* **strafbar** *adj* sancionable, punible; **Strafe** *f* ‹-, -n› castigo *m;* (*Geld-*) multa *f,* sanción *f;* (*Gefängnis-*) condena *f;* ◇ **Todes-** condena *f* a muerte; JURA pena *f;* ◇ **bei - von** bajo pena de; ◇ **zur - gibt es keinen Nachtisch** de castigo te quedas sin postre; **strafen** *vt* castigar, sancionar, multar

straff *adj* [1] rígido; (*streng*) severo [2] ▷*Seil* tenso; ▷*Haut* tirante; ▷*Haltung* erguido [3] ▷*Erzählung, Artikel* bien construido

straffällig *adj:* ◇ - **werden** incurrir en delito, delinquir

Strafgefangene(r) *fm* presidiario/a, preso *m/f;* **Sträfling** *m* recluso *m,* preso *m;* **Strafmaß** *n*

cuantía *f* de la pena; **Strafprozeß** *m* proceso *m* penal; **Strafraum** *m* SPORT área *m* de castigo; **Straftat** *f* delito *m;* **Strafzettel** *m* boletín *m* de denuncia

Strahl *m* ‹-[e]s, -en› [1] (*Sonnen-*) rayo *m* [2] (*Wasser-*) chorro *m* [3] (*Röntgen-en*) rayos *m/pl* [4] MATH radio *m;* **strahlen** *vi* [1] ← *Sonne* radiar, brillar; ← *Wärme* dar, emitir [2] (*FIG Mensch*) estar de muy buen humor; ◇ **vor Freude/Begeisterung ~** estar rebosante de alegría/entusiasmo; **Strahlenbelastung** *f* exposición *f* a radiaciones; **Strahlentherapie** *f* radioterapia *f;* **Strahlung** *f* PHYS radiación *f*

stramm *adj* tenso, tirante; ↑ *streng* rígido, severo; ▷*Marsch, Dienst* marcial; **strammziehen** *unreg vt* → *Seil* tensar, estirar; *FAM* ◇ **jd-m die Hosen ~** dar una paliza a alguien

strampeln *vi* ← *Baby* patalear; (*FAM radfahren*) pedalear

Strand *m* ‹-[e]s, Strände› playa *f;* **Strandbad** *n* piscina *f* al lado de la playa; **stranden** *vi* ← *Schiff* naufragar; *FIG* ← *Mensch* fracasar

Strang *m* ‹-[e]s, Stränge› [1] (*Seil*) cuerda *f,* soga *f* [2] (*Schienen-*) vía *f* [3] *FIG* ◇ **über die Stränge schlagen** pasarse de la raya, pasarse de rosca [4] (*Bündel*) manojo *m* [5] (*Nerven-*) cordón *m* nervioso; **strangulieren** *vt* estrangular

Strapaze *f* ‹-, -n› trabajo *m* pesado, esfuerzo *m* grande; **strapazierfähig** *adj* resistente; **strapaziös** *adj* agotador

Straße *f* ‹-, -n› [1] calle *f;* ◇ **auf die ~ gehen** salir a la calle [2] (*Meerenge*) estrecho *m;* **Straßenbahn** *f* tranvía *m;* **Straßengraben** *m* cuneta *f;* **Straßenkarte** *f* mapa *m* de carreteras; **Straßenschild** *n* señal *f* [de tráfico]; **Straßensperre** *f* prohibición *f* de paso, barrera *f*

Stratege *m* ‹-n, -n› estratega *m;* **Strategie** *f* estrategia *f;* **Strategin** *f* estratega *f*

sträuben **I.** *vt* (*Haare*) erizar **II.** *vr* ◇ **sich ~** [1] ← *Haar, Fell* erizarse, ponerse en punta [2] ↑ *sich weigern* oponerse, resistirse (*gegen etw* a)

Strauch *m* ‹-[e]s, Sträucher› arbusto *m,* mata *f*

straucheln *vi* [1] ↑ *stolpern* tropezar, dar un traspiés [2] *FIG* ↑ *Fehltritt begehen* fracasar

Strauß [1] *m* ‹-es, Sträuße› (*Blumen-*) ramo *m*

Strauß [2] *m* ‹-es, -e› (*Vogel*) avestruz *m*

streben *vi* [1] (*auf etw zugehen*) dirigirse a [2] (*sich bemühen*) aspirar (*nach* a), ambicionar algo

Strecke *f* ‹-, -n› [1] trayecto *m,* recorrido *m;* (*Distanz*) distancia *f;* *FIG* ◇ **auf der ~ bleiben** quedarse a mitad de camino, fracasar [2] BAHN tramo *m* [3] MATH segmento *m;* (*Abschnitt*) trozo *m*

strecken **I.** *vt* [1] → *Glieder* estirar, extender, alargar [2] → *Waffen* entregar [3] → *Suppe* diluir **II.** *vr* ◇ **sich ~** (*sich dehnen*) estirarse, extenderse, alargarse

Streich *m* ‹-[e]s, -e› [1] (*Hieb*) golpe *m* [2] (*Schabernack*) jugarreta *f;* ◇ **jd-m einen ~ spielen** hacer una broma a alguien

Streicheleinheiten *f/pl* (*Zärtlichkeit*) caricias *f/pl;* **streicheln** *vt* acariciar

streichen ‹strich, gestrichen› **I.** *vt* [1] ↑ *berühren* tocar [2] → *Brot* untar, extender [3] → *Zaun* pintar [4] (*durch-*) tachar, borrar [5] ↑ *tilgen, wegnehmen* → *Absatz, Programm* suprimir; → *Ausflug* suspender [6] (*durch Sieb*) pasar, colar **II.** *vi* [1] (*berühren*) pasar la mano (*über akk* por) [2] (*ziellos laufen*) vagar por; **Streichholz** *n* cerilla *f;* **Streichkäse** *m* queso *m* para untar

Streife *f* ‹-, -n› patrulla *f;* ◇ **auf ~ gehen** patrullar

streifen **I.** *vt* (*leicht berühren*) rozar; ← *Blick* echar; (*erwähnen*) → *Thema* tocar, mencionar; (*in eine Richtung schieben/ziehen*) → *Ärmel* subir; → *Handschuhe* poner **II.** *vi* [1] vagar, caminar sin punto fijo [2] (*angrenzen*) lindar (*an akk* con)

Streifen *m* ‹-s, -› [1] (*Linie*) raya *f;* (*Stück*) tira *f* [2] (*Film*) película *f*

Streifschuß *m* rozadura *f* de bala

Streik *m* ‹-[e]s, -s› huelga *f;* **streiken** *vi* [1] estar/declararse en huelga [2] (*versagen, aussetzen*) ← *Maschine, Motor* no funcionar, fallar

Streit *m* ‹-[e]s, -e› pelea *f,* lucha *f,* conflicto *m;* (*Rechts-*) litigio *m,* pleito *m;* **streiten** ‹stritt, gestritten› **I.** *vi* ↑ *zanken* pelearse (*über, um akk* por); (*kämpfen*) luchar (*für* por) **II.** *vr* ◇ **sich ~ über** reñir por, discutir sobre; **Streitfrage** *f* punto *m* de controversia; **Streitgespräch** *n* discusión *f;* **streitig** *adj:* ◇ **jd-m etw ~ machen** disputar algo a alguien; **Streitigkeiten** *f/pl* disputas *f/pl;* **Streitkräfte** *pl* MIL fuerzas *f/pl* armadas; **streitsüchtig** *adj* que le gusta crear disputas, pendenciero

streng *adj* [1] ▷*Lehrer* duro, severo; ▷*Sitten* rígido, estricto [2] ▷*Stil, Bauwerk* austero; ▷*Gesichtszüge* marcado [3] ▷*Geruch, Geschmack* fuerte [4] ▷*Winter, Frost* riguroso; **strenggenommen** *adv* estrictamente hablando; **strenggläubig** *adj* ortodoxo

Streß *m* ‹-sses› estrés *m;* **stressen** *vt* estresar; **stressig** *adj* que produce estrés, que estresa

Streu *f* ‹-› paja *f;* **streuen** **I.** *vt* → *Salz, Sand* esparcir, echar; → *Blumen* tirar **II.** *vi* ← *Schüsse* divergir; PHYS dispersar; **Streuer** *m* ‹-s, -› (*Salz-*) salero *m;* (*Pfeffer-*) pimentero *m*

streunen *vi FAM* vagar, vagabundear, dar vueltas por

Streusand *m* arenilla *f*

Strich *m* ‹-[e]s, -e› [1] (*Linie*) línea *f*, raya *f* [2] (*Feder-*) rasgo *m;* (*Pinsel-*) pincelada *f* [3] *FIG* ◇ **einen - durch die Rechnung machen** echar por tierra los proyectos de alguien; ◇ **unter dem -** resultar que; ◇ **jd-m gegen den - gehen** desagradar algo a alguien [4] (*von Gewebe, Fell*) pelo *m* [5] *VULG* calle *f* de las prostitutas; ◇ **auf den - gehen** hacer la calle; **Strichcode** *m* ‹-s, -s› código *m* de barras

stricheln *vt* → *Blatt, Fläche* rayar

Strichjunge *m VULG* chico *m* joven que prostituye; **Strichmädchen** *n VULG* chica *f* joven que se prostituye; **Strichmännchen** *n* monigote *m*

Strick *m* ‹-[e]s, -e› cuerda *f*, soga *f;* (*FAM Bursche, Kerl*) pillo *m*

stricken *vti* hacer punto; **Strickjacke** *f* chaqueta *f* de punto; **Strickwaren** *pl* géneros *m/pl* de punto; **Strickzeug** *n* [1] labor *f* de punto [2] utensilios *m/pl* para hacer puntos

Striemen *m* ‹-s, -› (*Streifen auf Haut*) marca *f*, señal *f*

strikt *adj* estricto

Strip[tease] *m* ‹-s› striptease *m*

stritt *impf von* **streiten**

strittig *adj* disutible *m*

Stroh *n* ‹-[e]s› paja *f;* **strohblond** *adj* ▷*Haar* rubio como una panocha; **Strohfeuer** *n FIG* llamarada *f;* **Strohhalm** *m* [1] brizna *f* de paja; (*Trinkhalm*) pajita *f* [2] *FIG* ◇ **sich an einen - klammern** agarrarse a un clavo ardiendo; **Strohwitwer** *m FAM*: ◇ **ich bin -** estoy de Rodríguez

strolchen *vi* vagar, vagabundear

Strom *m* ‹-[e]s, Ströme› [1] (*großer Fluß*) río *m;* (*Strömung*) corriente *f;* ◇ **es regnet in Strömen** llueve a cántaros; *FIG* ◇ **gegen den - schwimmen** nadar contra corriente; ◇ **Sekt in Strömen** champán a raudales; (*Menschen-*) oleada *f* [2] ELECTR corriente *f* eléctrica; **stromabwärts** *adv* con la corriente; **stromaufwärts** *adv* contra corriente; **strömen** *vi* ← *Wasser* correr, fluir; ← *Luft* soplar; ← *Menschen* afluir; **Stromkreis** *m* circuito *m;* **Strömung** *f auch FIG* corriente *f;* **Stromverbrauch** *m* consumo *m* eléctrico; **Stromzähler** *m* contador *m* de la luz

strotzen *vi:* ◇ **- vor** estar lleno de, rebosar de, estar hasta las topes

Strudel *m* ‹-s, -› [1] torbellino *m* [2] (*Apfel-, Obst-*) pastel *m* de hojaldre

Struktur *f* estructura *f;* (*von Gewebe*) textura *f;* **Strukturpolitik** *f* política *f* estructural; **strukturschwach** *adj* poco estructurado, atrasado; **Strukturwandel** *m* cambio *m* de estructura

Strumpf *m* ‹-[e]s, Strümpfe› media *f;* **Strumpfhose** *f* leotardos *m/pl;* **Strumpfmaske** *f* media *f* [en la cabeza]

Strunk *m* ‹-s, Strünke› (*Baum-*) tocón *m;* (*Kohl-*) troncho *m*

struppig *adj* desgreñado

Stube *f* ‹-, -n› cuarto *m*, habitación *f;* **Stubenhocker(in** *f*) *m* ‹-s, -› *FAM* persona *f* muy casera; **stubenrein** *adj* ▷*Hund* limpio; *FAM* ▷*Witz* inocente; ◇ **nicht ganz -** un poco picante

Stück *n* ‹-[e]s, -e› [1] (*Teil*) parte *f;* (*Mengenangabe*) pieza *f;* (*Exemplar*) ejemplar *m;* (*Wegstrecke*) tramo *m*, trecho *m* [2] THEAT obra *f* [3] *FAM* ◇ **ein starkes -** una pasada; *FAM* ◇ **ein faules -** un holgazán; ◇ **aus freien -en** voluntariamente; ◇ **pro -** por pieza; **stückeln** *vt* partir en trozos; **Stückgut** *n* bulto *m* suelto; ◇ **Ware als - versenden** enviar en bultos sueltos; **stückweise** *adv* a trozos; COMM por piezas

Student(in *f*) *m* estudiante *m/f;* **Studentenausweis** *m* carné *m* de estudiante

Studie *f* (*Untersuchung, Skizze*) estudio *m*

Studienbeihilfe *f* beca *f* de estudios; **Studiendauer** *f* duración *f* de la carrera; **Studienfach** *n* especialidad *f;* **Studiengebühren** *f/pl* tasas *f/pl* universitarias; **Studienplatz** *m* plaza *f;* **studieren** *vti* [1] estudiar en la universidad [2] *FIG* → *Speisekarte* mirar detenidamente

Studio *n* ‹-s, -s› estudio *m*

Studium *n* estudio *m;* (*an Universität*) carrera *f*

Stufe *f* ‹-, -n› escalón *m;* peldaño *m;* (*Entwicklungs-*) nivel *m;* **Stufenheck** *n* AUTO trasero *m* escalonado

Stuhl *m* ‹-[e]s, Stühle› silla *f;* (*-gang*) defecación *f*

stülpen *vt* (*umdrehen*) invertir, volver; (*bedekken*) cubrir (*über akk* de)

stumm *adj* mudo

Stummfilm *m* cine *m* mudo

Stümper(in *f*) *m* ‹-s, -› chapucero/a; **stümpern** *vi* trabajar mal, chapucear

stumpf *adj* [1] ▷*Messer* desafilado [2] ▷*Haar* sin brillo [3] ↑ *teilnahmslos* apático, indiferente [4] ▷*Winkel* obtuso

Stumpf *m* ‹-[e]s, Stümpfe› (*Baum-*) tocón *m;* (*Bein-*) muñón *f*

Stumpfsinn *m* [1] estupidez *f* [2] ↑ *Teilnahmslosigkeit* apatía *f*, indiferencia *f*

Stunde *f* ‹-, -n› [1] hora *f* [2] (*Unterrichts-*) clase *f* [3] (*Zeitpunkt*) momento *m*

stunden *vt* COMM aplazar; ◇ **jd-m die Miete -**

aplazar el pago del alquiler a alguien; **Stundenkilometer** *m/pl* kilómetros *m/pl* por hora; **Stundenplan** *m* SCH horario *m;* **stundenweise** *adv* por horas; **stündlich** *adv* cada hora, por hora

Stunk *m* ‹-[e]s› *FAM* camorra *f*

stupid *adj* estúpido

stur *adj* terco, testarudo, cabezón; ◇ **~ seines Weges gehen** seguir su camino sin dejarse influir

Sturm *m* ‹-[e]s, Stürme› [1] tempestad *f,* tormenta *f* [2] ↑ *Andrang* afluencia *f* [3] MIL asalto *m* [4] SPORT ataque *m;* **stürmen I.** *vi* [1] MIL asaltar [2] SPORT atacar [3] ← *Wind* soplar fuertemente [4] (*rennen*) correr **II.** *vt* MIL asaltar, tomar; *FIG* → *Bank* dar un asalto a **III.** *vi unpers:* ◇ **draußen stürmt es** afuera hay tempestad/tormenta; **Stürmer(in** *f*) *m* ‹-s, -› SPORT delantero *m;* **stürmisch** *adj* tempestuoso, tormentoso; ▷*Empfang* efusivo; ▷*Liebhaber* apasionado; **Sturmschaden** *m* daños *m/pl* ocasionados por una tempestad

Sturz *m* ‹-es, Stürze› [1] caída *f; FIG* descenso *m* [2] POL caída *f;* (*Um~*) derrocamiento *m* [3] (*Fenster~*) dintel *m;* **stürzen I.** *vt* [1] → *Regierung* derrocar, derribar [2] ↑ *umdrehen* → *Kuchen, Pudding* dar la vuelta **II.** *vi* [1] caer, caerse [2] (*rasch sinken*) ← *Aktienkurs, Thermometer* descender [3] ↑ *rennen* correr hacia **III.** *vr* ◇ **sich ~** arrojarse, precipitarse; (*angreifen*) abalanzarse (*in, auf akk* sobre); ◇ **sich in/auf die Arbeit ~** volcarse en el trabajo; **Sturzhelm** *m* casco *m* protector

Stütze *f* ‹-, -n› apoyo *m;* (*FAM Arbeitslosenunterstützung*) subsidio *m;* (*FIG Hilfe*) ayuda *f*

stutzen I. *vt* → *Bart* recortar; → *Sträucher* podar **II.** *vi* desconcertrarse

stützen I. *vt* → *Baum, Mauer* apuntalar; → *Ellbogen* apoyar **II.** *vr* ◇ **sich ~** apoyarse (*auf akk* en)

stutzig *adj:* ◇ **~ werden** sorprenderse, empezar a tener sospechas; ◇ **jd-n ~ machen** hacer sospechar a alguien

Stützpunkt *m auch FIG* base *f*

Subjekt *n* ‹-[e]s, -e› (*Wesen*) ser *m;* (*Begriff*) término *m;* (*PEJ Mensch*) individio *m,* sujeto *m,* tipo *m;* GRAM sujeto *m;* **subjektiv** *adj* subjetivo; **Subjektivität** *f* subjetividad *f*

subkutan *adj* MED subcutáneo

Substantiv *n* GRAM sustantivo *m*

Substanz *f* su[b]stancia *f;* (*Kapital*) capital *m* efectivo

subtil *adj* sutil

subtrahieren *vt* sustraer, restar

Subunternehmer(in *f*) *m* subempresario/a

Subvention *f* subvención *f;* **subventionieren** *vt* subvencionar

subversiv *adj* ▷*Elemente* subversivo

Suchaktion *f* búsqueda *f;* **Suche** *f* ‹-, -n› búsqueda *f,* busca *f* (*nach* de); PC escrutinio *m,* análisis *m;* **suchen I.** *vt a.* PC buscar; (*ver~*) ◇ **jd-m zu helfen ~** intentar/tratar de ayudar a alguien **II.** *vi* buscar (*nach* algo/a alguien)); **Sucher** *m* ‹-s, -› buscador *m;* FOTO visor *m;* **Suchlauf** *m* PC busca *f* acelerada de programas; **Suchmeldung** *f* orden *f* de búsqueda

Sucht *f* ‹-, Süchte› MED adicción *f; FIG* manía *f,* afán *m;* **süchtig** *adj* [1] (*rauschgift~*) adicto, toxicómano [2] *FIG* ávido; **Süchtige(r)** *fm* toxicómano/a

Südamerika *n* Sudamérica *f,* América *f* del Sur; **Süden** *m* ‹-s› sur *m;* ◇ **im ~ von** al sur de; **Südfrankreich** *n* Francia *f* meridional; **Süditalien** *n* Italia *f* meridional; **südlich I.** *adj* del sur, meridional **II.** *adv* al sur (*gen* de); **Südosten** *m* Sudeste *m;* **Südsee** *f:* ◇ **die ~** el Mar del Sur; **südwärts** *adv* al sur; **Südwesten** *m* Sudoeste *m*

süffisant *adj* presuntuoso

Suffix *n* GRAM sufijo *m*

suggerieren *vt* sugerir, insimuar; ◇ **jd-m etw** *akk* **~** sugerir algo a alguien; **Suggestivfrage** *f* pregunta *f* sugestiva

Suizid *m* ‹-s, -e› suicidio *m*

sukzessiv *adj* sucesivo

Sülze *f* ‹-, -n› gelatina *f*

Summe *f* ‹-, -n› suma *f,* total *m; FIG* suma de sus experiencias

summen I. *vi* ← *Fliege* ← *Klimaanlage* zumbar **II.** *vt* → *Melodie* tararear

summieren I. *vt* sumar, acumular **II.** *vr* ◇ **sich ~** sumarse, acumularse

Sumpf *m* ‹-[e]s, Sümpfe› pantano *m;* **sumpfig** *adj* pantanoso

Sünde *f* ‹-, -n› pecado *m;* **Sündenbock** *m FAM* cabeza *f* de turco, chivo *m* expiatorio; **Sünder(in** *f*) *m* ‹-s, -› pecador(a *f*) *m;* **sündhaft** *adj* pecador; (*FAM sehr*) ◇ **~ teuer** carísimo

Super *n* ‹-s› (*Benzin*) super *f*

Superlativ *m* superlativo *m*

Supermarkt *m* supermercado *m*

Suppe *f* ‹-, -n› sopa *f; FIG* ◇ **jd-m die ~ versalzen** aguar la fiesta a alguien

Surfbrett *n* tabla *f* de surf; **surfen** *vi* hacer surf[ing], coger olas; **Surfen** *n* ‹-s› surf[ing] *m*

suspekt *adj* sospechoso

suspendieren *vt* CHEM suspender

süß *adj* [1] (*allg.*) dulce, azucarado [2] (*lieblich*) dulce, suave [3] (*hübsch*) precioso, lindo; **süßen**

vt endulzar, azucarar; → *Kaffee* echar azúcar; **Süßigkeit** *f* dulce *m;* (*Bonbons*) golosina *f;* **süßlich** *adj* [1] ▷*Geschmack* dulzón, empalagoso [2] (*FIG kitschig*) cursi [3] (*FIG scheinheilig*) hipócrita; **Süßwasser** *n* agua *m* dulce

Swatch® *f* 〈-, -[e]s〉 swatch *m*

Sweatshirt *n* 〈-s, -s〉 suéter *m*

Symbol *n* 〈-s, -e〉 símbolo *m;* **symbolisch** *adj* simbólico; **symbolisieren** *vt* simbolizar

Symmetrie *f* simetría *f;* **symmetrisch** *adj* simétrico

Sympathie *f* simpatía *f;* **sympathisch** *adj* simpático; ◇ **jd-m - sein** ser/resultar/caer simpático a alguien; **sympathisieren** *vi* simpatizar (*mit* con)

Symposium *n* simposio *m,* simposium *m*

Symptom *n* 〈-s, -e〉 síntoma *m;* **symptomatisch** *adj* sintomático

Synagoge *f* 〈-, -n〉 sinagoga *f*

synchron *adj* sincrónico; **Synchrongetriebe** *n* cambio *m* [de velocidades] sincronizado; **synchronisieren** *vt* sincronizar; → *Film* doblar; **Synchronsprecher** *m* doblador *m*

Synode *f* 〈-, -n〉 sínodo *m*

Synonym *n* 〈-s, -a〉 sinónimo *m*

Syntagma *n* sintagma *m*

Syntax *f* 〈-, -en〉 PC, GRAM sintaxis *f*

Synthese *f* 〈-, -n〉 síntesis *f;* **Synthesizer** *m* 〈-s, -〉 MUS sintetizador *m*

synthetisch *adj* sintético

Syphilis *f* 〈-〉 MED sífilis *f*

System *n* 〈-s, -e〉 *a.* PC sistema *m;* ↑ *Methode* método *m;* ↑ *Regierungsform* régimen *m;* **Systemanalyse** *f* PC análisis *m* de sistemas; **Systemanalytiker(in** *f*) *m* 〈-s, -〉 PC analista *m/f* de sistemas; **systematisch** *adj* sistemático, metódico; **systematisieren** *vt* sistematizar; **Systemfehler** *m* PC defecto *m* del sistema

Szene *f* 〈-, -n〉 [1] escena *f; FIG* ◇ **jd-m eine - machen** montar una escena a alguien [2] (*FAM Drogen-*) mundillo *m;* **Szenerie** *f* escenario *m,* decorado *m*

T

T, t *n* T, t *f*

Tabak *m* 〈-s〉 tabaco *m;* **Tabakladen** *m* estanco *m;* **Tabaksteuer** *f* impuesto *m* sobre el tabaco

Tabasco ® *n* 〈-s〉 tabasco *m*

tabellarisch *adj* ▷*Lebenslauf* sinóptico, esquematizado; **Tabelle** *f* [1] (*Preis-*) lista *f* [2] (*Gewichts-*) tabla *f;* **Tabellenführer(in** *f*) *m* SPORT líder *m/f*

Tabernakel *m* 〈-s, -〉 tabernáculo *m*

Tablett *n* 〈-[e]s, -s〉 bandeja *f*

Tablette *f* pastilla *f,* comprimido *m*

tabu *adj* tabú; ◇ **dieses Thema ist -** este tema es tabú; **Tabu** *n* 〈-s, -s〉 tabú *m*

Tabulator *m* tabulador *m*

Tacho *m* 〈-s, -s〉 *Abk v.* **Tachometer**

Tachometer *n* 〈-s, -〉 AUTO taquímetro *m*

Tadel *m* 〈-s, -〉 [1] ↑ *Rüge* reprimenda *f* [2] ↑ *Kritik* crítica *f;* **tadellos** *adj* [1] ▷*Benehmen* ejemplar [2] ▷*Arbeit* impecable, magnífico; **tadeln** *vt* reprender, criticar; ◇ **jd-n wegen seines Verhaltens -** [*o.* **jd-n für sein Verhalten -**] criticar a alguien por su comportamiento

Taekwondo *n* 〈-s〉 taekuondo *m*

Tafel *f* 〈-, -n〉 [1] tablero *m* [2] (*Wand-*) encerado *m;* (*Schiefer-*) pizarra *f* [3] (*Gedenk-*) lápida *f* [4] ↑ *Tabelle* tabla *f* [5] (*Schalt-*) cuadro *m,* panel *m* [6] (*Schokolade etc.*) tableta *f* [7] ↑ *Tisch* (*Kaffee-, Geburtstags-*) mesa *f;* ◇ **die - aufheben** levantar la mesa; **täfeln** *vt* revestir de madera; **Tafelrunde** *f* tertulia *f;* ◇ **die Ritter der -** los caballeros de la mesa redonda

Tafelspitz *m* GASTR filete *m* de ternera

Taft *m* 〈-[e]s, -e〉 tafetán *m*

Tag *m* 〈-[e]s, -e〉 día *m;* ◇ **bei -** de día; ◇ **e-s -es** algún día; ◇ **die -e werden kürzer** los días se acortan; MIN ◇ **unter -** bajo tierra; ◇ **über -** a cielo abierto; ◇ **guten -!** ¡buenos días! *(nur pl);* **tagaus** *adv* cada día; ◇ **-, tagein** [*o.* **tagein, -**] día a día; **Tagdienst** *m* turno *m* de día; **Tagebau** *m* explotación *f* a cielo abierto; **Tagebuch** *n* diario *m;* **Tagegeld** *n* (*Krankenhaus-*) jornal *m;* **tagelang** *adv* días enteros; **Tagelöhner** *m* jornalero *m;* **tagen I.** *vi* ← *Parlament* reunirse, celebrar una sesión **II.** *vi unpers:* ◇ **es tagt** está amaneciendo; **Tagesablauf** *m* transcurso *m* del día; **Tagesanbruch** *m* amanecer *m;* **Tagesbefehl** *m* MIL orden *f* del día; **Tagescreme** *f* crema *f* de día; **Tagesdecke** *f* colcha *f;* **Tagesgericht** *n* plato *m* del día; **Tagesgespräch** *n* novedad *f* del día; **Tageskarte** *f* ↑ *Eintrittskarte* billete *m* válido para todo el día; ↑ *Speisekarte* carta *f* de los platos del día; **Tageskurs** *m* cotización *f* del día; **Tageslicht** *n* luz *f* del día; **Tageslichtprojektor** *m* proyector *m;* **Tagesmutter** *f* canguro *m;* **Tagesordnung** *f* orden *f* del día; **Tagesschau** *f* MEDIA telediario *m;* **Tageszeit** *f* hora *f* del día; **Tageszeitung** *f* diario *m;* **tageweise** *adv* por/al día; **täglich I.** *adj* diario, de cada día **II.** *adv* diari-

amente, todos los días; **tagsüber** *adv* por el día, durante el día; **tagtäglich** *adj* diario; **Tagtraum** *m* deseo *m,* sueño *m;* ◇ **e-n ~ haben** soñar con los ojos abiertos/soñar despierto
Tagung *f* congreso *m,* reunión *f*
Taifun *m* ‹-s, -e› tifón *m*
Taille *f* ‹-, -n› talle *m,* cintura *f;* ◇ **auf ~ gearbeitet** entallado; **Taillenweite** *f* medida *f* del talle; **tailliert** *adj* entallado
Takelage *f* ‹-, -n› NAUT jarcia *f*
Takt *m* ‹-[e]s, -e› [1] tacto *m,* delicadeza *f* [2] (MUS *~einheit*) compás *m* [3] (*Zeitmaß*) ◇ **im ~ marschieren** desfilar al compás; *FIG* ◇ **jd-n aus dem ~ bringen** desconcertar a alguien; **Taktfrequenz** *f* PC frecuencia *f* de reloj; **Taktgefühl** *n* [1] MUS sentido *m* del ritmo [2] *FIG* tacto *m*
taktieren *vi* proceder con táctica; **Taktik** *f* táctica *f;* **taktisch** *adj* táctico
taktlos *adj* poco delicado, sin tacto; **Taktlosigkeit** *f* falta *f* de tacto; (*Bemerkung*) indiscreción *f;* **Taktstock** *m* batuta *f;* **Taktstrich** *m* MUS barra *f* de compás; **taktvoll** *adj* delicado
Tal *n* ‹-[e]s, Täler› valle *m*
Talar *m* (*von Richter*) toga *f;* (*von Pfarrer*) sotana *f*
Talent *n* ‹-[e]s, -e› talento *m;* ◇ **junge ~e suchen** [*o.* **fördern**] buscar nuevos talentos; **talentiert** *adj* con talento, dotado
Taler *m* táler *m*
Talfahrt *f* descenso *m*
Talgdrüse *f* MED glándula *f* sebácea
Talisman *m* ‹-s, -e› talismán *m*
Talkmaster *m* ‹-s, -s› presentador *m;* **Talkshow** *f* ‹-, -s› programa *m* con entrevistas
Talmud *m* ‹-s› REL Talmud *m*
Talsohle *f* fondo *m* del valle; **Talsperre** *f* presa *f*
Tamburin *n* ‹-s, -e› pandereta *f,* pandero *m*
Tampon *m* ‹-s, -s› tampón *m*
Tand *m* ‹-s› chucherías *f/pl,* baratijas *f/pl*
Tandem *n* ‹-s, -s› tándem *m*
Tang *m* ‹-[e]s, -e› (*Meeres-*) alga *m* marina
Tanga *m* ‹-s, -s› (*Slipform*) tanga *f*
Tangente *f* ‹-, -n› [1] MATH tangente *f* [2] ↑ *Umgehungsstraße* circunvalación *f*
tangieren *vt* [1] tocar [2] *FIG* ↑ *beeindrucken, betreffen* afectar
Tango *m* ‹-s, -s› tango *m*
Tank *m* ‹-s, -s› [1] depósito *m,* cisterna *f;* (*Wasser-*) aljibe *m* [2] MIL tanque *m;* **tanken** *vt* AUTO echar gasolina; *FAM* ◇ **getankt haben** haber bebido como una cuba; **Tanker** *m* ‹-s, -› petrolero *m;* **Tankreinigung** *f* limpieza *f* del depósito; **Tankschiff** *n* petrolero *m;* **Tankstelle** *f* gasolinera *f;* **Tankwart(in** *f*) *m* ‹-s, -e› empleado/a de gasolinera
Tanne *f* ‹-, -n› abeto *m;* **Tannenbaum** *m* abeto *m;* **Tannenzapfen** *m* piña *f* de abeto
Tante *f* ‹-, -n› tía *f; FAM* ↑ *komische Frau* tía *f,* tipa *f*
Tanz *m* ‹-es, Tänze› baile *m;* **Tanzabend** *m* baile *m;* **tanzen** *vi* bailar; **Tänzer(in** *f*) *m* ‹-s, -› bailarín (-ina *f*) *m;* **Tanzfläche** *f* pista *f* de baile; **Tanzlehrer** *m* profesor *m* de baile; **Tanzmusik** *f* música *f* de baile; **Tanzstunde** *f* lección *f* de baile
Taoismus *m* taoismo *m*
Tape *n* ‹-s, -s› cinta *f*
Tapete *f* ‹-, -n› papel *m* pintado; **Tapetenwechsel** *m* [1] *Umfeld, FIG* cambio *m* de ambiente [2] (*Wohnung*) cambio *m* de piso; **tapezieren** *vt, vi* empapelar; **Tapezierer(in** *f*) *m* ‹-s, -› empapelador(a *f*) *m*
tapfer *adj* valiente, intrépido; **Tapferkeit** *f* valentía *f*
tappen *vi* ▷*barfuß* ir/andar a tientas; *FIG* ◇ **im dunkeln ~** dar palos de ciego
Tarantel *f* ‹-, -n› FAUNA tarántula *f; FAM* ◇ **wie von der ~ gestochen** (*erregt*) como loco; (*plötzlich*) de repente
Tarif *m* ‹-s, -e› tarifa *f;* **tariflich** *adj* según la tarifa; **Tariflohn** *m* salario *m* según la tarifa; **Tarifpartner** *m/pl* patronos *m/pl* y obreros; **Tarifvertrag** *m* convenio *m* colectivo
Tarnanzug *m* uniforme *m* de camuflaje; **tarnen** *vt* camuflar; → *Absicht* disimular; **Tarnfarbe** *f* colores *m/pl* de camuflaje; **Tarnkappe** *f* MYTH capa *f* [que hace invisible]; **Tarnung** *f* camuflaje *m*
Tasche *f* ‹-, -n› (*an Kleidung*) bolsillo *m;* (*Hand-*) bolso *m;* (*Einkaufs-*) bolsa *f; FAM* ◇ **jd-m auf der ~ liegen** vivir a expensas de alguien; **Taschenbuch** *n* libro *m* de bolsillo; **Taschendieb(in** *f*) *m* carterista *m/f;* **Taschengeld** *n* ↑ *Reise* dinero *m* para gastos; ▷*monatlich* paga *f;* **Taschenkrebs** *m* ermitaño *m;* **Taschenlampe** *f* linterna *f;* **Taschenmesser** *n* navaja *f;* **Taschenrechner** *m* calculadora *f* (de bolsillo); **Taschentuch** *n* pañuelo *m;* **Taschenuhr** *f* reloj *m* de bolsillo
Tasse *f* ‹-, -n› taza *f; FAM* ◇ **nicht alle ~n im Schrank haben** estar mal de la cabeza
Tastatur *f* teclado *m*
tastbar *adj* ▷*Beule* palpable
Taste *f* ‹-, -n› *a.* PC tecla *f*
tasten I. *vi* tocar (*nach* algo) **II.** *vt* MED palpar **III.** *vr* ◇ **sich ~** tocarse, palparse; **Tastentelefon** *n* teléfono *m* de teclado; **Tastsinn** *m* sentido *m* del tacto

tat *impf von* **tun**

Tat *f* ‹-, -en› ↑ *Handlung* hecho *m*, acto *m;* ↑ *Verbrechen* crimen *m;* ◇ **auf frischer ~ ertappen** coger con las manos en la masa; ◇ **in der ~** realmente, efectivamente; **Tatbestand** *m* JURA hechos *m/pl;* **Tatbestandsaufnahme** *f* instrucción *f* del sumario; **Tatendrang** *m* dinamismo *m*, espíritu *m* emprendedor; **tatenlos** *adj:* ◇ **~ zusehen** mirar sin hacer nada

Täter(in *f*) *m* ‹-s, -› autor(a *f*) *m;* **Täterschaft** *f* autoría *f*

tätig *adj* ▷*Mensch* activo; ▷*Mitarbeit* eficaz; ◇ **~ werden** empezar a hacer algo; ◇ **in e-r Firma ~ sein** estar empleado en una empresa; **Tätigkeit** *f* [1] (*Menschen*) actividad *f;* ◇ **e-r geregelten ~ nachgehen** tener un trabajo regular [2] (*von Maschine*) funcionamiento *m;* **tatkräftig** *adj* ▷*Unterstützung* enérgico, activo

tätlich *adj* ▷*Auseinandersetzung*: ◇ **~ werden** llegar a las manos; **Tätlichkeiten** *f/pl* actos *m/pl* violentos

Tatort *m* lugar *m* del suceso

tätowieren *vt* tatuar; **Tätowierung** *f* tatuaje *m*

Tatsache *f* ↑ *Faktum* hecho *m;* ↑ *Realität* realidad *f;* ◇ **jd-n vor vollendete ~n stellen** poner a alguien ante un hecho consumado; (*bei Aussage*) ◇ **den ~n entsprechend** correspondiente al hecho; **tatsächlich I.** *adj* real, verdadero, auténtico **II.** *adv* ↑ *in Wirklichkeit* realmente, en efecto

tätscheln *vt* dar palmaditas

Tatterich *m* ‹-s› *FAM* temblor *m*

Tatverdacht *m* sospecha *f;* ◇ **unter ~ stehen** estar bajo sospecha

Tatze *f* ‹-, -n› zarpa *f*

Tau [1] *m* ‹-[e]s› (*Morgen~*) rocío *m*

Tau [2] *n* ‹-[e]s, -e› ↑ *dickes Seil* soga *f*

taub *adj* [1] sordo; *FAM* ◇ **sich ~ stellen** hacerse el sordo [2] (*Körperglied*) entumecido [3] ▷*Nuß* vacío, hueco

Taube *f* ‹-, -n› paloma *f;* **Taubenschlag** *m* palomar *m; FIG* ◇ **wie im ~** como en un manicomio

Taubheit *f* sordera *f;* (*der Glieder*) entumecimiento *m;* **taubstumm** *adj* sordomudo

tauchen I. *vi* bucear; NAUT sumergirse **II.** *vt* sumergir (*unter/in akk* en); **Taucher(in** *f*) *m* ‹-s, -› buceador(a *f*) *m;* **Taucheranzug** *m* escafandra *f;* **Tauch[er]maske** *f* máscara *f* de submarinismo; **Tauchsieder** *m* ‹-s, -› calentador *m* de inmersión; **Tauchstation** *f* NAUT estación *f* submarina; *FIG* ◇ **auf ~ gehen** esfumarse a un sito

tauen I. *vi* ▷*Schnee* deshelarse, derretirse **II.** *vi impers:* ◇ **es taut** hay deshielo

Taufbecken *n* pila *f* bautismal; **Taufe** *f* ‹-, -n› bautismo *m;* (*Akt*) bautizo *m;* **taufen** *vt* bautizar; ◇ **ein Schiff auf den Namen … ~** bautizar un barco con el nombre de; **Taufname** *m* nobre *m* de pila; **Taufpate** *m* padrino *m* (de bautismo); **Taufpatin** *f* madrina *f* (de bautismo); **Taufschein** *m* partida *f* de bautismo

taugen *vi:* ◇ **~ für** [*o.* **zu**] valer/servir/ser bueno para; ◇ **nichts ~** no valer nada; **Taugenichts** *m* ‹-, -e› (*Mensch*) inútil *m;* **tauglich** *adj* útil, idóneo, bueno; MIL apto

taumeln *vi* ↑ *schwanken* tambalearse, dar tumbos; ◇ **~ vor Müdigkeit** marearse de agotamiento

Tausch *m* ‹-[e]s, -e› cambio *m*, canje *m;* **tauschen** *vt, vi* → *Briefmarken* cambiar; ◇ **mit jd-m Blicke ~** intercambiar miradas [con alguien]

täuschen I. *vt, vi* engañar, embaucar **II.** *vr* ◇ **sich ~** engañarse; equivocarse; **täuschend** *adj* engañoso; ◇ **jd-m ~ ähnlich sein** [*o.* **sehen**] parecerse muchísimo a alguien

Tauschhandel *m* comercio *m* de cambio

Täuschung *f* engaño *m;* ▷*optisch* ilusión *f*

tausend *nr* mil; **Tausendfüß[l]er** *m* ‹-s, -› ciempiés *m*

Tauwerk *n* jarcias *f/pl*

Tauwetter *n* deshielo *m*

Tauziehen *n* ‹-s› *FIG* ↑ *zähes Ringen*: ◇ **~ um e-e Entscheidung** tira *m* y afloja en una decisión

Taxameter *n* taxímetro *m*

Taxe [1] *f* ‹-, -n› (*Gebühr, Abgabe, Kur~*) tasa *f*, cuota *f*

Taxe [2] *f* ‹-, -n› taxi *m;* **Taxi** *n* ‹-[s], -[s]› taxi *m*

taxieren *vt* [1] → *Mensch* evaluar [2] → *Gegenstand* tasar, evaluar, estimar

Taxifahrer(in *f*) *m* taxista *m/f;* **Taxistand** *m* parada *f* de taxis

Tb, Tbc *f Abk v.* **Tuberkulose**

Teakholz *n* teca *f*

Team *n* ‹-s, -s› equipo *m;* **Teamwork** *n* ‹-s› trabajo *m* en equipo

Technik *f* [1] técnica *f* [2] ↑ *Technologie* tecnología *f* [3] ↑ *Methode, Verfahren* método *m;* **Techniker(in** *f*) *m* ‹-s, -› técnico *m/f;* **technisch** *adj* técnico; **Technologie** *f* tecnología *f;* **Technologiepark** *m* parque *m* tecnológico; **Technologietransfer** *m* ‹-s, -s› transferencia *f* tecnológica; **technologisch** *adj* tecnológico

Teddy, Teddybär *m* oso *m* de peluche

Tedeum *n* ‹-s, -s› MUS Tedeum *m*, cántico *m* religioso

TEE *m* ⟨-s, -s⟩ *s.* **Trans-Europa-Express** BAHN Expreso *m* Transeuropeo

Tee *m* ⟨-s, -s⟩ ▷*schwarz* té *m;* (*Kamillen-*) manzanilla *f;* (*Kräuter-*) infusión *f;* ◇ **jd-n zum ~ einladen** invitar a alguien a tomar té; **Teekanne** *f* tetera *f;* **Teekessel** *m* tetera *f;* **Teelicht** *n* vela *f* *(que se pone en el hornillo para mantener caliente té o café);* **Teelöffel** *m* cucharilla *f* [de té]

Teenager *m* ⟨-s, -⟩ teenager *m,* joven *m/f*

Teer *m* ⟨-[e]s, -e⟩ alquitrán *m,* brea *f;* **teeren** *vt* → *Straße* alquitranar

Teerose *f* rosa *f* de té

Teeservice *n* servicio/juego *m* de té; **Teesieb** *n* colador *m* de té; **Teetasse** *f* taza *f* de té; **Teewagen** *m* carrito *m* de té

Teflon ® *n* ⟨-s⟩ teflón *m*

Teich *m* ⟨-[e]s, -e⟩ estanque *m*

Teig *m* ⟨-[e]s, -e⟩ (*Brot-*) masa *f,* pasta *f;* **teigig** *adj* ① ▷*Kuchen* pastoso ② ▷*Obst* pasado; **Teigwaren** *f/pl* pastas *f/pl*

Teil *m o n* ⟨-[e]s, -e⟩ ① (*Körper-*) parte *f;* ↑ *Stück* trozo *m,* pedazo *m* ② (*Ersatz-*) pieza *f;* ◇ **zum ~** en parte ③ JURA ↑ *Partei* parte *f;* **teilbar** *adj* divisible; **Teilbereich** *m* sector *m;* **Teilbetrag** *m* suma *f* parcial; **Teilchen** *n* parte *f* pequeña; (*Gebäckart*) pastel *m;* **teilen I.** *vti* ① ↑ *zerschneiden* dividir, partir ② ↑ *abgeben* repartir ③ ↑ *gemeinsam bewohnen* compartir (*mit* con) ④ (*gleicher Meinung sein*) ◇ **jd-s Meinung ~** ser de la mismo opinión que alguien ⑤ MATH dividir (*durch* por) **II.** *vr* ◇ **sich ~** ① dividirse ② ← *Weg, Vorhang* ← *Personen* separarse ③ ◇ **sich** *dat* **die Arbeit ~** dividirse el trabajo; **Teiler** *m* MATH divisor *m;* **teilhaben** *unreg vi* tener parte (*an dat* en); **Teilhaber(in** *f*) *m* ⟨-s, -⟩ socio/a; **Teilkaskoversicherung** *f* AUTO seguro *m* parcial de casco; **Teilmenge** *f* MATH subconjunto *m;* **Teilnahme** *f* ⟨-⟩ → *Seminar* participación *f* (*an dat* en); ↑ *Interesse* interés *m;* ↑ *Mitgefühl* compasión *f;* ◇ **jd-m seine aufrichtige ~ aussprechen** dar el más sentido pésame a alguien; **teilnahmslos** *adj* apático, indiferente; **teilnehmen** *unreg vi* tomar parte, participar (*an dat* en); estar presente en, asistir a; **Teilnehmer(in** *f*) *m* ⟨-s, -⟩ ① (*Kurs-*) asistente *m/f* ② (*Rundfunk-*) participante *m/f* (*an dat* en)

teils *adv* (*größten-, eines-*) en parte; ◇ **~ heiter, ~ wolkig** despejado y nublado a rachas

Teilung *f* BIOL MATH división *f;* **Teilungsartikel** *m* artículo *m* partitivo; **teilweise** *adv* parcial; **Teilzahlung** *f* pago *m* a plazos; **teilzeitbeschäftigt** *adj* empleado en jornada parcial; **Teilzeitbeschäftigung** *f* empleo *m* parcial

Teint *m* ⟨-s, -s⟩ tez *f*

Telefax *n* ⟨-es, -e⟩ telefax *m;* **telefaxen** *vt* mandar un telefax; **Telefaxgerät** *n* fax *m*

Telefon *n* ⟨-s, -e⟩ teléfono *m;* **Telefonanruf** *m* llamada *f* [de teléfono]; **Telefonat** *n* ▷*führen, tätigen* llamada *f* [de teléfono]; **Telefonbuch** *n* guía *f* telefónica, listín *m* de teléfonos; **telefonieren** *vi* llamar por teléfono (*mit* con), telefonear; **telefonisch** *adj* telefónico; **Telefonist(in** *f*) *m* telefonista *m/f,* operador(a *f*) *m;* **Telefonkarte** *f* tarjeta *f* de teléfono; **Telefonnummer** *f* número *m* de teléfono; **Telefonseelsorge** *f* teléfono *m* de la esperanza; **Telefonverbindung** *f* comunicación *f* telefónica; **Telefonzelle** *f* cabina *f* telefónica; **Telefonzentrale** *f* central *f* telefónica

Telegraf *m* ⟨-en, -en⟩ telégrafo *m;* **telegraphisch** *adj* telegráfico; **Telegrafenleitung** *f* línea *f* telegráfica; **Telegrafenmast** *m* poste *m* de telégrafos; **telegrafieren** *vti* telegrafiar; **telegrafisch** *adj* telegráfico

Telegramm *n* ⟨-s, -e⟩ telegrama *m;* **Telegrammadresse** *f* dirección *f* telegráfica; **Telegrammbote** *m* repartidor *m* de telegramas

Telekinese *f* ⟨-⟩ (*Okkultismus*) telecinesia *f*

Telekolleg *n estudio a distancia*

Teleobjektiv *n* FOTO teleobjetivo *m*

Telepathie *f* telepatía *f;* **telepathisch** *adj* telepático

Teleskop *n* ⟨-s, -e⟩ telescopio *m*

Telespiel *n* juego *m* de ordenador

Telex *n* ⟨-es, -e⟩ telex *m*

Teller *m* ⟨-s, -⟩ plato *m*

Tempel *m* ⟨-s, -⟩ templo *m*

Temperament *n* ↑ *Lebhaftigkeit* temperamento *m;* ↑ *Charakter* carácter *m;* **temperamentlos** *adj* sin temperamento, soso; **temperamentvoll** *adj* temperamental, de mucho genio

Temperatur *f* temperatura *f;* ◇ **~ haben** tener décimas; **Temperaturangabe** *f* indicación *f* de la temperatura

temperieren templar

Tempo ¹ *n* ⟨-s, -s⟩ velocidad *f;* ◇ **im Schneckenfahren** ir a paso de trotuga; ◇ **~, ~!** \-venga, más rápido!

Tempo ² *n* ⟨-, Tempi⟩ MUS tiempo *m*

Tempo ³ ® *n Abk v.* **Tempotaschentuch**

Tempolimit *n* ⟨-s, -s⟩ límite *m* de velocidad

temporal *adj* temporal, de tiempo

Tempotaschentuch ® *n* Kleenex *m*

temporär *adj* temporal; provisional

Tempus *n* ⟨-, Tempora⟩ GRAM tiempo *m*

Tendenz *f* tendencia *f,* propensión *f;* **tendieren** *vi* tender, tener tendencia, ser propenso a (*zu* a); **tendenziös** *adj* tendencioso, subjetivo

Tenne *f* era *f*

Tennis *n* ‹-› tenis *m;* **Tennisplatz** *m* pista *f* de tenis; **Tennisschläger** *m* raqueta *f;* **Tennisspieler(in** *f*) *m* tenista *m/f,* jugador (a *f*) *m* de tenis

Tenor *m* ‹-s, Tenöre› MUS tenor *m*

Teppich *m* ‹-s, -e› alfombra *f;* **Teppichboden** *m* moqueta *f*

Termin *m* ‹-s, -e› [1] ↑ *Zeitpunkt* plazo *m* [2] (*Arzt-*) hora *f* [3] (*Lokal-*) citación *f* [4] ↑ *Datum* vista *f*

Terminal *n* ‹-s, -s› AERO PC terminal *f*

terminieren *vt* determinar, fijar una fecha; **Terminkalender** *m* agenda *f*

Terminologie *f* terminología *f;* **Terminus [technicus]** *m* término *m* técnico

Termite *n* ‹-, -n› termita *f*

Terpentin *n* ‹-s, -e› (*-öl*) aguarrás *m*

Terrakotta *f* terracota *f*

Terrasse *f* ‹-, -n› [1] (*bei Gelände, vor Haus*) terraza *f* [2] (*Dach-*) azotea *f;* **Terrassenwohnung** *f* piso *m* en la azotea

Terrine *f* sopera *f*

Territorium *n* territorio *m*

Terror *m* ‹-s› terror *m;* **Terroranschlag** *m* acción *f* terrorista; **terrorisieren** *vt* aterrorizar; **Terrorismus** *m* terrorismo *m;* **Terrorist(in** *f*) *m* terrorista *m/f*

Terzett *n* ‹-s, -e› terceto *m,* trío *m*

Tesafilm® *m* ‹-s› celo *m*

Test *m* ‹-s, -s› (*Alkohol-*) prueba *f,* test *m;* SCH test *m,* control *m*

Testament *n* testamento *m;* **Testamentsvollstrecker(in** *f*) *m* ‹-s, -› albacea *m*

Testat *n* ‹-s, -e› certificado *m*

Testbild *n* MEDIA carta *f* de ajuste; **testen** *vt* [1] → *Gegenstand* probar [2] → *Person* examinar

testieren *vt* ↑ *bescheinigen, bestätigen* hacer un certificado

Tetanus *m* ‹-› MED tétano(s) *m;* **Tetanusimpfung** *f* vacuna *f* antitetánica

teuer teure[r, s] *adj* [1] ▷*Preis* caro [2] ↑ *wertvoll* valioso [3] ↑ *geschätzt* estimado; **Teuerung** *f* carestía *f;* **Teuerungszulage** *f* aumento *m* por carestía

Teufel *m* ‹-s, -› demonio *m,* diablo *m; FAM* ◇ **pfui -!** ¡qué diablos!; ◇ **geh zum -!** ¡vete al diablo!, ¡vete al cuerno!; *FAM* ◇ **der - ist los** estar fuera de su juicio, hay un gran lío aquí; *FAM* ◇ **den - nicht an die Wand malen** no tentar al destino; **Teufelsaustreibung** *f* exorcismo *m,* sortilegio *m;* **teuflisch** *adj* diabólico, endiablado, demoníaco

Text *m* ‹-[e]s, -e› (*Vertrags-, Bibel-*) texto *m; FIG* ◇ **jd-n aus dem - bringen** hacer perder el hilo a alguien; **texten** *vi* construir un texto

textil *adj* textil; **Textilien** *f/pl* tejidos *m/pl;* **Textilindustrie** *f* industria *f* textil; **Textilwaren** *pl* tejidos *m//pl*

Textsystem *n* PC sistema *m* de tratamiento de textos

Textverarbeitung *f* PC tratamiento *m* de textos; **Textverarbeitungsprogramm** *n* PC programa *m* para el procesamiento de textos

Thailand *n* Thailandia *f*

Theater *n* ‹-s, -› [1] (*Gebäude*) teatro *m* [2] (*Vorstellung*) representación *f* teatral, función *f* [3] *FIG* ↑ *Szene* ↑ *Aufregung* escena *f;* ↑ *Umstände* agobio *m;* ◇ **- spielen** *FIG* hacer teatro; **Theaterbesucher(in** *f*) *m* espectador(a *f*) *m;* **Theaterkasse** *f* taquilla *f* [de teatro]; **Theaterstück** *n* obra *f* de teatro; **theatralisch** *adj* teatral

Theke *f* ‹-, -n› [1] (*Laden-*) mostrador *m* [2] (*Lokal*) barra *f*

Thema *n* ‹-s, Themen› tema *m;* ◇ **kein - sein** no tener importancia, no valer la pena hablar de esto

Theologe *m* ‹-n, -n› teólogo *m;* **Theologie** *f* teología *f;* **Theologin** *f* teóloga *f;* **theologisch** *adj* teológico

Theoretiker(in *f*) *m* ‹-s, -› [1] teórico/a [2] *PEJ* doctrinario/a; **theoretisch** *adj* teórico; **Theorie** *f* teoría *f*

Therapeut(in *f*) *m* ‹-en, -en› terapeuta *m/f;* **therapeutisch** *adj* terapéutico; **Therapie** *f* terapia *f*

Thermalbad *n* [1] baño *m* termal [2] (*Badeort*) estación *f* termal; **Thermen** *pl* termas *f/pl,* caldas *f/pl*

Thermik *f* AERO térmica *f;* **Thermodrucker** *m* impresor *m* térmico; **Thermohose** *f* pantalones *m/pl* de esquí; **Thermometer** *n* ‹-s, -› termómetro *m;* **Thermosflasche** *f* termo *m;* **Thermostat** *m* ‹-[e]s *o.* -en, -en› termostato *m*

These *f* ‹-, -n› tesis *f*

Thorax *m* ‹-, -e› ANAT tórax *m*

Thrombose *f* ‹-, -n› MED trombosis *f*

Thron *m* ‹-[e]s, -e› trono *m;* **Thronbesteigung** *f* subida *f* al trono, advenimiento *m;* **thronen** *vi* reinar, ocupar el trono; **Thronfolge** *f* sucesión *f* al trono

Thunfisch *m* atún *m*

Thymian *m* ‹-s, -e› tomillo *m*

Tiara *f* ‹-, Tiaren› REL tiara *f*

Tick *m* ‹-[e]s, -s› [1] tic *m* [2] ↑ *Spleen* capricho *m*

ticken *vi* [1] ← *Uhr* hacer tic tac [2] ← *Fernschrei-*

ber telerregistrar; *FAM* ◇ **bei dir tickt's nicht richtig!** ¡estás tocado de la cabeza!

Ticket *n* ① ↑ *Eintrittskarte* ticket *m*, entrada *f* ② (*Flug~*) billete *m*

Tiebreak *m* ‹-s, -s› SPORT tiebreak *m*

tief *adj* ① ▷*Loch* hondo; ▷*Schlucht, Wunde* ▷*Wald* profundo ② ▷*Temperaturen* bajo ③ ▷*Winter* pleno ④ ▷*Stimme, Ton* grave ⑤ ↑ *intensiv, kräftig* (*bei Farben*) intenso, subido ⑥ *FIG* ↑ *sehr fest, groß* grande ⑦ ▷*Schlaf* pesado, profundo ⑧ *FIG* ◇ **das läßt ~ blicken** eso dice mucho, eso muestra claramente; **Tief** *n* ‹-s, -s› METEO área *m* de baja presión; **Tiefdruck** *n* (METEO *~gebiet*) aire *m* de baja presión, zona *f* de depresión barométrica; **Tiefe** *f* ‹-, -n› ① profundidad *f*; ↑ *Meeresgrund* fondo *m* del mar ② (*~der Stimme*) gravedad *f*; **Tiefebene** *f* llanura *f*; **Tiefenpsychologie** *f* [p]sicología *f* profunda; **Tiefenrausch** *m* borrachera *f* de las profundidades; **Tiefenschärfe** *f* FOTO profundidad *f* de campo; **tiefernst** *adj* solemne, muy grave; **Tiefflugangriff** *m* ataque *m* aéreo de baja altitud; **Tiefgang** *m* ‹-s› calado *m*; **Tiefgarage** *f* garaje *m* subterráneo; **tiefgefroren**, **tiefgekühlt** *adj* congelado; **tiefgreifend** *adj* ▷*Änderungen* profundo, intenso; **Tiefkühlfach** *n* congelador *m*, refrigerador *m*; **Tiefkühlkost** *f* alimentos *m/pl* congelados; **Tiefkühltruhe** *f* congelador *m*; **Tiefland** *n* Tierra *f* Baja; **Tiefpunkt** *m* punto *m* más bajo; **Tiefschlag** *m* *beim Boxen, auch FIG* golpe *m* bajo; **tiefschürfend** *adj* profundo, su(b)stancial; **Tiefsee** *f* mar *m* profundo; **Tiefseetauchen** *n* submarinismo *m* de profundidad; **tiefsinnig** *adj* ▷*Bemerkung* profundo, perspicaz, sagaz; **Tiefstand** *m* depresión *f*; **tiefstapeln** *vi FAM* quedarse corto

Tiegel *m* ‹-s, -› crisol *m*

Tier *n* ‹-[e]s, -e› animal *m*; **Tierarzt** *m*, **Tierärztin** *f* veterinario/a; **Tierbändiger** *m* domador *m*; **Tiergarten** *m* (parque *m*) zoológico; **tierisch** *adj* ① animal ② *FIG* ↑ *roh* brutal, bestial; *FAM* ◇ **~ ernst** de verdad, en serio, muy serio; *FAM* ↑ *sehr* muchísimo; **Tierkreis** *m* ASTROL zodíaco *m*; **Tierkreiszeichen** *n* signos *m/pl* del zodíaco; **Tierkunde** *f* zoología *f*; **tierliebend** *adj* amante de los animales; **Tierpark** *m* (parque) *m* zoológico; **Tierquälerei** *f* maltrato *m* de animales; **Tierreich** *n* reino *m* animal; **Tierschützer(in** *f*) *m* ‹-s, -› protector (a *f*) *m* de animales; **Tierschutzverein** *m* Sociedad *f* Protectora de Animales; **Tierversuch** *m* experimento *m* con animales

Tiger(in *f*) *m* ‹-s, -› tigre(-esa *f*) *m*

tilgen *vt* ① → *Schulden* pagar, saldar, liquidar ② → *Sünden* expiar ③ → *Spuren, Erinnerung* borrar; **Tilgung** *f* ① (*von Schulden*) pago *m*, liquidación *f* ② (*im Handelsregister*) cancelación *f*

Timing *n* ‹-s› ▷*gutes, schlechtes* sincronización *f*

Tinktur *f* tintura *f*

Tinte *f* ‹-, -n› tinta *f*; (*FAM in Schwierigkeiten sein*) ◇ **in der ~ sitzen** estar en apuros; **Tintenfaß** *n* tintero *m*; **Tintenfisch** *m* calamar *m*; **Tintenpatrone** *f* cartucho *m* de tinta; **Tintenstrahldrucker** *m* impresora *f* con chorro de tinta

Tip *m* ‹-s, -s› indicación *f*, sugerencia *f*

tippen I. *vt* (*mit Schreibmaschine*) → *Text* escribir a máquina; escribir en el ordenador **II.** *vi* ① ↑ *leicht berühren* tocar con las puntas de los dedos (*an akk o dat* algo) ② ↑ *raten* adivinar, acertar; ↑ *vermuten* suponer (*auf akk* algo) ③ ↑ *spielen* jugar [a la lotería], apostar; **Tippfehler** *m* error *m* de máquina; **Tippse** *f* ‹-, -n› *PEJ FAM* secretaria *f*

tipptopp *adj* (*FAM nur präd./adv.*) muy elegante; ◇ **~ ordentlich** [*o.* **sauber**] impecable, limpísimo

Tippzettel *m* boleto *m*

Tirol *n* ‹-s› el Tirol; **Tiroler(in** *f*) *m* ‹-s, -› tirolés(-esa *f*) *m*

Tisch *m* ‹-[e]s, -e› mesa *f*; (*Schreib~*) escritorio *m*; ◇ **bei** [*o.* **zu**] **~** a la mesa; ◇ **nach ~** después de la comida; *FIG* ◇ **reinen ~ machen** hacer tabla rasa, solucionar los problemas pendientes; (*FAM betrügen*) ◇ **jd-n über den ~ ziehen** dar a alguien gato por liebre, engañar; (*FIG etw unbeachtet lassen*) ◇ **etw unter den ~ fallen lassen** pasar algo por alto; (*FAM erledigt, bereinigt*) ◇ **vom ~ sein** estar arreglado; **Tischdecke** *f* mantel *m*; **tischfertig** *adj* ▷*Speise* listo para comer; **Tischfußball** *n* futbolín *m*; **Tischgast** *m* convidado *m*

Tischler(in *f*) *m* ‹-s, -› carpintero *m*; (*Kunst~*) ebanista *m*; **Tischlerei** *f* carpintería *f*, ebanistería *f*; **tischlern** *vi* trabajar de carpintero

Tischnachbar(in *f*) *m* compañero *m*; **Tischrechner** *m* calculadora *f* [de mesa]; **Tischrede** *f* discurso *m* pronunciado en un banquete; **Tischtennis** *n* ping-pong *m*; **Tischtuch** *n* mantel *m*

Titan [1] *n* ‹-s› CHEM titanio *m*

Titan [2] *m* ‹-s, -en› MYTH *FIG* ↑ *Riese*, *FIG* titán *m*

Titel *m* ‹-s, -› (*Buch~, Doktor~*) título *m*; **Titelanwärter(in** *f*) *m* SPORT aspirante *m/f* al título; **Titelblatt**, **Titelbild** *n* portada *f*; **Titelrolle** *f* papel *m* principal/ de protagonista; **Titelseite** *f*

portada *f*, primera plana *f;* **Titelverteidiger(in *f*)** *m* SPORT defensor(a *f*) *m* del título

Toast *m* ‹-[e]s, -s *o.* -e› [1] (*~brot*) tostada *f* [2] ↑ *Trinkspruch* brindis *m;* **Toastbrot** *n* pan *m* de molde; **Toaster** *m* ‹-s, -› tostador *m*

toben *vi* [1] ↑ *in Rage sein* enfurecerse, enojarse [2] ← *Kinder* alborotar [3] ← *Sturm* desencadenarse [4] ← *Meer* enfurecerse, agitarse; ◇ **vor Wut** ~ estar furioso; **Tobsucht** *f* rabia *f*, furia *f*, frenesí *m*, delirio *m;* **tobsüchtig** *adj* rabioso, frenético, delirante, loco; **Tobsuchtsanfall** *m* acceso *m* de rabia

Tochter *f* ‹-, Töchter› hija *f*

Tod *m* ‹-[e]s, -e› muerte *f;* ◇ **e-s gewaltsamen ~es sterben** morir de una muerte violenta; ◇ **jd-n zum ~e verurteilen** sentenciar/condenar a alguien a muerte; (*Trauformel*) ◇ **bis daß der ~ euch scheide** hasta que la muerte os separe; *FAM* ◇ **jdn/etw auf den ~ nicht leiden können** tener a alguien/algo un odio mortal; **todernst** *adj* muy serio; **Todesangst** *f* [1] angustia *f* mortal [2] *FIG* miedo *m* a la muerte; **Todesanzeige** *f* esquela *f* de defunción; **Todesfall** *m* muerte *f*, defunción *f;* **Todeskampf** *m* agonía *f*, lucha *f* con la muerte; **Todesstrafe** *f* pena *f* capital/de muerte; **Todesursache** *f* causa *f* de la muerte; **Todesurteil** *n* sentencia *f* de muerte; **Todesverachtung** *f* desprecio *m* de la muerte; *FAM* ◇ **etw mit ~ tun** hacer algo desdeñando la muerte; **todkrank** *adj* enfermo de muerte, moribundo; **tödlich** *adj* mortal, fatal; *FIG* ◇ **mit ~er Sicherheit** con absoluta seguridad; **todmüde** *adj FAM* muerto de cansancio, molido, machacado; **todschick** *adj FAM* ▷*Kleid* muy elegante; **todsicher** *adj FAM* segurísimo; **Todsünde** *f* pecado *m* mortal

Toilette *f* ↑ *WC, Klosett* servicio *m*, cuatro *m* de baño, lavabos *m/pl;* **Toilettenartikel** *m/pl* artículos *m/pl* cosméticos; **Toilettenpapier** *n* papel *m* higiénico; **Toilettentisch** *m* tocador *m*

toi *interj:* ◇ **toi, toi, toi!** ¡much[ísim]a suerte!

tolerant *adj* tolerante, indulgente, condescendiente; **Toleranz** *f* ‹-› tolerancia *f*, indulgencia *f*, condescendencia *f;* **tolerieren** *vt* tolerar, condescender

toll *adj* [1] *FAM* ↑ *begeisternd, aufregend* genial, magnífico, alucinante, increíble; *FAM* ↑ *schlimm* ◇ **es kommt noch ~er** ya vendrá lo peor [2] ↑ *wahnsinnig* loco, demente

tollen *vi* ← *Kinder* alborotar, hacer diabluras

Tollkirsche *f* belladona *f*

tollkühn *adj* arriesgado, temerario. audaz, atrevido, osado

Tollwut *f* rabia *f;* **toll[wütig]** *adj* rabioso

Tolpatsch *m* ‹-[e]s, -e› torpe *m;* **tölpelhaft** *adj* ↑ *einfältig* ▷*Benehmen, Auftreten* torpe; ↑ *bäurisch* rústico

Tomate *f* ‹-, -n› tomate *m;* (*FAM nichts erkennen*) ◇ **~n auf den Augen haben** no ver lo que se tiene delante; **Tomatenmark** *n* tomate *m* hecho

Tombola *f* ‹-, -s *o.* Tombolen› tómbola *f*

Tomographie *f* MED (*Computer~*) tomografía *f*

Ton [1] *m* ‹-[e]s, Töne› [1] ↑ *Laut* tono *m*, sonido *m;* (*Summ~*) zumbido *m;* (*Pfeif~*) silbido *m* [2] ↑ *Umgangston* ▷*rauh, kollegial* tono *m; FIG* ◇ **sich im ~ vergreifen** pasarse de tono [3] ↑ *Betonung* intensidad *f;* ↑ *Akzent* acento *m* [4] MUS tono *f;* ↑ *Klangfarbe* timbre *m;* ◇ **den ~ angeben** entonar *FIG* predominar [5] ↑ *Farbton* tono *m*

Ton [2] *m* ‹-s, -e› (*Erde*) arcilla *f;* (*~waren*) cerámica *f*

Tonabnehmer *m* pick-up *m;* **tonangebend** *adj* dominante, predominante, determinante, decisivo; **Tonart** *f* tono *m*, tonalidad *f;* **Tonband** *n* cinta *f* magnetofónica; **Tonbandgerät** *n* magnetófono *m*, magnetofón *m;* **tönen I.** *vi* ← *Glocke* sonar; *FAM* ↑ *prahlen* fanfarronear **II.** *vt* matizar; → *Haare* dar reflejos

tönern *adj* de barro, de arcilla; *FIG* ◇ **auf ~en Füßen stehen** no tener base firme

Tonfall *m* ‹-s› tono *m*, entonación *f*, cadencia *f;* **Tonfilm** *m* cine *m* sonoro; **Tonfilmprojektor** *m* proyector *m* de cine sonoro

Tonic, Tonicwater *n* ‹-s, -s› tónica *f*

Tonika *f* ‹-, Toniken› MUS tónica *f*

Toningenieur *m* ingeniero *m* de sonido; **Tonleiter** *f* MUS escala *f*

Tonne *f* ‹-, -n› [1] (*Gefäßart*) ↑ *Faß* tonel *m*, barril *m;* (*Müll~*) cubo *m; FAM* ↑ *dicke Frau* vaca *f*, tonel *m* [2] (*Gewichtseinheit*) tonelada *f;* **Tonnengehalt** *m* tonelaje *m*

Tonreportage *f* reportaje *m* sonoro; **Tonschnitt** *m* montaje *m* sonoro; **Tonsilbe** *f* sílaba *f* tónica/acentuada

Tonsilitis *f* ‹-, Tonsilitiden› MED amigdalitis *f*

Tonspur *f* pista *f* sonora

Tonstärke *f* intensidad *f*

Tonsur *f* tonsura *f*

Tontaube *f* SPORT plato *m* de tiro; **Tontaubenschießen** *n* SPORT tiro *m* al plato

Tonwaren *f/pl* cerámica *f*

Tönung *f* [1] (*Farb~*) matiz *m* [2] (*Haar~*) coloración *f*

Tonwagen *m* car de radio-reportage

Topangebot *n* ‹-s, -s› oferta *f* exclusiva

Topas *m* ‹-es, -e› MIN topacio *m*

Topf *m* ‹-[e]s, Töpfe› [1] (*Koch~*) olla *f*, cazuela *f*; *FIG* ◇ **alle[s] in e-n ~ werfen** generalizar [2] (*Blumen~*) tiesto *m*, maceta *f* [3] ↑ *Nacht~* orinal *m*; **Topfblume** *f* planta *f* de maceta

Töpfer(in *f*) *m* ‹-s, -› alfarero/a; **Töpferei** *f* alfarería *f*; **töpfern I.** *adj* ▷*Gefäß, Vase* de cerámica **II.** *vi* trabajar el barro; **Töpferscheibe** *f* torno *m* de alfarero

topfit *adj* muy bien

Topflappen *m* manopla *f*

Topographie *f* topografía *f*; **topographisch** *adj* topográfico

topp *interj* (*abgemacht!*) ¡está bien!, ¡hecho!; (*einverstanden!*) ¡de acuerdo!

Tor [1] *n* ‹-[e]s, -e› ↑ *Tür, Einfahrt* puerta *f*; (SPORT *beim Slalom*) meta *f*; (*Fußball~*) gol *m*

Tor [2] *m* ↑ *Narr* loco *m*, insensato *m*

Torbogen *m* arco *m*

Torero *m* ‹-s, -s› torero *m*

Torf *m* ‹-[e]s› turba *f*

Torheit *f* locura *f*, insensatez *f*; **töricht** *adj* insensato, loco, necio; **Törin** *f* ↑ *Närrin* loca *f*, necia *f*, insensata *f*

torkeln *vi* ← *Betrunkener* andar haciendo eses

Tormann *m* SPORT portero *m*

Tornado *m* ‹-s, -s› tornado *m*, huracán *m*, ciclón *m*

torpedieren torpedear; **Torpedo** *m* ‹-s, -s› torpedo *m*

Torschlußpanik *f FIG* miedo *m* a quedarse a las puertas de algo

Torschuß *m* gol *m*, tiro *m* a la meta; **Torschütze** *m* marqueador *m*, tanteador *m*

Torte *f* ‹-, -n› (*Sahne~*) tarta *f*; (*Obst~*) pastel *m*; **Tortenboden** *m* base *f* de la tarta/del pastel; **Tortenheber** *m* paleta *f* para tartas/pasteles

Tortur *f* ↑ *Folter* tortura *f*; *FIG* ↑ *Qual* tormento *m*

Torverhältnis *n* SPORT [relación de] goles *m/pl*; **Torwart** *m* ‹-s, -e› SPORT portero *m*, guardameta *m*

tosen *vi* ← *Wasser* ← *Wind, Meer* bramar; ◇ **tosender Beifall** gran ovación, f

Toskana *f* ‹-›: ◇ **die ~** la Toscana

tot *adj* [1] muerto, fallecido; ▷*Ast* seco, muerto [2] ▷*Gleis* inutilizado [3] ▷*Farben* apagado [4] ▷*Kapital* inactivo, muerto, improductivo; ▷*Punkt* muerto

total I. *adj* ▷*Niederlage, Krieg* absoluto, total **II.** *adv FAM* ↑ *völlig* completamente, totalmente, por completo

totalitär *adj* totalitario

Totalschaden *m* AUTO siniestro *m* total

Tote(r) *fm* muerto/a, difunto/a; **töten** *vt* matar; **Totenamt** *n* misa *f* de réquiem, exequias *f/pl*; **Totenbett** *n* lecho *m* de muerte; **totenblaß** *adj* pálido como un muerto; **Totengräber** *m* enterrador *m*, sepulturero *m*; **Totenkopf** *m* calavera *f*; **Totenmesse** *f* misa *f* de difuntos, misa *f* de réquiem; **Totenschein** *m* certificado *m* de defunción; **Totenstarre** *f* catalepsia *f*; **Totenstille** *f* silencio *m* sepulcral/ de muerte; **Totenwache** *f*: ◇ **~ halten** [*o.* **übernehmen**] velar al difunto; **totfahren** *unreg vt* atropellar causando la muerte; **totgeboren** *adj* nacido muerto, muerto al nacer; *FIG* ↑ *ohne Erfolgsaussicht* estéril; **totlachen** *vr* ◇ **sich ~** *FAM* morirse de risa

Toto *m o n* ‹-s, -s› loto *f*; **Totoschein** *m* décimo *m* de lotería

totsagen *vt* dar a alguien por muerto; **Totschlag** *m* homicidio *m*, asesinato *m*; **totschlagen** *unreg vt* matar, asesinar; *FIG* ◇ **die Zeit ~** matar el tiempo; **Totschläger** *m* [1] (*Person*) asesino *m* [2] (*Waffe*) homicida *m*; **totschweigen** *unreg vt FIG* callar, ignorar; **totstellen** *vr* ◇ **sich ~** hacerse el muerto, fingirse muerto; **Tötung** *f* muerte *f*, matanza *f*; ↑ *Totschlag* homicidio *m*

Touch *m* ‹-[e]s› ↑ *Anflug* toque *m*; ↑ *Hauch* matiz *m*

Toupet *n* ‹-s, -s› peluquín *m*

toupieren *vt* cardar

Tour *f* ‹-, -en› [1] ↑ *Ausflug* excursión *f*; ↑ *Reise* viaje *m*; (*Ski~*) vuelta *f*; ↑ *Tournee* gira *f* [2] ↑ *Schwung* giro *m*; ↑ *Umdrehung* revolución *f*, vuelta *f*; *FIG* ◇ **auf ~en kommen** ponerse en acción; (*FAM ständig*) ◇ **in e-r ~** continuamente, sin parar [3] (*Verhaltensart, Trick*) ◇ **diese ~ kenne ich schon** ya conozco el truco; ◇ **er hat wieder mal seine [komische] ~** le ha dado una de las suyas; *FAM* ◇ **etw auf die krumme ~ versuchen** intentar hacer algo ilegal

Tourenzahl *f* ↑ *Umdrehungszahl* número *m* de revoluciones/de vueltas; **Tourenzähler** *m* ‹-s, -› contador *m* de revoluciones/de vueltas

Tourismus *m* turismo *m*; **Tourist(in** *f*) *m* turista *m/f*; **Touristenklasse** *f* clase *f* turista

Tournee *f* ‹-, -n› THEAT gira *f*

Tower *m* ‹-s, -› AERO torre *f* de control

toxikologisch *adj* toxicológico; **toxisch** *adj* tóxico

Trab *m* ‹-[e]s› (*von Pferd*) trote *m*; *FAM* ◇ **ständig auf ~ sein** estar siempre ocupadísimo; *FAM* ◇ **jd-n auf ~ bringen** espabilar a alguien

Trabant *m* ASTRON satélite *m*; **Trabantenstadt** *f* ciudad *f* satélite

traben *vi* trotar, ir al trote; **Traber** *m* trotón *m*

Tracht *f* ‹-, -en› [1] ↑ *Regionalkleidung* traje *m* regional [2] ↑ *Kleidung* vestido *m*, traje *m* [3] *FAM* ◇ **e-e ~ Prügel** una buena paliza

trachten *vi* [1] ↑ *versuchen* ↑ *erstreben* aspirar (*nach dat* a) [2] ↑ *begehren* pretender algo; (*Tötungsabsicht*) ◇ **jd-m nach dem Leben ~** atentar contra la vida de alguien

trächtig *adj* preñada

Tradition *f* tradición *f*; **traditionell** *adj* tradicional

traf *impf von* **treffen**

Tragbahre *f* camilla *f*; **tragbar** *adj* [1] ▷*Gerät* portátil [2] ▷*Kleidung* ponible, de moda [3] *FIG* ▷*Zustand* soportable, llevadero, tolerable; **Tragbütte** *f* capazo *m*; **Trage** *f* ‹-, -n› camilla *f*

träge *adj* [1] ↑ *langsam* ▷*Mensch* perezoso, indolente, negligente; ▷*Bewegung* lento; ◇ **geistig ~ sein** estar apático [2] PHYS inerte

tragen ‹trug, getragen› **I.** *vt* [1] ↑ *befördern, halten* transportar; ← *Säule* sostener; ← *Eis* soportar [el peso]; (*FIG jd-n verwöhnen*) ◇ **jd-n auf Händen ~** tener a alguien entre algodones [2] ↑ *anhaben* → *Kleidung* llevar; (*auf bestimmte Weise*) → *Haar* llevar, tener [3] *FIG* ↑ *erleiden* → *Schicksal* sufrir; ↑ *erdulden* soportar, aguantar; *FIG* → *Schuld, Folgen, Verantwortung* tener [4] ↑ *Ertrag bringen* ← *Baum* producir; ← *Kapital* rentar **II.** *vi* [1] ← *Eis* resistir; ← *Baum* dar fruto [2] (*FIG wirksam werden*) ◇ **zum Tragen kommen** ser efectivo **III.** *vr* ◇ **sich ~** [1] ← *Geschäft* rentar [2] ← *Kleidungsstück* llevarse; **Träger** *m* ‹-s, -› [1] (*Gepäck~*) mozo *m* de equipajes [2] (*Eisen~*) pilar *m*, soporte *m*; (*an Kleidungsstücken*) tirante *m* [3] ↑ *Körperschaft* (*Krankenhaus~ etc.*) asociación *f* que financia una institución [4] (*Ordens~*) portador *m*; **Trägerrakete** *f* cohete *m* lanzador; **Trägerrock** *m* pichi *m*; **tragfähig** *adj* resistente; *FIG* ▷*Lösung* firme; **Tragfähigkeit** *f* ‹-› resistencia *f*, firmeza *f*; *e-s Fahrzeugs* capacidad *f*; **Tragfläche** *f* AERO plano *m* de sustentación

Trägheit *f* [1] (*von Mensch*) pereza *f*, indolencia *f*, negligencia *f*; ▷*geistig* apatía *f* [2] lentitud *f* [3] PHYS inercia *f*

Tragik *f* tragedia *f*, momento *m* trágico, desenlace *m* funesto; **tragisch** *adj* ▷*Unfall* trágico, funesto, fatal; *FAM* ◇ **etw nicht so ~ nehmen** no tomarse algo a la tremenda

Tragkraft *f* potencia *f*

Tragödie *f* tragedia *f*

Tragriemen *m* correa *f*; **Tragweite** *f* [1] (*von Gewehr, Stimme*) alcance *m* [2] *FIG* (*e-r Aussage*) trascendencia *f*; **Tragwerk** *n* AERO alas *f/pl*

Trainer(in *f*) *m* ‹-s, -› SPORT entrenador(a *f*) *m*; **trainieren** *vti* entrenar(se); **trainiert** *adj* entrenado; **Training** *n* ‹-s, -s› entrenamiento *m*; **Trainingsanzug** *m* chandal *m*

Trakt *m* ‹-[e]s, -e› (*Gebäude~*) ala *f*; (*Seiten~*) sección *f*

Traktor *m* tractor *m*

trällern *vti* canturrear, cantar en voz baja

Tram *f* ‹-, -s› (*CH, BAY*) tranvía *m*

trampeln *vti* [1] ← *Zuschauer* patalear [2] ↑ *schwerfällig gehen* andar pesadamente

trampen *vi* hacer dedo, hacer auto-stop

Trampolin *n* ‹-s, -s› SPORT trampolín *m*

Tran *m* ‹-[e]s, -e› [1] ↑ *Fischöl* aceite *m* de pescado [2] (*FAM schlaftrunken, unaufmerksam*) ◇ **im ~ sein** estar medio dormido, estar en Bavia

Trance *f* ‹-, -n› trance *m*

Tranchierbesteck *n* cubierto *m* de trinchar; **tranchieren** *vt* → *Geflügel* trinchar; **Tranchiermesser** *n* cuchillo *m* de trinchar

Träne *f* ‹-, -n› lágrima *f*; **tränen** *vi* ← *Auge* llorar; **Tränendrüse** *f* glándula *f* lacrimal; (*FIG sentimental sein*) ◇ **auf die ~ drücken** poner triste; **Tränengas** *n* gas *m* lacrimógeno

trank *impf von* **trinken**

Tränke *f* ‹-, -n› abrevadero *m*

tränken dar de beber a animales

Tranquilizer *m* ‹-s, -s› tranquilizante *m*

Transaktion *f* COMM transacción *f*

Transformator *m* transformador *m*

Transfer *m* ‹-s› tránsito *m*; (*Geld~*) transferencia *f*

transformieren *vt* GRAM transformar

Transfusion *f* transfusión *f*

Transistor *m* ELECTR transistor *m*; **transistorisiert** *adj* transistorizado; **Transistorradio** radiotransistor, m

Transit *m* ‹-s› tránsito *m*

transitiv *adj* GRAM transitivo

transparent *adj* transparente

Transparent *n* ‹-[e]s, -e› pancarta *f*

transpirieren *vi* transpirar, sudar

Transplantation *f* (*Herz~*) transplante *m*; (*Haut~*) injerto *m*

Transport *m* ‹-[e]s, -e› transporte *m*; **Transportflugzeug** *n* avión *m* de transporte; **Transporter** *m* transportador *m*; **transportfähig** *adj* en condiciones de ser transportado; **transportieren** *vt* transportar; **Transportkosten** *pl* gastos *m/pl* de transporte; **Transportmittel** *n* medio *m* de transporte; **Transportunternehmen** *n* empresa *f* de transportes, agencia *f* de transportes

Transvestit *m* ‹-en, -en› travesti *m*

Trapez *n* ‹-es, -e› SPORT MATH trapecio *m*

tratschen *vi FAM* cotillear, contar chismes

Tratte *f* giro *m*

Traube *f* ‹-, -n› [1] ↑ *Wein~* uva *f* [2] (*Menschen~*) aglomeración *f;* **Traubenlese** *f* vendimia *f,* recogida *f* de la uva; **Traubenzucker** *m* gulcosa *f*

trauen I. *vi* fiarse, confiar en, tener confianza en **II.** *vt* ← *Standesbeamte* casar **III.** *vr* ◇ **sich ~** [1] ↑ *sich wagen* atreverse a [2] (*heiraten*) ◇ **sich ~ lassen** casarse, contraer matrimonio

Trauer *f* ‹-› tristeza *f;* ↑ *Schmerz* dolor *m;* ↑ *Betrübnis* aflicción *f;* (*um Verstorbenen*) luto *m;* **Trauerfall** *m* defunción *f;* **Trauerkleidung** *f* vestido *m* de luto; **Trauermarsch** *m* marcha *f* fúnebre; **trauern** *vi* [1] ↑ *traurig sein* estar triste (*um* por) [2] (*um e-n Toten, innerlich*) llorar la muerte de alguien; (*äusserlich*) llevar luto por alguien; **Trauerrand** *m* (*bei Briefumschlag*) orla *f* negra, ribete *m* negro; **Trauerspiel** *n auch FIG* tragedia *f;* **Trauerweide** *f* sauce *m* llorón

traulich *adj* ↑ *gemütlich* ▷*Beisammensein* familiar, cordial; ↑ *anheimelnd* hogareño; ▷*Atmosphäre* íntimo

Traum *m* ‹-[e]s, Träume› sueño *m; FIG* ↑ *Wunsch* sueño *m,* deseo *m*

Trauma *n* ‹-s, Traumen *o.* -ta› MED traumatismo *m;* PSYCH trauma *m*

träumen *vti* soñar (*von* con); ◇ **das hätte ich mir nicht ~ lassen** ¡nunca lo hubiese imaginado!; **Träumerei** *f* sueños *m/pl,* fantasía *f,* ilusión *f;* **träumerisch** *adj* ▷*Blick* soñoliento, meditabundo; ▷*Mensch* soñador; ↑ *zerstreut* distraído

traumhaft *adj* de ensueño

traurig *adj* triste, penoso; **Traurigkeit** *f* tristeza *f*

Trauring *m* alianza *f,* anillo *m* de boda; **Trauschein** *m* certificado *m* matrimonial, fe *f* de matrimonio; **Trauung** *f* ▷*standesamtlich* celebración *f* del matrimonio; ▷*kirchlich* bendición *f* nupcial; **Trauzeuge** *m,* **Trauzeugin** *f* padrino/a de bodas

Travellerscheck *m* ↑ *Reisescheck* cheque *m* de viaje

Treff *m* bastos *m/pl;* **treffen** ‹traf, getroffen› **I.** *vi:* ◇ **es gut/schlecht getroffen haben** tener buena/mala suerte **II.** *vt* [1] ↑ *sich begegnen* encontrarse; → *Bekannten* tener un encuentro (*auf akk* con) [2] ↑ *verletzen* herir; (*auch psychisch*) afectar [3] ↑ *erfassen* acertar, dar en el clavo [4] → *Maßnahmen* tomar [medidas]; → *Vereinbarung* ponerse [de acuerdo] **III.** *vr* ◇ **sich ~** [1] ← *Menschen* citarse, reunirse (*mit dat* con); ← *Linien* juntarse, cruzarse [2] ↑ *sich fügen* suceder, ocurrir; ◇ **es trifft sich gut, daß du kommst** me va bien que vengas; **Treffen** *n* ‹-s, -› [1] ↑ *Zusammentreffen* encuentro *m* [2] ↑ *Stelldichein* cita *f* [3] MIL batalla *f*

treffend *adj* ▷*Bemerkung, Bezeichnung* acertado, justo, preciso, oportuno

Treffer *m* ‹-s, -› [1] (*Schuß*) tiro *m* certero; SPORT tanto *m* [2] (*Los*) billete *m* premiado; *FAM* ◇ **e-n ~ erzielen** [*o.* **landen**] dar en el blanco

Treffpunkt *m* lugar *m* de la cita, punto *m* de encuentro/reunión

treffsicher *adj* seguro, certero; *FIG* ▷*Ausdrucksweise* exacto

Treibeis *n* hielos *m/pl* flotantes; **treiben** ‹trieb, getrieben› **I.** *vt* [1] → *Demonstranten* avanzar, hacer andar; → *Viehherde* conducir [2] ↑ *drängen* meter prisa, apremiar [3] (*jd-n zu etw veranlassen*) incitar, levar a; *FIG* ← *Sehnsucht* hacer que +*subj* [4] (*Bewegung*) ← *Maschine* poner en marcha; ← *Rad* mover, poner en movimiento; ← *Strömung* traer [a la orilla], arrastrar [5] (*sich beschäftigen mit*) → *Freizeit* dedicarse a; (*Beruf*) ejercer; ◇ **Spott mit jd-m ~** burlarse de alguien [6] (*hervorbringen, schaffen, formen*) surgir, producir; ← *Knospen* salir, brotar; (*aus Metall*) repujar **II.** *vi* [1] ↑ *mehr werden* ← *Pflanzen* crecer rápidamente; ↑ *aufgehen* ← *Hefe* aumentar [2] ← *Tee* ser diurético [3] ◇ **es wild** [*o.* **bunt**] **~** pasarse de la raya [4] ↑ *sich bewegen* ← *Eisschollen, Schiff* flotar, ser arrastrado [5] *VULG* ◇ **es mit jd-m ~** hacerlo con alguien; **Treiber** *m* gestor *m;* **Treibgas** *n* gas *m* propelente; **Treibhaus** *n* invernadero *m;* **Treibhauseffekt** *m* efecto *m* de invernadero; **Treibjagd** *f* batida *f;* **Treibsand** *m* arena *f* movediza; **Treibstoff** *m* combustible *m*

Trema *n* diéresis *f*

Trenchcoat *m* ‹-s,-s› trenca *f*

Trend *m* tendencia *f;* ◇ **im ~ der Zeit** con los tiempos

trennbar *adj* separable; **trennen I.** *vt* → *Streitende* separar; → *Verbindung* desatar, desunir, separar; → *Ehe* separar, disolver; → *Sender* cortar **II.** *vr* ◇ **sich ~** [1] ↑ *auseinanderbewegen* separarse; ← *Wege* bifurcarse; ← *Ideen* diferenciarse; ↑ *weggeben* seperarse; **Trennschärfe** *f* MEDIA selectividad *f;* **Trennung** *f* separación *f,* Teilung, división *f;* ◇ **~ der Ehe** disolución del matrimonio; **Trennwand** *f* tabique *m* de separación

Treppe *f* ‹-, -n› escalera *f; FAM* ◇ **e-e ~ höher** un piso más arriba; **Treppenabsatz** *m* descansillo *m;* **Treppengeländer** *n* barandilla *f,* pasamanos *m;* **Treppenhaus** *n* hueco *f* de la escalera, escalera *f*

Tresor *m* ‹-s, -e› caja *f* fuerte

Tresse *f* galón *m*

Trester *m* orujo *m*

Tretauto *n* coche *m* a pedales

treten ‹trat, getreten› **I.** *vt* (*mit Fußtritt*) dar una patada; (*nieder-*) pisotear (*gegen/in akk* akk); (▷*versehentlich, in freundlicher Absicht*) pisar; (*auch FIG jd-n verärgern*) enfadar; (*kränken*) ofender; ◇ **jd-m auf den Fuß** ~ pisar/dar un pisotón a alguien; (*mit Absicht*) ◇ **jd-m auf die Zehen** ~ enfadar, molestar a alguien; (*FAM drängen*) incitar, insistir; (*anfangen, etw zu tun*) ◇ **in Aktion** ~ empezar a actuar; ◇ **mit jd-m in Verbindung** ~ ponerse en contacto con alguien **II.** *vi* ↑ *betreten* ir, andar, caminar, dar un paso; ◇ ~ **Sie näher!** ¡acérquese!

treu *adj* ▷*Hund* leal; ▷*Freund* sincero, de confianza, fiel; ◇ **zu -en Händen** en buenas manos; ◇ **jd-m ~ sein** ser fiel a alguien; **Treue** *f* ‹-› lealtad *f,* sinceridad *f;* ◇ **die ~ halten** ser fiel; ◇ **die ~ brechen** ser desleal; **Treuhänder(in** *f*) *m* ‹-s, -› albacea *m/f,* fiduciario *m;* **Treuhandgesellschaft** *f* sociedad *f* fiduciaria; **treuherzig** *adj* ▷*Blick* ingenuo, cándico; ↑ *offen* franco; ↑ *aufrichtig* sincero; **treulos** *adj* infiel, desleal

Triangel *f* triángulo *m*

Tribüne *f* ‹-, -n› tribuna *f*

Trichter *m* ‹-s, -› embudo *m;* (*Bomben-*) cráter *m* [de obús]; (*an Blechblasinstrument*) bocina *f*

Trick *m* ‹-s, -s› truco *m;* **Trickaufnahme** *f* efecto *m* especial; **Trickfilm** *m* dibujos *m/pl* animados

trieb *impf von* **treiben**; **Trieb** *m* ‹-[e]s, -e› impulso *m;* ↑ *Neigung* propensión *f,* inclinación *f;* (*an Baum*) brote *m;* **Triebfeder**, **Triebkraft** *f* (*an Uhr*) resorte *m,* muelle, m; (*FIG innerer Antrieb*) estímulo *m,* impulso *m* interior; **triebhaft** *adj* instintivo; **Triebhaftigkeit** *f* impulsividad *f;* **Triebtäter(in** *f*) *m* delincuente *m/f* llevado por sus pasiones; **Triebwagen** *m* BAHN coche *m* automotor; **Triebwerk** *n* (TECH *bei Maschinen*) mecanismo *m* de transmisión; (*bei Fahrzeugen*) motor *m*

triefen *vi* gotear; estar calado, estar mojado (*von, vor* de), chorrear agua; *PEJ FAM* ◇ **vor Selbstmitleid** ~ autocompadecerse de forma exagerada

triezen *vt FAM* fastidiar, jorobar, hacer la puñeta

triftig *adj* ↑ *wohlbegründet* bien fundado, serio; ↑ *bündig* concluyente

Trikot *n* ‹-s, -s› (*Sport-*) malla *f,* tricot *m,* maillot *m;* (*Stoffart*) elástico *m*

Triller *m* trino *m;* **trillern** trinar; **Trillerpfeife** *f* silbato *m,* pito *m*

Trimm-dich-Pfad *m* circuito *m* natural; **trimmen I.** *vt* [1] *FIG* ↑ *erziehen* → *Schüler* educar; ↑ *abrichten* → *Hund* amaestrar [2] (*zweckmäßig verladen*) → *Schiff* lastrar; → *Flugzeug* equilibrar, lancear **II.** *vr* ◇ **sich** ~ (*durch Sport*) mantenerse en forma

Trinität *f* REL Trinidad *f*

trinkbar *adj* potable; *FAM* pasable; **Trinkbecher** *m* vaso *m* de beber; **trinken** ‹trank, getrunken› **I.** *vt* beber; → *Tee* tomar **II.** *vi* ▷*gewohnheitsmäßig* beber [mucho], tener costumbre de beber; **Trinker(in** *f*) *m* ‹-s, -› bebedor(a *f*) *m;* **trinkfest** *adj* capaz de beber mucho; **Trinkgeld** *n* propina *f;* **Trinkhalm** *m* pajita *f;* **Trinkspruch** *m* brindis *m;* ◇ **e-n ~ auf jd-n ausbringen** hacer un brindis por alguien; **trinksüchtig** *adj* alcóholico; **Trinkwasser** *n* agua *m* potable

Trio *n* ‹-s, -s› MUS *auch FIG* trío *m,* terceto *m*

Triole *f* ‹-, -n› MUS tresillo *m*

Trip *m* ‹-s, -s› [1] escapada *f,* excursión *f* [2] (*Öko-*) corriente *f* [de moda] [3] (*FAM Rauschgift*) viaje *m*

trippeln *vi* ← *Kind* andar con pasos cortos

Tripper *m* ‹-s, -› MED gonorrea *f*

trist *adj* ↑ *traurig* triste; ↑ *öde* desértico

Tritt *m* ‹-[e]s, -e› [1] ↑ *Schritt* paso *m* [2] (*Fuß-*) puntapié *m,* patada *f* [3] ↑ *Trittbrett* escalón *m;* **Trittbrett** *n* BAHN estribo *m;* **Trittleiter** *f* escalera *f* de mano

Triumph *m* ‹-[e]s, -e› triunfo *m;* **triumphal** *adj* ▷*Erfolg* triunfal; **Triumphbogen** *m* arco *m* de triunfo; **triumphieren** *vi* triunfar (*über akk* sobre)

trivial *adj* ▷*Geschichte, Buch* trivial, banal; **Trivialliteratur** *f* literatura *f* de entretenimiento

Trizeps *m* ‹es, -e› tríceps *m*

trocken *adj* [1] ↑ *wasserarm* seco; ↑ *dürr* árido; ↑ *ausgetrocknet, regenfrei* sin lluvia [2] ↑ *langweilig* ▷*Buch* aburrido; ▷*Mensch* seco [3] *FIG* ▷*Humor* inglés; ▷*Wein* seco; **Trockenautomat** *m* secadora *f;* **Trockendock** *n* dique *m* seco; **Trockeneis** *n* hielo *m* seco; **Trockenfrucht** *f* fruto *m* seco; **Trockenhaube** *f* secador *m;* **Trockenheit** *f* sequedad *f,* sequía *f,* aridez *f*

trockenlegen *vt* → *Sumpf* desecar, drenar; → *Kind* cambiar; **Trockenlegung** *f* (*von Feuchtgebiet*) desecación *f,* drenaje *m*

Trockenmilch *f* leche *f* en polvo; **Trockenobst** *n* fruta *f* seca; **Trockenreinigung** *f* limpieza *f* en seco; **trocknen I.** *vt* secar **II.** *vi* secarse, desecarse

Trödel *m* ‹-s› (*~markt, ~laden*) baratijas *f/pl*, chismes *m/pl*
trödeln *vi FAM* ser lento, tardar
Trödler(in *f*) *m* vendedor(a *f*) *m* de baratijas
troff *impf von* **triefen**
trog *impf von* **trügen**
Trog *m* ‹-[e]s, Tröge› (*Futter~*) comedero *m;* (*Wasch~*) pila *f*
Trommel *f* ‹-, -n› [1] (*Musikinstrument*) tambor *m* [2] (*~revolver*) barrilete *m;* **Trommelbremse** *f* freno *m* de cilindro giratorio; **Trommelfell** *n* ANAT tímpano *m;* **trommeln I.** *vi* tocar el tambor **II.** *vt* tocar el tambor; *FAM* ◇ **jd-n aus dem Schlaf** ~ despertar a alguien bruscamente; **Trommler(in** *f*) *m* ‹-s, -› tamborilero/a
Trompete *f* ‹-, -n› trompeta *f;* **Trompeter(in** *f*) *m* ‹-s, -› trompeta *m/f;* **trompeten** *vi* [1] ↑ *Trompete spielen* tocar la trompeta [2] *FAM* ↑ *Nase putzen* sonarse los mocos
Tropen *pl* trópicos *pl;* **Tropenhelm** *m* casco *m* colonial; **Tropenklima** *n* clima *m* tropical; **Tropenmedizin** *f* medicina *f* tropical
Tropf *m* ‹-[e]s, Tröpfe› [1] MED gotero *m* [2] *FAM* ◇ **armer** ~ pobre diablo
tröpfeln I. *vi* gotear, lloviznar **II.** *vi unpers:* ◇ **es tröpfelt** caen las primeras gotas de lluvia
tropfen I. *vi* ← *Wasserhahn, Nase* gotear **II.** *vt* echar gotas; **Tropfen** *m* ‹-s, -› [1] (*Regen~*) gota *f;* (*Husten~*) gotas *f/pl* [2] (*FIG Wein*) ◇ **ein guter** ~ un buen vino, un vino exquisito [3] (*FIG wirkungslos*) ◇ **ein ~ auf den heißen Stein** como una gota en el mar; **tropfenweise** *adv* gota a gota, con cuentagotas; **tropfnaß** *adj* ▷*Kleidung, Haar* empapado, chorreando agua
Tropfstein *m* (*an der Decke*) estalactita *f;* (*am Boden*) estalagmita *f;* **Tropfsteinhöhle** *f* cueva *f* de estalactitas
Trophäe *f* ‹-, -n› trofeo *m*
tropisch *adj* ▷*Klima* tropical
Trost *m* ‹-es› consuelo *m; Erleichterung* alivio *m;* **trostbedürftig** *adj* que necesita consuelo; **trösten** *vt* consolar; **Tröster(in** *f*) *m* ‹-s, -› persona *f* que consuela; **tröstlich** *adj* consolador; **trostlos** *adj FIG* desconsolado, desesperante; ▷*Umgebung* desolador; ▷*Verhältnisse* desesperado; **Trostpreis** *m* premio *f* de consolación
Trott *m* ‹-[e]s, -e› trote *m;* (*PEJ Routine*) rutina *f*
Trottel *m* ‹-s, -› *FAM* idiota *m,* imbécil *m*
trotten *vi* trotar; andar despacio/sin ganas
Trottinett *n* ‹-s, -e› *CH* ↑ *Roller* patinete *m*
trotz *präp gen o dat* a pesar de, no obstante, pese a; ◇ ~ **des Umbaus** a pesar de las reformas; ◇ ~ **allem** a pesar de todo, así y todo
Trotz *m* ‹-es› obstinación *f,* testarudez *f,* terquedad *f;* ◇ **aus** ~ a despecho; ◇ **jd-m zum** ~ a despecho de alguien
trotzdem I. *adv* sin embargo, no obstante, aun así, a pesar de ello **II.** *cj* aunque, a pesar de que *+subj*
trotzen *vi* oponerse, resistirse (*dat* a), afrontar, desafiar (*dat* akk); ◇ **Wind und Wetter** ~ resistir contra tiempo y marea; **trotzig** *adj* ▷*Kind* obstinado, testarudo, terco; **Trotzkopf** *m* cabezota *m,* cabezón *m;* **Trotzreaktion** *f* reacción *f* por despecho
trüb *adj* ↑ *nicht klar* ▷*Glas* empañado; ▷*Augen* triste; ▷*Flüssigkeit* turbio; ▷*Tag* gris, cubierto; ▷*Wetter* nuboso; *FIG* ▷*Zukunft* negro; ▷*Gedanke* sombrío
Trubel *m* ‹-s› barullo *m,* confusión *f,* jaleo *m*
trüben I. *vt* → *Flüssigkeit* enturbiar; → *Glas* empañar; → *Stimmung, Freude* enfriar **II.** *vr* ◇ **sich** ~ enturbiarse; ← *Himmel* nublarse; ← *Stimmung* enfriarse; **Trübheit** *f* turbiedad *f*
Trübsal *f* ‹-› pena *f,* aflicción *f; FAM* ◇ ~ **blasen** estar triste, estar melancólico; **trübselig** *adj* triste, afigido, melancólico; **Trübsinn** *m* tristeza *f,* melancolía *f;* **trübsinnig** *adj* triste, melancólico
trudeln *vi* ← *Flugzeug* entrar en barrena
Trüffel *f* ‹-, -n› trufa *f*
trügerisch *adj* ▷*Hoffnung* falso, engañoso; **Trugschluß** *m* conclusión *f* falsa
Truhe *f* ‹-, -n› arca *m,* cofre *m*
Trümmer *pl* ruinas *f/pl,* escombros *m/pl;* **Trümmerhaufen** *m* montón *m* de escombros
Trumpf *m* ‹-[e]s, Trümpfe› triunfo *m; FIG* ◇ **e-n ~ ausspielen** jugar un triunfo
Trunkenbold *m* borracho *m;* **Trunkenheit** *f* embriaguez *f;* ◇ ~ **am Steuer** conducir en estado de embriaguez; **Trunksucht** *f* alcoholismo *m*
Truppe *f* ‹-, -n› tropa *f;* (*Schauspiel~*) compañía *f* de teatro; MIL fuerzas *f/pl;* **Truppenübungsplatz** *m* campo *m* de maniobras/de instrucción; **Truppenverbandsplatz** *m* MED puesto *m* de primeros auxilios
Trust *m* trust *m*
Truthahn *m* pavo *m;* **Truthenne** *f* pava *f*
Tscheche *m* ‹-n, -n› checo *m;* **Tschechin** *f* checa *f;* **tschechisch** *adj* checo; ◇ **~e Republik** República *f* Checa; **Tschechoslowakei** *f* ‹-› HIST Checoslovaquia *f*
T-Shirt *n* ‹-s, -s› camiseta *f*
Tube *f* ‹-, -n› (*Zahnpasta~*) tubo *m*
Tuberkulose *f* ‹-, -n› MED tuberculosis *f*
Tuch *n* ‹-[e]s, Tücher› ↑ *Stoff* tela *f;* (*Küchen~*) paño *m,* trapo *m;* (*Kopf~, Taschen~*) pañuelo *m;*

(*Hand-*) toalla *f;* **Tuchfühlung** *f* contacto *m;* (*zwischenmenschlich*) ◇ **auf - gehen** hacer avances

tüchtig *adj* eficiente, competente, capaz, hábil; *FAM* ↑ *kräftig* fuerte; ↑ *viel* mucho; **Tüchtigkeit** *f* eficiencia *f,* capacidad *f,* habilidad *f*

Tücke *f* ⟨-, -n⟩ ↑ *Arglist* malicia *f,* perfidia *f;* ↑ *Trick* truco *m;* ↑ *Schwierigkeit* dificultad *f*

tuckern *vi* [1] ← *Motor* sonar [2] ▷*klopfend* sonar mal

tückisch *adj* malicioso, malintencionado, pérfido

tüfteln *vi* romperse la cabeza (*an dat* con); trabajar a conciencia

Tugend *f* ⟨-, -en⟩ virtud *f;* **tugendhaft** *adj* virtuoso

Tüll *m* ⟨-s, -e⟩ tul *m*

Tulpe *f* ⟨-, -n⟩ tulipán *m*

Tumor *m* MED tumor *m*

Tümpel *m* ⟨-s, -⟩ charca *f*

Tumult *m* ⟨-[e]s, -e⟩ tumulto *m,* alboroto *m*

tun ⟨tat, getan⟩ **I.** *vt* [1] ↑ *erledigen, verrichten* hacer; ◇ **jd-m e-n Gefallen -** hacer un favor a alguien; ◇ **er - nur seine Arbeit** sólamente cumple su deber; ◇ **noch zu - haben** tener todavía que hacer; (*FAM repariert*) ◇ **etw tut es wieder** estar arreglado algo [2] *FAM* ↑ *legen, stellen, setzen* poner; *FAM* ↑ *bringen, befördern* ◇ **ins Heim -** → *alte Menschen* llevar a un asilo; → *Kinder* llevar a un centro [3] (*faulenzen*) ◇ **nichts -** no hacer nada; (*keinen Schaden zufügen*) ◇ **jd-m nichts -** no hacer daño a alguien [4] (*irrelevant sein*) ◇ **nichts zur Sache -** no ser importante; ◇ **mit jd-m etw/nichts zu - haben** tener algo/nada que ver con alguien; (*Drohung*) ◇ **es mit jd-m zu tun bekommen** tener que vérselas con alguien **II.** *vi* (*vorgeben, vortäuschen*): ◇ **so -, als ob** hacer como si **III.** *vr* [1] (*sich ereignen*) ◇ **es tut sich etwas** pasa algo [2] (*sich verletzen*) ◇ **sich weh -** hacerse daño; **Tun** *n* ⟨-s⟩ ocupaciones *f/pl,* actividades *f/pl*

Tünche *f* ⟨-, -n⟩ [1] blanqueo *m* [2] *FIG* barniz *m*

Tuner *m* ⟨-s, -⟩ botón *m* sintonizador

Tunke *f* salsa *f;* **tunken** *vt* → *Brot* untar/mojar [en una salsa]

tunlichst *adv* a ser posible; ◇ **- bald** lo antes posible

Tunnel *m* ⟨-s, - *o.* -s⟩ túnel *m*

tupfen *vt* [1] ↑ *Punkte aufmalen* dar unos toques [con el pincel] [2] ↑ *kurz berühren* → *Gesicht* tocar ligeramente; **Tupfen** *m* ⟨-s, -⟩ punto *m*

Tür *f* ⟨-, -en⟩ puerta *f; FIG* ◇ **mit der - ins Haus fallen** ir directamente al grano

Turban *m* ⟨-s, -e⟩ turbante *m*

Turbine *f* turbina *f;* **Turbinenflugzeug** *n* turborreactor *m*

Turbolader *m* ⟨-s, -⟩ AUTO turboalimentador *m;* **Turbomotor** *m* motor *m* turbo

turbulent *adj* turbulento; **Turbulenz** *f* [1] (*in der Luft*) turbulencia *f* [2] (*pl*) ↑ *Ausschreitungen* ◇ **-en** disturbios *m/pl*

Türgriff *m* tirador *m* de la puerta

Türke *m* ⟨-n, -n⟩ turco *m;* **Türkei** *f* ⟨-⟩ Turquía *f;* **Türkin** *f* turca *f*

türkis ⟨inv⟩ *adj* turquesa, turquí; **Türkis** *m* ⟨-es, -e⟩ turquesa *f*

türkisch *adj* turco

Türklinke *f* ↑ *Türgriff* picaporte *m*

Turm *m* ⟨-[e]s, Türme⟩ torre *f;* (*Glocken-*) campanario *m;* (*Sprung-*) plataforma *f;* (*Schachfigur*) torre *f*

türmen I. *vr* ◇ **sich -** elevarse; ← *Wellen* levantarse; ← *Bücher* amontonar **II.** *vi FAM* ↑ *fliehen* largarse

Turmspitze *f* aguja *f;* **Turmspringer(in** *f*) *m* saltador(a *f*) *m* de palanca; **Turmuhr** *f* reloj *m* de torre

turnen *vi* hacer gimnasia; **Turnen** *n* ⟨-s⟩ gimnasia *f;* **Turner(in** *f*) *m* ⟨-s, -⟩ gimnasta *m/f;* **Turngerät** *n* aparato *m* de gimnasia; **Turnhalle** *f* gimnasio *m;* **Turnhose** *f* patalón *m* de gimnasia

Turnier *n* ⟨-s, -e⟩ torneo *m;* (*Schach-*) campeonato *m*

Turnkleidung *f* ropa *f* de gimnasia; **Turnlehrer(in** *f*) *m* profesor(a *f*) *m* de gimnasia; **Turnschuh** *m* zapatilla *f* de gimnasia, calzado *m* deportivo; **Turnwart** *m* monitor *m*

Türöffner *m* portero *m* automático; **Türschloß** *n* cerradura *f*

Turteltaube *f* tórtola *f*

Türvorleger *m* felpudo *m*

Tusche *f* ⟨-, -n⟩ tinta *f* china; (*Wimpern-*) rimel *m*

tuscheln *vti* cuchichear (*über akk* de)

Tuschezeichnung *f* dibujo *f* a tinta china; **Tuschkasten** *m caja con los utensilios para dibujar con tinta china*

Tüte *f* ⟨-, -n⟩ (*Trage-*) bolsa *f;* (*Eiswaffel*) cucurucho *m*

tuten *vi* ← *Schiff, Lokomotive* tocar la sirena

TÜV *m* ⟨-⟩ *Akr v.* AUTO **Technischer Überwachungsverein,** ≈itv *f;* **TÜV-Plakette** *f* ≈placa *f* de Inspección Técnina

Twen *m* ⟨-s, -s⟩ persona *f* de veinte a treinta años

Typ *m* ⟨-s, -en⟩ ↑ *Art* tipo *m;* ↑ *Modell* modelo *m; FAM* ↑ *Kerl* tipo *m,* tío *m*

Type *f* ⟨-, -n⟩ [1] (*von Buchstabe*) letra *f* de molde [2] (*FAM von Mensch*) tipo *m*, tío *m*; **Typenrad** *n* rueda *f* tipográfica

Typhus *m* ⟨-⟩ MED tifus *m*, fiebre *f* tifoidea

typisch *adj* típico, característico; ◇ ~ **für jd-n** típico de alguien

Tyrann(in *f*) *m* ⟨-en, -en⟩ tirano/a; **Tyrannei** *f* ⟨-, -en⟩ tiranía *f*; **tyrannisch** *adj* ← *Herrscher* tiránico; **tyrannisieren** *vt* tiranizar

U

U, u *n* U, u *f*

u.a. *Abk v.* [1] **unter anderem** [2] **u. andere(s)**

u.A.w.g. *Abk v.* **um Antwort wird gebeten**

U-Bahn *f* metro *m*; **UBahnstation** *f* estación *f* de metro

übel *adj* [1] ↑ *schlecht* ▷*Zustand* malo [2] ↑ *unwohl* mal; ◇ **mir ist** ~ me siento mal [3] ↑ *ekelhaft* ▷*Geruch* desagradable, asqueroso [4] ↑ *gemein* ▷*Streich* mala jugada/pasada; **Übel** *n* ⟨-s, -⟩ [1] ↑ *Mißstand* situación *f* penosa, inconveniente *m* [2] ↑ *Krankheit* mal *m* [3] ↑ *Unglück* desgracia *f*, mala suerte *f*; ◇ **zu allem** ~ para colmo de males, por si fuera poco; **übelgelaunt** *adj* de mal humor; **Übelkeit** *f* malestar *m*; **übelnehmen** *unreg vt* tomar a mal, tomar a pecho; ◇ **jd-m etw** ~ tomar a alguien a mal, tomar algo a mal; **übelriechend** *adj* apestoso, que huele mal; **Übelwollen** *n* desear *m* lo peor

üben I. *vt* [1] ↑ *durch Praktizieren erlernen* → *Geige* practicar, estudiar; → *Turnen* entrenar; → *Rechnen* hacer [2] ↑ *trainieren* → *Gedächtnis* agilizar [3] ↑ *ausüben* hacer; ◇ **Kritik ~ an etw/jd-m** criticar algo/a alguien II. *vi:* ◇ **fleißig** ~ practicar mucho III. *vr:* ◇ **sich in Geduld** ~ ser paciente

über I. *präp dat/akk* [1] (*mit dat, räumlich*) sobre, encima de; ◇ ~ **den Wolken** por encima de las nubes [2] (*mit akk, räumlich*) sobre, encima de; ◇ **Brücke ~ den Fluß bauen** constuir un puente sobre el río [3] (*mit akk*) ↑ *länger, größer, mehr als* más de; ◇ ~ **2 m groß** más de 2 metros de altura; (*zeitlich*) ↑ *länger als* más de; ◇ ~ **2 Wochen** más de 2 semanas [4] (*mit dat*) ↑ *bei, während* durante; ◇ ~ **der Arbeit einschlafen** dormirse durante el trabajo [5] (*Streckenangabe*) por vía; ◇ ~ **München fahren** pasar por Múnich [6] (*mit akk*) ↑ *betreffend* sobre, de; ◇ ~ **etw/jd-n reden, schreiben etc** hablar de/sobre algo/alguien, escribir sobre etc [7] (*mit akk*) ↑ *mittels* ◇ **etw ~ jd-n bekommen** recibir algo a través de alguien II. *adv* [1] ↑ *überlegen* superior; ◇ **jd-m in etw** *dat* ~ **sein** ser superior a alguien en algo [2] *FAM* ↑ *übrig* ◇ **1 Mark ~ haben** tener un marco de más; **überaktiv** *adj* ▷*Kind* muy inquieto, hiperacivo

überall *adv* [1] ↑ *an jedem Ort* por todas partes [2] ↑ *auf jedem Gebiet* en todos los terrenos; ◇ ~ **Bescheid wissen** estar informado de todo

Überalterung *f* envejecimiento *m*; **Überangebot** *n* excedente *m* (*an dat* de); **überanstrengen** *vr* ◇ **sich** ~ ↑ *zu sehr anstrengen* esforzarse excesivamente; **überarbeiten** I. *vt* ↑ *noch einmal bearbeiten* → *Aufsatz* repasar; ◇ **überarbeitete Fassung** edición revisada II. *vr* ◇ **sich** ~ matarse trabajando

überaus *adv* ↑ *äußerst* extremadamente; ◇ ~ **wichtig** extremadamente importante

überbacken ⟨vt⟩ gratinar; **überbekommen** *unreg vt FAM* ↑ *satt bekommen* hartarse de; **überbelichten** *vt* FOTO velear, sobreexponer; **überbevölkert** *adj* sobrepoblado; **Überbevölkerung** *f* superpoblación *f*; **überbewerten** *vt* ↑ *zu hoch einschätzen* → *Leistung* sobrevalorar; **überbieten** *unreg vt* [1] ↑ *mehr bieten* (*bei Auktion*) pujar [2] ↑ *besser sein* → *Rekord* superar [3] *FIG* ↑ *übertreffen* ser superior (*an dat* a); ◇ **jd-n an Frechheit** ~ ser más descarado que alguien

Überbleibsel *n* [1] ↑ *Essensrest* sobras *f/pl*, desperdicios *m/pl* [2] ↑ *veralteter Brauch* vestigio *m*

Überblick *m* [1] idea *f* general (*über akk* de) [2] *FIG* ↑ *Zusammenfassung* resumen *m* [3] ↑ *Kompetenz* competencia *f*; ↑ *Einblick* vistazo *m*; ◇ **den ~ verlieren** perder el hilo; **überblicken** *vt* [1] ↑ *übersehen* → *Stadt* contemplar desde lo alto [2] *FIG* ↑ *ermessen* → *Lage* tener controlado

überbringen *unreg vt* → *Botschaft* llevar, entregar; **Überbringer** *m* portador *m*

überbrücken *vt* [1] ↑ *überstehen* → *Krisenzeit* dominar, superar [2] *FIG* → *Kluft* tender un puente [3] ↑ *versöhnen* → *Gegensätze* reconciliar

überdenken *unreg vt* ↑ *nochmal bedenken* → *Entscheidung* meditar, reflexionar

überdies *adv* ↑ *außerdem* además

überdimensional *adj* enorme, gigantesco

Überdruß *m* ⟨Überdrusses⟩ [1] ↑ *Übersättigung* hastío *m*, cansancio *m* (*an dat* de) [2] *FIG* ↑ *Aversion* aversión *f* (*an dat* a); **überdrüssig** *adj:* ◇ **e-r Sache/Person** *gen* ~ **sein** estar harto de una cosa/persona

überdurchschnittlich *adj* [1] ↑ *über dem Durchschnitt* ▷*Einkommen* superior a lo normal [2] ↑ *außerordentlich* fuera de lo normal

übereifrig *adj* fanático
übereilen *vt* ↑ *überstürzen* precipitar
übereinander *adv* [1] ↑ *eins auf dem anderen* ▷*liegen* uno encima del otro [2] ↑ *e-r über den anderen* ▷*sprechen* uno sobre el otro
übereinkommen *unreg vi* ↑ *sich einig sein* ponerse de acuerdo; **Übereinkunft** *f* ⟨-, Überkünfte⟩ ↑ *Vereinbarung* acuerdo *m*, arreglo *m;* **übereinstimmen** *vi* [1] ↑ *e-r Meinung sein* coincidir, estar de acuerdo; ◇ **mit jd-m** ~ coincidir con alguien [2] ↑ *stimmen* ← *Rechnungen* cuadrar, salir [3] ↑ *zusammenpassen* ← *Aussagen* coincidir; ← *Farben* pegar, armonizar; **übereinstimmen** concordar con; **Übereinstimmung** *f* [1] (*von Meinungen*) acuerdo *m* [2] ↑ *das Harmonieren* armonía *f;* ◇ **zwei Sachen in ~ bringen** armonizar dos cosas
überempfindlich *adj* hipersensible
überfahren[1] ⟨überfuhr, hat überfahren⟩ *vt* [1] ↑ *überrollen* atropellar [2] ↑ *ignorieren* → *rote Ampel* saltarse [3] *FIG* ↑ *überrumpeln* acosar
überfahren[2] ⟨fuhr über, ist übergefahren⟩ *vi* (*mit Schiff*) atravesar, cruzar, pasar el charco
Überfahrt *f* travesía *f*
Überfall *m* [1] (*Raub-*) asalto *m* (*auf akk* a) [2] MIL ↑ *Invasion* ataque *m* (*auf akk* a), invasión *f* (*auf akk* de); **überfallen** *unreg vt* [1] → *Bank* atracar [2] MIL → *Land* atacar, invadir [3] ↑ *plötzlich auftauchen* ← *Gefühl* surgir; ← *Schlaf* entrar [4] *FAM* ↑ *unangemeldet besuchen* → *jd-n* aparecer por las buenas
überfällig *adj* [1] ↑ *über Termin* ▷*Zahlung* atrasado, vencido [2] ↑ *verspätet* ▷*Zug* con retraso
Überfallkommando *n* brigada *f* volante
überfliegen *unreg vt* [1] → *Meer* sobrevolar [2] ↑ *flüchtig lesen* → *Text* leer por encima
überfließen *unreg vi* [1] ↑ *überlaufen* ← *Badewanne* salirse [2] *FIG* ↑ *überschwenglich sein* rebosar; ◇ **vor Freude** ~ rebosar de alegría; **Überfluß** *m* [1] ↑ *Überangebot* abundancia *f* (*an dat* de) [2] ↑ *Luxus* lujo *m;* ◇ **im ~ leben** vivir con toda clase de lujos; **Überflußgesellschaft** *f* sociedad *f* opulenta
überflüssig *adj* [1] ↑ *entbehrlich* superfluo [2] ↑ *zwecklos* inútil
überfordern *vt* ▷*körperlich, geistig* exigir demasiado
überfrachten *vt* [1] → *Lastwagen* sobrecargar [2] *FIG* ↑ *übertreiben* cargar las tintas
Überfremdung *f* (*Kapital*) invasión *f* de un mercado por capital extranjero
überführen *vt* [1] → *Auto* trasladar [2] ↑ *Schuld beweisen* probar (*gen* de); ◇ **jd-n e-s Verbrechens** ~ comprobar la culpabilidad de alguien [3] ↑ *überbauen* → *Straße* construir [un paso elevado]; **Überführung** *f* [1] (*von Auto*) transporte *m* [2] (*von Täter, von Anstalt*) traslado *m;* (*Beweis*) comprobación *f* [3] ↑ *Brücke* puente *m*
überfüllt *adj* ↑ *voll besetzt* repleto, lleno, a rebosar
Übergabe *f* [1] ↑ *Aushändigen* (*von Brief etc.*) entrega *f* [2] ↑ *Abgeben* (*Geschäfts-*) traspaso *m;* (*Wohnungs-*) entrega *f* [3] MIL ↑ *Auslieferung* (*von Gefangenen*) entrega *f*
Übergang *m* [1] (*Bahn-, Grenz-*) paso *m* [2] ↑ *Abstufung* (*von Ton, Farbe*) gradación *f* [3] *FIG* ↑ *Wandel* cambio *m;* **übergangslos** *adj FIG* ↑ *ohne Übergang* sin una etapa de cambio; **Übergangslösung** *f* solución *f* provisional; **Übergangsstadium** *n* período *m* de cambio
übergeben *unreg* **I.** *vt* [1] ↑ *aushändigen* → *Brief* entregar [2] ↑ *abgeben* → *Geschäft* trasladar; → *Amt* entregar [3] MIL ↑ *ausliefern* → *Stadt* entregar, rendir **II.** *vr* ◇ **sich** ~ ↑ *erbrechen* vomitar
übergehen[1] ⟨ging über, ist übergegangen⟩ *vi* [1] ↑ *weitergehen* ← *Tradition, Besitz* pasar (*auf akk* a) [2] ↑ *überlaufen* (*zum Feind*) desertar, pasarse [3] ↑ *überleiten* (*zu anderem Thema*) cambiar (*zu* de) [4] ↑ *sich wandeln* transformarse (*in akk* en); ◇ **Regen geht in Schnee über** la lluvia se convierte en nieve
übergehen[2] ⟨überging, hat übergangen⟩ *vt* [1] ↑ *auslassen* pasar por alto [2] ↑ *nicht berücksichtigen* desatender, no hacer caso de
übergescheit *adj* cuco, pillo
übergeschnappt *adj* loco, como una cabra/regadera
Übergewicht *n* [1] exceso *m* de peso [2] *FIG* ↑ *Vorteil* ventaja *f*
überglücklich *adj* contentísimo, muy feliz
Übergriff *m* [1] ↑ *Einmischung* intromisión (*auf akk* en) [2] MIL ↑ *Angriff* ataque *m*
überhaben *unreg vt FAM* [1] ↑ *satt haben* estar harto [2] ↑ *übrig haben* → *Geld* tener de sobra
überhandnehmen *unreg vi* ← *Forderungen, Ausschreitungen* ser excesivo
überhäufen *vt* (*mit Geschenken*) colmar de
überhaupt **I.** *adv* [1] ↑ *im allgemeinen* en general; ◇ **sie trinkt ~ recht viel** en general bebe demasiado [2] ↑ *ganz u. gar* ◇ **~ nicht** en absoluto [3] ↑ *sowieso* ◇ **er ist ~ ein komischer Kerl** de cualquier forma es un tipo raro **II.** *Partikel* ↑ *denn, eigentlich* en realidad; ◇ **was kostet das ~?** ¿cuanto cuesta esto en realidad?
überheblich *adj* arrogante; **Überheblichkeit** *f* arrogancia *m*
überhöht *adj* ▷*Preis* excesivo
überholen *vt* [1] ↑ *schneller, besser sein* (*mit*

Auto) adelantar [2] TECH ↑ *reparieren* arreglar, reparar; **überholt** *adj* anticuado, pasado de moda

Überholverbot *n* adelantamiento *m* probibido

überhören *vt* [1] ↑ *nicht hören* no oír [2] ↑ *ignorieren* ▷*absichtlich* hacerse el sordo, desatender

überirdisch *adj* ▷*Schönheit* celestial

überkommen *unreg vt* ← *Gefühl* surgir

überladen I. *unreg vt* (*zu schwer beladen*) → *Lkw* sobrecargar II. *adj* [1] ↑ *zu sehr belastet* sobrecargado [2] *FIG* ↑ *zu stark verziert* recargado

überlagern I. *vt* ↑ *verdecken* ← *Schicht* sobreponer II. *vr* ◇ **sich** ~ ↑ *überlappen* ← *Interessen* acumularse

Überlandsverkehr *m* tráfico *m* interurbano

überlassen *unreg* I. *vt* [1] ↑ *leihen* ◇ **jd-m etw** ~ dejar algo a alguien [2] ↑ *anvertrauen* → *Kind* dejar [3] ↑ *freistellen* → *Wahl* dejar al criterio de los demás II. *vr* ↑ *hingeben*: ◇ **sich e-r Sache** *dat* ~ confiarse en una cosa

überlasten *vt* ↑ *überfordern* → *Person* exigir demasiado, agobiar; → *Maschine* sobrecargar; **Überlastung** *f* (*Überbeanspruchung, von Person*) agobio *m;* (ELECTR *von Stromnetz,* TELEC *von Telefonleitung*) sobrecarga *f*

Überlaufanzeiger *m* PC indicador *m* de capacidad excedida; **überlaufen** *unreg vi* [1] ← *Wasser* salirse [2] ↑ *desertieren* desertar; **überlaufen** *adj* ↑ *überfüllt* muy lleno , a rebosar; ◇ ~ **sein** estar a rebosar; **Überläufer(in** *f*) *m* ↑ *Deserteur* desertor(a *f*) *m*

überleben *vt* [1] ↑ *nicht sterben* → *Unfall, Operation* sobrevivir [2] ↑ *länger leben* → *jd-n* vivir más que; **Überlebende(r)** *fm* sobreviviente *m*/*f*

überlegen I. *vi* ↑ *nachdenken* reflexionar II. *vt* [1] ↑ *bedenken* → *Entscheidung* meditar [2] ↑ *ausdenken* ◇ **sich** *dat* **etw** ~ pensar en algo III. *adj* ↑ *besser*: ◇ **jd-m** ~ **sein** ser superior a alguien; **Überlegenheit** *f* superioridad *f*

Überlegung *f* ↑ *Nachdenken* reflexión *f*

überliefern *vt* ↑ *weitergeben* → *Tradition* transmitir, pasar; **Überlieferung** *f* transmisión *f*, paso *m*

überlisten *vt* engañar, burlar

überm = **über dem**

Übermacht *f* [1] MIL fuerzas *f*/*pl* superiores [2] ↑ *Mehrheit* mayoría *f*, predominio *m;* **übermächtig** *adj sehr stark* ▷*Gefühle* muy fuerte; ▷*Heer* muy poderoso

Übermaß *n* exceso *m* (*an dat* de); **übermäßig** I. *adj* ↑ *exzessiv* excesivo II. *adv* ↑ *exzessiv*: ◇ ~ **rauchen** fumar en exceso

übermenschlich *adj* sobrehumano

übermitteln *vt* → *Nachricht* transmitir, enviar

übermorgen *adv* pasado mañana

Übermüdung *f* agotamiento *m*

Übermut *m* ↑ *Ausgelassenheit* alegría *f* desbordante; **übermütig** *adj* ↑ *ausgelassen* loco de alegría

übernachten *vi* ↑ *schlafen* (*in Hotel*) pasar la noche; (*im Zelt, bei jd-m*) dormir en; **übernächtigt** *adj* cansado por no haber dormido bien; **Übernachtung** *f* noche [en un hotel] *f;* ◇ ~ **u. Frühstück** habitación y desayuno

Übernahme *f* ‹-, -n› (*das Übernehmen, von Geschäfts*) traslado *m;* (*von Text*) cita *f;* (*Amts-*) toma *f* de posesión; (*von Verantwortung*) aceptación *f;* **übernehmen** *unreg* I. *vt* [1] → *Geschäft* hacerse cargo de; → *Aufgabe* aceptar, asumir; → *Zitat* citar [2] JURA ↑ *bearbeiten* → *Fall* encargarse de II. *vr* ◇ **sich** ~ ↑ *überanstrengen* esforzarse demasiado, abusar de

überordnen *vt* ↑ *wichtiger bewerten* valorar más, dar prioridad; ◇ **etw e-r Sache** *dat* ~ valorar una cosa más que otra

überprüfen *vt* ↑ *kontrollieren* → *Gepäck* controlar; → *Motor* revisar; → *Entscheidung* comprobar, reconsiderar (*auf akk* algo); **Überprüfung** *f* control *m*, revisión *f*

überqueren *vt* → *Straße* cruzar

überragen ser más alto, destacar; **überragend** *adj FIG* ▷*Leistung* excelente

überraschen *vt* [1] ↑ *unerwartet besuchen etc.* dar una sorpresa [2] ↑ *erstaunen* sorprender, extrañar; ◇ **das überrascht mich** me sorprende [3] ↑ *ertappen* pillar; **Überraschung** *f* ↑ *Erstaunen* sorpresa *f*

überreden *vt* persuadir (*zu* a); ◇ **jd-n zum Kauf** ~ persuadir a alguien a comprar

überreichen *vt* entregar, presentar

überreizt *adj* nervioso, excitado

Überreste *m*/*pl* [1] (*sterbliche* ~) restos *pl* [2] ↑ *Trümmer* ruinas *pl*

überrumpeln *vt FAM* (*mit Frage*) avasallar

übers = **über das**

übersäen *vt* (*mit Blumen*) cubrir de

übersättigen *vt* [1] *FIG* (*jd-n*) hartar [2] → *Markt* estar a rebosar

Überschallflugzeug *n* avión *m* supersónico; **Überschallgeschwindigkeit** *f* velocidad *f* supersónica

überschatten *vt* [1] ↑ *Schatten spenden* hacer sombra [2] *FIG* ↑ *trüben* entristecer; ◇ **der Tod des Vaters überschattet die Feier** la muerte del padre entristece las fiestas

überschätzen I. *vt* ↑ *überbewerten* sobrevalorar **II.** *vr* ◇ **sich ~** ↑ *zuviel zumuten* sobrevalorarse

überschäumen *vi* [1] ↑ *übersprudeln* ← *Sekt* hacer burbujas [2] (*FIG vor Glück*) rebosar (*vor* de)

Überschlag *m* [1] ↑ *ungefährer Betrag* valoración *f* aproximada [2] (SPORT *Handstand-*) tanteo *m*

überschlagen [1] ⟨überschlug, hat überschlagen⟩ **I.** *vt* [1] ↑ *ungefähr berechnen* calcular [2] ↑ *auslassen* → *Buchseite* saltar **II.** *vr* ◇ **sich ~** [1] (← *Auto, bei Unfall*) dar una vuelta de campana [2] ↑ *umkippen* ← *Stimme* soltar un gallo [3] *FAM* ◇ **sich vor Freundlichkeit ~** dar saltos de alegría

überschlagen [2] ⟨schlug über, hat übergeschlagen⟩ *vt* ↑ *überkreuzen* → *Arme* cruzar

überschlagen [3] *adj* ↑ *lauwarm* templado, tibio; ◇ **die Temperatur ist ~** la temperatura es agradable

überschnappen *vi* [1] ↑ *sich überschlagen* ← *Stimme* soltar un gallo [2] *FAM* ↑ *verrückt werden* ← *Mensch* estar como una cabra/regadera; ◇ **du bist wohl übergeschnappt!** ¡ estás como una cabra!

überschneiden *unreg vr* ◇ **sich ~** [1] ↑ *sich kreuzen* ← *Linien* cruzarse [2] ← *Termine* coincidir [3] *FIG* ← *Bereiche* superponerse

überschreiben *unreg vt* [1] ↑ *mit Überschrift versehen* → *Artikel* poner título; PC → *Diskette* sobreimprimir; → *Buchstabe* sobreponer [2] ↑ *abtreten* → *Eigentum* transferir

überschreiten *unreg vt* [1] ↑ *überqueren* → *Grenze* pasar, cruzar [2] *FIG* ↑ *verstoßen gegen* → *Rechte* infringir

Überschrift *f* título *m*, titular *m*

Überschuß *m* exceso *m*, excedente *m* (*an dat* de); **überschüssig** *adj* ▷*Kraft* en exceso, sobrante

überschütten *vt* [1] ↑ *überhäufen* llenar de, colmar de; ◇ **jd-n mit Wasser ~** mojar a alguien con agua; ◇ **jd-n mit Geschenken ~** colmar a alguien de regalos [2] *FIG* ↑ *überhäufen* ◇ **jd-n mit Fragen ~** avasallar a alguien con preguntas

überschwemmen *vt* inundar; **Überschwemmung** *f* inundación *f*

überschwenglich *adj* ↑ *übertrieben gefühlsbetont* efusivo; ◇ **sich ~ bedanken** agradecer efusivamente

Übersee *f* ultramar *m*; ◇ **nach ~ auswandern** emigrar a ultramar; **Überseedampfer** *m* transatlántico *m*; **überseeisch** *adj* transatlántico; ◇ **-e Besitzungen** posesiones en ultramar/en el extranjero

übersehbar *adj* [1] ↑ *überblickbar* ▷*Gelände* visible [2] *FIG* ↑ *absehbar* ▷*Folgen, Kosten* previsible [3] ▷*Fehler* que no salta a la vista; **übersehen** *unreg vt* [1] ↑ *überblicken* → *Gelände* dominar con la vista [2] *FIG* ↑ *absehen, abschätzen* → *Folgen* preveer [3] ↑ *nicht sehen, nicht bemerken* → *Fehler* no saltar a la vista; → *jd-n* pasar desapercibido

übersenden *unreg vt* mandar, enviar

übersetzen [1] ⟨übersetzte, hat übersetzt⟩ *vt* [1] ↑ *übertragen* traducir; ◇ **aus dem Englischen ins Spanische ~** traducir del inglés al español [2] *FAM* → *Fachausdruck* traducir [3] TECH ↑ *Kraft übertragen* transmitir

übersetzen [2] ⟨setzte über, hat übergesetzt⟩ *vi* atravesar, cruzar

Übersetzer(in *f*) *m* ⟨-s, -⟩ traductor(a *f*) *m*; **Übersetzung** *f* [1] ↑ *Übertragung* (*ins Spanische, aus dem Spanischen*) traducción *f* [2] TECH ▷*große, kleine* transmisión *f*

Übersicht *f* [1] ↑ *Überblick* idea *f* general; ◇ *die ~ verlieren* perder la cuenta [2] ↑ *Tabelle* cuadro *m* sinóptico [3] ↑ *Resümee* resumen *m*; **übersichtlich** *adj* [1] ↑ *leicht zu überblicken* ▷*Gelände* abierto [2] ↑ *klar geordnet* ▷*Organisation* claro; **Übersichtlichkeit** *f* (*von Darstellung*) claridad *f*

übersiedeln *vi* ↑ *umziehen* ir, emigrar (*von ... nach* de ... a); **Übersiedler(in** *f*) *m emigrante de la antigua RDA a la también antigua RFD*

überspannt *adj* [1] ↑ *exzentrisch* ▷*Person* excéntrico [2] ↑ *übertrieben, exaltiert* ▷*Forderungen* exagerado, exigente

überspielen *vt* [1] ↑ *auf Tonband kopieren* → *Platte* grabar [2] ↑ *verbergen* → *Gefühle* controlar [3] SPORT ↑ *ausspielen, besiegen* ganar

überspitzt *adj* [1] ▷*formulieren* mordaz, exagerado [2] ↑ *spitzfindig* sutil

überspringen [1] ⟨übersprang, hat übersprungen⟩ *vt* [1] → *Hürde* saltar [2] *FIG* ↑ *auslassen, übergehen* → *Thema* saltarse, dejar; → *Schulklasse* saltarse un curso

überspringen [2] ⟨sprang über, ist übergesprungen⟩ *vi auch FIG* ← *Funke* saltar

überstehen [1] ⟨überstand, hat überstanden⟩ *vt* ↑ *überleben* sobrevivir; ↑ *bewältigen* → *Krise* superar;

überstehen [2] ⟨stand über, hat/ist übergestanden⟩ *vi* ↑ *hervorstehen* ← *Dach* sobresalir

übersteigen *unreg vt* [1] ↑ *klettern über* pasar por encima; → *Mauer* escalar [2] *FIG* ↑ *überfordern* → *Möglichkeiten* sobrepasar, superar; **übersteigert** *adj* excesivo, exagerado

überstimmen *vt* → *jd-n* → *Antrag* aprobarse por mayoría de votos

überstrapazieren *vtr* ◇ **sich** ~ [1] (*überbeanspruchen*) → *Gerät* usar demasiado [2] *FIG* ↑ *zu oft gebrauchen* → *Argument* abusar de

Überstunden *f/pl* horas *f/pl* extraordinarias

überstürzen **I.** *vt* ↑ *voreilig handeln* → *Entschluß* precipitar **II.** *vr* ◇ **sich** ~ ← *Ereignisse* precipitarse, acelerarse; **überstürzt** *adj* precipitado

übertariflich *adj* por encima de la tarifa normal

überteuert *adj* ▷*Preis* carísimo , encarecido

übertölpeln *vt* → *jd-n* engañar, burlar

übertönen *vt* hablar más alto, levantar el toño

Übertrag *m* ‹-[e]s, Überträge› COMM (*Rechnungs-*) saldo *m* a cuenta nueva; **übertragbar** *adj* [1] JURA ▷*Befugnisse* transferible (*auf akk* a) [2] ↑ *anwendbar* ▷*Methode* aplicable (*auf akk* a) [3] MED ↑ *ansteckend* ▷*Krankheit* contagioso (*auf akk* a)

übertragen *unreg* **I.** *vt* [1] JURA → *Rechte* ceder (*auf akk* a) [2] TECH → *Kraft* transmitir [3] → *Methode* aplicar (*auf akk* a) [4] MED → *Krankheit* contagiar (*auf akk* a) [5] (MEDIA → *Sendung, live* ~) retransmitir [6] ↑ *übersetzen* → *Text* traducir (*in akk* a) [7] → *Bedeutung, Gesetz* conferir **II.** *vr* ◇ **sich** ~ [1] MED ← *Krankheit* contagiarse (*auf akk* de) [2] TECH ← *Kraft* transmitirse (*auf akk* a) **III.** *adj:* ◇ **in -er Bedeutung** en sentido figurado; **Übertragung** *f* (*das Übertragen*) cesión *f;* transmisión *f;* contagio *m;* retransmisión *f;* traducción *f*

übertreffen *unreg* **I.** *vt* → *jd-n* ser superior (*an dat* a) **II.** *vr:* ◇ **sich selbst** ~ superarse

übertreiben *unreg vt* [1] → *Erzählung* exagerar [2] ↑ *etw übereifrig tun* (*mit Ordnung*) exagerar (*con* mit); *FAM* pasarse (*mit* con); **Übertreibung** *f* [1] exageración *f* [2] (*von Sport etc.*) abuso *m*

übertreten [1] ‹übertrat, hat übertreten› *vt* [1] → *Grenze* pasar, cruzar [2] *FIG* ↑ *nicht beachten* → *Gesetz* violar, infringir

übertreten [2] ‹trat über, ist übergetreten› *vi* [1] ↑ *überwechseln* (*zum Buddhismus*) convertirse a; (*in andere Partei*) pasar(se) [2] ← *Fluß* cruzar, pasar [3] SPORT pisar la línea

übertrieben *adj* [1] ↑ *verfälscht* ▷*Darstellung* exagerado [2] ↑ *zu stark* ▷*Ordnungsliebe* altado

Übertritt *m* [1] (*Grenz-*) paso *m* [2] ↑ *Konversion* (*zu Glauben*) conversión *f* [3] ↑ *Wechsel* (*Schul-*) cambio *m*

übervoll *adj* ↑ *zu voll* ▷*Glas* a rebosar; (*von Menschen*) repleto, lleno

übervorteilen *vt* abusar; perjudicar

überwachen *vt* [1] ↑ *kontrollieren* → *Produktion* controlar [2] ↑ *beaufsichtigen* → *Häftling* → *Verdächtigen* vigilar [3] ↑ *beobachten* → *Patient* observar; **Überwachung** *f* [1] control *m* [2] vigilancia *f* [3] observación *f;* **Überwachungsstaat** *m* Estado *m* policial

überwältigen *vt* [1] ↑ *besiegen* → *Person* ← *Schlaf* vencer [2] *FIG* ↑ *befallen* ← *Gefühl* dominar; **überwältigend** *adj* ▷*Schönheit* extraordinario, fuera de lo común

überwechseln *vi* [1] (*zu Glauben*) pasarse (*zu* a) [2] ↑ *sich ändern* ← *Stimmung* cambiar (*in akk* de)

überweisen *unreg vt* [1] FIN → *Geld* transferir, hacer un giro (*an [jd-n]* a en) [2] (*von Patienten*) mandar (*an akk* a); **Überweisung** *f* [1] (FIN *Bank-*) transferencia *f,* giro *m* [2] (*-sschein, Bank-*) resguardo *m;* → *Patienten* volante *m*

überwiegen *unreg vi* predominar, prevalecer; **überwiegend** *adj* predominante

überwinden *unreg* **I.** *vt* [1] ↑ *bewältigen* → *Angst* superar, vencer [2] ↑ *fallenlassen* → *Ansichten* abandanar **II.** *vr* ◇ **sich** ~ ↑ *sich e-n Ruck geben* hacer de tripas corazón; **Überwindung** *f* ↑ *Bewältigung* (*von Angst*) superación *f;* ◇ ~ **kosten** costar mucho trabajo/esfuerzo

überwintern *vi* invernar

Überzahl *f* ↑ *Mehrzahl:* ◇ **in der** ~ **sein** tener mayoría; **überzählig** *adj* [1] ↑ *überflüssig* sobrante [2] ↑ *überschüssig* excedente, en exceso

überzeugen **I.** *vt* [1] (*durch Argumente*) convencer (*von* con); ◇ **jd-n vom Gegenteil** ~ convencer a alguien de lo contrario [2] ↑ *für etw einnehmen* asegurar; ◇ **jd-n von der Richtigkeit e-r Sache** ~ asegurar a alguien de la veracidad de una cosa **II.** *vr* ◇ **sich** ~ (*vergewissern*) convencerse, asegurarse, cerciorarse (*von dat* de); **überzeugend** *adj* convincente; **Überzeugung** *f* [1] ↑ *das Überzeugen* convencimiento *m* [2] ↑ *Glaube* ▷*religiös* creencia *f;* ▷*politisch* convicción *f;* ◇ **zu der** ~ **gelangen, daß ...** llegar al convencimiento de que ...

überziehen [1] ‹zog über, hat übergezogen› *vt* [1] ↑ *anziehen* → *Pullover* ponerse [2] *FAM* ◇ **jd-m eins** ~ dar un golpe en la cabeza a alguien

überziehen [2] *unreg* **I.** ‹überzog, hat überzogen› *vt* [1] ↑ *bedecken* (*mit Belag*) cubrir [2] ↑ *beziehen* → *Sofa* tapizar; ◇ **frisch** ~ → *Bett* poner sábanas limpias [3] FIN ↑ *ins Soll geraten* → *Konto* dejar en descubierto [4] MEDIA → *Sendezeit* rebasar **II.** *vr* ◇ **sich** ~ [1] ↑ *bedecken* (*mit Schicht*) cubrirse de [2] (← *Himmel, mit Wolken*) cubrirse de, nublarse; **Überzieher** *m* gabardina *f;* **Überziehungskredit** *m* FIN crédito *m* en descubierto

Überzug *m* [1] ↑ *Beschichtung* (*aus Metall*) cubierta *f* [2] (*Zucker-*) capa *f* [3] (*Kissen-*) funda *f;* (*Bett-*) colcha *f*

üblich *adj* [1] ↑ *herkömmlich* ▷*Brauch* de siempre [2] ↑ *gebräuchlich* (*landes-*) tradicional; ◇ **das ist bei uns so** - es costumbre

U-Boot *n FAM* submarino *m*

übrig *adj* [1] ↑ *restlich* de sobra; ◇ **ist vom Essen noch etw -?** ¿ha quedado comida de sobra? [2] ◇ **die -en Personen** las otras personas [3] ◇ **etw - haben** tener de sobra [4] ◇ **im -en** por lo demás; **übrigbleiben** *unreg vi* [1] sobrar [2] *FIG* quedar; ◇ **es bleibt mir nichts anderes übrig als ...** no me queda otro remedio que ...

übrigens *adv* por lo demás

übriglassen *unreg vt* [1] ↑ *nicht verbrauchen* → *ein Stück Kuchen* dejar [2] *FIG* ↑ *keine andere Wahl lassen* quedar; ◇ **er läßt mir nichts anderes übrig als ...** no me deja otro remedio que ... [3] ◇ **zu wünschen** - dejar que desear

Übung *f* [1] ↑ *Training* ejercicio *m* [2] ↑ *Praxis* práctica *f;* ◇ **ihm fehlt die** - le falta práctica [2] (*Notfall-*) simulacro *m;* maniobra *f* [3] ↑ *Seminar, Kurs* practicas *f/pl;* **Übungsplatz** *m* campo *m* de maniobras

UdSSR *f Abk v.* **Union der Sozialistischen Sowjetrepubliken** U.R.S.S.; ◇ **die** - la URSS

Ufer *n* ‹-s, -› [1] (*Fluß-*) ribera *f* [2] (*See-*) orilla *f* [3] ◇ **über die - treten** desbordarse

Ufo *n* ‹-[s], -s› *Akr v.* **unbekanntes Flugobjekt** Ovni *m*

U-Haft *f Abk v.* **Untersuchungshaft**

Uhr *f* ‹-, -en› [1] (*Wand-, Armband-*) reloj *m* [2] ↑ *Zähler* (*Gas-*) contador *m* [3] (*Benzin-*) indicador *m* [4] (*Zeitangaben*) ◇ **wieviel - ist es?** ¿qué hora es?; ◇ **es ist zwei - fünfzehn** son las dos y cuarto; ◇ **um 5** - a las 5; **Uhrmacher(in** *f*) *m* ‹-s, -› relojero/a; **Uhrwerk** *n* [1] mecanismo *m* del reloj [2] (*von Zähler/Meßinstrument*) mecanismo *m;* **Uhrzeiger** *m* ▷*groß, klein* manecilla *f;* **Uhrzeigersinn** *m:* ◇ **im** - en el sentido de las agujas del reloj; ◇ **entgegen dem** - en sentido opuesto a las agujas del reloj; **Uhrzeit** *f* hora *f;* ◇ **nach der - fragen** preguntar la hora

Uhu *m* ‹-s, -s› búho *m*

UKW *n Abk v.* MEDIA **Ultrakurzwelle[n]**

Ulk *m* ‹-s, -e› *FAM* ↑ *Streich* broma *f;* (*aus Spaß*) ◇ **etw aus - sagen** decir algo en broma; **ulkig** *adj* [1] ↑ *spaßig* ▷*Geschichte* gracioso, divertido [2] ↑ *merkwürdig, seltsam* ▷*Mensch* raro, extraño

Ulme *f* ‹-, -n› olmo *m*

ultimativ *adj* ▷*Forderung* insistente; **Ultimatum** *n* ‹-s, Ultimaten› ↑ *Frist* ultimátum *m;* ◇ **jd-m ein - stellen** dar a alguien un ultimátum

Ultrakurzwelle *f* PHYS MEDIA onda *f* ultracorta; **Ultrakurzwellensender** *m* MEDIA emisora *f* de onda ultracorta; **Ultraschall** *m* PHYS ultrasonido *m;* **Ultraschallaufnahme** *f* MED ecografía *f;* **ultraviolett** *adj* ultravioleta; ◇ **-e Strahlen** rayos ultravioletas

um I. *präp akk* [1] (*zeitlich*) ◇ **- 12 Uhr** a las 12; ◇ **- Ostern [herum]** por Semana Santa; ◇ **um 4 Uhr [herum]** a eso de las cuatro [*o.* sobre las cuatro] [2] (*räumlich*) ◇ **um ... herum** ↑ *in der Gegend von* alrededor de ...; ◇ **- das Dorf (herum)** alrededor del pueblo [3] ↑ *in der Nähe* cerca; ◇ **Menschen - sich haben** tener personas cerca; ◇ **- sich blicken** mirar a todas partes [4] ↑ *betreffend, wegen* de, por; ◇ **es geht sich - Ihre Arbeit** se trata de su trabajo; ◇ **Angst - jd-n haben** tener miedo por alguien [5] ↑ *nach, aufeinanderfolgend* tras; ◇ **Jahr - Jahr** año tras año [6] ◇ **jd-n - etw bringen** quitar a alguien algo, dejar a alguien sin [7] ◇ **- 3 m verlängern** alargar 3 metros **II.** *präp gen* ↑ *wegen* por; ◇ **- ihrer Kinder willen** por sus hijos **III.** *cj* [1] ◇ **- ... zu** (*damit*) para; ◇ **sie braucht e-e Brille, - lesen zu können** necesita gafas para poder leer [2] ↑ *desto* ◇ **je mehr - so besser** cuanto más mejor [3] ◇ **- so besser!** ¡mucho mejor! **IV.** *adv* ↑ *ungefähr:* ◇ **es kostet - die 25 Mark** cuesta unos 25 marcos

umadressieren *vt* cambiar de dirección

umändern *vt* → *Kleider* arreglar; → *Gesetz* reformar

umarbeiten *vt* transformar [1] → *Buch, Artikel* rehacer, reformar [2] ↑ *adaptieren* → *Roman* adaptar

umarmen *vt* abrazar

Umbau *m* ‹-[e]s, -e *o.* -ten› [1] (*von Haus*) reformas *f/pl;* ◇ **wegen - geschlossen** cerrado por reformas [2] (*von Maschine*) transformación *f* [3] (*von Organisation*) reestructuración *f,* modificación *f;* **umbauen** *vt* [1] → *Haus, Wohnung* reformar [2] → *Motor, Maschine* transformar [3] *FIG* → *Organisation* reestructurar, modificar

umbenennen *unreg vt* → *Firma* cambiar de nombre (*in akk* por)

umbilden *vt* [1] *FIG* ↑ *neu/anders besetzen* transformar [2] POL → *Regierung* reajustar, reestructurar; **Umbildung** *f* (*Reorganisation*) transformación *f;* (*von Regierung, Kabinett*) reajuste *m,* reestructuración *f*

umbinden *unreg vt:* ◇ **sich** *dat* **etw -** → *Schal, Schürze* ponerse; → *Krawatte* ponerse, atarse

umblättern *vt* pasar hojas

umblicken *vr* ◇ **sich** - mirar alrededor (*nach* hacia)

umbringen *unreg* **I.** *vt* ↑ *töten* → *jd-n* matar **II.** *vr*

◇ **sich** - ↑ *Selbstmord begehen* matarse, suicidarse

Umbruch *m* [1] ↑ *radikaler Wechsel* cambio *m* radical [2] (TYP *Seiten-*) compaginación *f*

umbuchen *vti* [1] ↑ *verschieben* → *Reise* cambiar la fecha (*auf akk* para) [2] FIN → *Geldbetrag* pasar de una cuenta a otra (*auf akk* a); **Umbuchung** *f* [1] (*von Reise, Termin*) cambio *m* de fecha [2] (FIN *von Geld*) traslado *m* a otra cuenta

umdenken *unreg vi* cambiar de forma de pensar

umdisponieren *vi* cambiar los planes

umdrehen I. *vt* [1] → *Schlüssel* girar [2] → *Blatt Papier* volver [3] ↑ *verrenken* → *Hals* doblar, torcer [4] *FIG* ◇ **das Wort im Mund** - cambiar el sentido de las palabras II. *vi* ↑ *umkehren* dar la vuelta, volver III. *vr* ◇ **sich** - [1] ↑ *umwenden* darse la vuelta, volverse (*nach* a) [2] *FAM* ◇ **der Magen dreht sich mir um** se me está revolviendo el estómago; **Umdrehung** *f* giro *m* [1] PHYS ↑ *Rotation* rotación *f* [2] (AUTO *Motor-*) revolución *f*

Umdruck *m* reimpresión *f*

umeinander *adv* (*e-er um den anderen*) [1] ◇ - **herumgehen** cruzarse sin [querer] verse/ encontrarse [2] ◇ - **besorgt sein** estar preocupado uno por otro

umfahren [1] ⟨fuhr um, hat umgefahren⟩ *vt* [1] → *Baum* chocar contra/con [2] *FAM* ↑ *Umweg machen* rodear

umfahren [2] ⟨umfuhr, hat umfahren⟩ *vt* ↑ *herumfahren um* → *Stadt*/*Person* dar una vuelta alrededor de

umfallen *unreg vi* [1] ↑ *zu Boden fallen* ← *Baum* caerse [2] *FAM* ↑ *ohnmächtig werden* ← *Person* desmayarse [3] *FAM* ↑ *nachgeben* aguantar poco; ◇ **der Hauptzeuge ist umgefallen** el testigo principal ha cambiado de opinión [4] ◇ **zum Umüde** estar muerto de cansancio

Umfang *m* [1] (*Kreis-*) circunferencia *f;* (*Bauch-*) contorno *m* [2] ↑ *Fläche, Größe* extensión *f* [3] *FIG* ↑ *Ausmaß* (*von Arbeit*) amplitud *f;* (*von Bedeutung*) alcance *m;* **umfangreich** *adj* [1] ↑ *weiträumig* extenso, amplio, vasto [2] *FIG* ↑ *weitreichend* ▷ *Untersuchung* de gran alcance

umfassen *vt* [1] ↑ *fassen* → *jd-n* rodear [2] ↑ *eingrenzen* → *Gebiet* cercar; amurallar [3] ◇ **das Buch umfaßt 275 Seiten** el libro contiene 275 páginas [4] *FIG* ↑ *beinhalten* → *Wissensbereich* comprender, abarcar

Umfeld *n* (*soziales -*) campo *m,* terreno *m,* ambiente *m*

umformen *vt* [1] ↑ *umändern* → *Gesellschaft* transformar (*in akk* en) [2] ELECTR transformar, convertir; **Umformer** *m* ⟨-s, -⟩ ELECTR transformador *m*

Umfrage *f Meinungs-,* POL encuesta *f,* sondeo *m*

umfüllen *vt* → *Flüssigkeit* pasar

umfunktionieren *vt* ↑ *Funktion ändern* cambiar la función de (*in akk* en)

Umgang *m* [1] ↑ *Kontakt* relación *f,* trato *m;* ◇ **mit jd-m - haben** tener relación con alguien [2] (*mit Tieren, Dingen*) trato *m;* **umgänglich** *adj* ↑ *freundlich* ▷ *Mensch* sociable, tratable; **Umgangsformen** *f/pl:* ◇ **gepflegte** - buenos modales *m/pl;* **Umgangssprache** *f* lenguaje *m* coloquial; **umgangssprachlich** *adj* coloquial

umgeben *unreg* I. *vt* ↑ *eingrenzen* cercar; (*mit Mauer*) amurallar II. *vr* ◇ **sich [mit Künstlern]** - rodearse [de artistas]; **Umgebung** *f* [1] (*ländliche -*) alrededores *m/pl* [2] ↑ *Milieu* (*soziale -*) medio *m,* ambiente *m* [3] *FIG* círculo *m*

umgehen [1] ⟨ging um, ist umgegangen⟩ *vi* [1] ↑ *behandeln* → *Person* tratar (*mit* con); ◇ **mit jd-m leichtfertig** - tratar a alguien a la ligera [2] ↑ *handhaben* → *Sache* manejar (*mit;* ◇ **mit Dokumenten sorgfältig** - manejar documentos concienzudamente [3] *herumgehen* ← *Gespenst* andar; ← *Gerede* circular; ← *Krankheit* extenderse

umgehen [2] ⟨umging, hat umgangen⟩ *vt* [1] ↑ *nicht betreten* → *Gebiet etc.* rodear [2] *FIG* ↑ *vermeiden* → *Gesetz* eludir [3] *FIG* ↑ *ausweichen* → *Frage, Antwort* evitar, esquivar

umgehend *adj* inmediato, en el acto

Umgehung *f* [1] (*von Gebiet*) desviación *f;* (*von Gesetz*) elusión *f;* (*von Frage*) omisión *f* [2] (*FAM -sstraße*) desviación *f;* (*um Ort*) carretera *f* de circunvalación; (*a.:* **Umgehungsstraße**)

umgekehrt I. *adj* [1] ↑ *entgegengesetzt* inverso; ◇ **das ABC - aufsagen** decir el abecedario a la inversa [2] ↑ *konträr* contrario; ◇ **es verhält sich genau** - se comporta exactamente al revés [3] ↑ *andersherum* por el otro lado; ◇ **sich - auf den Stuhl setzen** sentarse en la silla por el otro lado II. *adv* ↑ *andersherum* al revés; ◇ **und/oder** - y/o viceversa; ◇ - **proportional** inversamente proporcional

umgestalten *vt* [1] ↑ *ändern* → *Plan* cambiar, transformar [2] ↑ *umorganisieren* → *Firma* reorganizar [3] ↑ *umbilden* → *Regierung* reestructurar

umgraben *unreg vt* → *Garten* cavar

umgruppieren *vt anders zusammenstellen* → *Personen* reagrupar

Umhang *m* [1] ↑ *Mantel* capa *f* [2] ↑ *Tuch* pañoleta *f*

umhauen *unreg vt* [1] ↑ *fällen* → *Baum* cortar, talar [2] *FAM* ↑ *zu Boden werfen* → *jd-n* tirar al suelo [3] *FAM* ↑ *erstaunen* alucinar; ◇ **das haut mich um** me alucina

umher *adv* ↑ *herum* alrededor; **umherfahren** *unreg* **I.** *vt* ↑ *herumfahren* dar una vuelta **II.** *vi* ▷*ziellos* vagar; **umhergehen** *unreg vi* ir de un sitio a otro; **umherreisen** *vi* vagar, deambular; **umherstreifen** recorrer; **umherziehen** *unreg vi* ← *Zirkus* andar de un sitio para otro

umhinkönnen *unreg vi* ↑ *e-m Zwang folgen*: ◇ **sie kann nicht umhin, das zu tun** no le queda más remedio que hacerlo

umhören *vr* ◇ **sich** - ↑ *fragen* enterarse (*nach* de)

umjubeln *vt* → *Sänger* aplaudir efusivamente

Umkehr *f* ⟨-⟩ [1] ↑ *Wendung zurück* vuelta *f* [2] *FIG* ↑ *Änderung* (*in Überzeugung*) cambio *m;* **umkehren I.** *vi* [1] volver [2] cambiar de opinión/de convicción **II.** *vt* [1] → *Tasche etc.* dar la vuelta a [2] → *Gefäß etc.* volcar [3] *FIG* ↑ *auf den Kopf stellen* → *Gegebenheiten* revolver [4] ↑ *umdrehen* → *Reihenfolge* invertir

umkippen I. *vt* → *Boot* volcar **II.** *vi* [1] ← *Gefäß, Boot* volcar [2] *FAM* ↑ *ohnmächtig werden* desmayarse [3] *FAM* ← *als Zeuge* cambiar de opinión [4] BIOL ← *Gewässer* morir

Umkleideraum *m* ↑ *Kabine* (*in Turnhalle, Schwimmbad*) vestuario *m;* (*in Bekleidungsgeschäft*) probador *m*

umkommen *unreg vi* [1] ↑ *sterben* (*bei Unfall*) morir, matarse [2] ↑ *verderben* ← *Lebensmittel* echarse a perder, pudrirse [3] *FAM* no aguantar algo; ◇ **vor Hitze** - morirse de calor

Umkreis *m* [1] ↑ *Umgebung* alrededores *m/pl* [2] periferia *f;* ◇ **im** - **von** en la periferia de; **umkreisen** *vt* [1] ASTRON ← *Mond* girar alrededor [2] ↑ *mit Kreis markieren* → *Textstelle* señalar con un círculo

umkrempeln *vt* [1] ↑ *hochschlagen* → *Ärmel* subir, arremangarse [2] *FAM* ↑ *durchsuchen* → *Wohnung* poner patas arriba [buscando algo] [3] *FIG* ↑ *grundlegend ändern* → *jd-n/etw* cambiar totalmente

Umlage *f* ↑ *Aufteilung* (*auf mehrere Personen*) reparto *m*

Umlauf *m* [1] ASTRON ↑ *Umkreisung* revolución *f* [2] ↑ *Rundschreiben* circular *f* [3] ◇ **in** - **sein** estar en circulación; **Umlaufbahn** *f* ASTRON órbita *f;* **Umlaufzeit** *f* período *m* de revolución

Umlaut *m* GRAM diéresis *f*

umlegen *vt* [1] ↑ *aufteilen* → *Kosten* repartir entre [2] ↑ *verlegen* → *Termin* cambiar [3] ↑ *bewegen* → *Hebel* dar a, mover [4] *FAM* ↑ *fällen* → *Baum* caer [5] *FAM* ↑ *töten* dejar tieso, matar

umleiten *vt* AUTO desviar; **Umleitung** *f* AUTO desvío *m*

umlernen *vi* readaptarse

umliegend *adj* ↑ *in der Gegend, im Umkreis* ▷*Gemeinden* vecino, de los alrededores

ummelden *vtr* ◇ **sich** - → *Auto* darse de alta de nuevo, inscribirse

Umnachtung *f* ▷*geistig* alienación *f* mental

umorganisieren *vt* → *Betrieb* reorganizar

umorientieren *vr* ◇ **sich** - adaptarse a los tiempos; mirar el entorno [en busca de algo nuevo]

umranden *vt* perfilar, enmarcar

umrechnen *vt* FIN calcular (*in akk* en); **Umrechnung** *f* FIN conversión *f;* **Umrechnungskurs** *m* FIN tipo *m* de cambio

umreißen *unreg vt FIG* ↑ *grob definieren* → *Thema* definir a grandes rasgos, esbozar

umringen *vt* → *jd-n* rodear

Umriß *m* [1] ↑ *Skizze* ▷*zeichnen* esbozo *m;* ↑ *Kontur* contorno *m* [2] *FIG* ↑ *grober Inhalt* (*von Roman*) resumen *m*

umrühren *vti* → *Brei* revolver

umrüsten *vt* (*auf Katalysator*) modernizar algo, cambiar (*auf akk* a)

ums = **um das**

umsatteln *vi FAM* ▷*beruflich* cambiar (*auf akk* de [profesión])

Umsatz *m* COMM (*Jahres-*) ventas *f/pl;* ◇ **den** - **steigern** subir las ventas; **Umsatzsteuer** *f* impuesto *m* sobre el tráfico de empresas

umschalten I. *vt* → *Hebel* dar; → *Schalter* encender; ◇ **von heiß auf kalt** - cambiar de caliente a frío; MEDIA → *Programm* cambiar de (*auf akk* a) **II.** *vi FIG* ↑ *umdenken* cambiar de forma de pensar

Umschau *f* MEDIA ↑ *Programm-* revista *f,* panorámica *f* **umschauen** *vr* ◇ **sich** - [1] ↑ *nach hinten schauen* mirar hacia atrás, volverse [2] *FAM* ↑ *sich wundern* sorprenderse; ◇ **du wirst dich noch** - ya te llevarás una sorpresa

Umschlag *m* [1] (*Brief-*) sobre *m;* (*Buch-*) cubierta *f* [2] (*Veränderung*) cambio *m* brusco; (*politisch*) cambio *m,* giro *m* [3] MED ↑ *Kompresse* compresa *f* [4] (*von Hose*) dobladillo *m* [5] COMM ↑ *Absatz* (*von Waren*) movimiento *m;* **Umschlagplatz** *m* COMM centro *m* comercial

umschreiben [1] ⟨schrieb um, hat umgeschrieben⟩ *vt* [1] ↑ *neu bearbeiten* → *Text* reformar; (*für Film, Theater*) adaptar [2] ↑ *überschreiben* → *Eigentum* transferir (*auf akk* a)

umschreiben [2] ‹umschrieb, hat umschrieben› *vt* [1] ↑ *anders formulieren* → *Satz* hacer una perífrasis [2] ↑ *beschreiben* → *Aufgaben* definir [3] ↑ *abgrenzen* delimitar [4] ↑ *verhüllend darstellen* → *Schimpfwort* utilizar un eufemismo

Umschreibung *f* perífrasis *f*

umschulen *vt* [1] → *Kind* enviar a otra escuela [2] ↑ *anderen Beruf erlernen* readaptarse; **Umschulung** *f* readaptación *f* [en el trabajo]

umschwärmen *vt* [1] ← *Mücken* → *Licht* revolotear alrededor de [2] *FIG* → *jd-n* admirar, acosar

Umschweife *pl*: ◇ **etw ohne ~ sagen** decir algo sin rodeos

Umschwung *m* [1] SPORT voltereta *f* [2] (*Veränderung*) cambio *m;* (*Wetter~*) cambio *m* brusco

umsehen *unreg vr* ◇ **sich ~** [1] ↑ *nach hinten schauen* mirar hacia atrás, volverse [2] *FIG* ↑ *suchen* buscar [por todos sitios]; ◇ **sich nach Arbeit ~** ir en busca de trabajo

umseitig *adv* a la vuelta

umsetzen *vt* [1] ↑ *verpflanzen* → *Blume, Baum* trasplantar [2] → *Schüler* cambiar de sitio [3] ↑ *umwandeln* transformar [4] COMM ↑ *verkaufen* → *Waren* vender [5] *FIG* ↑ *verwirklichen* llevar a la práctica, realizar; ◇ **etw in die Tat ~** llevar a la práctica algo, realizar algo [6] TYP → *Lettern* cambiar

Umsicht *f* reflexión *f,* prudencia *f,* cautela *f;* **umsichtig** *adj* reflexivo, prudente, cauteloso; ◇ **~ vorgehen** avanzar cautelosamente

umsiedeln *vti* asentarse en otro lugar

umsonst *adv* [1] ↑ *gratis* gratis, de balde; ◇ **das Konzert ist ~** el concierto es gratis [2] ↑ *vergeblich, ohne Erfolg* inútil, en balde; ◇ **alle Bemühungen waren ~** todos los esfuerzos fueron en balde

umspringen *unreg vi* [1] *umschalten* ← *Ampel* cambiar; ◇ **auf grün ~** ponerse verde; ← *Heizung* saltar [el automático]; ← *Wind* cambiar de dirección; ◇ **von Nord auf Ost ~** cambiar (la dirección del viento) de norte a oeste [2] *FAM* ↑ *behandeln* tratar mal; ◇ **mit jd-m ~** tratar mal a alguien

Umstand *m* ↑ *Sachverhalt, Tatsache* hecho *m;* ◇ **unter Umständen** tal vez, a la vista de los hechos, si es necesario; ◇ **den Umständen entsprechend** de acuerdo a los hechos; JURA ◇ **mildernde Umstände** circunstancia *f;* **Umstände** *m/pl* [1] *FIG* ↑ *Mühen* molestias *pl;* ◇ **~ machen** causar molestias [2] (*FAM schwanger sein*) ◇ **in anderen Umständen sein** estar embarazada; **umständlich** *adj* [1] ↑ *ungeschickt* ▷*arbeiten* pesado, latoso [2] ↑ *langwierig* ▷*Formulierung* complicado, rebuscado [3] ↑ *extrem förmlich, pedantisch* ▷*Mensch* pesado, complicado; **Umstandskleid** *n* vestido *f* premamá; **Umstandswort** *n* GRAM adverbio *m*

umsteigen *unreg vi* [1] BAHN cambiar (de tren, de avión ...) [2] *FIG FAM* ↑ *Beruf wechseln* cambiar (de trabajo)

umstellen [1] **I.** ‹stellte um, hat umgestellt› *vti* [1] *anders plazieren* → *Möbel* cambiar de sitio; → *Wörter* cambiar/invertir el orden [2] TECH *umschalten* → *Hebel* cambiar la marcha; → *Fernseher, Radio* cambiar el programa **II.** *vr* ◇ **sich ~** ↑ *anpassen, einstellen* ↑ *umgewöhnen* acostumbrarse, adaptarse (*auf akk* a)

umstellen [2] ‹umstellte, hat umstellt› *vt* ↑ *einkreisen* → *Gebäude* rodear

Umstellung *f* [1] ↑ *Umgewöhnung* cambio *m* [2] (TECH *von Schalter, Hebel*) cambio *m* [3] (*Änderung, von Heizung*) modernización *f;* (*von Produktion*) mecanización *f*

umstimmen *vt* [1] MUS → *Instrument* volver a afinar [2] *FIG* ↑ *jd-s Meinung ändern* ◇ **jd-n ~** hacer cambiar de opinión a alguien

umstoßen *unreg vt* [1] ↑ *umschmeißen* → *Gefäß* tirar, volcar [2] *FIG* ↑ *rückgängig machen* → *Plan* echar por tierra

umstritten *adj* [1] ↑ *fraglich* dudoso, problemático [2] ↑ *noch in der Diskussion* ▷*Projekt* discutido

Umsturz *m* levantamiento *m,* revolución *f;* **umstürzlerisch** *adj* revolucionario, subversivo

Umtausch *m* (*von Waren*) ↑ *Tausch* (*von Währung*) cambio *m;* **umtauschen** *vt* cambiar (*in akk* por)

Umtriebe *pl* ↑ *Machenschaften, Intrigen* maquinaciones *f/pl,* intrigas *f/pl;* ◇ **revolutionäre ~** actividades *f* contra el sistema político existente

umtopfen cambiar de tiesto

umtun *unreg vr* ◇ **sich ~** ↑ *suchen*: ◇ **sich nach etw ~** estar a la búsqueda de algo

umwälzen *vt* [1] TECH → *Luft* dejar pasar [2] *FIG* ↑ *revolutionieren* revolucionar

umwandeln *vt* [1] ↑ *ändern* cambiar, transformar (*in akk* en); ◇ **wie umgewandelt sein** parecer otro [2] ELECTR ↑ *transformieren* → *Strom* adaptar, transformar [3] JURA → *Haftstrafe* conmutar (*in akk* en)

umwechseln *vt* → *Geld* cambiar (*in akk* en)

Umweg *m* [1] ◇ **e-n ~ machen** dar un rodeo [2] *FIG* ◇ **auf ~en** indirectamente, con indirectas

Umwelt *f* medio *m* ambiente; **Umweltbelastung** *f* agresión *f* al medio ambiente; **Umweltengel** *m* angel *m* azul; *símbolo para productos no contaminantes;* **umweltfeindlich** *adj* nocivo, dañino, contaminante; **umweltfreundlich** *adj* no nocivo/dañino/contaminante; **Umweltgift** *n* substancia *f* perjudicial para el medio ambiente; **Umweltkatastrophe** *f* catastrofe *f* ecológica; **Umweltschäden** *m/pl* perjuicios *m/pl* para el medio ambiete, daño *m* ambiental; **Umweltschutz** *m* protección *f* del medio ambiente; **Umweltschützer(in** *f*) *m* ‹-s, -› ecologista *m/f;* **Umweltschutzpapier** *n* papel *m* reciclado; **Umweltverschmutzung** *f* contaminación *f* ambiental, polución *f*

umwenden *unreg* **I.** *vt* ↑ *umdrehen* dar la vuelta a **II.** *vr* ◇ **sich** - volverse, volver la cabeza (*nach* hacia)

umwerben *unreg vt* → *jd-n* hacer la corte, cortejar

umwerfen *unreg vt* [1] ↑ *umstoßen* → *Tasse* volcar [2] ↑ *sich umlegen* → *Schal* ponerse [3] *FIG* ↑ *ändern* → *Plan* echar por tierra [4] *FAM* ↑ *sehr erstaunen* ← *Neuigkeit* ◇ **das wirft mich aber um!** ¡me deja alucinado!

umziehen *unreg* **I.** *vtr* ◇ **sich** - ↑ *Kleidung wechseln* cambiarse **II.** *vi* ↑ *umsiedeln* mudarse, cambiarse de casa

umzingeln *vt* rodear

Umzug *m* [1] (*Wohnungs-*) mudanza *f* [2] ↑ *Parade* (*Karnevals-*) cabalgata *f*

UN *pl* **United Nations** ONU *f*

unabänderlich *adj* ↑ *unwiderruflich* ▷*Schicksal* inevitable, que no se puede cambiar; ▷*Entschluß* irrevocable

unabhängig *adj* independiente (*von* de); **Unabhängigkeit** *f* independencia *f*

unabkömmlich *adj* ↑ *unentbehrlich* insustituible, indispensable; ◇ **im Büro** - indispensable en la oficina; **unablässig** *adj* ▷*Gerede* continuo, sin pausa; **unabsehbar** *adj* [1] ↑ *endlos* ▷*Meer* inmenso [2] ▷*Kosten* incontable; **unabsichtlich** **I.** *adj* ↑ *ohne Absicht* casual **II.** *adv* ↑ *aus Versehen* sin querer

unachtsam *adj* [1] ↑ *unaufmerksam* distraído [2] ↑ *nachlässig* descuidado; **Unachtsamkeit** *f* [1] distracción *f* [2] descuido *m*

unangebracht *adj unpassend* ▷*Bemerkung* fuera de lugar; ▷*Verhalten* inadecuado; **unangemessen** *adj* [1] ↑ *zu hoch* ▷*Bezahlung* desproporcionado [2] ↑ *zu niedrig* bajo; **unangenehm** *adj* [1] *nicht angenehm* ▷*Aufgabe* desagradable [2] ↑ *unsympathisch* ▷*Person* antipático, desagradable [3] ↑ *peinlich* ▷*Situation* penosa; **Unannehmlichkeit** *f* ↑ *Belästigung* molestia *f;* ◇ **jd-m -en bereiten** causar molestias a algien; **unanständig** *adj* [1] ↑ *unmoralisch* ▷*Verhalten* indecente, inmoral, obsceno [2] ↑ *pikant* ▷*Witz* verde, picante; **Unanständigkeit** *f* [1] ↑ *schlechtes Benehmen* indecencia *f* [2] ↑ *obszönes Verhalten* inmoralidad *f*, obscenidad *f;* **unappetitlich** *adj auch FIG* ▷*Anblick* asqueroso

Unart *f* mala costumbre *f;* **unartig** *adj* ↑ *ungezogen* maleducado, travieso

unästhetisch *adj* de mal gusto, antiestético

unauffällig *adj* [1] ▷*Person* que pasa desapercibido [2] ↑ *einfach, schlicht* ▷*Kleidung* discreto

unauffindbar *adj* imposible de encontrar

unaufgefordert **I.** *adj* ↑ *freiwillig* ▷*Zahlung* espontáneo **II.** *adv* ↑ *freiwillig* desinteresadamente, de forma espontánea; ◇ **jd-m - helfen** ayudar a alguien desinteresadamente

unaufhaltsam *adj* incontenible

unaufmerksam *adj* distraído, despistado

unaufrichtig *adj* poco sincero, falso

unausgeglichen *adj* [1] ▷*Mensch* desequilibrado [2] ▷*Verhältnis* desigual

unaussprechlich *adj* [1] ▷*Wort* difícil de pronunciar [2] ↑ *unvorstellbar, ungeheuerlich* (*Brutalität*) inaudito [3] ↑ *unbeschreibbar* ▷*Armut* indescriptible

unausstehlich *adj* [1] ↑ *sehr unsympathisch* ▷*Mensch* insoportable, inaguantable [2] ↑ *schlecht gelaunt* de muy mal humor, muy antipático

unausweichlich *adj* ▷*Katastrophe* inevitable

unbändig *adj* ↑ *ungezügelt* ▷*Wut* desenfrenado; ▷*Kind* rebelde, díscolo; ◇ **sich - freuen** estar loco de alegría

unbarmherzig *adj* ↑ *gnadenlos* despiadado

unbeabsichtigt *adj* involuntario

unbeachtet *adj* ↑ *nicht beachtet* inadvertido; ◇ **e-e Warnung - lassen** no hacer caso de un aviso

unbebaut *adj* sin edificar

unbebaut *adj* no cultivado

unbedenklich **I.** *adj* [1] ↑ *ungefährlich* ▷*medizinischer Befund* benigno; ▷*Plan* inofensivo [2] ↑ *bedenkenlos* despreocupado **II.** *adv* [1] ↑ *ungefährlich* de forma inofensiva [2] ↑ *ohne zu überlegen* espontáneamente, sin pensar

unbedeutend *adj* ▷*Fehler* de poca importancia, insignificante

unbedingt **I.** *adj* [1] ↑ *uneingeschränkt* ▷*Gehorsam* incondicional [2] ▷*Verschwiegenheit* absoluto **II.** *adv* ↑ *auf jeden Fall, ganz bestimmt* absolutamente; ◇ **muß das - sein?** ¿es absolutamente necesario?

unbefahrbar *adj* ▷*Straße* intransitable; ▷*Gewässer* no navegable

unbefangen *adj* [1] ↑ *nicht verklemmt* natural, espontáneo [2] ↑ *unparteiisch* imparcial

unbefriedigend *adj* insuficiente; **unbefrie-**

digt *adj* [1] ↑ *frustriert* frustrado [2] ↑ *unzufrieden* insatisfecho, descontento
unbefugt *adj* sin autorización; ◇ **U-en ist der Eintritt verboten** prohibida la entrada a personas ajenas a la obra
unbegabt *adj* sin talento
unbegreiflich *adj* [1] incomprensible; ◇ **es ist mir ~** no lo entiendo [2] ↑ *unfaßbar* ▷*Leichtsinn* inimaginable
unbegrenzt *adj* [1] (*ohne Limit*) ilimitado; ◇ **~ Zeit haben** tener todo el tiempo del mundo; ▷*Meer* inmenso [2] ↑ *unerschöpflich* ▷*Vertrauen* ciego
unbegründet *adj* ↑ *grundlos* ▷*Zweifel* infundado, sin motivo
unbehaart *adj* sin pelo, calvo
Unbehagen *n* malestar *m;* ◇ **leichtes ~ befiel sie** le entró un ligero malestar; **unbehaglich** *adj* [1] ↑ *unbequem* ▷*Haus* poco confortable [2] ↑ *peinlich* ▷*Situation* incómodo, desagradable
unbeholfen *adj* torpe
unbekannt *adj* desconocido
unbekümmert *adj* despreocupado
unbelastet *adj* [1] → *Lastwagen* descargado, sin carga [2] ↑ *sorgenfrei* ▷*Person* sin problemas [3] FIN ▷*Konto* sin gravamen
unbeliebt *adj* que no goza de las simpatías; ◇ **sich bei jd-m ~ machen** hacerse impopular [entre la gente]; **Unbeliebtheit** *f* impopularidad *f*
unbequem *adj* [1] ↑ *ungemütlich* ▷*Sofa* incómodo [2] *FIG* ↑ *nicht umgänglich* ▷*Person* pesado, molesto [3] *FIG* ↑ *peinlich* ▷*Frage* desagradable
unberechenbar *adj* [1] ↑ *unvorhersehbar* imprevisible [2] ↑ *jähzornig* ▷*Mensch* irascible, cambiante
unberechtigt *adj* [1] ↑ *nicht erlaubt, ohne Befugnis* ◇ **~ handeln** comerciar sin autorización, traficar [2] ↑ *unangebracht* ▷*Kritik* injusto
unbeschädigt *adj* ▷*Obst* sin golpes; (*Gerät*) en buenas condiciones
unbescholten *adj* íntegro
unbeschränkt *adj* ↑ *grenzenlos* ▷*Zeit* ilimitado; ▷*Geld* incalculable; ▷*Vertrauen* ciego; ▷*Geduld* sin límites; ▷*Macht* absoluto
unbeschreiblich *adj* ▷*Schönheit* indescriptible; ▷*Frechheit* absoluto
unbesiegbar *adj* invencible
unbesonnen *adj* precipitado, imprudente; ◇ **~ vorgehen** actuar precipitadamente
unbeständig *adj* [1] ↑ *wechselhaft* ▷*Wetter* variable [2] ↑ *launisch* ▷*Mensch* inconstante, inestable
unbestechlich *adj* íntegro, que no se puede sobornar, insobornable
unbestimmt *adj* [1] ↑ *nicht festgesetzt* ▷*Zeitpunkt* indeterminado [2] ↑ *unklar* ▷*Gefühl* confuso [3] ↑ *nicht sicher* ▷*Zukunft* inseguro; **Unbestimmtheit** *f* [1] (*das Unbestimmtsein*) indeterminación *f* [2] confusión *f* [3] inseguridad *f*
unbeteiligt *adj* [1] ↑ *uninteressiert* desinteresado, ajeno [2] ↑ *nicht teilnehmend* que no participa
unbetont *adj* atone, no acentuado
unbeugsam *adj* [1] ↑ *starrköpfig* ▷*Mensch* rebelde [2] ↑ *stark* ▷*Wille* de hierro
unbeweglich *adj* [1] ↑ *starr* inmóvil [2] ↑ *bewegungslos* ▷*Miene* impasible [3] ↑ *nicht mobil* fijo
unbewußt *adj* ↑ *nicht bewußt* ▷*Handlung* inconsciente; ▷*Reflex* reflejo, instintivo; **Unbewußte** *n* inconsciente *m*
unbrauchbar *adj* ↑ *unnütz* ▷*Werkzeug* inservible; ▷*Arbeit* inútil
und *cj* [1] (*bei Aufzählung*) y; ◇ **sie ~ er** ella y él [2] MATH ↑ *plus* más; ◇ **eins ~ zwei ist drei** uno más dos son tres [3] ◇ **~ so weiter** (*usw*) ecétera; ◇ **~ andere** (*u.a.*) entre otros, y otros; ◇ **~ dergleichen** (*u.dgl.*) y demás [4] ◇ **~ wenn es mir noch so schlecht ginge** (*selbst wenn …*) incluso cuando me fuera mal …
undankbar *adj* desagradecido, ingrato; **Undankbarkeit** *f* desagradecimiento *m,* ingratitud *f*
undefinierbar *adj* indefinible
undeklinierbar *adj* indeclinable
undenkbar *adj* impensable, inimaginable
undeutlich *adj* ↑ *unklar* ▷*wahrnehmen* confuso; ◇ **sich ~ ausdrücken** no expresarse claramente
undicht *adj* permeable, que pierde [agua]
Undine *f* ondina *f*
Unding *n* absurdo *m*
undurchdringlich *adj* impenetrable
undurchführbar *adj* irrealizable
undurchlässig *adj* (*wasser-*) impermeable; (*licht-*) opaco
undurchsichtig *adj FIG* ↑ *undurchschaubar, verdächtig* ▷*Praktiken* confuso; ▷*Person* impenetrable
uneben *adj* ▷*Oberfläche* desigual, accidentado
unecht *adj* falso
unehelich *adj* ▷*Kind* natural
unehrlich *adj* poco sincero
uneigennützig *adj* desinteresado
uneingeschränkt *adj* ▷*Freiheit* absoluto: AUTO ▷*Halteverbot* sin excepciones
Uneinigkeit *f* ↑ *Meinungsverschiedenheit* desacuerdo *m*
uneins *adj* [1] ↑ *nicht einig* desnunido [2] ↑ *zerstritten* separado, desavenido

unempfindlich *adj* [1] ↑ *nicht empfindlich* ▷*Person* insensible (*gegen* a) [2] ↑ *resistent* ▷*Material* resistente (*gegen* a)
unendlich I. *adj* [1] (*räumlich*) ↑ *grenzenlos* ▷*Weite* infinito, inmenso [2] (*zeitlich*) ↑ *endlos, ewig* ◇ ~ **lange** interminable II. *adv* ↑ *sehr*: ◇ **jd-n ~ lieben** amar a alguien por encima de todo; **Unendlichkeit** *f* [1] infinito *m* [2] eternidad *f*
unentbehrlich *adj* imprescindible
unentgeltlich *adj* gratis, sin pagar
unentschieden *adj* [1] SPORT ◇ ~ **ausgehen** terminar empatando [2] ◇ ~ **sein** ser indeciso; **Unentschieden** *n* empate *m*
unentschlossen *adj* ▷*Person* indeciso
unentwegt *adj* [1] ↑ *ausdauernd* ◇ ~ **arbeiten** trabajar de forma constante [2] ↑ *unaufhörlich* ◇ ~ **reden** hablar sin parar
unerfahren *adj* inexperto
unerfreulich *adj* ▷*Nachricht* desagradable
unerhört *adj* [1] ↑ *unerwidert* ▷*Liebe* no correspondido; ↑ *abgewiesen* ▷*Liebhaber* rechazado [2] ↑ *unverschämt* ▷*Forderung* impertinente; ◇ ~! ¡habráse visto! [3] ↑ *enorm* ◇ ~ **viel Geld gewinnen** ganar muchísimo dinero
unerläßlich *adj* ↑ *absolut notwendig* imprescindible
unerlaubt *adj* prohibido; ↑ *illegal* ilegal
unermeßlich *adj* enorme, inmenso
unermüdlich *adj* ▷*Eifer* incansable
unersättlich *adj* insaciable
Unerschrockenheit *f* intrepidez *f*
unerschütterlich *adj* [1] ▷*Person* imperturbable [2] ▷*Glaube* firme
unerschwinglich *adj* ▷*Ware* desorbitante
unerträglich *adj* inaguantable, insoportable
unerwartet *adj* ▷*Besuch* inesperado
unerwünscht *adj* ▷*Gast* no deseado
unfähig *adj* [1] incapaz; ◇ ~ **zu töten** incapaz de matar [2] ▷*Arbeiter* incompetente, inepto; **Unfähigkeit** *f* [1] incapacidad *f* [2] incompetencia *f*
unfair *adj* injusto (*gegenüber* con)
Unfall *m* accidente *m;* **Unfallflucht** *f huída después de producir un accidente;* **Unfallkommando** *n* policía *f* de carretera; **Unfallstelle** *f* lugar *m* del accidente; **Unfallversicherung** *f* seguro *m* de accidentes
unfaßbar *adj* ↑ *unverständlich* incomprensible
unfehlbar I. *adj* [1] ▷*Papst* infalible [2] ▷*Instinkt* que no engaña II. *adv* ↑ *absolut sicher* con toda seguridad
unfolgsam *adj* desobediente
unfrankiert *adj* ▷*Brief* sin franqueo
unfreiwillig *adj* [1] ↑ *gezwungen* forzoso [2] ↑ *unabsichtlich* sin querer, desintencionado
unfreundlich *adj* [1] poco amable (*zu* con) [2] ↑ *nicht angenehm* ▷*Wetter* desagradable; **Unfreundlichkeit** *f* falta *f* de amabilidad
Unfriede[n] *m* discordia *f;* ◇ **in ~ leben** no vivir en paz
unfruchtbar *adj* [1] ▷*Lebewesen* estéril [2] ▷*Boden* estéril, no fecundo [3] *FIG* ↑ *zwecklos* ▷*Bemühungen* inútil; **Unfruchtbarkeit** *f* [1] esterilidad *f* [2] esterilidad *f* [3] inutilidad *f*
Unfug *m* ‹-s› [1] ↑ *Unsinn* tonterías *f/pl* [2] JURA ◇ **grober** ~ abuso *m*
Ungar(in *f*) *m* ‹-n, -n› húngaro(/a); **ungarisch** *adj* ▷*sprechen* húngaro; **Ungarn** *n* Hungría *f*
ungeachtet *präp gen:* ◇ ~ **der Tatsache, daß ...** a pesar del hecho de que ... *gen*
ungeahnt *adj* ▷*Schwierigkeiten* inesperado
ungebeten *adj* ▷*Gast* no deseado
ungebildet *adj* inculto
ungebleicht *adj* no blanqueado
ungebräuchlich *adj* ▷*Wort* poco usado, inusual
ungedeckt *adj* [1] ▷*Dach* descubierto [2] SPORT ▷*Spieler* no marcado [3] FIN ▷*Scheck* sin fondos
Ungeduld *f* impaciencia *f;* **ungeduldig** *adj* impaciente
ungeeignet *adj* ↑ *unpassend* inadecuado; (*für Aufgabe*) incompetente, inepto
ungefähr I. *adj* ↑ *annähernd, geschätzt* ▷*Entfernung* aproximado II. *adv* ↑ *etwa, annähernd*: ◇ **sie ist ~ 25 Jahre alt** tiene 25 años aproximadamente
ungefährlich *adj* [1] ▷*Straße* sin peligro [2] ↑ *harmlos* inofensivo
ungeheuer I. *adj* [1] ↑ *ungeheuerlich* monstruoso [2] ↑ *enorm* ▷*Wagnis* enorme; ▷*Leid* terrible; ▷*Anstrengung* inmenso II. *adv* ↑ *sehr*: ◇ ~ **wichtig** enormemente importante; ◇ ~ **viel Arbeit** un trabajo terrible; **Ungeheuer** *n* ‹-s, -› *FAM* monstruo *m;* **ungeheuerlich** *adj* ↑ *monströs* ▷*Behauptung* monstruoso, terrible
ungehobelt *adj* [1] ▷*Brett* sin cepillar [2] *FIG* ↑ *unerzogen* ▷*Mensch* grosero, rudo
Ungehorsam *m* desobediencia *f*
ungeklärt *adj* [1] ▷*Verbrechen* sin aclarar; ▷*Rätsel* sin solucionar [2] ▷*Frage* sin responder [3] ▷*Abwasser* sin depurar
ungekünstelt *adj* ▷*Benehmen* natural, sencillo
ungeladen *adj* [1] ELECTR ▷*Batterie* ▷*Pistole* descargado, vacio [2] ▷*Gast* no invitado
ungelegen *adj* ↑ *unpassend* inoportuno; ◇ **das kommt mir ~** me viene mal
ungelernt *adj* ▷*Arbeiter* no cualificado

ungelogen *adv:* ◇ -! ¡de verdad!

ungemütlich *adj* [1] ↑ *unbequem* ▷*Sessel* incómodo [2] *FIG* ↑ *unfreundlich* ▷*Mensch* antipático; ◇ **er wird schnell** - se enfada por nada; ▷*Wetter* desagradable

ungenau *adj* [1] ↑ *fehlerhaft* ▷*arbeiten* deficiente [2] ↑ *ungefähr* ▷*abmessen* impreciso [3] ↑ *vage* ◇ **sich - ausdrücken** no expresarse claramente; **Ungenauigkeit** *f* [1] deficiencia *f* [2] imprecisión *f*

ungeniert I. *adj* [1] ↑ *ungehemmt* espontáneo, informal [2] ↑ *bedenkenlos* irreflexivo II. *adv* ↑ *ohne Hemmungen*: ◇ **etw - sagen** decir algo libremente

ungenießbar *adj* [1] ▷*Essen* incomible; ▷*Getränk* que no se puede beber [2] *FAM* ▷*Mensch* malhumorado; inaguantable

ungenügend *adj* [1] ↑ *nicht ausreichend* insuficiente [2] SCH deficiente, suspenso

ungepflegt *adj* [1] ▷*Mensch* desaseado [2] ↑ *vernachlässigt* ▷*Rasen* descuidado

ungerade *adj nicht gerade* ▷*Zahl* impar; ▷*Linie* torcido

ungerecht *adj* ↑ *unfair* ▷*Behandlung* injusto; **ungerechtfertigt** *adj* ↑ *unberechtigt* ▷*Beschuldigung* injustificado; **Ungerechtigkeit** *f* injusticia *f*

ungern *adv* ↑ *widerstrebend*: ◇ **etw - tun** hacer algo a disgusto/de mala gana

ungeschehen *adj* ↑ *rückgängig*: ◇ **- machen** volver atrás, cambiar lo ya hecho

Ungeschicklichkeit *f* torpeza *f;* **ungeschickt** *adj* [1] ↑ *tolpatschig* torpe; ◇ **handwerklich -** torpe en manualidades [2] *FIG* ↑ *ungewandt* ▷*Bemerkung* poco afortunado

ungeschliffen *adj* [1] ▷*Edelstein* sin tallar; ↑ *stumpf* ▷*Messer* sin afilar [2] *FIG* ↑ *unfein* ▷*Benehmen* grosero

ungeschminkt *adj* [1] sin maquillaje [2] *FIG* ↑ *rein* puro; ◇ **die - Wahrheit** la pura verdad

ungesetzlich *adj* ilegal

ungestört *adj:* ◇ **- arbeiten** trabajar sin ser molestado

ungestraft *adv* impune

ungestüm *adj* efusivo, impetuoso; ◇ **jd-m - um den Hals fallen** colgarse del cuello de alguien con ímpetu

ungesund *adj* [1] poco saludable; ◇ **er sieht - aus** no tiene buen aspecto [2] perjudicial; ◇ **Rauchen ist -** el fumar perjudica la salud

ungetrübt *adj* [1] ↑ *klar* ▷*Wasser* claro, transparente [2] *FIG* ▷*Freude* duradero, sólido

Ungetüm *n* ⟨-[e]s, -e⟩ monstruo *m*

ungewiß *adj* ↑ *unbestimmt* ▷*Zukunft* incierto, inseguro; ▷*Ergebnis* dudoso; **Ungewißheit** *f* incertidumbre *f*, inseguridad *f*, duda *f*

ungewöhnlich I. *adj* [1] ↑ *nicht üblich* ▷*Brauch* desacostumbrado [2] ↑ *außergewöhnlich* ▷*Person* especial, fuera de lo común II. *adv* ↑ *außergewöhnlich* extraordinariamente; ◇ **er ist - groß für sein Alter** es altísimo para su edad

ungewohnt *adj* [1] ▷*Umgebung* desacostumbrado, extraño [2] ↑ *nicht üblich* ▷*Redeweise* fuera de uso normal

Ungeziefer *n* ⟨-s⟩ bichos *m/pl*

ungezogen *adj* maleducado; **Ungezogenheit** *f* mala educación *f*

ungezwungen *adj* ▷*Verhalten* espontáneo, natural, informal

ungläubig *adj* [1] ↑ *nicht religiös* no creyente [2] *FIG* ↑ *zweifelnd* ◇ **- schauen** mirar incrédulamente

unglaublich *adj* ▷*Geschichte* increíble; ◇ -! ¡increíble!; **unglaubwürdig** *adj* [1] ↑ *nicht vertrauenswürdig* ▷*Regierung* de poca fiabilidad [2] ↑ *zweifelhaft* ▷*Geschichte* dudoso

ungleich I. *adj* [1] ↑ *unterschiedlich* ▷*Partner* diferente, distinto [2] ▷*Voraussetzungen* incomparable II. *adv* (*um vieles*): ◇ **- besser** muchísimo mejor; **ungleichmäßig** *adj* irregular; **Ungleichheit** *f* desigualdad *f*, irregularidad *f*

Unglück *n* ⟨-[e]s, -e⟩ [1] ↑ *Mißgeschick* desgracia *f;* ↑ *Pech* mala suerte *f* [2] ↑ *Katastrophe* (*-sfall*) accidente *m*, catástrofe *f* [3] ↑ *Tragödie* tragedia *f;* **unglücklich** *adj* [1] ↑ *traurig* desgraciado; ◇ **jd-n - machen** hacer a alguien desgraciado [2] ↑ *erfolglos* ▷*Versuch* desafortunado [3] ↑ *bedauerlich* ▷*Umstand* penoso; **Unglücksfall** *m* accidente *m*

ungültig *adj* [1] *nicht gültig*, SPORT ▷*Spiel* nulo; POL ▷*Stimme* nulo, no válido [2] ▷*Paß, Ticket* caducado; ◇ **ein Gesetz für - erklären** anular una ley; **Ungültigkeit** *f* invalidez *f*, caducidad *f*, nulidad *f*

ungünstig *adj* [1] ▷*Augenblick* inoportuno [2] ▷*Wetter* inclemente

ungut *adj* [1] ▷*Gefühl* desagradable [2] ◇ **nichts für -** no lo tome a mal

unhaltbar *adj* ▷*Zustand* insostenible

Unheil *n* desgracia *f;* catástrofe *f;* ◇ **- abwenden** evitar una catástrofe

unheimlich I. *adj* [1] inquietante; ◇ **das ist mir -** me da miedo [2] ▷*Stimmung* siniestro II. *adv* *FAM*: ◇ **der Film ist - gut** la película es buenísima

unhöflich *adj* poco amable, maleducado

unhörbar *adj* inaudible, imperceptible

unhygienisch *adj* antihigiénico, sucio

uni *adj inv* liso, de un color

Uni *f* ⟨-, -s⟩ (*FAM Universität*) uni *f*, universidad *f*

Uniform *f* ⟨-, -en⟩: ◇ **in** ~ en uniforme; **uniformiert** *adj* uniformado

uninteressant *adj* (*nicht interessant*) poco interesante

Union *f* ① unión *f* ② (*Unionsparteien in BRD*) partido *m* [demócrata-cristiano] en Alemania

Universität *f* universidad *f;* ◇ **auf der** ~ en la universidad; **Universitätsbibliothek** *f* biblioteca *f* de la universidad; **Universitätsgelände** *n* campus, campus *m* universitario; **Universitätsprofessor(in** *f*) *m* catedrático/a [de universidad], profesor(a *f*) *m* de la universidad

unkenntlich *adj* irreconocible

Unkenntnis *f* ignorancia *f;* ◇ **in** ~ **lassen** no informar (*über akk* sobre)

unklar *adj* ① ▷*Äußerung* poco claro; ◇ **sich im ~en sein über** *akk* no ver claro algo ② ↑ *unverständlich* ▷*Sachverhalt* confuso, incomprensible ③ ▷*Problem* no resuelto; **Unklarheit** *f* ↑ *Ungewißheit* falta *f* de claridad; ◇ **es herrscht** ~ domina la confusión

unklug *adj* ↑ *dumm* poco inteligente

unkonventionell *adj* poco convencional; desenvuelto, natural

Unkosten *pl* gastos *m/pl;* ◇ **sich in** ~ **stürzen** (*sich finanziell übernehmen*) meterse en gastos

Unkraut *n* ▷*jäten* mala hierba/yerba *f*, yerbajo *m;* **Unkrautvernichtungsmittel** *n* herbicida *m*

unkündbar *adj* no reembolsable

unlängst *adv* ↑ *vor kurzem* hace poco

unleserlich *adj* ilegible

unlini[i]ert *adj* sin rayar, en blanco

unlogisch *adj* ilógico

unlösbar *adj* MATH ▷*Aufgabe* que no se puede solucionar; *FIG* ▷*Problem* sin solución

unmäßig *adj:* ◇ ~ **trinken** beber en exceso

Unmenge *f* gran cantidad *f* (*von* de)

Unmensch *m* persona *f* inhumana; **unmenschlich** *adj* ① inhumano ② ◇ ~ **Anstrengung** esfuerzos sobrehumanos

unmerklich *adj* imperceptible

unmißverständlich *adj:* ◇ **jd-m etw** ~ **klarmachen** aclarar a alguien algo evidente

unmittelbar **I.** *adj* ↑ *direkt* ▷*Nähe* directo, inmediato **II.** *adv* ① ↑ *direkt* directamente ② ↑ *sofort* ◇ ~ **darauf** inmediatamente después

unmöglich *adj* ① imposible ② *PEJ FAM* ▷*Kleidung* ridículo; no adecuado; ◇ **sich** ~ **benehmen** portarse muy mal; **Unmöglichkeit** *f* imposibilidad *f*

unmoralisch *adj* inmoral

unnachgiebig *adj* ① ▷*Material* duro, resistente ② ▷*Person* testarudo, intransigente

unnahbar *adj* inaccesible

unnötig *adj* innecesario; **unnötigerweise** *adv* sin necesidad

unnütz *adj* ① inútil; ◇ **sein Geld** ~ **ausgeben** gastar el dinero inútilmente/a lo tonto ② ▷*Person* inútil, que no sirve para nada

UNO *f* ⟨-⟩ ↑ *UN*: ◇ **die** ~ ONU *f*

Unordnung *f* desorden *m*, confusión *f*

unparteiisch *adj* ▷*Meinung* ▷*Person* imparcial; **Unparteiische(r)** *fm* ① JURA juez *m* ② SPORT árbitro *m*

unpassend *adj* ① ▷*Bemerkung* desafortunado, fuera de lugar ② ▷*Termin* inoportuno

unpersönlich *adj* ① ▷*Brief* formal, impersonal ② GRAM impersonal ③ ▷*Mensch* indiferente, correcto y frío

unpolitisch *adj* apolítico

unpopulär *adj* ▷*Maßnahme* impopular

unpraktisch *adj* ① ▷*Werkzeug* poco práctico ② ▷*Mensch* poco hábil

unproportioniert *adj* desproporcionado

unqualifiziert *adj* ① (*für Arbeit*) no cualificado ② ▷*Bemerkung* incompetente

unrationell *adj* irracional

unrecht *adj* ① injusto; ◇ **auf ~e Gedanken kommen** llegar a ideas equivocadas; ◇ ~ **haben** no tener razón ② ▷*Zeitpunkt* inoportuno; **Unrecht** *n* ① ↑ *Ungerechtigkeit* injusticia *f;* ◇ **das** ~ **bekämpfen** combatir la injusticia; ◇ **zu** ~ injustamente ② delito *m;* ◇ **ein** ~ **begehen** cometer un delito

unregelmäßig *adj a.* GRAM ▷*Gesichtszüge* irregular; ◇ ~ **essen** comer a deshoras; **Unregelmäßigkeit** *f* irregularidad *f*

unreif *adj* ① ▷*Obst* verde, no maduro ② *FIG* ▷*Mensch* inmaduro

unrentabel *adj* ▷*Geschäft* no rentable

unrichtig *adj* falso; ▷*Lösung* incorrecto

Unruh *f* ⟨-, -en⟩ (*von Uhr*) volante *m*

Unruhe *f* ⟨-, -n⟩ ① intranquilidad *f*, nerviosismo *m*, inquietud *f* ② preocupación *f;* ◇ **in** ~ **sein** estar preocupado ③ ▷*politisch* confusión *f* ④ ↑ *Lärm* ruido *m;* ↑ *Betrieb* actividad *f;* **Unruhestifter(in** *f*) *m* agitador(a *f*) *m;* **unruhig** *adj* ① ↑ *nervös* ▷*Mensch* nervioso, intranquilo ② ↑ *besorgt* preocupado ③ ↑ *geschäftig* ▷*Meer* revuelto; ▷*Leben* activo ④ ↑ *laut* ▷*Wohnung* ruidoso

uns **I.** *pron akk von* **wir**; **II.** *pron dat von* **wir**

unsachlich *adj* ① ↑ *nicht objektiv* ▷*Diskussion* subjetivo ② ↑ *persönlich* ◇ ~ **werden** hacerse personal/subjetivo

unsagbar, **unsäglich** *adj* ▷*Schmerzen* indescriptible

unsauber *adj* [1] poco limpio, sucio [2] *FIG* ▷*Machenschaften* ilegal [3] MUS ↑ *nicht exakt* ◇ ~ **spielen** no tocar bien, desafinar

unschädlich *adj* [1] ↑ *harmlos* ▷*Medikament* inocuo [2] ◇ **jd-n ~ machen** desarmar a alguien

unscharf *adj* [1] ↑ *verschwommen* ▷*Foto etc.* desenfocado; ▷*Konturen* poco perfilado; ▷*Vorstellung* poco claro [2] ▷*Munition* descargado

unscheinbar *adj* ↑ *unauffällig* ▷*Mensch* discreto; ▷*Sache* desapercibido, insignificante

unschlagbar *adj* que no puede ser superado, invencible

unschlüssig *adj* [1] vacilante [2] indeciso

Unschuld *f* [1] ▷*beweisen* inocencia *f* [2] ingenuidad *f* [3] *FIG* virginidad *f*; **unschuldig** *adj* [1] ↑ *nicht schuldig* inocente (*an dat* de) [2] ↑ *unbedarft, naiv* ingenuo [3] *FIG* ↑ *jungfräulich* virgen

unselbständig *adj* dependiente

unser I. *pron* (*adjektivisch*): ◇ **~e Kinder** nuestros niños **II.** *pron gen von* **wir**; **unsere(r, s)** *pron* (*substantivisch*) nuestro; ◇ **der/die/das ~** el nuestro, la nuestra; **unsererseits** *adv* ↑ *von uns aus* por nuestra parte; ◇ **wir ~ haben nichts dagegen** por nuestra parte no tenemos nada en contra; **unseresgleichen** *pron* gente como nosotros; **unseretwegen** *adv* ↑ *wegen uns, uns zuliebe* ↑ *von uns aus* por nosotros

unsicher *adj* [1] ↑ *ungewiß* poco seguro, dudoso [2] ↑ *nicht selbstbewußt* ▷*Mensch* inseguro [3] ▷*Gegend* peligroso; **Unsicherheit** *f* [1] duda *f* [2] inseguridad *f* [3] peligro *m*

unsichtbar *adj* invisible; **Unsichtbarkeit** *f* invisibilidad *f*

Unsinn *m* absurdo *m;* ↑ *Blödsinn* tonterías *f/pl,* bobadas *f/pl;* **unsinnig** *adj* absurdo, descabellado

Unsitte *f* mala costumbre *f*

unsittlich *adj* inmoral

unsportlich *adj* [1] ↑ *nicht sportlich* ▷*Mensch* no deportivo, que no le gusta hacer deporte [2] ↑ *unfair* ▷*Verhalten* injusto

unsre = **unsere**

unsterblich I. *adj* [1] ↑ *nicht sterblich* inmortal [2] ↑ *unvergeßlich* ▷*Schauspieler* inolvidable **II.** *adv FAM*: ◇ ~ **verliebt sein** estar totalmente enamorado; **Unsterblichkeit** *f* inmortalidad *f*

Unstimmigkeit *f* [1] ↑ *Nichtübereinstimmen* diferencia *f* [2] ↑ *Meinungsverschiedenheit* desavenencia *f*, diferencia *f*

unstetig *adj* discontinuo

Unsumme *f* dineral *m*

unsympathisch *adj* ▷*Person* antipático; ▷*Stimme* desagradable; ◇ **sie ist mir ~** me cae mal

untätig *adj* ↑ *müßig* pasivo, ocioso; **Untätigkeit** *f* inactividad *f*, pasividad *f*

untauglich *adj* [1] (*nicht geeignet*) incompetente (*für, zu* en, para) [2] MIL no apto

unteilbar *adj* (*nicht teilbar*) que no se puede dividir; (MATH *Zahl*) indivisible

unten *adv* [1] (*im unteren Teil*) ◇ **~ wohnen** vivir abajo; ◇ **nach ~ gehen** ir hacia abajo, bajar; ◇ **~ am Berg** al pie de la montaña [2] (*tiefer gelegen*) ◇ **von oben nach ~** de arriba abajo; ◇ **tief ~ im See** mar adentro [3] *FAM* ◇ **bei jd-m ~ durch sein** dejar alguien de caer bien

unter *präp akk/dat* [1] ↑ *drunter, unterhalb* debajo de; ◇ **~ der Brücke** debajo del puente [2] ↑ *inmitten* entre; ◇ **~ Leuten** entre gente; ◇ **~ sich** *dat* **sein** estar entre conocidos; ◇ **~ anderen** entre otros [3] ↑ *während* durante; ◇ **~ der Woche** durante la semana [4] (*weniger als*) menos de; ◇ **~ 18 Jahren** menos de 18 años; ◇ **~ 5 Mark** menos de 5 marcos; ◇ **~ 15 Grad** menos de 15 grados [5] debajo de [6] ◇ **~ den Tisch legen** poner debajo de la mesa; ◇ **~ Menschen gehen** ir entre la gente

Unterabteilung *f* subdivisión *f*

Unterarm *m* antebrazo *m*

unterbelichten *vt* FOTO exponer insuficientemente

Unterbewußtsein *n* subconsciente *m*

unterbezahlt *adj* que cobra menos del promedio

unterbieten *unreg vt* [1] COMM → *Preis* ofrecer a menor precio [2] SPORT → *Rekordzeit* batir

Unterbodenschutz *m* AUTO protección *f* anticorrosiva de los bajos del coche

unterbrechen *unreg vt* [1] ↑ *stören* → *Gespräch* interrumpir; → *jd-n* a alguien [2] ↑ *nicht weiterführen* → *Reise, Arbeit* interrumpir, suspender [3] ▷*Leitung* cortar; **Unterbrechung** *f* [1] interrupción *f* [2] suspensión *f* [3] corte *m*

unterbringen *unreg vt* [1] ↑ *verstauen* (*in Kiste*) colocar, poner [2] ↑ *einquartieren* → *jd-n* alojar [3] ↑ *Platz finden für* → *Arbeitslose* acoger; → *Anzeige* poner; **Unterbringung** *f* alojamiento *m*

unterdessen *adv* ↑ *inzwischen* entretanto

Unterdruck *m* ‹-s› [1] PHYS presión *f* [2] (MED *Blut-*) baja presión *f*

unterdrücken *vt* [1] ↑ *gewaltsam beherrschen* → *Leute* dominar, someter [2] → *Tränen* contener

untere(r, s) *adj* inferior, de abajo

untereinander *adv* [1] (*räumlich*) uno detrás de otro [2] ◇ **~ tauschen** cambiar unos a otros, intercambiar

unterentwickelt *adj* ▷*Länder* subdesarrollado

unterernährt *adj* desnutrido; **Unterernährung** *f* desnutrición *f;* ◇ **an ~ sterben** morir de inanición
Unterführung *f* (*Auto~*) paso *m* subterráneo
Untergang *m* [1] (*Sonnen~*) puesta *f* [2] (NAUT *von Schiff*) hundimiento *m* [3] ↑ *Zugrundegehen* (*von Staat*) caída *f;* (*Welt~*) fin [del mundo] *f;* (*von Mensch*) decadencia *f*
Untergebene(r) *fm* subordinado(/a)
untergehen *unreg vi* [1] ← *Sonne* ponerse [2] ↑ *sinken* ← *Schiff* hundirse [3] ↑ *zugrundegehen* ← *Staat* venirse abajo; ← *Welt* hundirse [4] *FIG* ↑ *unhörbar werden* (*im Lärm*) extinguirse
Untergeschoß *n* bajos *m/pl*
Untergrund *m* [1] (*Farb~*) fondo *m* [2] subsuelo *m* [3] POL clandestinidad *f;* ◇ **im ~ leben** vivir en la clandestinidad; **Untergrundbahn** *f* metro *m*
unterhalb I. *präp gen* [por] debajo de; ◇ **~ des Berges** por debajo de la montaña II. *adv* más abajo (*von* de)
Unterhalt *m* (*Lebens~*) ▷*verdienen* subsistencia *f*
unterhalten *unreg* I. *vt* [1] → *Familie* mantener [2] → *Publikum* entretener, divertir [3] → *Laden* llevar [4] ↑ *pflegen* → *Beziehungen* conservar II. *vr* ◇ **sich ~** [1] ↑ *Gespräch führen* conversar [2] ↑ *sich amüsieren* entretenerse, divertirse; **unterhaltend** *adj* entretenido, divertido; **Unterhaltung** *f* [1] (*Ernährung*) sustento *m* [2] (*Instandhalten, Pflege*) mantener *m,* mantenimiento *m* [3] ↑ *Gespräch* conversación *f* [4] ▷*spannend* entretenimiento *m,* diversión *f;* **Unterhaltungsmusik** *f* música *f* ligera; **Unterhaltungsprogramm** *n* programa *m* recreativo
Unterhändler(in *f*) *m* mediador(a *f*) *m*
Unterhemd *n* camiseta *f*
Unterholz *n* monte *m* bajo
Unterhose *f* calzoncillos *m/pl,* slip *m*
unterirdisch *adj* subterráneo
Unterkiefer *m* ANAT mandíbula *f* inferior
Unterkleid *n* combinación *f*
Unterkunft *f* ‹-, Unterkünfte› alojamiento *m*
Unterlage *f* [1] (*Grundlage*) (*zum Daraufliegen, zum Schreiben*) soporte *m* [2] ◇ **die ~en** *pl* (*Belege, Dokumente*) documentación *f*
unterlassen *unreg vt* [1] ↑ *nicht tun* → *Hilfe* dejar de [2] ↑ *sich enthalten* → *Bemerkung* omitir
Unterlauf *m* curso *m* inferior
unterlaufen *unreg vi* ↑ *passieren* ← *Irrtum* ocurrir
unterlaufen *adj:* ◇ **mit Blut ~** ▷*Augen* inyectado de sangre
unterlegen [1] ‹legte unter, hat unterlegt› *vt* → *Decke* poner
unterlegen [2] I. ‹unterlegte, hat unterlegt› *vt FIG* ↑ *zuschreiben*: ◇ **e-e andere Bedeutung ~** dar/atribuir otro sentido II. *adj* inferior; ◇ **jd-m ~ sein** ser inferior a alguien, no poder con alguien
Unterleib *m* ANAT bajo vientre *m*
Untermiete *f* subarriendo *f;* ◇ **zur ~ wohnen** vivir en un piso realquilado; **Untermieter(in** *f*) *m* realquilado(/a)
unternehmen *unreg vt* hacer; emprender; **Unternehmen** *n* ‹-s, -› [1] ↑ *Aktion* ▷*riskant* acción *f* [2] COMM ↑ *Firma* empresa *f;* **Unternehmenszusammenschluß** *m* unión *f* de empresas; **Unternehmer(in** *f*) *m* ‹-s, -› ↑ *Firmeninhaber* (*Bau~*) empresario(/a); **unternehmungslustig** *adj* activo; emprendedor
Unteroffizier *m* suboficial *m,* sargento *m*
Unterordnung *f* suborden *m*
Unterproduktion *f* producción *f* deficitaria
Unterredung *f* conversación *f*
Unterricht *m* ‹-[e]s, -e› SCH clase *f;* **unterrichten** I. *vt* SCH dar clase [1] ↑ *Unterricht halten* (*in Geschichte etc.*) dar clases de, enseñar [2] (*informieren*) informar (*von, über akk* de, sobre) II. *vr* ◇ **sich ~** ↑ *sich informieren* informarse (*über akk* de); **Unterrichtsraum** *m* clase *f,* aula *m;* **Unterrichtswesen** *n* enseñanza *f*
untersagen *vt* ↑ *verbieten* prohibir; ◇ **jd-m etw ~** prohibir algo a alguien
Untersatz *m* posavasos *m; FAM* ◇ **fahrbarer ~** vehículo *m*
unterschätzen *vt* → *Entfernung, Person* subestimar, menospreciar
unterscheiden *unreg* I. *vt* [1] diferenciar (*von* de) [2] ↑ *auseinanderhalten* → *Zwillinge* distinguir II. *vr* ◇ **sich ~** diferenciarse (*von* de); **Unterscheidung** *f* [1] ▷*feststellen* diferenciación *f* [2] distinción *f* (*zwischen dat* entre)
Unterschied *m* ‹-[e]s, -e› [1] ↑ *Anderssein, Verschiedenheit* distinción *f* (*zwischen dat* entre) [2] ↑ *Trennung, Unterscheidung* diferencia *f;* ◇ **e-n ~ machen** hacer una diferencia; **unterschiedlich** *adj* [1] ↑ *verschieden* ▷*Interessen* distinto, diferente [2] ↑ *gemischt* variado
unterschlagen *unreg vt* [1] ↑ *beiseiteschaffen* → *Geld* malversar (fondos) [2] ↑ *verheimlichen* → *Information* ocultar; **Unterschlagung** *f* (*Geld~*) desfalco *m*
Unterschrank *m* armario inferior
unterschreiben *unreg vt* [1] → *Vertrag* firmar [2] *FIG* ↑ *unterstützen* apoyar; **Unterschrift** *f* firma *f*
Unterseeboot *n* submarino *m*
untersetzt *adj* regordete, achaparrado

unterste(r, s) *adj* [1] ↑ *tiefste(r, s)* el más bajo [2] ↑ *letzte(r, s)* el último

unterstehen *unreg* **I.** *vi* ↑ *untergeordnet sein* estar subordinado **II.** *vr* ◇ **sich** ~ *FAM* ↑ *sich trauen* atreverse a; ◇ **untersteh dich!** ¡atrévete!

unterstellen[1] ‹unterstellte, hat unterstellt› *vt* [1] ↑ *unterordnen* subordinar (*dat* a) [2] *PEJ* ↑ *unterschieben* imputar; ◇ **jd-m etw** ~ imputar algo a alguien [3] *FIG* ↑ *annehmen* suponer

unterstellen[2] **I.** ‹stellte unter, hat untergestellt› *vt* (→ *Auto, unter Baum*) poner debajo de **II.** *vr* ◇ **sich** ~ (*zum Schutz*) ponerse a cubierto

unterstreichen *unreg vt* [1] ↑ *markieren* → *Zeile* subrayar [2] *FIG* ↑ *betonen* ▷*Bedeutung* acentuar

unterstützen *vt* apoyar; ▷*finanziell* ayudar; (*aus Staatsmitteln*) subvencionar; (*FIG bei Streit*) respaldar; **Unterstützung** *f* ▷*finanziell* ayuda *f;* ▷*verbal, moralisch* apoyo *m;* ▷*staatlich* subvención *f*

untersuchen *vt* ↑ *prüfen* ▷*technisch* examinar; ↑ *erforschen* explorar; ▷*wissenschaftlich* estudiar; → *Fall* investigar; MED → *Patienten* hacar un reconocimiento (*auf akk* de); **Untersuchung** *f* ▷*wissenschaftlich* estudio *m;* (*Forschung*) exploración *f;* ▷*technisch* examen *m;* ▷*polizeilich* investigación *f;* ▷*ärztlich* reconocimiento *m* (*über akk* de); **Untersuchungshaft** *f* prisión *f* preventiva; **Untersuchungsrichter(in** *f*) *m* juez *m/f* de instrucción

Untertan(in *f*) *m* súbdito/a

Untertasse *f* platillo *m*

untertauchen *vi* [1] (*in Wasser*) sumergir [2] *FIG* ↑ *verschwinden* desaparecer

Unterteil *n o m* parte *f* inferior; (*Schrank, Tisch*) base *f*

unterteilen *vt* subdividir (*in akk* en)

Unterwäsche *f* ropa *f* interior

Unterwasser- *in Komposita* submarino

unterwegs *adv:* ◇ ~ **sein** estar de camino (*nach* a); ◇ **ein Kind ist** ~ están esperando un niño

unterweisen *unreg vt* instruir (*in dat* en)

Unterwelt *f* [1] (*der Toten*) infiernos *m/pl* [2] (*der Gangster*) hampa *m,* bajos fondos *m/pl*

unterwerfen *unreg vtr* ◇ **sich** ~ [1] → *Land* conquistar [2] → *jd-n* someter; ◇ **sich e-er Prüfung** *dat* ~ someterse a examen; **Unterwerfung** *f* sumisión *f;* **unterwürfig** *adj PEJ* sumiso, servil

unterzeichnen *vt* firmar

unterziehen *unreg vtr* ◇ **sich** ~ ↑ *aussetzen* someter; ◇ **jd-n e-r Prüfung** *dat* ~ someterse a alguien a examen

untreu *adj* infiel

unüberlegt **I.** *adj voreilig* ▷*Person* irreflexivo; ▷*Entscheidung* precipitado **II.** *adv* ↑ *voreilig, unbedacht:* ◇ ~ **handeln** actuar precipitadamente/sin pensar

unübersehbar *adj* [1] ↑ *offensichtlich, auffällig* ▷*Hindernis* evidente [2] ↑ *unüberblickbar* ▷*Menge* enorme, inmenso [3] ↑ *nicht schätzbar* ▷*Schaden* incalculable

unüblich *adj:* ◇ **es ist** ~ no es costumbre

unumgänglich *adj* [1] ↑ *unentbehrlich* ▷*Maßnahme* indispensable [2] ↑ *unvermeidlich* ▷*Schicksal* inevitable

unumwunden *adv* ↑ *offen, ehrlich* abiertamente; ↑ *ohne Umschweife* sin rodeos; ◇ **etw** ~ **feststellen** decir algo a la cara

ununterbrochen *adj* ▷*reden* sin parar

Untiefe *f* (*seichte Stelle*) bajo fondo *m,* bajío *m*

untrennbar *adj* inseparable

unverantwortlich *adj* ▷*Verhalten* irresponsable

unverbesserlich *adj* (*nicht zu bessern*) empedernido; ◇ **ein ~er Lügner** un mentiroso empedernido

unverbindlich **I.** *adj* [1] ▷*Gespräch* sin compromiso [2] (*Ggs von fest*) ▷*Zusage* vago **II.** *adv* COMM sin compromiso; ◇ **etw** ~ **schicken lassen** encargar algo sin compromiso

unverbleit *adj* ▷*Benzin* sin plomo

unverdaulich *adj* ▷*Essen* indigesto

unvereinbar *adj* ▷*Gegensätze* incompatible (*mit* con)

unverfroren *adj* descarado, impertinente

unvergänglich *adj* imperecedero, eterno

unverkäuflich *adj* invendible

unverkennbar *adj* evidente, inconfundible; ◇ **die Ähnlichkeit ist** ~ el parecido es evidente

unverletzt *adj* indemne, ileso

unvermeidlich *adj* indispensable; inevitable

unvermittelt *adj:* ◇ ~ **aufstehen** levantarse de repente/bruscamente

unvernünftig *adj* insensato

unverschämt *adj* ↑ *schamlos* ▷*Person* desvergonzado, descarado, fresco, impertinente; ▷*Bitte* excesivo; **Unverschämtheit** *f* desvergüenza *f,* descaro *m,* frescura *f,* impertinencia *f*

unversehrt *adj* indemne, ileso

unversöhnlich *adj* [1] ↑ *unvereinbar* ▷*Gegensätze* incompatible [2] ▷*Gegner* irreconciliable

unverständlich *adj* [1] ↑ *unbegreiflich* incomprensible [2] ↑ *unhörbar* ininteligible

unverträglich *adj* [1] ↑ *gegensätzlich* ▷*Standpunkte* incompatible [2] MED ▷*Medikament* incompatible

unverwüstlich *adj* ↑ *nicht kaputtzukriegen* indestructible; ▷*Mensch* imperturbable

unverzeihlich *adj* imperdonable
unvollkommen *adj* [1] ↑ *nicht perfekt* imperfecto [2] ↑ *unvollständig* incompleto
unvollständig *adj* incompleto
unvoreingenommen *adj* imparcial; sin prejuicios
unvorhergesehen *adj* [1] ↑ *nicht geplant* imprevisto [1] ↑ *unerwartet* inesperado
unvorsichtig *adj* imprudente; **Unvorsichtigkeit** *f* imprudencia *f*
unvorstellbar *adj* inimaginable
unvorteilhaft *adj* poco ventajoso
unwahr *adj* falso
unwahrscheinlich I. *adj* [1] ↑ *unglaubhaft* fantástico, inverosímil [2] ↑ *kaum denkbar* poco probable; ◇ **ich halte das für ~** me parece poco probable [3] *FAM* ↑ *sehr* ◇ **~ toll** a tope II. *adv FAM* ↑ *sehr* muchísimo; ◇ **sich ~ betrinken** emborracharse como una cuba; **Unwahrscheinlichkeit** *f* inverosimilitud *f*; improbabilidad *f*
unweigerlich I. *adj* ↑ *unvermeidlich* ▷*Konsequenz* inevitable II. *adv* [1] ↑ *unvermeidlich* inevitablemente [2] ↑ *ganz bestimmt* seguramente; ↑ *auf jeden Fall* en cualquier caso; ◇ **es wird ~ so kommen** ocurrirá seguramente así
unwesentlich *adj* ↑ *geringfügig* poco importante, insignificante; ◇ **~ billiger** poco más barato
Unwetter *n* tormenta *f*
unwiderruflich *adj* irrevocable, definitivo; **unwiderstehlich** *adj* irresistible
unwillig *adj* [1] ↑ *ärgerlich* ▷*reagieren* enfadado, malhumorado [2] ↑ *widerwillig* ◇ **etw ~ tun** hacer algo de mala gana
unwillkürlich *adj* ▷*Reaktion* espontáneo
unwirklich *adj* irreal
unwirtschaftlich *adj* poco rentable
unwissend *adj* [1] tonto [2] ↑ *ahnungslos* ignorante; ↑ *naiv* inocente
unwissenschaftlich *adj* [1] ↑ *unakademisch* no académico [2] ▷*Arbeit* poco científico
unwohl *adj* indispuesto
unzählig *adj* incontable; ◇ **~e Leute** muchísima gente
Unze *f* onza *f*
unzerbrechlich *adj* irrompible
unzertrennlich *adj* inseparable
Unzucht *f* fornicación *f*; JURA ◇ **~ mit Minderjährigen** abusos *m/pl* deshonestos con menores de edad
unzufrieden *adj* [1] ↑ *nicht zufrieden* descontento (*mit* con) [2] ↑ *schlechtgelaunt* insatisfecho; **Unzufriedenheit** *f* [1] descontento *m* [2] insatisfacción *f*
unzulänglich *adj* [1] ↑ *mangelhaft* ▷*Leistung* deficiente [2] ↑ *nicht ausreichend* ▷*Erklärung* insuficiente
unzulässig *adj* ilícito, prohibido
unzurechnungsfähig *adj* no responsable de su actos; ◇ **jd-n für ~ erklären lassen** declarar a alguien no responsable de sus actos
unzutreffend *adj* [1] inexacto [2] ↑ *unwahr* falso
unzuverlässig *adj* ▷*Person* de poca confianza; ▷*Information* dudoso
üppig *adj* [1] ↑ *reichhaltig* ▷*Essen* abundante [2] ↑ *voll* ▷*Figur* voluminoso [3] ↑ *überreich* ▷*Vegetation* exuberante; ▷*Haarwuchs* abundante; ▷*Fantasie* desorbitante [4] ↑ *hoch* ▷*Gehalt* enorme
uralt *adj* antiquísimo
Uran *n* ‹-s› uranio *m*
Uraufführung *f* THEAT, MUS estreno *m*
Urbarmachung *f* roturación *f*
Ureinwohner(in *f*) *m* aborigen *m/f*; **Urenkel(in** *f*) *m* bisnieto(/a); **Urgroßmutter** *f* bisabuela *f*; **Urgroßvater** *m* bisabuelo *m*
Urheber(in *f*) *m* ‹-s, -› [1] ↑ *Veranlasser* (*von Tat*) autor *m* [2] ↑ *Autor, Schöpfer* (*von Kunstwerk*) creador *m*, autor *m*; **Urheberrecht** *n* derecho *m* de autor
Urin *m* ‹-s, -e› orina *f*
Urkunde *f* ‹-, -n› ↑ *Schriftstück, Dokument* documento *m*
Urlaub *m* ‹-[e]s, -e› (*Jahres-*): ◇ **~ nehmen** coger vacaciones; MIL permiso *m*; **Urlauber(in** *f*) *m* ‹-s, -› turista *m/f*
Urne *f* ‹-, -n› [1] (*Begräbnis-*) urna *f* [2] (*Wahl-*) urna *f*
Ursache *f* (*Unfall-*) causa *f*, motivo *m*
Ursprung *m* [1] ↑ *Beginn, Anfang* comienzo *m*, origen *m*; ◇ **~ allen Lebens** origen de la vida [2] ↑ *Quelle* (*von Fluß*) nacimiento *m*; **ursprünglich** I. *adj* [1] ↑ *zuerst/anfangs vorhanden* ▷*Plan* inicial [2] ↑ *naturbelassen* ▷*Volk* primitivo [3] ↑ *echt* ▷*Empfinden* natural II. *adv* ↑ *anfangs* al principio; ↑ *eigentlich* originariamente; ◇ **~ war es so geplant, daß ...** al principio se planeó de forma que ...
Urteil *n* ‹-s, -e› [1] JURA sentencia *f* [2] ↑ *Meinung* juicio *m*, opinión *f*; ◇ **sich ein ~ bilden** hacerse/formarse una idea; **urteilen** *vi* [1] ↑ *Meinung haben* opinar (*über akk* de/sobre) [2] hacerse/formarse una idea de; **Urteilskraft** *f* juicio *m*; **Urteilsspruch** *m* sentencia *f*
Urwald *m* selva *f* virgen
urwüchsig *adj* original
Urzeit *f* tiempos *m/pl* primitivos

USA *pl* EE. UU. *m/pl*
usw. *Abk v.* **und so weiter** etc.
Utensilien *f/pl* (*Näh-*) utensilios *m/pl*, enseres *m/pl*
Utopie *f* utopía *f;* **utopisch** *adj* [1] utópico [2] *FAM* ↑ *unrealistisch* ▷*Preis* irrisorio, ilusorio
UV-Strahlen *pl*

V

V, v *n* V, v *f*
Vagabund *m* ‹-en, -en› vagabundo *m;* **vagabundieren** *vi* vagabundear
vage *adj* vago, difuso; inexacto
Vagina *f* ‹-, Vaginen› vagina *f*
vakant *adj* vacante
Vakuum *n* ‹-s, Vakua› vacío *m;* **vakuumverpackt** *adj* envasado al vacío
Vamp *m* ‹-s, -s› mujer *f* fatal
Vampir *m* ‹-s, -e› vampiro *m*
Valuta *f* ‹-, -ten› moneda *f* extranjera
Vanille *f* ‹-› vainilla *f;* **Vanilleeis** *n* helado *m* de vainilla; **Vanillestange** *f* vainilla *f* en barra
variabel *adj* variable; **Variable** *f* ‹-, -n› variable *f*
Variante *f* ‹-, -n› variante *f*
Variation *f* variación *f*
Varieté[**theater**] *n* music-hall *m*, teatro *m* de variedades
variieren I. *vt* ↑ *abwandeln* → *Plan, Thema* cambiar **II.** *vi* ↑ *abweichen* variar, cambiar
Vase *f* ‹-, -n› jarrón *m;* florero *m*
Vaselin *n* ‹-s› **Vaseline** *f* vaselina *f*
Vater *m* ‹-s, Väter› [1] (*Familien-*) padre *m; FIG* ◇ **~ Staat** Estado *m* [2] ◇ **der Heilige ~** el Santo Padre, Papa *m;* ◇ **~ unser, der du bist im Himmel** padre nuestro que estás en los cielos [3] ◇ Väter *pl* ↑ *Vorfahren* antepasados; **Vaterland** *n* patria *f;* **vaterländisch** *adj* patriota, nacional; **Vaterlandsliebe** *f* patriotismo *m;* **Vaterliebe** *f* amor *m* paternal
väterlich *adj* [1] ▷*Liebe* paternal; ▷*Freund, Ratschlag* paterno [2] ▷*Erbe, Geschäft etc.* del padre; **väterlicherseits** *adv* por parte de padre
Vatermord *m* parricidio *m;* **Vaterschaft** *f* paternidad *f;* **Vaterunser** *n* ‹-s, -› Padrenuestro *m*
Vatikan *m* ‹-s› Vaticano *m*
v. Chr. *Abk v.* **vor Christus** antes de Jesucristo
Vegetarier(**in** *f*) *m* ‹-s, -› vegetariano/a
Vegetation *f* vegetación *f;* **Vegetationszone** *f* zona *f* de vegetación
vegetieren *vi* vegetar
Vehikel *n* ‹-s, -› [1] *FAM* ↑ *altes [Kraft-]Fahrzeug* cacharro *m* [2] *FIG* ↑ *Mittel* vehículo *m*
Veilchen *n* violeta *f*
Vektor *m* ‹-s, -en› vector *m;* **Vektorraum** *m* espacio *m* vectorial
Velo *n* ‹-s, -s› *CH* ↑ *Fahrrad* bicicleta *f*
Vene *f* ‹-, -n› vena *f;* **Venenentzündung** *f* flebitis *f*
Venedig *n* ‹-s› Venecia *f*
Ventil *n* ‹-s, -e› válvula *f*
Ventilator *m* ventilador *m*
verabreden I. *vt* ▷*Plan, [Kenn-]Zeichen* fijar (*mit jd-m* con alguien), convenir **II.** *vr* ◇ **sich mit jd-m ~** quedar/citarse con alguien; **Verabredung** *f* [1] ↑ *Übereinkommen* acuerdo *m* (*über akk* sobre) [2] ↑ *Treffen* cita *f*
verabreichen *vt* → *Medikament* dar, administrar
verabscheuen *vt* detestar, aborrecer, abonimar
verabschieden I. *vt* [1] → *Besucher* despedir; → *General* licenciar [2] POL ↑ *beschließen* → *Gesetz, Haushaltsetat* aprobar **II.** *vr* ◇ **sich [mit e-r Verbeugung] ~** despedirse [haciendo una referencia] (*von* de); ◇ **ich möchte mich noch nicht ~, aber die Zeit drängt** no quisiera despedirme pero el tiempro apremia; **Verabschiedung** *f* [1] (*von Besuchern*) despedida *f;* (*von General*) licenciamiento *m* [2] (POL *von Gesetz*) aprobación *f*
verachten *vt* [1] ↑ *ablehnen* despreciar [2] ◇ **das Angebot ist nicht zu ~** no es una oferta para desdeñar, no es una oferta despreciable; **verächtlich** *adj* ▷*Blick* de desprecio, despectivo; ◇ **jd-n mit ~en Blicken bestrafen** echar a alguien miradas de desprecio; **Verachtung** *f* desprecio *m*, desdén *m;* menosprecio *m*
verallgemeinern *vt* generalizar; **Verallgemeinerung** *f* generalización *f*
veralten *vi* ← *Technik* quedarse anticuado, caer en desuso
Veranda *f* ‹-, Veranden› mirador *m*, teraza *f*
veränderlich *adj* ▷*Wetter* variable; **Veränderliche** *f* MATH variable *f;* **verändern I.** *vt* → *Wesen* cambiar, modificar; → *Raum* transformar **II.** *vr* ◇ **sich ~** [1] ↑ *anders aussehen/werden* cambiar [2] ◇ **er möchte kündigen, da er sich beruflich ~ möchte** quiere presentar el despido ya que quiere cambiar de profesión; **Veränderung** *f* cambio *m*, modificación *f*, transformación *f*
verängstigt *adj* asustado

verankern *vt* [1] → *Schiff* anclar; → *Seil* sujetar; → *Pfeiler* cimentar [2] → *Grundrechte* fijar
veranlagen *vt:* ◇ **jd-n zur Einkommenssteuer ~** hacer a alguien una tasación del impuesto sobre la renta; **veranlagt** *adj:* ◇ **sie ist von Natur aus pessimistisch ~** es una persona pesimista por naturaleza; ◇ **sie ist von Natur aus künstlerisch ~** es una persona con un talento artístico innato; **Veranlagung** *f* [1] ↑ *Anlage* talento *m,* aptitud *f,* dotes *m/pl* [2] FIN ↑ *Steuer~* tasación *f*
veranlassen *vt* → *Tätigkeit, Notwendige* causar, ocasionar, motivar; ◇ **er veranlaßte ihn dazu, aufzugeben** le indujo a dejarlo; ◇ **er sah sich zu dieser Vorgehensweise veranlaßt** se vio obligado a proceder de esa forma
veranschaulichen *vt* ilustrar, explicar
veranschlagen *vt* → *Summe* estimar, evaluar, tasar (*auf akk* en)
veranstalten *vt* [1] → *Wettbewerb* organizar; → *Fest* celebrar, dar [2] ↑ *aufführen* → *Konzert* dar, ejecutar; → *Vorführung* hacer; **Veranstalter(in *f*)** *m* ‹-s, -› organizador(a *f*) *m;* **Veranstaltung** *f* [1] ↑ *das Durchführen* organización *f;* ▷*feierlich* acto *m,* ceremonia *f* [2] ↑ *Aufführung* (*Musik~*) acto *m* [3] SPORT competición *f,* concurso *m*
verantworten I. *vt* → *Vorgehensweise* ser responsable de, responder de II. *vr* ◇ **er muß sich vor Gericht ~** tiene que responsabilizarse ante el tribunal; **verantwortlich** *adj* [1] ↑ *zuständig* responsable; ◇ **jd-n für e-e Sache vor Gericht ~ machen** hacer responsable a alguien de algo ante un tribunal [2] ↑ *verantwortungsvoll* ▷*Stellung* de responsabilidad; **Verantwortlichkeit** *f* responsabilidad *f;* **Verantwortung** *f* responsabilidad *f;* **verantwortungsbewußt** *adj* consciente de su responsabilidad; **Verantwortungsbewußtsein** *n* sentido *m* de la responsabilidad; **Verantwortungsgefühl** *n* sentido *m* de la responsabilidad; **verantwortungslos** *adj* irresponsable; **verantwortungsvoll** *adj* de gran responsabilidad
veräppeln *vt FAM* tomar el pelo
verarbeiten *vt* [1] ↑ *bearbeiten* → *Holz* trabajar; PC → *Daten* procesar; ↑ *umwandeln* ◇ **Getreide zu Mehl ~** transformar el cereal en harina; ◇ **die ~de Industrie** la industria transformadora [2] ↑ *durchdenken* → *Erlebnis, Film* asimilar; **Verarbeitung** *f* [1] ↑ *Bearbeitung* elaboración *f;* ↑ *Umwandlung, Aufbereitung* transformación *f* [2] ▷*geistige* asimilación *f*
verärgern *vt* → *Lehrer* enfadar, disgustar (*mit e-r Sache* con una cosa); **verärgert** *adj* enfadado, disgustado
Verarmung *f* empobrecimiento *m*
verarschen *vt VULG* tomar el pelo, quedarse con alguien
verarzten *vt* cuidar de, tratar
Verästelung *f* ramificación *f*
verausgaben I. *vt* ↑ *ausgeben* gastar II. *vr* ◇ **sich ~** ▷*finanziell* agotar sus recursos financieros; (*FIG* SPORT *bis zur Erschöpfung*) agotarse
veräußern *vt* → *Grundstück* enajenar, alienar; **Veräußerung** *f* enajenación *f,* alienación *f*
Verb *n* ‹-s, -en› verbo *m*
verballhornen *vt* → *Wort, Wendung* desfigurar el sentido
Verband[1] *m* ‹-es, Verbände› MED vendaje *m;* ◇ **wir sollten ihm e-n ~ anlegen** deberíamos ponerle un vendaje
Verband[2] *m* ‹-es, Verbände› [1] MIL unidad *f;* ◇ **die schwimmenden Verbände** unidades *f/pl* navales [2] (*Interessen~*) asociación *f,* federación *f;* unión *f*
Verband[s]kasten *m* botiquín *m;* **Verband[s]mull** *m* gasa *f* hidrófila; **Verband[s]päckchen** *n* vendaje *m* individual, paquete *m* de curación, caja *f* de primera asistencia/vendajes; **Verband[s]platz** *m* casa *f* de socorro, puesto *m* de socorro
Verbandsvorsitzende(r) *fm* presidente/a de una asociación
Verband[s]zeug *n* vendajes *m/pl*
Verbannte(r) *fm* desterrado/a, proscrito/a, exiliado/a; **Verbannung** *f* destierro *m,* exilio *m*
verbarrikadieren I. *vt* → *Tür, Zimmer* levantar barricadas II. *vr* ◇ **sich ~** atrincherarse
verbauen *vt* [1] → *Material* emplear; ↑ *zerstören* → *Landschaft* destruir por construcciones [2] *FIG* ↑ *blockieren* ◇ **sich die Zukunft ~** jugarse el porvenir; ◇ **jd-m die Zukunft ~** cerrar puertas a alguien
verbergen *unreg vt* ocultar, esconder (*vor dat* de); → *Ärger* ocultar; ◇ **warum haben Sie mir Ihre Meinung verborgen?** ¿por qué me ha ocultado su opinón?
verbessern I. *vt* [1] (*Ggs verschlechtern*) mejorar, perfeccionar [2] → *Fehler* corregir II. *vr* ◇ **sich ~** [1] ← *seine Lage* mejorar [2] ↑ *sich korrigieren* corregirse; **Verbesserung** *f* [1] ↑ *Besserung* mejora *f,* mejoramiento *m,* perfeccionamiento *m* [2] ↑ *Korrektion* corrección *f*
verbeugen *vr* inclinarse; **Verbeugung** *f* inclinación *f;* ◇ **e-e ~ machen** hacer una reverencia
verbiegen *unreg* I. *vt* → *Draht* doblar, torcer II. *vr* ◇ **sich ~** ← *Schienen* torcerse, doblarse
verbieten *unreg* I. *vt* → *das Rauchen* prohibir; ◇ **er wollte mir den Mund ~** quería hacerme callar; ◇

so etwas gehört verboten esto debería estar prohibido; ◇ **Unbefugten ist der Zutritt ~!** prohibida la entrada a personas ajenas **II.** *vr:* ◇ **das verbietet sich von selbst** es lógico que no pueda ser

verbilligen *vt* ↑ *herabsetzen* → *Ware* rebajar, reducir [el precio], abaratar; **Verbilligung** *f* rebaja *f,* reducción *f* del precio

verbinden *unreg* **I.** *vt* 1 ↑ *zusammenfügen* → *Kabel, Faden* unir; ◇ **Wörter zu e-m Satz ~** formar una frase con esas palabras 2 ↑ *verknüpfen* → *Straße, Ort* unir, enlazar (*mit etw* con); TELEC ◇ **~ Sie mich bitte mit Herrn X!** ¡póngame con el señor X, por favor!; ◇ **sie sind falsch verbunden** se ha equivocado [de número]; (*nahestehend*) ◇ **ich bin ihm sehr verbunden** estoy muy unido a él; (*dankbar*) ◇ **für Ihre Hilfe sind wir Ihnen sehr verbunden** le estamos muy agradecidos por su ayuda 2 ↑ *in Bezug setzen* → *Erinnerungen* asociar 3 MED → *Wunde, Verletzten* vendar 4 → *Augen* vendar, tapar **II.** *vr* ◇ **sich ~** asociarse, unirse; CHEM ◇ **Wasser verbindet sich mit Sauerstoff zu ...** el agua se combina/junta con oxígeno para [formar]

verbindlich *adj* 1 ↑ *verpflichtend* ▷*Zusage* obligatorio 2 ↑ *höflich, freundlich* ◇ **er lächelte ~ und ging** sonrió amablemente y se fue; **Verbindlichkeit** *f* 1 ↑ *Verpflichtung* obligación *f* 2 ↑ *Freundlichkeit* amabilidad *f*

Verbindung *f* 1 (*-stelle*) unión *f* 2 (*-linie*) conexión *f* 3 (*Bus-*) comunicación *f* 4 ↑ *Beziehung* contacto *m,* relación *f* 5 ↑ *Kombination,* CHEM combinación *f;* ◇ **in ~ mit der Deutschen Einheit** en combinación con la unión alemana 6 (*Studenten-*) asociación *f;* **Verbindungsmann** *m* enlace *m;* **Verbindungsstraße** *f* carretera *f* de enlace

verbissen *adj* testaduro, obstinado, terco

verbitten *unreg vr:* ◇ **er verbat sich diesen unfreundlichen Ton** no permitió/toleró/consintió que se le hablase en ese tono

verbittern *vti FIG* amargar[se]; **Verbitterung** *f* amargura *f*

verblassen *vi* palidecer

verblättern I. *vt* → *Seite* pasar/cambiar la página [por error] **II.** *vr* ◇ **sich ~** pasarse [de hoja]

Verbleib *m* ‹-[e]s› ▷*von Person* paradero *m;* ▷*von Sache* sitio *m* donde está algo que se busca; **verbleiben** *unreg vi* 1 ↑ *verharren* quedar 2 ↑ *[zurück]bleiben* ◇ **wir danken Ihnen und verbleiben mit freundl. Grüßen** se lo agradecemos y nos despedimos atentamente. Saludos 3 ↑ *übereinkommen* ◇ **wir sind so verblieben, daß ...** hemos quedado en que ... 4 ↑ *übrigbleiben* quedar, sobrar

verbleit *adj* ▷*Benzin* con plomo

verblöden *vi* atontarse, volverse idiota

verblüffen *vt* ← *Antwort* desconcertar; ← *Verkäufer* dejar boquiabierto; **verblüfft** *adj* desconcertado, aturdido, estupefacto, perplejo; ◇ **wir standen vollkommen ~ da, als ...** nos quedamos totalmente desconcertados cuando ...; **Verblüffung** *f* estupefacción *f,* perplejidad *f* (*über akk* por)

verblühen *vi* marchitarse; **Verblühen** *n* marchitamiento *m*

verbluten *vi* desangrarse

verbocken *vt FAM* ↑ *falsch machen* chafallar, arruinar

verbogen *adj* ▷*Blech* abollado, doblado; ▷*Schiene* torcido

verbohren *vr* ◇ **sich ~** ↑ *fehlbohren* confundirse al taladrar; (*sich zu sehr in etwas vertiefen*) ◇ **sich ~ [in e-e Idee]** aferrarse a [una idea]

verborgen [1] ↑ *verleihen* prestar

verborgen [2] *adj s.* **verbergen** ↑ *versteckt* ▷*Zugang* escondido; ↑ *geheim* secreto; ↑ *unbemerkt* ▷*Fertigkeiten* oculto

Verbot *n* ‹-[e]s, -e› prohibición *f;* **verboten** *adj* 1 ↑ *untersagt* prohibido; ◇ **Betreten ~!** ¡prohibido entrar! 2 *FAM* ↑ *unmöglich* ▷*Frisur* horroroso; **Verbotsschild** *n* señal *f* de prohibición; **Verbotstafel** *f* señal *f* de prohibición

verbrannt *adj* quemado

Verbrauch *m* ‹-[e]s› (*Benzin-*) (*von Lebensmittel*) consumo *m;* ◇ **Motoren sollten sparsamer im ~ sein** los motores deberían consumir menos; **verbrauchen** *vt* → *Energie* → *Lebensmittel* consumir, gastar; → *Kräfte* gastar; → *Luft* cargar; → *jd-n* usar a alguien hasta dejarle en las últimas; **Verbraucher(in** *f*) *m* ‹-s, -› consumidor(a *f*) *m;* **Verbraucherpreis** *m* precio *m* al consumidor; **Verbraucherzentrale** *f* centro *m* de ayuda al consumidor; **Verbrauchsgut** *n* ‹-es, -güter› bienes *m/pl* de consumo; **verbraucht** *adj* ▷*Energie* ▷*Lebensmittel* gastado, consumido; ▷*Kräfte* gastado; ▷*Luft* cargado, viciado; ▷*Frau, Mann* cascado, machacado

verbrechen *unreg vt* → *e-e Sache* cometer, perpetrar; *FAM* ↑ *anstellen* ◇ **was hast du heute wieder verbrochen?** ¿y, qué has hecho hoy?; **Verbrechen** *n* ‹-s, -› crimen *m,* delito *m;* **Verbrecher(in** *f*) *m* ‹-s, -› criminal *m/f,* delincuente *m;* **verbrecherisch** *adj* criminal, delictivo

verbreiten I. *vt* → *Krankheit* → *Licht, Wärme* propagar; → *Gerücht* divulgar, hacer correr; → *Nachricht* difundir; ↑ *ausstrahlen* → *Optimismus, Unruhe* emanar **II.** *vr* ◇ **sich ~ [über e-e Gegend]** extenderse

verbreitern *vt* → *Straße* ensanchar, ampliar; **Verbreiterung** *f* ensanche *m*, ampliación *f*
Verbreitung *f* (*von Krankheit, Wärme*) propagación *f;* (*von Gerücht*) divulgación *f*
verbrennen *unreg* **I.** *vt* → *Holz, Benzin* → *Kohlenhydrate* quemar; → *Tote* incinerar **II.** *vi* ← *Haus* quemarse, incendiarse; ◇ **zu Asche** - reducirse a cenizas **III.** *vr:* ◇ **sich** *dat* **[die Hand/das Gesicht]** - MED quemarse [la mano/la cara]; *FIG* ◇ **sich** *dat* **[den Mund]** - decir algo indebido; **Verbrennung** *f* (*von Holz*) combustión *f;* (*von Hexe*) quema *f;* (*von Toten*) incineración *f;* (MED *von Gesicht*) quemadura *f;* **Verbrennungsmotor** *m* motor *f* de combustión
verbringen *unreg vt* ↑ *verleben* → *Wochenende, Urlaub* pasar (*bei jd-m* con); ↑ *zubringen* → *seine Zeit* pasar (*mit etw* con)
verbrüdern *vr* ◇ **sich** - **[mit]** hermanarse [con]
verbrühen **I.** *vt* MED escaldar **II.** *vr* ◇ **sich** - escaldarse
verbuchen *vt* FIN → *Einahmen, Ausgaben* contabilizar
Verbund *m* (*Verkehrs-*) unión *f;* ◇ **die IC-Karte gilt im - mit der S-Bahn** la tarjeta para el IC vale también parala red ferroviaria urbana
verbunden *adj s.* **verbinden**
verbünden *vr* ◇ **sich** - **[mit jd-m] [gegen]** aliarse/unirse [con alguien] [contra]; **Verbündete(r)** *fm* aliado/a
verbürgen *vr:* ◇ **sich** - **für** avalar a, responder de/por
verbüßen *vt* cumplir, expiar
verchromen *vt* cromar
Verdacht *m* ‹-[e]s› sospecha *f;* ◇ **nicht den leisesten - haben, daß ...** no tener la menor sospecha de que ...; ◇ **es besteht - auf [eine Krankheit]** hay indicios de [una enfermedad]; **verdächtig** *adj* sospechoso; dudoso; **Verdächtige(r)** *fm* sospechoso/a; **verdächtigen** *vt* → *Spion* sospechar de; ◇ **jd-n zu Recht/ Unrecht** - sospechar de alguien con motivos/ injustamente; ◇ **jd-n des Totschlags** - sospechar de alguien de haber cometido un homicidio; **Verdächtigung** *f* sospecha *f;* **Verdachtsmoment** *n* motivo *m* de sospecha
verdammen *vt* condenar; **verdammt** *adj* condenado; ◇ **- und zugenäht!** ¡maldita sea!; **Verdammte(r)** *fm* condenado/a
verdampfen *vti* evaporar(se); **Verdampfen** *n* evaporación *f;* **Verdampfung** *n* evaporación *f*
verdanken *vt:* ◇ **jd-m/e-r Sache etw** - deber algo a alguien/a una cosa; ◇ **wir haben Ihnen sehr viel zu** - le debemos muchísimo, Ud. nos ha ayudado mucho
verdauen *vt* → *Nahrung* digerir; **verdaulich** *adj* ▷*Essen* digestible; ◇ **leicht -e Kost** alimento fácil de digerir; ◇ **schwer -e Kost** alimento indigesto; **Verdauung** *f* digestión *f;* **Verdauungsbeschwerden** *pl* trastornos *m/pl* digestivos; **Verdauungsstörung** *f* indigestión *f*
Verdeck *n* ‹-[e]s, -e› NAUT cubierta *f;* AUTO capota *f*
verdecken *vt* [1] → *Loch* tapar [2] → *Karten* tapar, ocultar [3] ↑ *behindern* ocultar, no dejar ver
verdenken *unreg vt:* ◇ **ich kann es ihm nicht -, daß ...** no puedo tomar a mal que ...
Verderb *m* ruina *f*, perdición *f;* **verderben** ‹verdarb, verdorben› **I.** *vt* [1] ↑ *ungenießbar machen* → *Lebensmittel* echar a perder [2] ↑ *unbrauchbar machen* → *Film* estropear [3] ↑ *zugrunde richten* → *Jugendliche* corromper, pervertir; → *Charakter* corromper **II.** *vi* ← *Nahrung* pudrirse, estropearse; ← *Person* corromperse **III.** *vr* ◇ **sich die Augen** - estropearse los ojos; ◇ **ich habe mir den Magen verdorben** he cogido una indigestión; ◇ **er hat es sich mit ihm verdorben** [le ha jugado una mala pasada y] ya no son amigos; **Verderben** *n* ‹-s› ruina *f*, perdición *f;* ◇ **in sein - rennen** ir hacia su perdición; ◇ **jd-n ins - stürzen** llevar a alguien a la ruina; **verderblich** *adj* ▷*Lebensmittel* perecedero
verdeutschen *vt FAM* → *Fremdwort, Satz* pasar/adaptar al alemán
verdeutlichen *vt* → *Satz* aclarar, explicar
verdichten **I.** *vt* → *Atmosphäre* condensar; → *Gas* solidificar; CHEM → *Benzingemisch etc.* concentrar **II.** *vr* ◇ **sich** - ← *Nebel* espesarse; ← *Gerücht* intensificarse; *FIG* condensarse; **Verdichtung** *f* compresión *f*
Verdickung *f* MED hinchazón *f;* bulto *m*
verdienen **I.** *vt* → *Geld* ganar **II.** *vi* → *Anerkennung* ganar; → *Frau, Mann* merecerse; ◇ **diese Strafe hat er nicht anders verdient** se ha merecido ser castigado de esta forma
Verdienst [1] *m* ‹-[e]s› [1] (*von Geld*) ganancia *f*, beneficio *m* [2] ▷*monatlich* sueldo *m*, salario *m*
Verdienst [2] *n* ‹-[e]s, -e› mérito *m;* **verdienstvoll** *adj* [1] ▷*Tat* meritorio [2] ▷*Soldat* benemérito; **verdient** *adj s.* **verdienen** [1] ↑ *erworben* → *Geld* ganado [2] ↑ *verdienstvoll* ▷*Offizier* de gran mérito; ◇ **sie machte sich um die Ärmsten der Armen** - prestó grandes servicios entre los más pobres, se ganó el reconocimiento de los más pobres
verdolmetschen *vt* interpretar, traducir [de forma oral]
verdoppeln *vt* duplicar, doblar
verdorben *adj s.* **verderben** [1] ▷*Lebensmittel*

podrido [2] ↑ *unbrauchbar gemacht* estropeado [3] ▷*Charakter* corrompido [4] ▷*Kind* perverso, pervertido; **Verdorbenheit** *f* corrupción *f*

verdorren *vi* secarse

verdrängen *vt* [1] → *Flüssigkeit* desplazar [2] → *Erinnerungen* suprimir [3] → *Lebewesen* no dejar sitio [4] → *Kollegen* suplantar, desplazar; **Verdrängung** *f* ↑ *Entfernung* desplazamiento *m;* ↑ *Unterdrückung* supresión *f;* ↑ *Rauswurf* expulsión *f*

verdrehen *vt* [1] → *Augen, Glieder* torcer [2] → *Sender, Antenne* girar al lado contrario; ◇ **den Kopf/Hals nach jd-m** ~ volver la mirada hacia alguien; (*FIG jd-n in sich verliebt machen*) ◇ **es ist die da, die ihm den Kopf verdreht hat** es ella la que le ha hecho perder la razón [2] → *Worte* interpretar mal intencionadamente, tergiversar algo a propósito; **verdreht** *adj* [1] *FAM* ▷*Person* confuso, atolondrado [2] ▷*Welt, Situation* absurdo

verdreifachen *vt* triplicar

verdrießlich *adj* [1] ↑ *verärgert* ▷*Miene* disgustado, de disgusto, de mal humor [2] ↑ *unangenehm* ▷*Stimmung* molesto, desagradable; ▷*Ereignis* fastidioso

verdrücken I. *vt* [1] ↑ *zerknittern* → *Kleid* arrugar [2] ↑ *hinunterschlingen* → *Hamburger* zamparse **II.** *vr* ◇ **sich** ~ ↑ *sich davonschleichen* esfumarse, irse

Verdrossenheit *f* mal humor *m*

Verdruß *m* ‹Verdrusses, Verdrusse› disgusto *m*

verduften *vi* [1] ← *Blume* irse el olor; ← *Kaffee* irse el aroma [2] *FAM* ↑ *abhauen* largarse, pirarse, abrirse

verdummen I. *vt* volver tonto **II.** *vi* quedarse tonto

verdunkeln I. *vt* [1] oscurecer; → *Raum* apagar las luces [2] *FIG* → *Verbrechen* encubrir **II.** *vr* ◇ **sich** ~ [1] ← *Himmel* oscurecerse [2] *FIG* ← *Blick* poner mala cara; **Verdunk[e]lung** *f* [1] ↑ *Dunkelheit* oscurecimiento *m* [2] *FIG* ↑ *Verschleiern* encubrimiento *m;* **Verdunklungsgefahr** *f* riesgo *m* de entorpecimiento de la labor judicial; **Verdunklungshaft** *f* detención *f* por entorpecer la labor judicial

verdünnen I. *vt* → *Flüssigkeit* diluir; → *Wein* aguar **II.** *vr* ◇ **sich** ~ hacerse más delgado, disminuir; **verdünnt** *adj* CHEM, PHYS ▷*Lösung* diluido; **Verdünnung** *f* disolución *f*

verdunsten *vi* evaporarse; **Verdunstung** *f* evaporación *f*

verdursten *vi* morirse de sed

verdutzt *adj* alelado, estupefacto, perplejo

verebben *vi* ↑ *abklingen* ← *Lärm* disminuir; ← *Stimmen* bajar

veredeln *vt* [1] → *Pflanze* mejorar, injertar; → *Geschmack, Kaffee* mejorar [2] → *Boden* enriquecer [3] → *Metalloberfläche* pulir [4] → *Rohstoff* refinar; **Veredelung** *f* injerto *m;* **Veredlungsprodukt** *f* producto *m* elaborado, transformado

verehelichen *vr* ◇ **sich** ~ **mit** casarse con

verehren *vt* [1] → *Heiligen* adorar, venerar; → *Mensch* respetar, admirar [2] ↑ *schenken* ◇ **jd-m ein Buch verehren** regalar un libro a alguien; **Verehrer(in** *f*) *m* ‹-s, -› [1] ↑ *Bewunderer* admirador(a *f*) *m* [2] ↑ *Geliebte(r)* amante *m/f;* **verehrt** *adj* estimado; ◇ **sehr ~e Damen und Herren!** ¡señoras y señores! [*o.* ¡estimado público!]; **Verehrung** *f* admiración *f*, respeto *m*

vereid[ig]en *vt* [1] → *Minister* tomar juramento [2] → *Soldaten* jurar [bandera] [3] → *Zeugen, Geschworene* jurar (*auf akk* ante); **Vereidigung** *f* [1] → *von Minister* toma *f* de juramento [2] → *von Soldaten* jura *f* de bandera

Verein *m* ‹-[e]s, -e› (*Sport- etc.*) club *m*, sociedad *f*, asociación *f;* ◇ **eingetragener** ~ asociación *f* registrada; **Vereinsmitglied** *n* miembro *m* de una asociación

vereinbar *adj* compatible; ◇ **beide Ansichten sind nicht miteinander** ~ ambas opiniones son irreconciliables

vereinbaren *vt* [1] ↑ *festlegen* → *Termin* concertar; → *Beschluß* acordar [2] ↑ *in Übereinstimmung bringen* ◇ **ich kann das nicht mit meinem Gewissen** ~ mi conciencia no me permite hacerlo; **Vereinbarung** *f* acuerdo *m*, convenio *m;* **vereinbarungsgemäß** *adv* según lo acordado

vereinen *vt* [1] → *Institutionen* asociar, fusionar [2] → *Unterschiedliches* unir, juntar, aunar; ◇ **die Vereinten Nationen** las Naciones Unidas

vereinfachen *vt* simplificar

vereinheitlichen *vt* unificar, estandarizar

vereinigen I. *vt* [1] → *Personen* unir, juntar, asociar [2] → *Firmen* fusionar; ◇ **Unterschiede in sich** ~ limar diferencias; ◇ **die Vereinigten Arabischen Emirate** la Unión de Emiratos Árabes **II.** *vr* ◇ **sich** ~ unirse, juntarse, asociarse; **Vereinigung** *f* [1] ↑ *das Zusammenfassen* unión *f*, unificación *f* [2] (*Interessen-*) asociación *f*, agrupación *f*

vereinnahmen *vt* [1] COMM ↑ *einnehmen* cobrar [2] *FAM* → *Freund* acaparar

vereinsamen *vi* quedarse sólo, aislarse

vereint *adj s.* **vereinen**

vereinzelt *adj* ↑ *selten [vorkommend]* ▷*Schüsse* suelto; ▷*Häuser* aislado, separado

vereisen I. *vt* MED → *Fuß* poner hielo **II.** *vi* ← *Straße* helar

vereiteln *vt* frustar, hacer fracasar
vereitern *vi* supurar; **vereitert** *adj* que supura; **Vereiterung** *f* supuración *f*
verelenden *vi* ← *Person, Stadt* caer en la miseria
verenden *vi* morir, perecer
verengen I. *vt* → *Straße* estrechar **II.** *vr* ◇ **sich** ~ ← *Weg* estrecharse; (*nach oben*) hacerse más delgado, disminuir
verengern *vt* → *Kleid* estrechar
vererben I. *vt* [1] → *Nachlaß* dejar, legar [2] BIOL → *Erbanlagen* transmitir [3] *FAM* ↑ *schenken* ◇ **kannst du mir den Rock nicht ~?** ¿no me puedes regalar la falda? **II.** *vr* ◇ **sich** ~ transmitirse por herencia (*auf jd-n* a alguien); **vererblich** *adj* transmisible por herencia; **Vererbung** *f* [1] (*von Vermögen*) herencia *f* [2] (BIOL *von Erbanlagen*) transmisión *f* hereditaria; **Vererbungslehre** *f* genética *f*
verewigen *vt* [1] → *Namen* perpetuar [2] → *Person* inmortalizar
verfahren[1] *unreg* **I.** *vt* → *Benzin* consumir **II.** *vr* ◇ **sich** ~ equivocarse de camino, desviarse **III.** *vi* [1] ↑ *handeln* proceder, actuar [2] ↑ *umgehen* (*mit jd-m*) ◇ **er ist übel mit ihm** ~ le ha tratado muy mal
verfahren[2] *adj* de difícil solución, sin salida
Verfahren *n* <-s, -> [1] ↑ *Vorgehen* procedimiento *m;* ↑ *Methode* método *m* [2] (JURA *Gerichts-*) proceso *m,* juicio *m*
Verfall *m* <-[e]s> [1] ↑ *Zusammenbrechen* ruina *f* [2] (*von Gebäude, Stadt*) desmoronamiento *m* [3] (*von Reich*) decadencia *f;* (*von Körper, Geist*) decaimiento *m* [4] (FIN *von Kursen*) baja *f,* caída *f* [5] (*von Fahrkarte*) caducidad *f;* **verfallen** *unreg vi* [1] ↑ *baufällig werden* desmoronarse [2] ↑ *untergehen* decaer [3] FIN ← *Kurse* bajar, caer [2] ↑ *ungültig werden* ← *Ticket* caducar [3] ↑ *ausgeliefert sein* (*jd-m, e-r Sache* ~) ◇ **e-r Frau** ~ **sein** idolatrar a una mujer; ◇ **e-m Laster** ~ **sein** darse a un vicio; ◇ **wie bist du auf diese Schnapsidee ~?** ¿cómo se te ha ocurrido esa idea tan descabellada?; ◇ **man verfällt oft in alte Gewohnheiten** con frecuencia se cae en viejas costumbres; **Verfall[s]datum** *n* fecha *f* de caducidad; **Verfallserscheinung** *f* síntoma *m* de decaimiento; **Verfall[s]zeit** *f* plazo *m* de vencimiento
verfälschen *vt* [1] ↑ *verdrehen, verzerren* → *Meinung* falsear; → *Daten* falsificar; → *Text* alterar [2] (*in seiner Qualität mindern*) → *Lebensmittel* adulterar
verfangen *vr* ◇ **sich** ~ [1] ◇ **die Fliege hat sich im Netz** *dat* ~ la mosca se ha enredado en la red [2] *FIG* ◇ **der Zeuge hat sich in Widersprüche** *akk* ~ el testigo se ha metido en contradicciones
verfärben cambiar de color; → *Kleidung* desteñir
verfassen *vt* [1] → *Text* escribir, redactar [2] → *Rede* hacer, preparar [3] → *[Musik-]Stück* componer; **Verfasser(in** *f*) *m* <-s, -> autor(a *f*) *m*
Verfassung *f* [1] ↑ *von Text* composición *f,* redacción *f* [2] POL ↑ *Konstitution* constitución *f* [3] ▷*körperliche* ~ forma *f;* ▷*geistige* ~ estado *m;* **Verfassungsänderung** *f* revisión *f* de la constitución; **Verfassungsbruch** *m* violación *f* de la constitución; **Verfassungsgericht** *n* tribunal *m* constitucional; **verfassungsmäßig** *adj* constitucional; **Verfassungsrecht** *n* derecho *m* constitucional; **Verfassungsschutz** *m* defensa *f* de la constitución, brigada *f* de interior; **verfassungswidrig** *adj* anticonstitucional
verfaulen *vi* pudrirse; **verfault** *adj* → *Fleisch* podrido; → *Obst* pasado
verfehlen I. *vt* [1] → *Person* no encontrar [2] → *Beruf* equivocar; → *Aufsatzthema* no acertar **II.** *vr* ◇ **sich** ~ no encontrarse; **verfehlt** *adj* erróneo, equivocado; ◇ **es ist ~ anzunehmen, daß ...** es un error suponer que ...; ◇ **die Entscheidung halten wir für** ~ consideramos que es una decisión equivocada
verfeinden *vr* ◇ **sich** ~ **[mit]** enemistarse [con]
verfeinern *vt* [1] → *Geschmack* mejorar [2] → *Methode* perfeccionar
verfertigen *vt* fabricar, elaborar
verfestigen *vr* ◇ **sich** ~ [1] ← *Meinung* asentarse [2] ← *lockere Masse* solidificarse
verfilmen *vt* → *Roman, Biographie* adaptar al cine, llevar a la pantalla
verfilzt *adj* ▷*Wolle* enmarañado; ▷*Haare* ensortijado, enmarañado
verfinstern *vr* ◇ **sich** ~ ← *Himmel* oscurecerse; ← *Situation* empeorar
verflachen I. *vt* → *Gelände* allanar, aplanar **II.** *vi* [1] ← *Gelände* hacer llano [2] *FIG* ← *Diskussion* volverse banal
verflechten *vt* [1] *auch FIG* → *Zweige* entrelazar [2] → *Argumente* mezclar; **Verflechtung** *f* (*der Wirtschaft*) enlace *m*
verfliegen *unreg* **I.** *vi* [1] ← *Duft* evaporarse [2] ← *Wut* pasarse [el enfado] [3] ← *Zeit* pasar volando **II.** *vt* → *Kerosin* consumirse **III.** *vr* ◇ **sich** ~ ← *Pilot* perder el rumbo, estar desorientado
verfließen *vi* [1] ← *Zeit* transcurrir, pasar; ◇ **die verflossenen Freunde** los amigos de antes [2] ← *Farben* correrse [3] ← *[Begriffs-]Inhalte* fundirse
verflixt *adj* maldito, dichoso; ◇ **~!** ¡caramba!, ¡caray!
verfluchen *vt* maldecir

verflüchtigen *vr* ◇ **sich** - [1] ← *Benzin* volatilizarse [2] *FAM* ← *Person* volatilizarse, desaparecer; ← *Tasche* desaparecer

verflüssigen *vt* licuefacer

verfolgen *vt* [1] → *Tier* perseguir; ◇ **jd-n mit den Blicken** - seguir a alguien con la mirada [2] ▷*gerichtlich* procesar [3] → *Spur* seguir [4] → *Ziel, Zweck* perseguir, ir tras [5] → *Kursverlauf* seguir, observar de cerca; **Verfolger(in** *f*) *m* ‹-s, -› perseguidor(a *f*) *m;* **Verfolgung** *f* [1] (*von Tier*) persecución *f* [2] ▷*gerichtlich* procesamiento *m* [3] (*von Spur*) seguimiento *m* [4] (*e-s Ziels*) persecución *f* [5] (*des Kursverlaufs*) seguimiento *m;* **Verfolgungsjagd** *f* carrera *f* persecutoria; **Verfolgungsrennen** *n* carrera *f* persecutoria; **Verfolgungswahn** *m* manía *f* persecutoria

verfrüht *adj* prematuro

verfügbar *adj* disponible

verfügen I. *vt* ordenar, disponer; ◇ **das Gericht hat verfügt, daß ...** el tribunal ha decretado que ... **II.** *vi:* ◇ **über e-n Besitz** - disponer de una posesión; ◇ **er kann über ihn nicht** - no puede darle órdenes; ◇ **er kann über das Geld nicht** - no puede disponer del dinero; **Verfügung** *f* [1] ↑ *Verwenden* disposición *f;* ◇ **Geld/Handwerker zur** - **haben** tener dinero/trabajadores a su disposición; ◇ **ich stehe Ihnen gern zur** - me pongo [encantado] a su disposición; ◇ **jd-m sein Auto zur** - **stellen** poner su coche a disposición de alguien [2] JURA disposición *f*, decreto *m;* ◇ **e-e einstweilige** - **erlassen** dictar una resolución provisional, notificar un interdicto; **verfügungsberechtigt** *adj* autorizado a disponer de

verführen *vt* → *Frau* seducir *FIG* ◇ **jd-n zu e-r Tasse Kaffee** - tentar a alguien a una taza de café; **Verführer(in** *f*) *m* seductor(a *f*) *m;* **verführerisch** *adj* ▷*Mann* seductor, tentador; **Verführung** *f* seducción *f*, tentación *f*

vergangen *adj* pasado; **Vergangenheit** *f* pasado *m;* **Vergangenheitsbewältigung** *f* superación *f* del pasado

vergänglich *adj* pasajero, efímero

vergären *vt* fermentar

vergasen *vt* [1] ↑ *umwandeln* ← *Flüssigkeit* gasificar [2] ↑ *mit Gas töten* → *Menschen, Tiere* matar con gas

Vergaser *m* ‹-s, -› AUTO carburador *m*

vergeben [1] *unreg vt* [1] ↑ *verzeihen* perdonar [2] ↑ *weggeben* → *Arbeit* → *Studienplatz* dar; → *Eintrittskarten* distribuir; → *Preis* premiar; → *Wohnung* dar, adjudicar; → *Tanz* conceder; ◇ **jd-m/an jd-n etw** - adjudicar algo a alguien [3] ↑ *nicht nutzen* → *Chance* desaprovechar

vergeben [2] *adj* ↑ *verteilt:* ◇ **das Zimmer ist schon** - la habitación ya está ocupada; ◇ **die Frau ist schon** - la mujer ya está comprometida

vergebens *adv:* ◇ **er hat - gehofft, daß ...** ha esperado en vano/inútilmente que ...; **vergeblich** *adj* inútil, vano

Vergebung *f* [1] ↑ *Verzeihen* perdón *m;* ◇ **ich möchte sie um** - **bitten für ...** quiero pedirle perdón por ... [2] (*von Auftrag*) adjudicación *f*

vergegenwärtigen *vr* ◇ **sich etw** - tener presente algo, traer a la memoria algo

vergehen *unreg* **I.** *vi* ← *Zeit* pasar, transcurrir; ← *Schmerz* pasar; ◇ **die Freude ist ihm vergangen** se le ha pasado la alegría **II.** *vr* [1] ◇ **sich an fremdem Eigentum** - estropear bienes ajenos; (*vergreifen*) robar bienes ajenos [2] (*vergewaltigen*) ◇ **sich an jd-m** - violar a alguien [3] (*ungesetzlich handeln*) ◇ **sich gegen das Gesetz** - infringir/violar la ley; **Vergehen** *n* ‹-s, -› JURA delito *m*

vergelten *unreg vt* [1] desquitarse; ◇ **jd-m etw** - devolver algo a alguien [2] ↑ *belohnen* recompensar; ◇ **vergelts Gott!** ¡que Dios te lo pague!; **Vergeltung** *f* MIL represalia *f*

vergessen ‹vergaß, vergessen› **I.** *vt* olvidar[se]; ◇ **ich habe den Geldbeutel** - se me olvidó el monedero; ◇ **ich habe -, Brot einzukaufen** me he olvidado de comprar el pan [*o.* he olvidado comprar el pan] **II.** *vr* ◇ **sich** - perder el control/la cabeza; **Vergessenheit** *f* olvido *m;* ◇ **in** - **geraten** caer en el olvido; **vergeßlich** *adj* olvidadizo

vergewaltigen *vt* violar; **Vergewaltigung** *f* violación *f*

vergewissern *vr:* ◇ **sich e-r Sache** *gen* - asegurarse/cerciorarse de una cosa

vergießen *unreg vt* → *Kaffee* verter, derramar, tirar; ◇ **bei den Auseinandersetzungen wurde kein Blut vergossen** no murió nadie en los disturbios

vergiften I. *vt* → *Essen* envenenar, intoxicar **II.** *vr* ◇ **sich** - envenenarse, intoxicarse; ◇ **sie hat sich vergiftet durch .../mit .../an** *dat* ... se ha envenenado/intoxicado con [algo]; **Vergiftung** *f* envenenamiento *m*, intoxicación *f;* ◇ **er/sie hat e-e** - tiene una intoxicación

vergipsen *vt* → *Wandstück* poner escayola; → *Bein* escayolar

vergittern *vt* poner rejas

verglasen *vt* poner cristales

Vergleich *m* ‹-[e]s, -e› [1] ↑ *Abwägen* comparación *f;* ◇ **im** - **mit/zu** en comparación a, comparado con; ◇ **etwas zum** - **heranziehen mit** tomar algo como punto de comparación con [2] JURA acuerdo *m,* arreglo *m;* ◇ **e-n ~ schließen** llegar a un acuerdo [3] GRAM ↑ *Metapher* comparación *f,* símil *m;* **vergleichbar** *adj* comparable; **vergleichen** *unreg vt* comparar (*mit* con); **Vergleichsmöglichkeit** *f* posibilidad *f* de comparación; **vergleichsweise** *adv* en comparación

vergnügen *vr* ◇ **sich ~** divertirse, pasarlo bien, entretenerse; **Vergnügen** *n* ‹-s, -› diversión *f,* entretenimiento *m,* distracción *f;* ◇ **mit wem habe ich das ~** con quien tengo el placer/el gusto de; ◇ **viel ~!** ¡que [te] lo pases bien! [*o.* ¡que te diviertas!]; **Vergnügungspark** *m* parque *m* de atracciones; **Vergnügungsreise** *f* viaje *m* de placer

vergolden *vt* dorar; **vergoldet** *adj* dorado; **Vergoldung** *f* dorado *m*

vergöttern *vt* adorar, idolatrar

vergraben *unreg* **I.** *vt* enterrar **II.** *vr:* ◇ **sich in e-e Zeitung ~** enfrascarse en la lectura del periódico

vergreifen *vr* [1] ◇ **sich ~** ↑ *danebengreifen* equivocarse al coger [2] ◇ **sich an e-r Frau ~** abusar de/propasarse con una mujer [3] ◇ **sich an fremdem Eigentum ~** atentar contra, robar

vergrößern I. *vt* [1] → *Raum, Firma* agrandar [2] → *Foto* ampliar [3] → *Menge* aumentar **II.** *vr* ◇ **sich ~** agrandarse, ampliarse, aumentarse; **Vergrößerung** *f* ampliación *f,* aumento *m,* incremento *m;* **Vergrößerungsapparat** *m* cámara *f* ampliadora; **Vergrößerungsglas** *n* lupa *f,* lente *f* de aumento

vergucken *vr FAM:* ◇ **sich in jd-n ~** enamorarse de alguien; ◇ **sich in etw** *akk* **~** tomar afición a algo

Vergünstigung *f* [1] ↑ *Privileg* preferencia *f,* privilegio *m,* ventaja *f* [2] (*Preis-*) rebaja *f*

vergüten *vt* [1] ◇ **jd-m etw ~** ← *Versicherung* indemnizar a alguien de algo [2] ↑ *bezahlen* remunerar, recompensar, gratificar [3] ↑ *erstatten* abonar; **Vergütung** *f* indemnización *f,* remuneración *f,* recompensa *f,* gratificación *f,* abono *m*

verhaften *vt* detener, encarcelar, arrestar; **Verhaftung** *f* detención *f,* arresto *m*

verhagelt *adj* [1] ▷*Getreide* arrasado por el granizo [2] *FIG* estropeado

verhallen *vi* ← *Schall* perderse, extinguirse

verhalten [1] *unreg vr* ◇ **sich ~** portarse, comportarse; ◇ **die Wahrheit verhält sich ganz anders** la verdad es muy diferente; MATH ◇ **die Gerade X verhält sich zu Y wie ...** la recta X es a Y como ...

verhalten [2] *adj* ▷*Stimme* contenido; **Verhalten** *n* ‹-s› comportamiento *m,* conducta *f;* **Verhaltensmuster** *n* modelo *m* de conducta, pauta *f* de conducta

Verhältnis *n* [1] (*Größen-*) proporción *f,* relación *f;* ◇ **im ~ zu** en proporción de [2] (*Kontakt-*) relación *f;* (*Liebes-*) lío *m* amoroso [3] ◇ **-se** *pl* ↑ *Milieu* origen *m;* ↑ *Situation* situación *f;* (*zuviel Geld ausgeben*) ◇ **über seine -se leben** vivir por encima de sus posibilidades; **verhältnismäßig** *adj* relativo; ◇ **~ billig/groß** relativamente barato/grande; **Verhältniswahlrecht** *f* sistema *m* de representación proporcional

verhandeln I. *vi* [1] ↑ *besprechen* discutir un asunto; ↑ *beraten* deliberar, negociar (*über akk* sobre) [2] (JURA *vor Gericht*) ver una causa **II.** *vt* [1] → *Bedingungen* negociar [2] JURA → *Fall* ver una causa; **Verhandlung** *f* [1] (*Beratung*) deliberación *f;* ◇ **-en** *f pl* negociaciones *f/pl* [2] (JURA *Gerichts-*) vista (de la causa) *f,* **Verhandlungsgrundlage** *f* base *f* negociadora; **Verhandlungsgegenstand** *m* objeto *m* de las negociaciones

verhängen *vt* [1] → *Fenster* tapar, cubrir [2] *FIG* → *Maßnahme* ordenar, tomar (*über akk* sobre)

Verhängnis *n* fatalidad *f;* ◇ **jd-m zum ~ werden** llevar a alguien a su perdición; **verhängnisvoll** *adj* fatal, funesto

verharmlosen *vt* minimizar, quitar importancia

verhärtet *adj auch FIG* ▷*Material* endurecido

verhaspeln *vr* ◇ **sich ~** atascarse

verhaßt *adj* odiado, odioso, aborrecido

Verhau *m* ‹-s, -e› [1] (*Draht-*) alambrada *f* [2] *FAM* ↑ *Durcheinander* barullo *m*

verhauen *vt* dar una paliza, sacudir

verheerend *adj* [1] ▷*Sturm* desolador [2] ▷*Epidemie* que hace estragos [3] ▷*Folge* catastrófico, nefasto; *FAM* ◇ **~ aussehen** tener una pinta horrorosa

verheilen *vi* ← *Verletzung* curarse, sanar; ← *Wunde* cicatrizarse

verheimlichen *vt* ocultar (*jd-m etw* algo a alguien), disimular

verheiraten I. *vr* ◇ **sich ~** casarse (*mit* con) **II.** *vt* → *Mädchen, Jungen* casar; **verheiratet** *adj* casado; ◇ **~ sein mit ...** estar casado con ...

verheißungsvoll *adj* prometedor

verhelfen *vi* ayudar a conseguir algo; ◇ **e-m Buch zum Erfolg ~** promocionar un libro; ◇ **jd-m zu seinem Recht ~** hacer justicia a alguien

verherrlichen *vt* golorificar, ensalzar

verhetzen *vt* → *Volk* instigar, incitar

verhindern *vt* impedir, evitar; ◇ **er ist dienstlich verhindert** no puede asistir por razones profesionales; **Verhinderung** *f* impedimento *m*

verhökern *vt FAM* → *Ware* vender barato/regalado

Verhör *n* ‹-[e]s, -e› interrogatorio *m;* **verhören** I. *vt* → *Angeklagten* interrogar, tomar declaración II. *vr* ◇ **sich** ~ oír mal

verhüllen *vt* cubrir, ocultar

verhungern *vi* morirse de hambre/inanición

verhüten *vt* [1] → *Katastrophe, Krankheit* prevenir, evitar, impedir [2] → *Schwangerschaft* prevenir; **Verhüterli** *n* ‹-s, -s› *FAM IRON* preservativo *m;* **Verhütung** *f* prevención *f;* ◇ **was nimmst du zur ~?** ¿qué usas como método anticonceptivo?; **Verhütungsmittel** *n* anticonceptivo *m*

verirren *vr* ◇ **sich** ~ perderse, extraviarse

verjagen *vt* ahuyentar, echar

verjähren *vi* ← *Straftat* prescribir; **Verjährung** *f* prescripción *f*

verjubeln *vt FAM* → *Geld* derrochar, malgastar, delpilfarrar

verjüngen I. *vt* → *Aussehen* rejuvenecer, hacer más joven II. *vr* ◇ **sich** ~ [1] ↑ *sich jünger machen* ← *Aussehen* rejuvenecerse [2] ↑ *sich verengen* ◇ **der Flur verjüngt sich nach hinten** el pasillo se va estrechando

verkabeln *vt* → *Straße* poner cable

verkalken *vi* [1] ↑ *Arterie* ↑ *Rohr* calcificarse [2] *FAM* chochear, hacerse viejo

verkalkulieren *vr* ◇ **sich** ~ equivocarse en el cálculo, calcular mal

Verkauf *m* [1] ↑ *das Verkaufen* venta *f;* ◇ **e-e Ware zum ~ anbieten** poner mercancía a la venta [2] (*~sabteilung*) venta *f;* **verkaufen** I. *vt* → *Ware* vender; ◇ **jd-n für dumm ~** tener/tomar a alguien por tonto/idiota; ◇ **e-e Sache als etw Anderes ~** dar gato por liebre II. *vr* ◇ **sich ~** venderse (*an jd-n* a alguien); ◇ **die Ware verkauft sich gut/schlecht** la mercancía se vende bien/mal; **Verkäufer(in** *f*) *m* ‹-s, -› [1] vendedor(a *f*) *m* [2] (*Angestellte(r)*) dependiente/a [3] ↑ *Außendienstmitarbeiter* representante *m/f;* **verkäuflich** *adj* vendible; ◇ **dieses Stück ist nicht ~** esta pieza no se vende; **Verkaufsabteilung** *f* departamento *m* de ventas; **verkaufsfördernd** *adj* algo que promueve las ventas; **Verkaufsgespräch** *n* conversación *f* comercial; **Verkaufsleiter(in** *f*) *m* jefe/a de ventas; **verkaufsoffen** *adj:* ◇ **~er Samstag** sábado en el que las tiendas abren por la tarde; **Verkaufsstand** *m* puesto *m* de venta; **Verkaufspreis** *m* precio *m* de venta

Verkehr *m* ‹-s, -e› [1] (*Straßen-*) tráfico *m,* circulación *m;* (*Flug-*) tráfico *m;* ◇ **zähflüssiger ~ auf den Autobahnen** tránsito lento por las autopistas [2] ↑ *Umlauf* ◇ **ein Auto/Arzneimittel aus dem ~ ziehen** retirar un vehículo/medicamento de la circulación [3] ↑ *Kontakte* contacto *m;* ↑ *Umgang* trato *m;* ◇ **Brief~ mit jd-m haben** mantener correspondencia con alguien [4] (*Geschlechts~*) relaciones *f/pl* sexuales; **verkehren** *vi* [1] ← *Bus* circular; ◇ **Busse ~ jede Stunde** pasar autobuses cada hora [2] (*in Hotels ~*) frecuentar [3] (*Beziehung pflegen*) ◇ **bei jd-m ~, mit jd-m ~** tener relación/trato con alguien [4] ◇ **mit jd-m sexuell ~** mantener/tener relaciones sexuales con alguien [5] ↑ *umkehren* invertir, cambiar; ◇ **seine Meinung verkehrte sich ins Gegenteil** cambió de opinión de forma radical; **Verkehrsampel** *f* semáforo *m;* **Verkehrsamt** *m* oficina *f* de turismo; **Verkehrsaufkommen** *n* concentración *f* viaria; **verkehrsberuhigt** *adj* zona de velocidad limitada; **Verkehrschaos** *n* caos *m* circulatorio; **Verkehrsdelikt** *n* delito *m* en la conducción; **Verkehrsdichte** *m* intensidad *f* del tráfico; **Verkehrsflugzeug** *n* avión *m* para el transporte de personas; **Verkehrsfluß** *m* circulación *f;* **verkehrsfrei** *adj* libre de tránsito, sin tráfico; **Verkehrsgefährdung** *f* amenaza *f* para la circulación; **verkehrsgünstig** *adj* ▷*Lage* con buenas comunicaciones, bien situado; **Verkehrshindernis** *n* obstáculo *m* para la circulación; **Verkehrsmittel** *n* medio *m* de transporte; **Verkehrsnetz** *n* red *f* de comunicaciones; **Verkehrsordnung** *f* normas *f/pl* de tráfico; **Verkehrspolizei** *f* policía *f* de tráfico; **verkehrsreich** *adj* ▷*Straße* de mucho tráfico; **Verkehrsschild** *n* señal *f* de tráfico; **verkehrssicher** *adj* ▷*Fahrzeug* seguro [en carretera] *m;* **Verkehrssprache** *f* lengua *f* franca; **Verkehrsstau** *m* atasco *m,* embotellamiento *m;* **Verkehrsstauung** *f* detención *f* [de tráfico]; **Verkehrssünder(in** *f*) *m* infractor (a *f*) *m* de las normas de circulación; **Verkehrsteilnehmer(in** *f*) *m* usuario/a de la vía pública; **Verkehrsunfall** *m* accidente *m* de carretera/tráfico/circulación; **Verkehrsunterricht** *m* enseñanza *f* de las normas de circulación; **Verkehrsvorschriften** *f/pl* normas *f/pl* de circulación; **Verkehrswacht** *f* prevención *f* en carretera, organización *f* para la seguridad vial; **Verkehrswesen** *n* tráfico *m,* circulación *f;* **verkehrswidrig** *adj* ▷*Fahrweise* antirreglamentario; **Verkehrszeichen** *n* señal *f* de tráfico

verkehrt *adj* [1] ↑ *falsch* falso, erróneo; ◇ **das ist nicht das verkehrteste** no está nada mal [2] ↑ *umgekehrt* ◇ **die Mütze ~ herum tragen** llevar la gorra al revés/invertida

verkennen *vt* [1] ↑ *nicht erkennen* → *Gefahr*

ignorar [2] ↑ *unterschätzen* subestimar, no tener en cuenta

verklagen *vt* JURA: ◇ **jd-n auf Schadenersatz** *akk* ~ demandar a alguien por daños y perjuicios

verklappen *vt* → *Öl* verter, echar al mar

verkleben **I.** *vt* pegar **II.** *vi:* ◇ **die Augen/die Papiere sind verklebt** los ojos/papeles están pegados

verkleiden **I.** *vt* [1] → *Person* disfrazar [2] → *Wand* revestir [3] → *Öffnung* tapar (*mit* con) **II.** *vr* ◇ **sich** ~ **[als]** disfrazarse [de]; **Verkleidung** *f* [1] ↑ *Kostüm* disfraz *m* [2] ↑ *-smaterial* revestimiento *m*

verkleinern *vt* disminuir, reducir, hacer más pequeño

verklemmen *vr:* ◇ **die Tür hat sich verklemmt** la puerta se ha atascado

verklemmt *adj* ↑ *gehemmt* inhibido

verklingen *unreg vi* → *Klang* perderse, extinguirse

verknacksen *vt* → *Fuß* torcerse

verknallen *vr* ◇ **sich** ~ *FAM* volverse loco (*in jd-n* por alguien), enamorarse de alguien

Verknappung *f* disminución *f*, escasez *f*

verknoten *vt* anudar

verknüpfen *vt* → *Fäden* atar, unir, enlazar; *FIG* ◇ **die Ideen** ~ **zu ...** asociar ideas a ...

verkohlen [1] *vt FAM* ↑ *veralbern* tomar el pelo

verkohlen [2] *vi* carbonizarse; **verkohlt** *adj* [1] ▷*Holz* carbonizado [2] *FIG* ▷*Speise* quemado

verkommen [1] *unreg vi* [1] ← *Gebäude* venir a menos [2] ← *Ware, Lebensmittel* estropearse, echarse a perder [3] ← *Mensch* degenerar, degradarse, pervertirse

verkommen [2] *adj* [1] ▷*Gebäude* venido a menos [2] ▷*Ware, Lebensmittel* estropeado [3] ▷*Mensch* degenerado, pervertido

verkorken *vt* → *Flasche* poner el corcho

verkorksen *vt* [1] → *Prüfung* estropear [2] → *Magen* coger una indigestión

verkörpern *vt* → *Figur* personificar; interpretar

verköstigen *vt* → *Gäste* dar de comer

verkrachen **I.** *vr* ◇ **sich** ~ *FAM* tener bronca, enfadarse (*mit jd-m* con alguien) **II.** *vi:* ◇ **e-e verkrachte Existenz sein** ser un fracasado

verkraften *vt* superar; digerir; ↑ *ertragen* ◇ **sie kann ihn nicht mehr** ~ no le puede aguantar más

verkrampfen **I.** *vt* → *Muskeln* contraer **II.** *vr* ◇ **sich** ~ contraerse

verkratzen *vt* arañar

verkriechen *unreg vr* ◇ **sich** ~ esconderse

Verkrümmung *f* [1] ↑ *Verbiegung* deformación *f*, desviación *f* [2] (ANAT *Wirbelsäulen~*) encorvamiento *m*

verkrüppelt *adj* lisiado, mutilado

verkrustet *adj* incrustado

verkühlen *vr* ◇ **sich** ~ coger un resfriado, resfriarse

verkümmern *vi* [1] ↑ *weniger werden* ← *Pflanze* marchitarse; ← *Gliedmaßen* atrofiarse; ← *Person* ir a menos [2] ↑ *nicht zur Entfaltung kommen* ← *Talent* malobrarse

verkünden *vt* [1] → *Mitteilung* anunciar [2] → *Urteil* pronunciar

verkündigen *vt:* ◇ **jd-m die Frohe Botschaft** ~ proclamar la Buena Nueva a alguien; **Verkündigung** *f* [1] ↑ *Ankündigung* proclamación *f* [2] (*von Gesetz*) promulgación *f* [3] (*von Urteil*) pronunciamiento *m*

verkuppeln *vt* [1] TECH → *Träger* acoplar [2] *FIG* → *Tochter* unir, buscar pareja

verkürzen *vt* acortar, reducir, abreviar; **Verkürzung** *f* acortamiento *m*, reducción *f*, abreviación *f*

Verladebrücke *f* puente *m* de carga; **verladen** *unreg vt* cargar; NAUT embarcar; BAHN envagonar; **Verladeplatz** *m* cargadero *m;* NAUT muelle *m;* **Verladung** *f* carga *f;* MIL, COMM embarco *m;* BAHN envagonamiento *m*

Verlag *m* ⟨-[e]s, -e⟩ editorial *f*

verlagern *vt* cambiar de sitio, trasladar

Verlagsbuchhandlung *f* librería *f* editorial; **Verlagskatalog** *m* catálogo *m* de libros publicados; **Verlagslektor(in** *f*) *m* lector (a *f*) *m* editorial; **Verlagsrecht** *n* derecho *m* editorial; **Verlagsvertrag** *m* contrato *m* editorial; **Verlagswesen** *n* editoriales *f/pl*

verlangen **I.** *vt* [1] → *Geld* pedir [2] → *Gegenleistung* solicitar, exigir, reclamar [3] → *Aufmerksamkeit* pedir, querer; ◇ **das ist nicht zuviel verlangt** no es mucho pedir **II.** *vi:* ◇ **das Baby** ~ **nach Liebe** el bebé desea cariño/ser querido; ◇ ~ **Sie am Telefon [nach] Frau Heinrich** pida que le pongan con la señora Heinrich; **Verlangen** *n* ⟨-s, -⟩ deseo *m;* ◇ **nach jd-m** ~ **haben** desear alguien; ◇ **nach etw** ~ **haben** tener deseo de algo, tener ganas de algo; ◇ **auf sein/ihr** ~ **[hin] ...** a petición de él/ella ...

verlängern *vt* [1] → *Schnur* alargar [2] (*zeitlich*) prolongar; → *Frist* prorrogar; **Verlängerung** *f* [1] ↑ *das Verlängern* alargamiento *m* [2] (*von Frist*, SPORT *von Spielzeit*) prórroga *f;* **Verlängerungsschnur** *f* alargador *m*

verlangsamen **I.** *vt* → *Geschwindigkeit* retardar, aminorar, reducir **II.** *vr* ◇ **sich** ~ retardarse

Verlaß *m:* ◇ **auf ihn/sie/die Sache** *akk* **ist [kein]** ~ [no] se pude contar con él/ella/ello

verlassen *unreg* **I.** *vt* [1] → *Familie* dejar, abandonar [2] → *Haus* → *Bett* salir de [3] → *Stadt, Gegend* dejar, irse de [4] → *Freund* dejar [5] ← *Mut* no tener **II.** *vr* ◇ **sich** ~ fiarse (*auf akk* de), contar con, confiar en

verläßlich *adj* seguro, de confianza; **Verläßlichkeit** *f* seguridad *f;* (*von Person*) formalidad *f*

Verlauf *m* [1] ↑ *Ablauf* curso *m,* transcurso *m;* (*von Entwicklung*) desarrollo *m;* ◇ **im ~ von** en el curso de, en el transcurso de [2] (*von Kurve*) forma *f;* **verlaufen** *unreg* **I.** *vi* [1] ↑ *ablaufen* ser, pasar [2] ← *Krankheits[-prozeß]* evolucionar *f* [3] ← *Straße, Biegung* continuar [4] ← *Farbe* correrse **II.** *vr* ◇ **sich** ~ perderse, extraviarse

Verlautbarung *f* publicación *f;* ▷*amtlich* comunicado *m;* **verlauten** *vi:* ◇ **etw ~ lassen** hacer saber algo, dar a entender algo

verleben *vt* → *schöne Zeit* pasar

verlegen [1] **I.** *vt* [1] → *Schlüssel* extraviar [2] → *Wohnsitz* trasladar, desplazar; → *Patienten* trasladar [3] → *Termin* aplazar [4] ↑ *einbauen* → *Leitung, Rohr* colocar, instalar; → *Boden, Gleis* poner [5] → *Buch* editar, publicar **II.** *vr:* ◇ **sich aufs Schreiben** *akk* ~ dedicarse a escribir

verlegen [2] *adj* tímido, vengonzoso, confuso, turbado; ◇ **um Worte ~ sein** no encontrar palabras con qué expresarse; **Verlegenheit** *f* [1] ↑ *das Verlegensein* timidez *f,* vergüenza *f* [2] ↑ *Lage* apuro *m,* aprieto *m*

Verleger(in *f*) *m* editor(a *f*) *m*

verleiden *vt:* ◇ **jd-m etw** ~ aguar la fiesta a uno

Verleih *m* ‹-[e]s, -e› servicio *m* de préstamo; (*Auto-*) alquiler *m;* **verleihen** *unreg vt* [1] → *Geld, Buch* prestar [2] → *Auszeichnung, Medaille* entregar, otorgar, conceder [3] → *Kraft* dar; **Verleiher(in** *f*) *m* prestador(a *f*) *m;* **Verleihung** *f* [1] ↑ *das Verleihen* préstamo *m* [2] (*von Medaille*) entrega *f* [3] (*von Preis, Orden*) concesión *f*

verleimen *vt* → *Stuhl, Holz* encolar

verleiten *vt:* ◇ **jd-n zum Rauchen** ~ incitar a fumar a alguien; ◇ **jd-n zu e-r Straftat** ~ inducir a cometer un acto delictivo a alguien

verlernen *vt* olvidar, perder la práctica

verlesen *unreg* **I.** *vt* → *Meldung* leer en voz alta, dar lectura de **II.** *vr* ◇ **sich** ~ equivocarse al leer

verletzbar *adj* vulnerable; **verletzen I.** *vt* [1] ↑ *beschädigen* → *Körperteil, Person* hacer daño, herir, lastimar [2] ↑ *kränken* → *[jd-s] Gefühle, jd-n* ofender [3] ↑ *mißachten* → *Gesetz* infringir **II.** *vr* ◇ **sich** ~ ← *Person* hacerse daño, herirse, lastimarse; **verletzend** *adj* ▷*Worte* ofensivo, hiriente; **verletzlich** *adj* sensible; vulnerable;

Verletzte(r) *fm* [1] (*körperlich* -) herido/a, lesionado/a [2] (*psychisch* -) ofendido/a; **Verletzung** *f* [1] ↑ *Wunde* herida *f,* lesión *f* [2] (*von Pflicht*) falta *f* [3] (*von Gesetz*) violación *f*

verleugnen *vt* [1] → *Person* no querer reconocer [2] → *Sache* desmentir, negar

verleumden *vt* calumniar, difamar; ◇ **jd-n aus Neid** ~ calumniar a alguien por envidia; **Verleumdung** *f* calumnia *f,* difamación *f*

verlieben *vr* ◇ **sich** ~ enamorarse (*in akk* de); **verliebt** *adj* enamorado

verlieren ‹verlor, verloren› **I.** *vt* → *Schlüssel* perder; ◇ **wir haben dort [gar] nichts verloren** no se nos ha perdido nada por allí **II.** *vi:* ◇ **die Papiere schon lange [an Wert]** los títulos están perdiendo valor desde hace tiempo; ◇ **das Flugzeug verliert an Höhe** el avión pierde altura **III.** *vr* ◇ **sich** ~ [1] ↑ *sich verirren* perderse, extraviarse; ◇ **sich in Einzelheiten** ~ perderse en detalles; ◇ **sich in Gedanken** ~ insimismarse [2] ↑ *verschwinden* ← *Begeisterung* desvanecerse, desaparecer; **Verlierer(in** *f*) *m* perdedor(a *f*) *m*

verloben *vr* ◇ **sich** ~ prometerse (*mit* con); **verlobt** *adj* prometido; **Verlobte(r)** *fm* prometido/a; **Verlobung** *f* compromiso *m* matrimonial; **Verlobungsanzeige** *f* anuncio *m* del compromiso; **Verlobungsring** *m* anillo *m* de pedida

verlocken *vt:* ◇ **jd-n zu e-r Sache verlocken** tentar a alguien a una cosa; **verlockend** *adj* tentador; **Verlockung** *f* tentación *f*

verlogen *adj* mentiroso, falso; **Verlogenheit** *f* falsedad *f*

verloren *adj* [1] ↑ *verschwunden* perdido; ◇ **das ~e Schaf** la oveja perdida; ◇ **den Koffer ~ geben** dar la maleta por perdida [2] ↑ *verlassen* abandonado; *FIG* ◇ **auf ~em Posten stehen** defender una causa perdida; **verlorengehen** *unreg vi* perderse, extraviarse; ◇ **an dir ist e-e Sängerin verlorengegangen** has desaprovechado tus dotes de cantante

verlöschen *vi* ← *Feuer* apagarse, extinguirse

verlosen *vt* sortear, rifar; **Verlosung** *f* sorteo *m,* rifa *f*

verlöten *vt* → *Drähte* soldar [con estaño]

verlottern *vi* desmoralizarse

Verlust *m* ‹-es, -e› [1] ↑ *Verlieren* pérdida *f;* ◇ **den ~ e-r Person beklagen** lamentar la pérdida de una persona; ◇ **der Tod von Franz ist ein schmerzlicher ~ für alle** la muerte de Paco es una gran pérdida para todos nosotros [2] FIN ↑ *Einbuße* pérdida *f,* déficit *m* [3] (*des Gesichts, Ansehens*) pérdida *f*

vermachen *vt* → *Erbe* legar

Vermächtnis *n* legado *m*

vermählen *vt* → *Tochter* casar; **Vermählung** *f* casamiento *m*, boda *f*; **Vermählungsanzeige** *f* anuncio *m* de boda

vermarkten *vt* → *Ware* comercializar; **Vermarktung** *f* comercialización *f*

vermasseln *vt FAM* estropear; → *Prüfung* cargar(se)

vermehren I. *vt* [1] → *Vermögen* aumentar, incrementar [2] → *Bemühungen* intensificar II. *vr* ◇ **sich** ~ [1] aumentar [2] ↑ *sich fortpflanzen* procrear, crecer; **vermehrt** *adj* extendido, propagado; **Vermehrung** *f* [1] (*e-r Anzahl*) aumento *m*, incremento *m* [2] (*von Bemühungen*) intensificación *f* [3] ↑ *Fortpflanzung* propagación *f*

vermeidbar *adj* evitable; **vermeiden** *unreg vt* → *Fehler* evitar, impedir; ◇ **es läßt sich kaum ~, daß ...** es casi inevitable que ...

vermeintlich *adj* presunto, supuesto

vermengen *vt* [1] → *Eier und Mehl* mezclar [2] → *Ansichten, Begriffe* confundir

Vermerk *m* ‹-[e]s, -e› [1] ↑ *Notiz* apunte *m* [2] ↑ *Anmerkung* anotación *f*, nota *f*, indicación *f* escrita; **vermerken** *vt* [1] ↑ *anmerken* apuntar, anotar, tomar nota de [2] ↑ *äußern* advertir

vermessen [1] *unreg vt* medir; → *Land* apear

vermessen [2] *adj* ↑ *anmaßend* presuntuoso; ↑ *überheblich* arrogante; **Vermessung** *f* medición *f*; (*von Land*) agrimensura *f*

vermiesen *vt* → *Laune* estropear

vermieten *vt* → *Räume* alquilar, arrendar (*an jd-n* a alguien); ◇ **Zimmer zu ~** se alquila habitación; **Vermieter(in** *f*) *m* arrendatario/a; **Vermietung** *f* (*von Wohnraum*) alquiler *m*, arrendamiento *m*; (*von Fahrzeugen*) alquiler *m*

vermindern I. *vt* → *Anzahl* disminuir, reducir II. *vr* ◇ **sich** ~ reducirse; **Verminderung** *f* disminución *f*, reducción *f*

verminen *vt* minar

vermischen I. *vt* mezclar II. *vr* ◇ **sich** ~ ← *Völker* mezclarse, unirse; (*in Zeitung*) ◇ **Vermischtes** gacetilla *f*

vermissen *vt* [1] → *Geld* echar en falta [2] ▷ *schmerzlich* echar de menos; **vermißt** *adj* desaparecido; **Vermißtenanzeige** *f* aviso *f* de desaparición; **Vermißte(r)** *fm* desaparecido/a

vermitteln I. *vi* (*im Streit*) mediar, intervenir II. *vt* [1] → *Geschäft* servir de intermediario [2] → *Wissen* transmitir [3] (*beschaffen*) facilitar, proporcionar; ◇ **jd-m e-e Nachricht** ~ dar una noticia a alguien; ◇ **jd-m e-e Stellung/Arbeiter** ~ facilitar un puesto/trabajadores a alguien; **Vermittler(in** *f*) *m* ‹-s, -› (*von Geschäften*) intermediario/a; (*in Tarifkonflikten*) mediador(a *f*) *m*; **Vermittlung** *f* [1] (*das Vermitteln*) intervención *f*, mediación *f*; (*das Schlichten*) conciliación *f* [2] ↑ *Telefonzentrale*, TELEC central *f*; ◇ **verbinden Sie mich bitte mit der ~!** ¡póngame con la central, por favor!

vermögen *vi* poder, ser capaz de

Vermögen *n* ‹-s, -› [1] (*Besitz-*) capital *m*, bienes *m/pl* [2] ↑ *Können* poder *m*, capacidad *f*; **vermögend** *adj* ↑ *wohlhabend* adinerado, rico, pudiente; **Vermögensbildung** *f* formación *f* de capital; **Vermögenssteuer** *f* impuesto *m* sobre el capital; **vermögenswirksam** *adj* FIN que promueve la adquisición de capital; ◇ **-e Leistungen** contribuciones del empresario, al esquema de ahorros deducible de los impuestos; **Vermögensverwalter(in** *f*) *m* administrador(a *f*) *m* de bienes

vermummen *vr* ◇ **sich** ~ disfrazarse; **Vermummungsverbot** *n* prohibición *f* de disfrazarse

vermuten *vt* suponer, creer; ◇ **jd-n an e-m Ort vermuten** suponer que alguien está en un lugar; **vermutlich** I. *adj* ▷ *Täter* supuesto, presunto II. *adv*: ◇ ~ **ist er schon lange weg** probablemente ya se ha ido hace tiempo; **Vermutung** *f* [1] ↑ *Annahme* suposición *f* [2] ↑ *Verdächtigung* sospecha *f*

vernachlässigen *vt* descuidar, abandonar; **Vernachlässigung** *f* descuido *m*, abandono *m*

vernagelt *adj* cabeza cuadrada

vernähen *vt* [1] ↑ *zunähen* → *Kleid* coser; → *Wunde* dar puntos [2] → *Garn* rematar

vernarben *vi* cicatrizar[se]

vernaschen *vt* [1] → *Geld* gastar para golosinas [2] *FAM* → *Frau* acostarse con, liarse con

vernehmbar *adj* [1] ↑ *aufnehmbar* perceptible; ↑ *hörbar* audible [2] ↑ *hörbar* en condiciones de ser interrogado; **vernehmen** *unreg vt* [1] ↑ *wahrnehmen* → *Geräusch* percibir, oír; → *Nachricht* oír, enterarse de [2] JURA → *Täter* interrogar, tomar declaración; **Vernehmung** *f* interrogatorio *m*, toma *f* de declaración; **vernehmungsfähig** *adj* en condiciones de prestar declaración

verneigen *vr* ◇ **sich** ~ inclinarse, hacer una referencia (*vor dat* ante)

verneinen *vt* [1] → *Antwort* decir que no; GRAM negar [2] ↑ *ablehnen* rechazar; **verneinend** *adj* negativo; **Verneinung** *f* (*Negierung*) negativa *f*, negación *f*

vernetzen *vt* ↑ *verflechten* entrelazar; PC encadenar; CHEM reticular; **Vernetzung** *f* enlace *m*; CHEM reticulación *f*

vernichten *vt* [1] ↑ *zerstören* destruir, aniquilar [2] → *Gegner* vencer, aplastar [3] ↑ *ausrotten* ex-

terminar; **vernichtend** *adj FIG* destructor, aniquilador, aplastante; ▷*Blick* fulminante; **Vernichtungslager** *n* campo *m* de exterminación
verniedlichen *vt* minimizar
vernieten *vt* remachar, roblar
Vernissage *f* inauguración *f* de exposición de arte moderno
Vernunft *f* ‹-› razón *f*, juicio *m;* ◇ **bring ihn endlich zur -!** ¡hazle entrar en razón!; **Vernunftehe** *f* matrimonio *f* de conveniencia; **vernünftig** *adj* [1] ▷*Meinung, Rat* razonable [2] ↑ *besonnen* ▷*Mensch* sensato, juicioso
veröden I. *vt* MED → *Äderchen* obliterar **II.** *vi* ↑ *Land* asolar
veröffentlichen *vt* publicar; **Veröffentlichung** *f* publicación *f*
verordnen *vt* [1] ↑ *anordnen* mandar, ordenar, decretar [2] MED → *Arznei* prescribir; **Verordnung** *f* [1] ↑ *das Anordnen* orden *f*, decreto *m* [2] (MED *Arznei-*) prescripción *f*
verpachten *vt* arrendar; **Verpachtung** *f* arrendamiento *m*
verpacken *vt* envasar, empaquetar, embalar; **verpackt** *adj* envasado, empaquetado, embalado; **Verpackung** *f* embalaje *m*, envase *m*, envoltorio *m;* **Verpackungsart** *f* tipo *m* de embalaje; **Verpackungsmaterial** *n* material *m* de embalaje
verpassen *vt* [1] → *Zug* perder [2] → *Freund* no encontrar [3] *FAM* ◇ **jd-m e-e -** dar una torta a alguien
verpesten *vt* → *Luft* apestar
verpfänden *vt* empeñar
Verpflanzung *f* MED injerto *m*
verpflegen *vt* abastecer, aprovisionar; dar de comer; **Verpflegung** *f* [1] ↑ *das Verpflegen* abastecimiento *m* [2] ↑ *Essen* comida *f*, alimentación *f*
verpflichten I. *vt* [1] ↑ *festlegen* obligar (*zu e-r Sache* a una cosa) [2] ↑ *anstellen* fichar **II.** *vr* ◇ **sich - [etw zu tun]** comprometerse [a hacer algo]; MIL ◇ **sich auf drei Jahre -** comprometerse a servir tres años; **Verpflichtung** *f* [1] ↑ *das Verpflichten* compromiso *m* [2] ↑ *Pflicht* obligación *f*, deber *m;* **Verpflichtungszeit** *f* tiempo *m* extra en el que se sirve en el servicio militar
verplanen *vt* → *Zeit* planificar; ◇ **ich bin diese Woche völlig verplant** tengo compromisos [*o.* no tengo nada de tiempo] toda esta semana
verplomben *vt* precintar
verprügeln *vt FAM* dar una paliza
Verpuppung *f* FAUNA metamorfosis *m*
verputzen *vt* [1] → *Haus* enlucir [2] *FAM* ↑ *essen* tragar
verramschen *vt* → *Bücher* malvender, vender barato
Verrat *m* ‹-[e]s› traición *f;* ◇ **- an jd-m/e-r Sache üben** [*o.* **begehen**] traicionar a alguien/una cosa; **verraten** *unreg* **I.** *vt* [1] traicionar [2] → *Geheimes* revelar [3] ↑ *mitteilen* ◇ **soll ich dir das Neueste -?** ¿te cuento la última noticia? [4] ↑ *darauf schließen lassen* ◇ **die Aussprache verrät seine Herkunft** el acento indica su origen **II.** *vr* ◇ **sich -** revelar; **Verräter(in** *f*) *m* ‹-s, -› traidor(a *f*) *m*
verraucht *vt* → *Zimmer* lleno de humo
verrechnen I. *vt* → *Forderungen* compensar (*mit etwas* con algo) **II.** *vr* ◇ **sich -** equivocarse en el cálculo; *FAM* ↑ *sich irren* equivocarse; **Verrechnungsscheck** *m* cheque *m* cruzado
verrecken *vi* ← *Tier* reventar; ← *Mensch* ▷*elend* morir
verregnet *adj* lluvioso, pasado por agua; *FAM* pasado por agua
verreiben *vt* [1] ↑ *einreiben* → *Salbe* extender [2] (*durch Reiben entfernen*) → *Fleck* quitar frotando
verreisen *vi* irse de viaje
verrenken I. *vt* → *Arm* torcer **II.** *vr:* ◇ **sich** *dat* **[ein Körperteil] -** torcerse, dislocarse; **Verrenkung** *f* torcedura *f*, dislocación *f*
verrichten *vt* hacer, realizar
verriegeln *vt* cerrar con cerrojo, atrancar
verringern I. *vt* ↑ *weniger machen* → *Abstand* acortar; → *Geschwindigkeit* reducir, aminorar, disminuir **II.** *vr* ◇ **sich -** ← *Kosten* reducirse, bajar; **Verringerung** *f* reducción *f*, disminución *f*
verrohen *vi* ← *Sitten* embrutecerse
verrostet *adj* oxidado
verrotten *vi* pudrirse, descomponerse
verrückt *adj* [1] ▷*Idee* demente, absurdo, disparatado [2] ▷*Person* loco, chiflado; **Verrückte(r)** *fm* loco/a; **Verrücktheit** *f* locura *f*
Verruf *m:* ◇ **jd-n in - bringen** desacreditar a alguien; ◇ **er ist in - geraten/gekommen** ha caído en descrédito
Vers *m* ‹-es, -e› verso *m*
versachlichen *vt* objetivizar
versagen I. *vi* [1] ↑ *scheitern* fracasar [2] ← *Anlasser* fallar, no funcionar; ◇ **Kinder sind ihnen versagt geblieben** no han podido tener hijos **II.** *vt* ↑ *verweigern:* ◇ **seine Beine - ihm den Dienst** sus piernas le flaquearon; ◇ **die Politiker versagten ihm die Mittel** los políticos le han denegado los medios **III.** *vr:* ◇ **sich** *dat* **etw -** renunciar a, privarse de; **Versagen** *n* [1] ↑ *Scheitern* fracaso *m* [2] (*von Herz*) fallo *m* (*von Motor*) avería *f;* **Versager(in** *f*) *m* ‹-s, -› fracasado/a

versalzen *unreg vt* [1] → *Essen* echar demasiada sal [2] *FIG* → *Freude* estropear

versammeln I. *vt* → *Personen* reunir, juntar II. *vr* ◇ **sich ~ [an e-m Ort]** reunirse [en un lugar]; ◇ **sich um jd-n ~** reunirse en torno a alguien; **Versammlungsfreiheit** *f* libertad *f* de reunión

Versand *m* ‹-[e]s› [1] ↑ *das Versenden* envío *m* [2] (*-haus*) expedición *f* [3] (*-handel*) correo *m;* **Versandabteilung** *f* expedición *f;* **Versandanzeige** *f* aviso *m* de envío; **Versandart** *f* forma *f* de envío, modo *m* de envío

versanden *vi* enarenarse

versandfertig *adj* listo para ser enviado; **Versandgeschäft** *n* venta por correo *f;* **Versandhandel** *m* comercio *m* de venta por correo; **Versandhaus** *n* empresa *f* de ventas por correo

versauern *vi FAM* ↑ *verkümmern* consumirse, vegetar

versäumen *vt* [1] → *Zug* perder [2] → *Termin* faltar [3] → *Schule* no asistir [4] ↑ *unterlassen* dejar pasar, olvidar

Versbau *m* versificación *f*

verschachtelt *adj* ▷*Straßen* tortuoso; ▷*Satz* complicado

verschaffen *vtr:* ◇ **jd-m etw ~** proporcionar algo a alguien, facilitar algo a alguien; ◇ **sich** *dat* **etw ~** conseguir algo

verschämt *adj* tímido, vergonzoso

verschandeln *vt FAM* estropear, afear

verschanzen *vr* ◇ **sich ~** atrincherarse

verschärfen I. *vt* ↑ *vergrößern* → *Strafe* agravar; → *Tempo* aumentar, acelerar; → *Spannung* aumentar II. *vr* ◇ **sich ~** agravarse, agudizarse; **Verschärfung** *f* (*von Aktionen*) intensificación *f*

verschätzen *vr* ◇ **sich ~** equivocarse en la evaluación

verschaukeln *vt FAM* engañar

verschenken *vt* [1] → *Blumen* regalar [2] SPORT *FIG* perder sin necesidad alguna

verscherzen *vr:* ◇ **sich** *dat* **etw ~** perderse algo; ◇ **damit hast du es dir bei mir verscherzt** después de eso ya no quiero tener nada que ver contigo

verscheuchen *vt* → *Mücken, Einbrecher* espantar; → *Bedenken* ahuyentar

verschicken *vt* → *Post, Waren* enviar, mandar; → *Personen* deportar; ◇ **Sträflinge auf e-e Insel ~** deportar presos a una isla

verschieben I. *vt* [1] → *Möbel* correr, cambiar de sitio [2] → *Urlaub, Termin* aplazar [3] *FAM* → *Ware* vender bajo mano II. *vr* ◇ **sich ~** [1] ← *Krawatte* correr, cambiarse de sitio [2] ← *Zeitpunkt* aplazar; **Verschiebebahnhof** *m* estación *f* de clasificación

verschieden *adj* [1] ↑ *-artig* diferente, distinto; ◇ **die Hose ist ~ lang** las perneras del pantalón son desiguales [2] ↑ *mehrere* ◇ **dafür gibt es ~e Gründe** hay varias razones para eso [3] ◇ **~es** ↑ *einiges* ◇ **es ist noch ~es unklar** quedan [algunas] dudas; (*Zeitungsrubrik*) ◇ **V~es** gacetilla *f* [4] ◇ **mein Mann ist bereits ~** mi marido ya ha muerto; **Verschiedenheit** *f* diferencia *f*, desigualdad *f*, diversidad *f*

verschiffen *vt* embarcar

verschimmeln *vi* enmohecerse

verschlafen [1] *unreg* I. *vi* despertarse tarde, quedarse pegadas las sábanas II. *vt* → *Termin* llegar tarde por haberse quedado dormido; *FIG* ◇ **die Predigt ~** perderse el sermón por haberse quedado dormido

verschlafen [2] *adj* adormilado; (*FIG* ▷*Stadt* dormido; (*sehr ruhig*) muy tranquilo

verschlagen [1] *vt* [1] GASTR ↑ *verrühren* mezclar [2] *FAM* → *Schüler* pegar, dar una paliza [3] ↑ *falsch spielen* → *Ball* perder; ↑ *verblättern* → *Seite* pasarse de hoja [3] ◇ **es hat sie nach Würzburg ~** ha ido a parar a Würzburg [4] ◇ **das verschlägt mir doch glatt die Sprache** me deja boquiabieto/sin palabras/sin habla

verschlagen [2] *adj* ↑ *heimtückisch* astuto

verschlammen *vi* ← *Hafen* embarrarse, encenagarse

verschlechtern I. *vt* empeorar, ir a peor II. *vr* ◇ **sich ~** empeorarse, deteriorarse; **Verschlechterung** *f* empeoramiento *m*, deterioro *m*

verschleiert *adj* [1] ▷*Gesicht, Frau* cubierto [2] ▷*Stimme* velado [3] ▷*Tat* encubierto

verschleimt *adj* tapado, obstruido

Verschleiß *m* ‹-es, -e› desgaste *m;* **verschleißen** ‹verschliß, verschlissen› *vt* [1] → *Kleidung* desgastar [2] → *Kräfte* agotar

verschleppen *vt* [1] → *Gefangene* deportar; ↑ *entführen* secuestrar [2] ↑ *hinauszögern* aplazar, detener → *Grippe* curar mal, arrastrar

verschleudern *vt* [1] → *Vermögen* malgastar, derrochar, despilfarrar [2] → *Ware* vender a bajo precio

verschließbar *adj* [1] ▷*Schublade* que se puede cerrar con llave [2] ▷*Glas* que se puede cerrar; **verschließen** *unreg* I. *vt* [1] → *Tür* cerrar con llave [2] → *Glas, Flasche* tapar [3] → *Akten* guardar bajo llave II. *vr:* ◇ **sich e-r Meinung/Gründen ~** rechazar una opinión/razones

verschlingen [1] *unreg vr* ◇ **sich [ineinander] ~** enredarse

verschlingen ² *unreg vt* [1] → *Essen* devorar, zamparse; ◇ **jd-n mit seinen Blicken** ~ comerse a alguien con los ojos [2] → *Buch* tragar, leer sin pausa [3] → *Geld* costar mucho
verschlüsseln *vt* → *Text* codificar, cifrar
verschmähen *vt* rechazar, despreciar, desdeñar
verschmelzen *unreg* **I.** *vi* ← *Schatten* unirse **II.** *vt* → *Metall* fundir
verschmerzen *vt* resarcirse de, consolarse de
verschmieren *vt* [1] ↑ *ausbreiten* → *Salbe* extender; → *Butter* untar con [2] ↑ *verschmutzen* ensuciar [3] ↑ *zuschmieren* → *Loch* tapar
verschmutzen *vti* → *Dinge* ensuciar; → *Umwelt* contaminar
verschnaufen *vi* tomar aliento
verschneiden *unreg vt* [1] ↑ *falsch zuschneiden* → *Stoff* cortar mal; ↑ *stutzen* → *Baum* talar; → *Hecke* podar [2] → *Alkohol* mezclar
verschneit *adj* nevado
verschnupft *adj* [1] (*bei Grippe*) resfriado, acatarrado [2] *FIG* ↑ *verärgert* enfadado, ofendido
verschollen *adj* de paradero desconocido, desaparecido; ◇ **im Kriege** ~ desaparecido de guerra
verschonen *vt* respetar; ◇ **jd-n mit etw** ~ ahorrar a alguien algo; ◇ **von etw verschont bleiben** quedar libre/exento de algo
verschönern *vt* → *Zimmer* embellecer
verschreiben *unreg* **I.** *vt* → *Papier* gastar; MED prescribir, recetar **II.** *vr* ◇ **sich** ~ [1] (*fehlerhaft schreiben*) equivocarse al escribir, escribir mal [2] (*intensiv mit etw beschäftigen*) ◇ **sich e-r Sache** *dat* ~ entregrase a algo, dedicarse a algo
verschrie[e]n *adj:* ◇ ~ **sein als** tener fama de
verschrotten *vt* → *Auto* desguazar
verschrumpeln *vi* ← *Obst* arrugarse
verschulden *vt* → *Unfall* causar, ser causante de, ser culpable de
verschuldet *adj* ▷*Firma* endeudado, empeñado; **Verschuldung** *f* (*Staats-*) endeudamiento *m*, deuda *f*
verschütten *vt* ↑ *daneben gießen* derramar, tirar, verter; **verschüttet** *adj* enterrado
Verschwägerung *f* parentesco *m* por afinidad
verschweigen *unreg vt* ocultar, callar
verschwenden *vt* ↑ *vergeuden* desgastar; → *Zeit* perder, desaprovechar; → *Geld* derrochar, despilfarrar; → *Kraft* gastar; **verschwenderisch** *adj* derrochador; **Verschwendung** *f* derroche *m*
verschwiegen *adj* ▷*Mensch* discreto, reservado, callado; ▷*Ort* tranquilo, retirado; **Verschwiegenheit** *f* discreción *f*, reserva *f*; (*von Ort*) tranquilidad *f*
verschwimmen *unreg vi* ← *Farben* difuminarse, confundirse
verschwinden *unreg vi* [1] desaparecer; ◇ **etw** ~ **lassen** hacer desaparecer algo [2] *FAM* ↑ *abhauen* largarse, esfumarse
verschwitzen *vt* [1] → *Hemd* empapar de sudor [2] *FAM* ↑ *vergessen* → *Verabredung* olvidar
verschwören *unreg vr* ◇ **sich** ~ **Verschwörer(in** *f*) *m* ‹-s, -› conspirador(a *f*) *m*, conjurado/a; **Verschwörung** *f* conspiración *f*, conjuración *f*
versehen *unreg* **I.** *vt* [1] → *Amt* ejercer, desempeñar [2] ↑ *ausstatten, ausrüsten* proveer, dotar (*mit* de) **II.** *vr* ◇ **sich** ~ [1] (*sich irren*) equivocarse [al ver/mirar] [2] (*blitzschnell, plötzlich*) ◇ **kaum daß man es sich versieht** muy rápidamente, sin tardar [*o.* cuando menos se piensa]
Versehen *n* ‹-s, -› equivocación *f*; error *m*; ◇ **aus** ~ sin querer
versenden *vt* → *Brief* enviar, expedir, remitir
versenken **I.** *vt* → *Schiff* hundir, echar a pique; → *Schraube* sumergir **II.** *vr* ◇ **sich** ~ enfrascarse (*in akk* en)
versetzen **I.** *vt* [1] (*Ortsveränderung*) cambiar de sitio; (*dienstlich*) destinar, trasladar [2] (SCH *ein Schuljahr weiterkommen lassen*) → *Schüler* pasar de curso [3] ↑ *verpfänden* empeñar [4] (*Zustandsveränderung*) ◇ **jd-n in Zorn** ~ enfadar a alguien; ◇ **jd-n in Schlaf** ~ dormir a alguien [5] → *Tritt, Stoß* dar [6] (*FAM Verabredung nicht einhalten*) dar un plantón **II.** *vr* ◇ **sich** ~: ◇ **sich in jd-n** [*o.* **in jd-s Lage**] ~ ponerse en la situación de alguien; **Versetzungsprüfung** *f* examen *m* para pasar al curso siguiente
verseuchen *vt* infestar; → *Luft* contaminar; **Verseuchung** *f* contaminación *f*
versichern **I.** *vt* [1] ↑ *beteuern* afirmar, asegurar [2] ↑ *Versicherung abschließen* asegurar (*gegen* contra) **II.** *vr* ◇ **sich** ~ [1] (*bei Versicherung*) asegurarse (*gegen* contra) [2] (*sich überzeugen*) asegurarse de; ◇ **sich e-r Sache** *gen* ~ asegurarse/cerciorarse de una cosa; **Versicherung** *f* [1] ↑ *Versicherungsgesellschaft* seguro *m* [2] (*Behauptung*) afirmación *f*; **Versicherungsbetrug** *m* fraude *m* a un seguro; **Versicherungskarte** *f* justificante *m* de seguro; **Versicherungsnehmer(in** *f*) *m* ‹-s, -› asegurado/a; **Versicherungsprämie** *f* prima *f*; **Versicherungsschein** *m* póliza *f* de seguro; **Versicherungsvertreter** *m* agente *m* de seguros
Versiegelung *f* sellado *m*, precintado *m*
versiegen *vi* ← *Quelle* secarse; ← *Lebensfreude* agotarse
versiert *adj* versado en

versilbern *vt* platear

versinken *unreg vi* hundirse, irse a pique; ↑ *einsinken* sumergirse; *FIG* ↑ *nachdenken, betrachten* ◇ **in etw** *akk* **versunken sein** estar sumergido/enfrascado en pensamientos

versöhnen I. *vt* ↑ *besänftigen* reconciliar II. *vr* ◇ **sich** ~ reconciliarse, hacer las paces (*mit* con); **versöhnlich** *adj* conciliador

versonnen *adj* ensimismado, pensativo

versorgen I. *vt* ↑ *sich kümmern um* cuidar de, ocuparse de, atender a; ▷*ärztlich* → *Wunde* curar; → *Verletzten* atender a II. *vr* ◇ **sich** ~ abastecerse, proveerse (*mit* de); **Versorger(in *f*)** *m* distribuidor(a *f*) *m;* **Versorgung** *f* abastecimiento *m,* provisión *f;* (*Strom-, Wasser-*) suministro *m;* ↑ *Unterhalt* sustento *m*

verspäten *vr* ◇ **sich** ~ llegar tarde, retrasarse, atrasarse; **verspätet** *adj* con retraso; **Verspätung** *f* retraso *m*

versperren *vt* → *Weg* cerrar, cortar; → *Sicht* quitar; → *Tür* cerrar con llave, atrancar

verspielen *vt* → *Geld* perder en el juego; (*durch Dummheit verlieren*) jugarse

verspotten *vt* burlarse de

versprechen *unreg* I. *vt* prometer; ◇ **der Sommer verspricht heiß zu werden** el verano promete ser caluroso II. *vr* ◇ **sich** ~ ① equivocarse al hablar ② (*erhoffen*) ◇ **sich** *dat* **etw von etw** ~ esperar mucho de algo; **Versprechen** *n* ‹-s, -› promesa *f;* ◇ **jd-m ein** ~ **abnehmen** hacer prometer algo a alguien

verstaatlichen *vt* nacionalizar

Verstand *m* ‹-[e]s› ① ↑ *Vernunft* razón *f,* entendimiento *m;* ◇ **den** ~ **verlieren** perder la razón, volverse loco; (*mit Bedacht*) ◇ **mit** ~ **essen/trinken** comer/beber con moderación ② ↑ *Denkvermögen* inteligencia *f;* ◇ **über jd-s** ~ *akk* **gehen** no entender, comprender; *FAM* ◇ **mehr Glück als** ~ tener más suerte que sentido común

verständigen I. *vt* comunicar, avisar a alguien II. *vr* ◇ **sich** ~ entenderse, comprenderse; ↑ *sich einigen* ponerse de acuerdo; **Verständigung** *f* ▷*telefonisch* comunicación *f;* ↑ *Benachrichtigung* aviso *m;* ↑ *Einigung* acuerdo *m*

verständlich *adj* claro; ↑ *deutlich hörbar* inteligible; ↑ *leicht zu begreifen* fácil de comprender; ↑ *einzusehen* comprensible; ◇ **sich** ~ **machen** hacerse entender

Verständnis *n* comprensión *f,* sentido *m;* ◇ **auf** ~ **stoßen** ser comprendido; **verständnislos** *adj* ▷*Blick* insensible; **verständnisvoll** *adj* comprensivo

verstärken I. *vt* reforzar, intensificar, incrementar; → *Zweifel* aumentar II. *vr* ◇ **sich** ~ intensificarse, incrementarse; ← *Opposition* hacerse más fuerte; **Verstärker** *m* ‹-s, -› amplificador *m*

verstauben *vi* llenarse/cubrirse de polvo

verstauchen *vr* ◇ **sich** ~ torcerse; **Verstauchung** *f* torcedura *f,* esguince *m*

Versteck *n* ‹-[e]s, -e› escondite *m,* escondrijo *m;* **verstecken** I. *vt* esconder, ocultar II. *vr* ◇ **sich** ~ esconderse, ocultarse

verstehen *unreg* I. *vt* ① ↑ *deutlich hören* entender; ↑ *Sinn begreifen* comprender; ◇ **jd-m etw zu** ~ **geben** dar algo a entender a alguien [*o.* dejar entrever] ② ↑ *Gefühle nachvollziehen können* captar, comprender ③ ↑ *können, beherrschen* → *Handwerk, Metier* saber, entender; ◇ **etwas von Kunst** ~ entender algo de arte II. *vr* ◇ **sich** ~ ① (*gleiche Auffassung, Sympathie*) entenderse, llevarse ② (*Kenntnisse haben*) ◇ **sich auf etw** *akk* ~ entender de, saber de ③ ◇ **das versteht sich [von selbst]!** ¡por supuesto!, ¡claro que sí!

versteifen I. *vt* reforzar II. *vr* ◇ **sich** ~ ← *Glied, Gelenk* ponerse tieso; *FIG* ↑ *beharren auf* empeñarse en

versteigern *vt* subastar, sacar a subasta;

Versteinerung *f* petrificación *f,* fósil *m;*

verstellen I. *vt* ① ↑ *falsch stellen* → *Bücher* colocar mal ② ↑ *umräumen* → *Möbel* cambiar de sitio, trasladar ③ ↑ *versperren* → *Weg, Zugang* cerrar, obstruir ④ ↑ *ändern* → *Miene* fingir, disimular; → *Stimme* desfigurar II. *vr* ◇ **sich** ~ fingir, disimular

versteuern *vt* pagar impuestos por

verstimmen *vt* ① → *Instrument* desafinar ② → *Person* ↑ *verärgern* enfadar, disgustar; **Verstimmung** *f* mal humor *m*

verstockt *adj* ▷*Kind* testarudo, tozudo, obstinado

verstohlen *adj* ▷*Blick* disimulado, furtivo, de reojo

verstopfen *vt* → *Loch, Leck* tapar; → *Straßen* obstruir; **verstopft** *adj* ① ▷*Verkehr* atascado ② ▷*Mensch* estreñido;

Verstorbene(r) *fm* difunto/a

verstört perturbado, asustado, trastornado

Verstoß *m* ‹Verstosses, Verstöße› desacato *m* (*gegen* a); **verstoßen** *unreg* I. *vt* ↑ *ausstoßen* echar, expulsar II. *vi* infringir algo; ◇ **gegen ein Gesetz** ~ atentar contra una ley

verstrahlt *adj* ▷*Lebensmittel* contaminado [por sustancias nucleares]

verstreichen *unreg* I. *vt* → *Salbe* extender; → *Butter* untar II. *vi* ← *Zeit* pasar

verstricken I. *vt* → *Wolle* emplear, gastar II. *vr* ◇ **sich** ~ ① ↑ *sich verwickeln* enredarse; ◇ **sich in Widersprüche** ~ caer en contradicciones ② *FIG* ↑ *hineinziehen* implicarse

verstümmeln *vt* → *Lebewesen* mutilado, lisiado; → *Nachricht* mutilado

verstummen *vi* callarse, enmudecer; ← *Lärm* cesar

Versuch *m* ‹-[e]s, -e› [1] (*Unternehmen*) intento *m;* ◇ **e-n letzten ~ machen** hacer un último intento [2] (*Probe*) prueba *f* [3] ▷*wissenschaftlich* experimento *m;* **versuchen I.** *vt* [1] ↑ *probieren* intentar; → *Essen* probar [2] ◇ **versucht sein, etw zu tun** estar tentado de hacer algo **II.** *vr* ◇ **sich an/in/auf etw** *dat* **~** intentar/probar algo; **Versuchskaninchen** *n auch FIG* conejillo *m* de Indias

Versuchung *f* tentación *f;* ◇ **in ~ geraten/kommen** caer en la tentación

vertagen I. *vt* aplazar **II.** *vr* ◇ **sich ~** ← *Gericht* aplazarse

vertauschen *vt* ↑ *eintauschen* cambiar por, sustituir por; ↑ *verwechseln* confundir con

verteidigen *vt* → *Angeklagten* defender; **Verteidiger(in** *f*) *m* ‹-s, -› defensor(a *f*) *m;* **Verteidigung** *f* defensa *f;* **Verteidigungsminister** *m* ministro *m* de Defensa

verteilen I. *vt* [1] ↑ *austeilen* repartir, distribuir [2] ↑ *verstreichen* → *Salbe* extender **II.** *vr* ◇ **sich ~** (*in bestimmtem Gebiet*) desplegarse, dispersarse; **Verteiler** *m* distribuidor *m*

verteufeln *vt* → *Vorhaben* endemoniar

vertiefen I. *vt auch FIG* → *Kluft, Wissen* profundizar, ahondar **II.** *vr* ◇ **sich ~** ↑ *sich intensiv beschäftigen* dedicarse de lleno a; ◇ **sich in etw** *akk* **~** enfrascarse en; **Vertiefung** *f* (*Mauer-*) hueco *m;* (*Boden-*) hoyo *m;* ▷*geistig* profundidad *f* (*in akk* en)

vertikal *adj* vertical

vertonen *vt* poner música (*akk* a)

Vertrag *m* ‹-[e]s, Verträge› [1] (*Arbeits-*) contrato *m* [2] ↑ *Übereinkunft* pacto *m*, convenio *m*, acuerdo *m* [3] POL tratado *m*

vertragen *unreg* **I.** *vt* → *Sonne* aguantar, soportar, resistir; → *Scherz* aguantar; → *Essen* sentar bien **II.** *vr* ◇ **sich ~** entenderse bien, congeniar; **verträglich** *adj* [1] ↑ *ertragbar* soportable [2] ↑ *umgänglich* sociable; ↑ *gutmütig* tolerante [3] ↑ *bekömmlich* digerible

Vertragsbruch *m* quebrantamiento *m* de contrato; **vertragsgemäß** *adj* contractual, estipulado, de acuerdo con el contrato; **Vertragspartner(in** *f*) *m* contrata *f*, parte *f* contratante; **vertragswidrig** *adj* contrario al contrato

vertrauen *vi* confiar, tener confianza (*jd-m, auf jd-n* en [alguien]), fiarse de; **Vertrauen** *n* ‹-s› confianza *f;* ◇ **im ~ [gesagt]** [dicho sea] entre nosotros; **Vertrauensbruch** *m* abuso *m* de confianza; **Vertrauensfrage** *f* cuestión *f* de confianza; **vertrauenswürdig** *adj* digno de confianza

vertraulich *adj* ▷*Mitteilung* confidencial, secreto

verträumt *adj* ▷*Mensch* soñador; ▷*Ort* de ensueño

vertraut *adj* familiar, conocido; **Vertrautheit** *f* familiaridad *f*, intimidad *f*

vertreiben *unreg vt* [1] ↑ *verscheuchen* ahuyentar, expulsar, echar [2] COMM distribuir, vender [3] → *Zeit* matar, pasar

vertreten *unreg* **I.** *vt* → *Standpunkt, Ansicht* defender; (*vor Gericht*) representar; → *Interessen* velar por **II.** *vr* ◇ **sich ~** → *Fuß, Knöchel* torcerse; (*kurze Zeit laufen*) ◇ **sich** *dat* **die Beine ~** estirar las piernas; **Vertretung** *f* (*Stell-*) sustitución *f;* (*Handels-*) representación *f;* ◇ **in ~ von** en representación de

Vertrieb *m* ‹-[e]s, -e› distribución *f;* **Vertriebsabteilung** *f* servicio *m* de ventas

vertrocknen *vi* secarse

vertrösten *vt* consolar, dar esperanzas; ◇ **jd-n auf später ~** echar con buenas palabras

vertun *unreg* **I.** *vt FAM* → *Geld* despilfarrar, malgastar; → *Zeit* perder **II.** *vr* ◇ **sich ~** equivocarse

verübeln *vt:* ◇ **jd-m etw ~** tomar a mal algo a alguien

verüben *vt* cometer, perpetrar

verunglimpfen *vt* ofender, calumniar, difamar

verunglücken *vi* ser víctima de un accidente; ◇ **er verunglückte bei e-m Zugunfall** ha sido víctima de un accidente de tren; **verunglückt** *adj:* ◇ **tödlich ~** perecido en un accidente

verunreinigen *vt* ensuciar, manchar

verunsichern *vt* desconcertar, confundir

veruntreuen *vt* → *Geld* malversar, estafar, desfalcar

verursachen *vt* causar, originar, producir, motivar, ocasionar; **Verursacher(in** *f*) *m* ‹-s, -› causante *m/f*

verurteilen *vt* ↑ *mißbilligen* condenar; ↑ *Strafe verhängen* sentenciar (*zu* a); ◇ **zum Scheitern verurteilt** abocado al fracaso

Vervielfachung *f* multiplicación *f*

vervielfältigen *vt* → *Text* reproducir, copiar; **Vervielfältigung** *f* reproducción *f*, copia *f*

vervierfachen *vt* cuadruplicar

vervollkommnen I. *vt* → *Wissen* perfeccionar **II.** *vr* ◇ **sich ~** perfeccionarse (*in dat* en)

verwachsen I. *unreg vi* ← *Narbe* cicatrizarse; (*FIG Menschen*) unirse (*mit* a) **II.** *adj* [1] ▷*Mensch* jorobado, deforme, contrahecho; ▷*Baum* deforme [2] ↑ *zugewachsen* ▷*Garten* frondoso

verwählen *vr* ◇ **sich** ~ TELEC confundirse
verwahrlosen *vi* ← *Gebäude* deshacerse; ← *Kind* estar abandonado
Verwahrung *f* custodia *f*, depósito *m;* ◇ **etw** *akk* **in ~ nehmen/geben** tomar/dar en depósitó
verwalten *vt* → *Amt* administrar; **Verwaltung** *f* administración *f;* **Verwaltungsrecht** *n* derecho *m* administrativo
verwandeln I. *vt* transformar, convertir (*in akk* en) **II.** *vr* ◇ **sich** ~ transformarse, convertirse, cambiar; **Verwandlung** *f* metamorfosis *f;*
Verwandte(r) *fm* pariente/a; **Verwandtschaft** *f* parentesco *m*
Verwarnung *f* advertencia *f*, amonestación *f;* ◇ **gebührenpflichtige** ~ multa *f*
verwaschen *adj* ▷*Kleidung* deslavado, descolorido; *FIG* ↑ *ungenau* vago
verwechseln *vt* confundir (*mit* con)
verwegen *adj* ▷*Tat* atrevido, audaz, temerario
Verwehung *f* (*Schnee~*) remolinos *m/pl*
verweichlichen *vt* afeminar
verweigern *vt* negar, denegar; ◇ **jd-m etw** ~ denegar algo a alguien; **Verweigerung** *f* denegación *f*
Verweis *m* ‹-es, -e› *a.* SCH reprimenda *f;* ↑ *Hinweis* referencia *f* (*auf* a); **verweisen** *unreg* **I.** *vt* reprender; ◇ **jd-n des Landes** ~ expulsar a alguien del país **II.** *vi* remitir (*auf akk* a); ◇ **an jd-n** ~ mandar a alguien;
verwenden *vt* ↑ *nutzen* utilizar, aprovechar; ↑ *anwenden* usar, emplear; ◇ **sich für jd-n** ~ interceder en favor de alguien; **Verwendung** *f* empleo *m*, uso *m*, utilización *f*
verwerfen *unreg vt* rechazar, desechar
verwerten *vt* utilizar, emplear, aprovechar; **Verwertung** *f* utilización *f*, empleo *m*, aprovechamiento *m*
verwesen *vi* pudrirse, descomponerse
verwickeln I. *vt* ↑ *hineinziehen*: ◇ **jd-n in etw** *akk* ~ implicar a alguien en algo **II.** *vr:* ◇ **sich ~ in** *akk* enredarse/implicarse en algo; **Verwicklung** *f* intriga *f*, enredo *m*
verwildern *vi* ← *Garten* estar abandonado, cubrirse de maleza; *FIG* ← *Kinder* volverse salvaje
verwinden *unreg vt* sobreponerse, superar, olvidar
verwirklichen I. *vt* hacer realidad, realizar **II.** *vr* ◇ **sich** ~ hacerse realidad, realizarse
verwirren *vt* enredar, embrollar; *FIG* confundir, desconcertar; **Verwirrung** *f* confusión *f*, desconcierto *m*
verwittern *vi* ← *Gestein* descomponerse; ← *Mauer* desmoronarse
verwitwet *adj* viudo
verwöhnen *vt* → *Kind* mimar, dar mimos; ↑ *besonders aufmerksam sein* tener muy bien atendido
verworren *adj* ▷*Rede, Situation* confuso, embrollado;
verwunden *vt* herir, lesionar
verwunderlich *adj* extraño, sorprendente; **Verwunderung** *f* asombro *m*
Verwundete(r) *fm* herido/a;
Verwünschung *f* imprecación *f*
verwurzelt *adj* que ha echado raíces
verwüsten *vt* desolar, devastar, asolar; **verwüstet** *adj* desolado, devastado, asolado
verzagen *vi* desesperarse, perder el ánimo
verzählen *vr* ◇ **sich** ~ equivocarse al contar
verzaubern *vt* hechizar, embrujar; *FIG* ↑ *in Bann ziehen* encantar
verzehren *vt* ↑ *essen* comer; *FIG* ← *Kummer* consumir
verzeichnen *vt* → *Verlust* registrar; ↑ *aufschreiben* apuntar
Verzeichnis *n* lista *f*, inventario *m;* (*Inhalts~*) índice *m*
verzeihen ‹verzieh, verziehen› *vti* perdonar, disculpar (*jd-m etw* algo a alguien); **Verzeihung** *f* perdón *m;* ◇ ~! ¡perdón!
verzerren *vt* ↑ *verformen* deformar, desfigurar; → *Gesicht* hacer muecas, desencajar;
verzichten *vi* renunciar (*auf akk* a)
verziehen *unreg* **I.** *vt* [1] ↑ *verformen* deformar, desfigurar; → *Gesicht* hacer muecas, desencajar [2] ↑ *verwöhnen* → *Kind, Hund* mimar **II.** *vi:* ◇ **verzogen nach** mudado a, que ha cambiado de domicilio **III.** *vr* ◇ **sich** ~ [1] ↑ *sich verformen* torcerse; → *Stoff* deformarse; → *Holz* doblarse, alabearse [2] ← *Rauch* irse; ← *Gewitter* pasar; *FAM* ↑ *abhauen* largarse
verzieren *vt* ↑ *verschönern* adornar, decorar; ↑ *garnieren* → *Torte* guarnecer con;
verzinnt *adj* estañado
verzinsen I. *vt* pagar intereses **II.** *vr* ◇ **sich** ~ ← *Pfandbrief, Obligation* dar/producir intereses
verzogen *adj* [1] ▷*Holz* doblado, alabeado [2] ▷*Kind* mimado
verzögern I. *vt* → *Abreise* atrasar, aplazar **II.** *vr* ◇ **sich** ~ retrasarse; **Verzögerung** *f* retraso *m*
verzollen *vt* pagar aduana, declarar
Verzug *m* retraso *m*, demora *f;* ◇ **mit etw in ~ geraten** retrasarse en algo
verzweifeln *vi* desesperar (*an etw dat* por); **Verzweiflung** *f* desesperación *f*
verzweigen *vr* ◇ **sich** ~ ← *Ast, Familie* ramificarse
verzwickt *adj FAM* complicado, difícil, lioso
Veterinär(in *f*) *m* veterinario/a

Veto *n* ⟨-s, -s⟩ veto *m*

Vetter *m* ⟨-s, -n⟩ primo *m*

vgl. *Abk v.* vergleiche compárese

Vibration *f* vibración *f;* **vibrieren** *vi* vibrar

Video *n* ⟨-s, -s⟩ video *m;* **Videokamera** *f* cámara *f* de video; **Videokassette** *f* video-casete *m;* **Videorecorder** *m* ⟨-s, -⟩ aparato *m* de video; **Videospiel** *n* videojuego *m;* **Videothek** *f* ⟨-, -en⟩ videoteca *f*

Vieh *n* ⟨-[e]s⟩ ganado *m;* **Viehzüchter** *m* ganadero *m*

viel I. ⟨mehr, am meisten⟩ *adj* mucho; (*substantivisch*) ◇ **e-r unter ~en** uno entre muchos **II.** *adv* ↑ *wesentlich, erheblich* mucho; ◇ **~ zu laut** demasiado alto; **vielerlei** ⟨inv⟩ *adj* variado, múltiple, diverso; **vielfach I.** *adj* múltiple **II.** *adv* ↑ *oft* muchas veces

Vielfalt *f* ⟨-⟩ variedad *f,* diversidad *f*

Vielfraß *m* glotón *m,* comilón *m*

vielleicht *adv* quizá(s), tal vez, a lo mejor; (*FAM sehr*) ◇ **du bist ~ dumm!** ¡qué tonto que eres!; **vielmehr** *cj* ↑ *besser gesagt* mejor dicho, más bien; **vielsagend** *adj* significativo, expresivo; **vielversprechend** *adj* ▷*Unternehmen* muy prometedor; **Vielzahl** *f* ⟨-⟩ gran número *f* [de]

vier *nr* cuatro; ◇ **unter ~ Augen** a solas; ◇ **auf allen ~en** a gatas, a cuatro patas; **Viereck** *n* ⟨-[e]s, -e⟩ cuadrilátero *m;* **viereckig** *adj* cuadrado; **vierfach** *adj* cuádruplo; **vierhändig** *adj:* ◇ **~ [Klavier] spielen** tocar [el piano] a cuatro manos; **vierhundert** *nr* cuatrocientos; **vierjährig** *adj* de cuatro años; **viermal** *adv* cuatro veces; **Viertaktmotor** *m* motor *m* de cuatro tiempos; **vierteilen** *vt* → *Kuchen* dividir en cuatro partes; HIST descuartizar; **vierte(r, s)** *adj* cuarto

Viertel *n* ⟨-s, -⟩ (*Stadt~*) barrio *m;* (*von Beute, Kuchen*) cuarta parte *f;* (*Uhrzeit*) cuarto *m;* ◇ **~ vor/nach 11** las 11 menos/y cuarto; **Viertelfinale** *n* cuartos *m/pl* de final; **vierteljährlich** *adj* trimestral; **Viertelnote** *f* MUS negra *f;* **Viertelpause** *f* pausa *f* de negra

viertens *adv* en cuarto lugar

vierzehn *nr* catorce; **vierzehntägig** *adj* ▷*Urlaub* de quince días; ↑ *alle 14 Tage* quincenal

vierzig *nr* cuarenta

Vierzimmerwohnung *f* piso *m* de cuatro habitaciones

Vikar(in *f*) *m* ⟨-s, -e⟩ REL vicario/a

Villa *f* ⟨-, Villen⟩ chalé *m,* chalet *m*

Viola *f* viola *f*

violett *adj* violeta;

Violine *f* violín *m;* **Violinschlüssel** *m* clave *f* de sol

Viper *f* ⟨-, -n⟩ FAUNA víbora *f*

Virologie *f* MED virología *f*

Virtuose *m* virtuoso *m*

Virus *m o n* ⟨-, Viren⟩ virus *m*

Vision *f* visión *f*

Visite *f* ⟨-, -n⟩ MED visita *f;* **Visitenkarte** *f* tarjeta *f* de visita

vital *adj* vital; ↑ *aktiv* activo, enérgico

Vitamin *n* ⟨-s, -e⟩ vitamina *f*

Vitrine *f* vitrina *f*

Vizekanzler(in *f*) *m* vicecanciller *m/f*

Vogel *m* ⟨-s, Vögel⟩ pájaro *m;* (*FAM verrückt sein*) ◇ **e-n ~ haben** estar como una regadera, estar chiflado; **Vogelhaus** *n* pajarera *f;* **Vogelperspekive** *f:* ◇ **aus der ~** a vista de pájaro *f*

Vogesen *pl:* ◇ **die ~** los Vosgos

Vogt *m* ⟨-s, Vögte⟩ (HIST *Land~*) corregidor *m;* **Vokabular** *n* ⟨-s, -e⟩ vocabulario *m*

Vokal *m* ⟨-s, -e⟩ vocal *f*

Volk *n* ⟨-[e]s, Völker⟩ pueblo *m;* (*Bienen~*) colmena *f; PEJ* gente *f* de la calle; **Völkerkunde** *f* etnología *f;* **Völkermord** *m* genocidio *m;* **Völkerrecht** *n* derecho *m* internacional público

Volksabstimmung *f* referéndum *m;* **Volksarmee** *f* armada *f* popular; ◇ **Nationale ~** ejército de la antigua RDA; **Volkseinkommen** *n* renta *f* nacional; **Volkshochschule** *f* universidad *f* popular; **Volkspartei** *f* partido *m* popular; **Volksrepublik** *f* república *f* popular; ◇ **die ~ China** la República Popular de China; **Volksschule** *f* escuela *f* primaria; **volkstümlich** *adj* popular; **Volksvertreter(in** *f*) *m* representante *m/f* del pueblo; **volkswirtschaftlich** *adj* político-económico, económico; **Volkswirtschaftslehre** *f* UNI economía *f* política

voll *adj* [1] ▷*Glas* lleno; ↑ *erfüllt von* lleno de; *FAM* ◇ **~ sein** (*satt*) estar lleno; (*betrunken*) estar borracho [2] (*ohne Einschränkung, ganz*) pleno, total, completo; (*ernst nehmen*) ◇ **jd-n für ~ nehmen** tomar a alguien en serio [3] ↑ *dick* ▷*Haar* abundante; ▷*Wangen* regordete, mofletudo

Vollbart *m* barba *f* cerrada

vollbesetzt *adj* lleno, llenado a tope

Vollbesitz *m:* ◇ **im ~ seiner Kräfte** en plenitud de fuerzas

Vollbremsung *f* frenado *m* en seco

vollbringen *unreg vt* llevar a cabo, realizar, concuir

vollenden *vt* → *Arbeit* acabar, terminar; ◇ **vor vollendete Tatsachen** ante hechos consumados; **vollendet** *adj* [1] ↑ *vollkommen* perfecto [2] ↑ *fertig* acabado

Volleyball *m* voleibol *m,* balonvolea *m*

Vollgas *n:* ◇ **mit ~** a toda marcha; ◇ **~ geben** pisar a fondo

völlig *adj* ▷*Erschöpfung* total, completo, entero
volljährig *adj* mayor de edad
Vollkaskoversicherung *f* AUTO seguro *m* a todo riesgo
Vollkommenheit *f* perfección *f*
Vollkornbrot *n* pan *m* integral
Vollmacht *f* ‹-, -en› poder *m;* ◇ **jd-m - geben/erteilen** dar poder a alguien
Vollmilch *f* leche *f* entera
Vollmond *m* luna *f* llena
Vollpension *f* pensión *f* completa
vollsaugen *vr* ◇ **sich -** empaparse
vollständig *adj* completo, entero, íntegro;
vollstrecken *vt* → *Urteil* ejecutar
volltanken *vti* llenar el depósito
Vollversammlung *f* asamblea *f* plenaria
Vollwaise *f* huérfano *m* de padre y madre
vollzählig *adj* completo
vollziehen *unreg* **I.** *vt* → *Trauung* consumar; → *Urteil* ejecutar, cumplir **II.** *vr* ◇ **sich -** efectuarse, realizarse
Volontär(in *f*) *m* practicante *m/f*
Volt *n* ‹- *o.* -[e]s, -› PHYS voltio *m*
vom = **von dem:** ◇ **sie ist - Land** viene del pueblo
von *präp dat* de [1] (*räumlich*) de [2] (*zeitlich*) zeitlich; ◇ **- … bis** desde … hasta [3] (*Person/Sache als Urheber/Grund*) de, por; ◇ **Grüße - mir** saludos de mi parte [4] (*geschaffen/verursacht durch*) de; ◇ **Bild - Dali** cuadro de Dalí; ◇ **müde - der Arbeit** cansado del trabajo [5] (*Eigenschaft, Maß- und Altersangabe*) de; ◇ **er ist ein Traum - e-m Mann** es el sueño del hombre [6] (*Teil e-s Ganzen, Genetiversatz*) de; ◇ **e-e - meinen Tanten** una de mis tías [7] (*über*) de, sobre; ◇ **- jd-m sprechen** hablar de alguien [8] (*Adelstitel, Herkunft*) de [9] (*FAM davon, wovon*) de, por; (*Gegenteil zutreffend*) ◇ **- wegen müde!** ¡olvida el casancio! [*o.* ¡de eso nada!]; **voneinander** *adv* uno de otro
vor *präp dat/akk* [1] (*räumlich*) delante de [2] (*zeitlich*) antes de; ◇ **fünf - zwölf** las doce menos cinco [3] (*Grund/Ursache*) de, por; ◇ **- Kälte/Angst zittern** tiritar de frío/miedo [4] (*in Gegenwart von*) ante, delante de, en presencia de; ◇ **- Zeugen** ante los testigos [5] (*FAM wovor*) ◇ **- was?** ¿delante de qué?
Vorabend *m* víspera *f*
voran *adv* delante, adelante, en cabeza, al frente; **vorankommen** *unreg vi* avanzar, progresar
Voranschlag *m* presupuesto *m*
Vorarbeiter(in *f*) *m* capataz *m*
voraus *adv* hacia delante; (*zeitlich*) por adelantado; ◇ **jd-m - sein** aventajar a alguien; **voraushaben** *unreg vt:* ◇ **jd-m etw -** aventajar a alguien en algo; **Voraussage** *f* predicción *f;* (*Wetter-*) pronóstico *m;* **voraussehen** *unreg vt* prever; **Voraussetzung** *f* ↑ *Bedingungen* condición *f* previa; ↑ *Annahme* suposición *f;* ◇ **unter der -, daß** bajo la condición de que *+subj;* **Voraussicht** *f* previsión *f;* ◇ **aller - nach** con toda probabilidad; *FAM* ◇ **in weiser -** para por si acaso
vorbauen I. *vt* edificar en saliente **II.** *vi* tomar precauciones;
vorbehalten *unreg vr* ◇ **sich -** reservarse
vorbei *adv* (*räumlich*) por, por delante de; (*zeitlich*) pasado; (*zu Ende*) terminado, acabado; *FAM* ◇ **2 Uhr -** las 2 pasadas; **vorbeigehen** *unreg vi* pasar por/cerca de/delante de; (*zeitlich*) pasar; (*nicht beachten*) ◇ **e-e Chance - lassen** dejar pasar una oportunidad; (*FAM kurz besuchen*) ◇ **bei jd-m -** pasarse por casa de alguien; **vorbeischießen** *vi* errar en el tiro
vorbelastet *adj* con antecedentes
Vorbemerkung *f* advertencia *f*
vorbereiten I. *vt* → *Fest* preparar **II.** *vr* ◇ **sich -** prepararse (*auf akk* para); **Vorbereitung** *f* preparación *f*
vorbestellen *vt* → *Buch, Kinokarte* encargar con anticipación, reservarse
vorbestraft *adj* con antecedentes penales
vorbeugen I. *vi* prevenir (*e-r Sache dat* akk) **II.** *vr* ◇ **sich -** inclinarse hacia delante; **Vorbeugung** *f* prevención *f:* ◇ **zur - gegen** como prevención de
Vorbild *n* modelo *m,* ideal *m*
vorbringen *unreg vt* → *Wunsch* pedir, expresar, exponer; → *Einwand* alegar; (*FAM nach vorne*) llevar/traer (a un sitio que está enfrente)
Vordach *n* colgadizo *m*
Vordenker(in *f*) *m* ‹-s, -› pensador(a *f*) *m* que se adelanta a su época
vorder *adj* delantero, anterior
Vorderachse *f* eje *m* delantero; **Vorderansicht** *f* vista *f* de frente
vordere(r, s) *adj* delantero, anterior, de delante
Vorderfront *f* fachada *f;* **Vordergrund** *m* primer plano *m; auch FIG* ◇ **im - stehen** estar en primer plano; **vordergründig** *adj* ostensible; **Vorderseite** *f* parte *f* anterior/delantera
vordrängen *vr* ◇ **sich -** colarse, abrirse paso
Vordringen *n* avance *m*
Vordruck *m* formulario *m,* impreso *m*
vorehelich *adj* prematrimonial
voreilig *adj* precipitado, prematuro
Voreingenommenheit *f* parcialidad *f,* prejuicio *m*

vorenthalten *unreg vt* retener, ocultar
vorerst *adv* por lo pronto, de momento, por ahora
Vorfahr *m* ‹-en, -en› antepasado *m*
vorfahren *unreg vi* ir adelante; ← *Taxi* parar delante de
Vorfahrt *f* preferencia *f,* ceda *m* el paso; **Vorfahrtsschild** *n* señal *f* de ceda el paso; **Vorfahrtsstraße** *f* calle *f* de prioridad
vorfallen *unreg vi* pasar, suceder, ocurrir
vorfinden *unreg vt* dar con, encontrar
vorführen *vt* ↑ *zeigen* presentar, exhibir; → *Film* proyectar, echar; *dem Richter, Chefarzt* llevar ante; **Vorführung** *f* demostración *f*
Vorgang *m* ↑ *Verlauf* proceso *m;* ↑ *Ereignis* acontecimiento *m;* ↑ *Hergang* curso *m;* ↑ *Akte* expediente *m*
Vorgänger(in *f*) *m* ‹-s, -› antecesor(a *f*) *m,* predecesor(a *f*) *m*
vorgeben *unreg vt* ↑ *vortäuschen* pretender, simular; ↑ *nach vorn reichen* pasar hacia delante; SPORT dar ventaja
vorgefaßt *adj* ▷*Meinung* preconcebido
vorgefertigt *adj* prefabricado
Vorgefühl *n* presentimiento *m*
vorgeschrieben *adj* prescrito, obligatorio
vorgehen *unreg vi* pasar delante, ir delante, adelantarse; (*zeitlich*) ← *Uhr* adelantarse; ↑ *handeln* actuar, obrar, proceder; ↑ *Vorrang haben* tener preferencia; ◇ **gegen jd-n** ~ tomar medidas contra alguien; **Vorgehen** *n* ‹-s› procedimiento *m,* manera *f* de obrar
Vorgesetzte(r) *fm* superior(a *f*) *m*
vorgestern *adv* anteayer
vorgreifen *unreg vi* adelantarse, anticiparse (*jd-m* a alguien)
vorhaben *unreg vt* ↑ *planen, beabsichtigen* tener intención de, proponerse; ◇ **ich habe heute schon etwas vor** ya tengo planes para esta tarde; **Vorhaben** *n* ‹-s, -› intención *f,* plan *m*
vorhalten *unreg vt* colocar delante; ↑ *vorwerfen* ◇ **jd-m etw** ~ reprochar algo a alguien, echar en cara algo a alguien; **Vorhaltung** *f* ↑ *Vorwurf* reproche *m*
vorhanden *adj* ↑ *bestehend* presente, existente; ↑ *erhältlich* disponible
Vorhang *m* (*an Fenster*) cortina *f;* THEAT telón *m;* ◇ **eiserner** ~ telón *m* de acero
vorher *adv* antes, por adelantado, con anticipación
vorherbestimmen *vt* determinar de antemano, predeterminar; **vorhergehen** *unreg vi* preceder, anteceder; **vorherig** *adj* ▷*Urlaub* anterior, previo; ▷*Freund* antiguo
Vorherrschaft *f* predominio *m,* supremacía *f*
Vorhersage *f* predicción *f;* (*Wetter~*) pronóstico *m;* **vorhersagen** *vt* predecir; **vorhersehen** *unreg vt* prever
vorig *adj* ▷*Direktor* anterior; ▷*Winter* pasado
Vorjahr *n* año *m* pasado
Vorkehrung *f* precaución *f;* ◇ **~en treffen** tomar precauciones
vorkommen *unreg* **I.** *vi* [1] ↑ *vortreten* (*in Schule*) salir al encerado; (*aus e-r Reihe*) salir [2] ↑ *geschehen, passieren* pasar, ocurrir, suceder [3] ↑ *vorhanden sein* haber, existir [4] (*empfinden*) ◇ **jd-m bekannt** ~ resultar alguien conocido **II.** *vr* ◇ **sich** ~ (*sich fühlen*): ◇ **sich** *dat* **dumm** ~ sentirse idiota; **Vorkommnis** *n* ↑ *Vorfall* suceso *m,* incidente *m*
vorladen citar; **Vorladung** *f* JURA citación *f*
Vorlage *f* (*zur Begutachtung*) presentación *f;* ↑ *Muster* modelo *m;* ↑ *Schablone* patrón *m;* (*Gesetzes~*) proyecto *m;* (*im Fußball*) pase *m*
vorlassen *unreg vt* [1] ↑ *vorgehen lassen* hacer pasar, ceder el paso [2] ↑ *jd-n empfangen* recibir a alguien
vorläufig *adj* provisional, temporal
vorlaut *adj* ▷*Schüler* descarado, fresco
vorlegen *vt* [1] (*zur Unterschrift*) presentar; ↑ *einreichen, präsentieren* presentar, mostrar, enseñar [2] → *Riegel, Kette* poner [3] → *Fleisch, Gemüse* servir
Vorleistung *f* anticipo *m*
vorlesen *unreg vt* leer en voz alta
Vorlesung *f* UNI clase *f* [en la universidad]
vorletzte(r, s) *adj* penúltimo
Vorliebe *f* preferencia *f,* predilección *f*
vorliegen *unreg vi* ← *Akte* haber, existir; ◇ **jd-m** ~ tener a alguien ante sí
vormachen *vt* ↑ *vorführen, zeigen* enseñar, mostrar; *FIG* ↑ *vortäuschen* hacer creer; ◇ **jd-m etw** ~ hacer creer algo a alguien
vormals *adv* antes, antiguamente
vormerken *vt* ↑ *notieren* tomar nota de, anotar, apuntar; → *Tisch* reservar
Vormittag *m* mañana *f;* ◇ **im Laufe des ~s** a la larga de la mañana
Vormund *m* tutor *m;* **Vormundschaft** *f* tutela *f* (*für, über akk* de)
vorn[e] *adv* delante; ◇ **nach** ~ hacia delante; (*von Anfang an*) ◇ **von** ~ desde el principio; (*von neuem*) ◇ **von** ~ **anfangen** empezar desde el principio
Vorname *m* nombre *m* [de pila]
vornehm *adj* noble, distinguido, selecto
vornehmen *unreg* **I.** *vr* ◇ **sich** ~ ↑ *fest vorhaben* proponerse, ponerse a; *FAM* ↑ *vorknöpfen* ◇ **sich**

dat **jd-n** ~ regañar a alguien **II.** *vt* (*bevorzugt behandeln*) → *Patienten, Kunden* atender primero; ↑ *durchführen* → *Änderung* hacer, efectuar, emprender

vornherein *adv:* ◇ **von** ~ desde un principio

Vorort *m* periferia *f*, suburbio *m;* **Vororte** *m/pl* afueras *f/pl;* **Vorortzug** *m* tren *m* de cercanías

Vorrang *m* primacía *f*

Vorrat *m* provisión *f;* COMM existencias *f/pl;* **vorrätig** *adj* disponible; COMM en almacén; **Vorratskammer** *f* despensa *f*

Vorrecht *n* privilegio *m*

Vorrede *f* prólogo *m*, prefacio *m*

vorrücken I. *vi* ← *Nacht,* MIL avanzar, adelantar(se) **II.** *vt* adelantar

Vorruhestand *m* jubilación *f* anticipada

vorsagen *vt* soplar

Vorsatz *m* ↑ *Absicht* intención *f;* JURA premeditación *f;* ◇ **e-n** ~ **fassen** proponerse algo; **vorsätzlich** *adj* intencionado; JURA premeditado

Vorschau *f* MEDIA avance *m* de la programación; FILM trailer *m*

Vorschein *m:* ◇ **zum** ~ **kommen** salir a la luz, aparecer

vorschießen *unreg vt* → *Geld* adelantar, anticipar

Vorschlag *m* propuesta *f*, proposición *f;* **vorschlagen** *unreg vt* proponer; ↑ *empfehlen* recomendar

vorschnell *adj* ▷*Reaktion, Antwort* precipitado

vorschreiben *unreg vt* (*als Muster*) establecer, fijar; *FIG* ↑ *verlangen* prescribir; ↑ *anordnen* ordenar; **Vorschrift** *f* ↑ *Anweisung* instrucción *f;* ↑ *Befehl* orden *f;* ◇ **jd-m** ~**en machen** dar órdenes a alguien

Vorschuß *m* anticipo *m*, adelanto *m*

vorschützen *vt:* ◇ **keine Müdigkeit** ~ (*vortäuschen*) alegar casancio, poner como pretexto estar cansado

vorsehen *unreg* **I.** *vt* ↑ *beabsichtigen* pensar (*als/für* algo); ← *Gesetz, Statuten* decretar **II.** *vr* ◇ **sich** ~ (*sich in acht nehmen*) tomar precauciones (*vor dat* contra); **Vorsehung** *f* providencia *f*

vorsetzen I. *vt* proponer (*jd-m* a alguien); *PEJ* → *Essen, Trinken* poner delante; (*als Chef*) poner **II.** *vr* ◇ **sich** ~ ponerse delante

Vorsicht I. *f* cuidado *m*, precaución *f* **II.** *interj* ¡cuidado!; **vorsichtig** *adj* cuidadoso, precavido, prudente; **vorsichtshalber** *adv* por si acaso; **Vorsichtsmaßnahme** *f* medida *f* de precaución

Vorsilbe *f* prefijo *m*

vorsingen *unreg vti* cantar algo a alguien

Vorsitz *m* presidencia *f;* **Vorsitzende(r)** *fm* presidente/a; ◇ **geschäftsführender** ~ presidente *m* administrativo

Vorsorge *f* precaución *f;* (MED *-untersuchung*) previsión *f;* **vorsorgen** *vi* prevenirse (*für* de), tomar precauciones; **vorsorglich** *adv* previsor

Vorspann *m* ‹-s, -e› FILM MEDIA títulos *m/pl*

Vorspeise *f* entrada *f*, entremeses *m/pl*

vorspiegeln *vt* ↑ *vortäuschen* hacer creer, fingir, aparentar

Vorspiel *n* MUS preludio *m;* ▷*sexuell* petting *m*

vorsprechen *unreg* **I.** *vt* decir primero [para ser repetido] **II.** *vi* presentarse; THEAT recitar; ◇ **bei jd-m** ~ ir a entrevistarse con alguien

vorspringend *adj* prominente

Vorsprung *m* (*Dach~, Fels~*) saliente *m; vor Verfolger, FIG* ventaja *f*

Vorstadt *f* periferia *f*

Vorstand *m* (*von Firma, von Verein*) junta *f* directiva; (*Person*) director *m*

vorstehen *unreg vi* resaltar; (*räumlich*) ← *Zähne* salir hacia afuera; ← *Kinn* ser prominente; *FIG* → *Firma* dirigir

vorstellbar *adj* imaginable; **vorstellen I.** *vt* [1] → *Uhr* adelantar [2] (*vor etwas*) poner delante [3] presentar [4] (*darstellen*) representar; (*bedeuten*) significar **II.** *vr* ◇ **sich** ~ [1] ↑ *sich bekannt machen* presentarse [2] (*ausdenken*) imaginarse, figurarse; **Vorstellung** *f* [1] ↑ *Gedanke* idea; ◇ **alleine bei der Vorstellung wird mir übel** sólo pensando en esto me da náuseas *f* [2] ↑ *Einbildung* fantasía *f* [3] THEAT función *f*, representación *f;* **Vorstellungsgespräch** *n* interview *m*

Vorstrafe *f* antecedente *m* penal

vorstrecken *vt* [1] ↑ *ausstrecken* → *Hand* extender, sacar [2] ↑ *leihen* adelantar

Vortag *m* víspera *f*

vortäuschen *vt* fingir, simular

Vorteil *m* ‹-s, -e› ventaja *f;* ↑ *Nutzen* beneficio *m*, provecho *m* (*gegenüber* de); (*a.* SPORT *günstigere Position*) ventaja *f;* ◇ **im** ~ **sein** llevar ventaja; **vorteilhaft** *adj* ventajoso, beneficioso

Vortrag *m* ‹-[e]s, Vorträge› [1] (*mündlich*) conferencia *f;* (*~sweise*) elocución *f* [2] FIN saldo *m;* **vortragen** *unreg vt* [1] traer/llevar (hacia delante) [2] (*ausführlich, förmlich mitteilen*) → *Bitte, Plan* informar, comunicar; → *Referat* exponer [3] (*künstlerisch*) → *Lied, Gedicht* interpretar; **Vortragende(r)** *fm* (*von Musik*) interprete *m;* (*von Text*) conferenciante *m*

vortrefflich *adj* excelente, magnífico

vortreten *unreg vi* [1] ↑ *heraustreten* dar un paso al frente [2] ↑ *hervorstehen* sobresalir; **Vortritt**

m precedencia *f;* ◇ **jd-m den ~ lassen** ceder el paso a alguien

Vorturner *m* monitor *m*

vorüber *adv* (*räumlich*) pasado; (*zeitlich*) pasado, terminado, acabado; **vorübergehen** *unreg vi* (*zeitlich*) pasar; (*räumlich*) pasar por delante/de largo; ◇ **an etw** *dat* **~** pasar por delante de algo; **vorübergehend** *adj* pasajero, provisional, temporal

Vorurteil *n* prejuicio *m*

Vorverhandlungen *f/pl* preliminares *m pl;* **Vorverkauf** *m* venta *f* anticipada; (*~sstelle*) despacho *m* de localidades; **vorverlegen** *vt* → *Termin* adelantar, anticipar

Vorwahl *f* elección *f* preliminar; TELEC prefijo *m;* **Vorwahlnummer** *f* prefijo *m;* **vorwählen** *vt* TELEC marcar el prefijo

Vorwand *m* ‹-[e]s, Vorwände› pretexto *m,* excusa *f*

vorwärts *adv* adelante; **Vorwärtsgang** *m* AUTO marcha *f* adelante; **vorwärtsgehen** *unreg vi* adelantar, avanzar; *FIG* ↑ *besser werden* mejorarse; progresar; **vorwärtskommen** *unreg vi* progresar, avanzar; *FIG* ↑ *Erfolg haben* abrirse camino, tener éxito

Vorwäsche *f* prelavado *m*

vorweg *adv* de antemano; ↑ *im voraus* por adelantado; **Vorwegnahme** *f* ‹-, -n› antelación *f,* anticipación *f;* **vorwegnehmen** *unreg vt* anticipar

vorweisen *unreg vt* → *Paß* enseñar, presentar

vorwerfen *unreg vt* [1] echar delante de; (*zum Fraß*) echar [2] *FIG* ↑ *kritisieren, tadeln* ◇ **sich** *dat* **nichts vorzuwerfen haben** no tener nada que reprocharse

vorwiegend *adj* predominante, preponderante

vorwitzig *adj* ▷*Kind* descarado, impertinente

Vorwort *n* ‹-[e]s, -e› ↑ *Einleitung* prólogo *m,* prefacio *m*

Vorwurf *m* reproche *m;* **vorwurfsvoll** *adj* ▷*Blick* lleno de reproche

Vorzeichen *n* [1] ↑ *Omen* presagio *m* [2] MATH signo *m* [3] MUS accidente *m*

vorzeigen *vt* → *Paß* enseñar, presentar

vorzeitig *adj* anticipado; ▷*Entbindung* prematuro

vorziehen *unreg vt* [1] tirar hacia delante; → *Gardinen* cerrar [2] ↑ *bevorzugen* → *Personen, Speisen* preferir

Vorzimmer *n* recibidor *m*

Vorzug *m* [1] (*gute Eigenschaft*) virtud *f* [2] ↑ *Vorteil* ventaja *f*

vorzüglich *adj* ▷*Essen* excelente, exquisito

vorzugsweise *adv* de preferencia

Votum *n* ‹-s, Voten *o.* Vota› voto *m;* ◇ **ein ~ abgeben** votar

vulgär *adj* vulgar, ordinario

Vulkan *m* ‹-s, -e› volcán *m;* **vulkanisch** *adj* volcánico

vulkanisieren *vt* vulcanizar

W

W, w *n* W, w *f*

Waage *f* ‹-, -n› (*für Sachen*) balanza *f,* peso *m;* (*für Menschen*) báscula; ASTROL Libra *f;* **waagerecht** *adj* horizontal; **Waagschale** *f* platillo *m*

wabb[e]lig *adj* fofo; **wabbeln** *vi* moverse [como gelatina]

Wabe *f* ‹-, -n› panal *m*

wach *adj* despierto; *FIG* ↑ *geistig rege* espabilado;

Wachablösung *f* relevo *m;* **Wachdienst** *m* servicio *m* de guardia; **Wache** *f* ‹-, -n› [1] ↑ *Wächter* guarda *m;* ◇ **~ halten** hacer guardia; ◇ **~ stehen** estar de guardia [2] ↑ *Polizeirevier* comisaría *f;* **wachen** *vi* vigilar; ↑ *Wache halten* hacer guardia; ◇ **bei jd-m/etw ~** cuidar de alguien/algo; **wachhalten** *unreg vt* [1] ↑ *nicht schlafen lassen* mantener despierto [2] → *Erinnerung* mantener vivo; **Wachhund** *m* perro *m* guardián; **Wachmannschaft** *f* MIL cuerpo *m* de guardia

Wacholder *m* ‹-s, -› enebro *m;* **Wacholderbeere** *f* nebrina *f;* **Wacholderschnaps** *m* ginebra *f*

wachrufen *unreg vt FIG* [1] → *Erinnerung* evocar [2] → *Schmerz* producir; **wachrütteln** *vt FIG* despertar

Wachs *n* ‹-es, -e› (*Bienen~, Kerzen~*) cera *f;* (*FIG gefügige Person*) ◇ **weich wie ~ werden** ponerse suave como un guante

wachsam *adj* alerta, atento; **Wachsamkeit** *f* atención *f*

wachsen [1] ‹wuchs, gewachsen› *vi* [1] ← *Pflanze* crecer [2] ← *Anforderungen* aumentar [3] (*FIG nicht beherrschen*) ◇ **e-r Sache nicht gewachsen sein** no dar la talla para algo

wachsen [2] ‹wachste, gewachst› *vt* → *Skier* encerar

Wachsmalstift *m* cera *f* para pintar; **Wachspapier** *n* papel *m* encerado; **Wachstuch** *n* hule *m*

Wachstum *n* ‹-s› crecimiento *m;* **Wachstumsrate** *f* tasa *f* de crecimiento

wachsweich *adj* ▷*Formulierung* muy suave; ▷*Paragraph* nada exacto

Wachtel *f* codorniz *f*

Wächter(in *f*) *m* ‹-s, -› [1] (*Parkplatz-*) guarda *m*, guardiana *f*, vigilante *m/f* [2] (*Leib-*) guardaespaldas *m/f*; **Wachtmeister(in** *f*) *m* policía *m*, guardia *m*; **Wachtposten** *m* centinela *m*; **Wachtturm** *m* garita *f*; **Wach- und Schließgesellschaft** *f* sociedad *f* de vigilancia de inmuebles

wackelig *adj* [1] ▷*Stuhl* cojo [2] ▷*Zahn* flojo; ▷*Person* inseguro [3] ▷*Unternehmen* incierto; **Wackelkontakt** *m* ELECTR contacto *m* intermitente; **wackeln** *vi FIG* ← *Position* tambalearse; (*beim Laufen*) contonearse

Wade *f* ‹-, -n› ANAT pantorrilla *f*; **Wadenkrampf** *m* calambre *m* en la pierna; **Wadenwickel** *m* (*bei Fieber*) compresa *f*

Waffe *f* ‹-, -n› (*Schuß-*) arma *f*; *FIG* método *m*; ◇ **jd-n mit den eigenen ~ schlagen** vencer a alguien con los propios métodos

Waffel *f* ‹-, -n› (*Keks, Eis-*) barquillo *m*; **Waffeleisen** *n* barquillero *m*

Waffenhändler(in *f*) *m* traficante *m/f* de armas; **Waffenruhe** *f* MIL tregua *f*, alto *m* el fuego; **Waffenschein** *m* permiso *m* de armas; **Waffenstillstand** *m* tregua *f*, alto *m* el fuego

Wagemut *m* temeridad *f*; **wagemutig** *adj* atrevido; **wagen** *vt* atreverse a; ↑ *riskieren* arriesgar

Wagen *m* ‹-s, -› [1] AUTO coche *m*, auto *m* [2] BAHN coche *m* [3] (*Pferde-*) carruaje *m*; **Wagenheber** *m* ‹-s, -› gato *m*; **Wagenladung** *f* carga *f* de un vehículo; **Wagenpark** *m* conjunto *m* de vehículos [de una empresa]

Waggon *m* ‹-s, -s› (*Güter-*) vagón *m*; **waggonweise** *adv* por vagones

waghalsig *adj* arriesgado, temerario; **Wagnis** *n* riesgo *m*

Wahl *f* ‹-, -en› [1] ↑ *Möglichkeit* opción *f* [2] POL elección *f* [3] ↑ *Güteklasse* ◇ **erste ~** primera calidad; **Wahlausschuß** *m* junta *f* electoral; **wählbar** *adj* que se puede elegir, elegible; **wahlberechtigt** *adj* con derecho al voto; **Wahlbeteiligung** *f* participación *f* electoral; **Wahlbezirk** *m* distrito *m* electoral; **wählen** *vti* [1] elegir, optar [2] POL votar; ◇ **jd-n zum Kanzler ~** votar a alguien para canciller [3] TELEC marcar [el número]; **Wähler(in** *f*) *m* ‹-s, -› votante *m/f*; **wählerisch** *adj* exigente; ◇ **~ sein** ser exigente; **Wählerschaft** *f* electorado *m*

Wahlfach *n* SCH asignatura *f* optativa; **Wahlfreiheit** *f* SCH libertad *f* para elegir asignaturas; **Wahlgang** *m* escrutinio *m*; **Wahlgeheimnis** *n* secreto *m* de voto; **Wahlkabine** *f* cabina *f* para votos en secreto; **Wahlkampf** *m* lucha *f* electoral; **Wahlkreis** *m* distrito *m* electoral; **Wahllokal** *n* colegio *m* electoral; **wahllos** *adv* al azar; ◇ **etw ~ herausgreifen** *akk* escoger algo sin ton ni son; **Wahlrecht** *n* derecho *m* al voto

Wählscheibe *f* TELEC disco *m* para marcar

Wahlspruch *m* lema *m*; **Wahlsystem** *n* sistema *m* electoral; **Wahlurne** *f* urna *f* electoral; **Wahlversammlung** *f* mitin *m* electoral; **wahlweise** *adj* opcional

Wahn *m* ‹-[e]s› ilusión *f*, manía *f*; ◇ **in dem ~ leben, daß** vivir con la ilusión de que; **Wahnsinn** *m* ‹-s› [1] (*Geisteskrankheit*) locura *f* [2] *FAM* ↑ *Unsinn* disparate *m* [3] ↑ *gefährliche Idee* insensatez *f*; ◇ **das ist doch heller ~!** ¡es una auténtica locura!, ¡es una insensatez!; **wahnsinnig I.** *adj* [1] ▷*Schmerzen* atroz [2] ▷*Glück* tremendo **II.** *adv FAM* ↑ *sehr, stark* muchísimo; ◇ **sich ~ freuen** alegrarse muchísimo

wahr *adj* ▷*Geschichte* verdadero, real, cierto; ◇ **etw ~ machen** hacer algo realidad

wahren *vt* → *Interessen* → *Recht* defender

währen *vi* durar

während I. *präp gen* durante **II.** *cj* mientras; mientras que; **währenddessen** *cj* mientras tanto

wahrhaben *unreg vt*: ◇ **etw nicht ~ wollen** no querer admitir algo

wahrhaftig *adj* [1] ↑ *wahr* verdadero, real [2] (*adverbial*) verdaderamente; ◇ **etw ~ glauben** creer algo de verdad

Wahrheit *f* verdad *f*; ◇ **der ~ entsprechen** coincidir con la verdad [*o.* ser cierto]; **wahrheitsgemäß** *adj* conforme a la verdad; **Wahrheitsliebe** *f* amor *m* a la verdad

wahrnehmbar *adj* ▷*Geräusch* perceptible; **wahrnehmen** *unreg vt* [1] → *Geräusch* percibir, captar [2] → *Gelegenheit* aprovechar [3] → *Interessen* defender; **Wahrnehmung** *f* percepción *f*

wahrsagen *vi* decir/adivinar el futuro; **Wahrsager(in** *f*) *m* ‹-s, -› adivino/a

wahrscheinlich *adj* probable; (*adverbial*) probablemente; **Wahrscheinlichkeit** *f* probabilidad *f*; ◇ **aller ~ nach** con toda probabilidad; **Wahrscheinlichkeitsrechnung** *f* cálculo *m* de probabilidad

Währung *f* moneda *f*; **Währungsabkommen** *n* acuerdo *m* monetario; **Währungseinheit** *f* unidad *f* monetaria; **Währungsreform** *f* POL reforma *f* monetaria; **Währungssystem** *n* POL sistema *m* monetario

Wahrzeichen *n* (*von Stadt*) monumento *m* característico

Waise(r) *fm* ‹-, -n› huérfano/a; **Waisenhaus** *n* orfelinato *m;* **Waisenkind** *n* huérfano/a; **Waisenknabe** *m* [1] ↑ *Waise* huérfano *m* [2] *FIG* ↑ *ahnungsloser, harmloser Mensch* hombre *m* inocente

Wal *m* ‹-[e]s, -e› ballena *f*

Wald *m* ‹-[e]s, Wälder› (*in Europa*) bosque *m;* (*Ur-*) selva *f;* **Waldbeere** *f* arándano *m;* **Waldbrand** *m* incendio *m* forestal; **waldig** *adj* frondoso; **Waldkauz** *m* cárabo *m;* **Waldlauf** *m* SPORT carrera *f* campo a través

Waldorfschule *f* (*Privatschule*) *escuela privada que enseña según la idea de Rudolf Steiner*

Waldrand *m* límite *m* del bosque; **waldreich** *adj* ▷*Gegend* de bosques; **Waldsterben** *n destrucción del bosque causada por la polución*

Wales *n* Gales *m*

Walfang *m* caza *f* de la ballena; **Walfisch** *m* ballena *f*

Waliser(in *f*) *m* ‹-s, -› galés(-esa *f*) *m;* **walisch** *adj* galés

Walkie-Talkie *n* ‹-[s], -s› walkie-talkie *m*

Walkman® *m* ‹-s, -s› walkman *m*

Walküre *f* MYTH valquiria *f; FAM* ↑ *dicke Frau* ramona *f*

Wall *m* ‹-[e]s, Wälle› [1] ↑ *Mauer* muralla *f* [2] ↑ *Bollwerk* baluarte *m*

wallfahren *vi* ir en peregrinación a; **Wallfahrer(in** *f*) *m* peregrino/a; **Wallfahrt** *f* peregrinación *f;* **Wallfahrtsort** *m* lugar *m* de peregrinación

Walmdach *n* tejado *m* de cuatro aguas

Walnuß *f* nuez *f*

Walroß *n* morsa *f*

walten *vi:* ◇ **seines Amtes** ~ cumplir con su deber

Walze *f* ‹-, -n› [1] (*Gerät*) rodillo *m* [2] (*Fahrzeug*) apisonadora *f;* **walzen** *vt* [1] → *Straßenbelag* allanar [2] → *Wäsche* pasar por el rodillo

wälzen I. *vt* [1] hacer rodar [2] → *Bücher* echar un vistazo [3] → *Probleme* dar vueltas a [4] → *Schuld* cargar en cuenta (*auf* de) **II.** *vr* ◇ **sich** ~ [1] revolcarse [2] (*vor Schmerzen*) retorcerse [3] (*im Bett*) dar vueltas

Walzer *m* ‹-s, -› vals *m*

Wälzer *m* ‹-s, -› *FAM* mamotreto *m*

Wampe *f* ‹-, -n› *FAM* barriga *f*

wand *impf von* **winden**

Wand *f* ‹-, Wände› [1] (*Haus-*) pared *f* [2] (*Trenn-*) tabique *m*

Wandalismus *m* vandalismo *m*

Wandel *m* ‹-s› (*Gesinnungs-*) cambio *m;* **wandeln I.** *vr* ◇ **sich** ~ ↑ *grundlegend verändern* transformarse **II.** *vi* ↑ *langsam gehen* caminar

Wanderausstellung *f* exposición *f* ambulante; **Wanderer** *m* ‹-s, -› caminante *m;* **Wand[r]erin** *f* caminante *f;* **wandern** *vi* [1] ↑ *lange spazierengehen* hacer una marcha [2] ← *Tiere* migrar [3] ← *Blick* pasar [4] ← *Gedanken* fluir; **Wanderpokal** *m* copa *f* migratoria; **Wanderschaft** *f* ‹-›: ◇ **auf** ~ **gehen** hacer una marcha; **Wanderung** *f* caminata *f;* **Wandervogel** *m* [1] ↑ *Zugvögel* ave *f* migratoria [2] *FAM* ↑ *unsteter Mensch* veleta *m;* **Wanderzirkus** *m* circo *m* ambulante

Wandleuchter *m* aplique *m*

Wandlung *f* transformación *f;* REL transubstanciación *f*

Wandmalerei *f* KUNST pintura *f* mural; **Wandschirm** *m* tabique *m;* **Wandschrank** *m* armario *m* empotrado; **Wandtafel** *f* SCH encerado *m,* pizarra *f*

wandte *impf von* **wenden**

Wandteppich *m* tapiz *m*

Wange *f* ‹-, -n› mejilla *f*

wankelmütig *adj* inconstante; **wanken** *vi* [1] oscilar, variar [2] *FIG* estar indeciso; ◇ **ins W~ geraten** vacilar

wann *adv* cuando; ◇ **seit ~ ...?** ¿desde cuándo ...?; ◇ **von ~ bis ~ ...?** ¿desde cuándo hasta cuándo ...?

Wanne *f* ‹-, -n› bañera *f*

Wanze *f* ‹-, -n› [1] FAUNA chinche *m* [2] *FIG FAM* micrófono *m*

Wappen *n* ‹-s, -› escudo *m;* **Wappenkunde** *f* heráldica *f;* **Wappentier** *n* animal *m* heráldico

wappnen *vr* ◇ **sich** ~ *FIG* ↑ *sich vorbereiten* armarse; ◇ **sich mit Geduld** ~ armarse de paciencia

war *impf von* **sein**

warb *impf von* **werben**

Ware *f* ‹-, -n› mercancía *f;* **Warenbestand** *m* existencias *f/pl;* **Warenhaus** *n* grandes almacenes *m/pl;* **Warenlager** *n* almacén *m;* **Warenprobe** *f* muestra *f;* **Warenzeichen** *n* marca *f;* ◇ **eingetragenes** ~ marca registrada

warf *impf von* **werfen**

warm *adj* [1] ▷*Essen* caliente [2] ↑ *freundlich* caluroso [3] ▷*Klima* cálido; **Wärme** *f* ‹-, -n› calor *m;* **Wärmedämmung** *f* aislamiento *m* térmico; **Wärmegewitter** *n* tormenta *f* térmica; **Wärmekraftwerk** *n* central *f* térmica; **Wärmeleiter** *m* conductor *m* térmico; **wärmen I.** *vti* → *Tee* calentar ← *Jacke* abrigar **II.** *vr* ◇ **sich** ~ calentarse; **Wärmepumpe** *f* bomba *f* térmica; **Wärmespeicher** *m* termoacumulador *m;* **Wärmflasche** *f* bolsa *f* de agua caliente; **Warmfront** *f* frente *m* cálido; **warmhalten** *unreg* **I.** *vt* → *Essen* tener caliente **II.** *vr* ◇ **sich** ~ mantenerse caliente; (*FAM sich jd-s Gunst erhal-*

ten) ◇ **sich** *dat* **jd-n** - mantener a alguien como amigo; **warmherzig** *adj* efusivo; **warmlaufen** *unreg vi* AUTO recalentarse; **Warmluft** *f* aire *m* caliente; **Warmwassertank** *m* tanque *m* de agua caliente

Warnblinkanlage *f* AUTO luces *f/pl* de avería; **Warndreieck** *n* AUTO triángulo *m* de emergencia; **warnen** *vt* (*vor Gefahr*) avisar, advertir; ◇ **vor etw** - *dat* avisar de algo; **Warnlichtanlage** *f* luces *f/pl* de emergencia; **Warnschuß** *m* disparo *m* al aire; **Warnstreik** *m* huelga *f* de amenaza; **Warnung** *f* aviso *m*, advertencia *f*; **Warnzeichen** *n* señal *f* de peligro

warten [1] *vi* esperar (*auf akk* a); ◇ **auf sich - lassen** hacerse esperar

warten [2] *vt* TECH revisar

Wärter(in *f*) *m* ‹-s, -› guarda *m/f*

Wartesaal *m* BAHN sala *f* de espera; **Wartezeit** *f* (*an Grenzübergang*) tiempo *m* de espera; **Wartezimmer** *n* sala *f* de espera

Wartung *f* cuidado *m;* mantenimiento *m;* **wartungsfrei** *adj* ▷*Maschine* que no tiene que ser revisado

warum *adv* ¿por qué?

Warze *f* ‹-, -n› verruga *f*

was *pron* ¿qué?; (*FAM etwas*) algo

Waschanlage *f* (*für Auto*) tren *m* de lavado; **waschbar** *adj* lavable; **Waschbär** *m* mapache *m;* **Waschbecken** *n* lavabo *m*

Wäsche *f/pl* ① (*Bett-*) ropa *f* ② ↑ *Waschtag* colada *f; FAM* ◇ **Katzen-** lavarse por encima; *FIG* ◇ **jd-s schmutzige - in der Öffentlichkeit waschen** sacar los trapos sucios a relucir; **waschecht** *adj* ① lavable; ▷*Farbe* sólido ② *FIG* ◇ **ein -er Berliner** un berlinés por los cuatro costados; **Wäscheklammer** *f* pinza *f* [para colgar ropa]; **Wäscheleine** *f* cuerda *f* de tender la ropa, tendal *m;* **waschen** ‹wusch, gewaschen› **I.** *vti* lavar **II.** *vr* ◇ **sich** - lavarse; ◇ **sich** *dat* **die Hände** - lavarse las manos; ◇ **- und legen** lavar y marcar; **Wäscherei** *f* lavandería *f;* **Wäscherin** *f* lavandera *f;* **Wärscheschleuder** *f* centrifugadora *f;* **Wäschetrockner** *m* ‹-s, -› secadora *f;* **Wäschetruhe** *f* baúl *m* de la ropa; **Waschküche** *f* ① lavadero *m* ② *FAM* ↑ *dichter Nebel* niebla *f* muy densa; **Waschlappen** *m* ① manopla *f* para bañarse ② *FAM* ↑ *Feigling* miedoso *m*, cobarde *m*, mandria *m;* **Waschmaschine** *f* lavadora *f;* **Waschmittel** *n* detergente *m;* **Waschpulver** *n* detergente *m;* **Waschraum** *m* lavabo *m*, servicios *m/pl;* **Waschsalon** *m* lavandería *f;* **Waschzettel** *m* solapa *f* de presentación; **Waschzeug** *n* objetos *m/pl* de aseo

Wasser *n* ‹-s, -› ① (*Leitungs-, Regen-*) agua *m* ② *FIG* ◇ **ins - gehen** suicidarse en un río/lago; ◇ **- lassen** orinar; *FIG* ◇ **nahe am - gebaut haben** llorar por nada; **Wasserballspiel** *n* waterpolo *m;* **wasserdicht** *adj* impermeable; **Wasserfall** *m* ① (*klein*) cascada *f* ② (*großer*) catarata *f;* **Wasserfarbe** *f* acuarela *f;* **wasserfest** *adj* resistente al agua; **Wasserflugzeug** *n* hidroavión *m;* **wassergekühlt** *adj* AUTO refrigerado por agua; **Wasserhahn** *m* grifo *m;* **wässerig** *adj* acuoso; **Wasserkessel** *m* caldera *f;* **Wasserkraftwerk** *n* central *f* hidráulica; **Wasserlandung** *f* amerizaje *m;* **Wasserleitung** *f* cañería *f*, tubería *f;* **wasserlöslich** *adj* soluble en agua; **Wassermann** *m* ASTROL Acuario *m;* **Wassermelone** *f* sandía *f*

wassern *vi* ← *Flugzeug* amerizar

wässern *vti* → *Heringe* poner en remojo; → *Pflanzen* regar

Wasserpflanzen *f/pl* plantas *f/pl* acuáticas; **Wasserschaden** *m* destrozo *m* ocasionado por inindaciones; **wasserscheu** *adj:* ◇ **- sein** tener miedo al agua; **Wasserschi** *n* esquí *m* acuático; **Wasserstand** *m* nivel *m* del agua

Wasserstoff *m* CHEM hidrógeno *m;* **Wasserstoffbombe** *f* bomba *f* de hidrógeno

Wasserturm *m* arca *m* de agua; **Wasseruhr** *f* contador *m* del agua; **Wasserverunreinigung** *f* contaminación *f* del agua; **Wasserwaage** *f* nivel *m* de agua; **Wasserwerfer** *m* camión *m* cisterna; **Wasserwerk** *n* servicio *m* de abastecimiento de aguas; **Wasserzeichen** *n* filigrana *f*

waten *vi* (*durch Sumpf*) ir por el agua

watscheln *vi* ← *Ente* andar como un pato

Watt [1] *n* ‹-[e]s, -en› *zona de tierra que está descubierta durante la marea baja*

Watt [2] *n* ‹-s, -› ELECTR vatio *m*

Watte *f* ‹-, -n› algodón *m*

Wattenmeer *n* aguas *f/pl* bajas

wattieren *vt* acolchar

WC *n* servicios *m/pl*

weben ‹webte *o.* wob, gewebt *o.* gewoben› *vt* tejer; **Weberei** *f* (*Betrieb*) fábrica *f* textil; **Webstuhl** *m* telar *m*

Wechsel *m* ‹-s, -› ① (*a.* COMM *Wetter-, Wohnungs-*) cambio *m* ② (*Wild-*) paso *m;* **Wechselbeziehung** *f* reciprocidad *f;* **Wechselgeld** *n* vuelta *f;* **wechselhaft** *adj* inestable; **Wechseljahre** *pl* menopasia *f;* **Wechselkurs** *m* tipo *m* de cambio; **wechseln I.** *vt* ① → *Blicke* cambiar; → *Thema* cambiar de ② → *Kleidung* mudar de, cambiar de **II.** *vi* ① ← *Personal* cambiar ② ← *Stimmung* variar, cambiar; **Wechsel-**

strom *m* corriente *f* alterna; **Wechselstube** *f* oficina *f* de cambio; **Wechselwirkung** *f* acción *f* recíproca

wecken *vt* [1] ↑ *wach machen* despertar [2] *FIG* → *Neugier* despertar; → *Mißtrauen* levantar; **Wecker** *m* ‹-s, -› despertador *m*

wedeln *vi* [1] (*mit Schwanz*) mover/menear [la cola] [2] (*mit Fächer*) abanicar

weder *cj:* ◇ ~ **... noch ...** ni ... ni ...

weg *adv* fuera; *FAM* ◇ **über etw** *akk* ~ **sein** estar por encima de algo; ◇ **er war schon** ~ ya se había ido; ◇ **Finger** ~**!** ¡fuera esas manos!

Weg *m* ‹-[e]s, -e› [1] camino *m;* ↑ *Pfad* sendero *m;* ◇ **sich auf den** ~ **machen** ponerse en camino [2] ↑ *Richtung* dirección *f;* ◇ **jd-m aus dem** ~ **gehen** evitar a alguien [3] ↑ *Möglichkeit* ◇ **das ist der einzige** ~ es la única forma [4] (*FIG Erfolg haben*) ◇ **seinen** ~ **machen** abrirse camino

wegbleiben *unreg vi* [1] ← *Mensch* no aparecer, faltar [2] ← *Sache* quitar, suprimirse

wegbringen *unreg vt* [1] (*an anderen Ort*) llevar a otro sitio [2] → *Fleck* quitar

wegen *präp gen o FAM dat* por, a causa de

wegfahren *unreg vi* [1] irse, salir en coche [2] (*in die Ferien*) irse de vacaciones

wegfallen *unreg vi* [1] omitir [2] ← *Ferien* suprimir

weggehen *unreg vi* marcharse, irse

weghängen *vt* → *Kleidung* guardar, recoger

weglassen *unreg vt* dejar, omitir

weglaufen *unreg vi* [1] ← *Hund* escaparse [2] ← *Ehefrau* marcharse

weglegen *vt* [1] ↑ *aufräumen* recoger [2] ↑ *beiseite legen* poner en otra parte

wegmachen *vt FAM* quitar

wegmüssen *unreg vi FAM* tener que marcharse

wegnehmen *unreg vt* quitar

wegräumen *vt* recoger

wegschaffen *vt* [1] ↑ *wegräumen* recoger [2] ↑ *wegtragen* llevarse [2] *FAM* → *Arbeit* trabajar bien

wegschließen *unreg vt* → *Wertgegenstände* guardar en un sitio seguro

wegschnappen *vt FAM:* ◇ **jd-m etw** ~ quitar/mangar algo a alguien

wegsetzen *vt* → *Schüler* cambiar de sitio

wegtreten [1] MIL romper filas [2] irse

wegtun *unreg vt* ↑ *aufräumen* recoger; ↑ *wegwerfen* tirar

wegweisend *adj* ▷*Entdeckung* que hace historia, decisivo, trascendental; **Wegweiser** *m* ‹-s, -› poste *m* indicador

wegwerfen *unreg vt* tirar; **wegwerfend** *adj* ▷*Geste* despectivo; **Wegwerfgesellschaft** *f sociedad en la que las cosas se utilizan sólo una vez*

wegwischen *vt* borrar

Wegzehrung *f* [1] (*Essen für unterwegs*) comida que se lleva para tomar en el camino [2] REL extremaunción *f*

wegziehen *unreg vi* [1] ↑ *ziehend entfernen* arrastrar, retirar [2] ↑ *Wohnsitz wechseln* mudarse de casa

weh *adj* dolorido; ◇ ~ **tun** hacer daño, doler; ◇ **sich** ~ **tun** hacerse daño; ◇ **jd-m** ~ **tun** hacer daño a alguien; **weh[e]** *interj:* ◇ ~**[e], wenn du ...** ay de tí, si ...; ◇ **o** ~**!** ¡ay, Dios mío!

Wehe [1] *f* ‹-, -n› MED contracción *f;* ◇ **in den** ~**n liegen** tener dolores [al dar a luz]

Wehe [2] *f* ‹-, -n› (*Schnee~*) *acumulación de nieve hecha por el viento*

wehen *vi* soplar; ← *Fahnen* ondear

wehklagen *vi* quejarse; **wehleidig** *adj* quejica

Wehmut *f* ‹-› melancolía *f;* **wehmütig** *adj* melancólico

Wehr I. *n* ‹-[e]s, -e› (*an Staustufe*) presa *f* **II.** *f* (*Ab~, Not~*) defensa *f;* ◇ **sich zur** ~ **setzen** defenderse [de], oponerse [a]; **Wehrdienst** *m* MIL servicio *m* militar; **wehrdienstfähig** *adj* apto para el servicio militar; **Wehrdienstverweigerer** *m* ‹-s, -› objetor *m* de conciencia; **wehren** *vr* ◇ **sich** ~ defenderse (*gegen* de); **Wehrgang** *m* HIST camino *m* de ronda; **wehrlos** *adj* indefenso; **Wehrpaß** *m* cartilla *f* militar; **Wehrpflicht** *f* servicio *m* militar obligatorio; **wehrpflichtig** *adj* obligado a hacer el servicio militar

weh tun hacer daño

Weib *n* ‹-[e]s, -er› PEJ, mujer *f;* **Weibchen** *n* [1] FAUNA hembra *f* [2] *PEJ* mujer *f;* **weibisch** *adj* afeminado; **weiblich** *adj a.* GRAM femenino

weich *adj* blando; (*FIG nachgeben*) ◇ ~ **werden** ablandarse

Weiche [1] *f* ‹-, -n› BAHN aguja *f*

Weiche [2] *f* ‹-, -n› [1] ↑ *Weichheit* blandura *f* [2] ANAT flanco *m*

weichen ‹wich, gewichen› **I.** *vi* ↑ *weggehen* ← *Person* marcharse; ◇ **nicht von der Stelle** ~ no moverse del sitio

Weichheit *f* suavidad *f;* **weichherzig** *adj* blando de corazon; **Weichholz** *n* (*~schrank*) madera *f* blanda; **weichlich** *adj* blanduzco; **Weichspüler** *m* ‹-s, -› (*für Wäsche*) suavizante *m;* **Weichtier** *n* molusco *m*

Weide [1] *f* ‹-, -n› (*Baum*) sauce *m*

Weide [2] *f* ‹-, -n› (*Wiese*) pasto *m;* **weiden I.** *vi*

pastar, pacer **II.** *vt* llevar a pacer **III.** *vr* ◇ **sich** ~ (*sich freuen, genießen*) alegrarse; ◇ **sich an etw** *dat* ~ alegrarse de algo

Weidmann *m* ↑ *Jäger* cazador *m*

weigern *vr* ◇ **sich** ~ negarse; **Weigerung** *f* negativa *f*

Weihe *f* ‹-, -n› [1] FAUNA milano *m* [2] (*Priester*~) ordenación *f;* **weihen** *vt* bendecir; → *Priester* ordenar; ◇ **sein Leben e-r Sache** ~ dedicar la vida a una cosa; ◇ **dem Untergang geweiht sein** predestinado al fracaso

Weiher *m* ‹-s, -› estanque *m*

Weihnacht *f* ‹-› Navidad *f;* **weihnachten** *vi* (*unpers.*) ser Navidad; ◇ **es weihnachtet sehr** se acerca la Navidad; **Weihnachten** *n* ‹-, -› Navidades *f/pl;* **weihnachtlich** *adj* navideño; **Weihnachtsabend** *m* Nochebuena *f;* **Weihnachtsbaum** *m* árbol de Navidad *m;* **Weihnachtsfeier** *f* fiesta *f* de Navidad; **Weihnachtsferien** *pl* vacaciones *f/pl* de Navidad; **Weihnachtslied** *n* villancico *m;* **Weihnachtsmann** *m* Papá Noel *m;* **Weihnachtsmarkt** *m* mercado *m* navideño; **Weihnachtszeit** *f* tiempo *m* de Navidad

Weihrauch *m* incienso *m;* **Weihwasser** *n* agua *m* bendita; **Weih[wasser]becken** *n* pila *f* de agua bendita

weil *cj* porque

Weile *f* ‹-› ↑ *kurze Zeit* rato *m;* ◇ **e-e kleine** ~ un momento

Weimarer Republik *f* República *f* de Weimar

Wein *m* ‹-[e]s, -e› vino *m;* (*Pflanze*) vid *f;* **Weinanbaugebiet** *n* zona *f* vinícola; **Weinbau** *m* viticultura *f;* **Weinbeere** *f* uva *f;* **Weinberg** *m* viñedo *m;* **Weinbergschnecke** *f* caracol *m* [de Borgoña]; **Weinbrand** *m* brandi *m*

weinen *vti* llorar; ◇ **das ist zum W~** eso es para [echarse a] llorar; **weinerlich** *adj* ▷*Stimme* de llorar, lloroso

Weinflasche *f* botella *f* de vino; **Weingut** *n* finca *f* vinícola; **Weinkarte** *f* (*in Lokal*) lista *f* de vino; **Weinkeller** *m* bodega *f;* **Weinlaub** *n* hojas *f/pl* de parra; **Weinlese** *f* vendimia *f;* **Weinprobe** *f* degustación *f* de vinos; **Weinrebe** *f* vid *f;* **Weinstein** *m* tártaro *m;* **Weinstock** *m* cepa *f;* **Weintraube** *f* [1] (*einzelne Frucht*) uva *f* [2] (*Traube*) racimo *m* de uvas

weise *adj* sabio; **Weise(r)** *fm* sabio/a

Weise *f* ‹-, -n› [1] ↑ *Art* manera *f*, forma *f*, modo *m;* ◇ **auf diese** ~ de esta manera/forma, de este modo [2] ↑ *Melodie* melodía *f*

weisen ‹wies, gewiesen› **I.** *vt* ↑ *zeigen, schicken* enseñar, mostrar **II.** *vi* (*mit Richtungsangabe*) señalar; ◇ **auf etw** ~ *akk* señalar algo

Weisheit *f* sabiduría *f;* **Weisheitszahn** *m* muela *f* del jucio

weismachen *vt* ↑ *vortäuschen* hacer creer; ◇ **jd-m etw** ~ *akk* hacer creer algo a alguien

weiß *adj* blanco

weissagen *vt* predecir, profetizar

Weißblech *n* hojalata *f;* **Weißbrot** *n* pan *m* blanco; **Weiße(r)** *fm* blanco/a; **weißen** *vt* → *Wand, Zimmer* blanquear; **Weißglut** *f* TECH incandescencia *f* blanca; ◇ **jd-n bis zur** ~ **bringen** sacar a alguien de sus casillas; **Weißgold** *n* (*Schmuck*) oro *m* blanco; **Weißkohl** *m* repollo *m;* **Weißkraut** *n* repollo *m;* **weißwaschen** *unreg vt FIG* cubrir las espaldas a alguien; **Weißwein** *m* vino *m* blanco

Weisung *f* instrucción *f*, orden *f*, indicación *f;* **weisungsgemäß** *adj* conforme a las instrucciones

weit I. *adj* [1] ↑ *entfernt* alejado [2] ▷*Begriff* amplio [3] ▷*Reise, Wurf* largo [4] (*FIG fliehen*) ◇ **das Weite suchen** escapar **II.** *adv* lejos; ◇ **wie** ~ **ist es ...?** ¿a qué distancia está ...?; ◇ **das geht zu** ~ esto llega demasiado lejos; ◇ ~ **und breit** por ninguna parte, en ningún sitio; **weitab** *adv* muy lejos; **weitaus** *adv* con diferencia; ◇ ~ **besser** [*o.* **schlechter**] mucho mejor/peor; **weitblikkend** *adj* previsor; **Weite** *f* ‹-, -n› [1] (*Kragen*~) anchura *f* [2] (*Spann*~) envergadura *f* [3] (*von Raum*) amplitud *f* [4] (*von Entfernung*) lejanía *f;* **weiten I.** *vt* ensanchar **II.** *vr* ◇ **sich** ~ ensancharse

weiter I. *adj Entfernung, auch FIG* más lejano [2] (*zusätzlich*) adicional **II.** *adv* más lejos; ◇ **ohne ~es** sin más; ◇ ~ **nichts/niemand** nada/nadie más; (*vorläufig*) ◇ **bis auf ~es** por el momento

weiterarbeiten *vi* seguir trabajando; **weiterbilden** *vr* ◇ **sich** ~ seguir aprendiendo; **weiterbringen** *unreg vt* ayudar; **weiterempfehlen** *unreg vt* recomendar [a otros]; **weiterentwikkeln** *vt* perfeccionar, mejorar; **Weiterfahrt** *f* continuación *f* del viaje; **weiterführen** *vt* continuar; ◇ **~de Literatur** bibliografía *f* complementaria; ◇ **~de Schule** escuela *f* superior; **weitergeben** *unreg vt* [1] → *Liste* pasar [2] → *Nachricht* hacer circular; **weitergehen** *unreg vi* seguir andando; **weiterhin** *adv* en adelante; **weiterleiten** *vt* transmitir, pasar a los superiores/a las personas competentes; **weitermachen** *vti* seguir haciendo; **weiterreisen** *vi* seguir viajando

weitgehend I. *adj* ▷*Vollmacht* amplio **II.** *adv* en gran medida; ◇ **jd-n** ~ **unterstützen** apoyar a alguien en gran medida; **weithergeholt** *adj FIG* ▷*Erklärung* poco probable, inverosímil;

weithin *adv* a lo lejos; **weitläufig** *adj* [1] ▷*Gebäude* amplio [2] ▷*Erklärung* detallado, prolijo [3] ▷*Verwandter* lejano; **weitreichend** *adj* amplio, extenso; **weitschweifig** *adj* extenso, prolijo, amplio; **weitsichtig** *adj* [1] MED hipermétrofe [2] *FIG* ↑ *vorausschauend* previsor; **Weitsprung** *m* SPORT salto *m* de longitud; **weitverbreitet** *adj* muy extendido; **Weitwinkelobjektiv** *n* FOTO objetivo *m* gran angular

Weizen *m* ‹-s, -› trigo *m*

welch *pron:* ◇ ~ **ein(e) ...** ¡vaya [un] ...!; **welche** *pron FAM* algunos; **welche(r, s)** *pron* (*interrogativ, adjektivisch*) ¿qué?, ¿cuál?; (*Relativpronomen*) el, la ; lo cual

welk *adj* [1] ▷*Blumen* marchito, seco [2] ▷*Haut, Gesicht* arrugado, seco; **welken** *vi* marchitarse

Wellblech *n* chapa *f* ondulada

Welle *f* ‹-, -n› [1] (*Meeres~*) ola *f* [2] (*Schall~*) onda *f* [3] TECH onda *f;* **wellen** *vr* ◇ **sich** ~ ← *Haar* ondularse; **Wellenbad** *n* piscina *f* con olas; **Wellenbereich** *m* MEDIA banda *f* de frecuencia; **Wellenbrecher** *m* ‹-s, -› rompeolas *m;* **Wellenkamm** *m* cresta *f* de la ola; **Wellenlänge** *f* longitud *f* de onda; *auch FIG* ◇ **die gleiche ~ haben** tener las mismas vibraciones; **Wellenlinie** *f* línea *f* ondulada; **Wellenreiten** *n* surf *m*

Wellensittich *m* FAUNA periquito *m*

wellig *adj* ▷*Haar* ondulado; ▷*Gelände* discontinuo; **Wellpappe** *f* cartón *m* ondulado

Welt *f* ‹-, -en› [1] mundo *m;* ◇ **etw aus der ~ schaffen** acabar con algo de una vez por todas; ◇ **alle** ~ todo el mundo [2] *FIG* ↑ *Lebensbereich* mundillo *m;* **Weltall** *n* universo *m;* **Weltanschauung** *f* ideología *f;* **Weltausstellung** *f* exposición *f* universal; **weltberühmt** *adj* conocido en el mundo entero; **weltbewegend** *adj* revolucionario; ◇ **das ist nicht** ~ eso no es innovador, eso no es cosa del otro mundo; **Weltbürger(in** *f*) *m* cosmopolita *m/f;* **Weltenraum** *m* espacio, m; **weltfremd** *adj* apartado de la realidad; **Weltgeschichte** *f* historia *f* universal; (*FAM viel und weit reisen*) ◇ **in der ~ umherfahren** viajar por todo el mundo; **Weltkrieg** *m* guerra *f* mundial; **weltlich** *adj* [1] (*bezogen auf die Welt*) del mundo, mundano [2] (*nicht kirchlich*) profano; **Weltmacht** *f* potencia *f* mundial; **weltmännisch** *adj* ▷*Auftreten* de persona con mundo; **Weltmarkt** *m* COMM mercado *m* internacional; **Weltmeister(in** *f*) *m* campeón(a *f*) *m* mundial; **Weltmeisterschaft** *f* SPORT campeonato *m* mundial/del mundo; **Weltraum** *m* espacio *m* sideral; **Weltraumforschung** *f* exploración *f* del espacio; **Weltreich** *n* imperio *m* universal; **Weltreise** *f* viaje *m* por todo el mundo; **Weltrekord** *m* SPORT record *m* mundial; **Weltstadt** *f* metrópoli[s] *f;* **weltweit** *adj* universal; **Weltwunder** *n* maravilla *f* del mundo

wem *pron dat von* **wer** ¿a quién?

wen *pron akk von* **wer** ¿a quién?

Wende *f* ‹-, -n› [1] ↑ *Veränderung* cambio *m* [2] SPORT vuelta *f;* viraje *m;* ◇ **Jahres~** final *m* del año; **Wendekreis** *m* [1] GEO trópico *m* [2] AUTO radio *m* de giro

Wendeltreppe *f* escalera *f* de caracol

wenden ‹wendete *o.* wandte, gewendet *o.* gewandt› **I.** *vti* → *Braten* → *Auto* dar la vuelta **II.** *vr:* ◇ **sich an jd-n** ~ dirigirse a alguien; ◇ **sich gegen jdn/etw** ~ oponerse a alguien/algo; ◇ **sich zum Gehen** ~ estar por irse; **Wendepunkt** *m FIG* momento *m* crucial; **wendig** *adj* [1] ▷*Auto* fácil de maniobrar [2] ▷*Person* flexible; **Wendung** *f* [1] vuelta *f;* ↑ *Drehung* giro *m;* (*Rede~*) giro *m* [2] AUTO viraje *m;* ◇ **e-e ~ zum Besseren** un cambio a mejor

wenig *adj* poco; (*adverbial*) poco; **wenige** *pron pl* pocos *m/pl;* **wenigste(r, s)** *adj* el/la/lo que menos; **wenigstens** *adv* por lo menos

wenn *cj* (*zeitlich*) cuando; (*obwohl*) ◇ ~ **auch ...** aún cuando; (*Wunsch*) ◇ ~ **ich doch ...** si yo ...; **wennschon** *adv:* ◇ **na** ~ buena ya; ◇ **~, dennschon!** ¡cuando eso, entonces!

wer *pron* ¿quién?

Werbeagentur *f* agencia *f* publicitaria; **Werbefachmann** *m* publicista *m;* **Werbefernsehen** *n* publicidad *f* televisiva; **Werbegraphik** *f* dibujo *m* publicitario; **Werbekampagne** *f* campaña *f* publicitaria; **werben** ‹warb, geworben› **I.** *vt* → *Mitglied convencer a alguien que se haga socio* **II.** *vi* hacer publicidad; ◇ **um jd-n ~** intentar ganarse el afecto de alguien; ◇ **für jdn/etw** ~ hacer publicidad para alguien/algo; **Werbespot** *m* anuncio *m* publicitario; **Werbeträger** *m* medio *m* de publicidad; **werbewirksam** *adj* de eficacia publicitaria; **Werbung** *f* [1] (*Radio~*) publicidad *f,* propaganda *f;* ◇ **in der ~ sein** estar en la publicidad; ◇ **für etw ~ machen** hacer publicidad de algo [2] (*von Kunden*) captación *f* [3] (*um Mädchen*) pedida *f* de mano; **Werbungskosten** *pl* gastos *m/pl* de publicidad; (*bei Steuererklärung*) gastos *m/pl* deducibles

Werdegang *m* [1] ↑ *Entwicklung* evolución *f* [2] ▷*beruflich* historial *m;* **werden** ‹wurde, geworden› **I.** *vi* llegar a ser, convertirse; ◇ **ohnmächtig** ~ desmayarse; ◇ **es wird gebeten ...** se pide ...; ◇ **was ist aus ihm/aus der Sache geworden?** ¿qué ha sido de él/del asunto?; ◇ **das muß**

anders ~ esto tiene que cambiar; *FAM* ◇ **wird's bald?** ¿es para hoy o para mañana? **II.** *Hilfsverb* (*Futur*): ◇ **sie** ~ **kommen** vendrán, van a venir; (*Passiv*) ◇ **er wurde aufgefordert, zu gehen** le dijeron que se fuera; (*Vermutung*) ◇ **es wird die Katze gewesen sein** habrá sido el gato

werfen ⟨warf, geworfen⟩ *vti* [1] → *Ball* tirar, lanzar [2] BIOL ↑ *Junge bekommen* parir [3] ↑ *würfeln* tirar; ◇ **das Handtuch** ~ *FAM* tirar la toalla

Werft *f* ⟨-, -en⟩ astillero *m*

Werk *n* ⟨-[e]s, -e⟩ [1] ↑ *Schaffen* obra *f* [2] ↑ *Tätigkeit* trabajo *m;* ◇ **ans** ~ **gehen** poner manos a la obra [3] ↑ *Fabrik* fábrica *f* [4] ↑ *Mechanismus* mecanismo *m;* **Werkbank** *f* banco *m* de trabajo; **werkeln** *vi* ↑ *arbeiten* hacer trabajos *m/pl* manuales en casa; **Werkhalle** *f* nave *f* industrial; **Werkmeister** *m* capataz *m;* **Werkschutz** *m* ⟨-es⟩ *grupo de personas con funciones policiales que se encarga de mantener el orden en empresa grandes;* **Werkstatt** *f* ⟨-, Werkstätten⟩ taller *m;* **Werkstudent(in** *f*) *m* estudiante *m/f* que trabaja en vacaciones; **Werktag** *m* día *m* laborable; **werktags** *adv* los días laborables; **Werkzeug** *n* herramienta *f;* **Werkzeugkasten** *m* caja *f* de herramientas; **Werkzeugschrank** *m* armario *m* para herramientas

Wermut *m* ⟨-[e]s⟩ ajenjo *m;* (*Wein*) vermú *m;* **Wermutstropfen** *m FIG* partes *f/pl* negativas de un asunto

wert *adj* estimado; ◇ **~er Freund** estimado amigo; ◇ **das ist nichts** ~ esto no vale nada; ◇ **das ist viel** ~ esto vale mucho; ◇ **das ist es/er mir** ~ [me] merece la pena; **Wert** *m* ⟨-[e]s, -e⟩ [1] ↑ *Bedeutung* importancia; ◇ ~ **legen auf** *akk* dar importancia a; ◇ **das hat doch keinen ~!** no tiene sentido [2] (*von Schmuck, Kunstwerk*) valor *m* [3] ↑ *Preis* precio *m;* **Wertangabe** *f* declaración *f* de valor; **wertbeständig** *adj* ▷*Geldanlage* de valor estable; **Wertbrief** *m* FIN carta *f* con valores declarados; **werten** *vt* valorar; **Wertgegenstand** *m* objeto *m* de valor; **wertlos** *adj* sin valor; **Wertminderung** *f* desvalorización *f;* **Wertpapier** *n* título *m;* **Wertung** *f* SPORT calificación *f;* **wertvoll** *adj* valioso; **Wertzuwachs** *m* plusvalía *f*

Werwolf *m* hombre *m* lobo

Wesen *n* ⟨-s, -⟩ [1] ser *m;* (*Lebe-*) ser [vivo]; PHIL ente *m* [2] ↑ *Natur, Charakter* carácter *m*

wesentlich *adj* [1] ↑ *existenziell* esencial [2] ↑ *beträchtlich* considerable; ◇ **im ~en** en lo esencial

weshalb *adv* ¿por qué?

Wespe *f* ⟨-, -n⟩ avispa *f;* **Wespennest** *n* avispero *m; FIG* ◇ **in ein** ~ **stechen** meterse en un lío

wessen *pron gen von* **wer** ¡de quién?

West *m* oeste *m;* ◇ **Wind von** ~ viento del oeste

Weste *f* ⟨-, -n⟩ (*Woll-*) chaleco *m; FIG* ◇ **e-e weiße** ~ **haben** no haber hecho nada malo

Westen *m* ⟨-s⟩ (*von Land*) oeste *m*

Western *m Abk v.* **Wildwestfilm**

Westgote *m* HIST visigodo/a

westlich I. *adj* occidental; ▷*Kurs, Richtung* oeste **II.** *adv* al oeste; ◇ ~ **von Rom** al oeste de Roma; **westwärts** *adv* hacia el oeste

weswegen *adv* ¿por qué?

Wettbewerb *m* [1] concurso *m* [2] SPORT competición *f;* **wettbewerbsfähig** *adj* competitivo; **Wette** *f* ⟨-, -n⟩ apuesta *f;* **Wetteifer** *m* competitividad *f;* **wetten** *vti* apostar; ◇ **auf etw** ~ *akk* apostar por algo

Wetter *n* ⟨-s, -⟩ tiempo *m;* **Wetterbericht** *m* parte *m* metereológico; **Wetterdienst** *m* servicio *m* metereológico; **wetterfühlig** *adj* ▷*Mensch* sensible al tiempo; **Wetterkarte** *f* mapa *m* metereológico; **Wetterlage** *f* estado *m* del tiempo; **Wetterleuchten** *n* relámpago *m;* **Wetterverbesserung** *f* mejoría *f* del tiempo; **Wettervorhersage** *f* previsión *f* metereorológica; **Wetterwarte** *f* ⟨-, -n⟩ observatorio *m* metereológico

Wettfahrt *f* carrera *f* de coches; **Wettkampf** *m* competición *f;* **Wettlauf** *m* SPORT carrera *f* [de atletismo]; **wettlaufen** *unreg vi* correr en carrera; **wettmachen** *vt* compensar; ◇ **etw wieder** ~ recuperar algo; **Wettrennen** *n* SPORT carrera *f; FIG* ◇ ~ **mit der Zeit** carrera contra el tiempo; **Wettschwimmen** *n* competición *f* de natación; **Wettstreit** *m* lucha *f,* competición *f*

wetzen I. *vt* → *Messer* afilar **II.** *vi FAM* ↑ *rennen* correr

WG *f* ⟨-, -s⟩ *Abk v.* **Wohngemeinschaft**

Whirlpool *m* ⟨-s, -s⟩ Yacuzzi *m*

wich *impf von* **weichen**

Wicht *m* ⟨-[e]s, -e⟩ [1] duende *m* [2] *PEJ* dibilucho *m,* perdedor *m*

wichtig *adj* importante; **Wichtigkeit** *f* importancia *f*

Wicke *f* arveja *f,* veza *f*

wickeln *vt* enrollar; → *Haare* poner rulos; → *Kind* poner los pañales; ◇ **jd-n/etw in etw** *akk* ~ enrollarse alguien/algo en algo; **Wickeltisch** *m* mesa *f* para cambiar pañales

Widder *m* ⟨-s, -⟩ FAUNA carnero *m;* ASTROL Aries *m*

wider *präp akk* ↑ *gegen* contra

widerfahren *unreg vi* pasar, ocurrir (*jd-m* a alguien)

widerlegen *vt* → *Behauptung* poner objeciones a; → *Einwand* rebatir

widerlich *adj* [1] (*bei Sinneseindruck*) repugnante [2] *PEJ* ▷*Mensch* asqueroso
widerrechtlich *adj* ilegal
Widerrede *f* réplica *f*, protesta *f*
Widerruf *m* JURA revocación *f*; **widerrufen** *unreg vt* [1] → *Aussage* desmentir [2] → *Anordnung* anular; **widerrufen** retractarse
Widersacher *m* ↑ *Feind* rival *m*
widersetzen ⟨widersetzte, hat widersetzt⟩ *vr* ◇ **sich** ~ oponerse (*jd-m/etw* a alguien/algo)
widerspenstig *adj* reacio, rebelde; **Widerspenstigkeit** *f* rebeldía *f*
widerspiegeln *vt* reflejar
widersprechen *unreg vi* contradecir (*jd-m* a alguien); **widersprechend** *adj* ▷*Aussage* ▷*Anordnung* contradictorio; **Widerspruch** *m* contradicción *f*; **widerspruchslos** *adv* sin contradiciones
Widerstand *m* resistencia *f*; **Widerstandsbewegung** *f* movimiento *m* de resistencia; **widerstandsfähig** *adj* resistente; **widerstandslos** *adj* no oponer resistencia, sin resistencia; **widerstehen** *unreg vi* → *Versuchung* resistir (*jd-m/etw* a alguien/algo)
widerstreben *vi* ↑ *ungern tun* resistirse a
widerwärtig *adj* [1] ▷*Arbeit* pesado [2] ▷*Mensch* pesado, antipático
Widerwille *m* aversión (*gegen* a); **widerwillig** *adj* sin ganas, en contra de su voluntad; *FAM* a regañadientes
widmen I. *vt* dedicar; ◇ **jd-m/etw seine Zeit** ~ dedicar a alguien/algo tiempo **II.** *vr* ◇ **sich** ~ dedicarse a; **Widmung** *f* dedicatoria *f*
widrig *adj* contrario; **widrigenfalls** *adv* de lo contrario
wie I. *adv* [1] (*Art und Weise*) ¿cómo?; (*in Relativsatz*) ◇ **du weißt doch, ~ das stört** ya sabes cómo molesta eso [2] (*in welchem Maß*) ¿cuánto? [3] (*in Ausruf*) ◇ ~ **schade!** ¡qué pena!; *FAM* ↑ *nicht wahr* ◇ **lustig, ~?** divertido, ¿no? **II.** *cj* (*Vergleich*) como; ◇ **[so] schön ~ …** [tan] bonito como …; ◇ ~ **du** como tú
wieder *adv* ↑ *nochmals, erneut* otra vez, de nuevo; *FAM* ◇ ~ **da sein** estar ahí de nuevo; ◇ **gehst du schon ~?** ¿ya te vas otra vez?
wiederaufarbeiten *vt* → *Kernbrennstoffe* reciclar; **Wiederaufarbeitungsanlage** *f* planta *m* de reciclaje
Wiederaufbau *m* reconstrucción *f*
Wiederaufnahme *f* [1] (*von Beziehungen*) reanudación *f* [2] THEAT reposición *f*; **wiederaufnehmen** *unreg vt* reanudar
wiederbekommen *unreg vt FAM* recuperar
Wiederbelebungsversuch *m* intento *m* de reanimación
wiederbringen *unreg vt* devolver
wiedererkennen *unreg vt* reconocer
Wiedergabe *f* [1] (*von Ereignis*) informe *m* [2] (*von Gemälde*) reproducción *f* [3] (*von Musikstück*) interpretación *f* [4] (*von Äußerung*) repetición *f*; **wiedergeben** *unreg vt* ↑ *zurückgeben* → *Freiheit* devolver; → *Erzählung* contar de nuevo; → *Gefühle* corresponder
wiedergutmachen *vt* [1] → *Schaden* reparar [2] → *Fehler* rectificar; **Wiedergutmachung** *f* [1] reparación *f*, compensación *f* [2] HIST *intento de compensar los crimenes de los nazis*
wiederherstellen *vt* restablecer; (*in alten Zustand*) restaurar
wiederholen *vt* [1] ↑ *zurückholen* recoger [2] ↑ *nochmals tun* repetir; ◇ **e-e Klasse** ~ repetir curso; **Wiederholung** *f* repetición *f*; **Wiederholungszeichen** *n* MUS signo *m* de repetición
Wiederhören *n*: ◇ **auf** ~ TELEC ¡adiós!
wiederkäuen rumiar
wiederkehren *vi* [1] ← *Festtag* volver [2] ← *Ereignis* repetirse
wiedersehen *unreg vt* volver a ver; ◇ **auf Wiedersehen** ¡hasta la vista/próxima!, ¡hasta luego!
wiederum *adv* [1] ↑ *nochmals* otra vez [2] ↑ *andererseits* por otra parte
wiedervereinigen *vt* reunificar
Wiedervorlage *f* (*von Akten*) nueva presentación de asuntos pendientes
Wiederwahl *f* reelección *f*
Wiege *f* ⟨-, -n⟩ cuna *f*; **wiegen I.** ⟨wog, gewogen⟩ *vti* → *Gewicht* pesar **II.** *vr* ◇ **sich** ~ [1] (*auf Waage*) pesarse [2] (*federnde Gangart*) andar contoneándose; ◇ **sich in den Hüften** ~ andar moviendo la cadera; *FIG* ◇ **sich in Sicherheit** ~ considerarse seguro **III.** *vt* ↑ *schaukeln* balancear; ◇ **ein Kind in den Schlaf** ~ mecer a un niño [hasta que duerma]; **Wiegenfest** *n* cumpleaños *m*
wiehern *vi* [1] ← *Pferd* relinchar [2] *FAM* ↑ *lachen* soltar risotadas
Wiener Kongreß *m* HIST Congreso *m* de Viena
wies *impf von* **weisen**
Wiese *f* ⟨-, -n⟩ prado *m*
Wiesel *n* ⟨-s, -⟩ FAUNA comadreja *f*
Wiesenblume *f* flor *f* del campo
wieso *adv* ¿por qué razón?, ¿por qué?
wieviel *adv* ¿cuánto?; ◇ **den ~ten haben wir?** ¿a qué día estamos?; ◇ **um ~ Uhr?** ¿a qué hora?; **wievielmal** *adv* cuántas veces; **wievielt** *adv*: ◇ **zu ~ spielt ihr?** ¿cuántos jugais?; ◇ **der W-e ist heute?** ¿a cuántos estamos?
wieweit *adv* hasta dónde

wild *adj* [1] ▷*Tier* salvaje [2] ▷*Pflanze* silvestre [3] *FIG* ▷*Landschaft* agreste [4] ▷*Meer* bravo [5] *FIG* ▷*Blick* furioso [6] *FIG* ▷*Kampf* sangriento
Wild *n* ‹-[e]s› caza *f;* **Wildbret** *n* GASTR caza *f;* **Wilddieb** *m* cazador *m* furtivo; **wildern** *vi* hacer caza furtiva; **wildfremd** *adj FAM* extraño, desconocidísimo; **Wildleder** *n* ante *m;* **Wildnis** *f* desierto *m,* selva *f;* **Wildpark** *m* reserva *f* de animales; **Wildsau** *f* jabalina *f;* **Wildschwein** *n* jabalí *m*
Wildwestfilm *m* película *f* de Oeste
Wille *m* ‹-ns, -n› voluntad *f;* (*FIG Testament*) ◇ **der Letzte ~** la última voluntad; **willen** *präp gen:* ◇ **um ... ~** por; **willenlos** *adj* sin voluntad, débil; **Willensfreiheit** *f* libre albedrío *m;* **willensstark** *adj* voluntarioso, tenaz
willig *adj* servicial
willkommen *adj* [1] ▷*Anlaß* oportuno [2] ▷*Gast* bienvenido; ◇ **jd-n ~ heißen** dar la bienvenida a alguien; **Willkommen** *n* ‹-s› bienvenida *f*
Willkür *f* ‹-› arbitrariedad *f;* ◇ **jd-s ~ ausgesetzt sein** estar a espensas de alguien; **willkürlich** *adj* arbitrario
wimmeln *vi* rebosar (*von* de), estar lleno de
wimmern *vi* [1] ↑ *leise jammern* gemir [2] *PEJ* dar quejidos *m/pl*
Wimper *f* ‹-, -n› pestaña *f;* **Wimperntusche** *f* rimel *m*
Wind *m* ‹-[e]s, -e› [1] viento *m* [2] ↑ *Blähung* ventosidad *f* [3] *FIG* ◇ **frischen ~ mitbringen** traer nuevas energías; *FIG* ◇ **jd-m den ~ aus den Segeln nehmen** cortar las alas a alguien
Windbeutel *m* [1] (*Kuchenteilchen*) buñuelo *m* [2] *FIG* ↑ *Mensch* fanfarrón
Winde *f* ‹-, -n› TECH torno *m;* FLORA enredadera *f*
Windel *f* ‹-, -n› pañal *m;* **Windelhöschen** *n* pañal *m* braguita
winden I. ‹wand, gewunden› *vt* [1] → *Pflanze* torcer [2] → *Kranz* hacer **II.** *vr* ◇ **sich ~** [1] torcerse [2] ← *Planze* enroscarse [3] *FIG* buscar pretextos; ◇ **sich ~ vor Schmerz** doblarse de dolor
Windenergie *f* energía *f* eólica; **Windhose** *f* tromba *f* de viento; **Windhund** *m* [1] galgo *m* [2] *PEJ* veleta *m;* **windig** *adj* [1] de mucho viento [2] *FIG* nada fiable; **Windmesser** *m* anemómetro *m;* **Windmühle** *f* molino *m* de viento; **Windpocken** *pl* varicela *f;* **Windschatten** *m* sotavento *m;* **Windschutzscheibe** *f* AUTO parabrisas *m;* **Windstärke** *f* fuerza *f* del viento; **windstill** *adj* tranquilo, calmado; **Windstoß** *m* ráfaga *f* de viento; **Windsurfen** *n* windsurf *m*
Windung *f* [1] ↑ *Drehung* vuelta *f* [2] GEO irregularidad *f,* onda *f* [3] (*von Weg*) sinuosidad *f*
Wink *m* ‹-[e]s, -e› [1] ↑ *Hinweis* advertencia *f,* aviso *m* [2] (*mit Kopf, Hand*) señal *f; FIG* ◇ **ein ~ mit dem Zaunpfahl** tirar una indirecta
Winkel *m* ‹-s, -› [1] MATH ángulo *m;* ◇ **rechter ~** ángulo *m* recto; ◇ **spitzer ~** ángulo *m* agudo [2] (*Gerät*) escuadra *f,* cartabón *m* [3] (*in Raum*) ricón *m; FIG* lugar *m;* **Winkelmesser** *m* transportador *m*
winken *vti* hacer señas
winseln *vi* ← *Hund* dar ladridos lastimeros; *auch PEJ* lloriquear
Winter *m* ‹-s, -› invierno *m;* ◇ **im ~** en invierno; **Wintergarten** *m* terraza cerrada con cristales; **winterlich** *adj* de invierno, invernal; **Winterreifen** *m* neumáticos *m/pl* de invierno; **Winterschlaf** *m* hibernación *f;* **Wintersemester** *n* UNI semestre *m* de invierno; **Wintersport** *m* deporte *m* de invierno
Winzer(in *f*) *m* ‹-s, -› viticultor *m*
winzig *adj* diminuto, pequeñísimo
Wipfel *m* ‹-s, -› ↑ *Baumkrone* cima *f*
wippen *vi* [1] ← *Haar, Rocksaum* balancear [2] ← *Fußspitze* mover
wir *pron* nosotros; ◇ **~ alle** todos nosotros
Wirbel *m* ‹-s, -› [1] (*Wasser~*) torbellino *m* [2] ↑ *Trubel* ajetreo *m* [3] ↑ *Aufsehen* escándalo *m* [4] MUS redoble *m;* (*an Saiteninstrument*) clavija *f* [5] ANAT vértebra *f;* (*Haar~*) remolino *m;* **wirbeln** *vi* ← *Blätter, Staub* agitar, remolinear; **Wirbelsäule** *f* columna *f* vertebral; **Wirbelsturm** *m* ciclón *m;* **Wirbeltier** *n* animal *m* vertebrado; **Wirbelwind** *m* (*FIG von Person*) torbellino *m*
wirken I. *vi* [1] ↑ *handeln* actuar [2] ↑ *erfolgreich sein* surtir efecto [3] ↑ *scheinen* aparecer **II.** *vt FIG* → *Wunder* hacer, producir
wirklich *adj* real, verdad; **Wirklichkeit** *f* realidad *f*
wirksam *adj* eficaz; **Wirksamkeit** *f* eficacia *f*
Wirkung *f* efecto *m,* resultado *m;* ↑ *Reaktion* reacción *f;* **wirkungslos** *adj* ineficaz; ◇ **~ bleiben** ser ineficaz; **wirkungsvoll** *adj* eficaz
wirr *adj* [1] ▷*Haar* desordenado, revuelto [2] ▷*Blick* confuso; **Wirren** *pl* disturbios *m/pl;* **Wirrwarr** *m* ‹-s› desbarajuste *m,* barrullo *m*
Wirsing[kohl] *m* berza *f* enana
Wirt(in *f*) *m* ‹-[e]s, -e› [1] dueño *m* [de un local, taberna] [2] BIOL hospedante *m;*
Wirtschaft *f* [1] ↑ *Gaststätte* taberna *f* [2] ↑ *Haushalt* gobierno *m* de la casa [3] (*e-s Landes*) economía *f* [4] *FAM* ↑ *Durcheinander* barullo *m,* jaleo *m;* **wirtschaften** *vi* [1] ↑ *Geschäft führen* llevar [negocio, casa], administrar [2] ← *Geld* economizar [3] ↑ *Vorräte einteilen* racionalizar; **wirtschaftlich** *adj* económico; **Wirtschaftsflüchtling** *m* refugiado *m* [por motivos económicos]; **Wirtschaftskrimi-**

nalität *f* ⟨-⟩ criminalidad *f* en el mundo económico; **Wirtschaftskrise** *f* crisis *f* económica; **Wirtschaftsminister(in** *f*) *m* ministro/a de Economía; **Wirtschaftsprüfer(in** *f*) *m* interventor *m;* **Wirtschaftssystem** *n* sistema *m* económico; **Wirtschaftswunder** *n* milagro *m* económico;

Wirtshaus *n* taberna *f*

Wisch *m* ⟨-[e]s, -e⟩ *PEJ* ↑ *Schriftstück, Brief* papelucho *m*

wischen *vt* limpiar; → *Boden* fregar; **Wischer** *m* ⟨-s, -⟩ AUTO limpiaparabrisas *m;* **Wischlappen** *m* trapo *m* de limpiar

wispern *vi* cuchichear

Wißbegier[de] *f* deseo *m* de aprender; **wißbegierig** *adj* deseoso de aprender

wissen ⟨wußte, gewußt⟩ *vt* saber, conocer; **Wissen** *n* ⟨-s⟩ saber *m,* conocimientos *m/pl;* ◇ **etw nach bestem ~ tun** hacer lo mejor que se pueda

Wissenschaft *f* ciencia *f;* **Wissenschaftler(in** *f*) *m* ⟨-s, -⟩ científico *m/f,* investigador(a *f*) *m;* **wissenschaftlich** *adj* científico

wissenswert *adj* interesante

wissentlich *adj* intencionado

wittern *vt* [1] ↑ *schnuppern* olfatear [2] *FIG* → *Gefahr, Verrat* oler; **Witterung** *f* (*Spur aufnehmen*) olfato *m;* ↑ *Geruch* olor *m*

Witwe *f* ⟨-, -n⟩ viuda *f;* **Witwer** *m* ⟨-s, -⟩ viudo *m*

Witz *m* ⟨-[e]s, -e⟩ broma *f; FIG* ◇ **der ~ an der Sache** la gracia [de la cosa] está en; **Witzblatt** *n* tebeo *m;* **Witzbold** *m* ⟨-[e]s, -e⟩ bromista *m;* **witzeln** *vi* ↑ *spotten* reírse de, burlarse de; **witzig** *adj* [1] ↑ *spaßig* gracioso [2] *FIG* ↑ *originell* ocurrente; **witzlos** *adj* sin gracia, soso

wo *adv* ¿dónde?; (*FAM Relativadverb*) donde; *FAM* ◇ **der Ort, ~ ...** el lugar donde; **woanders** *adv* en otro sitio

wob *impf von* **weben**

wobei *adv* (*relativ*) con lo que; (*interrogativ*) ¿a qué?, ¿con qué?

Woche *f* ⟨-, -n⟩ semana *f;* **Wochenblatt** *n* revista *f* semanal; **Wochenende** *n* fin *m* de semana; **Wochenendhaus** *n* casa *f* para los fines de semana; **wochenlang** *adj* que dura [varias] semanas; (*adverbial*) durante semanas; **Wochenmarkt** *m* mercado *m* semanal; **Wochenschau** *f* noticiario *m* semanal; **wochentags** *adv* los días laborables; **wöchentlich** *adj* semanal; **Wöchnerin** *f* parturienta *f;* **Wochenzeitung** *f* periódico *m* semanal

wodurch *adv* (*relativ*) por lo que; (*interrogativ*) ¿por medio de qué?

wofür *adv* (*relativ*) por lo que; (*interrogativ*) ¿para qué?

wog *impf von* **wiegen**

Woge *f* ⟨-, -n⟩ ola *f; FIG* ◇ **e-e ~ der Entrüstung** una ola de protesta/descontento

wogen *vi* moverse [con fuerza]

wogegen *adv* (*relativ*) contra lo que; (*interrogativ*) ¿contra qué?; **woher** *adv* ¿de dónde?; (*FAM keinesfalls*) ◇ **ach, ~!** ¿qué va!; **wohin** *adv* ¿adónde?; **wohingegen** *cj* mientras que

wohl *adv* [1] ↑ *behaglich* bien; ◇ **~ oder übel** por las buenas o por las malas [2] (*Annahme*) ↑ *vermutlich* probablemente; ↑ *gewiß* seguramente; ◇ **er weiß das ~** sí que lo sabe

Wohl *n* ⟨-[e]s⟩ bienestar *m;* ◇ **zum ~!** ¡salud!; **wohlauf** *adv* bien de salud; **Wohlbehagen** *n* comodidad *f;* **wohlbehalten** *adv* sano y salvo; **wohlerzogen** *adj* [1] ▷*Kind* bien educado [2] ▷*Hund* bien entrenado

Wohlfahrt *f* asistencia *f* social, institución *f* benéfica; **Wohlfahrtsstaat** *m* Estado *m* de beneficiencia

wohlhabend *adj* ▷*Leute* adinerado, pudiente

wohlig *adj* agradable, confortable; **Wohlklang** *m* armonía *f;* **wohlriechend** *adj* que huele bien, perfumado; **wohlschmeckend** *adj* sabroso, rico; **Wohlstand** *m* bienestar *m;* **Wohlstandsgesellschaft** *f* sociedad *f* de bienestar; **Wohltat** *f* placer *m;* **Wohltäter(in** *f*) *m* benefactor(a *f*) *m;* **wohltätig** *adj* benéfico; **Wohltätigkeitsball** *m* baile *m* de beneficiencia; **wohltuend** *adj* ▷*Wirkung* agradable; **wohlverdient** *adj* bien merecido; **wohlweislich** *adv* prudentemente; **Wohlwollen** *n* ⟨-s⟩ afecto *m;* **wohlwollend** *adj* bien intencionado, amistoso

Wohnanhänger *m* caravana *f;* **Wohnblock** *m* bloque *m* de viviendas; **wohnen** *vi* vivir, habitar; **Wohnfläche** *f* superficie *f* habitable; **Wohngemeinschaft** *f* piso *m* compartido; **wohnhaft** *adj* residente en; **Wohnlage** *f* urbanización *f;* **wohnlich** *adj* confortable; **Wohnmobil** *n* ⟨-s, -e⟩ vehículo-vivienda *m;* **Wohnort** *m* lugar de residencia *m;* **Wohnraum** *m* habitación *f;* **Wohnsitz** *m* domicilio *m;* **Wohnung** *f* casa *f,* vivienda *f,* piso *m;* ◇ **sozialer ~sbau** construcción *f* de viviendas [de protección social]; **Wohnungsnot** *f* escasez *f* de viviendas; **Wohnwagen** *m* caravana *f;* **Wohnzimmer** *n* cuarto *m* de estar

wölben *vr* ◇ **sich ~** abombarse, hincharse; **Wölbung** *f* abombamiento *m*

Wolf *m* ⟨-[e]s, Wölfe⟩ [1] (*Tier*) lobo *m* [2] (*Reiß~*) trituradora *f* [3] (*Fleisch~*) picadora *f* de carne; **Wölfin** *f* loba *f;* **Wolfshund** *m* perro *m* lobo

Wolke *f* ⟨-, -n⟩ nube *f;* **Wolkenbruch** *m* chaparrón *m;* **Wolkenkratzer** *m* rascacielos *m;* **wol-**

kenlos *adj* despejado, sin nubes; **wolkig** *adj* nuboso

Wolle *f* ‹-, -n› lana *f;* (*FAM sich streiten*) ◇ **sich in die ~ geraten** comenzar a pelearse;

wollen [1] *adj* ▷*Socken, Jacke* de lana

wollen [2] *vti* (*Absicht*) querer; (*Wunsch*) desear; (*Warnung*) ◇ **wir ~ doch mal sehen** ya veremos; (*Behauptung*) dicen que te han visto

Wolljacke *f* chaqueta *f* de lana; **Wollsiegel** *n* certificado *m* de pura lana virgen; **Wollstoff** *m* lana *f*

Wollust *f* lujuria *f,* lascivia *f;* **wollüstig** *adj* lujurioso, lascivo

womit *adv* (*relativ*) con lo que; (*interrogativ*) ¿con qué?

womöglich *adv* a lo mejor, si es posible

wonach *adv* (*temporal*) después de lo que, después de qué; (*relativ*) a lo que; (*interrogativ*) ¿a qué?

Wonne *f* ‹-, -n› placer *m,* delicia *f;* **wonnig** *adj* ▷*Kind* delicioso

woran *adv* (*relativ*) en que; (*interrogativ*) ¿en qué?; **worauf** *adv* (*relativ*) a que; (*interrogativ*) ¿a qué?; **woraufhin** *adj* a lo que; **woraus** *adv* (*relativ*) de que; (*interrogativ*) ¿de qué?; **worin** *adv* (*relativ*) en que; (*interrogativ*) ¿en qué?

Workshop *m* ‹-s, -s› taller *m* de trabajos artísticos

Worldcup *m* SPORT copa *f* de mundo

Wort *n* ‹-[e]s, Wörter *o.* -e› [1] palabra *f* [2] ↑ *Rede, Bemerkung* comentario *m;* ↑ *Versprechen* palabra *f;* ◇ **jd-n beim ~ nehmen** tomar la palabra a alguien; ◇ **zusammengesetztes ~** palabra *f* compuesta; **Wortbildung** *f* formación/composición *f* de palabras; **wortbrüchig** *adj* que falta a su palabra; **Wörterbuch** *n* diccionario *m;* **Wortführer(in** *f*) *m* portavoz *m/f;* **Wortgruppe** *f* grupo *m* de palabras; **wortkarg** *adj* callado, parco en palabras; **Wortlaut** *m* significado *m* literal, palabras *f/pl* exactas; **wörtlich** *adj* textual, literal; **wortlos** *adj* sin palabras, mudo; **Wortmeldung** *f* intervención *f;* **wortreich** *adj* [1] ↑ *wortgewandt* elocuente [2] ↑ *ausgedehnt* de muchas palabras; **Wortschatz** *m* vocabulario *m;* **Wortschöpfung** *f* creación *f* de nuevas palabras; **Wortspiel** *n* juego *m* de palabras; **Wortwahl** *f* selección *f* de las palabras; **Wortwechsel** *m* [1] ↑ *Streit* discusión *f* [2] ↑ *Gespräch* conversación *f*

worüber *adv* (*relativ*) de que; (*interrogativ*) ¿de/sobre qué?; **worum** *adv* (*relativ*) de que; (*interrogativ*) ¿de/sobre qué?; **worunter** *adv* (*relativ*) bajo, entre los que; (*interrogativ*) ¿bajo/entre qué?

wovon *adv* (*relativ*) de lo que; (*interrogativ*) ¿de qué?; **wovor** *adv* (*relativ*) de lo que, delante de; (*interrogativ*) ¿de qué?, ¿delante de qué?; **wozu** *adv* (*relativ*) para lo que; (*interrogativ*) ¿para qué?; ↑ *warum* ¿por qué?

Wrack *n* ‹-[e]s, -s› [1] (*Schiffs-*) buque *m* naufragado [2] (*Auto-*) chatarra *f* [3] *FIG* ↑ *Mensch* desecho *m* humano

wringen ‹wrang, gewrungen› *vt* → *Wäsche* escurrir retorciendo

Wucher *m* ‹-s› usura *f;* **Wucherer** *m* ‹-s, -› usurero *m;* **Wucherin** *f* usurera *f;*

wuchern[1] *vt* usurar, aprovecharse

wuchern[2] *vi* ← *Pflanzen* crecer con rapidez; **Wucherung** *f* (MED *in Nase*) vegetación *f*

wuchs *impf von* **wachsen**

Wuchs *m* ‹-es› [1] (*Vorgang*) crecimiento *m* [2] ↑ *Statur* estatura *f*

Wucht *f* ‹-› peso *m;* fuerza *f;* ◇ **mit voller ~** con toda su fuerza; **wuchtig** *adj* [1] ▷*Schrank* pesado [2] ▷*Gebäude* compacto, macizo [3] ▷*Schlag* fuerte

wühlen *vi* [1] ↑ *graben* excavar; *FIG* ← *Schmerz* comer, hacerse presa de; *FAM* ↑ *arbeiten* currar; **Wühlmaus** *f* FAUNA campañol *m*

wund *adj* escocido; *FIG* ▷*Punkt* delicado; **Wunde** *f* ‹-, -n› herida *f*

Wunder *n* ‹-s, -› milagro *m;* ◇ **es ist kein ~** no es un milagro; **wunderbar** *adj* maravilloso, fenomenal; **Wunderkind** *n* niño *m* prodigio; **Wunderland** *n* país *m* de las maravillas

wunderlich *adj* extraño, curioso

wundern I. *vr* ◇ **sich ~** sorprenderse, asombrarse (*über akk* de) **II.** *vt* (*unpersönlich*) extrañar, sorprender, asombrar; ◇ **es sollte mich ~, wenn ...** no me extrañaría que ... *+subj;* **wunderschön** *adj* precioso, magnífico; **wundervoll** *adj* maravilloso, excelente

Wundstarrkrampf *m* tétanos *m*

Wunsch *m* ‹-[e]s, Wünsche› deseo *m;* **wünschen** *vt* desear; ◇ **sich** *dat* **etw ~** desear algo; **wünschenswert** *adj* deseable

wurde *impf von* **werden**

Würde *f* ‹-› [1] ↑ *Ehre* dignidad *f* [2] ↑ *Stellung, Amt* (*Doktor-,*) título *m;* **würdelos** *adj* indigno; **Würdenträger(in** *f*) *m* dignatario/a; **würdevoll** *adj* muy digno, solemne; **würdig** *adj* [1] ↑ *anständig* digno, respetable [2] ↑ *würdevoll* solemne; **würdigen** *vt* honrar; ◇ **jd-n keines Blickes ~** no dignarse mirar a alguien

Wurf *m* ‹-s, Würfe› [1] (*Ball-*) tiro *m;* (*Speer-*) lanzamiento *m* [2] ↑ *Tierkinder* camada *f;* **Wurfbude** *f* caseta *f* de tiros, barraca *f*

Würfel *m* ‹-s, -› [1] (*Spiel*) dado *m* [2] MATH cubo

m; **Würfelbecher** *m* cubilete *m;* **würfeln** **I.** *vi* jugar a los dados **II.** *vt* ↑ *in Würfel schneiden* cortar en dados; **Würfelspiel** *n* juego *m* de dados; **Würfelzucker** *m* terrón *m*

würgen *vti* [1] → *e-e Person* estrangular, ahogar [2] *FAM* ↑ *hart arbeiten* esforzarse [3] → *Essen* tragar con dificultad

Wurm *m* ‹-[e]s, Würmer› gusano *m; FAM* ◇ **da ist der ~ drin** aquí hay gato encerrado

wurmen *vt* (*FAM unpersönlich*) fastidiar

Wurmfortsatz *m* MED apéndice *m;* **wurmig** *adj* ▷*Frucht* con gusano; **wurmstichig** *adj* ▷*Holz* picado, carcomido

Wurst *f* ‹-, Würste› embutido *m; FAM* ◇ **das ist mir ~** me importa un pimiento; **Würstchen** *n* ‹-s, -› [1] (*Wiener ~*) salchicha *f* [2] *FAM* ↑ *unbedeutender Mensch* pobre diablo *m;* **Würstchenbude** *f* puesto *m* de salchichas

Würze *f* ‹-, -n› especia *f,* condimento *m*

Wurzel *f* ‹-, -n› raíz *f;* MATH *FIG* ↑ *Ursache* raíz *f;* ◇ **die ~ allen Übels** la raíz de todos los males; ◇ **~n schlagen** echar raíces; **Wurzelknolle** *f* tubérculo *m;* **Wurzelrechnung** *f* raíz *f* cuadrada; **Wurzelzeichen** *f* radical *m;* **Wurzelziehen** *n* extracción *f* de la raíz

würzen *vt* → *Essen* sazonar, condimentar; → *Salat* aderezar; **würzig** *adj* sabroso

wusch *impf von* **waschen**

wußte *pt von* **wissen**

wüst *adj* [1] ↑ *unordentlich* desordenado [2] ↑ *ausschweifend* libertino [3] ↑ *öde* desierto [4] *FAM* ↑ *heftig* violento, agitado

Wüste *f* ‹-, -n› desierto *m*

Wüstling *m* libertino *m,* vividor *m*

Wut *f* ‹-› rabia *f,* furia *f;* **Wutanfall, Wutausbruch** *m* ataque *m,* arrebato *m;* **wüten** *vi* [1] ← *Person* estar muy enfadado, estar furioso [2] ← *Regen* diluviar [3] ← *Wind* soplar con fuerza [4] ← *Meer* encirsparse; **wütend** *adj* muy enfadado, furioso, rabioso

X

X, x *n* X,x *f;* ◇ **der x-te Versuch** el enésimo intento; ◇ **zum x-ten Mal** mil veces

x-Achse *f* MATH eje *m* de las abscisas

X-Beine *pl* piernas *f/pl* torcidas/zambas

x-beliebig *adj* ↑ *irgendein(e, r)* cualquier(a)

X-Chromosom *n* BIOL cromosoma *m* X

xerokopieren *vt* xerocopiar

x-mal *adv* muchas veces, infinidad de veces

Xylophon *n* ‹-s, -e› MUS xilófono *m*

Y

Y, y *n* Y, y *f*

y-Achse *f* MATH eje *m* de las ordenadas

Yacht *f* ‹-, -en› yate *m*

Yard *n* ‹-s, -s› yarda *f*

Y-Chromosom *n* BIOL cromosama *m* Y

Yoga *n* ‹-, -en› yoga *m*

Yoghurt *m o n* ‹-s, -s› *s.* **Joghurt** jogurt *m*

Ypsilon *n* ‹-[s], -s› i *f* griega

Yuppie *m* ‹-s, -s› **young urban professional (people)** yuppie *m*

Z

Z, z *n* Z, z *f*

Zacke *f* ‹-, -n› [1] (*Berg~*) pico *m* [2] (*Gabel-*) punta *f; FAM* ◇ **jd-m bricht kein ~n aus der Krone** no se le caerán los anillos a alguien; **zackig** *adj* dentado; *FAM* atrevido; intrépido; ▷*Begrüßung* enérgico; ▷*Benehmen* militar

zaghaft *adj* ↑ *schüchtern* tímido; ↑ *furchtsam* temeroso; ↑ *zögernd* vacilante; **Zaghaftigkeit** *f* timidez *f*

zäh *adj* [1] ▷*Fleisch* duro [2] ▷*Flüssigkeit, Teig* espeso [3] ↑ *schleppend* pesado [4] ↑ *widerstandsfähig* tenaz, persistente; **zähfließend** *adj* ▷*Verkehr* denso, que avanza lentamente; **Zähigkeit** *f* dureza *f,* viscosidad *f,* pesadez *m,* tenacidad *f,* persistencia *f*

Zahl *f* ‹-, -en› [1] ↑ *Nummer* número *m* [2] ↑ *Ziffer* cifra *f* [3] ↑ *Anzahl* cantidad *f;* **zahlbar** *adj* pagadero; ◇ **~ bis spätestens** fecha límite de pago; **zahlen** *vti* pagar, abonar; ◇ **~ bitte!** ¡la cuenta, por favor!

zählen **I.** *vt* [1] → *Minuten* contar [2] ◇ **~ zu** contar entre, ser uno/a de **II.** *vi* contar; ◇ **auf jd-n/etw ~** contar con alguien/algo

zahlenmäßig *adj* numérico, en número; **Zahlenschloß** *n* cierre *f* con combinación; **Zahlensystem** *n* sistema *m* numérico

Zähler *m* ‹-s, -› (TECH *Wasser~*) contador *m;* MATH numerador *m*

Zahlgrenze *f* límite *m* de zona/de tarifa; **Zahlkarte** *f* formulario *m* para giro postal; **zahllos** *adj* innumerable, sin número; **zahlreich** *adj* numeroso

Zahlstelle *f* ventanilla *f* de pagos; **Zahltag** *m* día *m* de paga

Zahlung *f* pago *m;* ◇ **etw in ~ geben/nehmen** dar/recibir en pago

Zählung *f* numeración *f*

Zahlungsanweisung *f* orden *f* de pago; **Zahlungsaufforderung** *f* notificación *f* de pago; **Zahlungsbedingungen** *f/pl* condiciones *f/pl* de pago; **Zahlungsbilanz** *f* balanza *f* de pagos; **zahlungsfähig** *adj* solvente; **Zahlungsmittel** *n* medio *m* de pago; **zahlungsunfähig** *adj* insolvente; **Zahlungsverkehr** *m* servicio *m* de pagos

Zahlwort *n* GRAM numeral *m*

zahm *adj* manso; ▷*Haustier* doméstico; ▷*Mensch* dócil; **zähmen** *vt* [1] ↑ *zahm machen* amansar, domesticar [2] *FIG* ↑ *beherrschen* dominar, contener

Zahn *m* ‹-[e]s, Zähne› diente *m; FIG* ◇ **sich die Zähne ausbeißen** caerse el pelo; *FAM* ◇ **der ~ der Zeit** la huella del tiempo; **Zahnarzt** *m,* **Zahnärztin** *f* dentista *m/f;* **Zahnbürste** *f* cepillo *m* de dientes; **Zahncreme** *f* pasta *f* dentífrica/de dientes, dentífrico *m;* **zahnen** *vi* echar los dientes; **Zahnfäule** *f* caries *f;* **Zahnfleisch** *n* encías *f/pl; FAM* ◇ **auf dem ~ gehen** estar hecho polvo; **Zahnfleischentzündung** *f* inflamación *f* de las encías; **zahnlos** *adj* ▷*Baby, Greis* sin dientes; ▷*Hund* desdentado; **Zahnpasta** *f* pasta *f* dentífrica/de dientes, dentífrico *m;* **Zahnrad** *n* rueda *f* dentada; **Zahnradbahn** *f* ferrocarril *m* de cremallera; **Zahnschmelz** *m* esmalte *m* dental; **Zahnschmerzen** *m/pl* dolor *m* de muelas; **Zahnseide** *f* seda *f* dental; **Zahnstein** *m* sarro *m;* **Zahnstocher** *m* ‹-s, -› palillo *m* de dientes, mondadientes *m;* **Zahntechniker(in** *f*) *m* mecánico *m/f* dental

Zange *f* ‹-, -n› [1] (*Beiß~*) tenazas *f/pl* [2] (*Greif~*) alicates *m/pl* [3] (*Zucker~*) tenacillas *f/pl* [4] MED pinzas *f/pl; FAM* ◇ **jd-n in die ~ nehmen** atosigar a alguien, apretar las clavijas a alguien; **Zangengeburt** *f* parto *m* con fórceps

Zank *m* riña *f,* pelea *f;* **zanken I.** *vi* ↑ *schimpfen* reñir **II.** *vr* ◇ **sich ~** pelearse; ◇ **sich mit jdm um etw** *akk* **~** pelearse con alguien por algo; **zänkisch** *adj* camorrista, pendenciero

Zäpfchen *n* ANAT úvula *f,* campanilla *f;* (*Fieber~*) supositorio *m*

zapfen *vt* → *Bier* sacar; **Zapfen** *m* ‹-s, -› [1] ↑ *Dübel* taco *m,* clavija *f* [2] ↑ *Stopfen* tapón *m* [3] ↑ *Faßhahn* canilla *f* [4] FLORA piña *f* [5] (*Eis~*) carámbano *m;* **Zapfenstreich** *m* (MIL *FAM Ende*) toque *m* de queda; **Zapfsäule** *f* surtidor *m* de gasolina

zappelig *adj* [1] ↑ *unruhig* inquieto [2] ↑ *nervös* nervioso; **zappeln** *vi* agitarse, moverse; *FIG* ◇ **jd-n ~ lassen** tener a alguien en suspenso

Zar(in *f*) *m* ‹-es, -en› zar(/ina *f*) *m*

zart *adj* [1] ▷*Gesundheit* delicado [2] ▷*Gemüt* sensible [3] ▷*Fleisch* tierno [4] ▷*Berührung* suave [5] *FIG* ▷*Andeutung* sutil; **zartfühlend** *adj* delicado; **Zartgefühl** *n* tacto *m;* delicadeza *f;* **Zartheit** *f* ternura *f,* delicadeza *f*

zärtlich *adj* tierno, cariñoso; **Zärtlichkeit** *f* ternura *f,* cariño *m*

Zäsur *f* cesura *f*

Zauber *m* ‹-s, -› [1] ↑ *Magie* magia *f,* encantamiento *m* [2] ↑ *Ausstrahlung* encanto *m; FAM* ◇ **alles fauler ~** engaño; **Zauberei** *f* magia *f,* encantamiento *m;* **Zauberer** *m* ‹-s, -› mago *m;* **zauberhaft** *adj* encantador; **Zauberin** *f* maga *f;* **Zauberkünstler(in** *f*) *m* ilusionista *m/f;* **zaubern** *vi* hacer magia; **Zauberspruch** *m* fórmula *f* mágica; **Zauberstab** *m* varita *f* mágica; **Zauberwort** *n* palabra *f* mágica

zaudern *vi* vacilar

Zaum *m* ‹-[e]s, Zäume› brida *f; FIG* ◇ **etw im ~ halten** contener, reprimir

Zaun *m* ‹-[e]s, Zäune› valla, f, cerca *f; FIG* ◇ **e-n Streit vom ~ brechen** buscar pelea; **Zaunkönig** *m* reyezuelo *m;* **Zaunpfahl** *m* estaca *f;* ◇ **e-n Wink mit dem ~ geben** tirar una indirecta

z.B. *Abk v.* **zum Beispiel** p. ej.

Zebra *n* ‹-s, -s› cebra *f;* **Zebrastreifen** *m* paso *m* de cebra/de peatones

Zeche [1] *f* ‹-, -n› MIN mina *f*

Zeche [2] *f* ‹-, -n› ↑ *Rechnung* cuenta *f;* **zechen** beber en un grupo

Zecke *f* ‹-, -n› garrapata *f*

Zedernholz *n* cedro *m*

Zehe *f* ‹-, -n› [1] (*Fuß~*) dedo *m* del pie; *FAM* ◇ **jd-m auf die ~n treten** tocar las narices a alguien [2] (*Knoblauch~*) diente *m;* **Zehenspitze** *f* punta *f* del pie; ◇ **auf ~n laufen** andar de puntillas

zehn *nr* diez; **zehnfach I.** *adj* diez veces [más]; **zehnjährig** *adj* [1] (*10 Jahre alt*) de diez años [2] (*10 Jahre dauernd*) desde hace diez años; **Zehnkampf** *m* SPORT decatlón *f;* **zehnmal** *adv* diez veces; **zehnte(r, s)** *adj* décimo; **Zehntel** *n* ‹-s, -› décima parte *f;* **zehntens** *adv* en décimo lugar

zehren *vi* [1] (*FIG zerstörend beanspruchen*) matar poco a poco, destrozar; ◇ **an etw** *dat* **~** destruir algo [2] (*FIG sich nachträglich freuen*) ◇ **von seiner Erinnerung ~** vivir de los recuerdos

Zeichen *n* ‹-s, -› (*Verkehrs~*) señal *f;* ↑ *Hinweis* indicio *m;* ↑ *Merkmal* característica *f;* ↑ *Symbol* símbolo *m;* (*Stern~*) signo *f;* **Zeichenkohle** *f* carboncillo *m;* **Zeichensetzung** *f* puntuación *f;* **Zeichentrickfilm** *m* dibujos *m/pl* animados

zeichnen *vti* [1] → *Zeichnung* dibujar [2] ↑ *kennmarcar* [3] *FIG* ↑ *darstellen* presentar [4] COMM → *Aktien, Anleihen* suscribir; ◊ **für etw verantwortlich** ~ ser responsable de algo; **Zeichner(in** *f*) *m* ‹-s, -› dibujante *m/f;* ◊ **technische(r)** ~ delineante *m/f;* **Zeichnung** *f* [1] ↑ *Bild* dibujo *m* [2] ↑ *Skizze* trazado *m* [3] (*von Fell, Gefieder*) pinta *f*

Zeigefinger *m* dedo *m* índice

zeigen I. *vt* señalar, mostrar, indicar **II.** *vi* apuntar (*auf akk* a) **III.** *vr* ◊ **sich** ~ presentarse, personarse; ◊ **es wird sich** ~ ya se verá; ◊ **es zeigte sich, daß ...** resultó que ...; **Zeiger** *m* ‹-s, -› (*auf Skala*) aguja *f*, indicador *m;* (*Uhr~*) manecilla *f;* **Zeigestock** *m* puntero *m*

Zeile *f* ‹-, -n› [1] (*Text~*) renglón *m*, línea *f* [2] (*Häuser~*) hilera *f;* ◊ **jd-m ein paar -n schreiben** poner a alguien cuatro letras; ◊ **zwischen den -n lesen** leer entre líneas; **Zeilenabstand** *m* espacio *m* entre líneas; **Zeilensprung** *m* MEDIA entrelazado *m* de líneas

zeit *präp gen:* ◊ ~ **meines/deines Lebens** durante toda mi/tu vida, siempre

Zeit *f* ‹-, -en› [1] (*Einheit*) tiempo *m;* ◊ **sich** *dat* ~ **lassen** tomarse algo con tiempo; ◊ **laß dir ~!** ¡da tiempo al tiempo!; ◊ **im Laufe der** ~ con el paso del tiempo; ◊ **von ~ zu ~** de vez en cuando; ◊ **zur** ~ actualmente, por el momento [2] (*Epoche*) época *f*, siglo *m* [3] GRAM tiempo *m* [4] (*Uhr~*) hora *f;* **Zeitalter** *n* era *f*, época *f*, siglo *m;* **Zeitansage** *f* información *f* horaria; **Zeitenfolge** *f* concordancia *f* del tiempo; **zeitgemäß** *adj* actual, conforme a la época, moderno; **Zeitgenosse** *m* contemporáneo *m;* **Zeitgenossin** *f* contemporánea, f; **Zeitgeschichte** *f* historia *f* contemporánea; **zeitgleich** *adj* al mismo tiempo, isócrono; **zeitig** *adj* temprano; **zeitlebens** *adv* [de] toda la vida; **zeitlich** *adj* temporal; **zeitlos** *adj* de siempre; **Zeitlupe** *f* cámara *f* lenta; **Zeitlupenaufnahme** *f* secuencia *f* a cámara lenta; **Zeitpunkt** *m* momento *m*, época *f;* **Zeitraffer** *m* ‹-s, -› FILM cámara *f* rápida; **Zeitrafferaufnahme** *f* FILM secuencia *f* rápida; **zeitraubend** *adj* muy lento, que cuesta mucho tiempo; **Zeitraum** *m* espacio *m* de tiempo; **Zeitrechnung** *f* cronología *f;* ◊ **nach/vor unserer** ~ después/antes de nuestra era

Zeitschrift *f* revista *f*

Zeittakt *m* TELEC paso *m*

Zeitung *f* periódico *m;* **Zeitungsausschnitt** *m* recorte *m* de periódico; **Zeitungsausträger(in** *f*) *m* repartidor(a *f*) *m* de periódicos; **Zeitungskiosk** *m* puesto *m* de periódicos; **Zeitungspapier** *n* papel *m* de periódico; **Zeitungsreklame** *m* propaganda *f* periodística

Zeitverschwendung *f* pérdida *f* de tiempo; **Zeitvertreib** *m* pasatiempo *m;* **zeitweilig** *adj* temporal, provisional; **zeitweise** *adv* a veces, a ratos; **Zeitwert** *m* valor *m* actual; **Zeitwort** *n* verbo *f;* **Zeitzeichen** *n* MEDIA señal *f* horaria; **Zeitzone** *f* huso *m* horario; **Zeitzünder** *m* temporizador *m;* ◊ **Bombe mit** ~ bomba *f* de reloj

zelebrieren *vt* → *Gottesdienst* celebrar

Zelle *f* ‹-, -n› [1] BIOL célula *f* [2] (*Telefon~*) cabina *f* [3] (*Gefängnis~*) celda *f;* **Zellfusion** *f* BIOL fusión *f* celular; **Zellkern** *m* BIOL núcleo *m* celular; **Zellstoff** *m* celulosa *f;* **Zellteilung** *f* BIOL división *f* celular

Zelt *n* ‹-[e]s, -e› tienda *f* de campaña; *AM* carpa *f;* ◊ **Himmels~** bóveda *f* celeste; **Zeltbahn** *f* lona *f* de tienda de campaña; **zelten** *vi* acampar; **Zeltgestänge** *n* palos *m/pl* de la tienda de campaña, estacas *f/pl;* **Zeltlager** *n* campamento *m;* **Zeltplatz** *m* zona *f* para acampar

Zement *m* ‹-[e]s, -e› cemento *m;* **zementieren** *vt* cementar

Zenit *m* cenit *m*

zensieren *vt* [1] POL censurar [2] SCH calificar; **Zensur** *f* [1] POL censura *f* [2] SCH calificación *f*

Zentimeter *m o n* centímetro *m*

Zentner *m* ‹-s, -› quintal *m;* **zentnerschwer** *adj FIG* ▷*Sorge* abrumador

zentral *adj* central; **Zentrale** *f* ‹-, -n› central *f;* **Zentraleinheit** *f* PC unidad *f* procesador central; **Zentralheizung** *f* calefacción *f* central; **zentralisieren** *vt* centralizar; **zentralistisch** *adj* centralista; **Zentralrechner** *m* PC ordenador *m* central; **Zentralspeicher** *m* PC memoria *f* interna/central; **Zentralverriegelung** *f* AUTO cierre *m* [eléctrico] centralizado

zentrieren *vt* TYP centrar

Zentrifugalkraft *f* PHYS fuerza *f* centrífuga; **Zentrifuge** *f* ‹-, -n› centrifugadora *f;* **zentrifugieren** *vt* centrifugar

Zentrum *n* ‹-s, Zentren› centro *m*

Zepter *n* ‹-s, -› cetro *m; FIG* ◊ **das ~ schwingen** llevar los pantalones

zerbeißen *unreg vt* romper con los dientes; ↑ *Flöhe* picar

zerbrechen *unreg vti* [1] ↑ *zerstören* romper [2] *FIG* ↑ *seelisch zugrunde gehen* destrozarse, ha-

cerse pedazos; *FIG* ◇ **sich den Kopf** ~ romperse la cabeza; **zerbrechlich** *adj* frágil
zerbröckeln *vti* → *Brot* desmigar, desmenuzar
zerdrücken *vt* [1] → *Floh* aplastar [2] → *Kleidung* arrugar
Zeremonie *f* ceremonia *f;* **Zeremoniell** *n* ceremonial *m*
Zerfall *m* [1] ↑ *Auflösung* ruina *f* [2] CHEM descomposición *f;* **zerfallen** *unreg vi* [1] ↑ *sich auflösen* deshacerse, arruinarse [2] ↑ *untergehen* perecer, extinguirse [3] ↑ *sich gliedern* dividirse (*in akk* en)
zerfetzen *vt* despedazar; → *Kleid* hacer trizas
zerfleddern, zerfledern *vt* (*meist im pp*) hacer trizar
zerfließen *unreg vi* deshacerse; *FIG* ◇ **in Tränen** ~ deshacerse en lágrimas
zerfressen *unreg vt* [1] ← *Rost, Säure* corroer [2] ← *Motten* comerse
zergehen *unreg vi* ↑ *schmelzen* deshacerse, derretirse
zerkleinern *vt* [1] ↑ *zerstückeln* trocear [2] → *Fleisch* picar [3] → *Holz* partir
zerknittern *vti* arrugar
zerlegbar *adj* ▷*Gerät* desmontable; ▷*Stuhl* plegable; **zerlegen** *vt* [1] → *Fleisch* trocear [2] → *Braten* trinchar [3] → *Satz* analizar [4] → *Gerät, Maschine* desmontar, desarmar; **Zerlegung** *f* descomposición *f*
zerlumpt *adj* harapiento, en jirones
zermalmen *vt* triturar
zermürben *vt* cansar, agotar
zerpflücken *vt* [1] → *Blume* deshojar [2] *FIG* → *Rede, Aufsatz* analizar y criticar
zerquetschen *vt* aplastar
zerraufen *vt* → *Haare* arrelarse
Zerrbild *n* caricatura *f*
zerreden *vt* hablar hasta agotar [un tema]
zerreiben *unreg vt* [1] → *Schokolade* pulverizar [2] *FIG* ↑ *vernichten* aniquilar
zerreißen *unreg* **I.** *vt* romper, desgarrar; *FIG* ◇ **jd-m das Herz** ~ partir el alma a alguien; *FAM* ◇ **sich das Maul** ~ cotillear **II.** *vi* ← *Hose* romperse, desgarrarse
zerren I. *vt* tirar (*an dat* de) **II.** *vr* ◇ **sich** ~ → *Sehne* distenderse
zerrinnen *unreg vi* [1] ↑ *zerfließen* derretirse [2] *FIG* ← *Geld* volar, desaparecer [3] ← *Zeit* volar
Zerrissenheit *f* división *f;* POL desunión *f;* ◇ **innere** ~ conflicto *m* interior
Zerrung *f* distensión *f*
zerrütten *vt* [1] → *Nerven* trastornar [2] → *Gesundheit* arruinar [3] → *Ehe* arruinar, desunir; **zerrüttet** *adj* ▷*Ehe* desunido
zerschellen *vi* → *Schiff* estrellarse (*an dat* contra)
zerschlagen *unreg* **I.** *vt* [1] ↑ *zerstören* romper [2] → *Spionagering* desmantelar **II.** *vr* ◇ **sich** ~ [1] ← *Plan, Vorhaben* fracasar [2] ← *Hoffnung* frustrarse
zerschleißen ‹zerschliß, zerschlissen› *vt* → *Kleidung, Stoff* desgastar
zerschmettern *vt* [1] → *Bein* romper [2] → *Haus, Auto* destrozar
zerschneiden *unreg vt* cortar [en trozos], partir
zersetzen I. *vt* [1] CHEM descomponerse [2] *FIG* → *Moral* minar [3] → *Ordnung* trastocar **II.** *vr* ◇ **sich** ~ descomponerse
zersplittern *vi* [1] ← *Glas* hacerse pedazos/añicos [2] ← *Knochen* romperse [3] ← *Partei* disolverse
zerspringen *unreg vi* [1] (*unter Druck*) estallar [2] ← *Glas* romperse
Zerstäuber *m* ‹-s, -› pulverizador *m*, aerosol *m;* vaporizador *m*
zerstechen *unreg vt* ← *Mücken* picar muchas veces
zerstören *vt* [1] ↑ *vernichten* destruir, destrozar [2] → *Gebäude* derribar [3] → *Gesundheit* arruinar; **Zerstörer** *m* destructor *m;* **Zerstörung** *f* destrucción *f*
zerstoßen *unreg vt* machacar, triturar
zerstreiten *unreg vr* ◇ **sich** ~ pelearse; ◇ **Rolf hat sich mit seinen Freunden zerstritten** Rolf ha roto con sus amigos
zerstreuen I. *vt* [1] → *Zweifel* disipar [2] → *Salz* esparcir **II.** *vr* ◇ **sich** ~ (*sich unterhalten*) distraerse
zerstreut *adj* [1] ▷*Sachen* disperso, esparcido [2] ▷*Mensch* distraído; **Zerstreutheit** *f* distracción *f*, despiste *m*
Zerstreuung *f* [1] (*von Dingen*) dispersión *f* [2] ↑ *Ablenkung* distracción *f*
zerstückeln *vt* [1] → *Fleisch* trocear [2] → *Obst* partir en trozos, desmenuzar
Zertifikat *n* ‹-[e]s, -e› ↑ *[amtliche] Bescheinigung* certificado *m*
zertreten *unreg vt* → *Gras* pisar, aplastar
zertrümmern *vt;* → *Flaschen* romper; → *Gebäude* demoler; → *Fensterscheiben* romper, hacer añicos
zerwühlen *vt* → *Bett* deshacer; → *Laken* revolver
Zerwürfnis *n* desacuerdo *m*, conflicto *m*
zerzausen *vt* desordenar, desmelenar
zetern *vi* bociferar; clamar al cielo
Zettel *m* ‹-s, -› [1] ↑ *Stück Papier* pedazo *m* de

papel, papeleta *f* ② (*Notiz~*) nota *f* ③ ↑ *Formular* formulario *m* ④ (*e-r Kartei*) ficha *f;* **Zettelkasten** *m* fichero *m*

Zeug *n* ‹-[e]s, -e› ① *FAM* ↑ *Sachen* cosas *f/pl* ② ↑ *Kleidung* ropa *f* ③ ↑ *Ausrüstung* equipo *m* ④ *FAM* ↑ *Geschwätz* ◇ **dummes ~** tonterías *f/pl; FAM* ◇ **das ~ haben zu** tener madera de; *FAM* ◇ **sich ins ~ legen** esforzarse

Zeuge *m* ‹-n, -n› (*vor Gericht*) testigo *m*

zeugen I. *vi* ① ↑ *bezeugen* testificar, declarar ② *FIG* ◇ **von etw ~** poner de manifiesto/demostrar algo; ◇ **dies Verhalten zeugt von ….** este comportamiento nos demuestra [que] … **II.** *vt* → *Kind* procrear

Zeugenaussage *f* declaración *f* testimonial; **Zeugenstand** *m* estrado *m* de los testigos; **Zeugenvernehmung** *f* audición *f* de los testigos

Zeughaus *n* arsenal *m*

Zeugin *f* testigo *f*

Zeugnis *n* ① SCH notas *f/pl,* calificaciones *f/pl* ② ↑ *Referenz* referencias *f/pl* ③ REL testimonio *m;* ◇ **du sollst nicht falsch Zeugnis reden** no debes hacer falsos testimonios

Zeugung *f* procreación *f;* **zeugungsunfähig** *adj* estéril

z.H. *Abk v.* **zu Händen von** personalmente

Zicke *f* ‹-, -n› ① FAUNA cabra *f* ② *FAM* ↑ *unangenehme Frau* lagarta *f; FAM* ◇ **mach keine ~n!** ¡no me vengas con pamplinas

Zickzack *m* ‹-[e]s, -e› zigzag *m*

Ziege *f* ‹-, -n› cabra *f;* **Ziegenleder** *n* piel *f* de cabritilla

Ziegel *m* ‹-s, -› ① (*~stein*) ladrillo *m* ② (*Dach~*) teja *f;* **Ziegelei** *f* fábrica *f* de tejas y ladrillos

Ziegenkäse *m* queso *m* de cabra

ziehen ‹zog, gezogen› **I.** *vt* ① (*bewegen*) tirar ② → *Gesicht* poner [la cara] larga ③ → *Linie* trazar ④ → *Graben* abrir ⑤ → *Pistole* sacar ⑥ → *Lehre* sacar; ◇ **jd-n zur Rechenschaft/Verantwortung ~** pedir cuentas a alguien ⑦ → *Blumen* cultivar ⑧ → *Kerzen* hacer ⑨ (*an Haaren*) tirar de ⑩ ◇ **Zorn auf sich ~** hacer enfadar **II.** *vi* ↑ *wandern* caminar (*durch* por) ② ← *Tee* ◇ **~ lassen** dejar reposar; *FIG* ← *Ausrede* funcionar ③ ◇ **es zieht** hay corriente; ◇ **es zieht ihr im Rücken** le duele la espalda **III.** *vr* ◇ **sich ~** ① ← *Gummi* estirarse ② ← *Grenze* entenderse ③ (*Konsequenzen haben*) ◇ **etw** *akk* **nach sich ~** tener algo como consecuencia, llevar algo consigo; **Ziehharmonika** *f* acordeón *m;* **Ziehung** *f* (*Los~*) sorteo *m;* ◇ **~ der Lottozahlen** sorteo de la lotería

Ziel *n* ‹-[e]s, -e› ① (*e-r Reise*) destino *m* ② SPORT meta *f* ③ (COMM *Zahlungs~*) plazo *m* ④ ↑ *Absicht* finalidad *f,* fin *m;* **zielbewußt** *adj* decidido, que sabe lo que quiere; **zielen** *vi* apuntar; *FIG* ◇ **das zielt auf dich** eso va por ti; **Zielfernrohr** *n* mira *f* telescópica; **Zielgruppe** *f* (*bei Werbung*) grupo *m* de destinatarios; **Ziellinie** *f* SPORT línea *f* de meta; **ziellos** *adj* indeciso, sin objetivos; **Zielscheibe** *f* blanco *m;* **zielsicher** *adj* ① ↑ *unfehlbar* infalible ② ↑ *bestimmt* determinado, seguro de sus objetivos; **zielstrebig** *adj* perseverante, constante

ziemlich I. *adj FAM* bastante; ◇ **~e Frechheit** bastante descarado **II.** *adv* bastante; más o menos; ◇ **~ früh** bastante pronto

Zierde *f* ‹-, -n› adorno *m;* ◇ **zur** [*o.* **als**] **~** de adorno

zieren *vr* ◇ **sich ~** hacer remilgos

Zierleiste *f* moldura *f;* **zierlich** *adj* gracioso, delicado; **Zierlichkeit** *f* gracia *f,* delicadeza *f;* **Zierstrauch** *m* arbusto *m* de adorno

Ziffer *f* ‹-, -n› cifra *f,* número *m;* **Zifferblatt** *n* esfera *f*

zig *adj FAM* miles de; ◇ **~mal** miles de veces

Zigarette *f* cigarrillo *m; FAM* pitillo *m;* **Zigarettenautomat** *m* máquina *f* de cigarrillos; **Zigarettenpapier** *n* papel *m* de fumar; **Zigarettenpause** *f* descanso *m* para fumar; **Zigarettenschachtel** *f* paquete *m* de cigarrillos, cajetilla *f;* **Zigarettenstummel** *m* colilla *f*

Zigarillo *n o m* ‹-s, -s› purito *m*

Zigarre *f* ‹-, -n› puro *m*

Zigeuner(in *f*) *m* ‹-s, -› *auch FIG* gitano/a

Zikade *f* cigarra *f*

Zimbabwe *n* Zimbagüe *m*

Zimmer *n* ‹-s, -› habitación *f,* cuarto *m;* **Zimmerantenne** *f* antena *f* interior; **Zimmerdekke** *f* techo *m;* **Zimmerlautstärke** *f volumen normal para una habitación;* **Zimmermädchen** *n* camarera *f*

Zimmermann *m* ‹-s, Zimmerleute› carpintero *m;* **zimmern** *vt* hacer, construir

Zimmerpflanze *f* planta *f* de interior; **Zimmertemperatur** *f* temperatura *f* ambiente

zimperlich *adj* ① ↑ *geziert* remilgado ② ↑ *pingelig* meticuloso

Zimt *m* ‹-[e]s, -e› canela *f;* **Zimtstange** *f* canela *f* en rama

Zink *n* ‹-[e]s› CHEM cinc *m,* zinc *m*

Zinke *f* ‹-, -n› ① (*Gabel~*) diente *m* ② (*Kamm~*) púa *f*

zinken *vt* marcar

Zinken *m* ‹-, -› *FAM* ↑ *Nase* napias *f/pl*

Zinksalbe *f* pomada *f* de cinc

Zinn *n* ‹-[e]s› CHEM estaño *m*

Zinne *f* ‹-,-n› (*Burg~*) almena *f*

zinnoberrot *adj* bermellón
Zinnsoldat *m* soldadito *f* de plomo
Zins *m* ‹-es, -en› intereses *m/pl*, interés *m*; ◇ **zu hohen -en** a un tipo de interés elevado; **Zinseszins** *m* interés *m* compuesto; **Zinsfuß** *m*, **Zinssatz** *m* tipo *m* de interés; **zinslos** *adj* sin intereses
Zionismus *m* sionismo *m*
Zipfel *m* ‹-s, -› (*spitzes Ende*) punta *f*; (*Rock-*) caída *f*; (*Wurst-*) extremo *m*; **zipfelig** *adj* desigual; **Zipfelmütze** *f* gorro *m* con borla
Zirbel *f* ‹-, -n› BIOL pino *m*
zirka *adv* cerca de
Zirkel *m* ‹-s, -› *a.* MATH círculo *m*; **Zirkelkasten** *m* caja *f* de compases
Zirkulation *f* circulación *f*; **zirkulieren** *vi* [1] ← *Geld* circular [2] ← *Grippe* extenderse
Zirkus *m* ‹-, -se› [1] ↑ *Schauspiel* circo *m* [2] ↑ *Vorstellung* representación [de circo] *f* [3] *FAM* ↑ *Umstände, Aufhebens* ◇ **e-n - machen** hacer teatro; **Zirkuszelt** *n* carpa *f*
zirpen cantar
Zirrhose *f* ‹-, -n› MED cirrosis *f*
zischeln *vti* cuchichear
zischen *vi* silbar
ziselieren *vt* cincelar
Zisterzienserorden *m* orden *f* cisterciense
Zitadelle *f* ciudadela *f*
Zitat *n* cita *f*
Zither *f* ‹-, -n› cítara *f*
zitieren *vt* ↑ *vorladen* citar; ◇ **jd-n vor Gericht -** citar a alguien a juicio
Zitronat *n* acitrón *m*
Zitrone *f* ‹-, -n› limón *m*; **Zitronenfalter** *m* FAUNA limoncillo *m*; **Zitronenlimonade** *f* limonada *f*; **Zitronenpresse** *f* exprimidor *m*; **Zitronensaft** *m* zumo *m* de limón; **Zitronenscheibe** *f* rodaja *f* de limón
Zitrusfrucht *f* cítrico *m*
zitterig *adj* tembloroso; **zittern** *vi* [1] ← *Blätter, Wände* temblar [2] (*vor Kälte*) tiritar [3] (*FIG Angst haben*) tener miedo (*vor* de)
Zitze *f* ‹-, -n› pezón *m*
zivil *adj* [1] ↑ *bürgerlich* civil [2] ▷*Preis* razonable; **Zivil** *n* ‹-s›: ◇ **- tragen** vestir de paisano; **Zivilbevölkerung** *f* población *f* civil; **Zivilcourage** *f* corage *m*, valor *m*; **Zivildienst** *m* servicio *m* social
Zivilisation *f* civilización *f*; **Zivilisationserscheinung** *f* consecuencia *f* de la civilización; **Zivilisationskrankheit** *f* enfermedad *f* de la civilización; **zivilisieren** *vt* civilizar; **zivilisiert** *adj* ▷*Benehmen, Auftreten* civilizado
Zivilist(in *f*) *m* ↑ *Bürger* civil *m/f*
Zivilkammer *f* JURA sala *f* civil; **Zivilprozeß** *m* JURA proceso *m* civil; **Zivilrecht** *n* JURA derecho *m* civil
Zobel *m* ‹-s, -› marta *f* cebellina
zocken *vi FAM* jugar a las cartas [por dinero]; **Zocker(in** *f*) *m* ‹-s, -› *FAM* jugador(a *f*) *m* de cartas
Zoff *m* ‹-s› *FAM* bronca *f*
zog *impf von* **ziehen**
zögerlich *adj* lento, pesado, largo; **zögern** *vi* vacilar, titubear
Zölibat *n o m* ‹-[e]s› celibato *m*
Zoll [1] *m* ‹-[e]s, Zölle› [1] ↑ *Grenze* aduana *f* [2] (*Einfuhr-*) impuesto *m* de importación
Zoll [2] *m* ‹-s, -› (*früheres Längenmaß*) pulgada *f*
Zollabfertigung *f* despacho *m* aduanero; **Zollamt** *n* aduana *f*; **Zollbeamte(r)** *m* aduanero *m*; **Zollbeamtin** *f* aduanera *f*; **Zollerklärung** *f* declaración *f* de aduana; **Zollfahndung** *f* investigación *f* aduanera; **zollfrei** *adj* libre de derechos de aduana; **Zollgrenze** *f* frontera *f* aduanera; **zollpflichtig** *adj* sujeto a aduana
Zollstock *m* metro *m* plegable
Zombie *m* ‹-s, -s› *FAM* zombi *m*
Zone *f* ‹-, -n› [1] ↑ *Gebiet* región *f* [2] (*Ruhe-, Gefahren-*) zona *f*; ◇ **atomfreie -** zona *f* desnuclearizada
Zoo *m* ‹-s, -s› zoo *m*; **Zoologe** *m* ‹-n, -n› zoólogo *m*; **Zoologie** *f* zoología *f*; **Zoologin** *f* zoóloga *f*; **zoologisch** *adj* zoológico
Zoom *n* ‹-s, -s› FOTO objetivo *m* zoom
Zopf *m* ‹-[e]s, Zöpfe› [1] (*im Haar*) trenza *f* [2] ↑ *Strickmuster* rombo *m* [3] ↑ *Kuchen* (*Hefe-*) bollo *m* en forma de trenza [4] *FAM* ◇ **alter -** perogrullada *f*
Zorn *m* ‹-[e]s› ira *f*, cólera *f*; ◇ **in - geraten** montar en cólera; **zornig** *adj* furioso, colérico
Zote *f* ‹-, -n› *PEJ* obscenidad *f*, chiste *m* verde
zottig *adj* [1] ↑ *struppig* hirsuto [2] ↑ *strähnig* desgreñado
zu I. *präp dat* [1] (*bei Orts- und Zeitangabe*) ◇ **- meiner Zeit** en mis tiempos [2] (*Ziel*) a, para [3] (*Mittel, Art und Weise*) en [4] (*Zahlen- und Verhältnisangaben*) a, en [5] (*hinzufügend*) con; ◇ **- allem anderen** a todos los demás **II.** *cj* [1] (*mit Infinitiv*) de, para [2] (*mit Partizip Präsens*) ◇ **die - putzenden Schuhe** los zapatos para limpiar **III.** *adv* [1] (*Übermaß*) demasiado [2] *FAM* ↑ *schließen, geschlossen sein o lassen* ◇ **Tür -!** ¡cerrar la puerta!; ◇ **mach -!** ¡date prisa!
zuallererst *adv* en primer lugar
zuallerletzt *adv* en último lugar, por último
zubauen *vt* → *Baulücke, Strand* elevar edificios en una zona sin construir
Zubehör *n* ‹-[e]s,› accesorios *m/pl*

zubeißen *unreg vi* morder

Zuber *m* ‹-s, -› tinaja *f*

zubereiten *vt* → *Essen* hacer, preparar

zubilligen *vt* conceder; ◇ **jd-m etw** *akk* ~ conceder algo a alguien

zubinden *unreg vt* atar; → *Augen* vendar

zubleiben *unreg vi FAM* quedar cerrado

zubringen *unreg vt* ① → *Ferien* pasar; → *Freizeit* emplear ② *FAM* → *Tür* cerrar [con fuerza]

Zubringer *m* ‹-s, -› TECH alimentador *m; (Autobahn~)* carretera *f* de acceso a la autopista; **Zubringerstraße** *f* vía *f* de acceso

Zucchini *pl* calabacín *m*

Zucht[1] *f* ‹-, -en› *(von Pflanzen)* cultivo *m; (von Tieren)* cría *f*

Zucht[2] *f* ‹-› ↑ *Erziehung* educación *f* rígida; ↑ *Disziplin* disciplina *f*

züchten *vt* → *Tiere* criar; → *Bakterien, Pflanzen* cultivar; **Züchter(in** *f*) *m* ‹-s, -› *(Vieh~)* criador(a *f*) *m*

Zuchthaus *n* ① ↑ *Gefängnisgebäude* prisión *f*, cárcel *f* ② ↑ *Strafe* penitenciaría *f*, pena *f* de prisión

Zuchthengst *m* caballo *m* semental

züchtigen *vt* azotar; **Züchtigung** *f* castigo *m* corporal

zuckeln *vi* *(langsam, müde gehen o fahren)* ← *Dampflok* avanzar lentamente

zucken I. *vi* ① ← *Blitz* caer ② ← *Hand* crisparse ③ ← *Mundwinkel* contraerse **II.** *vt:* ◇ **mit den Achseln/der Schulter** ~ encogerse de hombros

zücken *vt* → *Schwert* desenvainar; → *Geldbeutel* sacar

Zucker *m* ‹-s, -› azúcar *m;* MED diabetes *f;* **Zuckerdose** *f* azucarero *m;* **Zuckerguß** *m* baño *m* de azucar; **zuckerkrank** *adj* diabético; **Zuckerkrankheit** *f* diabetes *f;* **zuckern** *vt* azucarar; **Zuckerrohr** *n* caña *f* de azúcar; **Zuckerrübe** *f* remolacha *f* azucarera; **Zuckerwatte** *f (auf Jahrmarkt)* algodón *m* **Zuckerzange** *f* tenacillas *f/pl* [para el azúcar]

Zuckung *f* ① ▷ *nervös* sacudida *f*, respingo *m* ② ▷ *krankhaft* espasmo *m*

zudecken *vt* tapar, cubrir

zudem *adv* además

zudrehen *vt* → *Wasserhahn* cerrar; ◇ **jd-m den Rücken** ~ volver la espalda a alguien

zudringlich *adj* pesado, entrometido

zudrücken *vt* cerrar; *FIG* ◇ **ein Auge** ~ hacer la vista gorda

zueinander *adv (in Verbindung)* uno(s) con otro(s); ◇ **seid nett** ~ ¡sed buenos!

zuerkennen *unreg vt* ① ▷ *gerichtlich* adjudicar ② → *Preis* otorgar, conceder

zuerst *adv* ① primeramente, en primer lugar ② ↑ *zu Anfang* al principio

Zufahrt *f* acceso *m;* **Zufahrtsstraße** *f* vía *f* de acceso

Zufall *m* casualidad *f*, coincidencia *f;* ◇ **durch** ~ por casualidad; ◇ **so ein** ~! ¡qué casualidad!

zufallen *unreg vi* ① ← *Tür* cerrarse ② *FIG* ← *Anteil* corresponder *(jd-m* a alguien)

zufällig I. *adj* casual **II.** *adv* por casualidad; ◇ **wissen Sie ~ ob ...?** ¿sabe usted, por casualidad, si ...?

zufassen *vi* ① ↑ *greifen* coger, agarrar ② ↑ *helfen* ayudar, echar una mano

zufliegen *unreg vi* ① ← *Tür* cerrarse de un portazo ② ← *Vogel* venir [volando] a la casa de uno

Zuflucht *f* ↑ *Schutz* refugio *m*, protección *f;* ↑ *Rettung* salvación *f; FIG* recurso; ◇ **bei jd-m/etw ~ suchen** buscar refugio en alguien/algo

Zufluß *m* ↑ *Zustrom* afluencia *f;* ↑ *Einströmen* entrada *f;* GEO afluente *m*

zuflüstern *vt* decir al oído; ◇ **jd-m etw** ~ decir a alguien algo al oído

zufolge *präp dat o gen* ↑ *nach* según; ↑ *gemäß* conforme a

zufrieden *adj* contento, satisfecho; **zufriedengeben** *unreg vr* ◇ **sich** ~ contentarse, darse por satisfecho *(mit* con); **Zufriedenheit** *f* contento *m*, satisfacción *f;* **zufriedenlassen** *unreg vt* dejar en paz; **zufriedenstellen** *vt* satisfacer, complacer

zufrieren *unreg vi* helarse

zufügen *vt* → *Schmerz* hacer, causar; ◇ **jd-m Schaden** ~ perjudicar a alguien

Zufuhr *f* ‹-› ① ↑ *Nachschub* abastecimiento *m* ② METEO afluencia *f*

zuführen I. *vt* ① ↑ *leiten* llevar ② ↑ *transportieren* transportar ③ ↑ *versorgen* abastecer **II.** *vi* llevar, conducir; ◇ **auf etw** *akk* ~ llevar a algo

Zug[1] *m* ‹-[e]s, Züge› ① BAHN tren *m* ② ↑ *Marsch* marcha *f* ③ *(von Vögeln)* bandada *f* ④ *FAM* ↑ *Bummel* ◇ **e-n ~ durch die Kneipen machen** ir de bares ⑤ *(Menschengruppe)* cortejo *m;* comitiva *f* ⑥ MIL pelotón *m* ⑦ *(Gesichts~)* rasgo *m*, facciones *f/pl* ⑧ *(in Spiel)* jugada *f* ⑨ *(Klingel~)* tirador *m* ⑩ *(Atem~)* aliento *m; FIG* ◇ **etw in vollen Zügen genießen** disfrutar plenamente ⑪ ↑ *Schluck* trago *f* ⑫ *(an Zigarette)* calada *f* ⑬ ↑ *Eigenart, Wesens~* característica *f*

Zug[2] *m* ① ↑ *Spannung auch FIG* tensión *f;* tirantez *f* ② ↑ *Verlauf* transcurso *m*, curso *m;* ◇ **im ~e dieser Maßnahmen** en el marco de estas disposiciones; *FIG* ◇ **zum ~e kommen** entrar en acción

Zugabe *f* ↑ *zusätzliche Gabe* suplemento *m; (in Konzert)* bis *m*, repetición *f;* ◇ **Zugabe!** ¡otra!

Zugang *m* [1] ↑ *Eingang* [puerta de] acceso *f* [2] ↑ *Patient* ingreso *m;* **zugänglich** *adj* [1] ↑ *betretbar* accesible [2] ▷*Mensch* abierto [3] ↑ *verständlich* comprensible

Zugabteil *n* compartimento *m*

Zugbrücke *f* puente *m* levadizo

zugeben *unreg vt* [1] ↑ *beifügen* añadir [2] *FIG* → *Fehler* reconocer, confesar; ▷*widerstrebend* tener que admitir [3] ↑ *erlauben* permitir

zugehen *unreg* **I.** *vi* [1] (*in Richtung auf*) dirigirse a; ↑ *sich nähern* acercarse; ◇ **dem Ende** ~ acercarse el final; ◇ **auf jd-n/etw** ~ acercarse a alguien/algo [2] *FAM* → *Tür* cerrar[se]; ◇ **der Koffer geht nicht zu** la maleta no se puede cerrar del todo [3] *süddt* ↑ *zügig laufen* correr **II.** *vi unpers:* ◇ **dort geht es zu wie im Irrenhaus** allí uno se siente como en un manicomio

Zugehfrau *f* limpiadora *f*

Zugehörigkeit *f* pertenencia (*zu* a); POL afiliación *f;* **Zugehörigkeitsgefühl** *n* sentimiento de pertenecer a un grupo, una zona/comunidad

zugeknöpft *adj FAM* [1] ↑ *wortkarg* reservado [2] ↑ *geizig* tacaño

Zügel *m* ‹-s, -› *auch FIG* riendas *f/pl;* ◇ **die** ~ **in die Hand nehmen** tomar las riendas [de algo]

zugelassen *adj* [1] ↑ *erlaubt* admitido [2] AUTO matriculado [3] ▷*Film* ◇ **für Jugendliche nicht** ~ no apto para menores

zügellos *adj* sin riendas; *FIG* ↑ *unbeherrscht* incontrolado, desenfrenado

zügeln *vt* [1] *FIG* dominar, controlar, poner freno a [2] (*Pferd auch*) dominar, controlar

Zugeständnis *n* concesión *f;* **zugestehen** *unreg vt* → *Rechte* conceder (*jd-m* a alguien)

zugeteilt *adj* asignado, repartido

Zugewinngemeinschaft *f* JURA régimen *m* de partición de ganancias

Zugführer(in *f*) *m* [1] BAHN jefe/a de tren [2] MIL cabo *m* de sección

zugig *adj* con corrientes de aires

zügig *adj* rápido

zugleich *adv* [1] ↑ *gleichzeitig* a la vez, al mismo tiempo [2] ↑ *sofort* inmediatamente

Zugluft *f* corriente *f* de aire

Zugmaschine *f* tractor *m*

Zugnummer *f* BAHN número *m* del tren [2] *FIG* atracción *f;* **Zugpersonal** *n* BAHN personal *m* de tren

zugreifen *unreg vi* [1] ▷*rasch* coger algo [2] ↑ *helfen* echar una mano [3] ▷*beim Essen* servirse; **Zugriff** *m* ‹-[e]s› [1] intervención *f;* ◇ **sich dem** ~ **der Behörden entziehen** ponerse fuera del alcance de las autoridades [2] PC acceso *m;* **Zugriffszeit** *f* PC tiempo *m* de acceso

zugrunde *adv auch FIG:* ◇ ~ **gehen** perecer; ◇ ~ **richten** destruir; ◇ **e-r Sache** [*o.* **liegen**] **etw** ~ **legen** *dat* basar[se] una cosa en algo

zugunsten *präp gen* [1] en beneficio de [2] *FAM* ◇ ~ **von** a/en favor de

zugute *adv* [1] ◇ **jd-m etw** ~ **halten** tener en cuenta algo a alguien [2] (*nützen*) ◇ **jd-m** ~ **kommen** beneficiar a alguien

Zugverbindung *f* enlace *m* de trenes

Zugvogel *m* ave *m* migratoria

Zugzwang *m* [1] *FIG* ◇ **in** ~ **geraten** verse obligado a hacer algo [2] (*Schach*) movimiento *m* obligado

zuhalten *unreg* **I.** *vt* → *Nase* tener tapado; → *Tür* tener cerrado **II.** *vi* ↑ *Richtung beibehalten* dirigirse a; ◇ **auf jd-n/etw** ~ dirigirse a alguien/algo, mantener la dirección firme hacia alguien/algo

Zuhälter *m* ‹-s, -› *VULG* chulo *m*

zuhauen *unreg vi* ↑ *schlagen* golpear

Zuhause *n* ‹-s› casa *f*, hogar *m*

zuheilen *vi* curarse

Zuhilfenahme *f:* ◇ **unter** ~ **von** con ayuda de

zuhören *vi* escuchar; ◇ **jd-m/etw** ~ escuchar a alguien/algo; **Zuhörer(in** *f*) *m* oyente *m/f;* **Zuhörerschaft** *f* MEDIA audiencia *f*, oyentes *m/pl*

zujubeln *vi* vitorear, aclamar (*jd-m* a alguien)

zuklappen **I.** *vt* cerrar de golpe **II.** *vi* cerrarse de golpe

zukleben *vt* → *Brief* pegar

zuknöpfen *vt* abrochar

zukommen *unreg vi* [1] ↑ *sich gehören* corresponder; ◇ **das kommt ihm nicht zu** no tiene derecho a eso [2] ↑ *herankommen* ◇ **auf jd-n/etw** ~ acercarse a alguien/algo [3] ↑ *schenken, schikken* ◇ **jd-m etw** ~ **lassen** dar/enviar algo a alguien [4] *FIG* ↑ *abwarten* ◇ **etw auf sich** ~ **lassen** dejar tiempo al tiempo, esperar tranquilamente

Zukunft *f* ‹-› futuro *m*, porvenir *m;* **zukünftig** **I.** *adj* futuro; ◇ **mein** ~**er Chef** mi futuro jefe **II.** *adv* en el futuro; **Zukunftsaussichten** *f/pl* perspectivas *f/pl* de futuro; **Zukunftsmusik** *f* ‹-› *FAM:* ◇ **das ist reine** ~ no son nada más que ilusiones; **Zukunftsroman** *m* novela *f* de ciencia ficción

Zulage *f* suplemento *m*, prima *f*

zulassen *unreg vt* [1] (*zum Studium*) admitir, aceptar, dejar entrar [2] ↑ *erlauben* permitir, tolerar [3] → *Auto* matricular; **zulässig** *adj* permitido, autorizado, admisible; **Zulässigkeit** *f* aceptabilidad *f;* **Zulassung** *f* [1] (*zum Studium*) admisión *f* [2] AUTO matriculación *f*

zulaufen *unreg vi* [1] ◇ **auf jd-n/etw** ~ correr hacia alguien/algo [2] ← *Hund* escoger como nuevo dueño [3] ◇ **spitz** ~ acabar en punta

zulegen *vt* [1] ↑ *zufügen* añadir [2] → *Tempo* aumentar [3] *FAM* ↑ *kaufen* ◇ **sich** *dat* **etw ~** comprarse algo

zuleide *adj:* ◇ **jd-m etw ~ tun** hacer daño a alguien

zuletzt *adv* por último, en último lugar

zuliebe *adv:* ◇ **jd-m ~** por alguien

zum *präp s.* **zu dem:** ◇ **~ dritten Mal** por tercera vez; ◇ **~ Spaß** en broma

zumachen I. *vti FAM* [1] → *Geschäft* cerrar [2] (*Kleidung*) abrochar **II.** *vi FAM:* ◇ **mach zu!** ¡date prisa!

zumal *cj* sobre todo

zumauern *vt* tapiar

zumindest *adv* por lo menos

zumutbar *adj* razonable

zumute *adv:* ◇ **mir ist so komisch ~** me siento extraño/raro

zumuten *vt* exigir, pedir; **Zumutung** *f PEJ* atrevimiento *m*

zunächst *adv* primero, ante todo; ◇ **~ einmal** en primer lugar

zunageln *vt* clavar

zunähen *vt* coser

Zunahme *f* ‹-, -n› ↑ *Zuwachs* crecimiento *m,* incremento *m;* (*Gewichts-*) aumento *m*

Zuname *m* apellido *m*

zündeln *vi* (*süddt*) jugar con fuego

zünden *vi* [1] → *Lunte* encenderse, prender [2] → *Motor* ponerse en marcha [3] ↑ *begeistern* entusiasmar [4] *FAM* ↑ *begreifen* ◇ **jetzt hats bei ihm gezündet** ya se le ha encendido una lucecita; **zündend** *adj* ▷*Rede* brillante; **Zünder** *m* ‹-s, -› mecha; detonador *m;* **Zündholz** *n* cerilla *f,* fósforo *m;* **Zündkerze** *f* AUTO bujía *f;* **Zündschlüssel** *m* llave *f* de contacto; **Zündschnur** *f* mecha *f;* **Zündspule** *f* AUTO bobina *f* de encendido; **Zündstoff** *m FIG* tema *f* conflictivo; **Zündung** *f* AUTO encendido *m*

zunehmen *unreg vi* [1] ↑ *sich vergrößern* incrementarse, aumentar [2] (*an Gewicht*) engordar; **zunehmend** *adj* creciente

Zuneigung *f* afecto *m,* cariño *m,* inclinación *f*

Zunft *f* ‹-, Zünfte› gremio *m*

zünftig *adj* bien hecho; ▷*Handwerk* auténtico; *FAM* ↑ *ordentlich* como es debido; ↑ *prima* bestial

Zunge *f* ‹-, -n› [1] *FIG auch* lengua *f;* ◇ **e-e böse/spitze ~ haben** tener una lengua viperina; ◇ **hüte deine ~!** ¡ten cuidado con lo que dices!

züngeln *vi* [1] ← *Schlange* silbar [2] *FIG* ← *Flamme* echar llamaradas

zunichte *adv:* ◇ **~ machen** destruir, echar por tierra; ◇ **~ werden** venirse abajo

zunicken *vi* ↑ *grüßen* saludar con la cabeza (*jd-m* a alguien)

zunutze *adv:* ◇ **sich** *dat* **etw ~ machen** sacar provecho de algo

zuoberst *adv* en lo más alto

zuordnen *vt* asignar

zupacken *vi FAM* ↑ *helfen* echar una mano

zupfen *vt* [1] → *Gitarre* puntear [2] ↑ *rupfen* tirar de

zur *präp s.* **zu der**

zuraten *unreg vi* aconsejar algo (*jd-m* a alguien)

zurechnungsfähig *adj* responsable de sus actos, sano de juicio; **Zurechnungsfähigkeit** *f* responsabilidad *f* [personal]

zurechtfinden *unreg vr* ◇ **sich ~** orientarse

zurechtkommen *unreg vi* arreglarse[las] (*mit* con)

zurechtlegen *vt FIG auch* → *Ausrede* preparar

zurechtmachen I. *vt* ↑ *vorbereiten* preparar **II.** *vr* ◇ **sich ~** ↑ *anziehen* arreglarse

zurechtweisen *unreg vt* reprender; **Zurechtweisung** *f* reprimenda *f*

zureden *vi* tratar de persuadir (*jd-m* a alguien)

zureiten *unreg vt* → *Pferd* domar; (*in Richtung*) cabalgar hacia

zurichten *vt* [1] ↑ *zurechtmachen* hacer, preparar [2] *FAM* ↑ *beschädigen* estropear

zürnen *vi* estar enfadado (*jd-m* con alguien)

zurren *vt* NAUT amarrar

zurück *adv* atrás

zurückbegeben *unreg vr* ◇ **sich ~** volver, regresar

zurückbehalten *unreg vt* conservar, quedarse con

zurückbekommen *unreg vt* [1] ↑ *wieder erhalten* recuperar [2] (*FAM Rache*) ◇ **das bekommst du zurück!** ¡las vas a pagar!

zurückbeugen *vt* doblarse hacia atrás

zurückbilden *vr* ◇ **sich ~** ← *Geschwür* ceder, reducirse

zurückbleiben *unreg vi* [1] ↑ *auf Distanz bleiben, auch FIG* quedarse atrás [2] mantenerse alejado de [3] ← *Schaden* quedar

zurückbringen *unreg vt* devolver

zurückdenken *unreg vi* recordar, remenorar

zurückdrängen *vt* [1] → *Gefühle* reprimir [2] → *Feind* contener

zurückdrehen *vt* ↑ *rückwärts drehen* volver/girar [hacia] atrás; → *Uhr* atrasar

zurückerobern *vt* reconquistar

zurückfahren *unreg* **I.** *vi* [1] (*auf Reise*) volver, regresar [2] (*FIG vor Schreck*) retroceder **II.** *vt* llevar a alguien a casa

zurückfallen *unreg vi* [1] (*bei Sturz*) caer de

espaldas [2] (*in Leistung*) disminuir [3] (*in Fehler*) reincidir en, repetir

zurückfinden *unreg vi* [1] (*auf Weg*) encontrar el camino de vuelta [2] *FIG* ◇ **zu jd-m** ~ volver a alguien; ◇ **in Indien hat er zu sich selbst zurückgefunden** en la India encontró a sí mismo

zurückfordern *vt* reclamar

zurückführen *vt* llevar, conducir; *FIG* ◇ **etw auf etw** *akk* ~ deberse algo a algo

zurückgeben *unreg vt* [1] ↑ *wiedergeben* devolver [2] ↑ *antworten* responder

zurückgehen *unreg vi* [1] (*an vorherigen Aufenthaltsort*) volver [2] (*zeitlich*) regresar [en el tiempo] [3] *FIG* ↑ *begründet sein* ser debido (*auf* a *akk* a)

zurückgezogen *adj* retirado, apartado

zurückgreifen *unreg vi* [1] (*bei Erzählung*) remontarse [2] (*auf Vorrat*) recurrir (*auf* a)

zurückhalten *unreg* **I.** *vt* [1] ↑ *im Hintergrund halten* contener, guardar [para la ocasión] [2] → *Informationen* ocultar [3] ↑ *hindern* detener [4] → *Zorn* controlar; → *Tränen* contener **II.** *vr* ◇ **sich** ~ ↑ *sich beherrschen* contenerse

zurückhaltend *adj* reservado, discreto, moderado; **Zurückhaltung** *f* ‹-› discreción *f*, reserva *f*, moderación *f*

zurückkehren *vi* volver, regresar

zurückkommen *unreg vi* [1] (*bei Rückkehr*) volver, regresar [2] (*FIG auf Frage*) volver a tratar; ◇ **auf etw** *akk* ~ volver a tratar algo

zurücklassen *unreg vt* [1] ↑ *nicht mitnehmen* dejar [2] ↑ *verlassen* abandonar

zurücklegen *vt* [1] → *Weggenommenes* volver a colocar [2] → *Geld* ahorrar [3] ↑ *reservieren* reservar [4] → *Strecke* recorrer

zurückmelden *vr* ◇ **sich** ~ (*nach Abwesenheit*) avisar de la vuelta

zurücknehmen *unreg vt* [1] ↑ *wieder nehmen* recoger [2] ↑ *widerrufen* → *Auftrag* anular [3] JURA retirar, revocar

zurückrufen *unreg vti* [1] ↑ *rufend zurückhalten* llamar [2] ◇ **sich** *dat* **etw ins Gedächtnis** ~ traer algo a la memoria, acordarse de [3] (*am Telefon*) volver a llamar

zurückschalten *vt* → *Motor* reducir la marcha

zurückschlagen devolver una bofetada/torta

zurückschrecken *vi* retroceder (*vor* ante)

zurücksehnen *vr* ◇ **sich** ~ sentir añoranza (*nach* por)

zurücksetzen *vt* [1] ↑ *wieder an e-n Platz setzen* volver a colocar [2] *FIG* ↑ *benachteiligen* desplazar

zurückstecken *vt* [1] → *Stock* volver a meter [2] *FIG* → *Ansprüche* moderarse [en]

zurückstellen *vt* [1] ↑ *hinter etw stellen* poner atrás [2] ↑ *aufschieben* retrasar, aplazar, posponer [3] → *Uhr* atrasar [4] → *Interessen* relegar [5] → *Ware* reservar [6] MIL suspender temporalmente

zurücktreten *unreg vi* [1] ↑ *Schritt nach hinten* dar un paso atrás, retroceder [2] (*von Amt*) renunciar a, cesar en el cargo, dimitir; ◇ **gegenüber** [*o.* **hinter**] **etw** ~ dar prioridades a otra cosa, favorecer a algo

zurückverfolgen *vt* [1] → *Spur* volver sobre [2] (*FIG in Vergangenheit*) ↑ *wieder durchdenken* repasar en la memoria; ↑ *in Vergangenheit lokalisieren* remontarse a

zurückweichen *unreg vi* [1] retroceder [2] MIL retirarse

zurückweisen *unreg vt* [1] ↑ *abweisen* rechazar [2] ↑ *ablehnen* no aceptar [3] → *Vorwürfe* denegar

zurückwerfen *unreg vt* [1] → *Ball* devolver [2] (*FIG als Rückschritt*) hacer retroceder

zurückzahlen *vt* [1] → *Schulden* pagar, saldar [2] *FAM* ↑ *sich rächen* vengarse

zurückziehen *unreg* **I.** *vt* retirar **II.** *vr* ◇ **sich** ~ retirarse (*von* de); ◇ **sich zur Beratung** ~ retirarse a deliberar

Zuruf *m* llamada *f*

Zusage *f* ‹-, -n› [1] ↑ *Bestätigung* contestación *f* afirmativa, aceptación *f* [2] ↑ *Versprechen* promesa *f*; **zusagen I.** *vt* [1] ↑ *versprechen* prometer [2] *FAM* ◇ **jd-m etw auf den Kopf** ~ decirle a alguien algo a la cara **II.** *vi* [1] ↑ *Einladung annehmen* aceptar [2] ↑ *gefallen* gustar; ◇ **das wird ihr** ~ esto le va a gustar

zusammen *adv* juntos

Zusammenarbeit *f* cooperación *f*, trabajo *m* en grupo, colaboración *m*; **zusammenarbeiten** *vi* cooperar, trabajar juntos, colaborar

zusammenballen ◇ **sich** ~ [1] ↑ *sich vereinen* concentrarse, amontonarse [2] ← *Gewitter* acercarse

zusammenbeißen *unreg vt* → *Zähne* apretar

zusammenbleiben *unreg vi* seguir juntos

zusammenbrauen *vr* ◇ **sich** ~ ← *Gewitter*, *FIG* ← *Unheil* prepararse

zusammenbrechen *unreg vi FIG auch* ▷*psychisch* desmoronarse, venirse abajo

zusammenbringen *unreg vt* [1] → *Personen* juntar [2] → *Geld* reunir [3] *FAM* → *Sätze* construir [4] *FAM* ↑ *sich erinnern* traer a la memoria, acordarse

Zusammenbruch *m* [1] ↑ *Untergang* hundimiento *m*, quiebra *f* [2] MED colapso *m* [3] (*in Auseinandersetzung*) derrota *f*

zusammenfahren *unreg vi* [1] (*als Unfall*) chocar con [2] ↑ *erschrecken* asustarse, sobresaltarse
zusammenfallen *unreg vi* [1] ↑ *einstürzen* caerse, hundirse [2] ↑ *gleichzeitig geschehen* coincidir
zusammenfalten *vt* doblar
zusammenfassen *vt* [1] ↑ *vereinigen* reunir, concentrar [2] *FIG* → *Text* resumir; **Zusammenfassung** *f* [1] ↑ *Vereinigung* concentración *f* [2] *FIG* resumen *m*
Zusammenfluß *m* confluencia *f*
zusammenfügen *vt* juntar, unir
zusammenführen *vt* reunir
zusammengehören *vi* [1] (*zu Gruppe*) pertenecer al mismo grupo [2] ← *Strümpfe* hacer juego; ← *Paar* hacer pareja
zusammengeraten *unreg vi* [1] ↑ *zusammenstoßen* tropezarse, chocarse [2] *FIG* ↑ *streiten* pelearse
zusammengesetzt *adj* compuesto
zusammenhalten *unreg* **I.** *vi* [1] *FIG* ayudarse mutuamente [2] (*nach Reparatur*) mantenerse unido **II.** *vt* [1] → *Vermögen* administrar [2] ↑ *nebeneinanderhalten* poner al lado
Zusammenhang *m* relación *f*, conexión *f*; ◇ **im ~ mit** en relación con; ◇ **aus dem ~** fuera de contexto; **zusammenhängen** *unreg vi* [1] ↑ *verbunden sein* estar unido [2] *FIG* estar relacionado con, tener relación con; **zusammenhang[s]los** *adj* sin cohesión
zusammenkehren *vt* barrer haciendo montones
zusammenklappbar *adj* ▷*Taschenmesser* de bolsillo; ▷*Stuhl* plegable
zusammenkneifen *unreg vt* cerrar [con fuerza]
zusammenknüllen *vt* arrugar
zusammenkommen *unreg vi* [1] ↑ *sich treffen* verse, juntarse [2] ← *Ereignisse* coincidir
zusammenkrampfen *vr* ◇ **sich ~** ← *Muskel* contraerse
Zusammenkunft *f* ‹-, -künfte› ↑ *Versammlung* reunión *f*; ▷*zufällig* encuentro *m*
zusammenlaufen *unreg vi* [1] ← *Flüssigkeit* unirse [2] ← *Menge* acudir, apiñarse
zusammenlegen *vt* [1] (*örtlich*) agrupar, unir [2] (*zeitlich*) → *Veranstaltungen* celebrar al mismo tiempo [3] → *Wäsche* doblar [4] → *Geld* reunir, juntar; ◇ **sie haben für ein Geschenk zusammengelegt** compraron un regalo entre todos
zusammennehmen *unreg* **I.** *vt* [1] → *Mut* hacer acopio de [2] → *Kraft* unir, concentrar, aunar; ◇ **alles zusammengenommen** en conjunto **II.** *vr* ◇ **sich ~** ↑ *sich beherrschen* dominarse, controlarse
zusammenpacken *vt* recoger
zusammenpassen *vi* ← *Menschen* hacer buena pareja; ← *Sachen* armonizar
zusammenrechnen *vt* hacer la cuenta, sumar
zusammenrotten *vr* ◇ **sich ~** *PEJ* hacerse grupos
zusammenschlagen *unreg* **I.** *vt* [1] → *Hände* juntar; ◇ **die Hände über dem Kopf ~** echarse la mano a la cabeza [2] → *Hacken* clavar a martillazos [3] *FAM* ↑ *verprügeln* dar una paliza [4] *FAM* ↑ *zertrümmern* destrozar **II.** *vi* ← *Welle* chocar contra; *FIG* ← *Verhängnis* venirse encima, abatirse
zusammenschließen *unreg vr* ◇ **sich ~** *FIG* ↑ *vereinigen* unir[se], asociar[se], juntarse (*gegen* en contra de); **Zusammenschluß** *m* reunión *f*, asociación *f*
zusammenschreiben *unreg vt* (*in e-m Wort*) escribir junto; → *Bericht* hacer, redactar; (*aus Quellen*) recopilar; *PEJ FAM* ▷*flüchtig, schlampig* escribir tonterías
zusammenschrumpfen *vi* [1] ← *Person* encogerse [2] *FIG* ← *Geld* disminuir, reducirse
zusammenschweißen *vt* [1] → *Metall* soldar [2] *FIG* → *Menschen* unir más
Zusammensein *n* ‹-s› (*zwangloses Treffen*) reunión *f*
zusammensetzen **I.** *vt* juntar, unir **II.** *vr* ◇ **sich ~** componerse (*aus* de); **Zusammensetzung** *f* composición *f*, combinación *f*; CHEM compuesto *m*
Zusammenspiel *n* ‹-s› juego *m* de equipo; concierto *m*
zusammenstecken **I.** *vt* [1] (*mit Nadeln*) poner, prender [2] *FIG* ◇ **die Köpfe ~** contarse secretos, cuchichear **II.** *vi FAM* ↑ *zusammen sein* estar juntos, mantenerse unidos; ◇ **die beiden stecken immer zusammen** son uña y carne los dos
zusammenstehen *unreg vi* [1] (*in Gruppe*) estar juntos [2] *FIG* ↑ *zusammenhalten* mantenerse unidos
zusammenstellen *vt* [1] ↑ *versammeln* reunir [2] → *Bericht* hacer, redactar [3] → *Programm* organizar [4] → *Daten* compilar; **Zusammenstellung** *f* [1] (*von Vereinen*) reunión *f*, agrupación *f* [2] → *Liste* relación *f*, lista *f*
Zusammenstoß *m* [1] ↑ *Unfall* choque *m*, tropiezo *m* [2] *FIG* ↑ *Streit* disputa *f*; ◇ **ein ~ mit der Polizei** un enfrentamiento/choque con la policía; **zusammenstoßen** *unreg vi* [1] ↑ *stoßen* chocarse contra, tropezarse con [2] *auch FIG* ↑ *streiten* tener un altercado con

zusammenströmen *vi* [1] ← *Flüsse* confluir [2] ← *Menschen* acudir
zusammenstürzen *vi* derrumbarse
zusammentreffen *unreg vi* [1] ← *Menschen* encontrarse con [2] ← *Ereignisse* producirse, ocurrir; **Zusammentreffen** *n* ↑ *Treffen* encuentro *m;* ↑ *zeitliche Überlagerung* coincidencia *f*
zusammentreiben *unreg vt* reunir
zusammenwachsen *unreg vi* [1] → *Augenbrauen* unirse; → *Bäume* formar un arco; *auch FIG* → *Personen* llegar a llevarse bien
zusammenwirken *vi* colaborar
zusammenzählen *vt* hacer la cuenta, sumar
zusammenziehen *unreg* **I.** *vt* [1] ↑ *verengen* estrechar [2] ↑ *vereinigen* reunir [3] ↑ *addieren* sumar **II.** *vr* ◇ **sich ~** [1] ← *Magen* contraerse [2] *auch FIG* ← *Gewitter* acercarse
Zusatz *m* [1] ↑ *Zugabe* adición *f* [2] (*in Lebensmittel*) aditivo *m* [3] ↑ *Nachtrag* suplemento *m;* **Zusatzantrag** *m* POL enmienda *f;* **Zusatzgerät** *n* [aparato] *m* supletorio; **zusätzlich** *adj* adicional, suplementario; **Zusatzversicherung** *f* seguro *m* complementario
zuschauen *vi* estar mirando, observar; **Zuschauer(in** *f*) *m* ‹-s, -› espectador(a *f*) *m;* **Zuschauerraum** *m* sala *f*
zuschaufeln *vt* → *Loch* cubrir de tierra
zuschicken *vt* mandar, enviar (*jd-m* a alguien)
zuschießen *unreg* **I.** *vt FAM* → *Geld* dar dinero (*zu dat* a), concurrir [con una cantidad] **II.** *vi:* ◇ **auf jd-n/ etw ~** abalanzarse sobre alguien/algo
Zuschlag *m* [1] ↑ *zusätzliche Gebühr* recargo *m,* suplemento *m* [2] (*bei Auktion*) remate *m;* (*bei Ausschreibung*) adjudicación *f*
zuschlagen *unreg* **I.** *vt* [1] → *Tür* cerrar de golpe [2] → *Ball* tirar, lanzar (*jd-m* a alguien) [3] (*bei Auktion*) adjudicar [4] → *Steine* labrar **II.** *vi* [1] ← *Fenster, Tür* cerrarse de un golpe [2] ← *Mensch* pegar, golpear
Zuschlagskarte *f* BAHN billete *m* suplementario
zuschlagspflichtig *adj* BAHN sujeto a suplemento
zuschließen *unreg vt* cerrar con llave
zuschnallen *vt* abrochar
zuschnappen *vi* [1] ← *Tür* cerrarse de golpe [2] ← *Hund* dar un mordisco
zuschneiden *unreg vt* [1] (*beim Nähen*) cortar algo a la medida [2] *FIG* adaptar a; ◇ **das ist wie für dich zugeschnitten** te viene al pelo; ◇ **das Lehrbuch ist auf Südamerikaner zugeschnitten** el manual va dirigido a latinoamericanos
zuschneien *vi* cubrirse de nieve
zuschnüren *vt* [1] ↑ *binden* atar [2] *FIG* ◇ **die Angst schnürte ihm die Kehle zu** casi no pudo respirar/hablar de miedo
zuschrauben *vt* atornillar
zuschreiben *unreg vt dat* [1] → *Konto* abonar [en cuenta] [2] *FIG* ↑ *unterstellen* atribuir [3] (*FIG Ursache haben in*) deberse a
Zuschrift *f* comunicado *m*
zuschulden *adv:* ◇ **sich** *dat* **etw ~ kommen lassen** cometer una falta
Zuschuß *m* subvención *f,* ayuda *f*
zuschütten *vt* rellenar
zusehen *unreg vi* [1] estar mirando, ver (*jd-m/etw* a alguien/ algo); ◇ **tatenlos ~** ver con los brazos cruzados [3] *FIG* ↑ *sich bemühen* ◇ **~, daß ...** procurar que ...; **zusehends** *adv* visiblemente, palpablemente
zusenden *unreg vt* mandar, enviar
zusetzen **I.** *vt* [1] ↑ *beifügen* añadir [2] → *Geld* perder **II.** *vi dat* [1] *FAM* ↑ *bedrängen* acosar, agobiar [2] ← *Krankheit* molestar
zusichern *vt* asegurar, garantizar; ◇ **jd-m etw ~** asegurar algo a alguien
zuspielen *vti* pasar algo, facilitar algo; *auch FIG* ◇ **jd-m den Ball ~** pasar la pelota a alguien
zuspitzen **I.** *vt* afilar, sacar punta a **II.** *vr* ◇ **sich ~** ← *Lage* agudizarse
zusprechen *unreg* **I.** *vt* [1] ↑ *zuerkennen* adjudicar (*jd-m etw* algo a alguien); → *Kind* hablar [2] *FIG* ◇ **jd-m Trost ~** consolar a alguien; ◇ **jd-m Mut ~** dar ánimo a alguien **II.** *vi* [1] ◇ **jd-m beruhigend ~** tranquilizar a alguien [2] *FIG* ◇ **dem Alkohol ~** darse al alcohol; **Zuspruch** *m* ‹-s› [1] ↑ *Trost, Rat* apoyo *m* moral [2] ↑ *Anklang* resonancia *f,* éxito *m*
Zustand *m* [1] ▷*geistig,* CHEM estado *m* [2] ↑ *Lage* ▷*politisch* situación *f* [3] ↑ *Verfassung* disposición *f*
zustande *adv:* ◇ **~ bringen** lograr, llevar a cabo; ◇ **~ kommen** realizarse
zuständig *adj* competente; **Zuständigkeit** *f* competencia *f,* incumbencia *f*
zustehen *unreg vi:* ◇ **jd-m ~** corresponder a alguien
zustellen *vt* [1] ↑ *versperren* bloquear, cerrar [2] → *Post* entregar a domicilio; **Zustellungsgebühr** *f* gastos *m/pl* de entrega
zusteuern **I.** *vi* dirigirse a; ◇ **auf jd-n/etw ~** dirigirse a alguien/algo **II.** *vt FAM* contribuir
zustimmen *vi* estar de acuerdo con, parecer bien algo; POL → *Gesetz* aprobar; **Zustimmung** *f* [1] ↑ *Einverständnis* aprobación *f* [2] ↑ *Erlaubnis* consentimiento *m,* permiso *m*
zustoßen *unreg* **I.** *vi FIG* ↑ *passieren* ocurrir/ pasar/suceder algo (*jd-m* a alguien) [2] (*mit Messer*) clavar **II.** *vt* → *Tür* cerrar de golpe

Zustrom *m* ‹-s› (*von Besuchern*) afluencia *f*
zutage *adv:* ◇ **~ bringen** sacar a la luz; ◇ **~ treten** salir a la luz; MIN ◇ **~ fördern** extraer
Zutaten *pl* (*Back-*) ingredientes *m/pl*
zuteil *adv:* ◇ **jd-m etw ~ werden lassen** conceder algo a alguien; ◇ **es wurde ihm nicht zuteil, seine Tochter jemals wiederzusehen** no pudo volver a ver a su hija
zuteilen *vti* [1] → *Sachen* repartir algo [2] → *Beamte* destinar (*jd-m* a alguien)
zutiefst *adv* profundamente, en lo más hondo; ◇ **ich bin ~ enttäuscht** estoy profundamente defraudado
zutragen *unreg* **I.** *vt* → *Klatsch* contar, cotillear **II.** *vr* ◇ **sich ~** (*unpers*) pasar, ocurrir, suceder; ◇ **so hat es sich zugetragen** así ocurrió; **zuträglich** *adj* [1] ↑ *förderlich* provechoso, favorable [2] ↑ *bekömmlich* beneficioso
zutrauen *vt:* ◇ **jd-m etw ~** creer a alguien capaz de algo
Zutrauen *n* ‹-s› confianza *f* (*zu* en); **zutraulich** *adj* [1] ↑ *vertraulich* confiado [2] ↑ *zahm* manso; **Zutraulichkeit** *f* confianza *f*
zutreffen *unreg vi* [1] ↑ *richtig sein* ser verdad, ser justo [2] ↑ *gelten* valer; **Zutreffende(s)** *n:* ◇ **~ bitte ankreuzen** marcar las respuestas adecuadas
Zutritt *m* acceso *m*, entrada *f;* ◇ **kein ~!, ~ verboten!** ¡prohibido el paso!
Zutun *n* ‹-s›: ◇ **es geschah ohne mein ~** ocurrió sin poner nada de mi parte
zuungunsten *präp gen* en perjuicio de
zuverlässig *adj* ▷*Maschine* seguro; ▷*Person* formal, cumplidor; ↑ *genau* exacto; **Zuverlässigkeit** *f* seguridad *f*, formalidad *f;* TECH fiabilidad *f*
Zuversicht *f* ‹-› confianza *f*, esperanza *f;* **zuversichtlich** *adj* confiado, lleno de esperanza
zuviel *pron* demasiado, en exceso; ◇ **das war ~ des Guten** eso si que fue demasiado
zuvor *adv* antes, primero; ◇ **wie ~** como antes
zuvorkommen *unreg vi* ↑ *schneller sein* adelantarse (*jd-m* a alguien); **zuvorkommend** *adj* [1] ↑ *höflich* atento, amable, cortés [2] ↑ *hilfsbereit* solícito, servicial
Zuwachs *m* ‹-es› ↑ *Vergrößerung* aumento *m* [2] (*FAM bei Kleinkind*) crecimiento *m* [3] *FAM* ◇ **etw auf ~ kaufen** comprar algo pensando en el futuro; **zuwachsen** *unreg vi* [1] ← *Hecke* cerrarse [2] ← *Wunde* cicatrizarse, cerrarse; **Zuwachsrate** *f* tasa *f* de incremento
zuwege *adv:* ◇ **etw ~ bringen** lograr algo, conseguir algo; ◇ **mit etw ~ kommen** arreglarse con algo; *FIG* ◇ **gut ~ sein** sentirse bien, estar bien
zuweilen *adv* a veces, de vez en cuando
zuweisen *unreg vt* [1] → *Arbeit* señalar, asignar [2] → *Zimmer, Zelle* asignar (*jd-m* a alguien)
zuwenden *unreg* **I.** *vt* volver/dirigir hacia; ◇ **jd-m den Rücken ~** volver/dar la espalda a alguien; ◇ **jd-m seine Aufmerksamkeit ~** dirigir su atención a alguien **II.** *vr* ◇ **sich ~** volverse (*jd-m* hacia alguien); ◇ **sich e-r Sache ~** dedicarse a una cosa
Zuwendung *f* [1] (*mit Geld*) subsidio *m*, ayuda *f* [2] (*mit Gefühl*) cariño *m*
zuwenig **I.** *pron* poco **II.** *adv* demasiado poco
zuwerfen *unreg vt* lanzar, tirar
zuwider **I.** *adv:* ◇ **etw ist jd-m ~** dar algo asco a alguien **II.** *präp dat* contra, contrario a
zuwiderhandeln *vi* violar, infringir (*dat;* ◇ **e-m Gesetz ~** violar una ley; **Zuwiderhandlung** *f* violación *f*, infracción *f*
zuwiderlaufen *unreg vi* ser contrario a; ◇ **e-m Plan ~** no venir bien
zuwinken *vi* saludar con la mano (*jd-m* a alguien); despedirse con un gesto (*jd-m* de alguien)
zuziehen *unreg* **I.** *vt* [1] ↑ *schließen* → *Gardinen* correr; → *Knoten* apretar [2] ↑ *herbeirufen* → *Experten, Arzt* consultar [3] *FIG* → *Haß* producir; → *Erkältung* resfriarse **II.** *vi* ↑ *Wohnsitz wechseln* cambiar de dirección; ◇ **wir sind neu zugezogen** hace poco nos hemos venido a vivir aquí
zuzüglich *präp gen* no incluido, más; ◇ **~ Mehrwertsteuer/Provision** más el IVA, más comisión
zwang *prät von* **zwingen**
Zwang *m* ‹-[e]s, Zwänge› [1] ↑ *Verpflichtung* obligación *f* [2] ↑ *Gewalt* fuerza *f* [3] ↑ *Druck* presión *f;* ◇ **sich keinen ~ antun** no tener reparos en
zwängen *vt* ↑ *drücken* apretar; ◇ **sich durch die Menge ~** pasar con dificultad por medio de una multitud
zwanglos *adj* sin compromiso; ◇ **~es Beisammensein** reunión informal; **Zwanglosigkeit** *f* naturalidad *f*, informalidad *f*
Zwangsarbeit *f* trabajos *m/pl* forzados; **Zwangseinweisung** *f* reclusión *f* forzosa; **Zwangsernährung** *f* alimentación *f* forzosa; **Zwangsjacke** *f* camisa *f* de fuerza; ◇ **jd-n in die ~ stecken** poner a alguien una camisa de fuerza; **Zwangslage** *f* aprieto *m*, dilema *f;* **zwangsläufig** *adj* obligatorio, forzoso, necesario
Zwangsmaßnahme *f* medidas *f/pl* forzosas
Zwangsvorstellung *f* obsesión *f*
zwangsweise *adv* a la fuerza, forzosamente
zwanzig *nr* veinte; **Zwanzigerjahre** *pl* años *m/pl* veinte

zwar *cj:* ◇ **- ..., aber ...** es cierto que ... pero ...; ◇ **und -** es decir; ◇ **und - so, daß** y eso que

Zweck *m* ‹-[e]s, -e› [1] ↑ *Ziel* fin *m*, objeto *m* [2] ↑ *Absicht* intención *f;* ◇ **zum welchen -?** ¿para qué? ¿con qué fin?

Zwecke *f* ‹-, -n› chincheta *f*

zweckentfremdet *adj* usado para otros fines; **Zweckentfremdung** *f* mal uso *m*; **zweckgebunden** *adj* destinado a un fin concreto; **zwecklos** *adj* [1] ↑ *nutzlos* inútil [2] ↑ *vergeblich* en vano; **zweckmäßig** *adj* [1] oportuno, conveniente, apropiado [2] ↑ *nützlich* útil; **Zweckmäßigkeit** *f* oportunidad *f*, conveniencia *f;* **zwecks** *präp* con el fin de, con el objeto de

zwei *nr* dos; *FAM* ↑ *beide* ◇ **wir -** nosotros dos; *FAM* ◇ **e-r von euch -en** uno de vosotros; **Zweibettzimmer** *n* habitación *f* doble, habitación *f* de dos camas; **zweideutig** *adj* ambiguo, de doble sentido; **zweidimensional** *adj* bidimensional; **zweierlei** *adj inv* de dos clases; **zweifach** *adj* doble; **Zweifamilienhaus** *n* casa *f* de dos viviendas

Zweifel *m* ‹-s, -› duda *f;* ◇ **ohne jeden -** sin duda alguna, no cabe duda; **zweifelhaft** *adj* dudoso; *FIG* ◇ **ein -es Vergnügen** una diversión discutible; **zweifellos** *adj* indudable; **zweifeln** *vi* dudar (*an dat* de); **Zweifelsfall** *m* caso *m* dudoso; ◇ **im -** en caso de duda

Zweig *m* ‹-[e]s, -e› [1] rama *f* [2] (*Industrie-*) ramo *m*, sector *m* [3] (*Familien-*) parte *f*

zweigeteilt *adj* dividido en dos

zweigleisig *adj auch FIG* de doble vía

Zweigniederlassung *f* sucursal *f;* **Zweigstelle** *f* agencia *f* [urbana]

zweihändig *adj* MUS a dos manos

zweihundert *nr* doscientos; **zweijährig** *adj* de dos años; **Zweikammersystem** *n* POL sistema *m* bicameral; **Zweikampf** *m* ↑ *Duell* duelo *m;* (*Box-*) lucha *f;* **zweiköpfig** *adj* [1] ↑ *Wappentier* bicéfalo [2] ↑ *Fabeltier* de dos cabezas; **zweimal** *adv* dos veces; **zweimotorig** *adj* bimotor; **zweirädrig** *adj* de dos ruedas; **zweireihig** *adj* ▷*Anzug* cruzado; **Zweisamkeit** *f* ‹-› soledad *f* a dos; **zweischneidig** *adj FIG* de doble filo; **Zweisitzer** *m* ‹-s, -› ▷*Sportwagen* coche *m* de dos plazas; **zweisprachig** *adj* bilingüe; **zweispurig** *adj* AUTO de doble vía, de dos carriles; **zweistimmig** *adj* a dos voces; **zweistündig** *adj* de dos horas

zweit *nr:* ◇ **zu - sein** [*o.* **kommen**] ser [*o.* llegar] dos

Zweitakter, **Zweitaktmotor** *m* motor *m* de dos tiempos

zweite(r, s) *adj* segundo; **Zweite(r)** *fm* segundo/a

Zweiteiler *m* ↑ *Bikini* biquini *m;* (*Kleid*) vestido *m* de dos piezas; **zweiteilig** *adj* (*Kleidung*) de dos piezas

zweitens *adv* (*bei Aufzählungen*) en segundo lugar

zweitgrößte(r, s) *adj* segundo en tamaño; **zweitklassig** *adj PEJ* de inferior calidad, de segunda clase; **zweitletzte(r, s)** *adj* penúltimo; **zweitrangig** *adj* secundario

Zweitwagen *m* segundo coche *m*; **Zweitwohnung** *f* segunda *f* vivienda

zweiwertig *adj* bivalente

Zwerchfell *n* diafragma *f*

Zwerg(in *f*) *m* ‹-[e]s, -e› enano/a; **zwergwüchsig** *adj* enano

Zwetsche, **Zwetschge** *f* ‹-, -n› ciruela *f*

Zwickel *m* ‹-s, -› entrepierna *f*

zwicken *vt* ↑ *kneifen* pellizcar

Zwickmühle *f* [1] (*bei Mühlespiel*) encerrona *f* [2] *FIG* ◇ **sich in e-r - befinden** estar en un aprieto

Zwieback *m* ‹-[e]s, -e› biscote *m*

Zwiebel *f* ‹-, -n› [1] (*Gemüse-*) cebolla *f* [2] (*Blumen-*) bulbo *m*

Zwiegespräch *n* conversación *f*

Zwielicht *n* media luz *f*; **zwielichtig** *adj* ▷*Person, Gegend* sospechoso, dudoso

Zwiespalt *m* desacuerdo *m*, división *f*, discrepancia *f;* **zwiespältig** *adj* ▷*Gefühle* contradictorio

Zwietracht *f* discordia *f;* ◇ **- säen** sembrar discordia

Zwilling *m* ‹-s, -e› [1] (*Geschwister*) gemelo *m*, mellizo *m* [2] ASTROL Géminis *m* [3] (*Gewehr*) escopeta *f* de dos cañones

Zwinge *f* ‹-, -n› abrazadera *f*

zwingen ‹zwang, gezwungen› *vt* obligar; **zwingend** *adj* [1] ▷*Grund* obligatorio [2] ↑ *überzeugend* convincente; **Zwinger** *m* ‹-s, -› [1] (*Hunde-*) perrear *f* [2] (*Löwen-*) leonera *f*

zwinkern *vi* [1] ▷*nervös* parpadear [2] ▷*absichtlich* pestañear, guiñar

Zwirn *m* ‹-[e]s, -e› hilo *m*

zwischen *präp akk/dat* entre

Zwischenbemerkung *f* observación *f;* (*in e-r Rede*) intervención *f*

zwischenblenden *vt* MEDIA meter [secuencia]

Zwischendeck *n* entrecubierta *f*

Zwischending *n* término *m* medio, mezcla *f*

zwischendrin *adv* en medio

zwischendurch *adv* entretanto

Zwischenergebnis *n* resultado *m* provisional
Zwischenfall *m* incidente *m*
Zwischenfrage *f* pregunta *f* [que interrumpe una conferencia]
Zwischengas *n* AUTO: ◇ ~ **geben** cambiar la marcha con doble embrague
Zwischengeschoß *n* entresuelo *m*
Zwischenhandel *m* comercio *m* intermediario; **Zwischenhändler(in** *f*) *m* intermediario/a
Zwischenlager *n* almacén *m* provisional; **zwischenlagern** *vt* almacenar provisionalmente
Zwischenlandung *f* escala *f*
Zwischenmahlzeit *f* comida *f* entre horas
zwischenmenschlich *adj* interpersonal
Zwischenprüfung *f* SCH examen *m* parcial [después de 2 ó 3 años de carrera]
Zwischenraum *m* espacio *m* intermedio
Zwischenruf *m* interrupción *f*
Zwischenspiel *n* intermedio *m*
zwischenstaatlich *adj* bilateral
Zwischenstation *f* parada *f* por cierto tiempo; ◇ **wir machten in London** ~ paramos en Londres
Zwischenzeit *f* intervalo *m* de tiempo, tiempo *m* intermedio; ◇ **in der** ~ mientras tanto
Zwist *m* ⟨-es, -e⟩ discordia *f*
zwitschern *vti* [1] ← *Vogel* trinar [2] *FAM* ↑ *Alkohol trinken* empinar el codo
Zwitter *m* ⟨-s, -⟩ híbrido *m*
zwölf *nr* doce; **Zwölffingerdarm** *m* MED duodeno *m;* **Zwölftonmusik** *f* música *f* dodecafónica
Zyankali *n* ⟨-s⟩ cianuro *m* totásico
zyklisch *adj* cíclico
Zyklop *m* ⟨-en, -en⟩ cíclope *m*
Zyklus *m* ⟨-, Zyklen⟩ ciclo *m*
Zylinder *m* ⟨-s, -⟩ [1] (*geometrische Form*) cilindro *m* [2] (*Hutart*) sombrero *m* de copa; **zylinderförmig** *adj* con forma de cilindro
Zyniker(in *f*) *m* ⟨-s, -⟩ cínico/a; **zynisch** *adj* cínico; **Zynismus** *m* cinismo *m*
Zypern *n* Chipre *m*
Zypresse *f* ciprés *m*
Zyste *f* ⟨-, -n⟩ MED quiste *m*
z.Z[t]. *Abk v.* **zur Zeit**